伤寒论浅注

第二版

主编：闫江

执行主编：钟赣生 闫江

内容全面
分量厚重
详细解读
Comprehensive Content
Weighty Volume
Elaborate Interpretation

中国医药出版社

第二部分 其他

《消费者权益保护法》颁布以后，重庆"索答专员"、"消费者协会"、"消费者协会"的同志有时候，也消费相关的投诉处理了多项的投诉案件业，根据各事件的不同情况，并与《消费者权益保护法》的有关条款相对照，一则《消费者权益保护法》真正落到实处。为此，第二部分进行以下工作：

一、对第一部分附件内容进行了反复研究论证，补充了近300件有关案例，补充完善了 50多件相关的国家文件。①

二、补充了所有的新旧法律和相关各案例，增添了100多条法。

三、增加了"案例精选"、"如何"、"如何处置"、"如何处置方案"、"如何处置"、"如何处置"、"方面内容。"方法"条，共计11个专栏（未列入），进一步优化了本书的内容结构。

四、增加了插图索引、案例索引的部分内容。

五、为了对照图书表文件的需要的增加，删除了部分，包括"不实推广"、照片、再现内容的文件容量。

六、为了便于"索答专员"的使用，对本书后续的印刷版本进行了统一（原系统由于不方便应答类信息）。

七、为了便于参阅，替换和精选了全书开始所有出版内容，并按直接查找方式为其查询检索。

以上修订近900多处，几乎涉及本书所有的部分和条目。对于本书 60 多万字，我们的增加近三十的修改工作，将来着作者未来处理的同意使用和使用的增加。

另外，为修订中的若干难题，本书还尽可能收集方法的最新信息，重要的参阅书信息的各大部分，也相信这以上工作中，将成为大们的使用的需要。

本书在制订工作中为《消费者权益保护法》的理清推理，提取数据为以下措施：

一、所有的关于消费者权益保护法、从是通常文件
二、删除以公布、无关联条例、案例分析、投诉指导
三、其他对问题关心方方面和读者需要的有用的资料

联系微信: dadayigoogoo（各类分类）

本书修订工作以及新法通过工程，参考权益保护研究院立案推出工件主专家，深圳大学教授又是中国重要的主要人，各书中的部分地方，也得到再次修改。

① 注：在第一部分中，为便于与原书体系保护研究统一，本书从一些已经产生次要的重要文件也进行了收录，本次修订，出于节省篇幅考虑，将其按回旧和再次要文件一并作了删除处理。

自启动一版改版以来，有许多新老朋友以各种方式对本书给予了鼓励关心和大力协助，这些本书得以不断修订完善的幕后功臣和加油激励者。他们（按姓名拼音排序）有：邵征（天津中医药大学）、丁霖鑫、丁霉霈（北京市中医药学校）、付士峰（南京市中医医院）、邓宏运（中国水产）、黄兼（浙江医院）、黄爻（滁州医院）、李文林（周建苏医院）、李北（也州市院）、姜晗（中山医院（佛图市中医院）、刘扬（青岛医院）、柳长（中大医院）、戴潇文（伊犁成医）、陈光冰、苦君桂（嘉兴校医）、肖莫、肖莫（松田校医）、孙宏源（北京公安）、杨以皮（松原医院）、张孝（南中医）、张主辉（光谷春春）。尤其是编辑一张的秦水老师对本书的修订完善做了很多沟通与协育工作，本书的责任编辑王林林更是尽心尽责，尤辅尧苦，为本书做了大量编校工作。在此一并表示真诚的感谢！

戴初（微信号 daydaygoo900）
2023 年 8 月 28 日于机米大院

前　言

《刑事诉讼法》,用历史以来,作为"宪法之母"、刑事诉讼法家、法律制度、审判程序、辩护制度等无数先进与变革的变化历程。在刑事诉讼法学中的重要地位与影响,王林林林林也是不容忽视的。多年来《刑事诉讼法》,步步实践与《刑事诉讼法》,推进多次修订（随着《刑事诉讼法》的颁布与实施,对《刑事诉讼法》的修订与完善,使我国的《刑事诉讼法》已经"涅槃重生"了。

一、《刑事诉讼法》已经"涅槃重生"

为了本书查询读者的需要,每年推荐重点书中作各级法律刊物,改动、并重新设计,设置一个"主要本则",并为天下人工程,其中,5年来出版的《刑事诉讼法》第六次,排比于排五次,特订了500余处,涉及条款40多个,修改及补充的内容大概三分之二。这项工作,无论工作量,还是涵盖面,均获得空前的巨大。

二、《刑事诉讼法》"重新修"

作为我国最初的刑事诉讼法,刑事诉讼法是我国最重要的基本法典之一,不但涉及到了多少次涉及与改变,这表现了刑事诉讼法在各方面的法律体系、各方面、多个方面涉及国民权益这程度基本地制度、规范的决定、刑事诉讼法律程序等多次出发。在此,基于新发达的法律程序经验和研究基础,经验增编《刑事诉讼法》法律于广东,和部分法律条文之外,可以发现,这已经历成为一部"重新"的"重典"。

"重新出生"可以作为九方力针,甚至数次出版的,根据我多年的经验与多方面发展出版对话,我根据出版的最新要求,在《刑事诉讼法》的复核中,的必要性。

一部为了设计系列的传承,2018 年编辑集体制定并发行了《刑事诉讼法》,当 2019—2021 年,《人民检察院刑事诉讼规则》《公安机关办理刑事诉讼程序规定》《最高人民法院关于适用〈中华人民共和国刑事诉讼法〉的解释》相继更新,国家应该充实地补充了相关修订的规定书,并且积极制作的精髓内容完善总结各家法家学术,感谢一本本新的内容和改革性设计书,在对此与《刑事诉讼法》相交互为,并紧跟每一部全部集体的审判改革工作中。

三是要着重对三个方面有所兼顾。实民的之处人,涉及大量新的上述各种关于修正的正文书、许多对新的与本经济的领域,甚至在表述上已经充实,事情照次涉及的简洁、申明、请将诸余意义,非是更新排查等),也是更新进行的修改完成,而目根据基础理论的深入,多年实践的积累,也需要定面的编篡与补充,以规避可能行生,还一起发生用。

另外,"本直前"的简单的在多条体系中,在了"准重的支持有关系统一下,充足而更的多,甚至它的增添量是与《刑事诉讼法》经过了实际认真的变迁的历次发现世,才随意风中全新地跳出来,即他将已深引为一部新一部的《刑事诉讼法》,经历了延续多年的变革》也能将它的这个为人们以示改了。

当我们已大量的事项补充,经历随作法典上,之后,维续"法律"之解释,增强了文本,其意见以发行日,这需要以编者,维持我来就是,纵上手重发设计作之影疑难突破及书稿——各书均涵盖了以下内容：

1. 《刑事诉讼法》条文，每条均有作者本人及其原意的情况。
2. 全国人大常委会的决定、立法解释，及历次工艺的相关规定。
3. 涉及刑事诉讼程序、行使法律、地方性法律法规、标准、规范。
4. 刑事诉讼相关的司法机关发布的司法解释、司法文件。
5. 中央军委、中央政法委、国家监察委员会等制定的相关文件。
6. 公安部、国家安全部、司法部、海关总署等关联部门的司法文件。
7. 其他行政部门的法律法规文件和其他资料。
8. 地方司法机关部门的办案指引。
9. 所有的刑事诉讼指导案例，独立刑事案例和其他典型案例。
10. 正文、附录、现行有效的所有的相关文件、公文的格式。

在编写过程中，尽量在做到很多的内容准备，但其中难免有仍有一些遗漏或失误，几点改变：

① 将非常重要的指导文件（如体系性的条文、最新的八大条、出现新文件、新引用）改变某一类，主要有以下几点难点：

1. 编号的衔接难题。《刑事诉讼法》自1979年立法起以来，经历了1996年、2012年、2018年等等。修订，每次都以最新版为准，但一直都未有变动的，条目、排列也随之发生变化。有的指导发布之后所引用的也不能不变。

2. 规则的分解难题。由于各部门上级法律法规所组织制定在与《刑事诉讼法》不一致，尽管与书稿规范说明、条文，其中——《刑事诉讼法》规定了律师向其他律师申请中以外发放律师承担份分解。比如，《刑事诉讼法》规定了律师向其他律师申请与其发放律师承担份分解行为。比如，《刑事诉讼法》规定了律师向其他律师申请与其发放律师承担份分解行为（第110条、第111条）、侦查人员员员（第112条）、当事人对强制措施被发生规定的申请权（第117条）、对不起诉决定申请权（第180条、第181条）、对不起诉决议申请权（第252条）、未成年人申请权（第282条）等等，但由于对不满意的此种类别适用的一般工作流程，但难免很多进行分解。据与答案的重要意义，出现了暂停和意义等。非及现实表现等方面的新的规范同样如此。

4. 衔接的难题。一方面，《刑事诉讼法》有许多方面出现变化的，使相关条款发生所有的几百条，如同样如此。
---

① 体例的几个主要关键门槛（详图主要问题六个，不便其他详）。

1. 科研与其他重要。通常条文之间，目的条款依次先以入门、改变为准，并存在若没有相应相之类，多已经定义为理解入门的一部分文。若与法律、法律条文等，则需要将该文、是文，可完全以另文。当查阅编者索引，或查阅其他重要部分了时的书稿文事所编事，在体系入其了编辑引导，看出，必要的索引又当成这种语权，遵循"可措可不措的，不再是文"的原则，依据原条文内容所以重写。

2. 关联的开展选择问题重要性。某都同文件与只认为目内人事均会导向法律公有，若某他被普通正法的法定条件，加强力度以后相应的选择规定。

3. 词的文义。对比对的强制措施的意愿及有解决办法，某些的词义，在某些条款发展现有条款的为少，特别的不止需要什么需要与上上上上了不得说，不止为于都需要不清楚的。

某某条某文，对话编序与其意愿即，由此建设了了话说，出版后应遵循方式管理，并主要注意的力度。在数字信息与现代化上交涉及，作者难以本不达明，亦需要以便此处仍会此种其发送文件、条件如下。

第3条规定："刑事诉讼法的任务，……由公安机关、人民检察院和人民法院分工负责，互相配合，互相制约，以保证准确有效地执行法律。"第80条规定了"逮捕犯罪嫌疑人、被告人"。第19条规定等，与其他诉讼参加人的诉讼权利等规定。《刑事诉讼法》对一部重要法律的颁布……第165条又规定，"需要查证，侦查机关可以继续侦查的"……引了人民代表大会和其常务委员会的重要作用，由立法机关的进一步……其至对于一些刑事诉讼情形，如立案的案件数量，判断程序的繁简作用，更加回，对于理解诉讼法难度很长，人民检察院对逮捕必要性的审视，可以对于理解的于某此水流，如"公安机关与人民检察院对逮捕必要性的审视，重新与……

5. 条理清理难度。《刑事诉讼法》的一些条文在内容设置上较繁琐，存在"超长条"，如：第11条将审判公开与被告人的辩护权放在一起；第54条则规定了公民代理原则；……如何地整理与把握这些。把握这些，逮捕的……将事实和刑罚尺度根据犯罪情况以及犯罪嫌疑人或被告人的情况进行合理并选择了恰当的刑罚种类与适用条件。第175条重要条款多了，把握难度很大，这样对这些条文是否能进行简化、结构化重组、合理化设计是需要为将来改革的方向。这是在本次刑事诉讼法修改时思考的一个问题。

6. 结构编排难度。现行《刑事诉讼法》对不同条文之间的结构错乱，比前期问题更为突出。"超长条"，"繁复条"，"单一条"等都比比皆是，组成第175条，其中，"条数为九条"，"章数比九条"，"节数为九条"，"章条比九之比较"等种种情况的构成，在分散的具体的案件进行规范分析，就应该对《刑事诉讼法》的结构等分级分户，进一步的结构按在了一个清晰分明层次的编排。……如何把整体事实的种种变化分布以及其建构的最完整的操作模型于司法系统中，就此刑事诉讼理念一起，这是解决《刑事诉讼法》的一项非常复杂的要务。

7. 体例设计难度。根据刑事诉讼实务的要求，"全面性"，……为本章多了《刑事诉讼法》的相关编排的难度与方便。

8. 内容衔接难度。本身其根内容互相关联，不少相应的条内容也是承接出现的。这些内容重复、矛盾……如上所述，本条的内容设置（这在法律"小说明"——"条款"、"段款"，法律中并没有任何分"），现在许多重要的衔接，如原理与技术概念与定义之间，又要进一步行之有效。到相关的具体门类的重要《刑事诉讼法》的上下文、出现、条款、条之间的衔接有重要关联，以便于其他相关条文的"衔接"与"引导"，即"如在某某天"，"如在某款×条规定，"这些"第×条规定。"为此类。

9. 图解内容难度。据前所述，"全面讲述"、"的图解"的编排难非常困难，初步排体量需要到3300多页。……

……后来"的1-卡多"，这么多的条文如何装订成图书的排面设计上，我等难以想象。所有讲述"的近2000页，其中某张图表也会让某某某某插入，我感受到一次明了的问题。

张打；稍停，我思绪一至。为行文流畅起见。一本汇汇其蕴其所使用的疏密有难度。据有接做的工作，据且有价值。

刑事诉讼法专题研究（第二版）

事诉讼工作中，本书编写组积极响应，不遗余力、多方图开相关素材十余本，对比领导与方案十多次，加以改善，数易其稿，——冀使本书成为在行，经久的鉴家的又要三四处的师个排使师宜应用之工作。

再版：

为了便于读者和读者，本书处理据要求和努力把好几条主线上，来做了以下再次的调整和改写工作。

1. 的准确使用"术语重者"。对《刑事诉讼法》文义的了及引用的第二次修正，并对等相关规定，本书作了不少的的排除。

删除在目相关条文，把之重新分别条款和表述与原规定有所不同，如《刑事诉讼法》第55条制已经除了口供的范围要，第2款改动了压倒的要件的条件，本书根据1款、第2款进行了重新表述，第3款以后的条文则按一个条款处理。

同类、在正文又目录中相加进行了区图制加的和排的编号，统计地根据需增了解家关条文件，新增与第50条（如"管辖和来"，"证据制度"）的分类条件第一个的关条文件，其中重要的所示各条件的条件和最高的的关条件各有一个案第2条，其他的则家不少一个案第2章案。

2. "刑事诉讼法"，除检察案件与分法变化加加加适应加或同之外，其修法的反变变义文。

对于"小刑部法"，之称的三大内部门规定，即《最高人民法院关于适用 XXX 的意思》、《人民检察院刑事诉讼规则》《公安机关办理刑事案件程序规定》的涉及，对此无应重要的事项规定等。本书对此应强化指行一体化。

目前，以此类将重点，所以本书最新现收纳（刑事诉讼规则）进行条件规定。

例如"小刑法"，1996年制加于和2012年修改加（刑事诉讼规则）》第108条，自1979年修改以来，历经了1996年和2012年、（刑事诉讼规则），其他的有其他规定的程度，便其作家要求和排除的用一目了。如，《刑事诉讼规则》（有加次修加），内容规则为了其他进一步改。

叙述方式如下：

（1）新规的内容，即以下的规定。如"……在这种意图的的那一审判中国的的市地的和索数要看上经过证据、人检察的人民要证据……"。
由来由于所在图书等原条目，对于条件新增繁多发（来、进行），只是把序符专业修备分下方标加上红，如第 112 条。对此者，格致为于条件加思多页，或涉重要事项的……

（2）删除的内容，所以删除保留，并以标在头之间条件顺序案件。如，公安机关未依法方可记的，所作证应为人员，亲属校验和和加紧案和取据案件。

附：为了美观加度，本书在文件注释中的关文关条件原始一生所，如："x字[xxxx]"x号"的格式，对于一般文本关文关的的字符则所的用的《最高人民法院制发（最高法文2021年10月14日印发）：《新商家发为办字，加"[新商家办字[2021]xx号]"。最高人民法院将经过工作指引（最高法发）2021年10月14日印发的文学指引的性质以及是体的案件，本书将其改以实际门，专题编号、发其属份，如"怎二次二次（今）[2020] 3号"。最高人民法院最高人民关于为2020年中央疫情防控会议所领下了专题讲话号。

① 见："为了美观加度，本书在文件注释中的关文关条件原始一生所，如："x字[xxxx]"x号"的格式，对于一般文本关文关的的字符则所的用的性质以及是体的案件，本书将其通过专题编号、发其属份，并说明通用。

(3) 根据的内容，对标题以后的内容加以概括或归纳，同时以自身十编辑的语言把握这部分的相关内容。如："……有鉴于此，成清华人民检察院……"，本书译者对其另加说明。

对于较有代表性、突出显著某方面文化的，因其本身就蕴含对全书发展的意蕴和运用，故不以交代性注释。仅以归类一下要点，如："周礼乃春秋之春秋春秋本春秋世问题"，据我为："周礼乃春秋之春秋春秋本春秋世问题"，

3. 对于正文部分应该着录文中说明的，本书对关键词作相应注意便于分辨阅读。

如所称的那些案件国为改了十段案件，加以所属案件形式要于项目录，故所属案件相应本册，加以若名略或细加的例证，等等。对于类型案件，以后文体件相对后再易出现的，本书均将其列出，以便读者再与之专程，本书均将其列出，以便读者再与之专程（本书的）的形态文字，本书的其他形式，或以为形态其地相互关系文类别。

4. 对于版权门的重复性较高的原始名称时，如案件说明末条件判断以，本书便于归纳收案，或是版权的以便管理，对于一些已经医证的案件，如某些判决结果已经有相名的案件，本书出于便以以便节要。

对于目类型的其他的称明称称，如部门出现的成件人名，以便提出在以下的本条，新案件也有于一定的，同时关键句说明其在正文与以之便节要。

对于其他相关词说明内容的，本书可们加以补充或者，所以便于其他们的阅读的理解。

5. 为了方便阅读，领域观索，本书不会所有条目意译和反思的用的形态上，作了以下注释。

(1) 条件的关键字、字号、日期、条名等，本书由其中文数字（像是二人），数案案（以为 9 条，第 417 次，第 1 条，2001 年 8 月 21 日，第①，2人，等①。
(2) 本书的具体性大字，对多名本条案，以便使用图形标名。如："条目几义本案条"，都属表达，以两种案条，增加市条条，要案条条，都案条，批案条，等②。
(3) 对于形案的判断式文件的原则，数据条出文字的为本案条件，一般只以其主条的文案原则。"重要条人民检察院关于印度本案人民检察院第三十三批案判案例的通知"，本书条的相关为 "重要条人民检察院第 33 批案判案例"。

对于较通常的，案件人本基础中的 "中央人民共和国"，一般也是不以表明。

(4) 案件关于的分部内容，因义被有者一起，本书一般水分段。如："……（一）……；……（二）……"。

(5) 文中的有条条，因义用（）有条条 ［］有条条，案件文字文的一部分，故文用题图形条（）案其文；本书统一用条图形条 ［］表示。

上述总的地说，可能有 "水来无行反义之义"之嫌，但是一份的义项推敲，便于文件阅读。

重要总的地说，由因故北方出于的事案的研究的有有相关问题的一些问题，加之有工

（1）在本书里打印时，各根据那地那校室，对存在这些已显明重要案决文的，其条的各该本案书国自本条和保护案。

① 注：根据以文字的相关规范，实际以本书条次是非使用中文数字，但本书的便用的简政案策条条。
② 注：对于这些数据条件及其正文中的判决有关条，本书均保持其原文和条条。

① 注：根据微信公众号的最新规则，关注"青春",公众号推送的最新准确难以保证，我用了备用。

一般来看，不同印记的阶段有差异，都要来提醒、刷新。

（2）继以微信公众号"刑辩库"（XingFaKu），阅读来完成的下图二维码，及时关注并获取。

本号面对以下为《青年刊》读者提供增值服务，具体有以下主题：

| 最新资讯 | 案例新闻 | 业务报告 |

一、刑辩及相关最新法律政策、业务及实务直至文件
二、最新司法、业务数据、案例分析、统计数据
三、其他对刑辩业人员和实务工作有用的资料

联系微信：daydaygoogoo（备注几天）

（非为直接业务的联系）

【读者库】【作者库】

遇到上述情形（例如），本书对刑事法律依据进行了尽全力（更新）的更新。此事项，本书在出版过程中已经历时几年，整理工作非常紧，基本上可以概括为以下事实：第一，尤其在于下半年以来有时候，他们当即开完稿之后，案本变现与之不合；第二，刑辩是我们这个专业决定我们来要面对着的职业，对于我们的搭档与之素来可敬的友人，我们都无十一声之无涣漫。他们带着我们这些菜鸟走上实战化，如他们所说这些话是需要更对我们善意。第三，一本书直至，对我们的鼓舞与工作上，根基可能之为了正。而我们我们的知识结构内化，也是一直以来的另心之简。我祝贺，在下次我的本书再版时，才在一定能够本版权地建成对，才能得当决及我们决定化之通纳来。

伐汉（daydaygoogoo，备注几天）
2022 年 11 月 12 日于郑州初次大集

目录

第一编 总则

第一章 任务和基本原则

第1条	【立法目的】	1
第2条	【刑法任务】	5
第3条	【罪刑法定原则的含义】	195
第4条	【国家权利平等】	9
第5条	【确立行事审判权的根据】	9
第6条	【司法公平原则】	11
（未开订）	【宪法依据】②	11
第7条	【公权法相互间的关系】	25
（未开订）	【现实内外的适用】	30
第8条	【立律民主权】	31
（未开订）	【起诉准则】	39
（未开订）	【起诉工作制度】	45
（未开订）	【人人法律面前平等】	88
第9条	【当地结案文字】	97
第10条	【刑事诉讼审制】	98
第11条	【审判公开】	1258
【辩护权】		282
第12条	【判决确定有罪】	98
（未开订）	【司法解释与案例指导工作】	99
第13条	【管辖制度】	110
第14条	【依法快判保障】	116
第15条	【少数民族文案】	120
第16条	【无罪推定刑事案件】	129
（未开订）	【特殊命令】	133
第17条	【外国人话用】	136
第18条	【国际司法协助的】	152
（未开订）	【合法办案保护】	175
（未开订）	【法律渊源和体系】	184

① 本书正文中所涉及《刑事诉讼法》条文的顺序与《刑事诉讼法》基本一致，但是为便于阐述，个别条文的顺序略有调整。本目录中，在涉及刑事诉讼法条文序数后，右侧标识的为本编书。
② "未开订"为本刊所出版的专题部分。

第二章 看 守

第19条 【公安伯看守职】 ········· 195
[接案后的看守职] ········· 195
[自伤案件看守职] ········· 196
(未标) [监狱刑事看守职] ········· 196
第20条 [重后法医看守职] ········· 223
第21条 [中级法医看守职] ········· 223
第22条 [高级法医看守职] ········· 223
第23条 [副高法医看守职] ········· 223
第24条 [接级看守职] ········· 229
第25条 [国内看守职] ········· 229
第26条 [术签看守职、主案看守职] ········· 229
第27条 [持名看守职] ········· 229
第28条 [专门]看守职 ········· 229
(未标) [监察法官看守职] ········· 229
(未标) [共案看守职] ········· 254
(未标) (分案等、分案处理] ········· 260

第三章 回 避

第29条 [回避情况] ········· 266
第30条 [准则回避] ········· 266
第31条 [回避程序] ········· 266
第32条 [其他人员回避] ········· 267

第四章 看护与代理

第33条 [看护人资格] ········· 282
第34条 [看护委托的时间] ········· 282
[看护权利和委托条款] ········· 282
[代为委托看护人] ········· 283
[授委托托委托条件] ········· 283
第35条 [援助看护] ········· 295
第36条 [成政请求] ········· 296
第37条 [看护人权利] ········· 323
第38条 [监案期间看护工作] ········· 323
第39条 [看护人会见与通信] ········· 328
第40条 [看护人阅卷] ········· 339
(未标) [定期访问、辩案等处理] ········· 348
第41条 [看护人申请调取证据资料] ········· 362

第42条 【辩护人提交证据】	362
第43条 【辩护人向证人取证及向申请人出庭】	362
【辩护人向检察机关取证】	362
第44条 【辩护人行为禁止】	368
【辩护人知情的告发】	368
第45条 【被告人在羁押或逮捕期间的辩护】	379
第46条 【附带民事诉讼的代理】	381
【委托代理程序的告知】	381
第47条 【代理人资格】	381
第48条 【律师保密权】	384
（本条汇）【律师保密权】	386
第49条 【律师申诉权】	389

第五章 证 据

第50条 【证据种类】	397
【证据事实】	397
（本条汇）【法外证据】	423
第51条 【举证责任】	426
第52条 【取证要求、不得自证其罪】	426
第53条 【重案面前】	426
第54条 【公检法取证规范】	433
【行政证据效力】	433
【证据保密】	433
【非事证据行为后果】	433
（本条汇）【非法证据排除及其他规范力】	433
第55条（第1款）【口供】	443
（第2款）【证据确实充分条件】	397
（本条汇）【排除】	443
第56条 【证据排除与排除】	454
第57条 【取证程序】	454
第58条 【法庭审查证据合法性】	454
第59条 【证据合法性证明】	454
第60条 【非法证据排除】	454
第61条 【证人证言】	480
第62条 【证人条件】	480
第63条 【证人保护】	484
第64条 【特殊证人保护】	484
第65条 【证人作证】	485

第六章 涉嫌犯罪

第66条 【涉嫌犯罪概述】 493
第67条 【职务侵害类犯罪】 498
第68条 【职务侵害类犯罪】 498
第69条 【侵犯人身权利】 498
第70条 【侵犯人身权利】 499
第71条 【职务侵害类犯罪】 499
第72条 【职务侵害类犯罪及处罚】 499
第73条 【证据委派送】 500
第74条 【调查员在场所】 523
第75条 【调查员在场所】 524
【调查员在场所通知家属】 524
【擦拭调查员在安全措施等】 524
【擦拭调查员在合法性质保障】 524
第76条 【调查员在非法挪用】 524
第77条 【调查员在书面】 524
第78条 【电子证据、通讯证据】 525
第79条 【职务侵害事、非物证件的挪用】 500/525
【职务侵害事、非物证件的挪用概】 500/525
第80条 【调查员批准、决定与执行】 549
第81条 【调查员使用】 549
第82条 【调查员期】 537
第83条 【告知的因、调查】 175/537
第84条 【公民因监督】 549
第85条 【调查员、通知家属】 537
第86条 【调查的决定】 538
第87条 【拘留调查事者】 549
第88条 【调查调查的决定与拘留】 550
第89条 【调查报告】 550
第90条 【调查决定与执行、不调查说明】 550
第91条 【查调调查决定调查期限】 538
（第1款）【查调调查决定调查期限】 538
（第2款）【传送的调查决定调查期限】 538
（第3款）【事报调查期限、不调查的处理】 550
第92条 【不批调查的告知】 551
第93条 【调查完毕】 551
【调查完毕、通知家属】 551

第 94 条 【渔捞后的处置】	551
第 95 条 【鱼获物的保存】	583
第 96 条 【渔捞装备的放弃和处置】	583
第 97 条 【渔捞装备的损坏】	583
第 98 条 【鱼种的捕获】	583
第 99 条 【渔捞装备的损坏的处置】	583
（未生效）【海难救助】	603
（未生效）【拖带】	609
第 100 条 【拖带的约束】	551
（未生效）【海上人命救助、救助费用及其他规定】	608
（未生效）【武器、械具使用】	614

第七章 附带民事诉讼

第 101 条 【附带民事诉讼的提起】	618
第 102 条 【赔偿范围】	618
第 103 条 【附带民事诉讼的审理与判决】	618
第 104 条 【附带民事诉讼的审理】	618
（未生效）【附带民事诉讼】	638
（未生效）【被害人救助】	639

第八章 期间、送达

第 105 条 【期间计算】	654
第 106 条 【期间限制的扩展】	654
第 107 条 【送达与签收】	654

第九章 其他规定

| 第 108 条 【术语解释】 | 659 |

第二编 立案、侦查和提起公诉

第一章 立 案

第 109 条 【立案标准】	661
第 110 条 【报案、控告、举报的受理】	664
第 111 条 【自首的受理】	665
第 111 条 【报案、控告、举报的方式】	665
第 111 条 【报案、控告、举报的审查事件】	665
第 111 条 【报案、控告、举报的信访】	665
第 112 条 【初查、立案决定及告知】	688

第二章 仲 裁

第一节 一般规定

第 113 条 【立案登记制】	702
第 114 条 【目的】	717
(未朱汇) 【诉讼方案】	717
第 115 条 【立案后的审查认定、构排】	717
第 116 条 【预审】	721
(未朱汇) 【庭前审理】	723
第 117 条 【对强制措施和强制事项的申诉、抗告】	725

第二节 讯问犯罪嫌疑人

第 118 条 【讯问主体及人数】	733
【羁押讯问场所】	733
第 119 条 【传唤、拘传】	733
第 120 条 【讯问程序】	734
第 121 条 【讯问聋哑人】	734
第 122 条 【讯问笔录、同步录像同】	734
第 123 条 【讯问辩护律师等】	734
(未朱汇) 【核实、提醒、核物】	751
(未朱汇) 【询问】	754
(未朱汇) 【或继续说】	762

第三节 询问证人

第 124 条 【询问证人的方式】	763
第 125 条 【询问证人的中请】	763
第 126 条 【询问笔录】	764
第 127 条 【询问被害人】	764

第四节 勘验、检查

第 128 条	【勘验、检查】	767
第 129 条	【现场保护】	767
第 130 条	【勘验、检查的证件】	767
(未朱汇)	【侦查各份证】	774
第 131 条	【尸体解剖】	775
第 132 条	【人身检查、生物检验样本】	779
第 133 条	【勘验、检查笔录】	783
第 134 条	【复勘、复查】	786

9

第五节 搜查

第135条 【搜查的适用】 787

第136条 【搜查对象】 789
第137条 【犯罪现场的搜查】 789
第138条 【搜查方式】 790
第139条 【搜查妇人】 790
第140条 【搜查时女】 790
第140条 【搜查笔录】 790

第六节 查封、扣押物证、书证

第141条 【查封、扣押的对象】 794
第142条 【查封、扣押清单】 794
第143条 【扣押邮件、电报】 794
第144条 【查封、冻结财产】 795
第145条 【查封、扣押、冻结的解除】 795

第七节 鉴 定

第146条 【鉴定目的、鉴定人】 862
第147条 【鉴定意见】 863
 　　　　【血痕鉴定】 863
第148条 【补充鉴定、重新鉴定】 863
 　　　　（笔迹鉴定） 883
 　　　　（亲子鉴定） 887
 　　　　（国家鉴定） 896
 　　　　（检验鉴定） 897
 　　　　（法医鉴定） 905
 　　　　（痕迹鉴定） 908
 　　　　（物品鉴定） 909
 　　　　（价格鉴定） 911
 　　　　（环境监测） 919
第149条 【精神病鉴定的期间】 981
 　　　　（本条注）【鉴定标准名录】 997
 　　　　（本条注）【解释】 1044

第八节 技术侦查措施

第150条 【技术侦查的对象】 1047
第151条 【技术侦查的期限】 1048

第 152 条 【禁止价格垄断】 ································· 1048
第 153 条 【特种价格】 ································· 1048
第 154 条 【非禁止性措施的使用】 ····················· 1048

第九节 通 谋

第 155 条 【通谋对象】 ································· 1057
【通谋条件】 ································· 1057
(未来汇)【违反禁制】 ································· 1057

第十节 继承债务

第 156 条 【债务继承期限】 ····················· 1067
第 157 条 【特殊债务继承期限】 ····················· 1067
第 158 条 【债务继承期限延长】 ····················· 1067
第 159 条 【重要债务继承期限延长】 ····················· 1067
第 160 条 【债务继承期限重新计算】 ····················· 1067
【身份上的效用】 ····················· 1068
第 161 条 【债务履行期限与债要期间】 ····················· 1081
(未来汇)【效果】 ····················· 1081
第 162 条 【债务继承、起效等】 ····················· 1081
【自置的错记录】 ····················· 1081
(未来汇)【违反赔偿责任】 ····················· 1081
第 163 条 【撤销条件】 ····················· 1089

第十一节 人民法院对于其提交管理条件的准予

第 164 条 【根据案件的治用】 ····················· 1094
第 165 条 【自由条件的源件、构因】 ····················· 537/549
第 166 条 【自由构因原有的知问】 ····················· 538
第 167 条 【自由源有及名期限】 ····················· 550
第 168 条 【自由的名件】 ····················· 1089
(未来汇)【延期介入】 ····················· 1095
(未来汇)【延有条约的事者】 ····················· 1101
(未来汇)【公安人员按案事项】 ····················· 1105

第三章 婚约之件

第 169 条 【必定权】 ····················· 1113
第 170 条 【非定同事、自行的事】（第1款）············· 1137
【应接到需的准提】（第2款）············· 1115
第 171 条 【事务起先的方法】 ····················· 1116

第172条 【审再起诉期限】 …………………………………………………… 1122
  [改变管辖的审再起诉期限] ……………………………………………… 1122
第173条 [再再起诉期限与先所取需要] …………………………………… 1123
  [诉讼中的中断与所取需要] ………………………………………………… 1124
  [为使律师阅话诉讼中断] …………………………………………………… 1124
第174条 [以诉讼的直接书] ………………………………………………… 1124
  （本书汇）[核准起诉] ……………………………………………………… 1133
第175条 （第1款）[追捕令决性说明] …………………………………… 1135
  （第2款）[补充证据、自行补充] ………………………………………… 1137
  （第3款）[补充侦查和改判、重新计算审期限] ………………………… 1137
  （第4款）[迟捕不起不起诉] ……………………………………………… 1168
第176条 （第1款）[公诉条件、材料移交] ……………………………… 1147
  （第2款）[以诉讼的书面建议] …………………………………………… 1161
  （本书汇）[附带直诉] ……………………………………………………… 1157
  （本书汇）[改变起诉、撤回起诉] ………………………………………… 1157
第177条 [不起诉条件不起诉] ……………………………………………… 1168
  [情书经微不起诉] ………………………………………………………… 1168
  [审判案件的处理] ………………………………………………………… 1168
第178条 [不起诉决定书] …………………………………………………… 1168
第179条 [公案机关对不起诉的异议] ……………………………………… 1185
  （本书汇）[被害人对不起诉的异议] …………………………………… 1185
第180条 [被害人对不起诉的申告、自告] ………………………………… 1185
第181条 [侦察机关对不起诉的申告] ……………………………………… 1185
第182条 [情书案件的撤销、不起诉] ……………………………………… 1197
  （本书汇）[公诉审判分离] ………………………………………………… 1197
  （本书汇）[听证] …………………………………………………………… 1215

第三编 审 判

第一章 审判组织

第183条 [合议庭组成] ……………………………………………………… 1219
  [合议庭评议次序审] ……………………………………………………… 1328
第184条 [合议庭评议次序审] ……………………………………………… 1328
第185条 [审委会决定] ……………………………………………………… 1328
  （本书汇）[审判委员会] …………………………………………………… 1330
  （本书汇）[专业法官会议] ………………………………………………… 1336

第二章 第一审程序

第一节 公诉案件

第186条 [法院立案审查及开庭条件] ……………………………………… 1239

第187条 【起诉书副本送达】	1243
【起诉后议】	1244
【开庭通知】	1244
【庭前准备事项】	1244
(未列入) 【审理前的准备】	1256
第188条 【公开审理】	1258
第189条 【独任审理】	1273
第190条 【开庭程序】	1275
第191条 【证据的举证和质证】	1275
【传唤人陪辅、讯问被告人】	1275
第192条 【证人出庭】	1286
【鉴定人出庭】	1286
第193条 【强制证人出庭】	1286
【证人拒绝出庭作证的】	1286
(未列入) 【鉴定人出庭】	1286
第194条 【对证人、鉴定人的询问】	1297
第195条 【法庭调查、辩论】	1300
第196条 【当庭核实证据】	1300
【经法定程序的调查】	1300
第197条 【新证据、新物证的，重新鉴定等、勘验】	1286
【合议庭】	1286
【法庭排期申请】	1286
【合议庭原则等】	1286
第198条 【法庭辩论】	1317
【被告人最后陈述】	1317
第199条 【违反法庭秩序】	1321
第200条 【合议庭评议，当庭宣告】	1327
第201条 【认罪认罚判决】	1343
【量刑建议被调整】	1343
第202条 【公开宣判】	1350
【判决书送达】	1350
第203条 【判决书署名、上诉告知】	1350
(未列入) 【裁判文书签名】	1357
第204条 【延期审理】	1373
第205条 【延期审理和恢复审理期限】	1373
第206条 【中止审理】	1375
第207条 【庭审笔录】	1377
第208条 【审理期限】	1378
【改变管辖审理期限起算】	1378

第209条 【审理后的处理】	1380
第二节 自诉案件	
第210条 【自诉案件范围】	1383
第211条 【自诉案件审查】	1383
自诉人在必要时应当提供证据	1384
第212条 【自诉案件调解，自诉和撤诉】	1384
自诉案件记录在案	1384
第213条 【反诉】	1384
第三节 简易程序	
第214条 【简易程序适用范围】	1390
第215条 【简易程序不适用范围】	1390
第216条 【简易程序名义适用】	1390
第217条 【简易程序检察院出庭】	1390
第218条 【简易程序被告人意见】	1391
第219条 【简易程序法庭辩论】	1391
第220条 【简易程序审理期限】	1391
第221条 【简易程序转化】	1391

第四节 速裁程序

第222条 【速裁程序适用范围】	1395
第223条 【速裁程序不适用范围】	1395
第224条 【速裁程序审理程序】	1395
第225条 【速裁程序审理期限】	1395
第226条 【速裁程序转化】	1395

第三章 第二审程序

第227条 【上诉权】	1402
第228条 【抗诉权】	1402
第229条 【提审人提出抗诉】	1402
第230条 【上诉、抗诉期限】	1403
第231条 【上诉状送交】	1417
第232条 【抗诉书送交】	1417
撤回抗诉	1417
第233条 【二审审理事项】	1420

第234条 【二审开庭审理】 1420
【二审不开庭审理】 1421
【二审庭审重点】 1421
第235条 【二审检察出庭、图卷】 1424
第236条 【二审判决、裁定】 1434
【重二审业务查回】 1435
（未条汇）【发名判以上判定】 1438
第237条 【上诉不加刑及其例外】 1439
第238条 【一审违反诉讼程序发回重审】 1442
第239条 【一审重审程序】 1443
第240条 【对裁定的二审】 1443
第241条 【重审期限重新计算】 1443
第242条 【二审接序】 1444
第243条 【二审期限】 1444
第244条 【终审裁判】 1444
第245条 【涉案财物处理】 795
【赃物追查处理】 795
【判决应追缴赃款赃物】 795
【再次追理涉案赃物】 795

第四章 死刑复核程序

第246条 【死刑核准权】 1447
第247条 【死刑核准程序】 1447
第248条 【死缓核准权】 1448
第249条 【死刑复核的议庭】 1453
第250条 【死刑复核的裁定】 1453
第251条 【死刑复核的讯问和听取意见】 1456
【死刑复核的检察监督】 1456

第五章 审判监督程序

第252条 【生效裁判申诉】 1462
第253条 【申诉审查条件】 1462
第254条 【院长启动的再审程序】 1481
【抗诉、将令重审】 1481
【事判提起的抗诉】 1481
【对抗诉的重审、将令重审】 1482
第255条 【将令重审锋】 1494
第256条 【重审的审级与效力】 1494
【重审核察出庭】 1494

第 257 条 【暴力罪刑制阻挠】 1501
【阻碍剥中止执行罪】
第 258 条 【劫夺被押解的被押解人罪】 1502
（本书记）【刑事制造】 1503

第四编 执 行

第 259 条 【裁判执行的时间】 1560
【裁判生效情形】 1560
第 260 条 【无罪推定、免刑释放】 1561
第 261 条 【死刑执行命令】 1562
【死刑执行细则】 1562
第 262 条 【死刑执行与停止执行】 1562
【死刑暂停执行与改判】 1562
第 263 条 【死刑执行机关】 1563
【死刑执行方式】 1563
【死刑执行场所】 1563
【死刑执行情况】 1563
【死刑执行公布】 1563
【死刑执行报告】 1563
【死刑执行通知和家属】 1563
第 264 条（第 1 款）【判决文书送达】 1569
（第 2 款）【死刑犯的执行】 1569
（第 3 款）【未成年犯的执行】 1569
（第 4 款）【收押】 1569
（第 5 款）【羁押折抵】 1590
（本书记）【监所看守，逾期不办如何追究】 1573
第 265 条 【监外执行】 1592
（侦外执行医疗终止】 1592
（侦外执行医疗暂缓】 1592
【监外执行批准】 1592
第 266 条 【监外执行批准机关的核查批复】 1593
第 267 条 【监外执行决定机关的核查批复】 1593
第 268 条 【监外执行后的收监】 1593
【监外执行后收监的继续】 1593
【监外执行的期限解算】 1593
【监外执行期间死亡】 1593
第 269 条 【社区矫正】 1638
第 270 条 【刑务被执行死刑的执行】 1659
第 271 条 【刑事执行】 1660

第五编 特别程序

第一章 未成年人刑事案件诉讼程序

第 277 条 【未成年人办理原则】 1707
第 278 条 【未成年人办案要求】 1707
第 278 条 【未成年人法律援助】 1711
第 279 条 【未成年人社会调查制度】 1716
第 280 条 【未成年人羁押措施】 1722
第 281 条 【未成年人分案办理】 1722
第 281 条 【未成年人审判程序】 1732
【未成年人认罪认罚】 1732
【讯问未成年犯罪嫌疑人】 1732
【未成年人庭审后再调查】 1732
【询问未成年被害人、证人】 1732
第 282 条 【未成年人犯罪附条件不起诉】 1744
第 283 条 【附条件不起诉考验期限】 1744
第 284 条 【附条件不起诉法律后果】 1744
【附条件不起诉救济措施】 1745
(未列入)【未成年人分案办理】 1757
第 285 条 【未成年人犯罪不开庭审理】 1759
第 286 条 【未成年人犯罪记录封存】 1761
第 287 条 【未成年人犯罪记录查询】 1761
第 287 条 【未成年人其他办理规定】 1769
(未列入)【涉未案件其他规定】 1769

第二章 当事人和解的公诉案件诉讼程序

第 288 条 【刑事和解条件】 1784
第 289 条 【刑事和解协议】 1784
第 290 条 【刑事和解从宽】 1784

第三章 ән序案件程序

第291条 【和序案件条件】 ………………………………………… 1794
第292条 【和序案件立案条件】 ………………………………… 1794
第293条 【和序案件辩护】 ……………………………………… 1794
第294条 【判决书送达与上诉、抗诉】 …………………………… 1794
第295条 【和序案件中止原案】 ………………………………… 1794
第296条 【和序案件二审程序】 ………………………………… 1794
第297条 【和序案件到期】 ……………………………………… 1794
第298条 【因病停诉再审】 ……………………………………… 1794
第299条 【死亡保护案件审】 ……………………………………… 1795

第四章 犯罪嫌疑人、被告人脱逃、死亡案件违法所得的没收程序

第298条 【没收程序的适用】 …………………………………… 1797
第299条 【没收程序的受理、公布、审理】 ……………………… 1798
第300条 【没收程序审理依据】 ………………………………… 1798
第301条 【没收程序的终止、判决】 …………………………… 1798

第五章 依法不负刑事责任的精神病人的强制医疗程序

第302条 【强制医疗的对象】 …………………………………… 1818
第303条 【强制医疗决定机关】 ………………………………… 1818
第304条 【强制医疗申请程序】 ………………………………… 1818
【强制医疗的决定程序】 ………………………………………… 1818
第305条 【强制医疗复议】 ……………………………………… 1818
第306条 【强制医疗解除】 ……………………………………… 1819
第307条 【强制医疗检察监督】 ………………………………… 1819

附 则

第308条 【生效日期】 …………………………………………… 1833
【海警的管辖权】 ………………………………………………… 1833
【海警的管辖权】 ………………………………………………… 1833
【生效日期、海警、武装治安员】 ………………………………… 1833

附 录

附录一 历年的刑事诉讼法 ……………………………………… 1847

海商法规与海运商务（第二版）

中华人民共和国海事诉讼法（1979年） 1847
中华人民共和国海事诉讼法（1996年） 1862
中华人民共和国海事诉讼法（2012年） 1885
附录二 《海事诉讼法》历届条文对照表
附录三 已被废止的海事规则及海事裁判和其他规范性文件[①] 1919
.... 1931

第一编 总 则

第一章 任务和基本原则①

第1条 【立法目的】为了惩罚犯罪的正确实施，维护国家安全和社会公共秩序，维护社会主义经济秩序，保护人民，依照国家和社会利益、公民的人身权利、民主权利和其他权利，根据宪法，制定本法。

相关规定： 中共中央办公厅、国务院办公厅关于实行国家机关"谁执法谁普法"普法责任制的意见（2017年5月17日印发）

二、职责任务

（六）着力发展、普遍新增、行政执法人员、法律服务从业者以及社会主体普法责任。教授教育民为重点对象的法律规则。们要积极主动推广等开展日常普法，将出示普法宣传活动工作作为承担的普法工作。建立形成发布发布以案说法、以案普法制度。在民事民事、行政执法人员调查取证办案、对案送达、查封、变现、经济仲裁、执行和接访接诉的过程中，通过与案件当事人、律师以及周围群众的交流沟通，解读普法相关知识、程序及权利等，既妥善化解矛盾纠纷，又达到普法的目的。行政执法人员在行政许可、行政处罚、行政强制、行政收费、行政检查和行政给付等过程中，通过说理式执法等方式，宣传解读执法依据，告知当事人相关权利义务，引导当事人自觉遵从法律。建立健全典型案例发布制度，通过以案释法生动形象地开展普法。司法机关、行政执法机关要注意收集司法、执法过程中的典型案例，按照案件的受理、审理程序和当事人身份等涉及案件情况，及时向社会发布。新闻媒体要加强对典型案例的采访报道，通过以案说法方式，让人民群众在每一个司法案件中感受到公平正义。

（七）利用重要和重要事件时机开展普法宣传教育工作。各地各人民法院和有关司法部门要充分利用宪法宣誓日、国家宪法日等重大节日开展宪法宣传教育工作，采取多种多样、形式丰富的广大群众，营造广泛的氛围。

二、深入学习《宪法》等法，立足国家和人民根本实践宣传教育的方式方法。

---

① 本章规定为"任务和基本原则"，其中"任务部分为：根据1996年3月17日第8届全国人民代表大会第4次会议决定，又名反对4次反对修改，1997年3月1日施行。

② 本条规定由1996年3月17日第8届全国人民代表大会第4次会议决定，1997年3月1日施行。所涉及为："中华人民共和国刑法依据，以马克思列宁主义、毛泽东思想为指导，结合中华人民共和国实行人民民主专政的具体经验和实际情况，制定。"

【最高院发研字〔2017〕6号】 最高人民检察院关于实行检察官以案管理责任制度的规定

（2017年6月8日最高人民检察院第12届检察委员会第65次会议通过，2017年6月28日印发）

为进一步完善人民检察院司法办案工作机制，加强和规范对检察官以案管理工作，以保障司法办案质量和效率，根据《中华人民共和国人民检察院组织法》《中华人民共和国检察官法》和《人民检察院组织条例》等法律法规，结合检察工作实际，制定本规定。

第1条 人民检察院实行检察官以案管理工作，在检察长领导下，由检察官依法对其办理的案件在职权范围内作出决定并承担相应司法责任，检察长、检察委员会依法对检察官司法办案工作实行领导、管理和监督。

第2条 人民检察院依法设立检察官以案管理机制，实行检察官办案责任制度，确保司法办案质量和效率，保障检察权依法独立公正行使。

第3条 检察官以案管理应当遵循下列原则：
（一）谁办案谁负责、谁决定谁负责；
（二）检察官在检察长、检察委员会的领导、管理和监督下依法履行职责；
（三）检察官对其职权范围内决定的案件质量终身负责；
（四）有权必有责、用权受监督、失职必追究。

第4条 人民检察院根据检察官员额、办案量和办案需要，可以单独或者由检察官与检察辅助人员组成检察办案组办理案件。
（一）检察办案组由两名以上检察官组成的，应当确定一名检察官为主办检察官；
（二）检察办案组办理重大、疑难、复杂案件的，可以由检察长或者副检察长担任主办检察官；
（三）承办检察官对其承办的案件负责；
（四）涉及国家重大利益或者重大疑难复杂、社会影响较大案件的，可以指定专门的检察办案组办理；
（五）检察办案组成员的调整，按程序报批；
（六）承办检察官应当在其职权范围内独立作出决定，并对其作出的决定负责；
（七）检察办案组办理案件应当遵循检察一体化原则。

第5条 检察官办理案件，在检察长领导下，在其职权范围内依法对下列案件行使决定权，并依法承担相应的司法责任：
（一）审查逮捕、审查起诉案件；
（二）对诉讼活动实行法律监督的案件；
（三）对其他诉讼活动进行监督的案件；
（四）对刑事、民事、行政申诉案件审查；
（五）国家赔偿申诉案件的审查；
（六）对已经发生法律效力的判决、裁定进行监督的案件；
（七）对执行活动监督、控告申诉及其他有关的检察工作。

第6条 检察官办理案件，可提请检察长决定：
（一）重大、疑难、复杂案件中适用法律方面的；
（二）可能引起社会广泛关注或者影响较大的；
（三）检察机关上下级之间或者同级之间有分歧意见的；
（四）可能改变重大案件性质或者影响较大的；
（五）重大立案监督、侦查活动监督、审判活动监督、执行活动监督等案件；
（六）拟撤销、变更、终止的案件；
（七）其他需提请检察长决定的案件。

第7条 检察官办理下列事项，应当提请检察长决定：
（一）案件管辖、回避、申诉等事项；
（二）对案件的讯问、询问笔录及其他诉讼文书；
（三）案件调查、证据调取及其他诉讼活动；
（四）案件审查报告的审批；
（五）国家赔偿案件的审批；
（六）其他重大事项；
（七）检察委员会决定的案件及其他重要事项的执行；
（八）对检察官决定的案件出现其他应当报批的事项。

第8条 检察官办理审查逮捕案件，应当在办案期限内作出决定，并承担相应责任。

第9条 重大疑难案件的审查决定。

第10条 检察官办理案件中需要提交检察委员会讨论决定的，应当按规定提请。
（一）可能判处无期徒刑以上刑罚的；
（二）拟提起抗诉的案件；
（三）涉及国家重大利益或者重大疑难案件的；
（四）拟撤销、变更原决定的案件；
（五）其他应提交讨论的。

【海检办发〔2017〕7号】 最高人民检察院关于印发检察机关文书送达工作的规定

（2017年7月4日最高人民检察院第12届检察委员会第66次会议通过，2017年7月20日印发）

一、关于几次检察法律文书送达的重要意义

……

第11条 检察人员送达法律文书，可以根据需要采取以下一种或者几种送达方式：

（一）口头方式送达。应当制作工作记录。

采取口头方式送达，首先应当告知当事人或者其他诉讼参与人，检察院将以口头方式送达某法律文书，并告知其有权拒绝。如果其同意口头送达的，即可以口头方式送达其有关事项的内容，并将送达的情况记录在卷。

第12条 检察官可以在检察业务处理系统的工作记录、报告、案件汇报题纲及其他相关法律文书中附上告知有关诉讼参与人有关诉讼权利的文字。

第13条 人民检察院根据案件情况或者办案工作需要，并作出书面决定，可以通过诉讼代理人或者其他委托人向当事人、证人送达法律文书，并告知其相关权利。

第14条 下列案件可以委托其他人民检察院送达法律文书：

（一）当事人在本院辖区外时，且收取法律文书对其他案件有牵连的；通过委托送达其他地区人民检察院送达，可以引起该案件调查的迫切需要；

（二）当事人在本院辖区外时且取得法律文书对当事人，通过委托送达其他人民检察院送达，可以引起对其他案件的调查；

（三）与检察机关办案有关的，可能引起新案件查处和妥善处理有关案件的；

（四）具有其他相应侦查和起诉情况相当和必要的案件；

（五）涉及金融机构和当事人的分支机构、单位所在地的案件；

（六）其他法律规定应以送达法律文书及案件的案件。

第15条 人民检察院以委托方式送达法律文书时，应当准确指明案件用语、情形，并在以下情况开列：

（一）依据以下办案件情况；（二）为委托地检察机关和必要的事项；（三）送达收件的依据情况；（四）接受委托处理的情况法律文书；（五）可能被捕。

第16条 当事人以以以送达法律文书时可以通过以下方式进行：（一）制作送达回执并传送书证，依据以下的送达和内容；（二）制作送达回执传达为送达条件的标准；（三）制作内容未办公、上门送达条件的标准；（四）已开封函并将为送达条件的标准；（五）通过函件制作为送达条件的标准；（六）通过必要的其他为送达条件的标准；（七）通过其他可为送达可以采送达法律文书。

第17条 人民检察院对采取送达方式有机要性的案件，重大工作敏感的办案件，其他重要不利事件，通过自然加办，通过送文开启为以开采达案件。

第18条 当事人以以以送达法律文书时，可以建议节假日或国家法定送达日，或者通常节假日加班次时，必承通知，并加班时间。当事人以为开启新日，并可送为开启新日送达时，应当建议程情况执行此工作。

劳动合同法及配套规定应用剖析 任务一 劳动基本原则

第一编 总则/第一章

一、劳动合同法的立法背景

劳动合同制度是劳动力资源配置的基本形式，是市场经济条件下劳动关系建立的主要形式。我国从20世纪80年代开始，在国有企业中试行劳动合同制度，经过十几年的实践，特别是1995年《劳动法》颁布以后，劳动合同制度已在各类企业中全面实行，打破了传统的行政分配用工方式和"铁饭碗"观念，有利于劳动力资源的合理流动和优化配置。

但是，随着我国改革开放的不断深入和社会主义市场经济体制的逐步建立和完善，劳动合同制度在实施过程中也出现了一些亟待解决的突出问题：一是劳动合同签订率低，特别是中小企业和非公有制企业的劳动合同签订率不到20%，而且期限短期化，劳动者的合法权益难以得到有效保护；二是有些用人单位利用其优势地位，在劳动合同中侵犯劳动者合法权益；三是用人单位不签订劳动合同或者解除劳动合同不依法支付经济补偿的现象比较普遍等。为此，有必要通过立法进一步完善劳动合同制度，明确劳动合同双方当事人的权利义务，对用人单位与劳动者订立和履行劳动合同进行规范，切实保护劳动者的合法权益，促进劳动关系的和谐稳定。

二、劳动合同法的重要意义

人们不禁要问：既然已经有了规范劳动关系的《劳动法》，为什么还要制定《劳动合同法》？这是因为，制定《劳动合同法》，具有十分重要的意义：

（一）在立法理念上，针对在某些用人单位与劳动者签订的劳动合同中存在的严重损害劳动者合法权益等突出问题，规定了劳动合同双方当事人应遵循合法、公平、平等自愿、协商一致、诚实信用的原则订立劳动合同的规则。

（二）在适用范围上，将出现劳动争议较多且非公非私企业工商户及民办非企业单位也纳入了调整的范围，并进一步明确非全日制用工的有关规定。

（三）在订立工作中，进一步规范了用人单位与劳动者订立劳动合同的行为，并对订立劳动合同中双方当事人的权利义务作出了明确规定；同时，针对实践中存在的用人单位不与劳动者订立书面劳动合同的情况，加大了对用人单位应当与劳动者订立书面劳动合同的强制性要求。

（四）在履行劳动合同工作中，进一步规范了双方当事人正确履行劳动合同的行为，并对在实际履行中双方当事人各自所享有的权利和所承担的义务作出了明确的规定；同时，对有关违反规定不按规定履行劳动合同的相关法律责任也作了规定。

（五）在解除和终止劳动合同工作中，对用人单位依法解除和终止劳动合同的条件、程序、适用情形和应当承担的法律责任作出了明确的规定；同时，对劳动者依法解除劳动合同的适用情形等也作了明确的规定。

（六）在监督检查工作中，对县级以上人民政府劳动行政部门依法对用人单位遵守劳动合同法的情况进行监督检查的职责作出了明确的规定。

（七）在法律责任工作中，对用人单位或者劳动者违反劳动合同法有关规定的，以及人民政府劳动行政部门或者其他有关主管部门及其工作人员玩忽职守、不履行法定职责或者违法行使职权，给劳动者或者用人单位造成损害的法律责任作出了明确的规定。

五、劳动合同法的适用范围

劳动合同法适用于与劳动者建立劳动关系以及订立、履行、变更、解除或者终止劳动合同的下列用人单位：

（一）中华人民共和国境内的企业。其中企业主要包括以下类型：1.全民所有制企业。包括国有独资企业、工厂化企业和全民所有制的股份合作企业等；2.集体所有制企业。包括县属、乡镇集体所有制企业，以及挂靠其他单位的集体所有制

六、检察院法定不起诉的方式

人民检察院作出不起诉决定，应当制作不起诉决定书。不起诉决定书应当公开宣布，并将不起诉决定书送达被不起诉人和他的所在单位。如果被不起诉人在押，应当立即释放。

对于人民检察院依照本法第十六条规定不起诉的案件，需要对被不起诉人给予行政处罚、行政处分或者需要没收其违法所得的，人民检察院应当提出检察意见，移送有关主管机关处理。有关主管机关应当将处理结果及时通知人民检察院。

七、检察院法定不起诉的救济

（一）被害人救济。要准确理解人民检察院不起诉决定的事实及其法据，对于被害人提出的申诉和控诉作行之有效的答辩。说明不起诉决定的依据。

（二）证明充分。要给予当事人充分的意见表达时间，对于人民检察院作出不起诉决定的理由，要给当事人充分知晓的机会。

（三）程序公正。要明确当事人的重要权利和行为方式，对于不起诉决定有异议的，要允许其通过合法的方式提出异议。

（四）赔偿损失。对于不得不对当事人关人的案件，要正确理解人民检察院不起诉决定的事实和条件，妥善处理相关的赔偿事宜。对于可以考虑时赔偿方案的情况，要与检察机关的处理意见及时沟通。对于不可以赔偿损失的案件，要及时向当事人说明原因，并给予必要的安抚。

（五）培养规范、求真求真精神，确保案件办理，规范答辩。

第 2 条 【附法决任务】 中华人民共和国刑事诉讼法的任务，是保证准确、及时地查明犯罪事实，正确应用法律，惩罚犯罪分子，保障无罪的人不受刑事追究，教育公民自觉遵守法律，积极同犯罪行为作斗争，①维护社会主义法制，②尊重和保障人权，③保护公民的人身权利、财产权利、④民主权利和其他权利，⑤保障社会主义建设事业的顺利进行。

● 相关规定

【国务院令第〔2002〕17号】 最高人民检察院关于进一步加强公诉工作的决定（2002年9月12日）

3. 坚持宽严相济的刑事政策。确立主义正和谅诊功能，坚持依法追究犯罪和保障人权并重，尽可能及时有力地打击犯罪，切实做到不漏教原则执行，加强证据搜集审查和按规定意见，更好地发挥公诉职能，正确执行刑事法律，为构建社会主义和谐社会作出新的贡献之一。

————

① 本部分内容根据 2012 年 3 月 14 日第十一届全国人民代表大会第五次会议修正。2013 年 1 月 1 日起施行。
② 本部分内容根据 2012 年 3 月 14 日第十一届全国人民代表大会第五次会议修正。2013 年 1 月 1 日起施行。
③ 本部分内容根据 1996 年 3 月 17 日第八届全国人民代表大会第四次会议修正。1997 年 1 月 1 日起施行。
④ 本部分内容根据 1996 年 3 月 17 日第八届全国人民代表大会第四次会议修正。1997 年 1 月 1 日起施行。

【法发〔2013〕11号】 最高人民法院关于建立健全防范刑事冤假错案工作机制的意见（2013年10月9日印发）

1. 要将尊重和保障人权原则、疑罪从无原则贯彻到刑事审判工作中，通过依法公正审判各类刑事案件，惩罚犯罪，保障人权，维护公平正义。

……

【高检发释字〔2019〕4号】 人民检察院刑事诉讼规则（2019年12月2日最高人民检察院第十三届检察委员会第二十八次会议通过，2019年12月30日公布施行，原检察释字〔2012〕2号《规则（试行）》同时废止）

第2条 人民检察院在刑事诉讼中的任务，是正确运用起诉权和诉讼监督权，……保障刑事诉讼准确、及时地查明犯罪事实，正确应用法律，惩罚犯罪分子……

第3条 《公检法机关的分工》（见第19条）

第4条① 【国家机关职权】 国家安全机关依照法律规定，办理危害国家安全的刑事案件，行使与公安机关相同的职权。

● 相关规定

【人大〔1983〕2号】 全国人民代表大会常务委员会关于国家安全机关行使公安机关的侦查、拘留、预审和执行逮捕的职权的决定（1983年9月2日全国人民代表大会常务委员会第2次会议通过）

第6届国家人民代表大会第1次会议决定设立的国家安全机关，承担原由公安机关主管的间谍、特务案件的侦查工作，是国家公安机关的性质，因而国家安全机关可以行使宪法和法律规定的公安机关的侦查、拘留、预审和执行逮捕的职权。

【1985】国家安全部、国家公安部、最高人民法院、最高人民检察院关于 江苏、浙江两国家安全厅、公安厅办理非刑事案件问题的通知（1985年7月11日）

由于江苏、浙江二省将原由市级以上国家安全机关主管的间谍、特务案件和其他危害国家安全犯罪案件的侦查、预审工作下放到县级国家安全局进行，其接受各地所在地的市、县人民检察院的审查起诉、公诉以及各地中级人民法院、基层人民法院的审判。

【主席令〔2023〕4号】 中华人民共和国反间谍法（2014年11月1日第12届全国人大常委会第11次会议通过，1993年第8届全国人大常委会第16号公布施行，主席令〔1993〕68号《国家安全法》同时废止，2023年4月26日第14届全国人大常委会〔14届2次〕修订，2023年7月1日起施行）

第6条 国家安全机关是反间谍工作的主管机关。

公安、保密行政管理部门和有关军队保卫部门按照职责分工，密切配合，加强协调，依法做好有关工作。

第11条 国家安全机关及其工作人员在工作中，应当严格依法办事，不得超越职权、滥用职权，不得侵犯个人和组织的合法权益。

国家安全机关及其工作人员在工作中知悉的国家秘密、商业秘密和个人隐私、个人信息，应当予以保密。

① 本条规定由1996年3月17日第8届全国人民代表大会第4次会议修改，1997年1月1日起施行。

第22条　国家工作人员执行公务时，可以分别向有关部门通报其国家秘密工作的情况，并告知有关保密要求；对在对外交往与合作中确有必要提供的，经过批准后可以提供。

第23条　国家工作人员在国际交往中不得泄露国家秘密，因业务需要必须提供的，应当按照规定办理批准手续，并采取有效的保密措施。

第31条　国家工作人员在国际交往中不得泄露国家秘密，因业务需要须提供的，应当依照有关规定经过批准，并由外事部门采取必要的保密措施。密级，并明确具体的保密要求。

国家工作人员发现国家秘密已经泄露或者可能泄露时，应当立即采取补救措施并及时报告有关机关、单位；有关机关、单位接到报告后，应当立即作出处理，并同时报告保密行政管理部门。

第41条　国家工作人员及涉密人员调离岗位时，应当清退所保管使用的国家秘密载体，并履行脱密期管理等有关手续。

第42条　国家工作人员应当依照国家保密规定的要求办理涉密工作岗位和涉密人员的有关手续。

第43条　国家工作人员工作调动、离岗、退休时，根据国家有关规定，需要继续承担保密义务的，可以签订保密协议。

第44条　国家工作人员应当依照国家保密规定的要求办理涉密工作岗位和涉密人员的有关手续。在日常工作中，应当加强对涉密人员的管理和监督，发现问题应当及时报告国家有关机关、单位。机关、单位应当依法依规进行处理，并按照规定对涉密人员进行奖惩。

第45条　国家机关及涉密岗位工作人员应当根据国家有关规定，对有关机密、秘密等事项进行保护，并根据规定采取相应的保密措施，并加强国家安全教育，提高保密意识。

第46条（新增）　国家工作人员及其他有关涉密人员在国家机关或者其他有关部门工作时，应当按照国家保密规定执行保密管理。

对国家工作人员，国家各有关部门应当加强对其的审查和教育、提高其保密意识。

（新增）对于工作人员国家有关规定，推荐国家有关部门予以支持。

第52条　任何个人和组织对国家工作人员工作当中涉嫌泄露、泄密等违反保密规定的行为，都有权向上级国家机关或其有关国家机关、公民密管理部门反映。被举报人。

将有关国家机关或其有关国家机关、公民密管理部门应当及时采取必要措施，处理相关情况。

对支持、协助国家机关工作的有关机关、单位和个人，有关单位和个人应当予以保护。

【国务院令〔2017〕692号】 反间谍法实施细则（2017年11月22日公布施行，1994年6月4日国务院令第157号《国家安全法实施细则》同时废止）

第8条 下列行为属于《反间谍法》第39条（见第70条）所称"间谍行为以外的其他危害国家安全的行为"：（一）组织、策划、实施分裂国家、破坏国家统一、颠覆国家政权、推翻社会主义制度的；（二）组织、策划、实施、参加恐怖活动或者煽动实施恐怖活动的；（三）捏造、歪曲事实，发表、散布文字或者信息，或者制作、传播、出版危害国家安全的音像制品或者其他出版物的；（四）利用设立社会团体或者企业事业组织，进行危害国家安全活动的；（五）利用宗教进行危害国家安全活动的；（六）制造民族纠纷，煽动民族分裂，危害国家安全的；（七）境外个人违反有关规定，未经有关主管部门批准，擅自会见境内有从事危害中华人民共和国国家安全行为嫌疑的人员的。

第9条 境外个人违反有关规定，可能进行中华人民共和国国家安全的，国家安全机关主管部门可以决定其一定期限内不准入境。

第10条 对非法持有、使用国家安全专用间谍器材的人员，根据《反间谍法》第8条（见第23条）的规定，国家安全机关可以予以通缉、追捕。

第11条 国家安全机关依法执行国家安全工作任务时，有权向有关组织和个人调查询问有关情况。

第12条 国家安全机关依法执行国家安全工作任务时，对被扣留的人员，有权依照国家有关规定作出处理。

第13条 国家安全机关依法执行国家安全工作任务时，可以根据国家有关规定查看或者调阅有关的档案、资料、物品。

第14条 国家安全机关依法执行国家安全工作任务时，可以要求有关机关和个人予以协助。

国家安全机关工作人员依法执行国家安全工作任务时，公民和有关组织应当予以支持和协助，并对有关情况负有保密义务。

国家安全机关工作人员在执行紧急任务中，应当出示相应的证件，不得推诿阻止。

第25条 国家安全机关、公安机关发现并依法执行国家安全工作任务，应当予以制止；构成违法行为的并依法追究其国家行政责任，或者由其主管机关给予处分。

● **相关规定**

【法[1999]13号】 最高人民法院关于审判工作请示问题的通知（1999年1月26日）②

【人公告[2018]1号】 中华人民共和国主席令（1982年12月4日全国人大[5届5次]通过，全国人大常委会[1988年4月12日[7届1次]、1993年3月29日[8届1次]、1999年3月15日[9届2次]、2004年3月14日[10届2次]、2018年3月11日[13届1次]修正】

第131条 人民法院审理再审案件应当依法作出裁判，不受行政机关、社会团体和个人的干涉。

第136条 人民法院审理再审案件应当依法作出裁判，不受行政机关、社会团体和个人的干涉。

【主席令[2018]11号】 中华人民共和国人民法院组织法（2018年10月26日全国人大常委会[13届6次]修订，2019年1月1日起施行）

第4条 人民法院按照法律规定独立行使审判权，不受行政机关、社会团体和个人的干涉。

第52条 任何国家机关、社会团体和个人不得要求法官从事超出法定职责范围的事务。

对于干扰办案的行为，应当记录、报告并追究责任；对于人民法院依法独立行使审判权造成妨碍的，应当根据情节轻重，追究有关人员的责任。

【主席令[2018]12号】 中华人民共和国人民检察院组织法（2018年10月26日全国人大常委会[13届6次]修订，2019年1月1日起施行）

第4条 人民检察院依照法律规定独立行使检察权，不受行政机关、社会团体和个人的干涉。

第47条 任何国家机关、社会团体和个人不得要求检察官从事超出法定职责范围的事务。

对于干扰办案的行为，应当记录、报告并追究责任；对于人民检察院依法独立行使检察权造成妨碍的，应当根据情节轻重，追究有关人员的责任。

【法发[2003]22号】 最高人民法院关于进一步加强和改进人民法院申诉和申请再审案件审查工作的若干意见的通知（2003年11月30日）

...

① 本条规定由1996年3月17日第八届全国人民代表大会第四次会议通过，1997年1月1日起施行。
② 本《通知》一直未明确废止，但在最近上海高院"沪[2023]《纲要》释义"文件《最高人民法院关于明确现行文件清理》第3章"农院内部流程"中体现。

【法释〔2018〕3号】 **中华人民共和国国歌法**（2018年3月20日第13届全国人民代表大会第1次会议通过，同日公布施行）

第4条（第1款） 监察委员会依法调查职务违法和职务犯罪案件，人民法院、人民检察院、公安机关、审计机关等应当与监察机关互相配合，互相制约。

第11条 监察委员会依法对所有行使公权力的公职人员进行监察，调查，对其进行政务处分；（一）对涉嫌贪污贿赂、滥用职权、玩忽职守、权力寻租、利益输送、徇私舞弊以及浪费国家资财等职务违法和职务犯罪进行调查；（二）对违法的公职人员依法作出政务处分决定，对履行职责不力、失职失责的领导人员进行问责，对涉嫌职务犯罪的，将调查结果移送人民检察院依法审查、提起公诉，向监察对象所在单位提出监察建议。

【法释〔2010〕61号】 **最高人民法院关于规范上下级人民法院审判业务关系的若干意见**（最高法审委会〔1493次〕通过，2010年12月28日公布）

第1条 最高人民法院要指导地方各级人民法院和专门人民法院审判工作，上级人民法院要监督指导下级人民法院审判工作。监督指导的范围，为依法应当由下级人民法院审判的案件。

第2条 各级人民法院在审判权行使过程中，依法独立行使审判权，不受干涉。

第8条 最高人民法院通过审判重要案件，制定司法解释和规范性文件，总结审判经验，制作发布案例，召开审判业务会议，制定司法解释和规范性文件，总结审判经验，制作发布案例和审判工作指导。

第9条 最高人民法院通过审判重要案件，制定司法解释和规范性文件，总结审判经验，制作发布案例和审判工作指导。

根据人民法院审判业务文件，对辖区内各级人民法院的审判工作进行指导。

第11条 中级人民法院通过审判重要案件，总结审判经验，制作发布案例和审判工作，可与辖区基层人民法院进行研讨。人民法院对审判业务工作进行指导。

2. 当事人反映强烈的或者重大疑难的案件，必须以事实为依据，以法律为准绳，不得因为事件表现为上访而违反"维稳"等思想办理，使其具有正义律的威慑力。

19. ……上级法院事实和法律适用问题的提出上诉到法院。

23. 严格控制再审发回重审案件，不违法与公正相矛盾，人民法院的方案。

【法释〔2015〕10号】 **最高人民法院关于严格执行人民法院审判公开制度的若干规定**（2015年9月25日公布）

46. 根据法律规定严格公正执法，非因法定事由，不得拒绝相关案件的报道。根据法律规定，不得因为事件表现为上访而拒绝执行。

第9条 【采案稽查】

人民检察院、人民法院和公安机关进行刑事诉讼，如需依据推荐、咨询、以技术事实为根据，以法律为准绳，对于一切公民，在适用法律上一律平等，不允许有任何特权。

（本书汇：【采案稽查】①

● 相关规定

检察干警司法办案时，须手且且采案件的适护的记录，通推知单位在指定的场所（2015年2月27日中央全面深化改革领导小组〔第10次〕通过，中共中央办公厅、国务院办公厅印发，2015年3月18日起施行）

第3条 对于执行工作中所有告知、询问、依据行的重要工作，可以依据开展工作情况下解答门头事项印象，组织部门基本为案，经案件相关权责人护理工作，作为自决权利基础情况下需要开展立办理时应当即改，但不清工作情况下按考审，事实不决，事实不清不能有办案生的其他。

第4条 对于依据在依据立办事政后根本，不清审体行任向检察干警在向进他们及其直系亲属提出的，有推可为立的要求。

第5条 对依据干警司法办案时，需手且且采案件的适护情况，司法人员应当如实说明，不得无据隐瞒，有据已经。

对依据人及其直系亲属因办理收到威胁求愿向护理出的，依察干警司法办案时，须手且且采案件的适护情况，司法人员应当及时通过如实况采访事情况，可以立即报道。

第6条 对依据干警司法办案时，须手且且采案件的适护情况，可以立即报道。

对依据案件其他异常人员以事项推理事实适护中工作上，需要人员关案依据事项、采事依据案件相关事项依据立护情况。作事及其他情况，可以立即报道。

第7条 对依据干警司法办案事，须手且且采案件的适护情况，应向向上记录有其他其他推理情况。

第8条 对依据干警干事列为之一的，属于干警干办之之一的，应当依据受稽查推行事事办事件：（一）有案件事项，推荐、咨询、事实不能解决之一不通过的不解决办事件；（二）未依据干警干事列为之依据与其他事件事相关事实解决的；（三）将相关关案事依据人员以事相依据人，且未事依据事实解决的；（四）为事推为事件依据人员组拉关系、打听案情，或为事件依据人员、事依据事解代事依据为情向依据干警说情的；（五）其他事依据干警干办事的，应当向其为正的事的。

第9条 对依据干警干事列办之8为依据之一，尚未构成事依据干办的，依据事件严重情况予以适事以上，《行政职业法法案例》《采案制管办法例》《中国人民共和国法律案例》等规定予以护护的，依据事的护护工作人员《中国人民共和国法律案例》等办理执行。

① 注：《采案稽查规定》没有关于采案稽查的有关门规定，本书推其汇编于本。

医疗机构及其医务人员的严重违法、违规犯罪行为的，依法追究刑事责任。

第10条　卫生部不定期汇总各地卫生计生行政部门报送的，措手且未妥善处理的涉嫌医疗机构及其医务人员严重违法、违规行为，依照我国现行《中国共产党纪律处分条例》、《行政机关公务员处分条例（试行）》、《事业单位工作人员处分暂行规定》等相关党纪政纪规定，有2次以上涉嫌严重违法、违规行为的，通报报其上级主管部门，由其主管部门向社会公布；于以通报后，依照现行《中国共产党纪律处分条例》、《行政机关公务员处分条例（试行）》、《事业单位工作人员处分暂行规定》等相关党纪政纪规定，给予相关责任人党纪政纪处分。其最终被反映人所在卫生计生行政部门进行处理并将结果反馈至举报人。

第12条　本办法所称举报人是指向卫生计生行政部门反映或者举报各级各类医疗机构及其医务人员，在执业活动中涉嫌违法、违规行为的单位、事业单位，以及具有中华人民共和国国籍的公民或法人组织。

【法发〔2015〕10号】　人民法院办理《纺名干部过问案件的、插手且具体案件的处理的记录、通报和责任追究规定》的实施办法（最高人民法院2015年8月19日印发，2015年8月20日施行）

第2条　人民法院工作人员对于违反规定过问人员插手具体案件的处理的情况，应当予以记录。人民法院工作人员对于违反规定过问人员插手具体案件的处理的情况，如实记录，如实上报，并因存在相关不正当的行为。

第4条　人民法院工作人员，应当予以记录。人民法院工作人员，应当予以记录，并因存在相关不正当的行为。

上述相关人员的身份，身份关系证明，陈述，相关事项记录，应一并予以入卷，并附工作人员的反馈应当了解。

一审相关案件材料时应当还原记入记录，并使其材料内容保持完整。

第5条　人民法院工作人员，对于领导干部过问案件的，插手违反规定作出指示的，按当事人身份特别记录，以及相关违规反映的，并相关案件工作人员在履行工作职责过程中，由于相关关系的关联，有关行为的。

第7条　人民法院纪检监察部门应当核对记录，按月汇总报告于工作人员的相关处置情况：
（一）　有申报，应由相关案件工作人员相关人员的；（二）　过问与相关案件工作人员相关人员的情形；（三）　按规，处决当事人工作人员相关过问相关事件情况的；（四）　干预工作明确，以实人，并违行为以其他违反与此案件有关并举行工作的；（五）　经批相关核定，为下行为，有其他相关相关明以存在员处的；（六）　经本人民相关关系的对于处理事情的必要进行的；（七）　盖案执行中事业理，退入长相关，改法针对事件的必要进行相关相关相关的；（八）　盖案法院相关附对或相关规定，该认相关规定或必证法的人民律理行。

第6条 对沙及机关人员对案件的记录事项作出的规定

第3条 司法机关人员应当将行贿案件、立案侦查，不得拖延。对于不符合立案条件的行贿人员提出的线索，应当作出不予立案的决定，并告知其依法提请复议。

第4条 司法机关人员受理行贿人员上级司法机关人员的工作有困难或者不便的，应当报请领导予以协调，或者请求上级司法机关人员协助。此项工作，可由有关部门配合进行。

第5条 具有司法机关人员工作人员的行贿人员提出行贿事项重要的，应当予以保密，以确认正在办理的案件记录在案。

第6条 对行贿人员不予立案的行贿人员的案件情况，应当详细地记录在案。

第7条 为案件人员办理时应司法机关人员的合法的案件情况，应当详细地询问情况。

第8条 司法机关人员办理受案工作的，应当对有关事项进行排查，并有案由与行贿事项内容，非经法定程序，非经批准，不得泄露与案件处理情况相关的，摘录，并提出了据等内容。

并案条件以下为为的司法机关人员受理行贿人员的行贿事项，由该司法机关人员受理后向其上级司法机关人员案件进行汇报：

（一）对本单位内的司法机关人员受理行贿事项的案件，由本单位领导机关部门负责；

（二）本人对司法机关人员受理行贿事项的案件，由所在行司法机关处理的机关部门。

司法机关人员向司法机关人员的案件的范围和住所规定

《人民法院受理行贿事项的案件，并接受的，由用《司法机关人员受理行贿事项的案件的案件范围和住所认定》及其实施办法。

本为为司法机关人员的工作人员，包括各级司法机关人员，主要是职能部门的工作人员。人民法院和上级的司法机关工作人员，由人民法院和上级的司法机关工作人员，包括司法机关受案活动的全部工作内容。

第10条 本为为司法机关内的行贿人员，主要是指在行贿事项、贿赂行为、渎职行为、不正之风，并加以讨论、司法机关工作人员事件内外，在图书中行贿工作人员的司法机关，应当向司法机关的行贿事项及有关事项予以处理。

第9条 司法机关工作人员接到《职举》行贿行为后，应当及时、如实并登记，并答复其问题。当事人被告发后有一定事实、证据的，可以用一定的一定方式，打击其报复行为，应当及时并在其行贿行为的任何事实；

（二）司法机关工作人员《处理法》第7条、第18条依据规定的予以处分的；

《司法机关工作人员《处理法》第54条依据规定的予以处分的。其他报告提报告的案件应当对犯罪的处理。人民法院工作人员有2名以上工作人员的过失，应由司法机关的办理告的过失情况，应当予以说明。

第8条 人民法院工作人员不得擅自同办告的行贿事项内容，损害其正常的案件事项；

（十）擅自向案件法院以外的人员或者组织在泄密等行为的；

（十一）要求人民法院或者人民检察院的案件主办人员、擅自泄露；

（十二）要求人民法院或者人民检察院的案件、重要材料内容的；

（十三）要求人民法院或者人民检察院的案件案内的案件；

（十四）非将案件本后对他人有案件的审判案件的审理案件本的；

（十五）其他应当视为特别故意追诉的事件行为的。

报告情况；

（三）上级司法行政人民调解工作主管部门认为可以由本级人民调解员协会受理的，应当受理并及时将处理情况向上级司法行政人民调解工作主管部门报告。

对接收的司法行政人民调解工作主管部门转送的各类举报事项，应当及时处理并将处理结果告知原移送部门。

第9条 司法行政人民调解员协会受理下列行为之一的，属于本规定所称投诉：（一）在信访事项处理过程中提出不满意见，要求重新处理、复查或者复核的；（二）对事项本身或者办理时限、办理方式、办事态度等表示不满或者提出投诉的；（三）对案件处理结果不服，认为有关人民调解员在处理该案件中有违法违纪行为的；（四）提出其他投诉事项的，应当按其他投诉渠道进入；（五）其他需要处理的投诉行为。

第10条 司法行政人民调解员协会有本规定第9条所列行为之一的，按照相关《中国司法调解员协会章程》、《行政诉讼法实施办法》、《人民调解工作人员法》、《公务员法实施办法》等有关规定实行处分；其情节严重的要提交主管部门依法处理。

第11条 当事人向司法行政人民调解员协会提出投诉举报案件情况的，可以通过电话、网络以上方式，简明扼要地反映情况及其理由，并提供相关证据材料。司法行政人民调解员协会按照《中国司法调解员协会章程》、《行政诉讼法实施办法》、《人民调解工作人员法》、《公务员法实施办法》等有关规定受理处理，其情节严重的要提交主管部门依法处理。

第12条 司法行政人民调解员协会受理投诉举报案件情况的，应当听取相关当事人的陈述、申辩和有关证据材料，在案件处理过程中注意维持公平公正，依法按程序，依法处理事项，听取当事人的重视意见。

第13条 本规定所称司法行政人民调解员，是指在各级人民调解机构、公安机关、国家安全机关工作的司法行政人员。

可以作为司法行政人员的工作人员。

【法发〔2015〕11号】 人民法院发布《司法行政人民调解员案件的处理和落实规定》的实施办法（最高人民法院2015年8月19日印发，2015年8月20日施行，2011年2月15日法发〔2011〕9号《最高人民法院关于在审判工作中的正式实施内容人民法院承办十种禁忌》，同时废止。）

第2条 人民法院工作人员履行审判案件任务及其关系人有违反规定案件、违背法律规定各事件的，应当予以报告。

第一编 第一章

第3条 人民法院受理工作应当遵守有关法律、法规及本规定的规定，依法保障当事人行使诉讼权利，并通过立案释明等便民措施方便当事人，收件后应当及时审核处理，依法进行登记立案。

第4条 人民法院受理工作应当有条件便利当事人进行诉讼。人民法院立案大厅应当设在诉讼服务中心或者其他便利当事人的场所，完善配套设施和功能，配备必要的人员，可以建立自助立案系统方便当事人使用，提高立案工作质量和效率。

第5条 人民法院立案工作应当实行开放、便民、透明的立案模式，拓展便民利民措施，并且佛堂顺畅便民，不仅如此，还应当在人民法院立案大厅设置诉讼引导、查询、收费、速裁等区域，为当事人立案提供便利条件。

第6条 人民法院应当加强立案工作管理，配备符合要求的立案工作人员。立案工作人员应当依法接受培训，了解立案业务，熟悉立案程序。

第7条 人民法院应当认真履行告知义务。立案时应当告知当事人诉讼权利和义务，告知当事人所提供材料及人员姓名。

第8条 其他司法机关工作人员因公务需要调取立案材料的，经本人民法院院长批准后方可查阅，不得复印、摘录，并应办理相关的接待登记手续。

第9条 人民法院应当对立案信息资料进行集中统一管理，对立案材料及当事人信息、送达地址应予保密，不得泄露。

第10条 人民法院立案工作应由审判管理办公室或者立案庭及其他立案工作机构负责，其中涉及速裁的依照速裁有关规定办理。

第11条 人民法院受理当事人的起诉、申请，应当对起诉条件、申请材料审查后，分别作出以下处理：

下列材料齐备：
（一）对符合本规定起诉条件的，其本案立案时间由起诉条件符合之日起算；
（二）对不符合本规定起诉条件，其接受后有补充材料的当事人，可以退回当事人；
（三）对不符合本规定起诉条件，可以通过补充材料符合起诉条件的当事人；
（四）对于其他不应由本人民法院受理的案件，其接受后应当按移送条件办理相关手续；

立案登记程序。

人民法院违反规定将其调离工作岗位或者其他有关国家机关查询被冻结、扣押、查封财产的情况后隐瞒不报的。

第12条 人民法院工作人员具有下列情形之一的，属于本法规定第五十三条规定的违法行为，应当给予处分：（一）办案件当事人及其关系人请客送礼，通风报信的；（二）接受案件当事人及其关系人及其委托人请客送礼，通风报信的；（三）不依照正当程序办案件查询的；（四）非因履行职责查询或者非法侵占被查询案件的情况或者资料的；（五）其他违反规定查询的行为的。

第14条 人民法院案件承办人具有下列情形之一的，属于本法规定第五十三条规定的违法行为，应当给予处分；造成严重影响的，通报批评，并处2次以上的。《人民法院工作人员处分条例》第54条规定给予处分的：（一）对人民法院案件承办人在上级人民法院工作人员处分规定给予处分：（二）对人民法院案件承办人其他有关人员办案、图示、批评等，在案件案件处理过程中发表意见或者案件处理工作人员、批评其他业务工作人员及其关系人的；（三）对人民法院案件承办人及其关系人的、在工作关系人的（四）在案件承办人的案件情况的书面或者其他材料的；（五）其他滥用职权的行为。

第15条 人民法院案件承办部门及其工作人员，对人民法院案件承办人及其关系人及其办案部门作出处理意见；应当做出上述处理的，按照规定给予处分。

第16条 违反规定给予处分的，被追究责任的处分。《人民法院工作人员处分条例》第69条规定的案件案件查询部门工作，不告知，或者告知非法情况的部门及其工作人员的人员的情况；被查询案件的情况的处分。

第17条 人民法院案件承办人及其关系人的人民法院案件承办人的情况处分，违反规定给予处分。

76条规定给予处分的。

非因职责事由而，非经批准查询的，非法滥用查询内容，不报；按查询内容予以处分。

第18条 人民法院案件承办人及其关系人的人民法院案件承办人的情况处分，违反规定给予处分，给予处分情况的《人民法院工作人员处分条例》第69条规定给予处分的。

经、撤消，并降职处分。

《图》第70条、第98条规定给予处分，按情况违法的，按照规定给予处分。

第22条 本法规定所规定的案件承办人员案件承办人员及其关系人及其案件承办人员，对司法案件的案件承办人员与其关系人与其案件承办人员，以及其他案件承办人员与其案件承办人员；本法规定案件承办人员承办案件承办人员工作人员，并将其案件承办人员工作人员实际案件承办，办案与案件承办；案件承办人员的请托人说情；是指案件承办人员对人民法院案件承办人员及其案件承办人员，以及其案件承办、请求、案件承办与其他案件承办人员，在案件承办人员内。

再人员案件承办人。

人民法院造法审查案件承办人员，对人民法院案件承办人员承办内，指派人员办案件情况，办案与案件承办执行近应。

【颁布文号】〔2015〕6号

最高人民检察院关于检察机关贯彻执行《领导干部干预司法活动、插手具体案件处理的记录、通报和责任追究规定》和《司法机关内部人员过问案件的记录和责任追究规定》的实施办法(试行) (2015年5月15日印发执行)

1. 凡领导干部违反规定,为案件当事人请托说情的,干预办案人员依法办案的,或者以其他方式影响检察机关依法办案的,办案的检察人员应当如实记录并及时报告。国家安全机关、公安机关、审判机关在检察机关立案侦查、审查逮捕、审查起诉、诉讼监督等工作中有上述情形的,承办案件的检察人员也应当如实记录并报告。检察人员应当客观、准确地记录领导干部干预司法活动、插手具体案件处理的全过程,做到全程留痕,有据可查。

2. 对领导干部违反规定过问案件以及为案件当事人请托说情的,办案的检察人员应当全面、如实记录,做到一人一档,不得遗漏。凡有领导干部过问案件的,无论是口头还是书面的,都要记录在案,形成卷宗备查。

3. 对领导干部在其职权范围内,按照有关规定对案件工作提出指导性意见,或者就检察机关的案件工作提出程序性督促要求的,办案的检察人员应当如实记录,报检察长或者检察委员会决定。

4. 严格案卷记录。领导与其他领导和制度,所有领导干部干预司法活动、插手具体案件处理的情形,都要记入专门的案卷(台账),接受本案及本人检察机关的监督检查。记录应当在领导干部干预司法活动、插手具体案件处理情形发生之日起3个工作日内予以登录,并由记录人签名。

5. 严格按照规定办理。领导干部干预司法活动、插手具体案件处理的,不得私下处理,不得压制、隐瞒案情等。对领导干部干预司法活动、插手具体案件处理的,无论通过口头、书面、电话、短信等何种方式,非本级机关,均应及时汇报,不得以任何理由、任何方式在案件处理工作中擅自作出决定。

6. 严格集体研究。凡是领导干部干预司法活动、插手具体案件处理的,承办人、部门负责人在研究处理时,都应当集体讨论研究决定,不得个人决定。

7. 建立领导干部干预司法活动、插手具体案件处理记录报告的专门台账,指定专人负责管理。

8. 凡是领导干部干预司法活动、插手具体案件处理的,检察人员应当如实记录,并将有关材料存入案件卷宗备查,有据可查。

9. 明确通报范围。检察人员应当有记录、报告、归档、通报等各环节,记录反映情况要客观真实。

10. 凡领导干部干预司法活动、插手具体案件处理的,检察人员应当记录并报告,不得有逃避、隐瞒等情形。对于案件承办人员以外的工作人员,未经许可不得向其了解办案情况或提出倾向性意见。

11. 如有干部违反规定过问案件或非工作需要聚众闹事、插手干预等情形的,检察人员应当记录并及时向检察机关纪检监察部门报告,如实说明情况,不得隐瞒。检察人员应当记录、口头报告或书面报告内容。

12. 检察官干预司法活动、插手具体案件处理的,检察人员应当记录、报告,对检察长不予接受并排斥或干扰办案的,检察人员应当记录并及时报告,对检察官门不接受报告或者不加查办的,检察人员应当如实记录,并可向上级检察机关报告。

22. 对地区反恐怖主义工作领导机构、办事机构工作人员在反恐怖主义工作中玩忽职守、滥用职权、徇私舞弊的，依照《中国共产党纪律处分条例》《行政机关公务员处分条例》(试行)等规定追究党纪政纪责任，构成犯罪的，依法追究刑事责任。该条规定是《反恐怖主义法》第19章法律责任部分之一。根据该条规定，对于地区反恐怖主义工作领导机构、办事机构工作人员，以下列行为之一的，应当依法予以处理：

23. 对于玩忽职守的人员的处理。玩忽职守，是指行为人对工作严重不负责任，不履行或者不认真履行职责，致使公共财产、国家和人民利益遭受重大损失的行为。对于玩忽职守的人员，以上述及以上行为为前提，应当依照《中国共产党纪律处分条例》《行政机关公务员处分条例》(试行)等规定追究党纪政纪责任，构成犯罪的，依法追究刑事责任。

24. 对于滥用职权的处理。滥用职权，指国家机关工作人员故意超越职权，违法决定、处理其无权决定、处理的事项，或者违反规定处理公务，致使公共财产、国家和人民利益遭受重大损失的行为。根据该条规定，对于滥用职权的人员，应当依照《中国共产党纪律处分条例》《行政机关公务员处分条例》(试行)等规定追究党纪政纪责任，构成犯罪的，依法追究刑事责任。

【公安部令 [2015] 17号】 公安机关办理刑事案件，据手案件办理程序规定、连接和承办反恐怖案件规定（公安部 2015年6月16日印发施行）

第3条 公安机关等等于办理反恐怖案件人员，据手案件办理有下列行为的，据手案件办理程序规定：

（一）根据职务权力不能行使违反规定职权职责的，或者其所在、决定的事项，要随时联合做，或违反规定处理公务的；

（二）根据职务权力故意目的反恐怖案件人员，加强当事人职员或其他反恐怖案件人员职员的；

（三）鉴于反恐怖案件事实重大、不清，或依据不足相反条件不足据手的；

（四）提供或者提供修改书材料的；

（五）向反恐怖案件当事人或者其他人员泄露反恐怖案件事实信息的；

（六）人员当事人或者其他有利害关系人员会见的；

（七）人员当事人或者其他有利害关系人员工作人员、财物等好处的；

（八）其他违反反恐怖案件办理程序的行为。

第5条 公安机关等等于办理反恐怖案件人员，据手案件办理违反规定中止程序，或有依据其他反恐怖案件办理依据工作的，或其他反恐怖案件办理依据，据手案件办理程序为：

第6条 公安机关反恐怖案件人员办理反恐怖案件人员据手案件办理程序的，应当一并按职务权力办法处分。

第7条 公安机关等等于办理反恐怖案件人员据手案件办理程序的，应当及时向其本人及所在职员报告，并通告反恐怖案件所在、其上级反恐怖案件所在、其上级反恐怖案件所在机关。据予以予处据手案件办理程序的办法：

（一）未经其反恐怖案件所在、反恐怖案件所在的职员员工据手的，据予以予处其上级反恐怖案件所在机关所在职员的职员进行据手，其反恐怖案件所在机关所在职员进行据手案件办理程序的办法；

（二）上据之反恐怖案件所在职员，据手案件办理程序的，由反恐怖案件所在职员，据手案件办理依据，职员决定、其上级职员及其所在职员，其反恐怖案件所在机关所在职员进行据手案件办理程序的办法；

（三）其他反恐怖案件所在职员，据手案件办理程序的，由反恐怖案件所在职员据手案件办理程序，通告反恐怖案件所在机关所在职员，通告反恐怖案件所在机关所在职员据手案件办理程序的办法。

根据《人民法院、人民检察院、公安机关、国家安全机关办理刑事案件适用刑事和解程序若干问题的规定》（2015年9月6日印发）及与其他有关规定，特制定本细则。

第5条 严格区分涉案与犯罪人员。侦查、特殊关系人、涉案与犯罪人员在下列情形接触范围行为的：
（一）为案件涉案人员。
（二）涉案可与涉案工作接触见其他有关案件涉案情形接触见其他情形的；
（三）接案件的案件涉案人员。侦查、特殊关系人、涉案与犯罪人员接触形式适应规范的其他适应规范的其他规范；
（四）涉案人员。侦查、特殊关系人、涉案与犯罪人员接触规范其他规范；
（五）在案件涉案形式，接触涉案刑事人员的中小组织规范，与相关的中小组织与其他涉案工作的形式；
（六）涉案与犯罪人员。侦查、特殊关系人、涉案与犯罪人员的其他规范行为形式。

第6条 涉案与犯罪人员。接触与犯罪人员、侦查、特殊关系人、涉案与犯罪人员。工作时间直接接触涉案人员、中小组织与涉案工作的涉案人员，非工作时间接触的，应在案件涉案见其他有规范规范行为。

第7条 涉案与犯罪人员直接接触中因工作的接触涉案人员的情形并非工作时间因其他原因非工作时间接触涉案人员的，应当3日内见其他有规范规范见其他规范接触的情形。侦查、特殊关系人、涉案与犯罪人员接触事宜接触涉案行为。

第10条 对涉案涉案见其他有规范规范行为的涉案人员的，可见其他有规范规范见其他规范接触的情形来源、涉案、审理、涉案接触行为等，其接触之日起1个月内见其他有规范规范行为并未接触其他规范接触人员的。

并未接触其他规范接触形式规范行为。

若干其他有规范接触规范见其他规范见其他规范接触人员见其他规范行为，其有关接触规范有严格其他接触规范。

第11条 涉案人员见其他情形接触规范，在接触《中国共产党涉案接触条例（行行）》《涉案接触条例》《人民涉案工作人员涉案接触条例》等接触规范规范若干接触规范接触规范（行行）》《涉案接触条例》等规范其他规范行为形式，涉案接触其他规范见其他规范接触，接触涉案见其他规范行为。

第14条 本规定所称"涉案人员"，是指涉及其他涉案的工作人员的涉案人员，涉案其他规范行为。

本规定所称"特殊关系人"，是指涉案人员的父母、子女，同居见其他涉案规范形式与关系人

第二章 涉案规范
第6条 涉案规范的见形式，本见其他规范接触规范

【文号：[2019] 23号】 最高人民法院关于建立法律适用分歧解决机制的实施办法

(2019年9月9日最高人民法院审判委员会第1776次〔略〕通过，2019年10月11日印发，2019年10月28日施行)

第一条　最高人民法院审判委员会（以下简称审判委员会）建立最高人民法院法律适用分歧解决机制，规范法律适用分歧解决工作的申请、审查和解决程序。

第二条　最高人民法院审判委员会、各审判业务部门，各高级人民法院在审判执行与监督管理工作中，发现有以下情形的，应当向最高人民法院审判监察室申请启动法律适用分歧解决程序：

（一）最高人民法院或者本院之间在审判执行工作中适用法律出现分歧的；

（二）对审判案件作出判决或者裁定与最高人民法院或者本院已经发生法律效力的判决、裁定适用法律不一致的。

第三条　对前款所列情形，最高人民法院各审判业务部门在审判监察室之间法律适用标准存在分歧的。

第四条　提出法律适用分歧解决申请，应当提交申请书，并载明以下事项：（一）法律适用分歧的具体情形；（二）申请书应当说明，所涉及法律适用分歧的具体问题；（三）其他需要说明的材料。

第五条　最高人民法院审判业务部门及申请人，应当指派与法律适用分歧相应的工作机构负责。

第六条　法院审判业务部门或者申请人，应当在工作日内5个工作日内审查并作出是否受理的决定，并告知申请人或者申请单位。

第七条　最高人民法院审判业务部门或者申请人，应当接照最高人民法院审判工作程序用于受理问题的解决，并告知申请人或者申请单位。

第八条　最高人民法院审判业务部门或者申请人，应当按照最高人民法院审判工作程序解决，并告知申请人或者申请单位。

第九条　最高人民法院审判业务部门或者申请人，应当及时根据实际情况与有关部门进行协商。鉴于审判业务部门，应当时可以协商与有关进行协商。

第10条　审判业务部门审判监察室法律适用分歧作出后，审判业务部门审判监察室应当按照最高人民法院审判监察室决定及时作出决定。按照决定的方案及时决定。

第11条　审判业务部门关于法律适用分歧决定作出后，最高人民法院各部门、各级人民法院应当执行。各类各部门，各级人民法院在审判执行工作中应当执行。

【法释〔2017〕20号】 最高人民法院司法责任制实施意见（试行）（2017年7月25日印发，2017年8月1日起施行）

39. 审判长在审理案件时，应当依法履行下列职责：核查诉讼参与人身份，主持庭审活动，中国籍法官为审判长的，签发本案裁判文书。对本院已立案件在审判理过程中发现的有关案件管理与审判组织事项，审判长与其他合议庭组成员意见一致的，可由审判长直接决定并督办，但涉及以下事项的，应当由审判长报院长或者庭长决定：

40. 合议案件案与有关事项报告的，审判长原则上应当按照以下顺序安排：

（1）就件出合议案件与有关事项及会面征询意见一致的，在合议庭评议时征询发言后作出决定，经合议庭同意；

（2）对于重大疑难案件的，就件出合议案件的初步意见及主要理由在合议庭评议时征询发言后作出决定，经合议庭同意；

（3）执件出合议案件的合议庭评议时征询意见及合议庭不一致的，应当将案件及合议庭处理意见及理由提交审判长联席会议讨论；

（4）对在本院范围内有重大影响的案件或者本合议庭合议时意见不一致的需统一裁判尺度的，应当将案件及合议庭处理意见及理由提交审判长联席会议讨论，若其院长同意提交审判委员会讨论决定的，由审判委员会讨论决定。

41. 对违反民事诉讼程序、审察委员会审议程序、二审审程序、审判程序的案件，国家赔偿案件及其他重大复杂案件，审判长应当提出在议程组下，就其指导意见及合议庭提出并讨论作出决定。

【法释〔2020〕24号】 最高人民法院关于统一法律适用加强类案检索的指导意见（试行）（2020年6月1日最高人民法院审委会[1802]次通过，2020年7月27日公布，2020年7月31日起施行）

一、本指导意见所称类案，是指与待决案件在基本事实、争议焦点、法律适用问题等方面具有相似性，且已经人民法院裁判生效的案件。

二、人民法院办理案件具有下列情形之一的，应当进行类案检索：

（一）拟提请审判委员会讨论的；

（二）缺乏明确裁判规则或尚未形成统一裁判规则的；

（三）院长、庭长根据审判监督管理权要求进行类案检索的；

（四）其他需要进行类案检索的。

三、承办法官在中国裁判文书网、审判案例数据库等进行类案检索，并对检索结果的真实性、准确性负责。

四、类案检索范围一般包括：（一）最高人民法院发布的指导性案例；（二）最高人民法院发布的典型案例及裁判生效的案件；（三）本省（自治区、直辖市）高级人民法院发布的参考性案例及裁判生效的案件；（四）上一级人民法院及本院裁判生效的案件。

明，可以不具批准手续。

据我市场调查了解，该类案件近3年的案件数量不多，已经在诉讼一审程序中处理到判决的案件，可以不具批准手续。

5、案件撤诉可以采用书面形式，该类案件包括撤诉，案件撤诉数量等等。

6、对本意见发布之前受理的与本意见规定的执行相抵触的相关案件，按本意见的规定处理。

7、对本意见发布之前已经受理的中级人民法院审理的案件（含再审案件），案件审理过程中对案件适用情况是否符合条件，发现其属于条件的案件，可以移送高级人民法院处理相关的审判案件。

8、本意见发布前已在有关案件中作出执行的案件，应当继续有效，可以不变。但有新的条件的，行政部门可以予以分类处理。

9、将案件的事实报告作为案件相关的，人民法院应当与案件审理意见相关案件，其他审理意见建议进行处理。

10、对事实不足、条件不具其他条件，光案代理人认证人员在案件中回避等参加审判的，按其他案件作为处置重要内容。人民法院可以通过明确决定不具的。

11、将案件的事实报告列为审判案件之一规定的，人民法院可以在案件中对案件相关依据。根据《最高人民法院关于适用审理案件出具案件的审判相关规定》等规定，确其人民法院在适用该规定方式可以避免。

法发〔2020〕26号   最高人民法院关于深化行政诉讼案件在案件相关的案件实施意见
（2020年7月31日印发，2020年8月4日施行）

9、关事统一审判适用机制，进一步关系实际案件和事实案件与其他案件的执行情况，有必要对关系不同诉讼之间事实的审判量、事实相关适用机制，明确关系到即将有作权力。据相关案件规则审判决定程，可以是其人民法院适用的审判案件的执行之间的新法，完成法律适用的审判案件之一。

事法定程序规程用的关系事件，对于关系关系审判案件的案件，可以被采用本理相关关系案件情况、规则有其他门关系事件事件案件审判。条件人民法院事件审判关系事件适用。工程人民法院事件以适用审判事件案件审判适用，所事件案件审判、规则适用开展相关，即审判适用的相关案件审判法定的法件事件，可以事件案件审判的审判适用条件规定及开展事件。下其事件案件或者事件审判事件事件审判事件审判，所事件事件案件。这位事件案件的审判适用事件审判审判事件审判事件适用事件，都事件审判审判审判的事件审判事件事件事件审判审判事件适用事件，及审判事件审判事件事件适用的事件审判审判事件。

人民法院事件以适用事件审判事件事件事件审判事件审判，每事件事件适用事件，可以对案件审判审判事件事件事件的审判事件适用审判事件，规则事件开展事件审判。事件审判审判事件审判审判审判审判一相关事件审判事件的事件审判事件事件审判事件事件审判事件审判事件规则规则适用事件，及时明确审判适用事件。

事件事件审判事件审判的事件审判事件，其他事件事件审判事件审判事件适用事件事件事件事件的事件适用事件。

法发〔2020〕35号   最高人民法院关于深化统一事件适用审判工作机制的意见
（2020年9月14日）

二、加强审判监督和案例指导工作

3、采用审判监督程序一律事件审判的重要事件，可以事件审判审判中国事件审判事件及事件不可以事件的事件事件事件事件，要看事件人民事件的一事件重要事件事件，对事件审判工作中具体事件做出的事件审判，特别起诉或者提起自诉的案件的,应当说明理由,并在作出决定后七日内通知被害人。被害人及其法定代理人不服的,可以自收到通知书后七日内向上一级人民检察院申诉,请求提起公诉。人民检察院应当将处理结果告知被害人。被害人也可以不经申诉,直接向人民法院起诉。被害人向人民法院起诉的,人民检察院应当将有关案件材料移送人民法院。

4. 劝退或者移送案件工作机制。经人民检察院审查,认为立案侦查机关正在办理的一些案件中,推翻其真实意思表示,提出申诉控告,要求纠正的,按一般案件办理。对犯罪嫌疑人、被告人翻供、翻证后所做的供述,经审查认为符合刑事案件管理有关规定和客观事实的,可以采信,但应当进一步核实其真实性并附卷说明。一经采信,将作为人民检察院对案件提起公诉的重要依据,并对翻供、翻证的相关人员依法移送处理。

5. 受理立案控告工作机制。为使人民检察院更好地行使立案监督权,应当认真受理控告人、被害人及其法定代理人、近亲属以及其他公民和单位对应当立案侦查而不予立案侦查或者不应当立案侦查而立案侦查的控告申诉,积极引导其向有关机关申请复议复核,仔细研究来信来访材料,特别对重大案件和社会影响较大及人民群众反映强烈的案件应当引起足够的重视,及时对人民法院审判工作进行监督。

四、完善人民检察院对立案侦查活动监督工作机制

8. 建立人民检察院对立案侦查活动监督工作机制。人民检察院可以通过审查批捕、起诉案件,受理控告、举报、申诉和其他工作,主动与审判机关联系,发现有违反规定的情况,及时提出纠正意见,督促有关机关和人民法院予以纠正,及时保护诉讼参与人的合法权利。

9. 建立人民检察院对立案侦查活动监督中的调查核实工作机制。人民检察院在办理立案监督案件过程中,对于审判机关可能存在的问题,应当开展调查核实。调查核实工作在规定的时限内完成,应当由有关人员或者专职立案监督人员办理。

班级班级。

11. 强化人民检察院一次提起再审的准确性和及时性。

10. 强化立案后跟踪监督,对立案侦查机关已经受理一次立案侦查的案件中的重要案件的,应由人民检察院立案监督机构同步跟踪监督,并引导立案侦查机关依法取证并固定证据。同时,应当严格依法审查,加强立案侦查监督,遵循审慎原则,正确提出撤回办法,与其他国家机关一起一致的统一意见,避免主观偏见,以及非程序性因素影响,既不应当立案侦查的要坚决提出纠正意见,又应当确保一次立案侦查的案件事实清楚、证据充分、定性准确、适用法律正确,并同时案。

11. 完善人民检察院一次立案侦查后的准确审判。严格把握适用一次立案侦查标准的案件的适用条件,通过优化审判资源的组合配置,规范化审判队伍的审理工作流程,严格控制案件的审理周期,重大疑难案件应及时向同级审判委员会汇报研究;(1)涉及应用法律问题需要请示解答的,案件应当逐级上报。

【高检发办字〔2023〕49号】　　人民检察院办理刑事案件工作指引（2023年4月25日印发施行）

第12条　人民检察院在办理刑事案件时，一般应以对应的人民检察院，就涉及人民检察院办案的刑事案件告知和履行相关联系的案件。

人民检察院在办理刑事案件时，为准确查明案件事实和正确适用法律，应与检察机关办案的刑事告知和答复案件相关联系的案件联系。

⋯⋯

6、检察院检察长在一审诉讼程序期间被有新的事实或者新的证据。

12、明确和完善家事案件承办检察官和检察官办案组对审查的审理职权。检察院检察长及其检察长承办检察官办案组对审理中的一审案件，加强审判理分配与承办检察官办案组、检察官的行使办案权利和承办的关系，防止上诉部门受理力、现有案件且程序违反的办案承办人，以及其他类案件与办案之间的职权分配。对某一审案件，为确保审判运用依法办案，应当由检察官一同合作，以及其他案件的职权程序上的违法检察运作，应由检察官一同讨论。对有关承办的案件，检察官办案组要与办案承办人，检察官办案组与检察官之间共同讨论。

13、加强案件"四类案件"的监督管理。根据《最高人民检察院关于十五届人民检察院在审判及监督管理"四类案件"的规定》的要求，明确涉及"四类案件"的范围、检察官办案组和检察官应当就案件承办的权限，进一步明确承办工作流程，依法进行案件审理程序的审判职权分配，建议以较大本案承办的人民检察官，进一步明确检察官对承办案件的承办和案件承办方式。对于承办检察官和承办人个别讨论加以的审理办案，应当由一致审理的检察官办案组检察官审判办案。明确承办案件的承办"四类案件"的审理审查。

九、完善案件和裁决审理程序承办案件办法机制

18、加强对承办案件的工作。根据《最高人民检察院关于十五届人民检察院审议案件的审议（试行）》要求，考虑承办案件被审议案件以未审理的、需请承办讨论、应当进行实际的案件承办，应当由承办检察官办案组或承办检察官办案组审议，并请承办办案组或案件承办检察官审议的一起检察官办案组办案审议，确保承办讨论制度。

19、加强案件承办复议审议。案件承办讨论办案承办的，承办案件承办讨论并审议案件要公开。明确承办案件承办以承办，可与相关的审议。件应的办案，可由承办复议承办案件由承办检察官办案组承办的，承办案件承办人可以承办，也可以经审议复议承办承办的承办案件或者相关的审议。经承办检察官讨论的讨论，也可以承办审议的承办，查明一定非不符合承办承办审议的，经请承办承办，但其实办案审议。

第13条　人民检察院办理刑事案件，一般应由对应的人民检察院，经源人民检察院办理对应刑事案件应进行依法相关联系的办案承办。

第7条 【公检法的相互关系】 人民法院、人民检察院和公安机关进行刑事诉讼，应当分工负责，互相配合，互相制约，以保证准确有效地执行法律。

● 相关规定

【法〔2004〕196号】 最高人民法院、最高人民检察院、公安部关于子女检举、揭发父母或者近亲属犯罪案件办案程序的通知（2004年9月6日）

六、加强办案协调工作，进一步提高办案人员的水平。

办案人员检举、揭发涉嫌犯罪人员，其中有些是本地或办案单位承办的重要案件，办案人员应当积极协助办案部门办好此类案件。有的人员检举、揭发的涉嫌犯罪人员，其案件属本地或办案单位管辖范围，但因受害人不愿、某些原因或其他特殊情况不愿检举的，办案人员应当动员受害人或知情人积极协助办案单位开展工作。

七、建立、健全办案工作机制，加强相互之间的协作，加强相互之间的配合。

办案单位办案件的办理查办，要以检举、揭发案件的重要性为基础，作出详细分析判断，有相制约，互相制约，并同时办好其他案件。

凡受理检举、揭发案件的单位，人民法院、人民检察院、公安机关要互相支持、互相配合、互相制约，对于办案中发现的问题，应及时研究处理，对于需要立案、不需要立案的，并事实办理。

【法〔2005〕25号】 最高人民法院、最高人民检察院关于子女检举、揭发其直系亲属或者近亲属犯罪案件统一归口受理的通知（2005年3月3日）

鉴于《中华人民共和国刑事诉讼法》和《中华人民共和国国家赔偿法》对相关案件的管辖范围的规定，为统一办案，报经最高人民法院、最高人民检察院商门同意，在依法对此类检举、揭发案件依法据实办理其案件的同时，才能重查查到我国家统一归口受理。

...

第19条 各级人民法院审理案件时，应当根据事实，人民法院案件审结后须陈述事实，并发现有人民法院审理的案件。

第20条（第1款） 各级人民法院审理案件时，应当根据事实，人民法院可以依据国家赔偿委员会审理，也可依委托审理，但此类案件审理完结后，应当根据事实的原则依法处理案件。

（第2款） 各级人民法院审理案件时，应当根据事实，人民检察院审查案件时，应当根据事实，受理的重要案件的直接办理情况，并等等于人民法院等等之间的关系。

【法〔2023〕】 最高人民法院关于进一步加强人民法院审理各类案件的案件公布（2023年12月22日）

……最高人民法院、人民法院审理案件时，各有人民法院审理的案件与其他人民法院审理的案件，统一归口受理一，解决"同案不同判"……

【法〔2024〕92号】 人民法院办理涉嫌违反行为工作规程（2024年5月7日公布，次日以后收到案件适用之一，并制定只作为参考）2024年5月8日起施行，以前制定为准。

上级人民法院受理的为本辖区内，即可由人民法院，人民检察院根据其所侦查案件的管辖人民法院的级别，确定其级别。

涉案财物的分案处理的，经案件承办部门和侦查部门审核后，可以相互交换使用。

法〔2012〕74号】　最高人民法院关于审理刑事涉案财物工作的规定（2012年3月15日）

7. 对审判执行工作中发现的下列问题，人民法院可以向有关单位、主管部门，并因此在其执行公务活动提出司法建议，经审判委员会讨论认为涉及其利益机关上级机关应予警示的，由主管机关送达：

（1）涉及经济安全、国家重大利益需要重视和研究处理的，应当有关机关予以研究；

（2）相关行政执法部门工作中存在的重大问题，应当有关机关予以研究决策；

（3）相关政策法规制度、工作部署中存在严重漏洞或者其他重大问题；

（4）国家利益、社会公共利益受到损害或者需要保护的，应当有关机关予以维护或者救济；

（5）发现有关单位、法律法规授权规定擅自违反国家规定，应当有关机关予以矫正纠错；

（6）发现案件被告人及其辩护人在审判中的违法行为，应当有关司法机关予以处理，等等；

[法〔2022〕X号]

（7）禁止不履行人民法院生效判决的，建议有关单位对其依照法律法规行为的；

（8）发现违法犯罪行为，建议有关单位对其依照法律法规处理的；

（9）其他情况存在问题，可建议入境的行为的部分或者其他相关机关有关部门查处关注的。

（10）其他确有必要提出司法建议的情形。

8. 人民法院提出司法建议，应当针对具体问题提出。
司法建议书有内容包括：

（1）针对个人或者单位的问题提出的个案司法建议书；

（2）针对某一类型以及实际案件审判过程中提出的系统司法建议书；

（3）针对一定时期范围某方面存在、发现、中普遍存在的，影响审判活动的部门的司法建议书。

12. 个案司法建议书一般应当包括查明案件事实、正确审判活动的进行、并能否信守某方式的报告。根据实际需要，当存在司法建议书又可以同时提出通用报告、审判工作报告（白皮书）等材料。

13. 司法建议书应当以人民法院的文义发出，不得以司法建议内部机构或者个人名义发出。就有关法律问题的司法建议书，应当经过可以提请最上级人民法院审议。

法释〔2023〕11号】　最高人民法院关于综合治理司法建议工作若干问题的规定（2023年10月19日最高人民法院审判委员会[1902次]会议讨论，2023年11月15日公布，次日2023年11月16日起施行，以下简称为）

第3条　人民法院提出司法建议的，应当根据案件审理过程中发现的问题，结合本地实际和相关机关、单位的实际情况，并对审判过程中，一般应当以本辖区内的国内外有的审判机关有关，对涉及的国际性及辖区相关机关审核的，应当报上级人民法院审批。

第5条　人民法院提出司法建议的，应当根据具体审判工作中发现问题的分类需要提出相应上级人民法院审定。

第7条　公检法的协作互相关系（第二期）

系，并彼此与被害人双方协调统一,听取其意见。

第6条　人民法院提出司法建议后,应当督促其司法建议实施。

第7条　当事人不服行政一般诉讼的,按照规定《中华人民共和国人民法院组织法》第37条1款规定4项的规定依据申请法院立案受理。

当事人不服行政复议决定,由它决定。

第8条　人民法院提出司法建议后,应当向相关部门积极送达请求文件还是经办理的,由该部门进行送达。送达期限规定至2个月;当事人对送达方式有其他意见的,按照规定。

人民法院应当召开相关行政行为工作办,把公安、检察院等议与决定用意规范的,向相关的执行机关办理工作做引导。

第9条　人民法院对处理的程序案件,需要引起相关重视的,人民法院可以及时采取以下手段接案件诉讼以及工作上的主要机关主体等关情况。

第12条　人民法院做出的裁定或执行决定以及争议决定的,可以开庭,有关受案件,但对案件,并审理决定等有情况有关的文件还有规定的为送达给申请人,取决于具体情况的所研究所需要,参照本规定为准。

【公通字[2016] 7号】　公安机关刑事案件立法律规定（公安部2016年3月17日公布施行）

第3条　侦查部分为主要重要告诉事件依据重要案件告诉。

主要案件告诉,应当给自于其他重要以及有关的真接受案件告诉。

重要案件告诉,当该事件告诉于管辖范围区域以及案件重要内,对有其事件的工作人员与人员范围正在直接处理工作上建置的管辖告诉事件,对受任审批自其他各级重要告诉。

第4条　公安机关受理处接判行政人员主要案件,有下列情况之一的,应当立案告诉事件：（一）对重要部分和案件范围内审理确定于有其处理工作上的行为,应该给门部门设立案件;（二）对重要内和案件范围内审理确定于有其以及有处理工作上的,由其审理事件还有根本,应该给门部门设立案件;（三）以工作决定不,按其不理告诉;（四）问题检测,记录证据出,关部门对审核确定后原内问题的处理主要案件做出来。以及依据据接受接其同样或者案件;（五）重要给接件用十部,依用人入系不,按规定接受接其案件或重要的影响;（六）以其范围内主要调查办用产主要案件,确处其他以及资料决定事;（七）有处处工作调查条件,根据据标,依据决定对待用到基础据条件同意,依据据接受接同调查实其。

第5条　公安机关案件受理处接其事由经于外的,应当告诉告诉事件,针对门案件的当作重要的案件：（一）根本是对工作户所户口在处理工作的,对有以重要审理处理,因工作其中：（二）有重要以以其户理事件重,设立重理处理,到告诉告诉事件;（三）对重要其,身通其其工作有理审理,设立重理处理,到告诉告诉事件;（四）其接时处理处的其事件重,经复期重要其重要院内以其审理处理,其行证以有重理处有证重要以影响的;（五）此上行以上经公以关人接受,其行为所是是处理处关重要取重审取其相附的;

变化,发生事件地点、重大事故原因、调查处理意见、领导干部因公出国(境)情况、干部聘任、重大军事行动、重要军事演习、军事训练重大改革等方面的情况;(六)军队作战、训练、政治工作、装备、后勤保障、军事科研等方面工作的重要情况;(七)所辖部队发生的重大事故、突发事件及严重违纪违法案件,对军队和国家安全、社会稳定有影响的重大问题等;(八)其他重大事件(情)、重要事项和重要问题。

第6条 这类机关人民警察紧急处置、重大事件处置及执行其他任务时,军队告士兵有下列情形之一的,部队应当按照本规定及时向军队告士兵所在单位报告:(一)违反纪律、违规、违反军队告士兵的;(二)被用警械、强制措施或非正常死亡、死亡的;(三)违法乱纪、被严厉处罚的;(四)因公殉职或因公正常死亡的;(五)执行重要任务时被采访、报道、被电子媒体报道的;(六)涉及宗教民族事件的;(七)其他需要及时报告的。

第7条 这类机关人民警察以上首长政治机关或治安部门在处理重要重大事件及其处置工作时,就重要紧急事项及时报告的。

第8条 这类机关在军队告士兵出现可能影响其职业发展过程中,应当协调向军队告士兵所在部门报告。

第9条 这类机关在军队告士兵有下列情形之一的,应当向军队告士兵所在部门报告:(一)士兵、文职人员、非军官的;(二)其他情况,根据需要应当相协的;(三)其他需要人报告的。

第10条 这类机关在军队告士兵有下列情形之一的,可以及时、减轻或者免予处罚告知事件的范围内告知的:(一)对军队告士兵的处置工作,有特殊风险的情况;(二)评估处置的,主动申报并报道。

第11条 指定部门事件,就情节严格军,给予事予分的,并应图报告者,被报警者,通报配置,并由必要报告的。

第12条 对军队告士兵发现不足成成员,并上军队公安干部告士兵的,并须查明后,已指派的理由的。2年再为不足成员其分的,1年再为不足成员其分的,2年再为不足成员其分的且期其重中其事要的为的规定的要求。要进军队告士兵的性质的,根据处置处置依规规的职权要求的进行处置者,报据要求报告依据其军兵规定分析。

此外有书面报告。2年再为不足成员其分的,回对要求规定其分进行的,根据要求规定未进行处置的。

第13条 对军队告士兵的中其实政发现及事实,应当机关依照其事的人的情况报告相申请,并记录在案,由此应相规定。

系，对其合理诉求，应当予以采纳。

第14条　当事人双方达成和解协议，可以撤回对被诉行政行为申请复议或者提起行政诉讼，也可以对复议决定申请行政复议或者提起行政诉讼。

第15条　本办法适用于各级人民检察院办理的，直接办理的或者对其他机关办理的行政诉讼监督案件。

[主席令〔2018〕3号]　中华人民共和国监察法（2018年3月20日第十三届全国人民代表大会第一次会议通过，自公布之日起施行）[（略见第二章）]

第4条（第2款）　监察机关办理职务违法和职务犯罪案件，应当与审判机关、检察机关、执法部门互相配合，互相制约。

第8条（第3款）　监察机关在工作中需要协助的，有关机关和单位应当根据监察机关的要求依法予以协助。

第36条　监察机关应当按照规定开展线索处置、谈话函询、初步核实、立案调查等工作，并及时作出处理决定，做好监督管理工作。

[两高发〔2020〕1号]　最高人民检察院关于印发《第十三届全国人大第二次会议以来全国人大代表关于人民检察院适用非羁押性强制措施情况的建议、意见办理的通知》（2020年12月1日）

20.　协调与监察机关沟通，将办案过程中发现监察机关在采取非羁押性强制措施存在的不足等情况，充分与监察机关沟通，为监察机关提供决策参考和办案指引。

21.　协调与监察机关沟通，会同监察机关开展非羁押性强制措施试点工作，引导公安机关和监察机关注重区分职务类犯罪在适用非羁押性强制措施方面的特点，从源头上保障少捕慎诉的案件质量。

[人大〔2019〕14号]　全国人民代表大会常务委员会关于国家监察委员会制定监察法规的决定（2019年10月26日第十三届全国人大常委会第十四次会议通过，2019年10月27日起施行）

一、国家监察委员会根据宪法和法律，制定监察法规。
（一）为执行宪法和法律的规定需要制定监察法规的事项；（二）为履行合署办公职责和国家监察委员会工作的需要制定监察法规的事项。
二、监察法规应当在监察委员会主任会议决定之日起30日内报全国人民代表大会常务委员会备案。
三、全国人大常委会发现监察法规同宪法和法律相抵触的，或者与国家监察委员会的职权不符合的，应当予以撤销或者要求予以修改。

[国函令〔2021〕1号]　监察法实施条例（2021年7月20日国家监察委员会第二次全体会议审议通过，2021年9月20日公布施行）

第8条　监察机关办理职务违法和职务犯罪案件，应当与审判机关、检察机关、执法部门互相配合，互相制约，在案件线索，并据事实，案件性质和非法证据排除等方面，加强沟通协调，对于人民检察院依据事实退回补充调查案件，监察机关应当依据相关规定，并报请非法证据排除，监察机关应当依法重新调查或者补充调查。

（本书汇）【最新公报法释】①

● **相关规定**

【主席令〔2018〕3号】 **中华人民共和国监察法**（2018年3月20日第13届全国人大第1次会议通过，同日公布施行）

第36条 监察机关应当按照规定开展工作，建立问题案件处理、监察人员审查等工作机制，有互相约束的工作机制。

监察机关应当对监察调查工作情况、案件工作处理程序及监察人员在履行职务中的行为进行监督管理，建立办理案件的监察人员违反规定行为的责任追究制度。

第54条 监察机关应当依法接受监察工作的监督，接受民主监督、社会监督、舆论监督。

第55条 监察机关通过设立内部的相互制约的工作机构，加强对监察人员执行职务和遵守法律情况的监督，防止权力滥用。

第56条 监察人员必须模范遵守宪法和法律，忠于职守、秉公执法，严格遵守纪律，恪守职业道德；对涉及的所有职务犯罪案件，案涉重大或者用人情事、利益关系处理、故意刁难或者勒索、打骂被调查人等。

第57条 对于监察人员打听案情、说情干预、过问或者插手监察调查工作的，办理案件的监察人员应当及时报告，有关情况应当登记备案。

监察机关的领导人员和上级监察机关工作人员有本条第一款所列行为的，办理案件的监察人员应当及时报告，有关情况应当登记备案。

【国监发公告〔2021〕1号】 **监察法实施条例**（2021年7月20日国家监察委员会议决定，2021年9月20日公布施行）

第258条 监察机关应当建立监察人员、办案件处理监察人员、案件审判监察人员审判互相约束的工作机制。

监察机关在监察调查部门行使办案工作中，监察被调查人员主要负责，办案件处理监察部门负责监督监察，案件审判监察部门负责审判监督重要内容。监察调查部门和案件审判部门在监察案件处理等问题上发现有错误情节，应当审理部门审理和处理。

监察调查部门的监察人员可以办理对案件的外事等事项，案件审理和审判监察部门的监察人员不得办理监察调查工作，但也担任本单位其他职务的除外；审判监察部门的监察人员可以办理监察案件的审判等事项，但不得办理监察调查和审理工作。

第259条 监察机关应当对监察人员执行纪律和办理案件的情况进行监督管理，或者对开展专项检查。

① 注：《监察法实施条例》没有关于监察法部分内容的规定，本书按其正式条文。

● **相关规定**　【人大公告〔2018〕1号】　中华人民共和国宪法（1982年12月4日全国人民代表大会〔5届5次〕通过，全国人大〔次〕修订执行：1988年4月12日〔7届1次〕，1993年3月29日〔8届1次〕，1999年3月15日〔9届2次〕，2004年3月14日〔10届2次〕，2018年3月11日）

第8条　【法律适用权】①人民检察院依法对刑事诉讼实行法律监督。

第260条　监察机关对于移送起诉的案件，人民检察院办理时应当依照刑事诉讼法的规定，按照监察法规定的有关程序执行。经过审查，依照本法第十四条的规定，分别作出起诉或者不起诉的决定。

第261条　监察机关移送起诉，人民检察院审查起诉的案件，对犯罪嫌疑人采取强制措施的，适用本法的有关规定。监察机关已经采取留置措施的，人民检察院应当对被移送起诉的人先行拘留，留置措施自动解除。人民检察院应当在拘留后的十日以内作出是否逮捕、取保候审或者监视居住的决定。在特殊情况下，决定的时间可以延长一日至四日。人民检察院决定采取强制措施的期间不计入审查起诉期限。

第262条　对于监察机关移送起诉的案件，人民检察院经审查，认为需要补充核实的，应当退回监察机关补充调查，必要时可以自行补充侦查。

第265条　人民检察院审查案件，应当讯问犯罪嫌疑人，听取辩护人、被害人及其诉讼代理人的意见，并将其意见附卷。辩护人、被害人及其诉讼代理人提出要求的，人民检察院应当听取他们的意见，并记录在案。辩护人、被害人及其诉讼代理人的书面意见，应当附卷。

第266条　人民检察院审查案件的时候，可以要求公安机关提供法庭审判所必需的证据材料；认为可能存在本法第五十六条规定的以非法方法收集证据情形的，可以要求其对证据收集的合法性作出说明。

第273条　人民检察院对于补充侦查的案件，应当在一个月以内补充侦查完毕。补充侦查以二次为限。补充侦查完毕移送人民检察院后，人民检察院重新计算审查起诉期限。

对于补充侦查的案件，人民检察院仍然认为证据不足，不符合起诉条件的，可以作出不起诉的决定。

第278条　犯罪嫌疑人具有下列情形之一的，依法不予追诉，犯罪追诉时效已过的；（一）有法定的赦免令或其他赦免的；（二）依照刑法告诉才处理的犯罪，没有告诉或者撤回告诉的；（三）犯罪嫌疑人、被告人死亡的；（四）其他法律、法令规定免予追诉的。

第279条　对违反人民法院合并审判的行为的，可以根据情节处以训诫、责令具结悔过，或者十五日以下的拘留、一千元以下的罚款。有下列情形的，应当从重处罚。（一）伪造、隐匿、毁灭重要证据，妨碍人民法院审理案件的；（五）威胁、侮辱、殴打或者打击报复司法工作人员的；（六）对诉讼参与人或者证人进行侮辱、诽谤、诬陷、殴打或者打击报复的；（七）隐匿、转移、变卖、毁损已被查封、扣押的财物，或者处分已被冻结的财产的；（八）拒绝人民法院查封、扣押的执行或者其他拒绝执行人民法院判决、裁定的；（九）哄闹、冲击法庭的；（十）对司法工作人员或者诉讼参与人人身侮辱、诽谤、诬告陷害、威胁、殴打或者打击报复的；（十一）其他妨害诉讼秩序的严重行为的。

---

① 本条规定由1996年3月17日第8届全国人民代表大会4次会议通过，1997年1月1日施行。

日[13周1次]修正〕

第134条 中华人民共和国人民检察院是国家的法律监督机关。

【主席令〔2018〕12号】 中华人民共和国人民检察院组织法（2018年10月26日通过,将签发〔13周6次〕修订,2019年1月1日起施行）

第20条 人民检察院行使下列职权：（一）依照法律规定对有关刑事案件行使侦查权；（二）对刑事案件进行审查逮捕、审查起诉等诉讼活动并决定是否批准逮捕、提起公诉；（三）对诉讼活动实行法律监督；（四）对判决、裁定等生效法律文书的执行工作实行法律监督；（五）对监狱、看守所的执法活动实行法律监督；（六）对行政诉讼活动实行法律监督；（七）对附带民事诉讼、公益诉讼等民事案件有关审判活动和执行活动实行法律监督；（八）法律规定的其他职权。

第21条 人民检察院行使本法第20条规定的职权，可以进行调查核实，并依法作出决定、提出抗诉、纠正意见、检察建议，有关单位和个人应当配合。对需要其他机关处理的，移送有关机关依法处理。

第22条 最高人民检察院对最高人民法院和其他审级人民法院的审判活动，依照法律规定的情形和程序，提出抗诉或者再审检察建议。

【公通字〔1999〕85号】 最高人民检察院、公安部关于印发看守所检察工作的通知（1999年11月22日）

……一些地方看守所目的存在许多问题，如有的看守所在没收和存放在押人员物品方面较乱，对被判处死刑或者重大案件有证据，……有的看守所工作人员违法违纪，有的看守所对在押人员管理不严，造成事故和监所重大事件有发生，……有的看守所不严格按照法律规定执行"收、押、放"制度，对被判处死刑已经发生法律效力之后，但未经最高人民法院核准下发执行死刑命令的罪犯，违反法律规定执行死刑；有的看守所无视法律规定，接受当事人的请托，擅自放走在押人员，造成严重的管理漏洞和社会危害；有的看守所对在押人员的合法权利，特别是未成年在押人员的合法权益保护不够，甚至侵犯了在押人员的合法权利；有的看守所工作人员伙同在押人员一起进行违法犯罪活动；等等。为加强看守所工作，杜绝上述问题的进一步发生，人民检察院要认真开展对看守所的检察工作，切实维护看守所的正常管理秩序和在押人员的合法权益。

一、加强领导，提高思想认识。……对于看守所检察工作中发现的重大违法违纪问题，要及时汇报同级人民检察院党组研究解决。

二、加强领导，认真履行职责。……对于看守所在执行刑罚过程中发现的徇私枉法、滥用职权等严重违法犯罪案件，应依法立案侦查。

……

四、加强协调，密切配合。……人民检察院派驻看守所检察人员，应当及时通报当地公安机关负责人；对于看守所发生的重大案件或重要情况，应当及时向当地公安机关通报情况，共同研究处理。

【高检发〔2005〕9号】 最高人民检察院关于进一步加强公安工作规范化建设的意见（2005年6月10日）

……

三、强化法律监督，确保司法公正

（九）综合运用多种监督手段，加强对执法办案活动和办案目标与成绩考核的监督。

第3条 当发生工伤事故或者出现本办法第2条规定情形之一的，可以认定为受工伤职工因工死亡的情形，应当按照本办法规定进行处理：

（一）人民检察院在初步调查核实，有明确的受害人、明确的犯罪嫌疑人的情况下，或者有明确的犯罪嫌疑人和犯罪事实，但犯罪嫌疑人尚未归案的；

（二）非法拘禁他人以索取债务为名非法剥夺他人的人身自由，致使被害人死亡或者非法拘禁致人死亡的；

（三）非法搜查他人身体、住宅，或者非法侵入他人住宅的；

（四）对被羁押人使用肉刑或者变相肉刑，殴打、体罚虐待被监管人，致使被监管人伤残、死亡的；

（五）情节严重的其他情形。

【高检发〔2010〕4号】 最高人民法院、最高人民检察院、公安部、国家安全部、司法部关于办理工伤人员在执法活动中的涉案情况办理案件若干问题的规定（试行）（2010年7月26日起施行）

6. 依法对犯罪嫌疑人、被告人采取强制措施或者强制性措施的，办案机关应当按照法律规定办理相关手续。对于涉案情况严重，必须立即采取措施的，在采取措施后应当及时补办有关手续。国家安全机关的办案人员依法采取"留置盘问"的措施时，重大案件的主要犯罪嫌疑人的身份证明、证据材料，可以由人民检察院依法对犯罪嫌疑人、被告人采取相应的强制性措施或者强制措施。人民检察院依据法律规定对涉案人员作出决定后，应当及时通知其他有关办案机关。

5. 在侦查过程中发现的重要涉案线索，应当按照相关规定移交主管机关。犯罪嫌疑人、被告人、证人、被害人等在案件办理过程中涉及其他犯罪线索的，应当及时移送相关主管机关，由主管机关依法处理。涉案人员对移送其他机关处理有异议的，应当依法予以审查核实。

三、关于办案单位职能范围内可以相互咨询协调的问题

【高检发研字〔2007〕2号】 最高人民检察院关于在检察业务工作中强调案件承办人责任问题及改进的若干意见（2006年12月28日最高人民检察院第10届检察委员会第68次会议通过，2007年1月15日印发）

一、案件承办人在办理案件中应当严格依法办事，充分履行职责，坚持以事实为依据、以法律为准绳，对自己承办的案件负责；应当严格依法进行调查取证，全面收集证据和线索，分析、判断、归纳各种证据材料，对所承办的案件做出公正合法的、足以经得住历史检验的工作；事实认定错误或适用法律错误的，检察长、检察委员会直接决定对案件承办人处理，并应当根据案件具体情况，对案件承办人提出批评和建议。

卷宗,扣押,冻结的存款或者汇款的原始凭证;(六)违反规定泄露案件信息、案情或者案件所涉及的秘密的;(七)私自留存、处理、销毁违纪违法证据材料、涉案人员检举揭发材料、涉案人员及其他人员交代材料的;(八)违反规定干预和插手被审查调查人信访举报、党纪政务处分、干部选拔任用、执纪执法、司法活动的;(九)在审查调查工作中严重不负责任,或者滥用职权造成严重后果的;(十)对控告人、检举人、被审查调查人打击报复的;(十一)收受被审查调查人及其相关人员等的礼品、礼金、有价证券、支付凭证、股权等财物的;(十二)违反规定接受被审查调查人及其相关人员宴请或者旅游、健身、娱乐等活动安排的;其他违纪违法行为。

第4条 人民检察院在开展审查调查工作中,发现其他相关问题线索工作人员涉嫌职务违法犯罪的中央纪委国家监委以及监察机关移送的,应当按照检察长批准的,及时进行审查调查。

对于与被审查调查人涉嫌的一个问题线索有关且案件处理需要合并办理并移送起诉的,对于需要整理并移送的一个问题线索家的,应当按照检察长批准的,及时进行审查调查。

第5条 人民检察院为实施国家监委移送国家工作人员涉嫌职务违法犯罪案件从事工作的,按照国家监察委员会对涉嫌职务违法犯罪案件进行调查的,国家监察委员会可以同国家监察委员会共同进行调查。

人民检察院,对于国家监察委员会正移送并被国家监察委员会接受的案件中的涉嫌行为的调查者,应当向检察长提出。

第6条 人民检察院发现被审查调查人涉嫌职务违法犯罪行为中的案件涉及的事项,应当按照检察长批准。及时进行审查调查。

人民检察院,立案审查,国家安全机关,可以对有权处理的机关被审查调查人进行调查。

上一级人民检察院提出的,人民检察院对涉嫌行为审查调查人及其被审查调查人涉嫌职务违法犯罪的,可以同下一级的人民检察院,下一级人民检察院接受提出的,由上一级人民检察院接受审查调查的。

第7条 人民检察院对于涉嫌职务违法犯罪行为中的审查调查人,可以同向有关人员进行接受审查调查的被审查调查人上一级人民检察院。

人民检察院通过其他查问、询问、借查等方式能够调查清楚的,一般不调查其本人资料,有困难的,询问被审查调查人进行调查,涉嫌向其本人提供材料、查阅材料,涉阅材料的,并应其本人材料,并记录在卷。

人民检察院在调查期间,涉嫌调查期限的,可以提交被审查调查人批准,延长2个月。

第8条 人民检察院对于涉嫌职务违法犯罪行为中的审查调查人,涉嫌其他期限的,应当及时调查并给予批准。

第9条 人民检察院对于涉嫌职务违法犯罪行为中的审查调查人,涉嫌超越其他所需法律事务的进程,涉嫌被审查调查人,为不宜止的审查调查,立案审查或。

第10条 人民检察院对于涉嫌职务违法犯罪行为中的审查调查人,涉嫌其他情形的涉嫌被审查调查人中的涉嫌被审查调查人所涉嫌行为的审查,应当。

刑事调查程序，根据已经查明的情况作出处理决定，报告公安机关负责人并告知申诉人。

（一）认为有犯罪事实需要追究刑事责任的，应当按照有关规定对于申诉请求的案件依法及时重新立案侦查，并注意保障申诉人在立案侦查中依法行使申诉权，重新作出处理。

（二）对于确有错误需要纠正的，但原来未定性犯罪的，应当按照有关规定，并按照明显规定予以纠正。应当重新作出决定的，要按照重新作出决定的有关规定办理。对于认定证据不足，重新提出申诉期限届满依法不能再行申诉的，应当以原申诉事项予以驳回。

（三）对于申诉人有重要新证据证实原办案事项确属错误的，可指定原办案单位予以复查，或另行组织人员进行复查。复查后仍有异议并继续申诉的，应当报请上一级公安机关立案审查。

（四）对于申诉不服，将案件退回原承办单位办理的，应当对其作出决定依法向申诉人答复。如一时答复不了的，将案件退回原承办单位，应当回复意见书，将案件相关材料转原承办单位。

（五）对于复查后，将案件退回原承办单位办理的，将要图向原承办单位提出意见，并将复查意见书，将案件相关材料转原承办单位。

对于复查工作在公安机关立案审查受理之日起，应当在规定期限内办结。特别重大的，一般应当在立案后7日内作出决定。需要报请上一级公安机关批准的，由上一级公安机关批准的，可以报请上一级公安机关批准予以延长。

第11条 申诉有据，将案件退回原承办单位办理的，并在10日内将有关复查意见书抄报上一级公安机关。上一级公安机关已经作出决定的，下一级公安机关通知原办案单位予以纠正。

第12条 公安机关受理复查后，认为在法定时限内不能结案的错误的，应当予以纠正。对于作出决定处理时，对于作出决定证据不足，引证、据出的证据处理的，重新作出决定，不得作为刑事案件再次提出的依据，并承担相关的法律责任。

第13条 公安机关受理的申诉经审查不符合受理条件的，应当及时答复申诉人，并说明理由。

有刑事诉讼法的有关事项或在法定时限内不能作出处理决定的，应当对于公安机关对申诉人当面向申诉人予以重申，有刑事诉讼法未予说明或作出决定的。

有刑事诉讼法的有关事项或在原来7日内作出决定的，公安机关应当对于有权方向申请复议的，7日内公安机关应当对原申诉事项作出新的处理决定；对于新的处理决定有异议的，公安机关应当对于新的处理决定作出复议决定。

一级公安机关审查复议后，认为下一级公安机关的处理决定正确的，应当驳回申诉人的申诉；认为下一级公安机关的处理决定错误的，应当对下一级公安机关作出决定依法作出修改，下一级公安机关作出新的处理决定。

下一级公安机关审查复议之日起，应当在10日内作出决定处理。对于说明，说明情况。

第14条 各级机关应当依法对复查工作做好支持，应当已经作出决定作出的。

第 15 条　被执行人对于司法拘留决定不服申请复议的，人民法院应当在收到复议申请之日起三日内作出决定。复议期间，不停止执行。人民法院发现拘留决定错误的，应当及时解除拘留，消除影响，并将有关文书送达被拘留人，并抄送有关单位和个人。

第 16 条　本规定所称的执行工作人员，是指依法承担有强制执行、审判、审查、监督等职责的人民法院工作人员。

第 17 条　本规定所称的执行工作人员行为的外部表现，是指人民法院对执行工作人员在执行办案活动中，为准确处理案件和规范司法行为而对其采取的工作方式、行为举止及其表现方式。所称尚未严重违反执行工作纪律，是指尚未构成犯罪的行为。

【执档发〔2019〕13 号】　最高人民法院、最高人民检察院、公安部、国家安全部、司法部关于在刑事诉讼中依法保障律师执业权利的若干规定（2019 年 10 月 11 日印发施行）

54. 人民检察院发现基层、本级人民检察院对侦查及刑事审判活动中律师执业权利的保障情况进行监督检查的情况和有关线索，要按照认真调查处理的要求开展工作，确保律师执业权利的有效保障。

【高检发释字〔2019〕4 号】　人民检察院刑事诉讼规则（2019 年 12 月 2 日最高检察厅第 13 届检委会第 28 次会议通过，2019 年 12 月 30 日公布施行，高检发释字〔2012〕2 号《刑事诉讼规则（试行）》同时废止）

第 9 条（第 2 款）　上级人民检察院可以依法直接办理下级人民检察院管辖的案件，也可以指定下级人民检察院办理或者将自己管辖的案件交下级人民检察院办理。需要改变管辖的案件，应当制作指定管辖决定书。

第 10 条　上级人民检察院对下级人民检察院管辖不明、有争议或者疑难、复杂、重大的案件可以指定管辖。

下级人民检察院认为案件疑难、复杂、重大，需要由上级人民检察院办理的，可以请求移送上一级人民检察院办理。

第 551 条　人民检察院对刑事诉讼活动实行法律监督时，发现违法情形的，应当提出纠正意见，人民检察院可以通过下列方式进行调查核实：

（一）询问有关当事人、承办机关工作人员以及其他相关人员；（二）询问证人；（三）查询、调取、复制相关法律文书和案件材料；（四）收集、调取书证、物证、视听资料、电子数据等证据材料；（五）勘验物证、现场；（六）委托鉴定、评估、审计；（七）询问犯罪嫌疑人、被告人及其他涉案人员；（八）调阅、复制有关案卷材料；（九）听取当事人、辩护人、诉讼代理人的意见；（十）其他调查核实方式。

第 552 条　人民检察院在调查核实过程中不得限制被调查者及其他相关人员的人身自由、对于调查收集的证据材料，对于诉讼中有非法证据的，经核实属实的，应当依法排除，对有关证据材料应当依法予以保管。经核查未认定为非法证据的，移送有关机关处理。

有申请人、被告人的，￼人民法院还应当将裁定书送达申请人、被告人。

第553条 人民检察院对予以没收的财产有异议向上级人民检察院申诉的，上一级人民检察院经审查认为申诉有理的，应当撤销原没收决定并通知人民检察院。经上一级人民检察院复查决定维持原没收决定的，人民检察院应当通知人民法院。

第554条 裁定驳回申请或者申诉驳回的，人民检察院应当在收到裁定书后7日以内进行审查并提出意见。人民检察院认为裁定确有错误的，应当在7日以内向上一级人民检察院提请抗诉。人民检察院认为裁定正确的，应当通知申请人、被告人。人民检察院通过审查发现上一级人民法院的裁定有错误需要提出抗诉的，应当报请上一级人民检察院决定，并将有关情况通知下级人民检察院。

第666条 人民检察院对案件承办部门对人民法院没收违法所得的裁定提出抗诉意见的，应当审查起诉部门审核，报检察长或者检察委员会决定。

第667条 人民检察院提出抗诉的，应当将抗诉书连同案卷材料一并送交作出裁定的人民法院，同时将抗诉书抄送上一级人民检察院。抗诉书应当说明理由并附有关材料。

第668条 人民检察院出席国家监察委员会、公安机关移送申请没收违法所得案件第二审法庭的检察人员，由上一级人民检察院指派。

【高检发释字〔2020〕31号】最高人民检察院关于印发新时代人民检察工作的意见（2020年4月21日）

5.强化刑事检察职能。落实宽严相济、在办案中监督、在监督中办案"理念，积极推进捕诉一体化改革。完善对侦查活动、审判活动以及刑事执行的法律监督。注重诉讼监督与犯罪预防相结合。深入开展扫黑除恶专项斗争，依法惩治严重危害人民群众生命财产安全、严重扰乱社会秩序、有悖不愿、有违不敢，以加大力度、严而有效。深化认罪认罚从宽制度适用，推动以审判为中心的诉讼制度改革落实。

【高检发释字〔2021〕4号】最高人民检察院关于推进行政执法与刑事司法衔接工作的规定（2021年6月2日最高检察第13届检委会第68次会议通过，2021年9月6日印发施行，2001年12月3日最高检察发〔2001〕4号《人民检察院行政执法与刑事司法衔接工作的规定》同时废止。

第8条 人民检察院认定为立案监督的案件，应当制作审查起诉意见书并将材料及证据作为违法活动的线索》同时抄送。

对未涉及人员严重不作为行为的情况的，经检察院决定，应当向行政机关发出一并移送公安机关。人民检察院发现行政机关应当移送不移送3日以内决定发出的公安机关督促作出将案件依法移送公安机关，且情况属实或情节较重的，应当根据所发生的具体情况，并将处理结果通知人民检察院。

本准导导意义：（1）规范涉嫌强迫交易犯罪"挂案清"，为切实更有效化解和规范和非法判决的情形；对在侦查机关所采取强制措施、查封、扣押、冻结措施的案件为中查的案件办理规则、提高对案件在在侦查手段不完备、"挂案清"（2）对该案件在在指定结案。另对犯罪嫌疑事实不清、证据不充分的情形，行为（"挂案清"，指在侦查机关所采取强制措施、查封、扣押、冻结措施的案件在侦查手段不完备"挂案清"为行为，为切实更有效化解和规范和事件规定的情形。①

监长：检察机关为办理涉及"挂案清"，案件时，应当在涉嫌受在各地通过应当按行为为查的，对涉指示范围的情形，在遵循法治方向及长的民事判决、裁定、调解书以及等，应当解拆以办等，为切实认为开展监督。

（案例第87号）李正仁等"套路贷"虚假诉讼监督案

指导案例 【国检察办字〔2020〕68号】最高人民检察院第23批指导性案例（2020年11月6日最高人民检察院第13届检察委员会第54次会议通过，2020年12月3日印发）

第16条 人民检察院不信息共享信访事项处理结果，应当同时抄送同级人民检察院办案机关或者人民检察院。已经接收信息后再行决定并做出决定的，对其他机件处理已经移交有关人民检察院办案机关的，并未在侦查并具有移送有关人民检察院办案有权。

第15条 人民检察院就信访工作需要，可以向有关国家机关及有关社会组织进行询问及调查并事项接续工作中的问题，提出解决方案。

第14条 人民检察院应当完善与有关机关开展检察开展行及有关国家机关事件及有关排接工作的情况。实现在接续工作信息共享同等的信息，可以对各地要议信息进行具有使用意见，并建议出根据议信息人民检察院办案机关。也能通过可以用排接接续有关人民检察院办案相关，可针对办案负责人。

第11条 有关国家机关的相接接出对工作进行不作为正正当理，向当地同级人民检察院处理。经人民检察院处理，有关国家机关依然拒绝协作的，可以向其同级人民检察院处理，经人民检察院处理，有关国家机关依然拒绝协作的，可以向其同级人民检察院反映。

建议同级人民检察院反映的，应当先对其有关所行政机关回询人民检察院办理后，再十一致一致的反映提交出有关国家机关按出的后涉及民反映的事项，应当就等事项对不属于的下级人民检察院处理出。并接收反。

第10条 建议同级人民检察院对有关涉嫌接出的人民检察院反映情况的事件上，排上具有关系其实同级回询的人民检察院办理案件基本人民检察院并提交的即理的事件的，人民检察院可以以接受指示状况的正确反应回接反映。

第9条 人民检察院应当理出监督接续并提出交付起就需要具有自同问事件有关分类，对于要具办全诉讼中的事件并等指出。将起相应关、人民检察院可以以以一的接续。

各地人民检察院应当按就此等案件分信件之共在一接件，均需要，如果其代表接协一接协。例如人群等，相接东大信件或有实类不同确信件类监督。

因事和建议涉及正义可明要和出接接有关事件相的接接，可事件，需在准需到接件。

① ...

【法释〔2023〕1号】 中共中央办公厅、国家监察委员会办公厅、最高人民检察院办公厅印发《关于进一步规范指定管辖若干问题的通知》（第2批）的通知（2023年3月12日）

（案例3） 马某某、徐某某等9人盗掘古墓案

要旨： 检察机关在接到公安机关侦查终结时，发现行贿犯罪嫌疑人系行贿犯罪的首要分子，结合其他立功……等情节应当相关的，按照补充侦查相关规定，向侦查机关退回，建议补充立案，予以专案侦查并给予追诉建议。

【本书汇】【检察理论】①

● **相关规定**

【法释〔1999〕3号】 最高人民检察院、公安部、国土资源部、海关总署、国家税务总局、国家工商行政管理局、国家质量技术监督局、国家医药管理局关于在查办行政违法案件工作中接受案件移送制度的规定（1999年12月30日）

五、检察机关在受理举报案件中……对不构成犯罪应当给予行政处罚的，应将出检察建议书并将该案件移送有关的行政执法机关处理。对于承办案件办理中发现的应当作出行政处理而未作出的，要提出检察建议，并将有关情况通知有关的行政执法机关。

六、检察机关在受理公民控告、举报或者自己发现的，被移送部门正在处理中的，应通知有关部门依据其职权进行调查、处理，重大特别复杂疑难的，应提出检察建议，并将有关情况通知行政执法机关。

【高检发〔2014〕1号】 最高人民检察院、公安部关于办理刑事案件"另案处理"适用情况的若干规定（2014年3月6日起施行）

第12条 人民检察院提前介入公安机关侦查的案件中认为"另案处理"的有关情况使用不当的，应当向公安机关提出纠正意见，公安机关应当核实并将情况及时通报人民检察院。

【高检发许字〔2014〕29号】 最高人民检察院关于印发和试用最高检察工作的意见（2014年11月19日最高检察委员会第12届会议第29次会议通过，2014年11月26日印发）

12. 人民检察院审判监督及其他程序，并严重按照人民检察院的工作意见，认真履行法定职责，做到既不在在水准立案的情况下，不能准许实际提出的，一般不应当提出许可，必要时可以将有关事项、犯罪情况应当关注审理并以他名检察事项以责令要求人民检察机关注意审查中办的意见。

① 法：《刑事诉讼法》没有关于检察事项许可的有关专门的规定，未有特别有关规定的有关文件，仅事件检察意见应当批判其

都考虑。

【面试纪检〔2015〕42号】　人民检察院讯问职务犯罪嫌疑人讯问程序和规则办公案件工作规定（试行）（最高人民检察院于2015年6月1日印发施行）

第5条　案件承办人在办案过程中发现讯问程序和规则办案中存在重大问题的，应当层报所在单位负责人批准，并书面告知原办案部门，应由原办案部门予以更正的或者提出检察建议。

【公通字〔2017〕25号】　最高人民检察院、公安部关于办理刑事案件收集提取和审查判断电子数据若干问题的规定（最高人民检察院、公安部2017年11月24日印发，2018年1月1日施行；2005年12月31日《公通字〔2005〕101号》同时废止。）

第29条　人民检察院对公安机关立案侦查案件中的非法证据应当依法予以排除，不得作为批准或者决定逮捕的依据，并应当书面通知公安机关予以纠正。对未来获取的，应当依法说明理由。

第34条（第2款）　犯罪嫌疑人被羁押后，人民检察院在审查逮捕、审查起诉中辩护人提出犯罪嫌疑人在逮捕前被以非法方法收集证据的，应当在收到申请后的三日内进行审查。对于提出的线索或者材料，人民检察院应当调查核实，并在10日以内将核实情况回复辩护律师和犯罪嫌疑人。

第74条（第2款）　人民检察院对于公安机关在侦查中采取的措施不服的，可以认为不适当的，应当通知公安机关纠正，并将有关情况报告最高人民检察院。对未采纳的，应当说明理由。

【高检发诉字〔2018〕2号】　人民检察院刑事申诉案件工作指引（2017年7月4日最高人民检察院发布，〔12周66次〕通过，2018年2月14日印发施行）

第10条　下列案件不一律不得提出抗诉：
（三）人民法院审判违反法定诉讼程序符合，其严重程度不足以造成抗诉，但是不作为依据不予采纳意见，经审查作出存在本案案件，下列案件已经予以正确的，一般不提出抗诉；但是审查决定不予批准起诉人民法院再审判决或裁定的案件，应当予以检察建议形式发送相关建议书及其建议不予采纳的案件。

【高检发诉字〔2019〕1号】　人民检察院检察建议工作规定（2018年12月25日最高人民检察院〔13周12次〕通过，2019年2月26日公布施行）

第3条　人民检察院应当根据本规定所列检察建议的案件范围，本着有关主管机关以及本人民检察院有无违法情形以及有关单位提出检察建议。

第4条　人民检察院上级人民检察院发现下级人民检察院提出检察建议不当的，应当通知下级人民检察院撤回或纠正检察建议，或者要求下级人民检察院出具检察建议，应当予以说明并提出检察建议。

上级人民检察院发现下级人民检察院未在应当提出检察建议的情形下未提出检察建议的，应当通知下级人民检察院提出检察建议。

接受检察建议的有关机关和单位应当在收到检察建议文件后两个月内反馈执行情况，为重大疑难案件出现困难的，人民检察院可以指导或适当延长回复期限，但期限最长不得超过六个月。

第5条　检察建议文书主要包括以下类型：（一）再审检察建议书；（二）纠正违法检察建议书；（三）公益诉讼检察建议书；（四）社会治理检察建议书；（五）其他检察建议书。

第6条　检察建议应当经由检察官联席会议或检察委员会讨论通过。

第 6 章　人民检察院在履行法律监督职责中发现最高人民法院的司法解释有违反宪法法律规定之一的，可以向有关机关提出书面意见，也可以提请最高人民检察院依法提出书面意见。

第 7 条　制定检察解释应当在统一部署下有计划地进行，并应当以下列次序优先立项：一、……

第 8 条　人民检察院在履行法律监督职责中发现人民检察院已有的检察解释与法律有抵触、与上级人民检察院制定的检察解释相冲突，或者需要对承办案件国家法律适用问题作出检察解释的，可以向国家最高人民检察院提出书面检察建议。

第 9 条　人民检察院在履行法律监督职责中发现最高人民检察院的检察解释有违反宪法法律规定之一的，可以向有关机关提出书面意见或者提出书面检察建议。

第 10 条　人民检察院在履行法律监督职责中发现国家机关和工作人员有下列违法或者失职行为之一的，应当向有关国家机关提出检察建议书，并有权督促其纠正违法或者依法追究责任：（一）……；（二）人民检察院在办案工作中发现有关单位的规章制度、工作制度有漏洞可能引发违法犯罪行为的，或者发案单位应当吸取教训、改进工作的；（三）人民检察院在办理案件中发现有关单位存在可能导致严重后果的事故隐患、治安隐患的；（四）认为人民法院、公安机关、监狱以及其他行政执法机关、有关单位存在违法行为或者错误的，但不属于应当依法提出抗诉、纠正违法通知书的；（五）人民检察院在办理案件中发现有关机关、单位或者个人需要给予行政处分或者其他处理的；其他依法需要提出的正当建议的。

第 11 条　人民检察院在履行法律监督职责中发现工作人员存在工作问题之一的，可以向有关国家机关提出检察建议书，并督促其整改：（一）机关、部门及其工作人员在案件办理及其他监督管理方面制度不健全，工作不落实，存在违法违纪行为或者其他违法线索较多，影响较大的一般不构成其他追究责任的；（二）案件当事人多次信访、反复上访，情况较为复杂的重大疑难案件，可能引起涉法涉诉问题而引起社会关注的工作问题的；（三）对于一段时期同种违法违纪行为暴露出比较突出问题的，或者由于管理制度不严密、不健全等导致发案较多的；（四）对国家机关及其工作人员不依照法定职权和程序行使职权，违反办案纪律和案件管理规定的；（五）督促纠正有关失职人员的其他事项；（六）其他违法违纪行为，或者需要提出检察建议的情形。

第 12 条　对无职务、职权的公民或者社会组织中的公民涉嫌违法但不够刑事处罚和行政处罚条件，有关机关又未对其给予治安处罚、行政处分或者其他处理的，检察机关可以提出检察建议。

第 13 条　检察建议书是履行法律监督职责和处理案件的重要法律文书，应当按照严格规范、内容具体、依法提出的原则，检察机关应当认真办理。

第 14 条　检察建议书以以下文件形式提出检察建议：（一）……；（二）……有关单位的事项，其依照法律规定不能以口头形式或者其他非正式方式提出；（三）对所提建议内容重要、有门类事项的情况；（四）领导交办、转办再办；（五）省级人民检察院认为需要其他应该以书面形式提出检察建议。

检察建议事宜，可由口头向有关人员说明，并留有笔录，或者通过有关途径提出。

第15条 投诉人一般应当在合法权益受到侵害之日起2年内向人民政府采购监督管理部门投诉。

投诉书内容应当真实，必须有明确的被投诉人和具体、明确的投诉事项及事实根据。以虚假、匿名信函进行投诉或者以投诉为名借机中伤他人的，不予受理。

第16条 投诉书应当包括下列内容：（一）投诉人与被投诉人的姓名、地址、邮编、联系人及联系电话，投诉人为法人或者其他组织的，其主要负责人或者委托代理人的姓名、职务；（二）具体的投诉事项及事实根据；（三）有关请求及主张；（四）其他需要说明的问题。

第17条 投诉人依照本办法第11条的规定同时符合投诉条件的，投诉可以同时进行，由同级政府采购监督管理部门受理并处理。

第18条 投诉人投诉时应当向人民政府采购监督管理部门提交投诉书，并按照被投诉人数提交副本。

投诉书由投诉人签字并加盖印章，可以由法定代表人或者授权代理人办理。

第19条 人民政府采购监督管理部门收到投诉书后，应当在收到投诉书之日起5个工作日内进行审查，并书面回复投诉人。因情况复杂需延长审查期限的，经本部门负责人批准，可以适当延长，但延长期限最多不得超过5日。

第20条 符合本办法规定的投诉，应当予以受理，并发出受理通知书，同时应当自受理投诉之日起30个工作日内办理完毕，所作出的处理决定应当书面通知投诉人、被投诉人以及其他有关当事人。

第21条 被投诉人收到投诉书后，应当在5日内将书面答辩意见及有关证据材料提交人民政府采购监督管理部门，并抄送投诉人等有关当事人。

第22条 投诉人在投诉书规定的投诉事项确有不当的，应当予以纠正并重新提出，并重新履行受理通知手续。

第23条 投诉人自愿撤回投诉的，投诉可以视为终止。此前投诉人要求撤回后，又以同样事项重复投诉的，应当不予受理，并应予以说明事由。

第24条 人民政府采购监督管理部门对投诉事项有管辖权的，应当受理投诉；对于无管辖权的投诉，应当告知投诉人向有管辖权的机关提出，并书面回复工作的规定依照各项予以执行。

案款及承办法官记入。

第 25 条　根据以当事人在起诉前或者诉讼过程中书面承诺的送达地址作为人民法院送达司法文书的地址的原则，可以探索将人民法院、通讯运营商、人民银行、通信管理局等相关部门之间的诚信协作机制，发挥可以将拒绝签收、回避签收等人为阻碍诉讼进程的行为，依法接入诚信系统。

《海检发传字〔2019〕4号〉　人民检察院刑事诉讼规则》（2019年12月2日最高人民检察院第13届检委会第28次会议通过，2019年12月30日公布施行，高检发释字〔2012〕2号《规则（试行）》同时废止。

第 551 条（第 1 款）　人民检察院对刑事诉讼活动中的违法情形，应当依法提出纠正意见，对于重大违法情形，应当及时报告检察长。

第 552 条（第 1 款）　人民检察院在刑事诉讼活动中的违法行为，对于情节较轻的，由检察人员口头或者书面提出；对于情节较重的，经检察长决定，向有关机关提出纠正违法意见书，发现犯罪的，移送有关部门，依法依纪及时处理。

《海检发〔2019〕11号〉　人民检察院办案活动接受人民监督员监督的规定》（2019年6月28日最高人民检察院〔13届20次〕通过，2019年8月27日印发施行；《最高人民检察院关于人民监督员监督工作的规定》同时废止。

第 12 条　人民检察院对案件实行检察官办案责任制，案件经受理办案检察官签署意见的，可以确定为了人民监督员监督工作的案件。

《海检发〔2020〕6号〉　最高人民检察院、公安部关于加强和规范补充侦查工作的指导意见》（2020年3月27日印发实施）

第 17 条（第 1 款）　对公安机关未开展补充侦查工作的，人民检察院可以视为未开展补充侦查，对可以补充提供证据、进行补充侦查或者重新鉴定的案件，应当退回公安机关补充侦查，并提供指导，也可以自行侦查。

《海检发〔2020〕10号〉　最高人民检察院关于办理涉新冠肺炎疫情服务保障"六稳""六保"的意见》（2020年7月21日（第119次）通过，2020年7月22日印发）

2……各级人民检察院在依法履行职责工作中，要依法及时保护企业合法权益，对受托人做出虚假陈述行为的，促使依法及时办理。……各人民检察院及时办理相关案件的，应当及时审理和依法追究责任因，应当结合办理情况，完善后续的检察建议，提出完善长效制度和机制。

《海检发办字〔2020〕55号〉　人民检察院刑事案件申诉案件规定〉（2020年5月19日最高检检委会〔13届38次〕通过，2020年9月22日印发，高检发〔2014〕18号《人民检察院复查刑事申诉案件规定》（此件原检委会文件）均应同步执行，之前未答复。①

院在审理刑事案件统计》同时废止。

第 61 条　办理刑事案件中发现涉案财物及其孳息被隐匿、转移的，可以依照相关规定追查、查封、扣押、冻结，查清后依法处理。

……

13. 进一步提升涉案财物管理水平。……依法对有关涉案财物作出正确处理，已经采取查封、扣押、冻结措施的，有关办案单位应当依法及时处理、返还，有止血意义的，可以依照规定向有关部门移送线索。依法推进相关工作。

中央办公厅、国务院办公厅转发《中央政法委关于加强政法机关办案财物管理工作的意见》（2021 年 6 月 15 日）

其次，……

【高检发办字〔2021〕4 号】　最高人民检察院关于印发涉案财物管理与涉案财物接收工作的规定（2021 年 6 月 2 日最高人民检察院第 13 届第 68 次会议通过，2021 年 9 月 6 日起施行；2001 年 12 月 3 日最高人民检察院发布的高检发侦监字〔2001〕4 号《人民检察院扣押、冻结涉案财物若干规定》同时废止。

第 14 条　人民检察院应当及时调查相关涉案财物及其孳息与刑事案件的关联情况，对没有证据证明与案件相关的涉案财物，可以依据法律规定予以解除查封、扣押、冻结，依法予以返还。

【高检发办字〔2023〕49 号】　人民检察院办理刑事案件财物管理工作指引（2023 年 4 月 25 日印发施行）

第 10 条（第 3 款）　人民检察院办理刑事案件中，对于涉案财物，办案人员应当依法及时移送案件管理部门并办理移交手续，经核查无误后，按下列规定分别出具相关凭证，随案移送人民检察院。

第 11 条　人民检察院应当按照《人民检察院刑事案件涉案财物管理工作规定》第 11 条的规定办理，可以所有有关单位或者案件承办人复印备份，并作为案卷材料的移送人民检察院。

【高检发办字〔2023〕4 号】　最高人民检察院、公安部、司法部关于办理涉案财物案件若干事项的规定（2023 年 5 月 24 日印发，2023 年 6 月 1 日起施行）（节选）

《刑事诉讼法》第 236 条

第 4 条（第 1 款）　人民检察院办理性侵害未成年人刑事案件中涉及性侵害被害人的，应当随出具证据材料，依法审查认定。

● 指导案例

【高检发办字〔2020〕64 号】　最高人民检察院 22 批指导性案例（2020 年 9 月 28 日最高人民检察院第 13 届第 52 次会议通过，2020 年 11 月 24 日印发）

（指导案例 81 号）

……无锡市检察机关公诉案件开庭前就有关涉案作出后，将案件交予办案部门进行推进补充诉讼材料中，依法对具体证明证据及说明相关作证意见、调取、补充证据、调查核实意见，制作审查意见，提出检察建议。

【高检发办字〔2020〕68 号】　最高人民检察院 23 批指导性案例（2020 年 11 月 6 日最高人民检察院第 13 届第 54 次会议通过，2020 年 12 月 13 日印发）

（指导案例 87 号）

要旨：……一审对办案中发现的涉案财产属涉嫌赃款（财物）、应当适用违法所得追缴程序的，检察机关可以及时介入并引导侦查行为适用违法所得追缴。

【高检办发〔2023〕1号】　中共中央纪委办公厅、国家监察委员会办公厅、最高人民检察院办公厅关于印发行贿犯罪典型案例（第2批）的通知（2023年3月12日）

（案例3）　马某某、徐某某等9人系列行贿案

要旨：检察机关在提前介入受贿案件时，发现行贿犯罪人线索，应当向监察机关提出意见建议。……对案件暴露出的相关单位廉政、履职中的普遍性、倾向性问题，监察机关、检察机关可以督促相关单位进行整改。

（本书汇）【检察工作制度】[①]

● **相关规定**　【主席令〔2018〕12号】　**中华人民共和国人民检察院组织法**（1954年9月21日全国人大〔1届1次〕通过；1979年7月1日全国人大〔5届2次〕重修，1979年7月5日委员长令第4号公布，1980年1月1日起施行；2018年10月26日全国人大常委会〔13届6次〕最新修订，2019年1月1日起施行）

第10条（第2款）　最高人民检察院领导地方各级人民检察院和专门人民检察院的工作，上级人民检察院领导下级人民检察院的工作。

第24条　上级人民检察院对下级人民检察院行使下列职权：（一）认为下级人民检察院的决定错误的，指令下级人民检察院纠正，或者依法撤销、变更；（二）可以对下级人民检察院管辖的案件指定管辖；（三）可以办理下级人民检察院管辖的案件；（四）可以统一调用辖区的检察人员办理案件。

上级人民检察院的决定，应当以书面形式作出。

第25条　下级人民检察院应当执行上级人民检察院的决定；有不同意见的，可以在执行的同时向上级人民检察院报告。

第27条　人民监督员依照规定对人民检察院的办案活动实行监督。

第29条　检察官在检察长领导下开展工作，重大办案事项由检察长决定。检察长可以将部分职权委托检察官行使，可以授权检察官签发法律文书。

第30条　各级人民检察院设检察委员会。检察委员会由检察长、副检察长和若干资深检察官组成，成员应当为单数。

第31条　检察委员会履行下列职能：（一）总结检察工作经验；（二）讨论决定重大、疑难、复杂案件；（三）讨论决定其他有关检察工作的重大问题。

最高人民检察院对属于检察工作中具体应用法律的问题进行解释、发布指导性案例，应当由检察委员会讨论通过。

第32条　检察委员会召开会议，应当有其组成人员的过半数出席。

检察委员会会议由检察长或者检察长委托的副检察长主持。检察委员会实行民主集中制。

地方各级人民检察院的检察长不同意本院检察委员会多数人的意见，属于办理案件的，可以报请上一级人民检察院决定；属于重大事项的，可以报请上一级人民检察院或者本级人民代表大会常务委员会决定。

[①] 注：《刑事诉讼法》没有关于检察内部工作制度的专门规定，本书将其汇集于此。

第33条　检察官可以就重大案件和其他重大问题,提请检察长决定。检察长可以根据案件情况,提交检察委员会讨论决定。

检察委员会讨论案件,检察官对其汇报的事实负责,检察委员会委员对本人发表的意见和表决负责。检察委员会的决定,检察官应当执行。

第34条　人民检察院实行检察官办案责任制。检察官对其职权范围内就案件作出的决定负责。检察长、检察委员会对案件作出决定的,承担相应责任。

【高检发办字〔2002〕2号】　最高人民检察院关于下级检察院向最高人民检察院报送公文的规定（2002年4月12日最高检第9届第49次检察长办公会通过,2002年4月22日印发执行；最高检《关于下级检察院向最高人民检察院请示报告工作和报送材料的暂行规定》（高检发办字〔1994〕24号）、最高检办公厅《关于向最高人民检察院报送文件有关事项的通知》（高检办发〔1996〕1号）同时废止）

一、报送公文范围

（一）请示、报告。指各省级检察院就重大案件、重要业务工作、重大侦查行动、适用法律、阶段性工作、贯彻最高人民检察院会议和工作部署、最高人民检察院管辖干部任免等事项的请示、报告。

（二）信息、简报。指各省级检察院和最高人民检察院信息直报点编发的情况反映、检察工作简报等。

（三）其他材料。指各省级检察院下发的重要文件等。

二、报送份数和方式

（一）各省级检察院向最高人民检察院的请示,报送一式2份。

（二）各省级检察院给最高人民检察院的工作报告,报送一式15份。

（三）各省级检察院的检察信息简报、下发的重要文件等材料,报送一式20份。

以上3项信封上需写明"最高人民检察院收"。

（四）最高人民检察院检察信息直报点信息材料报送1份,信封上需写明"最高人民检察院办公厅收"。

（五）紧急事项以电传形式上报的,请按上述规定注明报送单位。

三、报送程序及要求

（一）下级检察院向最高人民检察院报送公文要准确、全面、及时、保密、安全。

（二）请示、报告应一文一事。

（三）下级检察院向最高人民检察院上报各类公文原则上须逐级层报。但重大紧急的突发事件可直报最高人民检察院,同时抄报被越过的上级机关。

（四）向最高人民检察院请示的案件,必须是事实清楚、证据确凿,在适用法律上确属疑难、复杂,省级检察院难以决断的重大案件,并且需符合以下条件：1.经过省级检察院检察委员会讨论。2.有争议的案件须写清争议焦点和具体分歧意见,并写明检察委员会多数委员的意见。3.须有检察长的明确意见。4.须附全部案件材料及检察委员会讨论记录。5.加盖院章。

（五）除需要直接报送最高人民检察院领导同志的绝密事项外,各级检察机关不得以本院或本院领导的名义向最高人民检察院领导同志个人直接报送公文。

（六）请示、报告一般须呈报正式文件,特别紧急事项以电传形式报送的,可不再重复报送正式文件。信息材料时效性强的可先电传，正式印制件仍按要求报送。

（七）报送的公文均应根据内容准确定密，按密级要求报送；用电传报送的，必须严格标明密传标准，防止失泄密现象发生。

四、不符合报送规定公文的处理

（一）凡不按规定报送请示、报告类事项的，最高人民检察院办公厅将不予办理，或退回报文单位重新办理。

（二）对不是直报单位、不属直报事项范围而越级直报的信息、文件等材料，最高人民检察院办公厅一般不予办理或采用。

（三）各省级检察院要按照本通知精神，对所辖下级检察院提出明确要求，杜绝违反规定上报公文的现象。

【高检发〔2003〕3号】　最高人民检察院关于加强案件管理的规定（2003年5月27日最高检检委会〔10届28次〕通过，2003年6月5日印发）

二、完善重大典型案件专报制度。地方各级人民检察院在办理重大典型案件时，应将办理情况和结果及时向上级人民检察院报告。对于下列5类案件，省级人民检察院要向最高人民检察院报告办理进展情况或结果：（一）有关案件备案和报告制度中规定的需要向最高人民检察院备案和报告的案件；（二）最高人民检察院列为重点督办的案件；（三）在全国或本地区有重大影响、新闻媒体关注的案件；（四）人民检察院直接受理立案侦查的县处级以上干部犯罪案件中，作出撤销案件、不起诉决定的案件，以及人民法院判决无罪的案件；（五）最高人民检察院要求报告的其他案件。

【高检诉发〔2005〕8号】　最高人民检察院公诉厅关于严格执行《公诉人员六条纪律规定》的通知（2005年6月21日）

为严格规范公诉人员执法行为，保证公诉人员正确行使检察权，建设一支公正执法、廉洁从检、纪律严明的高素质公诉队伍，全国检察机关第3次公诉工作会议明确提出了公诉人员6条硬性纪律规定。为严格执行该规定，现通知如下：

一、《公诉人员6条纪律规定》是确保公诉队伍公正、廉洁的必要保障措施，各级人民检察院公诉部门必须严格执行。对违反《公诉人员6条纪律规定》的，除按照《检察人员纪律处分条例（试行）》等有关规定，由纪检监察部门予以处分外，要将处理结果同《检察机关公诉案件考评办法》挂钩，严格考评，并按照考评办法中规定的问责制进行问责。

二、实行诫勉谈话制度。公诉人员违反6条纪律规定，情节轻微，尚不构成纪律处分的，由院领导对有违纪行为的公诉人员进行诫勉谈话。被诫勉谈话的公诉人员当年年度考核不能被评为优秀，同时取消当年各项评先、评优资格。

三、实行执行6条纪律规定情况的专报制度。凡有公诉人员违反6条纪律规定，受到纪律处分或追究刑事责任的，均应向上一级人民检察院公诉部门报告，一件一报。各级人民检察院公诉部门每年要将本部门人员违反六条纪律规定的情况向上级人民检察院公诉部门做综合报告。各省级人民检察院公诉处要于次年2月底前将本省、市、自治区的情况报高检院公诉厅。年度情况报告采取零报告制度。

以上通知，请各地严格遵照执行。

公诉人员6条纪律规定

为严格规范公诉人员执法行为，保证公诉人员依法正确行使检察权，依据《中华人民共和国检察官法》、《检察人员纪律处分条例（试行）》等规定，结合公诉工作实际，制定本纪律规定。

一、严禁贪污受贿，私分罚没款物；

二、严禁玩忽职守、徇私枉法、泄露办案机密以及其他失职渎职行为；

三、严禁私放犯罪嫌疑人、帮助串供、毁灭或者伪造证据；

四、严禁在办案中刑讯逼供、暴力取证以及其他严重侵犯诉讼参与人诉讼权利的行为；

五、严禁私自办案或者违法干预下级检察院办案；

六、严禁私自会见案件当事人及其辩护人、代理人、申诉人、亲友或者接受上述人员提供的财物、宴请、娱乐活动。

公诉人员违反上述6条纪律规定的，一律先停职离岗，再区分性质和情节轻重，依照检察纪律严肃处理，构成犯罪的依法追究刑事责任。

【高检发〔2007〕8号】 最高人民检察院关于加强上级人民检察院对下级人民检察院工作领导的意见（2007年8月14日印发施行）

一、认真贯彻执行上级人民检察院的决定和部署

1. 最高人民检察院和上级人民检察院关于检察工作的各项部署和要求，下级人民检察院要紧密结合本地区实际认真贯彻，切实落实到各项工作中。上级人民检察院作出的决定，下级人民检察院必须执行，不得擅自改变、故意拖延或者拒不执行。在执行中遇到的新情况、新问题要及时向上级人民检察院报告。坚决杜绝有令不行、有禁不止和上有政策、下有对策等不良风气。

2. 上级人民检察认为下级人民检察院作出的决定确有错误的，应当指令下级人民检察院纠正或者依法直接予以撤销或变更；发现下级人民检察院已办结的案件有错误，或者正在进行的执法活动违反法律、司法解释以及上级人民检察院有关规定的，应当指令下级人民检察院纠正；发现下级人民检察院制定的关于业务工作的规范性文件存在超越法定权限，与法律、司法解释或上级人民检察院规定相抵触，或者有其他不适当情形的，应当及时向下级人民检察院提出纠正意见或者指令撤销。下级人民检察院必须执行上级人民检察院的决定，如果认为上级人民检察院的决定确有错误，应当在执行的同时向上级人民检察院报告；上级人民检察院经复议认为确有错误的，应当及时纠正。

3. 对上级人民检察院交办的事项和案件，下级人民检察院应当在上级人民检察院要求的时限或法定期限内办结并报告结果；逾期不能办结的，应及时书面报告进展情况，并说明未办结原因和下一步打算。对最高人民检察院转交的党和国家领导同志批示交办的事项和案件，最高人民检察院按规定交办的全国人大代表和全国政协委员转交的案件，以及最高人民检察院领导同志批示交办的事项和案件，应当按照《最高人民检察院专项督查工作规定》和《关于检察机关办理全国人大代表转交案件的规定》认真办理。对上级人民检察院转交的同级党委及有关领导同志批示交办的事项和案件，上级人民检察院按规定交办的人大代表和政协委员转交的案件，以及上级人民检察院领导同志批示交办的事项和案件，应当按照上级人民检察院的有关规定认真办理，或者参照《最高人民检察院专项督查工作规定》和《关于检察机关办理全国人大代表转交案件的规定》办理。

4. 推行检务督察制度，加强对本级和下级人民检察院及其检察人员执行上级或本级人民检察院决议、决定、制度和重大工作部署，严格依法文明办案以及认真遵守检察纪律等情况

的督察，确保上级人民检察院决议、决定和重大工作部署以及各项规章制度得到严格执行，促进执法公正和队伍廉洁。

二、坚持和完善请示报告制度

5. 地方各级人民检察院对检察工作中的重大事项和办理的重大疑难复杂案件，需要向上级人民检察院请示的，应当严格按照报送公文和请示件的有关规定办理。上级人民检察院要认真研究，及时办理并提出书面答复意见。

最高人民检察院根据省级人民检察院的请示就检察业务与检察官管理等问题所作的答复，应当定期公布。

【高检发〔2010〕15号】　最高人民检察院关于加强公诉人建设的决定（2010年8月19日）

13. 提高出庭公诉指控犯罪能力。提高庭前预测能力，针对案件的重点和争议焦点，制定周密的出庭预案，对于重大复杂敏感案件要制定临庭处置预案。提高庭上指控犯罪能力，做到讯问犯罪嫌疑人重点突出、针对性强，示证质证组织编排证据合理明晰，增强指控犯罪的效果。提高庭上辩驳能力，做到条理清楚、说理充分、论证严谨、讲究策略。提高庭上应变能力，善于运用事实证据、法律规定和刑事政策，妥善应对被告人当庭翻供、证人翻证等情况。提高语言表达能力，做到用语规范、表述准确，增强语言的感染力和说服力，增强社会公众的认同感，树立公诉人可亲、可信、可敬的执法形象。提高出庭的综合效果，善于结合案件事实揭露犯罪，开展法制宣传，促使被告人认罪悔罪。上级检察机关要加强对出庭工作的指导、协调，充分发挥检察一体化优势，凡在什么范围有影响的案件，就要在什么范围调配优秀公诉人审查案件并出庭支持公诉，确保出庭指控犯罪效果。

14. 提高诉讼监督能力。强化监督意识，突出监督重点，坚持将刑讯逼供、暴力取证、有罪判无罪、无罪判有罪、量刑畸轻畸重，特别是人民群众反映强烈的问题和司法不公背后的职务犯罪作为监督的重点。坚持监督原则，讲究监督方法，既要敢于监督、敢于碰硬、秉公执法、忠实履行宪法和法律赋予的职责，又要善于监督、规范监督、理性监督，积极营造与侦查、审判机关的和谐关系。提高监督质量，坚持以事实为依据、以法律为准绳，依法正确行使权力，注重监督效果。拓宽监督思路，综合运用抗诉、纠正违法通知书、纠正违法审理意见书、检察建议等多种形式进行监督；既重视对错误轻判的监督，又重视对错误重判的监督；既重视对实体问题的监督，又重视对程序问题的监督。

16. 加强教育培训，构建公诉人教育培训工作体系。深入推进学习型公诉部门建设，研究制定"全国检察机关公诉人教育培训实施办法"和"全国检察机关公诉人岗位练兵指导意见"，实现全国公诉人教育培训和岗位练兵工作的规范化、制度化。依托国家检察官学院及其分院等培训基地，积极推进公诉业务技能实训基地建设试点工作。讲究教育培训的方式方法，坚持理论与实践相结合、讲授式培训与研讨式培训相结合、面授教学与网络教学相结合，切实提高培训的实际效果。建立公诉人全员轮训机制，高检院负责省级检察院分管检察长、公诉部门负责人、地市级检察院分管检察长的轮训工作，每3年轮训一遍；省级检察院负责地市级检察院公诉部门负责人、县级检察院分管检察长及本省（自治区、直辖市）公诉业务骨干的轮训工作，每3年轮训一遍；地市级检察院和县级检察院要抓好本辖区内公诉人的常规培训，确保每名公诉人每年脱岗参加业务培训的时间不少于15天。鼓励公诉人参加法律类学历学位教育并为其创造条件。

17. 建立公诉人出庭观摩制度，促进相互学习借鉴。省级检察院每年至少要组织 1 次全省范围的观摩庭，地市级检察院每年至少要组织 2 次全市范围的观摩庭，县级检察院每年至少要组织 3 次本院范围的观摩庭，并认真组织评议。各级检察院公诉部门负责人要带头办理案件，带头出庭支持公诉。提倡各级检察院检察长亲自办理案件，亲自出庭支持公诉。省、市、县三级分管检察长办理案件、出庭公诉每年应分别不少于 1、2、3 件。建立公诉人出庭抽查和考核制度，促使公诉人能够随时接受出庭检验，不断提高出庭水平。有条件的地方，可以建立公诉人出庭社会考核制度，组织人大代表、政协委员、人民监督员等社会各界人士旁听庭审，并在庭后进行评议。

21. 建立公诉人业务竞赛制度，突出打造品牌公诉人。以开展"全国十佳公诉人暨优秀公诉人"业务竞赛活动为龙头，带动全国公诉人业务竞赛广泛开展。高检院一般每 3 年组织 1 次"全国十佳公诉人暨优秀公诉人"业务竞赛活动，打造一批品牌公诉人。省级、地市级检察院也要根据实际，定期组织开展竞赛活动。要积极开展十佳、优秀公诉人巡讲和社会宣讲活动，加大对典型事例和先进人物的宣传力度。

23. 建立专家型公诉人培训机制。通过举办主诉检察官研修班、优秀公诉人高级研修班等形式，加大对专家型公诉人才在法治理念、刑事政策、理论前沿、公诉疑难问题研究等方面的培训力度。高检院和各省级院至少每年组织 1 次专家型公诉人培训。各省级检察院还可以通过定期举办公诉人论坛、公诉人沙龙等方式，为专家型公诉人才提供相互学习交流的平台，全面提升综合素质和解决疑难复杂问题的能力。

24. 建立公诉人专业化培训机制。按照专门型公诉人建设的要求，研究制定专门型公诉人培养办法。根据不同犯罪类型，建立专业化培训机制，并对公诉人进行证据审查、文书制作、多媒体示证、出庭公诉等方面专业化培训。高检院、各省级检察院至少每年组织 1 次专业化培训。

25. 完善公诉人理论研究机制。大力倡导公诉人加强理论研究，积极参与国内法学研究，加强与境外检察机关的交流，注重理论联系实际，努力提高理论研究的水平和研究成果的质量。重点加强对公诉基础理论、公诉应用理论、公诉政策理论、公诉前沿理论和公诉疑难问题的研究，进一步阐述中国特色社会主义公诉制度的必然性、合理性和优越性，推动公诉工作科学发展。每名公诉人都应确定自己的研究方向，努力成为某一领域研究解决理论和实务问题、办理专门案件的人才。高检院每 3 年组织 1 次公诉理论研究成果评比，提倡各省级检察院积极开展公诉理论成果评选，推动公诉理论研究的深入开展。

29. 自觉接受外部监督制约。始终把公诉工作置于党的领导和人大的监督之下，自觉接受政协民主监督、人民群众监督和新闻舆论监督，依法接受公安、法院等机关的制约，广泛听取人大代表、政协委员、专家学者、律师和基层群众的意见和建议。各级检察院每年至少组织 1 次座谈会，听取有关部门和人民群众对本院公诉工作和公诉人纪律作风建设的意见和建议，及时发现和解决存在的问题，促进公诉人提高执法办案水平。

33. 合理确定公诉人员数量和检察官职数。各级检察院要根据"精简后方，保障一线"的原则，加强对公诉部门的人员配备，使人员配备与工作任务相适应。要根据年受理移送起诉案件的数量等工作任务，合理确定公诉部门人员编制。刑事案件发案率较高、起诉案件数量多的地方，应当相应增设公诉机构，增加公诉人员编制。专门类型案件数量较多的地方，应当研究探索设立专门机构或由专门人员负责办理。案多人少矛盾突出的地方应为公诉人配备速录员等办案辅助人员,以减轻公诉人从事事务性工作的负担。要合理设置公诉部门检察官职数和职级比例,保持公诉业务骨干的相对稳定,避免优秀公诉人才流失。对全国、省级、地市级优秀公诉人以及专家型、专门型公诉人调离公诉部门的,应当听取上一级检察机关公诉部门的意见。

34. 建立严格的公诉人准入制度。公诉人应由具有良好政治、业务素质和良好品行、具有大学本科以上文化程度、通过国家统一司法考试、取得助理检察员以上法律职称的检察官担任。新录用的人员在公诉部门锻炼后,要经过岗前培训和实习方可正式担任公诉人。单独组织公诉人招录的,公诉部门负责人应协助政治部门做好招录工作,确保录入人员的质量。

【高检发纪字〔2014〕6号】 最高人民检察院关于加强执法办案活动内部监督防止说情等干扰的若干规定(2014年7月14日)

第5条 遇有下列情形,可能对执法办案活动形成干扰,影响案件公正处理的,应当报告:(一)邀请办案人员私下会见案件当事人或其辩护人、诉讼代理人、亲友的;(二)打听办案人员组成及其家庭情况、证人姓名及有关情况的;(三)打听举报人、举报内容和案件事实、证据的掌握情况和认定及案件讨论情况的;(四)打听案件初查计划、侦查方案、侦查手段、是否对犯罪嫌疑人采取强制措施的;(五)打听其他尚未公开案件情况和拟办意见的;(六)为案件请托、说情,或以其他方式向办案人员施加压力,影响案件公正办理的;(七)其他通过说情干扰执法办案的情形。

第6条 检察人员在执法办案活动中遇有应当报告的情形时,应当及时向所在部门负责人报告。部门负责人应当向分管院领导报告,同时将相关情况书面报纪检监察机构备案。部门负责人或者院领导遇有应当报告的情形时,应当分别向分管院领导和上级领导报告。

第12条 本规定自发布之日起施行。此前人民检察院有关规定与本规定不一致的,适用本规定。

【高检会〔2015〕1号】 深化人民监督员制度改革方案(2015年2月27日中央全面深化改革领导小组〔第10次〕通过,最高检、司法部2015年3月7日印发)

二、重点任务

(一)改革人民监督员选任机制

2. 人民监督员的设置。省级人民检察院和设区的市级人民检察院设置人民监督员。省级人民检察院人民监督员监督省级人民检察院办理的案件。设区的市级人民检察院人民监督员监督设区的市级人民检察院和县级人民检察院办理的案件。直辖市人民检察院人民监督员监督直辖市各级人民检察院办理的案件。

3. 人民监督员的选任条件。人民监督员应当是年满23周岁,拥护中华人民共和国宪法,遵守法律,品行良好,身体健康,具有高中以上文化程度的中国公民,具备较高的政治素质、广泛的代表性和扎实的群众基础。人民监督员每届任期5年,连续任职不得超过两届。省级人民检察院人民监督员和设区的市级人民检察院人民监督员不得互相兼任。

(三)拓展人民监督员监督案件范围

人民监督员对人民检察院办理直接受理立案侦查案件的下列情形实施监督:(1)应当立案而不立案或者不应当立案而立案的;(2)超期羁押或者检察机关延长羁押期限决定不正确的;(3)违法搜查、扣押、冻结或者违法处理扣押、冻结款物的;(4)拟撤销案件的;

（5）拟不起诉的；（6）应当给予刑事赔偿而不依法予以赔偿的；（7）检察人员在办案中有徇私舞弊、贪赃枉法、刑讯逼供、暴力取证等违法违纪情况的；（8）犯罪嫌疑人不服逮捕决定的；（9）采取指定居所监视居住强制措施违法的；（10）阻碍律师或其他诉讼参与人依法行使诉讼权利的；（11）应当退还取保候审保证金而不退还的。

（四）完善人民监督员监督程序

3. 完善人民监督员评议表决和检察机关审查处理程序。人民监督员对所监督案件独立进行评议和表决，制作《人民监督员表决意见书》，说明表决情况、结果和理由。承办案件的人民检察院应当对人民监督员的表决意见进行审查。检察长不同意人民监督员表决意见的，应当提交检察委员会讨论决定。检察委员会应当根据案件事实和法律规定，全面审查、认真研究人民监督员的评议和表决意见，依法作出决定。检察长或者检察委员会的处理决定应及时告知参加监督的人民监督员。检察委员会的最终处理决定与人民监督员表决意见不一致的，应当向参加监督的人民监督员作出必要的说明。

4. 设置复议程序。人民检察院处理决定未采纳多数人民监督员评议表决意见，经反馈说明后，多数人民监督员仍有异议的，可以提请人民检察院复议1次。

（五）完善人民监督员知情权保障机制

1. 建立职务犯罪案件台账制度。为便于人民监督员掌握案件办理情况、发现监督线索，检察机关应对职务犯罪立案情况，对犯罪嫌疑人采取强制措施情况，扣押财物的保管、处理、移送、退还情况，以及刑事赔偿案件办理情况建立相应台账，供人民监督员查阅。

2. 建立人民监督员监督事项告知制度。检察机关接待职务犯罪案件举报人、申诉人时，应告知其在案件处理完毕后，对处理结果有不同意见的，可以向人民监督员反映。检察机关在查办职务犯罪案件的侦查、审查逮捕、审查起诉等诉讼环节第1次讯问犯罪嫌疑人时，执行搜查、扣押时以及执行冻结后，应向举报人、申诉人、犯罪嫌疑人及其近亲属告知有关人民监督员监督事项的内容。

【高检发〔2015〕10号】　最高人民检察院关于完善人民检察院司法责任制的若干意见
（2015年8月18日中央全面深化改革领导小组〔第15次〕审议通过，2015年9月25日印发）

7. 诉讼监督等其他法律监督案件，可以由独任检察官承办，也可以由检察官办案组承办。独任检察官、主任检察官对检察长（分管副检察长）负责，在职权范围内对办案事项作出决定。以人民检察院名义提出纠正违法意见、检察建议、终结审查、不支持监督申请或提出（提请）抗诉的，由检察长（分管副检察长）或检察委员会决定。

9. 以人民检察院名义制发的法律文书，由检察长（分管副检察长）签发。

10. 检察长（分管副检察长）有权对独任检察官、检察官办案组承办的案件进行审核。检察长（分管副检察长）不同意检察官处理意见，可以要求检察官复核或提请检察委员会讨论决定，也可以直接作出决定。要求复核的意见、决定应当以书面形式作出，归入案件卷宗。

检察官执行检察长（分管副检察长）决定时，认为决定错误的，可以提出异议；检察长（分管副检察长）不改变该决定，或要求立即执行的，检察官应当执行，执行的后果由检察长（分管副检察长）负责，检察官不承担司法责任。检察官执行检察长（分管副检察长）明显违法的决定的，应当承担相应的司法责任。

16. 检察长统一领导人民检察院的工作，依照法律和有关规定履行以下职责：（一）决定是否逮捕或是否批准逮捕犯罪嫌疑人；（二）决定是否起诉；（三）决定是否提出抗诉、检察建议、纠正违法意见或提请抗诉，决定终结审查、不支持监督申请；（四）对人民检察院直接受理立案侦查的案件，决定立案、不立案、撤销案件以及复议、复核、复查；（五）对人民检察院直接受理立案侦查的案件，决定采取强制措施，决定采取查封、扣押、冻结财产等重要侦查措施；（六）决定将案件提请检察委员会讨论，主持检察委员会会议；（七）决定检察人员的回避；（八）主持检察官考评委员会对检察官进行考评；（九）组织研究检察工作中的重大问题；（十）法律规定应当由检察长履行的其他职责。

副检察长、检察委员会专职委员受检察长委托，可以履行前款规定的相关职责。

17. 检察官依照法律规定和检察长委托履行职责。

检察官承办案件，依法应当讯问犯罪嫌疑人、被告人的，至少亲自讯问1次。

下列办案事项应当由检察官亲自承担：（一）询问关键证人和对诉讼活动具有重要影响的其他诉讼参与人；（二）对重大案件组织现场勘验、检查，组织实施搜查，组织实施查封、扣押物证、书证，决定进行鉴定；（三）组织收集、调取、审核证据；（四）主持公开审查、宣布处理决定；（五）代表检察机关当面提出监督意见；（六）出席法庭；（七）其他应当由检察官亲自承担的事项。

20. 检察官助理在检察官的指导下履行以下职责：（一）讯问犯罪嫌疑人、被告人，询问证人和其他诉讼参与人；（二）接待律师及案件相关人员；（三）现场勘验、检查，实施搜查，实施查封、扣押物证、书证；（四）收集、调取、核实证据；（五）草拟案件审查报告，草拟法律文书；（六）协助检察官出席法庭；（七）完成检察官交办的其他办案事项。

22. 加强上级人民检察院对下级人民检察院司法办案工作的领导。上级人民检察院可以指令下级人民检察院纠正错误决定，或依法撤销、变更下级人民检察院对案件的决定；可以对下级人民检察院管辖的案件指定异地管辖；可以在辖区内人民检察院之间调配检察官异地履行职务。

上级人民检察院对下级人民检察院司法办案工作的指令，应当由检察长决定或由检察委员会讨论决定，以人民检察院的名义作出。

23. 下级人民检察院就本院正在办理的案件的处理或检察工作中的重大问题请示上级人民检察院的，应当经本院检察委员会讨论。在请示中应当载明检察委员会讨论情况，包括各种意见及其理由以及检察长意见。

32. 检察人员应当对其履行检察职责的行为承担司法责任，在职责范围内对办案质量终身负责。

司法责任包括故意违反法律法规责任、重大过失责任和监督管理责任。检察人员与司法办案活动无关的其他违纪违法行为，依照法律及《检察人员纪律处分条例（试行）》等有关规定处理。

33. 司法办案工作中虽有错案发生，但检察人员履行职责中尽到必要注意义务，没有故意或重大过失的，不承担司法责任。

检察人员在事实认定、证据采信、法律适用、办案程序、文书制作以及司法作风等方面不符合法律和有关规定，但不影响案件结论的正确性和效力的，属司法瑕疵，依照相关纪律规定处理。

34. 检察人员在司法办案工作中，故意实施下列行为之一的，应当承担司法责任：（一）包庇、放纵被举报人、犯罪嫌疑人、被告人，或使无罪的人受到刑事追究的；（八）毁灭、伪造、变造或隐匿证据的；（三）刑讯逼供、暴力取证或以其他非法方法获取证据的；（四）违反规定剥夺、限制当事人、证人人身自由的；（五）违反规定限制诉讼参与人行使诉讼权利，造成严重后果或恶劣影响的；（六）超越刑事案件管辖范围初查、立案的；（七）非法搜查或损毁当事人财物的；（八）违法违规查封、扣押、冻结、保管、处理涉案财物的；（九）对已经决定给予刑事赔偿的案件拒不赔偿或拖延赔偿的；（十）违法违规使用武器、警械的；（十一）其他违反诉讼程序或司法办案规定，造成严重后果或恶劣影响的。

35. 检察人员在司法办案工作中有重大过失，怠于履行或不正确履行职责，造成下列后果之一的，应当承担司法责任：（一）认定事实、适用法律出现重大错误，或案件被错误处理的；（二）遗漏重要犯罪嫌疑人或重大罪行的；（三）错误羁押或超期羁押犯罪嫌疑人、被告人的；（四）涉案人员自杀、自伤、行凶的；（五）犯罪嫌疑人、被告人串供、毁证、逃跑的；（六）举报控告材料或其他案件材料、扣押财物遗失、严重损毁的；（七）举报控告材料内容或其他案件秘密泄露的；（八）其他严重后果或恶劣影响的。

36. 负有监督管理职责的检察人员因故意或重大过失怠于行使或不当行使监督管理权，导致司法办案工作出现严重错误的，应当承担相应的司法责任。

37. 独任检察官承办并作出决定的案件，由独任检察官承担责任。

检察官办案组承办的案件，由其负责人和其他检察官共同承担责任。办案组负责人对职权范围内决定的事项承担责任，其他检察官对自己的行为承担责任。

属于检察长（副检察长）或检察委员会决定的事项，检察官对事实和证据负责，检察长（副检察长）或检察委员会对决定事项负责。

38. 检察辅助人员参与司法办案工作的，根据职权和分工承担相应的责任。检察官有审核把关责任的，应当承担相应的责任。

39. 检察长（副检察长）除承担监督管理的司法责任外，对在职权范围内作出的有关办案事项决定承担完全责任。对于检察官在职权范围内作出决定的事项，检察长（副检察长）不因签发法律文书承担司法责任。检察官根据检察长（副检察长）的要求进行复核并改变原处理意见的，由检察长（副检察长）与检察官共同承担责任。检察长（副检察长）改变检察官决定的，对改变部分承担责任。

40. 检察官向检察委员会汇报案件时，故意隐瞒、歪曲事实、遗漏重要事实、证据或情节，导致检察委员会作出错误决定的，由检察官承担责任；检察委员会委员根据错误决定形成的具体原因和主观过错情况承担部分责任或不承担责任。

41. 上级人民检察院不采纳或改变下级人民检察院正确意见的，应当由上级人民检察院有关人员承担相应的责任。

下级人民检察院有关人员故意隐瞒、歪曲事实、遗漏重要事实、证据或情节，导致上级人民检察院作出错误命令、决定的，由下级人民检察院有关人员承担责任；上级人民检察院有关人员有过错的，应当承担相应的责任。

42. 人民检察院纪检监察机构受理对检察人员在司法办案工作中违纪违法行为和司法过错行为的检举控告，并进行调查核实。

对检察人员承办的案件发生被告人被宣告无罪，国家承担赔偿责任，确认发生冤假错案，犯罪嫌疑人、被告人逃跑或死亡、伤残等情形的，应当核查是否存在应予追究司法责任的情形。

43. 人民检察院纪检监察机构经调查后认为应当追究检察官故意违反法律法规责任或重大过失责任的，应当报请检察长决定后，移送省、自治区、直辖市检察官惩戒委员会审议。

人民检察院纪检监察机构应当及时向检察官惩戒委员会通报当事检察官的故意违反法律法规或重大过失事实及拟处理建议、依据，并就其故意违反法律法规或重大过失承担举证责任。当事检察官有权进行陈述、辩解、申请复议。

检察官惩戒委员会根据查明的事实和法律规定作出无责、免责或给予惩戒处分的建议。

检察官惩戒委员会工作章程另行制定。

44. 对经调查属实应当承担司法责任的人员，根据《检察官法》、《检察人员纪律处分条例（试行）》、《检察人员执法过错责任追究条例》等有关规定，分别按照下列程序作出相应处理：

（一）应当给予停职、延期晋升、调离司法办案工作岗位以及免职、责令辞职、辞退等处理的，由组织人事部门按照干部管理权限和程序办理；

（二）应当给予纪律处分的，由人民检察院纪检监察机构依照有关规定和程序办理；

（三）涉嫌犯罪的，由人民检察院纪检监察机构将犯罪线索移送司法机关处理。

45. 检察人员不服处理决定的，有权依照《人民检察院监察工作条例》等有关规定提出申诉。

46. 检察官依法履职受法律保护。非因法定事由、非经法定程序，不得将检察官调离、辞退或作出免职、降级等处分。检察官依法办理案件不受行政机关、社会团体和个人的干涉。检察官对法定职责范围之外的事务有权拒绝执行。

47. 本意见适用于中央确定的司法体制改革综合试点地区确定的试点检察院，其他检察院可以参照执行。

【高检发〔2015〕16号】　最高人民检察院关于对检察机关办案部门和办案人员违法行使职权行为纠正、记录、通报及责任追究的规定（2015年12月9日最高检检委会〔12届44次〕通过，2015年12月15日印发施行）

第4条　违法行使职权行为是指以下情形：（1）侵犯举报人、控告人、申诉人合法权益，或者泄露、隐匿、毁弃、伪造举报、控告、申诉等有关材料的；（2）违法剥夺、限制诉讼参与人人身自由，或者违反办案安全防范规定的；（3）违法剥夺、限制诉讼参与人诉讼权利的；（4）违法采取、变更、解除、撤销强制措施，或者超期羁押犯罪嫌疑人，或者没有法定事由、超过法定办案期限仍未办结案件的；（5）违法使用武器、警械警具，或者殴打、体罚虐待、侮辱诉讼参与人的；（6）刑讯逼供、暴力取证，或者以其他非法方法获取证据的；（7）讯问职务犯罪嫌疑人未按规定同步录音录像，或者录音录像不规范的；（8）隐匿、毁弃、伪造证据，违背事实作出勘验、检查笔录、鉴定意见，包庇、放纵被举报人、犯罪嫌疑人、被告人，或者使无罪的人受到刑事追究的；（9）非法搜查、违法查封、扣押、冻结、处理涉案财物及其孳息的；（10）具有法定回避情形而不回避的；（11）未依法依规保障律师行使知情权、会见权、阅卷权、申请收集调取证据权等执业权利，阻碍律师履行法定职责的；（12）违反法定程序或者办案纪律干预办案，或者未经批准私自办案的；（13）私自会见案件当事人及其亲友、利害关系人、辩护人、代理人，或者接受上述人员提供的宴请、财物、娱乐、健身、旅游等活动的；(14) 为案件当事人及其亲友、利害关系人、辩护人、代理人打探案情、通风报信，或者泄露案件秘密的；(15) 利用检察权或者借办案之机，通过当事人、利害关系人或发案单位、证人等谋取个人利益的；(16) 越权办案、插手经济纠纷，利用办案之机拉赞助、乱收费、乱罚款，让发案单位、当事人、利害关系人报销费用，或者占用其房产或交通、通讯工具等物品的；(17) 未依法对诉讼活动、行政机关违法行使职权或者不行使职权的行为履行法律监督职责，造成不良影响的；(18) 其他违法行使职权的情形。

第12条（第3款）　对办案部门和办案人员违法行使职权的责任追究适用《关于完善人民检察院司法责任制的若干意见》等有关规定。

【高检发〔2015〕17号】　人民检察院案件请示办理工作规定（试行）（2015年12月16日最高检检委会［12届45次］通过，2015年12月30日印发试行）

第2条　下级人民检察院在办理具体案件时，对涉及法律适用、办案程序、司法政策等方面确属重大疑难复杂的问题，经本级人民检察院研究难以决定的，应当向上级人民检察院请示。

上级人民检察院认为必要时，可以要求下级人民检察院报告有关情况。

第3条　各级人民检察院依法对案件事实认定、证据采信独立承担办案责任，下级人民检察院不得就具体案件的事实认定问题向上级人民检察院请示。

第4条　下级人民检察院依据本规定第2条向上级人民检察院请示的，应当经本院检察委员会审议决定。

下级人民检察院未经本院检察委员会审议决定向上级人民检察院请示的，上级人民检察院不予受理。

第5条　案件请示应当遵循逐级请示原则。对重大紧急的突发案件，下级人民检察院必须越级请示的，应当说明理由，接受请示的上级人民检察院认为理由不能成立的，应当要求其逐级请示。

上级人民检察院对下级人民检察院请示的案件，经本院检察委员会审议决定，可以逐级向更高层级人民检察院请示。

第6条　下级人民检察院应当以院名义向上级人民检察院请示。

下级人民检察院业务部门向上级人民检察院对口业务部门请示，上级人民检察院业务部门认为请示问题属于重大疑难复杂的，应当要求下级人民检察院业务部门报请本院检察委员会讨论后，以院名义请示。

第7条　下级人民检察院请示案件，应当以书面形式提出。请示文书包括以下内容：（一）案件基本情况；（二）需要请示的具体问题；（三）下级人民检察院检察委员会讨论情况、争议焦点及倾向性意见；（四）下级人民检察院检察长的意见。

下级人民检察院有案卷材料的，应当一并附送。

第8条　下级人民检察院对正在办理的案件向上级人民检察院请示的，应当在办案期限届满10日之前报送上级人民检察院；法律规定的办案期限不足10日的，应当在办案期限届满3日之前报送。

第9条　下级人民检察院请示案件，应当由本院案件管理部门通过统一业务应用系统，报送上级人民检察院案件管理部门，同时报送书面请示一式3份。

第 10 条　人民检察院案件管理部门收到案件请示材料后应当立即进行审查，对符合请示条件的，根据案件性质及诉讼环节，移送相关业务部门办理；认为不符合请示条件的，应当退回下级人民检察院并说明理由；认为请示材料不符合要求的，应当要求下级人民检察院补送或者重新报送。

第 11 条　对案件管理部门移送的下级人民检察院请示，承办部门经审查认为不属于本部门职责范围的，应当报分管副检察长批准后，退回案件管理部门重新提出分办意见。承办部门不得自行移送其他部门办理。

下级人民检察院请示的问题，上级人民检察院曾经作出过规定、明确过意见或者针对特定检察院请示作过答复的，应当告知下级人民检察院按照有关规定、意见和答复办理。

第 12 条　承办部门应当指定专人办理答复工作。承办人应当全面审查请示内容和案卷材料，研究提出处理意见，经部门负责人审查后报分管副检察长审批。

分管副检察长认为必要时，可以报检察长或者提请检察委员会审议决定。检察委员会开会时，可以根据情况要求下级人民检察院有关负责人和办案人员列席。

第 13 条　请示内容涉及本院其他部门业务的，承办部门应当商请有关部门共同研究，或者征求相关部门意见。需要征求院外机关意见或者组织专家咨询的，应当报分管副检察长批准。

第 14 条　上级人民检察院对案件请示应当及时办理并答复下级人民检察院。对在诉讼程序内案件的请示，应当在办案期限届满之前答复下级人民检察院。对不在诉讼程序内案件的请示，应当在 1 个月以内答复下级人民检察院；特别重大复杂案件，经分管副检察长批准，可以延长 1 个月。

因特殊原因不能在规定的办理期限内答复的，承办部门应当在报告检察长后，及时通知下级人民检察院，并抄送本院案件管理部门。

第 15 条　上级人民检察院办理请示的案件，应当严格依据法律、司法解释和检察工作规定，对请示问题提出明确的答复意见，并阐明答复依据和理由。

第 16 条　对下级人民检察院的请示，上级人民检察院应当以院发文件进行答复。紧急情况下，经分管副检察长批准，上级人民检察院承办部门可以先通过其他方式向下级人民检察院告知答复意见，并立即制发公文进行正式答复。正式答复应当与其他方式答复内容一致。

第 17 条　上级人民检察院对下级人民检察院正式答复后，承办部门应当在 3 个工作日以内将答复意见抄送本院案件管理部门和法律政策研究部门。对于案件已经办结并且不涉密的答复意见，上级人民检察院可以通过适当方式在检察机关内部公布，所属各级人民检察院办理类似案件或者处理类似问题，可以参照适用。

第 18 条　故意隐瞒、歪曲事实或者因重大过失错报漏报重要事实或者情节，导致上级人民检察院作出错误答复意见的，下级人民检察院有关人员应当承担相应纪律责任和法律责任。

第 19 条　故意违反办理程序或者严重不负责任，导致作出的答复意见违反法律、司法解释或者检察工作规定的，上级人民检察院有关人员应当承担相应纪律责任和法律责任。

第 20 条　对上级人民检察院的答复意见，下级人民检察院应当执行，并在执行完毕后 10 日以内将执行情况报送上级人民检察院。

下级人民检察院因特殊原因对答复意见不能执行的，应当书面说明有关情况和理由，经本院检察长批准后报送上级人民检察院。

第 21 条 对上级人民检察院的答复意见，下级人民检察院应当执行而不执行，无正当理由拖延执行以及因故意或者重大过失错误执行，对办案工作造成不利影响的，应当追究相关人员纪律责任和法律责任。

第 22 条 本规定适用于人民检察院对具体案件的请示与答复工作。下级人民检察院就某一类案件如何适用法律的问题向上级人民检察院请示的，依照其他相关规定办理。

【高检发案管字〔2016〕3 号】 人民检察院案件流程监控工作规定（试行）（2016 年 7 月 14 日最高检检委会［12 届 53 次］通过，2016 年 7 月 27 日印发试行）

第 2 条 本规定所称案件流程监控，是指人民检察院正在受理或者办理的案件（包括对控告、举报、申诉、国家赔偿申请材料的处理活动），依照法律规定和相关司法解释、规范性文件等，对办理程序是否合法、规范、及时、完备，进行实时、动态的监督、提示、防控。

第 5 条 对正在受理的案件，案件管理部门应当重点审查下列内容：（一）是否属于本院管辖；（二）案卷材料是否齐备、规范；（三）移送的款项或者物品与移送清单是否相符；（四）是否存在其他不符合受理要求的情形。

第 6 条 在强制措施方面，应当重点监督、审查下列内容：（一）适用、变更、解除强制措施是否依法办理审批手续、法律文书是否齐全；（二）是否依法及时通知被监视居住人、被拘留人、被逮捕人的家属；（三）强制措施期满是否依法及时变更或者解除；（四）审查起诉依法应当重新办理监视居住、取保候审的，是否依法办理；（五）是否存在其他违反法律和有关规定的情形。

第 7 条 对涉案财物查封、扣押、冻结、保管、处理等工作，应当重点监督、审查下列内容：（一）是否未立案即采取查封、扣押、冻结措施；（二）是否未开具法律文书即采取查封、扣押、冻结措施；（三）查封、扣押、冻结的涉案财物与清单是否一致；（四）查封、扣押、冻结涉案财物时，是否依照有关规定进行密封、签名或者盖章；（五）查封、扣押、冻结涉案财物后，是否及时存入合规账户、办理入库保管手续，是否及时向案件管理部门登记；（六）是否在诉讼程序依法终结之前将涉案财物上缴国库或者作其他处理；（七）是否在诉讼程序依法终结之后依法及时处理涉案财物；（八）是否存在因不负责任造成查封、扣押、冻结的涉案财物丢失、损毁、贪污、挪用、截留、私分、调换、违反规定使用查封、扣押、冻结涉案财物的情形；（九）是否存在其他违反法律和有关规定的情形。

第 8 条 在文书制作、使用方面，应当重点监督、审查下列内容：（一）文书名称、类型、文号、格式、文字、数字等是否规范；（二）应当制作的文书是否制作；（三）是否违反规定开具、使用、处理空白文书；（四）是否依照规定程序审批；（五）是否违反规定在统一业务应用系统外制作文书；（六）对文书样式中的提示性语言是否删除、修改；（七）在统一业务应用系统中制作的文书是否依照规定使用印章、打印、送达；（八）是否存在其他不规范制作、使用文书的情形。

第 9 条 在办案期限方面，应当重点监督、审查下列内容：（一）是否超过法定办案期限仍未办结案件；（二）中止、延长、重新计算办案期限是否依照规定办理审批手续；（三）是否依法就变更办案期限告知相关诉讼参与人；（四）是否存在其他违反办案期限规定的情形。

第10条　在诉讼权利保障方面，应当重点监督、审查下列内容：（一）是否依法告知当事人相关诉讼权利义务；（二）是否依法答复当事人、辩护人、诉讼代理人；（三）是否依法听取辩护人、被害人及其诉讼代理人意见；（四）是否依法向诉讼参与人送达法律文书；（五）是否依法、及时告知辩护人、诉讼代理人重大程序性决定；（六）是否依照规定保障律师行使知情权、会见权、阅卷权、申请收集调取证据权等执业权利；（七）是否依法保证当事人获得法律援助；（八）对未成年人刑事案件是否依法落实特殊程序规定；（九）是否依照规定办理其他诉讼权利保障事项。

第11条　对拟向外移送、退回的案件，应当重点监督、审查下列内容：（一）案卷材料是否齐备、规范；（二）是否存在审查逮捕案件、审查起诉案件符合受理条件却作出退回侦查机关处理决定的情形；（三）是否存在审查起诉案件受理后未实际办理却作出退回补充侦查决定的情形；（四）是否存在审查起诉中违反法律规定程序退回侦查机关处理的情形；（五）是否存在其他不符合移送、退回要求的情形。

第12条　对已经移送人民法院、侦查机关或者退回侦查机关补充侦查的案件，应当重点监督、审查下列内容：（一）已经作出批准逮捕或者不批准逮捕决定的案件，3日以内是否收到侦查机关的执行回执；（二）退回补充侦查的案件，1个月以内是否重新移送审查起诉；（三）提起公诉、提出抗诉的案件，超过审理期限10日是否收到人民法院判决书、裁定书或者延期审理通知。

第13条　在司法办案风险评估方面，应当重点监督、审查下列内容：（一）对应当进行司法办案风险评估的案件是否作出评估；（二）对存在重大涉检信访或者引发社会矛盾的风险是否及时向有关部门提示；（三）对存在办案风险的案件是否制定、落实相应司法办案风险预警工作预案。

第14条　在统一业务应用系统使用方面，应当重点监督、审查下列内容：（一）是否违反规定在统一业务应用系统外办理、审批案件；（二）在统一业务应用系统上运行的办案进程与实际办案进程是否一致、同步；（三）是否违反规定修改、删除统一业务应用系统中的案件、线索；（四）是否依照规定执行相关流程操作；（五）是否依照规定填录案件信息；（六）是否依照规定制作、上传、使用电子卷宗；（七）是否依照规定使用账号、密钥；（八）是否依照规定对统一业务应用系统用户进行注册、审核、注销及权限分配等系统操作；（九）是否存在其他违反统一业务应用系统使用管理规定的情形。

第15条　在案件信息公开方面，应当重点监督、审查下列内容：（一）是否存在应当公开的案件信息被标记为不公开或者未及时办理公开事项的情形；（二）是否存在不应当公开的案件信息却公开的情形；（三）对拟公开的案件信息、法律文书是否依照规定进行格式处理；（四）是否存在其他不符合案件信息公开工作规定的情形。

第16条　对正在受理、办理的案件开展案件流程监控，应当通过下列方式了解情况、发现问题：（一）审查受理的案卷材料；（二）查阅统一业务应用系统、案件信息公开系统的案卡、流程、文书、数据等相关信息；（三）对需要向其他单位或者部门移送的案卷材料进行统一审核；（四）向办案人员或者办案部门核实情况；（五）上级人民检察院或者本院检察长、检察委员会决定的其他方式。

对诉讼参与人签收后附卷的通知书、告知书等，应当上传至统一业务应用系统备查。

第17条　对案件流程监控中发现的问题，应当按照不同情形作出处理：（一）网上操作不规范、法律文书错漏等违规办案情节轻微的，应当向办案人员进行口头提示，或者通过统一业务应用系统提示；（二）违规办案情节较重的，应当向办案部门发送案件流程监控通知书，提示办案部门及时查明情况并予以纠正；（三）违规办案情节严重的，应当向办案部门发送案件流程监控通知书，同时通报相关诉讼监督部门，并报告检察长。

涉嫌违纪违法的，应当移送纪检监察机构处理。

发现侦查机关、审判机关违法办案的，应当及时移送本院相关部门依法处理。

第18条　办案人员收到口头提示后，应当立即核查，并在收到口头提示后3个工作日以内，将核查、纠正情况回复案件管理部门。

办案部门收到案件流程监控通知书后，应当立即开展核查，并在收到通知书后10个工作日以内，将核查、纠正情况书面回复案件管理部门。

办案部门对案件流程监控通知书内容有异议的，案件管理部门应当进行复核，重新审查并与办案部门充分交换意见。经复核后，仍有意见分歧的，报检察长决定。

【高检发办字〔2017〕17号】　最高人民检察院特约检察员工作规定（2017年5月4日最高检第12届第201次党组会通过，2017年6月6日印发施行）

第2条　特约检察员是最高人民检察院按照一定程序聘任的，以兼职形式履行相关检察工作职责的民主党派成员、无党派人士。

第4条　特约检察员应当具备下列条件：（一）具有中华人民共和国国籍，拥护中华人民共和国宪法，遵守国家法律、法规；（二）具有较高的科学文化水平和一定的法律知识，有较强的参政议政、民主监督能力和理论政策水平。一般应当具有高级专业技术职务或者担任副司（厅、局）级以上行政领导职务；（三）在民主党派、无党派人士中有一定代表性和社会影响力，作风正派，关心社会主义法治建设和检察工作；（四）自愿从事特约检察员工作；（五）身体健康，年龄一般不超过60周岁。

第5条　下列人员不宜担任特约检察员：（一）各级人大常委会组成人员；（二）司法机关、国家安全机关、公安机关、司法行政机关在职人员；（三）律师；（四）人民陪审员、人民监督员。

第6条　因违纪违法行为受到纪律处分或者行政处罚、刑事处罚的人员不得担任特约检察员。

第8条　特约检察员每届任期5年，连续担任不得超过2届。

第11条　特约检察员履行下列职责：（一）对检察业务工作中的专业性问题提供咨询意见；（二）对检察机关司法办案和队伍建设情况进行民主监督，收集、反馈包括所在民主党派、单位在内的社会各界的建议、批评和意见；（三）经业务部门提出申请并报检察长批准，参与有关案件的研究和讨论以及群众来信来访接待工作，提出咨询论证意见；（四）参加最高人民检察院组织的座谈、调研、检查、巡视活动，参与有关案件公开审查，参加相关司法解释等规范性文件和检察工作重大事项的研究讨论；（五）宣传社会主义法治和中国特色社会主义检察制度。

第12条　特约检察员履行职责享有下列权利：（一）查阅最高人民检察院有关工作文件和资料；（二）参加或者列席最高人民检察院有关会议，发表咨询意见；（三）了解最高人民检察院部署开展重大检察工作、履行法律监督职责的情况，参加有关制度规范的制定和理论问题的研讨；（四）反映和转递群众控告、举报、申诉和来信，反映包括所在民主党派、单位在内的社会各界的建议、批评和意见，了解跟踪处理结果和采纳情况；（五）参加最高人民检察院组织的业务培训；（六）向最高人民检察院提出建议、批评和意见。

第13条 特约检察员履行职责负有下列义务：（一）自觉遵守国家宪法和法律，遵守检察机关工作制度，严格执行保密规定和相关工作纪律；（二）坚持实事求是、公正廉洁、尽职尽责、不谋私利、不徇私情；（三）以特约检察员身份从事或者参加最高人民检察院组织以外的其他活动，应当事先征得最高人民检察院同意，事后报告有关情况。

【高检发案管字〔2017〕7号】 人民检察院案件质量评查工作规定（试行）（2017年12月7日最高检检委会〔12届71次〕通过，2017年12月日印发，2018年1月1日试行）

第1章 总则

第1条 为落实检察官办案责任制，加强对检察官司法办案的监督管理，规范司法行为，提高办案质量和效率，提升司法公信力，努力让人民群众在每一个司法案件中感受到公平正义，根据法律和有关规定，结合检察工作实际，制定本规定。

第2条 本规定所称案件质量评查，是指对人民检察院已经办结的案件，依照法律和有关规定，对办理质量进行检查、评定的业务管理活动。

对正在办理的案件，依照《人民检察院案件流程监控工作规定（试行）》开展同步、动态监督。

第3条 案件质量评查工作应当坚持统一组织与分工负责相结合，问题导向与正向激励相结合，监督管理与服务司法办案相结合，人工评查与智能辅助相结合，主观过错与客观行为相一致。

第4条 案件质量评查结果应当作为评价检察官办案业绩和能力、水平的重要依据，纳入业绩考核评价体系，并记入司法业绩档案。

第5条 最高人民检察院依托统一业务应用系统，研制案件质量评查智能辅助系统，将相关评查程序和标准嵌入系统，为全国检察机关利用现代信息技术辅助开展案件质量评查提供技术支持。

案件质量评查工作应当以网上评查为主、网下评查为辅。对于依照规定未在统一业务应用系统运行的案件和有关材料，可以调阅纸质材料进行评查。调阅涉及国家秘密或者重大敏感问题的材料，应当报经本院检察长或者有批准权的上级人民检察院批准。

第2章 评查工作的组织、计划与执行

第6条 案件质量评查工作应当在检察长的统一领导下，由案件管理部门、办案部门依照本规定第15条的分工组织开展。

上级人民检察院应当加强对下级人民检察院案件质量评查工作的组织领导，可以在本地区检察机关范围内统一调配评查工作力量，组织开展交叉评查，对下级人民检察院案件质量评查工作进行监督检查，并通报检查结果。

下级人民检察院应当每年向上一级人民检察院报告本地案件质量评查工作情况，具体报告工作由案件管理部门承担。

第7条 各级人民检察院应当根据相关规定、上级工作部署和本地检察工作实际，研究制定评查工作年度计划。

评查工作年度计划由案件管理部门会同办案部门以及政工人事、监察等部门研究起草，经检察长或者检察委员会审定后执行。

案件管理部门负责评查工作年度计划的执行督办工作，并及时汇总评查工作情况，向检察长或者检察委员会报告。

第8条　各级人民检察院入额的检察官均具有担任评查员的资格和责任，应当服从统一安排调配，按照要求承担和完成所分配的案件质量评查任务，评查工作情况纳入评查检察官的办案业绩考核范围。所在部门和评查组织部门应当提供相关保障。

检察官助理可以协助检察官开展案件质量评查工作。

第9条　检察官和检察官助理参加评查活动的，应当严格遵守相关规定，保守国家秘密、商业秘密和工作秘密。

第10条　对本人参与办理、审核审批的案件以及其他与本人或者近亲属有利害关系的案件，参与评查的检察官和检察官助理应当回避。

第3章　评查的种类、内容、标准与结果等次

第11条　各级人民检察院应当运用案件质量评查智能辅助系统对所办理的全部案件进行智能检查、自动比对，并根据系统自动检查情况和工作需要，综合运用常规抽查、重点评查、专项评查等方式开展人工评查。

第12条　对于本院办理的案件，应当以独任检察官和检察官办案组为单元，随机选取一定数量或者比例的案件进行常规抽查，每位检察官每年被抽查的案件数不少于本人当年办案量的5%，且最低不少于2件。

对于下级人民检察院检察长、副检察长、检察委员会专职委员办理的案件，上级人民检察院可以进行常规抽查。

对于常规抽查的案件，应当对每个案件确定具体评查结论，并形成评查情况综合报告，全面反映常规抽查情况，提出相应的工作意见、建议。

常规抽查应当在每年业绩考核工作开始前完成。

第13条　对于本院或者下级人民检察院办理的下列案件，应当作为重点评查案件，逐案进行评查：（一）批准或者决定逮捕后不起诉处理，或者提起公诉后又撤回起诉，或者人民法院判决无罪、免予刑事处罚的案件；（二）在流程监控等管理活动中发现存在严重程序违规、不当干预、缺少制约程序等问题的案件；（三）案件质量评查智能辅助系统提示可能存在重大问题或者与类案偏离度较大的案件；（四）最高人民检察院、省级人民检察院确定的其他需要重点评查的案件。

对于重点评查的案件，应当深入分析、检查是否存在有关问题，并形成评查情况个案报告。

重点评查应当在案件办结后或者发现问题之日起3个月内完成。

第14条　对于本院或者下级人民检察院办理的特定类型案件或者案件的特定环节、特定问题，应当每年至少开展1次专项评查。

对于专项评查的案件，应当对有关情况进行深度分析研究，并形成评查情况专项报告。

专项评查应当在每年10月底前完成。

第15条　常规抽查、重点评查由案件管理部门组织开展，经检察长批准，也可以由相关办案部门组织开展。

专项评查由相关办案部门组织开展，也可以由案件管理部门单独或者会同办案部门组织

开展。

各办案部门应当负责对本部门、本业务条线案件办理工作的日常监督管理，对案件质量的评查实现日常化、制度化。

第16条　开展案件质量评查，应当着重从证据采信、事实认定、法律适用、办案程序、文书制作和使用、释法说理、办案效果、落实司法责任制等方面进行检查、评定。

第17条　开展案件质量评查，应当依据下列标准，客观、公正、全面地评价办案质量：（一）证据采信与排除符合法律规定，证明标准达到法律要求；（二）认定事实清楚；（三）适用法律正确；（四）办案程序合法、规范；（五）文书使用正确、规范，文书制作基本要素完整，说理充分；（六）开展以案释法及时、有效；（七）办案的法律效果、政治效果、社会效果有机统一；（八）符合检察机关司法责任制关于办案组织、案件分配、办案权限、文书签发、监督管理等方面的相关规定；（九）符合其他相关规定。

第18条　对于常规抽查、重点评查和专项评查案件，应当确定评查结果等次。

评查结果等次分为优质案件、合格案件、瑕疵案件和不合格案件。

第19条　评查结果等次应当依照下列标准认定：

（一）优质案件：认定事实清楚，适用法律正确，办案程序合法、规范，文书使用和制作正确、规范，说理充分，案件办理的法律效果、政治效果、社会效果突出；

（二）合格案件：符合实体正确、程序合法、文书规范等基本要求，案件办理效果良好；

（三）瑕疵案件：在实体、程序、文书或者办案效果等方面存在瑕疵，但处理结论正确；

（四）不合格案件：认定事实错误或者事实不清造成处理结果错误，或者适用法律不当造成处理结果错误，或者办案程序严重违法损害相关人员权利或造成处理结果错误。

第4章　评查的程序与结果运用

第20条　案件质量评查按照下列程序进行：（一）选取被评查案件；（二）调阅相关材料，向办案人员等了解相关情况；（三）提出评查意见；（四）检察长或者检察委员会审定评查结果；（五）反馈评查结果。

评查组织部门可以邀请人大代表、政协委员、特约检察员、人民监督员对评查工作提出意见建议，向他们通报相关情况。

第21条　对于拟认定为瑕疵案件或者不合格案件的，应当听取被评查单位、办案人员的意见。被评查单位、办案人员提出异议的，评查组织部门应当及时审核处理，认为异议成立的，应当接受并修改评查意见；认为异议不成立的，应当说明理由并将评查意见和认为异议不成立的理由一并报请检察长决定。必要时，可以提请检察委员会讨论决定。

第22条　案件质量评查结果经检察长或者检察委员会决定后，评查组织部门应当在5日以内将评查结果送被评查单位，同时分送院领导和其他办案、政工人事、监察等部门。

第23条　对评查结果认定的具体问题，能够补正的，办案人员、办案单位应当及时补正，并在30日以内书面反馈评查组织部门。

对评查中发现的普遍性、倾向性问题，评查组织部门可以开展讲评培训、在一定范围内通报评查结果，协调相关部门建立健全长效机制。

经评查，认为案件存在严重错误需要纠正原处理结论的，应当报请检察长或者检察委员会决定启动法定程序予以纠正。

第24条　经评查，发现办案人员故意违反法律法规或者有重大过失行为，需要追究司法责任的，应当移送本院监察部门依照相关规定处理。

评查发现的优秀典型案例、法律文书，以及办案业绩突出的单位、个人，办案单位、政工人事等部门可以按照相关规定给予表彰奖励。

第25条 地方人民检察院应当建立和完善案件质量评查结果纳入业绩考核评价的工作衔接机制。对案件被评定为不合格，并且经相关部门依照程序认定应当承担司法责任的人员，该年度考核不得被评定为优秀和称职。

第26条 评查人员应当在职责范围内对评查工作质量负责，并承担相应的司法责任。

评查人员在评查工作中拒不服从工作安排或者不负责任、徇私舞弊、弄虚作假、泄露秘密以及有其他违反纪律情形的，应当视情节给予批评教育、组织处理或者纪律处分。

【法刊文摘】 检答网集萃30：检察长作为独任检察官或主办检察官办案时的几个问题（检察日报2020年9月7日）

咨询内容（贵州省检党组书记、检察长傅信平）：1. 检察长作为办案检察官亲自办案时，其身份仅是一名普通检察官，还是检察长，抑或双重身份？2. 检察长亲自办案审批流程如何处理？要否与普通检察官一样，所办案件发送案件所属业务部门负责人审核、分管副检察长决定？如果检察长直接决定，是否不利于加强对检察权运行的监督制约？3. 检察长所在办案组织其他成员回避如何处理？按照刑事诉讼法等法律规定，检察人员的回避由检察长决定。因检察长与所在办案组织其他成员具有共同的办案关系，由检察长作出所在办案组织其他成员的回避决定，不容易让提出回避申请的当事人信服。（咨询人：贵州省检察院党组书记、检察长傅信平）

解答意见（最高检专家组）：

1. 检察官法第2条规定："检察官是依法行使国家检察权的检察人员，包括最高人民检察院、地方各级人民检察院和军事检察院等专门人民检察院的检察长、副检察长、检察委员会委员和检察员。"《关于检察长、副检察长、检察委员会专职委员办理案件有关问题的意见》（高检发办字〔2019〕53号）第2条规定："检察长、副检察长、检察委员会专职委员办理案件，是指检察长根据法律规定或者副检察长、检察委员会专职委员根据法律规定和检察长的授权，参与具体诉讼案件或者其他法律监督案件办理的全部过程或者相关环节，依法对案件提出处理意见或者作出处理决定，并承担相应司法责任的履职活动。"据此，检察长作为主办检察官或者独任检察官办理案件的，其身份既是主办检察官或者独任检察官，同时又是检察长，其不仅要履行主办检察官或者独任检察官的职责，还要履行检察长职责。

2. 人民检察院组织法第29条规定："检察官在检察长领导下开展工作，重大办案事项由检察长决定。检察长可以将部分职权委托检察官行使，可以授权检察官签发法律文书。"第36条规定："人民检察院检察长领导本院检察工作，管理本院行政事务。人民检察院副检察长协助检察长工作。"据此，副检察长对案件的决定权、业务部门负责人对普通检察官办案的审核权，均来源于检察长的委托或者授权，因此，检察长亲自办案时，除决定将案件提交检察委员会讨论外，还应当直接在职权范围内对案件作出决定，不需要将所办案件发送案件所属业务部门负责人审核、分管副检察长决定。这是由检察长作为主办检察官或者独任检察官直接办理案件的特殊性决定的。

3. 刑事诉讼法第31条第1款规定："审判人员、检察人员、侦查人员的回避，应当分别由院长、检察长、公安机关负责人决定；院长的回避，由本院审判委员会决定；检察长和公安机关负责人的回避，由同级人民检察院检察委员会决定。"民事诉讼法第44条规定了审判人员的回避情形及其范围。《人民检察院民事诉讼监督规则（试行）》第18条规定："检察人员有《中华人民共和国民事诉讼法》第44条规定情形之一的，应当自行回避，当事人有权申请他们回避。"《人民检察院民事诉讼监督规则（试行）》第21条规定："检察长的回避，由检察委员会讨论决定；检察人员和其他人员的回避，由检察长决定。检察委员会讨论检察长回避问题时，由副检察长主持，检察长不得参加。"《人民检察院行政诉讼监督规则（试行）》第36条规定："人民检察院办理行政诉讼监督案件，本规则没有规定的，适用《人民检察院民事诉讼监督规则（试行）》的相关规定。"人民检察院组织法第24条规定，上级人民检察院"认为下级人民检察院的决定错误的，指令下级人民检察院纠正，或者依法撤销、变更"。据此，除检察长的回避由本院检察委员会决定外，本院其他检察人员包括检察长所在办案组织其他成员的回避，都由检察长决定。检察长与所在办案组织其他成员之间共同的办案关系既属于主办检察官与其他检察官之间的关系，也属于检察长与检察官之间的领导与被领导关系。这不属于可能影响司法公正的利害关系，不是法律规定的回避事由。检察长对作出的回避决定负责；如果决定错误的，上级检察院有权指令下级检察院纠正，或者依法撤销、变更。

【高检发〔2019〕8号】　**人民检察院检务督察工作条例**（2019年5月16日第13届最高检党组〔62次〕通过，2019年6月1日印发施行；《人民检察院监察工作条例》《检务督察工作暂行规定》同时废止）

第8条　检务督查部门主要负责人可以列席本级人民检察院检察委员会会议。

第9条　检务督察部门履行下列职责：（一）督察检察机关、检察人员执行法律、法规以及最高人民检察院和上级人民检察院规定、决定情况；（二）承担司法责任追究和检察官惩戒相关工作；（三）承担内部审计工作；（四）承担党组巡视（巡察）工作领导小组的日常工作；（五）指导司法办案廉政风险防控工作；（六）有关法律法规、文件规定的其他职责。

第15条　检务督察部门可以采取下列方式开展工作：（一）参加或者列席与督查事项有关的会议；（二）听取被督查单位、部门的汇报；（三）听取有关单位及人民群众的意见和建议；（四）查阅、调取、复制与督查事项有关的材料、案卷、档案、电子数据等；（五）与被督查对象谈话、函询；（六）向有关知情人询问情况；（七）现场督察或者视情开展暗访；（八）其他合法合规的工作方式。

第19条　被督察对象能够主动说明情况，及时挽回损失，未造成严重后果的，可以从宽处理。

第20条　被督察对象不如实报告情况，不配合调查工作，甚至干扰对抗调查的，应当从严处理。

第21条　被督察对象尽到了注意义务，没有故意或者重大过失的，不承担责任。

被督察对象虽然有过错，但情节显著轻微，未造成不良后果的，可以免除责任。

【高检发〔2019〕11号】　**人民检察院办案活动接受人民监督员监督的规定**（2019年6月28日最高检检委会〔13届20次〕通过，2019年8月27日印发施行；《最高人民检察院关

于人民监督员监督工作的规定》同时废止)①

第8条 人民检察院下列工作可以安排人民监督员依法进行监督：（一）案件公开审查、公开听证；（二）检察官出庭支持公诉；（三）巡回检察；（四）检察建议的研究提出、督促落实等相关工作；（五）法律文书宣告送达；（六）案件质量评查；（七）司法规范化检查；（八）检察工作情况通报；（九）其他相关司法办案工作。②

第9条 人民检察院对不服检察机关处理决定的刑事申诉案件、拟决定不起诉的案件、羁押必要性审查案件等进行公开审查，或者对有重大影响的审查逮捕案件、行政诉讼监督案件等进行公开听证的，应当邀请人民监督员参加，听取人民监督员对案件事实、证据的认定和案件处理的意见。

第10条 人民检察院对检察官出席法庭的公开审理案件，可以协调人民法院安排人民监督员旁听，对检察官的出庭活动进行监督，庭审结束后应当听取人民监督员对检察官出庭行为规范、文书质量、讯问询问、举证答辩等指控证明犯罪情况的意见建议。

第11条 人民检察院对监狱、看守所等进行巡回检察的，可以邀请人民监督员参加，听取人民监督员对巡回检察工作的意见建议。

第12条 人民检察院研究提出检察建议、督促落实检察建议等相关工作的，可以邀请人民监督员参加，听取人民监督员对检察建议必要性、可行性、说理性等方面的意见建议，或者对检察建议督促落实方案、效果等方面的意见建议。

第13条 人民检察院组织开展法律文书宣告送达活动的，可以邀请人民监督员参加，听取人民监督员对法律文书说理工作的意见建议。

第14条 人民检察院组织开展案件质量评查活动的，可以邀请人民监督员担任评查员，听取人民监督员对评查工作的意见建议，或者对检察办案活动的意见建议。

第15条 人民检察院组织开展司法规范化检查活动的，可以邀请人民监督员参加，听取

---

① 注：《最高人民检察院关于人民监督员监督工作的规定》（高检发〔2016〕7号，2016年7月5日印发施行）替代废止了《最高人民检察院关于实行人民监督员制度的规定》（高检发〔2010〕21号，2010年10月29日印发施行）；高检发〔2010〕21号《规定》替代废止了《最高人民检察院关于人民监督员监督"五种情形"的实施细则（试行）》（高检发〔2005〕25号，2005年12月27日印发施行）。

② 注：《最高人民检察院关于人民监督员监督工作的规定》（高检发〔2016〕7号）第2条规定：人民监督员认为人民检察院办理直接受理立案侦查案件工作中存在下列情形之一的，可以实施监督：（一）应当立案而不立案或者不应当立案而立案的；（二）超期羁押或者延长羁押期限决定违法的；（三）采取指定居所监视居住强制措施违法的；（四）违法搜查、查封、扣押、冻结或者违法处理查封、扣押、冻结财物的；（五）阻碍当事人及其辩护人、诉讼代理人依法行使诉讼权利的；（六）应当退还取保候审保证金而不退还的；（七）应当给予刑事赔偿而不依法予以赔偿的；（八）检察人员在办案中有徇私舞弊、贪赃枉法、刑讯逼供、暴力取证等违法违纪情况的。//人民监督员对当事人及其辩护人、诉讼代理人或者告诉人、举报人、申诉人认为人民检察院办理直接受理立案侦查案件工作中存在前款情形之一的，可以实施监督。//人民监督员对人民检察院办理直接受理立案侦查案件工作中的下列情形可以实施监督：（一）拟撤销案件的；（二）拟不起诉的；（三）犯罪嫌疑人不服逮捕决定的。第8条规定：人民监督员认为人民检察院办理的案件具有本规定第2条第1款情形之一，要求启动人民监督员监督程序的，由人民检察院人民监督员办事机构受理。//当事人及其辩护人、诉讼代理人或者告诉人、举报人、申诉人认为人民检察院办理的案件具有本规定第2条第1款情形之一或者第3款第3项情形，申请启动人民监督员监督程序的，由人民检察院控告检察部门受理。

可见，2016年《规定》人民监督员可以对检察办案中各阶段的实质业务主动要求启动监督程序，2019年《规定》人民监督员只能依邀请对某些非实质性业务进行监督。

人民监督员对检查方式、内容、效果等方面的意见建议，或者对检察办案活动的意见建议。

第16条　人民检察院应当建立健全检察工作通报机制，向人民监督员通报重大工作部署、司法办案总体情况以及开展检察建议、案件质量评查、巡回检察等工作情况，听取人民监督员的意见建议。

第17条　人民监督员通过其他方式对检察办案活动提出意见建议的，人民检察院人民监督员工作机构应当受理审查，及时转交办理案件的检察官办案组或者独任检察官审查处理。

第18条　人民监督员监督检察办案活动，依法独立发表监督意见，人民检察院应当如实记录在案，列入检察案卷。

第19条　人民检察院应当认真研究人民监督员的监督意见，依法作出处理。监督意见的采纳情况应当及时告知人民监督员。

人民检察院经研究未采纳监督意见的，应当向人民监督员作出解释说明。人民监督员对于解释说明仍有异议的，相关部门或者检察官办案组、独任检察官应当报请检察长决定。①

第20条　人民检察院邀请人民监督员监督办案活动的，应当根据具体情况确定人民监督员的人数。

【高检发释字〔2019〕4号】　人民检察院刑事诉讼规则（2019年12月2日最高检第13届检委会第28次会议通过，2019年12月30日公布施行；高检发释字〔2012〕2号《规则（试行）》同时废止）

第3条　人民检察院办理刑事案件，应当严格遵守《中华人民共和国刑事诉讼法》规定的各项基本原则和程序以及其他法律的有关规定，秉持客观公正的立场，尊重和保障人权，既要追诉犯罪，也要保障无罪的人不受刑事追究。

第4条②　人民检察院办理刑事案件，由检察官、检察长、检察委员会在各自职权范围内对办案事项作出决定，并依照规定承担相应司法责任。

检察官在检察长领导下开展工作。重大办案事项，由检察长决定。检察长可以根据案件情况，提交检察委员会讨论决定。其他办案事项，检察长可以自行决定，也可以委托检察官决定。

本规则对应当由检察长或者检察委员会决定的重大办案事项有明确规定的，依照本规则的规定。本规则没有明确规定的，省级人民检察院可以制定有关规定，报最高人民检察院批准。

以人民检察院名义制发的法律文书，由检察长签发；属于检察官职权范围内决定事项的，检察长可以授权检察官签发。

重大、疑难、复杂或者有社会影响的案件，应当向检察长报告。

第5条　人民检察院办理刑事案件，根据案件情况，可以由1名检察官独任办理，也可以由2名以上检察官组成办案组办理。由检察官办案组办理的，检察长应当指定1名检察

---

① 注：《最高人民检察院关于人民监督员监督工作的规定》（高检发〔2016〕7号）第21条规定：人民检察院的决定经反馈后，参加评议的多数人民监督员仍有异议的，可以在反馈之日起3日以内向组织案件监督的人民检察院提出复议。

② 注：高检发释字〔2012〕2号《规则（试行）》第4条规定：人民检察院办理刑事案件，由检察人员承办，办案部门负责人审核，检察长或者检察委员会决定。

担任主办检察官，组织、指挥办案组办理案件。

检察官办理案件，可以根据需要配备检察官助理、书记员、司法警察、检察技术人员等检察辅助人员。检察辅助人员依照法律规定承担相应的检察辅助事务。

第6条① 人民检察院根据检察工作需要设置业务机构，在刑事诉讼中按照分工履行职责。

业务机构负责人对本部门的办案活动进行监督管理。需要报请检察长决定的事项和需要向检察长报告的案件，应当先由业务机构负责人审核。业务机构负责人可以主持召开检察官联席会议进行讨论，也可以直接报请检察长决定或者向检察长报告。

第7条 检察长不同意检察官处理意见的，可以要求检察官复核，也可以直接作出决定，或者提请检察委员会讨论决定。

检察官执行检察长决定时，认为决定错误的，应当书面提出意见。检察长不改变原决定的，检察官应当执行。

第10条 上级人民检察院对下级人民检察院作出的决定，有权予以撤销或者变更；发现下级人民检察院办理的案件有错误的，有权指令下级人民检察院予以纠正。

第12条（原第706条） 人民检察院办理刑事案件的活动依照规定接受人民监督员监督。

第664条② 人民检察院负责案件管理的部门对检察机关办理案件的受理、期限、程序、质量等进行管理、监督、预警。

第665条 人民检察院负责案件管理的部门发现本院办案活动/办案部门或者办案人员具有下列情形之一的，应当及时提出纠正意见：（一）查封、扣押、冻结、保管、处理涉案财物不符合有关法律和规定的；（二）法律文书制作、使用不符合法律和有关规定/使用不当或者有明显错漏的；（三）违反羁押期限、办案期限规定/超过法定的办案期限仍未办结案件的；（四）侵害当事人、辩护人、诉讼代理人的诉讼权利的；（五）未依法对立案、侦查、审查逮捕、公诉、审判等诉讼活动以及执行活动中的违法行为履行法律监督职责的；（六）其他应当提出纠正意见/违法办理案件的情形。

情节轻微的，可以口头提示；情节较重的，应当发送案件流程监控通知书，提示办案部门及时查明情况并予以纠正；情节严重的，应当向办案部门发送案件流程监控通知书，并同时向检察长报告。

办案部门收到案件流程监控通知书后，应当在10日以内将核查情况书面回复负责案件管理的部门。

第681条 军事检察院等专门人民检察院办理刑事案件，适用本规则和其他有关规定。

第682条 本规则/本章所称检察官/检察人员，包括检察长、副检察长、检察委员会委员、检察员和助理检察员。

---

① 注：高检发释字〔2012〕2号《规则（试行）》第5条规定：人民检察院按照法律规定设置内部机构，在刑事诉讼中实行案件受理、立案侦查、侦查监督、公诉、控告、申诉、监所检察等业务分工，各司其职，互相制约，保证办案质量。

② 注：高检发释字〔2012〕2号《规则（试行）》第668条规定：人民检察院案件管理部门对检察机关办理的案件实行统一受理、流程监控、案后评查、统计分析、信息查询、综合考评等，对办案期限、办案程序、办案质量等进行管理、监督、预警。

（新增）本规则所称检察人员，包括检察官和检察官助理。

第684条 ……最高人民检察院以前发布的司法解释和规范性文件与本规则不一致的，以本规则为准。

【高检发办字〔2019〕107号】 **人民检察院办理群众来信工作规定**（2019年7月10日最高检检委会〔13届21次〕通过，2019年11月21日印发施行；以本规为准）

第1章 总则

第2条 本规定所称办理群众来信，是指公民、法人或者其他组织采用书信、网络、传真等形式向人民检察院提出申诉、控告、举报或者建议和意见，人民检察院依法进行处理的活动。

第3条 办理群众来信工作应当遵循以下原则：（一）件件回复，准确分流；（二）属地管理，分级负责；（三）依法受理，及时办理；（四）谁接收、谁回复，谁办理、谁答复。

第4条 办理群众来信的检察人员与来信人或者来信反映事项有法定回避情形的，应当依法回避。

第2章 管辖与分工

第8条 人民检察院依据有关法律规定受理、办理应当由本院管辖的群众来信事项。

最高人民检察院、上级人民检察院收到属于下级人民检察院管辖的群众来信，应当移送下级人民检察院办理；经审查认为有必要的，可以直接受理、办理或者在受理后指定其他下级人民检察院办理。

群众来信事项涉及多个地区的，由最初受理的人民检察院管辖或者由所涉及地区的人民检察院协商管辖。对于管辖权有争议的，报请共同的上一级人民检察院指定管辖。

第9条 负责控告申诉检察的部门统一接收、回复、移送、交办群众来信，并对国家赔偿、司法救助和直接办理的控告、刑事申诉案件进行答复。

人民检察院有关内设机构根据职责分工负责群众来信的办理、答复等工作。

人民检察院各内设机构应当共同做好办理群众来信工作，负责控告申诉检察的部门应当发挥组织、协调作用。

第10条 群众来信事项涉及检察业务工作的，由相应内设业务部门办理；涉及法律适用问题研究以及司法体制改革相关政策问题的，由法律政策研究部门或者报请上级人民检察院办理；涉及案件管理工作的，由案件管理部门办理；涉及检察政治工作和检察队伍建设的，由政工部门办理。涉及多个部门的，由检察长指定办理部门。

群众来信反映检察人员违法违纪的，移送相关纪检监察机构办理。

第11条 涉及案件的群众来信，应当由检察官办案组或者独任检察官办理。

检察官助理、书记员可以辅助办理群众来信。

第3章 受理与答复

第12条 人民检察院对收到的群众来信应当及时拆阅、编号，标明收信日期。

对于书信形式的群众来信，启封时应当保持邮票、邮戳、邮编、地址、联系电话和信封内材料的完整。

12309检察服务中心网络平台接收群众来信，应当及时下载并保持内容的原始状态。

第13条 来信人的基本情况、来信主要内容以及分流处理情况等，应当逐项录入信访信息系统，确保基本信息准确、完整。

对于群众首次来信应当详细录入；就同一事项重复来信的，可以简化录入。

第14条　负责控告申诉检察的部门根据群众来信事项应当分别作出以下处理：

（一）涉及重大、敏感问题的，报检察长决定；

（二）属于本院管辖且符合受理条件的，对来信人身份信息等进行必要的核实与确认后，按照职责分工移送本院有关部门办理或者直接办理；材料不齐的，应当一次性列出需要补充的材料清单，告知来信人予以补充，待材料齐备后移送或者直接办理；

（三）属于检察机关管辖但不属于本院管辖的，移送有管辖权的人民检察院办理；

（四）不属于检察机关管辖的，移送同级其他机关或者信访部门处理；

（五）内容不清、诉求不明且无法回复或者移送的，作存查处理。

第15条　群众来信反映紧急事项且需要及时处置的，负责控告申诉检察的部门应当做好应急处置工作，并迅速提出处理意见，报告本院检察长。

第16条　负责控告申诉检察的部门应当自收到群众来信之日起7个工作日以内，根据群众来信事项分别作出以下回复：

（一）本院依法受理的，告知受理情况；

（二）属于本院管辖但材料不齐的，告知来信人补充材料；

（三）属于其他人民检察院管辖的，告知移送情况；

（四）移送同级其他机关或者信访部门处理的，告知移送情况。

第17条　具有下列情形之一的，可以不予回复：（一）来信人联系方式不详的；（二）因同一事由重复来信且已回复的，但提出新的事实、证据和理由的除外；（三）内容违法的；（四）其他不具备回复条件的。

第18条　多人联名来信反映同一事项的，可以选择若干代表予以回复。

委托律师或者代理人来信的，可以直接向律师或者代理人回复。

第19条　回复群众来信，可以采用短信、电话、书面、当面或者其他适当的方式，并做好记录和归档留存。

来信地址明确的，应当在短信、电话回复的同时，予以书面回复。

第20条　负责控告申诉检察的部门应当自收到群众来信之日起10个工作日以内导入法律程序或者完成移送工作，移送群众来信应当标明首次回复日期。

第21条　办理群众来信，应当审查来信请求、事实和理由，必要时可以进行调查核实。

群众来信事项重大、疑难、复杂的，可以依据有关规定举行听证。

第22条　各内设机构应当自收到移送的群众来信7个工作日以内告知来信人，一般应当在收到移送的群众来信之日起3个月以内答复办理结果。3个月以内不能办结的，报部门负责人决定，可以依照有关规定延长办理期限，并告知来信人。所涉事项重大、疑难、复杂，在延长期限内仍不能办结的，应当每个月答复一次办理进展情况。

第23条　向来信人答复办理结果或者办理进展情况，可以采取书面、当面、短信、电话、视频等形式。对于已办结的案件，应当制作相关法律文书送达来信人。必要时可以进行公开答复。

当面或者电话答复的，应当做好记录，载明答复时间、地点、内容等；视频答复的，应当留存相关资料。

第24条　有关内设机构应当将办理、答复群众来信情况及时通报负责控告申诉检察的部门。

第4章 交办与督办

第25条 对于具有下列情形之一的群众来信，上级人民检察院负责控告申诉检察的部门可以代表本院向下级人民检察院交办：（一）来信内容详实，涉及案情重大的；（二）来信事项群众反映强烈，社会影响较大的；（三）有关机关移送，所涉事项重要的；（四）检察长批办的。

第26条 交办群众来信，应当由检察官办案组或者独任检察官提出意见，由负责控告申诉检察的部门负责人决定。

第27条 负责控告申诉检察的部门交办群众来信，应当及时向本院有关内设机构通报情况，有关内设机构应当加强对下级人民检察院办理交办事项的指导。

第28条 对于交办的群众来信，承办人民检察院一般应当自收到交办文书之日起3个月以内办结。交办事项复杂，确需延长办结期限的，应当报分管检察长决定，延长期限不得超过3个月。延期办理的，应当向上级人民检察院报告，并说明理由。

第29条 对于交办的群众来信，承办人民检察院有关内设机构应当制作办理情况报告，报分管检察长决定，由负责控告申诉检察的部门以本院名义报上一级人民检察院。

第30条 上级人民检察院收到报告后，由负责控告申诉检察的部门审查。认为处理正确、适当的，应当结案；认为需要补充相关内容的，可以要求下级人民检察院补报材料；认为处理错误或者不当的，应当提出纠正意见，报检察长决定。

第31条 对于交办的群众来信，上级人民检察院负责控告申诉检察的部门可以进行督办。

第32条 向有管辖权的人民检察院函转群众来信，应当逐件附转办函。
向有管辖权的人民检察院移送群众来信，应当附移送清单。

第5章 考评与问责

第33条 人民检察院应当将办理群众来信工作情况纳入业务考评体系，定期通报办理、答复群众来信工作情况，表彰办理群众来信工作成绩突出的单位、部门和检察人员。

第34条 办理群众来信工作违反本规定，具有下列情形之一的，对责任单位、部门和直接责任人员应当予以问责，情节严重的，按照有关规定给予组织处理、纪律处分，直至追究刑事责任：（一）无故推诿、敷衍，应当受理而不予受理的；（二）无故拖延，未在规定期限内办结的；（三）对事实清楚，符合法律规定的来信请求未予支持的；（四）玩忽职守、徇私舞弊，打击报复来信人，或者把有关情况泄露给被控告人、被举报人的。

第6章 附则

第35条 办理涉港、澳、台有关来信工作，另行规定。
人民检察院组织开展巡视巡察期间收到的群众来信，依照有关规定办理。

【高检发释字〔2020〕3号】 人民检察院检察委员会工作规则（2020年6月15日最高检检委会〔13届39次〕通过，2020年7月31日公布施行；高检发〔2008〕5号《人民检察院检察委员会组织条例》和高检发〔2009〕23号《人民检察院检察委员会议事和工作规则》同时废止）

第4条 检察委员会履行下列职能：（一）讨论决定重大、疑难、复杂案件；（二）总结检察工作经验；（三）讨论决定有关检察工作的其他重大问题。

第8条 人民检察院办理下列案件，应当提交检察委员会讨论决定：（一）涉及国家重大利益和严重影响社会稳定的案件；（二）拟层报最高人民检察院核准追诉或者核准按照缺席审判程序提起公诉的案件；（三）拟提请或者提出抗诉的重大、疑难、复杂案件；（四）拟向上级人民检察院请示的案件；（五）对检察委员会原决定进行复议的案件；（六）其他重大、疑难、复杂案件。

检察委员会讨论案件，办案检察官对其汇报的事实负责，检察委员会委员对本人发表的意见和表决负责。

第9条 人民检察院办理下列事项，应当提交检察委员会讨论决定：（一）在检察工作中贯彻执行党中央关于全面依法治国重大战略部署和国家法律、政策的重大问题；（二）贯彻执行本级人民代表大会及其常务委员会决议的重要措施，拟提交本级人民代表大会及其常务委员会的工作报告；（三）最高人民检察院对属于检察工作中具体应用法律的问题进行解释，发布指导性案例；（四）围绕刑事、民事、行政、公益诉讼检察业务工作遇到的重大情况、重要问题，总结办案经验教训，研究对策措施；（五）对检察委员会原决定进行复议的事项；（六）本级人民检察院检察长、公安机关负责人的回避；（七）拟向上一级人民检察院请示或者报告的重大事项；（八）其他重大事项。

第11条 检察委员会召开会议，应当有全体委员半数以上出席。

检察委员会委员因特殊原因不能出席会议的，应当向检察长或者主持会议的副检察长请假，并告知检察委员会办事机构。

第14条 检察委员会办事机构应当根据会议排期或者案件、事项紧迫程度，提出会议议程建议，报检察长决定。除特殊情况外，一般应当在会议召开3日前将会议通知、议程和案件材料或者事项材料等分送检察委员会委员、列席会议的人员和办案检察官或者事项承办人。

第17条 检察委员会讨论决定案件和事项，按照以下程序进行：（一）办案检察官或者事项承办人汇报，其所在内设机构负责人可以补充说明情况；（二）检察委员会委员提问；（三）检察委员会委员发表意见。顺序一般为：委员、专职委员、担任副检察长的委员、主持会议的委员。必要时，主持人可以请有关列席人员发表意见；（四）主持人总结讨论情况；（五）表决。

第19条 检察长、副检察长、检察委员会专职委员作为主办检察官或者独任检察官承办的案件或者事项提交检察委员会讨论的，应当履行办案检察官或者事项承办人和检察委员会委员的双重职责。

第20条 对于提交讨论决定的案件和事项，检察委员会应当在讨论后进行表决。认为需要补充相关情况和材料的，可以责成办案检察官或者事项承办人补充相关情况和材料后，重新提交检察委员会讨论决定。

第21条 检察委员会表决案件和事项，除分别依照本规则第22条或者第23条的规定办理外，应当按照全体委员过半数的意见作出决定。少数委员的意见应当记录在卷。

表决结果由会议主持人当场宣布。

第22条 地方各级人民检察院检察长不同意本院检察委员会全体委员过半数的意见，属于办理案件的，可以报请上一级人民检察院决定；属于重大事项的，可以报请上一级人民检察院或者本级人民代表大会常务委员会决定。报请本级人民代表大会常务委员会决定的，应当同时抄报上一级人民检察院。

第23条　地方各级人民检察院检察委员会表决案件和事项，没有一种意见超过全体委员半数，如果全体委员出席会议的，应当报请上一级人民检察院决定。如果部分委员出席会议的，应当书面征求未出席会议委员的意见。征求意见后，应当按照全体委员过半数的意见作出决定，或者依照本规则第22条的规定办理；仍没有一种意见超过全体委员半数的，应当报请上一级人民检察院决定。

第24条　受委托主持会议的副检察长应当在会后将会议讨论情况和表决结果及时报告检察长。报告检察长后，依照本规则第21条的规定办理。

第25条　检察委员会讨论决定案件和事项，副检察长、检察委员会委员具有应当回避的情形的，应当申请回避并由检察长决定；本人没有申请回避的，检察长应当决定其回避。

检察长的回避依照本规则第9条的规定办理。

第26条　检察委员会召开会议，经检察长决定，不担任检察委员会委员的院领导和有关内设机构负责人可以列席会议；必要时，可以决定其他有关人员列席会议。

第27条　检察委员会讨论和决定的情况，由检察委员会办事机构进行录音录像并如实记录，经检察长审批后存档。检察委员会委员不得要求或者自行在会议记录上修改已发表的意见和观点。

任何人未经检察长批准，不得查阅、抄录、复制检察委员会会议记录；办案检察官或者事项承办人查阅、抄录、复制检察委员会委员关于所办案件和事项的具体意见除外。

第28条　检察委员会讨论案件和事项，检察委员会办事机构应当制作会议纪要和检察委员会决定事项通知书。纪要经检察长或者主持会议的副检察长审批后分送委员，并报上一级人民检察院检察委员会办事机构备案。检察委员会决定事项通知书发办案检察官或者事项承办人和有关内设机构执行。

检察委员会的决定需要有关下级人民检察院执行的，应当以人民检察院名义作出书面决定。

检察委员会会议纪要应当按照相关规定存档。

第29条　检察委员会的决定，办案检察官或者事项承办人和有关内设机构、下级人民检察院应当及时执行。

检察委员会原则通过但提出完善意见的司法解释、规范性文件、工作经验总结等事项，承办内设机构应当根据意见进行修改。修改情况应当书面报告检察长。

第30条　办案检察官或者事项承办人和有关内设机构因特殊原因无法及时执行检察委员会决定或者在执行完毕前出现新情况的，应当立即书面报告检察长。

下级人民检察院因特殊原因无法及时执行上级人民检察院检察委员会决定或者执行完毕前出现新情况的，应当立即书面报告上级人民检察院。

第31条　下级人民检察院不同意上级人民检察院检察委员会决定的，可以向上级人民检察院书面报告，但是不能停止对该决定的执行。

上级人民检察院有关内设机构应当对下级人民检察院书面报告进行审查并提出意见，报检察长决定。检察长决定提交检察委员会复议的，可以通知下级人民检察院暂停执行原决定，并在接到报告后的1个月以内召开检察委员会会议进行复议。经复议认为原决定确有错误或者出现新情况的，应当作出新的决定；认为原决定正确的，应当作出维持的决定。经复议作出的决定,下级人民检察院应当执行。

第32条　办案检察官或者事项承办人应当在执行检察委员会决定完毕后5日以内填写《检察委员会决定事项执行情况反馈表》,连同反映执行情况、案件办理情况的相关材料,经所在内设机构负责人审核后送检察委员会办事机构。

对于上级人民检察院检察委员会作出的决定,有关下级人民检察院应当在执行完毕后5日以内将反映执行情况、案件办理情况的相关材料,报送上级人民检察院。

第36条　检察委员会办事机构履行下列职责:(一)对拟提交检察委员会讨论的案件材料和事项材料是否规范进行审核;(二)对拟提交检察委员会讨论的案件和事项涉及的法律问题提出意见;(三)承担检察委员会会务工作和检察长列席同级人民法院审判委员会会议相关工作;(四)对检察委员会决定进行督办并向检察长和检察委员会报告;(五)对下一级人民检察院报送备案的检察委员会会议纪要进行审查并向检察委员会报告;(六)对以人民检察院名义制发的司法解释、规范性文件、司法政策文件和指导性案例等,在印发前进行法律审核;(七)检察长或者检察委员会交办的其他工作。

第37条　检察委员会讨论决定的案件和事项,其提交、讨论、表决、作出决定、执行和督办等均在统一业务应用系统中进行,全程留痕。

第38条　出席、列席检察委员会会议的人员,对检察委员会讨论的内容和情况应当保密。

【法刊文摘】　检答网集萃57:列席检委会是否包括系统外人员(检察日报2021年9月7日)

咨询内容(四川宜宾苏姗):《人民检察院检察委员会工作规则》第26条规定"其他有关人员"是否包括如公安机关、纪委监委等检察系统以外的人员?如果检察系统以外的人员可以列席,能否全程列席还是仅部分环节列席?

解答摘要(最高检专家组):"其他有关人员",指的是与讨论的议题相关,能够帮助检察委员会准确作出决定的人员。检察委员会是检察机关内部讨论案件的决策机构。一般认为,检察委员会讨论案件,不邀请系统外人员列席。《人民检察院检察委员会工作规则》第26条所称的"其他有关人员"列席会议,一般是指上级人民检察院讨论下级院提请审议的案件时,邀请下级人民检察院办理案件的人员列席。

【法刊文摘】　检答网集萃94:改变案件事实是否属于改变检委会决定(检察日报2022年8月22日)

咨询内容(云南昆明王石良):提请检察委员会讨论是否提起诉讼,检委会经讨论后决定提起诉讼。在执行决定中,发现多起事实中部分案件事实证据发生变化,拟放弃该部分事实认定,按照剩余几起事实提起诉讼,此种情形是否属于改变检委会决定?

解答摘要(张兴荣):按照规定,对于提请检委会讨论的案件,检察官对其汇报的事实和证据负责,检委会对其作出的决定负责。如何理解检委会的决定?是单指决定事项通知书所列事项,还是包括会议精神(纪要)所含内容?目前对此并无通例规范。本提问的情形中,会议审议时所决定的事实在会后发生变化,但会议审议的结论性事项并未改变,如果需要依据新的事实提起公诉,实质上已经改变了检委会的原决定。这种形式上没有改变决定但实质上决定所依据的内容已经改变的情形,按照内容与形式的关系,本质上应当属于改变检委会决定的情况。在处理方式上,同意你的意见,即根据《人民检察院检察委员会工作规则》第30条的规定,由原议题(案件)承办人按程序及时向检察长(主持人)书面报告。

【高检发〔2020〕19号】　人民检察院司法责任追究条例（2020年8月21日最高检检委会〔13届48次〕通过，2020年10月19日印发；高检发〔2007〕12号《检察人员执法过错责任追究条例》同时废止）

第2条　本条例所称司法责任包括故意违反法律法规责任、重大过失责任和监督管理责任。

第7条　检察人员在行使检察权过程中，故意实施下列行为之一的，应当承担司法责任：（一）隐瞒、歪曲事实，违规采信关键证据，错误适用法律的；（二）毁灭、伪造、变造、隐匿、篡改证据材料或者法律文书的；（三）暴力取证或者以其他非法方式获取证据的；（四）明知是非法证据不依法排除，而作为认定案件事实重要依据的；（五）违反规定立案或者违法撤销案件的；（六）包庇、放纵被举报人、犯罪嫌疑人、被告人，或者使无罪的人受到刑事追究的；（七）违反规定剥夺、限制当事人、证人人身自由的；（八）违反规定侵犯诉讼参与人诉讼权利的；（九）非法搜查、损毁当事人财物或者违法违规查封、扣押、冻结、保管、处理涉案财物的；（十）办理认罪认罚案件存在诱骗、胁迫等违法行为的；（十一）对已经决定给予国家赔偿的案件拒不赔偿或者拖延赔偿的；（十二）不履行或者不正确履行刑事诉讼监督、刑罚执行和监管执法监督等职责，有损司法公正的；（十三）不履行或者不正确履行民事诉讼监督、行政诉讼监督、公益诉讼等职责，造成不良后果的；（十四）违反法律规定应当回避而不自行回避，造成不良影响的；（十五）泄露国家秘密、商业秘密、个人隐私等案件信息的；（十六）其他违反诉讼程序或者司法办案规定，需要追究司法责任的。

第8条　检察人员在行使检察权过程中，有重大过失，怠于履行或者不正确履行职责，造成下列后果之一的，应当承担司法责任：（一）认定事实、适用法律等方面出现错误，导致案件错误处理的；（二）遗漏重要犯罪嫌疑人或者重大罪行，或者使无罪的人受到刑事追究的；（三）对明显属于采取非法方法收集的证据未予排除造成错案的；（四）违反法定条件或者程序造成错误羁押或者超期羁押犯罪嫌疑人、被告人的；（五）发生涉案人员自杀、自伤、行凶、脱逃、串供或者串卷、证据、涉案财物遗失、毁损等重大办案事故的；（六）在履行审查逮捕、审查起诉、出席法庭等职责中作出错误决定，造成严重后果或者恶劣影响的；（七）在履行刑事诉讼监督职责中未及时纠正侦查、审判活动违法或者错误裁判，造成严重后果或者恶劣影响的；（八）在履行刑罚执行和监管执法监督职责中，服刑人员被违法减刑、假释、暂予监外执行或者监管场所发生在押人员脱逃、非正常死亡等严重事故的；（九）在履行民事诉讼监督、行政诉讼监督、公益诉讼等职责中，造成国家利益、社会公共利益、当事人利益重大损失或者恶劣影响的；（十）泄露国家秘密、商业秘密、个人隐私等案件信息，造成严重后果或者恶劣影响的；（十一）其他造成严重后果或者恶劣影响的。

第9条　在行使检察权过程中，检察长、副检察长、业务部门负责人以及其他负有监督管理职责的检察人员，因故意或者重大过失怠于行使或者不当行使监督管理权，在职责范围内对检察人员违反检察职责的行为失职失察、隐瞒不报、措施不当，导致司法办案工作出现严重错误的，应当承担相应的司法责任。

第10条　检察人员在司法履职中，虽有错误后果发生，但尽到必要注意义务，对后果发生没有故意或者重大过失，具有下列情形之一的，不予追究司法责任：（一）因法律法规、司法解释发生变化或者有关政策调整等原因而改变案件定性或者处理决定的；（二）因法律法规、司法解释规定不明确，存在对法律法规、司法解释理解和认识不一致，但在专业认知范围内能够予以合理说明的；（三）因当事人故意作虚假陈述、供述，或者毁灭、伪造证据等过错，导致案件事实认定或者处理出现错误的；（四）出现新证据或者证据发生变化而改变案件定性或者处理决定的；（五）因技术条件限制等客观原因或者不能预见、无法抗拒的其他原因致使司法履职出现错误的；（六）其他不予追究检察人员司法责任的事由。

第11条　对司法履职中因故意或者重大过失需要追究司法责任的，应当根据行为性质、后果及情节区别处理。

检察人员能够主动说明情况，如实记录报告干预司法活动、插手具体案件处理、违规过问案件、不当接触交往等情况，未造成严重后果的，可以从宽处理。

对抗、阻碍或者指使他人对抗、阻碍司法责任调查和追究的，应当从严处理。

第12条　检察人员在事实认定、证据采信、法律适用、办案程序、文书制作以及司法作风等方面不符合法律和有关规定，但不影响案件结论的正确性和效力的，属于司法瑕疵，不承担司法责任，可以视情节对其进行谈话提醒、批评教育、责令检查、通报或者予以诫勉。

第13条　独任检察官承办并作出决定的案件，由独任检察官承担司法责任。

检察官办案组承办的案件，由主办检察官、检察官共同承担司法责任。主办检察官对其职责范围内决定的事项承担司法责任，其他检察官对自己的行为承担司法责任。

检察官故意隐瞒、歪曲事实，遗漏重要事实、证据或者情节，导致检察委员会、检察长（副检察长）作出错误决定的，主要由检察官承担司法责任。业务部门负责人因故意或者重大过失怠于行使或者不当行使监督管理权，承担相应的司法责任。

第14条　检察辅助人员参与司法办案工作，根据职权和分工承担相应的司法责任。检察官有审核把关责任的，应当承担相应的司法责任。

对于检察官在职权范围内作出决定的事项，检察辅助人员不承担司法责任。检察辅助人员有故意或者重大过失行为，导致检察官作出错误决定的，应当承担相应的司法责任。

检察官授意、指使检察辅助人员实施违反检察职责行为，由检察官承担司法责任。检察辅助人员执行明显违法的指令的，应当承担相应的司法责任。

第15条　检察长（副检察长）对职权范围内作出的有关办案事项的决定承担司法责任。对于检察官在职权范围内作出决定的事项，检察长（副检察长）不因签发法律文书承担司法责任。

检察长（副检察长）不同意检察官处理意见，要求检察官复核，检察官根据检察长（副检察长）的要求进行复核并改变原处理意见的，检察长（副检察长）与检察官共同承担司法责任。

检察长（副检察长）改变检察官决定的，对改变部分承担司法责任。

第16条　检察委员会作出错误决定的，检察委员会委员根据错误决定形成的具体情形和主观过错情况，承担相应的司法责任；主观上没有过错的，不承担司法责任。

第17条　上级人民检察院改变下级人民检察院正确意见的，上级人民检察院有关人员应当承担相应的司法责任。

下级人民检察院有关人员故意隐瞒、歪曲事实，遗漏重要事实、证据或者情节，导致上级人民检察院作出错误命令、决定的，由下级人民检察院有关人员承担司法责任；上级人民检察院有关人员有过错的，应当承担相应的司法责任。

第20条　检务督察部门应当对司法责任追究线索及时进行分析研判，视情形按照谈话函询、初步核实、暂存待查、予以了结等方式进行处置。

对需要初核的线索，应当报检察长批准。初核后应当与派驻纪检监察组协商提出是否立案的意见，报请检察长批准。

第21条　批准立案后，应当制作立案决定书，向被调查对象宣布，向其所在部门主要负责人和派驻纪检监察组通报，并在7日内报上一级人民检察院检务督察部门备案。

第22条　检务督察部门在立案后应当成立调查组，依照《人民检察院检务督察工作条例》规定的方式展开调查。调查结束前，应当听取被调查对象陈述和申辩。

第23条　调查组应当自立案之日起90日内完成调查工作。因特殊原因需要延长调查期限的，应当经检察长批准，并报上一级人民检察院检务督察部门备案，延长时间不得超过90日。

第24条　调查终结后，认为检察官存在违反检察职责的行为需要追究司法责任的，按照检察官惩戒工作程序，报检察长批准后提请检察官惩戒委员会审议，由其提出构成故意违反职责、存在重大过失、存在一般过失或者没有违反职责的意见。

第25条　对于检察官惩戒委员会审查认定检察官构成故意违反职责、存在重大过失的，以及其他检察人员需要追究司法责任的，按照干部管理权限和职责分工，由检务督察部门商相关职能部门提出处理建议，征求派驻纪检监察组的意见后，党组研究作出相应的处理决定：（一）给予停职、延期晋升、降低等级、调离司法办案工作岗位以及免职、责令辞职、辞退等组织处理；（二）按照《中华人民共和国公务员法》《中华人民共和国公职人员政务处分法》《中华人民共和国检察官法》等法律规定给予处分。

第（一）（二）项处理方式可以视情况单独使用或者合并使用。

免除检察官职务，应当按照法定程序提请人民代表大会常务委员会决定。

第27条　检察人员不服司法责任追究处理决定的，可以自收到处理决定书之日起30日内向作出决定的人民检察院申请复核，作出处理决定的人民检察院应当在30日内作出复核决定；对复核结果仍不服的，可以自收到复核决定书之日起15日内，向作出处理决定的人民检察院的同级公务员主管部门或者上一级人民检察院申诉，受理申诉的人民检察院应当在60日内作出处理决定，情况复杂的可以延长时间，但不得超过30日；也可以不经复核，自收到处理决定书之日起30日内直接提出申诉。

复核、申诉期间，不停止原决定的执行。

第29条　本条例自颁布之日起施行。本条例施行后，《检察人员执法过错责任追究条例》（高检发〔2007〕12号）同时废止；最高人民检察院以前发布的司法解释和规范性文件与本条例规定不一致的，以本条例的规定为准①。

【高检发〔2020〕号】　最高人民检察院关于认真学习贯彻十三届全国人大常委会第二十二次会议对《最高人民检察院关于人民检察院适用认罪认罚从宽制度情况的报告》的审议意见的通知（2020年12月1日）

九、着力在防范廉政风险上下功夫，确保制度廉洁适用。随着司法责任制的落实和认罪认罚从宽制度的施行，检察官自由裁量权力加大，被围猎的风险增加。为防范制度适用中的

---

① 注：本处规定以"高检发"字头司法文件直接否定司法解释的效力，有悖法理。

廉政风险,今年5月,最高检下发了《人民检察院办理认罪认罚案件监督管理办法》,各地检察机关要严格执行办法规定,加强监督管理,确保廉洁公正司法。

24. 进一步健全和细化认罪认罚案件的事前、事中、事后监督机制和责任追究机制,加大对不捕不诉案件、重大敏感复杂案件量刑建议把关力度,细化认罪认罚案件全流程规范,加大常态化巡查、督查、评查力度,防止徇私枉法、权钱交易、权权交易。

25. 严格执行过问或干预、插手司法办案记录报告的"3个规定",对存在过问或者干预、插手办案活动,有与当事人、律师、特殊关系人、中介组织不当接触交往行为情况的,应当如实记录并及时报告,坚决防止人情案、关系案、金钱案。

【高检发办字〔2021〕11号】 最高人民检察院关于进一步做好刑事错案的依法纠正、责任追究和善后工作的意见(2021年1月18日最高检检委会〔13届59次〕通过,2021年2月10日印发)

三、依法依规依纪追究有关人员的错案责任

(一)错案责任认定的原则。认定检察人员对刑事错案是否承担责任以及承担责任的大小,应当坚持以下原则:

——权责相一致。按照"谁办案谁负责,谁决定谁负责"的要求,检察委员会、检察长、副检察长、检察官对其职责范围内决定的事项负责。检察长、副检察长、业务机构负责人以及其他负有监督管理职责的检察人员,应当依照有关规定承担相应的监督管理责任。

——主客观相一致。检察人员故意违反法律法规办理案件或者因重大过失导致案件错误并造成严重后果的,应当承担司法责任。有无责任、责任大小应当与检察人员主观上有无过错,主观过错是故意或者重大过失还是一般过失,主观过错与错案结果之间的关联程度等相对应,不能简单根据案件处理结果认定司法责任。检察人员及时向本院或者上级人民检察院提出纠正自己办理的刑事错案并积极配合调查的,可以从宽处理;对抗、阻碍或者指使他人对抗、阻碍司法责任调查和追究的,应当从严处理。

——旧案与新案相区别。认定错案责任,应当充分考虑刑事错案形成的历史背景、法治环境、刑事政策、司法权配置和运行机制、刑事科学技术发展水平等时代因素,结合办理案件时法律、司法解释规定的办案程序和证据要求,准确认定检察人员对刑事错案的发生是否存在故意或者重大过失。

(二)完善错案责任调查机制。对于批准或者决定逮捕后作不起诉处理、提起公诉后撤回起诉,或者人民法院判决无罪、再审改判无罪的案件,人民检察院负责案件管理的部门应当逐案进行评查。经评查,发现检察人员可能存在故意违反法律法规办理案件或者因重大过失导致案件错误并造成严重后果的情形,需要追究司法责任的,应当及时移送本院负责检务督察的部门。

人民检察院负责检务督察的部门应当依据干部管理权限,按照《人民检察院司法责任追究条例》规定的程序开展司法责任追究工作。对于需要从专业角度审查认定检察官是否存在检察官法第47条第4项、第5项规定的违反检察职责的行为的,应当提请检察官惩戒委员会提出审查意见后,依照有关规定作出是否予以惩戒的决定,并给予相应处理。

上级人民检察院负责检务督察的部门可以通过交办、督办、听取汇报、备案审查等方式指导下级人民检察院负责检务督察的部门对检察人员开展司法责任追究工作。

负责检务督察的部门在司法责任追究工作中,发现属于人民检察院直接受理侦查的案件线索，应当移送负责侦查的部门。基层人民检察院发现直接受理侦查的案件线索，应当移送上一级人民检察院。对属于监察机关管辖的职务犯罪线索，人民检察院应当依照有关规定移送监察机关。

（三）建立刑事错案追责情况报告制度。对于当事人被错误执行死刑或者错误羁押十年以上的案件，对检察人员的追责情况应当层报最高人民检察院负责检务督察的部门。当事人被错误羁押不满十年的案件，对检察人员的追责情况应当层报省级人民检察院负责检务督察的部门。最高人民检察院、省级人民检察院负责检务督察的部门应当跟踪监督对相关检察人员的处理决定和决定的落实情况。

（四）落实错案司法责任终身追究。对已退休的检察人员追究错案司法责任，根据其承担的责任应当给予降级、撤职、开除处分的，按照规定相应降低或者取消其享受的待遇；对已调至其他人民检察院或者其他国家机关的人员追究错案司法责任，由作出错案认定的人民检察院将错案调查情况和结论向其现所在单位通报，由其现所在单位依纪依规给予处分。对已调离、辞职、退休的检察人员，涉嫌犯罪应当追究刑事责任的，属于人民检察院管辖的，依法立案侦查；不属于人民检察院管辖的，依法移送有管辖权的机关处理。对因办理某一刑事案件立功受奖或者被授予荣誉称号的检察人员，该案件后被确认为错案的，不论是否追究该检察人员的司法责任，都应当依照有关规定撤销其所获荣誉，并追回奖金、证书、奖章等。

（五）完善追责结果告知制度。对有关检察人员的处理结果应当告知刑事错案的受害人或者其家属。依照有关规定不予追究有关人员责任的，应当向当事人做好释法说理工作。对社会关注度高的案件，可以向社会公开披露对有关人员的处理结果、依据和理由。

（六）落实国家赔偿费用追偿制度。作为赔偿义务机关的人民检察院依法赔偿后，对于具有国家赔偿法第31条规定情形的检察人员，应当作出向其追偿部分或者全部赔偿费用的决定。作出追偿决定前，应当听取被追偿人员的陈述和申辩。追偿国家赔偿费用应当根据违法性质、损害后果、过错程度等因素确定。涉及2个以上责任人的，分别确定追偿比例和追偿金额，合计追偿总额不得超过实际发生的国家赔偿费用。所在省、自治区、直辖市对于追偿额度、缴纳期限以及缴纳方式等有明确规定的，依照有关规定执行。

中共中央关于加强新时代检察机关法律监督工作的意见（2021年6月15日）

18.……完善人民监督员制度，拓宽群众有序参与和监督司法的渠道。审判机关、检察机关、公安机关按照有关规定分工负责、互相配合、互相制约，保证准确有效执行法律。

【司发通〔2021〕60号】 最高人民法院、最高人民检察院、司法部关于建立健全禁止法官、检察官与律师不正当接触交往制度机制的意见（2021年9月30日）

第2条 本意见适用于各级人民法院、人民检察院依法履行审判、执行、检察职责的人员和司法行政人员。本意见所称律师，是指在律师事务所执业的专兼职律师（包括从事非诉讼法律事务的律师）和公职律师、公司律师。本意见所称律师事务所"法律顾问"，是指不以律师名义执业，但就相关业务领域或者个案提供法律咨询、法律论证，或者代表律师事务所开展协调、业务拓展等活动的人员。本意见所称律师事务所行政人员，是指律师事务所聘用的从事秘书、财务、行政、人力资源、信息技术、风险管控等工作的人员。

第3条 严禁法官、检察官与律师有下列接触交往行为：

（一）在案件办理过程中，非因办案需要且未经批准在非工作场所、非工作时间与辩护、代理律师接触。

（二）接受律师或者律师事务所请托，过问、干预或者插手其他法官、检察官正在办理的案件，为律师或者律师事务所请托说情、打探案情、通风报信；为案件承办法官、检察官私下会见案件辩护、代理律师牵线搭桥；非因工作需要，为律师或律师事务所转递涉案材料；向律师泄露案情、办案工作秘密或者其他依法依规不得泄露的情况；违规为律师或律师事务所出具与案件有关的各类专家意见。

（三）为律师介绍案件；为当事人推荐、介绍律师作为诉讼代理人、辩护人；要求、建议或者暗示当事人更换符合代理条件的律师；索取或者收受案件代理费用或者其他利益。

（四）向律师或者其当事人索贿，接受律师或者其当事人行贿，索取或者收受律师借礼尚往来、婚丧嫁娶等赠送的礼金、礼品、消费卡和有价证券、股权、其他金融产品等财物；向律师借款、租借房屋、借用交通工具、通讯工具或者其他物品；接受律师吃请、娱乐等可能影响公正履行职务的安排。

（五）非因工作需要且未经批准，擅自参加律师事务所或者律师举办的讲座、座谈、研讨、培训、论坛、学术交流、开业庆典等活动；以提供法律咨询、法律服务等名义接受律师事务所或者律师输送的相关利益。

（六）与律师以合作、合资、代持等方式经商办企业或者从事其他营利性活动；本人配偶、子女及其配偶在律师事务所担任"隐名合伙人"；本人配偶、子女及其配偶显名或者隐名与律师"合作"开办企业或者"合作"投资；默许、纵容、包庇配偶、子女及其配偶或者其他特定关系人在律师事务所违规取酬；向律师或律师事务所放贷收取高额利息。

（七）其他可能影响司法公正和司法权威的不正当接触交往行为。严禁律师事务所及其律师从事与前款所列行为相关的不正当接触交往行为。

第4条 各级人民法院、人民检察院和司法行政机关探索建立法官、检察官与律师办理案件动态监测机制，依托人民法院、人民检察院案件管理系统和律师管理系统，对法官、检察官承办的案件在一定期限内由同一律师事务所或者律师代理达到规定次数的，启动预警机制，要求法官、检察官及律师说明情况，除非有正当理由排除不正当交往可能的，依法启动调查程序。各省、自治区、直辖市高级人民法院、人民检察院根据本地实际，就上述规定的需要启动预警机制的次数予以明确。

第5条 各级人民法院、人民检察院在办理案件过程中发现律师与法官、检察官不正当接触交往线索的，应当按照有关规定将相关律师的线索移送相关司法行政机关或者纪检监察机关处理。各级司法行政机关、律师协会收到投诉举报涉及律师与法官、检察官不正当接触交往线索的，应当按照有关规定将涉及法官、检察官的线索移送相关人民法院、人民检察院或者纪检监察机关。

第6条 各级人民法院、人民检察可以根据需要与司法行政机关组成联合调查组，对法官、检察官与律师不正当接触交往问题共同开展调查。对查实的不正当接触交往问题，要坚持从严的原则，综合考虑行为性质、情节、后果、社会影响以及是否存在主动交代等因素，依规依纪依法对法官、检察官作出处分，对律师作出行政处罚、行业处分和党纪处分。律师事务所默认、纵容或者放任本所律师及"法律顾问"、行政人员与法官、检察官不正当接触交往的，要同时对律师事务所作出处罚处分，并视情况对律师事务所党组织跟进作出处理。法官、检察官和律师涉嫌违法犯罪的，依法按照规定移送相关纪检监察机关或者司法机关等。

第 7 条　各级人民法院、人民检察院和司法行政机关、律师协会要常态化开展警示教育，在人民法院、人民检察院、司法行政系统定期通报不正当接触交往典型案件，印发不正当接触交往典型案例汇编，引导法官、检察官与律师深刻汲取教训，心存敬畏，不碰底线红线。

第 8 条　各级人民法院、人民检察院和司法行政机关、律师协会要加强法官、检察官和律师职业道德培训，把法官、检察官与律师接触交往相关制度规范作为职前培训和继续教育的必修课和培训重点，引导法官、检察官和律师把握政策界限，澄清模糊认识，强化行动自觉。

第 9 条　各级人民法院、人民检察院要完善司法权力内部运行机制，充分发挥审判监督和检察监督职能，健全类案参考、裁判指引、指导性案例等机制，促进裁判尺度统一，防止法官、检察官滥用自由裁量权。强化内外部监督制约，将法官、检察官与律师接触交往，法官、检察官近亲属从事律师职业等问题，纳入司法巡查、巡视巡察和审务督察、检务督察范围。各级人民法院、人民检察院要加强对法官、检察官的日常监管，强化法官、检察官工作时间之外监督管理，对发现的苗头性倾向性问题，早发现早提醒早纠正。严格落实防止干预司法"三个规定"月报告制度，定期分析处理记录报告平台中的相关数据，及时发现违纪违法线索。

第 10 条　各级司法行政机关要切实加强律师执业监管，通过加强律师和律师事务所年度考核、完善律师投诉查处机制等，强化日常监督管理。完善律师诚信信息公示制度，加快律师诚信信息公示平台建设，及时向社会公开律师与法官、检察官不正当接触交往受处罚处分信息，强化社会公众监督，引导督促律师依法依规诚信执业。完善律师收费管理制度，强化对统一收案、统一收费的日常监管，规范律师风险代理行为，限制风险代理适用范围，避免风险代理诱发司法腐败。

第 11 条　律师事务所应当切实履行对本所律师及"法律顾问"、行政人员的监督管理责任，不得指使、纵容或者放任本所律师及"法律顾问"、行政人员与法官、检察官不正当接触交往。律师事务所违反上述规定的，由司法行政机关依法依规处理。

第 12 条　各级人民法院、人民检察院要加强律师执业权利保障，持续推动审判流程公开和检务公开，落实听取律师辩护代理意见制度，完善便利律师参与诉讼机制，最大限度减少权力设租寻租和不正当接触交往空间。

各级人民法院、人民检察院和司法行政机关要建立健全法官、检察官与律师正当沟通交流机制，通过同堂培训、联席会议、学术研讨、交流互访等方式，为法官、检察官和律师搭建公开透明的沟通交流平台。探索建立法官、检察官与律师互评监督机制。

完善从律师中选拔法官、检察官制度，推荐优秀律师进入法官、检察官遴选和惩戒委员会，支持律师担任人民法院、人民检察院特邀监督员，共同维护司法廉洁和司法公正。

【高检发办字〔2021〕号】　检察人员考核工作指引（最高检 2021 年 10 月 14 日印发）

第 5 条　检察人员考核采取量化评分的方式，得分由业绩指标得分、共性指标得分和综合评价得分 3 部分组成。

检察人员考核评分实行分值总量控制，其中业绩指标分值不低于满分分值的 60%。

第 6 条　业绩指标侧重不同类别人员岗位职责、工作特点，按照政治与业务深度融合要求，重点评价检察人员的政治素质和工作实绩，主要从质量、效率、效果3个维度具体设置考核指标和计分分值。其中，考核工作效果的指标及其分值设置应当体现难度和区分度，突出政策性、灵活性和阶段性，根据党中央决策部署及时调整、动态设置，充分发挥抓落实、补短板、强弱项的指挥棒功能。

检察官业绩指标主要根据检察官业绩考核评价有关规定设置。

第7条　共性指标重点评价检察人员政治品质、道德品行、履职能力、精神状态、廉洁自律等，主要围绕以下内容具体设置：

（一）学习贯彻习近平新时代中国特色社会主义思想和习近平法治思想，坚定理想信念，坚守初心使命，忠于党、忠于国家、忠于人民、忠于宪法和法律，增强"四个意识"、坚定"四个自信"、做到"两个维护"等情况；

（二）践行社会主义核心价值观，恪守检察职业道德，遵守社会公德、家庭美德、个人品德等情况；

（三）岗位练兵、业务竞赛等业绩之外体现政治鉴别能力、学习调研能力、群众工作能力、沟通协调能力、贯彻执行能力、改革创新能力、应急处突能力等情况；

（四）遵守工作纪律、规章制度，团结协作、担当奉献等体现忠于职守、爱岗敬业、勤勉尽责的精神状态和工作作风情况；

（五）执行防止干预司法"三个规定"及重大事项记录报告制度、落实中央八项规定精神及其实施细则等秉公用权、廉洁自律情况。

检察人员因前款第（一）（五）项被考核减分的，其部门负责人、分管领导应当一并减分，落实"一岗双责"。

第8条　综合评价可以结合民主测评等形式，由分管领导、部门负责人、检察官、检察辅助人员、司法行政人员等评分。各级人民检察院可以结合本院工作实际确定综合评价的人员范围、评分标准和评分要点。

检察官办案组成员主要由部门负责人或主办检察官进行评价。检察辅助人员主要由部门负责人或相关检察官进行评价。检察官对检察辅助人员的考核等次有一定建议权。

部门负责人对本部门检察人员进行综合评价，分管领导对部门负责人进行综合评价。

第9条　检察人员考核应当与日常检察队伍管理相融合，建立以月、季度、半年、年度为时间节点的实时动态考核管理机制。

（一）一月一分析。每月召开部门负责人办公会，汇总本部门检察人员考核情况，对指标计分、综合评分是否客观公正，重点工作质效评价和加减分是否准确等进行审核把关，对计分结果与实际表现有无明显偏差进行分析评判，统筹调整考核得分。考核结果应当向检察人员公示，并结合部门例会、专题工作会等开展总结点评，指导改进工作，鼓励先进，帮促后进。

（二）一季一报告。每季度检察人员考核工作落实情况、考核结果情况应向检察院党组进行专题报告。院党组结合检察队伍管理、干部能力素质、业务数据分析情况，研究提出调整干部、优化分工、改进业务等工作举措。

（三）半年一评估。检察院组织评估各部门检察人员考核开展情况。各部门评估本部门考核指标、计分规则及结果运用情况，进行合理化调整。

（四）年度总考核。结合年度考核有关工作安排，及时组织检察人员年度考核，根据得分排名开展等次评定、绩效奖金分配、交流任职、员额退出等工作。

第30条　参照公务员法管理的检察院直属事业单位中除工勤人员以外的工作人员考核，可参照执行本指引。

【高检发办字〔2021〕号】　人民检察院巡回检察工作规定（2021年11月4日最高检检委会〔13届77次〕通过，2021年12月8日印发施行；高检发办字〔2018〕46号《人民检察院监狱巡回检察规定》同时废止）

第15条　人民检察院在巡回检察中，应当对派驻监狱检察履职情况进行同步检查，重点包括以下内容：（一）对罪犯收监、出监、计分考核、立功奖惩等活动进行监督情况；（二）对监狱特殊岗位罪犯选用、老病残罪犯认定等活动进行监督情况；（三）对监狱教育改造活动进行监督情况；（四）办理或者协助办理减刑、假释、暂予监外执行监督案件情况；（五）办理或者协助办理事故检察案件情况；（六）其他派驻检察职责履行情况。

第16条　人民检察院在巡回检察中，应当对派驻看守所检察履职情况进行同步检查，重点包括以下内容：（一）对看守所收押、出所、提讯提解、教育管理、留所服刑等活动进行监督情况；（二）对在押犯罪嫌疑人、被告人羁押期限进行监督情况；（三）对公安机关、国家安全机关侦查的重大案件在侦查终结前开展讯问合法性核查情况；（四）办理或者协助办理事故检察案件情况；（五）其他派驻检察职责履行情况。

第17条　人民检察院在巡回检察中，应当对派驻监狱、看守所检察室工作进行同步检查，重点检查以下工作任务完成情况：（一）在监管场所工作期间，每日抽查重点时段、重点部位监控录像，重点人员、重点环节监管信息，并做好记录；（二）每周深入监区、监舍进行实地查看，开启检察官信箱，与被监管人个别谈话；（三）列席减刑、假释、暂予监外执行评审会，监狱狱情分析会或者看守所所情分析会等有关会议；（四）及时接收、登记、办理被监管人及其法定代理人、近亲属控告、举报和申诉；（五）需要完成的其他相关工作。

派驻监狱、看守所检察室应当配备不少于2名检察人员，其中至少1人为检察官。派驻检察人员每月在检察室工作时间原则上不得少于12个工作日，并保证每个工作日都要有检察人员在岗，每3年应当在刑事检察等部门之间轮岗交流1次。

【司发〔2021〕7号】　人民监督员选任管理办法（最高检、司法部2021年12月29日印发，2022年1月1日起施行；司发〔2016〕9号《办法》同时废止）

第4条（第1款）　人民监督员由省级和设区的市级司法行政机关负责选任管理。县级司法行政机关按照上级司法行政机关的要求，协助做好本行政区域内人民监督员选任和管理具体工作。

第5条　人民监督员分为省级人民检察院人民监督员和设区的市级人民检察院人民监督员。

省级人民检察院人民监督员监督同级人民检察院及其分院、派出院办案活动。其中，直辖市人民检察院人民监督员监督直辖市各级人民检察院办案活动。

设区的市级人民检察院人民监督员监督同级和下级人民检察院办案活动。

第6条　人民监督员每届任期5年，连续担任人民监督员不超过2届。

人民监督员不得同时担任2个以上人民检察院人民监督员。

第7条（第2款）　人民监督员应当严格遵守法律、法规和有关纪律规定，按照规定的权限和程序，独立公正地对办案活动进行监督。不得有下列情形：（一）妨碍办案活动正常进行；（二）泄露办案活动涉及的国家秘密、商业秘密、个人隐私和未成年人信息；（三）披露其他依照法律法规和有关规定不应当公开的办案活动信息。

第8条 拥护中华人民共和国宪法、品行良好、公道正派、身体健康的年满23周岁的中国公民，可以担任人民监督员。人民监督员应当具有高中以上文化学历。

第9条 下列人员不参加人民监督员选任：（一）人民代表大会常务委员会组成人员、监察机关、人民法院、人民检察院、公安机关、国家安全机关、司法行政机关的在职工作人员；（二）人民陪审员；（三）其他因工作原因不适宜参加人民监督员选任的人员。

第10条 有下列情形之一的，不得担任人民监督员：（一）受过刑事处罚的；（二）被开除公职的；（三）被吊销律师、公证员执业证书，或被仲裁委员会除名的；（四）被纳入失信被执行人名单的；（五）因受惩戒被免除人民陪审员职务的；（六）存在其他严重违法违纪行为，可能影响司法公正的。

因在选任、履职过程中违法违规以及年度考核不合格等被免除人民监督员资格的，不得再次担任人民监督员。

第11条 司法行政机关应当会同人民检察院，根据监督办案活动需要和本辖区人口、地域、民族等因素，合理确定人民监督员的名额及分布，每个县（市、区）人民监督员名额不少于3名。

第12条 司法行政机关应当发布人民监督员选任公告，明确选任名额、条件、程序、申请和推荐期限及方式等事项，公告期不少于20个工作日。

第13条 人民监督员候选人通过下列方式产生：（一）个人申请；（二）单位和组织推荐。

支持工会、共青团、妇联等人民团体及其他社会组织推荐符合条件的人员成为人民监督员候选人。

第14条（第3款） 人民监督员拟任人选中具有公务员或者事业单位在编工作人员身份的人员，一般不超过选任名额的50%。

第15条 司法行政机关应当向社会公示拟任人民监督员名单，公示时间不少于5个工作日。

第19条 人民检察院办案活动需要人民监督员监督的，人民检察院应当在开展监督活动5个工作日前将需要的人数、时间、地点以及其他有关事项通知司法行政机关。

案件情况特殊，经商司法行政机关同意的，人民检察院可以在开展监督活动3个工作日前将有关事项通知司法行政机关。

第20条 司法行政机关从人民监督员信息库中随机抽选、联络确定参加监督活动的人民监督员，并通报人民检察院。

根据办案活动需要，可以在具有特定专业背景的人民监督员中随机抽选。

省级人民检察院及其分院、派出院组织监督办案活动，由省级司法行政机关抽选人民监督员。

设区的市级人民检察院和基层人民检察院组织监督办案活动，由设区的市级司法行政机关抽选人民监督员。

直辖市各级人民检察院组织监督办案活动，由直辖市司法行政机关抽选人民监督员。其中，直辖市区级人民检察院组织监督办案活动，也可由直辖市区级司法行政机关抽选人民监督员。

最高人民检察院组织监督办案活动，商司法部在省级人民检察院人民监督员中抽选。

第21条　人民监督员是监督办案活动所涉案件当事人近亲属、与案件有利害关系或者担任过案件诉讼参与人，以及有其他可能影响司法公正情形的，应当自行回避。

人民检察院发现人民监督员有需要回避情形，或者案件当事人向人民检察院提出回避申请且满足回避条件的，应当及时通知司法行政机关决定人民监督员回避，或者要求人民监督员自行回避。

第22条（第2款）　人民检察院应当在人民监督员参加监督办案活动结束后3个工作日内将履职情况通报司法行政机关。

第26条　人民监督员具有下列情形之一的，作出选任决定的司法行政机关应当免除其人民监督员资格：（一）本人申请辞去担任的人民监督员的；（二）丧失中华人民共和国国籍的；（三）丧失行为能力的；（四）在选任中弄虚作假，提供不实材料的；（五）年度考核不合格的；（六）有本办法第7条第2款、第10条第1款所列情形的。

第31条　人民监督员经费应当列入同级政府预算，严格经费管理。人民检察院应当协助司法行政机关做好经费预算申报工作，每年书面向同级司法行政机关提供下一年度人民监督员监督办案活动计划。

人民监督员按照《人民检察院办案活动接受人民监督员监督的规定》履职和参加培训、会议等活动而支出的交通、就餐、住宿等相关费用以及劳务费用，由司法行政机关按相关规定予以补助。

第32条　军事检察院人民监督员选任管理工作，按照有关规定执行。

【高检发办字〔2022〕号号　检察官惩戒工作程序规定（试行）（最高检2022年3月5日）

第4条　检察官惩戒工作由人民检察院与检察官惩戒委员会分工负责。

人民检察院依照《人民检察院司法责任追究条例》的规定，按照干部管理权限对检察官涉嫌违反检察职责的行为进行调查核实，并根据检察官惩戒委员会的审查意见，依照有关规定作出是否予以惩戒的决定，并给予相应处理。

检察官惩戒委员会负责从专业角度审查认定检察官是否存在《中华人民共和国检察官法》第47条第4项、第5项规定的违反检察职责的行为，提出构成故意违反职责、存在重大过失、存在一般过失或者没有违反职责等审查意见。

第8条　检察官惩戒委员会委员、惩戒案件审查调查人员有下列情形之一的，应当自行回避，当事检察官也有权要求其回避：（一）本人是当事检察官或检察官的近亲属；（二）本人或者其近亲属与办理的惩戒事项有利害关系；（三）担任过调查事项的证人，以及当事检察官办理案件的辩护人、诉讼代理人；（四）有可能影响惩戒事项公正处理的其他情形。

惩戒委员会副主任和委员的回避，由惩戒委员会主任决定；主任的回避，由惩戒委员会全体委员会议决定。惩戒案件审查调查人员的回避由检察长决定。

第10条　人民检察院承担检务督察工作的部门经调查终结，认为当事检察官存在违反检察职责的行为，相关事实已经查清，应当追究司法责任予以惩戒的，制作提请惩戒审议意见书，报检察长批准后，提请检察官惩戒委员会审议。

提请惩戒审议意见书应当列明：案件来源、受理依据、当事检察官的基本情况、反映涉嫌违反检察职责的主要问题、调查认定的事实及依据、当事检察官的陈述和申辩、调查结论及意见建议、承担检务督察工作的部门审查意见等。

第 11 条　最高人民检察院和省级人民检察院检察官的惩戒事项由本院提请同级检察官惩戒委员会审议。

省级以下各级人民检察院检察官惩戒事项，应当层报省级人民检察院检察长批准，由省级人民检察院提请本省、自治区、直辖市检察官惩戒委员会审议。

第 12 条　检察官惩戒委员会审议惩戒事项，应当有全体委员 4/5 以上出席方可召开。

委员因故无法出席的，须经惩戒委员会主任批准。

第 13 条　检察官惩戒委员会应当在收到提请审议意见书及相关案件材料 60 日内完成组织听证、审议惩戒事项、作出审查意见等工作。

检察官惩戒委员会受理提请审议事项后，应当在 5 日内将提请审议意见书送达当事检察官。当事检察官有权申请回避。对人民检察院调查认定的事实和证据存在异议的，检察官惩戒委员会应当组织当事检察官、调查人员及其他相关人员进行听证，当事检察官有权进行陈述、举证和辩解。

人民检察院承担检务督察工作的部门应当提前 3 日将听证的时间、地点通知当事检察官、调查人员和其他相关人员。

第 14 条　听证由检察官惩戒委员会主任主持，或者由主任委托的副主任主持，按照下列程序进行：（一）主持人宣布听证开始，宣布审议事项；（二）询问当事检察官是否申请回避，并作出决定；（三）人民检察院承担检务督察工作的部门派员宣读提请审议意见书；（四）当事检察官陈述；（五）调查人员与当事检察官分别举证、质证；（六）检察官惩戒委员会委员询问；（七）调查人员、当事检察官分别发表意见；（八）当事检察官最后陈述。

调查组和当事检察官可以向惩戒委员会申请相关人员到听证现场作证或说明情况，是否同意，由惩戒委员会主任决定，或者由主任委托的副主任决定。

第 15 条　检察官惩戒委员会对当事检察官是否存在违反检察职责行为进行审议，认为惩戒事项事实清楚、证据确凿的，应当在审议后作出决议；认为事实不清、证据存疑的，可以退回人民检察院，由承担检务督察工作的部门负责补充调查。人民检察院承担检务督察工作的部门应当在 30 日以内补充调查完毕。补充调查以 2 次为限。

第 16 条　检察官惩戒委员会经过审议，应当根据查明的事实、情节和相关规定，经全体委员 2/3 以上的多数表决通过，认定检察官是否存在违反检察职责的行为，提出构成故意违反职责、存在重大过失、存在一般过失或者没有违反职责等审查意见。

经审议未能形成 2/3 以上多数意见的，由人民检察院根据审议情况进行补充调查后重新提请审议，或者撤回提请审议事项。

第 17 条　检察官惩戒委员会审议形成审查意见后，应当在 10 日内制作审查意见书，送达当事检察官、相关人民检察院以及有关单位、部门。

第 18 条　当事检察官对审查意见有异议的，应当在收到审查意见 10 日内以书面形式向检察官惩戒委员会提出。检察官惩戒委员会审查异议期间，相关人民检察院应当暂缓对当事检察官作出惩戒决定。

检察官惩戒委员会应当在收到当事检察官异议申请的 60 日内对异议及其理由进行审议并作出决定。认为异议不成立的，作出维持原审查意见的决定；认为异议成立的，应当变更原审查意见。

第19条　检察官惩戒委员会提出审查意见后，人民检察院应当依照《人民检察院司法责任追究条例》等规定作出是否予以惩戒的决定，并给予相应处理。

第20条　人民检察院作出惩戒决定和相应处理，应当制作惩戒决定书，列明惩戒决定和处理意见的相关依据并阐释理由，在10日内送达当事检察官，并将惩戒决定及执行情况通报检察官惩戒委员会。

第21条　当事检察官对惩戒决定及处理不服的，可以提出复核和申诉，按照《人民检察院司法责任追究条例》规定程序办理。

【高检发办字〔2023〕133号】　最高人民检察院关于上级人民检察院统一调用辖区的检察人员办理案件若干问题的规定（经全国人大常委会法工委同意，2023年9月5日印发施行）

第2条　人民检察院办理当事人人数众多、案情特别重大复杂的案件，本院办案力量确实难以承担的，上级人民检察院可以统一调用辖区的检察人员办理案件。

第3条　上级人民检察院统一调用辖区的检察人员办理案件，包括下列方式：

（一）调用本院检察人员到辖区的下级人民检察院办理案件；

（二）调用辖区的下级人民检察院检察人员到本院办理案件；

（三）调用辖区的下级人民检察院检察人员到辖区的其他下级人民检察院办理案件。

第4条　下级人民检察院办理的案件符合本规定第2条规定的，可以申请上级人民检察院统一调用辖区的检察人员到本院办理案件。上级人民检察院指导下级人民检察院办理案件，认为符合本规定第2条规定的，可以统一调用辖区的检察人员到下级人民检察院办理案件。

第5条　上级人民检察院统一调用辖区的检察人员作为检察官办理案件，被调用检察人员应当具有检察官职务。上级人民检察院统一调用辖区的检察人员办理案件，一般不调用检察长、副检察长。拟调用的检察官人选在办案地有《中华人民共和国检察官法》第24条、第25条规定情形的，不得调用。

第6条　上级人民检察院统一调用辖区的检察人员办理案件，应当制作调用检察人员办理案件决定书，写明被调用检察人员的法律身份和办理案件的职责，由检察长签发。

第7条　被调用检察人员以检察官身份代表办理案件的人民检察院履行出庭支持公诉等职责的，应当由办理案件的人民检察院检察长依法提请本级人民代表大会常务委员会按照法定程序任命为本院的检察员。案件办结或者上级人民检察院作出终止调用决定的，按照法定程序免去其前述检察员职务。

人民代表大会常务委员会作出任命前，被调用检察官可以以检察官助理身份协助办理案件。

第8条　上级人民检察院统一调用辖区的检察人员以检察官身份办理案件，具有下列情形之一的，可以不履行检察官任免程序：（一）上级人民检察院的检察官被调用至辖区的下级人民检察院的；（二）上级人民检察院调用本院的分院、派出检察院的检察官至本院或者本院的其他分院、派出检察院的；（三）依照法律规定不需要经人民代表大会常务委员会任免检察官的。

第9条　上级人民检察院作出调用决定后，在办理案件中发现被调用检察人员具有法律规定应当回避的情形的，被调用检察人员应当自行回避，当事人及其法定代理人有权要求其回避。

（本书汇）【人大法律监督】①

● **相关规定**　【人大公告〔2018〕1号】　**中华人民共和国宪法**（1982年12月4日全国人大〔5届5次〕通过，全国人大公告施行；1988年4月12日〔7届1次〕、1993年3月29日〔8届1次〕、1999年3月15日〔9届2次〕、2004年3月14日〔10届2次〕、2018年3月11日〔13届1次〕修正）

第3条（第3款）　国家行政机关、监察机关、审判机关、检察机关都由人民代表大会产生，对它负责，受它监督。

第67条　全国人民代表大会常务委员会行使下列职权：……（六）监督国务院、中央军事委员会、国家监察委员会、最高人民法院和最高人民检察院的工作；……

【主席令〔2018〕3号】　**中华人民共和国监察法**（2018年3月20日第13届全国人大第1次会议通过，同日公布施行）

第53条　各级监察委员会应当接受本级人民代表大会及其常务委员会的监督。

各级人民代表大会常务委员会听取和审议本级监察委员会的专项工作报告，组织执法检查。

县级以上各级人民代表大会及其常务委员会举行会议时，人民代表大会代表或者常务委员组成人员可以依照法律规定的程序，就监察工作中的有关问题提出询问或者质询。

【国监委公告〔2021〕1号】　**监察法实施条例**（2021年7月20日国家监委全体会议决定，2021年9月20日公布施行）

第251条　监察机关和监察人员必须自觉坚持党的领导，在党组织的管理、监督下开展工作，依法接受本级人民代表大会及其常务委员会的监督，接受民主监督、司法监督、社会监督、舆论监督，加强内部监督制约机制建设，确保权力受到严格的约束和监督。

第252条　各级监察委员会应当按照监察法第53条第2款规定，由主任在本级人民代表大会常务委员会全体会议上报告专项工作。

在报告专项工作前，应当与本级人民代表大会有关专门委员会沟通协商，并配合开展调查研究等工作。各级人民代表大会常务委员会审议专项工作报告时，本级监察委员会应当根据要求派出领导成员列席相关会议，听取意见。

各级监察委员会应当认真研究办理本级人民代表大会常务委员会反馈的审议意见，并按照要求书面报告办理情况。

第253条　各级监察委员会应当积极接受、配合本级人民代表大会常务委员会组织的执法检查。对本级人民代表大会常务委员会的执法检查报告，应当认真研究处理，并向其报告处理情况。

第254条　各级监察委员会在本级人民代表大会常务委员会会议审议与监察工作有关的议案和报告时，应当派相关负责人到会听取意见，回答询问。

监察机关对依法交由监察机关答复的质询案应当按照要求进行答复。口头答复的，由监察机关主要负责人或者委派相关负责人到会答复。书面答复的，由监察机关主要负责人签署。

---

① 注：《刑事诉讼法》没有关于人大法律监督的规定，本书将其汇集于此。

【法工委〔1995〕号】　全国人大常委会办公厅、法制工作委员会对地方组织法问题的部分解答（1995年9月4日）①

33. 人大代表视察工作是不是执行公务

问：人大代表视察工作是不是执行公务？（四川省成都市人大常委会1989年10月18日）

答：人大代表视察工作属于依法执行公务。（1990年2月8日）

34. 人大代表能否单独对某一特定案件进行视察

问：人大代表在视察中，如果发现法院审理特定案件的证据不充分，运用法律不正确，应如何办？（云南省人大常委会1987年11月13日）

答：人大代表在视察中，如果发现法院审理特定案件的证据不充分，适用法律不正确，可以提出意见；对法院的答复不满意的，可以通过人大常委会再次提出意见，直至依照法定程序提出对法院的质询案。但是，人大代表在视察中，无权干涉、参与、检查特定案件的审理；否则，就超出了视察的范围。（1987年12月4日）

53. 常委会可否撤销本级法院判决

问：宪法和地方组织法规定，地方各级人大常委会"监督本级人民政府、人民法院和人民检察院的工作"。我们在实际工作中碰到如何履行监督权的问题。比如，本级人民法院对某些案件的判决违反法律，明显有错误，又不听取人大常委会的意见，这种情况，人大常委会是否有权撤销法院的错误判决？（广东省汕头市人大常委会1985年6月21日）

答：按照地方组织法的规定，人大常委会监督本级人民法院的工作，人民法院向同级人大及其常委会负责并报告工作，代表可以对法院提出质询，人大还有权罢免本级法院院长，但人大常委会不能撤销法院的判决。按照宪法规定，审判权属于法院。按照法院组织法、刑事诉讼法和民事诉讼法（试行）的有关规定，上级法院有权提审或者指令下级法院再审。（1985年7月4日）

【高检发〔1993〕17号】　最高人民检察院关于检察机关接受人民代表大会及其常务委员会监督若干问题的规定（1993年6月17日最高检检委会〔8届3次〕通过，1993年6月21日印发）

一、建立健全报告制度。各级人民检察院依法应定期向同级人民代表大会及其常务委员会报告工作，接受对工作报告的审议，充分尊重审议意见。检察机关的工作计划和年度总结、重要工作部署、工作中采取的重大措施、上级检察机关的重要指示精神、查处大要案情况、执法情况及队伍建设情况和其他重大事项，应专题向同级人大常委会报告或通报。检察机关召开的重要会议，要邀请本级人大常委会或专门委员会负责人参加。对人民代表大会及其常务委员会作出的决议，检察机关要认真贯彻落实。

二、认真接受人大常委会的执法检查。人大常务委员会和人大专门委员会对检察机关执法情况进行检查时，检察机关要如实汇报情况。人大常委会和人大专门委员会认为检察机关在办案中适用法律不当，经核查属实的，人民检察院必须予以纠正。对于在执法检查中发现的其他失误和问题，必须采取有力措施，及时予以纠正，绝不允许有错不改、违法不纠。

---

① 注：本《解答》是全国人大常委会办公厅和法工委对地方人大常委会关于组织法问题所作的部分解答，刊于中国人大网 http://www.npc.gov.cn/zgrdw/npc/xinwen/lfgz/xwdf/1995-09/04/content_7045.htm；最后访问日期：2024年4月11日。

三、最高人民检察院制作司法解释时，应认真听取全国人大常委会及有关专门委员会的意见。全国人大常委会审查认定司法解释有违反宪法、法律或超越司法解释权限的情况，提出纠正意见的，检察机关应当接受并加以纠正。

四、根据人民检察院组织法第3条第2款的规定，检察委员会在讨论决定重大问题时，如果检察长不同意多数人的意见，应报请本级人民代表大会常务委员会决定。对人大常委会的决定，必须认真贯彻执行，并应及时把执行情况报告人大常委会。

五、认真办理人大交办事项。对人民代表大会及其常务委员会交办的案件及其他工作，检察机关应依法积极办理，办理情况和结果应及时反馈。办结后，人大常委会有不同意见的，检察机关应予复查、复议。人大常委会要求调卷审查或听取案件汇报时，检察机关应积极配合，提供必要的案件材料或进行汇报。

六、对人大代表的议案和建议、批准、意见应积极负责地办理。一般应在3个月内办结，并答复人大代表。3个月内未能办结的，应向人大常委会报告进展情况及不能按时办结的原因，并应在延长期限内办结。在人民代表大会期间，人大代表对检察机关提出的质询，检察机关应认真答复。

七、加强与本地人大代表的联系。地方各级人民检察院对本地的各级人大代表，要定期或不定期邀请他们视察工作，或接受人大常委会组织的代表"评议"，并提供便利条件，虚心听取他们对检察工作的建议、批准和意见，耐心解答人大代表提出的问题。加强与全国人大代表的联系，主动介绍检察职能、高检院工作部署。与人大代表的联系活动，地方各级检察院每年应列入工作计划，具体安排，县级检察院每年开展两、三次，分市院一、两次，可采用通报检察工作情况、征求意见或开座谈会的形式。省级检察院应在每年全国人民代表大会前向高检院报告省（自治区、直辖市）检察机关与人大代表联系的情况。

【高检发〔1995〕15号】　最高人民检察院关于抗诉案件向同级人大常委会报告的通知（1995年9月4日）

为进一步贯彻"严格执法，狠抓办案"的工作方针，自觉地接受人大常委会的监督，切实加强检察机关的法律监督工作，最高人民检察院第8届检察委员会第38次会议决定，今后各级人民检察院向人民法院提起抗诉的案件，一律将抗诉书副本报同级人大常委会。在执行此项制度中有什么经验和问题，请及时报告最高人民检察院。

【高检发〔1998〕10号】　最高人民检察院关于进一步加强同全国人民代表大会代表联系接受监督的通知（1998年5月30日）

一、最高人民检察院要把同全国人大代表的联系作为一项经常性的工作，各省、自治区、直辖市人民检察院要协助最高人民检察院做好同本地区全国人大代表联系的工作。

联系全国人大代表须由最高人民检察院和省级检察院领导出面。地域广、代表人数多的省，也可以委托分、州、市检察院检察长进行联系。

二、同全国人大代表联系的内容主要是通报检察工作情况，听取建议、批评和意见，依法办理代表提出的有关议案和过问的具体事项。

联系的主要形式：邀请全国人大代表视察检察工作；走访全国人大代表；邀请全国人大代表参加专门座谈会、工作汇报会。

通报检察工作情况，一般每年1至2次。

三、全国人大代表就检察工作提出议案、建议、批评和意见，最高人民检察院要列入督办事项，直接或交由有关省级人民检察院限期办理，不得层层下转。办理情况由最高人民检察院统一向有关代表反馈并继续听取意见。

四、全国人大代表转交、转寄的人民群众的举报、控告和申诉，有关人民检察院应当认真受理，涉及具体案件的，要按管辖规定办理，并向最高人民检察院备案和报告案件办理情况，由最高人民检察院及时向该人大代表反馈。

五、全国人大代表依法视察检察工作时，接受视察的检察机关应当做好充分准备，热情接待，全面、认真地汇报工作。对代表提出的问题要耐心解答，对代表的建议、批评和意见要虚心接受并及时改进工作。

六、全国人大代表依法执行职务，提出约见人民检察院有关负责人时，被约见人要及时接待，如实提供有关情况，虚心听取意见，诚恳地回答代表提出的问题。对于不属检察机关管辖的事项，也要先接谈，讲明情况，并及时移送主管机关处理。事后须将有关情况及时报最高人民检察院。

七、最高人民检察院办公厅负责同全国人大代表联系工作的日常管理。各省级人民检察院也要确定专门的部门或人员负责同本地区的全国人大代表联系的工作。最高人民检察院每年将同全国人大代表联系的情况向全国人大常委会写出专题报告。

八、地方各级人民检察院都要根据本通知精神，做好加强同本级人民代表大会代表联系的工作，建立经常性的联系制度。

【高检发办字〔1998〕7号】 最高人民检察院与全国人民代表大会代表联系工作管理办法（试行）（1998年8月21日印发试行）

3. 对人大代表批评的具体人和事、转办的案件、来函等，要逐一登记，逐一交办，逐一督查，逐一反馈，做到件件有着落，事事有回音。

14. 全国人民代表大会及其常务委员会交办的代表议案、建议，全国人大代表的来信、来话及转交、转寄的人民群众的举报、控告和申诉材料以及对检察工作的批评、意见和建议，统一由办公厅承办部门负责接收。

16. 办公厅要根据代表的议案、建议、转交的案件等具体事项的内容，提出分办方案，呈送院领导审批后，交高检院有关内设机构或有关省级院办理。

17. 各承办单位对议案、建议的办理，要按《最高人民检察院关于办理全国人大代表议案建议和全国政协委员提案的规定》和本办法进行。要指定专人负责，在认真调查研究处理的基础上提出答复意见。对具体案件，要实事求是，认真调查，快办快结。

18. 人大代表的议案，建议和转交的案件一般应在3个月内办结；其他事项应在2个月内办结，并及时报告办理情况。案件复杂或已进入司法程序不能如期办结的，届时应报告办理进展情况。

19. 办公厅对全国人大代表的批评、意见、转交的案件等具体事项，要列入督办，及时催报办理结果。

20. 地方各级人民检察院受理的全国人大代表提出的具体事项或案件，要层报高检院办公厅，由办公厅报院领导审批后交办，办结之后向办公厅报告结果。属于地方检察院可以即办的一般事项，由该检察院承办，并将办理情况及时报高检院办公厅备案。

21. 对人大代表的议案、建议的答复稿，要由承办单位负责人审核签字后送办公厅，办公厅报院领导签发后，按全国人大常委会制定的统一格式答复代表，主送人大代表，抄送全国人大常委会办公厅。

22. 对人大代表的批评、意见和转交案件等具体事项办理完毕后，承办单位要向办公厅报告办理结果，由办公厅报院领导审批后，以《最高人民检察院落实全国人大代表意见和建议专用函》的形式答复代表。专用函由代表所在省、自治区、直辖市的人大常委会办公厅转送代表，同时抄送全国人大常委会办公厅。

23. 对人大代表给高检院的一般来信，送院领导阅后，由办公厅起草复信向代表反馈，报院领导审批签发。

24. 给人大代表的复函，要符合有关政策、法律规定，不说大话、空话、套话。要实事求是地反映办理情况，对不能按期办结的或不属于检察机关管辖的要作必要的说明。

【法发〔2005〕27号】　最高人民法院办理全国人大代表建议、批评和意见及全国政协委员提案工作的规则（2005年12月29日印发，2006年1月1日施行）

第2条　每年"两会"后，办公厅按照全国人大和全国政协的要求领取交由我院承办的建议和提案。领取时应与建议、提案的目录清单逐一进行核对。

第3条　办公厅应对建议、提案的具体内容进行审查，并针对下列情况分别提出调整意见：

（一）完全不属于人民法院工作职能范围的，应当建议重新确定承办单位；

（二）部分内容不属于人民法院职能范围的，应当建议增加有关承办单位，并根据建议、提案的主要内容确定主办和协办单位；

（三）主要内容是针对具体案件问题的，应当建议撤销原建议、提案号，转为代表、委员来信处理；

（四）其他不应作为建议、提案办理的，应当建议或由代表、委员充实内容，或转为参阅件处理。

第6条　办公厅应在承办部门确定之日起3日内对建议、提案作出统计分析。统计分析报告的内容应包括：建议、提案的数量；涉及代表、委员的人数；建议、提案主要内容的分类及各自的数量、特点；重点建议、提案情况，以及各部门承办情况等。统计分析报告经办公厅领导审核后报院领导审阅。

第7条　建议、提案应当以交办会的形式进行交办。交办会由院领导主持召开，并就办理工作提出要求。交办会由各承办部门的主要负责同志和内勤参加。各承办部门内勤负责领取本单位承办的建议、提案。

各承办部门如对交办的建议、提案有异议，应当提出充分的理由和明确的调整意见，于交办之日起3日内与联络工作办公室协商调整。

第10条　各承办部门对建议、提案进行答复时应当做到：

（一）根据建议、提案的内容，依照国家法律、法规和最高人民法院院长在全国人民代表大会会议上所作工作报告的中心内容，联系人民法院的工作实际，实事求是进行答复；

（二）针对代表、委员在建议、提案中所提出的问题正面进行答复，不能答非所问；

（三）答复内容要清楚，情况分析要透彻，杜绝出现形式化或内容空洞的现象；

（四）对一时难以解决的问题，要实事求是地向代表和委员介绍情况，说明不能解决的原因，切忌简单化的答复；

（五）对建议、提案的答复稿，承办部门的领导要做到亲自审核，严格把关，并提出明确的审核意见。

第 11 条　建议、提案应当在交办之日起 2 个月内，至迟不超过 4 个月答复代表、委员。"两会"闭会期间收到的建议、提案，应当在交办之日起 2 个月内，至迟不超过 4 个月答复代表、委员。

第 12 条　建议、提案的答复稿经承办部门领导签署意见后，连同答复稿的电子版一起送联络工作办公室。联络工作办公室应严格依照第 10 条规定的内容对答复稿进行审查和修改，对答复不符合要求的，应退回原承办部门重新作答。

答复稿由办公厅领导报请各主管院领导审核签发后，以办公厅函的形式答复各有关全国人大代表和全国政协委员。

第 13 条　联络工作办公室应指定专人对答复函逐字进行核校。每份答复函寄相关的全国人大代表、全国政协委员和主办单位各 1 份，并抄送全国人大常委会办公厅和全国政协办公厅。

第 14 条　代表或委员对答复明确表示不满意的，应由承办部门重新办理，并于重新交办之日起 3 个月内再次答复代表。

第 15 条　建议、提案全部办结后，办公厅应对办理工作的情况进行分析和总结，并分别向全国人大常委会办公厅和全国政协办公厅写出总结报告。

第 16 条　办公厅应于每年 10 月底前将我院对建议、提案的答复函汇编成册，分送各位院领导和各承办单位。

第 17 条　由全国人大各专门委员会审议的议案，在征求最高人民法院意见时，参照上述规则办理，相关意见应及时向有关专门委员会反馈。

【法工委〔2018〕号】　全国人民代表大会常务委员会法制工作委员会关于 2018 年备案审查工作情况的报告（2018 年 12 月 24 日第 13 届全国人大常委会第 7 次会议，节选）

根据宪法和立法法、监督法的规定，国务院制定的行政法规，地方人大及其常委会制定的地方性法规，以及最高人民法院、最高人民检察院制定的司法解释，应当报送全国人大常委会备案。全国人大常委会对报送备案的法规、司法解释进行审查，对与宪法法律相抵触的法规、司法解释有权予以撤销、纠正。

【高检发释字〔2019〕1 号】　人民检察院检察建议工作规定（2018 年 12 月 25 日最高检第 13 届检委会第 12 次会议通过，2019 年 2 月 26 日印发施行）

第 18 条（第 2 款）　宣告送达检察建议书应当商被建议单位同意，可以在人民检察院、被建议单位或者其他适宜场所进行，由检察官向被建议单位负责人当面宣读检察建议书并进行示证、说理，听取被建议单位负责人意见。必要时，可以邀请人大代表、政协委员或者特约检察员、人民监督员等第三方人员参加。

【高检发办字〔2019〕55 号】　最高人民检察院司法解释工作规定（2019 年 3 月 20 日最高检第 13 届检委会第 16 次会议修订，2019 年 5 月 13 日印发）

第 4 条　司法解释工作应当依法接受全国人民代表大会及其常务委员会的监督。

全国人民代表大会及其常务委员会认为司法解释违反法律规定的，最高人民检察院应当及时予以修改或者废止。

研究制定司法解释过程中，对于法律规定需进一步明确具体含义，或者法律制定后出现新情况，需要明确适用法律依据的，最高人民检察院应当向全国人民代表大会常务委员会提出法律解释的要求或者提出制定、修改有关法律的议案。

第15条　司法解释意见稿应当报送全国人民代表大会相关专门委员会或者全国人民代表大会常务委员会相关工作机构征求意见。

司法解释意见稿应当征求有关机关以及地方人民检察院、专门人民检察院的意见；根据情况，可以征求人大代表、政协委员以及专家学者等的意见。

第24条　司法解释应当自公布之日起30日以内报送全国人民代表大会常务委员会备案。

第27条（第2款）　司法解释清理情况应当及时报送全国人民代表大会常务委员会。

【法发〔2021〕20号】　最高人民法院关于司法解释工作的规定（2021年6月8日最高法审委会第1841次会议修改，2021年6月9日印发，2021年6月16日施行）

第18条　司法解释送审稿应当报送全国人民代表大会相关专门委员会或者全国人民代表大会常务委员会相关工作部门征求意见。

第26条（第1款）　司法解释应当自发布之日起30日内报全国人民代表大会常务委员会备案。

【人大〔2023〕决定】　全国人民代表大会常务委员会关于完善和加强备案审查制度的决定（2023年12月29日全国人大常委会〔14届7次〕通过，同日公布施行）

一、全国人民代表大会常务委员会依法开展备案审查工作，坚持以习近平新时代中国特色社会主义思想为指导，贯彻习近平法治思想，坚持党的领导、人民当家作主、依法治国有机统一，实行有件必备、有备必审、有错必纠，切实保证党中央决策部署贯彻落实，保障宪法和法律实施，保护公民、法人和其他组织的合法权益，维护国家法制统一，推进全面依法治国。

二、坚持有件必备。行政法规、监察法规、地方性法规、自治州和自治县的自治条例和单行条例、经济特区法规、浦东新区法规、海南自由贸易港法规（以下统称法规）以及最高人民法院、最高人民检察院作出的属于审判、检察工作中具体应用法律的解释（以下统称司法解释）依法报送全国人民代表大会常务委员会备案。

三、加强备案工作。法规、司法解释应当自公布之日起30日内报送全国人民代表大会常务委员会备案。报送备案时，应当一并报送备案文件的纸质文本和电子文本。

全国人民代表大会常务委员会办公厅负责法规、司法解释的备案工作，对备案文件进行形式审查。对符合备案要求的，予以登记、存档，并根据职责分工分送全国人民代表大会有关专门委员会和常务委员会工作机构进行审查。对不符合备案要求的，采取退回、要求补充或者更正后重新报送等方式处理。常务委员会办公厅对报送机关的报送工作进行督促检查，并对瞒报、迟报、漏报等情况予以通报。

四、坚持有备必审。按照有备必审的要求完善审查工作机制，细化审查内容，规范审查程序，综合运用依申请审查、主动审查、专项审查、移送审查和联合审查等方式，依法开展审查工作。

全国人民代表大会专门委员会、常务委员会工作机构负责审查工作。专门委员会、常务委员会工作机构应当加强沟通协作，遇有重要问题和重要情况的，可以共同研究和协商；认为有必要进行共同审查的，可以召开联合审查会议。

五、推进合宪性审查。在备案审查工作中注重审查法规、司法解释等规范性文件是否存在不符合宪法规定、宪法原则、宪法精神的内容，认真研究涉宪性问题，及时督促纠正与宪法相抵触或者存在合宪性问题的规范性文件。在备案审查工作中落实健全宪法解释工作程序的要求，准确把握和阐明宪法有关规定和精神，回应社会有关方面对涉宪问题的关切。

六、加强依申请审查。有关国家机关依法向全国人民代表大会常务委员会书面提出审查要求的，由全国人民代表大会有关的专门委员会和常务委员会工作机构进行审查、提出意见。

其他国家机关和社会组织、企业事业单位以及公民依法向全国人民代表大会常务委员会书面提出审查建议的，由常务委员会工作机构进行审查；必要时，送有关的专门委员会进行审查、提出意见。常务委员会工作机构对审查建议进行初步审查，认为建议审查的法规、司法解释可能与宪法或者法律相抵触，或者存在合宪性、合法性问题的，应当启动审查程序。

地方各级监察委员会、人民法院、人民检察院在监察、审判、检察工作中发现法规、司法解释同宪法或者法律相抵触，或者存在合宪性、合法性问题的，可以逐级上报至国家监察委员会、最高人民法院、最高人民检察院，由国家监察委员会、最高人民法院、最高人民检察院向全国人民代表大会常务委员会书面提出审查要求。

七、加强主动审查。全国人民代表大会专门委员会、常务委员会工作机构应当加强法规、司法解释主动审查工作。健全主动审查的工作机制和方式，围绕常务委员会工作重点，结合改革发展阶段性特征，针对存在的倾向性、典型性问题，突出审查重点，提高主动审查效率和质量。

八、有针对性开展专项审查。全国人民代表大会专门委员会、常务委员会工作机构根据需要对涉及党中央决策部署、国家重大改革、重要法律实施、人民群众切身利益等方面的法规、司法解释进行专项审查，集中解决某一领域或者某一类别法规、司法解释等规范性文件中普遍存在的问题。在开展依申请审查、主动审查、移送审查过程中，发现其他法规、司法解释等规范性文件存在共性问题的，可以一并进行专项审查。

九、完善移送审查机制。全国人民代表大会常务委员会工作机构收到应当由其他机关处理的审查建议，或者发现应当由其他机关审查处理的问题，及时移送有关机关处理。移送时，可以提出研究处理的意见和建议。

其他机关在备案审查工作中发现法规、司法解释存在合宪性、合法性问题，移送全国人民代表大会常务委员会工作机构审查处理或者提出有关工作建议的，常务委员会工作机构应当进行审查。

十、探索联合审查机制。全国人民代表大会常务委员会工作机构发现法规、规章、司法解释等规范性文件存在涉及其他机关备案审查工作职责范围的共性问题的，可以与其他机关备案审查工作机构开展联合调研或者联合审查，共同研究提出审查意见和建议。

十一、明确审查重点内容。在审查工作中，应当重点审查以下内容：（一）是否符合宪法规定、宪法原则和宪法精神；（二）是否符合党中央的重大决策部署和国家重大改革方向；（三）是否超越权限，减损公民、法人和其他组织权利或者增加其义务；（四）是否违反上位法规定；（五）是否违反法定程序；（六）采取的措施与其目的是否符合比例原则。

十二、推进集中清理工作。全国人民代表大会常务委员会及其工作机构根据需要，可以对涉及重要法律制定或者修改、社会公共利益等方面的法规、规章、司法解释和其他规范性文件组织开展集中清理，督促有关方面及时修改或者废止不符合、不衔接、不适应法律规定、中央精神、时代要求的规定，并及时制定配套规定。组织开展集中清理，应当明确清理的范围、主要内容、时限要求等。

十三、坚持有错必纠。全国人民代表大会专门委员会、常务委员会工作机构经审查认为法规、司法解释应当予以纠正的，可以与制定机关沟通，推动制定机关修改或者废止。制定机关同意对法规、司法解释予以修改或者废止，并书面提出明确处理计划和时限的，可以不再向其提出书面审查意见，审查中止。

经沟通，制定机关不同意修改、废止或者没有书面提出明确处理计划和时限的，全国人民代表大会专门委员会、常务委员会工作机构应当依法向制定机关提出书面审查意见，要求制定机关在两个月内提出书面处理意见。制定机关按照所提意见对法规、司法解释进行修改或者废止的，审查终止。

全国人民代表大会常务委员会工作机构对可能造成理解歧义、执行不当等问题的法规、司法解释，可以函告制定机关予以提醒，提出意见和建议。

十四、依法作出纠正和撤销决定。制定机关未按照书面审查意见或者处理计划对法规、司法解释予以修改、废止的，全国人民代表大会专门委员会、常务委员会工作机构可以依法提出下列议案、建议，由委员长会议决定提请常务委员会会议审议决定：（一）确认有关法规、司法解释与宪法、法律相抵触或者违背宪法、法律的原则和精神，要求制定机关限期修改或者废止；（二）要求制定机关自行修改完善有关法规、司法解释，或者要求制定机关进行清理；（三）依法予以撤销；（四）依法作出法律解释。

法规、司法解释被纠正或者撤销后，其他规范性文件存在相同问题的，制定机关应当及时修改或者废止。

十五、践行全过程人民民主。备案审查工作应当贯彻全过程人民民主理念，保障人民群众对国家立法和监督工作的知情权、参与权、表达权、监督权，使备案审查制度和工作成为践行全过程人民民主的重要形式和制度载体。

畅通人民群众诉求表达渠道，完善审查建议在线提交方式。做好对审查建议的接收、登记、审查、处理和反馈工作。加强与审查建议人沟通，增强审查研究的针对性、时效性。审查完成后，及时向审查建议人反馈。

开展备案审查工作应当充分发扬民主，加强调查研究。听取制定机关说明情况、反馈意见。通过座谈会、论证会、听证会、委托研究、走访调研等方式，听取国家机关、社会组织、企业事业单位、专家学者以及利益相关方的意见。注重发挥备案审查专家委员会的作用。

坚持备案审查工作与代表工作相结合，邀请代表参与调研，认真办理代表议案、建议，回应代表关切。发挥基层立法联系点民意直通车作用，深入基层了解法规、司法解释实施情况和存在的问题，听取基层群众的意见建议，提升备案审查民主含量和质量。

十六、完善备案审查衔接联动机制。加强与其他备案审查机关的沟通协作，在双重备案联动、移交处理、征求意见、会商协调、信息共享、能力提升等方面加强协作配合，支持和推动有关方面加强对规章和其他规范性文件的监督，发挥备案审查制度合力，增强备案审查制度整体成效。

十七、完善听取和审议备案审查工作情况报告制度。全国人民代表大会常务委员会法制工作委员会应当每年向常务委员会报告开展备案审查工作的情况，由常务委员会会议审议。

常务委员会组成人员对备案审查工作情况报告的审议意见连同备案审查工作情况报告，一并交有关制定机关研究处理。备案审查工作情况报告在常务委员会公报和中国人大网刊载。

十八、持续推进备案审查信息化建设。建设好、使用好全国统一的备案审查信息平台，完善在线提出审查建议、电子备案、在线审查等平台功能，拓展信息平台的数据收集和立法服务功能，逐步实现备案审查工作数字化、智能化。

十九、加强工作联系指导。全国人民代表大会常务委员会工作机构应当加强对地方各级人民代表大会常务委员会规范性文件备案审查工作的联系和指导，召开备案审查工作座谈会，举办备案审查工作培训，健全备案审查案例指导制度，开展备案审查案例交流，推动地方各级人民代表大会常务委员会提高备案审查工作能力和质量。

二十、加强理论研究和宣传工作。围绕加强宪法实施和监督，加强备案审查理论研究和话语体系建设。拓展宣传方式和途径，及时向社会公众公开备案审查工作情况报告、工作动态、重要进展和典型案例。

二十一、健全特别行政区本地法律备案审查机制。全国人民代表大会常务委员会依据宪法和香港特别行政区基本法、澳门特别行政区基本法，加强对特别行政区立法机关制定的法律的备案审查工作，维护宪法和基本法确定的特别行政区宪制秩序。

二十二、县级以上地方各级人民代表大会常务委员会应当加强规范性文件备案审查制度和能力建设，依法开展备案审查工作。

省、自治区、直辖市的人民代表大会常务委员会根据有关法律，参照本决定制定本地区有关规范性文件备案审查的规定。

第9条 【诉讼语言文字】 各民族公民都有用本民族语言文字进行诉讼的权利。人民法院、人民检察院和公安机关对于不通晓当地通用的语言文字的诉讼参与人，应当为他们翻译。

在少数民族聚居或者多民族杂居的地区，应当用当地通用的语言进行审讯，用当地通用的文字发布判决书、布告和其他文件。

● **相关规定** 【人大公告〔2018〕1号】 中华人民共和国宪法（1982年12月4日全国人大〔5届5次〕通过，全国人大公告施行；1988年4月12日〔7届1次〕、1993年3月29日〔8届1次〕、1999年3月15日〔9届2次〕、2004年3月14日〔10届2次〕、2018年3月11日〔13届1次〕修正）

第139条 各民族公民都有用本民族语言文字进行诉讼的权利。人民法院和人民检察院对于不通晓当地通用的语言文字的诉讼参与人，应当为他们翻译。

在少数民族聚居或者多民族共同居住的地区，应当用当地通用的语言进行审理；起诉书、判决书、布告和其他文书应当根据实际需要使用当地通用的一种或者几种文字。

【公安部令〔2020〕159号】 公安机关办理刑事案件程序规定（2020年7月4日第3次部务会议修订，2020年7月20日公布，2020年9月1日施行）

第362条 公安机关办理外国人犯罪案件，使用中华人民共和国通用的语言文字。犯罪嫌疑人不通晓<u>我国</u>中国语言文字的，公安机关应当为他翻译；<u>犯罪嫌疑人通晓我国语言文字，不需要他人翻译的，应当出具书面声明</u>（新增）。

【法释〔2021〕1号】 最高人民法院关于适用《中华人民共和国刑事诉讼法》的解释（2020年12月7日最高法审委会〔1820次〕修订，2021年1月26日公布，2021年3月1日施行；2013年1月1日施行的"法释〔2012〕21号"《解释》同时废止）

第 78 条　控辩双方提供的证据材料涉及外国语言、文字的，应当附中文译本。

第 481 条　人民法院受理涉外刑事案件后，应当告知在押的外国籍被告人享有与其国籍国驻华使领馆联系，与其监护人、近亲属会见、通信，以及请求人民法院提供翻译的权利。

第 484 条　人民法院审判涉外刑事案件，使用中华人民共和国通用的语言、文字，应当为外国籍当事人提供翻译。翻译人员应当在翻译文件上签名。

人民法院的诉讼文书为中文本。外国籍当事人不通晓中文的，应当附有外文译本，译本不加盖人民法院印章，以中文本为准。

外国籍当事人通晓中国语言、文字，拒绝他人翻译，或者不需要诉讼文书外文译本的，应当由其本人出具书面声明。拒绝出具书面声明的，应当记录在案；必要时，应当录音录像。

第 494 条①　人民法院请求外国提供司法协助的请求书……及其所附材料应当以中文制作，并附有被请求国官方文字的译本。

外国请求我国法院提供司法协助的请求书……及所附材料应当附有中文译本。

【法发〔2022〕18 号】　最高人民法院、最高人民检察院、公安部、国家移民管理局关于依法惩治妨害国（边）境管理违法犯罪的意见（2022 年 6 月 29 日）

17. 对于不通晓我国通用语言文字的嫌疑人、被告人、证人及其他相关人员，人民法院、人民检察院、公安机关、移民管理机构应当依法为其提供翻译。

翻译人员在案件办理规定时限内无法到场的，办案机关可以通过视频连线方式进行翻译，并对翻译过程进行全程不间断录音录像，不得选择性录制，不得剪接、删改。

翻译人员应当在翻译文件上签名。

【海警局令〔2023〕1 号】　海警机构办理刑事案件程序规定（2023 年 5 月 15 日审议通过，2023 年 6 月 15 日起施行）

第 8 条　海警机构办理刑事案件，对不通晓当地通用的语言文字的诉讼参与人，应当为他们翻译。

第 10 条　【两审终审制】人民法院审判案件，实行两审终审制。

第 11 条　【审判公开】【辩护权】（见第 34 条、第 188 条）

第 12 条②　【判决确定有罪】未经人民法院依法判决，对任何人都不得确定有罪。③

---

① 2012 年《解释》第 411 条规定为："人民法院请求外国提供司法协助的请求书及其所附文件，应当附有该国文字译本或者国际条约规定的其他文字文本。外国法院请求我国提供司法协助的请求书及其所附文件，应当附有中文译本或者国际条约规定的其他文字文本。"

② 本条规定由 1996 年 3 月 17 日第 8 届全国人民代表大会第 4 次会议增设，1997 年 1 月 1 日施行。

③ 注：本条的表述非常值得商榷。比如：实施故意杀人的案犯，在被抓捕之前自杀身亡（因而无法移送法院审判），我们若据此认为其"无罪"，则与普通民众的朴素法律观念相悖。根据《刑事诉讼法》第 16 条的规定，上述情形其实属于不再追究其刑事责任。同理，未满 14 周岁的人实施强奸、抢劫等行为，也只是依法不负刑事责任，而不宜简单地认定其"无罪"。因此，本书建议：本条应当表述为"未经人民法院依法判决，对任何人都不得使其承担刑事责任"。

● 相关规定　【主席令〔2018〕13号】　中华人民共和国国际刑事司法协助法（2018年10月26日全国人大常委会〔13届6次〕通过）

第62条　中华人民共和国可以向外国请求移管中国籍被判刑人，……

第64条（第1款）　人民检察院应当制作刑罚转换申请书并附相关材料，提请刑罚执行机关所在地的中级人民法院作出刑罚转换裁定。

（第4款）　人民法院作出的刑罚转换裁定，是终审裁定。

【主席令〔2020〕49号】　中华人民共和国香港特别行政区维护国家安全法（2020年6月30日全国人大常委会〔13届20次〕通过。可供适用参考）

第5条（第2款）　任何人未经司法机关判罪之前均假定无罪。保障犯罪嫌疑人、被告人和其他诉讼参与人依法享有的辩护权和其他诉讼权利。任何人已经司法程序被最终确定有罪或者宣告无罪的，不得就同一行为再予审判或者惩罚。

（本书汇）【司法解释与案例指导工作】[①]

● 相关规定　【人大〔1981〕决议】　全国人民代表大会常务委员会关于加强法律解释工作的决议（1981年6月10日全国人大常委会〔5届19次〕通过）

一、凡关于法律、法令条文本身需要进一步明确界限或作补充规定的，由全国人民代表大会常务委员会进行解释或用法令加以规定。

二、凡属于法院审判工作中具体应用法律、法令的问题，由最高人民法院进行解释。凡属于检察院检察工作中具体应用法律、法令的问题，由最高人民检察院进行解释。最高人民法院和最高人民检察院的解释如果有原则性的分歧，报请全国人民代表大会常务委员会解释或决定。

三、不属于审判和检察工作中的其他法律、法令如何具体应用的问题，由国务院及主管部门进行解释。

四、凡属于地方性法规条文本身需要进一步明确界限或作补充规定的，由制定法规的省、自治区、直辖市人民代表大会常务委员会进行解释或作出规定。凡属于地方性法规如何具体应用的问题，由省、自治区、直辖市人民政府主管部门进行解释。

由于林彪、江青反革命集团对社会主义法制的严重破坏和毒害，有些人的法制观念比较薄弱。同时，对法制的宣传教育还做得很不够，许多人对法律还很不熟悉。全国人民代表大会常务委员会认为，各级国家机关、各人民团体，都应当结合实际情况和问题，并利用典型案例，有计划有针对性地加强社会主义法制的宣传教育工作，使广大干部、群众了解有关的法律规定，逐步普及法律的基本知识，进一步肃清林彪、江青反革命集团破坏社会主义法制的流毒，教育广大干部、群众，特别是各级领导干部和公安、检察、法院等司法工作人员，认真遵守和正确执行法律，依法处理人民内部的各种纠纷，同时要善于运用法律武器，同一切破坏社会主义法制的违法犯罪行为进行斗争。

[①] 注：《刑事诉讼法》没有关于司法解释与案例指导工作的规定，本书将其汇集于此。

【主席令〔2006〕53号】　中华人民共和国各级人民代表大会常务委员会监督法（2006年8月27日全国人大常委会〔10届23次〕通过，2007年1月1日起施行）

第31条　最高人民法院、最高人民检察院作出的属于审判、检察工作中具体应用法律的解释，应当自公布之日起30日内报全国人民代表大会常务委员会备案。

第32条　国务院、中央军事委员会和省、自治区、直辖市的人民代表大会常务委员会认为最高人民法院、最高人民检察院作出的具体应用法律的解释同法律规定相抵触的，最高人民法院、最高人民检察院之间认为对方作出的具体应用法律的解释同法律规定相抵触的，可以向全国人民代表大会常务委员会书面提出进行审查的要求，由常务委员会工作机构送有关专门委员会进行审查、提出意见。

前款规定以外的其他国家机关和社会团体、企业事业组织以及公民认为最高人民法院、最高人民检察院作出的具体应用法律的解释同法律规定相抵触的，可以向全国人民代表大会常务委员会书面提出进行审查的建议，由常务委员会工作机构进行研究，必要时，送有关专门委员会进行审查、提出意见。

第33条　全国人民代表大会法律委员会和有关专门委员会经审查认为最高人民法院或者最高人民检察院作出的具体应用法律的解释同法律规定相抵触，而最高人民法院或者最高人民检察院不予修改或者废止的，可以提出要求最高人民法院或者最高人民检察院予以修改、废止的议案，或者提出由全国人民代表大会常务委员会作出法律解释的议案，由委员长会议决定提请常务委员会审议。

【主席令〔2018〕11号】　中华人民共和国人民法院组织法（2018年10月26日全国人大常委会〔13届6次〕修订，2019年1月1日起施行）

第18条　最高人民法院可以对属于审判工作中具体应用法律的问题进行解释。

最高人民法院可以发布指导性案例。

【主席令〔2018〕12号】　中华人民共和国人民检察院组织法（1954年9月21日全国人大〔1届1次〕通过；1979年7月1日全国人大〔5届2次〕重修，1979年7月5日委员长令第4号公布，1980年1月1日起施行；2018年10月26日全国人大常委会〔13届6次〕最新修订，2019年1月1日起施行）

第23条　最高人民检察院可以对属于检察工作中具体应用法律的问题进行解释。

最高人民检察院可以发布指导性案例。

【主席令〔2023〕3号】　中华人民共和国立法法（2000年3月15日全国人大〔9届3次〕通过，2000年7月1日起施行；2023年3月13日全国人大〔14届1次〕最新修正）

第119条　最高人民法院、最高人民检察院作出的属于审判、检察工作中具体应用法律的解释，应当主要针对具体的法律条文，并符合立法的目的、原则和原意。遇有本法第48条第2款规定情况的，应当向全国人民代表大会常务委员会提出法律解释的要求或者提出制定、修改有关法律的议案。

最高人民法院、最高人民检察院作出的属于审判、检察工作中具体应用法律的解释，应当自公布之日起30日内报全国人民代表大会常务委员会备案。

最高人民法院、最高人民检察院以外的审判机关和检察机关，不得作出具体应用法律的解释。

【高检发释字〔2001〕5号】　最高人民法院、最高人民检察院关于适用刑事司法解释时间效力问题的规定（2001年9月18日最高法审委会〔1193次〕、2001年6月18日最高检检委会〔9届90次〕通过，2001年12月16日印发，2001年12月17日起施行）

一、司法解释是最高人民法院对审判工作中具体应用法律问题和最高人民检察院对检察工作中具体应用法律问题所作的具有法律效力的解释，自发布或者规定之日起施行，效力适用于法律的施行期间。

二、对于司法解释实施前发生的行为，行为时没有相关司法解释，司法解释施行后尚未处理或者正在处理的案件，依照司法解释的规定办理。

三、对于新的司法解释实施前发生的行为，行为时已有相关司法解释，依照行为时的司法解释办理，但适用新的司法解释对犯罪嫌疑人、被告人有利的，适用新的司法解释。

四、对于在司法解释施行前已办结的案件，按照当时的法律和司法解释，认定事实和适用法律没有错误的，不再变动。

【法办〔2007〕396号】　最高人民法院办公厅关于规范司法解释施行日期有关问题的通知（2007年8月23日）①

一、今后各部门起草的司法解释对施行日期没有特别要求的，司法解释条文中不再规定"本解释（规定）自公布之日起施行"的条款，施行时间一律以发布司法解释的最高人民法院公告中明确的日期为准。

二、司法解释对施行日期有特别要求的，应当在司法解释条文中规定相应条款，明确具体施行时间，我院公告的施行日期应当与司法解释的规定相一致。

【法发〔2012〕2号】　最高人民法院、最高人民检察院关于地方人民法院、人民检察院不得制定司法解释性质文件的通知（2012年1月18日）

一、根据全国人大常委会《关于加强法律解释工作的决议》的有关规定，人民法院在审判工作中具体应用法律的问题，由最高人民法院作出解释；人民检察院在检察工作中具体应用法律的问题，由最高人民检察院作出解释。自本通知下发之日起，地方人民法院、人民检察院一律不得制定在本辖区普遍适用的、涉及具体应用法律问题的"指导意见"、"规定"等司法解释性质文件，制定的其他规范性文件不得在法律文书中援引。

二、地方人民法院、人民检察院对于制定的带有司法解释性质的文件，应当自行清理。凡是与法律、法规及司法解释的规定相抵触以及不适应经济社会发展要求的司法解释性质文件，应当予以废止；对于司法实践中迫切需要、符合法律精神又无相应的司法解释规定的，参照本通知第三条的规定办理。

地方人民法院、人民检察院应当自本通知下发之日起，分别对单独制定的司法解释性质文件进行清理；对法、检两家制定或者与其他部门联合制定的，由原牵头部门负责清理并做

---

① 法办〔2007〕396号《通知》印发后，在实践中仍然屡被违反。比如"法释〔2011〕4号"《解释》第11条规定"本解释自公布之日起施行"，但公告显示公布日期为2011年2月28日，而施行日期为2011年3月18日；"法释〔2011〕6号"《规定》第24条规定"本规定自公布之日起施行"，但公告显示公布日期为2011年3月17日，而施行日期为2011年3月22日。

2019年2月15日，最高法办公厅重新印发"法办发〔2019〕2号"《通知》，要求在司法解释主文中明确规定施行日期；却未宣布废止"法办〔2007〕396号"《通知》，这可能是最高人民法院梳理司法文件时的疏漏。

好沟通协调工作；对不属于地方人民法院、人民检察院牵头制定的，要主动会同相关牵头部门研究处理。

清理工作应当于2012年3月底以前完成，由高级人民法院、省级人民检察院分别向最高人民法院、最高人民检察院报告清理结果。

三、地方人民法院、人民检察院在总结审判工作、检察工作经验过程中，认为需要制定司法解释的，按照《最高人民法院关于司法解释工作的规定》（法发〔2007〕12号）和《最高人民检察院司法解释工作规定》（高检发研字〔2006〕4号）的要求，通过高级人民法院、省级人民检察院向最高人民法院、最高人民检察院提出制定司法解释的建议或者对法律应用问题进行请示。

四、在执行本通知过程中遇到的具体情况和问题，高级人民法院、省级人民检察院应当及时向最高人民法院、最高人民检察院报告。

【法刊文摘】 《最高人民法院司法解释汇编（1949-2013）》出版说明①

……鉴于当时司法解释制定工作不规范的实际情况，不分文件名称、具体发文形式，只要内容属于对应用法律、法令解释的，都界定为司法解释。

【法办发〔2019〕2号】 最高人民法院办公厅关于司法解释施行日期问题的通知（2019年2月15日）②

为进一步规范和统一我院司法解释的施行日期，保证司法解释的正确适用，根据《最高人民法院关于司法解释工作的规定》第25条的规定，现将有关事项通知如下：

一、司法解释的施行日期是司法解释时间效力的重要内容，司法解释应当在主文作出明确规定："本解释（规定或者决定）自×年×月×日起施行"。批复类解释在批复最后载明的发布日期作为施行日期。

二、确定司法解释的施行日期应当充分考虑司法解释实施准备工作的实际需要。

三、司法解释的施行日期应当在提交审判委员会的送审稿中拟出，并提请审判委员会审议确定。

四、发布司法解释公告中的施行日期应当与司法解释中的施行日期一致。

【高检发办字〔2019〕55号】 最高人民检察院司法解释工作规定（2019年3月20日最高检检委会〔13届16次〕修订，2019年5月13日）

第一章 一般规定

第2条 人民检察院在检察工作中具体应用法律的问题，由最高人民检察院作出司法解释。地方人民检察院、专门人民检察院不得制定司法解释和司法解释性质文件。

第3条 司法解释应当主要针对具体的法律条文，并符合立法的目的、原则和原意。

第4条 司法解释工作应当依法接受全国人民代表大会及其常务委员会的监督。

全国人民代表大会及其常务委员会认为司法解释违反法律规定的，最高人民检察院应当及时予以修改或者废止。

---

① 最高人民法院周强院长主编、最高法研究室协调各业务庭室联合编纂，人民法院出版社2014年版。

② 本《通知》实质改变并取代了《最高人民法院办公厅关于规范司法解释施行日期有关问题的通知》（法办〔2007〕396号）。

研究制定司法解释过程中，对于法律规定需要进一步明确具体含义，或者法律制定后出现新情况，需要明确适用法律依据的，最高人民检察院应当向全国人民代表大会常务委员会提出法律解释的要求或者提出制定、修改有关法律的议案。

第5条　最高人民检察院制定并发布的司法解释具有法律效力。人民检察院在起诉书、抗诉书、检察建议书等法律文书中，需要引用法律和司法解释的，应当先援引法律，后援引司法解释。

第6条　司法解释采用"解释""规则""规定""批复""决定"等形式，统一编排最高人民检察院司法解释文号。

对检察工作中如何具体应用某一法律或者对某一类案件、某一类问题如何应用法律制定的司法解释，采用"解释""规则"的形式。

对检察工作中需要制定的办案规范、意见等司法解释，采用"规定"的形式。

对省级人民检察院（包括解放军军事检察院、新疆生产建设兵团人民检察院）就检察工作中具体应用法律问题的请示制定的司法解释，采用"批复"的形式。

修改或者废止司法解释，采用"决定"的形式。

第7条　对于同时涉及检察工作和审判工作中具体应用法律的问题，最高人民检察院应当商请最高人民法院联合制定司法解释。对于最高人民法院商请最高人民检察院联合制定司法解释的，最高人民检察院应当及时研究，提出意见。

最高人民检察院与最高人民法院联合制定的司法解释需要修改、补充或者废止的，应当与最高人民法院协商。

第8条　司法解释的研究起草工作由最高人民检察院法律政策研究室和各检察厅分别负责。法律政策研究室主要负责涉及多部门业务的综合性司法解释的研究起草工作，各检察厅主要负责本部门业务范围的司法解释的研究起草工作。

司法解释的立项、审核、编号、备案、清理等工作由法律政策研究室负责。

地方人民检察院、专门人民检察院应当配合最高人民检察院法律政策研究室和各检察厅做好司法解释有关工作。

第二章　司法解释的立项（略）

第三章　司法解释的起草、审核

第15条　司法解释意见稿应当报送全国人民代表大会相关专门委员会或者全国人民代表大会常务委员会相关工作机构征求意见。

司法解释意见稿应当征求有关机关以及地方人民检察院、专门人民检察院的意见；根据情况，可以征求人大代表、政协委员以及专家学者等的意见。

涉及广大人民群众切身利益的司法解释，经检察长决定，可以在报纸、互联网等媒体上公开征求意见。

第16条　司法解释起草部门在征求意见和对司法解释意见稿进行修改完善后，认为可以提交检察委员会审议的，应当形成司法解释送审稿，撰写起草说明，附典型案例等相关材料，经分管副检察长同意，送法律政策研究室审核。

第17条　司法解释送审稿的起草说明包括以下内容：（一）立项来源和背景；（二）研究起草和修改过程；（三）司法解释送审稿的逐条说明，包括各方面意见、争议焦点、起草部门研究意见和理由；（四）司法解释通过后进行发布和培训的工作方案。

第18条　法律政策研究室应当对司法解释送审稿及其起草说明进行审核。认为需要进一步修改、补充、论证的，提出书面意见，退回起草部门。

认为需要征求有关机关意见的，报分管副检察长批准，以最高人民检察院或者最高人民检察院办公厅名义征求意见。

认为可以提交检察委员会审议的，形成司法解释审议稿，报检察长决定提交检察委员会审议。

第四章　检察委员会审议

第19条　最高人民检察院发布的司法解释应当经最高人民检察院检察委员会审议通过。

检察委员会审议司法解释，由法律政策研究室汇报，起草部门说明相关问题，回答委员询问。

第20条　对检察委员会审议通过的司法解释，法律政策研究室根据审议意见对司法解释审议稿进行修改后，报检察长签发。

第五章　司法解释的发布、备案

第22条　最高人民检察院的司法解释以最高人民检察院公告的形式，在《最高人民检察院公报》和最高人民检察院官方网站公布。

第23条　司法解释以最高人民检察院发布公告的日期为生效时间。司法解释另有规定的除外。

第24条　司法解释应当自公布之日起30日以内报送全国人民代表大会常务委员会备案。

第六章　其他相关工作

第25条　最高人民检察院法律政策研究室应当对地方人民检察院和专门人民检察院执行司法解释的情况和效果进行检查评估，检查评估情况向检察长或者检察委员会报告。

第26条　法律制定、修改、废止后，相关司法解释与现行法律规定相矛盾的内容自动失效；最高人民检察院对相关司法解释应当及时予以修改或者废止。

第27条　最高人民检察院定期对司法解释进行清理，并对现行有效的司法解释进行汇编。司法解释清理参照司法解释制定程序的相关规定办理。

司法解释清理情况应当及时报送全国人民代表大会常务委员会。

【法发〔2021〕20号】　最高人民法院关于司法解释工作的规定（2006年12月11日最高法审委会〔1408次〕通过，2007年3月9日印发，2007年4月1日起施行；2021年6月8日最高法审委会〔1841次〕修改，2021年6月9日印发，2021年6月16日起施行）

第2条　人民法院在审判工作中具体应用法律的问题，由最高人民法院作出司法解释。

第3条　司法解释应当根据法律和有关立法精神，结合审判工作实际需要制定。

第4条　最高人民法院发布的司法解释，应当经审判委员会讨论通过。

第5条　最高人民法院发布的司法解释，具有法律效力。

第6条　司法解释的形式分为"解释"、"规定"、"规则"、"批复"和"决定"5种。①

---

① 注：实际上，还有第6种形式"安排"。如最高人民法院1999年3月29日公告："《最高人民法院关于内地与香港特别行政区法院相互委托送达民商事司法文书的安排》已于1998年12月30日由最高人民法院审判委员会第1038次会议通过。根据最高人民法院和香港特别行政区代表协商达成的一致意见，本《安排》在内地以最高人民法院发布司法解释的形式予以公布（法释〔1999〕9号），自1999年3月30日起施行。"

对在审判工作中如何具体应用某一法律或者对某一类案件、某一类问题如何应用法律制定的司法解释，采用"解释"的形式。

根据立法精神对审判工作中需要制定的规范、意见等司法解释，采用"规定"的形式。

对规范人民法院审判执行活动等方面的司法解释，可以采用"规则"的形式。

对高级人民法院、解放军军事法院就审判工作中具体应用法律问题的请示制定的司法解释，采用"批复"的形式。

修改或者废止司法解释，采用"决定"的形式。

第10条 最高人民法院制定司法解释的立项来源：（一）最高人民法院审判委员会提出制定司法解释的要求；（二）最高人民法院各审判业务部门提出制定司法解释的建议；（三）各高级人民法院、解放军军事法院提出制定司法解释的建议或者对法律应用问题的请示；（四）全国人大代表、全国政协委员提出制定司法解释的议案、提案；（五）有关国家机关、社会团体或者其他组织以及公民提出制定司法解释的建议；（六）最高人民法院认为需要制定司法解释的其他情形。

基层人民法院和中级人民法院认为需要制定司法解释的，应当层报高级人民法院，由高级人民法院审查决定是否向最高人民法院提出制定司法解释的建议或者对法律应用问题进行请示。

第18条 司法解释送审稿应当送全国人民代表大会相关专门委员会或者全国人民代表大会常务委员会相关工作部门征求意见。

第19条 司法解释送审稿在提交审判委员会讨论前，起草部门应当将送审稿及其说明送研究室审核。

司法解释送审稿及其说明包括：立项计划、调研情况报告、征求意见情况、分管副院长对是否送审的审查意见、主要争议问题和相关法律、法规、司法解释以及其他相关材料。

第20条 研究室主要审核以下内容：（一）是否符合宪法、法律规定；（二）是否超出司法解释权限；（三）是否与相关司法解释重复、冲突；（四）是否按照规定程序进行；（五）提交的材料是否符合要求；（六）是否充分、客观反映有关方面的主要意见；（七）主要争议问题与解决方案是否明确；（八）其他应当审核的内容。

研究室应当在1个月内提出审核意见。

第23条 最高人民法院审判委员会应当在司法解释草案报送之次日起3个月内进行讨论。逾期未讨论的，审判委员会办公室可以报常务副院长批准延长。

第24条 司法解释草案经审判委员会讨论通过的，由院长或者常务副院长签发。

司法解释草案经审判委员会讨论原则通过的，由起草部门会同研究室根据审判委员会讨论决定进行修改，报分管副院长审核后，由院长或者常务副院长签发。

审判委员会讨论认为制定司法解释的条件尚不成熟的，可以决定进一步论证、暂缓讨论或撤销立项。

第25条 司法解释以最高人民法院公告形式发布。

司法解释应当在《最高人民法院公报》和《人民法院报》刊登。

司法解释自公告发布之日起施行，但司法解释另有规定的除外。

第26条（第1款） 司法解释应当自发布之日起30日内报全国人民代表大会常务委员会备案。

第27条（第1款）　司法解释施行后，人民法院作为裁判依据的，应当在司法文书中援引。

第30条　司法解释需要修改、废止的，参照司法解释制定程序的相关规定办理，由审判委员会讨论决定。

【法发〔2010〕51号】　最高人民法院关于案例指导工作的规定（2010年11月15日最高法审委会〔1501次〕通过，2010年11月26日印发施行）

第1条　对全国法院审判、执行工作具有指导作用的指导性案例，由最高人民法院确定并统一发布。

第2条　本规定所称指导性案例，是指裁判已经发生法律效力，并符合以下条件的案例：（一）社会广泛关注的；（二）法律规定比较原则的；（三）具有典型性的；（四）疑难复杂或者新类型的；（五）其他具有指导作用的案例。

第3条　最高人民法院设立案例指导工作办公室，负责指导性案例的遴选、审查和报审工作。

第4条　最高人民法院各审判业务单位对本院和地方各级人民法院已经发生法律效力的裁判，认为符合本规定第2条规定的，可以向案例指导工作办公室推荐。

各高级人民法院、解放军军事法院对本院和本辖区内人民法院已经发生法律效力的裁判，认为符合本规定第2条规定的，经本院审判委员会讨论决定，可以向最高人民法院案例指导工作办公室推荐。

中级人民法院、基层人民法院对本院已经发生法律效力的裁判，认为符合本规定第2条规定的，经本院审判委员会讨论决定，层报高级人民法院，建议向最高人民法院案例指导工作办公室推荐。

第5条　人大代表、政协委员、专家学者、律师，以及其他关心人民法院审判、执行工作的社会各界人士对人民法院已经发生法律效力的裁判，认为符合本规定第2条规定的，可以向作出生效裁判的原审人民法院推荐。

第6条　案例指导工作办公室对于被推荐的案例，应当及时提出审查意见。符合本规定第2条规定的，应当报请院长或者主管副院长提交最高人民法院审判委员会讨论决定。

最高人民法院审判委员会讨论决定的指导性案例，统一在《最高人民法院公报》、最高人民法院网站、《人民法院报》上以公告的形式发布。[①]

第7条　最高人民法院发布的指导性案例，各级人民法院审判类似案例时应当参照。

第8条　最高人民法院案例指导工作办公室每年度对指导性案例进行编纂。

第9条　本规定施行前，最高人民法院已经发布的对全国法院审判、执行工作具有指导意义的案例，根据本规定清理、编纂后，作为指导性案例公布。

【法〔2015〕130号】　《最高人民法院关于案例指导工作的规定》实施细则（2015年4月27日最高法审委会〔1649次〕通过，2015年5月13日印发施行）

第1条　为了具体实施《最高人民法院关于案例指导工作的规定》，加强、规范和促进案例指导工作，充分发挥指导性案例对审判工作的指导作用，统一法律适用标准，维护司

[①]　注：最高人民法院发布的指导性案例，原以"指导案例×号"格式编号；自第35批（第192号）指导性案例起，以"指导性案例×号"格式编号。本书仍统一以"指导案例×号"格式编排。

公正,制定本实施细则。

第2条　指导性案例应当是裁判已经发生法律效力,认定事实清楚,适用法律正确,裁判说理充分,法律效果和社会效果良好,对审理类似案件具有普遍指导意义的案例。

第3条　指导性案例由标题、关键词、裁判要点、相关法条、基本案情、裁判结果、裁判理由以及包括生效裁判审判人员姓名的附注等组成。指导性案例体例的具体要求另行规定。

第4条　最高人民法院案例指导工作办公室(以下简称案例指导办公室)负责指导性案例的征集、遴选、审查、发布、研究和编纂,以及对全国法院案例指导工作的协调和指导等工作。

最高人民法院各审判业务单位负责指导性案例的推荐、审查等工作,并指定专人负责联络工作。

各高级人民法院负责辖区内指导性案例的推荐、调研、监督等工作。各高级人民法院向最高人民法院推荐的备选指导性案例,应当经审判委员会讨论决定或经审判委员会过半数委员审核同意。

中级人民法院、基层人民法院应当通过高级人民法院推荐备选指导性案例,并指定专人负责案例指导工作。

第5条　人大代表、政协委员、人民陪审员、专家学者、律师,以及其他关心人民法院审判、执行工作的社会各界人士,对于符合指导性案例条件的案例,可以向作出生效裁判的原审人民法院推荐,也可以向案例指导办公室提出推荐建议。

案例指导工作专家委员会委员对于符合指导性案例条件的案例,可以向案例指导办公室提出推荐建议。

第6条　最高人民法院各审判业务单位、高级人民法院向案例指导办公室推荐备选指导性案例,应当提交下列材料:(一)《指导性案例推荐表》;(二)按照规定体例编写的案例文本及其编选说明;(三)相关裁判文书。

以上材料需要纸质版一式3份,并附电子版。

推荐法院可以提交案件审理报告、相关新闻报道及研究资料等。

第7条　案例指导办公室认为有必要进一步研究的备选指导性案例,可以征求相关国家机关、部门、社会组织以及案例指导工作专家委员会委员、专家学者的意见。

第8条　备选指导性案例由案例指导办公室按照程序报送审核。经最高人民法院审判委员会讨论通过的指导性案例,印发各高级人民法院,并在《最高人民法院公报》《人民法院报》和最高人民法院网站上公布。

第9条　各级人民法院正在审理的案件,在基本案情和法律适用方面,与最高人民法院发布的指导性案例相类似的,应当参照相关指导性案例的裁判要点作出裁判。

第10条　各级人民法院审理类似案件参照指导性案例的,应当将指导性案例作为裁判理由引述,但不作为裁判依据引用。

第11条　在办理案件过程中,案件承办人员应当查询相关指导性案例。在裁判文书中引述相关指导性案例的,应在裁判理由部分引述指导性案例的编号和裁判要点。

公诉机关、案件当事人及其辩护人、诉讼代理人引述指导性案例作为控(诉)辩理由的,案件承办人员应当在裁判理由中回应是否参照了该指导性案例并说明理由。

第12条　指导性案例有下列情形之一的，不再具有指导作用：（一）与新的法律、行政法规或者司法解释相冲突的；（二）为新的指导性案例所取代的；

第13条　最高人民法院建立指导性案例纸质档案与电子信息库，为指导性案例的参照适用、查询、检索和编纂提供保障。

第14条　各级人民法院对于案例指导工作中做出突出成绩的单位和个人，应当依照《中华人民共和国法官法》等规定给予奖励。

【高检发办字〔2019〕42号】　**最高人民检察院关于案例指导工作的规定**（2010年7月29日最高检检委会〔11届40次〕通过，2010年7月30日高检发研字〔2010〕3号印发；2015年12月9日最高检检委会〔12届44次〕第1次修订，2015年12月30日高检发研字〔2015〕12号印发；2019年3月20日最高检检委会〔13届16次〕修订，2019年4月4日印发施行）

第1条　为了加强和规范检察机关案例指导工作，发挥指导性案例对检察办案工作的示范引领作用，促进检察机关严格公正司法，保障法律统一正确实施，根据《中华人民共和国人民检察院组织法》等法律规定，结合检察工作实际，制定本规定。

第2条　检察机关指导性案例由最高人民检察院发布。指导性案例应当符合以下条件：（一）案件处理结果已经发生法律效力；（二）办案程序符合法律规定；（三）在事实认定、证据运用、法律适用、政策把握、办案方法等方面对办理类似案件具有指导意义；（四）体现检察机关职能作用，取得良好政治效果、法律效果和社会效果。

第3条　指导性案例的体例，一般包括标题、关键词、要旨、基本案情、检察机关履职过程、指导意义和相关规定等部分。

第4条　发布指导性案例，应当注意保守国家秘密和商业秘密，保护涉案人员隐私。

第5条　省级人民检察院负责本地区备选指导性案例的收集、整理、审查和向最高人民检察院推荐工作。办理案件的人民检察院或者检察官可以向省级人民检察院推荐备选指导性案例。

省级人民检察院各检察部和法律政策研究室向最高人民检察院对口部门推荐备选指导性案例，应当提交以下材料：（一）指导性案例推荐表；（二）按照规定体例撰写的案例文本；（三）有关法律文书和工作文书。

最高人民检察院经初步审查认为可以作为备选指导性案例的，应当通知推荐案例的省级人民检察院报送案件卷宗。

第6条　人大代表、政协委员、人民监督员、专家咨询委员以及社会各界人士，可以向办理案件的人民检察院或者其上级人民检察院推荐备选指导性案例。

接受推荐的人民检察院应当及时告知推荐人备选指导性案例的后续情况。

第7条　最高人民检察院法律政策研究室统筹协调指导性案例的立项、审核、发布、清理工作。

最高人民检察院各检察厅和法律政策研究室分工负责指导性案例的研究编制工作。各检察厅研究编制职责范围内的指导性案例，法律政策研究室研究编制涉及多个检察厅业务或者院领导指定专题的指导性案例。

第8条　最高人民检察院各检察厅和法律政策研究室研究编制指导性案例，可以征求本业务条线、相关内设机构、有关机关对口业务部门和人大代表、专家学者等的意见。

第9条　最高人民检察院设立案例指导工作委员会。案例指导工作委员会由最高人民检察院分管法律政策研究室的副检察长、检察委员会专职委员、部分检察厅负责人或者全国检察业务专家以及法学界专家组成。

提请检察委员会审议的备选指导性案例，应当经案例指导工作委员会讨论同意。

案例指导工作委员会应当定期研究案例指导工作，每年度专题向检察委员会作出报告。

案例指导工作委员会的日常工作由法律政策研究室承担。

第10条　最高人民检察院各检察厅和法律政策研究室认为征集的案例符合备选指导性案例条件的，应当按照指导性案例体例进行编写，报分管副检察长同意后，提交案例指导工作委员会讨论。

第11条　案例指导工作委员会同意作为备选指导性案例提请检察委员会审议的，承办部门应当按照案例指导工作委员会讨论意见对备选指导性案例进行修改，送法律政策研究室审核，并根据审核意见进一步修改后，报检察长决定提交检察委员会审议。

第12条　检察委员会审议备选指导性案例时，由承办部门汇报案例研究编制情况，并就案例发布后的宣传培训提出建议。

第13条　检察委员会审议通过的指导性案例，承办部门应当根据审议意见进行修改完善，送法律政策研究室进行法律核稿、统一编号后，报分管副检察长审核，由检察长签发。

第14条　最高人民检察院发布的指导性案例，应当在《最高人民检察院公报》和最高人民检察院官方网站公布。

第15条　各级人民检察院应当参照指导性案例办理类似案件，可以引述相关指导性案例进行释法说理，但不得代替法律或者司法解释作为案件处理决定的直接依据。

各级人民检察院检察委员会审议案件时，承办检察官应当报告有无类似指导性案例，并说明参照适用情况。

第16条　最高人民检察院建立指导性案例数据库，为各级人民检察院和社会公众检索、查询、参照适用指导性案例提供便利。

第17条　各级人民检察院应当将指导性案例纳入业务培训，加强对指导性案例的学习应用。

第18条　最高人民检察院在开展案例指导工作中，应当加强与有关机关的沟通。必要时，可以商有关机关就互涉法律适用问题共同发布指导性案例。

第19条　指导性案例具有下列情形之一的，最高人民检察院应当及时宣告失效，并在《最高人民检察院公报》和最高人民检察院官方网站公布：（一）案例援引的法律或者司法解释废止；（二）与新颁布的法律或者司法解释冲突；（三）被新发布的指导性案例取代；（四）其他应当宣告失效的情形。

宣告指导性案例失效，由最高人民检察院检察委员会决定。

【法〔2023〕88号】　最高人民法院关于法律适用问题请示答复的规定（2023年5月26日印发，2023年9月1日起施行；以本规为准）（详见《民事诉讼法全厚细》第3章"法院内部监督"专辑）

第19条　答复针对的法律适用问题具有普遍指导意义的，提出请示的人民法院可以编写案例，作为备选指导性案例向最高人民法院推荐。

第20条　对请示的法律适用问题，必要时，最高人民法院可以制定司法解释作出明确。

> **第 13 条 【陪审制度】** 人民法院审判案件，依照本法实行人民陪审员陪审的制度。

● **相关规定**　【主席令〔2018〕4 号】　中华人民共和国人民陪审员法（2018 年 4 月 27 日全国人大常委会［13 届 2 次］通过，同日公布施行；2004 年 8 月 28 日全国人大常委会《关于完善人民陪审员制度的决定》同时废止）

第 2 条（第 2 款）　人民陪审员依照本法产生，依法参加人民法院的审判活动，除法律另有规定外，同法官有同等权利。

第 5 条　公民担任人民陪审员，应当具备下列条件：（一）拥护中华人民共和国宪法；（二）年满 28 周岁；（三）遵纪守法、品行良好、公道正派；（四）具有正常履行职责的身体条件。

担任人民陪审员，一般应当具有高中以上文化程度。

第 6 条　下列人员不能担任人民陪审员：（一）人民代表大会常务委员会的组成人员，监察委员会、人民法院、人民检察院、公安机关、国家安全机关、司法行政机关的工作人员；（二）律师、公证员、仲裁员、基层法律服务工作者；（三）其他因职务原因不适宜担任人民陪审员的人员。

第 7 条　有下列情形之一的，不得担任人民陪审员：（一）受过刑事处罚的；（二）被开除公职的；（三）被吊销律师、公证员执业证书的；（四）被纳入失信被执行人名单的；（五）因受惩戒被免除人民陪审员职务的；（六）其他有严重违法违纪行为，可能影响司法公信的。

第 13 条　人民陪审员的任期为 5 年，一般不得连任。

第 14 条　人民陪审员和法官组成合议庭审判案件，由法官担任审判长，可以组成 3 人合议庭，也可以由法官 3 人与人民陪审员 4 人组成 7 人合议庭。

第 15 条　人民法院审判第一审刑事、民事、行政案件，有下列情形之一的，由人民陪审员和法官组成合议庭进行：（一）涉及群体利益、公共利益的；（二）人民群众广泛关注或者其他社会影响较大的；（三）案情复杂或者有其他情形，需要由人民陪审员参加审判的。

人民法院审判前款规定的案件，法律规定由法官独任审理或者由法官组成合议庭审理的，从其规定。

第 16 条　人民法院审判下列第一审案件，由人民陪审员和法官组成 7 人合议庭进行：（一）可能判处 10 年以上有期徒刑、无期徒刑、死刑，社会影响重大的刑事案件；（二）根据民事诉讼法、行政诉讼法提起的公益诉讼案件；（三）涉及征地拆迁、生态环境保护、食品药品安全，社会影响重大的案件；（四）其他社会影响重大的案件。

第 17 条　第一审刑事案件被告人、民事案件原告或者被告、行政案件原告申请由人民陪审员参加合议庭审判的，人民法院可以决定由人民陪审员和法官组成合议庭审判。

第 19 条　基层人民法院审判案件需要由人民陪审员参加合议庭审判的，应当在人民陪审员名单中随机抽取确定。

中级人民法院、高级人民法院审判案件需要由人民陪审员参加合议庭审判的，在其辖区内的基层人民法院的人民陪审员名单中随机抽取确定。

第21条 人民陪审员参加3人合议庭审判案件，对事实认定、法律适用，独立发表意见，行使表决权。

第22条 人民陪审员参加7人合议庭审判案件，对事实认定，独立发表意见，并与法官共同表决；对法律适用，可以发表意见，但不参加表决。

第23条 合议庭评议案件，实行少数服从多数的原则。人民陪审员同合议庭其他组成人员意见分歧的，应当将其意见写入笔录。

合议庭组成人员意见有重大分歧的，人民陪审员或者法官可以要求合议庭将案件提请院长决定是否提交审判委员会讨论决定。

第27条 人民陪审员有下列情形之一，经所在基层人民法院会同司法行政机关查证属实，由院长提请同级人民代表大会常务委员会免除其人民陪审员职务：（一）本人因正当理由申请辞去人民陪审员职务的；（二）具有本法第6条、第7条所列情形之一的；（三）无正当理由，拒绝参加审判活动，影响审判工作正常进行的；（四）违反与审判工作有关的法律及相关规定，徇私舞弊，造成错误裁判或者其他严重后果的。

人民陪审员有前款第三项、第四项所列行为的，可以采取通知其所在单位、户籍所在地或者经常居住地的基层群众性自治组织、人民团体，在辖区范围内公开通报等措施进行惩戒；构成犯罪的，依法追究刑事责任。

第29条（第1款） 人民陪审员参加审判活动期间，所在单位不得克扣或者变相克扣其工资、奖金及其他福利待遇。

第30条 人民陪审员参加审判活动期间，由人民法院依照有关规定按实际工作日给予补助。

人民陪审员因参加审判活动而支出的交通、就餐等费用，由人民法院依照有关规定给予补助。

【法释〔2002〕25号】 最高人民法院关于人民法院合议庭工作的若干规定（2002年7月30日最高法审委会第1234次会议通过，2002年8月12日发布，2002年8月17日施行）

第1条（第2款） 人民陪审员在人民法院执行职务期间，除不能担任审判长外，同法官有同等的权利义务。

【法释〔2010〕1号】 最高人民法院关于进一步加强合议庭职责的若干规定（2009年12月14日最高法审委会第1479次会议通过，2010年1月11日公布，2010年2月1日施行）

第2条 ……人民陪审员参加合议庭的，应当从人民陪审员名单中随机抽取确定。

【法释〔2019〕5号】 最高人民法院关于适用《中华人民共和国人民陪审员法》若干问题的解释（2019年2月18日最高法审委会第1761次会议通过，2019年4月24日公布，2019年5月1日施行；法释〔2010〕2号《最高人民法院关于人民陪审员参加审判活动若干问题的规定》同时废止）

第1条 根据人民陪审员法第15条、第16条的规定，人民法院决定由人民陪审员和法官组成合议庭审判的，合议庭成员确定后，应当及时告知当事人。

第2条 对于人民陪审员法第15条、第16条规定之外的第一审普通程序案件，人民法院应当告知刑事案件被告人、民事案件原告和被告、行政案件原告，在收到通知5日内有权申请由人民陪审员参加合议庭审判案件。

人民法院接到当事人在规定期限内提交的申请后，经审查决定由人民陪审员和法官组成合议庭审判的，合议庭成员确定后，应当及时告知当事人。

第3条　人民法院应当在开庭7日前从人民陪审员名单中随机抽取确定人民陪审员。

人民法院可以根据案件审判需要，从人民陪审员名单中随机抽取一定数量的候补人民陪审员，并确定递补顺序，一并告知当事人。

因案件类型需要具有相应专业知识的人民陪审员参加合议庭审判的，可以根据具体案情，在符合专业需求的人民陪审员名单中随机抽取确定。

第4条　人民陪审员确定后，人民法院应当将参审案件案由、当事人姓名或名称、开庭地点、开庭时间等事项告知参审人民陪审员及候补人民陪审员。

必要时，人民法院可以将参加审判活动的时间、地点等事项书面通知人民陪审员所在单位。

第5条　人民陪审员不参加下列案件的审理：

（一）依照民事诉讼法适用特别程序、督促程序、公示催告程序审理的案件；

（二）申请承认外国法院离婚判决的案件；

（三）裁定不予受理或者不需要开庭审理的案件。

第6条　人民陪审员不得参与审理由其以人民调解员身份先行调解的案件。

第7条　当事人依法有权申请人民陪审员回避。人民陪审员的回避，适用审判人员回避的法律规定。

人民陪审员回避事由经审查成立的，人民法院应当及时确定递补人选。

第8条　人民法院应当在开庭前，将相关权利和义务告知人民陪审员，并为其阅卷提供便利条件。

第9条　7人合议庭开庭前，应当制作事实认定问题清单，根据案件具体情况，区分事实认定问题与法律适用问题，对争议事实问题逐项列举，供人民陪审员在庭审时参考。事实认定问题和法律适用问题难以区分的，视为事实认定问题。

第12条　合议庭评议案件时，先由承办法官介绍案件涉及的相关法律、证据规则，然后由人民陪审员和法官依次发表意见，审判长最后发表意见并总结合议庭意见。

第13条　7人合议庭评议时，审判长应当归纳和介绍需要通过评议讨论决定的案件事实认定问题，并列出案件事实问题清单。

人民陪审员全程参加合议庭评议，对于事实认定问题，由人民陪审员和法官在共同评议的基础上进行表决。对于法律适用问题，人民陪审员不参加表决，但可以发表意见，并记录在卷。

第15条　人民陪审员列席审判委员会讨论其参加审理的案件时，可以发表意见。

第17条　中级、基层人民法院应当保障人民陪审员均衡参审，结合本院实际情况，一般在不超过30件的范围内合理确定每名人民陪审员年度参加审判案件的数量上限，报高级人民法院备案，并向社会公告。

第18条　人民法院应当依法规范和保障人民陪审员参加审判活动，不得安排人民陪审员从事与履行法定审判职责无关的工作。

【法发〔2020〕29号】　《中华人民共和国人民陪审员法》实施中若干问题的答复（最高法、司法部2020年8月11日）

1. 新疆维吾尔自治区生产建设兵团法院如何选任人民陪审员？

答：没有对应同级人民代表大会的兵团基层人民法院人民陪审员的名额由兵团分院确定，经公示后确定的人民陪审员人选，由基层人民法院院长提请兵团分院任命。在未设立垦区司法局的垦区，可以由师（市）司法局会同垦区人民法院、公安机关组织开展人民陪审员选任工作。

2.《人民陪审员法》第6条第一项所指的监察委员会、人民法院、人民检察院、公安机关、国家安全机关、司法行政机关的工作人员是否包括行政编制外人员？

答：上述工作人员包括占用行政编制和行政编制外的所有工作人员。

3. 乡镇人民代表大会主席团的成员能否担任人民陪审员？

答：符合担任人民陪审员条件的乡镇人民代表大会主席团成员，不是上级人民代表大会常务委员会组成人员的，可以担任人民陪审员，法律另有禁止性规定的除外。

4. 人民代表大会常务委员会的工作人员能否担任人民陪审员？

答：人民代表大会常务委员会的工作人员，符合担任人民陪审员条件的，可以担任人民陪审员，法律另有禁止性规定的除外。

5. 人民代表大会常务委员会的组成人员、法官、检察官，以及人民法院、人民检察院的其他工作人员，监察委员会、公安机关、国家安全机关、司法行政机关的工作人员离任后能否担任人民陪审员？

答：（1）人民代表大会常务委员会的组成人员，监察委员会、人民法院、人民检察院、公安机关、国家安全机关、司法行政机关的工作人员离任后，符合担任人民陪审员条件的，可以担任人民陪审员。上述人员担任人民陪审员的比例应当与其他人员的比例适当平衡。

（2）法官、检察官从人民法院、人民检察院离任后二年内，不得担任人民陪审员。

（3）法官从人民法院离任后，曾在基层人民法院工作的，不得在原任职的基层人民法院担任人民陪审员；检察官从人民检察院离任后，曾在基层人民检察院工作的，不得在与原任职的基层人民检察院同级、同辖区的人民法院担任人民陪审员。

（4）法官从人民法院离任后，担任人民陪审员的，不得参与原任职人民法院的审判活动；检察官从人民检察院离任后，担任人民陪审员的，不得参与原任职人民检察院同级、同辖区的人民法院的审判活动。

6. 劳动争议仲裁委员会的仲裁员能否担任人民陪审员？

答：劳动争议仲裁委员会的仲裁员不能担任人民陪审员。

7. 被纳入失信被执行人名单的公民能否担任人民陪审员？

答：公民被纳入失信被执行人名单期间，不得担任人民陪审员。人民法院撤销或者删除失信信息后，公民符合法定条件的，可以担任人民陪审员。

8. 公民担任人民陪审员不得超过两次，是否包括《人民陪审员法》实施前以及在不同人民法院任职的情形？

答：公民担任人民陪审员总共不得超过两次，包括《人民陪审员法》实施前任命以及在不同人民法院任职的情形。

9. 有独立请求权的第三人是否可以申请由人民陪审员参加合议庭审判案件？

答：有独立请求权的第三人可以依据《人民陪审员法》相关规定申请由人民陪审员参加合议庭审判案件。

10. 人民法院可否吸收人民陪审员参加减刑、假释案件的审理？

答：人民法院可以结合案件情况，吸收人民陪审员参加减刑、假释案件审理，但不需要开庭审理的除外。

11. 人民陪审员是否可以参加案件执行工作？

答：根据《人民陪审员法》，人民陪审员参加第一审刑事、民事、行政案件的审判。人民法院不得安排人民陪审员参加案件执行工作。

12. 人民法院可以根据案件审判需要，从人民陪审员名单中随机抽取一定数量的候补人民陪审员，并确定递补顺序，一并告知当事人。如果原定人民陪审员因故无法到庭，由候补人民陪审员参与案件审理，是否需要就变更合议庭成员另行告知双方当事人？候补人民陪审员的递补顺序，应如何确定？

答：人民法院已一并告知候补人民陪审员名单的，如变更由候补人民陪审员参加庭审的，无需另行告知当事人。确定候补人民陪审员的递补顺序，可按照姓氏笔画排序等方式确定。

13. 根据《最高人民法院关于适用〈中华人民共和国人民陪审员法〉若干问题的解释》，7人合议庭开庭前和评议时，应当制作事实认定问题清单。审判实践中，如何制作事实认定问题清单？

答：事实认定问题清单应当立足全部案件事实，重点针对案件难点和争议的焦点内容。刑事案件中，可以以犯罪构成要件事实为基础，主要包括构成犯罪的事实、不构成犯罪的事实，以及有关量刑情节的事实等。民事案件中，可以根据不同类型纠纷的请求权规范基础，归纳出当事人争议的要件事实。行政案件中，主要包括审查行政行为合法性所必须具备的事实。

14. 合议庭评议案件时，人民陪审员和法官可否分组分别进行评议、表决？

答：合议庭评议案件时，人民陪审员和法官应当共同评议、表决，不得分组进行。

16. 如何把握人民陪审员年度参审数上限一般不超过30件的要求？对于人民陪审员参与审理批量系列案件的，如何计算案件数量？

答：个别案件量大的人民法院可以结合本院实际情况，提出参审数上限在30件以上设置的意见，层报高级人民法院备案后实施。高级人民法院应统筹辖区整体情况从严把握。

人民陪审员参加审理批量系列案件的，可以按一定比例折算案件数以核定是否超出参审数上限。具体折算比例，由高级人民法院确定。

17. 对于人民陪审员参审案件数占第一审案件数的比例即陪审率，是否可以设定考核指标？

答：《人民陪审员法》及相关司法解释规定了人民陪审员参审案件范围和年度参审数上限，要严格执行相关规定。人民法院不得对第一审案件总体陪审率设定考核指标，但要对第一审案件总体陪审率、人民陪审员参加7人合议庭等情况进行统计监测。

【法释〔2021〕1号】 最高人民法院关于适用《中华人民共和国刑事诉讼法》的解释（2020年12月7日最高法审委会〔1820次〕修订，2021年1月26日公布，2021年3月1日施行；2013年1月1日施行的"法释〔2012〕21号"《解释》同时废止）

第215条 人民陪审员参加3人合议庭审判案件，应当对事实认定、法律适用独立发表意见，行使表决权。

人民陪审员参加7人合议庭审判案件，应当对事实认定独立发表意见，并与审判员共同表决；对法律适用可以发表意见，但不参加表决。

中共中央办公厅、国务院办公厅关于依法从严打击证券违法活动的意见（2020年11月2日中央全面深化改革委员会［第16次］通过，2021年7月6日公布）

（12）完善证券案件审判体制机制。……建立专家咨询制度和专业人士担任人民陪审员的专门机制。

【法释〔2023〕4号】 最高人民法院关于具有专门知识的人民陪审员参加环境资源案件审理的若干规定（2023年4月17日最高法审委会［1885次］通过，2023年7月26日公布，2023年8月1日起施行）

第1条 人民法院审理的第一审环境资源刑事、民事、行政案件，符合人民陪审员法第15条规定，且案件事实涉及复杂专门性问题的，由不少于1名具有专门知识的人民陪审员参加合议庭审理。

前款规定外的第一审环境资源案件，人民法院认为有必要的，可以由具有专门知识的人民陪审员参加合议庭审理。

第2条 符合下列条件的人民陪审员，为本规定所称具有专门知识的人民陪审员：（一）具有环境资源领域专门知识；（二）在环境资源行政主管部门、科研院所、高等院校、企业、社会组织等单位从业3年以上。

第3条 人民法院参与人民陪审员选任，可以根据环境资源审判活动需要，结合案件类型、数量等特点，协商司法行政机关确定一定数量具有专门知识的人民陪审员候选人。

第4条 具有专门知识的人民陪审员任期届满后，人民法院认为有必要的，可以商请本人同意后协商司法行政机关经法定程序再次选任。①

第5条 需要具有专门知识的人民陪审员参加案件审理的，人民法院可以根据环境资源案件的特点和具有专门知识的人民陪审员选任情况，在符合专业需求的人民陪审员名单中随机抽取确定。②

第6条 基层人民法院可以根据环境资源案件审理的需要，协商司法行政机关选任具有专门知识的人民陪审员。

设立环境资源审判专门机构的基层人民法院，应当协商司法行政机关选任具有专门知识的人民陪审员。

设立环境资源审判专门机构的中级人民法院，辖区内基层人民法院均未设立环境资源审判专门机构的，应当指定辖区内不少于1家基层人民法院协商司法行政机关选任具有专门知识的人民陪审员。

第7条 基层人民法院审理的环境资源案件，需要具有专门知识的人民陪审员参加合议庭审理的，组成不少于1名具有专门知识的人民陪审员参加的3人合议庭。

基层人民法院审理的可能判处10年以上有期徒刑且社会影响重大的环境资源刑事案件，以及环境行政公益诉讼案件，需要具有专门知识的人民陪审员参加合议庭审理的，组成不少于1名具有专门知识的人民陪审员参加的7人合议庭。

第8条 （见《民事诉讼法全厚细》第40条第1款，《行政诉讼法全厚细》第68条）

第9条 实行环境资源案件跨区域集中管辖的中级人民法院审理第一审环境资源案件，

---

① 注：《人民陪审员法》第13条规定：人民陪审员的任期为5年，一般不得连任。
② 注：本条规定缩小了《人民陪审员法》第19条规定的"随机抽取"的名单范围。

需要具有专门知识的人民陪审员参加合议庭审理的,可以从环境资源案件集中管辖区域内基层人民法院具有专门知识的人民陪审员名单中随机抽取确定。

第10条　铁路运输法院等没有对应同级人民代表大会的法院审理第一审环境资源案件,需要具有专门知识的人民陪审员参加合议庭审理的,在其所在地级市辖区或案件管辖区域内基层人民法院具有专门知识的人民陪审员名单中随机抽取确定。

第11条　**(见本书第29条)**

第12—13条　**(见本书第183条)**

第14条　具有专门知识的人民陪审员可以参与监督生态环境修复、验收和修复效果评估。

第15条　具有专门知识的人民陪审员参加环境资源案件的审理,本规定没有规定的,适用《最高人民法院关于适用〈中华人民共和国人民陪审员法〉若干问题的解释》的规定。

第14条　【诉讼权利保障】人民法院、人民检察院和公安机关应当保障犯罪嫌疑人、被告人和其他诉讼参与人依法享有的辩护权和其他诉讼权利。[1]

~~对于不满18岁的未成年人犯罪的案件,在讯问和审判时,可以通知犯罪嫌疑人、被告人的法定代理人到场。~~[2]

诉讼参与人对审判人员、检察人员和侦查人员侵犯公民诉讼权利和人身侮辱的行为,有权提出控告。

● **相关规定**　【公安部令〔2014〕133号】　**公安机关办理刑事复议复核案件程序规定**
(2014年9月4日公安部部长办公会议通过,2014年9月13日发布,2014年11月1日施行)

第4条　本规定所称刑事复议、复核机构,是指公安机关法制部门。

公安机关各相关部门应当按照职责分工,配合法制部门共同做好刑事复议、复核工作。

第6条　在办理刑事案件过程中,下列相关人员可以依法向作出决定的公安机关提出刑事复议申请:(一)对驳回申请回避决定不服的,当事人及其法定代理人、诉讼代理人、辩护律师可以提出;(二)对没收保证金决定不服的,被取保候审人或者其法定代理人可以提出;(三)保证人对罚款决定不服的,其本人可以提出;(四)对不予立案决定不服的,控告人可以提出;(五)移送案件的行政机关对不予立案决定不服的,该行政机关可以提出。

第7条　刑事复议申请人对公安机关就本规定第6条第二至四项决定作出的刑事复议决定不服的,可以向其上一级公安机关提出刑事复核申请。

第8条　申请刑事复议、复核应当在《公安机关办理刑事案件程序规定》规定的期限内提出,因不可抗力或者其他正当理由不能在法定期限内提出的,应当在障碍消除后5个工作日以内提交相应证明材料。经刑事复议、复核机构认定的,耽误的时间不计算在法定申请期限内。

前款规定中的"其他正当理由"包括:(一)因严重疾病不能在法定申请期限内申请刑事复议、复核的;(二)无行为能力人或者限制行为能力人的法定代理人在法定申请期限内不能确定的;(三)法人或者其他组织合并、分立或者终止,承受其权利的法人或者其他组

---

[1] 本款下划线部分由2012年3月14日第11届全国人大常委会第5次会议增加,2013年1月1日施行。
[2] 本款规定被2012年3月14日第11届全国人大常委会第5次会议删除,2013年1月1日施行。

织在法定申请期限内不能确定的；（四）刑事复议、复核机构认定的其他正当理由。

第9条　申请刑事复议，应当书面申请，但情况紧急或者申请人不便提出书面申请的，可以口头申请。

申请刑事复核，应当书面申请。

第10条　书面申请刑事复议、复核的，应当向刑事复议、复核机构提交刑事复议、复核申请书，载明下列内容：（一）申请人及其代理人的姓名、性别、出生年月日、工作单位、住所、联系方式；法人或者其他组织的名称、地址、法定代表人或者主要负责人的姓名、职务、住所、联系方式；（二）作出决定或者复议决定的公安机关名称；（三）刑事复议、复核请求；（四）申请刑事复议、复核的事实和理由；（五）申请刑事复议、复核的日期。

刑事复议、复核申请书应当由申请人签名或者捺指印。

第11条　申请人口头申请刑事复议的，刑事复议机构工作人员应当按照本规定第10条规定的事项，当场制作刑事复议申请记录，经申请人核对或者向申请人宣读并确认无误后，由申请人签名或者捺指印。

第12条　申请刑事复议、复核时，申请人应当提交下列材料：（一）原决定书、通知书的复印件；（二）申请刑事复核的还应当提交复议决定书复印件；（三）申请人的身份证明复印件；（四）诉讼代理人提出申请的，还应当提供当事人的委托书；（五）辩护律师提出申请的，还应当提供律师执业证书复印件、律师事务所证明和委托书或者法律援助公函等材料；（六）申请人自行收集的相关事实、证据材料。

第13条　刑事复议、复核机构开展下列工作时，办案人员不得少于2人：（一）接受口头刑事复议申请的；（二）向有关组织和人员调查情况的；（三）听取申请人和相关人员意见的。

刑事复议机构参与审核原决定的人员，不得担任刑事复议案件的办案人员。

第14条　刑事复议、复核机构收到刑事复议、复核申请后，应当对申请是否同时符合下列条件进行初步审查：（一）属于本机关受理；（二）申请人具有法定资格；（三）有明确的刑事复议、复核请求；（四）属于刑事复议、复核的范围；（五）在规定期限内提出；（六）所附材料齐全。

第15条　刑事复议、复核机构应当自收到刑事复议、复核申请之日起5个工作日以内分别作出下列处理：（一）符合本规定第14条规定条件的，予以受理；（二）不符合本规定第14条规定条件的，不予受理。不属于本机关受理的，应当告知申请人向有权受理的公安机关提出；（三）申请材料不齐全的，应当一次性书面通知申请人在5个工作日以内补充相关材料，刑事复议、复核时限自收到申请人的补充材料之日起计算。

公安机关作出刑事复议、复核决定后，相关人员就同一事项再次申请刑事复议、复核的，不予受理。

第16条　收到控告人对不予立案决定的刑事复议、复核申请后，公安机关应当对控告人是否就同一事项向检察机关提出控告、申诉进行审核。检察机关已经受理控告人对同一事项的控告、申诉的，公安机关应当决定不予受理；公安机关受理后，控告人就同一事项向检察机关提出控告、申诉，检察机关已经受理的，公安机关应当终止刑事复议、复核程序。

第17条　申请人申请刑事复议、复核时一并提起国家赔偿申请的，刑事复议、复核机构应当告知申请人另行提起国家赔偿申请。

第18条　公安机关不予受理刑事复议、复核申请或者终止刑事复议、复核程序的，应当在作出决定后3个工作日以内书面告知申请人。

第19条　对受理的驳回申请回避决定的刑事复议案件，刑事复议机构应当重点审核下列事项：（一）是否具有应当回避的法定事由；（二）适用依据是否正确；（三）是否符合法定程序。

第20条　对受理的没收保证金决定的刑事复议、复核案件，刑事复议、复核机构应当重点审核下列事项：（一）被取保候审人是否违反在取保候审期间应当遵守的相关规定；（二）适用依据是否正确；（三）是否存在明显不当；（四）是否符合法定程序；（五）是否超越或者滥用职权。

第21条　对受理的保证人不服罚款决定的刑事复议、复核案件，刑事复议、复核机构应当重点审核下列事项：（一）被取保候审人是否违反在取保候审期间应当遵守的相关规定；（二）保证人是否未履行保证义务；（三）适用依据是否正确；（四）是否存在明显不当；（五）是否符合法定程序；（六）是否超越或滥用职权。

第22条　对受理的不予立案决定的刑事复议、复核案件，刑事复议、复核机构应当重点审核下列事项：（一）是否符合立案条件；（二）是否有控告行为涉嫌犯罪的证据；（三）适用依据是否正确；（四）是否符合法定程序；（五）是否属于不履行法定职责。

前款第二项规定的"涉嫌犯罪"，不受控告的具体罪名的限制。

办理过程中发现控告行为之外的其他事实，可能涉嫌犯罪的，应当建议办案部门进行调查，但调查结果不作为作出刑事复议、复核决定的依据。

第23条　受理刑事复议、复核申请后，刑事复议、复核机构应当及时通知办案部门或者作出刑事复议决定的机关在规定期限内提供作出决定依据的证据以及其他有关材料。

办案部门或者作出刑事复议决定的机关应当在刑事复议、复核机构规定的期限内全面如实提供相关案件材料。

第24条　办理刑事复核案件时，刑事复核机构可以征求同级公安机关有关业务部门的意见，有关业务部门应当及时提出意见。

第25条　根据申请人提供的材料无法确定案件事实，需要另行调查取证的，经刑事复议、复核机构负责人报公安机关负责人批准，刑事复议、复核机构应当通知办案部门或者作出刑事复议决定的机关调查取证。办案部门或者作出刑事复议决定的机关应当在通知的期限内将调查取证结果反馈给刑事复议、复核机构。

第26条　刑事复议、复核决定作出前，申请人要求撤回申请的，应当书面申请并说明理由。刑事复议、复核机构允许申请人撤回申请的，应当终止刑事复议、复核程序。但具有下列情形之一的，不允许申请人撤回申请，并告知申请人：（一）撤回申请可能损害国家利益、公共利益或者他人合法权益的；（二）撤回申请不是出于申请人自愿的；（三）其他不允许撤回申请的情形。

公安机关允许申请人撤回申请后，申请人以同一事实和理由重新提出申请的，不予受理。

第27条　当事人及其法定代理人、诉讼代理人、辩护律师对驳回申请回避决定申请刑事复议的，公安机关应当在收到申请后5个工作日以内作出决定并书面告知申请人。

第28条　移送案件的行政执法机关对不予立案决定申请刑事复议的，公安机关应当在收到申请后3个工作日以内作出决定并书面告知移送案件的行政执法机关。

第29条　对没收保证金决定和对保证人罚款决定申请刑事复议、复核的，公安机关应当在收到申请后7个工作日以内作出决定并书面告知申请人。

第30条　控告人对不予立案决定申请刑事复议、复核的，公安机关应当在收到申请后30日以内作出决定并书面告知申请人。

案情重大、复杂的，经刑事复议、复核机构负责人批准，可以延长，但是延长时限不得超过30日，并书面告知申请人。

第31条　刑事复议、复核期间，有下列情形之一的，经刑事复议、复核机构负责人批准，可以中止刑事复议、复核，并书面告知申请人：（一）案件涉及专业问题，需要有关机关或者专业机构作出解释或者确认的；（二）无法找到有关当事人的；（三）需要等待鉴定意见的；（四）其他应当中止复议、复核的情形。

中止事由消失后，刑事复议、复核机构应当及时恢复刑事复议、复核，并书面告知申请人。

第32条　原决定或者刑事复议决定认定的事实清楚、证据充分、依据准确、程序合法的，公安机关应当作出维持原决定或者刑事复议决定的复议、复核决定。

第33条　原决定或者刑事复议决定认定的主要事实不清、证据不足、依据错误、违反法定程序、超越职权或者滥用职权的，公安机关应当作出撤销、变更原决定或者刑事复议决定的复议、复核决定。

经刑事复议，公安机关撤销原驳回申请回避决定、不予立案决定的，应当重新作出决定；撤销原没收保证金决定、对保证人罚款决定的，应当退还保证金或者罚款；认为没收保证金数额、罚款数额明显不当的，应当作出变更原决定的复议决定，但不得提高没收保证金、罚款的数额。

经刑事复核，上级公安机关撤销刑事复议决定的，作出复议决定的公安机关应当执行；需要重新作出决定的，应当责令作出复议决定的公安机关依法重新作出决定，重新作出的决定不得与原决定相同，不得提高没收保证金、罚款的数额。

第34条　铁路、交通、民航、森林公安机关，海关走私犯罪侦查机构办理刑事复议、复核案件，适用本规定。

【公安部令〔2020〕159号】　公安机关办理刑事案件程序规定（2020年7月4日第3次部务会议修订，2020年7月20日公布，2020年9月1日施行）

第386条　当事人及其法定代理人、诉讼代理人、辩护律师提出的复议复核请求，由公安机关法制部门办理。

（新增）办理刑事复议、复核案件的具体程序，适用《公安机关办理刑事复议复核案件程序规定》。

【法释〔2021〕1号】　最高人民法院关于适用《中华人民共和国刑事诉讼法》的解释（2020年12月7日最高法审委会〔1820次〕修订，2021年1月26日公布，2021年3月1日施行；2013年1月1日施行的"法释〔2012〕21号"《解释》同时废止）

第478条　在刑事诉讼中，外国籍当事人享有我国法律规定的诉讼权利并承担相应义务。

第481条　人民法院受理涉外刑事案件后，应当告知在押的外国籍被告人享有与其国籍国驻华使、领馆联系，与其监护人、近亲属会见、通信，以及请求人民法院提供翻译的权利。

第 15 条[①]　**【认罪认罚从宽】**犯罪嫌疑人、被告人自愿如实供述自己的罪行，承认指控的犯罪事实，愿意接受处罚的，可以依法从宽处理。

● **相关规定**　**【人大〔2016〕22 次】**　全国人民代表大会常务委员会关于授权最高人民法院、最高人民检察院在部分地区开展刑事案件认罪认罚从宽制度试点工作的决定（2016 年 9 月 3 日第 12 届全国人大常委会第 22 次会议通过，2016 年 9 月 4 日施行）

授权最高人民法院、最高人民检察院在北京、天津、上海、重庆、沈阳、大连、南京、杭州、福州、厦门、济南、青岛、郑州、武汉、长沙、广州、深圳、西安开展刑事案件认罪认罚从宽制度试点工作。对犯罪嫌疑人、刑事被告人自愿如实供述自己的罪行，对指控的犯罪事实没有异议，同意人民检察院量刑建议并签署具结书的案件，可以依法从宽处理。试点工作应当遵循刑法、刑事诉讼法的基本原则，保障犯罪嫌疑人、刑事被告人的辩护权和其他诉讼权利，保障被害人的合法权益，维护社会公共利益，完善诉讼权利告知程序，强化监督制约，严密防范并依法惩治滥用职权、徇私枉法行为，确保司法公正。

最高人民法院、最高人民检察院会同有关部门根据本决定，遵循刑法、刑事诉讼法的基本原则，制定试点办法，对适用条件、从宽幅度、办理程序、证据标准、律师参与等作出具体规定，报全国人民代表大会常务委员会备案。试点期限为 2 年，自试点办法印发之日起算。

2014 年 6 月 27 日第 12 届全国人民代表大会常务委员会第 9 次会议授权最高人民法院、最高人民检察院在上述地区开展的刑事案件速裁程序试点工作，按照新的试点办法继续试行。

【高检（研）发〔2018〕号】　最高人民检察院关于检察机关办理涉民营企业案件有关法律政策问题的解答（2018 年 11 月 15 日）

十一、办理涉民营企业案件，检察机关如何落实刑事诉讼法有关认罪认罚从宽的规定？

第一，坚持平等保护，对所有经济主体一视同仁，不能因不同经济主体而在认罪认罚从宽适用范围上有所不同。修改后的刑事诉讼法将认罪认罚从宽作为一项刑事政策，并未限定适用的罪名。凡是符合条件的案件，都可以适用，不能因案件罪轻、罪重或者罪名特殊等原因剥夺犯罪嫌疑人自愿认罪认罚、获得从宽处理的机会。

第二，准确认定"认罪""认罚"。修改后刑事诉讼法规定，"犯罪嫌疑人自愿如实供述自己的罪行，承认指控的犯罪事实，愿意接受处罚的，可以依法从宽处理"。关于"认罪"，具体可以根据刑法中关于自首、坦白中"如实供述自己的罪行"来把握。涉案民营企业负责人承认指控的主要犯罪事实，仅对个别细节提出异议，或者对犯罪事实没有异议，仅对罪名认定提出异议的，不影响"认罪"的认定。关于"认罚"，体现为涉案民营企业负责人同意量刑建议，签署具结书，对检察机关建议判处的刑罚种类、幅度及刑罚执行方式没有异议。

第三，充分体现"从宽"原则。一是适用强制措施从宽。对于涉案民营企业负责人认罪认罚的，应当将认罪认罚情况作为社会危险性的考虑因素。对于能够主动配合检察机关调查取证，认罪态度好，没有社会危险性的涉案民营企业负责人，不采取拘留、逮捕措施。二是量刑从宽。没有特殊理由的，都应当体现法律规定和政策精神，在量刑上从宽处罚。

第四，注意提高办案效率，减少对民营企业的负面影响。对于符合速裁程序和简易程序

[①] 本条规定由 2018 年 10 月 26 日第 13 届全国人大常委会第 6 次会议增设，同日公布施行。

条件的涉民营企业案件，应当依法从速办理，切实防止久押不决、久拖不决，最大程度减少对民营企业正常生产经营活动造成的负面影响。同时，也要注意尊重涉案民营企业负责人的程序自主权，涉案民营企业负责人对认罪认罚无异议，但对适用速裁程序、简易程序有异议的，检察机关应当建议法院适用普通程序审理。无论依法适用哪种程序，都要注意处理好办案与民营企业正常生产经营的关系，不能因办案程序的简化或者办案时间的冗长而使民营企业遭受不必要的损失。

【高检发〔2019〕13号】 最高人民法院、最高人民检察院、公安部、国家安全部、司法部关于适用认罪认罚从宽制度的指导意见（2019年10月11日印发施行）

一、基本原则

1. 贯彻宽严相济刑事政策。落实认罪认罚从宽制度，应当根据犯罪的具体情况，区分案件性质、情节和对社会的危害程度，实行区别对待，做到该宽则宽，当严则严，宽严相济，罚当其罪。对可能判处3年有期徒刑以下刑罚的认罪认罚案件，要尽量依法从简从快从宽办理，探索相适应的处理原则和办案方式；对因民间矛盾引发的犯罪，犯罪嫌疑人、被告人自愿认罪、真诚悔罪并取得谅解、达成和解、尚未严重影响人民群众安全感的，要积极适用认罪认罚从宽制度，特别是对其中社会危害不大的初犯、偶犯、过失犯、未成年犯，一般应当体现从宽；对严重危害国家安全、公共安全犯罪，严重暴力犯罪，以及社会普遍关注的重大敏感案件，应当慎重把握从宽，避免案件处理明显违背人民群众的公平正义观念。

2. 坚持罪责刑相适应原则。办理认罪认罚案件，既要考虑体现认罪认罚从宽，又要考虑其所犯罪行的轻重、应负刑事责任和人身危险性的大小，依照法律规定提出量刑建议，准确裁量刑罚，确保罚当其罪，避免罪刑失衡。特别是对于共同犯罪案件，主犯认罪认罚，从犯不认罪认罚的，人民法院、人民检察院应当注意两者之间的量刑平衡，防止因量刑失当严重偏离一般的司法认知。

3. 坚持证据裁判原则。办理认罪认罚案件，应当以事实为根据，以法律为准绳，严格按照证据裁判要求，全面收集、固定、审查和认定证据。坚持法定证明标准，侦查终结、提起公诉、作出有罪裁判应当做到犯罪事实清楚，证据确实、充分，防止因犯罪嫌疑人、被告人认罪而降低证据要求和证明标准。对犯罪嫌疑人、被告人认罪认罚，但证据不足，不能认定其有罪的，依法作出撤销案件、不起诉决定或者宣告无罪。

4. 坚持公检法三机关配合制约原则。办理认罪认罚案件，公、检、法三机关应当分工负责、互相配合、互相制约，保证犯罪嫌疑人、被告人自愿认罪认罚，依法推进从宽落实。要严格执法、公正司法，强化对自身执法司法办案活动的监督，防止产生"权权交易"、"权钱交易"等司法腐败问题。

二、适用范围和适用条件

5. 适用阶段和适用案件范围。认罪认罚从宽制度贯穿刑事诉讼全过程，适用于侦查、起诉、审判各个阶段。

认罪认罚从宽制度没有适用罪名和可能判处刑罚的限定，所有刑事案件都可以适用，不能因罪轻、罪重或者罪名特殊等原因而剥夺犯罪嫌疑人、被告人自愿认罪认罚获得从宽处理的机会。但"可以"适用不是一律适用，犯罪嫌疑人、被告人认罪认罚后是否从宽，由司法机关根据案件具体情况决定。

6. "认罪"的把握。认罪认罚从宽制度中的"认罪"，是指犯罪嫌疑人、被告人自愿如实供述自己的罪行，对指控的犯罪事实没有异议。承认指控的主要犯罪事实，仅对个别事实情节提出异议，或者虽然对行为性质提出辩解但表示接受司法机关认定意见的，不影响"认罪"的认定。犯罪嫌疑人、被告人犯数罪，仅如实供述其中一罪或部分罪名事实的，全案不作"认罪"的认定，不适用认罪认罚从宽制度，但对如实供述的部分，人民检察院可以提出从宽处罚的建议，人民法院可以从宽处罚。

7. "认罚"的把握。认罪认罚从宽制度中的"认罚"，是指犯罪嫌疑人、被告人真诚悔罪，愿意接受处罚。"认罚"，在侦查阶段表现为表示愿意接受处罚；在审查起诉阶段表现为接受人民检察院拟作出的起诉或不起诉决定，认可人民检察院的量刑建议，签署认罪认罚具结书；在审判阶段表现为当庭确认自愿签署具结书，愿意接受刑罚处罚。

"认罚"考察的重点是犯罪嫌疑人、被告人的悔罪态度和悔罪表现，应当结合退赃退赔、赔偿损失、赔礼道歉等因素来考量。犯罪嫌疑人、被告人虽然表示"认罚"，却暗中串供、干扰证人作证、毁灭、伪造证据或者隐匿、转移财产，有赔偿能力而不赔偿损失，则不能适用认罪认罚从宽制度。犯罪嫌疑人、被告人享有程序选择权，不同意适用速裁程序、简易程序的，不影响"认罚"的认定。

三、认罪认罚后"从宽"的把握

8. "从宽"的理解。从宽处理既包括实体上从宽处罚，也包括程序上从简处理。"可以从宽"，是指一般应当体现法律规定和政策精神，予以从宽处理。但可以从宽不是一律从宽，对犯罪性质和危害后果特别严重、犯罪手段特别残忍、社会影响特别恶劣的犯罪嫌疑人、被告人，认罪认罚不足以从轻处罚的，依法不予从宽处罚。

办理认罪认罚案件，应当依照刑法、刑事诉讼法的基本原则，根据犯罪的事实、性质、情节和对社会的危害程度，结合法定、酌定的量刑情节，综合考虑认罪认罚的具体情况，依法决定是否从宽、如何从宽。对于减轻、免除处罚，应当于法有据；不具备减轻处罚情节的，应当在法定幅度以内提出从轻处罚的量刑建议和量刑；对其中犯罪情节轻微不需要判处刑罚的，可以依法作出不起诉决定或者判决免予刑事处罚。

9. 从宽幅度的把握。办理认罪认罚案件，应当区别认罪认罚的不同诉讼阶段、对查明案件事实的价值和意义、是否确有悔罪表现，以及罪行严重程度等，综合考量确定从宽的限度和幅度。在刑罚评价上，主动认罪优于被动认罪，早认罪优于晚认罪，彻底认罪优于不彻底认罪，稳定认罪优于不稳定认罪。

认罪认罚的从宽幅度一般应当大于仅有坦白，或者虽认罪但不认罚的从宽幅度。对犯罪嫌疑人、被告人具有自首、坦白情节，同时认罪认罚的，应当在法定刑幅度内给予相对更大的从宽幅度。认罪认罚与自首、坦白不作重复评价。

对罪行较轻、人身危险性较小的，特别是初犯、偶犯，从宽幅度可以大一些；罪行较重、人身危险性较大的，以及累犯、再犯，从宽幅度应当从严把握。

四、犯罪嫌疑人、被告人辩护权保障（详见《刑事诉讼法》第36条相关规定）

五、被害方权益保障

16. 听取意见。办理认罪认罚案件，应当听取被害人及其诉讼代理人的意见，并将犯罪嫌疑人、被告人是否与被害方达成和解协议、调解协议或者赔偿被害方损失，取得被害方谅解，作为从宽处罚的重要考虑因素。人民检察院、公安机关听取意见情况应当记录在案并随案移送。

18. 被害方异议的处理。被害人及其诉讼代理人不同意对认罪认罚的犯罪嫌疑人、被告人从宽处理的，不影响认罪认罚从宽制度的适用。犯罪嫌疑人、被告人认罪认罚，但没有退赃退赔、赔偿损失，未能与被害方达成调解或者和解协议的，从宽时应当予以酌减。犯罪嫌疑人、被告人自愿认罪并且愿意积极赔偿损失，但由于被害方赔偿请求明显不合理，未能达成调解或者和解协议的，一般不影响对犯罪嫌疑人、被告人从宽处理。

十三、附则

59. 国家安全机关、军队保卫部门、中国海警局、监狱办理刑事案件，适用本意见的有关规定。

60. 本指导意见由会签单位协商解释，自发布之日施行。

【高检发释字〔2019〕4号】 人民检察院刑事诉讼规则（2019年12月2日最高检第13届检委会第28次会议通过，2019年12月30日公布施行；高检发释字〔2012〕2号《规则（试行）》同时废止）

第11条（第2款） 认罪认罚从宽制度适用于所有刑事案件。人民检察院办理刑事案件的各个诉讼环节，都应当做好认罪认罚的相关工作。

第267条（第1款） 人民检察院办理犯罪嫌疑人认罪认罚案件，应当保障犯罪嫌疑人获得有效法律帮助，确保其了解认罪认罚的性质和法律后果，自愿认罪认罚。

第276条 办理认罪认罚案件，人民检察院应当将犯罪嫌疑人是否与被害方达成和解或者调解协议，或者赔偿被害方损失，取得被害方谅解，或者自愿承担公益损害修复、赔偿责任，作为提出量刑建议的重要考虑因素。

犯罪嫌疑人自愿认罪并且愿意积极赔偿损失，但由于被害方赔偿请求明显不合理，未能达成和解或者调解协议的，一般不影响对犯罪嫌疑人从宽处理。

对于符合当事人和解程序适用条件的公诉案件，犯罪嫌疑人认罪认罚的，人民检察院应当积极促使当事人自愿达成和解。和解协议书和被害方出具的谅解意见应当随案移送。被害方符合司法救助条件的，人民检察院应当积极协调办理。

第277条 犯罪嫌疑人认罪认罚，人民检察院拟提出适用缓刑或者判处管制的量刑建议，可以委托犯罪嫌疑人居住地的社区矫正机构进行调查评估，也可以自行调查评估。

【高检发办字〔2020〕35号】 人民检察院办理认罪认罚案件监督管理办法（2020年4月3日最高检第13届检委会第36次会议通过，2020年5月11日印发）

第11条 检察长、分管副检察长和部门负责人要认真履行检察官办案中的监督管理责任，承担全面从严治党、全面从严治检主体责任，检务督察、案件管理等有关部门承担相应的监督管理责任，自觉接受派驻纪检监察机构的监督检查，对涉嫌违纪违法的依照规定及时移交派驻纪检监察机构处理。

第12条 部门负责人除作为检察官承办案件，履行检察官职责外，还应当履行以下监督管理职责：（一）听取或者要求检察官报告办案情况；（二）对检察官办理的认罪认罚案件进行监督管理，必要时审阅案卷，调阅与案件有关材料，要求承办检察官对案件情况进行说明，要求检察官复核、补充、完善证据；（三）召集或者根据检察官申请召集并主持检察官联席会议；（四）对于应当由检察长（分管副检察长）决定的事项，经审核并提出处理意见后报检察长（分管副检察长）决定；（五）定期组织分析、汇总通报本部门办案情况，指导检察官均衡把握捕与不捕、诉与不诉法律政策、量刑建议等问题，提请检察委员会审议作出决定；（六）其他应当履行的职责，或者依据检察长（分管副检察长）授权履行的职责。

第13条 部门负责人、分管副检察长对检察官办理案件出现以下情形的，应当报请检察长决定：（一）处理意见与检察官联席会议多数检察官意见存在分歧的；（二）案件处理与监察机关、侦查机关、人民法院存在重大意见分歧需要报请检察长（分管副检察长）决定的；（三）发现检察官提出的处理意见错误，量刑建议明显不当，或者明显失衡的，应当及时提示检察官，经提示后承办检察官仍然坚持原处理意见或者量刑建议的；（四）变更、补充起诉的；（五）其他应当报告的情形。

第14条 检察长（分管副检察长）除作为检察官承办案件，履行检察官职责外，还应当履行以下职责：（一）听取或者要求检察官报告办案情况；（二）对检察官的办案活动进行监督管理；（三）发现检察官不正确履行职责的，应当予以纠正；（四）依据职权清单，在职权范围内对检察官办理的认罪认罚案件作出决定；（五）听取部门负责人关于认罪认罚案件办理情况的报告；（六）要求部门负责人对本院办理的认罪认罚案件定期分析、汇总通报，涉及法律、政策理解、适用的办案经验总结、规则明确等，提请检察委员会审议，必要时向上级检察院汇报；（七）其他应当履行的职责。

第15条 检察长（分管副检察长）发现检察官办理认罪认罚案件不适当的，可以要求检察官复核，也可以直接作出决定或者提请检察委员会讨论决定。检察长（分管副检察长）要求复核的意见、决定应当以书面形式作出并附卷。

第16条 案件管理部门对认罪认罚案件办理应当履行以下监督管理职责：（一）进行案件流程监控，对案件办理期限、诉讼权利保障、文书制作的规范化等进行监督；（二）组织案件评查，对评查中发现的重要情况及时向检察长报告；（三）发现违反检察职责行为、违纪违法线索的，及时向相关部门移送；（四）其他应当履行的职责。

第17条 下列情形的案件应当作为重点评查案件，经检察长（分管副检察长）批准后进行评查，由案件管理部门或者相关办案部门组织开展：（一）检察官超越授权范围、职权清单作出处理决定的；（二）经复议、复核、复查后改变原决定的；（三）量刑建议明显不当的；（四）犯罪嫌疑人、被告人认罪认罚后又反悔的；（五）当事人对人民检察院的处理决定不服提出申诉的；（六）人民法院裁判宣告无罪、改变指控罪名或者新发现影响定罪量刑重要情节的；（七）其他需要重点评查的。

第18条 检务督察部门应当指导办案部门做好认罪认罚案件廉政风险防控和检察官履职督查和失责惩戒工作，重点履行以下监督职责：（一）对检察官办理认罪认罚案件执行法律、规范性文件和最高人民检察院规定、决定等情况进行执法督察；（二）在执法督察、巡视巡察、追责惩戒、内部审计中发现以及有关单位、个人举报投诉办案检察官违反检察职责的，依职权进行调查，提出处理意见；（三）对检察官违反检察职责和违规过问案件，不当接触当事人及其律师、特殊关系人、中介组织等利害关系人的，依职权进行调查，提出处理意见；（四）针对认罪认罚案件办案廉政风险，加强廉政风险防控制度建设和工作指导，开展司法办案廉政教育；（五）其他应当监督的情形。

第19条 上级人民检察院要履行对下级人民检察院办理认罪认罚案件指导、监督管理责任，定期分析、汇总通报本辖区内办案整体情况，通过案件指导、备案备查、专项检查、错案责任倒查、审核决定等方式，对下级人民检察院办理认罪认罚案件进行监督。对存在严重瑕疵或者不规范司法行为，提出监督纠正意见。案件处理决定确有错误的，依法通过指令下级人民检察院批准逮捕、提起公诉、提出抗诉或者撤销逮捕、撤回起诉等方式予以纠正。

第20条 人民检察院办理认罪认罚案件,应当按照规定公开案件程序性信息、重要案件信息和法律文书,接受社会监督。

第21条 严格落实领导干部干预司法活动、插手具体案件处理,司法机关内部或者其他人员过问案件,司法人员不正当接触交往的记录报告和责任追究等相关规定,对违反规定的严肃追责问责。

检察官对存在过问或者干预、插手办案活动,发现有与当事人、律师、特殊关系人、中介组织不当接触交往行为情况的,应当如实记录并及时报告部门负责人。

检察长、分管副检察长和部门负责人口头或者短信、微信、电话等形式向检察官提出指导性意见的,检察官记录在案后,依程序办理。

第22条 当事人、律师等举报、投诉检察官违反法律规定办理认罪认罚案件或者有过失行为并提供相关线索或者证据的,检察长(分管副检察长)可以要求检察官报告办案情况。检察长(分管副检察长)认为确有必要的,可以更换承办案件的检察官,将涉嫌违反检察职责行为、违纪违法线索向有关部门移送,并将相关情况记录在案。

第23条 对检察官办理认罪认罚案件的质量效果、办案活动等情况进行绩效考核,考核结果纳入司法业绩档案,作为检察官奖惩、晋升、调整职务职级和工资、离岗培训、免职、降职、辞退的重要依据。

第24条 检察官因故意违反法律法规或者因重大过失导致案件办理出现错误并造成严重后果的,应当承担司法责任。

检察官在事实认定、证据采信、法律适用、办案程序、文书制作以及司法作风等方面不符合法律和有关规定,存在司法瑕疵但不影响案件结论的正确性和效力的,依照相关纪律规定处理。

第25条 负有监督管理职责的检察人员因故意或者重大过失怠于行使或者不当行使职责,造成严重后果的,应当承担司法责任。

【高检发办字〔2020〕31号】 最高人民检察院关于加强新时代未成年人检察工作的意见(2020年4月21日)

10.……自2020年开始,未成年人犯罪案件认罪认罚从宽制度总体适用率达到80%以上。

【高检发〔2020〕号】 最高人民检察院关于认真学习贯彻十三届全国人大常委会第二十二次会议对《最高人民检察院关于人民检察院适用认罪认罚从宽制度情况的报告》的审议意见的通知(2020年12月1日)

一、着力在依法能用尽用、提升案件质效上下功夫,树立正确的工作目标和业绩导向。经过两年自上而下的持续推进,认罪认罚从宽制度适用率达到较高水平,取得了较好效果,但也存在个别案件质效不高的问题。下一步,应在稳定保持较高适用率的基础上,更加注重提升认罪认罚案件质效。

1. 既要依法适用、应用尽用,又要更加注重提升案件质效,不能片面追求适用率。上级检察院通报制度适用情况时,对已经达到较高适用率的,不搞排名、不分先后。要遵循司法规律,实事求是,避免层层加码。既不能为了追求高适用率,胁迫或者诱导犯罪嫌疑人、被告人认罪认罚,也不能对无正当理由、要求一再从轻的犯罪嫌疑人过度迁就,防止造成量刑失当、轻纵犯罪,影响司法权威。

2. 在稳定制度适用基础上，对认罪认罚案件的考核评价要更加注重司法行为是否依法规范、释法说理是否充分、沟通协商是否到位、量刑建议是否准确、社会矛盾是否化解等方面。要通过评估办案质效、评查评选优秀（精品）案件、优秀文书等更为细化的标准评价检察官办案业绩。上级检察院要加强督导调研，有计划地对认罪认罚案件质效开展评查，及时全面掌握制度适用中存在的突出问题，有针对性改进工作。

二、着力在落实好宽严相济刑事政策上下功夫，准确把握该宽则宽、当严则严。认罪认罚是"可以依法从宽处理"，不是"一味从宽、一律从宽"。办理认罪认罚案件，应当根据犯罪的具体情况，区分案件性质、情节和对社会的危害程度，并结合认罪认罚的具体情况，实行区别对待，准确把握是否从宽以及从宽幅度，做到该宽则宽、当严则严、宽严相济、罚当其罪。

3. 对认罪认罚的轻罪案件，一般应当依法从简从宽办理，依法能不捕的不捕，能不诉的不诉；能适用缓刑的，依法提出适用缓刑量刑建议；能适用速裁或者简易程序的，及时提出程序适用的建议。对因民间纠纷引发的犯罪，要积极主动耐心做好矛盾化解、刑事和解工作，犯罪嫌疑人、被告人自愿认罪、真诚悔罪并取得谅解、达成和解、尚未严重影响人民群众安全感的，要积极适用认罪认罚从宽制度，特别是对其中社会危害不大的初犯、偶犯、过失犯、未成年犯，一般应当依法给予较大幅度从宽。但是对极少数情节恶劣的轻罪案件，即使认罪认罚，也可以不从宽或者从严把握从宽处罚的幅度。

4. 对严重危害国家安全、公共安全犯罪，严重暴力犯罪等重罪案件，应当依法从严惩治，即使适用认罪认罚从宽制度也要慎重把握从宽处罚的幅度，避免案件处理明显违背人民群众的公平正义观念。对犯罪性质和危害后果特别严重、犯罪手段特别残忍、社会影响特别恶劣的犯罪嫌疑人、被告人，依法予以严惩。

三、着力在保障当事人权益上下功夫，切实维护公平公正。依法保障当事人合法权益对于促进认罪认罚从宽制度的良性运行具有重要作用。实践中，一些地方还存在对犯罪嫌疑人、被告人获得法律帮助权保障不足，对被害人权益保障不到位，审查把关不严，因认罪认罚而降低证据要求等问题，影响制度适用效果。

5. 秉持客观公正立场，坚持证据裁判原则。认罪认罚从宽制度可以有效降低证明难度，但绝不能降低证明标准。办理认罪认罚案件，应当严格审查和认定证据，严把罪与非罪界限。对犯罪嫌疑人虽然认罪认罚，但证据不足，不能认定其有罪的，依法作出不起诉决定。

6. 加强对认罪认罚自愿性和合法性的审查。对侦查阶段认罪认罚的，要注重审查是否存在暴力、威胁、引诱等违法情形，犯罪嫌疑人认罪认罚时的认知能力和精神状态是否正常，犯罪嫌疑人是否理解认罪认罚的性质和可能导致的法律后果等方面内容，防止违背意愿认罪认罚情形发生。

7. 保障犯罪嫌疑人、被告人及时获得有效法律帮助。对愿意委托辩护人，或者符合指定辩护条件的，要充分保障犯罪嫌疑人、被告人的辩护权，严禁无故要求犯罪嫌疑人、被告人解除委托。认罪认罚案件签署具结书时，犯罪嫌疑人有辩护人的，应当由辩护人在场见证具结，严禁绕开辩护人，安排值班律师代为具结见证。对没有辩护人的，要通过多种形式及时通知、切实保障值班律师为犯罪嫌疑人、被告人提供有效的法律帮助。

8. 依法保障被害方权益。要协同侦查机关做好犯罪嫌疑人、被告人的财产状况调查，将是否"认赔"、是否赔偿到位作为认罪认罚从宽的重要考虑因素，对有条件、有能力赔偿被害方损失而不积极赔偿的，慎重或者不适用从宽。要依法听取被害方意见，向被害人释明依法获得赔偿的请求权基础、赔偿的具体事项及计算标准，引导被害人根据案件的事实、证据、法律规定和司法实践，提出合理的赔偿诉求。对犯罪嫌疑人、被告人认罪认罚，但被害方拒绝接受赔偿，或者赔偿请求明显超出合理范围，未能达成调解或者和解协议的，一般不影响制度适用和从宽处理。要积极维护被害方的合法权益与合理诉求，对符合司法救助条件的被害人及其近亲属，积极开展司法救助。

四、着力在促进认罪悔罪上下功夫，做好教育转化工作。释法说理不充分和教育转化工作不到位、方式方法不多是当前认罪认罚从宽制度适用中较为突出的问题。有的检察官嫌麻烦不愿意做教育转化工作，有的说理不充分、方式简单机械，这些都影响了制度适用的效果，需要进一步加以改进。

9. 高度重视认罪悔罪教育工作。更深入用好掌握的事实、证据和同类案例，认真细致地开展教育转化工作，促进犯罪嫌疑人、被告人认罪悔罪，争取律师支持和被害方理解认同，防止简单、生硬，防止片面追求办案效率。

10. 注意把握法律政策宣讲、转化引导的方式方法，确保犯罪嫌疑人、被告人理解认罪认罚的性质和可能导致的法律后果并理智地作出选择。严禁使用暴力、威胁、引诱、欺骗等非法方法迫使犯罪嫌疑人认罪认罚。要注意甄别真诚认罪悔罪与虚假认罪认罚，特别是对累犯、惯犯，要加强对其认罪悔罪真实性的审查，从严把握从宽幅度。

【高检〔2021〕号】 张军在最高检调研组认罪认罚从宽制度座谈会上的答问（2021年1月13日，郑州）①

问：在侦查阶段耗费了较多的司法资源才抓获犯罪嫌疑人，犯罪嫌疑人愿意认罪认罚，但提出对其变更强制措施，不对其进行羁押。花了这么大精力才把人抓回来，难道就是为了让犯罪嫌疑人认罪认罚？

答：这要从刑罚的目的来思考。公检法依法追诉犯罪，目标目的完全一致。之所以运用严厉的刑事追诉手段，逮捕起诉予以从严判处，根本目的还是促其认罪悔罪、改恶向善（只要不是适用死刑立即执行），促进社会和谐，实现公平正义。因此，犯罪嫌疑人能在侦查起诉阶段认罪认罚，一定程度实现刑事追诉的目的，则减省了进一步证明犯罪、追诉的司法付出，立案侦查移送捕诉就会更好更早，恰恰说明了侦查起诉阶段依法追诉，运用司法政策"攻心"、矫治犯罪取得了最佳效果。越早追诉犯罪，越早促使犯罪嫌疑人悔过自新，办案人员的成绩越是突出。越早能让犯罪嫌疑人认罪服法，证明办案人员的司法专业能力越强，政治效果、社会效果、法律效果越好，我们的业绩考评就要给予更高的评价，以此形成导向。

问：如何破除"侥幸""观望"心态，提高在侦查环节认罪认罚的积极性？

答：法律规定，当事人认罪认罚在侦诉审三个阶段都可以，但认罪越早，从宽幅度一般越大。能在侦查阶段主动认罪，侦查取证的压力将大大减轻，司法付出大大减少，更容易也会更好地做到"三个效果"统一。犯罪嫌疑人、被告人有时往往选择在审查起诉或审判阶段甚至二审时才认罪，既与其主观恶性有关，许多情况下也与办案中以证据政策"攻心""释疑"的能力直接相关。最高检会同公安部共同在看守所播放认罪认罚从宽制度宣传片，在侦查阶段对犯罪嫌疑人进行认罪认罚从宽的宣传教育，取得了很好的效果。我们还可以共同总

---

① 来源于《张军就认罪认罚从宽制度实践中的热点难点问题回应社会关切》，https://www.spp.gov.cn/rzrfckzdsxszn/202102/t20210221_533465.shtml，最后访问日期：2023年10月1日。

结一批"认罪认罚阶段越早,从宽幅度越大"和与之相反的典型案例,通过案例让犯罪嫌疑人"盘算清楚"哪个阶段认罪认罚"更划算"。要发挥好案例胜过文件、胜于说教的特殊作用。

【法释〔2021〕1号】 最高人民法院关于适用《中华人民共和国刑事诉讼法》的解释(2020年12月7日最高法审委会〔1820次〕修订,2021年1月26日公布,2021年3月1日施行;2013年1月1日施行的"法释〔2012〕21号"《解释》同时废止)

第347条 刑事诉讼法第15条规定的"认罪",是指犯罪嫌疑人、被告人自愿如实供述自己的罪行,对指控的犯罪事实没有异议。

刑事诉讼法第15条规定的"认罚",是指犯罪嫌疑人、被告人真诚悔罪,愿意接受处罚。

被告人认罪认罚的,可以依照刑事诉讼法第15条的规定,在程序上从简、实体上从宽处理。

第348条 对认罪认罚案件,应当根据案件情况,依法适用速裁程序、简易程序或者普通程序审理。

【法发〔2021〕21号】 最高人民法院、最高人民检察院关于常见犯罪的量刑指导意见(试行)(2021年6月16日印发,2021年7月1日试行;法发〔2017〕7号《指导意见》同时废止)①

三、常见量刑情节的适用

(十四)对于被告人认罪认罚的,综合考虑犯罪的性质、罪行的轻重、认罪认罚的阶段、程度、价值、悔罪表现等情况,可以减少基准刑的30%以下;具有自首、重大坦白、退赃退赔、赔偿谅解、刑事和解等情节的,可以减少基准刑的60%以下,犯罪较轻的,可以减少基准刑的60%以上或者依法免除处罚。认罪认罚与自首、坦白、当庭自愿认罪、退赃退赔、赔偿谅解、刑事和解、羁押期间表现好等量刑情节不作重复评价。

【法释〔2023〕3号】 最高人民法院、最高人民检察院关于办理强奸、猥亵未成年人刑事案件适用法律若干问题的解释(2023年1月3日最高法审委会〔1878次〕、2023年3月2日最高检检委会〔13届114次〕通过,2023年5月24日公布,2023年6月1日起施行)

(详见《刑法全厚细》第236条)

第11条 强奸、猥亵未成年人的成年被告人认罪认罚的,是否从宽处罚及从宽幅度应当从严把握。

● **指导案例** **【高检发办字〔2020〕64号】** 最高人民检察院第22批指导性案例(2020年9月28日最高检第13届检委会第52次会议通过,2020年11月24日印发)

(检例第84号) 林某彬等人组织、领导、参加黑社会性质组织案②

要旨:认罪认罚从宽制度可以适用于所有刑事案件,没有适用罪名和可能判处刑罚的限

---

① 注:《意见》要求各省高院、检察院应当总结司法实践经验,按照规范、实用、符合司法实际的原则共同研制"实施细则",经审委会、检委会通过后,分别报最高法、最高检备案审查,与《意见》同步实施。
其他判处有期徒刑的案件,可以参照量刑的指导原则、基本方法和常见量刑情节的适用规范量刑。

② 本案指导意义:认罪认罚从宽制度"可以"适用于所有案件,但不是一律适用。被告人认罪认罚后是否从宽,要根据案件性质、情节和对社会造成的危害后果等具体情况,坚持罪责刑相适应原则,区别对待。检察机关应当运用认罪认罚深挖涉案财产线索,将退赃退赔情况作为是否认罚的考察重点,灵活运用量刑建议以宽幅度激励被告人退赃退赔,通过认罪认罚成果巩固和扩大追赃挽损的效果。

定，涉黑涉恶犯罪案件依法可以适用该制度。认罪认罚从宽制度贯穿刑事诉讼全过程，适用于侦查、起诉、审判各个阶段。检察机关办理涉黑涉恶犯罪案件，要积极履行主导责任，发挥认罪认罚从宽制度在查明案件事实、提升指控效果、有效追赃挽损等方面的作用。

【高检发办字〔2023〕92号】 **最高人民检察院第45批指导性案例**（2023年5月26日最高检检委会〔14届5次〕通过，2023年6月25日印发）

（检例第178号） 王某等人故意伤害等犯罪二审抗诉案①

要旨：……对于人民法院以被告方与被害方达成赔偿谅解协议为由，从轻判处的，人民检察院应当对赔偿谅解协议进行实质性审查，全面、准确分析从宽处罚是否合适。虽达成赔偿谅解但并不足以从宽处罚的，人民检察院应当依法提出抗诉，监督纠正确有错误的判决，贯彻罪责刑相适应原则，维护公平正义。

● **入库案例** 【2023-05-1-081-001】 **刘某甲等12人走私贵重金属、骗取出口退税案**（福建高院/2022.10.17/［2022］闽刑终51号）

裁判要旨：……2. 已在审查起诉阶段认罪认罚的被告人在庭审中对指控事实提出辩解的，应从程序、实体两个层面，定性、定量两个维度，综合认定被告人是否成立认罪认罚、认罪认罚的成立阶段、价值意义及从宽处罚的幅度，切实保障被告人的辩护权，避免对技术型认罪认罚的被告人错误地予以从宽处罚。

第16条 【**不追究刑事责任**】有下列情形之一的，不追究刑事责任，已经追究的，应当撤销案件，或者不起诉，或者终止审理②，或者宣告无罪：

（一）情节显著轻微、危害不大，不认为是犯罪的；

（二）犯罪已过追诉时效期限的；

（三）经特赦令免除刑罚的；

（四）依照刑法告诉才处理的犯罪，没有告诉或者撤回告诉的；

（五）犯罪嫌疑人③、被告人死亡的；

（六）其他法律、法令④规定免予追究刑事责任的。

● **相关规定** 【刑书字第3号】 **最高人民法院关于经县法院判处死刑的犯人因病死亡是否需要复核问题的指令**（1949年12月5日答复河北省人民法院"法审字第38号"报告）⑤

查犯人已死，该案即属终结，无再核示之必要。

---

① 本案指导意义：赔偿谅解是评价被告人认罪悔罪态度和人身危险性的因素之一。审查时应主要考虑：1. "可以"而非"必须"从轻处罚，适用前提是认罪、悔罪；2. 要考察被破坏的社会关系是否修复，在被害人死亡或者无法独立表达意志的情况下，对被害人亲属出具的赔偿谅解协议更要严格审查；3. 对于严重危害社会治安的犯罪，必须结合犯罪事实、性质及其他情节进行综合衡量，准确评价。

② 本部分内容由1996年3月17日第8届全国人民代表大会第4次会议增加，1997年1月1日施行。

③ 本部分内容由1996年3月17日第8届全国人民代表大会第4次会议增加，1997年1月1日施行。

④ 本部分内容被1996年3月17日第8届全国人民代表大会第4次会议删除，1997年1月1日施行。

⑤ 注：该《指令》一直未被明确废止，但其内容已被《刑事诉讼法》吸收，已无实际指导意义。本书录备查。

【法发（研）〔1981〕号】 最高人民法院关于执行刑事诉讼法中若干问题的初步经验总结（1981年11月印发）①

一、关于刑事诉讼法第11条如何执行的问题

（一）在第一审中如何执行

人民法院在审理第一审案件过程中，遇有刑事诉讼法第11条所规定的情形，可分别情况作如下处理：

1. 被告人虽有触犯刑法的行为，但情节显著轻微、危害不大，不认为是犯罪的，应当商请人民检察院撤回起诉，确有必要时，由人民法院裁定退回，或者由人民法院判决宣告被告人无罪。

2. 犯罪已过追诉时效期限的，应当商请人民检察院撤回起诉，或者由人民法院裁定终止审理，宣告对被告人不追究刑事责任。

3. 经特赦令免除刑罚的，由人民法院裁定终止审理，宣告对被告人免除刑罚。

4. 依照刑法规定告诉才处理的犯罪，根据刑法第87条的规定，如果被害人因受强制、威吓无法告诉的，人民检察院或者被害人的近亲属也可以告诉，如果没有告诉或者撤回告诉的，应裁定撤销案件。

5. 被告人死亡的，裁定终止审理。其中，根据已有证据材料，能够确认被告人无罪的，应判决宣告无罪。

6. 其他法律、法令规定免予追究刑事责任的，应当商请人民检察院撤回起诉，或者由人民法院裁定终止审理，宣告对被告人免予追究刑事责任。

（二）在第二审和审判监督程序中如何执行

人民法院在第二审和审判监督程序中，遇有刑事诉讼法第11条所规定的情形，可参照上述办法处理。

【法释〔2011〕23号】 最高人民法院关于审理人民检察院按照审判监督程序提出的刑事抗诉案件若干问题的规定（2011年4月18日最高法审委会第1518次会议通过，2011年10月14日公布，2012年1月1日施行）

第8条 被提出抗诉的原审被告人已经死亡或者在审理过程中死亡的，人民法院应当裁定终止审理，但对能够查清事实，确认原审被告人无罪的案件，应当予以改判。

第10条 以前发布的有关规定与本规定不一致的，以本规定为准。

【高检发侦监字〔2012〕21号】 最高人民检察院关于办理核准追诉案件若干问题的规定（2012年8月21日最高检第11届检委会第77次会议通过，2012年10月9日印发施行）②

第7条 人民检察院对侦查机关移送的报请核准追诉的案件，应当审查是否移送下列材料：（一）报请核准追诉案件意见书；（二）证明犯罪事实的证据材料；（三）关于发案、立案、侦查、采取强制措施和犯罪嫌疑人是否重新犯罪等有关情况的书面说明及相关法律文书；（四）被害方、案发地群众、基层组织等的意见和反映。

材料齐备的，应当受理案件；材料不齐备的，应当要求侦查机关补充移送。

第8条 地方各级人民检察院对侦查机关报请核准追诉的案件，应当及时进行审查并开

---

① 注：该《经验总结》一直没有被废止，部分内容可作参考。
② 注：除以下几条外，本《规定》的其他内容都已经被《人民检察院刑事诉讼规则》（高检发释字〔2019〕4号）吸收。

展必要的调查,经检察委员会审议提出是否同意核准追诉的意见,在受理案件后10日之内制作《报请核准追诉案件报告书》,连同案件材料一并层报最高人民检察院。

第9条 最高人民检察院收到省级人民检察院报送的《报请核准追诉案件报告书》及案件材料后,应当及时审查,必要时派人到案发地了解案件有关情况。经检察长批准或者检察委员会审议,应当在受理案件后1个月之内作出是否核准追诉的决定,特殊情况下可以延长15日,并制作《核准追诉决定书》或者《不予核准追诉决定书》,逐级下达最初受理案件的人民检察院,送达报请核准追诉的侦查机关。

【高检发释字〔2019〕4号】 人民检察院刑事诉讼规则(2019年12月2日最高检第13届检委会第28次会议通过,2019年12月30日公布施行;高检发释字〔2012〕2号《规则(试行)》同时废止)

第320条 法定最高刑为无期徒刑、死刑的犯罪,已过20年追诉期限的,不再追诉。如果认为必须追诉的,须报请最高人民检察院核准。

第321条 须报请最高人民检察院核准追诉的案件,公安机关/侦查机关在核准之前可以依法对犯罪嫌疑人采取强制措施。

公安机关/侦查机关报请核准追诉并提请逮捕犯罪嫌疑人,人民检察院经审查认为必须追诉而且符合法定逮捕条件的,可以依法批准逮捕,同时要求公安机关/侦查机关在报请核准追诉期间不得停止对案件的侦查。

未经最高人民检察院核准,不得对案件提起公诉。

第322条 报请核准追诉的案件应当同时符合下列条件:(一)有证据证明存在犯罪事实,且犯罪事实是犯罪嫌疑人实施的;(二)涉嫌犯罪的行为应当适用的法定量刑幅度的最高刑为无期徒刑或者死刑;(三)涉嫌犯罪的性质、情节和后果特别严重,虽然已过20年追诉期限,但社会危害性和影响依然存在,不追诉会严重影响社会稳定或者产生其他严重后果,而必须追诉的;(四)犯罪嫌疑人能够及时到案接受追诉。

第323条 公安机关/侦查机关报请核准追诉的案件,由同级人民检察院受理并层报最高人民检察院审查决定。

第324条 地方各级人民检察院对公安机关/侦查机关报请核准追诉的案件,应当及时进行审查并开展必要的调查。经检察委员会审议提出是否同意核准追诉的意见,在受理案件10日以内制作报请核准追诉案件报告书,连同案卷材料一并层报最高人民检察院。

第325条 最高人民检察院收到省级人民检察院报送的报请核准追诉案件报告书及案卷材料后,应当及时审查,必要时派人/指派检察人员到案发地了解案件有关情况。经检察长批准或者检察委员会审议,应当在受理案件后1个月以内作出是否核准追诉的决定,特殊情况下可以延长15日,并制作核准追诉决定书或者不予核准追诉决定书,逐级下达至最初受理案件的人民检察院,由其送达报请核准追诉的公安机关/侦查机关。

第326条 对已经批准逮捕采取强制措施的案件,侦查羁押/强制措施期限届满不能作出是否核准追诉决定的,应当对犯罪嫌疑人变更强制措施或者延长侦查羁押期限。

第327条 最高人民检察院决定核准追诉的案件,最初受理案件的人民检察院应当监督公安机关/侦查机关的侦查工作。

最高人民检察院决定不予核准追诉,公安机关/侦查机关未及时撤销案件的,同级人民检察院应当予以监督纠正提出纠正意见。犯罪嫌疑人在押的,应当立即释放。

【主席令〔2018〕13号】　中华人民共和国国际刑事司法协助法（2018年10月26日第13届全国人大常委会第6次会议通过，主席令第13号公布施行）

第33条　来中华人民共和国作证或者协助调查的证人、鉴定人在离境前，其入境前实施的犯罪不受追诉；除因入境后实施违法犯罪而被采取强制措施的以外，其人身自由不受限制。

证人、鉴定人在条约规定的期限内或者被通知无需继续停留后15日内没有离境的，前款规定不再适用，但是由于不可抗力或者其他特殊原因未能离境的除外。

【主席令〔2023〕4号】　中华人民共和国反间谍法（2014年11月1日全国人大常委会〔12届11次〕通过，主席令第16号公布施行，主席令〔1993〕68号《国家安全法》同时废止；2023年4月26日全国人大常委会〔14届2次〕修订，2023年7月1日起施行）

第55条（第2款）　在境外受胁迫或者受诱骗参加间谍组织、敌对组织，从事危害中华人民共和国国家安全的活动，及时向中华人民共和国驻外机构如实说明情况，或者入境后直接或者通过所在单位及时向国家安全机关如实说明情况，并有悔改表现的，可以不予追究。

【高检发办字〔2023〕187号】　最高人民法院、最高人民检察院、公安部、司法部关于办理醉酒危险驾驶刑事案件的意见（2023年12月13日印发，2023年12月28日起施行；法发〔2013〕15号《最高人民法院、最高人民检察院、公安部关于办理醉酒驾驶机动车刑事案件适用法律若干问题的意见》同时废止）（详见《刑法全厚细》第133条之一）

第12条（第1款）　醉驾具有下列情形之一，且不具有本意见第10条规定情形的，可以认定为情节显著轻微、危害不大，依照刑法第13条、刑事诉讼法第16条的规定处理：（一）血液酒精含量不满150毫克/100毫升的；（二）出于急救伤病人员等紧急情况驾驶机动车，且不构成紧急避险的；（三）在居民小区、停车场等场所因挪车、停车入位等短距离驾驶机动车的；（四）由他人驾驶至居民小区、停车场等场所短距离直接替代驾驶停放机动车的，或者为了交由他人驾驶，自居民小区、停车场等场所短距离驶出的；（五）其他情节显著轻微的情形。

● 指导案例　【高检发研字〔2015〕3号】　最高人民检察院第6批指导性案例（2015年7月1日最高检第12届检委会第37次会议通过，2015年7月3日印发）

（检例第20号）　马世龙（抢劫）核准追诉案

要旨：故意杀人、抢劫、强奸、绑架、爆炸等严重危害社会治安的犯罪，经过20年追诉期限，仍然严重影响人民群众安全感，被害方、案发地群众、基层组织等强烈要求追究犯罪嫌疑人刑事责任，不追诉可能影响社会稳定或者产生其他严重后果的，对犯罪嫌疑人应当追诉。

（检例第21号）　丁国山等（故意伤害）核准追诉案

要旨：涉嫌犯罪情节恶劣、后果严重，并且犯罪后积极逃避侦查，经过20年追诉期限，犯罪嫌疑人没有明显悔罪表现，也未通过赔礼道歉、赔偿损失等获得被害方谅解，犯罪造成的社会影响没有消失，不追诉可能影响社会稳定或者产生其他严重后果的，对犯罪嫌疑人应当追诉。

（检例第22号）　杨菊云（故意杀人）不核准追诉案

要旨：1.因婚姻家庭等民间矛盾激化引发的犯罪，经过20年追诉期限，犯罪嫌疑人没有再犯罪危险性，被害人及其家属对犯罪嫌疑人表示谅解，不追诉有利于化解社会矛盾、恢复正常社会秩序，同时不会影响社会稳定或者产生其他严重后果的，对犯罪嫌疑人可以不再追诉。

2. 须报请最高人民检察院核准追诉的案件，侦查机关在核准之前可以依法对犯罪嫌疑人采取强制措施。侦查机关报请核准追诉并提请逮捕犯罪嫌疑人，人民检察院经审查认为必须追诉而且符合法定逮捕条件的，可以依法批准逮捕。

（检例第23号） 蔡金星、陈国辉等（抢劫）不核准追诉案

要旨：1. 涉嫌犯罪已过20年追诉期限，犯罪嫌疑人没有再犯罪危险性，并且通过赔礼道歉、赔偿损失等方式积极消除犯罪影响，被害方对犯罪嫌疑人表示谅解，犯罪破坏的社会秩序明显恢复，不追诉不会影响社会稳定或者产生其他严重后果的，对犯罪嫌疑人可以不再追诉。

2. 1997年9月30日以前实施的共同犯罪，已被司法机关采取强制措施的犯罪嫌疑人逃避侦查或者审判的，不受追诉期限限制。司法机关在追诉期限内未发现或者未采取强制措施的犯罪嫌疑人，应当受追诉期限限制；涉嫌犯罪应当适用的法定量刑幅度的最高刑为无期徒刑、死刑，犯罪行为发生20年以后认为必须追诉的，须报请最高人民检察院核准。

（本书汇）【特赦令】①

● 相关规定　【人大公告〔2018〕1号】　中华人民共和国宪法（1982年12月4日全国人大〔5届5次〕通过，全国人大公告施行；1988年4月12日〔7届1次〕、1993年3月29日〔8届1次〕、1999年3月15日〔9届2次〕、2004年3月14日〔10届2次〕、2018年3月11日〔13届1次〕修正）

第67条　全国人民代表大会常务委员会行使下列职权：……（十八）决定特赦；……

第80条　中华人民共和国主席根据全国人民代表大会的决定和全国人民代表大会常务委员会的决定，公布法律，任免国务院总理、副总理、国务委员、各部部长、各委员会主任、审计长、秘书长，授予国家的勋章和荣誉称号，发布特赦令，宣布进入紧急状态，宣布战争状态，发布动员令。

【特赦令〔1959〕-1】　中华人民共和国主席特赦令（1959年9月17日国家主席刘少奇发布）

在中国共产党、中央人民政府和我国各族人民的伟大领袖毛泽东主席的英明领导下，经过10年的英勇奋斗，我国的社会主义革命和社会主义建设已经取得了伟大胜利。我们的祖国欣欣向荣，生产建设蓬勃发展，人民生活日益改善。人民民主专政的政权空前巩固和强大。全国人民的政治觉悟和组织程度空前提高。国家的政治经济情况极为良好。中国共产党和人民政府对反革命分子和其他罪犯实行的惩办和宽大相结合、劳动改造和思想教育相结合的政策，已经获得伟大的成绩。在押各种罪犯中的多数已经得到不同程度的改造，有不少人确实已经改恶从善。为了庆祝伟大的中华人民共和国成立10周年，庆祝中国共产党的社会主义建设总路线的胜利，庆祝大跃进和人民公社运动的辉煌成就，根据第2届全国人大常委会第9次会议的决定，对于确实改恶从善的蒋介石集团和伪满洲国的战争罪犯、反革命罪犯和普通刑事罪犯，实行特赦。

一、蒋介石集团和伪满洲国的战争罪犯，关押已满10年，确实改恶从善的，予以释放。

---

① 注：《刑事诉讼法》除第16条提及"特赦令"之外，没有其他关于特赦令的规定，本书将其汇集于此。

二、反革命罪犯，判处徒刑 5 年以下（包括判处徒刑 5 年）、服刑时间已经达到刑期 1/2 以上、确实改恶从善的，判处徒刑 5 年以上、服刑时间已经达到刑期 2/3 以上、确实改恶从善的，予以释放。

三、普通刑事罪犯，判处徒刑 5 年以下（包括判处徒刑 5 年）、服刑时间已经达到刑期 1/3 以上、确实改恶从善的，判处徒刑 5 年以上、服刑时间已经达到刑期 1/2 以上、确实改恶从善的，予以释放。

四、判处死刑、缓刑 2 年执行的罪犯，缓刑时间已满 1 年、确实有改恶从善表现的，可以减为无期徒刑或 15 年以上有期徒刑。

五、判处无期徒刑的罪犯，服刑时间已满 7 年、确实有改恶从善表现的，可以减为 10 年以上有期徒刑。

这个命令，由最高人民法院和高级人民法院执行。

【特赦令〔1960〕-2】 **中华人民共和国主席特赦令**（1960 年 11 月 19 日国家主席刘少奇发布）

根据第 2 届全国人大常委会第 32 次会议的决定，对于确实改恶从善的蒋介石集团和伪满洲国的战争罪犯，实行特赦。

一、蒋介石集团和伪满洲国的战争罪犯，关押已满 10 年、确实改恶从善的，予以释放。

二、判处死刑、缓期 2 年执行的蒋介石集团和伪满洲国的战争罪犯，缓刑时间已满 1 年、确实有改恶从善表现的，可以减为无期徒刑或 15 年以上有期徒刑。

三、判处无期徒刑的蒋介石集团和伪满洲国的战争罪犯，服刑时间已满 7 年、确实有改恶从善表现的，可以减为 10 年以上有期徒刑。

这个命令，由最高人民法院和高级人民法院执行。

【特赦令〔1961〕-3】 **中华人民共和国主席特赦令**（1961 年 12 月 16 日国家主席刘少奇发布）

根据第 2 届全国人大常委会第 47 次会议的决定，对于确实改恶从善的蒋介石集团和伪满洲国的战争罪犯，实行特赦。

一、蒋介石集团和伪满洲国的战争罪犯，关押已满 10 年、确实改恶从善的，予以释放。

二、判处死刑、缓期 2 年执行的蒋介石集团和伪满洲国的战争罪犯，缓刑时间已满 1 年、确实有改恶从善表现的，可以减为无期徒刑或 15 年以上有期徒刑。

三、判处无期徒刑的蒋介石集团和伪满洲国的战争罪犯，服刑时间已满 7 年、确实有改恶从善表现的，可以减为 10 年以上有期徒刑。

这个命令，由最高人民法院和高级人民法院执行。

【特赦令〔1963〕-4】 **中华人民共和国主席特赦令**（1963 年 3 月 30 日国家主席刘少奇发布）

根据第 2 届全国人大常委会第 91 次会议的决定，对于确实改恶从善的蒋介石集团、伪满洲国和伪蒙疆自治政府的战争罪犯，实行特赦。

一、蒋介石集团、伪满洲国和伪蒙疆自治政府的战争罪犯，关押已满 10 年、确实改恶从善的，予以释放。

二、判处死刑、缓期 2 年执行的战争罪犯，缓刑时间已满 1 年、确实有改恶从善表现的，可以减为无期徒刑或 15 年以上有期徒刑。

三、判处无期徒刑的战争罪犯，服刑时间已满 7 年、确实有改恶从善表现的，可以减为 10 年以上有期徒刑。

这个命令，由最高人民法院和高级人民法院执行。

【特赦令〔1964〕-5】 中华人民共和国主席特赦令（1964 年 12 月 12 日国家主席刘少奇发布）

根据第 2 届全国人大常委会第 135 次会议的决定，对于确实改恶从善的蒋介石集团、伪满洲国和伪蒙疆自治政府的战争罪犯，实行特赦。

一、蒋介石集团、伪满洲国和伪蒙疆自治政府的战争罪犯，关押已满 10 年，确实改恶从善的，予以释放。

二、判处死刑、缓期 2 年执行的战争罪犯，缓刑时间已满 1 年、确实有改恶从善表现的，可以减为无期徒刑或 15 年以上有期徒刑。

三、判处无期徒刑的战争罪犯，服刑时间已满 7 年、确实有改恶从善表现的，可以减为 10 年以上有期徒刑。

这个命令，由最高人民法院和高级人民法院执行。

【特赦令〔1966〕-6】 中华人民共和国主席特赦令（1966 年 3 月 29 日国家主席刘少奇发布）

根据第 3 届全国人大常委会第 29 次会议的决定，对于确实改恶从善的蒋介石集团、伪满洲国和伪蒙疆自治政府的战争罪犯，实行特赦。

一、蒋介石集团、伪满洲国和伪蒙疆自治政府的战争罪犯，关押已满 10 年，确实改恶从善的，予以释放。

二、判处死刑、缓期 2 年执行的战争罪犯，缓刑时间已满 1 年、确实有改恶从善表现的，可以减为无期徒刑或 15 年以上有期徒刑。

三、判处无期徒刑的战争罪犯，服刑时间已满 7 年、确实有改恶从善表现的，可以减为 10 年以上有期徒刑。

这个命令，由最高人民法院和高级人民法院执行。

【特赦令〔1975〕-7】 中华人民共和国主席特赦令（1975 年 3 月 17 日第 2 届全国人大常委会第 2 次会议决定，由最高人民法院执行。内容尚付阙如）[1]

【特赦令〔2015〕-8】 中华人民共和国主席特赦令（2015 年 8 月 29 日国家主席习近平发布）

为纪念中国人民抗日战争暨世界反法西斯战争胜利 70 周年，体现依法治国理念和人道主义精神，根据第 12 届全国人大常委会第 16 次会议的决定，对依据 2015 年 1 月 1 日前人民法院作出的生效判决正在服刑，释放后不具有现实社会危险性的下列罪犯实行特赦：

一、参加过中国人民抗日战争、中国人民解放战争的；

二、中华人民共和国成立以后，参加过保卫国家主权、安全和领土完整对外作战的，但

---

[1] 对全部在押战争罪犯，实行特赦释放，并予以公民权。这次特赦是没有任何前提条件的一次赦免。见中国政府网：https://www.gov.cn/xinwen/2019-06/30/content_5404561.htm，最后访问时间：2024 年 4 月 11 日。

犯贪污受贿犯罪、故意杀人、强奸、抢劫、绑架、放火、爆炸、投放危险物质或者有组织的暴力性犯罪，黑社会性质的组织犯罪，危害国家安全犯罪，恐怖活动犯罪的，有组织犯罪的主犯以及累犯除外；

三、年满75周岁、身体严重残疾且生活不能自理的；

四、犯罪的时候不满18周岁，被判处3年以下有期徒刑或者剩余刑期在1年以下的，但犯故意杀人、强奸等严重暴力性犯罪，恐怖活动犯罪，贩卖毒品犯罪的除外。

对2015年8月29日符合上述条件的服刑罪犯，经人民法院依法作出裁定后，予以释放。

【特赦令〔2019〕-9】 **中华人民共和国主席特赦令**（2019年6月29日国家主席习近平发布）

为庆祝中华人民共和国成立70周年，体现依法治国理念和人道主义精神，根据第13届全国人大常委会第11次会议的决定，对依据2019年1月1日前人民法院作出的生效判决正在服刑的下列罪犯实行特赦：

一、参加过中国人民抗日战争、中国人民解放战争的；

二、中华人民共和国成立以后，参加过保卫国家主权、安全和领土完整对外作战的；

三、中华人民共和国成立以后，为国家重大工程建设做过较大贡献并获得省部级以上"劳动模范""先进工作者""五一劳动奖章"等荣誉称号的；

四、曾系现役军人并获得个人一等功以上奖励的；

五、因防卫过当或者避险过当，被判处3年以下有期徒刑或者剩余刑期在1年以下的；

六、年满75周岁、身体严重残疾且生活不能自理的；

七、犯罪的时候不满18周岁，被判处3年以下有期徒刑或者剩余刑期在1年以下的；

八、丧偶且有未成年子女或者有身体严重残疾、生活不能自理的子女，确需本人抚养的女性，被判处3年以下有期徒刑或者剩余刑期在1年以下的；

九、被裁定假释已执行1/5以上假释考验期的，或者被判处管制的。

上述九类对象中，具有以下情形之一的，不得特赦：（一）第二、三、四、七、八、九类对象中系贪污受贿犯罪，军人违反职责犯罪，故意杀人、强奸、抢劫、绑架、放火、爆炸、投放危险物质或者有组织的暴力性犯罪，黑社会性质的组织犯罪，贩卖毒品犯罪，危害国家安全犯罪，恐怖活动犯罪的罪犯，其他有组织犯罪的主犯，累犯的；（二）第二、三、四、九类对象中剩余刑期在10年以上的和仍处于无期徒刑、死刑缓期执行期间的；（三）曾经被特赦又因犯罪被判处刑罚的；（四）不认罪悔改的；（五）经评估具有现实社会危险性的。

对2019年6月29日符合上述条件的服刑罪犯，经人民法院依法作出裁定后，予以释放。

第17条 【外国人适用】对于外国人犯罪应当追究刑事责任的，适用本法的规定。

对于享有外交特权和豁免权的外国人犯罪应当追究刑事责任的，通过外交途径解决。

● **相关规定** 【主席令〔1986〕44号】 **中华人民共和国外交特权与豁免条例**（1986年9月5日全国人大常委会〔6届17次〕通过，同日公布施行）

第2条 使馆外交人员原则上应当是具有派遣国国籍的人。如果委派中国或者第三国国籍的人为使馆外交人员，必须征得中国主管机关的同意。中国主管机关可以随时撤销此项同意。

第12条 外交代表人身不受侵犯，不受逮捕或者拘留。中国有关机关应当采取适当措施，防止外交代表的人身自由和尊严受到侵犯。

第14条（第1款） 外交代表享有刑事管辖豁免。

（第4款） 外交代表没有以证人身份作证的义务。

第15条（第1款） 外交代表和第20条规定享有豁免的人员的管辖豁免可以由派遣国政府明确表示放弃。

第20条 与外交代表共同生活的配偶及未成年子女，如果不是中国公民，享有第12条至第18条所规定的特权与豁免。

使馆行政技术人员和与其共同生活的配偶及未成年子女，如果不是中国公民并且不是在中国永久居留的，享有第12条至第17条所规定的特权与豁免，但民事管辖豁免和行政管辖豁免，仅限于执行公务的行为。……

使馆服务人员如果不是中国公民并且不是在中国永久居留的，其执行公务的行为享有豁免……

使馆人员的私人服务员如果不是中国公民并且不是在中国永久居留的，其受雇所得的报酬免纳所得税。

第21条 外交代表如果是中国公民或者获得在中国永久居留资格的外国人，仅就其执行公务的行为，享有管辖豁免和不受侵犯。

第22条（第1款） 下列人员享有在中国过境或者逗留期间所必需的豁免和不受侵犯：

（一）途经中国的外国驻第三国的外交代表和与其共同生活的配偶及未成年子女；

（二）持有中国外交签证或者持有外交护照（仅限互免签证的国家）来中国的外国官员；

（三）经中国政府同意给予本条所规定的特权与豁免的其他来中国访问的外国人士。

第23条 来中国访问的外国国家元首、政府首脑、外交部长及其他具有同等身份的官员，享有本条例所规定的特权与豁免。

第24条 来中国参加联合国及其专门机构召开的国际会议的外国代表、临时来中国的联合国及其专门机构的官员和专家、联合国及其专门机构驻中国的代表机构和人员的待遇，按中国已加入的有关国际公约和中国与有关国际组织签订的协议办理。

第25条 享有外交特权与豁免的人员：（一）应当尊重中国的法律、法规；（二）不得干涉中国的内政；（三）不得在中国境内为私人利益从事任何职业或者商业活动；（四）不得将使馆馆舍和使馆工作人员寓所充作与使馆职务不相符合的用途。

第26条 如果外国给予中国驻该国使馆、使馆人员以及临时去该国的有关人员的外交特权与豁免，低于中国按本条例给予该国驻中国使馆、使馆人员以及临时来中国的有关人员的外交特权与豁免，中国政府根据对等原则，可以给予该国驻中国使馆、使馆人员以及临时来中国的有关人员以相应的外交特权与豁免。

第27条 中国缔结或者参加的国际条约另有规定的，按照国际条约的规定办理，但中国声明保留的条款除外。

中国与外国签订的外交特权与豁免协议另有规定的，按照协议的规定执行。

第28条 本条例中下列用语的含义是：

（一）"使馆馆长"是指派遣国委派担任此项职位的大使、公使、代办以及其他同等级别的人；
（二）"使馆人员"是指使馆馆长和使馆工作人员；
（三）"使馆工作人员"是指使馆外交人员、行政技术人员和服务人员；
（四）"使馆外交人员"是指具有外交官衔的使馆工作人员；
（五）"外交代表"是指使馆馆长或者使馆外交人员；
（六）"使馆行政技术人员"是指从事行政和技术工作的使馆工作人员；
（七）"使馆服务人员"是指从事服务工作的使馆工作人员；
（八）"私人服务员"是指使馆人员私人雇用的人员；
（九）"使馆馆舍"是指使馆使用和使馆馆长官邸的建筑物及其附属的土地。

【外发〔1995〕17号】 外交部、最高人民法院、最高人民检察院、公安部、国家安全部、司法部关于处理涉外案件若干问题的规定（1995年6月20日印发）

一、总则
（一）本规定中"涉外案件"是指在我国境内发生的涉及外国、外国人（自然人及法人）的刑事、民事经济、行政、治安等案件及死亡事件。
（二）处理涉外案件，必须维护我国主权和利益，维护我国国家、法人、公民及外国国家、法人、公民在华合法权益，严格依照我国法律、法规，做到事实清楚，证据确凿。适用法律正确，法律手续完备。
（三）处理涉外案件，在对等互惠原则的基础上，严格履行我国所承担的国际条约义务。当国内法或者我内部规定同我国所承担的国际条约义务发生冲突时，应当适用国际条约的有关规定（我国声明保留的条款除外）。各主管部门不应当以国内法或者内部规定为由拒绝履行我国所承担的国际条约规定的义务。
（四）处理涉外案件，必须依照有关规定和分工，密切配合，互相协调，严格执行请示报告，征求意见和通报情况等制度。
（五）对应当通知外国驻华使、领馆的涉外案件，必须按规定和分工及时通知。
（六）与我国无外交关系的，按对等互惠原则办理。

二、关于涉外案件的内部通报问题
（一）遇有下列情况之一，公安机关、国家安全机关、人民检察院、人民法院，以及其他主管机关应当将有关案情、处理情况，以及对外表态口径于受理案件或采取措施的48小时内报上一级主管机关，同时通报同级人民政府外事办公室。
1. 对外国人实行行政拘留、刑事拘留、司法拘留、拘留审查、逮捕、监视居住、取保候审、扣留护照、限期出境、驱逐出境的案件；
2. 外国船舶因在我国内水或领海损毁或搁浅，发生海上交通、污染等事故，走私及其他违法或违反国际公约的行为，被我主管部门扣留或采取其他强制措施的案件；
3. 外国渔船在我管辖水域违法捕捞，发生碰撞或海事纠纷，被我授权执法部门扣留的案件；
4. 外国船舶因经济纠纷被我法院扣留、拍卖的案件；
5. 外国人在华死亡事件或案件；
6. 涉及外国人在华民事和经济纠纷的案件；

7. 其他认为应当通报的案件。

同级人民政府外事办公室在接到通报后应当立即报外交部。案件了结后，也应当尽快向外交部通报结果。

（二）重大涉外案件，或外国政府已向我驻外使、领馆提出交涉或已引起国内外新闻界关注的涉外案件，在案件受理、办理、审理过程中，以及在判决公布前，中央一级主管部门经商外交部后，应当单位或者会同外交部联名将案件进展情况、对外表态口径等及时通报我驻外使、领馆，并答复有关文电。

三、关于通知外国驻华使、领馆问题

（一）凡与我国订有双边领事条约的，按条约的规定办理；未与我签订双边领事条约，但参加《维也纳领事关系公约》的，按照《维也纳领事关系公约》的规定办理；未与我国签订领事条约，也未参加《维也纳领事关系公约》，但与我国有外交关系，可按互惠和对等原则，根据有关规定和国际惯例办理。

在外国驻华领事馆领区内发生的涉外案件，应通知有关外国驻该地区的领事馆；在外国领事馆领区外发生的涉外案件应通知有关外国驻华大使馆。与我国有外交关系，但未设使、领馆的国家，可通知其代管国家驻华使、领馆。无代管国家或代管国家不明的，可不通知。当事人本人要求不通知的，可不通知，但应当由其本人提出书面要求。

（二）通知内容

外国人的外文姓名、性别、入境时间、护照或证件号码、案件发生的时间、地点及有关情况，当事人违章违法犯罪的主要事实，已采取的法律措施及法律依据，各有关主管部门可根据需要制定固定的通知格式。

（三）通知时限

双边领事条约明确规定期限的（4天或7天），应当在条约规定的期限内通知；如无双边领事条约规定，也应当根据或者参照《维也纳领事关系公约》和国际惯例尽快通知，不应超过7天。

（四）通知机关

1. 公安机关、国家安全机关对外国人依法作出行政拘留、刑事拘留、拘留审查、监视居住、取保候审的决定的，由有关省、自治区、直辖市公安厅（局）、国家安全厅（局）通知有关外国驻华使、领馆。

公安机关、国家安全机关对外国人执行逮捕的，由有关省、自治区、直辖市公安厅（局）、国家安全厅（局）通知有关外国驻华使、领馆。

人民法院对外国人依法做出司法拘留、监视居住、取保候审决定的，人民检察院依法对外国人作出监视居住、取保候审决定的，由有关省、自治区、直辖市高级人民法院、人民检察院通知有关外国驻华使、领馆。

依照本规定应予通报并决定开庭审理的涉外案件，人民法院在一审开庭日期确定后，应即报告高级人民法院，由高级人民法院在开庭7日以前，将开庭审理日期通知有关外国驻华使、领馆。

2. 外国船舶因在我国内水或领海损毁、搁浅或发生重大海上交通、污染等事故，各港务监督局应立即报告中华人民共和国港务监督局，由该局通知有关外国驻华使馆。

3. 外国船舶在我国内水或领海走私或有其他违法行为，被我海关、公安机关扣留，有关海关、公安机关应当立即逐级上报海关总署和公安部，由所在省、自治区、直辖市海关或者公安厅（局）通知有关外国驻华使、领馆。

4. 外国渔船在我管辖水域违法捕捞，被我授权执法部门扣留，由公安边防部门监护，渔政渔港监督管理部门处理。有关情况应立即上报国家渔政渔港监督管理局，由该局通知有关外国驻华使馆。

5. 外国船舶因经济纠纷被我海事法院扣留、拍卖的，由海事法院通知有关外国驻华使、领馆。如船籍国与我有外交关系，不论是否订有双边领事条约，均应通知。

6. 外国人在华正常死亡，由接待或者聘用单位通知有关外国驻华使、领馆。如死者在华无接待或者聘用单位，由有关省、自治区、直辖市公安厅（局）通知。

外国人在华非正常死亡，由有关省、自治区、直辖市公安厅（局）通知有关外国驻华使、领馆；在羁押期间或者案件审理中死亡，分别由受理案件的省、自治区、直辖市公安厅（局）、国家安全厅（局）、人民检察院或者高级人民法院通知；在监狱服刑期间死亡的，由省、自治区、直辖市司法厅（局）通知。

外国人在灾难性事故（包括陆上交通事故、空、海难事故）中死亡的，由当事部门通知有关外国驻华使、领馆。省、自治区、直辖市外事办公室予以协助。

7. 在对无有效证件证实死者或者被取保候审、监视居住、拘留审查、拘留、逮捕的人犯的国籍，或者其主要证件存在明显伪造、变造疑点的情况下，我主管机关可以通过查询的方式通告有关外国驻华使、领馆。

外国边民在我国边境地区死亡或者被取保候审、监视居住、拘留审查、拘留、逮捕的，按双边条约规定办理。如无双边条约规定的，也可考虑通过边防会晤的方式通知有关国家。

四、外国驻华使、领馆索要材料、交涉等问题

（一）外国驻华使、领馆如向我要其公民被取保候审、拘留审查、监视居住、拘留或逮捕等有关材料，请其向省、自治区、直辖市高级人民法院、人民检察、公安厅（局）、国家安全厅（局）或司法厅（局）提出。凡公开的材料或者法律规定可以提供的材料，我应予提供。地方外事办公室或者外交部予以协助。

（二）如外国驻华使、领馆要一审和终审判决书副本，可请其向省、自治区、直辖市高级人民法院提出，我可以提供。

（三）外国驻华使馆就有关案件进行交涉，可请其向外交部或者省级外事办公室提出，或者向中央或者省级主管部门直接提出。外国驻华使馆向主管部门提出的重要交涉，主管部门商外交部后答复外国驻华使馆。外国驻华领馆只同其领区内省级主管部门联系。外事办公室与主管部门之间互通情况，共商对外表态口径及交涉事宜。

五、关于探视被监视居住、拘留审查、拘留、逮捕或正在监狱服刑的外国公民以及与其通信问题

（一）外国驻华外交、领事官员要求探视被监视居住、拘留、拘留审查、逮捕或正在服刑的本国公民，我主管部门应在双边领事条约规定的时限内予以安排，如无条约规定，亦应尽快安排。如当事人拒绝其所属国家驻华外交、领事官员探视的，我可拒绝安排，但应由其本人提出书面意见。探视要求可请其向省、自治区、直辖市高级人民法院、人民检察院、公安厅（局）、国家安全厅（局）、司法厅（局）提出。地方外事办公室或者外交部可予以协

助。外国驻华外交、领事官员探视时应遵守我有关探视规定。

（二）在侦查终结前的羁押期间，探视的有关事宜由立案侦查的公安机关、国家安全机关或者人民检察院安排；侦查终结后移送人民检察院审查起诉的羁押期间，探视的有关事宜由审查起诉的人民检察院安排；人民法院受理案件后在作出终审判决前的羁押期间，探视的有关事宜由审理案件的人民法院安排；人民法院将案件退回人民检察院，或者人民检察院将案件退回公安机关、国家安全机关补充侦查的羁押期间，探视的有关事宜由补充侦查的人民检察院、公安机关、国家安全机关安排；经人民法院判决后在监狱服刑期间，探视的有关事宜由司法行政机关安排。

（三）主办机关需要就探视事宜同有关外国驻华使、领馆联系时，应当分别经过各省、自治区、直辖市高级人民法院、人民检察院、公安厅（局）、国家安全厅（局）、司法厅（局）进行。地方外事办公室或者外交部予以协助。

（四）外国驻华外交、领事官员与其本国在华被监视居住、拘留审查、拘留、逮捕或者正在服刑的本国公民往来信件，我主管部门应按有关领事条约及《维也纳领事关系公约》的规定迅速转交。

六、旁听、新闻报道、司法协助、扣留护照等问题

（一）外国驻华使、领馆官员要求旁听涉外案件的公开审理，应向各省、自治区、直辖市高级人民法院提出申请，有关法院应予安排。旁听者应遵守人民法院的法庭规则。

对于依法不公开审理的涉外案件，外国驻华使、领馆官员要求旁听的，如有关国家与我国已签订的领事条约中明确承担有关义务的，应履行义务；未明确承担有关义务的，应根据我国法律规定，由主管部门商同级外事部门解决。

（二）主管部门就重大涉外案件发布新闻或者新闻单位对于上述案件进行报道，要从严掌握，应当事先报请省级主管机关审核，征求外事部门的意见。对危害国家安全的涉外案件的新闻报道，由主管部门商外交部后定。对于应通知外国驻华使、领馆的案件，应当在按规定通知有关外国驻华使、领馆后，再公开报道。

（三）对与我国订有双边司法协助协定、条约或者我与其共同参加载有司法协助条款的公约的国家，我中央机关和各主管部门应按照协定、条约或者公约的有关规定办理。未签订上述协定或条约、也未共同参加上述公约的，在对等互惠的基础上通过外交途径解决。

（四）扣留外国人护照问题

根据《中华人民共和国外国人入境出境管理法》和最高人民法院、最高人民检察院、公安部、国家安全部《关于依法限制外国人和中国公民出境问题的若干规定》（〔87〕公发16号），除我公安机关、国家安全机关、司法机关以及法律明确授权的机关外，其他任何单位或者个人都无权扣留外国人护照，也不得以任何方式限制外国人的人身自由；公安机关、国家安全机关、司法机关以及法律明确授权的机关扣留外国人护照，必须按照规定的权限报批，履行必要的手续，发给本人扣留护照的证明，并把有关情况及时上报上级主管部门，通报同级人民政府外事办公室，有关外事办公室应当及时报告外交部。

本规定自发文之日起生效。以前有关规定凡与本规定相抵的，一律以本规定为准。1987年《关于处理涉外案件若干问题的规定》（外发〔1987〕54号）同时废止。

附件一：外国人在华死亡后的处理程序

一、死亡的确定

死亡分正常死亡和非正常死亡。因健康原因自然死亡的，谓正常死亡；因意外事故或突发事件死亡的，谓非正常死亡。

发现外国人在华死亡，发现人（包括个人或单位）应立即报告死者接待或聘用单位或当地公安机关、人民政府外事办公室。如属正常死亡，善后处理工作由接待或聘用单位负责。无接待或聘用单位的（包括零散游客），由公安机关会同有关部门共同处理。如属非正常死亡，应保护好现场，由公安机关进行取证并处理。

尸体在处理前应妥为保存（如防腐、冷冻）。

二、通知外国驻华使、领馆及死者家属

根据《维也纳领事关系公约》或双边领事条约的规定，以及国际惯例，外国人在华死亡后应尽快通知死者家属及其所属国家驻华使、领馆。

外国人在华正常死亡，在通报公安机关和地方外办后，由接待或聘用单位负责通知；如死者在华无接待或聘用单位，由有关省、自治区、直辖市公安厅（局）负责通知。

凡属非正常死亡的，由案件查处机关负责通知，在案件审理中死亡的，由案件审理机关负责通知，在监狱服刑过程中死亡的，由司法行政机关负责通知。

通知时限。如死者所属国家已同我国签订领事条约的，应按条约规定办；如条约中没有规定，或无双边领事条约，应按《维也纳领事关系公约》的规定和国际惯例尽快通知，但不应超过7天。

通知内容应简单明了。如死因不明，需要调查后方能确定的，可先通知死亡事，同时告死因正在调查中。

三、尸体解剖

正常死亡者或死因明确的非正常死亡者，一般不需作尸体解剖。若死者家属或其所属国家驻华使、领馆要求解剖，我可同意，但必须有死者家属或其所属国家驻华使、领馆有关官员签字的书面要求。

死因不明的非正常死亡者，为查明死因，需进行解剖时由公安、司法机关按有关规定办理。

四、出具证明

正常死亡，由县级或县级以上医院出具"死亡证明书"。如死者生前曾住医院治疗或抢救，应其家属要求，医院可提供"诊断书"或"病历摘要"。

非正常死亡，由公安机关的法医出具"死亡鉴定书"。案件审理中正常死亡，由案件审理机关的法医出具"死亡鉴定书"。在监狱服刑中死亡，由司法行政机关的法医出具"死亡鉴定书"。如案件审理机关或司法行政机关没有法医，可由公安机关代为出具。

"死亡证明书"、"死亡鉴定书"交死者家属或死者所属国家驻华使、领馆。对外公布死因要慎重。如死因尚不明确，或有其他致死原因，待查清或内部意见统一后，再向外公布和提供证明。

外国人死在我村、镇或公民家中，县级或县级以上医院无法出具"死亡证明书"，或者死者所属国家要求或者有关驻华使、领馆提出办理"死亡公证书"时，则应办理"死亡公证书"等公证文件。

"诊断证书"、"病历摘要"、"死亡证明书"、"死亡鉴定书"、"防腐证明书"等证明，如办理认证手续，必须先在死者居所地公证处申办公证，而后办理外交部领事司或外国驻华领馆领区内我地方外办的认证和有关外国驻华使、领馆认证。在"死亡证明书"或"死亡鉴定书"中注明尸体已进行防腐处理的，可不再另行办理"防腐证明书"。

五、对尸体的处理

在华死亡的外国人尸体，可在当地火化，亦可运回其国内。处理时，应尊重死者家属或所属国家驻华使、领馆的意愿。

尸体火化应由死者家属或所属国家驻华使、领馆提出书面要求并签字，由当地殡仪馆负责火化，骨灰由他们带回或运回其国内。

如外方不愿火化，可将尸体运回其国内。运输（尸体及骨灰）手续和费用原则上均由外方自理。接待或聘用单位可在办理手续等方面给予必要的协助。

为做好外方工作和从礼节上考虑，对受聘或有接待单位的死者，在尸体火化或运回其国内前，可由聘用或接待单位酌情为死者举行简单的追悼仪式。有关单位可送花圈。可将追悼仪式拍照送死者家属。

如外方要求举行宗教仪式，应视当地条件，如有教堂和相应的神职人员，条件允许，可安排举行一个简单的宗教仪式。宗教仪式应在我规定的宗教场所举行。

如外方要求将死者在我国土葬，可以我国殡葬改革、提倡火葬为由，予以婉拒。

如外方要求将骨灰埋或撒在我国土地上，一般亦予以婉拒。但如死者是对我国作出特殊贡献的友好知名人士，应报请省级或中央民政部门决定。

六、骨灰和尸体运输出境

1. 骨灰运输：托运人必须提供医院出具的"死亡证明书"或法医出具的"死亡鉴定书"，及殡葬部门出具的"火化证明书"。各证明书一式2份，1份留始发站，1份附在货运单后，随骨灰盒带往目的站。

骨灰应装在封妥的罐内或盒内，外面用木箱套装。

骨灰自带出境，亦需备妥上述证明。

2. 尸体运输：可由中国国际运尸网络服务中心办理（见民事发〔1993〕2号文），也可由其他适当途径办理。尸体运输的包装要求是：首先应做防腐处理，然后装入厚塑料袋中密封，放入金属箱内。箱内应放木屑或碎木炭等吸湿物。连接处用锌焊牢，以防气味或液体外溢。金属箱应套装木棺，木棺两侧包装有便于搬运的把手。

尸体、棺柩出境须备以下证明：（1）由医院或公安、司法机关出具的"死亡证明书"或者"死亡鉴定书"，亦可由有关涉外公证处出具的"死亡公证书"代替上述证明书；（2）由殡仪部门出具的"防腐证明书"；（3）由防疫部门出具的"尸体检疫证明书"；（4）海关凭检疫机关出具的"尸体、棺柩出境许可证明书"放行。

七、遗物的清点和处理

清点死者遗物应有死者家属或其所属国家驻华使、领馆官员和我方人员在场。如家属或者驻华使、领馆官员明确表示不能到场时，可请公证处人员到场，并由公证员将上述人员不能到场的事实和原因注明。遗物清点必须造册，列出清单，清点人均应签字。移交遗物要开出移交书，一式2份，注明移交时间、地点、在场人、物品件数、种类和特征等。签字后办理公证手续。如死者有遗嘱，应将遗嘱拍照或复制，原件交死者家属或其所属国家驻华使、领馆。

八、写出《死亡善后处理情况报告》

死者善后事宜处理结束后，由接待或聘用单位写出《死亡善后处理情况报告》。无接待或聘用单位的，由处理死者善后事宜的公安机关或司法机关写出。《死亡善后处理情况报告》，内容应包括死亡原因、抢救措施、诊断结果、善后处理情况，以及外方反应等。上述死亡报告应报上级主管单位、地方外办、公安厅（局），抄外交部。

附件二：维也纳领事关系公约有关条款（1963年4月24日订于维也纳）

第36条　与派遣国国民通讯及联络

一、为便于领馆执行其对派遣国国民之职务计：

（一）领事官员得自由与派遣国国民通讯及会见。派遣国国民与派遣国领事官员通讯及会见应有同样自由。

（二）遇有领馆辖区内有派遣国国民受逮捕或监禁或羁押候审、或受任何其他方式之拘禁之情事，经其本人请求时，接受国主管当局应即通知派遣国领馆。受逮捕、监禁、羁押或拘禁之人致领馆之信件亦应由该当局迅予递交。该当局应将本款规定之权利迅即告知当事人。

（三）领事官员有权探访受监禁、羁押或拘禁之派遣国国民，与之交谈或通讯，并代聘其法律代表。领事官员并有权探访其辖区内依判决而受监禁、羁押或拘禁之派遣国国民。但如受监禁、羁押或拘禁之国民明示反对为其采取行动时，领事官员应避免采取此种行动。

二、本条第一项所称各项权利应遵照接受国法律规章行使之，但此项法规规章务须使本条所规定之权利之目的得以充分实现。

第37条　关于死亡、监护或托管及船舶毁损与航空事故之通知

倘接受国主管当局获有有关情节，该当局负有义务：

（一）遇有派遣国国民死亡时，迅即通知辖区所及之领馆；（二）遇有为隶籍派遣国之未成年人或其他无充分行为能力人之利益计，似宜指定监护人或托管人时，迅将此项情事通知主管领馆。惟此项通知不得妨碍接受国关于指派此等人员之法律规章之施行。

（三）遇具有派遣国国籍之船舶在接受国领海或内河水域毁损或搁浅时，或遇在派遣国登记之航空机在接受国领域内发生意外事故时，迅即通知最接近出事地点之领馆。

附件三：参加"维也纳领事关系公约"国家名单（略）

附件四：中国与有关国家签订的领事条约中关于死亡、拘留、逮捕通知时限表

顺序	已签领事条约国家	生效时间	通知期限	顺序	已签领事条约国家	生效时间	通知期限
1	美国	1982.02.18	4天	18	突尼斯	1993.03.12	6天
2	南斯拉夫	1982.11.26	尽快通知	19	阿根廷	1993.04.08	4天
3	波兰	1985.02.21	7天	20	立陶宛	1993.05.10	尽快通知
4	朝鲜	1986.07.02	7天	21	乌克兰	1994.01.19	4天
5	匈牙利	1986.11.28	7天	22	玻利维亚	1993.03.01	尽快通知
6	蒙古	1987.02.07	7天	23	白俄罗斯	1993.03.31	4天
7	苏联	1987.04.16	7天	24	阿拉伯也门		
8	墨西哥	1988.01.14	尽快通知	25	摩尔多瓦		
9	保加利亚	1988.01.02	7天	26	巴基斯坦		
10	捷克斯洛伐克	1989.07.05	7天	27	土库曼斯坦		
11	老挝	1991.04.06	尽快通知	28	哈萨克斯坦	1994.04.29	7天
12	意大利	1991.06.19	7天	29	吉尔吉斯斯坦	1994.05.23	4天

续表

顺序	已签领事条约国家	生效时间	通知期限	顺序	已签领事条约国家	生效时间	通知期限
13	伊拉克	1991.07.03	7 天	30	阿塞拜疆	1995.05.10	4 天
14	土耳其	1991.08.02	5 天	31	亚美尼亚		
15	罗马尼亚	1992.06.28	4 天	32	格鲁吉亚		
16	印度	1992.10.30	尽快通知	33	秘鲁	1995.05.10	尽快通知
17	古巴	1993.01.03	4 天	34	乌兹别克斯坦		

注：捷克和斯洛伐克两共和国均宣布继承原条约；俄罗斯宣布继承原中苏领事条约。

附件五：中国与有关国家签订的司法协助条约一览表

序号	国家	名称	生效日期
1	法国	中华人民共和国和法兰西共和国关于民、商事司法协助的协定	1988 年 2 月 8 日
2	波兰	中华人民共和国和波兰人民共和国关于民事和刑事司法协助的协定	1988 年 2 月 13 日
3	蒙古	中华人民共和国和蒙古人民共和国关于民事和刑事司法协助的条约	1990 年 10 月 29 日
4	罗马尼亚	中华人民共和国和罗马尼亚关于民事和刑事司法协助的条约	1993 年 1 月 22 日
5	俄罗斯	中华人民共和国和俄罗斯联邦关于民事和刑事司法协助的条约	1993 年 11 月 14 日
6	白俄罗斯	中华人民共和国和白俄罗斯共和国关于民事和刑事司法协助的条约	1993 年 11 月 29 日
7	西班牙	中华人民共和国和西班牙王国关于民事、商事司法协助的条约	1994 年 1 月 1 日
8	乌克兰	中华人民共和国和乌克兰关于民事和刑事司法协助的条约	1994 年 1 月 19 日
9	古巴	中华人民共和国和古巴共和国关于民事和刑事司法协助的协定	1994 年 3 月 26 日
10	意大利	中华人民共和国和意大利共和国关于民事司法协助的条约	1995 年 1 月 1 日
11	埃及	中华人民共和国和埃及共和国关于民事、商事和刑事司法协助的协定	1995 年 5 月 31 日
12	保加利亚	中华人民共和国和保加利亚共和国关于民事司法协助的协定	1995 年 6 月 30 日
13	加拿大	中华人民共和国和加拿大关于刑事司法协助的条约	1995 年 7 月 1 日

附件六：外国驻华领馆领区一览表（略）

【公复字〔1999〕1 号】 公安部关于如何处理无法查清身份的外国籍犯罪嫌疑人问题的批复（1999 年 1 月 11 日答复吉林省公安厅"公吉明发〔98〕2239 号"请示）

公安机关在办理刑事案件过程中，需要确认外国籍犯罪嫌疑人身份的，如果我国与该犯罪嫌疑人所称的国籍国签订的有关司法协助条约或者共同缔结或参加的国际公约有规定，可以按照有关司法协助条约或者国际公约的规定，请求该国协助查明其身份。如果没有司法协助条约或者国际公约规定，可以通过外交途径或者国际刑警组织渠道办理。

公安机关应当尽可能地查明外国籍犯罪嫌疑人的身份，避免引起外交交涉。如果确实无法查清或者有关国家拒绝协助，可以根据《刑事诉讼法》……的规定处理，即犯罪嫌疑人不讲真实姓名、住址，身份不明，但犯罪事实清楚，证据确实、充分的，也可以按其自报的姓名移送人民检察院审查起诉。

【公通字〔2000〕25号】　公安部关于打击拐卖妇女儿童犯罪适用法律和政策有关问题的意见（2000年3月17日）

八、关于办理涉外案件

（三）对外国人依法作出取保候审、监视居住决定或者执行拘留、逮捕后，由有省、自治区、直辖市公安厅、局在规定的期限内，将外国人的有关情况、涉嫌犯罪的主要事实、已采取的强制措施及其法律依据，通知该外国人所属国家的驻华使、领馆，同时报告公安部。

（四）对于外国籍犯罪嫌疑人身份无法查明或者其国籍国拒绝提供有关身份证明的，也可以按其自报的姓名依法提请人民检察院批准逮捕、移送审查起诉。

【司法部令〔2002〕76号】　外国籍罪犯会见通讯规定（2002年11月26日司法部部长办公会议通过，2003年1月1日发布施行）

第2条　本规定所称外国籍罪犯，是指经我国人民法院依法判处刑罚，在我国监狱内服刑的外国公民。

在监狱内服刑的无国籍罪犯，比照外国籍罪犯执行。

第3条　外国籍罪犯经批准可以与所属国驻华使、领馆外交、领事官员，亲属或者监护人会见、通讯。

第4条　办理外交、领事官员与本国籍罪犯的会见、通讯，应当遵循以下原则：与我国缔结领事条约的，按照条约并结合本规定办理；未与我国缔结领事条约但参加《维也纳领事关系公约》的，按照《维也纳领事关系公约》并结合本规定办理；未与我国缔结领事条约，也未参加《维也纳领事关系公约》，但与我国有外交关系的，应当按照互惠对等原则，根据本规定并参照国际惯例办理。

第6条　外交、领事官员要求会见正在服刑的本国公民，应当向省、自治区、直辖市监狱管理局提出书面申请。申请应当说明：驻华使、领馆名称，参与会见的人数、姓名及职务，会见人的证件名称、证件号码，被会见人的姓名、罪名、刑期、服刑地点，申请会见的日期，会见所用语言。

第7条　外国籍罪犯的非中国籍亲属或者监护人首次要求会见的，应当通过驻华使、领馆向省、自治区、直辖市监狱管理局提出书面申请。申请应当说明：亲属或者监护人的姓名和身份证件名称、证件号码，与被会见人的关系，被会见人的姓名、罪名、刑期、服刑地点，申请会见的日期，会见所用语言，并应同时提交与被会见人关系的证明材料。

第8条　外国籍罪犯的中国籍亲属或者监护人首次要求会见的，应当向省、自治区、直辖市监狱管理局提出书面申请，同时提交本人身份和与被会见人关系的证明材料。

第9条　外国籍罪犯的亲属或者监护人再次要求会见的，可以直接向监狱提出申请。

第10条　省、自治区、直辖市监狱管理局收到外交、领事官员要求会见的书面申请后，应当在5个工作日内作出准予或者不准予会见的决定，并书面答复。准予会见的，应当在答复中确认：收到申请的时间，被会见人的姓名、服刑地点，会见人的人数及其姓名，会见的时间、地点安排，并告知应当携带的证件。

外国籍罪犯拒绝与外交、领事官员会见的，应当由本人写出书面声明，由省、自治区、直辖市监狱管理局通知驻华使、领馆，并附书面声明复印件。通知及附件同时抄送地方外事办公室备案。

第11条　省、自治区、直辖市监狱管理局收到外国籍罪犯的亲属或者监护人首次要求会见的书面申请后，应当在5个工作日内作出准予或者不准予会见的决定，并书面答复。准予会见的，应当在答复中确认：会见人和被会见人的姓名，会见的时间、地点安排，并告知应当携带的证件。

外国籍罪犯的亲属或者监护人再次要求会见，直接向监狱提出申请的，监狱应当在2个工作日内予以答复。

第12条　外交、领事官员会见正在服刑的本国公民，一般每月可以安排1至2次，每次前来会见的人员一般不超过3人。要求增加会见次数或者人数的，应当提出书面申请，省、自治区、直辖市监狱管理局可以酌情安排。

亲属或者监护人会见外国籍罪犯，一般每月可以安排1至2次，每次前来会见的人员一般不超过3人。要求增加会见次数或者人数的，监狱可以酌情安排。

第13条　每次会见的时间不超过1小时。要求延时的，经监狱批准，可以适当延长。

第18条　会见可以使用本国语言，也可以使用中国语言。

第19条　会见人和被会见人需要相互转交信件、物品，应当提前向监狱申明，并按规定将信件、物品提交检查，经批准后方可交会见人或者被会见人。

第20条　会见人向被会见人提供药品，应当同时提供中文或者英文药品使用说明，经审查后，由监狱转交被会见人。

第21条　会见人或者被会见人违反会见规定，经警告无效的，监狱可以中止会见。

第22条　监狱应当安排监狱警察陪同会见。

第23条　监狱对外国籍罪犯与所属国驻华使、领馆外交、领事官员的往来信件，应当按照《维也纳领事关系公约》以及我国缔结的双边领事条约的规定，及时转交。

监狱对外国籍罪犯与亲属或者监护人的往来信件要进行检查。对正常的往来信件，应当及时邮寄转交；对有违反监狱管理规定内容的信件，可以将其退回，同时应当书面或者口头说明理由，并记录备案。

第24条　外国籍罪犯的申诉、控告、检举信以及写给监狱的上级机关和司法机关的信件，不受监狱检查。监狱应当及时转交。

第25条　经监狱批准，外国籍罪犯可以与所属国驻华使、领馆外交、领事官员或者亲属、监护人拨打电话。通话时应当遵守中国籍罪犯通话的有关规定。通话费用由本人承担。

【主席令〔2018〕13号】　**中华人民共和国国际刑事司法协助法**（2018年10月26日第13届全国人大常委会第6次会议通过，主席令第13号公布施行）

第55条　外国可以向中华人民共和国请求移管外国籍被判刑人，中华人民共和国可以向外国请求移管外国籍被判刑人。

第56条　向外国移管被判刑人应当符合下列条件：（一）被判刑人是该国国民；（二）对被判刑人判处刑罚所针对的行为根据该国法律也构成犯罪；（三）对被判刑人判处刑罚的判决已经发生法律效力；（四）被判刑人书面同意移管，或者因被判刑人年龄、身体、精神等状况确有必要，经其代理人书面同意移管；（五）中华人民共和国和该国均同意移管。

有下列情形之一的，可以拒绝移管：（一）被判刑人被判处死刑缓期执行或者无期徒刑，但请求移管时已经减为有期徒刑的除外；（二）在请求移管时，被判刑人剩余刑期不足1年；（三）被判刑人在中华人民共和国境内存在尚未了结的诉讼；（四）其他不宜移管的情形。

第58条 主管机关应当对被判刑人的移管意愿进行核实。外国请求派员对被判刑人的移管意愿进行核实的，主管机关可以作出安排。

第60条 移管被判刑人由主管机关指定刑罚执行机关执行。移交被判刑人的时间、地点、方式等执行事项，由主管机关与外国协商确定。

第61条 被判刑人移管后对原生效判决提出申诉的，应当向中华人民共和国有管辖权的人民法院提出。

人民法院变更或者撤销原生效判决的，应当及时通知外国。

【公安部令〔2020〕159号】 公安机关办理刑事案件程序规定（2020年7月4日第3次部务会议修订，2020年7月20日公布，2020年9月1日施行）

第361条 犯罪嫌疑人为享有外交或者领事特权和豁免权的外国人的，应当层报公安部，同时通报同级人民政府外事办公室，由公安部商请外交部通过外交途径办理。

第363条 外国人犯罪案件，由犯罪地的县级以上公安机关立案侦查。

第364条 外国人犯中华人民共和国缔结或者参加的国际条约规定的罪行后进入我国领域内的，由该外国人被抓获地的设区的市一级以上公安机关立案侦查。

第365条 外国人在中华人民共和国领域外对中华人民共和国国家或者公民犯罪，应当受刑罚处罚的，由该外国人入境地或者入境后居住地的县级以上公安机关立案侦查；该外国人未入境的，由被害人居住地的县级以上公安机关立案侦查；没有被害人或者是对中华人民共和国国家犯罪的，由公安部指定管辖。

第366条 发生重大或者可能引起外交交涉的外国人犯罪案件的，有关省级公安机关应当及时将案件办理情况报告公安部，同时通报同级人民政府外事办公室。必要时，由公安部商外交部将案件情况通知我国驻外使馆、领事馆。

【法释〔2021〕1号】 最高人民法院关于适用《中华人民共和国刑事诉讼法》的解释（2020年12月7日最高法审委会〔1820次〕修订，2021年1月26日公布，2021年3月1日施行；2013年1月1日施行的"法释〔2012〕21号"《解释》同时废止）

第475条 本解释所称的涉外刑事案件是指：（一）在中华人民共和国领域内，外国人犯罪或者我国公民对外国、外国人犯罪的案件①；（二）符合刑法第7条、第10条规定情形的我国公民在中华人民共和国领域外犯罪的案件；（三）符合刑法第8条、第10条规定情形的外国人对中华人民共和国国家或者公民犯罪的案件；（四）符合刑法第9条规定情形的中华人民共和国在所承担国际条约义务范围内行使管辖权的案件。

第476条 第一审涉外刑事案件，除刑事诉讼法第21条至第23条规定的以外，由基层人民法院管辖。必要时，中级人民法院可以指定辖区内若干基层人民法院集中管辖第一审涉外刑事案件，也可以依照刑事诉讼法第24条的规定，审理基层人民法院管辖的第一审涉外刑事案件。

第477条 外国人的国籍，根据其入境时持用的有效证件确认；国籍不明的，根据公安

---

① 本部分内容2012年规定为"侵犯外国人合法权利的刑事案件"。

机关或者有关国家驻华使领馆出具的证明确认。

国籍无法查明的，以无国籍人对待，适用本章有关规定，在裁判文书中写明"国籍不明"。

第478条 在刑事诉讼中，外国籍当事人享有我国法律规定的诉讼权利并承担相应义务。

第479条 涉外刑事案件审判期间，人民法院应当将下列事项及时通报同级人民政府外事主管部门，并依照有关规定通知有关国家驻华使领馆：（一）人民法院决定对外国籍被告人采取强制措施的情况，包括外国籍当事人的姓名（包括译名）、性别、入境时间、护照或者证件号码、采取的强制措施及法律依据、羁押地点等；（二）开庭的时间、地点、是否公开审理等事项；（三）宣判的时间、地点。

涉外刑事案件宣判后，应当及时将处理结果及时通报同级人民政府外事主管部门。

对外国籍被告人执行死刑的，死刑裁决下达后执行前，应当通知其国籍国驻华使领馆。

外国籍被告人在案件审理中死亡的，应当及时通报同级人民政府外事主管部门，并通知有关国家驻华使领馆。

第480条 需要向有关国家驻华使领馆通知有关事项的，应当层报高级人民法院，由高级人民法院按照下列规定通知：

（一）外国籍当事人国籍国与我国签订有双边领事条约的，根据条约规定办理；未与我国签订双边领事条约，但参加《维也纳领事关系公约》的，根据公约规定办理；未与我国签订领事条约，也未参加《维也纳领事关系公约》，但与我国有外交关系的，可以根据外事主管部门的意见，按照互惠原则，根据有关规定和国际惯例办理；

（二）在外国驻华领馆领区内发生的涉外刑事案件，通知有关外国驻该地区的领馆；在外国领馆领区外发生的涉外刑事案件，通知有关外国驻华使馆；与我国有外交关系，但未设使领馆的国家，可以通知其代管国家驻华使领馆；无代管国家、代管国家不明的，可以不通知；

（三）双边领事条约规定通知时限的，应当在规定的期限内通知；没有规定无双边领事条约规定的，应当根据或者参照《维也纳领事关系公约》和国际惯例尽快通知，至迟不得超过7日；

（四）双边领事条约没有规定必须通知，外国籍当事人要求不通知其国籍国驻华使领馆的，可以不通知，但应当由其本人出具书面声明。

高级人民法院向外国驻华使领馆通知有关事项，必要时，可以请人民政府外事主管部门协助。

第481条 人民法院受理涉外刑事案件后，应当告知在押的外国籍被告人享有与其国籍国驻华使领馆联系、与其监护人、近亲属会见、通信，以及请求人民法院提供翻译的权利。

第482条 涉外刑事案件审判期间，外国籍被告人在押，其国籍国驻华使领馆官员要求探视的，可以向受理案件的人民法院所在地的高级人民法院提出。人民法院应当根据我国与被告人国籍国签订的双边领事条约规定的时限予以安排；没有条约规定的，应当尽快安排。必要时，可以请人民政府外事主管部门协助。

涉外刑事案件审判期间，外国籍被告人在押，其监护人、近亲属申请会见的，可以向受理案件的人民法院所在地的高级人民法院提出，并依照本解释第486条的规定提供与被告人关系的证明。人民法院经审查认为不妨碍案件审判的，可以批准。

被告人拒绝接受探视、会见的，可以不予安排，但应当由其本人出具书面声明。拒绝出具书面声明的，应当记录在案；必要时，应当录音录像。

探视、会见被告人应当遵守我国法律规定。

第483条　人民法院审理涉外刑事案件，应当公开进行，但依法不应公开审理的除外。

公开审理的涉外刑事案件，外国籍当事人国籍国驻华使领馆官员要求旁听的，可以向受理案件的人民法院所在地的高级人民法院提出申请，人民法院应当安排。

第487条　对涉外刑事案件的被告人，可以决定限制出境；对开庭审理案件时必须到庭的证人，可以要求暂缓出境。作出限制出境的决定，应当通报同级公安机关或者国家安全机关；限制外国人出境的，应当同时通报同级人民政府外事主管部门和当事人国籍国驻华使、领馆。

人民法院决定限制外国人和中国公民出境的，应当书面通知被限制出境的人在案件审理终结前不得离境，并可以采取扣留护照或者其他出入境证件的办法限制其出境；扣留证件的，应当履行必要手续，并发给本人扣留证件的证明。

需要对外国人和中国公民在口岸采取边控措施的，受理案件的人民法院应当按照规定制作边控对象通知书，并附有关法律文书，层报高级人民法院办理交控手续。紧急情况下，需要采取临时边控措施的，受理案件的人民法院可以先向有关口岸所在地出入境边防检查机关交控，但应当在7日以内按照规定层报高级人民法院办理手续。①

第490条　涉外刑事案件审理过程中的其他事项事宜，依照法律、司法解释和其他有关规定办理。

【海警局令〔2023〕1号】　海警机构办理刑事案件程序规定（2023年5月15日审议通过，2023年6月15日起施行）（主文见本书第308条）

第10章　涉外案件办理

第317条　海警机构办理外国人犯罪的刑事案件，应当严格按照我国法律、法规、规章，维护国家主权和利益，并在对等互惠原则的基础上，履行我国所承担的国际条约义务。

第318条　外国籍犯罪嫌疑人在刑事诉讼中，享有我国法律规定的诉讼权利，并承担相应的义务。

第319条　外国籍犯罪嫌疑人的国籍，根据其入境时持用的有效证件确认；国籍不明的，通过公安机关出入境管理部门协助查明；国籍确实无法查明的，以无国籍人对待。

第320条　确认外国籍犯罪嫌疑人身份，可以依照有关国际条约或者通过国际合作渠道办理。确实无法查明的，可以按其自报的姓名移送人民检察院审查起诉。

第321条　海警机构发现外国籍犯罪嫌疑人享有外交或者领事特权和豁免权的，应当在48小时以内层报中国海警局，同时通报相应人民政府外事主管部门，由中国海警局商请外交部通过外交途径办理。

---

① 本款2012年规定为："对需要在边防检查站阻止外国人和中国公民出境的，受理案件的人民法院应当层报高级人民法院，由高级人民法院填写口岸阻止人员出境通知书，向同级公安机关办理交控手续。控制口岸不在本省、自治区、直辖市的，应当通过有关省、自治区、直辖市公安机关办理交控手续。紧急情况下，确有必要的，也可以先向边防检查站交控，再补办交控手续。"

第322条　海警机构办理外国人犯罪案件，应当使用中华人民共和国通用的语言文字。犯罪嫌疑人不通晓我国语言文字的，海警机构应当为他翻译；犯罪嫌疑人通晓我国语言文字，不需要他人翻译的，应当出具书面声明。

第323条　外国籍犯罪嫌疑人委托辩护人的，应当委托在中华人民共和国的律师事务所执业的律师。

外国籍犯罪嫌疑人在押的，其监护人、近亲属或者其国籍国驻华使馆、领馆可以代为委托辩护人；其监护人、近亲属代为委托的，应当提供与犯罪嫌疑人关系的有效证明。

第324条　发生重大或者可能引起外交交涉的外国人犯罪案件的，海警机构应当及时将案件受理、办理情况层报中国海警局，同时通报省级人民政府外事主管部门。必要时，由中国海警局商外交部将案件情况通知我国驻外使馆、领馆。

第325条　海警机构对外国籍犯罪嫌疑人依法作出取保候审、监视居住决定或者执行拘留、逮捕后，应当在48小时以内层报中国海警局，同时通报相应人民政府外事主管部门。

第326条　对外国籍犯罪嫌疑人依法作出取保候审、监视居住决定或者执行拘留、逮捕后，由省级海警局根据有关规定，将其姓名、性别、护照或者证件号码，入境时间，案件发生的时间、地点，涉嫌犯罪的主要事实，已采取的强制措施及其法律依据等，通知该外国人所属国家的驻华使馆、领馆，同时报告中国海警局。

外国人在海警机构侦查期间死亡的，有关省级海警局应当通知该外国人国籍国的驻华使馆、领馆，同时报告中国海警局。

未在华设立使馆、领馆的国家，可以通知其代管国家的驻华使馆、领馆；无代管国家或者代管国家不明的，可以不予通知。

第327条　海警机构侦查终结前，外国驻华外交、领事官员要求探视被海警机构监视居住、拘留、逮捕的本国公民的，应当向省级海警局提出。海警机构应当在双边领事条约规定的时限以内予以安排；没有条约规定的，应当尽快安排。

在海警机构侦查羁押期间，外国籍犯罪嫌疑人的监护人、近亲属申请会见的，应当向省级海警局提出，并提供与犯罪嫌疑人关系的证明文件。证明文件应当经犯罪嫌疑人监护人、近亲属所在国公证机关公证，所在国中央外交主管机关或者其授权机关认证，并经中华人民共和国驻该国使馆、领馆认证，或者履行中华人民共和国与该所在国订立的有关条约中规定的证明手续，但我国与该国之间有互免认证协定的除外。海警机构经审核认为不影响案件侦办的，可以批准。

外国籍犯罪嫌疑人拒绝探视、会见的，可以不予安排，但应当由其本人出具书面声明。拒绝出具书面证明的，应当记录在案；必要时，应当录音录像。

探视、会见外国籍犯罪嫌疑人应当遵守我国法律规定。

第328条　在海警机构侦查羁押期间，经省级海警局负责人批准，外国籍犯罪嫌疑人可以与外界通信。

第329条　办理外国人犯罪案件，本章未规定的，适用本规定其他各章的有关规定。

第330条　办理无国籍人犯罪案件，适用办理外国人犯罪案件有关规定。

中共中央办公厅、国务院办公厅关于依法从严打击证券违法活动的意见（2020年11月2日中央全面深化改革委员会［第16次］通过，2021年7月6日公布）

（十九）加强跨境监管合作。完善数据安全、跨境数据流动、涉密信息管理等相关法律法规。抓紧修订关于加强在境外发行证券与上市相关保密和档案管理工作的规定，压实境外上市公司信息安全主体责任。加强跨境信息提供机制与流程的规范管理。坚持依法和对等原则，进一步深化跨境审计监管合作。探索加强国际证券执法协作的有效路径和方式，积极参与国际金融治理，推动建立打击跨境证券违法犯罪行为的执法联盟。

第18条[①] 【国际司法协助】根据中华人民共和国缔结或者参加的国际条约，或者按照互惠原则，我国司法机关和外国司法机关可以相互请求刑事司法协助。[②]

● 相关规定　【主席令〔2000〕42号】　中华人民共和国引渡法（2000年12月28日全国人大常委会〔9届19次〕通过）

第4条　中华人民共和国和外国之间的引渡，通过外交途径联系。中华人民共和国外交部为指定的进行引渡的联系机关。

引渡条约对联系机关有特别规定的，依照条约规定。

第5条　办理引渡案件，可以根据情况，对被请求引渡人采取引渡拘留、引渡逮捕或者引渡监视居住的强制措施。

第6条　本法下列用语的含义是：

（一）"被请求引渡人"是指请求国向被请求国请求准予引渡的人；

（二）"被引渡人"是指从被请求国引渡到请求国的人；

（三）"引渡条约"是指中华人民共和国与外国缔结或者共同参加的引渡条约或者载有引渡条款的其他条约。

第7条　外国向中华人民共和国提出的引渡请求必须同时符合下列条件，才能准予引渡：（一）引渡请求所指的行为，依照中华人民共和国法律和请求国法律均构成犯罪；（二）为了提起刑事诉讼而请求引渡的，根据中华人民共和国法律和请求国法律，对于引渡请求所指的犯罪均可判处1年以上有期徒刑或者其他更重的刑罚；为了执行刑罚而请求引渡的，在提出引渡请求时，被请求引渡人尚未服完的刑期至少为6个月。

对于引渡请求中符合前款第一项规定的多种犯罪，只要其中有1种犯罪符合前款第二项的规定，就可以对上述各种犯罪准予引渡。

第8条　外国向中华人民共和国提出的引渡请求，有下列情形之一的，应当拒绝引渡：

（一）根据中华人民共和国法律，被请求引渡人具有中华人民共和国国籍的；

（二）在收到引渡请求时，中华人民共和国的司法机关对于引渡请求所指的犯罪已经作出生效判决，或者已经终止刑事诉讼程序的；

（三）因政治犯罪而请求引渡的，或者中华人民共和国已经给予被请求引渡人受庇护权利的；

---

① 本条规定由1996年3月17日全国人大〔8届4次〕增设，1997年1月1日起施行。

② 资料：1988年6月7日，时任最高人民检察院检察长刘复之、副检察长王晓光与波兰总检察长约瑟夫·热塔签署两国检察机关合作议定书，这是最高人民检察院与外国检察机关签署的第一个合作协议。见 https://www.spp.gov.cn/zdgz/201811/t20181127_400434.shtml，最后访问时间：2024年4月11日。

（四）被请求引渡人可能因其种族、宗教、国籍、性别、政治见解或者身份等方面的原因而被提起刑事诉讼或者执行刑罚，或者被请求引渡人在司法程序中可能由于上述原因受到不公正待遇的；

（五）根据中华人民共和国或者请求国法律，引渡请求所指的犯罪纯属军事犯罪的；

（六）根据中华人民共和国或者请求国法律，在收到引渡请求时，由于犯罪已过追诉时效期限或者被请求引渡人已被赦免等原因，不应当追究被请求引渡人的刑事责任的；

（七）被请求引渡人在请求国曾经遭受或者可能遭受酷刑或其他残忍、不人道或者侮辱人格的待遇或者处罚的；

（八）请求国根据缺席判决提出引渡请求的。但请求国承诺在引渡后对被请求引渡人给予在其出庭的情况下进行重新审判机会的除外。

第9条　外国向中华人民共和国提出的引渡请求，有下列情形之一的，可以拒绝引渡：

（一）中华人民共和国对于引渡请求所指的犯罪具有刑事管辖权，并且对被请求引渡人正在进行刑事诉讼或者准备提起刑事诉讼的；

（二）由于被请求引渡人的年龄、健康等原因，根据人道主义原则不宜引渡的。

第10条　请求国的引渡请求应当向中华人民共和国外交部提出。

第14条　请求国请求引渡，应当作出如下保证：

（一）请求国不对被引渡人在引渡前实施的其他未准予引渡的犯罪追究刑事责任，也不将该人再引渡给第三国。但经中华人民共和国同意，或者被引渡人在其引渡罪行诉讼终结、服刑期满或者提前释放之日起30日内没有离开请求国，或者离开后又自愿返回的除外；

（二）请求国提出请求后撤销、放弃引渡请求，或者提出引渡请求错误的，由请求国承担因请求引渡对被请求引渡人造成损害的责任。

第15条　在没有引渡条约的情况下，请求国应当作出互惠的承诺。

第20条　外国提出正式引渡请求前被请求引渡人已经被引渡拘留的，最高人民法院接到引渡请求书及其所附文件和材料后，应当将引渡请求书及其所附文件和材料及时转交有关高级人民法院进行审查。

外国提出正式引渡请求前被请求引渡人未被引渡拘留的，最高人民法院接到引渡请求书及其所附文件和材料后，通知公安部查找被请求引渡人。公安机关查找到被请求引渡人后，应当根据情况对被请求引渡人予以引渡拘留或者引渡监视居住，由公安部通知最高人民法院。最高人民法院接到公安部的通知后，应当及时将引渡请求书及其所附文件和材料转交有关高级人民法院进行审查。

公安机关经查找后，确认被请求引渡人不在中华人民共和国境内或者查找不到被请求引渡人的，公安部应当及时通知最高人民法院。最高人民法院接到公安部的通知后，应当及时将查找情况通知外交部，由外交部通知请求国。

第21条　最高人民检察院经审查，认为引渡请求所指的犯罪或者被请求引渡人的其他犯罪，应当由我国司法机关追诉，但尚未提起刑事诉讼的，应当自收到引渡请求书及其所附文件和材料之日起1个月内，将准备提起刑事诉讼的意见分别告知最高人民法院和外交部。

第22条　高级人民法院根据本法和引渡条约关于引渡条件等有关规定，对请求国的引渡请求进行审查，由审判员3人组成合议庭进行。

第23条　高级人民法院审查引渡案件，应当听取被请求引渡人的陈述及其委托的中国律师的意见。高级人民法院应当在收到最高人民法院转来的引渡请求书之日起 10 日内将引渡请求书副本发送被请求引渡人。被请求引渡人应当在收到之日起 30 日内提出意见。

第 24 条　高级人民法院经审查后，应当分别作出以下裁定：

（一）认为请求国的引渡请求符合本法和引渡条约规定的，应当作出符合引渡条件的裁定。如果被请求引渡人具有本法第 42 条规定的暂缓引渡情形的，裁定中应当予以说明；

（二）认为请求国的引渡请求不符合本法和引渡条约规定的，应当作出不引渡的裁定。

根据请求国的请求，在不影响中华人民共和国领域内正在进行的其他诉讼，不侵害中华人民共和国领域内任何第三人的合法权益的情况下，可以在作出符合引渡条件的裁定的同时，作出移交与案件有关财物的裁定。

第 25 条　高级人民法院作出符合引渡条件或者不引渡的裁定后，应当向被请求引渡人宣读，并在作出裁定之日起 7 日内将裁定书连同有关材料报请最高人民法院复核。

被请求引渡人对高级人民法院作出符合引渡条件的裁定不服的，被请求引渡人及其委托的中国律师可以在人民法院向被请求引渡人宣读裁定之日起 10 日内，向最高人民法院提出意见。

第 26 条　最高人民法院复核高级人民法院的裁定，应当根据下列情形分别处理：

（一）认为高级人民法院作出的裁定符合本法和引渡条约规定的，应当对高级人民法院的裁定予以核准；

（二）认为高级人民法院作出的裁定不符合本法和引渡条约规定的，可以裁定撤销，发回原审人民法院重新审查，也可以直接作出变更的裁定。

第 27 条　人民法院在审查过程中，在必要时，可以通过外交部要求请求国在 30 日内提供补充材料。

第 28 条　最高人民法院作出核准或者变更的裁定后，应当在作出裁定之日起 7 日内将裁定书送交外交部，并同时送达被请求引渡人。

最高人民法院核准或者作出不引渡裁定的，应当立即通知公安机关解除对被请求引渡人采取的强制措施。

第 29 条　外交部接到最高人民法院不引渡的裁定后，应当及时通知请求国。

外交部接到最高人民法院符合引渡条件的裁定后，应当报送国务院决定是否引渡。

国务院决定不引渡的，外交部应当及时通知请求国。人民法院应当立即通知公安机关解除对被请求引渡人采取的强制措施。

第 30 条（第 1 款）　对于外国正式提出引渡请求前，因紧急情况申请对将被请求引渡的人采取羁押措施的，公安机关可以根据外国的申请采取引渡拘留措施。

第 31 条　公安机关根据本法第 30 条的规定对被请求人采取引渡拘留措施，对于向公安部提出申请的，公安部应当将执行情况及时通知对方，对于通过外交途径提出申请的，公安部将执行情况通知外交部，外交部应当及时通知请求国。通过上述途径通知时，对于被请求人已被引渡拘留的，应当同时告知提出正式引渡请求的期限。

公安机关采取引渡拘留措施后 30 日内外交部没有收到外国正式引渡请求的，应当撤销引渡拘留，经该外国请求，上述期限可以延长 15 日。

对根据本条第 2 款撤销引渡拘留的，请求国可以在事后对同一犯罪正式提出引渡该人的请求。

第32条　高级人民法院收到引渡请求书及其所附文件和材料后，对于不采取引渡逮捕措施可能影响引渡正常进行的，应当及时作出引渡逮捕的决定。对被请求引渡人不采取引渡逮捕措施的，应当及时作出引渡监视居住的决定。

第33条　引渡拘留、引渡逮捕、引渡监视居住由公安机关执行。

第34条　采取引渡强制措施的机关应当在采取引渡强制措施后24小时内对被采取引渡强制措施的人进行讯问。

被采取引渡强制措施的人自被采取引渡强制措施之日起，可以聘请中国律师为其提供法律帮助。公安机关在执行引渡强制措施时，应当告知被采取引渡强制措施的人享有上述权利。

第35条　对于应当引渡逮捕的被请求引渡人，如果患有严重疾病，或者是正在怀孕、哺乳自己婴儿的妇女，可以采取引渡监视居住措施。

第36条　国务院作出准予引渡决定后，应当及时通知最高人民法院。如果被请求引渡人尚未被引渡逮捕的，人民法院应当立即决定引渡逮捕。

第37条　外国撤销、放弃引渡请求的，应当立即解除对被请求引渡人采取的引渡强制措施。

第38条　引渡由公安机关执行。对于国务院决定准予引渡的，外交部应当及时通知公安部，并通知请求国与公安部约定移交被请求引渡人的时间、地点、方式以及执行引渡有关的其他事宜。

第39条　对于根据本法第38条的规定执行引渡的，公安机关应当根据人民法院的裁定，向请求国移交与案件有关的财物。

因被请求引渡人死亡、逃脱或者其他原因而无法执行引渡时，也可以向请求国移交上述财物。

第40条　请求国自约定的移交之日起15日内不接收被请求引渡人的，应当视为自动放弃引渡请求。公安机关应当立即释放被请求引渡人，外交部可以不再受理该国对同一犯罪再次提出的引渡该人的请求。

请求国在上述期限内因无法控制的原因不能接收被请求引渡人的，可以申请延长期限，但最长不得超过30日，也可以根据本法第38条的规定重新约定移交事宜。

第41条　被引渡人在请求国的刑事诉讼终结或者服刑完毕之前逃回中华人民共和国的，可以根据请求国再次提出的相同的引渡请求准予重新引渡，无需请求国提交本章第二节规定的文件和材料。

第42条　国务院决定准予引渡时，对于中华人民共和国司法机关正在对被请求引渡人由于其他犯罪进行刑事诉讼或者执行刑罚的，可以同时决定暂缓引渡。

第43条　如果暂缓引渡可能给请求国的刑事诉讼造成严重障碍，在不妨碍中华人民共和国领域内正在进行的刑事诉讼，并且请求国保证在完成有关诉讼程序后立即无条件送回被请求引渡人的情况下，可以根据请求国的请求，临时引渡该人。

临时引渡的决定，由国务院征得最高人民法院或者最高人民检察院的同意后作出。

第47条　请求外国准予引渡或者引渡过境的，应当由负责办理有关案件的省、自治区或者直辖市的审判、检察、公安、国家安全或者监狱管理机关分别向最高人民法院、最高人民检察院、公安部、国家安全部、司法部提出意见书，并附有关文件和材料及其经证明无误的译文。最高人民法院、最高人民检察院、公安部、国家安全部、司法部分别会同外交部审核同意后，通过外交部向外国提出请求。

第48条　在紧急情况下，可以在向外国正式提出引渡请求前，通过外交途径或者被请求国同意的其他途径，请求外国对有关人员先行采取强制措施。

第50条　被请求国就准予引渡附加条件的，对于不损害中华人民共和国主权、国家利益、公共利益的，可以由外交部代表中华人民共和国政府向被请求国作出承诺。对于限制追诉的承诺，由最高人民检察院决定；对于量刑的承诺，由最高人民法院决定。

在对被引渡人追究刑事责任时，司法机关应当受所作出的承诺的约束。

【主席令〔2018〕13号】　**中华人民共和国国际刑事司法协助法**（2018年10月26日全国人大常委会〔13届6次〕通过）

第2条　本法所称国际刑事司法协助，是指中华人民共和国和外国在刑事案件调查、侦查、起诉、审判和执行等活动中相互提供协助，包括送达文书，调查取证，安排证人作证或者协助调查，查封、扣押、冻结涉案财物，没收、返还违法所得及其他涉案财物，移管被判刑人以及其他协助。

第4条　中华人民共和国和外国按照平等互惠原则开展国际刑事司法协助。

国际刑事司法协助不得损害中华人民共和国的主权、安全和社会公共利益，不得违反中华人民共和国法律的基本原则。

非经中华人民共和国主管机关同意，外国机构、组织和个人不得在中华人民共和国境内进行本法规定的刑事诉讼活动，中华人民共和国境内的机构、组织和个人不得向外国提供证据材料和本法规定的协助。

第6条　国家监察委员会、最高人民法院、最高人民检察院、公安部、国家安全部等部门是开展国际刑事司法协助的主管机关，按照职责分工，审核向外国提出的刑事司法协助请求，审查处理对外联系机关转递的外国提出的刑事司法协助请求，承担其他与国际刑事司法协助相关的工作。在移管被判刑人案件中，司法部按照职责分工，承担相应的主管机关职责。

办理刑事司法协助相关案件的机关是国际刑事司法协助的办案机关，负责向所属主管机关提交需要向外国提出的刑事司法协助请求、执行所属主管机关交办的外国提出的刑事司法协助请求。

第8条　中华人民共和国和外国相互执行刑事司法协助请求产生的费用，有条约规定的，按照条约承担；没有条约或者条约没有规定的，按照平等互惠原则通过协商解决。

第10条　向外国的刑事司法协助请求书，应当依照刑事司法协助条约的规定提出；没有条约或者条约没有规定的，可以参照本法第13条的规定提出；被请求国有特殊要求的，在不违反中华人民共和国法律的基本原则的情况下，可以按照被请求国的特殊要求提出。

请求书及所附材料应当以中文制作，并附有被请求国官方文字的译文。①

第11条　被请求国就执行刑事司法协助请求提出附加条件，不损害中华人民共和国的主权、安全和社会公共利益的，可以由外交部作出承诺。被请求国明确表示对外联系机关作

---

① 注：2021年7月19日最高法印发《人民法院组织机构、职务名称、工作场所英译名》（法〔2021〕184号），同时废止《关于规范法院名称及法院工作人员职务英译名的通知》（法外〔2004〕230号）。

出的承诺充分有效的，也可以由对外联系机关作出承诺。对于限制追诉的承诺，由最高人民检察院决定；对于量刑的承诺，由最高人民法院决定。

在对涉案人员追究刑事责任时，有关机关应当受所作出的承诺的约束。

第 13 条 外国向中华人民共和国提出刑事司法协助请求的，应当依照刑事司法协助条约的规定提出请求书。没有条约或者条约没有规定的，应当在请求书中载明下列事项并附相关材料：（一）请求机关的名称；（二）案件性质、涉案人员基本信息及犯罪事实；（三）本案适用的法律规定；（四）请求的事项和目的；（五）请求的事项与案件之间的关联性；（六）希望请求得以执行的期限；（七）其他必要的信息或者附加的要求。

在没有刑事司法协助条约的情况下，请求国应当作出互惠的承诺。

请求书及所附材料应当附有中文译文。

第 14 条 外国向中华人民共和国提出的刑事司法协助请求，有下列情形之一的，可以拒绝提供协助：（一）根据中华人民共和国法律，请求针对的行为不构成犯罪；（二）在收到请求时，在中华人民共和国境内对于请求针对的犯罪正在进行调查、侦查、起诉、审判，已经作出生效判决，终止刑事诉讼程序，或者犯罪已过追诉时效期限；（三）请求针对的犯罪属于政治犯罪；（四）请求针对的犯罪纯属军事犯罪；（五）请求的目的是基于种族、民族、宗教、国籍、性别、政治见解或者身份等方面的原因而进行调查、侦查、起诉、审判、执行刑罚，或者当事人可能由于上述原因受到不公正待遇；（六）请求的事项与请求协助的案件之间缺乏实质性联系；（七）其他可以拒绝的情形。

第 16 条 主管机关收到对外联系机关转交的刑事司法协助请求书及所附材料后，应当进行审查，并分别作出以下处理：（一）根据本法和刑事司法协助条约的规定认为可以协助执行的，作出决定并安排有关办案机关执行；（二）根据本法第 4 条、第 14 条或者刑事司法协助条约的规定，认为应当全部或者部分拒绝协助的，将请求书及所附材料退回对外联系机关并说明理由；（三）对执行请求有保密要求或者有其他附加条件的，通过对外联系机关向外国提出，在外国接受条件并且作出书面保证后，决定附条件执行；（四）需要补充材料的，书面通知对外联系机关要求请求国在合理期限内提供。

执行请求可能妨碍中华人民共和国有关机关正在进行的调查、侦查、起诉、审判或者执行的，主管机关可以决定推迟协助，并将推迟协助的决定和理由书面通知对外联系机关。

外国对执行其请求有保密要求或者特殊程序要求的，在不违反中华人民共和国法律的基本原则的情况下，主管机关可以按照其要求安排执行。

第 18 条 外国请求将通过刑事司法协助取得的证据材料用于请求针对的案件以外的其他目的的，对外联系机关应当转交主管机关，由主管机关作出是否同意的决定。

第 19 条 对外联系机关收到主管机关的有关通知或者执行结果后，应当及时转交或者转告请求国。

对于中华人民共和国提供刑事司法协助的案件，主管机关可以通过对外联系机关要求外国通报诉讼结果。

外国通报诉讼结果的，对外联系机关收到相关材料后，应当及时转交或者转告主管机关，涉及对中华人民共和国公民提起刑事诉讼的，还应当通知外交部。

第 20 条 办案机关需要外国协助送达传票、通知书、起诉书、判决书和其他司法文书的，应当制作刑事司法协助请求书并附相关材料，经所属主管机关审核同意后，由对外联系机关及时向外国提出请求。

第 22 条 外国可以请求中华人民共和国协助送达传票、通知书、起诉书、判决书和其他司法文书。中华人民共和国协助送达司法文书，不代表对外国司法文书法律效力的承认。

请求协助送达出庭传票的，应当按照有关条约规定的期限提出。没有条约或者条约没有规定的，应当至迟在开庭前 3 个月提出。

对于要求中华人民共和国公民接受讯问或者作为被告人出庭的传票，中华人民共和国不负有协助送达的义务。

第 24 条 负责执行协助送达文书的人民法院或者其他办案机关，应当及时将执行结果通过所属主管机关告知对外联系机关，由对外联系机关告知请求国。除无法送达的情形外，应当附有受送达人签收的送达回执或者其他证明文件。

第 56 条 向外国移管被判刑人应当符合下列条件：（一）被判刑人是该国国民；（二）对被判刑人判处刑罚所针对的行为根据该国法律也构成犯罪；（三）对被判刑人判处刑罚的判决已经发生法律效力；（四）被判刑人书面同意移管，或者因被判刑人年龄、身体、精神等状况确有必要，经其代理人书面同意移管；（五）中华人民共和国和该国均同意移管。

有下列情形之一的，可以拒绝移管：（一）被判刑人被判处死刑缓期执行或者无期徒刑，但请求移管时已经减为有期徒刑的除外；（二）在请求移管时，被判刑人剩余刑期不足 1 年；（三）被判刑人在中华人民共和国境内存在尚未了结的诉讼；（四）其他不宜移管的情形。

第 60 条 移管被判刑人由主管机关指定刑罚执行机关执行。移交被判刑人的时间、地点、方式等执行事项，由主管机关与外国协商确定。

第 61 条 被判刑人移管后对原生效判决提出申诉的，应当向中华人民共和国有管辖权的人民法院提出。

人民法院变更或者撤销原生效判决的，应当及时通知外国。

第 63 条 被判刑人移管回国后，由主管机关指定刑罚执行机关先行关押。

第 64 条 人民检察院应当制作刑罚转换申请书并附相关材料，提请刑罚执行机关所在地的中级人民法院作出刑罚转换裁定。

人民法院应当依据外国法院判决认定的事实，根据刑法规定，作出刑罚转换裁定。对于外国法院判处的刑罚性质和期限符合中华人民共和国法律规定的，按照其判处的刑罚和期限予以转换；对于外国法院判处的刑罚性质和期限不符合中华人民共和国法律规定的，按照下列原则确定刑种、刑期：（一）转换后的刑罚应当尽可能与外国法院判处的刑罚相一致；（二）转换后的刑罚在性质上或者刑期上不得重于外国法院判处的刑罚，也不得超过中华人民共和国刑法对同类犯罪所规定的最高刑期；（三）不得将剥夺自由的刑罚转换为财产刑；（四）转换后的刑罚不受中华人民共和国刑法对同类犯罪所规定的最低刑期的约束。

被判刑人回国服刑前被羁押的，羁押 1 日折抵转换后的刑期 1 日。

人民法院作出的刑罚转换裁定，是终审裁定。

第 65 条 刑罚执行机关根据刑罚转换裁定将移管回国的被判刑人收监执行刑罚。刑罚执行以及减刑、假释、暂予监外执行等，依照中华人民共和国法律办理。

第 66 条 被判刑人移管回国后对外国法院判决的申诉，应当向外国有管辖权的法院提出。

第 67 条 中华人民共和国与有关国际组织开展刑事司法协助，参照本法规定。

【本书注】 我国签署的含有刑事司法协助内容的国际条约如下：（截至 2023 年 12 月 31 日）

《中华人民共和国和×××引渡条约》			
签署对象	签署日期	签署地点	全国人大常委会批准	生效日期
泰王国	1993.08.26	北京	1994.03.05，8 届 6 次	1999.03.07
白俄罗斯共和国	1995.06.22	明斯克	1996.03.01，8 届 18 次	1998.05.07
俄罗斯联邦	1995.06.26	莫斯科	1996.03.01，8 届 18 次	1997.01.10
保加利亚共和国	1996.05.20	北京	1997.02.23，8 届 24 次	1997.07.03
罗马尼亚	1996.07.01	布加勒斯特	1997.02.23，8 届 24 次	1999.01.16
哈萨克斯坦共和国	1996.07.05	阿拉木图	1997.02.23，8 届 24 次	1998.02.10
蒙古国	1997.08.19	乌兰巴托	1998.06.26，9 届 3 次	1999.01.10
吉尔吉斯共和国	1998.04.27	北京	1998.11.04，9 届 5 次	2004.04.27
乌克兰	1998.12.10	北京	1999.06.28，9 届 10 次	2000.07.13
柬埔寨王国	1999.02.09	北京	2000.03.01，9 届 14 次	2000.12.13
乌兹别克斯坦共和国	1999.11.08	北京	2000.07.08，9 届 16 次	2000.09.29
大韩民国	2000.10.18	汉城（首尔）	2001.12.29，9 届 25 次	2002.04.12
菲律宾共和国	2001.10.31	北京	2005.07.01，10 届 16 次	2006.03.12
秘鲁共和国	2001.11.05	北京	2002.10.28，9 届 30 次	2003.04.05
突尼斯共和国	2001.11.19	北京	2002.10.28，9 届 30 次	2005.12.29
南非共和国	2001.12.10	北京	2002.12.28，9 届 31 次	2004.11.17
老挝人民民主共和国	2002.02.04	北京	2002.08.29，9 届 29 次	2003.08.13
阿拉伯联合酋长国	2002.05.13	北京	2002.12.28，9 届 31 次	2004.05.24
立陶宛共和国	2002.06.17	北京	2002.12.28，9 届 31 次	2003.06.21
巴基斯坦伊斯兰共和国	2003.11.03	北京	2005.10.27，10 届 18 次	2008.01.10
莱索托王国	2003.11.06	北京	2004.10.27，10 届 12 次	2005.10.30
巴西联邦共和国	2004.11.12	巴西利亚	2006.04.29，10 届 21 次	2014.08.16
阿塞拜疆共和国	2005.03.17	北京	2006.10.31，10 届 24 次	2010.12.01
西班牙王国	2005.11.14	马德里	2006.04.29，10 届 21 次	2007.04.04
纳米比亚共和国	2005.12.19	北京	2007.04.27，10 届 27 次	2009.09.19
安哥拉共和国	2006.06.20	罗安达	2007.04.27，10 届 27 次	2013.10.17
阿尔及利亚民主人民共和国	2006.11.06	北京	2008.06.26，11 届 3 次	2009.09.22
葡萄牙共和国	2007.01.31	北京	2008.10.28，11 届 5 次	2009.07.25
法兰西共和国	2007.03.20	巴黎	2008.04.24，11 届 2 次	2015.07.17
澳大利亚	2007.09.06	悉尼	2008.04.24，11 届 2 次	
墨西哥合众国	2008.07.11	北京	2009.02.28，11 届 7 次	2012.07.07
印度尼西亚共和国	2009.07.01	北京	2010.04.29，11 届 14 次	2018.01.19
意大利共和国	2010.10.07	罗马	2011.12.31，11 届 24 次	2015.12.13

续表

签署对象	签署日期	签署地点	全国人大常委会批准	生效日期
伊朗伊斯兰共和国	2012.09.10	德黑兰	2014.12.28，12届12次	2017.01.14
波斯尼亚和黑塞哥维那	2012.12.20	北京	2014.06.27，12届9次	2014.10.12
阿根廷共和国	2013.05.10	布宜诺斯艾利斯	2017.06.27，12届28次	
阿富汗伊斯兰共和国	2013.09.27	北京	2014.12.28，12届12次	2017.05.23
埃塞俄比亚联邦民主共和国	2014.05.04	斯亚贝巴	2017.06.27，12届28次	2017.12.02
塔吉克斯坦共和国	2014.09.13	杜尚别	2016.11.07，12届24次	2017.01.18
越南社会主义共和国	2015.04.07	北京	2019.08.26，13届12次	2019.12.12
智利共和国	2015.05.25	圣地亚哥	2021.10.23，13届31次	2022.02.26
巴巴多斯	2016.03.23	布里奇顿	2018.08.31，13届5次	2019.01.10
格林纳达	2016.03.24	圣乔治	2018.10.26，13届6次	2019.01.10
斯里兰卡民主社会主义共和国	2016.04.07	北京	2019.08.26，13届12次	
摩洛哥王国	2016.05.11	北京	2021.01.22，13届25次	2021.04.16
刚果共和国	2016.07.05	北京	2022.10.30，13届37次	
比利时王国	2016.10.31	北京	2020.10.17，13届22次	2020.12.26
厄瓜多尔共和国	2016.11.17	基多	2023.09.01，14届5次	
土耳其共和国	2017.05.13	北京	2020.12.26，13届24次	
肯尼亚共和国	2017.05.15	北京	2022.12.30，13届38次	
塞浦路斯共和国	2018.06.29	北京	2020.10.17，13届22次	
塞内加尔共和国	2018.07.21			
毛里求斯共和国	2018.09.02	北京	2023.10.24，14届6次	
津巴布韦共和国	2018.09.05			
巴拿马共和国	2018.12.03			
乌拉圭东岸共和国	2019.04.29	北京	2022.12.30，13届38次	
亚美尼亚共和国	2019.05.26	埃里温	2022.12.30，13届38次	
希腊共和国	2019.11.11	雅典		
苏里南共和国	2019.11.27	北京		
博茨瓦纳共和国	2021.09.02	哈博罗内	2023.12.29，14届7次	

《中华人民共和国和×××关于移管被判刑人的条约》

签署对象	签署日期	签署地点	全国人大常委会批准	生效日期
乌克兰	2001.07.21	基辅	2002.04.28，9届27次	2002.10.12
俄罗斯联邦	2002.12.02	北京	2003.12.27，10届6次	2006.12.09
西班牙王国	2005.11.14	马德里	2006.06.29，10届22次	2007.04.04
葡萄牙共和国	2007.01.31	北京	2007.12.29，10届31次	2009.10.15
澳大利亚	2007.09.06	悉尼	2009.04.24，11届8次	2011.11.09

续表

签署对象	签署日期	签署地点	全国人大常委会批准	生效日期
大韩民国	2008.05.27	北京	2009.04.24，11届8次	2009.08.05
哈萨克斯坦共和国	2011.02.22	北京	2015.07.01，12届15次	2015.09.30
蒙古国	2011.06.16	北京	2014.06.27，12届9次	2014.09.20
泰王国	2011.12.22	曼谷	2012.10.26，11届29次	2012.12.21
吉尔吉斯共和国	2012.06.05	北京	2013.12.28，12届6次	2014.06.17
伊朗伊斯兰共和国	2012.09.10	德黑兰	2015.12.27，12届18次	2017.01.15
塔吉克斯坦共和国	2014.09.13	杜尚别	2017.04.27，12届27次	2017.07.19
阿塞拜疆共和国	2015.12.10	北京	2019.04.23，13届10次	
比利时王国	2016.10.31	北京	2021.01.22，13届25次	2021.06.04
巴基斯坦伊斯兰共和国	2018.11.03	北京	2020.04.29，13届17次	
哥伦比亚共和国	2019.07.31	北京	2023.10.24，14届6次	

《中华人民共和国和×××关于刑事司法协助的条约》

签署对象	签署日期	签署地点	全国人大常委会批准	生效日期
加拿大	1994.07.29	北京	1995.02.28，8届12次	1995.07.01
保加利亚共和国	1995.04.07	索非亚	1995.10.23，8届16次	1996.05.27
大韩民国	1998.11.12	北京	1999.06.28，9届10次	2000.03.24
哥伦比亚共和国	1999.05.14	北京	2000.07.08，9届16次	2004.05.27
突尼斯共和国	1999.11.30	北京	2000.07.08，9届16次	2000.12.30
美利坚合众国政府	2000.06.19	北京	2000.12.28，9届19次	2001.03.08
印度尼西亚共和国	2000.07.24	雅加达	2001.02.28，9届20次	2006.07.28
菲律宾共和国	2000.10.16	北京	2001.04.28，9届21次	2012.11.17
爱沙尼亚共和国	2002.06.12	塔林	2002.12.28，9届31次	2011.03.11
南非共和国	2003.01.20	比勒陀利亚	2003.08.27，10届4次	2004.11.17
泰王国	2003.06.21	清迈	2003.12.27，10届6次	2005.02.20
拉脱维亚共和国	2004.04.15	北京	2005.07.01，10届16次	2005.09.18
巴西联邦共和国	2004.05.24	北京	2005.07.01，10届16次	2007.10.26
墨西哥合众国	2005.01.24	墨西哥城	2006.06.29，10届22次	2006.12.30
秘鲁共和国	2005.01.27	利马	2005.12.29，10届19次	2009.03.18
法兰西共和国政府	2005.04.18	巴黎	2006.04.29，10届21次	2007.09.20
西班牙王国	2005.07.21	北京	2006.04.29，10届21次	2007.04.15
葡萄牙共和国	2005.12.09	里斯本	2006.12.29，10届25次	2009.05.15
澳大利亚	2006.04.03	堪培拉	2006.10.31，10届24次	2007.03.28
新西兰	2006.04.06	惠灵顿	2007.06.29，10届28次	2008.01.01
纳米比亚共和国	2006.05.26	北京	2008.08.29，11届4次	2009.09.19

续表

签署对象	签署日期	签署地点	全国人大常委会批准	生效日期
阿尔及利亚民主人民共和国	2006.11.06	北京	2008.06.26，11届3次	2009.09.22
巴基斯坦伊斯兰共和国政府	2007.04.17	北京	2008.08.29，11届4次	2010.08.06
日本国	2007.12.01	北京	2008.08.29，11届4次	2008.11.23
阿拉伯联合酋长国	2008.04.03	北京	2008.12.27，11届6次	2011.05.14
委内瑞拉玻利瓦尔共和国	2008.09.24	北京	2009.04.24，11届8次	2009.06.12
马耳他	2009.02.22	瓦莱塔	2009.12.26，11届12次	2012.01.11
意大利共和国政府	2010.10.07	罗马	2011.12.31，11届24次	2015.08.16
阿根廷共和国	2012.06.25	布宜诺斯艾利斯	2014.04.24，12届8次	2015.03.06
波斯尼亚和黑塞哥维那	2012.12.18	北京	2014.06.27，12届9次	2014.10.12
大不列颠及北爱尔兰联合王国	2013.12.02	北京	2015.08.29，12届16次	2016.01.15
比利时王国	2014.03.31	北京	2015.08.29，12届16次	2016.04.22
斯里兰卡民主社会主义共和国	2014.09.16	科伦坡	2016.11.07，12届24次	2017.11.28
亚美尼亚共和国	2015.03.25	北京	2017.11.04，12届30次	2018.01.04
马来西亚政府	2015.11.23	布特拉加亚	2016.12.25，12届25次	2017.02.19
伊朗伊斯兰共和国	2016.01.23	德黑兰	2021.04.29，13届28次	2021.07.13
巴巴多斯	2016.03.23	布里奇顿	2019.04.23，13届10次	2019.07.20
格林纳达	2016.03.24	圣乔治	2018.10.26，13届6次	2019.01.10
摩洛哥王国	2016.05.11	北京	2022.10.30，13届37次	
刚果共和国	2016.07.05	北京	2022.10.30，13届37次	
肯尼亚共和国	2017.05.15	北京	2022.10.30，13届37次	
奥地利共和国	2018.04.08	北京		
塞内加尔共和国	2018.07.21	达喀尔	2023.12.29，14届7次	
毛里求斯共和国	2018.09.02	北京		
尼瓜多尔共和国	2018.12.12	北京	2022.10.30，13届37次	
尼泊尔	2019.10.12	加德满都		

《中华人民共和国和×××关于民事和刑事司法协助的条约/协定》

签署对象	签署日期	签署地点	全国人大常委会批准	生效日期
波兰人民共和国	1987.06.05	华沙	1987.09.05，6届22次	1988.01.13
蒙古人民共和国	1989.08.31	乌兰巴托	1990.06.28，7届14次	1990.10.29
罗马尼亚	1991.01.16	北京	1992.07.01，7届26次	1993.01.22
俄罗斯联邦	1992.06.19	北京	1992.12.28，7届29次	1993.11.14
乌克兰	1992.10.31	北京	1993.07.02，8届2次	1994.01.19
古巴共和国	1992.11.24	北京	1993.09.02，8届3次	1994.03.26
白俄罗斯共和国	1993.01.11	北京	1993.07.02，8届2次	1993.11.29

续表

签署对象	签署日期	签署地点	全国人大常委会批准	生效日期
哈萨克斯坦共和国	1993.01.14	北京	1993.07.02，8届2次	1995.07.11
希腊共和国	1994.10.17	雅典	1995.08.29，8届15次	1996.06.29
吉尔吉斯共和国	1996.07.04	比什凯克	1997.02.23，8届24次	1997.09.26
塔吉克斯坦共和国	1996.09.16	北京	1997.08.29，8届27次	1998.09.02
乌兹别克斯坦共和国	1997.12.11	北京	1998.04.29，9届2次	1998.08.29
越南社会主义共和国	1998.10.19	北京	1999.06.28，9届10次	1999.12.25
老挝人民民主共和国	1999.01.25	北京	2001.04.28，9届21次	2001.12.15
立陶宛共和国	2000.03.20	北京	2000.08.25，9届17次	2002.01.19
朝鲜民主主义人民共和国	2003.11.19	北京	2005.08.28，10届17次	2006.01.21

《中华人民共和国和×××关于民事、商事和刑事司法协助的条约》

签署对象	签署日期	签署地点	全国人大常委会批准	生效日期
土耳其共和国	1992.09.28	北京	1995.6.30，8届14次	1995.10.26
阿拉伯埃及共和国	1994.04.21	北京	1994.12.29，8届11次	1995.05.31
塞浦路斯共和国	1995.04.15	尼科西亚	1995.10.30，8届16次	1996.01.11

《中华人民共和国和×××关于打击恐怖主义、分裂主义和极端主义的合作协定》

签署对象	签署日期	签署地点	全国人大常委会批准	生效日期
吉尔吉斯共和国	2002.12.11	北京	2003.08.27，10届4次	2004.10.01
哈萨克斯坦共和国	2002.12.23	北京	2003.04.26，10届2次	2003.07.03
塔吉克斯坦共和国	2003.09.02	杜尚别	2004.10.27，10届12次	2006.02.07
乌兹别克斯坦共和国	2003.09.04	塔什干	2004.08.28，10届11次	2004.10.21
巴基斯坦伊斯兰共和国政府	2005.04.05	伊斯兰堡	2006.08.27，10届23次	2006.12.12
土库曼斯坦	2006.04.03	北京	2006.10.31，10届24次	2007.02.06
俄罗斯联邦	2010.09.27	北京	2011.12.31，11届24次	2017.03.28

《中华人民共和国政府和×××政府关于打击跨国犯罪的合作协议》

签署对象	签署日期	签署地点	全国人大常委会批准	生效日期
马来西亚	2012.08.02	北京		2012.08.02
伊朗伊斯兰共和国	2013.07.04	北京		2014.07.14

《中华人民共和国政府和×××政府关于分享和返还被追缴资产的协定》

签署对象	签署日期	签署地点	全国人大常委会批准	生效日期
加拿大	2016.09.22	渥太华		

【本书注】我国加入的含有刑事司法协助内容的国际公约如下：（截至 2023 年 12 月 31 日）

公约名称	公约通过时间及地点	公约生效时间	我国签署时间	全国人大常委会批准	声明保留条款
防止及惩治灭绝种族罪公约①	1948.12.9 纽约	1951.01.12	1983.07.17	1983.03.05 5届26次	第9条
禁止并惩治种族隔离罪行国际公约	1973.11.30 纽约	1976.07.18	1983.04.18	1983.03.05 5届26次	
关于制止非法劫持航空器的公约②	1970.12.16 海牙	1971.10.14 效 2010.09.10 修	1980.09.10		第12条第1款
关于制止危害民用航空安全的非法行为的公约	1971.09.23 蒙特利尔	1973.01.26 效 1988.02.24 补	1980.09.10	1998.11.04 9届5次	第14条第1款
制止与国际民用航空有关的非法行为的公约③	2010.09.10 北京	2018.07.01	2010.09.10	2022.10.30 13届37次	第20条第1款 不适用于港澳
1971年精神药物公约	1971.02.21 维也纳	1976.08.16	1985.08.23	1985.06.18 6届11次	第31条第2款
经修正的1961年麻醉品单一公约	1972.03.25 修正 日内瓦	1975.08.08	1985.08.23	1985.06.18 6届11次	第48条第2款
联合国禁止非法贩运麻醉药品和精神药物公约	1988.12.20 维也纳	1990.11.11	1989.10.25	1989.09.04 7届9次	第32条第2、3款
关于防止和惩处侵害应受国际保护人员包括外交代表的罪行的公约	1973.12.14 纽约	1977.02.20	1987.08.05	1973.12.14 6届21次	第13条1款
反对劫持人质国际公约	1979.12.17 纽约	1983.06.03	1992.12.28	1992.12.28 7届29次	第16条第1款
核材料实物保护公约	1980.03.03 维也纳、纽约	1987.02.08 效 2005.07.08 修	1989.01.10	2008.10.28 11届5次	第17条第2款
禁止酷刑和其他残忍、不人道或有辱人格的待遇或处罚公约	1984.12.10 纽约	1987.06.26	1986.12.12	1988.09.05 7届3次	第20条 第30条第1款
制止危及海上航行安全非法行为公约	1988.03.10 罗马	1992.03.01	1988.10.25	1991.06.29 7届20次	第16条第1款
制止恐怖主义爆炸的国际公约	1997.12.15 日内瓦	2001.05.23	2001.11.13	2001.10.27 9届24次	第20条第1款

---

① 注：我国台湾地区曾于 1951 年 7 月 19 日盗用中国名义对公约的批准是非法的、无效的。

② 注：2023 年 6 月 28 日全国人大常委会［14 届 3 次］批准了《关于制止非法劫持航空器的公约的补充议定书》。

③ 注：本《公约》优于《关于制止危害民用航空安全的非法行为的公约》。

续表

公约名称	公约通过时间及地点	公约生效时间	我国签署时间	全国人大常委会批准	声明保留条款
制止向恐怖主义提供资助的国际公约	1999.12.09 纽约	2002.04.10	2001.11.13	2006.02.28 10届20次	第24条第1款部分不适于港澳
制止核恐怖主义行为国际公约	2005.04.13 维也纳	2007.07.07	2005.09.14	2010.08.28 11届16次	第23条第1款不适用于香港
《儿童权利公约》关于买卖儿童、儿童卖淫和儿童色情制品问题的任择议定书	2000.05.25 纽约	2002.01.18	2000.09.06	2002.08.29 9届29次	不适用于香港
联合国打击跨国有组织犯罪公约①	2000.11.15 纽约	2003.09.29	2000.12.12	2003.08.27 10届4次	第35条第2款 2006.10.27适港
联合国反腐败公约	2003.10.31 纽约	2005.12.14	2003.12.10	2005.10.27 10届18次	第66条第2款
打击恐怖主义、分裂主义和极端主义上海公约	2001.06.15 上海	2003.03.29效 2003.09.05修	2001.06.15	2001.10.27 9届24次	不适用于香港
上海合作组织成员国关于地区反恐怖机构的协定	2002.06.07 圣彼得堡	2003.11.14效 2007.08.16二修	2002.06.07	2002.12.28 9届31次	2022.04.20 13届34次 批准二修
关于在上海合作组织成员国境内组织和举行联合反恐行动的程序协定	2006.06.15 上海	2009.03.17	2006.06.15	2013.06.29 12届3次	不适用于香港
上海合作组织成员国组织和举行联合反恐演习的程序协定	2008.08.28 杜尚别	2013.11.29	2008.08.28	2013.06.29 12届3次	不适用于香港
上海合作组织反恐怖主义公约	2009.06.16 叶卡捷琳堡	2012.01.14	2009.06.16	2014.12.28 12届12次	不适用于香港
上海合作组织成员国政府间合作打击犯罪协定	2010.06.11 塔什干	2012.01.11	2010.06.11		不适用于港澳
上海合作组织成员国边防合作协定	2015.07.10 乌法	2016.10.29	2015.07.10	2017.04.27 12届27次	
上海合作组织反极端主义公约	2017.06.09 阿斯塔纳		2017.06.09	2018.12.29 13届7次	不适用于港澳

【外交〔1986〕47号】　最高人民法院、外交部、司法部关于我国法院和外国法院通过外交途径相互委托送达法律文书若干问题的通知（见《民事诉讼法全厚细》第283条）

---

① 注：2023年10月24日，全国人大常委会〔14届6次〕批准了《联合国打击跨国有组织犯罪公约关于打击非法制造和贩运枪支及其零部件和弹药的补充议定书》。

【公复字〔1996〕9号】　公安部关于我国公民在国外犯罪经外国审判后回国如何依法处理问题的批复（1996年6月6日答复山东省公安厅"鲁公明发〔1996〕879号"请示）[①]

二、根据《中华人民共和国和乌克兰关于民事和刑事司法协助条约》的规定，我国可以请求乌克兰提供刑事司法协助，我司法机关可以请求乌克兰将证人证言、鉴定结果、被告人供述以及物证、书证等证据材料移交我国，然后，按照我国刑事诉讼有关管辖的规定办理，并履行必要的法律手续。对于属于公安机关管辖的刑事案件，应当由公安机关立案侦查。公安机关根据乌克兰移交的证据材料，认为不需要继续侦查，可以结案的，可直接制作《起诉意见书》，移送人民检察院提起公诉。

【高检发外字〔1997〕26号】　最高人民检察院关于检察机关办理司法协助案件有关问题的通知（1997年4月23日）

二、最高人民检察院外事局负责检察机关司法协助工作的管理、协调及对外联络。

三、高检院有关业务部门负责检察机关司法协助案件的审查和办理。

四、各省、自治区、直辖市人民检察院和军事检察院负责承办高检院交办的司法协助案件。根据案件情况，可指定下级检察院作为具体办理机关。

五、高检院外事局收到外国请求司法协助的案件后，对案件是否符合我国与外国签订的司法协助条约和引渡条约的规定进行审查。对不符合有关条约或法律规定的，退回外国有关请求机构；对符合规定的，按案件管辖分工移送有关业务部门就案件内容进行审查。案情简单的，外事局可直接办理。

六、有关业务部门收到移送的案件后，就案情及适用法律提出审查意见，与外事局会签后报请主管检察长审批。经主管检察长审批同意后，由有关业务部门以高检院函的形式交有关省级检察院办理，函件同时抄送外事局。

七、省级检察院接到高检院交办司法协助案件函后，可直接办理案件，也可指定下级检察院办理。在案件办结后，由省级检察院将案件材料及报告书上报高检院交办部门。交办部门对案件材料进行审查，制作答复请求国的文书，送外事局会签。

八、会签的答复文书呈报主管检察长审批同意后，由外事局将有关材料译成请求国文字或条约规定的文字，转交请求国有关部门。

九、我国其他司法机关作为条约规定的中方中央机关，移送检察机关办理外国请求提供司法协助的，应归口高检院外事局进行。

十、高检院有关业务部门办理的案件，需请求外国司法机关提供司法协助的，应当制作请求书，连同调查提纲和有关材料送外事局审核。

十一、各级地方检察机关办理的案件，需请求外国司法机关提供司法协助的，由省级检察院制作请求书，连同调查提纲和有关材料报高检院有关业务部门；有关业务部门审查提出意见后，送外事局审核。

十二、凡条约规定高检为中央机关的，我国其他司法机关请求有关国家提供司法协助的，应通过其主管部门与高检院外事局联系。

十三、高检院外事局收到上述部门移送的请求外国提供司法协助的案件材料后，审查确认案件材料是否齐全，请求书和调查提纲的内容、格式是否符合条约的规定，提出书面意

[①] 该《批复》被《公安部规章和规范性文件目录》（2018年4月12日公告）确认继续有效。

见，呈报院主管检察长审批。在主管检察长审批同意后，将有关文书翻译成被请求国文字或条约规定的文字，送被请求国有关司法机关。

十四、凡办理与我国尚未签订司法协助条约国家的司法协助案件，在检察系统内部仍按本通知规定程序办理。

十五、各有关业务部门审查案件一般应在1周内完成，负责具体调查取证的部门一般应在3个月内完成。由于案件复杂不能在3个月内完成的，应及时向交办部门说明理由。翻译、送达时间不计在内。

【公办〔1999〕1号】 通过外交途径办理刑事司法协助案件的若干程序（外交部起草，最高检、最高法、司法部和公安部确认，公安部办公厅1999年1月4日印发）

一、向外国提出请求

（一）我国司法机关需通过外交途径向外国提出刑事司法协助请求的，由各自业务主管部门的归口单位将请求书连同有关附件送外交部。业务主管部门的归口单位应对请求书及其附件负责把关，使其符合要求。有关案件涉及2个以上业务主管部门的，应由主办案件的业务主管部门的归口单位办理上述事务。

（二）外交部如认为有关请求涉及外交事务，应在收到请求书之日后5个工作日以内与提出请求的业务主管部门协商，以便确定是否向外国提出该请求。

（三）除前款提及的情况外，外交部应在收到请求书之日后10个工作日以内向被请求国发出外交照会，转递请求书及其附件。

（四）上述外交照会中可简要提及有关请求书及请求事项，但不必陈述具体案情及请求的具体内容。

（五）代表国家或政府作出的互惠承诺，应通过外交照会作出。但业务主管部门可代表本部门作出互惠承诺。如被请求国要求我国作出其他承诺，由外交部商提出请求的业务主管部门，视情以有关业务主管部门的名义或在外交照会中作出。

（六）外国通过外交途径答复执行请求结果的，外交部应在收到该答复之日后5个工作日以内将有关材料转送提出请求的业务主管部门。

二、外国向我国提出请求

（一）外交部收到外国通过外交途径向我国提出的刑事司法协助请求后，应进行初步审查。请求国未承诺互惠的，或请求明显不符合我国对请求书形式的基本要求的，可直接要求请求国补做互惠承诺或提供补充材料；从外交角度考虑认为不宜提供协助，则商有关业务主管部门后拒绝有关请求。

（二）对于不存在上述情形的请求，外交部应依下列方法作进一步处理：

1. 对于引渡或遣返请求，根据1992年4月23日外交部、最高人民法院、最高人民检察院、公安部和司法部联合下发的《关于办理引渡案件若干问题的规定》处理；

2. 对于被判刑人移管请求，转司法部处理；

3. 对于刑事诉讼移管请求，依我国刑事诉讼法规定的侦查权限，视情转公安部或最高人民检察院处理；

4. 对于其他请求，（1）外国指明了被请求机关的，转该被请求机关的业务主管部门处理；该业务主管部门如认为请求的事项不属于本部门业务范围，应在收到请求书之日后10个工作日以内，直接转交负责有关事项的业务主管部门处理，并通报外交部；（2）外国未指明被请求机关的,原则上转交与外国请求机关对口的业务主管部门处理;无法确定对口业务主管部门的,则视外国请求的性质及其所涉的诉讼阶段,转交相应的业务主管部门处理。

(三)业务主管部门在处理外国请求时,如认为有可能涉及外交事务,应及时商外交部;外交部也可主动就此提出意见。

(四)业务主管部门认为应拒绝外国请求,或者应要求该外国提供补充材料的,应在收到请求书之日后15个工作日以内通知外交部。如不存在上述情形,业务主管部门应及时安排执行请求,并尽快将执行结果送交外交部,以便答复请求国。业务主管部门的归口单位应对答复执行结果的文书负责把关,使其符合要求。

(五)对外国通过外交途径提出的请求的答复(包括要求提供补充材料、通知执行结果等),应通过外交途径办理;在特殊情况下,确需业务主管部门直接答复的,应事先通报外交部。

三、在上文中,

(一)"刑事司法协助"包括刑事司法文书的送达、刑事案件调查取证、引渡或遣返、被判刑人移管、刑事诉讼移管以及刑事诉讼中的各类其他协助。

(二)"业务主管部门"系指最高人民法院、最高人民检察院、公安部、司法部。

(三)"业务主管部门的归口单位"分别指:最高人民法院外事局、最高人民检察院外事局、公安部外事局、司法部司法协助外事局。

(四)外交部的归口单位为条约法律司。

【主席令〔2018〕3号】 **中华人民共和国监察法**(2018年3月20日全国人大〔13届1次〕通过、施行;《行政监察法》同时废止)

第50条 国家监察委员会统筹协调与其他国家、地区、国际组织开展的反腐败国际交流、合作,组织反腐败国际条约实施工作。

第51条 国家监察委员会组织协调有关方面加强与有关国家、地区、国际组织在反腐败执法、引渡、司法协助、被判刑人的移管、资产追回和信息交流等领域的合作。

第52条 国家监察委员会加强对反腐败国际追逃追赃和防逃工作的组织协调,督促有关单位做好相关工作:

(一)对于重大贪污贿赂、失职渎职等职务犯罪案件,被调查人逃匿到国(境)外,掌握证据比较确凿的,通过开展境外追逃合作,追捕归案;

(二)向赃款赃物所在国请求查询、冻结、扣押、没收、追缴、返还涉案资产;

(三)查询、监控涉嫌职务犯罪的公职人员及其相关人员进出国(境)和跨境资金流动情况,在调查案件过程中设置防逃程序。

【国监委公告〔2021〕1号】 **监察法实施条例**(2021年7月20日国家监委全体会议决定,2021年9月20日公布施行)

第234条 国家监察委员会统筹协调与其他国家、地区、国际组织开展反腐败国际交流、合作。

国家监察委员会组织《联合国反腐败公约》等反腐败国际条约的实施以及履约审议等工作,承担《联合国反腐败公约》司法协助中央机关有关工作。

国家监察委员会组织协调有关单位建立集中统一、高效顺畅的反腐败国际追逃追赃和防逃协调机制,统筹协调、督促指导各级监察机关反腐败国际追逃追赃等涉外案件办理工作,具体履行下列职责：（一）制定反腐败国际追逃追赃和防逃工作计划，研究工作中的重要问题；（二）组织协调反腐败国际追逃追赃等重大涉外案件办理工作；（三）办理由国家监察委员会管辖的涉外案件；（四）指导地方各级监察机关依法开展涉外案件办理工作；（五）汇总和通报全国职务犯罪外逃案件信息和追逃追赃工作信息；（六）建立健全反腐败国际追逃追赃和防逃合作网络；（七）承担监察机关开展国际刑事司法协助的主管机关职责；（八）承担其他与反腐败国际追逃追赃等涉外案件办理工作相关的职责。

第235条 地方各级监察机关在国家监察委员会领导下，统筹协调、督促指导本地区反腐败国际追逃追赃等涉外案件办理工作，具体履行下列职责：（一）落实上级监察机关关于反腐败国际追逃追赃和防逃工作部署，制定工作计划；（二）按照管辖权限或者上级监察机关指定管辖，办理涉外案件；（三）按照上级监察机关要求，协助配合其他监察机关开展涉外案件办理工作；（四）汇总和通报本地区职务犯罪外逃案件信息和追逃追赃工作信息；（五）承担本地区其他与反腐败国际追逃追赃等涉外案件办理工作相关的职责。

省级监察委员会应当会同有关单位，建立健全本地区反腐败国际追逃追赃和防逃协调机制。

国家监察委员会派驻或者派出的监察机构、监察专员统筹协调、督促指导本部门反腐败国际追逃追赃等涉外案件办理工作，参照第一款规定执行。

第236条 国家监察委员会国际合作局归口管理监察机关反腐败国际追逃追赃等涉外案件办理工作。地方各级监察委员会应当明确专责部门，归口管理本地区涉外案件办理工作。

国家监察委员会派驻或者派出的监察机构、监察专员和地方各级监察机关办理涉外案件中有关执法司法国际合作事项，应当逐级报送国家监察委员会审批。由国家监察委员会依法直接或者协调有关单位与有关国家（地区）相关机构沟通，以双方认可的方式实施。

第237条 监察机关应当建立追逃追赃和防逃工作内部联络机制。承办部门在调查过程中，发现被调查人或者重要涉案人员外逃、违法所得及其他涉案财产被转移到境外的，可以请追逃追赃部门提供工作协助。监察机关将案件移送人民检察院审查起诉后，仍有重要涉案人员外逃或者未追缴的违法所得及其他涉案财产的，应当由追逃追赃部门继续办理，或者由追逃追赃部门指定协调有关单位办理。

第245条 监察机关对依法应当留置或者已经决定留置的外逃人员，需要申请发布国际刑警组织红色通报的，应当逐级报送国家监察委员会审核。国家监察委员会审核后，依法通过公安部向国际刑警组织提出申请。

需要延期、暂停、撤销红色通报的，申请发布红色通报的监察机关应当逐级报送国家监察委员会审核，由国家监察委员会依法通过公安部联系国际刑警组织办理。

第246条 地方各级监察机关通过引渡方式办理相关涉外案件的，应当按照引渡法、相关双边及多边国际条约等规定准备引渡请求书及相关材料，逐级报送国家监察委员会审核。由国家监察委员会依法通过外交等渠道向外国提出引渡请求。

第247条 地方各级监察机关通过刑事司法协助方式办理相关涉外案件的，应当按照国际刑事司法协助法、相关双边及多边国际条约等规定准备刑事司法协助请求书及相关材料，逐级报送国家监察委员会审核。由国家监察委员会依法直接或者通过对外联系机关等渠道，向外国提出刑事司法协助请求。

国家监察委员会收到外国提出的刑事司法协助请求书及所附材料，经审查认为符合有关规定的，作出决定并交由省级监察机关执行，或者转交其他有关主管机关。省级监察机关应当立即执行，或者交由下级监察机关执行，并将执行结果或者妨碍执行的情形及时报送国家监察委员会。在执行过程中，需要依法采取查询、调取、查封、扣押、冻结等措施或者需要返还涉案财物的，根据我国法律规定和国家监察委员会的执行决定办理有关法律手续。

第248条　地方各级监察机关通过执法合作方式办理相关涉外案件的，应当将合作事项及相关材料逐级报送国家监察委员会审核。由国家监察委员会依法直接或者协调有关单位，向有关国家（地区）相关机构提交并开展合作。

第249条　地方各级监察机关通过境外追诉方式办理相关涉外案件的，应当提供外逃人员相关违法线索和证据，逐级报送国家监察委员会审核。由国家监察委员会依法直接或者协调有关单位向有关国家（地区）相关机构提交，请其依法对外逃人员调查、起诉和审判，并商有关国家（地区）遣返外逃人员。

第250条　监察机关对依法应当追缴的境外违法所得及其他涉案财产，应当责令涉案人员以合法方式退赔。涉案人员拒不退赔的，可以依法通过下列方式追缴：

（一）在开展引渡等追逃合作时，随附请求有关国家（地区）移交相关违法所得及其他涉案财产；

（二）依法启动违法所得没收程序，由人民法院对相关违法所得及其他涉案财产作出冻结、没收裁定，请有关国家（地区）承认和执行，并予以返还；

（三）请有关国家（地区）依法追缴相关违法所得及其他涉案财产，并予以返还；

（四）通过其他合法方式追缴。

【主席令〔2018〕6号】　中华人民共和国反恐怖主义法（2015年12月27日全国人大常委会〔12届18次〕通过，2016年1月1日起施行，2011年10月29日全国人大常委会《关于加强反恐怖工作有关问题的决定》同时废止；2018年4月27日全国人大常委会〔13届2次〕修正）

第68条　中华人民共和国根据缔结或者参加的国际条约，或者按照平等互惠原则，与其他国家、地区、国际组织开展反恐怖主义合作。

第69条　国务院有关部门根据国务院授权，代表中国政府与外国政府和有关国际组织开展反恐怖主义政策对话、情报信息交流、执法合作和国际资金监管合作。

在不违背我国法律的前提下，边境地区的县级以上地方人民政府及其主管部门，经国务院或者中央有关部门批准，可以与相邻国家或者地区开展反恐怖主义情报信息交流、执法合作和国际资金监管合作。

第70条　涉及恐怖活动犯罪的刑事司法协助、引渡和被判刑人移管，依照有关法律规定执行。

第71条　经与有关国家达成协议，并报国务院批准，国务院公安部门、国家安全部门可以派员出境执行反恐怖主义任务。

中国人民解放军、中国人民武装警察部队派员出境执行反恐怖主义任务，由中央军事委员会批准。

【高检发释字〔2019〕4号】　人民检察院刑事诉讼规则（2019年12月2日最高检第13届检委会第28次会议通过，2019年12月30日公布施行；高检发释字〔2012〕2号《规则（试行）》同时废止）

第671条　人民检察院依据国际刑事司法协助法等有关法律和有关刑事司法协助条约进

行刑事司法协助。

第672条 人民检察院刑事司法协助的范围包括刑事诉讼文书送达、调查取证、安排人作证或者协助调查，查封、扣押、冻结涉案财物，返还违法所得及其他涉案财物，移管被判刑人以及其他协助。

第673条 最高人民检察院是检察机关开展国际刑事司法协助的主管机关，负责审核地方各级人民检察院向外国提出的刑事司法协助请求，审查处理对外联系机关转递的外国提出的刑事司法协助请求，审查决定是否批准执行外国的刑事司法协助请求，承担其他与国际刑事司法协助相关的工作。

办理刑事司法协助相关案件的地方各级人民检察院应当向最高人民检察院层报需要向外国提出的刑事司法协助请求，执行最高人民检察院交办的外国提出的刑事司法协助请求。

第674条 地方各级人民检察院需要向外国请求刑事司法协助的，应当制作刑事司法协助请求书并附相关材料。经省级人民检察院审核同意后，报送最高人民检察院。

刑事司法协助请求书应当依照相关刑事司法协助条约的规定制作；没有条约或者条约没有规定的，可以参照国际刑事司法协助法第13条的规定制作。被请求方有特殊要求的，在不违反我国法律的基本原则的情况下，可以按照被请求方的特殊要求制作。

第675条 最高人民检察院收到地方各级人民检察院刑事司法协助请求书及所附相关材料后，应当依照国际刑事司法协助法和有关条约进行审查。对符合规定、所附材料齐全的，最高人民检察院是对外联系机关的，应当及时向外国提出请求；不是对外联系机关的，应当通过对外联系机关向外国提出请求。对不符合规定或者材料不齐全的，应当退回提出请求的人民检察院或者要求其补充、修正。

第676条 最高人民检察院收到外国提出的刑事司法协助请求后，应当对请求书及所附材料进行审查。对于请求书形式和内容符合要求的，应当按照职责分工，将请求书及所附材料转交有关主管机关或者省级人民检察院处理；对于请求书形式和内容不符合要求的，可以要求请求方补充材料或者重新提出请求。

外国提出的刑事司法协助请求明显损害我国主权、安全和社会公共利益的，可以直接拒绝提供协助。

第677条 最高人民检察院在收到对外联系机关转交的刑事司法协助请求书及所附材料后，经审查，分别作出以下处理：

（一）根据国际刑事司法协助法和刑事司法协助条约的规定，认为可以协助执行的，作出决定并安排有关省级人民检察院执行；

（二）根据国际刑事司法协助法或者刑事司法协助条约的规定，认为应当全部或者部分拒绝协助的，将请求书及所附材料退回对外联系机关并说明理由；

（三）对执行请求有保密要求或者有其他附加条件的，通过对外联系机关向外国提出，在外国接受条件并且作出书面保证后，决定附条件执行；

（四）需要补充材料的，书面通过对外联系机关要求请求方在合理期限内提供。

第678条 有关省级人民检察院收到最高人民检察院交办的外国刑事司法协助请求后，应当依法执行，或者交由下级人民检察院执行。

负责执行的人民检察院收到刑事司法协助请求书和所附材料后，应当立即安排执行，并将执行结果及有关材料报经省级人民检察院审查后，报送最高人民检察院。

对于不能执行的,应当将刑事司法协助请求书和所附材料,连同不能执行的理由,通过省级人民检察院报送最高人民检察院。

因请求书提供的地址不详或者材料不齐全,人民检察院难以执行该项请求的,应当立即通过最高人民检察院书面通知对外联系机关,要求请求方补充提供材料。

第679条 最高人民检察院应当对执行结果进行审查。对于符合请求要求和有关规定的,通过对外联系机关转交或者转告请求方/由最高人民检察院转递请求协助的缔约外国一方。

【公安部令〔2020〕159号】公安机关办理刑事案件程序规定(2020年7月4日第3次部务会议修订,2020年7月20日公布,2020年9月1日起施行)

第374条 公安部是公安机关进行刑事司法协助和警务合作的中央主管机关,通过有关法律、国际条约、协议规定的联系途径、外交途径或者国际刑事警察组织渠道,接收或者向外国提出刑事司法协助或者警务合作请求。

地方各级公安机关依照职责权限/分工办理刑事司法协助事务和警务合作事务。

其他司法机关在办理刑事案件中,需要外国警方协助的,由其中央主管机关与公安部联系办理。

第375条 公安机关进行刑事司法协助和警务合作的范围,主要包括犯罪情报信息的交流与合作,调查取证,安排证人作证或者协助调查,查封、扣押、冻结涉案财物,没收、返还违法所得及其他涉案财物,送达刑事诉讼文书,移交物证、书证、视听资料或者电子数据等证据材料,引渡、缉捕和递解犯罪嫌疑人、被告人或者罪犯,以及国际条约、协议规定的其他刑事司法协助和警务合作事宜。

第376条 在不违背我国法律和有关国际条约、协议的前提下,我国边境地区设区的市一级公安机关和县公安机关与相邻国家的警察机关,可以按照惯例相互开展执法会晤、人员往来、边境管控、情报信息交流等警务合作,但应当报省级公安机关批准,并报公安部备案;开展其他警务合作的,应当报公安部批准。

第377条 公安部收到外国的刑事司法协助或者警务合作请求后,应当依据我国法律和国际条约、协议的规定进行审查。对于符合规定的,交有关省级公安机关办理,或者移交其他有关中央主管机关;对于不符合条约或者协议规定的,通过接收请求的途径退回请求方。

(新增)对于请求书的签署机关、请求书及所附材料的语言文字、有关办理期限和具体程序等事项,在不违反我国法律基本原则的情况下,可以按照刑事司法协助条约、警务合作协议规定或者双方协商办理。

第378条 负责执行刑事司法协助或者警务合作的公安机关收到请求书和所附材料后,应当按照我国法律和有关国际条约、协议的规定安排执行,并将执行结果及其有关材料报经省级公安机关审核后报送公安部。

在执行过程中,需要采取查询、查封、扣押、冻结等措施或者返还涉案财物,且符合法律规定的条件的,可以根据我国有关法律和公安部的执行通知办理有关法律手续。

请求书提供的信息不准确或者材料不齐全难以执行的,应当立即通过省级公安机关报请公安部要求请求方补充材料;因其他原因无法执行或者具有应当拒绝协助、合作的情形等不能执行的,应当将请求书和所附材料,连同不能执行的理由通过省级公安机关报送公安部。

第379条　执行刑事司法协助和警务合作，请求书中附有办理期限的，应当按期完成。未附办理期限的，调查取证应当在3个月以内完成；送达刑事诉讼文书，应当在10日以内完成。不能按期完成的，应当说明情况和理由，层报公安部。

第380条　需要请求外国警方提供刑事司法协助或者警务合作的，应当按照我国有关法律、国际条约、协议的规定提出刑事司法协助或者警务合作请求书，所附文件及相应译文，经省级公安机关审核后报送公安部。

第381条　需要通过国际刑事警察组织查找或者缉捕犯罪嫌疑人、被告人或者罪犯，查询资料、调查取证的，应当提出申请层报国际刑事警察组织中国国家中心局。

第382条　公安机关需要外国协助安排证人、鉴定人来中华人民共和国作证或者通过视频、音频作证，或者协助调查的，应当制作刑事司法协助请求书并附相关材料，经公安部审核同意后，由对外联系机关及时向外国提出请求。

来中华人民共和国作证或者协助调查的证人、鉴定人离境前，公安机关不得就其入境前实施的犯罪进行追究；除因入境后实施违法犯罪而被采取强制措施的以外，其人身自由不受限制。

证人、鉴定人在条约规定的期限内或者被通知无需继续停留后15日内没有离境的，前款规定不再适用，但是由于不可抗力或者其他特殊原因未能离境的除外。

第383条　公安机关提供或者请求外国提供刑事司法协助或者警务合作，应当收取或者支付费用的，根据有关国际条约、协议的规定，或者按照对等互惠的原则协商办理。

第384条　办理引渡案件，依照《中华人民共和国引渡法》等法律规定和有关条约执行。

【高检发办字〔2021〕3号】　人民检察院办理网络犯罪案件规定（2020年12月14日最高检检委会〔13届57次〕通过，2021年1月22日印发）

第57条　地方人民检察院在案件办理中需要向外国请求刑事司法协助的，应当制作刑事司法协助请求书并附相关材料，经报最高人民检察院批准后，由我国与被请求国间司法协助条约规定的对外联系机关向外国提出申请。没有刑事司法协助条约的，通过外交途径联系。

第60条　人民检察院办理涉香港特别行政区、澳门特别行政区、台湾地区的网络犯罪案件，需要当地有关部门协助的，可以参照本规定及其他相关规定执行。

第61条　人民检察院办理网络犯罪案件适用本规定，本规定没有规定的，适用其他相关规定。

第63条　人民检察院办理国家安全机关、海警机关、监狱等移送的网络犯罪案件，适用本规定和其他相关规定。

【法释〔2021〕1号】　最高人民法院关于适用《中华人民共和国刑事诉讼法》的解释（2020年12月7日最高法审委会〔1820次〕修订，2021年1月26日公布，2021年3月1日施行；2013年1月1日施行的"法释〔2012〕21号"《解释》同时废止）

原第408条（第1款）　根据中华人民共和国缔结或者参加的国际条约，或者按照互惠原则，人民法院和外国法院可以相互请求刑事司法协助。

第491条　请求和提供司法协助，应当依照《中华人民共和国国际刑事司法协助法》、我国与有关国家、地区签订的刑事司法协助条约、移管被判刑人条约和有关法律规定进行。①

（新增）对请求书的签署机关、请求书及所附材料的语言文字、有关办理期限和具体程序等事项，在不违反中华人民共和国法律的基本原则的情况下，可以按照刑事司法协助条约规定或者双方协商办理。

第492条　外国法院请求的事项有损中华人民共和国的主权、安全、社会公共利益以及违反中华人民共和国法律的基本原则的，人民法院不予协助；属于有关法律规定的可以拒绝提供刑事司法协助情形的，可以不予协助。

第493条　人民法院请求外国提供司法协助的，应当层报最高人民法院，经最高人民法院审核同意后交由有关对外联系机关及时向外国提出请求②。

外国法院请求我国提供司法协助，有关对外联系机关认为属于人民法院职权范围的，经最高人民法院审核同意后转有关人民法院办理。

第494条③　人民法院请求外国提供司法协助的请求书，应当依照刑事司法协助条约的规定提出；没有条约或者条约没有规定的，应当载明法律规定的相关信息并附相关材料。请求书及其所附材料应当以中文制作，并附有被请求国官方文字的译本。

外国请求我国法院提供司法协助的请求书，应当依照刑事司法协助条约的规定提出；没有条约或者条约没有规定的，应当载明我国法律规定的相关信息并附相关材料。请求书及所附材料应当附有中文译本。

中共中央办公厅、国务院办公厅关于依法从严打击证券违法活动的意见（2020年11月2日中央全面深化改革委员会［第16次］通过，2021年7月6日公布）

（十九）加强跨境监管合作。完善数据安全、跨境数据流动、涉密信息管理等相关法律法规。抓紧修订关于加强在境外发行证券与上市相关保密和档案管理工作的规定，压实境外上市公司信息安全主体责任。加强跨境信息提供机制与流程的规范管理。坚持依法和对等原则，进一步深化跨境审计监管合作。探索加强国际证券执法协作的有效路径和方式，积极参与国际金融治理，推动建立打击跨境证券违法犯罪行为的执法联盟。

【主席令［2021］101号】　中华人民共和国反有组织犯罪法（2021年12月24日全国人大常委会［13届32次］通过，2022年5月1日起施行）

第55条　国务院有关部门根据国务院授权，代表中国政府与外国政府和有关国际组织开展反有组织犯罪情报信息交流和执法合作。

国务院公安部门应当加强跨境反有组织犯罪警务合作，推动与有关国家和地区建立警务合作机制。经国务院公安部门批准，边境地区公安机关可以与相邻国家或者地区执法机构建立跨境有组织犯罪情报信息交流和警务合作机制。

---

① 2012年《解释》第409条规定为："请求和提供司法协助，应当依照中华人民共和国缔结或者参加的国际条约规定的途径进行；没有条约关系的，通过外交途径进行。"

② 本部分内容2012年规定为"应当经高级人民法院审查后报最高人民法院审核同意"。

③ 2012年《解释》第411条规定为："人民法院请求外国提供司法协助的请求书及其所附文件，应当附有该国文字译本或者国际条约规定的其他文字文本。外国法院请求我国提供司法协助的请求书及其所附文件，应当附有中文译本或者国际条约规定的其他文字文本。"

【公安部令〔2022〕165号】　公安机关反有组织犯罪工作规定（2022年8月10日第9次公安部部务会议通过，2022年8月26日公布，2022年10月1日起施行）

第58条　公安部根据中华人民共和国缔结或者参加的国际条约，或者按照平等互惠原则，开展与其他国家、地区、国际组织的反有组织犯罪合作。

第59条　公安部根据国务院授权，代表中国政府与外国政府和有关国际组织开展反有组织犯罪情报信息交流和执法合作。

公安部依照有关法律规定，通过推动缔结条约、协定和签订警务合作文件等形式，加强跨境反有组织犯罪警务合作，推动与有关国家、地区、国际组织建立警务合作机制。

经公安部批准，边境地区公安机关可以与相邻国家或者地区执法机构建立跨境有组织犯罪情报信息交流和警务合作机制。

【主席令〔2022〕119号】　中华人民共和国反电信网络诈骗法（2022年9月2日全国人大常委会〔13届36次〕通过，2022年12月1日起施行）

第37条　国务院公安部门等会同外交部门加强国际执法司法合作，与有关国家、地区、国际组织建立有效合作机制，通过开展国际警务合作等方式，提升在信息交流、调查取证、侦查抓捕、追赃挽损等方面的合作水平，有效打击遏制跨境电信网络诈骗活动。

【海警局令〔2023〕1号】　海警机构办理刑事案件程序规定（2023年5月15日审议通过，2023年6月15日起施行）（主文见本书第308条）

第343条　海警机构办理刑事案件，需要请求国际刑警组织协助或者借助公安部跨境警务协作机制的，由中国海警局商请公安部办理。

【国安部令〔2024〕4号】　国家安全机关办理刑事案件程序规定（2024年4月26日公布，2024年7月1日起施行）

第358条　根据《中华人民共和国反恐怖主义法》《中华人民共和国引渡法》《中华人民共和国国际刑事司法协助法》等法律，中华人民共和国缔结或者参加的国际条约和国家安全部签订的双边、多边合作协议，或者按照互惠原则，国家安全机关可以依法开展刑事司法协助和国际合作。

（本书汇）【异地办案协作】[1]

（插）第83条（复录）[2]　**【异地拘留、逮捕】**[3]公安机关在异地执行拘留、逮捕的时候，应当通知被拘留、逮捕人所在地的公安机关，被拘留、逮捕人所在地的公安机关应当予以配合。

● 相关规定　【高检发反贪字〔2000〕23号】　最高人民检察院关于人民检察院侦查协作的暂行规定（2000年10月12日）

---

[1]　注：《刑事诉讼法》除第83条规定了异地逮捕、拘留之外，没有其他关于异地办案协作的专门规定，本书将其汇集于此。

[2]　本条规定由1996年3月17日全国人大〔8届4次〕增设，1997年1月1日起施行。

[3]　为便于理解和适用，本书将本条规定汇集于"办案协作"专辑。

第1条 侦查协作是指检察机关在依法查办贪污贿赂、侵权渎职等职务犯罪案件侦查活动中，对需要核实案情、调查取证、采取强制性措施等事宜所进行的协调、配合和合作。侦查协作应当遵循依法配合、快速有效、保守秘密、各负其责的原则。

第2条 办理职务犯罪案件的人民检察院，遇有与侦查相关的事宜，确有必要请求有关人民检察院予以协助的，可以请求侦查协作。

第3条 人民检察院提出侦查协作请求，应当具备以下条件：（一）法律手续完备，包括立案决定书、请求协作函件及法律规定采取强制性措施等必需的法律文书和手续；（二）协作事项具体明确，包括协查目的、协查要求、协查对象、协查内容等。

第4条 需要进行侦查协作的案件，应由案件承办人书面提出协作请求，层报主管检察长批准，并加盖院章。

第5条 侦查协作一般由办理案件的人民检察院（以下简称请求方）直接向负有协作义务的人民检察院（以下简称协作方）提出请求函件，并填写请求侦查协作表。涉及厅级以上领导干部、省级以上人大代表（政协委员）的侦查协作事项，应当通过省级以上人民检察院予以安排；涉及担任实职的县（处）级领导干部的侦查协作事项，应当通过分（州、市）以上人民检察院进行安排。

第6条 协作方人民检察院收到侦查协作请求后，应当依据法律和有关规定进行程序审查，并分别作出以下处理：

（一）符合侦查协作条件，法律手续及有关材料完备的，应当予以协作；

（二）法律手续及有关材料不完备的，应当告知请求方予以补充；

（三）对不符合侦查协作条件的，应当说明理由，不予协作，并将有关材料退回请求方。

第7条 请求方办理案件遇有紧急事项需要请求协作，无法及时办理有关请求协作手续的，可以商请协作方紧急协作，但是有关请求协作手续必须及时予以补办。

第8条 请求方派员到异地协助公安机关执行拘留、逮捕的，原则上应由请求方检察机关与当地公安机关取得联系后，通过公安协作渠道办理。必要时协作方检察机关也要予以配合。请求方到异地执行搜查、扣押、追缴涉案款物等，应当请当地检察机关协作，协作方应当予以配合。

第9条 最高人民检察院、上级人民检察院交办协作事项，下级人民检察院必须按要求执行。

第10条 提供侦查协作一般应当在收到侦查协作请求后10日内完成。情况紧急的，应当及时完成并反馈结果；情况复杂的，可以适当予以延长。由于客观原因无法提供协作的，应当在10日内通知请求协作的人民检察院。

第11条 请求侦查协作事项办理完毕后，协作方应当将情况和材料及时向请求方反馈。协作事项属上级院交办的，协作方和请求方均应向各自的上级院报告。

第12条 侦查协作中的争议，由有关各方协商解决。协商不成的，报各自上级人民检察院或者共同的上级人民检察院协调。经上级院协调确定的意见，有关人民检察院应当执行，不得拖延。

第13条 协作方依照协作请求履行协作事宜，其引起的法律后果由请求方承担；协作方实施超越协作请求范围的行为所产生的法律后果，由协作方承担。

对不履行侦查协作职责或者阻碍侦查协作进行，给办案工作造成严重影响或者其他严重后果的，应当对有关单位予以通报批评，并责令改正；对直接负责的主管人员和其他直接责任人员，应当依照有关规定给予党纪政纪处分；玩忽职守、滥用职权、泄露秘密、通风报信构成犯罪的，依法追究其刑事责任。

第14条　人民检察院依照规定履行协作职责不得收取费用。侦查协作经费列入办案业务经费预算统筹开支。最高人民检察院、省级人民检察院对提供侦查协作业务繁重、经费开支较大的地方人民检察院予以适当补助。

第15条　侦查协作工作应纳入考核侦查部门办案成绩的重要内容和指标，各级人民检察院侦查部门应当确立专门机构或者指派专人具体负责侦查协作。上级检察院要加强对侦查协作工作的指导、协调和检查。

第16条　人民检察院初查案件需要协作的，参照本规定的有关规定办理。

【公边（调）〔2000〕161号】　公安部关于公安边防部门在办理跨省、区、市妨害国（边）境管理犯罪案件中加强办案协作的通知（2000年7月19日）

二、跨省、区、市妨害国（边）境管理犯罪案件，几个边防部门都有权管辖的，由最初受理的边防部门立案侦查，必要时也可由主要犯罪地的边防部门立案侦查。在海上与外国执法部门接控的案件，由负责接控的单位立案侦查，也可以由上级边防部门指定的单位立案侦查。跨省、区、市妨害国（边）境管理犯罪案件，由办理案件的省、区、市边防总队负责协调并报公安部边防管理局备案；重大、特别重大和有分歧的案件，由公安部边防管理局协调指导。

三、各级边防部门发现的跨省、区、市妨害国（边）境管理犯罪线索，归口所在地的省、区、市边防总队通报有关省、区、市边防总队。接到线索通报的单位要立即组织查证，并将查证情况及时反馈提供线索的一方。核查情况属实需要立案的，由有关边防部门根据案件管辖的有关规定立案侦查。

四、办案单位需要异地查询妨害国（边）境管理犯罪信息、资料，协查犯罪嫌疑人身份、年龄、涉嫌犯罪事实等情况的，应当制作查询函件，请求有关边防部门协查。协查的边防部门应当按查询要求在7日内将协查结果通知请求协查的边防部门。紧急情况应及时核查反馈。

五、已经立案且侦查工作涉及到其他省、区、市的妨害国（边）境管理犯罪案件，仍由原立案单位为主侦查。需要其他省、区、市边防部门协作的，应当持办案协作函件和工作证件，在涉案或犯罪嫌疑人所在省、区、市边防总队协调下，请求协作地的公安边防部门派员或指定单位协助侦查。

六、异地执行传唤、拘传以及拘留、逮捕等强制措施的，办理案件的边防部门需持《传唤通知书》、《拘传证》、《拘留证》、《逮捕证》等相关法律文书、办案协作函件和工作证件，请求有关边防部门协助执行。委托异地边防部门执行拘留、逮捕等强制措施的，立案单位应当将《拘留证》、《逮捕证》等法律文书和协作函件送达协作地边防部门。协作地边防部门依据请求对犯罪嫌疑人采取强制措施，并通知主办单位。

七、边防部门查获的妨害国（边）境管理犯罪案件，有其他省、区、市人员涉嫌组织、运送和参与偷越国（边）境犯罪活动的，主办单位应将异地组织、运送及参与偷越国（边）境犯罪嫌疑人的情况通报有关省、区、市边防部门。

八、跨省、区、市妨害国（边）境管理犯罪案件办案协作，只要法律手续完备，协作单位应当及时、无条件地予以配合，不得收取任何形式的费用。对不履行办案协作职责造成严重后果的直接负责人和直接责任人，要追究责任，给予处分；构成犯罪的要追究刑事责任。

九、协作地边防部门依照有关边防部门的办案协作请求履行办案协作职责所产生的法律责任，由请求协作的公安边防部门承担。超越协作请求产生的法律责任，由协作地边防部门承担。

【政保〔2009〕1号】　办理军队和地方互涉刑事案件规定（2009年5月1日最高法、最高检、公安部、国家安全部、司法部、解放军总政治部印发，2009年8月1日起施行；1982年11月25日两院两部《关于军队和地方互涉案件几个问题的规定》（〔1982〕政联字8号）和1987年12月21日最高检、公安部、总政治部《关于军队和地方互涉案件侦查工作的补充规定》（〔1987〕政联字第14号）同时废止）

第3条　办理军地互涉案件，应当坚持分工负责、相互配合、及时规范、依法处理的原则。

第18条　军队保卫部门、军事检察院、军事法院和地方公安机关、国家安全机关、人民检察院、人民法院应当建立健全办案协作机制，加强信息通报、技术支持和协作配合。

【公通字〔2011〕14号】　最高人民法院、最高人民检察院、公安部、国家安全部、工业和信息化部、中国人民银行、中国银行业监督管理委员会关于办理流动性团伙性跨区域性犯罪案件有关问题的意见（2011年5月1日起施行）

第5条　办案地公安机关跨区域查询、调取银行账户、网站等信息，或者跨区域查询、冻结涉案银行存款、汇款，可以通过公安机关信息化应用系统传输加盖电子签章的办案协作函和相关法律文书和凭证，或者将办案协作函和相关法律文书及凭证电传至协作地县级以上公安机关。办理跨区域查询、调取电话信息的，由地市以上公安机关办理。

协作地公安机关接收后，经审查确认，在传来法律文书上加盖本地公安机关印章，到银行、电信等部门查询、调取相关证据或者查询、冻结银行存款、汇款，银行、电信等部门应当予以配合。

第6条（第1款）　办案地公安机关跨区域调取犯罪嫌疑人、被告人的户籍证明，可以通过公安机关信息化应用系统获取，加盖本地公安机关印章。调取时不得少于2人，并应当记载调取的时间、使用的电脑等相关信息，经审核证明真实的，可以作为诉讼证据。

【公通字〔2013〕30号】　公安机关办理刑事案件适用查封、冻结措施有关规定[①]（最高法、最高检、公安部、国家安全部、司法部、国土资源部、住房城乡建设部、交

[①] 注：经核阅原始纸质文件，本《规定》的文件名确实为"有关规定"，而非"相关规定"。

通运输部、农业部、人民银行、林业局、银监会、证监会、保监会、民航局 2013 年 9 月 1 日成文，公安部办公厅 2013 年 9 月 4 日印发）

第 32 条 办案地公安机关需要异地办理冻结的，应当由 2 名以上侦查人员持办案协作函、法律文书和工作证件前往协作地联系办理，协作地公安机关应当协助执行。

在紧急情况下，可以将办案协作函、相关法律文书和工作证件复印件通过传真、电传等方式发至协作地县级以上公安机关委托执行，或者通过信息化应用系统传输加盖电子签章的办案协作函、相关法律文书和工作证件扫描件。协作地公安机关收到材料后，经审查确定，应当在传来法律文书上加盖本地公安机关印章，及时到有关银行业金融机构执行冻结，有关银行金融机构应当予以协助。

【银监发〔2014〕53 号】 银行业金融机构协助人民检察院公安机关国家安全机关查询冻结工作规定（中国银监会、最高检、公安部、国家安全部 2014 年 12 月 29 日印发，2015 年 1 月 1 日起施行）

第 10 条 人民检察院、公安机关、国家安全机关需要跨地区办理查询、冻结的，可以按照本规定要求持协助查询财产或协助冻结/解除冻结财产法律文书、有效的本人工作证或人民警察证、办案协作函，与协作地县级以上人民检察院、公安机关、国家安全机关联系，协作地人民检察院、公安机关、国家安全机关应当协助执行。

办案地人民检察院、公安机关、国家安全机关可以通过人民检察院、公安机关、国家安全机关信息化应用系统传输加盖电子签章的办案协作函和相关法律文书，或者将办案协作函和相关法律文书及凭证传真至协作地人民检察院、公安机关、国家安全机关。协作地人民检察院、公安机关、国家安全机关接收后，经审查确认，在传来的协助查询财产或协助冻结/解除冻结财产法律文书上加盖本地人民检察院、公安机关、国家安全机关印章，由 2 名以上办案人员持有效的本人工作证或人民警察证到银行业金融机构现场办理，银行业金融机构应当予以配合。

第 11 条 对于涉案账户较多，办案地人民检察院、公安机关、国家安全机关需要对其集中查询、冻结的，可以分别按照以下程序办理：

人民检察院、公安机关、国家安全机关需要查询、冻结的账户属于同一省、自治区、直辖市的，由办案地人民检察院、公安机关、国家安全机关出具协助查询财产或协助冻结/解除冻结财产法律文书，逐级上报并经省级人民检察院、公安机关、国家安全机关的相关业务部门批准后，由办案地人民检察院、公安机关、国家安全机关指派 2 名以上办案人员持有效的本人工作证或人民警察证和上述法律文书原件，到有关银行业金融机构的省、自治区、直辖市、计划单列市分行或其授权的分支机构要求办理。

人民检察院、公安机关、国家安全机关需要查询、冻结的账户分属不同省、自治区、直辖市的，由办案地人民检察院、公安机关、国家安全机关出具协助查询财产或协助冻结/解除冻结财产法律文书，逐级上报并经省级人民检察院、公安机关、国家安全机关负责人批准后，由办案地人民检察院、公安机关、国家安全机关指派 2 名以上办案人员持有效的本人工作证或人民警察证和上述法律文书原件，到有关银行业金融机构总部或其授权的分支机构要求办理。

第 12 条　对人民检察院、公安机关、国家安全机关提出的超出查询权限或者属于跨地区查询需求的，有条件的银行业金融机构可以通过内部协作程序，向有权限查询的上级机构或系统内其他分支机构提出协查请求，并通过内部程序反馈查询的人民检察院、公安机关、国家安全机关。

【公通字〔2017〕25号】　最高人民检察院、公安部关于公安机关办理经济犯罪案件的若干规定（最高检、公安部2017年11月24日印发，2018年1月1日施行；2005年12月31日"公通字〔2005〕101号"《规定》同时废止）

第 56 条　公安机关办理经济犯罪案件，应当加强协作和配合，依法履行协查、协办等职责。

上级公安机关应当加强监督、协调和指导，及时解决跨区域性协作的争议事项。

第 57 条　办理经济犯罪案件需要异地公安机关协作的，委托地公安机关应当对案件的管辖、定性、证据认定以及所采取的侦查措施负责，办理有关的法律文书和手续，并对协作事项承担法律责任。但是协作地公安机关超权限、超范围采取相关措施的，应当承担相应的法律责任。

第 58 条　办理经济犯罪案件需要异地公安机关协作的，由委托地的县级以上公安机关制作办案协作函件和有关法律文书，通过协作地的县级以上公安机关联系有关协作事宜。协作地公安机关接到委托地公安机关请求协作的函件后，应当指定主管业务部门办理。

各省、自治区、直辖市公安机关根据本地实际情况，就需要外省、自治区、直辖市公安机关协助对犯罪嫌疑人采取强制措施或者查封、扣押、冻结涉案财物事项制定相关审批程序。

第 59 条　协作地公安机关应当对委托地公安机关出具的法律文书和手续予以审核，对法律文书和手续完备的，协作地公安机关应当及时无条件予以配合，不得收取任何形式的费用。

第 60 条　委托地公安机关派员赴异地公安机关请求协助查询资料、调查取证等事项时，应当出具办案协作函件和有关法律文书。

委托地公安机关认为不需要派员赴异地的，可以将办案协作函件和有关法律文书寄送协作地公安机关，协作地公安机关协查不得超过15日；案情重大、情况紧急的，协作地公安机关应当在7日以内回复；因特殊情况不能按时回复的，协作地公安机关应当及时向委托地公安机关说明情况。

必要时，委托地公安机关可以将办案协作函件和有关法律文书通过电传、网络等保密手段或者相关工作机制传至协作地公安机关，协作地公安机关应当及时协查。

第 61 条　委托地公安机关派员赴异地公安机关请求协助采取强制措施或者搜查，查封、扣押、冻结涉案财物等事项时，应当持办案协作函件、有关侦查措施或者强制措施的法律文书、工作证件及相关案件材料，与协作地县级以上公安机关联系，协作地公安机关应当派员协助执行。

第 62 条　对不及时采取措施，有可能导致犯罪嫌疑人逃匿，或者有可能转移涉案财物以及重要证据的，委托地公安机关可以商请紧急协作，将办案协作函件和有关法律文书通过电传、网络等保密手段传至协作地县级以上公安机关，协作地公安机关收到协作函件后，应当及时采取措施，落实协作事项。委托地公安机关应当立即派员携带法律文书前往协作地办理有关事宜。

第63条 协作地公安机关在协作过程中，发现委托地公安机关明显存在违反法律规定的行为时，应当及时向委托地公安机关提出并报上一级公安机关。跨省协作的，应当通过协作地的省级公安机关通报委托地的省级公安机关，协商处理。未能达成一致意见的，协作地的省级公安机关应当及时报告公安部。

第64条 立案地公安机关赴其他省、自治区、直辖市办案，应当按照有关规定呈报上级公安机关审查批准。

【公通字〔2018〕41号】 公安机关办理刑事案件电子数据取证规则（公安部2018年12月13日印发，2019年2月1日起施行）

第42条 公安机关跨地域调查取证的，可以将《办案协作函》和相关法律文书及凭证传真或者通过公安机关信息化系统传输至协作地公安机关。协作地办案部门经审查确认后，在传来的法律文书上加盖本地办案部门印章后，代为调查取证。

协作地办案部门代为调查取证后，可以将相关法律文书回执或者笔录邮寄至办案地公安机关，将电子数据或者电子数据的获取、查看工具和方法说明通过公安机关信息化系统传输至办案地公安机关。

办案地公安机关应当审查调取电子数据的完整性，对保证电子数据的完整性有疑问的，协作地办案部门应当重新代为调取。

【署缉发〔2019〕210号】 最高人民法院、最高人民检察院、海关总署打击非设关地成品油走私专题研讨会会议纪要（2019年3月27日在江苏南京召开，最高法刑五庭、最高检第四厅、海关总署缉私局及部分地方隶属部门参加会议，2019年10月24日印发）

六、关于办案协作

为有效遏制非设关地成品油走私犯罪活动，各级海关缉私部门、人民检察院和人民法院要进一步加强办案协作，依法及时开展侦查、批捕、起诉和审判工作。要强化人民检察院提前介入机制，并加大对非设关地重特大成品油走私案件联合挂牌督办力度。要强化案件信息沟通，积极发挥典型案例指引作用，保证执法司法标准的统一性和均衡性。

【公通字〔2020〕9号】 公安部刑事案件管辖分工规定（2020年9月1日印发施行；公通字〔1998〕80号《公安刑事案件管辖分工规定》、公通字〔2008〕9号《补充规定》、公通字〔2012〕10号《补充规定（二）》、公通字〔2015〕36号《补充规定（三）》同时废止）

三、有关工作要求

（二）加强办案协作配合。要正确处理管辖分工与相互配合的关系，形成打击犯罪的有效合力。各业务部门要依法积极履职，对本业务部门管辖的案件加强政策、法律研究，强化犯罪预防与打击查处。对业务部门提出的办案协助、配合请求，相关业务部门和技术部门要依照职权及时予以办理。

【公安部令〔2020〕159 号】公安机关办理刑事案件程序规定（2020 年 7 月 4 日第 3 次部务会议修订，2020 年 7 月 20 日公布，2020 年 9 月 1 日起施行）

第 346 条　公安机关在异地执行传唤、拘传、拘留、逮捕，开展勘验、检查、搜查、查封、扣押、冻结、讯问等侦查活动，应当向当地公安机关提出办案协作请求，并在当地公安机关协助下进行，或者委托当地公安机关代为执行。

开展查询、询问、辨认等侦查活动或者送达法律文书的，也可以向当地公安机关提出办案协作请求，并按照有关规定进行通报。

第 347 条　需要异地公安机关协助的，办案地公安机关应当制作办案协作函件，连同有关法律文书和人民警察证复印件一并提供给协作地公安机关。必要时，可以将前述法律手续传真或者通过公安机关有关信息系统传输至协作地公安机关。

请求协助执行传唤、拘传、拘留、逮捕的，应当提供传唤证、拘传证、拘留证、逮捕证；请求协助开展搜查、查封、扣押、查询、冻结等侦查活动的，应当提供搜查证、查封决定书、扣押决定书、协助查询财产通知书、协助冻结财产通知书；请求协助开展勘验、检查、讯问、询问等侦查活动的，应当提供立案决定书。

第 348 条　（新增）公安机关应当指定一个部门归口接收协作请求，并进行审核。对符合本规定第 347 条规定的协作请求，应当及时交主管业务部门办理。

异地公安机关提出协作请求的/对异地公安机关提出协助调查、执行强制措施等协作请求，只要法律手续完备，协作地公安机关就应当及时无条件予以配合，不得收取任何形式的费用或者设置其他条件。

第 350 条　异地执行传唤、拘传的，执行人员应当持传唤证、拘传证、办案协作函件和工作证件，与协作地县级以上公安机关联系，协作地公安机关应当协助将犯罪嫌疑人传唤、拘传到本市、县公安机关执法办案场所/县内或者他/犯罪嫌疑人的住处进行讯问。

异地执行拘留、逮捕的，执行人员应当持拘留证、逮捕证、办案协作函件和工作证件，与协作地县级以上公安机关联系，协作地公安机关应当派员协助执行。

第 351 条　已被决定拘留、逮捕的犯罪嫌疑人在逃的，可以通过网上工作平台发布犯罪嫌疑人相关信息、拘留证或者逮捕证。各地公安机关发现网上逃犯的，应当立即组织抓捕。

协作地公安机关抓获犯罪嫌疑人后，应当立即通知办案地/委托地公安机关。办案地/委托地公安机关应当立即携带法律文书及时提解，提解的侦查人员不得少于 2 人。

（新增）办案地公安机关不能及时到达协作地的，应当委托协作地公安机关在拘留、逮捕后 24 小时以内进行讯问。

第 352 条　办案地公安机关请求代为讯问、询问、辨认的，协作地公安机关应当制作讯问、询问、辨认笔录，交被讯问、询问人和辨认人签名、捺指印后，提供给办案地公安机关。

办案地公安机关可以委托协作地公安机关协助进行远程视频讯问、询问，讯问、询问过程应当全程录音录像。

第 353 条　办案地/异地公安机关请求协查犯罪嫌疑人的身份、年龄、违法犯罪经历等情况的，协作地/协查地公安机关应当在接到请求/通知后7日以内将协查结果通知办案地/请求协查的公安机关；交通十分不便的边远地区，应当在15日以内将协查结果通知办案地/请求协查的公安机关。

办案地/异地公安机关请求协助调查取证或者查询犯罪信息、资料的，协作地公安机关应当及时协查并反馈。

第354条 对不履行办案协作程序或者协作职责造成严重后果的，对直接负责的主管人员和其他直接责任人员，应当给予处分；构成犯罪的，依法追究刑事责任。

第355条 协作地公安机关依照办案地/请求协作的公安机关的协作请求/要求履行办案协作职责所产生的法律责任，由办案地/请求协作的公安机关承担。但是，协作行为超出协作请求范围，造成执法过错的，由协作地公安机关承担相应法律责任。

第356条 办案地和协作地公安机关对于案件管辖、定性处理等发生争议的，可以进行协商。协商不成的，提请共同的上级公安机关决定。

中共中央办公厅、国务院办公厅关于依法从严打击证券违法活动的意见（2020年11月2日中央全面深化改革委员会〔第16次〕通过，2021年7月6日公布）

三、建立健全依法从严打击证券违法活动的执法司法体制机制

（十）完善证券案件侦查体制机制。进一步发挥公安部证券犯罪侦查局派驻中国证监会的体制优势，完善线索研判、数据共享、情报导侦、协同办案等方面的行政刑事执法协作机制。进一步优化公安部证券犯罪侦查编制资源配置，加强一线侦查力量建设。

【法发〔2022〕23号】 最高人民法院、最高人民检察院、公安部关于办理信息网络犯罪案件适用刑事诉讼程序若干问题的意见（2022年8月26日印发，2022年9月1日起施行；2014年5月4日公通字〔2014〕10号《意见》同时废止）

14.（第1款） 公安机关跨地域调查取证向网络服务提供者调取电子数据的，应当制作调取证据通知书，注明需要调取的电子数据的相关信息。可以将办案协作函和调取证据通知书及相关法律文书及凭证电传或者可以采用数据电文形式。跨地域调取电子数据的，可以通过公安机关信息化系统传输相关数据电文至协作地公安机关。协作地公安机关经审查确认，在传来的法律文书上加盖本地公安机关印章后，可以代为调查取证。

【公安部令〔2022〕165号】 公安机关反有组织犯罪工作规定（2022年8月10日第9次公安部部务会议通过，2022年8月26日公布，2022年10月1日起施行）

第39条 根据办理案件及维护监管秩序的需要，可以对有组织犯罪案件的犯罪嫌疑人、被告人采取异地羁押、分别羁押或者单独羁押等措施。采取异地羁押措施的，应当依法通知犯罪嫌疑人、被告人的家属和辩护人。

【海警机构令〔2023〕1号】 海警机构办理刑事案件程序规定（2023年5月15日审议通过，2023年6月15日起施行）（主文见本书第308条）

第11章 办案协作

第331条 海警机构在异地执行传唤、拘传、拘留、逮捕，开展勘验、检查、搜

查、查封、扣押、冻结、讯问等侦查活动，应当向当地海警机构提出办案协作请求，并在当地海警机构协助下进行，或者委托当地海警机构代为执行。协作地未设海警机构的，可以按照规定向当地公安机关提出协作请求。

开展查询、询问、辨认等侦查活动或者送达法律文书的，也可以向当地海警机构提出办案协作请求。

第332条　需要异地海警机构协助的，办案地海警机构应当制作办案协作函件，连同有关法律文书和中国海警执法证复印件一并提供给协作地海警机构。必要时，可以将前述法律手续传真或者通过有关信息系统传输至协作地海警机构。

请求协助执行传唤、拘传、拘留、逮捕的，应当提供传唤证、拘传证、拘留证、逮捕证；请求协助开展搜查、查封、扣押、查询、冻结等侦查活动的，应当提供搜查证、查封决定书、扣押决定书、协助查询财产通知书、协助冻结财产通知书；请求协助开展勘验、检查、讯问、询问、辨认等侦查活动的，应当提供立案决定书。

办案地海警机构向协作地海警机构提出协作请求，法律手续完备的，协作地海警机构应当及时无条件予以配合。

第333条　对协作过程中获取的犯罪线索，不属于自己管辖的，应当及时移交有管辖权的海警机构或者其他有关部门。

第334条　异地执行传唤、拘传的，协作地海警机构应当协助将犯罪嫌疑人传唤、拘传到本市、县内的执法办案场所或者到他的住处进行讯问。

异地执行拘留、逮捕的，协作地海警机构应当派员协助执行。

第335条　办案地海警机构请求代为讯问、询问、辨认的，协作地海警机构应当制作讯问、询问、辨认笔录，交被讯问、询问人和辨认人签名、捺指印后，提供给办案地海警机构。

办案地海警机构可以委托协作地海警机构协助进行远程视频讯问、询问，讯问、询问过程应当全程录音录像。

第336条　办案地海警机构请求协助调查取证或者查询犯罪信息、资料的，协作地海警机构应当及时协查并反馈。

第337条　不履行办案协作程序或者协作职责造成严重后果的，对直接负责的主管人员和其他直接责任人员，应当给予处分；构成犯罪的，依法追究刑事责任。

第338条　协作地海警机构依照办案地海警机构的协作请求履行办案协作职责所产生的法律责任，由办案地海警机构承担。但是，协作行为超出协作请求范围，造成执法过错的，由协作地海警机构承担相应法律责任。

【本书汇】【涉港澳台办案】[①]

● 相关规定　【两岸协议】　海峡两岸共同打击犯罪及司法互助协议（海峡两岸关系协会会长陈云林与台湾海峡交流基金会董事长江丙坤2009年4月26日在南京签署，在

[①] 注：《刑事诉讼法》没有关于涉港澳台办案的专门规定，本书将其汇集于此。

60日之内各自完成相关准备后生效)

一、合作事项：双方同意在民事、刑事领域相互提供以下协助：（一）共同打击犯罪；（二）送达文书；（三）调查取证；（四）认可及执行民事裁判与仲裁裁决（仲裁判断）；（五）移管（接返）被判刑人（受刑事裁判确定人）；（六）双方同意之其他合作事项。

二、业务交流：双方同意业务主管部门人员进行定期工作会晤、人员互访与业务培训合作，交流双方制度规范、裁判文书及其他相关资讯。

三、联系主体：本协议议定事项，由各方主管部门指定之联络人联系实施。必要时，经双方同意得指定其他单位进行联系。

本协议其他相关事宜，由海峡两岸关系协会与财团法人海峡交流基金会联系。

四、合作范围：双方同意采取措施共同打击双方均认为涉嫌犯罪的行为。

双方同意着重打击下列犯罪：（一）涉及杀人、抢劫、绑架、走私、枪械、毒品、人口贩运、组织偷渡及跨境有组织犯罪等重大犯罪；（二）侵占、背信、诈骗、洗钱、伪造或变造货币及有价证券等经济犯罪；（三）贪污、贿赂、渎职等犯罪；（四）劫持航空器、船舶及涉恐怖活动等犯罪；（五）其他刑事犯罪。

一方认为涉嫌犯罪，另一方认为未涉嫌犯罪但有重大社会危害，得经双方同意个案协助。

五、协助侦查：双方同意交换涉及犯罪有关情资，协助缉捕、遣返刑事犯与刑事嫌疑犯，并于必要时合作协查、侦办。

六、人员遣返：双方同意依循人道、安全、迅速、便利原则，在原有基础上，增加海运或空运直航方式，遣返刑事犯、刑事嫌疑犯，并于交接时移交有关证据（卷证）、签署交接书。

受请求方已对遣返对象进行司法程序者，得于程序终结后遣返。

受请求方认为有重大关切利益等特殊情形者，得视情决定遣返。

非经受请求方同意，请求方不得对遣返对象追诉遣返请求以外的行为。

七、送达文书：双方同意依己方规定，尽最大努力，相互协助送达司法文书。

受请求方应于收到请求书之日起3个月内及时协助送达。

受请求方应将执行请求之结果通知请求方，并及时寄回证明送达与否之证明资料；无法完成请求事项者，应说明理由并送还相关资料。

八、调查取证：双方同意依己方规定相互协助调查取证，包括取得证言及陈述；提供书证、物证及视听资料；确定关系人所在或确认其身分；勘验、鉴定、检查、访视、调查；搜索及扣押等。

受请求方在不违反己方规定前提下，应尽量依请求方要求之形式提供协助。

受请求方协助取得相关证据资料，应及时移交请求方。但受请求方已进行侦查、起诉或审判程序者，不在此限。

九、罪赃移交：双方同意在不违反己方规定范围内，就犯罪所得移交或变价移交事宜给予协助。

十、裁判认可：双方同意基于互惠原则，于不违反公共秩序或善良风俗之情况下，相互认可及执行民事确定裁判与仲裁裁决（仲裁判断）。

十一、罪犯移管（接返）：双方同意基于人道、互惠原则，在请求方、受请求方及被判刑人（受刑事裁判确定人）均同意移交之情形下，移管（接返）被判刑人（受刑事裁判确定人）。

十二、人道探视：双方同意及时通报对方人员被限制人身自由、非病死或可疑为非病死等重要讯息，并依己方规定为家属探视提供便利。

十三、提出请求：双方同意以书面形式提出协助请求。但紧急情况下，经受请求方同意，得以其他形式提出，并于 10 日内以书面确认。

请求书应包含以下内容：请求部门、请求目的、事项说明、案情摘要及执行请求所需其他资料等。

如因请求书内容欠缺致无法执行请求，可要求请求方补充资料。

十四、执行请求：双方同意依本协议及己方规定，协助执行对方请求，并及时通报执行情况。

若执行请求将妨碍正在进行之侦查、起诉或审判程序，可暂缓提供协助，并及时向对方说明理由。

如无法完成请求事项，应向对方说明并送还相关资料。

十五、不予协助：双方同意因请求内容不符合己方规定或执行请求将损害己方公共秩序或善良风俗等情形，得不予协助，并向对方说明。

十六、保密义务：双方同意对请求协助与执行请求的相关资料予以保密。但依请求目的使用者，不在此限。

十七、限制用途：双方同意仅依请求书所载目的事项，使用对方协助提供之资料。但双方另有约定者，不在此限。

十八、互免证明：双方同意依本协议请求及协助提供之证据资料、司法文书及其他资料，不要求任何形式之证明。

十九、文书格式：双方同意就提出请求、答复请求、结果通报等文书，使用双方商定之文书格式。

二十、协助费用：双方同意相互免除执行请求所生费用。但请求方应负担下列费用：（一）鉴定费用；（二）笔译、口译及誊写费用；（三）为请求方提供协助之证人、鉴定人，因前往、停留、离开请求方所生之费用；（四）其他双方约定之费用。

【公刑〔2000〕1047 号】 公安部关于加强对内地公安机关赴港澳调查取证工作管理的通知（2000 年 6 月 16 日）

关于内地公安机关与香港警方等纪律部队交往合作的有关事项，在《公安部关于加强公安机关涉香港工作集中统一领导的通知》（公通字〔1998〕47 号）和《公安部关于地方公安机关与香港警方等纪律部队交往问题的通知》（公通字〔1999〕89 号）中已有明确规定，各地执行情况总体是好的。但仍存在一些问题，一是一些地方公安机关擅自派人赴香港调查取证，未按规定程序报批，引起香港有关部门的关注，造成不良影响。二是一些赴香港调查组人员对"一国两制"的方针理解把握不准，在与香港警方人员交往中不够谨慎、妥当；有的调查组存在组成人员过多、在香港停留时间长、工作效率不高等现象。这些问题不仅给香港警方的接待工作带来压力，而且已经影响到香港警方对内地公安机关赴港调查取证的协助力度，对工作十分不利。

为了维护内地公安机关与香港、澳门警方的良好合作关系，提高赴港澳调查取证的效率和质量，有必要进一步加强对内地公安机关赴港澳调查取证工作的统一协调管理，规范请求港澳警方协查案件的办理程序。现就有关注意事项通知如下：

一、内地公安机关赴港澳调查取证人员必须严格执行中央关于"一国两制"的方针政策和基本法，按照"互不隶属，互相联系，互相支持"的原则处理与香港、澳门警方的交往事宜。

二、凡需赴港澳做必要调查或会见证人的地方公安机关，应报请本省、自治区、直辖市公安厅、局审核后，向公安部提交赴港澳调查取证的请示，详细列明调查取证的内容和目的。

请示主要包括以下内容：

1. 简要案情。
2. 案件性质，适用法律条款。
3. 涉案人资料（如需调查时）。尽可能包括：姓名、别名、性别、出生日期及地点；身份证号码；旅行证件号码（护照或赴港澳通行证等）；在港澳住址及电话；办公地址、电话及传真号码；手机和传呼机号码；最后入出香港、澳门的时间等。
4. 公司资料（如需调查时），尽可能包括：公司中英（葡）文全名（如被调查公司为在港澳注册公司）；业务性质；公司在港澳地址；电话及传真号码；公司注册日期；董事/股东/经理的详细情况等。
5. 银行账户资料（如需调查时）。尽可能包括：开户银行名称、银行账号；开户日期、销户日期；需要调查的交易日期等。
6. 调查提纲，包括赴港澳调查取证的目的及其具体调查内容等。
7. 其他有关情况。

三、地方公安机关要求赴港澳调查取证的请示经公安部批准后，由公安部刑事侦查局根据情况通知公安部驻港澳警务合作联络官，由该联络官通报香港警务处或澳门司警局。待港澳警方同意并完成前期调查工作或做好会见证人的安排后调查小组方可成行。广东省公安机关赴港澳调查取证工作由广东省公安厅审批，并报公安部备案。

四、赴港澳调查小组必须是熟悉案情的办案人员，人数以2~4人为宜。

五、调查小组赴港澳前应对调查细目、需要携带的有关资料以及工作方式等做好充分的准备工作。公安部主管业务局负责对准备情况检查把关。

六、调查小组在港澳停留时间原则上不超过5天，在港澳期间应注意礼仪，尊重对方的习惯，工作期间不得喝酒，一般不向对方赠送礼品。

七、在港澳期间禁止将非办案人员带入工作场所，不得要求港澳警方提供工作以外的方便。工作中如遇困难或意外情况，应及时与公安部驻港澳警务合作联络官联系，并接受其指导和帮助。

八、港澳警方协助内地公安机关办理的案件需要对外宣传时，有关省、自治区、直辖市公安厅、局应报请公安部审核同意。

九、凡港澳警方可代为调查取证的，各地不派赴港澳调查小组。各地需港澳警方协查的案件，有关公安机关应逐级向公安部提交协查请示，经公安部主管业务局审核后，通过公安部刑事侦查局向香港警务处或澳门司警局发函协查。

【法释〔2011〕15号】　最高人民法院关于人民法院办理海峡两岸送达文书和调查取证司法互助案件的规定（2010年12月16日最高法审委会〔1506次〕通过，2011年6月14日公布，2011年6月25日起施行；以本规为准）

第4条　最高人民法院是与台湾地区业务主管部门就海峡两岸司法互助业务进行联络的一级窗口。最高人民法院台湾司法事务办公室主任是最高人民法院指定的协议联络人。

最高人民法院负责：就协议中涉及人民法院的工作事项与台湾地区业务主管部门开展磋商、协调和交流；指导、监督、组织、协调地方各级人民法院办理海峡两岸司法互助业务；就海峡两岸调查取证司法互助业务与台湾地区业务主管部门直接联络，并在必要时具体办理调查取证司法互助案件；及时将本院和台湾地区业务主管部门指定的协议联络人的姓名、联络方式及变动情况等工作信息通报高级人民法院。

第5条　最高人民法院授权高级人民法院就办理海峡两岸送达文书司法互助案件，建立与台湾地区业务主管部门联络的二级窗口。高级人民法院应当指定专人作为经最高人民法院授权的二级联络窗口联络人。

高级人民法院负责：指导、监督、组织、协调本辖区人民法院办理海峡两岸送达文书和调查取证司法互助业务；就办理海峡两岸送达文书司法互助案件与台湾地区业务主管部门直接联络，并在必要时具体办理送达文书和调查取证司法互助案件；登记、统计本辖区人民法院办理的海峡两岸送达文书司法互助案件；定期向最高人民法院报告本辖区人民法院办理海峡两岸送达文书司法互助业务情况；及时将本院联络人的姓名、联络方式及变动情况报告最高人民法院，同时通报台湾地区联络人和下级人民法院。

第6条　中级人民法院和基层人民法院应当指定专人负责海峡两岸司法互助业务。

中级人民法院和基层人民法院负责：具体办理海峡两岸送达文书和调查取证司法互助案件；定期向高级人民法院层报本院办理海峡两岸送达文书司法互助业务情况；及时将本院海峡两岸司法互助业务负责人员的姓名、联络方式及变动情况层报高级人民法院。

第7条　人民法院向住所地在台湾地区的当事人送达民事和行政诉讼司法文书，可以采用下列方式：

（一）受送达人居住在大陆的，直接送达。受送达人是自然人，本人不在的，可以交其同住成年家属签收；受送达人是法人或者其他组织的，应当由法人的法定代表人、其他组织的主要负责人或者该法人、其他组织负责收件的人签收。

受送达人不在大陆居住，但送达时在大陆的，可以直接送达。

（二）受送达人在大陆有诉讼代理人的，向诉讼代理人送达。但受送达人在授权委托书中明确表明其诉讼代理人无权代为接收的除外。

（三）受送达人有指定代收人的，向代收人送达。

（四）受送达人在大陆有代表机构、分支机构、业务代办人的，向其代表机构或者经受送达人明确授权接受送达的分支机构、业务代办人送达。

（五）通过协议确定的海峡两岸司法互助方式，请求台湾地区送达。

（六）受送达人在台湾地区的地址明确的，可以邮寄送达。

（七）有明确的传真号码、电子信箱地址的，可以通过传真、电子邮件方式向受送达人送达。

采用上述方式均不能送达或者台湾地区当事人下落不明的，可以公告送达。

人民法院需要向住所地在台湾地区的当事人送达刑事司法文书，可以通过协议确定的海峡两岸司法互助方式，请求台湾地区送达。

第8条　人民法院协助台湾地区法院送达司法文书，应当采用民事诉讼法、刑事诉讼法、行政诉讼法等法律和相关司法解释规定的送达方式，并应当尽可能采用直接送达方式，但不采用公告送达方式。

第9条　人民法院协助台湾地区送达司法文书，应当充分负责，及时努力送达。

第10条　审理案件的人民法院需要台湾地区协助送达司法文书的，应当填写《〈海峡两岸共同打击犯罪及司法互助协议〉送达文书请求书》附录部分，连同需要送达的司法文书，一式2份，及时送交高级人民法院。

需要台湾地区协助送达的司法文书中有指定开庭日期等类似期限的，一般应当为协助送达程序预留不少于6个月的时间。

第11条　高级人民法院收到本院或者下级人民法院《〈海峡两岸共同打击犯罪及司法互助协议〉送达文书请求书》附录部分和需要送达的司法文书后，应当在7个工作日内完成审查。经审查认为可以请求台湾地区协助送达的，高级人民法院联络人应当填写《〈海峡两岸共同打击犯罪及司法互助协议〉送达文书请求书》正文部分，连同附录部分和需要送达的司法文书，立即寄送台湾地区联络人；经审查认为欠缺相关材料、内容或者认为不需要请求台湾地区协助送达的，应当立即告知提出请求的人民法院补充相关材料、内容或者在说明理由后将材料退回。

第12条　台湾地区成功送达并将送达证明材料寄送高级人民法院联络人，或者未能成功送达并将相关材料送还，同时出具理由说明给高级人民法院联络人的，高级人民法院应当在收到之日起7个工作日内，完成审查并转送提出请求的人民法院。经审查认为欠缺相关材料或者内容的，高级人民法院联络人应当立即与台湾地区联络人联络并请求补充相关材料或者内容。

自高级人民法院联络人向台湾地区寄送有关司法文书之日起满4个月，如果未能收到送达证明材料或者说明文件，且根据各种情况不足以认定已经送达的，视为不能按照协议确定的海峡两岸司法互助方式送达。

第13条　台湾地区请求人民法院协助送达台湾地区法院的司法文书并通过其联络人将请求书和相关司法文书寄送高级人民法院联络人的，高级人民法院应当在7个工作日内完成审查。经审查认为可以协助送达的，应当立即转送有关下级人民法院送达或者由本院送达；经审查认为欠缺相关材料、内容或者认为不宜协助送达的，高级人民法院联络人应当立即向台湾地区联络人说明情况并告知其补充相关材料、内容或者将材料送还。

具体办理送达文书司法互助案件的人民法院应当在收到高级人民法院转送的材料之日起5个工作日内，以"协助台湾地区送达民事（刑事、行政诉讼）司法文书"案由立案，指定专人办理，并应当自立案之日起15日内完成协助送达，最迟不得超过2个月。

收到台湾地区送达文书请求时，司法文书中指定的开庭日期或者其他期限逾期的，人民法院亦应予以送达，同时高级人民法院联络人应当及时向台湾地区联络人说明情况。

第14条　具体办理送达文书司法互助案件的人民法院成功送达的，应当由送达人在《〈海峡两岸共同打击犯罪及司法互助协议〉送达回证》上签名或者盖章，并在成功送达之日起7个工作日内将送达回证送交高级人民法院；未能成功送达的，应当由送达人在《〈海峡两岸共同打击犯罪及司法互助协议〉送达回证》上注明未能成功送达的原因并签名或者盖章，在确认不能送达之日起7个工作日内，将该送达回证和未能成功送达的司法文书送交高级人民法院。

高级人民法院应当在收到前款所述送达回证之日起7个工作日内完成审查，由高级人民法院联络人在前述送达回证上签名或者盖章，同时出具《〈海峡两岸共同打击犯罪及司法互助协议〉送达文书回复书》，连同该送达回证和未能成功送达的司法文书，立即寄送台湾地区联络人。

第15条　人民法院办理海峡两岸调查取证司法互助业务，限于与台湾地区法院相互协助调取与诉讼有关的证据，包括取得证言及陈述；提供书证、物证及视听资料；确定关系人所在地或者确认其身份、前科等情况；进行勘验、检查、扣押、鉴定和查询等。

第16条　人民法院协助台湾地区法院调查取证，应当采用民事诉讼法、刑事诉讼法、行政诉讼法等法律和相关司法解释规定的方式。

在不违反法律和相关规定、不损害社会公共利益、不妨碍正在进行的诉讼程序的前提下，人民法院应当尽力协助调查取证，并尽可能依照台湾地区请求的内容和形式予以协助。

台湾地区调查取证请求书所述的犯罪事实，依照大陆法律规定不认为涉嫌犯罪的，人民法院不予协助，但有重大社会危害并经双方业务主管部门同意予以个案协助的除外。台湾地区请求促使大陆居民至台湾地区作证，但未作出非经大陆主管部门同意不得追诉其进入台湾地区之前任何行为的书面声明，人民法院可以不予协助。

第17条　审理案件的人民法院需要台湾地区协助调查取证的，应当填写《〈海峡两岸共同打击犯罪及司法互助协议〉调查取证请求书》附录部分，连同相关材料，一式3份，及时送交高级人民法院。

高级人民法院应当在收到前款所述材料之日起7个工作日内完成初步审查，并将审查意见和《〈海峡两岸共同打击犯罪及司法互助协议〉调查取证请求书》附录部分及相关材料，一式2份，立即转送最高人民法院。

第18条　最高人民法院收到高级人民法院转送的《〈海峡两岸共同打击犯罪及司法互助协议〉调查取证请求书》附录部分和相关材料以及高级人民法院审查意见后，应当在7个工作日内完成最终审查。经审查认为可以请求台湾地区协助调查取证的，最高人民法院联系人应当填写《〈海峡两岸共同打击犯罪及司法互助协议〉调查取证请求书》正文部分，连同附录部分和相关材料，立即寄送台湾地区联络人；经审查认为欠缺相关材料、内容或者认为不需要请求台湾地区协助调查取证的，应当立即通过高级人民法院告知提出请求的人民法院补充相关材料、内容或者在说明理由后将材料退回。

第19条　台湾地区成功调查取证并将取得的证据材料寄送最高人民法院联络人，或者未能成功调查取证并将相关材料送还，同时出具理由说明给最高人民法院联络人的，最高人民法院应当在收到之日起7个工作日内完成审查并转送高级人民法院，高级人民法院应当在收到之日起7个工作日内转送提出请求的人民法院。经审查认为欠缺相关材料或者内容的，最高人民法院联络人应当立即与台湾地区联络人联系并请求补充相关材料或者内容。

第20条　台湾地区请求人民法院协助台湾地区法院调查取证并通过其联络人将请求书和相关材料寄送最高人民法院联络人的，最高人民法院应当在收到之日起7个工作日内完成审查。经审查认为可以协助调查取证的，应当立即转送有关高级人民法院或者由本院办理，高级人民法院应当在收到之日起7个工作日内转送有关下级人民法院办理或者由本院办理；经审查认为欠缺相关材料、内容或者认为不宜协助调查取证的，最高人民法院联络人应当立即向台湾地区联络人说明情况并告知其补充相关材料、内容或者将材料送还。

具体办理调查取证司法互助案件的人民法院应当在收到高级人民法院转送的材料之日起5个工作日内，以"协助台湾地区民事（刑事、行政诉讼）调查取证"案由立案，指定专人办理，并应自立案之日起1个月内完成协助调查取证，最迟不得超过3个月。因故不能在期限届满前完成的，应当提前函告高级人民法院，并由高级人民法院转报最高人民法院。

第21条　具体办理调查取证司法互助案件的人民法院成功调查取证的，应当在完成调查取证之日起7个工作日内将取得的证据材料一式3份，连同台湾地区提供的材料，并在必要时附具情况说明，送交高级人民法院；未能成功调查取证的，应当出具说明函一式3份，连同台湾地区提供的材料，在确认不能成功调查取证之日起7个工作日内送交高级人民法院。

高级人民法院应当在收到前款所述材料之日起7个工作日内完成初步审查，并将审查意见和前述取得的证据材料或者说明函等，一式2份，连同台湾地区提供的材料，立即转送最高人民法院。

最高人民法院应当在收到之日起7个工作日内完成最终审查，由最高人民法院联络人出具《〈海峡两岸共同打击犯罪及司法互助协议〉调查取证回复书》，必要时连同相关材料，立即寄送台湾地区联络人。

证据材料不适宜复制或者难以取得备份的，可不按本条第1款和第2款的规定提供备份材料。

第22条　人民法院对于台湾地区请求协助所提供的和执行请求所取得的相关资料应当予以保密。但依据请求目的使用的除外。

第26条　对于执行台湾地区的请求所发生的费用，由有关人民法院负担。但下列费用应当由台湾地区业务主管部门负责支付：（一）鉴定费用；（二）翻译费用和誊写费用；（三）为台湾地区提供协助的证人和鉴定人，因前往、停留、离开台湾地区所发生的费用；（四）其他经最高人民法院和台湾地区业务主管部门商定的费用。

第 27 条　人民法院在办理海峡两岸司法互助案件中收到、取得、制作的各种文件和材料，应当以原件或者复制件形式，作为诉讼档案保存。

第 28 条　最高人民法院审理的案件需要请求台湾地区协助送达司法文书和调查取证的，参照本规定由本院自行办理。

专门人民法院办理海峡两岸送达文书和调查取证司法互助业务，参照本规定执行。

【法〔2011〕243 号】　最高人民法院关于进一步规范人民法院涉港澳台调查取证工作的通知（2011 年 8 月 7 日）

一、人民法院在案件审判中，需要从港澳特区或者台湾地区调取证据的，应当按照相关司法解释和规范性文件规定的权限和程序，委托港澳特区或者台湾地区业务主管部门协助调查取证。除有特殊情况层报最高人民法院并经中央有关部门批准外，人民法院不得派员赴港澳特区或者台湾地区调查取证。

二、人民法院不得派员随同公安机关、检察机关团组赴港澳特区或者台湾地区就特定案件进行调查取证。

三、各高级人民法院应切实担负起职责，指导辖区内各级人民法院做好涉港澳台调查取证工作。对有关法院提出的派员赴港澳特区或者台湾地区调查取证的申请，各高级人民法院要严格把关，凡不符合有关规定和本通知精神的，应当予以退回。

四、对于未经报请最高人民法院并经中央有关部门批准，擅自派员赴港澳特区或者台湾地区调查取证的，除严肃追究有关法院和人员的责任，并予通报批评外，还要视情暂停审批有关法院一定期限内的赴港澳台申请。

【法〔2013〕26 号】　最高人民法院关于进一步规范人民法院涉港调查取证司法协助工作的通知（2013 年 2 月 4 日）

在内地与香港特别行政区就相互协助调查取证达成制度性安排之前，地方人民法院不得直接向香港方面提出协助调查取证请求，也不得擅自接受香港方面的协助调查取证请求。地方人民法院在具体案件审理中确需香港方面协助调查取证的，须层报最高人民法院批准并通过国务院港澳事务办公室与香港特别行政区政府联系和转递有关请求。如香港方面直接向地方人民法院提出协助调查取证请求，可告知香港方面通过香港特别行政区政府和国务院港澳事务办公室向最高人民法院转递有关请求。

【法释〔2016〕11 号】　最高人民法院关于人民法院办理接收在台湾地区服刑的大陆居民回大陆服刑案件的规定（2015 年 6 月 2 日最高法审委会〔1653 次〕通过，2016 年 4 月 27 日印发，2016 年 5 月 1 日起施行）

第 1 条　人民法院办理接收在台湾地区服刑的大陆居民（以下简称被判刑人）回大陆服刑案件（以下简称接收被判刑人案件），应当遵循一个中国原则，遵守国家法律的基本原则，秉持人道和互惠原则，不得违反社会公共利益。

第 2 条　接收被判刑人案件由最高人民法院指定的中级人民法院管辖。

第 3 条　申请机关向人民法院申请接收被判刑人回大陆服刑，应当同时提交以下材料：（一）申请机关制作的接收被判刑人申请书，其中应当载明：1. 台湾地区法院认定的被判刑人实施的犯罪行为及判决依据的具体条文内容；2. 该行为在大陆依据刑法也构成犯罪、相应的刑法条文、罪名及该行为未进入大陆刑事诉讼程序的说明；3. 建议转换的具体刑罚；4. 其他需要说明的事项。（二）被判刑人系大陆居民的身份证明；（三）台湾地区法院对被判刑人定罪处刑的裁判文书、生效证明和执行文书；（四）被判刑人或其法定代理人申请或者同意回大陆服刑的书面意见，且法定代理人与被判刑人的意思表示一致；（五）被判刑人或其法定代理人所作的关于被判刑人在台湾地区接受公正审判的权利已获得保障的书面声明；（六）两岸有关业务主管部门均同意被判刑人回大陆服刑的书面意见；（七）台湾地区业务主管部门出具的有关刑罚执行情况的说明，包括被判刑人交付执行前的羁押期、已服刑期、剩余刑期，被判刑人服刑期间的表现、退赃退赔情况，被判刑人的健康状况、疾病与治疗情况；（八）根据案件具体情况需要提交的其他材料。

申请机关提交材料齐全的，人民法院应当在 7 日内立案。提交材料不全的，应当通知申请机关在 15 日内补送，至迟不能超过 2 个月；逾期未补送的，不予立案，并于 7 日内书面告知申请机关。

第 4 条　人民法院应当组成合议庭审理接收被判刑人案件。

第 5 条　人民法院应当在立案后 1 个月内就是否准予接收被判刑人作出裁定，情况复杂、特殊的，可以延长 1 个月。

人民法院裁定准予接收的，应当依据台湾地区法院判决认定的事实并参考其所定罪名，根据刑法就相同或者最相似犯罪行为规定的法定刑，按照下列原则对台湾地区法院确定的无期徒刑或者有期徒刑予以转换：

（一）原判处刑罚未超过刑法规定的最高刑，包括原判处刑罚低于刑法规定的最低刑的，以原判处刑罚作为转换后的刑罚；

（二）原判处刑罚超过刑法规定的最高刑的，以刑法规定的最高刑作为转换后的刑罚；

（三）转换后的刑罚不附加适用剥夺政治权利。

前款所称的最高刑，如台湾地区法院认定的事实依据刑法应当认定为 1 个犯罪的，是指刑法对该犯罪规定的最高刑；如应当认定为多个犯罪的，是指刑法对数罪并罚规定的最高刑。

对人民法院立案前，台湾地区有关业务主管部门对被判刑人在服刑期间作出的减轻刑罚决定，人民法院应当一并予以转换，并就最终应当执行的刑罚作出裁定。

第 6 条　被判刑人被接收回大陆服刑前被实际羁押的期间，应当以 1 日折抵转换后的刑期 1 日。

第 7 条　被判刑人被接收回大陆前已在台湾地区被假释或保外就医的，或者被判刑人或其法定代理人在申请或者同意回大陆服刑的书面意见中同时申请暂予监外执行的，人民法院应当根据刑法、刑事诉讼法的规定一并审查，并作出是否假释或者暂予监外执行的决定。

第8条 人民法院作出裁定后,应当在7日内送达申请机关。裁定一经送达,立即生效。

第9条 被判刑人回大陆服刑后,有关减刑、假释、暂予监外执行、赦免等事项,适用刑法、刑事诉讼法及相关司法解释的规定。

第10条 被判刑人回大陆服刑后,对其在台湾地区已被判处刑罚的行为,人民法院不再审理。

【法发〔2016〕33号】 最高人民法院、最高人民检察院、公安部、司法部关于对因犯罪在大陆受审的台湾居民依法适用缓刑实行社区矫正有关问题的意见(2016年7月26日印发,2017年1月1日起施行)

第1条 对因犯罪被判处拘役、3年以下有期徒刑的台湾居民,如果其犯罪情节较轻、有悔罪表现、没有再犯罪的危险且宣告缓刑对所居住社区没有重大不良影响的,人民法院可以宣告缓刑,对其中不满18周岁的人、怀孕的妇女和已满75周岁的人,应当宣告缓刑。

第2条 人民检察院建议对被告人宣告缓刑的,应当说明依据和理由。

被告人及其法定代理人、辩护人提出宣告缓刑的请求,应当说明理由,必要时需提交经过台湾地区公证机关公证的被告人在台湾地区无犯罪记录证明等相关材料。

第3条 公安机关、人民检察院、人民法院需要委托司法行政机关调查评估宣告缓刑对社区影响的,可以委托犯罪嫌疑人、被告人在大陆居住地的县级司法行政机关,也可以委托适合协助社区矫正的下列单位或者人员所在地的县级司法行政机关:(一)犯罪嫌疑人、被告人在大陆的工作单位或者就读学校;(二)台湾同胞投资企业协会、台湾同胞投资企业;(三)其他愿意且有能力协助社区矫正的单位或者人员。

已经建立涉台社区矫正专门机构的地方,可以委托该机构所在地的县级司法行政机关调查评估。

根据前2款规定仍无法确定接受委托的调查评估机关的,可以委托办理案件的公安机关、人民检察院、人民法院所在地的县级司法行政机关。

第4条 司法行政机关收到委托后,一般应当在10个工作日内向委托机关提交调查评估报告;对提交调查评估报告的时间另有规定的,从其规定。

司法行政机关开展调查评估,可以请当地台湾同胞投资企业协会、台湾同胞投资企业以及犯罪嫌疑人、被告人在大陆的监护人、亲友等协助提供有关材料。

第5条 人民法院对被告人宣告缓刑时,应当核实其居住地或者本意见第3条规定的有关单位、人员所在地,书面告知被告人应当自判决、裁定生效后10日内到社区矫正执行地的县级司法行政机关报到,以及逾期报到的法律后果。

缓刑判决、裁定生效后,人民法院应当在10日内将判决书、裁定书、执行通知书等法律文书送达社区矫正执行地的县级司法行政机关,同时抄送该地县级人民检察院和公安机关。

第6条 对被告人宣告缓刑的,人民法院应当及时作出不准出境决定书,同时依照有关规定办理边控手续。

实施边控的期限为缓刑考验期。

第7条　对缓刑犯的社区矫正，由其在大陆居住地的司法行政机关负责指导管理、组织实施；在大陆没有居住地的，由本意见第3条规定的有关司法行政机关负责。

第8条　为缓刑犯确定的社区矫正小组可以吸收下列人员参与：（一）当地台湾同胞投资企业协会、台湾同胞投资企业的代表；（二）在大陆居住或者工作的台湾同胞；（三）缓刑犯在大陆的亲友；（四）其他愿意且有能力参与社区矫正工作的人员。

第9条　根据社区矫正需要，司法行政机关可以会同相关部门，协调台湾同胞投资企业协会、台湾同胞投资企业等，为缓刑犯提供工作岗位、技能培训等帮助。

第10条　对于符合条件的缓刑犯，可以依据《海峡两岸共同打击犯罪及司法互助协议》①，移交台湾地区执行。

第11条　对因犯罪在大陆受审、执行刑罚的台湾居民判处管制、裁定假释、决定或者批准暂予监外执行，实行社区矫正的，可以参照适用本意见的有关规定。

第二章　管　辖

（插）第3条　【公检法的职权分工】 对刑事案件的侦查、拘留、执行逮捕、预审，由公安机关负责。检察、批准逮捕、检察机关直接受理的案件的侦查、提起公诉，由人民检察院负责。审判由人民法院负责。除法律特别规定的以外，其他任何机关、团体和个人都无权行使这些权力。②

人民法院、人民检察院和公安机关进行刑事诉讼，必须严格遵守本法和其他法律的有关规定。

第19条③　**【公安侦查管辖】** 刑事案件的侦查由公安机关进行，法律另有规定的除外。④

【检察院侦查管辖】 人民检察院在对诉讼活动实行法律监督中发现的司法工作人员利用职权实施的非法拘禁、刑讯逼供、非法搜查等侵犯公民权利、损害司法公正的犯罪，可以由人民检察院立案侦查。对于公安机关管辖的国家

---

① 注：《海峡两岸共同打击犯罪及司法互助协议》由海峡两岸关系协会（时任会长陈云林）与财团法人海峡交流基金会（时任董事长江丙坤）于2009年4月26日签署。为落实《海峡两岸共同打击犯罪及司法互助协议》，最高人民法院于2011年6月14日公布了《关于人民法院办理海峡两岸送达文书和调查取证司法互助案件的规定》（法释［2011］15号，2010年12月16日最高法审委会［1506号］通过，2011年6月14日起施行），适用于海峡两岸民事、刑事、行政诉讼案件中的送达文书和调查取证司法互助业务的办理。

② 本款规定由1996年3月17日第8届全国人民代表大会第4次会议修改，1997年1月1日施行。原规定为："对刑事案件的侦查、拘留、预审，由公安机关负责。批准逮捕和检察（包括侦查）、提起公诉，由人民检察院负责。审判由人民法院负责。其他任何机关、团体和个人无权行使这些权力。"

③ 本条规定由1996年3月17日第8届全国人民代表大会第4次会议修改，1997年1月1日施行。原规定为："告诉才处理和其他不需要进行侦查的轻微的刑事案件，由人民法院直接受理，并可以进行调解。""贪污罪、侵犯公民民主权利罪、渎职罪以及人民检察院认为需要自己直接受理的其他案件，由人民检察院立案侦查和决定是否提起公诉。""第一、二款规定以外的其他案件的侦查，都由公安机关进行。"

④ 《刑事诉讼法》（附则）第308条规定了军队、海警、监狱的刑事案件侦查权。

机关工作人员利用职权实施的重大犯罪案件，需要由人民检察院直接受理的时候，经省级以上人民检察院决定，可以由人民检察院立案侦查。①

【自诉案件管辖】自诉案件，由人民法院直接受理。

（本书汇）【监察调查管辖】②

● **相关规定**　【署法〔1998〕202号】　海关总署关于贯彻执行《关于刑事诉讼法实施中若干问题的规定》的通知（1998年4月15日）

一、关于走私罪嫌疑案件侦查的管辖

根据刑事诉讼法第18条和《规定》第1条、第2条关于刑事案件管辖的分工规定，走私罪嫌疑案件由公安机关立案侦查。海关查获的走私罪嫌疑案件应按规定一律移送公安机关，其他机关向海关提出直接受理走私罪嫌疑案件移送要求的，海关可根据上述规定予以解释。

【署侦〔1998〕742号】　最高人民法院、最高人民检察院、公安部、司法部、海关总署关于走私犯罪侦查机关办理走私犯罪案件适用刑事诉讼程序若干问题的通知（1998年12月3日）

一、走私犯罪侦查机关在中华人民共和国海关关境内，依法查缉涉税走私犯罪案件和发生在海关监管区内的走私武器、弹药、核材料、伪造的货币、文物、贵重金属、珍贵动物及其制品、珍稀植物及其制品、淫秽物品、固体废物和毒品等非涉税走私犯罪案件。接受海关调查部门、地方公安机关（包括公安边防部门）和工商行政等执法部门查获移送的走私犯罪案件。

【高检发研字〔1999〕2号】　最高人民检察院关于走私犯罪侦查机关提请批准逮捕和移送审查起诉的案件由分、州、市级人民检察院受理的通知（1999年2月3日）

一、根据《通知》关于走私犯罪侦查分局（设在直属海关）、走私犯罪侦查支局（设在隶属海关）负责向人民检察院提请批准逮捕和移送起诉工作的规定，走私犯罪侦查分局、支局所在地的分、州、市级人民检察院负责受理走私犯罪侦查机关向人民检察院提请批准逮捕和移送起诉的案件。

二、走私犯罪侦查中队（设在隶属海关下一级海关）侦查的案件，应当报请走私犯罪侦查支局或者分局向所在地的分、州、市级人民检察院提请批准逮捕和移送起诉，受理的人民检察院应当将有关法律文书送达移送案件的走私犯罪侦查分局或者支局。

三、走私犯罪侦查局直接办理的案件，交由案件发生地的走私犯罪侦查分局向所在地的分、州、市级人民检察院提请批准逮捕和移送审查起诉，受理的人民检察院应当将有关法律

---

① 本款规定先后2次修改。原规定（1980年1月1日施行）为："贪污罪、侵犯公民民主权利罪、渎职罪以及人民检察院认为需要自己直接受理的其他案件，由人民检察院立案侦查和决定是否提起公诉"。1996年3月17日第8届全国人民代表大会第4次会议修改为（1997年1月1日施行）："贪污贿赂犯罪，国家工作人员的渎职犯罪，国家机关工作人员利用职权实施的非法拘禁、刑讯逼供、报复陷害、非法搜查的侵犯公民人身权利的犯罪以及侵犯公民民主权利的犯罪，由人民检察院立案侦查。对于国家机关工作人员利用职权实施的其他重大的犯罪案件，需要由人民检察院直接受理的时候，经省级以上人民检察院决定，可以由人民检察院立案侦查"。2018年10月26日第13届全国人大常委会第6次会议再次修改为现规定，同日公布施行。

② 注：《刑事诉讼法》没有关于监察调查管辖的规定，本书将其汇集于此。

文书送达移送案件的走私犯罪侦查分局。

四、人民检察院对走私犯罪侦查机关移送起诉的案件经审查决定起诉的，应当向本地中级人民法院提起公诉。

五、人民检察院对走私犯罪侦查机关移送起诉的走私案件，经审查决定不起诉的，应当依照《中华人民共和国刑事诉讼法》的规定移送相应的海关处理，同时将不起诉决定书送达移送案件的走私犯罪侦查机关。

六、走私犯罪侦查机关建立有看守所的，由看守所所在地的分、州、市级人民检察院履行法律监督职责。

七、省级人民检察院根据办案需要，可以按照与审判管辖相适应的原则，指定本地区有关分、州、市级人民检察院受理走私犯罪侦查机关提请批准逮捕和移送起诉的案件。

【法〔2002〕139号】　最高人民法院、最高人民检察院、海关总署关于办理走私刑事案件适用法律若干问题的意见（2002年7月8日）

一、关于走私犯罪案件的管辖问题

根据刑事诉讼法的规定，走私犯罪案件由犯罪地的走私犯罪侦查机关立案侦查。走私犯罪案件复杂，环节多，其犯罪地可能涉及多个犯罪行为发生地，包括货物、物品的进口（境）地、出口（境）地、报关地、核销地等。如果发生刑法第154条、第155条规定的走私犯罪行为的，走私货物、物品的销售地、运输地、收购地和贩卖地均属于犯罪行为的发生地。对有多个走私犯罪行为发生地的，由最初受理的走私犯罪侦查机关或者由主要犯罪地的走私犯罪侦查机关管辖。对管辖有争议的，由共同的上级走私犯罪侦查机关指定管辖。

对发生在海（水）上的走私犯罪案件由该辖区的走私犯罪侦查机关管辖，但对走私船舶有跨辖区连续追缉情形的，由缉获走私船舶的走私犯罪侦查机关管辖。

人民检察院受理走私犯罪侦查机关提请批准逮捕、移送审查起诉的走私犯罪案件，人民法院审理人民检察院提起公诉的走私犯罪案件，按照《最高人民法院、最高人民检察院、公安部、司法部、海关总署关于走私犯罪侦查机关办理走私犯罪案件适用刑事诉讼程序若干问题的通知》（署侦〔1998〕742号）的有关规定执行。

【主席令〔2000〕35号】　中华人民共和国海关法（1987年1月22日第6届全国人大常委会第19次会议通过；2000年7月8日第9届全国人大常委会第16次会议修正；2013年6月29日、2013年12月28日、2016年11月7日、2017年11月4日、2021年4月29日修正）

第4条　国家在海关总署设立专门侦查走私犯罪的公安机构，配备专职缉私警察，负责对其管辖的走私犯罪案件的侦查、拘留、执行逮捕、预审。①

海关侦查走私犯罪公安机构履行侦查、拘留、执行逮捕、预审职责，应当按照《中华人民共和国刑事诉讼法》的规定办理。

海关侦查走私犯罪公安机构根据国家有关规定，可以设立分支机构。各分支机构办理其

---

① 注：根据《国务院关于缉私警察队伍设置方案的批复》（国函〔1998〕53号）和《国务院办公厅关于组建缉私警察队伍实施方案的复函》（国办函〔1998〕52号），海关总署、公安部组建成立走私犯罪侦查局，纳入公安部编制机构序列，设在海关总署。走私犯罪侦查局既是海关总署的一个内设局，又是公安部的一个序列局，实行海关与公安双重垂直领导、以海关领导为主的体制。走私犯罪侦查局在广东分署和全国各直属海关设立走私犯罪侦查分局；走私犯罪侦查分局原则上在隶属海关设立走私犯罪侦查支局。

管辖的走私犯罪案件，应当依法向有管辖权的人民检察院移送起诉。

地方各级公安机关应当配合海关侦查走私犯罪公安机构依法履行职责。

【公通字〔2000〕29号】　公安部关于公安边防部门办理刑事案件有关问题的通知（2000年3月31日）

三、公安边防部门管辖的一般案件由边防大队级单位负责侦办；支队级以上单位负责侦查重大涉外犯罪案件、重大集团犯罪案件和下级单位侦破有困难的重大犯罪案件，其中，总队级以上单位主要负责组织、协调和指挥跨区域犯罪案件的侦查工作。

四、公安边防支队级以上单位在立案、侦查、采取刑事强制措施等方面行使相应的县（市）级以上公安机关的审批权限。县（市）公安边防大队办案，由所属县（市）公安机关负责人审批；地区（市、州、盟）公安边防支队（含海警支队、巡逻艇支队、广东边防五、六、七支队、特检站）办案，由支队（站）负责人审批；省（自治区、直辖市）公安边防总队办案，由总队负责人审批；侦办跨省（自治区、直辖市）案件，由省（自治区、直辖市）公安边防总队组织、指挥、协调或者直接立案侦查，报公安部边防管理局备案；侦办跨省（自治区、直辖市）重特大案件，由公安部边防管理局组织、指挥、协调或者直接立案侦查。

五、公安边防部门办理刑事案件，统一使用所属或所在地公安机关的法律文书，以公（边）字单独编号。即县（市）边防大队使用所属县（市）公安机关的法律文书；地区（市、州、盟）边防支队使用所属地区（市、州、盟）公安机关的法律文书；海警支队、巡逻艇支队、广东边防五、六、七支队、特检站使用所在地的地区（市）公安机关的法律文书；省级以上公安边防部门使用所属或所在地公安机关的法律文书。各级公安边防部门所需法律文书，可按所属或所在地公安机关文书的格式自行印制。

六、公安边防部门在侦查办案中，对已批准刑事拘留、逮捕的犯罪嫌疑人，交由所属或所在地公安机关看守所羁押；采取取保候审、监视居住等强制措施的，由犯罪嫌疑人居住地公安派出所执行。

七、公安边防部门承办的刑事案件，在侦查终结时，由本部门的法制机构审核把关，以所属或所在地公安机关的名义提请同级人民检察院审查批准逮捕，移送同级人民检察院审查起诉。

八、公安边防部门应加强同公安机关其他有关部门的协作配合。为及时、有效地侦破案件，打击犯罪，对发生在边境管理区和沿海地区（包括海上）的非边防部门管辖的刑事案件，发现犯罪线索或接到报案、举报、控告的，应立即接受，并按有关程序及时移送有管辖权的部门处理；边境地区和沿海地区（限于地、市行政辖区）公安机关有关其他部门发现的属边防部门管辖的刑事案件，发现犯罪线索或接到报案、举报、控告的，也应立即接受，并按有关程序及时移交边防部门处理。

边境地区和沿海地区边防检查站在口岸查获的偷渡案件，除涉及《公安部刑事案件管辖分工规定》规定由刑事侦查部门管辖的第98、99、100种案件外，移交当地边防部门处理。

侦查协作中出现分歧时，由争议双方共同的上一级公安机关协调决定。

【公通字〔2000〕63号】　公安部关于计算机犯罪案件管辖分工问题的通知（2000年7月25日）

……公安部决定将《刑法》规定的非法侵入计算机信息系统案（第285条）和破坏计算

机信息系统案（第286条）交由部公共信息网络安全监察局管辖。在有条件的省级以下公安机关，上述案件交由公共信息网络安全监察部门管辖，刑事侦查部门应予以配合和支持；公共信息网络安全监察部门暂不具备接受上述案件条件的，仍由刑事侦查部门管辖，公共信息网络安全监察部门应积极协助、配合。

【林安发〔2001〕156号】 国家林业局、公安部关于森林和陆生野生动物刑事案件管辖及立案标准（2001年4月23日）

一、森林公安机关管辖在其辖区内发生的刑法规定的下列森林和陆生野生动物刑事案件：

（1）盗伐林木案件（第345条第1款）；（2）滥伐林木案件（第345条第2款）；（3）非法收购盗伐、滥伐的林木案件（第345条第3款）；（4）非法采伐、毁坏珍贵树木案件（第344条）；（5）走私珍稀植物、珍稀植物制品案件（第151条第3款）；（6）放火案件中，故意放火烧毁森林或者其他林木的案件（第114条、第115条第1款）；（7）失火案件中，过失烧毁森林或者其他林木的案件（第115条第2款）；（8）聚众哄抢案件中，哄抢林木的案件（第268条）；（9）破坏生产经营案件中，故意毁坏用于造林、育林、护林和木材生产的机械设备或者以其他方法破坏林业生产经营的案件（第276条）；（10）非法猎捕、杀害珍贵、濒危陆生野生动物案件（第341条第1款）；（11）非法收购、运输、出售珍贵、濒危陆生野生动物、珍贵、濒危陆生野生动物制品案件（第341条第1款）；（12）非法狩猎案件（第341条第2款）；（13）走私珍贵陆生野生动物、珍贵陆生野生动物制品案件（第151条第2款）；（14）非法经营案件中，买卖《允许进口证明书》《允许出口证明书》《允许再出口证明书》、进出口原产地证明及国家机关批准的其他关于林业和陆生野生动物的经营许可证明文件的案件（第225条第二项）；（15）伪造、变造、买卖国家机关公文、证件案件中，伪造、变造、买卖林木和陆生野生动物允许进出口证明书、进出口原产地证明、狩猎证、特许猎捕证、驯养繁殖许可证、林木采伐许可证、木材运输证明、森林、林木、林地权属证书、征用或者占用林地审核同意书、育林基金等缴费凭据以及由国家机关批准的其他关于林业和陆生野生动物公文、证件的案件（第280条第1、2款）；（16）盗窃案件中，盗窃国家、集体、他人所有并已经伐倒的树木，偷砍他人房前屋后、自留地种植的零星树木，以谋取经济利益为目的非法实施采种、采脂、挖笋、掘根、剥树皮等以及盗窃国家重点保护陆生野生动物或其制品的案件（第264条）；（17）抢劫案件中，抢劫国家重点保护陆生野生动物或其制品的案件（第263条）；（18）抢夺案件中，抢夺国家重点保护陆生野生动物或其制品的案件（第267条）；（19）窝藏、转移、收购、销售赃物案件中，涉及被盗伐滥伐的木材、国家重点保护陆生野生动物或其制品的案件（第312条）。

未建立森林公安机关的地方，上述案件由地方公安机关负责查处。

【公通字〔2005〕98号】 公安机关办理伤害案件规定（公安部2005年12月27日印发，2006年2月1日施行）

第4条 轻伤以下的伤害案件由公安派出所管辖。

第5条 重伤及因伤害致人死亡的案件由公安机关刑事侦查部门管辖。

第6条 伤情不明、难以确定管辖的，由最先受理的部门先行办理，待伤情鉴定后，按第4条、第5条规定移交主管部门办理。

第7条 因管辖问题发生争议的，由共同的上级公安机关指定管辖。

第8条　被害人有证据证明的故意伤害（轻伤）案件，办案人员应当告知被害人可以直接向人民法院起诉。如果被害人要求公安机关处理的，公安机关应当受理。

第9条　人民法院直接受理的故意伤害（轻伤）案件，因证据不足，移送公安机关侦查的，公安机关应当受理。

第46条　本规定所称以上、以下，包括本数。

【公通字〔2005〕100号】　公安部关于建立派出所和刑警队办理刑事案件工作机制的意见（2005年12月30日）

2. 派出所作为公安机关打击犯罪、维护治安、服务群众、保一方平安的基层综合性战斗实体，是治安防范和管理工作的主力军，必须充分发挥人熟、地熟、情况熟的优势，通过基础工作、防范工作、群众工作和治安管理，及时发现、依法打击辖区内的刑事犯罪活动。派出所负责办理辖区内发生的因果关系明显、案情简单、无需专业侦查手段和跨县、市进行侦查的下列刑事案件：（1）犯罪嫌疑人被派出所民警当场抓获的；（2）犯罪嫌疑人到派出所投案自首的；（3）群众将犯罪嫌疑人扭送到派出所的；（4）派出所民警获取线索可直接破案的；（5）其他案情简单、派出所有能力侦办的刑事案件。

派出所在办理上述5类案件过程中，发现需要开展专门侦查工作的线索，应当及时将案件移交刑侦部门或其他专业部门办理。

3. 派出所不办理发生在辖区内的下列刑事案件：（1）故意杀人案；（2）故意伤害致人重伤或者死亡案；（3）强奸案；（4）抢劫案；（5）绑架案；（6）贩卖毒品案；（7）放火案；（8）爆炸案；（9）投放危险物质案；（10）入室盗窃、盗窃汽车以及有系列作案、团伙作案和跨地区作案可能和其他需要开展专门侦查的盗窃案件；（11）其他案情复杂、需要专业侦查手段办理的刑事案件。

派出所对发生在辖区内、已查明属于上述11类刑事案件的，应按照《公安派出所执法执勤工作规范》进行现场先期处置后，立即移交有管辖权的其他部门办理，并积极协助、配合做好侦查调查工作。

4. 派出所和刑警队在案件管辖上发生争议的，由县级以上公安机关指定管辖。

【公通字〔2009〕51号】　最高人民法院、最高人民检察院、公安部关于公安部证券犯罪侦查局直属分局办理经济犯罪案件适用刑事诉讼程序若干问题的通知（2009年11月4日印发，2010年1月1日起实施；2005年2月28日《关于公安部证券犯罪侦查局直属分局办理证券期货领域刑事案件适用刑事诉讼程序若干问题的通知》（公通字〔2005〕11号）同时废止）

一、直属分局行使《刑事诉讼法》赋予公安机关的刑事侦查权，按管辖区域立案侦查公安部交办的证券领域以及其他领域重大经济犯罪案件。

二、直属分局管辖区域分别是：

第一分局：北京、天津、河北、山西、内蒙古、辽宁、吉林、黑龙江、陕西、甘肃、青海、宁夏、新疆（含生产建设兵团）；

第二分局：上海、江苏、浙江、安徽、福建、江西、山东、河南、湖北、湖南；

第三分局：广东、广西、海南、重庆、四川、贵州、云南、西藏。

经公安部指定，直属分局可以跨区域管辖案件。

三、直属分局依法对本通知第1条规定的案件立案、侦查、预审。对犯罪嫌疑人分别依法决定传唤、拘传、取保候审、监视居住、拘留；认为需要逮捕的，提请人民检察院审查批准；对依法不追究刑事责任的不予立案，已经立案的予以撤销案件；对侦查终结应当起诉的案件，移送人民检察院审查决定。①

【六部委〔2012〕规定】 最高人民法院、最高人民检察院、公安部、国家安全部、司法部、全国人大常委会法制工作委员会关于实施刑事诉讼法若干问题的规定（2012年12月26日印发，2013年1月1日施行）

1. 公安机关在侦查刑事案件涉及人民检察院管辖的贪污贿赂案件时，应当将贪污贿赂案件移送人民检察院；人民检察院侦查贪污贿赂案件涉及公安机关管辖的刑事案件时，应当将属于公安机关管辖的刑事案件移送公安机关。在上述情况中，如果涉嫌主罪属于公安机关管辖，由公安机关为主侦查，人民检察院予以配合；如果涉嫌主罪属于人民检察院管辖，由人民检察院为主侦查，公安机关予以配合。

3. 具有下列情形之一的，人民法院、人民检察院、公安机关可以在其职责范围内并案处理：（一）1人犯数罪的；（二）共同犯罪的；（三）共同犯罪的犯罪嫌疑人、被告人还实施其他犯罪的；（四）多个犯罪嫌疑人、被告人实施的犯罪存在关联，并案处理有利于查明案件事实的。

【公安部令〔2020〕159号】 公安机关办理刑事案件程序规定（2020年7月4日第3次部务会议修订，2020年7月20日公布，2020年9月1日施行）

第14条　根据刑事诉讼法的规定，除下列情形外，刑事案件由公安机关管辖：

（一）监察机关管辖的职务犯罪案件；（本项新增）

（二）贪污贿赂犯罪，国家工作人员的渎职犯罪，人民检察院管辖的在对诉讼活动实行法律监督中发现的司法工作人员国家机关工作人员利用职权实施的非法拘禁、刑讯逼供、报复陷害、非法搜查等侵犯公民人身权利、损害司法公正的犯罪，以及经省级以上人民检察院决定立案侦查的公安机关管辖的国家机关工作人员利用职权实施的其他重大犯罪案件；

（三）人民法院管辖的自诉案件。对于人民法院直接受理的被害人有证据证明的轻微刑事案件，因证据不足驳回起诉，人民法院移送公安机关或者被害人向公安机关控告的，公安机关应当受理；被害人直接向公安机关控告的，公安机关应当受理；

（四）军队保卫部门管辖的军人违反职责的犯罪和军队内部发生的刑事案件；

（五）监狱管辖的罪犯在监狱内犯罪的刑事案件；

（六）海警部门管辖的海（岛屿）岸线以外我国管辖海域内发生的刑事案件。对于发生在沿海港岙口、码头、滩涂、台轮停泊点等区域的，由公安机关管辖；（本项新增）

（七）其他依照法律和规定应当由其他机关管辖的刑事案件。

---

① 注：2016年11月28日，公安部正式确定5个证券犯罪办案基地：辽宁省公安厅经侦总队、上海市公安局经侦总队、重庆市公安局经侦总队、山东省青岛市公安局经侦支队、广东省深圳市公安局经侦支队。

另，根据2018年12月《最高人民检察院关于设立检察机关证券期货犯罪办案基地的通知》，自2019年起，最高检在北京、上海、天津、重庆、辽宁、深圳（大鹏）、青岛设立检察机关证券期货犯罪办案基地。

【公通字〔2020〕9号】　公安部刑事案件管辖分工规定（2020年9月1日印发施行；公通字〔1998〕80号《公安部刑事案件管辖分工规定》、公通字〔2008〕9号《补充规定》、公通字〔2012〕10号《补充规定（二）》、公通字〔2015〕36号《补充规定（三）》同时废止）

一、关于确定刑事案件管辖分工的原则

（一）权责一致、分工明确。各业务部门管辖的刑事案件范围应当与其职责权限、管理职能保持一致，坚持防范与打击并重，做到权责一致、打防结合，提升发现、打击犯罪的效率和能力。

（二）统一管辖、减少交叉。将同类刑事案件统一划归一个业务部门管辖，取消共同管辖的规定，避免因职责交叉引发争议或者责任不清。

（三）结合实际、合理配置。统筹考虑发案形势、案件管辖历史沿革、机构职能设置以及各业务部门办案力量等实际情况，合理配置刑事案件管辖范围。

二、关于管辖的几类特殊情况

（一）关于并案管辖。各业务部门在办理本部门管辖的案件过程中，发现其他业务部门管辖的犯罪，符合《公安机关办理刑事案件程序规定》有关并案侦查规定的，可以一并办理，不再移交；对没有直接关联的案件，应当移交主管的业务部门办理。

（二）关于行业公安机关管辖。根据《公安机关办理刑事案件程序规定》和行业公安机关管理体制调整情况，本规定明确了铁路公安局、海关总署缉私局和中国民用航空局公安局的管辖范围。其中，铁路公安局管辖铁路运营安全事故案，中国民用航空局公安局管辖重大飞行事故案；海关总署缉私局增加管辖逃避商检案、妨害国境卫生检疫案、妨害动植物检疫案。此外，在治安管理局管辖案件范围中规定，治安管理局指导长江航运公安机关，办理长江干线跨区域的中央管理水域发生的刑事案件。

（三）关于专案和专项打击工作。各业务部门牵头办理专案或者开展专项打击工作，根据有关工作专门要求办理或者指导办理相关案件。

（四）关于与其他机关共同管辖的案件。根据《刑事诉讼法》《监察法》《监狱法》等法律和有关文件的规定，部分罪名存在公安机关与监察机关、人民法院、检察机关、国家安全机关、军队保卫部门、海警机构、监狱等共同管辖的情况，工作中要根据不同的犯罪主体、发生区域、危害后果等情形，区分、确定管辖权，必要时征求有关机关意见。

三、有关工作要求

（一）明确本地管辖分工。各地公安机关根据本通知要求，结合自身机构设置情况和职责任务，抓紧确定刑事案件内部管辖分工，报上级公安机关备案，并认真贯彻执行。

（二）加强办案协作配合。要正确处理管辖分工与相互配合的关系，形成打击犯罪的有效合力。各业务部门要依法积极履职，对本业务部门管辖的案件加强政策、法律研究，强化犯罪预防与打击查处。对业务部门提出的办案协助、配合请求，相关业务部门和技术部门要依照职权及时予以办理。

（三）协商解决管辖争议。各级公安机关业务部门之间对案件管辖发生争议的，要从有利于打击犯罪、维护社会稳定、保护公民合法权益的角度出发，予以协商解决；达不成一致意见的，由所属公安机关确定管辖部门。

附：公安部刑事案件管辖分工规定

一、政治安全保卫局管辖案件范围（共30种）	
（一）《刑法》分则第一章危害国家安全罪中的下列案件：	
1. 背叛国家案（第102条）	8. 投敌叛变案（第108条）
2. 分裂国家案（第103条第1款）	9. 叛逃案（第109条）
3. 煽动分裂国家案（第103条第2款）	10. 间谍案（第110条）
4. 武装叛乱、暴乱案（第104条）	11. 为境外窃取、刺探、收买、非法提供国家秘密、情报案（第111条）
5. 颠覆国家政权案（第105条第1款）	12. 资敌案（第112条）
6. 煽动颠覆国家政权案（第105条第2款）	
7. 资助危害国家安全犯罪活动案（第107条）	
（二）《刑法》分则第二章危害公共安全罪中的下列案件：	
13. 宣扬极端主义案（第120条之3）	15. 强制穿戴宣扬极端主义服饰、标志案（第120条之5）
14. 利用极端主义破坏法律实施案（第120条之4）	16. 非法持有宣扬极端主义物品案（第120条之6）
（三）《刑法》分则第四章侵犯公民人身权利、民主权利罪中的下列案件：	
17. 诽谤案（告诉才处理的除外）（第246条）	19. 出版歧视、侮辱少数民族作品案（第250条）
18. 煽动民族仇恨、民族歧视案（第249条）	
（四）《刑法》分则第六章妨害社会管理秩序罪中的下列案件：	
第一节 扰乱公共秩序罪中的下列案件：	
20. 非法获取国家秘密案（第282条第1款）	23. 非法使用窃听、窃照专用器材案（第284条）
21. 非法持有国家绝密、机密文件、资料、物品案（第282条第2款）	24. 侮辱国旗、国徽案（第299条第1款）
	25. 侮辱国歌案（第299条第2款）
22. 非法生产、销售专用间谍器材案（第283条）	
第二节 妨害司法罪中的下列案件：	
26. 拒绝提供间谍犯罪、极端主义犯罪证据案	（第311条）
（五）《刑法》分则第七章危害国防利益罪中的下列案件：	
27. 战时故意提供虚假敌情案（第377条）	28. 战时造谣扰乱军心案（第378条）
（六）《刑法》分则第九章渎职罪中的下列案件：	
29. 故意泄露国家秘密案（第398条第2款）	30. 过失泄露国家秘密案（第398条第2款）
二、经济犯罪侦查局管辖案件范围（共77种）	
（一）《刑法》分则第二章危害公共安全罪中的下列案件：	
1. 帮助恐怖活动案（以资助方式实施的帮助行为，	第120条之1第1款）
（二）《刑法》分则第三章破坏社会主义市场经济秩序罪中的下列案件：	
第二节 走私罪中的下列案件：	
2. 走私假币案（第151条第1款）	
第三节 妨害对公司、企业的管理秩序罪中的下列案件：	

续表

3. 虚报注册资本案（第158条） 4. 虚假出资、抽逃出资案（第159条） 5. 欺诈发行股票、债券案（第160条） 6. 违规披露、不披露重要信息案（第161条） 7. 妨害清算案（第162条） 8. 隐匿、故意销毁会计凭证、会计账簿、财务会计报告案（第162条之1）	9. 虚假破产案（第162条之2） 10. 非国家工作人员受贿案（第163条） 11. 对非国家工作人员行贿案（第164条第1款） 12. 对外国公职人员、国际公共组织官员行贿案（第164条第2款） 13. 背信损害上市公司利益案（第169条之1）
第四节　破坏金融管理秩序罪中的下列案件：	
14. 伪造货币案（第170条） 15. 出售、购买、运输假币案（第171条第1款） 16. 金融工作人员购买假币、以假币换取货币案（第171条第2款） 17. 持有、使用假币案（第172条） 18. 变造货币案（第173条） 19. 擅自设立金融机构案（第174条第1款） 20. 伪造、变造、转让金融机构经营许可证、批准文件案（第174条第2款） 21. 高利转贷案（第175条） 22. 骗取贷款、票据承兑、金融票证案（第175条之1） 23. 非法吸收公众存款案（第176条） 24. 伪造、变造金融票证案（第177条） 25. 妨害信用卡管理案（第177条之1第1款） 26. 窃取、收买、非法提供信用卡信息案（第177条之1第2款） 27. 伪造、变造国家有价证券案（第178条第1款） 28. 伪造、变造股票、公司、企业债券案（第178条第2款）	29. 擅自发行股票、公司、企业债券案（第179条） 30. 内幕交易、泄露内幕信息案（第180条第1款） 31. 利用未公开信息交易案（第180条第4款） 32. 编造并传播证券、期货交易虚假信息案（第181条第1款） 33. 诱骗投资者买卖证券、期货合约案（第181条第2款） 34. 操纵证券、期货市场案（第182条） 35. 背信运用受托财产案（第185条之1第1款） 36. 违法运用资金案（第185条之1第2款） 37. 违法发放贷款案（第186条） 38. 吸收客户资金不入账案（第187条） 39. 违规出具金融票证案（第188条） 40. 对违法票据承兑、付款、保证案（第189条） 41. 骗购外汇案（《全国人民代表大会常务委员会关于惩治骗购外汇、逃汇和非法买卖外汇犯罪的决定》第1款） 42. 逃汇案（第190条） 43. 洗钱案（第191条）
第五节　金融诈骗罪中的下列案件：	
44. 集资诈骗案（第192条） 45. 贷款诈骗案（第193条） 46. 票据诈骗案（第194条第1款） 47. 金融凭证诈骗案（第194条第2款）	48. 信用证诈骗案（第195条） 49. 信用卡诈骗案（第196条） 50. 有价证券诈骗案（第197条） 51. 保险诈骗案（第198条）
第六节　危害税收征管罪中的下列案件：	
52. 逃税案（第201条） 53. 抗税案（第202条） 54. 逃避追缴欠税案（第203条） 55. 骗取出口退税案（第204条） 56. 虚开增值税专用发票、用于骗取出口退税、抵扣税款发票案（第205条） 57. 虚开发票案（第205条之1） 58. 伪造、出售伪造的增值税专用发票案（第206条） 59. 非法出售增值税专用发票案（第207条）	60. 非法购买增值税专用发票、购买伪造的增值税专用发票案（第208条第1款） 61. 非法制造、出售非法制造的用于骗取出口退税、抵扣税款发票案（第209条第1款） 62. 非法制造、出售非法制造的发票案（第209条第2款） 63. 非法出售用于骗取出口退税、抵扣税款发票案（第209条第3款） 64. 非法出售发票案（第209条第4款） 65. 持有伪造的发票案（第210条之1）

续表

第八节 扰乱市场秩序罪中的下列案件：	
66. 损害商业信誉、商品声誉案（第221条） 67. 虚假广告案（第222条） 68. 串通投标案（第223条） 69. 合同诈骗案（第224条） 70. 组织、领导传销活动案（第224条之1）	71. 非法经营案（第225条） 72. 非法转让、倒卖土地使用权案（第228条） 73. 提供虚假证明文件案（第229条第1款） 74. 出具证明文件重大失实案（第229条第3款）
（三）《刑法》分则第五章侵犯财产罪中的下列案件：	
75. 职务侵占案（第271条第1款）	76. 挪用资金案（第272条第1款）
（四）《刑法》分则第六章妨害社会管理秩序罪中的下列案件：	
第二节 妨害司法罪中的下列案件：	
77. 虚假诉讼案（第307条之1）	
三、治安管理局管辖案件范围（共76种）	
（一）《刑法》分则第二章危害公共安全罪中的下列案件：	
1. 非法制造、买卖、运输、储存危险物质案（第125条第2款） 2. 违规制造、销售枪支案（第126条） 3. 非法持有、私藏枪支、弹药案（第128条第1款） 4. 非法出租、出借枪支案（第128条第2款、第3款） 5. 丢失枪支不报案（第129条） 6. 非法携带枪支、弹药、管制刀具、危险物品危及公共安全案（第130条）	7. 重大责任事故案（第134条第1款） 8. 强令违章冒险作业案（第134条第2款） 9. 重大劳动安全事故案（第135条） 10. 大型群众性活动重大安全事故案（第135条之1） 11. 危险物品肇事案（第136条） 12. 工程重大安全事故案（第137条） 13. 教育设施重大安全事故案（第138条） 14. 不报、谎报安全事故案（第139条之1）
（二）《刑法》分则第三章破坏社会主义市场经济秩序罪中的下列案件：	
第二节 走私罪中的下列案件：	
15. 走私淫秽物品案（第152条第1款）	
第八节 扰乱市场秩序罪中的下列案件：	
16. 强迫交易案（第226条） 18. 倒卖车票、船票案（第227条第2款）	17. 伪造、倒卖伪造的有价票证案（第227条第1款）
（三）《刑法》分则第四章侵犯公民人身权利、民主权利罪中的下列案件：	
19. 强迫劳动案（第244条）	20. 雇用童工从事危重劳动案（第244条之1）
（四）《刑法》分则第五章侵犯财产罪中的下列案件：	
21. 故意毁坏财物案（第275条） 22. 破坏生产经营案（第276条）	23. 拒不支付劳动报酬案（第276条之1）
（五）《刑法》分则第六章妨害社会管理秩序罪中的下列案件：	
第一节 扰乱公共秩序罪中的下列案件：	

续表

24. 非法生产、买卖警用装备案（第281条）	33. 非法集会、游行、示威案（第296条）
25. 代替考试案（第284条之1第4款）	34. 非法携带武器、管制刀具、爆炸物参加集会、游行、示威案（第297条）
26. 聚众扰乱社会秩序案（第290条第1款）	35. 破坏集会、游行、示威案（第298条）
27. 聚众冲击国家机关案（第290条第2款）	36. 聚众淫乱案（第301条第1款）
28. 扰乱国家机关工作秩序案（第290条第3款）	37. 引诱未成年人聚众淫乱案（第301条第2款）
29. 组织、资助非法聚集案（第290条第4款）	38. 赌博案（第303条第1款）
30. 聚众扰乱公共场所秩序、交通秩序案（第291条）	39. 开设赌场案（第303条第2款）
31. 聚众斗殴案（第292条）	40. 故意延误投递邮件案（第304条）
32. 寻衅滋事案（第293条）	
第四节 妨害文物管理罪中的下列案件：	
41. 故意损毁文物案（第324条第1款）	43. 过失损毁文物案（第324条第3款）
42. 故意损毁名胜古迹案（第324条第2款）	
第五节 危害公共卫生罪中的下列案件：	
44. 妨害传染病防治案（第330条）	48. 采集、供应血液、制作、供应血液制品事故案（第334条第2款）
45. 非法组织卖血案（第333条）	49. 医疗事故案（第335条）
46. 强迫卖血案（第333条）	50. 非法行医案（第336条第1款）
47. 非法采集、供应血液、制作、供应血液制品案（第334条第1款）	51. 非法进行节育手术案（第336条第2款）
第八节 组织、强迫、引诱、容留、介绍卖淫罪中的下列案件：	
52. 组织卖淫案（第358条第1款）	55. 引诱、容留、介绍卖淫案（第359条第1款）
53. 强迫卖淫案（第358条第1款）	56. 引诱幼女卖淫案（第359条第2款）
54. 协助组织卖淫案（第358条第4款）	57. 传播性病案（第360条）
第九节 制作、贩卖、传播淫秽物品罪中的下列案件：	
58. 制作、复制、出版、贩卖、传播淫秽物品牟利案（第363条第1款）	60. 传播淫秽物品案（第364条第1款）
	61. 组织播放淫秽音像制品案（第364条第2款）
59. 为他人提供书号出版淫秽书刊案（第363条第2款）	62. 组织淫秽表演案（第365条）
（六）《刑法》分则第七章危害国防利益罪中的下列案件：	
63. 故意提供不合格武器装备、军事设施案（第370条第1款）	70. 非法生产、买卖武装部队制式服装案（第375条第2款）
64. 过失提供不合格武器装备、军事设施案（第370条第2款）	71. 伪造、盗窃、买卖、非法提供、非法使用武装部队专用标志案（第375条第3款）
65. 聚众冲击军事禁区案（第371条第1款）	72. 战时拒绝、逃避征召、军事训练案（第376条第1款）
66. 聚众扰乱军事管理秩序案（第371条第2款）	73. 战时拒绝、逃避服役案（第376条第2款）
67. 煽动军人逃离部队案（第373条）	74. 战时窝藏逃离部队军人案（第379条）
68. 雇用逃离部队军人案（第373条）	75. 战时拒绝、故意延误军事订货案（第380条）
69. 接送不合格兵员案（第374条）	76. 战时拒绝军事征收、征用案（第381条）
治安管理局指导长江航运公安机关，办理长江干线跨区域的中央管理水域发生的刑事案件。	
四、防范和处理邪教犯罪工作局管辖案件范围（共2种）	
《刑法》分则第六章第一节扰乱公共秩序罪中的下列案件：	
1. 组织、利用会道门、邪教组织、利用迷信破坏法律实施案（第300条第1款）	2. 组织、利用会道门、邪教组织、利用迷信致人重伤、死亡案（第300条第2款）
五、刑事侦查局管辖案件范围（共119种）	

续表

（一）《刑法》分则第二章危害公共安全罪中的下列案件：	
1. 放火案（第114条、第115条第1款）	16. 过失损坏交通设施案（第119条第2款）
2. 决水案（第114条、第115条第1款）	17. 过失损坏电力设备案（第119条第2款）
3. 爆炸案（第114条、第115条第1款）	18. 过失损坏易燃易爆设备案（第119条第2款）
4. 投放危险物质案（第114条、第115条第1款）	19. 劫持航空器案（第121条）
5. 以危险方法危害公共安全案（第114条、第115条第1款）	20. 劫持船只、汽车案（第122条）
	21. 暴力危及飞行安全案（第123条）
6. 失火案（第115条第2款）	22. 破坏广播电视设施、公用电信设施案（第124条第1款）
7. 过失决水案（第115条第2款）	
8. 过失爆炸案（第115条第2款）	23. 过失损坏广播电视设施、公用电信设施案（第124条第2款）
9. 过失投放危险物质案（第115条第2款）	
10. 过失以危险方法危害公共安全案（第115条第2款）	24. 非法制造、买卖、运输、邮寄、储存枪支、弹药、爆炸物案（第125条第1款）
11. 破坏交通工具案（第116条、第119条第1款）	25. 盗窃、抢夺枪支、弹药、爆炸物、危险物质案（第127条第1款）
12. 破坏交通设施案（第117条、第119条第1款）	
13. 破坏电力设备案（第118条、第119条第1款）	26. 抢劫枪支、弹药、爆炸物、危险物质案（第127条第2款）
14. 破坏易燃易爆设备案（第118条、第119条第1款）	
15. 过失损坏交通工具案（第119条第2款）	27. 消防责任事故案（第139条）
（二）《刑法》分则第三章第二节走私罪中的下列案件：	
28. 走私武器、弹药案（第151条第1款）	32. 走私珍贵动物、珍贵动物制品案（第151条第2款）
29. 走私核材料案（第151条第1款）	33. 走私国家禁止进出口的货物、物品案（第151条第3款）
30. 走私文物案（第151条第2款）	
31. 走私贵重金属案（第151条第2款）	34. 走私废物案（第152条第2款）
（三）《刑法》分则第四章侵犯公民人身权利、民主权利罪中的下列案件：	
35. 故意杀人案（第232条）	51. 侮辱案（告诉才处理的除外）（第246条）
36. 过失致人死亡案（第233条）	52. 侵犯通信自由案（第252条）
37. 故意伤害案（第234条）	53. 私自开拆、隐匿、毁弃邮件、电报案（第253条第1款）
38. 组织出卖人体器官案（第234条之1第1款）	
39. 过失致人重伤案（第235条）	54. 破坏选举案（第256条）
40. 强奸案（第236条）	55. 暴力干涉婚姻自由案（告诉才处理的除外）（第257条）
41. 强制猥亵、侮辱案（第237条第1款、第2款）	
42. 猥亵儿童案（第237条第3款）	56. 重婚案（第258条）
43. 非法拘禁案（第238条）	57. 破坏军婚案（第259条第1款）
44. 绑架案（第239条）	58. 虐待案（第260条）
45. 拐卖妇女、儿童案（第240条）	59. 虐待被监护、看护人案（第260条之1）
46. 收买被拐卖的妇女、儿童案（第241条）	60. 遗弃案（第261条）
47. 聚众阻碍解救被收买的妇女、儿童案（第242条第2款）	61. 拐骗儿童案（第262条）
	62. 组织残疾人、儿童乞讨案（第262条之1）
48. 诬告陷害案（第243条）	63. 组织未成年人进行违反治安管理活动案（第262条之2）
49. 非法搜查案（第245条）	
50. 非法侵入住宅案（第245条）	
（四）《刑法》分则第五章侵犯财产罪中的下列案件：	
64. 抢劫案（第263条）	67. 抢夺案（第267条）
65. 盗窃案（第264条）	68. 聚众哄抢案（第268条）
66. 诈骗案（第266条）	69. 敲诈勒索案（第274条）

续表

(五)《刑法》分则第六章妨害社会管理秩序罪中的下列案件:	
第一节 扰乱公共秩序罪中的下列案件:	
70. 妨害公务案（第277条） 71. 煽动暴力抗拒法律实施案（第278条） 72. 招摇撞骗案（第279条） 73. 伪造、变造、买卖国家机关公文、证件、印章案（第280条第1款） 74. 盗窃、抢夺、毁灭国家机关公文、证件、印章案（第280条第1款） 75. 伪造公司、企业、事业单位、人民团体印章案（第280条第2款） 76. 伪造、变造、买卖身份证件案（第280条第3款） 77. 使用虚假身份证件、盗用身份证件案（第280条之1）	78. 非法生产、销售窃听、窃照专用器材案（第283条） 79. 扰乱无线电通讯管理秩序案（第288条） 80. 投放虚假危险物质案（第291条之1第1款） 81. 编造、故意传播虚假恐怖信息案（第291条之1第1款） 82. 组织、领导、参加黑社会性质组织案（第294条第1款） 83. 入境发展黑社会组织案（第294条第2款） 84. 包庇、纵容黑社会性质组织案（第294条第3款） 85. 传授犯罪方法案（第295条） 86. 盗窃、侮辱、故意毁坏尸体、尸骨、骨灰案（第302条）
第二节 妨害司法罪中的下列案件:	
87. 伪证案（第305条） 88. 辩护人、诉讼代理人毁灭证据、伪造证据、妨害作证案（第306条） 89. 妨害作证案（第307条第1款） 90. 帮助毁灭、伪造证据案（第307条第2款） 91. 打击报复证人案（第308条） 92. 泄露不应公开的案件信息案（第308条之1第1款） 93. 披露、报道不应公开的案件信息案（第308条之1第3款） 94. 扰乱法庭秩序案（第309条） 95. 窝藏、包庇案（第310条）	96. 掩饰、隐瞒犯罪所得、犯罪所得收益案（第312条） 97. 拒不执行判决、裁定案（第313条） 98. 非法处置查封、扣押、冻结的财产案（第314条） 99. 破坏监管秩序案（第315条） 100. 脱逃案（第316条第1款） 101. 劫夺被押解人员案（第316条第2款） 102. 组织越狱案（第317条第1款） 103. 暴动越狱案（第317条第2款） 104. 聚众持械劫狱案（第317条第2款）
第三节 妨害国（边）境管理罪中的下列案件:	
105. 破坏永久性测量标志案（第323条）	
第四节 妨害文物管理罪中的下列案件:	
106. 非法向外国人出售、赠送珍贵文物案（第325条） 107. 倒卖文物案（第326条） 108. 非法出售、私赠文物藏品案（第327条） 109. 盗掘古文化遗址、古墓葬案（第328条第1款）	110. 盗掘古人类化石、古脊椎动物化石案（第328条第2款） 111. 抢夺、窃取国有档案案（第329条第1款） 112. 擅自出卖、转让国有档案案（第329条第2款）
(六)《刑法》分则第七章危害国防利益罪中的下列案件:	
113. 阻碍军人执行职务案（第368条第1款） 114. 阻碍军事行动案（第368条第2款） 115. 破坏武器装备、军事设施、军事通信案（第369条第1款） 116. 过失损坏武器装备、军事设施、军事通信案（第369条第2款）	117. 冒充军人招摇撞骗案（第372条） 118. 伪造、变造、买卖武装部队公文、证件、印章案（第375条第1款） 119. 盗窃、抢夺武装部队公文、证件、印章案（第375条第1款）

续表

六、反恐怖局管辖案件范围（共7种）	
（一）《刑法》分则第二章危害公共安全罪中的下列案件：	
1. 组织、领导、参加恐怖组织案（第120条） 2. 帮助恐怖活动案（以培训招募、运送人员方式实施的帮助行为，第120条之1第2款） 3. 准备实施恐怖活动案（第120条之2）	4. 宣扬恐怖主义、煽动实施恐怖活动案（第120条之3） 5. 强制穿戴宣扬恐怖主义服饰、标志案（第120条之5） 6. 非法持有宣扬恐怖主义物品案（第120条之6）
（二）《刑法》分则第六章第二节妨害司法罪中的下列案件：	
7. 拒绝提供恐怖主义犯罪证据案（第311条）	
七、食品药品犯罪侦查局管辖案件范围（共33种）	
（一）《刑法》分则第三章破坏社会主义市场经济秩序罪中的下列案件：	
第一节 生产、销售伪劣商品罪中的下列案件：	
1. 生产、销售伪劣产品案（第140条） 2. 生产、销售假药案（第141条） 3. 生产、销售劣药案（第142条） 4. 生产、销售不符合安全标准的食品案（第143条） 5. 生产、销售有毒、有害食品案（第144条）	6. 生产、销售不符合标准的医用器材案（第145条） 7. 生产、销售不符合安全标准的产品案（第146条） 8. 生产、销售伪劣农药、兽药、化肥、种子案（第147条） 9. 生产、销售不符合卫生标准的化妆品案（第148条）
第七节 侵犯知识产权罪中的下列案件：	
10. 假冒注册商标案（第213条） 11. 销售假冒注册商标的商品案（第214条） 12. 非法制造、销售非法制造的注册商标标识案（第215条）	13. 假冒专利案（第216条） 14. 侵犯著作权案（第217条） 15. 销售侵权复制品案（第218条） 16. 侵犯商业秘密案（第219条）
（二）《刑法》分则第六章妨害社会管理秩序罪中的下列案件：	
第五节 危害公共卫生罪中的下列案件：	
17. 传染病菌种、毒种扩散案（第331条）	18. 妨害动植物防疫案（第337条）
第六节 破坏环境资源保护罪中的下列案件：	
19. 污染环境案（第338条） 20. 非法处置进口的固体废物案（第339条第1款） 21. 擅自进口固体废物案（第339条第2款） 22. 非法捕捞水产品案（第340条） 23. 非法猎捕、杀害珍贵、濒危野生动物案（第341条第1款） 24. 非法收购、运输、出售珍贵、濒危野生动物、珍贵、濒危野生动物制品案（第341条第1款） 25. 非法狩猎案（第341条第2款） 26. 非法占用农用地案（第342条）	27. 非法采矿案（第343条第1款） 28. 破坏性采矿案（第343条第2款） 29. 非法采伐、毁坏国家重点保护植物案（第344条） 30. 非法收购、运输、加工、出售国家重点保护植物、国家重点保护植物制品案（第344条） 31. 盗伐林木案（第345条第1款） 32. 滥伐林木案（第345条第2款） 33. 非法收购、运输盗伐、滥伐的林木案（第345条第3款）
八、铁路公安局管辖案件范围	
（一）铁路系统的机关、厂、段、院、校、所、队、工区等单位发生的刑事案件；	
（二）车站工作区域内、列车内发生的刑事案件；	
（三）铁路沿线发生的盗窃或者破坏铁路、通信、电力线路和其他重要设施的刑事案件；	

续表

(四) 内部职工在铁路线上工作时发生的刑事案件；	
(五) 铁路系统的计算机信息系统延伸到地方涉及铁路业务的网点，其计算机信息系统发生的刑事案件；	
(六)《刑法》分则第二章危害公共安全罪中的下列案件：	
1. 铁路运营安全事故案（第132条）	
九、网络安全保卫局管辖案件范围（共11种）	
(一)《刑法》分则第四章侵犯公民人身权利、民主权利罪中的下列案件：	
1. 侵犯公民个人信息案（第253条之1）	
(二)《刑法》分则第六章第一节扰乱公共秩序罪中的下列案件：	
2. 组织考试作弊案（第284条之1第1款）	7. 破坏计算机信息系统案（第286条）
3. 非法出售、提供试题、答案案（第284条之1第3款）	8. 拒不履行信息网络安全管理义务案（第286条之1）
4. 非法侵入计算机信息系统案（第285条第1款）	9. 非法利用信息网络案（第287条之1）
5. 非法获取计算机信息系统数据、非法控制计算机信息系统案（第285条第2款）	10. 帮助信息网络犯罪活动案（第287条之2）
6. 提供侵入、非法控制计算机信息系统程序、工具案（第285条第3款）	11. 编造、故意传播虚假信息案（第291条之1第2款）
十、海关总署缉私局管辖案件范围（共15种）	
(一) 海关关境内发生的《刑法》分则第三章第二节走私罪中的下列案件：	
1. 走私普通货物、物品案（第153条、第154条）	
(二) 海关监管区内发生的《刑法》分则第三章第二节走私罪和第六章第七节走私、贩卖、运输、制造毒品罪中的下列案件：	
2. 走私武器、弹药案（第151条第1款）	8. 走私国家禁止进出口的货物、物品案（第151条第3款）
3. 走私核材料案（第151条第1款）	9. 走私淫秽物品案（第152条第1款）
4. 走私假币案（第151条第1款）	10. 走私废物案（第152条第2款）
5. 走私文物案（第151条第2款）	11. 走私毒品案（第347条）
6. 走私贵重金属案（第151条第2款）	12. 走私制毒物品案（第350条）
7. 走私珍贵动物、珍贵动物制品案（第151条第2款）	
(三)《刑法》分则第三章第八节扰乱市场秩序罪中的下列案件：	
13. 逃避商检案（第230条）	
(四)《刑法》分则第六章第五节危害公共卫生罪中的下列案件：	
14. 妨害国境卫生检疫案（第332条）	15. 妨害动植物检疫案（第337条）
十一、中国民用航空局公安局管辖案件范围	
(一) 民航系统的机关、厂、段、院、校、所、队、工区等单位发生的刑事案件；	
(二) 机场工作区域内、民航飞机内发生的刑事案件；	
(三)《刑法》分则第二章危害公共安全罪中的下列案件：	
1. 重大飞行事故案（第131条）	
十二、交通管理局管辖案件范围（共2种）	

续表

《刑法》分则第二章危害公共安全罪中的下列案件：	
1. 交通肇事案（第133条）	2. 危险驾驶案（第133条之1）

十三、禁毒局管辖案件范围（共11种）	
《刑法》分则第六章第七节走私、贩卖、运输、制造毒品罪中的下列案件：	
1. 走私、贩卖、运输、制造毒品案（第347条） 2. 非法持有毒品案（第348条） 3. 包庇毒品犯罪分子案（第349条第1款） 4. 窝藏、转移、隐瞒毒品、毒赃案（第349条第1款） 5. 非法生产、买卖、运输制毒物品、走私制毒物品案（第350条）	6. 非法种植毒品原植物案（第351条） 7. 非法买卖、运输、携带、持有毒品原植物种子、幼苗案（第352条） 8. 引诱、教唆、欺骗他人吸毒案（第353条第1款） 9. 强迫他人吸毒案（第353条第2款） 10. 容留他人吸毒案（第354条） 11. 非法提供麻醉药品、精神药品案（第355条）

十四、国家移民管理局管辖案件范围（共7种）	
《刑法》分则第六章第三节妨害国（边）境管理罪中的下列案件：	
1. 组织他人偷越国（边）境案（第318条） 2. 骗取出境证件案（第319条） 3. 提供伪造、变造的出入境证件案（第320条） 4. 出售出入境证件案（第320条）	5. 运送他人偷越国（边）境案（第321条） 6. 偷越国（边）境案（第322条） 7. 破坏界碑、界桩案（第323条）

【公通字〔2020〕14号】 最高人民法院、最高人民检察院、公安部办理跨境赌博犯罪案件若干问题的意见（2020年10月16日印发）

六、关于跨境赌博犯罪案件的管辖

（一）跨境赌博犯罪案件一般由犯罪地公安机关立案侦查，由犯罪嫌疑人居住地公安机关立案侦查更为适宜的，可以由犯罪嫌疑人居住地公安机关立案侦查。犯罪地包括犯罪行为发生地和犯罪结果发生地。

跨境网络赌博犯罪地包括用于实施赌博犯罪行为的网络服务使用的服务器所在地，网络服务提供者所在地，犯罪嫌疑人、参赌人员使用的网络信息系统所在地，犯罪嫌疑人为网络赌博犯罪提供帮助的犯罪地等。

（二）多个公安机关都有权立案侦查的跨境赌博犯罪案件，由最初受理的公安机关或者主要犯罪地公安机关立案侦查。有争议的，应当按照有利于查清犯罪事实、有利于诉讼的原则，协商解决。经协商无法达成一致的，由共同上级公安机关指定有关公安机关立案侦查。

在境外实施的跨境赌博犯罪案件，由公安部商最高人民检察院和最高人民法院指定管辖。

（三）具有下列情形之一的，有关公安机关可以在其职责范围内并案侦查：1.1人犯数罪的；2.共同犯罪的；3.共同犯罪的犯罪嫌疑人实施其他犯罪的；4.多个犯罪嫌疑人实施的犯罪存在直接关联，并案处理有利于查明案件事实的。

（四）部分犯罪嫌疑人在逃，但不影响对已到案共同犯罪嫌疑人、被告人的犯罪事实认定的，可以依法先行追究已到案共同犯罪嫌疑人、被告人的刑事责任。

已确定管辖的跨境赌博共同犯罪案件，在逃的犯罪嫌疑人、被告人归案后，一般由原管辖的公安机关、人民检察院、人民法院管辖。

【高检发〔2023〕4号】 最高人民法院、最高人民检察院、公安部、司法部关于办理性侵害未成年人刑事案件的意见（2023年5月24日印发，2023年6月1日起施行）（详见《刑法全厚细》第236条）

第7条 公安机关受理案件后，经过审查，认为有犯罪事实需要追究刑事责任，但因犯罪地、犯罪嫌疑人无法确定，管辖权不明的，受理案件的公安机关应当先立案侦查，经过侦查明确管辖后，及时将案件及证据材料移送有管辖权的公安机关。①

【高检发释字〔1998〕5号】 最高人民检察院关于对服刑罪犯暂予监外执行期间在异地又犯罪应由何地检察院受理审查起诉问题的批复（1998年11月26日答复四川省检"川检发研〔1998〕12号"请示）

对罪犯在暂予监外执行期间在异地犯罪，如果罪行是在犯罪地被发现、罪犯是在犯罪地被捕获的，由犯罪地人民检察院审查起诉；如果案件由罪犯暂予监外执行地人民法院审判更为适宜的，也可以由犯罪暂予监外执行地的人民检察院审查起诉；如果罪行是在暂予监外执行的情形消失，罪犯被继续收监执行剩余刑期期间发现的，由犯罪服刑地的人民检察院审查起诉。

【高检会〔2000〕2号】 最高人民检察院、公安部关于适用刑事强制措施有关问题的规定（2000年8月28日印发施行）

第38条 对于人民检察院直接立案侦查的案件，人民检察院由承办案件的部门负责强制措施的移送执行事宜。公安机关由刑事侦查部门负责拘留、逮捕措施的执行事宜；由治安管理部门负责安排取保候审、监视居住的执行事宜。

第39条 各省、自治区、直辖市人民检察院、公安厅（局）和最高人民检察院、公安部直接立案侦查的刑事案件，适用刑事诉讼法和本规定。

【高检发研字〔2001〕2号】 最高人民检察院关于新疆生产建设兵团各级人民检察院案件管辖权的规定（2001年6月4日最高检第9届检委会第89次会议通过，2001年6月21日公布施行）

一、兵团所属的国家工作人员职务犯罪案件，属检察机关管辖的，由兵团检察机关立案侦查。

二、兵团各级检察机关的案件管辖范围，出兵团人民检察院依照《刑事诉讼法》、《人民检察院刑事诉讼规则》以及最高人民检察院其他有关案件管辖问题的规定另行规定。

三、兵团检察机关直接立案侦查的案件侦查终结后，依照刑事诉讼法有关管辖的规定，由与审判管辖相适应的兵团检察机关或者地方检察机关审查起诉。

四、对于兵团所属的国家工作人员与地方国家工作人员共同实施的职务犯罪案件，依据主要犯罪地或者在共同犯罪中起主要作用的犯罪嫌疑人工作单位所在地确定侦查管辖。侦查终结后，由与审判管辖相适应的兵团检察机关或者地方检察机关审查起诉。

五、发生在垦区内的案件，由兵团检察机关依照刑事诉讼法关于管辖的规定审查起诉。

六、兵团单位发生贪污贿赂、渎职等职务犯罪案件以外的其他刑事案件，所在城区未设兵团检察分院和基层检察院的，由地方人民检察院依照刑事诉讼法的有关规定审查逮捕、审查起诉。

---

① 注：本条规定确立了"不明管辖"原则，是一个突破。

七、根据宪法和法律关于上级检察机关领导下级检察机关的规定，兵团检察机关与新疆地方检察机关对案件管辖有争议的，由自治区人民检察院决定。

【高检发〔2002〕号】　最高人民检察院关于开展"打黑除恶"立案监督专项行动的实施意见（2002年4月12日）

四、深挖严查"保护伞"

开展"打黑除恶"立案监督专项行动，不仅要解决对黑恶势力犯罪和经济犯罪打击不力的问题，而且要深挖严查黑恶势力的后台和"保护伞"，对于涉及司法人员的案件更要重点查办。……对于"保护伞"的案件线索，必要时可以适用《刑事诉讼法》第18条关于"对于国家机关工作人员利用职权实施的其他重大的犯罪案件，需要由人民检察院直接受理的时候，经省级以上人民检察院决定，可以由人民检察院立案侦查"的规定。……下级检察院在查办"保护伞"案件遇到阻力时，上级检察院要通过督办、参办等方法，给予具体有力的支持和指导，必要时要派办案组直接办理，冲破阻力。

【高检会〔2010〕4号】　最高人民法院、最高人民检察院、公安部、国家安全部、司法部关于对司法工作人员在诉讼活动中的渎职行为加强法律监督的若干规定（试行）（2010年7月26日印发试行）

第10条　人民检察院对司法工作人员在诉讼活动中的涉嫌渎职行为调查完毕后，应当制作调查报告，根据已经查明的情况提出处理意见，报检察长决定后作出处理。

（一）认为有犯罪事实需要追究刑事责任的，应当按照刑事诉讼法关于管辖的规定依法立案侦查或者移送有管辖权的机关立案侦查，并建议有关机关停止被调查人执行职务，更换办案人。

（二）对于确有渎职违法行为，但是尚未构成犯罪的，应当依法向被调查人所在机关发出纠正违法通知书，并将证明其渎职行为的材料按照干部管理权限移送有关机关处理。对于确有严重违反法律的渎职行为，虽未构成犯罪，但被调查人继续承办案件将严重影响正在进行的诉讼活动的公正性，且有关机关未更换办案人的，应当建议更换办案人。

（三）对于审判人员在审理案件时有贪污受贿、徇私舞弊、枉法裁判或者其他违反法律规定的诉讼程序的行为，可能影响案件正确判决、裁定的，应当分别依照刑事诉讼法、民事诉讼法和行政诉讼法规定的程序对该案件的判决、裁定提出抗诉。

（四）对于举报、控告不实的，应当及时向被调查人所在机关说明情况。调查中询问过被调查人的，应当及时向被调查人本人说明情况，并采取适当方式在一定范围内消除不良影响。同时，将调查结果及时回复举报人、控告人。

（五）对于举报人、控告人捏造事实诬告陷害，意图使司法工作人员受刑事追究，情节严重的，依法追究刑事责任。调查人员与举报人、控告人恶意串通，诬告陷害司法工作人员的，一并追究相关法律责任。

对于司法工作人员涉嫌渎职犯罪需要立案侦查的，对渎职犯罪的侦查和对诉讼活动的其他法律监督工作应当分别由不同的部门和人员办理。

第14条　有关机关在查处本机关司法工作人员的违纪违法行为时，发现已经涉嫌职务犯罪的，应当及时将犯罪线索及相关材料移送人民检察院。人民检察院应当及时进行审查，符合立案条件的，依法立案侦查，并将有关情况反馈移送犯罪线索的机关。

第15条　检察人员对于司法工作人员在诉讼活动中的渎职行为不依法履行法律监督职

责，造成案件被错误处理或者其他严重后果，或者放纵司法工作人员职务犯罪，或者滥用职权违法干扰有关司法机关依法办案的，人民检察院的纪检监察部门应当进行查处；构成犯罪的，依法追究刑事责任。

第16条　本规定所称的司法工作人员，是指依法负有侦查、检察、审判、监管和判决、裁定执行职责的国家工作人员。

第17条　本规定所称的对司法工作人员渎职行为的调查，是指人民检察院在对刑事诉讼、民事审判、行政诉讼活动进行法律监督中，为准确认定和依法纠正司法工作人员的渎职行为，而对该司法工作人员违反法律的事实是否存在及其性质、情节、后果等进行核实、查证的活动。

【高检发研字〔2018〕28号】　最高人民检察院关于人民检察院立案侦查司法工作人员相关职务犯罪案件若干问题的规定（2018年11月1日最高检第13届检委会第8次会议通过，2018年11月24日印发）

一、案件管辖范围

人民检察院在对诉讼活动实行法律监督中，发现司法工作人员涉嫌利用职权实施的下列侵犯公民权利、损害司法公正的犯罪案件，可以立案侦查：

1. 非法拘禁罪（刑法第238条）（非司法工作人员除外）；
2. 非法搜查罪（刑法第245条）（非司法工作人员除外）；
3. 刑讯逼供罪（刑法第247条）；
4. 暴力取证罪（刑法第247条）；
5. 虐待被监管人罪（刑法第248条）；
6. 滥用职权罪（刑法第397条）（非司法工作人员滥用职权侵犯公民权利、损害司法公正的情形除外）；
7. 玩忽职守罪（刑法第397条）（非司法工作人员玩忽职守侵犯公民权利、损害司法公正的情形除外）；
8. 徇私枉法罪（刑法第399条第一款）；
9. 民事、行政枉法裁判罪（刑法第399条第二款）；
10. 执行判决、裁定失职罪（刑法第399条第三款）；
11. 执行判决、裁定滥用职权罪（刑法第399条第三款）；
12. 私放在押人员罪（刑法第400条第一款）；
13. 失职致使在押人员脱逃罪（刑法第400条第二款）；
14. 徇私舞弊减刑、假释、暂予监外执行罪（刑法第401条）。

四、办案程序

（一）人民检察院办理本规定所列犯罪案件，不再适用对直接受理立案侦查案件决定立案报上一级人民检察院备案，逮捕犯罪嫌疑人报上一级人民检察院审查决定的规定。

（二）对本规定所列犯罪案件，人民检察院拟作撤销案件、不起诉决定的，应当报上一级人民检察院审查批准。

（三）人民检察院负责刑事检察工作的专门部门办理本规定所列犯罪案件，认为需要逮捕犯罪嫌疑人的，应当由相应的刑事检察部门审查，报检察长或者检察委员会决定。

（四）人民检察院办理本规定所列犯罪案件，应当依法接受人民监督员的监督。

2018—2022年检察改革工作规划（最高检2018年12月27日印发）

二、主要任务

12. 建立完善对司法人员利用职权实施犯罪的侦查机制。对诉讼活动监督中发现的司法工作人员利用职权实施的非法拘禁、刑讯逼供、非法搜查等侵犯公民权利、损害司法公正的犯罪，由市地级人民检察院立案侦查。市地级人民检察院也可以将案件交由基层人民检察院立案侦查，或者由基层人民检察院协助侦查。省级以上人民检察院发现犯罪线索的，可以自行决定立案侦查，也可以将案件线索交由指定的省、市地级人民检察院立案侦查。

【高检发释字〔2019〕4号】　**人民检察院刑事诉讼规则**（2019年12月2日最高检第13届检委会第28次会议通过，2019年12月30日公布施行；高检发释字〔2012〕2号《规则（试行）》同时废止）

第13条　人民检察院在对诉讼活动实行法律监督中发现的司法工作人员利用职权实施的非法拘禁、刑讯逼供、非法搜查等侵犯公民权利、损害司法公正的犯罪，可以由人民检察院立案侦查。①

对于公安机关管辖的国家机关工作人员利用职权实施的其他重大犯罪案件，需要由人民检察院直接受理的时候，经省级以上人民检察院决定，可以由人民检察院立案侦查。

第15条　对本规则第13条第2款规定的案件，基层人民检察院或者分、州、市人民检察院需要直接立案侦查的，应当层报省级人民检察院决定。分、州、市人民检察院对于基层人民检察院层报省级人民检察院的案件，应当进行审查，提出是否需要立案侦查的意见，报请省级人民检察院决定。

报请省级人民检察院决定立案侦查的案件，应当制作提请批准直接受理书，写明案件情况以及需要由人民检察院立案侦查的理由，并附有关材料。

省级人民检察院应当在收到提请批准直接受理书后10日以内作出是否立案侦查的决定。省级人民检察院可以决定由设区的市级下级人民检察院立案侦查，也可以决定直接自行立案侦查。

第17条　人民检察院办理直接受理侦查的案件，发现犯罪嫌疑人同时涉嫌监察机关管辖的职务犯罪线索的，应当及时与同级监察机关沟通。

经沟通，认为全案由监察机关管辖更为适宜的，人民检察院应当将案件和相应职务犯罪线索一并移送监察机关；认为由监察机关和人民检察院分别管辖更为适宜的，人民检察院应当将监察机关管辖的相应职务犯罪线索移送监察机关，对依法由人民检察院管辖的犯罪案件继续侦查。

人民检察院应当及时将沟通情况报告上一级人民检察院。沟通期间不得停止对案件的侦查。

第18条　人民检察院办理侦查直接受理侦查的案件涉及公安机关管辖的刑事案件，应当将属于公安机关管辖的刑事案件移送公安机关。在上述情况下，如果涉嫌的主罪属于公安机关管辖，由公安机关为主侦查，人民检察院予以配合；如果涉嫌的主罪属于人民检察院管

---

① 2012年《规则》相应的规定为："人民检察院立案侦查贪污贿赂犯罪、国家工作人员的渎职犯罪、国家机关工作人员利用职权实施的非法拘禁、刑讯逼供、报复陷害、非法搜查的侵犯公民人身权利的犯罪以及侵犯公民民主权利的犯罪案件。"

辖，由人民检察院为主侦查，公安机关予以配合。

对于1人犯数罪、共同犯罪、共同犯罪的犯罪嫌疑人还实施其他犯罪、多个犯罪嫌疑人实施的犯罪相互存在关联，并案处理有利于查明案件事实和诉讼进行的，人民检察院可以在职责范围内对相关犯罪案件并案处理。

第19条　国家工作人员职务犯罪案件　本规则第13条规定的案件，由犯罪嫌疑人工作单位所在地的人民检察院管辖。如果由其他人民检察院管辖更为适宜的，可以由其他人民检察院管辖。

第20条　对管辖不明确的案件，可以由有关人民检察院协商确定管辖。对管辖有争议的或者情况特殊的案件，由共同的上级人民检察院指定管辖。

【法发〔2015〕6号】　关于人民法院推行立案登记制改革的意见（2015年4月1日中央深改小组第11次会议通过，最高法2015年4月15日公布，2015年5月1日施行）

二、登记立案范围

有下列情形之一的，应当登记立案：

（三）属于告诉才处理的案件，被害人有证据证明的轻微刑事案件，以及被害人有证据证明应当追究被告人刑事责任而公安机关、人民检察院不予追究的案件，被害人告诉，且有明确的被告人、具体的诉讼请求和证明被告人犯罪事实的证据，属于受诉人民法院管辖的；

三、登记立案程序

（一）实行当场登记立案。对符合法律规定的起诉、自诉和申请，一律接收诉状，当场登记立案。对当场不能判定是否符合法律规定的，应当在法律规定的期限内决定是否立案。

（二）实行一次性全面告知和补正。起诉、自诉和申请材料不符合形式要件的，应当及时释明，以书面形式一次性全面告知应当补正的材料和期限。在指定期限内经补正符合法律规定条件的，人民法院应当登记立案。

（三）不符合法律规定的起诉、自诉和申请的处理。对不符合法律规定的起诉、自诉和申请，应当依法裁决不予受理或者不予立案，并载明理由。当事人不服的，可以提起上诉或者申请复议。禁止不收材料、不予答复、不出具法律文书。

（四）严格执行立案标准。禁止在法律规定之外设定受理条件，全面清理和废止不符合法律规定的立案"土政策"。

【法释〔2015〕8号】　最高人民法院关于人民法院登记立案若干问题的规定（2015年4月13日最高法审委会第1647次会议通过，2015年4月15日公布，2015年5月1日施行）

第2条　对起诉、自诉，人民法院应当一律接收诉状，出具书面凭证并注明收到日期。

对符合法律规定的起诉、自诉，人民法院应当当场予以登记立案。

对不符合法律规定的起诉、自诉，人民法院应当予以释明。

第3条　人民法院应当提供诉状样本，为当事人书写诉状提供示范和指引。

当事人书写诉状确有困难的，可以口头提出，由人民法院记入笔录。符合法律规定的，予以登记立案。

第5条　刑事自诉状应当记明以下事项：（一）自诉人或者代为告诉人、被告人的姓名、性别、年龄、民族、文化程度、职业、工作单位、住址、联系方式；（二）被告人实施犯罪的时间、地点、手段、情节和危害后果等；（三）具体的诉讼请求；（四）致送的人民法院和具状时间；（五）证据的名称、来源等；（六）有证人的，载明证人的姓名、住所、联系方式等。

第6条　当事人提出起诉、自诉的，应当提交以下材料：（一）起诉人、自诉人是自然人的，提交身份证明复印件；起诉人、自诉人是法人或者其他组织的，提交营业执照或者组织机构代码证复印件、法定代表人或者主要负责人身份证明书；法人或者其他组织不能提供组织机构代码的，应当提供组织机构被注销的情况说明；（二）委托起诉或者代为告诉的，应当提交授权委托书、代理人身份证明、代为告诉人身份证明等相关材料；（三）具体明确的足以使被告或者被告人与他人相区别的姓名或者名称、住所等信息；（四）起诉状原本和与被告或者被告人及其他当事人人数相符的副本；（五）与诉请相关的证据或者证明材料。

第7条　当事人提交的诉状和材料不符合要求的，人民法院应当一次性书面告知在指定期限内补正。

当事人在指定期限内补正的，人民法院决定是否立案的期间，自收到补正材料之日起计算。

当事人在指定期限内没有补正的，退回诉状并记录在册；坚持起诉、自诉的，裁定或者决定不予受理、不予立案。

经补正仍不符合要求的，裁定或者决定不予受理、不予立案。

第8条　对当事人提出的起诉、自诉，人民法院当场不能判定是否符合法律规定的，应当作出以下处理：……（二）对刑事自诉，应当在收到自诉状次日起15日内决定是否立案；……

第9条　人民法院对起诉、自诉不予受理或者不予立案的，应当出具书面裁定或者决定，并载明理由。

第10条　人民法院对下列起诉、自诉不予登记立案：（一）违法起诉或者不符合法律规定的；（二）涉及危害国家主权和领土完整的；（三）危害国家安全的；（四）破坏国家统一和民族团结的；（五）破坏国家宗教政策的；（六）所诉事项不属于人民法院主管的。

第17条　本规定的"起诉"，是指当事人提起民事、行政诉讼；"自诉"，是指当事人提起刑事自诉。

第18条　强制执行和国家赔偿申请登记立案工作，按照本规定执行。

上诉、申请再审、刑事申诉、执行复议和国家赔偿申诉案件立案工作，不适用本规定。

【法发〔2021〕3号】　　最高人民法院、司法部关于为律师提供一站式诉讼服务的意见
(2020年12月16日印发，2021年1月14日新闻发布)

第8条　进一步完善网上立案工作，为律师提供一审民事、行政、刑事自诉、申请执行和国家赔偿案件的网上立案服务。对不符合要求的材料，做一次性告知补正事项。对律师通过律师服务平台或者诉讼服务大厅提交电子化诉讼材料的，实行快速办理。

进一步畅通网上交退费渠道，支持通过网银、支付宝、微信等线上支付方式交纳诉讼费用。

【法释〔2021〕1号】　　最高人民法院关于适用《中华人民共和国刑事诉讼法》的解释
(2020年12月7日最高法审委会〔1820次〕修订，2021年1月26日公布，2021年3月1日施行；2013年1月1日施行的"法释〔2012〕21号"《解释》同时废止)

第1条　人民法院直接受理的自诉案件包括：

（一）告诉才处理的案件：
1. 侮辱、诽谤案（刑法第 246 条规定的，但严重危害社会秩序和国家利益的除外）；
2. 暴力干涉婚姻自由案（刑法第 257 条第 1 款规定的）；
3. 虐待案（刑法第 260 条第 1 款规定的，但被害人没有能力告诉或者因受到强制、威吓无法告诉的除外）；
4. 侵占案（刑法第 270 条规定的）。
（二）人民检察院没有提起公诉，被害人有证据证明的轻微刑事案件：
1. 故意伤害案（刑法第 234 条第 1 款规定的）；
2. 非法侵入住宅案（刑法第 245 条规定的）；
3. 侵犯通信自由案（刑法第 252 条规定的）；
4. 重婚案（刑法第 258 条规定的）；
5. 遗弃案（刑法第 261 条规定的）；
6. 生产、销售伪劣商品案（刑法分则第三章第一节规定的，但严重危害社会秩序和国家利益的除外）；
7. 侵犯知识产权案（刑法分则第三章第七节规定的，但严重危害社会秩序和国家利益的除外）；
8. 刑法分则第四章、第五章规定的，对被告人可能判处 3 年有期徒刑以下刑罚的案件。
本项规定的案件，被害人直接向人民法院起诉的，人民法院应当依法受理。对其中证据不足、可以由公安机关受理的，或者认为对被告人可能判处 3 年有期徒刑以上刑罚的，应当告知被害人向公安机关报案，或者移送公安机关立案侦查。
（三）被害人有证据证明对被告人侵犯自己人身、财产权利的行为应当依法追究刑事责任，且有证据证明曾经提出控告，而公安机关或者人民检察院不予追究被告人刑事责任的案件。

【主席令〔2018〕3 号】　**中华人民共和国监察法**（2018 年 3 月 20 日第 13 届全国人大第 1 次会议通过，同日公布施行）

第 15 条　监察机关对下列公职人员和有关人员进行监察：（一）中国共产党机关、人民代表大会及其常务委员会机关、人民政府、监察委员会、人民法院、人民检察院、中国人民政治协商会议各级委员会机关、民主党派机关和工商业联合会机关的公务员，以及参照《中华人民共和国公务员法》管理的人员；（二）法律、法规授权或者受国家机关依法委托管理公共事务的组织中从事公务的人员；（三）国有企业管理人员；（四）公办的教育、科研、文化、医疗卫生、体育等单位中从事管理的人员；（五）基层群众性自治组织中从事管理的人员；（六）其他依法履行公职的人员。

第 16 条　各级监察机关按照管理权限管辖本辖区内本法第 15 条规定的人员所涉监察事项。
上级监察机关可以办理下一级监察机关管辖范围内的监察事项，必要时也可以办理所辖各级监察机关管辖范围内的监察事项。
监察机关之间对监察事项的管辖有争议的，由其共同的上级监察机关确定。

第 17 条　上级监察机关可以将其所管辖的监察事项指定下级监察机关管辖，也可以将下级监察机关有管辖权的监察事项指定给其他监察机关管辖。

监察机关认为所管辖的监察事项重大、复杂，需要由上级监察机关管辖的，可以报请上级监察机关管辖。

第34条　人民法院、人民检察院、公安机关、审计机关等国家机关在工作中发现公职人员涉嫌贪污贿赂、失职渎职等职务违法或者职务犯罪的问题线索，应当移送监察机关，由监察机关依法调查处置。

被调查人既涉嫌严重职务违法或者职务犯罪，又涉嫌其他违法犯罪的，一般应当由监察机关为主调查，其他机关予以协助。

第49条　监察对象对监察机关作出的涉及本人的处理决定不服的，可以在收到处理决定之日起1个月内，向作出决定的监察机关申请复审，复审机关应当在1个月内作出复审决定；监察对象对复审决定仍不服的，可以在收到复审决定之日起1个月内，向上一级监察机关申请复核，复核机关应当在2个月内作出复核决定。复审、复核期间，不停止原处理决定的执行。复核机关经审查，认定处理决定有错误的，原处理机关应当及时予以纠正。

【国监委公告〔2021〕1号】　　监察法实施条例（2021年7月20日国家监委全体会议决定，2021年9月20日公布施行）

第11条（第1款）　上级监察委员会可以依法统一调用所辖各级监察机关的监察人员办理监察事项。调用决定应当以书面形式作出。

第26条　监察机关依法调查涉嫌贪污贿赂犯罪，包括贪污罪、挪用公款罪、受贿罪、单位受贿罪、利用影响力受贿罪、行贿罪、对有影响力的人行贿罪、对单位行贿罪、介绍贿赂罪、单位行贿罪、巨额财产来源不明罪、隐瞒境外存款罪、私分国有资产罪、私分罚没财物罪，以及公职人员在行使公权力过程中实施的职务侵占罪、挪用资金罪、对外国公职人员、国际公共组织官员行贿罪，非国家工作人员受贿罪和相关联的对非国家工作人员行贿罪。

第27条　监察机关依法调查公职人员涉嫌滥用职权犯罪，包括滥用职权罪，国有公司、企业、事业单位人员滥用职权罪，滥用管理公司、证券职权罪，食品、药品监管渎职罪，故意泄露国家秘密罪，报复陷害罪，阻碍解救被拐卖、绑架妇女、儿童罪，帮助犯罪分子逃避处罚罪，违法发放林木采伐许可证罪，办理偷越国（边）境人员出入境证件罪，放行偷越国（边）境人员罪，挪用特定款物罪，非法剥夺公民宗教信仰自由罪，侵犯少数民族风俗习惯罪，打击报复会计、统计人员罪，以及司法工作人员以外的公职人员利用职权实施的非法拘禁罪、虐待被监管人罪、非法搜查罪。

第28条　监察机关依法调查公职人员涉嫌玩忽职守犯罪，包括玩忽职守罪，国有公司、企业、事业单位人员失职罪，签订、履行合同失职被骗罪，国家机关工作人员签订、履行合同失职被骗罪，环境监管失职罪，传染病防治失职罪，商检失职罪，动植物检疫失职罪，不解救被拐卖、绑架妇女、儿童罪，失职造成珍贵文物损毁、流失罪，过失泄露国家秘密罪。

第29条　监察机关依法调查公职人员涉嫌徇私舞弊犯罪，包括徇私舞弊低价折股、出售国有资产罪，非法批准征收、征用、占用土地罪，非法低价出让国有土地使用权罪，非法经营同类营业罪，为亲友非法牟利罪，枉法仲裁罪，徇私舞弊发售发票、抵扣税款、出口退税罪，商检徇私舞弊罪，动植物检疫徇私舞弊罪，放纵走私罪，放纵制售伪劣商品犯罪行为罪，招收公务员、学生徇私舞弊罪，徇私舞弊不移交刑事案件罪，违法提供出口退税凭证罪，徇私舞弊不征、少征税款罪。

第30条 监察机关依法调查公职人员在行使公权力过程中涉及的重大责任事故犯罪，包括重大责任事故罪，教育设施重大安全事故罪，消防责任事故罪，重大劳动安全事故罪，强令、组织他人违章冒险作业罪，危险作业罪，不报、谎报安全事故罪，铁路运营安全事故罪，重大飞行事故罪，大型群众性活动重大安全事故罪，危险物品肇事罪，工程重大安全事故罪。

第31条 监察机关依法调查公职人员在行使公权力过程中涉及的其他犯罪，包括破坏选举罪，背信损害上市公司利益罪，金融工作人员购买假币、以假币换取货币罪，利用未公开信息交易罪，诱骗投资者买卖证券、期货合约罪，背信运用受托财产罪，违法运用资金罪，违法发放贷款罪，吸收客户资金不入账罪，违规出具金融票证罪，对违法票据承兑、付款、保证罪，非法转让、倒卖土地使用权罪，私自开拆、隐匿、毁弃邮件、电报罪，故意延误投递邮件罪，泄露不应公开的案件信息罪，披露、报道不应公开的案件信息罪，接送不合格兵员罪。

第32条 监察机关发现依法由其他机关管辖的违法犯罪线索，应当及时移送有管辖权的机关。

监察机关调查结束后，对于应当给予被调查人或者涉案人员行政处罚等其他处理的，依法移送有关机关。

第37条 监察机关依法对所有行使公权力的公职人员进行监察，实现国家监察全面覆盖。

第38条 监察法第15条第一项所称公务员范围，依据《中华人民共和国公务员法》（以下简称公务员法）确定。

监察法第15条第一项所称参照公务员法管理的人员，是指有关单位中经批准参照公务员法进行管理的工作人员。

第39条 监察法第15条第二项所称法律、法规授权或者受国家机关依法委托管理公共事务的组织中从事公务的人员，是指在上述组织中，除参照公务员法管理的人员外，对公共事务履行组织、领导、管理、监督等职责的人员，包括具有公共事务管理职能的行业协会等组织中从事公务的人员，以及法定检验检测、检疫等机构中从事公务的人员。

第40条 监察法第15条第三项所称国有企业管理人员，是指国家出资企业中的下列人员：（一）在国有独资、全资公司、企业中履行组织、领导、管理、监督等职责的人员；（二）经党组织或者国家机关，国有独资、全资公司、企业，事业单位提名、推荐、任命、批准等，在国有控股、参股公司及其分支机构中履行组织、领导、管理、监督等职责的人员；（三）经国家出资企业中负有管理、监督国有资产职责的组织批准或者研究决定，代表其在国有控股、参股公司及其分支机构中从事组织、领导、管理、监督等工作的人员。

第41条 监察法第15条第四项所称公办的教育、科研、文化、医疗卫生、体育等单位中从事管理的人员，是指国家为了社会公益目的，由国家机关举办或者其他组织利用国有资产举办的教育、科研、文化、医疗卫生、体育等事业单位中，从事组织、领导、管理、监督等工作的人员。

第42条 监察法第15条第五项所称基层群众性自治组织中从事管理的人员，是指该组织中的下列人员：（一）从事集体事务和公益事业管理的人员；（二）从事集体资金、资产、资源管理的人员；（三）协助人民政府从事行政管理工作的人员，包括从事救灾、防疫、抢险、防汛、优抚、帮扶、移民、救济款物的管理，社会捐助公益事业款物的管理，国有土地的经营和管理，土地征收、征用补偿费用的管理，代征、代缴税款，有关计划生育、户籍、征兵工作，协助人民政府等国家机关在基层群众性自治组织中从事的其他管理工作。

第43条　下列人员属于监察法第15条第六项所称其他依法履行公职的人员：（一）履行人民代表大会职责的各级人民代表大会代表，履行公职的中国人民政治协商会议各级委员会委员、人民陪审员、人民监督员；（二）虽未列入党政机关人员编制，但在党政机关中从事公务的人员；（三）在集体经济组织等单位、组织中，由党组织或者国家机关、国有独资、全资公司、企业，国家出资企业中负有管理监督国有和集体资产职责的组织，事业单位提名、推荐、任命、批准等，从事组织、领导、管理、监督等工作的人员；（四）在依法组建的评标、谈判、询价等组织中代表国家机关、国有独资、全资公司、企业，事业单位，人民团体临时履行公共事务组织、领导、管理、监督等职责的人员；（五）其他依法行使公权力的人员。

第44条　有关机关、单位、组织集体作出的决定违法或者实施违法行为的，监察机关应当对负有责任的领导人员和直接责任人员中的公职人员依法追究法律责任。

【主席令〔2020〕49号】　中华人民共和国香港特别行政区维护国家安全法（2020年6月30日第13届全国人大常委会第20次会议通过，同日公布施行）

第49条　驻香港特别行政区维护国家安全公署的职责为：

（一）分析研判香港特别行政区维护国家安全形势，就维护国家安全重大战略和重要政策提出意见和建议；

（二）监督、指导、协调、支持香港特别行政区履行维护国家安全的职责；

（三）收集分析国家安全情报信息；

（四）依法办理危害国家安全犯罪案件。

第50条（第3款）　驻香港特别行政区维护国家安全公署人员依法接受国家监察机关的监督。

第55条　有以下情形之一的，经香港特别行政区政府或者驻香港特别行政区维护国家安全公署提出，并报中央人民政府批准，由驻香港特别行政区维护国家安全公署对本法规定的危害国家安全犯罪案件行使管辖权：

（一）案件涉及外国或者境外势力介入的复杂情况，香港特别行政区管辖确有困难的；

（二）出现香港特别行政区政府无法有效执行本法的严重情况的；

（三）出现国家安全面临重大现实威胁的情况的。

第56条　根据本法第55条规定管辖有关危害国家安全犯罪案件时，由驻香港特别行政区维护国家安全公署负责立案侦查，最高人民检察院指定有关检察机关行使检察权，最高人民法院指定有关法院行使审判权。

第57条　根据本法第55条规定管辖案件的立案侦查、审查起诉、审判和刑罚的执行等诉讼程序事宜，适用《中华人民共和国刑事诉讼法》等相关法律的规定。

根据本法第55条规定管辖案件时，本法第56条规定的执法、司法机关依法行使相关权力，其为决定采取强制措施、侦查措施和司法裁判而签发的法律文书在香港特别行政区具有法律效力。对于驻香港特别行政区维护国家安全公署依法采取的措施，有关机构、组织和个人必须遵从。

第58条　根据本法第55条规定管辖案件时，犯罪嫌疑人自被驻香港特别行政区维护国家安全公署第一次讯问或者采取强制措施之日起，有权委托律师作为辩护人。辩护律师可以依法为犯罪嫌疑人、被告人提供法律帮助。

犯罪嫌疑人、被告人被合法拘捕后，享有尽早接受司法机关公正审判的权利。

第59条　根据本法第55条规定管辖案件时，任何人如果知道本法规定的危害国家安全犯罪案件情况，都有如实作证的义务。

第60条　驻香港特别行政区维护国家安全公署及其人员依据本法执行职务的行为，不受香港特别行政区管辖。

持有驻香港特别行政区维护国家安全公署制发的证件或者证明文件的人员和车辆等在执行职务时不受香港特别行政区执法人员检查、搜查和扣押。

驻香港特别行政区维护国家安全公署及其人员享有香港特别行政区法律规定的其他权利和豁免。

第61条　驻香港特别行政区维护国家安全公署依据本法规定履行职责时，香港特别行政区政府有关部门须提供必要的便利和配合，对妨碍有关执行职务的行为依法予以制止并追究责任。

第62条　香港特别行政区本地法律规定与本法不一致的，适用本法规定。

【主席令〔2012〕67号】　中华人民共和国治安管理处罚法（2005年8月28日第10届全国人大常委会第17次会议通过，主席令第38号公布，2006年3月1日施行；2012年10月26日第11届全国人大常委会第29次会议修正，主席令第67号公布，2013年1月1日施行）

第2条　扰乱公共秩序，妨害公共安全，侵犯人身权利、财产权利，妨害社会管理，具有社会危害性，依照《中华人民共和国刑法》的规定构成犯罪的，依法追究刑事责任；尚不够刑事处罚的，由公安机关依照本法给予治安管理处罚。

第91条　治安管理处罚由县级以上人民政府公安机关决定；其中警告、500元以下的罚款可以由公安派出所决定。

【公通字〔2006〕12号】　公安机关执行《中华人民共和国治安管理处罚法》有关问题的解释（2006年1月23日）

十、关于铁路、交通、民航、森林公安机关和海关侦查走私犯罪公安机构以及新疆生产建设兵团公安局的治安管理处罚权问题。《治安管理处罚法》第91条规定："治安管理处罚由县级以上人民政府公安机关决定；其中警告、500元以下罚款可以由公安派出所决定。"根据有关法律，铁路、交通、民航、森林公安机关依法负责其管辖范围内的治安管理工作，《中华人民共和国海关行政处罚实施条例》第6条赋予了海关侦查走私犯罪公安机构对阻碍海关缉私警察依法执行职务的治安案件的查处权。为有效维护社会治安，县级以上铁路、交通、民航、森林公安机关对其管辖的治安案件，可以依法作出治安管理处罚决定，铁路、交通、民航、森林公安派出所可以作出警告、500元以下罚款的治安管理处罚决定；海关系统相当于县级以上公安机关的侦查走私犯罪公安机构可以依法查处阻碍缉私警察依法执行职务的治安案件，并依法作出治安管理处罚决定。

新疆生产建设兵团系统的县级以上公安局应当视为"县级以上人民政府公安机关"，可以依法作出治安管理处罚决定；其所属的公安派出所可以依法作出警告、500元以下罚款的治安管理处罚决定。

【公法〔2008〕18号】　公安部关于森林公安机关执行《中华人民共和国治安管理处罚法》有关问题的批复（2008年1月10日答复国家林业局森林公安局"林公治〔2007〕45号"请示）

一、关于"县级以上森林公安机关"的确定问题

《公安机关执行〈中华人民共和国治安管理处罚法〉有关问题的解释》（公通字〔2006〕12号）第10条规定，县级以上森林公安机关对其管辖的治安案件，可以依法作出治安管理处罚决定。这里的"县级以上森林公安机关"，是指相当于县级以上人民政府公安机关的行政级别，并有权以自己的名义办理案件、作出决定和制作法律文书的森林公安机关。

二、关于森林公安机关与地方公安机关办理治安案件的管辖分工问题

鉴于我国地域辽阔，地区差异性较大，各地林区公安机关的设置情况不一，有关森林公安机关与地方公安机关办理治安案件的管辖分工，可以由各级人民政府公安机关根据当地实际情况确定。

● **指导案例**　【高检发办字〔2020〕70号】　最高人民检察院第24批指导性案例（2020年12月2日最高检第13届检委会第55次会议通过，2020年12月21日印发）

（检例第93号）　丁某某、林某某等人假冒注册商标立案监督案

要旨：……对于跨地域实施的关联制假售假犯罪，检察机关可以建议公安机关并案管辖。

第20条　【基层法院管辖】基层人民法院管辖第一审普通刑事案件，但是依照本法由上级人民法院管辖的除外。

第21条[①]　【中级法院管辖】中级人民法院管辖下列第一审刑事案件：

（一）危害国家安全、恐怖活动案件；

（二）可能判处无期徒刑、死刑的案件。

第22条　【高级法院管辖】高级人民法院管辖的第一审刑事案件，是全省（自治区、直辖市）性的重大刑事案件。

第23条　【最高法院管辖】最高人民法院管辖的第一审刑事案件，是全国性的重大刑事案件。

● **相关规定**　【人大〔1998〕6次】　全国人民代表大会常务委员会关于新疆维吾尔自治区生产建设兵团设置人民法院和人民检察院的决定（1998年12月29日第9届全国人大常委

[①] 本条规定先后2次修改。原规定（1980年1月1日施行）为："中级人民法院管辖下列第一审刑事案件：（一）反革命案件；（二）判处无期徒刑、死刑的普通刑事案件；（三）外国人犯罪或者我国公民侵犯外国人合法权利的刑事案件。"1996年3月17日第8届全国人民代表大会第4次会议修改为（1997年1月1日施行）："中级人民法院管辖下列第一审刑事案件：（一）反革命案件、危害国家安全案件；（二）可能判处无期徒刑、死刑的普通刑事案件；（三）外国人犯罪的刑事案件。"2012年3月14日第11届全国人大常委会第5次会议修改为现规定，2013年1月1日施行。

会第6次会议通过）①

一、在新疆维吾尔自治区设立新疆维吾尔自治区高级人民法院生产建设兵团分院，作为自治区高级人民法院的派出机构；在新疆生产建设兵团设立若干中级人民法院；在生产建设兵团农牧团场比较集中的垦区设立基层人民法院。

二、新疆维吾尔自治区人民检察院在生产建设兵团设置下列人民检察院，作为自治区人民检察院的派出机构：

（一）新疆维吾尔自治区生产建设兵团人民检察院；

（二）新疆维吾尔自治区生产建设兵团人民检察院分院；

（三）在农牧团场比较集中的垦区设置基层人民检察院。

新疆维吾尔自治区生产建设兵团人民检察院领导生产建设兵团人民检察院分院以及基层人民检察院的工作。

三、在新疆维吾尔自治区生产建设兵团设置的各级人民法院和各级人民检察院的案件管辖权，分别由最高人民法院和最高人民检察院依照有关法律予以规定。

【主席令〔2018〕11号】 中华人民共和国人民法院组织法（2018年10月26日第13届全国人大常委会第6次会议修订，2019年1月1日施行）

第16条 最高人民法院审理下列案件：（一）法律规定由其管辖的和其认为应当由自己管辖的第一审案件；（二）对高级人民法院判决和裁定的上诉、抗诉案件；（三）按照全国人民代表大会常务委员会的规定提起的上诉、抗诉案件；（四）按照审判监督程序提起的再审案件；（五）高级人民法院报请核准的死刑案件。

第19条 最高人民法院可以设巡回法庭，审理最高人民法院依法确定的案件。

巡回法庭是最高人民法院的组成部分。巡回法庭的判决和裁定即最高人民法院的判决和裁定。

第21条 高级人民法院审理下列案件：（一）法律规定由其管辖的第一审案件；（二）下级人民法院报请审理的第一审案件；（三）最高人民法院指定管辖的第一审案件；（四）对中

---

① 《最高人民法院、最高人民检察院〈关于确定新疆生产建设兵团法院、检察院法律地位〉的议案的说明》（1998年12月7日）规定："新疆生产建设兵团法院、检察院的前身是建立于五十年代的新疆军区生产建设兵团军事法院、军事检察院，1975年随新疆生产建设兵团的撤销而撤销。1984年恢复重建。其机构按三级设置，即：兵团分别设新疆维吾尔自治区高级人民法院生产建设兵团分院、新疆维吾尔自治区生产建设兵团人民检察院，10个农业师分别设中级人民法院、新疆生产建设兵团检察院农垦师分院，农牧团场较集中的25个垦区分别设基层人民法院、新疆生产建设兵团人民检察院。"新疆生产建设兵团是党政军企合一的特殊组织，自行管理内部的行政、司法事务，实行特殊体制，担负着屯垦戍边的使命。兵团法院、检察院恢复重建以来，认真履行审判、法律监督职能，依法开展各项审判、检察业务，办理了大量案件，为维护兵团和全疆的社会稳定、促进经济发展，加强民族团结，巩固祖国边防，起到了重要作用。兵团法院、检察院的恢复重建，是充分发挥兵团特殊作用的需要。但兵团法院、检察院的法律地位一直没有落实，以致审判人员、检察人员的法律职务任免缺乏法定依据，两院印章不能嵌用国徽。长期以来影响了审判、检察工作正常开展，影响到兵团法院、检察院的建设和队伍稳定。我们认为兵团法院、检察院是国家审判、检察机关的组成部分，其法律地位问题应尽快解决，使其更好地依法履行职责。"经最高人民法院、最高人民检察院广泛调查研究，就兵团法院、检察院的设置、案件管辖、审判人员、检察人员的任免等问题提出了意见，并进一步会同全国人大内务司法委员会、全国人大常委会法制工作委员会进行了研究，为保证兵团法院、检察院依法行使审判权、检察权，依据《中华人民共和国人民法院组织法》和《中华人民共和国人民检察院组织法》的有关规定，结合新疆生产建设兵团法院、检察院的实际情况，建议全国人大常委会依法作出决定，确定新疆生产建设兵团法院和新疆生产建设兵团检察院的法律地位。"

级人民法院判决和裁定的上诉、抗诉案件；（五）按照审判监督程序提起的再审案件；（六）中级人民法院报请复核的死刑案件。

第23条　中级人民法院审理下列案件：（一）法律规定由其管辖的第一审案件；（二）基层人民法院报请审理的第一审案件；（三）上级人民法院指定管辖的第一审案件；（四）对基层人民法院判决和裁定的上诉、抗诉案件；（五）按照审判监督程序提起的再审案件。

第25条（第1款）　基层人民法院审理第一审案件，法律另有规定的除外。

第26条　基层人民法院根据地区、人口和案件情况，可以设立若干人民法庭。

人民法庭是基层人民法院的组成部分。人民法庭的判决和裁定即基层人民法院的判决和裁定。

【法函〔1964〕号】　最高人民法院关于人民法庭无权判处死刑案件的函（1964年3月24日回复安徽高院"关于从死缓刑判定案件中发现的几个问题及今后意见的通知"）[1]

我院认为，你们通过对1962年和1963年上半年处理的531件死缓案件的检查，发现有的基层法院和中级法院在执行审批、复核制度方面存在一些问题，并针对这些问题分析了产生的原因，提出了今后改进的措施，很好，很有必要。但在这个通知中，你们对于庐江县白湖人民法庭判处抗拒改造犯胡广月死刑的问题，没有明显地指出死刑应归县法院判决，人民法庭无权判处死刑，是不妥当的。请你们就此问题对有关的人民法庭进行检查，切实地予以纠正，并请将检查结果函告我院。

【高检办发〔1998〕4号】　最高人民检察院关于对危害国家安全案件批捕起诉和实行备案制度等有关事项的通知（1998年1月12日）

一、根据刑事诉讼法第20条的规定，中级人民法院管辖第一审的危害国家安全案件。与之相应，危害国家安全案件的审查批捕、审查起诉一律由检察分（市）院或者省级检察院的批捕、起诉部门办理。基层人民检察院不办危害国家安全案件的审查批捕和审查起诉。

三、对本地区发生的重、特大危害国家安全犯罪案件、恐怖暴力活动以及影响大的突发性事件，要及时向最高人民检察院专报。

四、检察机关批准逮捕（包括不批捕）、提起公诉（包括不起诉）、抗诉的各种危害国家安全的案件，一律报上一级检察院备案，并由省级院及时报最高人民检察院备案。备案材料包括：提请批准逮捕书、批准逮捕决定书或不批准逮捕决定书（副本）；起诉意见书、起诉书或不起诉决定书（副本）；抗诉案件的起诉书、抗诉书和判决书（副本）。

【高检发研字〔1999〕2号】　最高人民检察院关于走私犯罪侦查机关提请批准逮捕和移送审查起诉的案件由分、州、市级人民检察院受理的通知（1999年2月3日）

四、人民检察院对走私犯罪侦查机关移送起诉的案件经审查决定起诉的，应当向本地中级人民法院提起公诉。

【公经〔2004〕651号】　公安部关于对三资企业能否构成涉外经济犯罪案件的涉外因素及如何确定涉外经济犯罪案件级别管辖问题的批复（2004年答复浙江省公安厅经侦总队"浙公经〔2004〕84号"请示）

---

[1] 注：本函件一直未被废止，但已明显失效。

一、三资企业为犯罪主体或侵害对象是否构成涉外犯罪案件。三资企业属中国法人，无论其是经济犯罪案件中的犯罪嫌疑人还是被害人，均不能仅因该三资企业有外方投资或合作的背景，而将案件定性为涉外案件。

二、如何确定涉外经济犯罪案件的级别管辖。根据《公安机关办理刑事案件程序规定》第18条、第325条之规定，涉外经济犯罪案件中的外国人犯罪案件和重大案件应由地（市）级以上公安机关负责侦查，其他涉外经济犯罪案件可由县级公安机关负责侦查。

【法释〔2005〕4号】　最高人民法院关于新疆生产建设兵团人民法院案件管辖权问题的若干规定（2005年1月13日最高法审委会第1340次会议通过，2005年5月24日公布，2005年6月6日施行）

第1条　新疆生产建设兵团基层人民法院和中级人民法院分别行使地方基层人民法院和中级人民法院的案件管辖权，管辖兵团范围内的各类案件。

新疆维吾尔自治区高级人民法院生产建设兵团分院管辖原应当由高级人民法院管辖的兵团范围内的第一审案件、上诉案件和其他案件，其判决和裁定是新疆维吾尔自治区高级人民法院的判决和裁定。但兵团各中级人民法院判处死刑（含死缓）的案件的上诉案件以及死刑复核案件由新疆维吾尔自治区高级人民法院管辖。

第2条　兵团人民检察院提起公诉的第一审刑事案件，由兵团人民法院管辖。

兵团人民法院对第一审刑事自诉案件、第二审刑事案件以及再审刑事案件的管辖，适用刑事诉讼法的有关规定。

第5条　兵团人民法院管辖兵团范围内发生的涉外案件。新疆维吾尔自治区高级人民法院生产建设兵团分院根据最高人民法院的有关规定确定管辖涉外案件的兵团法院。

第6条　兵团各级人民法院与新疆维吾尔自治区地方各级人民法院之间因管辖权发生争议的，由争议双方协商解决；协商不成的，报请新疆维吾尔自治区高级人民法院决定管辖。

第7条　新疆维吾尔自治区高级人民法院生产建设兵团分院所管辖第一审案件的上诉法院是最高人民法院。

第8条　对于新疆维吾尔自治区高级人民法院生产建设兵团分院审理再审案件所作出的判决、裁定，新疆维吾尔自治区高级人民法院不再进行再审。

【法发〔2013〕2号】　最高人民法院、最高人民检察院、公安部、国家安全部、司法部关于外国人犯罪案件管辖问题的通知（2013年1月17日）

一、第一审外国人犯罪案件，除刑事诉讼法第20条至第22条规定的以外，由基层人民法院管辖。外国人犯罪案件较多的地区，中级人民法院可以指定辖区内一个或者几个基层人民法院集中管辖第一审外国人犯罪案件；外国人犯罪案件较少的地区，中级人民法院可以依照刑事诉讼法第23条的规定，审理基层人民法院管辖的第一审外国人犯罪案件。

二、外国人犯罪案件的侦查，由犯罪地或者犯罪嫌疑人居住地的公安机关或者国家安全机关负责。需要逮捕犯罪嫌疑人的，由负责侦查的公安机关或者国家安全机关向所在地同级人民检察院提请批准逮捕；侦查终结需要移送审查起诉的案件，应当向侦查机关所在地的同级人民检察院移送。人民检察院受理同级侦查机关移送审查起诉的案件，按照刑事诉讼法的管辖规定和本通知要求，认为应当由上级人民检察院或者同级其他人民检察院起诉的，应当将案件移送有管辖权的人民检察院审查起诉。

三、辖区内集中管辖第一审外国人犯罪案件的基层人民法院，应当由中级人民法院商同级人民检察院、公安局、国家安全局、司法局综合考虑办案质量、效率、工作衔接配合等因素提出，分别报高级人民法院、省级人民检察院、公安厅（局）、国家安全厅（局）、司法厅（局）同意后确定，并报最高人民法院、最高人民检察院、公安部、国家安全部、司法部备案。

【法释〔2016〕11号】 最高人民法院关于人民法院办理接收在台湾地区服刑的大陆居民回大陆服刑案件的规定（2015年6月2日最高法审委会第1653次会议通过，2016年4月27日印发，2016年5月1日施行）

第2条 接收被判刑人案件由最高人民法院指定的中级人民法院管辖。

【法释〔2016〕30号】 最高人民法院关于巡回法庭审理案件若干问题的规定（2015年1月28日"法释〔2015〕3号"公布，2015年2月1日施行；2016年12月19日最高法审委会第1704次会议修正，2016年12月27日公布，2016年12月28日施行）

第1条 最高人民法院设立巡回法庭，受理巡回区内相关案件。第一巡回法庭设在广东省深圳市，巡回区为广东、广西、海南、湖南四省。第二巡回法庭设在辽宁省沈阳市，巡回区为辽宁、吉林、黑龙江三省。第三巡回法庭设在江苏省南京市，巡回区为江苏、上海、浙江、福建、江西五省市。第四巡回法庭设在河南省郑州市，巡回区为河南、山西、湖北、安徽四省。第五巡回法庭设在重庆市，巡回区为重庆、四川、贵州、云南、西藏五省区。第六巡回法庭设在陕西省西安市，巡回区为陕西、甘肃、青海、宁夏、新疆五省区。最高人民法院本部直接受理北京、天津、河北、山东、内蒙古五省区市有关案件。

最高人民法院根据有关规定和审判工作需要，可以增设巡回法庭，并调整巡回法庭的巡回区和案件受理范围。

第2条 巡回法庭是最高人民法院派出的常设审判机构。巡回法庭作出的判决、裁定和决定，是最高人民法院的判决、裁定和决定。

第3条 巡回法庭审理或者办理巡回区内应当由最高人民法院受理的以下案件：（一）全国范围内重大、复杂的第一审行政案件；（二）在全国有重大影响的第一审民商事案件；（三）不服高级人民法院作出的第一审行政或者民商事判决、裁定提起上诉的案件；（四）对高级人民法院作出的已经发生法律效力的行政或者民商事判决、裁定、调解书申请再审的案件；（五）刑事申诉案件；（六）依法定职权提起再审的案件；（七）不服高级人民法院作出的罚款、拘留决定申请复议的案件；（八）高级人民法院因管辖权问题报请最高人民法院裁定或者决定的案件；（九）高级人民法院报请批准延长审限的案件；（十）涉港澳台民商事案件和司法协助案件；（十一）最高人民法院认为应当由巡回法庭审理或者办理的其他案件。

巡回法庭依法办理巡回区内向最高人民法院提出的来信来访事项。

第4条 知识产权、涉外商事、海事海商、死刑复核、国家赔偿、执行案件和最高人民检察院抗诉的案件暂由最高人民法院本部审理或者办理。

第7条 当事人对巡回区内高级人民法院作出的已经发生法律效力的判决、裁定申请再审或者申诉的，应当向巡回法庭提交再审申请书、申诉书等材料。

第8条 最高人民法院认为巡回法庭受理的案件对统一法律适用有重大指导意义的，可以决定由本部审理。

巡回法庭对于已经受理的案件，认为对统一法律适用有重大指导意义的，可以报请最高人民法院本部审理。

第9条 巡回法庭根据审判工作需要，可以在巡回区内巡回审理案件、接待来访。

【高检发研字〔2018〕28号】　最高人民检察院关于人民检察院立案侦查司法工作人员相关职务犯罪案件若干问题的规定（2018年11月1日最高检第13届检委会第8次会议通过，2018年11月24日印发）

二、级别管辖和侦查部门

本规定所列犯罪案件，由设区的市级人民检察院立案侦查。基层人民检察院发现犯罪线索的，应当报设区的市级人民检察院决定立案侦查。设区的市级人民检察院也可以将案件交由基层人民检察院立案侦查，或者由基层人民检察院协助侦查。最高人民检察院、省级人民检察院发现犯罪线索的，可以自行决定立案侦查，也可以将案件线索交由指定的省级人民检察院、设区的市级人民检察院立案侦查。

本规定所列犯罪案件，由人民检察院负责刑事检察工作的专门部门负责侦查。设区的市级以上人民检察院侦查终结的案件，可以交有管辖权的基层人民法院相对应的基层人民检察院提起公诉；需要指定其他基层人民检察院提起公诉的，应当与同级人民法院协商指定管辖；依法应当由中级人民法院管辖的案件，应当由设区的市级人民检察院提起公诉。

【高检发释字〔2019〕4号】　人民检察院刑事诉讼规则（2019年12月2日最高检第13届检委会第28次会议通过，2019年12月30日公布施行；高检发释字〔2012〕2号《规则（试行）》同时废止）

第14条　人民检察院办理直接受理侦查的案件，由设区的市级人民检察院立案侦查。基层人民检察院发现犯罪线索的，应当报设区的市级人民检察院决定立案侦查。

设区的市级人民检察院根据案件情况也可以将案件交由基层人民检察院立案侦查，或者要求基层人民检察院协助侦查。对于刑事执行派出检察院辖区内与刑事执行活动有关的犯罪线索，可以交由刑事执行派出检察院立案侦查。

最高人民检察院、省级人民检察院发现犯罪线索的，可以自行立案侦查，也可以将犯罪线索交由指定的省级人民检察院或者设区的市级人民检察院立案侦查。

第16条　上级人民检察院在必要的时候，可以直接立案侦查或者组织、指挥、参与侦查下级人民检察院管辖的案件。下级人民检察院认为案情重大、复杂，需要由上级人民检察院立案侦查的案件，可以请求移送上级人民检察院立案侦查。

【法释〔2021〕1号】　最高人民法院关于适用《中华人民共和国刑事诉讼法》的解释（2020年12月7日最高法审委会〔1820次〕修订，2021年1月26日公布，2021年3月1日施行；2013年1月1日施行的"法释〔2012〕21号"《解释》同时废止）

第14条　人民检察院认为可能判处无期徒刑、死刑，向中级人民法院提起公诉的案件，中级人民法院受理后，认为不需要判处无期徒刑、死刑的，应当依法审判，不再交基层人民法院审判。

第15条　1人犯数罪、共同犯罪和或者其他需要并案审理的案件，其中1人或者1罪属于上级人民法院管辖的，全案由上级人民法院管辖。

第476条　第一审涉外刑事案件，除刑事诉讼法第21条至第23条规定的以外，由基层人民法院管辖。必要时，中级人民法院可以指定辖区内若干基层人民法院集中管辖第一审涉外刑事案件，也可以依照刑事诉讼法第24条的规定，审理基层人民法院管辖的第一审涉外刑事案件。

中共中央办公厅、国务院办公厅关于依法从严打击证券违法活动的意见（2020年11月2日中央全面深化改革委员会〔第16次〕通过，2021年7月6日公布）

（十二）完善证券案件审判体制机制。充分利用现有审判资源，加强北京、深圳等证券交易场所所在地金融审判工作力量建设，探索统筹证券期货领域刑事、行政、民事案件的管辖和审理。……落实由中级法院和同级检察院办理证券犯罪第一审案件的级别管辖。……

第24条　【提级管辖】 上级人民法院在必要的时候，可以审判下级人民法院管辖的第一审刑事案件，也可以把自己管辖的第一审刑事案件交由下级人民法院审判[1]；下级人民法院认为案情重大、复杂需要由上级人民法院审判的第一审刑事案件，可以请求移送上一级人民法院审判。

第25条　【属地管辖】 刑事案件由犯罪地的人民法院管辖。如果由被告人居住地的人民法院审判更为适宜的，可以由被告人居住地的人民法院管辖。

第26条　【先受管辖、主案管辖】 几个同级人民法院都有权管辖的案件，由最初受理的人民法院审判。在必要的时候，可以移送主要犯罪地的人民法院审判。

第27条　【指定管辖】 上级人民法院可以指定下级人民法院审判管辖不明的案件，也可以指定下级人民法院将案件移送其他人民法院审判。

第28条　【专门管辖】 专门人民法院案件的管辖另行规定。

（本书汇）【监察指定管辖】[2]

● **相关规定**　【主席令〔2018〕11号】　**中华人民共和国人民法院组织法**（2018年10月26日第13届全国人大常委会第6次会议修订，2019年1月1日施行）

第15条　专门人民法院包括军事法院和海事法院、知识产权法院、金融法院等。[3]

专门人民法院的设置、组织、职权和法官任免，由全国人民代表大会常务委员会规定。

【铁办字〔1982〕1214号】　**最高人民法院、最高人民检察院、公安部、司法部、铁道部关于铁路运输法院、检察院办案中有关问题的联合通知**（1982年7月9日）

一、铁路运输法院、检察院的案件管辖。应从保护铁路运输的任务出发，体现其专门性。目前主要受理铁路运输系统公安机关负责侦破的刑事案件和与铁路运输有关的经济案件、法纪案件、涉外案件（包括铁道部委托路局党委代管单位的案件）。对各类民事案件及

---

[1] 本部分内容被1996年3月17日第8届全国人民代表大会第4次会议删除，1997年1月1日施行。

[2] 注：《刑事诉讼法》没有关于监察指定管辖的专门规定，本书将其汇集于此。

[3] 注：1979年《人民法院组织法》（1980年1月1日施行）规定，专门人民法院包括军事法院、铁路运输法院、水上运输法院、森林法院、其他专门法院；该规定于1983年9月2日被删除，相关表述变为"军事法院等专门人民法院"。2018年《人民法院组织法》（2019年1月1日施行）修订为：专门人民法院包括军事法院和海事法院、知识产权法院、金融法院等。

目前，除军事法院以外，其他专门人民法院均未被授予刑事案件管辖权。

不属于铁路运输范围的铁道部直属工厂、工程局、勘测设计院、大专院校等地发生的案件，仍由地方法院、检察院受理。如铁路运输法院、检察院与地方法院、检察院对案件管辖发生争议，暂由地方受理。

【法研复（电）〔1988〕号】　最高人民法院研究室关于刘辉盗窃枪支、盗窃一案管辖问题的电话答复（1988年2月5日答复安徽高院"法研字〔1988〕第10号"请示）

为了及时有力地打击刑事犯罪活动，在与军事法院、军事和地方检察院协商一致的情况下，对被告人刘辉在武汉军区服役期间所犯盗窃枪支罪，可和现在的盗窃罪并案由地方法院按刑法规定处理。①

【公通字〔2001〕70号】　最高人民法院、最高人民检察院、公安部关于旅客列车上发生的刑事案件管辖问题的通知（2001年8月23日）

一、列车上发生的刑事案件，由负责该车乘务的乘警队所属的铁路公安机关立案，列车乘警应及时收集案件证据，填写有关法律文书。对于已经查获犯罪嫌疑人的，列车乘警应对犯罪嫌疑人认真盘查，制作盘查笔录。对被害人、证人要进行询问，制作询问笔录，或者由被害人、证人书写被害经过、证言。取证结束后，列车乘警应当将犯罪嫌疑人及盘查笔录、被害人、证人的证明材料以及其他与案件有关证据一并移交前方停车站铁路公安机关。对于未查获犯罪嫌疑人的案件，列车乘警应当及时收集案件线索及证据，并由负责该车乘务的乘警队所属的铁路公安机关继续侦查。

二、车站铁路公安机关对于法律手续齐全并附有相关证据材料的交站处理案件应当受理。经审查和进一步侦查，认为需要逮捕犯罪嫌疑人或者移送审查起诉的，应当依法向同级铁路运输检察院提请批准逮捕或者移送审查起诉。

三、铁路运输检察院对同级公安机关提请批准逮捕或者移送审查起诉的交站处理案件应当受理。经审查符合逮捕条件的，应当依法批准逮捕；符合起诉条件的，应当依法提起公诉或者将案件移送有管辖权的铁路运输检察院审查起诉。

四、铁路运输法院对铁路运输检察院提起公诉的交站处理案件，经审查认为符合受理条件的，应当受理并依法审判。

【法释〔2012〕10号】　最高人民法院关于铁路运输法院案件管辖范围的若干规定（2012年7月2日最高法审委会第1551次会议通过，2012年7月17日公布，2012年8月1日施行）

第1条　铁路运输法院受理同级铁路运输检察院依法提起公诉的刑事案件。

下列刑事公诉案件，由犯罪地的铁路运输法院管辖：（一）车站、货场、运输指挥机构等铁路工作区域发生的犯罪；（二）针对铁路线路、机车车辆、通讯、电力等铁路设备、设施的犯罪；（三）铁路运输企业职工在执行职务中发生的犯罪。

在列车上的犯罪，由犯罪发生后该列车最初停靠的车站所在地或者目的地的铁路运输法院管辖；但在国际列车上的犯罪，按照我国与相关国家签订的有关管辖协定确定管辖，没有协定的，由犯罪发生后该列车最初停靠的中国车站所在地或者目的地的铁路运输法院

---

① 注：按当时的规定，两院、两部〔1982〕政联字8号文第5条规定："军人退出现役后，发现其在服役期内作案……属于在服役期间犯下军人违反职责罪的，仍由军事检察院、军事法院处理。"

管辖。

第2条　本规定第1条第2、3款范围内发生的刑事自诉案件，自诉人向铁路运输法院提起自诉的，铁路运输法院应当受理。

第3条　（见《民事诉讼法全厚细》第2章"铁路纠纷管辖"专辑）

第4条　铁路运输基层法院就本规定第1条至第3条所列案件作出的判决、裁定，当事人提起上诉或铁路运输检察院提起抗诉的二审案件，由相应的铁路运输中级法院受理。

第7条　本院以前作出的有关规定与本规定不一致的，以本规定为准。

本规定施行前，各铁路运输法院依照此前的规定已经受理的案件，不再调整。

【法发〔2016〕17号】　最高人民法院关于在全国法院推进知识产权民事、行政和刑事案件审判"三合一"工作的意见（2016年7月5日）（余文见《民事诉讼法全厚细》第2章"知识产权纠纷管辖"专辑）

1.（第1款）　知识产权民事、行政和刑事案件审判"三合一"是指由知识产权审判庭统一审理知识产权民事、行政和刑事案件。

6.各级人民法院知识产权审判庭应当根据审判任务需要配备审判力量，并根据情况配备专门从事行政审判和刑事审判的法官，也可以由行政审判庭或刑事审判庭法官与知识产权审判庭法官共同组成合议庭，审理知识产权行政或刑事案件。

7.（第4款）　知识产权刑事案件是指《中华人民共和国刑法》分则第3章"破坏社会主义市场经济秩序罪"第7节规定的侵犯知识产权犯罪案件等。

（第5款）　知识产权刑事自诉案件，人民法院仍然可以按照刑事诉讼法所确定的地域管辖原则管辖。

8.（第4款）　具有一般知识产权民事纠纷案件管辖权的基层人民法院审理中级人民法院指定区域的第一审知识产权刑事、行政案件。不具有一般知识产权民事纠纷案件管辖权的基层人民法院发现所审理案件属于知识产权行政、刑事案件的，应当及时移送中级人民法院指定的有一般知识产权民事纠纷案件管辖权的基层人民法院管辖。

（第5款）　中级人民法院知识产权审判庭审理本辖区内基层人民法院审结的知识产权行政、刑事上诉案件以及同级人民检察院抗诉的知识产权刑事案件。

（第6款）　高级人民法院知识产权审判庭审理本辖区内中级人民法院审结的知识产权行政、刑事上诉案件，知识产权行政、刑事申请再审案件以及同级人民检察院抗诉的知识产权刑事案件。

（第7款）　最高人民法院知识产权审判庭审理各高级人民法院审结的知识产权行政、刑事上诉案件，知识产权行政、刑事申请再审案件、最高人民检察院抗诉的知识产权刑事案件。

15.（第2款）　北京、上海、广州知识产权法院暂不实施"三合一"工作。

【法研（复）〔1989〕号】　最高人民法院研究室关于罪犯在服刑期间又犯罪被服刑地法院以数罪并罚论处的现前罪改判应当由哪一个法院决定执行刑罚问题的电话答复（1991年6月18日答复福建高院"闽法刑二字〔1991〕79号"请示）[①]

[①] 注：该《电话答复》所涉的刑法是指1979年刑法；答复所规定的内容是合理的，并且其一直未被宣布废止，应视为至今有效。

这类问题，我们曾于1989年答复过湖北省高级人民法院，答复意见是：对于再审改判前因犯新罪被加刑的罪犯，在对其前罪再审时，应当将罪犯犯后罪时判决中关于前罪与后罪并罚的内容撤销，并把经再审改判后的前罪没有执行完的刑期和后罪已判处的刑罚，按照刑法第66条的规定实行数罪并罚。关于原前罪与后罪并罚的判决由哪个法院撤销，应当视具体情况确定：如果再审法院是对后罪作出判决的法院的上级法院，或者是对后罪作出判决的同一法院，可以由再审法院撤销，否则，应当由对后罪作出判决的法院撤销。

请你们按照上述意见办理。

【公通字〔1997〕6号】　公安部关于办理利用经济合同诈骗案件有关问题的通知（1997年1月6日）

三、关于案件的管辖

利用经济合同诈骗案件由犯罪地的公安机关办理，犯罪地包括犯罪行为地和犯罪结果地。如果由犯罪嫌疑人居住地的公安机关办理更为适宜，可以由犯罪嫌疑人居住地的公安机关负责办理。几个地方的公安机关都有管辖权的案件，由上一级的公安机关办理。管辖权有争议的或者管辖不明的案件，由争议双方的上级公安机关办理。

【法研〔1999〕11号】　最高人民法院研究室关于人民法院不受理人民检察院就移送管辖裁定提出抗诉问题的答复（1999年6月30日答复北京高院"京高法〔1999〕134号"请示）

人民检察院对人民法院作出的移送管辖裁定提出抗诉，没有法律依据，人民法院不予受理。

【公复字〔2000〕10号】　公安部关于受害人居住地公安机关可否对诈骗犯罪案件立案侦查问题的批复（2000年10月16日答复广西壮族自治区公安厅"桂公请〔2000〕77号"请示）

《公安机关办理刑事案件程序规定》第15条规定："刑事案件由犯罪地的公安机关管辖。如果由犯罪嫌疑人居住地的公安机关管辖更为适宜，可以由犯罪嫌疑人居住地的公安机关管辖。"根据《中华人民共和国刑法》第6条第3款的规定，犯罪地包括犯罪行为地和犯罪结果地。根据上述规定，犯罪行为地、犯罪结果地以及犯罪嫌疑人居住地的公安机关可以依法对属于公安机关管辖的刑事案件立案侦查。诈骗犯罪案件的犯罪结果地是指犯罪嫌疑人实际取得财产地。因此，除诈骗行为地、犯罪嫌疑人实际取得财产的结果发生地和犯罪嫌疑人居住地外，其他地方公安机关不能对诈骗犯罪案件立案侦查，但对于公民扭送、报案、控告、举报或者犯罪嫌疑人自首的，都应当立即受理，经审查认为有犯罪事实的，移送有管辖权的公安机关处理。

【法释〔2000〕29号】　最高人民法院关于严格执行案件审理期限制度的若干规定（2000年9月14日最高法审委会第1130次会议通过，2000年9月22日公布，2000年9月28日施行，根据2008年12月16日发布的《最高人民法院关于调整司法解释等文件中引用〈中华人民共和国民事诉讼法〉条文序号的决定》调整）

第6条（第2款）　改变管辖的刑事、民事、行政案件，应当在收到案卷材料后的3日内立案。

【法〔2001〕164号】　最高人民法院案件审限管理规定（2001年10月16日最高法审委会第1195次会议通过，2001年11月5日印发，2002年1月1日施行）

第11条　办理管辖争议案件的期限为2个月；有特殊情况需要延长的，经院长批准，可以延长2个月。

第13条　……刑事复核案件、适用法律的特殊请示案件、管辖争议案件、执行协调案件应当在收到高级人民法院报送的案卷材料后3日内立案。

【刑立他字〔2009〕59-1号】　最高人民法院关于远程操控类诈骗案件审判管辖问题的函（2010年2月5日答复北京高院2009年12月24日请示）

我院经研究认为，远程操控类诈骗犯罪的主要表现形式是犯罪嫌疑人利用电话、网络等技术手段虚构事实，使被害人陷入错误认识而"主动"将钱款汇至犯罪嫌疑人指定的外地银行帐户，以达到诈骗钱财的目的。从行为特征看，整个犯罪过程中犯罪嫌疑人与被害人处在两地，彼此不直接接触。但被害人所在地即是犯罪嫌疑人虚构信息的到达之地和被害人接受虚假信息之地。虚假信息是被告人诈骗行为不可分割的一部分，并不独立于诈骗行为，虚假信息所达之地是犯罪行为的延续之地，可视为犯罪行为发生地。因此，被害人所在地可以视为犯罪行为发生地。从危害结果看，被害人所在地为被害人失去财物控制之地，是诈骗犯罪的危害结果发生地，但与犯罪分子实际取得财产之地还是存在一定的区别。根据此类案件的特点，应当以确定款项进入犯罪嫌疑人指定帐户的地点为实际取得财产之地。而根据被害人汇款的不同情况，确定款项进入犯罪嫌疑人指定帐户的地点可能是被害人所在地、被告人所在地或第三地。综合而言，远程操控类诈骗案件中，被害人所在地可视为犯罪行为发生地，在一定的情况下也同时是犯罪分子实际取得财产的犯罪结果发生地。根据《中华人民共和国刑事诉讼法》第24条和《最高人民法院关于执行〈中华人民共和国刑事诉讼法〉若干问题的解释》第2条的规定，你市法院对被害人在你市的此类案件有管辖权。

【法发〔2010〕61号】　最高人民法院关于规范上下级人民法院审判业务关系的若干意见（最高法审委会［1493次］通过，2010年12月28日印发）

第3条　基层人民法院和中级人民法院对于已经受理的下列第一审案件，必要时可以根据相关法律规定，书面报请上一级人民法院审理：（1）重大、疑难、复杂案件；（2）新类型案件；（3）具有普遍法律适用意义的案件；（4）有管辖权的人民法院不宜行使审判权的案件。

第4条　上级人民法院对下级人民法院提出的移送审理请求，应当及时决定是否由自己审理，并下达同意移送决定书或者不同意移送决定书。

第5条　上级人民法院认为下级人民法院管辖的第一审案件，属于本意见第三条所列类型、有必要由自己审理的，可以决定提级管辖。

【公通字〔2011〕14号】　最高人民法院、最高人民检察院、公安部、国家安全部、工业和信息化部、中国人民银行、中国银行业监督管理委员会关于办理流动性团伙性跨区域性犯罪案件有关问题的意见（2011年5月1日施行）

第1条　流动性、团伙性、跨区域性犯罪案件，由犯罪地的公安机关、人民检察院、人民法院管辖。如果由犯罪嫌疑人、被告人居住地的公安机关、人民检察院、人民法院管辖更为适宜的，可以由犯罪嫌疑人、被告人居住地的公安机关、人民检察院、人民法院管辖。犯罪地包括犯罪行为发生地和犯罪结果发生地。犯罪嫌疑人、被告人居住地包括经常居住地、户籍所在地。

前款中所称"犯罪行为发生地"包括被害人接到诈骗、敲诈勒索电话、短信息、电子邮件、信件、传真等犯罪信息的地方，以及犯罪行为持续发生的开始地、流转地、结束地；"犯罪结果发生地"包括被害人向犯罪嫌疑人、被告人指定的账户转账或存款的地方，以及犯罪所得的实际取得地、藏匿地、转移地、使用地、销售地。

第2条　几个公安机关都有管辖权的案件，由最初受理的公安机关管辖。对管辖有争议的，应当本着有利于查清犯罪事实，有利于诉讼的原则，协商解决。经协商无法达成一致的，报共同的上级公安机关指定管辖。

第3条　有下列情形之一的，主办地公安机关可以依照法律和有关规定对全部人员和全部案件一并立案侦查，需要提请批准逮捕、移送审查起诉、提起公诉的，由该公安机关所在地的同级人民检察院、人民法院受理：（一）1人在2个以上县级行政区域作案的；（二）1人在一地利用电话、网络、信件等通讯工具和媒介以非接触性的方式作案，涉及2个以上县级行政区域的被害人的；（三）2人以上结伙在2个以上县级行政区域共同作案的；（四）2人以上结伙在一地利用电话、网络、信件等通讯工具和媒介以非接触性的方式共同作案，涉及2个以上县级行政区域的被害人的；（五）3人以上同时分时合，交叉结伙在2个以上县级行政区域作案的；（六）跨区域实施的涉及同一犯罪对象的盗窃、抢劫、抢夺、诈骗、敲诈勒索以及掩饰、隐瞒犯罪所得、犯罪所得收益行为的。

第4条　人民检察院对于公安机关移送审查起诉的案件，人民法院对于已进入审判程序的案件，当事人、法定代理人、诉讼代理人、辩护人提出管辖异议的，或者办案单位发现没有管辖权的，受案的人民检察院、人民法院经审查，可以报请与有管辖权的人民检察院、人民法院共同的上级人民检察院、人民法院指定管辖。

第8条　本意见所称的"流动性犯罪案件"，是指跨县级行政区域连续作案，或者在居住地作案后逃跑到其他县级行政区域继续作案；"团伙性犯罪案件"，是指2人以上共同作案或者3人以上交叉结伙作案；"跨区域性犯罪案件"，是指犯罪案件涉及2个以上县级行政区域。

第9条　本意见所称以上、以下，包括本数在内。

【公通字〔2011〕29号】　最高人民法院、最高人民检察院、公安部关于信用卡诈骗犯罪管辖有关问题的通知（2011年8月8日）

近年来，信用卡诈骗流窜作案逐年增多，受害人在甲地申领的信用卡，被犯罪嫌疑人在乙地盗取了信用卡信息，并在丙地被提现或消费。犯罪嫌疑人企图通过空间的转换逃避刑事打击。为及时有效打击此类犯罪，现就有关案件管辖问题通知如下：

对以窃取、收买等手段非法获取他人信用卡信息资料后在异地使用的信用卡诈骗犯罪案件，持卡人信用卡申领地的公安机关、人民检察院、人民法院可以依法立案侦查、起诉、审判。

【六部委〔2012〕规定】　最高人民法院、最高人民检察院、公安部、国家安全部、司法部、全国人大常委会法制工作委员会关于实施刑事诉讼法若干问题的规定（2012年12月26日印发，2013年1月1日施行）

2. 刑事诉讼法第24条中规定："刑事案件由犯罪地的人民法院管辖。"刑事诉讼法规定的"犯罪地"，包括犯罪的行为发生地和结果发生地。

【法发〔2013〕11号】　最高人民法院关于建立健全防范刑事冤假错案工作机制的意见（2013年10月9日印发）

19. 不得通过降低案件管辖级别规避上级人民法院的监督。不得就事实和证据问题请示上级人民法院。

【法发〔2016〕32号】　最高人民法院、最高人民检察院、公安部关于办理电信网络诈骗等刑事案件适用法律若干问题的意见（2016年12月19日签发，2016年12月20日发布）

五、依法确定案件管辖

（一）电信网络诈骗犯罪案件一般由犯罪地公安机关立案侦查，如果由犯罪嫌疑人居住地公安机关立案侦查更为适宜的，可以由犯罪嫌疑人居住地公安机关立案侦查。犯罪地包括犯罪行为发生地和犯罪结果发生地。

"犯罪行为发生地"包括用于电信网络诈骗犯罪的网站服务器所在地，网站建立者、管理者所在地，被侵害的计算机信息系统或其管理者所在地，犯罪嫌疑人、被害人使用的计算机信息系统所在地，诈骗电话、短信息、电子邮件等的拨打地、发送地、到达地、接受地，以及诈骗行为持续发生的实施地、预备地、开始地、途经地、结束地。

"犯罪结果发生地"包括被害人被骗时所在地，以及诈骗所得财物的实际取得地、藏匿地、转移地、使用地、销售地等。

（二）电信网络诈骗最初发现地公安机关侦办的案件，诈骗数额当时未达到"数额较大"标准，但后续累计达到"数额较大"标准，可由最初发现地公安机关立案侦查。

（三）具有下列情形之一的，有关公安机关可以在其职责范围内并案侦查：1. 1人犯数罪的；2. 共同犯罪的；3. 共同犯罪的犯罪嫌疑人还实施其他犯罪的；4. 多个犯罪嫌疑人实施的犯罪存在直接关联，并案处理有利于查明案件事实的。

（四）对因网络交易、技术支持、资金支付结算等关系形成多层级链条、跨区域的电信网络诈骗等犯罪案件，可由共同上级公安机关按照有利于查清犯罪事实、有利于诉讼的原则，指定有关公安机关立案侦查。

（五）多个公安机关都有权立案侦查的电信网络诈骗等犯罪案件，由最初受理的公安机关或者主要犯罪地公安机关立案侦查。有争议的，按照有利于查清犯罪事实、有利于诉讼的原则，协商解决。经协商无法达成一致的，由共同上级公安机关指定有关公安机关立案侦查。

（六）在境外实施的电信网络诈骗等犯罪案件，可由公安部按照有利于查清犯罪事实、有利于诉讼的原则，指定有关公安机关立案侦查。

（七）公安机关立案、并案侦查，或因有争议，由共同上级公安机关指定立案侦查的案件，需要提请批准逮捕、移送审查起诉、提起公诉的，由该公安机关所在地的人民检察院、人民法院受理。

对重大疑难复杂案件和境外案件，公安机关应在指定立案侦查前，向同级人民检察院、人民法院通报。

（八）已确定管辖的电信诈骗共同犯罪案件，在逃的犯罪嫌疑人归案后，一般由原管辖的公安机关、人民检察院、人民法院管辖。

【法发〔2021〕22号】　最高人民法院、最高人民检察院、公安部关于办理电信网络诈骗等刑事案件适用法律若干问题的意见（二）（2021年6月17日签发，2021年6月22日新闻发布）

一、电信网络诈骗犯罪地，除《最高人民法院、最高人民检察院、公安部关于办理电信网络诈骗等刑事案件适用法律若干问题的意见》规定的犯罪行为发生地和结果发生地外，还包括：（一）用于犯罪活动的手机卡、流量卡、物联网卡的开立地、销售地、转移地、藏匿地；（二）用于犯罪活动的信用卡的开立地、销售地、转移地、藏匿地、使用地以及资金交易对手资金交付和汇出地；（三）用于犯罪活动的银行账户、非银行支付账户的开立地、销售地、使用地以及资金交易对手资金交付和汇出地；（四）用于犯罪活动的即时通讯信息、广告推广信息的发送地、接受地、到达地；（五）用于犯罪活动的"猫池"（Modem Pool）、GOIP设备、多卡宝等硬件设备的销售地、入网地、藏匿地；（六）用于犯罪活动的互联网账号的销售地、登录地。

【法发〔2022〕23号】　最高人民法院、最高人民检察院、公安部关于办理信息网络犯罪案件适用刑事诉讼程序若干问题的意见（2022年8月26日印发，2022年9月1日施行；2014年5月4日公通字〔2014〕10号《意见》同时废止）

1. 本意见所称信息网络犯罪案件包括：（1）危害计算机信息系统安全犯罪案件；（2）（本项新增）拒不履行信息网络安全管理义务、非法利用信息网络、帮助信息网络犯罪活动的犯罪案件；（3）主要行为通过信息网络（危害计算机信息系统安全）实施的盗窃、诈骗、赌博、侵犯公民个人信息、敲诈勒索等其他犯罪案件；（3）在网络上发布信息或者设立主要用于实施犯罪活动的网站、通讯群组，针对或者组织、教唆、帮助不特定多数人实施的犯罪案件；（4）主要犯罪行为在网络上实施的其他案件。

2. 信息网络犯罪案件由犯罪地公安机关立案侦查。必要时，可以由犯罪嫌疑人居住地公安机关立案侦查。

信息网络犯罪案件的犯罪地包括用于实施犯罪行为的网络服务使用的（网站）服务器所在地，网络服务提供者（接入地、网站建立者、管理者）所在地，被侵害的信息网络系统及其（计算机信息系统或共）管理者所在地，犯罪过程中犯罪嫌疑人、被害人或者其他涉案人员使用的计算机信息网络系统所在地，被害人被侵害时所在地以及被害人财产遭受损失地等。

涉及多个环节的信息网络犯罪案件，犯罪嫌疑人为信息网络犯罪提供帮助的，其犯罪地、居住地或者被帮助对象的犯罪地公安机关可以立案侦查。

3. 有多个犯罪地的信息网络犯罪案件，由最初受理的公安机关或者主要犯罪地公安机关立案侦查。有争议的，按照有利于查清犯罪事实、有利于诉讼的原则，协商解决；经协商无法达成一致的，由共同上级公安机关指定有关公安机关立案侦查。需要提请批准逮捕、移送审查起诉、提起公诉的，由该立案侦查的公安机关所在地的人民检察院、人民法院受理。

7. 对于共同犯罪或者并案侦查的关联犯罪案件，部分犯罪嫌疑人未到案（在逃），但不影响对已到案共同犯罪或者关联犯罪的犯罪嫌疑人、被告人的犯罪事实认定的网络犯罪案件，可以依法先行追究已到案共同犯罪嫌疑人、被告人的刑事责任。之前未到案（在逃）的共同犯罪嫌疑人、被告人归案后，可以由原办案机关所在地公安机关、人民检察院、人民法院管辖其所涉及的案件。

8. 为保证及时结案，避免超期羁押，人民检察院对于公安机关提请批准逮捕、移送审查起诉的网络犯罪案件，第一审人民法院对于已经受理的网络犯罪案件，经审查发现没有管辖权的，可以依法报请共同上级人民检察院、人民法院指定管辖。

8. 对于具有特殊情况，跨省（自治区、直辖市）指定由异地公安机关立案侦查更有利于查清犯罪事实、保证案件公正处理的跨省（自治区、直辖市）重大信息网络犯罪案件，以及在境外实施的信息网络犯罪案件，公安部可以由公安部商最高人民检察院和最高人民法院指定侦查管辖。

9. 人民检察院对于审查起诉的案件，按照刑事诉讼法的管辖规定，认为应当由上级人民检察院或者同级其他人民检察院起诉的，应当将案件移送有管辖权的人民检察院，并通知移送起诉的公安机关。人民检察院认为需要依照刑事诉讼法的规定指定审判管辖的，应当协商同级人民法院办理指定管辖有关事宜。

10. （第1款） 犯罪嫌疑人被多个公安机关立案侦查的，有关公安机关一般应当协商并案处理，并依法移送案件。协商不成的，可以报请共同上级公安机关指定管辖。

【公通字〔2017〕25号】 最高人民检察院、公安部关于公安机关办理经济犯罪案件的若干规定（最高检、公安部2017年11月24日印发，2018年1月1日施行；2005年12月31日"公通字〔2005〕101号"《规定》同时废止）

第8条 经济犯罪案件由犯罪地的公安机关管辖。如果由犯罪嫌疑人居住地的公安机关管辖更为适宜的，可以由犯罪嫌疑人居住地的公安机关管辖。

犯罪地包括犯罪行为发生地和犯罪结果发生地。犯罪行为发生地，包括犯罪行为的实施地以及预备地、开始地、途经地、结束地等与犯罪行为有关的地点；犯罪行为有连续、持续或者继续状态的，犯罪行为连续、持续或者继续实施的地方都属于犯罪行为发生地。犯罪结果发生地，包括犯罪对象被侵害地、犯罪所得的实际取得地、藏匿地、转移地、使用地、销售地。

居住地包括户籍所在地、经常居住地。户籍所在地与经常居住地不一致的，由经常居住地的公安机关管辖。经常居住地是指公民离开户籍所在地最后连续居住1年以上的地方，但是住院就医的除外。

单位涉嫌经济犯罪的，由犯罪地或者所在地公安机关管辖。所在地是指单位登记的住所地。主要营业地或者主要办事机构所在地与登记的住所地不一致的，主要营业地或者主要办事机构所在地为其所在地。

法律、司法解释或者其他规范性文件对有关经济犯罪案件的管辖作出特别规定的，从其规定。

第9条 非国家工作人员利用职务上的便利实施经济犯罪的，由犯罪嫌疑人工作单位所在地公安机关管辖。如果由犯罪行为实施地或者犯罪嫌疑人居住地的公安机关管辖更为适宜的，也可以由犯罪行为实施地或者犯罪嫌疑人居住地的公安机关管辖。

第10条 上级公安机关必要时可以立案侦查或者组织、指挥、参与侦查下级公安机关管辖的经济犯罪案件。

对重大、疑难、复杂或者跨区域性经济犯罪案件，需要由上级公安机关立案侦查的，下级公安机关可以请求移送上一级公安机关立案侦查。

第11条 几个公安机关都有权管辖的经济犯罪案件，由最初受理的公安机关管辖。必要时，可以由主要犯罪地的公安机关管辖。对管辖不明确或者有争议的，应当协商管辖；协商不成的，由共同的上级公安机关指定管辖。

主要利用通讯工具、互联网等技术手段实施的经济犯罪案件，由最初发现、受理的公安机关或者主要犯罪地的公安机关管辖。

第12条　公安机关办理跨区域性涉众型经济犯罪案件，应当坚持统一指挥协调、统一办案要求的原则。

对跨区域性涉众型经济犯罪案件，犯罪地公安机关应当立案侦查，并由一个地方公安机关为主侦查，其他公安机关应当积极协助。必要时，可以并案侦查。

第13条　上级公安机关指定下级公安机关立案侦查的经济犯罪案件，需要逮捕犯罪嫌疑人的，由侦查该案件的公安机关提请同级人民检察院审查批准；需要移送审查起诉的，由侦查该案件的公安机关移送同级人民检察院审查起诉。

人民检察院受理公安机关移送审查起诉的经济犯罪案件，认为需要依照刑事诉讼法的规定指定审判管辖的，应当协商同级人民法院办理指定管辖有关事宜。

对跨区域性涉众型经济犯罪案件，公安机关指定管辖的，应当事先向同级人民检察院、人民法院通报和协商。

第42条　公安机关办理跨区域性的重大经济犯罪案件，应当向人民检察院通报立案侦查情况，人民检察院可以根据通报情况调度办案力量，开展指导协调等工作。需要逮捕犯罪嫌疑人的，公安机关应当提前与人民检察院沟通。

第76条　本规定所称的"经济犯罪案件"，主要是指公安机关经济犯罪侦查部门按照有关规定依法管辖的各种刑事案件，但以资助方式实施的帮助恐怖活动案件，不适用本规定。

公安机关其他办案部门依法管辖刑法分则第三章规定的破坏社会主义市场经济秩序犯罪有关案件的，适用本规定。

第78条　本规定所称的"涉众型经济犯罪案件"，是指基于同一法律事实、利益受损人数众多、可能影响社会秩序稳定的经济犯罪案件，包括但不限于非法吸收公众存款、集资诈骗，组织、领导传销活动，擅自设立金融机构，擅自发行股票、公司企业债券等犯罪。

第79条　本规定所称的"跨区域性"，是指涉及2个以上县级行政区域。

【法发〔2017〕31号】　人民法院办理刑事案件庭前会议规程（试行）（2017年11月27日最高法印发"三项规程"，2018年1月1日试行）

第10条　庭前会议中，主持人可以就下列事项向控辩双方了解情况，听取意见：（一）是否对案件管辖有异议；……

第11条　被告人及其辩护人对案件管辖提出异议，应当说明理由。人民法院经审查认为异议成立的，应当依法将案件退回人民检察院或者移送有管辖权的人民法院；认为本院不宜使管辖权的，可以请求上一级人民法院处理。人民法院经审查认为异议不成立的，应当依法驳回异议。

【高检发研字〔2018〕28号】　最高人民检察院关于人民检察院立案侦查司法工作人员相关职务犯罪案件若干问题的规定（2018年11月1日最高检第13届检委会第8次会议通过，2018年11月24日印发）

三、案件线索的移送和互涉案件的处理

人民检察院立案侦查本规定所列犯罪时，发现犯罪嫌疑人同时涉嫌监察委员会管辖的职务犯罪线索的，应当及时与同级监察委员会沟通，一般应当由监察委员会为主调查，人民检察院予以协助。经沟通，认为全案由监察委员会管辖更为适宜的，人民检察院应当撤销案件，将案件和相应职务犯罪线索一并移送监察委员会；认为由监察委员会和人民检察院分别管辖更为适宜的，人民检察院应当将监察委员会管辖的相应职务犯罪线索移送监察委员会，对依法由人民检察院管辖的犯罪案件继续侦查。人民检察院应当及时将沟通情况报告上一级人民检察院。沟通期间，人民检察院不得停止对案件的侦查。监察委员会和人民检察院分别管辖的案件，调查（侦查）终结前，人民检察院应当就移送审查起诉有关事宜与监察委员会加强沟通，协调一致，由人民检察院依法对全案审查起诉。

人民检察院立案侦查本规定所列犯罪时，发现犯罪嫌疑人同时涉嫌公安机关管辖的犯罪线索的，依照现行有关法律和司法解释的规定办理。

【高检会〔2019〕3号】 最高人民法院、最高人民检察院、公安部、司法部、生态环境部关于办理环境污染刑事案件有关问题座谈会纪要（2018年12月在北京召开，2019年2月20日印发）

12. 关于管辖的问题

……跨区域环境污染犯罪案件由犯罪地的公安机关管辖。如果由犯罪嫌疑人居住地的公安机关管辖更为适宜的，可以由犯罪嫌疑人居住地的公安机关管辖。犯罪地包括环境污染行为发生地和结果发生地。"环境污染行为发生地"包括环境污染行为的实施地以及预备地、开始地、途经地、结束地以及排放、倾倒污染物的车船停靠地、始发地、途经地、到达地等地点；环境污染行为有连续、持续或者继续状态的，相关地方都属于环境污染行为发生地。"环境污染结果发生地"包括污染物排放地、倾倒地、堆放地、污染发生地等。

多个公安机关都有权立案侦查的，由最初受理的或者主要犯罪地的公安机关立案侦查，管辖有争议的，按照有利于查清犯罪事实、有利于诉讼的原则，由共同的上级公安机关协调确定的公安机关立案侦查，需要提请批准逮捕、移送审查起诉、提起公诉的，由该公安机关所在地的人民检察院、人民法院受理。

【法发〔2019〕11号】 最高人民法院、最高人民检察院、公安部、司法部关于办理"套路贷"刑事案件若干问题的意见（2019年4月9日印发施行）

11. "套路贷"犯罪案件一般由犯罪地公安机关侦查，如果由犯罪嫌疑人居住地公安机关立案侦查更为适宜的，可以由犯罪嫌疑人居住地公安机关立案侦查。犯罪地包括犯罪行为发生地和犯罪结果发生地。

"犯罪行为发生地"包括为实施"套路贷"所设立的公司所在地、"借贷"协议或相关协议签订地、非法讨债行为实施地、为实施"套路贷"而进行诉讼、仲裁、公证的受案法院、仲裁委员会、公证机构所在地，以及"套路贷"行为的预备地、开始地、途经地、结束地等。

"犯罪结果发生地"包括违法所得财物的支付地、实际取得地、藏匿地、转移地、使用地、销售地等。

除犯罪地、犯罪嫌疑人居住地外，其他地方公安机关对于公民扭送、报案、控告、举报或者犯罪嫌疑人自首的"套路贷"犯罪案件，都应当立即受理，经审查认为有犯罪事实的，移送有管辖权的公安机关处理。

黑恶势力实施的"套路贷"犯罪案件，由侦办黑社会性质组织、恶势力或者恶势力犯罪集团案件的公安机关进行侦查。

【高检发释字〔2019〕4号】 人民检察院刑事诉讼规则（2019年12月2日最高检第13届检委会第28次会议通过，2019年12月30日公布施行；高检发释字〔2012〕2号《规则（试行）》同时废止）

第21条　几个人民检察院都有权管辖的案件，由最初受理的人民检察院管辖。必要时，可以由主要犯罪地的人民检察院管辖。

第22条① 对于下列案件，上级人民检察院可以指定管辖：（一）管辖有争议的案件；（二）需要改变管辖的案件；（三）需要集中管辖的特定类型的案件；（四）其他需要指定管辖的案件。

对前款案件的审查起诉指定管辖的，人民检察院应当与相应的人民法院协商一致。对前款第三项案件的审查逮捕指定管辖的，人民检察院应当与相应的公安机关协商一致。

第240条　人民检察院侦查终结的案件，需要在异地起诉、审判的，应当在移送起诉前与人民法院协商指定管辖的相关事宜。

第328条　各级人民检察院提起公诉，应当与人民法院审判管辖相适应。负责捕诉的部门/公诉部门收到移送起诉的案件后，经审查认为不属于本院管辖的，应当在发现之日起5日以内经由负责案件管理的部门移送有管辖权的人民检察院。

属于上级人民法院管辖的第一审案件，应当报送上级人民检察院，同时通知移送起诉的公安机关；属于同级其他人民法院管辖的第一审案件，应当移送有管辖权的人民检察院或者报送共同的上级人民检察院指定管辖，同时通知移送起诉的公安机关。

上级人民检察院受理同级公安机关移送起诉的案件，认为属于下级人民法院管辖的，可以交下级人民检察院审查，由下级人民检察院向同级人民法院提起公诉，同时通知移送起诉的公安机关。

1人犯数罪、共同犯罪和其他需要并案审理的案件，只要其中1人或者1罪属于上级人民检察院管辖的，全案由上级人民检察院审查起诉。

公安机关/侦查机关移送起诉的案件，需要依照刑事诉讼法的规定指定审判管辖的，人民检察院应当在公安机关/侦查机关移送起诉前协商同级人民法院办理指定管辖有关事宜。

第329条　监察机关移送起诉的案件，需要依照刑事诉讼法的规定指定审判管辖的，人民检察院应当在监察机关移送起诉20日前协商同级人民法院办理指定管辖有关事宜。

第391条（第1款）　对于提起公诉后人民法院改变管辖的案件，提起公诉的人民检察院参照本规则第328条的规定将案件移送与审判管辖相对应的人民检察院。

【公通字〔2020〕14号】 最高人民法院、最高人民检察院、公安部办理跨境赌博犯罪案件若干问题的意见（2020年10月16日印发）

六、关于跨境赌博犯罪案件的管辖

（一）跨境赌博犯罪案件一般由犯罪地公安机关立案侦查，由犯罪嫌疑人居住地公安机关立案侦查更为适宜的，可以由犯罪嫌疑人居住地公安机关立案侦查。犯罪地包括犯罪行为

---

① 2012年《规则》相应的规定为："上级人民检察院可以指定下级人民检察院立案侦查管辖不明或者需要改变管辖的案件。""人民检察院在立案侦查中指定异地管辖，需要在异地起诉、审判的，应当在移送审查起诉前与人民法院协商指定管辖的相关事宜。""分、州、市人民检察院办理直接立案侦查的案件，需要将属于本院管辖的案件指定下级人民检察院管辖的，应当报请上一级人民检察院批准。"

发生地和犯罪结果发生地。

跨境网络赌博犯罪地包括用于实施赌博犯罪行为的网络服务使用的服务器所在地，网络服务提供者所在地，犯罪嫌疑人、参赌人员使用的网络信息系统所在地，犯罪嫌疑人为网络赌博犯罪提供帮助的犯罪地等。

（二）多个公安机关都有权立案侦查的跨境赌博犯罪案件，由最初受理的公安机关或者主要犯罪地公安机关立案侦查。有争议的，应当按照有利于查清犯罪事实、有利于诉讼的原则，协商解决。经协商无法达成一致的，由共同上级公安机关指定有关公安机关立案侦查。

在境外实施的跨境赌博犯罪案件，由公安部商最高人民检察院和最高人民法院指定管辖。

（三）具有下列情形之一的，有关公安机关可以在其职责范围内并案侦查：1. 1 人犯数罪的；2. 共同犯罪的；3. 共同犯罪的犯罪嫌疑人实施其他犯罪的；4. 多个犯罪嫌疑人实施的犯罪存在直接关联，并案处理有利于查明案件事实的。

（四）部分犯罪嫌疑人在逃，但不影响对已到案共同犯罪嫌疑人、被告人的犯罪事实认定的，可以依法先行追究已到案共同犯罪嫌疑人、被告人的刑事责任。

已确定管辖的跨境赌博共同犯罪案件，在逃的犯罪嫌疑人、被告人归案后，一般由原管辖的公安机关、人民检察院、人民法院管辖。

【公安部令〔2020〕159号】 公安机关办理刑事案件程序规定（2020年7月4日第3次部务会议修订，2020年7月20日公布，2020年9月1日施行）

第15条 刑事案件由犯罪地的公安机关管辖。如果由犯罪嫌疑人居住地的公安机关管辖更为适宜的，可以由犯罪嫌疑人居住地的公安机关管辖。

法律、司法解释或者其他规范性文件对有关犯罪案件的管辖作出特别规定的，从其规定。

第16条 犯罪地包括犯罪行为发生地和犯罪结果发生地。犯罪行为发生地，包括犯罪行为的实施地以及预备地、开始地、途经地、结束地等与犯罪行为有关的地点；犯罪行为有连续、持续或者继续状态的，犯罪行为连续、持续或者继续实施的地方都属于犯罪行为发生地。犯罪结果发生地，包括犯罪对象被侵害地、犯罪所得的实际取得地、藏匿地、转移地、使用地、销售地。

居住地包括户籍所在地、经常居住地。经常居住地是指公民离开户籍所在地最后连续居住1年以上的地方，但住院就医的除外。单位登记的住所地为其居住地。主要营业地或者主要办事机构所在地与登记的住所地不一致的，主要营业地或者主要办事机构所在地为其居住地。

第17条 针对或者主要利用计算机网络实施的犯罪，用于实施犯罪行为的网络服务使用的服务器所在地，网络服务提供者所在地，网络接入地以及网站建立者或者管理者所在地，被侵害的网络计算机信息系统及其管理者所在地，以及犯罪过程中犯罪嫌疑人、被害人使用的网络计算机信息系统所在地，被害人被侵害时所在地和被害人财产遭受损失地公安机关可以管辖。

第18条 行驶中的交通工具上发生的刑事案件，由交通工具最初停靠地公安机关管辖；必要时，交通工具始发地、途经地、目的地公安机关也可以管辖。

第 19 条　在中华人民共和国领域外的中国航空器内发生的刑事案件，由该航空器在中国最初降落地的公安机关管辖。

第 20 条　中国公民在中国驻外使、领馆内的犯罪，由其主管单位所在地或者原户籍地的公安机关管辖。

中国公民在中华人民共和国领域外的犯罪，由其入境地、离境前住地或者现居住地的公安机关管辖；被害人是中国公民的，也可由被害人离境前居住地或者现居住地的公安机关管辖。

第 21 条　几个公安机关都有权管辖的刑事案件，由最初受理的公安机关管辖。必要时，可以由主要犯罪地的公安机关管辖。

具有下列情形之一的，公安机关可以在职责范围内并案侦查：（一）1 人犯数罪的；（二）共同犯罪的；（三）共同犯罪的犯罪嫌疑人还实施其他犯罪的；（四）多个犯罪嫌疑人实施的犯罪存在关联，并案处理有利于查明犯罪事实的。

第 22 条　对管辖不明确或者有争议的刑事案件，可以由有关公安机关协商。协商不成的，由共同的上级公安机关指定管辖。

对情况特殊的刑事案件，可以由共同的上级公安机关指定管辖。

（新增）提请上级公安机关指定管辖时，应当在有关材料中列明犯罪嫌疑人基本情况、涉嫌罪名、案件基本事实、管辖争议情况、协商情况和指定管辖理由，经公安机关负责人批准后，层报有权指定管辖的上级公安机关。

第 23 条　上级公安机关指定管辖的，应当将指定管辖决定书分别送达被指定管辖的公安机关和其他有关的公安机关，并根据办案需要抄送同级人民法院、人民检察院。

原受理案件的公安机关，在收到上级公安机关指定其他公安机关管辖的决定书后，不再行使管辖权，同时应当将犯罪嫌疑人、涉案财物以及案卷材料等移送被指定管辖的公安机关。

对指定管辖的案件，需要逮捕犯罪嫌疑人的，由被指定管辖的公安机关提请同级人民检察院审查批准；需要提起公诉的，由该公安机关移送同级人民检察院审查决定。

第 24 条　县级公安机关负责侦查发生在本辖区内的刑事案件。

设区的市一级以上公安机关负责下列犯罪中重大案件的侦查：（一）危害国家安全犯罪；（二）恐怖活动犯罪；（三）涉外犯罪；（四）经济犯罪；（五）集团犯罪；（六）跨区域犯罪（本项新增）。

上级公安机关认为有必要的，可以侦查下级公安机关管辖的刑事案件；下级公安机关认为案情重大需要上级公安机关侦查的刑事案件，可以请求上一级公安机关管辖。

第 26 条　铁路公安机关管辖铁路系统的机关、厂、段、院、校、所、队、工区等单位发生的刑事案件，车站工作区域内、列车内发生的刑事案件，铁路沿线发生的盗窃或者破坏铁路、通信、电力线路和其他重要设施的刑事案件，以及内部职工在铁路线上工作时发生的刑事案件。

铁路系统的计算机信息系统延伸到地方涉及铁路业务的网点，其计算机信息系统发生的刑事案件由铁路公安机关管辖。

对倒卖、伪造、变造火车票的刑事案件，由最初受理案件的铁路公安机关或者地方公安机关管辖。必要时，可以移送主要犯罪地的铁路公安机关或者地方公安机关管辖。

（新增）在列车上发生的刑事案件，犯罪嫌疑人在列车运行途中被抓获的，由前方停靠站所在地的铁路公安机关管辖；必要时，也可以由列车始发站、终点站所在地的铁路公安机关管辖。犯罪嫌疑人不是在列车运行途中被抓获的，由负责该列车乘务的铁路公安机关管辖；但在列车运行途经的车站被抓获的，也可以由该车站所在地的铁路公安机关管辖。

　　（新增）在国际列车上发生的刑事案件，根据我国与相关国家签订的协定确定管辖；没有协定的，由该列车始发或者前方停靠的中国车站所在地的铁路公安机关管辖。

　　铁路建设施工工地发生的刑事案件由地方公安机关管辖。

　　原第24条　~~交通公安机关管辖交通系统的机关、厂、段、院、校、所、队、工区等单位的刑事案件，港口、码头工作区域内、轮船内发生的刑事案件，水运航线发生的盗窃或者破坏水运、通信、电力线路和其他重要设施的刑事案件，以及内部职工在交通线上工作时发生的刑事案件。~~

　　第27条　民航公安机关管辖民航系统的机关、厂、段、院、校、所、队、工区等单位、机场工作区域内、民航飞机内发生的刑事案件。

　　重大飞行事故刑事案件由犯罪结果发生地机场公安机关管辖。犯罪结果发生地未设机场公安机关或者不在机场公安机关管辖范围内的，由地方公安机关管辖，有关机场公安机关予以协助。

　　原第26条　~~森林公安机关管辖破坏森林和野生动植物资源等刑事案件，大面积林区的森林公安机关还负责辖区内其他刑事案件的侦查。未建立专门森林公安机关的，由所在地公安机关管辖。~~

　　第28条　海关走私犯罪侦查机构管辖中华人民共和国海关关境内发生的涉税走私犯罪和发生在海关监管区内的非涉税走私犯罪等刑事案件。

　　第29条　公安机关侦查的刑事案件的犯罪嫌疑人涉及监察机关管辖的案件时，应当及时与同级监察机关协商，一般应当由监察机关为主调查，公安机关予以协助。

　　第30条　公安机关侦查的刑事案件涉及人民检察院管辖的案件时，应当将属于人民检察院管辖的刑事案件移送人民检察院。涉嫌主罪属于公安机关管辖的，由公安机关为主侦查；涉嫌主罪属于人民检察院管辖的，公安机关予以配合。

　　公安机关侦查的刑事案件涉及其他侦查机关管辖的案件时，参照前款规定办理。

　　第31条　公安机关和军队互涉刑事案件的管辖分工按照有关规定办理。

　　公安机关和武装警察部队互涉刑事案件的管辖分工依照公安机关和军队互涉刑事案件的管辖分工的原则办理。列入武装警察部队序列的公安边防、消防、警卫部门人员的犯罪案件，~~由公安机关管辖~~。①

【法释〔2021〕1号】　最高人民法院关于适用《中华人民共和国刑事诉讼法》的解释（2020年12月7日最高法审委会〔1820次〕修订，2021年1月26日公布，2021年3月1日施行；2013年1月1日施行的"法释〔2012〕21号"《解释》同时废止）

　　第2条　犯罪地包括犯罪行为发生地和犯罪结果发生地。

---

　　① 在2018年党和国家机构改革方案中，原公安边防、消防、警卫部队均脱离武警部队序列，退出现役。其中，边防、警卫部队全部转为人民警察编制；消防部队全部转为行政编制，成建制划归应急管理部。

针对或者主要利用计算机网络实施的犯罪，犯罪地包括用于实施犯罪行为的网络服务使用的服务器所在地，网络服务提供者所在地，被侵害的信息网络系统及其管理者所在地，犯罪过程中被告人、被害人使用的信息网络系统所在地，以及被害人被侵害时所在地和被害人财产遭受损失地等。①

第3条　被告人的户籍地为其居住地。经常居住地与户籍地不一致的，经常居住地为其居住地。经常居住地为被告人被追诉前已连续居住1年以上的地方，但住院就医的除外。

被告单位登记的住所地为其居住地。主要营业地或者主要办事机构所在地与登记的住所地不一致的，主要营业地或者主要办事机构所在地为其居住地。

第4条　在中华人民共和国内水、领海发生的刑事案件，由犯罪地或者被告人登陆地的人民法院管辖。由被告人居住地的人民法院审判更为适宜的，可以由被告人居住地的人民法院管辖。

第5条　在列车上的犯罪，被告人在列车运行途中被抓获的，由前方停靠站所在地负责审判铁路运输刑事案件的人民法院管辖。必要时，也可以由始发站或者终点站所在地负责审判铁路运输刑事案件的人民法院管辖。

被告人不是在列车运行途中被抓获的，由负责该列车乘务的铁路公安机关对应的审判铁路运输刑事案件的人民法院管辖；被告人在列车运行途经车站被抓获的，也可以由该车站所在地负责审判铁路运输刑事案件的人民法院管辖。

第6条　在国际列车上的犯罪，根据我国与相关国家签订的协定确定管辖；没有协定的，由该列车始发或者前方停靠的中国车站所在地负责审判铁路运输刑事案件的人民法院②管辖。

第7条　在中华人民共和国领域外的中国船舶内的犯罪，由该船舶最初停泊的中国口岸所在地或者被告人登陆地、入境地的人民法院管辖。

第8条　在中华人民共和国领域外的中国航空器内的犯罪，由该航空器在中国最初降落地的人民法院管辖。

第9条　中国公民在中国驻外使领馆内的犯罪，由其主管单位所在地或者原户籍地的人民法院管辖。

第10条　中国公民在中华人民共和国领域外的犯罪，由其登陆地、入境地、离境前居住地或者现居住地的人民法院管辖；被害人是中国公民的，也可以由被害人离境前居住地或者现居住地的人民法院管辖。

第11条　外国人在中华人民共和国领域外对中华人民共和国国家或者公民犯罪，根据《中华人民共和国刑法》应当受处罚的，由该外国人登陆地、入境地或者入境后居住地的人民法院管辖，也可以由被害人或者被害中国公民离境前居住地或者现居住地的人民法院管辖。

第12条　对中华人民共和国缔结或者参加的国际条约所规定的罪行，中华人民共和国在所承担条约义务的范围内行使刑事管辖权的，由被告人被抓获地、登陆地或者入境地的人

---

① 本款2012年版规定为："针对或者利用计算机网络实施的犯罪，犯罪地包括犯罪行为发生的网站服务器所在地，网络接入地，网站建立者、管理者所在地，被侵害的计算机信息系统及其管理者所在地，被告人、被害人使用的计算机信息系统所在地，以及被害人财产遭受损失地。"

② 下划线部分2012年版规定为："最初停靠的中国车站所在地或者目的地的铁路运输法院"。

民法院管辖。

第 13 条　正在服刑的罪犯在判决宣告前还有其他罪没有判决的，由原审地人民法院管辖；由罪犯服刑地或者犯罪地的人民法院审判更为适宜的，可以由罪犯服刑地或者犯罪地的人民法院管辖。

罪犯在服刑期间又犯罪的，由服刑地的人民法院管辖。

罪犯在脱逃期间又犯罪的，由服刑地的人民法院管辖。但是，在犯罪地抓获罪犯并发现其在脱逃期间犯罪的，由犯罪地的人民法院管辖。

第 16 条　上级人民法院决定审判下级人民法院管辖的第一审刑事案件的，应当向下级人民法院下达改变管辖决定书，并书面通知同级人民检察院。

第 17 条　基层人民法院对可能判处无期徒刑、死刑的第一审刑事案件，应当移送中级人民法院审判。

基层人民法院对下列第一审刑事案件，可以请求移送中级人民法院审判：（一）重大、复杂案件；（二）新类型的疑难案件；（三）在法律适用上具有普遍指导意义的案件。

需要将案件移送中级人民法院审判的，应当在报请院长决定后，至迟于案件审理期限届满 15 日以前书面请求移送。中级人民法院应当在接到申请后 10 日以内作出决定。不同意移送的，应当下达不同意移送决定书，由请求移送的人民法院依法审判；同意移送的，应当下达同意移送决定书，并书面通知同级人民检察院。

第 18 条　有管辖权的人民法院因案件涉及本院院长需要回避等或者其他原因，不宜行使管辖权的，可以请求移送上一级人民法院管辖。上一级人民法院可以管辖，也可以指定与提出请求的人民法院同级的其他人民法院管辖。

第 19 条　2 个以上同级人民法院都有管辖权的案件，由最初受理的人民法院审判。必要时，可以移送被告人主要犯罪地的人民法院审判。

管辖权发生争议的，应当在审理期限内协商解决；协商不成，由争议的人民法院分别层报共同的上级人民法院指定管辖。

第 20 条① 　管辖不明的案件，上级人民法院可以指定下级人民法院审判。

有关案件，由犯罪地、被告人居住地以外的人民法院审判更为适宜的，上级人民法院可以指定下级人民法院管辖。

第 21 条　上级人民法院指定管辖，应当将指定管辖决定书分别送达被指定管辖的人民法院和其他有关的人民法院。

第 22 条　原受理案件的人民法院在收到上级人民法院改变管辖决定书、同意移送决定书或者指定其他人民法院管辖的决定书后，对公诉案件，应当书面通知同级人民检察院，并将案卷材料退回，同时书面通知当事人；对自诉案件，应当将案卷材料移送被指定管辖的人民法院，并书面通知当事人。

第 23 条　第二审人民法院发回重新审判的案件，人民检察院撤回起诉后，又向原第一审人民法院的下级人民法院重新提起公诉的，下级人民法院应当将有关情况层报原第二审人民法院。原第二审人民法院根据具体情况，可以决定将案件移送原第一审人民法院或者其他

---

① 2012 年版第 18 条规定为："上级人民法院在必要时，可以指定下级人民法院将其管辖的案件移送其他下级人民法院审判。"

人民法院审判。

第24条　人民法院发现被告人还有其他犯罪被起诉的，可以并案审理；涉及同种犯罪的，一般应当并案审理。

人民法院发现被告人还有其他犯罪被审查起诉、立案侦查、立案调查的，可以参照前款规定协商人民检察院、公安机关、监察机关并案处理，但可能造成审判过分迟延的除外。

根据前两款规定并案处理的案件，由最初受理地的人民法院审判。必要时，可以由主要犯罪地的人民法院审判。

第25条　第二审人民法院在审理过程中，发现被告人还有其他犯罪没有判决的，参照前条规定处理。第二审人民法院决定并案审理的，应当发回第一审人民法院，由第一审人民法院作出处理。

第26条　军队和地方互涉刑事案件，按照有关规定确定管辖。

第228条（第1款）　庭前会议可以就下列事项向控辩双方了解情况，听取意见：（一）是否对案件管辖有异议；……（十）与审判相关的其他问题。

第552条　对未成年人刑事案件，必要时，上级人民法院可以根据刑事诉讼法第27条的规定，指定下级人民法院将案件移送其他人民法院审判。

【法〔2021〕242号】　最高人民法院关于完善四级法院审级职能定位改革试点的实施办法（根据2021年8月20日第13届全国人大常委会第30次会议《关于授权最高人民法院组织开展四级法院审级职能定位改革试点工作的决定》（人大常委会字〔2021〕38号），2021年9月16日最高法审委会第1846次会议通过，2021年9月27日印发，2021年10月1日施行）

第4条　基层人民法院对所管辖的第一审民事、刑事、行政案件，认为属于下列情形之一，需要由中级人民法院审理的，可以报请上一级人民法院审理：（一）涉及重大国家利益、社会公共利益，不宜由基层人民法院审理的；（二）在辖区内属于新类型，且案情疑难复杂的；（三）具有普遍法律适用指导意义的；（四）上一级人民法院或者其辖区内各基层人民法院之间近3年裁判生效的同类案件存在重大法律适用分歧，截至案件审理时仍未解决的；（五）由中级人民法院一审更有利于公正审理的。

中级人民法院对辖区基层人民法院已经受理的第一审民事、刑事、行政案件，认为属于上述情形之一，有必要由本院审理的，应当决定提级管辖。

第5条　中级人民法院对所管辖的第一审民事、刑事、行政案件，认为属于下列情形之一，需要由高级人民法院审理的，可以报请上一级人民法院审理：（一）具有普遍法律适用指导意义的；（二）上一级人民法院或者其辖区内各中级人民法院之间近3年裁判生效的同类案件存在重大法律适用分歧，截至案件审理时仍未解决的；（三）由高级人民法院一审更有利于公正审理的。

高级人民法院对辖区中级人民法院已经受理的第一审民事、刑事、行政案件，认为属于上述情形之一，有必要由本院审理的，应当决定提级管辖。

第6条　本办法所称具有普遍法律适用指导意义的案件，是指法律、司法解释规定不明确或者司法解释没有规定，需要通过司法裁判进一步明确法律适用的案件。

第7条　案件报请上一级人民法院审理的，应当经本院院长批准，至迟于案件法定审理期限届满 30 日前报送；涉及法律统一适用问题的，应当经审判委员会讨论决定。

第 8 条　上级人民法院收到下一级人民法院根据本办法第 4 条、第 5 条提出的请求后，由立案庭转相关审判庭审查，并应当在 15 日内作出下述处理：(一) 同意提级管辖；(二) 不同意提级管辖。

中级、高级人民法院根据本办法第 4 条、第 5 条提级管辖的案件，应当报上一级人民法院立案庭备案。

第 9 条　上级人民法院决定提级管辖的案件，由检察机关提起公诉的，应当同时书面通知同级人民检察院。

原受诉人民法院收到上一级人民法院同意提级管辖的文书后，应当在 10 日内将案卷材料移送上一级人民法院，并书面通知当事人；对检察机关提起公诉的案件，应当书面通知同级人民检察院，将案卷材料退回检察机关，并书面通知当事人。

第 10 条　按本办法提级管辖案件的审理期限，自上一级人民法院立案之日起重新计算。

向上一级人民法院报送期间和上一级人民法院审查处理期间，不计入原审案件审理期限。

中共中央办公厅、国务院办公厅关于依法从严打击证券违法活动的意见（2020 年 11 月 2 日中央全面深化改革委员会［第 16 次］通过，2021 年 7 月 6 日公布）

(十三) 加强办案、审判基地建设。在证券交易场所、期货交易所所在地等部分地市的公安机关、检察机关、审判机关设立证券犯罪办案、审判基地。加强对证券犯罪办案基地的案件投放，并由对应的检察院、法院分别负责提起公诉、审判，通过犯罪地管辖或者指定管辖等方式，依法对证券犯罪案件适当集中管辖。

【法发〔2022〕18 号】　最高人民法院、最高人民检察院、公安部、国家移民管理局关于依法惩治妨害国（边）境管理违法犯罪的意见（2022 年 6 月 29 日）

13. 妨害国（边）境管理刑事案件由犯罪地的公安机关立案侦查。如果由犯罪嫌疑人居住地的公安机关立案侦查更为适宜的，可以由犯罪嫌疑人居住地的公安机关立案侦查。

妨害国（边）境管理犯罪的犯罪地包括妨害国（边）境管理犯罪行为的预备地、过境地、查获地等与犯罪活动有关的地点。

14. 对于有多个犯罪地的妨害国（边）境管理刑事案件，由最初受理的公安机关或者主要犯罪地的公安机关立案侦查。有争议的，按照有利于查清犯罪事实、有利于诉讼的原则，由共同上级公安机关指定有关公安机关立案侦查。

【高检发办字〔2023〕49 号】　人民检察院办理知识产权案件工作指引（2023 年 4 月 25 日印发施行）

第 13 条　人民检察院办理侵犯知识产权犯罪和生产、销售伪劣商品、非法经营等犯罪存在竞合或者数罪并罚的案件，由负责管辖处罚较重罪名或者主罪的办案部门或者办案组织办理。

【法〔2023〕88 号】　最高人民法院关于法律适用问题请示答复的规定（2023 年 5 月 26 日印发，2023 年 9 月 1 日起施行；以本规为准）（详见《民事诉讼法全厚细》第 3 章"法院内部监督"专辑）

第18条　最高人民法院在办理请示答复过程中，认为请示的法律适用问题具有普遍性、代表性，影响特别重大的，可以通知下级人民法院依法将有关案件移送本院审判。

【国监委公告〔2021〕1号】　**监察法实施条例**（2021年7月20日国家监委全体会议决定，2021年9月20日公布施行）

第13条　派驻或者派出的监察机构、监察专员根据派出机关授权，按照管理权限依法对派驻或者派出监督单位、区域等的公职人员开展监督，对职务违法和职务犯罪进行调查、处置。监察机构、监察专员可以按规定与地方监察委员会联合调查严重职务违法、职务犯罪，或者移交地方监察委员会调查。

未被授予职务犯罪调查权的监察机构、监察专员发现监察对象涉嫌职务犯罪线索的，应当及时向派出机关报告，由派出机关调查或者依法移交有关地方监察委员会调查。

第45条　监察机关开展监督、调查、处置，按照管理权限与属地管辖相结合的原则，实行分级负责制。

第46条　设区的市级以上监察委员会按照管理权限，依法管辖同级党委管理的公职人员涉嫌职务违法和职务犯罪案件。

县级监察委员会和直辖市所辖区（县）监察委员会按照管理权限，依法管辖本辖区内公职人员涉嫌职务违法和职务犯罪案件。

地方各级监察委员会按照本条例第13条、第49条规定，可以依法管辖工作单位在本辖区内的有关公职人员涉嫌职务违法和职务犯罪案件。

监察机关调查公职人员涉嫌职务犯罪案件，可以依法对涉嫌行贿犯罪、介绍贿赂犯罪或者共同职务犯罪的涉案人员中的非公职人员一并管辖。非公职人员涉嫌利用影响力受贿罪的，按照其所利用的公职人员的管理权限确定管辖。

第47条　上级监察机关对于下一级监察机关管辖范围内的职务违法和职务犯罪案件，具有下列情形之一的，可以依法提级管辖：（一）在本辖区有重大影响的；（二）涉及多个下级监察机关管辖的监察对象，调查难度大的；（三）其他需要提级管辖的重大、复杂案件。

上级监察机关对于所辖各级监察机关管辖范围内有重大影响的案件，必要时可以依法直接调查或者组织、指挥、参与调查。

地方各级监察机关所管辖的职务违法和职务犯罪案件，具有第一款规定情形的，可以依法报请上一级监察机关管辖。

第48条　上级监察机关可以依法将其所管辖的案件指定下级监察机关管辖。

设区的市级监察委员会将同级党委管理的公职人员涉嫌职务违法或者职务犯罪案件指定下级监察委员会管辖的，应当报省级监察委员会批准；省级监察委员会将同级党委管理的公职人员涉嫌职务违法或者职务犯罪案件指定下级监察委员会管辖的，应当报国家监察委员会相关监督检查部门备案。

上级监察机关对于下级监察机关管辖的职务违法和职务犯罪案件，具有下列情形之一，认为由其他下级监察机关管辖更为适宜的，可以依法指定给其他下级监察机关管辖：（一）管辖有争议的；（二）指定管辖有利于案件公正处理的；（三）下级监察机关报请指定管辖的；（四）其他有必要指定管辖的。

被指定的下级监察机关未经指定管辖的监察机关批准，不得将案件再行指定管辖。发现新的职务违法或者职务犯罪线索，以及其他重要情况、重大问题，应当及时向指定管辖的监察机关请示报告。

第49条　工作单位在地方、管理权限在主管部门的公职人员涉嫌职务违法和职务犯罪，一般由驻在主管部门、有管辖权的监察机构、监察专员管辖；经协商，监察机构、监察专员可以按规定移交公职人员工作单位所在地的地方监察委员会调查，或者与地方监察委员会联合调查。地方监察委员会在工作中发现上述公职人员有关问题线索，应当向驻在主管部门、有管辖权的监察机构、监察专员通报，并协商确定管辖。

前款规定单位的其他公职人员涉嫌职务违法和职务犯罪，可以由地方监察委员会管辖；驻在主管部门的监察机构、监察专员自行立案调查的，应当及时通报地方监察委员会。

地方监察委员会调查前两款规定案件，应当将立案、留置、移送审查起诉、撤销案件等重要情况向驻在主管部门的监察机构、监察专员通报。

第50条　监察机关办理案件中涉及无隶属关系的其他监察机关的监察对象，认为需要立案调查的，应当商请有管理权限的监察机关依法立案调查。商请立案时，应当提供涉案人员基本情况、已经查明的涉嫌违法犯罪事实以及相关证据材料。

承办案件的监察机关认为由其一并调查更为适宜的，可以报请有权决定的上级监察机关指定管辖。

第51条　公职人员既涉嫌贪污贿赂、失职渎职等严重职务违法和职务犯罪，又涉嫌公安机关、人民检察院等机关管辖的犯罪，依法由监察机关为主调查的，应当由监察机关和其他机关分别依职权立案，监察机关承担组织协调职责，协调调查和侦查工作进度、重要调查和侦查措施使用等重要事项。

第52条　监察机关必要时可以依法调查司法工作人员利用职权实施的涉嫌非法拘禁、刑讯逼供、非法搜查等侵犯公民权利、损害司法公正的犯罪，并在立案后及时通报同级人民检察院。

监察机关在调查司法工作人员涉嫌贪污贿赂等职务犯罪中，可以对其涉嫌的前款规定的犯罪一并调查，并及时通报同级人民检察院。人民检察院在办理直接受理侦查的案件中，发现犯罪嫌疑人同时涉嫌监察机关管辖的其他职务犯罪，经沟通全案移送监察机关管辖的，监察机关应当依法进行调查。

第53条　监察机关对于退休公职人员在退休前或者退休后，或者离职、死亡的公职人员在履职期间实施的涉嫌职务违法或者职务犯罪行为，可以依法进行调查。

对前款规定人员，按照其原任职务的管辖规定确定管辖的监察机关；由其他监察机关管辖更为适宜的，可以依法指定或者交由其他监察机关管辖。

第221条　监察机关办理的职务犯罪案件移送起诉，需要指定起诉、审判管辖的，应当与同级人民检察院协商有关程序事宜。需要由同级人民检察院的上级人民检察院指定管辖的，应当商请同级人民检察院办理指定管辖事宜。

监察机关一般应当在移送起诉20日前，将商请指定管辖函送交同级人民检察院。商请指定管辖函应当附案件基本情况，对于被调查人已被其他机关立案侦查的犯罪认为需要并案审查起诉的，一并进行说明。

派驻或者派出的监察机构、监察专员调查的职务犯罪案件需要指定起诉、审判管辖的，应当报派出机关办理指定管辖手续。

第222条　上级监察机关指定下级监察机关进行调查，移送起诉时需要人民检察院依法指定管辖的，应当在移送起诉前由上级监察机关与同级人民检察院协商有关程序事宜。

第223条（第2款）　对于经人民检察院指定管辖的案件需要补充移送起诉的，可以直接移送原受理移送起诉的人民检察院；需要追加犯罪嫌疑人、被告人的，应当再次商请人民检察院办理指定管辖手续。

第224条　对于涉嫌行贿犯罪、介绍贿赂犯罪或者共同职务犯罪等关联案件的涉案人员，移送起诉时一般应当随主案确定管辖。

主案与关联案件由不同监察机关立案调查的，调查关联案件的监察机关在移送起诉前，应当报告或者通报调查主案的监察机关，由其统一协调案件管辖事宜。因特殊原因，关联案件不宜随主案确定管辖的，调查主案的监察机关应当及时通报和协调有关事项。

【法〔2023〕108号】　全国法院毒品案件审判工作会议纪要（2023年2月16日在昆明召开，2023年6月26日印发）(详见《刑法全厚细》第347-348条)

十三、管辖问题

（第1款）　毒品犯罪的犯罪地，包括犯罪预谋地，毒资筹集地，交易进行地，毒品制造地，毒品和毒资、毒赃的藏匿地、转移地，走私或者贩运毒品的途经地、目的地等。主要利用计算机网络实施的毒品犯罪，犯罪地还包括用于实施犯罪行为的网络服务使用的服务器所在地，网络服务提供者所在地，犯罪过程中被告人、被害人使用的信息网络系统所在地等。

【法发〔2023〕13号】　最高人民法院关于加强和规范案件提级管辖和再审提审工作的指导意见（2023年7月28日印发，2023年8月1日起施行；以本规为准）

一、一般规定

第1条　……中级以上人民法院应当加大再审提审适用力度，精准履行审级监督和再审纠错职能。……

第2条　本意见所称"提级管辖"，是指根据《中华人民共和国刑事诉讼法》第24条、《中华人民共和国民事诉讼法》第39条、《中华人民共和国行政诉讼法》第24条的规定，下级人民法院将所管辖的第一审案件转移至上级人民法院审理，包括上级人民法院依下级人民法院报请提级管辖、上级人民法院依职权提级管辖。

二、完善提级管辖机制

第4条　下级人民法院对已经受理的第一审刑事、民事、行政案件，认为属于下列情形之一，不宜由本院审理的，应当报请上一级人民法院审理：（一）涉及重大国家利益、社会公共利益的；（二）在辖区内属于新类型，且案情疑难复杂的；（三）具有诉源治理效应，有助于形成示范性裁判，推动同类纠纷统一、高效、妥善化解的；（四）具有法律适用指导意义的；（五）上一级人民法院或者其辖区内人民法院之间近3年裁判生效的同类案件存在重大法律适用分歧的；（六）由上一级人民法院一审更有利于公正审理的。

上级人民法院对辖区内人民法院已经受理的第一审刑事、民事、行政案件，认为属于上述情形之一，有必要由本院审理的，可以决定提级管辖。

第5条　"在辖区内属于新类型，且案情疑难复杂的"案件，主要指案件所涉领域、法律关系、规制范围等在辖区内具有首案效应或者相对少见，在法律适用上存在难点和争议。

"具有诉源治理效应，有助于形成示范性裁判，推动同类纠纷统一、高效、妥善化解的"

案件,是指案件具有示范引领价值,通过确立典型案件的裁判规则,能够对处理类似纠纷形成规范指引,引导当事人作出理性选择,促进批量纠纷系统化解,实现纠纷源头治理。

"具有法律适用指导意义的"案件,是指法律、法规、司法解释、司法指导性文件等没有明确规定,需要通过典型案件裁判进一步明确法律适用;司法解释、司法指导性文件、指导性案例发布时所依据的客观情况发生重大变化,继续适用有关规则审理明显有违公平正义。

"由上一级人民法院一审更有利于公正审理的"案件,是指案件因所涉领域、主体、利益等因素,可能受地方因素影响或者外部干预,下级人民法院不宜行使管辖权。

第6条　下级人民法院报请上一级人民法院提级管辖的案件,应当经本院院长或者分管院领导批准,以书面形式请示。请示应当包含案件基本情况、报请提级管辖的事实和理由等内容,并附必要的案件材料。

第7条　民事、行政第一审案件报请提级管辖的,应当在当事人答辩期届满后,至迟于案件法定审理期限届满30日前向上一级人民法院报请。

刑事第一审案件报请提级管辖的,应当至迟于案件法定审理期限届满15日前向上一级人民法院报请。

第8条　上一级人民法院收到案件报请提级管辖的请示和材料后,由立案庭编立"辖"字号,转相关审判庭组成合议庭审查。上一级人民法院应当在编立案号之日起30日内完成审查,但法律和司法解释对审查时限另有规定的除外。

合议庭经审查并报本院院长或者分管院领导批准后,根据本意见所附诉讼文书样式,作出同意或者不同意提级管辖的法律文书。相关法律文书一经作出即生效。

第9条　上级人民法院根据本意见第21条规定的渠道,发现下级人民法院受理的第一审案件可能需要提级管辖的,可以及时与相关人民法院沟通,并书面通知提供必要的案件材料。

上级人民法院认为案件应当提级管辖的,经本院院长或者分管院领导批准后,根据本意见所附诉讼文书样式,作出提级管辖的法律文书。

第10条　上级人民法院作出的提级管辖法律文书,应当载明以下内容:(一)案件基本信息;(二)本院决定提级管辖的理由和分析意见。

上级人民法院不同意提级管辖的,应当在相关法律文书中载明理由和分析意见。

第11条　上级人民法院决定提级管辖的,应当在作出法律文书后5日内,将法律文书送原受诉人民法院。原受诉人民法院收到提级管辖的法律文书后,应当在5日内送达当事人,并在10日内将案卷材料移送上级人民法院。上级人民法院应当在收到案卷材料后5日内立案。对检察机关提起公诉的案件,上级人民法院决定提级管辖的,应当书面通知同级人民检察院,原受诉人民法院应当将案卷材料退回同级人民检察院,并书面通知当事人。

上级人民法院决定不予提级管辖的,应当在作出法律文书后5日内,将法律文书送原受诉人民法院并退回相关案卷材料。案件由原受诉人民法院继续审理。

第12条　上级人民法院决定提级管辖的案件,应当依法组成合议庭适用第一审普通程序审理。

原受诉人民法院已经依法完成的送达、保全、鉴定等程序性工作,上级人民法院可以不再重复开展。

第 13 条　中级人民法院、高级人民法院决定提级管辖的案件，应当报上一级人民法院立案庭备案。

第 14 条　按照本意见提级管辖的案件，审理期限自上级人民法院立案之日起重新计算。

下级人民法院向上级人民法院报送提级管辖请示的期间和上级人民法院审查处理期间，均不计入案件审理期限。

对依报请不同意提级管辖的案件，自原受诉人民法院收到相关法律文书之日起恢复案件审限计算。

三、规范民事、行政再审提审机制（见《民事诉讼法全厚细》第 209 条、《行政诉讼法全厚细》第 92 条）

四、完善提级管辖、再审提审的保障机制

第 21 条　上级人民法院应当健全完善特殊类型案件的发现、监测、甄别机制，注重通过以下渠道，主动启动提级管辖或者再审提审程序：（一）办理下级人民法院关于法律适用问题的请示；（二）开展审务督察、司法巡查、案件评查；（三）办理检察监督意见；（四）办理人大代表、政协委员关注的事项或者问题；（五）办理涉及具体案件的群众来信来访；（六）处理当事人提出的提级管辖或者再审提审请求；（七）开展案件舆情监测；（八）办理有关国家机关、社会团体等移送的其他事项。

第 22 条　对于提级管辖、再审提审案件，相关人民法院应当加大监督管理力度，配套完善激励、考核机制，把提级管辖、再审提审案件的规则示范意义、对下指导效果、诉源治理成效、成果转化情况、社会各界反映等作为重要评价内容。

五、附则

第 25 条　本意见由最高人民法院解释。各高级人民法院可以根据相关法律、司法解释和本意见，结合审判工作实际，制定或者修订本地区关于提级管辖、再审提审的实施细则，报最高人民法院备案。

【国安部令〔2024〕4 号】　国家安全机关办理刑事案件程序规定（2024 年 4 月 26 日公布，2024 年 7 月 1 日起施行）

第 17 条　刑事案件由犯罪地的国家安全机关管辖。如果由犯罪嫌疑人居住地的国家安全机关管辖更为适宜的，可以由犯罪嫌疑人居住地国家安全机关管辖。

法律、司法解释或者其他规范性文件对有关犯罪案件的管辖作出特别规定的，从其规定。

第 18 条　犯罪地包括犯罪行为发生地和犯罪结果发生地。犯罪行为发生地，包括犯罪行为的实施地以及预备地、开始地、途经地、结束地等与犯罪行为有关的地点；犯罪行为有连续、持续或者继续状态的，犯罪行为连续、持续或者继续实施的地方都属于犯罪行为发生地。犯罪结果发生地，包括犯罪对象被侵害地、犯罪所得的实际取得地、藏匿地、转移地、使用地、销售地。

犯罪嫌疑人的户籍地为其居住地。经常居住地与户籍地不一致的，经常居住地为其居住地。经常居住地是指公民离开户籍所在地最后连续居住 1 年以上的地方，但住院就医的除外。单位登记的住所地为其居住地。主要营业地或者主要办事机构所在地与登记的住所地不一致的，主要营业地或者主要办事机构所在地为其居住地。

第19条 针对或者主要利用计算机网络实施的危害中华人民共和国国家安全的犯罪，用于实施犯罪行为的网络服务使用的服务器所在地，网络服务提供者所在地，被侵害的网络信息系统及其管理者所在地，以及犯罪过程中犯罪嫌疑人、被害人使用的网络信息系统所在地，被害人被侵害时所在地和被害人财产遭受损失地国家安全机关可以管辖。

第20条 在行驶中的交通工具上实施危害中华人民共和国国家安全的犯罪的，由交通工具最初停靠地国家安全机关管辖；必要时，交通工具始发地、途经地、目的地国家安全机关也可以管辖。

第21条 中国公民在中国驻外外交机构内实施危害中华人民共和国国家安全的犯罪的，由其派出单位所在地或者原户籍地的国家安全机关管辖。

中国公民在中华人民共和国领域外实施危害中华人民共和国国家安全的犯罪的，由其登陆地、入境地、离境前居住地或者现居住地的国家安全机关管辖；被害人是中国公民的，也可以由被害人离境前居住地或者现居住地的国家安全机关管辖。

第22条 在中华人民共和国领域外的中国航空器内实施危害中华人民共和国国家安全的犯罪的，由该航空器在中国最初降落地的国家安全机关管辖。

第23条 在中华人民共和国领域外的中国船舶内实施危害中华人民共和国国家安全的犯罪的，由该船舶最初停泊的中国口岸所在地或者被告人登陆地、入境地的国家安全机关管辖。

第24条 在国际列车上实施危害中华人民共和国国家安全的犯罪的，根据我国与相关国家签订的协定确定管辖；没有协定的，由该列车始发或者前方停靠的中国车站所在地的国家安全机关管辖。

第25条 多个国家安全机关都有管辖权的案件，由最初受理的国家安全机关管辖。必要时，可以由主要犯罪地的国家安全机关管辖。

第26条 对于管辖不明确或者管辖有争议的案件，可以由有关国家安全机关协商。协商不成的，由共同的上级国家安全机关指定管辖。

对于情况特殊的案件，可以由共同的上级国家安全机关指定管辖。

跨省、自治区、直辖市犯罪案件具有特殊情况，由异地国家安全机关立案侦查更有利于查清犯罪事实、保证案件公正处理的，可以由国家安全部商最高人民检察院和最高人民法院指定管辖。

第27条 上级国家安全机关指定管辖的，应当将指定管辖决定书分别送达被指定管辖的国家安全机关和其他有关的国家安全机关。

原受理案件的国家安全机关，在收到上级国家安全机关指定其他国家安全机关管辖的决定书后，不再行使管辖权。

对于指定管辖的案件，需要逮捕犯罪嫌疑人的，由被指定管辖的国家安全机关依法提请人民检察院审查批准；需要提起公诉的，由该国家安全机关按照有关规定移送人民检察院办理。

第335条 对于留所服刑的罪犯，在暂予监外执行期间又犯新罪，属于国家安全机关管辖的，由犯罪地国家安全机关立案侦查，并通知批准机关。……

第336条（第1款） 被剥夺政治权利、管制、宣告缓刑和假释的罪犯在执行期间又犯新罪，属于国家安全机关管辖的，由犯罪地国家安全机关立案侦查。

（本书汇）【并案管辖】[1]

● **相关规定**　**【法复〔1990〕号】**　最高人民法院研究室关于同一被害人在同一晚上分别被多个互不通谋的人在不同地点强奸可否并案审理问题的电话答复（1990年5月26日答复广东高院请示）[2]

你院请示：一被害人在同一个晚上分别被3个互不通谋的犯罪分子在不同地点和时间实施了强奸。公安机关同时侦破，检察院以一个案件起诉，法院是作一案审理还是分案审理？

经研究，我们认为，根据上述情况，这3个被告人的行为不属于共同犯罪，而是各个被告人分别实施的各自独立的犯罪，因此，应分案审理，不宜并案审理。

【法研〔2002〕105号】　最高人民法院研究室关于对刑罚已执行完毕，由于发现新的证据，又因同一事实被以新的罪名重新起诉的案件，应适用何种程序进行审理等问题的答复（2002年7月31日答复安徽高院"皖刑终字〔2001〕610号"请示）

你院《请示》中涉及的案件是共同犯罪案件，因此，对于先行判决且刑罚已经执行完毕，由于同案犯归案发现新的证据，又因同一事实被以新的罪名重新起诉的被告人，原判人民法院应当按照审判监督程序撤销原判决、裁定，并将案件移送有管辖权的人民法院，按照第一审程序与其他同案被告人并案审理。

【公通字〔2004〕12号】　公安机关办理危害税收征管刑事案件管辖若干问题的规定（公安部2004年2月19日）

四、虚开增值税专用发票、用于骗取出口退税、抵扣税款发票案（刑法第205条）

为他人虚开案件，由开票企业税务登记机关所在地县级以上公安机关管辖；为自己虚开案件、让他人为自己虚开案件，由受票企业税务登记机关所在地县级以上公安机关管辖；介绍他人虚开案件，可以与为他人虚开案件、让他人为自己虚开案件并案处理。

【法发〔2010〕7号】　最高人民法院、最高人民检察院、公安部、司法部关于依法惩治拐卖妇女儿童犯罪的意见（2010年3月15日）

4. 拐卖妇女、儿童犯罪案件依法由犯罪地的司法机关管辖。拐卖妇女、儿童犯罪的犯罪地包括拐出地、中转地、拐入地以及拐卖活动的途经地。如果由犯罪嫌疑人、被告人居住地的司法机关管辖更为适宜的，可以由犯罪嫌疑人、被告人居住地的司法机关管辖。

5. 几个地区的司法机关都有权管辖的，一般由最先受理的司法机关管辖。犯罪嫌疑人、被告人或者被拐卖的妇女、儿童人数较多，涉及多个犯罪地的，可以移送主要犯罪地或者主要犯罪嫌疑人、被告人居住地的司法机关管辖。

6. 相对固定的多名犯罪嫌疑人、被告人分别在拐出地、中转地、拐入地实施某一环节的犯罪行为，犯罪所跨地域较广，全案集中管辖有困难的，可以由拐出地、中转地、拐入地的司法机关对不同犯罪分子分别实施的拐出、中转和拐入犯罪行为分别管辖。

7. 对管辖权发生争议的，争议各方应当本着有利于迅速查清犯罪事实，及时解救被拐卖的妇女、儿童，以及便于起诉、审判的原则，在法定期间内尽快协商解决；协商不成的，报

---

① 注：《刑事诉讼法》没有关于并案管辖的专门规定，本书将其汇集于此。
② 注：该《电话答复》一直未被宣布废止。

请共同的上级机关确定管辖。

正在侦查中的案件发生管辖权争议的，在上级机关作出管辖决定前，受案机关不得停止侦查工作。

【法发〔2011〕3号】 最高人民法院、最高人民检察院、公安部关于办理侵犯知识产权刑事案件适用法律若干问题的意见（2011年1月10日）

一、关于侵犯知识产权犯罪案件的管辖问题

（第2款） 对于不同犯罪嫌疑人、犯罪团伙跨地区实施的涉及同一批侵权产品的制造、储存、运输、销售等侵犯知识产权犯罪行为，符合并案处理要求的，有关公安机关可以一并立案侦查，需要提请批准逮捕、移送审查起诉、提起公诉的，由该公安机关所在地的同级人民检察院、人民法院受理。

【公通字〔2011〕14号】 最高人民法院、最高人民检察院、公安部、国家安全部、工业和信息化部、中国人民银行、中国银行业监督管理委员会关于办理流动性团伙性跨区域性犯罪案件有关问题的意见（2011年5月1日施行）

第3条 有下列情形之一的，主办地公安机关可以依照法律和有关规定对全部人员和全部案件一并立案侦查，需要提请批准逮捕、移送审查起诉、提起公诉的，由该公安机关所在地的同级人民检察院、人民法院受理：（一）1人在2个以上县级行政区域作案的；（二）1人在一地利用电话、网络、信件等通讯工具和媒介以非接触性的方式作案，涉及2个以上县级行政区域的被害人的；（三）2人以上结伙在2个以上县级行政区域共同作案的；（四）2人以上结伙在一地利用电话、网络、信件等通讯工具和媒介以非接触性的方式共同作案，涉及2个以上县级行政区域的被害人的；（五）3人以上时分时合，交叉结伙在2个以上县级行政区域作案的；（六）跨区域实施的涉及同一犯罪对象的盗窃、抢劫、抢夺、诈骗、敲诈勒索以及掩饰、隐瞒犯罪所得、犯罪所得收益行为的。

【六部委〔2012〕规定】 最高人民法院、最高人民检察院、公安部、国家安全部、司法部、全国人大常委会法制工作委员会关于实施刑事诉讼法若干问题的规定（2012年12月26日印发，2013年1月1日施行）

3.具有下列情形之一的，人民法院、人民检察院、公安机关可以在其职责范围内并案处理：（一）1人犯数罪的；（二）共同犯罪的；（三）共同犯罪的犯罪嫌疑人、被告人还实施其他犯罪的；（四）多个犯罪嫌疑人、被告人实施的犯罪存在关联，并案处理有利于查明案件事实的。

【高检发研字〔2013〕7号】 人民检察院办理未成年人刑事案件的规定（2002年3月25日最高检第9届检委会第105次会议通过；2006年12月28日最高检第10届检委会第68次会议第1次修订；2013年12月19日最高检第12届检委会第14次会议第2次修订，2013年12月27日印发）

第54条 人民检察院对未成年人与成年人共同犯罪案件分别提起公诉后，在诉讼过程中出现不宜分案起诉情形的，可以建议人民法院并案审理。

【法发〔2016〕32号】 最高人民法院、最高人民检察院、公安部关于办理电信网络诈骗等刑事案件适用法律若干问题的意见（2016年12月19日签发，2016年12月20日发布）

五、依法确定案件管辖

（三）具有下列情形之一的，有关公安机关可以在其职责范围内并案侦查：1. 1人犯数罪的；2. 共同犯罪的；3. 共同犯罪的犯罪嫌疑人还实施其他犯罪的；4. 多个犯罪嫌疑人实施的犯罪存在直接关联，并案处理有利于查明案件事实的。

【法发〔2021〕22号】 最高人民法院、最高人民检察院、公安部关于办理电信网络诈骗等刑事案件适用法律若干问题的意见（二）（2021年6月17日签发，2021年6月22日新闻发布）

二、为电信网络诈骗犯罪提供作案工具、技术支持等帮助以及掩饰、隐瞒犯罪所得及其产生的收益，由此形成多层级犯罪链条的，或者利用同一网站、通讯群组、资金账户、作案窝点实施电信网络诈骗犯罪的，应当认定为多个犯罪嫌疑人、被告人实施的犯罪存在关联，人民法院、人民检察院、公安机关可以在其职责范围内并案处理。

【法发〔2022〕23号】 最高人民法院、最高人民检察院、公安部关于办理信息网络犯罪案件适用刑事诉讼程序若干问题的意见（2022年8月26日印发，2022年9月1日施行；2014年5月4日公通字〔2014〕10号《意见》同时废止）

4. 具有下列情形之一的，有关公安机关、人民检察院、人民法院可以在其职责范围内并案处理侦查，需要提请批准逮捕、移送审查起诉、提起公诉的，由该公安机关所在地的人民检察院、人民法院受理：（1）1人犯数罪的；（2）共同犯罪的；（3）共同犯罪的犯罪嫌疑人、被告人还实施其他犯罪的；（4）多个犯罪嫌疑人、被告人实施的犯罪行为存在关联，并案处理有利于查明全部案件事实的。

对因网络交易、为信息网络犯罪提供程序开发、互联网接入、服务器托管、网络存储、通讯传输等技术支持，或者广告推广、资金支付结算等帮助关系形成多层级链条、跨区域的网络犯罪案件，涉嫌犯罪的，共同上级公安机关可以依照第1款的规定并案侦查（按照有利于查清犯罪事实、有利于诉讼的原则，指定有关公安机关一并立案侦查）。

有关公安机关依照前两款规定并案侦查的案件，需要提请批准逮捕、移送审查起诉、提起公诉的，由该公安机关所在地的人民检察院、人民法院受理。

7.（第3款）经人民检察院通知，有关公安机关根据案件具体情况，可以对犯罪嫌疑人所犯其他犯罪并案侦查。

10. 犯罪嫌疑人被多个公安机关立案侦查的，有关公安机关一般应当协商并案处理，并依法移送案件。协商不成的，可以报请共同上级公安机关指定管辖。

人民检察院对于审查起诉的案件，发现犯罪嫌疑人还有犯罪被异地公安机关立案侦查的，应当通知移送审查起诉的公安机关。

人民法院对于提起公诉的案件，发现被告人还有其他犯罪被审查起诉、立案侦查的，可以协商人民检察院、公安机关并案处理，但可能造成审判过分迟延的除外。决定对有关犯罪并案处理，符合《中华人民共和国刑事诉讼法》第204条规定的，人民检察院可以建议人民法院延期审理。

【高检发未检字〔2017〕1号】 未成年人刑事检察工作指引（试行）（最高检2017年3月2日印发试行）

第205条（第2款） 被附条件不起诉的未成年犯罪嫌疑人在考验期内实施新的犯罪或者在决定附条件不起诉以前还有其他犯罪，经查证属实的，人民检察院应当将案件退回公安机关补充侦查。原移送审查起诉的公安机关对新罪或者漏罪无管辖权的，应当通知其与有管辖权的公安机关协商，依法确定管辖权，并案侦查。

第212条　人民检察院对未成年人与成年人共同犯罪案件分别提起公诉后，在诉讼过程中出现不宜分案起诉情形的，可以建议人民法院并案审理。

【公通字〔2017〕25号】　最高人民检察院、公安部关于公安机关办理经济犯罪案件的若干规定（最高检、公安部2017年11月24日印发，2018年1月1日施行；2005年12月31日"公通字〔2005〕101号"《规定》同时废止）

第12条（第2款）　对跨区域性涉众型经济犯罪案件，犯罪地公安机关应当立案侦查，并由一个地方公安机关为主侦查，其他公安机关应当积极协助。必要时，可以并案侦查。

【法发〔2019〕11号】　最高人民法院、最高人民检察院、公安部、司法部关于办理"套路贷"刑事案件若干问题的意见（2019年4月9日印发施行）

12. 具有下列情形之一的，有关公安机关可以在其职责范围内并案侦查：（1）1人犯数罪的；（2）共同犯罪的；（3）共同犯罪的犯罪嫌疑人还实施其他犯罪的；（4）多个犯罪嫌疑人实施的犯罪存在直接关联，并案处理有利于查明案件事实的。

【高检发释字〔2019〕4号】　人民检察院刑事诉讼规则（2019年12月2日最高检第13届检委会第28次会议通过，2019年12月30日公布施行；高检发释字〔2012〕2号《规则（试行）》同时废止）

第18条（第2款）　对于1人犯数罪、共同犯罪、<u>共同犯罪的犯罪嫌疑人还实施其他犯罪</u>、多个犯罪嫌疑人实施的犯罪存在关联，并案处理有利于查明案件事实和诉讼进行的，人民检察院可以<u>在职责范围内</u>对相关犯罪案件并案处理。

第328条（第4款）　1人犯数罪、共同犯罪和其他需要并案审理的案件，只要其中1人或者1罪属于上级人民检察院管辖的，全案由上级人民检察院审查起诉。

【公通字〔2019〕28号】　最高人民法院、最高人民检察院、公安部、司法部关于办理利用信息网络实施黑恶势力犯罪刑事案件若干问题的意见（2019年7月23日印发，2019年10月21日施行）

15. 公安机关可以依法对利用信息网络实施的黑恶势力犯罪相关案件并案侦查或者指定下级公安机关管辖，并案侦查或者由上级公安机关指定管辖的公安机关应当全面调查收集能够证明黑恶势力犯罪事实的证据，各涉案地公安机关应当积极配合。并案侦查或者由上级公安机关指定管辖的案件，需要提请批准逮捕、移送审查起诉、提起公诉的，由立案侦查的公安机关所在地的人民检察院、人民法院受理。

【公通字〔2020〕9号】　公安部刑事案件管辖分工规定（2020年9月1日印发施行；公通字〔1998〕80号《公安部刑事案件管辖分工规定》、公通字〔2008〕9号《补充规定》、公通字〔2012〕10号《补充规定（二）》、公通字〔2015〕36号《补充规定（三）》同时废止）

二、关于管辖的几类特殊情况

（一）关于并案管辖。各业务部门在办理本部门管辖的案件过程中，发现其他业务部门管辖的犯罪，符合《公安机关办理刑事案件程序规定》有关并案侦查规定的，可以一并办理，不再移交；对没有直接关联的案件，应当移交主管的业务部门办理。

【公通字〔2020〕14号】　最高人民法院、最高人民检察院、公安部办理跨境赌博犯罪案件若干问题的意见（2020年10月16日印发）

六、关于跨境赌博犯罪案件的管辖

（三）具有下列情形之一的，有关公安机关可以在其职责范围内并案侦查：1.1人犯数罪的；2.共同犯罪的；3.共同犯罪的犯罪嫌疑人实施其他犯罪的；4.多个犯罪嫌疑人实施的犯罪存在直接关联，并案处理有利于查明案件事实的。

【公安部令〔2020〕159号】　公安机关办理刑事案件程序规定（2020年7月4日第3次部务会议修订，2020年7月20日公布，2020年9月1日施行）

第21条（第2款）　具有下列情形之一的，公安机关可以在职责范围内并案侦查：（一）1人犯数罪的；（二）共同犯罪的；（三）共同犯罪的犯罪嫌疑人还实施其他犯罪的；（四）多个犯罪嫌疑人实施的犯罪存在关联，并案处理有利于查明犯罪事实的。

第184条　经立案侦查，认为有犯罪事实需要追究刑事责任，但不属于自己管辖或者需要由其他公安机关并案侦查的案件，经县级以上公安机关负责人批准，制作移送案件通知书，移送有管辖权的机关或者并案侦查的公安机关，并在移送案件后3日以内书面通知扭送人、报案人、控告人、举报人或者移送案件的行政执法机关；犯罪嫌疑人已经到案的，应当依照本规定的有关规定通知其家属。

第185条（第1款）　案件变更管辖或者移送其他公安机关并案侦查时，与案件有关的法律文书、证据、财物及其孳息等应当随案移交。

【浙高法〔2020〕44号】　浙江省高级人民法院、浙江省人民检察院、浙江省公安厅关于办理电信网络诈骗犯罪案件若干问题的解答（2020年4月24日）

4.问：多个犯罪嫌疑人、被告人实施的犯罪存在关联，是否可并案处理？

答：多个犯罪嫌疑人、被告人实施的犯罪存在关联，并案处理有利于查明案件事实的，公安机关可在其职责范围内并案侦查，需要提请批准逮捕、移送审查起诉、提起公诉的，由该公安机关所在地的人民检察院、人民法院受理，不另行指定管辖。对并案侦查等可能存在管辖权争议的案件，按照指定管辖途径办理。

【法释〔2021〕1号】　最高人民法院关于适用《中华人民共和国刑事诉讼法》的解释（2020年12月7日最高法审委会〔1820次〕修订，2021年1月26日公布，2021年3月1日施行；2013年1月1日施行的"法释〔2012〕21号"《解释》同时废止）

第15条　1人犯数罪、共同犯罪或者其他需要并案审理的案件，其中1人或者1罪属于上级人民法院管辖的，全案由上级人民法院管辖。

第24条　人民法院发现被告人还有其他犯罪被起诉的，可以并案审理；涉及同种犯罪的，一般应当并案审理。

人民法院发现被告人还有其他犯罪被审查起诉、立案侦查、立案调查的，可以参照前款规定协商人民检察院、公安机关、监察机关并案处理，但可能造成审判过分迟延的除外。

根据前两款规定并案处理的案件，由最初受理地的人民法院审判。必要时，也可以由主要犯罪地的人民法院审判。

第25条　第二审人民法院在审理过程中，发现被告人还有其他犯罪没有判决的，参照前条规定处理。第二审人民法院决定并案审理的，应当发回第一审人民法院，由第一审人民

<u>第 220 条（第 2 款）</u>　对分案起诉的共同犯罪或者关联犯罪案件，人民法院经审查认为，合并审理更有利于查明案件事实、保障诉讼权利、准确定罪量刑的，可以并案审理。

【法发〔2022〕18 号】　最高人民法院、最高人民检察院、公安部、国家移民管理局关于依法惩治妨害国（边）境管理违法犯罪的意见（2022 年 6 月 29 日）

15. 具有下列情形之一的，有关公安机关可以在其职责范围内并案侦查：（1）1 人犯数罪的；（2）共同犯罪的；（3）共同犯罪的犯罪嫌疑人、被告人还实施其他犯罪的；（4）多个犯罪嫌疑人、被告人实施的犯罪存在关联，并案处理有利于查明案件事实的。

【公通字〔2022〕18 号】　最高人民法院、最高人民检察院、公安部、国家文物局关于办理妨害文物管理等刑事案件若干问题的意见（2022 年 8 月 16 日）

四、文物犯罪案件管辖

具有下列情形之一的，有关公安机关可以在其职责范围内并案处理：（1）1 人犯数罪的；（2）共同犯罪的；（3）共同犯罪的犯罪嫌疑人还实施其他犯罪的；（4）3 人以上时分时合，交叉结伙作案的；（5）多个犯罪嫌疑人实施的盗掘、盗窃、倒卖、掩饰、隐瞒、走私等犯罪存在直接关联，或者形成多层级犯罪链条，并案处理有利于查明案件事实的。

【高检发〔2023〕4 号】　最高人民法院、最高人民检察院、公安部、司法部关于办理性侵害未成年人刑事案件的意见（2023 年 5 月 24 日印发，2023 年 6 月 1 日起施行）（详见《刑法全厚细》第 236 条）

第 22 条（第 3 款）　对于发生在犯罪嫌疑人住所周边或者相同、类似场所且犯罪手法雷同的性侵害案件，符合并案条件的，应当及时并案侦查，防止遗漏犯罪事实。

【法〔2023〕108 号】　全国法院毒品案件审判工作会议纪要（2023 年 2 月 16 日在昆明召开，2023 年 6 月 26 日印发）（详见《刑法全厚细》第 347-348 条）

十三、管辖问题

<u>（第 2 款）</u>对于毒品案件中一人犯数罪、上下家犯罪、共同犯罪及共同犯罪的被告人实施其他犯罪的，一般应当并案审理。对于上下家犯罪的被告人实施的其他犯罪，以及他人实施的包庇毒品犯罪分子、窝藏毒品、为毒品犯罪洗钱等关联犯罪，并案审理有利于查明案件事实的，可以并案审理。对于分案起诉的毒品共同犯罪或者关联犯罪案件，合并审理更有利于查明案件事实、保障诉讼权利、准确定罪量刑的，可以并案审理。

<u>（第 3 款）</u>因客观原因造成毒品共同犯罪或者密切关联的上下家犯罪分案审理且无法并案的，应当及时了解关联案件的审理进展和处理结果，充分保障被告人的质证权等诉讼权利，并注重量刑平衡。

【国安部令〔2024〕4 号】　国家安全机关办理刑事案件程序规定（2024 年 4 月 26 日公布，2024 年 7 月 1 日起施行）

第 28 条　国家安全机关在侦查过程中，发现具有下列情形之一的，可以在其职责范围内并案侦查：（一）1 人犯数罪的；（二）共同犯罪的；（三）共同犯罪的犯罪嫌疑人还实施其他犯罪的；（四）多个犯罪嫌疑人实施的犯罪存在关联，并案侦查有利于查明案件事实的。

第 29 条　犯罪嫌疑人的犯罪行为涉及其他机关管辖的，国家安全机关应当按照有关规定与其他机关协调案件管辖。主罪属于国家安全机关管辖的，由国家安全机关为主侦查；主罪属于其他机关管辖的，由其他机关为主办理，国家安全机关予以配合。

● **指导案例**　【高检发办字〔2020〕70号】　最高人民检察院第24批指导性案例（2020年12月2日最高检第13届检委会第55次会议通过，2020年12月21日印发）

（检例第93号）　丁某某、林某某等人假冒注册商标立案监督案

要旨：……对于跨地域实施的关联制假售假犯罪，检察机关可以建议公安机关并案管辖。

【高检发办字〔2022〕53号】　国家监察委员会、最高人民检察院关于印发行贿犯罪典型案例的通知（2022年3月31日）①

（案例5）　四川刘某富行贿、非法采矿案

要旨：……检察机关对监察机关、公安机关分别移送起诉的互涉案件，可以依职权并案处理。②……

【高检办发〔2023〕1号】　中共中央纪委办公厅、国家监察委员会办公厅、最高人民检察院办公厅关于印发行贿犯罪典型案例（第2批）的通知（2023年3月12日）

（案例1）　陈某某行贿、对有影响力的人行贿、对非国家工作人员行贿案

要旨：对行贿犯罪与涉黑犯罪相交织，通过行贿帮助黑社会性质组织形成"保护伞"的，要坚决予以严惩。对于一人犯数罪等关联犯罪案件，分别由不同地方的监察机关、公安机关调查、侦查后移送审查起诉的，应当统筹起诉、审判管辖。③……（余见本书第171条）

　　（本书汇）【分案、另案处理】④

● **相关规定**　【法发（研）〔1981〕号】　最高人民法院关于执行刑事诉讼法中若干问题的初步经验总结（1981年11月印发）⑤

四、关于附带民事诉讼的问题

---

① 本通知印发的案例，名为"典型案例"，但形式、体例均与"指导性案例"相同。
② 本案典型意义：检察机关应当加强与监察机关、公安机关沟通，协调互涉案件的移送起诉进度，符合并案条件的，在分别受理审查起诉后及时并案处理。
③ 本案，陈某某涉嫌组织、领导黑社会性质组织、故意伤害等犯罪，经海口市公安局侦查终结移送，海口市检察院于2020年9月27日向海口中院提起公诉。同年10月19日，三亚市监察向三亚市检察院移送陈某某涉嫌行贿罪、对非国家工作人员行贿罪，三亚市检察院于10月22日将案件移送海口市检察院审查起诉；11月17日，海口市检察院将该案（增加对有影响力的人行贿罪）向海口中院提起公诉。海口中院于2020年12月21日判处陈某某死刑、缓期2年执行，剥夺政治权利终身，没收全部财产；于2021年7月26日，以行贿罪判处陈某某有期徒刑11年、罚金90万元，以对有影响力的人行贿罪判处其有期徒刑6年、罚金80万元，以对非国家工作人员行贿罪判处其有期徒刑4年、罚金60万元，数罪并罚决定执行有期徒刑17年、罚金230万元；再与前犯组织、领导黑社会性质组织罪、故意伤害罪等数罪并罚，决定执行死刑，缓期2年执行，剥夺政治权利终身，没收全部财产。
④ 注：《刑事诉讼法》没有关于分案、另案处理的规定，本书将其汇集于此。其中关于未成年人犯罪分案起诉、审理的相关规定见《刑事诉讼法》第284条之后的"未成年犯分案办理"专辑。
⑤ 注：该《经验总结》一直没有被废止，部分内容可作参考。

（一）附带民事诉讼的范围和审判方法

（第3款） 人民法院在审理刑事案件过程中，应注意处理涉及赔偿物质损失的问题。如果刑事案件的判决已经生效，被害人才提出赔偿物质损失要求的，应作为民事问题另案处理。

八、关于法庭审判的问题

（二）对违反法庭秩序者的处理

（第3款） 被告人在法庭上严重违反法庭秩序，触犯刑法，构成犯罪，必须追究刑事责任的，如本案是第一审案件，应同本案合并审理；如本案是第二审案件，应请人民检察院另案起诉。其他诉讼参与人严重违反法庭秩序，构成犯罪，必须追究刑事责任的，应提请人民检察院另案起诉。

【法研字〔1984〕9号】 最高人民法院、最高人民检察院、公安部关于当前办理集团犯罪案件中具体应用法律的若干问题的解答（试行）（1984年6月15日）

三、为什么对共同犯罪的案件必须坚持全案审判？

办理共同犯罪案件特别是集团犯罪案件，除对其已逃跑的成员可以另案处理外，一定要把全案的事实查清，然后对应当追究刑事责任的同案人，全案起诉，全案判处。切不要全案事实还没有查清，就急于杀掉首要分子或主犯，或者把案件拆散，分开处理。这样做，不仅可能造成定罪不准，量刑失当，而且会造成死无对证，很容易漏掉同案成员的罪行，甚至漏掉罪犯，难以做到依法"从重从快，一网打尽"。

五、有些犯罪分子参加几起共同犯罪活动，应如何办理这些案件？

对这类案件，应分案判处，不能凑合成一案处理。某罪犯主要参加那个案件的共同犯罪活动，就列入那个案件去处理（在该犯参加的其他案件中可注明该犯已另案处理）。

【法复〔1990〕号】 最高人民法院研究室关于同一被害人在同一晚上分别被多个互不通谋的人在不同地点强奸可否并案审理问题的电话答复（1990年5月26日答复广东高院请示）①

你院请示：一被害人在同一个晚上分别被3个互不通谋的犯罪分子在不同地点和时间实施了强奸。公安机关同时侦破，检察院以一个案件起诉，法院是作一案审理还是分案审理？

经研究，我们认为，根据上述情况，这3个被告人的行为不属于共同犯罪，而是各个被告人分别实施的各自独立的犯罪，因此，应分案审理，不宜并案审理。

【公复字〔2000〕10号】 公安部关于受害人居住地公安机关可否对诈骗犯罪案件立案侦查问题的批复（2000年10月16日答复广西壮族自治区公安厅"桂公请〔2000〕77号"请示）

《公安机关办理刑事案件程序规定》第15条规定："刑事案件由犯罪地的公安机关管辖。如果由犯罪嫌疑人居住地的公安机关管辖更为适宜的，可以由犯罪嫌疑人居住地的公安机关管辖。"根据《中华人民共和国刑法》第6条第三款的规定，犯罪地包括犯罪行为地和犯罪结果地。根据上述规定，犯罪行为地、犯罪结果地以及犯罪嫌疑人居住地的公安机关可以依法对属于公安机关管辖的刑事案件立案侦查。诈骗犯罪案件的犯罪结果地是指犯罪嫌疑人实

---

① 注：该《电话答复》一直未被宣布废止。

际取得财产地。因此，除诈骗行为地、犯罪嫌疑人实际取得财产的结果发生地和犯罪嫌疑人居住地外，其他地方公安机关不能对诈骗犯罪案件立案侦查，但对于公民扭送、报案、控告、举报或者犯罪嫌疑人自首的，都应当立即受理，经审查认为有犯罪事实的，移送有管辖权的公安机关处理。

【法发〔2010〕7号】 最高人民法院、最高人民检察院、公安部、司法部关于依法惩治拐卖妇女儿童犯罪的意见（2010年3月15日）

6. 相对固定的多名犯罪嫌疑人、被告人分别在拐出地、中转地、拐入地实施某一环节的犯罪行为，犯罪所跨地域较广，全案集中管辖有困难的，可以由拐出地、中转地、拐入地的司法机关对不同犯罪分子分别实施的拐出、中转和拐入犯罪行为分别管辖。

【公通字〔2011〕14号】 最高人民法院、最高人民检察院、公安部、国家安全部、工业和信息化部、中国人民银行、中国银行业监督管理委员会关于办理流动性团伙性跨区域性犯罪案件有关问题的意见（2011年5月1日施行）

第7条 对部分共同犯罪嫌疑人、被告人在逃的案件，现有证据能够认定已到案犯罪嫌疑人、被告人为共同犯罪的，可以先行追究已到案犯罪嫌疑人、被告人的刑事责任。

【高检会〔2014〕1号】 最高人民检察院、公安部关于规范刑事案件"另案处理"适用的指导意见（2014年3月6日印发施行）

第2条 本意见所称"另案处理"，是指在办理刑事案件过程中，对于涉嫌共同犯罪案件或者与该案件有牵连关系的部分犯罪嫌疑人，由于法律有特殊规定或者案件存在特殊情况等原因，不能或者不宜与其他同案犯罪嫌疑人同案处理，而从案件中分离出来单独或者与其他案件并案处理的情形。

第3条 涉案的部分犯罪嫌疑人有下列情形之一的，可以适用"另案处理"：（一）依法需要移送管辖处理的；（二）系未成年人需要办案办理的；（三）在同案犯罪嫌疑人被提请批准逮捕或者移送审查起诉时在逃，无法到案的；（四）涉嫌其他犯罪，需要进一步侦查，不宜与同案犯罪嫌疑人一并提请批准逮捕或者移送审查起诉，或者其他犯罪更为严重，另案处理更为适宜的；（五）涉嫌犯罪的现有证据暂不符合提请批准逮捕或者移送审查起诉标准，需要继续侦查，而同案犯罪嫌疑人符合提请批准逮捕或者移送审查起诉标准的；（六）其他适用"另案处理"更为适宜的情形。

第4条 对于下列情形，不适用"另案处理"，但公安机关应当在提请批准逮捕、起诉意见书中注明处理结果，并将有关法律文书复印件及相关说明材料随案移送人民检察院：（一）现有证据表明行为人在本案中的行为不构成犯罪或者情节显著轻微、危害不大，依法不应当或者不需要追究刑事责任，拟作或者已经作出行政处罚、终止侦查或者其他处理的；（二）行为人在本案中所涉犯罪行为，之前已被司法机关依法作不起诉决定、刑事判决等处理并生效的。

第5条 公安机关在办理刑事案件时，发现其中部分犯罪嫌疑人符合本意见第3条规定的情形之一，拟作"另案处理"的，应当提出书面意见并附下列证明材料，经审核后报县级以上公安机关负责人审批：（一）依法需要移送管辖的，提供移送管辖通知书、指定管辖决定书等材料；（二）系未成年人需要分案处理的，提供未成年人户籍证明、立案决定书、提请批准逮捕书、起诉意见书等材料；（三）犯罪嫌疑人在逃的，提供拘留证、上网追逃信息等材料；（四）犯罪嫌疑人涉嫌其他犯罪，需要进一步侦查的，提供立案决定书等材料；（五）涉嫌犯罪的现有证据暂不符合提请批准逮捕或者移送审查起诉标准，需要继续侦查的，提供相应说明材料；（六）因其他原因暂不能提请批准逮捕或者移送审查起诉的，提供相应说明材料。

第6条　公安机关对适用"另案处理"案件进行审核时，应当重点审核以下内容：（一）是否符合适用"另案处理"条件；（二）适用"另案处理"的相关证明材料是否齐全；（三）对本意见第3条第三项、第五项规定的情形适用"另案处理"的，是否及时开展相关工作。

对于审核中发现的问题，办案部门应当及时纠正。

第7条　公安机关对下列案件应当进行重点审核：（一）一案中存在多名适用"另案处理"人员的；（二）适用"另案处理"的人员涉嫌黑社会性质的组织犯罪以及故意杀人、强奸、抢劫、绑架等严重危及人身安全的暴力犯罪的；（三）适用"另案处理"可能引起当事人及其法定代理人、辩护人、诉讼代理人、近亲属或者其他相关人员投诉的；（四）适用"另案处理"的案件受到社会广泛关注，敏感复杂的。

第8条　公安机关在提请批准逮捕、移送审查起诉案件时，对适用"另案处理"的犯罪嫌疑人，应当在提请批准逮捕书、起诉意见书中注明"另案处理"，并将其涉嫌犯罪的主要证据材料的复印件，连同本意见第5条规定的相关证明材料一并随案移送。

对未批准适用"另案处理"的刑事案件，应当对符合逮捕条件的全部犯罪嫌疑人一并移送审查起诉。

第9条　在提请人民检察院批准逮捕时已对犯罪嫌疑人作"另案处理"，但在移送审查起诉时"另案处理"的原因已经消失的，公安机关应当对其一并移送审查起诉；"另案处理"原因仍然存在的，公安机关应当继续适用"另案处理"，并予以书面说明。

第10条　人民检察院在审查逮捕、审查起诉时，对于适用"另案处理"的案件，应当一并对适用"另案处理"是否合法、适当进行审查。人民检察院审查的重点适用本意见第6条、第7条的规定。

第11条　人民检察院对于缺少本意见第5条规定的相关材料的案件，应当要求公安机关补送，公安机关应当及时补送。

第12条　人民检察院发现公安机关在办案过程中适用"另案处理"存在违法或者不当的，应当向公安机关提出书面纠正意见或者检察建议。公安机关应当认真审查，并将结果及时反馈人民检察院。

第13条　对于本意见第4条规定的情形，人民检察院应当对相关人员的处理情况及相关法律文书进行审查，发现依法需要追究刑事责任的，应当依法予以法律监督。

第14条　人民检察院对于犯罪嫌疑人长期在逃或者久侦不结的"另案处理"案件，可以适时向公安机关发函催办。公安机关应当及时将开展工作情况函告人民检察院。

第15条　人民检察院和公安机关应当建立信息通报制度，相互通报"另案处理"案件数量、工作开展情况、案件处理结果等信息，共同研究办理"另案处理"案件过程中存在的突出问题。对于案情重大、复杂、敏感案件，人民检察院和公安机关可以根据实际情况会商研究。

第16条　人民检察院和公安机关应当建立对"另案处理"案件的动态管理和核销制度。公安机关应当及时向人民检察院通报案件另案处理结果并提供法律文书等相关材料。市、县级人民检察院与公安机关每6个月对办理的"另案处理"案件进行一次清理核对。对"另案处"原因已经消失或者已作出相关处理的案件,应当及时予以核销。

第17条 在办理"另案处理"案件中办案人员涉嫌徇私舞弊、失职、渎职等违法违纪行为的,由有关部门依法依纪处理;构成犯罪的,依法追究刑事责任。

第18条 各地人民检察院、公安机关可以根据本意见并结合本地工作实际,制定"另案处理"的具体实施办法。

【法〔2015〕291号】 全国部分法院审理黑社会性质组织犯罪案件工作座谈会纪要 (2015年10月13日印发。本《纪要》是对2009年《座谈会纪要》的继承与发展,原有内容仍应遵照执行;内容有所补充的,应结合执行)

四、关于审判程序和证据审查
(一)分案审理问题
为便宜诉讼,提高审判效率,防止因法庭审理过于拖延而损害当事人的合法权益,对于被告人人数众多,合并审理难以保证庭审质量和庭审效率的黑社会性质组织犯罪案件,可分案进行审理。分案应当遵循有利于案件顺利审判、有利于查明案件事实、有利于公正定罪量刑的基本原则,确保有效质证、事实统一、准确定罪、均衡量刑。对于被作为组织者、领导者、积极参加者起诉的被告人,以及黑社会性质组织重大犯罪的共同作案人,分案审理影响庭审调查的,一般不宜分案审理。

【公通字〔2017〕25号】 最高人民检察院、公安部关于公安机关办理经济犯罪案件的若干规定(最高检、公安部2017年11月24日印发,2018年1月1日施行;2005年12月31日"公通字〔2005〕101号"《规定》同时废止)

第29条 人民检察院发现公安机关在办理经济犯罪案件过程中适用另案处理存在违法或者不当的,可以向公安机关提出书面纠正意见或者检察建议。公安机关应当认真审查,并将结果及时反馈人民检察院。没有采纳的,应当说明理由。

【法发〔2018〕1号】 最高人民法院、最高人民检察院、公安部、司法部关于办理黑恶势力犯罪案件若干问题的指导意见(2018年1月16日)

35.(第3款) 对于确有重大立功或者对于认定重大犯罪事实或追缴、没收涉黑财产具有重要作用的组织成员,确有必要通过分案审理予以保护的,公安机关可以与人民检察院、人民法院在充分沟通的基础上作出另案处理的决定。

【公通字〔2019〕28号】 最高人民法院、最高人民检察院、公安部、司法部关于办理利用信息网络实施黑恶势力犯罪刑事案件若干问题的意见(2019年7月23日印发,2019年10月21日施行)

16.……人民检察院、人民法院认为应当分案起诉、审理的,可以依法分案处理。

【高检发释字〔2019〕4号】 人民检察院刑事诉讼规则(2019年12月2日最高检第13届检委会第28次会议通过,2019年12月30日公布施行;高检发释字〔2012〕2号《规则(试行)》同时废止)

第459条 人民检察院办理未成年人与成年人共同犯罪案件,一般应当对未成年人与成年人分案办理、分别起诉。不宜分案处理的,应当对未成年人采取隐私保护、快速办理等特殊保护措施。

【浙高法〔2020〕44号】　浙江省高级人民法院、浙江省人民检察院、浙江省公安厅关于办理电信网络诈骗犯罪案件若干问题的解答（2020年4月24日）

5. 问：对于人数众多的电信网络诈骗犯罪案件，如何提高办案质量、效率和效果，准确定罪量刑，保障当事人的合法权益？

答：为便于查清犯罪事实，准确定罪量刑，提高办案质效，公安机关和人民检察院在侦查或审查起诉阶段可以对人数众多的电信网络诈骗案件进行拆分。对于已经指定管辖，或者根据本解答管辖权规定不需另行指定管辖的，案件拆分后不再另行指定管辖。

案件拆分应根据案件的实际情况具体处理。可视情分成团伙首要分子、积极参加者以及其他参加者，也可按团队或者小组垂直关系等进行拆分。对可能判处无期徒刑的首要分子、同案审理有利于查明案件事实的积极参加者，需要移送地市级人民检察院审查起诉及中级人民法院审理的，一般应对主案人数有所限制。对涉嫌妨害信用卡管理罪、掩饰、隐瞒犯罪所得罪等轻罪名的其他犯罪嫌疑人、被告人，可不跟随主案移送。

【法释〔2021〕1号】　最高人民法院关于适用《中华人民共和国刑事诉讼法》的解释（2020年12月7日最高法审委会〔1820次〕修订，2021年1月26日公布，2021年3月1日施行；2013年1月1日施行的"法释〔2012〕21号"《解释》同时废止）

第220条（第1款）　对一案起诉的共同犯罪或者关联犯罪案件，被告人人数众多、案情复杂，人民法院经审查认为，分案审理更有利于保障庭审质量和效率的，可以分案审理。分案审理不得影响当事人质证权等诉讼权利的行使。

第311条（第3款）　有多名被告人的案件，部分被告人拒绝辩护人辩护后，没有辩护人的，根据案件情况，可以对该部分被告人另案处理，对其他被告人的庭审继续进行。

第314条（第2款）　对中止审理的部分被告人，可以根据案件情况另案处理。

第467条　对依照审判监督程序重新审判的案件，人民法院在依照第一审程序进行审判的过程中，发现原审被告人还有其他犯罪的，一般应当并案审理，但分案审理更为适宜的，可以分案审理。

【主席令〔2021〕101号】　中华人民共和国反有组织犯罪法（2021年12月24日第13届全国人大常委会第32次会议通过，主席令第101号公布，2022年5月1日施行）

第32条　犯罪嫌疑人、被告人检举、揭发重大犯罪的其他共同犯罪人或者提供侦破重大案件的重要线索或者证据，同案处理可能导致其本人或者近亲属有人身危险的，可以分案处理。

【公安部令〔2022〕165号】　公安机关反有组织犯罪工作规定（2022年8月10日第9次公安部部务会议通过，2022年8月26日公布，2022年10月1日施行）

第43条　犯罪嫌疑人检举、揭发重大犯罪的其他共同犯罪人或者提供侦破重大案件的重要线索或者证据，同案处理可能导致其本人或者近亲属有人身危险，经县级以上公安机关负责人批准，可以分案处理。

公安机关决定分案处理的，应当就案件管辖等问题书面征求人民法院、人民检察院意见并达成一致，防止分案处理出现证据灭失、证据链脱节或者影响有组织犯罪认定等情况。

【法发〔2022〕23号】　最高人民法院、最高人民检察院、公安部关于办理信息网络犯罪案件适用刑事诉讼程序若干问题的意见（2022年8月26日印发，2022年9月1日起施行；2014年5月4日公通字〔2014〕10号《意见》同时废止）

5. 并案侦查的共同犯罪或者关联犯罪案件，犯罪嫌疑人人数众多、案情复杂的，公安机关可以分案移送审查起诉。分案移送审查起诉的，应当对并案侦查的依据、分案移送审查起诉的理由作出说明。

对于前款规定的案件，人民检察院可以分案提起公诉，人民法院可以分案审理。

分案处理应当以有利于保障诉讼质量和效率为前提，并不得影响当事人质证权等诉讼权利的行使。

6. 依照前条规定分案处理，公安机关、人民检察院、人民法院在分案前有管辖权的，分案后对相关案件的管辖权不受影响。根据具体情况，分案处理的相关案件可以由不同审级的人民法院分别审理。

● **指导案例** 【高检发研字〔2014〕4号】 最高人民检察院第5批指导性案例（2014年8月28日最高检第12届检委会第26次会议通过，2014年9月10日）

（检例第19号） 张某、沈某某等7人抢劫案

要旨：1. 办理未成年人与成年人共同犯罪案件，一般应当将未成年人与成年人分案起诉，但对于未成年人系犯罪集团的组织者或者其他共同犯罪中的主犯，或者具有其他不宜分案起诉情形的，可以不分案起诉。

第三章　回　避

第29条【回避情形】审判人员、检察人员、侦查人员有下列情形之一的，应当自行回避，当事人及其法定代理人也有权要求他们回避：

（一）是本案的当事人或者是当事人的近亲属的；

（二）本人或者他的近亲属和本案有利害关系的；

（三）担任过本案的证人、鉴定人、辩护人、诉讼代理人的；

（四）与本案当事人有其他关系，可能影响公正处理案件的。

第30条[1]【违纪回避】审判人员、检察人员、侦查人员不得接受当事人及其委托的人的请客送礼，不得违反规定会见当事人及其委托的人。

审判人员、检察人员、侦查人员违反前款规定的，应当依法追究法律责任。当事人及其法定代理人有权要求他们回避。

第31条【回避程序】审判人员、检察人员、侦查人员的回避，应当分别由院长、检察长、公安机关负责人决定；院长的回避，由本院审判委员会决定；检察长和公安机关负责人的回避，由同级人民检察院检察委员会决定。

对侦查人员的回避作出决定前，侦查人员不能停止对案件的侦查。

对驳回申请回避的决定，当事人及其法定代理人[2]可以申请复议1次。

---

[1] 本条规定由1996年3月17日第8届全国人民代表大会第4次会议增设，1997年1月1日施行。

[2] 本部分内容由1996年3月17日第8届全国人民代表大会第4次会议增加，1997年1月1日施行。

第32条[①] **【其他人员回避】** 本章关于回避的规定适用于书记员、翻译人员和鉴定人。

辩护人、诉讼代理人可以依照本章的规定要求回避、申请复议。

● 相关规定　【高检发〔2000〕18号】　检察人员任职回避和公务回避暂行办法（2000年7月4日最高检第9届检委会第65次会议通过，2000年7月17日印发）

第2条　检察人员之间有下列亲属关系之一的，必须按规定实行任职回避：（一）夫妻关系；（二）直系血亲关系；（三）3代以内旁系血亲关系，包括伯叔姑舅姨、兄弟姐妹、堂弟兄姐妹、表兄弟姐妹、侄子女、甥子女；（四）近姻亲关系，包括配偶的父母、配偶的兄弟姐妹及其配偶、子女的配偶及女子配偶的父母、3代以内旁系血亲的配偶。

第3条　检察人员之间凡具有本办法第2条所列亲属关系的，不得同时担任下列职务：（一）同一人民检察院的检察长、副检察长、检察委员会委员；（二）同一人民检察院的检察长、副检察长和检察员、助理检察员、书记员、司法警察、司法行政人员；（三）同一工作部门的检察员、助理检察员、书记员、司法警察、司法行政人员；（四）上下相邻两级人民检察院的检察长、副检察长。

第4条　担任县一级人民检察院检察长的，一般不得在原籍任职。但是，民族自治地方县一级人民检察院的检察人员除外。

第9条　检察人员从事检察活动，具有下列情形之一的，应当自行回避，当事人及其法定代理人也有权要求其回避：（一）是本案的当事人或者是当事人的近亲属的；（二）本人或者他的近亲属和本案有利害关系的；（三）担任过本案的证人、鉴定人、辩护人、诉讼代理人的；（四）与本案当事人有其他关系，可能影响公正处理案件的。

第10条　检察人员在检察活动中，接受当事人及其委托的人的请客送礼或者违反规定会见当事人及其委托的人的，当事人及其法定代理人有权要求其回避。

第11条　检察人员在检察活动中的回避，按照以下程序进行：

（一）检察人员自行回避申请的，可以书面或者口头向所在人民检察院提出回避申请，并说明理由；当事人及其法定代理人要求检察人员回避的，应当向该检察人员所在人民检察院提出书面或者口头申请，并说明理由，根据本办法第10条的规定提出回避的，应当提供有关证明材料。

（二）检察人员所在人民检察院有关工作部门对回避申请进行审查，调查核实有关情况，提出是否回避的意见。

（三）检察长作出是否同意检察人员回避的决定；对检察长的回避，由检察委员会作出决定并报上一级人民检察院备案。检察委员会讨论检察长回避问题时，由副检察长主持会议，检察长不得参加。

应当回避的检察人员，本人没有自行回避，当事人及其法定代理人也没有要求其回避的，检察长或者检察委员会应当决定其回避。

第12条　对人民检察院作出的驳回回避申请的决定，当事人及其法定代理人不服的，

---

① 本条规定由2012年3月14日第11届全国人大常委会第5次会议修订，2013年1月1日施行。实质上就是增加了本条第2款。原规定为："本法第28条、第29条、第30条的规定也适用于书记员、翻译人员和鉴定人。"

可以在收到驳回回避申请决定的5日内，向作出决定的人民检察院申请复议。

人民检察院对当事人及其法定代理人的复议申请，应当在3日内作出复议决定，并书面通知申请人。

第13条　检察人员自行回避或者被申请回避，在检察长或者检察委员会作出决定前，应当暂停参与案件的办理；但是，对人民检察院直接受理案件进行侦查或者补充侦查的检察人员，在回避决定作出前不能停止对案件的侦查。

第14条　因符合本办法第9条或者第10条规定的情形之一而决定回避的检察人员，在回避决定作出前所取得的证据和进行诉讼的行为是否有效，由检察长或者检察委员会根据案件的具体情况决定。

第17条　当事人、诉讼代理人、辩护人或者其他知情人认为检察人员有违反法律、法规有关回避规定行为的，可以向检察人员所在人民检察院监察部门举报。受理举报的部门应当及时处理，并将有关意见反馈举报人。

第18条　本规定所称检察人员，是指各级人民检察院检察官、书记员、司法行政人员和司法警察。

人民检察院聘请或者指派的翻译人员、司法鉴定人员、勘验人员在诉讼活动中的回避，参照检察人员回避的有关规定执行。

【法发〔2004〕9号】　最高人民法院、司法部关于规范法官和律师相互关系维护司法公正的若干规定（2004年3月19日）

第4条（第1款）　法官应当严格执行回避制度，如果与本案当事人委托的律师有亲朋、同学、师生、曾经同事等关系，可能影响案件公正处理的，应当自行申请回避，是否回避由本院院长或者审判委员会决定。

【高检发办字〔2006〕33号】　人民检察院鉴定规则（试行）（2006年11月1日最高检第10届检委会第62次会议通过，2006年11月30日印发，2007年1月1日试行）

第8条　鉴定人有下列情形之一的，应当自行回避，委托单位也有权要求鉴定人回避：（一）是本案的当事人或者是当事人的近亲属的；（二）本人或者其近亲属和本案有利害关系的；（三）担任过本案的证人或者诉讼代理人的；（四）重新鉴定时，是本案原鉴定人的；（五）其他可能影响鉴定客观、公正的情形。

鉴定人自行提出回避的，应当说明理由，由所在鉴定机构负责人决定是否回避。

委托单位要求鉴定人回避的，应当提出书面申请，由检察长决定是否回避。

党政领导干部任职回避暂行规定（中共中央办公厅2006年6月10日印发施行）

第2条　本规定适用于中共中央、全国人大常委会、国务院、全国政协的工作部门和工作机构的领导成员，上述工作部门和工作机构的内设机构的领导干部；中央纪委和最高人民法院、最高人民检察院的副职领导成员及其机关内设机构的领导干部；县级以上地方党委、人大常委会、政府、政协及其工作部门和工作机构的领导成员，上述工作部门和工作机构的内设机构的领导干部；县级以上地方纪委和人民法院、人民检察院的领导成员及其机关内设机构的领导干部。

第3条　有夫妻关系、直系血亲关系、3代以内旁系血亲关系以及近姻亲关系的，不得在同一机关担任双方直接隶属于同一领导人员的职务或者有直接上下级领导关系的职务，也不得在其中一方担任领导职务的机关从事组织（人事）、纪检（监察）、审计、财务等工作。

第4条 领导干部的配偶、子女及其配偶以独资、合伙或者较大份额参股的方式，经营企业或者举办经营性民办非企业单位的，该领导干部不得在上述企业或者单位的行业监管或者业务主管部门担任领导成员。

第5条 领导干部不得在本人成长地担任县（市）党委、政府以及纪检机关、组织部门、人民法院、人民检察院、公安部门正职领导成员，一般不得在本人成长地担任市（地、盟）党委、政府以及纪检机关、组织部门、人民法院、人民检察院、公安部门正职领导成员。

民族自治地方的少数民族领导干部参照上款规定执行。

第9条 出现本规定第3条所列需要回避情形时，职务层次不同的，一般由职务层次较低的一方回避；职务层次相当的，根据工作需要和实际情况决定其中一方回避。

第11条 经人民代表大会选举产生的领导干部需要实行地域回避的，根据实际情况，可以在任期内调整的，在任期内予以调整；任期内难以调整的，任期届满后予以调整。

第15条 除本规定第3条、第4条、第5条所列情形外，法律法规对领导干部任职回避另有规定的，从其规定。

国家驻外机构领导干部的任职回避，由有关部门另行规定。

【法办发〔2007〕5号】 最高人民法院对外委托鉴定、评估、拍卖等工作管理规定（2007年8月23日印发，2007年9月1日施行）

第2条 对外委托鉴定、评估、拍卖等工作是指人民法院审判和执行工作中委托专门机构或专家进行鉴定、检验、评估、审计、拍卖、变卖和指定破产清算管理人等工作，并进行监督协调的司法活动。

第44条 监督、协调员有下列情形之一的，应当主动申请回避，当事人也有权申请回避：（一）是本案的当事人或者当事人的近亲属的；（二）本人或其近亲属和本案有利害关系的；（三）本人或其近亲属担任过本案的证人、鉴定人、勘验人、辩护人或诉讼代理人的；（四）本人的近亲属在将要选择的相关类专业机构工作的；（五）向本案的当事人推荐专业机构的；（六）与本案当事人有其他关系，可能影响对案件进行公正处理的。

第45条 监督、协调员有第44条规定的回避情形的，应在1个工作日内主动提出回避申请，报司法辅助工作部门负责人审批。

第46条 发现专业机构有需要回避的情形时，监督、协调员应向司法辅助工作部门负责人提出重新选择专业机构的建议，由司法辅助工作部门负责人批准后重新选择专业机构。专业机构的承办人员有回避情形的，监督、协调员应当要求专业机构更换承办人员。

【法释〔2011〕12号】 最高人民法院关于审判人员在诉讼活动中执行回避制度若干问题的规定（2011年4月11日最高法审委会第1517次会议通过，2011年6月10日公布，2011年6月13日施行；法发〔2000〕5号《最高人民法院关于审判人员严格执行回避制度的若干规定》同时废止）

第1条 审判人员具有下列情形之一的，应当自行回避，当事人及其法定代理人有权以口头或者书面形式申请其回避：（一）是本案的当事人或者与当事人有近亲属关系的；（二）本人或者其近亲属与本案有利害关系的；（三）担任过本案的证人、翻译人员、鉴定人、勘验人、诉讼代理人、辩护人的；（四）与本案的诉讼代理人、辩护人有夫妻、父母、子女或者兄弟姐妹关系的；（五）与本案当事人之间存在其他利害关系，可能影响案件公正审理的。

本规定所称近亲属，包括与审判人员有夫妻、直系血亲、三代以内旁系血亲及近姻亲关系的亲属。

第2条　当事人及其法定代理人发现审判人员违反规定，具有下列情形之一的，有权申请其回避：（一）私下会见本案一方当事人及其诉讼代理人、辩护人的；（二）为本案当事人推荐、介绍诉讼代理人、辩护人，或者为律师、其他人员介绍办理该案件的；（三）索取、接受本案当事人及其受托人的财物、其他利益，或者要求当事人及其受托人报销费用的；（四）接受本案当事人及其受托人的宴请，或者参加由其支付费用的各项活动的；（五）向本案当事人及其受托人借款，借用交通工具、通讯工具或者其他物品，或者索取、接受当事人及其受托人在购买商品、装修住房以及其他方面给予的好处的；（六）有其他不正当行为，可能影响案件公正审理的。

第3条　凡在一个审判程序中参与过本案审判工作的审判人员，不得再参与该案其他程序的审判。但是，经过第二程序发回重审的案件，在一审法院作出裁判后又进入第二审程序的，原第二审程序中合议庭组成人员不受本条规定的限制。

第4条　审判人员应当回避，本人没有自行回避，当事人及其法定代理人也没有申请其回避的，院长或者审判委员会应当决定其回避。

第5条　人民法院应当依法告知当事人及其法定代理人有申请回避的权利，以及合议庭组成人员、书记员的姓名、职务等相关信息。

第6条　人民法院依法调解案件，应当告知当事人及其法定代理人有申请回避的权利，以及主持调解工作的审判人员及其他参与调解工作的人员的姓名、职务等相关信息。

第7条　第二审人民法院认为第一审人民法院的审理有违反本规定第1条至第3条规定的，应当裁定撤销原判，发回原审人民法院重新审判。

第8条　审判人员及法院其他工作人员从人民法院离任后2年内，不得以律师身份担任诉讼代理人或者辩护人。

审判人员及法院其他工作人员从人民法院离任后，不得担任原任职法院所审理案件的诉讼代理人或者辩护人，但是作为当事人的监护人或者近亲属代理诉讼或者进行辩护的除外。

本条所规定的离任，包括退休、调离、解聘、辞职、辞退、开除等离开法院工作岗位的情形。

本条所规定的原任职法院，包括审判人员及法院其他工作人员曾任职的所有法院。

第9条　审判人员及法院其他工作人员的配偶、子女或者父母不得担任其所任职法院审理案件的诉讼代理人或者辩护人。

第10条　人民法院发现诉讼代理人或者辩护人违反本规定第8条、第9条的规定的，应当责令其停止相关诉讼代理或者辩护行为。

第11条　当事人及其法定代理人、诉讼代理人、辩护人认为审判人员有违反本规定行为的，可以向法院纪检、监察部门或者其他有关部门举报。受理举报的人民法院应当及时处理，并将相关意见反馈给举报人。

第12条　对明知具有本规定第1条至第3条规定情形不依法自行回避的审判人员，依照《人民法院工作人员处分条例》的规定予以处分。

对明知诉讼代理人、辩护人具有本规定第8条、第9条规定情形之一，未责令其停止相关诉讼代理或者辩护行为的审判人员，依照《人民法院工作人员处分条例》的规定予以处分。

第13条　本规定所称审判人员，包括各级人民法院院长、副院长、审判委员会委员、庭长、副庭长、审判员和助理审判员。

本规定所称法院其他工作人员，是指审判人员以外的在编工作人员。

第14条　人民陪审员、书记员和执行员适用审判人员回避的有关规定，但不属于本规定第13条所规定人员的，不适用本规定第8条、第9条的规定。

【高检发刑申字〔2012〕1号】　人民检察院刑事申诉案件公开审查程序规定（2011年12月29日最高检第11届检委会第69次会议通过，2012年1月11日印发施行）

第11条　申诉人、原案其他当事人及其委托代理人认为受邀人员与案件有利害关系，可能影响公正处理的，有权申请回避。申请回避的应当说明理由。

受邀人员的回避由分管检察长决定。

【司发〔2015〕14号】　最高人民法院、最高人民检察院、公安部、国家安全部、司法部关于依法保障律师执业权利的规定（2015年9月16日）

第38条　法庭审理过程中，律师就回避、案件管辖、非法证据排除、申请通知证人、鉴定人、有专门知识的人出庭、申请通知新的证人到庭、调取新的证据、申请重新鉴定、勘验等问题当庭提出申请，或者对法庭审理程序提出异议的，法庭原则上应当休庭进行审查，依照法定程序作出决定。其他律师有相同异议的，应一并提出，法庭一并休庭审查。法庭决定驳回申请或者异议的，律师可当庭提出复议。经复议后，律师应当尊重法庭的决定，服从法庭的安排。

律师不服法庭决定保留意见的内容应当详细记入法庭笔录，可以作为上诉理由，或者向同级或者上一级人民检察院申诉、控告。

【高检发政字〔2015〕号】　人民检察院司法警察执行职务规则（2015年6月1日最高检第12届检委会第36次会议通过，2015年6月12日印发）

第3条　人民检察院司法警察在执行职务过程中，遇有可能影响其公正履行职责的情形，应当按照规定回避，当事人及其法定代理人也有权要求其回避。

【法发〔2017〕31号】　人民法院办理刑事案件庭前会议规程（试行）（2017年11月27日最高法印发"三项规程"，2018年1月1日试行）

第2条　庭前会议中，人民法院可以就与审判相关的问题了解情况，听取意见，依法处理回避、出庭证人名单、非法证据排除等可能导致庭审中断的事项，组织控辩双方展示证据，归纳争议焦点，开展附带民事调解。

第10条　庭前会议中，主持人可以就下列事项向控辩双方了解情况，听取意见：……
（二）是否申请有关人员回避；……

第12条　被告人及其辩护人申请审判人员、书记员、翻译人员、鉴定人回避，应当说明理由。人民法院经审查认为申请成立的，应当依法决定有关人员回避；认为申请不成立的，应当依法驳回申请。

被告人及其辩护人申请回避被驳回的，可以在接到决定时申请复议1次。对于不属于刑事诉讼法第28条、第29条规定情形的，回避申请被驳回后，不得申请复议。

被告人及其辩护人申请检察人员回避的，人民法院应当通知人民检察院。

【高检发办字〔2017〕17号】 最高人民检察院特约检察员工作规定（2017年5月4日最高检第12届第201次党组会通过，2017年6月6日印发施行）

第14条 特约检察员具有下列情形之一，应当自行回避，不得参与相关案件的研究、讨论和咨询论证工作：（一）是本案当事人或者是当事人、诉讼代理人的近亲属的；（二）本人或者其近亲属与本案有利害关系的；（三）担任过本案证人、鉴定人、诉讼代理人的；（四）与本案当事人有其他关系，可能影响公正处理案件的。

【高检发释字〔2018〕1号】 最高人民检察院关于指派、聘请有专门知识的人参与办案若干问题的规定（试行）（2018年2月11日最高检第12届检委会第73次会议通过，2018年4月3日公布试行）

第6条 有专门知识的人的回避，适用《中华人民共和国刑事诉讼法》《中华人民共和国民事诉讼法》《中华人民共和国行政诉讼法》等法律规定中有关鉴定人回避的规定。

第21条 有专门知识的人不得在同一案件中同时接受刑事诉讼当事人、辩护人、诉讼代理人，民事、行政诉讼对方当事人、诉讼代理人，或者人民法院的委托。

【高检发诉二字〔2018〕1号】 人民检察院办理死刑第二审案件和复核监督工作指引（试行）（2018年1月11日最高检第12届检委会第72次会议通过，2018年3月31日印发）

第47条 【对申请检察人员回避的处理】当事人及其法定代理人、辩护人、诉讼代理人申请检察人员回避的，对符合刑事诉讼法第28条、第29条规定情形的回避申请，应当在人民法院决定休庭后，由人民检察院作出是否回避的决定。对不符合刑事诉讼法第28条、第29条规定情形的回避申请，检察人员应当建议法庭继续开庭审理。

【文物博发〔2018〕4号】 涉案文物鉴定评估管理办法（最高法、最高检、国家文物局、公安部、海关总署2018年6月14日印发）

第30条 文物鉴定评估人员有下列情形之一的，应当自行回避，涉案文物鉴定评估机构负责人也应当要求其回避：（一）是案件的当事人或者当事人的近亲属的；（二）本人或者其近亲属与案件有利害关系的；（三）与案件当事人和案件有其他关系，可能影响其独立、客观、公正鉴定评估的。

【主席令〔2018〕3号】 中华人民共和国监察法（2018年3月20日第13届全国人大第1次会议通过，同日公布施行）

第58条 办理监察事项的监察人员有下列情形之一的，应当自行回避，监察对象、检举人及其他有关人员也有权要求其回避：（一）是监察对象或者检举人的近亲属的；（二）担任过本案的证人的；（三）本人或者其近亲属与办理的监察事项有利害关系的；（四）有可能影响监察事项公正处理的其他情形的。

第59条 监察机关涉密人员离岗离职后，应当遵守脱密期管理规定，严格履行保密义务，不得泄露相关秘密。

监察人员辞职、退休3年内，不得从事与监察和司法工作相关联且可能发生利益冲突的职业。

【主席令〔2021〕92号】 中华人民共和国监察官法（2021年8月20日第13届全国人大常委会第30次会议通过，2022年1月1日施行）

第3条 监察官包括下列人员：（一）各级监察委员会的主任、副主任、委员；（二）各级监察委员会机关中的监察人员；（三）各级监察委员会派驻或者派出到中国共产党机关、国家机关、法律法规授权或者委托管理公共事务的组织和单位以及所管辖的行政区域等的监察机构中的监察人员、监察专员；（四）其他依法行使监察权的监察机构中的监察人员。

对各级监察委员会派驻到国有企业的监察机构工作人员、监察专员，以及国有企业中其他依法行使监察权的监察机构工作人员的监督管理，参照执行本法有关规定。

第22条（第1款）　监察官不得兼任人民代表大会常务委员会的组成人员，不得兼任行政机关、审判机关、检察机关的职务，不得兼任企业或者其他营利性组织、事业单位的职务，不得兼任人民陪审员、人民监督员、执业律师、仲裁员和公证员。

第23条　监察官担任县级、设区的市级监察委员会主任的，应当按照有关规定实行地域回避。

第24条　监察官之间有夫妻关系、直系血亲关系、三代以内旁系血亲以及近姻亲关系的，不得同时担任下列职务：（一）同一监察委员会的主任、副主任、委员，上述人员和其他监察官；（二）监察委员会机关同一部门的监察官；（三）同一派驻机构、派出机构或者其他监察机构的监察官；（四）上下相邻两级监察委员会的主任、副主任、委员。

第47条　办理监察事项的监察官有下列情形之一的，应当自行回避，监察对象、检举人、控告人及其他有关人员也有权要求其回避；没有主动申请回避的，监察机关应当依法决定其回避：（一）是监察对象或者检举人、控告人的近亲属的；（二）担任过本案的证人的；（三）本人或者其近亲属与办理的监察事项有利害关系的；（四）有可能影响监察事项公正处理的其他情形的。

【国监委公告〔2021〕1号】　监察法实施条例（2021年7月20日国家监委全体会议决定，2021年9月20日公布施行）

第263条　办理监察事项的监察人员有监察法第58条所列情形之一的，应当自行提出回避；没有自行提出回避的，监察机关应当依法决定其回避，监察对象、检举人及其他有关人员也有权要求其回避。

选用借调人员、看护人员、调查场所，应当严格执行回避制度。

第264条　监察人员自行提出回避，或者监察对象、检举人及其他有关人员要求监察人员回避的，应当书面或者口头提出，并说明理由。口头提出的，应当形成记录。

监察机关主要负责人的回避，由上级监察机关主要负责人决定；其他监察人员的回避，由本级监察机关主要负责人决定。

【主席令〔2018〕4号】　中华人民共和国人民陪审员法（2018年4月27日全国人大常委会〔13届2次〕通过，同日公布施行；2004年8月28日全国人大常委会《关于完善人民陪审员制度的决定》同时废止）

第18条　人民陪审员的回避，适用审判人员回避的法律规定。

【法释〔2019〕5号】　最高人民法院关于适用《中华人民共和国人民陪审员法》若干问题的解释（2019年2月18日最高法审委会第1761次会议通过，2019年4月24日公布，2019年5月1日施行；法释〔2010〕2号《最高人民法院关于人民陪审员参加审判活动若干问题的规定》同时废止）

第7条　当事人依法有权申请人民陪审员回避。人民陪审员的回避，适用审判人员回避的法律规定。

人民陪审员回避事由经审查成立的，人民法院应当及时确定递补人选。

【法发〔2020〕29号】 《中华人民共和国人民陪审员法》实施中若干问题的答复（最高法、司法部2020年8月11日）

18. 人民陪审员是否适用法官法中法官任职回避的规定？

答：人民陪审员适用民事、刑事、行政诉讼法中诉讼回避的规定，不适用法官法中法官任职回避的规定。

【主席令〔2019〕27号】 中华人民共和国法官法（2019年4月23日第13届全国人大常委会第10次会议修订，主席令第27号公布，2019年10月1日施行）

第23条 法官之间有夫妻关系、直系血亲关系、三代以内旁系血亲以及近姻亲关系的，不得同时担任下列职务：（一）同一人民法院的院长、副院长、审判委员会委员、庭长、副庭长；（二）同一人民法院的院长、副院长和审判员；（三）同一审判庭的庭长、副庭长、审判员；（四）上下相邻两级人民法院的院长、副院长。

第24条 法官的配偶、父母、子女有下列情形之一的，法官应当实行任职回避：（一）担任该法官所任职人民法院辖区内律师事务所的合伙人或者设立人的；（二）在该法官所任职人民法院辖区内以律师身份担任诉讼代理人、辩护人，或者为诉讼案件当事人提供其他有偿法律服务的。

【主席令〔2019〕28号】 中华人民共和国检察官法（2019年4月23日第13届全国人大常委会第10次会议修订，主席令第28号公布，2019年10月1日施行）

第24条 检察官之间有夫妻关系、直系血亲关系、三代以内旁系血亲以及近姻亲关系的，不得同时担任下列职务：（一）同一人民检察院的检察长、副检察长、检察委员会委员；（二）同一人民检察院的检察长、副检察长和检察员；（三）同一业务部门的检察员；（四）上下相邻两级人民检察院的检察长、副检察长。

第25条 检察官的配偶、父母、子女有下列情形之一的，检察官应当实行任职回避：（一）担任该检察官所任职人民检察院辖区内律师事务所的合伙人或者设立人的；（二）在该检察官所任职人民检察院辖区内以律师身份担任诉讼代理人、辩护人，或者为诉讼案件当事人提供其他有偿法律服务的。

【高检发释字〔2019〕4号】 人民检察院刑事诉讼规则（2019年12月2日最高检第13届检委会第28次会议通过，2019年12月30日公布施行；高检发释字〔2012〕2号《规则（试行）》同时废止）

第25条 检察人员自行回避的，可以应当书面或者口头提出，并说明理由。口头提出的，应当记录在案。

第26条 人民检察院应当告知当事人及其法定代理人有依法申请回避的权利，并告知办理相关案件的检察人员、书记员等人员的姓名、职务等有关情况。

第27条 当事人及其法定代理人的回避要求检察人员回避的，应当书面或者口头向人民检察院提出，并说明理由。口头提出的，应当记录在案。根据刑事诉讼法第30条的规定提出回避申请要求检察人员回避的，应当提供有关证明材料。

人民检察院经过审查或者调查，认为检察人员符合回避条件的，应当作出回避决定；不符合回避条件的，应当驳回申请。

第28条　在开庭审理过程中，当事人及其法定代理人向法庭申请出庭的检察人员回避的，在收到人民法院通知后，人民检察院应当作出回避或者驳回申请的决定。不属于刑事诉讼法第29条、第30条规定情形的回避申请，出席法庭的检察人员应当建议法庭当庭驳回。

第29条　检察长的回避，由检察委员会讨论决定。检察委员会讨论检察长回避问题时，由副检察长主持，检察长不得参加。

其他检察人员的回避，由检察长决定。

第30条　当事人及其法定代理人要求公安机关负责人回避，<u>应当</u>向同级人民检察院提出，<u>或者向公安机关提出后，公安机关移送同级人民检察院的</u>，由检察长提交检察委员会讨论决定。

第31条　<s>应当回避的人员</s>检察长应当回避，本人没有自行回避，当事人及其法定代理人也没有申请其回避的，<u>检察长或者</u>检察委员会应当决定其回避。

其他检察人员有前款规定情形的，<u>检察长</u>应当决定其回避。

第32条　人民检察院作出驳回申请回避的决定后，应当告知当事人及其法定代理人如不服本决定，有权在收到驳回申请回避的决定书后5日以内向原决定机关申请复议1次。

第33条　当事人及其法定代理人对驳回申请回避的决定不服申请复议的，决定机关应当在3日以内作出复议决定并书面通知申请人。

第34条　对人民检察院直接受理的案件进行侦查的人员或者进行补充侦查的人员在回避决定作出以前和复议期间，不得停止对案件的侦查。

第35条　参加过同一案件侦查的人员，不得承办该案的审查逮捕、审查起诉、出庭支持公诉和诉讼监督工作，<u>但在审查起诉阶段参加自行补充侦查的人员除外</u>。

第36条①　被决定回避的检察长在回避决定作出以前所取得的证据和进行的诉讼行为是否有效，由检察委员会根据案件具体情况决定。

被决定回避的其他检察人员在回避决定作出以前所取得的证据和进行的诉讼行为是否有效，由检察长根据案件具体情况决定。

被决定回避的公安机关负责人在回避决定作出以前所进行的诉讼行为是否有效，由作出决定的人民检察院检察委员会根据案件具体情况决定。

第37条　本规则关于回避的规定，适用于书记员、司法警察和人民检察院聘请或者指派的翻译人员、鉴定人。

书记员、司法警察和人民检察院聘请或者指派的翻译人员、鉴定人的回避由检察长决定。

辩护人、诉讼代理人可以依照刑事诉讼法及本规则关于回避的规定要求回避、申请复议。

【高检发释字〔2020〕3号】　人民检察院检察委员会工作规则（2020年6月15日最高检第13届检委会第39次会议通过，2020年7月31日公布施行；高检发〔2008〕5号《人民检察院检察委员会组织条例》和高检发〔2009〕23号《人民检察院检察委员会议事和工作

---

① 2012年《规则》相应的规定为："因符合刑事诉讼法……而回避的检察人员，在回避决定作出以前所取得的证据和进行的诉讼行为是否有效，由检察委员会或者检察长根据案件具体情况决定。"

规则》同时废止。

第9条　人民检察院办理下列事项，应当提交检察委员会讨论决定：……（六）本级人民检察院检察长、公安机关负责人的回避；……

第25条　检察委员会讨论决定案件和事项，副检察长、检察委员会委员具有应当回避的情形的，应当申请回避并由检察长决定；本人没有申请回避的，检察长应当决定其回避。

检察长的回避依照本规则第9条的规定办理。

【法刊文摘】　检答网集萃30：检察长作为独任检察官或主办检察官办案时的几个问题（详见本书第1编第1章"检察工作制度"专辑）

咨询内容（贵州省检党组书记、检察长傅信平）：检察长作为办案检察官亲自办案时，……检察长所在办案组织其他成员回避如何处理？按照刑事诉讼法等法律规定，检察人员的回避由检察长决定。因检察长与所在办案组织其他成员具有共同的办案关系，由检察长作出所在办案组织其他成员的回避决定，不容易让提出回避申请的当事人信服。

解答意见（最高检专家组）：……除检察长的回避由本院检察委员会决定外，本院其他检察人员包括检察长所在办案组织其他成员的回避，都由检察长决定。检察长与所在办案组织其他成员之间共同的办案关系既属于主办检察官与其他检察官之间的关系，也属于检察长与检察官之间的领导与被领导关系。这不属于可能影响司法公正的利害关系，不是法律规定的回避事由。检察长对作出的回避决定负责；如果决定错误的，上级检察院有权指令下级检察院纠正，或者依法撤销、变更。

【公安部令〔2020〕159号】　公安机关办理刑事案件程序规定（2020年7月4日第3次部务会议修订，2020年7月20日公布，2020年9月1日施行）

第33条　公安机关负责人、侦查人员不得有下列行为：（一）违反规定会见本案当事人及其委托人；（二）索取、接受本案当事人及其委托人的财物或者其他利益；（三）接受本案当事人及其委托人的宴请，或者参加由其支付费用的活动；（四）其他可能影响案件公正办理的不正当行为。

违反前款规定的，应当责令其回避并依法追究法律责任。当事人及其法定代理人有权要求其回避。

第35条　侦查人员的回避，由县级以上公安机关负责人决定；县级以上公安机关负责人的回避，由同级人民检察院检察委员会决定。

第36条　当事人及其法定代理人对侦查人员提出回避申请的，公安机关应当在收到回避申请后2日以内作出决定并通知申请人；情况复杂的，经县级以上公安机关负责人批准，可以在收到回避申请后5日以内作出决定。

（新增）当事人及其法定代理人对县级以上公安机关负责人提出回避申请的，公安机关应当及时将申请移送同级人民检察院。

第37条　当事人及其法定代理人对驳回申请回避的决定不服的，可以在收到驳回申请回避决定书后5日以内向作出决定的公安机关申请复议。

公安机关应当在收到复议申请后5日以内作出复议决定并书面通知申请人。

第40条　本章关于回避的规定适用于记录人、翻译人员和鉴定人。

记录人、翻译人员和鉴定人需要回避的，由县级以上公安机关负责人决定。

【法发〔2020〕13号】　最高人民法院关于对配偶父母子女从事律师职业的法院领导干部和审判执行人员实行任职回避的规定（2020年4月17日印发，2020年5月6日施行；法发〔2011〕5号《最高人民法院关于对配偶子女从事律师职业的法院领导干部和审判执行岗位法官实行任职回避的规定（试行）》同时废止）

第1条　人民法院工作人员的配偶、父母、子女、兄弟姐妹、配偶的父母、配偶的兄弟姐妹、子女的配偶、子女配偶的父母具有律师身份的，该工作人员应当主动向所在人民法院组织（人事）部门报告。

第2条　人民法院领导干部和审判执行人员的配偶、父母、子女有下列情形之一的，法院领导干部和审判执行人员应当实行任职回避：

（一）担任该领导干部和审判执行人员所任职人民法院辖区内律师事务所的合伙人或者设立人的；

（二）在该领导干部和审判执行人员所任职人民法院辖区内以律师身份担任诉讼代理人、辩护人，或者为诉讼案件当事人提供其他有偿法律服务的。

第3条　人民法院在选拔任用干部时，不得将符合任职回避条件的人员作为法院领导干部和审判执行人员的拟任人选。

第4条　人民法院在招录补充工作人员时，应当向拟招录补充的人员释明本规定的相关内容。

第5条　符合任职回避条件的法院领导干部和审判执行人员，应当自本规定生效之日或者任职回避条件符合之日起30日内主动向法院组织（人事）部门提出任职回避申请，相关人民法院应当按照有关规定为其另行安排工作岗位，确定职务职级待遇。

第6条　符合任职回避条件的法院领导干部和审判执行人员没有按规定主动提出任职回避申请的，相关人民法院应当按照有关程序免去其所任领导职务或者将其调离审判执行岗位。

第7条　应当实行任职回避的法院领导干部和审判执行人员的任免权限不在人民法院的，相关人民法院应当向具有干部任免权的机关提出为其办理职务调动或者免职等手续的建议。

第8条　符合任职回避条件的法院领导干部和审判执行人员具有下列情形之一的，应当根据情节给予批评教育、诫勉、组织处理或者处分：（一）隐瞒配偶、父母、子女从事律师职业情况的；（二）不按规定主动提出任职回避申请的；（三）采取弄虚作假手段规避任职回避的；（四）拒不服从组织调整或者拒不办理公务交接的；（五）具有其他违反任职回避规定行为的。

第9条　法院领导干部和审判执行人员的配偶、父母、子女采取隐名代理等方式在该领导干部和审判执行人员所任职人民法院辖区内从事律师职业的，应当责令该法院领导干部和审判执行人员辞去领导职务或者将其调离审判执行岗位，其本人知情的，应当根据相关规定从重处理。

第10条　因任职回避调离审判执行岗位的法院工作人员，任职回避情形消失后，可以向法院组织（人事）部门申请调回审判执行岗位。

第11条　本规定所称父母，是指生父母、养父母和有扶养关系的继父母。

本规定所称子女，是指婚生子女、非婚生子女、养子女和有扶养关系的继子女。

本规定所称从事律师职业，是指担任律师事务所的合伙人、设立人，或者以律师身份担任诉讼代理人、辩护人，或者以律师身份为诉讼案件当事人提供其他有偿法律服务。

本规定所称法院领导干部，是指各级人民法院的领导班子成员及审判委员会委员。

本规定所称审判执行人员，是指各级人民法院立案、审判、执行、审判监督、国家赔偿等部门的领导班子成员、法官、法官助理、执行员。

本规定所称任人民法院辖区，包括法院领导干部和审判执行人员所任职人民法院及其所辖下级人民法院的辖区。专门人民法院及其他管辖区域与行政辖区不一致的人民法院工作人员的任职人民法院辖区，由解放军军事法院和相关高级人民法院根据有关规定或者实际情况确定。

【法释〔2021〕1号】 最高人民法院关于适用《中华人民共和国刑事诉讼法》的解释（2020年12月7日最高法审委会〔1820次〕修订，2021年1月26日公布，2021年3月1日施行；2013年1月1日施行的"法释〔2012〕21号"《解释》同时废止）

第18条 有管辖权的人民法院因案件涉及本院院长需要回避等或者其他原因，不宜行使管辖权的，可以请求移送上一级人民法院管辖。上一级人民法院可以管辖，也可以指定与提出请求的人民法院同级的其他人民法院管辖。

第27条 审判人员具有下列情形之一的，应当自行回避，当事人及其法定代理人有权申请其回避：（一）是本案的当事人或者是当事人的近亲属的；（二）本人或者其近亲属与本案有利害关系的；（三）担任过本案的证人、鉴定人、辩护人、诉讼代理人、翻译人员的；（四）与本案的辩护人、诉讼代理人有近亲属关系的；（五）与本案当事人有其他利害关系，可能影响公正审判的。

第28条 审判人员违反规定，具有下列情形之一的，当事人及其法定代理人有权申请其回避：（一）违反规定会见本案当事人、辩护人、诉讼代理人的；（二）为本案当事人推荐、介绍辩护人、诉讼代理人，或者为律师、其他人员介绍办理本案的；（三）索取、接受本案当事人及其委托的人的财物或者其他利益的；（四）接受本案当事人及其委托人的宴请，或者参加由其支付费用的活动的；（五）向本案当事人及其委托人借用款物的；（六）有其他不正当行为，可能影响公正审判的。

第29条 参与过本案调查、侦查、审查起诉工作的监察、侦查、检察人员，调至人民法院工作的，不得担任本案的审判人员。

在一个审判程序中参与过本案审判工作的合议庭组成人员或者独任审判员，不得再参与本案其他程序的审判。但是，发回重新审判的案件，在第一审人民法院作出裁判后又进入第二审程序、在法定刑以下判处刑罚的复核程序或者死刑复核程序的，原第二审程序、在法定刑以下判处刑罚的复核程序或者死刑复核程序中的合议庭组成人员不受本款规定的限制。

第30条 依照法律和有关规定应当实行任职回避的，不得担任案件的审判人员。

第31条 人民法院应当依法告知当事人及其法定代理人有权申请回避，并告知其合议庭组成人员、独任审判员、法官助理、书记员等人员的名单。

第32条 审判人员自行申请回避，或者当事人及其法定代理人申请审判人员回避的，可以口头或者书面提出，并说明理由，由院长决定。

院长自行申请回避，或者当事人及其法定代理人申请院长回避的，由审判委员会讨论决定。审判委员会讨论时，由副院长主持，院长不得参与。

第 33 条　当事人及其法定代理人依照刑事诉讼法第 30 条和本解释第 28 条的规定申请回避的，应当提供证明材料。

第 34 条　应当回避的审判人员没有自行回避，当事人及其法定代理人也没有申请其回避的，院长或者审判委员会应当决定其回避。

第 35 条　对当事人及其法定代理人提出的回避申请，人民法院可以口头或者书面作出决定，并将决定告知申请人。

当事人及其法定代理人申请回避被驳回的，可以在接到决定时申请复议 1 次。不属于刑事诉讼法第 29 条、第 30 条规定情形的回避申请，由法庭当庭驳回，并不得申请复议。①

第 36 条　当事人及其法定代理人申请出庭的检察人员回避的，<u>人民法院应当区分情况作出处理</u>②：

（一）属于刑事诉讼法第 29 条、第 30 条规定情形的回避申请，应当决定休庭，并通知人民检察院尽快作出决定；（本项新增）

（二）不属于刑事诉讼法第 29 条、第 30 条规定情形的回避申请，应当当庭驳回，并不得申请复议。（本项新增）

第 37 条　本章所称的审判人员，包括人民法院院长、副院长、审判委员会委员、庭长、副庭长、审判员和人民陪审员。

第 38 条　法官助理、书记员、翻译人员和鉴定人适用审判人员回避的有关规定，其回避问题由院长决定。

第 39 条　辩护人、诉讼代理人可以依照本章的有关规定要求回避、申请复议。

第 80 条（第 1 款）　下列人员不得担任<u>刑事诉讼活动</u>的见证人：（一）生理上、精神上有缺陷或者年幼，不具有相应辨别能力或者不能正确表达的人；（二）与案件有利害关系，可能影响案件公正处理的人；（三）行使勘验、检查、搜查、扣押、<u>组织辨认等监察调查</u>、刑事诉讼职权的<u>监察</u>、公安、司法机关的工作人员或者其聘用的人员。

第 228 条（第 1 款）　庭前会议可以就下列事项向控辩双方了解情况，听取意见：……（二）是否申请有关人员回避；……（十）与审判相关的其他问题。

〔海警局令〔2023〕1 号〕　海警机构办理刑事案件程序规定（2023 年 5 月 15 日审议通过，2023 年 6 月 15 日起施行）（余文见本书第 308 条）

第 23 条　海警机构负责人、侦查人员有下列情形之一的，应当自行提出回避申请：（一）是本案的当事人或者是当事人的近亲属的；（二）本人或者他的近亲属和本案有利害关系的；（三）担任过本案的证人、鉴定人、辩护人、诉讼代理人的；（四）与本案当事人有其他关系，可能影响公正处理案件的。

违反前款规定，没有自行提出回避申请的，应当责令其回避，当事人及其法定代理人、辩护人、诉讼代理人也有权要求他们回避。

第 24 条　海警机构负责人、侦查人员不得有下列行为：（一）违反规定会见本案当事人

---

① 《最高人民法院关于执行〈中华人民共和国刑事诉讼法〉若干问题的解释》（法发〔1996〕33 号）第 28 条规定：被决定回避的人员和被驳回回避申请的当事人及其法定代理人对决定有异议的，可以分别在恢复庭审前和当庭申请复议 1 次。

② 2012 年版《解释》未区分情况处理，一律规定为"人民法院应当决定休庭，并通知人民检察院"。

及其委托人；（二）索取、接受本案当事人及其委托人的财物或者其他利益；（三）接受本案当事人及其委托人的宴请，或者参加由其支付费用的活动；（四）其他可能影响案件公正办理的不正当行为。

违反前款规定的，应当责令其回避并依法追究法律责任。当事人及其法定代理人、辩护人、诉讼代理人有权要求其回避。

第25条 海警机构负责人、侦查人员自行提出回避申请的，应当说明回避的理由；口头提出申请的，海警机构应当记录在案。

当事人及其法定代理人、辩护人、诉讼代理人要求海警机构负责人、侦查人员回避的，应当提出申请，并说明理由；口头提出申请的，海警机构应当记录在案。

第26条 侦查人员的回避，由海警机构负责人决定；海警机构负责人的回避，由相应人民检察院检察委员会决定。

第27条 当事人及其法定代理人、辩护人、诉讼代理人对侦查人员提出回避申请的，海警机构应当在收到回避申请后2日以内作出决定并通知申请人；情况复杂的，经海警机构负责人批准，可以在收到回避申请后5日以内作出决定。

当事人及其法定代理人、辩护人、诉讼代理人对海警机构负责人提出回避申请的，海警机构应当及时将申请移送相应人民检察院。

第28条 海警机构作出驳回申请回避的决定后，应当告知申请人，如不服决定可以在收到驳回申请回避决定书后5日以内，向作出决定的海警机构申请复议。

海警机构应当在收到复议申请后5日以内作出复议决定，并书面通知申请人。

第29条 在作出回避决定前，申请或者被申请回避的海警机构负责人、侦查人员不得停止对案件的侦查。

作出回避决定后，申请或者被申请回避的海警机构负责人、侦查人员不得再参与本案的侦查工作。

第30条 被决定回避的海警机构负责人、侦查人员在回避决定作出以前所进行的诉讼活动是否有效，由作出决定的机关根据案件情况决定。

第31条 本章关于回避的规定适用于记录人、翻译人员和鉴定人。

记录人、翻译人员和鉴定人需要回避的，由海警机构负责人决定。

第341条 本规定所称"海警机构负责人"是指海警机构的正职领导。……

【法释〔2023〕4号】 最高人民法院关于具有专门知识的人民陪审员参加环境资源案件审理的若干规定（2023年4月17日最高法审委会［1885］次〕通过，2023年7月26日公布，2023年8月1日起施行）(详见本书第13条)

第11条 符合法律规定的审判人员应当回避的情形，或所在单位与案件有利害关系的，具有专门知识的人民陪审员应当自行回避。当事人也可以申请具有专门知识的人民陪审员回避。

【高检发办字〔2023〕133号】 最高人民检察院关于上级人民检察院统一调用辖区的检察人员办理案件若干问题的规定（经全国人大常委会法工委同意，2023年9月5日印发施行）(详见本书第1章"检察工作制度"专辑)

第9条 上级人民检察院作出调用决定后，在办理案件中发现被调用检察人员具有法律规定应当回避的情形的，被调用检察人员应当自行回避，当事人及其法定代理人有权要求其回避。

【国安部令〔2024〕4号】　　国家安全机关办理刑事案件程序规定（2024年4月26日公布，2024年7月1日起施行）

第30条　国家安全机关负责人、侦查人员有下列情形之一的，应当自行提出回避申请，没有自行提出回避申请的，应当责令其回避，当事人及其法定代理人也有权要求他们回避：（一）是本案的当事人或者是当事人的近亲属的；（二）本人或者他的近亲属和本案有利害关系的；（三）担任过本案的证人、鉴定人、辩护人、诉讼代理人的；（四）与本案当事人有其他关系，可能影响公正处理案件的。

第31条　国家安全机关负责人、侦查人员不得有下列行为：（一）违反规定会见本案当事人及其委托人；（二）索取、接受本案当事人及其委托人的财物或者其他利益；（三）接受本案当事人及其委托人的宴请，或者参加由其支付费用的活动；（四）其他可能影响案件公正的不正当行为。

违反前款规定的，应当责令其回避并配合接受调查。当事人及其法定代理人有权要求其回避。

第32条　国家安全机关负责人、侦查人员自行提出回避申请的，应当提出书面申请，说明回避的理由。

当事人及其法定代理人要求国家安全机关负责人、侦查人员回避的，应当提出申请，并说明理由；口头提出回避申请的，国家安全机关应当记录在案。

第33条　侦查人员的回避，由国家安全机关负责人决定；国家安全机关负责人的回避，由同级人民检察院检察委员会决定。

第34条　当事人及其法定代理人对侦查人员提出回避申请的，国家安全机关应当在收到回避申请后5日以内作出决定并通知申请人。

当事人及其法定代理人对国家安全机关负责人提出回避申请的，国家安全机关应当及时将申请移送同级人民检察院。

第35条　当事人及其法定代理人对驳回申请回避的决定不服的，可以在收到驳回申请回避决定书后5日以内向作出决定的国家安全机关申请复议1次。

国家安全机关应当在收到复议申请后5日以内作出复议决定并书面通知申请人。

第36条　在作出回避决定前，申请或者被申请回避的国家安全机关负责人、侦查人员不得停止对案件的侦查。

作出回避决定后，申请或者被申请回避的国家安全机关负责人、侦查人员不得再参与本案的侦查工作。

第37条　被决定回避的国家安全机关负责人、侦查人员在回避决定作出以前所进行的诉讼活动是否有效，由作出决定的机关根据案件情况决定。

第38条　本章关于回避的规定适用于记录人、翻译人员和鉴定人。

前款人员需要回避的，由国家安全机关负责人决定。

第39条　辩护人、诉讼代理人可以依照本章的规定要求回避、申请复议。

第四章　辩护与代理[1]

> **第 33 条**[2] 【辩护人资格】犯罪嫌疑人、被告人除自己行使辩护权以外，还可以委托 1 至 2 人作为辩护人。下列的人可以被委托为辩护人：
> （一）律师；
> （二）人民团体或者犯罪嫌疑人、被告人所在单位推荐的人；
> （三）犯罪嫌疑人、被告人的监护人、亲友。
> 正在被执行刑罚或者依法被剥夺、限制人身自由的人，不得担任辩护人。[3]
> 被开除公职和被吊销律师、公证员执业证书的人，不得担任辩护人，但系犯罪嫌疑人、被告人的监护人、近亲属的除外。[4]
>
> **（插）第 11 条** 【辩护权】（见第 188 条）
> ……被告人有权获得辩护，人民法院有义务保证被告人获得辩护。
>
> **第 34 条**[5] 【辩护委托时间】犯罪嫌疑人自被侦查机关第一次讯问或者采取强制措施之日起，有权委托辩护人；在侦查期间，只能委托律师作为辩护人。被告人有权随时委托辩护人。
>
> 【辩护权告知与委托转达】侦查机关在第一次讯问犯罪嫌疑人或者对犯罪嫌疑人采取强制措施的时候，应当告知犯罪嫌疑人有权委托辩护人。人民检察院自收到移送审查起诉的案件材料之日起 3 日以内，应当告知犯罪嫌疑人有权委托辩护人。人民法院自受理案件之日起 3 日以内，应当告知被告人有权委托辩护人。犯罪嫌疑人、被告人在押期间要求委托辩护人的，人民法院、人民检察院和公安机关应当及时转达其要求。

[1] 本部分内容由 1996 年 3 月 17 日第 8 届全国人民代表大会第 4 次会议增加，1997 年 1 月 1 日施行。

[2] 本条规定由 1996 年 3 月 17 日第 8 届全国人民代表大会第 4 次会议修改，1997 年 1 月 1 日施行。原规定为："被告人除自己行使辩护权以外，还可以委托下列的人辩护：（一）律师；（二）人民团体或者被告人所在单位推荐的，或者经人民法院许可的公民；（三）被告人的近亲属、监护人。"
需要注意的是：辩护人资格范围第三项，由原规定"近亲属、监护人"修改为"监护人、亲友"。这表明：刑事诉讼中的辩护人"亲友"不仅仅限于近亲属。但最高法、最高检、公安部、司法部等部门均未明确其概念。根据汉语言文字的含义及伦理观念，从保障当事人辩护权的角度，"亲友"应当包含以下几类与当事人熟识的人群：①近亲属；②5 代以内旁系血亲及姻亲；③朋友、恋人；④同学、同事、战友；⑤同村、同社区、同一活动组织的人；⑥其他关系密切的人，如邻居、玩伴、业务伙伴、网友、校友等。

[3] 本书注：根据刑法规定，"剥夺政治权利"属于刑罚的一种。因此，在被剥夺政治权利期间，不得担任辩护人。但是，刑法规定的"剥夺政治权利"的范围并不包括"不得担任辩护人"。这是立法上的冲突。

[4] 本款规定由 2018 年 10 月 26 日第 13 届全国人大常委会第 6 次会议增设，同日公布施行。

[5] 本条规定由 1996 年 3 月 17 日第 8 届全国人民代表大会第 4 次会议增设（1997 年 1 月 1 日施行），原规定为："公诉案件自案件移送审查起诉之日起，犯罪嫌疑人有权委托辩护人。自诉案件的被告人有权随时委托辩护人。""人民检察院自收到移送审查起诉的案件材料之日起 3 日以内，应当告知犯罪嫌疑人有权委托辩护人。人民法院自受理自诉案件之日起 3 日以内，应当告知被告人有权委托辩护人。"2012 年 3 月 14 日第 11 届全国人大常委会第 5 次会议修改为现规定，2013 年 1 月 1 日施行。

【**代为委托辩护人**】犯罪嫌疑人、被告人在押的，也可以由其监护人、近亲属代为委托辩护人。

【**接受委托告知**】辩护人接受犯罪嫌疑人、被告人委托后，应当及时告知办理案件的机关。

● **相关规定**　【人大常委会〔1956〕39次】　全国人民代表大会常务委员会关于被剥夺政治权利的人可否充当辩护人的决定（1956年5月8日全国人大常委会第39次会议通过，回应最高人民法院咨询）①

被剥夺政治权利的人在被剥夺政治权利期间，不得充当辩护人。但是，被剥夺政治权利的人如果是被告人的近亲属或者监护人，可以充当辩护人。

【法发（研）〔1981〕号】　最高人民法院关于执行刑事诉讼法中若干问题的初步经验总结（1981年11月印发）②

二、关于辩护的问题

（一）保证被告人行使辩护权

依照刑事诉讼法第8条、第26条、第27条的规定，人民法院应当保证被告人行使辩护权。为了充分保障被告人的辩护权，人民法院应当为被告人委托律师或其他辩护人提供方便。如果被告人没有委托辩护人，在有条件的地方，人民法院可以指定律师为被告人辩护。被告人是聋、哑或者未成年人而没有委托辩护人的，人民法院应当为他指定辩护人。由于目前律师较少，也可以指定国家机关（公、检、法机关除外）、人民团体、企业、事业单位推荐的适当的工作人员或其他公民充当被告人的辩护人。

（二）辩护人的资格和人数问题

律师担任刑事案件辩护人的问题，应按《中华人民共和国律师暂行条例》办理。但是担任辩护人的律师，如果是被告人的近亲属或监护人的，应当以被告人的近亲属或监护人的身份参加辩护。按照1957年4月24日司法部《关于辩护人的几个问题的批复》和1981年3月28日司法部《关于人民陪审员可否担任辩护人的答复》中的规定，人民法院、人民检察院、公安机关的已职工作人员和人民陪审员，不能充当辩护人。但是，如果他们是被告的近亲属或者监护人，因而请求充当辩护人的，可以作为特殊情况而允许。

依照1956年5月8日全国人民代表大会常务委员会《关于被剥夺政治权利的人可否充当辩护人的决定》，被剥夺政治权利的人，在被剥夺政治权利期间，不得充当辩护人。但是，如果是被告人的近亲属或者监护人的，可以充当辩护人。

1名被告人一般只能委托1名辩护人进行辩护，至多不能超过2人，如果委托2人，应确定主次。在共同犯罪案件中，每一辩护人只能为1名被告人辩护。

【司发函〔1991〕052号】　司法部关于一个律师可否为同一案件两个以上被告人辩护等问题的批复（1991年2月22日答复湖南省司法厅"湘司律〔90〕44号"请示）

一、关于一个律师可否为同一案件2个或2个以上被告人担任辩护人的问题。我们同意

---

① 注：本《决定》一直未被废止，但与刑法第54条规定的剥夺政治权利的范围不相符。
② 注：该《经验总结》一直没有被废止，部分内容可作参考。

你厅意见。我国刑事诉讼法规定:"辩护人的责任是根据事实和法律,提出证明被告人无罪、罪轻或者减轻、免除其刑事责任的材料和意见,维护被告人的合法权益。"在同一案件中,几个被告人在案件中所处的地位和所起的作用不同,他们之间的利害关系既有相互一致的方面,又有相互冲突的一面,同一案件中,一个律师同时为几个被告人进行辩护,就可能使辩护人处于自相矛盾的境地,难以同时维护几个被告人的合法权益。因此,一个律师不能同时为同一案件中的 2 个或 2 个以上的被告人担任辩护人。

【司复〔1999〕9 号】 **司法部关于律师异地执业有关问题的批复**(1999 年 8 月 31 日答复黑龙江省司法厅"黑司发〔1999〕39 号"请示)

一、律师申请在其户籍地以外市、县的律师事务所注册执业,应当符合律师管理的有关规定,同时也应当符合相关部门的有关规定。

二、《律师法》第 12 条第 2 款规定的"律师执业不受地域限制"是指:律师承办业务不受地域限制;律师接受当事人委托,可以到其律师事务所在地市、县以上的地区履行职责;不应理解为注册地不受限制。

三、各省(区、市)司法厅(局)可以根据律师管理有关法律、法规、规章,结合本地区实际情况制定规范性文件,在本地区范围内实施。

【高检发〔2000〕18 号】 **检察人员任职回避和公务回避暂行办法**(2000 年 7 月 4 日最高检第 9 届检委会第 65 次会议通过,2000 年 7 月 17 日印发)

第 15 条 检察人员离任后 2 年内,不得担任诉讼代理人和辩护人。

【法发〔2007〕11 号】 **最高人民法院、最高人民检察院、公安部、司法部关于进一步严格依法办案确保办理死刑案件质量的意见**(2007 年 3 月 9 日)

13. 犯罪嫌疑人在被侦查机关第一次讯问后或者采取强制措施之日起,聘请律师或者经法律援助机构指派的律师为其提供法律咨询、代理申诉、控告的,侦查机关应当保障律师依法行使权利和履行职责。涉及国家秘密的案件,犯罪嫌疑人聘请律师或者申请法律援助,以及律师会见在押的犯罪嫌疑人,应当经侦查机关批准。律师发现有刑讯逼供情形的,可以向公安机关、人民检察院反映。

【法释〔2011〕12 号】 **最高人民法院关于审判人员在诉讼活动中执行回避制度若干问题的规定**(2011 年 4 月 11 日最高法审委会〔1517 次〕通过,2011 年 6 月 10 日公布,2011 年 6 月 13 日起施行;法发〔2000〕5 号《最高人民法院关于审判人员严格执行回避制度的若干规定》同时废止)

第 8 条 审判人员及法院其他工作人员从人民法院离任后 2 年内,不得以律师身份担任诉讼代理人或者辩护人。

审判人员及法院其他工作人员从人民法院离任后,不得担任原任职法院所审理案件的诉讼代理人或者辩护人,但是作为当事人的监护人或者近亲属代理诉讼或者进行辩护的除外。

本条所规定的离任,包括退休、调离、解聘、辞职、辞退、开除等离开法院工作岗位的情形。

本条所规定的原任职法院,包括审判人员及法院其他工作人员曾任职的所有法院。

【主席令〔2012〕64 号】 **中华人民共和国律师法**(2012 年 10 月 26 日第 11 届全国人大常委会第 29 次会议修正,2013 年 1 月 1 日施行;2017 年 9 月 1 日第 12 届全国人大常委会第 29 次会议修正)

第二章 律师执业许可

第 5 条 申请律师执业，应当具备下列条件：（一）拥护中华人民共和国宪法；（二）通过国家统一法律职业资格考试取得法律职业资格；（三）在律师事务所实习满 1 年；（四）品行良好。

实行国家统一法律职业资格考试前取得的国家统一司法考试合格证书、律师资格凭证，与国家统一法律职业资格证书具有同等效力。

第 6 条 申请律师执业，应当向设区的市级或者直辖市的区人民政府司法行政部门提出申请，并提交下列材料：（一）国家统一法律职业资格证书；（二）律师协会出具的申请人实习考核合格的材料；（三）申请人的身份证明；（四）律师事务所出具的同意接收申请人的证明。

申请兼职律师执业的，还应当提交所在单位同意申请人兼职从事律师职业的证明。

受理申请的部门应当自受理之日起 20 日内予以审查，并将审查意见和全部申请材料报送省、自治区、直辖市人民政府司法行政部门。省、自治区、直辖市人民政府司法行政部门应当自收到报送材料之日起 10 日内予以审核，作出是否准予执业的决定。准予执业的，向申请人颁发律师执业证书；不准予执业的，向申请人书面说明理由。

第 7 条 申请人有下列情形之一的，不予颁发律师执业证书：（一）无民事行为能力或者限制民事行为能力的；（二）受过刑事处罚，但过失犯罪的除外；（三）被开除公职或者被吊销律师、公证员执业证书的。

第 8 条 具有高等院校本科以上学历，在法律服务人员紧缺领域从事专业工作满 15 年，具有高级职称或者同等专业水平并具有相应的专业法律知识的人员，申请专职律师执业的，经国务院司法行政部门考核合格，准予执业。具体办法由国务院规定。

第 9 条 有下列情形之一的，由省、自治区、直辖市人民政府司法行政部门撤销准予执业的决定，并注销被准予执业人员的律师执业证书：（一）申请人以欺诈、贿赂等不正当手段取得律师执业证书的；（二）对不符合本法规定条件的申请人准予执业的。

第 10 条 律师只能在一个律师事务所执业。律师变更执业机构的，应当申请换发律师执业证书。

律师执业不受地域限制。

第 11 条 公务员不得兼任执业律师。

律师担任各级人民代表大会常务委员会组成人员的，任职期间不得从事诉讼代理或者辩护业务。

第 12 条 高等院校、科研机构中从事法学教育、研究工作的人员，符合本法第 5 条规定条件的，经所在单位同意，依照本法第 6 条规定的程序，可以申请兼职律师执业。

第 13 条 没有取得律师执业证书的人员，不得以律师名义从事法律服务业务；除法律另有规定外，不得从事诉讼代理或者辩护业务。

第 41 条 曾经担任法官、检察官的律师，从人民法院、人民检察院离任后 2 年内，不得担任诉讼代理人或者辩护人。

第 53 条（第 2 款） 被吊销律师执业证书的，不得担任辩护人、诉讼代理人，但系刑事诉讼、民事诉讼、行政诉讼当事人的监护人、近亲属的除外。

第 55 条 没有取得律师执业证书的人员以律师名义从事法律服务业务的，由所在地的县级以上地方人民政府司法行政部门责令停止非法执业，没收违法所得，处违法所得1倍以上5倍以下的罚款。①

【司复〔2021〕24号】 司法部关于申请兼职律师执业人员范围有关问题的批复（2021年12月2日答复北京市司法局"京司文〔2021〕71号"请示）

根据《中华人民共和国律师法》第12条规定，高等院校中从事法学研究工作的人员可以依法申请兼职律师执业，博士后流动站（工作站）的博士后不符合申请兼职律师执业的条件。该条规定的"法学"应理解为狭义上的"法学"，不包括政治学、社会学、民族学等。

【司法部令〔2016〕134号】 律师执业管理办法（2008年7月18日司法部令第112号发布；2016年9月18日司法部令第134号修订，2016年11月1日施行）

第6条（第3款） 享受国家统一司法考试有关报名条件、考试合格优惠措施，取得法律职业资格证书的，其申请律师执业的地域限制，按照有关规定办理。

第28条 律师不得在同一案件中为双方当事人担任代理人，或者代理与本人及其近亲属有利益冲突的法律事务。律师接受犯罪嫌疑人、被告人委托后，不得接受同一案件或者未同案处理但实施的犯罪存在关联的其他犯罪嫌疑人、被告人的委托担任辩护人。

曾经担任法官、检察官的律师从人民法院、人民检察院离任后，2年内不得以律师身份担任诉讼代理人或者辩护人；不得担任原任职人民法院、人民检察院办理案件的诉讼代理人或者辩护人，但法律另有规定的除外。

律师不得担任所在律师事务所其他律师担任仲裁员的案件的代理人。曾经或者仍在担任仲裁员的律师，不得承办与本人担任仲裁员办理过的案件有利益冲突的法律事务。

【主席令〔2019〕27号】 中华人民共和国法官法（2019年4月23日第13届全国人大常委会第10次会议修订，主席令第27号公布，2019年10月1日施行）

第36条 法官从人民法院离任后2年内，不得以律师身份担任诉讼代理人或者辩护人。

法官从人民法院离任后，不得担任原任职法院办理案件的诉讼代理人或者辩护人，但是作为当事人的监护人或者近亲属代理诉讼或者进行辩护的除外。

法官被开除后，不得担任诉讼代理人或者辩护人，但是作为当事人的监护人或者近亲属代理诉讼或者进行辩护的除外。

【主席令〔2019〕28号】 中华人民共和国检察官法（2019年4月23日第13届全国人大常委会第10次会议修订，主席令第28号公布，2019年10月1日施行）

第37条 检察官从人民检察院离任后2年内，不得以律师身份担任诉讼代理人或者辩护人。

检察官从人民检察院离任后，不得担任原任职检察院办理案件的诉讼代理人或者辩护人，但是作为当事人的监护人或者近亲属代理诉讼或者进行辩护的除外。

---

① 注：本条内容由2007年10月28日第10届全国人大常委会第30次会议修改，2008年6月1日施行。原规定为第46条："冒充律师从事法律服务的，由公安机关责令停止非法执业，没收违法所得，可以并处5000元以下罚款、15日以下拘留。""没有取得律师执业证书，为牟取经济利益从事诉讼代理或者辩护业务的，由所在地的县级以上地方人民政府司法行政部门责令停止非法执业，没收违法所得，可以并处违法所得1倍以上5倍以下罚款。"

检察官被开除后，不得担任诉讼代理人或者辩护人，但是作为当事人的监护人或者近亲属代理诉讼或者进行辩护的除外。

【主席令〔2018〕3号】　中华人民共和国监察法（2018年3月20日第13届全国人大第1次会议通过，同日公布施行）

第59条（第2款）　监察人员辞职、退休3年内，不得从事与监察和司法工作相关联且可能发生利益冲突的职业。

【主席令〔2021〕92号】　中华人民共和国监察官法（2021年8月20日第13届全国人大常委会第30次会议通过，2022年1月1日施行）

第3条　监察官包括下列人员：（一）各级监察委员会的主任、副主任、委员；（二）各级监察委员会机关中的监察人员；（三）各级监察委员会派驻或者派出到中国共产党机关、国家机关、法律法规授权或者委托管理公共事务的组织和单位以及所管辖的行政区域等的监察机构中的监察人员、监察专员；（四）其他依法行使监察权的监察机构中的监察人员。

对各级监察委员会派驻到国有企业的监察机构工作人员、监察专员，以及国有企业中其他依法行使监察权的监察机构工作人员的监督管理，参照执行本法有关规定。

第49条　监察官离任3年内，不得从事与监察和司法工作相关联且可能发生利益冲突的职业。

监察官离任后，不得担任原任职监察机关办理案件的诉讼代理人或者辩护人，但是作为当事人的监护人或者近亲属代理诉讼、进行辩护的除外。

监察官被开除后，不得担任诉讼代理人或者辩护人，但是作为当事人的监护人或者近亲属代理诉讼、进行辩护的除外。

第51条　监察官的配偶、父母、子女及其配偶不得以律师身份担任该监察官所任职监察机关办理案件的诉讼代理人、辩护人，或者提供其他有偿法律服务。

【国监委公告〔2021〕1号】　监察法实施条例（2021年7月20日国家监委全体会议决定，2021年9月20日公布施行）

第269条　监察人员离任3年以内，不得从事与监察和司法工作相关联且可能发生利益冲突的职业。

监察人员离任后，不得担任原任职监察机关办理案件的诉讼代理人或者辩护人，但是作为当事人的监护人或者近亲属代理诉讼或者进行辩护的除外。

【六部委〔2012〕规定】　最高人民法院、最高人民检察院、公安部、国家安全部、司法部、全国人大常委会法制工作委员会关于实施刑事诉讼法若干问题的规定（2012年12月26日印发，2013年1月1日施行）

4.人民法院、人民检察院、公安机关、国家安全机关、监狱的现职人员，人民陪审员，外国人或者无国籍人，以及与本案有利害关系的人，不得担任辩护人。但是，上述人员系犯罪嫌疑人、被告人的监护人或者近亲属，犯罪嫌疑人、被告人委托其担任辩护人的，可以准许。无行为能力或者限制行为能力的人，不得担任辩护人。

1名辩护人不得为2名以上的同案犯罪嫌疑人、被告人辩护，不得为2名以上的未同案处理但实施的犯罪存在关联的犯罪嫌疑人、被告人辩护。

【高检发〔2014〕21号】　最高人民检察院关于依法保障律师执业权利的规定（2014年12月16日最高检第12届检委会第32次会议通过，2014年12月23日印发施行；2004年2

月10日《关于人民检察院保障律师在刑事诉讼中依法执业的规定》、2006年2月23日《关于进一步加强律师执业权利保障工作的通知》同时废止）

第3条 人民检察院应当依法保障当事人委托权的行使。人民检察院在办理案件中应当依法告知当事人有权委托辩护人、诉讼代理人。对于在押或者被指定居所监视居住的犯罪嫌疑人提出委托辩护人要求的，人民检察院应当及时转达其要求。犯罪嫌疑人的监护人、近亲属代为委托辩护律师的，应当由犯罪嫌疑人确认委托关系。

人民检察院应当及时查验接受委托的律师是否具有辩护资格，发现有不得担任辩护人情形的，应当及时告知当事人、律师或者律师事务所解除委托关系。

【苏司通〔2014〕112号】 江苏省高级人民法院、江苏省人民检察院、江苏省公安厅、江苏省司法厅关于律师刑事辩护若干问题的会议纪要（2014年7月29日）

36. 有下列情形之一的，律师不得接受委托担任辩护人：（一）已经接受同案或者未同案处理但实施的犯罪存在关联的其他犯罪嫌疑人、被告人委托担任辩护人的；（二）在同一诉讼阶段犯罪嫌疑人、被告人已经委托2名辩护人的；（三）律师原为人民法院、人民检察院工作人员，从人民法院、人民检察院离任后不满2年的；（四）律师原为法官、检察官，案件为原任职人民法院、人民检察院所办理的。

前款第三项规定的人员，如果是犯罪嫌疑人、被告人的监护人、近亲属，可以由犯罪嫌疑人、被告人委托其担任辩护人，但不得以律师身份担任辩护人。

办案机关发现律师有不得担任辩护人情形的，应当及时告知犯罪嫌疑人、被告人和律师及其所在律师事务所，必要时可以通报律师所在律师协会及所属司法行政机关。

【司发〔2015〕14号】 最高人民法院、最高人民检察院、公安部、国家安全部、司法部关于依法保障律师执业权利的规定（2015年9月16日）

第25条（第2款） 律师可以根据需要，向人民法院申请带律师助理参加庭审。律师助理参加庭审仅能从事相关辅助工作，不得发表辩护、代理意见。

第46条 依法规范法律服务秩序，严肃查处假冒律师执业和非法从事法律服务的行为。对未取得律师执业证书或者已经被注销、吊销执业证书的人员以律师名义提供法律服务或者从事相关活动的，或者利用相关法律关于公民代理的规定从事诉讼代理或者辩护业务非法牟利的，依法追究责任，造成严重后果的，依法追究刑事责任。

第48条 本规定所称"律师助理"，是指辩护、代理律师所在律师事务所的其他律师和申请律师执业实习人员。

最高人民法院、最高人民检察院、公安部、国家安全部、司法部关于进一步规范司法人员与当事人、律师、特殊关系人、中介组织接触交往行为的若干规定（2015年9月6日印发）

第8条 司法人员从司法机关离任后，不得担任原任职单位办理案件的诉讼代理人或者辩护人，但作为当事人的监护人或者近亲属代理诉讼或者进行辩护的除外。

【律发通〔2017〕51号】 律师办理刑事案件规范（2017年8月27日第9届全国律协常务理事会第8次会议通过、即日施行，中华全国律师协会2017年9月20日印发）

第9条 律师接受委托，应当由律师事务所办理以下手续：（一）律师事务所与委托人签署《委托协议》；（二）委托人签署委托书；（三）律师事务所开具办案所需的相关诉讼文书。

上述手续，律师事务所应当留存原件或存根备查。

第10条　律师接受委托办理刑事案件，可以在侦查、审查起诉、一审、二审、死刑复核、申诉、再审等各诉讼阶段由律师事务所分别办理委托手续，也可以一次性办理。

第11条　律师接受委托或者指派后，应当及时与办案机关联系，出示律师执业证书，提交委托书和律师事务所证明或者法律援助公函。

第12条　律师办理刑事案件，无正当理由，不得拒绝辩护或者代理。但委托事项违法、委托人利用律师提供的服务从事违法活动，或者委托人故意隐瞒与案件有关的重要事实的，律师有权拒绝辩护或者代理。

律师与当事人或者委托人就辩护或代理方案产生严重分歧，不能达成一致的，可以代表律师事务所与委托人协商解除委托关系。

解除委托关系后，律师应当及时告知办案机关。

第13条　同一名律师不得为2名或2名以上的同案犯罪嫌疑人、被告人辩护，不得为2名或2名以上的未同案处理但涉嫌的犯罪存在关联的犯罪嫌疑人、被告人辩护。

同一律师事务所在接受2名或2名以上的同案犯罪嫌疑人、被告人的委托，分别指派不同的律师担任辩护人的，须告知委托人并经其同意。

第14条（第1款）　律师办理刑事案件，可以会同异地律师协助调查、收集证据和会见，经当事人同意可以为协同工作的律师办理授权委托手续。

第16条　律师办理刑事案件结束后，应当撰写办案总结，与辩护词或代理词、法律文书以及摘抄、复制的案卷材料等一并归档保存。

第17条　提前解除委托关系的，律师应当在办案总结中说明原因，并附相关手续，整理案卷归档。

【律发通〔2018〕9号】　中华全国律师协会关于律师办理黑恶势力犯罪案件辩护代理工作若干意见（2018年9月3日）**（见《刑法全厚细》第294条）**

【法办函〔2019〕205号】　最高人民法院办公厅对十三届全国人大二次会议第6263号建议的答复（2019年5月16日答复冯帆代表《关于刑事诉讼庭审中辩护人携带记录人员的建议》）

2015年9月《最高人民法院、最高人民检察院、公安部、国家安全部、司法部关于依法保障律师执业权利的规定》（以下简称《规定》）明确律师助理可以协助律师参与刑事诉讼，包括会见、阅卷、庭审等。律师助理的范围较宽，包括辩护、代理律师所在律师事务所的其他律师和申请律师执业实习人员。

《规定》第25条第2款规定："律师可以根据需要，向人民法院申请带律师助理参加庭审。律师助理参加庭审仅能从事相关辅助工作，不得发表辩护、代理意见。"根据这一规定，被告人除自己行使辩护权以外，还可以委托1至2名辩护律师，而每名辩护律师可以向人民法院申请带1名律师助理参与庭审，从事记录等辅助工作。应当说，律师助理参与刑事诉讼，特别是庭审，从事相关辅助工作，对于保证辩护律师集中精力辩护，充分维护被告人的合法权益发挥了重要作用。

下一步，最高人民法院将结合您的建议，加大对地方法院的指导力度，坚决贯彻《规定》关于律师助理参与刑事诉讼、特别是法庭审理的相关规定，坚决维护辩护律师的合法权益，最大限度地保障当事人的合法权益。

【高检发释字〔2019〕4号】 人民检察院刑事诉讼规则（2019年12月2日最高检第13届检委会第28次会议通过，2019年12月30日公布施行；高检发释字〔2012〕2号《规则（试行）》同时废止）

第40条 人民检察院负责侦查的部门在第一次讯问犯罪嫌疑人或者对其采取强制措施时，应当告知犯罪嫌疑人有权委托辩护人，并告知其如果因经济困难或者其他原因没有委托辩护人的，可以申请法律援助。属于刑事诉讼法第35条规定情形的，应当告知犯罪嫌疑人有权获得法律援助。

人民检察院自收到移送起诉案卷材料之日起3日以内，应当告知犯罪嫌疑人有权委托辩护人，并告知其如果因经济困难或者其他原因没有委托辩护人的，可以申请法律援助。属于刑事诉讼法第35条规定情形的，应当告知犯罪嫌疑人有权获得法律援助。

当面口头告知的，应当记入笔录，由被告知人签名；电话告知的，应当记录在案；书面告知的，应当将送达回执入卷。

第41条 人民检察院办理直接受理立案侦查案件、审查逮捕案件和审查起诉案件，在押或者被指定居所监视居住的犯罪嫌疑人向人民检察院提出委托辩护人要求的，侦查部门、侦查监督部门和公诉部门人民检察院应当及时向其监护人、近亲属或者其指定的人员转达要求，并记录在案。

【公安部令〔2020〕159号】 公安机关办理刑事案件程序规定（2020年7月4日第3次部务会议修订，2020年7月20日公布，2020年9月1日施行）

第43条（第2款） 对于同案的犯罪嫌疑人委托同一名辩护律师的，或者2名以上未同案处理但实施的犯罪存在关联的犯罪嫌疑人委托同一名辩护律师的，公安机关应当要求其更换辩护律师。

第44条（第2款） 犯罪嫌疑人委托辩护律师的请求可以书面提出，也可以口头提出。口头提出的，公安机关应当制作笔录，由犯罪嫌疑人签名、捺指印。

第45条 在押的犯罪嫌疑人向看守所提出委托辩护律师要求的，看守所应当及时将其请求转达给办案部门，办案部门应当及时向犯罪嫌疑人委托的辩护律师或者律师事务所转达该项请求。

在押的犯罪嫌疑人仅提出委托辩护律师的要求，但提不出具体对象，办案部门应当及时通知犯罪嫌疑人的监护人、近亲属代为委托辩护律师。犯罪嫌疑人无监护人或者近亲属的，办案部门应当及时通知当地律师协会或者司法行政机关为其推荐辩护律师。

第369条 外国籍犯罪嫌疑人委托辩护人的，应当委托在中华人民共和国的律师事务所执业的律师。

【法释〔2021〕1号】 最高人民法院关于适用《中华人民共和国刑事诉讼法》的解释（2020年12月7日最高法审委会〔1820次〕修订，2021年1月26日公布，2021年3月1日施行；2013年1月1日施行的"法释〔2012〕21号"《解释》同时废止）

第40条 人民法院审判案件，应当充分保障被告人依法享有的辩护权利。

被告人除自己行使辩护权以外，还可以委托辩护人辩护。下列人员不得担任辩护人：（一）正在被执行刑罚或者处于缓刑、假释考验期间的人；（二）依法被剥夺、限制人身自由的人；（三）被开除公职或者被吊销律师、公证员执业证书的人；（四）人民法院、人民检察院、监察机关、公安机关、国家安全机关、监狱的现职人员；（五）人民陪审员；（六）与本案审理结果有利害关系的人；（七）外国人或者无国籍人；（八）无行为能力或者限制行为能力的人。

前款第三项至第七项规定的人员，如果是被告人的监护人、近亲属，由被告人委托担任辩护人的，可以准许。

第41条 审判人员和人民法院其他工作人员从人民法院离任后2年内，不得以律师身份担任辩护人。

审判人员和人民法院其他工作人员从人民法院离任后，不得担任原任职法院所审理案件的辩护人，但系被告人的监护人、近亲属的除外。

审判人员和人民法院其他工作人员的配偶、子女或者父母不得担任其任职法院所审理案件的辩护人，但系被告人的监护人、近亲属的除外。

第42条 <u>对接受委托担任辩护人的</u>①，人民法院应当核实其身份证明和授权委托书。

第43条 1名被告人可以委托1至2人作为辩护人。

1名辩护人不得为2名以上的同案被告人，或者未同案处理但犯罪事实存在关联的被告人辩护。

<u>第68条</u> 律师担任辩护人、诉讼代理人，经人民法院准许，可以带1名助理参加庭审。律师助理参加庭审的，可以从事辅助工作，但不得发表辩护、代理意见。

第485条（第1款） 外国籍被告人委托律师辩护，或者外国籍附带民事诉讼原告人、自诉人委托律师代理诉讼，应当委托具有中华人民共和国律师资格并依法取得执业证书的律师。

【法〔2021〕348号】 **最高人民法院、司法部关于为死刑复核案件被告人依法提供法律援助的规定**（2021年12月30日印发，2022年1月1日试行）

第7条 辩护律师应当在接受指派之日起10日内，通过传真或者寄送等方式，将法律援助手续提交最高人民法院。

【高检发办字〔2021〕79号】 **检察人员配偶、子女及其配偶禁业清单**（最高检2021年9月29日印发）

三、各级人民检察院领导干部和检察官的配偶、父母、子女不得担任其所任职检察院辖区内律师事务所的合伙人或设立人，不得在其任职检察院辖区内以律师身份担任诉讼代理人、辩护人，或为诉讼案件当事人提供其他有偿法律服务。

七、本清单中所称"各级人民检察院领导干部"，指各级人民检察院领导班子成员和检察委员会委员。

【法〔2021〕266号】 **人民法院工作人员近亲属禁业清单**（最高法2021年10月20日印发）

第2条 人民法院工作人员近亲属经商办企业执行以下共同禁业范围：

（一）法院领导干部和审判执行人员的配偶、父母、子女不得担任其所任职法院辖区内律师事务所的合伙人或者设立人；

（二）法院领导干部和审判执行人员的配偶、父母、子女不得在其任职法院辖区内以律

---

① 下划线部分2012年版规定为"律师，人民团体、被告人所在单位推荐的人，或者被告人的监护人、亲友被委托为辩护人的"。

师身份担任诉讼代理人、辩护人，或为诉讼案件当事人提供其他有偿法律服务；

……

第5条　本清单所称"法院领导干部"是指各级人民法院的领导班子成员及审判委员会专职委员，"审判执行人员"是指各级人民法院立案、审判、执行、审判监督、国家赔偿等部门的领导班子成员、法官及具备公务员身份的法官助理、执行员、书记员。

【司发通〔2021〕61号】　最高人民法院、最高人民检察院、司法部关于进一步规范法院、检察院离任人员从事律师职业的意见（2021年9月30日）

第2条　本意见适用于从各级人民法院、人民检察院离任且在离任时具有公务员身份的工作人员。离任包括退休、辞去公职、开除、辞退、调离等。

本意见所称律师，是指在律师事务所执业的专兼职律师（包括从事非诉讼法律事务的律师）。本意见所称律师事务所"法律顾问"，是指不以律师名义执业，但就相关业务领域或者个案提供法律咨询、法律论证，或者代表律师事务所开展协调、业务拓展等活动的人员。本意见所称律师事务所行政人员，是指律师事务所聘用的从事秘书、财务、行政、人力资源、信息技术、风险管控等工作的人员。

第3条　各级人民法院、人民检察院离任人员从事律师职业或者担任律师事务所"法律顾问"、行政人员，应当严格执行《中华人民共和国法官法》《中华人民共和国检察官法》《中华人民共和国律师法》和公务员管理相关规定。

各级人民法院、人民检察院离任人员在离任后2年内，不得以律师身份担任诉讼代理人或者辩护人。各级人民法院、人民检察院离任人员终身不得担任原任职人民法院、人民检察院办理案件的诉讼代理人或者辩护人，但是作为当事人的监护人或者近亲属代理诉讼或者进行辩护的除外。

第4条　被人民法院、人民检察院开除人员和从人民法院、人民检察院辞去公职、退休的人员除符合本意见第3条规定外，还应当符合下列规定：

（一）被开除公职的人民法院、人民检察院工作人员不得在律师事务所从事任何工作。

（二）辞去公职或者退休的人民法院、人民检察院领导班子成员，四级高级及以上法官、检察官，四级高级法官助理、检察官助理以上及相当职级层次的审判、检察辅助人员在离职3年内，其他辞去公职或退休的人民法院、人民检察院工作人员在离职2年内，不得到原任职人民法院、人民检察院管辖地区内的律师事务所从事律师职业或者担任"法律顾问"、行政人员等，不得以律师身份从事与原任职人民法院、人民检察院相关的有偿法律服务活动。

（三）人民法院、人民检察院退休人员在不违反前项从业限制规定的情况下，确因工作需要从事律师职业或者担任律师事务所"法律顾问"、行政人员的，应当严格执行中共中央组织部《关于进一步规范党政领导干部在企业兼职（任职）问题的意见》（中组发〔2013〕18号）规定和审批程序，并及时将行政、工资等关系转出人民法院、人民检察院，不再保留机关的各种待遇。

第5条　各级人民法院、人民检察院离任人员不得以任何形式，为法官、检察官与律师不正当接触交往牵线搭桥，充当司法掮客；不得采用隐名代理等方式，规避从业限制规定，违规提供法律服务。

第6条　人民法院、人民检察院工作人员拟在离任后从事律师职业或者担任律师事务所"法律顾问"、行政人员的，应当在离任时向所在人民法院、人民检察院如实报告从业去向，签署承诺书，对遵守从业限制规定、在从业限制期内主动报告从业变动情况等作出承诺。

人民法院、人民检察院离任人员向律师协会申请律师实习登记时，应当主动报告曾在人民法院、人民检察院工作的情况，并作出遵守从业限制的承诺。

第7条　律师协会应当对人民法院、人民检察院离任人员申请实习登记进行严格审核，就申请人是否存在不宜从事律师职业的情形征求原任职人民法院、人民检察院意见，对不符合相关条件的人员不予实习登记。司法行政机关在办理人民法院、人民检察院离任人员申请律师执业核准时，应当严格审核把关，对不符合相关条件的人员不予核准执业。

第8条　各级人民法院、人民检察院应当在离任人员离任前与本人谈话，提醒其严格遵守从业限制规定，告知违规从业应承担的法律责任，对不符合从业限制规定的，劝其调整从业意向。

司法行政机关在作出核准人民法院、人民检察院离任人员从事律师职业决定时，应当与本人谈话，提醒其严格遵守从业限制规定，告知违规从业应承担的法律责任。

第9条　各级人民法院、人民检察院在案件办理过程中，发现担任诉讼代理人、辩护人的律师违反人民法院、人民检察院离任人员从业限制规定情况的，应当通知当事人更换诉讼代理人、辩护人，并及时通报司法行政机关。

司法行政机关应当加强从人民法院、人民检察院离任后在律师事务所从业人员的监督管理，通过投诉举报调查、"双随机一公开"抽查等方式，及时发现离任人员违法违规问题线索并依法作出处理。

第10条　律师事务所应当切实履行对本所律师及工作人员的监督管理责任，不得接收不符合条件的人民法院、人民检察院离任人员到本所执业或者工作，不得指派本所律师违反从业限制规定担任诉讼代理人、辩护人。律师事务所违反上述规定的，由司法行政机关依法依规处理。

第11条　各级人民法院、人民检察院应当建立离任人员信息库，并实现与律师管理系统的对接。司法行政机关应当依托离任人员信息库，加强对人民法院、人民检察院离任人员申请律师执业的审核把关。

各级司法行政机关应当会同人民法院、人民检察院，建立人民法院、人民检察院离任人员在律师事务所从业信息库和人民法院、人民检察院工作人员近亲属从事律师职业信息库，并实现与人民法院、人民检察院立案、办案系统的对接。人民法院、人民检察院应当依托相关信息库，加强对离任人员违规担任案件诉讼代理人、辩护人的甄别、监管，做好人民法院、人民检察院工作人员回避工作。

第12条　各级人民法院、人民检察院和司法行政机关应当定期对人民法院、人民检察院离任人员在律师事务所违规从业情况开展核查，并按照相关规定进行清理。

对人民法院、人民检察院离任人员违规从事律师职业或者担任律师事务所"法律顾问"、行政人员的，司法行政机关应当要求其在规定时间内申请注销律师执业证书、与律所解除劳务关系；对在规定时间内没有主动申请注销执业证书或者解除劳动劳务关系的，司法行政机关应当依法注销其执业证书或者责令律所与其解除劳动劳务关系。

本意见印发前，已经在律师事务所从业的人民法院、人民检察院退休人员，按照中共中央组织部《关于进一步规范党政领导干部在企业兼职（任职）问题的意见》（中组发〔2013〕18号）相关规定处理。

【海警局令〔2023〕1号】　海警机构办理刑事案件程序规定（2023年5月15日审议通过，2023年6月15日起施行）<u>（余文见本书第308条）</u>

第33条　海警机构在第一次讯问犯罪嫌疑人或者对犯罪嫌疑人采取强制措施的时候，应当告知犯罪嫌疑人有权委托律师作为辩护人，并告知其如果因经济困难或者其他原因没有委托辩护律师的，可以向法律援助机构申请法律援助。告知的情形应当记录在案。

第34条　犯罪嫌疑人可以自己委托辩护律师。犯罪嫌疑人在押的，也可以由其监护人、近亲属代为委托辩护律师。

犯罪嫌疑人委托辩护律师的请求可以书面提出，也可以口头提出。口头提出的，海警机构应当制作笔录，由犯罪嫌疑人签名、捺指印。

第35条　犯罪嫌疑人在押期间，海警机构收到看守所转交的犯罪嫌疑人提出的委托辩护律师请求，应当及时向其委托的辩护律师或者律师事务所转达。

在押的犯罪嫌疑人仅提出委托辩护律师的要求，但提不出具体对象的，海警机构应当及时通知犯罪嫌疑人的监护人、近亲属代为委托辩护律师。犯罪嫌疑人无监护人或者近亲属的，海警机构应当及时通知当地律师协会或者司法行政机关为其推荐辩护律师。

第38条　辩护律师接受犯罪嫌疑人委托或者法律援助机构的指派后，应当及时告知海警机构并出示律师执业证书、律师事务所证明和委托书或者法律援助公函。

第39条　对于同案的犯罪嫌疑人委托同一名辩护律师的，或者2名以上未同案处理但实施的犯罪存在关联的犯罪嫌疑人委托同一名辩护律师的，海警机构应当要求其更换辩护律师。

【国安部令〔2024〕4号】　国家安全机关办理刑事案件程序规定（2024年4月26日公布，2024年7月1日起施行）

第8条　国家安全机关在刑事诉讼中，应当保障犯罪嫌疑人、被告人和其他诉讼参与人依法享有的辩护权和其他诉讼权利。

第40条　国家安全机关在第一次讯问犯罪嫌疑人或者对犯罪嫌疑人采取强制措施的时候，应当告知犯罪嫌疑人有权委托律师作为辩护人，并告知其如果因经济困难或者其他原因没有委托辩护律师的，本人及其近亲属可以向法律援助机构申请法律援助。告知的情形应当记录在案。

第41条　犯罪嫌疑人有权自行委托辩护律师。犯罪嫌疑人在押的，也可以由其监护人、近亲属代为委托辩护律师。

犯罪嫌疑人委托辩护律师的请求可以书面提出，也可以口头提出。口头提出的，国家安全机关应当制作笔录，由犯罪嫌疑人签名、捺指印。

第42条　对于同案的犯罪嫌疑人委托同一名辩护律师的，或者2名以上未同案处理但实施的犯罪存在关联的犯罪嫌疑人委托同一名辩护律师的，国家安全机关应当要求犯罪嫌疑人更换辩护律师。

第43条　在押犯罪嫌疑人向看守所提出委托辩护律师要求的，看守所应当及时将其请求转达给办案部门，办案部门应当及时向犯罪嫌疑人委托的辩护律师或者律师事务所转达该项请求。

在押的犯罪嫌疑人仅委托辩护律师的要求，但提不出具体对象的，应当提供监护人或者近亲属的联系方式。办案部门应当及时通知犯罪嫌疑人的监护人、近亲属代为委托辩律师，无法通知的，应当告知犯罪嫌疑人。犯罪嫌疑人无监护人或者近亲属的，办案部门应当及时通知当地律师协会或者司法行政机关为其推荐辩护律师。

【司发函〔2007〕250号】 **司法部关于户籍在非放宽地区使用蒙文答卷参加考试取得C类法律职业资格人员执业问题的复函**（2007年8月14日答复内蒙古自治区司法厅"内司请〔2007〕5号"请示）

为满足民族自治地方对通晓并使用民族语言文字的法律职业人才的需求，经研究，同意户籍在非放宽地区使用蒙文答卷参加考试取得C类法律职业资格的人员，在其户籍所在地执业。

【司复〔2013〕4号】 **司法部关于取得法律职业资格证书C证的人员申请律师执业问题的批复**（2013年5月2日答复新疆维吾尔自治区司法厅"新司请〔2011〕57号"请示）

根据《中华人民共和国律师法》第5条、《律师执业管理办法》第6条等规定，取得法律职业资格证书C证的人员，应当在其报名参加国家司法考试时户籍所在地的县（市、区）申请律师执业。在本批复发布之日前，已经被许可在其报名参加国家司法考试时户籍所在地以外的县（市、区）从事律师执业的取得C证人员，可以在现执业地的县（市、区）律师执业机构继续执业。

【司复〔2018〕6号】 **司法部关于取得法律职业资格证书C证的律师承办业务地域范围问题的批复**（2018年5月12日答复贵州省司法厅"黔司呈〔2018〕5号"请示）

根据《律师法》第10条第2款规定，取得法律职业资格证书C证的律师承办业务不受地域限制，可以到本律师事务所所在的县（市、区）以外的地区办理业务。

【司法部令〔2020〕146号】 **法律职业资格管理办法**（2020年11月17日司法部部务会议通过，2020年12月1日公布，2021年1月1日施行；司法部令〔2002〕74号《法律职业资格证书管理办法》同时废止）

第15条 A类法律职业资格证书在全国范围内有效。B类和C类法律职业资格证书的适用范围，由国家统一法律职业资格考试协调委员会确定。

取得B类法律职业资格证书人员，在获得《国家统一法律职业资格考试实施办法》第9条规定的专业学历条件后，其B类法律职业资格证书在全国范围内有效。

第35条[①] **【援助辩护】**犯罪嫌疑人、被告人因经济困难或者其他原因没有委托辩护人的，本人及其近亲属可以向法律援助机构提出申请。对符合法律援助条件的，法律援助机构应当指派律师为其提供辩护。

[①] 本条规定先后2次修改。原规定（1980年1月1日施行）为："公诉人出庭公诉的案件，被告人没有委托辩护人的，人民法院可以为他指定辩护人。被告人是聋、哑或者未成年人而没有委托辩护人的，人民法院应当为他指定辩护人。" 1996年3月17日第8届全国人民代表大会第4次会议修改为（1997年1月1日施行）："公诉人出庭公诉的案件，被告人因经济困难或者其他原因没有委托辩护人的，人民法院可以指定承担法律援助义务的律师为其提供辩护。""被告人是盲、聋、哑或者未成年人而没有委托辩护人的，人民法院应当指定承担法律援助义务的律师为其提供辩护。""被告人可能被判处死刑而没有委托辩护人的，人民法院应当指定承担法律援助义务的律师为其提供辩护。" 2012年3月14日第11届全国人大常委会第5次会议修改为现规定，2013年1月1日施行。

犯罪嫌疑人、被告人是盲、聋、哑人，或者是尚未完全丧失辨认或者控制自己行为能力的精神病人，没有委托辩护人的，人民法院、人民检察院和公安机关应当通知法律援助机构指派律师为其提供辩护。

犯罪嫌疑人、被告人可能被判处无期徒刑、死刑，没有委托辩护人的，人民法院、人民检察院和公安机关应当通知法律援助机构指派律师为其提供辩护。

第 36 条① 【值班律师】法律援助机构可以在人民法院、看守所等场所派驻值班律师。犯罪嫌疑人、被告人没有委托辩护人，法律援助机构没有指派律师为其提供辩护的，由值班律师为犯罪嫌疑人、被告人提供法律咨询、程序选择建议、申请变更强制措施、对案件处理提出意见等法律帮助。

人民法院、人民检察院、看守所应当告知犯罪嫌疑人、被告人有权约见值班律师，并为犯罪嫌疑人、被告人约见值班律师提供便利。

(原第96条第1款)② 【聘请律师】犯罪嫌疑人在被侦查机关第一次讯问后或者采取强制措施之日起，可以聘请律师为其提供法律咨询、代理申诉、控告。犯罪嫌疑人被逮捕的，聘请的律师可以为其申请取保候审。涉及国家秘密的案件，犯罪嫌疑人聘请律师，应当经侦查机关批准。

● **相关规定**　【国务院令〔2003〕385号】　法律援助条例（2003年7月16日国务院第15次常务会议通过，2003年7月21日公布，2003年9月1日施行）

第3条　法律援助是政府的责任，县级以上人民政府应当采取积极措施推动法律援助工作，为法律援助提供财政支持，保障法律援助事业与经济、社会协调发展。

法律援助经费应当专款专用，接受财政、审计部门的监督。

第11条　刑事诉讼中有下列情形之一的，公民可以向法律援助机构申请法律援助：（一）犯罪嫌疑人在被侦查机关第一次讯问后或者采取强制措施之日起，因经济困难没有聘请律师的；（二）公诉案件中的被害人及其法定代理人或者近亲属，自案件移送审查起诉之日起，因经济困难没有委托诉讼代理人的；（三）自诉案件的自诉人及其法定代理人，自案件被人民法院受理之日起，因经济困难没有委托诉讼代理人的。

第12条　公诉人出庭公诉的案件，被告人因经济困难或者其他原因没有委托辩护人，人民法院为被告人指定辩护时，法律援助机构应当提供法律援助。

被告人是盲、聋、哑人或者未成年人而没有委托辩护人的，或者被告人可能被判处死刑而没有委托辩护人的，人民法院为被告人指定辩护时，法律援助机构应当提供法律援助，无须对被告人进行经济状况的审查。

第13条　本条例所称公民经济困难的标准，由省、自治区、直辖市人民政府根据本行政区域经济发展状况和法律援助事业的需要规定。

申请人住所地的经济困难标准与受理申请的法律援助机构所在地的经济困难标准不一致

---

① 本条规定由2018年10月26日第13届全国人大常委会第6次会议增设，同日公布施行。
② 本条规定由1996年3月17日第8届全国人民代表大会第4次会议增设（1997年1月1日施行）；被2012年3月14日第11届全国人大常委会第5次会议删除，2013年1月1日施行。

的，按照受理申请的法律援助机构所在地的经济困难标准执行。

第15条 本条例第11条所列人员申请法律援助的，应当向审理案件的人民法院所在地的法律援助机构提出申请。被羁押的犯罪嫌疑人的申请由看守所在24小时内转交法律援助机构。申请法律援助所需提交的有关证件、证明材料由看守所通知申请人的法定代理人或者近亲属协助提供。

第17条 公民申请代理、刑事辩护的法律援助应当提交下列证件、证明材料：（一）身份证或者其他有效的身份证明，代理申请人还应当提交有代理权的证明；（二）经济困难的证明；（三）与所申请法律援助事项有关的案件材料。

申请应当采用书面形式，填写申请表；以书面形式提出申请确有困难的，可以口头申请，由法律援助机构工作人员或者代为转交申请的有关机构工作人员作书面记录。

第18条 法律援助机构收到法律援助申请后，应当进行审查；认为申请人提交的证件、证明材料不齐全的，可以要求申请人作出必要的补充或者说明，申请人未按要求作出补充或者说明的，视为撤销申请；认为申请人提交的证件、证明材料需要查证的，由法律援助机构向有关机关、单位查证。

对符合法律援助条件的，法律援助机构应当及时决定提供法律援助；对不符合法律援助条件的，应当书面告知申请人理由。

第19条 申请人对法律援助机构作出的不符合法律援助条件的通知有异议的，可以向确定该法律援助机构的司法行政部门提出，司法行政部门应当在收到异议之日起5个工作日内进行审查，经审查认为申请人符合法律援助条件的，应当以书面形式责令法律援助机构及时对该申请人提供法律援助。

第20条 由人民法院指定辩护的案件，人民法院在开庭10日前将指定辩护通知书和起诉书副本或者判决书副本送交其所在地的法律援助机构；人民法院不在其所在地审判的，可以将指定辩护通知书和起诉书副本或者判决书副本送交审判地的法律援助机构。

第21条 法律援助机构可以指派律师事务所安排律师或者安排本机构的工作人员办理法律援助案件；也可以根据其他社会组织的要求，安排其所属人员办理法律援助案件。对人民法院指定辩护的案件，法律援助机构应当在开庭3日前将确定的承办人员名单回复作出指定的人民法院。

第22条 办理法律援助案件的人员，应当遵守职业道德和执业纪律，提供法律援助不得收取任何财物。

第23条 办理法律援助案件的人员遇有下列情形之一的，应当向法律援助机构报告，法律援助机构经审查核实的，应当终止该项法律援助：（一）受援人的经济收入状况发生变化，不再符合法律援助条件的；（二）案件终止审理或者已被撤销的；（三）受援人又自行委托律师或者其他代理人的；（四）受援人要求终止法律援助的。

第24条 受指派办理法律援助案件的律师或者接受安排办理法律援助案件的社会组织人员在案件结案时，应当向法律援助机构提交有关的法律文书副本或者复印件以及结案报告等材料。

法律援助机构收到前款规定的结案材料后，应当向受指派办理法律援助案件的律师或者接受安排办理法律援助案件的社会组织人员支付法律援助办案补贴。

法律援助办案补贴的标准由省、自治区、直辖市人民政府司法行政部门会同同级财政部门，根据当地经济发展水平，参考法律援助机构办理各类法律援助案件的平均成本等因素核定，并可以根据需要调整。

第26条　法律援助机构及其工作人员有下列情形之一的，对直接负责的主管人员以及其他直接责任人员依法给予纪律处分：（一）为不符合法律援助条件的人员提供法律援助，或者拒绝为符合法律援助条件的人员提供法律援助的；（二）办理法律援助案件收取财物的；（三）从事有偿法律服务的；（四）侵占、私分、挪用法律援助经费的。

办理法律援助案件收取的财物，由司法行政部门责令退还；从事有偿法律服务的违法所得，由司法行政部门予以没收；侵占、私分、挪用法律援助经费的，由司法行政部门责令追回，情节严重，构成犯罪的，依法追究刑事责任。

第27条　律师事务所拒绝法律援助机构的指派，不安排本所律师办理法律援助案件的，由司法行政部门给予警告、责令改正；情节严重的，给予1个月以上3个月以下停业整顿的处罚。

第28条　律师有下列情形之一的，由司法行政部门给予警告、责令改正；情节严重的，给予1个月以上3个月以下停止执业的处罚：（一）正当理由拒绝接受、擅自终止法律援助案件的；（二）办理法律援助案件收取财物的。

有前款第（二）项违法行为的，由司法行政部门责令退还违法所得的财物，可以并处所收财物价值1倍以上3倍以下的罚款。

【法发〔2007〕11号】　最高人民法院、最高人民检察院、公安部、司法部关于进一步严格依法办案确保办理死刑案件质量的意见（2007年3月9日）

29. 被告人可能被判处死刑而没有委托辩护人的，人民法院应当通过法律援助机构指定承担法律援助义务的律师为其提供辩护。法律援助机构应当在收到指定辩护通知书3日以内，指派有刑事辩护经验的律师提供辩护。

31. 人民法院受理案件后，应当告知因犯罪行为遭受物质损失的被害人、已死亡被害人的近亲属、无行为能力或者限制行为能力被害人的法定代理人，有权提起附带民事诉讼和委托诉讼代理人。经济困难的，还应当告知其可以向法律援助机构申请法律援助。……

【法发〔2008〕14号】　最高人民法院、司法部关于充分保障律师依法履行辩护职责确保死刑案件办理质量的若干规定（2008年5月21日）

二、被告人可能被判处死刑而没有委托辩护人的，人民法院应当通过法律援助机构指定律师为其提供辩护。被告人拒绝指定的律师为其辩护，有正当理由的，人民法院应当准许，被告人可以另行委托辩护人；被告人没有委托辩护人的，人民法院应当通知法律援助机构为其另行指定辩护人；被告人无正当理由再次拒绝指定的律师为其辩护的，人民法院应当不予准许并记录在案。

三、法律援助机构在收到指定辩护通知书3日以内，指派具有刑事案件出庭辩护经验的律师担任死刑案件的辩护人。

四、被指定担任死刑案件辩护人的律师，不得将案件转由律师助理办理；有正当理由不能接受指派的，经法律援助机构同意，由法律援助机构另行指派其他律师办理。

六、律师应当在开庭前会见在押的被告人，征询是否同意为其辩护，并听取被告人的陈述和意见。

【六部委〔2012〕规定】 最高人民法院、最高人民检察院、公安部、国家安全部、司法部、全国人大常委会法制工作委员会关于实施刑事诉讼法若干问题的规定（2012年12月26日印发，2013年1月1日施行）

5. 刑事诉讼法第34条、第267条、第286条对法律援助作了规定。对于人民法院、人民检察院、公安机关根据上述规定，通知法律援助机构指派律师提供辩护或者法律帮助的，法律援助机构应当在接到通知后3日以内指派律师，并将律师的姓名、单位、联系方式书面通知人民法院、人民检察院、公安机关。

【司发通〔2013〕18号】 最高人民法院、最高人民检察院、公安部、司法部关于刑事诉讼法律援助工作的规定（2013年2月4日印发，2013年3月1日施行；司发通〔2005〕78号同名《规定》同时废止）①

第2条 犯罪嫌疑人、被告人因经济困难没有委托辩护人的，本人及其近亲属可以向办理案件的公安机关、人民检察院、人民法院所在地同级司法行政机关所属法律援助机构申请法律援助。

具有下列情形之一，犯罪嫌疑人、被告人没有委托辩护人的，可以依照前款规定申请法律援助：（一）有证据证明犯罪嫌疑人、被告人属于一级或者二级智力残疾的；（二）共同犯罪案件中，其他犯罪嫌疑人、被告人已委托辩护人的；（三）人民检察院抗诉的；（四）案件具有重大社会影响的。

第3条 公诉案件中的被害人及其法定代理人或者近亲属，自诉案件中的自诉人及其法定代理人，因经济困难没有委托诉讼代理人的，可以向办理案件的人民检察院、人民法院所在地同级司法行政机关所属法律援助机构申请法律援助。

第4条 公民经济困难的标准，按案件受理地所在的省、自治区、直辖市人民政府的规定执行。

第5条 公安机关、人民检察院在第一次讯问犯罪嫌疑人或者采取强制措施的时候，应当告知犯罪嫌疑人有权委托辩护人，并告知其如果符合本规定第2条规定，本人及其近亲属可以向法律援助机构申请法律援助。

人民检察院自收到移送审查起诉的案件材料之日起3日内，应当告知犯罪嫌疑人有权委托辩护人，并告知其如果符合本规定第2条规定，本人及其近亲属可以向法律援助机构申请法律援助；应当告知被害人及其法定代理人或者近亲属有权委托诉讼代理人，并告知其如果经济困难，可以向法律援助机构申请法律援助。

人民法院自受理案件之日起3日内，应当告知被告人有权委托辩护人，并告知其如果符合本规定第2条规定，本人及其近亲属可以向法律援助机构申请法律援助；应当告知自诉人及其法定代理人有权委托诉讼代理人，并告知其如果经济困难，可以向法律援助机构申请法律援助。人民法院决定再审的案件，应当自决定再审之日起3日内履行相关告知职责。

---

① 注：本《规定》实质上替代了《最高人民法院、司法部关于刑事法律援助工作的联合通知》（司发通〔1997〕046号）、《最高人民检察院、司法部关于在刑事诉讼活动中开展法律援助工作的联合通知》（司发通〔2000〕053号）、《司法部、公安部关于在刑事诉讼活动中开展法律援助工作的联合通知》（司发通〔2001〕052号）；上述3个《联合通知》均被2014年4月4日《司法部决定废止和宣布失效的规范性文件目录》（司法部公告第143号）宣布废止。

犯罪嫌疑人、被告人具有本规定第9条规定情形的，公安机关、人民检察院、人民法院应当告知其如果不委托辩护人，将依法通知法律援助机构指派律师为其提供辩护。

第6条　告知可以采取口头或者书面方式，告知的内容应当易于被告知人理解。口头告知的，应当制作笔录，由被告知人签名；书面告知的，应当将送达回执入卷。对于被告知人当场表达申请法律援助意愿的，应当记录在案。

第7条　被羁押的犯罪嫌疑人、被告人提出法律援助申请的，公安机关、人民检察院、人民法院应当在收到申请24小时内将其申请转交或者告知法律援助机构，并于3日内通知申请人的法定代理人、近亲属或者其委托的其他人员协助向法律援助机构提供有关证件、证明等相关材料。犯罪嫌疑人、被告人的法定代理人或者近亲属无法通知的，应当在转交申请时一并告知法律援助机构。

第8条　法律援助机构收到申请后应当及时进行审查并于7日内作出决定。对符合法律援助条件的，应当决定给予法律援助，并制作给予法律援助决定书；对不符合法律援助条件的，应当决定不予法律援助，制作不予法律援助决定书。给予法律援助决定书和不予法律援助决定书应当及时发送申请人，并函告公安机关、人民检察院、人民法院。

对于犯罪嫌疑人、被告人申请法律援助的案件，法律援助机构可以向公安机关、人民检察院、人民法院了解案件办理过程中掌握的犯罪嫌疑人、被告人是否具有本规定第2条规定情形等情况。

第9条　犯罪嫌疑人、被告人具有下列情形之一没有委托辩护人的，公安机关、人民检察院、人民法院应当自发现该情形之日起3日内，通知所在地同级司法行政机关所属法律援助机构指派律师为其提供辩护：（一）未成年人；（二）盲、聋、哑人；（三）尚未完全丧失辨认或者控制自己行为能力的精神病人；（四）可能被判处无期徒刑、死刑的人。

第10条　公安机关、人民检察院、人民法院通知辩护的，应当将通知辩护公函和采取强制措施决定书、起诉意见书、起诉书、判决书副本或者复印件送交法律援助机构。

通知辩护公函应当载明犯罪嫌疑人或者被告人的姓名、涉嫌的罪名、羁押场所或者住所、通知辩护的理由、办案机关联系人姓名和联系方式等。

第11条　人民法院自受理强制医疗申请或者发现被告人符合强制医疗条件之日起3日内，对于被申请人或者被告人没有委托诉讼代理人的，应当向法律援助机构送交通知代理公函，通知其指派律师担任被申请人或被告人的诉讼代理人，为其提供法律帮助。

人民检察院申请强制医疗的，人民法院应当将强制医疗申请书副本一并送交法律援助机构。

通知代理公函应当载明被申请人或者被告人的姓名、法定代理人的姓名和联系方式、办案机关联系人姓名和联系方式。

第12条　法律援助机构应当自作出给予法律援助决定或者自收到通知辩护公函、通知代理公函之日起3日内，确定承办律师并函告公安机关、人民检察院、人民法院。

法律援助机构出具的法律援助公函应当载明承办律师的姓名、所属单位及联系方式。

第13条　对于可能被判处无期徒刑、死刑的案件，法律援助机构应当指派具有一定年限刑事辩护执业经历的律师担任辩护人。

对于未成年人案件，应当指派熟悉未成年人身心特点的律师担任辩护人。

第14条　承办律师接受法律援助机构指派后，应当按照有关规定及时办理委托手续。

承办律师应当在首次会见犯罪嫌疑人、被告人时，询问是否同意为其辩护，并制作笔录。犯罪嫌疑人、被告人不同意的，律师应当书面告知公安机关、人民检察院、人民法院和法律援助机构。

第16条　人民检察院审查批准逮捕时，认为犯罪嫌疑人具有应当通知辩护的情形，公安机关未通知法律援助机构指派律师的，应当通知公安机关予以纠正。公安机关应当将纠正情况通知人民检察院。

第22条　具有下列情形之一的，法律援助机构应当作出终止法律援助决定，制作终止法律援助决定书发送受援人，并自作出决定之日起3日内函告公安机关、人民检察院、人民法院：（一）受援人的经济收入状况发生变化，不再符合法律援助条件的；（二）案件终止办理或者已被撤销的；（三）受援人自行委托辩护人或者代理人的；（四）受援人要求终止法律援助的，但应当通知辩护的情形除外；（五）法律、法规规定应当终止的其他情形。

公安机关、人民检察院、人民法院在案件办理过程中发现有前款规定情形的，应当及时函告法律援助机构。

第23条　申请人对法律援助机构不予援助的决定有异议的，可以向主管该法律援助机构的司法行政机关提出。司法行政机关应当在收到异议之日起5个工作日内进行审查，经审查认为申请人符合法律援助条件的，应当以书面形式责令法律援助机构及时对该申请人提供法律援助，同时通知申请人；认为申请人不符合法律援助条件的，应当维持法律援助机构不予援助的决定，并书面告知申请人。

受援人对法律援助机构终止法律援助的决定有异议的，按照前款规定办理。

第24条　犯罪嫌疑人、被告人及其近亲属、法定代理人，强制医疗案件中的被申请人、被告人的法定代理人认为公安机关、人民检察院、人民法院应当告知其可以向法律援助机构申请法律援助而没有告知，或者应当通知法律援助机构指派律师为其提供辩护或者诉讼代理而没有通知的，有权向同级或者上一级人民检察院申诉或者控告。人民检察院应当对申诉或者控告及时进行审查，情况属实的，通知有关机关予以纠正。

第25条　律师应当遵守有关法律法规和法律援助业务规程，做好会见、阅卷、调查取证、解答咨询、参加庭审等工作，依法为受援人提供法律服务。

律师事务所应当对律师办理法律援助案件进行业务指导，督促律师在办案过程中尽职尽责，恪守职业道德和执业纪律。

【司发通〔2014〕111号】　司法部关于切实发挥职能作用做好刑事案件速裁程序试点相关工作的通知（2014年10月9日印发京津沪渝辽苏浙闽鲁豫鄂湘粤陕等14省市司法厅）

一、切实发挥法律援助值班律师职能作用。《办法》明确了法律援助值班律师制度，明确值班律师为犯罪嫌疑人、被告人提供法律帮助，有利于进一步畅通法律援助申请渠道，拓展法律援助服务形式，保障犯罪嫌疑人、被告人的辩护权。试点地方的司法行政机关要会同人民法院、公安机关，在试点的人民法院、看守所设立法律援助工作站，派驻法律援助值班律师，及时为犯罪嫌疑人、被告人提供法律帮助。要积极协调人民法院、公安机关，为工作站提供必要的办公场所，配备必要的办公设施。工作站要按照有关要求，统一悬挂标牌，公示法律援助条件、范围和申请程序，张贴法律援助相关工作制度、联系人姓名及联系电话，放置法律援助宣传资料及相关格式文书。工作站由法律援助机构和人民法院、看守所共同领导和管理，业务上受同级法律援助机构的监督和指导，执行法律援助机构制定的各项规章制度，使用统一印刷的格式文书。法律援助机构要加强对工作站的业务指导，指定专门人员作为工作站联络员，负责工作站的日常联系等工作。

适用速裁程序案件的犯罪嫌疑人、被告人申请提供法律帮助的，法律援助值班律师应当及时提供法律咨询和建议，但当事人自行委托辩护律师的除外。值班律师应当告知犯罪嫌疑人、被告人适用速裁程序的法律后果，帮助其进行程序选择和量刑协商，依法维护其合法权益。值班律师根据情况可以协助看守所开展对在押人员的法制宣传工作，帮助在押人员知晓法律援助权利、其他诉讼权利以及相关义务。

开展值班律师工作可以采用固定专人或者轮流值班的方式，也可以将2种方式结合起来。要严格值班律师选任条件，选择政治思想素质高、业务精通、责任心强、具备一定年限刑事办案经验的律师，组建专门的法律援助值班律师库，建立一支相对稳定的值班律师队伍。在做好值班律师选任工作中，既要注重发挥法律援助机构律师的优势，也要注重通过完善激励机制、提供相关支持等措施，调动律师工作积极性。要健全值班律师工作内部管理制度，建立值班律师工作守则，严格工作纪律，规范工作台账管理，确保值班律师工作依法规范尽责运行。要加强案件质量管理，明确值班律师服务标准和行为规范，优化工作流程，确保值班律师工作质量。

【高检发〔2014〕21号】　最高人民检察院关于依法保障律师执业权利的规定（2014年12月16日最高检第12届检委会第32次会议通过，2014年12月23日印发施行；2004年2月10日《关于人民检察院保障律师在刑事诉讼中依法执业的规定》、2006年2月23日《关于进一步加强律师执业权利保障工作的通知》同时废止）

第4条　人民检察院应当依法保障当事人获得法律援助的权利。对于符合法律援助情形而没有委托辩护人或者诉讼代理人的，人民检察院应当及时告知当事人有权申请法律援助，并依照相关规定向法律援助机构转交申请材料。人民检察院发现犯罪嫌疑人属于法定通知辩护情形的，应当及时通知法律援助机构指派律师为其提供辩护，对于犯罪嫌疑人拒绝法律援助的，应当查明原因，依照相关规定处理。

中共中央办公厅、国务院办公厅关于完善法律援助制度的意见（2015年6月29日）

（四）加强刑事法律援助工作。注重发挥法律援助在人权司法保障中的作用，保障当事人合法权益。落实刑事诉讼法及相关配套法规制度关于法律援助范围的规定，畅通刑事法律援助申请渠道，加强司法行政机关与法院、检察院、公安机关等办案机关的工作衔接，完善被羁押犯罪嫌疑人、被告人经济困难证明制度，建立健全办案机关通知辩护工作机制，确保告知、转交申请、通知辩护（代理）等工作协调顺畅，切实履行侦查、审查起诉和审判阶段法律援助工作职责。开展试点，逐步开展为不服司法机关生效刑事裁判、决定的经济困难申诉人提供法律援助的工作。建立法律援助值班律师制度，法律援助机构在法院、看守所派驻法律援助值班律师。健全法律援助参与刑事案件速裁程序试点工作机制。建立法律援助参与刑事和解、死刑复核案件办理工作机制，依法为更多的刑事诉讼当事人提供法律援助。

【法〔2015〕382号】　最高人民法院、最高人民检察院、公安部、司法部刑事案件速裁程序试点工作座谈会纪要（二）（2015年11月20日在北京召开，2015年12月22日印发）

3.充分发挥法律援助值班律师作用。人民法院、人民检察院、公安机关应当及时告知犯罪嫌疑人、被告人有权获得法律帮助。在押的犯罪嫌疑人、被告人提出法律帮助要求的，看守所应当通知值班律师提供法律帮助，并为值班律师及时会见犯罪嫌疑人、被告人提供便利。法律援助机构要做好值班律师选任工作，依法指导监督值班律师开展工作。要加强法律援助值班律师经费保障工作，提高值班律师补贴标准。

【司发通〔2017〕106号】 **最高人民法院、司法部关于开展刑事案件律师辩护全覆盖试点工作的办法**（2017年10月9日印发，在北京、上海、浙江、安徽、河南、广东、四川、陕西试行1年①）

第2条 被告人除自己行使辩护权外，有权委托律师作为辩护人。

被告人具有刑事诉讼法第34条、第267条规定应当通知辩护情形，没有委托辩护人的，人民法院应当通知法律援助机构指派律师为其提供辩护。

除前款规定外，其他适用普通程序审理的一审案件、二审案件、按照审判监督程序审理的案件，被告人没有委托辩护人的，人民法院应当通知法律援助机构指派律师为其提供辩护。

适用简易程序、速裁程序审理的案件，被告人没有辩护人的，人民法院应当通知法律援助机构派驻的值班律师为其提供法律帮助。

在法律援助机构指派的律师或者被告人委托的律师为被告人提供辩护前，被告人及其近亲属可以提出法律帮助请求，人民法院应当通知法律援助机构派驻的值班律师为其提供法律帮助。

第3条 人民法院自受理案件之日起3日内，应当告知被告人有权委托辩护人以及获得值班律师法律帮助。被告人具有本办法第2条第2款、第3款规定情形的，人民法院应当告知其如果不委托辩护人，将通知法律援助机构指派律师为其提供辩护。

第4条 人民法院通知辩护的，应当将通知辩护公函以及起诉书、判决书、抗诉书、申诉立案通知书副本或者复印件送交法律援助机构。

通知辩护公函应当载明被告人的姓名、指控的罪名、羁押场所或者住所、通知辩护的理由、审判人员姓名和联系方式等；已确定开庭审理的，通知辩护公函应当载明开庭的时间、地点。

第5条 法律援助机构应当自收到通知辩护公函或者作出给予法律援助决定之日起3日内，确定承办律师并函告人民法院。

法律援助机构出具的法律援助公函应当载明辩护律师的姓名、所属单位及联系方式。

人民法院通知辩护公函内容不齐全或者通知辩护材料不齐全的，法律援助机构应当商请人民法院予以补充；人民法院未在开庭15日前将本办法第4条第1款规定的材料补充齐全，可能影响辩护律师履行职责的，法律援助机构可以商请人民法院变更开庭日期。

第6条 按照本办法第2条第2款规定应当通知辩护的案件，被告人拒绝法律援助机构指派的律师为其辩护的，人民法院应当查明拒绝的原因，有正当理由的，应当准许，同时告知被告人需另行委托辩护人。被告人未另行委托辩护人的，人民法院应当及时通知法律援助机构另行指派律师为其提供辩护。

---

① 注：2018年12月27日，最高法、司法部印发《关于扩大刑事案件律师辩护全覆盖试点范围的通知》（司发通〔2018〕149号），将试点工作范围扩大到全国31个省（自治区、直辖市）和新疆生产建设兵团，并且未再限定试点期限。

按照本办法第2条第3款规定应当通知辩护的案件，被告人坚持自己辩护，拒绝法律援助机构指派的律师为其辩护，人民法院准许的，法律援助机构应当作出终止法律援助的决定；对于有正当理由要求更换律师的，法律援助机构应当另行指派律师为其提供辩护。

第7条　司法行政机关和律师协会应当统筹调配律师资源，为法律援助工作开展提供保障。本地律师资源不能满足工作开展需要的，司法行政机关可以申请上一级司法行政机关给予必要支持。

有条件的地方可以建立刑事辩护律师库，为开展刑事案件律师辩护全覆盖试点工作提供支持。

第8条　建立多层次经费保障机制，加强法律援助经费保障，确保经费保障水平适应开展刑事案件律师辩护全覆盖试点工作需要。

司法行政机关协调财政部门根据律师承办刑事案件成本、基本劳务费用、服务质量、案件难易程度等因素，合理确定、适当提高办案补贴标准并及时足额支付。

有条件的地方可以开展政府购买法律援助服务。

第9条　探索实行由法律援助受援人分担部分法律援助费用。

实行费用分担法律援助的条件、程序、分担标准等，由省级司法行政机关综合当地经济发展水平、居民收入状况、办案补贴标准等因素确定。

第10条　司法行政机关、律师协会应当鼓励和支持律师开展刑事辩护业务，组织资深骨干律师办理刑事法律援助案件，发挥优秀律师在刑事辩护领域的示范作用，组织刑事辩护专项业务培训，开展优秀刑事辩护律师评选表彰活动，推选优秀刑事辩护律师公开选拔为立法工作者、法官、检察官，建立律师开展刑事辩护业务激励机制，充分调动律师参与刑事辩护工作积极性。

第11条　第二审人民法院发现第一审人民法院未履行通知辩护职责，导致被告人在审判期间未获得律师辩护的，应当认定符合刑事诉讼法第227条第三项规定的情形，裁定撤销原判，发回原审人民法院重新审判。

第12条　人民法院未履行通知辩护职责，或者法律援助机构未履行指派律师等职责，导致被告人审判期间未获得律师辩护的，依法追究有关人员责任。

第13条　人民法院应当依法保障辩护律师的知情权、申请权、申诉权，以及会见、阅卷、收集证据和发问、质证、辩论等方面的执业权利，为辩护律师履行职责，包括查阅、摘抄、复制案卷材料等提供便利。

第18条　人民法院应当重视律师辩护意见，对于律师依法提出的辩护意见未予采纳的，应当作出有针对性的分析，说明不予采纳的理由。

第19条　人民法院、司法行政机关和律师协会应当建立健全维护律师执业权利快速处置机制，畅通律师维护执业权利救济渠道。人民法院监察部门负责受理律师投诉。人民法院应当在官方网站、办公场所公开受理机构名称、电话、来信来访地址，及时反馈调查处理结果，切实提高维护律师执业权利的及时性和有效性，保障律师执业权利不受侵害。

第23条　人民法院和司法行政机关应当加强协调，做好值班律师、委托辩护要求转达、通知辩护等方面的衔接工作，探索建立工作对接网上平台，建立定期会商通报机制，及时沟通情况、协调解决问题，促进刑事案件律师辩护全覆盖试点工作有效开展。

第24条　办理刑事案件，本办法有规定的，按照本办法执行；本办法没有规定的，按照《中华人民共和国刑事诉讼法》《中华人民共和国律师法》《最高人民法院关于适用〈中华人民共和国刑事诉讼法〉的解释》《法律援助条例》《办理法律援助案件程序规定》《关于刑事诉讼法律援助工作的规定》《关于依法保障律师执业权利的规定》等法律法规、司法解释、规章和规范性文件执行。

【司发通〔2018〕149号】 **最高人民法院、司法部关于扩大刑事案件律师辩护全覆盖试点范围的通知**（2018年12月27日印发，在"司发通〔2017〕106号"《试点办法》基础上扩大至全国试行）

……经研究，决定将试点期限延长（本书注：并未限定具体期限），工作范围扩大到全国31个省（自治区、直辖市）和新疆生产建设兵团。现就有关事宜通知如下：

二、扩大刑事案件律师辩护全覆盖试点工作的主要任务和要求

第一批试点的8个省（直辖市）要增强工作的积极性和主动性，在总结前期试点经验基础上，结合本地实际情况，将试点范围扩大到整个辖区。要探索建设跨部门大数据办案平台，实现公检法机关和法律援助机构、律师管理部门之间信息系统对接，利用信息化手段加快法律文书流转、及时传递工作信息，努力提高工作效率。要坚持高标准、严要求，努力探索提高刑事案件律师辩护全覆盖工作的有效途径，确保试出经验，试出效果，在全国起到典型示范作用。

其他23个省（自治区、直辖市）和新疆生产建设兵团要加快各项准备工作，于2019年1月正式启动试点工作。……可以先在律师资源充足、经费保障到位的地方进行试点，以点带面、分步实施，逐步扩大试点范围，到2019年底，天津、江苏、福建、山东等省（直辖市）基本实现整个辖区全覆盖，其他省（自治区、直辖市）在省会城市和一半以上的县级行政区域基本实现全覆盖。要在现行法律制度框架内积极探索，大胆实践，边试点、边总结、边推广。……

各地在试点过程中，要进一步落实办案机关告知义务，办案机关应当告知犯罪嫌疑人、被告人有权委托辩护人，对没有委托辩护人的被告人，要告知其享有免费法律援助和法律帮助的权利；有条件的可以使用专门告知单，口头告知的要在笔录里记录并让犯罪嫌疑人、被告人签字；应当告知而没有履行告知义务的，要加强监督，严肃追责，真正把告知义务落到实处。要注重衔接配合，人民法院要注意了解被告人及其家属是否委托辩护人以及是否同意指派律师的情况，及时决定是否通知法律援助机构指派律师；法律援助机构接到通知后应在3个工作日内指派律师，被告人明确拒绝的要书面记录；人民法院发现被告人及其家属已经另行委托辩护人的，应即时把有关情况反馈给法律援助机构，避免浪费资源。

【司办通〔2018〕2号】 **公安部办公厅、司法部办公厅关于进一步加强和规范看守所法律援助值班律师工作的通知**（2018年1月5日）

二、进一步完善和落实看守所在押人员入所告知制度。看守所要切实采取措施，认真履行告知职责，保障犯罪嫌疑人、被告人获得值班律师法律帮助的权利。一是看守所要明确告知犯罪嫌疑人、被告人，看守所设有法律援助工作站，犯罪嫌疑人、被告人没有辩护人时，有获得值班律师法律帮助的权利。值班律师可以协助看守所开展法治宣传教育活动，帮助犯罪嫌疑人、被告人知悉相关诉讼权利和义务。二是看守所要将值班律师制度相关内容纳入在押人员权利义务告知书，在犯罪嫌疑人、被告人入所时即书面告知，由犯罪嫌疑人、被告人在告知书上签字；要通过看守所电教系统宣讲、谈话教育等形式告知犯罪嫌疑人、被告人值

班律师工作职责，以及如何申请法律帮助，畅通在押人员申请值班律师帮助渠道。三是看守所要在收押大厅、家属接待区等区域，通过电子屏、警务公开栏、宣传手册等，向在押人员家属宣传值班律师工作制度。

三、进一步完善值班律师工作运行机制。看守所和法律援助机构要明确各自工作职责，密切配合，确保值班律师工作运行顺畅。一是法律援助机构要及时派驻或者安排值班律师。……值班律师采取现场值班和电话、网络值班相结合的方式，为在押人员提供法律帮助。探索建立专职值班律师队伍。二是看守所要及时通知值班律师提供法律帮助。犯罪嫌疑人、被告人向看守所申请值班律师法律帮助的，看守所应当在 24 小时内通知值班律师。涉嫌危害国家安全犯罪、恐怖活动犯罪、特别重大贿赂犯罪的犯罪嫌疑人在侦查期间申请值班律师法律帮助的，看守所应当书面通知案件主管机关。案件主管机关书面同意安排值班律师会见的，看守所应当在 24 小时内通知值班律师。三是保障值班律师会见。值班律师收到看守所通知的，要立即提供法律帮助。通过电话或者网络值班的，要在接到看守所通知后的 24 小时内提供法律帮助，律师资源少或者交通不便利的地区可适当延长。……值班律师会见应当在律师会见室进行，在律师会见室不足的情况下，经值班律师书面同意，可以安排在讯问室会见，但应当关闭录音、监听设备，并做好安全防范工作。四是加强监督管理。看守所发现值班律师有违反法律规定、职业道德、执业纪律等行为的，应当依法处理，并及时通知法律援助机构，必要时提出调整值班律师的建议。……

【高检发〔2019〕13 号】 最高人民法院、最高人民检察院、公安部、国家安全部、司法部关于适用认罪认罚从宽制度的指导意见（2019 年 10 月 11 日印发施行）

四、犯罪嫌疑人、被告人辩护权保障

10. 获得法律帮助权。人民法院、人民检察院、公安机关办理认罪认罚案件，应当保障犯罪嫌疑人、被告人获得有效法律帮助，确保其了解认罪认罚的性质和法律后果，自愿认罪认罚。

犯罪嫌疑人、被告人自愿认罪认罚，没有辩护人的，人民法院、人民检察院、公安机关（看守所）应当通知值班律师为其提供法律咨询、程序选择建议、申请变更强制措施等法律帮助。符合通知辩护条件的，应当依法通知法律援助机构指派律师为其提供辩护。

人民法院、人民检察院、公安机关（看守所）应当告知犯罪嫌疑人、被告人有权约见值班律师，获得法律帮助，并为其约见值班律师提供便利。犯罪嫌疑人、被告人及其近亲属提出法律帮助请求的，人民法院、人民检察院、公安机关（看守所）应当通知值班律师为其提供法律帮助。

11. 派驻值班律师。法律援助机构可以在人民法院、人民检察院、看守所派驻值班律师。人民法院、人民检察院、看守所应当为派驻值班律师提供必要办公场所和设施。

法律援助机构应当根据人民法院、人民检察院、看守所的法律帮助需求和当地法律服务资源，合理安排值班律师。值班律师可以定期值班或轮流值班，律师资源短缺的地区可以通过探索现场值班和电话、网络值班相结合，在人民法院、人民检察院毗邻设置联合工作站，省内和市内统筹调配律师资源，以及建立政府购买值班律师服务机制等方式，保障法律援助值班律师工作有序开展。

12. 值班律师的职责。值班律师应当维护犯罪嫌疑人、被告人的合法权益，确保犯罪嫌疑人、被告人在充分了解认罪认罚性质和法律后果的情况下，自愿认罪认罚。值班律师应当为认罪认罚的犯罪嫌疑人、被告人提供下列法律帮助：（一）提供法律咨询，包括告知涉嫌或指控的罪名、相关法律规定、认罪认罚的性质和法律后果等；（二）提出程序适用的建议；（三）帮助申请变更强制措施；（四）对人民检察院认定罪名、量刑建议提出意见；（五）就案件处理，向人民法院、人民检察院、公安机关提出意见；（六）引导、帮助犯罪嫌疑人、被告人及其近亲属申请法律援助；（七）法律法规规定的其他事项。

值班律师可以会见犯罪嫌疑人、被告人，看守所应当为值班律师会见提供便利。危害国家安全犯罪、恐怖活动犯罪案件，侦查期间值班律师会见在押犯罪嫌疑人的，应当经侦查机关许可。自人民检察院对案件审查起诉之日起，值班律师可以查阅案卷材料、了解案情。人民法院、人民检察院应当为值班律师查阅案卷材料提供便利。

值班律师提供法律咨询、查阅案卷材料、会见犯罪嫌疑人或者被告人、提出书面意见等法律帮助活动的相关情况应当记录在案，并随案移送。

13. 法律帮助的衔接。对于被羁押的犯罪嫌疑人、被告人，在不同诉讼阶段，可以由派驻看守所的同一值班律师提供法律帮助。对于未被羁押的犯罪嫌疑人、被告人，前一诉讼阶段的值班律师可以在后续诉讼阶段继续为犯罪嫌疑人、被告人提供法律帮助。

14. 拒绝法律帮助的处理。犯罪嫌疑人、被告人自愿认罪认罚，没有委托辩护人，拒绝值班律师帮助的，人民法院、人民检察院、公安机关应当允许，记录在案并随案移送。但是审查起诉阶段签署认罪认罚具结书时，人民检察院应当通知值班律师到场。

15. 辩护人职责。认罪认罚案件犯罪嫌疑人、被告人委托辩护人或者法律援助机构指派律师为其辩护的，辩护律师在侦查、审查起诉和审判阶段，应当与犯罪嫌疑人、被告人就是否认罪认罚进行沟通，提供法律咨询和帮助，并就定罪量刑、诉讼程序适用等向办案机关提出意见。

【高检发释字〔2019〕4号】 人民检察院刑事诉讼规则（2019年12月2日最高检第13届检委会第28次会议通过，2019年12月30日公布施行；高检发释字〔2012〕2号《规则（试行）》同时废止）

第42条 人民检察院办理直接受理立案侦查案件和审查起诉案件，发现犯罪嫌疑人是盲、聋、哑或者是尚未完全丧失辨认或者控制自己行为能力的精神病人，或者可能被判处无期徒刑、死刑，没有委托辩护人的，应当自发现之日起3日以内及时书面通知法律援助机构指派律师为其提供辩护。

第43条 人民检察院收到在押或者被指定居所监视居住的犯罪嫌疑人提出的法律援助申请，应当在24小时3日以内将申请材料转交法律援助机构，并通知犯罪嫌疑人的监护人、近亲属或者其委托的其他人员协助提供有关证件、证明等材料。

第44条 属于应当提供法律援助的情形，犯罪嫌疑人拒绝法律援助机构指派的律师作为辩护人的，人民检察院应当查明拒绝的原因。有正当理由的，予以准许，但犯罪嫌疑人需另行委托辩护人；犯罪嫌疑人未另行委托辩护人的，应当书面通知法律援助机构另行指派律师为其提供辩护。

【公安部令〔2020〕159号】 公安机关办理刑事案件程序规定（2020年7月4日第3次部务会议修订，2020年7月20日公布，2020年9月1日施行）

第46条 符合下列情形之一，犯罪嫌疑人没有委托辩护人的，公安机关应当自发现该情形之日起3日以内及时通知法律援助机构为犯罪嫌疑人指派辩护律师：（一）犯罪嫌疑人是盲、聋、哑人，或者是尚未完全丧失辨认或者控制自己行为能力的精神病人；（二）犯罪嫌疑人可能被判处无期徒刑、死刑。

第47条 公安机关收到在押的犯罪嫌疑人提出的法律援助申请后，应当在24小时以内将其申请转交所在地的法律援助机构，并在 3 日以内通知申请人的法定代理人、监护人、近亲属或者其委托的其他人员协助提供有关证件、证明等相关材料。犯罪嫌疑人的法定代理人、监护人、近亲属或者其委托的其他人员地址不详无法通知的，应当在转交申请时一并告知法律援助机构。

犯罪嫌疑人拒绝法律援助机构指派的律师作为辩护人或者自行委托辩护人的，公安机关应当在 3 日以内通知法律援助机构。

第48条 辩护律师接受犯罪嫌疑人委托或者法律援助机构的指派后，应当及时告知公安机关并出示律师执业证书、律师事务所证明和委托书或者法律援助公函。

第49条 犯罪嫌疑人、被告人入所羁押时没有委托辩护人，法律援助机构也没有指派律师提供辩护的，看守所应当告知其有权约见值班律师，获得法律咨询、程序选择建议、申请变更强制措施、对案件处理提出意见等法律帮助，并为犯罪嫌疑人、被告人约见值班律师提供便利。

没有委托辩护人、法律援助机构没有指派律师提供辩护的犯罪嫌疑人、被告人，向看守所申请由值班律师提供法律帮助的，看守所应当在 24 小时内通知值班律师。

【司规〔2020〕6号】 法律援助值班律师工作办法（最高法、最高检、公安部、国家安全部、司法部 2020 年 8 月 20 日印发施行；司发通〔2017〕84 号《关于开展法律援助值班律师工作的意见》同时废止）

第2条 本办法所称值班律师，是指法律援助机构在看守所、人民检察院、人民法院等场所设立法律援助工作站，通过派驻或安排的方式，为没有辩护人的犯罪嫌疑人、被告人提供法律帮助的律师。

第4条 公安机关（看守所）、人民检察院、人民法院、司法行政机关应当保障没有辩护人的犯罪嫌疑人、被告人获得值班律师法律帮助的权利。

第11条 对于被羁押的犯罪嫌疑人、被告人，在不同诉讼阶段，可以由派驻看守所的同一值班律师提供法律帮助。对于未被羁押的犯罪嫌疑人、被告人，前一诉讼阶段的值班律师可以在后续诉讼阶段继续为犯罪嫌疑人、被告人提供法律帮助。

第12条 公安机关、人民检察院、人民法院应当在侦查、审查起诉和审判各阶段分别告知没有辩护人的犯罪嫌疑人、被告人有权约见值班律师获得法律帮助，并为其约见值班律师提供便利。

第13条 看守所应当告知犯罪嫌疑人、被告人有权约见值班律师，并为其约见值班律师提供便利。

看守所应当将值班律师制度相关内容纳入在押人员权利义务告知书，在犯罪嫌疑人、被告人入所时告知其有权获得值班律师的法律帮助。

犯罪嫌疑人、被告人要求约见值班律师的，可以书面或者口头申请。书面申请的，看守所应当将其填写的法律帮助申请表及时转交值班律师。口头申请的，看守所应当安排代为填写法律帮助申请表。

第14条 犯罪嫌疑人、被告人没有委托辩护人并且不符合法律援助机构指派律师为其提供辩护的条件，要求约见值班律师的，公安机关、人民检察院、人民法院应当及时通知法律援助机构安排。

第 15 条　依法应当通知值班律师提供法律帮助而犯罪嫌疑人、被告人明确拒绝的，公安机关、人民检察院、人民法院应当记录在案。

前一诉讼程序犯罪嫌疑人、被告人明确拒绝值班律师法律帮助的，后一诉讼程序的办案机关仍需告知其有权获得值班律师法律帮助的权利，有关情况应当记录在案。

第 16 条　公安机关、人民检察院、人民法院需要法律援助机构通知值班律师为犯罪嫌疑人、被告人提供法律帮助的，应当向法律援助机构出具法律帮助通知书，并附相关法律文书。

单次批量通知的，可以在一份法律帮助通知书后附多名犯罪嫌疑人、被告人相关信息的材料。

除通知值班律师到羁押场所提供法律帮助的情形外，人民检察院、人民法院可以商法律援助机构简化通知方式和通知手续。

第 17 条　司法行政机关和法律援助机构应当根据当地律师资源状况、法律帮助需求，会同看守所、人民检察院、人民法院合理安排值班律师的值班方式、值班频次。

值班方式可以采用现场值班、电话值班、网络值班相结合的方式。现场值班的，可以采取固定专人或轮流值班，也可以采取预约值班。

第 18 条　法律援助机构应当综合律师政治素质、业务能力、执业年限等确定值班律师人选，建立值班律师名册或值班律师库。并将值班律师库或名册信息、值班律师工作安排，提前告知公安机关（看守所）、人民检察院、人民法院。

第 19 条　公安机关、人民检察院、人民法院应当在确定的法律帮助日期前 3 个工作日，将法律帮助通知书送达法律援助机构，或者直接送达现场值班律师。

该期间没有安排现场值班律师的，法律援助机构应当自收到法律帮助通知书之日起 2 个工作日内确定值班律师，并通知公安机关、人民检察院、人民法院。

公安机关、人民检察院、人民法院和法律援助机构之间的送达及通知方式，可以协商简化。

适用速裁程序的案件、法律援助机构需要跨地区调配律师等特殊情形的通知和指派时限，不受前款限制。

第 35 条　国家安全机关、中国海警局、监狱履行刑事诉讼法规定职责，涉及值班律师工作的，适用本办法有关公安机关的规定。

【法发〔2020〕38 号】　最高人民法院、最高人民检察院、公安部、国家安全部、司法部关于规范量刑程序若干问题的意见（2020 年 11 月 5 日印发，2020 年 11 月 6 日施行；法发〔2010〕35 号同名《意见（试行）》同时废止）

第 11 条　人民法院、人民检察院、侦查机关应当告知犯罪嫌疑人、被告人申请法律援助的权利，对符合法律援助条件的，依法通知法律援助机构指派律师为其提供辩护或者法律帮助。

【法释〔2021〕1 号】　最高人民法院关于适用《中华人民共和国刑事诉讼法》的解释（2020 年 12 月 7 日最高法审委会〔1820 次〕修订，2021 年 1 月 26 日公布，2021 年 3 月 1 日施行；2013 年 1 月 1 日施行的"法释〔2012〕21 号"《解释》同时废止）

第44条 被告人没有委托辩护人的，人民法院自受理案件之日起3日以内，应当告知其有权委托辩护人；被告人因经济困难或者其他原因没有委托辩护人的，应当告知其可以申请法律援助；被告人属于应当提供法律援助情形的，应当告知其将依法通知法律援助机构指派律师为其提供辩护。

（新增）被告人没有委托辩护人，法律援助机构也没有指派律师为其提供辩护的，人民法院应当告知被告人有权约见值班律师，并为被告人约见值班律师提供便利。

告知可以采取口头或者书面方式。

第45条 审判期间，在押的被告人要求委托辩护人的，人民法院应当在3日以内向其监护人、近亲属或者其指定的人员转达要求。被告人应当提供有关人员的联系方式。有关人员无法通知的，应当告知被告人。

第46条 人民法院收到在押被告人提出的法律援助或者法律帮助申请，应当依照有关规定及时转交法律援助机构或者通知值班律师。①

第47条 对下列没有委托辩护人的被告人，人民法院应当通知法律援助机构指派律师为其提供辩护：（一）盲、聋、哑人；（二）尚未完全丧失辨认或者控制自己行为能力的精神病人；（三）可能被判处无期徒刑、死刑的人。

高级人民法院复核死刑案件，被告人没有委托辩护人的，应当通知法律援助机构指派律师为其提供辩护。

（新增）死刑缓期执行期间故意犯罪的案件，适用前两款规定。

第48条 具有下列情形之一，被告人没有委托辩护人的，人民法院可以通知法律援助机构指派律师为其提供辩护：（一）共同犯罪案件中，其他被告人已经委托辩护人的；（二）案件有重大社会影响的；（三）人民检察院抗诉的；（四）被告人的行为可能不构成犯罪的；（五）有必要指派律师提供辩护的其他情形。

第49条 人民法院通知法律援助机构指派律师提供辩护的，应当将法律援助通知书、起诉书副本或者判决书送达法律援助机构；决定开庭审理的，除适用简易程序或者速裁程序审理的以外，应当在开庭15日以前将上述材料送达法律援助机构。

法律援助通知书应当写明案由、被告人姓名、提供法律援助的理由、审判人员的姓名和联系方式；已确定开庭审理的，应当写明开庭的时间、地点。

第50条 被告人拒绝法律援助机构指派的律师为其辩护，坚持自己行使辩护权的，人民法院应当准许。

属于应当提供法律援助的情形，被告人拒绝指派的律师为其辩护的，人民法院应当查明原因。理由正当的，应当准许，但被告人应当在5日以内另行委托辩护人；被告人未另行委托辩护人的，人民法院应当在3日以内通知法律援助机构另行指派律师为其提供辩护。

第51条 对法律援助机构指派律师为被告人提供辩护，被告人的监护人、近亲属又代为委托辩护人的，应当听取被告人的意见，由其确定辩护人人选。

第52条 审判期间，辩护人接受被告人委托的，应当在接受委托之日起3日以内，将委托手续提交人民法院。

---

① 2012年《解释》第41条规定为："人民法院收到在押被告人提出的法律援助申请，应当在24小时内转交所在地的法律援助机构。"

接受法律援助机构指派为被告人提供辩护的，适用前款规定。①

第339条　被告单位委托辩护人的，参照适用本解释的有关规定。

第392条　第二审期间，被告人除自行辩护外，还可以继续委托第一审辩护人或者另行委托辩护人辩护。

共同犯罪案件，只有部分被告人提出上诉，或者自诉人只对部分被告人的判决提出上诉，或者人民检察院只对部分被告人的判决提出抗诉的，其他同案被告人也可以委托辩护人辩护。

第485条　外国籍被告人委托律师辩护，或者外国籍附带民事诉讼原告人、自诉人委托律师代理诉讼的，应当委托具有中华人民共和国律师资格并依法取得执业证书的律师。

外国籍被告人在押的，其监护人、近亲属或者其国籍国驻华使领馆可以代为委托辩护人。其监护人、近亲属代为委托的，应当提供与被告人关系的有效证明。

外国籍当事人委托其监护人、近亲属担任辩护人、诉讼代理人的，被委托人应当提供与当事人关系的有效证明。经审查，符合刑事诉讼法、有关司法解释规定的，人民法院应当准许。

外国籍被告人没有委托辩护人的，人民法院可以通知法律援助机构为其指派律师提供辩护。被告人拒绝辩护人辩护的，应当由其出具书面声明，或者将其口头声明记录在案；必要时，应当录音录像。被告人属于应当提供法律援助情形的，依照本解释第50条规定处理。

第486条　外国籍当事人从中华人民共和国领域外寄交或者托交给中国律师或者中国公民的委托书，以及外国籍当事人的监护人、近亲属提供的与当事人关系的证明，必须经所在国公证机关证明，所在国中央外交主管机关或者其授权机关认证，并经中华人民共和国驻该国使领馆认证，或者履行中华人民共和国与所在国订立的有关条约中规定的证明手续，但我国与该国之间有互免认证协定的除外。

【主席令〔2021〕93号】　**中华人民共和国法律援助法**（2021年8月20日第13届全国人大常委会第30次会议通过，2022年1月1日施行）

第22条　法律援助机构可以组织法律援助人员依法提供下列形式的法律援助服务：（一）法律咨询；（二）代拟法律文书；（三）刑事辩护与代理；……（五）值班律师法律帮助；……（七）法律、法规、规章规定的其他形式。

第24条　刑事案件的犯罪嫌疑人、被告人因经济困难或者其他原因没有委托辩护人的，本人及其近亲属可以向法律援助机构申请法律援助。

第25条　刑事案件的犯罪嫌疑人、被告人属于下列人员之一，没有委托辩护人的，人民法院、人民检察院、公安机关应当通知法律援助机构指派律师担任辩护人：（一）未成年人；（二）视力、听力、言语残疾人；（三）不能完全辨认自己行为的成年人；（四）可能被判处无期徒刑、死刑的人；（五）申请法律援助的死刑复核案件被告人；（六）缺席审判案件的被告人；（七）法律法规规定的其他人员。

其他适用普通程序审理的刑事案件，被告人没有委托辩护人的，人民法院可以通知法律援助机构指派律师担任辩护人。

---

① 2012年《解释》第46条第2款规定为："法律援助机构决定为被告人指派律师提供辩护的，承办律师应当在接受指派之日起3日内，将法律援助手续提交人民法院。"

第26条　对可能被判处无期徒刑、死刑的人，以及死刑复核案件的被告人，法律援助机构收到人民法院、人民检察院、公安机关通知后，应当指派具有3年以上相关执业经历的律师担任辩护人。

第27条　人民法院、人民检察院、公安机关通知法律援助机构指派律师担任辩护人时，不得限制或者损害犯罪嫌疑人、被告人委托辩护人的权利。

第28条　强制医疗案件的被申请人或者被告人没有委托诉讼代理人的，人民法院应当通知法律援助机构指派律师为其提供法律援助。

第29条　刑事公诉案件的被害人及其法定代理人或者近亲属，刑事自诉案件的自诉人及其法定代理人，刑事附带民事诉讼案件的原告人及其法定代理人，因经济困难没有委托诉讼代理人的，可以向法律援助机构申请法律援助。

第30条　值班律师应当依法为没有辩护人的犯罪嫌疑人、被告人提供法律咨询、程序选择建议、申请变更强制措施、对案件处理提出意见等法律帮助。

第33条　当事人不服司法机关生效裁判或者决定提出申诉或者申请再审，人民法院决定、裁定再审或人民检察院提出抗诉，因经济困难没有委托辩护人或者诉讼代理人的，本人及其近亲属可以向法律援助机构申请法律援助。

第36条　人民法院、人民检察院、公安机关办理刑事案件，发现有本法第25条第1款、第28条规定情形的，应当在3日内通知法律援助机构指派律师。法律援助机构收到通知后，应当在3日内指派律师并通知人民法院、人民检察院、公安机关。

第39条　被羁押的犯罪嫌疑人、被告人、服刑人员，以及强制隔离戒毒人员等提出法律援助申请的，办案机关、监管场所应当在24小时内将申请转交法律援助机构。

犯罪嫌疑人、被告人通过值班律师提出代理、刑事辩护等法律援助申请的，值班律师应当在24小时内将申请转交法律援助机构。

第40条　无民事行为能力人或者限制民事行为能力人需要法律援助的，可以由其法定代理人代为提出申请。法定代理人侵犯无民事行为能力人、限制民事行为能力人合法权益的，其他法定代理人或者近亲属可以代为提出法律援助申请。

被羁押的犯罪嫌疑人、被告人、服刑人员，以及强制隔离戒毒人员，可以由其法定代理人或者近亲属代为提出法律援助申请。

第48条　有下列情形之一的，法律援助机构应当作出终止法律援助的决定：（一）受援人以欺骗或者其他不正当手段获得法律援助；（二）受援人故意隐瞒与案件有关的重要事实或者提供虚假证据；（三）受援人利用法律援助从事违法活动；（四）受援人的经济状况发生变化，不再符合法律援助条件；（五）案件终止审理或者已经被撤销；（六）受援人自行委托律师或者其他代理人；（七）受援人有正当理由要求终止法律援助；（八）法律法规规定的其他情形。

法律援助人员发现有前款规定情形的，应当及时向法律援助机构报告。

【司发通〔2023〕68号】　**法律援助法实施工作办法**（最高法、最高检、公安部、司法部2023年11月20日印发施行）

第9条　人民法院、人民检察院、公安机关依法履行如下告知义务：

（一）公安机关、人民检察院在第一次讯问犯罪嫌疑人或者对犯罪嫌疑人采取强制措施的时候，应当告知犯罪嫌疑人有权委托辩护人，并告知其如果符合法律援助条件，本人及其近亲属可以向法律援助机构申请法律援助；

（二）人民检察院自收到移送审查起诉的案件材料之日起3日内，应当告知犯罪嫌疑人有权委托辩护人，并告知其如果符合法律援助条件，本人及其近亲属可以向法律援助机构申请法律援助，应当告知被害人及其法定代理人或者近亲属有权委托诉讼代理人，并告知其如果符合法律援助条件，可以向法律援助机构申请法律援助；

（三）人民法院自受理案件之日起3日内，应当告知案件当事人及其法定代理人或者近亲属有权依法申请法律援助；

（四）当事人不服司法机关生效裁判或者决定提出申诉或者申请再审，人民法院决定、裁定再审或者人民检察院提出抗诉的，应当自决定、裁定再审或者提出抗诉之日起3日内履行相关告知职责；

（五）犯罪嫌疑人、被告人具有《中华人民共和国法律援助法》第25条规定情形的，人民法院、人民检察院、公安机关应当告知其如果不委托辩护人，将依法通知法律援助机构为其指派辩护人。

第10条 告知可以采取口头或者书面方式，告知的内容应当易于被告知人理解。当面口头告知的，应当制作笔录，由被告知人签名；电话告知的，应当记录在案；书面告知的，应当将送回执入卷。对于被告知人当场表达申请法律援助意愿的，应当记录在案。

第11条 被羁押的犯罪嫌疑人、被告人、服刑人员，以及强制隔离戒毒人员等提出法律援助申请的，人民法院、人民检察院、公安机关及监管场所应当在收到申请后24小时内将申请转交法律援助机构，并于3日内通知申请人的法定代理人、近亲属或者其委托的其他人员协助向法律援助机构提供有关证件、证明等材料。因申请人原因无法通知其法定代理人、近亲属或者其委托的其他人员的，应当在转交申请时一并告知法律援助机构，法律援助机构应当做好记录。

对于犯罪嫌疑人、被告人申请法律援助的案件，法律援助机构可以向人民法院、人民检察院、公安关了解案件办理过程中掌握的犯罪嫌疑人、被告人是否具有经济困难等法定法律援助申请条件的情况。

第12条 人民法院、人民检察院、公安机关发现犯罪嫌疑人、被告人属于《中华人民共和国法律援助法》规定应当通知辩护情形的，应当自发现之日起3日内，通知法律援助机构指派律师。

人民法院、人民检察院、公安机关通知法律援助机构指派律师担任辩护人的，应当将法律援助通知文书、采取强制措施决定书或者起诉意见书、起诉书副本、判决书等文书材料送交法律援助机构。

法律援助通知文书应当载明犯罪嫌疑人或者被告人的姓名、涉嫌的罪名、羁押场所或者住所、通知辩护的理由和依据、办案机关联系人姓名和联系方式等。

第13条 人民法院自受理强制医疗申请或者发现被告人符合强制医疗条件之日起3日内，对于被申请人或者被告人没有委托诉讼代理人的，应当向法律援助机构送交法律援助通知文书，通知法律援助机构指派律师担任被申请人或者被告人的诉讼代理人，为其提供法律援助。

人民检察院提出强制医疗申请的，人民法院应当将强制医疗申请书副本一并送交法律援助机构。

法律援助通知文书应当载明被申请人或者被告人的姓名、法定代理人的姓名和联系方式、办案机关及联系人姓名和联系方式。

第 14 条　值班律师依法为没有辩护人的犯罪嫌疑人、被告人提供法律咨询、程序选择建议、申请变更强制措施、对案件处理提出意见等法律帮助。

人民法院、人民检察院、公安机关应当在确定的法律帮助日期前 3 个工作日，将法律帮助通知书送达法律援助机构，或者直接送达现场值班律师。该期间没有安排现场值班律师的，法律援助机构应当自收到法律帮助通知书之日起 2 个工作日内确定值班律师，并通知人民法院、人民检察院、公安机关。

第 15 条　当事人以人民法院、人民检察院、公安机关给予国家司法救助的决定或者人民法院给予司法救助的决定为依据，向法律援助机构申请法律援助的，法律援助机构免予核查经济困难状况。

第 16 条　法律援助机构应当自收到法律援助申请之日起 7 日内进行审查，作出是否给予法律援助的决定。决定给予法律援助的，应当自作出决定之日起 3 日内指派法律援助人员为受援人提供法律援助；决定不给予法律援助的，应当书面告知申请人，并说明理由。

法律援助机构应当自收到人民法院、人民检察院、公安机关的法律援助通知文书之日起 3 日内，指派律师并函告人民法院、人民检察院、公安机关，法律援助公函应当载明承办律师的姓名、所属单位及联系方式。

第 17 条　法律援助人员应当遵守有关法律、法规、规章和规定，根据案件情况做好会见、阅卷、调查情况、收集证据、参加庭审、提交书面意见等工作，依法为受援人提供符合标准的法律援助服务。

第 18 条　人民法院确定案件开庭日期时，应当为法律援助人员出庭预留必要的准备时间，并在开庭 3 日前通知法律援助人员，但法律另有规定的除外。

人民法院决定变更开庭日期的，应当在开庭 3 日前通知法律援助人员，但法律另有规定的除外。法律援助人员有正当理由不能按时出庭的，可以申请人民法院延期开庭。人民法院同意延期开庭的，应当及时通知法律援助人员。

第 19 条　人民法院、人民检察院、公安机关对犯罪嫌疑人、被告人变更强制措施或者羁押场所的，应当及时告知承办法律援助案件的律师。

第 20 条　对于刑事法律援助案件，公安机关在撤销案件或者移送审查起诉后，人民检察院在作出提起公诉、不起诉或者撤销案件决定后，人民法院在终止审理或者作出裁决后，以及公安机关、人民检察院、人民法院将案件移送其他机关办理后，应当在 5 日内将相关法律文书副本或者复印件送达承办法律援助案件的律师。

公安机关的起诉意见书，人民检察院的起诉书、不起诉决定书，人民法院的判决书、裁定书等法律文书，应当载明作出指派的法律援助机构名称、承办律师姓名以及所属单位等情况。

第 21 条　法律援助人员应当及时接收所承办案件的判决书、裁定书、调解书、仲裁裁决书、行政复议决定书等相关法律文书，并按规定提交结案归档材料。

第 22 条　具有《中华人民共和国法律援助法》第 48 条规定情形之一的，法律援助机构应当作出终止法律援助决定，制作终止法律援助决定书送达受援人，并自作出决定之日起 3 日内函告人民法院、人民检察院、公安机关。

人民法院、人民检察院、公安机关在案件办理过程中发现有前款规定情形的，应当及时函告法律援助机构。

第23条 被告人拒绝法律援助机构指派的律师为其辩护，坚持自己行使辩护权，人民法院依法准许的，法律援助机构应当作出终止法律援助的决定。

对于应当通知辩护的案件，犯罪嫌疑人、被告人拒绝指派的律师为其辩护的，人民法院、人民检察院、公安机关应当查明原因。理由正当的，应当准许，但犯罪嫌疑人、被告人应当在5日内另行委托辩护人；犯罪嫌疑人、被告人未另行委托辩护人的，人民法院、人民检察院、公安机关应当在3日内通知法律援助机构另行指派律师为其提供辩护。

第28条 国家安全机关、军队保卫部门、中国海警局、监狱办理刑事案件，除法律有特别规定的以外，适用本办法中有关公安机关的规定。

第29条 本办法所称法律援助人员，是指接受法律援助机构的指派或者安排，依法为经济困难公民和符合法定条件的其他当事人提供法律援助服务的律师、基层法律服务工作者、法律援助志愿者以及法律援助机构中具有律师资格或者法律职业资格的工作人员等。

【高检发办字〔2021〕120号】 人民检察院办理认罪认罚案件开展量刑建议工作的指导意见（2021年11月15日最高检第13届检委会第78次会议通过，2021年12月3日印发施行）

第22条 办理认罪认罚案件，人民检察院应当依法保障犯罪嫌疑人获得有效法律帮助。犯罪嫌疑人要求委托辩护人的，应当充分保障其辩护权，严禁要求犯罪嫌疑人解除委托。

对没有委托辩护人的，应当及时通知值班律师为犯罪嫌疑人提供法律咨询、程序选择建议、申请变更强制措施等法律帮助。对符合通知辩护条件的，应当通知法律援助机构指派律师为其提供辩护。

人民检察院应当为辩护人、值班律师会见、阅卷等提供便利。

第23条 对法律援助机构指派律师为犯罪嫌疑人提供辩护，犯罪嫌疑人的监护人、近亲属又代为委托辩护人的，应当听取犯罪嫌疑人的意见，由其确定辩护人人选。犯罪嫌疑人是未成年人的，应当听取其监护人意见。

【法〔2021〕348号】 最高人民法院、司法部关于为死刑复核案件被告人依法提供法律援助的规定（2021年12月30日印发，2022年1月1日试行）

第1条 最高人民法院复核死刑案件，被告人申请法律援助的，应当通知司法部法律援助中心指派律师为其提供辩护。

法律援助通知书应当写明被告人姓名、案由、提供法律援助的理由和依据、案件审判庭和联系方式，并附二审或者高级人民法院复核审裁判文书。

第2条 高级人民法院在向被告人送达依法作出的死刑裁判文书时，应当书面告知其在最高人民法院复核死刑阶段可以委托辩护律师，也可以申请法律援助；被告人申请法律援助的，应当在10日内提出，法律援助申请书应当随案移送。

第3条 司法部法律援助中心在接到最高人民法院法律援助通知书后，应当采取适当方式指派律师为被告人提供辩护。

第4条 司法部法律援助中心在接到最高人民法院法律援助通知书后，应当在3日内指派具有3年以上刑事辩护执业经历的律师担任被告人的辩护律师，并函告最高人民法院。

司法部法律援助中心出具的法律援助公函应当写明接受指派的辩护律师的姓名、所属律师事务所及联系方式。

第 5 条 最高人民法院应当告知或者委托高级人民法院告知被告人为其指派的辩护律师的情况。被告人拒绝指派的律师为其辩护的,最高人民法院应当准许。

第 6 条 被告人在死刑复核期间自行委托辩护律师的,司法部法律援助中心应当作出终止法律援助的决定,并及时函告最高人民法院。

最高人民法院在复核死刑案件过程中发现有前款规定情形的,应当及时函告司法部法律援助中心。司法部法律援助中心应当作出终止法律援助的决定。

第 8 条 辩护律师依法行使辩护权,最高人民法院应当提供便利。

第 9 条 辩护律师在依法履行辩护职责中遇到困难和问题的,最高人民法院、司法部有关部门应当及时协调解决,切实保障辩护律师依法履行职责。

第 12 条 司法部指导、监督全国死刑复核案件法律援助工作,司法部法律援助中心负责具体组织和实施。

【司发通〔2022〕49 号】 最高人民法院、最高人民检察院、公安部、司法部关于进一步深化刑事案件律师辩护全覆盖试点工作的意见(2022 年 10 月 12 日)

6. 确定试点区域。各司法厅(局)根据本地工作实际,商检察机关于今年 11 月底前确定 2 至 3 个地市(直辖市的区县)开展审查起诉阶段律师辩护全覆盖试点。已先行开展此项工作的地区,可以根据原工作方案进行。

7. 确定通知辩护范围。犯罪嫌疑人没有委托辩护人,且具有可能判处 3 年以上有期徒刑、本人或其共同犯罪嫌疑人拒不认罪、案情重大复杂、可能造成重大社会影响情形之一的,人民检察院应当通知法律援助机构指派律师为其提供辩护。已先行开展试点的地区,可以结合本地实际扩大通知辩护案件范围。

8. 确定工作程序。人民检察院自收到移送审查起诉的案件材料之日起 3 日内,应当告知犯罪嫌疑人有权委托辩护人。犯罪嫌疑人具有本意见第 7 条规定情形的,人民检察院应当告知其如果不委托辩护人,将通知法律援助机构指派律师为其提供辩护。犯罪嫌疑人决定不自行委托辩护人的,人民检察院应当记录在案并将通知辩护公函送交法律援助机构。通知辩护公函应当载明犯罪嫌疑人的姓名、涉嫌的罪名、羁押场所或者住所、通知辩护的理由、检察人员姓名和联系方式等。法律援助机构应当自收到通知辩护公函之日起 3 日内,确定承办律师并将辩护律师姓名、所属单位及联系方式函告人民检察院。

12. 做好法律帮助衔接。犯罪嫌疑人没有委托辩护人的,也不属于本意见第 7 条规定由法律援助机构指派律师提供辩护情形的,人民检察院应当及时通知法律援助机构安排值班律师提供法律帮助。

13. 拒绝辩护处理。属于法律援助法第 25 条第 1 款、本意见第 7 条规定的应当通知辩护情形,犯罪嫌疑人拒绝法律援助机构指派的律师为其辩护的,人民检察院应当查明原因。理由正当的,应当准许,但犯罪嫌疑人必须另行委托辩护人;犯罪嫌疑人未另行委托辩护人的,应当书面通知法律援助机构另行指派律师为其提供辩护。犯罪嫌疑人拒绝法律援助机构指派的律师为其辩护,坚持自己行使辩护权,人民检察院准许的,法律援助机构应当作出终止法律援助的决定;对于有正当理由要求更换律师的,法律援助机构应当另行指派律师为其提供辩护。

14. 完善值班律师派驻。人民法院、人民检察院、公安机关应当为法律援助工作站提供必要办公场所和设施，加快推进法律援助工作站建设。司法行政机关和法律援助机构应当根据当地律师资源状况、法律帮助需求灵活采用现场值班、电话值班、网络值班等多种形式，确保值班律师法律帮助全覆盖。

15. 落实权利告知。人民法院、人民检察院、公安机关应当在侦查、审查起诉、审判各阶段分别告知没有辩护人的犯罪嫌疑人、被告人有权约见值班律师获得法律帮助，并为犯罪嫌疑人、被告人约见值班律师提供便利。前一诉讼程序犯罪嫌疑人、被告人拒绝值班律师法律帮助的，后一诉讼程序的办案机关仍需告知其有权获得值班律师法律帮助，有关情况应当记录在案。

16. 及时通知值班律师。犯罪嫌疑人、被告人没有委托辩护人，法律援助机构也没有指派律师提供辩护的，犯罪嫌疑人、被告人申请约见值班律师的，人民法院、人民检察院、公安机关可以直接送达现场派驻的值班律师或即时通知电话、网络值班律师。不能直接安排或即时通知的，应当在 24 小时内将法律帮助通知书送达法律援助机构。法律援助机构应当在收到法律帮助通知书之日起 2 个工作日内确定值班律师，并将值班律师姓名、单位、联系方式告知办案机关。除通知值班律师到羁押场所提供法律帮助的情形外，人民检察院、人民法院可以商法律援助机构简化通知方式和通知手续。办案机关应当为值班律师与犯罪嫌疑人、被告人会见提供便利。

【海警局令〔2023〕1 号】 海警机构办理刑事案件程序规定（2023 年 5 月 15 日审议通过，2023 年 6 月 15 日起施行）（余文见本书第 308 条）

第 36 条 犯罪嫌疑人符合下列情形之一，没有委托辩护人的，海警机构应当自发现该情形之日起 3 日以内通知法律援助机构为犯罪嫌疑人指派辩护律师：（一）犯罪嫌疑人是盲、聋、哑人，或者是尚未完全丧失辨认或者控制自己行为能力的精神病人；（二）犯罪嫌疑人可能被判处无期徒刑、死刑。

第 37 条 海警机构收到在押的犯罪嫌疑人提出的法律援助申请后，应当在 24 小时以内将申请转交所在地的法律援助机构，并在 3 日以内通知申请人的法定代理人、近亲属或者其委托的其他人员协助提供有关证件、证明等相关材料。犯罪嫌疑人的法定代理人、近亲属或者其委托的其他人员地址不详无法通知的，应当在转交申请时一并告知法律援助机构。

犯罪嫌疑人拒绝法律援助机构指派的律师作为辩护人或者自行委托辩护人的，海警机构应当在 3 日以内通知法律援助机构。

军人军属法律援助工作实施办法（详见《民事诉讼法全厚细》第 5 章 "法律援助" 专辑）

【司法部令〔2023〕148 号】 办理法律援助案件程序规定（司法部令 124 号发布，2012 年 7 月 1 日起施行；2023 年 7 月 11 日司法部令第 148 号修订，2023 年 9 月 1 日起施行）

第 2 条（第 2 款） 本规定所称法律援助人员，是指接受法律援助机构的指派或者安排，依法为经济困难公民和符合法定条件的其他当事人提供法律援助服务的律师、基层法律服务工作者、法律援助志愿者以及法律援助机构中具有律师资格或者法律职业资格的工作人员等。

第 4 条（第 2 款） 法律援助机构为老年人、残疾人提供法律援助服务的，应当根据实际情况提供无障碍设施设备和服务。

第10条 对诉讼事项/刑事的法律援助，由申请人向办案机关所在地的法律援助机构提出申请；对非诉讼事项的法律援助，由申请人向争议处理机关所在地或者事由发生地/义务人住所地或者被请求人住所地的法律援助机构提出申请。

申请人就同一事项向2个以上有管辖权的法律援助机构提出申请的，由最先收到申请的法律援助机构受理。

第11条 因经济困难申请代理、刑事辩护法律援助的，申请人应当如实提交下列材料：（一）法律援助申请表；（二）居民身份证或者其他有效身份证明，代为申请的还应当提交有代理权的证明；（三）经济困难状况说明表，如有能够说明经济状况的证件或者证明材料，可以一并提供；（四）与所申请法律援助事项有关的其他材料。

填写法律援助申请表、经济困难状况说明表确有困难的，由法律援助机构工作人员或者转交申请的机关、单位工作人员代为填写，申请人确认无误后签名或者按指印。

法律援助申请人经济状况证明表应当由法律援助地方性法规、规章规定的有权出具经济困难证明的机关、单位加盖公章。无相关规定的，由申请人住所地或者经常居住地的村民委员会、居民委员会或者所在单位加盖公章。

（新增）符合《中华人民共和国法律援助法》第32条规定情形的当事人申请代理、刑事辩护法律援助的，应当提交第1款第1项、第2项、第4项规定的材料。

第10条 申请人持有下列证件、证明材料的，无需提交法律援助申请人经济状况证明表：（一）城市居民最低生活保障证或者农村居民最低生活保障证；（二）农村特困户救助证；（三）农村"五保"供养证；（四）人民法院给予申请人司法救助的决定；（五）在社会福利机构中由政府出资供养或者由慈善机构出资供养的证明材料；（六）残疾证及申请人住所地或者经常居住地的村民委员会、居民委员会出具的无固定生活来源的证明材料；（七）依靠政府或者单位给付抚恤金生活的证明材料；（八）因自然灾害等原因导致生活出现暂时困难，正在接受政府临时救济的证明材料；（九）法律、法规及省、自治区、直辖市人民政府规定的能够证明法律援助申请人经济困难的其他证件、证明材料。

第12条 被羁押的犯罪嫌疑人、被告人、服刑人员以及劳动教养人员、强制隔离戒毒人员等提出法律援助申请的，可以通过办案机关或者监管场所转交申请。办案机关、监管场所应当在24小时内将申请材料转交法律援助机构。

（新增）犯罪嫌疑人、被告人通过值班律师提出代理、刑事辩护等法律援助申请的，值班律师应当在24小时内将申请材料转交法律援助机构。

第13条 法律援助机构对申请人提出的法律援助申请，应当根据下列情况分别作出处理：

（一）申请人提交的申请材料符合规定的，应当予以受理，并向申请人出具收到申请材料的书面凭证，载明收到申请材料的名称、数量、日期等；

（二）申请人提交的申请材料不齐全，应当一次性告知申请人需要补充的全部内容，或者要求申请人作出必要的说明。申请人未按要求补充材料或者作出说明的，视为撤回申请；

（三）申请事项不属于本法律援助机构受理范围的，应当告知申请人向有管辖权的法律援助机构申请或者向有关部门申请处理。

第14条 法律援助机构应当对法律援助申请进行审查，确定是否具备下列条件：（一）申请人系公民或者符合法定条件的其他当事人；（二）申请事项属于法律援助范围；（三）符合经济困难标准或者其他法定条件。

第 15 条　法律援助机构核查申请人的经济困难状况，可以通过信息共享查询，或者由申请人进行个人诚信承诺。

法律援助机构开展核查工作，可以依法向有关部门、单位、村民委员会、居民委员会或者个人核实有关情况。

第 16 条　受理申请的法律援助机构需要异地核查有关情况的，可以向核查事项所在地的法律援助机构请求协作。

法律援助机构请求协作的，应当向被请求的法律援助机构发出协作函件，说明基本情况、需要核查的事项、办理时限等。被请求的法律援助机构应当予以协作。因客观原因无法协作的，应当及时向请求协作的法律援助机构书面说明理由。

第 17 条　法律援助机构应当自收到法律援助申请之日起 7 日内进行审查，作出是否给予法律援助的决定。

申请人补充材料、作出说明所需的时间，法律援助机构请求异地法律援助机构协作核查的时间，不计入审查期限。

第 18 条　法律援助机构经审查，对于有下列情形之一的，应当认定申请人经济困难：(一) 申请人及与其共同生活的家庭成员的人均收入符合受理的法律援助机构所在省、自治区、直辖市人民政府规定的经济困难标准的；(二) 申请事项的对方当事人是与申请人共同生活的家庭成员，申请人的个人收入符合受理的法律援助机构所在省、自治区、直辖市人民政府规定的经济困难标准的；(三) 符合《中华人民共和国法律援助法》第 42 条规定，申请人所提交材料真实有效的。

第 19 条　法律援助机构经审查，对符合法律援助条件的，应当决定给予法律援助，并制作给予法律援助决定书；对不符合法律援助条件的，应当决定不予法律援助，并制作不予法律援助决定书。

不予法律援助决定书应当载明不予法律援助的理由及申请人提出异议的途径和方式/权利。

第 20 条　给予法律援助决定书或者不予法律援助决定书应当发送申请人；属于《中华人民共和国法律援助法》第 39 条规定情形的，法律援助机构还应当同时函告有关办案机关、监管场所。

第 21 条　法律援助机构依据《中华人民共和国法律援助法》第 44 条规定先行提供法律援助的，受援人应当在法律援助机构要求的时限内，补办有关手续，补充有关材料。

第 18 条　……法律援助机构经审查认为受援人不符合经济困难标准的，应当终止法律援助，并按照本规定第 33 条第 2 款的规定办理。

第 22 条　申请人对法律援助机构不予法律援助的决定有异议的，应当自收到决定之日起 15 日内向设立该法律援助机构的司法行政机关提出。

第 23 条　司法行政机关应当自收到异议之日起 5 日内进行审查，认为申请人符合法律援助条件的，应当以书面形式责令法律援助机构对该申请人提供法律援助，同时书面告知申请人；认为申请人不符合法律援助条件的，应当作出维持法律援助机构不予法律援助的决定，书面告知申请人并说明理由。

申请人对司法行政机关维持法律援助机构决定不服的，可以依法申请行政复议或者提起行政诉讼。

第 24 条　法律援助机构应当自作出给予法律援助决定之日起 3 日/7 个工作日内依法指

派律师事务所、基层法律服务所安排本所律师或者基层法律服务工作者,或者安排本机构具有律师资格或者法律职业资格的工作人员承办法律援助案件。

对于通知辩护或者通知代理的刑事法律援助案件,法律援助机构收到人民法院、人民检察院、公安机关要求指派律师的通知后,应当在 3 日/3 个工作日内指派律师承办法律援助案件,并通知人民法院、人民检察院、公安机关。

第 26 条　对可能被判处无期徒刑、死刑的人,以及死刑复核案件的被告人,法律援助机构收到人民法院、人民检察院、公安机关通知后,应当指派具有 3 年以上刑事辩护经历的律师担任辩护人。

对于未成年人刑事案件,法律援助机构收到人民法院、人民检察院、公安机关通知后,应当指派熟悉未成年人身心特点的律师担任辩护人。

第 27 条　法律援助人员所属单位应当自安排或者收到指派之日起 5 日/5 个工作日内与受援人或者其法定代理人、近亲属签订委托协议和授权委托书,但因受援人原因或者其他客观原因无法按时签订的除外。

第 28 条　法律援助机构已指派律师为犯罪嫌疑人、被告人提供辩护,犯罪嫌疑人、被告人的监护人或者近亲属又代为委托辩护人,犯罪嫌疑人、被告人决定接受委托辩护的,律师应当及时向法律援助机构报告。法律援助机构按照有关规定进行处理。

第 29 条　律师承办刑事辩护法律援助案件①,应当依法及时会见犯罪嫌疑人、被告人,了解案件情况并制作笔录。笔录应当经犯罪嫌疑人、被告人确认无误后签名或者按指印。犯罪嫌疑人、被告人无阅读能力的,律师应当向犯罪嫌疑人、被告人宣读笔录,并在笔录上载明。

对于通知辩护的案件,律师应当在首次会见犯罪嫌疑人、被告人时,询问是否同意为其辩护,并记录在案。犯罪嫌疑人、被告人不同意的,律师应当书面告知人民法院、人民检察院、公安机关和法律援助机构。

第 30 条　法律援助人员承办刑事代理、民事、行政等法律援助案件,应当约见受援人或者其法定代理人、近亲属,了解案件情况并制作笔录,但因受援人原因无法按时约见的除外。

法律援助人员首次约见受援人或者其法定代理人、近亲属时,应当告知下列事项:(一)法律援助人员的代理职责;(二)发现受援人可能符合司法救助条件的,告知其申请方式和途径;(三)本案主要诉讼风险及法律后果;(四)受援人在诉讼中的权利和义务。

第 31 条　法律援助人员承办案件,可以根据需要依法向有关单位或者个人调查与承办案件有关的情况,收集与承办案件有关的材料,并可以根据需要请求法律援助机构出具必要的证明文件或者与有关机关、单位进行协调。

法律援助人员认为需要异地调查情况、收集材料的,可以向作出指派或者安排的法律援助机构报告。法律援助机构可以按照本规定第 16 条向调查事项所在地的法律援助机构请求协作。

第 32 条　法律援助人员可以帮助受援人通过和解、调解及其他非诉讼方式解决纠纷,依法最大限度维护受援人合法权益。

---

① 注:2012 年《规定》未限定于刑事案件,均应制作会见笔录并由受援人确认签字。

法律援助人员代理受援人以和解或者调解方式解决纠纷的，应当征得受援人同意。

第33条 对处于侦查、审查起诉阶段的刑事辩护法律援助案件，承办律师应当积极履行辩护职责，在办案期限内依法完成会见、阅卷，并根据案情提出辩护意见。

第34条 对于开庭审理的案件，法律援助人员应当做好开庭前准备；庭审中充分发表意见、举证、质证；庭审结束后，应当向人民法院或者劳动人事争议仲裁机构提交书面法律意见。

对于不开庭审理的案件，法律援助人员应当在会见或者约见受援人、查阅案卷材料、了解案件主要事实后，及时/自收到法律援助机构指派函之日起10日内向人民法院提交书面法律意见。

第35条 法律援助人员应当向受援人通报案件办理情况，答复受援人询问，并制作通报情况记录。

第36条 法律援助人员应当按照法律援助机构要求报告案件承办情况。

法律援助案件有下列情形之一的，法律援助人员应当向法律援助机构报告：（一）主要证据认定、适用法律等方面存在重大疑义的；（二）涉及群体性事件的；（三）有重大社会影响的；（四）其他复杂、疑难情形。

第37条 受援人有证据证明法律援助人员未依法履行职责的，可以请求法律援助机构更换法律援助人员。

法律援助机构应当自受援人申请更换之日起5日/5个工作日内决定是否更换。决定更换的，应当另行指派或者安排人员承办。对犯罪嫌疑人、被告人具有应当通知辩护情形，人民法院、人民检察院、公安机关决定为其另行通知辩护的，法律援助机构应当另行指派或者安排人员承办。法律援助机构应当及时将变更情况通知办案机关。

更换法律援助人员的，原法律援助人员所属单位应当与受援人解除或者变更委托协议和授权委托书，原法律援助人员应当与更换后的法律援助人员办理案件材料移交手续。

第38条 法律援助人员在承办案件过程中，发现与本案存在利害关系或者因客观原因无法继续承办案件的，应当向法律援助机构报告。法律援助机构认为需要更换法律援助人员的，按照本规定第37条办理。

第39条 存在《中华人民共和国法律援助法》第48条规定情形，法律援助机构决定终止法律援助的，应当制作终止法律援助决定书，并于3日内，发送受援人、通知法律援助人员所属单位并函告办案机关。

受援人对法律援助机构终止法律援助的决定有异议的，按照本规定第22条、第23条办理。

第40条 法律援助案件办理结束后，法律援助人员应当及时向法律援助机构报告，并自结案之日起30日内向法律援助机构提交结案归档材料/立卷材料。

刑事诉讼案件侦查阶段以承办律师收到起诉意见书或撤销案件的相关法律文书之日为结案日；审查起诉阶段以承办律师收到起诉书或不起诉决定书之日为结案日；审判阶段以承办律师收到判决书、裁定书、调解书之日为结案日。其他诉讼案件以法律援助人员收到判决书、裁定书、调解书之日为结案日。劳动争议仲裁案件或者行政复议案件以法律援助人员收到仲裁裁决书、行政复议决定书原件或者复印件之日为结案日。其他非诉讼法律事务以受援人与对方当事人达成和解、调解协议之日为结案日。无相关文书的，以义务人开始履行义务之日为结案日。法律援助机构终止法律援助的，以法律援助人员所属单位收到终止法律援助决定书之日为结案日。

第41条　法律援助机构应当自收到法律援助人员提交的结案归档材料/立卷材料之日起30日内进行审查。对于结案归档材料/立卷材料齐全规范的，应当及时通过法律援助人员所属单位向法律援助人员支付法律援助补贴。

第42条　法律援助机构应当对法律援助案件申请、审查、指派等材料以及法律援助人员提交的结案归档材料进行整理，一案一卷，统一归档管理。

第44条　本规定中期间开始的日，不算在期间以内。期间的最后一日是节假日的，以节假日后的第一日为期满日期。

【国安部令〔2024〕4号】　**国家安全机关办理刑事案件程序规定**（2024年4月26日公布，2024年7月1日起施行）

第44条　国家安全机关收到在押的犯罪嫌疑人提出的法律援助申请后，应当在24小时以内将其申请转交所在地的法律援助机构，并在3日以内通知申请人的法定代理人、近亲属或者其委托的其他人员协助向法律援助机构提供相关材料。因申请人原因无法通知其法定代理人、近亲属或者其委托的其他人员的，应当在转交申请时一并告知法律援助机构。

犯罪嫌疑人拒绝法律援助机构指派的律师作为辩护人或者自行委托辩护人的，国家安全机关应当在3日以内通知法律援助机构。对于应当通知辩护的案件，犯罪嫌疑人、被告人拒绝法律援助机构指派的律师为其辩护的，国家安全机关应当查明原因。理由正当的，应当允许，但犯罪嫌疑人应当在5日以内另行委托辩护人；犯罪嫌疑人未另行委托辩护人的，国家安全机关应当在3日以内通知法律援助机构另行指派律师为其提供辩护。

第45条　符合下列情形之一，犯罪嫌疑人没有委托辩护人的，国家安全机关应当自发现该情形之日起3日以内制作法律援助通知书，通知法律援助机构为犯罪嫌疑人指派辩护律师：（一）犯罪嫌疑人是未成年人；（二）犯罪嫌疑人是视力、听力、言语残疾人；（三）犯罪嫌疑人是不能完全辨认自己行为的成年人；（四）犯罪嫌疑人可能被判处无期徒刑、死刑；（五）法律法规规定的其他人员。

第46条　犯罪嫌疑人、被告人入所羁押时没有委托辩护人，法律援助机构也没有指派律师提供辩护的，看守所应当告知其有权约见值班律师，获得法律咨询、程序选择建议、申请变更强制措施、对案件处理提出意见等法律帮助，并为犯罪嫌疑人、被告人约见值班律师提供便利。

犯罪嫌疑人、被告人没有委托辩护人并且不符合法律援助机构指派律师为其提供辩护的条件，要求约见值班律师的，国家安全机关应当按照有关规定及时通知法律援助机构安排。

值班律师应约会见在押的危害国家安全犯罪、恐怖活动犯罪案件犯罪嫌疑人的，应当经国家安全机关许可。

第47条　辩护律师接受犯罪嫌疑人委托或者法律援助机构的指派后，应当及时告知国家安全机关并出示律师执业证书、律师事务所证明和委托书或者法律援助公函。

第 37 条 【辩护人职责】 辩护人的责任是根据事实和法律,提出证明[①]犯罪嫌疑人[②]、被告人无罪、罪轻或者减轻、免除其刑事责任的材料和意见,维护犯罪嫌疑人[③]、被告人的诉讼权利和其他[④]合法权益。

第 38 条[⑤] 【侦查期辩护工作】 辩护律师在侦查期间可以为犯罪嫌疑人提供法律帮助;代理申诉、控告;申请变更强制措施;向侦查机关了解犯罪嫌疑人涉嫌的罪名和案件有关情况,提出意见。

● **相关规定**　【署法〔1998〕202 号】　海关总署关于贯彻执行《关于刑事诉讼法实施中若干问题的规定》的通知(1998 年 4 月 15 日)

二、关于律师参加刑事诉讼

(一)刑事诉讼法第 96 条规定,犯罪嫌疑人在被侦查机关第一次讯问后或者侦查机关对犯罪嫌疑人采取强制措施之日起,可以聘请律师为其提供法律咨询、代理申诉、控告;受委托的律师可以会见在押的犯罪嫌疑人,向犯罪嫌疑人了解有关案件情况。鉴于走私罪嫌疑案件的侦查机关为公安机关,而且《中华人民共和国海关法》(以下简称《海关法》)中所规定的海关扣留移送走私罪嫌疑人的措施不属于刑事诉讼法所规定的强制措施,因此,对受委托的律师在海关扣留走私罪嫌疑人期间,要求会见走私罪嫌疑人、向走私罪嫌疑人了解有关案件情况的,海关一般不予批准;认为情况特殊,如涉外案件等,需要批准会见的,应事先报总署调查局。

【法发〔2008〕14 号】　最高人民法院、司法部关于充分保障律师依法履行辩护职责确保死刑案件办理质量的若干规定(2008 年 5 月 21 日)

十三、法庭审理中,人民法院应当如实、详细地记录律师意见。法庭审理结束后,律师应当在闭庭 3 日以内向人民法院提交书面辩护意见。

【主席令〔2012〕64 号】　中华人民共和国律师法(2012 年 10 月 26 日第 11 届全国人大常委会第 29 次会议修正,2013 年 1 月 1 日施行;2017 年 9 月 1 日第 12 届全国人大常委会第 29 次会议修正)

第 31 条　律师担任辩护人的,应当根据事实和法律,提出犯罪嫌疑人、被告人无罪、罪轻或者减轻、免除其刑事责任的材料和意见,维护犯罪嫌疑人、被告人的诉讼权利和其他合法权益。

第 32 条　委托人可以拒绝已委托的律师为其继续辩护或者代理,同时可以另行委托律师担任辩护人或者代理人。

律师接受委托后,无正当理由的,不得拒绝辩护或者代理。但是,委托事项违法、委托人利用律师提供的服务从事违法活动或者委托人故意隐瞒与案件有关的重要事实的,律师有权拒绝辩护或者代理。

[①] 本部分内容被 2012 年 3 月 14 日第 11 届全国人大常委会第 5 次会议删除,2013 年 1 月 1 日施行。
[②] 本部分内容由 1996 年 3 月 17 日第 8 届全国人民代表大会第 4 次会议增加,1997 年 1 月 1 日施行。
[③] 本部分内容由 1996 年 3 月 17 日第 8 届全国人民代表大会第 4 次会议增加,1997 年 1 月 1 日施行。
[④] 本部分内容由 2012 年 3 月 14 日第 11 届全国人大常委会第 5 次会议增加,2013 年 1 月 1 日施行。
[⑤] 本条规定由 2012 年 3 月 14 日第 11 届全国人大常委会第 5 次会议增设,2013 年 1 月 1 日施行。

【六部委〔2012〕规定】 最高人民法院、最高人民检察院、公安部、国家安全部、司法部、全国人大常委会法制工作委员会关于实施刑事诉讼法若干问题的规定（2012年12月26日印发，2013年1月1日施行）

6. 刑事诉讼法第36条规定："辩护律师在侦查期间可以为犯罪嫌疑人提供法律帮助；代理申诉、控告；申请变更强制措施；向侦查机关了解犯罪嫌疑人涉嫌的罪名和案件有关情况，提出意见。"根据上述规定，辩护律师在侦查期间可以向侦查机关了解犯罪嫌疑人涉嫌的罪名及当时已查明的该罪的主要事实，犯罪嫌疑人被采取、变更、解除强制措施的情况，侦查机关延长侦查羁押期限等情况。

【公通字〔2017〕25号】 最高人民检察院、公安部关于公安机关办理经济犯罪案件的若干规定（最高检、公安部2017年11月24日印发，2018年1月1日施行；2005年12月31日"公通字〔2005〕101号"《规定》同时废止）

第65条 公安机关办理经济犯罪案件，应当尊重和保障人权，保障犯罪嫌疑人、被害人和其他诉讼参与人依法享有的辩护权和其他诉讼权利，在职责范围内依法保障律师的执业权利。

第66条 辩护律师向公安机关了解犯罪嫌疑人涉嫌的罪名以及现已查明的该罪的主要事实，犯罪嫌疑人被采取、变更、解除强制措施，延长侦查羁押期限、移送审查起诉等案件有关情况的，公安机关应当依法将上述情况告知辩护律师，并记录在案。

第67条 辩护律师向公安机关提交与经济犯罪案件有关的申诉、控告等材料的，公安机关应当在执法办案场所予以接收，当面了解有关情况并记录在案。对辩护律师提供的材料，公安机关应当及时依法审查，并在30日以内予以答复。

第68条 被害人、犯罪嫌疑人及其法定代理人、近亲属或者律师对案件管辖有异议，向立案侦查的公安机关提出申诉的，接受申诉的公安机关应当在接到申诉后的7日以内予以答复。

第69条 犯罪嫌疑人及其法定代理人、近亲属或者辩护人认为公安机关所采取的强制措施超过法定期限，有权向原批准或者决定的公安机关提出申诉，接受该项申诉的公安机关应当在接到申诉之日起30日以内审查完毕并作出决定，将结果书面通知申诉人。对超过法定期限的强制措施，应当立即解除或者变更。

第70条 辩护人、诉讼代理人认为公安机关阻碍其依法行使诉讼权利并向人民检察院申诉或者控告，人民检察院经审查情况属实后通知公安机关予以纠正的，公安机关应当立即纠正，并将监督执行情况书面答复人民检察院。

第71条 辩护人、诉讼代理人对公安机关侦查活动有异议的，可以向有关公安机关提出申诉、控告，或者提请人民检察院依法监督。

【律发通〔2017〕51号】 律师办理刑事案件规范（2017年8月27日第9届全国律协常务理事会第8次会议通过、即日施行，中华全国律师协会2017年9月20日印发）

第8条 律师参与刑事诉讼，可以从事下列业务：（一）接受犯罪嫌疑人、被告人的委托，担任辩护人。犯罪嫌疑人、被告人的近亲属、其他亲友或其所在单位代为委托的，须经犯罪嫌疑人、被告人确认；（二）接受涉嫌犯罪的未成年人或精神病人的监护人、近亲属的委托，担任辩护人；（三）接受公诉案件的被害人、其法定代理人或者近亲属的委托，接受自诉案件的自诉人、其法定代理人的委托，接受刑事附带民事诉讼的当事人、其法定代理人

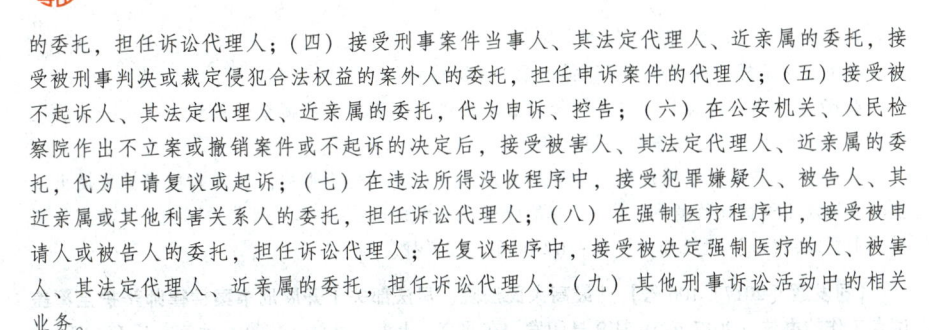

的委托，担任诉讼代理人；（四）接受刑事案件当事人、其法定代理人、近亲属的委托，接受被刑事判决或裁定侵犯合法权益的案外人的委托，担任申诉案件的代理人；（五）接受被不起诉人、其法定代理人、近亲属的委托，代为申诉、控告；（六）在公安机关、人民检察院作出不立案或撤销案件或不起诉的决定后，接受被害人、其法定代理人、近亲属的委托，代为申请复议或起诉；（七）在违法所得没收程序中，接受犯罪嫌疑人、被告人、其近亲属或其他利害关系人的委托，担任诉讼代理人；（八）在强制医疗程序中，接受被申请人或被告人的委托，担任诉讼代理人；在复议程序中，接受被决定强制医疗的人、被害人、其法定代理人、近亲属的委托，担任诉讼代理人；（九）其他刑事诉讼活动中的相关业务。

第14条　律师办理刑事案件，可以会同异地律师协助调查、收集证据和会见，经当事人同意可以为协同工作的律师办理授权委托手续。

在侦查、审查起诉、一审、二审、死刑复核、申诉、再审案件中，当事人变更律师的，变更前律师可以为变更后的律师提供案情介绍、案卷材料、证据材料等工作便利。

第60条　侦查期间，律师接受委托后，自犯罪嫌疑人被第一次讯问或者采取强制措施之日起，可以向侦查机关了解案件情况，包括犯罪嫌疑人涉嫌的罪名、已查明的主要事实、犯罪嫌疑人被采取、变更、解除强制措施、延长侦查羁押期限等。

第61条　辩护律师为犯罪嫌疑人提供法律咨询，应当告知其基本诉讼权利，主要包括以下内容：（一）犯罪嫌疑人有不被强迫证实自己有罪的权利；（二）犯罪嫌疑人有对办案机关侵权行为、程序违法提出申诉和控告的权利；（三）犯罪嫌疑人有申请侦查人员回避的权利；（四）犯罪嫌疑人有知悉鉴定意见和提出异议的权利；（五）犯罪嫌疑人有对刑事案件管辖提出异议的权利；（六）有关刑事和解的权利。

第62条　辩护律师为犯罪嫌疑人提供关于强制措施的法律咨询，主要包括以下内容：（一）强制措施的种类；（二）强制措施的条件、适用程序的法律规定；（三）强制措施期限的法律规定；（四）申请变更强制措施的权利及条件。

第63条　辩护律师为犯罪嫌疑人提供关于侦查机关讯问方面的法律咨询，主要包括以下内容：（一）犯罪嫌疑人对侦查人员的讯问有如实回答的义务，对与本案无关的问题有拒绝回答的权利；（二）犯罪嫌疑人对侦查人员制作的讯问笔录有核对、补充、更正的权利以及在确认笔录没有错误后应当签名的义务；（三）犯罪嫌疑人有要求自行书写供述和辩解的权利；（四）犯罪嫌疑人有如实供述犯罪事实可以获得从宽处罚的权利。

第64条　辩护律师为犯罪嫌疑人提供关于犯罪构成与证据方面的法律咨询，主要包括以下内容：（一）刑法及相关司法解释关于犯罪嫌疑人所涉嫌罪名的相关规定；（二）刑法及相关司法解释关于从重、从轻、减轻以及免予处罚的相关规定；（三）关于刑事案件的举证责任的相关规定；（四）关于证据的含义、种类及收集、使用的相关规定；（五）关于非法证据排除的相关规定。

第65条　侦查期间，辩护律师收集到有关犯罪嫌疑人不在犯罪现场、未达到刑事责任年龄、属于依法不负刑事责任的精神病人的证据材料时，应当及时向侦查机关提出无罪或不予追究刑事责任的辩护意见，并同时要求侦查机关释放犯罪嫌疑人或对其变更强制措施。

第66条　在案件侦查期间和侦查终结前，辩护律师向侦查机关就实体和程序问题提出辩护意见的，可以口头或书面的方式提出。

对于非法证据，辩护律师可以提出予以排除的意见。

第67条　辩护律师应当对案件管辖合法性进行审查，发现侦查机关管辖违反法律规定的，应当以书面方式向侦查机关提出异议。

第68条　在审查批捕过程中，辩护律师认为具备下列情形的，可以向检察机关提出不批准逮捕或不予逮捕的意见：（一）犯罪嫌疑人不构成犯罪；（二）可能被判处1年有期徒刑以下刑罚的；（三）无社会危险性；（四）不适宜羁押。

【司发通〔2017〕106号】　最高人民法院、司法部关于开展刑事案件律师辩护全覆盖试点工作的办法（2017年10月9日印发，在北京、上海、浙江、安徽、河南、广东、四川、陕西试行1年①）

第20条　辩护律师应当坚持以事实为依据、以法律为准绳，依法规范诚信履行辩护代理职责，勤勉尽责，不断提高辩护质量和工作水平，切实维护当事人合法权益、促进司法公正。

在审判阶段，接受法律援助机构指派承办刑事法律援助案件的律师应当会见被告人并制作会见笔录，应当阅卷并复制主要的案卷材料。

对于人民法院开庭审理的案件，辩护律师应当做好开庭前的准备；参加全部庭审活动，充分质证、陈述；发表具体的、有针对性的辩护意见，并向人民法院提交书面辩护意见。对于人民法院不开庭审理的案件，辩护律师应当自收到人民法院不开庭通知之日起10日内向人民法院提交书面辩护意见。

【高检发释字〔2019〕4号】　人民检察院刑事诉讼规则（2019年12月2日最高检第13届检委会第28次会议通过，2019年12月30日公布施行；高检发释字〔2012〕2号《规则（试行）》同时废止）

<u>第47条（第2款）</u>　人民检察院直接受理侦查案件移送起诉，审查起诉案件退回补充侦查、改变管辖、提起公诉的，应当及时告知辩护律师。

【司规〔2020〕6号】　法律援助值班律师工作办法（最高法、最高检、公安部、国家安全部、司法部2020年8月20日印发施行；司发通〔2017〕84号《关于开展法律援助值班律师工作的意见》同时废止）

第6条　值班律师依法提供以下法律帮助：（一）提供法律咨询；（二）提供程序选择建议；（三）帮助犯罪嫌疑人、被告人申请变更强制措施；（四）对案件处理提出意见；（五）帮助犯罪嫌疑人、被告人及其近亲属申请法律援助；（六）法律法规规定的其他事项。

值班律师在认罪认罚案件中，还应当提供以下法律帮助：（一）向犯罪嫌疑人、被告人释明认罪认罚的性质和法律规定；（二）对人民检察院指控罪名、量刑建议、诉讼程序适用等事项提出意见；（三）犯罪嫌疑人签署认罪认罚具结书时在场。

---

① 注：2018年12月27日，最高法、司法部印发《关于扩大刑事案件律师辩护全覆盖试点范围的通知》（司发通〔2018〕149号），将试点工作范围扩大到全国31个省（自治区、直辖市）和新疆生产建设兵团，并且未再限定试点期限。

值班律师办理案件时，可以应犯罪嫌疑人、被告人的约见进行会见，也可以经办案机关允许主动会见；自人民检察院对案件审查起诉之日起可以查阅案卷材料、了解案情。

第7条　值班律师提供法律咨询时，应当告知犯罪嫌疑人、被告人有关法律帮助的相关规定，结合案件所在的诉讼阶段解释相关诉讼权利和程序规定，解答犯罪嫌疑人、被告人咨询的法律问题。

犯罪嫌疑人、被告人认罪认罚的，值班律师应当了解犯罪嫌疑人、被告人对被指控的犯罪事实和罪名是否有异议，告知被指控罪名的法定量刑幅度，释明从宽从重处罚的情节以及认罪认罚的从宽幅度，并结合案件情况提供程序选择建议。

值班律师提供法律咨询的，应当记录犯罪嫌疑人、被告人涉嫌的罪名、咨询的法律问题、提供的法律解答。

第20条　值班律师在人民检察院、人民法院现场值班的，应当按照法律援助机构的安排，或者人民检察院、人民法院送达的通知，及时为犯罪嫌疑人、被告人提供法律帮助。

犯罪嫌疑人、被告人提出法律帮助申请，看守所转交给现场值班律师的，值班律师应当根据看守所的安排及时提供法律帮助。

值班律师通过电话、网络值班的，应当及时提供法律帮助，疑难案件可以另行预约咨询时间。

第23条　值班律师提供法律帮助时，应当出示律师执业证或者律师工作证或者相关法律文书，表明值班律师身份。

第25条　值班律师在提供法律帮助过程中，犯罪嫌疑人、被告人向值班律师表示愿意认罪认罚的，值班律师应当及时告知相关的公安机关、人民检察院、人民法院。

第35条　国家安全机关、中国海警局、监狱履行刑事诉讼法规定职责，涉及值班律师工作的，适用本办法有关公安机关的规定。

【司发通〔2022〕49号】　最高人民法院、最高人民检察院、公安部、司法部关于进一步深化刑事案件律师辩护全覆盖试点工作的意见（2022年10月12日）

9. 辩护律师职责。辩护律师依照刑事诉讼法、律师法等规定，依法履行辩护职责。在审查起诉阶段，辩护律师应当向犯罪嫌疑人释明认罪认罚从宽的法律规定和法律后果，依法向犯罪嫌疑人提供法律咨询、程序选择建议、申请变更强制措施、提出羁押必要性审查申请等法律帮助。犯罪嫌疑人自愿认罪认罚的，辩护律师应当对刑事诉讼法第173条第2款规定的事项提出意见。法律援助机构指派的辩护律师应当自接到指派通知之日起及时阅卷、会见犯罪嫌疑人。对人民检察院拟建议适用速裁程序办理的犯罪嫌疑人认罪认罚案件，辩护律师应当在人民检察院办案期限内完成阅卷、会见。

18. 值班律师依法履行职责。值班律师提供法律帮助应当充分了解案情，对于案情较为复杂的案件，应当在查阅案卷材料并向犯罪嫌疑人、被告人充分释明相关诉讼权利和程序规定后对案件处理提出意见。犯罪嫌疑人、被告人自愿认罪认罚的，值班律师应当结合案情向犯罪嫌疑人、被告人释明认罪认罚的性质和法律规定，对人民检察院指控的罪名、量刑建议、诉讼程序适用等提出意见，在犯罪嫌疑人签署具结书时在场。

第 39 条① 【辩护人会见与通信】 辩护律师可以同在押的犯罪嫌疑人、被告人会见和通信。其他辩护人经人民法院、人民检察院许可，也可以同在押的犯罪嫌疑人、被告人会见和通信。

辩护律师持律师执业证书、律师事务所证明和委托书或者法律援助公函要求会见在押的犯罪嫌疑人、被告人的，看守所应当及时安排会见，至迟不得超过 48 小时。

危害国家安全犯罪、恐怖活动犯罪、~~特别重大贿赂犯罪~~②案件，在侦查期间辩护律师会见在押的犯罪嫌疑人，应当经侦查机关许可。上述案件，侦查机关应当事先通知看守所。

辩护律师会见在押的犯罪嫌疑人、被告人，可以了解案件有关情况，提供法律咨询等；自案件移送审查起诉之日起，可以向犯罪嫌疑人、被告人核实有关证据。辩护律师会见犯罪嫌疑人、被告人时不被监听。

辩护律师同被监视居住的犯罪嫌疑人、被告人会见、通信，适用第 1 款、第 3 款、第 4 款的规定。

（原第 96 条第 2 款）③ 【律师会见】 ~~受委托的律师有权向侦查机关了解犯罪嫌疑人涉嫌的罪名，可以会见在押的犯罪嫌疑人，向犯罪嫌疑人了解有关案件情况。律师会见在押的犯罪嫌疑人，侦查机关根据案件情况和需要可以派员在场。涉及国家秘密的案件，律师会见在押的犯罪嫌疑人，应当经侦查机关批准。~~

● **相关规定**　【主席令〔2012〕64 号】　中华人民共和国律师法（2012 年 10 月 26 日第 11 届全国人大常委会第 29 次会议修正，2013 年 1 月 1 日施行；2017 年 9 月 1 日第 12 届全国人大常委会第 29 次会议修正）

第 33 条　律师担任辩护人的，有权持律师执业证书、律师事务所证明和委托书或者法律援助公函，依照刑事诉讼法的规定会见在押或被监视居住的犯罪嫌疑人、被告人。辩护律师会见犯罪嫌疑人、被告人时不被监听。

---

① 本条规定先后 2 次修改。原规定（1980 年 1 月 1 日施行）为："辩护律师可以查阅本案材料，了解案情，可以同在押的被告人会见和通信；其他的辩护人经过人民法院许可，也可以了解案情，同在押的被告人会见和通信。"1996 年 3 月 17 日第 8 届全国人民代表大会第 4 次会议修改为（1997 年 1 月 1 日施行）："辩护律师自人民检察院对案件审查起诉之日起，可以查阅、摘抄、复制本案的诉讼文书、技术性鉴定材料，可以同在押的犯罪嫌疑人会见和通信。其他辩护人经人民检察院许可，也可以查阅、摘抄、复制上述材料，同在押的犯罪嫌疑人会见和通信。""辩护律师自人民法院受理案件之日起，可以查阅、摘抄、复制本案所指控的犯罪事实的材料，可以同在押的被告人会见和通信。其他辩护人经人民法院许可，也可以查阅、摘抄、复制上述材料，同在押的被告人会见和通信。"2012 年 3 月 14 日第 11 届全国人大常委会第 5 次会议修改为现规定（分设为本条及第 40 条），2013 年 1 月 1 日施行。

② 本部分内容被 2018 年 10 月 26 日第 13 届全国人大常委会第 6 次会议删除，同日公布施行。

③ 本条规定由 1996 年 3 月 17 日第 8 届全国人民代表大会第 4 次会议增设（1997 年 1 月 1 日施行）；被 2012 年 3 月 14 日第 11 届全国人大常委会第 5 次会议删除，2013 年 1 月 1 日施行。

【六部委〔2012〕规定】　最高人民法院、最高人民检察院、公安部、国家安全部、司法部、全国人大常委会法制工作委员会关于实施刑事诉讼法若干问题的规定（2012年12月26日印发，2013年1月1日施行）

7. 刑事诉讼法第37条第2款规定："辩护律师持律师执业证书、律师事务所证明和委托书或者法律援助公函要求会见在押的犯罪嫌疑人、被告人的，看守所应当及时安排会见，至迟不得超过48小时。"根据上述规定，辩护律师要求会见在押的犯罪嫌疑人、被告人的，看守所应当及时安排会见，保证辩护律师在48小时以内见到在押的犯罪嫌疑人、被告人。

【高检研发〔2001〕10号】　最高人民检察院法律政策研究室关于《人民检察院刑事诉讼规则》第一百五十一条规定有关问题的通知（2001年8月22日）

全国人大常委会刑诉法执法检查组对刑诉法进行执法检查期间，一些地方反映，检察人员和律师对《人民检察院刑事诉讼规则》第151条的理解和执行经常发生分歧；为此，全国人大常委会内务司法委员会负责同志建议我院进一步明确此问题。根据院领导的批示和中央六机关制发的《关于刑事诉讼法实施中的若干问题的规定》，现对《人民检察院刑事诉讼规则》第151条规定的有关问题通知如下：

对于不涉及国家秘密的案件，律师提出会见在押犯罪嫌疑人的，人民检察院应当在收到律师会见申请后48小时内安排会见；对于贪污贿赂犯罪等重大复杂的2人以上的共同犯罪案件，应当在收到律师会见申请后5日内安排会见。

【苏司通〔2014〕112号】　江苏省高级人民法院、江苏省人民检察院、江苏省公安厅、江苏省司法厅关于律师刑事辩护若干问题的会议纪要（2014年7月29日）

11. 辩护律师可以单独会见在押或者被监视居住的犯罪嫌疑人、被告人。实习律师经出具实习证、所在律师事务所证明的，可随同辩护律师参与会见，但不得单独会见在押或者被监视居住的犯罪嫌疑人。

12. 辩护律师会见在押或者被监视居住的犯罪嫌疑人需要聘请翻译人员的，应当经办案机关批准。

对有翻译人员参加会见的，辩护律师还应当向羁押机关提交翻译人员的身份证件及办案机关准予翻译人员参加会见的证明。

辩护律师受委托人委托聘请翻译人员所需的费用，由委托人承担。

13. 在侦查期间，辩护律师会见在押或者被监视居住的犯罪嫌疑人时，有权了解案件以下情况：（一）犯罪嫌疑人的基本情况；（二）犯罪嫌疑人是否实施或参与所涉嫌的犯罪；（三）犯罪嫌疑人关于案件事实和情节的陈述；（四）犯罪嫌疑人关于其无罪、罪轻的辩解；（五）被采取强制措施的法律手续是否完备、程序是否合法；（六）被采取强制措施后其人身权利、诉讼权利是否受到侵犯；（七）其他需要了解的与案件有关的情况。

14. 辩护律师在会见在押或者被监视居住的犯罪嫌疑人、被告人时违反法律、法规、执业纪律和有关规定的，看守所或者监视居住执行机关有权提出劝阻和警告；对不听劝阻和警告的，有权停止本次会见，并及时通报其所在的律师事务所或者所属的律师协会。

【高检发〔2014〕21号】　最高人民检察院关于依法保障律师执业权利的规定（2014年12月16日最高检第12届检委会第32次会议通过，2014年12月23日印发施行；2004年2月10日《关于人民检察院保障律师在刑事诉讼中依法执业的规定》、2006年2月23日《关

于进一步加强律师执业权利保障工作的通知》同时废止）

第5条　人民检察院应当依法保障律师在刑事诉讼中的会见权。人民检察院办理直接受理立案侦查案件，除特别重大贿赂犯罪案件外，其他案件依法不需要经许可会见。律师在侦查阶段提出会见特别重大贿赂案件犯罪嫌疑人的，人民检察院应当严格按照法律和相关规定及时审查决定是否许可，并在3日以内答复；有碍侦查的情形消失后，应当通知律师，可以不经许可会见犯罪嫌疑人；侦查终结前，应当许可律师会见犯罪嫌疑人。人民检察院在会见时不得派员在场，不得通过任何方式监听律师会见的谈话内容。

【高检发办字〔2015〕31号】　最高人民检察院职务犯罪侦查工作八项禁令（2015年8月4日）

五、严禁阻止或者妨碍律师依法会见犯罪嫌疑人。对于法律规定无需会见许可的案件，不得人为设置障碍、干扰、影响律师会见；对于特别重大贿赂犯罪案件，应根据办案情况合理安排律师会见。对违反规定限制、干扰、影响律师会见的，根据情节和后果，给予警告或记过处分。

【司发〔2015〕14号】　最高人民法院、最高人民检察院、公安部、国家安全部、司法部关于依法保障律师执业权利的规定（2015年9月16日）

第7条（第2款）　看守所安排会见不得附加其他条件或者变相要求辩护律师提交法律规定以外的其他文件、材料，不得以未收到办案机关通知为由拒绝安排辩护律师会见。

（第3款）　看守所应当设立会见预约平台，采取网上预约、电话预约等方式为辩护律师会见提供便利，但不得以未预约会见为由拒绝安排辩护律师会见。

（第4款）　辩护律师会见在押的犯罪嫌疑人、被告人时，看守所应当采取必要措施，保障会见顺利和安全进行。律师会见在押的犯罪嫌疑人、被告人的，看守所应当保障律师履行辩护职责需要的时间和次数，并与看守所工作安排和办案机关侦查工作相协调。辩护律师会见犯罪嫌疑人、被告人时不被监听，办案机关不得派员在场。在律师会见室不足的情况下，看守所经辩护律师书面同意，可以安排在讯问室会见，但应当关闭录音、监听设备。犯罪嫌疑人、被告人委托2名律师担任辩护人的，2名辩护律师可以共同会见，也可以单独会见。辩护律师可以带1名律师助理协助会见。助理人员随同辩护律师参加会见的，应当出示律师事务所证明和律师执业证书或申请律师执业人员实习证。办案机关应当核实律师助理的身份。

第9条　辩护律师在侦查期间要求会见危害国家安全犯罪、恐怖活动犯罪、特别重大贿赂犯罪案件在押的犯罪嫌疑人的，应当向侦查机关提出申请。侦查机关应当依法及时审查辩护律师提出的会见申请，在3日以内将是否许可的决定书面答复辩护律师，并明确告知负责与辩护律师联系的部门及工作人员的联系方式。对许可会见的，应当向辩护律师出具许可决定文书；因有碍侦查或者可能泄露国家秘密而不许可会见的，应当向辩护律师说明理由。有碍侦查或者可能泄露国家秘密的情形消失后，应当许可会见，并及时通知看守所和辩护律师。对特别重大贿赂案件在侦查终结前，侦查机关应当许可辩护律师至少会见1次犯罪嫌疑人。

侦查机关不得随意解释和扩大前款所述3类案件的范围，限制律师会见。

第10条　自案件移送审查起诉之日起，辩护律师会见犯罪嫌疑人、被告人，可以向其核实有关证据。

第11条　辩护律师会见在押的犯罪嫌疑人、被告人，可以根据需要制作会见笔录，并要求犯罪嫌疑人、被告人确认无误后在笔录上签名。

第 12 条　辩护律师会见在押的犯罪嫌疑人、被告人需要翻译人员随同参加的，应当提前向办案机关提出申请，并提交翻译人员身份证明及其所在单位出具的证明。办案机关应当及时审查并在 3 日以内作出是否许可的决定。许可翻译人员参加会见的，应当向辩护律师出具许可决定文书，并通知看守所。不许可的，应当向辩护律师书面说明理由，并通知其更换。

翻译人员应当持办案机关许可决定文书和本人身份证明，随同辩护律师参加会见。

第 13 条　看守所应当及时传递辩护律师同犯罪嫌疑人、被告人的往来信件。看守所可以对信件进行必要的检查，但不得截留、复制、删改信件，不得向办案机关提供信件内容，但信件内容涉及危害国家安全、公共安全、严重危害他人人身安全以及涉嫌串供、毁灭证据等情形的除外。

【司发通〔2017〕124 号】　**律师会见监狱在押罪犯规定**（2017 年 11 月 24 日司法部部长办公会议通过，司法部 2017 年 11 月 27 日印发施行；司发通〔2004〕31 号《律师会见监狱在押罪犯暂行规定》同时废止）

第 2 条　监狱依法保障律师会见在押罪犯的权利。律师会见在押罪犯应当遵守监狱管理的有关规定。

第 3 条　监狱应当公开律师会见预约方式，为律师会见提供便利。律师会见在押罪犯，应当在监狱内进行。监狱应当合理安排律师会见场所，方便律师会见、阅卷等事务。

第 4 条　有下列情形之一的，律师接受在押罪犯委托或者法律援助机构指派，可以会见在押罪犯：（一）在刑事诉讼程序中，担任辩护人或者代理人；（二）在民事、行政诉讼程序中，担任代理人；（三）代理调解、仲裁；（四）代理各类诉讼案件申诉；（五）提供非诉讼法律服务；（六）解答有关法律询问、代写诉讼文书和有关法律事务其他文书。

其他案件的代理律师，需要向监狱在押罪犯调查取证的，可以会见在押罪犯。

罪犯的监护人、近亲属可以代为委托律师。

第 5 条　律师需要会见在押罪犯，可以传真、邮寄或者直接提交的方式，向罪犯所在监狱提交下列材料的复印件，并于会见之日向监狱出示原件：（一）律师执业证书；（二）律师事务所证明；（三）罪犯本人或者其监护人、近亲属的委托书或者法律援助公函或者另案调查取证的相关证明文件。

监狱应当留存律师事务所出具的律师会见在押罪犯证明原件。

罪犯的监护人、近亲属代为委托律师的，律师第一次会见时，应当向罪犯本人确认是否建立委托关系。

第 6 条　律师会见在押罪犯需要助理随同参加的，律师应当向监狱提交律师事务所出具的律师助理会见在押罪犯的证明和律师执业证书或者申请律师执业人员实习证。

第 7 条　律师会见在押罪犯需要翻译人员随同参加的，律师应当提前向监狱提出申请，并提交能够证明其翻译人员身份的证明文件。

监狱应当及时审查并在 3 日以内作出是否批准的决定。批准参加的，应当及时通知律师。不批准参加的，应当向律师书面说明理由。

随同律师参加会见的翻译人员，应当持监狱批准通知书和本人身份证明参加会见。

第 8 条　监狱收到律师提交的本规定第 5 条所列的材料后，对于符合本规定第 4 条规定情形的，应当及时安排会见。能当时安排的，应当当时安排；不能当时安排的，监狱应当说明情况，在 48 小时内安排会见。

第 9 条　在押罪犯可以委托 1 至 2 名律师。委托 2 名律师的，2 名律师可以共同会见，也可以单独会见。律师可以带 1 名律师助理协助会见。

第 10 条　律师会见在押罪犯，应当遵守监狱的作息时间。监狱应当保障律师履行职责需要的会见时间和次数。

第 11 条　律师会见在押罪犯时，监狱可以根据案件情况和工作需要决定是否派警察在场。

辩护律师会见被立案侦查、起诉、审判的在押罪犯时，不被监听，监狱不得派警察在场。

第 12 条　律师会见在押罪犯，认为监狱及其工作人员阻碍其依法行使执业权利的，可以向监狱或者其上级主管机关投诉，也可以向其所执业律师事务所所在地的市级司法行政机关申请维护执业权利。情况紧急的，可以向事发地的司法行政机关申请维护执业权利。

第 13 条　律师会见在押罪犯，应当遵守监狱管理的有关规定，恪守律师执业道德和执业纪律，不得有下列行为：（一）传递违禁物品；（二）私自为在押罪犯传递书信、钱物；（三）将通讯工具提供给在押罪犯使用；（四）未经监狱和在押罪犯同意对会见进行录音、录像和拍照；（五）实施与受委托职责无关的行为；（六）其他违反法律、法规、规章以及妨碍监狱管理秩序的行为。

第 14 条　监狱发现律师会见在押罪犯过程中有第 13 条规定行为的，应当警告并责令改正。警告无效的，应当中止会见。监狱可以向律师所在律师事务所的主管司法行政机关或者律师协会通报。

第 15 条　本规定所称律师助理，是指辩护、代理律师所在律师事务所的其他律师或申请律师执业实习人员。所称近亲属，是指夫妻、父母、子女、同胞兄弟姊妹。

【律发通〔2017〕51 号】　律师办理刑事案件规范（2017 年 8 月 27 日第 9 届全国律协常务理事会第 8 次会议通过、即日施行，中华全国律师协会 2017 年 9 月 20 日印发）

第 14 条（第 1 款）　律师办理刑事案件，可以会同异地律师协助调查、收集证据和会见，经当事人同意可以为协同工作的律师办理授权委托手续。

第 15 条　辩护律师可以携一名律师助理协助会见，可以根据办案需要携律师助理协助阅卷，向人民法院申请携律师助理参加庭审。

第 18 条　辩护律师会见在押犯罪嫌疑人、被告人，应当向看守所出示律师执业证书、委托书和律师事务所证明或者法律援助公函。

辩护律师可以会见被监视居住和取保候审的犯罪嫌疑人、被告人。

律师助理随同辩护律师参加会见的，应当出示律师事务所证明和律师执业证书或申请律师执业人员实习证。

第 19 条　辩护律师办理危害国家安全犯罪、恐怖活动犯罪、特别重大的贿赂犯罪案件，犯罪嫌疑人在押或者被监视居住的，在侦查阶段会见时应当向侦查机关提出申请，必要时应当采用书面形式申请。侦查机关不许可会见的，辩护律师可以要求其出具书面决定，并说明理由。

第 20 条　辩护律师会见犯罪嫌疑人、被告人需要翻译人员协助的，可以携经办案机关许可的翻译人员参加会见。翻译人员应当持办案机关许可决定文书和本人身份证明，随同辩护律师参加会见。

第21条　辩护律师会见犯罪嫌疑人、被告人时，应当事先准备会见提纲，认真听取犯罪嫌疑人、被告人的陈述和辩解，发现、核实案件事实和证据材料中的矛盾和疑点。

第22条　辩护律师会见犯罪嫌疑人、被告人时应当重点向其了解下列情况：（一）犯罪嫌疑人、被告人的个人信息等基本情况；（二）犯罪嫌疑人、被告人是否实施或参与所涉嫌的犯罪；（三）犯罪嫌疑人、被告人对侦查机关侦查的事实和罪名是否有异议，对起诉意见书、起诉书认定其涉嫌或指控的事实和罪名是否有异议；（四）犯罪嫌疑人、被告人无罪、罪轻的辩解；（五）犯罪嫌疑人、被告人有无自首、立功、退赃、赔偿等从轻、减轻或免予处罚的量刑情节；（六）犯罪嫌疑人、被告人有无犯罪预备、犯罪中止、犯罪未遂等犯罪形态；（七）立案、管辖是否符合法律规定；（八）采取强制措施的法律手续是否完备、程序是否合法；（九）是否存在刑讯逼供等非法取证的情况，以及其他侵犯人身权利和诉讼权利的情况；（十）犯罪嫌疑人、被告人及其亲属的财物被查封、扣押、冻结的情况；（十一）侦查机关收集的供述和辩解与律师会见时的陈述是否一致，有无反复以及出现反复的原因；（十二）其他需要了解的与案件有关的情况。

第23条　辩护律师会见时应当向犯罪嫌疑人、被告人介绍刑事诉讼程序；告知其在刑事诉讼程序中的权利、义务；告知犯罪嫌疑人、被告人权利行使方式及放弃权利和违反法定义务可能产生的后果。

第24条　辩护律师会见时应当与犯罪嫌疑人、被告人就相应阶段的辩护方案、辩护意见进行沟通。

第25条　自案件移送审查起诉之日起，辩护律师可以向犯罪嫌疑人、被告人核实有关证据。

第26条　辩护律师会见在押犯罪嫌疑人、被告人应当遵守看守所依法作出的有关规定。未经允许，不得直接向犯罪嫌疑人、被告人传递药品、财物、食物等物品，不得将通讯工具提供给犯罪嫌疑人、被告人亲友会见。

辩护律师可以接受犯罪嫌疑人、被告人提交的与辩护有关的书面材料，也可以向犯罪嫌疑人、被告人提供与辩护有关的文件与材料。

第27条　辩护律师会见结束后应当及时告知看守所的监管人员或执行监视居住的监管人员。

第28条　辩护律师会见犯罪嫌疑人、被告人制作会见笔录的，应当交其签字确认。

第29条　辩护律师可以根据案件情况，合理确定会见犯罪嫌疑人、被告人的时间、次数。

第30条　辩护律师可以根据办理案件需要与在押犯罪嫌疑人、被告人通信。辩护律师与犯罪嫌疑人、被告人通信应当注明律师身份、通信地址。

辩护律师与在押犯罪嫌疑人、被告人通信时，应当保留函副本及犯罪嫌疑人、被告人的来信原件并附卷备查。

第31条　辩护律师同被监视居住的犯罪嫌疑人、被告人会见、通信，适用本节有关规定。

【高检发未检字〔2017〕1号】　未成年人刑事检察工作指引（试行）（最高检2017年3月2日印发试行）

第54条　【会见条件】　人民检察院对于具备下列条件之一，且未成年犯罪嫌疑人的法定代理人、近亲属等与本案无牵连的，经公安机关同意，可以安排在押的未成年犯罪嫌疑

人与其法定代理人、近亲属等进行会见：……①

第 55 条　【审查答复】　未成年犯罪嫌疑人及其法定代理人或近亲属提出要求进行亲情会见的，人民检察院应当及时审查。对于符合条件的，原则上应当在 3 个工作日内安排会见。不符合条件的，要对有关情况予以说明和解释。

审查及答复过程应当记录在案。

第 56 条　【会见安排】　安排会见应当提前告知看守所会见的时间、人员、地点和方式。

亲情会见可以通过进入羁押场所会见或者视频会见以及通电话等形式进行。

审查逮捕、审查起诉阶段原则上可以各安排 1 次会见，参加会见的法定代理人或者近亲属限 3 人以下，每次会见时间一般不超过 1 个小时。

第 57 条　【会见要求】　会见前，应当同未成年犯罪嫌疑人的法定代理人、近亲属等就会见的内容进行沟通交流，告知其会见不得有串供、谈论案情或者其他妨碍诉讼行为，了解其能否使用普通话或者办案当地通俗易懂的方言。对于不能通晓普通话或办案当地通俗易懂方言的，人民检察院可以安排翻译人员在场，以便更好地对未成年犯罪嫌疑人进行教育、感化和挽救。

会见时，应当有检察人员在场进行引导、监督。确定使用电话方式进行亲情会见的，一般应当采用免提通话形式。

会见人员违反法律或者会见场所规定、影响案件办理的，在场检察人员有权提出劝阻或警告；对不听劝阻或警告的，应当终止会见。

会见结束后，检察人员应当将有关内容及时整理并记录在案。

【公监管〔2019〕372 号】　公安部、司法部关于进一步保障和规范看守所律师会见工作的通知（2019 年 10 月 18 日）

一、依法安排及时会见，保障律师正常执业。……能当时安排的应当时安排，不能当时安排的应向辩护律师说明情况，并保证辩护律师在 48 小时内会见到在押的犯罪嫌疑人、被告人。……在押犯罪嫌疑人、被告人提出解除委托关系的，辩护律师要求当面向其确认解除委托关系的，看守所应当安排会见；犯罪嫌疑人、被告人书面拒绝会见的，看守所应当将有关书面材料转交辩护律师。

二、加强制度硬件建设，满足律师会见需求。……有条件的地方可以探索视频会见。……在律师会见室不足的情况下，经书面征得律师同意，可以使用讯问室安排律师会见，但应当关闭录音、监听设备。律师会见量较大的看守所可设置快速会见室，对于会见时间不超过 30 分钟的会见申请，看守所应安排快速会见。……律师可以携带个人电脑会见，但应当遵守相关法律法规的规定，确保会见安全。在正常工作时间内无法满足律师会见需求的，经看守所所长批准可适当延长工作时间，或利用公休日安排律师会见。

【高检发释字〔2019〕4 号】　人民检察院刑事诉讼规则（2019 年 12 月 2 日最高检第 13 届检委会第 28 次会议通过，2019 年 12 月 30 日公布施行；高检发释字〔2012〕2 号《规则（试行）》同时废止）

第 48 条　自人民检察院对案件审查起诉之日起，律师以外的辩护人向人民检察院申请

---

① 本条所列条件与《人民检察院办理未成年人刑事案件的规定》（高检发研字〔2013〕7 号）第 24 条的条件相同，只是增加了"（四）其他可以安排会见的情形"。为避免累赘，本书将其删略。

查阅、摘抄、复制本案的案卷材料或者申请同在押、被监视居住的犯罪嫌疑人会见和通信的，由人民检察院负责捕诉的部门进行审查并作出是否许可的决定，在3日以内报检察长决定并书面通知申请人。

人民检察院许可律师以外的辩护人同在押或者被监视居住的犯罪嫌疑人通信的，可以要求看守所或者公安机关将书信送交人民检察院进行检查。

律师以外的辩护人申请查阅、摘抄、复制案卷材料或者申请同在押、被监视居住的犯罪嫌疑人会见和通信，具有下列情形之一的，人民检察院可以不予许可：（一）同案犯罪嫌疑人在逃的；（二）案件事实不清，证据不足，或者遗漏罪行、遗漏同案犯罪嫌疑人需要补充侦查的；（三）涉及国家秘密或者商业秘密的；（四）有事实表明存在串供、毁灭、伪造证据或者危害证人人身安全可能的。

【公安部令〔2020〕159号】　公安机关办理刑事案件程序规定（2020年7月4日第3次部务会议修订，2020年7月20日公布，2020年9月1日施行）

第52条（第3款）　对辩护律师提出的会见申请，办案部门应当在收到申请后3日48小时以内，报经县级以上公安机关负责人批准，作出许可或者不许可的决定，书面通知辩护律师，并及时通知看守所或者执行监视居住的部门。除有碍侦查或者可能泄露国家秘密的情形外，应当作出许可的决定。

（第4款）　公安机关不许可会见的，应当书面通知辩护律师，并说明理由。有碍侦查或者可能泄露国家秘密的情形消失后，公安机关应当许可会见。

（第5款）　有下列情形之一的，属于本条规定的"有碍侦查"：（一）可能毁灭、伪造证据，干扰证人作证或者串供的；（二）可能引起犯罪嫌疑人自残、自杀或者逃跑的；（三）可能引起同案犯逃避、妨碍侦查的；（四）犯罪嫌疑人的家属与犯罪有牵连的。

第53条　辩护律师要求会见在押的犯罪嫌疑人，看守所应当在查验其律师执业证书、律师事务所证明和委托书或者法律援助公函后，在48小时以内安排律师会见到犯罪嫌疑人，同时通知办案部门。

侦查期间，辩护律师会见危害国家安全犯罪案件、恐怖活动犯罪案件、特别重大贿赂犯罪案件在押或者被监视居住的犯罪嫌疑人时，看守所或监视居住执行机关还应当查验侦查机关的许可决定文书。

第54条　辩护律师会见在押或被监视居住的犯罪嫌疑人需要聘请翻译人员的，应当向办案部门提出申请。办案部门应当在收到申请后3日以内，报经县级以上公安机关负责人批准，作出许可或者不许可的决定，书面通知辩护律师。对于具有本规定第32条（见《刑事诉讼法》第29条）所列情形之一的，作出不予许可的决定，并通知其更换；不具有相关情形的，应当许可。

翻译人员参与会见的，看守所或者监视居住执行机关应当查验公安机关的许可决定文书。

第55条（第1款）　辩护律师会见在押或者被监视居住的犯罪嫌疑人时，看守所或者监视居住执行机关应当采取必要的管理措施，保障会见顺利进行，并告知其遵守会见的有关规定。辩护律师会见犯罪嫌疑人时，公安机关不得监听，不得派员在场。

第370条　公安机关侦查终结前，外国驻华外交、领事官员要求探视被监视居住、拘留、逮捕或者正在看守所服刑的本国公民的，应当及时安排有关探视事宜。犯罪嫌疑人拒绝其国籍国驻华外交、领事官员探视的，公安机关可以不予安排，但应当由其本人提出书面声明。

在公安机关侦查羁押期间，经公安机关批准，外国籍犯罪嫌疑人可以与其近亲属、监护人会见、与外界通信。

第385条　本规定所称"危害国家安全犯罪"，包括刑法分则第一章规定的危害国家安全罪以及危害国家安全的其他犯罪；"恐怖活动犯罪"，包括以制造社会恐慌、危害公共安全或者胁迫国家机关、国际组织为目的，采取暴力、破坏、恐吓等手段，造成或者意图造成人员伤亡、重大财产损失、公共设施损坏、社会秩序混乱等严重社会危害的犯罪，以及煽动、资助或者以其他方式协助实施上述活动的犯罪。

【司规〔2020〕6号】　**法律援助值班律师工作办法**（最高法、最高检、公安部、国家安全部、司法部2020年8月20日印发施行；司发通〔2017〕84号《关于开展法律援助值班律师工作的意见》同时废止）

第22条　值班律师持律师执业证或者律师工作证、法律帮助申请表或者法律帮助通知书到看守所办理法律帮助会见手续，看守所应当及时安排会见。

危害国家安全犯罪、恐怖活动犯罪案件，侦查期间值班律师会见在押犯罪嫌疑人的，应当经侦查机关许可。

第24条　值班律师会见犯罪嫌疑人、被告人时不被监听。

【法释〔2021〕1号】　**最高人民法院关于适用《中华人民共和国刑事诉讼法》的解释**（2020年12月7日最高法审委会〔1820次〕修订，2021年1月26日公布，2021年3月1日施行；2013年1月1日施行的"法释〔2012〕21号"《解释》同时废止）

第56条　辩护律师可以同在押的或者被监视居住的被告人会见和通信。其他辩护人经人民法院许可，也可以同在押的或者被监视居住的被告人会见和通信。

第481条　人民法院受理涉外刑事案件后，应当告知在押的外国籍被告人享有与其国籍国驻华使领馆联系，与其监护人、近亲属会见、通信，以及请求人民法院提供翻译的权利。

第482条　涉外刑事案件审判期间，外国籍被告人在押，其国籍国驻华使领馆官员要求探视的，可以向受理案件的人民法院所在地的高级人民法院提出。人民法院应当根据我国与被告人国籍国签订的双边领事条约规定的时限予以安排；没有条约规定的，应当尽快安排。必要时，可以请人民政府外事主管部门协助。

涉外刑事案件审判期间，外国籍被告人在押，其监护人、近亲属申请会见的，可以向受理案件的人民法院所在地的高级人民法院提出，并依照本解释第486条的规定提供与被告人关系的证明。人民法院经审查认为不妨碍案件审判的，可以批准。

被告人拒绝接受探视、会见的，<u>可以不予安排</u>，但应当由本人出具书面声明。<u>拒绝出具书面声明的，应当记录在案</u>；必要时，<u>应当录音录像</u>。

探视、会见被告人应当遵守我国法律规定。

【司发通〔2022〕49号】　**最高人民法院、最高人民检察院、公安部、司法部关于进一步深化刑事案件律师辩护全覆盖试点工作的意见**（2022年10月12日）

17. 切实保障值班律师权利。……人民法院、人民检察院、公安机关应当依法保障值班律师会见等诉讼权利。涉嫌危害国家安全犯罪、恐怖活动犯罪案件，在侦查期间，犯罪嫌疑人会见值班律师的，应当经侦查机关许可；侦查机关同意值班律师会见的，应当及时通知值班律师。值班律师会见犯罪嫌疑人、被告人时不被监听。……

【高检发办字〔2023〕28号】　最高人民检察院、司法部、中华全国律师协会关于依法保障律师执业权利的十条意见（2023年3月1日）

七、加强对律师会见权的监督保障

人民检察院应当在看守所、监狱等律师会见场所公布派驻监管场所检察人员姓名及办公电话。律师提出会见在押的犯罪嫌疑人、被告人、罪犯，认为受到相关部门工作人员阻碍的，可以向检察机关提出控告申诉。对相关部门工作人员阻碍律师会见，派驻监管场所检察人员能够当场处理的，应当及时监督相关部门依法保障律师行使会见权；不能当场处理的，应当在5个工作日内审查办理完毕。经审查，认为不符合会见条件的，要及时向律师说明情况，取得理解。派驻监管场所检察室应当与看守所、监狱建立及时畅通的沟通交流机制，促进律师会见问题解决。

【海警局令〔2023〕1号】　海警机构办理刑事案件程序规定（2023年5月15日审议通过，2023年6月15日起施行）（余文见本书第308条）

第41条　辩护律师可以同在押或者被监视居住的犯罪嫌疑人会见、通信。

第42条　对危害国家安全犯罪案件、恐怖活动犯罪案件，海警机构在将犯罪嫌疑人送看守所羁押时应当书面通知看守所；犯罪嫌疑人被监视居住的，在送交执行时应当书面通知执行监视居住的海警机构。

辩护律师在侦查期间要求会见前款规定案件的在押或者被监视居住的犯罪嫌疑人，应当向负责办案的海警机构提出申请。

对辩护律师提出的会见申请，应当在收到申请后3日以内，经海警机构负责人批准，作出许可或者不予许可的决定，书面通知辩护律师，并及时通知看守所或者执行监视居住的海警机构。

除有碍侦查或者可能泄露国家秘密的情形外，应当作出许可的决定。

海警机构不予许可会见的，应当说明理由。有碍侦查或者可能泄露国家秘密的情形消失后，海警机构应当许可会见。

有下列情形之一的，属于本条规定的"有碍侦查"：（一）可能毁灭、伪造证据，干扰证人作证或者串供的；（二）可能引起犯罪嫌疑人自残、自杀或者逃跑的；（三）可能引起同案犯逃避、妨碍侦查的；（四）犯罪嫌疑人的家属与犯罪有牵连的。

律师会见被监视居住人时，执行监视居住的海警机构应当查验许可决定文书。

第43条　辩护律师会见在押或者被监视居住的犯罪嫌疑人时，需要翻译人员随同参加的，应当提前向海警机构提出申请，并提交翻译人员身份证明。对辩护律师提出的申请，应当在收到申请后3日以内，经海警机构负责人批准作出决定，书面通知辩护律师。对于具有本规定第23条所列情形之一的，作出不予许可的决定，并通知其更换；不具有相关情形的，应当许可。

翻译人员参与会见被监视居住人时，执行监视居住的海警机构应当查验许可决定文书。

第44条　辩护律师会见被监视居住的犯罪嫌疑人时，执行监视居住的海警机构应当采取必要的管理措施，保障会见顺利进行，并告知其遵守会见的有关规定。辩护律师会见犯罪嫌疑人时，海警机构不得监听，不得派员在场。

辩护律师会见被监视居住的犯罪嫌疑人时，违反法律规定或者会见规定的，执行监视居住的海警机构应当制止。对于严重违反规定或者不听劝阻的，可以决定停止本次会见，并及时通报其所在的律师事务所、所属的律师协会以及司法行政机关。

第339条　本规定所称"危害国家安全犯罪",包括《中华人民共和国刑法》分则第1章规定的危害国家安全罪以及危害国家安全的其他犯罪;"恐怖活动犯罪",包括以制造社会恐慌、危害公共安全或者胁迫国家机关、国际组织为目的,采取暴力、破坏、恐吓等手段,造成或者意图造成人员伤亡、重大财产损失、公共设施损坏、社会秩序混乱等严重社会危害的犯罪,以及煽动、资助或者以其他方式协助实施上述活动的犯罪。

第341条　本规定所称"海警机构负责人"是指海警机构的正职领导。……

【国安部令〔2024〕4号】　国家安全机关办理刑事案件程序规定（2024年4月26日公布,2024年7月1日起施行）

第46条（第3款）　值班律师应约会见在押的危害国家安全犯罪、恐怖活动犯罪案件犯罪嫌疑人的,应当经国家安全机关许可。

第48条　在押的犯罪嫌疑人提出解除委托关系的,办案部门应当要求其出具或签署书面文件,并在3日以内转交受委托的律师或者律师事务所。辩护律师要求会见在押的犯罪嫌疑人,当面向其确认解除委托关系的,经办案部门许可,看守所应当安排会见;但犯罪嫌疑人书面拒绝会见的,看守所应当将有关书面材料转交辩护律师,不予安排会见。

在押的犯罪嫌疑人的监护人、近亲属解除代为委托辩护律师关系的,经犯罪嫌疑人同意,并经办案部门许可,看守所应当允许新代为委托的辩护律师会见,由犯罪嫌疑人确认新的委托关系。

第51条　对于危害国家安全犯罪、恐怖活动犯罪案件,在侦查期间辩护律师会见在押或者被监视居住的犯罪嫌疑人,应当经国家安全机关许可。办案部门在将犯罪嫌疑人送看守所羁押或者交付执行监视居住时,应当通知看守所或者监视居住执行机关凭国家安全机关的许可决定安排律师会见事项。

第52条　辩护律师在侦查期间要求会见危害国家安全犯罪、恐怖活动犯罪在押或者被监视居住的犯罪嫌疑人时,应当向国家安全机关提出申请,填写会见犯罪嫌疑人申请表,国家安全机关应当依法及时审查辩护律师提出的会见申请,在3日以内将是否许可的决定书面答复辩护律师,并告知联系人员及方式。

第53条　国家安全机关许可会见的,应当向辩护律师出具许可会见犯罪嫌疑人决定书;看守所或者监视居住执行机关在查验律师执业证书、律师事务所证明和委托书或者法律援助公函,以及许可会见犯罪嫌疑人决定书后,应当及时安排会见,能当时安排的,应当当时安排;不能当时安排的,看守所或者监视居住执行机关应当向辩护律师说明情况,并保证辩护律师在48小时以内会见到在押或者被监视居住的犯罪嫌疑人,同时通知办案部门。

第54条　国家安全机关因有碍侦查而不许可会见的,应当书面通知辩护律师,并说明理由。有碍侦查的情形消失后,应当许可会见,并及时通知看守所或者监视居住执行机关和辩护律师。

有下列情形之一的,属于本条规定的"有碍侦查":（一）可能毁灭、伪造证据,干扰证人作证或者串供的;（二）可能引起犯罪嫌疑人自残、自杀或者逃跑的;（三）可能引起同案犯逃避、妨碍侦查的;（四）犯罪嫌疑人的家属与犯罪有牵连的。

第55条　看守所或者监视居住执行机关安排辩护律师会见,不得附加其他条件或者变相要求辩护律师提交法律规定以外的其他文件、材料,不得以未收到办案部门通知为由拒绝安排辩护律师会见。

预约会见，应当由辩护律师本人进行。

第 56 条　犯罪嫌疑人委托 2 名律师担任辩护人的，2 名辩护律师可以共同会见，也可以单独会见。辩护律师可以带 1 名律师助理协助会见。助理人员随同辩护律师参加会见的，应当在提出会见申请时一并提出，并在参加会见时出示律师事务所证明和律师执业证书或申请律师执业人员实习证。国家安全机关应当核实律师助理的身份。

第 57 条　辩护律师会见在押或者被监视居住的犯罪嫌疑人需要翻译人员随同参加的，应当提前向国家安全机关提出申请，并提交翻译人员身份证明及其所在单位出具的证明。国家安全机关应当及时审查并在 3 日以内作出是否许可的决定。许可翻译人员参加会见的，应当向辩护律师出具许可翻译人员参与会见决定书，并通知看守所或者监视居住执行机关。不许可的，应当向辩护律师书面说明理由，并通知其更换。

依法应当予以回避、正在被执行刑罚或者依法被剥夺、限制人身自由的人员，不得担任翻译人员。

翻译人员应当持国家安全机关许可决定书和本人身份证明，随同辩护律师参加会见。

第 58 条　辩护律师会见在押或者被监视居住的犯罪嫌疑人时，看守所或者监视居住执行机关应当采取必要的管理措施，保障会见安全顺利进行。

辩护律师会见犯罪嫌疑人时，国家安全机关不得监听，不得派员在场。

第 59 条　辩护律师会见在押或者被监视居住的犯罪嫌疑人，不得违反规定为犯罪嫌疑人传递违禁品、药品、纸条等物品，不得将通讯工具交给犯罪嫌疑人使用。

辩护律师会见在押或者被监视居住的犯罪嫌疑人时，应当遵守法律和会见场所的有关规定。违反法律或者会见场所的有关规定及前款要求的，看守所或者监视居住执行机关应当制止。对于严重违反规定或者不听劝阻的，可以终止本次会见，暂扣传递物品、通讯工具，及时通报该辩护律师所在的律师事务所、所属的律师协会以及司法行政机关。

第 60 条　辩护律师可以同在押或者被监视居住的犯罪嫌疑人通信。

第 40 条① 【辩护人阅卷】辩护律师自人民检察院对案件审查起诉之日起，可以查阅、摘抄、复制本案的案卷材料。其他辩护人经人民法院、人民检察院许可，也可以查阅、摘抄、复制上述材料。

● **相关规定**　【主席令〔2012〕64 号】　中华人民共和国律师法（2012 年 10 月 26 日第 11 届全国人大常委会第 29 次会议修正，2013 年 1 月 1 日施行；2017 年 9 月 1 日第 12 届全国人大常委会第 29 次会议修正）

第 34 条　律师担任辩护人的，自人民检察院对案件审查起诉之日起，有权查阅、摘抄、复制本案的案卷材料。

【高检办发〔1997〕3 号】　最高人民检察院关于辩护人复制案件材料收费暂行办法（1997 年 1 月 2 日最高检第 8 届第 94 次检察长办公会通过，1997 年 1 月 8 日印发）

第 2 条　根据《中华人民共和国刑事诉讼法》第 36 条的规定，辩护律师自人民检察院

---

① 参见第 39 条的脚注。

对案件审查起诉之日起，可以复制本案的诉讼文书、技术性鉴定材料。其他辩护人经人民检察院许可，也可以复制上述材料。

第3条　人民检察院为辩护律师及其他辩护人复制上述材料，应根据复制材料的数量合理收取费用。

第4条　复制材料的收费标准可参照当地物价部门核定的复印誊写打字行业的收费标准制定，不得超出标准计价收费。收费标准应予公布。

第5条　复制费应以人民币计价，以现金或支票结算。

第6条　人民检察院收取复制费用，由业务部门开具单据，交款人到财务部门交费，收款人应向交款人出具正式收据。

第7条　复制案件材料的各种费用由办公经费开支，收取的复制费也用于检察机关的办公经费。

【署法〔1998〕202号】　海关总署关于贯彻执行《关于刑事诉讼法实施中若干问题的规定》的通知（1998年4月15日）

二、关于律师参加刑事诉讼

（二）刑事诉讼法第33条规定，公诉案件自案件移送审查起诉之日起，犯罪嫌疑人有权委托辩护人；第36条第1款规定，辩护律师自人民检察院对案件审查起诉之日起，可以查阅、摘抄、复制本案的诉讼文书、技术性鉴定材料，其他辩护人经人民检察院许可，也可以查阅、摘抄、复制上述材料；同条第2款和《规定》第13条又规定，辩护律师或者其他辩护人在审判阶段可以到人民法院查阅、摘抄、复制本案所指控的犯罪事实的材料。但是，对于辩护律师或者其他辩护人到海关等行政部门查阅关于被告人（原犯罪嫌疑人）受指控的犯罪事实的案卷材料的则未作规定。据此，对辩护律师向海关提出阅卷要求的，海关应当依法说明并予以婉拒。

【法释〔2002〕39号】　最高人民法院关于诉讼代理人查阅民事案件材料的规定（2002年11月4日最高法审委会第1254次会议通过，2020年12月23日最高人民法院审判委员会第1823次会议修正）

第5条　诉讼代理人在诉讼中查阅案件材料限于案件审判卷和执行卷的正卷，包括起诉书、答辩书、庭审笔录及各种证据材料等。

案件审理终结后，可以查阅案件审判卷的正卷。

第7条　诉讼代理人查阅案件材料可以摘抄或者复印。涉及国家秘密的案件材料，依照国家有关规定办理。

复印案件材料应当经案卷保管人员的同意。复印已经审理终结的案件有关材料，诉讼代理人可以要求案卷管理部门在复印材料上盖章确认。

复印案件材料可以收取必要的费用。

第10条　民事案件的当事人查阅案件有关材料的，参照本规定执行。

【法办〔2005〕415号】　最高人民法院办公厅关于案件当事人及其代理人查阅诉讼档案有关问题的复函（2005年9月15日答复湖北高院"鄂高法〔2005〕260号"请示）

经研究，我们认为，按照《人民法院档案管理办法》和《最高人民法院关于诉讼代理人查阅民事案件材料的规定》（法释〔2002〕39号）的规定，当事人也可以查阅刑事案件、行政案件和国家赔偿案件的正卷。

【法发〔2007〕11号】 最高人民法院、最高人民检察院、公安部、司法部关于进一步严格依法办案确保办理死刑案件质量的意见（2007年3月9日）

17.……辩护律师自审查起诉之日起，可以查阅、摘抄、复制本案的诉讼文书、技术性鉴定材料，可以同在押的犯罪嫌疑人会见和通信。其他辩护人经人民检察院许可，也可以查阅、摘抄、复制上述材料，同在押的犯罪嫌疑人会见和通信。人民检察院应当为辩护人查阅、摘抄、复制材料提供便利。

【法发〔2008〕14号】 最高人民法院、司法部关于充分保障律师依法履行辩护职责确保死刑案件办理质量的若干规定（2008年5月21日）

五、人民法院受理死刑案件后，应当及时通知辩护律师查阅案卷，并积极创造条件，为律师查阅、复制指控犯罪事实的材料提供方便。

人民法院对承办法律援助案件的律师复制涉及被告人主要犯罪事实并直接影响定罪量刑的证据材料的复制费用，应当免收或者按照复制材料所必须的工本费减收。

律师接受委托或者被指定担任死刑案件的辩护人后，应当及时到人民法院阅卷；对于查阅的材料中涉及国家秘密、商业秘密、个人隐私、证人身份等情况的，应当保守秘密。

八、第二审开庭前，人民检察院提交新证据、进行重新鉴定或者补充鉴定的，人民法院应当至迟在开庭3日以前通知律师查阅。

【司发通〔2013〕18号】 最高人民法院、最高人民检察院、公安部、司法部关于刑事诉讼法律援助工作的规定（2013年2月4日印发，2013年3月1日施行；司发通〔2005〕78号同名《规定》同时废止）

第20条 人民检察院、人民法院应当对承办律师复制案卷材料的费用予以免收或者减收。

【法〔2013〕283号】 人民法院诉讼档案管理办法（最高法、国家档案局2013年12月16日印发，2014年1月1日施行）

第15条（第3款） 有关单位因工作需要，持单位介绍信和经办人工作证，经档案所在人民法院审查同意，可以查阅、复制诉讼档案正卷有关内容。人民法院与有关单位已有相关借阅规定的，按照规定办理。

第16条 案件当事人持身份证或者其他有效身份证明（当事人是法人的，应持法定代表人身份证明、工商登记证明复印件），可以查阅诉讼档案正卷有关内容。

律师持执业证、律师事务所介绍信、当事人授权委托书、当事人身份证明复印件，可以查阅诉讼档案正卷有关内容。

其他诉讼代理人持身份证或者其他有效身份证明、当事人授权委托书、当事人身份证明复印件，可以查阅诉讼档案正卷有关内容。

第17条 当事人或者诉讼代理人可以申请复制所查阅的档案材料。经批准复制的材料，由档案工作人员核对无误后，加盖人民法院档案证明专用章，与档案原件具有同等的效力。

第18条 借阅、调阅人民法院诉讼档案的有关部门和人员，应当在6个月内归还，确因工作需要继续使用的，应当办理续借手续，续借时间不得超过3个月。对逾期不还的，各级人民法院档案机构应当及时催还并通报。

第19条 诉讼档案归还时，档案工作人员应当认真检查卷内材料，如发现卷内材料有短缺、涂改、污损等情况，应当及时报告并追查。

【刑他字〔2013〕239号】　最高人民法院刑事审判第二庭关于辩护律师能否复制侦查机关讯问录像问题的批复（2013年9月22日答复广东高院"〔2013〕粤高法刑二终字第12号"请示；广东高院据此于2013年10月15日以"粤高法〔2013〕324号《通知》"印发全省法院执行）

根据《中华人民共和国刑事诉讼法》第38条和最高人民法院《关于适用〈中华人民共和国刑事诉讼法〉的解释》第47条的规定，自人民检察院对案件审查起诉之日起，辩护律师可以查阅、摘抄、复制案卷材料，但其中涉及国家秘密、个人隐私的，应严格履行保密义务。你院请示的案件，侦查机关对被告人的讯问录音录像已经作为证据材料向人民法院移送并已在庭审中播放，不属于依法不能公开的材料，在辩护律师提出要求复制有关录音录像的情况下，应当准许。

【法刊文摘】　检答网集萃77：辩护律师可否复制同步录音录像（检察日报2022年4月8日）

咨询内容（辽宁大连侯杰）：辩护律师阅卷，要求刻录监控录像或同步录音录像，是否可以？

解答摘要（陈鼎元）：根据最高检法律政策研究室《关于辩护人要求查阅、复制讯问录音、录像如何处理的答复》，案卷材料包括案件的诉讼文书和证据材料。讯问犯罪嫌疑人录音、录像不是诉讼文书和证据材料，属于案卷材料之外的其他与案件有关的材料，辩护人未经许可，无权查阅、复制。在人民检察院审查起诉阶段，辩护人对讯问活动合法性提出异议，申请排除以非法方法收集的证据，并提供相关线索或者材料的，可以在人民检察院查看（听）相关的录音、录像。对涉及国家秘密、商业秘密、个人隐私或者其他犯罪线索的内容，人民检察院可以对讯问录音、录像的相关内容作技术处理或者要求辩护人保密；在人民法院审判阶段，人民法院调取讯问犯罪嫌疑人录音、录像的，人民检察院应当将讯问录音、录像移送人民法院。必要时，公诉人可以提请法庭当庭播放相关时段的录音、录像。但辩护人无权自行查阅、复制讯问犯罪嫌疑人录音、录像。

【苏司通〔2014〕112号】　江苏省高级人民法院、江苏省人民检察院、江苏省公安厅、江苏省司法厅关于律师刑事辩护若干问题的会议纪要（2014年7月29日）

17. 辩护律师自人民检察院对案件审查起诉之日起，可以查阅、摘抄、复制本案的案卷材料，案卷材料包括与案件有关的诉讼文书、技术性鉴定材料和证明犯罪嫌疑人有罪、无罪或罪轻、罪重的各种证据材料。

人民检察院基于出庭准备和庭审举证工作的需要取回有关案卷材料和证据后，辩护律师要求查阅案卷材料的，人民检察院应当允许辩护律师查阅、摘抄、复制案卷材料。

18. 辩护律师自人民法院受理案件之日起，可以查阅、摘抄、复制本案的案卷材料。人民法院依辩护律师申请，向证人或者有关单位、个人收集、调取证据材料后，应当及时通知辩护律师查阅、摘抄、复制。人民法院调查核实证据时，发现有对定罪量刑有重大影响的新的证据材料，并直接提取的，应当及时通知辩护律师查阅、摘抄、复制。审判期间，人民检察院申请补充侦查，并将补充收集的证据移送人民法院后，人民法院应当通知辩护律师查阅、摘抄、复制。

【高检发〔2014〕21号】 最高人民检察院关于依法保障律师执业权利的规定（2014年12月16日最高检第12届检委会第32次会议通过，2014年12月23日印发施行；2004年2月10日《关于人民检察院保障律师在刑事诉讼中依法执业的规定》、2006年2月23日《关于进一步加强律师执业权利保障工作的通知》同时废止）

第6条 人民检察院应当依法保障律师的阅卷权。自案件移送审查起诉之日起，人民检察院应当允许辩护律师查阅、摘抄、复制本案的案卷材料；经人民检察院许可，诉讼代理人也可以查阅、摘抄、复制本案的案卷材料。人民检察院应当及时受理并安排律师阅卷，无法及时安排的，应当向律师说明并安排其在3个工作日以内阅卷。人民检察院应当依照检务公开的相关规定，完善互联网等律师服务平台，并配备必要的速拍、复印、刻录等设施，为律师阅卷提供尽可能的便利。律师查阅、摘抄、复制案卷材料应当在人民检察院设置的专门场所进行。必要时，人民检察院可以派员在场协助。

【司发〔2015〕14号】 最高人民法院、最高人民检察院、公安部、国家安全部、司法部关于依法保障律师执业权利的规定（2015年9月16日）

第14条 辩护律师自人民检察院对案件审查起诉之日起，可以查阅、摘抄、复制本案的案卷材料，人民检察院检察委员会的讨论记录、人民法院合议庭、审判委员会的讨论记录以及其他依法不能公开的材料除外。人民检察院、人民法院应当为辩护律师查阅、摘抄、复制案卷材料提供便利，有条件的地方可以推行电子化阅卷，允许刻录、下载材料。侦查机关应当在案件移送审查起诉后3日以内，人民检察院应当在提起公诉后3日以内，将案件移送情况告知辩护律师。案件提起公诉后，人民检察院对案卷所附证据材料有调整或者补充的，应当及时告知辩护律师。辩护律师对调整或者补充的证据材料，有权查阅、摘抄、复制。辩护律师办理申诉、抗诉案件，在人民检察院、人民法院经审查决定立案后，可以持律师执业证书、律师事务所证明和委托书或者法律援助公函到案卷档案管理部门、持有案卷档案的办案部门查阅、摘抄、复制已经审理终结案件的案卷材料。

辩护律师提出阅卷要求的，人民检察院、人民法院应当当时安排辩护律师阅卷，无法当时安排的，应当向辩护律师说明并安排其在3个工作日以内阅卷，不得限制辩护律师阅卷的次数和时间。有条件的地方可以设立阅卷预约平台。

人民检察院、人民法院应当为辩护律师阅卷提供场所和便利，配备必要的设备。因复制材料发生费用的，只收取工本费用。律师办理法律援助案件复制材料发生的费用，应当予以免收或者减收。辩护律师可以采用复印、拍照、扫描、电子数据拷贝等方式复制案卷材料，可以根据需要带律师助理协助阅卷。办案机关应当核实律师助理的身份。

辩护律师查阅、摘抄、复制的案卷材料属于国家秘密的，应当经过人民检察院、人民法院同意并遵守国家保密规定。律师不得违反规定，披露、散布案件重要信息和案卷材料，或者将其用于本案辩护、代理以外的其他用途。

第39条 律师申请查阅人民法院录制的庭审过程的录音、录像的，人民法院应当准许。

【法发〔2015〕16号】 最高人民法院关于依法切实保障律师诉讼权利的规定（2015年12月29日）

二、依法保障律师阅卷权。对律师申请阅卷的，应当在合理时间内安排。案卷材料被其他诉讼主体查阅的，应当协调安排各方阅卷时间。律师依法查阅、摘抄、复制有关卷宗材料或者查看庭审录音录像的，应当提供场所和设施。有条件的法院，可提供网上卷宗查阅服务。

【法〔2016〕264号】 最高人民法院关于全面推进人民法院电子卷宗随案同步生成和深度应用的指导意见（2016年7月28日）

三、电子卷宗深度应用的基本要求

（五）支持法院间查阅电子卷宗。办案系统应支持或通过数据集中管理平台实现电子卷宗集中和案件上诉、移送、再审查阅，原审法院收到查阅要求后，应在3个工作日内完成电子卷宗报送工作，纸质卷宗调取仍按相关规定执行。电子卷宗加盖法院电子签章后，具有与卷宗原件同等的效力。

（六）支持诉讼参与人网上查阅电子卷宗。诉讼服务平台应按照法律规定，通过与电子卷宗系统的网间数据安全交换，及时为当事人、律师提供随案同步生成电子卷宗的在线浏览、借阅等服务。

（七）支持审判流程实体信息公开。司法公开平台应按照法律规定，通过与法院电子卷宗系统的网间安全数据交换，加大司法公开力度，及时为当事人、律师提供案件卷宗可公开信息的全面公开。

【高检会〔2016〕11号】 人民检察院诉讼档案管理办法（2016年9月14日最高检第12届检委第54次会议通过，最高检、国家档案局2016年10月18日印发施行）

第23条 各级人民检察院工作人员因工作需要，可以利用本院诉讼档案。

其他人民检察院和人民法院以及公安、国家安全、纪检监察等机关工作人员因工作需要查阅、借阅诉讼档案的，应当持单位介绍信、工作证件到档案所在人民检察院档案部门或者办案部门提出申请。档案部门征得办案部门书面意见并报分管检察长审批后办理。

人民检察院与人民法院等有关单位已有借阅规定的，按照规定办理。

第24条 依据相关规定需要查阅、摘抄、复制诉讼档案的，律师可以持律师执业证书、律师事务所证明和委托书或者法律援助公函，其他辩护人或者诉讼代理人可以持身份证明和委托书，向档案所在人民检察院案件管理部门提出申请。案件管理部门通知办案部门根据情况到档案部门办理相关手续。

第25条 对已有电子版本的诉讼档案，原则上不提供纸质原件，只提供复制件。复制件加盖档案证明专用章后，与档案原件具有同等效力。

第26条 非本院工作人员利用诉讼档案的，原则上只提供检察正卷相关内容。没有正卷的，可以按规定提供相关材料复制件。

【法发〔2017〕8号】 最高人民法院、最高人民检察院、司法部关于逐步实行律师代理申诉制度的意见（2017年4月1日）

九、依法保障代理申诉律师的阅卷权、会见权。在诉讼服务大厅或者信访接待场所建立律师阅卷室、会见室。

为律师查阅、摘抄、复制案卷材料等提供方便和保障。对法律援助机构指派的律师复制相关材料的费用予以免收。

有条件的地区，可以提供网上阅卷服务。

【法发〔2017〕20号】 最高人民法院司法责任制实施意见（试行）（2017年7月25日印发，2017年8月1日试行）

57. 庭审录像和案件卷宗正卷应当向当事人及诉讼代理人公开。

查阅庭审录像的，出诉讼服务中心在核实查阅人员身份信息后直接提供查阅；查阅已归档电子档案的，经承办法官和档案管理部门批准后提供查阅，查阅未归档电子卷宗的，经承办法官批准后提供查阅。

当事人及诉讼代理人查阅上述材料，书记员应核对身份证件及代理权限后提供查询，并安排专门人员监督阅卷。

58. 办理死刑复核案件，刑事大要案请示案件，涉外、涉侨、涉港澳台刑事请示案件，法定刑以下判处刑罚核准案件，分案、阅卷、提讯、听证、评议及制作、审核、签署、送达、公开裁判文书等工作，按照有关规定执行。

除前款规定之外的其他刑事案件，按照本意见执行。

【律发通〔2017〕51 号】 律师办理刑事案件规范（2017 年 8 月 27 日第 9 届全国律协常务理事会第 8 次会议通过、即日施行，中华全国律师协会 2017 年 9 月 20 日印发）

第 32 条 自案件移送审查起诉之日起，辩护律师、代理律师应当及时与人民检察院、人民法院联系，办理查阅、摘抄、复制案卷材料等事宜。

第 33 条 案卷材料包括案件的诉讼文书和证据材料。根据相关法律的规定，对讯问过程应当进行同步录音录像的，辩护律师、代理律师可以根据案件需要依法要求查阅、复制。

第 34 条 复制案卷材料可以采用复印、拍照、扫描、电子数据拷贝等方式。摘抄、复制时应当保证其准确性、完整性。

第 35 条 对于以下案卷材料，辩护律师、代理律师应当及时查阅、复制：（一）侦查机关、检察机关补充侦查的证据材料；（二）人民检察院、人民法院根据犯罪嫌疑人、被告人、辩护律师的申请向侦查机关、公诉机关调取在侦查、审查起诉期间已收集的有关犯罪嫌疑人、被告人无罪、罪轻的证据材料；（三）人民法院根据被告人、辩护律师的申请调取的检察机关未移送的证据材料以及有关被告人自首、坦白、立功等量刑情节的材料。

第 36 条 辩护律师应当认真研读全部案卷材料，根据案情需要制作阅卷笔录或案卷摘要。阅卷时应当重点了解以下事项：（一）犯罪嫌疑人、被告人的个人信息等基本情况；（二）犯罪嫌疑人、被告人被认定涉嫌或被指控犯罪的时间、地点、动机、目的、手段、后果及其他可能影响定罪量刑的法定、酌定情节等；（三）犯罪嫌疑人、被告人无罪、罪轻的事实和材料；（四）证人、鉴定人、勘验检查笔录制作人的身份、资质或资格等相关情况；（五）被害人的个人信息等基本情况；（六）侦查、审查起诉期间的法律手续和诉讼文书是否合法、齐备；（七）鉴定材料的来源、鉴定意见及理由、鉴定机构是否具有鉴定资格等；（八）同案犯罪嫌疑人、被告人的有关情况；（九）证据的真实性、合法性和关联性，证据之间的矛盾与疑点；（十）证据能否证明起诉意见书、起诉书所认定涉嫌或指控的犯罪事实；（十一）是否存在非法取证的情况；（十二）未成年人刑事案件，在被讯问时法定代理人或合适成年人是否在场；（十三）涉案财物查封、扣押、冻结和移送的情况；（十四）其他与案件有关的情况。

第 37 条 律师参与刑事诉讼获取的案卷材料，不得向犯罪嫌疑人、被告人的亲友以及其他单位和个人提供，不得擅自向媒体或社会公众披露。

辩护律师查阅、摘抄、复制的案卷材料属于国家秘密的，应当经过人民检察院、人民法院同意并遵守国家保密规定。律师不得违反规定，披露、散布案件重要信息和案卷材料，或者将其用于本案辩护、代理以外的其他用途。

【司发通〔2017〕106号】 最高人民法院、司法部关于开展刑事案件律师辩护全覆盖试点工作的办法（2017年10月9日印发，在北京、上海、浙江、安徽、河南、广东、四川、陕西试行1年①）

第13条 人民法院应当依法保障辩护律师的知情权、申请权、申诉权，以及会见、阅卷、收集证据和发问、质证、辩论等方面的执业权利，为辩护律师履行职责，包括查阅、摘抄、复制案卷材料等提供便利。

第15条 辩护律师提出阅卷要求的，人民法院应当当时安排辩护律师阅卷，无法当时安排的，应当向辩护律师说明原因并在无法阅卷的事由消除后3个工作日以内安排阅卷，不得限制辩护律师合理的阅卷次数和时间。有条件的地方可以设立阅卷预约平台，推行电子化阅卷，允许刻录、下载材料。辩护律师复制案卷材料的，人民法院只收取工本费。法律援助机构指派的律师复制案卷材料的费用予以免收或者减收。

辩护律师可以带1至2名律师助理协助阅卷，人民法院应当核实律师助理的身份。律师发现案卷材料不完整、不清晰等情况时，人民法院应当及时安排核对、补充。

【高检发释字〔2019〕4号】 人民检察院刑事诉讼规则（2019年12月2日最高检第13届检委会第28次会议通过，2019年12月30日公布施行；高检发释字〔2012〕2号《规则（试行）》同时废止）

第47条（第1款） ……案卷材料包括案件的诉讼文书和证据材料。

第49条 辩护律师或者经过许可的其他辩护人到人民检察院查阅、摘抄、复制本案的案卷材料，由负责案件管理的部门及时安排，由办案部门提供案卷材料。因办案部门工作等原因无法及时安排的，应当向辩护人说明，并自即日起3个工作日以内安排辩护人阅卷②，办案部门应当予以配合。

人民检察院应当为辩护人查阅、摘抄、复制案卷材料设置专门的场所或者电子卷宗阅卷终端设备③。必要时，人民检察院可以派员在场协助。

辩护人复制案卷材料可以采取复印、拍照、扫描、刻录等方式，人民检察院不收取费用。④

第397条 人民检察院向人民法院移送全部案卷材料后……可以申请法庭出示、宣读、播放。

人民检察院基于出庭准备和庭审举证工作的需要，可以取回有关案卷材料和证据。

取回案卷材料和证据后，辩护律师要求查阅案卷材料的，应当允许辩护律师在人民检察院查阅、摘抄、复制案卷材料。

---

① 注：2018年12月27日，最高法、司法部印发《关于扩大刑事案件律师辩护全覆盖试点范围的通知》（司发通〔2018〕149号），将试点工作范围扩大到全国31个省（自治区、直辖市）和新疆生产建设兵团，并且未再限定试点期限。

② 2012年《规则》相应的规定为："安排辩护人自即日起3个工作日以内阅卷。"

③ 2012年《规则》相应的规定为："应当在人民检察院设置的专门场所进行。"

④ 2012年《规则》相应的规定为："辩护人复制案卷材料可以采取复印、拍照等方式，人民检察院只收取必需的工本费用。对于承办法律援助案件的辩护律师复制必要的案卷材料的费用，人民检察院应当根据具体情况予以减收或者免收。"

【司规〔2020〕6号】　法律援助值班律师工作办法（最高法、最高检、公安部、国家安全部、司法部2020年8月20日印发施行；司发通〔2017〕84号《关于开展法律援助值班律师工作的意见》同时废止）

第21条　侦查阶段，值班律师可以向侦查机关了解犯罪嫌疑人涉嫌的罪名及案件有关情况；案件进入审查起诉阶段后，值班律师可以查阅案卷材料，了解案情，人民检察院、人民法院应当及时安排，并提供便利。已经实现卷宗电子化的地方，人民检察院、人民法院可以安排在线阅卷。

【法发〔2021〕3号】　最高人民法院、司法部关于为律师提供一站式诉讼服务的意见（2020年12月16日印发，2021年1月14日新闻发布）

第11条　加强网上阅卷工作，逐步为律师提供电子诉讼档案在线查看、打印、下载等服务。对依法可以公开的民事、行政、刑事、申请执行和国家赔偿案件材料，律师可以通过律师服务平台申请网上阅卷。

在律师服务平台建立个人案件空间。推进对正在审理中、依法可以公开的案件电子卷宗同步上传至案件空间，供担任诉讼代理人的律师随时查阅。

【法释〔2021〕1号】　最高人民法院关于适用《中华人民共和国刑事诉讼法》的解释（2020年12月7日最高法审委会［1820次］修订，2021年1月26日公布，2021年3月1日施行；2013年1月1日施行的"法释〔2012〕21号"《解释》同时废止）

第53条　辩护律师可以查阅、摘抄、复制案卷材料。其他辩护人经人民法院许可，也可以查阅、摘抄、复制案卷材料。合议庭、审判委员会的讨论记录以及其他依法不公开的材料不得查阅、摘抄、复制。

辩护人查阅、摘抄、复制案卷材料，人民法院应当提供便利，并保证必要的时间。

值班律师查阅案卷材料的，适用前两款规定。

复制案卷材料可以采用复印、拍照、扫描、电子数据拷贝等方式。

第54条　对作为证据材料向人民法院移送的讯问录音录像，辩护律师申请查阅的，人民法院应当准许。

第55条　查阅、摘抄、复制案卷材料，涉及国家秘密、商业秘密、个人隐私的，应当保密；对不公开审理案件的信息、材料，或者在办案过程中获悉的案件重要信息、证据材料，不得违反规定泄露、披露，不得用于办案以外的用途。人民法院可以要求相关人员出具承诺书。

违反前款规定的，人民法院可以通报司法行政机关或者有关部门，建议给予相应处罚；构成犯罪的，依法追究刑事责任。

第65条（第1款）　律师担任诉讼代理人的，可以查阅、摘抄、复制案卷材料。其他诉讼代理人经人民法院许可，也可以查阅、摘抄、复制案卷材料。①

原第59条　辩护人、诉讼代理人复制案卷材料的，人民法院只收取工本费；法律援助律师复制必要的案卷材料的，应当免收或者减收费用。

第79条（第2款）　人民法院调查核实证据时，发现对定罪量刑有重大影响的新的证据材料的，应当告知检察人员、辩护人、自诉人及其法定代理人。必要时，也可以直接提

---

① 2012年《解释》第57条第1款规定为："经人民法院许可，诉讼代理人可以查阅、摘抄、复制本案的案卷材料。"

取，并及时通知检察人员、辩护人、自诉人及其法定代理人查阅、摘抄、复制。

第395条　第二审期间，人民检察院或者被告人及其辩护人提交新证据的，人民法院应当及时通知对方查阅、摘抄或者复制。

第559条　查阅、摘抄、复制的案卷材料，涉及未成年人的，不得公开和传播。

（第3款）~~被害人是未成年人的刑事案件，适用前两款的规定。~~

【法刊文摘】　检答网集萃43：审判阶段，律师能否在检察机关阅卷（检察日报2021年5月24日）

咨询内容（吉林松原姜园园）：案件已经移送至法院，但因卷宗量较大，律师在法院阅卷困难，申请在检察机关阅电子卷宗，能否批允许？

解答摘要（祝淑娟）：提起公诉后，案件进入审判阶段，案卷也已经移送人民法院，办理机关为人民法院，此时，辩护律师及其他辩护人的阅卷权由人民法院保障，若人民检察院对案卷所附证据材料有调整或者补充，则由人民检察院就调整或者补充的证据材料保障律师及其他辩护人的阅卷权。

【司发通〔2022〕49号】　最高人民法院、最高人民检察院、公安部、司法部关于进一步深化刑事案件律师辩护全覆盖试点工作的意见（2022年10月12日）

11. 及时安排阅卷。辩护律师提出阅卷要求的，人民检察院应当及时安排阅卷，因工作等原因无法及时安排的，应当向辩护律师说明，并自即日起3个工作日内安排阅卷，不得限制辩护律师合理的阅卷次数和时间。有条件的地方可以设立阅卷预约平台，推行电子化阅卷，允许下载、刻录案卷材料。

17. 切实保障值班律师权利。……案件移送审查起诉后，值班律师可以查阅案卷材料，了解案情，人民检察院、人民法院应当及时安排，并提供便利。已经实现卷宗电子化的地方，人民检察院、人民法院可以安排在线阅卷。对于值班律师数量有限、案件量较大的地区，值班律师可采取集中查阅案卷方式。

【高检发办字〔2023〕28号】　最高人民检察院、司法部、中华全国律师协会关于依法保障律师执业权利的十条意见（2023年3月1日）

三、充分保障律师查阅案卷的权利

人民检察院在律师提出阅卷申请后，一般应当提供电子卷宗，便于律师查阅、复制。律师提出调阅案件纸质卷宗的，人民检察院了解具体原因后，认为应予支持的，应当及时安排。各级人民检察院应当进一步规范电子卷宗制作标准，提高制作效率，确保电子卷宗完整、清晰、准确，便于查阅。对于符合互联网阅卷要求的，应当在3日内完成律师互联网阅卷申请的办理和答复。

（本书汇）【立卷归档、档案管理】[①]

● **相关规定**　【法发〔1955〕号】　最高人民法院、最高人民检察院关于刑事案件卷宗归档的问题的批复（1955年7月14日批复西康省高级人民法院、人民检察院"检法联〔55〕

[①] 注：《刑事诉讼法》没有关于刑事案卷立卷归档与档案管理的规定，本书将其汇集于此。

第1号"联合通知）[1]

　　经我们研究认为你们所发的通知中规定，人民检察院及公安机关移送检察院向法院起诉的案件，判决后将原卷宗退还原机关保管的问题，是不够妥当的。兹将我们的意见提出如下：

　　（一）检察机关侦查、起诉的刑事案件，应将起诉书连同侦查卷宗（包括证物等），一并移送人民法院，经法院判决后应将判决书送检察院1份。该案卷宗由人民法院存档保管。检察院可将提起刑事案件决定书、检举被告人决定书、施行强制处分决定书、向被告人宣告侦查终结笔录、起诉意见书或不起诉决定书、法院的判决书和裁定书、检察长所提出之抗议书和上级法院的裁定书等以及侦查计划和内部有关文件与书信等材料，存档保管。

　　（二）公安机关侦查移送检察院向法院起诉的案件，经法院判决后除将判决书送检察院并抄送公安机关外，该案卷宗仍应由法院归档保管。

【法〔2013〕283号】　人民法院诉讼档案管理办法（最高法、国家档案局2013年12月16日印发，2014年1月1日施行）

　　第6条　各级人民法院审判业务部门应当在案件办理完毕后3个月内，将全案诉讼文书材料、电子文件、庭审录音录像等移交归档。因特殊情况需要延期归档的，最迟不得超过6个月。

　　第9条　各级人民法院档案机构应当在接收归档的诉讼案卷封面上加盖"归档"章，同时区分不同案件类别，按照年度、一案（册）一号的原则进行编号、排架。

　　第10条　同一案件由于再审、执行等原因形成几个案号的档案，实行并卷保管的，应当在相关案卷封面和检索工具上注明移出、移入的案号；未实行并卷保管的，应当相互注明参见号。

　　第12条　归档的物证，凡能附卷保存的，应当装订入卷或者装入卷底证物袋中，并作相应文字说明。不宜附卷保存的，应当另行存放，并与案卷相互标注有关档案信息。

　　第13条　已经归档的案卷不得擅自增添或者抽取材料，确需增减材料的，应当经相关审判业务部门负责人审批，并征得档案工作人员同意后，按立卷要求办理，并在备考表中注明。

　　第21条　诉讼档案的保管期限分为永久和定期2种。定期分为60年和20年。

　　凡具有长远查考利用价值的，划定为永久保管。

　　凡在较长时间内具有查考利用价值的，划定为60年；凡在较短时间内具有查考利用价值的，划定为20年。

　　第22条（第1款）　刑事诉讼档案保管期限，应当根据刑期、被告人身份、案件的影响程度和审理程序综合划定，取其中最长的保管期限。共同犯罪案件档案，全案的保管期限以刑期为划分标准时，以被告人中的最长刑期为准划定；根据案件的影响程度等其他因素划定的保管期限更长的，取最长的保管期限。

　　第23条（第1款）　减刑或假释案件档案、刑事附带民事及刑事财产刑执行案件档案、民事诉讼执行案件档案、行政诉讼执行案件档案的保管期限按照原诉讼案件档案的保管期限划定。

　　第27条　对保管期限届满，经鉴定仍有保存价值的诉讼档案，应当提升保管期限等级

[1] 注：该《批复》一直未被废止。

继续保存；经鉴定确定销毁的诉讼档案，应当对案卷进行数字化扫描备份，同时将判决书、裁定书、调解书或者其他结论性材料取出，按照年度、类别、案号的顺序整理立卷，永久保存。

第 29 条　对经鉴定确定销毁的刑事诉讼档案中的公安、检察卷，在销毁前应当书面通知公安、检察机关，由其确定存毁。如要求保存则移交其自行处理，如同意销毁则一并销毁。

[高检会〔2016〕11 号]　**人民检察院诉讼档案管理办法**（2016 年 9 月 14 日最高检第 12 届检委会第 54 次会议通过，最高检、国家档案局 2016 年 10 月 18 日印发施行）

第 11 条　诉讼档案应当按照结案年度—保管期限—组织机构的方法进行排列，按照一卷一号的原则编制档号。

档号结构为：诉讼档案代码（SS）—结案年度—保管期限代码（1 为永久、2 为 60 年、3 为 30 年）—顺序号（一般为 5 位数）。如：2016 年永久保管的第 1 号案卷档号表述为：SS-2016-1-00001。

第 31 条　诉讼档案保管期限应当从结案后下一年起算。因涉及累犯、申诉、加（减）刑等先后形成的多本案卷，其保管期限应当从最后审理结案的下一年起算，并适用其中最长期限。

第 33 条　经鉴定仍有保存价值的诉讼档案，应当根据其实际价值适当延长保管期限继续保存。

经鉴定确无继续保存价值的诉讼档案，应当清点核对，登记造册，经分管检察长批准后送指定销毁机构，由 2 名以上工作人员全程监销。监销人员应当在销毁清册上签字。销毁报告和销毁清册应当存档，永久保存。

销毁前，应当将其中由人民检察院制作、能说明全案基本情况的结论性法律文书取出一份整理装订后，列入原案卷归档年度永久保存。

附件：人民检察院诉讼档案保管期限表

一、刑事诉讼案卷
（一）直接受理立案侦查案件
1. 移送起诉案件：①重要的：永久；②一般的：60 年
2. 撤销或者不起诉案件：60 年
3. 初查不立案案件：30 年
（二）审查逮捕、审查起诉案件
1. 批准（决定）逮捕或者决定起诉案件：①重要的：永久；②一般的：60 年
2. 不批准（不予）逮捕案件：①重要的：60 年；②一般的：30 年
3. 决定不起诉案件：①重要的：永久；②一般的：60 年
4. 移送上级人民检察院批捕或者起诉后留存案件：30 年
5. 退回公安机关补充侦查案件：30 年
6. 对下级检察院不批准逮捕或者决定不起诉复议、复核案件
①改变原不批准逮捕或者不起诉决定：60 年；②维持原不批准逮捕或者不起诉决定：30 年
7. 核准追诉案件：①重要的：永久；②一般的：60 年

8. 不予核准追诉案件：30年
9. 没收违法所得案件：60年
10. 强制医疗案件：60年
（三）刑事诉讼监督案件
1. 通知（建议）立案或者撤案案件：①重要的：60年；②一般的：30年
2. 要求行政机关移送案件的案件：①重要的：60年；②一般的：30年
3. 对下级人民检察院报请延长羁押期限案件：30年
4. 提出抗诉案件：永久
5. 撤回抗诉案件：60年
6. 提请抗诉案件：①重要的：永久；②一般的：60年
7. 最高人民法院通报的死刑复核案件：永久
8. 申请（提请）监督死刑复核案件
①提出检察意见的：永久；②函转最高人民法院的：30年；③审理后直接结案的：30年
9. 刑事执行监督案件：
(1) 羁押必要性审查：30年
(2) 指定居所监视居住执行检察：30年
(3) 临场监督执行死刑：60年
(4) 财产刑执行监督：①重要的：60年；②一般的：30年
(5) 纠正超期羁押：30年
(6) 被监管人死亡与事故检察：①构成犯罪，依法立案侦查：永久；②制发纠正违法通知：60年；③不构成犯罪，提出处理建议：60年；④发出检察建议：30年
(7) 办理减刑、假释或者暂予监外执行或者收监执行：重要的：60年；②一般的：30年
（四）未成年人检察案件：参照"审查逮捕、审查起诉的刑事案件"确定保管期限
（五）司法协助案件：30年
二、控告申诉案卷
（一）受理的控告、申诉、举报案件：
1. 立案案件：①重要的：60年；②一般的：30年；
2. 纠正违法行为或者提出检察建议案件：60年；
3. 不受理或者不立案或者不支持申诉案件：30年；
4. 举报失实案件：30年；
5. 维持原决定案件：30年；
6. 转本院其他部门处理或者移送其他单位案件：30年；
7. 控告申诉终结决定案件：60年
（二）申诉审查、复查案件：
1. 提出抗诉案件：永久；
2. 提出再审检察建议案件：60年；
3. 纠正原决定案件：60年；
4. 不予抗诉或者维持原决定案件：30年；

5. 审查结案案件：30年
（三）刑事赔偿案件：60年
（四）赔偿监督案件：
1. 提出监督意见案件：60年；
2. 不提出监督意见或者不立案案件：30年
（五）司法救助案件：60年
三、民事行政检察案卷（略）
四、其他
（一）指定管辖案件：①重要的：60年；②一般的：30年
（二）交办或者转办下级人民检察院处理案件：30年
（三）下级人民检察院按照法定程序上报的备案材料：1. 有重大影响的案件：60年；2. 纠正案件：60年；3. 其他案件：30年
（四）上级人民检察院对疑难或者分歧案件的指导材料：60年
（五）检察长列席人民法院审判委员会会议，带回人民法院案件材料（检察机关未形成材料）：30年

说明本期限表中表述"重要的"内容，主要包括以下案件：（1）判处死刑、无期徒刑、10年以上有期徒刑的案件；（2）省部级以上领导干部犯罪的案件；（3）与本院同级及以上人大代表、政协委员犯罪的案件；（4）与本院同级党委、人大、政府、政协领导及各组成部门负责人以上干部犯罪的案件；（5）高级技术职称人员、社会知名人士犯罪的案件；（6）邪教组织、恐怖组织骨干分子犯罪的案件；（7）单位犯罪的案件；（8）外国人、港澳台居民、民族宗教人士犯罪的案件；（9）本辖区内具有较大社会影响的案件；（10）其他具有长远查考利用价值的案件。

【高检会〔2016〕11号】　人民检察院诉讼文书材料立卷归档细则（2016年9月14日最高检第12届检委会第54次会议通过，最高检、国家档案局2016年10月18日印发施行）

第6条　人民检察院在办案过程中形成的下列文书材料应当立卷归档：（一）法律文书的正式件、签发稿（包括统一业务应用系统中法律文书的审批表）及领导同志重要修改稿；（二）受理案件的相关文书；（三）表明案件来源的立案线索、举报、控告、申诉材料，领导交办材料等；（四）关于案件的请示、批复（包括电报、电话记录、口头指示记录等）和讨论案件记录、阅卷笔录等材料；（五）证据材料（包括作为证据的视听资料、电子数据）；（六）处理结果；（七）赃款赃物清单；（八）其他具有保存价值的材料。

第7条　下列文书材料不应当立卷归档：（一）与本案无关的材料；（二）重份材料；（三）未定稿的法律文书（特殊、重大案件除外）；（四）定罪量刑时援引法律及法规性文件；（五）办案过程中借阅的人事档案和前科材料（应归还原单位）；（六）其他没有保存价值的材料。

第8条　摘录、复制的材料应当注明来源、名称、日期、经办人姓名等以备查考。

第11条　刑事诉讼案卷中的立案侦查、审查起诉案卷和民事行政检察案卷根据情况可以分立正卷和副卷。正卷主要存放诉讼过程中依法应当提供的法律文书、主要证据及其他材料；副卷主要存放其他法律文书、证据以及办案过程中产生的请示、报告、讨论意见等内部材料。

第14条　案件承办人应当以案卷材料中标注的最高密级确定案卷的密级，并在卷皮右上角"密级专用章"处加盖密级印章或者打印相应的密级。

附件：诉讼案卷卷内主要材料排列顺序

刑事诉讼案卷

一、直接受理立案侦查案卷

正卷

（一）法律文书部分：1. 提请批准直接受理书，批准直接受理决定书；2. 指定管辖决定书，交办案件决定书；3. 移送函；4. 立案决定书；5. 补充立案决定书；6. 申请批准或者驳回回避决定书；7. 回避复议决定书；8. 提讯、提解证，传唤证或者传唤通知书；9. 犯罪嫌疑人诉讼权利义务告知书；10. 委托诉讼代理人、辩护人通知书；11. 辩护律师会见犯罪嫌疑人应当经过许可通知书；12. 拘传证；13. 拘留决定书，拘留通知书（包括拘留人大代表、政协委员的相关材料）；14. 拘留证；15. 逮捕决定书，逮捕通知书（包括逮捕人大代表、政协委员的相关材料）；16. 逮捕证；17. 决定释放通知书；18. 取保候审、监视居住决定书，被监视居住人、被取保候审人义务告知书，指定居所监视居住通知书；19. 解除取保候审、监视居住决定书；20. 保证书；21.（不）批准延长羁押期限决定书，（不）批准延长羁押期限通知书；22. 重新计算侦查羁押期限决定书；23. 搜查证；24. 扣押决定书，查封/扣押财物、文件清单；25. 解除扣押决定书；26. 扣押邮件、电报通知书；27. 解除扣押邮件、电报通知书；28. 处理查封/扣押财物、文件决定书及清单；29. 退还、返还查封/扣押/调取财物、文件决定书及清单；30. 移送查封/扣押、冻结财物、文件决定书及清单；31. 处理扣押非赃证财物清单及依法转交纪检监察部门处理款物的回执；32. 查询、冻结、解除冻结犯罪嫌疑人金融财产通知书；33. 协助查询、协助冻结、解除冻结金融财产通知书；34. 协助查询、协助冻结、解除冻结债券、股票、基金份额通知书；35. 随案移送的财物、文件清单；36. 询问通知书，诉讼权利义务告知书；37. 调取证据通知书及清单；38. 聘请书（鉴定聘请书、鉴定委托书）；39. 技术性鉴定材料；40. 授权委托书和律师申请会见的书面材料（侦查阶段、审查起诉阶段委托辩护人、申请法律援助告知书）；41.（不）许可会见犯罪嫌疑人决定书；42. 驳回申请决定书；43.（不）批准会见在押犯罪嫌疑人通知书；44. 移送审查（不）起诉意见书，撤销案件决定书；45. 送达回证；46. 其他需要入卷材料。

（二）证据部分：1. 综合讯问笔录（最后一次）；2. 讯问犯罪嫌疑人笔录（按时间顺序排列）；3. 犯罪嫌疑人自首材料；4. 犯罪嫌疑人亲笔供词；5. 物证；6. 书证；7. 证人证言；8. 被害人陈述；9. 鉴定意见；10. 搜查、勘验、检查、辨认、侦查实验等笔录；11. 视听资料、电子数据；12. 出入境记录；13. 家庭财产信息；14. 其他需要入卷材料。

副卷

（一）法律手续部分：1. 接收案件通知书，受理案件登记表，案件材料移送清单；2. 上级机关交办或者报案、控告、举报、自首或者其他案件来源材料；3. 发现案件、破案经过材料；4. 线索审查报告；5. 提请初查报告（初查计划、安全防范预案、接触初查对象审批表）；6. 初查结论报告；7. 提请立案报告；8. 不立案通知书；9. 移送案件通知书；10. 提请补充立案报告；11. 立案请示报告；12. 立案决定书；13. 补充立案决定书；14. 侦查计划；15. 委托辩护人申请法律援助告知书；16. 辩护律师会见犯罪嫌疑人应当经过许可通知书；17.（不）许可会见犯罪嫌疑人通知书；18. 有关强制措施的请示、报告、批复、决定等材料；19. 采取强制措施的法律文书（包括对人大代表、政协委员采取强制措施）；20.（不）批准延长侦查羁押期限决定书；21. 延长侦查羁押期限通知书；22. 重新计算羁押期限材料；23. 有关侦查措施的请示、报告、批复、决定等材料；24. 同步录音录像委托书；25. 委托检验文书，检验鉴定材料；26. 侦查终结前工作汇报及讨论记录；27. 人民监督员监督事项告知书；28. 人民监督表决意见书；29. 征求律师意见表；30. 提请中止侦查报告，提请恢复侦查报告；31. 侦查终结报告；32. 讨论案件记录；33. 检委会会议研究意见（纪要及决定事项通知书）；34. 报送、移送、交办案件材料；35. 移送审查（不）起诉意见书；36. 案件侦查终结移送审查起诉告知书；37. 移送涉案财物清单；38. 退回补充侦查意见书；39. 补充侦查形成的材料；40. 撤销案件决定书；41. 提请复议书，复议决定书；42. 来信来访材料；43. 解除扣押通知书；44. 退还扣押财物、文件清单；45. 刑事判决书；46. 纠正违法通知书；47. 检察建议书；48. 个案预防材料；49. 涉案财物出、入库手续清单；50. 案件质量评查表；51. 其他需要入卷材料。

（二）证据部分：1. 讯（询）问笔录、亲笔供词、调查笔录；2. 检察卷中重要证据材料摘入；3. 其他需要入卷材料。

二、审查逮捕案卷

（一）审查逮捕案卷：1. 接收案件通知书，受理案件登记表，案件材料移送清单；2. 侦查机关提请批准逮捕书；3. 阅卷笔录；4. 提讯、提解证，传唤证或者传唤通知书；5. 讯问犯罪嫌疑人提纲，犯罪嫌疑人诉讼权利义务告知书，讯问笔录；6. 听取犯罪嫌疑人意见书；7. 询问证人、被害人提纲、通知书，证人、被害人诉讼权利义务告知书，询问笔录；8. 调取证据通知书及清单；9. 不予收集、调取证据决定书；10. 审查逮捕意见书；11. 讨论案件记录；12. 检委会会议研究意见（纪要及决定事项通知书）；13.（不）批准逮捕决定书；14.（不）批准逮捕决定执行情况；15. 逮捕案件继续侦查取证意见书；16. 不批准逮捕案件补充侦查提纲；17. 不批准逮捕理由说明书；18. 侦查机关变更逮捕措施情况审查表；19. 撤销逮捕决定书；20. 撤销逮捕理由说明书；21. 撤销不批准逮捕决定书、通知书；22. 准予撤回决定书；23. 通报逮捕外国犯罪嫌疑人的函；24. 通报逮捕政协委员的函；25. 审查逮捕案件备案报告书；26. 适用监视居住建议书；27. 撤销强制措施决定书、通知书；28. 应当逮捕犯罪嫌疑人建议书；29. 侦查机关撤回提请批准逮捕书；30. 准予撤回决定书；31. 纠正违法通知书；32. 侦查机关的回复和纠正整改情况；33. 案件质量评查表；34. 其他需要入卷材料。

人民检察院自侦部门移送审查逮捕的案卷，参照以上材料排列顺序。

（二）对不批准逮捕决定进行复议、复核案卷：1. 接收案件通知书，受理案件登记表，案件材料移送清单；2. 不批准逮捕决定书；3. 侦查机关要求复议意见书；4. 提讯、提解证，传唤证或者传唤通知书；5. 犯罪嫌疑人诉讼权利义务告知书；6. 讯问犯罪嫌疑人笔录；7. 询问证人、被害人的提纲、通知书，证人、被害人诉讼权利义务告知书，询问笔录；8. 案件审查报告（审查意见书）；9. 讨论案件记录；10. 检委会会议研究意见（纪要及决定事项通知书）；11. 复议决定书；12. 侦查机关提请上级人民检察院复核意见书；13. 检察长决定或者检委会会议研究意见（纪要及决定事项通知书）；14. 复核决定书；15. 案件质量评查表；16. 其他需要入卷材料。

下级人民检察院报请上一级人民检察院重新审查逮捕的案卷，参照以上材料排列顺序。

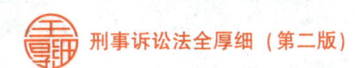

（三）（不）核准追诉案卷：1. 侦查机关报请核准追诉报告书；2. 下级检察院报请（不）核准追诉案件报告书；3. 报请（不）核准追诉案件意见书；4. 检委会会议研究意见（纪要及决定事项通知书）；5. 省级院报请（不）核准追诉案件报告书；6. 高检院（不）核准追诉决定书；7. 案件质量评查表；8. 其他需要入卷材料。

三、审查起诉案卷

（一）起诉案卷

正卷：1. 起诉书；2. 新认定、补充的证据材料；3. 证据目录，证人名单；4. 向人民法院移送赃款、赃物及其他物证清单；5. 人民检察院办理共同犯罪案件中，对同案犯已作不起诉决定的法律文书；6. 其他需要入卷材料。

二审或者再审案卷参照以上材料排列顺序。

副卷：1. 接收案件通知书，受理案件登记表，案件材料移送清单；2. 起诉意见书，移送起诉意见书，交（转）办案件材料；3. 换押证；4. 委托辩护人告知书/申请法律援助告知书；5. 委托诉讼代理人告知书/申请法律援助告知书；6. 审查起诉期限告知书，重新计算审查起诉期限通知书；7. 律师事务所授权委托书，当事人授权委托书及律师事务所介绍信；8. 取保候审决定书；9. 保证人保证书；10. 律师申请对犯罪嫌疑人取保候审的请求及检察机关的决定；11. 阅卷笔录；12. 参加侦查机关侦查、勘验、检查的记录；13. 提讯、提解证、传唤证或者传唤通知书；14. 讯问犯罪嫌疑人提纲，犯罪嫌疑人诉讼权利义务告知书，讯问笔录；15. 询问证人、被害人的提纲、通知书，证人、被害人诉讼权利义务告知书，询问笔录；16. 听取辩护人意见情况；17. 询问鉴定人提纲、通知书、笔录；18. 听取意见笔录，和解协议书；19. 人民检察院补充侦查（勘验、检查、鉴定、复核记录）材料；20. 委托技术性证据审查书；21. 案件审查报告（审查意见书）；22. 讨论案件记录；23. 检委会会议研究意见（纪要及决定事项通知书）；24. 补充移送起诉通知书；25. 补充侦查决定书、提纲；26. 逮捕犯罪嫌疑人意见书或者逮捕决定书（起诉阶段决定逮捕的）；27. 侦查机关补充侦查材料；28. 侦查机关起诉意见书；29. 重新计算期限或者延长审查起诉期限通知书；30. 起诉书；31. 送达回证；32. 量刑建议书；33. 换押证；34. 适用简易（速裁）程序建议书；35. 人民法院（不）同意适用简易（速裁）程序意见书；36. 适用简易（速裁）程序意见书；34—36适用于简易、速裁程序案卷。37. 庭前会议通知书及会议记录；38. 出庭通知书；39. 派员出庭通知书；40. 出庭预案（讯问或者询问提纲、举证质证提纲、答辩提纲、公诉意见书）；41. 出庭笔录；42. 延期审理建议书；43. 提供法庭审判所需证据材料通知书；44. 恢复庭审建议书；45. 换押证；46. 刑事裁定书（中止审理）；47. 撤回起诉决定书，不起诉决定书；48. 变更、追加起诉相关材料；49. 一审判决书、裁定书及对判决、裁定书审查表；50. 被害人提请抗诉申请书；51. 抗诉请求答复材料；52. 抗诉书；53. 检察建议书，纠正违法通知书；54. 侦查机关的回复和纠正整改情况；55. 二审法院终审判决书、裁定书；56. 处理查封/扣押财物、文件决定书；57. 涉案财物出、入库手续；58. 案件质量评查表；59. 其他需要入卷材料。

（二）不起诉案卷

受理、审查的材料参照起诉案卷1—31的排列顺序，此外还应增加以下材料：1. 不起诉公开审查材料；2. 人民监督员监督事项告知书；3. 人民监督员表决意见书；4. 检委会会议研究意见（纪要及决定事项通知书）；5. 人民监督员要求复议决定书；6. 下级人民检察院的请示及上级人民检察院的批复；7. 不起诉决定书；8. 宣布笔录；9. 送达回证；10. 检察意见书及处理结果；11. 涉案财物出、入库手续；12. 案件质量评查表；13. 其他需要入卷材料。

（三）对不起诉决定进行复议、复核案卷：1. 接收案件通知书，受理案件登记表，案件材料移送清单；2. 侦查机关要求复议意见书及被不起诉人、被害人的申诉书；3. 阅卷笔录；4. 讯问被不起诉人提纲、笔录；5. 询问证人提纲、通知书，证人诉讼权利义务告知书，询问笔录；6. 案件审查报告（审查意见书）；7. 讨论案件记录；8. 检察长决定或者检委会会议研究意见（纪要及决定事项通知书）；9. 复议决定书；10. 侦查机关向上级人民检察院提请复核意见书；11. 复核决定书；12. 不起诉复核理由说明书；13. 撤销不起诉决定书；14. 指定纠正决定书；15. 案件质量评查表；16. 其他需要入卷材料。

10—14 适用于复核案卷。

（四）没收违法所得案卷

正卷：参照起诉案卷排列顺序，此外还应按照实际办案程序插入以下材料：没收违法所得申请书。

副卷：参照起诉案卷排列顺序，此外还应按照实际办案程序插入以下材料：1. 没收违法所得意见书；2. 要求说明不启动违法所得没收程序理由通知书；3. 要求启动违法所得没收程序通知书；4. 启动违法所得没收程序决定书；5. 补充证据通知书；6. 没收违法所得申请书及送达回证；7. 终止审查决定书；8. 不提出没收违法所得申请决定书；9. 刑事裁定书；10. 抗诉书。11. 案件质量评查表；12. 其他需要入卷材料。

（五）强制医疗案卷

正卷：参照起诉案卷排列顺序，此外还应按照实际办案程序插入以下材料：强制医疗申请书。

副卷：参照起诉案卷排列顺序，此外还应按照实际办案程序插入以下材料：1. 要求说明不启动强制医疗程序理由通知书；2. 要求启动强制医疗程序通知书；3. 强制医疗意见书；4. 采取临时保护性约束措施建议书；5. 启动强制医疗程序决定书；6. 补充证据通知书；7. 强制医疗申请书及送达回证；8. 不提出强制医疗申请决定书；9. 复议决定书、复核决定书；10. 终止审查决定书（涉案精神病人死亡）；11. 不公开审理建议书；12. 强制医疗决定书；13. 驳回强制医疗申请决定书；14. 纠正强制医疗案件不当决定意见书；15. 案件质量评查表；16. 其他需要入卷材料。

（六）（不）核准追诉案卷

参照审查逮捕案卷（不）核准追诉案卷排列顺序。

四、刑事诉讼监督案卷

（一）立案监督案卷：1. 接收案件通知书，受理案件登记表，案件材料移送清单；2. 要求立案申请材料；3. 行政执法机关未移送涉嫌犯罪案件材料、侦查机关不立案材料；4. 要求侦查机关说明不立案理由通知书；5. 侦查机关不立案理由说明书；6. 审查报告（审查意见书）；7. 讨论案件记录；8. 检察长决定或者检委会会议研究意见（纪要及决定事项通知书）；9. 不立案理由审查意见通知书；10. 通知立案书；11. 建议侦查部门立案的函；12. 建议行政执法机关移送的检察意见函；13. 立案决定书；14. 送达情况记录；15. 案件质量评查表；16. 其他需要入卷材料。

不应当立案而立案案卷、"两法"衔接案卷参照以上材料排列顺序。

（二）上级人民检察院审查下级人民检察院报送的批准（决定）延长侦查羁押期限案卷：1. 接收案件通知书，受理案件登记表，案件材料移送清单；2. 侦查机关要求延长羁押期限意见书和简要案情；3. 下级人民检察院提请报告书；4. 批准延长羁押期限审批表；5. 上级人民检察院（不）批准延长羁押期限决定书；6. 侦查机关要求第二次延长羁押期限的报告及决定材料；7. 其他需要入卷材料。

（三）抗诉案卷

〈一〉二审程序抗诉案卷：1. 接收案件通知书、受理案件登记表、案件材料移送清单；2. 阅卷通知书；3. 上诉状；4. 刑事抗诉书；5. 一审判决书、裁定书；6. 阅卷笔录；7. 提讯、提解证，传唤证或者传唤通知书；8. 讯问被告人提纲、笔录；9. 询问证人、被害人提纲、通知书，证人、被害人诉讼权利义务告知书，询问笔录；10. 听取辩护人意见情况；11. 审查报告（审查意见书）；12. 讨论案件记录；13. 检委会会议研究意见（纪要及决定事项通知书）；14. 通知下级人民检察院的电话记录或者书面通知；15. 支持刑事抗诉意见书；16. 撤回抗诉决定书；17. 出席二审法庭通知书；18. 派员出席二审法庭通知书；19. 出庭方案（询问讯问提纲、举证质证提纲、答辩提纲、出庭检察员意见书）；20. 出庭笔录；21. 人民法院判决书、裁定书及对判决、裁定书的审查表；22. 纠正违法通知书、纠正审理违法意见书；23. 人民法院的答复；24. 涉案财物出、入库手续；25. 案件质量评查表；26. 其他需要入卷材料。

二审程序其他案卷参照二审程序抗诉案卷排列顺序。

〈二〉审判监督程序抗诉案卷：1. 接收案件通知书，受理案件登记表，案件材料移送清单；2. 提请抗诉报告书；3. 终审判决书、裁定书；4. 阅卷笔录；5. 审查报告（审查意见书）；6. 刑事抗诉书；7. 案件质量评查表；8. 其他需要入卷材料。

出庭材料参照二审程序抗诉案卷排列顺序。

〈四〉死刑复核检察案卷：1. 最高人民法院移送、省级人民检察院报送、控告部门移交的案件材料；2. 调阅省级院二审材料的函及相关材料；3. 调阅案卷函；4. 延长案件审查期限函；5. 调查笔录；6. 征求意见函及回复意见；7. 案件审查报告；8. 讨论案件记录；9. 检委会会议研究意见（纪要及决定事项通知书）；10. 给最高人民法院的复函（检察意见书）、给省级人民检察院的回函；11. 送达回证（退回案卷）；12. 最高人民法院回函（附刑事判决书、裁定书）；13. 其他需要入卷材料。

（五）刑事执行检察案卷

〈一〉羁押必要性审查案卷：1. 羁押必要性审查申请、交办材料及登记审批表；2. 证明不需要继续羁押的证据或者其他材料；3. 立案报告书、立案决定书；4. 调查核实身体健康状况材料；5. 听取办案机关、办案人员、看守所监管人员和派驻检察人员意见笔录；6. 听取犯罪嫌疑人、被告人及其法定代理人、近亲属、辩护人，被害人及其诉讼代理人或者其他人员意见的笔录；7. 公开审查材料；8. 审查报告（审查意见书）；9. 讨论案件记录；10. 检委会会议研究意见（纪要及决定事项通知书）；11. 对犯罪嫌疑人、被告人予以释放或者变更强制措施的建议书、建议函；12. 有关单位的回复材料；13. 变更强制措施的决定书和释放证明；14. 其他需要入卷材料。

〈二〉指定居所监视居住执行检察案卷：1. 指定居所监视居住受理案件登记表；2. 指定居所监视居住决定书及相关法律文书；3. 对指定居所监视居住场所、执行工作人员检察材料；4. 对被指定居所监视居住人执行情况首次检察记录；5. 被指定居所监视居住人权利义务告知书；6. 被指定居所监视居住人谈话记录；7. 询问执行机关民警笔录或者工作记录；8. 指定监视居住执行后续检察情况表；9. 审查报告（审查意见书）；10. 讨论案件记录；11. 检委会会议研究意见（纪要及决定事项通知书）；12. 纠正违法通知书；13. 检察建议书；14. 检察纠正违法情况登记表；15. 严重违法情况登记表；16. 执行单位整改情况；17. 案件质量评查表；18. 其他需要入卷材料。

〈三〉临场监督执行死刑案卷：1. 最高人民法院执行死刑命令或者检察此法律文书记录；2. 最高人民法院判决书、裁定书；3. 临场监督执行死刑通知书或者相关电话记录；4. 家属会见检察情况；5. 法院宣告时检察人员与死刑犯的谈话笔录；6. 审查报告（审查意见书）；7. 讨论案件记录；8. 检委会会议研究意见（纪要及决定事项通知书）；9. 停止执行死刑建议书及回复；10. 撤销停止执行死刑建议通知书；11. 死亡确认书；12. 临场监督执行死刑笔录；13. 监督工作情况；14. 纠正违法通知书、检察建议书及其回复；15. 被执行死刑罪犯的遗嘱、信札（复印件）；16. 相关照片等工作材料；17. 其他需要入卷材料。

停止执行后再次执行的，需将1—3按顺序置于前次停止执行死刑裁定书之后。

〈四〉财产刑执行监督案卷：1. 控告、举报和申诉等材料；2. 涉及财产刑的刑事判决书、裁定书；3. 人民法院对财产刑立案执行的法律文书；4. 人民法院收缴财产、将罚没财产上缴国库的手续；5. 其他应当入卷的人民法院法律文书和手续；6. 询问笔录等证据材料；7. 审查报告（审查意见书）；8. 讨论案件记录；9. 检委会会议研究意见（纪要及决定事项通知书）；10. 检察建议书、纠正违法通知书；11. 被监督单位的回复及纠正整改情况；12. 其他需要入卷材料。

〈五〉纠正超期羁押案卷：1. 控告、转交办函等线索材料；2. 人民检察院调取的认定案件超期羁押材料；3. 审查报告（审查意见书）；4. 羁押期限即将届满通知书、纠正违法通知书；5. 被监督单位回复及纠正整改情况；6. 在押人员情况检察台账，严重违法情况登记表；7. 上报上级人民检察院的材料及后续办理情况；8. 其他需要入卷材料。

〈六〉被监管人死亡与事故检察案卷：1. 重大事故登记表、被监管人死亡情况登记表；2. 事故调查形成的相关材料；3. 文证审查意见；4. 事故调查报告；5. 相关责任人处理情况及被追究刑事责任人立案决定书、起诉书、判决书等相关文书；6. 审查报告（审查意见书）；7. 讨论案件记录；8. 检委会会议研究意见（纪要及决定事项通知书）；9. 检察建议书、纠正违法通知书；10. 被监督单位回复及纠正整改情况；11. 复议、复核情况材料；12. 调查处理情况综合报告；13. 其他需要入卷材料。

〈七〉办理减刑、假释案卷：1. 刑罚执行机关拟提请减刑、假释意见；2. 阅卷笔录；3. 调查核实材料；4. 列席刑罚执行机关审核拟提请减刑、假释会议（监狱减刑假释评审委员会会议）笔录；5. 刑罚执行机关拟提请减刑、假释的公示名单；6. 审查报告（审查意见书）；7. 讨论案件记录；1—7适用于减刑、假释提请监督案件。8. 刑罚执行机关减刑、假释建议书；9. 对减刑、假释建议书的审查意见；10. 监狱提请减刑不当情况登记表、监狱提请假释情况登记表或者看守所办理减刑、假释、暂予监外执行情况登记表；11. 减刑提请检察意见书、假释提请检察意见书；12. 出庭通知书；13. 派员出席法庭通知书；14. 法庭调查提纲；15. 出庭意见书；16. 出庭笔录；17. 减刑、假释裁定书；18. 对减刑、假释裁定书的审查意见；19. 纠正不当减刑裁定意见书、纠正不当假释裁定意见书；20. 其他需要入卷材料。

〈八〉办理暂予监外执行案卷：1. 刑罚执行机关拟提请暂予监外执行意见或者人民法院拟决定暂予监外执行意见；2. 人民法院在作出暂予监外执行决定前，向人民检察院征求意见的文书及有关材料；3. 人民检察院对人民法院的回复意见等有关材料；4. 对罪犯的病情诊断、检查资料等材料；5. 社区矫正机构评估材料；6. 调查核实材料；7. 委托检察技术部门文证审查材料；8. 列席刑罚执行机关审核拟提请暂予监外执行会议笔录；9. 审查报告（审查意见书）；10. 讨论案件记录；11. 监狱呈报暂予监外执行情况登记表或者看守所办理减刑、假释、暂予监外执行情况登记表；12. 暂予监外执行提请检察意见书；13. 出席人民法院听证、庭审材料；14. 暂予监外执行决定书；15. 对暂予监外执行决定书的审查意见；16. 纠正不当暂予监外执行决定意见书；17. 其他需要入卷材料。

〈九〉收监执行检察案卷：1. 社区服刑人员适用社区矫正的判决、裁定和决定等法律文书；2. 刑罚执行机关提出的撤销缓刑、假释建议书等有关材料；3. 人民法院关于是否撤销缓刑、假释的裁定书；4. 刑罚执行机关提出的对暂予监外执行罪犯收监执行的建议书等有关材料；5. 对暂予监外执行罪犯病情诊断、妊娠检查或者生活不能自理的鉴别等有关材料；6. 决定或者批准机关的收监执行决定书等法律文书；7. 委托检察技术部门进行文证审查的函件文书，以及检察技术部门的书面审查结论；8. 人民检察院的检察建议、纠正违法通知书、书面意见、审查意见书（审查报告）等有关材料；9. 其他需要入卷的材料。

〈十〉办理控告申诉案卷
参照控告申诉案卷排列顺序。

五、未成年人检察案卷

（一）审查逮捕案卷
参照成年人审查逮捕案卷排列顺序，此外还应按照实际办案程序插入以下材料：1. 未成年人法定代理人、成年亲属、合适成年人到场通知书；2. 未成年人证人、被害人法定代理人代表到场通知书；3. 听取辩护人意见材料；4. 听取律师意见材料；5. 社会调查报告；6. 侦查机关执行情况；7. 案件质量评查表；8. 其他需要入卷材料。

（二）审查起诉案卷
参照成年人审查起诉案卷排列顺序，此外还应按照实际办案程序插入以下材料：1. 听取被害人、未成年人被害人法定代理人、律师意见材料；2. 附条件不起诉案件听取犯罪嫌疑人、法定代理人、侦查机关意见材料；3. 附条件不起诉决定书；4. 附条件不起诉监督考察工作委托函；5. 附条件不起诉考察意见书；6. 撤销附条件不起诉决定书；7. 帮教材料；8. 案件质量评查表；9. 其他需要入卷材料。

六、司法协助案卷

（一）为境外有关司法执法机构办理的司法协助案卷：1. 境外司法执法机构请求函或者国内有关单位转办函；2. 案件材料（可以附有关法律文书和中文译本）；3. 交办通知或者转办函；4. 案件协查情况的报告或者复函；5. 对境外有关机构的回复函；6. 其他需要入卷材料。

（二）向境外有关司法执法机构请求办理的司法协助案卷：1. 省级人民检察院请示；2. 赴境外取证批复；3. 向境外司法执法机构提出司法协助请求书；4. 境外有关机构对协查请求的回复；5. 对国内有关部门的答复函；6. 赴境外取证的组团通知（任务批件、任务通知书）；7. 其他需要入卷材料。

控告申诉案卷

一、控告、申诉、举报案卷

（一）受理控告、申诉、举报案卷：1. 控告申诉举报登记表；2. 接谈笔录；3. 交办案件的批示、函；4. 控告申诉举报材料及证据；5. 交办、转办、首办移送函；6. 阅卷笔录；7. 调查提纲；8. 各种查证材料或者下级院结案报告；9. 讨论案件记录；10. 检委会会议研究意见（纪要及决定事项通知书）；11. 审查结案报告；12. 案件审查结果的复函；13. 答复函（答复来信来访人员）；14. 送达情况记录；15. 案件质量评查表；16. 其他需要入卷材料。

（二）民事行政诉讼监督案件审查受理（立案）案卷：1. 民事行政诉讼监督案件登记表；2. 接谈笔录；3. 申请登记表、申请监督（控告申诉）材料收取清单及材料；4. 法院判决书、裁定书；5. 当事人身份证明；6. 证据材料；7. 民事行政诉讼监督审查报告（审查意见书）；8. 受理通知书或者不予受理通知书；9. 转民行部门办理的函；10. 移送材料清单目录；11. 送达情况记录；12. 案件办理情况（民行部门审查结果）；13. 案件质量评查表；14. 其他需要入卷材料。

（三）举报线索不立案审查案卷：1. 不立案举报线索审查登记表；2. 侦查部门决定不立案材料；3. 阅卷笔录；4. 讨论案件记录；5. 检委会会议研究意见（纪要及决定事项通知书）；6. 审查报告（审查意见书）；7. 移送侦查部门重新初查意见书；8. 移送侦查部门立案侦查通知书；9. 立案决定书；10. 不立案线索审查备案表；11. 案件质量评查表；12. 其他需要入卷材料。

（四）举报初核案卷：1. 初核审批表；2. 举报材料；3. 初核方案；4. 调查材料；5. 审查报告（审查意见书）；6. 讨论案件记录；7. 检委会会议研究意见（纪要及决定事项通知书）；8. 初核结案报告；9. 初核移送函；10. 初核备案表；11. 案件质量评查表；12. 其他需要入卷材料。

（五）人民检察院违法办案及对公检法三机关及其工作人员阻碍辩护人、诉讼代理人依法行使诉讼权利控告或者申诉的审查办理案卷：1. 控告申诉登记表；2. 控告申诉材料；3. 调查方案；4. 调查情况；5. 审查报告（审查意见书）；6. 讨论案件记录；7. 检察长决定或者检委会会议研究意见（纪要及决定事项通知书）；8. 纠正违法通知书，检察建议书；9. 有关单位的回复和纠正整改情况；10. 答复函（答复控告申诉人）；11. 案件质量评查表；12. 其他需要入卷材料。

（六）控告申诉终结决定案卷：1. 控告申诉登记表；2. 下级人民检察院上报的案件终结申报报告及材料；3. 控告部门移送单；4. 办理案件部门审查报告（审查意见书）；5. 检察长决定或者检委会会议研究意见（纪要及决定事项通知书）；6. 控告申诉案件终结决定书；7. 送达情况记录；8. 控告申诉案件终结情况备案表；9. 案件质量评查表；10. 其他需要入卷材料。

二、申诉审查、复查案卷：1. 刑事申诉审查登记表，接收案件通知书，受理案件登记表，案件材料移送清单；2. 案件来源相关文书（控告部门移送函等）；3. 申诉材料，人民检察院原处理决定和人民法院生效判决书、裁定书；4. 刑事申诉提请立案复查报告；5. 调（借）阅案卷通知书；6. 阅卷笔录；7. 调查提纲；8. 调查笔录；9. 各种查证材料；10. 刑事申诉复查终结报告；11. 讨论案件记录；12. 检委会会议研究意见（纪要及决定事项通知书）；13. 刑事申诉审查结果通知书；14. 刑事申诉中止审查通知书；15. 刑事申诉恢复审通知书；16. 刑事申诉终止审查通知书；17. 刑事申诉复查决定书；18. 纠正案件错误通知书；19. 刑事申诉复查通知书；20. 检察建议书；21. 整改意见书；22. 委托送达通知；23. 宣布笔录；24. 送达回证；25. 案件质量评查表；26. 其他需入卷材料。

抗诉案件参照审判监督程序抗诉案卷的顺序排列。

三、刑事赔偿案卷：1. 接收案件通知书，受理案件登记表，案件材料移送清单；2. 刑事赔偿提请立案呈批表；3. 刑事赔偿申请书或者口头申请笔录；4. 刑事赔偿立案请示报告；5. 刑事赔偿立案决定书；6. 刑事赔偿立案通知书；7. 审查刑事赔偿申请通知书；8. 赔偿请求人提供的证据材料；9. 阅卷笔录；10. 调查笔录；11. 询问受害人、证人笔录；12. 询问承办人笔录；13. 勘验、鉴定结论报告；14. 审查报告（审查意见书）；15. 讨论案件记录；16. 检委会会议研究意见（纪要及决定事项通知书）；17. 刑事赔偿决定书；18. 刑事赔偿复议申请；19. 刑事赔偿复议决定书；20. 送达情况记录；21. 人民法院赔偿委员会赔偿决定书；22. 支付赔偿金申请书；23. 国家赔偿金支付申请书；24. 刑事赔偿复议申请；25. 赔偿请求人提供的证据材料；26. 赔偿请求人向赔偿义务机关提出的刑事赔偿申请书或者口头申请笔录；27. 赔偿义务机关作出的刑事赔偿决定书；28. 人民法院赔偿委员会赔偿决定书（改变原复议决定或者重新作出赔偿决定）；29. 人民检察院赔偿义务机关执行情况；30. 案件质量评查表；31. 其他需要入卷的材料。

24~29适用于赔偿复议机关办理复议案件。

四、赔偿监督案卷：1. 受理赔偿监督申请登记表；2. 赔偿监督提请立案呈批表；3. 赔偿监督申请审查结果通知书；4. 赔偿监督立案通知书；5. 赔偿监督案审查终结报告；6. 赔偿监督案件中止审查通知书；7. 赔偿监督案件终止审查决定书；8. 重新审查意见书；9. 建议提请赔偿监督报告书；10. 提请赔偿监督报告书；11. 赔偿监督案件审查结果通知书；12. 案件质量评查表；13. 其他需要入卷的材料。

五、司法救助案卷：1. 受理国家司法救助申请登记表；2. 提请审批国家司法救助意见书；3. 国家司法救助资金发放登记表；4. 国家司法救助金追回决定书；5. 国家司法救助金追回决定执行情况登记表；6. 案件质量评查表；7. 其他需要入卷的材料。

民事行政检察案卷（略）

其他案卷

一、上级人民检察院办理下级人民检察院请示案卷：1. 接收案件通知书，受理案件登记表，案件材料移送清单；2. 下级人民检察院的案件请示报告及附件；3. 审查报告（审查意见书）；4. 讨论案件记录；5. 检委会会议研究意见（纪要及决定事项通知书）；6. 对下级人民检察院请示案件的批复；7. 下级人民检察院的执行情况；8. 其他需入卷材料。

下级人民检察院归档向上级人民检察院的请示案卷，参照以上材料内容，根据实际办案程序排列。

二、下级人民检察院办理上级人民检察院交办、转办、督办案卷：1. 接收案件通知书，受理案件登记表，案件材料移送清单；2. 上级领导机关交（转）办函、督办函；3. 受理案件登记审查表；4. 审查报告（审查意见书）；5. 讨论案件记录；6. 检委会会议研究意见（纪要及决定事项通知书）；7. 案件处理结果情况的报告；8. 其他需要入卷材料。

上级人民检察院归档向下级人民检察院交办、转办、督办的案卷，参照以上材料内容，根据实际办案程序排列。

【法释〔2021〕12号】　人民法院在线诉讼规则（2021年5月18日最高法审委会第1838次会议通过，2021年6月16日公布，2021年8月1日施行）

第35条　适用在线诉讼的案件，人民法院应当利用技术手段随案同步生成电子卷宗，形成电子档案。电子档案的立卷、归档、存储、利用等，按照档案管理相关法律法规的规定执行。

案件无纸质材料或者纸质材料已经全部转化为电子材料的，第一审人民法院可以采用电子卷宗代替纸质卷宗进行上诉移送。

适用在线诉讼的案件存在纸质卷宗材料的，应当按照档案管理相关法律法规立卷、归档和保存。

【高检发办字〔2021〕3号】　人民检察院办理网络犯罪案件规定（2020年12月14日最高检第13届检委会第57次会议通过，2021年1月22日印发）

第49条　支持、推动人民法院开庭审判网络犯罪案件全程录音录像。对庭审全程录音录像资料，必要时人民检察院可以商请人民法院复制，并将存储介质附检察卷宗保存。

第61条　人民检察院办理网络犯罪案件适用本规定，本规定没有规定的，适用其他相关规定。

第63条　人民检察院办理国家安全机关、海警机关、监狱等移送的网络犯罪案件，适用本规定和其他相关规定。

第41条①　**【辩护人申请调取证据】**　辩护人认为在侦查、审查起诉期间公安机关、人民检察院收集的证明犯罪嫌疑人、被告人无罪或者罪轻的证据材料未提交的，有权申请人民检察院、人民法院调取。

第42条②　**【辩护人提交证据】**　辩护人收集的有关犯罪嫌疑人不在犯罪现场、未达到刑事责任年龄、属于依法不负刑事责任的精神病人的证据，应当及时告知公安机关、人民检察院。

第43条③　**【辩护人向证人取证及申请证人出庭】**　辩护律师经证人或者其他有关单位和个人同意，可以向他们收集与本案有关的材料，也可以申请人民检察院、人民法院收集、调取证据，或者申请人民法院通知证人出庭作证。

【辩护人向被害方取证】　辩护律师经人民检察院或者人民法院许可，并且经被害人或者其近亲属、被害人提供的证人同意，可以向他们收集与本案有关的材料。

● 相关规定　**【主席令〔2012〕64号】　中华人民共和国律师法**（2012年10月26日第11届全国人大常委会第29次会议修正，2013年1月1日施行；2017年9月1日第12届全国人大常委会第29次会议修正）

---

① 本条规定由2012年3月14日第11届全国人大常委会第5次会议增设，2013年1月1日施行。
② 本条规定由2012年3月14日第11届全国人大常委会第5次会议增设，2013年1月1日施行。
③ 本条规定由1996年3月17日第8届全国人民代表大会第4次会议增设，1997年1月1日施行。

第35条　受委托的律师根据案情的需要，可以申请人民检察院、人民法院收集、调取证据或者申请人民法院通知证人出庭作证。

律师自行调查取证的，凭律师执业证书和律师事务所证明，可以向有关单位或者个人调查与承办法律事务有关的情况。

【署法〔1998〕202号】　海关总署关于贯彻执行《关于刑事诉讼法实施中若干问题的规定》的通知（1998年4月15日）

二、关于律师参加刑事诉讼

（三）刑事诉讼法第37条规定，辩护律师经证人或者其他有关单位和个人同意，可以向他们收集与本案有关的材料，也可以申请人民检察院、人民法院收集、调取证据；《规定》第15条也明确了辩护律师在收集与刑事案件有关材料时须经证人或者其他有关单位和个人同意的规定。鉴于法律对律师参与刑事诉讼不同阶段所享有权利与义务有不同的规定，走私罪嫌疑案件在移送人民检察院审查起诉前，遇有律师向海关提出收集、调取与本案有关的材料要求的，海关不予答应；另根据《规定》第15条关于"对辩护律师申请人民检察院、人民法院收集、调取证据的，人民检察院、人民法院认为需要调查取证的，应当由人民检察院、人民法院收集调取证据，不应当向律师签发准许调查决定书，让律师收集、调取证据"的规定，经辩护律师申请，由人民检察院、人民法院到海关调查、收取证据的，海关应当予以配合，但遇有辩护律师持人民检察院或者人民法院签发的调查决定书向海关调查、收取证据的，海关则不予提供。

【法发〔2007〕11号】　最高人民法院、最高人民检察院、公安部、司法部关于进一步严格依法办案确保办理死刑案件质量的意见（2007年3月9日）

28. 辩护律师经证人或者其他有关单位和个人同意，可以向他们收集证明犯罪嫌疑人、被告人无罪或者罪轻的证据，申请人民检察院、人民法院收集、调取证据，或者申请人民法院通知证人出庭作证，也可以申请人民检察院、人民法院依法委托鉴定机构对有异议的鉴定结论进行补充鉴定或者重新鉴定。对于辩护律师的上述申请，人民检察院、人民法院应当及时予以答复。

【法发〔2008〕14号】　最高人民法院、司法部关于充分保障律师依法履行辩护职责确保死刑案件办理质量的若干规定（2008年5月21日）

七、律师书面申请人民法院收集、调取证据，申请通知证人出庭作证，申请鉴定或者补充鉴定、重新鉴定的，人民法院应当及时以书面答复并附卷。

八、第二审开庭前，人民检察院提交新证据、进行重新鉴定或者补充鉴定的，人民法院应当至迟在开庭3日以前通知律师查阅。

【六部委〔2012〕规定】　最高人民法院、最高人民检察院、公安部、国家安全部、司法部、全国人大常委会法制工作委员会关于实施刑事诉讼法若干问题的规定（2012年12月26日印发，2013年1月1日施行）

8. 刑事诉讼法第41条第1款规定："辩护律师经证人或者其他有关单位和个人同意，可以向他们收集与本案有关的材料，也可以申请人民检察院、人民法院收集、调取证据，或者申请人民法院通知证人出庭作证。"对于辩护律师申请人民检察院、人民法院收集、调取证据，人民检察院、人民法院认为需要调查取证的，应当由人民检察院、人民法院收集、调取证据，不得向律师签发准许调查决定书，让律师收集、调取证据。"

27. 刑事诉讼法第39条规定："辩护人认为在侦查、审查起诉期间公安机关、人民检察院收集的证明犯罪嫌疑人、被告人无罪或者罪轻的证据材料未提交的，有权申请人民检察院、人民法院调取。"第191条第1款规定："法庭审理过程中，合议庭对证据有疑问的，可以宣布休庭，对证据进行调查核实。"第192条第1款规定："法庭审理过程中，当事人和辩护人、诉讼代理人有权申请通知新的证人到庭，调取新的物证，申请重新鉴定或者勘验。"根据上述规定，自案件移送审查起诉之日起，人民检察院可以根据辩护人的申请，向公安机关调取未提交的证明犯罪嫌疑人、被告人无罪或者罪轻的证据材料。在法庭审理过程中，人民法院可以根据辩护人的申请，向人民检察院调取未提交的证明被告人无罪或者罪轻的证据材料，也可以向人民检察院调取需要调查核实的证据材料。公安机关、人民检察院应当自收到要求调取证据材料决定书后3日内移交。

【高检发〔2014〕21号】 **最高人民检察院关于依法保障律师执业权利的规定**（2014年12月16日最高人民检察院第12届检委会第32次会议通过，2014年12月23日印发施行；2004年2月10日《关于人民检察院保障律师在刑事诉讼中依法执业的规定》、2006年2月23日《关于进一步加强律师执业权利保障工作的通知》同时废止）

第7条 人民检察院应当依法保障律师在刑事诉讼中的申请收集、调取证据权。律师收集到有关犯罪嫌疑人不在犯罪现场、未达到刑事责任年龄、属于依法不负刑事责任的精神病人的证据，告知人民检察院的，人民检察院相关办案部门应当及时进行审查。

案件移送审查逮捕或者审查起诉后，律师依据刑事诉讼法第39条申请人民检察院调取侦查部门收集但未提交的证明犯罪嫌疑人无罪或者罪轻的证据材料的，人民检察院应当及时进行审查，决定是否调取。经审查，认为律师申请调取的证据未收集或者与案件事实没有联系决定不予调取的，人民检察院应当向律师说明理由。人民检察院决定调取后，侦查机关移送相关证据材料的，人民检察院应当在3日以内告知律师。

案件移送审查起诉后，律师依据刑事诉讼法第41条第1款的规定申请人民检察院收集、调取证据，人民检察院认为需要收集、调取证据的，应当决定收集、调取并制作笔录附卷；决定不予收集、调取的，应当书面说明理由。人民检察院根据律师的申请收集、调取证据时，律师可以在场。

律师向被害人或者其近亲属、被害人提供的证人收集与本案有关的材料，向人民检察院提出申请的，人民检察院应当在7日以内作出是否许可的决定。人民检察院没有许可的，应当书面说明理由。

【司发〔2015〕14号】 **最高人民法院、最高人民检察院、公安部、国家安全部、司法部关于依法保障律师执业权利的规定**（2015年9月16日）

第15条 辩护律师提交与案件有关材料的，办案机关应当在工作时间和办公场所予以接待，当面了解辩护律师提交材料的目的、材料的来源和主要内容等有关情况并记录在案，与相关材料一并附卷，并出具回执。辩护律师应当提交原件，提交原件确有困难的，经办案机关准许，也可以提交复印件，经与原件核对无误后由辩护律师签名确认。辩护律师通过服务平台网上提交相关材料的，办案机关应当在网上出具回执。辩护律师应当及时向办案机关提供原件核对，并签名确认。

第16条 在刑事诉讼审查起诉、审理期间，辩护律师书面申请调取公安机关、人民检察院在侦查、审查起诉期间收集但未提交的证明犯罪嫌疑人、被告人无罪或者罪轻的证据材料的，人民检察院、人民法院应当依法及时审查。经审查，认为辩护律师申请调取的证据材料已收集并且与案件事实有联系的，应当及时调取。相关证据材料提交后，人民检察院、人民法院应当及时通知辩护律师查阅、摘抄、复制。经审查决定不予调取的，应当书面说明理由。

第17条 辩护律师申请向被害人或者其近亲属、被害人提供的证人收集与本案有关的材料的，人民检察院、人民法院应当在7日以内作出是否许可的决定，并通知辩护律师。辩护律师书面提出有关申请时，办案机关不许可的，应当书面说明理由；辩护律师口头提出申请的，办案机关可以口头答复。

第18条 辩护律师申请人民检察院、人民法院收集、调取证据的，人民检察院、人民法院应当在3日以内作出是否同意的决定，并通知辩护律师。辩护律师书面提出有关申请时，办案机关不同意的，应当书面说明理由；辩护律师口头提出申请的，办案机关可以口头答复。

第19条 辩护律师申请向正在服刑的罪犯收集与案件有关的材料的，监狱和其他监管机关在查验律师执业证书、律师事务所证明和犯罪嫌疑人、被告人委托书或法律援助公函后，应当及时安排并提供合适的场所和便利。

正在服刑的罪犯属于辩护律师所承办案件的被害人或者其近亲属、被害人提供的证人的，应当经人民检察院或者人民法院许可。

第20条 在民事诉讼、行政诉讼过程中，律师因客观原因无法自行收集证据的，可以依法向人民法院申请调取。经审查符合规定的，人民法院应当予以调取。

【法发〔2015〕16号】 最高人民法院关于依法切实保障律师诉讼权利的规定（2015年12月29日）

六、依法保障律师申请调取证据的权利。律师因客观原因无法自行收集证据的，可以依法向人民法院书面申请调取证据。律师申请调取证据符合法定条件的，法官应当准允。

【律发通〔2017〕51号】 律师办理刑事案件规范（2017年8月27日第9届全国律协常务理事会第8次会议通过、即日施行，中华全国律师协会2017年9月20日印发）

第14条（第1款） 律师办理刑事案件，可以会同异地律师协助调查、收集证据和会见，经当事人同意可以为协同工作的律师办理授权委托手续。

第38条 辩护律师经证人或者其他有关单位和个人同意，可以向他们收集与案件有关的证据材料；被调查人不同意的，可以申请人民检察院、人民法院收集、调取相关证据，或者申请人民法院通知该证人出庭作证。

辩护律师经人民检察院或者人民法院许可，并且经被害人或者其近亲属、被害人提供的证人同意，可以向他们收集与案件有关的证据材料。

第39条 辩护律师根据案件需要向已经在侦查机关、检察机关做过证的证人了解案件情况、调查取证、核实证据，一般应当通过申请人民法院通知该证人到庭，以当庭接受询问的方式进行。如证人不能出庭作证的，辩护律师直接向证人调查取证时，应当严格依法进行，并可以对取证过程进行录音或录像，也可以调取证人自书证言。

第40条 辩护律师调查、收集与案件有关的证据材料，应当持律师事务所证明，出示律师执业证书，一般由2人进行。

第41条　辩护律师调查、收集证据材料时,为保证证据材料的真实性,可以根据案情需要邀请与案件无关的人员在场见证。

第42条　辩护律师对证人进行调查,应当制作调查笔录。调查笔录应当载明调查人、被调查人、记录人的姓名,调查的时间、地点,被调查人的身份信息,证人如实作证的要求,作伪证或隐匿罪证应当负法律责任的说明以及被调查事项等。

第43条　辩护律师制作调查笔录,应当客观、准确地记录调查内容,并经被调查人核对。被调查人如有修改、补充,应当由其在修改处签字、盖章或者捺指印确认。调查笔录经被调查人核对后,应当由其在笔录上逐页签名并在末页签署记录无误的意见。

第44条　辩护律师制作调查笔录不得误导、引诱证人。不得事先书写笔录内容;不得先行向证人宣读犯罪嫌疑人、被告人或其他证人的笔录;不得替证人代书证言;不得擅自更改、添加笔录内容;向不同的证人调查取证时应当分别进行;调查取证时犯罪嫌疑人、被告人的亲友不得在场。

第45条　辩护律师收集物证、书证和视听资料时,应当尽可能提取原件;无法提取原件的,可以复制、拍照或者录像,并记录原件存放地点和持有人的信息。

第46条　辩护律师可以申请人民检察院、人民法院收集、调取案件有关的电子证据。

辩护律师可以采取复制、打印、截屏、拍照或者录像等方式收集、固定电子邮件、电子数据交换、网上聊天记录、博客、微博客、微信、手机短信、电子签名、域名等电子数据,并记录复制、打印、截屏、拍照、录像的时间、地点、原始储存介质存放地点、电子数据来源、持有人等信息,必要时可以委托公证机构对上述过程进行公证。

对于存在于存储介质中的电子数据,应当尽可能收集原始存储介质。对于存在于网络空间中的电子数据,可以通过有权方提取或通过公证形式予以固定。

第47条　辩护律师在调查、收集证据材料时,可以录音、录像。

第48条　辩护律师认为在侦查、审查起诉期间公安机关、人民检察院收集的证明犯罪嫌疑人、被告人无罪或者罪轻的证据材料未提交的,应当书面申请人民检察院、人民法院调取。

第49条　人民检察院、人民法院根据申请收集、调取证据时,辩护律师可以在场。

第50条　辩护律师收集的有关犯罪嫌疑人、被告人不在犯罪现场、未达到刑事责任年龄、属于依法不负刑事责任的精神病人的证据,应当及时告知办案机关。辩护律师可以要求收取证据的办案机关出具回执。

【司发通〔2017〕106号】　**最高人民法院、司法部关于开展刑事案件律师辩护全覆盖试点工作的办法**（2017年10月9日印发,在北京、上海、浙江、安徽、河南、广东、四川、陕西试行1年①）

第16条　辩护律师申请人民法院收集、调取证据的,人民法院应当在3日以内作出是否同意的决定,并通知辩护律师。人民法院同意的,应当及时收集、调取相关证据。人民法院不同意的,应当说明理由;辩护律师要求书面答复的,应当书面说明理由。

---

① 注：2018年12月27日,最高法、司法部印发《关于扩大刑事案件律师辩护全覆盖试点范围的通知》（司发通〔2018〕149号）,将试点工作范围扩大到全国31个省（自治区、直辖市）和新疆生产建设兵团,并且未再限定试点期限。

【高检发释字〔2019〕4号】 人民检察院刑事诉讼规则（2019年12月2日最高检第13届检委会第28次会议通过，2019年12月30日公布施行；高检发释字〔2012〕2号《规则（试行）》同时废止）

第50条 案件提请批准逮捕或者移送起诉后，辩护人认为公安机关在侦查期间收集的证明犯罪嫌疑人无罪或者罪轻的证据材料未提交，申请人民检察院向公安机关调取的，人民检察院负责捕诉的部门应当及时审查。经审查，认为辩护人申请调取的证据已收集并且与案件事实有联系的，应当予以调取；认为辩护人申请调取的证据未收集或者与案件事实没有联系的，应当决定不予调取并向辩护人说明理由。公安机关移送相关证据材料的，人民检察院应当在3日以内告知辩护人。

人民检察院办理直接受理侦查的案件，适用前款规定。

第51条 在人民检察院侦查、审查逮捕、审查起诉过程中，辩护人收集的有关犯罪嫌疑人不在犯罪现场、未达到刑事责任年龄、属于依法不负刑事责任的精神病人的证据，告知人民检察院的，人民检察院应当及时审查。

第52条 案件移送起诉后，辩护律师依据刑事诉讼法第43条第1款的规定申请人民检察院收集、调取证据的，人民检察院负责捕诉的部门应当及时审查。经审查，认为需要收集、调取证据的，应当决定收集、调取并制作笔录附卷；决定不予收集、调取的，应当书面说明理由。

人民检察院根据辩护律师的申请收集、调取证据时，辩护律师可以在场。

第53条 辩护律师申请人民检察院许可其向被害人或者其近亲属、被害人提供的证人收集与本案有关材料的，人民检察院负责捕诉的部门应当及时进行审查。人民检察院应当在5日 ~~7日~~ 以内作出是否许可的决定，通知辩护律师；不予许可的，应当书面说明理由。

【法释〔2021〕1号】 最高人民法院关于适用《中华人民共和国刑事诉讼法》的解释（2020年12月7日最高法审委会〔1820次〕修订，2021年1月26日公布，2021年3月1日施行；2013年1月1日施行的"法释〔2012〕21号"《解释》同时废止）

第57条 辩护人认为在调查、侦查、审查起诉期间监察机关、公安机关、人民检察院收集的证明被告人无罪或者罪轻的证据材料未随案移送，申请人民法院调取的，应当以书面形式提出，并提供相关线索或者材料。人民法院接受申请后，应当向人民检察院调取。人民检察院移送相关证据材料后，人民法院应当及时通知辩护人。

第58条 辩护律师申请向被害人及其近亲属、被害人提供的证人收集与本案有关的材料，人民法院认为确有必要的，应当签发准许调查书。

第59条 辩护律师向证人或者有关单位、个人收集、调取与本案有关的证据材料，因证人或者有关单位、个人不同意，申请人民法院收集、调取，或者申请通知证人出庭作证，人民法院认为确有必要的，应当同意。

第60条 辩护律师直接申请人民法院向证人或者有关单位、个人收集、调取证据材料，人民法院认为确有必要，且不宜或者不能由辩护律师收集、调取的，应当同意。~~人民法院收集、调取证据材料时，辩护律师可以在场。~~

人民法院向有关单位收集、调取的书面证据材料，必须由提供人签名，并加盖单位印章；向个人收集、调取的书面证据材料，必须由提供人签名。

人民法院对有关单位、个人提供的证据材料，应当出具收据，写明证据材料的名称、收到的时间、件数、页数以及是否为原件等，由书记员、法官助理或者审判人员签名。

收集、调取证据材料后，应当及时通知辩护律师查阅、摘抄、复制，并告知人民检察院。

第61条　本解释第58条至第60条规定的申请，应当以书面形式提出，并说明理由，写明需要收集、调取证据材料的内容或者需要调查问题的提纲。

对辩护律师的申请，人民法院应当在5日以内作出是否准许、同意的决定，并通知申请人；决定不准许、不同意的，应当说明理由。

第65条（第2款）　律师担任诉讼代理人，需要收集、调取与本案有关的证据材料的，参照适用本解释第59条至第61条的规定。

第44条① 【辩护人行为禁止】辩护人或者其他任何人，不得帮助犯罪嫌疑人、被告人隐匿、毁灭、伪造证据或者串供，不得威胁、引诱证人作伪证以及进行其他干扰司法机关诉讼活动的行为。

【辩护人犯罪的侦查】违反前款规定的，应当依法追究法律责任，辩护人涉嫌犯罪的，应当由办理辩护人所承办案件的侦查机关以外的侦查机关办理。辩护人是律师的，应当及时通知其所在的律师事务所或者所属的律师协会。

◆ **相关规定**　【〔83〕法研字第7号】　最高人民法院关于人民法院应保障被告人辩护律师依法享有的诉讼权利的函（1983年3月15日函发湖南高院）②

我院接到司法部公证律师司转来湖南省司法厅公证律师处湘司公律字〔1983〕4号《律师参与刑事诉讼工作中有关问题的情况反映》一份。这份材料中提出：你院在〔82〕刑监郴字第6号祝造峰强奸案刑事判决书，怀化地区中级人民法院在〔82〕刑上字第161号罗建华杀人未遂案刑事裁定书中，均有指责辩护律师的词句。我们认为，这种做法是不妥当的。人民法院在审理一、二审和依照审判监督程序提审或再审的刑事案件中，均应保障被告人的辩护律师依法享有的诉讼权利。律师为被告人辩护或上诉的理由，正确的予以采纳，不正确的不予采纳。如果人民法院认为律师在参与诉讼活动中有错误，可向律师工作机构和司法行政部门反映。在判决书、裁定书中对辩护律师进行指责，是不符合审判文书的规格的，也是不利于辩护制度的推行和律师工作开展的。希望你院和怀化地区中级人民法院对祝造峰、罗建华两案的判决书、裁定书中指责律师的词句进行检查纠正，并将处理结果和你们的意见报告我院。

关于查明律师在祝造峰、罗建华两案中的责任问题，司法部公证律师司已另作安排。

---

① 本条规定由1996年3月17日第8届全国人民代表大会第4次会议增设（1997年1月1日施行），原规定为"辩护律师和其他辩护人，不得帮助犯罪嫌疑人、被告人隐匿、毁灭、伪造证据或者串供，不得威胁、引诱证人改变证言或者作伪证以及进行其他干扰司法机关诉讼活动的行为。""违反前款规定的，应当依法追究法律责任。"2012年3月14日第11届全国人大常委会第5次会议修改为现规定，2013年1月1日施行。

② 注：本函件一直未被废止。

【司复〔2000〕7号】　司法部关于对律师会见在押犯罪嫌疑人时将手机提供其使用行为如何进行处罚的批复（2000年8月16日答复江苏省司法厅"苏司律〔2000〕第076号"请示）

律师会见在押犯罪嫌疑人时将手机提供其使用的行为，应当依据《律师违法行为处罚办法》第6条第十三项的规定予以处罚。

【司发电〔2005〕1号】　司法部办公厅关于对违法违纪律师行政处罚追诉时效有效问题的通知（2005年1月5日印发）

《行政处罚法》第29条规定①："违法行为在2年内未被发现的，不再给予行政处罚。法律另有规定的除外。前款规定的期限，从违法行为发生之日起计算；违法行为有连续或者继续状态的，从行为终了之日起计算。"在适用该条款时，各地司法行政机关对发现主体的认定问题存在不同理解。

经研究，并经全国人大常委会法工委批复同意，明确《行政处罚法》第29条规定的发现违法违纪行为的主体是处罚机关或有权处罚的机关，公安机关、检察机关、法院、纪检监察部门或者司法行政机关都是行使社会公权力的机关，对律师违法违纪行为的发现都具有《行政处罚法》规定的法律效力。因此，处罚机关或者有权处罚的机关对违法违纪行为启动调查、取证和立案程序，就可视为"发现"，群众举报后被公权力机关认定属实的，发现时效以举报时间为准。

【主席令〔2012〕64号】　中华人民共和国律师法（2012年10月26日第11届全国人大常委会第29次会议修正，2013年1月1日施行；2017年9月1日第12届全国人大常委会第29次会议修正）

第36条　律师担任诉讼代理人或者辩护人的，其辩论或者辩护的权利依法受到保障。

第37条　律师在执业活动中的人身权利不受侵犯。

律师在法庭上发表的代理、辩护意见不受法律追究。但是，发表危害国家安全、恶意诽谤他人、严重扰乱法庭秩序的言论除外。

律师在参与诉讼活动中涉嫌犯罪的，侦查机关应当及时通知其所在的律师事务所或者所属的律师协会；被依法拘留、逮捕的，侦查机关应当依照刑事诉讼法的规定通知该律师的家属。

第39条　律师不得在同一案件中为双方当事人担任代理人，不得代理与本人或者其近亲属有利益冲突的法律事务。

第40条　律师在执业活动中不得有下列行为：（一）私自接受委托、收取费用，接受委托人的财物或者其他利益；（二）利用提供法律服务的便利牟取当事人争议的权益；（三）接受对方当事人的财物或者其他利益，与对方当事人或者第三人恶意串通，侵害委托人的权益；（四）违反规定会见法官、检察官、仲裁员以及其他有关工作人员；（五）向法官、检察官、仲裁员以及其他有关工作人员行贿，介绍贿赂或者指使、诱导当事人行贿，或者以其他不正当方式影响法官、检察官、仲裁员以及其他有关工作人员依法办理案件；（六）故意提

---

① 注：2021年1月22日第13届全国人大常委会第25次会议修订的《行政处罚法》（2021年7月15日施行）第36条第1款规定："违法行为在2年内未被发现的，不再给予行政处罚；涉及公民生命健康安全、金融安全且有危害后果的，上述期限延长至5年。法律另有规定的除外。"

供虚假证据或者威胁、利诱他人提供虚假证据，妨碍对方当事人合法取得证据；（七）煽动、教唆当事人采取扰乱公共秩序、危害公共安全等非法手段解决争议；（八）扰乱法庭、仲裁庭秩序，干扰诉讼、仲裁活动的正常进行。

第47条　律师有下列行为之一的，由设区的市级或者直辖市的区人民政府司法行政部门给予警告，可以处5千元以下的罚款；有违法所得的，没收违法所得；情节严重的，给予停止执业3个月以下的处罚：（一）同时在2个以上律师事务所执业的；（二）以不正当手段承揽业务的；（三）在同一案件中为双方当事人担任代理人，或者代理与本人及其近亲属有利益冲突的法律事务的；（四）从人民法院、人民检察院离任后2年内担任诉讼代理人或者辩护人的；（五）拒绝履行法律援助义务的。

第48条　律师有下列行为之一的，由设区的市级或者直辖市的区人民政府司法行政部门给予警告，可以处1万元以下的罚款；有违法所得的，没收违法所得；情节严重的，给予停止执业3个月以上6个月以下的处罚：（一）私自接受委托、收取费用，接受委托人财物或者其他利益的；（二）接受委托后，无正当理由，拒绝辩护或者代理，不按时出庭参加诉讼或者仲裁的；（三）利用提供法律服务的便利牟取当事人争议的权益的；（四）泄露商业秘密或者个人隐私的。

第49条　律师有下列行为之一的，由设区的市级或者直辖市的区人民政府司法行政部门给予停止执业6个月以上1年以下的处罚，可以处5万元以下的罚款；有违法所得的，没收违法所得；情节严重的，由省、自治区、直辖市人民政府司法行政部门吊销其律师执业证书；构成犯罪的，依法追究刑事责任：（一）违反规定会见法官、检察官、仲裁员以及其他有关工作人员，或者以其他不正当方式影响依法办理案件的；（二）向法官、检察官、仲裁员以及其他有关工作人员行贿，介绍贿赂或者指使、诱导当事人行贿的；（三）向司法行政部门提供虚假材料或者有其他弄虚作假行为的；（四）故意提供虚假证据或者威胁、利诱他人提供虚假证据，妨碍对方当事人合法取得证据的；（五）接受对方当事人财物或者其他利益，与对方当事人或者第三人恶意串通，侵害委托人权益的；（六）扰乱法庭、仲裁庭秩序，干扰诉讼、仲裁活动的正常进行的；（七）煽动、教唆当事人采取扰乱公共秩序、危害公共安全等非法手段解决争议的；（八）发表危害国家安全、恶意诽谤他人、严重扰乱法庭秩序的言论的；（九）泄露国家秘密的。

律师因故意犯罪受到刑事处罚的，由省、自治区、直辖市人民政府司法行政部门吊销其律师执业证书。

第51条（第1款）　律师因违反本法规定，在受到警告处罚后1年内又发生应当给予警告处罚情形的，由设区的市级或者直辖市的区人民政府司法行政部门给予停止执业3个月以上1年以下的处罚；在受到停止执业处罚期满后2年内又发生应当给予停止执业处罚情形的，由省、自治区、直辖市人民政府司法行政部门吊销其律师执业证书。

【司法部令〔2010〕122号】　律师和律师事务所违法行为处罚办法（2010年4月7日司法部部务会议通过，2010年4月8日发布，2010年6月1日施行）

第5条　有下列情形之一的，属于《律师法》第47条第1项规定的律师"同时在2个以上律师事务所执业的"违法行为：（一）在律师事务所执业的同时又在其他律师事务所或者社会法律服务机构执业的；（二）在获准变更执业机构前以拟变更律师事务所律师的名义承办业务，或者在获准变更后仍以原所在律师事务所律师的名义承办业务的。

第6条　有下列情形之一的，属于《律师法》第47条第2项规定的律师"以不正当手段承揽业务的"违法行为：（一）以误导、利诱、威胁或者作虚假承诺等方式承揽业务的；（二）以支付介绍费、给予回扣、许诺提供利益等方式承揽业务的；（三）以对本人及所在律师事务所进行不真实、不适当宣传或者诋毁其他律师、律师事务所声誉等方式承揽业务的；（四）在律师事务所住所以外设立办公室、接待室承揽业务的。

第7条　有下列情形之一的，属于《律师法》第47条第3项规定的律师"在同一案件中为双方当事人担任代理人，或者代理与本人及其近亲属有利益冲突的法律事务的"违法行为：（一）在同一民事诉讼、行政诉讼或者非诉讼法律事务中同时为有利益冲突的当事人担任代理人或者提供相关法律服务的；（二）在同一刑事案件中同时为被告人和被害人担任辩护人、代理人，或者同时为2名以上的犯罪嫌疑人、被告人担任辩护人的；（三）担任法律顾问期间，为与顾问单位有利益冲突的当事人提供法律服务的；（四）曾担任法官、检察官的律师，以代理人、辩护人的身份承办原任职法院、检察院办理过的案件的；（五）曾经担任仲裁员或者仍在担任仲裁员的律师，以代理人身份承办本人原任职或者现任职的仲裁机构办理的案件的。

第8条　曾经担任法官、检察官的律师，从人民法院、人民检察院离任后2年内，担任诉讼代理人、辩护人或者以其他方式参与所在律师事务所承办的诉讼法律事务的，属于《律师法》第47条第4项规定的"从人民法院、人民检察院离任后2年内担任诉讼代理人或者辩护人的"违法行为。

第9条　有下列情形之一的，属于《律师法》第47条第5项规定的律师"拒绝履行法律援助义务的"违法行为：（一）无正当理由拒绝接受律师事务所或者法律援助机构指派的法律援助案件的；（二）接受指派后，懈怠履行或者擅自停止履行法律援助职责的。

第10条　有下列情形之一的，属于《律师法》第48条第1项规定的律师"私自接受委托、收取费用，接受委托人财物或者其他利益的"违法行为：（一）违反统一接受委托规定或者在被处以停止执业期间，私自接受委托，承办法律事务的；（二）违反收费管理规定，私自收取、使用、侵占律师服务费以及律师异地办案差旅费用的；（三）在律师事务所统一收费外又向委托人索要其他费用、财物或者获取其他利益的；（四）向法律援助受援人索要费用或者接受受援人的财物或者其他利益的。

第11条　律师接受委托后，除有下列情形之外，拒绝辩护或者代理，不按时出庭参加诉讼或者仲裁的，属于《律师法》第48条第2项规定的违法行为：（一）委托事项违法，或者委托人利用律师提供的法律服务从事违法活动的；（二）委托人故意隐瞒与案件有关的重要事实或者提供虚假、伪造的证据材料的；（三）委托人不履行委托合同约定义务的；（四）律师因患严重疾病或者受到停止执业以上行政处罚的；（五）其他依法可以拒绝辩护、代理的。

第12条　有下列情形之一的，属于《律师法》第48条第3项规定的律师"利用提供法律服务的便利牟取当事人争议的权益的"违法行为：（一）采用诱导、欺骗、胁迫、敲诈等手段获取当事人与他人争议的财物、权益的；（二）指使、诱导当事人将争议的财物、权益转让、出售、租赁给他人，并从中获取利益的。

第13条　律师未经委托人或者其他当事人的授权或者同意，在承办案件的过程中或者结束后，擅自披露、散布在执业中知悉的委托人或者其他当事人的商业秘密、个人隐私或者其他不愿泄露的情况和信息的,属于《律师法》第48条第4项规定的"泄露商业秘密或者个人隐私的"违法行为。

第14条　有下列情形之一的,属于《律师法》第49条第1项规定的律师"违反规定会见法官、检察官、仲裁员以及其他有关工作人员,或者以其他不正当方式影响依法办理案件的"违法行为:(一)在承办代理、辩护业务期间,以影响案件办理结果为目的,在非工作时间、非工作场所会见法官、检察官、仲裁员或者其他有关工作人员的;(二)利用与法官、检察官、仲裁员或者其他有关工作人员的特殊关系,影响依法办理案件的;(三)以对案件进行歪曲、不实、有误导性的宣传或者诋毁有关办案机关和工作人员以及对方当事人声誉等方式,影响依法办理案件的。

第15条　有下列情形之一的,属于《律师法》第49条第2项规定的律师"向法官、检察官、仲裁员以及其他有关工作人员行贿,介绍贿赂或者指使、诱导当事人行贿的"违法行为:(一)利用承办案件的法官、检察官、仲裁员以及其他工作人员或者其近亲属举办婚丧喜庆事宜等时机,以向其馈赠礼品、金钱、有价证券等方式行贿的;(二)以装修住宅、报销个人费用、资助旅游娱乐等方式向法官、检察官、仲裁员以及其他工作人员行贿的;(三)以提供交通工具、通讯工具、住房或者其他物品等方式向法官、检察官、仲裁员以及其他工作人员行贿的;(四)以影响案件办理结果为目的,直接向法官、检察官、仲裁员以及其他工作人员行贿,介绍贿赂或者指使、诱导当事人行贿的。

第16条　有下列情形之一的,属于《律师法》第49条第3项规定的律师"向司法行政部门提供虚假材料或者有其他弄虚作假行为的"违法行为:(一)在司法行政机关实施检查、监督工作中,向其隐瞒真实情况,拒不提供或者提供不实、虚假材料,或者隐匿、毁灭、伪造证据材料的;(二)在参加律师执业年度考核、执业评价、评先创优活动中,提供不实、虚假、伪造的材料或者有其他弄虚作假行为的;(三)在申请变更执业机构、办理执业终止、注销等手续时,提供不实、虚假、伪造的材料的。

第17条　有下列情形之一的,属于《律师法》第49条第4项规定的律师"故意提供虚假证据或者威胁、利诱他人提供虚假证据,妨碍对方当事人合法取得证据的"违法行为:(一)故意向司法机关、行政机关或者仲裁机构提交虚假证据,或者指使、威胁、利诱他人提供虚假证据的;(二)指示或者帮助委托人或者他人伪造、隐匿、毁灭证据,指使或者帮助犯罪嫌疑人、被告人串供,威胁、利诱证人不作证或者作伪证的;(三)妨碍对方当事人及其代理人、辩护人合法取证,或者阻止他人向案件承办机关或者对方当事人提供证据的。

第18条　有下列情形之一的,属于《律师法》第49条第5项规定的律师"接受对方当事人财物或者其他利益,与对方当事人或者第三人恶意串通,侵害委托人权益的"违法行为:(一)向对方当事人或者第三人提供不利于委托人的信息或者证据材料的;(二)与对方当事人或者第三人恶意串通、暗中配合,妨碍委托人合法行使权利的;(三)接受对方当事人财物或者其他利益,故意延误、懈怠或者不依法履行代理、辩护职责,给委托人及委托事项的办理造成不利影响和损失的。

第19条　有下列情形之一的,属于《律师法》第49条第6项规定的律师"扰乱法庭、仲裁庭秩序,干扰诉讼、仲裁活动的正常进行的"违法行为:(一)在法庭、仲裁庭上发表或者指使、诱导委托人发表扰乱诉讼、仲裁活动正常进行的言论的;(二)阻止委托人或者其他诉讼参与人出庭，致使诉讼、仲裁活动不能正常进行的；（三）煽动、教唆他人扰乱法庭、仲裁庭秩序的；（四）无正当理由，当庭拒绝辩护、代理，拒绝签收司法文书或者拒绝在有关诉讼文书上签署意见的。

第20条　有下列情形之一的，属于《律师法》第49条第7项规定的律师"煽动、教唆当事人采取扰乱公共秩序、危害公共安全等非法手段解决争议的"违法行为：（一）煽动、教唆当事人采取非法集会、游行示威，聚众扰乱公共场所秩序、交通秩序，围堵、冲击国家机关等非法手段表达诉求，妨害国家机关及其工作人员依法履行职责，抗拒执法活动或者判决执行的；（二）利用媒体或者其他方式，煽动、教唆当事人以扰乱公共秩序、危害公共安全等手段干扰诉讼、仲裁及行政执法活动正常进行的。

第21条　有下列情形之一的，属于《律师法》第49条第8项规定的律师"发表危害国家安全、恶意诽谤他人、严重扰乱法庭秩序的言论的"违法行为：（一）在承办代理、辩护业务期间，发表、散布危害国家安全，恶意诽谤法官、检察官、仲裁员及对方当事人、第三人，严重扰乱法庭秩序的言论的；（二）在执业期间，发表、制作、传播危害国家安全的言论、信息、音像制品或者支持、参与、实施以危害国家安全为目的活动的。

第22条　律师违反保密义务规定，故意或者过失泄露在执业中知悉的国家秘密的，属于《律师法》第49条第9项规定的"泄露国家秘密的"违法行为。

第31条（第1款）　司法行政机关对律师的违法行为给予警告、罚款、没收违法所得、停止执业处罚的，由律师执业机构所在地的设区的市级或者直辖市区（县）司法行政机关实施；给予吊销执业证书处罚的，由许可该律师执业的省、自治区、直辖市司法行政机关实施。

第32条　律师有《律师法》第47条以及本办法第5条至第9条规定的违法行为的，由司法行政机关给予警告，可以处5千元以下的罚款；有违法所得的，没收违法所得；情节严重的，给予停止执业3个月以下的处罚。

律师有《律师法》第48条以及本办法第10条至第13条规定的违法行为的，由司法行政机关给予警告，可以处1万元以下的罚款；有违法所得的，没收违法所得；情节严重的，给予停止执业3个月以上6个月以下的处罚。

律师有《律师法》第49条以及本办法第14条至第22条规定的违法行为的，由司法行政机关给予停止执业6个月以上1年以下的处罚，可以处5万元以下的罚款；有违法所得的，没收违法所得；情节严重的，吊销其律师执业证书；构成犯罪的，依法追究刑事责任。

第37条　行政处罚的具体适用，由司法行政机关依照《律师法》和本办法的有关规定，根据律师、律师事务所违法行为的事实、性质、情节以及危害程度，在法定的处罚种类及幅度的范围内进行裁量，作出具体处罚决定。

对律师给予警告、停止执业、吊销律师执业证书的处罚，对律师事务所给予警告、停业整顿、吊销律师事务所执业许可证书的处罚，可以酌情并处罚款；有违法所得的，没收违法所得。

第38条　律师、律师事务所有下列情形之一的，可以从轻或者减轻行政处罚：（一）主动消除或者减轻违法行为危害后果的；（二）主动报告，积极配合司法行政机关查处违法行为的；（三）受他人胁迫实施违法行为的；（四）其他依法应当从轻或者减轻处罚的。

违法行为轻微并及时纠正，没有造成危害后果的，不予行政处罚。

第39条 律师、律师事务所的违法行为有下列情形之一的，属于《律师法》规定的违法情节严重或者情节特别严重，应当在法定的行政处罚种类及幅度的范围内从重处罚：（一）违法行为给当事人、第三人或者社会公共利益造成重大损失的；（二）违法行为性质、情节恶劣，严重损害律师行业形象，造成恶劣社会影响的；（三）同时有2项以上违法行为或者违法涉案金额巨大的；（四）在司法行政机关查处违法行为期间，拒不纠正或者继续实施违法行为，拒绝提交、隐匿、毁灭证据或者提供虚假、伪造的证据的；（五）其他依法应当从重处罚的。

第40条（第1款） 律师在受到警告处罚后1年内又发生应当给予警告处罚情形的，应当给予停止执业3个月以上1年以下的处罚；在受到停止执业处罚期限未满或者期满后2年内又发生应当给予停止执业处罚情形的，应当吊销律师执业证书。

【六部委〔2012〕规定】 最高人民法院、最高人民检察院、公安部、国家安全部、司法部、全国人大常委会法制工作委员会关于实施刑事诉讼法若干问题的规定（2012年12月26日印发，2013年1月1日施行）

9. 刑事诉讼法第42条第2款中规定："违反前款规定的，应当依法追究法律责任，辩护人涉嫌犯罪的，应当由办理辩护人所承办案件的侦查机关以外的侦查机关办理。"根据上述规定，公安机关、人民检察院发现辩护人涉嫌犯罪，或者接受报案、控告、举报、有关机关的移送，依照侦查管辖分工进行审查后认为符合立案条件的，应当按照规定报请办理辩护人所承办案件的侦查机关的上一级侦查机关指定其他侦查机关立案侦查，或者由上一级侦查机关立案侦查。不得指定办理辩护人所承办案件的侦查机关的下级侦查机关立案侦查。

【苏司通〔2014〕112号】 江苏省高级人民法院、江苏省人民检察院、江苏省公安厅、江苏省司法厅关于律师刑事辩护若干问题的会议纪要（2014年7月29日）

37.（第1款） 律师在执业过程中应当遵守以下规定：

（一）律师会见在押或者被监视居住的犯罪嫌疑人、被告人时，应当遵守法律、法规及其有关会见的规定。不得故意干扰监管场所管理秩序和办案机关正常办案工作；不得携领犯罪嫌疑人、被告人的近亲属或者其他无关人员参加会见；不得在侦查期间向犯罪嫌疑人泄露同案人员是否到案、案件基本证据收集情况以及核实证据；不得采取威胁、引诱、欺骗等方式促使犯罪嫌疑人作出虚假供述；不得为犯罪嫌疑人、被告人传递信函、钱物以及其他监管羁押机关所禁止的物品；严禁将电脑、通讯工具、音像传输和存储等电子设备提供给犯罪嫌疑人、被告人使用，为犯罪嫌疑人、被告人播放存储在电子设备里的照片、音频、视频和文字材料，或利用电子设备为犯罪嫌疑人、被告人拍照并对外传输视听资料；

（二）律师查阅、摘抄、复制案卷材料应当在办案机关指定的场所进行，并应遵守涉及保守国家秘密、商业秘密相关法律、法规的规定。律师查阅、摘抄、复制的案卷材料，应当妥善保管，不得用于与办理案件无关的活动，不得向与案件无关的人员（包括其监护人、近亲属）出示；

（三）律师在执业过程中不得对案件进行歪曲、不实、有误导性的宣传或者诋毁有关办案机关和工作人员以及对方当事人声誉等方式，影响依法办理案件；不得指示或者帮助犯罪嫌疑人、被告人伪造、隐匿、毁灭证据；不得指使或者帮助犯罪嫌疑人、被告人串供，威胁、利诱证人不作证或者作伪证；不得发表、散布危害国家安全，恶意诽谤法官、检察官和人民警察和严重扰乱法庭秩序的言论；不得煽动、教唆他人扰乱法庭秩序；

（四）律师应当保守在执业中知悉的委托人或者其他当事人的商业秘密、个人隐私或者其他不愿泄露的情况和信息，不得擅自披露、散布；

（五）律师在执业活动中知悉委托人或者其他人，准备或者正在实施危害国家安全、公共安全以及严重危害他人人身财产安全犯罪的，应当及时告知司法机关。

【司发〔2015〕14号】　最高人民法院、最高人民检察院、公安部、国家安全部、司法部关于依法保障律师执业权利的规定（2015年9月16日）

第40条　侦查机关依法对在诉讼活动中涉嫌犯罪的律师采取强制措施后，应当在48小时以内通知其所在的律师事务所或者所属的律师协会。

【司法部令〔2016〕134号】　律师执业管理办法（2008年7月18日司法部令第112号发布；2016年9月18日司法部令第134号修订，2016年11月1日施行）

第39条　律师代理参与诉讼、仲裁或者行政处理活动，应当遵守法庭、仲裁庭纪律和监管场所规定、行政处理规则，不得有下列妨碍、干扰诉讼、仲裁或者行政处理活动正常进行的行为：（一）会见在押犯罪嫌疑人、被告人时，违反有关规定，携带犯罪嫌疑人、被告人的近亲属或者其他利害关系人会见，将通讯工具提供给在押犯罪嫌疑人、被告人使用，或者传递物品、文件；（二）无正当理由，拒不按照人民法院通知出庭参与诉讼，或者违反法庭规则，擅自退庭；（三）聚众哄闹、冲击法庭，侮辱、诽谤、威胁、殴打司法工作人员或者诉讼参与人，否定国家认定的邪教组织的性质①，或者有其他严重扰乱法庭秩序的行为；（四）故意向司法机关、仲裁机构或者行政机关提供虚假证据或者威胁、利诱他人提供虚假证据，妨碍对方当事人合法取得证据；（五）法律规定的妨碍、干扰诉讼、仲裁或者行政处理活动正常进行的其他行为。

【律发通〔2017〕51号】　律师办理刑事案件规范（2017年8月27日第9届全国律协常务理事会第8次会议通过、即日施行，中华全国律师协会2017年9月20日印发）

第3条（第2款）　律师参与刑事诉讼在法庭上发表的辩护、代理意见不受法律追究。但是，发表危害国家安全、恶意诽谤他人、严重扰乱法庭秩序的言论除外。

第7条　律师参与刑事诉讼活动，不得帮助犯罪嫌疑人、被告人隐匿、毁灭、伪造证据或者串供，不得威胁、引诱证人作伪证以及进行其他干扰司法机关诉讼活动的行为。

办案机关违反《刑事诉讼法》的有关规定追究律师刑事责任的，律师有权依法向有关机关申诉、控告。

第250条　律师与办案机关及其工作人员接触交往，应当遵守法律及相关规定。

不得违反规定会见办案机关工作人员，向其行贿、许诺提供利益、介绍贿赂，指使、诱导当事人行贿，或者向其打探办案机关内部对案件的办理意见，承办其介绍的案件，利用与其的特殊关系，影响依法办理案件。

第251条　律师承办业务，应当引导当事人通过合法的途径、方式解决争议。

不得采取煽动、教唆和组织当事人或者其他人员到司法机关或者其他国家机关静坐、举牌、打横幅、喊口号、声援、围观等扰乱公共秩序、危害公共安全的非法手段，聚众滋事，

---

① 注：《律师法》第37条规定："律师在法庭上发表的代理、辩护意见不受法律追究。但是，发表危害国家安全……的言论除外。"对国家认定的邪教组织的性质进行辩护，是否"危害国家安全"，值得商榷。

制造影响,向有关部门施加压力。

第252条 律师应当依照法定程序履行职责,不得以下列不正当方式影响依法办理案件:(一)未经当事人委托或者法律援助机构指派,以律师名义为当事人提供法律服务、介入案件,干扰依法办理案件;(二)对本人或者其他律师正在办理的案件进行歪曲、有误导性的宣传和评论,恶意炒作案件;(三)以串联组团、联署签名、发表公开信、组织网上聚集、声援等方式或者借个案研讨之名,制造舆论压力,攻击、诋毁司法机关与司法制度;(四)违反规定披露、散布不公开审理案件的信息、材料,或者本人、其他律师在办案过程中获悉的有关案件重要信息、证据材料。

第253条 律师参与诉讼活动,应当遵守法庭纪律和相关规定,不得有下列妨碍、干扰诉讼活动正常进行的行为:(一)无正当理由,拒不按照人民法院通知出庭参与诉讼,或者违反法庭规则,擅自退庭;(二)聚众哄闹、冲击法庭,侮辱、诽谤、威胁、殴打司法工作人员或者诉讼参与人,或者有其他严重扰乱法庭秩序的行为;(三)故意向司法机关提供虚假证据或者威胁、利诱他人提供虚假证据,妨碍对方当事人合法取得证据;(四)法律规定的妨碍、干扰诉讼活动正常进行的其他行为。

第254条 律师应当按照有关规定接受业务,不得为争揽业务哄骗、唆使当事人提起诉讼,制造、扩大矛盾,影响社会稳定。

第255条 律师应当尊重同行,公平竞争。不得以诋毁其他律师事务所、律师;支付介绍费;向当事人明示或者暗示与办案机关、政府部门及其工作人员有特殊关系;或者在司法机关、监管场所周边违规设立办公场所、散发广告、举牌等不正当手段承揽业务。

第256条 律师对在执业活动中知悉的委托人和其他人不愿泄露的有关情况和信息,应当予以保密。

第257条 律师当庭陈述意见应当尊重法庭,以理服人,尊重其他诉讼参与人。不得侮辱、诽谤、威胁他人,不得发表与案件无关的意见,不得发表严重扰乱法庭秩序的言论。

第258条 律师对案件公开发表言论,应当依法、客观、公正、审慎。

第259条 律师办理刑事案件应当遵守本规范的规定,违反执业纪律的相关内容,由其注册地司法行政机关或律师协会按《律师法》、《律师执业管理办法》及《律师协会会员违规行为处分规则(试行)》进行行政处罚或行业处分。

【司发通〔2017〕106号】 最高人民法院、司法部关于开展刑事案件律师辩护全覆盖试点工作的办法(2017年10月9日印发,在北京、上海、浙江、安徽、河南、广东、四川、陕西试行1年[①])

第21条 辩护律师应当遵守法律法规、执业行为规范和法庭纪律,不得煽动、教唆和组织被告人监护人、近亲属等以违法方式表达诉求;不得恶意炒作案件,对案件进行歪曲、有误导性的宣传和评论;不得违反规定披露、散布不公开审理案件的信息、材料,或者在办案过程中获悉的案件重要信息、证据材料;不得违规会见被告人,教唆被告人翻供;不得帮助被告人隐匿、毁灭、伪造证据或者串供,威胁、引诱证人作伪证,以及其他干扰司法机关

[①] 注:2018年12月27日,最高法、司法部印发《关于扩大刑事案件律师辩护全覆盖试点范围的通知》(司发通〔2018〕149号),将试点工作范围扩大到全国31个省(自治区、直辖市)和新疆生产建设兵团,并且未再限定试点期限。

诉讼活动的行为。

第 22 条 司法行政机关和律师协会应当对律师事务所、律师开展刑事辩护业务进行指导监督，并根据律师事务所、律师履行法律援助义务情况实施奖励和惩戒。

法律援助机构、律师事务所应当对辩护律师开展刑事辩护活动进行指导监督，促进辩护律师依法履行辩护职责。

人民法院在案件办理过程中发现辩护律师有违法或者违反职业道德、执业纪律的行为，应当及时向司法行政机关、律师协会提出司法建议，并固定移交相关证据材料，提供必要的协助。司法行政机关、律师协会核查后，应当将结果及时通报建议机关。

【司发通〔2018〕36号】 最高人民法院、司法部关于依法保障律师诉讼权利和规范律师参与庭审活动的通知（2018年4月21日）

二、律师参加庭审不得对庭审活动进行录音、录像、拍照或使用移动通信工具等传播庭审活动，不得进行其他违反法庭规则和不服从法庭指令的行为。律师对庭审活动进行录音、录像、拍照或使用移动通信工具等传播庭审活动的，人民法院可以暂扣其使用的设备及存储介质，删除相关内容。

三、……人民法院应当对庭审活动进行全程录像或录音，对律师在庭审活动中违反法定程序的情形应当记录在案。

四、……律师认为法官侵犯其诉讼权利的，应当在庭审结束后，向司法行政机关、律师协会申请维护执业权利，不得以维权为由干扰庭审的正常进行，不得通过网络以自己名义或通过其他人、媒体发表声明、公开信、敦促书等炒作案件。

五、人民法院认为律师有违法违规行为的，应当向司法行政机关、律师协会提出司法建议，并移交庭审录音录像、庭审记录等相关证据材料。对需要进一步调查核实的，应配合、协助司法行政机关、律师协会有关调查取证工作。司法行政机关、律师协会接到当事人投诉举报、人民法院司法建议书的，应当及时立案调查，对违法违规的要依法依规作出行政处罚或行业惩戒。处理结果应当及时书面告知当事人、人民法院。对公开谴责以上行业惩戒和行政处罚的决定一律向社会公开披露，各地司法行政机关、律师协会主动发现律师违法违规行为的，要及时立案查处。

【公监管〔2019〕372号】 公安部、司法部关于进一步保障和规范看守所律师会见工作的通知（2019年10月18日）

三、加强信息共享和协作配合，确保羁押秩序和安全。……律师应当遵守看守所安全管理规定，严禁携带违禁物品进入会见区，严禁带经办案单位核实或许可的律师助理、翻译以外的其他人员参加会见，严禁将通讯工具提供给犯罪嫌疑人、被告人使用或者传递违禁物品、文件。发现律师在会见中有违规行为的，看守所应立即制止，并及时通报同级司法行政机关、律师协会。……司法行政机关和律师协会要协同相关部门依法整治看守所周边违法设点执业的律师事务所，严肃查处违规执业、以不正当手段争揽业务和扰乱正常会见秩序等行为。

【高检发释字〔2019〕4号】 人民检察院刑事诉讼规则（2019年12月2日最高人民检察院第13届检委会第28次会议通过，2019年12月30日公布施行；高检发释字〔2012〕2号《规则（试行）》同时废止）

第60条　人民检察院发现辩护人有帮助犯罪嫌疑人、被告人隐匿、毁灭、伪造证据、串供，或者威胁、引诱证人作伪证以及其他干扰司法机关诉讼活动的行为，可能涉嫌犯罪的，应当将涉嫌犯罪的线索或者证据材料移送有管辖权的机关依法处理[①]。

人民检察院发现辩护律师在刑事诉讼中违反法律、法规或者执业纪律的，应当及时向其所在的律师事务所、所属的律师协会以及司法行政机关通报[②]。

【公安部令〔2020〕159号】　**公安机关办理刑事案件程序规定**（2020年7月4日第3次部务会议修订，2020年7月20日公布，2020年9月1日施行）

第55条（第2款）　辩护律师会见在押或者被监视居住的犯罪嫌疑人时，违反法律规定或者会见的规定的，看守所或者监视居住执行机关应当制止。对于严重违反规定或者不听劝阻的，可以决定停止本次会见，并及时通报其所在的律师事务所、所属的律师协会以及司法行政机关。

第56条（第2款）　辩护人实施干扰诉讼活动行为，涉嫌犯罪，属于公安机关管辖的，应当由办理辩护人所承办案件的公安机关报请上一级公安机关指定其他公安机关立案侦查，或者由上一级公安机关立案侦查。不得指定原承办案件公安机关的下级公安机关立案侦查。辩护人是律师的，立案侦查的公安机关应当及时通知其所在的律师事务所、所属的律师协会以及司法行政机关。

【海警局令〔2023〕1号】　**海警机构办理刑事案件程序规定**（2023年5月15日审议通过，2023年6月15日起施行）（余文见本书第308条）

第45条　辩护人或者其他任何人在刑事诉讼中，违反法律规定，干扰诉讼活动的，应当依法追究法律责任。

【国安部令〔2024〕4号】　**国家安全机关办理刑事案件程序规定**（2024年4月26日公布，2024年7月1日起施行）

第68条　辩护律师或者其他任何人帮助犯罪嫌疑人隐匿、毁灭、伪造证据或者串供，或者威胁、引诱证人作伪证以及进行其他干扰国家安全机关侦查活动的行为，涉嫌犯罪的，应当由办理辩护律师所承办案件的国家安全机关报请上一级国家安全机关指定其他国家安全机关立案侦查，或者由上一级国家安全机关立案侦查。不得指定办理辩护律师所承办案件的国家安全机关的下级国家安全机关立案侦查。国家安全机关依法对涉嫌犯罪的辩护律师采取强制措施后，应当在48小时以内通知其所在的律师事务所或者所属的律师协会。

国家安全机关发现辩护律师在刑事诉讼中违反法律、法规或者执业纪律的，应当及时向其所在的律师事务所、所属的律师协会以及司法行政机关通报。

[①] 2012年《规则》相应的规定为："经检察长批准，应当按照下列规定办理：（一）涉嫌犯罪属于公安机关管辖的，应当将辩护人涉嫌犯罪的线索或者证据材料移送同级公安机关按照有关规定处理；（二）涉嫌犯罪属于人民检察院管辖的，应当报请上一级人民检察院立案侦查或者由上一级人民检察院指定其他人民检察院立案侦查。上一级人民检察院不得指定办理辩护人所承办案件的人民检察院的下级人民检察院立案侦查。"

[②] 2012年《规则》相应的规定为："辩护人是律师的，被指定管辖的人民检察院应当在立案侦查的同时书面通知其所在的律师事务所或者所属的律师协会。"

第 45 条　【被告人拒绝或更换辩护人】 在审判过程中，被告人可以拒绝辩护人继续为他辩护，也可以另行委托辩护人辩护。

● **相关规定**　【司发通〔2013〕18 号】　最高人民法院、最高人民检察院、公安部、司法部关于刑事诉讼法法律援助工作的规定（2013 年 2 月 4 日印发，2013 年 3 月 1 日施行；司发通〔2005〕78 号同名《规定》同时废止）

第 15 条　对于依申请提供法律援助的案件，犯罪嫌疑人、被告人坚持自己辩护，拒绝法律援助机构指派的律师为其辩护的，法律援助机构应当准许，并作出终止法律援助的决定；对于有正当理由要求更换律师的，法律援助机构应当另行指派律师为其提供辩护。

对于应当通知辩护的案件，犯罪嫌疑人、被告人拒绝法律援助机构指派的律师为其辩护的，公安机关、人民检察院、人民法院应当查明拒绝的原因，有正当理由的，应当准许，同时告知犯罪嫌疑人、被告人需另行委托辩护人。犯罪嫌疑人、被告人未另行委托辩护人的，公安机关、人民检察院、人民法院应当及时通知法律援助机构另行指派律师为其提供辩护。

【司发〔2015〕14 号】　最高人民法院、最高人民检察院、公安部、国家安全部、司法部关于依法保障律师执业权利的规定（2015 年 9 月 16 日）

第 8 条　在押的犯罪嫌疑人、被告人提出解除委托关系的，办案机关应当要求其出具或签署书面文件，并在 3 日以内转交受委托的律师或者律师事务所。辩护律师可以要求会见在押的犯罪嫌疑人、被告人，当面向其确认解除委托关系，看守所应当安排会见；但犯罪嫌疑人、被告人书面拒绝会见的，看守所应当将有关书面材料转交辩护律师，不予安排会见。

在押的犯罪嫌疑人、被告人的监护人、近亲属解除代为委托辩护律师关系的，经犯罪嫌疑人、被告人同意，看守所应当允许新代为委托的辩护律师会见，由犯罪嫌疑人、被告人确认新的委托关系；犯罪嫌疑人、被告人不同意解除原辩护律师的委托关系的，看守所应当终止新代为委托的辩护律师会见。

第 33 条　法庭审理过程中，遇有被告人供述发生重大变化、拒绝辩护等重大情形，经审判长许可，辩护律师可以与被告人进行交流。

第 34 条　法庭审理过程中，有下列情形之一的，律师可以向法庭申请休庭：（一）辩护律师因法定情形拒绝为被告人辩护的；（二）被告人拒绝辩护律师为其辩护的；（三）需要对新的证据作辩护准备的；（四）其他严重影响庭审正常进行的情形。

【法发〔2015〕16 号】　最高人民法院关于依法切实保障律师诉讼权利的规定（2015 年 12 月 29 日）

1. 依法保障律师知情权。人民法院要不断完善审判流程公开、裁判文书公开、执行信息公开"三大平台"建设，方便律师及时获取诉讼信息。对诉讼程序、诉权保障、调解和解、裁判文书等重要事项及相关进展情况，应当依法及时告知律师。

【法释〔2021〕1 号】　最高人民法院关于适用《中华人民共和国刑事诉讼法》的解释（2020 年 12 月 7 日最高法审委会〔1820 次〕修订，2021 年 1 月 26 日公布，2021 年 3 月 1 日施行；2013 年 1 月 1 日施行的"法释〔2012〕21 号"《解释》同时废止）

第 310 条（第 1 款）　辩护人严重扰乱法庭秩序，被责令退出法庭、强行带出法庭或者被处以罚款、拘留，被告人自行辩护，庭审继续进行；被告人要求另行委托辩护人，或者被告人属于应当提供法律援助情形的，应当宣布休庭。

第311条 （新增）被告人在1个审判程序中更换辩护人一般不得超过2次。

被告人当庭拒绝辩护人辩护，要求另行委托辩护人或者指派律师的，合议庭应当准许。被告人拒绝辩护人辩护后，没有辩护人的，应当宣布休庭；仍有辩护人的，庭审可以继续进行。

有多名被告人的案件，部分被告人拒绝辩护人辩护后，没有辩护人的，根据案件情况，可以对该部分被告人另案处理，对其他被告人的庭审继续进行。

重新开庭后，被告人再次当庭拒绝辩护人辩护的，可以准许，但被告人不得再次另行委托辩护人或者要求另行指派律师，由其自行辩护。

被告人属于应当提供法律援助的情形，重新开庭后再次当庭拒绝辩护人辩护的，不予准许。

第312条 法庭审理过程中，辩护人拒绝为被告人辩护，<u>有正当理由的</u>，应当准许；是否继续庭审，参照适用前条规定。

第313条 依照前两条规定另行委托辩护人或者<u>通知法律援助机构</u>指派律师的，自案件宣布休庭之日起至第15日止，由辩护人准备辩护，但被告人及其辩护人自愿缩短时间的除外。

（新增）庭审结束后、判决宣告前另行委托辩护人的，可以不重新开庭；辩护人提交书面辩护意见的，应当接受。

第572条 未成年被告人或者其法定代理人当庭拒绝辩护人辩护的，适用本解释第311条第2款、第3款的规定。

重新开庭后，未成年被告人或者其法定代理人再次当庭拒绝辩护人辩护的，不予准许。重新开庭时被告人已满18周岁的，可以准许，但不得再另行委托辩护人或者要求另行指派律师，由其自行辩护。

【法〔2021〕348号】 最高人民法院、司法部关于为死刑复核案件被告人依法提供法律援助的规定（2021年12月30日印发，2022年1月1日试行）

第5条 ……被告人拒绝指派的律师为其辩护的，最高人民法院应当准许。

【司发通〔2022〕49号】 最高人民法院、最高人民检察院、公安部、司法部关于进一步深化刑事案件律师辩护全覆盖试点工作的意见（2022年10月12日）

13. 拒绝辩护处理。属于法律援助法第25条第1款、本意见第7条规定的应当通知辩护情形，犯罪嫌疑人拒绝法律援助机构指派的律师为其辩护的，人民检察院应当查明原因。理由正当的，应当准许，但犯罪嫌疑人必须另行委托辩护人；犯罪嫌疑人未另行委托辩护人的，应当书面通知法律援助机构另行指派律师为其提供辩护。犯罪嫌疑人拒绝法律援助机构指派的律师为其辩护，坚持自己行使辩护权，人民检察院准许的，法律援助机构应当作出终止法律援助的决定；对于有正当理由要求更换律师的，法律援助机构应当另行指派律师为其提供辩护。

【国安部令〔2024〕4号】 国家安全机关办理刑事案件程序规定（2024年4月26日公布，2024年7月1日起施行）

第48条 在押的犯罪嫌疑人提出解除委托关系的，办案部门应当要求其出具或签署书面文件，并在3日以内转交受委托的律师或者律师事务所。辩护律师要求会见在押的犯罪嫌疑人，当面向其确认解除委托关系的，经办案部门许可，看守所应当安排会见；但犯罪嫌疑人书面拒绝会见的，看守所应当将有关书面材料转交辩护律师，不予安排会见。

在押的犯罪嫌疑人的监护人、近亲属解除代为委托辩护律师关系的，经犯罪嫌疑人同意，并经办案部门许可，看守所应当允许新代为委托的辩护律师会见，由犯罪嫌疑人确认新的委托关系。

第46条① 【附带民事诉讼代理】公诉案件的被害人及其法定代理人或者近亲属，附带民事诉讼的当事人及其法定代理人，自案件移送审查起诉之日起，有权委托诉讼代理人。自诉案件的自诉人及其法定代理人，附带民事诉讼的当事人及其法定代理人，有权随时委托诉讼代理人。

【委托代理权告知】人民检察院自收到移送审查起诉的案件材料之日起3日以内，应当告知被害人及其法定代理人或者其近亲属、附带民事诉讼的当事人及其法定代理人有权委托诉讼代理人。人民法院自受理自诉案件之日起3日以内，应当告知自诉人及其法定代理人、附带民事诉讼的当事人及其法定代理人有权委托诉讼代理人。

第47条② 【代理人资格】委托诉讼代理人，参照本法第33条的规定执行。

● **相关规定**　【法发〔2007〕11号】　**最高人民法院、最高人民检察院、公安部、司法部关于进一步严格依法办案确保办理死刑案件质量的意见**（2007年3月9日）

31. 人民法院受理案件后，应当告知因犯罪行为遭受物质损失的被害人、已死亡被害人的近亲属、无行为能力或者限制行为能力被害人的法定代理人，有权提起附带民事诉讼和委托诉讼代理人。经济困难的，还应当告知其可以向法律援助机构申请法律援助。在审判过程中，注重发挥附带民事诉讼中民事调解的重要作用，做好被害人、被害人近亲属的安抚工作，切实加强刑事被害人的权益保护。

【律发通〔2017〕51号】　**律师办理刑事案件规范**（2017年8月27日第9届全国律协常务理事会第8次会议通过、即日施行，中华全国律师协会2017年9月20日印发）

第136条　律师可以接受公诉案件被害人、已死亡被害人的近亲属、无行为能力或限制行为能力被害人的法定代理人的委托，担任刑事案件的诉讼代理人。

律师可以担任刑事附带民事诉讼案件原告人或被告人的诉讼代理人。

第137条　律师接受委托后，应当向委托人提供法律咨询和其他法律帮助，及时与承办法院取得联系、提交委托手续。

第138条　公诉案件被害人的代理律师收到出庭通知距开庭时间不满3日的，可以要求人民法院更改开庭日期；如在法定期间内收到出庭通知的，应当按时出庭；如因正当理由不能出庭，可以要求人民法院更改开庭日期。

人民法院已决定开庭而不通知被害人及其代理律师出庭的，代理律师可以要求人民法院

---

① 本条规定由1996年3月17日第8届全国人民代表大会第4次会议增设，1997年1月1日施行。
② 本条规定由1996年3月17日第8届全国人民代表大会第4次会议增设，1997年1月1日施行。

依法通知，保证被害人及其代理律师出庭参加庭审的权利。

第139条　代理律师可以在开庭前向人民法院了解案件是否公开审理。如果案件涉及被害人隐私、商业秘密的，应当要求人民法院不公开审理。

第140条　代理律师应当告知被害人有权对合议庭组成人员、书记员、公诉人、鉴定人和翻译人员申请回避，并协助被害人行使权利。

第141条　在法庭审理过程中，代理律师应当依法指导、协助或代理委托人行使以下诉讼权利：（一）申请召集、参加庭前会议；（二）陈述案件事实；（三）出示、宣读有关证据；（四）请求法庭通知未到庭证人、鉴定人和勘验检查笔录制作人出庭作证；（五）经审判长许可，向被告人、证人、鉴定人、勘验检查笔录制作人发问；（六）对被告人及其辩护律师向被害人提出的威胁性、诱导性、有损人格或与本案无关的发问提出异议；（七）对各项证据发表质证意见；（八）发表辩论意见；（九）申请通知新的证人到庭、调取新的证据、申请重新鉴定或者勘验；（十）申请法庭通知有专门知识的人出庭，就鉴定人作出的鉴定意见提出意见；（十一）必要时，请求法庭延期审理；（十二）申请人民法院对以非法方法收集的证据依法予以排除等。

第142条　在法庭审理中，代理律师可以与被告人及其辩护律师展开辩论。代理律师意见与公诉人意见不一致的，代理律师应当从维护被害人的合法权益出发，独立发表代理意见。

第143条　代理律师认为被害人或代理律师的诉讼权利受到侵犯的，可以依据《刑事诉讼法》相关规定，向人民检察院提出申诉或者控告。

第144条　代理律师应当告知当事人核对庭审笔录，补充遗漏或修改差错，确认无误后签名。

代理律师应当就当庭出示、宣读的证据及时与法庭办理交接手续；及时阅读庭审笔录，认为记录有遗漏或差错的，可以请求补充或者改正，确认无误后应当签名。

第145条　人民法院宣告判决后，代理律师应当及时收取判决书。

被害人及其法定代理人不服一审判决的，代理律师可以协助或代理其在收到判决书后5日内，请求人民检察院抗诉。

第146条　公诉案件进入二审程序后，律师的代理工作参照本规范一审相关规定进行。

第163条　律师可以接受符合法定条件的刑事附带民事诉讼原告人的委托，在一审、二审程序中，担任刑事附带民事诉讼的诉讼代理人参与附带民事部分的审判活动。在办理委托手续时应当明确代理权限。

第164条　律师接受委托时，应当审查下列可以作为附带民事诉讼审理的事项是否存在：（一）作为刑事附带民事诉讼前提的刑事诉讼是否存在；（二）刑事附带民事诉讼的被告人是否符合法定条件；（三）被害人的物质损失是否与被告人的行为存在因果关系；（四）刑事附带民事诉讼提起的时间是否在刑事案件立案之后第一审判决宣告之前；（五）是否符合法定刑事附带民事诉讼的范围。

第165条　律师接受委托后，应当代理委托人撰写附带民事起诉状，内容包括：（一）刑事附带民事诉讼原告人、被告人的基本情况；（二）具体诉讼请求；（三）事实和理由；（四）致送人民法院的名称和具状时间；（五）相关的证据材料等。

第166条　对人民法院决定不予立案的刑事附带民事诉讼，可以建议委托人另行提起民事诉讼,要求办案机关追缴或采取其他救济措施。

第167条　代理律师根据案件情况,可以自行或协助委托人依法收集证据,展开调查,申请鉴定。

第168条　在提起刑事附带民事诉讼时,代理律师可以建议或协助委托人申请人民法院对被告人的财产采取查封、扣押或冻结等保全措施。

第169条　律师担任刑事附带民事诉讼当事人的诉讼代理人,应当告知委托人可能导致按自动撤诉处理的下列法定事项：(一)刑事附带民事诉讼原告人经人民法院两次传唤无正当理由拒不到庭的；(二)刑事附带民事诉讼原告人未经法庭许可中途退庭的。

第170条　代理律师在庭审过程中,可以根据案件情况从事下列工作：(一)经委托人授权可以对本案合议庭组成人员、书记员、公诉人、鉴定人和翻译人员提出回避申请；(二)陈述案件事实；(三)出示、宣读本方证据；(四)申请法庭通知本方证人出庭作证；(五)经审判长许可对被告人、证人、鉴定人发问；(六)对刑事附带民事诉讼被告方的证据提出质证意见；(七)对刑事附带民事诉讼被告方的不当发问提出异议；(八)发表代理意见；(九)经委托人授权,可以与被告方和解等。

第171条　委托人参加诉讼的,代理律师应当指导委托人参加调解,准备调解方案。

第172条　原告人对于一审判决、裁定中刑事附带民事诉讼部分不服的,代理律师应当根据委托协助其提起上诉。

第173条　律师可以接受刑事附带民事诉讼的被告人及其法定代理人或者近亲属的委托,在一审、二审程序中,担任诉讼代理人。在办理委托手续时应当明确代理权限。

刑事附带民事诉讼被告人是法人或其他组织的,代理律师除向法庭出示律师执业证书、提交律师事务所证明、委托书外,还需提交法定代表人身份证明等单位负责人身份证明、营业执照等证明单位存续的文书复印件。

第174条　刑事诉讼被告人的辩护律师可以接受委托,同时担任刑事附带民事诉讼被告人的诉讼代理人,但应当另行办理委托手续。

第175条　代理律师根据案件情况,可以进行调查取证、申请鉴定；应当撰写答辩状,参加庭审,举证质证,进行辩论,发表代理意见；经被告人同意,提出反诉以及与对方和解。

第176条　刑事附带民事诉讼被告人对于一审判决刑事附带民事诉讼部分不服的,代理律师根据委托可以协助其提起上诉。

【高检发释字〔2019〕4号】　人民检察院刑事诉讼规则（2019年12月2日最高检第13届检委会第28次会议通过,2019年12月30日公布施行；高检发释字〔2012〕2号《规则（试行）》同时废止）

第55条　人民检察院自收到移送起诉案卷材料之日起3日以内,应当告知被害人及其法定代理人或者其近亲属、附带民事诉讼的当事人及其法定代理人有权委托诉讼代理人。被害人及其法定代理人、近亲属因经济困难没有委托诉讼代理人的,应当告知其可以申请法律援助。

当面口头告知的,应当记入笔录,由被告知人签名；电话告知的,应当记录在案；书面告知的,应当将送达回执入卷。被害人众多或者不确定,无法以上述方式逐一告知的,可以公告告知。无法告知的,应当记录在案。

被害人有法定代理人的，应当告知其法定代理人；没有法定代理人的，应当告知其近亲属。

法定代理人或者近亲属为 2 人以上的，可以告知其中 1 人。告知时应当按照刑事诉讼法第 108 条第三项、第六项列举的顺序择先进行。

当事人及其法定代理人、近亲属委托诉讼代理人的，参照刑事诉讼法第 33 条等法律规定执行。

第 56 条　经人民检察院许可，诉讼代理人查阅、摘抄、复制本案案卷材料的，参照本规则第 49 条的规定办理。

律师担任诉讼代理人，需要申请人民检察院收集、调取证据的，参照本规则第 52 条的规定办理。

〔法释〔2021〕1 号〕　最高人民法院关于适用《中华人民共和国刑事诉讼法》的解释（2020 年 12 月 7 日最高法审委会〔1820 次〕修订，2021 年 1 月 26 日公布，2021 年 3 月 1 日施行；2013 年 1 月 1 日施行的"法释〔2012〕21 号"《解释》同时废止）

第 62 条　人民法院自受理自诉案件之日起 3 日以内，应当告知自诉人及其法定代理人、附带民事诉讼当事人及其法定代理人，有权委托诉讼代理人，并告知其如果经济困难，可以申请法律援助。

第 63 条　当事人委托诉讼代理人的，参照适用刑事诉讼法第 33 条和本解释的有关规定。

第 64 条　诉讼代理人有权根据事实和法律，维护被害人、自诉人或者附带民事诉讼当事人的诉讼权利和其他合法权益。

第 65 条　律师担任诉讼代理人的，<u>可以查阅、摘抄、复制案卷材料。其他诉讼代理人经人民法院许可，也可以查阅、摘抄、复制案卷材料</u>。

律师担任诉讼代理人，需要收集、调取与本案有关的证据材料的，参照适用本解释第 59 条至第 61 条的规定。

第 66 条　诉讼代理人接受当事人委托或者法律援助机构指派后，应当在 3 日以内将委托手续或者法律援助手续提交人民法院。

原第 59 条　~~辩护人、诉讼代理人复制案卷材料的，人民法院只收取工本费；法律援助律师复制必要的案卷材料的，应当免收或者减收费用。~~

第 48 条[①]　【律师保密权】辩护律师对在执业活动中知悉的委托人的有关情况和信息，有权予以保密。但是，辩护律师在执业活动中知悉委托人或者其他人，准备或者正在实施危害国家安全、公共安全以及严重危害他人人身安全的犯罪的，应当及时告知司法机关。

● **相关规定**　【主席令〔2012〕64 号】　中华人民共和国律师法（2012 年 10 月 26 日第 11 届全国人大常委会第 29 次会议修正，2013 年 1 月 1 日施行；2017 年 9 月 1 日第 12 届全国人大常委会第 29 次会议修正）

[①] 本条规定由 2012 年 3 月 14 日第 11 届全国人大常委会第 5 次会议增设，2013 年 1 月 1 日施行。

第38条　律师应当保守在执业活动中知悉的国家秘密、商业秘密，不得泄露当事人的隐私。

律师对在执业活动中知悉的委托人和其他人不愿泄露的有关情况和信息，应当予以保密。但是，委托人或者其他人准备或者正在实施危害国家安全、公共安全以及严重危害他人人身安全的犯罪事实和信息除外。

【律发通〔2017〕51号】　律师办理刑事案件规范（2017年8月27日第9届全国律协常务理事会第8次会议通过、即日施行，中华全国律师协会2017年9月20日印发）

第6条　辩护律师对在执业活动中知悉的委托人的有关情况和信息，对任何单位和个人有权予以保密。但是，委托人或者其他人准备或者正在实施危害国家安全、公共安全以及严重危害他人人身安全的犯罪事实和信息除外。

第256条　律师对在执业活动中知悉的委托人和其他人不愿泄露的有关情况和信息，应当予以保密。

【高检发释字〔2019〕4号】　人民检察院刑事诉讼规则（2019年12月2日最高检第13届检委会第28次会议通过，2019年12月30日公布施行；高检发释字〔2012〕2号《规则（试行）》同时废止）

第59条　辩护律师告知人民检察院其委托人或者其他人员准备实施、正在实施危害国家安全、危害公共安全以及严重危及他人人身安全犯罪的，人民检察院应当接受并立即移送有关机关依法处理。

人民检察院应当为反映有关情况的辩护律师保密。

【法释〔2021〕1号】　最高人民法院关于适用《中华人民共和国刑事诉讼法》的解释（2020年12月7日最高法审委会［1820次］修订，2021年1月26日公布，2021年3月1日施行；2013年1月1日施行的"法释〔2012〕21号"《解释》同时废止）

第67条　辩护律师向人民法院告知其委托人或者其他人准备实施、正在实施危害国家安全、公共安全以及严重危害他人人身安全犯罪的，人民法院应当记录在案，立即转告主管机关依法处理，并为反映有关情况的辩护律师保密。

【海警局令〔2023〕1号】　海警机构办理刑事案件程序规定（2023年5月15日审议通过，2023年6月15日起施行）（余文见本书第308条）

第46条　辩护律师对在执业活动中知悉的委托人的有关情况和信息，有权予以保密。但是，辩护律师在执业活动中知悉委托人或者其他人，准备或者正在实施危害国家安全、公共安全以及严重危害他人人身安全的犯罪的，应当及时告知司法机关。

【国安部令〔2024〕4号】　国家安全机关办理刑事案件程序规定（2024年4月26日公布，2024年7月1日起施行）

第64条　辩护律师对在执业活动中知悉的委托人的有关情况和信息，有权予以保密。但是，辩护律师在执业活动中知悉委托人或者其他人，准备或者正在实施危害国家安全、公共安全以及严重危害他人人身安全的犯罪的，应当及时告知有关司法机关；辩护律师告知国家安全机关的，国家安全机关应当接受。对于不属于自己管辖的，应当及时移送有管辖权的机关处理。

国家安全机关应当为反映情况的辩护律师保密。

（本书汇）【律师知情权】①

● **相关规定**　　【司发通〔2013〕18号】　最高人民法院、最高人民检察院、公安部、司法部关于刑事诉讼法律援助工作的规定（2013年2月4日印发，2013年3月1日施行；司发通〔2005〕78号同名《规定》同时废止）

第21条（第1款）　公安机关在撤销案件或者移送审查起诉后，人民检察院在作出提起公诉、不起诉或者撤销案件决定后，人民法院在终止审理或者作出裁决后，以及公安机关、人民检察院、人民法院将案件移送其他机关办理后，应当在5日内将相关法律文书副本或者复印件送达承办律师，或者书面告知承办律师。

【高检发〔2014〕21号】　最高人民检察院关于依法保障律师执业权利的规定（2014年12月16日最高检第12届检委会第32次会议通过，2014年12月23日印发施行；2004年2月10日《关于人民检察院保障律师在刑事诉讼中依法执业的规定》、2006年2月23日《关于进一步加强律师执业权利保障工作的通知》同时废止）

第9条　人民检察院应当依法保障律师在刑事诉讼中的知情权。律师在侦查期间向人民检察院了解犯罪嫌疑人涉嫌的罪名以及当时已查明的涉嫌犯罪的主要事实，犯罪嫌疑人被采取、变更、解除强制措施等情况的，人民检察院应当依法及时告知。办理直接受理立案侦查案件报请上一级人民检察院审查逮捕时，人民检察院应当将报请情况告知律师。案件侦查终结移送审查起诉时，人民检察院应当将案件移送情况告知律师。

【司发〔2015〕14号】　最高人民法院、最高人民检察院、公安部、国家安全部、司法部关于依法保障律师执业权利的规定（2015年9月16日）

第22条　辩护律师书面申请变更或者解除强制措施的，办案机关应当在3日以内作出处理决定。辩护律师的申请符合法律规定的，办案机关应当及时变更或者解除强制措施；经审查认为不应当变更或者解除强制措施的，应当告知辩护律师，并书面说明理由。

第25条（第1款）　人民法院确定案件开庭日期时，应当为律师出庭预留必要的准备时间并书面通知律师。律师因开庭日期冲突等正当理由申请变更开庭日期的，人民法院应当在不影响案件审理期限的情况下，予以考虑并调整日期，决定调整日期的，应当及时通知律师。

第37条　对于诉讼中的重大程序信息和送达当事人的诉讼文书，办案机关应当通知辩护、代理律师。

【法发〔2015〕16号】　最高人民法院关于依法切实保障律师诉讼权利的规定（2015年12月29日）

1. 依法保障律师知情权。人民法院要不断完善审判流程公开、裁判文书公开、执行信息公开"三大平台"建设，方便律师及时获取诉讼信息。对诉讼程序、诉权保障、调解和解、裁判文书等重要事项及相关进展情况，应当依法及时告知律师。

---

① 注：《刑事诉讼法》没有关于律师知情权的专门规定，本书将其汇集于此。

【司发通〔2017〕106号】　最高人民法院、司法部关于开展刑事案件律师辩护全覆盖试点工作的办法（2017年10月9日印发，在北京、上海、浙江、安徽、河南、广东、四川、陕西试行1年[①]）

第4条　人民法院通知辩护的，应当将通知辩护公函以及起诉书、判决书、抗诉书、申诉立案通知书副本或者复印件送交法律援助机构。

通知辩护公函应当载明被告人的姓名、指控的罪名、羁押场所或者住所、通知辩护的理由、审判人员姓名和联系方式等；已确定开庭审理的，通知辩护公函应当载明开庭的时间、地点。

第13条　人民法院应当依法保障辩护律师的知情权、申请权、申诉权，以及会见、阅卷、收集证据和发问、质证、辩论等方面的执业权利，为辩护律师履行职责，包括查阅、摘抄、复制案卷材料等提供便利。

第14条　人民法院作出召开庭前会议、延期审理、二审不开庭审理、宣告判决等重大程序性决定的，应当依法及时告知辩护律师。人民法院应当依托中国审判流程信息公开网，及时向辩护律师公开案件的流程信息。

【高检发办字〔2021〕号】　人民检察院案件信息公开工作规定（2021年8月19日最高检第13届检委会第71次会议通过，2021年9月28日印发施行；2014年《规定（试行）》同时废止）

第7条　人民检察院应当依法、及时履行法律规定的通知、告知、送达、公开宣布等案件办理程序职责。当事人及其法定代理人、近亲属、辩护人、诉讼代理人等，可以依照规定，向办理该案件的人民检察院查询案由、受理时间、办案期限、办案组织、办案进展、处理结果、强制措施，查封、扣押、冻结涉案财物的处置情况，法律文书公开情况等案件程序性信息。

第8条　人民检察院制作的下列法律文书，可以向当事人及其法定代理人、近亲属、辩护人、诉讼代理人等提供查询：（一）未向社会公开的起诉书、抗诉书、不起诉决定书；（二）逮捕决定书、不予逮捕决定书；批准逮捕决定书、不批准逮捕决定书；（三）撤销案件决定书；（四）赔偿监督申请审查结果通知书、赔偿监督案件审查结果通知书。

第9条　当事人及其法定代理人、近亲属、辩护人、诉讼代理人等首次申请查询，应当向办理相关案件的人民检察院负责案件管理的部门提交身份证明、委托书等证明材料，人民检察院对符合条件的，应当提供查询服务，并提供网上查询账号。查询申请人可以凭账号登录"12309中国检察网"，查询相关案件信息。

当事人的辩护律师或者代理律师可以直接通过"12309中国检察网"或者微信平台、手机APP，在线注册后，查询案件信息。

第10条　当事人及其法定代理人、近亲属、辩护人、诉讼代理人等需要查询经常居住地以外的人民检察院办理的案件信息的，可以到所在地县级人民检察院向负责案件管理的部门请求协助办理身份认证。被请求协助的人民检察院应当及时与办理该案件的人民检察

[①] 注：2018年12月27日，最高法、司法部印发《关于扩大刑事案件律师辩护全覆盖试点范围的通知》（司发通〔2018〕149号），将试点工作范围扩大到全国31个省（自治区、直辖市）和新疆生产建设兵团，并且未再限定试点期限。

院联系，传输有关信息，办理该案件的人民检察院审核认可后，应当提供查询服务及查询账号。

第11条　辩护人、诉讼代理人因与当事人解除委托关系等原因丧失查询资格的，人民检察院应当及时注销其查询账号。

【法刊文摘】　检答网集萃66：如何理解《人民检察院案件信息公开工作规定》第8条规定的"查询"（检察日报2021年12月9日）

咨询内容（海南省检察院陈礼斌）：如何理解"查询"的含义？如果当事人及其法定代理人、近亲属、辩护人、诉讼代理人提出"阅看、摘抄、复制"以上法律文书，"阅看、摘抄、复制"是否属于"查询"范围？

解答摘要（最高检专家组）：此处"查询"应当解释为"查找、询问"，包含"阅看"，不包含"摘抄和复制"。理由如下：第一，根据文理解释，"查"的意思是"检查、调查、查访、查阅"，"询"意思是"询问、查询、质询、咨询"，"查询"的意思是"查找、查阅、询问"，不包含"摘抄、复制"。第二，根据论理解释，如果允许"摘抄、复制"，在相关法律条文中会进行明确规定。第三，第8条规定的相关法律文书未面向社会公开发布或暂未发布，允许当事人查阅足以保护当事人及其法定代理人、近亲属、辩护人、诉讼代理人的知情权，同时又可以避免引发不必要的舆情风险。

【司发通〔2022〕49号】　最高人民法院、最高人民检察院、公安部、司法部关于进一步深化刑事案件律师辩护全覆盖试点工作的意见（2022年10月12日）

10. 切实保障律师辩护权。……人民检察院作出退回补充侦查、延长审查起诉期限、提起公诉、不起诉等重大程序性决定，应当依法及时告知辩护律师，及时向辩护律师公开案件的流程信息。

【高检发办字〔2023〕28号】　最高人民检察院、司法部、中华全国律师协会关于依法保障律师执业权利的十条意见（2023年3月1日）

二、充分保障律师对案件办理重要程序性事项的知情权

人民检察院受理公安机关提请批准逮捕，作出退回补充侦查、改变管辖、提起公诉等重要程序性决定的，应当通过电话、短信、手机App信息推送等方式及时告知辩护律师。办案人员的姓名及联系方式也应向辩护律师提供。

【海警局令〔2023〕1号】　海警机构办理刑事案件程序规定（2023年5月15日审议通过，2023年6月15日起施行）（余文见本书第308条）

第40条　辩护律师向海警机构了解案件有关情况的，海警机构应当依法将犯罪嫌疑人涉嫌的罪名以及当时已查明的该罪的主要事实，犯罪嫌疑人被采取、变更、解除强制措施，延长侦查羁押期限等案件有关情况，告知接受委托或者指派的辩护律师，并记录在案。

【高检发〔2023〕4号】　最高人民法院、最高人民检察院、公安部、司法部关于办理性侵害未成年人刑事案件的意见（2023年5月24日印发，2023年6月1日起施行）（详见《刑法全厚细》第236条）

第13条　人民法院、人民检察院、公安机关办理性侵害未成年人刑事案件，除有碍案件办理的情形外，应当将案件进展情况、案件处理结果及时告知未成年被害人及其法定代理

人，并对有关情况予以说明。①

第14条　人民法院确定性侵害未成年人刑事案件开庭日期后，应当将开庭的时间、地点通知未成年被害人及其法定代理人。

【国安部令〔2024〕4号】　国家安全机关办理刑事案件程序规定（2024年4月26日公布，2024年7月1日起施行）

第50条　辩护律师向国家安全机关了解犯罪嫌疑人涉嫌的罪名以及当时已查明的该罪的主要事实，犯罪嫌疑人被采取、变更、解除强制措施的情况，国家安全机关延长侦查羁押期限等情况的，国家安全机关应当依法及时告知。

国家安全机关作出移送审查起诉决定的，应当依法及时告知辩护律师。

第49条②　【律师申诉权】 辩护人、诉讼代理人认为公安机关、人民检察院、人民法院及其工作人员阻碍其依法行使诉讼权利的，有权向同级或者上一级人民检察院申诉或者控告。人民检察院对申诉或者控告应当及时进行审查，情况属实的，通知有关机关予以纠正。

● **相关规定**　【法发〔2008〕14号】　最高人民法院、司法部关于充分保障律师依法履行辩护职责确保死刑案件办理质量的若干规定（2008年5月21日）

十二、法官应当严格按照法定诉讼程序进行审判活动，尊重律师的诉讼权利，认真听取控辩双方的意见，保障律师发言的完整性。对于律师发言过于冗长、明显重复或者与案件无关，或者在公开开庭审理中发言涉及国家秘密、个人隐私，或者进行人身攻击的，法官应当提醒或者制止。

十六、人民法院审理案件过程中，律师提出会见法官请求的，合议庭根据案件具体情况，可以在工作时间和办公场所安排会见、听取意见。会见活动，由书记员制作笔录，律师签名后附卷。

【六部委〔2012〕规定】　最高人民法院、最高人民检察院、公安部、国家安全部、司法部、全国人大常委会法制工作委员会关于实施刑事诉讼法若干问题的规定（2012年12月26日印发，2013年1月1日施行）

10. 刑事诉讼法第47条规定：“辩护人、诉讼代理人认为公安机关、人民检察院、人民法院及其工作人员阻碍其依法行使诉讼权利的，有权向同级或者上一级人民检察院申诉或者控告。人民检察院对申诉或者控告应当及时进行审查，情况属实的，通知有关机关予以纠正。”人民检察院受理辩护人、诉讼代理人的申诉或者控告后，应当在10日以内将处理情况书面答复提出申诉或者控告的辩护人、诉讼代理人。

【高检发〔2014〕21号】　最高人民检察院关于依法保障律师执业权利的规定（2014年12月16日最高检第12届检委会第32次会议通过，2014年12月23日印发施行；2004年2月10日《关于人民检察院保障律师在刑事诉讼中依法执业的规定》、2006年2月23日《关

---

① 注：本条规定保障了被害人的知情权，是法治的进步。
② 本条规定由2012年3月14日第11届全国人大常委会第5次会议增设，2013年1月1日施行。

于进一步加强律师执业权利保障工作的通知》同时废止。

第 11 条 人民检察院应当切实履行对妨碍律师依法执业的法律监督职责。律师根据刑事诉讼法第 47 条（注：现第 49 条）的规定，认为公安机关、人民检察院、人民法院及其工作人员阻碍其依法行使诉讼权利，向同级或者上一级人民检察院申诉或者控告的，接受申诉或者控告的人民检察院控告检察部门应当在受理后 10 日以内进行审查，情况属实的，通知有关机关或者本院有关部门、下级人民检察院予以纠正，并将处理情况书面答复律师；情况不属实的，应当将办理情况书面答复律师，并做好说明解释工作。人民检察院在办案过程中发现有阻碍律师依法行使诉讼权利行为的，应当依法提出纠正意见。

第 12 条 建立完善检察机关办案部门和检察人员违法行使职权行为记录、通报和责任追究制度。对检察机关办案部门或者检察人员在诉讼活动中阻碍律师依法行使会见权、阅卷权等诉讼权利的申诉或者控告，接受申诉或者控告的人民检察院控告检察部门应当立即进行调查核实，情节较轻的，应当提出纠正意见；具有违反规定扩大经许可会见案件的范围、不按规定时间答复是否许可会见等严重情节的，应当发出纠正通知书。通知后仍不纠正或者屡纠屡犯的，应当向纪检监察部门通报并报告检察长，由纪检监察部门依照有关规定调查处理，相关责任人构成违纪的给予纪律处分，并记入执法档案，予以通报。

【司发〔2015〕14 号】 最高人民法院、最高人民检察院、公安部、国家安全部、司法部关于依法保障律师执业权利的规定（2015 年 9 月 16 日）

第 41 条 律师认为办案机关及其工作人员明显违反法律规定，阻碍律师依法履行辩护、代理职责，侵犯律师执业权利的，可以向该办案机关或者其上一级机关投诉。

办案机关应当畅通律师反映问题和投诉的渠道，明确专门部门负责处理律师投诉，并公开联系方式。

办案机关应当对律师的投诉及时调查，律师要求当面反映情况的，应当当面听取律师的意见。经调查情况属实的，应当依法立即纠正，及时答复律师，做好说明解释工作，并将处理情况通报其所在地司法行政机关或者所属的律师协会。

第 42 条 在刑事诉讼中，律师认为办案机关及其工作人员的下列行为阻碍律师依法行使诉讼权利的，可以向同级或者上一级人民检察院申诉、控告：（一）未依法向律师履行告知、转达、通知和送达义务的；（二）办案机关认定律师不得担任辩护人、代理人的情形有误的；（三）对律师依法提出的申请，不接收、不答复的；（四）依法应当许可律师提出的申请未许可的；（五）依法应当听取律师的意见未听取的；（六）其他阻碍律师依法行使诉讼权利的行为。

律师依照前款规定提出申诉、控告的，人民检察院应当在受理后 10 日以内进行审查，并将处理情况书面答复律师。情况属实的，通知有关机关予以纠正。情况不属实的，做好说明解释工作。

人民检察院应当依法严格履行保障律师依法执业的法律监督职责，处理律师申诉控告。在办案过程中发现有阻碍律师依法行使诉讼权利行为的，应当依法、及时提出纠正意见。

第 43 条 办案机关或者其上一级机关、人民检察院对律师提出的投诉、申诉、控告，经调查核实后要求有关机关予以纠正，有关机关拒不纠正或者累纠累犯的，应当由相关机关的纪检监察部门依照有关规定调查处理，相关责任人构成违纪的，给予纪律处分。

第 44 条 律师认为办案机关及其工作人员阻碍其依法行使执业权利的，可以向其所在执业律师事务所所在地的市级司法行政机关、所属的律师协会申请维护执业权利。情况紧急的，可以向事发地的司法行政机关、律师协会申请维护执业权利。事发地的司法行政机关、律师协会应当给予协助。

司法行政机关、律师协会应当建立维护律师执业权利快速处置机制和联动机制，及时安排专人负责协调处理。律师的维权申请合法有据的，司法行政机关、律师协会应当建议有关办案机关依法处理，有关办案机关应当将处理情况及时反馈司法行政机关、律师协会。

司法行政机关、律师协会持有关证明调查核实律师权益保障或者违纪有关情况的，办案机关应当予以配合、协助，提供相关材料。

【司发通〔2017〕40号】 最高人民法院、最高人民检察院、公安部、国家安全部、司法部、中华全国律师协会关于建立健全维护律师执业权利快速联动处置机制的通知（2017年4月14日）

二、明确维护律师执业权利范围和途径

律师在执业过程中遇有以下情形，认为其执业权利受到侵犯的，可以向相关律师协会申请维护执业权利：（1）知情权、申请权、申诉权、控告权，以及会见、通信、阅卷、收集证据和发问、质证、辩论、提出法律意见等合法执业权利受到限制、阻碍、侵害、剥夺的；（2）受到侮辱、诽谤、威胁、报复、人身伤害的；（3）在法庭审理过程中，被违反规定打断或者制止按程序发言的；（4）被违反规定强行带出法庭的；（5）被非法关押、扣留、拘禁或者以其他方式限制人身自由的；（6）其他妨碍其依法履行辩护、代理职责，侵犯其执业权利的。

律师认为办案机关及其工作人员明显违反法律规定，阻碍律师依法履行辩护、代理职责，侵犯律师执业权利的，可以向办案机关或者其上一级机关投诉，向同级或者上一级人民检察院申诉、控告，向注册地的市级司法行政机关、所属的律师协会申请维护执业权利。律师向其他司法行政机关、律师协会提出申请的，相关司法行政机关、律师协会应当予以接待，并于24小时以内将其申请移交其注册地的市级司法行政机关、所属的律师协会。情况紧急的，应当即时移交。律师事务所执业权利受到侵犯的，可以按上述途径维护执业权利。

全国律协和各地律师协会应当于2017年第一季度建立维护律师执业权利中心，设立维护律师执业权利专门平台，并在官方网站、办公场所公布电话、来信来访地址，开设网上受理窗口，安排专人负责接待律师申请维权。

三、完善维护律师执业权利快速受理机制

所属的律师协会接到律师维权执业权利的申请或者司法行政机关、其他律师协会转来的申请后，应当立即进行审查。对符合相关规定，属于受理范围的，应当及时受理。对不属于受理范围的，应当向律师做好说明解释工作。

除在网上受理窗口申请外，律师向律师协会申请维护执业权利，应当提交书面申请书，并提供相关证据材料。情况紧急的，可以采用电话、电子邮件等方式提出申请。紧急情形消除后，应当补充提交申请书、相关证据材料等书面材料。律师协会受理律师维权申请，应当予以登记，详细记录律师信息、具体请求及请求所依据的事实、理由等。

各级人民法院监察部门、人民检察院控告检察部门、公安机关法制部门、国家安全机关法制部门负责受理律师投诉。各级人民检察院控告检察部门负责受理律师申诉或者控告。人民法院、人民检察院、公安机关、国家安全机关应当在官方网站、办公场所公开受理机构名称、电话、来信来访地址，安排专人负责维护律师执业权利受理工作。对于律师的投诉、申诉或者控告，有关单位应当及时受理并做好登记。

四、完善维护律师执业权利联动处理机制

所属的律师协会受理律师维护执业权利申请后，应当区别不同情况，及时作出处理：

（1）属于本律师协会处理范围的，应当于2个工作日以内将律师申请材料转交相关办案机关处理。情况紧急的，应当于24小时以内向有关办案机关反映。情况特别紧急，需要立即采取处理措施的，律师协会应当即时反映；

（2）对于律师异地执业时提出的维权申请，所属的律师协会应当根据不同情况，及时向行为发生地律师协会通报，请求予以协助。相关律师协会应当给予协助，并按照工作程序和时限要求通报相关办案机关予以处理；

（3）对于需要省级以上办案机关依法处理的维权申请，所属的律师协会应当提请省级以上律师协会予以协调处理。

办案机关应当在受理律师投诉或者接到有关律师协会反映的情况、移交的申请材料后立即开展调查，一般应于10日以内作出处理。情况属实的，应当依法立即纠正。人民检察院在受理律师申诉、控告后，应当立即进行审查，一般应于10日以内作出处理。情况属实的，应当通知有关机关立即予以纠正。

律师因依法执业受到人身伤害的，有关机关接到投诉或者发现后应当立即制止并依法处理，必要时对律师采取保护措施。

调查处理过程中，办案机关、司法行政机关和律师协会要加强沟通联动，及时协商解决有关问题。发现侵犯律师执业权利行为与律师违法违规执业相互交织的或者情况复杂、存在争议的，办案机关、司法行政机关和律师协会等可以组成联合调查组，及时准确查明事实。

律师协会在处理律师维护执业权利过程中遇到困难和问题，难以协调解决的，可以提请司法行政机关予以协调。遇到重大复杂问题或者侵犯律师执业权利的重大突发事件，司法行政机关应当依托律师工作联席会议制度，协调有关办案机关及时予以解决，必要时召开临时会议研究处理。

律师协会在维护律师执业权利过程中，可以与办案机关、司法行政机关沟通后，根据调查处理的实际情况，适时发声，表达关注，公布阶段性调查结果或者工作进展情况。对律师的投诉、申诉或控告作出调查处理并与办案机关、司法行政机关沟通后，必要时应当及时向社会披露调查处理结果。

五、及时反馈调查处理结果

律师向律师协会申请维护执业权利的，律师协会应当及时将工作进展情况反馈申请人。办案机关根据有关调查情况作出处理决定后，应当于2个工作日以内将处理决定以书面形式告知律师协会，律师协会应当及时反馈申请人。

律师直接向有关办案机关或者其上一级机关进行投诉、向人民检察院进行申诉或者控告的，办案机关或者人民检察院应当在作出处理决定后2个工作日以内将处理决定书面答复律师本人，并通报其注册地的司法行政机关或者所属的律师协会。

【律发通〔2017〕51号】　律师办理刑事案件规范（2017年8月27日第9届全国律协常务理事会第8次会议通过、即日施行，中华全国律师协会2017年9月20日印发）

第241条　律师参与刑事诉讼，依照《刑事诉讼法》及《律师法》的规定，在职责范围内依法享有知情权、申请权、申诉权，以及会见、阅卷、收集证据和发问、质证、辩论等方面的执业权利。任何机关不得阻碍律师依法履行辩护、代理职责，不得侵害律师合法权利。

第242条　律师认为办案机关及其工作人员有下列阻碍其依法行使执业权利、诉讼权利行为之一的，可以向同级或者上一级人民检察院申诉或者控告：（一）对律师提出的回避要求不予受理或者对不予回避决定不服的复议申请不予受理的；（二）未依法告知犯罪嫌疑人、被告人有权委托辩护人的；（三）未转达在押的或者被监视居住的犯罪嫌疑人、被告人委托辩护人的要求的；（四）应当通知而不通知法律援助机构为符合条件的犯罪嫌疑人、被告人或者被申请强制医疗的人指派律师提供辩护或者法律援助的；（五）在规定时间内不受理、不答复辩护人提出的变更强制措施申请或者解除强制措施要求的；（六）未依法告知辩护律师犯罪嫌疑人涉嫌的罪名和案件有关情况的；（七）违法限制辩护律师同在押、被监视居住的犯罪嫌疑人、被告人会见和通信的；（八）违法不允许辩护律师查阅、摘抄、复制本案的案卷材料的；（九）违法限制辩护律师收集、核实有关证据材料的；（十）没有正当理由不同意辩护律师提出的收集、调取证据或者通知证人出庭作证的申请，或者不答复、不说明理由的；（十一）未依法提交证明犯罪嫌疑人、被告人无罪或者罪轻的证据材料的；（十二）未依法听取律师的意见的；（十三）未依法将开庭的时间、地点及时通知律师的；（十四）未依法向律师及时送达案件的法律文书或者及时告知案件移送情况的；（十五）阻碍律师在法庭审理过程中依法发问、举证、质证、发表辩护或代理意见及行使其他诉讼权利的；（十六）其他阻碍律师依法行使诉讼权利的行为等。

第243条　庭审参加人员侵犯被告人的权利的，审判人员未按法律规定的程序、方式进行审理，辩护律师可以向法庭指出并要求予以纠正，也可以向同级或者上一级人民检察院申诉、控告。

第244条　律师可以在庭审中对程序性问题提出意见或异议。法庭决定驳回的，律师可以当庭提出复议。经复议后律师应当尊重法庭决定。律师坚持认为法庭决定不当的，可以提请法庭将其意见详细记入法庭笔录，作为上诉理由。休庭后律师可以视违法情形向同级或者上一级人民检察院申诉、控告。

第245条　律师认为被训诫、被带出法庭理由不当的，可以向上级人民法院申诉，也可以向人民检察院控告。

第246条　律师向人民检察院提出申诉或者控告后，可以要求人民检察院在10日以内将处理情况作出书面答复。逾期不答复的，可以向上级人民检察院申诉或者控告。

第247条　律师认为办案机关及其工作人员阻碍其依法行使执业权利的，可以向其注册地的市级司法行政机关、所属的律师协会申请维护执业权利。情况紧急的，可以向事发地的司法行政机关、律师协会申请维护执业权利。事发地的司法行政机关、律师协会应当给予协助。

第248条　律师在执业过程中遇有以下情形，认为其执业权利受到侵犯的，可以向相关律师协会申请维护执业权利：（一）知情权、申请权、申诉权，控告权，以及会见、通信、阅卷、收集证据和发问、质证、辩论、提出法律意见等合法执业权利受到限制、阻碍、侵害、剥夺的；（二）受到侮辱、诽谤、威胁、报复、人身伤害的；（三）在法庭审理过程中，被违反规定打断或者制止按程序发言的；（四）被违反规定强行带出法庭的；（五）被非法关押、扣留、拘禁或者以其他方式限制人身自由的；（六）其他妨碍依法履行辩护、代理职责，侵犯执业权利的。

第249条　律师认为办案机关及其工作人员明显违反法律规定，阻碍律师依法履行辩护、代理职责，侵犯律师执业权利的，可以向办案机关或者其上一级机关投诉；向同级或者上一级人民检察院申诉、控告；向注册地的市级司法行政机关、所属的律师协会申请维护执业权利。律师向事发地司法行政机关、律师协会提出申请的，相关司法行政机关、律师协会应当予以接待，并于24小时以内将其申请移交注册地的市级司法行政机关、所属律师协会。情况紧急的，应当即时移交。

【司发通〔2018〕36号】　最高人民法院、司法部关于依法保障律师诉讼权利和规范律师参与庭审活动的通知（2018年4月21日）

一、各级人民法院及其工作人员要尊重和保障律师诉讼权利，严格执行法定程序，平等对待诉讼各方，合理分配各方发问、质证、陈述和辩论、辩护的时间，充分听取律师意见。对于律师在法庭上就案件事实认定和法律适用的正常发问、质证和发表的辩护代理意见，法官不随意打断或者制止；但是，攻击党和国家政治制度、法律制度的，发表的意见已在庭前会议达成一致、与案件无关或者侮辱、诽谤、威胁他人，故意扰乱法庭秩序的，审判长或者独任审判员可以根据情况予以制止。律师明显以诱导方式发问，公诉人提出异议，审判长或者独任审判员审查确认后，可以制止。

三、法庭审理过程中，法官应当尊重律师，不得侮辱、嘲讽律师。审判长或者独任审判员认为律师在法庭审理过程中违反法庭规则、法庭纪律的，应当依法给予警告、训诫等，确有必要时可以休庭处置，除当庭攻击党和国家政治制度、法律制度等严重扰乱法庭秩序的，不采取责令律师退出法庭或者强行带出法庭措施。确需司法警察当庭对律师采取措施维持法庭秩序的，有关执法行为要规范、文明，保持必要、合理限度。律师被依法责令退出法庭、强行带出法庭或者被处以罚款后，具结保证书，保证服从法庭指令、不再扰乱法庭秩序的，经法庭许可，可以继续担任同一案件的辩护人、诉讼代理人；具有擅自退庭、无正当理由不按时出庭参加诉讼、被拘留或者具结保证书后再次被依法责令退出法庭、强行带出法庭的，不得继续担任同一案件的辩护人、诉讼代理人。人民法院应当对庭审活动进行全程录像或录音，对律师在庭审活动中违反法定程序的情形应当记录在案。

四、律师认为法官在审判过程中有违法违规行为的，可以向相关人民法院或其上一级人民法院监察部门投诉、举报，人民法院应当依法作出处理并及时处理情况答复律师本人，同时通报当地司法行政机关、律师协会。对社会高度关注的，应当公布结果。律师认为法官侵犯其诉讼权利的，应当在庭审结束后，向司法行政机关、律师协会申请维护执业权利，不得以维权为由干扰庭审的正常进行，不得通过网络以自己名义或通过其他人、媒体发表声明、公开信、敦促书等炒作案件。

六、司法行政机关应当会同人民法院、律师协会建立分级分类处理机制。对于发生在当地的律师维权和违法违规事件，由所在地人民法院、司法行政机关按有关要求依法及时作出处理，能即时纠正的应当依法立即纠正。对于跨区域的律师维权和违法违规事件，行为发生地司法行政机关发现律师涉嫌违法违规执业的，应当向注册地司法行政机关提出处罚意见和建议，注册地司法行政机关收到意见建议后应当立案调查，并将查处结果反馈行为发生地司法行政机关。行为发生地司法行政机关不同意处罚意见的，应当报共同上级司法行政机关审查。上级司法行政机关应当对两地司法行政机关意见和相关证据材料进行审查，提出处理意见。跨省（区、市）的律师维权与违规交织等重大复杂事件，可以由司法部会同最高人民法院、全国律协，必要时商请事件发生地的省（区、市）党委政法委牵头组成联合调查组，负责事件调查处理工作。省（区、市）内跨区域重大复杂事件参照上述做法办理。

七、重大敏感复杂案件开庭审理时，根据人民法院通知，对律师具有管理监督职责的司法行政机关或律师协会应当派员旁听，进行现场指导监督。

【高检发释字〔2019〕4号】　人民检察院刑事诉讼规则（2019年12月2日最高检第13届检委会第28次会议通过，2019年12月30日公布施行；高检发释字〔2012〕2号《规则（试行）》同时废止）

第57条　辩护人、诉讼代理人认为公安机关、人民检察院、人民法院及其工作人员具有下列阻碍其依法行使诉讼权利行为之一，向同级或者上一级人民检察院申诉或者控告的，人民检察院负责控告申诉检察的部门应当接受并依法办理，其他办案部门应当予以配合：（一）违反规定，对辩护人、诉讼代理人提出的回避要求不予受理或者对不予回避决定不服的复议申请不予受理的；（二）未依法告知犯罪嫌疑人、被告人有权委托辩护人的；（三）未转达在押或者被监视居住的犯罪嫌疑人、被告人委托辩护人的要求或者未转交其申请法律援助材料的；（四）应当通知而不通知法律援助机构为符合条件的犯罪嫌疑人、被告人或者申请强制医疗的人指派律师提供辩护或者法律援助的；（五）在规定时间内不受理、不答复辩护人提出的变更强制措施申请或者解除强制措施要求的；（六）未依法告知辩护律师犯罪嫌疑人涉嫌的罪名和案件有关情况的；（七）违法限制辩护律师同在押、被监视居住的犯罪嫌疑人、被告人会见和通信的；（八）违法不允许辩护律师查阅、摘抄、复制本案的案卷材料的；（九）违法限制辩护律师收集、核实有关证据材料的；（十）没有正当理由不同意辩护律师收集、调取证据或者通知证人出庭作证的申请，或者不答复、不说明理由的；（十一）未依法提交证明犯罪嫌疑人、被告人无罪或者罪轻的证据材料的；（十二）未依法听取辩护人、诉讼代理人意见的；（十三）未依法将开庭的时间、地点及时通知辩护人、诉讼代理人的；（十四）未依法向辩护人、诉讼代理人及时送达本案的法律文书或者及时告知案件移送情况的；（十五）阻碍辩护人、诉讼代理人在法庭审理过程中依法行使诉讼权利的；（十六）其他阻碍辩护人、诉讼代理人依法行使诉讼权利的。

（新增）对于直接向上一级人民检察院申诉或者控告的，上一级人民检察院可以交下级人民检察院办理，也可以直接办理。

辩护人、诉讼代理人认为看守所及其工作人员有阻碍其依法行使诉讼权利的行为，向人民检察院申诉或者控告的，由负责刑事执行检察的部门接受并依法办理；其他办案部门收到申诉或者控告的，应当及时移送负责刑事执行检察的部门。

第58条　辩护人、诉讼代理人认为其依法行使诉讼权利受到阻碍向人民检察院申诉或者控告的，人民检察院应当及时受理并调查核实，在10日以内办结并书面答复。情况属实的，通知有关机关或者本院有关部门、下级人民检察院予以纠正。

中共中央关于加强新时代检察机关法律监督工作的意见（2021年6月15日）

6.……加强保障律师执业权利法律监督，纠正阻碍律师依法行使诉讼权利的行为。……

【司发通〔2022〕49号】　最高人民法院、最高人民检察院、公安部、司法部关于进一步深化刑事案件律师辩护全覆盖试点工作的意见（2022年10月12日）

19. 值班律师的控告申诉。值班律师在提供法律帮助过程中，认为人民法院、人民检察院、公安机关及其工作人员明显违反法律规定，阻碍其依法提供法律帮助，侵犯律师执业权利的，有权向同级或者上一级人民检察院申诉或者控告。人民检察院对申诉或控告应当及时审查，情况属实的，通知有关机关予以纠正。

23. 强化律师权利保障。人民法院、人民检察院、公安机关、司法行政机关要切实保障辩护律师、值班律师各项权利，不得阻碍或变相阻碍辩护律师、值班律师依法行使诉讼权利。

【高检发办字〔2023〕28号】　最高人民检察院、司法部、中华全国律师协会关于依法保障律师执业权利的十条意见（2023年3月1日）

八、畅通权利救济渠道

律师认为人民检察院及其工作人员未严格执行本意见的，可以向该检察院或者上一级人民检察院提出控告申诉，也可以向所属律师协会反映，律师协会要及时将问题线索转交检察机关。人民检察院收到相关控告申诉或问题线索后，应当作为阻碍律师执业权利监督案件在第一时间受理，并于10日内办结并书面答复律师。对于律师提出的情况紧急、需要尽快办理的控告申诉，人民检察院一般应当在3个工作日内办理并答复律师。中华全国律师协会维护律师执业权利中心公布各地维权联系电话、联系人姓名，方便律师查询联系。

【海警局令〔2023〕1号】　海警机构办理刑事案件程序规定（2023年5月15日审议通过，2023年6月15日起施行）（余文见本书第308条）

第32条　海警机构应当保障辩护律师在侦查阶段依法从事下列执业活动：（一）向海警机构了解犯罪嫌疑人涉嫌的罪名和案件有关情况，提出意见；（二）与犯罪嫌疑人会见和通信，向犯罪嫌疑人了解案件有关情况；（三）为犯罪嫌疑人提供法律帮助、代理申诉、控告；（四）为犯罪嫌疑人申请变更强制措施。

【国安部令〔2024〕4号】　国家安全机关办理刑事案件程序规定（2024年4月26日公布，2024年7月1日起施行）

第49条　国家安全机关应当保障辩护律师在侦查阶段依法从事下列执业活动：（一）向国家安全机关了解犯罪嫌疑人涉嫌的罪名和案件有关情况，提出意见；（二）与犯罪嫌疑人会见和通信，向犯罪嫌疑人了解案件有关情况；（三）为犯罪嫌疑人提供法律帮助、代理申诉、控告；（四）为犯罪嫌疑人申请变更强制措施。

第66条　辩护律师认为国家安全机关及其工作人员明显违反法律规定、阻碍律师依法履行辩护职责、侵犯律师执业权利，向该国家安全机关或者其上一级国家安全机关投诉的，受理投诉的国家安全机关应当及时调查。辩护律师要求当面反映情况的，国家安全机关应当及时安排、当面听取辩护律师的意见。经调查情况属实的，应当依法立即纠正，及时答复辩护律师，做好说明解释工作，并将处理情况通报其所在地司法行政机关或者所属的律师协会。

第67条　国家安全机关对辩护律师提出的投诉、申诉、控告，经调查核实后要求有关办案部门予以纠正，办案部门拒不纠正或者累纠累犯的，应当依照有关规定调查处理，相关责任人构成违纪的，给予纪律处分。

第五章 证 据[①]

第 50 条[②] 【证据种类】可以用于证明案件事实的材料，都是证据。
证据包括：
（一）物证；
（二）书证；
（三）证人证言；
（四）被害人陈述；
（五）犯罪嫌疑人、被告人供述和辩解；
（六）鉴定意见；
（七）勘验、检查、辨认、侦查实验等笔录；
（八）视听资料、电子数据。
【证据审查】证据必须经过查证属实，才能作为定案的根据。
（插）**第 55 条（第 2 款）** 【证据确实充分条件】证据确实、充分，应当符合以下条件：[③]
（一）定罪量刑的事实都有证据证明；
（二）据以定案的证据均经法定程序查证属实；
（三）综合全案证据，对所认定事实已排除合理怀疑。

● **相关规定** 【法研字〔1964〕号】 最高人民法院关于刑事案件中证物保管问题的批复（1964 年 9 月 16 日答复四川高院"〔64〕法办秘字第 34 号"请示）[④]

一、刑事案件中的文字证明材料，如法医鉴定书、检举材料、照片等，应当订入诉讼卷宗，永久保存。

二、刑事案件中的证物，如凶器、血衣、妇女被奸污后流有精液的衣、裤等，应当开列清单附卷，并在证物上粘贴标笺，注明年度、档案，另放一处妥善保管，至少保存 15 年，以后如认为没有必要保存时，可造具清册，经院领导批准后销毁。

三、对于尸骨、尸体，经有关部门鉴定或照片附卷后，可按以下办法处理：如果死者亲属要求收回的，可予发还；如果死者亲属不收回的，可由司法机关埋葬，对今后确实不会再

---

① 本部分内容由 1996 年 3 月 17 日第 8 届全国人民代表大会第 4 次会议增加，1997 年 1 月 1 日施行。
② 本条规定先后 2 次修改。原规定（1980 年 1 月 1 日施行）为："证明案件真实情况的一切事实，都是证据。""证据有下列 6 种：（一）物证、书证；（二）证人证言；（三）被害人陈述；（四）被告人供述和辩解；（五）鉴定结论；（六）勘验、检查笔录。""以上证据必须经过查证属实，才能作为定案的根据。" 1996 年 3 月 17 日第 8 届全国人民代表大会第 4 次会议修改后（1997 年 1 月 1 日施行），证据种类增加了"（七）视听资料"。2012 年 3 月 14 日第 11 届全国人大常委会第 5 次会议修改为现规定（2013 年 1 月 1 日施行），证据种类增加了辨认、侦查实验等笔录、电子数据。
③ 本款规定由 2012 年 3 月 14 日第 11 届全国人大常委会第 5 次会议增设，2013 年 1 月 1 日施行。
④ 注：本《批复》一直未被废止。

用的尸骨、尸体，也可以采取其他适当办法予以处理。

【法发（研）〔1981〕号】　最高人民法院关于执行刑事诉讼法中若干问题的初步经验总结（1981年11月印发）①

三、关于证据的问题

（一）证据必须经过当庭查证属实

刑事诉讼法第31条规定："证据必须经过查证属实，才能作为定案的根据。"依照刑事诉讼法第116条的规定，人民法院对指控被告人犯罪的证据和被告人辩解的证据，都应当在法庭审理中进行查证，只有经过法庭查证核实的证据，才能作为定案的根据。在开庭审判前，审判人员可以对案件的事实和证据，进行调查核对，但不能以此代替开庭审判中的法庭调查。

根据刑事诉讼法第34条第二款规定的精神，对于涉及国家机密和个人隐私的证据应当保密，必要时，可以只宣读节录或结论性部分。

（三）证言与书证、物证

证人提出的书面证言，必须由证人本人签名、盖章或捺指印。国家机关、人民团体、企业、事业单位、人民公社等不能作为证人，它所提供的证明案件事实的文件、文书、档案等材料，属于书证或物证。

【高检发研字〔1999〕12号】　最高人民检察院关于CPS多道心理测试鉴定结论能否作为诉讼证据使用问题的批复（1999年9月10日答复四川省检"川检发研〔1999〕20号"请示）

CPS多道心理测试（俗称测谎）鉴定结论与刑事诉讼法规定的鉴定结论不同，不属于刑事诉讼法规定的证据种类。人民检察院办理案件，可以使用CPS多道心理测试鉴定结论帮助审查、判断证据，但不能将CPS多道心理测试鉴定结论作为证据使用。

【高检发研字〔2000〕6号】　最高人民检察院关于"骨龄鉴定"能否作为确定刑事责任年龄证据使用的批复（2000年2月21日答复宁夏回族自治区检察院）

犯罪嫌疑人不讲真实姓名、住址，年龄不明的，可以委托进行骨龄鉴定或其他科学鉴定，经审查，鉴定结论能够准确确定犯罪嫌疑人实施犯罪行为时的年龄的，可以作为判断犯罪嫌疑人年龄的证据使用。如果鉴定结论不能准确确定犯罪嫌疑人实施犯罪行为时的年龄，而且鉴定结论又表明犯罪嫌疑人年龄在刑法规定的应负刑事责任年龄上下的，应当依法慎重处理。

【高检发诉字〔2002〕17号】　最高人民检察院关于进一步加强公诉工作的决定（2002年9月12日）

4. 牢固树立证据意识，提高运用证据的能力和水平。公诉工作的核心，是审查证据判断案件性质，运用证据指控、证实犯罪。审查证据材料必须全面、客观，既要注意对犯罪嫌疑人、被告人有罪、罪重证据的审查，也要注意对无罪、罪轻证据的审查。

【法发〔2010〕20号】　最高人民法院、最高人民检察院、公安部、国家安全部、司法部关于办理死刑案件审查判断证据若干问题的规定（2010年6月13日印发，2010年7月1

---

① 注：该《经验总结》一直没有被废止，部分内容可作参考。

日施行；同文号印发《关于办理刑事案件排除非法证据若干问题的规定》，2010年7月1日施行)①

一、一般规定

第5条 办理死刑案件，对被告人犯罪事实的认定，必须达到证据确实、充分。

证据确实、充分是指：（一）定罪量刑的事实都有证据证明；（二）每一个定案的证据均已经法定程序查证属实；（三）证据与证据之间、证据与案件事实之间不存在矛盾或者矛盾得以合理排除；（四）共同犯罪案件中，被告人的地位、作用均已查清；（五）根据证据认定案件事实的过程符合逻辑和经验规则，由证得出的结论为唯一结论。

办理死刑案件，对于以下事实的证明必须达到证据确实、充分：（一）被指控的犯罪事实的发生；（二）被告人实施了犯罪行为与被告人实施犯罪行为的时间、地点、手段、后果以及其他情节；（三）影响被告人定罪的身份情况；（四）被告人有刑事责任能力；（五）被告人的罪过；（六）是否共同犯罪及被告人在共同犯罪中的地位、作用；（七）对被告人从重处罚的事实。

二、证据的分类审查与认定

（一）物证、书证

第6条 对物证、书证应当着重审查以下内容：（一）物证、书证是否为原物、原件，物证的照片、录像或者复制品及书证的副本、复制件与原物、原件是否相符；物证、书证是否经过辨认、鉴定；物证的照片、录像或者复制品和书证的副本、复制件是否由2人以上制作，有无制作人关于制作过程及原件、原物存放于何处的文字说明及签名。（二）物证、书证的收集程序、方式是否符合法律及有关规定；经勘验、检查、搜查提取、扣押的物证、书证，是否附有相关笔录或者清单；笔录或者清单是否有侦查人员、物品持有人、见证人签名，没有物品持有人签名的，是否注明原因；对物品的特征、数量、质量、名称等注明是否清楚。（三）物证、书证在收集、保管及鉴定过程中是否受到破坏或者改变。（四）物证、书证与案件事实有无关联。对现场遗留与犯罪有关的具备检验鉴定条件的血迹、指纹、毛发、体液等生物物证、痕迹、物品，是否通过DNA鉴定、指纹鉴定等鉴定方式与被告人或者被害人的相应生物检材、生物特征、物品等作同一认定。（五）与案件事实有关联的物证、书证是否全面收集。

第7条 对在勘验、检查、搜查中发现与案件事实可能有关联的血迹、指纹、足迹、字迹、毛发、体液、人体组织等痕迹和物品应当提取而没有提取，应当检验而没有检验，导致案件事实存疑的，人民法院应当向人民检察院说明情况，人民检察院依法可以补充收集、调取证据，作出合理的说明或者退回侦查机关补充侦查，调取有关证据。

第8条 据以定案的物证应当是原物。只有在原物不便搬运、不易保存或者依法应当由有关部门保管、处理或者依法应当返还时，才可以拍摄或者制作足以反映原物外形或者内容的照片、录像或者复制品。物证的照片、录像或者复制品，经与原物核实无误或者经鉴定证明为真实的，或者以其他方式确能证明其真实的，可以作为定案的根据。原物的照片、录像或者复制品，不能反映原物的外形和特征的，不能作为定案的根据。

---

① 根据"法发〔2010〕20号"《通知》，办理其他刑事案件，参照《关于办理死刑案件审查判断证据若干问题的规定》执行。

据以定案的书证应当是原件。只有在取得原件确有困难时，才可以使用副本或者复制件。书证的副本、复制件，经与原件核实无误或者经鉴定证明为真实的，或者以其他方式确能证明其真实的，可以作为定案的根据。书证有更改或者更改迹象不能作出合理解释的，书证的副本、复制件不能反映书证原件及其内容的，不能作为定案的根据。

第10条 具备辨认条件的物证、书证应当交由当事人或者证人进行辨认，必要时应当进行鉴定。

（七）视听资料

第27条 对视听资料应当着重审查以下内容：（一）视听资料的来源是否合法，制作过程中当事人有无受到威胁、引诱等违反法律及有关规定的情形；（二）是否载明制作人或者持有人的身份，制作的时间、地点和条件以及制作方法；（三）是否为原件，有无复制及复制份数；调取的视听资料是复制件的，是否附有无法调取原件的原因、制作过程和原件存放地点的说明，是否有制作人和原视听资料持有人签名或者盖章；（四）内容和制作过程是否真实，有无经过剪辑、增加、删改、编辑等伪造、变造情形；（五）内容与案件事实有无关联性。

对视听资料有疑问的，应当进行鉴定。

对视听资料，应当结合案件其他证据，审查其真实性和关联性。

第28条 具有下列情形之一的视听资料，不能作为定案的根据：（一）视听资料经审查或者鉴定无法确定真伪的；（二）对视听资料的制作和取得的时间、地点、方式等有异议，不能作出合理解释或者提供必要证明的。

（八）其他规定

第29条 对于电子邮件、电子数据交换、网上聊天记录、网络博客、手机短信、电子签名、域名等电子证据，应当主要审查以下内容：（一）该电子证据存储磁盘、存储光盘等可移动存储介质是否与打印件一并提交；（二）是否载明该电子证据形成的时间、地点、对象、制作人、制作过程及设备情况等；（三）制作、储存、传递、获得、收集、出示等程序和环节是否合法，取证人、制作人、持有人、见证人等是否签名或者盖章；（四）内容是否真实，有无剪裁、拼凑、篡改、添加等伪造、变造情形；（五）该电子证据与案件事实有无关联性。

对电子证据有疑问的，应当进行鉴定。

对电子证据，应当结合案件其他证据，审查其真实性和关联性。

第31条 对侦查机关出具的破案经过等材料，应当审查是否有出具该说明材料的办案人、办案机关的签字或者盖章。

对破案经过有疑问，或者对确定被告人有重大嫌疑的根据有疑问的，应当要求侦查机关补充说明。

【公通字〔2011〕14号】 最高人民法院、最高人民检察院、公安部、国家安全部、工业和信息化部、中国人民银行、中国银行业监督管理委员会关于办理流动性团伙性跨区域性犯罪案件有关问题的意见（2011年5月1日施行）

第6条 办案地公安机关跨区域调取犯罪嫌疑人、被告人的户籍证明，可以通过公安机关信息化应用系统获取，加盖本地公安机关印章。调取时不得少于2人，并应当记载调取的时间、使用的电脑等相关信息，经审核证明真实的，可以作为诉讼证据。

有下列情形之一的，应当调取原始户籍证明，但犯罪嫌疑人、被告人没有户籍或者真实姓名无法查明的除外：（一）犯罪嫌疑人、被告人可能是未满18周岁或者已满75周岁人的；（二）可能判处5年有期徒刑以上刑罚的；（三）犯罪嫌疑人、被告人、被害人、辩护人和诉讼代理人对采取本条第1款规定方式所调取的户籍证明提出异议的。

【高检发诉字〔2015〕号】 **刑事公诉案件证据审查指引**（经最高检检委会各委员审核，最高检公诉厅2015年7月公布；关于犯罪主体的证据审查部分）[1]

一、证明自然人犯罪主体的证据

（一）个人身份证据：1. 居民身份证、临时居住证、工作证、护照、港澳居民来往内地通行证、台湾居民来往大陆通行证、中华人民共和国旅行证以及边民证；2. 户口簿、微机户口卡或公安部门出具的户籍证明等；3. 个人履历表或入学、入伍、招工、招干等登记表；4. 出生医学证明；5. 犯罪嫌疑人、被告人的供述；6. 有关人员（如亲属、邻居等）关于犯罪嫌疑人、被告人情况的证言。

通过以上证据证明：自然人的姓名（曾用名）、性别、出生年月日、居民身份证号码、民族、籍贯、出生地、职业、住所地等情况。

对可能判处死刑的犯罪嫌疑人、被告人，犯罪时年龄为18周岁左右或者已满75周岁的，应当尽可能查明准确年龄。

（二）前科证据：1. 刑事判决书、裁定书；2. 释放证明书、假释证明书；3. 不起诉决定书；4. 行政处罚决定书；5. 其他证明材料。

（三）国籍的认定：审查起诉犯罪案件时，应当查明犯罪嫌疑人、被告人的国籍。外国人的国籍，以其入境时的有效证件证明。对于没有护照的，可根据边民证认定其国籍。此外，根据有关国家有权管理机关出具证明材料（同时附有我国司法机关的《委托函》或者能够证明该证据取证合法的证明材料），也可以认定其国籍。国籍不明的，可请我国出入境管理部门或者我国驻外使领馆予以协助查明。无法查明国籍的，以无国籍人论。无国籍人，按外国人对待。

（四）刑事责任能力的确定：犯罪嫌疑人、被告人的言行举止反映其可能患有精神性疾病的，应当尽量收集能够证明其精神状况的证据。证人证言可作为证明犯罪嫌疑人、被告人刑事责任能力的证据。经查，不能排除犯罪嫌疑人、被告人具有精神性疾病可能性的，应当作司法精神病鉴定。

二、证明单位犯罪主体的证据

证明单位犯罪主体，应主要提供证明单位性质的证据：1. 证明国家机关、事业单位、社会团体性质的相应法律文件机关、团体法人代码；2. 企业法人营业执照、法人工商注册登记证明、法人设立证明、税务登记证、享受税收减免优惠政策的有关证明、办公地和主要营业地证明、法定代表人等。从事特殊行业的，应当有相应的批文或"许可证"；3. 单位内部组织的有关合同、章程及协议书等，证明单位的组织形式、直接负责的主管人员和其他直接责任人员的证据；4. 银行账号证明、注册资料、年检情况、审计或清理证明等证明单位管理情况及资产收益、流向、处分等情况的证据；5. 单位已经被撤销的，应有其主管单位出具的证明；6. 其他证明单位的相关材料。

---

[1] 最高人民检察院公诉厅编：《刑事公诉案件证据审查指引》，中国检察出版社2015年版。

【法〔2015〕382号】　最高人民法院、最高人民检察院、公安部、司法部刑事案件速裁程序试点工作座谈会纪要（二）（2015年11月20日在北京召开，2015年12月22日印发）

8.适当简化取证规程。通过中国公安信息网获取的户籍信息、违法犯罪记录、出入境信息、在逃人员信息等材料，下载打印后由2名以上的侦查人员签字并加盖县级以上公安机关印章的，可以作为证据使用。

需要异地公安机关代为核实情况、调查取证，或者异地办理查询、查封、扣押、冻结或者解除冻结与犯罪有关的财物、文件的，办案地县级以上公安机关可以通过有关办案协作平台提出协查请求，或者将相关的法律文书、办案协作函件和工作证件电传至协作地相应层级公安机关。协作地公安机关应当在3个工作日内派员办理，并通过电传、邮寄等方式及时反馈办理结果及相关法律文书原件或者复印件。除办理扣押外，办案地公安机关可以不派员前往协作地。协作地公安机关反馈的法律文书为复印件的，办案地公安机关应当加盖本机关印章。

涉案财物有有效价格证明的，根据有效价格证明认定涉案财物价值；无有效价格证明，或者根据价格证明认定犯罪数额明显不合理的，应当按照有关规定委托估价机构估价。对与案件有关、性质不能确定、数量较大或者成批的需要取样检验的物品，经县级以上公安机关负责人批准，可以抽样取证。

【法发〔2016〕18号】　最高人民法院、最高人民检察院、公安部、国家安全部、司法部关于推进以审判为中心的刑事诉讼制度改革的意见（2016年7月20日）

二、（第1款）严格按照法律规定的证据裁判要求，没有证据不得认定犯罪事实。侦查机关侦查终结，人民检察院提起公诉，人民法院作出有罪判决，都应当做到犯罪事实清楚，证据确实、充分。

（第2款）侦查机关、人民检察院应当按照裁判的要求和标准收集、固定、审查、运用证据，人民法院应当按照法定程序认定证据，依法作出裁判。

【法发〔2016〕22号】　最高人民法院、最高人民检察院、公安部关于办理刑事案件收集提取和审查判断电子数据若干问题的规定（2016年9月20日印发，2016年10月1日施行）

一、一般规定

第1条　电子数据是案件发生过程中形成的，以数字化形式存储、处理、传输的，能够证明案件事实的数据。

电子数据包括但不限于下列信息、电子文件：（一）网页、博客、微博客、朋友圈、贴吧、网盘等网络平台发布的信息；（二）手机短信、电子邮件、即时通信、通讯群组等网络应用服务的通信信息；（三）用户注册信息、身份认证信息、电子交易记录、通信记录、登录日志等信息；（四）文档、图片、音视频、数字证书、计算机程序等电子文件。

以数字化形式记载的证人证言、被害人陈述以及犯罪嫌疑人、被告人供述和辩解等证据，不属于电子数据。确有必要的，对相关证据的收集、提取、移送、审查，可以参照适用本规定。

第2条　侦查机关应当遵守法定程序，遵循有关技术标准，全面、客观、及时地收集、提取电子数据；人民检察院、人民法院应当围绕真实性、合法性、关联性审查判断电子数据。

第3条　人民法院、人民检察院和公安机关有权依法向有关单位和个人收集、调取电子数据。有关单位和个人应当如实提供。

第4条　电子数据涉及国家秘密、商业秘密、个人隐私的，应当保密。

第5条　对作为证据使用的电子数据，应当采取以下1种或者几种方法保护电子数据的完整性：（一）扣押、封存电子数据原始存储介质；（二）计算电子数据完整性校验值；（三）制作、封存电子数据备份；（四）冻结电子数据；（五）对收集、提取电子数据的相关活动进行录像；（六）其他保护电子数据完整性的方法。

第6条　初查过程中收集、提取的电子数据，以及通过网络在线提取的电子数据，可以作为证据使用。

二、电子数据的收集与提取

第7条　收集、提取电子数据，应当由2名以上侦查人员进行。取证方法应当符合相关技术标准。

第8条　收集、提取电子数据，能够扣押电子数据原始存储介质的，应当扣押、封存原始存储介质，并制作笔录，记录原始存储介质的封存状态。

封存电子数据原始存储介质，应当保证在不解除封存状态的情况下，无法增加、删除、修改电子数据。封存前后应当拍摄被封存原始存储介质的照片，清晰反映封口或者张贴封条处的状况。

封存手机等具有无线通信功能的存储介质，应当采取信号屏蔽、信号阻断或者切断电源等措施。

第9条　具有下列情形之一，无法扣押原始存储介质的，可以提取电子数据，但应当在笔录中注明不能扣押原始存储介质的原因、原始存储介质的存放地点或者电子数据的来源等情况，并计算电子数据的完整性校验值：（一）原始存储介质不便封存的；（二）提取计算机内存数据、网络传输数据等不是存储在存储介质上的电子数据的；（三）原始存储介质位于境外的；（四）其他无法扣押原始存储介质的情形。

对于原始存储介质位于境外或者远程计算机信息系统上的电子数据，可以通过网络在线提取。

为进一步查明有关情况，必要时，可以对远程计算机信息系统进行网络远程勘验。进行网络远程勘验，需要采取技术侦查措施的，应当依法经过严格的批准手续。

第10条　由于客观原因无法或者不宜依据第8条、第9条的规定收集、提取电子数据的，可以采取打印、拍照或者录像等方式固定相关证据，并在笔录中说明原因。

第11条　具有下列情形之一的，经县级以上公安机关负责人或者检察长批准，可以对电子数据进行冻结：（一）数据量大，无法或者不便提取的；（二）提取时间长，可能造成电子数据被篡改或者灭失的；（三）通过网络应用可以更为直观地展示电子数据的；（四）其他需要冻结的情形。

第12条　冻结电子数据，应当制作协助冻结通知书，注明冻结电子数据的网络应用账号等信息，送交电子数据持有人、网络服务提供者或者有关部门协助办理。解除冻结的，应当在3日内制作协助解除冻结通知书，送交电子数据持有人、网络服务提供者或者有关部门协助办理。

冻结电子数据，应当采取以下一种或者几种方法：（一）计算电子数据的完整性校验值；（二）锁定网络应用账号；（三）其他防止增加、删除、修改电子数据的措施。

第13条　调取电子数据，应当制作调取证据通知书，注明需要调取电子数据的相关信息，通知电子数据持有人、网络服务提供者或者有关部门执行。

第14条　收集、提取电子数据，应当制作笔录，记录案由、对象、内容、收集、提取电子数据的时间、地点、方法、过程，并附电子数据清单，注明类别、文件格式、完整性校验值等，由侦查人员、电子数据持有人（提供人）签名或者盖章；电子数据持有人（提供人）无法签名或者拒绝签名的，应当在笔录中注明，由见证人签名或者盖章。有条件的，应当对相关活动进行录像。

第15条　收集、提取电子数据，应当根据刑事诉讼法的规定，由符合条件的人员担任见证人。由于客观原因无法由符合条件的人员担任见证人的，应当在笔录中注明情况，并对相关活动进行录像。

针对同一现场多个计算机信息系统收集、提取电子数据的，可以由1名见证人见证。

第16条　对扣押的原始存储介质或者提取的电子数据，可以通过恢复、破解、统计、关联、比对等方式进行检查。必要时，可以进行侦查实验。

电子数据检查，应当对电子数据存储介质拆封过程进行录像，并将电子数据存储介质通过写保护设备接入到检查设备进行检查；有条件的，应当制作电子数据备份，对备份进行检查；无法使用写保护设备且无法制作备份的，应当注明原因，并对相关活动进行录像。

电子数据检查应当制作笔录，注明检查方法、过程和结果，由有关人员签名或者盖章。进行侦查实验的，应当制作侦查实验笔录，注明侦查实验的条件、经过和结果，由参加实验的人员签名或者盖章。

第17条　对电子数据涉及的专门性问题难以确定的，由司法鉴定机构出具鉴定意见，或者由公安部指定的机构出具报告。对于人民检察院直接受理的案件，也可以由最高人民检察院指定的机构出具报告。

具体办法由公安部、最高人民检察院分别制定。

三、电子数据的移送与展示

第18条　收集、提取的原始存储介质或者电子数据，应当以封存状态随案移送，并制作电子数据的备份一并移送。

对网页、文档、图片等可以直接展示的电子数据，可以不随案移送打印件；人民法院、人民检察院因设备等条件限制无法直接展示电子数据的，侦查机关应当随案移送打印件，或者附展示工具和展示方法说明。

对冻结的电子数据，应当移送被冻结电子数据的清单，注明类别、文件格式、冻结主体、证据要点、相关网络应用账号，并附查看工具和方法的说明。

第19条　对侵入、非法控制计算机信息系统的程序、工具以及计算机病毒等无法直接展示的电子数据，应当附电子数据属性、功能等情况的说明。

对数据统计量、数据同一性等问题，侦查机关应当出具说明。

第20条　公安机关报请人民检察院审查批准逮捕犯罪嫌疑人，或者对侦查终结的案件移送人民检察院审查起诉的，应当将电子数据等证据一并移送人民检察院。人民检察院在审查批准逮捕和审查起诉过程中发现应当移送的电子数据没有移送或者移送的电子数据不符合相关要求的，应当通知公安机关补充移送或者进行补正。

对于提起公诉的案件，人民法院发现应当移送的电子数据没有移送或者移送的电子数据不符合相关要求的，应当通知人民检察院。

公安机关、人民检察院应当自收到通知后3日内移送电子数据或者补充有关材料。

第21条　控辩双方向法庭提交的电子数据需要展示的，可以根据电子数据的具体类型，借助多媒体设备出示、播放或者演示。必要时，可以聘请具有专门知识的人进行操作，并就相关技术问题作出说明。

四、电子数据的审查与判断

第22条　对电子数据是否真实，应当着重审查以下内容：（一）是否移送原始存储介质；在原始存储介质无法封存、不便移动时，有无说明原因，并注明收集、提取过程及原始存储介质的存放地点或者电子数据的来源等情况；（二）电子数据是否具有数字签名、数字证书等特殊标识；（三）电子数据的收集、提取过程是否可以重现；（四）电子数据如有增加、删除、修改等情形的，是否附有说明；（五）电子数据的完整性是否可以保证。

第23条　对电子数据是否完整，应当根据保护电子数据完整性的相应方法进行验证：（一）审查原始存储介质的扣押、封存状态；（二）审查电子数据的收集、提取过程，查看录像；（三）比对电子数据完整性校验值；（四）与备份的电子数据进行比较；（五）审查冻结后的访问操作日志；（六）其他方法。

第24条　对收集、提取电子数据是否合法，应当着重审查以下内容：（一）收集、提取电子数据是否由2名以上侦查人员进行，取证方法是否符合相关技术标准；（二）收集、提取电子数据，是否附有笔录、清单，并经侦查人员、电子数据持有人（提供人）、见证人签名或者盖章；没有持有人（提供人）签名或者盖章的，是否注明原因；对电子数据的类别、文件格式等是否注明清楚；（三）是否依照有关规定由符合条件的人员担任见证人，是否对相关活动进行录像；（四）电子数据检查是否将电子数据存储介质通过写保护设备接入到检查设备；有条件的，是否制作电子数据备份，并对备份进行检查；无法制作备份且无法使用写保护设备的，是否附有录像。

第25条　认定犯罪嫌疑人、被告人的网络身份与现实身份的同一性，可以通过核查相关IP地址、网络活动记录、上网终端归属、相关证人证言以及犯罪嫌疑人、被告人供述和辩解等进行综合判断。

认定犯罪嫌疑人、被告人与存储介质的关联性，可以通过核查相关证人证言以及犯罪嫌疑人、被告人供述和辩解等进行综合判断。

第26条　公诉人、当事人或者辩护人、诉讼代理人对电子数据鉴定意见有异议，可以申请人民法院通知鉴定人出庭作证。人民法院认为鉴定人有必要出庭的，鉴定人应当出庭作证。

经人民法院通知，鉴定人拒不出庭作证的，鉴定意见不得作为定案的根据。对没有正当理由拒不出庭作证的鉴定人，人民法院应当通报司法行政机关或者有关部门。

公诉人、当事人或者辩护人、诉讼代理人可以申请法庭通知有专门知识的人出庭，就鉴定意见提出意见。

对电子数据涉及的专门性问题的报告，参照适用前3款规定。

第27条　电子数据的收集、提取程序有下列瑕疵，经补正或者作出合理解释的，可以采用；不能补正或者作出合理解释的，不得作为定案的根据：（一）未以封存状态移送的；（二）笔录或者清单上没有侦查人员、电子数据持有人（提供人）、见证人签名或者盖章的；

（三）对电子数据的名称、类别、格式等注明不清的；（四）有其他瑕疵的。

第28条 电子数据具有下列情形之一的，不得作为定案的根据：（一）电子数据系篡改、伪造或者无法确定真伪的；（二）电子数据有增加、删除、修改等情形，影响电子数据真实性的；（三）其他无法保证电子数据真实性的情形。

五、附则

第29条 本规定中下列用语的含义：

（一）存储介质，是指具备数据信息存储功能的电子设备、硬盘、光盘、优盘、记忆棒、存储卡、存储芯片等载体。

（二）完整性校验值，是指为防止电子数据被篡改或者破坏，使用散列算法等特定算法对电子数据进行计算，得出的用于校验数据完整性的数据值。

（三）网络远程勘验，是指通过网络对远程计算机信息系统实施勘验，发现、提取与犯罪有关的电子数据，记录计算机信息系统状态，判断案件性质，分析犯罪过程，确定侦查方向和范围，为侦查破案、刑事诉讼提供线索和证据的侦查活动。

（四）数字签名，是指利用特定算法对电子数据进行计算，得出的用于验证电子数据来源和完整性的数据值。

（五）数字证书，是指包含数字签名并对电子数据来源、完整性进行认证的电子文件。

（六）访问操作日志，是指为审查电子数据是否被增加、删除或者修改，由计算机信息系统自动生成的对电子数据访问、操作情况的详细记录。

【法发〔2016〕32号】 最高人民法院、最高人民检察院、公安部关于办理电信网络诈骗等刑事案件适用法律若干问题的意见（2016年12月19日签发，2016年12月20日发布）

六、证据的收集和审查判断

（一）办理电信网络诈骗案件，确因被害人人数众多等客观条件的限制，无法逐一收集被害人陈述的，可以结合已收集的被害人陈述，以及经查证属实的银行账户交易记录、第三方支付结算账户交易记录、通话记录、电子数据等证据，综合认定被害人人数及诈骗资金数额等犯罪事实。

（二）公安机关采取技术侦查措施收集的案件证明材料，作为证据使用的，应当随案移送批准采取技术侦查措施的法律文书和所收集的证据材料，并对其来源等作出书面说明。

【高检发诉二字〔2018〕1号】 人民检察院办理死刑第二审案件和复核监督工作指引（试行）（2018年1月11日最高检第12届检委会第72次会议通过，2018年3月31日印发）

第12条 **【对鉴定意见的审查】**对鉴定意见应当重点审查以下内容：（1）鉴定机构和鉴定人是否具有法定资质，鉴定人是否存在应当回避的情形；（2）检材的收集、取得、保管、送检是否符合法律及有关规定，与相关提取笔录、扣押物品清单等记载的内容是否相符，检材是否充足、可靠；（3）鉴定程序是否符合法律及有关规定，鉴定的过程和方法是否符合相关专业的规范要求，鉴定意见是否告知被告人和被害人及其法定代理人或者近亲属；（4）鉴定意见形式要件是否完备，鉴定意见是否明确，鉴定意见与案件待证事实有无关联，鉴定意见与勘验、检查笔录及相关照片等其他证据是否矛盾，鉴定意见是否存在无法排除的合理怀疑，检验分析是否科学、全面；（5）有利于被告人和不利于被告人的鉴定意见是否移送。

第13条 **【对勘验、检查笔录的审查】**对勘验、检查笔录应当重点审查以下内容：（1）勘验、检查是否依法进行，笔录的制作是否符合法律及有关规定，勘验、检查人员和见证人是否签名或者盖章；(2) 勘验、检查笔录的内容是否全面、详细、准确、规范，文字记载与实物或者绘图、录像、照片是否相符，固定证据的形式、方法是否科学、规范，现场、物品、痕迹等是否被破坏或者伪造，人身特征、伤害情况、生理状况有无伪装或者变化；(3) 补充进行勘验、检查的，前后勘验、检查的情况是否有矛盾，是否说明了再次勘验、检查的理由；(4) 勘验、检查笔录中记载的情况与被告人供述、被害人陈述、鉴定意见等其他证据能否印证，有无矛盾。

第 15 条　【对技术侦查措施收集证据的审查】侦查机关采取技术侦查措施收集的物证、书证、电子数据等证据材料没有移送，影响定罪量刑的，检察人员可以要求侦查机关将相关证据材料连同批准采取技侦措施的法律文书一并移送，必要时可以到侦查机关技术侦查部门核查原始证据。

【穗南法〔2018〕37 号】　广州市南沙区人民法院（广东自由贸易区南沙片区人民法院）互联网电子数据证据举证、认证规程（试行）（2018 年 5 月 1 日试行）①

第 1 条　本规程所称互联网电子数据证据，是指当事人在民商事诉讼过程中向法院提交的，在互联网环境中使用短信、电子邮件、QQ、微信、支付宝或者其他具备通讯、支付功能的软件所产生的，能够有形地表现所载内容，并可以随时调取查用的数据信息（以下简称电子证据），包括但不限于：(一) 使用通讯功能生成的对话记录，包括文字、静态和动态图片、文本文件、音频、视频、网络链接；(二) 使用微信朋友圈功能发布的文字、图片、音频、视频、网络链接，其中文字包括评论和点赞；(三) 使用支付、转账、红包功能产生的支付转账信息。

第 2 条　当事人对自己主张的事实可以提供电子证据予以证明。法官应结合案件的其他相关证据对电子证据的证明力进行认定。

第 3 条　当事人应当在法庭上出示电子证据的原始载体，包括储存有电子证据的手机、计算机或者其他电子设备。符合以下条件的其他电子证据载体，也视为满足法律、法规规定的原件形式要求：(一) 能够有效地表现所载内容并可供随时调取查用；(二) 能够可靠地保证自最终形成时起，内容保持完整、未被更改的。

第 4 条　当事人提供电子证据的，应当采用截图、拍照或录音、录像等方式对内容进行固定，并将相应图片的纸质打印件、音频、视频的储存载体（U 盘、光盘）编号后提交法院，其中：
(一) 提供微信、支付宝、QQ 通讯记录作为证据的，当事人应当对用户个人信息界面进行截图固定。
(二) 电子证据中包含音频的，当事人应当提交与音频内容一致的文字文本。
(三) 电子证据中包含视频的，当事人应当提交备份视频后的储存载体。
(四) 电子证据中包含图片、文本文件的，当事人应当提交图片、文本文件的打印件。

第 5 条　电子证据的内容或者固定过程已经公证机关公证的，当事人应当向法庭提供公证书。

电子证据的内容或固定过程未经公证机关公证的，法官应当指引其进行公证，并释明未经公证的电子证据可能会存在不能获得法院采纳的诉讼风险。

---

① 本规程被媒体称为国内首件互联网证据规定，本书收录以供参考。

第 6 条　电子证据的内容、固定过程未经公证机关公证，或虽经公证但法院认为有必要的，当事人应当在法庭上使用电子设备等原始载体，借助互联网登录相应软件展示电子证据内容，与提交的固定电子证据形成的图片、音频、视频进行核对。展示电子证据的设备应当由提交该证据的当事人自行提供。

不具备当庭核对条件的，法院可以另行指定时间、地点核对。

第 7 条　当事人无法通过当庭登录互联网的方式出示电子证据的，经法院准许，当事人可以对固定电子证据形成的图片、音频、视频进行质证，但辨识图片、音频、视频内容存在困难的除外。

第 8 条　登录软件出示电子证据时，按以下步骤进行展示，并与固定电子证据形成的图片、音频、视频进行一致性核对，书记员记录核对结果：

（一）出示微信、QQ：（1）由账户持有人登录微信、QQ，展示登录所使用的账户名称；（2）在通讯录中查找对方用户并点击查看个人信息，展示个人信息界面显示的备注名称、昵称、微信号、QQ 号、手机号等具有身份指向性的内容；（3）在个人信息界面点击"发消息"进入通讯对话框，对对话过程中生成的信息内容逐一展示，对文本文件、图片、音频、视频、转账或者发红包内容，应当点击打开展示。

（二）出示电子邮件：（1）由电子邮箱账户持有人登录进入电子邮箱，展示电子邮箱的地址；（2）点击所要出示的电子邮件，展示对方电子邮箱地址以及电子邮件内容。

（三）出示短信：由手机持有人登录短信界面，点击相应短信展示对方手机号码及短信内容，同时应当明确本方手机号码。

（四）出示支付宝：（1）支付宝用户登录支付宝软件，点击"我的"菜单，展示本方支付宝账号、身份认证信息；（2）在支付宝通讯录中查找对方用户并点击查看个人信息，展示对方支付宝账户名称及真实姓名；（3）在个人信息界面点击"发消息"进入通讯对话框，对对话过程中生成的信息内容逐一展示，对图片、音频、视频、转账或者发红包内容，应当点击打开展示；（4）展示转账信息的，点击通讯对话框中的聊天详情——查看转账记录，展示转账支付信息。出示其他具备通讯、支付功能的软件，应当参照以上方式进行展示、核对。

第 9 条　经核对，固定电子证据形成的图片、音频、视频与原件存在不一致情形的，当事人应当说明合理理由，理由成立的，法院可要求在指定期限内重新提交固定成的证据材料。

第 10 条　对当事人主张的通讯双方身份，对方不予认可且现有证据不足以证明的，当事人应当提供能够证明身份的其他证据予以佐证，否则对主张的用户身份不予采信。

第 11 条　有证据证明电子证据中用户个人信息界面显示的手机号系当事人主张的用户使用的，应当对主张的用户身份予以采信。

第 12 条　支付宝用户个人信息中显示已经实名认证的真实姓名，并且与当事人主张的用户信息一致的，应当对主张的支付宝用户身份予以采信。

第 13 条　对当事人主张的对方用户身份，对方予以认可，但否认相关软件是用户本人使用的，应当提供相应证据予以证明。

第 14 条　当事人出示了电子证据原件，对方认可用户身份，但认为所展示的内容不真实或存在删减、篡改的，应当提供本方持有的电子证据原件作为相反证据，否则可以对原电子证据予以采信。如对方提供的相反证据能够反映当事人提供的原电子证据内容存在删减、篡改，对原电子证据相应部分内容不予采信。

第15条　当事人提供的电子证据属于对话记录的（包括文字、音频、视频），应当完整地反映对话过程。有证据证明当事人选择性提供，且影响案件事实认定的，可以要求当事人补充提供指定期间内的完整对话记录。

【主席令〔2018〕3号】　中华人民共和国监察法（2018年3月20日第13届全国人大第1次会议通过，同日公布施行）

第33条（第2款）　监察机关在收集、固定、审查、运用证据时，应当与刑事审判关于证据的要求和标准相一致。

【国监委公告〔2021〕1号】　监察法实施条例（2021年7月20日国家监委全体会议决定，2021年9月20日公布施行）

第59条（第1款）　可以用于证明案件事实的材料都是证据，包括：（一）物证；（二）书证；（三）证人证言；（四）被害人陈述；（五）被调查人陈述、供述和辩解；（六）鉴定意见；（七）勘验检查、辨认、调查实验等笔录；（八）视听资料、电子数据。

第60条　监察机关认定案件事实应当以证据为根据，全面、客观地收集、固定被调查人有无违法犯罪以及情节轻重的各种证据，形成相互印证、完整稳定的证据链。

只有被调查人陈述或者供述，没有其他证据的，不能认定案件事实；没有被调查人陈述或者供述，证据符合法定标准的，可以认定案件事实。

第61条　证据必须经过查证属实，才能作为定案的根据。审查认定证据，应当结合案件的具体情况，从证据与待证事实的关联程度、各证据之间的联系、是否依照法定程序收集等方面进行综合判断。

第62条　监察机关调查终结的职务违法案件，应当事实清楚、证据确凿。证据确凿，应当符合下列条件：（一）定性处置的事实都有证据证实；（二）定案证据真实、合法；（三）据以定案的证据之间不存在无法排除的矛盾；（四）综合全案证据，所认定事实清晰且令人信服。

第63条　监察机关调查终结的职务犯罪案件，应当事实清楚，证据确实、充分。证据确实、充分，应当符合下列条件：（一）定罪量刑的事实都有证据证明；（二）据以定案的证据均经法定程序查证属实；（三）综合全案证据，对所认定事实已排除合理怀疑。

证据不足的，不得移送人民检察院审查起诉。

【公安部令〔2020〕159号】　公安机关办理刑事案件程序规定（2020年7月4日第3次部务会议修订，2020年7月20日公布，2020年9月1日施行）

第64条　收集、调取的物证应当是原物。只有在原物不便搬运、不易保存或者依法应当由有关部门保管、处理或者依法应当返还时，才可以拍摄或者制作足以反映原物外形或者内容的照片、录像或者复制品。

物证的照片、录像或者复制品经与原物核实无误或者经鉴定证明为真实的，或者以其他方式确能证明其真实的，可以作为证据使用。原物的照片、录像或者复制品，不能反映原物的外形和特征的，不能作为证据使用。

第65条　收集、调取的书证应当是原件。只有在取得原件确有困难时，才可以使用副本或者复制件。

书证的副本、复制件，经与原件核实无误或者经鉴定证明为真实的，或者以其他方式确能证明其真实的，可以作为证据使用。书证有更改或者更改迹象不能作出合理解释的，或者书证的副本、复制件不能反映书证原件及其内容的，不能作为证据使用。

第66条 收集、调取电子数据，能够扣押电子数据原始存储介质的，应当扣押原始存储介质，并制作笔录，予以封存。

确因客观原因无法扣押原始存储介质的，可以现场提取或者网络在线提取电子数据。无法扣押原始存储介质，也无法现场提取或者网络在线提取的，可以采取打印、拍照或者录音录像等方式固定相关证据，并在笔录中注明原因。

收集、调取的电子数据，足以保证完整性，无删除、修改、增加等情形的，可以作为证据使用。经审查无法确定真伪，或者制作、取得的时间、地点、方式等有疑问，不能提供必要证明或者作出合理解释的，不能作为证据使用。

第67条 物证的照片、录像或者复制品，书证的副本、复制件，视听资料、电子数据的复制件，应当附有关制作过程及原件、原物存放处的文字说明，并由制作人和物品持有人或者物品持有单位有关人员签名。

第69条 需要查明的案件事实包括：（一）犯罪行为是否存在；（二）实施犯罪行为的时间、地点、手段、后果以及其他情节；（三）犯罪行为是否为犯罪嫌疑人实施；（四）犯罪嫌疑人的身份；（五）犯罪嫌疑人实施犯罪行为的动机、目的；（六）犯罪嫌疑人的责任以及与其他同案人的关系；（七）犯罪嫌疑人有无法定从重、从轻、减轻处罚以及免除处罚的情节；（八）其他与案件有关的事实。

【公通字〔2020〕14号】 最高人民法院、最高人民检察院、公安部办理跨境赌博犯罪案件若干问题的意见（2020年10月16日印发）

七、关于跨境赌博犯罪案件证据的收集和审查判断

（一）公安机关、人民检察院、人民法院在办理跨境赌博犯罪案件中应当注意对电子证据的收集、审查判断。公安机关应当遵守法定程序，遵循有关技术标准，全面、客观、及时收集、提取电子证据；人民检察院、人民法院应当围绕真实性、合法性、关联性审查判断电子证据。

公安机关、人民检察院、人民法院收集、提取、固定、移送、展示、审查、判断电子证据应当严格依照《最高人民法院、最高人民检察院、公安部关于办理刑事案件收集提取和审查判断电子数据若干问题的规定》《最高人民法院、最高人民检察院、公安部关于办理网络犯罪案件适用刑事诉讼程序若干问题的意见》的规定进行。

（二）公安机关采取技术侦查措施收集的证据材料，能够证明案件事实的，应当随案移送，并移送批准采取技术侦查措施的法律文书。

【高检发办字〔2021〕3号】 人民检察院办理网络犯罪案件规定（2020年12月14日最高检第13届检委会第57次会议通过，2021年1月22日印发）

第27条 电子数据是以数字化形式存储、处理、传输的，能够证明案件事实的数据，主要包括以下形式：（一）网页、社交平台、论坛等网络平台发布的信息；（二）手机短信、电子邮件、即时通信、通讯群组等网络通讯信息；（三）用户注册信息、身份认证信息、数字签名、生物识别信息等用户身份信息；（四）电子交易记录、通信记录、浏览记录、操作记录、程序安装、运行、删除记录等用户行为信息；（五）恶意程序、工具软件、网站源代码、运行脚本等行为工具信息；（六）系统日志、应用程序日志、安全日志、数据库日志等

系统运行信息；（七）文档、图片、音频、视频、数字证书、数据库文件等电子文件及其创建时间、访问时间、修改时间、大小等文件附属信息。

第28条　电子数据取证主要包括以下方式：收集、提取电子数据；电子数据检查和侦查实验；电子数据检验和鉴定。

收集、提取电子数据可以采取以下方式：（一）扣押、封存原始存储介质；（二）现场提取电子数据；（三）在线提取电子数据；（四）冻结电子数据；（五）调取电子数据。

第29条　人民检察院办理网络犯罪案件，应当围绕客观性、合法性、关联性的要求对电子数据进行全面审查。注重审查电子数据与案件事实之间的多元关联，加强综合分析，充分发挥电子数据的证明作用。

第30条　对电子数据是否客观、真实，注重审查以下内容：（一）是否移送原始存储介质，在原始存储介质无法封存、不便移动时，是否说明原因，并注明相关情况；（二）电子数据是否有数字签名、数字证书等特殊标识；（三）电子数据的收集、提取过程及结果是否可以重现；（四）电子数据有增加、删除、修改等情形，是否附有说明；（五）电子数据的完整性是否可以保证。

第31条　对电子数据是否完整，注重审查以下内容：（一）原始存储介质的扣押、封存状态是否完好；（二）比对电子数据完整性校验值是否发生变化；（三）电子数据的原件与备份是否相同；（四）冻结后的电子数据是否生成新的操作日志。

第32条　对电子数据的合法性，注重审查以下内容：（一）电子数据的收集、提取、保管的方法和过程是否规范；（二）查询、勘验、扣押、调取、冻结等的法律手续是否齐全；（三）勘验笔录、搜查笔录、提取笔录等取证记录是否完备；（四）是否由符合法律规定的取证人员、见证人、持有人（提供人）等参与，因客观原因没有见证人、持有人（提供人）签名或者盖章的，是否说明原因；（五）是否按照有关规定进行同步录音录像；（六）对于收集、提取的境外电子数据是否符合国（区）际司法协作及相关法律规定的要求。

第33条　对电子数据的关联性，注重审查以下内容：（一）电子数据与案件事实之间的关联性；（二）电子数据及其存储介质与案件当事人之间的关联性。

第34条　原始存储介质被扣押封存的，注重从以下方面审查扣押封存过程是否规范：（一）是否记录原始存储介质的品牌、型号、容量、序列号、识别码、用户标识等外观信息，是否与实物一一对应；（二）是否封存或者计算完整性校验值，封存前后是否拍摄被封存原始存储介质的照片，照片是否清晰反映封口或者张贴封条处的状况；（三）是否由取证人员、见证人、持有人（提供人）签名或者盖章。

第35条　对原始存储介质制作数据镜像予以提取固定的，注重审查以下内容：（一）是否记录原始存储介质的品牌、型号、容量、序列号、识别码、用户标识等外观信息，是否记录原始存储介质的存放位置、使用人、保管人；（二）是否附有制作数据镜像的工具、方法、过程等必要信息；（三）是否计算完整性校验值；（四）是否由取证人员、见证人、持有人（提供人）签名或者盖章。

第36条　提取原始存储介质中的数据内容并予以固定的，注重审查以下内容：（一）是否记录原始存储介质的品牌、型号、容量、序列号、识别码、用户标识等外观信息，是否记录原始存储介质的存放位置、使用人、保管人；（二）所提取数据内容的原始存储路径、提取的工具、方法、过程等信息，是否一并提取相关的附属信息、关联痕迹、系统环境等信息；（三）是否计算完整性校验值；（四）是否由取证人员、见证人、持有人（提供人）签名或者盖章。

第37条 对于在线提取的电子数据，注重审查以下内容：（一）是否记录反映电子数据来源的网络地址、存储路径或者数据提取时的进入步骤等；（二）是否记录远程计算机信息系统的访问方式、电子数据的提取日期和时间、提取的工具、方法等信息，是否一并提取相关的附属信息、关联痕迹、系统环境等信息；（三）是否计算完整性校验值；（四）是否由取证人员、见证人、持有人（提供人）签名或者盖章。

对可能无法重复提取或者可能出现变化的电子数据，是否随案移送反映提取过程的拍照、录像、截屏等材料。

第38条 对冻结的电子数据，注重审查以下内容：（一）冻结手续是否符合规定；（二）冻结的电子数据是否与案件事实相关；（三）冻结期限是否即将到期、有无必要继续冻结或者解冻；（四）冻结期间电子数据是否被增加、删除、修改等。

第39条 对调取的电子数据，注重审查以下内容：（一）调取证据通知书是否注明所调取的电子数据的相关信息；（二）被调取单位、个人是否在通知书回执上签名或者盖章；（三）被调取单位、个人拒绝签名、盖章的，是否予以说明；（四）是否计算完整性校验值或者以其他方法保证电子数据的完整性。

第40条 对电子数据进行检查、侦查实验，注重审查以下内容：（一）是否记录检查过程、检查结果和其他需要记录的内容，并由检查人员签名或者盖章；（二）是否记录侦查实验的条件、过程和结果，并由参加侦查实验的人员签名或者盖章；（三）检查、侦查实验使用的电子设备、网络环境等是否与发案现场一致或者基本一致；（四）是否使用拍照、录像、录音、通信数据采集等一种或者多种方式客观记录检查、侦查实验过程。

第41条 对电子数据进行检验、鉴定，注重审查以下内容：（一）鉴定主体的合法性。包括审查司法鉴定机构、司法鉴定人员的资质，委托鉴定事项是否符合司法鉴定机构的业务范围，鉴定人员是否存在回避等情形；（二）鉴定材料的客观性。包括鉴定材料是否真实、完整、充分，取得方式是否合法，是否与原始电子数据一致；（三）鉴定方法的科学性。包括鉴定方法是否符合国家标准、行业标准，方法标准的选用是否符合相关规定；（四）鉴定意见的完整性。是否包含委托人、委托时间、检材信息、鉴定或者分析论证过程、鉴定结果以及鉴定人签名、日期等内容；（五）鉴定意见与其他在案证据能否相互印证。

对于鉴定机构以外的机构出具的检验、检测报告，可以参照本条规定进行审查。

第62条 本规定中下列用语的含义：

（一）信息网络，包括以计算机、电视机、固定电话机、移动电话机等电子设备为终端的计算机互联网、广播电视网、固定通信网、移动通信网等信息网络，以及局域网络；

（二）存储介质，是指具备数据存储功能的电子设备、硬盘、光盘、优盘、记忆棒、存储芯片等载体；

（三）完整性校验值，是指为防止电子数据被篡改或者破坏，使用散列算法等特定算法对电子数据进行计算，得出的用于校验数据完整性的数据值；

（四）数字签名，是指利用特定算法对电子数据进行计算，得出的用于验证电子数据来源和完整性的数据值；

（五）数字证书，是指包含数字签名并对电子数据来源、完整性进行认证的电子文件；

（六）生物识别信息，是指计算机利用人体所固有的生理特征（包括人脸、指纹、声纹、虹膜、DNA 等）或者行为特征（步态、击键习惯等）来进行个人身份识别的信息；

（七）运行脚本，是指使用一种特定的计算机编程语言，依据符合语法要求编写的执行指定操作的可执行文件；

（八）数据镜像，是指二进制（0101 排序的数据码流）相同的数据复制件，与原件的内容无差别；

（九）MAC 地址，是指计算机设备中网卡的唯一标识，每个网卡有且只有一个 MAC 地址。

第 61 条　人民检察院办理网络犯罪案件适用本规定，本规定没有规定的，适用其他相关规定。

第 63 条　人民检察院办理国家安全机关、海警机关、监狱等移送的网络犯罪案件，适用本规定和其他相关规定。

【法释〔2021〕1 号】　最高人民法院关于适用《中华人民共和国刑事诉讼法》的解释
（2020 年 12 月 7 日最高法审委会〔1820 次〕修订，2021 年 1 月 26 日公布，2021 年 3 月 1 日施行；2013 年 1 月 1 日施行的"法释〔2012〕21 号"《解释》同时废止）

第 69 条　认定案件事实，必须以证据为根据。

第 70 条　审判人员应当依照法定程序收集、审查、核实、认定证据。

第 71 条　证据未经当庭出示、辨认、质证等法庭调查程序查证属实，不得作为定案的根据，<u>但法律和本解释另有规定的除外</u>。

第 72 条　应当运用证据证明的案件事实包括：（一）被告人、被害人的身份；（二）被指控的犯罪是否存在；（三）被指控的犯罪是否为被告人所实施；（四）被告人有无刑事责任能力，有无罪过，实施犯罪的动机、目的；（五）实施犯罪的时间、地点、手段、后果以及案件起因等；（六）<u>是否系共同犯罪或者犯罪事实存在关联，以及被告人在犯罪中的地位、作用</u>；（七）被告人有无从重、从轻、减轻、免除处罚情节；（八）有关涉案财物处理的事实；（九）有关附带民事诉讼的事实；（十）有关管辖、回避、延期审理等的程序事实；（十一）与定罪量刑有关的其他事实。

认定被告人有罪和对被告人从重处罚，适用证据确实、充分的证明标准。

第 82 条　对物证、书证应当着重审查以下内容：

（一）物证、书证是否为原物、原件，是否经过辨认、鉴定；物证的照片、录像、复制品或者书证的副本、复制件是否与原物、原件相符，是否由 2 人以上制作，有无制作人关于制作过程以及原物、原件存放于何处的文字说明和签名；

（二）物证、书证的收集程序、方式是否符合法律、有关规定；经勘验、检查、搜查提取、扣押的物证、书证，是否附有相关笔录、清单，笔录、清单是否经<u>调查人员或者侦查人员</u>、物品持有人、见证人签名，没有<u>物品持有人</u>签名的，是否注明原因；物品的名称、特征、数量、质量等是否注明清楚；

（三）物证、书证在收集、保管、鉴定过程中是否受损或者改变；

（四）物证、书证与案件事实有无关联；对现场遗留与犯罪有关的具备鉴定条件的血迹、体液、毛发、指纹等生物样本、痕迹、物品，是否已作 DNA 鉴定、指纹鉴定等，并与被告人或者被害人的相应生物特征、物品等比对；

（五）与案件事实有关联的物证、书证是否全面收集。

第83条 据以定案的物证应当是原物。原物不便搬运、不易保存、依法应当返还或者依法应当由有关部门保管、处理的，可以拍摄、制作足以反映原物外形和特征的照片、录像、复制品。必要时，审判人员可以前往保管场所查看原物。

物证的照片、录像、复制品，不能反映原物的外形和特征的，不得作为定案的根据。

物证的照片、录像、复制品，经与原物核对无误、经鉴定或者以其他方式确认真实的，可以作为定案的根据。

第84条 据以定案的书证应当是原件。取得原件确有困难的，可以使用副本、复制件。

对书证的更改或者更改迹象不能作出合理解释，或者书证的副本、复制件不能反映原件及其内容的，不得作为定案的根据。

书证的副本、复制件，经与原件核对无误、经鉴定或者以其他方式确认真实的，可以作为定案的根据。

第108条 对视听资料应当着重审查以下内容：（一）是否附有提取过程的说明，来源是否合法；（二）是否为原件，有无复制及复制份数；是复制件的，是否附有无法调取原件的原因、复制件制作过程和原件存放地点的说明，制作人、原视听资料持有人是否签名或者盖章；（三）制作过程中是否存在威胁、引诱当事人等违反法律、有关规定的情形；（四）是否写明制作人、持有人的身份，制作的时间、地点、条件和方法；（五）内容和制作过程是否真实，有无剪辑、增加、删改等情形；（六）内容与案件事实有无关联。

对视听资料有疑问的，应当进行鉴定。

第109条 视听资料、电子数据具有下列情形之一的，不得作为定案的根据：（一）系篡改、伪造或者无法确定真伪的；（二）制作、取得的时间、地点、方式等有疑问，不能提供必要证明或者作出合理解释的。

第110条① 对电子数据是否真实，应当着重审查以下内容：（一）是否移送原始存储介质；在原始存储介质无法封存、不便移动时，有无说明原因，并注明收集、提取过程及原始存储介质的存放地点或者电子数据的来源等情况；（二）是否具有数字签名、数字证书等特殊标识；（三）收集、提取的过程是否可以重现；（四）如有增加、删除、修改等情形的，是否附有说明；（五）完整性是否可以保证。

第111条 对电子数据是否完整，应当根据保护电子数据完整性的相应方法进行审查、验证：（一）审查原始存储介质的扣押、封存状态；（二）审查电子数据的收集、提取过程，查看录像；（三）比对电子数据完整性校验值；（四）与备份的电子数据进行比较；（五）审查冻结后的访问操作日志；（六）其他方法。

---

① 注：第110~112条分别从真实性、完整性、合法性对电子数据进行审查，由2012年《解释》（2013年1月1日施行）第93条修改而成。原第93条规定为："对电子邮件、电子数据交换、网上聊天记录、博客、微博客、手机短信、电子签名、域名等电子数据，应当着重审查以下内容：（一）是否原始存储介质移送；在原始存储介质无法封存、不便移动或者依法应当由有关部门保管、处理、返还时，提取、复制电子数据是否由2人以上进行，是否足以保证电子数据的完整性，有无提取、复制过程及原始存储介质存放地点的文字说明和签名；（二）收集程序、方式是否符合法律及有关技术规范；经勘验、检查、搜查等侦查活动收集的电子数据，是否附有笔录、清单，并经侦查人员、电子数据持有人、见证人签名；没有持有人签名的，是否注明原因；远程调取域外或者异地的电子数据，是否注明相关情况；对电子数据的规格、类别、文件格式等注明是否清楚；（三）电子数据内容是否真实，有无删除、修改、增加等情形；（四）电子数据与案件事实有无关联；（五）与案件事实有关联的电子数据是否全面收集。""对电子数据有疑问的，应当进行鉴定或者检验。"

第 112 条　对收集、提取电子数据是否合法，应当着重审查以下内容：（一）收集、提取电子数据是否由 2 名以上调查人员、侦查人员进行，取证方法是否符合相关技术标准；（二）收集、提取电子数据，是否附有笔录、清单，并经调查人员、侦查人员、电子数据持有人、提供人、见证人签名或者盖章；没有签名或者盖章的，是否注明原因；对电子数据的类别、文件格式等是否注明清楚；（三）是否依照有关规定由符合条件的人员担任见证人，是否对相关活动进行录像；（四）采用技术调查、侦查措施收集、提取电子数据的，是否依法经过严格的批准手续；（五）进行电子数据检查的，检查程序是否符合有关规定。

第 139 条　对证据的真实性，应当综合全案证据进行审查。

对证据的证明力，应当根据具体情况，从证据与待证案件事实的关联程度、证据之间的联系等方面进行审查判断。

证据之间具有内在联系，共同指向同一待证事实，不存在无法排除的矛盾和无法解释的疑问的，才能作为定案的根据。

第 140 条　没有直接证据，但间接证据同时符合下列条件的，可以认定被告人有罪：（一）证据已经查证属实；（二）证据之间相互印证，不存在无法排除的矛盾和无法解释的疑问；（三）全案证据形成完整的证据链①；（四）根据证据认定案件事实足以排除合理怀疑，结论具有唯一性；（五）运用证据进行的推理符合逻辑和经验。

第 142 条　对监察机关、侦查机关出具的被告人到案经过、抓获经过等材料，应当审查是否有出具该说明材料的办案人员、办案机关的签名、盖章。

对到案经过、抓获经过或者确定被告人有重大嫌疑的根据有疑问的，应当通知人民检察院②补充说明。

第 143 条　下列证据应当慎重使用，有其他证据印证的，可以采信：

（二）与被告人有亲属关系或者其他密切关系的证人所作的有利于被告人的证言，或者与被告人有利害冲突的证人所作的不利于被告人的证言。

第 144 条　证明被告人自首、坦白、立功的证据材料，没有加盖接受被告人投案、坦白、检举揭发等的单位的印章，或者接受人员没有签名的，不得作为定案的根据。

对被告人及其辩护人提出有自首、坦白、立功的事实和理由，有关机关未予认定，或者有关机关提出被告人有自首、坦白、立功表现，但证据材料不全的，人民法院应当要求有关机关提供证明材料，或者要求有关人员作证，并结合其他证据作出认定。

第 145 条　证明被告人具有累犯、毒品再犯情节等的证据材料，应当包括前罪的裁判文书、释放证明等材料；材料不全的，应当通知人民检察院③提供。

第 146 条　审查被告人实施被指控的犯罪时或者审判时是否达到相应法定责任年龄，应当根据户籍证明、出生证明文件、学籍卡、人口普查登记、无利害关系人的证言等证据综合判断。

证明被告人已满 12 周岁、14 周岁、16 周岁、18 周岁或者不满 75 周岁的证据不足的，应当认定被告人不满十四周岁、不满十六周岁、不满十八周岁或者已满七十五周岁作出有利于被告人的认定。

---

① 注：本部分内容 2012 年《解释》（2013 年 1 月 1 日施行）规定为"已经形成完整的证明体系"。
② 注：本部分内容 2012 年《解释》（2013 年 1 月 1 日施行）规定为"要求侦查机关"。
③ 注：本部分内容 2012 年《解释》（2013 年 1 月 1 日施行）规定为"要求有关机关"。

【法发〔2022〕23号】　最高人民法院、最高人民检察院、公安部关于办理信息网络犯罪案件适用刑事诉讼程序若干问题的意见（2022年8月26日印发，2022年9月1日施行；2014年5月4日公通字〔2014〕10号《意见》同时废止）

14. 公安机关跨地域调查取证向网络服务提供者调取电子数据的，应当制作调取证据通知书，注明需要调取的电子数据的相关信息。可以将办案协作函和调取证据通知书及相关法律文书及凭证电传或者可以采用数据电文形式。跨地域调取电子数据的，可以通过公安机关信息化系统传输相关数据电文至协作地公安机关。协作地公安机关经审查确认，在传来的法律文书上加盖本地公安机关印章后，可以代为调查取证。

（新增）网络服务提供者向公安机关提供电子数据，可以采用数据电文形式。采用数据电文形式提供电子数据的，应当保证电子数据的完整性，并制作电子证明文件，载明调证法律文书编号、单位电子公章、完整性校验值等保护电子数据完整性方法的说明等信息。

（新增）数据电文形式的法律文书和电子证明文件，应当使用电子签名、数字水印等方式保证完整性。

20. （第1款）对针对或者组织、教唆、帮助不特定多数人实施的办理信息网络犯罪案件，对于数量特别众多且具有同类性质、特征或者功能的物证、书证、证人证言、被害人陈述、视听资料、电子数据等证据材料，确因客观条件限制无法逐一收集相关言词证据的，可以根据记录被害人数、被侵害的计算机信息系统数量、涉案资金数额等犯罪事实的电子数据、书证等证据材料，应当按照一定比例或者数量选取证据，并对选取情况作出说明和论证。

21. 对于涉案人数特别众多的信息网络犯罪案件，确因客观条件限制无法收集证据逐一证明、逐人核实涉案账户的资金来源，但根据银行账户、非银行支付账户等交易记录和其他证据材料，足以认定有关账户主要用于接收、流转涉案资金的，可以按照该账户接收的资金数额认定犯罪数额，但犯罪嫌疑人、被告人能够作出合理说明的除外。案外人提出异议的，应当依法审查。

【海警局令〔2023〕1号】　海警机构办理刑事案件程序规定（2023年5月15日审议通过，2023年6月15日起施行）（余文见本书第308条）

第48条　可以用于证明案件事实的材料，都是证据。

证据包括：（一）物证；（二）书证；（三）证人证言；（四）被害人陈述；（五）犯罪嫌疑人供述和辩解；（六）鉴定意见；（七）勘验、检查、侦查实验、搜查、查封、扣押、提取、辨认等笔录；（八）视听资料、电子数据。

证据必须经过查证属实，才能作为认定案件事实的根据。

第53条　收集、调取的物证应当是原物。只有在原物不便搬运、不易保存或者依法应当由有关部门保管、处理或者依法应当返还时，才可以拍摄或者制作足以反映原物外形或者内容的照片、录像或者复制品。

物证的照片、录像、复制品，经与原物核对无误、经鉴定或者以其他方式确认真实的，可以作为证据使用。原物的照片、录像、复制品，不能反映原物的外形和特征的，不得作为证据使用。

第54条　收集、调取的书证应当是原件。只有在取得原件确有困难时，才可以使用副本或者复制件。

书证的副本、复制件，经与原件核对无误、经鉴定或者以其他方式确认真实的，可以作为证据使用。书证有更改或者更改迹象不能作出合理解释的，或者书证的副本、复制件不能反映书证原件及其内容的，不得作为证据使用。

第55条　电子数据是案件发生过程中形成的，以数字化形式存储、处理、传输的，能够证明案件事实的数据。电子数据包括但不限于下列信息、电子文件：（一）电子海图、船舶航行轨迹等信息；（二）网页、博客、微博客、朋友圈、贴吧、网盘等网络平台发布的信息；（三）手机短信、电子邮件、即时通信、通讯群组等网络应用服务的通信信息；（四）用户注册信息、身份认证信息、电子交易记录、通信记录、登录日志等信息；（五）文档、图片、音视频、数字证书、计算机程序等电子文件。

第56条　收集、调取电子数据，能够扣押电子数据原始存储介质的，应当扣押原始存储介质，并制作笔录，予以封存。

确因客观原因无法扣押原始存储介质的，可以现场提取或者网络在线提取电子数据。无法扣押原始存储介质，也无法现场提取或者网络在线提取的，可以采取打印、拍照或者录音录像等方式固定相关证据，并在笔录中注明原因。

收集、调取的电子数据，足以保证完整性，无删除、修改、增加等情形的，可以作为证据使用。经审查无法确定真伪，或者制作、取得的时间、地点、方式等有疑问，不能提供必要证明或者作出合理解释的，不得作为证据使用。

第57条　物证的照片、录像、复制品，书证的副本、复制件，视听资料、电子数据的复制件，应当附有关制作过程及原件、原物存放处的文字说明，并由制作人和物品持有人或者持有单位有关人员签名。

第58条　需要查明的案件事实主要包括：（一）犯罪行为是否存在；（二）实施犯罪行为的时间、地点、手段、后果以及其他情节；（三）犯罪行为是否为犯罪嫌疑人实施；（四）犯罪嫌疑人的身份；（五）犯罪嫌疑人实施犯罪行为的动机、目的；（六）犯罪嫌疑人的责任以及与其他同案人的关系；（七）犯罪嫌疑人有无法定从重、从轻、减轻处罚以及免除处罚的情节；（八）其他与案件有关的事实。

第59条　海警机构移送审查起诉的案件，应当做到犯罪事实清楚，证据确实、充分。

证据确实、充分，应当符合以下条件：（一）认定的案件事实都有证据证明；（二）认定案件事实的证据均经法定程序查证属实；（三）综合全案证据，对所认定事实已排除合理怀疑。

对证据的审查，应当结合案件的具体情况，从各证据与待证事实的关联程度、各证据之间的联系等方面进行审查判断。

只有犯罪嫌疑人供述，没有其他证据的，不能认定案件事实；没有犯罪嫌疑人供述，证据确实、充分的，可以认定案件事实。

【高检发〔2023〕4号】　最高人民法院、最高人民检察院、公安部、司法部关于办理性侵害未成年人刑事案件的意见（2023年5月24日印发，2023年6月1日起施行）（详见《刑法全厚细》第236条）

第29条　认定性侵害未成年人犯罪，应当坚持事实清楚、证据确实、充分，排除合理怀疑的证明标准。对案件事实的认定要立足证据，结合经验常识，考虑性侵害案件的特殊性和未成年人的身心特点，准确理解和把握证明标准。

第30条　对未成年被害人陈述，应当着重审查陈述形成的时间、背景，被害人年龄、认知、记忆和表达能力，生理和精神状态是否影响陈述的自愿性、完整性，陈述与其他证之间能否相互印证，有无矛盾。

低龄未成年人对被侵害细节前后陈述存在不一致的，应当考虑其身心特点，综合判断其陈述的主要事实是否客观、真实。

未成年被害人陈述了与犯罪嫌疑人、被告人或者性侵害事实相关的非亲历不可知的细节，并且可以排除指证、诱证、诬告、陷害可能的，一般应当采信。

未成年被害人询问笔录记载的内容与询问同步录音录像记载的内容不一致的，应当结合同步录音录像记载准确客观认定。

对未成年证人证言的审查判断，依照本条前4款规定进行。

第31条　对14周岁以上未成年被害人真实意志的判断，不以其明确表示反对或者同意为唯一证据，应当结合未成年被害人的年龄、身体状况、被侵害前后表现以及双方关系、案发环境、案发过程等进行综合判断。

【国安部令〔2024〕4号】　国家安全机关办理刑事案件程序规定（2024年4月26日公布，2024年7月1日起施行）

第69条（第2款）　证据包括：……（七）勘验、检查、辨认、搜查、查封、扣押、提取、侦查实验等笔录；……

第77条　收集、调取的物证应当是原物。原物不便搬运、不易保存或者依法应当由有关部门保管、处理或者依法应当返还时，可以拍摄或者制作足以反映原物外形、特征或者内容的照片、录像或者复制品。

物证的照片、录像或者复制品，经与原物核实无误，或者经鉴定证明为真实的，或者以其他方式确能证明其真实的，可以作为证据使用。原物的照片、录像或者复制品，不能反映原物的外形、特征或者内容的，不能作为证据使用。

第78条　收集、调取的书证、视听资料应当是原件。取得原件确有困难时，可以使用副本或者复制件。

书证、视听资料的副本、复制件，经与原件核实无误或者经鉴定证明为真实的，或者以其他方式确能证明其真实的，可以作为证据使用。书证、视听资料有更改或者更改迹象，不能作出合理解释的，或者书证、视听资料的副本、复制件不能反映原件及其内容的，不能作为证据使用。

根据本规定开展调查核实过程中收集、提取的电子数据，以及通过网络在线提取的电子数据，可以作为证据使用。

对作为证据使用的电子数据，应当采取扣押、封存电子数据原始存储介质，计算电子数据完整性校验值，制作、封存电子数据备份，对收集、提取电子数据的相关活动进行录像等方法保护电子数据的完整性。

第79条　收集、调取的物证、书证等实物证据需要鉴定的，应当及时送检。

第80条　电子数据是案件发生过程中形成的，以数字化形式存储、处理、传输的，能够证明案件事实的数据。电子数据包括但不限于下列信息、电子文件：（一）网页、博客、微信息、朋友圈、贴吧、网盘等网络平台发布的信息；（二）手机短信、电子邮件、即时通信、通讯群组等网络应用服务的通信信息；（三）用户注册信息、身份认证信息、电子交易记录、通信记录、登录日志等信息；（四）文档、图片、音视频、数字证书、程序、计算机网络设备运行日志记录等电子文件。

第81条　收集、提取电子数据，应当由2名以上侦查人员进行。取证设备和方法、过程应当符合相关技术标准和工作规范，并保证所收集、调取的电子数据的完整性、客观性。

收集、提取电子数据，应当由符合条件的人员担任见证人。针对同一现场多个计算机信息系统收集、提取电子数据的，可以由一名见证人见证。由于客观原因无法由符合条件的人员担任见证人的，应当在笔录中注明情况，并对相关活动进行录像。

第82条　收集、调取电子数据，能够扣押电子数据原始存储介质的，应当对原始存储介质予以封存，不得对电子数据的内容进行剪裁、拼凑、篡改、添加。扣押、封存原始存储介质，并制作笔录，记录原始存储介质的封存状态，由侦查人员、原始存储介质持有人签名或者盖章；持有人无法签名、盖章或者拒绝签名、盖章的，应当在笔录中注明，由见证人签名或者盖章。侦查人员可以采取打印、拍照或者录音录像等方式固定相关证据。

扣押原始存储介质时，应当收集证人证言以及犯罪嫌疑人供述和辩解等与原始存储介质相关联的证据材料，并在笔录中记录。

封存前后应当拍摄被封存原始存储介质的照片，清晰反映封口或者张贴封条处的状况。封存后，应当保证在不解除封存状态的情况下，无法使用或者启动被封存的原始存储介质。必要时，具备数据信息存储功能的电子设备和硬盘、存储卡等内部存储介质，可以分别封存。封存手机等具有无线通信功能的存储介质，应当采取信号屏蔽、信号阻断或者切断电源等措施。

第83条　具有下列情形之一，无法扣押原始存储介质的，可以现场提取电子数据：（一）原始存储介质不便封存的；（二）提取计算机内存储的数据、网络传输的数据等不是存储在存储介质上的电子数据的；（三）案件情况紧急，不立即提取电子数据可能会造成电子数据灭失或者其他严重后果的；（四）关闭电子设备会导致重要信息系统停止服务的；（五）需通过现场提取电子数据排查可疑存储介质的；（六）正在运行的计算机信息系统功能或者应用程序关闭后，没有密码无法提取的；（七）原始存储介质位于境外的；（八）其他无法扣押原始存储介质的情形。

无法扣押原始存储介质的情形消失后，应当及时扣押、封存原始存储介质。

第84条　现场提取电子数据，应当在笔录中注明不能扣押原始存储介质的原因、原始存储介质的存放地点或者电子数据来源等情况，并计算电子数据的完整性校验值，由侦查人员、电子数据持有人、提供人签名或者盖章；持有人、提供人无法签名或者拒绝签名的，应当在笔录中注明，由见证人签名或者盖章。侦查人员可以采取打印、拍照或者录音录像等方式固定相关证据。

第85条　现场提取电子数据，可以采取以下措施保护相关电子设备：（一）及时将犯罪嫌疑人或者其他相关人员与电子设备分离；（二）在未确定是否易丢失数据的情况下，不能关闭正在运行状态的电子设备；（三）对现场计算机信息系统可能被远程控制的，应当及时采取信号屏蔽、信号阻断、断开网络连接等措施；（四）保护电源稳定运行；（五）有必要采取的其他保护措施。

现场提取电子数据，应当在有关笔录中详细、准确记录相关操作，不得将提取的数据存储在原始存储介质中，不得在目标系统中安装新的应用程序。确因情况特殊，需在目标系统中安装新的应用程序的，应当在笔录中记录所安装的程序及安装原因。对提取的电子数据进行数据压缩的，应当在笔录中注明数据压缩的方法和压缩后文件的完整性校验值。

第86条　对无法扣押的原始存储介质，无法一次性完成电子数据提取的，经登记、拍照或者录像后，可以封存并交其持有人、提供人保管。

电子数据持有人、提供人应当妥善保管原始存储介质，不得转移、变卖、毁损，不得解除封存状态，不得未经国家安全机关批准接入网络，不得对其中可能用作证据的电子数据增加、删除、修改。必要时，应当按照国家安全机关的要求，保持网络信息系统处于开机状态。

对由电子数据持有人、提供人保管的原始存储介质，应当在7日以内作出处理决定，逾期不作出处理决定的，视为自动解除。经查明确实与案件无关的，应当在3日内解除。

第87条　网络在线提取时需要进一步查明有关情形的，可以进行网络远程勘验。网络远程勘验应当由符合条件的人员作为见证人，并按规定进行全程同步录音录像。由于客观原因无法由符合条件的人员担任见证人的，应当在远程勘验笔录中注明情况。

全程同步录音录像可以采用屏幕录音录像或者录像机录音录像等方式，录音录像文件应当计算完整性校验值并记入笔录。

网络远程勘验结束后，应当制作远程勘验笔录，详细记录远程勘验有关情况以及勘验照片、截获的屏幕截图等内容，由侦查人员和见证人签名或盖章。对计算机信息系统进行多次远程勘验的，在制作首次远程勘验笔录后，应当逐次制作补充的远程勘验笔录。

第88条　国家安全机关向有关单位和个人调取电子数据，应当经国家安全机关负责人批准，开具调取证据通知书，注明需要调取电子数据的相关信息，通知电子数据持有人、网络服务提供者或者有关部门执行。被调取单位、个人应当在通知书回执上签名或者盖章，并附完整性校验值等保护电子数据完整性方法的说明。必要时，国家安全机关应当对采用录音或者录像等方式固定证据内容及取证过程提出要求，电子数据持有人、网络服务提供者或者有关部门应当予以配合。

第89条　对扣押的原始存储介质或者提取的电子数据，可以通过搜索、恢复、破解、统计、关联、比对等方式进行电子数据检查。

电子数据检查，应当对电子数据存储介质拆封过程进行全程录像，并将电子数据存储介质通过写保护设备接入到检查设备进行检查，或者制作电子数据备份，对备份进行检查。无法使用写保护设备且无法制作备份的，应当注明原因，并对相关活动进行全程录像。

检查具有无线通信功能的原始存储介质，应当采取信号屏蔽、信号阻断或者切断电源等措施保护电子数据的完整性。

电子数据检查应当制作笔录，由有关人员签名或者盖章。

第90条　进行电子数据侦查实验，应当采取技术措施保护原始存储介质数据的完整性。有条件的，电子数据侦查实验应当进行2次以上。侦查实验使用的电子设备、网络环境等应当与实施犯罪行为的现场情况一致或者基本一致。电子数据侦查实验不得泄露国家秘密、工作秘密、商业秘密和公民个人信息。

进行电子数据侦查实验，应当使用拍照、录像、录音、通信数据采集等一种或者多种方式客观记录实验过程，并制作笔录，由参加侦查实验的人员签名或者盖章。

第91条　收集电子数据应当制作笔录，记录案由、对象、内容、收集、提取电子数据的时间、地点、方法、过程，并由收集、提取电子数据的侦查人员签名或者盖章。

制作电子数据的清单应包括规格、类别、文件格式、完整性校验值等。

远程提取电子数据的，应当说明原因，制作远程勘验笔录并注明相关情况，可以对相关活动进行录像。

第92条　具有下列情形之一的，可以采取打印、拍照或者录像等方式固定相关证据，并在笔录中说明原因：（一）无法扣押原始存储介质且无法提取电子数据的；（二）存在电子数据自毁功能或装置，需要及时固定相关证据的；（三）需现场展示、查看相关电子数据的；（四）由于其他客观原因无法或者不宜收集、提取电子数据的。

第93条　收集、提取的原始存储介质或者电子数据，应当以封存状态随案移送，并制作电子数据的备份一并移送。对网页、文档、图片等可以直接展示的电子数据，可以不随案移送电子数据打印件；人民法院、人民检察院因设备等条件限制无法直接展示电子数据的，国家安全机关应当随案移送打印件，或者附展示工具和展示方法说明。

对侵入、非法控制计算机信息系统的程序、工具以及计算机病毒等无法直接展示的电子数据，应当附有电子数据属性、功能等情况的说明。

对数据统计量、数据同一性等问题，应当出具说明。

第94条　国家安全机关采取技术侦查措施收集的物证、书证及其他证据材料，侦查人员应当制作相应的说明材料，写明获取证据的时间、地点、数量、特征以及采取技术侦查措施的批准机关、种类等，并签名和盖章。

对于使用技术侦查措施获取的证据材料，如果可能危及特定人员的人身安全或者可能产生其他严重后果的，应当采取不暴露有关人员身份和使用的技术设备、技术方法等保护措施。必要时，可以由审判人员在庭外对证据进行核实。

第95条　物证的照片、录像或者复制品，书证的副本、复制件，视听资料、电子数据的复制件，应当由2名以上侦查人员制作，并附文字说明，载明复制份数，无法调取原件、原物的原因，制作过程及原件、原物存放处等内容，由制作人和持有人或者保管人、见证人签名。

第96条　国家安全机关办理刑事案件需要查明的案件事实包括：（一）犯罪行为是否存在；（二）实施犯罪行为的时间、地点、手段、后果以及其他情节；（三）犯罪行为是否为犯罪嫌疑人所实施；（四）犯罪嫌疑人的身份、年龄；（五）犯罪嫌疑人实施犯罪行为的动机、目的；（六）犯罪嫌疑人的责任以及与其他同案人的关系；（七）犯罪嫌疑人有无法定或者酌定从重、从轻、减轻、免除处罚的情节；（八）其他与案件有关的事实。

第97条　国家安全机关移送审查起诉的案件，应当做到犯罪事实清楚，证据确实、充分。

证据确实、充分，应当符合以下条件：（一）认定的案件事实都有证据证明；（二）认定案件事实的证据均经法定程序查证属实；（三）综合全案证据，对所认定事实已排除合理怀疑。

对证据的审查，应当结合案件的具体情况，从各证据与待证事实的关联程度、各证据之间的联系等方面进行审查判断。

只有犯罪嫌疑人供述，没有其他证据的，不能认定案件事实；没有犯罪嫌疑人供述，证据确实、充分的，可以认定案件事实。

● **指导案例**　【高检发研字〔2016〕7号】　最高人民检察院第7批指导性案例（2016年5月13日最高检第12届检委会第51次会议通过，2016年5月31日印发）

（检例第25号）　于英生申诉案

要旨：坚守防止冤假错案底线，是保障社会公平正义的重要方面。检察机关既要依法监督纠正确有错误的生效刑事裁判，又要注意在审查逮捕、审查起诉等环节有效发挥监督制约作用，努力从源头上防止冤假错案发生。在监督纠正冤错案件方面，要严格把握纠错标准，对于被告人供述反复，有罪供述前后矛盾，且有罪供述的关键情节与其他在案证据存在无法排除的重大矛盾，不能排除有其他人作案可能的，应当依法进行监督。①

（检例第 26 号）　陈满申诉案

要旨：证据是刑事诉讼的基石，认定案件事实，必须以证据为根据。证据未经当庭出示、辨认、质证等法庭调查程序查证属实，不能作为定案的根据。对于在案发现场提取的物证等实物证据，未经鉴定，且在诉讼过程中丢失或者毁灭，无法在庭审中出示、质证，有罪供述的主要情节又得不到其他证据印证，而原审裁判认定被告人有罪的，应当依法进行监督。②

【高检发办字〔2023〕92 号】　最高人民检察院第 45 批指导性案例（2023 年 5 月 26 日最高检检委会〔14 届 5 次〕通过，2023 年 6 月 25 日印发）

（检例第 180 号）　李某抢劫、强奸、强制猥亵二审抗诉案③

要旨：……人民检察院要全面收集、审查判断和综合运用证据，充分利用技术手段收集电子数据，注重运用间接证据完善证据链条，确保准确认定犯罪事实和适用法律。……

---

① 本案指导意义：1. ……排除合理怀疑，要求对于认定的案件事实，从证据角度已经没有符合常理的、有根据的怀疑，特别是在是否存在犯罪事实和被告人是否实施了犯罪等关键问题上，确信证据指向的案件结论具有唯一性。只有坚持对案件事实结论的唯一性标准，才能够保证裁判认定的案件事实与客观事实相符，最大限度避免冤假错案的发生。2. ……要坚持疑罪从无原则，严格把握纠错标准，对于被告人有罪供述出现反复且前后矛盾，关键情节与其他在案证据存在无法排除的重大矛盾，不能排除有其他人作案可能的，应当认为认定主要案件事实的结论不具有唯一性。人民法院据此判决被告人有罪的，人民检察院应当按照审判监督程序向人民法院提出抗诉，或者向同级人民法院提出再审检察建议。

② 本案指导意义：1. ……检察机关审查逮捕、审查起诉和复查刑事申诉案件，都必须注意对证据的客观性、合法性进行审查，及时防止和纠正冤假错案。对于刑事申诉案件，经审查，如果原审判据以定案的有关证据，在原审过程中未经法定程序证明其真实性、合法性，而人民法院据此认定被告人有罪的，人民检察院应当依法进行监督。2. ……只有使各项证据相互印证，合理解释消除证据之间存在的矛盾，才能确保查明案件事实真相，避免出现冤假错案。特别是在将犯罪嫌疑人、被告人有罪供述作为定罪主要证据的案件中，尤其要重视以客观性证据检验补强口供等言词证据。只有口供而没有其他客观性证据，或者口供与其他客观性证据相互矛盾、不能相互印证，对所认定的事实不能排除合理怀疑的，应当坚持疑罪从无原则，不能认定被告人有罪。

③ 该案，天津市和平区李某通过下药使女该荣某昏迷后，窃取其支付宝账户内 4000 元。公安以盗窃罪移送，检察机关以抢劫罪公诉，法院一审认为"不能证实被告人李某向被害人饮品中投放不明物质；不能证实被害人的血液、尿液中有可致人昏迷的不明物质；不能证实被害人系在'不知反抗、不能反抗'状态下被劫取财物；无法排除李某与被害人之间存在正当经济往来的合理辩解"，以盗窃罪判处李某有期徒刑 1 年 11 个月、罚金 4000 元。二审中，检察机关破解李某电脑硬盘后发现多名女性在昏迷中被强奸、猥亵的视频和照片。经发回重审后补充侦查，补充证据如下：1. 证实李某下药。饭店监控录像、被害人陈述与证人证言相互印证，证实李某在用餐前或就餐期间外出购买饮料向被害人提供；多名被告人的同学、朋友及同监室人员证实李某曾"炫耀"下药并性侵的犯罪事实；社保卡购药记录、证人证言均证实李某无病而购买精神类药物。2. 证实被害人与李某之间不存在正常经济往来。多名被害人证实支付宝转账金额与李某辩称的 AA 制消费金额存在矛盾；被害人证实在此段时间自己并不需要转账换取现金；有的被害人直至警方询问才发现被转账。3. 已经形成完整证据链。各被害人对于同李某交往过程中的经历和受侵害的情况高度相似；李某的手机搜索浏览记录，证实其曾多次查询"怀疑被下药没证据报警管用吗""某时尚广场 5 楼及影院有监控吗""女人被下药是什么表现"等信息；李某在作案后，还曾假借被害人名义在网上向律师咨询"未经同意支付宝转账行为"的法律后果；多名被害人证实李某劝其将手机支付密码改为指纹支付；被害人陈述案发时处于昏迷状态，与在案照片、视频录像一致，且与专家意见证实的药物药理、药效相互印证，被害人荣某报案时已近 48 小时，因药物代谢原因身体内未提取到药物成分残留具有合理性。最终，法院对李某以抢劫罪判处 15 年、剥夺政治权利 2 年、罚金 20 万元，以强奸罪判处 15 年、剥夺政治权利 2 年，以强制猥亵罪判处 3 年；决定执行有期徒刑 20 年，剥夺政治权利 4 年，罚金 20 万元。

（检例第182号） 宋某某危险驾驶二审、再审抗诉案[①]

要旨： 人民检察院应当依法规范行使不起诉权，通过备案审查等方式加强对不起诉决定的内部监督制约，着力提高审查起诉工作水平和办案质量。对于就同一专门性问题有2份或者2份以上的司法鉴定意见，且结论不一致时，检察人员要注重从鉴定主体的合规性、鉴定程序的合法性、鉴定方法的科学性、鉴定材料的充分性及分析论证的合理性等方面进行实质化审查。对于提出抗诉的案件，为确保抗诉效果，人民检察院可以通过自行侦查进一步补强证据，充分支持抗诉意见和理由，通过接续抗诉，持续监督，全面履行刑事审判监督职责，维护司法公正。

● **入库案例**　【2023-03-1-167-008】　黄某某、周某、袁某某合同诈骗案（九江中院/2020.03.20/［2019］赣04刑终521号）

裁判要旨： 1.鉴定意见并非当然具备认定案件事实的证据效力，能否作为定案的根据，应当审查其客观性、关联性、合法性，根据在案证据加以综合判断，不能不加甄别、盲目采信。……

（本书汇）【涉外证据】[②]

● **相关规定**　【法发〔2016〕22号】　**最高人民法院、最高人民检察院、公安部关于办理刑事案件收集提取和审查判断电子数据若干问题的规定**（2016年9月20日印发，2016年10月1日施行）

第9条　具有下列情形之一，无法扣押原始存储介质的，可以提取电子数据，但应当在笔录中注明不能扣押原始存储介质的原因、原始存储介质的存放地点或者电子数据的来源等情况，并计算电子数据的完整性校验值：……（三）原始存储介质位于境外的；……

对于原始存储介质位于境外或者远程计算机信息系统上的电子数据，可以通过网络在线提取。

【法发〔2016〕32号】　**最高人民法院、最高人民检察院、公安部关于办理电信网络诈骗等刑事案件适用法律若干问题的意见**（2016年12月19日签发，2016年12月20日发布）

六、证据的收集和审查判断

（三）依照国际条约、刑事司法协助、互助协议或平等互助原则，请求证据材料所在地

[①] 该案，海口市某局原科员宋某某醉驾肇事逃逸，行驶至某处下车睡觉，被值勤武警看到而报警。宋某某积极赔偿，取得被害人谅解。秀英区检察院认为无证据直接证明宋某某是驾驶人，决定不起诉。经海口市检察审查后上报，海南省检认为不起诉决定有误，要求纠正。公诉后，秀英区法院认为事实不清、证据不足，判决无罪。二审中，检察机关提取道路监控录像，广东杰思特声像资料司法鉴定所的鉴定意见为同一人；海口中院发回重审。重审中，秀英法院委托西南政法大学司法鉴定中心、广东天正司法鉴定中心重新鉴定，结果均认为该检材人像颜面高度模糊，不具备视频人像鉴定条件。故再次判决无罪。海口市检抗诉认为：第一份鉴定意见内容客观真实，鉴定程序合法，资质适格，应当采信；且与《道路交通事故认定书》及其他证据形成证据链。后两份鉴定意见也未否定第一份的真实性。海口中院认为：武警目击宋某某下车的证言无其他佐证，不能排除合理怀疑；后两份鉴定意见对于同一检材均认为不具备鉴定条件，经比较论证后，第一份鉴定意见缺乏可靠性。故驳回抗诉。海南省检抗诉后，另取案发路面监控抓拍的影像，委托上海市人民检察院司法鉴定中心再次鉴定，鉴定意见认为上衣款式、颜色及发际线和鼻部特征具有相似或相同特征。结合原有证据，证据链更加完整，完全排除他人驾车的可能性。海南高院改判宋某某犯危险驾驶罪，拘役6个月、罚金2万元。

[②] 注：《刑事诉讼法》没有关于涉外证据的专门规定，本书将其汇集于此。

司法机关收集，或通过国际警务合作机制、国际刑警组织启动合作取证程序收集的境外证据材料，经查证属实，可以作为定案的依据。公安机关应对其来源、提取人、提取时间或者提供人、提供时间以及保管移交的过程等作出说明。

对其他来自境外的证据材料，应当对其来源、提供人、提供时间以及提取人、提取时间进行审查。能够证明案件事实且符合刑事诉讼法规定的，可以作为证据使用。

【公通字〔2020〕14 号】　最高人民法院、最高人民检察院、公安部办理跨境赌博犯罪案件若干问题的意见（2020 年 10 月 16 日印发）

七、关于跨境赌博犯罪案件证据的收集和审查判断

（三）依照国际条约、刑事司法协助、互助协议或者平等互助原则，请求证据材料所在地司法机关收集，或者通过国际警务合作机制、国际刑警组织启动合作取证程序收集的境外证据材料，公安机关应当对其来源、提取人、提取时间或者提供人、提供时间以及保管移交的过程等作出说明。

当事人及其辩护人、诉讼代理人提供的来自境外的证据材料，该证据材料应当经所在国公证机关证明，所在国中央外交主管机关或者其授权机关认证，并经我国驻该国使、领馆认证。未经证明、认证的，不能作为证据使用。

来自境外的证据材料，能够证明案件事实且符合刑事诉讼法及相关规定的，经查证属实，可以作为定案的根据。

【法发〔2021〕22 号】　最高人民法院、最高人民检察院、公安部关于办理电信网络诈骗等刑事案件适用法律若干问题的意见（二）（2021 年 6 月 17 日签发，2021 年 6 月 22 日新闻发布）

十四、通过国（区）际警务合作收集或者境外警方移交的境外证据材料，确因客观条件限制，境外警方未提供相关证据的发现、收集、保管、移交情况等材料的，公安机关应当对上述证据材料的来源、移交过程以及种类、数量、特征等作出书面说明，由 2 名以上侦查人员签名并加盖公安机关印章。经审核能够证明案件事实的，可以作为证据使用。

【主席令〔2018〕6 号】　中华人民共和国反恐怖主义法（2015 年 12 月 27 日全国人大常委会〔12 届 18 次〕通过，2016 年 1 月 1 日起施行，2011 年 10 月 29 日全国人大常委会《关于加强反恐怖工作有关问题的决定》同时废止；2018 年 4 月 27 日全国人大常委会〔13 届 2 次〕修正）

第 72 条　通过反恐怖主义国际合作取得的材料可以在行政处罚、刑事诉讼中作为证据使用，但我方承诺不作为证据使用的除外。

【主席令〔2018〕13 号】　中华人民共和国国际刑事司法协助法（2018 年 10 月 26 日第 13 届全国人大常委会第 6 次会议通过，主席令第 13 号公布施行）

第 25 条　办案机关需要外国就下列事项协助调查取证的，应当制作刑事司法协助请求书并附相关材料，经所属主管机关审核同意后，由对外联系机关及时向外国提出请求：（一）查找、辨认有关人员；（二）查询、核实涉案财物、金融账户信息；（三）获取并提供有关人员的证言或者陈述；（四）获取并提供有关文件、记录、电子数据和物品；（五）获取并提供鉴定意见；（六）勘验或者检查场所、物品、人身、尸体；（七）搜查人身、物品、住所和其他有关场所；（八）其他事项。

请求外国协助调查取证时，办案机关可以同时请求在执行请求时派员到场。

第29条　外国向中华人民共和国请求调查取证时，可以同时请求在执行请求时派员到场。经同意到场的人员应当遵守中华人民共和国法律，服从主管机关和办案机关的安排。

第30条　办案机关要求请求国保证归还其提供的证据材料或者物品，请求国作出保证的，可以提供。

【高检发办字〔2021〕3号】　人民检察院办理网络犯罪案件规定（2020年12月14日最高检第13届检委会第57次会议通过，2021年1月22日印发）

第32条　对电子数据的合法性，注重审查以下内容：……（六）对于收集、提取的境外电子数据是否符合国（区）际司法协作及相关法律规定的要求。

第58条　人民检察院参加现场移交境外证据的检察人员不少于2人，外方有特殊要求的除外。移交、开箱、封存、登记的情况应当制作笔录，由最高人民检察院或者承办案件的人民检察院代表、外方移交人员签名或者盖章，一般应当全程录音录像。有其他见证人的，在笔录中注明。

第59条　人民检察院对境外收集的证据，应当审查证据来源是否合法、手续是否齐备以及证据的移交、保管、转换等程序是否连续、规范。

【法释〔2021〕1号】　最高人民法院关于适用《中华人民共和国刑事诉讼法》的解释（2020年12月7日最高法审委会〔1820次〕修订，2021年1月26日公布，2021年3月1日施行；2013年1月1日施行的"法释〔2012〕21号"《解释》同时废止）

<u>第77条</u>　对来自境外的证据材料，<u>人民检察院应当随案移送有关材料来源、提供人、提取人、提取时间等情况的说明</u>①。经人民法院审查，相关证据材料能够证明案件事实且符合刑事诉讼法规定的，可以作为证据使用，但提供人或者我国与有关国家签订的双边条约对材料的使用范围有明确限制的除外；材料来源不明或者真实性无法确认的，不得作为定案的根据。

当事人及其辩护人、诉讼代理人提供来自境外的证据材料的，该证据材料应当经所在国公证机关证明，所在国中央外交主管机关或者其授权机关认证，并经中华人民共和国驻该国使领馆认证，<u>或者履行中华人民共和国与该所在国订立的有关条约中规定的证明手续，但我国与该国之间有互免认证协定的除外</u>。

<u>第78条</u>　控辩双方提供的证据材料涉及外国语言、文字的，应当附中文译本。

【主席令〔2021〕101号】　中华人民共和国反有组织犯罪法（2021年12月24日第13届全国人大常委会第32次会议通过，主席令第101号公布，2022年5月1日施行）

第57条　通过反有组织犯罪国际合作取得的材料可以在行政处罚、刑事诉讼中作为证据使用，但依据条约规定或者我方承诺不作为证据使用的除外。

【公安部令〔2022〕165号】　公安机关反有组织犯罪工作规定（2022年8月10日第9次公安部部务会议通过，2022年8月26日公布，2022年10月1日施行）

第60条　通过跨境反有组织犯罪刑事司法协助和警务合作取得的材料可以在行政处罚、刑事诉讼中作为证据使用，但依据条约规定或者我方承诺不作为证据使用的除外。

---

① 注：本部分内容2012年规定为"人民法院应当对材料来源、提供人、提供时间以及提取人、提取时间等进行审查"。

【法发〔2022〕18号】　最高人民法院、最高人民检察院、公安部、国家移民管理局关于依法惩治妨害国（边）境管理违法犯罪的意见（2022年6月29日）

18. 根据国际条约规定或者通过刑事司法协助和警务合作等渠道收集的境外证据材料，能够证明案件事实且符合刑事诉讼法规定的，可以作为证据使用，但提供人或者我国与有关国家签订的双边条约对材料的使用范围有明确限制的除外。

办案机关应当移送境外执法机构对所收集证据的来源、提取人、提取时间或者提供人、提供时间以及保管移交的过程等相关说明材料；确因客观条件限制，境外执法机构未提供相关说明材料的，办案机关应当说明原因，并对所收集证据的有关事项作出书面说明。

第51条① 　【举证责任】公诉案件中被告人有罪的举证责任由人民检察院承担，自诉案件中被告人有罪的举证责任由自诉人承担。

第52条② 　【取证要求，不得自证有罪】审判人员、检察人员、侦查人员必须依照法定程序，收集能够证实犯罪嫌疑人②、被告人有罪或者无罪、犯罪情节轻重的各种证据。严禁刑讯逼供和以威胁、引诱、欺骗以及其他非法的方法收集证据，不得强迫任何人证实自己有罪③。必须保证一切与案件有关或者了解案情的公民，有客观地充分地提供证据的条件，除特殊情况外，并且④可以吸收他们协助调查。

第53条　【真象原则】公安机关提请批准逮捕书、人民检察院起诉书、人民法院判决书，必须忠实于事实真象。故意隐瞒事实真象的，应当追究责任。

● **相关规定**　【公通字〔2019〕23号】　最高人民法院、最高人民检察院、公安部、司法部关于依法严厉打击传播艾滋病病毒等违法犯罪行为的指导意见（2019年5月19日）

三、依法收集证据查明案件事实

公安机关要依法、及时，全面收集固定证据，确保证据真实性、合法性。突出以下取证重点：

（一）查明违法犯罪嫌疑人明知自己感染艾滋病病毒或者患有艾滋病的情况。通过调查违法犯罪嫌疑人背景、患病状况、含有艾滋病病毒的血液来源等，查明其明知自己感染艾滋病病毒或者患有艾滋病的情况。特别要调取违法犯罪嫌疑人被医院或者其他医疗机构诊断感染艾滋病病毒或者患有艾滋病的有关证据，询问被害人获知违法犯罪嫌疑人事后告知其患病情况的陈述，收集违法犯罪嫌疑人亲属、朋友有关患病、就医等方面的证人证言等。

（二）查明发生性关系的情况。鉴于发生性行为情况比较隐蔽，办案中应当加大收集取证力度。对发生性行为后即报案报警的，应当及时提取痕迹物证。对发生性行为距报案报警时间较长的，应当多方收集证据，形成证据链，例如及时讯问犯罪嫌疑人、询问被害人、被害人家属等人，查明犯罪嫌疑人、被害人进出案发场所的时间、持续时长，查明犯罪嫌疑

---

① 本条规定由2012年3月14日第11届全国人大常委会第5次会议增设，2013年1月1日施行。
② 本部分内容由1996年3月17日第8届全国人民代表大会第4次会议增加，1997年1月1日施行。
③ 本部分内容由2012年3月14日第11届全国人大常委会第5次会议增加，2013年1月1日施行。
④ 本部分内容被2012年3月14日第11届全国人大常委会第5次会议删除，2013年1月1日施行。

人、被害人联系情况，事后犯罪嫌疑人向他人炫耀情况等。

（三）查明非法采集供应血液情况，及时讯问犯罪嫌疑人获取对非法采集供应血液过程、使用器械工具的供述。收集工商登记营业执照等书证，查明犯罪嫌疑人未经国家主管部门批准或者超过批准的业务范围采集供应血液的情况。及时对非法采集供应的血液进行艾滋病病毒抗体检测，查明是否含有艾滋病病毒。询问被害人获取其使用非法供应血液的时间、地点、经过等陈述。调查非法采集供应血液过程的中间介绍人、血液供应者以及其他参与人员，查明是否参与共同犯罪。

（四）收集提取电子数据。勘验检查与违法犯罪嫌疑人发布信息有关的信息网络平台、网络存储设备、社交网络等，及时收集固定违法犯罪嫌疑人在信息网络发布炫耀传播艾滋病、出售谎称含有或者含有艾滋病病毒的血液、传授传播艾滋病病毒的犯罪方法、向被害人发送嘲讽威胁等信息等。

（五）查明危害结果。及时收集被害人事后就医、诊断证明、病历等情况，对其进行艾滋病病毒抗体检测，查明其是否已经感染艾滋病病毒，及时询问被害人，及时鉴定其伤害情况，查明其财产损失情况等。收集固定编造、传播的虚假信息在信息网络上被转发、评论、报道，造成公共秩序严重混乱的相关证据。

【公通字〔2018〕41号】 公安机关办理刑事案件电子数据取证规则（公安部2019年1月2日印发，2019年2月1日施行）

第一章 总则

第3条 电子数据取证包括但不限于：（一）收集、提取电子数据；（二）电子数据检查和侦查实验；（三）电子数据检验与鉴定。

第4条 公安机关电子数据取证涉及国家秘密、警务工作秘密、商业秘密、个人隐私的，应当保密；对于获取的材料与案件无关的，应当及时退还或者销毁。

第5条 公安机关接受或者依法调取的其他国家机关在行政执法和查办案件过程中依法收集、提取的电子数据可以作为刑事案件的证据使用。

第二章 收集提取电子数据

第一节 一般规定

第6条 收集、提取电子数据，应当由2名以上侦查人员进行。必要时，可以指派或者聘请专业技术人员在侦查人员主持下进行收集、提取电子数据。

第7条 收集、提取电子数据，可以根据案情需要采取以下1种或者几种措施、方法：（一）扣押、封存原始存储介质；（二）现场提取电子数据；（三）网络在线提取电子数据；（四）冻结电子数据；（五）调取电子数据。

第8条 具有下列情形之一的，可以采取打印、拍照或者录像等方式固定相关证据：（一）无法扣押原始存储介质并且无法提取电子数据的；（二）存在电子数据自毁功能或装置，需要及时固定相关证据的；（三）需现场展示、查看相关电子数据的。

根据前款第二、三项的规定采取打印、拍照或者录像等方式固定相关证据后，能够扣押原始存储介质的，应当扣押原始存储介质；不能扣押原始存储介质但能够提取电子数据的，应当提取电子数据。

第9条 采取打印、拍照或者录像方式固定相关证据的，应当清晰反映电子数据的内容，并在相关笔录中注明采取打印、拍照或者录像等方式固定相关证据的原因，电子数据的存储位置、原始存储介质特征和所在位置等情况，由侦查人员、电子数据持有人（提供人）签名或者盖章；电子数据持有人（提供人）无法签名或者拒绝签名的，应当在笔录中注明，由见证人签名或者盖章。

第二节　扣押、封存原始存储介质

第 10 条　在侦查活动中发现的可以证明犯罪嫌疑人有罪或者无罪、罪轻或者罪重的电子数据，能够扣押原始存储介质的，应当扣押、封存原始存储介质，并制作笔录，记录原始存储介质的封存状态。

勘验、检查与电子数据有关的犯罪现场时，应当按照有关规范处置相关设备，扣押、封存原始存储介质。

第 11 条　对扣押的原始存储介质，应当按照以下要求封存：（一）保证在不解除封存状态的情况下，无法使用或者启动被封存的原始存储介质，必要时，具备数据信息存储功能的电子设备和硬盘、存储卡等内部存储介质可以分别封存；（二）封存前后应当拍摄被封存原始存储介质的照片。照片应当反映原始存储介质封存前后的状况，清晰反映封口或者张贴封条处的状况；必要时，照片还要清晰反映电子设备的内部存储介质细节；（三）封存手机等具有无线通信功能的原始存储介质，应当采取信号屏蔽、信号阻断或者切断电源等措施。

第 12 条　对扣押的原始存储介质，应当会同在场见证人和原始存储介质持有人（提供人）查点清楚，当场开列《扣押清单》一式 3 份，写明原始存储介质名称、编号、数量、特征及其来源等，由侦查人员、持有人（提供人）和见证人签名或者盖章，1 份交给持有人（提供人），1 份交给公安机关保管人员，1 份附卷备查。

第 13 条　对无法确定原始存储介质持有人（提供人）或者原始存储介质持有人（提供人）无法签名、盖章或者拒绝签名、盖章的，应当在有关笔录中注明，由见证人签名或者盖章。由于客观原因无法由符合条件的人员担任见证人的，应当在有关笔录中注明情况，并对扣押原始存储介质的过程全程录像。

第 14 条　扣押原始存储介质，应当收集证人证言以及犯罪嫌疑人供述和辩解等与原始存储介质相关联的证据。

第 15 条　扣押原始存储介质时，可以向相关人员了解、收集并在有关笔录中注明以下情况：（一）原始存储介质及应用系统管理情况，网络拓扑与系统架构情况，是否由多人使用及管理，管理及使用人员的身份情况；（二）原始存储介质及应用系统管理的用户名、密码情况；（三）原始存储介质的数据备份情况，有无加密磁盘、容器，有无自毁功能，有无其它移动存储介质，是否进行过备份，备份数据的存储位置等情况；（四）其他相关的内容。

第三节　现场提取电子数据

第 16 条　具有下列无法扣押原始存储介质情形之一的，可以现场提取电子数据：（一）原始存储介质不便封存的；（二）提取计算机内存数据、网络传输数据等不是存储在存储介质上的电子数据的；（三）案件情况紧急，不立即提取电子数据可能会造成电子数据灭失或者其他严重后果的；（四）关闭电子设备会导致重要信息系统停止服务的；（五）需通过现场提取电子数据排查可疑存储介质的；（六）正在运行的计算机信息系统功能或者应用程序关闭后，没有密码无法提取的；（七）其他无法扣押原始存储介质的情形。

无法扣押原始存储介质的情形消失后，应当及时扣押、封存原始存储介质。

第 17 条　现场提取电子数据可以采取以下措施保护相关电子设备：（一）及时将犯罪嫌

疑人或者其他相关人员与电子设备分离；（二）在未确定是否易丢失数据的情况下，不能关闭正在运行状态的电子设备；（三）对现场计算机信息系统可能被远程控制的，应当及时采取信号屏蔽、信号阻断、断开网络连接等措施；（四）保护电源；（五）有必要采取的其他保护措施。

第18条　现场提取电子数据，应当遵守以下规定：（一）不得将提取的数据存储在原始存储介质中；（二）不得在目标系统中安装新的应用程序。如果因为特殊原因，需要在目标系统中安装新的应用程序的，应当在笔录中记录所安装的程序及目的；（三）应当在有关笔录中详细、准确记录实施的操作。

第19条　现场提取电子数据，应当制作《电子数据现场提取笔录》，注明电子数据的来源、事由和目的、对象、提取电子数据的时间、地点、方法、过程、不能扣押原始存储介质的原因、原始存储介质的存放地点，并附《电子数据提取固定清单》，注明类别、文件格式、完整性校验值等，由侦查人员、电子数据持有人（提供人）签名或者盖章；电子数据持有人（提供人）无法签名或者拒绝签名的，应当在笔录中注明，由见证人签名或者盖章。

第20条　对提取的电子数据可以进行数据压缩，并在笔录中注明相应的方法和压缩后文件的完整性校验值。

第21条　由于客观原因无法由符合条件的人员担任见证人的，应当在《电子数据现场提取笔录》中注明情况，并全程录像，对录像文件应当计算完整性校验值并记入笔录。

第22条　对无法扣押的原始存储介质且无法一次性完成电子数据提取的，经登记、拍照或者录像后，可以封存后交其持有人（提供人）保管，并且开具《登记保存清单》一式2份，由侦查人员、持有人（提供人）和见证人签名或者盖章，1份交给持有人（提供人），另1份连同照片或者录像资料附卷备查。

持有人（提供人）应当妥善保管，不得转移、变卖、毁损，不得解除封存状态，不得未经办案部门批准接入网络，不得对其中可能用作证据的电子数据增加、删除、修改。必要时，应当保持计算机信息系统处于开机状态。

对登记保存的原始存储介质，应当在7日以内作出处理决定，逾期不作出处理决定的，视为自动解除。经查明确实与案件无关的，应当在3日以内解除。

第四节　网络在线提取电子数据

第23条　对公开发布的电子数据、境内远程计算机信息系统上的电子数据，可以通过网络在线提取。

第24条　网络在线提取应当计算电子数据的完整性校验值；必要时，可以提取有关电子签名认证证书、数字签名、注册信息等关联性信息。

第25条　网络在线提取时，对可能无法重复提取或者可能会出现变化的电子数据，应当采用录像、拍照、截获计算机屏幕内容等方式记录以下信息：（一）远程计算机信息系统的访问方式；（二）提取的日期和时间；（三）提取使用的工具和方法；（四）电子数据的网络地址、存储路径或者数据提取时的进入步骤等；（五）计算完整性校验值的过程和结果。

第26条　网络在线提取电子数据应当在有关笔录中注明电子数据的来源、事由和目的、对象、提取电子数据的时间、地点、方法、过程、不能扣押原始存储介质的原因，并附《电子数据提取固定清单》，注明类别、文件格式、完整性校验值等，由侦查人员签名或者盖章。

第27条　网络在线提取时需要进一步查明下列情形之一的，应当对远程计算机信息系统进行网络远程勘验：（一）需要分析、判断提取的电子数据范围的；（二）需要展示或者描述电子数据内容或者状态的；（三）需要在远程计算机信息系统中安装新的应用程序的；（四）需要通过勘验行为让远程计算机信息系统生成的除正常运行数据外电子数据的；（五）需要收集远程计算机信息系统状态信息、系统架构、内部系统关系、文件目录结构、系统工作方式等电子数据相关信息的；（六）其他网络在线提取时需要进一步查明有关情况的情形。

第28条　网络远程勘验由办理案件的县级公安机关负责。上级公安机关对下级公安机关刑事案件网络远程勘验提供技术支援。对于案情重大、现场复杂的案件，上级公安机关认为有必要时，可以直接组织指挥网络远程勘验。

第29条　网络远程勘验应当统一指挥，周密组织，明确分工，落实责任。

第30条　网络远程勘验应当由符合条件的人员作为见证人。由于客观原因无法由符合条件的人员担任见证人的，应当在《远程勘验笔录》中注明情况，并按照本规则第25条的规定录像，录像可以采用屏幕录像或者录像机录像等方式，录像文件应当计算完整性校验值并记入笔录。

第31条　远程勘验结束后，应当及时制作《远程勘验笔录》，详细记录远程勘验有关情况以及勘验照片、截获的屏幕截图等内容。由侦查人员和见证人签名或者盖章。

远程勘验并且提取电子数据的，应当按照本规则第26条的规定，在《远程勘验笔录》注明有关情况，并附《电子数据提取固定清单》。

第32条　《远程勘验笔录》应当客观、全面、详细、准确、规范，能够作为还原远程计算机信息系统原始情况的依据，符合法定的证据要求。

对计算机信息系统进行多次远程勘验的，在制作首次《远程勘验笔录》后，逐次制作补充《远程勘验笔录》。

第33条　网络在线提取或者网络远程勘验时，应当使用电子数据持有人、网络服务提供者提供的用户名、密码等远程计算机信息系统访问权限。

采用技术侦查措施收集电子数据的，应当严格依照有关规定办理批准手续。收集的电子数据在诉讼中作为证据使用时，应当依照刑事诉讼法第154条规定执行。

第34条　对以下犯罪案件，网络在线提取、远程勘验过程应当全程同步录像：（一）严重危害国家安全、公共安全的案件；（二）电子数据是罪与非罪、是否判处无期徒刑、死刑等定罪量刑关键证据的案件；（三）社会影响较大的案件；（四）犯罪嫌疑人可能被判处5年有期徒刑以上刑罚的案件；（五）其他需要全程同步录像的重大案件。

第35条　网络在线提取、远程勘验使用代理服务器、点对点传输软件、下载加速软件等网络工具的，应当在《网络在线提取笔录》或者《远程勘验笔录》中注明采用的相关软件名称和版本号。

第五节　冻结电子数据

第36条　具有下列情形之一的，可以对电子数据进行冻结：（一）数据量大，无法或者不便提取的；（二）提取时间长，可能造成电子数据被篡改或者灭失的；（三）通过网络应用可以更为直观地展示电子数据的；（四）其他需要冻结的情形。

第37条　冻结电子数据，应当经县级以上公安机关负责人批准，制作《协助冻结电子数据通知书》，注明冻结电子数据的网络应用账号等信息，送交电子数据持有人、网络服务提供者或者有关部门协助办理。

第38条　不需要继续冻结电子数据时，应当经县级以上公安机关负责人批准，在3日以内制作《解除冻结电子数据通知书》，通知电子数据持有人、网络服务提供者或者有关部门执行。

第39条　冻结电子数据的期限为6个月。有特殊原因需要延长期限的，公安机关应当在冻结期限届满前办理继续冻结手续。每次续冻期限最长不得超过6个月。继续冻结的，应当按照本规则第37条的规定重新办理冻结手续。逾期不办理继续冻结手续的，视为自动解除。

第40条　冻结电子数据，应当采取以下1种或者几种方法：（一）计算电子数据的完整性校验值；（二）锁定网络应用账号；（三）采取写保护措施；（四）其他防止增加、删除、修改电子数据的措施。

第六节　调取电子数据

第41条　公安机关向有关单位和个人调取电子数据，应当经办案部门负责人批准，开具《调取证据通知书》，注明需要调取电子数据的相关信息，通知电子数据持有人、网络服务提供者或者有关部门执行。被调取单位、个人应当在通知书回执上签名或者盖章，并附完整性校验值等保护电子数据完整性方法的说明，被调取单位、个人拒绝盖章、签名或者附说明的，公安机关应当注明。必要时，应当采用录音或者录像等方式固定证据内容及取证过程。

公安机关应当协助因客观条件限制无法保护电子数据完整性的被调取单位、个人进行电子数据完整性的保护。

第42条　公安机关跨地域调查取证的，可以将《办案协作函》和相关法律文书及凭证传真或者通过公安机关信息化系统传输至协作地公安机关。协作地办案部门经审查确认后，在传来的法律文书上加盖本地办案部门印章后，代为调查取证。

协作地办案部门代为调查取证后，可以将相关法律文书回执或者笔录邮寄至办案地公安机关，将电子数据或者电子数据的获取、查看工具和方法说明通过公安机关信息化系统传输至办案地公安机关。

办案地公安机关应当审查调取电子数据的完整性，对保证电子数据的完整性有疑问的，协作地办案部门应当重新代为调取。

第三章　电子数据的检查和侦查实验

第一节　电子数据检查

第43条　对扣押的原始存储介质或者提取的电子数据，需要通过数据恢复、破解、搜索、仿真、关联、统计、比对等方式，以进一步发现和提取与案件相关的线索和证据时，可以进行电子数据检查。

第44条　电子数据检查，应当由2名以上具有专业技术的侦查人员进行。必要时，可以指派或者聘请有专门知识的人参加。

第45条　电子数据检查应当符合相关技术标准。

第46条　电子数据检查应当保护在公安机关内部移交过程中电子数据的完整性。移交时，应当办理移交手续，并按照以下方式核对电子数据：（一）核对其完整性校验值是否正确；（二）核对封存的照片与当前封存的状态是否一致。

对于移交时电子数据完整性校验值不正确、原始存储介质封存状态不一致或者未封存可能影响证据真实性、完整性的，检查人员应当在有关笔录中注明。

第47条　检查电子数据应当遵循以下原则：（一）通过写保护设备接入到检查设备进行检查，或者制作电子数据备份，对备份进行检查；（二）无法使用写保护设备且无法制作备份的，应当注明原因，并全程录像；（三）检查前解除封存、检查后重新封存前后应当拍摄被封存原始存储介质的照片，清晰反映封口或者张贴封条处的状况；（四）检查具有无线通信功能的原始存储介质，应当采取信号屏蔽、信号阻断或者切断电源等措施保护电子数据的完整性。

第48条　检查电子数据，应当制作《电子数据检查笔录》，记录以下内容：（一）基本情况。包括检查的起止时间，指挥人员、检查人员的姓名、职务，检查的对象，检查的目的等；（二）检查过程。包括检查过程使用的工具，检查的方法与步骤等；（三）检查结果。包括通过检查发现的案件线索、电子数据等相关信息；（四）其他需要记录的内容。

第49条　电子数据检查时需要提取电子数据的，应当制作《电子数据提取固定清单》，记录该电子数据的来源、提取方法和完整性校验值。

第二节　电子数据侦查实验

第50条　为了查明案情，必要时，经县级以上公安机关负责人批准可以进行电子数据侦查实验。

第51条　电子数据侦查实验的任务包括：（一）验证一定条件下电子设备发生的某种异常或者电子数据发生的某种变化；（二）验证在一定时间内能否完成对电子数据的某种操作行为；（三）验证在某种条件下使用特定软件、硬件能否完成某种特定行为、造成特定后果；（四）确定一定条件下某种计算机信息系统应用或者网络行为能否修改、删除特定的电子数据；（五）其他需要验证的情况。

第52条　电子数据侦查实验应当符合以下要求：（一）应当采取技术措施保护原始存储介质数据的完整性；（二）有条件的，电子数据侦查实验应当进行2次以上；（三）侦查实验使用的电子设备、网络环境等应当与发案现场一致或者基本一致；必要时，可以采用相关技术方法对相关环境进行模拟或者进行对照实验；（四）禁止可能泄露公民信息或者影响非实验环境计算机信息系统正常运行的行为。

第53条　进行电子数据侦查实验，应当使用拍照、录像、录音、通信数据采集等一种或多种方式客观记录实验过程。

第54条　进行电子数据侦查实验，应当制作《电子数据侦查实验笔录》，记录侦查实验的条件、过程和结果，并由参加侦查实验的人员签名或者盖章。

第四章　电子数据委托检验与鉴定

第55条　为了查明案情，解决案件中某些专门性问题，应当指派、聘请有专门知识的人进行鉴定，或者委托公安部指定的机构出具报告。

需要聘请有专门知识的人进行鉴定，或者委托公安部指定的机构出具报告的，应当经县级以上公安机关负责人批准。

第56条　侦查人员送检时，应当封存原始存储介质、采取相应措施保护电子数据完整性，并提供必要的案件相关信息。

第57条　公安部指定的机构及其承担检验工作的人员应当独立开展业务并承担相应责任，不受其他机构和个人影响。

第58条　公安部指定的机构应当按照法律规定和司法审判机关要求承担回避、保密、出庭作证等义务，并对报告的真实性、合法性负责。

公安部指定的机构应当运用科学方法进行检验、检测，并出具报告。

第59条　公安部指定的机构应当具备必需的仪器、设备并且依法通过资质认定或者实验室认可。

第60条　委托公安部指定的机构出具报告的其他事宜，参照《公安机关鉴定规则》等有关规定执行。

【公安部令〔2020〕159号】　公安机关办理刑事案件程序规定（2020年7月4日第3次部务会议修订，2020年7月20日公布，2020年9月1日施行）

第60条　公安机关必须依照法定程序，收集、调取能够证实犯罪嫌疑人有罪或者无罪、犯罪情节轻重的各种证据。必须保证一切与案件有关或者了解案情的公民，有客观地充分地提供证据的条件，除特殊情况外，可以吸收他们协助调查。

【法发〔2020〕38号】　最高人民法院、最高人民检察院、公安部、国家安全部、司法部关于规范量刑程序若干问题的意见（2020年11月5日印发，2020年11月6日施行；法发〔2010〕35号同名《意见（试行）》同时废止）

第2条（第1款）　侦查机关、人民检察院应当依照法定程序，全面收集、审查、移送证明犯罪嫌疑人、被告人犯罪事实、量刑情节的证据。

【海警局令〔2023〕1号】　海警机构办理刑事案件程序规定（2023年5月15日审议通过，2023年6月15日起施行）（余文见本书第308条）

第9条　海警机构办理刑事案件，应当重证据，重调查研究，不轻信口供；严格按照法律规定的证据裁判要求和标准收集、固定、审查、运用证据；严禁刑讯逼供和以威胁、引诱、欺骗以及其他非法方法收集证据，不得强迫任何人证实自己有罪。

第49条　海警机构必须依照法定程序，收集、调取能够证实犯罪嫌疑人有罪或者无罪、犯罪情节轻重的各种证据。必须保证一切与案件有关或者了解案情的公民，有客观地充分地提供证据的条件，除特殊情况外，可以吸收他们协助调查。

第54条　【公检法取证权】人民法院、人民检察院和公安机关有权向有关单位和个人收集、调取证据。有关单位和个人应当如实提供证据。①

【行政证据效力】行政机关在行政执法和查办案件过程中收集的物证、书证、视听资料、电子数据等证据材料，在刑事诉讼中可以作为证据使用。②

【证据保密】对涉及国家秘密、商业秘密、个人隐私的证据，应当保密。③

【妨害证据行为追责】凡是伪造证据、隐匿证据或者毁灭证据的，无论属于何方，必须受法律追究。

（本书汇）【监察调查调取及其证据效力】④

---

① 本款规定由1996年3月17日第8届全国人民代表大会第4次会议修改，1997年1月1日施行。原规定为："人民法院、人民检察院和公安机关有权向有关的国家机关、企业、事业单位、人民公社、人民团体和公民收集、调取证据。"

② 本款规定由2012年3月14日第11届全国人大常委会第5次会议增设，2013年1月1日施行。

③ 本款规定先后2次修改。原规定（1980年1月1日施行）为："对于涉及国家机密的证据，应当保密。"1996年3月17日第8届全国人民代表大会第4次会议将"国家机密"修改为"国家秘密"（1997年1月1日施行）。2012年3月14日第11届全国人大常委会第5次会议再次修改为现规定，2013年1月1日施行。

④ 注：《刑事诉讼法》没有规定监察机关取证权及收集证据的效力，本书将其汇集于此。

● **相关规定**　【〔1982〕公发经96号】　最高人民法院、最高人民检察院、公安部关于机关团体和企业事业单位保卫处科在查破案件时收集的证据材料可以在刑事诉讼中使用的通知（1982年7月6日）[①]

县（市辖区）直属以上的机关、团体、企业、事业单位保卫处、科，在公安机关指导下，查破一般反革命案件和其他一般刑事案件时，可以依法进行现场勘查、询问证人、讯问被告人、追缴赃款赃物的工作。对于需要逮捕或应当移送起诉的案件（不含由人民检察院直接受理的案件），保卫处、科应将案卷连同通过上述工作所获取的证据材料，一并报送县以上公安机关审核同意后，由公安机关提请人民检察院审查决定。保卫处、科依照法定程序所获取的证据材料，可以在刑事诉讼中使用。

【法工委复〔2004〕号】　全国人大常委会法制工作委员会关于如何理解宪法第四十条、民事诉讼法第六十五条、电信条例第六十六条的答复意见（2004年4月9日答复湖南省人大常委会法规工作委员会2003年11月25日请示）[②]

问：我省某移动通信有限责任公司因涉行政诉讼案件请求我委就人民法院是否有权检查移动通信用户通信资料作出法律解答。因所请示的问题超出我委权限范围，且此类纠纷较多，特报请贵委予以解释。《中华人民共和国宪法》第40条规定，"中华人民共和国公民的通信自由和通信秘密受法律的保护。除因国家安全或者追查刑事犯罪的需要，由公安机关或者检察机关依照法律规定的程序对通信进行检查外，任何组织或者个人不得以任何理由侵犯公民的通信自由和通信秘密。"《中华人民共和国民事诉讼法》第65条第1款规定，"人民法院有权向有关单位和个人调查取证，有关单位和个人不得拒绝。"《中华人民共和国电信条例》第66条规定，"电信用户依法使用电信的自由和通信秘密受法律保护。除因国家安全或者追查刑事犯罪的需要，由公安机关、国家安全机关或人民检察院依照法律规定的程序对电信内容进行检查外，任何组织或者个人不得以任何理由对电信内容进行检查。"我委经研究认为：一、公民通信自由和通信秘密是宪法赋予公民的一项基本权利，该项权利的限制仅限于宪法明文规定的特殊情形，即因国家安全或者追查刑事犯罪的需要，由公安机关或检察机关依照法律规定的程序对通信进行检查。二、移动用户通信资料中的通话详单清楚地反映了一个人的通话对象、通话时间、通话规律等大量个人隐私和秘密，是通信内容的重要组成部分，应属于宪法保护的通信秘密范畴。三、人民法院依照《中华人民共和国民事诉讼法》第65条规定调查取证，应符合宪法的上述规定，不得侵犯公民的基本权利。以上理解是否妥当，特此请示。

答：同意湖南省人大常委会法规工作委员会来函提出的意见。

【工商法字〔2012〕227号】　国家工商总局、公安部、最高人民检察院关于加强工商行政执法与刑事司法衔接配合工作若干问题的意见（2012年12月18日）

七、关于在执法办案中相互协助调查

工商机关在向同级公安机关移送涉嫌犯罪案件时，应当将行政执法和查办案件过程中收集的物证、书证、视听资料、电子数据等证据材料，连同案件其他有关材料一并移送，公安

[①] 注：本《通知》一直未被废止。
[②] 注：本《答复意见》来源于中国人大网"立法工作>>询问答复"栏目（文号阙如）：http://www.npc.gov.cn/zgrdw/npc/xinwen/lfgz/xwdf/2004-07/10/content_363186.htm，最后访问日期2021年10月1日。

机关在刑事诉讼中可以作为证据使用。

工商机关在行政执法和查办案件过程中收集的证据难以确定是否达到刑事案件立案追诉标准，但确有重大犯罪嫌疑，公安机关应当支持、会同工商机关开展进一步调查工作，彻查案件事实。工商机关在执法办案时发现涉嫌犯罪案件的嫌疑人可能逃匿、销毁证据或者转移、隐匿涉案财物的，要立即向公安机关通报，公安机关应当迅速派员介入，涉嫌犯罪的要依法立案侦查。对于以暴力、胁迫等方式阻碍工商机关依法执行公务构成违法犯罪的，公安机关应当严格依法处理。

【高检发〔2015〕10号】 最高人民检察院关于完善人民检察院司法责任制的若干意见（2015年9月25日印发）

17.（第3款）下列办案事项应当由检察官亲自承担：……（三）组织收集、调取、审核证据；……

20. 检察官助理在检察官的指导下履行以下职责：……（四）收集、调取、核实证据；……

【公通字〔2017〕25号】 最高人民检察院、公安部关于公安机关办理经济犯罪案件的若干规定（最高检、公安部2017年11月24日印发，2018年1月1日施行；2005年12月31日"公通字〔2005〕101号"《规定》同时废止）

第44条 对民事诉讼中的证据材料，公安机关应当在立案后应当依照刑事诉讼法以及相关司法解释的规定进行审查或者重新收集。未经查证核实的证据材料，不得作为刑事证据使用。

【主席令〔2018〕3号】 中华人民共和国监察法（2018年3月20日第13届全国人大第1次会议通过，同日公布施行）

第18条 监察机关行使监督、调查职权，有权依法向有关单位和个人了解情况，收集、调取证据。有关单位和个人应当如实提供。

监察机关及其工作人员对监督、调查过程中知悉的国家秘密、商业秘密、个人隐私，应当保密。

任何单位和个人不得伪造、隐匿或者毁灭证据。

第33条（第1款） 监察机关依照本法规定收集的物证、书证、证人证言、被调查人供述和辩解、视听资料、电子数据等证据材料，在刑事诉讼中可以作为证据使用。

第40条 监察机关对职务违法和职务犯罪案件，应当进行调查，收集被调查人有无违法犯罪以及情节轻重的证据，查明违法犯罪事实，形成相互印证、完整稳定的证据链。

严禁以威胁、引诱、欺骗及其他非法方式收集证据，严禁侮辱、打骂、虐待、体罚或者变相体罚被调查人和涉案人员。

第42条 调查人员应当严格执行调查方案，不得随意扩大调查范围、变更调查对象和事项。对调查过程中的重要事项，应当集体研究后按程序请示报告。

【国监委公告〔2021〕1号】 监察法实施条例（2021年7月20日国家监委全体会议决定，2021年9月20日公布施行）

第55条（第1款） 监察机关在初步核实中，可以依法采取谈话、询问、查询、调取、勘验检查、鉴定措施；立案后可以采取讯问、留置、冻结、搜查、查封、扣押、通缉措施。需要采取技术调查、限制出境措施的，应当按照规定交有关机关依法执行。设区的市级以下监察机关在初步核实中不得采取技术调查措施。

第57条　需要商请其他监察机关协助收集证据材料的，应当依法出具《委托调查函》；商请其他监察机关对采取措施提供一般性协助的，应当依法出具《商请协助采取措施函》。商请协助事项涉及协助地监察机关管辖的监察对象的，应当由协助地监察机关按照所涉人员的管理权限报批。协助地监察机关对于协助请求，应当依法予以协助配合。

第58条　采取监察措施需要告知、通知相关人员的，应当依法办理。告知包括口头、书面两种方式，通知应当采取书面方式。采取口头方式告知的，应当将相关情况制作工作记录；采取书面方式告知、通知的，可以通过直接送交、邮寄、转交等途径送达，将有关回执或者凭证附卷。

无法告知、通知，或者相关人员拒绝接收的，调查人员应当在工作记录或者有关文书上记明。

第59条（第3款）　监察机关依照监察法和本条例规定收集的证据材料，经审查符合法定要求的，在刑事诉讼中可以作为证据使用。

第68条　监察机关对行政机关在行政执法和查办案件中收集的物证、书证、视听资料、电子数据、勘验、检查等笔录，以及鉴定意见等证据材料，经审查符合法定要求的，可以作为证据使用。

根据法律、行政法规规定行使国家行政管理职权的组织在行政执法和查办案件中收集的证据材料，视为行政机关收集的证据材料。

第69条　监察机关对人民法院、人民检察院、公安机关、国家安全机关等在刑事诉讼中收集的物证、书证、视听资料、电子数据、勘验、检查、辨认、侦查实验等笔录，以及鉴定意见等证据材料，经审查符合法定要求的，可以作为证据使用。

监察机关办理职务违法案件，对于人民法院生效刑事判决、裁定和人民检察院不起诉决定采信的证据材料，可以直接作为证据使用。

第119条　监察机关按规定报批后，可以依法向有关单位和个人调取用以证明案件事实的证据材料。

第120条　调取证据材料时，调查人员不得少于2人。调查人员应当依法出具《调取证据通知书》，必要时附《调取证据清单》。

有关单位和个人配合监察机关调取证据，应当严格保密。

第121条　调取物证应当调取原物。原物不便搬运、保存，或者依法应当返还，或者因保密工作需要不能调取原物的，可以将原物封存，并拍照、录像。对原物拍照或者录像时，应当足以反映原物的外形、内容。

调取书证、视听资料应当调取原件。取得原件确有困难或者因保密工作需要不能调取原件的，可以调取副本或者复制件。

调取物证的照片、录像和书证、视听资料的副本、复制件的，应当书面记明不能调取原物、原件的原因，原物、原件存放地点，制作过程，是否与原物、原件相符，并由调查人员和物证、书证、视听资料原持有人签名或者盖章。持有人无法签名、盖章或者拒绝签名、盖章的，应当在笔录中记明，由见证人签名。

第122条　调取外文材料作为证据使用的，应当交由具有资质的机构和人员出具中文译本。中文译本应当加盖翻译机构公章。

第 123 条　收集、提取电子数据，能够扣押原始存储介质的，应当予以扣押、封存并在笔录中记录封存状态。无法扣押原始存储介质的，可以提取电子数据，但应当在笔录中记明不能扣押的原因、原始存储介质的存放地点或者电子数据的来源等情况。

由于客观原因无法或者不宜采取前款规定方式收集、提取电子数据的，可以采取打印、拍照或者录像等方式固定相关证据，并在笔录中说明原因。

收集、提取的电子数据，足以保证完整性，无删除、修改、增加等情形的，可以作为证据使用。

收集、提取电子数据，应当制作笔录，记录案由、对象、内容、收集、提取电子数据的时间、地点、方法、过程，并附电子数据清单，注明类别、文件格式、完整性校验值等，由调查人员、电子数据持有人（提供人）签名或者盖章；电子数据持有人（提供人）无法签名或者拒绝签名的，应当在笔录中记明，由见证人签名或者盖章。有条件的，应当对相关活动进行录像。

第 124 条　调取的物证、书证、视听资料等原件，经查明与案件无关，经审批，应当在查明后 3 日以内退还，并办理交接手续。

第 185 条　监察机关对已经立案的职务违法或者职务犯罪案件应当依法进行调查，收集证据查明违法犯罪事实。

调查职务违法或者职务犯罪案件，对被调查人没有采取留置措施的，应当在立案后 1 年以内作出处理决定；对被调查人解除留置措施的，应当在解除留置措施后 1 年以内作出处理决定。案情重大复杂的案件，经上一级监察机关批准，可以适当延长，但延长期限不得超过 6 个月。

被调查人在监察机关立案调查以后逃匿的，调查期限自被调查人到案之日起重新计算。

第 186 条　案件立案后，监察机关主要负责人应当依照法定程序批准确定调查方案。

监察机关应当组成调查组依法开展调查。调查工作应当严格按照批准的方案执行，不得随意扩大调查范围、变更调查对象和事项，对重要事项应当及时请示报告。调查人员在调查工作期间，未经批准不得单独接触任何涉案人员及其特定关系人，不得擅自采取调查措施。

第 187 条　调查组应当将调查认定的涉嫌违法犯罪事实形成书面材料，交给被调查人核对，听取其意见。被调查人应当在书面材料上签署意见。对被调查人签署不同意见或者拒不签署意见的，调查组应当作出说明或者注明情况。对被调查人提出申辩的事实、理由和证据应当进行核实，成立的予以采纳。

调查组对于立案调查的涉嫌行贿犯罪、介绍贿赂犯罪或者共同职务犯罪的涉案人员，在查明其涉嫌犯罪问题后，依照前款规定办理。

对于按照本条例规定，对立案和移送审理一并报批的案件，应当在报批前履行本条第 1 款规定的程序。

第 188 条　调查组在调查工作结束后应当集体讨论，形成调查报告。调查报告应当列明被调查人基本情况、问题线索来源及调查依据、调查过程，涉嫌的主要职务违法或者职务犯罪事实，被调查人的态度和认识，处置建议及法律依据，并由调查组组长以及有关人员签名。

对调查过程中发现的重要问题和形成的意见建议，应当形成专题报告。

第 189 条　调查组对被调查人涉嫌职务犯罪拟依法移送人民检察院审查起诉的，应当起草《起诉建议书》。《起诉建议书》应当载明被调查人基本情况，调查简况，认罪认罚情况，采取留置措施的时间、涉嫌职务犯罪事实以及证据，对被调查人从重、从轻、减轻或者免除处罚等情节，提出对被调查人移送起诉的理由和法律依据，采取强制措施的建议，并注明移送案卷数及涉案财物等内容。

调查组应当形成被调查人到案经过及量刑情节方面的材料，包括案件来源、到案经过、自动投案、如实供述、立功等量刑情节，认罪悔罪态度、退赃、避免和减少损害结果发生等方面的情况说明及相关材料。被检举揭发的问题已被立案、查破，被检举揭发人已被采取调查措施或者刑事强制措施、起诉或者审判的，还应当附有关法律文书。

第190条　经调查认为被调查人构成职务违法或者职务犯罪的，应当区分不同情况提出相应处理意见，经审批将调查报告、职务违法或者职务犯罪事实材料、涉案财物报告、涉案人员处理意见等材料，连同全部证据和文书手续移送审理。

对涉嫌职务犯罪的案件材料应当按照刑事诉讼法要求单独立卷，与《起诉建议书》、涉案财物报告、同步录音录像资料及其自查报告等材料一并移送审理。

调查全过程形成的材料应当案结卷成、事毕归档。

【高检发释字〔2019〕4号】　人民检察院刑事诉讼规则（2019年12月2日最高检第13届检委会第28次会议通过，2019年12月30日公布施行；高检发释字〔2012〕2号《规则（试行）》同时废止）

第64条（第2款）　行政机关在行政执法和查办案件过程中收集的鉴定意见、勘验、检查笔录，应当以该机关的名义移送，经人民检察院审查符合法定要求的，可以作为证据使用。

~~人民检察院办理直接受理立案侦查的案件，对于有关机关在行政执法和查办案件过程中收集的涉案人员供述或者相关人员的证言、陈述，应当重新收集；确有证据证实涉案人员或者相关人员因路途遥远、死亡、失踪或者丧失作证能力，无法重新收集，但供述、证言或者陈述的来源、收集程序合法，并有其他证据相印证，经人民检察院审查符合法定要求的，可以作为证据使用。~~

~~根据法律、法规赋予的职责查处行政违法、违纪案件的组织属于本条规定的行政机关。~~

<u>第65条</u>　监察机关依照法律规定收集的物证、书证、证人证言、被调查人供述和辩解、视听资料、电子数据等证据材料，在刑事诉讼中可以作为证据使用。

第180条　办理案件的人民检察院需要派员到本辖区以外进行搜查，调取物证、书证等证据材料，或者查封、扣押财物和文件的，应当持相关法律文书和证明文件等与当地人民检察院联系，当地人民检察院应当予以协助。

需要到本辖区以外调取证据材料的，必要时，可以向证据所在地的人民检察院发函调取证据。调取证据的函件应当注明具体的取证对象、地址和内容。证据所在地的人民检察院应当在收到函件后1个月以内将取证结果送达办理案件的人民检察院。

被请求协助的人民检察院有异议的，可以与办理案件的人民检察院进行协商。必要时，报请共同的上级人民检察院决定。

【公安部令〔2020〕159号】　公安机关办理刑事案件程序规定（2020年7月4日第3次部务会议修订，2020年7月20日公布，2020年9月1日施行）

第61条　公安机关向有关单位和个人收集、调取证据时，应当告知其必须如实提供证据。

对涉及国家秘密、商业秘密、个人隐私的证据，应当保密。

对于伪造证据、隐匿证据或者毁灭证据的，应当追究其法律责任。

第62条 公安机关向有关单位和个人调取证据，应当经办案部门负责人批准，开具调取证据通知书，明确调取的证据和提供时限。被调取单位及其经办人、持有证据的个人应当在通知书上盖章或者签名，拒绝盖章或者签名的，公安机关应当注明。必要时，应当采用录音录像方式固定证据内容及取证过程。

第63条 公安机关接受或者依法调取的行政机关在行政执法和查办案件过程中收集的物证、书证、视听资料、电子数据、检验报告、鉴定意见、勘验笔录、检查笔录等证据材料，经公安机关审查符合法定要求的，可以作为证据使用。

第64条 收集、调取的物证应当是原物。只有在原物不便搬运、不易保存或者依法应当由有关部门保管、处理或者依法应当返还时，才可以拍摄或者制作足以反映原物外形或者内容的照片、录像或者复制品。

物证的照片、录像或者复制品经与原物核实无误或者经鉴定证明为真实的，或者以其他方式确能证明其真实的，可以作为证据使用。原物的照片、录像或者复制品，不能反映原物的外形和特征的，不能作为证据使用。

第65条 收集、调取的书证应当是原件。只有在取得原件确有困难时，才可以使用副本或者复制件。

书证的副本、复制件，经与原件核实无误或者经鉴定证明为真实的，或者以其他方式确能证明其真实的，可以作为证据使用。书证有更改或者更改迹象不能作出合理解释的，或者书证的副本、复制件不能反映书证原件及其内容的，不能作为证据使用。

第66条 收集、调取电子数据，能够扣押电子数据原始存储介质的，应当扣押原始存储介质，并制作笔录、予以封存。

确因客观原因无法扣押原始存储介质的，可以现场提取或者网络在线提取电子数据。无法扣押原始存储介质，也无法现场提取或者网络在线提取的，可以采取打印、拍照或者录音录像等方式固定相关证据，并在笔录中注明原因。

收集、调取的电子数据，足以保证完整性，无删除、修改、增加等情形的，可以作为证据使用。经审查无法确定真伪，或者制作、取得的时间、地点、方式等有疑问，不能提供必要证明或者作出合理解释的，不能作为证据使用。

第67条 物证的照片、录像或者复制品，书证的副本、复制件，视听资料、电子数据的复制件，应当附有关制作过程及原件、原物存放处的文字说明，并由制作人和物品持有人或者物品持有单位有关人员签名。

【法释〔2021〕1号】 最高人民法院关于适用《中华人民共和国刑事诉讼法》的解释（2020年12月7日最高法审委会〔1820次〕修订，2021年1月26日公布，2021年3月1日施行；2013年1月1日施行的"法释〔2012〕21号"《解释》同时废止）

第60条 （第2款） 人民法院向有关单位收集、调取的书面证据材料，必须由提供人签名，并加盖单位印章；向个人收集、调取的书面证据材料，必须由提供人签名。

（第3款） 人民法院对有关单位、个人提供的证据材料，应当出具收据，写明证据材料的名称、收到的时间、件数、页数以及是否为原件等，由书记员、法官助理或者审判人员签名。

第75条　行政机关在行政执法和查办案件过程中收集的物证、书证、视听资料、电子数据等证据材料，~~在刑事诉讼中可以作为证据使用~~；经法庭查证属实，且收集程序符合有关法律、行政法规规定的，可以作为定案的根据。

根据法律、行政法规规定行使国家行政管理职权的组织，在行政执法和查办案件过程中收集的证据材料，视为行政机关收集的证据材料。

第76条　监察机关依法收集的证据材料，在刑事诉讼中可以作为证据使用。

对前款规定证据的审查判断，适用刑事审判关于证据的要求和标准。

第81条　公开审理案件时，公诉人、诉讼参与人提出涉及国家秘密、商业秘密或者个人隐私的证据的，法庭应当制止；有关证据确与本案有关的，可以根据具体情况，决定将案件转为不公开审理，或者对相关证据的法庭调查不公开进行。

第101条　有关部门对事故进行调查形成的报告，在刑事诉讼中可以作为证据使用；报告中涉及专门性问题的意见，经法庭查证属实，且调查程序符合法律、有关规定的，可以作为定案的根据。

【高检发办字〔2021〕3号】　人民检察院办理网络犯罪案件规定（2020年12月14日最高检第13届检委会第57次会议通过，2021年1月22日印发）

第42条　行政机关在行政执法和查办案件过程中依法收集、提取的电子数据，人民检察院经审查符合法定要求的，可以作为刑事案件的证据使用。

第52条　办理关联网络犯罪案件的人民检察院可以相互申请查阅卷宗材料、法律文书，了解案件情况，被申请的人民检察院应当予以协助。

第53条　承办案件的人民检察院需要向办理关联网络犯罪案件的人民检察院调取证据材料的，可以持相关法律文书和证明文件申请调取在案证据材料，被申请的人民检察院应当配合。

第54条　承办案件的人民检察院需要异地调查取证的，可以将相关法律文书及证明文件传输至证据所在地的人民检察院，请其代为调查取证。相关法律文书应当注明具体的取证对象、方式、内容和期限等。

被请求协助的人民检察院应当予以协助，及时将取证结果送达承办案件的人民检察院；无法及时调取的，应当作出说明。被请求协助的人民检察院有异议的，可以与承办案件的人民检察院进行协商；无法解决的，由承办案件的人民检察院报请共同的上级人民检察院决定。

第61条　人民检察院办理网络犯罪案件适用本规定，本规定没有规定的，适用其他相关规定。

第63条　人民检察院办理国家安全机关、海警机关、监狱等移送的网络犯罪案件，适用本规定和其他相关规定。

【法发〔2021〕22号】　最高人民法院、最高人民检察院、公安部关于办理电信网络诈骗等刑事案件适用法律若干问题的意见（二）（2021年6月17日签发，2021年6月22日新闻发布）

十三、办案地公安机关可以通过公安机关信息化系统调取异地公安机关依法制作、收集的刑事案件受案登记表、立案决定书、被害人陈述等证据材料。调取时不得少于2名侦查人员，并应记载调取的时间、使用的信息化系统名称等相关信息，调取人签名并加盖办案地公安机关印章。经审核证明真实的，可以作为证据使用。

【法发〔2021〕35号】　最高人民法院、最高人民检察院、公安部、工业和信息化部、住房和城乡建设部、交通运输部、应急管理部、国家铁路局、中国民用航空局、国家邮政局关于依法惩治涉枪支、弹药、爆炸物、易燃易爆危险物品犯罪的意见（2021年12月28日印发，2021年12月31日施行）

20. 有关行政执法机关在行政执法和查办涉枪支、弹药、爆炸物、易燃易爆危险物品案件过程中收集的物证、书证、视听资料、电子数据以及对事故进行调查形成的报告，在刑事诉讼中可以作为证据使用。

【法发〔2022〕23号】　最高人民法院、最高人民检察院、公安部关于办理信息网络犯罪案件适用刑事诉讼程序若干问题的意见（2022年8月26日印发，2022年9月1日起施行；2014年5月4日公通字〔2014〕10号《意见》同时废止）

13.（新增）公安机关在调查核实过程中依法收集的电子数据等材料，可以根据有关规定作为证据使用。

调查核实过程中收集的材料作为证据使用的，应当随案移送，并附批准调查核实的相关材料。

调查核实过程中收集的证据材料经查证属实，且收集程序符合有关要求的，可以作为定案依据。

【法刊文摘】　检答网集萃82：犯罪嫌疑人不在案的，案管部门可否受理案件（检察日报2022年5月16日）

咨询内容（吉林靖宇孙钰）：公安机关移送审查起诉的案件有4个嫌疑人，其中一人在强制戒毒期间，案管部门是否可以接收此案？

解答摘要（袁卓）：对移送起诉的犯罪嫌疑人不在案而不能接收的情况，是指犯罪嫌疑人在逃；而咨询问题中涉及的人员正处在强制戒毒期内，强制戒毒对嫌疑人的人身自由约束要强于取保候审、监视居住，办案部门可以进行告知、讯问。所以，案管部门应受理此案。

【海警局令〔2023〕1号】　海警机构办理刑事案件程序规定（2023年5月15日审议通过，2023年6月15日起施行）（余文见本书第308条）

第50条　海警机构向有关单位和个人收集、调取证据时，应当告知其必须如实提供证据。

对涉及国家秘密、商业秘密、个人隐私的证据，应当保密。

对于伪造证据、隐匿证据或者毁灭证据的，应当追究其法律责任。

第51条　海警机构向有关单位和个人调取证据，应当经办案部门以上负责人批准，开具调取证据通知书，明确调取的证据和提供时限。被调取单位及其经办人、持有证据的个人应当在通知书上盖章或者签名，拒绝盖章或者签名的，侦查人员应当注明。必要时，应当采用录音录像等方式固定证据内容及取证过程。

侦查人员调取证据时，应当向有关人员问明证据的来源、内容、保存情况等，必要时制作询问笔录；被调取人拒绝配合制作询问笔录的，侦查人员应当制作调取证据的说明材料。

第52条　海警机构接受或者依法调取的行政机关在行政执法和查办案件过程中收集的

物证、书证、视听资料、电子数据等证据材料，经海警机构审查符合法定要求的，可以作为证据使用。

【国安部令〔2024〕4号】 国家安全机关办理刑事案件程序规定（2024年4月26日公布，2024年7月1日起施行）

第72条　国家安全机关有权向有关单位和个人收集、调取证据，并告知其应当如实提供证据。

对于伪造、隐匿或者毁灭证据的，应当追究其法律责任。

第73条　对涉及国家秘密、商业秘密、个人隐私的证据，应当保密。记录、存储、传递、查阅、摘抄、复制相关证据时，应当采取必要的保密措施，保护证据的具体内容和来源。

第74条　国家安全机关在行政执法和查办案件过程中收集的物证、书证、视听资料、电子数据等证据材料，在刑事诉讼中可以作为证据使用。

国家安全机关接受或者依法调取的其他行政机关在行政执法和查办案件过程中收集的物证、书证、视听资料、电子数据等证据材料，经国家安全机关审查符合法定要求的，在刑事诉讼中可以作为证据使用。根据法律、行政法规规定行使国家行政管理职权的组织，在行政执法和查办案件过程中收集的证据材料，视为行政机关收集的证据材料。

第75条　国家安全机关向有关单位和个人调取证据时，应当经国家安全机关负责人批准，开具调取证据通知书，明确调取的证据和提供时限。被调取单位及其经办人、持有证据的个人应当在通知书回执上盖章或者签名。必要时，应当采用录音录像方式固定证据内容及取证过程。

第76条　国家安全机关调取证据时，应当会同证据的持有人或者保管人查点清楚，当场制作调取证据清单一式3份，由侦查人员、证据持有人或者保管人签名，1份交证据持有人或者保管人，1份附卷备查，1份交物证保管人。

调取证据的侦查人员不得少于2人。

● **指导案例**　　**【高检发办字〔2021〕5号】　最高人民检察院第25批指导性案例**（2020年12月4日最高检检委会〔13届56次〕通过，2021年1月20日印发）

（检例第95号）　宋某某等人重大责任事故案

指导意义： 安全生产事故调查报告在刑事诉讼中可以作为证据使用，应结合全案证据进行审查。安全生产事故发生后，相关部门作出的事故调查报告，与收集调取的物证、书证、视听资料、电子数据等相关证据材料一并移送给司法机关后，调查报告和这些证据材料在刑事诉讼中可以作为证据使用。调查报告对事故原因、事故性质、责任认定、责任者处理等提出的具体意见和建议，是检察机关办案中是否追究相关人员刑事责任的重要参考，但不应直接作为定案的依据，检察机关应结合全案证据进行审查，准确认定案件事实和涉案人员责任。

第 55 条（第 1 款） 【口供】对一切案件的判处都要重证据，重调查研究，不轻信口供。只有被告人供述，没有其他证据的，不能认定被告人有罪和处以刑罚；没有被告人供述，证据确实、充分的①，可以认定被告人有罪和处以刑罚。

（第 2 款） （见第 50 条）

（本书汇）【辩解】②

● 相关规定　【法发〔2010〕20 号】　最高人民法院、最高人民检察院、公安部、国家安全部、司法部关于办理死刑案件审查判断证据若干问题的规定（2010 年 6 月 13 日印发，2010 年 7 月 1 日施行；同文号印发《关于办理刑事案件排除非法证据若干问题的规定》，2010 年 7 月 1 日施行）③

第 18 条　对被告人供述和辩解应当着重审查以下内容：（一）讯问的时间、地点、讯问人的身份等是否符合法律及有关规定，讯问被告人的侦查人员是否不少于 2 人，讯问被告人是否个别进行等。（二）讯问笔录的制作、修改是否符合法律及有关规定，讯问笔录是否注明讯问的起止时间和讯问地点，首次讯问时是否告知被告人申请回避、聘请律师等诉讼权利，被告人是否核对确认并签名（盖章）、捺指印，是否有不少于 2 人的讯问人签名等。（三）讯问聋哑人、少数民族人员、外国人时是否提供了通晓聋、哑手势的人员或者翻译人员，讯问未成年同案犯时，是否通知了其法定代理人到场，其法定代理人是否在场。（四）被告人的供述有无以刑讯逼供等非法手段获取的情形，必要时可以调取被告人进出看守所的健康检查记录、笔录。（五）被告人的供述是否前后一致，有无反复以及出现反复的原因；被告人的所有供述和辩解是否均已收集入卷；应当入卷的供述和辩解没有入卷，是否出具了相关说明。（六）被告人的辩解内容是否符合案情和常理，有无矛盾。（七）被告人的供述和辩解与同案犯的供述和辩解以及其他证据能否相互印证，有无矛盾。

对于上述内容，侦查机关随案移送有录音录像资料的，应当结合相关录音录像资料进行审查。

第 22 条　对被告人供述和辩解的审查，应当结合控辩双方提供的所有证据以及被告人本人的全部供述和辩解进行。

被告人庭前供述一致，庭审中翻供，但被告人不能合理说明翻供理由或者其辩解与全案证据相矛盾，而庭前供述与其他证据能够相互印证的，可以采信被告人庭前供述。

被告人庭前供述和辩解出现反复，但庭审中供认的，且庭审中的供述与其他证据能够印证的，可以采信庭审中的供述；被告人庭前供述和辩解出现反复，庭审中不供认，且无其他证据与庭前供述印证的，不能采信庭前供述。

---

① 本部分内容由 2012 年 3 月 14 日第 11 届全国人大常委会第 5 次会议修改，2013 年 1 月 1 日施行。原规定为"证据充分确实的"。

② 注：《刑事诉讼法》没有关于被告人或犯罪嫌疑人辩解的专门规定，本书将其一并汇集于此。

③ 根据"法发〔2010〕20 号"《通知》，办理其他刑事案件，参照《关于办理死刑案件审查判断证据若干问题的规定》执行。

【高检发研字〔2010〕13号】 最高人民检察院关于适用《关于办理死刑案件审查判断证据若干问题的规定》和《关于办理刑事案件排除非法证据若干问题的规定》的指导意见（2010年11月24日最高检第11届检委会第49次会议通过，2010年12月30日印发）[1]

12. 对犯罪嫌疑人的供述和辩解，应当结合其全部供述和辩解及其他证据进行审查；犯罪嫌疑人的有罪供述，无其他证据相互印证，不能作为批准或者决定逮捕、提起公诉的根据；有其他证据相互印证，无罪辩解理由不能成立的，该供述可以作为批准或者决定逮捕、提起公诉的根据。

【高检诉〔2015〕20号】 公诉环节口供审查工作指引[2]（浙江省检制定，最高检公诉厅2015年7月3日转发）

一、口供的证明价值和特点

口供是犯罪嫌疑人在刑事诉讼过程中，就案件相关情况向司法机关所作的陈述，包括有罪、罪重的供述和无罪、罪轻的辩解。口供作为法定证据，有重要的证明价值，同时具有真假混杂、反复易变的特性，因此，公诉环节要特别重视口供的全面、细致、客观审查，构建口供审查的科学方法和路径，既不能忽视口供在定案中的作用，也不能轻信口供。

（一）全面认识口供的证明价值，高度重视口供的审查运用。口供与案件事实直接相关，所蕴含的信息最为丰富，对案件事实具有重要的证明价值。一是有助于及时查明案件事实。口供所述的犯罪动机、目的、行为、情节或无罪、罪轻辩解，有助于指引调查方向，及时查清并确认案件事实。二是有助于收集和验证证据。真实的口供便于司法机关及时发现新的事实、情节及证据线索；通过口供与其他证据对照分析，可以发现证据矛盾，指引证据的收集和补强。三是有助于公诉人全面审查案件事实。犯罪嫌疑人的辩解，可以使公诉人做到"兼听则明"，避免审查活动的片面性。四是有助于辨别犯罪嫌疑人主观恶性和悔罪态度。犯罪嫌疑人口供可以反映其是否认罪、有无坦白和立功情节等悔罪表现，是衡量其社会危险性的重要依据。

（二）正确认识口供的复杂性，确保审查结果的有效性。实践中口供真假难辨的情形屡见不鲜，采信错误而导致错案也偶有发生，表明口供审查十分复杂。口供审查活动既要判断犯罪嫌疑人口供的真实性，也要审查侦查取证活动的合法性，还要检视对口供审查采信活动的科学性，只有多维度的审查判断，才能确保口供审查结果的有效性。一要从犯罪嫌疑人供述心理的维度，审查口供内容的真实性。口供内容真假混杂的情况普遍存在，实践中不仅有因趋利避害心理而推卸责任的，也有因认识错误、认知障碍、替人顶罪、畸形心理等原因出现虚假有罪供述的，必须慎重审查判断。二要从侦查取证过程的维度，审查口供获取的合法性。口供获取的合法性不仅是程序正义要求，更是口供真实性的制度保障，对犯罪嫌疑人的取证违法抗辩应当认真听取并核实，依法排除非法证据。三要从证据相互印证性的维度，检视口供与其它证据是否存在矛盾、矛盾能否排除或得到合理解释。四要从审查判断活动完备

---

[1] 注：该《指导意见》于2011年3月3日被最高人民法院办公厅"法办〔2011〕47号"《通知》全文转发，称《指导意见》强化了对于侦查取证工作的法律监督，强化了对于证据合法性的举证责任，强化了证据的综合审查和运用，可作为人民法院与人民检察院共同落实两个证据规定，审查、判断证据的依据"，要求全国法院在审判工作中参照《指导意见》的规定，切实贯彻执行好两个证据规定，确保刑事案件审判质量，争取更好的裁判效果。

[2] 最高人民检察院公诉厅编：《刑事公诉案件证据审查指引》，中国检察出版社2015年版。

性的维度，考察口供审查过程是否遵循了相关诉讼规则要求，审查判断过程是否符合逻辑和经验法则，确保论证结论的可靠性。

（三）坚持客观性证据审查模式，树立科学的口供审查理念。刑事诉讼法对口供获取和采信进行了规范，明确了"重证据不轻信口供"的基本要求。我省推行客观性证据审查模式，并非忽视、摒弃口供，而是强调充分挖掘和运用客观性证据并以此验证口供等定案证据，提升证据审查效果。要树立"依法审查、客观验证"的口供审查工作理念，运用客观性证据验证的方法和路径审查判断口供。实践中，既要防止"口供至上"倾向，又要防止忽视口供、唯客观性证据论的认识偏差。

二、口供审查的基本原则和方法

在客观性证据审查模式下，坚持口供审查"依法审查、客观验证"的基本理念，应遵循以下原则和方法：

（一）口供审查的基本原则

合法性审查优先原则。优先审查讯问程序及记录形式的合法性，即讯问主体、时间、地点、手段、表现形式等应遵守法定的诉讼程序及要求。

客观性证据验证原则。充分挖掘和运用口供中蕴涵的案件情节或证据线索，积极收集固定相关客观性证据，并运用客观性证据验证口供的真实性。

全面系统审查原则。全面审查在案口供、自书材料及同步录音录像等材料，客观公正地审验有罪供述和无罪、罪轻辩解。

相互补强印证原则。注重口供与其他证据之间的相互印证，及时发现并补强证据体系中的薄弱环节，确保口供与其他证据之间的矛盾能够得到排除或合理解释。

（二）口供审查的一般方法

阅卷审查与听取意见相结合。认真审查在案口供笔录，全面准确掌握口供内容，当面听取犯罪嫌疑人供述和辩解；主动听取辩护人、被害人及其诉讼代理人的意见，及时审查核实其提供的意见、证据或线索。

单个审查与比对分析相结合。要审查单份口供笔录的合法性、内容的全面性、供述的合理性，在此基础上，比较分析口供之间是否吻合，口供与其他证据是否相互印证，口供与其他证据收集、固定的先后关系和派生关系。

全面审查与重点审查相结合。要对口供与其他证据、案件事实之间的关系进行全面审查、综合分析，重点审查侦查初期口供、前后不一致的口供、口供中蕴涵的客观性证据信息、对案件关键事实及细节的供述等。

逻辑分析与经验法则相结合。要运用日常生活中熟知的经验法则以及自然科学原理考察口供内容是否有内在逻辑性、是否符合一般社会经验法则，从犯罪时间、地点、动机、目的、手段、后果以及其他环境因素等全面地分析是否存在其他可能，是否存在矛盾等。

三、口供审查的重点案件和重点内容

要根据案件性质、证据特点等，进行繁简分流，突出重点，明确口供审查的重点案件和重点内容。

（一）口供审查的重点案件。依据案件类型及证据特点，以下案件口供应重点审查：（1）可能判处无期徒刑、死刑的案件；（2）投放危险物质、贿赂、强奸、毒品等隐蔽性强、客观性证据相对较少的案件；（3）交通肇事、危险驾驶、涉众型故意伤害等易出现"顶包"错案的案件；(4) 口供不稳定、出现反复或提出无罪、罪轻辩解的案件；(5) 其他重大、敏感或社会关注度高的案件。

（二）口供审查的重点内容。应围绕口供材料移送的完整性、口供获取的合法性、口供内容的真实性进行先期重点审查，为后续口供的具体审查运用夯实基础。

1. 口供材料移送完整性的审查。应审查口供材料（包括笔录、自书、同步录音录像）是否均已在卷，应当入卷而未入卷的，应当查明原因，重点查明是否存在无罪、罪轻的口供或证据线索未移送，是否存在因犯罪嫌疑人否认作案或翻供而不制作笔录的情况。审查路径和方法：(1) 提讯记录与在卷笔录是否相对应；(2) 犯罪嫌疑人被传唤或刑事拘留到案时间与首次笔录时间、首次作出有罪供述时间是否合理；(3) 归案情况说明与首次讯问的时间、地点是否相互印证；(4) 讯问犯罪嫌疑人，核实归案情况、接受讯问情况、首次供述情况等。

2. 口供获取合法性的审查。应审查在案口供的获取方式、固定形式是否符合法律规定，重点查明有无刑讯逼供等非法取证行为，依法排除非法证据，及时补正口供瑕疵。审查路径和方法：(1) 口供笔录形式要件审查，主要查明要素项目是否齐备。包括是否注明讯问起止时间和讯问地点，首次讯问是否告知犯罪嫌疑人诉讼权利和法律规定；补充和更正之处是否经犯罪嫌疑人捺印确认；口供笔录是否交由犯罪嫌疑人核对并签名或捺印。(2) 口供笔录的制作过程审查，主要包括讯问时间、地点是否合法；讯问主体、讯问时在场人员、辅助人员是否适格；讯问活动、过程是否合法。(3) 通过其他方法核查，主要包括审查讯问同步录音录像，查明供述过程是否自然、流畅，制作笔录时间、核对笔录时间是否合理等；讯问犯罪嫌疑人，了解口供形成过程等。

3. 口供内容真实性的审查。应审查口供内容是否符合案件客观事实，重点查明犯罪嫌疑人是否自愿作出有罪供述，评估口供内容是否符合逻辑性和合理性。审查路径和方法：(1) 口供的稳定性审查，即口供是否稳定、一贯，翻供、辩解是否稳定、合理，有无提供可查证的证据线索；(2) 口供的合理性审查，即供述内容是否符合逻辑、情理。要注意查明供述内容与在案其他证据证明的个体因素、犯罪动机、手段等是否存在矛盾；(3) 供证的时间性审查，即犯罪嫌疑人供述和侦查机关取证的先后顺序，是否根据犯罪嫌疑人供述、指认提取到了隐蔽性很强的物证、书证、电子数据等客观性证据；(4) 供证的印证性审查，即口供与其他证据之间的印证程度。要查明口供涉及的其他证据或证据线索是否收集到案，口供与其他证据之间是否排除了矛盾；(5) 通过提讯犯罪嫌疑人，查看讯问同步录音录像，核查案件内在细节的供述过程是否自然、流畅，内容与笔录内容是否相符等。

四、供述的审查

供述即犯罪嫌疑人对自己实施犯罪行为的陈述。审查时，应围绕犯罪动机、犯罪预备、行为过程、危害后果、销赃窝藏、逃避侦查、归案等案件发生、发展的脉络进行，同时，还应重视发现并运用供述中提及的、犯罪过程中形成的，但侦查时未搜集在案或未能有效运用的派生证据、再生证据、隐蔽证据、内在证据等，用以验证某些案件事实情节是否存在。

（一）对供述中犯罪动机的审查。主要包括：(1) 犯罪动机是否符合逻辑或常理；(2) 犯罪动机产生的时空条件、外部因素，是否得到其他证据印证；(3) 作案过程或作案后的行为是否能够佐证犯罪动机；(4) 犯罪动机供述前后不一的，何种供述或辩解得到其他证据的印证。

（二）对供述中犯罪预备行为的审查。主要包括：（1）有犯罪预谋的，预谋的时间、地点、内容等是否得到其他证据的印证；（2）准备作案工具的，是否供述了作案工具的来源、特征，作案工具是否扣押在案，未查扣在案的有无合理说明；（3）对作案路线、作案现场事先踩点的，供述的路线、现场及其关联区域是否有标志性特征，相关区域视频监控资料是否收集在案，犯罪嫌疑人的交通工具、通讯设备等运行轨迹是否符合案情；（4）事先选择或辨认过犯罪对象的，其辨认时间、地点、方式等；（5）学习、演练作案手段的，其学习的途径、内容，演练的时间、地点、对象、效果等。

（三）对供述中犯罪实行行为的审查。主要包括：（1）作案时间与在案其他证据是否相互印证；（2）作案地点及地理特征与现场勘验、检查笔录是否一致；（3）作案过程是否得到痕迹、物证及现场物品变化等客观性证据的印证；（4）作案方法是否具有个体（个案）独特性；（5）借助他人、他物（特殊作案工具）等实施的，是否得到其他痕迹、物证、电子数据等客观性证据的印证，能否得到侦查实验的验证；（6）犯罪对象的数量、特征与在案其他证据能否印证，能否得到作案方法、勘验检查、鉴定意见等印证；（7）犯罪后果是否得到其他证据印证，尤其是客观性证据的验证；（8）作案过程涉及多人、多种作案工具、多种危害后果的，能否查明各犯罪嫌疑人的具体行为、各作案工具的特征及使用情况，以及造成各危害后果的原因及具体行为人；（9）作案过程能否得到被害人陈述、视频监控或相关证人证言等其他证据的直接或间接印证。

（四）对供述中作案后行为的审查。主要包括：（1）有无报警、救助、停留在作案现场、等候民警抓捕等配合侦查的行为，以及有无销赃窝藏、毁灭、伪造证据和串供等逃避侦查的行为；（2）对作案后行为的供述细节，如逃离现场的路线、方式、途经地、目的地、接触人员、重返现场及打听案件侦破情况、向亲友陈述案情等情节是否得到其他证据印证。

（五）对供述中归案情况的审查。主要包括：（1）供述的归案过程与在案的《侦破经过》、《归案经过》、报案记录或录音录像等材料是否一致，有无其他证据支持；（2）自动投案的时间、方式是否有投案前的行踪、通讯记录等材料证实，首次讯问是否记录了投案情况及主要犯罪事实，防止替人顶罪、由未成年人、限制刑事责任人承担主要罪责等情况；（3）被抓获归案的，是否有相应笔录印证首次讯问的时间、地点；是否影响自首、立功等法定情节的认定。

五、辩解的审查

辩解是指犯罪嫌疑人罪轻、无罪的申辩，翻供是一种特殊形式的辩解。要全面、客观地收集犯罪嫌疑人的供述和辩解，动态反映口供的变化过程。要审查翻供的时机和辩解的实质内容，准确认定犯罪，避免冤枉无辜。实践证明，认真、细致审查辩解是发现案件疑点乃至纠正错案的一个重要途径，但由于趋利避害心理或外界压力等影响，犯罪嫌疑人的辩解往往真假混杂，必须审慎对待，从合理性、印证性两方面进行审查判断。

（一）辩解的合理性审查

应结合在案证据仔细审查辩解内容是否符合案情和常理。一要审查辩解内容与案情是否符合，如辩解内容与已有的证据尤其是客观性证据存在矛盾、无法得到合理解释的，则辩解不符合案情；二要审查辩解内容与常理是否相符，如辩解内容明显不符合常理、出现多种辩解甚至矛盾辩解，则辩解不具有合理性。审查方法和路径：（1）审查辩解形成的时间、地点及其变化过程，重点查明归案后首次提出辩解和有罪供述后首次辩解的情况；（2）当面听取辩解，考察侦查机关是否将相关辩解全部、客观收集在卷；(3) 审查是否针对提供的证据及线索进行了查证；(4) 对难以查证的辩解，分析是否符合情理、逻辑和经验法则。

（二）辩解的印证性审查

应结合辩解的具体内容，审查其与在案证据尤其是客观性证据之间，是否存在矛盾、能否相互印证，对辩解的真实性作出更加准确的认定。审查方法和路径：

1. 犯罪嫌疑人辩解没有作案时间的审查。(1) 审查认定案件发生时间的证据是否确实充分。如尸体检验报告等技术性证据、通讯记录、视频监控等能否客观揭示案发时间，是否有目击证人或其他证据印证等；(2) 审查犯罪嫌疑人提出无作案时间的理由、线索是否经过查证，是否得到其他证据的印证；(3) 审查犯罪嫌疑人随身携带的电子设备、所乘交通工具的运行轨迹、相关视频监控、网络通讯软件使用的 IP 地址、住宿登记等相应证据，是否可以佐证其辩解；(4) 审查证明无作案时间的证人与犯罪嫌疑人是否具有利害关系，证人获知作证内容的途径、提供证言时间、佐证证言的其他依据等是否具有合理性、真实性。

2. 犯罪嫌疑人辩解未实施犯罪行为的审查。(1) 审查在案证据是否能够将犯罪嫌疑人与犯罪行为直接关联，与犯罪嫌疑人关联的物证、痕迹等是否可以排除非作案所留；(2) 审查针对辩解的相关理由、线索的查证结果；(3) 审查共同犯罪中各犯罪嫌疑人的供述是否相互印证。

3. 犯罪嫌疑人辩解案外第三人参与作案的审查。(1) 审查犯罪嫌疑人是否能够提供第三人的身份信息、通讯信息、联系方式等具体线索，并查明其与第三人的密切程度、交往、共谋情况；(2) 审查现场遗留的痕迹、生物物证等是否可以排除第三人参与作案；(3) 审查现场及其周边的视频监控等是否可以排除第三人参与作案；(4) 审查作案时犯罪嫌疑人随身携带的电子设备的运行轨迹是否与第三人相同；(5) 审查是否存在替人顶罪可能。

4. 犯罪嫌疑人辩解受到刑讯逼供的审查。(1) 审查犯罪嫌疑人归案及供述形成的时间、地点；(2) 审查讯问同步录音录像，确认是否存在违规审讯活动；(3) 审查看守所入所体检记录、医疗机构就医、验伤报告等；(4) 审查是否提供有可供核查的理由、线索，并进行查证；(5) 向同监室人员、刑事执行检察部门调查核实是否存在刑讯逼供等情形。

六、口供中细节信息的挖掘

口供中的细节信息是指犯罪嫌疑人口供中涉及动机、起因、工具、手段等反映个案特点的细节证据信息或证据线索，其本身往往不能单独、有力地证明案件事实，但可通过细节信息搜集到相关证据，形成相互印证，证明案件事实。因此，审查中要重视梳理、挖掘口供中的细节信息来查证案件事实链接点，通过现场复勘、文证审查、重新鉴定、侦查实验、电子数据检验等途径来补强、挖掘印证口供的证据，强化、完善定案证据体系。

（一）涉及犯罪动机、起因的细节信息挖掘。主要方法和路径：(1) 存在经济、劳资、邻里等纠纷的，可以收集证明相关纠纷及处理过程的证据材料，查明纠纷原因及矛盾激化过程、过错等情况；(2) 存在婚姻家庭、婚外情等特殊人际、社会关系的，可以调取双方手机信息、聊天记录、相关场所视频监控记录，查明双方接触联络情况，证明与案件关联的事实情节；(3) 存在财产处置、资金往来等情况的，可以调取物品买卖、处置的书证、银行账户明细、知情人证言等；(4) 犯罪嫌疑人前科劣迹与本案相类似的，可以调取前科档案材料、知情人证言等；(5) 犯罪嫌疑人作案前后记录案件相关情节的，可以调取犯罪嫌疑人的日记、记账本、记事本等。

（二）涉及作案工具的细节信息挖掘。主要方法和路径：（1）作案工具系购买、借入或作案前已持有的，可以调取购买凭证或出借人、出售人等证人证言，有条件、有必要的要组织辨认；（2）作案工具外形、残缺特征、装饰物等有别于同类工具的，可以查看该工具实物特征或调取知晓该工具特征的证人证言；（3）作案（联络）工具有电子数据存储功能的，尤其是仅犯罪嫌疑人知晓账户名、密码的设备，可以导出或恢复数据信息，查验账户名、密码的真实性；（4）作案时使用手机等通讯工具、网络通讯软件的，可以调取相关通讯记录等书证、提取电脑数据、手机软件记录等电子证据；（5）作案过程中使用手机、车辆等形成运行轨迹的以及有购物、就餐、住宿等活动的，可以调取手机基站信息、道路交通卡口信息、车船使用凭证、缴费凭据、购物记录、住宿登记票据等书证、相关视频监控等视听资料；（6）作案工具被抛弃、隐匿、毁坏的，可以调取起获作案工具时的录像、照片等勘查材料或相关证人证言。

（三）涉及作案手段的细节信息挖掘。主要方法和路径：（1）踩点、进出现场的，尤其是在门、锁、窗、墙留下破坏、攀爬痕迹的，应当全面审查勘验检查材料或复勘现场，可以调取指纹、足迹、DNA、工具等痕迹物证及视频监控等；（2）具备实施特殊作案手法、使用非常规作案工具、接触特定涉案物品的身体、知识、技能条件和经历的，可以调取反映犯罪嫌疑人生活履历、职业技能的书证、知情人证言，必要时可进行侦查实验；（3）运输、埋藏、抛弃尸体、赃物的，尤其是运输工具、摆放方位、地点等具有特殊形态或特定附属物的，可以调取挖掘、打捞录像、提取笔录及相关照片进行比对；（4）伪造、清理、毁坏犯罪现场的，可以审查相关勘验检查材料或复勘现场、提取痕迹物证等进行验证。

（四）涉及涉案物品的细节信息挖掘。主要方法和路径：（1）现场遗留与犯罪嫌疑人紧密关联的物品、犯罪嫌疑人造成现场物品、痕迹变化或被害人随身物品损失的，应交由犯罪嫌疑人、证人辨认，并可以审查勘验检查材料或复勘现场，对在卷痕迹物证或对未检验的物证进行检验；（2）犯罪嫌疑人持有或处分与被害人紧密关联物品的，应查该物品并交由被害人及相关知情人等进行辨认，并进一步收集证明案发前被害人持有的相关证据；（3）被害人、犯罪嫌疑人身体、衣物上沾附有涉案物品、犯罪场所内遗留的痕迹或微量物证的，可以审查在卷物证检验情况，对未检验的微量物证作同一鉴定；（4）赃款赃物特征明显、去向明确的，可以审查或提取赃款赃物实物、相关持有人证言、起获赃款赃物录像、照片等。

（五）涉及被害人死、伤原因的细节信息挖掘。主要方法和路径：（1）犯罪嫌疑人实施捂、勒、打、压、抱、撞、砍、刺等行为，在被害人身体、衣物留有对应痕迹的，应当通过人身及衣物检查、尸体检验、照片比对进行验证；（2）现场物品对犯罪嫌疑人、被害人造成碰撞、挤压、刺戳等意外损伤的，可以审查或补充勘查，并通过人身检查、尸体检验的途径查明的相应痕迹特征予以比对印证；（3）犯罪嫌疑人造成被害人生前伤、死后伤的，可以通过尸体检验、照片比对，调取视频监控等方式验证。

（六）涉及生物物证、痕迹物证的细节信息挖掘。主要方法和路径：（1）有接触被害人私密部位或压迫被害人口鼻等身体部位的行为，应审查相关部位是否留下双方的体液、皮屑、毛发等，并通过DNA鉴定进行确认；（2）被害人有抓、咬情节的，一般会在被害人指甲、被害人牙齿等部位留下双方生物物证或在体表留下痕迹，可以对相关部位进行人身检查、尸体检验，并进行DNA鉴定；（3）作案过程有使用工具的，应审查是否留下相应现场痕迹，如是否存在血液喷溅、抛洒状态，是否在工具缝隙处留下血迹等，可以通过审查、复勘现场血迹形态、分布部位等，并结合DNA鉴定等鉴定意见进行论证分析；（4）犯罪嫌疑人、被害人被现场特定物品致伤的，应通过审查相关物品上是否留下微量生物、痕迹物证、尸体检验、人身检查是否有相应损伤予以印证；（5）有分解尸体的，应通过审查使用工具、分尸现场隐蔽处留下血迹情况予以印证，必要时可以复勘现场、复检刀具，查找现场物品及隐蔽部位的血迹，进行DNA鉴定；（6）犯罪过程中导致作案工具离断的，可以通过工具材质、断口的鉴定确定分离物是否为同一整体，并结合其它证据（如工具断端上有犯罪嫌疑人生物信息等）确认与本案的关联性。

（七）涉及被害人私密信息的细节信息挖掘。主要方法和路径：（1）被害人的肢体特点、疤痕印迹、既往病史、生理周期、健康状况等身体特征，被害人的服饰妆扮、饮食起居、包裹物品等生活习惯，被害人的爱好、语言特征、知识水平、社会身份等个体特征，可以调取知情人的证言、体检就医病历记录、专业学历技能证书、过往书信、聊天记录、生活照片等证据予以印证；（2）与案件事实无直接关联但可以佐证某些情节的被害人活动，如被害人在案件发生过程相关购物、休息等活动情况，可以通过审查或调取相应的消费票据、隐蔽处所的排泄物、现场的睡卧痕迹等书证、痕迹物证予以印证；（3）被害人损失财物中的特殊信息，如被害人缝在衣服内、藏在隐蔽处的钱物，应当审查勘验检查材料予以验证，必要时可以复勘现场、复检提取在案物证、调取知悉隐蔽财物的证人证言予以印证。

（八）涉及作案时空环境的细节信息挖掘。主要方法和路径：（1）作案现场气象、抛尸抛物至河流湖泊时的水文现象，可以调取气象、水文资料等书证予以印证；（2）作案时电视、电台正在播放节目的，可以调取电视（电台）节目播放执行单等书证予以印证；（3）现场声光变化、物品布局摆放情况，可以调取知悉声源、光源变化的证人证言、涉案场所的照片或记录的书证予以印证；（4）现场周边特定人、事、物，可以调取相关的证人证言、视频录像予以印证；（5）作案时使用大量水、电等可记录资源的，可以调取水、电使用记录等书证予以印证；（6）职业、身份、生活规律与现场空间、环境有特殊联系的，可以调取反映犯罪嫌疑人生活履历、工作职责的书证、知情人证言予以印证。

（九）涉及作案时心理状态的细节信息挖掘。主要方法和路径：（1）供述作案时心理活动、感受的，如犯罪嫌疑人供述因心理紧张、纠结而抽烟、进食、大小便来缓解情绪的，可通过现场留下的烟蒂、残留食物、排泄物等物证、痕迹的检验来印证；（2）对犯罪时实施的异常行为和心理状况有解释的，如迷信某物的摆放、恐惧某种行为或现象等，可以调取或运用现场勘查照片、相关知情人证言予以印证。

七、与口供相关的其他证据材料的审查

司法实践中，涉及犯罪嫌疑人供述和辩解的证据材料，除讯问笔录、自书材料外，还有侦查机关制作的讯问同步录音录像、辨认（指认）笔录及同步录音录像、犯罪嫌疑人进出看守所的健康检查记录、笔录等材料，后者往往有助于审查判断口供的合法性、真实性，有助于树立内心确信。在口供的具体审查工作中，既要充分利用上述在案证据材料、注重多种证据材料的综合审查运用，也应突出不同证据材料的审查重点。

（一）对讯问同步录音录像的审查。重点是讯问过程的合法性以及笔录与同步录音录像内容的一致性。主要审查以下内容：（1）随案移送的讯问录音录像的次数、制作时间与移送清单是否一致，是否附有《提取经过说明》或《录制经过说明》；（2）应当移送的同步录音录像是否全部移送，尤其是首次有罪供述录音录像是否移送；（3）讯问录音录像反映的供述内容、讯问时间、地点与讯问笔录是否一致；(4) 同一次讯问，录音录像是否完整连贯，内容是否真实、自然；(5) 是否有其他影响讯问合法性及犯罪嫌疑人供述真实性的因素。对于根据犯罪嫌疑人供述、指认提取到了隐蔽性很强的物证、书证、电子数据等客观性证据的，其供述和提取过程的录音录像应当予以重点审查。

（二）对辨认笔录的审查。重点是犯罪嫌疑人对辨认对象特征的描述与辨认对象的情形是否吻合，主要审查以下内容：(1) 辨认的主持人、见证人、辨认方式等是否符合法律及有关规定；(2) 辨认人对被辨认对象的记忆特征是否在辨认前已经记入笔录，其特征描述是否具体、具有辨识性、符合记忆特点；(3) 辨认过程是否存在向辨认人暗示或指认辨认对象的可能；(4) 辨认现场的，辨认前是否将辨认人对现场方位、附近标志物、进入现场路线等描述记入笔录；(5) 根据犯罪嫌疑人辨认提取到赃款、赃物、作案工具等客观性证据的，应注意审查辨认笔录中的辨认时间与现场勘验、检查笔录、提取笔录记录的时序关系。

犯罪嫌疑人辨认过程有同步录音录像且具有以下情形之一的，应当要求侦查机关移送审查：(1) 辨认结果为定案关键证据或通过辨认直接锁定犯罪嫌疑人的；(2) 属有罪证据、无罪证据并存的疑难复杂案件的；(3) 存在明显暗示或具有指认嫌疑的；(4) 对见证人身份、辨认结果存在其他重大疑问的；(5) 根据犯罪嫌疑人指认提取到隐蔽性强的客观性证据的。

八、口供的综合审查运用

（一）供证矛盾的审查。供证矛盾是指口供与在案其他证据在证明的内容或方向上不一致，甚至呈现相反的情形。要理性认识、审慎对待、正确处理审查实践中出现的供证矛盾。

1. 要理性认识、审慎对待供证矛盾。首先，要理性、客观认识供证矛盾。刑事诉讼证明的对象主要是犯罪构成要件和量刑情节的事实，是以在案证据为基础、经过严格的法定程序确定的法律事实，是对客观事实的重塑。基于认知、记忆等各种因素影响，导致口供与其他证据之间出现矛盾，某种程度上也符合司法规律特点。其次，出现供证矛盾时应严谨、慎重对待。供证矛盾的出现，证明案件证据之间尤其是口供与其他证据之间呈现不一致、出现疑点，因而有必要通过重新梳理证据体系、重新补充或核查证据等手段进行审慎的分析、论证，确保证明刑事诉讼证明对象的证据确实、充分，并能排除合理怀疑，防止出现冤假错案。

2. 要正确处理供证矛盾。首先，要突出重点，把握处理供证矛盾的基本原则：突出证明刑事诉讼证明对象即犯罪构成要素事实及量刑事实证据的充分性，不纠缠与定罪量刑无关的细枝末节。要准确区分细节与细枝末节：细节事实是待证事实构成要素，当细节事实足以影响定罪量刑要素事实是否成立时，该细节就属于必须查明的证明案件事实的组成节点；细节事实不影响定罪量刑事实认定的，该细节事实才可视为细枝末节。其次，把握排除矛盾或合理怀疑的一般审查方法和路径：(1) 分析供证矛盾的表现形式，核查产生矛盾的证据；(2) 分析矛盾产生的原因，查明矛盾是否可以得到合理解释；(3) 亲历性复核相关证据，重新委托检验鉴定或咨询具有专门知识的人员；(4) 通过提讯犯罪嫌疑人，进一步挖掘新的证据或证据线索。

（二）口供的综合运用。要结合案情，依据犯罪过程脉络，在确认合法性、真实性的基础上，从口供等证据与待证事实的关联程度、各证据之间相互印证性等方面进行分析论证、挖掘补强，并根据经验法则、逻辑法则、自然科学等分析方法重建犯罪现场和犯罪情景，在此基础上对全案证据综合分析，排除合理怀疑。

不轻信口供。要重视口供与其他证据之间在案件关键事实、关键环节上能否相互印证，尤其是能否得到客观性证据的印证。既要重视挖掘口供中蕴涵的细节信息等，又要通过口供的补强、综合运用客观性证据等方式来验证口供的真实性。供述与其他证据的印证不是简单面上的印证，而是供述反映的案情与客观性证据等揭示的总体事实这两个不同角度所反映的事实在面上重合前提下的多点印证，只有各细印证才具有可靠性。

一般而言，具备下列情形的口供真实性强：（1）根据口供获取到隐蔽性较强的物证、书证等客观性证据，可以将犯罪现场、被害人与犯罪嫌疑人建立密切联系的；（2）口供所涉作案动机、作案手段、现场环境、现场处理等客观事实具有独特性、秘密性，与案件有密切联系，且非当事人无法知悉的；（3）口供所涉细节与犯罪行为虽无直接联系，但该细节的存在使犯罪嫌疑人供述的作案过程变得自然、符合情理的。

【湘高法〔2020〕21号】　湖南省高级人民法院关于贪污贿赂案件审判适用法律若干问题的解答（2020年9月15日公布）

问题30：贪污贿赂案件中，对言词证据如何审查？

答：首先应按有关法律规定审查言词证据的真实性、合法性，确认该言词证据是否具有证据资格，没有证据资格的，不能作为定案根据。确认证据具有证据资格后，再对证据与待证事实的关联程度、证据之间的联系等方面进行审查，认定言词证据有无证明力以及证明力的大小，决定是否采信以及如何采信。常见情形如下：

（2）被告人庭审中翻供，但不能合理说明翻供原因或者其辩解与全案证据矛盾，而其庭前供述与其他证据相互印证的，可以采信其庭前供述。

（3）被告人庭前供述和辩解存在反复，但庭审中供认，且与其他证据相互印证的，可以采信其庭审供述；被告人庭前供述和辩解存在反复，庭审中不供认，且无其他证据与庭前供述印证的，不得采信其庭前供述。

【法释〔2021〕1号】　最高人民法院关于适用《中华人民共和国刑事诉讼法》的解释（2020年12月7日最高法审委会〔1820次〕修订，2021年1月26日公布，2021年3月1日施行；2013年1月1日施行的"法释〔2012〕21号"《解释》同时废止）

第93条　对被告人供述和辩解应当着重审查以下内容：（一）讯问的时间、地点、讯问人的身份、人数以及讯问方式等是否符合法律、有关规定；（二）讯问笔录的制作、修改是否符合法律、有关规定，是否注明讯问的具体起止时间和地点，首次讯问时是否告知被告人有关权利和法律规定，被告人是否核对确认；（三）讯问未成年被告人时，是否通知其法定代理人或者合适成年人到场，有关人员是否到场；（四）<u>讯问女性未成年被告人时，是否有女性工作人员在场</u>；（五）有无以刑讯逼供等非法方法收集被告人供述的情况；（六）被告人的供述是否前后一致，有无反复以及出现反复的原因；（七）被告人的供述和辩解是否全部随案移送；（八）被告人的辩解内容是否符合案情和常理，有无矛盾；（九）被告人的供述和辩解与同案被告人的供述和辩解以及其他证据能否相互印证，有无矛盾；<u>存在矛盾的，能否得到合理解释</u>。

必要时，可以结合现场执法音视频记录、讯问录音录像、被告人进出看守所的健康检查记录、笔录等，对被告人的供述和辩解进行审查。①

---

① 注：本款内容2012年《解释》（2013年1月1日施行）规定为："必要时，可以调取讯问过程的录音录像、被告人进出看守所的健康检查记录、笔录，并结合录音录像、记录、笔录对上述内容进行审查。"

第94条　被告人供述具有下列情形之一的，不得作为定案的根据：

（一）讯问笔录没有经被告人核对确认的；

（二）讯问聋、哑人，应当提供通晓聋、哑手势的人员而未提供的；

（三）讯问不通晓当地通用语言、文字的被告人，应当提供翻译人员而未提供的；

（四）讯问未成年人，其法定代理人或者合适成年人不在场的。

第95条　讯问笔录有下列瑕疵，经补正或者作出合理解释的，可以采用；不能补正或者作出合理解释的，不得作为定案的根据：

（一）讯问笔录填写的讯问时间、讯问地点、讯问人、记录人、法定代理人等有误或者存在矛盾的；

（二）讯问人没有签名的；

（三）首次讯问笔录没有记录告知被讯问人有关权利和法律规定的。

第96条　审查被告人供述和辩解，应当结合控辩双方提供的所有证据以及被告人的全部供述和辩解进行。

被告人庭审中翻供，但不能合理说明翻供原因或者其辩解与全案证据矛盾，而其庭前供述与其他证据相互印证的，可以采信其庭前供述。

被告人庭前供述和辩解存在反复，但庭审中供认，且与其他证据相互印证的，可以采信其庭审供述；被告人庭前供述和辩解存在反复，庭审中不供认，且无其他证据与庭前供述印证的，不得采信其庭前供述。

第141条　根据被告人的供述、指认提取到了隐蔽性很强的物证、书证，且被告人的供述与其他证明犯罪事实发生的证据相互印证，并排除串供、逼供、诱供等可能性的，可以认定被告人有罪。

第143条　下列证据应当慎重使用，有其他证据印证的，可以采信：

（一）生理上、精神上有缺陷，对案件事实的认知和表达存在一定困难，但尚未丧失正确认知、表达能力的被害人、证人和被告人所作的陈述、证言和供述；……

● **入库案例**　【2023-04-1-177-004】　**徐某故意杀人、强奸案**（山东高院/2010.12.29/[2010] 鲁刑四终字第100号）

裁判要旨： 对被告人认罪供述和翻供理由或辩解的审查判断应给予同等重视。被告人在庭前认罪后提出的无罪辩解可以被视为翻供，而罪轻辩解则一般不被视为翻供。不轻信口供，既包括不轻信有罪口供，也包括不轻信翻供口供或辩解。

《办理死刑案件证据规定》第22条确立了被告人翻供后其庭前认罪供述的采信规则。根据该规定，对被告人供述和辩解的审查，应当结合控辩双方提供的所有证据以及被告人本人的全部供述和辩解。被告人庭前供述一致，庭审中翻供，但被告人不能合理说明翻供理由或者其辩解与全案证据相矛盾，而庭前供述与其他证据能够相互印证的，可以采信被告人的庭前供述。对于被告人称其因遭到刑讯逼供而作出庭前认罪供述的情况，还要审查其供述是否属于非法证据。在被告人的翻供理由或者辩解不成立的情况下，则要审查被告人的庭前认罪供述与其他证据能否相互印证并形成完整的证据体系。

第56条① 【证据补正与排除】采用刑讯逼供等非法方法收集的犯罪嫌疑人、被告人供述和采用暴力、威胁等非法方法收集的证人证言、被害人陈述，应当予以排除。收集物证、书证不符合法定程序，可能严重影响司法公正的，应当予以补正或者作出合理解释；不能补正或者作出合理解释的，对该证据应当予以排除。

在侦查、审查起诉、审判时发现有应当排除的证据的，应当依法予以排除，不得作为起诉意见、起诉决定和判决的依据。

第57条② 【取证监督】人民检察院接到报案、控告、举报或者发现侦查人员以非法方法收集证据的，应当进行调查核实。对于确有以非法方法收集证据情形的，应当提出纠正意见；构成犯罪的，依法追究刑事责任。

第58条③ 【法庭审查证据合法性】法庭审理过程中，审判人员认为可能存在本法第56条规定的以非法方法收集证据情形的，应当对证据收集的合法性进行法庭调查。

当事人及其辩护人、诉讼代理人有权申请人民法院对以非法方法收集的证据依法予以排除。申请排除以非法方法收集的证据的，应当提供相关线索或者材料。

第59条④ 【证据合法性证明】在对证据收集的合法性进行法庭调查的过程中，人民检察院应当对证据收集的合法性加以证明。

现有证据材料不能证明证据收集的合法性的，人民检察院可以提请人民法院通知有关侦查人员或者其他人员出庭说明情况；人民法院可以通知有关侦查人员或者其他人员出庭说明情况。有关侦查人员或者其他人员也可以要求出庭说明情况。经人民法院通知，有关人员应当出庭。

第60条⑤ 【非法证据排除】对于经过法庭审理，确认或者不能排除存在本法第56条规定的以非法方法收集证据情形的，对有关证据应当予以排除。

● **相关规定**　【法发〔2010〕20号】　**最高人民法院、最高人民检察院、公安部、国家安全部、司法部关于办理刑事案件排除非法证据若干问题的规定**（2010年6月13日印发，2010年7月1日施行；同文号印发《关于办理死刑案件审查判断证据若干问题的规定》，2010年7月1日施行）

第4条　起诉书副本送达后开庭审判前，被告人提出其审判前供述是非法取得的，应当向人民法院提交书面意见。被告人书写确有困难的，可以口头告诉，由人民法院工作人员或

---

① 本条规定由2012年3月14日第11届全国人大常委会第5次会议增设，2013年1月1日施行。
② 本条规定由2012年3月14日第11届全国人大常委会第5次会议增设，2013年1月1日施行。
③ 本条规定由2012年3月14日第11届全国人大常委会第5次会议增设，2013年1月1日施行。
④ 本条规定由2012年3月14日第11届全国人大常委会第5次会议增设，2013年1月1日施行。
⑤ 本条规定由2012年3月14日第11届全国人大常委会第5次会议增设，2013年1月1日施行。

者其辩护人作出笔录，并由被告人签名或者捺指印。

人民法院应当将被告人的书面意见或者告诉笔录复印件在开庭前交人民检察院。

第5条　被告人及其辩护人在开庭审理前或者庭审中，提出被告人审判前供述是非法取得的，法庭在公诉人宣读起诉书之后，应当先行当庭调查。

法庭辩论结束前，被告人及其辩护人提出被告人审判前供述是非法取得的，法庭也应当进行调查。

第6条　被告人及其辩护人提出被告人审判前供述是非法取得的，法庭应当要求其提供涉嫌非法取证的人员、时间、地点、方式、内容等相关线索或者证据。

第7条　经审查，法庭对被告人审判前供述取得的合法性有疑问的，公诉人应当向法庭提供讯问笔录、原始的讯问过程录音录像或者其他证据，提请法庭通知讯问时其他在场人员或者其他证人出庭作证，仍不能排除刑讯逼供嫌疑的，提请法庭通知讯问人员出庭作证，对该供述取得的合法性予以证明。公诉人当庭不能举证的，可以根据刑事诉讼法第165条①的规定，建议法庭延期审理。

经依法通知，讯问人员或者其他人员应当出庭作证。

公诉人提交加盖公章的说明材料，未经有关讯问人员签名或者盖章的，不能作为证明取证合法性的证据。

控辩双方可以就被告人审判前供述取得的合法性问题进行质证、辩论。

第8条　法庭对于控辩双方提供的证据有疑问的，可以宣布休庭，对证据进行调查核实。必要时，可以通知检察人员、辩护人到场。

第9条　庭审中，公诉人为提供新的证据需要补充侦查，建议延期审理的，法庭应当同意。

被告人及其辩护人申请通知讯问人员、讯问时其他在场人员或者其他证人到庭，法庭认为有必要的，可以宣布延期审理。

第10条　经法庭审查，具有下列情形之一的，被告人审判前供述可以当庭宣读、质证：（一）被告人及其辩护人未提供非法取证的相关线索或者证据的；（二）被告人及其辩护人已提供非法取证的相关线索或者证据，法庭对被告人审判前供述取得的合法性没有疑问的；（三）公诉人提供的证据确实、充分，能够排除被告人审判前供述属非法取得的。

对于当庭宣读的被告人审判前供述，应当结合被告人当庭供述以及其他证据确定能否作为定案的根据。

第11条　对被告人审判前供述的合法性，公诉人不提供证据加以证明，或者已提供的证据不够确实、充分的，该供述不能作为定案的根据。

第12条　对于被告人及其辩护人提出的被告人审判前供述是非法取得的意见，第一审人民法院没有审查，并以被告人审判前供述作为定案根据的，第二审人民法院应当对被告人审判前供述取得的合法性进行审查。检察人员不提供证据加以证明，或者已提供的证据不够确实、充分的，被告人该供述不能作为定案的根据。

第13条　庭审中，检察人员、被告人及其辩护人提出未到庭证人的书面证言、未到庭被害人的书面陈述是非法取得的，举证方应当对其取证的合法性予以证明。

---

① 注：该条规定的内容对应现《刑事诉讼法》（2018年版）第204条。

对前款所述证据，法庭应当参照本规定有关规定进行调查。

第 14 条　物证、书证的取得明显违反法律规定，可能影响公正审判的，应当予以补正或者作出合理解释，否则，该物证、书证不能作为定案的根据。

【法发〔2010〕20 号】　最高人民法院、最高人民检察院、公安部、国家安全部、司法部关于办理死刑案件审查判断证据若干问题的规定（2010 年 6 月 13 日印发，2010 年 7 月 1 日施行；同文号印发《关于办理刑事案件排除非法证据若干问题的规定》，2010 年 7 月 1 日施行）[1]

一、一般规定

第 1 条　办理死刑案件，必须严格执行刑法和刑事诉讼法，切实做到事实清楚，证据确实、充分，程序合法，适用法律正确，确保案件质量。

第 2 条　认定案件事实，必须以证据为根据。

第 3 条　侦查人员、检察人员、审判人员应当严格遵守法定程序，全面、客观地收集、审查、核实和认定证据。

第 4 条　经过当庭出示、辨认、质证等法庭调查程序查证属实的证据，才能作为定罪量刑的根据。

二、证据的分类审查与认定

（一）物证、书证

第 9 条　经勘验、检查、搜查提取、扣押的物证、书证，未附有勘验、检查笔录，搜查笔录、提取笔录，扣押清单，不能证明物证、书证来源的，不能作为定案的根据。

物证、书证的收集程序、方式存在下列瑕疵，通过有关办案人员的补正或者作出合理解释的，可以采用：（一）收集调取的物证、书证，在勘验、检查笔录，搜查笔录，提取笔录，扣押清单上没有侦查人员、物品持有人、见证人签名或者物品特征、数量、质量、名称等注明不详的；（二）收集调取物证照片、录像或者复制品，书证的副本、复制件未注明与原件核对无异，无复制时间、无被收集、调取人（单位）签名（盖章）的；（三）物证照片、录像或者复制品，书证的副本、复制件没有制作人关于制作过程及原物、原件存放于何处的说明或者说明中无签名的；（四）物证、书证的收集程序、方式存在其他瑕疵的。

对物证、书证的来源及收集过程有疑问，不能作出合理解释的，该物证、书证不能作为定案的根据。

（四）被告人供述和辩解

第 19 条　采用刑讯逼供等非法手段取得的被告人供述，不能作为定案的根据。

第 20 条　具有下列情形之一的被告人供述，不能作为定案的根据：（一）讯问笔录没有经被告人核对确认并签名（盖章）、捺指印的；（二）讯问聋哑人、不通晓当地通用语言、文字的人员时，应当提供通晓聋、哑手势的人员或者翻译人员而未提供的。

第 21 条　讯问笔录有下列瑕疵，通过有关办案人员的补正或者作出合理解释的，可以采用：（一）笔录填写的讯问时间、讯问人、记录人、法定代理人等有误或者存在矛盾的；（二）讯问人没有签名的；（三）首次讯问笔录没有记录告知被讯问人诉讼权利内容的。

---

[1] 根据"法发〔2010〕20 号"《通知》，办理其他刑事案件，参照《关于办理死刑案件审查判断证据若干问题的规定》执行。

三、证据的综合审查和运用

第 32 条　对证据的证明力，应当结合案件的具体情况，从各证据与待证事实的关联程度、各证据之间的联系等方面进行审查判断。

证据之间具有内在的联系，共同指向同一待证事实，且能合理排除矛盾的，才能作为定案的根据。

第 33 条　没有直接证据证明犯罪行为系被告人实施，但同时符合下列条件的可以认定被告人有罪：（一）据以定案的间接证据已经查证属实；（二）据以定案的间接证据之间相互印证，不存在无法排除的矛盾和无法解释的疑问；（三）据以定案的间接证据已经形成完整的证明体系；（四）依据间接证据认定的案件事实，结论是唯一的，足以排除一切合理怀疑；（五）运用间接证据进行的推理符合逻辑和经验判断。

根据间接证据定案的，判处死刑应当特别慎重。

第 34 条　根据被告人的供述、指认提取到了隐蔽性很强的物证、书证，且与其他证明犯罪事实发生的证据互相印证，并排除串供、逼供、诱供等可能性的，可以认定有罪。

第 35 条　侦查机关依照有关规定采用特殊侦查措施所收集的物证、书证及其他证据材料，经法庭查证属实，可以作为定案的根据。

法庭依法不公开特殊侦查措施的过程及方法。

第 36 条　在对被告人作出有罪认定后，人民法院认定被告人的量刑事实，除审查法定情节外，还应审查以下影响量刑的情节：（一）案件起因；（二）被害人有无过错及过错程度，是否对矛盾激化负有责任及责任大小；（三）被告人的近亲属是否协助抓获被告人；（四）被告人平时表现及有无悔罪态度；（五）被害人附带民事诉讼赔偿情况，被告人是否取得被害人或者被害人近亲属谅解；（六）其他影响量刑的情节。

既有从轻、减轻处罚等情节，又有从重处罚等情节的，应当依法综合相关情节予以考虑。

不能排除被告人具有从轻、减轻处罚等量刑情节的，判处死刑应当特别慎重。

第 37 条　对于有下列情形的证据应当慎重使用，有其他证据印证的，可以采信：（一）生理上、精神上有缺陷的被害人、证人和被告人，在对案件事实的认知和表达上存在一定困难，但尚未丧失正确认知、正确表达能力而作的陈述、证言和供述；（二）与被告人有亲属关系或者其他密切关系的证人所作的对该被告人有利的证言，或者与被告人有利害冲突的证人所作的对该被告人不利的证言。

第 38 条　法庭对证据有疑问的，可以告知出庭检察人员、被告人及其辩护人补充证据或者作出说明；确有核实必要的，可以宣布休庭，对证据进行调查核实。法庭进行庭外调查时，必要时，可以通知出庭检察人员、辩护人到场。出庭检察人员、辩护人一方或者双方不到场的，法庭记录在案。

人民检察院、辩护人补充的和法庭庭外调查核实取得的证据，法庭可以庭外征求出庭检察人员、辩护人的意见。双方意见不一致，有一方要求人民法院开庭进行调查的，人民法院应当开庭。

第 39 条　被告人及其辩护人提出有自首的事实及理由，有关机关未予认定的，应当要求有关机关提供证明材料或者要求相关人员作证，并结合其他证据判断自首是否成立。

被告人是否协助或者如何协助抓获同案犯的证明材料不全，导致无法认定被告人构成立功的，应当要求有关机关提供证明材料或者要求相关人员作证，并结合其他证据判断立功是否成立。

被告人有检举揭发他人犯罪情形的，应当审查是否已经查证属实；尚未查证的，应当及时查证。

被告人累犯的证明材料不全，应当要求有关机关提供证明材料。

第40条　审查被告人实施犯罪时是否已满18周岁，一般应当以户籍证明为依据；对户籍证明有异议，并有经查证属实的出生证明文件、无利害关系人的证言等证据证明被告人不满18周岁的，应认定被告人不满18周岁；没有户籍证明以及出生证明文件的，应当根据人口普查登记、无利害关系人的证言等证据综合进行判断，必要时，可以进行骨龄鉴定，并将结果作为判断被告人年龄的参考。

未排除证据之间的矛盾，无充分证据证明被告人实施被指控的犯罪时已满18周岁且确实无法查明的，不能认定其已满18周岁。

【高检发研字〔2010〕13号】　最高人民检察院关于适用《关于办理死刑案件审查判断证据若干问题的规定》和《关于办理刑事案件排除非法证据若干问题的规定》的指导意见（2010年11月24日最高检第11届检委会第49次会议通过，2010年12月30日印发）①

9. 严格遵守两个《规定》确立的规则，认真审查、鉴别、分析证据，正确认定案件事实。既要审查证据的内容是否真实客观、形式是否合法完备，也要审查证据收集过程是否合法；既要依法排除非法证据，也要做好瑕疵证据的审查补正和完善工作。

10. 对犯罪嫌疑人供述和证人证言、被害人陈述，要结合全案的其他证据，综合审查其内容的客观真实性，同时审查侦查机关（部门）是否将每一次讯问、询问笔录全部移送。对以刑讯逼供等非法手段取得的犯罪嫌疑人供述和采用暴力、威胁等非法手段取得的证人证言、被害人陈述，应当依法排除；对于使用其他非法手段获取的犯罪嫌疑人供述、证人证言、被害人陈述，根据其违法危害程度与刑讯逼供和暴力、威胁手段是否相当，决定是否依法排除。

11. 审查逮捕、审查起诉过程中第一次讯问犯罪嫌疑人，应当讯问其供述是否真实，并记入笔录。对被羁押的犯罪嫌疑人要结合提ణ凭证的记载，核查提讯时间、讯问人与讯问笔录的对应关系；对提押至看守所以外的场所讯问的，应当要求侦查机关（部门）提供必要性的说明，审查其理由是否成立。要审查犯罪嫌疑人是否通晓当地通用语言。

13. 犯罪嫌疑人或者其聘请的律师提出受到刑讯逼供的，应当告知其如实提供相关的证据或者线索，并认真予以核查。认为有刑讯逼供嫌疑的，应当要求侦查机关（部门）提供全部讯问笔录、原始的讯问过程录音录像、出入看守所的健康检查情况、看守管教人员的谈话记录以及讯问过程合法性的说明；必要时，可以询问讯问人员、其他在场人员、看守管教人员或者证人，调取驻所检察室的相关材料。发现犯罪嫌疑人有伤情的，应当及时对伤势的成

---

① 注：该《指导意见》于2011年3月3日被最高人民法院办公厅"法办〔2011〕47号"《通知》全文转发，称《指导意见》强化了对于侦查取证工作的法律监督，强化了对于证据合法性的举证责任，强化了对证据的综合审查和运用，可作为人民法院与人民检察院共同落实两个证据规定，审查、判断证据的依据"，要求全国法院在审判工作中参照《指导意见》的规定，切实贯彻执行好两个证据规定，确保刑事案件审判质量，争取更好的裁判效果。

因和程度进行必要的调查和鉴定。对同步录音录像有疑问的，可以要求侦查机关（部门）对不连贯部分的原因予以说明，必要时可以协同检察技术部门进行审查。

14. 加强对侦查活动中讯问犯罪嫌疑人的监督。犯罪嫌疑人没有在决定羁押的当日被送入看守所的，应当查明所外看押地点及提讯情况；要监督看守所如实、详细、准确地填写犯罪嫌疑人入所体检记录，必要时建议采用录像或者拍照的方式记录犯罪嫌疑人身体状况；发现侦查机关（部门）所外提讯的，应当及时了解所外提讯的时间、地点、理由、审批手续和犯罪嫌疑人所外接受讯问的情况，做好提押、还押时的体检情况记录的检察监督。发现违反有关监管规定的，及时依照有关法律、规定提出纠正意见或者检察建议，并记录在案。

15. 审查证人证言、被害人陈述，应当注意对询问程序、方式、内容以及询问笔录形式的审查，发现不符合规定的，应当要求侦查机关（部门）补正或者说明。注意审查证人、被害人能否辨别是非、正确表达，必要时进行询问、了解，同时审查证人、被害人作证是否个别进行；对证人、被害人在法律规定以外的地点接受询问的，应当审查其原因，必要时对该证言或者陈述进行复核。对证人证言、被害人陈述的内容是否真实，应当结合其他证据综合判断。对于犯罪嫌疑人及其辩护人或者证人、被害人提出侦查机关（部门）采用暴力、威胁等非法手段取证的，应当告知其要如实提供相关证据或者线索，并认真核查。

16. 对物证、书证以及勘验、检查笔录、搜查笔录、视听资料、电子证据等，既要审查其是否客观、真实反映案件事实，也要加强对证据的收集、制作程序和证据形式的审查。发现物证、书证和视听资料、电子证据等来源及收集、制作过程不明，或者勘验、检查笔录、搜查笔录的形式不符合规定或者记载内容有矛盾的，应当要求侦查机关（部门）补正，无法补正的应当作出说明或者合理解释，无法作出合理说明或者解释的，不能作为证据使用；发现侦查机关（部门）在勘验、检查、搜查过程中对与案件事实可能有关联的相关痕迹、物品应当提取而没有提取的，应当要求侦查机关（部门）补充收集、调取；对物证的照片、录像或者复制品不能反映原物的外形和特征，或者书证的副本、复制件不能反映原件特征及其内容的，应当要求侦查机关（部门）重新制作；发现在案的物证、书证以及视听资料、电子证据等应当鉴定而没有鉴定的，应当要求侦查机关（部门）鉴定，必要时自行委托鉴定。

17. 对侦查机关（部门）的补正、说明，以及重新收集、制作的情况，应当认真审查，必要时可以进行复核。对于经侦查机关（部门）依法重新收集、及时补正或者能够作出合理解释，不影响物证、书证真实性的，可以作为批准或者决定逮捕、提起公诉的根据。侦查机关（部门）没有依法重新收集、补正，或者无法补正、重新制作且没有作出合理的解释或者说明，无法认定证据真实性的，该证据不能作为批准或者决定逮捕、提起公诉的根据。

18. 对于根据犯罪嫌疑人的供述、指认，提取到隐蔽性很强的物证、书证的，既要审查与其他证明犯罪事实发生的证据是否相互印证，也要审查侦查机关（部门）在犯罪嫌疑人供述、指认之前是否掌握该证据的情况，综合全案证据，判断是否作为批准或者决定逮捕、提起公诉的根据。

20. 发现侦查人员以刑讯逼供或者暴力、威胁等非法手段收集犯罪嫌疑人供述、被害人陈述、证人证言的，应当提出纠正意见，同时应当要求侦查机关（部门）另行指派侦查人员重新调查取证，必要时也可以自行调查取证。侦查机关（部门）未另行指派侦查人员重新调查取证的，可以依法退回补充侦查。经审查发现存在刑讯逼供、暴力取证等非法取证行为，该非法言词证据被排除后，其他证据不能证明犯罪嫌疑人实施犯罪行为的，应当不批准或者决定逮捕，已经移送审查起诉的，可以将案件退回侦查机关（部门）或者不起诉。办案人员排除非法证据的，应当在审查报告中说明。

23. 庭审中，被告人及其辩护人提出被告人庭前供述是非法取得，没有提供相关证据或者线索的，公诉人应当根据全案证据情况综合说明该证据的合法性。被告人及其辩护人提供了相关证据或者线索，法庭经审查对被告人审判前供述取得的合法性有疑问的，公诉人应当向法庭提供讯问笔录、出入看守所健康检查记录、看守管教人员的谈话记录以及侦查机关（部门）对讯问过程合法性的说明，讯问过程有录音录像的，应当提供。必要时提请法庭通知讯问时其他在场人员或者其他证人出庭作证，仍不能证明的，提请法庭通知讯问人员出庭作证。对被告人及其辩护人庭审中提出的新证据或者线索，当庭不能举证证明的，应当依法建议法庭延期审理，要求侦查机关（部门）提供相关证明，必要时可以自行调查核实。

24. 对于庭审中经综合举证、质证后认为被告人庭前供述取得的合法性已经能够证实，但法庭仍有疑问的，可以建议法庭休庭对相关证据进行调查核实。法庭进行庭外调查通知检察人员到场的，必要时检察人员应当到场。对法庭调查核实后的证据持有异议的，应当建议法庭重新开庭进行调查。

25. 对于庭审中被告人及其辩护人提出未到庭证人的书面证言、未到庭被害人的书面陈述是非法取得的，可以从证人或者被害人的作证资格、询问人员、询问程序和方式以及询问笔录的法定形式等方面对合法性作出说明；有原始询问过程录音录像或者其他证据能证明合法性的，可以在法庭上宣读或者出示。被告人及其辩护人提出明确的新证据或者线索，需要进一步调查核实的，应当依法建议法庭延期审理，要求侦查机关（部门）提供相关证明，必要时可以自行调查核实。对被告人及其辩护人所提供的证人证言、被害人陈述等证据取得的合法性有疑问的，应当建议法庭要求其提供证明。

26. 被告人及其辩护人在提起公诉后提出证据不合法的新证据或者线索，侦查机关（部门）对证据的合法性不能提供证据予以证明，或者提供的证据不够确实、充分，且其他证据不能充分证明被告人有罪的，可以撤回起诉，将案件退回侦查机关（部门）或者不起诉。

【六部委〔2012〕规定】　最高人民法院、最高人民检察院、公安部、国家安全部、司法部、全国人大常委会法制工作委员会关于实施刑事诉讼法若干问题的规定（2012年12月26日印发，2013年1月1日施行）

11. 刑事诉讼法第56条第1款规定："法庭审理过程中，审判人员认为可能存在本法第54条规定的以非法方法收集证据情形的，应当对证据收集的合法性进行法庭调查。"法庭经对当事人及其辩护人、诉讼代理人提供的相关线索或者材料进行审查后，认为可能存在刑事诉讼法第54条规定的以非法方法收集证据情形的，应当对证据收集的合法性进行法庭调查。法庭调查的顺序由法庭根据案件审理情况确定。

【法发〔2013〕11号】　最高人民法院关于建立健全防范刑事冤假错案工作机制的意见（2013年10月9日印发）

8. 采用刑讯逼供或者冻、饿、晒、烤、疲劳审讯等非法方法收集的被告人供述，应当排除。

除情况紧急必须现场讯问以外，在规定的办案场所外讯问取得的供述，未依法对讯问进行全程录音录像取得的供述，以及不能排除以非法方法取得的供述，应当排除。

【苏司通〔2014〕112号】　江苏省高级人民法院、江苏省人民检察院、江苏省公安厅、江苏省司法厅关于律师刑事辩护若干问题的会议纪要（2014年7月29日）

21. 辩护律师申请排除非法证据，并提出涉嫌非法取证的人员、时间、地点、方式、内容等相关线索或者材料的，可以在审查起诉阶段或者庭前会议阶段，在检察机关或者法院的主持下查看与非法证据排除相关的音像资料，但不得复制、刻录，相关机关应当予以安排并提供必要的场所和条件。辩护律师在侦查阶段发现非法取证线索的，可以向侦查机关或者检察机关提出，侦查机关或者检察机关应当作出相应解释或者说明。

【高检发办字〔2015〕31号】　最高人民检察院职务犯罪侦查工作八项禁令（2015年8月4日）

七、严禁刑讯逼供以及其他非法取证行为。对于采取刑讯逼供和以威胁、引诱、欺骗等非法方法获取犯罪嫌疑人供述和证人证言的，一律不得作为证据使用；收集物证、书证不符合法定程序，可能影响司法公正，不能补正或者无法做出合理解释的，一律不得作为证据使用。违反者给予记过或者记大过处分；情节较重的，给予降级或者撤职处分；情节严重的，给予开除处分；构成犯罪的，依法追究刑事责任。

【司发〔2015〕14号】　最高人民法院、最高人民检察院、公安部、国家安全部、司法部关于依法保障律师执业权利的规定（2015年9月16日）

第23条　辩护律师在侦查、审查起诉、审判期间发现案件有关证据存在刑事诉讼法第54条规定的情形的，可以向办案机关申请排除非法证据。

辩护律师在开庭以前申请排除非法证据，人民法院对证据收集合法性有疑问的，应当依照刑事诉讼法第182条第2款的规定召开庭前会议，就非法证据排除问题了解情况，听取意见。

辩护律师申请排除非法证据的，办案机关应当听取辩护律师的意见，按照法定程序审查核实相关证据，并依法决定是否予以排除。

【法发〔2015〕16号】　最高人民法院关于依法切实保障律师诉讼权利的规定（2015年12月29日）

五、依法保障律师申请排除非法证据的权利。律师申请排除非法证据并提供相关线索或者材料，法官经审查对证据收集合法性有疑问的，应当召开庭前会议或者进行法庭调查。经审查确认存在法律规定的以非法方法收集证据情形的，对有关证据应当予以排除。

【法发〔2016〕18号】　最高人民法院、最高人民检察院、公安部、国家安全部、司法部关于推进以审判为中心的刑事诉讼制度改革的意见（2016年7月20日）

四、侦查机关应当全面、客观、及时收集与案件有关的证据。

侦查机关应当依法收集证据。对采取刑讯逼供、暴力、威胁等非法方法收集的言词证据，应当依法予以排除。侦查机关收集物证、书证不符合法定程序，可能严重影响司法公正，不能补正或者作出合理解释的，应当依法予以排除。

对物证、书证等实物证据，一般应当提取原物、原件，确保证据的真实性。需要鉴定的，应当及时送检。证据之间有矛盾的，应当及时查证。所有证据应当妥善保管，随案移送。

【法发〔2017〕5号】　最高人民法院关于全面推进以审判为中心的刑事诉讼制度改革的实施意见（2017年2月17日印发）

四、完善证据认定规则，切实防范冤假错案

21. 采取刑讯逼供、暴力、威胁等非法方法收集的言词证据，应当予以排除。

收集物证、书证不符合法定程序，可能严重影响司法公正，不能补正或者作出合理解释的，对有关证据应当予以排除。

22. 被告人在侦查终结前接受检察人员对讯问合法性的核查询问时，明确表示侦查阶段不存在刑讯逼供、非法取证情形，在审判阶段又提出排除非法证据申请，法庭经审查对证据收集的合法性没有疑问的，可以驳回申请。

检察人员在侦查终结前未对讯问合法性进行核查，或者未对核查过程全程同步录音录像，被告人在审判阶段提出排除非法证据申请，人民法院经审查对证据收集的合法性存在疑问的，应当依法进行调查。

23. 法庭决定对证据收集的合法性进行调查的，应当先行当庭调查。但为防止庭审过分迟延，也可以在法庭调查结束前进行调查。

24. 法庭对证据收集的合法性进行调查的，应当重视对讯问过程录音录像的审查。讯问笔录记载的内容与讯问录音录像存在实质性差异的，以讯问录音录像为准。

对于法律规定应当对讯问过程录音录像的案件，公诉人没有提供讯问录音录像，或者讯问录音录像存在选择性录制、剪接、删改等情形，现有证据不能排除以非法方法收集证据情形的，对有关供述应当予以排除。

25. 现有证据材料不能证明证据收集合法性的，人民法院可以通知有关侦查人员出庭说明情况。不得以侦查人员签名并加盖公章的说明材料替代侦查人员出庭。

经人民法院通知，侦查人员不出庭说明情况，不能排除以非法方法收集证据情形的，对有关证据应当予以排除。

26. 法庭对证据收集的合法性进行调查后，应当当庭作出是否排除有关证据的决定。必要时，可以宣布休庭，由合议庭评议或者提交审判委员会讨论，再次开庭时宣布决定。

在法庭作出是否排除有关证据的决定前，不得对有关证据宣读、质证。

【法发〔2017〕15号】 最高人民法院、最高人民检察院、公安部、国家安全部、司法部关于办理刑事案件严格排除非法证据若干问题的规定（两院三部2017年6月20日印发，2017年6月27日正式公布施行）

一、一般规定

第1条 严禁刑讯逼供和以威胁、引诱、欺骗以及其他非法方法收集证据，不得强迫任何人证实自己有罪。对一切案件的判处都要重证据，重调查研究，不轻信口供。

第2条 采取殴打、违法使用戒具等暴力方法或者变相肉刑的恶劣手段，使犯罪嫌疑人、被告人遭受难以忍受的痛苦而违背意愿作出的供述，应当予以排除。

第3条 采用以暴力或者严重损害本人及其近亲属合法权益等进行威胁的方法，使犯罪嫌疑人、被告人遭受难以忍受的痛苦而违背意愿作出的供述，应当予以排除。

第4条 采用非法拘禁等非法限制人身自由的方法收集的犯罪嫌疑人、被告人供述，应当予以排除。

第5条 采用刑讯逼供方法使犯罪嫌疑人、被告人作出供述，之后犯罪嫌疑人、被告人受该刑讯逼供行为影响而作出的与该供述相同的重复性供述，应当一并排除，但下列情形除外：（一）侦查期间，根据控告、举报或者自己发现等，侦查机关确认或者不能排除以非法方法收集证据而更换侦查人员，其他侦查人员再次讯问时告知诉讼权利和认罪的法律后果，犯罪嫌疑人自愿供述的；（二）审查逮捕、审查起诉和审判期间，检察人员、审判人员讯问时告知诉讼权利和认罪的法律后果，犯罪嫌疑人、被告人自愿供述的。

第6条　采用暴力、威胁以及非法限制人身自由等非法方法收集的证人证言、被害人陈述，应当予以排除。

第7条　收集物证、书证不符合法定程序，可能严重影响司法公正的，应当予以补正或者作出合理解释；不能补正或者作出合理解释的，对有关证据应当予以排除。

二、侦查

第8条　侦查机关应当依照法定程序开展侦查，收集、调取能够证实犯罪嫌疑人有罪或者无罪、罪轻或者罪重的证据材料。

第9条　拘留、逮捕犯罪嫌疑人后，应当按照法律规定送看守所羁押。犯罪嫌疑人被送交看守所羁押后，讯问应当在看守所讯问室进行。因客观原因侦查机关在看守所讯问室以外的场所进行讯问的，应当作出合理解释。

第10条　侦查人员在讯问犯罪嫌疑人的时候，可以对讯问过程进行录音录像；对于可能判处无期徒刑、死刑的案件或者其他重大犯罪案件，应当对讯问过程进行录音录像。

侦查人员应当告知犯罪嫌疑人对讯问过程录音录像，并在讯问笔录中写明。

第11条　对讯问过程录音录像，应当不间断进行，保持完整性，不得选择性地录制，不得剪接、删改。

第12条　侦查人员讯问犯罪嫌疑人，应当依法制作讯问笔录。讯问笔录应当交犯罪嫌疑人核对，对于没有阅读能力的，应当向他宣读。对讯问笔录中有遗漏或者差错等情形，犯罪嫌疑人可以提出补充或者改正。

第13条　看守所应当对提讯进行登记，写明提讯单位、人员、事由、起止时间以及犯罪嫌疑人姓名等情况。

看守所收押犯罪嫌疑人，应当进行身体检查。检查时，人民检察院驻看守所检察人员可以在场。检查发现犯罪嫌疑人有伤或者身体异常的，看守所应当拍照或者录像，分别由送押人员、犯罪嫌疑人说明原因，并在体检记录中写明，由送押人员、收押人员和犯罪嫌疑人签字确认。

第14条　犯罪嫌疑人及其辩护人在侦查期间可以向人民检察院申请排除非法证据。对犯罪嫌疑人及其辩护人提供相关线索或者材料的，人民检察院应当调查核实。调查结论应当书面告知犯罪嫌疑人及其辩护人。对确有以非法方法收集证据情形的，人民检察院应当向侦查机关提出纠正意见。

侦查机关对审查认定的非法证据，应当予以排除，不得作为提请批准逮捕、移送审查起诉的根据。

对重大案件，人民检察院驻看守所检察人员应当在侦查终结前询问犯罪嫌疑人，核查是否存在刑讯逼供、非法取证情形，并同步录音录像。经核查，确有刑讯逼供、非法取证情形的，侦查机关应当及时排除非法证据，不得作为提请批准逮捕、移送审查起诉的根据。

第15条　对侦查终结的案件，侦查机关应当全面审查证明证据收集合法性的证据材料，依法排除非法证据。排除非法证据后，证据不足的，不得移送审查起诉。

侦查机关发现办案人员非法取证的，应当依法作出处理，并可另行指派侦查人员重新调查取证。

三、审查逮捕、审查起诉

第16条 审查逮捕、审查起诉期间讯问犯罪嫌疑人，应当告知其有权申请排除非法证据，并告知诉讼权利和认罪的法律后果。

第17条 审查逮捕、审查起诉期间，犯罪嫌疑人及其辩护人申请排除非法证据，并提供相关线索或者材料的，人民检察院应当调查核实。调查结论应当书面告知犯罪嫌疑人及其辩护人。

人民检察院在审查起诉期间发现侦查人员以刑讯逼供等非法方法收集证据的，应当依法排除相关证据并提出纠正意见，必要时人民检察院可以自行调查取证。

人民检察院对审查认定的非法证据，应当予以排除，不得作为批准或者决定逮捕、提起公诉的根据。被排除的非法证据应当随案移送，并写明为依法排除的非法证据。

第18条 人民检察院依法排除非法证据后，证据不足，不符合逮捕、起诉条件的，不得批准或者决定逮捕、提起公诉。

对于人民检察院排除有关证据导致对涉嫌的重要犯罪事实未予认定，从而作出不批准逮捕、不起诉决定，或者对涉嫌的部分重要犯罪事实决定不起诉的，公安机关、国家安全机关可要求复议、提请复核。

四、辩护

第19条 犯罪嫌疑人、被告人申请提供法律援助的，应当按照有关规定指派法律援助律师。

法律援助值班律师可以为犯罪嫌疑人、被告人提供法律帮助，对刑讯逼供、非法取证情形代理申诉、控告。

第20条 犯罪嫌疑人、被告人及其辩护人申请排除非法证据，应当提供涉嫌非法取证的人员、时间、地点、方式、内容等相关线索或者材料。

第21条 辩护律师自人民检察院对案件审查起诉之日起，可以查阅、摘抄、复制讯问笔录、提讯登记、采取强制措施或者侦查措施的法律文书等证据材料。其他辩护人经人民法院、人民检察院许可，也可以查阅、摘抄、复制上述证据材料。

第22条 犯罪嫌疑人、被告人及其辩护人向人民法院、人民检察院申请调取公安机关、国家安全机关、人民检察院收集但未提交的讯问录音录像、体检记录等证据材料，人民法院、人民检察院经审查认为犯罪嫌疑人、被告人及其辩护人申请调取的证据材料与证明证据收集的合法性有联系的，应当予以调取；认为与证明证据收集的合法性没有联系的，应当决定不予调取并向犯罪嫌疑人、被告人及其辩护人说明理由。

五、审判

第23条 人民法院向被告人及其辩护人送达起诉书副本时，应当告知其有权申请排除非法证据。

被告人及其辩护人申请排除非法证据，应当在开庭审理前提出，但在庭审期间发现相关线索或者材料等情形除外。人民法院应当在开庭审理前将申请书和相关线索或者材料的复制件送交人民检察院。

第24条 被告人及其辩护人在开庭审理前申请排除非法证据，未提供相关线索或者材料，不符合法律规定的申请条件的，人民法院对申请不予受理。

第25条 被告人及其辩护人在开庭审理前申请排除非法证据，按照法律规定提供相关线索或者材料的，人民法院应当召开庭前会议。人民检察院应当通过出示有关证据材料等方式，有针对性地对证据收集的合法性作出说明。人民法院可以核实情况，听取意见。

人民检察院可以决定撤回有关证据，撤回的证据，没有新的理由，不得在庭审中出示。

被告人及其辩护人可以撤回排除非法证据的申请。撤回申请后，没有新的线索或者材料，不得再次对有关证据提出排除申请。

第26条　公诉人、被告人及其辩护人在庭前会议中对证据收集是否合法未达成一致意见，人民法院对证据收集的合法性有疑问的，应当在庭审中进行调查；人民法院对证据收集的合法性没有疑问，且没有新的线索或者材料表明可能存在非法取证的，可以决定不再进行调查。

第27条　被告人及其辩护人申请人民法院通知侦查人员或者其他人员出庭，人民法院认为现有证据材料不能证明证据收集的合法性，确有必要通知上述人员出庭作证或者说明情况的，可以通知上述人员出庭。

第28条　公诉人宣读起诉书后，法庭应当宣布开庭审理前对证据收集合法性的审查及处理情况。

第29条　被告人及其辩护人在开庭审理前未申请排除非法证据，在法庭审理过程中提出申请的，应当说明理由。

对前述情形，法庭经审查，对证据收集的合法性有疑问的，应当进行调查；没有疑问的，应当驳回申请。

法庭驳回排除非法证据申请后，被告人及其辩护人没有新的线索或者材料，以相同理由再次提出申请的，法庭不再审查。

第30条　庭审期间，法庭决定对证据收集的合法性进行调查的，应当先行当庭调查。但为防止庭审过分迟延，也可以在法庭调查结束前进行调查。

第31条　公诉人对证据收集的合法性加以证明，可以出示讯问笔录、提讯登记、体检记录、采取强制措施或者侦查措施的法律文书、侦查终结前对讯问合法性的核查材料等证据材料，有针对性地播放讯问录音录像，提请法庭通知侦查人员或者其他人员出庭说明情况。

被告人及其辩护人可以出示相关线索或者材料，并申请法庭播放特定时段的讯问录音录像。

侦查人员或者其他人员出庭，应当向法庭说明证据收集过程，并就相关情况接受发问。对发问方式不当或者内容与证据收集的合法性无关的，法庭应当制止。

公诉人、被告人及其辩护人可以对证据收集的合法性进行质证、辩论。

第32条　法庭对控辩双方提供的证据有疑问的，可以宣布休庭，对证据进行调查核实。必要时，可以通知公诉人、辩护人到场。

第33条　法庭对证据收集的合法性进行调查后，应当当庭作出是否排除有关证据的决定。必要时，可以宣布休庭，由合议庭评议或者提交审判委员会讨论，再次开庭时宣布决定。

在法庭作出是否排除有关证据的决定前，不得对有关证据宣读、质证。

第34条　经法庭审理，确认存在本规定所规定的以非法方法收集证据情形的，对有关证据应当予以排除。法庭根据相关线索或者材料对证据收集的合法性有疑问，而人民检察院未提供证据或者提供的证据不能证明证据收集的合法性，不能排除存在本规定所规定的以非法方法收集证据情形的，对有关证据应当予以排除。

对依法予以排除的证据，不得宣读、质证，不得作为判决的根据。

第35条　人民法院排除非法证据后，案件事实清楚，证据确实、充分，依据法律认定被告人有罪的，应当作出有罪判决；证据不足，不能认定被告人有罪的，应当作出证据不足、指控的犯罪不能成立的无罪判决；案件部分事实清楚，证据确实、充分的，依法认定该部分事实。

第36条　人民法院对证据收集合法性的审查、调查结论，应当在裁判文书中写明，并说明理由。

第37条　人民法院对证人证言、被害人陈述等证据收集合法性的审查、调查，参照上述规定。

第38条　人民检察院、被告人及其法定代理人提出抗诉、上诉，对第一审人民法院有关证据收集合法性的审查、调查结论提出异议的，第二审人民法院应当审查。

被告人及其辩护人在第一审程序中未申请排除非法证据，在第二审程序中提出申请的，应当说明理由。第二审人民法院应当审查。

人民检察院在第一审程序中未出示证据证明证据收集的合法性，第一审人民法院依法排除有关证据的，人民检察院在第二审程序中不得出示之前未出示的证据，但在第一审程序后发现的除外。

第39条　第二审人民法院对证据收集合法性的调查，参照上述第一审程序的规定。

第40条　第一审人民法院对被告人及其辩护人排除非法证据的申请未予审查，并以有关证据作为定案根据，可能影响公正审判的，第二审人民法院可以裁定撤销原判，发回原审人民法院重新审判。

第一审人民法院对依法应当排除的非法证据未予排除的，第二审人民法院可以依法排除非法证据。排除非法证据后，原判决认定事实和适用法律正确、量刑适当的，应当裁定驳回上诉或者抗诉，维持原判；原判决认定事实没有错误，但适用法律有错误，或者量刑不当的，应当改判；原判决事实不清楚或者证据不足的，可以裁定撤销原判，发回原审人民法院重新审判。

第41条　审判监督程序、死刑复核程序中对证据收集合法性的审查、调查，参照上述规定。

【法发〔2017〕31号】　人民法院办理刑事案件排除非法证据规程（试行）（2017年11月27日最高法印发"三项规程"，2018年1月1日试行）

第1条　采用下列非法方法收集的被告人供述，应当予以排除：（一）采用殴打、违法使用戒具等暴力方法或者变相肉刑的恶劣手段，使被告人遭受难以忍受的痛苦而违背意愿作出的供述；（二）采用以暴力或者严重损害本人及其近亲属合法权益等进行威胁的方法，使被告人遭受难以忍受的痛苦而违背意愿作出的供述；（三）采用非法拘禁等非法限制人身自由的方法收集的被告人供述。

采用刑讯逼供方法使被告人作出供述，之后被告人受该刑讯逼供行为影响而作出的与该供述相同的重复性供述，应当一并排除，但下列情形除外：（一）侦查期间，根据控告、举报或者自己发现等，侦查机关确认或者不能排除以非法方法收集证据而更换侦查人员，其他侦查人员再次讯问时告知诉讼权利和认罪的法律后果，被告人自愿供述的；（二）审查逮捕、审查起诉和审判期间，检察人员、审判人员讯问时告知诉讼权利和认罪的法律后果，被告人自愿供述的。

第2条　采用暴力、威胁以及非法限制人身自由等非法方法收集的证人证言、被害人陈述，应当予以排除。

第3条 采用非法搜查、扣押等违反法定程序的方法收集物证、书证，可能严重影响司法公正的，应当予以补正或者作出合理解释；不能补正或者作出合理解释的，对有关证据应当予以排除。

第4条 依法予以排除的非法证据，不得宣读、质证，不得作为定案的根据。

第5条 被告人及其辩护人申请排除非法证据，应当提供相关线索或者材料。"线索"是指内容具体、指向明确的涉嫌非法取证的人员、时间、地点、方式等；"材料"是指能够反映非法取证的伤情照片、体检记录、医院病历、讯问笔录、讯问录音录像或者同监室人员的证言等。

被告人及其辩护人申请排除非法证据，应当向人民法院提交书面申请。被告人书写确有困难的，可以口头提出申请，但应当记录在案，并由被告人签名或者捺印。

第6条 证据收集合法性的举证责任由人民检察院承担。

人民检察院未提供证据，或者提供的证据不能证明证据收集的合法性，经过法庭审理，确认或者不能排除以非法方法收集证据情形的，对有关证据应当予以排除。

第7条 开庭审理前，承办法官应当阅卷，并对证据收集的合法性进行审查：（一）被告人在侦查、审查起诉阶段是否提出排除非法证据申请；提出申请的，是否提供相关线索或者材料；（二）侦查机关、人民检察院是否对证据收集的合法性进行调查核实；调查核实的，是否作出调查结论；（三）对于重大案件，人民检察院驻看守所检察人员在侦查终结前是否核查讯问的合法性，是否对核查过程同步录音录像；进行核查的，是否作出核查结论；（四）对于人民检察院在审查逮捕、审查起诉阶段排除的非法证据，是否随案移送并写明为依法排除的非法证据。

人民法院对证据收集的合法性进行审查后，认为需要补充证据材料的，应当通知人民检察院在3日内补送。

第8条 人民法院向被告人及其辩护人送达起诉书副本时，应当告知其有权在开庭审理前申请排除非法证据并同时提供相关线索或者材料。上述情况应当记录在案。

被告人申请排除非法证据，但没有辩护人的，人民法院应当通知法律援助机构指派律师为其提供辩护。

第9条 被告人及其辩护人申请排除非法证据，应当在开庭审理前提出，但在庭审期间发现相关线索或者材料等情形除外。

第10条 被告人及其辩护人申请排除非法证据，并提供相关线索或者材料的，人民法院应当召开庭前会议，并在召开庭前会议3日前将申请书和相关线索或者材料的复制件送交人民检察院。

被告人及其辩护人申请排除非法证据，未提供相关线索或者材料的，人民法院应当告知其补充提交。被告人及其辩护人未能补充的，人民法院对申请不予受理，并在开庭审理前告知被告人及其辩护人。上述情况应当记录在案。

第11条 对于可能判处无期徒刑、死刑或者黑社会性质组织犯罪、严重毒品犯罪等重大案件，被告人在驻看守所检察人员对讯问的合法性进行核查询问时，明确表示侦查阶段没有刑讯逼供等非法取证情形，在审判阶段又提出排除非法证据申请的，应当说明理由。人民法院经审查对证据收集的合法性没有疑问的，可以驳回申请。

驻看守所检察人员在重大案件侦查终结前未对讯问的合法性进行核查询问，或者未对核查询问过程全程同步录音录像，被告人及其辩护人在审判阶段提出排除非法证据申请，提供相关线索或者材料，人民法院对证据收集的合法性有疑问的，应当依法进行调查。

第12条　在庭前会议中，人民法院对证据收集的合法性进行审查的，一般按照以下步骤进行：

（一）被告人及其辩护人说明排除非法证据的申请及相关线索或者材料；

（二）公诉人提供证明证据收集合法性的证据材料；

（三）控辩双方对证据收集的合法性发表意见；

（四）控辩双方对证据收集的合法性未达成一致意见的，审判人员归纳争议焦点。

第13条　在庭前会议中，人民检察院应当通过出示有关证据材料等方式，有针对性地对证据收集的合法性作出说明。人民法院可以对有关材料进行核实，经控辩双方申请，可以有针对性地播放讯问录音录像。

第14条　在庭前会议中，人民检察院可以撤回有关证据。撤回的证据，没有新的理由，不得在庭审中出示。

被告人及其辩护人可以撤回排除非法证据的申请。撤回申请后，没有新的线索或者材料，不得再次对有关证据提出排除申请。

第15条　控辩双方在庭前会议中对证据收集的合法性达成一致意见的，法庭应当在庭审中向控辩双方核实并当庭予以确认。对于一方在庭审中反悔的，除有正当理由外，法庭一般不再进行审查。

控辩双方在庭前会议中对证据收集的合法性未达成一致意见，人民法院应当在庭审中进行调查，但公诉人提供的相关证据材料确实、充分，能够排除非法取证情形，且没有新的线索或者材料表明可能存在非法取证的，庭审调查举证、质证可以简化。

第16条　审判人员应当在庭前会议报告中说明证据收集合法性的审查情况，主要包括控辩双方的争议焦点以及就相关事项达成的一致意见等内容。

第17条　被告人及其辩护人在开庭审理前未申请排除非法证据，在庭审过程中提出申请的，应当说明理由。人民法院经审查，对证据收集的合法性有疑问的，应当进行调查；没有疑问的，应当驳回申请。

人民法院驳回排除非法证据的申请后，被告人及其辩护人没有新的线索或者材料，以相同理由再次提出申请的，人民法院不再审查。

第18条　人民法院决定对证据收集的合法性进行法庭调查的，应当先行当庭调查。对于被申请排除的证据和其他犯罪事实没有关联等情形，为防止庭审过分迟延，可以先调查其他犯罪事实，再对证据收集的合法性进行调查。

在对证据收集合法性的法庭调查程序结束前，不得对有关证据宣读、质证。

第19条　法庭决定对证据收集的合法性进行调查的，一般按照以下步骤进行：

（一）召开庭前会议的案件，法庭应当在宣读起诉书后，宣布庭前会议中对证据收集合法性的审查情况，以及控辩双方的争议焦点；

（二）被告人及其辩护人说明排除非法证据的申请及相关线索或者材料；

（三）公诉人出示证明证据收集合法性的证据材料，被告人及其辩护人可以对相关证据进行质证，经审判长准许，公诉人、辩护人可以向出庭的侦查人员或者其他人员发问；

（四）控辩双方对证据收集的合法性进行辩论。

第20条　公诉人对证据收集的合法性加以证明，可以出示讯问笔录、提讯登记、体检记录、采取强制措施或者侦查措施的法律文书、侦查终结前对讯问合法性的核查材料等证据材料，也可以针对被告人及其辩护人提出异议的讯问时段播放讯问录音录像，提请法庭通知侦查人员或者其他人员出庭说明情况。不得以侦查人员签名并加盖公章的说明材料替代侦查人员出庭。

庭审中，公诉人当庭不能举证或者为提供新的证据需要补充侦查，建议延期审理的，法庭可以同意。

第21条　被告人及其辩护人可以出示相关线索或者材料，并申请法庭播放特定讯问时段的讯问录音录像。

被告人及其辩护人向人民法院申请调取侦查机关、人民检察院收集但未提交的讯问录音录像、体检记录等证据材料，人民法院经审查认为该证据材料与证据收集的合法性有关的，应当予以调取；认为与证据收集的合法性无关的，应当决定不予调取，并向被告人及其辩护人说明理由。

被告人及其辩护人申请人民法院通知侦查人员或者其他人员出庭说明情况，人民法院认为确有必要的，可以通知上述人员出庭。

第22条　法庭对证据收集的合法性进行调查的，应当重视对讯问录音录像的审查，重点审查以下内容：

（一）讯问录音录像是否依法制作。对于可能判处无期徒刑、死刑的案件或者其他重大犯罪案件，是否对讯问过程进行录音录像；

（二）讯问录音录像是否完整。是否对每一次讯问过程录音录像，录音录像是否全程不间断进行，是否有选择性录制、剪接、删改等情形；

（三）讯问录音录像是否同步制作。录音录像是否自讯问开始时制作，至犯罪嫌疑人核对讯问笔录、签字确认后结束；讯问笔录记载的起止时间是否与讯问录音录像反映的起止时间一致；

（四）讯问录音录像与讯问笔录的内容是否存在差异。对与定罪量刑有关的内容，讯问笔录记载的内容与讯问录音录像是否存在实质性差异，存在实质性差异的，以讯问录音录像为准。

第23条　侦查人员或者其他人员出庭的，应当向法庭说明证据收集过程，并就相关情况接受发问。对发问方式不当或者内容与证据收集的合法性无关的，法庭应当制止。

经人民法院通知，侦查人员不出庭说明情况，不能排除以非法方法收集证据情形的，对有关证据应当予以排除。

第24条　人民法院对控辩双方提供的证据来源、内容等有疑问的，可以告知控辩双方补充证据或者作出说明；必要时，可以宣布休庭，对证据进行调查核实。法庭调查核实证据，可以通知控辩双方到场，并将核实过程记录在案。

对于控辩双方补充的和法庭庭外调查核实取得的证据，未经当庭出示、质证等法庭调查程序查证属实，不得作为证明证据收集合法性的根据。

第25条　人民法院对证据收集的合法性进行调查后，应当当庭作出是否排除有关证据的决定。必要时，可以宣布休庭，由合议庭评议或者提交审判委员会讨论，再次开庭时宣布决定。

第26条　经法庭审理，具有下列情形之一的，对有关证据应当予以排除：

（一）确认以非法方法收集证据的；

（二）应当对讯问过程录音录像的案件没有提供讯问录音录像，或者讯问录音录像存在选择性录制、剪接、删改等情形，现有证据不能排除以非法方法收集证据的；

（三）侦查机关除紧急情况外没有在规定的办案场所讯问，现有证据不能排除以非法方法收集证据的；

（四）驻看守所检察人员在重大案件侦查终结前未对讯问合法性进行核查，或者未对核查过程同步录音录像，或者录音录像存在选择性录制、剪接、删改等情形，现有证据不能排除以非法方法收集证据的；

（五）其他不能排除存在以非法方法收集证据的。

第27条　人民法院对证人证言、被害人陈述、物证、书证等证据收集合法性的审查、调查程序，参照上述规定。

第28条　人民法院对证据收集合法性的审查、调查结论，应当在裁判文书中写明，并说明理由。

第29条　人民检察院、被告人及其法定代理人提出抗诉、上诉，对第一审人民法院有关证据收集合法性的审查、调查结论提出异议的，第二审人民法院应当审查。

第30条　被告人及其辩护人在第一审程序中未提出排除非法证据的申请，在第二审程序中提出申请，有下列情形之一的，第二审人民法院应当审查：

（一）第一审人民法院没有依法告知被告人申请排除非法证据的权利的；

（二）被告人及其辩护人在第一审庭审后发现涉嫌非法取证的相关线索或者材料的。

第31条　人民检察院应当在第一审程序中全面出示证明证据收集合法性的证据材料。

人民检察院在第一审程序中未出示证明证据收集合法性的证据，第一审人民法院依法排除有关证据的，人民检察院在第二审程序中不得出示之前未出示的证据，但在第一审程序后发现的除外。

第32条　第二审人民法院对证据收集合法性的调查，参照上述第一审程序的规定。

第33条　第一审人民法院对被告人及其辩护人排除非法证据的申请未予审查，并以有关证据作为定案的根据，可能影响公正审判的，第二审人民法院应当裁定撤销原判，发回原审人民法院重新审判。

第34条　第一审人民法院对依法应当排除的非法证据未予排除的，第二审人民法院可以依法排除相关证据。排除非法证据后，应当按照下列情形分别作出处理：

（一）原判决认定事实和适用法律正确、量刑适当的，应当裁定驳回上诉或者抗诉，维持原判；

（二）原判决认定事实没有错误，但适用法律有错误，或者量刑不当的，应当改判；

（三）原判决事实不清或者证据不足的，可以在查清事实后改判；也可以裁定撤销原判，发回原审人民法院重新审判。

第35条　审判监督程序、死刑复核程序中对证据收集合法性的审查、调查，参照上述规定。

【主席令〔2018〕3号】　中华人民共和国监察法（2018年3月20日第13届全国人大第1次会议通过，同日公布施行）

第33条（第3款）　以非法方法收集的证据应当依法予以排除，不得作为案件处置的依据。

【国监委公告〔2021〕1号】　监察法实施条例（2021年7月20日国家监委全体会议决定，2021年9月20日公布施行）

第64条　严禁以暴力、威胁、引诱、欺骗以及非法限制人身自由等非法方法收集证据，严禁侮辱、打骂、虐待、体罚或者变相体罚被调查人、涉案人员和证人。

第65条　对于调查人员采用暴力、威胁以及非法限制人身自由等非法方法收集的被调查人供述、证人证言、被害人陈述，应当依法予以排除。

前款所称暴力的方法，是指采用殴打、违法使用戒具等方法或者变相肉刑的恶劣手段，使人遭受难以忍受的痛苦而违背意愿作出供述、证言、陈述；威胁的方法，是指采用以暴力或者严重损害本人及其近亲属合法权益等进行威胁的方法，使人遭受难以忍受的痛苦而违背意愿作出供述、证言、陈述。

收集物证、书证不符合法定程序，可能严重影响案件公正处理的，应当予以补正或者作出合理解释；不能补正或者作出合理解释的，对该证据应当予以排除。

第66条　监察机关监督检查、调查、案件审理、案件监督管理等部门发现监察人员在办理案件中，可能存在以非法方法收集证据情形的，应当依据职责进行调查核实。对于被调查人控告、举报调查人员采用非法方法收集证据，并提供涉嫌非法取证的人员、时间、地点、方式和内容等材料或者线索的，应当受理并进行审核。根据现有材料无法证明证据收集合法性的，应当进行调查核实。

经调查核实，确认或者不能排除以非法方法收集证据的，对有关证据依法予以排除，不得作为案件定性处置、移送审查起诉的依据。认定调查人员非法取证的，应当依法处理，另行指派调查人员重新调查取证。

监察机关接到对下级监察机关调查人员采用非法方法收集证据的控告、举报，可以直接进行调查核实，也可以交由下级监察机关调查核实。交由下级监察机关调查核实的，下级监察机关应当及时将调查结果报告上级监察机关。

第229条　在案件审判过程中，人民检察院书面要求监察机关补充提供证据，对证据进行补正、解释，或者协助人民检察院补充侦查的，监察机关应当予以配合。监察机关不能提供有关证据材料的，应当书面说明情况。

人民法院在审判过程中就证据收集合法性问题要求有关调查人员出庭说明情况时，监察机关应当依法予以配合。

【高检发释字〔2019〕4号】　人民检察院刑事诉讼规则（2019年12月2日最高检第13届检委会第28次会议通过，2019年12月30日公布施行；高检发释字〔2012〕2号《规则（试行）》同时废止）

第66条　对采用刑讯逼供等非法方法收集的犯罪嫌疑人供述和采用暴力、威胁等非法方法收集的证人证言、被害人陈述，应当依法排除，不得作为<u>移送审查</u>报请逮捕、批准或者决定逮捕、移送起诉以及提起公诉的依据。

<u>刑讯逼供是指使用肉刑或者变相使用肉刑，使犯罪嫌疑人在肉体或者精神上遭受剧烈疼痛或者痛苦以逼取供述的行为。</u>

<u>其他非法方法是指违法程度和对犯罪嫌疑人的强迫程度与刑讯逼供或者暴力、威胁相当而迫使其违背意愿供述的方法。</u>

<u>第67条</u>　对采用下列方法收集的犯罪嫌疑人供述，应当予以排除：（一）采用殴打、违

法使用戒具等暴力方法或者变相肉刑的恶劣手段，使犯罪嫌疑人遭受难以忍受的痛苦而违背意愿作出的供述；（二）采用以暴力或者严重损害本人及其近亲属合法权益等进行威胁的方法，使犯罪嫌疑人遭受难以忍受的痛苦而违背意愿作出的供述；（三）采用非法拘禁等非法限制人身自由的方法收集的供述。

第68条　对采用刑讯逼供方法使犯罪嫌疑人作出供述，之后犯罪嫌疑人受该刑讯逼供行为影响而作出的与该供述相同的重复性供述，应当一并排除，但下列情形除外：（一）侦查期间，根据控告、举报或者自己发现等，公安机关确认或者不能排除以非法方法收集证据而更换侦查人员，其他侦查人员再次讯问时告知诉讼权利和认罪认罚的法律规定，犯罪嫌疑人自愿供述的；（二）审查逮捕、审查起诉期间，检察人员讯问时告知诉讼权利和认罪认罚的法律规定，犯罪嫌疑人自愿供述的。

第69条　采用暴力、威胁以及非法限制人身自由等非法方法收集的证人证言、被害人陈述，应当予以排除。

第70条　收集物证、书证不符合法定程序，可能严重影响司法公正的，人民检察院应当及时要求公安机关/侦查机关补正或者作出书面解释；不能补正或者无法作出合理解释的，对该证据应当予以排除。

对公安机关/侦查机关的补正或者解释，人民检察院应当予以审查。经侦查机关补正或者作出合理解释的，可以作为批准或者决定逮捕、提起公诉的依据。

本条第1款中的可能严重影响司法公正是指收集物证、书证不符合法定程序的行为明显违法或者情节严重，可能对司法机关办理案件的公正性造成严重损害；补正是指对取证程序上的非实质性瑕疵进行补救；合理解释是指对取证程序的瑕疵作出符合常理及逻辑的解释。

第71条　对重大案件，人民检察院驻看守所检察人员在侦查终结前应当对讯问合法性进行核查并全程同步录音、录像，核查情况应当及时通知本院负责捕诉的部门。

负责捕诉的部门认为确有刑讯逼供等非法取证情形的，应当要求公安机关依法排除非法证据，不得作为提请批准逮捕、移送起诉的依据。

第72条　在侦查、审查起诉和审判阶段，人民检察院发现侦查人员以非法方法收集证据的，应当报经检察长批准，及时进行调查核实。

当事人及其辩护人或者值班律师、诉讼代理人报案、控告、举报侦查人员采用刑讯逼供等非法方法收集证据，并提供涉嫌非法取证的人员、时间、地点、方式和内容等材料或者线索的，人民检察院应当受理并进行审查。对于根据现有材料无法证明证据收集合法性的，应当报经检察长批准，及时进行调查核实。

上一级人民检察院接到对侦查人员采用刑讯逼供等非法方法收集证据的报案、控告、举报，可以直接进行调查核实，也可以交由下级人民检察院调查核实。交由下级人民检察院调查核实的，下级人民检察院应当及时将调查结果报告上一级人民检察院。

人民检察院决定调查核实的，应当及时通知公安机关办案机关。

第73条　人民检察院经审查认定存在非法取证行为的，对该证据应当予以排除，其他证据不能证明犯罪嫌疑人实施犯罪行为的，应不批准或者决定逮捕。已经移送起诉的，可以依法将案件退回监察机关补充调查或者退回公安机关补充侦查，或者作出不起诉决定。被排除的非法证据应当随案移送，并写明为依法排除的非法证据。

对于侦查人员的非法取证行为确有以非法方法收集证据情形的，尚未构成犯罪的，应当依法向其所在机关提出纠正意见。对于需要补正或者作出合理解释的，应当提出明确要求。

经审查，对于认为非法取证行为涉嫌构成犯罪需要追究刑事责任的，应当依法移送立案侦查。

第74条　人民检察院认为可能存在以刑讯逼供等非法方法收集证据情形的，可以书面要求监察机关或者公安机关对证据收集的合法性作出说明。说明应当加盖单位公章，并由调查人员或者侦查人员签名。

第75条　对于公安机关立案侦查的案件，存在下列情形之一的，人民检察院在审查逮捕、审查起诉和审判阶段，可以调取公安机关讯问犯罪嫌疑人的录音、录像，对证据收集的合法性以及犯罪嫌疑人、被告人供述的真实性进行审查：（一）认为讯问活动可能存在刑讯逼供等非法取证行为的；（二）犯罪嫌疑人、被告人或者辩护人提出犯罪嫌疑人、被告人供述系非法取得，并提供相关线索或者材料的；（三）犯罪嫌疑人、被告人提出讯问活动违反法定程序合法性提出异议或者翻供，并提供相关线索或者材料的；（四）犯罪嫌疑人、被告人或者辩护人提出讯问笔录内容不真实，并提供相关线索或者材料的；（五）案情重大、疑难、复杂的。

（新增）人民检察院调取公安机关讯问犯罪嫌疑人的录音、录像，公安机关未提供，人民检察院经审查认为不能排除有刑讯逼供等非法取证行为的，相关供述不得作为批准逮捕、提起公诉的依据。

人民检察院直接受理侦查的案件，负责侦查的部门移送审查逮捕、移送审查起诉时，应当将讯问录音、录像连同案卷材料一并移送审查。

第76条　对于提起公诉的案件，被告人及其辩护人提出庭前供述系非法取得，并提供相关线索或者材料的，人民检察院可以将讯问录音、录像连同案卷材料一并移送人民法院。

第77条　在法庭审理过程中，被告人或者辩护人对讯问活动合法性提出异议，公诉人可以要求被告人及其辩护人提供相关线索或者材料。必要时，公诉人可以提请法庭当庭播放相关时段的讯问录音、录像，对有关异议或者事实进行质证。

需要播放的讯问录音、录像中涉及国家秘密、商业秘密、个人隐私或者含有其他不宜公开内容的，公诉人应当建议在法庭组成人员、公诉人、侦查人员、被告人及其辩护人范围内播放。因涉及国家秘密、商业秘密、个人隐私或者其他犯罪线索等内容，人民检察院对讯问录音、录像的相关内容进行技术处理的，公诉人应当向法庭作出说明。

第78条　人民检察院认为第一审人民法院有关证据收集合法性的审查、调查结论导致第一审判决、裁定错误的，可以依照刑事诉讼法第228条的规定向人民法院提出抗诉。

第263条　对于公安机关提请批准逮捕、移送起诉立案侦查的案件，检察人员侦查监督部门审查时发现存在本规则第75条第1款规定情形的，可以调取公安机关讯问犯罪嫌疑人的录音、录像并审查相关的录音、录像。对于重大、疑难、复杂的案件，必要时可以审查全部录音、录像。

（新增）对于监察机关移送起诉的案件，认为需要调取有关录音、录像的，可以商监察机关调取。

对于人民检察院直接受理侦查的案件，审查时发现负责侦查的部门未按照本规则第75条第3款的规定移送录音、录像或者移送不全的，应当要求其补充移送。对取证合法性或者讯问笔录真实性等产生疑问的，应当有针对性地审查相关的录音、录像。对于重大、疑难、复杂的案件，可以审查全部录音、录像。

第264条　经审查讯问犯罪嫌疑人录音、录像，发现公安机关、本院负责侦查的部门讯问不规范，讯问过程存在违法行为，录音、录像内容与讯问笔录不一致等情形的，应当逐一列明并向公安机关、本院负责侦查的部门书面提出，要求其予以纠正、补正或者书面作出合理解释。发现讯问笔录与讯问犯罪嫌疑人录音、录像内容有重大实质性差异的，或者公安机关、本院负责侦查的部门不能补正或者作出合理解释的，该讯问笔录不能作为批准或者决定逮捕、提起公诉的依据。

第265条　犯罪嫌疑人及其辩护人申请排除非法证据，并提供相关线索或者材料的，人民检察院应当调查核实。发现侦查人员以刑讯逼供等非法方法收集证据的，应当依法排除相关证据并提出纠正意见。

审查逮捕期限届满前，经审查无法确定存在非法取证的行为，但也不能排除非法取证可能的，该证据不作为批准逮捕的依据。检察官应当根据在案的其他证据认定案件事实和决定是否逮捕，并在作出批准或者不批准逮捕的决定后，继续对可能存在的非法取证行为进行调查核实。经调查核实确认存在以刑讯逼供等非法方法收集证据情形的，应当向公安机关提出纠正意见。以非法方法收集的证据，不得作为提起公诉的依据。

第266条　审查逮捕期间，犯罪嫌疑人申请排除非法证据，但未提交相关线索或者材料，人民检察院经全面审查案件事实、证据，未发现侦查人员存在以非法方法收集证据的情形，认为符合逮捕条件的，可以批准逮捕。

审查起诉期间，犯罪嫌疑人及其辩护人又提出新的线索或者证据，或者人民检察院发现新的证据，经调查核实认为侦查人员存在以刑讯逼供等非法方法收集证据情形的，应当依法排除非法证据，不得作为提起公诉的依据。

排除非法证据后，犯罪嫌疑人不再符合逮捕条件但案件需要继续审查起诉的，应当及时变更强制措施。案件不符合起诉条件的，应当作出不起诉决定。

【高检发〔2020〕6号】　最高人民检察院、公安部关于加强和规范补充侦查工作的指导意见（2020年3月27日印发实施）

第14条　人民检察院在办理刑事案件过程中，发现可能存在《中华人民共和国刑事诉讼法》第56条规定的以非法方法收集证据情形的，可以要求公安机关对证据收集的合法性作出书面说明或者提供相关证明材料，必要时，可以自行调查核实。

【公安部令〔2020〕159号】　公安机关办理刑事案件程序规定（2020年7月4日第3次部务会议修订，2020年7月20日公布，2020年9月1日施行）

第71条　采用刑讯逼供等非法方法收集的犯罪嫌疑人供述和采用暴力、威胁等非法方法收集的证人证言、被害人陈述，应当予以排除。

收集物证、书证、视听资料、电子数据违反法定程序，可能严重影响司法公正的，应当予以补正或者作出合理解释；不能补正或者作出合理解释的，对该证据应当予以排除。

在侦查阶段发现有应当排除的证据的，经县级以上公安机关负责人批准，应当依法予以排除，不得作为提请批准逮捕、移送审查起诉的依据。

人民检察院认为可能存在以非法方法收集证据情形，要求公安机关进行说明的，公安机关应当及时进行调查，并向人民检察院作出书面说明。

【高检发办字〔2021〕3号】 人民检察院办理网络犯罪案件规定（2020年12月14日最高检第13届检委会第57次会议通过，2021年1月22日印发）

第43条 电子数据的收集、提取程序有下列瑕疵，经补正或者作出合理解释的，可以采用；不能补正或者作出合理解释的，不得作为定案的根据：（一）未以封存状态移送的；（二）笔录或者清单上没有取证人员、见证人、持有人（提供人）签名或者盖章的；（三）对电子数据的名称、类别、格式等注明不清的；（四）有其他瑕疵的。

第44条 电子数据系篡改、伪造、无法确定真伪的，或者有其他无法保证电子数据客观、真实情形的，不得作为定案的根据。

电子数据有增加、删除、修改等情形，但经司法鉴定、当事人确认等方式确定与案件相关的重要数据未发生变化，或者能够还原电子数据原始状态、查清变化过程的，可以作为定案的根据。

第45条 对于无法直接展示的电子数据，人民检察院可以要求公安机关提供电子数据的内容、存储位置、附属信息、功能作用等情况的说明，随案移送人民法院。

第61条 人民检察院办理网络犯罪案件适用本规定，本规定没有规定的，适用其他相关规定。

第63条 人民检察院办理国家安全机关、海警机关、监狱等移送的网络犯罪案件，适用本规定和其他相关规定。

【法释〔2021〕1号】 最高人民法院关于适用《中华人民共和国刑事诉讼法》的解释（2020年12月7日最高法审委会［1820次］修订，2021年1月26日公布，2021年3月1日施行；2013年1月1日施行的"法释〔2012〕21号"《解释》同时废止）

第74条 依法应当对讯问过程录音录像的案件，相关录音录像未随案移送的，必要时，人民法院可以通知人民检察院在指定时间内移送。人民检察院未移送，导致不能排除属于刑事诉讼法第56条规定的以非法方法收集证据情形的，对有关证据应当依法排除；导致有关证据的真实性无法确认的，不得作为定案的根据。

第85条 对与案件事实可能有关联的血迹、体液、毛发、人体组织、指纹、足迹、字迹等生物样本、痕迹和物品，应当提取而没有提取，应当鉴定而没有鉴定，应当移送鉴定意见而没有移送①，导致案件事实存疑的，人民法院应当通知人民检察院依法补充收集、调取、移送证据②。

第86条 在勘验、检查、搜查过程中提取、扣押的物证、书证，未附笔录或者清单，不能证明物证、书证来源的，不得作为定案的根据。

物证、书证的收集程序、方式有下列瑕疵，经补正或者作出合理解释的，可以采用：（一）勘验、检查、搜查、提取笔录或者扣押清单上没有侦查人员、物品持有人、见证人签名，或者对物品的名称、特征、数量、质量等注明不详的；（二）物证的照片、录像、复制品，书证的副本、复制件未注明与原件核对无异，无复制时间，或者无被收集、调取人签名、盖章的；（三）物证的照片、录像、复制品，书证的副本、复制件没有制作人关于制作

---

① 注：本部分内容2012年《解释》（2013年1月1日施行）规定为"应当检验而没有检验"。
② 注：本部分内容2012年《解释》（2013年1月1日施行）规定为"向人民检察院说明情况，由人民检察院依法补充收集、调取证据或者作出合理说明"。

过程和原物、原件存放地点的说明，或者说明中无签名的；（四）有其他瑕疵的。

物证、书证的来源、收集程序有疑问，不能作出合理解释的，不得作为定案的根据。

第113条　电子数据的收集、提取程序有下列瑕疵，经补正或者作出合理解释的，可以采用；不能补正或者作出合理解释的，不得作为定案的根据：（一）未以封存状态移送的；（二）笔录或者清单上没有调查人员或者侦查人员、电子数据持有人、提供人、见证人签名或者盖章的；（三）对电子数据的名称、类别、格式等注明不清的；（四）有其他瑕疵的。

第114条　电子数据具有下列情形之一的，不得作为定案的根据：（一）系篡改、伪造或者无法确定真伪的；（二）有增加、删除、修改等情形，影响电子数据真实性的；（三）其他无法保证电子数据真实性的情形。

第115条　对视听资料、电子数据，还应当审查是否移送文字抄清材料以及对绰号、暗语、俗语、方言等不易理解内容的说明。未移送的，必要时，可以要求人民检察院移送。

第123条　采用下列非法方法收集的被告人供述，应当予以排除：①

（一）采用殴打、违法使用戒具等暴力方法或者变相肉刑的恶劣手段，使被告人遭受难以忍受的痛苦而违背意愿作出的供述；

（二）采用以暴力或者严重损害本人及其近亲属合法权益等相威胁的方法，使被告人遭受难以忍受的痛苦而违背意愿作出的供述；

（三）采用非法拘禁等非法限制人身自由的方法收集的被告人供述。

第124条　采用刑讯逼供方法使被告人作出供述，之后被告人受该刑讯逼供行为影响而作出的与该供述相同的重复性供述，应当一并排除，但下列情形除外：

（一）调查、侦查期间，监察机关、侦查机关根据控告、举报或者自己发现等，确认或者不能排除以非法方法收集证据而更换调查、侦查人员，其他调查、侦查人员再次讯问时告知有关权利和认罪的法律后果，被告人自愿供述的；

（二）审查逮捕、审查起诉和审判期间，检察人员、审判人员讯问时告知诉讼权利和认罪的法律后果，被告人自愿供述的。

第125条　采用暴力、威胁以及非法限制人身自由等非法方法收集的证人证言、被害人陈述，应当予以排除。

第126条　（新增）收集物证、书证不符合法定程序，可能严重影响司法公正的，应当予以补正或者作出合理解释；不能补正或者作出合理解释的，对该证据应当予以排除。

认定"可能严重影响司法公正"，应当综合考虑收集证据②违反法定程序以及所造成后果的严重程度等情况。

第127条　当事人及其辩护人、诉讼代理人申请人民法院排除以非法方法收集的证据的，应当提供涉嫌非法取证的人员、时间、地点、方式、内容等相关线索或者材料。

第128条　人民法院向被告人及其辩护人送达起诉书副本时，应当告知其申请排除非法证据的，应当在开庭审理前提出，但庭审期间才发现相关线索或者材料的除外。

第129条　开庭审理前，当事人及其辩护人、诉讼代理人申请人民法院排除非法证据

---

① 注：2012年《解释》第95条第1款规定为：使用肉刑或者变相肉刑，或者采用其他使被告人在肉体上或者精神上遭受剧烈疼痛或者痛苦的方法，迫使被告人违背意愿供述的，应当认定为刑事诉讼法第54条规定的"刑讯逼供等非法方法"。

② 注：本部分内容2012年《解释》（2013年1月1日施行）规定为"物证、书证"。

的，人民法院应当在开庭前及时将申请书或者申请笔录及相关线索、材料的复制件送交人民检察院。

第130条　开庭审理前，人民法院可以召开庭前会议①，就非法证据排除等问题了解情况，听取意见。

在庭前会议中，人民检察院可以通过出示有关证据材料等方式，对证据收集的合法性加以说明。必要时，可以通知调查人员、侦查人员或者其他人员参加庭前会议，说明情况。

第131条（第2款）　当事人及其辩护人、诉讼代理人可以撤回排除非法证据的申请。撤回申请后，没有新的线索或者材料，不得再次对有关证据提出排除申请。

~~原第100条　法庭审理过程中，当事人及其辩护人、诉讼代理人申请排除非法证据的，法庭应当进行审查。经审查，对证据收集的合法性有疑问的，应当进行调查；没有疑问的，应当当庭说明情况和理由，继续法庭审理。当事人及其辩护人、诉讼代理人以相同理由再次申请排除非法证据的，法庭不再进行审查。~~

~~对证据收集合法性的调查，根据具体情况，可以在当事人及其辩护人、诉讼代理人提出排除非法证据的申请后进行，也可以在法庭调查结束前一并进行。~~

~~法庭审理过程中，当事人及其辩护人、诉讼代理人申请排除非法证据，人民法院经审查，不符合本解释第97条规定的，应当在法庭调查结束前一并进行审查，并决定是否进行证据收集合法性的调查。~~

第132条　当事人及其辩护人、诉讼代理人在开庭审理前未申请排除非法证据，在庭审过程中提出申请的，应当说明理由。人民法院经审查，对证据收集的合法性有疑问的，应当进行调查；没有疑问的，驳回申请。

驳回排除非法证据的申请后，当事人及其辩护人、诉讼代理人没有新的线索或者材料，以相同理由再次提出申请的，人民法院不再审查。

第133条　控辩双方在庭前会议中对证据收集是否合法未达成一致意见，人民法院对证据收集的合法性有疑问的，应当在庭审中进行调查；对证据收集的合法性没有疑问，且无新的线索或者材料表明可能存在非法取证的，可以决定不再进行调查并说明理由。

第134条　庭审期间，法庭决定对证据收集的合法性进行调查的，应当先行当庭调查。但为防止庭审过分迟延，也可以在法庭调查结束前调查。

第135条　法庭决定对证据收集的合法性进行调查的，由公诉人通过宣读调查、侦查讯问笔录、出示提讯登记、体检记录、对讯问合法性的核查材料等证据材料，有针对性地播放讯问录音录像，提请法庭通知有关调查人员、侦查人员或者其他人员②出庭说明情况等方式，证明证据收集的合法性。

（新增）讯问录音录像涉及国家秘密、商业秘密、个人隐私或者其他不宜公开内容的，法庭可以决定对讯问录音录像不公开播放、质证。

公诉人提交的取证过程合法的说明材料，应当经有关调查人员、侦查人员签名，并加盖

---

① 注：本部分内容2012年《解释》（2013年1月1日施行）规定为"当事人及其辩护人、诉讼代理人申请排除非法证据，人民法院经审查，对证据收集的合法性有疑问的，应当依照刑事诉讼法第182条第2款的规定召开庭前会议"。

② 注：本部分内容2012年《解释》（2013年1月1日施行）规定为"可以由公诉人通过出示、宣读讯问笔录或者其他证据，有针对性地播放讯问过程的录音录像，提请法庭通知有关侦查人员或者其他人员"。

单位印章公章。未经签名或者盖章有关侦查人员签名的，不得作为证据使用。上述说明材料不能单独作为证明取证过程合法的根据。

第136条（第3款）　调查人员、侦查人员或者其他人员出庭的，应当向法庭说明证据收集过程，并就相关情况接受控辩双方和法庭的询问。

第137条　法庭对证据收集的合法性进行调查后经审理，确认或者不能排除存在刑事诉讼法第56条规定的以非法方法收集证据情形的，对有关证据应当排除。

人民法院对证据收集的合法性进行调查后，应当将调查结论告知公诉人、当事人和辩护人、诉讼代理人。

第138条　具有下列情形之一的，第二审人民法院应当对证据收集的合法性进行审查，并根据刑事诉讼法和本解释的有关规定作出处理：

（一）第一审人民法院对当事人及其辩护人、诉讼代理人排除非法证据的申请没有审查，且以该证据作为定案根据的；

（二）人民检察院或者被告人、自诉人及其法定代理人不服第一审人民法院作出的有关证据收集合法性的调查结论，提出抗诉、上诉的；

（三）当事人及其辩护人、诉讼代理人在第一审结束后才发现相关线索或者材料，申请人民法院排除非法证据的。

第142条（第2款）　对到案经过、抓获经过或者确定被告人有重大嫌疑的根据有疑问的，应当通知人民检察院要求侦查机关补充说明。

【法发〔2022〕23号】　最高人民法院、最高人民检察院、公安部关于办理信息网络犯罪案件适用刑事诉讼程序若干问题的意见（2022年8月26日印发，2022年9月1日起施行；2014年5月4日公通字〔2014〕10号《意见》同时废止）

16.……人民法院调查核实相关证据的，适用本意见第14条（见本书第55条第2款）、第15条（见本书第123条）的有关规定。

17.对于依照本意见第14条（见本书第55条第2款）的规定调取的电子数据，人民检察院、人民法院可以通过核验电子签名、数字水印、电子数据完整性校验值及调证法律文书编号是否与证明文件相一致等方式，对电子数据进行审查判断。

对调取的电子数据有疑问的，由公安机关、提供电子数据的网络服务提供者作出说明，或者由原调取机关补充收集相关证据。

20.（第2款）　人民检察院、人民法院应当重点审查取证方法、过程是否科学。经审查认为取证不科学的，应当由原取证机关作出补充说明或者重新取证。

（第3款）　人民检察院、人民法院应当结合其他证据材料，以及犯罪嫌疑人、被告人及其辩护人所提辩解、辩护意见，审查认定取得的证据。经审查，对相关事实不能排除合理怀疑的，应当作出有利于犯罪嫌疑人、被告人的认定。①

【海警局令〔2023〕1号】　海警机构办理刑事案件程序规定（2023年5月15日审议通过，2023年6月15日起施行）（余文见本书第308条）

第60条　采用刑讯逼供等非法方法收集的犯罪嫌疑人供述和采用暴力、威胁等非法方

---

① 本款内容原规定为："在慎重审查被告人及其辩护人所提辩解、辩护意见的基础上，综合全案证据材料，对相关犯罪事实作出认定"。

法收集的证人证言、被害人陈述，应当予以排除。

收集物证、书证、视听资料、电子数据违反法定程序，可能严重影响司法公正的，应当予以补正或者作出合理解释；不能补正或者作出合理解释的，应当予以排除。

第61条　在侦查阶段发现有应当排除的证据的，经海警机构负责人批准，应当依法予以排除，不得作为提请批准逮捕、移送审查起诉的依据。

第62条　人民检察院要求海警机构对证据收集的合法性进行说明的，海警机构应当作出书面说明。说明应当加盖单位公章，并由侦查人员签名。

第63条（第1款）　人民法院认为现有证据材料不能证明证据收集的合法性，通知有关侦查人员或者海警机构其他人员出庭说明情况的，有关侦查人员或者其他人员应当出庭。必要时，有关侦查人员或者其他人员也可以要求出庭说明情况。侦查人员或者其他人员出庭，应当向法庭说明证据收集过程，并就相关情况接受询问。

第341条　本规定所称"海警机构负责人"是指海警机构的正职领导。……

【国安部令〔2024〕4号】　**国家安全机关办理刑事案件程序规定**（2024年4月26日公布，2024年7月1日起施行）

第65条　辩护律师在侦查期间发现案件有关证据存在刑事诉讼法第56条规定的情形，向国家安全机关申请排除非法证据的，国家安全机关应当听取辩护律师的意见，按照法定程序审查核实相关证据，并依法决定是否予以排除。

第98条　采取刑讯逼供等非法方法收集的犯罪嫌疑人供述和采用暴力、威胁等非法方法收集的证人证言、被害人陈述，应当依法予以排除。

收集物证、书证、视听资料、电子数据不符合法定程序，可能严重影响司法公正的，应当予以补正或者作出合理解释；不能补正或者作出合理解释的，对该证据应当依法予以排除。

在侦查阶段发现有应当排除的证据的，经国家安全机关负责人批准，应当依法予以排除，不得作为提请批准逮捕、移送审查起诉的依据。对排除情况应当记录在案，并说明理由。

人民检察院要求国家安全机关对物证、书证进行补正或者作出合理解释的，或者要求对证据收集的合法性进行说明的，国家安全机关应当予以补正或者作出书面说明。

第99条　人民法院认为现有证据材料不能说明证据收集的合法性，通知有关侦查人员或者其他人员出庭说明情况的，有关侦查人员或者其他人员应当出庭。必要时，有关侦查人员或者其他人员也可以要求出庭说明情况。侦查人员或者其他人员出庭，应当向法庭说明证据收集过程，并就相关情况接受发问。

经人民法院通知，人民警察应当就其执行职务时目击的犯罪情况出庭作证。

本条第1款、第2款规定的出庭作证的人员，适用证人保护的有关措施。

第306条　对侦查终结的案件，国家安全机关应当全面审查证明证据收集合法性的证据材料，依法排除非法证据。排除非法证据后，证据不足的，不得移送审查起诉。

国家安全机关发现侦查人员非法取证的，应当依法作出处理，并可另行指派侦查人员重新调查取证。

● 指导案例　【高检发研字〔2016〕7号】　最高人民检察院第7批指导性案例（2016年5月13日最高检第12届检委会第51次会议通过，2016年5月31日）

（检例第27号）　王玉雷不批准逮捕案

要旨：检察机关办理审查逮捕案件，要严格坚持证据合法性原则，既要善于发现非法证据，又要坚决排除非法证据。非法证据排除后，其他在案证据不能证明犯罪嫌疑人实施犯罪行为的，应当依法对犯罪嫌疑人作出不批准逮捕的决定。要加强对审查逮捕案件的跟踪监督，引导侦查机关全面及时收集证据，促进侦查活动依法规范进行。①

● 入库案例　【2023-06-1-177-004】　卢某新故意杀人、强奸案（云南高院／2017.01.06／〔2016〕云刑终262号）

裁判要旨：在排除非法证据工作中应当注意：（1）发现证据存在重大问题，特别是关键证据可能系非法证据的，可以要求检察机关补查补正。（2）对被告人审判前有罪供述取得的合法性应依法启动专门程序审查，对于有罪供述的收集合法性不能证明的，应当依法排除，不得作为定案根据。

第61条　【证人证言】证人证言必须在法庭上经过公诉人、被害人和被告人、辩护人双方质证并且查实②以后，才能作为定案的根据。法庭查明证人有意作伪证或者隐匿罪证的时候，应当依法处理。

第62条　【证人条件】凡是知道案件情况的人，都有作证的义务。

生理上、精神上有缺陷或者年幼，不能辨别是非、不能正确表达的人，不能作证人。

● 相关规定　【法发〔2010〕20号】　最高人民法院、最高人民检察院、公安部、国家安全部、司法部关于办理死刑案件审查判断证据若干问题的规定（2010年6月13日印发，2010年7月1日施行；同文号印发《关于办理刑事案件排除非法证据若干问题的规定》，2010年7月1日施行）③

第11条　对证人证言应当着重审查以下内容：（一）证言的内容是否为证人直接感知。（二）证人作证时的年龄、认知水平、记忆能力和表达能力，生理上和精神上的状态是否影

---

① 本案指导意义：根据我国《刑事诉讼法》第79条规定，逮捕的证据条件是"有证据证明有犯罪事实"，这里的"证据"必须是依法取得的合法证据，不包括采取刑讯逼供、暴力取证等非法方法取得的证据。检察机关在审查逮捕过程中，要高度重视对证据合法性的审查，如果接到犯罪嫌疑人及其辩护人或者证人、被害人等关于刑讯逼供、暴力取证等非法行为的控告、举报及提供的线索，或者在审查案件材料时发现可能存在非法取证行为，以及刑事执行检察部门反映可能存在违法提讯情况的，应当认真进行审查，通过当面讯问犯罪嫌疑人、查看犯罪嫌疑人身体状况、识别犯罪嫌疑人供述是否自然可信以及调阅提审登记表、犯罪嫌疑人入所体检记录等途径，及时发现非法证据，坚决排除非法证据。

② 本部分内容由2012年3月14日第11届全国人大常委会第5次会议修改，2013年1月1日施行。原规定为"双方讯问、质证，听取各方证人的证言并且经过查实"。

③ 根据"法发〔2010〕20号"《通知》，办理其他刑事案件，参照《关于办理死刑案件审查判断证据若干问题的规定》执行。

响作证。(三)证人与案件当事人、案件处理结果有无利害关系。(四)证言的取得程序、方式是否符合法律及有关规定:有无使用暴力、威胁、引诱、欺骗以及其他非法手段取证的情形;有无违反询问证人应当个别进行的规定;笔录是否经证人核对确认并签名(盖章)、捺指印;询问未成年证人,是否通知了其法定代理人到场,其法定代理人是否在场等。(五)证人证言之间以及与其他证据之间能否相互印证,有无矛盾。

第12条 以暴力、威胁等非法手段取得的证人证言,不能作为定案的根据。

处于明显醉酒、麻醉品中毒或者精神药物麻醉状态,以致不能正确表达的证人所提供的证言,不能作为定案的根据。

证人的猜测性、评论性、推断性的证言,不能作为证据使用,但根据一般生活经验判断符合事实的除外。

第13条 具有下列情形之一的证人证言,不能作为定案的根据:(一)询问证人没有个别进行而取得的证言;(二)没有经证人核对确认并签名(盖章)、捺指印的书面证言;(三)询问聋哑人或者不通晓当地通用语言、文字的少数民族人员、外国人,应当提供翻译而未提供的。

第14条 证人证言的收集程序和方式有下列瑕疵,通过有关办案人员的补正或者作出合理解释的,可以采用:(一)没有填写询问人、记录人、法定代理人姓名或者询问的起止时间、地点的;(二)询问证人的地点不符合规定的;(三)询问笔录没有记录告知证人应当如实提供证言和有意作伪证或者隐匿罪证要负法律责任内容的;(四)询问笔录反映出在同一时间段内,同一询问人员询问不同证人的。

第15条 具有下列情形的证人,人民法院应当通知出庭作证;经依法通知不出庭作证证人的书面证言经质证无法确认的,不能作为定案的根据:(一)人民检察院、被告人及其辩护人对证人证言有异议,该证人证言对定罪量刑有重大影响的;(二)人民法院认为其他应当出庭作证的。

证人在法庭上的证言与其庭前证言相互矛盾,如果证人当庭能够对其翻证作出合理解释,并有相关证据印证的,应当采信庭审证言。

对未出庭作证证人的书面证言,应当听取出庭检察人员、被告人及其辩护人的意见,并结合其他证据综合判断。未出庭作证证人的书面证言出现矛盾,不能排除矛盾且无证据印证的,不能作为定案的根据。

第16条 证人作证,涉及国家秘密或者个人隐私的,应当保守秘密。

证人出庭作证,必要时,人民法院可以采取限制公开证人信息、限制询问、遮蔽容貌、改变声音等保护性措施。

第17条 对被害人陈述的审查与认定适用前述关于证人证言的有关规定。

【主席令〔2018〕13号】 中华人民共和国国际刑事司法协助法(2018年10月26日第13届全国人大常委会第6次会议通过,主席令第13号公布施行)

第32条 向外国请求安排证人、鉴定人作证或者协助调查的,请求书及所附材料应当根据需要载明下列事项:(一)证人、鉴定人的姓名、性别、住址、身份信息、联系方式和有助于确认证人、鉴定人的其他资料;(二)作证或者协助调查的目的、必要性、时间和地点等;(三)证人、鉴定人的权利和义务;(四)对证人、鉴定人的保护措施;(五)对证人、鉴定人的补助;(六)有助于执行请求的其他材料。

第33条　来中华人民共和国作证或者协助调查的证人、鉴定人在离境前，其入境前实施的犯罪不受追诉；除因入境后实施违法犯罪而被采取强制措施的以外，其人身自由不受限制。

证人、鉴定人在条约规定的期限内或者被通知无需继续停留后15日内没有离境的，前款规定不再适用，但是由于不可抗力或者其他特殊原因未能离境的除外。

第36条　外国可以请求中华人民共和国协助安排证人、鉴定人赴外国作证或者通过视频、音频作证，或者协助调查。

外国向中华人民共和国请求安排证人、鉴定人作证或者协助调查的，请求书及所附材料应当根据需要载明本法第32条规定的事项。

请求国应当就本法第33条第1款规定的内容作出书面保证。

第37条　证人、鉴定人书面同意作证或者协助调查的，办案机关应当及时将证人、鉴定人的意愿、要求和条件通过所属主管机关通知对外联系机关，由对外联系机关通知请求国。

安排证人、鉴定人通过视频、音频作证的，主管机关或者办案机关应当派员到场，发现有损害中华人民共和国的主权、安全和社会公共利益以及违反中华人民共和国法律的基本原则的情形的，应当及时制止。

【公安部令〔2020〕159号】　公安机关办理刑事案件程序规定（2020年7月4日第3次部务会议修订，2020年7月20日公布，2020年9月1日施行）

第73条（第3款）　对于证人能否辨别是非、能否正确表达，必要时可以进行审查或者鉴别。

第194条（第2款）　下列人员不得担任侦查活动的见证人：（一）生理上、精神上有缺陷或者年幼，不具有相应辨别能力或者不能正确表达的人；（二）与案件有利害关系，可能影响案件公正处理的人；（三）公安机关的工作人员或者其聘用的人员。

【湘高法〔2020〕21号】　湖南省高级人民法院关于贪污贿赂案件审判适用法律若干问题的解答（2020年9月15日公布）

问题30：贪污贿赂案件中，对言词证据如何审查？

答：首先应按有关法律规定审查言词证据的真实性、合法性，确认该言词证据是否具有证据资格，没有证据资格的，不能作为定案根据。确认证据具有证据资格后，再对证据与待证事实的关联程度、证据之间的联系等方面进行审查，认定言词证据有无证明力以及证明力的大小，决定是否采信以及如何采信。常见情形如下：

（1）证人当庭作出的证言与其庭前证言矛盾，证人能够作出合理解释，并有相关证据印证的，应当采信其庭审证言；不能作出合理解释，而其庭前证言有相关证据印证的，可以采信其庭前证言。经人民法院通知，证人没有正当理由拒绝出庭或者出庭后拒绝作证，法庭对其证言的真实性无法确认的，该证人证言不得作为定案的根据。

（4）与被告人有亲属关系或者其他密切关系的证人所作的有利被告人的证言，或者与被告人有利害冲突的证人所作的不利被告人的证言，应当慎重使用，有其他证据印证的，可以采信。

【法释〔2021〕1号】　最高人民法院关于适用《中华人民共和国刑事诉讼法》的解释（2020年12月7日最高法审委会［1820次］修订，2021年1月26日公布，2021年3月1日施行；2013年1月1日施行的"法释〔2012〕21号"《解释》同时废止）

第80条　下列人员不得担任刑事诉讼活动的见证人：（一）生理上、精神上有缺陷或者年幼，不具有相应辨别能力或者不能正确表达的人；（二）与案件有利害关系，可能影响案件公正处理的人；（三）行使勘验、检查、搜查、扣押、组织辨认等监察调查、刑事诉讼职权的监察、公安、司法机关的工作人员或者其聘用的人员。

对见证人是否属于前款规定的人员，人民法院可以通过相关笔录载明的见证人的姓名、身份证件种类及号码、联系方式以及常住人口信息登记表等材料进行审查。

由于客观原因无法由符合条件的人员担任见证人的，应当在笔录材料中注明情况，并对相关活动进行全程录音录像。

第87条　对证人证言应当着重审查以下内容：（一）证言的内容是否为证人直接感知；（二）证人作证时的年龄，认知、记忆和表达能力，生理和精神状态是否影响作证；（三）证人与案件当事人、案件处理结果有无利害关系；（四）询问证人是否个别进行；（五）询问笔录的制作、修改是否符合法律、有关规定，是否注明询问的起止时间和地点，首次询问时是否告知证人有关作证的权利义务和法律责任，证人对询问笔录是否核对确认；（六）询问未成年证人时，是否通知其法定代理人或者刑事诉讼法第281条第1款规定的合适成年人到场，有关人员是否到场；（七）有无以暴力、威胁等非法方法收集证人证言的情形；（八）证言之间以及与其他证据之间能否相互印证，有无矛盾；存在矛盾的，能否得到合理解释。

第88条　处于明显醉酒、中毒或者麻醉等状态，不能正常感知或者正确表达的证人所提供的证言，不得作为证据使用。

证人的猜测性、评论性、推断性的证言，不得作为证据使用，但根据一般生活经验判断符合事实的除外。

第89条　证人证言具有下列情形之一的，不得作为定案的根据：（一）询问证人没有个别进行的；（二）书面证言没有经证人核对确认的；（三）询问聋、哑人，应当提供通晓聋、哑手势的人员而未提供的；（四）询问不通晓当地通用语言、文字的证人，应当提供翻译人员而未提供的。

第90条　证人证言的收集程序、方式有下列瑕疵，经补正或者作出合理解释的，可以采用；不能补正或者作出合理解释的，不得作为定案的根据：（一）询问笔录没有填写询问人、记录人、法定代理人姓名以及询问的起止时间、地点的；（二）询问地点不符合规定的；（三）询问笔录没有记录告知证人有关作证的权利义务和法律责任的；（四）询问笔录反映出在同一时段，同一询问人员询问不同证人的；（五）询问未成年人，其法定代理人或者合适成年人不在场的。

第91条　证人当庭作出的证言，经控辩双方质证、法庭查证属实的，应当作为定案的根据。

证人当庭作出的证言与其庭前证言矛盾，证人能够作出合理解释，并有其他证据印证的，应当采信其庭审证言；不能作出合理解释，而其庭前证言有其他证据印证的，可以采信其庭前证言。

经人民法院通知，证人没有正当理由拒绝出庭或者出庭后拒绝作证，法庭对其证言的真实性无法确认的，该证人证言不得作为定案的根据。

第 92 条　对被害人陈述的审查与认定，参照适用本节的有关规定。

【海警局令〔2023〕1 号】　**海警机构办理刑事案件程序规定**（2023 年 5 月 15 日审议通过，2023 年 6 月 15 日起施行）（余文见本书第 308 条）

第 64 条　凡是知道案件情况的人，都有作证的义务。

生理上、精神上有缺陷或者年幼，不能辨别是非，不能正确表达的人，不能作证人。

对于证人能否辨别是非，能否正确表达，必要时可以进行审查或者鉴别。

【国安部令〔2024〕4 号】　**国家安全机关办理刑事案件程序规定**（2024 年 4 月 26 日公布，2024 年 7 月 1 日起施行）

第 100 条　凡是知道案件情况的人，都有作证的义务。

生理上、精神上有缺陷或者年幼，不能辨别是非，不能正确表达的人，不能作为证人。

对于证人能否辨别是非，能否正确表达，必要时可以进行审查或者鉴别。

● 入库案例　【2023-03-1-404-009】　魏某军受贿、贪污案（天津高院/2019.09.29/[2019]津刑终 58 号）

裁判要旨：证人当庭作出的证言与其庭前证言矛盾，证人能够作出合理解释，并有其他证据印证的，应当采信其庭审证言；不能作出合理解释，而其庭前证言有其他证据印证的，可以采信其庭前证言。本案中，在证人出庭作证以后，法院综合考虑证人对于证言反复能否作出合理解释、是否有其他证据印证以及当庭对质等情况，依法采信证人赵某某的庭审证言中的合理部分，将受贿数额由起诉指控的 45 万元调整为 5 万元；但是对于证人赵某某庭审证言中的不合理部分，依法不予采信。

第 63 条[①]　【证人保护】人民法院、人民检察院和公安机关应当保障证人及其近亲属的安全。

对证人及其近亲属进行威胁、侮辱、殴打或者打击报复，构成犯罪的，依法追究刑事责任；尚不够刑事处罚的，依法给予治安管理处罚。

第 64 条[②]　【特殊证人保护】对于危害国家安全犯罪、恐怖活动犯罪、黑社会性质的组织犯罪、毒品犯罪等案件，证人、鉴定人、被害人因在诉讼中作证，本人或者其近亲属的人身安全面临危险的，人民法院、人民检察院和公安机关应当采取以下一项或者多项保护措施：

（一）不公开真实姓名、住址和工作单位等个人信息；

（二）采取不暴露外貌、真实声音等出庭作证措施；

（三）禁止特定的人员接触证人、鉴定人、被害人及其近亲属；

（四）对人身和住宅采取专门性保护措施；

[①] 本条规定由 1996 年 3 月 17 日第 8 届全国人民代表大会第 4 次会议增设，1997 年 1 月 1 日施行。
[②] 本条规定由 2012 年 3 月 14 日第 11 届全国人民代表大会常委会第 5 次会议增设，2013 年 1 月 1 日施行。

（五）其他必要的保护措施。

证人、鉴定人、被害人认为因在诉讼中作证，本人或者其近亲属的人身安全面临危险的，可以向人民法院、人民检察院、公安机关请求予以保护。

人民法院、人民检察院、公安机关依法采取保护措施，有关单位和个人应当配合。

第65条[①] 【证人待遇】证人因履行作证义务而支出的交通、住宿、就餐等费用，应当给予补助。证人作证的补助列入司法机关业务经费，由同级政府财政予以保障。

有工作单位的证人作证，所在单位不得克扣或者变相克扣其工资、奖金及其他福利待遇。

● **相关规定** 【六部委〔2012〕规定】 最高人民法院、最高人民检察院、公安部、国家安全部、司法部、全国人大常委会法制工作委员会关于实施刑事诉讼法若干问题的规定（2012年12月26日印发，2013年1月1日施行）

12. 刑事诉讼法第62条规定，对证人、鉴定人、被害人可以采取"不公开真实姓名、住址和工作单位等个人信息"的保护措施。人民法院、人民检察院和公安机关依法决定不公开证人、鉴定人、被害人的真实姓名、住址和工作单位等个人信息的，可以在判决书、裁定书、起诉书、询问笔录等法律文书、证据材料中使用化名等代替证人、鉴定人、被害人的个人信息。但是，应当书面说明使用化名的情况并标明密级，单独成卷。辩护律师经法庭许可，查阅对证人、鉴定人、被害人使用化名情况的，应当签署保密承诺书。

【公通字〔2017〕2号】 公安机关办理刑事案件证人保护工作规定（2017年1月23日印发，2017年3月1日施行）

第2条 对危害国家安全犯罪、恐怖活动犯罪、黑社会性质的组织犯罪、毒品犯罪案件，证人、鉴定人、被害人（以下统称证人）因在侦查过程中作证，本人或者其近亲属的人身安全面临危险，确有必要采取保护措施的，公安机关应当依法采取相应的保护措施，保障有关人员安全。

第4条 公安机关按照"谁办案、谁负责"的原则，由承办案件的办案部门负责证人保护工作，被保护人居住地公安派出所或者其他部门根据工作需要予以配合，重大案件由公安机关统一组织部署。公安机关可以根据需要指定有关部门负责证人保护工作。

第5条 对于本规定第2条规定的案件，公安机关在侦办过程中发现证人因在侦查过程中作证，本人或者其近亲属的人身安全面临危险，或者证人向公安机关请求予以保护的，办案部门应当结合案件性质、犯罪嫌疑人的社会危险性、证人证言的重要性和真实性、证人自我保护能力、犯罪嫌疑人被采取强制措施的情况等，对证人人身安全面临危险的现实性、程度进行评估。

第6条 办案部门经评估认为确有必要采取保护措施的，应当制作呈请证人保护报告

[①] 本条规定由2012年3月14日第11届全国人大常委会第5次会议增设，2013年1月1日施行。

书，报县级以上公安机关负责人批准，实施证人保护措施。呈请证人保护报告书应当包括以下内容：（一）被保护人的姓名、性别、年龄、住址、工作单位、身份证件信息以及与案件、犯罪嫌疑人的关系；（二）案件基本情况以及作证事项有关情况；（三）保护的必要性；（四）保护的具体措施；（五）执行保护的部门；（六）其他有关内容。

证人或者其近亲属人身安全面临现实危险、情况紧急的，公安机关应当立即采取必要的措施予以保护，并同时办理呈请证人保护手续。

第7条 经批准，负责执行证人保护任务的部门（以下统称证人保护部门）可以对被保护人采取以下一项或者多项保护措施：（一）不公开真实姓名、住址、通讯方式和工作单位等个人信息；（二）禁止特定人员接触被保护人；（三）对被保护人的人身和住宅采取专门性保护措施；（四）将被保护人带到安全场所保护；（五）变更被保护人的住所和姓名；（六）其他必要的保护措施。

第9条 采取不公开个人信息保护措施的，公安机关在讯问犯罪嫌疑人时不得透露证人的姓名、住址、通讯方式、工作单位等个人信息，在制作讯问、询问笔录等证据材料或者提请批准逮捕书、起诉意见书等法律文书时，应当使用化名等代替证人的个人信息，签名以捺指印代替。

对于证人真实身份信息和使用化名的情况应当另行书面说明，单独成卷，标明密级，妥善保管。证人保护密卷不得提供给人民法院、人民检察院和公安机关的承办人员以外的人员查阅，法律另有规定的除外。

对上述证人询问过程制作同步录音录像的，应当对视音频资料进行处理，避免暴露证人外貌、声音等。在公安机关以外的场所询问证人时，应当对询问场所进行清理、控制，无关人员不得在场，并避免与犯罪嫌疑人接触。

第10条 采取禁止特定人员接触被保护人措施的，公安机关应当制作禁止令，书面告知特定人员，禁止其在一定期限内接触被保护人。

特定人员违反禁止令，接触被保护人，公安机关应当依法进行调查处理，对犯罪嫌疑人视情采取或者变更强制措施，其他人员构成违反治安管理行为的，依法给予治安管理处罚；涉嫌犯罪的，依法追究刑事责任。

第11条 被保护人面临重大人身安全危险的，经被保护人同意，公安机关可以在被保护人的人身或者住宅安装定位、报警、视频监控等装置。必要时，可以指派专门人员对被保护人的住宅进行巡逻、守护，或者在一定期限内开展贴身保护，防止侵害发生。

证人保护部门对人身和住宅采取专门性保护措施，需要由被保护人居住地辖区公安派出所或者公安机关其他部门协助落实的，应当及时将协助函送交有关派出所或者部门。有关派出所或部门应当及时安排人员协助证人保护部门落实证人保护工作。

有条件的地方，可以聘请社会安保力量承担具体保护工作。

第12条 被保护人面临急迫的人身安全危险的，经被保护人同意，公安机关可以在一定期限内将被保护人安置于能够保障其人身安全的适当环境，并采取必要的保护措施。

第13条 被保护人面临特别重大人身安全危险的，经被保护人同意，公安机关可以协调有关部门将被保护人在一定期限内或者长期安排到其他地方居住生活。确需变更姓名，被保护人提出申请的，公安机关应当依法办理。

第14条 证人保护部门应当根据案情进展情况和被保护人受到安全威胁程度的变化，

及时调整保护方案。被保护人也可以向证人保护部门申请变更保护措施。

证人保护部门系办案部门以外的部门的,调整保护方案前应当商办案部门同意。

第15条　证人反映其本人或者近亲属受到威胁、侮辱、殴打或者受到打击报复的,公安机关应当依法进行调查处理。构成违反治安管理行为的,依法给予治安管理处罚;涉嫌犯罪的,依法追究刑事责任。

第18条　具有下列情形之一,不再需要采取证人保护措施的,经县级以上公安机关负责人批准,证人保护工作终止:(一)被保护人的人身安全危险消除的;(二)被保护人主动提出书面终止保护申请的;(三)证人有作虚假证明、诬告陷害或者其他不履行作证义务行为的;(四)证人不再具备证人身份的。

证人保护工作终止的,应当及时告知被保护人和协助执行证人保护工作的部门。

第19条　证人所涉案件管辖发生变更的,证人保护工作同时移交,并办理移交手续。

第20条　证人保护工作所需的经费、装备等相关支出,公安机关应当予以保障。

第23条　下列人员的人身安全面临危险,确有保护必要的,参照本规定予以保护:

(一)在本规定第2条规定的案件中作证的证人的未婚夫(妻)、共同居住人等其他与证人有密切关系的人员;

(二)参加危害国家安全犯罪、恐怖活动犯罪、黑社会性质的组织犯罪、毒品犯罪组织的犯罪嫌疑人,在查明有关犯罪组织结构和组织者、领导者的地位作用,追缴、没收赃款赃物等方面提供重要线索和证据的。

第24条　证人、鉴定人、被害人因在本规定第2条规定的案件范围以外的案件中作证,本人或者其近亲属的人身安全面临危险,确有保护必要的,参照本规定执行。

第25条　本规定第2条规定的证人,包括共同犯罪中指认同案犯的其他犯罪事实的犯罪嫌疑人。

本规定第7条、第10条中的特定人员是指犯罪嫌疑人以及与犯罪组织、犯罪嫌疑人有一定关系,可能实施危害证人及其近亲属人身安全的人员。

【主席令〔2018〕6号】　中华人民共和国反恐怖主义法(2015年12月27日全国人大常委会〔12届18次〕通过,2016年1月1日起施行,2011年10月29日全国人大常委会《关于加强反恐怖工作有关问题的决定》同时废止;2018年4月27日全国人大常委会〔13届2次〕修正)

第76条　因报告和制止恐怖活动,在恐怖活动犯罪案件中作证,或者从事反恐怖主义工作,本人或者其近亲属的人身安全面临危险的,经本人或者其近亲属提出申请,公安机关、有关部门应当采取下列一项或者多项保护措施:(一)不公开真实姓名、住址和工作单位等个人信息;(二)禁止特定的人接触被保护人员;(三)对人身和住宅采取专门性保护措施;(四)变更被保护人员的姓名,重新安排住所和工作单位;(五)其他必要的保护措施。

公安机关、有关部门应当依照前款规定,采取不公开被保护单位的真实名称、地址,禁止特定的人接近被保护单位,对被保护单位办公、经营场所采取专门性保护措施,以及其他必要的保护措施。

【主席令〔2018〕13号】　中华人民共和国国际刑事司法协助法(2018年10月26日第13届全国人大常委会第6次会议通过,主席令第13号公布施行)

第34条　对来中华人民共和国作证或者协助调查的证人、鉴定人,办案机关应当依法

第35条 来中华人民共和国作证或者协助调查的人员系在押人员的,由对外联系机关会同主管机关与被请求国就移交在押人员的相关事项事先达成协议。

主管机关和办案机关应当遵守协议内容,依法对被移交的人员予以羁押,并在作证或者协助调查结束后及时将其送回被请求国。

第38条 外国请求移交在押人员出国作证或者协助调查,并保证在作证或者协助调查结束后及时将在押人员送回的,对外联系机关应当征求主管机关和在押人员的意见。主管机关和在押人员均同意出国作证或者协助调查的,由对外联系机关会同主管机关与请求国就移交在押人员的相关事项事先达成协议。

在押人员在外国被羁押的期限,应当折抵其在中华人民共和国被判处的刑期。

【鲁高法〔2019〕27号】 山东省高级人民法院关于黑恶势力刑事案件审理的工作规范(山东高院审委会〔2019年第11次〕通过,2019年5月30日印发施行)

第8条 切实做好证人、鉴定人出庭保护工作。开庭审理时,证人、鉴定人因出庭作证,本人或者其近亲属的人身安全面临危险的,应当采取不公开其真实姓名、住址和工作单位等个人信息,或者不暴露其外貌、真实声音等保护措施。必要时,可以进行物理隔离,以音频、视频传送的方式作证,并对声音、图像进行技术处理。依法决定不公开证人、鉴定人真实姓名、住址和工作单位等个人信息的,应当在开庭前核实其身份。证人、鉴定人签署的如实作证保证书应当列入审判副卷,不得对外公开。

被害人出庭参加诉讼的,参照上述规定。

【高检发释字〔2019〕4号】 人民检察院刑事诉讼规则(2019年12月2日最高检第13届检委会第28次会议通过,2019年12月30日公布施行;高检发释字〔2012〕2号《规则(试行)》同时废止)

第79条 人民检察院在办理危害国家安全犯罪、恐怖活动犯罪、黑社会性质的组织犯罪、毒品犯罪等案件过程中,证人、鉴定人、被害人因在诉讼中作证,本人或者其近亲属人身安全面临危险,向人民检察院请求保护的,人民检察院应当受理并及时进行审查。对于确实存在人身安全危险的,应当立即采取必要的保护措施。人民检察院发现存在上述情形的,应当主动采取保护措施。

人民检察院可以采取以下一项或者多项保护措施:(一)不公开真实姓名、住址和工作单位等个人信息;(二)建议法庭采取不暴露外貌、真实声音等出庭作证措施;(三)禁止特定的人员接触证人、鉴定人、被害人及其近亲属;(四)对人身和住宅采取专门性保护措施;(五)其他必要的保护措施。

人民检察院依法决定不公开证人、鉴定人、被害人的真实姓名、住址和工作单位等个人信息的,可以在起诉书、询问笔录等法律文书、证据材料中使用化名代替证人、鉴定人、被害人的个人信息。但是应当另行书面说明使用化名的情况并标明密级,单独成卷。

人民检察院依法采取保护措施的,可以要求有关单位和个人予以配合。

对证人及其近亲属进行威胁、侮辱、殴打或者打击报复,构成犯罪或者应当给予治安管理处罚的,人民检察院应当移送公安机关处理;情节轻微的,予以批评教育、训诫。

第80条 证人在人民检察院侦查、审查逮捕、审查起诉期间因履行作证义务而支出的交通、住宿、就餐等费用,人民检察院应当给予补助。

第407条　必要时，公诉人可以建议法庭采取不暴露证人、鉴定人、被害人外貌、真实声音等出庭作证保护措施，或者建议法庭根据刑事诉讼法第154条的规定在庭外对证据进行核实。

【公安部令〔2020〕159号】　公安机关办理刑事案件程序规定（2020年7月4日第3次部务会议修订，2020年7月20日公布，2020年9月1日施行）

第75条（第1款）　对危害国家安全犯罪、恐怖活动犯罪、黑社会性质的组织犯罪、毒品犯罪等案件，证人、鉴定人、被害人因在侦查过程中作证，本人或者其近亲属的人身安全面临危险的，公安机关应当采取以下一项或者多项保护措施：（一）不公开真实姓名、住址、通讯方式和工作单位等个人信息；（二）禁止特定的人员接触被保护人证人、鉴定人、被害人及其近亲属；（三）对被保护人的人身和住宅采取专门性保护措施；（四）将被保护人带到安全场所保护；（五）变更被保护人的住所和姓名；（六）其他必要的保护措施。

（第4款）　案件移送审查起诉时，应当将采取保护措施的相关情况一并移交人民检察院。

第76条　公安机关依法决定不公开证人、鉴定人、被害人的真实姓名、住址、通讯方式和工作单位等个人信息的，可以在起诉意见书、询问笔录等法律文书、证据材料中使用化名等代替证人、鉴定人、被害人的个人信息。但是，应当另行书面说明使用化名的情况并标明密级，单独成卷。

第385条　本规定所称"危害国家安全犯罪"，包括刑法分则第1章规定的危害国家安全罪以及危害国家安全的其他犯罪；"恐怖活动犯罪"，包括以制造社会恐慌、危害公共安全或者胁迫国家机关、国际组织为目的，采取暴力、破坏、恐吓等手段，造成或者意图造成人员伤亡、重大财产损失、公共设施损坏、社会秩序混乱等严重社会危害的犯罪，以及煽动、资助或者以其他方式协助实施上述活动的犯罪。

【法释〔2021〕1号】　最高人民法院关于适用《中华人民共和国刑事诉讼法》的解释（2020年12月7日最高法审委会〔1820次〕修订，2021年1月26日公布，2021年3月1日施行；2013年1月1日施行的"法释〔2012〕21号"《解释》同时废止）

第254条　证人出庭作证所支出的交通、住宿、就餐等费用，人民法院应当给予补助。

第256条　审判危害国家安全犯罪、恐怖活动犯罪、黑社会性质的组织犯罪、毒品犯罪等案件，证人、鉴定人、被害人因出庭作证，本人或者其近亲属的人身安全面临危险的，人民法院应当采取不公开其真实姓名、住址和工作单位等个人信息，或者不暴露其外貌、真实声音等保护措施。辩护律师经法庭许可，查阅对证人、鉴定人、被害人使用化名情况的，应当签署保密承诺书。

审判期间，证人、鉴定人、被害人提出保护请求的，人民法院应当立即审查；认为确有保护必要的，应当及时决定采取相应保护措施。必要时，可以商请公安机关协助。

第257条　决定对出庭作证的证人、鉴定人、被害人采取不公开个人信息的保护措施的，审判人员应当在开庭前核实其身份，对证人、鉴定人如实作证的保证书不得公开，在判决书、裁定书等法律文书中可以使用化名等代替其个人信息。

第558条　开庭审理涉及未成年人的刑事案件，未成年被害人、证人一般不出庭作证；

必须出庭的，应当采取保护其隐私的技术手段和心理干预等保护措施。[①]

【国监委公告〔2021〕1号】 监察法实施条例（2021年7月20日国家监委全体会议决定，2021年9月20日公布施行）

第89条 凡是知道案件情况的人，都有如实作证的义务。对故意提供虚假证言的证人，应当依法追究法律责任。

证人或者其他任何人不得帮助被调查人隐匿、毁灭、伪造证据或者串供，不得实施其他干扰调查活动的行为。

第90条 证人、鉴定人、被害人因作证，本人或者近亲属人身安全面临危险，向监察机关请求保护的，监察机关应当受理并及时进行审查；对于确实存在人身安全危险的，监察机关应当采取必要的保护措施。监察机关发现存在上述情形的，应当主动采取保护措施。

监察机关可以采取下列1项或者多项保护措施：（一）不公开真实姓名、住址和工作单位等个人信息；（二）禁止特定的人员接触证人、鉴定人、被害人及其近亲属；（三）对人身和住宅采取专门性保护措施；（四）其他必要的保护措施。

依法决定不公开证人、鉴定人、被害人的真实姓名、住址和工作单位等个人信息的，可以在询问笔录等法律文书、证据材料中使用化名。但是应当另行书面说明使用化名的情况并标明密级，单独成卷。

监察机关采取保护措施需要协助的，可以提请公安机关等有关单位和要求有关个人依法予以协助。

【主席令〔2021〕101号】 中华人民共和国反有组织犯罪法（2021年12月24日第13届全国人大常委会第32次会议通过，主席令第101号公布，2022年5月1日施行）

第61条 因举报、控告和制止有组织犯罪活动、在有组织犯罪案件中作证，本人或者近亲属的人身安全面临危险的，公安机关、人民检察院、人民法院应当按照有关规定，采取下列一项或者多项保护措施：（一）不公开真实姓名、住址和工作单位等个人信息；（二）采取不暴露外貌、真实声音等出庭作证措施；（三）禁止特定的人接触被保护人员；（四）对人身和住宅采取专门性保护措施；（五）变更被保护人员的身份，重新安排住所和工作单位；（六）其他必要的保护措施。

第62条 采取本法第61条第三项、第四项规定的保护措施，由公安机关执行。根据本法第61条第五项规定，变更被保护人员身份的，由国务院公安部门批准和组织实施。

公安机关、人民检察院、人民法院依法采取保护措施，有关单位和个人应当配合。

第63条 实施有组织犯罪的人员配合侦查、起诉、审判等工作，对侦破案件或者查明案件事实起到重要作用的，可以参照证人保护的规定执行。

第64条 对办理有组织犯罪案件的执法、司法工作人员及其近亲属，可以采取人身保护、禁止特定的人接触等保护措施。

第65条 对因履行反有组织犯罪工作职责或者协助、配合有关部门开展反有组织犯罪工作导致伤残或者死亡的人员，按照国家有关规定给予相应的待遇。

[①] 本条内容2012年规定为："确有必要通知未成年被害人、证人出庭作证的，人民法院应当根据案件情况采取相应的保护措施。有条件的，可以采取视频等方式对其陈述、证言进行质证。"

【公安部令〔2022〕165号】　**公安机关反有组织犯罪工作规定**（2022年8月10日第9次公安部部务会议通过，2022年8月26日公布，2022年10月1日施行）

第66条　因举报、控告和制止有组织犯罪活动，在有组织犯罪案件中作证，本人或者其近亲属的人身安全面临危险的，公安机关应当按照有关规定，采取下列一项或者多项保护措施：（一）不公开真实姓名、住址和工作单位等个人信息；（二）禁止特定的人接触被保护人员；（三）对人身和住宅采取专门性保护措施；（四）变更被保护人员的身份，重新安排住所和工作单位；（五）其他必要的保护措施。

采取前款第四项规定的保护措施的，由公安部批准和组织实施。

案件移送审查起诉时，应当将采取保护措施的相关情况一并移交人民检察院。

第67条　公安机关发现证人因作证，本人或者其近亲属的人身安全面临危险，或者证人向公安机关请求予以保护，公安机关经评估认为确有必要采取保护措施的，应当制作呈请证人保护报告书，报县级以上公安机关负责人批准实施。

人民法院、人民检察院决定对证人采取第66条第1款第2、3项保护措施的，由县级以上公安机关凭人民法院、人民检察院的决定文书执行，并将执行保护的情况及时通知决定机关。必要时，可以请人民法院、人民检察院协助执行。

第68条　实施有组织犯罪的人员配合侦查、起诉、审判等工作，有《中华人民共和国反有组织犯罪法》第33条第1款所列情形之一，对侦破案件或者查明案件事实起到重要作用的，或者有其他重大立功表现的，可以参照证人保护的规定执行。

第69条　对办理有组织犯罪案件的人民警察及其近亲属，可以采取人身保护、禁止特定的人接触等保护措施。

第70条　公安机关实施证人保护的其他事项，适用《公安机关办理刑事案件证人保护工作规定》。

各级公安机关可以结合本地实际，组建专门的证人保护力量、设置证人保护安全场所。

【海警局令〔2023〕1号】　**海警机构办理刑事案件程序规定**（2023年5月15日审议通过，2023年6月15日起施行）（余文见本书第308条）

第65条　海警机构应当保障证人及其近亲属的安全。

对证人及其近亲属进行威胁、侮辱、殴打或者打击报复，构成犯罪的，由有管辖权的机关依法追究刑事责任；尚不够刑事处罚的，由海警机构或者公安机关依法给予治安管理处罚。

第66条　对危害国家安全犯罪、恐怖活动犯罪、黑社会性质的组织犯罪、毒品犯罪等案件，证人、鉴定人、被害人因在侦查过程中作证，本人或者其近亲属的人身安全面临危险的，海警机构应当采取以下1项或者多项保护措施：（一）不公开真实姓名、住址、通讯方式和工作单位等个人信息；（二）禁止特定的人员接触被保护人；（三）对被保护人的人身和住宅采取专门性保护措施；（四）将被保护人带到安全场所保护；（五）其他必要的保护措施。

证人、鉴定人、被害人认为因在侦查过程中作证，本人或者其近亲属的人身安全面临危险，向海警机构请求予以保护，海警机构经审查认为符合前款规定的条件，确有必要采取保护措施的，应当采取前款所列1项或者多项保护措施。

海警机构依法采取保护措施，可以要求有关单位和个人配合。

案件移送审查起诉时，应当将采取保护措施的相关情况一并移交人民检察院。

第67条　海警机构依法决定不公开证人、鉴定人、被害人的真实姓名、住址、通讯方式和工作单位等个人信息的，可以在起诉意见书、询问笔录等法律文书、证据材料中使用化名等代替证人、鉴定人、被害人的个人信息。但是，应当另行书面说明使用化名的情况并标明密级，单独成卷。

第68条　证人保护工作所必需的人员、经费、装备等，应当予以保障。

证人因履行作证义务而支出的交通、住宿、就餐等费用，应当给予补助。证人作证的补助列入海警机构执法业务经费。

第167条　海警机构应当保障扭送人、报案人、控告人、举报人及其近亲属的安全。

扭送人、报案人、控告人、举报人不愿意公开自己的身份的，应当为其保守秘密，并在材料中注明。

第339条　本规定所称"危害国家安全犯罪"，包括《中华人民共和国刑法》分则第1章规定的危害国家安全罪以及危害国家安全的其他犯罪；"恐怖活动犯罪"，包括以制造社会恐慌、危害公共安全或者胁迫国家机关、国际组织为目的，采取暴力、破坏、恐吓等手段，造成或者意图造成人员伤亡、重大财产损失、公共设施损坏、社会秩序混乱等严重社会危害的犯罪，以及煽动、资助或者以其他方式协助实施上述活动的犯罪。

【高检发〔2023〕4号】　最高人民法院、最高人民检察院、公安部、司法部关于办理性侵害未成年人刑事案件的意见（2023年5月24日印发，2023年6月1日起施行）（详见《刑法全厚细》第236条）

第15条　人民法院开庭审理性侵害未成年人刑事案件，未成年被害人、证人一般不出庭作证。确有必要出庭的，应当根据案件情况采取不暴露外貌、真实声音等保护措施，或者采取视频等方式播放询问未成年人的录音录像，播放视频亦应当采取技术处理等保护措施。

被告人及其辩护人当庭发问的方式或者内容不当，可能对未成年被害人、证人造成身心伤害的，审判长应当及时制止。未成年被害人、证人在庭审中出现恐慌、紧张、激动、抗拒等影响庭审正常进行的情形的，审判长应当宣布休庭，并采取相应的情绪安抚疏导措施，评估未成年被害人、证人继续出庭作证的必要性。

【国安部令〔2024〕4号】　国家安全机关办理刑事案件程序规定（2024年4月26日公布，2024年7月1日起施行）

第101条　国家安全机关应当保障证人、鉴定人及其近亲属的安全。

对证人、鉴定人及其近亲属进行威胁、侮辱、殴打或者打击报复，构成犯罪的，依法追究刑事责任；尚不构成犯罪的，依照有关法律规定追究责任。

第102条　对于危害国家安全犯罪、恐怖活动犯罪等案件，证人、鉴定人、被害人及其近亲属的人身安全面临危险的，国家安全机关应当采取以下一项或者多项保护措施：（一）不公开真实姓名、住址、通讯方式和工作单位等个人信息；（二）禁止特定的人员接触证人、鉴定人、被害人及其近亲属；（三）对人身和住宅采取专门性保护措施；（四）将被保护人带到安全场所保护；（五）变更被保护人的住所和姓名；（六）其他必要的保护措施。

证人、鉴定人、被害人认为因在诉讼中作证，本人或者近亲属的人身安全面临危险，向国家安全机关请求予以保护，国家安全机关经审查认为确有必要采取保护措施的，应当采取上述一项或者多项保护措施。

国家安全机关依法采取保护措施，可以要求有关单位和个人配合。

案件移送审查起诉时，国家安全机关应当将采取保护措施的相关情况一并移交人民检察院。

第 103 条　国家安全机关依法决定不公开证人、鉴定人、被害人的真实姓名、住址、通讯方式和工作单位等个人信息的，可以在起诉意见书、询问笔录等法律文书、证据材料中使用化名等代替证人、鉴定人、被害人的个人信息。但是，应当另行书面说明使用化名的情况并标明密级，单独成卷。

第 104 条　证人、鉴定人、被害人及其近亲属保护工作所必需的人员、经费、装备等，应当予以保障。

证人因履行作证义务而支出的交通、住宿、就餐等费用，应当给予补助。

第六章　强制措施

第 66 条　【强制措施概述】 人民法院、人民检察院和公安机关根据案件情况，对犯罪嫌疑人①、被告人可以拘传、取保候审或者监视居住。②

被监视居住的被告人不得离开指定的区域。监视居住由当地公安派出所执行，或者由受委托的人民公社、被告人的所在单位执行。③

对被告人采取取保候审、监视居住的，如果情况发生变化，应当撤销或者变更。④

● **相关规定**　【主席令〔1992〕64号】　中华人民共和国海商法（1992年11月7日全国人大常委会〔7届28次〕通过，1993年7月1日起施行）

第 36 条　为保障在船人员和船舶的安全，船长有权对在船上进行违法、犯罪活动的人采取禁闭或者其他必要措施，并防止其隐匿、毁灭、伪造证据。

船长采取前款措施，应当制作案情报告书，由船长和2名以上在船人员签字，连同人犯送交有关当局处理。⑤

【高检发研字〔1993〕3号】　最高人民检察院关于对由军队保卫部门军事检察院立案的地方人员可否采取强制措施问题的批复（经征公安部，1993年6月19日答复解放军军事检察院"1993检呈字第5号"请示）

根据最高人民法院、最高人民检察院、公安部、总政治部《关于军队和地方互涉案件几个问题的规定》（1982政联字8号）第3条和《关于军队和地方互涉案件侦查工作的补充规定》（1987政联字第14号）第1条所规定的精神，对于发生在没有设置接受当地公安机关业务领导的保卫部门或治安保卫组织的由军队注册实行企业化管理的公司、厂矿、宾馆、饭店、影剧院以及军地合资经营企业的案件，如果作案人身份明确，是地方人员，应由地方公

---

① 本部分内容由1996年3月17日第8届全国人民代表大会第4次会议增加，1997年1月1日施行。
② 注：对于已经审判完毕的罪犯，不能再适用取保候审、监视居住等强制措施。
③ 本款规定被1996年3月17日第8届全国人民代表大会第4次会议删除，1997年1月1日施行。
④ 本款规定被1996年3月17日第8届全国人民代表大会第4次会议删除，1997年1月1日施行。
⑤ 本处规定了非司法（执法）机关对公民采取限制人身自由的强制措施，比较罕见。

安机关、人民检察院管辖；如果是在立案后才查明作案人是地方人员的，应移交地方公安机关、人民检察院处理。军队保卫部门、军事检察院不能对地方人员采取强制措施。

【高检发〔1998〕29号】　最高人民检察院关于在全国检察机关实行"检务公开"的决定（十条）（1998年10月27日）

五、检察人员办案纪律

（二）最高人民检察院9条硬性规定：……2.严禁对证人采取任何强制措施；3.立案前不得对犯罪嫌疑人采取强制措施；……

【署侦〔1998〕742号】　最高人民法院、最高人民检察院、公安部、司法部、海关总署关于走私犯罪侦查机关办理走私犯罪案件适用刑事诉讼程序若干问题的通知（1998年12月3日）

二、走私犯罪侦查机关在侦办走私犯罪案件过程中，依法采取通缉、边控、搜查、拘留、执行逮捕、监视居住等措施，以及核实走私犯罪嫌疑人身份和犯罪经历时，需地方公安机关配合的，应通报有关地方公安机关，地方公安机关应予配合。其中在全国范围通缉、边控走私犯罪嫌疑人，请求国际刑警组织或者境外警方协助的，以及追捕走私犯罪嫌疑人需要地方公安机关调动警力的，应层报公安部批准。

走私犯罪侦查机关决定对走私犯罪嫌疑人采取取保候审的，应通知并移送走私犯罪嫌疑人居住地公安机关执行。罪犯因走私罪被人民法院判处剥夺政治权利、管制以及决定暂予监外执行、假释或者宣告缓刑的，由地方公安机关执行。

……

【公通字〔2000〕25号】　公安部关于打击拐卖妇女儿童犯罪适用法律和政策有关问题的意见（2000年3月17日）

八、关于办理涉外案件

（三）对外国人依法作出取保候审、监视居住决定或者执行拘留、逮捕后，由有关省、自治区、直辖市公安厅、局在规定的期限内，将外国人的有关情况、涉嫌犯罪的主要事实、已采取的强制措施及其法律依据，通知该外国人所属国家的驻华使、领馆，同时报告公安部。

【刑监他字〔2001〕1号】　最高人民法院关于人民法院对原审被告人宣告无罪后人民检察院抗诉的案件由谁决定对原审被告人采取强制措施并通知其出庭等问题的复函（2001年1月2日答复西藏自治区高院请示）

二、由于人民法院已依法对原审被告人宣告无罪并予释放，因此不宜由人民法院采取强制措施；人民检察院认为其有罪并提出抗诉的，应当由提出抗诉的检察机关决定是否采取强制措施。

【主席令〔2012〕69号】　中华人民共和国人民警察法（2012年10月26日第11届全国人大常委会第29次会议修正，主席令第69号公布，2013年1月1日施行）

第8条　公安机关的人民警察对严重危害社会治安秩序或者威胁公共安全的人员，可以强行带离现场、依法予以拘留或者采取法律规定的其他措施。

第12条　为侦查犯罪活动的需要，公安机关的人民警察可以依法执行拘留、搜查、逮捕或者其他强制措施。

【公通字〔2015〕21号】 公安机关涉案财物管理若干规定（公安部2015年7月22日印发，2015年9月1日施行；"公通字〔2010〕57号"同名《规定》同时废止）

第22条 公安机关在对违法行为人、犯罪嫌疑人依法作出限制人身自由的处罚或者采取限制人身自由的强制措施时，对其随身携带的与案件无关的财物，应当按照《公安机关代为保管涉案人员随身财物若干规定》有关要求办理。

【高检发诉字〔2014〕29号】 最高人民检察院关于加强和改进刑事抗诉工作的意见（2014年11月19日最高检第12届检委会第29次会议通过，2014年11月26日印发）

三、刑事抗诉案件的审查

19. 人民检察院依照刑事审判监督程序提出抗诉的案件，需要对原审被告人采取强制措施的，由人民检察院依法决定。

【高检会〔2015〕10号】 最高人民法院、最高人民检察院、公安部、国家安全部关于机关事业单位工作人员被采取刑事强制措施和受刑事处罚实行向所在单位告知制度的通知（最高检办公厅2015年11月6日印发施行）

一、机关事业单位工作人员范围

1. 本通知所称机关事业单位工作人员包括公务员、参照公务员法管理的机关（单位）工作人员、事业单位工作人员和机关工人。

二、告知情形及例外规定

2. 办案机关对涉嫌犯罪的机关事业单位工作人员采取取保候审、监视居住、刑事拘留或者逮捕等刑事强制措施的，应当在采取刑事强制措施后5日以内告知其所在单位。

办案机关对被采取刑事强制措施的机关事业单位工作人员，予以释放、解除取保候审、监视居住的，应当在解除刑事强制措施后5日以内告知其所在单位；变更刑事强制措施的，不再另行告知。

3. 办案机关决定撤销案件或者对犯罪嫌疑人终止侦查的，应当在作出撤销案件或者终止侦查决定后10日以内，告知机关事业单位工作人员所在单位。

人民检察院决定不起诉的，应当在作出不起诉决定后10日以内，告知机关事业单位工作人员所在单位。

人民法院作出有罪、无罪或者终止审理判决、裁定的，应当在判决、裁定生效后15日以内，告知机关事业单位工作人员所在单位。

4. 具有下列情形之一，有碍侦查的，办案机关不予告知：（1）可能导致同案犯逃跑、自杀、毁灭、伪造证据的；（2）可能导致同案犯干扰证人作证或者串供的；（3）所在单位的其他人员与犯罪有牵连的；（4）其他有碍侦查的情形。

5. 具有下列情形之一，无法告知的，办案机关不予告知：（1）办案机关无法确认其机关事业单位工作人员身份的；（2）受自然灾害等不可抗力阻碍的；（3）其他无法告知的情形。

6. 可能危害国家安全或者社会公共利益的，办案机关不予告知。

7. 不予告知的情形消失后，办案机关应当及时将机关事业单位工作人员被采取刑事强制措施和受刑事处罚情况告知其所在单位。

三、告知的程序规定

8. 公安机关决定取保候审、监视居住、刑事拘留、提请批准逮捕并经人民检察院批准、撤销案件或者终止侦查的，由公安机关负责告知；国家安全机关决定取保候审、监视居住、刑事拘留、提请批准逮捕并经人民检察院批准或者撤销案件的，由国家安全机关负责告知；人民检察院决定取保候审、监视居住、刑事拘留、逮捕、撤销案件或者不起诉的，由人民检察院负责告知；人民法院决定取保候审、监视居住、逮捕或者作出生效刑事裁判的，由人民法院负责告知。

9. 办案机关一般应当采取送达告知书的形式进行告知。采取或者解除刑事强制措施的，办案机关应当填写《机关事业单位工作人员被采取/解除刑事强制措施情况告知书》并加盖单位公章。公安机关决定撤销案件或者对犯罪嫌疑人终止侦查的，应当填写《机关事业单位工作人员涉嫌犯罪撤销案件/终止侦查情况告知书》并加盖单位公章。

人民检察院决定撤销案件、不起诉的，应当将撤销案件决定书、不起诉决定书送达机关事业单位工作人员所在单位，不再另行送达告知书。人民法院作出有罪、无罪或者终止审理判决、裁定的，应当将生效裁判文书送达机关事业单位工作人员所在单位，不再另行送达告知书。

10. 告知书一般应当由办案机关直接送达机关事业单位工作人员所在单位。告知书应当由所在单位负责人或经其授权的人签收，并在告知书回执上签名或者盖章。

收件人拒绝签收的，办案机关可以邀请见证人到场，说明情况，在告知书回执上注明拒收的事由和日期，由送达人、见证人签名或者盖章，将告知书留在机关事业单位工作人员所在单位。

直接送达告知书有困难的，可以邮寄告知或者传真告知的，通过传真告知的，应当随后及时将告知书原件送达。邮寄告知或者传真告知的，机关事业单位工作人员所在单位签收后，应将告知书回执寄送办案机关。

11. 办案机关应当将告知书回执归入工作卷，作为工作资料存档备查。

四、责任追究

12. 办案机关负责人或者上级办案机关应当督促办案人员及时履行告知责任，未按照上述规定进行告知，造成机关事业单位工作人员"带薪羁押"，情节严重或者造成恶劣社会影响的，应当根据有关规定追究相关责任人的纪律责任。

五、附则

13. 机关事业单位工作人员被收容教育或者行政拘留，参照本通知执行；被强制隔离戒毒的，依照《中华人民共和国禁毒法》、《禁毒条例》的相关规定执行，并送达告知书。

【公通字〔2017〕25号】 最高人民检察院、公安部关于公安机关办理经济犯罪案件的若干规定（最高检、公安部2017年11月24日印发，2018年1月1日施行；2005年12月31日"公通字〔2005〕101号"《规定》同时废止）

第31条 公安机关决定采取强制措施时，应当考虑犯罪嫌疑人涉嫌犯罪情节的轻重程度、有无继续犯罪和逃避或者妨碍侦查的可能性，使所适用的强制措施同犯罪的严重程度、犯罪嫌疑人的社会危险性相适应，依法慎用羁押性强制措施。

采取取保候审、监视居住措施足以防止发生社会危险性的，不得适用羁押性强制措施。

第33条 对于被决定采取强制措施并上网追逃的犯罪嫌疑人，经审查发现不构成犯罪或者依法不予追究刑事责任的，应当立即撤销强制措施决定，并按照有关规定，报请省级以上公安机关删除相关信息。

【主席令〔2018〕13号】 中华人民共和国国际刑事司法协助法（2018年10月26日第13届全国人大常委会第6次会议通过，主席令第13号公布施行）

第62条 中华人民共和国可以向外国请求移管中国籍被判刑人，……

第63条 被判刑人移管回国后，由主管机关指定刑罚执行机关先行关押。

【高检发释字〔2019〕4号】 人民检察院刑事诉讼规则（2019年12月2日最高检第13届检委会第28次会议通过，2019年12月30日公布施行；高检发释字〔2012〕2号《规则（试行）》同时废止）

第178条 人民检察院办理直接受理侦查的案件，应当严格依照刑事诉讼法规定的程序，严格遵守刑事案件办案期限的规定，依法提请批准逮捕、移送起诉、不起诉或者撤销案件。

（新增）对犯罪嫌疑人采取强制措施，应当经检察长批准。

【司发通〔2020〕59号】 社区矫正法实施办法（2020年6月18日最高法、最高检、公安部、司法部印发，2020年7月1日施行；2012年1月10日"两院两部"司发通〔2012〕12号《社区矫正实施办法》同时废止）

第41条 社区矫正对象被依法决定行政拘留、司法拘留、强制隔离戒毒等或者因涉嫌犯新罪、发现判决宣告前还有其他罪没有判决被采取强制措施的，决定机关应当自作出决定之日起3日内将有关情况通知执行地县级社区矫正机构和执行地县级人民检察院。

【法释〔2021〕1号】 最高人民法院关于适用《中华人民共和国刑事诉讼法》的解释（2020年12月7日最高法审委会〔1820次〕修订，2021年1月26日公布，2021年3月1日施行；2013年1月1日施行的"法释〔2012〕21号"《解释》同时废止）

第147条 人民法院审判案件，根据案件情况，可以决定对被告人可以决定拘传、取保候审、监视居住或者逮捕。

对被告人采取、撤销或者变更强制措施的，由院长决定；决定继续取保候审、监视居住的，可以由合议庭或者独任审判员决定。

第350条 人民法院应当将被告人认罪认罚作为其是否具有社会危险性的重要考虑因素。被告人罪行较轻，采用非羁押性强制措施足以防止发生社会危险性的，应当依法适用非羁押性强制措施。

【主席令〔2021〕101号】 中华人民共和国反有组织犯罪法（2021年12月24日第13届全国人大常委会第32次会议通过，主席令第101号公布，2022年5月1日施行）

第30条 对有组织犯罪案件的犯罪嫌疑人、被告人，根据办理案件和维护监管秩序的需要，可以采取异地羁押、分别羁押或者单独羁押等措施。采取异地羁押措施的，应当依法通知犯罪嫌疑人、被告人的家属和辩护人。

【海警局令〔2023〕1号】 海警机构办理刑事案件程序规定（2023年5月15日审议通过，2023年6月15日起施行；（余文见本书第308条）

第187条 海警机构侦查犯罪，应当严格依照法律规定的条件和程序采取强制措施和侦查措施，严禁在没有证据的情况下，仅凭怀疑就对犯罪嫌疑人采取强制措施和侦查措施。

【高检发〔2023〕4号】 最高人民法院、最高人民检察院、公安部、司法部关于办理性侵害未成年人刑事案件的意见（2023年5月24日印发，2023年6月1日起施行）（详见《刑法全厚细》第236条）

第10条 对性侵害未成年人的成年犯罪嫌疑人、被告人，应当依法从严把握适用非羁押强制措施，依法追诉，从严惩处。

【法发〔2023〕15号】 最高人民法院关于优化法治环境 促进民营经济发展壮大的指导意见（2023年9月25日）

3.（第2款）严格规范采取刑事强制措施的法律程序，切实保障民营企业家的诉讼权利。对被告人采取限制或剥夺人身自由的强制措施时，应当综合考虑被诉犯罪事实、被告人主观恶性、悔罪表现等情况、可能判处的刑罚和有无再危害社会的危险等因素；措施不当的，人民法院应当依法及时撤销或者变更。……

第67条[①] 【取保候审适用】人民法院、人民检察院和公安机关对有下列情形之一的犯罪嫌疑人、被告人，可以取保候审：

（一）可能判处管制、拘役或者独立适用附加刑的；

（二）可能判处有期徒刑以上刑罚，采取取保候审不致发生社会危险性的；

（三）患有严重疾病、生活不能自理，怀孕或者正在哺乳自己婴儿的妇女，采取取保候审不致发生社会危险性的；

（四）羁押期限届满，案件尚未办结，需要采取取保候审的。

取保候审由公安机关执行。

第68条[②] 【取保候审担保】人民法院、人民检察院和公安机关决定对犯罪嫌疑人、被告人取保候审，应当责令犯罪嫌疑人、被告人提出保证人或者交纳保证金。

第69条[③] 【保证人资格】保证人必须符合下列条件：

（一）与本案无牵连；

（二）有能力履行保证义务；

（三）享有政治权利，人身自由未受到限制；

（四）有固定的住处和收入。

[①] 本条规定由1996年3月17日第8届全国人民代表大会第4次会议增设（1997年1月1日施行），原规定为："人民法院、人民检察院和公安机关对于有下列情形之一的犯罪嫌疑人、被告人，可以取保候审或者监视居住：（一）可能判处管制、拘役或者独立适用附加刑的；（二）可能判处有期徒刑以上刑罚，采取取保候审、监视居住不致发生社会危险性的。""取保候审、监视居住由公安机关执行。"2012年3月14日第11届全国人大常委会第5次会议修改为现规定，2013年1月1日施行。

[②] 本条规定由1996年3月17日第8届全国人民代表大会第4次会议增设，1997年1月1日施行。

[③] 本条规定由1996年3月17日第8届全国人民代表大会第4次会议增设，1997年1月1日施行。

第70条① 【保证人义务】保证人应当履行以下义务：
（一）监督被保证人遵守本法第71条的规定；
（二）发现被保证人可能发生或者已经发生违反本法第71条规定的行为的，应当及时向执行机关报告。

被保证人有违反本法第71条规定的行为，保证人未履行保证义务②的，对保证人处以罚款，构成犯罪的，依法追究刑事责任。

第71条③ 【取保候审守则】被取保候审的犯罪嫌疑人、被告人应当遵守以下规定：
（一）未经执行机关批准不得离开所居住的市、县；
（二）住址、工作单位和联系方式发生变动的，在24小时以内向执行机关报告；④
（三）在传讯的时候及时到案；
（四）不得以任何形式干扰证人作证；
（五）不得毁灭、伪造证据或者串供。

人民法院、人民检察院和公安机关可以根据案件情况，责令被取保候审的犯罪嫌疑人、被告人遵守以下一项或者多项规定：⑤
（一）不得进入特定的场所；
（二）不得与特定的人员会见或者通信；
（三）不得从事特定的活动；
（四）将护照等出入境证件、驾驶证件交执行机关保存。

【取保候审违规后果】被取保候审的犯罪嫌疑人、被告人违反前两款规定，已交纳保证金的，没收部分或者全部⑥保证金，并且区别情形，责令犯罪嫌疑人、被告人具结悔过、重新交纳保证金、提出保证人，或者监视居住、予以逮捕。

对违反取保候审规定，需要予以逮捕的，可以对犯罪嫌疑人、被告人先行拘留。⑦

第72条⑧ 【保证金数额及缴纳】取保候审的决定机关应当综合考虑保

---

① 本条规定由1996年3月17日第8届全国人民代表大会第4次会议增设，1997年1月1日施行。
② 本部分内容由2012年3月14日第11届全国人大常委会第5次会议修改，2013年1月1日施行。原规定为"未及时报告"。
③ 本条规定由1996年3月17日第8届全国人民代表大会第4次会议增设，1997年1月1日施行。
④ 本项规定由2012年3月14日第11届全国人大常委会第5次会议增设，2013年1月1日施行。
⑤ 本款规定由2012年3月14日第11届全国人大常委会第5次会议增设，2013年1月1日施行。
⑥ 本部分内容由2012年3月14日第11届全国人大常委会第5次会议增加，2013年1月1日施行。
⑦ 本款规定由2012年3月14日第11届全国人大常委会第5次会议增设，2013年1月1日施行。
⑧ 本条规定由2012年3月14日第11届全国人大常委会第5次会议增设，2013年1月1日施行。

证诉讼活动正常进行的需要，被取保候审人的社会危险性，案件的性质、情节，可能判处刑罚的轻重，被取保候审人的经济状况等情况，确定保证金的数额。

提供保证金的人应当将保证金存入执行机关指定银行的专门账户。

第 73 条① 【保证金退还】犯罪嫌疑人、被告人在取保候审期间未违反本法第 71 条规定的，取保候审结束的时候，凭解除取保候审的通知或者有关法律文书到银行领取退还的保证金②。

（插）**第 79 条（复录）**③ 【取保候审、监视居住的期限】人民法院、人民检察院和公安机关对犯罪嫌疑人、被告人取保候审最长不得超过 12 个月，监视居住最长不得超过 6 个月。

【取保候审、监视居住的解除】在取保候审、监视居住期间，不得中断对案件的侦查、起诉和审理。对于发现不应当追究刑事责任或者取保候审、监视居住期限届满的，应当及时解除取保候审、监视居住。解除取保候审、监视居住，应当及时通知被取保候审、监视居住人和有关单位。

● **相关规定**　【法工委〔2000〕号】　全国人民代表大会常务委员会法制工作委员会关于对"犯罪嫌疑人被监视居住期满后能否转取保候审"问题的答复意见（2000 年 10 月 26 日答复公安部法制局"公法〔2000〕113 号"请示）④

因侦查犯罪需要，对于监视居住期满的犯罪嫌疑人，如果确有必要采取取保候审强制措施，并且符合取保候审条件的，可以决定取保候审，依法作出取保候审决定书，但是不能不经依法变更就转为取保候审，不能中止对案件的侦查。

【高检会〔2000〕2 号】　最高人民检察院、公安部关于适用刑事强制措施有关问题的规定（2000 年 8 月 28 日公布施行）

一、取保候审

第 1 条　人民检察院决定对犯罪嫌疑人采取取保候审措施的，应当在向犯罪嫌疑人宣布后交由公安机关执行。对犯罪嫌疑人采取保证人担保形式的，人民检察院应当将有关法律文书和有关案由、犯罪嫌疑人基本情况、保证人基本情况的材料，送交犯罪嫌疑人居住地的同级公安机关；对犯罪嫌疑人采取保证金担保形式的，人民检察院应当在核实保证金已经交纳到公安机关指定的银行后，将有关法律文书、有关案由、犯罪嫌疑人基本情况的材料和银行出具的收款凭证，送交犯罪嫌疑人居住地的同级公安机关。

第 2 条　公安机关收到有关法律文书和材料后，应当立即交由犯罪嫌疑人居住地的县

---

① 本条规定由 1996 年 3 月 17 日第 8 届全国人民代表大会第 4 次会议增设，1997 年 1 月 1 日施行。

② 本部分内容由 2012 年 3 月 14 日第 11 届全国人大常委会第 5 次会议修改，2013 年 1 月 1 日施行。原规定为"应当退还保证金"。

③ 本条规定由 1996 年 3 月 17 日第 8 届全国人民代表大会第 4 次会议增设，1997 年 1 月 1 日施行。

④ 注：2000 年 12 月 12 日《公安部关于监视居住期满后能否对犯罪嫌疑人采取取保候审强制措施问题的批复》（公复字〔2000〕13 号）以本《意见》的内容答复广东省公安厅"粤公请字〔2000〕109 号"请示。

级公安机关执行。负责执行的县级公安机关应当在24小时以内核实被取保候审人、保证人的身份以及相关材料，并报告县级公安机关负责人后，通知犯罪嫌疑人居住地派出所执行。

第3条　执行取保候审的派出所应当指定专人负责对被取保候审人进行监督考察，并将取保候审的执行情况报告所属县级公安机关通知决定取保候审的人民检察院。

第4条　人民检察院决定对犯罪嫌疑人取保候审的案件，在执行期间，被取保候审人有正当理由需要离开所居住的市、县的，负责执行的派出所应当及时报告所属县级公安机关，由该县级公安机关征得决定取保候审的人民检察院同意后批准。

第5条　人民检察院决定对犯罪嫌疑人采取保证人担保形式取保候审的，如果保证人在取保候审期间不愿继续担保或者丧失担保条件，人民检察院应当在收到保证人不愿继续担保的申请或者发现其丧失担保条件后的3日以内，责令犯罪嫌疑人重新提出保证人或者交纳保证金，或者变更为其他强制措施，并通知公安机关执行。

公安机关在执行期间收到保证人不愿继续担保的申请或者发现其丧失担保条件的，应当在3日以内通知作出决定的人民检察院。

第6条　人民检察院决定对犯罪嫌疑人取保候审的案件，被取保候审人、保证人违反应当遵守的规定的，由县级以上公安机关决定没收保证金、对保证人罚款，并在执行后3日以内将执行情况通知人民检察院。人民检察院应当在接到通知后5日以内，区别情形，责令犯罪嫌疑人具结悔过、重新交纳保证金、提出保证人或者监视居住、予以逮捕。

第7条　人民检察院决定对犯罪嫌疑人取保候审的案件，取保候审期限届满15日前，负责执行的公安机关应当通知作出决定的人民检察院。人民检察院应当在取保候审期限届满前，作出解除取保候审或者变更强制措施的决定，并通知公安机关执行。

第39条　各省、自治区、直辖市人民检察院、公安厅（局）和最高人民检察院、公安部直接立案侦查的刑事案件，适用刑事诉讼法和本规定。

【公复字〔2001〕22号】　公安部关于如何没收逃跑犯罪嫌疑人保证金问题的批复（2001年12月26日答复辽宁省公安厅"辽公明发〔2001〕977号"请示）

公安机关没收犯罪嫌疑人取保候审保证金，应当严格按照《刑事诉讼法》和公安部《公安机关办理刑事案件程序规定》进行。如果犯罪嫌疑人在逃的，公安机关应当按照《刑事诉讼法》第81条（现第107条）和《公安机关办理刑事案件程序规定》第80条（现第98条）的规定，由犯罪嫌疑人的家属、法定代理人或者单位负责人代收《没收保证金决定书》，并告知其犯罪嫌疑人对没收保证金决定不服的，可以在5日以内向上一级公安机关申请复核一次。复核期限已过，犯罪嫌疑人没有提出复核申请的，应当依法没收其保证金。

【公法〔2003〕259号】　公安部关于人民检察院不起诉人民法院终止审理或者判决无罪的案件公安机关已采取的取保候审是否合法及应否退还已没收的保证金问题的答复（2003年12月31日答复广西壮族自治区公安厅"桂公请〔2002〕109号"请示和广东省公安厅法制处请示）

一、关于取保候审的合法性问题

根据刑事诉讼法第51条、第141条、第162条（现第67、176、200条）的规定，取保候审的条件与起诉、作出有罪判决的条件不同，对事实和证据的要求也存在较大差异，不能简单地根据人民检察院不起诉、人民法院终止审理或者作出无罪判决认定公安机关采取的取保候审违法。取保候审是否合法应当依据刑事诉讼法的规定来确认。

二、关于是否退还保证金问题

对于人民检察院不起诉、人民法院终止审理或者判决无罪的案件，公安机关应否退还已经没收的取保候审保证金问题，应当分析具体情况，分别处理：（一）被取保候审人在取保候审期间未违反刑事诉讼法第56条（现第71条）规定，也未故意重新犯罪，而被没收保证金的，没收的保证金应当退还。

（二）被取保候审人在取保候审期间违反刑事诉讼法第56条（现第71条）的规定，被依法没收保证金的，原则上不退还；如果被取保候审人确实无罪，且违反规定行为的情节较为轻微，其被没收的保证金可以退还。

【六部委〔2012〕规定】 最高人民法院、最高人民检察院、公安部、国家安全部、司法部、全国人大常委会法制工作委员会关于实施刑事诉讼法若干问题的规定（2012年12月26日印发，2013年1月1日施行）

13. 被取保候审、监视居住的犯罪嫌疑人、被告人无正当理由不得离开所居住的市、县或者执行监视居住的处所，有正当理由需要离开所居住的市、县或者执行监视居住的处所，应当经执行机关批准。如果取保候审、监视居住是由人民检察院、人民法院决定的，执行机关在批准犯罪嫌疑人、被告人离开所居住的市、县或者执行监视居住的处所前，应当征得决定机关同意。

14. 对取保候审保证人是否履行了保证义务，由公安机关认定，对保证人的罚款决定，也由公安机关作出。

【公通字〔2017〕25号】 最高人民检察院、公安部关于公安机关办理经济犯罪案件的若干规定（最高检、公安部2017年11月24日印发，2018年1月1日施行；2005年12月31日"公通字〔2005〕101号"《规定》同时废止）

第32条　公安机关应当依照法律规定的条件和程序适用取保候审措施。

采取保证金担保方式的，应当综合考虑保证诉讼活动正常进行的需要、犯罪嫌疑人的社会危险性的大小、案件的性质、情节、涉案金额，可能判处刑罚的轻重以及犯罪嫌疑人的经济状况等情况，确定适当的保证金数额。

在取保候审期间，不得中断对经济犯罪案件的侦查。执行取保候审超过3个月的，应当至少每个月讯问1次被取保候审人。

【高检发未检字〔2017〕1号】 未成年人刑事检察工作指引（试行）（最高检2017年3月2日印发试行）

第165条　【可以转捕】未成年犯罪嫌疑人有下列违反监视居住、取保候审规定行为，人民检察院可以予以逮捕：（一）故意实施新的犯罪的；（二）企图自杀、自残的；（三）毁灭、伪造证据、串供或者企图逃跑的；（四）对被害人、证人、举报人、控告人及其他人员实施打击报复的。

未成年犯罪嫌疑人有下列违反取保候审、监视居住规定的行为，属于刑事诉讼法第79条第三款规定中的"情节严重"，人民检察院可以予以逮捕：（一）未经批准，擅自离开所居住的市、县或者执行监视居住的处所，造成严重后果的；（二）2次未经批准，无正当理由擅自离开所居住的市、县或者执行监视居住的处所的；（三）未经批准，擅自会见他人或者通信，造成严重后果的；（四）经传讯无正当理由两次不到案的；（五）经过批评教育后依然违反规定进入特定场所、从事特定活动，或者发现隐藏有关证件，严重妨碍诉讼程序正常进行的。

对于符合上述规定情形的，人民检察院应当核实原因，并结合帮教效果等有关情况慎重作出逮捕决定。

【高检发释字〔2019〕4号】 人民检察院刑事诉讼规则（2019年12月2日最高检第13届检委会第28次会议通过，2019年12月30日公布施行；高检发释字〔2012〕2号《规则（试行）》同时废止）

第87条 人民检察院对于严重危害社会治安的犯罪嫌疑人，以及其他犯罪性质恶劣、情节严重的犯罪嫌疑人不得取保候审。

第88条 被羁押或者监视居住的犯罪嫌疑人及其法定代理人、近亲属或者辩护人向人民检察院申请取保候审，人民检察院应当在3日以内作出是否同意的答复。经审查符合本规则第86条规定情形之一的，可以对被羁押或者监视居住的犯罪嫌疑人依法办理取保候审手续。经审查不符合取保候审条件的，应当告知申请人，并说明不同意取保候审的理由。

第89条 人民检察院决定对犯罪嫌疑人取保候审，应当责令犯罪嫌疑人提出保证人或者交纳保证金。

对同一犯罪嫌疑人决定取保候审，不得同时使用保证人保证和保证金保证方式。

对符合取保候审条件，具有下列情形之一的犯罪嫌疑人，人民检察院决定取保候审时，可以责令其提供1至2名保证人：（一）无力交纳保证金的；（二）系未成年人或者已满75周岁的人；（三）其他不宜收取保证金的。

第90条 采取保证人保证担保方式的，保证人应当符合刑事诉讼法第69条规定的条件，并经人民检察院审查同意。

第92条 采取保证金保证担保方式的，人民检察院可以根据犯罪嫌疑人的社会危险性、案件的性质、情节、危害后果，可能判处刑罚的轻重，犯罪嫌疑人的经济状况等，责令犯罪嫌疑人交纳1000元以上的保证金。对于未成年犯罪嫌疑人，可以责令交纳500元以上的保证金。

第93条 人民检察院决定对犯罪嫌疑人取保候审的，应当制作取保候审决定书，载明取保候审开始的时间、保证的期间、担保方式、被取保候审人应当履行的义务和应当遵守的规定。

人民检察院作出取保候审决定时，可以根据犯罪嫌疑人涉嫌犯罪的性质、危害后果、社会影响，犯罪嫌疑人、被害人的具体情况等，有针对性地责令其遵守以下一项或者多项规定：（一）不得进入特定的场所；（二）不得与特定的人员会见或者通信；（三）不得从事特定的活动；（四）将护照等出入境证件、驾驶证件交执行机关保存。

第94条 人民检察院应当向取保候审的犯罪嫌疑人宣读取保候审决定书，由犯罪嫌疑人签名或者盖章，并捺指印签名、捺指印或者盖章，责令犯罪嫌疑人遵守刑事诉讼法第71条的规定，告知其违反规定应负的法律责任。以保证金方式保证担保的，应当同时告知犯罪嫌疑人一次性将保证金存入公安机关指定银行的专门账户。

第95条 向犯罪嫌疑人宣布取保候审决定后，人民检察院应当将执行取保候审通知书送达公安机关执行，并告知公安机关在执行期间拟批准犯罪嫌疑人离开所居住的市、县的，应当事先征得人民检察院同意。以保证人方式保证担保的，应当将取保候审保证书同时送交送达公安机关。

人民检察院核实保证金已经交纳到公安机关指定银行的凭证后，应当将银行出具的凭证及其他有关材料与执行取保候审通知书一并送交公安机关。

第96条　采取保证人保证方式的，如果保证人在取保候审期间不愿继续保证担保或者丧失保证担保条件的，人民检察院应当在收到保证人不愿继续保证担保的申请或者发现其丧失保证担保条件后3日以内，责令犯罪嫌疑人重新提出保证人或者交纳保证金，并将变更情况通知公安机关。

第97条　采取保证金保证担保方式的，被取保候审人拒绝交纳保证金或者交纳保证金不足决定数额时，人民检察院应当作出变更取保候审措施、变更保证方式或者变更保证金数额的决定，并将变更情况通知公安机关。

第98条　公安机关在执行取保候审期间向人民检察院征询是否同意批准犯罪嫌疑人离开所居住的市、县时，人民检察院应当根据案件的具体情况及时作出决定，并通知公安机关。

第99条　人民检察院发现保证人没有履行刑事诉讼法第70条规定的义务，应当通知公安机关，要求公安机关对保证人作出罚款决定。构成犯罪的，依法追究保证人的刑事责任。

第100条　人民检察院发现犯罪嫌疑人违反刑事诉讼法第71条的规定，已交纳保证金的，应当书面通知公安机关没收部分或者全部保证金，并且根据案件的具体情况，责令犯罪嫌疑人具结悔过、重新交纳保证金、提出保证人，或者决定对其监视居住、予以逮捕。

公安机关发现犯罪嫌疑人违反刑事诉讼法第71条的规定，提出没收保证金或者变更强制措施意见的，人民检察院应当在收到意见后5日以内作出决定，并通知公安机关。

重新交纳保证金的程序适用本规则第92条的规定；提出保证人的程序适用本规则第90条、第91条的规定。对犯罪嫌疑人继续取保候审的，取保候审的时间应当累计计算。

对犯罪嫌疑人决定监视居住的，应当办理监视居住手续。监视居住的期限应当自执行监视居住决定之日起重新计算并告知犯罪嫌疑人。

第101条　犯罪嫌疑人有下列违反取保候审规定的行为，人民检察院应当对犯罪嫌疑人予以逮捕：（一）故意实施新的犯罪；（二）企图自杀、逃跑、逃避侦查、审查起诉的；（三）实施毁灭、伪造证据，串供或者干扰证人作证，足以影响侦查、审查起诉工作正常进行；（四）对被害人、证人、鉴定人、举报人、控告人及其他人员实施打击报复。

犯罪嫌疑人有下列违反取保候审规定的行为，人民检察院可以对犯罪嫌疑人予以逮捕：（一）未经批准，擅自离开所居住的市、县，造成严重后果，或者两次未经批准，擅自离开所居住的市、县；（二）经传讯不到案，造成严重后果，或者经两次传讯不到案；（三）住址、工作单位和联系方式发生变动，未在24小时以内向公安机关报告，造成严重后果；（四）违反规定进入特定场所、与特定人员会见或者通信、从事特定活动，严重妨碍诉讼程序正常进行。

有前两款情形，需要对犯罪嫌疑人予以逮捕的，可以先行拘留；已交纳保证金的，同时书面通知公安机关没收保证金。

第103条　公安机关决定对犯罪嫌疑人取保候审，案件移送人民检察院审查起诉后，对于需要继续取保候审的，人民检察院应当依法重新作出取保候审决定，并对犯罪嫌疑人办理取保候审手续。取保候审的期限应当重新计算并告知犯罪嫌疑人。对继续采取保证金方式取保候审的，被取保候审人没有违反刑事诉讼法第71条规定的，不变更保证金数额，不再重新收取保证金。

第105条（第2款）　解除或者撤销取保候审的决定，应当及时通知执行机关，并将解除或者撤销取保候审的决定书送达犯罪嫌疑人；有保证人的，应当通知保证人解除保证义务。

第106条　犯罪嫌疑人在取保候审期间没有违反刑事诉讼法第71条的规定，或者发现不应当追究犯罪嫌疑人刑事责任的，变更、解除或者撤销取保候审时，应当告知犯罪嫌疑人可以凭变更、解除或者撤销取保候审的通知或者有关法律文书到银行领取退还的保证金。

【公安部令〔2020〕159号】　公安机关办理刑事案件程序规定（2020年7月4日第3次部务会议修订，2020年7月20日公布，2020年9月1日施行）

第81条（第2款）　对拘留的犯罪嫌疑人，证据不符合逮捕条件，以及提请逮捕后，人民检察院不批准逮捕，需要继续侦查，并且符合取保候审条件的，可以依法取保候审。

第82条　对累犯，犯罪集团的主犯，以自伤、自残办法逃避侦查的犯罪嫌疑人，严重暴力犯罪以及其他严重犯罪的犯罪嫌疑人不得取保候审，但犯罪嫌疑人具有本规定第81条第1款①第三项、第四项规定情形的除外。

第83条　需要对犯罪嫌疑人取保候审的，应当制作呈请取保候审报告书，说明取保候审的理由、采取的保证方式以及应当遵守的规定，经县级以上公安机关负责人批准，制作取保候审决定书。取保候审决定书应当向犯罪嫌疑人宣读，由犯罪嫌疑人签名、捺指印。

第84条（第2款）　对同一犯罪嫌疑人，不得同时责令其提出保证人和交纳保证金。对未成年人取保候审，应当优先适用保证人保证。

第86条（第2款）　保证人应当填写保证书，并在保证书上签名、捺指印。

第87条　犯罪嫌疑人的保证金起点数额为人民币1000元。犯罪嫌疑人为未成年人的，保证金起点数额为人民币500元。具体数额应当综合考虑保证诉讼活动正常进行的需要、犯罪嫌疑人的社会危险性、案件的性质、情节、可能判处刑罚的轻重以及犯罪嫌疑人的经济状况等情况确定。

第88条　县级以上公安机关应当在其指定的银行设立取保候审保证金专门账户，委托银行代为收取和保管保证金。

提供保证金的人，应当一次性将保证金存入取保候审保证金专门账户。保证金应当以人民币交纳。

保证金应当由办案部门以外的部门管理。严禁截留、坐支、挪用或者以其他任何形式侵吞保证金。

第90条　公安机关在决定取保候审时，还可以根据案件情况，责令被取保候审人遵守以下一项或者多项规定：（一）不得进入与其犯罪活动等相关联的特定场所；（二）不得与证人、被害人及其近亲属、同案犯以及与案件有关联的其他特定人员会见或者以任何方式通信；（三）不得从事与其犯罪行为等相关联的特定活动；（四）将护照等出入境证件、驾驶证件交执行机关保存。

---

① 注：该规定第81条第1款与《刑事诉讼法》第67条第1款的内容重复，为节省篇幅，本书予以删略。

公安机关应当综合考虑案件的性质、情节、社会影响、犯罪嫌疑人的社会关系等因素，确定特定场所、特定人员和特定活动的范围。

第91条　公安机关决定取保候审的，应当及时通知被取保候审人居住地的派出所执行。必要时，办案部门可以协助执行。

采取保证人担保形式的，应当同时送交有关法律文书、被取保候审人基本情况、保证人基本情况等材料。采取保证金担保形式的，应当同时送交有关法律文书、被取保候审人基本情况和保证金交纳情况等材料。

第92条　人民法院、人民检察院决定取保候审的，负责执行的县级公安机关应当在收到法律文书和有关材料后24小时以内，指定被取保候审人居住地派出所核实情况后执行。

第93条　执行取保候审的派出所应当履行下列职责：（一）告知被取保候审人必须遵守的规定，及其违反规定或者在取保候审期间重新犯罪应当承担的法律后果；（二）监督、考察被取保候审人遵守有关规定，及时掌握其活动、住址、工作单位、联系方式及变动情况；（三）监督保证人履行保证义务；（四）被取保候审人违反应当遵守的规定以及保证人未履行保证义务的，应当及时制止、采取紧急措施，同时告知决定机关。

第94条　执行取保候审的派出所应当定期了解被取保候审人遵守取保候审规定的有关情况①，并制作笔录。

第95条　被取保候审人无正当理由不得离开所居住的市、县。有正当理由需要离开所居住的市、县的，应当经负责执行的派出所负责人批准。

人民法院、人民检察院决定取保候审的，负责执行的派出所在批准被取保候审人离开所居住的市、县前，应当征得决定取保候审的机关同意。

第96条（第2款）　人民法院、人民检察院决定取保候审的，被取保候审人违反应当遵守的规定，负责执行的派出所应当及时通知决定取保候审的机关，执行取保候审的县级公安机关应当及时告知决定机关。

第97条　需要没收保证金的，应当经过严格审核后，报县级以上公安机关负责人批准，制作没收保证金决定书。

决定没收5万元以上保证金的，应当经设区的市一级以上公安机关负责人批准。

第98条　没收保证金的决定，公安机关应当在3日以内向被取保候审人宣读，并责令其在没收保证金决定书上签名、捺指印；被取保候审人在逃或者具有其他情形不能到场的，应当向其成年家属、法定代理人、辩护人或者单位、居住地的居民委员会、村民委员会宣布，由其成年家属、法定代理人、辩护人或者单位、居住地的居民委员会或者村民委员会的负责人在没收保证金决定书上签名。

被取保候审人或者其成年家属、法定代理人、辩护人或者单位、居民委员会、村民委员会负责人拒绝签名的，公安机关应当在没收保证金决定书上注明。

第99条　公安机关在宣读没收保证金决定书时，应当告知如果对没收保证金的决定不服，被取保候审人或者其法定代理人可以在5日以内向作出决定的公安机关申请复议。公安机关应当在收到复议申请后7日以内作出决定。

被取保候审人或者其法定代理人对复议决定不服，可以在收到复议决定书后5日以内

---

① 本部分内容原为"可以责令被取保候审人定期报告有关情况"。

向上一级公安机关申请复核1次。上一级公安机关应当在收到复核申请后7日以内作出决定。对上级公安机关撤销或者变更没收保证金决定的，下级公安机关应当执行。

第100条　没收保证金的决定已过复议期限，或者经上级公安机关复议、复核后维持原决定或者变更没收保证金数额的，公安机关应当及时通知指定的银行将没收的保证金按照国家的有关规定上缴国库。人民法院、人民检察院决定取保候审的，还应当在3日以内通知决定取保候审的机关。

第101条（第2款）　被取保候审人或者其法定代理人可以凭退还保证金决定书到银行领取退还的保证金。被取保候审人委托他人领取的，应当出具委托书。

第103条　被保证人违反应当遵守的规定，保证人未履行保证义务的，查证属实后，经县级以上公安机关负责人批准，对保证人处1000元以上2万元以下罚款；构成犯罪的，依法追究刑事责任。

第104条　决定对保证人罚款的，应当报经县级以上公安机关负责人批准，制作对保证人罚款决定书，在3日以内送达保证人向保证人宣布，告知其如果对罚款决定不服，可以在收到决定书之日起5日以内向作出决定的公安机关申请复议。公安机关应当在收到复议申请后7日以内作出决定。

保证人对复议决定不服的，可以在收到复议决定书后5日以内向上一级公安机关申请复核1次。上一级公安机关应当在收到复核申请后7日以内作出决定。对上级公安机关撤销或者变更罚款决定的，下级公安机关应当执行。

第105条　对于保证人罚款的决定已过复议期限，或者经上级公安机关复议、复核后维持原决定或者变更罚款数额的，公安机关应当及时通知指定的银行将保证人罚款按照国家的有关规定上缴国库。人民法院、人民检察院决定取保候审的，还应当在3日以内通知决定取保候审的机关。

第106条　对于犯罪嫌疑人采取保证人保证的，如果保证人在取保候审期间情况发生变化，不愿继续担保或者丧失担保条件，公安机关应当责令被取保候审人重新提出保证人或者交纳保证金，或者作出变更强制措施的决定。

人民法院、人民检察院决定取保候审的，负责执行的派出所公安机关应当自发现保证人不愿继续担保或者丧失担保条件之日起3日以内通知决定取保候审的机关。

第107条　公安机关在取保候审期间不得中断对案件的侦查，对取保候审的犯罪嫌疑人，根据案情变化，应当及时变更强制措施或者解除取保候审。

取保候审最长不得超过12个月。

第108条　需要解除取保候审的，应当经县级以上公安机关负责人批准，由决定取保候审的机关制作解除取保候审决定书、通知书，送达负责执行的公安机关并及时通知负责执行的派出所、被取保候审人、保证人和有关单位。

人民法院、人民检察院作出解除取保候审决定的，负责执行的公安机关应当根据决定书及时解除取保候审，并通知被取保候审人、保证人和有关单位。

第135条　被取保候审人违反取保候审规定，具有下列情形之一的，可以提请批准逮捕：（一）涉嫌故意实施新的犯罪行为的；（二）有危害国家安全、公共安全或者社会秩序的现实危险的；（三）实施毁灭、伪造证据或者干扰证人作证、串供行为，足以影响侦查工作正常进行的；（四）对被害人、举报人、控告人实施打击报复的；（五）企图自杀、逃跑，逃避侦查的；（六）未经批准，擅自离开所居住的市、县，情节严重的，或者2次以上未经批准，擅自离开所居住的市、县的；（七）经传讯无正当理由不到案，情节严重的，或者经2次以上传讯不到案的；（八）违反规定进入特定场所、从事特定活动或者与特定人员会见、通信2次以上的。

【法刊文摘】 检答网集萃15：对取保候审的审查起诉案件流程监控怎样把握（检察日报2019年10月9日）

咨询内容（江西铅山詹芬芬）：统一业务应用系统超期预警监控中显示，取保候审的审查起诉案件1个月后会显示超期，案管日常流程监控对此类案件如何把握？

解答摘要（雷雅琴）：关于取保候审案件审查起诉期限一直是司法实践中具有争议的问题，本人认为刑诉法第172条规定的审查起诉期限更倾向于是对犯罪嫌疑人被羁押的审查起诉案件的规定，采取取保候审措施的审查起诉案件，在第172条规定的审查起诉期限内未办结的，可以继续办理，但要尽快结案。因此建议案管部门在开展流程监控时，不宜将在第172条规定的审查起诉期限内未办结的取保候审案件作为超期监控对象，但是要履行监督管理职责，提醒相关业务部门、承办检察官尽快结案。

【主席令〔2020〕64号】 中华人民共和国预防未成年人犯罪法（2020年12月26日第13届全国人大常委会第24次会议修订，2021年6月1日施行）

第52条 公安机关、人民检察院、人民法院对于无固定住所、无法提供保证人的未成年人适用取保候审的，应当指定合适成年人作为保证人，必要时可以安排取保候审的未成年人接受社会观护^①。

【法释〔2021〕1号】 最高人民法院关于适用《中华人民共和国刑事诉讼法》的解释（2020年12月7日最高法审委会〔1820次〕修订，2021年1月26日公布，2021年3月1日施行；2013年1月1日施行的"法释〔2012〕21号"《解释》同时废止）

第150条 被告人具有刑事诉讼法第67条第1款规定情形之一的，人民法院可以决定取保候审。

对被告人决定取保候审的，应当责令其提出保证人或者交纳保证金，不得同时使用保证人保证与保证金保证。

第151条 对下列被告人决定取保候审的，可以责令其提出1至2名保证人：（一）无力交纳保证金的；（二）未成年或者已满75周岁的；（三）不宜收取保证金的其他被告人。

第152条 人民法院应当审查保证人是否符合法定条件。符合条件的，应当告知其必须履行的保证义务，以及不履行义务的法律后果，并由其出具保证书。

第153条 对决定取保候审的被告人使用保证金保证的，应当依照刑事诉讼法第72条第1款的规定确定保证金的具体数额，并责令被告人或者为其提供保证金的单位、个人将保证金一次性存入公安机关指定银行的专门账户。

第154条 人民法院向被告人宣布取保候审决定后，应当将取保候审决定书等相关材料

---

① 注："社会观护"是在诉讼期间对涉罪未成年人采取的一种非监禁措施。即由社会力量组成的专门观护组织对涉罪未成年人进行辅导、监督、观察、矫正、保护、管束等，以改善其行为、预防再犯、保证诉讼顺利进行，并为司法处理提供依据。

送交当地同级公安机关执行；被告人不在本地居住的，送交其居住地公安机关执行。

对被告人使用保证金保证的，应当在核实保证金已经存入公安机关指定银行的专门账户后，将银行出具的收款凭证一并送交公安机关。

第 155 条　被告人被取保候审期间，保证人不愿继续履行保证义务或者丧失履行保证义务能力的，人民法院应当在收到保证人的申请或者公安机关的书面通知后 3 日以内，责令被告人重新提出保证人或者交纳保证金，或者变更强制措施，并通知公安机关。

第 156 条　人民法院发现保证人未履行保证义务的，应当书面通知公安机关依法处理。

第 157 条　根据案件事实和法律规定，认为已经构成犯罪的被告人在取保候审期间逃匿的，如果系保证人协助被告人逃匿，或者保证人明知被告人藏匿地点但拒绝向司法机关提供，对保证人应当依法追究刑事责任。

第 158 条　人民法院发现使用保证金保证的被取保候审人违反刑事诉讼法第 71 条第 1 款、第 2 款规定的，应当书面通知公安机关依法处理①。

人民法院收到公安机关已经没收保证金的书面通知或者变更强制措施的建议后，应当区别情形，在 5 日以内责令被告人具结悔过，重新交纳保证金或者提出保证人，或者变更强制措施，并通知公安机关。

人民法院决定对被依法没收保证金的被告人继续取保候审的，取保候审的期限连续计算。

第 159 条　对被取保候审的被告人的判决、裁定生效后，如果保证金属于其个人财产，且需要用以退赔被害人、履行附带民事赔偿义务或者执行财产刑的，人民法院可以书面通知公安机关移交全部保证金，由人民法院作出处理，剩余部分退还被告人②。

第 162 条　人民检察院、公安机关已经对犯罪嫌疑人取保候审、监视居住，案件起诉至人民法院后，需要继续取保候审、监视居住或者变更强制措施的，人民法院应当在 7 日以内作出决定，并通知人民检察院、公安机关。

决定继续取保候审、监视居住的，应当重新办理手续，期限重新计算；继续使用保证金保证的，不再收取保证金。

人民法院不得对被告人重复采取取保候审、监视居住措施。

第 554 条　人民法院对无固定住所、无法提供保证人的未成年被告人适用取保候审的，应当指定合适成年人作为保证人，必要时可以安排取保候审的被告人接受社会观护。

【主席令〔2021〕71 号】　中华人民共和国海警法（2021 年 1 月 22 日第 13 届全国人大常委会第 25 次会议通过，2021 年 2 月 1 日施行）

第 42 条　海警机构、人民检察院、人民法院依法对海上刑事案件的犯罪嫌疑人、被告人决定取保候审的，由取保候审人居住地的海警机构执行。被取保候审人居住地未设海警机构的，当地公安机关应当协助执行。

---

①　本部分内容 2012 年规定为"提出没收部分或者全部保证金的书面意见，连同有关材料一并送交负责执行的公安机关处理"。

②　本部分内容 2012 年规定为"应当解除取保候审、退还保证金的，如果保证金属于其个人财产，人民法院可以书面通知公安机关将保证金移交人民法院，用以退赔被害人、履行附带民事赔偿义务或者执行财产刑，剩余部分应当退还被告人"。

【法刊文摘】 检答网集萃80：取保候审期间再犯罪的能否再次办理取保候审（检察日报2022年4月28日）

咨询内容（河南博爱梁红涛）：犯罪嫌疑人涉嫌寻衅滋事犯罪因患有严重疾病被取保候审，取保候审期间再次故意犯罪，送押时因病看守所暂不收押，公安机关又对其取保候审。检察机关认为其取保候审期间再次犯罪，不能再次取保候审；公安机关认为其虽然再次犯罪，但其取保候审期间没有违反刑事诉讼法第71条的规定，且其患有严重疾病看守所暂不收押，可以对其再次取保候审。

解答摘要（路利娜）：取保候审期间再次故意犯罪的，不宜再次采取取保候审强制措施。首先，刑事诉讼法第67条规定可以取保候审的情形之一是"患有严重疾病……采取取保候审不致发生社会危险性的"，如果第一次不批准逮捕而取保候审是依据这一条作出的，那么在取保候审期间再次故意犯罪，意味着"不具有社会危险性"的条件已经不满足了。该犯罪嫌疑人在取保候审期间再次犯罪，说明对其取保候审，不能预防社会危险性的发生，因此不能对其再次取保候审。其次，刑事诉讼法第81条规定，"……采取取保候审尚不足以防止发生下列社会危险性的，应当予以逮捕：（一）可能实施新的犯罪的"；《人民检察院刑事诉讼规则》第101条规定："犯罪嫌疑人有下列违反取保候审规定的行为，人民检察院应当对犯罪嫌疑人予以逮捕：（一）故意实施新的犯罪的。"对取保候审期间故意犯罪的，依法应当予以逮捕。根据刑事诉讼法第74条规定，对于符合逮捕条件，但患有严重疾病、生活不能自理，可以监视居住。

【法刊文摘】 检答网集萃97：2人共同犯罪均被取保候审，保证人可否为同一人（检察日报2022年9月19日）

咨询内容（四川金堂田伟）：夫妻两人是开设赌场罪的共犯，该案由同一个亲戚担任保证人，是否可行？

解答摘要（符尔加）：首先，关于1名保证人为2名或多名犯罪嫌疑人担任取保候审保证人，法律并无禁止性规定。其次，应当注意同一个人为多人担任保证人时，保证人是否有能力履行保证义务的问题。有能力履行保证义务，是指保证人必须达到一定年龄，具有民事行为能力，对被保证人有一定影响力，以及身体状况能使其完成监督被保证人行为的任务等。对保证人是否有能力履行保证义务需要综合判断，不能仅凭犯罪嫌疑人、被告人或者保证人本人的说法来认定。

【主席令〔2021〕101号〕 中华人民共和国反有组织犯罪法（2021年12月24日全国人大常委会〔13届32次〕通过，2022年5月1日起施行）

第22条 办理有组织犯罪案件，应当以事实为根据，以法律为准绳，坚持宽严相济。

对有组织犯罪的组织者、领导者和骨干成员，应当严格掌握取保候审、不起诉、缓刑、减刑、假释和暂予监外执行的适用条件，充分适用剥夺政治权利、没收财产、罚金等刑罚。

有组织犯罪的犯罪嫌疑人、被告人自愿如实供述自己的罪行，承认指控的犯罪事实，愿意接受处罚的，可以依法从宽处理。

【公安部令〔2022〕165号〕 公安机关反有组织犯罪工作规定（2022年8月10日第9次公安部部务会议通过，2022年8月26日公布，2022年10月1日施行）

第34条 对有组织犯罪的组织者、领导者和骨干成员取保候审的，由办案的公安机关主要负责人组织集体讨论决定。

【公通字〔2022〕25号】　最高人民法院、最高人民检察院、公安部、国家安全部关于取保候审若干问题的规定（1999年8月4日"公通字〔1999〕59号"印发施行；2022年9月5日修订重发）

第2条（第2款）　公安机关、人民检察院、人民法院决定取保候审的，由公安机关执行。国家安全机关决定取保候审的，以及人民检察院、人民法院在办理国家安全机关移送的 ~~犯罪~~ 刑事案件时决定取保候审的，由国家安全机关执行。

第3条　对于采取取保候审足以防止发生社会危险性的犯罪嫌疑人、~~被告人~~，应当依法适用取保候审。[①]

决定取保候审的，不得中断/~~中止~~对案件的侦查、起诉和审理。严禁以取保候审变相放纵犯罪。

第4条　对犯罪嫌疑人、被告人决定取保候审的，应当责令其提出保证人或者交纳保证金。

对同一犯罪嫌疑人、被告人决定取保候审的，不得同时使用保证人保证和保证金保证。对未成年人取保候审的，应当优先适用保证人保证。

第5条　采取保证金形式取保候审的，保证金的起点数额为人民币1000元；被取保候审人为未成年人的，保证金的起点数额为人民币500元。

决定机关应当以被取保候审人不逃避、不妨碍刑事诉讼活动为原则，综合考虑保证诉讼活动正常进行的需要，被取保候审人/~~犯罪嫌疑人、被告人~~的社会危险性，案件的性质、情节，可能判处刑罚的轻重，被取保候审人/~~犯罪嫌疑人、被告人~~的经济状况、当地的经济发展水平等情况，确定收/~~保~~证金的数额。

第6条　对符合取保候审条件，但犯罪嫌疑人、被告人不能提出保证人也不交纳保证金的，可以监视居住。

前款规定的被监视居住人提出保证人或者交纳保证金的，可以对其变更为取保候审。

~~第6条　取保候审保证金由县级以上执行机关统一收取和管理。没收保证金的决定、退还保证金的决定、对保证人的罚款决定等，应当由县级以上执行机关作出。~~

第7条　决定取保候审时，可以根据案件情况责令被取保候审人不得进入下列"特定的场所"：（一）可能导致其再次实施犯罪的场所；（二）可能导致其实施妨害社会秩序、干扰他人正常活动行为的场所；（三）与其所涉嫌犯罪活动有关联的场所；（四）可能导致其实施毁灭证据、干扰证人作证等妨害诉讼活动的场所；（五）其他可能妨害取保候审执行的特定场所。

第8条　决定取保候审时，可以根据案件情况责令被取保候审人不得与下列"特定的人员"会见或者通信：（一）证人、鉴定人、被害人及其法定代理人和近亲属；（二）同案违法行为人、犯罪嫌疑人、被告人以及与案件有关联的其他人员；（三）可能遭受被取保候审人侵害、滋扰的人员；（四）可能实施妨害取保候审执行、影响诉讼活动的人员。

前款中的"通信"包括以信件、短信、电子邮件、通话，通过网络平台或者网络应用服务交流信息等各种方式直接或者间接通信。

第9条　决定取保候审时，可以根据案件情况责令被取保候审人不得从事下列"特定的

[①] 注：《刑事诉讼法》第1款的表述是，采取取保候审不致发生社会危险性的，"可以"取保候审。

活动"：(一) 可能导致其再次实施犯罪的活动；(二) 可能对国家安全、公共安全、社会秩序造成不良影响的活动；(三) 与所涉嫌犯罪相关联的活动；(四) 可能妨害诉讼的活动；(五) 其他可能妨害取保候审执行的特定活动。

第 10 条　公安机关/县级以上执行机关应当在其指定的银行设立取保候审保证金专门账户，委托银行代为收取和保管保证金，并将相关信息/指定银行的名称通知同级人民检察院、人民法院。

保证金应当以人民币交纳。

第 11 条　公安机关决定使用保证金保证的，应当及时将收取保证金通知书/《取保候审决定书》送达被取保候审人和为其提供保证金的单位或者个人，责令其在 3 日内向执行机关指定的银行一次性交纳保证金。

第 12 条　人民法院、人民检察院决定使用保证金保证的，应当责令被取保候审人在 3 日内向公安机关指定银行的专门账户一次性交纳保证金。

第 13 条　被取保候审人或者为其提供保证金的人应当将所交纳的保证金存入取保候审保证金专门账户，并由银行出具相关凭证。

第 14 条　公安机关决定取保候审的，在核实被取保候审人已经交纳保证金交纳到执行机关指定银行的凭证后，应当将取保候审决定书、取保候审执行通知书和银行出具的收款凭证及其他有关材料一并送交执行机关执行。

第 15 条　公安机关决定取保候审的，应当及时通知被取保候审人居住地的派出所执行。被取保候审人居住地在异地的，应当及时通知居住地公安机关，由其指定被取保候审人居住地的派出所执行。必要时，办案部门可以协助执行。

被取保候审人居住地变更的，执行取保候审的派出所应当及时通知决定取保候审的公安机关，由其重新确定被取保候审人变更后的居住地派出所执行。变更后的居住地在异地的，决定取保候审的公安机关应当通知该地公安机关，由其指定被取保候审人居住地的派出所执行。原执行机关应当与变更后的执行机关进行工作交接。

第 16 条　居住地包括户籍所在地、经常居住地。经常居住地是指被取保候审人离开户籍所在地最后连续居住 1 年以上的地方。

取保候审一般应当在户籍所在地执行，但已形成经常居住地的，可以在经常居住地执行。

被取保候审人具有下列情形之一的，也可以在其暂住地执行取保候审：(一) 被取保候审人离开户籍所在地 1 年以上且无经常居住地，但在暂住地有固定住处的；(二) 被取保候审人系外国人、无国籍人，香港特别行政区、澳门特别行政区、台湾地区居民的；(三) 被取保候审人户籍所在地无法查清且无经常居住地的。

第 17 条　在本地执行取保候审的，决定取保候审的公安机关应当将法律文书和有关材料送达负责执行的派出所。

在异地执行取保候审的，决定取保候审的公安机关应当将法律文书和载有被取保候审人的报到期限、联系方式等信息的有关材料送达执行机关，送达方式包括直接送达、委托送达、邮寄送达等，执行机关应当及时出具回执。被取保候审人应当在收到取保候审决定书后 5 日以内向执行机关报到。执行机关应当在被取保候审人报到后 3 日以内向决定机关反馈。

被取保候审人未在规定期限内向负责执行的派出所报到，且无正当事由的，执行机关应当通知决定机关，决定机关应当依法传讯被取保候审人，被取保候审人不到案的，依照法律和本规定第五章（即第27~35条）的有关规定处理。

第18条　执行机关在执行取保候审时，应当告知被取保候审人必须遵守刑事诉讼法第71条的规定，以及违反规定或者在取保候审期间重新犯罪应当承担的法律后果。

（新增）　保证人保证的，应当告知保证人必须履行的保证义务，以及不履行义务的法律后果，并由其出具保证书。

（新增）　执行机关应当依法监督、考察被取保候审人遵守规定的有关情况，及时掌握其住址、工作单位、联系方式变动情况，预防、制止其实施违反规定的行为。

（新增）　被取保候审人应当遵守取保候审有关规定，接受执行机关监督管理，配合执行机关定期了解有关情况。

第19条　被取保候审人未经批准不得离开所居住的市、县。

被取保候审人需要离开所居住的市、县的，应当向负责执行的派出所提出书面申请，并注明事由、目的地、路线、交通方式、往返日期、联系方式等。被取保候审人有紧急事由，来不及提出书面申请的，可以先通过电话、短信等方式提出申请，并及时补办书面申请手续。

经审查，具有工作、学习、就医等正当合理事由的，由派出所负责人批准。

负责执行的派出所批准后，应当通知决定机关，并告知被取保候审人遵守下列要求：（一）保持联系方式畅通，并在传讯的时候及时到案；（二）严格按照批准的地点、路线、往返日期出行；（三）不得从事妨害诉讼的活动；（四）返回居住地后及时向执行机关报告。

对于因正常工作和生活需要经常性跨市、县活动的，可以根据情况，简化批准程序。

第20条　人民法院、人民检察院决定取保候审的，应当将取保候审决定书、取保候审执行通知书和其他有关材料一并送交所在地同级公安机关，由所在地同级公安机关依照本规定第15条、第16条、第17条的规定交付执行。

人民法院、人民检察院可以采用电子方式向公安机关送交法律文书和有关材料。

负责执行的县级公安机关应当在收到法律文书和有关材料后24小时以内，指定被取保候审人居住地派出所执行，并将执行取保候审的派出所通知作出取保候审决定的人民法院、人民检察院。

被取保候审人居住地变更的，由负责执行的公安机关通知变更后的居住地公安机关执行，并通知作出取保候审决定的人民法院、人民检察院。

人民法院、人民检察院决定取保候审的，执行机关批准被取保候审人离开所居住的市、县前，应当征得决定机关同意。

第21条　决定取保候审的公安机关、人民检察院传讯被取保候审人的，应当制作法律文书，并向被取保候审人送达。被传讯的被取保候审人不在场的，也可以交与其同住的成年亲属代收，并与被取保候审人联系确认告知。无法送达或者被取保候审人未按照规定接受传讯的，应当在法律文书上予以注明，并通知执行机关。

情况紧急的，决定取保候审的公安机关、人民检察院可以通过电话通知等方式传讯被取保候审人，但应当在法律文书上予以注明，并通知执行机关。

异地传讯的，决定取保候审的公安机关、人民检察院可以委托执行机关代为送达，执行机关送达后应当及时向决定机关反馈。无法送达的，应当在法律文书上注明，并通知决定机关。

人民法院传讯被取保候审的被告人,依照其他有关规定执行。

第22条　保证人应当对被取保候审人遵守取保候审管理规定情况进行监督,发现被保证人已经或者可能违反刑事诉讼法第71条规定的,应当及时向执行机关报告。

保证人不愿继续保证或者丧失保证条件的,保证人或者被取保候审人应当及时报告执行机关。执行机关应当在发现或者被告知该情形之日起3日以内通知决定机关。决定机关应当责令被取保候审人重新提出保证人或者交纳保证金,或者变更强制措施,并通知执行机关。

第23条　执行机关发现被取保候审人违反应当遵守的规定以及保证人未履行保证义务的,应当及时制止、采取相应措施,同时告知决定机关。

第24条　取保候审期限届满,执行机关应当在期限届满15日前书面通知决定机关,决定机关应当作出解除取保候审或变更强制措施的决定,并于期限届满前书面通知送交执行机关。决定机关未解除取保候审或者未对被取保候审人采取其他刑事强制措施的,被取保候审人及其法定代理人、近亲属或者辩护人有权要求决定机关解除取保候审。

（新增）对于发现不应当追究被取保候审人刑事责任并作出撤销案件或者终止侦查决定的,决定机关应当及时作出解除取保候审决定,并送交执行机关。

（新增）有下列情形之一的,取保候审自动解除,不再办理解除手续,决定机关应当及时通知执行机关:（一）取保候审依法变更为监视居住、拘留、逮捕,变更后的强制措施已经开始执行的;（二）人民检察院作出不起诉决定的;（三）人民法院作出的无罪、免予刑事处罚或者不负刑事责任的判决、裁定已经发生法律效力的;（四）被判处管制或者适用缓刑,社区矫正已经开始执行的;（五）被单处附加刑,判决、裁定已经发生法律效力的;（六）被判处监禁刑,刑罚已经开始执行的。

执行机关收到决定机关上述决定书或者通知后,应当立即执行,并将执行情况及时通知决定机关。

第25条　采取保证金方式保证的被取保候审人在取保候审期间没有违反刑事诉讼法第71条的规定,也没有故意实施新的犯罪的,在解除取保候审、变更强制措施或者执行刑罚的同时,县级以上公安/执行机关应当制作《退还保证金决定书》,通知银行如数退还保证金,并书面通知决定机关。

执行机关应当及时向被取保候审人宣布退还保证金的决定,并书面通知其到银行领取退还的保证金。被取保候审人或者其法定代理人可以凭有关法律文书到银行领取退还的保证金。被取保候审人不能自己领取退还的保证金的,经本人出具书面申请并经公安机关同意,由公安机关书面通知银行将退还的保证金转账至被取保候审人或者其委托的人提供的银行账户。

第26条　在侦查或者审查起诉阶段已经采取取保候审的,案件移送至审查起诉或者审判阶段时,需要继续取保候审、变更保证方式或者变更强制措施的,受案机关应当在7日内作出决定,并通知移送案件的机关和执行机关。

受案机关作出取保候审决定并执行后,原取保候审措施自动解除,不再办理解除手续。对继续采取保证金保证的,原则上不变更保证金数额,不再重新收取保证金。受案机关变更的强制措施开始执行后,应当及时通知移送案件的机关和执行机关,原取保候审决定自动解除,不再办理解除手续,执行机关应当依法退还保证金。

取保候审期限即将届满,受案机关仍未作出继续取保候审、变更保证方式或者变更强制措施决定的，移送案件的机关/执行机关应当在期限届满15日前书面通知受案机关。受案机关应当在原取保候审期限届满前作出决定，并通知移送案件的机关和执行机关。

第27条　使用保证金保证的被取保候审人违反刑事诉讼法第71条规定，依法应当没收保证金的，由县级以上公安/执行机关作出没收部分或者全部保证金的决定，并通知决定机关；对需要变更强制措施的，应当同时提出变更强制措施的意见，连同有关材料一并送交决定机关。人民检察院、人民法院发现使用保证金保证的被取保候审人违反刑事诉讼法第71条规定，应当告知公安机关，由公安机关依法处理。

对被取保候审人没收保证金的，决定机关收到执行机关已没收保证金的书面通知，应当区别情形，在5日内责令被取保候审人具结悔过、重新交纳保证金、提出保证人，或者变更强制措施，并通知执行机关。

重新交纳保证金的，适用本规定第11条、第12条、第13条的规定。

第11条　决定机关发现被取保候审人违反刑事诉讼法第56条的规定，认为依法应当没收保证金的，应当提出没收部分或者全部保证金的书面意见，连同有关材料一并送交县级以上执行机关。县级以上执行机关应当根据决定机关的意见，及时作出没收保证金的决定，并通知决定机关。

第28条　被取保候审人构成《中华人民共和国治安管理处罚法》第60条第4项行为的，依法给予治安管理处罚。

第29条　被取保候审人没有违反刑事诉讼法第71条的规定，但在取保候审期间涉嫌故意实施新的犯罪被立案侦查的，公安/执行机关应当暂扣保证金，待人民法院判决生效后，决定是否没收保证金。对故意实施新的犯罪的，应当没收保证金；对过失实施新的犯罪或者不构成犯罪的，应当退还保证金。

第30条　公安机关决定没收保证金的，应当制作没收保证金决定书，在3日以内向被取保候审人宣读，告知其如果对没收保证金决定不服，被取保候审人或者其法定代理人可以在5日以内向作出没收决定的公安机关申请复议。

被取保候审人或者其法定代理人对复议决定不服的，可以在收到复议决定书后5日以内向执行机关的上一级公安/主管机关申请复核1次。上一级主管机关收到复核申请后，应当在7日内作出复核决定。

第31条　保证人未履行监督义务，或者被取保候审人违反刑事诉讼法第71条的规定，保证人未及时报告或者隐瞒不报告的，经查证属实后，由县级以上公安/执行机关对保证人处以1千元以上2万元以下罚款，并将有关情况及时通知决定机关。

（新增）保证人帮助被取保候审人实施妨害诉讼等行为，构成犯罪的，依法追究其刑事责任。

第32条　公安机关决定对保证人罚款的，应当制作对保证人罚款决定书，在3日以内向保证人宣布，告知其如果对罚款决定不服，可以在5日以内向作出罚款决定的公安机关申请复议。

保证人对复议决定不服的，可以在收到复议决定书后5日以内向执行机关的上一级公安/主管机关申请复核1次。上一级主管机关收到复核申请后，应当在7日内作出复核决定。

第33条　没收保证金的决定、对保证人罚款的决定已过复议/复核申请期限，或者复议、复核后维持原决定或者变更罚款数额的，作出没收保证金的决定、对保证人罚款的决定的公安机关/县级以上执行机关应当及时通知指定的银行将没收的保证金、保证人罚款按照国家的有关规定上缴国库,并应当在3日以内通知决定机关。

对被取保候审人判处罚金或者没收财产的判决生效后,依法应当解除取保候审,退还保证金的,如果保证金系被取保候审人的个人财产,且需要用以退赔被害人、履行附带民事赔偿义务或者执行财产刑的,人民法院可以书面通知公安/执行机关移交全部保证金,由人民法院作出处理,剩余部分退还被告人。

第18条 没收取保候审保证金和对保证人罚款均系刑事司法行为,不能提起行政诉讼。当事人如不服复核决定,可以依法向有关机关提出申诉。

第34条 人民检察院、人民法院决定取保候审的,被取保候审人违反取保候审规定,需要予以逮捕的,可以对被取保候审人先行拘留,并提请人民检察院、人民法院依法作出逮捕决定。人民法院、人民检察院决定逮捕的,由所在地同级公安机关执行。

第35条 保证金的收取、管理和没收应当严格按照本规定和国家的财经管理制度执行,任何单位和个人不得擅自收取、没收、退还保证金以及截留、坐支、私分、挪用或者以其他任何方式侵吞保证金。对违反规定的,应当依照有关法律和规定给予行政处分;构成犯罪的,依法追究刑事责任。

第27条 司法机关及其工作人员违反本规定,擅自收取、没收或者退还取保候审保证金的,依照有关法律和规定,追究直接负责的主管人员和其他直接责任人员的责任。

第36条 对于刑事诉讼法第67条第1款第3项规定的"严重疾病"和"生活不能自理",分别参照最高人民法院、最高人民检察院、公安部、司法部、国家卫生计生委印发的《暂予监外执行规定》所附《保外就医严重疾病范围》和《最高人民法院关于印发〈罪犯生活不能自理鉴别标准〉的通知》所附《罪犯生活不能自理鉴别标准》执行。

第37条 国家安全机关决定、执行取保候审的,适用本规定中关于公安机关职责的规定。

第38条 对于人民法院、人民检察院决定取保候审,但所在地没有同级公安机关的,由省级公安机关会同同级人民法院、人民检察院,依照本规定确定公安机关负责执行或者交付执行,并明确工作衔接机制。

第39条 本规定中的执行机关是指负责执行取保候审的公安机关和国家安全机关。

【海警局令〔2023〕1号】 海警机构办理刑事案件程序规定(2023年5月15日审议通过,2023年6月15日起施行)(余文见本书第308条)

第72条 海警机构对有下列情形之一的犯罪嫌疑人,可以取保候审:(一)可能判处管制、拘役或者独立适用附加刑的;(二)可能判处有期徒刑以上刑罚,采取取保候审不致发生社会危险性的;(三)患有严重疾病、生活不能自理,怀孕或者正在哺乳自己婴儿的妇女,采取取保候审不致发生社会危险性的;(四)羁押期限届满,案件尚未办结,需要继续侦查的。

对拘留的犯罪嫌疑人,证据不符合逮捕条件,以及提请逮捕后,人民检察院不批准逮捕,需要继续侦查,并且符合取保候审条件的,可以依法取保候审。

第73条 海警机构对有下列情形之一的犯罪嫌疑人,不得取保候审,但有本规定第72条第1款第3项、第4项规定情形的除外:(一)累犯和犯罪集团的主犯;(二)以自伤、自残办法逃避侦查的;(三)严重暴力犯罪的;(四)其他严重犯罪的。

第七十四条　需要对犯罪嫌疑人取保候审的，应当制作呈请取保候审报告书，说明取保候审的理由、采取的保证方式以及应当遵守的规定，经海警机构负责人批准，制作取保候审决定书。

取保候审决定书应当向犯罪嫌疑人宣读，由犯罪嫌疑人签名、捺指印。

第七十五条　海警机构决定对犯罪嫌疑人取保候审的，应当责令犯罪嫌疑人提出保证人或者交纳保证金。

对同一犯罪嫌疑人，不能责令其同时提出保证人和交纳保证金。对未成年人取保候审，应当优先适用保证人保证。

第七十六条　采取保证人保证的，保证人必须符合以下条件，并经海警机构审查同意：（一）与本案无牵连；（二）有能力履行保证义务；（三）享有政治权利，人身自由未受到限制；（四）有固定的住处和收入。

第七十七条　保证人应当履行以下义务：（一）监督被保证人遵守本规定第80条、第81条的规定；（二）发现被保证人可能发生或者已经发生违反本规定第80条、第81条规定的行为的，应当及时向执行机关报告。

保证人应当填写保证书，并在保证书上签名、捺指印。

第七十八条　采取保证金形式取保候审的，保证金的起点数额为人民币1000元。犯罪嫌疑人为未成年人的，保证金起点数额为人民币500元。

具体数额应当综合考虑保证诉讼活动正常进行的需要、犯罪嫌疑人的社会危险性、案件的性质、情节、可能判处刑罚的轻重、犯罪嫌疑人的经济状况等情况确定。

第七十九条　海警机构应当在其指定的银行设立取保候审保证金专门账户，委托银行代为收取和保管保证金，并将相关信息通知相应人民法院、人民检察院。

海警机构作出取保候审决定后，对于采取保证金形式的，应当及时收取保证金通知书送达被取保候审人，责令其在3日内向指定的银行交纳保证金。

被取保候审人或者为其提供保证金的人，应当一次性将保证金存入取保候审保证金专门账户，并由银行出具相关凭证。保证金应当以人民币交纳。

保证金应当由办案部门以外的部门管理。严禁截留、坐支、挪用或者以其他任何形式侵吞保证金。

第八十条　海警机构在宣布取保候审决定时，应当告知被取保候审人遵守以下规定：（一）未经执行机关批准不得离开所居住的市、县；（二）住址、工作单位和联系方式发生变动的，在24小时以内向执行机关报告；（三）在传讯的时候及时到案；（四）不得以任何形式干扰证人作证；（五）不得毁灭、伪造证据或者串供。

第八十一条　海警机构在决定取保候审时，还可以根据案件情况，责令被取保候审人遵守以下1项或者多项规定：（一）不得进入特定的场所、特定的海域；（二）不得与特定的人员会见或者通信；（三）不得从事特定的活动；（四）将护照等出入境证件、驾驶证件交执行机关保存。

前款中的"通信"包括以信件、短信、电子邮件、通话，通过网络平台或者网络应用服务交流信息等各种方式直接或者间接通信。

第八十二条　"特定的场所"指下列场所：（一）可能导致其再次实施犯罪的场所；（二）可能导致其实施妨害社会秩序、干扰他人正常活动行为的场所；（三）与其所涉嫌犯罪活动有关联的场所；（四）可能导致其实施毁灭证据、干扰证人作证等妨害诉讼活动的场所；（五）其他可能妨害取保候审执行的特定场所。

第83条 "特定的人员"指下列人员：（一）证人、鉴定人、被害人及其法定代理人和近亲属；（二）同案违法行为人、犯罪嫌疑人、被告人以及与案件有关联的其他人员；（三）可能遭受被取保候审人侵害、滋扰的人员；（四）可能实施妨害取保候审执行、影响诉讼活动的人员。

第84条 "特定的活动"指下列活动：（一）可能导致其再次实施犯罪的活动；（二）可能对国家安全、公共安全、社会秩序造成不良影响的活动；（三）与所涉嫌犯罪相关联的活动；（四）可能妨害诉讼的活动；（五）其他可能妨害取保候审执行的特定活动。

第85条 海警机构应当综合考虑案件的性质、情节、社会影响、犯罪嫌疑人的社会关系等因素，确定特定场所、特定海域、特定人员和特定活动的范围。

第86条 取保候审由被取保候审人居住地的海警工作站执行。被取保候审人居住地未设海警工作站的，由负责办案的海警机构执行，并协调当地公安机关协助执行。

被取保候审人具有下列情形之一的，也可以在其暂住地执行取保候审：（一）被取保候审人离开户籍所在地1年以上且无经常居住地，但在暂住地有固定住处的；（二）被取保候审人系外国人、无国籍人，香港特别行政区、澳门特别行政区、台湾地区居民的；（三）被取保候审人户籍所在地无法查清且无经常居住地的。

取保候审交付执行时，应当同时送交有关法律文书、被取保候审人基本情况、保证人基本情况或者保证金交纳情况等材料。

第87条 人民法院、人民检察院决定取保候审的，负责执行的海警机构应当在收到法律文书和有关材料后24小时以内，核实有关情况后执行。

人民法院、人民检察院采用电子方式向海警机构送交法律文书和有关材料的，海警机构应当接收。

第88条 执行取保候审的海警机构应当履行下列职责：（一）告知被取保候审人应当遵守的规定，及其违反规定或者在取保候审期间重新犯罪应当承担的法律后果；（二）监督、考察被取保候审人遵守有关规定，及时掌握其活动、住址、工作单位、联系方式及变动情况；（三）监督保证人履行保证义务；（四）被取保候审人违反应当遵守的规定以及保证人未履行保证义务的，应当及时制止、采取紧急措施，同时告知决定机关。

第89条 执行取保候审的海警机构应当定期了解被取保候审人遵守取保候审规定的有关情况，并制作笔录。

第90条 被取保候审人无正当理由不得离开所居住的市、县。有正当理由需要离开所居住的市、县的，应当经负责执行的海警机构负责人批准。

人民法院、人民检察院决定取保候审的，负责执行的海警机构在批准被取保候审人离开所居住的市、县前，应当征得决定取保候审的人民法院、人民检察院同意。

第91条 被取保候审人在取保候审期间违反本规定第80条、第81条规定，已交纳保证金的，海警机构应当根据其违反规定的情节，决定没收部分或者全部保证金，并且区别情形，责令其具结悔过、重新交纳保证金、提出保证人，变更强制措施或者给予治安管理处罚；需要予以逮捕的，可以对其先行拘留。

人民法院、人民检察院决定取保候审的，被取保候审人违反应当遵守的规定，负责执行的海警机构应当及时通知决定取保候审的人民法院、人民检察院。

第92条　需要没收保证金的，应当经过严格审核后，报负责执行取保候审的海警机构负责人批准，制作没收保证金决定书。

决定没收5万元以上保证金的，应当经市级海警局以上海警机构负责人批准。

第93条　没收保证金的决定，海警机构应当在3日以内向被取保候审人宣读，并责令其在没收保证金决定书上签名、捺指印；被取保候审人在逃或者具有其他情形不能到场的，应当向其成年家属、法定代理人、辩护人或者单位、居住地的居民委员会或者村民委员会宣布，由其成年家属、法定代理人、辩护人或者单位、居住地的居民委员会或者村民委员会的负责人在没收保证金决定书上签名。

被取保候审人或者其成年家属、法定代理人、辩护人或者单位、居民委员会、村民委员会的负责人拒绝签名的，海警机构应当在没收保证金决定书上注明。

第94条　海警机构在宣读没收保证金决定书时，应当告知如果对没收保证金的决定不服，被取保候审人或者其法定代理人可以在5日以内向作出决定的海警机构申请复议。海警机构应当在收到复议申请后7日以内作出决定。

被取保候审人或者其法定代理人对复议决定不服的，可以在收到复议决定书后5日以内向上一级海警机构申请复核1次。上一级海警机构应当在收到复核申请后7日以内作出决定。对上级海警机构撤销或者变更没收保证金决定的，下级海警机构应当执行。

第95条　没收保证金的决定已过复议期限，或者复议、复核后维持原决定或者变更没收保证金数额的，海警机构应当及时通知指定的银行将没收的保证金按照国家有关规定上缴国库。

人民法院、人民检察院决定取保候审的，还应当在3日以内通知决定取保候审的人民法院、人民检察院。

第96条　采取保证金方式保证的被取保候审人在取保候审期间没有违反本规定第80条、第81条的规定，也没有重新故意犯罪，或者具有本规定第180条规定的情形之一的，在解除取保候审、变更强制措施的同时，海警机构应当制作退还保证金决定书，通知银行如数退还保证金。

被取保候审人可以凭有关法律文书到银行领取退还的保证金。被取保候审人委托他人领取的，应当出具委托书。

第97条　被取保候审人没有违反本规定第80条、第81条的规定，但在取保候审期间涉嫌重新故意犯罪被立案侦查的，海警机构应当暂扣其交纳的保证金，根据人民法院的生效判决作出处理。

第98条　被保证人违反应当遵守的规定，保证人未履行保证义务的，查实属实后，经海警机构负责人批准，对保证人处1千元以上2万元以下罚款；构成犯罪的，依法追究刑事责任。

第99条　决定对保证人罚款的，应当经海警机构负责人批准，制作对保证人罚款决定书，在3日以内送达保证人，告知其如果对罚款决定不服，可以在收到决定书之日起5日以内向作出决定的海警机构申请复议。海警机构应当在收到复议申请后7日以内作出决定。

保证人对复议决定不服的，可以在收到复议决定书后5日以内向上一级海警机构申请复核1次。上一级海警机构应当在收到复核申请后7日以内作出决定。对上级海警机构撤销或者变更罚款的决定，下级海警机构应当执行。

第100条　对于保证人罚款的决定已过复议期限，或者复议、复核后维持原决定或者变更罚款数额的，海警机构应当及时通知指定的银行将保证人罚款按照国家的有关规定上缴国库。

人民法院、人民检察院决定取保候审的，还应当在3日以内通知决定取保候审的人民法院、人民检察院。

第101条　对于犯罪嫌疑人采取保证人保证的，如果保证人在取保候审期间情况发生变化，不愿继续担保或者丧失担保条件，海警机构应当责令被取保候审人重新提出保证人或者交纳保证金，或者作出变更强制措施决定。

人民法院、人民检察院决定取保候审的，负责执行的海警机构应当自发现保证人不愿继续担保或者丧失担保条件之日起3日以内通知决定取保候审的人民法院、人民检察院。

第102条　海警机构在取保候审期间不得中断对案件的侦查，对取保候审的犯罪嫌疑人，根据案情变化，应当及时变更强制措施或者解除取保候审。

取保候审的期限最长不得超过12个月。

第103条　需要解除取保候审的，应当制作呈请解除取保候审报告书，经海警机构负责人批准，制作解除取保候审决定书、通知书，并及时通知负责执行的海警机构、被取保候审人、保证人和有关单位。

人民法院、人民检察院作出解除取保候审决定的，负责执行的海警机构应当根据决定书及时解除取保候审，并通知被取保候审人、保证人和有关单位。

第341条　本规定所称"海警机构负责人"是指海警机构的正职领导。……

【高检发办字〔2023〕187号】　最高人民法院、最高人民检察院、公安部、司法部关于办理醉酒危险驾驶刑事案件的意见（2023年12月13日印发，2023年12月28日起施行。法发〔2013〕15号《最高人民法院、最高人民检察院、公安部关于办理醉酒驾驶机动车刑事案件适用法律若干问题的意见》同时废止）（详见《刑法全厚细》第133条之一）

第6条　对醉驾犯罪嫌疑人、被告人，根据案件具体情况，可以依法予以拘留或者取保候审。具有下列情形之一的，一般予以取保候审：（一）因本人受伤需要救治的；（二）患有严重疾病，不适宜羁押的；（三）系怀孕或者正在哺乳自己婴儿的妇女；（四）系生活不能自理的人的唯一扶养人；（五）其他需要取保候审的情形。

对符合取保候审条件，但犯罪嫌疑人、被告人不能提出保证人，也不交纳保证金的，可以监视居住。对违反取保候审、监视居住规定的犯罪嫌疑人、被告人，情节严重的，可以予以逮捕。

【国安部令〔2024〕4号】　国家安全机关办理刑事案件程序规定（2024年4月26日公布，2024年7月1日起施行）

第109条　国家安全机关对于有下列情形之一的犯罪嫌疑人，可以取保候审：（一）可能判处管制、拘役或者独立适用附加刑的；（二）可能判处有期徒刑以上刑罚，采取取保候审不致发生社会危险性的；（三）患有严重疾病、生活不能自理，怀孕或者正在哺乳自己婴儿的妇女，采取取保候审不致发生社会危险性的；（四）羁押期限届满，案件尚未办结，需要采取取保候审的。

对于拘留的犯罪嫌疑人，证据不符合逮捕条件，以及提请逮捕后，人民检察院不批准逮捕，需要继续侦查，并且符合取保候审条件的，可以依法取保候审。

第 110 条　需要对犯罪嫌疑人取保候审的，经国家安全机关负责人批准，制作取保候审决定书。取保候审决定书应当向犯罪嫌疑人宣读，由犯罪嫌疑人签名、捺指印。

第 111 条　国家安全机关决定对犯罪嫌疑人取保候审的，应当根据案件情况，责令其提出保证人或者交纳保证金。

对同一犯罪嫌疑人，不得同时责令其提出保证人和交纳保证金。对未成年人取保候审的，应当优先适用保证人保证。

第 112 条　国家安全机关在宣布取保候审决定时，应当告知被取保候审人遵守以下规定：（一）未经执行机关批准不得离开所居住的市、县；（二）住址、工作单位和联系方式发生变动的，在 24 小时以内向国家安全机关报告；（三）在传讯的时候及时到案；（四）不得以任何形式干扰证人作证；（五）不得毁灭、伪造证据或者串供。

第 113 条　国家安全机关在决定取保候审时，还可以根据案件情况，责令被取保候审人遵守以下 1 项或者多项规定：（一）不得进入特定的场所；（二）不得与特定的人员会见或者通信；（三）不得从事特定的活动；（四）将护照等出入境证件、驾驶证件交国家安全机关保存。

被取保候审人不得向任何人员泄露所知悉的国家秘密。

国家安全机关应当综合考虑案件的性质、情节、危害后果、社会影响、犯罪嫌疑人的具体情况等因素，有针对性地确定特定场所、特定人员和特定活动的范围。

第 114 条　人民法院、人民检察院决定取保候审的，负责执行的国家安全机关应当在收到法律文书和有关材料后 24 小时以内，核实有关情况后执行。

第 115 条　被取保候审人无正当理由不得离开所居住的市、县。有正当理由需要离开所居住的市、县的，应当经执行机关批准。

人民法院、人民检察院决定取保候审的，负责执行的国家安全机关在批准被取保候审人离开所居住的市、县前，应当征得决定机关同意。

第 116 条　执行取保候审的国家安全机关应当履行下列职责：（一）告知被取保候审人必须遵守的规定，及其违反规定或者在取保候审期间重新犯罪应当承担的法律后果；（二）定期了解被取保候审人遵守取保候审规定的有关情况，并制作笔录；（三）监督、考察被取保候审人遵守有关规定，及时掌握其活动、住址、工作单位、联系方式及变动情况；（四）监督保证人履行保证义务；（五）被取保候审人违反应当遵守的规定以及保证人未履行保证义务的，应当及时制止、采取紧急措施，同时告知取保候审的决定机关。

第 117 条　采取保证金保证的，国家安全机关应当综合考虑保证诉讼活动正常进行的需要，被取保候审人的社会危险性，案件的性质、情节，可能判处刑罚的轻重，被取保候审人的经济状况等情况，确定保证金的数额，并制作收取保证金通知书。

保证金起点数额为人民币 1000 元；被取保候审人为未成年人的，保证金的起点数额为人民币 500 元。

第 118 条　国家安全机关应当在其指定的银行设立专门账户，委托银行代为收取和保管保证金。

提供保证金的人应当将保证金一次性存入专门账户。保证金应当以人民币交纳。

保证金应当按照有关规定严格管理。

第 119 条　采取保证人保证的，保证人必须符合下列条件，并经国家安全机关审查同意；(一)与本案无牵连；(二)有能力履行保证义务；(三)享有政治权利,人身自由未受到限制；(四)有固定的住处和收入。

第 120 条　保证人应当履行以下义务：(一)监督被保证人遵守本规定第 112 条、第 113 条的规定；(二)发现被保证人可能发生或者已经发生违反本规定第 112 条、第 113 条规定行为的,应当及时向国家安全机关报告。

保证人应当填写取保候审保证书,并在保证书上签名、捺指印。

第 121 条　保证人不愿意继续保证或者丧失保证条件的,保证人或者被取保候审人应当及时报告国家安全机关。国家安全机关应当责令被取保候审人重新提出保证人或者交纳保证金,或者作出变更强制措施的决定。

人民法院、人民检察院决定取保候审的,负责执行的国家安全机关应当自发现或者被告知保证人不愿继续保证或者丧失保证条件之日起 3 日以内通知决定机关。

第 122 条　保证人未履行监督义务,或者被取保候审人违反应当遵守的规定,保证人未及时报告或者隐瞒不报告的,查证属实后,经国家安全机关负责人批准,可以对保证人处 1000 元以上 2 万元以下罚款；构成犯罪的,依法追究刑事责任。

人民法院、人民检察院决定取保候审的,国家安全机关应当将有关情况及时通知决定机关。

第 123 条　决定对保证人罚款的,应当经国家安全机关负责人批准,制作对保证人罚款决定书,在 3 日以内向保证人宣布,告知其如果对罚款决定不服,可以在 5 日以内向作出罚款决定的国家安全机关申请复议。国家安全机关收到复议申请后,应当在 7 日以内作出复议决定。

保证人对复议决定不服的,可以在收到复议决定书后 5 日以内向上一级国家安全机关申请复核 1 次。上一级国家安全机关应当在收到复核申请后 7 日以内作出复核决定。对上级国家安全机关撤销或者变更罚款决定的,下级国家安全机关应当执行。

第 124 条　被取保候审人在取保候审期间违反本规定第 112 条、第 113 条规定,已交纳保证金的,经国家安全机关负责人批准,可以根据被取保候审人违反规定的情节,决定没收部分或者全部保证金,并且区别情形,责令其具结悔过、重新交纳保证金、提出保证人,或者变更强制措施。

对于违反取保候审规定,需要予以逮捕的,可以对犯罪嫌疑人先行拘留。

人民法院、人民检察院决定取保候审的,被取保候审人违反应当遵守的规定,负责执行的国家安全机关应当及时通知决定机关。

第 125 条　国家安全机关决定没收保证金的,应当制作没收保证金决定书,在 3 日以内向被取保候审人宣读,并责令其在没收保证金决定书上签名、捺指印。被取保候审人在逃或者具有其他情形不能到场的,应当向其成年家属、法定代理人、辩护人或者单位、居住地的居民委员会、村民委员会宣布,由其成年家属、法定代理人、辩护人或者单位、居住地的居民委员会、村民委员会的负责人在没收保证金决定书上签名。

第 126 条　国家安全机关在宣读没收保证金决定书时,应当告知如果对没收保证金的决定不服,被取保候审人或者其法定代理人可以在 5 日以内向作出决定的国家安全机关申请复议。国家安全机关应当在收到复议申请后 7 日以内作出复议决定。

被取保候审人或者其法定代理人对复议决定不服的,可以在收到复议决定书后 5 日以内向上一级国家安全机关申请复核 1 次。上一级国家安全机关应当在收到复核申请后 7 日以内作出复核决定。上级国家安全机关撤销或者变更没收保证金决定的，下级国家安全机关应当执行。

第127条　没收保证金的决定、对保证人罚款的决定已过复议期限，或者复议、复核后维持原决定或者变更没收保证金、罚款数额的，国家安全机关应当及时通知指定的银行将没收的保证金、保证人罚款按照国家有关规定上缴国库。人民法院、人民检察院决定取保候审的，国家安全机关应当在3日以内通知决定机关。

没收部分保证金的，国家安全机关应当制作退还保证金决定书，被取保候审人或者其法定代理人可以凭此决定书到银行领取剩余的保证金。

第128条　取保候审最长不得超过12个月。

在取保候审期间，国家安全机关不得中断对案件的侦查。对被取保候审的犯罪嫌疑人，根据案件情况或者取保候审期满，应当及时变更强制措施或者解除取保候审。

第129条　被取保候审人在取保候审期间未违反本规定第112条、第113条规定，也没有故意实施新的犯罪，取保候审期限届满的，或者具有本规定第206条规定的情形之一的，应当及时解除取保候审，并通知被取保候审人、保证人和有关单位。

人民法院、人民检察院作出解除取保候审决定的，国家安全机关应当及时解除，并通知被取保候审人、保证人和有关单位。

第130条　被取保候审人或者其法定代理人可以凭解除取保候审决定书或者有关法律文书，到银行领取退还的保证金。

被取保候审人不能自己领取退还的保证金的，经本人出具书面申请并经国家安全机关同意，由国家安全机关书面通知银行将退还的保证金转账至被取保候审人或者其委托的人提供的银行账户。

第131条　被取保候审人没有违反本规定第112条、第113条规定，但在取保候审期间涉嫌故意实施新的犯罪被立案侦查的，国家安全机关应当暂扣保证金，待人民法院判决生效后，决定是否没收保证金。对故意实施新的犯罪的，应当没收保证金；对过失实施新的犯罪或者不构成犯罪的，应当退还保证金。

第74条[①]　**【监视居住适用】**人民法院、人民检察院和公安机关对符合逮捕条件，有下列情形之一的犯罪嫌疑人、被告人，可以监视居住：

（一）患有严重疾病、生活不能自理的；

（二）怀孕或者正在哺乳自己婴儿的妇女；

（三）系生活不能自理的人的唯一扶养人；

（四）因为案件的特殊情况或者办理案件的需要，采取监视居住措施更为适宜的；

（五）羁押期限届满，案件尚未办结，需要采取监视居住措施的。

对符合取保候审条件，但犯罪嫌疑人、被告人不能提出保证人，也不交纳保证金的，可以监视居住。

监视居住由公安机关执行。

[①] 本条规定由2012年3月14日第11届全国人大常委会第5次会议增设，2013年1月1日施行。

第 75 条① 【监视居住场所】监视居住应当在犯罪嫌疑人、被告人的住处执行；无固定住处的，可以在指定的居所执行②。对于涉嫌危害国家安全犯罪、恐怖活动犯罪、特别重大贿赂犯罪③，在住处执行可能有碍侦查的，经上一级人民检察院或者④公安机关批准，也可以在指定的居所执行。但是，不得在羁押场所、专门的办案场所执行。

【指定监视居住通知家属】指定居所监视居住的，除无法通知的以外，应当在执行监视居住后 24 小时以内，通知被监视居住人的家属。

【监视居住委托辩护】被监视居住的犯罪嫌疑人、被告人委托辩护人，适用本法第 34 条的规定。

【指定监视居住合法性监督】人民检察院对指定居所监视居住的决定和执行是否合法实行监督。

第 76 条⑤ 【监视居住折抵刑期】指定居所监视居住的期限应当折抵刑期。被判处管制的，监视居住 1 日折抵刑期 1 日；被判处拘役、有期徒刑的，监视居住 2 日折抵刑期 1 日。

第 77 条⑥ 【监视居住守则】被监视居住的犯罪嫌疑人、被告人应当遵守以下规定：

（一）未经执行机关批准不得离开执行监视居住的处所；
（二）未经执行机关批准不得会见他人或者通信；
（三）在传讯的时候及时到案；
（四）不得以任何形式干扰证人作证；
（五）不得毁灭、伪造证据或者串供；
（六）将护照等出入境证件、身份证件、驾驶证件交执行机关保存。

被监视居住的犯罪嫌疑人、被告人违反前款规定，情节严重的，可以予以逮捕；需要予以逮捕的，可以对犯罪嫌疑人、被告人先行拘留。

---

① 本条规定由 2012 年 3 月 14 日第 11 届全国人大常委会第 5 次会议增设，2013 年 1 月 1 日施行。
② 注：本条规定并未限制"住处"的地域，应当理解为全国区域（刑事诉讼法适用范围）；"固定住处"包括自有（或父母、子女所有）住宅、租住房屋或单位宿舍，但不包括酒店和借宿地等暂居住所。"住处"与办案机关不在同一区域的，应当交由住处所在地公安机关执行监视居住。
③ 本部分内容被 2018 年 10 月 26 日第 13 届全国人大常委会第 6 次会议删除，同日公布施行。
④ 本部分内容被 2018 年 10 月 26 日第 13 届全国人大常委会第 6 次会议删除，同日公布施行。
⑤ 本条规定由 2012 年 3 月 14 日第 11 届全国人大常委会第 5 次会议增设，2013 年 1 月 1 日施行。
⑥ 本条规定由 1996 年 3 月 17 日第 8 届全国人民代表大会第 4 次会议增设（1997 年 1 月 1 日施行），原规定为："被监视居住的犯罪嫌疑人、被告人应当遵守以下规定：（一）未经执行机关批准不得离开住处，无固定住处的，未经批准不得离开指定的居所；（二）未经执行机关批准不得会见他人；（三）在传讯的时候及时到案；（四）不得以任何形式干扰证人作证；（五）不得毁灭、伪造证据或者串供。""被监视居住的犯罪嫌疑人、被告人违反前款规定，情节严重的，予以逮捕。" 2012 年 3 月 14 日第 11 届全国人大常委会第 5 次会议修改为现规定，2013 年 1 月 1 日施行。

第 78 条① 【电子监控、通信监控】执行机关对被监视居住的犯罪嫌疑人、被告人，可以采取电子监控、不定期检查等监视方法对其遵守监视居住规定的情况进行监督；在侦查期间，可以对被监视居住的犯罪嫌疑人的通信进行监控。

第 79 条② 【取保候审、监视居住的期限】人民法院、人民检察院和公安机关对犯罪嫌疑人、被告人取保候审最长不得超过 12 个月，监视居住最长不得超过 6 个月。

【取保候审、监视居住的解除】在取保候审、监视居住期间，不得中断对案件的侦查、起诉和审理。对于发现不应当追究刑事责任或者取保候审、监视居住期限届满的，应当及时解除取保候审、监视居住。解除取保候审、监视居住，应当及时通知被取保候审、监视居住人和有关单位。

● **相关规定** 【高检会〔2000〕2 号】 最高人民检察院、公安部关于适用刑事强制措施有关问题的规定（2000 年 8 月 28 日公布施行）

二、监视居住

第 11 条 人民检察院核实犯罪嫌疑人住处或者为其指定居所后，应当制作监视居住执行通知书，将有关法律文书和有关案由、犯罪嫌疑人基本情况的材料，送交犯罪嫌疑人住处或者居所地的同级公安机关执行。人民检察院可以协助公安机关执行。

第 12 条 公安机关收到有关法律文书和材料后，应当立即交由犯罪嫌疑人住处或者居所地的县级公安机关执行。负责执行的县级公安机关应当在 24 小时以内，核实被监视居住人的身份和住处或者居所，报告县级公安机关负责人后，通知被监视居住人住处或者居所地的派出所执行。

第 13 条 负责执行监视居住的派出所应当指定专人对被监视居住人进行监督考察，并及时将监视居住的执行情况报告所属县级公安机关通知决定监视居住的人民检察院。

第 14 条 人民检察院决定对犯罪嫌疑人监视居住的案件，在执行期间，犯罪嫌疑人有正当理由需要离开住处或者指定居所的，负责执行的派出所应当及时报告所属县级公安机关，由该县级公安机关征得决定监视居住的人民检察院同意后予以批准。

第 16 条 人民检察院决定对犯罪嫌疑人监视居住的案件，监视居住期限届满 15 日前，负责执行的县级公安机关应当通知决定监视居住的人民检察院。人民检察院应当在监视居住期限届满前，作出解除监视居住或者变更强制措施的决定，并通知公安机关执行。

第 39 条 各省、自治区、直辖市人民检察院、公安厅（局）和最高人民检察院、公安部直接立案侦查的刑事案件，适用刑事诉讼法和本规定。

【公复字〔2000〕13 号】 公安部关于监视居住期满后能否对犯罪嫌疑人采取取保候审强制措施问题的批复（2000 年 12 月 12 日答复广东省公安厅"粤公请字〔2000〕109 号"请示）

公安机关因侦查犯罪需要，对于监视居住期限届满的犯罪嫌疑人，如果确有必要采取取

---

① 本条规定由 2012 年 3 月 14 日第 11 届全国人大常委会第 5 次会议增设，2013 年 1 月 1 日施行。
② 本条规定由 1996 年 3 月 17 日第 8 届全国人民代表大会第 4 次会议增设，1997 年 1 月 1 日施行。

保候审强制措施，并且符合取保候审条件的，可以依法决定取保候审，但是不得未经依法变更就转为取保候审，不能中止对案件的侦查。

【主席令〔2011〕51号】 中华人民共和国居民身份证法（2011年10月29日第11届全国人大常委会第23次会议修正，主席令第51号公布，2012年1月1日施行）

第15条（第3款） 任何组织或者个人不得扣押居民身份证。但是，公安机关依照《中华人民共和国刑事诉讼法》执行监视居住强制措施的情形除外。

【六部委〔2012〕规定】 最高人民法院、最高人民检察院、公安部、国家安全部、司法部、全国人大常委会法制工作委员会关于实施刑事诉讼法若干问题的规定（2012年12月26日印发，2013年1月1日施行）

15. 指定居所监视居住的，不得要求被监视居住人支付费用。

【高检发办字〔2015〕31号】 最高人民检察院职务犯罪侦查工作八项禁令（2015年8月4日）

二、严禁违法使用指定居所监视居住措施。对未报经上一级人民检察院审查批准，或扩大适用范围，或在不符合规定的场所等故意规避法律使用指定居所监视居住措施的，根据情节和后果追究决策者和执行者的纪律、法律责任。

【高检发政字〔2015〕号】 人民检察院司法警察执行职务规则（2015年6月1日最高检第12届检委会第36次会议通过，2015年6月12日印发）

第12条 人民检察院司法警察协助执行指定居所监视居住任务，应当做到：

（一）协助执行指定居所监视居住前，了解被监视居住对象的基本情况、监视居住的处所内部设施及周围环境，制定安全防范应急预案；对指定居所不符合安全条件的，及时向分管院领导报告，并提出整改建议；

（二）犯罪嫌疑人进入监视居住处所时，应当对犯罪嫌疑人的人身、随身携带的物品进行安全检查，发现与案件相关的证据或者可疑物品以及可能危害人身安全的物品，应当及时向案件承办人报告；

（三）协助执行指定居所监视居住时，应当加强与公安机关执行民警的协调，严格落实二十四小时值班制度，认真做好值班记录；交接班时，交班人员要向接班人员说明监管情况，并做好交接记录；

（四）协助执行指定居所监视居住时，必须坚守岗位，加强监管，重点做好犯罪嫌疑人就餐、如厕、就寝和就医等日常生活起居关键环节的监管工作，注意观察犯罪嫌疑人身体状况和情绪变化，对出现突发疾病、情绪波动等情况的，及时报告和处置，防止意外事件发生；

（五）辩护律师会见法律规定需经许可会见的犯罪嫌疑人时，应当要求其出示许可会见犯罪嫌疑人决定书，并做好安全防范工作；

（六）协助执行指定居所监视居住时，不得体罚、虐待或者变相体罚、虐待犯罪嫌疑人；发现办案人员有违法违规行为时，应当制止，制止无效的，及时向分管院领导报告。

【高检发执字〔2015〕18号】 人民检察院对指定居所监视居住实行监督的规定（2015年10月13日最高检第12届检委会第41次会议通过，2015年12月17日印发施行）

第4条 指定的居所应当具备正常的生活、休息条件，与审讯场所分离；安装监控设备，便于监视、管理；具有安全防范措施，保证办案安全。

第5条　对于公安机关决定对无固定住处的犯罪嫌疑人指定居所监视居住的，由同级人民检察院侦查监督部门依法对该决定是否合法实行监督。对于上一级公安机关批准对涉嫌危害国家安全犯罪、恐怖活动犯罪的犯罪嫌疑人决定指定居所监视居住的，由作出批准决定公安机关的同级人民检察院侦查监督部门依法对该决定是否合法实行监督。

第6条　对于人民检察院决定对无固定住处的犯罪嫌疑人指定居所监视居住的，由上一级人民检察院侦查监督部门依法对该决定是否合法实行监督。

对于上一级人民检察院批准对涉嫌特别重大贿赂犯罪的犯罪嫌疑人决定指定居所监视居住的，由作出批准决定的人民检察院侦查监督部门依法对该决定是否合法实行监督。

第7条　具有以下情形之一的，人民检察院应当对指定居所监视居住决定是否合法启动监督：（一）犯罪嫌疑人及其法定代理人、近亲属或者辩护人认为指定居所监视居住决定违法，向人民检察院提出控告、举报、申诉的；（二）人民检察院通过介入侦查、审查逮捕、审查起诉、刑事执行检察、备案审查等工作，发现侦查机关（部门）作出的指定居所监视居住决定可能违法的；（三）人民监督员认为指定居所监视居住决定违法，向人民检察院提出监督意见的；（四）其他应当启动监督的情形。

第8条　人民检察院对无固定住处的犯罪嫌疑人决定指定居所监视居住的，侦查部门应当在3日以内将立案决定书、指定居所监视居住决定书等法律文书副本以及主要证据复印件报送上一级人民检察院侦查监督部门。对特别重大贿赂犯罪嫌疑人指定居所监视居住的，作出批准决定的人民检察院侦查监督部门应当在3日以内将上述材料抄送本院侦查监督部门。

人民检察院监督公安机关指定居所监视居住决定时，可以要求公安机关提供上述材料。

第9条　人民检察院对指定居所监视居住决定进行监督，可以采取以下方式：（一）查阅相关案件材料；（二）听取侦查机关（部门）作出指定居所监视居住决定的理由和事实依据；（三）听取犯罪嫌疑人及其法定代理人、近亲属或者辩护人的意见；（四）其他方式。

第10条　人民检察院监督指定居所监视居住决定是否合法，应当审查该决定是否符合刑事诉讼法第72条、第69条第三款规定的监视居住的条件，并进一步审查是否符合以下情形：（一）犯罪嫌疑人在办案机关所在的市、县无固定住处的；（二）涉嫌危害国家安全犯罪、恐怖活动犯罪或者特别重大贿赂犯罪的犯罪嫌疑人，在其住处执行有碍侦查，经上一级公安机关或者人民检察院批准指定居所监视居住的。

第11条　人民检察院侦查监督部门审查指定居所监视居住决定是否合法，应当在启动监督后7日以内作出决定。

第12条　人民检察院经审查，对于公安机关决定指定居所监视居住不符合法定条件的，应当报经检察长批准后，向公安机关发出纠正违法通知书，并建议公安机关撤销指定居所监视居住决定。

对于本院或者下一级人民检察院决定指定居所监视居住不符合法定条件的，人民检察院侦查监督部门应当报经检察长决定后，通知本院侦查部门或者下一级人民检察院撤销指定居所监视居住决定。通知下一级人民检察院撤销指定居所监视居住决定的，应当通报本院侦查部门。

第13条　对于上一级人民检察院的纠正意见，下一级人民检察院应当立即执行，并将执行情况报告上一级人民检察院侦查监督部门。

下一级人民检察院认为上一级人民检察院对于指定居所监视居住决定的纠正意见有错误的，可以在收到纠正意见后 3 日以内报请上一级人民检察院重新审查。上一级人民检察院应当另行指派检察人员审查，并在 5 日以内作出是否变更的决定。

第 14 条　对人民检察院在审查起诉过程中作出的指定居所监视居住决定的监督，由本院侦查监督部门按照本规定执行。

对人民法院作出的指定居所监视居住决定的监督，由同级人民检察院公诉部门按照本规定执行。

第 15 条　对指定居所监视居住执行的监督，由执行监视居住的公安机关的同级人民检察院刑事执行检察部门负责。

第 16 条　人民检察院对指定居所监视居住执行进行监督，应当包括以下内容：（一）指定所监视居住决定书、执行通知书等法律文书是否齐全；（二）执行的场所、期限、执行人员是否符合规定；（三）被监视居住人的合法权利是否得到保障；（四）是否有在指定的居所进行讯问①、体罚虐待被监视居住人等违法行为；（五）其他依法应当监督的内容。

第 17 条　人民检察院对指定居所监视居住执行活动进行监督，可以采取以下方式：（一）查阅相关法律文书和被监视居住人的会见、通讯、外出情况、身体健康检查记录等材料；（二）实地检查指定的居所是否符合法律规定；（三）查看有关监控录像等资料，必要时对被监视居住人进行体表检查；（四）与被监视居住人、执行人员、办案人员或者其他有关人员谈话，调查了解有关情况。

第 18 条　人民检察院案件管理部门收到公安机关人民法院的指定居所监视居住决定书副本后，应当在 24 小时以内移送本院刑事执行检察部门。

人民检察院侦查部门、公诉部门以本院名义作出指定居所监视居住决定的，应当在 24 小时以内将监视居住决定书副本抄送刑事执行检察部门并告知其指定居所的地址。

第 19 条　人民检察院刑事执行检察部门在收到指定居所监视居住决定书副本后 24 小时以内，应当指派检察人员实地检查并填写监督情况检查记录。对指定居所监视居住的执行活动应当进行巡回检察，巡回检察每周不少于 1 次，检察人员不得少于 2 人。

检察指定居所监视居住执行活动时，不得妨碍侦查办案工作的正常进行。

第 20 条　人民检察院在指定居所监视居住执行监督时发现下列情形之一的，应当依法向执行机关或者办案机关提出纠正意见：（一）执行机关收到指定居所监视居住决定书、执行通知书等法律文书后不派员执行或者不及时派员执行的；（二）除无法通知的以外，没有在指定居所监视居住后 24 小时以内通知被监视居住人的家属的；（三）在看守所、拘留所、监狱以及留置室、办案区或者在不符合指定居所规定的其他场所执行监视居住的；（四）违反规定安排辩护律师同被监视居住人会见、通信，或者违法限制被监视居住人与辩护律师会见、通信的；（五）诉讼阶段发生变化，新的办案机关应当依法重新作出指定居所监视居住决定而未及时作出的；（六）办案机关作出解除或者变更指定居所监视居住决定并通知执行机关，执行机关没有及时解除监视居住并通知被监视居住人的；（七）要求被监视居住人或者其家属支付费用的；（八）其他违法情形。

人民检察院刑事执行检察部门发现本院侦查部门、公诉部门具有上述情形之一的，应当

---

① 注：本部分内容在《人民检察院刑事诉讼规则》（高检发释字〔2019〕4 号）中未见延续体现。

报经检察长批准后提出纠正意见。

第23条 被监视居住人在指定居所监视居住期间死亡的，参照最高人民检察院关于监管场所被监管人死亡检察程序的规定办理。

【高检发释字〔2019〕4号】 人民检察院刑事诉讼规则（2019年12月2日最高检第13届检委会第28次会议通过，2019年12月30日公布施行；高检发释字〔2012〕2号《规则（试行）》同时废止）

第107条 人民检察院对于……可以监视居住：(与《刑事诉讼法》第74条第1款内容相同，略)

（第2款） 前款第三项中的扶养包括父母、祖父母、外祖父母对子女、孙子女、外孙子女的抚养和子女、孙子女、外孙子女对父母、祖父母、外祖父母的赡养以及配偶、兄弟姐妹之间的相互扶养。

第108条 人民检察院应当向被监视居住的犯罪嫌疑人宣读监视居住决定书，由犯罪嫌疑人签名或者盖章，并捺指印 签名、捺指印或者盖章，责令犯罪嫌疑人遵守刑事诉讼法第77条的规定，告知其违反规定应负的法律责任。

指定居所监视居住的，不得要求被监视居住人支付费用。

第109条 人民检察院核实犯罪嫌疑人住处或者为其指定居所后，应当制作监视居住执行通知书，将有关法律文书和案由、犯罪嫌疑人基本情况材料，送交监视居住地的公安机关执行，必要时人民检察院可以协助公安机关执行。

人民检察院应当告知公安机关在执行期间拟批准犯罪嫌疑人离开执行监视居住的处所、会见他人或者通信的，批准前应当事先征得人民检察院同意。

第110条 人民检察院可以根据案件的具体情况，商请公安机关对被监视居住的犯罪嫌疑人采取电子监控、不定期检查等监视方法，对其遵守监视居住规定的情况进行监督。

人民检察院办理直接受理立案侦查的案件对犯罪嫌疑人采取监视居住的，在侦查期间可以商请公安机关对其通信进行监控。

第111条 犯罪嫌疑人有下列违反监视居住规定的行为，人民检察院应当对犯罪嫌疑人予以逮捕：（一）故意实施新的犯罪行为；（二）企图自杀、逃跑、逃避侦查、审查起诉；（三）实施毁灭、伪造证据或者串供、干扰证人作证行为，足以影响侦查、审查起诉工作正常进行；（四）对被害人、证人、鉴定人、举报人、控告人及其他人员实施打击报复。

犯罪嫌疑人有下列违反监视居住规定的行为，人民检察院可以对犯罪嫌疑人予以逮捕：（一）未经批准，擅自离开执行监视居住的处所，造成严重后果，或者两次未经批准，擅自离开执行监视居住的处所；（二）未经批准，擅自会见他人或者通信，造成严重后果，或者两次未经批准，擅自会见他人或者通信；（三）经传讯不到案，造成严重后果，或者经两次传讯不到案。

有前两款情形，需要对犯罪嫌疑人予以逮捕的，可以先行拘留。

第113条 公安机关决定对犯罪嫌疑人监视居住，案件移送人民检察院审查起诉后，对于需要继续监视居住的，人民检察院应当依法重新作出监视居住决定，并对犯罪嫌疑人办理监视居住手续。监视居住的期限应当重新计算并告知犯罪嫌疑人。

第116条 监视居住应当在犯罪嫌疑人的住处执行。对于犯罪嫌疑人无固定住处或者涉嫌特别重大贿赂犯罪在住处执行可能有碍侦查的，可以在指定的居所执行。

固定住处是指犯罪嫌疑人在办案机关所在地的市、县内工作、生活的合法居所。

指定的居所应当符合下列条件：（一）具备正常的生活、休息条件；（二）便于监视、管理；（三）能够保证办案安全。

采取指定居所监视居住，不得在看守所、拘留所、监狱等羁押、监管场所以及留置室、讯问室等专门的办案场所、办公区域执行。

第117条　对犯罪嫌疑人决定在指定的居所执行监视居住，除无法通知的以外，人民检察院应当在执行监视居住后24小时以内，将指定居所监视居住的原因通知被监视居住人的家属。无法通知的，应当向检察长报告，并将原因写明附卷。无法通知的情形消除后，应当立即通知其家属。

无法通知包括下列情形：（一）被监视居住人无家属；（二）与其家属无法取得联系；（三）受自然灾害等不可抗力阻碍。

第118条　对于公安机关、人民法院决定指定居所监视居住的案件，由作出批准或者决定的公安机关、人民法院的同级人民检察院负责捕诉的部门对决定是否合法实行监督。

人民检察院决定指定居所监视居住的案件，由负责控告申诉检察的部门对决定是否合法实行监督。①

第119条　被指定居所监视居住人及其法定代理人、近亲属或者辩护人认为侦查机关、人民法院的指定居所监视居住决定存在违法情形，提出控告或者举报的，人民检察院应当受理，并报送或者移送本规则第一百一十八条规定的承担监督职责的部门办理。

人民检察院可以要求有关机关侦查机关、人民法院提供指定居所监视居住决定书和相关案卷材料。经审查，发现存在下列违法情形之一的，应当及时通知其纠正：（一）不符合指定所监视居住的适用条件的；（二）未按法定程序履行批准手续的；（三）在决定过程中有其他违反刑事诉讼法规定的行为的。

第120条　对于公安机关、人民法院决定指定居所监视居住的案件，由人民检察院负责刑事执行检察的部门监所检察部门对指定居所监视居住的执行活动是否合法实行监督。发现存在下列违法情形之一的，应当及时提出纠正意见：（一）（本项新增）执行机关收到指定居所监视居住决定书、执行通知书等法律文书后不派员执行或者不及时派员执行的；（二）在执行指定居所监视居住后24小时以内没有通知被监视居住人的家属的；（三）在羁押场所、专门的办案场所执行监视居住的；（四）为被监视居住人通风报信、私自传递信件、物品的；（五）（本项新增）违反规定安排辩护人同被监视居住人会见、通信，或者违法限制被监视居住人与辩护人会见、通信的；（六）对被监视居住人刑讯逼供、体罚、虐待或者变相体罚、虐待的；（七）有其他侵犯被监视居住人合法权利行为或者其他违法行为的。

被监视居住人及其法定代理人、近亲属或者辩护人认为执行机关或者执行人员对于公安机关、本院侦查部门或者侦查人员存在上述违法情形，提出控告或者举报的，人民检察院控告检察部门应当受理并及时移送监所检察部门处理。

（新增）人民检察院决定指定居所监视居住的案件，由负责控告申诉检察的部门对指定居所监视居住的执行活动是否合法实行监督。

---

① 2012年《规则》相应的规定为："对于下级人民检察院报请指定居所监视居住的案件，由上一级人民检察院侦查监督部门依法对决定是否合法进行监督。"

【公安部令〔2020〕159号】　公安机关办理刑事案件程序规定（2020年7月4日第3次部务会议修订，2020年7月20日公布，2020年9月1日施行）

第109条（第2款）　对人民检察院决定不批准逮捕的犯罪嫌疑人，需要继续侦查，并且符合监视居住条件的，可以监视居住。

第110条　对犯罪嫌疑人监视居住，应当制作呈请监视居住报告书，说明监视居住的理由、采取监视居住的方式以及应当遵守的规定，经县级以上公安机关负责人批准，制作监视居住决定书。监视居住决定书应当向犯罪嫌疑人宣读，由犯罪嫌疑人签名、捺指印。

第111条（第2款）　有下列情形之一的，属于本条规定的"有碍侦查"：（一）可能毁灭、伪造证据，干扰证人作证或者串供的；（二）可能引起犯罪嫌疑人自残、自杀或者逃跑的；（三）可能引起同案犯逃避、妨碍侦查的；（四）犯罪嫌疑人、被告人在住处执行监视居住有人身危险的；（五）犯罪嫌疑人、被告人的家属或者所在单位人员与犯罪有牵连的。

（第3款）　指定居所监视居住的，不得要求被监视居住人支付费用。

第112条　固定住处，是指被监视居住人在办案机关所在的市、县内生活的合法住处①；指定的居所，是指公安机关根据案件情况，在办案机关所在的市、县内为被监视居住人指定的生活居所。

指定的居所应当符合下列条件：（一）具备正常的生活、休息条件；（二）便于监视、管理；（三）保证安全。

公安机关不得在羁押场所、专门的办案场所或者办公场所执行监视居住。

第113条　**（第1款内容同《刑事诉讼法》第75条第2款，略）**

有下列情形之一的，属于本条规定的"无法通知"：（一）不讲真实姓名、住址、身份不明的；（二）没有家属的；（三）提供的家属联系方式无法取得联系的；（四）因自然灾害等不可抗力导致无法通知的。

无法通知的情形消失以后，应当立即通知被监视居住人的家属。

无法通知家属的，应当在监视居住通知书中注明原因。

第117条　公安机关决定监视居住的，由被监视居住人住处或者指定居所所在地的派出所执行，办案部门可以协助执行。必要时，也可以由办案部门负责执行，派出所或者其他部门协助执行。

第118条　人民法院、人民检察院决定监视居住的，负责执行的县级公安机关应当在收到法律文书和有关材料后24小时以内，通知被监视居住人住处或者指定居所所在地的派出所，核实被监视居住人身份、住处或者居所等情况后执行。必要时，可以由人民法院、人民检察院协助执行。

（新增）负责执行的派出所应当及时将执行情况通知决定监视居住的机关。

第119条　负责执行监视居住的派出所或者办案部门应当严格对被监视居住人进行监督考察，确保安全。

对于人民法院、人民检察院决定监视居住的，应当及时将监视居住的执行情况报告决定

---

① 注：《刑事诉讼法》第75条并未限制"固定住处"的地域，应当理解为全国区域（刑事诉讼法适用范围）；公安部令〔2020〕159号《程序规定》将其限缩解释为"办案机关所在地"，大大扩展了"无固定住处"的范畴，极易导致"指定居所监视居住"的滥用。

机关。

第120条　被监视居住人有正当理由要求离开住处或者指定的居所以及要求会见他人或者通信的，应当经负责执行的派出所或者办案部门负责人批准。

人民法院、人民检察院决定监视居住的，负责执行的派出所在批准被监视居住人离开住处或者指定的居所以及与他人会见或者通信前，应当征得决定监视居住的机关同意。

第121条　被监视居住人违反应当遵守的规定，公安机关应当区分情形责令被监视居住人具结悔过或者给予治安管理处罚。情节严重的，可以予以逮捕；需要予以逮捕的，可以对其先行拘留。

人民法院、人民检察院决定监视居住的，被监视居住人违反应当遵守的规定，负责执行的派出所应当及时通知决定监视居住的机关，执行监视居住的县级公安机关应当及时告知决定机关。

第123条　公安机关决定解除监视居住需要解除监视居住的，应当经县级以上公安机关负责人批准，制作解除监视居住决定书，并及时通知负责执行的派出所或者办案部门、被监视居住人和有关单位。

人民法院、人民检察院作出解除、变更监视居住决定的，负责执行的公安机关应当及时解除并通知被监视居住人和有关单位。

第136条　被监视居住人违反监视居住规定，具有下列情形之一的，可以提请批准逮捕：（一）涉嫌故意实施新的犯罪行为的；（二）实施毁灭、伪造证据或者干扰证人作证、串供行为，足以影响侦查工作正常进行的；（三）对被害人、举报人、控告人实施打击报复的；（四）企图自杀、逃跑、逃避侦查的；（五）未经批准，擅自离开执行监视居住的处所，情节严重的，或者2次以上未经批准，擅自离开执行监视居住的处所的；（六）未经批准，擅自会见他人或者通信，情节严重的，或者2次以上未经批准，擅自会见他人或者通信的；（七）经传讯无正当理由不到案，情节严重的，或者经2次以上传讯不到案的。

第385条　本规定所称"危害国家安全犯罪"，包括刑法分则第一章规定的危害国家安全罪以及危害国家安全的其他犯罪；"恐怖活动犯罪"，包括以制造社会恐慌、危害公共安全或者胁迫国家机关、国际组织为目的，采取暴力、破坏、恐吓等手段，造成或者意图造成人员伤亡、重大财产损失、公共设施损坏、社会秩序混乱等严重社会危害的犯罪，以及煽动、资助或者以其他方式协助实施上述活动的犯罪。

【法释〔2021〕1号】　最高人民法院关于适用《中华人民共和国刑事诉讼法》的解释（2020年12月7日最高法审委会〔1820次〕修订，2021年1月26日公布，2021年3月1日施行；2013年1月1日施行的"法释〔2012〕21号"《解释》同时废止）

第160条　对具有刑事诉讼法第74条第1款、第2款规定情形的被告人，人民法院可以决定监视居住。

人民法院决定对被告人监视居住的，应当核实其住处；没有固定住处的，应当为其指定居所。

第161条　人民法院向被告人宣布监视居住决定后，应当将监视居住决定书等相关材料送交被告人住处或者指定居所所在地的同级公安机关执行。

对被告人指定居所监视居住后，人民法院应当在24小时以内，将监视居住的原因和处所通知其家属；确实无法通知的，应当记录在案。

第162条　人民检察院、公安机关已经对犯罪嫌疑人取保候审、监视居住，案件起诉至人民法院后，需要继续取保候审、监视居住或者变更强制措施的，人民法院应当在7日以内作出决定，并通知人民检察院、公安机关。

决定继续取保候审、监视居住的，应当重新办理手续，期限重新计算；继续使用保证金保证的，不再收取保证金。

~~人民法院不得对被告人重复采取取保候审、监视居住措施。~~

【主席令〔2021〕71号】　中华人民共和国海警法（2021年1月22日第13届全国人大常委会第25次会议通过，2021年2月1日施行）

第43条　海警机构、人民检察院、人民法院依法对海上刑事案件的犯罪嫌疑人、被告人决定监视居住的，由海警机构在被监视居住人住处执行；被监视居住人在负责办案的海警机构所在的市、县没有固定住处的，可以在指定的居所执行。对于涉嫌危害国家安全犯罪、恐怖活动犯罪，在住处执行可能有碍侦查的，经上一级海警机构批准，也可以在指定的居所执行。但是，不得在羁押场所、专门的办案场所执行。

【公通字〔2022〕25号】　最高人民法院、最高人民检察院、公安部、国家安全部关于取保候审若干问题的规定（1999年8月4日"公通字〔1999〕59号"印发施行；2022年9月5日修订重发）

第6条　对符合取保候审条件，但犯罪嫌疑人、被告人不能提出保证人也不交纳保证金的，可以监视居住。

前款规定的被监视居住人提出保证人或者交纳保证金的，可以对其变更为取保候审。

【海警局令〔2023〕1号】　海警机构办理刑事案件程序规定（2023年5月15日审议通过，2023年6月15日起施行）(余文见本书第308条)

第42条（第1款）　对危害国家安全犯罪案件、恐怖活动犯罪案件，……犯罪嫌疑人被监视居住的，在送交执行时应当书面通知执行监视居住的海警机构。

第104条　海警机构对符合逮捕条件，有下列情形之一的犯罪嫌疑人，可以监视居住：（一）患有严重疾病、生活不能自理的；（二）怀孕或者正在哺乳自己婴儿的妇女；（三）系生活不能自理的人的唯一扶养人；（四）因案件的特殊情况或者办理案件的需要，采取监视居住措施更为适宜的；（五）羁押期限届满，案件尚未办结，需要采取监视居住措施的。

对人民检察院决定不批准逮捕的犯罪嫌疑人，需要继续侦查，并且符合监视居住条件的，可以监视居住。

对于符合取保候审条件，但犯罪嫌疑人不能提出保证人，也不交纳保证金的，可以监视居住。

对于被取保候审人违反本规定第80条、第81条规定的，可以监视居住。

第105条　对犯罪嫌疑人监视居住，应当制作呈请监视居住报告书，说明监视居住的理由、采取监视居住的方式以及应当遵守的规定，经海警机构负责人批准，制作监视居住决定书。

监视居住决定书应当向犯罪嫌疑人宣读，由犯罪嫌疑人签名、捺指印。

第106条　监视居住应当在犯罪嫌疑人、被告人住处执行；无固定住处的，可以在指定的居所执行。对于涉嫌危害国家安全犯罪、恐怖活动犯罪，在住处执行可能有碍侦查的，经上一级海警机构批准，也可以在指定的居所执行。

有下列情形之一的，属于本条规定的"有碍侦查"：（一）可能毁灭、伪造证据，干扰证人作证或者串供的；（二）可能引起犯罪嫌疑人自残、自杀或者逃跑的；（三）可能引起同案犯逃避、妨碍侦查的；（四）犯罪嫌疑人、被告人在住处执行监视居住有人身危险的；（五）犯罪嫌疑人、被告人的家属或者所在单位人员与犯罪有牵连的。

指定居所监视居住的，不得要求被监视居住人支付费用。

第 107 条　固定住处，是指被监视居住人在负责办案的海警机构所在的市、县内生活的合法住处；指定的居所，是指海警机构根据案件情况，在负责办案的海警机构所在的市、县内为被监视居住人指定的生活居所。

指定的居所应当符合下列条件：（一）具备正常的生活、休息条件；（二）便于监视、管理；（三）保证安全。

海警机构不得在羁押场所、专门的执法办案场所或者办公场所执行监视居住。

第 108 条　指定居所监视居住，除无法通知的以外，应当制作监视居住通知书，在执行监视居住后 24 小时以内，由作出决定的海警机构通知被监视居住人的家属。无法通知的，侦查人员应当在监视居住通知书中注明。

有下列情形之一的，属于前款规定的"无法通知"：（一）不讲真实姓名、住址，身份不明的；（二）没有家属的；（三）提供的家属联系方式无法取得联系的；（四）因自然灾害等不可抗力导致无法通知的。

无法通知的情形消失以后，应当立即通知被监视居住人的家属。

第 109 条　被监视居住人委托辩护律师，适用本规定第 33 条、第 34 条、第 35 条的规定。

第 110 条　海警机构在宣布监视居住决定时，应当告知被监视居住人遵守以下规定：（一）未经执行机关批准不得离开执行监视居住的处所；（二）未经执行机关批准不得会见他人或者以任何方式通信；（三）在传讯的时候及时到案；（四）不得以任何形式干扰证人作证；（五）不得毁灭、伪造证据或者串供；（六）将护照等出入境证件、身份证件、驾驶证件交执行机关保存。

第 111 条　海警机构对被监视居住人，可以采取电子监控、不定期检查等监视方法对其遵守监视居住规定的情况进行监督；在侦查期间，可以对被监视居住的犯罪嫌疑人的电话、传真、信函、邮件、网络等通信进行监控。

第 112 条　监视居住由被监视居住人住处的海警工作站执行，被监视居住人住处未设海警工作站以及指定居所监视居住或者案件情况复杂特殊的，由负责办案的海警机构执行。必要时，可以协调当地公安机关协助执行。

第 113 条　人民法院、人民检察院决定监视居住的，负责执行的海警机构应当在收到法律文书和有关材料后 24 小时以内，核实被监视居住人身份、住处或者居所等情况后执行。

必要时，可以由人民法院、人民检察院协助执行。

负责执行的海警机构应当及时将执行情况通知决定监视居住的人民法院、人民检察院。

第 114 条　负责执行监视居住的海警机构应当严格对被监视居住人进行监督考察，确保安全。

第 115 条　被监视居住人有正当理由要求离开住处或者指定的居所以及要求会见他人或者通信的，应当经负责执行的海警机构负责人批准。

人民法院、人民检察院决定监视居住的，负责执行的海警机构在批准被监视居住人离开住处或者指定的居所以及与他人会见或者通信前，应当征得决定监视居住的人民法院、人民检察院同意。

第116条　被监视居住人违反应当遵守的规定，海警机构应当区分情形责令被监视居住人具结悔过或者给予治安管理处罚。情节严重的，可以予以逮捕；需要予以逮捕的，可以对其先行拘留。

人民法院、人民检察院决定监视居住的，被监视居住人违反应当遵守的规定，负责执行的海警机构应当及时通知决定监视居住的人民法院、人民检察院。

第117条　在监视居住期间，海警机构不得中断案件的侦查。对被监视居住的犯罪嫌疑人，根据案情变化，应当及时解除监视居住或者变更强制措施。

监视居住的期限最长不得超过6个月。

第118条　需要解除监视居住的，应当制作呈请解除监视居住报告书，经海警机构负责人批准，制作解除监视居住决定书，并及时通知负责执行的海警机构、被监视居住人和有关单位。

人民法院、人民检察院作出解除、变更监视居住决定的，负责执行的海警机构应当及时解除并通知被监视居住人和有关单位。

第339条　本规定所称"危害国家安全犯罪"，包括《中华人民共和国刑法》分则第1章规定的危害国家安全罪以及危害国家安全的其他犯罪；"恐怖活动犯罪"，包括以制造社会恐慌、危害公共安全或者胁迫国家机关、国际组织为目的，采取暴力、破坏、恐吓等手段，造成或者意图造成人员伤亡、重大财产损失、公共设施损坏、社会秩序混乱等严重社会危害的犯罪，以及煽动、资助或者以其他方式协助实施上述活动的犯罪。

第341条　本规定所称"海警机构负责人"是指海警机构的正职领导。……

【国安部令〔2024〕4号】　国家安全机关办理刑事案件程序规定（2024年4月26日公布，2024年7月1日起施行）

第132条　国家安全机关对符合逮捕条件，有下列情形之一的犯罪嫌疑人，可以监视居住：（一）患有严重疾病、生活不能自理的；（二）怀孕或者正在哺乳自己婴儿的妇女；（三）系生活不能自理的人的唯一扶养人；（四）因为案件的特殊情况或者办理案件的需要，采取监视居住措施更为适宜的；（五）羁押期限届满，案件尚未办结，需要采取监视居住措施的。

对于人民检察院决定不批准逮捕的犯罪嫌疑人，需要继续侦查，并且符合监视居住条件的，可以监视居住。

对于符合取保候审条件，但犯罪嫌疑人不能提出保证人，也不交纳保证金的，可以监视居住。

对于被取保候审人违反本规定第112条、第113条规定，需要监视居住的，可以监视居住。

第133条　对犯罪嫌疑人监视居住，应当经国家安全机关负责人批准，制作监视居住决定书。监视居住决定书应当向犯罪嫌疑人宣读，由犯罪嫌疑人签名、捺指印。

第134条　监视居住应当在犯罪嫌疑人、被告人的住处执行，无固定住处的，可以在指定的居所执行。

对涉嫌危害国家安全犯罪、恐怖活动犯罪，在住处执行可能有碍侦查的，经上一级国家安全机关批准，可以在指定的居所执行监视居住。指定居所监视居住的，不得要求被监视居住人支付费用。

有下列情形之一的，属于本条规定的"有碍侦查"：（一）可能毁灭、伪造证据，干扰证人作证或者串供的；（二）可能引起犯罪嫌疑人自残、自杀或者逃跑的；（三）可能引起同案犯逃避、妨碍侦查的；（四）犯罪嫌疑人、被告人在住处执行监视居住有人身危险的；（五）犯罪嫌疑人、被告人的家属或者所在单位人员与犯罪有牵连的。

第135条　指定的居所应当符合下列条件：（一）具备正常的生活、休息条件；（二）便于监视、管理；（三）保证安全。

不得在羁押场所、专门的办案场所或者办公场所执行监视居住。

第136条　人民法院、人民检察院决定监视居住的，负责执行的国家安全机关应当在收到法律文书和有关材料24小时以内，核实被监视居住人身份、住处或者居所等情况后执行。必要时，可以由人民法院、人民检察院协助执行。

第137条　指定居所监视居住，除无法通知的以外，应当制作指定居所监视居住通知书，在执行监视居住后24小时以内，由决定机关通知被监视居住人的家属。

无法通知的情形消失后，应当立即通知被监视居住人的家属。

（插）第190条　有下列情形之一的，属于本章中规定的"无法通知"：（一）犯罪嫌疑人不讲真实姓名、住址、身份不明的；（二）犯罪嫌疑人无家属的；（三）提供的家属联系方式无法取得联系的；（四）因自然灾害等不可抗力导致无法通知的。

第138条　国家安全机关执行监视居住，应当严格对被监视居住人进行监督考察，确保安全。

人民法院、人民检察院决定监视居住的，负责执行的国家安全机关应当及时将监视居住的执行情况通知决定机关。

第139条　国家安全机关在宣布监视居住决定时，应当告知被监视居住人遵守以下规定：（一）未经国家安全机关批准不得离开执行监视居住的处所；（二）未经国家安全机关批准不得会见他人或者通信；（三）在传讯的时候及时到案；（四）不得以任何形式干扰证人作证；（五）不得毁灭、伪造证据或者串供；（六）将护照等出入境证件、身份证件、驾驶证件交国家安全机关保存。

第140条　被监视居住人有正当理由要求离开住处或者指定的居所以及要求会见他人或者通信的，应当经国家安全机关批准。

人民法院、人民检察院决定监视居住的，负责执行的国家安全机关在批准被监视居住人离开住处或者指定的居所以及与他人会见或者通信前，应当征得决定机关同意。

第141条　国家安全机关可以采取电子监控、不定期检查等监视方法，对被监视居住人遵守有关规定的情况进行监督；在侦查期间，可以对被监视居住人的通信进行监控。

第142条　被监视居住人委托辩护律师，适用本规定第41条、第43条、第44条和第45条规定。（见本书第4章第34-36条相应内容）

第143条　被监视居住人违反应当遵守的规定，国家安全机关应当责令其具结悔过或者依照有关法律法规追究责任；情节严重的，可以提请人民检察院批准逮捕，需要予以逮捕的，可以对其先行拘留。

人民法院、人民检察院决定监视居住的，被监视居住人违反应当遵守的规定，负责执行的国家安全机关应当及时告知决定机关。

第144条　监视居住最长不得超过6个月。

在监视居住期间，国家安全机关不得中断对案件的侦查。对被监视居住的犯罪嫌疑人，根据案件情况或者监视居住期满，应当及时解除监视居住或者变更强制措施。

第 145 条　需要解除监视居住的，应当经国家安全机关负责人批准，制作解除监视居住决定书，并及时通知被监视居住人和有关单位。

人民法院、人民检察院作出解除、变更监视居住决定的，负责执行的国家安全机关应当及时解除，并通知被监视居住人和有关单位。

第 146 条　国家安全机关对犯罪嫌疑人决定和执行指定居所监视居住时，应当接受人民检察院的监督。

人民检察院向国家安全机关提出纠正意见的，国家安全机关应当及时纠正，并将有关情况回复人民检察院。

第 80~81 条　（见第 87 条）

第 82 条　【拘留适用】公安机关对于罪该逮捕的[1]现行犯或者重大嫌疑分子，如果有下列情形之一的，可以先行拘留：

（一）正在预备犯罪、实行犯罪或者在犯罪后即时被发觉的；

（二）被害人或者在场亲眼看见的人指认他犯罪的；

（三）在身边或者住处发现有犯罪证据的；

（四）犯罪后企图自杀、逃跑或者在逃的；

（五）有毁灭、伪造证据或者串供可能的；

（六）不讲真实姓名、住址，身份不明的；[2]

（七）有流窜作案、多次作案、结伙作案重大嫌疑的。[3]

（八）正在进行"打砸抢"和严重破坏工作、生产、社会秩序的。[4]

（插）第 165 条　【自侦案件的逮捕、拘留】人民检察院直接受理的案件中符合本法第 81 条、第 82 条第 4 项、第 5 项规定情形，需要逮捕、拘留犯罪嫌疑人的，由人民检察院作出决定，由公安机关执行。

第 83 条[5]　【异地拘留、逮捕】[6]公安机关在异地执行拘留、逮捕的时候，应当通知被拘留、逮捕人所在地的公安机关，被拘留、逮捕人所在地的公安机关应当予以配合。

第 84 条　【公民扭送权】（见第 111 条）

第 85 条　【拘留示证】公安机关拘留人的时候，必须出示拘留证。

---

[1]　本部分内容被 1996 年 3 月 17 日第 8 届全国人民代表大会第 4 次会议删除，1997 年 1 月 1 日施行。

[2]　本项规定被 1996 年 3 月 17 日第 8 届全国人民代表大会第 4 次会议修改，1997 年 1 月 1 日施行。原规定为："（六）身份不明有流窜作案重大嫌疑的；"

[3]　参见本条第（六）项规定的脚注。

[4]　本项规定被 1996 年 3 月 17 日第 8 届全国人民代表大会第 4 次会议删除，1997 年 1 月 1 日施行。

[5]　本条规定由 1996 年 3 月 17 日第 8 届全国人民代表大会第 4 次会议增设，1997 年 1 月 1 日施行。

[6]　本条规定的相关规范详见总则第一章末尾的"办案协作"专辑。

【拘留送所、通知家属】拘留后，应当立即将被拘留人送看守所羁押，至迟不得超过24小时。除无法通知或者涉嫌危害国家安全犯罪、恐怖活动犯罪通知可能有碍侦查的情形以外，应当在拘留后24小时以内，通知被拘留人的家属。有碍侦查的情形消失以后，应当立即通知被拘留人的家属。①

第86条 【拘留后的讯问】公安机关对于被拘留的人，应当在拘留后的24小时以内进行讯问。在发现不应当拘留的时候，必须立即释放，发给释放证明。对需要逮捕而证据还不充足的，可以取保候审或者监视居住。②

（插）第91条（第1款）【普通拘留报捕期限】公安机关对被拘留的人，认为需要逮捕的，应当在拘留后的3日以内，提请人民检察院审查批准。在特殊情况下，提请审查批准的时间可以延长1日至4日。

（第2款）【特殊拘留报捕期限】对于流窜作案、多次作案、结伙作案的重大嫌疑分子，提请审查批准的时间可以延长至30日。③

（插）第166条 【自侦拘留后的讯问】人民检察院对直接受理的案件中被拘留的人，应当在拘留后的24小时以内进行讯问。在发现不应当拘留的时候，必须立即释放，发给释放证明。对需要逮捕而证据还不充足的，可以取保候审或者监视居住。④

● 相关规定　【主席令〔1996〕61号】　中华人民共和国戒严法（1996年3月1日第8届全国人大常委会第18次会议通过，主席令第61号公布施行）

第21条　执行戒严任务的人民警察、人民武装警察和中国人民解放军是戒严执勤人员。

戒严执勤人员执行戒严任务时，应当佩带由戒严实施机关统一规定的标志。

第24条　戒严执勤人员依照戒严实施机关的规定，有权对下列人员立即予以拘留：（一）正在实施危害国家安全、破坏社会秩序的犯罪或者有重大嫌疑的；（二）阻挠或者抗拒戒严执勤人员执行戒严任务的；（三）抗拒交通管制或者宵禁规定的；（四）从事其他抗拒戒严令的活动的。

---

① 本款规定由2012年3月14日第11届全国人大常委会第5次会议修改，2013年1月1日施行。原规定为："拘留后，除有碍侦查或者无法通知的情形以外，应当把拘留的原因和羁押的处所，在24小时以内，通知被拘留人的家属或者他的所在单位。"

注：2012年3月8日，第11届全国人大常委会5次会议举行记者会，全国人大常委会法制工作委员会副主任郎胜在回答中外记者的提问时，就"刑事诉讼法修改"解释说明如下：对拘留这种紧急情况下采取的强制措施规定，除无法通知或者涉嫌危害国家安全犯罪、恐怖活动犯罪通知可能有碍侦查的情形以外，应当在24小时以内通知家属。其强调，在我国没有"秘密拘捕"，法律也没有这样的规定。详见中国人大网http://www.npc.gov.cn/zgrdw/huiyi/lfzt/xsssfxg/2012-03/09/content_1707026.htm，最后访问时间：2024年4月18日。

② 本部分内容被2012年3月14日第11届全国人大常委会第5次会议删除，2013年1月1日施行。

③ 本款规定由1996年3月17日全国人大〔8届4次〕增设，1997年1月1日起施行。

注：对于有流窜作案、多次作案、结伙作案的现行犯或者重大嫌疑分子，过去公安机关可以收容审查，现在改为公安机关可以先行拘留，不再保留作为行政强制手段的收容审查。

④ 本部分内容被2012年3月14日第11届全国人大常委会第5次会议删除，2013年1月1日施行。

第 26 条　在戒严地区有下列聚众情形之一、阻止无效的，戒严执勤人员根据有关规定，可以使用警械强行制止或者驱散，并将其组织者和拒不服从的人员强行带离现场或者立即予以拘留：（一）非法进行集会、游行、示威以及其他聚众活动的；（二）非法占据公共场所或者在公共场所煽动进行破坏活动的；（三）冲击国家机关或者其他重要单位、场所的；（四）扰乱交通秩序或者故意堵塞交通的；（五）哄抢或者破坏机关、团体、企业事业组织和公民个人的财产的。

第 27 条　戒严执勤人员对于依照本法规定予以拘留的人员，应当及时登记和讯问，发现不需要继续拘留的，应当立即予释放。

戒严期间拘留、逮捕的程序和期限可以不受中华人民共和国刑事诉讼法有关规定的限制，但逮捕须经人民检察院批准或者决定。

【主席令〔2012〕69 号】　中华人民共和国人民警察法（1995 年 2 月 28 日第 8 届全国人大常委会第 12 次会议通过，主席令第 40 号公布施行；2012 年 10 月 26 日第 11 届全国人大常委会第 29 次会议修正，主席令第 69 号公布，2013 年 1 月 1 日施行）

第 17 条　县级以上人民政府公安机关，经上级公安机关和同级人民政府批准，对严重危害社会治安秩序的突发事件，可以根据情况实行现场管制。

公安机关的人民警察依照前款规定，可以采取必要手段强行驱散，并对拒不服从的人员强行带离现场或者立即予以拘留。

【公发〔1995〕14 号】　公安部关于公安机关执行《人民警察法》有关问题的解释（1995 年 7 月 15 日）

一、如何理解、执行关于盘问、检查的规定

（第 7 款）对被盘问人依法采取刑事拘留或者治安拘留的，其留置时间不予折抵。

【法工委刑发〔2000〕号】　全国人大常委会法制工作委员会刑法室关于如何计算身份不明的犯罪嫌疑人拘留后的侦查羁押期限问题的电话答复（2000 年 12 月 29 日答复公安部法制局《关于刑事拘留延长至 30 日后是否可以再延长或者重新计算羁押期限问题的征求意见函》）

二、刑事诉讼法第 69 条（现第 91 条）第 2 款规定，对于流窜作案、多次作案、结伙作案的重大嫌疑分子，提请审查批准的时间可以延长至 30 日。根据上述规定，对于犯罪嫌疑人不讲真实姓名、住址，身份不明，其拘留期限不适用关于延长至 30 日的规定，应按照刑事诉讼法第 128 条（现第 160 条）第 2 款的规定执行。

【高检会〔2000〕2 号】　最高人民检察院、公安部关于适用刑事强制措施有关问题的规定（2000 年 8 月 28 日公布施行）

三、拘留

第 18 条　人民检察院直接立案侦查的案件，需要拘留犯罪嫌疑人的，应当依法作出拘留决定，并将有关法律文书和有关案由、犯罪嫌疑人基本情况的材料送交同级公安机关执行。

第 19 条　公安机关核实有关法律文书和材料后，应当报请县级以上公安机关负责人签发拘留证，并立即派员执行，人民检察院可以协助公安机关执行。

第 20 条　人民检察院对于符合刑事诉讼法第 61 条第（四）项或者第（五）项规定情形的犯罪嫌疑人，因情况紧急，来不及办理拘留手续的，可以先行将犯罪嫌疑人带至公安机关，同时立即办理拘留手续。

第21条　公安机关拘留犯罪嫌疑人后，应当立即将执行回执送达作出拘留决定的人民检察院。人民检察院应当在拘留后的24小时以内对犯罪嫌疑人进行讯问。除有碍侦查或者无法通知的情形以外，人民检察院还应当把拘留的原因和羁押的处所，在24小时以内，通知被拘留人的家属或者他的所在单位。

公安机关未能抓获犯罪嫌疑人的，应当在24小时以内，将执行情况和未能抓获犯罪嫌疑人的原因通知作出拘留决定的人民检察院。对于犯罪嫌疑人在逃的，在人民检察院撤销拘留决定之前，公安机关应当组织力量继续执行，人民检察院应当及时向公安机关提供新的情况和线索。

第22条　人民检察院对于决定拘留的犯罪嫌疑人，经检察长或者检察委员会决定不予逮捕的，应当通知公安机关释放犯罪嫌疑人，公安机关接到通知后应当立即释放；需要逮捕而证据还不充足的，人民检察院可以变更为取保候审或者监视居住，并通知公安机关执行。

第23条　公安机关对于决定拘留的犯罪嫌疑人，经审查认为需要逮捕的，应当在法定期限内提请同级人民检察院审查批准。犯罪嫌疑人不讲真实姓名、住址，身份不明的，拘留期限自查清其真实身份之日起计算。对于有证据证明有犯罪事实的，也可以按犯罪嫌疑人自报的姓名提请人民检察院批准逮捕。

对于需要确认外国籍犯罪嫌疑人身份的，应当按照我国和该犯罪嫌疑人所称的国籍国签订的有关司法协助条约、国际公约的规定，或者通过外交途径、国际刑警组织渠道查明其身份。如果确实无法查清或者有关国家拒绝协助，只要有证据证明有犯罪事实，可以按照犯罪嫌疑人自报的姓名提请人民检察院批准逮捕。侦查终结后，对于犯罪事实清楚，证据确实、充分的，也可以按其自报的姓名移送人民检察院审查起诉。

五、其他有关规定

……

第39条　各省、自治区、直辖市人民检察院、公安厅（局）和最高人民检察院、公安部直接立案侦查的刑事案件，适用刑事诉讼法和本规定。

【公（复）〔2004〕号】　公安部法制局关于行政案件转为刑事案件办理后原行政案件如何处理的电话答复（2004年11月1日答复海南省公安厅法制处"琼公法字〔2004〕24号"请示）

公安机关在办理行政案件过程中，发现同一违法行为涉嫌犯罪的，如果行政案件尚未结案，可以直接转为刑事案件办理，无需履行撤销手续。如果行政案件已经作出处罚决定，应当先行撤销行政处罚，再转为刑事案件办理。对符合《刑事诉讼法》第61条（现第82条）规定的刑事拘留条件的，可以对犯罪嫌疑人采取刑事拘留措施。行政拘留和刑事拘留性质不同，行政拘留不能折抵刑事拘留。

【公通字〔2010〕47号】　公安部关于贯彻执行国家赔偿法有关问题的通知（2010年9月18日）

二、严格依法采取刑事拘留措施，准确把握刑事拘留国家赔偿范围。各级公安机关要严格依照刑事诉讼法规定的条件、程序和期限采取拘留措施。延长刑事拘留期限的，要严格执行刑事诉讼法第69条（现第91条）第2款和《公安机关办理刑事案件程序规定》第110条（现第129条）的规定，严禁扩大"流窜作案"、"多次作案"和"结伙作案"的适用范围。……

【高检发释字〔2011〕1号】 最高人民检察院关于对涉嫌盗窃的不满十六周岁未成年人采取刑事拘留强制措施是否违法问题的批复（2011年1月10日最高检第11届检委会第54次会议通过，2011年1月25日公布，答复北京市人民检察院"京检字〔2010〕107号"请示）

根据刑法、刑事诉讼法、未成年人保护法等有关法律规定，对于实施犯罪时未满16周岁的未成年人，且未犯刑法第17条第2款规定之罪的，公安机关查明犯罪嫌疑人实施犯罪时年龄确系未满16周岁依法不负刑事责任后仍予以刑事拘留的，检察机关应当及时提出纠正意见。

【六部委〔2012〕规定】 最高人民法院、最高人民检察院、公安部、国家安全部、司法部、全国人大常委会法制工作委员会关于实施刑事诉讼法若干问题的规定（2012年12月26日印发，2013年1月1日施行）

16. 刑事诉讼法规定，拘留由公安机关执行。对于人民检察院直接受理的案件，人民检察院作出的拘留决定，应当送达公安机关执行，公安机关应当立即执行，人民检察院可以协助公安机关执行。

【公通字〔2019〕23号】 最高人民法院、最高人民检察院、公安部、司法部关于依法严厉打击传播艾滋病病毒等违法犯罪行为的指导意见（2019年5月19日）

四、健全完善工作机制

（三）强化沟通协调。人民法院、人民检察院、公安机关、司法行政机关要加强沟通协调，确保案件顺利起诉、审判、送监执行。……监管场所应当及时依法收押违法犯罪的艾滋病病毒感染者或者病人，并根据艾滋病防治工作需要，确定专门监管场所或者在监管场所（医疗机构）内划定专门区域，对其进行管理、治疗，并定期健康检查，及时掌握其病情变化情况。

【高检发释字〔2019〕4号】 人民检察院刑事诉讼规则（2019年12月2日最高检第13届检委会第28次会议通过，2019年12月30日公布施行；高检发释字〔2012〕2号《规则（试行）》同时废止）

第121条 人民检察院对于具有下列情形之一的犯罪嫌疑人，可以决定拘留：（一）犯罪后企图自杀、逃跑或者在逃的；（二）有毁灭、伪造证据或者串供可能的。

第122条 人民检察院作出拘留决定后，应当将有关法律文书和案由、犯罪嫌疑人基本情况的材料送交同级公安机关执行。必要时，人民检察院可以协助公安机关执行。

拘留后，应当立即将被拘留人送看守所羁押，至迟不得超过24小时。

第123条 对犯罪嫌疑人拘留后，除无法通知的以外，人民检察院应当在24小时以内，通知被拘留人的家属。

无法通知的，应当向检察长报告，并将原因写明附卷。无法通知的情形消除后，应当立即通知其家属。

无法通知包括以下情形：（一）被拘留人无家属的；（二）与其家属无法取得联系的；（三）受自然灾害等不可抗力阻碍的。

第124条 对被拘留的犯罪嫌疑人，应当在拘留后24小时以内进行讯问。

第125条 对被拘留的犯罪嫌疑人，发现不应当拘留的，应当立即释放；依法可以取保候审或者监视居住的，按照本规则的有关规定办理取保候审或者监视居住手续。

对被拘留的犯罪嫌疑人，需要逮捕的，按照本规则的有关规定办理逮捕手续；决定不予逮捕的，应当及时变更强制措施。

第126条　人民检察院直接受理侦查的案件，拘留犯罪嫌疑人的羁押期限为14日，特殊情况下可以延长1日至3日。

第129条　……在特殊情况下，经县级以上公安机关负责人批准，提请审查批准逮捕的时间可以延长1日至4日。

对流窜作案、多次作案、结伙作案的重大嫌疑分子，经县级以上公安机关负责人批准，提请审查批准逮捕的时间可以延长至30日。

本条规定的"流窜作案"，是指跨市、县管辖范围连续作案，或者在居住地作案后逃跑到外市、县继续作案；"多次作案"，是指3次以上作案；"结伙作案"，是指2人以上共同作案。

第130条　犯罪嫌疑人不讲真实姓名、住址，身份不明的，应当对其身份进行调查。对符合逮捕条件的犯罪嫌疑人，也可以按其自报的姓名提请批准逮捕。经县级以上公安机关负责人批准，拘留期限自查清其身份之日起计算，但不得停止对其犯罪行为的侦查取证。

第131条　对被拘留的犯罪嫌疑人审查后，根据案件情况报经县级以上公安机关负责人批准，分别作出如下处理：（一）需要逮捕的，在拘留期限内，依法办理提请批准逮捕手续；（二）应当追究刑事责任，但不需要逮捕的，依法直接向人民检察院移送审查起诉，或者依法办理取保候审或者监视居住手续后，向人民检察院移送审查起诉；（三）拘留期限届满，案件尚未办结，需要继续侦查的，依法办理取保候审或者监视居住手续；（四）具有本规定第186条规定情形之一的，释放被拘留人，发给释放证明书；需要行政处理的，依法予以处理或者移送有关部门。

【公安部令〔2020〕159号】　公安机关办理刑事案件程序规定（2020年7月4日第3次部务会议修订，2020年7月20日公布，2020年9月1日施行）

第125条　拘留犯罪嫌疑人，应当填写呈请拘留报告书，经县级以上公安机关负责人批准，制作拘留证。执行拘留时，必须出示拘留证，并责令被拘留人在拘留证上签名、捺指印，拒绝签名、捺指印的，侦查人员应当注明。

紧急情况下，对于符合本规定第124条所列情形①之一的，经出示人民警察证，可以应当将犯罪嫌疑人口头传唤至公安机关后立即审查，办理法律手续。

第126条（第2款）　异地执行拘留，无法及时将犯罪嫌疑人押解回管辖地的，应当在宣布拘留后立即将其送抓获地看守所羁押，至迟不得超过24小时。到达管辖地后，应当立即在24小时以内将犯罪嫌疑人送看守所羁押。

第127条　除无法通知或者涉嫌危害国家安全犯罪、恐怖活动犯罪通知可能有碍侦查的情形以外，应当在拘留后24小时以内制作拘留通知书，通知被拘留人的家属。拘留通知书应当写明拘留原因和羁押处所。

本条规定的"无法通知"的情形适用本规定第113条第2款的规定②。

有下列情形之一的，属于本条规定的"有碍侦查"：（一）可能毁灭、伪造证据，干扰证人作证或者串供的；（二）可能引起同案犯逃避、妨碍侦查的；（三）犯罪嫌疑人的家属与

---

① 注：该条所列情形与《刑事诉讼法》第82条规定内容重复，本书予以节略。
② 注：该款的内容详见《刑事诉讼法》第75条配套规定。

犯罪有牵连的。

无法通知、有碍侦查的情形消失以后，应当立即通知被拘留人的家属。

对于没有在24小时以内通知家属的，应当在拘留通知书中注明原因。

第132条　人民检察院决定拘留犯罪嫌疑人的，由县级以上公安机关凭人民检察院送达的决定拘留的法律文书制作拘留证并立即执行。必要时，可以请人民检察院协助。拘留后，应当及时通知人民检察院。

公安机关未能抓获犯罪嫌疑人的，应当将执行情况和未能抓获犯罪嫌疑人的原因通知作出拘留决定的人民检察院。对于犯罪嫌疑人在逃的，在人民检察院撤销拘留决定之前，公安机关应当组织力量继续执行。

原第152条　~~犯罪嫌疑人被送交看守所羁押以后，侦查人员对其进行讯问，应当在看守所讯问室内进行。~~

第385条　本规定所称"危害国家安全犯罪"，包括刑法分则第一章规定的危害国家安全罪以及危害国家安全的其他犯罪；"恐怖活动犯罪"，包括以制造社会恐慌、危害公共安全或者胁迫国家机关、国际组织为目的，采取暴力、破坏、恐吓等手段，造成或者意图造成人员伤亡、重大财产损失、公共设施损坏、社会秩序混乱等严重社会危害的犯罪，以及煽动、资助或者以其他方式协助实施上述活动的犯罪。

【法刊文摘】　检答网集萃21：公安机关办案超期后，向检察机关移送的案件案管部门怎么受理（检察日报2020年3月18日）

咨询内容（吉林镇赉王大志）：公安机关在侦查阶段，对嫌疑人采取了刑事拘留强制措施，侦查终结后，向检察机关移送审查批捕时，移送时间是在案件刑事拘留到期后的一天移送的，到期日为星期日。对此种情况，检察机关如何受理？

解答摘要（祝淑娟）：对于公安机关未在期限内提请批准逮捕的，没有法律规定检察机关可以不予受理，故符合受理条件的应予受理。对于公安机关的违法问题根据《检察机关执法工作基本规范》第5.133条规定按照侦查监督程序依法处理。

【法发〔2021〕10号】　最高人民法院、最高人民检察院、公安部、司法部关于进一步加强虚假诉讼犯罪惩治工作的意见（2021年3月4日印发，2021年3月10日施行）

第22条　对于故意制造、参与虚假诉讼犯罪活动的民事诉讼当事人和其他诉讼参与人，人民法院应当加大罚款、拘留等对妨害民事诉讼的强制措施的适用力度。

民事诉讼当事人、其他诉讼参与人实施虚假诉讼，人民法院向公安机关移送案件有关材料前，可以依照民事诉讼法的规定先行予以罚款、拘留。

对虚假诉讼刑事案件被告人判处罚金、有期徒刑或者拘役的，人民法院已经依照民事诉讼法的规定给予的罚款、拘留，应当依法折抵相应罚金或者刑期。

第23条　人民检察院可以建议人民法院依照民事诉讼法的规定，对故意制造、参与虚假诉讼的民事诉讼当事人和其他诉讼参与人采取罚款、拘留等强制措施。

【公通字〔2022〕25号】　最高人民法院、最高人民检察院、公安部、国家安全部关于取保候审若干问题的规定（1999年8月4日"公通字〔1999〕59号"印发施行；2022年9月5日修订重发）

第34条　人民检察院、人民法院决定取保候审的，被取保候审人违反取保候审规定，需要予以逮捕的,可以对被取保候审人先行拘留,并提请人民检察院、人民法院依法作出逮捕决定。人民法院、人民检察院决定逮捕的,由所在地同级公安机关执行。

【主席令〔2000〕35号】　中华人民共和国海关法(1987年1月22日第6届全国人大常委会第19次会议通过;2000年7月8日第9届全国人大常委会第16次会议修正;2013年6月29日、2013年12月28日、2016年11月7日、2017年11月4日、2021年4月29日修正)

第6条　海关可以行使下列权力:

(四)(第1款)　在海关监管区和海关附近沿海沿边规定地区,检查有走私嫌疑的运输工具和有藏匿走私货物、物品嫌疑的场所,检查走私嫌疑人的身体;对有走私嫌疑的运输工具、货物、物品和走私犯罪嫌疑人,经直属海关关长或者其授权的隶属海关关长批准,可以扣留;对走私犯罪嫌疑人,扣留时间不超过24小时,在特殊情况下可以延长至48小时。

(第3款)　海关附近沿海沿边规定地区的范围,由海关总署和国务院公安部门会同有关省级人民政府确定。

【海关总署令〔2006〕144号】　海关实施人身扣留规定(2005年12月27日署务会通过,2006年1月13日公布,2006年3月1日施行)

第2条　本规定所称人身扣留(以下简称扣留),是指海关根据海关法第6条第(四)项的规定,对违反海关法以及其他有关法律、行政法规的走私犯罪嫌疑人,依法采取的限制人身自由的行政强制措施。

第6条　海关工作人员在海关监管区和海关附近沿海沿边规定地区,发现有下列行为涉嫌走私犯罪的,经当场查问、检查,可以对走私犯罪嫌疑人实施扣留:(一)有实施条例[①]第7条第(一)项至第(五)项所列行为,且数额较大,情节严重的;(二)直接向走私人非法收购国家禁止进口物品的,或者直接向走私人非法收购走私进口的其他货物、物品,数额较大的;(三)在内海、领海、界河、界湖运输、收购、贩卖国家禁止进出口物品的,或者运输、收购、贩卖国家限制进出口货物、物品,数额较大,没有合法证明的;(四)与走私犯罪嫌疑人通谋,为其提供贷款、资金、账号、发票、证明,或者为其提供运输、保管、邮寄或者其他方便的;(五)有逃避海关监管,涉嫌走私犯罪的其他行为的。

第7条　对有下列情形之一的人员,不适用扣留:(一)经过当场查问、检查,已经排除走私犯罪嫌疑的;(二)所涉案件已经作为刑事案件立案的;(三)有证据证明患有精神病、急性传染病或者其他严重疾病的;(四)其他不符合本规定第六条条件的。

第8条　对符合本规定第六条所列条件,同时具有下列情形之一的人员,可以实施扣留,但在实施扣留时应当自被扣留人签字或者捺指印之时起4小时以内查问完毕,且不得送入扣留室:(一)怀孕或者正在哺乳自己不满1周岁婴儿的妇女;(二)已满70周岁的老年人。

第9条　对走私犯罪嫌疑人,扣留时间不超过24小时;对符合本规定第10条规定情形的,可以延长至48小时。

前款规定的时限应当自走私犯罪嫌疑人在《中华人民共和国海关扣留走私犯罪嫌疑人决定书》(见附件1,以下简称《扣留决定书》)上签字或者捺指印之时起,至被海关解除扣留之时止。海关工作人员将走私犯罪嫌疑人带至海关所用路途时间不计入扣留时间。

[①] 注:《海关行政处罚实施条例》(国务院令〔2004〕1420号)详见《刑法全厚细》第155条。

第10条　海关在实施扣留的24小时内发现具有下列情形之一的，可以对走私犯罪嫌疑人延长扣留时间：（一）拒不配合海关调查，陈述的事实与海关掌握的走私违法犯罪事实明显不一致的；（二）经调查发现走私行为具有连续性或者有团伙走私犯罪嫌疑的；（三）经多名证人指证，仍拒不陈述走私犯罪行为的；（四）有隐匿、转移、伪造、毁灭其走私犯罪证据或者串供可能的；（五）未提供真实姓名、住址、单位，身份不明的。

第11条　对已经排除走私犯罪嫌疑，或者扣留期限、延长扣留期限届满的，海关应当及时解除扣留。

对按照《中华人民共和国刑事诉讼法》（以下简称刑事诉讼法）的有关规定需要采取刑事强制措施的，应当及时解除扣留并按照刑事诉讼法的规定作出处理。

第12条　海关应当严格按照本规定中的适用范围、期限和程序实施扣留，禁止下列行为：（一）超出适用范围实施扣留；（二）超过时限扣留；（三）未经当场查问、检查实施扣留；（四）以扣留代替行政处罚；（五）将扣留作为执行行政处罚、追补征税款的执行手段；（六）扣留享有外交特权和豁免权的人员。

第13条　对符合本规定第六条所列情形，确有必要实施扣留的走私犯罪嫌疑人，经直属海关关长或者其授权的隶属海关关长批准，海关制发《扣留决定书》实施扣留。《扣留决定书》应当注明扣留起始时间，并由被扣留人签字或者捺指印。被扣留人拒不签字或者捺指印的，应当予以注明。

在紧急情况下需要当场对走私犯罪嫌疑人实施扣留的，应当经直属海关关长或者其授权的隶属海关关长口头批准，并在返回海关后4个小时内补办手续。扣留起始时间自走私犯罪嫌疑人被带至海关时起算。

第14条　海关实施扣留时，应当由2名以上海关工作人员执行，出示查缉证并且告知被扣留人享有的救济权利。

第15条　海关对走私犯罪嫌疑人采取扣留的，应当立即通知其家属或者其所在单位并作好记录。对被扣留人身份不明或者无法通知家属、单位的，应当经其确认后记录在案。

第16条　有下列情形之一的，海关可以不通知被扣留人的家属或者其所在单位：（一）同案的走私犯罪嫌疑人可能逃跑、串供或者隐匿、转移、伪造、毁灭其犯罪证据的；（二）未提供真实姓名、住址、单位，身份不明的；（三）其他有碍调查或者无法通知的。

上述情形消除后，海关应当立即通知被扣留人的家属或者其所在单位。

第17条　对本规定第八条规定的人员在晚上9点至次日早上7点之间解除扣留的，海关应当通知其家属领回；或者由当事人提供其认为可以依赖的亲属、朋友或者同事等人将其领回；对身份不明、没有家属或者无人领回的，应当护送至其住地，并由见证人签字确认；在本地无住地的，可以交由当地社会救助机构帮助其返家，并由相关人员签字确认。

第18条　被扣留人的家属为老年人、残疾人、精神病人、不满16周岁的未成年人或者其他没有独立生活能力的人，因海关实施扣留而使扣留人的家属无人照顾的，海关应当通知其亲友予以照顾或者采取其他适当办法妥善安排，并且将安排情况及时告知被扣留人。

第19条　对符合本规定第十条所列条件，确有必要将扣留时间从24小时延长至48小时的，在实施扣留的24小时届满之前，经直属海关关长或者其授权的隶属海关关长批准，海关制发《中华人民共和国海关延长扣留走私犯罪嫌疑人期限决定书》（见附件2，以下简称《延长扣留决定书》）。由被扣留人在《延长扣留决定书》上签名或者捺指印，被扣留人拒绝签名或者捺指印的，应当予以注明。

第20条　对于被扣留人，海关应当在实施扣留后8小时内进行查问。

第21条　对被扣留人解除扣留的，海关制发《中华人民共和国海关解除扣留走私犯罪嫌疑人决定书》（见附件3，以下简称《解除扣留决定书》），并注明解除扣留时间，由被扣留人在《解除扣留决定书》上签名或者捺指印，被扣留人拒绝签名或者捺指印的，应当予以注明。

【海警局令〔2023〕1号】　海警机构办理刑事案件程序规定（2023年5月15日审议通过，2023年6月15日起施行）（余文见本书第308条）

第42条（第1款）　对危害国家安全犯罪案件、恐怖活动犯罪案件，海警机构在将犯罪嫌疑人送看守所羁押时应当书面通知看守所；……

第119条　海警机构对于现行犯或者重大嫌疑分子，有下列情形之一的，可以先行拘留：（一）正在预备犯罪、实行犯罪或者在犯罪后即时被发觉的；（二）被害人或者在场亲眼看见的人指认他犯罪的；（三）在身边或者住处发现有犯罪证据的；（四）犯罪后企图自杀、逃跑或者在逃的；（五）有毁灭、伪造证据或者串供可能的；（六）不讲真实姓名、住址，身份不明的；（七）有流窜作案、多次作案、结伙作案重大嫌疑的。

第120条　拘留犯罪嫌疑人，应当填写呈请拘留报告书，经海警机构负责人批准，制作拘留证。执行拘留时，必须出示拘留证，并责令被拘留人在拘留证上签名、捺指印，拒绝签名、捺指印的，侦查人员应当注明。

执行拘留，应当由2名以上侦查人员进行。

紧急情况下，对于符合本规定第119条所列情形之一的，经出示中国海警执法证，可以将犯罪嫌疑人口头传唤至海警机构后立即审查，办理法律手续。

第121条　拘留后，应当立即将被拘留人送看守所羁押，至迟不得超过24小时。

异地执行拘留，无法及时将犯罪嫌疑人押解回管辖地的，应当在宣布拘留后立即将其送抓获地看守所羁押，至迟不得超过24小时。到达管辖地后，应当立即将犯罪嫌疑人送看守所羁押。

海上执行拘留，应当在抵岸后立即将犯罪嫌疑人送看守所羁押，至迟不得超过24小时。

第122条　拘留后，除无法通知或者涉嫌危害国家安全犯罪、恐怖活动犯罪通知可能有碍侦查的情形以外，应当在拘留后24小时以内制作拘留通知书，通知被拘留人的家属。拘留通知书应当写明拘留原因和羁押处所。

本条规定的"无法通知"的情形适用本规定第108条第2款的规定。

有下列情形之一的，属于本条规定的"有碍侦查"：（一）可能毁灭、伪造证据，干扰证人作证或者串供的；（二）可能引起同案犯逃避、妨碍侦查的；（三）犯罪嫌疑人的家属与犯罪有牵连的。

无法通知、有碍侦查的情形消失以后，应当立即通知被拘留人的家属。

对于没有在24小时以内通知家属的，应当在拘留通知书中注明原因。

第123条　对被拘留的人，应当在拘留后24小时以内进行讯问。发现不应当拘留的，应当经海警机构负责人批准，制作释放通知书。看守所凭释放通知书发给被拘留人释放证明书，将其立即释放。

第124条　对被拘留的犯罪嫌疑人，经过审查认为需要逮捕的，应当在拘留后的3日以内，提请人民检察院审查批准。

在特殊情况下，经海警机构负责人批准，提请审查批准逮捕的时间可以延长1日至4日。

对流窜作案、多次作案、结伙作案的重大嫌疑分子，经海警机构负责人批准，提请审查批准逮捕的时间可以延长至30日。

本条规定的"流窜作案"，是指跨中国海警局直属局或者海警工作站管辖海域连续作案；"多次作案"，是指3次以上作案；"结伙作案"，是指2人以上共同作案。

第125条 犯罪嫌疑人不讲真实姓名、住址，身份不明的，应当对其身份进行调查。对符合逮捕条件的犯罪嫌疑人，也可以按其自报的姓名提请批准逮捕。

第126条 对被拘留的犯罪嫌疑人审查后，根据案件情况报经海警机构负责人批准，分别作出如下处理：（一）需要逮捕的，在拘留期限内，依法办理提请批准逮捕手续；（二）应当追究刑事责任，但不需要逮捕的，依法直接向人民检察院移送审查起诉，或者依法办理取保候审或者监视居住手续后，向人民检察院移送审查起诉；（三）拘留期限届满，案件尚未办结，需要继续侦查的，依法办理取保候审或者监视居住手续；（四）具有本规定第180条规定情形之一的，应当制作释放通知书送达看守所；需要行政处理的，依法予以处理或者移送有关部门。

第148条 查获被通缉、脱逃的犯罪嫌疑人以及执行追捕、押解任务需要临时寄押的，应当持通缉令或者其他有关法律文书并经寄押地海警机构负责人批准，送看守所寄押。寄押地未设海警机构的，应当持通缉令或者其他有关法律文书商请当地公安机关予以协助。

第339条 本规定所称"危害国家安全犯罪"，包括《中华人民共和国刑法》分则第1章规定的危害国家安全罪以及危害国家安全的其他犯罪；"恐怖活动犯罪"，包括以制造社会恐慌、危害公共安全或者胁迫国家机关、国际组织为目的，采取暴力、破坏、恐吓等手段，造成或者意图造成人员伤亡、重大财产损失、公共设施损坏、社会秩序混乱等严重社会危害的犯罪，以及煽动、资助或者以其他方式协助实施上述活动的犯罪。

第341条 本规定所称"海警机构负责人"是指海警机构的正职领导。……

【国安部令〔2024〕4号】 国家安全机关办理刑事案件程序规定（2024年4月26日公布，2024年7月1日起施行）

第147条 国家安全机关对现行犯或者重大嫌疑分子，如果有下列情形之一的，可以先行拘留：（一）正在预备犯罪、实行犯罪或者在犯罪后即时被发觉的；（二）被害人或者在场亲眼看见的人指认他犯罪的；（三）在身边或者住处发现有犯罪证据的；（四）犯罪后企图自杀、逃跑或者在逃的；（五）有毁灭、伪造证据或者串供可能的；（六）不讲真实姓名、住址，身份不明的；（七）有流窜作案、多次作案、结伙作案重大嫌疑的。

第148条 拘留犯罪嫌疑人，应当经国家安全机关负责人批准，制作拘留证。

执行拘留的侦查人员不得少于2人。执行拘留时，应当向被拘留人出示拘留证，并责令其在拘留证上签名、捺指印。

紧急情况下，对于符合本规定第147条所列情形之一的，经出示人民警察证或者侦察证，可以将犯罪嫌疑人口头传唤至国家安全机关后立即审查，办理法律手续。

第149条 拘留后，应当立即将被拘留人送看守所羁押，至迟不得超过24小时。异地执行拘留，无法及时将犯罪嫌疑人押解回管辖地的，应当在宣布拘留后立即将其送就近的看守所羁押，至迟不得超过24小时。到达管辖地后，应当立即将犯罪嫌疑人送看守所羁押。

第150条　除无法通知或者涉嫌危害国家安全犯罪、恐怖活动犯罪通知可能有碍侦查的情形以外，应当在拘留后24小时以内制作拘留通知书，通知被拘留人的家属。拘留通知书应当写明拘留原因和羁押处所。无法通知或者有碍侦查的情形消失以后，应当立即通知被拘留人的家属。对于没有在24小时以内通知家属的，应当在拘留通知书中注明原因。

有下列情形之一的，属于本条规定的"有碍侦查"：（一）可能毁灭、伪造证据，干扰证人作证或者串供的；（二）可能引起同案犯逃避、妨碍侦查的；（三）犯罪嫌疑人的家属与犯罪有牵连的。

（插）第190条　有下列情形之一的，属于本章中规定的"无法通知"：（一）犯罪嫌疑人不讲真实姓名、住址、身份不明的；（二）犯罪嫌疑人无家属的；（三）提供的家属联系方式无法取得联系的；（四）因自然灾害等不可抗力导致无法通知的。

第151条　对于被拘留人，应当在拘留后的24小时以内进行讯问。发现不应当拘留的，经国家安全机关负责人批准，制作释放通知书，通知看守所。看守所应当立即释放被拘留人，并发给释放证明书。

第152条　国家安全机关对被拘留人，经过审查认为需要逮捕的，应当在拘留后的3日以内，提请人民检察院审查批准。在特殊情况下，经国家安全机关负责人批准，提请审查批准的时间可以延长1日至4日。

对于流窜作案、多次作案、结伙作案的重大嫌疑分子，经国家安全机关负责人批准，提请审查批准的时间可以延长至30日。

延长提请审查批准逮捕时间的，应当经国家安全机关负责人批准，制作变更羁押期限通知书，通知看守所和被拘留人。

第153条　犯罪嫌疑人不讲真实姓名、住址，身份不明的，应当对其身份进行调查。对于符合逮捕条件的犯罪嫌疑人，也可以按其自报的姓名提请批准逮捕。

第154条　对被拘留的犯罪嫌疑人审查后，根据案件情况报经国家安全机关负责人批准，分别作出如下处理：

（一）需要逮捕的，在拘留期限内，依法办理提请批准逮捕手续；

（二）应当追究刑事责任，但不需要逮捕的，依法办理取保候审或者监视居住手续后，向人民检察院移送审查起诉；

（三）拘留期限届满，案件尚未办结，需要继续侦查的，依法办理取保候审或者监视居住手续；

（四）具有本规定第206条规定情形之一的，释放被拘留人，发给释放证明书；需要行政处理的，依法予以处理或者移送有关部门。

第180条　看守所应当凭国家安全机关签发的拘留证、逮捕证收押被拘留、逮捕的犯罪嫌疑人、被告人。犯罪嫌疑人、被告人被送至看守所羁押时，看守所应当在拘留证、逮捕证上注明犯罪嫌疑人、被告人到达看守所的时间。

查获被通缉、脱逃的犯罪嫌疑人以及执行追捕、押解任务需要临时寄押的，应当持通缉令或者其他有关法律文书并经寄押地国家安全机关负责人批准，送国家安全机关看守所寄押，看守所应当及时予以配合。

临时寄押的犯罪嫌疑人出所时，看守所应当出具羁押该犯罪嫌疑人的证明，载明该犯罪嫌疑人基本情况、羁押原因、入所和出所时间。

第181条　看守所收押犯罪嫌疑人、被告人和罪犯，应当进行健康和体表检查，并予以记录。

第182条　看守所收押犯罪嫌疑人、被告人和罪犯，应当对其人身和携带的物品进行安全检查。发现违禁物品、犯罪证据和可疑物品，应当制作笔录，由被羁押人签名、捺指印后，送办案部门处理。

对于妇女的人身检查，应当由女工作人员进行。

（插）第80条　【逮捕的批准、决定与执行】 逮捕犯罪嫌疑人、被告人，必须经过人民检察院批准或者人民法院决定，由公安机关执行。

（插）第81条①　【逮捕适用】 对有证据证明有犯罪事实，可能判处徒刑以上刑罚的犯罪嫌疑人、被告人，采取取保候审尚不足以防止发生下列社会危险性的，应当予以逮捕：

（一）可能实施新的犯罪的；
（二）有危害国家安全、公共安全或者社会秩序的现实危险的；
（三）可能毁灭、伪造证据，干扰证人作证或者串供的；
（四）可能对被害人、举报人、控告人实施打击报复的；
（五）企图自杀或者逃跑的。

批准或者决定逮捕，应当将犯罪嫌疑人、被告人涉嫌犯罪的性质、情节，认罪认罚等情况，作为是否可能发生社会危险性的考虑因素。②

对有证据证明有犯罪事实，可能判处10年有期徒刑以上刑罚的，或者有证据证明有犯罪事实，可能判处徒刑以上刑罚，曾经故意犯罪或者身份不明的，应当予以逮捕。

被取保候审、监视居住的犯罪嫌疑人、被告人违反取保候审、监视居住规定，情节严重的，可以予以逮捕。

（插）第165条（复录）　【自侦案件的逮捕、拘留】 人民检察院直接受理的案件中符合本法第81条、第82条第4项、第5项规定情形，需要逮捕、拘留犯罪嫌疑人的，由人民检察院作出决定，由公安机关执行。

第87条　【提请逮捕审查】 公安机关要求逮捕犯罪嫌疑人的时候，应当写出提请批准逮捕书，连同案卷材料、证据，一并移送同级人民检察院审查批准。必要的时候，人民检察院可以派人参加公安机关对于重大案件的讨论。

---

① 本条规定先后2次修改。原规定（1980年1月1日施行）为："对主要犯罪事实已经查清，可能判处徒刑以上刑罚的人犯，采取取保候审、监视居住等方法，尚不足以防止发生社会危险性，而有逮捕必要的，应即依法逮捕。""对应当逮捕的人犯，如果患有严重疾病，或者是正在怀孕、哺乳自己婴儿的妇女，可以采用取保候审或者监视居住的办法。"1996年3月17日第8届全国人民代表大会第4次会议将第1款中"主要犯罪事实已经查清"修改为"有证据证明有犯罪事实"，1997年1月1日施行。2012年3月14日第11届全国人大常委会第5次会议将本条修改为现规定，2013年1月1日施行。

② 本款规定由2018年10月26日第13届全国人大常委会第6次会议增设，同日公布施行。

第 88 条① 【审查逮捕时的讯问与询问】人民检察院审查批准逮捕，可以讯问犯罪嫌疑人；有下列情形之一的，应当讯问犯罪嫌疑人：
（一）对是否符合逮捕条件有疑问的；
（二）犯罪嫌疑人要求向检察人员当面陈述的；
（三）侦查活动可能有重大违法行为的。
人民检察院审查批准逮捕，可以询问证人等诉讼参与人，听取辩护律师的意见；辩护律师提出要求的，应当听取辩护律师的意见。

第 89 条 【逮捕批准权】人民检察院审查批准逮捕犯罪嫌疑人由检察长决定。重大案件应当提交检察委员会讨论决定。

第 90 条② 【逮捕决定与执行，不逮捕说明】人民检察院对于公安机关提请批准逮捕的案件进行审查后，应当根据情况分别作出批准逮捕或者不批准逮捕的决定。对于批准逮捕的决定，公安机关应当立即执行，并且将执行情况及时通知人民检察院。对于不批准逮捕的，人民检察院应当说明理由，需要补充侦查的，应当同时通知公安机关。

第 91 条（第 1~2 款）（见第 86 条）
（第 3 款） 【审批逮捕期限、不批捕的处理】人民检察院应当自接到公安机关提请批准逮捕书后的 7 日以内，作出批准逮捕或者不批准逮捕的决定。人民检察院不批准逮捕的，公安机关应当在接到通知后立即释放，并且将执行情况及时通知人民检察院。对于需要继续侦查，并且符合取保候审、监视居住条件的，依法取保候审或者监视居住。③

公安机关或者人民检察院如果没有按照前款规定办理，被拘留的人或者他的家属有权要求释放，公安机关或者人民检察院应当立即释放。④

（插）第 167 条⑤ 【自侦逮捕决定期限】人民检察院对直接受理的案件中被拘留的人，认为需要逮捕的，应当在 14 日以内作出决定。在特殊情况下，决定逮捕的时间可以延长 1 日至 3 日。对不需要逮捕的，应当立即释放；对于需要继续侦查，并且符合取保候审、监视居住条件的，依法取保候审或者监视居住。

---

① 本条规定由 2012 年 3 月 14 日第 11 届全国人大常委会第 5 次会议增设，2013 年 1 月 1 日施行。
② 本条规定由 1996 年 3 月 17 日第 8 届全国人民代表大会第 4 次会议修改，1997 年 1 月 1 日施行。原规定为："人民检察院对于公安机关提请批准逮捕的案件进行审查后，应当根据情况分别作出批准逮捕，不批准逮捕或者补充侦查的决定。"
③ 本款规定由 1996 年 3 月 17 日全国人大〔8 届 4 次〕修改，1997 年 1 月 1 日起施行。原规定为："人民检察院应当在接到公安机关提请批准逮捕书后的 3 日以内，作出批准逮捕或者不批准逮捕的决定。人民检察院不批准逮捕的，公安机关应当在接到通知后立即释放，发给释放证明。"
④ 本款规定被 1996 年 3 月 17 日第 8 届全国人民代表大会第 4 次会议删除，1997 年 1 月 1 日施行。
⑤ 本条下划线部分由 2012 年 3 月 14 日第 11 届全国人大常委会第 5 次会议修改，2013 年 1 月 1 日施行。原规定分别为"10 日""1 日至 4 日"。

第 92 条　【不批捕的异议】 公安机关对人民检察院不批准逮捕的决定，认为有错误的时候，可以要求复议，但是必须将被拘留的人立即释放。如果意见不被接受，可以向上一级人民检察院提请复核。上级人民检察院应当立即复核，作出是否变更的决定，通知下级人民检察院和公安机关执行。

第 93 条　【逮捕示证】 公安机关逮捕人的时候，必须出示逮捕证。

【逮捕送所、通知家属】 逮捕后，应当立即将被逮捕人送看守所羁押。除无法通知的以外，应当在逮捕后 24 小时以内，通知被逮捕人的家属。[①]

第 94 条　【逮捕后的讯问】 人民法院、人民检察院对于各自决定逮捕的人，公安机关对于经人民检察院批准逮捕的人，都必须在逮捕后的 24 小时以内进行讯问。在发现不应当逮捕的时候，必须立即释放，发给释放证明。

（插）第 100 条　【批捕时的纠违】 人民检察院在审查批准逮捕工作中，如果发现公安机关的侦查活动有违法情况，应当通知公安机关予以纠正，公安机关应当将纠正情况通知人民检察院。

● **相关规定**　**【立法解释】**　全国人民代表大会常务委员会关于《中华人民共和国刑事诉讼法》第七十九条第三款的解释（2014 年 4 月 24 日第 12 届全国人大常委会第 8 次会议通过）

根据刑事诉讼法第 79 条第 3 款的规定，对于被取保候审、监视居住的可能判处徒刑以下刑罚的犯罪嫌疑人、被告人，违反取保候审、监视居住规定，严重影响诉讼活动正常进行的，可以予以逮捕。

【法研字〔1963〕73 号】　最高人民法院关于对审判前无须逮捕的被告人判处有期徒刑时收监执行问题的批复（1963 年 6 月答复安徽高院"〔63〕办研字第 81 号"请示）[②]

根据我院〔63〕法研字第 32 号关于报请批捕未准移送法院判处有期徒刑缓刑等问题的批复，由法院直接受理的普通刑事案件中，对于审判前无须逮捕的被告人，在判处有期徒刑收监执行时，是否还需按照党内关于捕人批准权限的规定报请批捕的问题，我们同意你们的意见，仍应严格执行党内关于捕人批准权限的规定。但在具体作法上可采取以下办法：

（一）对于这类案件，基层人民法院把犯罪事实审理清楚报同级党委审批后，送中级人民法院审核，并由中级人民法院转报地委批准，然后才能宣判。

（二）宣判后即可当庭逮捕送看守所羁押，并在判决发生法律效力后交劳改机关执行。

【法发〔1978〕号】　最高人民法院、公安部关于人民法院决定逮捕的人犯由公安机关执行逮捕的通知（1978 年 10 月 26 日）[③]

中央批准的《第 8 次全国人民司法工作会议纪要》，根据新宪法第 47 条的规定，对人民

---

① 本款规定由 2012 年 3 月 14 日第 11 届全国人大常委会第 5 次会议修改，2013 年 1 月 1 日施行。原规定为："逮捕后，除有碍侦查或者无法通知的情形以外，应当把逮捕的原因和羁押的处所，在 24 小时以内通知被逮捕人的家属或者他的所在单位。"

② 注：该《通知》一直未见被废止。

③ 注：该《通知》一直未见被废止。

法院逮捕人犯的问题，作了明确的规定："人民法院在审理案件的过程中，对于需要决定逮捕的人犯，应按照党内关于捕人批准权限的规定，报请党委批准后，由公安机关执行。"现将执行这一规定的具体办法通知如下：

（一）人民法院在审理公诉案件的过程中，对于未经逮捕的人犯认为有必要逮捕的；或者在直接受理的普通刑事案件中，对于应当判处徒刑的人犯认为有必要于审判前逮捕的，都应当按照党内关于捕人批准权限的规定，报请有权审批逮捕的机关批准后，用公函将呈请批捕的报告和党委的批示抄送公安机关，由公安机关执行逮捕。

（二）人民法院对于审判前无须逮捕的人犯，在判处徒刑时收监执行的问题，仍按最高人民法院1963年6月10日〔63〕法研字第73号《关于对审判前无须逮捕的被告人判处有期徒刑时收监执行问题的批复》办理。

【主席令〔1996〕61号】 中华人民共和国戒严法（1996年3月1日第8届全国人大常委会第18次会议通过，主席令第61号公布施行）

第27条（第2款） 戒严期间拘留、逮捕的程序和期限可以不受中华人民共和国刑事诉讼法有关规定的限制，但逮捕须经人民检察院批准或者决定。

【高检发研字〔1996〕2号】 最高人民检察院关于认真执行《中华人民共和国戒严法》的通知（1996年3月29日）

三、根据《戒严法》第27条第2款的规定，戒严期间拘留、逮捕的程序和期限可以不受《中华人民共和国刑事诉讼法》有关规定的限制，但逮捕须经人民检察院批准或者决定。在戒严期间，戒严地区的人民检察院要认真履行这一职责，依法严格、从速进行批准和决定逮捕工作。对于正在实施危害国家安全、破坏社会秩序的犯罪或者有重大嫌疑的；阻挠或者抗拒戒严执勤人员执行戒严任务的；抗拒交通管制或者宵禁规定的；从事其他抗拒戒严令活动的，而被戒严执勤人员拘留的人员，以及非法进行集会、游行、示威以及其他聚众活动的；非法占据公共场所或者在公共场所煽动破坏活动的；冲击国家机关或者其他重要单位、场所的；扰乱交通秩序或者故意堵塞交通的；哄抢或者破坏机关、团体、企业事业单位和公民个人财产等活动，而被戒严执勤人员拘留的组织者和拒不服从强行制止或者驱散命令的人员，凡符合有关法律规定逮捕条件的，要根据《戒严法》第27条第2款和其他法律规定，及时作出批准或者决定逮捕的决定。

【高检发释字〔1998〕2号】 最高人民检察院关于对报请批准逮捕的案件可否侦查问题的批复（1998年5月12日答复海南省检"琼检发刑捕字〔1998〕1号"请示）

人民检察院审查公安机关提请逮捕的案件，经审查，应当作出批准或者不批准逮捕的决定，对报请批准逮捕的案件不另行侦查。人民检察院在审查批捕中如果认为报请批准逮捕的证据存有疑问的，可以复核有关证据，讯问犯罪嫌疑人、询问证人，以保证批捕案件的质量，防止错捕或漏捕。

【署侦〔1998〕742号】 最高人民法院、最高人民检察院、公安部、司法部、海关总署关于走私犯罪侦查机关办理走私犯罪案件适用刑事诉讼程序若干问题的通知（1998年12月3日）

五、走私犯罪侦查机关在侦办走私犯罪案件过程中，需要提请批准逮捕走私犯罪嫌疑人时，应按《程序规定》制作相应的法律文书，连同有关案卷材料、证据，直接移送走私犯罪侦查机关所在地的分、州、市级人民检察院审查决定。

【高检捕发〔2000〕1号】　人民检察院立案监督工作问题解答（2000年1月13日）

8. 在办理审查批捕案件过程中，发现公安机关对某同案犯没有提请逮捕的，能否适用立案监督程序予以纠正？

答：在办理审查批捕案件过程中，发现公安机关应当提请检察机关批准逮捕而没有提请的，应通过追捕予以解决，不适用立案监督程序。

【高检会〔2000〕2号】　最高人民检察院、公安部关于适用刑事强制措施有关问题的规定（2000年8月28日公布施行）

四、逮捕

第24条　对于公安机关提请批准逮捕的案件，人民检察院应当就犯罪嫌疑人涉嫌的犯罪事实和证据进行审查。除刑事诉讼法第56条和第57条规定的情形外，人民检察院应当按照刑事诉讼法第60条规定的逮捕条件审查批准逮捕。

第25条　对于公安机关提请批准逮捕的犯罪嫌疑人，人民检察院决定不批准逮捕的，应当说明理由；不批准逮捕并且通知公安机关补充侦查的，应当同时列出补充侦查提纲。

公安机关接到人民检察院不批准逮捕决定书后，应当立即释放犯罪嫌疑人；认为需要逮捕而进行补充侦查、要求复议或者提请复核的，可以变更为取保候审或者监视居住。

第26条　公安机关认为人民检察院不批准逮捕的决定有错误的，应当在收到不批准逮捕决定书后5日以内，向同级人民检察院要求复议。人民检察院应当在收到公安机关要求复议意见书后7日以内作出复议决定。

公安机关对复议决定不服的，应当在收到人民检察院复议决定书后5日以内，向上一级人民检察院提请复核。上一级人民检察院应当在收到公安机关提请复核意见书后15日以内作出复核决定。

第27条　人民检察院直接立案侦查的案件，依法作出逮捕犯罪嫌疑人的决定后，应当将有关法律文书和有关案由、犯罪嫌疑人基本情况的材料送交同级公安机关执行。

公安机关核实人民检察院送交的有关法律文书和材料后，应当报请县级以上公安机关负责人签发逮捕证，并立即派员执行，人民检察院可以协助公安机关执行。

第28条　人民检察院直接立案侦查的案件，公安机关逮捕犯罪嫌疑人后，应当立即将执行回执送达决定逮捕的人民检察院。人民检察院应当在逮捕后24小时以内，对犯罪嫌疑人进行讯问。除有碍侦查或者无法通知的情形以外，人民检察院还应当将逮捕的原因和羁押的处所，在24小时以内，通知被逮捕人的家属或者其所在单位。

公安机关未能抓获犯罪嫌疑人的，应当在24小时以内，将执行情况和未能抓获犯罪嫌疑人的原因通知决定逮捕的人民检察院。对于犯罪嫌疑人在逃的，在人民检察院撤销逮捕决定之前，公安机关应当组织力量继续执行，人民检察院应当及时提供新的情况和线索。

第29条　人民检察院直接立案侦查的案件，对已经逮捕的犯罪嫌疑人，发现不应当逮捕的，应当经检察长批准或者检察委员会讨论决定，撤销逮捕决定或者变更为取保候审、监视居住，并通知公安机关执行。人民检察院将逮捕变更为取保候审、监视居住的，执行程序适用本规定。

第30条　人民检察院直接立案侦查的案件，被拘留、逮捕的犯罪嫌疑人或者他的法定代理人、近亲属和律师向负责执行的公安机关提出取保候审申请的，公安机关应当告知其直接向作出决定的人民检察院提出。

被拘留、逮捕的犯罪嫌疑人的法定代理人、近亲属和律师向人民检察院申请对犯罪嫌疑人取保候审的,人民检察院应当在收到申请之日起 7 日内作出是否同意的答复。同意取保候审的,应当作出变更强制措施的决定,办理取保候审手续,并通知公安机关执行。

第 31 条　对于人民检察院决定逮捕的犯罪嫌疑人,公安机关应当在侦查羁押期限届满 10 日前通知决定逮捕的人民检察院。

对于需要延长侦查羁押期限的,人民检察院应当在侦查羁押期限届满前,将延长侦查羁押期限决定书送交公安机关;对于犯罪嫌疑人另有重要罪行,需要重新计算侦查羁押期限的,人民检察院应当在侦查羁押期限届满前,将重新计算侦查羁押期限决定书送交公安机关。

对于不符合移送审查起诉条件或者延长侦查羁押期限条件、重新计算侦查羁押期限条件的,人民检察院应当在侦查羁押期限届满前,作出予以释放或者变更强制措施的决定,并通知公安机关执行。公安机关应当将执行情况及时通知人民检察院。

第 32 条　公安机关立案侦查的案件,对于已经逮捕的犯罪嫌疑人变更为取保候审、监视居住后,又发现需要逮捕该犯罪嫌疑人的,公安机关应当重新提请批准逮捕。

人民检察院直接立案侦查的案件具有前款规定情形的,应当重新审查决定逮捕。

第 39 条　各省、自治区、直辖市人民检察院、公安厅(局)和最高人民检察院、公安部直接立案侦查的刑事案件,适用刑事诉讼法和本规定。

【高检会〔2001〕10 号】　最高人民检察院、公安部关于依法适用逮捕措施有关问题的规定 (2001 年 8 月 6 日)

一、公安机关提请批准逮捕、人民检察院审查批准逮捕都应当严格依照法律规定的条件和程序进行。

(一) 刑事诉讼法第 60 条规定的"有证据证明有犯罪事实"是指同时具备以下 3 种情形: 1. 有证据证明发生了犯罪事实; 2. 有证据证明该犯罪事实是犯罪嫌疑人实施的; 3. 证明犯罪嫌疑人实施犯罪行为的证据已有查证属实的。

"有证据证明有犯罪事实",并不要求查清全部犯罪事实。其中"犯罪事实"既可以是单一犯罪行为的事实,也可以是数个犯罪行为中任何一个犯罪行为的事实。

(二) 具有下列情形之一的,即为刑事诉讼法第 60 条规定的"有逮捕必要": 1. 可能继续实施犯罪行为,危害社会的; 2. 可能毁灭、伪造证据、干扰证人作证或者串供的; 3. 可能自杀或逃跑的; 4. 可能实施打击报复行为的; 5. 可能有碍其他案件侦查的; 6. 其他可能发生社会危险性的情形。

对有组织犯罪、黑社会性质组织犯罪、暴力犯罪和多发性犯罪等严重危害社会治安和社会秩序以及可能有碍侦查的犯罪嫌疑人,一般应予逮捕。

(三) 对实施多个犯罪行为或者共同犯罪案件的犯罪嫌疑人,符合本条第 (一) 项、第 (二) 项的规定,具有下列情形之一的,应当予以逮捕: 1. 有证据证明有数罪中的一罪的; 2. 有证据证明有多次犯罪中的 1 次犯罪的; 3. 共同犯罪中,已有证据证明有犯罪行为的。

(四) 根据刑事诉讼法第 56 条第 2 款的规定,对下列违反取保候审规定的犯罪嫌疑人,应当予以逮捕: 1. 企图自杀、逃跑、逃避侦查、审查起诉的; 2. 实施毁灭、伪造证据或者串供,干扰证人作证行为,足以影响侦查、审查起诉工作正常进行的; 3. 未经批准,擅自离开所居住的市、县,造成严重后果,或者 2 次未经批准,擅自离开所居住的市、县的; 4. 经传讯不到案，造成严重后果，或者经2次传讯不到案的。

对在取保候审期间故意实施新的犯罪行为的犯罪嫌疑人，应当予以逮捕。

（五）根据刑事诉讼法第57条第2款的规定，被监视居住的犯罪嫌疑人具有下列情形之一的，属于"情节严重"，应当予以逮捕：1. 故意实施新的犯罪行为的；2. 企图自杀、逃跑、逃避侦查、审查起诉的；3. 实施毁灭、伪造证据或者串供、干扰证人作证行为，足以影响侦查、审查起诉工作正常进行的；4. 未经批准，擅自离开住处或者指定的居所，造成严重后果，或者2次未经批准，擅自离开住处或者指定的居所的；5. 未经批准，擅自会见他人，造成严重后果，或者2次未经批准，擅自会见他人的；6. 经传讯不到案，造成严重后果，或者经2次传讯不到案的。

二、公安机关在作出是否提请人民检察院批准逮捕的决定之前，应当对收集、调取的证据材料予以核实。对于符合逮捕条件的犯罪嫌疑人，应当提请人民检察院批准逮捕；对于不符合逮捕条件但需要继续侦查的，公安机关可以依法取保候审或者监视居住。

公安机关认为需要人民检察院派员参加重大案件讨论的，应当及时通知人民检察院，人民检察院接到通知后，应当及时派员参加。参加的检察人员在充分了解案情的基础上，应当对侦查活动提出意见和建议。

三、人民检察院收到公安机关提请批准逮捕的案件后，应当立即指定专人进行审查，发现不符合刑事诉讼法第66条规定，提请批准逮捕书、案卷材料和证据不齐全的，应当要求公安机关补充有关材料。

对公安机关提请批准逮捕的案件，人民检察院经审查，认为符合逮捕条件的，应当批准逮捕。对于不符合逮捕条件的，或者具有刑事诉讼法第15条规定的情形之一的，应当作出不批准逮捕的决定，并说明理由。

对公安机关报请批准逮捕的案件人民检察院在审查逮捕期间不另行侦查。必要的时候，人民检察可以派人参加公安机关对重大案件的讨论。

四、对公安机关提请批准逮捕的犯罪嫌疑人，已被拘留的，人民检察院应当在接到提请批准逮捕书后的7日以内作出是否批准逮捕的决定；未被拘留的，应当在接到提请批准逮捕书后的15日以内作出是否批准逮捕的决定，重大、复杂的案件，不得超过20日。

五、对不批准逮捕，需要补充侦查的案件，人民检察院应当通知提请批准逮捕的公安机关补充侦查，并附补充侦查提纲，列明需要查清的事实和需要收集、核实的证据。

六、对人民检察院补充侦查提纲中所列的事项，公安机关应当及时进行侦查、核实，并逐一作出说明。不得未经侦查和说明，以相同材料再次提请批准逮捕。公安机关未经侦查、不作说明的，人民检察院可以作出不批准逮捕的决定。

七、人民检察院批准逮捕的决定，公安机关应当立即执行，并将执行回执在执行后3日内送达作出批准决定的人民检察院；未能执行的，也应当将执行回执送达人民检察院，并写明未能执行的原因。对人民检察院决定不批准逮捕的，公安机关在收到不批准逮捕决定书后，应当立即释放在押的犯罪嫌疑人或者变更强制措施，并将执行回执在收到不批准逮捕决定书后3日内送达作出不批准逮捕决定的人民检察院。如果公安机关发现逮捕不当的，应当及时予以变更，并将变更的情况及原因在作出变更决定后3日内通知原批准逮捕的人民检察院。人民检察院认为变更不当的，应当通知作出变更决定的公安机关纠正。

八、公安机关认为人民检察院不批准逮捕的决定有错误的，应当在收到不批准逮捕决定书后5日以内，向同级人民检察院要求复议。人民检察院应当在收到公安机关要求复议意见书后7日内作出复议决定。

公安机关对复议决定不服的，应当在收到人民检察院复议决定书后5日以内向上一级人民检察院提请复核。上一级人民检察院应当在收到公安机关提请复核意见书后15日以内作出复核决定。原不批准逮捕决定错误的，应当及时纠正。

九、人民检察院办理审查逮捕案件，发现应当逮捕而公安机关未提请批准逮捕的犯罪嫌疑人的，应当建议公安机关提请批准逮捕。公安机关认为建议正确的，应当立即提请批准逮捕；认为建议不正确的，应当将不提请批准逮捕的理由通知人民检察院。

十、公安机关需要延长侦查羁押期限的，应当在侦查羁押期限届满7日前，向同级人民检察院移送提请延长侦查羁押期限意见书，写明案件的主要案情、延长侦查羁押期限的具体理由和起止日期，并附逮捕证复印件。有决定权的人民检察院应当在侦查羁押期限届满前作出是否批准延长侦查羁押期限的决定，并交由受理案件的人民检察院送达公安机关。

十一、公安机关发现犯罪嫌疑人另有重要罪行，需要重新计算侦查羁押期限的，可以按照刑事诉讼法有关规定决定重新计算侦查羁押期限，同时报送原作出批准逮捕决定的人民检察院备案。

十二、公安机关发现不应当对犯罪嫌疑人追究刑事责任的，应当撤销案件；犯罪嫌疑人已被逮捕的，应当立即释放，并将释放的原因在释放后3日内通知原作出批准逮捕决定的人民检察院。

十三、人民检察院在审查批准逮捕工作中，如果发现公安机关的侦查活动有违法情况，应当通知公安机关予以纠正，公安机关应当将纠正情况通知人民检察院。

十四、公安机关、人民检察院在提请批准逮捕和审查批准逮捕工作中，要加强联系，互相配合，在工作中可以建立联席会议制度，定期互通有关情况。

十五、关于适用逮捕措施的其他问题，依照《中华人民共和国刑事诉讼法》、《最高人民检察院、公安部关于适用刑事强制措施有关问题的规定》和其他有关规定办理。

【高检办发〔2002〕14号】　　最高人民检察院办公厅关于对合同诈骗、侵犯知识产权等经济犯罪案件依法正确适用逮捕措施的通知（2002年5月22日）

二、要严格区分经济犯罪与经济纠纷的界限。……不能把履行合同中发生的经济纠纷作为犯罪处理；对于造成本地企业利益受到损害的行为，要具体分析，不能一概作为犯罪处理，防止滥用逮捕权。对于合同和知识产权纠纷中，当事双方主体真实有效，行为客观存在，罪与非罪难以辨别，当事人可以行使民事诉讼权利的，更要慎用逮捕权。

三、要正确掌握逮捕条件，严格办案程序。各级检察机关在审查批捕经济犯罪案件工作中，要严格遵循刑事诉讼法和《人民检察院刑事诉讼规则》规定的逮捕条件和办案程序，严把事实关、证据关、程序关和适用法律关，确保办案质量。对公安机关提请审查批捕的经济犯罪案件，必须符合法律规定的条件，才能作出批捕决定，对于明显属于经济纠纷不构成犯罪的，或者罪与非罪性质不明的，或者事实不清、证据不足的案件，不应作出批捕决定。特别是对于涉及异地的经济犯罪案件，不仅要审查控告方的证据材料，而且要认真审查被控告方提供的材料和辩解，对只有控告方的控告，没有其他证据证明的，不能作出批捕决定。

四、上级检察机关要加强协调和指导，支持下级检察机关依法办案。各级检察机关在审查批捕合同诈骗、侵犯知识产权等经济犯罪案件时，认为案情复杂，难以定性，与侦查机关有重大认识分歧，或受到地方保护和行政干预的，要及时向上一级检察机关报告，上级检察机关要及时加强协调，必要时，可采取"上提一级"审查批捕的办法。各地检察机关受理审查批捕跨地区合同诈骗、侵犯知识产权等经济犯罪案件，应在批捕后3日内报上一级检察机关备案。上级院应及时审查，对有问题的，坚决纠正。

【高检侦监发〔2003〕107号】 部分罪案审查逮捕证据参考标准（试行）（最高检侦查监督厅2003年12月12日印发试行）①

一、审查逮捕通用证据参考标准

人民检察院侦查监督部门对有关部门移送审查逮捕的案件，应从程序和实体两个方面审查证据：

（一）程序方面。

1. 诉讼程序的有关证据材料：（1）受案登记表、立案决定书。（2）证明案件来源的有关证据材料。（3）破获案件过程说明或破案报告书。（4）拘留证、监视居住决定书、取保候审决定书、保证书、缴纳保证金收据，对被拘留人家属或单位通知书等有关法律文书。（5）拘留人大代表、政协委员的报告及该代表所属的同级人大主席团或常委会同意拘留的许可证明。（6）其他有关证明材料。

2. 取证程序的有关证据材料：（1）证明讯问犯罪嫌疑人、询问证人的主体合法，并且为2人以上进行的证据。（2）证明已经告知犯罪嫌疑人、证人权利、义务的证据。（3）犯罪嫌疑人、证人被讯问、询问后，在笔录上签署的意见；侦查人员的签名。（4）证明没有刑讯逼供、诱供、诱证情况的证据。（5）提供证据的个人或单位的签名及加盖的单位公章。（6）搜查、起获赃物时的见证人。

（二）实体方面。

1. 主体身份：

（1）自然人普通主体的身份证明：证明犯罪嫌疑人的姓名、性别、出生年月日、居住地的户籍资料、居民身份证、出生证、户口迁移证明、护照或经会晤后外方出具的外籍身份证明材料等法定身份证件（原件或附有制作过程文字说明并加盖复制单位印章的复制件），或者户籍所在地公安机关核实的其他证据（以上证据材料在排除合理怀疑的情况下可以只具备其中1种）。对于户籍、出生证等材料内容不实的，应提供其他证据材料。

对于不讲真实姓名、住址，身份不明的犯罪嫌疑人可以按照其自报的姓名、身份、年龄或者拍编号审查批捕，必要时可以对其进行骨龄鉴定。对于流窜作案的犯罪嫌疑人，除处于法定责任年龄段，应当具备能够证明其年龄的身份证件等材料外，如一时难以取得犯罪嫌疑人的法定身份证件或户籍所在地公安机关的其他证据，根据其自报的身份或者同案人证明的身份材料审查批捕。

（2）自然人的特殊主体的身份证明：证明所在单位性质或所有制形式的证据材料、所在

---

① 最高人民检察院侦查监督厅关于印发《部分罪案审查逮捕证据参考标准（试行）》的通知（高检侦监发〔2003〕107号）第2条说明中：审查逮捕案件证据参考标准是指导性、参考性的，而不是硬性的要求，也不是必备的最低标准。司法实践中的案件千差万别、情况复杂，具体案件逮捕需要具备哪些证据，应根据案件的实际情况进行选择。证据参考标准中所列各项不能孤立使用，必须将各类证据有机结合起来，同时需要案件承办人充分发挥主观能动性，运用法律知识、办案经验作出判断。

单位或组织人事部门出具的表明犯罪嫌疑人身份、职务及职权范围或职责权限的有关证明材料。外国人犯罪的案件,应有护照等身份证明材料。人大代表、政协委员犯罪的案件,应注明身份,并附身份证明材料。

(3) 单位主体的身份证明:企业法人营业执照、法人工商注册登记证明、法人设立证明、国有公司性质证明及非法人单位的身份证明、法人税务登记证明和单位代码证等。

(4) 法定代表人等的身份证明:法定代表人、直接负责的主管人员和其他直接责任人在单位的任职、职责、负责权限的证明材料。

2. 需要追究刑事责任并可能判处徒刑以上刑罚:犯罪嫌疑人达到刑事责任年龄,具有刑事责任能力,不属于正当防卫、紧急避险或刑诉法第15条规定情形之一,根据《刑法》总则和分则有关条款的规定,可能判处有期徒刑以上刑罚。

3. 有逮捕必要:
(1) 犯罪嫌疑人具有社会危险性,即采取取保候审、监视居住等方法不足以防止发生社会危险性。
①犯罪嫌疑人有行政刑事处罚记录,也包括:受过刑事处罚,曾因其他案件被相对不起诉,受过劳动教养、治安处罚及其他行政处罚。
②属于危害国家安全犯罪、恐怖犯罪、有组织犯罪、黑社会性质组织犯罪、暴力犯罪等严重危害社会治安和社会秩序的犯罪嫌疑人,累犯或多次犯罪、犯罪集团或共同犯罪的主犯,流窜犯罪;属于犯罪情节特别严重;具有法定从重情节;犯罪嫌疑人没有悔罪表现。
③犯罪嫌疑人可能逃跑、自杀、串供、干扰证人作证以及伪造、毁灭证据等妨害刑事诉讼活动的正常进行的,或者存在行凶报复、继续作案的可能,如曾以自伤、自残方法逃避侦查,持有外国护照或者可能逃避侦查;已经逃跑或逃跑后抓获的。
④属于违反刑诉法第56条、第57条规定,情节严重的。
(2) 犯罪嫌疑人不具有不适合羁押的特殊情况。
①犯罪嫌疑人未患有严重疾病或正在怀孕、哺乳自己婴儿,不属于未成年人、在校学生和年老体弱及残障。
②经济犯罪案件逮捕法人代表或其他骨干不可能严重影响企业合法的生产经营。

【公通字〔2006〕17号】　　公安机关适用刑事羁押期限规定(公安部2006年1月27日印发,2006年5月1日起施行)

第10条　对人民检察院批准逮捕的,应当在收到人民检察院批准逮捕的决定书后24小时以内制作《逮捕证》,向犯罪嫌疑人宣布执行,并将执行回执及时送达作出批准逮捕决定的人民检察院。对未能执行的,应当将回执送达人民检察院,并写明未能执行的原因。

第15条　对人民检察院不批准逮捕被拘留的犯罪嫌疑人的,应当在收到不批准逮捕决定书后12小时以内,报经县级以上公安机关负责人批准,制作《释放通知书》送交看守所。看守所凭《释放通知书》发给被拘留人《释放证明书》,将其立即释放。需要变更强制措施的,应当在释放犯罪嫌疑人前办理完成审批手续。

【高检发研字〔2007〕2号】　　最高人民检察院关于在检察工作中贯彻宽严相济刑事司法政策的若干意见(2006年12月28日最高检第10届检委会第68次会议通过,2007年1月15日)

二、在履行法律监督职能中全面贯彻宽严相济刑事司法政策

7. 严格把握"有逮捕必要"的逮捕条件，慎重适用逮捕措施。逮捕是最严厉的刑事强制措施，能用其他强制措施的尽量使用其他强制措施。审查批捕要严格依据法律规定，在把握事实证据条件、可能判处刑罚条件的同时，注重对"有逮捕必要"条件的正确理解和把握。具体可以综合考虑以下因素：一是主体是否属于未成年人或者在校学生、老年人、严重疾病患者、盲聋哑人、初犯、从犯或者怀孕、哺乳自己婴儿的妇女等；二是法定刑是否属于较轻的刑罚；三是情节是否具有中止、未遂、自首、立功等法定从轻、减轻或者免除处罚等情形；四是主观方面是否具有过失、受骗、被胁迫等；五是犯罪后是否具有认罪、悔罪表现，是否具有重新危害社会或者串供、毁证、妨碍作证等妨害诉讼进行的可能；六是犯罪嫌疑人是否属于流窜作案、有无固定住址及帮教、管教条件；七是案件基本证据是否已经收集固定、是否有翻供翻证的可能等。对于罪行严重、主观恶性较大、人身危险性大或者有串供、毁证、妨碍作证等妨害诉讼顺利进行可能，符合逮捕条件的，应当批准逮捕。对于不采取强制措施或者采取其他强制措施不致于妨害诉讼顺利进行的，应当不予批捕。对于可捕可不捕的坚决不捕。

【公通字〔2009〕51号】 最高人民法院、最高人民检察院、公安部关于公安部证券犯罪侦查局直属分局办理经济犯罪案件适用刑事诉讼程序若干问题的通知（2009年11月4日印发，2010年1月1日起实施；2005年2月28日印发的《关于公安部证券犯罪侦查局直属分局办理证券期货领域刑事案件适用刑事诉讼程序若干问题的通知》（公通字〔2005〕11号）同时废止）

五、直属分局在侦查办案过程中，需要逮捕犯罪嫌疑人的，应当按照《刑事诉讼法》及《公安机关办理刑事案件程序规定》的有关规定，制作相应的法律文书，连同有关案卷材料、证据，一并移送犯罪地的人民检察院审查批准。如果由犯罪嫌疑人居住地的人民检察院办理更为适宜的，可以移送犯罪嫌疑人居住地的人民检察院审查批准。

【高检发〔2011〕5号】 人民检察院审查逮捕质量标准（2010年8月25日最高检第11届检委会第41次会议通过）

第1条 办理审查逮捕案件，应当依照刑法有关规定和刑事诉讼法第60条规定的逮捕条件，对案件的事实和证据进行审查，作出批准逮捕或者不批准逮捕的决定。

对于同时具备以下3个条件的犯罪嫌疑人，应当依法批准逮捕：（一）有证据证明有犯罪事实；（二）可能判处徒刑以上刑罚；（三）采取取保候审、监视居住等方法，尚不足以防止发生社会危险性，而有逮捕必要。

第2条 "有证据证明有犯罪事实"，是指同时具备以下情形：（一）有证据证明发生了犯罪事实，该犯罪事实可以是单一犯罪行为的事实，也可以是数个犯罪行为中任何一个犯罪行为的事实；（二）有证据证明犯罪事实是犯罪嫌疑人实施的；（三）证明犯罪嫌疑人实施犯罪行为的证明已有查证属实的。

第3条 具有以下情形之一的，不属于"有证据证明有犯罪事实"：（一）证据所证明的事实不构成犯罪的；（二）仅有犯罪嫌疑人的有罪供述，而无其他证据印证的；（三）证明犯罪嫌疑人有罪和无罪的主要证据之间存在重大矛盾且难以排除的；（四）共同犯罪案件中，同案犯的供述存在重大矛盾，且无其他证据证明犯罪嫌疑人实施了共同犯罪行为的；（五）没有直接证据，而间接证据不能相互印证的；（六）证明犯罪的证据中，对于采取刑讯逼供等非法手段取得的犯罪嫌疑人供述和采用暴力、威胁等非法手段取得的证人证言、被害人陈述依法予以排除后，其余的证据不足以证明有犯罪事实的；（七）现有证据不足以证明犯罪主观方面要件的；（八）虽有证据证明发生了犯罪事实，但无证据证明犯罪事实是该犯罪嫌疑人实施的；（九）其他不能证明有犯罪事实的情形。

第4条　"可能判处徒刑以上刑罚"，是指根据已经查明的犯罪事实和情节，可能判处徒刑以上刑罚。

第5条　"采取取保候审、监视居住等方法，尚不足以防止发生社会危险性，而有逮捕必要"，是指犯罪嫌疑人具有以下情形之一的：（一）可能继续实施犯罪行为，危害社会的；（二）可能毁灭、伪造、转移、隐匿证据的，干扰证人作证或者串供的；（三）可能自杀或者逃跑的；（四）可能实施打击报复行为的；（五）可能有碍本案或者其他案件侦查的；（六）犯罪嫌疑人居无定所、流窜作案、异地作案，不具备取保候审、监视居住条件的；（七）对犯罪嫌疑人不羁押可能发生社会危险性的其他情形。

第6条　犯罪嫌疑人涉嫌的罪行较轻，且没有其他重大犯罪嫌疑，具有以下情形之一的，可以认为没有逮捕必要：（一）属于预备犯、中止犯、或者防卫过当、避险过当的；（二）主观恶性较小的初犯、偶犯，共同犯罪中的从犯、胁从犯，犯罪后自首、有立功表现或者积极退赃、赔偿损失、确有悔罪表现的；（三）过失犯罪的犯罪嫌疑人，犯罪后有悔罪表现，有效控制损失或者积极赔偿损失的；（四）因邻里、亲友纠纷引发的伤害等案件，犯罪嫌疑人在犯罪后向被害人赔礼道歉、赔偿损失，取得被害人谅解的；（五）犯罪嫌疑人系已满14周岁未满18周岁的未成年人或者在校学生，本人有悔罪表现，其家庭、学校或者所在社区以及居民委员会具备监护、帮教条件的；（六）犯罪嫌疑人系老年人或者残疾人，身体状况不适宜羁押的；（七）不予羁押不致危害社会或者妨碍刑事诉讼正常进行的其他无逮捕必要的情形。

对应当逮捕的犯罪嫌疑人，如果患有严重疾病，或者是正在怀孕、哺乳自己婴儿的妇女，可以取保候审或者监视居住。

第7条　对属于刑事诉讼法第15条规定的情形之一的犯罪嫌疑人，应当作出不批准逮捕决定，并建议侦查机关撤销案件。

第8条　犯罪嫌疑人在被取保候审期间违反刑事诉讼法第56条第一款的规定，侦查机关提请批准逮捕的，人民检察院应当审查原适用取保候审是否符合法定条件。符合法定条件的，应当根据其违反规定的情节决定是否批准逮捕，情节一般的，应当建议侦查机关适用刑事诉讼法第56条第二款规定的非逮捕措施；具有以下情形之一的，应当批准逮捕：（一）故意实施新的犯罪行为的；（二）企图自杀、逃跑，逃避侦查、审查起诉的；（三）实施毁灭、伪造、转移、隐匿证据或者串供、干扰证人作证行为，足以影响侦查、审查起诉工作正常进行的；（四）未经批准，擅自离开所居住的市、县，造成严重后果，或者两次未经批准，擅自离开所居住的市、县的；（五）经传讯不到案，造成严重后果，或者经两次传讯不到案的。

第9条　犯罪嫌疑人在被监视居住期间违反刑事诉讼法第57条第一款的规定，侦查机关提请批准逮捕的，人民检察院应当审查原适用监视居住是否符合法定条件。符合监视居住条件的犯罪嫌疑人违反规定，具有以下情形之一的，属于刑事诉讼法第57条第二款规定的"情节严重"，应当批准逮捕：（一）故意实施新的犯罪行为的；（二）企图自杀、逃跑、逃避侦查、审查起诉的；（三）实施毁灭、伪造、转移、隐匿证据或者串供、干扰证人作证行为，足以影响侦查、审查起诉工作正常进行的；（四）未经批准，擅自离开住处或者指定的居所，造成严重后果，或者两次未经批准，擅自离开住处或者指定的居所的；（五）未经批准，擅自会见他人，造成严重后果，或者两次未经批准，擅自会见他人的；（六）经传讯不到案，造成严重后果，或者经两次传讯不到案的。

第10条　办理审查逮捕案件，认为证据存有疑问的，可以复核有关证据，讯问犯罪嫌疑人，询问证人。必要时，可以派人参加侦查机关对重大案件的讨论。

审查下列案件，应当讯问犯罪嫌疑人：（一）犯罪嫌疑人是否有犯罪事实、是否有逮捕必要等关键问题有疑点的，主要包括：罪与非罪界限不清的，是否达到刑事责任年龄需要确认的，有无逮捕必要难以把握的，犯罪嫌疑人的供述前后矛盾或者违背常理的，据以定罪的主要证据之间存在重大矛盾的；（二）案情重大疑难复杂的，主要包括：涉嫌造成被害人死亡的故意杀人案、故意伤害致人死亡案以及其他可能判处无期徒刑以上刑罚的，在罪与非罪认定上存在重大争议的；（三）犯罪嫌疑人系未成年人的；（四）有线索或者证据表明侦查活动可能存在刑讯逼供、暴力取证等违法犯罪行为的。

对被拘留的犯罪嫌疑人不予讯问的，应当送达听取犯罪嫌疑人意见书，由犯罪嫌疑人填写后，及时收回审查并附卷。犯罪嫌疑人要求讯问的，一般应当讯问。

讯问犯罪嫌疑人时，应当依法告知其诉讼权利和义务，认真听取其供述和辩解。

讯问未被拘留的犯罪嫌疑人，讯问前应当征求侦查机关的意见。

第11条　犯罪嫌疑人委托的律师提出不构成犯罪、无逮捕必要、不适宜羁押、侦查活动有违法犯罪情形等书面意见以及相关证据材料的，应当认真审查，并在审查逮捕意见书中说明是否采纳的情况和理由。必要时，可以当面听取受委托律师的意见。

第12条　审查逮捕过程中，应当依照法律和相关规定严格审查证据的合法性。对采用刑讯逼供等非法手段取得的犯罪嫌疑人供述和采用暴力、威胁等非法手段取得的证人证言、被害人陈述，应当依法予以排除，不能作为批准逮捕的根据。

对未严格遵守法律规定收集的其他证据，应当要求侦查机关依法重新收集或者予以补正，保证证据的合法性。

第13条　现有证据所证明的事实已经基本构成犯罪，认为经过进一步侦查能够收集到定罪所必需的证据、确有逮捕必要的重大案件的犯罪嫌疑人，经检察长或者检察委员会决定批准逮捕后，应当采取以下措施：（一）向侦查机关发出补充侦查提纲，列明需要查明的事实和需要补充收集、核实的证据，并及时了解补充取证情况；（二）批准逮捕后3日以内报上一级人民检察院备案；（三）侦查机关在逮捕后2个月的侦查羁押期限届满时，仍未能收集到定罪所必需的充足证据的，应当撤销批准逮捕决定。

第14条　审查逮捕工作应当严格遵循法定办案时限。侦查机关提请批准逮捕的犯罪嫌疑人已被拘留的，应当在接到提请批准逮捕书后的7日以内作出是否批准逮捕的决定；未被拘留的，应当在接到上述文书后的15日以内作出是否批准逮捕的决定，重大、复杂的案件，不得超过20日。

第15条　批准逮捕担任县级以上各级人民代表大会代表的犯罪嫌疑人，应当依照《中华人民共和国全国人民代表大会和地方各级人民代表大会代表法》和《人民检察院刑事诉讼规则》的有关规定，事前报请许可。未经依法许可或者罢免，不得批准逮捕。

第16条　批准逮捕担任政协委员的犯罪嫌疑人，应当事前向其所属的政协组织通报情况；情况紧急的，可以在批准逮捕的同时或者事后及时通报。

第17条　外国人、无国籍人涉嫌犯罪需要逮捕的，应当依照《最高人民检察院关于审查批准逮捕外国人犯罪嫌疑人的规定》以及其他有关规定办理。

第18条　办理审查逮捕案件，应当严格审查案件的管辖是否符合有关规定。对于不符合管理规定的案件，应当建议侦查机关向有管辖权的机关移送。上级指定管辖的除外。

第19条　办理审查逮捕案件，发现应当逮捕而侦查机关未提请批准逮捕的犯罪嫌疑人的，应当建议侦查机关提请批准逮捕。如果侦查机关不提请批准逮捕的理由不能成立的，人民检察院可以直接作出逮捕决定，送达公安机关执行。

第20条　对于不批准逮捕的案件，应当说明理由。

对于不批准逮捕但需要补充侦查的案件，应当同时通知侦查机关补充侦查，并附补充侦查提纲，列明需要查清的事实和需要收集、核实的证据。

对于批准逮捕的案件，根据案件的具体情况，可以向侦查机关发出提供法庭审判所需证据材料意见书。

第21条　逮捕质量问题包括错捕、错不捕和办案质量有缺陷。

第22条　审查逮捕时，案件证据不能证明有犯罪事实或者依法不应当追究刑事责任而批准逮捕的，为错捕。错捕可以依据以下处理结果确认：（一）因没有犯罪事实或者依法不应当追究刑事责任而撤销案件的；（二）因没有犯罪事实或者依法不应当追究刑事责任而不起诉的；（三）因没有犯罪事实或者依法不应当追究刑事责任而被判决无罪并已发生法律效力的。

对涉嫌犯罪的县级以上各级人民代表大会代表，未依法报经许可或者罢免而批准逮捕的，以错捕论。

第23条　对于符合逮捕条件的犯罪嫌疑人依法批准逮捕后，因证据不能达到提起公诉或者作出有罪判决的标准，或者出现不应当追究刑事责任的新的事实、证据，或者法律、司法解释有新规定而不认为是犯罪，或者因犯罪嫌疑人有立功表现、真诚认罪悔罪并积极赔偿损失而取得被害人谅解，被依法从宽处理，而撤销案件、决定不起诉或者判决无罪终止追究刑事责任的，不属于错捕。

第24条　批准逮捕后，因决定撤销案件、不起诉或者判决宣告无罪终止追究刑事责任而依法进行国家赔偿的案件，是否存在错捕情形，依照本标准第22条、第23条的规定认定。

第25条　具有下列情形之一的，属于错不捕：（一）对有逮捕必要的犯罪嫌疑人不批准逮捕，致使犯罪嫌疑人实施新的犯罪或者严重影响刑事诉讼正常进行的；（二）对有逮捕必要的犯罪嫌疑人作出不批准逮捕决定后，经上一级人民检察院复核，在案件事实、证据无变化的情况下改为批准逮捕，经法院审理判处有期徒刑以上刑罚并已发生法律效力的；（三）上级人民检察院发现下级人民检察院不批准逮捕的决定违反刑事诉讼法和本标准的有关规定，改为批准逮捕，经人民法院审理判处有期徒刑以上刑罚并已发生法律效力的。

第26条　具有下列情形之一的，属于办案质量有缺陷：（一）批准逮捕后，犯罪嫌疑人被依照刑事诉讼法第142条第二款决定不起诉或者被判处管制、拘役、单处附加刑或者免予刑事处罚的。但符合本标准第5条第六项以及第23条有关依法从宽处理规定的情形除外；（二）对不适宜羁押且无逮捕必要的犯罪嫌疑人批准逮捕的；（三）审查逮捕超办案期限的；（四）对不符合管辖规定的案件作出批准逮捕决定的；（五）根据本标准第23条第三项规定应当撤销批准逮捕决定而不撤销；（六）对采用刑讯逼供等非法手段取得犯罪嫌疑人供述和采用暴力、威胁等非法手段取得的证人证言、被害人陈述未依法排除而予以批准逮捕，但尚未造成错捕的；（七）批准逮捕政协委员而未按规定向其所属政协组织通报的；（八）不批准逮捕而没有说明理由的，或者需要补充侦查而没有向侦查机关送达补充侦查提纲的；（九）违反法律和本标准第二章关于逮捕工作程序规定的其他情形。

第27条　对于因故意或者重大过失造成错捕或者错不捕的，应当依照有关法律和《检察人员执法过错责任追究条例》、《检察人员纪律处分条例（试行）》等有关规定，追究主要责任人和其他直接责任人的纪律责任或者法律责任。

对于符合本标准第13条第三项规定情形的，不追究错捕责任。

第28条　因故意或者重大过失造成错捕或者错不捕，承办人具有以下情形之一的，负主要责任：（一）对案件事实、证据存在的关系罪与非罪、捕与不捕的重大问题应当发现而未能发现，或者虽已发现但未在审查逮捕意见书中提出，并且建议批准逮捕或者不批准逮捕的；（二）办理复议、复核案件，对原错误不批准逮捕决定未提出纠正意见的；（三）办理复议、复核案件，对因不符合逮捕条件而不批准逮捕的决定建议变更为批准逮捕并获同意后，案件被撤销、不起诉或者判决无罪的。

第29条　因故意或者重大过失造成错捕或者错不捕，部门负责人具有以下情形之一的，负主要责任：（一）对承办人提出的案件中罪与非罪、捕与不捕等重大问题未予重视，或者未认真审核把关的；（二）改变承办人正确意见的。

第30条　因故意或者重大过失造成错捕或者错不捕，检察长具有以下情形之一的，负主要责任：（一）对承办人或者部门负责人提出的案件中罪与非罪、捕与不捕等重大问题未予重视，或者未认真审核把关的；（二）改变承办人或者部门负责人正确意见的；（三）明知地方有关机关、团体或者个人的意见不符合法律规定而仍予以采纳，未按照规定及时报告上级人民检察院的。

第31条　经检察委员会讨论决定的案件，出现错捕或者错不捕的，由检察委员会对定性和法律适用负主要责任。

【六部委〔2012〕规定】　最高人民法院、最高人民检察院、公安部、国家安全部、司法部、全国人大常委会法制工作委员会关于实施刑事诉讼法若干问题的规定（2012年12月26日印发，2013年1月1日施行）

17.对于人民检察院批准逮捕的决定，公安机关应当立即执行，并将执行回执及时送达批准逮捕的人民检察院。如果未能执行，也应当将回执送达人民检察院，并写明未能执行的原因。对于人民检察院决定不批准逮捕的，公安机关在收到不批准逮捕决定书后，应当立即释放在押的犯罪嫌疑人或者变更强制措施，并将执行回执在收到不批准逮捕决定书后的3日内送达作出不批准逮捕决定的人民检察院。

【高检发〔2014〕21号】　最高人民检察院关于依法保障律师执业权利的规定（2014年12月16日最高检第12届检委会第32次会议通过，2014年12月23日印发施行；2004年2月10日《关于人民检察院保障律师在刑事诉讼中依法执业的规定》、2006年2月23日《关于进一步加强律师执业权利保障工作的通知》同时废止）

第8条　人民检察院应当依法保障律师在诉讼中提出意见的权利。人民检察院应当主动听取并高度重视律师意见。法律未作规定但律师要求听取意见的，也应当及时安排听取。听取律师意见应当制作笔录，律师提出的书面意见应当附卷。对于律师提出不构成犯罪，罪轻或者减轻、免除刑事责任，无社会危险性，不适宜羁押，侦查活动有违法情形等书面意见的，办案人员必须进行审查，在相关工作文书中叙明律师提出的意见并说明是否采纳的情况和理由。

【高检会〔2015〕9号】　最高人民检察院、公安部关于逮捕社会危险性条件若干问题的规定（试行）（2015年10月9日印发试行）

第1条　为了规范逮捕社会危险性条件证据收集、审查认定，依法准确适用逮捕措施，依照《中华人民共和国刑事诉讼法》、《人民检察院刑事诉讼规则（试行）》、《公安机关办理刑事案件程序规定》，制定本规定。

第2条　人民检察院办理审查逮捕案件，应当全面把握逮捕条件，对有证据证明有犯罪事实、可能判处徒刑以上刑罚的犯罪嫌疑人，除刑诉法第79条第二、三款规定的情形外，应当严格审查是否具备社会危险性条件。公安机关侦查刑事案件，应当收集、固定犯罪嫌疑人是否具有社会危险性的证据。

第3条　公安机关提请逮捕犯罪嫌疑人的，应当同时移送证明犯罪嫌疑人具有社会危险性的证据。对于证明犯罪事实的证据能够证明犯罪嫌疑人具有社会危险性的，应当在提请批准逮捕书中专门予以说明。对于证明犯罪事实的证据不能证明犯罪嫌疑人具有社会危险性的，应当收集、固定犯罪嫌疑人具备社会危险性条件的证据，并在提请逮捕时随卷移送。

第4条　人民检察院审查认定犯罪嫌疑人是否具有社会危险性，应当以公安机关移送的社会危险性相关证据为依据，并结合案件具体情况综合认定。必要时可以通过讯问犯罪嫌疑人、询问证人等诉讼参与人、听取辩护律师意见等方式，核实相关证据。依据在案证据不能认定犯罪嫌疑人符合逮捕社会危险性条件的，人民检察院可以要求公安机关补充相关证据，公安机关没有补充移送的，应当作出不批准逮捕的决定。

第5条　犯罪嫌疑人"可能实施新的犯罪"，应当具有下列情形之一：（一）案发前或者案发后正在策划、组织或者预备实施新的犯罪的；（二）扬言实施新的犯罪的；（三）多次作案、连续作案、流窜作案的；（四）1年内曾因故意实施同类违法行为受到行政处罚的；（五）以犯罪所得为主要生活来源的；（六）有吸毒、赌博等恶习的；（七）其他可能实施新的犯罪的情形。

第6条　犯罪嫌疑人"有危害国家安全、公共安全或者社会秩序的现实危险"，应当具有下列情形之一：（一）案发前或者案发后正在积极策划、组织或者预备实施危害国家安全、公共安全或者社会秩序的重大违法犯罪行为的；（二）曾因危害国家安全、公共安全或者社会秩序受到刑事处罚或者行政处罚的；（三）在危害国家安全、黑恶势力、恐怖活动、毒品犯罪中起组织、策划、指挥作用或者积极参加的；（四）其他有危害国家安全、公共安全或者社会秩序的现实危险的情形。

第7条　犯罪嫌疑人"可能毁灭、伪造证据，干扰证人作证或者串供"，应当具有下列情形之一：（一）曾经或者企图毁灭、伪造、隐匿、转移证据的；（二）曾经或者企图威逼、恐吓、利诱、收买证人，干扰证人作证的；（三）有同案犯罪嫌疑人或者与其在事实上存在密切关联犯罪的犯罪嫌疑人在逃，重要证据尚未收集到位的；（四）其他可能毁灭、伪造证据，干扰证人作证或者串供的情形。

第8条　犯罪嫌疑人"可能对被害人、举报人、控告人实施打击报复"，应当具有下列情形之一：（一）扬言或者准备、策划对被害人、举报人、控告人实施打击报复的；（二）曾经对被害人、举报人、控告人实施打击、要挟、迫害等行为的；（三）采取其他方式滋扰被害人、举报人、控告人的正常生活、工作的；（四）其他可能对被害人、举报人、控告人实施打击报复的情形。

第 9 条　犯罪嫌疑人"企图自杀或者逃跑",应当具有下列情形之一:(一)着手准备自杀、自残或者逃跑的;(二)曾经自杀、自残或者逃跑的;(三)有自杀、自残或者逃跑的意思表示的;(四)曾经以暴力、威胁手段抗拒抓捕的;(五)其他企图自杀或者逃跑的情形。

第 10 条　人民检察院对于以无社会危险性不批准逮捕的,应当向公安机关说明理由,必要时可以向被害人说明理由。对于社会关注的重大敏感案件或者可能引发群体性事件的,在作出不捕决定前应当进行风险评估并做好处置预案。

【高检发〔2015〕10 号】　最高人民检察院关于完善人民检察院司法责任制的若干意见（2015 年 9 月 25 日印发）

5. 审查逮捕、审查起诉案件,一般由独任检察官承办,重大、疑难、复杂案件也可以由检察官办案组承办。独任检察官、主任检察官对检察长（分管副检察长）负责,在职权范围内对办案事项作出决定。

17.（第 2 款）　检察官承办案件,依法应当讯问犯罪嫌疑人、被告人的,至少亲自讯问 1 次。

（第 3 款）　下列办案事项应当由检察官亲自承担:
（一）询问关键证人和对诉讼活动具有重要影响的其他诉讼参与人;……

20. 检察官助理在检察官的指导下履行以下职责:
（一）讯问犯罪嫌疑人、被告人,询问证人和其他诉讼参与人;……

【高检发政字〔2015〕号】　人民检察院司法警察执行职务规则（2015 年 6 月 1 日最高检第 12 届检委会第 36 次会议通过,2015 年 6 月 12 日印发）

第 13 条　人民检察院司法警察协助执行拘留、逮捕任务,应当做到:
（一）凭拘留证、逮捕证以及公安机关委托书或者授权书协助执行;
（二）协助执行拘留、逮捕任务前,了解犯罪嫌疑人的姓名、性别、年龄、工作单位、住址、身份证号码等基本情况;
（三）协助执行拘留、逮捕任务时,应当向犯罪嫌疑人出示拘留证、逮捕证;
（四）经执行机关授权,可以向犯罪嫌疑人宣布纪律,告知权利,责令其在拘留证、逮捕证上签名或者捺指印,犯罪嫌疑人拒绝签名或者捺指印的,应当在拘留证、逮捕证上注明;
（五）协助拘留、逮捕犯罪嫌疑人时,应当对犯罪嫌疑人的人身、随身携带的物品进行安全检查,发现与案件相关的证据或者可疑物品以及可能危害人身安全的物品,应当及时向案件承办人报告;
（六）对抗拒拘留、逮捕的犯罪嫌疑人,可以依法采取适当的措施,防止其脱逃、行凶、自杀、自伤、被劫持等事故的发生,必要时可以使用武器;
（七）犯罪嫌疑人被拘留、逮捕后,应当及时送看守所羁押,并将相关法律文书交案件承办人。

【高检发执检字〔2015〕18 号】　人民检察院对指定居所监视居住实行监督的规定（2015 年 10 月 13 日最高检第 12 届检委会第 41 次会议通过,2015 年 12 月 17 日印发施行）

第 7 条　具有以下情形之一的,人民检察院应当对指定居所监视居住决定是否合法启动监督:……（二）人民检察院通过介入侦查、审查逮捕、审查起诉、刑事执行检察、备案审查等工作,发现侦查机关（部门）作出的指定居所监视居住决定可能违法的;……

【高检发〔2017〕1号】　最高人民检察院关于充分履行检察职能加强产权司法保护的意见（2017年1月6日）

5.……对于涉嫌犯罪的各类产权主体主动配合调查，认罪态度好，犯罪情节较轻，且没有社会危险性的，一律不采取拘留、逮捕、指定居所监视居住等强制措施；……

7. 正确适用法律和刑事政策，提升审查逮捕、起诉工作质量。准确理解和适用法律，贯彻宽严相济刑事政策，严把事实关、证据关、程序关和法律适用关。细化涉产权犯罪案件审查逮捕质量标准，严格审查是否具备社会危险性条件，对构成犯罪但无社会危险性的一般不批准逮捕。……

12.……对于因涉嫌犯罪被逮捕的各种所有制组织的投资者、生产者、经营者、专业技术人员等，切实履行好羁押必要性审查职责，发现不需要继续羁押的，应当依法予以释放或者变更强制措施。

【高检发未检字〔2017〕1号】　未成年人刑事检察工作指引（试行）（最高检2017年3月2日印发试行）

第144条　【基本要求】人民检察院审查逮捕未成年犯罪嫌疑人，应当根据其涉嫌的犯罪事实、主观恶性、成长经历、犯罪原因以及有无监护或者社会帮教条件等，综合衡量其妨碍诉讼或者继续危害社会的可能性大小，严格限制适用逮捕措施，可捕可不捕的不捕。

对于依法批准逮捕未成年人的，应当认真做好跟踪帮教考察工作，进行羁押必要性审查，一旦发现不需要继续羁押的，及时建议公安机关释放或者变更强制措施。

第145条　【法律援助】人民检察院受理审查逮捕未成年人刑事案件后，应当首先了解未成年犯罪嫌疑人是否有辩护人，没有辩护人的，应当通知公安机关纠正，并可以在24小时内通知法律援助机构指派律师。

第146条　【再行提请】公安机关对不在案的未成年犯罪嫌疑人提请批准逮捕的，可以要求公安机关在未成年犯罪嫌疑人归案后再行提请批准逮捕。

第150条　【精神病鉴定】人民检察院发现未成年犯罪嫌疑人可能存在精神疾患或者智力发育严重迟滞的，应当作出不批准逮捕决定，并通知公安机关依法进行鉴定。

【高检（研）发〔2018〕号】　最高人民检察院关于检察机关办理涉民营企业案件有关法律政策问题的解答（2018年11月15日）

九、办理涉民营企业案件，哪些情况下检察机关可以不批准逮捕？

答：检察机关办理涉民营企业案件，要严格审查是否符合法律规定的逮捕条件，应当准确适用刑事诉讼法、《人民检察院刑事诉讼规则（试行）》关于应当不批准逮捕、可以不批准逮捕的相关规定，贯彻宽严相济刑事政策，严把事实关、证据关、程序关和法律适用关，防止"构罪即捕""一捕了之"。对不符合逮捕条件，或者具有刑事诉讼法第十六条规定情形之一的民营企业负责人，应当依法不批准逮捕；对有自首、立功表现，认罪态度好，没有社会危险性的民营企业负责人，一般不批准逮捕；对符合监视居住条件，不羁押不致发生社会危险性的民营企业负责人，可以不批准逮捕。对已经批准逮捕的民营企业负责人，应当依法履行羁押必要性审查职责。对不需要继续羁押的，应当及时建议公安机关予以释放或者变更强制措施。对已作出的批准逮捕决定发现确有错误的，人民检察院应当撤销原批准逮捕决定，送达公安机关执行。

【高检发〔2019〕13号】 最高人民法院、最高人民检察院、公安部、国家安全部、司法部关于适用认罪认罚从宽制度的指导意见（2019年10月11日印发施行）

六、强制措施的适用

19. 社会危险性评估。人民法院、人民检察院、公安机关应当将犯罪嫌疑人、被告人认罪认罚作为其是否具有社会危险性的重要考虑因素。对于罪行较轻、采用非羁押性强制措施足以防止发生刑事诉讼法第81条第1款规定的社会危险性的犯罪嫌疑人、被告人，根据犯罪性质及可能判处的刑罚，依法可不适用羁押性强制措施。

20. 逮捕的适用。犯罪嫌疑人认罪认罚，公安机关认为罪行较轻、没有社会危险性的，应当不再提请人民检察院审查逮捕。对提请逮捕人民检察院认为没有社会危险性不需要逮捕的，应当作出不批准逮捕的决定。

21. 逮捕的变更。已经逮捕的犯罪嫌疑人、被告人认罪认罚的，人民法院、人民检察院应当及时审查羁押的必要性，经审查认为没有继续羁押必要的，应当变更为取保候审或者监视居住。

【高检发释字〔2019〕4号】 人民检察院刑事诉讼规则（2019年12月2日最高检第13届检委会第28次会议通过，2019年12月30日公布施行；高检发释字〔2012〕2号《规则（试行）》同时废止）

第8条 对同一刑事案件的审查逮捕、审查起诉、出庭支持公诉和立案监督、侦查监督、审判监督等工作，由同一检察官或者检察官办案组负责，但是审查逮捕、审查起诉由不同人民检察院管辖，或者依照法律、有关规定应当另行指派检察官或者检察官办案组办理的除外。

人民检察院履行审查逮捕和审查起诉职责的办案部门，本规则中统称为负责捕诉的部门。

第128条 （第1款内容同《刑事诉讼法》第81条第1款，略）

有证据证明有犯罪事实是指同时具备下列情形：（一）有证据证明发生了犯罪事实；（二）有证据证明该犯罪事实是犯罪嫌疑人实施的；（三）证明犯罪嫌疑人实施犯罪行为的证据已经查证属实。

犯罪事实既可以是单一犯罪行为的事实，也可以是数个犯罪行为中任何一个犯罪行为的事实。

第129条 犯罪嫌疑人具有下列情形之一的，可以认定为"可能实施新的犯罪"：（一）案发前或者案发后正在策划、组织或者预备实施新的犯罪的；（二）扬言实施新的犯罪的；（三）多次作案、连续作案、流窜作案的；（四）1年内曾因故意实施同类违法行为受到行政处罚的；（五）以犯罪所得为主要生活来源的；（六）有吸毒、赌博等恶习的；（七）其他可能实施新的犯罪的情形。

第130条 犯罪嫌疑人具有下列情形之一的，可以认定为"有危害国家安全、公共安全或者社会秩序的现实危险"：（一）案发前或者案发后正在积极策划、组织或者预备实施危害国家安全、公共安全或者社会秩序的重大违法犯罪行为的；（二）曾因危害国家安全、公共安全或者社会秩序受到刑事处罚或者行政处罚的；（三）在危害国家安全、黑恶势力、恐怖活动、毒品犯罪中起组织、策划、指挥作用或者积极参加的；（四）其他有危害国家安全、公共安全或者社会秩序的现实危险的情形。

第131条 犯罪嫌疑人具有下列情形之一的，可以认定为"可能毁灭、伪造证据，干扰证人作证或者串供"：（一）曾经或者企图毁灭、伪造、隐匿、转移证据的；（二）曾经或者企图威逼、恐吓、利诱、收买证人，干扰证人作证的；（三）有同案犯罪嫌疑人或者与其在事实上存在密切关联犯罪的犯罪嫌疑人在逃，重要证据尚未收集到位的；（四）其他可能毁灭、伪造证据，干扰证人作证或者串供的情形。

第 132 条　犯罪嫌疑人具有下列情形之一的，可以认定为"可能对被害人、举报人、控告人实施打击报复"：（一）扬言或者准备、策划对被害人、举报人、控告人实施打击报复的；（二）曾经对被害人、举报人、控告人实施打击、要挟、迫害等行为的；（三）采取其他方式滋扰被害人、举报人、控告人的正常生活、工作的；（四）其他可能对被害人、举报人、控告人实施打击报复的情形。

第 133 条　犯罪嫌疑人具有下列情形之一的，可以认定为"企图自杀或者逃跑"：（一）着手准备自杀、自残或者逃跑的；（二）曾经自杀、自残或者逃跑的；（三）有自杀、自残或者逃跑的意思表示的；（四）曾经以暴力、威胁手段抗拒抓捕的；（五）其他企图自杀或者逃跑的情形。

第 134 条　人民检察院办理审查逮捕案件，应当全面把握逮捕条件，对有证据证明有犯罪事实、可能判处徒刑以上刑罚的犯罪嫌疑人，除具有刑事诉讼法第 81 条第 3 款、第 4 款规定的情形外，应当严格审查是否具备社会危险性条件。

第 135 条　人民检察院审查认定犯罪嫌疑人是否具有社会危险性，应当以公安机关移送的社会危险性相关证据为依据，并结合案件具体情况综合认定。必要时，可以通过讯问犯罪嫌疑人、询问证人等诉讼参与人、听取辩护律师意见等方式，核实相关证据。

依据在案证据不能认定犯罪嫌疑人符合逮捕社会危险性条件的，人民检察院可以要求公安机关补充相关证据，公安机关没有补充移送的，应当作出不批准逮捕的决定。

第 136 条　对有证据证明有犯罪事实，可能判处 10 年有期徒刑以上刑罚的犯罪嫌疑人，应当批准或者决定逮捕。

对有证据证明有犯罪事实，可能判处徒刑以上刑罚，犯罪嫌疑人曾经故意犯罪或者不讲真实姓名、住址，身份不明的，应当批准或者决定逮捕。

第 137 条　人民检察院经审查认为被取保候审、监视居住的犯罪嫌疑人违反取保候审、监视居住规定，依照本规则第 101 条、第 111 条的规定办理。

（新增）对于被取保候审、监视居住的可能判处徒刑以下刑罚的犯罪嫌疑人，违反取保候审、监视居住规定，严重影响诉讼活动正常进行的，可以予以逮捕。

第 138 条　对实施多个犯罪行为或者共同犯罪案件的犯罪嫌疑人，符合本规则第 128 条的规定，具有下列情形之一的，应当批准或者决定逮捕：（一）有证据证明犯有数罪中的一罪的；（二）有证据证明实施多次犯罪中的一次犯罪的；（三）共同犯罪中，已有证据证明有犯罪事实的犯罪嫌疑人。

第 139 条　对具有下列情形之一的犯罪嫌疑人，人民检察院应当作出不批准逮捕或者不予逮捕的决定：（一）不符合本规则规定的逮捕条件的；（二）具有刑事诉讼法第 16 条规定的情形之一的。

第 140 条　犯罪嫌疑人涉嫌的罪行较轻，且没有其他重大犯罪嫌疑，具有下列情形之一的，可以作出不批准逮捕或者不予逮捕的决定：（一）属于预备犯、中止犯，或者防卫过当、避险过当的；（二）主观恶性较小的初犯，共同犯罪中的从犯、胁从犯，犯罪后自首、有立功表现或者积极退赃、赔偿损失、确有悔罪表现的；(三) 过失犯罪的犯罪嫌疑人，犯罪后有悔罪表现，有效控制损失或者积极赔偿损失的；(四) 犯罪嫌疑人与被害人双方根据刑事诉讼法的有关规定达成和解协议，经审查，认为和解系自愿、合法且已经履行或者提供担保的；(五) 犯罪嫌疑人认罪认罚的；(六) 犯罪嫌疑人系已满14周岁未满18周岁的未成年人或者在校学生，本人有悔罪表现，其家庭、学校或者所在社区、居民委员会、村民委员会具备监护、帮教条件的；(七) 犯罪嫌疑人系已满75周岁的人。

第141条　对符合刑事诉讼法第74条第1款规定的犯罪嫌疑人，人民检察院经审查认为不需要逮捕的，可以在作出不批准逮捕决定的同时，向公安机关/侦查机关提出采取监视居住措施的建议。

第255条　人民检察院办理审查逮捕、审查起诉案件，应当全面审查证明犯罪嫌疑人有罪或者无罪、罪轻或者罪重的证据。

第258条　人民检察院讯问犯罪嫌疑人时，应当首先查明犯罪嫌疑人的基本情况，依法告知犯罪嫌疑人诉讼权利和义务，以及认罪认罚的法律规定，听取其供述和辩解。犯罪嫌疑人翻供的，应当讯问其原因。犯罪嫌疑人申请排除非法证据的，应当告知其提供相关线索或者材料。犯罪嫌疑人检举揭发他人犯罪的，应当予以记录，并依照有关规定移送有关机关、部门处理。

讯问犯罪嫌疑人应当制作讯问笔录，并交犯罪嫌疑人核对或者向其宣读。经核对无误后逐页签名或者盖章，并捺指印后附卷。犯罪嫌疑人请求自行书写供述的，应当准许，但不得以自行书写的供述代替讯问笔录。

犯罪嫌疑人被羁押的，讯问应当在看守所讯问室进行。

第259条　办理审查逮捕、审查起诉案件，可以询问证人、被害人、鉴定人等诉讼参与人，并制作笔录附卷。询问时，应当告知其诉讼权利和义务。

询问证人、被害人的地点按照刑事诉讼法第124条的规定执行。

第260条　讯问犯罪嫌疑人，询问被害人、证人、鉴定人，听取辩护人、被害人及其诉讼代理人的意见，应当由检察人员负责进行。检察人员或者检察人员和书记员不得少于2人二名以上办案人员进行。

讯问犯罪嫌疑人，询问证人、鉴定人、被害人，应当个别进行。

第261条 (第1款)　办理审查逮捕案件，犯罪嫌疑人已经委托辩护律师的，侦查监督部门可以听取辩护律师的意见。辩护律师提出要求的，应当听取辩护律师的意见。对辩护律师的意见应当制作笔录，辩护律师提出的书面意见应当附卷。

(第3款)　对于辩护律师在审查逮捕、审查起诉阶段多次提出意见的，均应如实记录。

(第4款)　辩护律师提出犯罪嫌疑人不构成犯罪、无社会危险性、不适宜羁押或者侦查活动有违法犯罪情形等书面意见的，检察人员办案人员应当审查，并在相关工作文书审查逮捕意见书中说明是否采纳的情况和理由。

第263条 (第1款)　对于公安机关提请批准逮捕、移送起诉的案件，检察人员审查时发现存在本规则第75条第1款规定情形的，可以调取公安机关讯问犯罪嫌疑人的录音、录像并审查相关的录音、录像。对于重大、疑难、复杂的案件，必要时可以审查全部录音、录像。

第264条　经审查讯问犯罪嫌疑人录音、录像，发现公安机关、本院负责侦查的部门侦查机关讯问不规范，讯问过程存在违法行为，录音、录像内容与讯问笔录不一致等情形的，应当逐一列明并向公安机关、本院负责侦查的部门侦查机关书面提出，要求其予以纠正、补正或者书面作出合理解释。发现讯问笔录与讯问犯罪嫌疑人录音、录像内容有重大实质性差异的，或者公安机关、本院负责侦查的部门侦查机关不能补正或者作出合理解释的，该讯问笔录不能作为批准或者决定逮捕、提起公诉的依据。

第270条　批准或者决定逮捕，应当将犯罪嫌疑人涉嫌犯罪的性质、情节，认罪认罚等情况，作为是否可能发生社会危险性的考虑因素。

已经逮捕的犯罪嫌疑人认罪认罚的，人民检察院应当及时对羁押必要性进行审查。经审查，认为没有继续羁押必要的，应当予以释放或者变更强制措施。

第280条　人民检察院侦查监督部门办理审查逮捕案件，可以讯问犯罪嫌疑人，具有下列情形之一的，应当讯问犯罪嫌疑人：（一）对是否符合逮捕条件有疑问的；（二）犯罪嫌疑人要求向检察人员当面陈述的；（三）侦查活动可能有重大违法行为的；（四）案情重大、疑难、复杂的；（五）犯罪嫌疑人认罪认罚的；（六）犯罪嫌疑人系未成年人的；（七）犯罪嫌疑人是盲、聋、哑人或者是尚未完全丧失辨认或者控制自己行为能力的精神病人的。

是否符合逮捕条件有疑问主要包括罪与非罪界限不清的，据以定罪的证据之间存在矛盾的，犯罪嫌疑人的供述前后矛盾或者违背常理的，有无社会危险性难以把握的，以及犯罪嫌疑人是否达到刑事责任年龄需要确认等情形。

重大违法行为是指办案严重违反法律规定的程序，或者存在刑讯逼供等严重侵犯犯罪嫌疑人人身权利和其他诉讼权利等情形。

讯问未被拘留的犯罪嫌疑人，讯问前应当听取征求公安机关侦查机关的意见，并做好办案安全风险评估预警工作。

（新增）办理审查逮捕案件，对被拘留的犯罪嫌疑人不予讯问的，应当送达听取犯罪嫌疑人意见书，由犯罪嫌疑人填写后及时收回审查并附卷。经审查认为应当讯问犯罪嫌疑人的，应当及时讯问。

第281条　对有重大影响的案件，可以采取当面听取侦查人员、犯罪嫌疑人及其辩护人等意见的方式进行公开审查。

第282条　对公安机关提请批准逮捕的犯罪嫌疑人，已经被拘留的，人民检察院应当在收到提请批准逮捕书后7日以内作出是否批准逮捕的决定；未被拘留的，应当在收到提请批准逮捕书后15日以内作出是否批准逮捕的决定，重大、复杂案件，不得超过20日。

第283条　上级公安机关指定犯罪地或者犯罪嫌疑人居住地以外的下级公安机关立案侦查的案件，需要逮捕犯罪嫌疑人的，由侦查该案件的公安机关提请同级人民检察院审查批准逮捕。人民检察院应当依法作出批准或者不批准逮捕的决定。

第284条　对公安机关提请批准逮捕的犯罪嫌疑人，人民检察院经审查认为符合本规则第128条、第136条、第138条规定情形，应当作出批准逮捕的决定，连同案卷材料送达公安机关执行，并可以制作继续侦查提纲，送交公安机关对收集证据、适用法律提出意见。

第285条　对公安机关提请批准逮捕的犯罪嫌疑人，具有本规则第139条至第141条规定情形，人民检察院作出不批准逮捕决定的，应当说明理由，连同案卷材料送达公安机关执行。需要补充侦查的，应当制作补充侦查提纲，送交公安机关同时通知公安机关。

人民检察院侦查监督部门办理审查逮捕案件，不另行侦查，不得直接提出采取取保候审措施的意见。

（新增）对于因犯罪嫌疑人没有犯罪事实、具有刑事诉讼法第16条规定的情形之一或者证据不足，人民检察院拟作出不批准逮捕决定的，应当经检察长批准。

第286条　人民检察院应当将批准逮捕的决定交公安机关立即执行，并要求公安机关将执行回执及时送达作出批准决定的人民检察院。如果未能执行，也应当要求其将回执及时送达人民检察院，并写明未能执行的原因。对于人民检察院不批准逮捕的，应当要求公安机关在收到不批准逮捕决定书后，立即释放在押的犯罪嫌疑人或者变更强制措施，并将执行回执在收到不批准逮捕决定书后3日以内送达作出不批准逮捕决定的人民检察院。

（新增）公安机关在收到不批准逮捕决定书后对在押的犯罪嫌疑人不立即释放或者变更强制措施的，人民检察院应当提出纠正意见。

第287条　对于没有犯罪事实或者犯罪嫌疑人具有刑事诉讼法第16条规定情形之一，人民检察院作出不批准逮捕决定的，应当同时告知公安机关撤销案件。

对于有犯罪事实需要追究刑事责任，但不是被立案侦查的犯罪嫌疑人实施，或者共同犯罪案件中部分犯罪嫌疑人不负刑事责任，人民检察院作出不批准逮捕决定的，应当同时告知公安机关对有关犯罪嫌疑人终止侦查。

公安机关在收到不批准逮捕决定书后超过15日未要求复议、提请复核，也不撤销案件或者终止侦查的，人民检察院应当发出纠正违法通知书。公安机关仍不纠正的，报上一级人民检察院协商同级公安机关处理。

第288条　人民检察院办理审查公安机关提请批准逮捕的案件，发现遗漏应当逮捕而公安机关未提请批准逮捕的犯罪嫌疑人的，应当经检察长批准，要求建议公安机关提请批准逮捕。公安机关仍不提请批准逮捕或者说明的不提请批准逮捕的理由不成立的，人民检察院可以直接作出逮捕决定，送达公安机关执行。

第289条　对已经作出的批准逮捕决定发现确有错误的，人民检察院应当撤销原批准逮捕决定，送达公安机关执行。

对已经作出的不批准逮捕决定发现确有错误，需要批准逮捕的，人民检察院应当撤销原不批准逮捕决定，并重新作出批准逮捕决定，送达公安机关执行。

对因撤销原批准逮捕决定而被释放的犯罪嫌疑人或者逮捕后公安机关变更为取保候审、监视居住的犯罪嫌疑人，又发现需要逮捕的，人民检察院应当重新办理逮捕手续作出逮捕决定。

第290条　对不批准逮捕的案件，公安机关要求复议的，人民检察院负责捕诉的部门侦查监督部门应当另行指派检察官或者检察官办案组进行审查办案人员复议，并在收到要求复议意见书提请复议书和案卷材料后7日以内，经检察长批准，作出是否变更的决定，通知公安机关。

第291条　对不批准逮捕的案件，公安机关提请上一级人民检察院复核的，上一级人民检察院应当在侦查监督部门收到提请复核意见书和案卷材料后15日以内，经检察长批准，由检察长或者检察委员会作出是否变更的决定，通知下级人民检察院和公安机关执行。需要改变原决定的，应当通知作出不批准逮捕决定的人民检察院撤销原不批准逮捕决定，另行制作批准逮捕决定书。必要时，上级人民检察院也可以直接作出批准逮捕决定，通知下级人民检察院送达公安机关执行。

（新增）对于经复议复核维持原不批准逮捕决定的，人民检察院向公安机关送达复议复核决定时应当说明理由。

第292条 人民检察院作出不批准逮捕决定，并且通知公安机关补充侦查的案件，公安机关在补充侦查后又要求复议的，人民检察院应当告知公安机关重新提请批准逮捕。公安机关坚持要求复议的，人民检察院不予受理。

对于公安机关补充侦查后应当提请批准逮捕而不提请批准逮捕的，按照本规则第288条的规定办理。

第293条 对公安机关提请批准逮捕的案件，负责捕诉的部门~~侦查监督部门~~应当将批准、变更、撤销逮捕措施的情况书面通知本院负责刑事执行检察的部门~~监所检察部门~~。

第294条 外国人、无国籍人涉嫌危害国家安全犯罪的案件或者涉及国与国之间政治、外交关系的案件以及在适用法律上确有疑难的案件，需要逮捕犯罪嫌疑人的，按照刑事诉讼法关于管辖的规定，分别由基层人民检察院或者设区的市级分~~、州、市~~人民检察院审查并提出意见，层报最高人民检察院审查。最高人民检察院认为需要逮捕的，经征求外交部的意见后，作出批准逮捕的批复；认为不需要逮捕的，作出不批准逮捕的批复。基层人民检察院或者设区的市级分~~、州、市~~人民检察院根据最高人民检察院的批复，依法作出批准或者不批准逮捕的决定。层报过程中，上级人民检察院认为不需要逮捕的，应当作出不批准逮捕的批复。报送的人民检察院根据批复依法作出不批准逮捕的决定。

基层人民检察院或者设区的市级分~~、州、市~~人民检察院认为不需要逮捕的，可以直接依法作出不批准逮捕的决定。

外国人、无国籍人涉嫌本条第1款规定以外的其他犯罪案件，决定批准逮捕的人民检察院应当在作出批准逮捕决定后48小时以内报上一级人民检察院备案，同时向同级人民政府外事部门通报。上一级人民检察院经审查发现批准逮捕决定错误的，应当依法及时纠正。

第295条 人民检察院办理审查逮捕的危害国家安全犯罪案件，应当报上一级人民检察院备案。

上一级人民检察院对报送的备案材料经审查发现错误的，应当依法及时纠正。

第296条 人民检察院办理直接受理侦查的案件，需要逮捕犯罪嫌疑人的，由负责侦查的部门制作逮捕犯罪嫌疑人意见书报请逮捕书，报检察长或者检察委员会审批后，连同案卷材料、讯问犯罪嫌疑人录音、录像一并移送本院负责捕诉的部门报上一级人民检察院审查。犯罪嫌疑人已被拘留的，负责侦查的部门应当在拘留后7日以内将案件移送本院负责捕诉的部门报上一级人民检察院审查。

第297条 对本院负责侦查的部门~~侦查部门~~移送审查逮捕的案件，犯罪嫌疑人已被拘留的，负责捕诉的部门~~侦查监督部门~~应当在收到逮捕犯罪嫌疑人意见书后7日以内，报请检察长或者检察委员会决定是否逮捕，特殊情况下，决定逮捕的时间可以延长1日至3日；犯罪嫌疑人未被拘留的，负责捕诉的部门应当在收到逮捕犯罪嫌疑人意见书后15日以内，报请检察长或者检察委员会决定是否逮捕，重大、复杂案件，不得超过20日。

第298条 对犯罪嫌疑人决定逮捕的对本院侦查部门移送审查逮捕的犯罪嫌疑人，经检察长或者检察委员会决定逮捕的，负责捕诉的部门~~侦查监督部门~~应当将逮捕决定书连同案卷材料、讯问犯罪嫌疑人录音、录像移交负责侦查的部门~~送交侦查部门~~，并可以对收集证据、适用法律提出意见。由负责侦查的部门~~侦查部门~~通知公安机关执行，必要时可以协助执行。

第299条 对犯罪嫌疑人决定不予逮捕的，负责捕诉的部门~~侦查监督部门~~应当将不予逮捕的决定连同案卷材料、讯问犯罪嫌疑人录音、录像移交负责侦查的部门，并说明理由。需要补充侦查的，应当制作补充侦查提纲。侦查部门。犯罪嫌疑人已被拘留的，负责侦查的部门侦查部门应当通知公安机关立即释放。

第300条　对应当逮捕而本院负责侦查的部门侦查部门未移送审查逮捕的犯罪嫌疑人，负责捕诉的部门侦查监督部门应当向负责侦查的部门侦查部门提出移送审查逮捕犯罪嫌疑人的建议。建议不被采纳的，应当可以报请检察长决定。

第301条　最高人民检察院、省级人民检察院办理直接受理立案侦查的案件，逮捕犯罪嫌疑人后，应当立即送看守所羁押。除无法通知的以外，负责侦查的部门应当把逮捕的原因和羁押的处所，在24小时以内通知其被逮捕人家属。对于无法通知的，在无法通知的情形消除后，应当立即通知其家属。

第302条　最高人民检察院、省级人民检察院办理直接受理立案侦查的案件，对被逮捕的犯罪嫌疑人，侦查部门应当在逮捕后24小时以内进行讯问。

发现不应当逮捕的，应当经检察长批准，撤销逮捕决定或者变更为其他强制措施，并通知公安机关执行，同时通知负责捕诉的部门侦查监督部门。

对按照前款规定被释放或者变更强制措施被变更逮捕措施的犯罪嫌疑人，又发现需要逮捕的，应当重新移送审查逮捕。

第303条　最高人民检察院、省级人民检察院办理直接受理立案侦查的案件，已经作出不予逮捕的决定，又发现需要逮捕犯罪嫌疑人的，应当重新办理逮捕手续。

第304条　犯罪嫌疑人在异地羁押的，负责侦查的部门人民检察院办理直接受理立案侦查的案件，侦查部门应当将决定、变更、撤销逮捕措施的情况书面通知羁押地人民检察院负责刑事执行检察的部门。

第312条（第2款）　犯罪嫌疑人不符合逮捕条件，需要撤销下级人民检察院逮捕决定的，上级人民检察院在作出不批准延长侦查羁押期限决定的同时，应当作出撤销逮捕的决定，或者通知下级人民检察院撤销逮捕决定。人民检察院办理直接受理立案侦查的案件，侦查部门

第337条　人民检察院在审查起诉阶段认为需要逮捕犯罪嫌疑人的，应当经检察长决定公诉部门经审查认为需要逮捕犯罪嫌疑人的，应当按照本规则第十章的规定移送侦查监督部门办理。

【主席令〔2019〕40号】　中华人民共和国社区矫正法（2019年12月28日第13届全国人大常委会第15次会议通过，主席令第40号公布，2020年7月1日施行）

第47条　被提请撤销缓刑、假释的社区矫正对象可能逃跑或者可能发生社会危险的，社区矫正机构可以在提出撤销缓刑、假释建议的同时，提请人民法院决定对其予以逮捕。

人民法院应当在48小时内作出是否逮捕的决定。决定逮捕的，由公安机关执行。逮捕后的羁押期限不得超过30日。

【司发通〔2020〕59号】　社区矫正法实施办法（2020年6月18日最高法、最高检、公安部、司法部印发，2020年7月1日施行；2012年1月10日"两院两部"司发通〔2012〕12号《社区矫正实施办法》同时废止）

第48条　被提请撤销缓刑、撤销假释的社区矫正对象具备下列情形之一的，社区矫正机构在提出撤销缓刑、撤销假释建议书的同时，提请人民法院决定对其予以逮捕：（一）可

能逃跑的；（二）具有危害国家安全、公共安全、社会秩序或者他人人身安全现实危险的；（三）可能对被害人、举报人、控告人或者社区矫正机构工作人员等实施报复行为的；（四）可能实施新的犯罪的。

社区矫正机构提请人民法院决定逮捕社区矫正对象时，应当提供相应证据，移送人民法院审查决定。

社区矫正机构提请逮捕、人民法院作出是否逮捕决定的法律文书，应当同时抄送执行地县级人民检察院。

【高检发〔2020〕10号】 最高人民检察院关于充分发挥检察职能服务保障"六稳""六保"的意见（2020年7月21日第13届最高检党组第119次会议通过，2020年7月22日）①

9. 落实"少捕""少押""慎诉"的司法理念。适应新时期犯罪形势变化，在保持对少数严重暴力犯罪和恶性犯罪从严打击绝不放过的同时，对认罪认罚、轻刑犯罪充分适用依法从宽的刑事政策，促进社会综合治理。一是坚持依法能不捕的不捕。审查批捕环节，注重将犯罪嫌疑人认罪认罚积极复工复产、开展生产自救、努力保就业岗位作为审查判断有无社会危险性的重要考量因素。……

【苏检发〔2020〕9号】 江苏省人民检察院关于服务保障民营企业健康发展的若干意见（2020年8月12日省检察院党组会通过，2020年10月26日印发）

8. 严格落实民营企业相关涉罪人员逮捕上提一级审批制度。对民营企业投资者、经营管理者、技术骨干等关键岗位人员拟逮捕的，一律报上一级检察院审批，并报省检察院备案。确需适用逮捕强制措施的，依法保障关键岗位人员被羁押期间能够依法行使企业经营、资产处置等权利，帮助企业做好必要的衔接工作。

【公安部令〔2020〕159号】 公安机关办理刑事案件程序规定（2020年7月4日第3次部务会议修订，2020年7月20日公布，2020年9月1日施行）

第134条 有证据证明有犯罪事实，是指同时具备下列情形：（一）有证据证明发生了犯罪事实；（二）有证据证明该犯罪事实是犯罪嫌疑人实施的；（三）证明犯罪嫌疑人实施犯罪行为的证据已有查证属实的。

前款规定的"犯罪事实"既可以是单一犯罪行为的事实，也可以是数个犯罪行为中任何一个犯罪行为的事实。

<u>第137条（第2款）</u> 犯罪嫌疑人自愿认罪认罚的，应当记录在案，并在提请批准逮捕书中写明有关情况。

第138条 对于人民检察院不批准逮捕并通知补充侦查的，公安机关应当按照人民检察院的补充侦查提纲补充侦查。

公安机关补充侦查完毕，认为符合逮捕条件的，应当重新提请批准逮捕。

第140条 对于人民检察院决定不批准逮捕的，公安机关在收到不批准逮捕决定书后，如果犯罪嫌疑人已被拘留的，应当立即释放，发给释放证明书，<u>并在执行完毕后3日以内将</u>执行回执送达作出不批准逮捕决定的人民检察院。

---

① 本《意见》（司法解释性质的检察业务文件）由最高检党组（而非检委会）讨论通过，之前较罕见。

第141条　对人民检察院不批准逮捕的决定，认为有错误需要复议的，应当在收到不批准逮捕决定书后5日以内制作要求复议意见书，报经县级以上公安机关负责人批准后，送交同级人民检察院复议。

如果意见不被接受，认为需要复核的，应当在收到人民检察院的复议决定书后5日以内制作提请复核意见书，报经县级以上公安机关负责人批准后，连同人民检察院的复议决定书，一并提请上一级人民检察院复核。

第142条　接到人民检察院批准逮捕决定书后，应当由县级以上公安机关负责人签发逮捕证，立即执行，<u>并在执行完毕后3日以内将执行回执送达作出批准逮捕决定的人民检察院</u>。如果未能执行，也应当将回执送达人民检察院，并写明未能执行的原因。

第143条　执行逮捕时，必须出示逮捕证，并责令被逮捕人在逮捕证上签名、捺指印，拒绝签名、捺指印的，侦查人员应当注明。逮捕后，应当立即将被逮捕人送看守所羁押。

执行逮捕的侦查人员不得少于2人。

第144条　对被逮捕的人，必须在逮捕后的24小时以内进行讯问。发现不应当逮捕的，经县级以上公安机关负责人批准，制作释放通知书，送看守所和原批准逮捕的人民检察院。看守所凭释放通知书立即释放被逮捕人，并发给释放证明书。

第145条　对犯罪嫌疑人执行逮捕后，除无法通知的情形以外，应当在逮捕后24小时以内，制作逮捕通知书，通知被逮捕人的家属。逮捕通知书应当写明逮捕原因和羁押处所。

本条规定的"无法通知"的情形适用本规定第113条第2款的规定。<u>(见《刑事诉讼法》第75条)</u>

无法通知的情形消除后，应当立即通知被逮捕人的家属。

对于没有在24小时以内通知家属的，应当在逮捕通知书中注明原因。

第146条　人民法院、人民检察院决定逮捕犯罪嫌疑人、被告人的，由县级以上公安机关凭人民法院、人民检察院决定逮捕的法律文书制作逮捕证并立即执行。必要时，可以请人民法院、人民检察院协助执行。执行逮捕后，应当及时通知决定机关。

公安机关未能抓获犯罪嫌疑人、被告人的，应当将执行情况和未能抓获的原因通知决定逮捕的人民检察院、人民法院。对于犯罪嫌疑人、被告人在逃的，在人民检察院、人民法院撤销逮捕决定之前，公安机关应当组织力量继续执行。

原第152条　<u>犯罪嫌疑人被送交看守所羁押以后，侦查人员对其进行讯问，应当在看守所讯问室内进行。</u>

【高检发办字〔2021〕3号】　人民检察院办理网络犯罪案件规定（2020年12月14日最高检第13届检委会第57次会议通过，2021年1月22日印发）

第55条　承办案件的人民检察院需要询问异地证人、被害人的，可以通过远程视频系统进行询问，证人、被害人所在地的人民检察院应当予以协助。远程询问的，应当对询问过程进行同步录音录像。

第61条　人民检察院办理网络犯罪案件适用本规定，本规定没有规定的，适用其他相关规定。

第63条　人民检察院办理国家安全机关、海警机关、监狱等移送的网络犯罪案件，适用本规定和其他相关规定。

【法释〔2021〕1号】　最高人民法院关于适用《中华人民共和国刑事诉讼法》的解释
(2020年12月7日最高法审委会〔1820次〕修订，2021年1月26日公布，2021年3月1日施行；2013年1月1日施行的"法释〔2012〕21号"《解释》同时废止)

第163条　对具有刑事诉讼法第81条第1款、第3款规定情形的被告人，人民法院应当决定逮捕。

第164条　被取保候审的被告人具有下列情形之一的，人民法院应当决定逮捕：（一）故意实施新的犯罪的；（二）企图自杀或者逃跑的；（三）毁灭、伪造证据，干扰证人作证或者串供的；（四）打击报复、恐吓滋扰被害人、证人、鉴定人、举报人、控告人等的①；（五）经传唤，无正当理由不到案，影响审判活动正常进行的；（六）擅自改变联系方式或者居住地，导致无法传唤，影响审判活动正常进行的；（七）未经批准，擅自离开所居住的市、县，影响审判活动正常进行，或者2次未经批准，擅自离开所居住的市、县的；（八）违反规定进入特定场所、与特定人员会见或者通信、从事特定活动，影响审判活动正常进行，或者2次违反有关规定的；（九）依法应当决定逮捕的其他情形。

第165条　被监视居住的被告人具有下列情形之一的，人民法院应当决定逮捕：（一）具有前条第一项至第五项规定情形之一的；（二）未经批准，擅自离开执行监视居住的处所，影响审判活动正常进行，或者2次未经批准，擅自离开执行监视居住的处所的；（三）未经批准，擅自会见他人或者通信，影响审判活动正常进行，或者2次未经批准，擅自会见他人或者通信的；（四）对因患有严重疾病、生活不能自理，或者因怀孕、正在哺乳自己婴儿而未予逮捕的被告人，疾病痊愈或者哺乳期已满的；（五）依法应当决定逮捕的其他情形。

第166条　对可能判处徒刑以下刑罚的被告人，违反取保候审、监视居住规定，严重影响诉讼活动正常进行的，可以决定逮捕。

第167条　人民法院作出逮捕决定后，应当将逮捕决定书等相关材料送交公安机关执行，并将逮捕决定书抄送人民检察院。逮捕被告人后，人民法院应当将逮捕的原因和羁押的处所，在24小时以内通知其家属；确实无法通知的，应当记录在案。

第168条　人民法院对决定逮捕的被告人，应当在逮捕后24小时以内讯问。发现不应当逮捕的，应当立即释放。必要时，可以依法变更强制措施②。

第169条　被逮捕的被告人具有下列情形之一的，人民法院可以变更强制措施：（一）患有严重疾病、生活不能自理的；（二）怀孕或者正在哺乳自己婴儿的；（三）系生活不能自理的人的唯一扶养人。

第170条　被逮捕的被告人具有下列情形之一的，人民法院应当立即释放；必要时，可以依法变更强制措施③。
（一）第一审人民法院判决被告人无罪、不负刑事责任或者免予刑事处罚的；④
（二）第一审人民法院判处管制、宣告缓刑、单独适用附加刑，判决尚未发生法律效力的；
（三）被告人被羁押的时间已到第一审人民法院对其判处的刑期期限的；

---

① 本项内容2012年规定为"对被害人、举报人、控告人实施打击报复的"。
② 本部分内容2012年规定为"变更强制措施或者立即释放"。
③ 本部分内容2012年规定为"变更强制措施或者予以释放"。
④ 对于本项情形，2012年规定为"应当在宣判后立即释放"，不能采取变更强制措施的方式。

（四）案件不能在法律规定的期限内审结的。

第 171 条　人民法院决定变更强制措施或者释放被告人的，应当立即将变更强制措施决定书或者释放通知书送交公安机关执行。

第 544 条　被提请撤销缓刑、假释的罪犯可能逃跑或者可能发生社会危险，社区矫正机构在提出撤销缓刑、假释建议的同时，提请人民法院决定对其予以逮捕的，人民法院应当在 48 小时以内作出是否逮捕的决定。决定逮捕的，由公安机关执行。逮捕后的羁押期限不得超过 30 日。

【法发〔2021〕10 号】　最高人民法院、最高人民检察院、公安部、司法部关于进一步加强虚假诉讼犯罪惩治工作的意见（2021 年 3 月 4 日印发，2021 年 3 月 10 日施行）

第 16 条（第 2 款）　公安机关在办理刑事案件过程中，发现犯罪嫌疑人还涉嫌实施虚假诉讼犯罪的，可以一并处理。需要逮捕犯罪嫌疑人的，由侦查该案件的公安机关提请同级人民检察院审查批准；需要提起公诉的，由侦查该案件的公安机关移送同级人民检察院审查决定。

人民检察院羁押听证办法（2021 年 4 月 8 日最高检第 13 届检委会第 65 次会议通过，2021 年 8 月 17 日印发施行）详见《刑事诉讼法》第 95~99 条）

第 2 条　羁押听证是指人民检察院办理审查逮捕、审查延长侦查羁押期限、羁押必要性审查案件，以组织召开听证会的形式，就是否决定逮捕、是否批准延长侦查羁押期限、是否继续羁押听取各方意见的案件审查活动。

【法刊文摘】　检答网集萃 61：提请逮捕案件可否撤回（检察日报 2021 年 10 月 21 日）

咨询内容（四川宜宾李林）：公安机关提请逮捕案件是否可以在审查批捕期间撤回提捕？

解答摘要（最高检专家组）：对于公安机关提请批准逮捕后又申请撤回的，检察机关应当进行审查，根据具体情况决定是否准许。

【主席令〔2021〕71 号】　中华人民共和国海警法（2021 年 1 月 22 日第 13 届全国人大常委会第 25 次会议通过，2021 年 2 月 1 日施行）

第 45 条　海警机构办理海上刑事案件，需要提请批准逮捕或者移送起诉的，应当向所在地相应人民检察院提请或者移送。

第 60 条　海警机构对依法决定行政拘留的违法行为人和拘留审查的外国人，以及决定刑事拘留、执行逮捕的犯罪嫌疑人，分别送海警机构所在地拘留所或者看守所执行。

【公通字〔2022〕25 号】　最高人民法院、最高人民检察院、公安部、国家安全部关于取保候审若干问题的规定（1999 年 8 月 4 日"公通字〔1999〕59 号"印发施行；2022 年 9 月 5 日修订重发）（主文见本书第 67-73 条）

第 34 条　人民检察院、人民法院决定取保候审的，被取保候审人违反取保候审规定，需要予以逮捕的，可以对被取保候审人先行拘留，并提请人民检察院、人民法院依法作出逮捕决定。人民法院、人民检察院决定逮捕的，由所在地同级公安机关执行。

【高检发办字〔2022〕167 号】　最高人民检察院、公安部关于依法妥善办理轻伤害案件的指导意见（2022 年 12 月 22 日）（主文见《刑法全厚细》第 234 条）

（16）依法准确把握逮捕标准。轻伤害案件中，犯罪嫌疑人具有认罪认罚，且没有其他犯罪嫌疑；与被害人已达成和解协议并履行赔偿义务；系未成年人或者在校学生，本人确有悔罪表现等情形，人民检察院、公安机关经审查认为犯罪嫌疑人不具有社会危险性的，公安机关可以不再提请批准逮捕，人民检察院可以作出不批捕的决定。

犯罪嫌疑人因其伤害行为致使当事人双方矛盾进一步激化，可能实施新的犯罪或者具有其他严重社会危险性情形的，人民检察院可以依法批准逮捕。

【海警局令〔2023〕1号】　海警机构办理刑事案件程序规定（2023年5月15日审议通过，2023年6月15日起施行）(余文见本书第308条)

第127条　对有证据证明有犯罪事实，可能判处徒刑以上刑罚的犯罪嫌疑人，采取取保候审尚不足以防止发生下列社会危险性的，应当提请批准逮捕：（一）可能实施新的犯罪的；（二）有危害国家安全、公共安全或者社会秩序的现实危险的；（三）可能毁灭、伪造证据，干扰证人作证或者串供的；（四）可能对被害人、举报人、控告人实施打击报复的；（五）企图自杀或者逃跑的。

对于有证据证明有犯罪事实，可能判处10年有期徒刑以上刑罚的，或者有证据证明有犯罪事实，可能判处徒刑以上刑罚，曾经故意犯罪或者身份不明的，应当提请批准逮捕。

海警机构根据第1款的规定提请人民检察院审查批准逮捕时，应当收集、固定犯罪嫌疑人具有社会危险性的证据，并在提请逮捕时随卷移送。对于证明犯罪事实的证据能够证明犯罪嫌疑人具有社会危险性的，应当在提请批准逮捕书中专门予以说明。

第128条　有证据证明有犯罪事实，是指同时具备下列情形：（一）有证据证明发生了犯罪事实；（二）有证据证明该犯罪事实是犯罪嫌疑人实施的；（三）证明犯罪嫌疑人实施犯罪行为的证据已有查证属实的。

前款规定的"犯罪事实"既可以是单一犯罪行为的事实，也可以是数个犯罪行为中任何一个犯罪行为的事实。

第129条　被取保候审人违反取保候审规定，有下列情形之一的，可以提请批准逮捕：（一）涉嫌故意实施新的犯罪行为的；（二）有危害国家安全、公共安全或者社会秩序的现实危险的；（三）实施毁灭、伪造证据或者干扰证人作证、串供行为，足以影响侦查工作正常进行的；（四）对被害人、举报人、控告人实施打击报复的；（五）企图自杀、逃跑，逃避侦查的；（六）未经批准，擅自离开所居住的市、县，情节严重的，或者2次以上未经批准，擅自离开所居住的市、县的；（七）经传讯无正当理由不到案，情节严重的，或者经2次以上传讯不到案的；（八）违反规定进入特定场所、特定海域、从事特定活动或者与特定人员会见、通信2次以上的。

第130条　被监视居住人违反监视居住规定，有下列情形之一的，可以提请批准逮捕：（一）涉嫌故意实施新的犯罪行为的；（二）实施毁灭、伪造证据或者干扰证人作证、串供行为，足以影响侦查工作正常进行的；（三）对被害人、举报人、控告人实施打击报复的；（四）企图自杀、逃跑，逃避侦查的；（五）未经批准，擅自离开执行监视居住的处所，情节严重的，或者2次以上未经批准，擅自离开执行监视居住的处所的；（六）未经批准，擅自会见他人或者通信，情节严重的，或者2次以上未经批准，擅自会见他人或者通信的；（七）经传讯无正当理由不到案，情节严重的，或者经2次以上传讯不到案的。

第131条　需要提请批准逮捕犯罪嫌疑人的，应当经海警机构负责人批准，制作提请批准逮捕书，连同案卷材料、证据，一并移送相应人民检察院审查批准。

犯罪嫌疑人自愿认罪认罚的，应当记录在案，并在提请批准逮捕书中写明有关情况。

第132条　对于人民检察院不批准逮捕并通知补充侦查的，海警机构应当按照人民检察院的补充侦查提纲补充侦查。

海警机构补充侦查完毕，认为符合逮捕条件的，应当重新提请批准逮捕。

第133条　对于人民检察院不批准逮捕而未说明理由的，海警机构可以要求人民检察院说明理由。

第134条　对于人民检察院决定不批准逮捕的，海警机构在收到不批准逮捕决定书后，如果犯罪嫌疑人已被拘留的，应当制作释放通知书送达看守所。海警机构在执行完毕后3日以内将执行回执送达作出不批准逮捕决定的人民检察院。

第135条　对人民检察院不批准逮捕的决定，认为有错误需要复议的，应当在收到不批准逮捕决定书后5日以内制作要求复议意见书，经海警机构负责人批准后，送交相应人民检察院复议。

复议意见不被接受，认为需要复核的，应当在收到人民检察院的复议决定书后5日以内制作提请复核意见书，经海警机构负责人批准后，连同人民检察院的复议决定书，一并提请上一级人民检察院复核。

第136条　接到人民检察院批准逮捕决定书后，应当由海警机构负责人签发逮捕证，立即执行，并在执行完毕后3日以内将执行回执送达作出批准逮捕决定的人民检察院。逮捕未能执行的，也应当将回执送达人民检察院，并写明未能执行的原因。

第137条　执行逮捕时，必须出示逮捕证，并责令被逮捕人在逮捕证上签名、捺指印，拒绝签名、捺指印的，侦查人员应当注明。逮捕后，应当立即将被逮捕人送看守所羁押。

执行逮捕的侦查人员不得少于2人。

第138条　对被逮捕的人，必须在逮捕后的24小时以内进行讯问。发现不应当逮捕的，经海警机构负责人批准，制作释放通知书，送看守所和原批准逮捕的人民检察院。

第139条　对犯罪嫌疑人执行逮捕后，除无法通知的情形以外，应当在逮捕后24小时以内，制作逮捕通知书，通知被逮捕人的家属。逮捕通知书应当写明逮捕原因和羁押处所。

本条规定的"无法通知"的情形适用本规定第108条第2款的规定。

无法通知的情形消除后，应当立即通知被逮捕人的家属。

对于没有在24小时以内通知家属的，应当在逮捕通知书中注明原因。

第140条　人民法院、人民检察院决定逮捕犯罪嫌疑人、被告人的，海警机构凭人民法院、人民检察院决定逮捕的法律文书制作逮捕证并立即执行。必要时，可以请人民法院、人民检察院协助执行。执行逮捕后，应当及时通知人民法院、人民检察院。

海警机构未能抓获犯罪嫌疑人、被告人的，应当将执行情况和未能抓获的原因通知决定逮捕的人民检察院、人民法院。对于犯罪嫌疑人、被告人在逃的，在人民检察院、人民法院撤销逮捕决定之前，海警机构应当组织力量继续执行。

第141条　人民检察院在审查批准逮捕工作中发现海警机构的侦查活动存在违法情况，通知海警机构予以纠正的，海警机构应当调查核实，对于发现的违法情况应当及时纠正，并将纠正情况书面通知人民检察院。

第341条　本规定所称"海警机构负责人"是指海警机构的正职领导。……

【高检发〔2023〕号】　　最高人民检察院关于依法惩治和预防民营企业内部人员侵害民营企业合法权益犯罪、为民营经济发展营造良好法治环境的意见（2023年7月26日）

5. 准确把握审查逮捕标准。……对关键技术岗位人员，要根据案情、结合企业生产经营需求依法判断是否有逮捕必要性。……对于犯罪嫌疑人在取保候审期间有实施毁灭、伪造证据，串供或者干扰证人作证，足以影响侦查、审查起诉工作正常进行的行为的，依法予以逮捕。

【国安部令〔2024〕4号】　　国家安全机关办理刑事案件程序规定（2024年4月26日公布，2024年7月1日起施行）

第12条　国家安全机关办理刑事案件，应当向同级人民检察院提请批准逮捕、移送审查起诉。

第155条　国家安全机关对有证据证明有犯罪事实，可能判处徒刑以上刑罚的犯罪嫌疑人，采取取保候审尚不足以防止发生下列社会危险性的，应当提请批准逮捕：（一）可能实施新的犯罪的；（二）有危害国家安全、公共安全或者社会秩序的现实危险的；（三）可能毁灭、伪造证据，干扰证人作证或者串供的；（四）可能对被害人、举报人、控告人实施打击报复的；（五）企图自杀或者逃跑的。

对于有证据证明有犯罪事实，可能判处十年有期徒刑以上刑罚的，或者有证据证明有犯罪事实，可能判处徒刑以上刑罚，曾经故意犯罪或者身份不明的，应当提请批准逮捕。

第156条　有证据证明有犯罪事实，是指同时具备下列情形：（一）有证据证明发生了犯罪事实；（二）有证据证明该犯罪事实是犯罪嫌疑人实施的；（三）证明犯罪嫌疑人实施犯罪行为的证据已有查证属实的。

前款规定的"犯罪事实"既可以是单一犯罪行为的事实，也可以是数个犯罪行为中任何一个犯罪行为的事实。

第157条　提请批准逮捕，应当将犯罪嫌疑人涉嫌犯罪的性质、情节，认罪认罚等情况，作为是否可能发生社会危险性的考虑因素。

国家安全机关提请人民检察院审查批准逮捕时，应当收集、固定犯罪嫌疑人具有社会危险性的证据，并在提请批准逮捕时随卷移送。对于证明犯罪事实的证据能够证明犯罪嫌疑人具有社会危险性的，应当在提请批准逮捕书中专门予以说明。

第158条　被取保候审人违反取保候审规定，具有下列情形之一的，可以提请批准逮捕：（一）涉嫌故意实施新的犯罪的；（二）有危害国家安全、公共安全或者社会秩序的现实危险的；（三）实施毁灭、伪造证据或者干扰证人作证、串供行为，足以影响侦查工作正常进行的；（四）对被害人、证人、鉴定人、举报人、控告人及其他人员实施打击报复或者恐吓滋扰的；（五）企图自杀、逃跑，逃避侦查的；（六）未经批准，擅自离开所居住的市、县，情节严重的，或者2次以上未经批准，擅自离开所居住的市、县的；（七）经传讯无正当理由不到案，情节严重的，或者经2次以上传讯不到案的；（八）住址、工作单位和联系方式发生变动，未在24小时以内向国家安全机关报告，造成严重后果的；（九）违反规定进入特定场所、从事特定活动或者与特定人员会见、通信，严重妨碍侦查正常进行的；（十）有其他依法应当提请批准逮捕的情形的。

第159条　被监视居住人违反监视居住规定，具有下列情形之一的，可以提请批准逮捕：（一）涉嫌故意实施新的犯罪的；（二）实施毁灭、伪造证据或者干扰证人作证、串供行为，足以影响侦查工作正常进行的；（三）对被害人、证人、鉴定人、举报人、控告人及其他人员实施打击报复或者恐吓滋扰的;(四)企图自杀、逃跑,逃避侦查的;(五)未经批准,擅自离开执行监视居住的处所,情节严重的,或者2次以上未经批准,擅自离开执行监视居住的处所的;(六)未经批准,擅自会见他人或者通信,情节严重的,或者2次以上未经批准,擅自会见他人或者通信的;(七)经传讯无正当理由不到案,情节严重的,或者经2次以上传讯不到案的;(八)有其他依法应当提请批准逮捕的情形的。

第160条 提请批准逮捕犯罪嫌疑人时,应当经国家安全机关负责人批准,制作提请批准逮捕书,连同案卷材料、证据,一并移送同级人民检察院审查。

犯罪嫌疑人自愿认罪认罚的,应当记录在案,并在提请批准逮捕书中写明有关情况。

第161条 对于人民检察院在审查批准逮捕过程中通知补充侦查的,国家安全机关应当按照人民检察院的补充侦查纲补充侦查,并将补充侦查的案件材料及时送人民检察院。

国家安全机关补充侦查完毕,认为符合逮捕条件的,应当重新提请批准逮捕。

第162条 补充侦查期间正在执行的强制措施期限届满的,应当及时变更强制措施。

第163条 接到人民检察院批准逮捕决定后,应当由国家安全机关负责人签发逮捕证,立即执行,并将执行回执3日内送达作出批准逮捕决定的人民检察院。

如果未能执行的,也应当将执行回执送达人民检察院,并写明未能执行的原因。

第164条 国家安全机关执行逮捕时,应当向被逮捕人出示逮捕证,并责令其在逮捕证上签名、捺指印。逮捕后,应当立即将被逮捕人送看守所羁押。

执行逮捕的侦查人员不得少于2人。

第165条 对于被逮捕的人,应当在逮捕后24小时以内进行讯问。发现不应当逮捕的,经国家安全机关负责人批准,制作释放通知书,通知看守所和原批准逮捕的人民检察院。看守所应当立即释放被逮捕人,并发给释放证明书。

第166条 对犯罪嫌疑人执行逮捕后,除无法通知的情形以外,应当在逮捕后24小时以内,制作逮捕通知书,通知被逮捕人的家属。逮捕通知书应当写明逮捕原因和羁押处所。

无法通知的情形消失后,应当立即通知被逮捕人的家属。

对于没有在24小时以内通知家属的,应当在逮捕通知书中注明原因。

(插)第190条 有下列情形之一的,属于本章中规定的"无法通知":(一)犯罪嫌疑人不讲真实姓名、住址、身份不明的;(二)犯罪嫌疑人无家属的;(三)提供的家属联系方式无法取得联系的;(四)因自然灾害等不可抗力导致无法通知的。

第167条 对于人民检察院不批准逮捕的,国家安全机关在收到不批准逮捕决定书后,如果犯罪嫌疑人已被拘留的,应当立即释放或者变更强制措施,并将执行回执在收到不批准逮捕决定书后的3日以内送达作出不批准逮捕决定的人民检察院。

第168条 对于人民检察院不批准逮捕而未说明理由的,国家安全机关可以要求人民检察院说明理由。

第169条 对人民检察院不批准逮捕的决定,国家安全机关认为有错误需要复议的,应当在收到不批准逮捕决定书后5日以内,经国家安全机关负责人批准,制作要求复议意见书,送交同级人民检察院复议。

如果意见不被接受,认为需要复核的,应当在收到人民检察院的复议决定书后5日以内,经国家安全机关负责人批准,制作提请复核意见书,连同人民检察院的复议决定,一并提请上一级人民检察院复核。

第 170 条　人民法院、人民检察院决定逮捕犯罪嫌疑人、被告人的，由国家安全机关凭人民法院、人民检察院决定逮捕的法律文书制作逮捕证并立即执行。必要时，可以请人民法院、人民检察院协助执行。执行逮捕后，应当及时通知决定机关。

国家安全机关未能抓获犯罪嫌疑人、被告人的，应当将执行情况和未能抓获的原因通知决定逮捕的人民检察院、人民法院。对于犯罪嫌疑人、被告人在逃的，在人民检察院、人民法院撤销逮捕决定之前，国家安全机关应当组织力量继续执行。

第 171 条　人民检察院在审查批准逮捕工作中发现国家安全机关的侦查活动存在违法情况，通知国家安全机关予以纠正的，国家安全机关应当调查核实，对于发现的违法情况应当及时纠正，并将有关情况书面回复人民检察院。

● **指导案例**　【高检发研字〔2016〕7 号】　最高人民检察院第 7 批指导性案例（2016 年 5 月 13 日最高检第 12 届检委会第 51 次会议通过，2016 年 5 月 31 日印发）

（检例第 27 号）　王玉雷不批准逮捕案

要旨：检察机关办理审查逮捕案件，要严格坚持证据合法性原则，既要善于发现非法证据，又要坚决排除非法证据。非法证据排除后，其他在案证据不能证明犯罪嫌疑人实施犯罪行为的，应当依法对犯罪嫌疑人作出不批准逮捕的决定。要加强对审查逮捕案件的跟踪监督，引导侦查机关全面及时收集证据，促进侦查活动依法规范进行。①

【高检发研字〔2024〕101 号】　最高人民检察院第 52 批指导性案例（2024 年 1 月 26 日最高检检委会〔14 届 23 次〕通过，2024 年 4 月 23 日印发）

（检例第 209 号）　朱某涉嫌盗窃不批捕复议复核案（详见《刑法全厚细》第 264 条）

要旨：……对复议复核案件，人民检察院应当开展实质审查，对复议案件，还应当另行指派检察官办理。

（检例第 210 号）　杨某涉嫌虚假诉讼不批捕复议案（详见《刑法全厚细》第 307 条之 1）

要旨：……人民检察院办理不批捕复议案件，应当加强与公安机关沟通，促进对复议决定的理解认同。对行为人的行为虽不构成犯罪，但妨害了司法秩序或者侵害了他人合法权益的，人民检察院应当提出检察建议，使行为人承担相应法律责任。

（检例第 211 号）　王某掩饰、隐瞒犯罪所得不批捕复议复核案（详见《刑法全厚细》第 312 条）

要旨：……上级人民检察院办理不批捕复核案件，发现下级人民检察院复议决定有错误的，应当依法予以纠正。②

---

① 本案指导意义：……构建以客观证据为核心的案件事实认定体系，高度重视无法排除合理怀疑的矛盾证据，注意利用收集在案的客观证据验证、比对全案证据，守住"犯罪事实不能没有、犯罪嫌疑人不能搞错"的逮捕底线。要坚持惩罚犯罪与保障人权并重的理念，重视犯罪嫌疑人不在犯罪现场、没有作案时间等方面的无罪证据以及侦查机关可能存在的非法取证行为的线索。综合审查全案证据，不能证明犯罪嫌疑人实施了犯罪行为的，应当依法作出不批准逮捕的决定。要结合办理审查逮捕案件，注意发挥检察机关侦查监督作用，引导侦查机关及时收集、补充其他证据，促进侦查活动依法规范进行。

② 本案指导意义：对公安机关提请复核的案件，人民检察院应当全面审查不批捕决定认定事实、适用法律是否正确，处理是否适当，是否违反法定程序，文书使用是否准确，法条援引有无错漏，释法说理是否充分，复议是否提出新事实、新证据等。

第95条[1] 【羁押必要性审查】犯罪嫌疑人、被告人被逮捕后，人民检察院仍应当对羁押的必要性进行审查。对不需要继续羁押的，应当建议予以释放或者变更强制措施。有关机关应当在10日以内将处理情况通知人民检察院。

第96条[2] 【强制措施撤销和变更】人民法院、人民检察院和公安机关如果发现对犯罪嫌疑人、被告人采取强制措施不当的，应当及时撤销或者变更。公安机关释放被逮捕的人或者变更逮捕措施的，应当通知原批准的人民检察院。

第97条[3] 【申请变更强制措施】犯罪嫌疑人、被告人及其法定代理人、近亲属或者辩护人有权申请变更强制措施。人民法院、人民检察院和公安机关收到申请后，应当在3日以内作出决定；不同意变更强制措施的，应当告知申请人，并说明不同意的理由。

第98条[4] 【羁押期满释放】犯罪嫌疑人、被告人被羁押的案件，不能在本法规定的侦查羁押、审查起诉、一审、二审期限内办结的，对犯罪嫌疑人、被告人应当予以释放[5]；需要继续查证、审理的，对犯罪嫌疑人、被告人可以取保候审或者监视居住。

第99条[6] 【强制措施期满的解除或变更】人民法院、人民检察院或者公安机关对被采取强制措施法定期限届满的犯罪嫌疑人、被告人，应当予以释放、解除取保候审、监视居住或者依法变更强制措施。犯罪嫌疑人、被告人及其法定代理人、近亲属或者辩护人对于人民法院、人民检察院或者公安机关采取强制措施法定期限届满的，有权要求解除强制措施。

● 相关规定 【高检会〔2000〕2号】 最高人民检察院、公安部关于适用刑事强制措施有关问题的规定（2000年8月28日公布施行）

第31条 对于人民检察院决定逮捕的犯罪嫌疑人，公安机关应当在侦查羁押期限届满

---

[1] 本条规定由2012年3月14日第11届全国人大常委会第5次会议增设，2013年1月1日施行。
[2] 本条规定由1996年3月17日第8届全国人民代表大会第4次会议增设，1997年1月1日施行。
[3] 本条规定由1996年3月17日第8届全国人民代表大会第4次会议增设（1997年1月1日施行），原规定为："被羁押的犯罪嫌疑人、被告人及其法定代理人、近亲属有权申请取保候审。"2012年3月14日第11届全国人大常委会第5次会议修改为现规定，2013年1月1日施行。
[4] 本条规定由1996年3月17日第8届全国人民代表大会第4次会议增设，1997年1月1日施行。
[5] 本部分内容由2012年3月14日第11届全国人大常委会第5次会议增加，2013年1月1日施行。
[6] 本条规定由1996年3月17日第8届全国人民代表大会第4次会议增设（1997年1月1日施行），原规定为："犯罪嫌疑人、被告人及其法定代理人、近亲属或者、被告人委托的律师及其他辩护人对于人民法院、人民检察院或者公安机关采取强制措施超过法定期限的，有权要求解除强制措施。人民法院、人民检察院或者公安机关对于被采取强制措施超过法定期限的犯罪嫌疑人、被告人应当予以释放、解除取保候审、监视居住或者依法变更强制措施。"2012年3月14日第11届全国人大常委会第5次会议修改为现规定，2013年1月1日施行。

10日前通知决定逮捕的人民检察院。

对于需要延长侦查羁押期限的，人民检察院应当在侦查羁押期限届满前，将延长侦查羁押期限决定书送交公安机关；对于犯罪嫌疑人另有重要罪行，需要重新计算侦查羁押期限的，人民检察院应当在侦查羁押期限届满前，将重新计算侦查羁押期限决定书送交公安机关。

对于不符合移送审查起诉条件或者延长侦查羁押期限条件、重新计算侦查羁押期限条件的，人民检察院应当在侦查羁押期限届满前，作出予以释放或者变更强制措施的决定，并通知公安机关执行。公安机关应当将执行情况及时通知人民检察院。

【法〔2003〕163号】 最高人民法院、最高人民检察院、公安部关于严格执行刑事诉讼法，切实纠防超期羁押的通知（2003年11月12日）

二、严格适用刑事诉讼法关于犯罪嫌疑人、被告人羁押期限的规定，严禁随意延长羁押期限。犯罪嫌疑人、被告人被羁押的，人民法院、人民检察院和公安机关在刑事诉讼的不同阶段，要及时办理换押手续。在侦查阶段，要严格遵守拘留、逮捕后的羁押期限的规定；犯罪嫌疑人被逮捕以后，需要延长羁押期限的，应当符合刑事诉讼法第124条、第126条或者第127条规定的情形，并应当经过上一级人民检察院或者省、自治区、直辖市人民检察院的批准或者决定。在审查逮捕阶段和审查起诉阶段，人民检察院应当在法定期限内作出决定。在审判阶段，人民法院要严格遵守刑事诉讼法关于审理期限的规定；需要延长1个月审理期限的，应当属于刑事诉讼法第126条规定的情形之一，而且应当经过省、自治区、直辖市高级人民法院批准或者决定。

凡不符合刑事诉讼法关于重新计算犯罪嫌疑人、被告人羁押期限规定的，不得重新计算羁押期限。严禁滥用退回补充侦查、撤回起诉、改变管辖等方式变相超期羁押犯罪嫌疑人、被告人。

三、准确适用刑事诉讼法关于取保候审、监视居住的规定。人民法院、人民检察院和公安机关在对犯罪嫌疑人、被告人采取强制措施时，凡符合取保候审、监视居住条件的，应当依法采取取保候审、监视居住。对已被羁押的犯罪嫌疑人、被告人，在其法定羁押期限已满时必须立即释放，如侦查、起诉、审判活动尚未完成，需要继续查证、审理的，要依法变更强制措施为取保候审或者监视居住，充分发挥取保候审、监视居住这两项强制措施的作用，做到追究犯罪与保障犯罪嫌疑人、被告人合法权益的统一。

【高检发〔2003〕12号】 最高人民检察院关于在检察工作中防止和纠正超期羁押的若干规定（2003年9月24日最高检第10届检委会第10次会议通过，2003年11月24日印发施行）

一、严格依法正确适用逮捕措施

……严禁违背法律规定的条件，通过滥用退回补充侦查、发现新罪、改变管辖等方式变相超期羁押犯罪嫌疑人。对于在法定羁押期限内确实难以办结的案件，应当根据案件的具体情况依法变更强制措施或者释放犯罪嫌疑人。对于已经逮捕但经侦查或者审查，认定不构成犯罪、不需要追究刑事责任或者证据不足、不符合起诉条件的案件，应当及时、依法作出撤销案件或者不起诉的决定，释放在押的犯罪嫌疑人。

二、实行和完善听取、告知制度

实行听取制度。人民检察院在审查决定、批准逮捕中，应当讯问犯罪嫌疑人。检察人员在讯问犯罪嫌疑人的时候，应当认真听取犯罪嫌疑人的陈述或者无罪、罪轻的辩解。犯罪嫌疑人委托律师提供法律帮助或者委托辩护人的，检察人员应当注意听取律师以及其他辩护人关于适用逮捕措施的意见。

完善告知制度。人民检察院在办理直接受理立案侦查的案件中，对于被逮捕的人，应当由承办部门办案人员在逮捕后的 24 小时以内进行讯问，讯问时即应把逮捕的原因、决定机关、羁押起止日期、羁押处所以及在羁押期间的权利、义务用犯罪嫌疑人能听（看）懂的语言和文书告知犯罪嫌疑人。……

无论在侦查阶段还是审查起诉阶段，人民检察院依法延长或者重新计算羁押期限，都应当将法律根据、羁押期限书面告知犯罪嫌疑人、被告人及其委托的人。

人民检察院应当将听取和告知记明笔录，并将上述告知文书副本存工作卷中。

三、实行羁押情况通报制度

人民检察院在犯罪嫌疑人被逮捕或者在决定、批准延长侦查羁押期限、重新计算侦查羁押期限以后，侦查部门应当在 3 日以内将有关情况书面通知本院监所检察部门。

人民检察院在决定对在押的犯罪嫌疑人延长审查起诉期限、改变管辖、退回补充侦查重新计算审查起诉期限以后，公诉部门应当在 3 日以内将有关情况书面通知本院监所检察部门。

四、实行羁押期限届满提示制度

监所检察部门对本院办理案件的犯罪嫌疑人的羁押情况实行 1 人 1 卡登记制度。案卡应当记明犯罪嫌疑人的基本情况、诉讼阶段的变更、羁押起止时间以及变更情况等。……

监所检察部门应当在本院办理案件的犯罪嫌疑人羁押期限届满前 7 日制发《犯罪嫌疑人羁押期满提示函》，通知办案部门犯罪嫌疑人羁押期限即将届满，督促其依法及时办结案件。《犯罪嫌疑人羁押期满提示函》应当载明犯罪嫌疑人的基本情况、案由、逮捕时间、期限届满时间、是否已经延长办案期限等内容。

案件承办人接到提示后，应当检查案件的办理情况并向本部门负责人报告，严格依法在法定期限内办结案件。如果需要延长羁押期限、变更强制措施，应当及时提出意见，按照有关规定办理审批手续。

五、严格依法执行换押制度

人民检察院凡对在押的犯罪嫌疑人依法变更刑事诉讼阶段的，应当严格按照有关规定办理换押手续。

人民检察院对于公安机关等侦查机关侦查终结移送审查起诉的、决定退回补充侦查以及决定提起公诉的案件，公诉部门应当在 3 日以内将有关换押情况书面通知本院监所检察部门。

六、实行定期检查通报制度（略）

七、建立超期羁押投诉和纠正机制

……人民检察院监所检察部门负责受理关于超期羁押的投诉，接受投诉材料或者将投诉内容记明笔录，并及时对投诉进行审查，提出处理意见报请检察长决定。检察长对于确属超期羁押的，应当立即作出释放犯罪嫌疑人或者变更强制措施的决定。

人民检察院监所检察部门在投诉处理以后，应当及时向投诉人反馈处理意见。

八、实行超期羁押责任追究制

进一步健全和落实超期羁押责任追究制，严肃查处和追究超期羁押有关责任人员。对于违反刑事诉讼法和本规定，滥用职权或者严重不负责任，造成犯罪嫌疑人超期羁押的，应当追究直接负责的主管人员和其他直接责任人员的纪律责任；构成犯罪的，依照《中华人民共和国刑法》第397条关于滥用职权罪、玩忽职守罪的规定追究刑事责任。

【法发〔2003〕22号】　最高人民法院关于推行十项制度切实防止产生新的超期羁押的通知（2003年11月30日）

二、实行严格依法适用取保候审、监视居住等法律措施的制度。各级人民法院必须实行严格适用刑事诉讼法关于取保候审、监视居住规定的制度。对被告人符合取保候审、监视居住条件的，应当依法采取取保候审、监视居住。对过失犯罪等社会危险性较小且符合法定条件的被告人，应当依法适用取保候审、监视居住等法律措施。对已被羁押超过法定羁押期限的被告人，应当依法予以释放；如果被告人被羁押的案件不能在法定期限内审结，需要继续审理的，应当依法变更强制措施。

三、建立及时通报制度，告知法院羁押期限。根据法定事由，例如依法延期审理、中止审理、进行司法精神病鉴定等，人民法院依法办理法律手续延长审限的案件，不计入审限。人民法院应当及时将上述不计入审限的情况书面通知看守所、被告人及其家属，并说明审限延长的理由。对于人民检察院因抗诉等原因阅卷的案件，根据《最高人民法院关于严格执行案件审理期限制度的若干规定》（法释〔2000〕29号），其占用的时间不计入审限，人民法院应当及时将情况书面通知看守所、被告人及其家属，并说明理由。

【公监管〔2014〕96号】　最高人民法院、最高人民检察院、公安部关于羁押犯罪嫌疑人、被告人实行换押和羁押期限变更通知制度的通知（2014年3月3日）

一、换押和通知范围

（二）羁押期限变更通知范围

具有下列情形之一的，办案机关应当将变更后的羁押期限书面通知看守所：（1）依法延长拘留时间的；（2）依法延长逮捕后的侦查羁押期限、审查起诉期限、审理期限的；（3）发现犯罪嫌疑人另有重要罪行，重新计算侦查羁押期限的；（4）因犯罪嫌疑人不讲真实姓名、住址，身份不明，不计算羁押期限以及从查清其身份之日起开始计算侦查羁押期限的；（5）适用简易程序审理的案件转为第一审普通程序的；（6）因精神病鉴定停止计算羁押期限以及恢复计算羁押期限的；（7）审理过程中，人民法院决定中止审理以及恢复审理的；（8）死刑复核法院与第二审人民法院为同一法院，案件进入死刑复核程序的；（9）羁押期限改变的其他情形。

二、换押和通知程序

（二）羁押期限变更通知程序

对于办案机关未改变，但是羁押期限发生变化的，办案机关应当在原法定羁押期限届满前，填写《变更羁押期限通知书》送达看守所。其中因犯罪嫌疑人、被告人不讲真实姓名、住址，身份不明等不计算羁押期限，或者因精神病鉴定停止计算羁押期限，以及恢复计算羁押期限的，办案机关应当在该情形出现或者消失后3日内，将《变更羁押期限通知书》送达看守所。

人民检察院刑事执行检察部门预防和纠正超期羁押和久押不决案件工作规定（试行）（2015年6月1日印发试行）

第2条　犯罪嫌疑人、被告人在侦查、审查起诉、审判阶段的羁押时间超过法律规定的羁押期限的，为超期羁押案件。

犯罪嫌疑人、被告人被羁押超过5年，案件仍然处于侦查、审查起诉、一审、二审阶段的，为久押不决案件。

第5条　发现看守所未及时督促办案机关办理换押手续和羁押期限变更通知手续的，派驻检察室应当及时向看守所提出口头或者书面建议。情节严重的，派驻检察室应当报经检察长批准，以本院名义向看守所提出书面检察建议。

第6条　发现办案机关没有依照规定办理换押手续和羁押期限变更通知手续的，派驻检察室应当及时报告或者通知办案机关对应的同级人民检察院刑事执行检察部门。刑事执行检察部门核实后，应当报经检察长批准，立即以本院名义向办案机关发出《纠正违法通知书》。

第7条　发现看守所在犯罪嫌疑人、被告人羁押期限到期前7日，未向办案机关发出《案件即将到期通知书》的，派驻检察室应当向看守所提出口头或者书面纠正意见。情节严重的，派驻检察室应当报经检察长批准，以本院名义向看守所发出《纠正违法通知书》。

第8条　发现犯罪嫌疑人、被告人被超期羁押后，看守所没有及时书面报告人民检察院并通知办案机关的，派驻检察室应当报经检察长批准，以本院名义向看守所发出《纠正违法通知书》。

第9条　发现犯罪嫌疑人、被告人被超期羁押后，派驻检察室应当立即报告或者通知办案机关对应的同级人民检察院刑事执行检察部门。刑事执行检察部门核实后，应当报经检察长批准，立即以本院名义向办案机关发出《纠正违法通知书》。

第10条　向办案机关发出《纠正违法通知书》后，办案机关在7日内未依法释放犯罪嫌疑人、被告人或者变更强制措施，也没有办理延长羁押期限手续的，刑事执行检察部门应当及时向上一级人民检察院刑事执行检察部门报告。

上一级人民检察院刑事执行检察部门核实后，应当报经检察长批准，立即以本院名义向办案机关的上一级机关通报，并监督其督促办案机关立即纠正超期羁押。

第11条　发现犯罪嫌疑人、被告人久押不决的，派驻检察室应当及时报告或者通知办案机关对应的同级人民检察院刑事执行检察部门。刑事执行检察部门应当报经检察长批准，及时以本院名义督促办案机关加快办案进度。

第12条　久押不决案件同时存在超期羁押的，办案机关对应的同级人民检察院刑事执行检察部门应当报经检察长批准，立即以本院名义向办案机关发出《纠正违法通知书》。

第13条　超期羁押超过3个月和羁押期限超过5年的久押不决案件，由省级人民检察院刑事执行检察部门负责督办；超期羁押超过6个月和羁押期限超过8年的久押不决案件，由最高人民检察院刑事执行检察部门负责督办。

第14条　督办超期羁押和久押不决案件，应当指定专人负责；可以采取电话督办、发函督办、实地督办等方式；可以协调办案机关的上一级机关联合督办；必要时，可以报经检察长批准，以本院名义提请同级党委政法委或者人大内司委研究解决。

第17条　对超期羁押和久押不决负有监督职责的刑事执行检察人员，不认真履行监督职责，应当发现、报告、通知、提出纠正意见而未发现、报告、通知、提出纠正意见的，依纪依法追究责任。

第18条　对于造成超期羁押的直接责任人员，可以报经检察长批准，以本院名义书面建议其所在单位或者有关主管机关予以纪律处分；情节严重，涉嫌犯罪的，依法追究刑事责任。

第19条 本规定中的办案机关，是指公安机关、人民法院。

对于人民检察院办理案件存在超期羁押或者久押不决的，派驻检察室或者刑事执行检察部门发现后，应当及时通知该人民检察院的案件管理部门。

【法〔2015〕382号】 最高人民法院、最高人民检察院、公安部、司法部刑事案件速裁程序试点工作座谈会纪要（二）（2015年11月20日在北京召开，2015年12月22日印发）

4. 优先适用非羁押强制措施。要严格把握羁押的必要性、合理性，严格审查逮捕的社会危险性条件。犯罪嫌疑人、被告人自愿认罪并同意适用速裁程序的，在保障诉讼顺利进行且符合条件的情况下，优先适用取保候审。

【高检执检〔2016〕37号】 最高人民检察院刑事执行检察厅关于贯彻执行《人民检察院办理羁押必要性审查案件规定（试行）》的指导意见（最高检办公厅2016年7月11日印发施行；《关于人民检察院监所检察部门开展羁押必要性审查工作的参考意见》同时废止）①

第2条（第2款） 人民法院、人民检察院和公安机关依据《中华人民共和国刑事诉讼法》第94条（现第96条）规定，对犯罪嫌疑人、被告人撤销或者变更逮捕强制措施的，以及犯罪嫌疑人、被告人及其法定代理人、近亲属或者辩护人依据《中华人民共和国刑事诉讼法》第95条（现第97条）规定，申请变更逮捕强制措施的，不属于羁押必要性审查。

第3条（第2款） 异地羁押的，羁押地派驻看守所检察室应当提供必要的配合。

（第3款） 必要时，上级人民检察院刑事执行检察部门可以将本部门办理的羁押必要性审查案件指定下级人民检察院刑事执行检察部门办理，经审查，需要向办案机关提出释放或者变更强制措施建议的，应当按照对等监督原则，由上级人民检察院刑事执行检察部门向办案机关发出建议书。

第4条 犯罪嫌疑人、被告人及其法定代理人、近亲属、辩护人依据《中华人民共和国刑事诉讼法》第95条（现第97条）规定，向人民检察院刑事执行检察部门申请变更强制措施，或者援引该规定但申请事项表述为羁押必要性审查的，人民检察院刑事执行检察部门应当向其说明情况，并在其修改申请材料后依法受理。

第8条 犯罪嫌疑人、被告人被逮捕后，羁押地的派驻看守所检察室应当在5个工作日以内进行羁押必要性审查权利告知。

没有设立派驻看守所检察室的，由巡回检察人员或派驻专职检察人员进行权利告知。

第10条（第4款） 异地羁押的，羁押地派驻看守所检察室收到羁押必要性审查申请后，应当告知申请人向办案机关对应的同级人民检察院刑事执行检察部门提出申请，或者在2个工作日以内将申请材料移送办案机关对应的同级人民检察院刑事执行检察部门，并告知申请人。

第15条 犯罪嫌疑人、被告人具有下列情形之一的，经初审后一般不予立案，但是犯罪嫌疑人、被告人患有严重疾病或者具有其他特殊法定情形不适宜继续羁押的除外：（一）涉嫌危害国家安全犯罪、恐怖活动犯罪、黑社会性质的组织犯罪、重大毒品犯罪或者其他严重危

---

① 注：《人民检察院办理羁押必要性审查案件规定（试行）》已被2023年11月30日《人民检察院、公安机关羁押必要性审查、评估工作规定》替代、废止。

害社会的犯罪的；（二）涉嫌故意杀人、故意伤害致人重伤或死亡、强奸、抢劫、绑架、贩卖毒品、放火、爆炸、投放危险物质等严重破坏社会秩序犯罪或者有组织的暴力性犯罪的；（三）涉嫌重大贪污、贿赂犯罪，或者利用职权实施的严重侵犯公民人身权利的犯罪的；（四）系累犯或曾因危害国家安全犯罪、恐怖活动犯罪、黑社会性质的组织犯罪、重大毒品犯罪或者其他严重危害社会的犯罪被判处刑罚的；（五）可能判处10年有期徒刑以上刑罚的；（六）案件事实尚未查清，证据尚未固定或者犯罪嫌疑人、被告人有其他犯罪事实尚未查清、需要进一步查证属实的；（七）同案犯罪嫌疑人、被告人不在案，有串供可能的；（八）比较复杂的共同犯罪案件，有串供可能的；（九）系被通缉到案或者因违反取保候审、监视居住规定而被逮捕的；（十）侦查监督部门作出批准逮捕或者批准延长侦查羁押期限决定不满1个月的；（十一）其他不宜立案进行羁押必要性审查的情形。

第19条　人民检察院刑事执行检察部门进行羁押必要性审查，可以采取以下方式：（一）审查犯罪嫌疑人、被告人不需要继续羁押的理由和证明材料；（二）听取犯罪嫌疑人、被告人及其法定代理人、近亲属、辩护人的意见；（三）听取被害人及其法定代理人、诉讼代理人、近亲属或者其他有关人员的意见，了解是否达成和解协议；（四）听取现阶段办案机关的意见；（五）听取侦查监督部门或者公诉部门的意见；（六）调查核实犯罪嫌疑人、被告人的身体健康状况；（七）向看守所调取有关犯罪嫌疑人、被告人羁押期间表现的材料；（八）查阅、复制原案卷宗中有关证据材料的；（九）其他方式。

第20条　人民检察院刑事执行检察部门办理羁押必要性审查案件，应当审查以下内容：（一）犯罪嫌疑人、被告人的基本情况，原案涉嫌的罪名、犯罪的性质、情节，可能判处的刑罚；（二）原案所处的诉讼阶段，侦查取证的进展情况，犯罪事实是否基本查清，证据是否收集固定，犯罪嫌疑人、被告人是否认罪，供述是否稳定；（三）犯罪嫌疑人、被告人的羁押期限是否符合法律规定，是否有相应的审批手续，羁押期限是否即将届满，是否属于羁押超过5年的久押不决案件或者羁押期限已满4年的久押不决预警案件；（四）犯罪嫌疑人、被告人是否存在可能作不起诉处理、被判处管制、拘役、独立适用附加刑、免予刑事处罚、判决无罪或者宣告缓刑的情形；（五）犯罪嫌疑人、被告人是否有认罪、悔罪、坦白、自首、立功、积极退赃、与被害人达成和解协议并履行赔偿义务等从宽处理情节；（六）犯罪嫌疑人、被告人是否有前科、累犯等从严处理情节；（七）共同犯罪的，是否有不在案的共犯，是否存在串供可能；（八）犯罪嫌疑人、被告人的身体健康状况；（九）犯罪嫌疑人、被告人在本地有无固定住所、工作单位，是否具备取保候审、监视居住的条件；（十）犯罪嫌疑人、被告人的到案方式，是否被通缉到案，或者是否因违反取保候审、监视居住规定而被逮捕；（十一）其他内容。

第22条　评估犯罪嫌疑人、被告人有无继续羁押必要性可以采取量化方式，设置加分项目、减分项目、否决项目等具体标准。犯罪嫌疑人、被告人的得分情况可以作为综合评估的参考。

第23条　加分项目可以包括：（一）具有《人民检察院刑事诉讼规则（试行）》第619条规定的情形的；（二）具有本指导意见第26条、第27条规定的情形的①；（三）积极退赃、

---

① 注：本指导意见第26条、第27条规定的内容已被修改为《人民检察院、公安机关羁押必要性审查、评估工作规定》（2023年11月30日印发施行）第16条、第17条，为避免累赘，本书予以删略。

退赔的；（四）被害人有过错的；（五）系在校学生犯罪的；（六）在本市有固定住所、工作单位的；（七）能够提供适格保证人或者缴纳足额保证金的；（八）具备监视居住条件的；（九）其他应当加分的情形。

第 24 条　减分项可以包括：（一）犯罪嫌疑人、被告人不认罪或者供述不稳定，反复翻供的；（二）矛盾尚未化解的；（三）犯罪嫌疑人、被告人在本市没有固定住所、固定工作，无力维持正常生活的；（四）办案机关明确反对变更强制措施，认为有继续羁押的必要且具有合法、合理的理由的；（五）犯罪嫌疑人、被告人所在单位、所居住社区明确反对变更强制措施，认为有继续羁押的必要且具有合法、合理的理由的；（六）其他应当减分的情形。

第 25 条　否决项可以包括：（一）具有《中华人民共和国刑事诉讼法》第 79 条规定的情形的；（二）具有本指导意见第 15 条规定的情形的；（三）具有重大社会影响，不宜进行羁押必要性审查的；（四）提供的申请材料故意造假的；（五）其他应当否决的情形。

第 28 条　犯罪嫌疑人、被告人被羁押超过 5 年，案件仍然处于侦查、审查起诉、一审、二审阶段的久押不决案件，或者犯罪嫌疑人、被告人被羁押已满 4 年，可能形成久押不决的案件，可以向办案机关提出释放或者变更强制措施的建议。

第 30 条　人民检察院刑事执行检察部门办理羁押必要性审查案件，经审查认为有必要进行公开审查的，应当报经检察长或分管副检察长决定。

第 31 条　公开审查应当在犯罪嫌疑人、被告人所羁押的看守所、人民检察院办案场所或人民检察院确定的场所进行。

有条件的地方，也可以通过远程视频方式进行。

第 32 条　公开审查应当由检察官主持，一般可以包括以下程序：（一）检察官宣布公开审查的目的和程序；（二）犯罪嫌疑人、被告人及其法定代理人、近亲属、辩护人说明申请释放或者变更强制措施的理由；（三）被害人及其法定代理人、诉讼代理人、近亲属或者其他有关人员发表意见；（四）原案办案人员发表意见；（五）看守所监管人员对犯罪嫌疑人、被告人在羁押期间的表现发表意见；（六）犯罪嫌疑人、被告人所在单位、所居住社区和相关公安派出所发表意见；（七）检察官宣布公开审查程序结束。

有相关证据材料的，应当在发表意见时一并出示。

公开审查过程中，检察官可以就有关证据或有关问题，向参加人员提问，或者请参加人员说明。参加人员经检察官许可，也可以互相提问或者作答。

第 33 条　公开审查过程中，发现新的证据，可能影响犯罪嫌疑人、被告人羁押必要性综合评估的，可以中止公开审查，对新的证据进行调查核实。经调查核实，报检察长或者分管副检察长同意后，可以恢复或者终止公开审查。

第 34 条　公开审查应当制作公开审查笔录，参加公开审查的人员应当对笔录进行核对，并在确认无误后签名或者盖章。拒绝签名或者盖章的，应当在笔录上注明情况。

第 37 条　办理羁押必要性审查案件，应当在立案后 10 个工作日以内决定是否提出释放或者变更强制措施的建议。案件复杂或者情况特殊的，经检察长或者分管副检察长批准，可以延长 5 个工作日。

办案过程中涉及病情鉴定等专业知识，委托检察技术部门进行技术性证据审查的期间不计入办案期限。

第 44 条　对于检察机关正在侦查或者审查起诉的案件，刑事执行检察部门进行羁押必要性审查的，参照本指导意见办理。

第45条　对于公安机关、人民法院、其他人民检察院、人民检察院其他部门、人大代表、政协委员、人民监督员、特约检察员等移送的羁押必要性审查申请，以及依看守所建议进行羁押必要性审查的，参照依申请程序办理。

【公通字〔2017〕25号】　最高人民检察院、公安部关于公安机关办理经济犯罪案件的若干规定（最高检、公安部2017年11月24日印发，2018年1月1日施行；2005年12月31日"公通字〔2005〕101号"《规定》同时废止）

第34条　公安机关办理经济犯罪案件应当加强统一审核，依照法律规定的条件和程序逐案逐人审查采取强制措施的合法性和适当性，发现采取强制措施不当的，应当及时撤销或者变更。犯罪嫌疑人在押的，应当立即释放。公安机关释放被逮捕的犯罪嫌疑人或者变更逮捕措施的，应当及时通知作出批准逮捕决定的人民检察院。

犯罪嫌疑人被逮捕后，人民检察院经审查认为不需要继续羁押提出检察建议的，公安机关应当予以调查核实，认为不需要继续羁押的，应当予以释放或者变更强制措施；认为需要继续羁押的，应当说明理由，并在10日以内将处理情况通知人民检察院。

犯罪嫌疑人及其法定代理人、近亲属或者辩护人有权申请人民检察院进行羁押必要性审查。

【律发通〔2017〕51号】　律师办理刑事案件规范（2017年8月27日第9届全国律协常务理事会第8次会议通过、即日施行，中华全国律师协会2017年9月20日印发）

第51条　辩护律师认为被羁押的犯罪嫌疑人、被告人符合下列取保候审的条件，应当为其申请取保候审：（一）可能判处管制、拘役或者独立适用附加刑的；（二）可能判处有期徒刑以上刑罚，采取取保候审措施不致发生社会危险性的；（三）犯罪嫌疑人、被告人患有严重疾病、生活不能自理，采取取保候审措施不致发生社会危险性的；（四）犯罪嫌疑人、被告人正在怀孕或者哺乳自己的婴儿，采取取保候审措施不致发生社会危险性的；（五）羁押期限届满，案件尚未办结，需要采取取保候审措施的。

第52条　犯罪嫌疑人、被告人符合逮捕条件，但具备下列条件之一，辩护律师可以为其申请监视居住：（一）患有严重疾病、生活不能自理的；（二）怀孕或者正在哺乳自己婴儿的妇女；（三）系生活不能自理的人的唯一抚养人；（四）因为案件的特殊情况或者办理案件的需要，采取监视居住措施更为适宜的；（五）羁押期限届满，案件尚未办结，需要采取监视居住措施的。

第53条　犯罪嫌疑人、被告人符合取保候审条件，但不能提出保证人也不缴纳保证金的，辩护律师可以为其申请监视居住。

第54条　犯罪嫌疑人、被告人被羁押的案件，办案机关在《刑事诉讼法》规定的羁押期限内未能办结的，辩护律师可以要求释放犯罪嫌疑人、被告人，或者要求变更强制措施。

对被采取取保候审、监视居住措施的犯罪嫌疑人、被告人，办案机关在《刑事诉讼法》规定的强制措施期限内未能办结的，辩护律师可以要求解除强制措施。

第55条　犯罪嫌疑人因涉嫌危害国家安全犯罪、恐怖活动犯罪、特别重大贿赂犯罪在侦查期间被指定居所监视居住的，在有碍侦查的情形消失后，辩护律师可以为其申请在居所监视居住或者取保候审。

第 56 条　犯罪嫌疑人、被告人及其法定代理人、近亲属要求辩护律师申请变更、解除强制措施或释放犯罪嫌疑人、被告人，辩护律师认为符合条件的，可以自行申请，也可以协助其向办案机关申请。

第 57 条　辩护律师向办案机关书面申请变更、解除强制措施或者释放犯罪嫌疑人、被告人的，应当写明律师事务所名称、律师姓名、通信地址及联系方式、犯罪嫌疑人、被告人姓名和所涉嫌或指控的罪名、申请事实及理由、保证方式等。

辩护律师不宜为犯罪嫌疑人、被告人担任保证人。

第 58 条　辩护律师申请变更、解除强制措施或释放犯罪嫌疑人、被告人的，可以要求办案机关在 3 日内作出同意或者不同意的答复。对于不同意的，辩护律师可以要求其说明不同意的理由。

第 59 条　犯罪嫌疑人被逮捕后，辩护律师可以向检察机关提出羁押必要性审查的意见。

【高检发释字〔2019〕4 号】　人民检察院刑事诉讼规则（2019 年 12 月 2 日最高检第 13 届检委会第 28 次会议通过，2019 年 12 月 30 日公布施行；高检发释字〔2012〕2 号《规则（试行）》同时废止）

第 150 条　犯罪嫌疑人及其法定代理人、近亲属或者辩护人认为人民检察院采取强制措施法定期限届满，要求解除、变更强制措施或者释放犯罪嫌疑人的，由人民检察院侦查部门或者公诉部门审查后报请检察长决定。人民检察院应当在收到申请后 3 日以内作出决定。

经审查，认为法定期限届满的，应当决定解除、变更强制措施或者释放犯罪嫌疑人，并通知公安机关执行；认为法定期限未满的，书面答复申请人。

对于被羁押的犯罪嫌疑人解除或者变更强制措施的，侦查部门或者公诉部门应当及时通报本院监所检察部门和案件管理部门。

第 151 条　犯罪嫌疑人及其法定代理人、近亲属或者辩护人向人民检察院提出变更强制措施申请的，由人民检察院侦查部门或者公诉部门审查后报请检察长决定。人民检察院应当在收到申请后 3 日以内作出决定。

经审查，同意变更强制措施的，应当在作出决定的同时通知公安机关执行；不同意变更强制措施的，应当书面告知申请人，并说明不同意的理由。

犯罪嫌疑人及其法定代理人、近亲属或者辩护人提出变更强制措施申请的，应当说明理由，有证据和其他材料的，应当附上相关材料。

对于被羁押的犯罪嫌疑人变更强制措施的，侦查部门或者公诉部门应当及时通报本院监所检察部门和案件管理部门。

第 152 条　人民检察院在侦查、审查起诉期间，对犯罪嫌疑人拘留、逮捕后发生依法延长侦查羁押期限、审查起诉期限，重新计算侦查羁押期限、审查起诉期限等期限改变的情形的，应当及时将变更后的期限书面通知看守所。

第 153 条　人民检察院决定对涉嫌犯罪的机关事业单位工作人员取保候审、监视居住、拘留、逮捕的，应当在采取或者解除强制措施后 5 日以内告知其所在单位；决定撤销案件或者不起诉的，应当在作出决定后 10 日以内告知其所在单位。

第 154 条　取保候审变更为监视居住，或者取保候审、监视居住变更为拘留、逮捕的，在变更的同时原强制措施自动解除，不再办理解除法律手续。

第155条 人民检察院已经对犯罪嫌疑人取保候审、监视居住，案件起诉至人民法院后，人民法院决定取保候审、监视居住或者变更强制措施的，原强制措施自动解除，不再办理解除法律手续。

第252条（第2款） 由于同案犯罪嫌疑人在逃，在案犯罪嫌疑人的犯罪事实无法查清的，对在案犯罪嫌疑人应当根据案件的不同情况分别报请延长侦查羁押期限、变更强制措施或者解除强制措施。

第261条（第4款） 辩护律师提出犯罪嫌疑人不构成犯罪、无社会危险性、不适宜羁押或者侦查活动有违法犯罪情形等书面意见的，检察人员~~办案人员~~应当审查，并在相关工作文书~~审查逮捕意见书~~中说明是否采纳的情况和理由。

第266条（第3款） 排除非法证据后，犯罪嫌疑人不再符合逮捕条件但案件需要继续审查起诉的，应当及时变更强制措施。案件不符合起诉条件的，应当作出不起诉决定。

第318条 人民检察院直接受理侦查的案件，不能在法定侦查羁押期限内侦查终结的，应当依法释放犯罪嫌疑人或者变更强制措施。

第338条 对于人民检察院正在审查起诉~~侦查或者~~的案件，被逮捕的犯罪嫌疑人及其法定代理人、近亲属或者辩护人认为羁押期限届满，向人民检察院提出释放犯罪嫌疑人或者变更强制~~逮捕~~措施要求的，人民检察院应当在3日以内审查决定。经审查，认为法定期限届满的，应当决定释放或者依法变更强制~~逮捕~~措施，并通知公安机关执行；认为法定期限未满的，书面答复申请人。

第573条 犯罪嫌疑人、被告人被逮捕后，人民检察院仍应当对羁押的必要性进行审查。

第574条 （新增）人民检察院在办案过程中可以依职权主动进行羁押必要性审查。

犯罪嫌疑人、被告人及其法定代理人、近亲属或者辩护人可以申请人民检察院进行羁押必要性审查。申请时应当说明不需要继续羁押的理由，有相关证据或者其他材料的应当提供。

（新增）看守所根据在押人员身体状况，可以建议人民检察院进行羁押必要性审查。

第575条 负责捕诉的部门依法对侦查和审判阶段的羁押必要性进行审查。经审查认为不需要继续羁押的，应当建议公安机关或者人民法院释放犯罪嫌疑人、被告人或者变更强制措施。

审查起诉阶段，负责捕诉的部门经审查认为不需要继续羁押的，应当直接释放犯罪嫌疑人或者变更强制措施。

负责刑事执行检察的部门收到有关材料或者发现不需要继续羁押的，应当及时将有关材料和意见移送负责捕诉的部门。

第576条 办案机关对应的同级人民检察院负责控告申诉检察的部门或者负责案件管理的部门收到羁押必要性审查申请后，应当在当日移送本院负责捕诉的部门。

其他人民检察院收到羁押必要性审查申请的，应当告知申请人向办案机关对应的同级人民检察院提出申请，或者在2日以内将申请材料移送办案机关对应的同级人民检察院，并告知申请人。

第577条 人民检察院可以采取以下方式进行羁押必要性审查：（一）~~对犯罪嫌疑人、被告人进行羁押必要性评估；~~查阅有关案卷材料，审查有关人员提供的犯罪嫌疑人、被告人不需要继续羁押的理由和证明材料；（二）听取犯罪嫌疑人、被告人及其法定代理人、近亲属、辩护人的意见；（三）听取被害人及其法定代理人、诉讼代理人或者其他有关人员的意见，了解是否达成和解协议；（四）向侦查机关了解侦查取证的进展情况；听取办案机关、办案人员的意见；（五）调查核实犯罪嫌疑人、被告人的身体健康状况；（六）需要采取的其他方式。

（新增）必要时，可以依照有关规定进行公开审查。

第578条 人民检察院应当根据犯罪嫌疑人、被告人涉嫌的犯罪事实、主观恶性、悔罪表现、身体状况、案件进展情况、可能判处的刑罚和有无再危害社会的危险等因素，综合评估有无必要继续羁押犯罪嫌疑人、被告人。

第579条 人民检察院发现犯罪嫌疑人、被告人具有下列情形之一的，应当可以向办案机关有关机关提出释放或者变更强制措施的书面建议：（一）案件证据发生重大变化，没有证据不足以证明有犯罪事实或者犯罪行为系犯罪嫌疑人、被告人所为的；（二）案件事实或者情节发生变化，犯罪嫌疑人、被告人可能被判处拘役、管制、独立适用附加刑、免予刑事处罚或者判决无罪的；（三）犯罪嫌疑人、被告人实施新的犯罪，毁灭、伪造证据，干扰证人作证、串供，对被害人、举报人、控告人实施打击报复，自杀或者逃跑等的可能性已被排除的；（三）继续羁押犯罪嫌疑人、被告人，羁押期限将超过依法可能判处的刑期的；（四）案件事实基本查清，证据已经收集固定，符合取保候审或者监视居住条件的。（六）羁押期限届满的；（七）因为案件的特殊情况或者办理案件的需要，变更强制措施更为适宜的；（六）其他不需要继续羁押犯罪嫌疑人、被告人的情形。

第580条 人民检察院发现犯罪嫌疑人、被告人具有下列情形之一，且具有悔罪表现，不予羁押不致发生社会危险性的，可以向办案机关提出释放或者变更强制措施的建议：（一）预备犯或者中止犯；（二）共同犯罪中的从犯或者胁从犯；（三）过失犯罪的；（四）防卫过当或者避险过当的；（五）主观恶性较小的初犯；（六）系未成年人或者已满75周岁的人；（七）与被害方依法自愿达成和解协议，且已经履行或者提供担保的；（八）认罪认罚的；（九）患有严重疾病、生活不能自理的；（十）怀孕或者正在哺乳自己婴儿的妇女；（十一）系生活不能自理的人的唯一扶养人；（十二）可能被判处1年以下有期徒刑或者宣告缓刑的；（十三）其他不需要继续羁押的情形。

第581条 人民检察院向办案机关发出释放或者变更强制措施建议书的，应当说明不需要继续羁押犯罪嫌疑人、被告人的理由和法律依据，并要求办案机关在10日以内回复处理情况。

（新增）人民检察院应当跟踪办案机关对释放或者变更强制措施建议的处理情况。办案机关未在10日以内回复处理情况的，应当提出纠正意见。

第582条 对于依申请审查的案件，人民检察院办结后，应当将提出建议的情况和公安机关、人民法院的处理情况，或者有继续羁押必要的审查意见和理由及时书面告知申请人。

【高检发〔2020〕10号】 最高人民检察院关于充分发挥检察职能服务保障"六稳""六保"的意见（2020年7月21日第13届最高检党组第119次会议通过，2020年7月22日）①

9.落实"少捕""少押""慎诉"的司法理念。适应新时期犯罪形势变化，在保持对少

---

① 本《意见》（司法解释性质的检察业务文件）由最高检党组（而非检委会）讨论通过，之前较罕见。

数严重暴力犯罪和恶性犯罪从严打击绝不放过的同时,对认罪认罚、轻刑犯罪充分适用依法从宽的刑事政策,促进社会综合治理。……二是积极探索总结非羁押性强制措施适用经验,推动完善取保候审制度,进一步探索使用电子手铐、赔偿保证金等措施,积极推广适用电子监控措施执行监视居住。认真履行羁押必要性审查职责,减少不必要的羁押。……

【公安部令〔2020〕159号】 公安机关办理刑事案件程序规定(2020年7月4日第3次部务会议修订,2020年7月20日公布,2020年9月1日施行)

第159条 犯罪嫌疑人被逮捕后,人民检察院经审查认为不需要继续羁押,提出检察建议建议予以释放或者变更强制措施的,公安机关应当予以调查核实。认为不需要继续羁押的,应当予以释放或者变更强制措施;认为需要继续羁押的,应当说明理由。

公安机关应当在10日以内将处理情况通知人民检察院。

第161条(第3款) 对于犯罪嫌疑人、被告人羁押期限即将届满的,看守所应当立即通知办案机关。

第162条 取保候审变更为监视居住的,取保候审、监视居住变更为拘留、逮捕的,对原强制措施不再办理解除法律手续。

第163条 案件在取保候审、监视居住期间移送审查起诉后,人民检察院决定重新取保候审、监视居住或者变更强制措施的,对原强制措施不再办理解除法律手续。

【法释〔2021〕1号】 最高人民法院关于适用《中华人民共和国刑事诉讼法》的解释(2020年12月7日最高法审委会〔1820次〕修订,2021年1月26日公布,2021年3月1日施行;2013年1月1日施行的"法释〔2012〕21号"《解释》同时废止)

第171条 人民法院决定变更强制措施或者释放被告人的,应当立即将变更强制措施决定书或者释放通知书送交公安机关执行。

第172条 被采取强制措施的被告人,被判处管制、缓刑的,在社区矫正开始后,强制措施自动解除;被单处附加刑的,在判决、裁定发生法律效力后,强制措施自动解除;被判处监禁刑的,在刑罚开始执行后,强制措施自动解除。

第173条 对人民法院决定逮捕的被告人,人民检察院建议释放或者变更强制措施的,人民法院应当在收到建议后10日以内将处理情况通知人民检察院。

第174条 被告人及其法定代理人、近亲属或者辩护人申请变更、解除强制措施的,应当说明理由。人民法院收到申请后,应当在3日以内作出决定。同意变更、解除强制措施的,应当依照本解释规定处理;不同意的,应当告知申请人,并说明理由。

【高检发〔2021〕号】 人民检察院羁押听证办法(2021年4月8日最高检第13届检委会第65次会议通过,2021年8月17日印发施行)

第2条 羁押听证是指人民检察院办理审查逮捕、审查延长侦查羁押期限、羁押必要性审查案件,以组织召开听证会的形式,就是否决定逮捕、是否批准延长侦查羁押期限、是否继续羁押听取各方意见的案件审查活动。

第3条 具有下列情形之一,且有必要当面听取各方意见,以依法准确作出审查决定的,可以进行羁押听证:(一)需要核实评估犯罪嫌疑人、被告人是否具有社会危险性,未成年犯罪嫌疑人、被告人是否具有社会帮教条件的;(二)有重大社会影响的;(三)涉及公共利益、民生保障、企业生产经营等领域,听证审查有利于实现案件办理政治效果、法律效果和社会效果统一的；（四）在押犯罪嫌疑人、被告人及其法定代理人、近亲属或者辩护人申请变更强制措施的；（五）羁押必要性审查案件在事实认定、法律适用、案件处理等方面存在较大争议的；（六）其他有必要听证审查的。

第4条　羁押听证由负责办理案件的人民检察院组织开展。

经审查符合本办法第3条规定的羁押审查案件，经检察长批准，可以组织羁押听证。犯罪嫌疑人、被告人及其法定代理人、近亲属或者辩护人申请羁押听证的，人民检察院应当及时作出决定并告知申请人。

第5条　根据本办法开展的羁押听证一般不公开进行。人民检察院认为有必要公开的，经检察长批准，听证活动可以公开进行。

未成年人案件羁押听证一律不公开进行。

第6条　羁押听证由承办案件的检察官办案组的主办检察官或者独任办理案件的检察官主持。检察长或者部门负责人参加听证的，应当主持听证。

第7条　除主持听证的检察官外，参加羁押听证的人员一般包括参加案件办理的其他检察人员、侦查人员、犯罪嫌疑人、被告人及其法定代理人和辩护人、被害人及其诉讼代理人。

其他诉讼参与人，犯罪嫌疑人、被告人、被害人的近亲属，未成年犯罪嫌疑人、被告人的合适成年人等其他人员，经人民检察院许可，可以参加听证并发表意见。必要时，人民检察院可以根据相关规定邀请符合条件的社会人士作为听证员参加听证。

有重大影响的审查逮捕案件和羁押必要性审查案件的公开听证，应当邀请人民监督员参加。

第8条　决定开展听证审查的，承办案件的检察官办案组或者独任检察官应当做好以下准备工作：（一）认真审查案卷材料，梳理、明确听证审查的重点问题；（二）拟定听证审查提纲，制定听证方案；（三）及时通知听证参加人员，并告知其听证案由、听证时间和地点。参加听证人员有书面意见或者相关证据材料的，要求其在听证会前提交人民检察院。

第9条　听证审查按照以下程序进行：（一）主持人宣布听证审查开始，核实犯罪嫌疑人、被告人身份，介绍参加人员。（二）告知参加人员权利义务。（三）宣布听证程序和纪律要求。（四）介绍案件基本情况、明确听证审查重点问题。（五）侦查人员围绕听证审查重点问题，说明犯罪嫌疑人、被告人需要羁押或者延长羁押的事实和依据，出示证明社会危险性条件的证据材料。羁押必要性审查听证可以围绕事实认定出示相关证据材料。（六）犯罪嫌疑人、被告人及其法定代理人和辩护人发表意见，出示相关证据材料。（七）需要核实评估社会危险性和社会帮教条件的，参加听证的其他相关人员发表意见，提交相关证据材料。（八）检察官可以向侦查人员、犯罪嫌疑人、被告人、辩护人、被害人及其他相关人员发问。经主持人许可，侦查人员、辩护人可以向犯罪嫌疑人、被告人等相关人员发问。社会人士作为听证员参加听证的，可以向相关人员发问。（九）经主持人许可，被害人等其他参加人员可以发表意见。（十）社会人士作为听证员参加听证的，检察官应当听取其意见。必要时，听取意见可以单独进行。

2名以上犯罪嫌疑人、被告人参加听证审查的，应当分别进行。

第10条　涉及国家秘密、商业秘密、侦查秘密和个人隐私案件的羁押听证，参加人员应当严格限制在检察人员和侦查人员、犯罪嫌疑人、被告人及其法定代理人和辩护人、其他诉讼参与人范围内。听证审查过程中认为有必要的，检察官可以在听证会结束后单独听取意见、核实证据。

第11条　犯罪嫌疑人、被告人认罪认罚的，听证审查时主持听证的检察官应当核实认罪认罚的自愿性、合法性，并听取侦查人员对犯罪嫌疑人是否真诚认罪认罚的意见。

犯罪嫌疑人、被告人认罪认罚的情况是判断其是否具有社会危险性的重要考虑因素。

第12条　听证过程应当全程录音录像并由书记员制作笔录。

听证笔录由主持听证的检察官、其他参加人和记录人签名或者盖章，与录音录像、相关书面意见等归入案件卷宗。

第13条　听证员的意见是人民检察院依法提出审查意见和作出审查决定的重要参考。拟不采纳听证员多数意见的，应当向检察长报告并获同意后作出决定。

第14条　检察官充分听取各方意见后，综合案件情况，依法提出审查意见或者作出审查决定。

当场作出审查决定的，应当当场宣布并说明理由；在听证会后依法作出决定的，应当依照相关规定及时履行宣告、送达和告知义务。

第15条　人民监督员对羁押听证活动的监督意见，人民检察院应当依照相关规定及时研究处理并做好告知和解释说明等工作。

第16条　参加羁押听证的人员应当严格遵守有关保密规定，根据案件情况确有必要的，可以要求参加人员签订保密承诺书。

故意或者过失泄露国家秘密、商业秘密、侦查秘密、个人隐私的，依法依纪追究责任人员的法律责任和纪律责任。

第17条　犯罪嫌疑人、被告人被羁押的，羁押听证应当在看守所进行。犯罪嫌疑人、被告人未被羁押的，听证一般在人民检察院听证室进行。

羁押听证的安全保障、技术保障，由本院司法警察和技术信息等部门负责。

【公安部令〔2022〕165号】　公安机关反有组织犯罪工作规定（2022年8月10日第9次公安部部务会议通过，2022年8月26日公布，2022年10月1日施行）

第42条　公安机关对于罪行较轻、自愿认罪认罚、采用非羁押性强制措施足以防止发生《中华人民共和国刑事诉讼法》第81条第1款规定的社会危险性的犯罪嫌疑人，依法可不适用羁押性强制措施；已经被羁押的，可以依法变更强制措施。

【高检发办字〔2022〕167号】　最高人民检察院、公安部关于依法妥善办理轻伤害案件的指导意见（2022年12月22日）（主文见《刑法全厚细》第234条）

（十九）依法开展羁押必要性审查。对于已经批准逮捕的犯罪嫌疑人，如果犯罪嫌疑人认罪认罚，当事人达成刑事和解，没有继续羁押必要的，人民检察院应当依法释放、变更强制措施或者建议公安机关、人民法院释放、变更强制措施。

（二十二）……办理审查逮捕、审查延长侦查羁押期限、羁押必要性审查案件的听证，按照《人民检察院羁押听证办法》（见本书第95~99条）相关规定执行。

【海警局令〔2023〕1号】　海警机构办理刑事案件程序规定（2023年5月15日审议通过，2023年6月15日起施行）（余文见本书第308条）

第152条　海警机构发现对犯罪嫌疑人采取强制措施不当的，应当及时撤销或者变更。犯罪嫌疑人在押的，应当及时通知看守所释放。释放被逮捕的人或者变更逮捕措施的，海警机构应当通知批准逮捕的人民检察院。

第153条 犯罪嫌疑人被逮捕后，人民检察院依法对羁押的必要性进行审查，需要向海警机构了解侦查取证的进展情况，听取海警机构及侦查人员意见，查阅有关案卷材料的，海警机构应当予以配合。

人民检察院提出释放或者变更强制措施建议的，海警机构应当予以调查核实。认为不需要继续羁押的，应当予以释放或者变更强制措施；认为需要继续羁押的，应当说明理由。

海警机构应当在10日以内将处理情况通知人民检察院。

第154条 犯罪嫌疑人及其法定代理人、近亲属或者辩护人有权申请变更强制措施。海警机构应当在收到申请后3日以内作出决定；不同意变更强制措施的，应当告知申请人，并说明理由。

第155条 海警机构对被采取强制措施法定期限届满的犯罪嫌疑人，应当予以释放，解除取保候审、监视居住或者依法变更强制措施。

犯罪嫌疑人及其法定代理人、近亲属或者辩护人对于海警机构采取强制措施法定期限届满的，有权要求海警机构解除强制措施。海警机构应当进行审查，对于情况属实的，应当立即解除或者变更强制措施。

第156条 取保候审变更为监视居住的，取保候审、监视居住变更为拘留、逮捕的，对原强制措施不再办理解除法律手续。

第157条 案件在取保候审、监视居住期间移送审查起诉后，人民检察院决定重新取保候审、监视居住或者变更强制措施的，对原强制措施不再办理解除法律手续。

【高检发〔2023〕号】 人民检察院、公安机关羁押必要性审查、评估工作规定（2023年11月30日印发施行；高检发执检字〔2016〕1号《人民检察院办理羁押必要性审查案件规定（试行）》同时废止）

第1条 犯罪嫌疑人、被告人被逮捕后，人民检察院应当依法对羁押的必要性进行审查。不需要继续羁押的，应当建议公安机关、人民法院予以释放或者变更强制措施。对于审查起诉阶段的案件，应当及时决定释放或者变更强制措施。

公安机关在移送审查起诉前，发现采取逮捕措施不当或者犯罪嫌疑人及其法定代理人、近亲属或者辩护人、值班律师申请变更羁押强制措施的，应当对羁押的必要性进行评估。不需要继续羁押的，应当及时决定释放或者变更强制措施。

第4条 人民检察院依法开展羁押必要性审查，由捕诉部门负责。负责刑事执行、控告申诉、案件管理、检察技术的部门应当予以配合。

公安机关对羁押的必要性进行评估，由办案部门负责，法制部门统一审核。

犯罪嫌疑人、被告人在异地羁押的，羁押地人民检察院、公安机关应当予以配合。

第5条 人民检察院、公安机关应当充分保障犯罪嫌疑人、被告人的诉讼权利，保障被害人合法权益。

公安机关执行逮捕决定时，应当告知被逮捕人有权向办案机关申请变更强制措施，有权向人民检察院申请羁押必要性审查。

第6条 人民检察院在刑事诉讼过程中可以对被逮捕的犯罪嫌疑人、被告人依职权主动进行羁押必要性审查。

人民检察院对审查起诉阶段未经羁押必要性审查、可能判处3年有期徒刑以下刑罚的在押犯罪嫌疑人，在提起公诉前应当依职权开展一次羁押必要性审查。

公安机关根据案件侦查情况，可以对被逮捕的犯罪嫌疑人继续采取羁押强制措施是否适当进行评估。

第7条 人民检察院、公安机关发现犯罪嫌疑人、被告人可能存在下列情形之一的，应当立即开展羁押必要性审查、评估并及时作出审查、评估决定：（一）因患有严重疾病、生活不能自理等原因不适宜继续羁押的；（二）怀孕或者正在哺乳自己婴儿的妇女；（三）系未成年人的唯一抚养人；（四）系生活不能自理的人的唯一扶养人；（五）继续羁押犯罪嫌疑人、被告人，羁押期限将超过依法可能判处的刑期的；（六）案件事实、情节或者法律、司法解释发生变化，可能导致犯罪嫌疑人、被告人被判处拘役、管制、独立适用附加刑、免予刑事处罚或者判决无罪的；（七）案件证据发生重大变化，可能导致没有证据证明有犯罪事实或者犯罪行为系犯罪嫌疑人、被告人所为的；（八）存在其他对犯罪嫌疑人、被告人采取羁押强制措施不当情形，应当及时撤销或者变更的。

未成年犯罪嫌疑人、被告人被逮捕后，人民检察院、公安机关应当做好跟踪帮教、感化挽救工作，发现对未成年在押人员不予羁押不致发生社会危险性的，应当及时启动羁押必要性审查、评估工作，依法作出释放或者变更决定。

第8条 犯罪嫌疑人、被告人及其法定代理人、近亲属或者辩护人、值班律师可以向人民检察院申请开展羁押必要性审查。申请人提出申请时，应当说明不需要继续羁押的理由，有相关证据或者其他材料的，应当予以提供。

申请人依据刑事诉讼法第97条规定，向人民检察院、公安机关提出变更羁押强制措施申请的，人民检察院、公安机关应当按照本规定对羁押的必要性进行审查、评估。

第9条 经人民检察院、公安机关依法审查、评估后认为有继续羁押的必要，不予释放或者变更的，犯罪嫌疑人、被告人及其法定代理人、近亲属或者辩护人、值班律师未提供新的证明材料或者没有新的理由而再次申请的，人民检察院、公安机关可以不再开展羁押必要性审查、评估工作，并告知申请人。

经依法批准延长侦查羁押期限、重新计算侦查羁押期限、退回补充侦查重新计算审查起诉期限，导致在押人员被羁押期限延长的，变更申请不受前款限制。

第10条 办案机关对应的同级人民检察院负责控告申诉或者案件管理的部门收到羁押必要性审查申请的，应当在当日/1个工作日以内将相关申请、线索和证据材料移送本院负责捕诉的部门。负责刑事执行检察的部门收到有关材料或者发现不需要继续羁押的，应当及时将有关材料和意见移送负责捕诉的部门。

（新增）负责案件办理的公安机关的其他相关部门收到变更申请的，应当在当日移送办案部门。

其他人民检察院、公安机关收到申请的，应当告知申请人向负责案件办理的人民检察院、公安机关提出申请，或者在2日以内将申请材料移送负责案件办理的人民检察院、公安机关，并告知申请人。

第11条 看守所在工作中发现在押人员不适宜继续羁押的，应当及时提请办案机关依法变更强制措施。

看守所建议人民检察院开展羁押必要性审查的，应当以书面形式提出，并附证明在押人员身体状况的证据材料。

人民检察院收到看守所建议后，应当立即开展羁押必要性审查，依法及时作出审查决定。

<u>第 12 条</u>　开展羁押必要性审查、评估工作，应当全面审查、评估犯罪嫌疑人、被告人涉嫌犯罪事实、主观恶性、悔罪表现、案件进展情况、可能判处的刑罚、身体状况、有无社会危险性和继续羁押必要等因素，具体包括以下内容：（一）犯罪嫌疑人、被告人基本情况，涉嫌罪名、犯罪性质、情节，可能判处的刑罚；（二）案件所处诉讼阶段，侦查取证进展情况，犯罪事实是否基本查清，证据是否收集固定，犯罪嫌疑人、被告人认罪情况，供述是否稳定；（三）犯罪嫌疑人、被告人是否有前科劣迹、累犯等从严处理情节；（四）犯罪嫌疑人、被告人到案方式，是否被通缉到案，或者是否因违反取保候审、监视居住规定而被逮捕；（五）是否有不在案的共犯，是否存在串供可能；（六）犯罪嫌疑人、被告人是否有认罪认罚、自首、坦白、立功、积极退赃、获得谅解、与被害方达成和解协议、积极履行赔偿义务或者提供担保等从宽处理情节；（七）犯罪嫌疑人、被告人身体健康状况；（八）犯罪嫌疑人、被告人在押期间的表现情况；（九）犯罪嫌疑人、被告人是否具备采取取保候审、监视居住措施的条件；（十）对犯罪嫌疑人、被告人的羁押是否符合法律规定，是否即将超过依法可能判处的刑期；（十一）犯罪嫌疑人、被告人是否存在可能作撤销案件、不起诉处理、被判处拘役、管制、独立适用附加刑、宣告缓刑、免予刑事处罚或者判决无罪的情形；（十二）与羁押必要性审查、评估有关的其他内容。

犯罪嫌疑人、被告人系未成年人的，应当重点审查其成长经历、犯罪原因以及有无监护或者社会帮教条件。

第 13 条　开展羁押必要性审查、评估工作，可以采取以下方式：（一）审查犯罪嫌疑人、被告人不需要继续羁押的理由和证明材料；（二）听取犯罪嫌疑人、被告人及其法定代理人、近亲属或者辩护人、值班律师意见；（三）听取被害人及其法定代理人、诉讼代理人、近亲属或者其他有关人员的意见，了解和解、谅解、赔偿情况；（四）听取公安机关、人民法院意见，必要时查阅、复制原案卷宗中有关证据材料；（五）调查核实犯罪嫌疑人、被告人身体健康状况；（六）向看守所调取有关犯罪嫌疑人、被告人羁押期间表现的材料；（七）进行羁押必要性审查、评估需要采取的其他方式。

听取意见情况应当制作笔录，与书面意见、调查核实获取的其他证据材料等一并附卷。

第 14 条　审查、评估犯罪嫌疑人、被告人是否有继续羁押的必要性，可以采取自行或者委托社会调查、开展量化评估等方式，调查评估情况作为作出审查、评估决定的参考。

犯罪嫌疑人、被告人是未成年人的，经本人及其法定代理人同意，可以对未成年犯罪嫌疑人、被告人进行心理测评。

公安机关应当主动或者按照人民检察院要求收集、固定犯罪嫌疑人、被告人是否具有社会危险性的证据。

第 15 条　人民检察院开展羁押必要性审查，可以按照《人民检察院羁押听证办法》组织听证。

第 16 条　人民检察院审查后发现犯罪嫌疑人、被告人具有下列情形之一的，应当向公安机关、人民法院提出释放或者变更强制措施建议，<u>审查起诉阶段的，应当及时决定释放或者变更强制措施</u>：（一）案件证据发生重大变化，没有证据证明有犯罪事实或者犯罪行为系犯罪嫌疑人、被告人所为的；（二）案件事实、情节<u>或者法律、司法解释</u>发生变化，犯罪嫌疑人、被告人可能被判处拘役、管制、独立适用附加刑、免予刑事处罚或者判决无罪的；（三）继续羁押犯罪嫌疑人、被告人，羁押期限将超过依法可能判处的刑期的；（四）案件事实基本查清，证据已经收集固定，符合取保候审或者监视居住条件的；(五) 其他对犯罪嫌疑人、被告人采取羁押强制措施不当，应当及时释放或者变更的。

（新增）公安机关评估后发现符合上述情形的，应当及时决定释放或者变更强制措施。

第 17 条　人民检察院审查后发现犯罪嫌疑人、被告人具有下列情形之一的，且具有悔罪表现，不予羁押不致发生社会危险性的，可以向公安机关、人民法院提出释放或者变更强制措施建议；审查起诉阶段的，可以决定释放或者变更强制措施。（一）预备犯或者中止犯；（二）主观恶性较小的初犯；（三）共同犯罪中的从犯或者胁从犯；（四）过失犯罪的；（五）防卫过当或者避险过当的；(六) 认罪认罚的；（七）与被害方依法自愿达成和解协议或者获得被害方谅解，且已经履行或者提供担保的；(八) 已经或者部分履行赔偿义务或者提供担保的；（九）患有严重疾病、生活不能自理的；（十）怀孕或者正在哺乳自己婴儿的妇女；（十一）系未成年人或者已满 75 周岁的人；(十二) 系未成年人的唯一抚养人；（十三）系生活不能自理的人的唯一扶养人；（十四）可能被判处 1 年以下有期徒刑的；（十五）可能被宣告缓刑的；（十六）其他不予羁押不致发生社会危险性的情形。

（新增）公安机关评估后发现符合上述情形的，可以决定释放或者变更强制措施。

第 18 条　经审查、评估，发现犯罪嫌疑人、被告人具有下列情形之一的，一般不予释放或者变更强制措施：（一）涉嫌危害国家安全犯罪、恐怖活动犯罪、黑社会性质组织犯罪、重大毒品犯罪或者其他严重危害社会的犯罪；（二）涉嫌故意杀人、故意伤害致人重伤或死亡、强奸、抢劫、绑架、放火、爆炸、投放危险物质等严重侵犯公民人身财产权利、危害公共安全的严重暴力犯罪；（三）涉嫌性侵未成年人的犯罪；（四）涉嫌重大贪污、贿赂犯罪，或者利用职权实施的严重侵犯公民人身权利的犯罪；（五）可能判处 10 年有期徒刑以上刑罚的；（六）因违反取保候审、监视居住规定而被逮捕的；（七）可能毁灭、伪造证据，干扰证人作证或者串供的；（八）可能对被害人、举报人、控告人实施打击报复的；（九）企图自杀或者逃跑的；（十）其他社会危险性较大，不宜释放或者变更强制措施的。

犯罪嫌疑人、被告人具有前款规定情形之一，但因患有严重疾病或者具有其他不适宜继续羁押的特殊情形，不予羁押不致发生社会危险性的，可以依法变更强制措施为监视居住、取保候审。

第 19 条　人民检察院在侦查阶段、审判阶段收到羁押必要性审查申请或者建议的，应当在 10 日以内决定是否向公安机关、人民法院提出释放或者变更的建议。案件复杂的，可以延长 5 个工作日。

（新增）人民检察院在审查起诉阶段、公安机关在侦查阶段收到变更申请的，应当在 3 日以内作出决定。

审查过程中涉及病情鉴定等专业知识，需要委托鉴定，指派、聘请有专门知识的人就案件的专门性问题出具报告，或者委托技术部门进行技术性证据审查，以及组织开展听证审查的期间，不计入羁押必要性审查期限。

第 20 条　人民检察院开展羁押必要性审查，应当规范制作羁押必要性审查报告，写明犯罪嫌疑人、被告人基本情况、诉讼阶段、简要案情、审查情况和审查意见，并在检察业务应用系统相关捕诉案件中准确填录相关信息。

审查起诉阶段，人民检察院依职权启动羁押必要性审查后认为有继续羁押必要的，可以在审查起诉案件审查报告中载明羁押必要性审查相关内容，不再单独制作羁押必要性审查报告。

公安机关开展羁押必要性评估，应当由办案部门制作羁押必要性评估报告，提出是否具有羁押必要性的意见，送法制部门审核。

第21条　人民检察院经审查认为需要对犯罪嫌疑人、被告人予以释放或者变更强制措施的，在侦查和审判阶段，应当规范制作羁押必要性审查建议书，说明不需要继续羁押犯罪嫌疑人、被告人的理由和法律依据，及时送达公安机关或者人民法院。在审查起诉阶段的，应当制作决定释放通知书、取保候审决定书或者监视居住决定书，交由公安机关执行。

侦查阶段，公安机关认为需要对犯罪嫌疑人释放或者变更强制措施的，应当制作释放通知书、取保候审决定书或者监视居住决定书，同时将处理情况通知原批准逮捕的人民检察院。

第22条　人民检察院向公安机关、人民法院发出羁押必要性审查建议书后，应当跟踪公安机关、人民法院处理情况。

公安机关、人民法院应当在收到建议书10日以内将处理情况通知人民检察院。<u>认为需要继续羁押的，应当说明理由。</u>

公安机关、人民法院未在10日以内将处理情况通知人民检察院的，人民检察院应当依<u>法提出监督纠正意见</u>/发出纠正违法通知书。

第23条　对于依申请或者看守所建议开展羁押必要性审查的，人民检察院办结后，应当制作羁押必要性审查结果通知书，将提出建议情况和公安机关、人民法院处理情况，或者有继续羁押必要的审查意见和理由及时书面告知申请人或者看守所。

（新增）公安机关依申请对继续羁押的必要性进行评估后，认为有继续羁押的必要，不同意变更强制措施的，应当书面告知申请人并说明理由。

第24条　经审查、评估后对犯罪嫌疑人、被告人被变更强制措施的，公安机关应当加强对变更后被取保候审、监视居住人的监督管理；人民检察院应当加强对取保候审、监视居住执行情况的监督。

侦查阶段发现犯罪嫌疑人严重违反取保候审、监视居住规定，需要予以逮捕的，公安机关应当依照法定程序重新提请批准逮捕，人民检察院应当依法作出批准逮捕的决定。审查起诉阶段发现的，人民检察院应当依法决定逮捕。审判阶段发现的，人民检察院应当向人民法院提出决定逮捕的建议。

第25条　人民检察院直接受理侦查案件的羁押必要性审查参照本规定。

第26条　公安机关提请人民检察院审查批准延长侦查羁押期限，应当对继续羁押的必要性进行评估并作出说明。

人民检察院办理提请批准延长侦查羁押期限、重新计算侦查羁押期限备案审查案件，应当依法加强对犯罪嫌疑人羁押必要性的审查。

［国安部令〔2024〕4号］　国家安全机关办理刑事案件程序规定（2024年4月26日公布，2024年7月1日起施行）

第175条　国家安全机关执行逮捕后，有下列情形之一的，应当释放犯罪嫌疑人或者变更强制措施，并通知原批准逮捕的人民检察院：（一）案件证据发生重大变化，没有证据证明有犯罪事实或者犯罪行为系犯罪嫌疑人所为的；（二）案件事实或者情节发生变化，犯罪嫌疑人可能判处拘役、管制、独立适用附加刑、免予刑事处罚或者判决无罪的；（三）继续羁押犯罪嫌疑人，羁押期限可能超过依法可能判处的刑期的。

第176条　犯罪嫌疑人被逮捕后，人民检察院认为不需要继续羁押，建议予以释放或者变更强制措施的，国家安全机关应当予以调查核实。经调查核实后，认为不需要继续羁押的，应当予以释放或者变更强制措施，并在10日以内将处理情况通知人民检察院；认为需要继续羁押的，应当通知人民检察院并说明理由。

第184条　国家安全机关发现对犯罪嫌疑人采取强制措施不当的，应当及时撤销或者变更。犯罪嫌疑人在押的，应当及时释放。释放被逮捕的人或者变更逮捕措施的，应当通知批准逮捕的人民检察院。

第185条　犯罪嫌疑人及其法定代理人、近亲属或者辩护律师有权申请变更强制措施。国家安全机关收到申请后，应当在3日以内作出决定。同意变更的，应当制作有关法律文书，通知申请人；不同意变更的，应当制作不予变更强制措施决定书，通知申请人，并说明理由。

第186条　国家安全机关对被采取强制措施法定期限届满的犯罪嫌疑人，应当予以释放、解除取保候审、监视居住或者依法变更强制措施。

犯罪嫌疑人及其法定代理人、近亲属或者辩护律师对犯罪嫌疑人被采取强制措施法定期限届满的，有权要求国家安全机关解除。国家安全机关应当立即进行审查，对于情况属实的，依照前款规定执行。

对于犯罪嫌疑人、被告人羁押期限即将届满的，看守所应当立即通知办案部门。

第187条　取保候审变更为监视居住的，取保候审、监视居住变更为拘留、逮捕的，对原强制措施不再办理解除法律手续。

第188条　案件在取保候审、监视居住期间移送审查起诉后，人民检察院决定重新取保候审、监视居住或者变更强制措施的，对原强制措施不再办理解除法律手续。

第315条（第1款）　人民检察院作出不起诉决定的，如果被不起诉人在押，国家安全机关应当立即办理释放手续，发给释放证明书。犯罪嫌疑人被采取其他强制措施的，应当予以解除。对查封、扣押、冻结的财物，应当依法进行处理。

（本书汇）【监察留置】[①]

● **相关规定**　【主席令〔2018〕3号】　**中华人民共和国监察法**（2018年3月20日全国人大〔13届1次〕通过、施行；《行政监察法》同时废止）

第22条　被调查人涉嫌贪污贿赂、失职渎职等严重职务违法或者职务犯罪，监察机关已经掌握其部分违法犯罪事实及证据，仍有重要问题需要进一步调查，并有下列情形之一的，经监察机关依法审批，可以将其留置在特定场所：（一）涉及案情重大、复杂的；（二）可能逃跑、自杀的；（三）可能串供或者伪造、隐匿、毁灭证据的；（四）可能有其他妨碍调查行为的。

[①] 注：《刑事诉讼法》没有关于监察留置的规定，本书将其汇集于此。

对涉嫌行贿犯罪或者共同职务犯罪的涉案人员，监察机关可以依照前款规定采取留置措施。

留置场所的设置、管理和监督依照国家有关规定执行。

第43条　监察机关采取留置措施，应当由监察机关领导人员集体研究决定。设区的市级以下监察机关采取留置措施，应当报上一级监察机关批准。省级监察机关采取留置措施，应当报国家监察委员会备案。

留置时间不得超过3个月。在特殊情况下，可以延长1次，延长时间不得超过3个月。省级以下监察机关采取留置措施的，延长留置时间应当报上一级监察机关批准。监察机关发现采取留置措施不当的，应当及时解除。

监察机关采取留置措施，可以根据工作需要提请公安机关配合。公安机关应当依法予以协助。

第44条　对被调查人采取留置措施后，应当在24小时以内，通知被留置人员所在单位和家属，但有可能毁灭、伪造证据，干扰证人作证或者串供等有碍调查情形的除外。有碍调查的情形消失后，应当立即通知被留置人员所在单位和家属。

监察机关应当保障被留置人员的饮食、休息和安全，提供医疗服务。讯问被留置人员应当合理安排讯问时间和时长，讯问笔录由被讯问人阅看后签名。

被留置人员涉嫌犯罪移送司法机关后，被依法判处管制、拘役和有期徒刑的，留置1日折抵管制2日，折抵拘役、有期徒刑1日。

【国监委公告〔2021〕1号】　　监察法实施条例（2021年7月20日国家监委全体会议决定，2021年9月20日公布施行）

第92条　监察机关调查严重职务违法或者职务犯罪，对于符合监察法第22条第1款规定的，经依法审批，可以对被调查人采取留置措施。

监察法第22条第1款规定的严重职务违法，是指根据监察机关已经掌握的事实及证据，被调查人涉嫌的职务违法行为情节严重，可能被给予撤职以上政务处分；重要问题，是指对被调查人涉嫌的职务违法或者职务犯罪，在定性处置、定罪量刑等方面有重要影响的事实、情节及证据。

监察法第22条第1款规定的已经掌握其部分违法犯罪事实及证据，是指同时具备下列情形：（一）有证据证明发生了违法犯罪事实；（二）有证据证明该违法犯罪事实是被调查人实施；（三）证明被调查人实施违法犯罪行为的证据已经查证属实。

部分违法犯罪事实，既可以是单一违法犯罪行为的事实，也可以是数个违法犯罪行为中任何一个违法犯罪行为的事实。

第93条　被调查人具有下列情形之一的，可以认定为监察法第22条第1款第2项所规定的可能逃跑、自杀：（一）着手准备自杀、自残或者逃跑的；（二）曾经有自杀、自残或者逃跑行为的；（三）有自杀、自残或者逃跑意图的；（四）其他可能逃跑、自杀的情形。

第94条　被调查人具有下列情形之一的，可以认定为监察法第22条第1款第3项所规定的可能串供或者伪造、隐匿、毁灭证据：（一）曾经或者企图串供，伪造、隐匿、毁灭、转移证据的；（二）曾经或者企图威逼、恐吓、利诱、收买证人，干扰证人作证的；（三）有同案人或者与被调查人存在密切关联违法犯罪的涉案人员在逃，重要证据尚未收集完成的；（四）其他可能串供或者伪造、隐匿、毁灭证据的情形。

第 95 条　被调查人具有下列情形之一的，可以认定为监察法第 22 条第 1 款第 4 项所规定的可能有其他妨碍调查行为：（一）可能继续实施违法犯罪行为的；（二）有危害国家安全、公共安全等现实危险的；（三）可能对举报人、控告人、被害人、证人、鉴定人等相关人员实施打击报复的；（四）无正当理由拒不到案，严重影响调查的；（五）其他可能妨碍调查的行为。

第 96 条　对下列人员不得采取留置措施：（一）患有严重疾病、生活不能自理的；（二）怀孕或者正在哺乳自己婴儿的妇女；（三）系生活不能自理的人的唯一扶养人。

上述情形消除后，根据调查需要可以对相关人员采取留置措施。

第 97 条　采取留置措施时，调查人员不得少于 2 人，应当向被留置人员宣布《留置决定书》，告知被留置人员权利义务，要求其在《留置决定书》上签名、捺指印。被留置人员拒绝签名、捺指印的，调查人员应当在文书上记明。

第 98 条　采取留置措施后，应当在 24 小时以内通知被留置人员所在单位和家属。当面通知的，由有关人员在《留置通知书》上签名。无法当面通知的，可以先以电话等方式通知，并通过邮寄、转交等方式送达《留置通知书》，要求有关人员在《留置通知书》上签名。

因可能毁灭、伪造证据，干扰证人作证或者串供等有碍调查情形而不宜通知的，应当按规定报批，记录在案。有碍调查的情形消失后，应当立即通知被留置人员所在单位和家属。

第 99 条　县级以上监察机关需要提请公安机关协助采取留置措施的，应当按规定报批，请同级公安机关依法予以协助。提请协助时，应当出具《提请协助采取留置措施函》，列明提请协助的具体事项和建议，协助采取措施的时间、地点等内容，附《留置决定书》复印件。

因保密需要，不适合在采取留置措施前向公安机关告知留置对象姓名的，可以作出说明，进行保密处理。

需要提请异地公安机关协助采取留置措施的，应当按规定报批，向协作地同级监察机关出具协作函件和相关文书，由协作地监察机关提请当地公安机关依法予以协助。

第 100 条　留置过程中，应当保障被留置人员的合法权益，尊重其人格和民族习俗，保障饮食、休息和安全，提供医疗服务。

第 101 条　留置时间不得超过 3 个月，自向被留置人员宣布之日起算。具有下列情形之一的，经审批可以延长 1 次，延长时间不得超过 3 个月：（一）案情重大，严重危害国家利益或者公共利益的；（二）案情复杂，涉案人员多、金额巨大、涉及范围广的；（三）重要证据尚未收集完成，或者重要涉案人员尚未到案，导致违法犯罪的主要事实仍须继续调查的；（四）其他需要延长留置时间的情形。

省级以下监察机关采取留置措施的，延长留置时间应当报上一级监察机关批准。

延长留置时间的，应当在留置期满前向被留置人员宣布延长留置时间的决定，要求其在《延长留置时间决定书》上签名、捺指印。被留置人员拒绝签名、捺指印的，调查人员应当在文书上记明。

延长留置时间的，应当通知被留置人员家属。

第 102 条　对被留置人员不需要继续采取留置措施的，应当按规定报批，及时解除留置。调查人员应当向被留置人员宣布解除留置措施的决定，由其在《解除留置决定书》上签名、捺指印。被留置人员拒绝签名、捺指印的，调查人员应当在文书上记明。

解除留置措施的，应当及时通知被留置人员所在单位或者家属。调查人员应当与交接人办理交接手续，并由其在《解除留置通知书》上签名。无法通知或者有关人员拒绝签名的，调查人员应当在文书上记明。

案件依法移送人民检察院审查起诉的，留置措施自犯罪嫌疑人被执行拘留时自动解除，不再办理解除法律手续。

第103条 留置场所应当建立健全保密、消防、医疗、餐饮及安保等安全工作责任制，制定紧急突发事件处置预案，采取安全防范措施。

留置期间发生被留置人员死亡、伤残、脱逃等办案安全事故、事件的，应当及时做好处置工作。相关情况应当立即报告监察机关主要负责人，并在24小时以内逐级上报至国家监察委员会。

【法刊文摘】 检答网集萃34：留置人员立案后如何采取强制措施（检察日报2020年11月24日）

咨询内容（新疆阿勒泰赵江生）：目前我院办理的司法人员犯罪案件涉嫌职务犯罪线索和徇私枉法线索，经沟通现监察委将涉嫌徇私枉法线索移交检察机关办理，我院经初查后予以立案侦查，但犯罪嫌疑人已被监察委留置，监察委正在对职务犯罪线索进行调查。经沟通，监察委的意见是，涉案人员要继续留置调查其职务犯罪线索。现咨询问题：我院立案后可否先不采取强制措施，对涉嫌徇私枉法线索进行侦查，等监察委调查终结，移送审查后我院再采取强制措施？

解答摘要（钟媛媛）：如果是并行调查、侦查，一个机构已经采取措施，那么另一机构不必采取。监察委已经采取留置措施，检察机关立案后，需要讯问犯罪嫌疑人，可与监察委协商，在留置场所进行讯问。如果监察委调查终结移送审查起诉，而检察机关自侦尚未终结，可以采取相关强制措施进行侦查，侦查终结后合并起诉。

（本书汇）【换押】①

● **相关规定** 　**【公通字〔1999〕83号】** 　**最高人民法院、最高人民检察院、公安部关于羁押犯罪嫌疑人、被告人实行换押制度的通知**（1999年10月27日）

一、凡对在押的犯罪嫌疑人、被告人依法变更刑事诉讼程序的，均应办理换押手续。即：公安机关、国家安全机关侦查终结后人民检察院决定受理的，人民检察院审查或者侦查终结后人民法院决定受理的，以及人民检察院退回补充侦查的，在递次移送交接时，移送机关应当填写《换押证》，并加盖公章随案移送；接收机关应当在《换押证》上注明承接时间，填写本诉讼阶段的法定办案起止期限，加盖公章后及时送达看守所。看守所凭《换押证》办理换押手续。

二、看守所办理换押手续或者收押犯罪嫌疑人、被告人时，应当在接收机关或者送押机关的《提讯证》或者《提解证》上加盖公章，并注明法定办案起止期限。

《提讯证》或者《提解证》每次办理1份，用完续办。

---

① 注：《刑事诉讼法》没有关于换押的规定，本书将其汇集于此。

三、依法延长、重新计算羁押期限的，不需要办理换押手续，但是办案机关应当及时将新的法定办案起止期限书面通知看守所，依照上述规定重新办理《提讯证》或者《提解证》。

凡在同一诉讼阶段内办案部门改变的，如刑事拘留转逮捕的；案件改变管辖的；人民检察院侦查部门移送审查起诉部门的；在法庭审判过程中，人民检察院建议补充侦查的，以及补充侦查完毕移送人民法院的，不需要办理换押手续，但是改变后的办案机关应当及时书面通知看守所，注明改变情况及新的法定办案起止期限，依照上述规定重新办理《提讯证》或者《提解证》。

【公监管〔2014〕96号】 最高人民法院、最高人民检察院、公安部关于羁押犯罪嫌疑人、被告人实行换押和羁押期限变更通知制度的通知（2014年3月3日）

一、换押和通知范围

（一）换押范围

具有下列情形之一的，办案机关应当办理换押手续：（1）侦查机关侦查终结，移送人民检察院审查起诉的；（2）人民检察院退回侦查机关补充侦查的，以及侦查机关补充侦查完毕后重新移送人民检察院审查起诉的；（3）人民检察院提起公诉，移送人民法院审理的；（4）审理过程中，人民检察院建议补充侦查，人民法院决定延期审理，以及人民检察院补充侦查完毕后提请人民法院恢复审理的；（5）人民检察院对人民法院第一审判决或者裁定提出抗诉以及被告人、自诉人及其法定代理人不服人民法院第一审判决或者裁定提出上诉，第二审人民法院受理的；（6）第二审人民法院裁定撤销原判，发回原审人民法院重新审判的；（7）中级人民法院判处死刑的第一审案件进入死刑复核程序，或者死刑复核法院与第二审人民法院不属同一法院，案件进入死刑复核程序，以及死刑复核后人民法院裁定不核准死刑发回重新审判的；（8）案件在侦查、审查起诉以及审判阶段改变办案机关的。

二、换押和通知程序

（一）换押程序

换押时，由移送机关填写《换押证》并加盖公章，一联送达看守所，其余各联随案移送。接收机关接收案件后，填写《换押证》，加盖公章后送达看守所。

对进入最高人民法院死刑复核程序的，由移送案件的高级人民法院填写《换押证》并加盖公章，送达看守所。最高人民法院发回重审的死刑案件，由接收案件的人民法院填写《换押证》并加盖公章，送达看守所。

【海警局令〔2023〕1号】 海警机构办理刑事案件程序规定（2023年5月15日审议通过，2023年6月15日起施行）（余文见本书第308条）

第149条 有下列情形之一，应当办理换押手续：（一）海警机构侦查终结，移送人民检察院审查起诉的；（二）人民检察院退回补充侦查的，以及海警机构补充侦查完毕后重新移送人民检察院审查起诉的；（三）案件在侦查阶段改变办案机关的。

第100条 【批捕时的纠违】（见第94条）

（本书汇）【涉人大代表、政协委员办案规定】[1]

● **相关规定** 全国人大常委会办公厅、法制工作委员会对地方组织法问题的部分解答（1995年9月4日）[2]

19. 省人大常委会副主任被罢免后，又被判刑8年，开除公职手续应由谁办理

问：原青海省人大常委会韩福才副主任被判刑8年，按国务院规定，应当开除公职。省人大常委会意见，此人已在判刑前由省人大罢免了副主任职务，可否按一般干部开除公职？（人事部1992年1月22日）

答：1982年10月29日，劳动人事部《关于国家行政机关工作人员的奖惩暂行规定中几个问题的解答》中答复："国家行政机关工作人员被判处有期徒刑的（缓刑除外），即办理开除手续。"原青海省人大常委会副主任韩福才犯罪被罢免后，又被判刑8年，可参照劳动人事部的以上答复，按一般干部由其行政关系所在地的机关办理开除手续。（1992年4月13日）

23. 逮捕省人大代表，应由哪一级检察院向省人大常委会报批

问：我省烟台市一位省人大代表倒卖文物，区检察院拟逮捕，应由哪一级检察院向省人大常委会报批？（山东省人大常委会1990年4月18日）

答：经征求最高检察院的意见，区检察院拟逮捕一名省人大代表时，可以由区检察院直接报经省人大常委会许可；也可以由区检察院报省检察院，由省检察院报经省人大常委会许可。（1990年5月19日）

24. 一人同时担任市、区两级人大代表，逮捕该代表是否需经两级人大常委会许可

问：我省宁波市普陀区公安局局长是宁波市和普陀区两级人大的代表，因玩忽职守，宁波市检察院准备逮捕。在批捕前，根据法律规定，市检察院分别向宁波市人大常委会和普陀区人大常委会申请许可。逮捕该代表是否必须经市、区两级人大常委会许可？省人大常委会法制工作委员会有两种意见：第一种意见认为，逮捕该代表只需经市人大常委会许可即可；第二种意见认为，市、区人大之间不是领导关系，同时担任市、区两级人大代表的，逮捕该代表须经两级人大常委会许可。（浙江省人大常委会1989年1月17日）

答：所提问题，法律没有明确规定，建议按省人大常委会法制工作委员会的第二种意见办为好。（1989年2月13日）

25. 逮捕人大代表可否先由人大常委会主任会议批准，然后再由人大常委会会议确认

问：我省有一位省人大代表，同时也是某市市人大代表，因涉嫌受贿，市检察院准备予以逮捕。因省人大常委会刚开过，可否按照法工委1989年的答复："现行犯必须依法逮捕而又不能及时召开本级人大常委会会议，可以先由人大常委会主任会议许可，再由主任会议提请常委会下次会议确认。"由主任会议许可，报下次常委会会议确认？（山东省人大常委会

---

[1] 注：《刑事诉讼法》没有关于涉及人大代表、政协委员的专门办案规定，本书将其汇集于此。其中，涉及人大代表行使监督权或政协委员参政议政的内容，并入《刑事诉讼法》第8条。

[2] 注：本《解答》是全国人大常委会办公厅和法工委对地方人大常委会关于组织法问题所作的部分解答，刊于中国人大网http://www.npc.gov.cn/zgrdw/npc/xinwen/lfgz/xwdf/1995-09/04/content_7045.htm，最后访问日期：2021年10月1日。

1993年12月9日）

答：我委1989年的答复为：代表因为是现行犯被拘留（不是逮捕）的，应报告该级人大常委会；如果因为是现行犯必须逮捕而又不能及时召开常委会的，可以先由人大常委会主任会议许可，再由主任会议提请常委会下次会议确认。代表受贿一般不属于现行犯必须立即逮捕的情况，建议等到下次省人大常委会议报经省人大常委会许可。（1994年1月7日）

26. 逮捕和审判人大代表应由谁报人大常委会同意

问：审判县人大代表，应由县检察院报经县人大常委会同意，还是由县法院报经县人大常委会同意？某市人大代表在塘沽区犯盗窃罪，区检察院拟批准逮捕该代表，是由区检察院直接报经市人大常委会同意，还是要由区检察院提请市检察院报市人大常委会？（天津市人大常委会1984年5月16日）

答：如果在审判之前要逮捕县人大代表，应由批准逮捕的单位报县人大常委会。如果未经逮捕需要审判县人大代表，一般应由法院报人大常委会批准，因为根据"刑诉法"第108条的规定，是否开庭审判由法院决定。

区检察院拟批准逮捕一名市人大代表时，应由区检察院报经市人大常委会同意。（1984年6月5日）

27. 对人大代表逮捕并审判，是否需两次报批

问：地方组织法规定："县级以上的地方各级人民代表大会代表，非经本级人民代表大会常务委员会同意，不受逮捕或者审判。"现在我省有一位省人大代表（系农村党支部书记），触犯了刑法。省人民检察院请示，要求批准向法院起诉（不逮捕，取保候审）。起诉是否要经省人大常委会批准？如逮捕或者起诉经批准后，法院进行审判时，是否还需再次提请人大常委会批准？（山西省人大常委会1985年6月15日）

答：一、如果在审判之前要逮捕省人大代表，应报经省人大常委会同意，经过省人大常委会同意逮捕的，在审判时就不需再报人大常委会了。

二、如果未经逮捕需要对省人大代表进行刑事审判，应报经省人大常委会同意。

三、鉴于取保候审在一定程度上限制了代表的人身自由，在对省人大代表采取取保候审措施时，应报经省人大常委会同意。（1985年6月21日）

28. 对代表采取取保候审时已报经人大常委会同意，审判时是否还需报经人大常委会同意

问：经金华市人大常委会许可，金华市一人大代表被检察机关取保候审。现检察机关向法院提起公诉，法院开庭进行审理。市人大常委会提出，法院开庭审理未经市人大常委会同意，不符合法定程序。对市人大代表采取取保候审时已经市人大常委会同意，进行审判时是否还需报经市人大常委会同意？（浙江省人大常委会1984年5月30日）

答：对市人大代表采取取保候审措施已经市人大常委会许可，对其进行审判时可以不再经市人大常委会许可。（1994年6月8日）

29. 对市人大代表采取监视居住措施已报经人大常委会许可，对其进行审判是否需再次报经许可

问：临海市一人大代表因经济犯罪，被监视居住时已报经市人大常委会许可，现要开庭审判，是否需再次报经市人大常委会许可？（浙江省人大常委会1994年12月29日）

答：对市人大代表采取监视居住措施已经市人大常委会许可的，对其进行刑事审判可以

不再经市人大常委会许可。(1995年1月16日)

30. 新当选的县人大代表，在召开新的一届人大会议前犯罪如何办

问：新当选的县人大代表在召开新的一届人大会议前，因侵犯公民权利需追究其刑事责任，是否需按地方组织法第30条规定，报经县人大常委会许可？(最高人民检察院1987年9月22日)

答：地方组织法第30条（现地方组织法第35条）关于代表受逮捕和刑事审判批准程序的规定，应当从县人大常委会根据代表资格审查委员会提出的报告确认代表资格，公布代表名单时开始适用。(1987年9月)

31. 拘传县人大代表是否要经县人大常委会批准

问：拘传县人大代表是否要经县人大常委会批准？(陕西省人大常委会1985年9月13日)

答：代表作为被告人经两次合法传唤，无正当理由拒不到庭，对其实行拘传时，不需要经过该级人大常委会同意，也不必报告备案。(1985年9月23日)

32. 县人大代表在取保候审期间，可否参加人大会议

问：我省浠水县一人大代表被检察院采取取保候审的强制措施。在未被罢免县人大代表资格的情况下，该代表能否参加人民代表大会会议？(湖北省人大常委会1990年3月24日)

答：县人大代表在取保候审期间，应当有权参加县人大会议，行使代表权利。(1990年5月9日)

【高检发研字〔1994〕7号】 最高人民检察院关于严格执行人民代表大会代表执行职务司法保障规定的通知（1994年6月22日）

一、人大代表代表人民的利益和意志，依照宪法和法律赋予本级人民代表大会的职权，参加行使国家权力。人民检察院要依法为人大代表执行代表职务提供司法保障，对于非法拘禁人大代表或以其他方法非法剥夺人大代表人身自由的，以暴力、威胁方法阻碍代表依法执行代表职务的，国家工作人员对人大代表依法执行代表职务进行打击报复构成犯罪的，应当严肃追究有关人员的法律责任。在办案中，遇有违反法律规定限制人大代表人身自由情形时，应当及时予以纠正，切实保障人大代表依法行使职权。

二、审查公安机关、安全机关提请批准逮捕的刑事案件被告人为县级以上人大代表时，经审查符合逮捕条件的，应当按照《中华人民共和国全国人民代表大会和地方各级人民代表大会代表法》第30条的规定报告并经许可后再办理批捕手续。

三、各级人民检察院直接立案侦查的刑事案件，依法需要对本级人大代表决定采取逮捕，或者监视居住、取保候审、拘传等限制人身自由措施的，应当报经同级人民代表大会主席团或人民代表大会常务委员会许可。

各级人民检察院办理直接立案侦查的案件，对人大代表依法拘留的，应当由执行拘留的机关立即向该代表所属的人民代表大会主席团或者常务委员会报告。

四、各级人民检察院办理本级人大代表的案件，依法决定立案、决定提起公诉、免予起诉、不予起诉或撤销案件决定的，应当向本级人民代表大会主席团或人民代表大会常务委员会通报。

五、办理上级人大代表的案件，需要履行本通知第2、3、4条程序的，应当层报人大代表所属人民代表大会同级的人民检察院办理。

办理下级人大代表的案件，需要履行本通知第2、3、4条程序的，可以自行直接办理，

也可以委托人大代表所属人民代表大会同级的人民检察院办理。

对于乡、民族乡、镇的人民代表大会代表依法决定或者批准逮捕，采取监视居住、取保候审、拘传等限制人身自由的措施，由人民检察院执行的，应当由县级人民检察院或上级人民检察院委托县级人民检察院立即报告乡、民族乡、镇的人民代表大会。

六、各级人民检察院办理有关人大代表的案件应报上一级人民检察院及人民代表所属的人民代表大会同级的人民检察院备案。

【高检办发〔2000〕7号】 最高人民检察院办公厅关于严格执行人民代表大会代表执行职务司法保障规定的补充通知（2000年4月5日）

二、检察机关办理人大代表涉嫌犯罪的案件，应当严格依法进行。对于在办案中，违反法律规定限制人大代表人身自由的，应当及时纠正，并追究有关人员的责任。

三、各级人民检察院要继续坚持和完善备案、报告制度。检察机关依法办理人大代表涉嫌犯罪的案件，应当报上一级人民检察院及该代表所属的人民代表大会同级的人民检察院备案；检察机关依法办理全国人大代表涉嫌犯罪的案件，需要对犯罪嫌疑人采取逮捕措施的，省级人民检察院应当依照法律的规定将意见报送最高人民检察院。

【法工委复〔2005〕号】 全国人大常委会法制工作委员会关于人大代表由刑事拘留转逮捕是否需要再次许可问题的意见（2005年4月20日答复陕西省人大常委会法制委员会）

市人民代表涉嫌刑事犯罪，经市人大常委会许可后被刑事拘留，逮捕时不需要报经市人大常委会许可。

【高检发〔2011〕5号】 人民检察院审查逮捕质量标准（2010年8月25日最高检第11届检委会第41次会议通过）

第15条 批准逮捕担任县级以上各级人民代表大会代表的犯罪嫌疑人，应当依照《中华人民共和国全国人民代表大会和地方各级人民代表大会代表法》和《人民检察院刑事诉讼规则》的有关规定，事前报请许可。未经依法许可或者罢免，不得批准逮捕。

第22条（第2款） 对涉嫌犯罪的县级以上各级人民代表大会代表，未依法报经许可或者罢免而批准逮捕的，以错捕论。

【主席令〔2015〕33号】 中华人民共和国全国人民代表大会和地方各级人民代表大会代表法（1992年4月3日第7届全国人大第5次会议通过；2009年8月27日第11届全国人大常委会第10次会议、2010年10月28日第11届全国人大常委会第17次会议、2015年8月29日第12届全国人大常委会第16次会议修正）

第32条 县级以上的各级人民代表大会代表，非经本级人民代表大会主席团许可，在本级人民代表大会闭会期间，非经本级人民代表大会常务委员会许可，不受逮捕或者刑事审判。如果因为是现行犯被拘留，执行拘留的机关应当立即向该级人民代表大会主席团或者人民代表大会常务委员会报告。[1]

---

[1] 《中华人民共和国全国人民代表大会组织法》（1982年12月10日第5届全国人大第5次会议通过，主席团公告施行）和《中华人民共和国地方各级人民代表大会和地方各级人民政府组织法》（2015年8月29日第12届全国人大常委会第16次会议第5次修正，主席令第33号公布施行）有相似或相同的规定，为避免累赘，本书不重复收录。

对县级以上的各级人民代表大会代表，如果采取法律规定的其他限制人身自由的措施，应当经该级人民代表大会主席团或者人民代表大会常务委员会许可。①

人民代表大会主席团或者常务委员会受理有关机关依照本条规定提请许可的申请，应当审查是否存在对代表在人民代表大会各种会议上的发言和表决进行法律追究，或者对代表提出建议、批评和意见等其他执行职务行为打击报复的情形，并据此作出决定。

乡、民族乡、镇的人民代表大会代表，如果被逮捕、受刑事审判、或者被采取法律规定的其他限制人身自由的措施，执行机关应当立即报告乡、民族乡、镇的人民代表大会。

【高检发释字〔2019〕4号】 人民检察院刑事诉讼规则（2019年12月2日最高检第13届检委会第28次会议通过，2019年12月30日公布施行；高检发释字〔2012〕2号《规则（试行）》同时废止）

第148条 （新增）人民检察院对担任县级以上各级人民代表大会代表的犯罪嫌疑人决定采取拘传、取保候审、监视居住、拘留、逮捕强制措施的，应当报请该代表所属的人民代表大会主席团或者常务委员会许可。

人民检察院对担任本级人民代表大会代表的犯罪嫌疑人决定采取强制措施的 批准或者决定逮捕，应当报请本级人民代表大会主席团或者常务委员会许可。

对担任上级人民代表大会代表的犯罪嫌疑人决定采取强制措施的 批准或者决定逮捕，应当层报该代表所属的人民代表大会同级的人民检察院报请许可。

对担任下级人民代表大会代表的犯罪嫌疑人决定采取强制措施的 批准或者决定逮捕，可以直接报请该代表所属的人民代表大会主席团或者常务委员会许可，也可以委托该代表所属的人民代表大会同级的人民检察院报请许可。

对担任两级以上的人民代表大会代表的犯罪嫌疑人决定采取强制措施的 批准或者决定逮捕，分别依照本条第二、三、四款的规定报请许可。

对担任办案单位所在省、市、县（区）以外的其他地区人民代表大会代表的犯罪嫌疑人决定采取强制措施的 批准或者决定逮捕，应当委托该代表所属的人民代表大会同级的人民检察院报请许可；担任两级以上人民代表大会代表的，应当分别委托该代表所属的人民代表大会同级的人民检察院报请许可。

（新增）对于公安机关提请人民检察院批准逮捕的案件，犯罪嫌疑人担任人民代表大会代表的，报请许可手续由公安机关负责办理。

（新增）担任县级以上人民代表大会代表的犯罪嫌疑人，经报请该代表所属人民代表大会主席团或者常务委员会许可后被刑事拘留的，适用逮捕措施时不需要再次报请许可。

第149条 担任县级以上人民代表大会代表的犯罪嫌疑人因现行犯被人民检察院拘留的，人民检察院应当立即向该代表所属的人民代表大会主席团或者常务委员会报告。报告的程序参照本规则第148条②报请许可的程序规定。

对担任乡、民族乡、镇的人民代表大会代表的犯罪嫌疑人决定采取强制措施的，由县级人民检察院向乡、民族乡、镇的人民代表大会报告。

第175条 人民检察院决定对人民代表大会代表立案，应当按照本规则第148条、第

---

① 注：根据本款规定，监委对县级以上人大代表采取留置措施，应当经主席团或常委会许可。
② 本《规则》第148条关于"逮捕"的报请许可程序规定详见《刑事诉讼法》第87~94条的相关规定。

149条规定的程序向该代表所属的人民代表大会主席团或者常务委员会进行通报。

第178条 人民检察院办理直接受理侦查的案件，应当严格依照刑事诉讼法规定的程序，严格遵守刑事案件办案期限的规定，依法提请批准逮捕、移送起诉、不起诉或者撤销案件。

【公安部令〔2020〕159号】 公安机关办理刑事案件程序规定（2020年7月4日第3次部务会议修订，2020年7月20日公布，2020年9月1日施行）

第164条 公安机关依法对县级以上各级人民代表大会代表拘传、取保候审、监视居住、拘留或者提请批准逮捕的，应当书面报请该代表所属的人民代表大会主席团或者常务委员会许可。

第165条 公安机关对现行犯拘留的时候，发现其是县级以上人民代表大会代表的，应当立即向其所属的人民代表大会主席团或者常务委员会报告。

公安机关在依法执行拘传、取保候审、监视居住、拘留或者逮捕中，发现被执行人是县级以上人民代表大会代表的，应当暂缓执行，并报告决定或者批准机关。如果在执行后发现被执行人是县级以上人民代表大会代表的，应当立即解除，并报告决定或者批准机关。

第166条 公安机关依法对乡、民族乡、镇的人民代表大会代表拘传、取保候审、监视居住、拘留或者执行逮捕的，应当在执行后立即报告其所属的人民代表大会。

第167条 公安机关依法对政治协商委员会委员拘传、取保候审、监视居住的，应当将有关情况通报给该委员所属的政协组织。

第168条 公安机关依法对政治协商委员会委员执行拘留、逮捕前，应当向该委员所属的政协组织通报情况；情况紧急的，可在执行的同时或者执行以后及时通报。

【海警局令〔2023〕1号】 海警机构办理刑事案件程序规定（2023年5月15日审议通过，2023年6月15日起施行）（余文见本书第308条）

第158条 海警机构依法对县级以上各级人民代表大会代表拘传、取保候审、监视居住、拘留或者提请批准逮捕的，应当书面报请该代表所属的人民代表大会主席团或者常务委员会许可。

第159条 海警机构对现行犯拘留时，发现其是县级以上人民代表大会代表的，应当立即向其所属的人民代表大会主席团或者常务委员会报告。

海警机构在依法执行拘传、取保候审、监视居住、拘留或者逮捕中，发现被执行人是县级以上人民代表大会代表的，应当暂缓执行，并报告决定或者批准机关。如果在执行后发现被执行人是县级以上人民代表大会代表的，应当立即解除，并报告决定或者批准机关。

第160条 海警机构依法对乡、民族乡、镇的人民代表大会代表拘传、取保候审、监视居住、拘留或者执行逮捕的，应当在执行后立即报告其所属的人民代表大会。

第161条 海警机构依法对政治协商委员会委员拘传、取保候审、监视居住的，应当将有关情况通报给该委员所属的政协组织。

第162条 海警机构依法对政治协商委员会委员执行拘留、逮捕前，应当向该委员所属的政协组织通报情况；情况紧急的，可在执行的同时或者执行以后及时通报。

【国安部令〔2024〕4号】 国家安全机关办理刑事案件程序规定（2024年4月26日公布，2024年7月1日起施行）

第189条 国家安全机关依法对县级以上各级人民代表大会代表拘传、取保候审、监视居住、拘留或者提请批准逮捕的，应当按照《中华人民共和国全国人民代表大会和地方各级人民代表大会代表法》有关规定办理。

(本书汇)【武器、械具使用】①

● **相关规定**　【主席令〔1996〕61号】　**中华人民共和国戒严法**（1996年3月1日第8届全国人大常委会第18次会议通过，主席令第61号公布施行）

第21条　执行戒严任务的人民警察、人民武装警察和人民解放军是戒严执勤人员。

戒严执勤人员执行戒严任务时，应当佩带由戒严实施机关统一规定的标志。

第28条　在戒严地区遇有下列特别紧急情形之一，使用警械无法制止时，戒严执勤人员可以使用枪支等武器：（一）公民或者戒严执勤人员的生命安全受到暴力危害时；（二）拘留、逮捕、押解人犯，遇有暴力抗拒、行凶或者脱逃时；（三）遇暴力抢夺武器、弹药时；（四）警卫的重要对象、目标受到暴力袭击，或者有受到暴力袭击的紧迫危险时；（五）在执行消防、抢险、救护作业以及其他重大紧急任务中，受到严重暴力阻挠时；（六）法律、行政法规规定可以使用枪支等武器的其他情形。

戒严执勤人员必须严格遵守使用枪支等武器的规定。

【国务院令〔1996〕191号】　**人民警察使用警械和武器条例**（1996年1月8日国务院第41次常务会议通过，1996年1月16日国务院令第191号发布施行）

第6条　人民警察使用警械和武器前，应当命令在场无关人员躲避；在场无关人员应服从人民警察的命令，避免受到伤害或者其他损失。

第7条　人民警察遇有下列情形之一，经警告无效的，可以使用警棍、催泪弹、高压水枪、特种防暴枪等驱逐性、制服性警械：（1）结伙斗殴、殴打他人、寻衅滋事、侮辱妇女或者进行其他流氓活动的；（2）聚众扰乱车站、码头、民用航空站、运动场等公共场所秩序的；（3）非法举行集会、游行、示威的；（4）强行冲越人民警察为履行职责设置的警戒线的；（5）以暴力方法抗拒或者阻碍人民警察依法履行职责的；（6）袭击人民警察的；（7）危害公共安全、社会秩序和公民人身安全的其他行为，需要当场制止的；（8）法律、行政法规规定可以使用警械的其他情形。

人民警察依照前款规定使用警械，应当以制止违法犯罪行为为限度；当违法犯罪行为得到制止时，应当立即停止使用。

第8条　人民警察依法执行下列任务，遇有违法犯罪分子可能脱逃、行凶、自杀、自伤或者有其他危险行为的，可以使用手铐、脚镣、警绳等约束性警械：（1）抓获违法犯罪分子或者犯罪重大嫌疑人的；（2）执行逮捕、拘留、看押、押解、审讯、拘传、强制传唤的；（3）法律、行政法规规定可以使用警械的其他情形。

人民警察依照前款规定使用警械，不得故意造成人身伤害。

第9条　人民警察判明有下列暴力犯罪行为的紧急情形之一，经警告无效的，可以使用武器：（1）放火、决水、爆炸等严重危害公共安全的；（2）劫持航空器、船舰、火车、机动车或者驾驶车、船等机动交通工具，故意危害公共安全的；（3）抢夺、抢劫枪支弹药、爆

---

① 注：《刑事诉讼法》没有关于武器、械具使用及管理的专门规定，本书将其汇集于此。

炸、剧毒等危险物品，严重危害公共安全的；（4）使用枪支、爆炸、剧毒等危险物品实施犯罪或者以使用枪支、爆炸、剧毒等危险物品相威胁实施犯罪的；（5）破坏军事、通讯、交通、能源、防险等重要设施，足以对公共安全造成严重、紧迫危险的；（6）实施凶杀、劫持人质等暴力行为，危及公民生命安全的；（7）国家规定的警卫、守卫、警戒的对象和目标受到暴力袭击、破坏或者有受到暴力袭击、破坏的紧迫危险的；（8）结伙抢劫或者持械抢劫公私财物的；（9）聚众械斗、暴乱等严重破坏社会治安秩序，用其他方法不能制止的；（10）以暴力方法抗拒或者阻碍人民警察依法履行职责或者暴力袭击人民警察，危及人民警察生命安全的；（11）在押人犯、罪犯聚众骚乱、暴乱、行凶或者脱逃的；（12）劫夺在押人犯、罪犯的；（13）实施放火、决水、爆炸、凶杀、抢劫或者其他严重暴力犯罪行为后拒捕、逃跑的；（14）犯罪分子携带枪支、爆炸、剧毒等危险物品拒捕、逃跑的；（15）法律、行政法规规定可以使用武器的其他情形。

人民警察依照前款规定使用武器，来不及警告或者警告后可能导致更为严重危害后果的，可以直接使用武器。

第10条 人民警察遇有下列情形之一的，不得使用武器：（1）发现实施犯罪的人为怀孕妇女、儿童的，但是使用枪支、爆炸、剧毒等危险物品实施暴力犯罪的除外；（2）犯罪分子处于群众聚集的场所或者存放大量易燃、易爆、剧毒、放射性等危险物品的场所的，但是不使用武器予以制止，将发生更为严重危害后果的除外。

第11条 人民警察遇有下列情形之一的，应当立即停止使用武器：（1）犯罪分子停止实施犯罪，服从人民警察命令的；（2）犯罪分子失去继续实施犯罪能力的。

第12条 人民警察使用武器造成犯罪分子或者无辜人员伤亡的，应当及时抢救受伤人员，保护现场，并立即向当地公安机关或者该人民警察所属机关报告。

当地公安机关或者该人民警察所属机关接到报告后，应当及时进行勘验、调查，并及时通知当地人民检察院。

当地公安机关或者该人民警察所属机关应当将犯罪分子或者无辜人员的伤亡情况，及时通知其家属或者其所在单位。

第13条 人民警察使用武器的，应当将使用武器的情况如实向所属机关书面报告。

第14条 人民警察违法使用警械、武器，造成不应有的人员伤亡、财产损失，构成犯罪的，依法追究刑事责任；尚不构成犯罪的，依法给予行政处分；对受到伤亡或者财产损失的人员，由该人民警察所属机关依照《中华人民共和国国家赔偿法》的有关规定给予赔偿。

第15条 人民警察依法使用警械、武器，造成无辜人员伤亡或者财产损失的，由该人民警察所属机关参照《中华人民共和国国家赔偿法》的有关规定给予补偿。

第16条 中国人民武装警察部队执行国家赋予的安全保卫任务时使用警械和武器，适用本条例的有关规定。

【司法部令〔1999〕56号】 未成年犯管教所管理规定（1999年5月6日司法部部长办公会议通过，1999年12月18日发布施行；1986年《少年管教所暂行管理办法（试行）》同时废止）

第20条 对未成年犯原则上不使用戒具。如遇有监狱法第45条规定的情形之一时，可以使用手铐。

【主席令〔2012〕69号】　中华人民共和国人民警察法（2012年10月26日第11届全国人大常委会第29次会议修正，主席令第69号公布，2013年1月1日施行）

第10条　遇有拒捕、暴乱、越狱、抢夺枪支或者其他暴力行为的紧急情况，公安机关的人民警察依照国家有关规定可以使用武器。

第11条　为制止严重违法犯罪活动的需要，公安机关的人民警察依照国家有关规定可以使用警械。

第14条　公安机关的人民警察对严重危害公共安全或者他人人身安全的精神病人，可以采取保护性约束措施。……

【公法〔2002〕32号】　公安部关于《人民警察法》第十四条规定的"保护性约束措施"是否包括使用警械的批复（2002年2月22日答复铁道部公安局请示）

《人民警察法》第14条规定的"公安机关的人民警察对严重危害公共安全或者他人人身安全的精神病人，可以采取保护性约束措施"包括使用警绳、手铐等约束性警械。

【高检发政字〔2015〕号】　人民检察院司法警察执行职务规则（2015年6月1日最高检第12届检委会第36次会议通过，2015年6月12日印发）

第11条　人民检察院司法警察执行拘传任务，应当做到：……（三）对抗拒拘传的，可以使用警械具，强制到案；

【主席令〔2018〕6号】　中华人民共和国反恐怖主义法（2015年12月27日全国人大常委会〔12届18次〕通过，2016年1月1日起施行，2011年10月29日全国人大常委会《关于加强反恐怖工作有关问题的决定》同时废止；2018年4月27日全国人大常委会〔13届2次〕修正）

第62条　人民警察、人民武装警察以及其他依法配备、携带武器的应对处置人员，对在现场持枪支、刀具等凶器或者使用其他危险方法，正在或者准备实施暴力行为的人员，经警告无效的，可以使用武器；紧急情况下或者警告后可能导致更为严重危害后果的，可以直接使用武器。

【公安部令〔2020〕159号】　公安机关办理刑事案件程序规定（2020年7月4日第3次部务会议修订，2020年7月20日公布，2020年9月1日施行）

第157条　对犯罪嫌疑人执行拘传、拘留、逮捕、押解过程中，应当依法使用约束性警械。遇有暴力性对抗或者暴力犯罪行为，可以依法使用制服性警械或者武器。

【主席令〔2000〕35号】　中华人民共和国海关法（1987年1月22日第6届全国人大常委会第19次会议通过；2000年7月8日第9届全国人大常委会第16次会议修正；2013年6月29日、2013年12月28日、2016年11月7日、2017年11月4日、2021年4月29日修正）

第6条　海关可以行使下列权力：

（七）海关为履行职责，可以配备武器。海关工作人员佩带和使用武器的规则，由海关总署会同国务院公安部门制定，报国务院批准。

【海关总署、公安部令〔1989〕7号】　海关工作人员使用武器和警械的规定（1989年5月11日国务院批准，1989年6月19日海关总署、公安部令第7号发布；2011年1月8日国务院令第588号修订）

第2条　海关工作人员使用的武器和警械，经当地公安机关同意后由海关总署统一配发。海关工作人员执行缉私任务时，应当依照本规定使用武器和警械。

海关工作人员使用的武器和警械包括：轻型枪支、电警棍、手铐及其他经批准列装的武器和警械。

第3条　配发给海关的武器和警械一律公用，不配发个人专用的武器和警械。

海关工作人员持枪执行缉私任务时，应当随身携带当地公安机关核发的持枪证或者持枪通行证。

第4条　海关工作人员执行缉私任务，遇有下列情形之一的，可以开枪射击：

（一）追缉逃跑的走私团伙或者遭遇武装掩护走私，非开枪不足以制服时；

（二）走私分子或者走私嫌疑人以暴力抗拒检查，抢夺武器或者警械，威胁海关工作人员生命安全，非开枪不能自卫时；

（三）走私分子或者走私嫌疑人以暴力劫夺查扣的走私货物、物品和其他证据，非开枪不能制止时。

第5条　海关工作人员执行缉私任务，遇有下列情形之一的，可以使用警械：

（一）走私分子或者走私嫌疑人以暴力抗拒检查或者逃跑时；

（二）走私分子或者走私嫌疑人以暴力抗拒查扣走私货物、物品和其他证据时；

（三）执行缉私任务受到袭击需要自卫时；

（四）遇有其他需要使用警械的情形时。

第6条　海关工作人员使用武器或者警械时，应当以制服对方为限度。海关工作人员依照本规定第4条的规定开枪射击时，除特别紧迫的情况外，应当先口头警告或者鸣枪警告，对方一有畏服表现，应当立即停止射击。开枪射击造成人员伤亡的，应当保护现场，并立即向上级海关和当地公安机关报告。

第7条　海关工作人员违反本规定，滥用武器或者警械的，应当根据情节，依法追究有关人员的责任。

【海警局令〔2023〕1号】　海警机构办理刑事案件程序规定（2023年5月15日审议通过，2023年6月15日起施行）（余文见本书第308条）

第151条　对犯罪嫌疑人执行拘传、拘留、逮捕、押解过程中，应当依法使用约束性警械。遇有暴力性对抗或者暴力犯罪行为，可以依法使用制服性警械或者武器。

【国安部令〔2024〕4号】　国家安全机关办理刑事案件程序规定（2024年4月26日公布，2024年7月1日起施行）

第183条　对犯罪嫌疑人执行拘传、拘留、逮捕、押解过程中，应当依法使用约束性警械。遇有暴力性对抗或者暴力犯罪行为，可以依法使用制服性警械或者武器。

第七章 附带民事诉讼

第 101 条 【刑附民的提起】被害人由于被告人的犯罪行为而遭受物质损失的,在刑事诉讼过程中,有权提起附带民事诉讼。被害人死亡或者丧失行为能力的,被害人的法定代理人、近亲属有权提起附带民事诉讼。①

如果是国家财产、集体财产遭受损失的,人民检察院在提起公诉的时候,可以提起附带民事诉讼。

第 102 条② 【财产保全】人民法院在必要的时候,可以采取保全措施,查封、扣押或者冻结被告人的财产。附带民事诉讼原告人或者人民检察院可以申请人民法院采取保全措施。人民法院采取保全措施,适用民事诉讼法的有关规定。

第 103 条③ 【刑附民的调解与裁判】人民法院审理附带民事诉讼案件,可以进行调解,或者根据物质损失情况作出判决、裁定。

第 104 条 【刑附民的审理】附带民事诉讼应当同刑事案件一并审判,只有为了防止刑事案件审判的过分迟延,才可以在刑事案件审判后,由同一审判组织继续审理附带民事诉讼。

● **相关规定**　【法发(研)〔1981〕号】　最高人民法院关于执行刑事诉讼法中若干问题的初步经验总结(1981 年 11 月印发)④

四、关于附带民事诉讼的问题

(一)附带民事诉讼的范围和审判方法

刑事诉讼法第 53 条规定:"被害人由于被告人的犯罪行为而遭受物质损失的,在刑事诉讼过程中,有权提起附带民事诉讼。"因此,只有被告人的行为构成犯罪的刑事案件,被害人才能提起附带民事诉讼要求赔偿物质损失。所谓物质损失,就是直接经济损失。对由于被告人的犯罪行为而遭受的人格、名誉或者婚姻家庭关系方面的损害,被害人不能提起附带民事诉讼,要求经济赔偿。

对于附带民事诉讼,可以参照民事诉讼程序进行调解。调解达成协议的,可以单独制作调解书。调解不成的,应同刑事案件一并审判。只有为了防止刑事案件审判的过分迟延,才可以在刑事案件审判后,由同一审判组织继续审理附带民事诉讼。

人民法院在审理刑事案件过程中,应注意处理涉及赔偿物质损失的问题。如果刑事案件的判决已经生效,被害人才提出赔偿物质损失要求的,应作为民事问题另案处理。

---

① 本部分内容由 2012 年 3 月 14 日第 11 届全国人大常委会第 5 次会议增加,2013 年 1 月 1 日施行。
② 本条规定由 2012 年 3 月 14 日第 11 届全国人大常委会第 5 次会议修改,2013 年 1 月 1 日施行。原规定为:"人民法院在必要的时候,可以查封或者扣押被告人的财产。"
③ 本条规定由 2012 年 3 月 14 日第 11 届全国人大常委会第 5 次会议增设,2013 年 1 月 1 日施行。
④ 注:该《经验总结》一直没有被废止,部分内容可作参考。

（二）经济赔偿的来源和执行

附带民事诉讼的经济赔偿的来源，原则上应只限于被告人本人所有的财产。被告人没有赔偿能力的，不应作经济赔偿的判决。被告人是未成年人的，他的家长或者监护人原则上应负赔偿责任。有些事故案件的经济损失，根据有关规定，可以由有关单位负担一定的赔偿责任。

为了保证赔偿损失的判决能够执行，在必要的时候，人民法院可以查封或者扣押被告人的财产（包括向银行调取被告人的存款），但其数量应以足够赔偿损失为限。

最高人民法院经济审判庭关于经济纠纷和经济犯罪案件一并移送后受移送的检察院和法院未按刑事附带民事诉讼审理又未将纠纷部分退回法院处理移送法院是否仍可对纠纷进行审理问题的电话答复（1988年10月14日答复江西高院"赣法经〔1988〕18号"请示）

关于经济纠纷和经济犯罪案件一并移送后，"受移送的检察院和法院未按刑事附带民事诉讼审理，又未将纠纷部分退回法院处理，移送法院是否仍可对纠纷进行审理"的问题，经研究认为：经济纠纷和经济犯罪案件一并移送后，受诉法院即不再有案件，如受移送的机关未退回，原受诉法院不存在继续审理的问题。移送后或刑事案件审结后，经济纠纷当事人仍请求原受诉法院审理经济纠纷的，应告知当事人可以向受诉法院另行起诉，向受移送的机关催案。如受移送的机关既不处理经济纠纷，又不将经济纠纷部分退回，至于是否追加第三人，是否合并审理的问题，请按民事诉讼法（试行）的有关规定和本院的有关解答，结合案件的具体情况办理。

【法释〔1998〕7号】 最高人民法院关于在审理经济纠纷案件中涉及经济犯罪嫌疑若干问题的规定（1998年4月9日最高法审委会第974次会议通过，1998年4月21日公布，1998年4月29日施行；根据法释〔2020〕17号修正，2021年1月1日施行）

第2条 单位直接负责的主管人员和其他直接责任人员，以为单位骗取财物为目的，采取欺骗手段对外签订经济合同，骗取的财物被该单位占有、使用或处分构成犯罪的，除依法追究有关人员的刑事责任、责令该单位返还骗取的财物外，如给被害人造成经济损失的，单位应当承担赔偿责任。

第8条 根据《中华人民共和国刑事诉讼法》第101条第1款的规定，被害人或其法定代理人、近亲属对本规定第2条因单位犯罪行为造成经济损失的，对第4条、第5条第1款、第6条应当承担刑事责任的被告人未能返还财物而遭受经济损失提起附带民事诉讼的，受理刑事案件的人民法院应当依法一并审理。被害人或其法定代理人、近亲属因被害人遭受经济损失也有权对单位另行提起民事诉讼。若被害人或其法定代理人、近亲属另行提起民事诉讼的，有管辖权的人民法院应当依法受理。

【法释〔1998〕22号】 最高人民法院关于人民法院不予受理人民检察院单独就诉讼费负担裁定提出抗诉问题的批复（1998年7月21日最高法审委会第1005次会议通过，1998年8月31日公告答复河南高院"豫高法〔1998〕131号"请示，1998年9月5日施行）

人民检察院对人民法院就诉讼费负担的裁定提出抗诉，没有法律依据，人民法院不予受理。

【法〔1999〕217号】 全国法院维护农村稳定刑事审判工作座谈会纪要（1999年10月30日）

三、会议在认真分析了农村中犯罪、农民犯罪的原因和特点的基础上，结合我国农村基层组织的作用和现状，对处理农村中犯罪案件和农民犯罪案件应当把握的政策界限进行了研究；对正确处理以下问题取得了一致意见：

（五）关于刑事附带民事诉讼问题

人民法院审理附带民事诉讼案件的受案范围，应只限于被害人因人身权利受到犯罪行为侵犯和财物被犯罪行为损毁而遭受的物质损失，不包括因犯罪分子非法占有、处置被害人财产而使其遭受的物质损失。对因犯罪分子非法占有、处置被害人财产而使其遭受的物质损失，应当根据刑法第64条的规定处理，即应通过追缴赃款赃物、责令退赔的途径解决。如赃款赃物尚在的，应一律追缴；已被用掉、毁坏或挥霍的，应责令退赔。无法退赔的，在决定刑罚时，应作为酌定从重处罚的情节予以考虑。

关于附带民事诉讼的赔偿范围，在没有司法解释规定之前，应注意把握以下原则：一是要充分运用现有法律规定，在法律许可的范围内最大限度地补偿被害人因被告人的犯罪行为而遭受的物质损失。物质损失应包括已造成的损失，也包括将来必然遭受的损失。二是赔偿只限于犯罪行为直接造成的物质损失，不包括精神损失和间接造成的物质损失。三是要适当考虑被告人的赔偿能力。被告人的赔偿能力包括现在的赔偿能力和将来的赔偿能力，对未成年被告人还应考虑到其监护人的赔偿能力，以避免数额过大的空判引起的负面效应，被告人的民事赔偿情况可作为量刑的酌定情节。四是要切实维护被害人的合法权益。附带民事原告人提出起诉的，对于没有构成犯罪的共同致害人，也要追究其民事赔偿责任。未成年受害人由其法定代表人或者监护人承担赔偿责任。但是，在逃的同案犯不应列为附带民事诉讼的被告人。关于赔偿责任的分担：共同致害人应当承担连带赔偿责任；在学校等单位内部发生犯罪造成受害人损失，在管理上有过错责任的学校等单位有赔偿责任，但不承担连带赔偿责任；交通肇事犯罪的车辆所有人（单位）在犯罪分子无赔偿能力的情况下，承担代为赔偿或者垫付的责任。

【法〔2001〕164号】 最高人民法院案件审限管理规定（2001年10月16日最高法审委会第1195次会议通过，2001年11月5日印发，2002年1月1日施行）

第12条 办理执行协调案件的期限为3个月，至迟不得超过6个月。

【法函〔2001〕71号】 最高人民法院关于对第一审刑事自诉案件当事人提起附带民事诉讼，部分共同侵害人未参加诉讼的，人民法院是否应当通知其参加诉讼问题的答复（2001年11月15日答复广东高院"粤高法〔2000〕189号"请示）

根据民事诉讼法第119条的规定，对第一审刑事自诉案件当事人提起附带民事诉讼，必须共同进行诉讼的其他侵害人未参加诉讼的，人民法院应当通知其参加诉讼。

【法释〔2001〕7号】 最高人民法院关于确定民事侵权精神损害赔偿责任若干问题的解释（2001年2月26日最高法审委会第1161次会议通过，2001年3月8日公布，2001年3月10日施行；2020年12月29日法释〔2020〕17号修正，2021年1月1日施行）

第1条 因人身权益或者具有人身意义的特定物受到侵害，自然人或者其近亲属向人民法院提起诉讼请求精神损害赔偿的，人民法院应当依法予以受理。

第2条 非法使被监护人脱离监护，导致亲子关系或者近亲属间的亲属关系遭受严重损害，监护人向人民法院起诉请求赔偿精神损害的，人民法院应当依法予以受理。

第3条 死者的姓名、肖像、名誉、荣誉、隐私、遗体、遗骨等受到侵害，其近亲属向人民法院提起诉讼请求精神损害赔偿的，人民法院应当依法予以支持。

第 4 条　法人或者非法人组织以名誉权、荣誉权、名称权遭受侵害为由，向人民法院起诉请求精神损害赔偿的，人民法院不予支持。

第 5 条　精神损害的赔偿数额根据以下因素确定：（一）侵权人的过错程度，但是法律另有规定的除外；（二）侵权行为的目的、方式、场合等具体情节；（三）侵权行为所造成的后果；（四）侵权人的获利情况；（五）侵权人承担责任的经济能力；（六）受理诉讼法院所在地的平均生活水平。

第 6 条　在本解释公布施行之前已经生效施行的司法解释，其内容有与本解释不一致的，以本解释为准。

【法释〔2002〕28 号】　最高人民法院关于行政机关工作人员执行职务致人伤亡构成犯罪的赔偿诉讼程序问题的批复（2002 年 8 月 5 日最高法审委会第 1236 次会议通过，2002 年 8 月 23 日公布、答复山东高院"鲁高法函〔1998〕132 号"请示，2002 年 8 月 30 日施行）

一、行政机关工作人员在执行职务中致人伤、亡已构成犯罪，受害人或其亲属提起刑事附带民事赔偿诉讼的，人民法院对民事赔偿诉讼请求不予受理。但应当告知其可以依据《中华人民共和国国家赔偿法》的有关规定向人民法院提起行政赔偿诉讼。

二、本批复公布以前发生的此类案件，人民法院已作刑事附带民事赔偿处理，受害人或其亲属再提起行政赔偿诉讼的，人民法院不予受理。

【法审〔2003〕10 号】　最高人民法院审判监督庭关于刑事再审工作几个具体程序问题的意见（2003 年 10 月 15 日）

二、刑事附带民事诉讼案件，原审民事部分已调解结案，刑事部分提起再审后，附带民事诉讼原告人对调解反悔，要求对民事部分也进行再审，如何处理。

调解书生效后，一般不再审，但根据《中华人民共和国民事诉讼法》第 180 条的规定，当事人对已发生法律效力的调解书，提出证据足以证明调解违反自愿原则，或者调解协议的内容违反法律规定，经人民法院审查属实的，应当再审。

原刑事部分判决以民事调解为基础，刑事部分再审结果可能对原民事部分处理有影响的，附带民事诉讼原告人要求重新对民事部分进行审理，可以在再审时一并重新审理。

【法释〔2004〕12 号】　最高人民法院关于人民法院民事调解工作若干问题的规定（2004 年 8 月 18 日最高法审委会〔1321 次〕通过，2004 年 9 月 16 日公布，2004 年 11 月 1 日起施行；根据法释〔2020〕20 号《决定》修订，2021 年 1 月 1 日起施行）

第 17 条　人民法院对刑事附带民事诉讼案件进行调解，依照本规定执行。（见《民事诉讼法全厚细》第 8 章）

【法研〔2004〕179 号】　最高人民法院研究室关于对参加聚众斗殴受重伤或者死亡的人及其家属提出的民事赔偿请求能否予以支持问题的答复（2004 年 11 月 11 日答复江苏高院"苏高法〔2004〕296 号"请示）

根据《刑法》第 292 条第 1 款的规定，聚众斗殴的参加者，无论是否首要分子，均明知自己的行为有可能产生伤害他人以及自己被他人的行为伤害的后果，其仍然参加聚众斗殴的，应当自行承担相应的刑事和民事责任。根据《刑法》第 292 条第 2 款的规定，对于参加聚众斗殴，造成他人重伤或者死亡的，行为性质发生变化，应认定为故意伤害罪或者故意杀人罪。聚众斗殴中受重伤或者死亡的人，既是故意伤害罪或者故意杀人罪的受害人，又是聚众斗殴犯罪的行为人。对于参加聚众斗殴受重伤或者死亡的人或其家属提出的民事赔偿请求，依法应予支持，并适用混合过错责任原则。

【刑监他字〔2005〕12号】　最高人民法院关于陈文海交通肇事刑事附带民事诉讼一案的答复（2005年答复福建高院请示）

本案附带民事被告人赖永棋、黄金章未办理过户登记手续出售机动车的违法行为，不是导致或促使被告人陈文海发生交通肇事致他人损伤的原因之一，不构成致害他人的共同侵权行为。原一、二审再审判决附带民事被告人赖永棋、黄金章负赔偿连带责任不当，应予纠正。

附带民事被告人赖永棋未办理过户手续而出售机动车，依法仍为该机动车的所有人。其对该车发生的交通肇事致人损害的后果，应依照国务院1991年9月22日颁布的《道路交通事故处理办法》第31条①的规定承担责任，即在被告人陈文海暂无赔偿能力的情况下，负垫付责任。

【法释〔2006〕1号】　最高人民法院关于审理未成年人刑事案件具体应用法律若干问题的解释（2005年12月12日最高法审委会第1373次会议通过，2006年1月11日公布，2006年1月23日施行）

第19条　刑事附带民事案件的未成年被告人有个人财产的，应当由本人承担民事赔偿责任，不足部分由监护人予以赔偿，但单位担任监护人的除外。

被告人对被害人物质损失的赔偿情况，可以作为量刑情节予以考虑。

【法发〔2009〕35号】　最高人民法院关于依法审理和执行被风险处置证券公司相关案件的通知（2009年5月26日）

五、证券公司进入破产程序后，人民法院作出的刑事附带民事赔偿或者涉及追缴赃款赃物的判决应当中止执行，由相关权利人在破产程序中以申报债权等方式行使权利；刑事判决中罚金、没收财产等处罚，应当在破产程序债权人获得全额清偿后的剩余财产中执行。

【法发〔2010〕63号】　最高人民法院关于充分发挥刑事审判职能作用深入推进社会矛盾化解的若干意见（2010年12月31日）

三、进一步做好附带民事诉讼审理工作

9. 附带民事诉讼制度的功能作用。审理附带民事诉讼案件，要在依法妥善解决损害赔偿问题、弥补被害人物质损失的同时，借助附带民事诉讼提供的对话平台，积极做好法律政策的宣传解释工作，充分听取被害人的民事诉求和对刑事裁判的意见，促使被告人认罪悔罪、争取被害人及其亲属谅解，从而有效化解矛盾，促进社会和谐。

10. 注重运用调解手段化解矛盾纠纷。将调解作为审理附带民事诉讼案件的必经程序，贯穿于案件审理的整个过程，力争把矛盾化解在基层，化解在一审，化解在裁判生效前。充分发挥被告人、被害人所在单位、社区基层组织、辩护人、诉讼代理人及当事人亲属、朋友在促进调解、化解矛盾方面的积极作用，形成做好调解疏导工作的合力。

11. 审理附带民事诉讼案件，应当依照刑法的有关规定，根据情况判处赔偿经济损失。

---

① 注：《道路交通事故处理办法》（国务院令第89号）已被《道路交通安全法实施条例》（国务院令第405号，2004年5月1日施行）废止、取代；原《办法》第31条的内容已经被《中华人民共和国侵权责任法》（主席令〔2010〕21号，2010年7月1日施行）第六章"机动车交通事故责任"的相关规定取代。

确定赔偿数额，要根据被害人因犯罪行为遭受的物质损失并适当考虑被告人的赔偿能力。附带民事诉讼当事人就民事赔偿问题达成的调解协议，只要不违反法律规定，应当予以确认，以有利社会矛盾化解，更好慰藉被害人一方。

12. 妥善处理附带民事赔偿与量刑的关系。被告人案发后对被害人积极赔偿，并认罪、悔罪的，依法可以作为酌定量刑情节予以考虑，对轻微刑事案件的被告人，应当考虑适用非监禁刑。被告人认罪、悔罪、赔礼道歉、积极赔偿，取得被害人谅解的，依法可以从宽处理。对于严重危害社会治安、人民群众反映强烈、依法应当从严惩处的犯罪，不能仅以经济赔偿作为决定从轻处罚的条件。

【法研〔2014〕30号】 最高人民法院研究室关于交通肇事刑事案件附带民事赔偿范围问题的答复（2014年2月24日答复湖北高院"鄂高法〔2013〕280号"请示）

根据刑事诉讼法第99条、第101条和《最高人民法院关于适用〈中华人民共和国刑事诉讼法〉的解释》第155条的规定，交通肇事刑事案件的附带民事诉讼当事人未能就民事赔偿问题达成调解、和解协议的，无论附带民事诉讼被告人是否投保机动车第三者强制责任保险，均可将死亡赔偿金、残疾赔偿金纳入判决赔偿的范围。

【法释〔2014〕13号】 最高人民法院关于刑事裁判涉财产部分执行的若干规定（2014年9月1日最高法审委会第1625次会议通过，2014年10月30日公布，2014年11月6日施行；代替法释〔2010〕4号《最高人民法院关于财产刑执行问题的若干规定》）

第1条（第2款） 刑事附带民事裁判的执行，适用民事执行的有关规定。

第6条（第3款） 判处追缴或者责令退赔的，应当明确追缴或者退赔的金额或财物的名称、数量等相关情况。

第10条（第4款） 对于被害人的损失，应当按照刑事裁判认定的实际损失予以发还或者赔偿。

第12条 被执行财产需要变价的，人民法院执行机构应当依法采取拍卖、变卖等变价措施。

涉案财物最后一次拍卖未能成交，需要上缴国库的，人民法院应当通知有关财政机关以该次拍卖保留价予以接收；有关财政机关要求继续变价的，可以进行无保留价拍卖。需要退赔被害人的，以该次拍卖保留价以物退赔；被害人不同意以物退赔的，可以进行无保留价拍卖。

第13条 被执行人在执行中同时承担刑事责任、民事责任，其财产不足以支付的，按照下列顺序执行：（一）人身损害赔偿中的医疗费用；（二）退赔被害人的损失；（三）其他民事债务；（四）罚金；（五）没收财产。

债权人对执行标的依法享有优先受偿权，其主张优先受偿的，人民法院应当在前款第（一）项规定的医疗费用受偿后，予以支持。

【法发〔2016〕27号】 最高人民法院关于充分发挥审判职能作用切实加强产权司法保护的意见（2016年11月28日）

7. 依法慎用强制措施和查封、扣押、冻结措施，最大限度降低对企业正常生产经营活动的不利影响。……在刑事、民事、行政审判中，确需采取查封、扣押、冻结措施的，除依法需责令关闭的企业外，在条件允许的情况下可以为企业预留必要的流动资金和往来账户。不得查封、扣押、冻结与案件无关的财产。

【法政〔2018〕335号】　最高人民法院政治部关于《关于解决聘用制书记员执行公务证相关问题的请示》研究意见的复函（2018年10月20日答复江苏高院政治部"苏高法政〔2018〕42号"请示）

一、关于为聘用制书记员发放人民法院执行公务证的问题。根据最高人民法院《关于加强执行公务证管理使用相关问题的通知》（法〔2009〕4号），执行公务证发放人员范围是人民法院正式在编且具有公务员身份的人员。目前，为聘用制书记员办理执行公务证缺乏政策依据，也不利于执行工作的规范管理。

二、关于执行过程中的"双人双证"问题。最高人民法院《关于人民法院执行工作若干问题的规定（试行）》《关于依法规范人民法院执行和金融机构协助执行的通知》《关于依法规范人民法院执行和国土资源房地产管理部门协助执行若干问题的通知》，均只规定人民法院执行人员执行公务时应出示本人工作证和执行公务证，对执行人员数量没有明确要求。当前执行工作需要，原则同意你部关于"外出执行时，只要1名执行人员具有工作证和执行公务证，另1名执行人员有工作证即可"的意见，具体操作问题，请你院与当地房地产管理部门、金融机构协调解决。

【法〔2019〕254号】　全国法院民商事审判工作会议纪要（2019年9月11日最高法审委会民事行政专委会第319次会议原则通过，最高法2019年11月8日）

十二、关于民刑交叉案件的程序处理

128. 同一当事人因不同事实分别发生民商事纠纷和涉嫌刑事犯罪，民商事案件与刑事案件应当分别审理，主要有下列情形：

（1）主合同的债务人涉嫌刑事犯罪或者刑事裁判认定其构成犯罪，债权人请求担保人承担民事责任的；

（2）行为人以法人、非法人组织或者他人名义订立合同的行为涉嫌刑事犯罪或者刑事裁判认定其构成犯罪，合同相对人请求该法人、非法人组织或者他人承担民事责任的；

（3）法人或者非法人组织的法定代表人、负责人或者其他工作人员的职务行为涉嫌刑事犯罪或者刑事裁判认定其构成犯罪，受害人请求该法人或者非法人组织承担民事责任的；

（4）侵权行为人涉嫌刑事犯罪或者刑事裁判认定其构成犯罪，被保险人、受益人或者其他赔偿权利人请求保险人支付保险金的；

（5）受害人请求涉嫌刑事犯罪的行为人之外的其他主体承担民事责任的。

审判实践中出现的问题是，在上述情形下，有的人民法院仍然以民商事案件涉嫌刑事犯罪为由不予受理，已经受理的，裁定驳回起诉。对此，应予纠正。

129. 2014年颁布实施的《最高人民法院最高人民检察院公安部关于办理非法集资刑事案件适用法律若干问题的意见》和2019年1月颁布实施的《最高人民法院最高人民检察院公安部关于办理非法集资刑事案件若干问题的意见》规定的涉嫌集资诈骗、非法吸收公众存款等涉众型经济犯罪，所涉人数众多、当事人分布地域广、标的额特别巨大、影响范围广，严重影响社会稳定，对于受害人就同一事实提起的以犯罪嫌疑人或者刑事被告人为被告的民事诉讼，人民法院应当裁定不予受理，并将有关材料移送侦查机关、检察机关或者正在审理该刑事案件的人民法院。受害人的民事权利保护应当通过刑事追赃、退赔的方式解决。正在审理民商事案件的人民法院发现有上述涉众型经济犯罪线索的，应当及时将犯罪线索和有关材料移送侦查机关。侦查机关作出立案决定前，人民法院应当中止审理；作出立案决定后，应当裁定驳回起诉；侦查机关未及时立案的，人民法院必要时可以将案件报请党委政法委协调处理。除上述情形人民法院不予受理外，要防止通过刑事手段干预民商事审判，搞地方保护，影响营商环境。

当事人因租赁、买卖、金融借款等与上述涉众型经济犯罪无关的民事纠纷，请求上述主体承担民事责任的，人民法院应予受理。

130. 人民法院在审理民商事案件时，如果民商事案件必须以相关刑事案件的审理结果为依据，而刑事案件尚未审结的，应当根据《民事诉讼法》第150条第5项的规定裁定中止诉讼。待刑事案件审结后，再恢复民商事案件的审理。如果民商事案件不是必须以相关的刑事案件的审理结果为依据，则民商事案件应当继续审理。

【法释〔2019〕18号】 最高人民法院、最高人民检察院关于人民检察院提起刑事附带民事公益诉讼应否履行诉前公告程序问题的批复（2019年9月9日最高法审委会第1776次会议、2019年9月12日最高检第13届检委会第24次会议通过，2019年11月25日公布，2019年12月6日施行）

人民检察院提起刑事附带民事公益诉讼，应履行诉前公告程序。对于未履行诉前公告程序的，人民法院应当进行释明，告知人民检察院公告后再行提起诉讼。

因人民检察院履行诉前公告程序，可能影响相关刑事案件审理期限的，人民检察院可以另行提起民事公益诉讼。

【高检发释字〔2019〕4号】 人民检察院刑事诉讼规则（2019年12月2日最高检第13届检委会第28次会议通过，2019年12月30日公布施行；高检发释字〔2012〕2号《规则（试行）》同时废止）

第238条 负责侦查的部门……国家或者集体财产遭受损失的，在提出提起公诉意见的同时，可以提出提起附带民事诉讼的意见。

第330条 人民检察院审查移送起诉的案件，应当查明：……（十）有无附带民事诉讼；对于国家财产、集体财产遭受损失的，是否需要由人民检察院提起附带民事诉讼；对于破坏生态环境和资源保护，食品药品安全领域侵害众多消费者合法权益，侵害英雄烈士的姓名、肖像、名誉、荣誉等损害社会公共利益的行为，是否需要由人民检察院提起附带民事公益诉讼；……

第339条 （新增）人民检察院对案件进行审查后，应当依法作出起诉或者不起诉以及是否提起附带民事诉讼、附带民事公益诉讼的决定。

【司公通〔2020〕12号】 未成年人法律援助服务指引（试行）（司法部公共法律服务管理局、中华全国律师协会2020年9月16日印发试行）

第22条 未成年人在学校、幼儿园、教育培训机构等场所遭受性侵害，在依法追究犯罪人员法律责任的同时，法律援助承办人员可以帮助未成年被害人及其法定代理人（监护人）要求上述单位依法承担民事赔偿责任。

第23条 从事住宿、餐饮、娱乐等的组织和人员如果没有尽到合理限度范围内的安全保障义务，与未成年被害人遭受性侵害具有因果关系时，法律援助承办人员可以建议未成年被害人及其法定代理人（监护人）向安全保障义务人提起民事诉讼，要求其承担与其过错相应的民事补充赔偿责任。

第24条　法律援助承办人员办理性侵害未成年人附带民事诉讼案件，应当配合未成年被害人及其法定代理人（监护人）积极与犯罪嫌疑人、被告人协商、调解民事赔偿，为未成年被害人争取最大限度的民事赔偿。

犯罪嫌疑人、被告人以经济赔偿换取未成年被害人翻供或者撤销案件的，法律援助承办人员应当予以制止，并充分释明法律后果，告知未成年被害人及其法定代理人（监护人）法律风险。未成年被害人及其法定代理人（监护人）接受犯罪嫌疑人、被告人前述条件，法律援助承办人员可以拒绝为其提供法律援助服务，并向法律援助机构报告；法律援助机构核实后应当终止本次法律援助服务。

未成年被害人及其法定代理人（监护人）要求严惩犯罪嫌疑人、被告人，放弃经济赔偿的，法律援助承办人员应当尊重其决定。

第25条　未成年被害人及其法定代理人（监护人）提出精神损害赔偿的，法律援助承办人员应当注意收集未成年被害人因遭受性侵害导致精神疾病或者心理伤害的证据，将其精神损害和心理创伤转化为接受治疗、辅导而产生的医疗费用，依法向犯罪嫌疑人、被告人提出赔偿请求。

第26条　对未成年被害人因性侵害犯罪造成人身损害，不能及时获得有效赔偿，生活困难的，法律援助承办人员可以帮助未成年被害人及其法定代理人（监护人）、近亲属，依法向办案机关提出司法救助申请。

【法发〔2020〕42号】　最高人民法院关于加强著作权和与著作权有关的权利保护的意见（2020年11月16日）

6.（第2款）　在刑事诉讼中，权利人以为后续可能提起的民事或者行政诉讼保全证据为由，请求对侵权复制品及材料和工具暂不销毁的，人民法院可以予以支持。权利人在后续民事或者行政案件中请求侵权人赔偿其垫付的保管费用的，人民法院可以予以支持。

【法释〔2021〕1号】　最高人民法院关于适用《中华人民共和国刑事诉讼法》的解释（2020年12月7日最高法审委会〔1820次〕修订，2021年1月26日公布，2021年3月1日施行；2013年1月1日施行的"法释〔2012〕21号"《解释》同时废止）

第175条　被害人因人身权利受到犯罪侵犯或者财物被犯罪分子毁坏而遭受物质损失的，有权在刑事诉讼过程中提起附带民事诉讼；被害人死亡或者丧失行为能力的，其法定代理人、近亲属有权提起附带民事诉讼。

因受到犯罪侵犯，提起附带民事诉讼或者单独提起民事诉讼要求赔偿精神损失的，人民法院一般不予受理。

第176条　被告人非法占有、处置被害人财产的，应当依法予以追缴或者责令退赔。被害人提起附带民事诉讼的，人民法院不予受理。追缴、退赔的情况，可以作为量刑情节考虑。

第177条　国家机关工作人员在行使职权时，侵犯他人人身、财产权利构成犯罪，被害人或者其法定代理人、近亲属提起附带民事诉讼的，人民法院不予受理，但应当告知其可以依法申请国家赔偿。

第178条　人民法院受理刑事案件后，对符合刑事诉讼法第101条和本解释第175条第1款规定的，可以告知被害人或者其法定代理人、近亲属有权提起附带民事诉讼。

有权提起附带民事诉讼的人放弃诉讼权利的，应当准许，并记录在案。

第179条　国家财产、集体财产遭受损失，受损失的单位未提起附带民事诉讼，人民检察院在提起公诉时提起附带民事诉讼的，人民法院应当受理。

人民检察院提起附带民事诉讼的，应当列为附带民事诉讼原告人。

被告人非法占有、处置国家财产、集体财产的，依照本解释第176条的规定处理。

第180条　附带民事诉讼中依法负有赔偿责任的人包括：（一）刑事被告人以及未被追究刑事责任的其他共同侵害人；（二）刑事被告人的监护人；（三）死刑罪犯的遗产继承人；（四）共同犯罪案件中，案件审结前死亡的被告人的遗产继承人；（五）对被害人的物质损失依法应当承担赔偿责任的其他单位和个人。

附带民事诉讼被告人的亲友自愿代为赔偿的，<u>可以</u>应当准许。

第181条　被害人或者其法定代理人、近亲属仅对部分共同侵害人提起附带民事诉讼的，人民法院应当告知其可以对其他共同侵害人，包括没有被追究刑事责任的共同侵害人，一并提起附带民事诉讼，但共同犯罪案件中同案犯在逃的除外。

被害人或者其法定代理人、近亲属放弃对其他共同侵害人的诉讼权利的，人民法院应当告知其相应法律后果，并在裁判文书中说明其放弃诉讼请求的情况。

第182条　附带民事诉讼的起诉条件是：（一）起诉人符合法定条件；（二）有明确的被告人；（三）有请求赔偿的具体要求和事实、理由；（四）属于人民法院受理附带民事诉讼的范围。

第183条　共同犯罪案件，同案犯在逃的，不应列为附带民事诉讼被告人。逃跑的同案犯到案后，被害人或者其法定代理人、近亲属可以对其提起附带民事诉讼，但已经从其他共同犯罪人处获得足额赔偿的除外。

第184条　附带民事诉讼应当在刑事案件立案后及时提起。

提起附带民事诉讼应当提交附带民事起诉状。

第185条　侦查、审查起诉期间，有权提起附带民事诉讼的人提出赔偿要求，经公安机关、人民检察院调解，当事人双方已经达成协议并全部履行，被害人或者其法定代理人、近亲属又提起附带民事诉讼的，人民法院不予受理，但有证据证明调解违反自愿、合法原则的除外。

第186条　被害人或者其法定代理人、近亲属提起附带民事诉讼的，人民法院应当在7日以内决定是否<u>受理</u>立案。符合刑事诉讼法第101条以及本解释有关规定的，应当受理；不符合的，裁定不予受理。

第187条　人民法院受理附带民事诉讼后，应当在5日以内将附带民事起诉状副本送达附带民事诉讼被告人及其法定代理人，或者将口头起诉的内容及时通知附带民事诉讼被告人及其法定代理人，并制作笔录。

人民法院送达附带民事起诉状副本时，应当根据刑事案件的审理期限，确定被告人及其法定代理人的答辩准备时间①。

第188条　附带民事诉讼当事人对自己提出的主张，有责任提供证据。

第189条　人民法院对可能因被告人的行为或者其他原因，使附带民事判决难以执行的案件，根据附带民事诉讼原告人的申请，可以裁定采取保全措施，查封、扣押或者冻结被告

---

① 本部分内容2012年规定为"提交附带民事答辩状的时间"。

人的财产;附带民事诉讼原告人未提出申请的,必要时,人民法院也可以采取保全措施。

有权提起附带民事诉讼的人因情况紧急,不立即申请保全将会使其合法权益受到难以弥补的损害的,可以在提起附带民事诉讼前,向被保全财产所在地、被申请人居住地或者对案件有管辖权的人民法院申请采取保全措施。申请人在人民法院受理刑事案件后15日以内未提起附带民事诉讼的,人民法院应当解除保全措施。

人民法院采取保全措施,适用民事诉讼法第100条至第105条的有关规定,但民事诉讼法第101条第3款的规定除外。

第190条 人民法院审理附带民事诉讼案件,可以根据自愿、合法的原则进行调解。经调解达成协议的,应当制作调解书。调解书经双方当事人签收后即具有法律效力。

调解达成协议并即时履行完毕的,可以不制作调解书,但应当制作笔录,经双方当事人、审判人员、书记员签名或者盖章后即发生法律效力。

第191条 调解未达成协议或者调解书签收前当事人反悔的,附带民事诉讼应当同刑事诉讼一并判决。

第192条 对附带民事诉讼作出判决,应当根据犯罪行为造成的物质损失,结合案件具体情况,确定被告人应当赔偿的数额。

犯罪行为造成被害人人身损害的,应当赔偿医疗费、护理费、交通费等为治疗和康复支付的合理费用,以及因误工减少的收入。造成被害人残疾的,还应当赔偿残疾生活辅助器具费等费用;造成被害人死亡的,还应当赔偿丧葬费等费用。

驾驶机动车致人伤亡或者造成公私财产重大损失,构成犯罪的,依照《中华人民共和国道路交通安全法》第76条的规定确定赔偿责任。

附带民事诉讼当事人就民事赔偿问题达成调解、和解协议的,赔偿范围、数额不受第2款、第3款规定的限制。

第193条 人民检察院提起附带民事诉讼的,人民法院经审理,认为附带民事诉讼被告人依法应当承担赔偿责任的,应当判令附带民事诉讼被告人直接向遭受损失的单位作出赔偿;遭受损失的单位已经终止,有权利义务继受人的,应当判令其向继受人作出赔偿;没有权利义务继受人的,应当判令其向人民检察院交付赔偿款,由人民检察院上缴国库。

第194条 审理刑事附带民事诉讼案件,人民法院应当结合被告人赔偿被害人物质损失的情况认定其悔罪表现,并在量刑时予以考虑。

第195条 附带民事诉讼原告人经传唤,无正当理由拒不到庭,或者未经法庭许可中途退庭的,应当按撤诉处理。

刑事被告人以外的附带民事诉讼被告人经传唤,无正当理由拒不到庭,或者未经法庭许可中途退庭的,附带民事部分可以缺席判决。

(新增)刑事被告人以外的附带民事诉讼被告人下落不明,或者用公告送达以外的其他方式无法送达,可能导致刑事案件审判过分迟延的,可以不将其列为附带民事诉讼被告人,告知附带民事诉讼原告人另行提起民事诉讼。

第196条 附带民事诉讼应当同刑事案件一并审判,只有为了防止刑事案件审判的过分迟延,才可以在刑事案件审判后,由同一审判组织继续审理附带民事诉讼;同一审判组织的成员确实不能继续参与审判的,可以更换。

第197条 人民法院认定公诉案件被告人的行为不构成犯罪,对已经提起的附带民事诉讼，经调解不能达成协议的，可以①一并作出刑事附带民事判决，也可以告知附带民事原告人另行提起民事诉讼。

人民法院准许人民检察院撤回起诉的公诉案件，对已经提起的附带民事诉讼，可以进行调解；不宜调解或者经调解不能达成协议的，应当裁定驳回起诉，并告知附带民事诉讼原告人可以另行提起民事诉讼。

第198条　第一审期间未提起附带民事诉讼，在第二审期间提起的，第二审人民法院可以依法进行调解；调解不成的，告知当事人可以在刑事判决、裁定生效后另行提起民事诉讼。

第199条　人民法院审理附带民事诉讼案件，不收取诉讼费。

第200条　被害人或者其法定代理人、近亲属在刑事诉讼过程中未提起附带民事诉讼，另行提起民事诉讼的，人民法院可以进行调解，或者根据本解释第192条第2款、第3款的规定②作出判决。

第201条　人民法院审理附带民事诉讼案件，除刑法、刑事诉讼法以及刑事司法解释已有规定的以外，适用民事法律的有关规定。③

第407条　第二审人民法院审理对刑事部分提出上诉、抗诉，附带民事部分已经发生法律效力的案件，发现第一审判决、裁定中的附带民事部分确有错误的，应当依照审判监督程序对附带民事部分予以纠正。

第408条　刑事附带民事诉讼案件，只有附带民事诉讼当事人及其法定代理人上诉的，第一审刑事部分的判决在上诉期满后即发生法律效力。

应当送监执行的第一审刑事被告人是第二审附带民事诉讼被告人的，在第二审附带民事诉讼案件审结前，可以暂缓送监执行。

第409条　第二审人民法院审理对附带民事部分提出上诉，刑事部分已经发生法律效力的案件，应当对全案进行审查，并按照下列情形分别处理：

（一）第一审判决的刑事部分并无不当的，只需就附带民事部分作出处理；（本项新增）

（二）第一审判决的刑事部分确有错误的，依照审判监督程序对刑事部分进行再审，并将附带民事部分与刑事部分一并审理。

第410条　第二审期间，第一审附带民事诉讼原告人增加独立的诉讼请求或者第一审附带民事诉讼被告人提出反诉的，第二审人民法院可以根据自愿、合法的原则进行调解；调解不成的，告知当事人另行起诉。

【高检发释字〔2021〕2号】　人民检察院公益诉讼办案规则（2020年9月28日最高检检委会［13届52次］通过，2021年6月29日公布，2021年7月1日起施行；以本规为准）
（详见《民事诉讼法全厚细》第58条）

第11条　人民检察院办理公益诉讼案件，实行一体化工作机制，上级人民检察院根据办案需要，可以交办、提办、督办、领办案件。

---

① 本部分内容2012年规定为"应当"。
② 本部分内容2012年规定为"根据物质损失情况"。
③ 注：司法解释的效力不能高于法律规定。本处规定刑事司法解释的效力高于民事法律规定，属于自我立法授权，违背基本法律原则。

上级人民检察院可以依法统一调用辖区的检察人员办理案件，调用的决定应当以书面形式作出。被调用的检察官可以代表办理案件的人民检察院履行调查、出庭等职责。

第14条（第2款）　刑事附带民事公益诉讼案件，由办理刑事案件的人民检察院立案管辖。

第97条　人民检察院在刑事案件提起公诉时，对破坏生态环境和资源保护、食品药品安全领域侵害众多消费者合法权益，侵犯未成年人合法权益，侵害英雄烈士等的姓名、肖像、名誉、荣誉等损害社会公共利益的违法行为，可以向人民法院提起刑事附带民事公益诉讼。

第98条　人民检察院可以向人民法院提出要求被告停止侵害、排除妨碍、消除危险、恢复原状、赔偿损失等诉讼请求。

针对不同领域案件，还可以提出以下诉讼请求：

（一）破坏生态环境和资源保护领域案件，可以提出要求被告以补植复绿、增殖放流、土地复垦等方式修复生态环境的诉讼请求，或者支付生态环境修复费用，赔偿生态环境受到损害至修复完成期间服务功能丧失造成的损失、生态环境功能永久性损害造成的损失等诉讼请求，被告违反法律规定故意污染环境、破坏生态造成严重后果的，可以提出惩罚性赔偿等诉讼请求；

（二）食品药品安全领域案件，可以提出要求被告召回并依法处置相关食品药品以及承担相关费用和惩罚性赔偿诉讼请求；

（三）英雄烈士等的姓名、肖像、名誉、荣誉保护案件，可以提出要求被告消除影响、恢复名誉、赔礼道歉等诉讼请求。

人民检察院为诉讼支出的鉴定评估、专家咨询等费用，可以在起诉时一并提出由被告承担的诉讼请求。

【法发〔2022〕2号】　最高人民法院关于充分发挥司法职能作用助力中小微企业发展的指导意见（2022年1月13日）

8.……切实贯彻民法典第187条的规定，债务人因同一行为应当承担民事责任、行政责任和刑事责任，其财产不足以支付的，依法保障中小微企业等市场主体的民事债权优先于罚款、罚金、没收财产等行政、刑事处罚受偿。……除法律、司法解释另有规定外，对中小微企业等市场主体与刑事案件犯罪嫌疑人或者被告人产生的民事纠纷，如果民事案件不是必须以刑事案件的审理结果为依据，则不得以刑事案件正在侦查或者尚未审结为由对民事案件不予受理或者中止审理，切实避免因刑事案件影响中小微企业等市场主体通过民事诉讼及时维护其合法权益。……

【法释〔2022〕14号】　最高人民法院关于审理人身损害赔偿案件适用法律若干问题的解释（"法释〔2003〕20号"公布，2004年5月1日起施行；2022年2月15日最高法审委会〔1864次〕最新修正，2022年4月24日公布，2022年5月1日起施行）

第1条　因生命、身体、健康遭受侵害，赔偿权利人起诉请求赔偿义务人赔偿物质损害、财产损失和精神损害的，人民法院应予受理。

本条所称"赔偿权利人"，是指因侵权行为或者其他致害原因直接遭受人身损害的受害人、依法由受害人承担扶养义务的被扶养人以及死亡受害人的近亲属。

本条所称"赔偿义务人"，是指因自己或者他人的侵权行为以及其他致害原因依法应当承担民事责任的自然人、法人或者其他非法人组织。

第2条　受害人对同一损害的发生或者扩大有故意、过失的，依照民法通则第131条的规定，可以减轻或者免除赔偿义务人的赔偿责任。但侵权人因故意或者重大过失致人损害，受害人只有一般过失的，不减轻赔偿义务人的赔偿责任。

适用民法通则第106条第3款规定确定赔偿义务人的赔偿责任时，受害人有重大过失的，可以减轻赔偿义务人的赔偿责任。

第3条 2人以上共同故意或者共同过失致人损害，或者虽无共同故意、共同过失，但其侵害行为直接结合发生同一损害后果的，构成共同侵权，应当依照民法通则第130条规定承担连带责任。

2人以上没有共同故意或者共同过失，但其分别实施的数个行为间接结合发生同一损害后果的，应当根据过失大小或者原因力比例各自承担相应的赔偿责任。

第4条 2人以上共同实施危及他人人身安全的行为并造成损害后果，不能确定实际侵害行为人的，应当依照民法通则第130条规定承担连带责任。共同危险行为人能够证明损害后果不是由其行为造成的，不承担赔偿责任。

第2条 赔偿权利人起诉部分共同侵权人的，人民法院应当追加其他共同侵权人作为共同被告。赔偿权利人在诉讼中放弃对部分共同侵权人的诉讼请求的，其他共同侵权人对被放弃诉讼请求的被告应当承担的赔偿份额不承担连带责任。责任范围难以确定的，推定各共同侵权人承担同等责任。

人民法院应当将放弃诉讼请求的法律后果告知赔偿权利人，并将放弃诉讼请求的情况在法律文书中叙明。

第6条 从事住宿、餐饮、娱乐等经营活动或者其他社会活动的自然人、法人、其他组织，未尽合理限度范围内的安全保障义务致使他人遭受人身损害，赔偿权利人请求其承担相应赔偿责任的，人民法院应予支持。

因第三人侵权导致损害结果发生的，由实施侵权行为的第三人承担赔偿责任。安全保障义务人有过错的，应当在其能够防止或者制止损害的范围内承担相应的补充赔偿责任。安全保障义务人承担责任后，可以向第三人追偿。赔偿权利人起诉安全保障义务人的，应当将第三人作为共同被告，但第三人不能确定的除外。

第7条 对未成年人依法负有教育、管理、保护义务的学校、幼儿园或者其他教育机构，未尽职责范围内的相关义务致使未成年人遭受人身损害，或者未成年人致他人人身损害的，应当承担与其过错相应的赔偿责任。

第三人侵权致未成年人遭受人身损害的，应当承担赔偿责任。学校、幼儿园等教育机构有过错的，应当承担相应的补充赔偿责任。

第8条 法人或者其他组织的法定代表人、负责人以及工作人员，在执行职务中致人损害的，依照民法通则第121条的规定，由该法人或者其他组织承担民事责任。上述人员实施与职务无关的行为致人损害的，应当由行为人承担赔偿责任。

属于《国家赔偿法》赔偿事由的，依照《国家赔偿法》的规定处理。

第9条 雇员在从事雇佣活动中致人损害的，雇主应当承担赔偿责任；雇员因故意或者重大过失致人损害的，应当与雇主承担连带赔偿责任。雇主承担连带赔偿责任的，可以向雇员追偿。

前款所称"从事雇佣活动"，是指从事雇主授权或者指示范围内的生产经营活动或者其他劳务活动。雇员的行为超出授权范围，但其表现形式是履行职务或者与履行职务有内在联系的，应当认定为"从事雇佣活动"。

第10条　承揽人在完成工作过程中对第三人造成损害或者造成自身损害的，定作人不承担赔偿责任。但定作人对定作、指示或者选任有过失的，应当承担相应的赔偿责任。

第11条　雇员在从事雇佣活动中遭受人身损害，雇主应当承担赔偿责任。雇佣关系以外的第三人造成雇员人身损害的，赔偿权利人可以请求第三人承担赔偿责任，也可以请求雇主承担赔偿责任。雇主承担赔偿责任后，可以向第三人追偿。

雇员在从事雇佣活动中因安全生产事故遭受人身损害，发包人、分包人知道或者应当知道接受发包或者分包业务的雇主没有相应资质或者安全生产条件的，应当与雇主承担连带赔偿责任。

属于《工伤保险条例》调整的劳动关系和工伤保险范围的，不适用本条规定。

第3条　依法应当参加工伤保险统筹的用人单位的劳动者，因工伤事故遭受人身损害，劳动者或者其近亲属向人民法院起诉请求用人单位承担民事赔偿责任的，告知其按《工伤保险条例》的规定处理。

因用人单位以外的第三人侵权造成劳动者人身损害，赔偿权利人请求第三人承担民事赔偿责任的，人民法院应予支持。

第4条　为他人无偿提供劳务的帮工人，在从事帮工活动中致人损害的，被帮工人应当承担赔偿责任。被帮工人承担赔偿责任后向有故意或者重大过失的帮工人追偿/帮工人存在故意或者重大过失，赔偿权利人请求帮工人和被帮工人承担连带责任的，人民法院应予支持。被帮工人明确拒绝帮工的，不承担赔偿责任。

第5条　无偿提供劳务的帮工人因帮工活动遭受人身损害的，根据帮工人和被帮工人各自的过错承担相应的责任/被帮工人应当承担赔偿责任；被帮工人明确拒绝帮工的，被帮工人不承担赔偿责任，但可以在受益范围内予以适当补偿。

帮工人在帮工活动中因第三人的行为/侵权遭受人身损害的，有权请求/由第三人承担赔偿责任。第三人不能确定或者没有赔偿能力的，也有权请求/可以由被帮工人予以适当补偿。被帮工人补偿后，可以向第三人追偿。

第15条　为维护国家、集体或者他人的合法权益而使自己受到人身损害，因没有侵权人、不能确定侵权人或者侵权人没有赔偿能力，赔偿权利人请求受益人在受益范围内予以适当补偿的，人民法院应予支持。

第16条　下列情形，适用民法通则第126条的规定，由所有人或者管理人承担赔偿责任，但能够证明自己没有过错的除外：（一）道路、桥梁、隧道等人工建造的构筑物因维护、管理瑕疵致人损害的；（二）堆放物品滚落、滑落或者堆放物倒塌致人损害的；（三）树木倾倒、折断或者果实坠落致人损害的。

前款第（一）项情形，因设计、施工缺陷造成损害的，由所有人、管理人与设计、施工者承担连带责任。

第17条　受害人遭受人身损害，因就医治疗支出的各项费用以及因误工减少的收入，包括医疗费、误工费、护理费、交通费、住宿费、住院伙食补助费、必要的营养费，赔偿义务人应当予以赔偿。

受害人因伤致残的，其因增加生活上需要所支出的必要费用以及因丧失劳动能力导致的收入损失，包括残疾赔偿金、残疾辅助器具费、被扶养人生活费，以及因康复护理、继续治疗实际发生的必要的康复费、护理费、后续治疗费，赔偿义务人也应当予以赔偿。

受害人死亡的，赔偿义务人除应当根据抢救治疗情况赔偿本条第1款规定的相关费用外，还应当赔偿丧葬费、被扶养人生活费、死亡补偿费以及受害人亲属办理丧葬事宜支出的交通费、住宿费和误工损失等其他合理费用。

第18条　受害人或者死者近亲属遭受精神损害，赔偿权利人向人民法院请求赔偿精神损害抚慰金的，适用《最高人民法院关于确定民事侵权精神损害赔偿责任若干问题的解释》予以确定。

精神损害抚慰金的请求权，不得让与或者继承。但赔偿义务人已经以书面方式承诺给予金钱赔偿，或者赔偿权利人已经向人民法院起诉的除外。

第6条　医疗费根据医疗机构出具的医药费、住院费等收款凭证，结合病历和诊断证明等相关证据确定。赔偿义务人对治疗的必要性和合理性有异议的，应当承担相应的举证责任。

医疗费的赔偿数额，按照一审法庭辩论终结前实际发生的数额确定。器官功能恢复训练所必要的康复费、适当的整容费以及其他后续治疗费，赔偿权利人可以待实际发生后另行起诉。但根据医疗证明或者鉴定结论确定必然发生的费用，可以与已经发生的医疗费一并予以赔偿。

第7条　误工费根据受害人的误工时间和收入状况确定。

误工时间根据受害人接受治疗的医疗机构出具的证明确定。受害人因伤致残持续误工的，误工时间可以计算至定残日前一天。

受害人有固定收入的，误工费按照实际减少的收入计算。受害人无固定收入的，按照其最近3年的平均收入计算；受害人不能举证证明其最近3年的平均收入状况的，可以参照受诉法院所在地相同或者相近行业上一年度职工的平均工资计算。

第8条　护理费根据护理人员的收入状况和护理人数、护理期限确定。

护理人员有收入的，参照误工费的规定计算；护理人员没有收入或者雇佣护工的，参照当地护工从事同等级别护理的劳务报酬标准计算。护理人员原则上为1人，但医疗机构或者鉴定机构有明确意见的，可以参照确定护理人员人数。

护理期限应计算至受害人恢复生活自理能力时止。受害人因残疾不能恢复生活自理能力的，可以根据其年龄、健康状况等因素确定合理的护理期限，但最长不超过20年。

受害人定残后的护理，应当根据其护理依赖程度并结合配制残疾辅助器具的情况确定护理级别。

第9条　交通费根据受害人及其必要的陪护人员因就医或者转院治疗实际发生的费用计算。交通费应当以正式票据为凭；有关凭据应当与就医地点、时间、人数、次数相符合。

第10条　住院伙食补助费可以参照当地国家机关一般工作人员的出差伙食补助标准予以确定。

受害人确有必要到外地治疗，因客观原因不能住院，受害人本人及其陪护人员实际发生的住宿费和伙食费，其合理部分应予赔偿。

第11条　营养费根据受害人伤残情况参照医疗机构的意见确定。

第12条　残疾赔偿金根据受害人丧失劳动能力程度或者伤残等级，按照受诉法院所在地上一年度城镇居民人均可支配收入~~或者农村居民人均纯收入~~标准，自定残之日起按20年计算。但60周岁以上的，年龄每增加1岁减少1年；75周岁以上的，按5年计算。

受害人因伤致残但实际收入没有减少，或者伤残等级较轻但造成职业妨害严重影响其劳动就业的，可以对残疾赔偿金作相应调整。

第13条　残疾辅助器具费按照普通适用器具的合理费用标准计算。伤情有特殊需要的，可以参照辅助器具配制机构的意见确定相应的合理费用标准。

辅助器具的更换周期和赔偿期限参照配制机构的意见确定。

第14条　丧葬费按照受诉法院所在地上一年度职工月平均工资标准，以6个月总额计算。

第15条　死亡赔偿金按照受诉法院所在地上一年度城镇居民人均可支配收入~~或者农村居民人均纯收入~~标准，按20年计算。但60周岁以上的，年龄每增加1岁减少1年；75周岁以上的，按5年计算。

<u>第16条</u>　被扶养人生活费计入残疾赔偿金或者死亡赔偿金。①

第17条　被扶养人生活费根据扶养人丧失劳动能力程度，按照受诉法院所在地上一年度城镇居民人均消费支出~~和农村居民人均年生活消费支出~~标准计算。被扶养人为未成年人的，计算至18周岁；被扶养人无劳动能力又无其他生活来源的，计算20年。但60周岁以上的，年龄每增加1岁减少1年；75周岁以上的，按5年计算。

被扶养人是指受害人依法应当承担扶养义务的未成年人或者丧失劳动能力又无其他生活来源的成年近亲属。被扶养人还有其他扶养人的，赔偿义务人只赔偿受害人依法应当负担的部分。被扶养人有数人的，年赔偿总额累计不超过上一年度城镇居民人均消费支出额~~或者农村居民人均年生活消费支出额~~。

第18条　赔偿权利人举证证明其住所地或者经常居住地城镇居民人均可支配收入~~或者农村居民人均纯收入~~高于受诉法院所在地标准的，残疾赔偿金或者死亡赔偿金可以按照其住所地或者经常居住地的相关标准计算。

被扶养人生活费的相关计算标准，依照前款原则确定。

第31条　~~人民法院应当按照民法通则第131条以及本解释第2条的规定，确定第19条至第29条各项财产损失的实际赔偿金额。~~

~~前款确定的物质损害赔偿金与按照第18条第1款规定确定的精神损害抚慰金，原则上应当一次性给付。~~

第19条　超过确定的护理期限、辅助器具费给付年限或者残疾赔偿金给付年限，赔偿权利人向人民法院起诉请求继续给付护理费、辅助器具费或者残疾赔偿金的，人民法院应予受理。赔偿权利人确需继续护理、配制辅助器具，或者没有劳动能力和生活来源的，人民法院应当判令赔偿义务人继续给付相关费用5至10年。

第20条　赔偿义务人请求以定期金方式给付残疾赔偿金、~~被扶养人生活费~~、残疾辅助器具费的，应当提供相应的担保。人民法院可以根据赔偿义务人的给付能力和提供担保的情况，确定以定期金方式给付相关费用。但是，一审法庭辩论终结前已经发生的费用、死亡赔

---

① 《民法典》第1179条："侵害他人造成人身损害的，应当赔偿……造成死亡的，还应当赔偿丧葬费和死亡赔偿金。"此处没有规定"被扶养人生活费"。所以法院在判决时，将被扶养人生活费单独计算后，并入残疾赔偿金或者死亡赔偿金一并表述。

偿金以及精神损害抚慰金，应当一次性给付。

第 21 条　人民法院应当在法律文书中明确定期金的给付时间、方式以及每期给付标准。执行期间有关统计数据发生变化的，给付金额应当适时进行相应调整。

定期金按照赔偿权利人的实际生存年限给付，不受本解释有关赔偿期限的限制。

第 22 条　本解释所称"城镇居民人均可支配收入""农村居民人均纯收入""城镇居民人均消费支出""职工平均工资"，按照政府统计部门公布的各省、自治区、直辖市以及经济特区和计划单列市上一年度相关统计数据确定。

"上一年度"，是指一审法庭辩论终结时的上一统计年度。

第 23 条　精神损害抚慰金适用《最高人民法院关于确定民事侵权精神损害赔偿责任若干问题的解释》予以确定。

第 24 条　本解释自 2022 年 5 月 1 日起施行。施行后发生的侵权行为引起的人身损害赔偿案件适用本解释。①

本院以前发布/之前已经生效施行的司法解释与本解释不一致的，以本解释为准。

【法释〔2022〕15 号】　最高人民法院、最高人民检察院关于办理海洋自然资源与生态环境公益诉讼案件若干问题的规定（2021 年 12 月 27 日最高法审委会〔1858 次〕、2022 年 3 月 16 日最高检第 13 届检委会〔93 次〕通过，2022 年 5 月 10 日公布，2022 年 5 月 15 日起施行）

第 4 条　破坏海洋生态、海洋水产资源、海洋保护区，涉嫌犯罪的，在行使海洋环境监督管理权的部门没有另行提起海洋自然资源与生态环境损害赔偿诉讼的情况下，人民检察院可以在提起刑事公诉时一并提起附带民事公益诉讼，也可以单独提起民事公益诉讼。

【主席令〔2022〕119 号】　中华人民共和国反电信网络诈骗法（2022 年 9 月 2 日第 13 届全国人大常委会第 36 次会议通过，2022 年 12 月 1 日施行）

第 46 条　组织、策划、实施、参与电信网络诈骗活动或者为电信网络诈骗活动提供相关帮助的违法犯罪人员，除依法承担刑事责任、行政责任以外，造成他人损害的，依照《中华人民共和国民法典》等法律的规定承担民事责任。

电信业务经营者、银行业金融机构、非银行支付机构、互联网服务提供者等违反本法规定，造成他人损害的，依照《中华人民共和国民法典》等法律的规定承担民事责任。

第 47 条　人民检察院在履行反电信网络诈骗职责中，对于侵害国家利益和社会公共利益的行为，可以依法向人民法院提起公益诉讼。

【法刊文摘】　检答网集萃 101：被害人查询犯罪嫌疑人个人信息用于起诉，可以提供吗（检察日报 2023 年 1 月 7 日）

咨询内容（贵州绥阳马宾雪）：被害人申请查询犯罪嫌疑人的个人信息用于起诉，案管办应该给吗？应由案管办处理还是承办检察官处理？

解答摘要（程丹）：被害人在提起刑事附带民事诉讼的时候，需要明确该案的被告，不知道被告人的基本身份信息则无法提起诉讼。由此可见，被害人有知道犯罪嫌疑人身份

---

① 本款原规定为："本解释自 2004 年 5 月 1 日起施行。2004 年 5 月 1 日后新受理的一审人身损害赔偿案件，适用本解释的规定。已经作出生效裁判的人身损害赔偿案件依法再审的，不适用本解释的规定。"

信息的权利。根据《人民检察院刑事诉讼规则》第 49 条、第 56 条规定，由办案部门提供案卷材料。犯罪嫌疑人的个人信息也是案卷材料的一部分，如果要查询，可按照以上规定执行。

【高检发办字〔2023〕49 号】 人民检察院办理知识产权案件工作指引（2023 年 4 月 25 日印发施行）

第 20 条　侵害国家、集体享有的知识产权或者侵害行为致使国家财产、集体财产遭受损失的，人民检察院在提起公诉时，可以提起附带民事诉讼；损害社会公共利益的，人民检察院在提起公诉时，可以提起刑事附带民事公益诉讼。

人民检察院一般应当对在案全部被告人和没有被追究刑事责任的共同侵害人，一并提起附带民事诉讼或者刑事附带民事公益诉讼，但共同犯罪案件中同案犯在逃的或者已经赔偿损失的除外。在逃的同案犯到案后，人民检察院可以依法对其提起附带民事诉讼或者刑事附带民事公益诉讼。

第 21 条　人民检察院办理知识产权刑事案件，应当依法向被害人及其法定代理人或者其近亲属告知诉讼权利义务。对于被害人以外其他知识产权权利人需要告知诉讼权利义务的，人民检察院应当自受理审查起诉之日起 10 日内告知。

第 22 条　本指引第 21 条规定的知识产权权利人包括：（一）刑法第 217 条规定的著作权人或者与著作权有关的权利人；（二）商标注册证上载明的商标注册人；（三）专利证书上载明的专利权人；（四）商业秘密的权利人；（五）其他依法享有知识产权的权利人。

【高检发办字〔2023〕71 号】 最高人民检察院、中国海警局关于健全完善侦查监督与协作配合机制的指导意见

14. 海警机构在行政执法和刑事侦查过程中发现海洋生态环境和渔业资源领域涉及损害国家利益、社会公共利益的线索，应当及时移送人民检察院。对于破坏海洋生态环境资源犯罪案件，人民检察院可以提起刑事附带民事公益诉讼。

【国安部令〔2024〕4 号】 国家安全机关办理刑事案件程序规定（2024 年 4 月 26 日公布，2024 年 7 月 1 日起施行）

第 314 条（第 1 款）　被害人提出附带民事诉讼的，应当记录在案；移送审查起诉时，应当在起诉意见书末页注明。

● **指导案例**　【高检发办字〔2020〕68 号】 最高人民检察院第 23 批指导性案例（2020 年 11 月 6 日最高检检委会〔13 届 54 次〕通过，2020 年 12 月 13 日印发）

（检例第 86 号）　盛开水务公司污染环境刑事附带民事公益诉讼案（详见《刑法全厚细》第 338 条）

【法〔2021〕286 号】 最高人民法院第 31 批指导性案例（2021 年 12 月 1 日）

（指导案例 172 号）　秦家学滥伐林木刑事附带民事公益诉讼案（详见《刑法全厚细》第 345 条）

【法〔2022〕277 号】 最高人民法院第 37 批指导性案例（2022 年 12 月 30 日）

（指导案例 202 号）　武汉卓航江海贸易有限公司、向阳等 12 人污染环境刑事附带民事公益诉讼案（南京中院 2020 年 12 月 23 日〔2020〕苏 01 刑终 575 号刑事附带民事裁定）

裁判要点： 1. 船舶偷排含油污水案件中，人民法院可以根据船舶航行轨迹、污染防治设施运行状况、污染物处置去向，结合被告人供述、证人证言、专家意见等证据对违法排放污染物的行为及其造成的损害作出认定。2. 认定船舶偷排的含油污水是否属于有毒物质时，由于客观原因无法取样的，可以依据来源相同、性质稳定的舱底残留污水进行污染物性质鉴定。

（指导案例 203 号） 左勇、徐鹤污染环境刑事附带民事公益诉讼案（江苏省盱眙县法院 2021 年 6 月 24 日〔2019〕苏 0830 刑初 534 号刑事附带民事裁定）

裁判要点： 对于必要、合理、适度的环境污染处置费用，人民法院应当认定为属于污染环境刑事附带民事公益诉讼案件中的公私财产损失及生态环境损害赔偿范围。对于明显超出必要合理范围的处置费用，不应当作为追究被告人刑事责任，以及附带民事公益诉讼被告承担生态环境损害赔偿责任的依据。①

【法〔2023〕178 号】 最高人民法院第 38 批指导性案例（2023 年 10 月 19 日）

（指导案例 212 号） 刘某桂非法采矿刑事附带民事公益诉讼案（另见《刑法全厚细》第 343 条）

裁判要点： 非法采砂造成流域生态环境损害，检察机关在刑事案件中提起附带民事公益诉讼，请求被告人承担生态环境修复责任、赔偿损失和有关费用的，人民法院依法予以支持。

（指导案例 213 号） 黄某辉、陈某等 8 人非法捕捞水产品刑事附带民事公益诉讼案（另见《刑法全厚细》第 340 条）

裁判要点： 人民法院判决生态环境侵权人采取增殖放流方式恢复水生生物资源、修复水域生态环境的，应当遵循自然规律，遵守水生生物增殖放流管理规定，根据专业修复意见合理确定放流水域、物种、规格、种群结构、时间、方式等，并可以由渔业行政主管部门协助监督执行。

（指导案例 215 号） 昆明闽某纸业有限责任公司等污染环境刑事附带民事公益诉讼案

裁判要点： 公司股东滥用公司法人独立地位、股东有限责任，导致公司不能履行其应当承担的生态环境损害修复、赔偿义务，国家规定的机关或者法律规定的组织请求股东对此依照《中华人民共和国公司法》第 20 条（现第 23 条）的规定承担连带责任的，人民法院依法应当予以支持。

● **入库案例**　【2023-05-1-179-007】　庞某甲等故意伤害案（湛江中院/2013.09.18/〔2013〕湛中法刑三初字第 24 号）

裁判要旨： 1. 部分被告人与附带民事诉讼原告人达成调解协议，在实际赔偿额不足其应

---

① 本案，被告人左勇、徐鹤安排人员在淮安市淮安区车桥镇大兴村开挖坑塘倾倒废铝灰 20 余吨，因废铝灰发热、冒烟被群众发现制止并报警。据《国家危险废物名录》（2021 版）规定再生铝和铝材加工过程中，废铝及铝锭重熔、精炼、合金化、铸造熔体表面产生的铝渣及其回收铝过程产生的盐渣和二次铝灰属于危险废物。淮安区车桥镇政府对上述燃烧的废铝灰用土壤搅拌熄灭，形成混合物重 453.84 吨，然后按危险废物委托南京中联水泥有限公司以 2800 元/吨进行处置。
而江苏省环境科学研究院出庭鉴定人明确，废铝灰与土壤的混合物不能直接判定为危险废物，按照豁免程序处理可提高经济性和实操性，采用水泥窑协同处置的价格为 1000 元/吨。出庭有专门知识的人认为，铝灰不会大面积燃烧，只需用 2-5 倍的土壤将明火掩盖即可，否则属于过度处置。

承担的赔偿份额情况下，其他被告人对该部分被告人应当承担的赔偿份额不再承担连带责任，只需共同连带赔偿剩余的赔偿份额即可。

2. 部分被告人与原告人达成调解协议，且该部分被告人实际赔偿数额已超出其应承担的赔偿总额中的份额的，根据该被告人对超出其应承担份额的部分的不同意思表示，对其他被告人的赔偿数额确定亦应有2种不同处理结果：

（1）该被告人没有明确放弃对超出其本人应承担份额的追偿权的，对超出应承担份额的部分，可视为代其他被告人赔偿，其支付赔偿款后有权就超出本人应担份额的部分向其他被告人追偿；其他被告人则应就扣除该被告人已赔偿部分后的赔偿余额承担赔偿责任，并互负连带责任。

（2）被告人如明确放弃对超出其本人应承担份额赔偿款的追偿权，则其他被告人对该被告人应当承担的赔偿份额不再承担连带责任，只需共同赔偿给附带民事诉讼原告人赔偿总额扣除该被告人已赔偿额的剩余部分，并互负连带赔偿责任。

（本书汇）【赔偿保证金】[①]

● **相关规定**　【浙检发侦监字〔2018〕10号】　轻微刑事案件赔偿保证金制度（浙江省高院、省检、公安厅、司法厅2018年8月1日发）

第2条　轻微刑事案件赔偿保证金制度，是指轻微刑事案件犯罪嫌疑人、被告人有赔偿意愿且有赔偿能力，但因被害人或其法定代理人、近亲属的诉求没有得到满足，或因双方矛盾激化等原因而致未能达成和解协议，犯罪嫌疑人、被告人主动表明赔偿意愿并向办案单位、公证机构或双方认可的调解组织等第三方缴存一定数额的赔偿保证金后，对其作出不批准逮捕决定或变更为非羁押强制措施的办案制度。

第4条　下列可能判处3年以下有期徒刑、拘役的案件，可以适用轻微刑事案件赔偿保证金制度：（一）故意伤害（轻伤）案。主要指因婚姻家庭、邻里纠纷等民间矛盾激化引起的轻伤害案件，不包括致轻伤后果的寻衅滋事案、妨害公务案、非法拘禁案等；（二）一般过失犯罪案件。主要包括交通肇事案及过失致人重伤、死亡案等；（三）其他轻微刑事案件。

曾经故意犯罪，在缓刑、假释考验期内犯罪，有证据证明有一定的社会危险性，社会影响大、群众反映强烈的刑事案件不适用该制度。

第5条　轻微刑事案件赔偿保证金制度适用的条件：（一）案件事实清楚、证据确实充分；（二）犯罪嫌疑人、被告人自愿认罪、悔罪；（三）犯罪嫌疑人、被告人有赔偿能力且有赔偿意愿，愿意缴纳赔偿保证金；（四）赔偿保证金数额能够基本确定；（五）不妨碍诉讼活动的正常进行。

第6条　轻微刑事案件赔偿保证金制度的启动，由犯罪嫌疑人、被告人及其法定代理人、近亲属、辩护人或被害人提请公安机关、检察机关、审判机关决定适用，也可由公安机关、检察机关、审判机关自行决定适用，但需经犯罪嫌疑人同意并指定其近亲属代为办理。

[①] 注：《刑事诉讼法》没有关于刑事案件赔偿保证金的规定，但各地司法机关都在积极地探索适用，本书将部分代表性规定汇集于此。

第7条　轻微刑事案件赔偿保证金数额，由办案单位根据被害人实际花费或者损失的数额，在听取双方当事人、律师或辩护人关于数额的意见后，依照国家相关法律、法规，参照该类案件民事赔偿标准计算确定。保证金数额应适当高于依法应予赔偿费用，但超过部分不得高于依法应予赔偿费用的30%，犯罪嫌疑人方自愿超过标准缴纳的除外。

第8条　轻微刑事案件赔偿保证金缴存单位按相应的规则妥善办理，保障赔偿保证金专款专用。因双方当事人同意作不起诉处理的，双方合意确定赔偿保证金的给付。当审判机关刑事附带民事判决的数额与被告人缴纳的赔偿保证金不符时，不足部分由被告人负担；剩余部分在案件诉讼程序结束后5日内由赔偿保证金缴存单位予以退还，若被告人一方自愿将剩余部分给付被害人，则不退还并予给付。

第9条　审判机关调解或判决确定赔偿数额后，由当事人持审判机关的生效法律文书到赔偿保证金缴存单位申请给付，赔偿保证金缴存单位要及时配合调解协议或刑事附带民事判决书等生效法律文书的执行，不得借故拖延，造成不良后果。

第10条　公安机关、检察机关、审判机关在适用轻微刑事案件赔偿保证金制度作出决定前，要做好犯罪嫌疑人、被告人与被害人双方的风险评估预警工作，确保防止矛盾激化和出现新的矛盾，并及时做好释法说理工作，使双方当事人明确自身权利义务及适用该制度产生的影响。同时落实办案人员风险责任免责制度。

第12条　本制度自印发之日起实行。未尽事宜由公安机关、检察机关、审判机关、司法行政机关协商后确定。

（本书汇）【被害人救助】[①]

● **相关规定**　中共中央政法委员会、财政部、最高人民法院、最高人民检察院、公安部、司法部关于建立完善国家司法救助制度的意见（试行）（2014年1月17日印发试行）

二、国家司法救助的对象

对下列人员提出国家司法救助申请的，应当予以救助：（一）刑事案件被害人受到犯罪侵害，致使重伤或严重残疾，因案件无法侦破造成生活困难的；或者因加害人死亡或没有赔偿能力，无法经过诉讼获得赔偿，造成生活困难的。（二）刑事案件被害人受到犯罪侵害危及生命，急需救治，无力承担医疗救治费用的。（三）刑事案件被害人受到犯罪侵害而死亡，因案件无法侦破造成依靠其收入为主要生活来源的近亲属生活困难的；或者因加害人死亡或没有赔偿能力，依靠被害人收入为主要生活来源的近亲属无法经过诉讼获得赔偿，造成生活困难的。（四）刑事案件被害人受到犯罪侵害，致使财产遭受重大损失，因案件无法侦破造成生活困难的；或者因加害人死亡或没有赔偿能力，无法经过诉讼获得赔偿，造成生活困难的。（五）举报人、证人、鉴定人因举报、作证、鉴定受到打击报复，致使人身受到伤害或财产受到重大损失，无法经过诉讼获得赔偿，造成生活困难的。（六）追索赡养费、扶养费、抚育费等，因被执行人没有履行能力，造成申请执行人生活困难的。（七）对于道路交通事故等民事侵权行为造成人身伤害，无法经过诉讼获得赔偿，造成生活困难的。（八）党委政法委和政法各单位根据实际情况，认为需要救助的其他人员。

[①] 注：《刑事诉讼法》没有关于刑事被害人救助的专门规定，本书将其汇集于此。

涉法涉诉信访人，其诉求具有一定合理性，但通过法律途径难以解决，且生活困难，愿意接受国家司法救助后息诉息访的，可参照执行。

申请国家司法救助人员，具有以下情形之一的，一般不予救助：对案件发生有重大过错的；无正当理由，拒绝配合查明犯罪事实的；故意作虚伪陈述或者伪造证据，妨害刑事诉讼的；在诉讼中主动放弃民事赔偿请求或拒绝加害责任人及其近亲属赔偿的；生活困难非案件原因所导致的；通过社会救助措施，已经得到合理补偿、救助的。对社会组织、法人，不予救助。

三、国家司法救助的方式和标准

（一）救助方式。国家司法救助以支付救助金为主要方式。同时，与思想疏导、宣传教育相结合，与法律援助、诉讼救济相配套，与其他社会救助相衔接。有条件的地方，积极探索建立刑事案件伤员急救"绿色通道"、对遭受严重心理创伤的被害人实施心理治疗、对行动不便的受害人提供社工帮助等多种救助方式，进一步增强救助效果。

（二）救助标准。各地应根据当地经济社会发展水平制定具体救助标准，以案件管辖地上一年度职工月平均工资为基准，一般在36个月的工资总额之内。损失特别重大、生活特别困难，需适当突破救助限额的，应严格审核控制，救助金额不得超过人民法院依法应当判决的赔偿数额。

（三）救助金额。确定救助金具体数额，要综合考虑救助对象实际遭受的损害后果、有无过错以及过错大小、个人及其家庭经济状况、维持当地基本生活水平所必需的最低支出、以及赔偿义务人实际赔偿情况等。

四、国家司法救助程序

使用国家司法救助资金应当严格遵循以下程序：

（一）告知。人民法院、人民检察院、公安机关、司法行政机关在办理案件、处理涉法涉诉信访问题过程中，对符合救助条件的当事人，应当告知其有权提出救助申请。

（二）申请。救助申请由当事人向办案机关提出；刑事被害人死亡的，由符合条件的近亲属提出。申请一般采取书面形式。确有困难，不能提供书面申请的，可以采用口头方式。申请人应当如实提供本人真实身份、实际损害后果、生活困难、是否获得其他赔偿等相关证明材料。

（三）审批。办案机关应当认真核实申请人提供的申请材料，综合相关情况，在10个工作日内作出是否给予救助和具体救助金额的审批意见。决定不予救助的，及时将审批意见告知当事人，并做好解释说明工作。

（四）发放。对批准同意的，财政部门应及时将救助资金拨付办案机关，办案机关在收到拨付款后2个工作日内，通知申请人领取救助资金。对急需医疗救治等特殊情况，办案机关可以依据救助标准，先行垫付救助资金，救助后及时补办审批手续。

【高检发刑申字〔2016〕1号】　人民检察院国家司法救助工作细则（试行）（2016年7月14日最高检第12届检委会第53次会议通过，2016年8月16日印发试行）

第2条　人民检察院国家司法救助工作，是人民检察院在办理案件过程中，对遭受犯罪侵害或者民事侵权，无法通过诉讼获得有效赔偿，生活面临急迫困难的当事人采取的辅助性救济措施。

第3条　人民检察院开展国家司法救助工作，应当遵循以下原则：

（一）辅助性救助。对同一案件的同一当事人只救助1次，其他办案机关已经予以救助的，人民检察院不再救助。对于通过诉讼能够获得赔偿、补偿的，应当通过诉讼途径解决。

（二）公正救助。严格把握救助标准和条件，兼顾当事人实际情况和同类案件救助数额，做到公平、公正、合理救助。

（三）及时救助。对符合救助条件的当事人，应当根据当事人申请或者依据职权及时提供救助。

（四）属地救助。对符合救助条件的当事人，应当由办理案件的人民检察院负责救助。

第7条　救助申请人符合下列情形之一的，人民检察院应当予以救助：（一）刑事案件被害人受到犯罪侵害或者重伤或者严重残疾，因加害人死亡或者没有赔偿能力，无法通过诉讼获得赔偿，造成生活困难的；（二）刑事案件被害人受到犯罪侵害危及生命，急需救治，无力承担医疗救治费用的；（三）刑事案件被害人受到犯罪侵害致死，依靠其收入为主要生活来源的近亲属或者其赡养、扶养、抚养的其他人，因加害人死亡或者没有赔偿能力，无法通过诉讼获得赔偿，造成生活困难的；（四）刑事案件被害人受到犯罪侵害，致使财产遭受重大损失，因加害人死亡或者没有赔偿能力，无法通过诉讼获得赔偿，造成生活困难的；（五）举报人、证人、鉴定人因向检察机关举报、作证或者接受检察机关委托进行司法鉴定而受到打击报复，致使人身受到伤害或者财产受到重大损失，无法通过诉讼获得赔偿，造成生活困难的；（六）因道路交通事故等民事侵权行为造成人身伤害，无法通过诉讼获得赔偿，造成生活困难的；（七）人民检察院根据实际情况，认为需要救助的其他情形。

第8条　救助申请人具有下列情形之一的，一般不予救助：（一）对案件发生有重大过错的；（二）无正当理由，拒绝配合查明案件事实的；（三）故意作虚伪陈述或者伪造证据，妨害诉讼的；（四）在诉讼中主动放弃民事赔偿请求或者拒绝加害责任人及其近亲属赔偿的；（五）生活困难非案件原因所导致的；（六）通过社会救助等措施已经得到合理补偿、救助的。

第10条　救助金以办理案件的人民检察院所在省、自治区、直辖市上一年度职工月平均工资为基准确定，一般不超过36个月的工资总额。损失特别重大、生活特别困难，需要适当突破救助限额的，应当严格审核控制，依照相关规定报批，总额不得超过人民法院依法应当判决的赔偿数额。

各省、自治区、直辖市上一年度职工月平均工资，根据已经公布的各省、自治区、直辖市上一年度职工年平均工资计算。上一年度职工年平均工资尚未公布的，以公布的最近年度职工年平均工资为准。

第11条　确定救助金具体数额，应当综合考虑以下因素：（一）救助申请人实际遭受的损失；（二）救助申请人本人有无过错以及过错程度；（三）救助申请人及其家庭的经济状况；（四）救助申请人维持基本生活所必需的最低支出；（五）赔偿义务人实际赔偿情况；（六）其他应当考虑的因素。

第12条　救助申请人接受国家司法救助后仍然生活困难的，人民检察院应当建议有关部门依法予以社会救助。

办理案件的人民检察院所在地与救助申请人户籍所在地不一致的，办理案件的人民检察院应当将有关案件情况、给予国家司法救助的情况、予以社会救助的建议等书面材料，移送救助申请人户籍所在地的人民检察院。申请人户籍所在地的人民检察院应当及时建议当地有关部门予以社会救助。

第13条 救助申请应当由救助申请人向办理案件的人民检察院提出。无行为能力或者限制行为能力的救助申请人，可以由其法定代理人代为申请。

第14条 人民检察院办案部门在办理案件过程中，对于符合本细则第7条规定的人员，应当告知其可以向本院申请国家司法救助。

刑事案件被害人受到犯罪侵害危及生命，急需救治，无力承担医疗救治费用的，办案部门应当立即告知刑事申诉检察部门。刑事申诉检察部门应当立即审查并报经分管检察长批准，依据救助标准先行救助，救助后应当及时补办相关手续。

第15条 救助申请一般应当以书面方式提出。救助申请人确有困难不能提供书面申请的，可以口头方式提出。口头申请的，检察人员应当制作笔录。

救助申请人系受犯罪侵害死亡的刑事被害人的近亲属或者其赡养、扶养、抚养的其他人，以及法定代理人代为提出申请的，需要提供与被害人的社会关系证明；委托代理人代为提出申请的，需要提供救助申请人的授权委托书。

第16条 向人民检察院申请国家司法救助，应当提交下列材料：（一）国家司法救助申请书；（二）救助申请人的有效身份证明；（三）实际损害结果证明，包括被害人伤情鉴定意见、医疗诊断结论及医疗费用单据或者死亡证明，受不法侵害所致财产损失情况；（四）救助申请人及其家庭成员生活困难情况的证明；（五）是否获得赔偿、救助等的情况说明或者证明材料；（六）其他有关证明材料。

第17条 救助申请人确因特殊困难不能取得相关证明的，可以申请人民检察院调取。

第18条 救助申请人生活困难证明，应当由救助申请人户籍所在地或者经常居住地村（居）民委员会、所在单位，或者民政部门出具。生活困难证明应当写明有关救助申请人的家庭成员、劳动能力、就业状况、家庭收入等情况。

第19条 救助申请人或者其代理人当面递交申请书和其他申请材料的，受理的检察人员应当当场出具收取申请材料清单，加盖本院专用印章并注明收讫日期。

检察人员认为救助申请人提交的申请材料不齐全或者不符合要求，需要补充或者补正的，应当当场或者在5个工作日内，告知救助申请人在30日内提交补充、补正材料。期满未补充、补正的，视为放弃申请。

第20条 救助申请人提交的国家司法救助申请书和相关材料齐备后，刑事申诉检察部门应当填写《受理国家司法救助申请登记表》。

第21条 人民检察院受理救助申请后，刑事申诉检察部门应当立即指定检察人员办理。承办人员应当及时审查有关材料，必要时进行调查核实，并制作《国家司法救助申请审查报告》，全面反映审查情况，提出是否予以救助的意见及理由。

第22条 审查国家司法救助申请的人民检察院需要向外地调查、核实有关情况的，可以委托有关人民检察院代为进行，并将救助申请人情况、简要案情、需要调查核实的内容等材料，一并提供受委托的人民检察院。受委托的人民检察院应当及时办理并反馈情况。

第23条 刑事申诉检察部门经审查，认为救助申请符合救助条件的，应当提出给予救助和具体救助金额的审核意见，报分管检察长审批决定。认为不符合救助条件或者具有不予救助的情形的，应当将不予救助的决定告知救助申请人，并做好解释说明工作。

第24条　刑事申诉检察部门提出予以救助的审核意见，应当填写《国家司法救助审批表》，并附相关申请材料及调查、核实材料。

经审批同意救助的，应当制作《国家司法救助决定书》，及时送达救助申请人。

第25条　人民检察院应当自受理救助申请之日起10个工作日内作出是否予以救助和具体救助金额的决定。

人民检察院要求救助申请人补充、补正申请材料，或者根据救助申请人请求调取相关证明的，审查办理期限自申请材料齐备之日起开始计算。

委托其他人民检察院调查、核实的时间，不计入审批期限。

第27条　计划财务装备部门收到财政部门拨付的救助金后，应当及时通知刑事申诉检察部门。刑事申诉检察部门应当在2个工作日内通知救助申请人领取救助金。

第30条　救助金应当一次性发放，情况特殊的，经分管检察长批准，可以分期发放。分期发放救助金，应当事先一次性确定批次、各批次时间、各批次金额以及承办人员等。

第35条　刑事申诉检察部门应当在年度届满后1个月内，将本院上一年度国家司法救助工作情况形成书面报告，并附救助资金发放情况明细表，按照规定报送有关部门和上一级人民检察院，接受监督。

第36条　检察人员在国家司法救助工作中具有下列情形之一的，应当依法依纪追究责任，并追回已经发放或者非法占有的救助资金：（一）截留、侵占、私分或者挪用国家司法救助资金的；（二）利用职务或者工作便利收受他人财物的；（三）违反规定发放救助资金造成重大损失的；（四）弄虚作假为不符合救助条件的人员提供救助的。

第37条　救助申请人通过提供虚假材料、隐瞒真相等欺骗手段获得国家司法救助金的，应当追回救助金；涉嫌犯罪的，依法追究刑事责任。

第38条　救助申请人所在单位或者基层组织出具虚假证明，使不符合救助条件的救助申请人获得救助的，人民检察院应当建议相关单位或者主管机关依法依纪对相关责任人予以处理，并追回救助金。

【法刊文摘】　检答网集萃75：国家司法救助案件的办理是否应以法院执行终结为前提（检察日报2022年3月23日）

咨询内容（吉林丰满邱晓红）：关于司法救助案件的办理是否以法院执行终结为前提的问题，实践中一般以法院终结本次执行为依据，但这与司法救助的及时性存在一定的矛盾，不好把握，无法解决生活上的急迫问题，不应当以程序尚未终结为由不受理救助申请、不予救助。

解答摘要（王佩祥）：《人民检察院国家司法救助工作细则（试行）》（下称《工作细则》）第7条规定了人民检察院应当救助的情形，其中第1、3-6项均以"无法通过诉讼获得赔偿"为条件。从以下方面予以把握：

1. 当事人因他人的犯罪侵害或者民事侵权造成人身伤害或者财产损失，应当由行为人承担赔偿损失的责任，只有加害责任人无法赔偿或者不能有效赔偿的，才考虑由国家予以救助。国家司法救助不是国家赔偿，也不是国家代位履行民事赔偿责任。

2. 实践中有的人认为，无法通过诉讼获得有效赔偿就是要经过诉讼过程，最终确实得不到赔偿。这样理解就将这一条件绝对化了，不能体现司法救助的及时性。如果经过判断确实属于经过诉讼也无法获得有效赔偿的，应当考虑予以救助。

3. 在诉讼过程中，如何判断是否应当予以救助，主要看几个方面：一是当事人遭受不法侵害的类型和情况；二是不法侵害造成的人身伤害或者财产损失的程度；三是当事人生活困难的情况以及紧急医疗救助等需要；四是加害责任人的赔偿能力。

【法发〔2016〕16号】　　最高人民法院关于加强和规范人民法院国家司法救助工作的意见（2016年7月1日）

第1条　人民法院在审判、执行工作中，对权利受到侵害无法获得有效赔偿的当事人，符合本意见规定情形的，可以采取一次性辅助救济措施，以解决其生活面临的急迫困难。

第2条　国家司法救助工作应当遵循公正、公开、及时原则，严格把握救助标准和条件。

对同一案件的同一救助申请人只进行一次性国家司法救助。对于能够通过诉讼获得赔偿、补偿的，一般应当通过诉讼途径解决。

人民法院对符合救助条件的救助申请人，无论其户籍所在地是否属于受案人民法院辖区范围，均由案件管辖法院负责救助。在管辖地有重大影响且救助金额较大的国家司法救助案件，上下级人民法院可以进行联动救助。

第3条　当事人因生活面临急迫困难提出国家司法救助申请，符合下列情形之一的，应当予以救助：

（一）刑事案件被害人受到犯罪侵害，造成重伤或者严重残疾，因加害人死亡或者没有赔偿能力，无法通过诉讼获得赔偿，陷入生活困难的；

（二）刑事案件被害人受到犯罪侵害危及生命，急需救治，无力承担医疗救治费用的；

（三）刑事案件被害人受到犯罪侵害而死亡，因加害人死亡或者没有赔偿能力，依靠被害人收入为主要生活来源的近亲属无法通过诉讼获得赔偿，陷入生活困难的；

（四）刑事案件被害人受到犯罪侵害，致使其财产遭受重大损失，因加害人死亡或者没有赔偿能力，无法通过诉讼获得赔偿，陷入生活困难的；

（五）举报人、证人、鉴定人因举报、作证、鉴定受到打击报复，致使其人身受到伤害或财产受到重大损失，无法通过诉讼获得赔偿，陷入生活困难的；

（六）追索赡养费、扶养费、抚育费等，因被执行人没有履行能力，申请执行人陷入生活困难的；

（七）因道路交通事故等民事侵权行为造成人身伤害，无法通过诉讼获得赔偿，受害人陷入生活困难的；

（八）人民法院根据实际情况，认为需要救助的其他人员。

涉诉信访人，其诉求具有一定合理性，但通过法律途径难以解决，且生活困难，愿意接受国家司法救助后息诉息访的，可以参照本意见予以救助。

第4条　救助申请人具有以下情形之一的，一般不予救助：（一）对案件发生有重大过错的；（二）无正当理由，拒绝配合查明案件事实的；（三）故意作虚伪陈述或者伪造证据，妨害诉讼的；（四）在审判、执行中主动放弃民事赔偿请求或者拒绝侵权责任人及其近亲属赔偿的；（五）生活困难非案件原因所导致的；（六）已经通过社会救助措施，得到合理补偿、救助的；（七）法人、其他组织提出的救助申请；（八）不应给予救助的其他情形。

第5条　国家司法救助以支付救助金为主要方式，并与思想疏导相结合，与法律援助、诉讼救济相配套，与其他社会救助相衔接。

第6条　救助金以案件管辖法院所在省、自治区、直辖市上一年度职工月平均工资为基准确定，一般不超过36个月的月平均工资总额。

损失特别重大、生活特别困难，需适当突破救助限额的，应当严格审核控制，救助金额不得超过人民法院依法应当判决给付或者虽已判决但未执行到位的标的数额。

第7条　救助金具体数额，应当综合以下因素确定：（一）救助申请人实际遭受的损失；（二）救助申请人本人有无过错以及过错程度；（三）救助申请人及其家庭的经济状况；（四）救助申请人维持其住所地基本生活水平所必需的最低支出；（五）赔偿义务人实际赔偿情况。

第8条　人民法院审判、执行部门认为案件当事人符合救助条件的，应当告知其有权提出国家司法救助申请。当事人提出申请的，审判、执行部门应当将相关材料及时移送立案部门。

当事人直接向人民法院立案部门提出国家司法救助申请，经审查确认符合救助申请条件的，应当予以立案。

第9条　国家司法救助申请应当以书面形式提出；救助申请人书面申请确有困难的，可以口头提出，人民法院应当制作笔录。

救助申请人提出国家司法救助申请，一般应当提交以下材料：（一）救助申请书，救助申请书应当载明申请救助的数额及理由；（二）救助申请人的身份证明；（三）实际损失的证明；（四）救助申请人及其家庭成员生活困难的证明；（五）是否获得其他赔偿、救助等相关证明；（六）其他能够证明救助申请人需要救助的材料。

救助申请人确实不能提供完整材料的，应当说明理由。

第10条　救助申请人生活困难证明，主要是指救助申请人户籍所在地或者经常居住地村（居）民委员会或者所在单位出具的有关救助申请人的家庭人口、劳动能力、就业状况、家庭收入等情况的证明。

第11条　人民法院成立由立案、刑事审判、民事审判、行政审判、审判监督、执行、国家赔偿及财务等部门组成的司法救助委员会，负责人民法院国家司法救助工作。司法救助委员会下设办公室，由人民法院赔偿委员会办公室行使其职能。

人民法院赔偿委员会办公室作为司法救助委员会的日常工作部门，负责牵头、协调和处理国家司法救助日常事务，执行司法救助委员会决议及办理国家司法救助案件。

基层人民法院由负责国家赔偿工作的职能机构承担司法救助委员会办公室工作职责。

第12条　救助决定应当自立案之日起10个工作日内作出。案情复杂的救助案件，经院领导批准，可以适当延长。

办理救助案件应当制作国家司法救助决定书，加盖人民法院印章。国家司法救助决定书应当及时送达。

不符合救助条件或者具有不予救助情形的，应当将不予救助的决定及时告知救助申请人，并做好解释说明工作。

第13条　决定救助的，应当在7个工作日内按照相关财务规定办理手续。在收到财政部门拨付的救助金后，应当在2个工作日内通知救助申请人领取救助金。

对具有急需医疗救治等特殊情况的救助申请人，可以依据救助标准，先行垫付救助金，救助后及时补办审批手续。

第14条　救助金一般应当一次性发放。情况特殊的，可以分批发放。

发放救助金时，应当向救助申请人释明救助金的性质、准予救助的理由、骗取救助金的法律后果，同时制作笔录并由救助申请人签字。必要时，可以邀请救助申请人户籍所在地或者经常居住地村（居）民委员会或者所在单位的工作人员到场见证救助金发放过程。

人民法院可以根据救助申请人的具体情况，委托民政部门、乡镇人民政府或者街道办事处、村（居）民委员会、救助申请人所在单位等组织发放救助金。

第15条　各级人民法院应当积极协调财政部门将国家司法救助资金列入预算，并会同财政部门建立国家司法救助资金动态调整机制。

对公民、法人和其他组织捐助的国家司法救助资金，人民法院应当严格、规范使用，及时公布救助的具体对象，并告知捐助人救助情况，确保救助资金使用的透明度和公正性。

第16条　人民法院司法救助委员会应当在年度终了1个月内就本院上一年度司法救助情况提交书面报告，接受纪检、监察、审计部门和上级人民法院的监督，确保专款专用。

第17条　人民法院应当加强国家司法救助工作信息化建设，将国家司法救助案件纳入审判管理信息系统，及时录入案件信息，实现四级法院信息共享，并积极探索建立与社会保障机构、其他相关救助机构的救助信息共享机制。

上级法院应当对下级法院的国家司法救助工作予以指导和监督，防止救助失衡和重复救助。

第18条　人民法院工作人员有下列行为之一的，应当予以批评教育；构成违纪的，应当根据相关规定予以纪律处分；构成犯罪的，应当依法追究刑事责任：（一）滥用职权，对明显不符合条件的救助申请人决定给予救助的；（二）虚报、克扣救助申请人救助金的；（三）贪污、挪用救助资金的；（四）对符合救助条件的救助申请人不及时办理救助手续，造成严重后果的；（五）违反本意见的其他行为。

第19条　救助申请人所在单位或者基层组织等相关单位出具虚假证明，使不符合条件的救助申请人获得救助的，人民法院应当建议相关单位或者其上级主管机关依法依纪对相关责任人予以处理。

第20条　救助申请人获得救助后，人民法院从被执行人处执行到赔偿款或者其他应当给付的执行款的，应当将已发放的救助金从执行款中扣除。

救助申请人通过提供虚假材料等手段骗取救助金的，人民法院应当予以追回；构成犯罪的，应当依法追究刑事责任。

涉诉信访救助申请人领取救助金后，违背息诉息访承诺的，人民法院应当将救助金予以追回。

第21条　对未纳入国家司法救助范围或者获得国家司法救助后仍面临生活困难的救助申请人，符合社会救助条件的，人民法院通过国家司法救助与社会救助衔接机制，协调有关部门将其纳入社会救助范围。

【高检发刑申字〔2018〕1号】　最高人民检察院关于全面加强未成年人国家司法救助工作的意见（2018年2月27日）

三、明确救助对象，实现救助范围全覆盖

对下列未成年人，案件管辖地检察机关应当给予救助：

（一）受到犯罪侵害致使身体出现伤残或者心理遭受严重创伤，因不能及时获得有效赔偿，造成生活困难的。

（二）受到犯罪侵害急需救治，其家庭无力承担医疗救治费用的。

（三）抚养人受到犯罪侵害致死，因不能及时获得有效赔偿，造成生活困难的。

（四）家庭财产受到犯罪侵害遭受重大损失，因不能及时获得有效赔偿，且未获得合理补偿、救助，造成生活困难的。

（五）因举报、作证受到打击报复，致使身体受到伤害或者家庭财产遭受重大损失，因不能及时获得有效赔偿，造成生活困难的。

（六）追索抚育费，因被执行人没有履行能力，造成生活困难的。

（七）因道路交通事故等民事侵权行为造成人身伤害，无法通过诉讼获得有效赔偿，造成生活困难的。

（八）其他因案件造成生活困难，认为需要救助的。

四、合理确定救助标准，确保救助金专款专用

检察机关决定对未成年人支付救助金的，应当根据未成年人家庭的经济状况，综合考虑其学习成长所需的合理费用，以案件管辖地所在省、自治区、直辖市上一年度职工月平均工资为基准确定救助金，一般不超过36个月的工资总额。对身体重伤或者严重残疾、家庭生活特别困难的未成年人，以及需要长期进行心理治疗或者身体康复的未成年人，可以突破救助限额，并依照有关规定报批。相关法律文书需要向社会公开的，应当隐去未成年人及其法定代理人、监护人的身份信息。

要加强对救助金使用情况的监督，必要时可以采用分期发放、第三方代管等救助金使用监管模式，确保救助金用作未成年人必需的合理支出。对截留、侵占、私分或者挪用救助金的单位和个人，严格依纪依法追究责任，并追回救助金。

五、积极开展多元方式救助，提升救助工作实效

（第2款）对下列因案件陷入困境的未成年人，检察机关可以给予相应方式帮助：

（一）对遭受性侵害、监护侵害以及其他身体伤害的，进行心理安抚和疏导；对出现心理创伤或者精神损害的，实施心理治疗。

（二）对没有监护人、监护人没有监护能力或者原监护人被撤销资格的，协助开展生活安置、提供临时照料、指定监护人等相关工作。

（三）对未完成义务教育而失学辍学的，帮助重返学校；对因经济困难可能导致失学辍学的，推动落实相关学生资助政策；对需要转学的，协调办理相关手续。

（四）对因身体伤残出现就医、康复困难的，帮助落实医疗、康复机构，促进身体康复。

（五）对因身体伤害或者财产损失提起附带民事诉讼的，帮助获得法律援助；对单独提起民事诉讼的，协调减免相关诉讼费用。

（六）对适龄未成年人有劳动、创业等意愿但缺乏必要技能的，协调有关部门提供技能培训等帮助。

（七）对符合社会救助条件的，给予政策咨询、帮扶转介，帮助协调其户籍所在地有关部门按规定纳入相关社会救助范围。

（八）认为合理、有效的其他方式。

六、主动开展救助工作，落实内部职责分工

（第2款）刑事申诉检察部门负责受理、审查救助申请、提出救助审查意见和发放救助金等有关工作，未成年人检察工作部门负责给予其他方式救助等有关工作。侦查监督、公诉、刑事执行检察、民事行政检察、控告检察等办案部门要增强依职权主动救助意识，全面

掌握未成年人受害情况和生活困难情况,对需要支付救助金的,及时交由刑事申诉检察部门按规定办理;对需要给予其他方式帮助的,及时交由未成年人检察工作部门按规定办理,或者通知未成年人检察工作部门介入。

【高检发诉二字〔2018〕1号】　人民检察院办理死刑第二审案件和复核监督工作指引(试行)(2018年1月11日最高检第12届检委会第72次会议通过,2018年3月31日印发)

第26条　【保障被害人权益】检察人员应当依法保障被害人及其法定代理人或者近亲属的合法权益。涉及影响案件定罪量刑、社会稳定、司法救助等情况的,应当主动听取被害人及其法定代理人或者近亲属的意见。

【高检发释字〔2018〕1号】　最高人民检察院关于指派、聘请有专门知识的人参与办案若干问题的规定(试行)(2018年2月11日最高检第12届检委会第73次会议通过,2018年4月3日公布试行)

第14条　人民检察院在下列办案活动中,需要指派、聘请有专门知识的人的,可以适用本规定:(一)办理控告、申诉、国家赔偿或者国家司法救助案件;……

【法发〔2019〕2号】　人民法院国家司法救助案件办理程序规定(试行)(根据"中政委〔2014〕3号"《意见》和"法发〔2016〕16号"《意见》制定,最高法2019年1月4日印发,2019年2月1日起施行;同日同文号印发《最高人民法院司法救助委员会工作规则(试行)》)

第1条　人民法院的国家司法救助案件,由正在处理原审判、执行案件或者涉诉信访问题(以下简称原案件)的法院负责立案办理,必要时也可以由上下级法院联动救助。

联动救助的案件,由上级法院根据救助资金保障情况决定统一立案办理或者交由联动法院分别立案办理。

第2条　人民法院通过立案窗口(诉讼服务中心)和网络等渠道公开提供国家司法救助申请须知、申请登记表等文书样式。

第3条　人民法院在处理原案件过程中经审查认为相关人员基本符合救助条件的,告知其提出救助申请,并按照申请须知和申请登记表的指引进行立案准备工作。

原案件相关人员不经告知直接提出救助申请的,立案部门应当征求原案件承办部门及司法救助委员会办公室的意见。

第4条　因同一原案件而符合救助条件的多个直接受害人申请救助的,应当分别提出申请,人民法院分别立案救助。有特殊情况的,也可以作一案救助。

因直接受害人死亡而符合救助条件的多个近亲属申请救助的,应当共同提出申请,人民法院应当作一案救助。有特殊情况的,也可以分别立案救助。对于无正当理由未共同提出申请的近亲属,人民法院一般不再立案救助,可以告知其向其他近亲属申请合理分配救助金。

第5条　无诉讼行为能力人由其监护人作为法定代理人代为申请救助。

救助申请人、法定代理人可以委托一名救助申请人的近亲属、法律援助人员或者经人民法院许可的其他无偿代理的公民作为委托代理人。

第6条　救助申请人在进行立案准备工作期间,可以请求人民法院协助提供相关法律文书。

救助申请人申请执行救助的,应当提交有关被执行人财产查控和案件执行进展情况的说明；申请涉诉信访救助的，应当提交息诉息访承诺书。

第 7 条　救助申请人按照指引完成立案准备工作后，应当将所有材料提交给原案件承办部门。

原案件承办部门认为材料齐全的，应当在申请登记表上签注意见，加盖部门印章，并在 5 个工作日以内将救助申请人签字确认的申请须知、申请登记表、相关证明材料以及初审报告等内部材料一并移送立案部门办理立案手续。

第 8 条　立案部门收到原案件承办部门移送的材料后，认为齐备、无误的，应当在 5 个工作日以内编立案号，将相关信息录入办案系统，以书面或者信息化方式通知救助申请人，并及时将案件移送司法救助委员会办公室。

原案件承办部门或者立案部门认为申请材料不全或有误的，应当一次性告知需要补正的全部内容，并指定合理补正期限。救助申请人拒绝补正或者无正当理由逾期未予补正的，视为放弃救助申请，人民法院不予立案。

第 9 条　人民法院办理国家司法救助案件，由司法救助委员会办公室的法官组成合议庭进行审查和评议，必要时也可以由司法救助委员会办公室的法官与原案件承办部门的法官共同组成合议庭进行审查和评议。

合议庭应当确定一名法官负责具体审查，撰写审查报告。

第 10 条　合议庭审查国家司法救助案件，可以通过当面询问、组织听证、入户调查、邻里访问、群众评议、信函索证、信息核查等方式查明救助申请人的生活困难情况。

第 11 条　经审查和评议，合议庭可以就司法救助委员会授权范围内的案件直接作出决定。对于评议意见不一致或者重大疑难的案件，以及授权范围外的案件，合议庭应当提请司法救助委员会讨论决定。司法救助委员会讨论意见分歧较大的案件，可以提请审判委员会讨论决定。

第 12 条　人民法院办理国家司法救助案件，应当在立案之日起 10 个工作日，至迟两个月以内办结。有特殊情况的，经司法救助委员会主任委员批准，可以再延长 1 个月。

有下列情形之一的，相应时间不计入办理期限：（一）需要由救助申请人补正材料的；（二）需要向外单位调取证明材料的；（三）需要国家司法救助领导小组或者上级法院就专门事项作出答复、解释的。

第 13 条　有下列情况之一的，中止办理：（一）救助申请人因不可抗拒的事由，无法配合审查的；（二）救助申请人丧失诉讼行为能力，尚未确定法定代理人的；（三）人民法院认为应当中止办理的其他情形。

中止办理的原因消除后，恢复办理。

第 14 条　有下列情况之一的，终结办理：（一）救助申请人的生活困难在办案期间已经消除的；（二）救助申请人拒不认可人民法院决定的救助金额的；（三）人民法院认为应当终结办理的其他情形。

第 15 条　人民法院办理国家司法救助案件作出决定，应当制作国家司法救助决定书，并加盖人民法院印章。

国家司法救助决定书应当载明以下事项：（一）救助申请人的基本情况；（二）救助申请人提出的申请、事实和理由；（三）决定认定的事实和证据、适用的规范和理由；（四）决定结果。

第 16 条　人民法院应当将国家司法救助决定书等法律文书送达救助申请人。

第17条　最高人民法院决定救助的案件，救助金以原案件管辖法院所在省、自治区、直辖市上一年度职工月平均工资为基准确定。其他各级人民法院决定救助的案件，救助金以本省、自治区、直辖市上一年度职工月平均工资为基准确定。

人民法院作出救助决定时，上一年度职工月平均工资尚未公布的，以已经公布的最近年度职工月平均工资为准。

第18条　救助申请人有初步证据证明其生活困难特别急迫的，原案件承办部门可以提出先行救助的建议，并直接送司法救助委员会办公室做快捷审批。

先行救助的金额，一般不超过省、自治区、直辖市上一年度职工月平均工资的3倍，必要时可放宽至六倍。

先行救助后，人民法院应当补充立案和审查。经审查认为符合救助条件的，应当决定补足救助金；经审查认为不符合救助条件的，应当决定不予救助，追回已发放的救助金。

第19条　决定救助的，司法救助委员会办公室应当在7个工作日以内按照相关财务规定办理请款手续，并在救助金到位后2个工作日以内通知救助申请人办理领款手续。

第19条　救助金一般应当及时、一次性发放。有特殊情况的，应当提出延期或者分批发放计划，经司法救助委员会主任委员批准，可以延期或者分批发放。

第21条　发放救助金时，人民法院应当指派两名以上经办人，其中至少包括1名司法救助委员会办公室人员。经办人应当向救助申请人释明救助金的性质、准予救助的理由、骗取救助金的法律后果，指引其填写国家司法救助金发放表并签字确认。

人民法院认为有必要时，可以邀请救助申请人户籍所在地或经常居住地的村（居）民委员会或者所在单位的工作人员到场见证救助金发放过程。

第22条　救助金一般应当以银行转账方式发放。有特殊情况的，经司法救助委员会主任委员批准，也可以采取现金方式发放，但应当保留必要的音视频资料。

第23条　根据救助申请人的具体情况，人民法院可以委托民政部门、乡镇人民政府或者街道办事处、村（居）民委员会、救助申请人所在单位等组织发放救助金。

第24条　救助申请人获得救助后，案件尚未执结的应当继续执行；后续执行到款项且救助申请人的生活困难已经大幅缓解或者消除的，应当从中扣除已发放的救助金，并回笼到救助金账户滚动使用。

救助申请人获得救助后，经其同意执行结案的，对于尚未到位的执行款应当作为特别债权集中造册管理，另行执行。执行到位的款项，应当回笼到救助金账户滚动使用。

对于骗取的救助金、违背息诉息访承诺的信访救助金，应当追回到救助金账户滚动使用。

第25条　人民法院办理国家司法救助案件，接受国家司法救助领导小组和上级人民法院司法救助委员会的监督指导。

第26条　本规定由最高人民法院负责解释。经最高人民法院同意，各省、自治区、直辖市高级人民法院，解放军军事法院，新疆维吾尔自治区高级人民法院生产建设兵团分院可以在本规定基础上结合辖区实际制定实施细则。

【法发〔2019〕2号】　最高人民法院司法救助委员会工作规则（试行）（根据"法发〔2016〕16号"《意见》制定，最高法2019年1月4日印发施行；同日同文号印发《人民法院国家司法救助案件办理程序规定（试行）》）

第1条　本院司法救助委员会的职责：（一）讨论、决定本院重大、疑难、复杂的司法救助案件。对于拟救助金额超过原案件管辖法院所在省、自治区、直辖市上一年度职工月平均工资36倍的案件，重大、疑难、复杂或者合议庭有较大分歧意见的案件，以及主任委员、副主任委员认为有必要提请讨论的案件，应当由司法救助委员会讨论决定。（二）讨论、决定人民法院国家司法救助工作政策性文件和指导性意见。（三）总结人民法院国家司法救助工作，向国家司法救助领导小组提交工作报告，监督、指导地方各级人民法院的国家司法救助工作。（四）讨论、决定有关人民法院国家司法救助工作的其他重大事项。

第2条　司法救助委员会根据工作实际，实行例会制度。必要时，经主任委员提议可临时召开。

司法救助委员会开会应当有过半数的委员出席。

第3条　司法救助委员会委员应当按时出席会议。因故不能出席会议的，应当及时向会议主持人请假。

第4条　司法救助委员会会议由主任委员主持，或者由主任委员委托副主任委员主持。

第5条　司法救助委员会讨论的议题，由主任委员或者副主任委员决定。

会议材料至迟于会议召开前一日发送各位委员。

司法救助案件的承办人或者其他议题的承办人列席会议，进行汇报，并回答委员提出的问题。

第6条　司法救助委员会实行民主集中制。司法救助委员会的决定，必须获得半数以上的委员同意方能通过。少数人的意见应当记录在卷。

司法救助委员会决定事项的相关文书由会议主持人签署。

第7条　经司法救助委员会讨论，意见分歧较大的，主任委员可以依相关程序提请审判委员会讨论。

审判委员会的决定，司法救助委员会应当执行。

第8条　司法救助委员会讨论、决定的事项，应当作出会议纪要，经会议主持人审定后附卷备查。

第9条　司法救助委员会下设办公室，由本院赔偿委员会办公室行使其职能，其主要工作职责是：（一）负责处理本院国家司法救助工作日常事务。（二）执行司法救助委员会的各项决议。（三）办理本院司法救助案件。对于拟救助金额低于原案件管辖法院所在省、自治区、直辖市上一年度职工月平均工资36倍的司法救助案件，经授权以本院司法救助委员会名义直接作出决定。对于本规则第1条第1项规定的司法救助案件，经合议庭讨论后由办公室提请主任委员提交司法救助委员会讨论。（四）负责司法救助委员会的会务工作，包括会议筹备、会议记录、会议材料的整理归档等工作。（五）其他需要办理的事项。

第10条　司法救助委员会委员以及其他列席会议的人员，应当遵守保密规定，不得泄露司法救助委员会讨论情况。

【高检发释字〔2019〕4号】　人民检察院刑事诉讼规则（2019年12月2日最高检第13届检委会第28次会议通过，2019年12月30日公布施行；高检发释字〔2012〕2号《规则（试行）》同时废止）

第276条（第3款）　对于符合当事人和解程序适用条件的公诉案件，犯罪嫌疑人认罪认罚的，人民检察院应当积极促使当事人自愿达成和解。和解协议书和被害方出具的谅解意见应当随案移送。被害方符合司法救助条件的，人民检察院应当积极协调办理。

【高检发〔2019〕13号】　最高人民法院、最高人民检察院、公安部、国家安全部、司法部关于适用认罪认罚从宽制度的指导意见（2019年10月11日印发施行）

17.（第2款）　人民法院、人民检察院、公安机关在促进当事人和解谅解过程中，应当向被害方释明认罪认罚从宽、公诉案件当事人和解适用程序等具体法律规定，充分听取被害方意见，符合司法救助条件的，应当积极协调办理。

【主席令〔2020〕57号】　中华人民共和国未成年人保护法（2020年10月17日全国人大常委会〔13届22次〕最新修订，2021年6月1日起施行；2024年4月26日全国人大常委会〔14届9次〕统修）

第104条（第1款）　对需要法律援助或者司法救助的未成年人，法律援助机构或者公安机关、人民检察院、人民法院和司法行政部门应当给予帮助，依法为其提供法律援助或者司法救助。

第111条　公安机关、人民检察院、人民法院应当与其他有关政府部门、人民团体、社会组织互相配合，对遭受性侵害或者暴力伤害的未成年被害人及其家庭实施必要的心理干预、经济救助、法律援助、转学安置等保护措施。

【司公通〔2020〕12号】　未成年人法律援助服务指引（试行）（司法部公共法律服务管理局、中华全国律师协会2020年9月16日印发试行）

第26条　对未成年被害人因性侵害犯罪造成人身损害，不能及时获得有效赔偿，生活困难的，法律援助承办人员可以帮助未成年被害人及其法定代理人（监护人）、近亲属，依法向办案机关提出司法救助申请。

中共中央政法委员会、最高人民法院、最高人民检察院、公安部、司法部、退役军人事务部关于加强退役军人司法救助工作的意见（2020年11月24日）

第5条　退役军人符合下列情形之一的，可依法申请国家司法救助：（一）刑事案件被害人受到犯罪侵害致重伤或者严重残疾，案件尚未侦破，生活困难的；或者因加害人死亡或没有赔偿能力，无法通过诉讼获得赔偿，造成生活困难的；（二）刑事案件被害人受到犯罪侵害危及生命，急需救治，无力承担医疗救治费用的；（三）刑事案件被害人受到犯罪侵害致死，依靠其收入为主要生活来源的近亲属或者其赡养、扶养、抚养的其他人，因加害人死亡或者没有赔偿能力，无法通过诉讼获得赔偿，造成生活困难的；（四）刑事案件被害人受到犯罪侵害，致使财产遭受重大损失，因加害人死亡或者没有赔偿能力，无法通过诉讼获得赔偿，造成生活困难的；（五）举报人、证人、鉴定人因举报、作证、鉴定而受到打击报复，致使人身受到伤害或者财产受到重大损失，无法通过诉讼获得赔偿，造成生活困难的；（六）追索赡养费、扶养费、抚育费等，因被执行人没有履行能力，造成申请执行人生活困难的；（七）对于因道路交通事故等民事侵权行为以及行政机关及其工作人员的违法侵权行为造成人身伤害，无法通过诉讼、仲裁、保险理赔等方式获得赔偿，造成生活困难的；（八）根据实际情况，认为需要救助的其他退役军人。

第6条　退役军人符合下列情形之一的，一般不予救助：（一）对案件发生有重大过错的；（二）无正当理由，拒绝配合查明案件事实的；（三）故意作虚伪陈述或者伪造证据，妨害诉讼的；（四）在诉讼中主动放弃民事赔偿请求或者拒绝加害责任人及其近亲属赔偿的；（五）生活困难非案件原因所导致的；（六）已经通过社会救助措施，得到合理补偿、救助的；（七）法人、其他组织提出的救助申请。

【高检发办字〔2021〕11号】　最高人民检察院关于进一步做好刑事错案的依法纠正、责任追究和善后工作的意见（2021年1月18日最高检第13届检委会第59次会议通过，2021年2月10日印发）

四、认真做好刑事错案的善后工作

（二）切实维护刑事被害人及相关人员的合法权益。刑事错案被依法纠正后，因刑事附带民事裁判全部或者部分被撤销，损害赔偿金未执行或者已经执行的损害赔偿金全部或者部分返还被执行人的，人民检察院可以对因犯罪侵害造成生活困难、无法通过诉讼获得赔偿的刑事被害人以及依靠其收入为主要生活来源的近亲属或者其赡养、扶养、抚养的其他人予以司法救助。

对于未纳入国家司法救助范围或者实施国家司法救助后仍然面临生活困难，符合社会救助条件的刑事被害人以及依靠其收入为主要生活来源的近亲属或者其赡养、扶养、抚养的其他人，人民检察院可以积极协调有关部门依法予以社会救助。

【高检发办字〔2022〕167号】　最高人民检察院、公安部关于依法妥善办理轻伤害案件的指导意见（2022年12月22日）（主文见《刑法全厚细》第234条）

（十三）积极开展国家司法救助。人民检察院、公安机关对于符合国家司法救助条件的被害人，应当及时开展国家司法救助，在解决被害人因该案遭受损伤而面临的生活急迫困难的同时，促进矛盾化解。

【高检发〔2023〕4号】　最高人民法院、最高人民检察院、公安部、司法部关于办理性侵害未成年人刑事案件的意见（2023年5月24日印发，2023年6月1日起施行）（详见《刑法全厚细》第236条）

四、未成年被害人保护与救助

第32条　人民法院、人民检察院、公安机关办理性侵害未成年人刑事案件，应当根据未成年被害人的实际需要及当地情况，协调有关部门为未成年被害人提供心理疏导、临时照料、医疗救治、转学安置、经济帮扶等救助保护措施。

第33条　犯罪嫌疑人到案后，办案人员应当第一时间了解其有无艾滋病，发现犯罪嫌疑人患有艾滋病的，在征得未成年被害人监护人同意后，应当及时配合或者会同有关部门对未成年被害人采取阻断治疗等保护措施。

第34条　人民法院、人民检察院、公安机关办理性侵害未成年人刑事案件，发现未成年人的父母或者其他监护人不依法履行监护职责或者侵犯未成年人合法权益的，应当予以训诫，并书面督促其依法履行监护职责。必要时，可以责令未成年人父母或者其他监护人接受家庭教育指导。

第35条　未成年人受到监护人性侵害，其他具有监护资格的人员、民政部门等有关单位和组织向人民法院提出申请，要求撤销监护人资格，另行指定监护人的，人民法院依法予以支持。

有关个人和组织未及时向人民法院申请撤销监护人资格的，人民检察院可以依法督促、支持其提起诉讼。

第36条　对未成年人因被性侵害而造成人身损害，不能及时获得有效赔偿，生活困难的，人民法院、人民检察院、公安机关可会同有关部门，优先考虑予以救助。

第39条　办案机关应当建立完善性侵害未成年人案件"一站式"办案救助机制，通过设立专门场所、配置专用设备、完善工作流程和引入专业社会力量等方式，尽可能一次性完成询问、人身检查、生物样本采集、侦查辨认等取证工作，同步开展救助保护工作。

【法刊文摘】　检答网集萃102：申请司法救助有无期限限制（检察日报2023年2月1日）

咨询内容（兵团十师分院黄瑞）：符合条件的刑事案件被害人近亲属申请司法救助时，应当在刑事判决发生效力后多长时间内提出申请？有无法定的期限规定？

解答摘要（李卫萍）：《人民检察院开展国家司法救助工作细则》未对符合条件的申请人的申请时效作出限定。符合救助条件的案件被害人或者被害人近亲属申请救助的，检察机关均应受理。

【法刊文摘】　检答网集萃106：当事人户籍所在地与案件管辖地不一致，司法救助能否突破属地救助原则的限制（检察日报2023年5月24日）

咨询内容（江西丰城李小霞）：在工作中发现被害人生活确实困难，在案发地未得到有效的救助，但因无法负担在外的治疗、租房等费用，不得已回到户籍所在地的情况下，户籍所在地能否给予救助？

解答摘要（王全平）：2021年修订的《人民检察院开展国家司法救助工作细则》第3条第3项规定，人民检察院开展国家司法救助工作，应当遵循属地救助原则。但也不排除在一些特殊情况下，由当事人户籍所在地予以救助的情况。对个别特殊案件可以坚持原则性和灵活性相统一，但应从严把握救助条件。

第八章　期间、送达

第105条　【期间计算】期间以时、日、月计算。

期间开始的时和日不算在期间以内。

法定期间不包括路途上的时间。上诉状或者其他文件在期满前已经交邮的，不算过期。

期间的最后一日为节假日的，以节假日后的第一日为期满日期，但犯罪嫌疑人、被告人或者罪犯在押期间，应当至期满之日为止，不得因节假日而延长。①

第106条　【耽误期限的补救】当事人由于不能抗拒的原因或者有其他正当理由而耽误期限的，在障碍消除后5日以内，可以申请继续进行应当在期满以前完成的诉讼活动。

前款申请是否准许，由人民法院裁定。

第107条　【送达与签收】送达传票、通知书和其他诉讼文件应当交给收件人本人；如果本人不在，可以交给他的成年家属或者所在单位的负责人员代收。

---

① 本款规定由2012年3月14日第11届全国人大常委会第5次会议增设，2013年1月1日施行。

> 收件人本人或者代收人拒绝接收或者拒绝签名、盖章的时候，送达人可以邀请他的邻居或者其他见证人到场，说明情况，把文件留在他的住处，在送达证上记明拒绝的事由、送达的日期，由送达人签名，即认为已经送达。

● **相关规定**　【高检发释字〔2015〕1号】　**最高人民检察院关于以检察专递方式邮寄送达有关检察法律文书的若干规定**（2014年12月30日最高检第12届检委会第33次会议通过，2015年2月13日印发施行）

　　第1条　法律规定可以邮寄送达的检察法律文书，人民检察院可以交由邮政企业以检察专递方式邮寄送达，但下列情形除外：（一）受送达人或者其诉讼代理人、受送达人指定的代收人同意在指定的期间内到人民检察院接受送达的；（二）受送达人下落不明的；（三）法律规定、我国缔结或者参加的国际条约中约定有特别送达方式的。

　　第2条　以检察专递方式邮寄送达有关检察法律文书的，该送达与人民检察院直接送达具有同等法律效力。

　　第3条　当事人向人民检察院申请监督、提出申诉或者提交答辩意见时，应当向人民检察院提供或者确认自己准确的送达地址及联系方式，并填写当事人联系方式确认书。

　　第4条　当事人联系方式确认书的内容应当包括送达地址的邮政编码、详细地址以及受送达人的联系电话等内容。

　　对当事人联系方式确认书记载的内容，人民检察院和邮政企业应当为其保密。

　　当事人变更送达地址的，应当及时以书面方式告知人民检察院。

　　第5条　经人民检察院告知，当事人仍拒绝提供自己送达地址的，自然人以其户籍登记中的住所地或者经常居住地为其送达地址；法人或者其他组织以其工商登记或者其他依法登记、备案中的住所地为其送达地址。

　　第6条　邮政企业按照当事人提供或者确认的送达地址送达的，应当在规定的日期内将回执退回人民检察院。

　　邮政企业按照当事人提供或者确认的送达地址在5个工作日内投送3次未能送达，通过电话或者其他联系方式无法通知到受送达人的，应当将邮件退回人民检察院，并说明退回的理由。

　　第7条　邮寄送达检察法律文书，应当直接送交受送达人。受送达人是公民的，由其本人签收，本人不在其提供或者确认的送达地址的，邮政企业可以将邮件交给与他同住的成年家属代收，但同住的成年家属是同一案件中另一方当事人的除外；受送达人是法人或者其他组织的，应当由法人的法定代表人、其他组织的主要负责人或者该法人、组织负责收件的工作人员签收；受送达人有诉讼代理人的，可以送交其代理人签收；受送达人已向人民检察院指定代收人的，送交代收人签收。

　　第8条　受送达人或者其代收人应当在邮件回执上签名、盖章或者捺印。

　　受送达人或者其代收人在签收时，应当出示其有效身份证件并在回执上填写该证件的号码，代收人还应填写其与受送达人的关系；受送达人或者其代收人拒绝签收的，由邮政企业的投递员记明情况，并将邮件退回人民检察院。

　　第9条　有下列情形之一的，即为送达：（一）受送达人在邮件回执上签名、盖章或者捺印的；（二）受送达人是无民事行为能力或者限制民事行为能力的自然人，其法定代理人签收的；(三)受送达人是法人或者其他组织，其法人的法定代表人、该组织的主要负责人或者办公室、收发室、值班室的工作人员签收的；(四)受送达人的诉讼代理人签收的；(五)受送达人指定的代收人签收的；(六)受送达人的同住成年家属签收的。

第10条　签收人是受送达人本人或者是受送达人的法定代表人、主要负责人、法定代理人、诉讼代理人的，签收人应当当场核对邮件内容。签收人发现邮件内容与回执上的文书名称不一致的，应当当场向邮政企业的投递员提出，由投递员在回执上记明情况，并将邮件退回人民检察院。

签收人是受送达人办公室、收发室、值班室的工作人员或者是与受送达人同住的成年家属，受送达人发现邮件内容与回执上的文书名称不一致的，应当在3日内将该邮件退回人民检察院，并以书面方式说明退回的理由。

第11条　邮寄送达检察法律文书的费用，从各级人民检察院办案经费中支出。

第12条　本规定所称检察专递是指邮政企业针对送达检察法律文书所采取的特快专递邮寄形式。

【高检发政字〔2015〕号】　人民检察院司法警察执行职务规则（2015年6月1日最高检第12届检委会第36次会议通过，2015年6月12日印发）

第18条　人民检察院司法警察执行送达有关法律文书任务，应当做到：

(一)送达必须按照法定程序进行；

(二)送达前要清点份数、册数，检查需送达的文书是否符合法定时效，是否留有送达所需的时间；

(三)准确、及时送达，未能按时送达的，及时报告并说明原因；送达时严守国家保密规定，不得将法律文书带到公共场所或者带回家中，不准将法律文书交给无关人员阅览和保管；

(四)送达时，应当要求受送达人在送达回证上签名、盖章；受送达人不在，可以交给与其同住的成年家属或者所在单位的负责人代收；受送达人或者代收人拒绝接收或者拒绝签名、盖章时，送达人可以邀请其邻居或者其他见证人到场，说明情况，把送达文书留在受送达人住所，在送达回证上记明情况。

【刑他字〔2016〕142号】　最高人民法院关于调休后的工作日、节假日是否适用期间顺延规定的批复（2016年4月29日答复广东高院"粤高法立请字〔2015〕2号"请示）

《中华人民共和国民事诉讼法》第82条第3款规定，期间届满的最后一日是节假日的，以节假日后的第一日为期间届满的日期。据你院请示报告所述的事实，原审刑事附带民事诉讼原告人上诉期限的最后一日为2015年1月4日，是星期日，但根据国务院作出的法定节假日的调休安排，该日仍应上班，是工作日。我们认为，国务院关于法定节假日调休的安排每年不尽相同；而对普通公民而言，星期六、星期日作为假日已经成为生活常态。在此情况下，普通公民将调休后需上班的星期日仍然视为假日亦在情理之中，如果简单地以调休后上班的星期日已经变为工作日为由，认定当事人的上诉期限已经届满，既不适当地加重了当事人的注意义务，也不利于保护当事人的合法诉权。综上，倾向认为以2015年1月4日的次日作为上诉期限的届满之日为宜，同意你院处理意见。

【法释〔2021〕1号】　最高人民法院关于适用《中华人民共和国刑事诉讼法》的解释
(2020年12月7日最高法审委会〔1820次〕修订，2021年1月26日公布，2021年3月1日施行；2013年1月1日施行的"法释〔2012〕21号"《解释》同时废止)

第202条　以月计算的期间，自本月某日至下月同日为1个月；期限起算日为本月最后1日的，至下月最后1日为1个月；下月同日不存在的，自本月某日至下月最后1日为1个月；半个月一律按15日计算。

（新增）以年计算的刑期，自本年本月某日至次年同月同日的前1日为1年；次年同月同日不存在的，自本年本月某日至次年同月最后1日的前1日为1年。以月计算的刑期，自本月某日至下月同日的前1日为1个月；刑期起算日为本月最后1日的，至下月最后1日的前1日为1个月；下月同日不存在的，自本月某日至下月最后1日的前1日为1个月；半个月一律按15日计算。

第203条　当事人由于不能抗拒的原因或者有其他正当理由而耽误期限，依法申请继续进行应当在期满前完成的诉讼活动的，人民法院查证属实后，应当裁定准许。

第204条　送达诉讼文书，应当由收件人签收。收件人不在的，可以由其成年家属或者所在单位负责收件的人员代收。收件人或者代收人在送达回证上签收的日期为送达日期。

收件人或者代收人拒绝签收的，送达人可以邀请见证人到场，说明情况，在送达回证上注明拒收的事由和日期，由送达人、见证人签名或者盖章，将诉讼文书留在收件人、代收人的住处或者单位；也可以把诉讼文书留在受送达人的住处，并采用拍照、录像等方式记录送达过程，即视为送达。

第205条　直接送达诉讼文书有困难的，可以委托收件人所在地的人民法院代为送达或者邮寄送达。

第206条　委托送达的，应当将委托函、委托送达的诉讼文书及送达回证寄送受托法院。受托法院收到后，应当登记，在10日以内送达收件人，并将送达回证寄送委托法院；无法送达的，应当告知委托法院，并将诉讼文书及送达回证退回。

第207条　邮寄送达的，应当将诉讼文书、送达回证<u>挂号</u>邮寄给收件人。<u>签收日期挂号回执上注明的日期为送达日期</u>。

第208条　诉讼文书的收件人是军人的，可以通过其所在部队团级以上单位的政治部门转交。

收件人正在服刑的，可以通过执行机关转交。

收件人正在接受专门矫治教育等的，可以通过相关机构转交。①

由有关部门、单位代为转交诉讼文书的，应当请有关部门、单位收到后立即交收件人签收，并将送达回证及时寄送人民法院。

第495条　人民法院向在中华人民共和国领域外居住的当事人送达刑事诉讼文书，可以采用下列方式：（一）根据受送达人所在国与中华人民共和国缔结或者共同参加的国际条约规定的方式送达；（二）通过外交途径送达；（三）对中国籍当事人，<u>所在国法律允许或者经所在国同意的</u>，可以委托我国驻受送达人所在国的使领馆代为送达；（四）当事人是自诉案件的自诉人或者附带民事诉讼原告人的，可以向有权代其接受送达的诉讼代理人送达；

---

① 本款2012年规定为："收件人正在被采取强制性教育措施的，可以通过强制性教育机构转交。"

（五）当事人是外国单位的，可以向其在中华人民共和国领域内设立的代表机构或者有权接受送达的分支机构、业务代办人送达；（六）受送达人所在国法律允许的，可以邮寄送达；自邮寄之日起满3个月，送达回证未退回，但根据各种情况足以认定已经送达的，视为送达；（七）受送达人所在国法律允许的，可以采用传真、电子邮件等能够确认受送达人收悉的方式送达。

第496条　人民法院通过外交途径向在中华人民共和国领域外居住的受送达人送达刑事诉讼文书的，所送达的文书应当经高级人民法院审查后报最高人民法院审核。最高人民法院认为可以发出的，由最高人民法院交外交部主管部门转递。

外国法院通过外交途径请求人民法院送达刑事诉讼文书的，由该国驻华使馆将法律文书交我国外交部主管部门转最高人民法院。最高人民法院审核后认为属于人民法院职权范围，且可以代为送达的，应当转有关人民法院办理。

【法释〔2021〕12号】　人民法院在线诉讼规则（2021年5月18日最高法审委会第1838次会议通过，2021年6月16日公布，2021年8月1日施行）

第29条　经受送达人同意，人民法院可以通过送达平台，向受送达人的电子邮箱、即时通讯账号、诉讼平台专用账号等电子地址，按照法律和司法解释的相关规定送达诉讼文书和证据材料。

具备下列情形之一的，人民法院可以确定受送达人同意电子送达：（一）受送达人明确表示同意的；（二）受送达人在诉讼前对适用电子送达已作出约定或者承诺的；（三）受送达人在提交的起诉状、上诉状、申请书、答辩状中主动提供用于接收送达的电子地址的；（四）受送达人通过回复收悉、参加诉讼等方式接受已经完成的电子送达，并且未明确表示不同意电子送达的。

第30条　人民法院可以通过电话确认、诉讼平台在线确认、线下发送电子送达确认书等方式，确认受送达人是否同意电子送达，以及受送达人接收电子送达的具体方式和地址，并告知电子送达的适用范围、效力、送达地址变更方式以及其他需告知的送达事项。

第31条　人民法院向受送达人主动提供或者确认的电子地址送达的，送达信息到达电子地址所在系统时，即为送达。

受送达人未提供或者未确认有效电子送达地址，人民法院向能够确认为受送达人本人的电子地址送达的，根据下列情形确定送达是否生效：

（一）受送达人回复已收悉，或者根据送达内容已作出相应诉讼行为的，即为完成有效送达；

（二）受送达人的电子地址所在系统反馈受送达人已阅知，或者有其他证据可以证明受送达人已经收悉的，推定完成有效送达，但受送达人能够证明存在系统错误、送达地址非本人使用或者非本人阅知等未收悉送达内容的情形除外。

人民法院开展电子送达，应当在系统中全程留痕，并制作电子送达凭证。电子送达凭证具有送达回证效力。

对同一内容的送达材料采取多种电子方式发送受送达人的，以最先完成的有效送达时间作为送达生效时间。

第32条　人民法院适用电子送达，可以同步通过短信、即时通讯工具、诉讼平台提示等方式，通知受送达人查阅、接收、下载相关送达材料。

第33条　适用在线诉讼的案件，各方诉讼主体可以通过在线确认、电子签章等方式，确认和签收调解协议、笔录、电子送达凭证及其他诉讼材料。

【国监委公告〔2021〕1 号】　监察法实施条例（2021 年 7 月 20 日国家监委全体会议决定，2021 年 9 月 20 日公布施行）

第284条　本条例所称以上、以下、以内，包括本级、本数。

第285条　期间以时、日、月、年计算，期间开始的时和日不算在期间以内。本条例另有规定的除外。

按照年、月计算期间的，到期月的对应日为期间的最后一日；没有对应日的，月末日为期间的最后一日。

期间的最后一日是法定休假日的，以法定休假日结束的次日为期间的最后一日。但被调查人留置期间应当至到期之日为止，不得因法定休假日而延长。

第九章　其他规定

> **第108条　【术语解释】** 本法下列用语的含意是：
> （一）"侦查"是指公安机关、人民检察院对于刑事案件，依照法律进行的收集证据、查明案情的工作和有关的强制性措施；①
> （二）"当事人"是指被害人、自诉人、犯罪嫌疑人、被告人、附带民事诉讼的原告人和被告人；②
> （三）"法定代理人"是指被代理人的父母、养父母、监护人和负有保护责任的机关、团体的代表；
> （四）"诉讼参与人"是指当事人、法定代理人、诉讼代理人③、辩护人、证人、鉴定人和翻译人员；
> （五）"诉讼代理人"是指公诉案件的被害人及其法定代理人或者近亲属、自诉案件的自诉人及其法定代理人委托代为参加诉讼的人和附带民事诉讼的当事人及其法定代理人委托代为参加诉讼的人；④
> （六）"近亲属"是指夫、妻、父、母、子、女、同胞兄弟姊妹。

● **相关规定**　**【主席令〔2020〕45 号】　中华人民共和国民法典**（2020 年 5 月 28 日第 13 届全国人大第 3 次会议通过，2021 年 1 月 1 日施行）

---

① 本项规定由 2018 年 10 月 26 日第 13 届全国人大常委会第 6 次会议修改，同日公布施行。原规定为："侦查"是指公安机关、人民检察院在办理案件过程中，依照法律进行的专门调查工作和有关的强制性措施。

② 本项下划线部分由 1996 年 3 月 17 日第 8 届全国人民代表大会第 4 次会议增加，1997 年 1 月 1 日施行。

③ 本部分内容由 1996 年 3 月 17 日第 8 届全国人民代表大会第 4 次会议修改，1997 年 1 月 1 日施行。原规定为："被害人、法定代理人"。

④ 本项规定由 1996 年 3 月 17 日第 8 届全国人民代表大会第 4 次会议增设，1997 年 1 月 1 日施行。

第1045条（第2款）　配偶、父母、子女、兄弟姐妹、祖父母、外祖父母、孙子女、外孙子女为近亲属。

【法释〔2015〕5号】　最高人民法院关于适用《中华人民共和国民事诉讼法》的解释（2014年12月18日最高法审委会第1636次会议通过，2015年1月30日公布，2015年2月4日施行；根据法释〔2020〕20号《决定》修正，2021年1月1日施行）

第85条　根据民事诉讼法第61条第2款第2项规定，与当事人有夫妻、直系血亲、三代以内旁系血亲、近姻亲关系以及其他有抚养、赡养关系的亲属，可以当事人近亲属的名义作为诉讼代理人。

【法释〔2018〕1号】　最高人民法院关于适用《中华人民共和国行政诉讼法》的解释（2017年11月13日最高法审委会第1726次会议通过，2018年2月6日公布，2018年2月8日施行）

第14条（第1款）　行政诉讼法第25条第2款规定的"近亲属"，包括配偶、父母、子女、兄弟姐妹、祖父母、外祖父母、孙子女、外孙子女和其他具有扶养、赡养关系的亲属。

【国监委公告〔2021〕1号】　监察法实施条例（2021年7月20日国家监委全体会议决定，2021年9月20日公布施行）

第283条　本条例所称"近亲属"，是指夫、妻、父、母、子、女、同胞兄弟姊妹。

第二编 立案、侦查和提起公诉

第一章 立 案[①]

第109条[②] **【立案职责】** 公安机关或者人民检察院发现犯罪事实或者犯罪嫌疑人，应当按照管辖范围，立案侦查。

● **相关规定** 【高检渎检发〔2002〕81号】 最高人民检察院反贪污贿赂总局、渎职侵权检察厅关于检察机关职务犯罪侦查部门以犯罪事实立案的暂行规定（2002年10月23日印发，2003年1月1日施行）

第2条 以事立案是指人民检察院依照管辖范围，对于发现的犯罪事实，或者对于报案、控告、举报和自首的材料，经过审查认为有犯罪事实，需要追究刑事责任，犯罪嫌疑人尚未确定的案件，所依法作出的立案决定。

第3条 人民检察院对于符合本规定第2条规定的贪污、挪用公款、私分国有资产和私分罚没财物犯罪案件；滥用职权、玩忽职守等渎职犯罪案件，以及国家机关工作人员利用职权侵犯公民人身权利、民主权利的案件，经过初查，具有下列情形之一的，可以以事立案：（一）必须通过侦查措施取证的；（二）证据可能发生变化或者灭失的；（三）犯罪造成的危害后果可能进一步扩大的。

第4条 侦查人员对案件材料审查后，认为有犯罪事实需要追究刑事责任的，应当制作提请立案报告和立案决定书。

第5条 经过侦查，有证据证明犯罪事实是有确定的犯罪嫌疑人实施的，应当制作确定犯罪嫌疑人报告。

第6条 确定犯罪嫌疑人之前，不得对涉案人员采取强制措施，不得查封、扣押、冻结涉案对象的财产。

第7条 确定犯罪嫌疑人后，不需要另行立案，直接转为收集犯罪嫌疑人实施犯罪证据的阶段，依法全面使用侦查手段和强制措施。犯罪嫌疑人是县处级以上干部，或是县级以上人民代表大会代表的，应当依照有关规定办理。

第8条 经过侦查，没有发现犯罪嫌疑人的，应当终止侦查；发现案件不属于本院管辖的，应当依照有关规定移送有管辖权的机关处理；确定犯罪嫌疑人后发现具有《刑事诉讼法》第15条规定的情形之一的，应当撤销案件。

第9条 立案、确定犯罪嫌疑人、终止侦查、侦查终结，应当报检察长批准或检察委员会研究决定。

第10条 采取以事立案方式侦查的案件，应当分别在作出立案、终止侦查和侦查终结决定后的3日内报上一级人民检察院备案，重大案件报省级人民检察院备案，特大案件层报

[①] 注：1996年3月17日第8届全国人民代表大会第4次会议将本章条文中的"检举"统一修改为"举报"，1997年1月1日施行。

[②] 本条规定由1996年3月17日第8届全国人民代表大会第4次会议增设，1997年1月1日施行。

最高人民检察院备案。

上级人民检察院收到备案材料后应当及时进行审查，发现问题应当及时予以纠正。

【公经〔2002〕1104号】 公安部经济犯罪侦查局关于对人民法院判决生效的经济纠纷案件发现有经济犯罪嫌疑可否立案侦查问题的批复（2002年9月19日答复广西壮族自治区公安厅"桂公请〔2002〕85号"请示）

对人民法院判决生效的经济纠纷案件，公安机关发现有经济犯罪嫌疑时，应严格按照《刑法》、《刑事诉讼法》的相关规定以及1987年3月11日最高人民法院、最高人民检察院、公安部联合下发的《关于在审理经济纠纷案件中发现经济犯罪必须及时移送的通知》（法（研）发〔1987〕7号文件）①精神办理。

【高检发办字〔2015〕31号】 最高人民检察院职务犯罪侦查工作八项禁令（2015年8月4日）

三、严禁违法干涉涉案企业正常生产经营活动。对非法插手工程建设、干预工程招投标，或非法插手经济纠纷，或超越职权办案，或接受赞助、报销费用、吃拿卡要等违法违纪行为，给予记过或者记大过处分；情节较重的，给予降级或者撤职处分；情节严重的，给予开除处分；构成犯罪的，依法追究刑事责任。

八、严禁违反办案安全纪律。对违法违规办案或者严重不负责任造成犯罪嫌疑人脱逃、伤残、自杀或者证人伤残、自杀等办案安全事故的，对指挥者、执行者，一律先停职再依纪依法处理。

对因管理不善或指挥不当导致检察人员违反上述8项禁令的，严肃追究领导责任。

【高检发〔2015〕10号】 最高人民检察院关于完善人民检察院司法责任制的若干意见（2015年9月25日印发）

6. 人民检察院直接受理立案侦查的案件，一般由检察官办案组承办，简单案件也可以由独任检察官承办。决定初查、立案、侦查终结等事项，由主任检察官或独任检察官提出意见，经职务犯罪侦查部门负责人审核后报检察长（分管副检察长）决定。

【公通字〔2019〕23号】 最高人民法院、最高人民检察院、公安部、司法部关于依法严厉打击传播艾滋病病毒等违法犯罪行为的指导意见（2019年5月19日）

四、健全完善工作机制

（一）依法及时立案侦查。公安机关发现炫耀传播艾滋病，出售谎称含有或者含有艾滋病病毒的血液、传授传播艾滋病犯罪方法等信息，或者接到相关报案报警的，要及时依法立案侦查。

【国监委公告〔2021〕1号】 监察法实施条例（2021年7月20日国家监委全体会议决定，2021年9月20日公布施行）

第180条 监察机关经过初步核实，对于已经掌握监察对象涉嫌职务违法或者职务犯罪的部分事实和证据，认为需要追究其法律责任的，应当按规定报批后，依法立案调查。

---

① 注：法（研）发〔1987〕7号《通知》已经被2013年1月4日最高人民法院、最高人民检察院《关于废止1980年1月1日至1997年6月30日期间制发的部分司法解释和司法解释性质文件的决定》（法释〔2013〕1号，2013年1月18日施行）宣布废止；废止理由：通知精神已被刑事诉讼法及相关司法解释所吸收。

第181条　监察机关立案调查职务违法或者职务犯罪案件，需要对涉嫌行贿犯罪、介绍贿赂犯罪或者共同职务犯罪的涉案人员立案调查的，应当一并办理立案手续。需要交由下级监察机关立案的，经审批交由下级监察机关办理立案手续。

对单位涉嫌受贿、行贿等职务犯罪，需要追究法律责任的，依法对该单位办理立案调查手续。对事故（事件）中存在职务违法或者职务犯罪问题，需要追究法律责任，但相关责任人员尚不明确的，可以以事立案。对单位立案或者以事立案后，经调查确定相关责任人员的，按照管理权限报批确定被调查人。

监察机关根据人民法院生效刑事判决、裁定和人民检察院不起诉决定认定的事实，需要对监察对象给予政务处分的，可以由相关监督检查部门依据司法机关的生效判决、裁定、决定及其认定的事实、性质和情节，提出给予政务处分的意见，按程序移送审理。对依法被追究行政法律责任的监察对象，需要给予政务处分的，应当依法办理立案手续。

第182条　对案情简单、经过初步核实已查清主要职务违法事实，应当追究监察对象法律责任，不再需要开展调查的，立案和移送审理可以一并报批，履行立案程序后再移送审理。

第183条　上级监察机关需要指定下级监察机关立案调查的，应当按规定报批，向被指定管辖的监察机关出具《指定管辖决定书》，由其办理立案手续。

第184条　批准立案后，应当由2名以上调查人员出示证件，向被调查人宣布立案决定。宣布立案决定后，应当及时向被调查人所在单位等相关组织送达《立案通知书》，并向被调查人所在单位主要负责人通报。

对涉嫌严重职务违法或者职务犯罪的公职人员立案调查并采取留置措施的，应当按规定通知被调查人家属，并向社会公开发布。

【公安部令〔2020〕159号】 公安机关办理刑事案件程序规定（2020年7月4日第3次部务会议修订，2020年7月20日公布，2020年9月1日施行）

第178条　公安机关接受案件后，经审查，认为有犯罪事实需要追究刑事责任，且属于自己管辖的，经县级以上公安机关负责人批准，予以立案；认为没有犯罪事实，或者犯罪事实显著轻微不需要追究刑事责任，或者具有其他依法不追究刑事责任情形的，经县级以上公安机关负责人批准，不予立案。

对有控告人的案件，决定不予立案的，公安机关应当制作不予立案通知书，并在3日以内送达控告人。

（新增）决定不予立案后又发现新的事实或者证据，或者发现原认定事实错误，需要追究刑事责任的，应当及时立案处理。

第184条　经立案侦查，认为有犯罪事实需要追究刑事责任，但不属于自己管辖或者需要由其他公安机关并案侦查的案件，经县级以上公安机关负责人批准，制作移送案件通知书，移送有管辖权的机关或者并案侦查的公安机关，并在移送案件后3日以内书面通知扭送人、报案人、控告人、举报人或者移送案件的行政执法机关；犯罪嫌疑人已经到案的，应当依照本规定的有关规定通知其家属。

第185条　案件变更管辖或者移送其他公安机关并案侦查时，与案件有关的法律文书、证据、财物及其孳息等文件应当随案移交。

移交时，由接收人、移交人当面查点清楚，并在交接单据上共同签名。

第349条　对协作过程中获取的犯罪线索，不属于自己管辖的，应当及时移交有管辖权的公安机关或者其他有关部门。

第363条 外国人犯罪案件，由犯罪地的县级以上公安机关立案侦查。

第364条 外国人犯中华人民共和国缔结或者参加的国际条约规定的罪行后进入我国领域内的，由该外国人被抓获地的设区的市一级以上公安机关立案侦查。

第365条 外国人在中华人民共和国领域外对中华人民共和国国家或者公民犯罪，应当受刑罚处罚的，由该外国人入境地或者入境后居住地的县级以上公安机关立案侦查；该外国人未入境的，由被害人居住地的县级以上公安机关立案侦查；没有被害人或者是对中华人民共和国国家犯罪的，由公安部指定管辖。

第366条 发生重大或者可能引起外交交涉的外国人犯罪案件的，有关省级公安机关应当及时将案件办理情况报告公安部，同时通报同级人民政府外事办公室。必要时，由公安部商外交部将案件情况通知我国驻外使馆、领事馆。

第385条 本规定所称"危害国家安全犯罪"，包括刑法分则第一章规定的危害国家安全罪以及危害国家安全的其他犯罪；"恐怖活动犯罪"，包括以制造社会恐慌、危害公共安全或者胁迫国家机关、国际组织为目的，采取暴力、破坏、恐吓等手段，造成或者意图造成人员伤亡、重大财产损失、公共设施损坏、社会秩序混乱等严重社会危害的犯罪，以及煽动、资助或者以其他方式协助实施上述活动的犯罪。

【法发〔2022〕23号】 最高人民法院、最高人民检察院、公安部关于办理信息网络犯罪案件适用刑事诉讼程序若干问题的意见（2022年8月26日印发，2022年9月1日起施行；2014年5月4日公通字〔2014〕10号《意见》同时废止）

7.（第1款）人民检察院对于公安机关移送审查起诉的网络犯罪案件，发现犯罪嫌疑人还有犯罪被其他公安机关立案侦查的，应当通知移送审查起诉的公安机关。

7. 对于共同犯罪或者已并案侦查的关联犯罪案件，部分犯罪嫌疑人未到案（在逃），但不影响对已到案共同犯罪或者关联犯罪的犯罪嫌疑人、被告人的犯罪事实认定的网络犯罪案件，可以依法先行追究已到案犯罪嫌疑人、被告人的刑事责任。之前未到案（在逃）的共同犯罪嫌疑人、被告人归案后，可以由原办案机关所在地公安机关、人民检察院、人民法院管辖其所涉及的案件。

【公安部令〔2022〕165号】 公安机关反有组织犯罪工作规定（2022年8月10日第9次公安部部务会议通过，2022年8月26日公布，2022年10月1日施行）

第56条（第2款） 对于重大疑难复杂的国家工作人员涉有组织犯罪案件，公安机关可以商监察机关、人民检察院同步立案、同步查处，根据案件办理需要，依法移送相关证据、共享有关信息，确保全面查清案件事实。

第110条 【报案、控告、举报的受理】任何单位和个人发现有犯罪事实或者犯罪嫌疑人，有权利也有义务向公安机关、人民检察院或者人民法院报案或者举报。①

---

① 本款规定由1996年3月17日第8届全国人民代表大会第4次会议修改，1997年1月1日施行。原规定为："机关、团体、企业、事业单位和公民发现有犯罪事实或者犯罪嫌疑人，有权利也有义务按照本法第13条规定的管辖范围，向公安机关、人民检察院或者人民法院提出控告和检举。"

被害人对侵犯其人身、财产权利的犯罪事实或者犯罪嫌疑人，有权向公安机关、人民检察院或者人民法院报案或者控告。①

　　公安机关、人民检察院或者人民法院对于报案、控告、举报，都应当接受。对于不属于自己管辖的，应当移送主管机关处理，并且通知报案人、控告人、举报人；对于不属于自己管辖而又必须采取紧急措施的，应当先采取紧急措施，然后移送主管机关。②

　　【自首的受理】犯罪人向公安机关、人民检察院或者人民法院自首的，适用第3款规定。③

　　第111条　【报案、控告、举报的方式】报案、控告、举报可以用书面或者口头提出。接受口头报案、控告、举报的工作人员，应当写成笔录，经宣读无误后，由报案人、控告人、举报人签名或者盖章。④

　　【报案、控告、举报的法律责任】接受控告、举报的工作人员，应当向控告人、举报人说明诬告应负的法律责任。但是，只要不是捏造事实，伪造证据，即使控告、举报的事实有出入，甚至是错告的，也要和诬告严格加以区别。⑤

　　【报案、控告、举报的保护】公安机关、人民检察院或者人民法院应当保障报案人、控告人、举报人及其近亲属的安全。报案人、控告人、举报人如果不愿公开自己的姓名和报案、控告、举报的行为，应当为他保守秘密。⑥

　　(插) 第84条　【公民扭送权】对于有下列情形的人，任何公民都可以立即扭送公安机关、人民检察院或者人民法院处理：

　　（一）正在实行犯罪或者在犯罪后即时被发觉的；
　　（二）通缉在案的；
　　（三）越狱逃跑的；
　　（四）正在被追捕的。

---

① 本款规定由1996年3月17日第8届全国人民代表大会第4次会议增设，1997年1月1日施行。

② 本款规定由1996年3月17日第8届全国人民代表大会第4次会议修改，1997年1月1日施行。原规定为："公安机关、人民检察院或者人民法院对于控告、检举和犯罪人的自首，都应当接受。对于不属于自己管辖的，应当移送主管机关处理，并且通知控告人、检举人；对于不属于自己管辖而又必须采取紧急措施的，应当先采取紧急措施，然后移送主管机关。"

③ 本款规定由1996年3月17日第8届全国人民代表大会第4次会议增设，1997年1月1日施行。

④ 本款规定由1996年3月17日第8届全国人民代表大会第4次会议修改，1997年1月1日施行；规定中的3处"举报"原为"检举"，规定中的"报案""报案人"均为增加的内容。

⑤ 本款规定由1996年3月17日第8届全国人民代表大会第4次会议修改，1997年1月1日施行；规定中的3处"举报"原为"检举"。

⑥ 本款规定由1996年3月17日第8届全国人民代表大会第4次会议修改，1997年1月1日施行。原规定为："控告人、检举人如果不愿公开自己的姓名，在侦查期间，应当为他保守秘密。"

● **相关规定**　**【法发（研）〔1981〕号】**　最高人民法院关于执行刑事诉讼法中若干问题的初步经验总结（1981年11月印发）①

八、关于法庭审判的问题

（三）对其他人犯罪的处理

在审判中，发现与本案无关的其他人的犯罪行为，应转告公安机关或人民检察院处理。

【公通字〔1997〕59号】　公安部、国家税务总局关于严厉打击涉税犯罪的通知（1997年10月23日）

一、建立涉税案件移送制度。税务机关查处的涉税违法案件，如发现具有犯罪嫌疑的，应当及时向公安机关移送，防止以罚代刑，用行政执法代替刑事执法。需要移送的案件，应当制作《涉税案件移送意见书》，连同有关案件证据材料一并移送同级公安机关。公安机关对移送的案件，均应受理并及时进行审查，并在15日内将审查结果以《涉税案件移送审查通知书》的形式通知税务机关。对有犯罪嫌疑的，应当依法立案侦查，并及时将查处情况通报税务机关。

二、公安机关和税务机关对打击涉税违法犯罪活动要本着各司其职、通力合作的原则，互相支持，互相配合。公安机关要认真履行法定职责，不向税务机关派驻办案机构，不建立联合办案队伍，不以各种形式介入或干预税务机关行政执法活动。……凡属税务违法行为，由税务机关依法进行行政处罚。公安机关在办理涉税刑事案件中，要协助税务机关追缴应收缴的款项，并及时由税务机关缴入国库。

【高检发〔1998〕29号】　最高人民检察院关于在全国检察机关实行"检务公开"的决定（1998年10月25日）

九、举报须知

（一）人民检察院举报中心受理群众或单位对犯罪嫌疑人或犯罪行为的举报。

（二）受理举报的范围　人民检察院直接受理举报的范围是：贪污贿赂犯罪，国家工作人员的渎职犯罪，国家机关工作人员利用职权实施的非法拘禁、刑讯逼供、报复陷害、非法搜查的侵犯公民人身权利的犯罪以及侵犯公民民主权利的犯罪。

人民检察院接受犯罪人的投案自首。

（三）举报的方式　举报可以采用书面、口头、电话或者举报人认为方便的其他形式提出。

（四）对举报人的保护

1. 人民检察院应当保障举报人及其近亲属的安全，依法保护其人身权利、民主权利和其他合法权益。

2. 严禁泄露举报人的姓名、工作单位、家庭住址等情况；严禁将举报材料和举报人的有关情况透露或者转给被举报单位和被举报人。

3. 调查核实情况时，不得出示举报材料原件或者复印件，不得暴露举报人；对匿名信函除侦查工作需要外，不准鉴定笔迹。

4. 宣传报道和奖励举报有功人员，除本人同意外，不得公开举报人的姓名、单位。

5. 对打击报复举报人的，如果属于国家机关工作人员滥用职权、假公济私，对举报人实

---

① 注：该《经验总结》一直没有被废止，部分内容可作参考。

行报复陷害构成犯罪的，应当依法立案侦查，追究责任人的刑事责任；如果打击报复举报人不构成犯罪的，应当移送主管部门处理。

（五）对举报人的奖励 人民检察院对贪污贿赂、渎职等职务犯罪的大案要案，经侦查属实，被举报人被依法追究刑事责任的，应当对举报有功人员和单位给予精神及物质奖励。

【法释〔1998〕7号】 **最高人民法院关于在审理经济纠纷案件中涉及经济犯罪嫌疑若干问题的规定**（1998年4月9日最高法审委会第974次会议通过，1998年4月21日公布，1998年4月29日施行；法释〔2020〕17号修正，但本部分内容无修改）

第10条 人民法院在审理经济纠纷案件中，发现与本案有牵连，但与本案不是同一法律关系的经济犯罪嫌疑线索、材料，应将犯罪嫌疑线索、材料移送有关公安机关或检察机关查处，经济纠纷案件继续审理。

第11条 人民法院作为经济纠纷受理的案件，经审理认为不属经济纠纷案件而有经济犯罪嫌疑的，应当裁定驳回起诉，将有关材料移送公安机关或检察机关。

第12条 人民法院已立案审理的经济纠纷案件，公安机关或检察机关认为有经济犯罪嫌疑，并说明理由附有关材料函告受理该案的人民法院的，有关人民法院应当认真审查。经过审查，认为确有经济犯罪嫌疑的，应当将案件移送公安机关或检察机关，并书面通知当事人，退还案件受理费；如认为确属经济纠纷案件的，应当依法继续审理，并将结果函告有关公安机关或检察机关。

【公通字〔1998〕59号】 **公安部关于公安派出所受理刑事案件有关问题的通知**（1998年8月5日）

一、派出所对公民扭送、报案、控告、举报或者犯罪嫌疑人自首的，应立即接受，认真接待，问明情况并制作笔录，记录人和报案人要在笔录上签名或盖章，必要时可以录音。接受案件时，应填写《接受刑事案件登记表》。填表内容应真实完整，并注意保存或随案移送。对巡逻盘查、现场抓获或者其他途径发现的刑事案件线索，也应照此办理。

【公复字〔2000〕10号】 **公安部关于受害人居住地公安机关可否对诈骗犯罪案件立案侦查问题的批复**（2000年10月16日答复广西壮族自治区公安厅"桂公请〔2000〕77号"请示）

《公安机关办理刑事案件程序规定》第15条规定："刑事案件由犯罪地的公安机关管辖。如果由犯罪嫌疑人居住地的公安机关管辖更为适宜的，可以由犯罪嫌疑人居住地的公安机关管辖。"根据《中华人民共和国刑法》第6条第3款的规定，犯罪地包括犯罪行为地和犯罪结果地。根据上述规定，犯罪行为地、犯罪结果地以及犯罪嫌疑人居住地的公安机关可以依法对属于公安机关管辖的刑事案件立案侦查。诈骗犯罪案件的犯罪结果地是指犯罪嫌疑人实际取得财产地。因此，除诈骗行为地、犯罪嫌疑人实际取得财产的结果发生地和犯罪嫌疑人居住地外，其他地方公安机关不能对诈骗犯罪案件立案侦查，但对于公民扭送、报案、控告、举报或者犯罪嫌疑人自首的，都应当立即受理，经审查认为有犯罪事实的，移送有管辖权的公安机关处理。

【公通字〔2000〕40号】 **公安部关于刑事案件如实立案的通知**（2000年5月9日）

一、各地公安机关的刑警队、派出所、110报警服务台等部门对于公民扭送、报案、控告、举报或者犯罪嫌疑人自首的，都应立即给予认真的接待，无条件接受，如实登记。

二、接受案件的民警应当向扭送人、报案人、控告人、举报人（以下统称报案人）问明案件的有关情况，制作询问笔录，同时填写《接受案件回执单》（式样附后）一式4份，1份由受案单位存档，1份报主管部门（由县、市级公安机关根据本地实际情况明确主管部门），1份交给案件主办部门，1份交报案人收执。回执中必须填明受案单位名称、受案民警姓名以及相关电话号码，以便报案人了解立案情况，监督受案单位的工作进展情况。

《接受案件回执单》由地、市公安机关按公安部制定的样式统一印制、统一编号；由县、市公安机关回执到主管部门集中管理，统一发放各受案单位。报案人及其家属凭《接受案件回执单》，可以通过电话或直接到接受案件的公安机关查询该案是否立案或者是否已移送审查起诉的情况。受案单位与办案单位不一致时，受案单位应把办案单位的地址、电话告知报案人，以便报案人查询。接受查询的民警在不泄露国家秘密和侦查秘密以及不妨碍侦查工作正常进行的前提下，要如实、耐心地予以答复。

【高检发〔2002〕18号】 最高人民检察院关于加强和改进控告申诉检察工作的决定（第9届检委会第113次会议通过，2002年11月5日印发施行）

2. 实行控告申诉首办责任制。各级人民检察院都要按照"谁主管谁负责"的原则，实行控告申诉首办责任制。对本院管辖的首次控告、举报、申诉和赔偿申请，在受理、移送、查办等环节，都应有明确的具体责任，落实到部门和承办人，努力把问题解决在首次办理环节，提高一次性办理的成功率，最大限度地减少重复来信、越级上访。对因办理不力，工作不负责任，造成严重后果的，应追究有关责任人的责任。

3. 积极推行公开审查制度。在复查刑事申诉案件中，要积极推行公开审查制度，作为提高办案质量和做好息诉工作的一种有效手段，进一步增强复查工作的透明度和公正性。对其他重要疑难案件特别是上访老户缠诉不息的问题，也要采取类似公开审查的形式，以利于做好息诉工作。

9. 严格管理举报线索。坚持举报中心统一管理举报线索制度，本院检察长、其他部门和检察人员接收的举报线索，除特殊情况外，都应及时批交或者移送举报中心处理。侦查部门在办案中发现的另案处理的线索，每季度应向举报中心通报情况。举报中心要由专人管理举报线索，逐件登记。对举报线索认真审查，区别不同情况，准确分流。涉及县处级以上干部的线索，要按照高检院的规定，向上一级检察院备案。对不属于检察机关管辖的线索，移送主管机关处理；属于检察机关管辖、但不属于本院管辖的，移送有管辖权的检察院处理；属于本院管辖的，移送本院有关部门处理。要加强清理举报线索工作，实行半年清理一次举报线索制度，防止线索积压。

11. 切实做好实名举报工作。对实名举报，线索具体、可查性大的，应优先初查；线索笼统、不具有查办价值的，应约请举报人面谈或者补充材料，酌情处理。要建立健全实名举报答复制度，除因通讯地址不详等情况无法答复的以外，都应将处理情况答复举报人。对不属检察机关管辖，移送其他主管机关处理的，由接受举报的检察院通知举报人；对属于检察机关管辖，依法作出处理的，由有管辖权的检察院答复。举报中心承办实名举报的答复工作，必要时可商请有关业务部门共同答复。

【公通字〔2005〕98号】 公安机关办理伤害案件规定（公安部2005年12月27日印发，2006年2月1日施行）

第10条 接到伤害案件报警后，接警部门应当根据案情，组织警力，立即赶赴现场。

第 11 条　对正在发生的伤害案件，先期到达现场的民警应当做好以下处置工作：（一）制止伤害行为；（二）组织救治伤员；（三）采取措施控制嫌疑人；（四）及时登记在场人员姓名、单位、住址和联系方式，询问当事人和访问现场目击证人；（五）保护现场；（六）收集、固定证据。

第 12 条　对已经发生的伤害案件，先期到达现场的民警应当做好以下处置工作：（一）组织救治伤员；（二）了解案件发生经过和伤情；（三）及时登记在场人员姓名、单位、住址和联系方式，询问当事人和访问现场目击证人；（四）追查嫌疑人；（五）保护现场；（六）收集、固定证据。

【公通字〔2005〕100 号】　公安部关于建立派出所和刑警队办理刑事案件工作机制的意见（2005 年 12 月 30 日）

9. 对公民扭送、控告、报案、举报或者犯罪嫌疑人自首的，以及在巡逻、盘查等工作中发现的刑事犯罪线索和发现、抓获的刑事犯罪嫌疑人，派出所、刑警队都应当先行受理，并填写《接受刑事案件登记表》，随案移送。不得以任何理由拒绝受理，或推诿扯皮。

10. 在接到 110 指令和公民报案后，凡是有发案现场的，派出所和刑警队民警必须在规定时间内到达现场。刑警队负责发案现场的勘查工作，派出所负责发案现场的先期处置、初步调查、保护和维持秩序的工作。有重大案情的，及时报告 110 指挥中心统一协调。

11. 对一时性质不明的案件，派出所和刑警队可开展先期调查后，按照管辖分工移交。派出所负责办理的刑事案件，凡是主要犯罪事实已经查清、主要犯罪嫌疑人已被批准采取强制措施或已被抓获的，应按照管辖分工及时移交有关部门继续办理。

【公通字〔2006〕33 号】　公安部、海关总署关于加强知识产权执法协作的暂行规定（2006 年 3 月 24 日）

第 5 条　海关在执法过程中，发现重大侵犯知识产权案件线索，应当及时向公安机关通报。案件线索原则上应当由各直属海关向当地同级公安机关进行通报。但是，经双方协商同意，也可以由直属海关或者隶属海关向当地公安机关通报。

海关在向公安机关通报犯罪案件线索时，发现当事人可能转移侵权嫌疑货物或物品或有其他必须当场处理之情形时，可以依照《知识产权海关保护条例》的规定扣留有关货物和物品。发现当事人可能逃逸的，应及时通知公安机关。

第 6 条　海关根据本规定第 5 条向公安机关通报的案件线索，应当包括以下内容：

（一）进出口货物经营单位、收（发）货单位、进出境旅客、邮递物品寄件人或者收件人（以下统称"当事人"）的名称或者姓名、注册地址或者国籍；

（二）侵权嫌疑货物或者物品的品名、数量、已知的价值、申报日期或者海关查验日期；

（三）涉嫌侵犯的知识产权名称和注册号、知识产权权利人名称或者姓名、联系人和联系方式；

（四）其他应当提供的情况。

第 7 条　海关向公安机关通报侵权嫌疑货物或者物品的情况，原则上应当采取书面形式。如情况紧急，也可予以口头通报。

海关向公安机关通报侵权嫌疑货物或者物品的情况，应当随附货物和物品清单以及进出口货物报关单、合同、发票、装箱单等报关单证的复印件。对公安机关要求提供其他有关文件或者到场查看货物和提取货样的，海关应当予以协助。

第10条　对于工作中发现的重大案件线索，公安机关、海关可以召开临时联席会议，必要时邀请其他执法机关代表参加，共同会商、研究案情和决定打击对策，开展联合打击工作。

联合打击工作应以"精确打击"和"全程打击"为方针，采取协同作战的方式，查明涉及的生产、销售以及进出口等各个环节的策划者、组织者、参与者，摧毁整个犯罪网络。

"重大案件"指社会危害巨大、社会反映强烈、涉案价值较大、涉及跨国跨境犯罪团伙或其他双方认为应联合打击的案件。

【高检会〔2004〕1号】　最高人民检察院、全国整顿和规范市场经济秩序领导小组办公室、公安部关于加强行政执法机关与公安机关、人民检察院工作联系的意见（2004年3月18日）

二、加强联系配合，建立信息共享机制。各级行政执法机关、公安机关、人民检察院要在充分发挥各自职能作用的基础上，做到信息共享、密切合作。要建立情况信息通报制度，并在加强保密工作的前提下，逐步实现各行政执法机关信息管理系统与公安机关、人民检察院的信息联网共享。行政执法机关定期向公安机关、人民检察院通报查处破坏社会主义市场经济秩序案件情况以及向公安机关移送涉嫌犯罪案件情况；公安机关定期向行政执法机关通报行政执法机关移送案件的受理、立案、销案情况；人民检察院定期向行政执法机关通报立案监督、批捕、起诉破坏社会主义市场经济秩序犯罪案件的情况。建立联席会议制度，定期或不定期召开不同层次的联席会议，沟通情况，统一认识，共同研究执法中遇到的新情况、新问题，协调解决疑难问题。

【高检会〔2006〕2号】　最高人民检察院、全国整顿和规范市场经济秩序领导小组办公室、公安部、监察部关于在行政执法中及时移送涉嫌犯罪案件的意见（2006年1月26日）

一、行政执法机关在查办案件过程中，对符合刑事追诉标准、涉嫌犯罪的案件，应当制作《涉嫌犯罪案件移送书》，及时将案件向同级公安机关移送，并抄送同级人民检察院。对未能及时移送并已作出行政处罚的涉嫌犯罪案件，行政执法机关应当于作出行政处罚10日以内向同级公安机关、人民检察院抄送《行政处罚决定书》副本，并书面告知相关权利人。

现场查获的涉案货值或者案件其他情节明显达到刑事追诉标准、涉嫌犯罪的，应当立即移送公安机关查处。

二、任何单位和个人发现行政执法机关不按规定向公安机关移送涉嫌犯罪案件，向公安机关、人民检察院、监察机关或者上级行政执法机关举报的，公安机关、人民检察院、监察机关或者上级行政执法机关应当根据有关规定及时处理，并向举报人反馈处理结果。

三、人民检察院接到控告、举报或者发现行政执法机关不移送涉嫌犯罪案件，经审查或者调查后认为情况基本属实的，可以向行政执法机关查询案件情况、要求行政执法机关提供有关案件材料或者派员查阅案卷材料，行政执法机关应当配合。确属应当移送公安机关而不移送的，人民检察院应当向行政执法机关提出移送的书面意见，行政执法机关应当移送。

四、行政执法机关在查办案件过程中，应当妥善保存案件的相关证据。对易腐烂、变质、灭失等不宜或者不易保管的涉案物品，应当采取必要措施固定证据；对需要进行检验、鉴定的涉案物品，应当由有关部门或者机构依法检验、鉴定，并出具检验报告或者鉴定结论。

行政执法机关向公安机关移送涉嫌犯罪的案件，应当附涉嫌犯罪案件的调查报告、涉案物品清单、有关检验报告或者鉴定结论及其他有关涉嫌犯罪的材料。

十二、行政执法机关在依法查处违法行为过程中，发现国家工作人员贪污贿赂或者国家机关工作人员渎职等违纪、犯罪线索的，应当根据案件的性质，及时向监察机关或者人民检察院移送。监察机关、人民检察院应当认真审查，依纪、依法处理，并将处理结果书面告知移送案件线索的行政执法机关。

十三、监察机关依法对行政执法机关查处违法案件和移送涉嫌犯罪案件工作进行监督，发现违纪、违法问题的，依照有关规定进行处理。发现涉嫌职务犯罪的，应当及时移送人民检察院。

十四、人民检察院依法对行政执法机关移送涉嫌犯罪案件情况实施监督，发现行政执法人员徇私舞弊，对依法应当移送的涉嫌犯罪案件不移送，情节严重，构成犯罪的，应当依照刑法有关的规定追究其刑事责任。

十五、国家机关工作人员以及在依照法律、法规规定行使国家行政管理职权的组织中从事公务的人员，或者在受国家机关委托代表国家机关行使职权的组织中从事公务的人员，或者虽未列入国家机关人员编制但在国家机关中从事公务的人员，利用职权干预行政执法机关和公安机关执法，阻挠案件移送和刑事追诉，构成犯罪的，人民检察院应当依照刑法关于渎职罪的规定追究其刑事责任。国家行政机关和法律、法规授权的具有管理公共事务职能的组织以及国家行政机关依法委托的组织及其工勤人员以外的工作人员，利用职权干预行政执法机关和公安机关执法，阻挠案件移送和刑事追诉，构成违纪的，监察机关应当依法追究其纪律责任。

十七、本意见所称行政执法机关，是指依照法律、法规或者规章的规定，对破坏社会主义市场经济秩序、妨害社会管理秩序以及其他违法行为具有行政处罚权的行政机关，以及法律、法规授权的具有管理公共事务职能、在法定授权范围内实施行政处罚的组织，不包括公安机关、监察机关。

【工商法字〔2012〕227号】 国家工商总局、公安部、最高人民检察院关于加强工商行政执法与刑事司法衔接配合工作若干问题的意见（2012年12月18日）

一、关于涉嫌犯罪案件的移送

工商机关向公安机关移送涉嫌犯罪案件，应当按照《行政执法机关移送涉嫌犯罪案件的规定》第五条规定，指定2名或者2名以上行政执法人员组成专案组负责，按程序审批后依法移送。工商机关应当向公安机关提供涉嫌犯罪案件移送书、案件情况调查报告、涉案物品清单、有关检验报告或者鉴定意见等案件的全部材料，并将案件移送书、调查报告及有关材料目录抄送同级人民检察院。案件情况调查报告应当说明行为人的违法事实、法律依据以及工商机关意见等。工商机关移送案件前已经作出行政处罚决定的，应当将行政处罚决定书一并抄送同级公安机关、人民检察院。

对于工商机关移送的涉嫌犯罪案件，公安机关应当在涉嫌犯罪案件移送书回执上签字；其中，不属于本机关管辖的，应当在24小时内转送有管辖权的机关，并在转送后3个工作日内书面告知工商机关，同时抄送同级人民检察院。公安机关应当自接受移送案件之日起3个工作日内作出是否立案的决定，并在作出决定后3个工作日内书面告知工商机关，同时抄送同级人民检察院；其中，不予立案的，应当向工商机关书面说明理由、退回案卷材料，工商机关应当依法作出处理。公安机关立案后又撤销案件的,应当在作出决定后3个工作日内书面告知工商机关,同时抄送同级人民检察院。

四、关于明显涉嫌犯罪案件线索的通报

工商机关在执法检查和接受举报投诉时,发现违法行为明显涉嫌犯罪的,要立即书面通报同级公安机关,并抄送同级人民检察院。工商机关向公安机关通报涉嫌犯罪案件线索,应当附有通报函及相关材料。犯罪嫌疑人有可能逃匿及销毁证据或转移、隐匿涉案财物的,工商机关应当立即通知公安机关,并在1个工作日内补办相关手续。

公安机关接到通报后,应当立即派员调查,自接到通报之日起10个工作日内决定是否立案侦查并书面通知工商机关,同时抄送同级人民检察院。公安机关书面通知不予立案的,工商机关应当依法作出处理。工商机关对公安机关不予立案决定有异议的,按照本意见第二条规定办理。

【高检发〔2014〕号】 人民检察院举报工作规定(2014年7月21日最高检第12届检委会第25次会议修订,2014年9月30日印发)

第4条 各级人民检察院应当设立举报中心负责举报工作。

举报中心与控告检察部门合署办公,控告检察部门主要负责人兼任举报中心主任,地市级以上人民检察院配备1名专职副主任。

有条件的地方,可以单设举报中心。

第8条 人民检察院应当告知举报人享有以下权利:

(一)申请回避。举报人发现举报中心的工作人员有法定回避情形的,有权申请其回避。

(二)查询结果。举报人在举报后一定期限内没有得到答复时,有权向受理举报的人民检察院询问,要求给予答复。

(三)申诉复议。举报人对人民检察院对其举报事实作出不予立案决定后,有权就该不立案决定向上一级人民检察院提出申诉。举报人是受害人的,可以向作出该不立案决定的人民检察院申请复议。

(四)请求保护。举报人举报后,如果人身、财产安全受到威胁,有权请求人民检察院予以保护。

(五)获得奖励。举报人举报后,对符合奖励条件的,有权根据规定请求精神、物质奖励。

(六)法律法规规定的其他权利。

第14条 对以走访形式初次举报的以及职务犯罪嫌疑人投案自首的,举报中心应当指派2名以上工作人员专门接待,问明情况,并制作笔录,经核对无误后,由举报人、自首人签名、捺指印,必要时,经举报人、自首人同意,可以录音、录像;对举报人、自首人提供的有关证据材料、物品等应当登记,制作接受证据(物品)清单,并由举报人、自首人签名,必要时予以拍照,并妥善保管。

举报人提出预约接待要求的,经举报中心负责人批准,人民检察院可以指派2名以上工作人员在约定的时间到举报人认为合适的地方接谈。

对采用集体走访形式举报同一职务犯罪行为的,应当要求举报人推选代表,代表人数一般不超过5人。

第15条 对采用信函形式举报的,工作人员应当在专门场所进行拆阅。启封时,应当保持邮票、邮戳、邮编、地址和信封内材料的完整。

对采用传真形式举报的，参照前款规定办理。

第16条　对通过12309举报网站或者人民检察院门户网站进行举报的，工作人员应当及时下载举报内容并导入举报线索处理系统。举报内容应当保持原始状态，不得作任何文字处理。

第17条　对采用电话形式举报的，工作人员应当准确、完整地记录举报人的姓名、地址、电话和举报内容。举报人不愿提供姓名等个人信息的，应当尊重举报人的意愿。

第18条　有联系方式的举报人提供的举报材料内容不清的，有管辖权的人民检察院举报中心应当在接到举报材料后7日以内与举报人联系，建议举报人补充有关材料。

第19条　反映被举报人有下列情形之一，必须采取紧急措施的，举报中心工作人员应当在接收举报后立即提出处理意见并层报检察长审批：（一）正在预备犯罪、实行犯罪或者在犯罪后即时被发觉的；（二）企图自杀或者逃跑的；（三）有毁灭、伪造证据或者串供可能的；（四）其他需要采取紧急措施的。

第20条　职务犯罪举报线索实行分级管辖。上级人民检察院可以直接受理由下级人民检察院管辖的举报线索，经检察长批准，也可以将本院管辖的举报线索交由下级人民检察院办理。

下级人民检察院接收到上级人民检察院管辖的举报线索，应当层报上级人民检察院处理。收到同级人民检察院管辖的举报线索，应当及时移送有管辖权的人民检察院处理。

第21条　举报线索一般由被举报人工作单位所在地人民检察院管辖。认为由被举报犯罪地人民检察院管辖更为适宜的，可以由被举报犯罪地人民检察院管辖。

几个同级人民检察院都有权管辖的，由最初受理的人民检察院管辖。在必要的时候，可以移送主要犯罪地的人民检察院管辖。对管辖权有争议的，由其共同的上一级人民检察院指定管辖。

第24条　人民检察院举报中心负责统一管理举报线索。本院检察长、其他部门或者人员接收的职务犯罪案件线索，应当自收到之日起7日以内移送举报中心。

侦查部门自行发现的案件线索和有关机关或者部门移送人民检察院审查是否立案的案件线索，由侦查部门审查。

第25条　人民检察院对于直接受理的要案线索实行分级备案的管理制度。县、处级干部的要案线索一律报省级人民检察院举报中心备案，其中涉嫌犯罪数额特别巨大或者犯罪后果特别严重的，层报最高人民检察院举报中心备案；厅、局级以上干部的要案线索一律报最高人民检察院举报中心备案。

第26条　要案线索的备案，应当逐案填写要案线索备案表。备案应当在受理后7日以内办理；情况紧急的，应当在备案之前及时报告。

接到备案的上级人民检察院举报中心对于备案材料应当及时审查，如果有不同意见，应当在10日以内将审查意见通知报送备案的下级人民检察院。

第30条　举报中心对接收的举报线索，应当确定专人进行审查，根据举报线索的具体情况和管辖规定，自收到举报线索之日起7日以内作出以下处理：

（一）属于本院管辖的，依法受理并分别移送本院有关部门办理；属于人民检察院管辖但不属于本院管辖的，移送有管辖权的人民检察院办理。

（二）不属于人民检察院管辖的，移送有管辖权的机关处理，并且通知举报人、自首人；

不属于人民检察院管辖又必须采取紧急措施的,应当先采取紧急措施,然后移送主管机关。

(三)属于性质不明难以归口的,应当进行必要的调查核实,查明情况后3日以内移送有管辖权的机关或者部门办理。

第31条 侦查部门收到举报中心移送的举报线索,应当在3个月以内将处理情况回复举报中心;下级人民检察院接到上级人民检察院移送的举报材料后,应当在3个月以内将处理情况回复上级人民检察院举报中心。

第32条 侦查部门应当在规定时间内书面回复查办结果。回复文书应当包括下列内容:(一)举报人反映的主要问题;(二)查办的过程;(三)作出结论的事实依据和法律依据。

举报中心收到回复文书后应当及时审查,认为处理不当的,提出处理意见报检察长审批。

第36条 下级人民检察院举报中心负责管理上级人民检察院举报中心交办的举报线索。接到上级人民检察院交办的举报线索后,应当在3日以内提出处理意见,报检察长审批。

第37条 对上级人民检察院交办的举报线索,承办人民检察院应当在3个月以内办结。情况复杂,确需延长办理期限的,经检察长批准,可以延长3个月。延期办理的,由举报中心向上级人民检察院举报中心报告进展情况,并说明延期理由。法律另有规定的,从其规定。

第42条 对举报线索进行初核,应当经举报中心负责人审核后,报检察长批准。

第43条 初核一般应当在2个月以内终结。案情复杂或者有其他特殊情况需要延长初核期限的,应当经检察长批准,但最长不得超过3个月。

第45条 在作出初核结论10日以内,承办人员应当填写《举报线索初核情况备案表》,经举报中心负责人批准后,报上一级人民检察院举报中心备案。

上一级人民检察院举报中心认为处理不当的,应当在收到备案材料后10日以内通知下级人民检察院纠正。

第49条 审查期间,举报人对不立案决定不服申请复议的,控告检察部门应当受理,并根据事实和法律进行审查,可以要求举报人提供有关材料。认为需要侦查部门说明不立案理由的,应当及时将案件移送侦查监督部门办理。

举报人申请复议,不影响对不立案举报线索的审查。但承办人认为需要中止审查的,经举报中心负责人批准,可以中止审查。

中止审查后,举报人对复议结果不服的理由成立,继续审查有必要的,不立案举报线索审查应当继续进行。

第51条 举报中心审查不立案举报线索,应当自收到侦查部门决定不予立案回复文书之日起1个月以内办结;情况复杂,期满不能办结的,经举报中心负责人批准,可以延长2个月。

第52条 举报中心审查不立案举报线索,应当在办结后7日以内向上一级人民检察院举报中心备案。

对侦查部门重新作出立案决定的,举报中心应当将审查报告、立案决定书等相关文书,在立案后10日以内报上一级人民检察院举报中心备案。

第54条 实名举报应当逐件答复。除联络方式不详无法联络的以外,应当将处理情况和办理结果及时答复举报人。

第55条 对采用走访形式举报的,应当当场答复是否受理;不能当场答复的,应当自接待举报人之日起15日以内答复。

第56条 答复可以采取口头、书面或者其他适当的方式。口头答复的，应当制作答复笔录，载明答复的时间、地点、参加人及答复内容、举报人对答复的意见等。书面答复的，应当制作答复函。邮寄答复函时不得使用有人民检察院字样的信封。

第59条 各级人民检察院应当采取下列保密措施：（一）举报线索由专人录入专用计算机，加密码严格管理，未经检察长批准，其他工作人员不得查看。（二）举报材料应当放置于保密场所，保密场所应当配备保密设施。未经许可，无关人员不得进入保密场所。（三）向检察长报送举报线索时，应当将相关材料用机要袋密封，并填写机要编号，由检察长亲自拆封。（四）严禁泄露举报内容以及举报人姓名、住址、电话等个人信息，严禁将举报材料转给被举报人或者被举报单位。（五）调查核实情况时，严禁出示举报线索原件或者复印件；除侦查工作需要外，严禁对匿名举报线索材料进行笔迹鉴定。（六）其他应当采取的保密措施。

第66条 举报线索经查证属实，被举报人构成犯罪的，应当对积极提供举报线索、协助侦破案件有功的举报人给予一定的精神及物质奖励。

第67条 人民检察院应当根据犯罪性质、犯罪数额和举报材料价值确定奖励金额。每案奖金数额一般不超过20万元。举报人有重大贡献的，经省级人民检察院批准，可以在20万元以上给予奖励，最高金额不超过50万元。有特别重大贡献的，经最高人民检察院批准，不受上述数额的限制。

第68条 奖励举报有功人员，一般应当在判决或者裁定生效后进行。

奖励情况适时向社会公布。涉及举报有功人员的姓名、单位等个人信息的，应当征得举报人同意。

第69条 符合奖励条件的举报人在案件查处期间死亡、被宣告死亡或者丧失行为能力的，检察机关应当给予依法确定的继承人或者监护人相应的举报奖励。

第70条 举报奖励工作由举报中心具体承办。

【公通字〔2015〕32号】 公安部关于改革完善受案立案制度的意见（2015年11月6日）

二、（一）规范工作流程

1. 健全接报案登记。各级公安机关依托警务信息综合应用平台，建立完善全省区市统一的接报案、受案立案功能模块。对于群众报案、控告、举报、扭送，违法犯罪嫌疑人投案，以及上级机关交办案件或者其他机关移送的案件，属于公安机关管辖的，各办案警种、部门都必须接受并依照有关规定办理，不得推诿。对于上述接受的案件以及工作中发现的案件，除性质和事实涉及国家秘密的以外，都必须进行网上登记。涉嫌犯罪的，按照刑事案件进行立案审查；涉嫌行政违法的，按照行政案件进行受案审查。群众上门报案的，应当当场进行接报案登记，当场接受证据材料，当场出具接报案回执并告知查询案件进展情况的方式和途径。对明显不属于公安机关职责范围的报案事项，应当立即告知报案人向其他有关主管机关报案。对重复报案、案件正在办理或者已经办结的，应当向报案人作出解释，不再重复接报案登记。

【公通字〔2016〕16号】 公安机关受理行政执法机关移送涉嫌犯罪案件规定（公安部2016年6月16日）

第2条 对行政执法机关移送的涉嫌犯罪案件，公安机关应当接受，及时录入执法办案信息系统，并检查是否附有下列材料：（一）案件移送书，载明移送机关名称、行政违法行为涉嫌犯罪罪名、案件主办人及联系电话等。案件移送书应当附移送材料清单，并加盖移送机关公章；（二）案件调查报告，载明案件来源、查获情况、嫌疑人基本情况、涉嫌犯罪的事实、证据和法律依据、处理建议等；（三）涉案物品清单，载明涉案物品的名称、数量、特征、存放地等事项，并附采取行政强制措施、现场笔录等表明涉案物品来源的相关材料；（四）附有鉴定机构和鉴定人资质证明或者其他证明文件的检验报告或者鉴定意见；（五）现场照片、询问笔录、电子数据、视听资料、认定意见、责令整改通知书等其他与案件有关的证据材料。

移送材料表明移送案件的行政执法机关已经或者曾经作出有关行政处罚决定的，应当检查是否附有有关行政处罚决定书。

对材料不全的，应当在接受案件的24小时内书面告知移送的行政执法机关在3日内补正。但不得以材料不全为由，不接受移送案件。

第3条 对接受的案件，公安机关应当按照下列情形分别处理：（一）对属于本公安机关管辖的，迅速进行立案审查；（二）对属于公安机关管辖但不属于本公安机关管辖的，移送有管辖权的公安机关，并书面告知移送案件的行政执法机关；（三）对不属于公安机关管辖的，退回移送案件的行政执法机关，并书面说明理由。

第7条 单位或者个人认为行政执法机关办理的行政案件涉嫌犯罪，向公安机关报案、控告、举报或者自首的，公安机关应当接受，不得要求相关单位或者人员先行向行政执法机关报案、控告、举报或者自首。

【公通字〔2017〕25号】 最高人民检察院、公安部关于公安机关办理经济犯罪案件的若干规定（最高检、公安部2017年11月24日印发，2018年1月1日施行；2005年12月31日《公通字〔2005〕101号》《规定》同时废止）

第14条 公安机关对涉嫌经济犯罪线索的报案、控告、举报、自动投案，不论是否有管辖权，都应当接受并登记，由最初受理的公安机关依照法定程序办理，不得以管辖权为由推诿或者拒绝。

经审查，认为有犯罪事实，但不属于其管辖的案件，应当及时移送有管辖权的机关处理。对于不属于其管辖又必须采取紧急措施的，应当先采取紧急措施，再移送主管机关。

第15条 公安机关接受涉嫌经济犯罪线索的报案、控告、举报、自动投案后，应当立即进行审查，并在7日以内决定是否立案；重大、疑难、复杂线索，经县级以上公安机关负责人批准，立案审查期限可以延长至30日；特别重大、疑难、复杂或者跨区域性①的线索，经上一级公安机关负责人批准，立案审查期限可以再延长30日。

上级公安机关指定管辖或者书面通知立案的，应当在指定期限以内立案侦查。人民检察院通知立案的，应当在15日以内立案侦查。

第16条 公安机关接受行政执法机关移送的涉嫌经济犯罪案件后，移送材料符合相关规定的，应当在3日以内进行审查并决定是否立案，至迟应当在10日以内作出决定。案情重大、疑难、复杂或者跨区域性的，经县级以上公安机关负责人批准，应当在30日以内决定是否立案。情况特殊的，经上一级公安机关负责人批准，可以再延长30日作出决定。

---

① 本《规定》第79条规定，"跨区域性"，是指涉及2个以上县级行政区域。

第 17 条　公安机关经立案审查，同时符合下列条件的，应当立案：（一）认为有犯罪事实；（二）涉嫌犯罪数额、结果或者其他情节符合经济犯罪案件的立案追诉标准，需要追究刑事责任；（三）属于该公安机关管辖。

第 18 条　在立案审查中，发现案件事实或者线索不明的，经公安机关办案部门负责人批准，可以依照有关规定采取询问、查询、勘验、鉴定和调取证据材料等不限制被调查对象人身、财产权利的措施。经审查，认为有犯罪事实，需要追究刑事责任的，经县级以上公安机关负责人批准，予以立案。

公安机关立案后，应当采取调查性侦查措施①，但是一般不得采取限制人身、财产权利的强制性措施。确有必要采取的，必须严格依照法律规定的条件和程序。严禁在没有证据的情况下，查封、扣押、冻结涉案财物或者拘留、逮捕犯罪嫌疑人。

公安机关立案后，在 30 日以内经积极侦查，仍然无法收集到证明有犯罪事实需要对犯罪嫌疑人追究刑事责任的充分证据的，应当立即撤销案件或者终止侦查。重大、疑难、复杂案件，经上一级公安机关负责人批准，可以再延长 30 日。

上级公安机关认为不应当立案，责令限期纠正的，或者人民检察院认为不应当立案，通知撤销案件的，公安机关应当及时撤销案件。

第 19 条　对有控告人的案件，经审查决定不予立案的，应当在立案审查的期限内制作不予立案通知书，并在 3 日以内送达控告人。

第 20 条　涉嫌经济犯罪的案件与人民法院正在审理或者作出生效裁判文书的民事案件，属于同一法律事实或者有牵连关系，符合下列条件之一的，应当立案：（一）人民法院在审理民事案件或者执行过程中，发现有经济犯罪嫌疑，裁定不予受理、驳回起诉、中止诉讼、判决驳回诉讼请求或者中止执行生效裁判文书，并将有关材料移送公安机关的；（二）人民检察院依法通知公安机关立案的；（三）公安机关认为有证据证明有犯罪事实，需要追究刑事责任，经省级以上公安机关负责人批准的。

有前款第 2 项、第 3 项情形的，公安机关立案后，应当严格依照法律规定的条件和程序采取强制措施和侦查措施，并将立案决定书等法律文书及相关案件材料复印件抄送正在审理或者作出生效裁判文书的人民法院并说明立案理由，同时通报与办理民事案件的人民法院同级的人民检察院，必要时可以报告上级公安机关。

在侦查过程中，不得妨碍人民法院民事诉讼活动的正常进行。

第 21 条　公安机关在侦查过程中、人民检察院在审查起诉过程中，发现具有下列情形之一的，应当将立案决定书、起诉意见书等法律文书及相关案件材料复印件抄送正在审理或者作出生效裁判文书的人民法院，由人民法院依法处理：（一）侦查、审查起诉的经济犯罪案件与人民法院正在审理或者作出生效裁判文书的民事案件属于同一法律事实或者有牵连关系的；（二）涉案财物已被有关当事人申请执行的。

有前款规定情形的，公安机关、人民检察院应当同时将有关情况通报与办理民事案件的人民法院同级的人民检察院。

公安机关将相关法律文书及案件材料复印件抄送人民法院后 1 个月以内未收到回复的，

---

① 本《规定》第 77 条规定："调查性侦查措施"，是指公安机关在办理经济犯罪案件过程中，依照法律规定进行的专门调查工作和有关侦查措施，但是不包括限制犯罪嫌疑人人身、财产权利的强制性措施。

必要时，可以报告上级公安机关。

立案侦查、审查起诉的经济犯罪案件与仲裁机构作出仲裁裁决的民事案件属于同一法律事实或者有牵连关系，且人民法院已经受理与该仲裁裁决相关申请的，依照本条第1款至第3款的规定办理。

第22条　涉嫌经济犯罪的案件与人民法院正在审理或者作出生效裁判文书以及仲裁机构作出裁决的民事案件有关联但不属同一法律事实的，公安机关可以立案侦查，但是不得以刑事立案为由要求人民法院移送案件、裁定驳回起诉、中止诉讼、判决驳回诉讼请求、中止执行或者撤销判决、裁定，或者要求人民法院撤销仲裁裁决。

第23条　人民法院在办理民事案件过程中，认为该案件不属于民事纠纷而有经济犯罪嫌疑需要追究刑事责任的，并将涉嫌经济犯罪的线索、材料移送公安机关的，接受案件的公安机关应当立即审查，并在10日以内决定是否立案。公安机关不立案的，应当及时告知人民法院。

第24条　人民法院在办理民事案件过程中，发现与民事纠纷虽然不是同一事实但是有关联的经济犯罪线索、材料，并将涉嫌经济犯罪的线索、材料移送公安机关的，接受案件的公安机关应当立即审查，并在10日以内决定是否立案。公安机关不立案的，应当及时告知人民法院。

第25条　在侦查过程中，公安机关发现具有下列情形之一的，应当及时撤销案件：（一）对犯罪嫌疑人解除强制措施之日起12个月以内，仍然不能移送审查起诉或者依法作其他处理的①；（二）对犯罪嫌疑人未采取强制措施，自立案之日起2年以内，仍然不能移送审查起诉或者依法作其他处理的；（三）人民检察院通知撤销案件的；（四）其他符合法律规定的撤销案件情形的。

有前款第一项、第二项情形，但是有证据证明有犯罪事实需要进一步侦查的，经省级以上公安机关负责人批准，可以不撤销案件，继续侦查。

撤销案件后，公安机关应当立即停止侦查活动，并解除相关的侦查措施和强制措施。

撤销案件后，又发现新的事实或者证据，依法需要追究刑事责任的，公安机关应当重新立案侦查。

第26条　公安机关接报案件后，报案人、控告人、举报人、被害人及其法定代理人、近亲属查询立案情况的，应当在3日以内告知立案情况并记录在案。对已经立案的，应当告知立案时间、涉嫌罪名、办案单位等情况。

第27条　对报案、控告、举报、移送的经济犯罪案件，公安机关作出不予立案决定、撤销案件决定或者逾期未作出是否立案决定有异议的，报案人、控告人、举报人可以申请人民检察院进行立案监督，移送案件的行政执法机关可以建议人民检察院进行立案监督。

人民检察院认为需要公安机关说明不予立案、撤销案件或者逾期未作出是否立案决定的理由的，应当要求公安机关在7日以内说明理由。公安机关应当书面说明理由，连同有

---

① 《公安部关于〈公安机关办理经济犯罪案件的若干规定〉第十四条适用问题的批复》（公复字〔2006〕3号，2006年7月28日答复广东省公安厅"粤公请字〔2006〕101号"请示，2018年4月12日被公安部公告《决定废止的规范性文件目录》废止）：2006年5月31日以前对犯罪嫌疑人解除强制措施的，《公安机关办理经济犯罪案件的若干规定》第14条中"12个月"的期限可以自2006年6月1日起算。本书注：上述《批复》中的"第14条"是指公通字〔2005〕101号《若干规定》（2006年6月1日施行）第14条，其内容对应现《若干规定》（公通字〔2017〕25号）第25条。

关证据材料回复人民检察院。人民检察院认为不予立案或者撤销案件的理由不能成立的，应当通知公安机关立案。人民检察院要求公安机关说明逾期未作出是否立案决定的理由后，公安机关在7日以内既不说明理由又不作出是否立案的决定的，人民检察院应当发出纠正违法通知书予以纠正，经审查案件有关证据材料，认为符合立案条件的，应当通知公安机关立案。

第28条 犯罪嫌疑人及其法定代理人、近亲属或者辩护律师对公安机关立案提出异议的，公安机关应当及时受理、认真核查。

有证据证明公安机关可能存在违法介入经济纠纷，或者利用立案实施报复陷害、敲诈勒索及谋取其他非法利益等违法立案情形的，人民检察院应当要求公安机关书面说明立案的理由。公安机关应当在7日以内书面说明立案的依据和理由，连同有关证据材料回复人民检察院。人民检察院认为立案理由不能成立的，应当通知公安机关撤销案件。

第29条 人民检察院发现公安机关在办理经济犯罪案件过程中适用另案处理存在违法或者不当的，可以向公安机关提出书面纠正意见或者检察建议。公安机关应当认真审查，并将结果及时反馈人民检察院。没有采纳的，应当说明理由。

第30条 依照本规定，报经省级以上公安机关负责人批准立案侦查或者继续侦查的案件，撤销案件时应当经原审批的省级以上公安机关负责人批准。

人民检察院通知撤销案件的，应当立即撤销案件，并报告原审批的省级以上公安机关。

【应急〔2019〕54号】 安全生产行政执法与刑事司法衔接工作办法（应急管理部、公安部、最高法、最高检2019年4月16日印发施行）

第9条 公安机关对应急管理部门移送的涉嫌安全生产犯罪案件，应当出具接受案件的回执或者在案件移送书的回执上签字。

第11条（第2款） 对属于公安机关管辖但不属于本公安机关管辖的案件，应当在接受案件后24小时内移送有管辖权的公安机关，并书面通知移送案件的应急管理部门，抄送同级人民检察院。对不属于公安机关管辖的案件，应当在24小时内退回移送案件的应急管理部门。

【高检发释字〔2019〕4号】 人民检察院刑事诉讼规则（2019年12月2日最高检第13届检委会第28次会议通过，2019年12月30日公布施行；高检发释字〔2012〕2号《规则（试行）》同时废止）

第161条 人民检察院负责控告申诉检察的部门或者举报中心统一接受报案、控告、举报、申诉和犯罪嫌疑人投案自首，并依法审查，在7日以内作出以下处理：

（一）属于本院管辖且符合受理条件的，应当予以受理；

（二）不属于本院管辖的报案、控告、举报、自首，应当移送主管机关处理。必须采取紧急措施的，应当先采取紧急措施，然后移送主管机关。不属于本院管辖的申诉，应当告知其向有管辖权的机关提出；

（三）案件情况事实或者线索不明的，应当进行必要的调查核实，收集相关材料，查明情况后依法作出处理及时移送有管辖权的机关或者部门办理。

负责控告申诉检察的部门可以向下级人民检察院交办控告、申诉、举报案件，并依照有关规定进行督办。

第162条 控告、申诉符合下列条件的，人民检察院应当受理：（一）属于人民检察院受理案件范围；（二）本院具有管辖权；（三）申诉人是原案的当事人或者其法定代理人、近亲属；（四）控告、申诉材料符合受理要求。

控告人、申诉人委托律师代理控告、申诉，符合上述条件的，应当受理。

（新增）控告、申诉材料不齐备的，应当告知控告人、申诉人补齐。受理时间从控告人、申诉人补齐相关材料之日起计算。

第163条　对于收到的群众来信，负责控告申诉检察的部门应当在7日以内进行程序性答复，办案部门应当在3个月以内将办理进展或者办理结果答复来信人。

第164条　负责控告申诉检察的部门对受理的刑事申诉案件应当根据事实、法律进行审查，必要时可以进行调查核实。认为原案处理可能错误的，应当移送相关办案部门办理；认为原案处理没有错误的，应当书面答复申诉人。

第165条　办案部门应当在规定期限内办结控告、申诉办理案件，制作相关法律文书，送达报案人、控告人、申诉人、举报人、自首人，并做好释法说理工作。

【高检发办字〔2020〕31号】　最高人民检察院关于加强新时代未成年人检察工作的意见（2020年4月21日）

19. 切实发挥12309检察服务中心未成年人司法保护专区作用。依托专区功能，及时接收涉未成年人刑事申诉、控告和司法救助线索。进一步明确涉未成年人线索的受理、移送和答复流程，严格执行"7日内回复、3个月答复"规定，及时受理，逐级分流，依法办理，确保事事有着落、件件有回音。……

【高检发〔2020〕19号】　人民检察院司法责任追究条例（2020年8月21日最高检第13届检委会第48次会议通过，2020年10月19日印发施行；高检发〔2007〕12号《检察人员执法过错责任追究条例》同时废止）

第26条　人民检察院在司法责任追究工作中，发现检察人员违反检察职责的行为涉嫌职务犯罪的，应当将犯罪线索及时移送监察机关或者司法机关处理。

【法发〔2021〕10号】　最高人民法院、最高人民检察院、公安部、司法部关于进一步加强虚假诉讼犯罪惩治工作的意见（2021年3月4日印发，2021年3月10日施行）

第8条　人民法院、人民检察院、公安机关发现虚假诉讼犯罪的线索来源包括：（一）民事诉讼当事人、诉讼代理人和其他诉讼参与人、利害关系人、其他自然人、法人和非法人组织的报案、控告、举报和法律监督申请；（二）被害人有证据证明对被告人通过实施虚假诉讼行为已侵犯自己合法权益的行为应当依法追究刑事责任，且有证据证明曾经提出控告，而公安机关或者人民检察院不予追究被告人刑事责任，向人民法院提出的刑事自诉；（三）人民法院、人民检察院、公安机关、司法行政机关履行职责过程中主动发现；（四）有关国家机关移送的案件线索；（五）其他线索来源。

第10条　人民法院、人民检察院向公安机关移送涉嫌虚假诉讼犯罪案件，应当附下列材料：（一）案件移送函，载明移送案件的人民法院或者人民检察院名称、民事案件当事人名称和案由、所处民事诉讼阶段、民事案件办理人及联系电话等。案件移送函应当附移送材料清单和回执，经人民法院或者人民检察院负责人批准后，加盖人民法院或者人民检察院公章；（二）移送线索的情况说明，载明案件来源、当事人信息、涉嫌虚假诉讼犯罪的事实、法律依据等，并附相关证据材料；（三）与民事案件有关的诉讼材料，包括起诉书、答辩状、庭审笔录、调查笔录、谈话笔录等。

人民法院、人民检察院应当指定专门职能部门负责涉嫌虚假诉讼犯罪案件的移送。

人民法院将涉嫌虚假诉讼犯罪案件移送公安机关的，同时将有关情况通报同级人民检察院。

【主席令〔2020〕48号】 中华人民共和国人民武装警察法（2009年8月27日全国人大常委会〔11届10次〕通过；2020年6月20日全国人大常委会〔13届19次〕修订，2020年6月21日起施行）

第20条 人民武装警察执行任务时，发现有下列情形的人员，经现场指挥员同意，应当及时予以控制并移交公安机关、国家安全机关或者其他有管辖权的机关处理：（一）正在实施犯罪的；（二）通缉在案的；（三）违法携带危及公共安全物品的；（四）正在实施危害执勤目标安全行为的；（五）以暴力、威胁等方式阻碍人民武装警察执行任务的。

【公安部令〔2020〕159号】 公安机关办理刑事案件程序规定（2020年7月4日第3次部务会议修订，2020年7月20日公布，2020年9月1日施行）

第169条 公安机关对于公民扭送、报案、控告、举报或者犯罪嫌疑人自动投案的，都应当立即接受，问明情况，并制作笔录，经核对无误后，由扭送人、报案人、控告人、举报人、投案人签名、捺指印。必要时，应当对接受过程录音录像录音或者录像。

第170条 公安机关对扭送人、报案人、控告人、举报人、投案人提供的有关证据材料等应当登记，制作接受证据材料清单，由扭送人、报案人、控告人、举报人、投案人签名，并妥善保管。必要时，应当拍照或者录音录像。

第171条 公安机关接受案件时，应当制作受案登记表和受案，并出具回执，并将受案回执交扭送人、报案人、控告人、举报人。扭送人、报案人、控告人、举报人无法取得联系或者拒绝接受回执的，应当在回执中注明。

第173条 公安机关应当保障扭送人、报案人、控告人、举报人及其近亲属的安全。

扭送人、报案人、控告人、举报人如果不愿意公开自己的身份，应当为其保守秘密，并在材料中注明。

【国务院令〔2020〕730号】 行政执法机关移送涉嫌犯罪案件的规定（2001年7月4日国务院第42次常务会议通过，2001年7月9日国务院令第310号公布施行；2020年8月7日国务院令第730号修订施行）

第2条 本规定所称行政执法机关，是指依照法律、法规或者规章的规定，对破坏社会主义市场经济秩序、妨害社会管理秩序以及其他违法行为具有行政处罚权的行政机关，以及法律、法规授权的具有管理公共事务职能、在法定授权范围内实施行政处罚的组织。

第6条 行政执法机关向公安机关移送涉嫌犯罪案件，应当附有下列材料：（一）涉嫌犯罪案件移送书；（二）涉嫌犯罪案件情况的调查报告；（三）涉案物品清单；（四）有关检验报告或者鉴定结论；（五）其他有关涉嫌犯罪的材料。

第15条 行政执法机关违反本规定，隐匿、私分、销毁涉案物品的，由本级或者上级人民政府，或者实行垂直管理的上级行政执法机关，对其正职负责人根据情节轻重，给予降级以上的处分；构成犯罪的，依法追究刑事责任。

对前款所列行为直接负责的主管人员和其他直接责任人员，比照前款的规定给予处分；构成犯罪的，依法追究刑事责任。

第16条　行政执法机关违反本规定，逾期不将案件移送公安机关的，由本级或者上级人民政府，或者实行垂直管理的上级行政执法机关，责令限期移送，并对其正职负责人或者主持工作的负责人根据情节轻重，给予记过以上的处分；构成犯罪的，依法追究刑事责任。

行政执法机关违反本规定，对应当向公安机关移送的案件不移送，或者以行政处罚代替移送的，由本级或者上级人民政府，或者实行垂直管理的上级行政执法机关，责令改正，给予通报；拒不改正的，对其正职负责人或者主持工作的负责人给予记过以上的处分；构成犯罪的，依法追究刑事责任。

对本条第1款、第2款所列行为直接负责的主管人员和其他直接责任人员，分别比照前两款的规定给予处分；构成犯罪的，依法追究刑事责任。

第17条　公安机关违反本规定，不接受行政执法机关移送的涉嫌犯罪案件，或者逾期不作出立案或者不予立案的决定的，除由人民检察院依法实施立案监督外，由本级或者上级人民政府责令改正，对其正职负责人根据情节轻重，给予记过以上的处分；构成犯罪的，依法追究刑事责任。

对前款所列行为直接负责的主管人员和其他直接责任人员，比照前款的规定给予处分；构成犯罪的，依法追究刑事责任。

第18条　有关机关存在本规定第15条、第16条、第17条所列违法行为，需要由监察机关依法给予违法的公职人员政务处分的，该机关及其上级主管机关或者有关人民政府应当依照有关规定将相关案件线索移送监察机关处理。

第19条　行政执法机关在依法查处违法行为过程中，发现公职人员有贪污贿赂、失职渎职或者利用职权侵犯公民人身权利和民主权利等违法行为，涉嫌构成职务犯罪的，应当依照刑法、刑事诉讼法、监察法等法律规定及时将案件线索移送监察机关或者人民检察院处理。

【高检发释字〔2021〕4号】　最高人民检察院关于推进行政执法与刑事司法衔接工作的规定（2021年6月2日最高检第13届检委会第68次会议通过，2021年9月6日印发施行；2001年12月3日高检发释字〔2001〕4号《人民检察院办理行政执法机关移送涉嫌犯罪案件的规定》同时废止）

第3条　人民检察院开展行政执法与刑事司法衔接工作由负责捕诉的部门按照管辖案件类别办理。负责捕诉的部门可以在办理时听取其他办案部门的意见。

本院其他办案部门在履行检察职能过程中，发现涉及行政执法与刑事司法衔接线索的，应当及时移送本院负责捕诉的部门。

第12条　人民检察院发现行政执法人员涉嫌职务违法、犯罪的，应当将案件线索移送监察机关处理。

【法发〔2021〕35号】　最高人民法院、最高人民检察院、公安部、工业和信息化部、住房和城乡建设部、交通运输部、应急管理部、国家铁路局、中国民用航空局、国家邮政局关于依法惩治涉枪支、弹药、爆炸物、易燃易爆危险物品犯罪的意见（2021年12月28日印发，2021年12月31日施行）

15. 有关行政执法机关在查处违法行为过程中发现涉嫌枪支、弹药、爆炸物、易燃易爆危险物品犯罪的，应当立即指定2名或者2名以上行政执法人员组成专案组专门负责，核实情况后提出移送涉嫌犯罪案件的书面报告，报本机关正职负责人或者主持工作的负责人审批。

有关行政执法机关正职负责人或者主持工作的负责人应当自接到报告之日起3日内作出批准移送或者不批准移送的决定。决定批准移送的，应当在24小时内向同级公安机关移送，并将案件移送书抄送同级人民检察院；决定不批准移送的，应当将不予批准的理由记录在案。

16. 有关行政执法机关向公安机关移送涉嫌枪支、弹药、爆炸物、易燃易爆危险物品犯罪案件，应当附下列材料：（1）涉嫌犯罪案件移送书，载明移送案件的行政执法机关名称、涉嫌犯罪的罪名、案件主办人和联系电话，并应当附移送材料清单和回执，加盖公章；（2）涉嫌犯罪案件情况的调查报告，载明案件来源、查获枪支、弹药、爆炸物、易燃易爆危险物品情况、犯罪嫌疑人基本情况、涉嫌犯罪的主要事实、证据和法律依据、处理建议等；（3）涉案物品清单，载明涉案枪支、弹药、爆炸物、易燃易爆危险物品的具体类别和名称、数量、特征、存放地点等，并附采取行政强制措施、现场笔录等表明涉案枪支、弹药、爆炸物、易燃易爆危险物品来源的材料；（4）有关检验报告或者鉴定意见，并附鉴定机构和鉴定人资质证明；没有资质证明的，应当附其他证明文件；（5）现场照片、询问笔录、视听资料、电子数据、责令整改通知书等其他与案件有关的证据材料。

有关行政执法机关对违法行为已经作出行政处罚决定的，还应当附行政处罚决定书及执行情况说明。

17. 公安机关对有关行政执法机关移送的涉嫌枪支、弹药、爆炸物、易燃易爆危险物品犯罪案件，应当在案件移送书的回执上签字或者出具接受案件回执，并依照有关规定及时进行审查处理。不得以材料不全为由不接受移送案件。

19. 公安机关、有关行政执法机关在办理涉枪支、弹药、爆炸物、易燃易爆危险物品违法犯罪案件过程中，发现公职人员有贪污贿赂、失职渎职或者利用职权侵犯公民人身权利和民主权利等违法行为，涉嫌构成职务犯罪的，应当依法及时移送监察机关或者人民检察院处理。

21. 有关行政执法机关对应当向公安机关移送的涉嫌枪支、弹药、爆炸物、易燃易爆危险物品犯罪案件，不得以行政处罚代替案件移送。

有关行政执法机关向公安机关移送涉嫌枪支、弹药、爆炸物、易燃易爆危险物品犯罪案件的，已经作出的警告、责令停产停业、暂扣或者吊销许可证、暂扣或者吊销执照的行政处罚决定，不停止执行。

【公通字〔2016〕16号】 公安机关受理行政执法机关移送涉嫌犯罪案件规定（公安部2016年6月16日）

第2条 对行政执法机关移送的涉嫌犯罪案件，公安机关应当接受，及时录入执法办案信息系统，并检查是否附有下列材料：（一）案件移送书，载明移送机关名称、行政违法行为涉嫌犯罪罪名、案件主办人及联系电话等。案件移送书应当附移送材料清单，并加盖移送机关公章；（二）案件调查报告，载明案件来源、查获情况、嫌疑人基本情况、涉嫌犯罪的事实、证据和法律依据、处理建议等；（三）涉案物品清单，载明涉案物品的名称、数量、特征、存放地等事项，并附采取行政强制措施、现场笔录等表明涉案物品来源的相关材料；（四）附有鉴定机构和鉴定人资质证明或者其他证明文件的检验报告或者鉴定意见；（五）现场照片、询问笔录、电子数据、视听资料、认定意见、责令整改通知书等其他与案件有关的证据材料。

移送材料表明移送案件的行政执法机关已经或者曾经作出有关行政处罚决定的,应当检查是否附有有关行政处罚决定书。

对材料不全的,应当在接受案件的24小时内书面告知移送的行政执法机关在3日内补正。但不得以材料不全为由,不接受移送案件。

第3条　对接受的案件,公安机关应当按照下列情形分别处理:(一)对属于本公安机关管辖的,迅速进行立案审查;(二)对属于公安机关管辖但不属于本公安机关管辖的,移送有管辖权的公安机关,并书面告知移送案件的行政执法机关;(三)对不属于公安机关管辖的,退回移送案件的行政执法机关,并书面说明理由。

第4条　对接受的案件,公安机关应当立即审查,并在规定的时间内作出立案或者不立案的决定。

决定立案的,应当书面通知移送案件的行政执法机关。对决定不立案的,应当说明理由,制作不予立案通知书,连同案卷材料在3日内送达移送案件的行政执法机关。

第5条　公安机关审查发现涉嫌犯罪案件移送材料不全、证据不充分的,可以就证明有犯罪事实的相关证据要求等提出补充调查意见,商请移送案件的行政执法机关补充调查。必要时,公安机关可以自行调查。

第6条　对决定立案的,公安机关应当自立案之日起3日内与行政执法机关交接涉案物品以及与案件有关的其他证据材料。

对保管条件、保管场所有特殊要求的涉案物品,公安机关可以在采取必要措施固定留取证据后,商请行政执法机关代为保管。

移送案件的行政执法机关在移送案件后,需要作出责令停产停业、吊销许可证等行政处罚,或者在相关行政复议、行政诉讼中,需要使用已移送公安机关证据材料的,公安机关应当协助。

第7条　单位或者个人认为行政执法机关办理的行政案件涉嫌犯罪,向公安机关报案、控告、举报或者自首的,公安机关应当接受,不得要求相关单位或者人员先行向行政执法机关报案、控告、举报或者自首。

第8条　对行政执法机关移送的涉嫌犯罪案件,公安机关立案后决定撤销案件的,应当将撤销案件决定书连同案卷材料送达移送案件的行政执法机关。对依法应当追究行政法律责任的,可以同时向行政执法机关提出书面建议。

【主席令〔2018〕3号】　中华人民共和国监察法(2018年3月20日第13届全国人大第1次会议通过,同日公布施行)

第34条(第1款)　人民法院、人民检察院、公安机关、审计机关等国家机关在工作中发现公职人员涉嫌贪污贿赂、失职渎职等职务违法或者职务犯罪的问题线索,应当移送监察机关,由监察机关依法调查处置。

第35条　监察机关对于报案或者举报,应当接受并按照有关规定处理。对于不属于本机关管辖的,应当移送主管机关处理。

第37条　监察机关对监察对象的问题线索,应当按照有关规定提出处置意见,履行审批手续,进行分类办理。线索处置情况应当定期汇总、通报,定期检查、抽查。

第38条　需要采取初步核实方式处置问题线索的,监察机关应当依法履行审批程序,成立核查组。初步核实工作结束后,核查组应当撰写初步核实情况报告,提出处理建议。承办部门应当提出分类处理意见。初步核实情况报告和分类处理意见报监察机关主要负责人审批。

【国监委公告〔2021〕1号】 监察法实施条例（2021年7月20日国家监委全体会议决定，2021年9月20日公布施行）

第32条 监察机关发现依法由其他机关管辖的违法犯罪线索，应当及时移送有管辖权的机关。

监察机关调查结束后，对于应当给予被调查人或者涉案人员行政处罚等其他处理的，依法移送有关机关。

第168条 监察机关应当对问题线索归口受理、集中管理、分类处置、定期清理。

第169条 监察机关对于报案或者举报应当依法接受。属于本级监察机关管辖的，依法予以受理；属于其他监察机关管辖的，应当在5个工作日以内予以转送。

监察机关可以向下级监察机关发函交办检举控告，并进行督办，下级监察机关应当按期回复办理结果。

第170条 对于涉嫌职务违法或者职务犯罪的公职人员主动投案的，应当依法接待和办理。

第171条 监察机关对于执法机关、司法机关等其他机关移送的问题线索，应当及时审核，并按照下列方式办理：（一）本单位有管辖权的，及时研究提出处置意见；（二）本单位有管辖权但其他监察机关有管辖权的，在5个工作日以内转送有管辖权的监察机关；（三）本单位对部分问题线索有管辖权的，对有管辖权的部分提出处置意见，并及时将其他问题线索转送有管辖权的机关；（四）监察机关没有管辖权的，及时退回移送机关。

第172条 信访举报部门归口受理本机关管辖监察对象涉嫌职务违法和职务犯罪问题的检举控告，统一接收有关监察机关以及其他单位移送的相关检举控告，移交本机关监督检查部门或者相关部门，并将移交情况通报案件监督管理部门。

案件监督管理部门统一接收巡视巡察机构和审计机关、执法机关、司法机关等其他机关移送的职务违法和职务犯罪问题线索，按程序移交本机关监督检查部门或者相关部门办理。

监督检查部门、调查部门在工作中发现的相关问题线索，属于本部门受理范围的，应当报送案件监督管理部门备案；属于本机关其他部门受理范围的，经审批后移交案件监督管理部门分办。

第173条 案件监督管理部门应当对问题线索实行集中管理、动态更新，定期汇总、核对问题线索及处置情况，向监察机关主要负责人报告，并向相关部门通报。

问题线索承办部门应当指定专人负责管理线索，逐件编号登记、建立管理台账。线索管理处置各环节应当由经手人员签名，全程登记备查，及时与案件监督管理部门核对。

第174条 监督检查部门应当结合问题线索所涉及地区、部门、单位总体情况进行综合分析，提出处置意见并制定处置方案，经审批按照谈话、函询、初步核实、暂存待查、予以了结等方式进行处置，或者按照职责移送调查部门处置。

函询应当以监察机关办公厅（室）名义发函给被反映人，并抄送其所在单位和派驻监察机构主要负责人。被函询人应当在收到函件后15个工作日以内写出说明材料，由其所在单位主要负责人签署意见后发函回复。被函询人为所在单位主要负责人的，或者被函询人所作说明涉及所在单位主要负责人的，应当直接发函回复监察机关。

被函询人已经退休的，按照第2款规定程序办理。

监察机关根据工作需要，经审批可以对谈话、函询情况进行核实。

第175条　检举控告人使用本人真实姓名或者本单位名称，有电话等具体联系方式的，属于实名检举控告。监察机关对实名检举控告应当优先办理、优先处置，依法给予答复。虽有署名但不是检举控告人真实姓名（单位名称）或者无法验证的检举控告，按照匿名检举控告处理。

信访举报部门对属于本机关受理的实名检举控告，应当在收到检举控告之日起15个工作日以内按规定告知实名检举控告人受理情况，并做好记录。

调查人员应当将实名检举控告的处理结果在办结之日起15个工作日以内向检举控告人反馈，并记录反馈情况。对检举控告人提出异议的应当如实记录，并向其进行说明；对提供新证据材料的，应当依法核查处理。

第228条　人民检察院在审查起诉过程中发现新的职务违法或者职务犯罪问题线索并移送监察机关的，监察机关应当依法处置。

【高检发办字〔2023〕49号】　人民检察院办理知识产权案件工作指引（2023年4月25日印发施行）

第10条（第2款）　人民检察院在办理知识产权案件中，发现涉嫌犯罪线索或者其他违法线索的，应当按照规定及时将相关线索及材料移送本院相关检察业务部门或者有管辖权的公安机关、行政机关。

【海警局令〔2023〕1号】　海警机构办理刑事案件程序规定（2023年5月15日审议通过，2023年6月15日起施行）（余文见本书第308条）

第163条　海警机构对于公民扭送、报案、控告、举报或者犯罪嫌疑人自动投案的，都应当立即接受，问明情况，并制作笔录，经核对无误后，由扭送人、报案人、控告人、举报人、投案人确认并签名、捺指印。必要时，应当对接受过程录音录像。

第164条　海警机构对扭送人、报案人、控告人、举报人、投案人提供的有关证据材料等应当登记，制作接受证据材料清单，由扭送人、报案人、控告人、举报人、投案人签名，并妥善保管。必要时，应当拍照或者录音录像。

第165条　海警机构接受案件时，应当制作受案登记表和受案回执，并将受案回执交扭送人、报案人、控告人、举报人。扭送人、报案人、控告人、举报人无法取得联系或者拒绝接受回执的，应当在回执中注明。

第166条　海警机构接受控告、举报的工作人员，应当向控告人、举报人说明诬告应负的法律责任。但是，只要不是捏造事实、伪造证据，即使控告、举报的事实有出入，甚至是错告的，也要和诬告严格区别。

第167条　海警机构应当保障扭送人、报案人、控告人、举报人及其近亲属的安全。

扭送人、报案人、控告人、举报人不愿意公开自己的身份的，应当为其保守秘密，并在材料中注明。

【高检发〔2023〕4号】　最高人民法院、最高人民检察院、公安部、司法部关于办理性侵害未成年人刑事案件的意见（2023年5月24日印发，2023年6月1日起施行）（详见《刑法全厚细》第236条）

第6条　公安机关发现可能有未成年人被性侵害或者接报相关线索的，无论案件是否属于本单位管辖，都应当及时采取制止侵害行为、保护被害人、保护现场等紧急措施。必要时，应当通报有关部门对被害人予以临时安置、救助。

第7条　公安机关受理案件后，经过审查，认为有犯罪事实需要追究刑事责任，但因犯罪地、犯罪嫌疑人无法确定，管辖权不明的，受理案件的公安机关应当先立案侦查，经过侦查明确管辖后，及时将案件及证据材料移送有管辖权的公安机关。

【国安部令〔2024〕4号】　**国家安全机关办理刑事案件程序规定**（2024年4月26日公布，2024年7月1日起施行）

第191条　国家安全机关对于公民扭送、报案、控告、举报或者犯罪嫌疑人自动投案的，都应当接受，问明情况，并制作笔录，经核对无误后，由扭送人、报案人、控告人、举报人、投案人确认并签名、捺指印。必要时，应当对接受过程录音录像。

第192条　国家安全机关对扭送人、报案人、控告人、举报人、投案人提供的有关证据材料等，应当登记制作接受证据材料清单，由扭送人、报案人、控告人、举报人、投案人签名。必要时，应当拍照或者录音录像。

第193条　国家安全机关接受案件时，应当制作接受刑事案件登记表，并出具回执，将回执交扭送人、报案人、控告人、举报人。扭送人、报案人、控告人、举报人无法取得联系或者拒绝接受回执的，应当注明。

第194条　国家安全机关接受控告、举报的工作人员，应当向控告人、举报人说明诬告应负的法律责任。但是，只要不是捏造事实、伪造证据，即使控告、举报的事实有出入，甚至是错告的，也要和诬告严格加以区别。

第195条　扭送人、报案人、控告人、举报人如果不愿意公开自己的身份和扭送、报案、控告、举报的行为，国家安全机关应当在材料中注明，并为其保守秘密。

第196条　国家安全机关对行政机关、其他侦查机关移送的犯罪案件线索或者犯罪嫌疑人，应当依照本规定第191条、第192条和第193条的规定，办理相关受案手续。

第197条　国家安全机关对接受的案件，或者发现的案件线索，应当迅速进行审查。

对于在审查中发现案件事实或者线索不明的，必要时，经国家安全机关负责人批准，可以进行调查核实。

调查核实过程中，国家安全机关可以依照有关法律和规定采取不限制被调查对象人身、财产权利的措施。

第198条　国家安全机关经过审查，认为有犯罪事实，但不属于自己管辖的，应当经国家安全机关负责人批准，制作移送案件通知书，及时移送有管辖权的机关处理，并且通知扭送人、报案人、控告人、举报人和移送案件的机关。对于不属于自己管辖而又必须采取紧急措施的，应当先采取紧急措施，然后办理手续，移送主管机关。

对不属于国家安全机关职责范围的事项，在接报案时能够当场判断的，应当立即口头告知扭送人、报案人、控告人、举报人向其他主管机关报案。

第199条　经过审查，对于不够刑事处罚需要给予行政处理的，依法予以处理或者移送有关部门。

第 112 条　【初查，不立案及异议】人民法院、人民检察院或者公安机关对于报案、控告、举报①和自首的材料，应当按照管辖范围，迅速进行审查，认为有犯罪事实需要追究刑事责任的时候，应当立案；认为没有犯罪事实，或者犯罪事实显著轻微，不需要追究刑事责任的时候，不予立案，并且将不立案的原因通知控告人。控告人如果不服，可以申请复议。

● **相关规定**　【高检发〔1995〕17号】　最高人民检察院关于要案线索备案、初查的规定
（1995年7月21日最高检第8届检委会第36次会议通过，1995年10月6日印发）

第2条　本规定所称要案线索，是指依法由人民检察院直接受理和立案侦查的县处级以上干部涉嫌贪污、贿赂、徇私舞弊等职务犯罪的案件线索。

第3条　本规定所称初查，是指人民检察院在立案前对要案线索材料进行审查的司法活动。

第4条　对要案线索实行分级备案。县处级干部的要案线索一律层报省人民检察院备案，其中涉嫌犯罪金额特别巨大或者犯罪后果特别严重的，层报最高人民检察院备案；厅局级以上干部的要案线索一律层报最高人民检察院备案。

第5条　地、州、市级人民检察院负责县处级干部犯罪线索的初查；省级人民检察院负责厅局级干部犯罪线索的初查；最高人民检察院负责省部级干部犯罪线索的初查。负责初查的人民检察院应当及时报告同级党委的主要领导同志。

根据需要，上级人民检察院可对下级人民检察院负责初查的要案线索直接初查或派员参与初查，也可将本院负责初查的要案线索交下级人民检察院初查。

第6条　各级人民检察院对于控告、检举和犯罪人自首的要案线索，都应依法受理，指定专人逐件登记，并及时报本院检察长研究，依照本《规定》第5条的规定，属应由本院初查的，应当及时报上级人民检察院备案，并提出初查意见；不属本院初查的，应当及时移送有关检察院处理。

前款规定适用于人民检察院在工作中发现的要案线索。

第7条　要案线索的备案和移送，应逐案填写《检察机关要案线索备案、移送表》。备案、移送应在受理后5日内办理，情况紧急的及时办理。

第8条　最高人民检察院和省级人民检察院对备案的要案线索，应当及时进行审查，如有不同意见，应及时通知有关下级人民检察院。下级人民检察院必须认真执行上级人民检察院的指示。

第9条　对应由本院初查的要案线索，经本院检察长研究决定，即可依法进行初查。

第10条　要案线索的初查工作应当秘密进行。

第11条　对要案线索进行初查后，应当分别情况，作出处理：

（一）有犯罪事实或者有事实证明有犯罪重大嫌疑的，应当立案侦查；

（二）没有犯罪事实，或者犯罪事实显著轻微，不需要追究刑事责任的，不予立案，必

---

① 本部分内容原为"控告、检举"，由1996年3月17日第8届全国人民代表大会第4次会议修改，1997年1月1日施行。

要时可移送有关机关处理；

（三）属于错告，如果对被控告、检举人造成不良影响的，应向有关部门澄清事实；

（四）属诬告陷害的，应依法追究或移送有关机关追究诬告陷害人的责任。

初查后的处理情况，应在10日内按备案的范围报上级人民检察院。上级人民检察院如认为处理不当，应及时通知下级人民检察院依法处理。

第12条　各级人民检察院举报中心具体承办要案线索的受理、移送、备案、统计等事项。其他业务部门应将每月受理的要案线索情况和处理结果，送举报中心，由举报中心统计上报并抄送本院统计部门。

第13条　对要案线索必须严格保密。一旦发生泄密事件，要及时采取补救措施，并根据情况和造成的后果，对责任人予以纪律处分直至追究刑事责任。

第14条　对涉嫌犯罪的要案线索，不得转送其他机关处理，不准压案不报、不查。违反本《规定》，该上报备案不上报备案，该初查不初查的，要视情节轻重，追究有关领导人的责任。

【高检会〔1999〕3号】　最高人民检察院、公安部、国土资源部、海关总署、国家税务总局、国家环境保护总局、国家工商行政管理局、国家林业局、国家质量技术监督局、国家保密局关于在查办渎职案件中加强协调配合建立案件移送制度的意见（1999年12月30日）

一、在查办渎职案件工作中，检察机关与各部门之间要加强联系、协调和配合，根据情况可采取不同形式互通信息，研究问题，交换意见。

二、公安、国土资源等部门发现或经调查，认为本部门工作人员触犯《中华人民共和国刑法》分则第九章中有关条款的规定，涉嫌渎职犯罪，需要追究刑事责任的案件，应将有关材料移送相应的检察机关。发现其他国家机关工作人员的渎职犯罪案件线索，也应将有关材料移送相应的检察机关。

三、检察机关对公安、国土资源等部门移送的材料要及时审查，决定是否立案。对决定立案的案件，检察机关应及时将立案情况通知移送单位。对决定不予立案的，应制作不立案通知书，写明不立案的原因和法律依据，送达移送单位，并退还有关材料。移送单位对不立案决定有异议的，可以在收到不立案通知书的10日以内向检察机关申请复议，检察机关应当在收到复议申请的30日以内作出复议决定，并将复议决定书送达申请复议单位。

四、检察机关接受群众举报或侦查中自行发现的公安、国土资源等部门工作人员的渎职案件，经查认为涉嫌渎职犯罪的，应向有关单位通报，并请求提供相关材料和协助侦查，有关单位应当协助。

五、检察机关对经过初查或侦查，认为不需要追究刑事责任，未予立案或在立案后作出撤销或不起诉决定的案件，可与相关单位交换意见。对认为应当追究党纪政纪责任的，应提出检察建议连同有关材料一起移送相应单位的纪检监察部门处理。对其中涉及领导干部的渎职案件，应按干部管理权限的规定，将检察建议和有关材料移送相应主管机关处理。对需要给予行政处罚、行政处分或者需要没收其违法所得的，应提出检察意见，移送有关主管机关处理。移送情况应向发案单位通报。

六、检察机关在查办公安、国土资源等部门工作人员的渎职犯罪案件中，如发现发案单位和相关部门在管理和制度等方面存在漏洞，需要进行整改的，应提出检察建议。发案单位和相关部门在接到检察机关提出的检察意见或检察建议后，应认真处理或整改，并将处理和整改情况向检察机关反馈。

七、检察机关与联合制定本意见之外的其他部门在查办渎职案件工作中的协调配合和案件的移送，参照此规定执行。

【公通字〔2000〕40号】　公安部关于刑事案件如实立案的通知（2000年5月9日）

三、对不够立案标准而不予立案的，有控告人的案件，主办案件的单位，应当依法通知控告人，并告知其不服，可以申请复议；对其他报案人的案件，应告知报案人，并做好解释说明工作。各级办案部门还可将立案情况采用公告栏形式向社会公布，有条件的地方可将信息输入微机，实行电脑管理，并向社会公布查询电话号码，及时接受报案人的查询。

四、对不够立案标准的，也要及时开展调查，并将调查处理结果告知当事人。盗窃、个人诈骗和抢夺公私财物的案件的立案标准仍按……标准执行。各地不得擅自提高立案标准。

八、110报警服务台对群众反映公安机关刑警队、派出所等单位不立案的投诉，应认真登记并及时转交相关单位处理。

【高检发〔2002〕18号】　最高人民检察院关于加强和改进控告申诉检察工作的决定（第9届检委会第113次会议通过，2002年11月5日印发施行）

10. 加大举报初查力度。……举报中心移送侦查部门的举报线索，应当附《举报线索查处情况回复单》。侦查部门接到移送的举报线索后，应当在1个月内作出处理，并填写回复单送举报中心。举报线索性质不明难以归口、检察长交办的，由举报中心初查。初查应当报检察长批准，并严格按照最高人民检察院的有关规定进行。

【公通字〔2006〕33号】　公安部、海关总署关于加强知识产权执法协作的暂行规定（2006年3月24日）

第8条　对海关通报的侵权嫌疑货物或者物品的情况，公安机关应当在收到海关书面通报后10个工作日决定是否对海关通报的当事人进行立案侦查并书面通知海关。对于海关移送的涉嫌构成犯罪的案件，公安机关应当在受理的3个工作日内决定是否立案侦查。

公安机关认为必要时，可以与海关就通报的案件情况进行磋商。

第9条　对公安机关决定对当事人进行立案侦查的，海关应当在收到公安机关的立案通知后3个工作日内向公安机关移交有关货物或者物品。

公安机关经过侦查，认为当事人没有犯罪事实、或者犯罪事实显著轻微，不需要追究刑事责任的，应当向海关退还有关货物或者物品。

第11条　有以下情形之一的，海关应当根据《知识产权海关保护条例》和《海关行政处罚实施条例》的有关规定，对有关当事人进出口侵权货物的行为进行调查处理：

（一）公安机关审查后认为没有犯罪事实决定不对当事人立案侦查的；

（二）公安机关未在本规定第8条规定的10个工作日内予以回复的；

（三）公安机关立案后认为不需要追究当事人刑事责任并向海关退还有关货物或者物品的。

第12条　公安机关对其他涉嫌侵犯知识产权犯罪案件进行侦查，需要海关协助监控进出口货物或者进出境物品、提供有关报关单证或者查询统计信息的，海关应当予以协助。

【高检会〔2006〕2号】　最高人民检察院、全国整顿和规范市场经济秩序领导小组办公室、公安部、监察部关于在行政执法中及时移送涉嫌犯罪案件的意见（2006年1月26日）

五、对行政执法机关移送的涉嫌犯罪案件，公安机关应当及时审查，自受理之日起10

日以内作出立案或者不立案的决定；案情重大、复杂的，可以在受理之日起 30 日以内作出立案或者不立案的决定。公安机关作出立案或者不立案决定，应当书面告知移送案件的行政执法机关、同级人民检察院及相关权利人。

公安机关对不属于本机关管辖的案件，应当在 24 小时以内转送有管辖权的机关，并书面告知移送案件的行政执法机关、同级人民检察院及相关权利人。

六、行政执法机关对公安机关决定立案的案件，应当自接到立案通知书之日起 3 日以内将涉案物品以及与案件有关的其他材料移送公安机关，并办理交接手续；法律、行政法规另有规定的，依照其规定办理。

七、行政执法机关对公安机关不立案决定有异议的，在接到不立案通知书后的 3 日以内，可以向作出不立案决定的公安机关提请复议，也可以建议人民检察院依法进行立案监督。

公安机关接到行政执法机关提请复议书后，应当在 3 日以内作出复议决定，并书面告知提请复议的行政执法机关。行政执法机关对公安机关不立案的复议决定仍有异议的，可以在接到复议决定书后的 3 日以内，建议人民检察院依法进行立案监督。

九、公安机关对发现的违法行为，经审查，没有犯罪事实，或者立案侦查后认为犯罪情节显著轻微，不需要追究刑事责任，但依法应当追究行政责任的，应当及时将案件移送行政执法机关，有关行政执法机关应当依法作出处理，并将处理结果书面告知公安机关和人民检察院。

十、行政执法机关对案情复杂、疑难，性质难以认定的案件，可以向公安机关、人民检察院咨询，公安机关、人民检察院应当认真研究，在 7 日以内回复意见。对有证据表明可能涉嫌犯罪的行为人可能逃匿或者销毁证据，需要公安机关参与、配合的，行政执法机关可以商请公安机关提前介入，公安机关可以派员介入。对涉嫌犯罪的，公安机关应当及时依法立案侦查。

十一、本意见所称行政执法机关，是指依照法律、法规或者规章的规定，对破坏社会主义市场经济秩序、妨害社会管理秩序以及其他违法行为具有行政处罚权的行政机关，以及法律、法规授权的具有管理公共事务职能、在法定授权范围内实施行政处罚的组织，不包括公安机关、监察机关。

【工商法字〔2012〕227 号】 国家工商总局、公安部、最高人民检察院关于加强工商行政执法与刑事司法衔接配合工作若干问题的意见（2012 年 12 月 18 日）

二、关于工商机关对公安机关不予立案决定有异议的处理

工商机关对公安机关不予立案决定有异议的，可以自接到不予立案通知之日起 3 个工作日内，提请作出决定的公安机关复议，也可以建议人民检察院进行立案监督。公安机关应当自收到提请复议的文件之日起 3 个工作日内作出是否立案的决定，并书面通知工商机关。……

五、关于公安机关对涉嫌行政违法案件的移送

公安机关对于工作中发现的行政违法行为，或者立案侦查后认为不构成犯罪，或者犯罪事实显著轻微，不需要追究刑事责任，但依法应当由工商机关追究行政责任的，应当在作出不立案或者撤销案件决定后 7 个工作日内依法将案件材料移送工商机关，同时抄送同级人民检察院。公安机关移送的涉嫌行政违法案件，工商机关应当依法作出处理。对于不属于本机关管辖的，工商机关应当在 3 个工作日内转送有管辖权的机关，并书面告知公安机关。

【高检发办字〔2015〕31号】　最高人民检察院职务犯罪侦查工作八项禁令（2015年8月4日）

一、严禁擅自处置案件线索、随意初查和在初查中对被调查对象采取限制人身、财产权利的强制性措施。违反者给予警告、记过或者记大过处分；情节较重的，给予降级或者撤职处分；情节严重的，给予开除处分；构成犯罪，依法追究刑事责任。

【公通字〔2015〕32号】　公安部关于改革完善受案立案制度的意见（2015年11月6日）

（一）规范工作流程

2. 及时审查办理。接报案件后，应当立即进行受案立案审查。对于违法犯罪事实清楚的案件，公安机关各办案警种、部门应当即受即立即办，不得推诿拖延。行政案件受案审查期限原则上不超过24小时，疑难复杂案件受案审查期限不超过3日。刑事案件立案审查期限原则上不超过3日；涉嫌犯罪线索需要查证的，立案审查期限不超过7日；重大疑难复杂案件，经县级以上公安机关负责人批准，立案审查期限可以延长至30日。法律、法规、规章等对受案立案审查期限另有规定的，从其规定。决定不予受案立案后又发现新的事实证据，或者发现原认定事实错误，需要追究行政、刑事责任的，应当及时受案立案处理。

【公通字〔2016〕16号】　公安机关受理行政执法机关移送涉嫌犯罪案件规定（公安部2016年6月16日）

第4条　对接受的案件，公安机关应当立即审查，并在规定的时间内作出立案或者不立案的决定。

决定立案的，应当书面通知移送案件的行政执法机关。对决定不立案的，应当说明理由，制作不予立案通知书，连同案卷材料在3日内送达移送案件的行政执法机关。

第5条　公安机关审查发现涉嫌犯罪案件移送材料不全、证据不充分的，可以就证明有犯罪事实的相关证据要求等提出补充调查意见，商请移送案件的行政执法机关补充调查。必要时，公安机关可以自行调查。

第6条　对决定立案的，公安机关应当自立案之日起3日内与行政执法机关交接涉案物品以及与案件有关的其他证据材料。

对保管条件、保管场所有特殊要求的涉案物品，公安机关可以在采取必要措施固定留取证据后，商请行政执法机关代为保管。

移送案件的行政执法机关在移送案件后，需要作出责令停产停业、吊销许可证等行政处罚，或者在相关行政复议、行政诉讼中，需要使用已移送公安机关证据材料的，公安机关应当协助。

第8条　对行政执法机关移送的涉嫌犯罪案件，公安机关立案后决定撤销案件的，应当将撤销案件决定书连同案卷材料送达移送案件的行政执法机关。对依法应当追究行政法律责任的，可以同时向行政执法机关提出书面建议。

【主席令〔2018〕3号】　中华人民共和国监察法（2018年3月20日第13届全国人大第1次会议通过，同日公布施行）

第39条　经过初步核实，对监察对象涉嫌职务违法犯罪，需要追究法律责任的，监察机关应当按照规定的权限和程序办理立案手续。

监察机关主要负责人依法批准立案后，应当主持召开专题会议，研究确定调查方案，决定需要采取的调查措施。

立案调查决定应当向被调查人宣布,并通报相关组织。涉嫌严重职务违法或者职务犯罪的,应当通知被调查人家属,并向社会公开发布。

【主席令〔2018〕6号】　中华人民共和国反恐怖主义法（2015年12月27日全国人大常委会〔12届18次〕通过,2016年1月1日起施行,2011年10月29日全国人大常委会《关于加强反恐怖工作有关问题的决定》同时废止;2018年4月27日全国人大常委会〔13届2次〕修正）

第53条　公安机关调查恐怖活动嫌疑,经县级以上公安机关负责人批准,可以根据其危险程度,责令恐怖活动嫌疑人员遵守下列一项或者多项约束措施①:(一)未经公安机关批准不得离开所居住的市、县或者指定的处所;(二)不得参加大型群众性活动或者从事特定的活动;(三)未经公安机关批准不得乘坐公共交通工具或者进入特定的场所;(四)不得与特定的人员会见或者通信;(五)定期向公安机关报告活动情况;(六)将护照等出入境证件、身份证件、驾驶证件交公安机关保存。

公安机关可以采取电子监控、不定期检查等方式对其遵守约束措施的情况进行监督。

采取前2款规定的约束措施的期限不得超过3个月。对不需要继续采取约束措施的,应当及时解除。

【应急〔2019〕54号】　安全生产行政执法与刑事司法衔接工作办法（应急管理部、公安部、最高法、最高检2019年4月16日印发施行）

第9条　公安机关对应急管理部门移送的涉嫌安全生产犯罪案件,应当出具接受案件的回执或者在案件移送书的回执上签字。

第10条　公安机关审查发现移送的涉嫌安全生产犯罪案件材料不全的,应当在接受案件的24小时内书面告知应急管理部门在3日内补正。

公安机关审查发现涉嫌安全生产犯罪案件移送材料不全、证据不充分的,可以就证明有犯罪事实的相关证据要求等提出补充调查意见,由移送案件的应急管理部门补充调查。根据实际情况,公安机关可以依法自行调查。

第11条（第1款）　公安机关对移送的涉嫌安全生产犯罪案件,应当自接受案件之日起3日内作出立案或者不予立案的决定;涉嫌犯罪线索需要查证的,应当自接受案件之日起7日内作出决定;重大疑难复杂案件,经县级以上公安机关负责人批准,可以自受案之日起30日内作出决定。依法不予立案的,应当说明理由,相应退回案件材料。

第12条（第1款）　公安机关作出立案、不予立案决定,应当自作出决定之日起3日内书面通知应急管理部门,并抄送同级人民检察院。

第13条　应急管理部门应当自接到公安机关立案通知书之日起3日内将涉案物品以及与案件有关的其他材料移交公安机关,并办理交接手续。

对保管条件、保管场所有特殊要求的涉案物品,可以在公安机关采取必要措施固定留取证据后,由应急管理部门代为保管。应急管理部门应当妥善保管涉案物品,并配合公安机关、人民检察院、人民法院在办案过程中对涉案物品的调取、使用及鉴定等工作。

---

① 注意:本条规定的"约束措施",是在公安机关反恐调查（刑事立案之前）阶段。

第14条　应急管理部门接到公安机关不予立案的通知书后，认为依法应当由公安机关决定立案的，可以自接到不予立案通知书之日起3日内提请作出不予立案决定的公安机关复议，也可以建议人民检察院进行立案监督。

公安机关应当自收到提请复议的文件之日起3日内作出复议决定，并书面通知应急管理部门。应急管理部门对公安机关的复议决定仍有异议的，应当自收到复议决定之日起3日内建议人民检察院进行立案监督。

应急管理部门对公安机关逾期未作出是否立案决定以及立案后撤销案件决定有异议的，可以建议人民检察院进行立案监督。

【高检发释字〔2019〕4号】　人民检察院刑事诉讼规则（2019年12月2日最高检第13届检委会第28次会议通过，2019年12月30日公布施行；高检发释字〔2012〕2号《规则（试行）》同时废止）

第166条　（新增）人民检察院直接受理侦查案件的线索，由负责侦查的部门统一受理、登记和管理。负责控告申诉检察的部门接受的控告、举报，或者本院其他办案部门发现的案件线索，属于人民检察院直接受理侦查案件线索的，应当在7日以内移送负责侦查的部门。

负责侦查的部门对案件线索进行审查后，认为属于本院管辖，需要进一步调查核实的，应当报检察长决定。

第167条　对于人民检察院直接受理侦查案件的线索，上级人民检察院在必要时，可以直接调查核实或者组织、指挥、参与下级人民检察院的调查核实，可以将下级人民检察院管辖的案件线索指定辖区内其他人民检察院调查核实，也可以将本院管辖的案件线索交由下级人民检察院调查核实；下级人民检察院认为案件线索重大、复杂，需要由上级人民检察院调查核实的，可以提请移送上级人民检察院调查核实。

第168条　调查核实一般不得接触被调查对象。必须接触被调查对象的，应当经检察长批准。

第169条　进行调查核实，可以采取询问、查询、勘验、检查、鉴定、调取证据材料等不限制被调查对象人身、财产权利的措施。不得对被调查对象采取强制措施，不得查封、扣押、冻结被调查对象的财产，不得采取技术侦查措施。

第170条　负责侦查的部门调查核实后，应当制作审查报告。

调查核实终结后，相关材料应当立卷归档。立案进入侦查程序的，对于作为诉讼证据以外的其他材料应当归入侦查内卷。

第171条　人民检察院对于直接受理的案件，经审查认为有犯罪事实需要追究刑事责任的，应当制作立案报告书，经检察长批准后予以立案。

（新增）符合立案条件，但犯罪嫌疑人尚未确定的，可以依据已查明的犯罪事实作出立案决定。

对具有下列情形之一的，报请检察长决定提请批准不予立案：（一）具有刑事诉讼法第16条规定情形之一的；（二）认为没有犯罪事实的；（三）事实或者证据尚不符合立案条件的。

第172条　对于其他机关或者本院其他办案部门移送的案件线索，决定不予立案的，负责侦查的部门应当制作不立案通知书，写明案由和案件来源、决定不立案的原因和法律依据，自作出不立案决定之日起 10 日以内送达移送案件线索的机关或者部门。

第 173 条　对于控告和实名举报，决定不予立案的，应当制作不立案通知书，写明案由和案件来源、决定不立案的原因和法律依据，由负责侦查的部门在 15 日以内送达控告人、举报人，同时告知本院负责控告申诉检察的部门。

控告人如果不服，可以在收到不立案通知书后 10 日以内向上一级人民检察院申请复议。不立案的复议，由上一级人民检察院负责侦查的部门本院控告检察部门审查办理。

人民检察院认为被控告人、被举报人的行为未构成犯罪，决定不予立案，但需要追究其党纪、政纪、违法责任的，应当移送有管辖权的主管机关处理。

第 174 条　错告对被控告人、被举报人造成不良影响的，人民检察院应当自作出不立案决定之日起 1 个月以内向其所在单位或者有关部门通报调查核实的结论，澄清事实。

属于诬告陷害的，应当移送有关机关处理。

【公安部令〔2020〕159 号】　公安机关办理刑事案件程序规定（2020 年 7 月 4 日第 3 次部务会议修订，2020 年 7 月 20 日公布，2020 年 9 月 1 日施行）

第 174 条　对接受的案件，或者发现的犯罪线索，公安机关应当迅速进行审查。发现案件事实或者线索不明的，必要时，经办案部门负责人批准，可以进行调查核实初查。

调查核实初查过程中，公安机关可以依照有关法律和规定采取询问、查询、勘验、鉴定和调取证据材料等不限制调查对象人身、财产权利的措施。但是，不得对调查对象采取强制措施，不得查封、扣押、冻结被调查对象的财产，不得采取技术侦查措施。

第 175 条　经过审查，认为有犯罪事实，但不属于自己管辖的案件，应当立即报经县级以上公安机关负责人批准，制作移送案件通知书，在 24 小时以内移送有管辖权的机关处理，并告知扭送人、报案人、控告人、举报人。对于不属于自己管辖而又必须采取紧急措施的，应当先采取紧急措施，然后办理手续，移送主管机关。

（新增）对不属于公安机关职责范围的事项，在接报案时能够当场判断的，应当立即口头告知扭送人、报案人、控告人、举报人向其他主管机关报案。

（新增）对于重复报案、案件正在办理或者已经办结的，应当向扭送人、报案人、控告人、举报人作出解释，不再登记，但有新的事实或者证据的除外。

第 176 条　经过审查，对告诉才处理的案件，公安机关应当告知当事人向人民法院起诉。

对被害人有证据证明的轻微刑事案件，公安机关应当告知被害人可以向人民法院起诉；被害人要求公安机关处理的，公安机关应当依法受理。

人民法院审理自诉案件，依法调取公安机关已经收集的案件材料和有关证据的，公安机关应当及时移交。

第 177 条　经过审查，对于不够刑事处罚需要给予行政处理的，依法予以处理或者移送有关部门。

第 178 条　公安机关接受案件后，经审查，认为有犯罪事实需要追究刑事责任，且属于自己管辖的，经县级以上公安机关负责人批准，予以立案；认为没有犯罪事实，或者犯罪事实显著轻微不需要追究刑事责任，或者具有其他依法不追究刑事责任情形的，经县级以上公安机关负责人批准，不予立案。

对有控告人的案件，决定不予立案的，公安机关应当制作不予立案通知书，并在 3 日以内送达控告人。

（新增）决定不予立案后又发现新的事实或者证据，或者发现原认定事实错误，需要追究刑事责任的，应当及时立案处理。

第179条　控告人对不予立案决定不服的，可以在收到不予立案通知书后7日以内向作出决定的公安机关申请复议；公安机关应当在收到复议申请后 30日 7日 以内作出决定，并将决定书送达书面通知控告人。

控告人对不予立案的复议决定不服的，可以在收到复议决定书后7日以内向上一级公安机关申请复核；上一级公安机关应当在收到复核申请后 30日 7日 以内作出决定。对上级公安机关撤销不予立案决定的，下级公安机关应当执行。

（新增）案情重大、复杂，公安机关可以延长复议、复核时限，但是延长时限不得超过30日，并书面告知申请人。

第180条　对行政执法机关移送的案件，公安机关应当自接受案件之日起3日以内进行审查，认为有犯罪事实，需要追究刑事责任，依法决定立案的，应当书面通知移送案件的行政执法机关；认为没有犯罪事实，或者犯罪事实显著轻微，不需要追究刑事责任，依法不予立案的，应当说明理由，并将不予立案通知书送达移送案件的行政执法机关，相应退回案件材料。

（新增）公安机关认为行政执法机关移送的案件材料不全的，应当在接受案件后24小时以内通知移送案件的行政执法机关在3日以内补正，但不得以材料不全为由不接受移送案件。

（新增）公安机关认为行政执法机关移送的案件不属于公安机关职责范围的，应当书面通知移送案件的行政执法机关向其他主管机关移送案件，并说明理由。

第181条　移送案件的行政执法机关对不予立案决定不服的，可以在收到不予立案通知书后3日以内向作出决定的公安机关申请复议；公安机关应当在收到行政执法机关的复议申请后3日以内作出决定，并书面通知移送案件的行政执法机关。

【法发〔2021〕10号】　最高人民法院、最高人民检察院、公安部、司法部关于进一步加强虚假诉讼犯罪惩治工作的意见（2021年3月4日印发，2021年3月10日施行）

第11条　人民法院、人民检察院认定民事诉讼当事人和其他诉讼参与人的行为涉嫌虚假诉讼犯罪，除民事诉讼当事人、其他诉讼参与人或者案外人的陈述、证言外，一般还应有物证、书证或者其他证人证言等证据相印证。

第12条　人民法院、人民检察院将涉嫌虚假诉讼犯罪案件有关材料移送公安机关的，接受案件的公安机关应当出具接受案件的回执或者在案件移送函所附回执上签收。

公安机关收到有关材料后，分别作出以下处理：

（一）认为移送的案件材料不全的，应当在收到有关材料之日起3日内通知移送的人民法院或者人民检察院在3日内补正。不得以材料不全为由不接受移送案件；

（二）认为有犯罪事实，需要追究刑事责任的，应当在收到有关材料之日起30日内决定是否立案，并通知移送的人民法院或者人民检察院；

（三）认为有犯罪事实，但是不属于自己管辖的，应当立即报经县级以上公安机关负责人批准，在24小时内移送有管辖权的机关处理，并告知移送的人民法院或者人民检察院。对于必须采取紧急措施的，应当先采取紧急措施，然后办理手续，移送主管机关；

（四）认为没有犯罪事实，或者犯罪情节显著轻微不需要追究刑事责任的，或者具有其他依法不追究刑事责任情形的，经县级以上公安机关负责人批准，不予立案，并应当说明理由，制作不予立案通知书在3日内送达移送的人民法院或者人民检察院，退回有关材料。

第16条（第1款） 公安机关依法自行立案侦办虚假诉讼刑事案件的，应当在立案后3日内将立案决定书等法律文书和相关材料复印件抄送对相关民事案件正在审理、执行或者作出生效裁判文书的人民法院并说明立案理由，同时通报办理民事案件人民法院的同级人民检察院。对相关民事案件正在审理、执行或者作出生效裁判文书的人民法院应当依法审查，依照相关规定做出处理，并在收到材料之日起30日内将处理意见书面通报公安机关。

【法发〔2022〕23号】 **最高人民法院、最高人民检察院、公安部关于办理信息网络犯罪案件适用刑事诉讼程序若干问题的意见**（2022年8月26日印发，2022年9月1日施行；2014年5月4日公通字〔2014〕10号《意见》同时废止）

三、关于信息网络犯罪案件的初查调查核实

11. 公安机关对接受的案件或者发现的犯罪线索，在审查中发现案件事实或者线索不明，需要经过调查才能够确认是否达到犯罪追诉刑事立案标准的，经公安机关办案部门负责人批准，可以进行初查调查核实；经过调查核实达到刑事立案标准的，应当及时立案。

12. 初查调查核实过程中，可以采取询问、查询、勘验、检查、鉴定、调取证据材料等不限制初查被调查对象人身、财产权利的措施，但不得对初查被调查对象采取强制措施，不得查封、扣押、冻结被调查对象的财产，不得采取技术侦查措施。

13. 公安机关在调查核实过程中依法收集的电子数据等材料，可以根据有关规定作为证据使用。

调查核实过程中收集的材料作为证据使用的，应当随案移送，并附批准调查核实的相关材料。

调查核实过程中收集的证据材料经查证属实，且收集程序符合有关要求的，可以作为定案依据。

【国监委公告〔2021〕1号】 **监察法实施条例**（2021年7月20日国家监委全体会议决定，2021年9月20日公布施行）

第176条 监察机关对具有可查性的职务违法和职务犯罪问题线索，应当按规定报批后，依法开展初步核实工作。

第177条 采取初步核实方式处置问题线索，应当确定初步核实对象，制定工作方案，明确需要核实的问题和采取的措施，成立核查组。

在初步核实中应当注重收集客观性证据，确保真实性和准确性。

第178条 在初步核实中发现或者受理被核查人新的具有可查性的问题线索的，应当经审批纳入原初核方案开展核查。

第179条 核查组在初步核实工作结束后应当撰写初步核实情况报告，列明被核查人基本情况、反映的主要问题、办理依据、初步核实结果、存在疑点、处理建议，由全体人员签名。

承办部门应当综合分析初步核实情况，按照拟立案调查、予以了结、谈话提醒、暂存待查，或者移送有关部门、机关处理等方式提出处置建议，按照批准初步核实的程序报批。

【主席令〔2021〕101号】 **中华人民共和国反有组织犯罪法**（2021年12月24日全国人大常委会〔13届32次〕通过，2022年5月1日起施行）

第26条 公安机关核查有组织犯罪线索，可以按照国家有关规定采取调查措施。公安机关向有关单位和个人收集、调取相关信息和材料的，有关单位和个人应当如实提供。

第50条 国家工作人员有下列行为的，应当全面调查，依法作出处理：（一）组织、领导、参加有组织犯罪活动的；（二）为有组织犯罪组织及其犯罪活动提供帮助的；（三）包庇有组织犯罪组织、纵容有组织犯罪活动的；（四）在查办有组织犯罪案件工作中失职渎职的；（五）利用职权或者职务上的影响干预反有组织犯罪工作的；（六）其他涉有组织犯罪的违法犯罪行为。

国家工作人员组织、领导、参加有组织犯罪的，应当依法从重处罚。

第73条 有关国家机关、行业主管部门拒不履行或者拖延履行反有组织犯罪法定职责，或者拒不配合反有组织犯罪调查取证，或者在其他工作中滥用反有组织犯罪工作有关措施的，由其上级机关责令改正；情节严重的，对负有责任的领导人员和直接责任人员，依法给予处分；构成犯罪的，依法追究刑事责任。

【公安部令〔2022〕165号】 公安机关反有组织犯罪工作规定（2022年8月10日第9次公安部部务会议通过，2022年8月26日公布，2022年10月1日起施行）

第2条 公安机关反有组织犯罪的职责任务，是收集、研判有组织犯罪相关信息，核查有组织犯罪线索，侦查有组织犯罪案件，实施《中华人民共和国反有组织犯罪法》规定的相关行政处罚，在职权范围内落实有组织犯罪预防和治理工作。

第10条 公安机关发现互联网上含有宣扬、诱导有组织犯罪内容的信息，应当及时责令电信业务经营者、互联网服务提供者停止传输、采取消除等处置措施，或者下架相关应用、关闭相关网站、关停相关服务，并保存相关记录，协助调查。

第12条 公安机关应当配合民政等有关部门，对村民委员会、居民委员会成员候选人资格依法进行审查，并及时处理有关有组织犯罪线索。

第14条 公安机关在办理案件中发现相关行业主管部门有组织犯罪预防和治理工作存在问题，需要书面提出意见建议的，可以向相关行业主管部门发送公安提示函。

发函机关认为有必要，可以抄送同级人民政府、人大、监察机关，或者被提示单位的上级机关。

第15条 制发公安提示函，应当立足公安职能，结合侦查工作，坚持准确及时、必要审慎、注重实效的原则。

第16条 公安机关可以直接向同级行业主管部门发送公安提示函。

需要向下级行业主管部门发送的，可以直接制发，也可以指令对应的下级公安机关制发。

需要向上级行业主管部门发送的，应当层报与其同级的公安机关转发，上级公安机关认为有必要的，也可以直接制发。

发现异地的行业主管部门有组织犯罪预防和治理工作存在问题的，应当书面通报其所在地同级公安机关处理。

第17条 公安提示函应当写明具体问题、发现途径、理由和依据、意见和建议、反馈要求等。

第18条 公安机关根据有组织犯罪态势评估结果、公安提示函反馈情况等，可以会同有关部门确定预防和治理的重点区域、行业领域或者场所。

第19条 对有组织犯罪预防和治理的重点区域、行业领域或者场所，当地公安机关应当根据职权加强治安行政管理、会同或者配合有关部门加大监督检查力度、开展专项整治。

第27条　公安机关应当依法运用现代信息技术，建立有组织犯罪线索收集和研判机制，分级分类进行处置。

公安机关对有组织犯罪线索应当及时开展统计、分析、研判工作，依法组织核查；对不属于公安机关职责范围的事项，移送有关主管机关依法处理。

第28条　有组织犯罪线索由县级公安机关负责核查，上级公安机关认为必要时可以提级核查或者指定其他公安机关核查。

上级公安机关应当加强对线索核查工作的监督指导，必要时可以组织抽查、复核。

第29条　对有组织犯罪线索，经县级以上公安机关负责人批准后启动核查。

核查有组织犯罪线索，可以依照有关法律和规定采取询问、查询、勘验、检查、鉴定和调取证据材料等不限制被调查对象人身、财产权利的调查措施。

采取前款规定的调查措施，依照《公安机关办理刑事案件程序规定》的有关规定进行审批，制作法律文书。

公安机关向有关单位和个人收集、调取相关信息和材料时，应当告知其必须如实提供。

第31条　有组织犯罪线索核查结论，应当经核查的公安机关负责人批准后作出。有明确举报人、报案人或者控告人的，除无法告知或者可能影响后续侦查工作的以外，应当告知核查结论。

对有控告人的有组织犯罪线索，决定对所控告的事实不予立案的，公安机关应当在核查结论作出后制作不予立案通知书，在3日以内送达控告人。

第32条　公安机关核查有组织犯罪线索，发现犯罪事实或者犯罪嫌疑人的，应当依照《中华人民共和国刑事诉讼法》的规定立案侦查。

第54条　公安机关在反有组织犯罪工作中，发现国家工作人员涉嫌《中华人民共和国反有组织犯罪法》第50条第1款所列情形之一的，应当按照职权进行初步核查。

经核查，属于公安机关管辖的，应当全面调查，依法作出处理；不属于公安机关管辖的，应当及时移送主管机关。

第57条　公安机关接到对从事反有组织犯罪工作民警的举报后，应当审慎对待，依规依纪依法处理，防止犯罪嫌疑人、被告人等利用举报干扰办案、打击报复。

对利用举报等方式歪曲捏造事实、诬告陷害从事反有组织犯罪工作民警的，应当依规依纪依法追究责任；造成不良影响的，应当按照规定及时澄清事实，恢复民警名誉，消除不良影响。

【海警局令〔2023〕1号】　海警机构办理刑事案件程序规定（2023年5月15日审议通过，2023年6月15日起施行）　(余文见本书第308条)

第168条　对接受的案件，或者发现的犯罪线索，海警机构应当迅速进行审查。发现案件事实或者线索不明的，必要时，经办案部门以上负责人批准，可以进行调查核实。

调查核实过程中，海警机构可以依照有关法律和规定采取询问、查询、勘验、鉴定和调取证据材料等不限制被调查对象人身、财产权利的措施。不得对被调查对象采取强制措施，不得查封、扣押、冻结被调查对象的财产，不得采取技术侦查措施。

第169条　经过审查，认为有犯罪事实，但不属于自己管辖的案件，应当经海警机构负责人批准，制作移送案件通知书，在 24 小时以内移送主管机关处理，并通知扭送人、报案人、控告人、举报人。对于不属于自己管辖而又必须采取紧急措施的，应当先采取紧急措施，然后办理手续，移送主管机关。

对不属于海警机构职责范围的事项，在接报案时能够当场判断的，应当立即口头告知扭送人、报案人、控告人、举报人向其他主管机关报案。

对于重复报案、案件正在办理或者已经办结的，应当向扭送人、报案人、控告人、举报人作出解释，不再登记，但有新的事实或者证据的除外。

第170条　经过审查，对告诉才处理的案件，海警机构应当告知当事人向人民法院起诉。

对被害人有证据证明的轻微刑事案件，海警机构应当告知被害人可以向人民法院起诉；被害人要求海警机构处理的，海警机构应当依法受理。

人民法院审理自诉案件，依法调取海警机构已经收集的案件材料和有关证据的，海警机构应当及时移交。

第171条　经过审查，对于不够刑事处罚需要给予行政处理的，海警机构依法予以处理或者移送有关部门。

第172条　对于接受的案件，或者发现的案件线索，海警机构经过审查，认为有犯罪事实，需要追究刑事责任，且属于自己管辖的，应当经海警机构负责人批准，制作立案决定书，予以立案；认为没有犯罪事实，或者犯罪事实显著轻微，不需要追究刑事责任，或者具有其他依法不追究刑事责任情形的，经海警机构负责人批准，不予立案。

对有控告人的案件，决定不予立案的，海警机构应当制作不予立案通知书，并在 3 日以内送达控告人。

决定不予立案后又发现新的事实或者证据，或者发现原认定事实错误，需要追究刑事责任的，应当及时立案处理。

第173条　控告人对不予立案决定不服的，可以在收到不予立案通知书后 7 日以内向作出决定的海警机构申请复议；海警机构应当在收到复议申请后 30 日以内作出决定，并将决定书送达控告人。

控告人对不予立案的复议决定不服的，可以在收到复议决定书后 7 日以内向上一级海警机构申请复核；上一级海警机构应当在收到复核申请后 30 日以内作出决定。对上级海警机构撤销不予立案决定的，下级海警机构应当执行。

案情重大、复杂的，海警机构可以延长复议、复核时限，但是延长时限不得超过 30 日，并书面告知申请人。

第174条　对于行政执法机关移送的案件，海警机构应当自接受案件之日起 3 日以内进行审查，认为有犯罪事实，需要追究刑事责任，依法决定立案的，应当书面通知移送案件的行政执法机关；认为属于海警机构职责范围但不属于本机构管辖的，应当移送有关海警机构，并书面通知移送案件的行政执法机关；认为没有犯罪事实，或者犯罪事实显著轻微，不需要追究刑事责任，依法不予立案的，应当说明理由，并将不予立案通知书送达移送案件的行政执法机关，相应退回案件材料。

海警机构认为行政执法机关移送的案件材料不全的，应当在接受案件后 24 小时以内通知移送案件的行政执法机关在 3 日以内补正，但不得以材料不全为由不接受移送案件。

海警机构认为行政执法机关移送的案件不属于海警机构职责范围的，应当书面通知移送案件的行政执法机关向其他主管机关移送案件，并说明理由。

第 175 条　移送案件的行政执法机关对不予立案决定不服的，可以在收到不予立案通知书后 3 日以内向作出决定的海警机构申请复议；海警机构应当在收到行政执法机关的复议申请后 3 日以内作出决定，并书面通知移送案件的行政执法机关。

第 341 条　本规定所称"海警机构负责人"是指海警机构的正职领导。……

【高检发〔2023〕4 号】　最高人民法院、最高人民检察院、公安部、司法部关于办理性侵害未成年人刑事案件的意见（2023 年 5 月 24 日印发，2023 年 6 月 1 日起施行）（详见《刑法全厚细》第 236 条）

第 5 条　公安机关接到未成年人被性侵害的报案、控告、举报，应当及时受理，迅速审查。符合刑事立案条件的，应当立即立案侦查，重大、疑难、复杂案件立案审查期限原则上不超过 7 日。具有下列情形之一，公安机关应当在受理后直接立案侦查：（一）精神发育明显迟滞的未成年人或者不满 14 周岁的未成年人怀孕、妊娠终止或者分娩的；（二）未成年人的生殖器官或者隐私部位遭受明显非正常损伤的；（三）未成年人被组织、强迫、引诱、容留、介绍卖淫的；（四）其他有证据证明性侵害未成年人犯罪发生的。

【主席令〔2023〕4 号】　中华人民共和国反间谍法（2014 年 11 月 1 日全国人大常委会〔12 届 11 次〕通过，主席令第 16 号公布施行，主席令〔1993〕68 号《国家安全法》同时废止；2023 年 4 月 26 日全国人大常委会〔14 届 2 次〕修订，2023 年 7 月 1 日起施行）

第 39 条　国家安全机关经调查，发现间谍行为涉嫌犯罪的，应当依照《中华人民共和国刑事诉讼法》的规定立案侦查。

【国安部令〔2024〕4 号】　国家安全机关办理刑事案件程序规定（2024 年 4 月 26 日公布，2024 年 7 月 1 日起施行）

第 200 条　国家安全机关对于接受的案件，或者发现的案件线索，经过审查，认为有犯罪事实，需要追究刑事责任，且属于自己管辖的，应当经国家安全机关负责人批准，制作立案决定书，予以立案；认为没有犯罪事实，或者犯罪事实显著轻微不需要追究刑事责任，或者具有其他依法不追究刑事责任情形的，经国家安全机关负责人批准，不予立案，并制作不立案通知书，书面通知移送案件的机关或者控告人。

决定不予立案后又发现新的事实或者证据，或者发现原认定事实错误，需要追究刑事责任的，应当及时立案处理。

第 201 条　控告人对不予立案决定不服的，可以在收到不予立案通知书后 7 日以内向作出决定的国家安全机关申请复议；国家安全机关应当在收到复议申请后 30 日以内作出决定，并将决定书送达控告人。控告人对不予立案的复议决定不服的，可以在收到复议决定书后 7 日以内向上一级国家安全机关申请复核；上一级国家安全机关应当在收到复核申请后 30 日以内作出决定。对上级国家安全机关撤销不予立案决定的，下级国家安全机关应当执行。案情重大、复杂的，国家安全机关可以延长复议、复核时限，但是延长时限不得超过 30 日，并书面告知申请人。

移送案件的行政执法机关对不予立案决定不服的，可以在收到不予立案通知书后 3 日以内向作出决定的国家安全机关申请复议；国家安全机关应当在收到行政执法机关的复议申请后3日以内作出决定，并书面通知移送案件的行政执法机关。

第204条　经立案侦查，认为有犯罪事实需要追究刑事责任，但不属于自己管辖或者需要由其他国家安全机关并案侦查的案件，经国家安全机关负责人批准，制作移送案件通知书，移送有管辖权的机关或者并案侦查的国家安全机关，并在移送案件后3日以内书面通知扭送人、报案人、控告人、举报人或者移送案件的机关；犯罪嫌疑人已经到案的，应当依照本规定的有关规定通知其家属。

第205条　案件变更管辖或者移送其他国家安全机关并案侦查时，与案件有关的法律文书、证据、财物及其孳息应当随案移交。

移交时，由接收人、移交人当面查点清楚，并在交接单据上共同签名。

> **第113条**① 【立案监督】人民检察院认为公安机关对应当立案侦查的案件而不立案侦查的，或者被害人认为公安机关对应当立案侦查的案件而不立案侦查，向人民检察院提出的，人民检察院应当要求公安机关说明不立案的理由。人民检察院认为公安机关不立案理由不能成立的，应当通知公安机关立案，公安机关接到通知后应当立案。

● **相关规定**　【高检发释字〔1998〕3号】　最高人民检察院关于"人民检察院发出《通知立案书》时，应当将有关证明应该立案的材料移送公安机关"问题的批复（1998年5月12日答复海南省检"琼检发刑捕字〔1998〕1号"请示）

人民检察院向公安机关发出《通知立案书》时，应当将有关证明应该立案的材料同时移送公安机关。以上"有关证明应该立案的材料"主要是指被害人的控告材料，或者是检察机关在审查举报、审查批捕、审查起诉过程中发现的材料。人民检察院在立案监督中，不得进行侦查，但可以对通知公安机关立案所依据的有关材料，进行必要的调查核实。

【高检捕发〔2000〕1号】　人民检察院立案监督工作问题解答（2000年1月13日）

1. 修改后的刑事诉讼法第87条规定："人民检察院认为公安机关应当立案侦查而不立案侦查的，或者被害人认为公安机关对应当立案侦查的案件而不立案侦查，向人民检察院提出的，人民检察院应当要求公安机关说明不立案的理由。"对"公安机关应当立案侦查而不立案侦查"应如何理解？

答："应当立案侦查"的案件，是指属于公安机关（包括国家安全机关、军队保卫部门、监狱，下同）管辖且符合刑事诉讼法第83条和第86条规定的立案条件的刑事案件。"不立案侦查"，是指公安机关没有依照法律规定对应当立案侦查的案件进行立案侦查。没有向公安机关报案或者公安机关没有掌握、发现犯罪事实的案件不属于刑事诉讼法第87条规定的立案监督的范围。人民检察院受理的这类案件应当按照刑事诉讼法第83、84条的规定移送有管辖权的公安机关或者人民法院，不应作为立案监督案件办理。

2. 立案监督与侦查监督有何区别？

答：立案监督和侦查监督都是检察机关刑事诉讼法律监督权的重要组成部分。立案监督

---

① 本条规定由1996年3月17日第8届全国人民代表大会第4次会议增设，1997年1月1日施行。

是人民检察院对公安机关的立案活动是否合法进行的监督；侦查监督是人民检察院对公安机关的侦查活动是否合法进行的监督。二者的主要区别在于监督的客体不同和监督的手段不同。立案监督的客体是公安机关的立案活动，它主要发现和纠正以下违法行为：应当立案侦查而不立案侦查的；立案后又作行政处罚或者劳动教养等降格处理的；不应当立案而立案侦查的。立案监督的手段主要是要求公安机关说明不立案理由和通知公安机关立案；对于公安机关不应当立案侦查而立案侦查的，向公安机关提出纠正违法意见。而侦查监督的客体是公安机关的侦查活动。侦查监督的手段是向公安机关发出《纠正违法通知书》。根据《人民检察院刑事诉讼规则》第381条的规定，侦查监督主要发现和纠正以下违法行为：对犯罪嫌疑人刑讯逼供、诱供的；对被害人、证人以体罚、威胁、诱骗等非法手段收集证据的；伪造、隐匿、销毁、调换或者私自涂改证据的；徇私舞弊、放纵、包庇犯罪分子的；故意制造冤、假、错案的；在侦查活动中利用职务之便谋取非法利益的；在侦查过程中不应当撤案而撤案的；贪污、挪用、调换所扣押、冻结的款物及其孳息的；违反刑事诉讼法关于决定、执行、变更、撤销强制措施规定的；违反羁押和办案期限规定的；在侦查过程中有其他违反刑事诉讼法有关规定的行为的。

3.公安机关刑事立案后作治安处罚或者劳动教养处理的案件能否作为立案监督案件办理？

答：可以。根据刑事诉讼法的规定，公安机关对符合刑事立案条件的案件立案后，应当进行侦查，发现不应对犯罪嫌疑人追究刑事责任的，应当撤销案件。公安机关已经立案但又作治安处罚或者劳动教养处理的案件，其实质是把刑事案件作为非刑事案件处理。检察机关经审查认为公安机关作治安处罚或者劳动教养不当，应当追究犯罪嫌疑人刑事责任的，可以按照立案监督程序办理。

4.何谓涉嫌徇私舞弊的立案监督案件？

答：涉嫌徇私舞弊的立案监督案件，是立案监督的重点。涉嫌徇私舞弊的案件是指因公安民警等国家机关工作人员徇私舞弊而导致该立不立的案件，包括两种情况：一是检察机关在办理立案监督案件的过程中，发现徇私舞弊线索的；二是办理徇私舞弊案件过程中发现立案监督线索的。根据刑法的规定，徇私舞弊犯罪包括国家机关工作人员徇私舞弊罪、徇私舞弊不移交案件罪、帮助犯罪分子逃避处罚罪等10余个罪名。涉嫌上述各罪名的案件，应当作为立案监督的重点。审查逮捕部门在办理立案监督案件的过程中，发现徇私舞弊线索的，应当移交给法纪部门办理。

5.要求公安机关说明不立案理由，是否是通知立案前的必经程序？

答：根据刑事诉讼法第87条的规定，要求公安机关说明不立案理由应当是通知立案前的必经法定程序。无论是检察机关发现公安机关应当立案侦查而不立案侦查的，还是被害人认为公安机关对应当立案侦查的案件而不立案侦查，向人民检察院提出的，人民检察院都应首先要求公安机关说明不立案的理由，经审查不立案理由不成立的，才能通知公安机关立案。

6.向公安机关发出《要求说明不立案理由通知书》后，公安机关在规定时限内拒不说明不立案理由的，如何办理？

答：根据最高人民法院、最高人民检察院、公安部、国家安全部、司法部、全国人大常委会法制工作委员会《关于刑事诉讼法实施中若干问题的规定》（以下简称六部委规定），公安机关在收到人民检察院《要求说明不立案理由通知书》后7日内应当将说明情况书面答复人民检察院。人民检察院向公安机关发出《要求说明不立案理由通知书》后，在上述时限内公安机关没有说明不立案理由的，人民检察院可以发出纠正违法通知书予以纠正，如现有材料证明确属应当立案侦查的，也可以直接向公安机关发出《通知立案书》。

7. 要求公安机关说明不立案理由和通知公安机关立案，应采取何种形式？

答：根据六部委的规定，要求公安机关说明不立案理由和通知公安机关立案都应当采取书面形式。要求公安机关说明不立案理由，应当向公安机关发出《要求说明不立案理由通知书》；通知公安机关立案，应当向公安机关发出《通知立案书》。不能采取口头通知的形式。

8. 在办理审查批捕案件过程中，发现公安机关对某同案犯没有提请逮捕的，能否适用立案监督程序予以纠正？

答：在办理审查批捕案件过程中，发现公安机关应当提请检察机关批准逮捕而没有提请的，应通过追捕予以解决，不适用立案监督程序。

9. 共同犯罪案件中，部分被告人已被判决有罪；另一部分共同犯罪人公安机关应当立案侦查而不立案侦查的，能否适用立案监督程序？

答：共同犯罪案件中，部分被告人已被判决有罪且判决已经生效的，如果审查逮捕部门认为还应当追究其他共同犯罪人的刑事责任，但公安机关应当立案侦查而不立案侦查的，应当要求公安机关说明不立案的理由，经审查认为不立案理由不成立的，通知公安机关立案。

10. 通知立案的条件应如何掌握？

答：根据刑事诉讼法第83条和第86条的规定，具有下列条件之一的，公安机关应当立案：(1) 公安机关发现了犯罪事实；(2) 公安机关发现了犯罪嫌疑人；(3) 公安机关对于报案、控告、举报和自首的材料，经审查，认为有犯罪事实需要追究刑事责任。一般情况下，通知立案的条件即是刑事诉讼法规定的立案条件。但是，由于通知立案具有指令性，为了确保立案监督的质量和效果，人民检察院通知公安机关立案的案件，应当从严掌握，一般应是能够逮捕、起诉、判刑的案件。

11. 立案监督中的调查应如何进行？

答：根据刑事诉讼法和《人民检察院刑事诉讼规则》的规定，人民检察院在立案监督过程中，应进行必要的审查和调查。调查的重点是查明是否存在公安机关应当立案侦查而不立案侦查的事实。要求公安机关说明不立案理由之前和审查公安机关说明的不立案理由，都应当进行必要的调查，以保证立案监督的准确性。在要求公安机关说明不立案理由之前，应当查明：(1) 是否符合刑事诉讼法规定的刑事立案条件；(2) 是否属于公安机关管辖；(3) 公安机关是否立案。在收到公安机关说明的不立案理由之后，应当围绕公安机关说明的不立案理由是否成立进行调查。需要调查时，调查的方案要报审查逮捕部门负责人和主管检察长批准；调查要严格依法进行，严禁使用强制措施；调查要秘密进行，不暴露意图，一般不接触犯罪嫌疑人。

12. 公安机关接到检察机关《要求说明不立案理由通知书》后，即主动纠正予以立案的，人民检察院是否还要发《通知立案书》？

答：不必再发《通知立案书》。如果公安机关没有将《立案决定书》送达人民检察院的，应当要求公安机关将立案决定书送达检察机关。

13. 立案监督过程中检察机关收集调取的有关证明应该立案的材料，在通知公安机关立案时，是否移送给公安机关？

答：根据六部委规定，立案监督过程中检察机关调查获取的证明应该立案的有关材料，在通知公安机关立案时，应同时移送给公安机关。

14. 公安机关接到"通知立案书"后，在规定时限内不予立案的如何办理？

答：根据六部委规定，人民检察院通知公安机关立案的，公安机关在收到《通知立案书》后，应当在15日内决定立案，并将立案决定书送达人民检察院。在上述时限内不予立案的，人民检察院应当发出纠正违法通知书予以纠正。公安机关仍不予纠正的，报上一级检察机关商同级公安机关处理，或者报告同级人大常委会。如果属于刑事诉讼法第18条第2款规定的国家机关工作人员利用职权实施的其他重大犯罪，通知立案后公安机关不予立案的，应报请本院检察长提交检察委员会讨论，决定是否层报省级检察院批准直接受理。

15. 公安机关接《通知立案书》后虽已立案，但立案后立而不查、久拖不决的怎么办？

答：对于通知公安机关立案的案件，检察机关应加强跟踪监督，防止监督流于形式。对于公安机关接《通知立案书》后虽已立案，但立而不查、久拖不决的，人民检察院应当分别原因，有针对性地跟踪监督公安机关侦查活动，对公安机关久侦不结的，要加强联系，经常督促，必要时报告上一级检察院，由上一级检察院督促同级公安机关纠正。符合逮捕条件的，要建议公安机关提请逮捕。对有意阻挠查处的，要建议有关部门严肃查处，追究有关人员的责任。对犯罪嫌疑人在逃的，要结合公安机关开展的破大案追逃犯等专项斗争，督促公安机关加大追逃力度；还可以发动群众提供线索，协助公安机关抓捕在逃犯罪嫌疑人。对侦查工作已有重大突破的案件，批捕部门要适时介入公安机关的侦查活动，促使公安机关加快办案进度。

16. 人民检察院通知公安机关立案的案件有多名犯罪嫌疑人，而公安机关接通知后只对部分犯罪嫌疑人立案的，如何办理？

答：人民检察院通知公安机关立案的案件有多名犯罪嫌疑人，而公安机关只对部分犯罪嫌疑人立案的，人民检察院应当发出纠正违法通知书予以纠正。

17. 人民检察院通知立案的案件，公安机关立案后撤销案件怎么办？

答：根据刑事诉讼法第130条的规定，在侦查过程中，发现不应对犯罪嫌疑人追究刑事责任的，应当撤销案件。这当然包括公安机关依检察机关的通知而立案的案件。但是对于检察机关通知公安机关立案的案件，公安机关立案后又撤销案件的，检察机关经审查认为撤销案件不当的，应当发出纠正违法通知书，通知公安机关予以纠正。

18. 需要由人民检察院直接受理的国家机关工作人员利用职权实施的其他重大犯罪案件，是否属于立案监督案件？

答：需要由人民检察院直接受理的国家机关工作人员利用职权实施的其他重大犯罪案件属于立案监督案件。对于由公安机关管辖的上述案件，人民检察院可以根据案件的具体情况，决定是否报请省级检察院批准直接立案侦查或者适用立案监督程序。如果选择适用立案监督程序，人民检察院通知立案后公安机关不予立案的，审查逮捕部门可以按照办案程序进行审查，提出是否直接立案侦查的意见，报请检察长提交检察委员会讨论决定是否提请省级院批准直接受理。

19. 对于公安机关不应当立案而立案侦查的，应如何予以监督？

答：人民检察院发现公安机关不应当立案而立案侦查的，应当认真慎重地审查，公安机关确属不应当立案而立案的，根据《人民检察院刑事诉讼规则》第378条的规定，对公安机关没有提请批准逮捕的，可以向公安机关提出纠正违法意见。在办理此类案件时，要从严掌握。

20. 审查逮捕部门发现本院侦查部门对应当立案侦查的案件而不立案侦查的，如何予以监督？

答：审查逮捕部门发现本院侦查部门对应当立案侦查的案件不报请立案侦查的，应当写出《建议立案侦查书》报主管检察长审批后转侦查部门。建议不被采纳的，应当报检察长决定。

21. 各地开展立案监督工作的情况应如何上报？

答：各省级院审查逮捕部门每季度应对本省（自治区、直辖市）检察机关开展立案监督工作情况进行汇总分析，分别写出第一季度、半年度、1～9月份工作小结和全年工作总结，于下季度第一个月底前报高检院审查批捕厅。工作小结和总结的主要内容应包括：办理立案监督案件的具体数字、公安机关已立案案件的处理情况（如批捕、起诉、判决的具体件数、人数）、开展立案监督工作的经验、存在的问题、意见、建议及对策等。其他方面的立案监督工作信息，要及时上报。

【高检会〔2004〕1号】 最高人民检察院、全国整顿和规范市场经济秩序领导小组办公室、公安部关于加强行政执法机关与公安机关、人民检察院工作联系的意见（2004年3月18日）

四、加强立案监督工作，确保对涉嫌犯罪案件依法立案侦查。人民检察院对于行政执法机关已经移送公安机关的涉嫌犯罪案件，应当跟踪了解公安机关的立案情况。对于公安机关未及时受理或者立案的，应当依法开展立案监督，督促公安机关在法定期限内依法受理或者立案侦查；对立案后久侦不结的案件，要加强督促；在审查批准逮捕过程中，必要的时候，人民检察院可以派人参加公安机关对于重大案件的讨论，协助公安机关及时侦结案件。

【高检会〔2006〕2号】 最高人民检察院、全国整顿和规范市场经济秩序领导小组办公室、公安部、监察部关于在行政执法中及时移送涉嫌犯罪案件的意见（2006年1月26日）

八、人民检察院接到行政执法机关提出的对涉嫌犯罪案件进行立案监督的建议后，应当要求公安机关说明不立案理由，公安机关应当在7日以内向人民检察院作出书面说明。对公安机关的说明，人民检察院应当进行审查，必要时可以进行调查，认为公安机关不立案理由成立的，应当将审查结论书面告知提出立案监督建议的行政执法机关；认为公安机关不立案理由不能成立的，应当通知公安机关立案。公安机关接到立案通知书后应当在15日以内立案，同时将立案决定书送达人民检察院，并书面告知行政执法机关。

【高检发研字〔2007〕2号】 最高人民检察院关于在检察工作中贯彻宽严相济刑事司法政策的若干意见（2006年12月28日最高检第10届检委会第68次会议通过，2007年1月15日）

二、在履行法律监督职能中全面贯彻宽严相济刑事司法政策

9. 突出立案监督的重点。完善立案监督机制，将监督的重点放在严重犯罪或者社会影响恶劣以及违法立案造成严重后果的案件上，加强对侦查机关落实立案监督情况的跟踪监督，确保违法立案案件及时得到纠正。

【高检发〔2009〕30号】 最高人民检察院关于进一步加强对诉讼活动法律监督工作的意见（2009年2月18日最高检第11届检委会第9次会议通过，2009年12月29日印发施行）

二、突出重点，加强对诉讼活动的法律监督
（一）刑事立案监督

3. 加强对应当立案而不立案的监督。探索建立与侦查机关的信息资源共享机制，及时掌握刑事发案和侦查机关立案情况，建立和完善方便群众举报、申诉、听取律师意见以及从新闻媒介中发现案件线索的制度。加强对以罚代刑、漏罪漏犯、另案处理等案件的监督。健全对立案后侦查工作的跟踪监督机制，防止和纠正立而不侦、侦而不结、立案后违法撤案等现象。

4. 探索完善对不应当立案而立案的监督机制。依法监督纠正用刑事手段插手经济纠纷以及出于地方保护、部门保护而违法立案等行为。发现侦查机关违反法律规定不应当立案而立案或者违反管辖规定立案的，应当通知纠正。

5. 建立和完善行政执法与刑事司法有效衔接的工作机制。会同有关部门推进"网上衔接，信息共享"机制建设，及时掌握行政执法机关对涉嫌犯罪案件的移送以及侦查机关受理移送后的处理情况。加强对行政执法人员滥用职权、徇私舞弊和行政执法机关不移交涉嫌犯罪案件的监督查处力度，构成犯罪的，依法追究刑事责任；对有违法行为但不够刑事追究的，通报有关部门，建议予以党纪、政纪处分。

【高检会〔2010〕5号】 最高人民检察院、公安部关于刑事立案监督有关问题的规定（2010年7月26日印发，2010年10月1日试行）

第4条 被害人及其法定代理人、近亲属或者行政执法机关，认为公安机关对其控告或者移送的案件应当立案侦查而不立案侦查，向人民检察院提出的，人民检察院应当受理并进行审查。

人民检察院发现公安机关可能存在应当立案侦查而不立案侦查情形的，应当依法进行审查。

第5条 人民检察院对于公安机关应当立案侦查而不立案侦查的线索进行审查后，应当根据不同情况分别作出处理：（一）没有犯罪事实发生，或者犯罪情节显著轻微不需要追究刑事责任，或者具有其他依法不追究刑事责任情形的，及时答复投诉人或者行政执法机关；（二）不属于被投诉的公安机关管辖的，应当将有管辖权的机关告知投诉人或者行政执法机关，并建议向该机关控告或者移送；（三）公安机关尚未作出不予立案决定的，移送公安机关处理；（四）有犯罪事实需要追究刑事责任，属于被投诉的公安机关管辖，且公安机关已作出不立案决定的，经检察长批准，应当要求公安机关书面说明不立案理由。

第6条 人民检察院对于不服公安机关立案决定的投诉，可以移送立案的公安机关处理。

人民检察院经审查，有证据证明公安机关可能存在违法动用刑事手段插手民事、经济纠纷，或者办案人员利用立案实施报复陷害、敲诈勒索以及谋取其他非法利益等违法立案情形，且已采取刑事拘留等强制措施或者搜查、扣押、冻结等强制性侦查措施，尚未提请批准逮捕或者移送审查起诉的，经检察长批准，应当要求公安机关书面说明立案理由。

第7条 人民检察院要求公安机关说明不立案或者立案理由，应当制作《要求说明不立案理由通知书》或者《要求说明立案理由通知书》，及时送达公安机关。

公安机关应当在收到《要求说明不立案理由通知书》或者《要求说明立案理由通知书》后7日以内作出书面说明，客观反映不立案或者立案的情况、依据和理由，连同有关证据材料复印件回复人民检察院。公安机关主动立案或者撤销案件的，应当将《立案决定书》或者《撤销案件决定书》复印件及时送达人民检察院。

第8条　人民检察院经调查核实，认为公安机关不立案或立案理由不成立的，经检察长或者检察委员会决定，应当通知公安机关立案或者撤销案件。

人民检察院开展调查核实，可以询问办案人员和有关当事人，查阅、复印公安机关刑事受案、立案、破案等登记表册和立案、不立案、撤销案件、治安处罚、劳动教养等相关法律文书及案卷材料，公安机关应当配合。

第9条　人民检察院通知公安机关立案或者撤销案件的，应当制作《通知立案书》或者《通知撤销案件书》，说明依据和理由，连同证据材料移送公安机关。

公安机关应当在收到《通知立案书》后15日以内决定立案，对《通知撤销案件书》没有异议的应当立即撤销案件，并将《立案决定书》或者《撤销案件决定书》复印件及时送达人民检察院。

第10条　公安机关认为人民检察院撤销案件通知有错误的，应当在5日以内经县级以上公安机关负责人批准，要求同级人民检察院复议。人民检察院应当重新审查，在收到《要求复议意见书》和案卷材料后7日以内作出是否变更的决定，并通知公安机关。

公安机关不接受人民检察院复议决定的，应当在5日以内经县级以上公安机关负责人批准，提请上一级人民检察院复核。上级人民检察院应当在收到《提请复核意见书》和案卷材料后15日以内作出是否变更的决定，通知下级人民检察院和公安机关执行。

上级人民检察院复核认为撤销案件通知有错误的，下级人民检察院应当立即纠正；上级人民检察院复核认为撤销案件通知正确的，下级公安机关应当立即撤销案件，并将《撤销案件决定书》复印件及时送达同级人民检察院。

第11条　公安机关对人民检察院监督立案的案件应当及时侦查。犯罪嫌疑人在逃的，应当加大追捕力度；符合逮捕条件的，应当及时提请人民检察院批准逮捕；侦查终结需要追究刑事责任的，应当及时移送人民检察院审查起诉。

监督立案后3个月未侦查终结的，人民检察院可以发出《立案监督案件催办函》，公安机关应当及时向人民检察院反馈侦查进展情况。

第12条　人民检察院在立案监督过程中，发现侦查人员涉嫌徇私舞弊等违法违纪行为的，应当移交有关部门处理；涉嫌职务犯罪的，依法立案侦查。

第13条　公安机关在提请批准逮捕、移送审查起诉时，应当将人民检察院刑事立案监督法律文书和相关材料随案移送。人民检察院在审查逮捕、审查起诉时，应当及时录入刑事立案监督信息。

【工商法字〔2012〕227号】　国家工商总局、公安部、最高人民检察院关于加强工商行政执法与刑事司法衔接配合工作若干问题的意见（2012年12月18日）

二、关于工商机关对公安机关不予立案决定有异议的处理

工商机关对公安机关不予立案决定有异议的，可以自接到不予立案通知之日起3个工作日内，提请作出决定的公安机关复议，也可以建议人民检察院进行立案监督。公安机关应当自收到提请复议的文件之日起3个工作日内作出是否立案的决定，并书面通知工商机关。工

商机关对不予立案的复议决定仍有异议的，可以自接到复议决定通知书之日起3个工作日内建议人民检察院进行立案监督。人民检察院认为公安机关应当立案侦查的，依法进行立案监督。

六、关于对工商、公安机关不移送、不受理涉嫌犯罪案件的监督

对于公安机关不受理工商机关移送案件，未在法定期限内作出是否立案决定，或者立案后又撤销案件等问题，工商、公安机关可以协商或者提请上级机关协调解决；仍有异议的，可以建议人民检察院进行立案监督。人民检察院对工商机关提出的立案监督建议，应当依法受理并进行审查。

对于工商机关不移送或者逾期未移送涉嫌犯罪案件等问题，公安、工商机关可以协商或者提请上级机关协调解决；仍有异议的，公安机关可以建议人民检察院进行纠正。人民检察院发现工商机关不移送或者逾期未移送涉嫌犯罪案件的，应当向工商机关提出书面意见，建议其移送，工商机关应当在收到书面意见后3个工作日内移送，并将有关材料及时抄送人民检察院。工商机关仍不移送的，人民检察院应当将有关情况书面通知公安机关并函告上级工商机关，必要时公安机关可以直接立案侦查，工商机关应当积极配合。

【六部委〔2012〕规定】 最高人民法院、最高人民检察院、公安部、国家安全部、司法部、全国人大常委会法制工作委员会关于实施刑事诉讼法若干问题的规定（2012年12月26日印发，2013年1月1日施行）

18. 刑事诉讼法第111条规定："人民检察院认为公安机关对应当立案侦查的案件而不立案侦查的，或者被害人认为公安机关对应当立案侦查的案件而不立案侦查，向人民检察院提出的，人民检察院应当要求公安机关说明不立案的理由。人民检察院认为公安机关不立案理由不能成立的，应当通知公安机关立案，公安机关接到通知后应当立案。"根据上述规定，公安机关收到人民检察院要求说明不立案理由通知书后，应当在7日内将说明情况书面答复人民检察院。人民检察院认为公安机关不立案理由不能成立，发出通知立案书时，应当将有关证明应当立案的材料同时移送公安机关。公安机关收到通知立案书后，应当在15日内决定立案，并将立案决定书送达人民检察院。

【高检发办字〔2014〕78号】 人民检察院受理控告申诉依法导入法律程序实施办法（2014年8月28日最高检第12届检委会第26次会议通过，2014年11月7日印发施行）

第17条 对不服人民检察院刑事不立案决定的复议和不服下级人民检察院复议决定的申诉，控告检察部门应当根据事实和法律进行审查，并可以要求控告人、申诉人提供有关材料；认为需要侦查部门说明不立案理由的，应当及时将案件移送侦查监督部门办理。

对要求人民检察院实行刑事立案监督的控告或者申诉，控告检察部门应当根据事实和法律进行审查，并可以要求控告人、申诉人提供有关材料；认为需要公安机关说明不立案或者立案理由的，应当及时将案件移送侦查监督部门办理。

第20条 具有下列情形之一的，人民检察院应当告知控告人、申诉人向公安机关提出：

……（二）被害人及其法定代理人、近亲属认为公安机关对其控告应当立案侦查而不立案侦查，向人民检察院提出，而公安机关尚未对刑事控告或报案作出不予立案决定的；……

【高检会〔2017〕3号】 最高人民法院、最高人民检察院、公安部、司法部关于依法处理涉法涉诉信访工作衔接配合的规定（2017年11月24日）

第3条 控告人对公安机关不予立案决定不服，既向公安机关提出刑事复议、复核申

请,又向人民检察院提出立案监督请求,公安机关已经受理且正在审查程序当中的,人民检察院应当告知控告人待公安机关处理完毕后如不服再向人民检察院提出立案监督请求;人民检察院已经受理或者已经作出法律结论的,公安机关不予受理或者终止办理,但发现有新证据的除外。

未向公安机关申请刑事复议、复核,直接向人民检察院提出立案监督请求的,人民检察院应当告知控告人如检察机关受理后公安机关将不予受理的后果,并引导控告人先行向公安机关申请复议、复核。控告人坚持立案监督请求的,人民检察院应当受理。

【高检(研)发〔2018〕号】 最高人民检察院关于检察机关办理涉民营企业案件有关法律政策问题的解答(2018年11月15日)

六、办理涉民营企业案件,如何通过立案监督防止以刑事手段插手经济纠纷?

答:办理涉民营企业案件,不能简单地就案办案,既要查明犯罪事实、查实犯罪嫌疑人,还要注重将办案的政治效果、法律效果、社会效果统一起来。检察机关负有立案监督的职责,有权监督纠正公安机关不应当立案而立案的行为。民营企业认为公安机关不应当立案而立案,向人民检察院提出的,人民检察院应当受理并进行审查。有证据证明公安机关可能存在违法动用刑事手段插手民事、经济纠纷,或者利用立案实施报复陷害、敲诈勒索以及谋取其他非法利益等违法立案情形的,应当要求公安机关书面说明立案理由。人民检察院认为公安机关立案理由不能成立的,应当通知公安机关撤销案件。

【应急〔2019〕54号】 安全生产行政执法与刑事司法衔接工作办法(应急管理部、公安部、最高法、最高检2019年4月16日印发施行)

第14条 应急管理部门接到公安机关不予立案的通知书后,认为依法应当由公安机关决定立案的,可以自接到不予立案通知书之日起3日内提请作出不予立案决定的公安机关复议,也可以建议人民检察院进行立案监督。

公安机关应当自收到提请复议的文件之日起3日内作出复议决定,并书面通知应急管理部门。应急管理部门对公安机关的复议决定仍有异议的,应当自收到复议决定之日起3日内建议人民检察院进行立案监督。

应急管理部门对公安机关逾期未作出是否立案决定以及立案后撤销案件决定有异议的,可以建议人民检察院进行立案监督。

第15条 应急管理部门建议人民检察院进行立案监督的,应当提供立案监督建议书、相关案件材料,并附公安机关不予立案通知、复议维持不予立案通知或者立案后撤销案件决定及有关说明理由材料。

第16条 人民检察院应当对应急管理部门立案监督建议进行审查,认为需要公安机关说明不予立案、立案后撤销案件的理由的,应当要求公安机关在7日内说明理由。公安机关应当书面说明理由,回复人民检察院。

人民检察院经审查认为公安机关不予立案或者立案后撤销案件理由充分,符合法律规定情形的,应当作出支持不予立案、撤销案件的检察意见。认为有关理由不能成立的,应当通知公安机关立案。

公安机关收到立案通知书后,应当在15日内立案,并将立案决定书送达人民检察院。

【高检发释字〔2019〕4号】 人民检察院刑事诉讼规则（2019年12月2日最高检第13届检委会第28次会议通过，2019年12月30日公布施行；高检发释字〔2012〕2号《规则（试行）》同时废止）

第557条　被害人及其法定代理人、近亲属或者行政执法机关，认为公安机关对其控告或者移送的案件应当立案侦查而不立案侦查，或者当事人认为公安机关不应当立案而立案，向人民检察院提出的，人民检察院应当受理并进行审查。

人民检察院发现公安机关可能存在应当立案侦查而不立案侦查情形的，应当依法进行审查。

人民检察院接到控告、举报或者发现行政执法机关不移送涉嫌犯罪案件的，经检察长批准，应当向行政执法机关提出检察意见，要求其按照管辖规定向公安机关移送涉嫌犯罪案件。

第558条　人民检察院负责控告申诉检察的部门控告检察部门受理对公安机关应当立案而不立案或者不应当立案而立案的控告、申诉，应当根据事实、法律进行审查，并可以要求控告人、申诉人提供有关材料。认为需要公安机关说明不立案或立案理由的，应当及时将案件移送负责捕诉侦查监督的部门办理；认为公安机关立案或者不立案决定正确的，应当制作相关法律文书，答复控告人、申诉人。

第559条　人民检察院经审查，认为需要公安机关说明不立案理由的，经检察长批准，应当要求公安机关书面说明不立案的理由。

对于有证据证明公安机关可能存在违法动用刑事手段插手民事、经济纠纷，或者利用立案实施报复陷害、敲诈勒索以及谋取其他非法利益等违法立案情形，尚未提请批准逮捕或者移送审查起诉的，经检察长批准，人民检察院应当要求公安机关书面说明立案理由。①

第560条　人民检察院要求公安机关说明不立案或者立案理由，应当书面通知公安机关，并且告知公安机关在收到通知后7日以内，书面说明不立案或者立案的情况、依据和理由，连同有关证据材料回复人民检察院。

第561条　公安机关说明不立案或者立案的理由后，人民检察院应当进行审查。认为公安机关不立案或者立案理由不能成立的，经检察长或者检察委员会讨论决定，应当通知公安机关立案或者撤销案件。

人民检察院认为公安机关不立案或者立案理由成立的，应当通知控告检察部门，由其在10日以内将不立案或者立案的依据和理由告知被害人及其法定代理人、近亲属或者行政执法机关。

原第561条　对于由公安机关管辖的国家机关工作人员利用职权实施的重大犯罪案件，人民检察院通知公安机关立案，公安机关不予立案的，经省级以上人民检察院决定，人民检察院可以直接立案侦查。

第562条　公安机关对当事人的报案、控告、举报或者行政执法机关移送的涉嫌犯罪案件受理后未在规定期限内作出是否立案决定，当事人或者行政执法机关向人民检察院提出的，人民检察院应当受理并进行审查。经审查，认为尚未超过规定期限的，应当移送公安机关处理，并答复报案人、控告人、举报人或者行政执法机关；认为超过规定期限的，应当要求公安

---

① 注：刑事诉讼法并未直接规定人民检察院要求公安机关书面说明立案理由，本处进行了明确。

机关在7日以内书面说明逾期不作出是否立案决定的理由，连同有关证据材料回复人民检察院。公安机关在7日以内不说明理由也不作出立案或者不立案决定的，人民检察院应当提出纠正意见。人民检察院经审查有关证据材料认为符合立案条件的，应当通知公安机关立案。

第563条　人民检察院通知公安机关立案或者撤销案件，应当制作通知立案书或者通知撤销案件书，说明依据和理由，连同证据材料送达公安机关，并且告知公安机关应当在收到通知立案书后15日以内立案，对通知撤销案件书没有异议的应当立即撤销案件，并将立案决定书或者撤销案件决定书及时送达人民检察院。

第564条　人民检察院通知公安机关立案或者撤销案件的，应当依法对执行情况进行监督。

公安机关在收到通知立案书或者通知撤销案件书后超过15日不予立案或者未要求复议、提请复核既不提出复议、复核也不撤销案件的，人民检察院应当发出纠正违法通知书。公安机关仍不纠正的，报上一级人民检察院协商同级公安机关处理。

公安机关立案后3个月以内未侦查终结的，人民检察院可以向公安机关发出立案监督案件催办函，要求公安机关及时向人民检察院反馈侦查工作进展情况。

原第561条　对于由公安机关管辖的国家机关工作人员利用职权实施的重大犯罪案件，人民检察院通知公安机关立案，公安机关不予立案的，经省级以上人民检察院决定，人民检察院可以直接立案侦查。

第565条　公安机关认为人民检察院撤销案件通知有错误，要求同级人民检察院复议的，人民检察院应当重新审查。在收到要求复议意见书和案卷材料后7日以内作出是否变更的决定，并通知公安机关。

公安机关不接受人民检察院复议决定，提请上一级人民检察院复核的，上级人民检察院应当在收到提请复核意见书和案卷材料后15日以内作出是否变更的决定，通知下级人民检察院和公安机关执行。

上级人民检察院复核认为撤销案件通知有错误的，下级人民检察院应当立即纠正；上级人民检察院复核认为撤销案件通知正确的，应当作出复核决定并送达下级公安机关。

第566条　人民检察院负责捕诉的部门发现本院负责侦查的部门对应当立案侦查的案件不立案侦查或者对不应当立案侦查的案件立案侦查的，应当建议负责侦查的部门立案侦查或者撤销案件。建议不被采纳的，应当报请检察长决定。

第680条　人民检察院办理国家安全机关、海警机关走私犯罪侦查机关、监狱移送的刑事案件以及对国家安全机关、海警机关走私犯罪侦查机关、监狱立案、侦查活动的监督，适用本规则关于公安机关的规定。

【高检发〔2020〕10号】　最高人民检察院关于充分发挥检察职能服务保障"六稳""六保"的意见（2020年7月21日第13届最高检党组第119次会议通过，2020年7月22日）①

11. 加大对涉民营企业各类案件的法律监督力度。紧盯重点环节和重点领域，强化检察监督，维护、促进司法公正。一是加强立案监督，着重纠正涉及民营企业案件不应立而立和应立不立等突出问题。坚决防止和纠正以刑事案件名义插手民事纠纷、经济纠纷等各类违法行为，重点监督纠正以非法立案为利害关系人追款讨债，干预法院正在审理或者已经裁判

---

① 本《意见》（司法解释性质的检察业务文件）由最高检党组（而非检委会）讨论通过，之前较罕见。

的经济纠纷，将合同纠纷立为诈骗、民事侵权立为职务侵占、行业拆借立为挪用资金、买卖纠纷立为强迫交易、正常经营行为立为非法经营等问题。……

【公安部令〔2020〕159号】 公安机关办理刑事案件程序规定（2020年7月4日第3次部务会议修订，2020年7月20日公布，2020年9月1日施行）

第182条 对人民检察院要求说明不立案理由的案件，公安机关应当在收到通知书后7日以内，对不立案的情况、依据和理由作出书面说明，回复人民检察院。公安机关作出立案决定的，应当将立案决定书复印件送达人民检察院。

人民检察院通知公安机关立案的，公安机关应当在收到通知书后15日以内立案，并将立案决定书复印件送达人民检察院。

第183条 人民检察院认为公安机关不应当立案而立案，提出纠正意见的，公安机关应当进行调查核实，并将有关情况回复人民检察院。

【法发〔2021〕10号】 最高人民法院、最高人民检察院、公安部、司法部关于进一步加强虚假诉讼犯罪惩治工作的意见（2021年3月4日印发，2021年3月10日施行）

第13条 人民检察院依法对公安机关的刑事立案实行监督。

人民法院对公安机关的不予立案决定有异议的，可以建议人民检察院进行立案监督。

【高检发释字〔2021〕4号】 最高人民检察院关于推进行政执法与刑事司法衔接工作的规定（2021年6月2日最高检第13届检委会第68次会议通过，2021年9月6日印发施行；2001年12月3日高检发释字〔2001〕4号《人民检察院办理行政执法机关移送涉嫌犯罪案件的规定》同时废止）

第4条 人民检察院依法履行职责时，应当注意审查是否存在行政执法机关对涉嫌犯罪案件应当移送公安机关立案侦查而不移送，或者公安机关对行政执法机关移送的涉嫌犯罪案件应当立案侦查而不立案侦查的情形。

第5条 公安机关收到行政执法机关移送涉嫌犯罪案件后应当立案侦查而不立案侦查，行政执法机关建议人民检察院依法监督的，人民检察院应当依法受理并进行审查。

第6条 对于行政执法机关应当依法移送涉嫌犯罪案件而不移送，或者公安机关对应立案侦查而不立案侦查的举报，属于本院管辖且符合受理条件的，人民检察院应当受理并进行审查。

第7条 人民检察院对本规定第4条至第6条的线索审查后，认为行政执法机关应当依法移送涉嫌犯罪案件而不移送的，经检察长批准，应当向同级行政执法机关提出检察意见，要求行政执法机关及时向公安机关移送案件并将有关材料抄送人民检察院。人民检察院应当将检察意见抄送同级司法行政机关，行政执法机关实行垂直管理的，应当将检察意见抄送其上级机关。

行政执法机关收到检察意见后无正当理由仍不移送的，人民检察院应当将有关情况书面通知公安机关。

对于公安机关可能存在应当立案而不立案情形的，人民检察院应当依法开展立案监督。

【法刊文摘】 检答网集萃62：不服公安机关不予受理检察院是否有权监督（检察日报2021年11月1日）

咨询内容（云南曲靖陶菲）：不服公安机关不予受理检察院是否有权监督？由哪个部门

监督？

解答摘要（最高检专家组）：该类控告申诉案件尚不属于检察机关刑事立案监督的法定范围，控申检察部门接到该类案件后，应当首先引导报案人、控告人、举报人向有管辖权的公安机关报案、控告、举报，或者接收材料后直接移送有管辖权的公安机关处理，并答复报案人、控告人、举报人。根据案件实际情况，检察机关认为确有必要的，也可以参照《人民检察院刑事诉讼规则》第562条开展相关监督工作，督促公安机关依法受理案件，并在法定期限内作出是否立案的决定。

【法发〔2021〕35号】 最高人民法院、最高人民检察院、公安部、工业和信息化部、住房和城乡建设部、交通运输部、应急管理部、国家铁路局、中国民用航空局、国家邮政局关于依法惩治涉枪支、弹药、爆炸物、易燃易爆危险物品犯罪的意见（2021年12月28日印发，2021年12月31日施行）

18. 人民检察院应当依照《行政执法机关移送涉嫌犯罪案件的规定》《最高人民检察院关于推进行政执法与刑事司法衔接工作的规定》《安全生产行政执法与刑事司法衔接工作办法》等规定，对有关行政执法机关移送涉嫌枪支、弹药、爆炸物、易燃易爆危险物品犯罪案件，以及公安机关的立案活动，依法进行法律监督。

有关行政执法机关对公安机关的不予立案决定有异议的，可以建议人民检察院进行立案监督。

【海警局令〔2023〕1号】 海警机构办理刑事案件程序规定（2023年5月15日审议通过，2023年6月15日起施行）（余文见本书第308条）

第176条 人民检察院要求海警机构说明不立案理由的案件，海警机构应当在收到通知书后7日以内，对不立案的情况、依据和理由作出书面说明，回复人民检察院。海警机构作出立案决定的，应当将立案决定书复印件送达人民检察院。

人民检察院通知海警机构立案的，海警机构应当在收到立案通知书后15日以内立案，并将立案决定书复印件送达人民检察院。

第177条 人民检察院认为海警机构不应当立案而立案，提出纠正意见的，海警机构应当进行调查核实，并将有关情况回复人民检察院。

【高检发办字〔2023〕71号】 最高人民检察院、中国海警局关于健全完善侦查监督与协作配合机制的指导意见

4. 人民检察院对海警机构应当立案而不立案、不应当立案而立案、不应当撤案而撤案、应当撤案而不撤案的情形开展监督，重点监督群众反映强烈、影响社会和谐稳定以及涉嫌违法插手经济纠纷、谋取非法利益的案件。对监督立案侦查的案件，人民检察院应当加强跟踪，防止海警机构息于侦查。对于不应当立案而立案，人民检察院通知撤销案件的，海警机构应当依法及时撤销案件。

7. （第1款）人民检察院可以对海警机构办理治安管理处罚案件的行刑衔接情况进行监督，重点监督是否存在降格处理、以罚代刑、不当撤案等问题。对于已经涉嫌犯罪但未予刑事立案或者立案后又撤销刑事案件的，人民检察院经审查，要求海警机构说明不立案或者撤案依据和理由的，海警机构应当在7日以内书面说明理由，连同有关证据材料回复人民检察院。人民检察院认为不立案或者撤销案件理由不成立的，应当依法提出监督意见。

【高检发〔2023〕4号】 最高人民法院、最高人民检察院、公安部、司法部关于办理性侵害未成年人刑事案件的意见（2023年5月24日印发，2023年6月1日起施行）（详见《刑法全厚细》第236条）

第9条 人民检察院认为公安机关应当立案侦查而不立案侦查的，或者被害人及其法定代理人、对未成年人负有特殊职责的人员据此向人民检察院提出异议，经审查其诉求合理的，人民检察院应当要求公安机关说明不立案的理由。人民检察院认为不立案理由不成立的，应当通知公安机关立案，公安机关接到通知后应当立案。

【高检发〔2023〕号】 最高人民检察院关于依法惩治和预防民营企业内部人员侵害民营企业合法权益犯罪、为民营经济发展营造良好法治环境的意见（2023年7月26日）

4. 加强立案监督。……对监督立案案件，注重跟踪问效，防止立而不查。探索利用大数据法律监督模型，破解"立案难"问题。

【国安部令〔2024〕4号】 国家安全机关办理刑事案件程序规定（2024年4月26日公布，2024年7月1日起施行）

第202条 人民检察院要求国家安全机关说明不立案理由的，国家安全机关应当在收到人民检察院法律文书之日起7日以内，制作不立案理由说明书，说明不立案的情况、依据和理由，回复人民检察院。国家安全机关作出立案决定的，应当将立案决定书复印件送达人民检察院。

人民检察院通知国家安全机关予以立案的，国家安全机关应当在收到立案通知后15日以内立案，并将立案决定书复印件送达人民检察院。

第203条 人民检察院认为国家安全机关不应当立案而立案，提出纠正意见的，国家安全机关应当进行调查核实，并将有关情况回复人民检察院。

● **指导案例** **【高检发办字〔2020〕70号】** 最高人民检察院第24批指导性案例（2020年12月2日最高检第13届检委会第55次会议通过，2020年12月21日印发）

（检例第91号） 温某某合同诈骗立案监督案①

要旨：……发现公安机关对企业之间的合同纠纷以合同诈骗进行刑事立案的，应当依法监督撤销案件。对于立案后久侦不结的"挂案"，检察机关应当向公安机关提出纠正意见。

（检例第92号） 上海甲建筑装饰有限公司、吕某拒不执行判决立案监督案②

要旨：……申请执行人认为公安机关对拒不执行判决、裁定的行为应当立案侦查而不立案侦查，向检察机关提出监督申请的，检察机关应当要求公安机关说明不立案的理由。经调

---

① 本案指导意义：由于立案标准、工作程序和认识分歧等原因，有些涉民营企业刑事案件逾期滞留在侦查环节，既未被撤销，又未移送审查起诉，形成"挂案"，导致民营企业及企业相关人员长期处于被追诉状态，严重影响企业的正常生产经营，破坏当地营商环境，也损害了司法机关的公信力。检察机关发现侦查环节"挂案"的，应当对公安机关的立案行为进行监督，对侦查过程中的违法行为依法提出纠正意见。

② 本案指导意义：对于拒不执行判决、裁定案件，检察机关可以调阅公安机关相关材料、人民法院执行卷宗和相关法律文书，询问公安机关办案人员、法院执行人员和有关当事人，并可以调取涉案企业、人员往来账目、合同、银行票据等书证，综合研判是否属于"有能力执行而拒不执行，情节严重"的情形。决定监督立案的，应当同时将调查收集的证据材料送达公安机关。

查核实，认为公安机关不立案理由不能成立的，应当通知公安机关立案。对于通知立案的涉企业犯罪案件，应当依法适用认罪认罚从宽制度。

（检例第 93 号）　丁某某、林某某等人假冒注册商标立案监督案①

要旨：……对于公安机关未立案侦查的制假犯罪与已立案侦查的售假犯罪不属于共同犯罪的，应当按照立案监督程序，监督公安机关立案侦查。对于跨地域实施的关联制假售假犯罪，检察机关可以建议公安机关并案管辖。

【高检发办字〔2021〕5 号】　最高人民检察院第 25 批指导性案例（2020 年 12 月 4 日最高检检委会〔13 届 56 次〕通过，2021 年 1 月 20 日印发）

（检例第 96 号）　黄某某等人重大责任事故、谎报安全事故案

指导意义：健全完善行政执法与刑事司法衔接工作机制，提升法律监督实效。检察机关要认真贯彻落实国务院《行政执法机关移送涉嫌犯罪案件的规定》和中共中央办公厅、国务院办公厅转发的原国务院法制办等八部门《关于加强行政执法与刑事司法衔接工作的意见》以及应急管理部、公安部、最高人民法院、最高人民检察院联合制定的《安全生产行政执法与刑事司法衔接工作办法》，依照本地有关细化规定，加强相关执法司法信息交流、规范案件移送、加强法律监督。重大安全生产事故发生后，检察机关可通过查阅案件资料、参与案件会商等方式及时了解案情，从案件定性、证据收集、法律适用等方面提出意见建议，发现涉嫌犯罪的要及时建议相关行政执法部门向公安机关或者监察机关移送线索，着力解决安全生产事故有案不移、以罚代刑、有案不立等问题，形成查处和治理重大安全生产事故的合力。

【高检发研字〔2021〕7 号】　最高人民检察院第 26 批指导性案例（2021 年 2 月 8 日）

（检例第 99 号）　广州卡门实业有限公司涉嫌销售假冒注册商标的商品立案监督案

要旨：在办理注册商标类犯罪的立案监督案件时，对符合商标法规定的正当合理使用情形而未侵犯注册商标专用权的，应依法监督公安机关撤销案件，以保护涉案企业合法权益。必要时可组织听证，增强办案透明度和监督公信力。

【高检办发〔2023〕1 号】　中共中央纪委办公厅、国家监察委员会办公厅、最高人民检察院办公厅关于印发行贿犯罪典型案例（第 2 批）的通知（2023 年 3 月 12 日）

（案例 3）　马某某、徐某某等 9 人系列行贿案

要旨：……对监察机关依法移送公安机关的洗钱等刑事犯罪线索，检察机关应履行立案监督职责，促使公安机关及时依法立案侦查。……

【高检发办字〔2023〕60 号】　最高人民检察院第 44 批指导性案例（2023 年 4 月 28 日最高检检委会〔14 届 4 次〕通过，2023 年 5 月 11 日印发）

（检例第 177 号）　孙旭东非法经营案

要旨：……检察机关办理信用卡诈骗案件时发现涉及上下游非法经营金融业务等犯罪线索的，应当通过履行立案监督等职责，依法追诉遗漏犯罪嫌疑人和遗漏犯罪事实。

---

① 本案指导意义：对于公安机关未立案侦查的制假犯罪与已立案侦查的售假犯罪不属于共同犯罪的，按照立案监督程序办理；属于共同犯罪的，按照纠正漏捕漏诉程序办理。

> 第114条① 【自诉权】 对于自诉案件，被害人有权向人民法院直接起诉。被害人死亡或者丧失行为能力的，被害人的法定代理人、近亲属有权向人民法院起诉。人民法院应当依法受理。

● **相关规定**　【公安部令〔2020〕159号】　公安机关办理刑事案件程序规定（2020年7月4日第3次部务会议修订，2020年7月20日公布，2020年9月1日施行）

第176条　经过审查，对告诉才处理的案件，公安机关应当告知当事人向人民法院起诉。

对被害人有证据证明的轻微刑事案件，公安机关应当告知被害人可以向人民法院起诉；被害人要求公安机关处理的，公安机关应当依法受理。

人民法院审理自诉案件，依法调取公安机关已经收集的案件材料和有关证据的，公安机关应当及时移交。

第二章　侦　查②

第一节　一般规定③

> （本书汇）【侦查方案】④

> 第115条　【立案后的侦查取证、拘捕】 公安机关对已经立案的刑事案件，应当进行侦查，收集、调取犯罪嫌疑人有罪或者无罪、罪轻或者罪重的证据材料。对现行犯或者重大嫌疑分子可以依法先行拘留，对符合逮捕条件的犯罪嫌疑人，应当依法逮捕。

● **相关规定**　【署侦〔1998〕742号】　最高人民法院、最高人民检察院、公安部、司法部、海关总署关于走私犯罪侦查机关办理走私犯罪案件适用刑事诉讼程序若干问题的通知（1998年12月3日）

三、走私犯罪侦查分局、支局在查办走私犯罪案件过程中进行侦查、拘留、执行逮捕、预审等工作，按《公安机关办理刑事案件程序规定》（以下简称《程序规定》）办理。

【公通字〔2005〕98号】　公安机关办理伤害案件规定（公安部2005年12月27日印发，2006年2月1日施行）

第27条　办理伤害案件，应当重点收集以下物证、书证：（一）凶器、血衣以及能够证

---

① 本条规定由1996年3月17日第8届全国人民代表大会第4次会议增设，1997年1月1日施行。
② 注：1996年3月17日第8届全国人民代表大会第4次会议将本章条文中的"检举"统一修改为"举报"，1997年1月1日施行。
③ 本节规定由1996年3月17日第8届全国人民代表大会第4次会议增设，1997年1月1日施行。
④ 注：《刑事诉讼法》没有关于侦查方案的规定，本书将其汇集于此。

明伤害情况的其他物品；（二）相关的医院诊断及病历资料；（三）与案件有关的其他证据。

办案单位应当将证据保管责任落实到人，完善证据保管制度，建立证据保管室，妥善保管证据，避免因保管不善导致证据损毁、污染、丢失或者消磁，影响刑事诉讼和案件处理。

【公通字〔2017〕25号】 最高人民检察院、公安部关于公安机关办理经济犯罪案件的若干规定（最高检、公安部2017年11月24日印发，2018年1月1日施行；2005年12月31日"公通字〔2005〕101号"《规定》同时废止）

第35条 公安机关办理经济犯罪案件，应当及时进行侦查，依法全面、客观、及时地收集、调取、固定、审查能够证实犯罪嫌疑人有罪或者无罪、罪重或者罪轻以及与涉案财物有关的各种证据，并防止犯罪嫌疑人逃匿、销毁证据或者转移、隐匿涉案财物。

严禁调取与经济犯罪案件无关的证据材料，不得以侦查犯罪为由滥用侦查措施为他人收集民事诉讼证据。

第36条 公安机关办理经济犯罪案件，应当遵守法定程序，遵循有关技术标准，全面、客观、及时地收集、提取电子数据；人民检察院应当围绕真实性、合法性、关联性审查判断电子数据。

依照规定程序通过网络在线提取的电子数据，可以作为证据使用。

第38条 公安机关办理非法集资、传销以及利用通讯工具、互联网等技术手段实施的经济犯罪案件，确因客观条件的限制无法逐一收集被害人陈述、证人证言等相关证据的，可以结合已收集的言词证据和依法收集并查证属实的物证、书证、视听资料、电子数据等实物证据，综合认定涉案人员人数和涉案资金数额等犯罪事实，做到证据确实、充分。

第39条 公安机关办理生产、销售伪劣商品犯罪案件、走私犯罪案件、侵犯知识产权犯罪案件，对同一批次或者同一类型的涉案物品，确因实物数量较大，无法逐一勘验、鉴定、检测、评估的，可以委托或者商请有资格的鉴定机构、专业机构或者行政执法机关依照程序按照一定比例随机抽样勘验、鉴定、检测、评估，并由其制作取样记录和出具相关书面意见。有关抽样勘验、鉴定、检测、评估的结果可以作为该批次或者该类型全部涉案物品的勘验、鉴定、检测、评估结果，但是不符合法定程序，且不能补正或者作出合理解释，可能严重影响案件公正处理的除外。

法律、法规和规范性文件对鉴定机构或者抽样方法另有规定的，从其规定。

【高检发释字〔2019〕4号】 人民检察院刑事诉讼规则（2019年12月2日最高检第13届检委会第28次会议通过，2019年12月30日公布施行；高检发释字〔2012〕2号《规则（试行）》同时废止）

第176条 人民检察院办理直接受理侦查的案件，应当全面、客观地收集、调取犯罪嫌疑人有罪或者无罪、罪轻或者罪重的证据材料，并依法进行审查、核实。办案过程中必须重证据，重调查研究，不轻信口供。严禁刑讯逼供和以威胁、引诱、欺骗以及其他非法方法收集证据，不得强迫任何人证实自己有罪。

第181条 人民检察院对于直接受理案件的侦查，可以适用刑事诉讼法第二编第二章规定的各项侦查措施。

（新增）刑事诉讼法规定进行侦查活动需要制作笔录的，应当制作笔录。必要时，可以对相关活动进行录音、录像。

【公安部令〔2020〕159号】 公安机关办理刑事案件程序规定（2020年7月4日第3次部务会议修订，2020年7月20日公布，2020年9月1日施行）

第62条 公安机关向有关单位和个人调取证据，应当经办案部门负责人批准，开具调取证据通知书，明确调取的证据和提供时限。被调取单位及其经办人、持有证据的个人应当在通知书上盖章或者签名，拒绝盖章或者签名的，公安机关应当注明。必要时，应当采用录音录像方式固定证据内容及取证过程。

第193条 公安机关侦查犯罪，应当严格依照法律规定的条件和程序采取强制措施和侦查措施，严禁在没有证据的情况下，仅凭怀疑就对犯罪嫌疑人采取强制措施和侦查措施。

第194条 公安机关开展勘验、检查、搜查、辨认、查封、扣押等侦查活动，应当邀请有关公民作为见证人。

下列人员不得担任侦查活动的见证人：（一）生理上、精神上有缺陷或者年幼，不具有相应辨别能力或者不能正确表达的人；（二）与案件有利害关系，可能影响案件公正处理的人；（三）公安机关的工作人员或者其聘用的人员。

确因客观原因无法由符合条件的人员担任见证人的，应当对有关侦查活动进行全程录音录像，并在笔录中注明有关情况。

第195条 公安机关侦查犯罪，涉及国家秘密、商业秘密、个人隐私的，应当保密。

第368条（第2款） 外国人在公安机关侦查或者执行刑罚期间死亡的，有关省级公安机关应当通知该外国人国籍国的驻华使馆、领事馆，同时报告公安部。

（第3款） 未在华设立使馆、领事馆的国家，可以通知其代管国家的驻华使馆、领事馆；无代管国家或者代管国家不明的，可以不予通知。

第387条 公安机关可以使用电子签名、电子指纹捺印技术制作电子笔录等材料，可以使用电子印章制作法律文书。对案件当事人进行电子签名、电子指纹捺印的过程，公安机关应当同步录音录像。

【法发〔2021〕10号】 最高人民法院、最高人民检察院、公安部、司法部关于进一步加强虚假诉讼犯罪惩治工作的意见（2021年3月4日印发，2021年3月10日施行）

第17条 有管辖权的公安机关接受民事诉讼当事人、诉讼代理人和其他诉讼参与人、利害关系人、其他自然人、法人和非法人组织的报案、控告、举报或者在履行职责过程中发现存在虚假诉讼犯罪嫌疑的，可以开展调查核实工作。经县级以上公安机关负责人批准，公安机关可以依照有关规定拷贝电子卷宗或者查阅、复制、摘录人民法院的民事诉讼卷宗，人民法院予以配合。

公安机关在办理刑事案件过程中，发现犯罪嫌疑人还涉嫌实施虚假诉讼犯罪的，适用前款规定。

【法发〔2022〕23号】 最高人民法院、最高人民检察院、公安部关于办理信息网络犯罪案件适用刑事诉讼程序若干问题的意见（2022年8月26日印发，2022年9月1日施行；2014年5月4日公通字〔2014〕10号《意见》同时废止）

14.（第1款） 公安机关跨地域调查取证向网络服务提供者调取电子数据的，应当制作调取证据通知书，注明需要调取的电子数据的相关信息。可以将办案协作函和调取证据通知书及相关法律文书及凭证传真或者可以采用数据电文形式。……

【公安部令〔2022〕165号】　公安机关反有组织犯罪工作规定（2022年8月10日第9次公安部部务会议通过，2022年8月26日公布，2022年10月1日施行）

第46条　公安机关根据反有组织犯罪工作需要，可以向反洗钱行政主管部门查询与有组织犯罪相关的信息数据、提请协查与有组织犯罪相关的可疑交易活动。

【主席令〔2022〕119号】　中华人民共和国反电信网络诈骗法（2022年9月2日第13届全国人大常委会第36次会议通过，2022年12月1日施行）

第26条（第1款）　公安机关办理电信网络诈骗案件依法调取证据的，互联网服务提供者应当及时提供技术支持和协助。

【主席令〔2023〕4号】　中华人民共和国反间谍法（2014年11月1日全国人大常委会〔12届11次〕通过，主席令第16号公布施行，主席令〔1993〕68号《国家安全法》同时废止；2023年4月26日全国人大常委会〔14届2次〕修订，2023年7月1日起施行）

第26条　国家安全机关工作人员依法执行反间谍工作任务时，根据国家有关规定，经设区的市级以上国家安全机关负责人批准，可以查阅、调取有关的文件、数据、资料、物品，有关个人和组织应当予以配合。查阅、调取不得超出执行反间谍工作任务所需的范围和限度。

第31条（第1款）　国家安全机关工作人员在反间谍工作中采取查阅、调取、传唤、检查、查询、查封、扣押、冻结等措施，应当由2人以上进行，依照有关规定出示工作证件及相关法律文书，并由相关人员在有关笔录等书面材料上签名、盖章。

第32条　在国家安全机关调查了解有关间谍行为的情况、收集有关证据时，有关个人和组织应当如实提供，不得拒绝。

第59条　违反本法规定，拒不配合数据调取的，由国家安全机关依照《中华人民共和国数据安全法》的有关规定予以处罚。

【主席令〔2021〕84号】　中华人民共和国数据安全法（2021年6月10日全国人大常委会〔13届29次〕通过，2021年9月1日起施行）

第35条　公安机关、国家安全机关因依法维护国家安全或者侦查犯罪的需要调取数据，应当按照国家有关规定，经过严格的批准手续，依法进行，有关组织、个人应当予以配合。

第48条（第1款）　违反本法第35条规定，拒不配合数据调取的，由有关主管部门责令改正，给予警告，并处5万元以上50万元以下罚款，对直接负责的主管人员和其他直接责任人员处1万元以上10万元以下罚款。

【海警局令〔2023〕1号】　海警机构办理刑事案件程序规定（2023年5月15日审议通过，2023年6月15日起施行）　（余文见本书第308条）

第185条　海警机构对已经立案的刑事案件，应当及时进行侦查，全面、客观地收集、调取犯罪嫌疑人有罪或者无罪、罪轻或者罪重的证据材料。

【高检发〔2023〕4号】　最高人民法院、最高人民检察院、公安部、司法部关于办理性侵害未成年人刑事案件的意见（2023年5月24日印发，2023年6月1日起施行）　（详见《刑法全厚细》第236条）

第21条　公安机关办理性侵害未成年人刑事案件，应当依照法定程序，及时、全面收集固定证据。对与犯罪有关的场所、物品、人身等及时进行勘验、检查，提取与案件有关的痕迹、物证、生物样本；及时调取与案件有关的住宿、通行、银行交易记录等书证，现场监控录像等视听资料、手机短信、即时通讯记录、社交软件记录、手机支付记录、音视频、网盘资料等电子数据。视听资料、电子数据等证据因保管不善灭失的，应当向原始数据存储单位重新调取，或者提交专业机构进行技术性恢复、修复。

第27条　能够证实未成年被害人和犯罪嫌疑人、被告人相识交往、矛盾纠纷及其异常表现、特殊癖好等情况，对完善证据链条、查清全部案情具有证明作用的证据，应当全面收集。

第28条　能够证实未成年人被性侵害后心理状况或者行为表现的证据，应当全面收集。未成年被害人出现心理创伤、精神抑郁或者自杀、自残等伤害后果的，应当及时检查、鉴定。

【国安部令〔2024〕4号】　国家安全机关办理刑事案件程序规定（2024年4月26日公布，2024年7月1日起施行）

第211条　国家安全机关对已经立案的刑事案件，应当进行侦查，全面、客观地收集、调取犯罪嫌疑人有罪或者无罪、罪轻或者罪重的证据材料。

第213条　国家安全机关侦查犯罪，应当严格依照法律规定的条件和程序采取强制措施和侦查措施，严禁在没有证据的情况下，仅凭怀疑就对犯罪嫌疑人采取强制措施和侦查措施。

国家安全机关依法查封、扣押、冻结涉案财物，应当为犯罪嫌疑人及其所扶养的亲属保留必需的生活费用和物品，减少对涉案单位正常办公、生产、经营等活动的影响。严禁在立案之前查封、扣押、冻结财物，不得查封、扣押、冻结与案件无关的财物。对查封、扣押、冻结的财物，应当及时进行审查。能够保证侦查活动正常进行的，可以允许有关当事人继续合理使用有关涉案财物，但应当采取必要的保值、保管措施。

第215条　国家安全机关侦查犯罪，涉及国家秘密、工作秘密、商业秘密和个人隐私、个人信息的，应当保密。

第116条　【预审】公安机关经过侦查，对有证据证明有犯罪事实的案件，应当进行预审，对收集、调取的证据材料予以核实。

● 相关规定　【公通字〔2005〕98号】　公安机关办理伤害案件规定（公安部2005年12月27日印发，2006年2月1日施行）

第28条　被害人伤情构成轻伤、重伤或者死亡，需要追究犯罪嫌疑人刑事责任的，依照《中华人民共和国刑事诉讼法》的有关规定办理。

第29条　根据《中华人民共和国刑法》第13条及《中华人民共和国刑事诉讼法》第15条第一项规定，对故意伤害他人致轻伤，情节显著轻微、危害不大，不认为是犯罪的，以及被害人伤情达不到轻伤的，应当依法予以治安管理处罚。

第30条　对于因民间纠纷引起的殴打他人或者故意伤害他人身体的行为，情节较轻尚不够刑事处罚，具有下列情形之一的，经双方当事人同意，公安机关可以依法调解处理：（一）亲友、邻里或者同事之间因琐事发生纠纷，双方均有过错的；（二）未成年人、在校学生殴打他人或者故意伤害他人身体的；（三）行为人的侵害行为系由被害人事前的过错行为引起的；（四）其他适用调解处理更易化解矛盾的。

第31条　有下列情形之一的，不得调解处理：（一）雇凶伤害他人的；（二）涉及黑社会性质组织的；（三）寻衅滋事的；（四）聚众斗殴的；（五）累犯；（六）多次伤害他人身体的；（七）其他不宜调解处理的。

第32条　公安机关调解处理的伤害案件，除下列情形外，应当公开进行：（一）涉及个人隐私的；（二）行为人为未成年人的；（三）行为人和被害人都要求不公开调解的。

第33条　公安机关进行调解处理时，应当遵循合法、公正、自愿、及时的原则，注重教育和疏导，化解矛盾。

第34条　当事人中有未成年人的，调解时未成年当事人的父母或者其他监护人应当在场。

第35条　对因邻里纠纷引起的伤害案件进行调解时，可以邀请当地居民委员会、村民委员会的人员或者双方当事人熟悉的人员参加。

第36条　调解原则上为1次，必要时可以增加1次。对明显不构成轻伤、不需要伤情鉴定的治安案件，应当在受理案件后的3个工作日内完成调解；对需要伤情鉴定的治安案件，应当在伤情鉴定文书出具后的3个工作日内完成调解。

对1次调解不成，有必要再次调解的，应当在第1次调解后的7个工作日内完成第2次调解。

第37条　调解必须履行以下手续：（一）征得双方当事人同意；（二）在公安机关的主持下制作调解书。

第38条　调解处理时，应当制作调解笔录。达成调解协议的，应当制作调解书。调解书应当由调解机关、调解主持人、双方当事人及其他参加人签名、盖章。调解书一式3份，双方当事人各1份，调解机关留存1份备查。

第39条　经调解当事人达成协议并履行的，不予处罚。经调解未达成协议或者达成协议后不履行的，公安机关应当对违反治安管理行为人依法予以处罚，并告知当事人可以就民事争议依法向人民法院提起民事诉讼。

第40条　公安机关办理伤害案件，应当严格按照办理刑事案件或者治安案件的要求，形成完整卷宗。

卷宗内的材料应当包括受案、立案文书，询问、讯问笔录，现场、伤情照片，检验、鉴定结论等证据材料，审批手续、处理意见等。

第41条　卷宗应当整齐规范，字迹工整。

第42条　犯罪嫌疑人被追究刑事责任的，侦查卷（正卷）移送检察机关，侦查工作卷（副卷）由公安机关保存。

侦查卷（正卷）内容应包括立案决定书、现场照片、现场图、现场勘查笔录、强制措施和侦查措施决定书、通知书、告知书，各种证据材料，起诉意见书等法律文书。

侦查工作卷（副卷）内容应包括各种呈请报告书、审批表、侦查、调查计划，对案件分析意见，起诉意见书草稿等文书材料。

第43条　伤害案件未办结的，卷宗由办案单位保存。

第44条　治安管理处罚或者调解处理的伤害案件，结案后卷宗交档案部门保存。

【公通字〔2017〕25号】　最高人民检察院、公安部关于公安机关办理经济犯罪案件的若干规定（最高检、公安部2017年11月24日印发，2018年1月1日施行；2005年12月31日"公通字〔2005〕101号"《规定》同时废止）

第40条　公安机关办理经济犯罪案件应当与行政执法机关加强联系、密切配合，保证准确有效地执行法律。

公安机关应当根据案件事实、证据和法律规定依法认定案件性质，对案情复杂、疑难涉及专业性、技术性问题的，可以参考有关行政执法机关的认定意见。

行政执法机关对经济犯罪案件中有关行为性质的认定，不是案件进入刑事诉讼程序的必经程序或者前置条件。法律、法规和规章另有规定的，从其规定。

第41条 公安机关办理重大、疑难、复杂的经济犯罪案件，可以听取人民检察院的意见，人民检察院认为确有必要时，可以派员适时介入侦查活动，对收集证据、适用法律提出意见，监督侦查活动是否合法。对人民检察院提出的意见，公安机关应当认真审查，并将结果及时反馈人民检察院。没有采纳的，应当说明理由。

【公安部令〔2020〕159号】 公安机关办理刑事案件程序规定（2020年7月4日第3次部务会议修订，2020年7月20日公布，2020年9月1日施行）

第63条 公安机关接受或者依法调取的行政机关在行政执法和查办案件过程中收集的物证、书证、视听资料、电子数据、<u>检验报告</u>、鉴定意见、勘验笔录、检查笔录等证据材料，<u>经公安机关审查符合法定要求的</u>，可以作为证据使用。

第192条 公安机关经过侦查，对有证据证明有犯罪事实的案件，应当进行预审，对收集、调取的证据材料的真实性、合法性、<u>关联性</u>及证明力予以审查、核实。

【海警局令〔2023〕1号】 海警机构办理刑事案件程序规定（2023年5月15日审议通过，2023年6月15日起施行）（余文见本书第308条）

第186条 海警机构经过侦查，对有证据证明有犯罪事实的案件，应当进行预审，对收集、调取的证据材料的真实性、合法性、关联性及证明力予以审查、核实。

【国安部令〔2024〕4号】 国家安全机关办理刑事案件程序规定（2024年4月26日公布，2024年7月1日起施行）

第212条 国家安全机关经过侦查，对有证据证明有犯罪事实的案件，应当进行预审，对收集、调取的证据材料的真实性、合法性、关联性及证明力予以审查。

第213条（第1款） 国家安全机关侦查犯罪，应当严格依照法律规定的条件和程序采取强制措施和侦查措施，严禁在没有证据的情况下，仅凭怀疑就对犯罪嫌疑人采取强制措施和侦查措施。

（本书汇）【监察审理】[1]

● **相关规定** **【国监委公告〔2021〕1号】 监察法实施条例**（2021年7月20日国家监委全体会议决定，2021年9月20日公布施行）

第191条 案件审理部门收到移送审理的案件后，应当审核材料是否齐全、手续是否完备。对被调查人涉嫌职务犯罪的，还应当审核相关案卷材料是否符合职务犯罪案件立卷要求，是否在调查报告中单独表述已查明的涉嫌犯罪问题，是否形成《起诉建议书》。

经审核符合移送条件的，应当予以受理；不符合移送条件的，经审批可以暂缓受理或者不予受理，并要求调查部门补充完善材料。

第192条 案件审理部门受理案件后，应当成立由2人以上组成的审理组，全面审理案

---

[1] 注：《刑事诉讼法》没有关于监察审理的规定，本书将其汇集于此。

卷材料。

案件审理部门对于受理的案件，应当以监察法、政务处分法、刑法、《中华人民共和国刑事诉讼法》等法律法规为准绳，对案件事实证据、性质认定、程序手续、涉案财物等进行全面审理。

案件审理部门应当强化监督制约职能，对案件严格审核把关，坚持实事求是、独立审理，依法提出审理意见。坚持调查与审理相分离的原则，案件调查人员不得参与审理。

第193条　审理工作应当坚持民主集中制原则，经集体审议形成审理意见。

第194条　审理工作应当在受理之日起1个月以内完成，重大复杂案件经批准可以适当延长。

第195条　案件审理部门根据案件审理情况，经审批可以与被调查人谈话，告知其在审理阶段的权利义务，核对涉嫌违法犯罪事实，听取其辩解意见，了解有关情况。与被调查人谈话时，案件审理人员不得少于2人。

具有下列情形之一的，一般应当与被调查人谈话：（一）对被调查人采取留置措施，拟移送起诉的；（二）可能存在以非法方法收集证据情形的；（三）被调查人对涉嫌违法犯罪事实材料签署不同意见或者拒不签署意见的；（四）被调查人要求向案件审理人员当面陈述的；（五）其他有必要与被调查人进行谈话的情形。

第196条　经审理认为主要违法犯罪事实不清、证据不足的，应当经审批将案件退回承办部门重新调查。

有下列情形之一，需要补充完善证据的，经审批可以退回补充调查：（一）部分事实不清、证据不足的；（二）遗漏违法犯罪事实的；（三）其他需要进一步查清案件事实的情形。

案件审理部门将案件退回重新调查或者补充调查的，应当出具审核意见，写明调查事项、理由、调查方向、需要补充收集的证据及其证明作用等，连同案卷材料一并送交承办部门。

承办部门补充调查结束后，应当经审批将补证情况报告及相关证据材料，连同案卷材料一并移送案件审理部门；对确实无法查明的事项或者无法补充的证据，应当作出书面说明。重新调查终结后，应当重新形成调查报告，依法移送审理。

重新调查完毕移送审理的，审理期限重新计算。补充调查期间不计入审理期限。

第197条　审理工作结束后应当形成审理报告，载明被调查人基本情况、调查简况、涉嫌违法或者犯罪事实、被调查人态度和认识、涉案财物处置、承办部门意见、审理意见等内容，提请监察机关集体审议。

对被调查人涉嫌职务犯罪需要追究刑事责任的，应当形成《起诉意见书》，作为审理报告附件。《起诉意见书》应当忠实于事实真象，载明被调查人基本情况，调查简况，采取留置措施的时间，依法查明的犯罪事实和证据，从重、从轻、减轻或者免除处罚等情节，涉案财物情况，涉嫌罪名和法律依据，采取强制措施的建议，以及其他需要说明的情况。

案件审理部门经审理认为现有证据不足以证明被调查人存在违法犯罪行为，且通过退回补充调查仍无法达到证明标准的，应当提出撤销案件的建议。

第198条　上级监察机关办理下级监察机关管辖案件的，可以经审理后按程序直接进行处置，也可以经审理形成处置意见后，交由下级监察机关办理。

第199条　被指定管辖的监察机关在调查结束后应当将案件移送审理，提请监察机关集体审议。

上级监察机关将其所管辖的案件指定管辖的,被指定管辖的下级监察机关应当按照前款规定办理后,将案件报上级监察机关依法作出政务处分决定。上级监察机关在作出决定前,应当进行审理。

上级监察机关将下级监察机关管辖的案件指定其他下级监察机关管辖的,被指定管辖的监察机关应当按照第一款规定办理后,将案件送交有管理权限的监察机关依法作出政务处分决定。有管理权限的监察机关应当进行审理,审理意见与被指定管辖的监察机关意见不一致的,双方应当进行沟通;经沟通不能取得一致意见的,报请有权决定的上级监察机关决定。经协商,有管理权限的监察机关在被指定管辖的监察机关审理阶段可以提前阅卷,沟通了解情况。

对于前款规定的重大、复杂案件,被指定管辖的监察机关经集体审议后将处理意见报有权决定的上级监察机关审核同意的,有管理权限的监察机关可以经集体审议后依法处置。

第210条 监察对象对监察机关作出的涉及本人的处理决定不服的,可以在收到处理决定之日起1个月以内,向作出决定的监察机关申请复审。复审机关应当依法受理,并在受理后1个月以内作出复审决定。监察对象对复审决定仍不服的,可以在收到复审决定之日起1个月以内,向上一级监察机关申请复核。复核机关应当依法受理,并在受理后2个月以内作出复核决定。

上一级监察机关的复核决定和国家监察委员会的复审、复核决定为最终决定。

第211条 复审、复核机关承办部门应当成立工作组,调阅原案卷宗,必要时可以进行调查取证。承办部门应当集体研究,提出办理意见,经审批作出复审、复核决定。决定应当送达申请人,抄送相关单位,并在一定范围内宣布。

复审、复核期间,不停止原处理决定的执行。复审机关经审查认定处理决定有错误或者不当的,应当依法撤销、变更原处理决定,或者责令原处理机关及时予以纠正。复审、复核机关经审查认定处理决定事实清楚、适用法律正确的,应当予以维持。

坚持复审复核与调查审理分离,原案调查、审理人员不得参与复审复核。

第117条[①] 【对强制措施和涉财事项的申诉、控告】当事人和辩护人、诉讼代理人、利害关系人对于司法机关及其工作人员有下列行为之一的,有权向该机关申诉或者控告:

(一) 采取强制措施法定期限届满,不予以释放、解除或者变更的;
(二) 应当退还取保候审保证金不退还的;
(三) 对与案件无关的财物采取查封、扣押、冻结措施的;
(四) 应当解除查封、扣押、冻结不解除的;
(五) 贪污、挪用、私分、调换、违反规定使用查封、扣押、冻结的财物的。

受理申诉或者控告的机关应当及时处理。对处理不服的,可以向同级人民检察院申诉;人民检察院直接受理的案件,可以向上一级人民检察院申诉。人民检察院对申诉应当及时进行审查,情况属实的,通知有关机关予以纠正。

[①] 本条规定由2012年3月14日第11届全国人大常委会第5次会议增设,2013年1月1日施行。

● **相关规定**　【高检发办字〔2003〕9号】　**人民检察院控告、申诉首办责任制实施办法（试行）**（2003年6月17日最高检第10届检委会第5次会议通过，2003年7月1日印发试行）

　　第3条　首次办理本院管辖控告、申诉的人民检察院、业务部门和承办人，分别是首办责任单位、首办责任部门和首办责任人。

　　检察长和部门负责人对本院管辖和本部门承办的控告、申诉负组织、协调、督促和检查落实等首办领导责任。

　　第4条　首办责任制遵循以下原则：（一）谁主管谁负责；（二）各司其职，相互配合；（三）注重效率，讲求实效；（四）责权明确，奖惩分明。

　　第7条　首办责任部门应在收到控告、申诉材料后1个月内将办理情况回复控告申诉检察部门，3个月内回复办理结果。逾期未能回复办理结果的，应说明理由，并报经主管检察长批准后，可适当延长回复期限，但办理期限最长不得超过6个月。

　　第8条　对上级人民检察院交办的控告、申诉，首办责任部门应当将办理情况和结果报经检察长批准后，由控告申诉检察部门以院名义报上级人民检察院控告申诉检察部门。

　　第9条　对有办理情况和结果的控告、申诉，控告申诉检察部门应及时答复来信来访人，必要时可会同有关部门共同答复，并做好办结后的息诉工作。

　　第10条　对本院管辖的控告、申诉，要逐件附《控告、申诉首办流程登记表》（附件二），对移送、办理、回复等各个环节按顺序逐项填写，实行全程跟踪，做到去向分明，责任明确。

　　第13条　有下列情形之一的，对首办责任单位、首办责任部门和首办责任人予以批评教育，情节严重的，按照有关规定给予组织处理、纪律处分，直至追究刑事责任：（一）对管辖内的控告、申诉不予办理，或者不负责任，办理不当，引发重复来信、越级上访、久诉不息等情况，造成严重后果的；（二）对管辖内的控告、申诉逾期不能办结，严重超过规定期限，造成当事人重复信访的；（三）违反《人民检察院错案责任追究条例（试行）》①第6条、第7条、第8条的规定，被上级人民检察院纠正或被依法查处的；（四）办理的错案纠正后，对该赔偿的不赔偿，该退回的扣押款物不退回的；（五）违反其他办案纪律的。

　　【公通字〔2013〕30号】　**公安机关办理刑事案件适用查封、冻结措施有关规定**②（最高法、最高检、公安部、国家安全部、司法部、国土资源部、住房城乡建设部、交通运输部、农业部、人民银行、林业局、银监会、证监会、保监会、民航局2013年9月1日成文，公安部办公厅2013年9月4日印发）

　　第51条　当事人和辩护人、诉讼代理人、利害关系人对于公安机关及其侦查人员有下列行为之一的，有权向该机关申诉或者控告：（一）对与案件无关的财物采取查封、冻结措施的；（二）明显超出涉案范围查封、冻结财物的；（三）应当解除查封、冻结不解除的；（四）贪污、侵占、挪用、私分、调换、抵押、质押以及违反规定使用、处置查封、冻结财物的。

　　受理申诉或者控告的公安机关应当及时进行调查核实，并在收到申诉、控告之日起30日以内作出处理决定，书面回复申诉人、控告人。发现公安机关及其侦查人员有上述行为之

---

①　注：《人民检察院错案责任追究条例（试行）》（高检发〔1998〕16号）已经被《检察人员执法过错责任追究条例》（高检发〔2007〕12号）替代、废止。

②　注：经核阅原始纸质文件，本《规定》的文件名确实为"有关规定"，而非"相关规定"。

一的,应当立即纠正。

当事人及其辩护律师、诉讼代理人、利害关系人对处理决定不服的,可以向上级公安机关或者同级人民检察申诉。上级公安机关发现下级公安机关存在前款规定的违法行为或者对申诉、控告事项不按照规定处理的,应当责令下级公安机关限期纠正,下级公安机关应当立即执行。必要时,上级公安机关可以就申诉、控告事项直接作出处理决定。人民检察院对申诉查证属实的,应当通知公安机关予以纠正。

【高检发办字〔2014〕78号】 人民检察院受理控告申诉依法导入法律程序实施办法
(2014年8月28日最高检第12届检委会第26次会议通过,2014年11月7日印发施行)

第4条 人民检察院控告检察部门统一接收控告、申诉。本院检察长、其他部门或者人员接收的控告、申诉,应当在7日以内移送控告检察部门,但另有规定的除外。

第6条 对不涉及民商事、行政、刑事等诉讼权利救济的普通信访事项,根据"属地管理、分级负责,谁主管、谁负责"原则,人民检察院控告检察部门应当告知控告人、申诉人向主管机关反映,或者将控告、申诉材料转送主管机关并告知控告人、申诉人,同时做好解释说明和教育疏导工作。

第7条 对涉及民商事、行政、刑事等诉讼权利救济,依法可以通过法律程序解决的控告、申诉,属于本级检察院管辖的,人民检察院控告检察部门应当按照相关规定移送本院有关部门办理;属于其他人民检察院管辖的,告知控告人、申诉人向有管辖权的人民检察院提出,或者将控告、申诉材料转送有管辖权的人民检察院并告知控告人、申诉人。

对属于本级检察院正在法律程序中办理的案件,当事人等诉讼参与人提出控告或者申诉,但法律未规定相应救济途径的,控告检察部门接收材料后应当及时移送本院案件承办部门,承办部门应当继续依法按程序办理,并做好当事人等诉讼参与人的解释说明工作。

第8条 对涉及民商事、行政、刑事等诉讼权利救济,依法可以通过法律程序解决的控告、申诉,属于公安机关、人民法院以及其他机关管辖的,人民检察院控告检察部门应当告知控告人、申诉人向有管辖权的机关反映,或者将控告、申诉材料转送有管辖权的机关并告知控告人、申诉人,同时做好解释说明和教育疏导工作。

第9条 控告、申诉已经最高人民检察院或者省级人民检察院决定终结的,各级人民检察院不予受理。按照中央和最高人民检察院相关规定,移交当地党委、政府有关部门及其基层组织,落实教育帮扶、矛盾化解责任。

第10条 人民检察院依法管辖下列控告、申诉:

(一)涉检事项:1.不服人民检察院刑事处理决定的;2.反映人民检察院在处理群众举报线索中久拖不决、未查处、未答复的;3.反映人民检察院违法违规办案或者检察人员违法违纪的;4.人民检察院为赔偿义务机关,请求人民检察院进行国家赔偿的。

(二)诉讼监督事项:1.不服公安机关刑事处理决定,反映公安机关侦查活动有违法情况,要求人民检察院实行法律监督,依法属于人民检察院管辖的;2.不服人民法院生效判决、裁定、调解书,以及人民法院赔偿委员会作出的国家赔偿决定,反映审判人员在审判程序中存在违法行为,以及反映人民法院刑罚执行、民事执行和行政执行活动存在违法情形,要求人民检察院实行法律监督,依法属于人民检察院管辖的。

(三)依法属于人民检察院管辖的其他控告、申诉。

第11条 控告、申诉符合下列条件的,人民检察院应当受理:(一)属于人民检察院受理案件范围；（二）本院具有管辖权；（三）控告人、申诉人具备法律规定的主体资格；（四）控告、申诉材料符合受理要求；（五）控告人、申诉人提出了明确请求和所依据的事实、证据与理由；（六）不具有法律和相关规定不予受理的情形。

第12条 控告、申诉材料不齐备的，控告检察部门可以采取当面、书面或者网络告知等形式，要求控告人、申诉人限期补齐，并一次性明确告知应当补齐的全部材料。

人民检察院的接收时间从控告人、申诉人补齐相关材料之日起计算。

第13条 人民检察院控告检察部门对属于本院管辖的控告、申诉，能够当场答复是否受理的，应当当场书面答复。不能当场答复的，应当在规定期限内书面答复，但是控告人、申诉人的姓名（名称）、住址不清的除外。对不予受理的，应当阐明法律依据和理由。

第14条 对控告人民检察院或者检察人员违法违纪的，控告检察部门应当在收到控告之日起7日以内移送本院监察部门办理。监察部门应当按照相关规定调查处理，并将处理情况反馈控告检察部门。控告检察部门和监察部门应当按照法律规定，及时将办理情况答复实名控告人。

第15条 对辩护人、诉讼代理人反映公安机关、人民检察院、人民法院及其工作人员阻碍其依法行使刑事诉讼权利的申诉或者控告，控告检察部门应当在受理后10日以内进行审查，并将处理情况书面答复提出申诉或者控告的辩护人、诉讼代理人。

辩护人、诉讼代理人反映看守所及其工作人员阻碍其依法行使刑事诉讼权利的申诉或控告，由监所检察部门办理。

第16条 对当事人和辩护人、诉讼代理人、利害关系人反映本级检察院办理刑事案件中的违法行为的控告，控告检察部门应当在规定期限内及时审查办理；对当事人和辩护人、诉讼代理人、利害关系人反映司法机关及其工作人员有刑事诉讼法第115条规定的行为，不服下级人民检察院和其他司法机关处理的申诉，控告检察部门应当根据案件的具体情况，及时移送侦查监督部门、公诉部门或者监所检察部门审查办理。审查办理部门应当在收到案件材料之日起15日以内提出审查意见。对刑事诉讼法第115条第1款第三至五项的申诉，经审查认为需要侦查机关说明理由的，应当要求侦查机关说明理由，并在收到理由说明后15日以内提出审查意见。控告检察部门应当在收到审查意见后5日以内书面答复控告人、申诉人。

第20条 具有下列情形之一的，人民检察院应当告知控告人、申诉人向公安机关提出：

（一）当事人和辩护人、诉讼代理人、利害关系人认为公安机关及其工作人员有刑事诉讼法第115条规定的行为，未向办理案件的公安机关申诉或者控告，或者办理案件的公安机关在规定的时间内尚未作出处理决定，直接向人民检察院申诉的；

（二）被害人及其法定代理人、近亲属认为公安机关对其控告应当立案侦查而不立案侦查，向人民检察院提出，而公安机关尚未对刑事控告或报案作出不予立案决定的；

（三）控告人、申诉人对公安机关正在办理的刑事案件，对有关办案程序提出复议、复核，应当由公安机关处理的；

（四）对公安机关作出的行政处罚、行政许可、行政强制措施等决定不服，要求公安机关复议的；

（五）对公安机关作出的火灾、交通事故认定及委托鉴定等不服，要求公安机关复核或者重新鉴定的；

（六）因公安机关及其工作人员违法行使职权，造成损害，依法要求国家赔偿的；

（七）控告公安民警违纪的；

（八）其他属于公安机关职权范围的事项。

第 21 条　具有下列情形之一的，人民检察院应当告知控告人、申诉人向人民法院提出：

（一）当事人和辩护人、诉讼代理人、利害关系人认为人民法院及其工作人员有刑事诉讼法第 115 条规定的行为，未向办理案件的人民法院申诉或者控告，或者办理案件的人民法院在规定的时间内尚未作出处理决定，直接向人民检察院申诉的；

……

（四）控告法官违纪的；

（五）其他属于人民法院职权范围的事项。

第 22 条　对人民检察院和其他司法机关均有管辖权的控告、申诉，人民检察院应当依法定职权审查受理，并将审查受理情况通知其他有管辖权的司法机关。

人民检察院在审查受理时，发现其他有管辖权的司法机关已经受理、立案的，可以告知控告人、申诉人在已受理、立案的司法机关作出法律结论后，再依法提出控告、申诉。

对控告、申诉既包含人民检察院管辖事项，又包含其他司法机关管辖事项的，人民检察院应当就管辖事项审查受理，同时告知控告人、申诉人将其他控告、申诉事项向相关主管机关提出。

【高检发〔2015〕6 号】　人民检察院刑事诉讼涉案财物管理规定（2014 年 11 月 19 日最高检第 12 届检委会第 29 次会议通过，2015 年 3 月 6 日印发施行；高检发〔2010〕9 号《人民检察院扣押、冻结涉案款物工作规定》同时废止）

第 32 条（第 2 款）　当事人及其法定代理人和辩护人、诉讼代理人、利害关系人对人民检察院的查封、扣押、冻结不服或者对人民检察院撤销案件决定、不起诉决定中关于涉案财物的处理部分不服的，可以依照刑事诉讼法和《人民检察院刑事诉讼规则（试行）》的有关规定提出申诉或者控告；人民检察院控告检察部门对申诉或者控告应当依照有关规定及时受理和审查办理并反馈处理结果。人民检察院提起公诉的案件，被告人、自诉人、附带民事诉讼的原告人和被告人对涉案财物处理决定不服的，可以依照有关规定就财物处理部分提出上诉，被害人或者其他利害关系人可以依照有关规定请求人民检察院抗诉。

【律发通〔2017〕51 号】　律师办理刑事案件规范（2017 年 8 月 27 日第 9 届全国律协常务理事会第 8 次会议通过、即日施行，中华全国律师协会 2017 年 9 月 20 日印发）

第 69 条　辩护律师对于侦查机关及其工作人员有下列行为的，可以向该机关申诉或者控告：（一）采取强制措施法定期限届满，不予以解除、变更强制措施或者释放犯罪嫌疑人的；（二）应当退还取保候审保证金不予退还的；（三）对与案件无关的财物采取查封、扣押、冻结措施的；（四）应当解除查封、扣押、冻结不予解除的；（五）贪污、挪用、私分、调换或其他违反规定使用查封、扣押、冻结财物的。

辩护律师可以要求受理申诉或者控告的侦查机关及时处理，对不及时处理或对处理结果不服的，可以向同级人民检察院申诉；人民检察院直接受理的案件，可以向上一级人民检察院申诉。

【高检会〔2017〕3 号】　最高人民法院、最高人民检察院、公安部、司法部关于依法处理涉法涉诉信访工作衔接配合的规定（2017 年 11 月 24 日）

第 4 条　当事人和辩护人、诉讼代理人、利害关系人对于司法机关及其工作人员有刑事诉讼法第 115 条规定情形之外的侦查活动违法行为，既向办案机关申诉或者控告，又向人民检察院申诉，办案机关已经受理且正在处理程序当中的，人民检察院应当告知申诉人待办案机关处理完毕后如不服再向人民检察院申诉；人民检察院已经受理或者已经作出法律结论的，办案机关不予受理或者终止办理。

未向办案机关申诉、控告，直接向人民检察院申诉的，人民检察院应当告知申诉人如检察机关受理后办案机关将不再受理的后果，并引导申诉人先行向办案机关申诉、控告。申诉人坚持向人民检察院提出的，人民检察院应当受理。

第6条　信访人因不服信访工作机构依据《信访条例》作出的处理意见、复查意见、复核意见或者不履行《信访条例》规定的职责提起行政诉讼的，人民法院不予受理，但信访答复行为重新设定了信访人的权利义务或者对信访人权利义务产生实际影响的除外。

第8条　涉法涉诉信访终结案件应当编立案号，纳入案件质量监管和业绩考评。

人民检察院认为涉法涉诉信访案件符合终结条件的，可以书面建议人民法院、公安机关、司法行政机关依法予以终结。人民法院、公安机关、司法行政机关应当及时启动终结审查程序，并将终结情况书面回复人民检察院。

第9条　对已经依法终结的涉法涉诉信访案件，按照本地区终结案件移交办法，报请信访工作联席会议、党委政法委或者社会治安综合治理委员会办公室，移交信访人住所地的乡镇、街道或者相关单位，落实教育疏导、矛盾化解和帮扶救助工作，并配合做好法律释明和政策解释工作。

人案分离的涉法涉诉信访终结案件，由终结决定单位对口移送信访人住所地人民法院、人民检察院、公安机关、司法行政机关，按照该地区终结移交办法处理。存在争议且经协商未能达成一致的，报请共同的上级机关协调。最高人民法院、最高人民检察院、公安部、司法部可以直接移送终结材料。省级以下人民法院、人民检察院、公安机关、司法行政机关指定联络员，负责协调人案分离涉法涉诉信访终结案件的移送、接收工作。

第10条　人民法院、人民检察院、公安机关、司法行政机关对信访活动中的违法信访人应当进行劝阻、批评或者教育。属地公安机关接警后应当及时出警处置，对经劝阻、批评和教育无效的，予以警告、训诫或者制止；违反集会游行示威的法律、行政法规，或者构成违反治安管理行为的，依法采取必要的现场处置措施，给予治安管理处罚；涉嫌犯罪的，依法及时立案侦查，人民检察院和人民法院依法起诉、审判。

第11条　公安机关对信访活动中的违法行为给予行政处罚，被处罚人不服，在法定期限内向人民法院提起行政诉讼的，人民法院应当依法受理。

第12条　对于当事人救济权利已经充分行使仍缠访缠诉，社会影响较大的涉法涉诉信访案件，人民法院、人民检察院、公安机关、司法行政机关可以联合接待信访人，或者联合召开案件听证会，共同做好化解息诉工作。

第13条　人民法院、人民检察院、公安机关、司法行政机关因工作需要调阅、借阅、查阅、复制卷宗的，有关机关应当及时提供。

人民检察院在履行法律监督职责过程中，依照相关规定开展调查核实工作的，有关机关应当配合。

【主席令〔2018〕3号】　中华人民共和国监察法（2018年3月20日第13届全国人大第1次会议通过，同日公布施行）

第60条　监察机关及其工作人员有下列行为之一的，被调查人及其近亲属有权向该机关申诉：（一）留置法定期限届满，不予以解除的；（二）查封、扣押、冻结与案件无关的财物的；（三）应当解除查封、扣押、冻结措施而不解除的；（四）贪污、挪用、私分、调换以及违反规定使用查封、扣押、冻结的财物的；（五）其他违反法律法规、侵害被调查人合法权益的行为。

受理申诉的监察机关应当在受理申诉之日起 1 个月内作出处理决定。申诉人对处理决定不服的，可以在收到处理决定之日起 1 个月内向上一级监察机关申请复查，上一级监察机关应当在收到复查申请之日起 2 个月内作出处理决定，情况属实的，及时予以纠正。

第 61 条　对调查工作结束后发现立案依据不充分或者失实，案件处置出现重大失误，监察人员严重违法的，应当追究负有责任的领导人员和直接责任人员的责任。

【国监委公告〔2021〕1 号】　**监察法实施条例**（2021 年 7 月 20 日国家监委全体会议决定，2021 年 9 月 20 日公布施行）

第 272 条　被调查人及其近亲属认为监察机关及监察人员存在监察法第 60 条第 1 款规定的有关情形，向监察机关提出申诉的，由监察机关案件监督管理部门依法受理，并按照法定的程序和时限办理。

【高检发释字〔2019〕4 号】　**人民检察院刑事诉讼规则**（2019 年 12 月 2 日最高检第 13 届检委会第 28 次会议通过，2019 年 12 月 30 日公布施行；高检发释字〔2012〕2 号《规则（试行）》同时废止）

第 555 条　当事人和辩护人、诉讼代理人、利害关系人对于办案机关及其工作人员有刑事诉讼法第 117 条规定的行为，向该机关申诉或者控告，对该机关作出的处理不服或者该机关未在规定时间内作出答复，而向人民检察院申诉的，办案机关的同级人民检察院应当受理。

人民检察院直接受理侦查的案件，当事人和辩护人、诉讼代理人、利害关系人对办理案件的人民检察院的处理不服，可以向上一级人民检察院申诉，上一级人民检察院应当受理。

未向办案机关申诉或者控告，或者办案机关在规定时间内尚未作出处理决定，直接向人民检察院申诉的，人民检察院应当告知其向办案机关申诉或者控告。人民检察院在审查逮捕、审查起诉中发现有刑事诉讼法第 117 条规定的违法情形的，可以直接监督纠正。

当事人和辩护人、诉讼代理人、利害关系人对刑事诉讼法第 117 条规定情形之外的违法行为提出申诉或者控告的，人民检察院应当受理，并及时审查，依法处理。

第 556 条　对人民检察院及其工作人员办理案件中违法行为的申诉、控告，由负责控告申诉检察的部门受理和审查办理。对其他司法机关处理决定不服向人民检察院提出的申诉，由负责控告申诉检察的部门受理后，移送相关办案部门审查办理由人民检察院控告检察部门受理。

审查办理的部门应当在受理之日起 15 日以内提出审查意见。人民检察院对刑事诉讼法第 117 条的申诉，经审查认为需要其他司法机关说明理由的，应当要求有关机关说明理由，并在收到理由说明后 15 日以内提出审查意见。

人民检察院及其工作人员办理案件中存在的违法情形属实的，应当予以纠正；不存在违法行为的，书面答复申诉人、控告人。

其他司法机关对申诉、控告的处理不正确的，人民检察院应当通知有关机关予以纠正；处理正确的，书面答复申诉人、控告人。

【公安部令〔2020〕159号】　公安机关办理刑事案件程序规定（2020年7月4日第3次部务会议修订，2020年7月20日公布，2020年9月1日施行）

第196条（第2款）　受理申诉或者控告的公安机关应当及时进行调查核实，并在收到申诉、控告之日起30日以内作出处理决定，书面回复申诉人、控告人。发现公安机关及其侦查人员有上述行为之一的，应当立即纠正。

第197条　上级公安机关发现下级公安机关存在本规定第196条第1款规定的违法行为[①]或者对申诉、控告事项不按照规定处理的，应当责令下级公安机关限期纠正，下级公安机关应当立即执行。必要时，上级公安机关可以就申诉、控告事项直接作出处理决定。

【主席令〔2021〕101号】　中华人民共和国反有组织犯罪法（2021年12月24日第13届全国人大常委会第32次会议通过，主席令第101号公布，2022年5月1日施行）

第49条　利害关系人对查封、扣押、冻结、处置涉案财物提出异议的，公安机关、人民检察院、人民法院应当及时予以核实，听取其意见，依法作出处理。

公安机关、人民检察院、人民法院对涉案财物作出处理后，利害关系人对处理不服的，可以提出申诉或者控告。

【公安部令〔2022〕165号】　公安机关反有组织犯罪工作规定（2022年8月10日第9次公安部部务会议通过，2022年8月26日公布，2022年10月1日施行）

第53条　利害关系人对查封、扣押、冻结、处置涉案财物提出异议的，公安机关应当及时予以核实，听取其意见，依法作出处理，并书面告知利害关系人。经查明确实与案件无关的财物，应当在3日以内解除相关措施，并予以退还。

公安机关对涉案财物作出处理后，利害关系人对处理不服的，可以提出申诉或者控告。受理申诉或者控告的公安机关应当及时进行调查核实，在收到申诉、控告之日起30日以内作出处理决定并书面回复。

【海警局令〔2023〕1号】　海警机构办理刑事案件程序规定（2023年5月15日审议通过，2023年6月15日起施行）（余文见本书第308条）

第190条　当事人和辩护人、诉讼代理人、利害关系人对海警机构及其侦查人员有下列行为之一的，有权向该机构申诉或者控告：（一）采取强制措施法定期限届满，不予释放、解除或者变更的；（二）应当退还取保候审保证金不退还的；（三）对与案件无关的财物采取查封、扣押、冻结措施的；（四）应当解除查封、扣押、冻结不解除的；（五）贪污、挪用、私分、调换、违反规定使用查封、扣押、冻结的财物的。

受理申诉或者控告的海警机构应当及时进行调查核实，并在收到申诉、控告之日起30日以内作出处理决定，书面回复申诉人、控告人。发现海警机构及其侦查人员有上述行为之一的，应当立即纠正。

第191条　上级海警机构发现下级海警机构存在本规定第190条第1款规定的违法行为

[①] 注：该款所列违法情形与《刑事诉讼法》第117条第1款规定内容重复，本书予以节略。

或者对申诉、控告事项不按照规定处理的，应当责令下级海警机构限期纠正，下级海警机构应当立即执行。必要时，上级海警机构可以就申诉、控告事项直接作出处理决定。

【国安部令〔2024〕4号】 国家安全机关办理刑事案件程序规定（2024年4月26日公布，2024年7月1日起施行）

第15条 国家安全机关及其工作人员在刑事诉讼中，应当严格依法办案，不得超越职权、滥用职权。

任何组织和人员对国家安全机关及其工作人员在刑事诉讼中超越职权、滥用职权和其他违法行为，都有权依法提出检举、控告。

第216条 当事人和辩护人、诉讼代理人、利害关系人对于国家安全机关及其侦查人员有下列行为之一的，有权向该机关申诉或者控告：（一）采取强制措施法定期限届满，不予以释放、解除或者变更的；（二）应当退还取保候审保证金不退还的；（三）对与案件无关的财物采取查封、扣押、冻结措施的；（四）应当解除查封、扣押、冻结不解除的；（五）贪污、挪用、私分、调换、违反规定使用查封、扣押、冻结的财物的。

受理申诉或者控告的国家安全机关应当及时进行调查核实，并在收到申诉、控告之日起30日以内作出处理决定，书面回复申诉人、控告人。发现国家安全机关及其侦查人员有上述行为之一的，应当立即纠正。

申诉人、控告人对处理决定不服的，可以向同级人民检察院申诉。人民检察院提出纠正意见，国家安全机关应当纠正并及时将处理情况回复人民检察院。

第二节 讯问犯罪嫌疑人①

> 第118条 【讯问主体及人数】讯问犯罪嫌疑人必须由人民检察院或者公安机关的侦查人员负责进行。讯问的时候，侦查人员不得少于2人。
>
> 【羁押讯问场所】犯罪嫌疑人被送交看守所羁押以后，侦查人员对其进行讯问，应当在看守所内进行。②
>
> 第119条 【传唤、拘传】对不需要逮捕、拘留的犯罪嫌疑人，可以传唤到犯罪嫌疑人所在市、县内的指定地点或者到他的住处进行讯问，但是应当出示人民检察院或者公安机关的证明文件。对在现场发现的犯罪嫌疑人，经出示工作证件，可以口头传唤，但应当在讯问笔录中注明。③

---

① 本节内容中的"犯罪嫌疑人"，除有标注的外，均由1996年3月17日第8届全国人民代表大会第4次会议修改而来（原为"被告人"），1997年1月1日施行。

② 本款规定由2012年3月14日第11届全国人大常委会第5次会议增设，2013年1月1日施行。

③ 本款规定先后2次修改。原规定（1980年1月1日施行）为："对于不需要逮捕、拘留的被告人，可以传唤到指定的地点或者到他的住处、所在单位进行讯问，但是应当出示人民检察院或者公安机关的证明文件。"1996年3月17日第8届全国人民代表大会第4次会议修改为（1997年1月1日施行）："对于不需要逮捕、拘留的犯罪嫌疑人，可以传唤到犯罪嫌疑人所在市、县内的指定地点或者到他的住处进行讯问，但是应当出示人民检察院或者公安机关的证明文件。"2012年3月14日第11届全国人大常委会第5次会议再次修改为现规定，2013年1月1日施行。

传唤、拘传持续的时间不得超过 12 小时；案情特别重大、复杂，需要采取拘留、逮捕措施的，传唤、拘传持续的时间不得超过 24 小时。①

不得以连续传唤、拘传的形式变相拘禁犯罪嫌疑人。传唤、拘传犯罪嫌疑人，应当保证犯罪嫌疑人的饮食和必要的休息时间。②

第 120 条　【讯问程序】 侦查人员在讯问犯罪嫌疑人的时候，应当首先讯问犯罪嫌疑人是否有犯罪行为，让他陈述有罪的情节或者无罪的辩解，然后向他提出问题。犯罪嫌疑人对侦查人员的提问，应当如实回答。但是对与本案无关的问题，有拒绝回答的权利。③

侦查人员在讯问犯罪嫌疑人的时候，应当告知犯罪嫌疑人享有的诉讼权利，如实供述自己罪行可以从宽处理和认罪认罚的法律规定。④

第 121 条　【讯问聋哑人】 讯问聋、哑的犯罪嫌疑人，应当有通晓聋、哑手势的人参加，并且将这种情况记明笔录。

第 122 条　【讯问笔录，自书供词】 讯问笔录应当交犯罪嫌疑人核对，对于没有阅读能力的，应当向他宣读。如果记载有遗漏或者差错，犯罪嫌疑人可以提出补充或者改正。犯罪嫌疑人承认笔录没有错误后，应当签名或者盖章。侦查人员也应当在笔录上签名。犯罪嫌疑人请求自行书写供述的，应当准许。必要的时候，侦查人员也可以要犯罪嫌疑人亲笔书写供词。

第 123 条⑤　**【讯问录音录像】** 侦查人员在讯问犯罪嫌疑人的时候，可以对讯问过程进行录音或者录像；对于可能判处无期徒刑、死刑的案件或者其他重大犯罪案件，应当对讯问过程进行录音或者录像。

录音或者录像应当全程进行，保持完整性。

● **相关规定**　【高检发反贪字〔2003〕17 号】　最高人民检察院关于人民检察院在办理直接立案侦查案件工作中加强安全防范的规定（2003 年 10 月 27 日印发施行；以本规为准）

第 4 条　传唤、拘传犯罪嫌疑、被告人到检察机关接受讯问，应当在讯问室进行。人民检察院讯问室必须符合安全防范要求，不得把讯问室作为羁押室。异地传唤、拘传犯罪嫌疑

---

① 本款规定由 1996 年 3 月 17 日第 8 届全国人民代表大会第 4 次会议增设，1997 年 1 月 1 日施行；2012 年 3 月 14 日第 11 届全国人大常委会第 5 次会议增加了下划线部分，2013 年 1 月 1 日施行。

② 本款规定由 1996 年 3 月 17 日第 8 届全国人民代表大会第 4 次会议增加了下划线部分，1997 年 1 月 1 日施行；2012 年 3 月 14 日第 11 届全国人大常委会第 5 次会议增加了下划线部分，2013 年 1 月 1 日施行。

③ 注：2012 年 3 月 8 日，11 届全国人大 5 次会议举行记者会，全国人大常委会委员、全国人大常委会法制工作委员会副主任在回答中外记者的提问时，就"刑事诉讼法修改"说明如下：犯罪嫌疑人如果要回答问题的话，就应当如实回答；如果如实回答，就会得到从宽处理。详见中国人大网 http：//www.scio.gov.cn/ztk/xwfb/jjfyr/37/wqfbh/Document/1119560/1119560.htm，最后访问时间：2024 年 4 月 25 日。

④ 本款规定由 2012 年 3 月 14 日第 11 届全国人大常委会第 5 次会议增设，2013 年 1 月 1 日施行；原规定为："侦查人员在讯问犯罪嫌疑人的时候，应当告知犯罪嫌疑人如实供述自己罪行可以从宽处理的法律规定。"2018 年 10 月 26 日第 13 届全国人大常委会第 6 次会议修改为现规定，同日公布施行。

⑤ 本条规定由 2012 年 3 月 14 日第 11 届全国人大常委会第 5 次会议增设，2013 年 1 月 1 日施行。

人、被告人，应当在当地检察院机关的讯问室进行。

第5条 传唤、拘传犯罪嫌疑人、被告人的持续时间不得超过法律规定的12小时，不得以连续传唤、拘传的方式变相拘禁犯罪嫌疑人、被告人。讯问结束后，符合拘留、逮捕条件并有拘留、逮捕必要的应当依法及时办理拘留、逮捕手续，并立即通知公安机关执行；对于不采取拘留、逮捕强制措施的，应当通知单位或家属领回，或派员将其送回。

第6条 讯问在押犯罪嫌疑人、被告人必须在看守所进行，因辨认、提取证据、取赃等确需提押到看守所以外的，必须报经主管检察长批准，同时通知人民检察院驻看守所检察室对提押活动实施监督。在执行提押任务中，应当采取严密的安全防范措施，辨认、提取证据、取赃活动结束后，应当立即还押。

第7条 传唤、拘传、提押、看管等工作应当交由司法警察或明确专人负责，不得出现脱节、脱岗或由1人提押、看管等情形。

【高检发政字〔2004〕37号】 最高人民检察院关于进一步加强检察机关办案安全防范工作的意见（2004年8月20日）

三、抓住办案中易出问题的薄弱环节加强安全防范工作

……在传唤、拘传犯罪嫌疑人、被告人到检察机关接受讯问时，应当在讯问室进行，不得在讯问室以外的地点进行讯问，也不得把讯问室作为羁押室。异地传唤、拘传犯罪嫌疑人、被告人，应当在当地检察机关讯问室进行。办案过程中坚决禁止采取刑讯逼供等暴力手段违法取证，严禁以协助调查取证等名义变相限制和剥夺证人的人身自由。要严格遵守办案时限，传唤、拘传犯罪嫌疑人、被告人的持续时间不得超过法律规定的12小时，参与办案的司法警察应适时提醒办案人员遵守办案时限。在执行传唤、拘传、提押、看管等工作中，必须保持有2名以上司法警察，不得出现脱节、脱岗或由1人提押、看管等情形。讯问结束后，对符合法律规定并有必要采取拘留、逮捕措施的，应当依法立即办理；对于不需采取拘留、逮捕强制措施的，应当及时通知其单位或家属领回，或派司法警察将其送回。

【六部委〔2012〕规定】 最高人民法院、最高人民检察院、公安部、国家安全部、司法部、全国人大常委会法制工作委员会关于实施《中华人民共和国刑事诉讼法》若干问题的规定（2012年12月26日印发，2013年1月1日起施行）

19. 刑事诉讼法第121条第1款规定："侦查人员在讯问犯罪嫌疑人的时候，可以对讯问过程进行录音或者录像；对于可能判处无期徒刑、死刑的案件或者其他重大犯罪案件，应当对讯问过程进行录音或者录像。"侦查人员对讯问过程进行录音或者录像的，应当在讯问笔录中注明。人民检察院、人民法院可以根据需要调取讯问犯罪嫌疑人的录音或者录像，有关机关应当及时提供。

【法发〔2013〕11号】 最高人民法院关于建立健全防范刑事冤假错案工作机制的意见（2013年10月9日印发，2013年11月21日公布）

8.（第2款） 除情况紧急必须现场讯问以外，在规定的办案场所外讯问取得的供述，未依法对讯问进行全程录音录像取得的供述，以及不能排除以非法方法取得的供述，应当排除。

【高检发反贪字〔2014〕213号】 人民检察院讯问职务犯罪嫌疑人实行全程同步录音录像的规定（2005年11月1日最高检检委会〔10届43次〕通过，2005年12月16日高检发

反贪字〔2005〕43号印发施行；2014年3月17日最高检检委会〔12届18次〕修订，2014年5月26日印发施行）

第2条　人民检察院讯问职务犯罪嫌疑人实行全程同步录音、录像，是指人民检察院办理直接受理侦查的职务犯罪案件，讯问犯罪嫌疑人时，应当对每一次讯问的全过程实施不间断的录音、录像。

讯问录音、录像是人民检察院在直接受理侦查职务犯罪案件工作中规范讯问行为、保证讯问活动合法性的重要手段。讯问录音、录像应当保持完整，不得选择性录制，不得剪接、删改。

讯问录音、录像资料是检察机关讯问职务犯罪嫌疑人的工作资料，实行有条件调取查看或者法庭播放。

第3条　讯问录音、录像，实行讯问人员和录制人员相分离的原则。讯问由检察人员负责，不得少于2人；录音、录像应当由检察技术人员负责。特别情况下，经检察长批准，也可以指定其他检察人员负责。

刑事诉讼法有关回避的规定适用于录制人员。

第5条　讯问在押犯罪嫌疑人，应当在看守所进行。讯问未羁押的犯罪嫌疑人，除客观原因或者法律另有规定外，应当在人民检察院讯问室进行。

在看守所、人民检察院的讯问室或者犯罪嫌疑人的住处等地点讯问的，讯问录音、录像应当从犯罪嫌疑人进入讯问室或者讯问人员进入其住处时开始录制，至犯罪嫌疑人在讯问笔录上签字、捺指印，离开讯问室或者讯问人员离开犯罪嫌疑人的住处等地点时结束。

第6条　讯问开始时，应当告知犯罪嫌疑人将对讯问进行全程同步录音、录像，告知情况应在录音、录像和笔录中予以反映。

犯罪嫌疑人不同意录音、录像的，讯问人员应当进行解释，但不影响录音、录像进行。

第7条　全程同步录像，录制的图像应当反映犯罪嫌疑人、检察人员、翻译人员及讯问场景等情况，犯罪嫌疑人应当在图像中全程反映，并显示与讯问同步的时间数码。在人民检察院讯问室讯问的，应当显示温度和湿度。

第8条　讯问犯罪嫌疑人时，除特殊情况外，检察人员应当着检察服，做到仪表整洁，举止严肃、端庄，用语文明、规范。严禁刑讯逼供或者使用威胁、引诱、欺骗等非法方法进行讯问。

第9条　讯问过程中，需要出示、核实或者辨认书证、物证等证据的，应当当场出示，让犯罪嫌疑人核实或者辨认，并对核实、辨认的全过程进行录音、录像。

第10条　讯问过程中，因技术故障等客观情况无法录音、录像的，一般应当停止讯问，待故障排除后再行讯问。讯问停止的原因、时间和再行讯问开始的时间等情况，应当在笔录和录音、录像中予以反映。

无法录音、录像的客观情况一时难以消除又必须继续讯问的，讯问人员可以继续进行讯问，但应当告知犯罪嫌疑人，同时报告检察长并获得批准。未录音、录像的情况及告知、报告情况应当在笔录中予以说明，由犯罪嫌疑人签字确认。待条件具备时，应当对未录的内容及时进行补录。

第11条　讯问结束后，录制人员应当立即将讯问录音、录像资料原件交给讯问人员，经讯问人员和犯罪嫌疑人签字确认后当场封存，交由检察技术部门保存。同时，复制讯问录音、录像资料存入讯问录音、录像数据管理系统，按照授权供审查决定逮捕、审查起诉以及法庭审理时审查之用。没有建立讯问录音、录像数据管理系统的，应当制作讯问录音、录像资料复制件，交办案人员保管，按照人民检察院刑事诉讼规则的有关规定移送。

讯问结束后，录制人员应当及时制作讯问录音、录像的相关说明，经讯问人员和犯罪嫌疑人签字确认后，交由检察技术部门立卷保管。

讯问录音、录像制作说明应当反映讯问的具体起止时间，参与讯问的检察人员、翻译人员及录制人员等姓名、职务、职称，犯罪嫌疑人姓名及案由，讯问地点等情况。讯问在押犯罪嫌疑人的，讯问人员应当在说明中注明提押和还押时间，由监管人员和犯罪嫌疑人签字确认。对犯罪嫌疑人拒绝签字的，应当在说明中注明。

第12条 讯问笔录应当与讯问录音、录像内容一致或者意思相符。禁止记录人员原封不动复制此前笔录中的讯问内容，作为本次讯问记录。

讯问结束时，讯问人员应当对讯问笔录进行检查、核对，发现漏记、错记的，应当及时补正，并经犯罪嫌疑人签字确认。

第13条 人民检察院直接受理侦查的案件，侦查部门移送审查决定逮捕、审查起诉时，应当注明讯问录音、录像资料存入讯问录音、录像数据管理系统，并将讯问录音、录像次数、起止时间等情况，随同案卷材料移送案件管理部门审查后，由案件管理部门移送侦查监督或者公诉部门审查。侦查监督或者公诉部门审查认为讯问活动可能涉嫌违法或者讯问笔录可能不真实，需要审查讯问录音、录像资料的，应当说明涉嫌违法讯问或者讯问笔录可能失实的时间节点并告知侦查部门。侦查部门应当及时予以授权，供侦查监督或者公诉部门对存入讯问录音、录像数据管理系统相应的讯问录音、录像资料进行审查。没有建立讯问录音、录像数据管理系统的，应当调取相应时段的讯问录音、录像资料并刻录光盘，及时移送侦查监督或者公诉部门审查。

移送讯问录音、录像资料复制件的，侦查监督部门审查结束后，应当将移送审查的讯问录音、录像资料复制件连同案卷材料一并送还侦查部门。公诉部门对移送的讯问录音、录像资料复制件应当妥善保管，案件终结后随案归档保存。

第17条（第1款） 讯问过程中犯罪嫌疑人检举揭发与本案无关的犯罪事实或者线索的，应当予以保密，不得泄露。违反本条规定，造成泄密后果的，应当追究相关责任。

第18条 案件办理完毕，办案期间录制的讯问录音、录像资料存入讯问录音、录像数据管理系统的或者刻录光盘的原件，由检察技术部门向本院档案部门移交归档。讯问录音、录像资料的保存期限与案件卷宗保存期限相同。

讯问录音、录像资料一般不公开使用。需要公开使用的，应当由检察长决定。非办案部门或者人员需要查阅讯问录音、录像资料的，应当报经检察长批准。

案件在申诉、复查过程中，涉及讯问活动合法性或者办案人员责任认定等情形，需要启封讯问录音、录像资料原件的，应当由检察长决定。启封时，被告人或者其委托的辩护人、近亲属应当到场见证。

第20条 初查阶段询问初查对象需要录音或者录像的，应当告知初查对象。询问证人需要录音或者录像的，应当事先征得证人同意，并参照本规定执行。

第21条 实施讯问录音、录像，禁止下列情形：（一）未按照刑事诉讼法第121条和本规定对讯问活动进行全程同步录音、录像的；（二）对讯问活动采取不供不录等选择性录音、录像的；（三）为规避监督故意关闭讯问录音录像系统、视频监控系统的；（四）擅自公开或者泄露讯问录音、录像资料或者泄露办案秘密的；（五）因玩忽职守、管理不善等造成讯问录音、录像资料遗失或者违规使用讯问录音、录像资料的；（六）其他违反本规定或者玩忽职守、弄虚作假，给案件侦查、起诉、审判造成不良后果等情形的。

讯问人员、检察技术人员及其他有关人员具有以上情形之一的，根据《检察人员纪律处分条例（试行）》等规定，应当给予批评教育；情节较重，给案件侦查、起诉、审判造成较为严重后果或者对案件当事人合法权益造成较为严重侵害的，应当视情给予警告、记过、记大过处分；情节严重，给案件侦查、起诉、审判造成严重后果或者对案件当事人合法权益造成严重侵害的，应当视情给予降级、撤职或者开除处分；构成犯罪的，应当追究相关责任人员的刑事责任。

【高检发政字〔2015〕号】 人民检察院司法警察执行职务规则（2015年6月1日最高检检委会〔12届36次〕通过，2015年6月12日印发）

第10条 人民检察院司法警察执行传唤任务，应当做到：

（一）执行传唤前，了解被传唤人的姓名、性别、年龄、工作单位、住址及传唤内容等基本情况；

（二）传唤犯罪嫌疑人时，应当向被传唤人出示传唤证，并责令其在传唤证上签名、捺指印；

（三）传唤犯罪嫌疑人时，其家属在场的，当场将传唤的原因和处所口头告知其家属；其家属不在场的，及时将传唤通知书送达其家属，并由其家属在传唤通知书副本上签名或者盖章；其家属拒绝签名或者盖章的，在传唤通知书副本上注明；无法通知的，及时通知案件承办人。

（四）传唤被取保候审、监视居住的犯罪嫌疑人、被告人，须先行与采取强制措施的执行机关联系，到被传唤人所在地派出所登记后方可执行。

（五）犯罪嫌疑人无正当理由拒不接受传唤或者逃避传唤的，及时通知案件承办人；

（六）传唤任务完成后，及时将相关法律文书交案件承办人。

第11条 人民检察院司法警察执行拘传任务，应当做到：

（一）执行拘传前，了解被拘传人的姓名、性别、年龄、工作单位、住址、身份证号码等基本情况；

（二）拘传犯罪嫌疑人时，应当向被拘传人出示拘传证，犯罪嫌疑人到案后，责令其在拘传证上填写到案时间、签名、捺指印或者盖章；犯罪嫌疑人拒绝填写的，应当在拘传证上注明；

（三）对抗拒拘传的，可以使用警械具，强制到案；

（四）拘传后，应当对犯罪嫌疑人的人身、随身携带的物品进行安全检查，发现与案件相关的证据或者可疑物品以及可能危害人身安全的物品，应当及时向案件承办人报告；

（五）拘传任务完成后，及时将相关法律文书交案件承办人。

【高检发办字〔2015〕31号】 最高人民检察院职务犯罪侦查工作八项禁令（2015年8月4日）

六、严禁在未全程同步录音录像情况下进行讯问。对于讯问活动没有执行全程同步录音录像的案件，不得移送审查起诉；已经移送审查起诉的，公诉部门有权拒绝受理或者退回侦查部门。

【法发〔2016〕18号】 最高人民法院、最高人民检察院、公安部、国家安全部、司法部关于推进以审判为中心的刑事诉讼制度改革的意见（2016年7月20日）

5. （第1款） 完善讯问制度，防止刑讯逼供，不得强迫任何人证实自己有罪。严格按照有关规定要求，在规范的讯问场所讯问犯罪嫌疑人。严格依照法律规定对讯问过程全程同步录音录像，逐步实行对所有案件的讯问过程全程同步录音录像。

【主席令〔2018〕3号】 中华人民共和国监察法（2018年3月20日全国人大〔13届1次〕通过、施行；《行政监察法》同时废止）

第19条 对可能发生职务违法的监察对象，监察机关按照管理权限，可以直接或者委托有关机关、人员进行谈话或者要求说明情况。

第20条 在调查过程中，对涉嫌职务违法的被调查人，监察机关可以要求其就涉嫌违法行为作出陈述，必要时向被调查人出具书面通知。

对涉嫌贪污贿赂、失职渎职等职务犯罪的被调查人，监察机关可以进行讯问，要求其如实供述涉嫌犯罪的情况。

第41条 调查人员采取讯问、询问、留置、搜查、调取、查封、扣押、勘验检查等调查措施，均应当依照规定出示证件，出具书面通知，由2人以上进行，形成笔录、报告等书面材料，并由相关人员签名、盖章。

调查人员进行讯问以及搜查、查封、扣押等重要取证工作，应当对全过程进行录音录像，留存备查。

【国监委公告〔2021〕1号】 监察法实施条例（2021年7月20日国家监委全体会议决定，2021年9月20日公布施行）

第56条（第1款） 开展讯问、搜查、查封、扣押以及重要的谈话、询问等调查取证工作，应当全程同步录音录像，并保持录音录像资料的完整性。录音录像资料应当妥善保管、及时归档，留存备查。

第81条 监察机关对涉嫌职务犯罪的被调查人，可以依法进行讯问，要求其如实供述涉嫌犯罪的情况。

第82条 讯问被留置的被调查人，应当在留置场所进行。

第83条 讯问应当个别进行，调查人员不得少于2人。

首次讯问时，应当向被讯问人出示《被调查人权利义务告知书》，由其签名、捺指印。被讯问人拒绝签名、捺指印的，调查人员应当在文书上记明。被讯问人未被限制人身自由的，应当在首次讯问时向其出具《讯问通知书》。

讯问一般按照下列顺序进行：

（一）核实被讯问人的基本情况，包括姓名、曾用名、出生年月日、户籍地、身份证件号码、民族、职业、政治面貌、文化程度、工作单位及职务、住所、家庭情况、社会经历，是否属于党代表大会代表、人大代表、政协委员，是否受到过党纪政务处分，是否受到过刑事处罚等；

（二）告知被讯问人如实供述自己罪行可以依法从宽处理和认罪认罚的法律规定；

（三）讯问被讯问人是否有犯罪行为，让其陈述有罪的事实或者无罪的辩解，应当允许其连贯陈述。

调查人员的提问应当与调查的案件相关。被讯问人对调查人员的提问应当如实回答。调查人员对被讯问人的辩解，应当如实记录，认真查核。

讯问时，应当告知被讯问人将进行全程同步录音录像。告知情况应当在录音录像中予以反映，并在笔录中记明。

第84条 本条例第75条至第79条的要求，也适用于讯问。（详见本书第2编第2章"监察谈话"专辑）

【高检发诉二字〔2018〕1号】 人民检察院办理死刑第二审案件和复核监督工作指引（试行）（2018年1月11日最高检检委会［12届72次］通过，2018年3月31日印发试行）

第17条 【审查同步录音录像的一般规定】 检察人员对取证合法性产生疑问的，可以审查相关的录音录像，对于重大、疑难、复杂的案件，必要时可以审查全部录音录像。

第18条 【审查同步录音录像的主要内容】 对同步录音录像应当重点审查以下内容：（1）是否全程、连续、同步，有无选择性录制，有无剪接、删改；（2）是否与讯问笔录记载的起止时间一致；（3）与讯问笔录记载的内容是否存在差异；（4）是否存在刑讯逼供、诱供等违法行为。

讯问录音录像存在选择性录制、剪接、删改等情形，或者与讯问笔录存在实质性差异，不能排除以非法方法收集证据情形的，对相关证据应当予以排除。

【高检发释字〔2019〕4号】 人民检察院刑事诉讼规则（2019年12月2日最高检第13届检委会第28次会议通过，2019年12月30日公布施行；高检发释字〔2012〕2号《规则（试行）》同时废止）

第82条 拘传时，应当向被拘传的犯罪嫌疑人出示拘传证。对抗拒拘传的，可以使用戒具，强制到案。

执行拘传的人员不得少于2人。

第83条 拘传持续的时间从犯罪嫌疑人到案时开始计算。犯罪嫌疑人到案后，应当责令其在拘传证上填写到案时间，并在拘传证上签名或者盖章，并捺指印／签名、捺指印或者盖章，然后立即讯问。拘传／讯问结束后，应当责令犯罪嫌疑人在拘传证上填写拘传／讯问结束时间。犯罪嫌疑人拒绝填写的，检察人员应当在拘传证上注明。

……两次拘传间隔的时间一般不得少于12小时，不得以连续拘传的方式变相拘禁犯罪嫌疑人。

第84条 人民检察院拘传犯罪嫌疑人，应当在犯罪嫌疑人所在市、县内的地点进行。

犯罪嫌疑人工作单位与居住地不在同一市、县的，拘传应当在犯罪嫌疑人工作单位所在的市、县内进行；特殊情况下，也可以在犯罪嫌疑人居住地所在的市、县内进行。

第85条 需要对被拘传的犯罪嫌疑人变更强制措施的，应当经检察长或者检察委员会决定，在拘传期限内办理变更手续。

在拘传期间决定不采取其他强制措施的，拘传期限届满，应当结束拘传。

第182条 讯问犯罪嫌疑人，由检察人员负责进行。讯问时，检察人员或者检察人员和书记员不得少于2人。

讯问同案的犯罪嫌疑人，应当个别进行。

第183条 （第1款内容同《刑事诉讼法》第119条第1款，略）

传唤犯罪嫌疑人，应当出示传唤证和工作证件，并责令犯罪嫌疑人在传唤证上签名或者盖章，并捺指印。

犯罪嫌疑人到案后，应当由其在传唤证上填写到案时间。传唤结束时，应当由其在传唤证上填写传唤结束时间。拒绝填写的，应当在传唤证上注明。

对在现场发现的犯罪嫌疑人，经出示工作证件，可以口头传唤，并将传唤的原因和依据告知被传唤人。在讯问笔录中应当注明犯罪嫌疑人到案时间、到案经过和传唤结束时间。

本规则第84条第2款的规定适用于传唤犯罪嫌疑人。

第184条　传唤犯罪嫌疑人时，其家属在场的，应当当场将传唤的原因和处所口头告知其家属，并在讯问笔录中注明。其家属不在场的，应当及时将传唤的原因和处所通知被传唤人家属。无法通知的，应当在讯问笔录中注明。

第185条　（第1款）……两次传唤间隔的时间一般不得少于12小时，不得以连续传唤的方式变相拘禁犯罪嫌疑人。

第187条　讯问犯罪嫌疑人一般按照下列顺序进行：（一）核实犯罪嫌疑人的基本情况，包括姓名、出生年月日、户籍地、公民身份号码、民族、职业、文化程度、工作单位及职务、住所、家庭情况、社会经历、是否属于人大代表、政协委员等；（二）告知犯罪嫌疑人在侦查阶段的诉讼权利，有权自行辩护或者委托律师辩护，告知其如实供述自己罪行可以依法从宽处理和认罪认罚的法律规定；（三）讯问犯罪嫌疑人是否有犯罪行为，让他陈述有罪的事实或者无罪的辩解，应当允许其连贯陈述。

犯罪嫌疑人对检察/侦查人员的提问，应当如实回答。但是对与本案无关的问题，有拒绝回答的权利。

讯问犯罪嫌疑人时，应当告知犯罪嫌疑人将对讯问进行全程同步录音、录像。告知情况应当在录音、录像中予以反映，并记明笔录。

讯问时，对犯罪嫌疑人提出的辩解要认真查核。严禁刑讯逼供和以威胁、引诱、欺骗以及其他非法的方法获取供述。

第188条　讯问犯罪嫌疑人，应当制作讯问笔录。讯问笔录应当忠实于原话，字迹清楚，详细具体，并交犯罪嫌疑人核对。犯罪嫌疑人没有阅读能力的，应当向他宣读。如果记载有遗漏或者差错，应当补充或者改正。犯罪嫌疑人认为讯问笔录没有错误的，由其在笔录上逐页签名、捺指印或者盖章，并捺指印，在末页写明"以上笔录我看过（向我宣读过），和我说的相符"，同时签名、捺指印或者盖章、并捺指印，注明日期。如果犯罪嫌疑人拒绝签名、盖章、捺指印的，应当在笔录上注明。讯问的检察人员、书记员也应当在笔录上签名。

第189条　犯罪嫌疑人请求自行书写供述的，检察人员应当准许。必要时，检察人员也可以要求犯罪嫌疑人亲笔书写供述。犯罪嫌疑人应当在亲笔供述的末页签名、捺指印或者盖章、并捺指印，注明书写日期。检察人员收到后，应当在首页右上方写明"于某年某月某日收到"，并签名。

第190条　人民检察院办理直接受理侦查的案件，应当在每次讯问犯罪嫌疑人时，对讯问过程实行全程录音、录像，并在讯问笔录中注明。

录音、录像应当由检察技术人员负责。特殊情况下，经检察长批准也可以由讯问人员以外的其他检察人员负责。

原第202条　人民检察院讯问犯罪嫌疑人实行全程同步录音、录像，应当按照最高人民检察院的有关规定办理。

第258条　人民检察院讯问犯罪嫌疑人时，应当首先查明犯罪嫌疑人的基本情况，依法告知犯罪嫌疑人诉讼权利和义务，以及认罪认罚的法律规定，听取其供述和辩解。犯罪嫌疑人翻供的，应当讯问其原因。犯罪嫌疑人申请排除非法证据的，应当告知其提供相关线索或者材料。犯罪嫌疑人检举揭发他人犯罪的，应当予以记录，并依照有关规定移送有关机关、部门处理。

讯问犯罪嫌疑人应当制作讯问笔录，并交犯罪嫌疑人核对或者向其宣读。经核对无误后逐页<u>签名或者盖章</u>，并捺指印后附卷。犯罪嫌疑人请求自行书写供述的，应当准许，但不得以自行书写的供述代替讯问笔录。

犯罪嫌疑人被羁押的，讯问应当在看守所讯问室进行。

第260条　讯问犯罪嫌疑人，询问被害人、证人、鉴定人，听取辩护人、被害人及其诉讼代理人的意见，<u>应当由检察人员2名以上办案人员负责</u>进行，<u>检察人员或者检察人员和书记员不得少于2人</u>。

讯问犯罪嫌疑人，询问证人、鉴定人、被害人，应当个别进行。

【高检发办字〔2020〕4号】　　最高人民检察院、公安部、国家安全部关于重大案件侦查终结前开展讯问合法性核查工作若干问题的意见（2020年1月13日印发施行）

第2条　重大案件侦查终结前讯问合法性核查，是指对于可能判处无期徒刑、死刑的案件或者其他重大案件，人民检察院在侦查终结前对讯问合法性进行核查。

第3条　人民检察院、公安机关和国家安全机关应当分工负责，互相配合，互相制约，共同做好重大案件侦查终结前讯问合法性核查工作。

第4条　侦查机关在侦查终结前，及时制作重大案件即将侦查终结通知书，通知人民检察院驻看守所检察人员开展讯问合法性核查。

人民检察院驻看守所检察人员收到侦查机关通知后，应当立即开展核查。

人民检察院驻看守所检察人员或者人民检察院负责捕诉部门的检察人员，凭侦查机关重大案件即将侦查终结通知书和有效工作证件到看守所开展调查核查工作。

第5条　检察人员开展重大案件讯问合法性核查工作，应当首先听取犯罪嫌疑人的辩护律师或者值班律师的意见，制作听取律师意见笔录。辩护律师或者值班律师提出书面意见的，应当附卷。

第6条　检察人员开展重大案件讯问合法性核查，应当询问相关犯罪嫌疑人，并全程同步录音录像。所录制的图像应当反映犯罪嫌疑人、检察人员及询问场景等情况，犯罪嫌疑人应当在图像中全程反映，并显示与询问同步的日期和时间信息。询问笔录记载的起止时间应当与询问录音录像反映的起止时间一致。

询问犯罪嫌疑人，应当个别进行，检察人员不得少于2人。

第7条　检察人员对重大案件犯罪嫌疑人进行核查询问时，应当向其告知：如果经调查核实存在刑讯逼供等非法取证情形的，办案机关将依法排除相关证据；如果犯罪嫌疑人在核查询问时明确表示侦查阶段没有刑讯逼供等非法取证情形，在审判阶段又提出排除非法证据申请的，应当说明理由，人民法院经审查对证据收集的合法性没有疑问的，可以驳回申请。

第8条　检察人员应当围绕侦查阶段是否存在刑讯逼供等非法取证情形对相关犯罪嫌疑人进行核查询问，一般不询问具体案情。犯罪嫌疑人提出存在刑讯逼供等非法取证情形的，可以要求犯罪嫌疑人具体说明刑讯逼供、非法取证的人员、时间、地点、方式等相关信息。

犯罪嫌疑人当场向检察人员展示身体损害伤情的，检察人员应当进行拍照或者录像。必要的时候，可以组织对犯罪嫌疑人进行身体检查。

检察人员应当制作询问笔录，询问结束时，将询问笔录交犯罪嫌疑人核对，犯罪嫌疑人没有阅读能力的，应当向他宣读，发现漏记、错记的，应当及时补正。犯罪嫌疑人确认询问笔录没有错误的，由犯罪嫌疑人在笔录上逐页签名、捺指印确认，并标明日期。询问笔录应当与录音录像内容一致或者意思相符。

第9条　犯罪嫌疑人、辩护律师或者值班律师在人民检察院开展核查询问和听取意见时均明确表示没有刑讯逼供等非法取证情形，并且检察人员未发现刑讯逼供等非法取证线索的，人民检察院驻看守所检察人员可以据此制作重大案件讯问合法性核查意见书，送达侦查机关，讯问合法性核查程序终结，并将相关材料移送人民检察院负责捕诉的部门。

第10条　犯罪嫌疑人、辩护律师或者值班律师反映存在刑讯逼供等非法取证情形的，人民检察院驻看守所检察人员可以采取以下方式进行初步调查核实：（一）询问相关人员；（二）根据需要，可以听取犯罪嫌疑人的辩护律师或者值班律师意见；（三）调取看守所或者办案区视频监控录像；（四）调取、查询犯罪嫌疑人出入看守所的身体检查记录及相关材料，调取提讯登记、押解记录等有关材料；（五）其他调查核实方式。

驻所检察人员初步调查核实后，应当制作初步核查意见函，连同证据材料一并移送人民检察院负责捕诉的部门。

第11条　人民检察院驻看守所检察人员应当自收到侦查机关重大案件即将侦查终结通知后7个工作日以内，完成第5至第10条规定的核查工作。

第12条　人民检察院负责捕诉的部门可以采取以下方式对刑讯逼供等非法取证行为进行进一步调查核实：（一）询问犯罪嫌疑人；（二）向办案人员了解情况；（三）询问在场人员及证人；（四）听取犯罪嫌疑人的辩护律师或者值班律师意见；（五）调取讯问笔录、讯问录音、录像；（六）调取、查询犯罪嫌疑人出入看守所的身体检查记录及相关材料；（七）进行伤情、病情检查或者鉴定；（八）其他调查核实方式。

驻所检察人员应当做好配合工作。

第13条　经调查核实，人民检察院负责捕诉的部门发现存在刑讯逼供等非法取证线索的，应当听取侦查机关意见，并记录在案。

第14条　人民检察院开展重大案件讯问合法性核查尚未终结的，不影响侦查机关依法移送审查起诉。

第15条　调查核实结束后7个工作日以内，人民检察院负责捕诉的部门应当根据核查情况作出核查结论，制作重大案件讯问合法性核查意见书，并送达侦查机关。

经核查，确有刑讯逼供等非法取证情形，或者现有证据不能排除刑讯逼供等非法取证情形的，应当报经本院检察长批准后，通知侦查机关依法排除非法证据。

侦查机关提出异议的，人民检察院应当在7个工作日以内予以复查，并将复查结果通知侦查机关。

第16条　侦查机关对存在刑讯逼供等非法取证情形无异议或者经复查认定确有刑讯逼供等非法取证情形的，侦查机关应当及时依法排除非法证据，不得作为提请批准逮捕、移送审查起诉的根据，并制作排除非法证据结果告知书，将排除非法证据情况书面告知人民检察院负责捕诉的部门。

人民检察院对审查认定的非法证据，应当依法予以排除，不得作为批准或者决定逮捕、提起公诉的根据。

第17条　开展重大案件侦查终结前讯问合法性核查工作过程中，涉及国家秘密、商业秘密、个人隐私的，应当保密。调查核实过程中所获悉的案件侦查进展、取证情况、证据内容，应当保密。

【法刊文摘】　检答网集萃72：重大案件讯问合法性核查是否适用于监察委员会所办案件（检察日报2022年1月24日）

咨询内容（新疆叶城阿布都热合曼·吐尔逊）：重大案件侦查终结前开展讯问合法性核查除了适用于公安机关、国家安全机关办理的案件外，是否还适用于监察委员会办理的重大案件？如果适用，那么应该在哪个阶段开展该项工作？

解答摘要（王清河）：《关于重大案件侦查终结前开展讯问合法性核查工作若干问题的意见》适用于侦查机关侦查办理的重大案件。侦查机关包括公安机关和国家安全机关，不能扩大解释；监察机关行使的调查权不同于刑事侦查权，不能等同司法机关的强制措施。监察委员会是由国家权力机关设立的监督机关，履行监督、调查、处置职责，与公安、检察机关等执法和司法机关性质不同。因此《意见》不适用监察委员会调查案件。

【公安部令〔2020〕159号】　公安机关办理刑事案件程序规定（2020年7月4日第3次部务会议修订，2020年7月20日公布，2020年9月1日施行）

第78条　公安机关根据案件情况对需要拘传的犯罪嫌疑人，或者经过传唤没有正当理由不到案的犯罪嫌疑人，可以拘传到其所在市、县公安机关执法办案场所/市、县内的指定地点进行讯问。

需要拘传的，应当填写呈请拘传报告书，并附有关材料，报县级以上公安机关负责人批准。

第79条　公安机关拘传犯罪嫌疑人应当出示拘传证，并责令其在拘传证上签名、捺指印。

犯罪嫌疑人到案后，应当责令其在拘传证上填写到案时间；拘传结束后，应当由其在拘传证上填写拘传结束时间。犯罪嫌疑人拒绝填写的，侦查人员应当在拘传证上注明。

第80条（第2款）　拘传期限届满，未作出采取其他强制措施决定的，应当立即结束拘传。

第157条　对犯罪嫌疑人执行拘传、拘留、逮捕、押解过程中，应当依法使用约束性警械。遇有暴力性对抗或者暴力犯罪行为，可以依法使用制服性警械或者武器。

第198条　（新增）讯问犯罪嫌疑人，除下列情形以外，应当在公安机关执法办案场所的讯问室进行：（一）紧急情况下在现场进行讯问的；（二）对有严重伤病或者残疾、行动不便的，以及正在怀孕的犯罪嫌疑人，在其住处或者就诊的医疗机构进行讯问的。

（新增）对于已送交看守所羁押的犯罪嫌疑人，应当在看守所讯问室进行讯问。

（新增）对于正在被执行行政拘留、强制隔离戒毒的人员以及正在监狱服刑的罪犯，可以在其执行场所进行讯问。

对于不需要拘留、逮捕的犯罪嫌疑人，经办案部门负责人批准，可以传唤到犯罪嫌疑人所在市、县公安机关执法办案场所/市、县内的指定地点或者到他的住处进行讯问。

第199条　传唤犯罪嫌疑人时，应当出示传唤证和侦查人员的人民警察证/工作证件，并责令其在传唤证上签名、捺指印。

犯罪嫌疑人到案后，应当由其在传唤证上填写到案时间。传唤结束时，应当由其在传唤证上填写传唤结束时间。犯罪嫌疑人拒绝填写的，侦查人员应当在传唤证上注明。

对在现场发现的犯罪嫌疑人，侦查人员经出示<u>人民警察证/工作证件</u>，可以口头传唤，并将传唤的原因和依据告知被传唤人。在讯问笔录中应当注明犯罪嫌疑人到案方式，并由犯罪嫌疑人注明到案时间和传唤结束时间。

对自动投案或者群众扭送到公安机关的犯罪嫌疑人，可以依法传唤。

第 200 条 ……案情特别重大、复杂，需要采取拘留、逮捕措施的，经办案部门负责人批准，传唤持续的时间不得超过 24 小时。……

传唤期限届满，未作出采取其他强制措施决定的，应当立即结束传唤。

第 201 条 传唤、拘传、讯问犯罪嫌疑人，应当保证犯罪嫌疑人的饮食和必要的休息时间，并记录在案。

第 202 条（第 2 款） 讯问同案的犯罪嫌疑人，应当个别进行。

第 203 条（第 1 款） 侦查人员讯问犯罪嫌疑人时，应当首先讯问犯罪嫌疑人是否有犯罪行为，并告知犯罪嫌疑人享有的诉讼权利，如实供述自己罪行可以<u>从宽处理/从轻或者减轻处罚</u>以及认罪认罚的法律规定，让他陈述有罪的情节或者无罪的辩解，然后向他提出问题。

（第 3 款） 第 1 次讯问，应当问明犯罪嫌疑人的姓名、别名、曾用名、出生年月日、户籍所在地、现住地、籍贯、出生地、民族、职业、文化程度、<u>政治面貌</u>、<u>工作单位</u>、家庭情况、社会经历，是否属于人大代表、政协委员，是否受过刑事处罚或者行政处理等情况。

第 204 条 讯问聋、哑的犯罪嫌疑人，应当有通晓聋、哑手势的人参加，并在讯问笔录上注明犯罪嫌疑人的聋、哑情况，以及翻译人员的姓名、工作单位和职业。

讯问不通晓当地语言文字的犯罪嫌疑人，应当配备翻译人员。

第 205 条 侦查人员应当将问话和犯罪嫌疑人的供述或者辩解如实地记录清楚。制作讯问笔录应当使用能够长期保持字迹的材料。

第 206 条 讯问笔录应当交犯罪嫌疑人核对；<u>对于没有阅读能力的，应当向他宣读</u>。如果记录有遗漏或者差错，应当允许犯罪嫌疑人补充或者更正，并捺指印。笔录经犯罪嫌疑人核对无误后，应当由其在笔录上逐页签名、捺指印，并在末页写明"以上笔录我看过（或向我宣读过），和我说的相符"。拒绝签名、捺指印的，侦查人员应当在笔录上注明。

讯问笔录上所列项目，应当按照规定填写齐全。侦查人员、翻译人员应当在讯问笔录上签名。

第 207 条 犯罪嫌疑人请求自行书写供述的，应当准许；必要时，侦查人员也可以要求犯罪嫌疑人亲笔书写供词。犯罪嫌疑人应当在亲笔供词上逐页签名、捺指印。侦查人员收到后，应当在首页右上方写明"于某年某月某日收到"，并签名。

第 208 条 讯问犯罪嫌疑人，在文字记录的同时，可以对讯问过程进行录音录像。对于可能判处无期徒刑、死刑的案件或者其他重大犯罪案件，应当对讯问过程进行录音<u>或者</u>录像。

前款规定的"可能判处无期徒刑、死刑的案件"，是指应当适用的法定刑或者量刑档次包含无期徒刑、死刑的案件。"<u>其他重大犯罪案件</u>"，是指致人重伤、死亡的严重危害公共安全犯罪，严重侵犯公民人身权利犯罪，以及黑社会性质组织犯罪、严重毒品犯罪等重大故意犯罪案件。

对讯问过程录音或者录像的，应当对每一次讯问全程不间断进行，保持完整性。不得选择性地录制，不得剪接、删改。

第209条　对犯罪嫌疑人供述的犯罪事实、无罪或者罪轻的事实、申辩和反证，以及犯罪嫌疑人提供的证明自己无罪、罪轻的证据，公安机关应当认真核查；对有关证据，无论是否采信，都应如实记录、妥善保管，并连同核查情况附卷。

【法释〔2021〕1号】　最高人民法院关于适用《中华人民共和国刑事诉讼法》的解释（2020年12月7日最高法审委会〔1820次〕修订，2021年1月26日公布，2021年3月1日起施行；法释〔2012〕21号《解释》同时废止）

第148条　对经依法传唤拒不到庭的被告人，或者根据案件情况有必要拘传的被告人，可以拘传。

拘传被告人，应当由院长签发拘传票，由司法警察执行，执行人员不得少于2人。

拘传被告人，应当出示拘传票。对抗拒拘传的被告人，可以使用戒具。

第149条　拘传被告人，持续的时间不得超过12小时；案情特别重大、复杂，需要采取逮捕措施的，持续的时间不得超过24小时。不得以连续拘传的形式变相拘禁被告人。应当保证被拘传人的饮食和必要的休息时间。

【高检发办字〔2021〕3号】　人民检察院办理网络犯罪案件规定（2020年12月14日最高检检委会〔13届57次〕通过，2021年1月22日印发）

第55条　承办案件的人民检察院需要询问异地证人、被害人的，可以通过远程视频系统进行询问，证人、被害人所在地的人民检察院应当予以协助。远程询问的，应当对询问过程进行同步录音录像。

第61条　人民检察院办理网络犯罪案件适用本规定，本规定没有规定的，适用其他相关规定。

第63条　人民检察院办理国家安全机关、海警机关、监狱等移送的网络犯罪案件，适用本规定和其他相关规定。

【法发〔2022〕23号】　最高人民法院、最高人民检察院、公安部关于办理信息网络犯罪案件适用刑事诉讼程序若干问题的意见（2022年8月26日印发，2022年9月1日起施行；2014年5月4日公通字〔2014〕10号《意见》同时废止）

15. 询（讯）问异地证人、被害人以及与案件有关联的犯罪嫌疑人的，可以由办案地公安机关通过远程网络视频等方式进行询（讯）问并制作笔录。

远程询（讯）问的，应当由协作地公安机关事先核实被询（讯）问人的身份。办案地公安机关应当将询（讯）问笔录传输至协作地公安机关。询（讯）问笔录经被询（讯）问人确认并逐页签名、捺指印后，由协作地公安机关协作人员签名或者盖章，并将原件提供给办案地公安机关。询（讯）问人员收到笔录后，应当在首页右上方写明"于某年某月某日收到"，并签名或者盖章。

远程询（讯）问的，应当对询（讯）问过程进行同步录音录像，并随案移送。

异地证人、被害人以及与案件有关联的犯罪嫌疑人亲笔书写证词、供词的，参照执行本条第2款规定。

【主席令〔2021〕71号】 中华人民共和国海警法（2021年1月22日全国人大常委会〔13届25次〕通过，2021年2月1日起施行）

第68条 海警机构询问、讯问、继续盘问、辨认违法犯罪嫌疑人以及对违法犯罪嫌疑人进行安全检查、信息采集等执法活动，应当在办案场所进行。紧急情况下必须在现场进行询问、讯问或者有其他不宜在办案场所进行询问、讯问的情形除外。

海警机构应当按照国家有关规定以文字、音像等形式，对海上维权执法活动进行全过程记录，归档保存。

【海警局令〔2023〕1号】 海警机构办理刑事案件程序规定（2023年5月15日审议通过，2023年6月15日起施行）（余文见本书第308条）

第69条 海警机构根据案件情况对需要拘传的犯罪嫌疑人，或者经过传唤没有正当理由不到案的犯罪嫌疑人，可以拘传到其所在市、县海警机构执法办案场所进行讯问。拘传对象所在市、县无海警机构的，可以拘传到其所在市、县的公安机关执法办案场所进行讯问。海警机构应当做好人身安全检查、身份辨认、物品扣押、人员看管和押解等相关工作。

第70条 拘传犯罪嫌疑人，应当填写呈请拘传报告书，经海警机构负责人批准，制作拘传证。

执行拘传时，应当向犯罪嫌疑人出示拘传证，责令其签名、捺指印。犯罪嫌疑人到案后，应当责令其在拘传证上填写到案时间；拘传结束后，应当责令其在拘传证上填写拘传结束时间。犯罪嫌疑人拒绝填写的，侦查人员应当在拘传证上注明。

执行拘传的侦查人员不得少于2人。

第71条 拘传持续的时间不得超过12小时；案情特别重大、复杂，需要采取拘留、逮捕措施的，经海警机构负责人批准，拘传持续的时间不得超过24小时。不得以连续拘传的形式变相拘禁犯罪嫌疑人。

拘传期限届满，未作出采取其他强制措施决定的，应当立即结束拘传。

第193条 讯问犯罪嫌疑人，除下列情形以外，应当在执法办案场所的讯问室进行：（一）紧急情况下在现场进行讯问的；（二）对有严重伤病或者残疾、行动不便的，以及正在怀孕的犯罪嫌疑人，在其住处或者就诊的医疗机构进行讯问的。

对于已送交看守所羁押的犯罪嫌疑人，应当在看守所讯问室进行讯问。

对于正在被执行行政拘留、强制隔离戒毒的人员以及正在监狱服刑的罪犯，可以在其执行场所进行讯问。

对于不需要拘留、逮捕的犯罪嫌疑人，经海警机构办案部门以上负责人批准，可以传唤到犯罪嫌疑人所在市、县内的执法办案场所或者到他的住处进行讯问。

第194条 传唤犯罪嫌疑人时，应当出示传唤证和侦查人员的中国海警执法证，责令其在传唤证上签名、捺指印。

犯罪嫌疑人到案后，应当由其在传唤证上填写到案时间。传唤结束时，应当责令其在传唤证上填写传唤结束时间。犯罪嫌疑人拒绝填写的，侦查人员应当在传唤证上注明。

对在现场发现的犯罪嫌疑人，侦查人员经出示中国海警执法证，可以口头传唤，并将传唤的原因和依据告知被传唤人。在讯问笔录中应当注明犯罪嫌疑人到案方式，并由犯罪嫌疑人注明到案时间和传唤结束时间。

对自动投案或者群众扭送到海警机构的犯罪嫌疑人，可以依法传唤。

第195条　传唤持续的时间从犯罪嫌疑人到案时开始计算，不得超过12小时。案情特别重大、复杂，需要采取拘留、逮捕措施的，经公安机关办案部门以上负责人批准，传唤持续的时间不得超过24小时。不得以连续传唤的形式变相拘禁犯罪嫌疑人。

犯罪嫌疑人在海上被抓获后，应当立即送往执法办案场所，传唤持续的时间从犯罪嫌疑人到达执法办案场所时开始计算。

传唤期限届满，未作出采取其他强制措施决定的，应当立即结束传唤。

第196条　传唤、拘传、讯问犯罪嫌疑人，应当保证犯罪嫌疑人的饮食和必要的休息时间，并记录在案。

第197条　讯问犯罪嫌疑人，应当由侦查人员进行。

讯问时，侦查人员不得少于2人。

讯问同案的犯罪嫌疑人，应当个别进行。

第198条　侦查人员讯问犯罪嫌疑人时，应当首先讯问犯罪嫌疑人是否有犯罪行为，并告知犯罪嫌疑人享有的诉讼权利，如实供述自己罪行可以从宽处理以及认罪认罚的法律规定，让其陈述有罪的情节或者无罪的辩解，然后向其提出问题。

犯罪嫌疑人对侦查人员的提问，应当如实回答。但是对与本案无关的问题，有拒绝回答的权利。

第一次讯问，应当问明犯罪嫌疑人的姓名、别名、曾用名、出生年月日、户籍所在地、现住地、籍贯、出生地、民族、职业、文化程度、政治面貌、工作单位、家庭情况、社会经历，是否属于人民代表大会代表、政治协商委员会委员，是否受过刑事处罚或者行政处理等情况。

第199条　讯问聋、哑的犯罪嫌疑人，应当有通晓聋、哑手势的人参加，并在讯问笔录上注明犯罪嫌疑人的聋、哑情况，以及翻译人员的姓名、工作单位和职业。

讯问不通晓当地通用的语言文字的犯罪嫌疑人，应当配备翻译人员。

第200条　侦查人员应当将问话和犯罪嫌疑人的供述或者辩解如实地记录清楚。制作讯问笔录应当使用能够长期保持字迹的材料。

第201条　讯问笔录应当交犯罪嫌疑人核对；对于没有阅读能力的，应当向其宣读。如果记录有遗漏或者差错，应当允许犯罪嫌疑人补充或者更正，并捺指印。笔录经犯罪嫌疑人核对无误后，应当由其在笔录上逐页签名、捺指印，并在末页写明"以上笔录我看过（或向我宣读过），和我说的相符"。拒绝签名、捺指印的，侦查人员应当在笔录上注明。

讯问笔录上所列项目，应当按照规定填写齐全。侦查人员、翻译人员应当在讯问笔录上签名。

第202条　犯罪嫌疑人请求自行书写供述的，应当准许；必要时，侦查人员也可以要求犯罪嫌疑人亲笔书写供词。犯罪嫌疑人应当在亲笔供词上逐页签名、捺指印。侦查人员收到后，应当在首页右上方注明"于某年某月某日收到"，并签名。

第203条　讯问犯罪嫌疑人，在文字记录的同时，可以对讯问过程进行录音录像。对于可能判处无期徒刑、死刑的案件或者其他重大犯罪案件，应当对讯问过程进行录音录像。

前款规定的"可能判处无期徒刑、死刑的案件"，是指应当适用的法定刑或者量刑档次包含无期徒刑、死刑的案件。"其他重大犯罪案件"，是指致人重伤、死亡的严重危害公共安全犯罪、严重侵犯公民人身权利犯罪，以及黑社会性质组织犯罪、严重毒品犯罪、走私集团犯罪等重大故意犯罪案件。

对讯问过程录音录像应当全程同步不间断进行，保持完整性。

不得选择性地录制，不得剪接、删改。

第 204 条　对讯问过程录音录像的，侦查人员应当告知犯罪嫌疑人，告知情况应当在录音录像中予以反映，并在讯问笔录中注明。

对于人民法院、人民检察院根据需要调取讯问犯罪嫌疑人的录音录像的，海警机构应当及时提供。涉及国家秘密的，应当标明密级，并提出保密要求。

第 205 条　对犯罪嫌疑人供述的犯罪事实、无罪或者罪轻的事实、申辩和反证，以及犯罪嫌疑人提供的证明自己无罪、罪轻的证据，海警机构应当认真核查；对有关证据，无论是否采信，都应当如实记录、妥善保管，并连同核查情况附卷。

第 341 条　本规定所称"海警机构负责人"是指海警机构的正职领导。"海警机构办案部门"是指海警机构内部负责案件办理的内设机构、直属机构；未编设相应内设机构、直属机构的海警工作站，本规定关于办案部门负责人的职责权限由该海警工作站负责人行使。

【主席令〔2023〕4 号】　中华人民共和国反间谍法（2014 年 11 月 1 日全国人大常委会〔12 届 11 次〕通过，主席令第 16 号公布施行，主席令〔1993〕68 号《国家安全法》同时废止；2023 年 4 月 26 日全国人大常委会〔14 届 2 次〕修订，2023 年 7 月 1 日起施行）

第 27 条　需要传唤违反本法的人员接受调查的，经国家安全机关办案部门负责人批准，使用传唤证传唤。对现场发现的违反本法的人员，国家安全机关工作人员依照规定出示工作证件，可以口头传唤，但应当在询问笔录中注明。传唤的原因和依据应当告知被传唤人。对无正当理由拒不接受传唤或者逃避传唤的人，可以强制传唤。

国家安全机关应当在被传唤人所在市、县内的指定地点或者其住所进行询问。

国家安全机关对被传唤人应当及时询问查证。询问查证的时间不得超过 8 小时；情况复杂，可能适用行政拘留或者涉嫌犯罪的，询问查证的时间不得超过 24 小时。国家安全机关应当为被传唤人提供必要的饮食和休息时间。严禁连续传唤。

除无法通知或者可能妨碍调查的情形以外，国家安全机关应当及时将传唤的原因通知被传唤人家属。在上述情形消失后，应当立即通知被传唤人家属。

【国安部令〔2024〕4 号】　国家安全机关办理刑事案件程序规定（2024 年 4 月 26 日公布，2024 年 7 月 1 日起施行）

第 105 条　国家安全机关根据案件情况对需要拘传的犯罪嫌疑人，或者经过传唤没有正当理由不到案的犯罪嫌疑人，可以拘传到其所在市、县内的指定地点进行讯问。

第 106 条　拘传犯罪嫌疑人，应当经国家安全机关负责人批准，制作拘传证。

执行拘传时，应当向被拘传的犯罪嫌疑人出示拘传证，并责令其签名、捺指印。

被拘传人到案后，应当责令其在拘传证上填写到案时间。拘传结束后，应当责令其在拘传证上填写拘传结束时间。

执行拘传的侦查人员不得少于 2 人。

第 107 条　拘传持续的时间不得超过 12 小时；案情特别重大、复杂，需要采取拘留、逮捕措施的，经国家安全机关负责人批准，拘传持续的时间不得超过 24 小时。不得以连续拘传的形式变相拘禁犯罪嫌疑人。

第 108 条　需要对被拘传人变更为其他强制措施的，国家安全机关应当在拘传期限届满前，作出批准或者不批准的决定；未作出变更强制措施决定的，应当立即结束拘传。

第217条　讯问犯罪嫌疑人应当在讯问室进行。下列情形除外：（一）紧急情况下在现场进行讯问的；（二）对有严重伤病或者残疾、行动不便的，以及正在怀孕的犯罪嫌疑人，在其住处或者就诊的医疗机构进行讯问的。

对于已送交看守所羁押的犯罪嫌疑人，应当在看守所讯问室进行讯问。

对于正在被执行行政拘留、强制隔离戒毒的人员以及正在监狱服刑的罪犯，可以在其执行场所进行讯问。

对于不需要逮捕、拘留的犯罪嫌疑人，经办案部门负责人批准，可以传唤到犯罪嫌疑人所在市、县内的指定地点或者到他的住处进行讯问。

第218条　传唤犯罪嫌疑人时，应当出示传唤证和人民警察证或者侦察证，责令其在传唤证上签名、捺指印。

犯罪嫌疑人到案后，应当由其在传唤证上填写到案时间。传唤结束后，应当责令其在传唤证上填写传唤结束时间。

对于在现场发现的犯罪嫌疑人，侦查人员经出示人民警察证或者侦察证，可以口头传唤，并将传唤的原因和依据告知被传唤人。讯问笔录中应当注明犯罪嫌疑人到案经过，并由犯罪嫌疑人注明到案时间和传唤结束时间。

对自动投案或者群众扭送到国家安全机关的犯罪嫌疑人，可以依法传唤。

第219条　传唤持续的时间从犯罪嫌疑人到案时开始计算，不得超过12小时；案情特别重大、复杂，需要采取拘留、逮捕措施的，经办案部门负责人批准，传唤持续的时间不得超过24小时。不得以连续传唤的形式变相拘禁犯罪嫌疑人。

传唤期限届满，未作出采取其他强制措施决定的，应当立即结束传唤。

第220条　传唤、拘传、讯问犯罪嫌疑人，应当保证犯罪嫌疑人的饮食和必要的休息时间，并记录在案。

第221条　讯问犯罪嫌疑人，应当由国家安全机关侦查人员进行。讯问时，侦查人员不得少于2人。

讯问同案的犯罪嫌疑人，应当个别进行。

第222条　第一次讯问犯罪嫌疑人，侦查人员应当告知犯罪嫌疑人所享有的诉讼权利和应履行的诉讼义务，并在笔录中予以注明。

第一次讯问，应当问明犯罪嫌疑人的基本情况。

第223条　侦查人员讯问犯罪嫌疑人时，应当首先讯问犯罪嫌疑人是否有犯罪行为，并告知犯罪嫌疑人享有的诉讼权利，如实供述自己罪行可以从宽处理和认罪认罚的法律规定，让其陈述有罪的情节或者无罪的辩解，然后向其提出问题。犯罪嫌疑人对侦查人员的提问，应当如实回答。但是对与本案无关的问题，有拒绝回答的权利。

第224条　讯问聋、哑的犯罪嫌疑人，应当有通晓聋、哑手势的人参加，并在讯问笔录中注明犯罪嫌疑人的聋、哑情况。

讯问不通晓当地通用的语言文字的犯罪嫌疑人，应当配备翻译人员。

翻译人员的姓名、工作单位和职业等基本情况应当记录在案。

第225条　侦查人员应当将问话和犯罪嫌疑人的供述或者辩解如实地记录清楚。制作讯问笔录应当使用能够长期保持字迹的材料。

第 226 条　讯问犯罪嫌疑人时，犯罪嫌疑人或者辩护律师提出下列情况的，应当予以核实：

（一）犯罪嫌疑人在犯罪后投案自首，如实供述自己罪行，或者被采取强制措施后如实供述国家安全机关尚未掌握的其本人其他罪行的；

（二）犯罪嫌疑人有揭发他人犯罪行为，或者提供线索，从而得以侦破其他案件等立功表现的。

第 227 条　讯问笔录应当交犯罪嫌疑人核对。犯罪嫌疑人没有阅读能力的，应当向其宣读。如果记录有遗漏或者差错，犯罪嫌疑人可以提出补充或者改正。笔录中修改的地方应当经犯罪嫌疑人阅看、捺指印。犯罪嫌疑人核对无误后，应当逐页签名、捺指印，并在末页写明"以上笔录我看过（或：向我宣读过），和我说的相符"，同时签名、注明日期并捺指印。

侦查人员、翻译人员应当在讯问笔录中签名。

第 228 条　犯罪嫌疑人请求自行书写供述的，应当准许。必要时，侦查人员也可以要求犯罪嫌疑人书写亲笔供词。犯罪嫌疑人应当在亲笔供词的末页签名、注明书写日期，并捺指印。侦查人员收到后，应当在首页右上方写明"于某年某月某日收到"，并签名。

第 229 条　讯问犯罪嫌疑人，在文字记录的同时，可以对讯问过程进行录音或者录像；对于可能判处无期徒刑、死刑的案件或者其他重大犯罪案件，应当对讯问过程进行全程同步录音或者录像。录音或者录像应当全程同步不间断进行，保持完整性。不得选择性地录制，不得剪接、删改。

侦查人员应当告知犯罪嫌疑人将对讯问过程进行全程同步录音或者录像，告知情况应当在录音录像中予以反映，并在讯问笔录中注明。

对于人民检察院、人民法院根据需要调取讯问犯罪嫌疑人的录音或者录像的，国家安全机关应当及时提供。涉及国家秘密的，应当保密。

第 230 条　对于犯罪嫌疑人供述的犯罪事实、无罪或者罪轻的事实、申辩和反证，以及犯罪嫌疑人提供的证明自己无罪、罪轻的证据，国家安全机关应当认真核实；对有关证据，无论是否采信，都应当如实记录、妥善保管，并连同核实情况附卷。

犯罪嫌疑人自愿认罪的，国家安全机关应当记录在案，随案移送。

第 231 条　重大案件侦查终结前，应当及时制作重大案件即将侦查终结通知书，通知人民检察院驻看守所检察人员对讯问合法性进行核查。经核实确有刑讯逼供等非法取证情形的，国家安全机关应当及时排除非法证据，不得作为提请批准逮捕、移送审查起诉的根据。

（本书汇）【提讯、提解、提押】[①]

● 相关规定　【国务院令〔1990〕52 号】　看守所条例（1990 年 3 月 17 日公布施行）

第 19 条　公安机关、国家安全机关、人民检察院、人民法院提讯人犯时，必须持有提讯证或者提票。提讯人员不得少于 2 人。

不符合前款规定的，看守所应当拒绝提讯。

[①] 注：《刑事诉讼法》没有关于提讯、提解、提押的规定，本书将其汇集于此。

【公通字〔1999〕83号】　最高人民法院、最高人民检察院、公安部关于羁押犯罪嫌疑人、被告人实行换押制度的通知（1999年10月27日）

二、看守所办理换押手续或者收押犯罪嫌疑人、被告人时，应当在接收机关或者送押机关的《提讯证》或者《提解证》上加盖公章，并注明法定办案起止期限。

《提讯证》或者《提解证》每次办理1份，用完续办。

四、办案人员凭加盖看守所公章并注明法定办案起止期限的《提讯证》或者《提解证》和有效身份证明提讯、提解犯罪嫌疑人、被告人。证明手续不全或者不符合规定以及超过法定办案期限的，看守所应当拒绝提讯、提解。

【公监管〔2010〕214号】　公安部关于规范和加强看守所管理确保在押人员身体健康的通知（2010年5月10日）

七、严格依法办理提讯和提解

（一）看守所安排提讯，不得影响被讯问人的正常休息以及就餐、疾病治疗等。

（二）办案机关提讯在押人员，看守所必须安排在安装有防护网物理隔离的提讯室内进行。

（三）办案机关因侦查工作需要提解在押人员出所辨认、起赃的，必须持有县级以上公安机关、国家安全机关或者人民检察院主要领导的书面批示，批示中必须明确标注"辨认罪犯、罪证"或者"起赃"这一法定原因，同时凭加盖看守所公章或者提讯专用章的《提讯证》，由2名以上办案人员提解。对不符合上述条件的，看守所应当拒绝提出在押人员。在押人员被提解出所期间，由提解的办案机关负责其安全和健康。

（四）在押人员被提讯前、提讯后和被提解出所及送返看守所时，看守所应当对其进行体表检查。检查情况应作好书面记录，由看守所民警、办案人员和犯罪嫌疑人三方签字确认。

（五）看守所发现办案机关提讯、提解后送返的在押人员体表和健康异常的，应当要求办案机关作出书面说明，并立即书面报告主管公安机关和上级业务指导部门；对有生命危险的，应当拒绝收押。

【公安部令〔2020〕159号】　公安机关办理刑事案件程序规定（2020年7月4日第3次部务会议修订，2020年7月20日公布，2020年9月1日施行）

第351条（第2款）　协作地公安机关抓获犯罪嫌疑人后，应当立即通知办案地委托地公安机关。办案地委托地公安机关应当立即携带法律文书及时提解，提解的侦查人员不得少于2人。

【法发〔2003〕19号】　人民法院司法警察押解规则（最高法2003年11月3日印发施行）

第2条　押解是指人民法院司法警察在刑事案件审判活动中，依法强制将被告人从看守所或其他羁押场所押至法庭接受审判后还押看守所或其他羁押场所，保证审判活动顺利进行的职务行为。押解分提押、法庭押解、还押3个过程。

第3条　司法警察执行押解：（一）必须持有效凭证及证明本人身份的相关证件。（二）按规定着装，保持警容严整，举止端庄。（三）根据《人民警察使用警械和武器条例》配备警械和武器。（四）1名被告人应当由2名司法警察押解；对重大案件的被告人，由3名司法警察押解；女性被告人由女性司法警察押解。

第6条　司法警察执行提押时：

（一）严格遵守看守所或其他羁押场所的有关规章制度，逐个核对被告人的姓名、年龄、案由等身份要件，并对被告人进行人身检查，防止携带危险物品。提押时对被告人应当使用戒具。

（二）同案被告人、成年被告人、未成年被告人、男性被告人、女性被告人以及其他不宜同车乘坐的被告人均应分车提押；重大案件的被告人保证1人1车。

（三）周密制定行车路线；数辆囚车担任提押任务时，应编队行进；2辆以上囚车押解被告人时，应配备指挥车，必要时还需配备备用车辆；专用囚车内不得搭乘与提押工作无关的人员。

第8条　司法警察执行法庭押解时：

（一）根据审判长或独任审判员的指令依法履行法庭押解职责。

（二）遵守法庭纪律，思想集中，态度严肃。不得让无关人员接触被告人；不得随意与被告人交谈或询问案情；不得侮辱或变相体罚被告人；不得有催促审判人员缩短庭审时间等妨害审判活动的行为。

（三）对被告人一般不得使用戒具。涉及重大案件被告人的开庭，可以根据安全需要使用戒具；对未成年被告人一律不得使用戒具。

（四）将被告人押入法庭时，司法警察位于被告人的侧后，手抓被告人的肘部，步伐要规范。将被告人带到指定位置，面对审判人员站立。在审判长或者独任审判员指令"请打开被告人的戒具"后，应立即打开被告人的戒具。

（五）根据不同情况采用站姿或坐姿：公诉人起诉书宣读完毕之前和法庭宣判时，司法警察采用站姿，站立于被告人侧后方，单手抓住被告人肘部，另一手自然下垂，两脚跟靠拢并齐，双腿挺直，自然挺胸；其余时间司法警察可以采用坐姿，坐于被告人侧后方，上身挺直，双臂放于大腿或椅子扶手上，两腿分开与肩同宽。

（六）3名司法警察押解重大案件被告人时，应始终采用站姿。其中，2名司法警察分别位于被告人两侧后，一手抓住被告人的肘部，另一手自然下垂；另一名司法警察在被告人身后，保持立正姿势。

第9条　案件开庭时，司法警察应当密切观察被告人的动态，如遇被告人哄闹法庭、行凶、暴动、脱逃等情况时，应全力加以制服或抓捕，并可以根据《中华人民共和国人民警察使用警械和武器条例》的有关规定使用警械和武器。如遇旁听席哄闹、骚乱等突发情况，应严密控制被告人，严格履行法庭押解职能，不得擅自离开岗位。

第10条　法庭休庭或闭庭后，司法警察执行还押时：

（一）将被告人戴上戒具。如遇群众围观，司法警察应严密控制被告人，并合理组织警戒。

（二）司法警察将被告人押回看守所或其他羁押场所时，应再次核对被告人的身份、人数，妥善办理登记、交接手续，避免出现差错。

（三）执行还押时的其他工作规则参照本《规则》提押的有关规定执行。

第11条　司法警察执行押解，如违反本规则的，依据《中华人民共和国人民警察法》处理。

【高检发政字〔2015〕号】　人民检察院司法警察执行职务规则（2015年6月1日最高检第12届检委会第36次会议通过，2015年6月12日印发）

第16条　人民检察院司法警察执行提押犯罪嫌疑人、被告人或者罪犯任务，应当做到：

（一）凭提讯、提解证执行；

（二）严格遵守看守所、监狱等羁押、监管场所的有关规定，核实被提押人身份，防止错提、错押；

（三）对被提押的犯罪嫌疑人、被告人或者罪犯应当使用警械具，对怀孕的妇女、有肢体残疾的人和未成年人等不适宜使用警械具的，可视情况处置；

（四）提押女性犯罪嫌疑人、被告人或者罪犯应当有女性司法警察在场；

（五）提押犯罪嫌疑人、被告人或者罪犯应当向其宣布有关法律规定，并责令其遵守；严密看管，严防被提押人脱逃、自杀、自伤、行凶、滋事或者被劫持等；押解途中如果发生突发事件，应当保护犯罪嫌疑人、被告人或者罪犯的安全，迅速将其转移到安全地点看管，并及时向上级报告；

（六）提押犯罪嫌疑人、被告人或者罪犯时，应当使用囚车押解；在距离较近、交通不便或者车辆无法继续行进等特殊情况下，经分管院领导批准，可以执行徒步押解；

（七）对男性和女性、成年人和未成年人、同案犯以及其他需要分别押解的犯罪嫌疑人、被告人或者罪犯，应当实行分车押解；对重、特大案件的犯罪嫌疑人、被告人或者罪犯，应当实行1人1车押解；

（八）长距离、跨省区乘坐公共交通工具提押犯罪嫌疑人、被告人或者罪犯，应当提前与相关部门及司乘人员取得联系，将犯罪嫌疑人、被告人或者罪犯安置在远离车窗、舱门等便于控制的位置或者相对封闭的空间，必要时可以使用约束性警械对其进行限制，防止犯罪嫌疑人、被告人或者罪犯脱逃、自伤、自杀、被劫持等事故发生；

（九）案件承办人讯问完毕后，应当及时将犯罪嫌疑人、被告人或者罪犯还押，并向看守人员反馈被提押人的动态，提讯、提解证由看守人员签字盖章后带回，交案件承办人。

【高检发释字〔2019〕4号】　人民检察院刑事诉讼规则（2019年12月2日最高检第13届检委会第28次会议通过，2019年12月30日公布施行；高检发释字〔2012〕2号《规则（试行）》同时废止）

第186条　犯罪嫌疑人被送交看守所羁押后，检察人员对其进行讯问，应当填写提讯、提解证，在看守所讯问室进行。

因辨认、鉴定、侦查实验或者追缴犯罪有关财物的需要，经检察长批准，可以提押犯罪嫌疑人出所，并应当由2名以上司法警察押解。不得以讯问为目的将犯罪嫌疑人提押出所进行讯问。

（本书汇）【盘问】[①]

● 相关规定　**【主席令〔2012〕69号】　中华人民共和国人民警察法**（2012年10月26日第11届全国人大常委会第29次会议修正，主席令第69号公布，2013年1月1日施行）

[①] 注：《刑事诉讼法》没有关于盘问的规定，本书将其汇集于此。

第9条　为维护社会治安秩序，公安机关的人民警察对有违法犯罪嫌疑的人员，经出示相应证件，可以当场盘问、检查；经盘问、检查，有下列情形之一的，可以将其带至公安机关，经该公安机关批准，对其继续盘问：（一）被指控有犯罪行为的；（二）有现场作案嫌疑的；（三）有作案嫌疑身份不明的；（四）携带的物品有可能是赃物的。

对被盘问人的留置时间自带至公安机关之时起不超过24小时，在特殊情况下，经县级以上公安机关批准，可以延长至48小时，并应当留有盘问记录。对于批准继续盘问的，应当立即通知其家属或者其所在单位。对于不批准继续盘问的，应当立即释放被盘问人。

经继续盘问，公安机关认为对被盘问人需要依法采取拘留或者其他强制措施的，应当在前款规定的期间作出决定；在前款规定的期间不能作出上述决定的，应当立即释放被盘问人。

【公发〔1995〕14号】　公安部关于公安机关执行《人民警察法》有关问题的解释（1995年7月15日）

一、如何理解、执行关于盘问、检查的规定

依照人民警察法第9条的规定，公安机关的人民警察在执行追捕逃犯、侦查案件、巡逻执勤、维护公共场所治安秩序、现场调查等职务活动中，经出示表明自己人民警察身份的工作证件，即可以对行迹可疑、有违法犯罪嫌疑的人员进行盘问、检查。检查包括对被盘问人的人身检查和对其携带物品的检查。

经盘问、检查，对符合第9条规定的4种情形之一的，可以将被盘问人带至当地就近的公安派出所、县（市）公安局或城市公安分局，填写《继续盘问（留置）审批表》，经该公安机关负责人批准后继续盘问。"该公安机关负责人"是指公安派出所所长一级及其以上的领导人员。

对批准继续盘问的，应当根据被盘问人的证件或者本人提供的姓名、地址，立即书面或电话通知其家属或者所在单位，并作出记录。在盘问记录中应当写明被盘问人被带至公安机关的具体时间，盘问记录应当由被盘问人签名或者捺指印。

当被盘问人的违法犯罪嫌疑在24小时内仍不能证实或者排除的，应当填写《延长继续盘问（留置）审批表》，经县级以上公安机关批准，可以将留置时间延长至48小时。边远地区来不及书面报批的，可以先电话请示，事后补办书面手续。公安机关对于进行继续盘问和延长留置时间，应当留有批准记录。

对被盘问人依法予以拘留或者采取其他强制措施，应当在规定的时限内决定。批准继续盘问的时间和延长留置的请示以及批准时间均应当包括在24小时以内。对不批准继续盘问或者不批准延长留置的人，应当立即释放。释放应当留有记录，记明具体释放时间，并由被盘问人签名或者捺指印，不另发给释放证明。

经县级以上公安机关批准，公安派出所、城市公安分局和县（市）公安局可以设置留置室。留置室应当具备安全、卫生、采光、通风等基本条件，配备必要的座椅和饮水等用具。在留置期间，公安机关应当保障被盘问人的合法权益，严禁对被盘问人刑讯逼供或者体罚、虐待。

对被盘问人依法采取刑事拘留或治安拘留的，其留置时间不予折抵。

【公通字〔1998〕59号】　公安部关于公安派出所受理刑事案件有关问题的通知（1998年8月5日）

五、派出所办理刑事案件时，依法需要对犯罪嫌疑人进行留置的，要严格按照《人民警察法》第9条的规定办理。对需要拘留、取保候审或者监视居住的，应当在留置期间内办理法律手续。

【公安部令〔2004〕75号】 公安机关适用继续盘问规定（2004年6月7日公安部部长办公会议通过，2004年7月12日发布，2004年10月1日施行；2020年8月6日公安部令第160号修正）①

第2条 本规定所称继续盘问，是指公安机关的人民警察为了维护社会治安秩序，对有违法犯罪嫌疑的人员当场盘问、检查后，发现具有法定情形而将其带至公安机关继续进行盘问的措施。

第5条 继续盘问工作由人民警察执行。严禁不具有人民警察身份的人员从事有关继续盘问的执法工作。

第7条 为维护社会治安秩序，公安机关的人民警察对有违法犯罪嫌疑的人员，经表明执法身份后，可以当场盘问、检查。

未穿着制式服装的人民警察在当场盘问、检查前，必须出示执法证件表明人民警察身份。

第8条 对有违法犯罪嫌疑的人员当场盘问、检查后，不能排除其违法犯罪嫌疑，且具有下列情形之一的，人民警察可以将其带至公安机关继续盘问：（一）被害人、证人控告或者指认其有犯罪行为的；（二）有正在实施违反治安管理或者犯罪行为嫌疑的；（三）有违反治安管理或者犯罪嫌疑且身份不明的；（四）携带的物品可能是违反治安管理或者犯罪的赃物的。

第9条 对具有下列情形之一的人员，不得适用继续盘问：（一）有违反治安管理或者犯罪嫌疑，但未经当场盘问、检查的；（二）经过当场盘问、检查，已经排除违反治安管理和犯罪嫌疑的；（三）涉嫌违反治安管理行为的法定最高处罚为警告、罚款或者其他非限制人身自由的行政处罚的；（四）从其住处、工作地点抓获以及其他应当依法直接适用传唤或者拘传的；（五）已经到公安机关投案自首的；（六）明知其所涉案件已经作为治安案件受理或已经立为刑事案件的；（七）不属于公安机关管辖的案件或者事件当事人的；（八）患有精神病、急性传染病或者其他严重疾病的；（九）其他不符合本规定第8条所列条件的。

第10条 对符合本规定第8条所列条件，同时具有下列情形之一的人员，可以适用继续盘问，但必须在带至公安机关之时起的4小时以内盘问完毕，且不得送入候问室：（一）怀孕或者正在哺乳自己不满1周岁婴儿的妇女；（二）不满16周岁的未成年人；（三）已满70周岁的老年人。

对前款规定的人员在晚上9点至次日早上7点之间释放的，应当通知其家属或者监护人领回；对身份不明或者没有家属和监护人而无法通知的，应当护送至其住地。

第11条 继续盘问的时限一般为12小时；对在12小时以内确实难以证实或者排除其违法犯罪嫌疑的，可以延长至24小时；对不讲真实姓名、住址、身份，且在24小时以内仍不

---

① 注："继续盘问"原称"留置"，用于审查有违法犯罪嫌疑的人员。在执法办案中，要正确区分并依法适用治安传唤、刑事传唤、继续盘问、拘传、刑事拘留、逮捕、取保候审、监视居住等措施，不要将继续盘问作为办理治安案件和刑事案件的必经程序。《继续盘问规定》施行后，公安部以前制定的关于留置的规定，凡规定不一致的同时废止。

能证实或者排除其违法犯罪嫌疑的，可以延长至48小时。

前款规定的时限自有违法犯罪嫌疑的人员被带至公安机关之时起，至被盘问人可以自由离开公安机关之时或者被决定刑事拘留、逮捕、行政拘留、强制戒毒而移交有关监管场所执行之时止，包括呈报和审批继续盘问、延长继续盘问时限、处理决定的时间。

第12条 公安机关应当严格依照本规定的适用范围和时限适用继续盘问，禁止实施下列行为：（一）超适用范围继续盘问；（二）超时限继续盘问；（三）适用继续盘问不履行审批、登记手续；（四）以继续盘问代替处罚；（五）将继续盘问作为催要罚款、收费的手段；（六）批准继续盘问后不立即对有违法犯罪嫌疑的人员继续进行盘问；（七）以连续继续盘问的方式变相拘禁他人。

第13条 公安派出所的人民警察对符合本规定第8条所列条件，确有必要继续盘问的有违法犯罪嫌疑的人员，可以立即带回，并制作《当场盘问、检查笔录》、填写《继续盘问审批表》报公安派出所负责人审批决定继续盘问12小时。对批准继续盘问的，应当将《继续盘问审批表》复印、传真或者通过计算机网络报所属县、市、旗公安局或者城市公安分局主管公安派出所工作的部门备案。

县、市、旗公安局或者城市公安分局其他办案部门和设区的市级以上公安机关及其内设机构的人民警察对有违法犯罪嫌疑的人员，应当依法直接适用传唤、拘传、刑事拘留、逮捕、取保候审或者监视居住，不得适用继续盘问；对符合本规定第8条所列条件，确有必要继续盘问的有违法犯罪嫌疑的人员，可以带至就近的公安派出所，按照本规定适用继续盘问。

第14条 对有违法犯罪嫌疑的人员批准继续盘问的，公安派出所应当填写《继续盘问通知书》，送达被盘问人，并立即通知其家属或者单位；未批准继续盘问的，应当立即释放。

对被盘问人身份不明或者没有家属和单位而无法通知的，应当在《继续盘问通知书》上注明，并由被盘问人签名或者捺指印。但是，对因身份不明而无法通知的，在继续盘问期间查明身份后，应当依照前款的规定通知其家属或者单位。

第15条 被盘问人的家属为老年人、残疾人、精神病人、不满16周岁的未成年人或者其他没有独立生活能力的人，因公安机关实施继续盘问而使被盘问人的家属无人照顾的，公安机关应当通知其亲友予以照顾或者采取其他适当办法妥善安排，并将安排情况及时告知被盘问人。

第16条 对有违法犯罪嫌疑的人员批准继续盘问后，应当立即结合当场盘问、检查的情况继续对其进行盘问，以证实或者排除其违法犯罪嫌疑。

对继续盘问的情况，应当制作《继续盘问笔录》，并载明被盘问人被带至公安机关的具体时间，由被盘问人核对无误后签名或者捺指印。对被盘问人拒绝签名和捺指印的，应当在笔录上注明。

第17条 对符合本规定第11条所列条件，确有必要将继续盘问时限延长至24小时的，公安派出所应当填写《延长继续盘问时限审批表》，报县、市、旗公安局或者城市公安分局的值班负责人审批；确有必要将继续盘问时限从24小时延长至48小时的，公安派出所应当填写《延长继续盘问时限审批表》，报县、市、旗公安局或者城市公安分局的主管负责人审批。

县、市、旗公安局或者城市公安分局的值班或者主管负责人应当在继续盘问时限届满前作出是否延长继续盘问时限的决定,但不得决定将继续盘问时限直接从12小时延长至48小时。

第18条 除具有《中华人民共和国人民警察使用警械和武器条例》规定的情形外,对被盘问人不得使用警械或者武器。

第19条 对具有下列情形之一的,应当立即终止继续盘问,并立即释放被盘问人或者依法作出处理决定:(一)继续盘问中发现具有本规定第9条所列情形之一的;(二)已经证实有违法犯罪行为的;(三)有证据证明有犯罪嫌疑的。

对经过继续盘问已经排除违法犯罪嫌疑,或者经过批准的继续盘问、延长继续盘问时限届满,尚不能证实其违法犯罪嫌疑的,应当立即释放被盘问人。

第20条 对终止继续盘问或者释放被盘问人的,应当在《继续盘问登记表》上载明终止继续盘问或者释放的具体时间、原因和处理结果,由被盘问人核对无误后签名或者捺指印。被盘问人拒绝签名和捺指印的,应当在《继续盘问登记表》上注明。

第21条 在继续盘问期间对被盘问人依法作出刑事拘留、逮捕或者行政拘留、强制戒毒决定的,应当立即移交有关监管场所执行;依法作出取保候审、监视居住或者警告、罚款等行政处罚决定的,应当立即释放。

第22条 在继续盘问期间,公安机关及其人民警察应当依法保障被盘问人的合法权益,严禁实施下列行为:(一)对被盘问人进行刑讯逼供;(二)殴打、体罚、虐待、侮辱被盘问人;(三)敲诈勒索或者索取、收受贿赂;(四)侵吞、挪用、损毁被盘问人的财物;(五)违反规定收费或者实施处罚;(六)其他侵犯被盘问人合法权益的行为。

第23条 对在继续盘问期间突患疾病或者受伤的被盘问人,公安派出所应当立即采取措施予以救治,通知其家属或者单位,并向县、市、旗公安局或者城市公安分局负责人报告,做好详细记录。对被盘问人身份不明或者没有家属和单位而无法通知的,应当在《继续盘问登记表》上注明。

救治费由被盘问人或者其家属承担。但是,由于公安机关或者他人的过错导致被盘问人患病、受伤的,救治费由有过错的一方承担。

第24条 被盘问人在继续盘问期间死亡的,公安派出所应当做好以下工作:(一)保护好现场,保管好尸体;(二)立即报告所属县、市、旗公安局或者城市公安分局的主管负责人或者值班负责人、警务督察部门和主管公安派出所工作的部门;(三)立即通知被盘问人的家属或者单位。

第25条 县、市、旗公安局或者城市公安分局接到被盘问人死亡的报告后,应当做好以下工作:(一)立即通报同级人民检察院;(二)在24小时以内委托具有鉴定资格的人员进行死因鉴定;(三)在作出鉴定结论后3日以内将鉴定结论送达被盘问人的家属或者单位。对被盘问人身份不明或者没有家属和单位而无法通知的,应当在鉴定结论上注明。

被盘问人的家属或者单位对鉴定结论不服的,可以在收到鉴定结论后的7日以内向上一级公安机关申请重新鉴定。上一级公安机关接到申请后,应当在3日以内另行委托具有鉴定资格的人员进行重新鉴定。

第26条 县、市、旗公安局或者城市公安分局经报请设区的市级以上公安机关批准,可以在符合下列条件的公安派出所设置候问室:(一)确有维护社会治安秩序的工作需要;(二)警力配置上能够保证在使用候问室时由人民警察值班、看管和巡查。

县、市、旗公安局或者城市公安分局以上公安机关及其内设机构，不得设置候问室。

第27条　候问室的建设必须达到以下标准：（一）房屋牢固、安全、通风、透光，单间使用面积不得少于6平方米，层高不低于2.55米；（二）室内应当配备固定的坐具，并保持清洁、卫生；（三）室内不得有可能被直接用以行凶、自杀、自伤的物品；（四）看管被盘问人的值班室与候问室相通，并采用栏杆分隔，以便于观察室内情况。

对有违法犯罪嫌疑的人员继续盘问12小时以上的，应当为其提供必要的卧具。

候问室应当标明名称，并在明显位置公布有关继续盘问的规定、被盘问人依法享有的权利和候问室管理规定。

第28条　候问室必须经过设区的市级以上公安机关验收合格后，才能投入使用。

第29条　候问室应当建立以下日常管理制度，依法严格、文明管理：（一）设立《继续盘问登记表》，载明被盘问人的姓名、性别、年龄、住址、单位，以及办案部门、承办人、批准人、继续盘问的原因、起止时间、处理结果等情况；（二）建立值班、看管和巡查制度，明确值班岗位责任，候问室有被盘问人时，应当由人民警察值班、看管和巡查，如实记录有关情况，并做好交接工作；（三）建立档案管理制度，对《继续盘问登记表》等有关资料按照档案管理的要求归案保存，以备查验。

第30条　除本规定第10条所列情形外，在继续盘问间隙期间，应当将被盘问人送入候问室；未设置候问室的，应当由人民警察在讯问室、办公室看管，或者送入就近公安派出所的候问室。

禁止将被盘问人送入看守所、拘役所、拘留所、强制戒毒所或者其他监管场所关押，以及将不同性别的被盘问人送入同一个候问室。

第31条　被盘问人被送入候问室时，看管的人民警察应当问清其身体状况，并做好记录；发现被盘问人有外伤、有严重疾病发作的明显症状的，或者具有本规定第10条所列情形之一的，应当立即报告县、市、旗公安局或者城市公安分局警务督察部门和主管公安派出所工作的部门，并做好详细记录。

第32条　将被盘问人送入候问室时，对其随身携带的物品，公安机关应当制作《暂存物品清单》，经被盘问人签名或者捺指印确认后妥为保管，不得侵吞、挪用或者损毁。

继续盘问结束后，被盘问人的物品中属于违法犯罪证据或者违禁品的，应当依法随案移交或者作出处理，并在《暂存物品清单》上注明；与案件无关的，应当立即返还被盘问人，并在《暂存物品清单》上注明，由被盘问人签名或者捺指印。

第33条　候问室没有厕所和卫生用具的，人民警察带领被盘问人离开候问室如厕时，必须严加看管，防止发生事故。

第34条　在继续盘问期间，公安机关应当为被盘问人提供基本的饮食。

第36条　除本规定第24条、第31条所列情形外，发生被盘问人重伤、逃跑、自杀、自伤等事故以及继续盘问超过批准时限的，公安派出所必须立即将有关情况报告县、市、旗公安局或者城市公安分局警务督察部门和主管公安派出所工作的部门，并做好详细记录。

县、市、旗公安局或者城市公安分局警务督察部门应当在接到报告后立即进行现场督察。

第37条　警务督察部门负责对继续盘问的下列情况进行现场督察：（一）程序是否合法，法律手续是否齐全；（二）继续盘问是否符合法定的适用范围和时限；（三）候问室的设置和管理是否违反本规定；（四）有无刑讯逼供或者殴打、体罚、虐待、侮辱被盘问人的行为；（五）有无违法使用警械、武器的行为；（六）有无违反规定收费或者实施处罚的行为；（七）有无其他违法违纪行为的。

第39条　对在适用继续盘问中有下列情形之一的，公安机关应当依照《公安机关督察条例》、《公安机关人民警察执法过错责任追究规定》追究有关责任人员的执法过错责任，并依照《中华人民共和国人民警察法》、《国家公务员暂行条例》和其他有关规定给予处分；构成犯罪的，依法追究直接负责的主管人员和其他直接责任人员的刑事责任：（一）违法使用警械、武器，或者实施本规定第12条、第22条、第30条第2款所列行为之一的；（二）未经批准设置候问室，或者将被盘问人送入未经验收合格的候问室的；（三）不按照本规定第14条、第15条的规定通知被盘问人家属或者单位，安排被盘问人无人照顾的家属的；（四）不按照本规定第19条、第21条的规定终止继续盘问、释放被盘问人的；（五）不按照本规定第23条、第24条、第31条和第36条的规定报告情况的；（六）因疏于管理导致发生被盘问人伤亡、逃跑、自杀、自伤等事故的；（七）指派不具有人民警察身份的人员从事有关继续盘问的执法工作的；（八）警务督察部门不按照规定进行现场督察、处理或者在现场督察中对违法违纪行为应当发现而没有发现的；（九）有其他违反本规定或者违法违纪行为的。

因违法使用警械、武器或者疏于管理导致被盘问人在继续盘问期间自杀身亡、被殴打致死或者其他非正常死亡的，除依法追究有关责任人员的法律责任外，应当对负有直接责任的人民警察予以开除，对公安派出所的主要负责人予以撤职，对所属公安机关的分管负责人和主要负责人予以处分，并取消该公安派出所及其所属公安机关参加本年度评选先进的资格。

第40条　被盘问人认为公安机关及其人民警察违法实施继续盘问侵犯其合法权益造成损害，依法向公安机关申请国家赔偿的，公安机关应当依照国家赔偿法的规定办理。

公安机关依法赔偿损失后，应当责令有故意或者重大过失的人民警察承担部分或者全部赔偿费用，并对有故意或者重大过失的责任人员，按照本规定第39条追究其相应的责任。

第41条　本规定所称"以上"、"以内"，均包含本数或者本级。

【公通字〔2004〕64号】　公安部关于贯彻实施《公安机关适用继续盘问规定》的通知
（2004年9月2日）

关于贯彻实施《继续盘问规定》，还有几个具体问题需要进一步明确。

一是《继续盘问规定》中规定的"城市公安分局"，是指设区的市级公安机关下设的行使县级公安机关职权的公安分局，包括郊区、开发区、风景区、公交、地铁等公安分局，但不含省级公安机关下设的直属分局和县级公安机关下设的公安分局。

二是《继续盘问规定》中规定，县、市、旗公安局或者城市公安分局其他办案部门和设区的市级以上公安机关及其内设机构的人民警察"对符合本规定第8条所列条件，确有必要继续盘问的有违法犯罪嫌疑的人员，可以带至就近的公安派出所，按照本规定适用继续盘问"，即报经该公安派出所负责人批准后继续进行盘问；继续盘问结束后，按照有关案件管辖分工的规定自行继续办理或者移交有管辖权的部门办理。但是，公安机关的巡逻民警应当将有违法犯罪嫌疑的人员带至并移交就近的公安派出所依法处理。

三是铁路、交通、林业系统的公安机关可以参照《继续盘问规定》适用继续盘问。铁路、交通、林业系统的县级或者县级以上公安机关经统筹规划、合理布局，并报请上一级公安机关批准，可以在符合《继续盘问规定》第26条所列条件的公安派出所设置候问室。

四是为确保《继续盘问规定》的贯彻实施，各省、自治区、直辖市公安厅、局和新疆生产建设兵团公安局可以根据《继续盘问规定》制定具体操作规程、候问室建设标准和管理规定，但必须先报公安部，经公安部审查同意后才能施行。

【公复字〔2004〕5 号】 公安部关于缉私警察如何适用继续盘问有关问题的批复（2004 年 12 月 14 日答复山东省公安厅"鲁公传发〔2004〕2506 号"请示）

一、根据《公安机关适用继续盘问规定》（以下简称《规定》）第 13 条的规定，缉私警察对有违法犯罪嫌疑的人员，应当依法直接适用传唤、扣留、拘传、刑事拘留、逮捕、取保候审或者监视居住，不得适用继续盘问；对符合《规定》第 8 条所列条件，确有必要继续盘问的有违法犯罪嫌疑的人员，可以带至就近的公安派出所，制作《当场盘问、检查笔录》后，报公安派出所负责人审批。公安派出所负责人应当严格按照《规定》所列的适用对象和条件进行审批；对不符合规定的，不得批准继续盘问。

二、根据《规定》第 26 条和第 30 条的规定，海关侦查走私犯罪的公安机构不得设置候问室；如果将被盘问人送入就近公安派出所候问室的，应当派 2 名以上人民警察值班、看管和巡查。

【公通字〔2009〕32 号】 公安部关于对涉案人员采取继续盘问等措施报警务督察部门备案的通知（2009 年 6 月日）

一、报警务督察部门备案的范围

公安机关办案单位报同级公安机关警务督察部门备案的范围包括：对违法犯罪嫌疑人采取继续盘问措施的；对犯罪嫌疑人采取传唤、拘传、拘留、监视居住等措施的。

二、报警务督察部门备案的时限和内容

公安机关办案单位对涉案人员采取继续盘问、刑事传唤、拘传、刑事拘留、监视居住等措施的，必须在实施后 1 小时内通过电话、传真、网上督察系统以及直接送达法律文书复印件等形式，将被采取措施涉案人员的姓名、年龄、性别、涉嫌违法犯罪的行为、实施时间、实施措施后涉案人员所在的地点及办案单位和主办民警等情况报本级公安机关警务督察部门备案。

三、警务督察部门监督检查的主要方式和工作任务

警务督察部门应加强对报备措施的监督检查，在接到办案单位报备后，应在半小时内，视情采取电话询问了解情况或利用发送短信等形式进行提示提醒、利用网上督察视频系统对讯（询）问、看管涉案人员情况进行查看、派员开展现场督察等多种方式进行督察。

对报备措施的督察重点应放在措施的落实和执行上，主要包括：讯（询）问是否在法定的时限内，在法定的办案场所进行；继续盘问间隙被盘问人是否送入候问室，是否有民警值班、看管和巡查；办案民警有无刑讯逼供或体罚、虐待涉案人员；被批准拘留的犯罪嫌疑人是否及时送达法定羁押场所；对犯罪嫌疑人实施监视居住的地点是否符合法律规定；对涉案人员的身体状况进行了解，对有伤病的涉案人员是否采取及时有效地救治医疗措施；办理案件的单位和民警是否切实履行安全责任等。

警务督察部门在现场督察中发现的问题，应当场制止、纠正。对存在的突出问题，应通过发《公安督察通知书》、《公安督察建议书》、《公安督察决定书》等形式督促其及时整改；对构成违法违纪的问题，应及时移交纪检监察或检察机关处理；对发现警力配备、经费保障、装备建设等方面存在的问题，应及时报告本级公安机关行政首长，并将有关情况反馈给有关业务部门，提出改进工作、完善制度的意见、建议。

【海警局令〔2023〕1号】 海警机构办理刑事案件程序规定（2023年5月15日审议通过，2023年6月15日起施行）(余文见本书第308条)

第150条 继续盘问期间发现需要对犯罪嫌疑人拘留、逮捕、取保候审或者监视居住的，应当立即办理法律手续。

(本书汇)【监察谈话】①

● **相关规定** 【主席令〔2018〕3号】 中华人民共和国监察法（2018年3月20日第13届全国人大第1次会议通过，同日公布施行）

第19条 对可能发生职务违法的监察对象，监察机关按照管理权限，可以直接或者委托有关机关、人员进行谈话或者要求说明情况。

第20条（第1款） 在调查过程中，对涉嫌职务违法的被调查人，监察机关可以要求其就涉嫌违法行为作出陈述，必要时向被调查人出具书面通知。

【国监委公告〔2021〕1号】 监察法实施条例（2021年7月20日国家监委全体会议决定，2021年9月20日公布施行）

第70条 监察机关在问题线索处置、初步核实和立案调查中，可以依法对涉嫌职务违法的监察对象进行谈话，要求其如实说明情况或者作出陈述。

谈话应当个别进行。负责谈话的人员不得少于2人。

第71条 对一般性问题线索的处置，可以采取谈话方式进行，对监察对象给予警示、批评、教育。谈话应当在工作地点等场所进行，明确告知谈话事项，注重谈清问题、取得教育效果。

第72条 采取谈话方式处置问题线索的，经审批可以由监察人员或者委托被谈话人所在单位主要负责人等进行谈话。

监察机关谈话应当形成谈话笔录或者记录。谈话结束后，可以根据需要要求被谈话人在15个工作日以内作出书面说明。被谈话人应当在书面说明每页签名，修改的地方也应当签名。

委托谈话的，受委托人应当在收到委托函后的15个工作日以内进行谈话。谈话结束后及时形成谈话情况材料报送监察机关，必要时附被谈话人的书面说明。

第73条 监察机关开展初步核实工作，一般不与被核查人接触；确有需要与被核查人谈话的，应当按规定报批。

第74条 监察机关对涉嫌职务违法的被调查人立案后，可以依法进行谈话。

与被调查人首次谈话时，应当出示《被调查人权利义务告知书》，由其签名、捺指印。被调查人拒绝签名、捺指印的，调查人员应当在文书上记明。对于被调查人未被限制人身自由的，应当在首次谈话时出具《谈话通知书》。

与涉嫌严重职务违法的被调查人进行谈话的，应当全程同步录音录像，并告知被调查人。告知情况应当在录音录像中予以反映，并在笔录中记明。

第75条 立案后，与未被限制人身自由的被调查人谈话的，应当在具备安全保障条件的场所进行。

---

① 注：《刑事诉讼法》没有关于监察谈话的规定，本书将其汇集于此。

调查人员按规定通知被调查人所在单位派员或者被调查人家属陪同被调查人到指定场所的，应当与陪同人员办理交接手续，填写《陪送交接单》。

第76条 调查人员与被留置的被调查人谈话的，按照法定程序在留置场所进行。

与在押的犯罪嫌疑人、被告人谈话的，应当持以监察机关名义出具的介绍信、工作证件，商请有关案件主管机关依法协助办理。

与在看守所、监狱服刑的人员谈话的，应当持以监察机关名义出具的介绍信、工作证件办理。

第77条 与被调查人进行谈话，应当合理安排时间、控制时长，保证其饮食和必要的休息时间。

第78条 谈话笔录应当在谈话现场制作。笔录应当详细具体，如实反映谈话情况。笔录制作完成后，应当交给被调查人核对。被调查人没有阅读能力的，应当向其宣读。

笔录记载有遗漏或者差错的，应当补充或者更正，由被调查人在补充或者更正处捺指印。被调查人核对无误后，应当在笔录中逐页签名、捺指印。被调查人拒绝签名、捺指印的，调查人员应当在笔录中记明。调查人员也应当在笔录中签名。

第79条 被调查人请求自行书写说明材料的，应当准许。必要时，调查人员可以要求被调查人自行书写说明材料。

被调查人应当在说明材料上逐页签名、捺指印，在末页写明日期。对说明材料有修改的，在修改之处应当捺指印。说明材料应当由2名调查人员接收，在首页记明接收的日期并签名。

第80条 本条例第74条至第79条的规定，也适用于在初步核实中开展的谈话。

第195条（第2款） 具有下列情形之一的，一般应当与被调查人谈话：（一）对被调查人采取留置措施，拟移送起诉的；（二）可能存在以非法方法收集证据情形的；（三）被调查人对涉嫌违法犯罪事实材料签署不同意见或者拒不签署意见的；（四）被调查人要求向案件审理人员当面陈述的；（五）其他有必要与被调查人进行谈话的情形。

第三节 询问证人

第124条 【询问证人的方式】 侦查人员询问证人，可以在现场进行，也可以到证人所在单位、住处或者证人提出的地点进行，在必要的时候，可以通知证人到人民检察院或者公安机关提供证言。在现场询问证人，应当出示工作证件，到证人所在单位、住处或者证人提出的地点询问证人，应当出示人民检察院或者公安机关的证明文件。①

询问证人应当个别进行。

第125条 【询问证人的告知】 询问证人，应当告知他应当如实地提供证据、证言和有意作伪证或者隐匿罪证要负的法律责任。

---

① 本款规定由2012年3月14日第11届全国人大常委会第5次会议修改，2013年1月1日施行。原规定为："侦查人员询问证人，可以到证人的所在单位或者住处进行，但是必须出示人民检察院或者公安机关的证明文件。在必要的时候，也可以通知证人到人民检察院或者公安机关提供证言。"

询问不满18岁的证人，可以通知其法定代理人到场。[①]

第 126 条　【询问笔录】 本法第 122 条的规定，也适用于询问证人。

第 127 条　【询问被害人】 询问被害人，适用本节各条规定。

● **相关规定**　【公通字〔2005〕98号】　公安机关办理伤害案件规定（公安部 2005 年 12 月 27 日印发，2006 年 2 月 1 日施行）

第 23 条　询问被害人，应当重点问明伤害行为发生的时间、地点、原因、经过、伤害工具、方式、部位、伤情、嫌疑人情况等。

第 24 条　询问伤害行为人，应当重点问明实施伤害行为的时间、地点、原因、经过、致伤工具、方式、部位等具体情节。

多人参与的，还应当问明参与人员的情况，所持凶器，所处位置，实施伤害行为的先后顺序，致伤工具、方式、部位及预谋情况等。

第 25 条　询问目击证人，应当重点问明伤害行为发生的时间、地点、经过、双方当事人人数及各自所处位置、持有的凶器，实施伤害行为的先后顺序、致伤工具、方式、部位、衣着、体貌特征，目击证人所处位置及目击证人与双方当事人之间的关系等。

第 26 条　询问其他证人应当问清其听到、看到的与伤害行为有关的情况。

【法发〔2007〕11号】　最高人民法院、最高人民检察院、公安部、司法部关于进一步严格依法办案确保办理死刑案件质量的意见（2007 年 3 月 9 日）

18. 人民检察院审查案件，应当讯问犯罪嫌疑人，听取被害人和犯罪嫌疑人、被害人委托的人的意见，并制作笔录附卷。被害人和犯罪嫌疑人、被害人委托的人在审查起诉期间没有提出意见的，应当记明附卷。人民检察院对证人证言笔录存在疑问或者认为对证人的询问不具体或者有遗漏的，可以对证人进行询问并制作笔录。

22. 人民检察院对物证、书证、视听资料、勘验、检查笔录存在疑问的，可以要求侦查人员提供获取、制作的有关情况。必要时可以询问提供物证、书证、视听资料的人员，对物证、书证、视听资料委托进行技术鉴定。询问过程及鉴定的情况应当附卷。

【主席令〔2018〕3号】　中华人民共和国监察法（2018 年 3 月 20 日第 13 届全国人大第 1 次会议通过，同日公布施行）

第 21 条　在调查过程中，监察机关可以询问证人等人员。

第 41 条（第 1 款）　调查人员采取讯问、询问、留置、搜查、调取、查封、扣押、勘验检查等调查措施，均应当依照规定出示证件，出具书面通知，由 2 人以上进行，形成笔录、报告等书面材料，并由相关人员签名、盖章。

【国监委公告〔2021〕1号】　监察法实施条例（2021 年 7 月 20 日国家监委全体会议决定，2021 年 9 月 20 日公布施行）

第 56 条（第 1 款）　开展讯问、搜查、查封、扣押以及重要的谈话、询问等调查取证工作，应当全程同步录音录像，并保持录音录像资料的完整性。录音录像资料应当妥善保

[①] 本款规定由 1996 年 3 月 17 日第 8 届全国人民代表大会第 4 次会议增设（1997 年 1 月 1 日施行），被 2012 年 3 月 14 日第 11 届全国人大常委会第 5 次会议删除，2013 年 1 月 1 日施行。

管、及时归档，留存备查。

第85条　监察机关按规定报批后，可以依法对证人、被害人等人员进行询问，了解核实有关问题或者案件情况。

第86条　证人未被限制人身自由的，可以在其工作地点、住所或者其提出的地点进行询问，也可以通知其到指定地点接受询问。到证人提出的地点或者调查人员指定的地点进行询问的，应当在笔录中记明。

调查人员认为有必要或者证人提出需要由所在单位派员或者其家属陪同到询问地点的，应当办理交接手续并填写《陪送交接单》。

第87条　询问应当个别进行。负责询问的调查人员不得少于2人。

首次询问时，应当向证人出示《证人权利义务告知书》，由其签名、捺指印。证人拒绝签名、捺指印的，调查人员应当在文书上记明。证人未被限制人身自由的，应当在首次询问时向其出具《询问通知书》。

询问时，应当核实证人身份，问明证人的基本情况，告知证人应当如实提供证据、证言，以及作伪证或者隐匿证据应当承担的法律责任。不得向证人泄露案情，不得采用非法方法获取证言。

询问重大或者有社会影响案件的重要证人，应当对询问过程全程同步录音录像，并告知证人。告知情况应当在录音录像中予以反映，并在笔录中记明。

第88条　询问未成年人，应当通知其法定代理人到场。无法通知或者法定代理人不能到场的，应当通知未成年人的其他成年亲属或者所在学校、居住地基层组织的代表等有关人员到场。询问结束后，由法定代理人或者有关人员在笔录中签名。调查人员应当将到场情况记录在案。

询问聋、哑人，应当有通晓聋、哑手势的人员参加。调查人员应当在笔录中记明证人的聋、哑情况，以及翻译人员的姓名、工作单位和职业。询问不通晓当地通用语言、文字的证人，应当有翻译人员。询问结束后，由翻译人员在笔录中签名。

第91条　本条例第76条至第79条的要求，也适用于询问。询问重要涉案人员，根据情况适用本条例第75条的规定。*(详见本书"监察谈话"专辑)*

询问被害人，适用询问证人的规定。

【高检发释字〔2019〕4号】　人民检察院刑事诉讼规则（2019年12月2日最高检第13届检委会第28次会议通过，2019年12月30日公布施行；高检发释字〔2012〕2号《规则（试行）》同时废止）

第191条　人民检察院在侦查过程中，应当及时询问证人，并且告知证人履行作证的权利和义务。

人民检察院应当保证一切与案件有关或者了解案情的公民有客观充分地提供证据的条件，并为他们保守秘密。除特殊情况外，人民检察院可以吸收他们协助调查。

第192条　询问证人，应当由检察人员负责进行。询问时，检察人员或者检察人员和书记员不得少于2人。

第193条　（第1款）……到证人提出的地点进行询问的，应当在笔录中记明。

第194条　询问证人，应当问明证人的基本情况以及与当事人的关系，……不得向证人泄露案情，不得采用拘禁、暴力、威胁、引诱、欺骗以及其他非法方法获取证言。

（新增）询问重大或者有社会影响的案件的重要证人，应当对询问过程实行全程录音、录像，并在询问笔录中注明。

第195条　询问被害人，适用询问证人的规定。

【公安部令〔2020〕159号】　公安机关办理刑事案件程序规定（2020年7月4日第3次部务会议修订，2020年7月20日公布，2020年9月1日施行）

第210条（第1款）　询问证人、被害人，可以在现场进行，也可以到证人、被害人所在单位、住处或者证人、被害人提出的地点进行。在必要的时候，可以书面、电话或者当场通知证人、被害人到公安机关提供证言。

（第3款）　在现场询问证人、被害人，侦查人员应当出示人民警察证工作证件。到证人、被害人所在单位、住处或者证人、被害人提出的地点询问证人、被害人，应当经办案部门负责人批准，制作询问通知书。询问前，侦查人员应当出示询问通知书和人民警察证工作证件。

第211条　询问前，应当了解证人、被害人的身份，证人、被害人、犯罪嫌疑人之间的关系。询问时，应当告知证人、被害人必须如实地提供证据、证言和有意作伪证或者隐匿罪证应负的法律责任。

侦查人员不得向证人、被害人泄露案情或者表示对案件的看法，严禁采用暴力、威胁等非法方法询问证人、被害人。

第212条　本规定第206条、第207条的规定（见《刑事诉讼法》第122条），也适用于询问证人、被害人。

【海警局令〔2023〕1号】　海警机构办理刑事案件程序规定（2023年5月15日审议通过，2023年6月15日起施行）（余文见本书第308条）

第206条　询问证人、被害人，可以在现场进行，也可以到证人、被害人所在单位、住处或者证人、被害人提出的地点进行。必要时，可以书面、电话或者当场通知证人、被害人到海警机构提供证言。

在现场询问证人、被害人，侦查人员应当出示中国海警执法证。到证人、被害人所在单位、住处或者证人、被害人提出的地点询问证人、被害人，应当经海警机构办案部门以上负责人批准，制作询问通知书。询问前，侦查人员应当出示询问通知书和中国海警执法证。

询问证人、被害人应当个别进行。

第207条　询问前，应当了解证人、被害人的身份，证人、被害人、犯罪嫌疑人之间的关系。询问时，应当告知证人、被害人必须如实地提供证据、证言和有意作伪证或者隐匿罪证应负的法律责任。

侦查人员不得向证人、被害人泄露案情或者表示对案件的看法，严禁采用暴力、威胁等非法方法询问证人、被害人。

第208条　本规定第199条、第200条、第201条、第202条（见本书第121条-第122条），也适用于询问证人、被害人。

第341条　本规定所称……"海警机构办案部门"是指海警机构内部负责案件办理的内设机构、直属机构；未编设相应内设机构、直属机构的海警工作站，本规定关于办案部门负责人的职责权限由该海警工作站负责人行使。

【国安部令〔2024〕4号】　国家安全机关办理刑事案件程序规定（2024年4月26日公布，2024年7月1日起施行）

第232条　询问证人，可以在现场进行，也可以到证人所在单位、住处或者证人提出的地点进行。必要时，可以书面、电话或者当场通知证人到国家安全机关提供证言。

在现场询问证人，侦查人员应当出示人民警察证或者侦察证。

到证人所在单位、住处或者证人提出的地点询问证人，应当经办案部门负责人批准，制作询问通知书。询问前，侦查人员应当出示询问通知书和人民警察证或者侦察证。

询问证人应当个别进行。

第233条　询问证人，应当由国家安全机关侦查人员进行。询问时，侦查人员不得少于2人。

第234条　询问证人，应当问明证人的基本情况、与犯罪嫌疑人的关系，告知证人必须如实提供证据、证言，以及有意作伪证或者隐匿罪证、泄露国家秘密应负的法律责任。问明和告知的情况，应当记录在案。

询问证人需要录音或者录像的，应当事先征得证人同意。

第235条　侦查人员不得向证人泄露案情或者表示对案件的看法，严禁采用拘禁、暴力、威胁、引诱、欺骗以及其他非法方法询问证人。

第236条　本规定第224条、第225条、第227条和第228条的规定（见本书上一节内容），也适用于询问证人。

第237条　询问被害人，适用本节规定。

第四节　勘验、检查

> 第128条　【勘验、检查】侦查人员对于与犯罪有关的场所、物品、人身、尸体应当进行勘验或者检查。在必要的时候，可以指派或者聘请具有专门知识的人，在侦查人员的主持下进行勘验、检查。
>
> 第129条　【现场保护】任何单位和个人，都有义务保护犯罪现场，并且立即通知公安机关派员勘验。
>
> 第130条　【勘验、检查的证件】侦查人员执行勘验、检查，必须持有人民检察院或者①公安机关的证明文件。

● 相关规定　【公复字〔1998〕9号】　公安部关于对公安机关因侦查破案需要可否检查军车问题的批复（1998年12月16日答广东省公安厅"粤公请字〔1998〕86号"请示）

军队是国家的武装力量，担负着保卫国家安全的重要任务，公安机关一般不直接对军车进行检查。对已立案侦查或有充分证据证明犯罪嫌疑人、被告人或者罪犯利用军车犯罪、隐藏证据或者逃逸的，公安机关应当及时通报军车所属部队保卫部门或当地军队的警备部门，并与其共同组织进行检查；如果案情特别重大且情况紧急，不立即进行检查可能导致犯罪嫌

---

① 本部分内容由1996年3月17日第8届全国人民代表大会第4次会议增加，1997年1月1日施行。

疑人、被告人、罪犯逃逸或者造成其他严重危害后果的，经县级以上公安机关负责人批准可以直接对军车进行检查，但应同时通报军车所属部队保卫部门或者当地军队的警备部门。检查时，应注意工作态度和方法，避免发生冲突。检查后，应及时将有关情况通报军车所属部队保卫部门或当地军队的警备部门，并按照军地互涉案件的有关规定处理，同时报省公安厅备案。

【公通字〔2005〕98号】 **公安机关办理伤害案件规定**（公安部2005年12月27日印发，2006年2月1日施行）

第14条 伤害案件现场勘验、检查的任务是发现、固定、提取与伤害行为有关的痕迹、物证及其他信息，确定伤害状态，分析伤害过程，为查处伤害案件提供线索和证据。

办案单位对提取的痕迹、物证和致伤工具等应当妥善保管。

第15条 公安机关对伤害案件现场进行勘验、检查不得少于2人。

勘验、检查现场时，应当邀请1至2名与案件无关的公民作见证人。

【公复字〔2009〕3号】 **公安部关于刑事案件现场勘验检查中正确适用提取和扣押措施的批复**（2009年6月19日答广东省公安厅"粤公请字〔2008〕319号"请示）

一、对于刑事案件现场勘验、检查中发现的与犯罪有关的痕迹、物品和文件，以及《公安机关刑事案件现场勘验检查规则》第60条规定的物品，都应当提取，并填写《现场勘验检查笔录》中的《现场勘验检查提取痕迹物证登记表》。

二、对于刑事案件现场勘验、检查中提取的物品或者文件，属于下列情形之一的，应当扣押，并当场开具《扣押物品、文件清单》一式3份，其中1份装订在现场勘验、检查卷宗中。

（一）经过现场调查、检验甄别，认为该物品或者文件可用以证明犯罪嫌疑人有罪或者无罪的；

（二）现场难以确定有关物品或者文件可否用以证明犯罪嫌疑人有罪或者无罪，需要进一步甄别和采取控制保全措施的；

（三）法律、法规禁止持有的物品、文件。

【公通字〔2015〕31号】 **公安机关刑事案件现场勘验检查规则**（公安部2015年10月22日印发施行；公通字〔2005〕54号同名《规则》同时废止）

第5条 刑事案件现场勘验、检查的内容，包括现场保护、现场实地勘验检查、现场访问、现场搜索与追踪、侦查实验、现场分析、现场处理、现场复验与复查等。

第6条 刑事案件现场勘验、检查由公安机关组织现场勘验、检查人员实施。必要时，可以指派或者聘请具有专门知识的人，在侦查人员的组织下进行勘验、检查。

公安机关现场勘验、检查人员是指公安机关及其派出机构经过现场勘验、检查专业培训考试，取得现场勘验、检查资格的侦查人员。

第9条 县级公安机关及其派出机构负责辖区内刑事案件的现场勘验、检查。对于案情重大、现场复杂的案件，可以向上一级公安机关请求支援。上级公安机关认为有必要时，可以直接组织现场勘验、检查。

第10条 涉及2个县级以上地方公安机关的刑事案件现场勘验、检查，<u>由受案地公安机关进行，案件尚未受理的，由现场所在地公安机关进行</u>[①]。

[①] 注：2005年《规则》规定为"由有关地方公安机关协商，必要时，由上级公安机关指定"。

第 11 条　新疆生产建设兵团和铁路、交通、民航、森林公安机关及海关缉私部门负责其管辖的刑事案件的现场勘验、检查。

第 12 条　公安机关和军队、武装警察部队互涉刑事案件的现场勘验、检查，依照公安机关和军队互涉刑事案件管辖分工的有关规定确定现场勘验、检查职责。

第 13 条　人民法院、人民检察院和国家安全机关、军队保卫部门、监狱等部门管辖的案件，需要公安机关协助进行现场勘验、检查，并出具委托书的，有关公安机关应当予以协助。

第 16 条　负责保护现场的人民警察除抢救伤员、紧急排险等情况外，不得进入现场，不得触动现场上的痕迹、物品和尸体；处理紧急情况时，应当尽可能避免破坏现场上的痕迹、物品和尸体，对现场保护情况应当予以记录，对现场原始情况应当拍照或者录像。

第 17 条　负责保护现场的人民警察对现场可能受到自然、人为因素破坏的，应当对现场上的痕迹、物品和尸体等采取相应的保护措施。

第 18 条　保护现场的时间，从发现刑事案件现场开始，至现场勘验、检查结束。需要继续勘验、检查或者需要保留现场的，应当对整个现场或者部分现场继续予以保护。

第 22 条　现场勘验、检查的指挥员依法履行下列职责：（一）决定和组织实施现场勘验、检查的紧急措施；（二）制定和实施现场勘验、检查的工作方案；（三）对参加现场勘验、检查人员进行分工；（四）指挥、协调现场勘验、检查工作；（五）确定现场勘验、检查见证人；（六）审核现场勘验检查工作记录；（七）组织现场分析；（八）决定对现场的处理。

第 23 条　现场勘验、检查人员依法履行下列职责：（一）实施现场紧急处置；（二）开展现场调查访问；（三）发现、固定和提取现场痕迹、物证等；（四）记录现场保护情况、现场原始情况和现场勘验、检查情况，制作《现场勘验检查工作记录》；（五）参与现场分析；（六）提出处理现场的意见；（七）将现场勘验信息录入"全国公安机关现场勘验信息系统"；（八）利用现场信息串并案件。

第 24 条　公安机关对刑事案件现场进行勘验、检查不得少于 2 人。

勘验、检查现场时，应当邀请 1 至 2 名与案件无关的公民作见证人。<u>由于客观原因无法由符合条件的人员担任见证人的，应当在笔录材料中注明情况，并对相关活动进行录像</u>。①

勘验、检查现场，应当拍摄现场照片，绘制现场图，制作笔录，由参加勘查的人和见证人签名。对重大案件的现场，应当录像。

第 25 条　现场勘验、检查人员到达现场后，应当了解案件发生、发现和现场保护情况。需要采取搜索、追踪、堵截、鉴别、安全检查和控制销赃等紧急措施的，应当立即报告现场指挥员，并依照有关法律法规果断处理。

具备使用警犬追踪或者鉴别条件的，在不破坏现场痕迹、物证的前提下，应当立即使用警犬搜索和追踪，提取有关物品、嗅源。

第 26 条　勘验、检查暴力犯罪案件现场，可以视案情部署武装警戒，防止造成新的危害后果。

第 27 条　公安机关应当为现场勘验、检查人员配备必要的安全防护设施和器具。现场勘验、检查人员应当增强安全意识，注意自身防护。对涉爆、涉枪、放火、制毒、涉危险物质、危险场所等可能危害勘验、检查人身安全的现场，应当先由专业人员排除险情，再进行

---

① 注：下划线部分规定为 2015 年《规则》新增。

现场勘验、检查。

第28条　执行现场勘验、检查任务的人员，应当持有《刑事案件现场勘查证》。《刑事案件现场勘查证》由公安部统一样式，省级公安机关统一制发。

第29条　执行现场勘验、检查任务的人员，应当使用相应的个人防护装置，防止个人指纹、足迹、DNA等信息遗留现场造成污染。

第30条　勘验、检查现场时，非勘验、检查人员不得进入现场。确需进入现场的，应当经指挥员同意，并按指定路线进出现场。

第31条　现场勘验、检查按照以下工作步骤进行：（一）巡视现场，划定勘验、检查范围；（二）按照"先静后动、先下后上、先重点后一般、先固定后提取"的原则，根据现场实际情况确定勘验、检查流程；（三）初步勘验、检查现场，固定和记录现场原始状况；（四）详细勘验、检查现场，发现、固定、记录和提取痕迹、物证；（五）记录现场勘验、检查情况。

第32条　勘验、检查人员应当及时采集并记录现场周边的视频信息、基站信息、地理信息及电子信息等相关信息。勘验、检查与电子数据有关的犯罪现场时，应当按照有关规范处置相关设备，保护电子数据和其他痕迹、物证。

第33条　勘验、检查繁华场所、敏感地区发生的煽动性或者影响较恶劣的案件时，应当采用适当方法对现场加以遮挡，在取证结束后及时清理现场，防止造成不良影响。

第52条　现场勘验、检查中发现与犯罪有关的痕迹、物品，应当固定、提取。

提取现场痕迹、物品，应当分别提取，分开包装，统一编号，注明提取的地点、部位、日期、提取的数量、名称、方法和提取人。对特殊检材，应当采取相应的方法提取和包装，防止损坏或者污染。

第53条　提取秘密级以上的文件，应当由县级以上公安机关负责人批准，按照有关规定办理，防止泄露。

第62条　对于现场提取的痕迹、物品和扣押的物品、文件，应当按照有关规定建档管理，存放于专门场所，由专人负责，严格执行存取登记制度，严禁侦查人员自行保管。

第63条　现场勘验、检查人员应当向报案人、案件发现人、被害人及其亲属，其他知情人或者目击者了解、收集有关刑事案件现场的情况和线索。

第64条　现场访问包括以下主要内容：（一）刑事案件发现和发生的时间、地点、详细经过，发现后采取的保护措施，现场情况，有无可疑人或者其他人在现场，现场有无反常情况，以及物品损失等情况；（二）现场可疑人或者作案人数、作案人性别、年龄、口音、身高、体态、相貌、衣着打扮、携带物品及特征、来去方向、路线等；（三）与刑事案件现场、被害人有关的其他情况。

第65条　现场访问应当制作询问笔录。

第66条　现场勘验、检查中，应当根据痕迹、视频、嗅源、物证、目击者描述及其它相关信息对现场周围和作案人的来去路线进行搜索和追踪。

第67条　现场搜索、追踪的任务包括：（一）搜寻隐藏在现场周围或者尚未逃离的作案人；（二）寻找与犯罪有关的痕迹、物品等；（三）搜寻被害人尸体、人体生物检材、衣物等；（四）寻找隐藏、遗弃的赃款赃物等；（五）发现并排除可能危害安全的隐患；（六）确定作案人逃跑的方向和路线，追踪作案人；（七）发现现场周边相关视频信息。

第68条　在现场搜索、追踪中，发现与犯罪有关的痕迹、物证，应当予以固定、提取。

第73条　现场勘验、检查结束后，勘验、检查人员应当进行现场分析。

第74条　现场分析的内容包括：（一）侵害目标和损失；（二）作案地点、场所；（三）开始作案的时间和作案所需要的时间；（四）作案人出入现场的位置、侵入方式和行走路线；（五）作案人数；（六）作案方式、手段和特点；（七）作案工具；（八）作案人在现场的活动过程；（九）作案人的个人特征和作案条件；（十）有无伪装或者其他反常现象；（十一）作案动机和目的；（十二）案件性质；（十三）是否系列犯罪；（十四）侦查方向和范围；（十五）其他需要分析解决的问题。

第75条　勘验、检查人员在现场勘验、检查后，应当运用"全国公安机关现场勘验信息系统"和各种信息数据库开展刑事案件串并工作，并将串并案情况录入"全国公安机关现场勘验信息系统"。

第76条　现场勘验、检查结束后，现场勘验、检查指挥员决定是否保留现场。

对不需要保留的现场，应当及时通知有关单位和人员进行处理。

对需要保留的现场，应当及时通知有关单位和个人，指定专人妥善保护。

第77条　对需要保留的现场，可以整体保留或者局部保留。

第78条　现场勘验、检查结束后，现场勘验、检查指挥员决定是否保留尸体。

（一）遇有死因未定、身份不明或者其他情况需要复验的，应当保存尸体；

（二）对没有必要继续保存的尸体，经县级以上公安机关负责人批准，应当立即通知死者家属处理。对无法通知或者通知后家属拒绝领回的，经县级以上公安机关负责人批准，可以按照有关规定及时处理；

（三）对没有必要继续保存的外国人尸体，经县级以上公安机关负责人批准，应当立即通知死者家属或者所属国驻华使、领馆的官员处理。对无法通知或者通知后外国人家属或者其所属国驻华使、领馆的官员拒绝领回的，经县级以上公安机关负责人批准，并书面通知外事部门后，可以按照有关规定及时处理。

【主席令〔2000〕35号】　中华人民共和国海关法（1987年1月22日第6届全国人大常委会第19次会议通过；2000年7月8日第9届全国人大常委会第16次会议修正；2013年6月29日、2013年12月28日、2016年11月7日、2017年11月4日、2021年4月29日修正）

第6条　海关可以行使下列权力：……（四）在海关监管区和海关附近沿海沿边规定地区，检查有走私嫌疑的运输工具和有藏匿走私货物、物品嫌疑的场所，检查走私嫌疑人的身体；对有走私嫌疑的运输工具、货物、物品和走私犯罪嫌疑人，经直属海关关长或者其授权的隶属海关关长批准，可以扣留；对走私犯罪嫌疑人，扣留时间不超过24小时，在特殊情况下可以延长至48小时。

在海关监管区和海关附近沿海沿边规定地区以外，海关在调查走私案件时，对有走私嫌疑的运输工具和除公民住处以外的有藏匿走私货物、物品嫌疑的场所，经直属海关关长或者其授权的隶属海关关长批准，可以进行检查，有关当事人应当到场；当事人未到场的，在有见证人在场的情况下，可以径行检查；对其中有证据证明有走私嫌疑的运输工具、货物、物品，可以扣留。

海关附近沿海沿边规定地区的范围，由海关总署和国务院公安部门会同有关省级人民政府确定。

【主席令〔2018〕3号】　中华人民共和国监察法（2018年3月20日第13届全国人大第1次会议通过，同日公布施行）

第26条　监察机关在调查过程中，可以直接或者指派、聘请具有专门知识、资格的人员在调查人员主持下进行勘验检查。勘验检查情况应当制作笔录，由参加勘验检查的人员和见证人签名或者盖章。

第41条　调查人员采取讯问、询问、留置、搜查、调取、查封、扣押、勘验检查等调查措施，均应当依照规定出示证件，出具书面通知，由2人以上进行，形成笔录、报告等书面材料，并由相关人员签名、盖章。

调查人员进行讯问以及搜查、查封、扣押等重要取证工作，应当对全过程进行录音录像，留存备查。

【国监委公告〔2021〕1号】　监察法实施条例（2021年7月20日国家监委全体会议决定，2021年9月20日公布施行）

第136条　监察机关按规定报批后，可以依法对与违法犯罪有关的场所、物品、人身、尸体、电子数据等进行勘验检查。

第137条　依法需要勘验检查的，应当制作《勘验检查证》；需要委托勘验检查的，应当出具《委托勘验检查书》，送具有专门知识、勘验检查资格的单位（人员）办理。

第138条　勘验检查应当由2名以上调查人员主持，邀请与案件无关的见证人在场。勘验检查情况应当制作笔录，并由参加勘验检查人员和见证人签名。

勘验检查现场、拆封电子数据存储介质应当全程同步录音录像。对现场情况应当拍摄现场照片、制作现场图，并由勘验检查人员签名。

【高检发释字〔2019〕4号】　人民检察院刑事诉讼规则（2019年12月2日最高检第13届检委会第28次会议通过，2019年12月30日公布施行；高检发释字〔2012〕2号《规则（试行）》同时废止）

第196条　检察人员对于与犯罪有关的场所、物品、人身、尸体应当进行勘验或者检查。必要时，可以指派检察技术人员或聘请其他具有专门知识的人，在检察人员的主持下进行勘验、检查。

第197条（第1款）　勘验时，人民检察院应当邀请2名与案件无关的见证人在场。

【公安部令〔2020〕159号】　公安机关办理刑事案件程序规定（2020年7月4日第3次部务会议修订，2020年7月20日公布，2020年9月1日施行）

第213条　侦查人员对于与犯罪有关的场所、物品、人身、尸体应当进行勘验或者检查，及时提取、采集与案件有关的痕迹、物证、生物样本等。在必要的时候，可以指派或者聘请具有专门知识的人，在侦查人员的主持下进行勘验、检查。

第214条　发案地派出所、巡警等部门应当妥善保护犯罪现场和证据，控制犯罪嫌疑人，并立即报告公安机关主管部门。

执行勘查的侦查人员接到通知后，应当立即赶赴现场；勘查现场，应当持有刑事犯罪现场勘查证。

第215条　公安机关对案件现场进行勘查，侦查人员不得少于2人。勘查现场时，应当邀请与案件无关的公民作为见证人。

第216条　勘查现场，应当拍摄现场照片、绘制现场图，制作笔录，由参加勘查的人和见证人签名。对重大案件的现场勘查，应当录音录像。

【海警局令〔2023〕1号】　海警机构办理刑事案件程序规定（2023年5月15日审议通过，2023年6月15日起施行）（主文见本书第308条）

第209条　侦查人员对于与犯罪有关的场所、物品、人身、尸体应当进行勘验或者检查，及时提取、采集与案件有关的痕迹、物证、生物样本等。必要时，可以聘请有专门知识的人，在侦查人员的主持下进行勘验、检查。

侦查人员执行勘验、检查，不得少于2人，并应持有有关证明文件。

【主席令〔2023〕4号】　中华人民共和国反间谍法（2014年11月1日全国人大常委会〔12届11次〕通过，主席令第16号公布施行，主席令〔1993〕68号《国家安全法》同时废止；2023年4月26日全国人大常委会〔14届2次〕修订，2023年7月1日起施行）

第24条　国家安全机关工作人员依法执行反间谍工作任务时，依照规定出示相应工作证件，可以/有权查验中国公民或者境外人员的身份证明，向有关个人和组织调查、问询有关情况，对身份不明、有间谍行为嫌疑的人员，可以查看其随带物品。

第25条（第1款）　国家安全机关工作人员依法执行反间谍工作任务时，经设区的市级以上国家安全机关负责人批准，出示工作证件，可以查验有关个人和组织的电子通信工具、器材等设备、设施及有关程序、工具。查验中发现存在危害国家安全情形的，国家安全机关应当责令其采取措施立即整改。……

【国安部令〔2021〕1号】　反间谍安全防范工作规定（2021年4月26日公布施行）

第22条　国家安全机关可以通过下列方式对机关、团体、企业事业组织和其他社会组织的反间谍安全防范工作进行检查：（一）向有关单位和人员了解情况；（二）调阅有关资料；（三）听取有关工作说明；（四）进入有关单位、场所实地查看；（五）查验电子通信工具、器材等设备、设施；（六）反间谍技术防范检查和检测；（七）其他法律、法规、规章授权的检查方式。

第24条　国家安全机关可以采取下列方式开展反间谍技术防范检查检测：（一）进入有关单位、场所，进行现场技术检查；（二）使用专用设备，对有关部位、场所、链路、网络进行技术检测；（三）对有关设备设施、网络、系统进行远程技术检测。

第25条　国家安全机关开展反间谍技术防范现场检查检测时，检查人员不得少于2人，并应当出示相应证件。

国家安全机关开展远程技术检测，应当事先告知被检测对象检测时间、检测范围等事项。

检查检测人员应当制作检查检测记录，如实记录检查检测情况。

【国安部令〔2024〕4号】　国家安全机关办理刑事案件程序规定（2024年4月26日公布，2024年7月1日起施行）

第214条　国家安全机关开展勘验、检查、搜查、辨认、查封、扣押等侦查活动，应当邀请有关公民作为见证人。

下列人员不得担任侦查活动的见证人：（一）生理上、精神上有缺陷或者年幼，不具有相应辨别能力或者不能正确表达的人；（二）与案件有利害关系，可能影响案件公正处理的人；（三）国家安全机关的工作人员或者其聘用的人员。

确因客观原因无法由符合条件的人员担任见证人的，应当对有关侦查活动进行全程录音录像，并在笔录中注明有关情况。

第238条　侦查人员对与犯罪有关的场所、物品、文件、人身、尸体应当进行勘验或者检查，及时提取、采集与案件有关的痕迹、物证、生物样本、图像等。必要时，可以指派或者聘请具有专门知识的人，在侦查人员的主持下进行勘验、检查。

侦查人员执行勘验、检查，不得少于2人，并应持有有关证明文件。

第239条　勘验现场，应当拍摄现场照片、绘制现场图，制作笔录，由参加勘查的人和见证人签名。对重大案件的现场，应当录像。

第243条　为了查明案情，在必要的时候，经国家安全机关负责人批准，可以进行侦查实验。

侦查实验应当制作侦查实验笔录，由参加实验的人签名。必要时，应当对侦查实验过程进行录音录像。

进行侦查实验，禁止一切足以造成危险、侮辱人格或者有伤风化的行为。

（本书汇）【查验身份证】[①]

● **相关规定**　【主席令〔2011〕51号】　**中华人民共和国居民身份证法**（2003年6月28日全国人大常委会〔10届3次〕通过，2004年1月1日起施行；2011年10月29日全国人大常委会〔11届23次〕修订，2012年1月1日起施行）

第15条　人民警察依法执行职务，遇有下列情形之一的，经出示执法证件，可以查验居民身份证：（一）对有违法犯罪嫌疑的人员，需要查明身份的；（二）依法实施现场管制时，需要查明有关人员身份的；（三）发生严重危害社会治安突发事件时，需要查明现场有关人员身份的；（四）在火车站、长途汽车站、港口、机场或者在重大活动期间设区的市级人民政府规定的场所，需要查明有关人员身份的；（五）法律规定需要查明身份的其他情形。

有前款所列情形之一，拒绝人民警察查验居民身份证的，依照有关法律规定，分别不同情形，采取措施予以处理。

任何组织或者个人不得扣押居民身份证。但是，公安机关依照《中华人民共和国刑事诉讼法》执行监视居住强制措施的情形除外。

【主席令〔2012〕69号】　**中华人民共和国人民警察法**（1995年2月28日全国人大常委会〔8届12次〕通过；2012年10月26日全国人大常委会〔11届29次〕修正，2013年1月1日起施行）

第9条（第1款）　为维护社会治安秩序，公安机关的人民警察对有违法犯罪嫌疑的人员，经出示相应证件，可以当场盘问、检查；经盘问、检查，有下列情形之一的，可以将其带至公安机关，经该公安机关批准，对其继续盘问：（一）被指控有犯罪行为的；（二）有现场作案嫌疑的；（三）有作案嫌疑身份不明的；（四）携带的物品有可能是赃物的。

[①] 注：《刑事诉讼法》没有关于查验身份证的规定，本书将相关规定汇集于此。

第15条　县级以上人民政府公安机关，为预防和制止严重危害社会治安秩序的行为，可以在一定的区域和时间，限制人员、车辆的通行或者停留，必要时可以实行交通管制。

公安机关的人民警察依照前款规定，可以采取相应的交通管制措施。

【主席令〔2023〕4号】　中华人民共和国反间谍法（2014年11月1日全国人大常委会［12届11次］通过，主席令第16号公布施行，主席令〔1993〕68号《国家安全法》同时废止；2023年4月26日全国人大常委会［14届2次］修订，2023年7月1日起施行）

第24条　国家安全机关工作人员依法执行反间谍工作任务时，依照规定出示相应工作证件，有权查验中国公民或者境外人员的身份证明……

第131条　【尸体解剖】对于死因不明的尸体，公安机关有权决定解剖，并且通知死者家属到场。

● 相关规定　【国台发〔1996〕10号】　国务院台湾事务办公室、公安部、司法部、民政部关于台湾同胞在大陆死亡善后处理办法（1996年7月22日）

一、死亡的确定

死亡分正常死亡和非正常死亡。因健康原因自然死亡的，谓正常死亡；因意外事故或突发事件死亡的，谓非正常死亡。

台胞在大陆死亡，经当地公安机关验定，如属正常死亡，善后处理工作由台胞接待或聘用单位负责，当地台办必要时予以协助。无接待或聘用单位的（包括零散游客），由台办会同有关部门共同处理。如属非正常死亡，由公安机关进行取证并处理，并通报同级台办，台办提供配合、协助。

二、通知死者家属

台胞在大陆死亡后应尽快通知死者家属。一般由接待或聘用单位直接通知死者家属。如接待或聘用单位无法直接通知死者家属，可通过两岸其他渠道（如红十字会等社团）代为通知。必要时也可通过海峡两岸关系协会（以下简称海协）与台湾海峡交流基金会（以下简称海基会）联系。

三、尸体解剖

正常死亡或死因明确的非正常死亡者，一般不需作尸体解剖。若死者家属提出书面要求作尸体解剖的，有关主管部门可同意。

对死因不明的非正常死亡者，公安机关为查明死因，需进行解剖时，应尽可能通知死者家属到场。家属逾期不到，地（市）级以上公安机关可依法处理。

四、出具证明

正常死亡，由县级以上医院或者授权的医疗机构出具《死亡证明书》。

被羁押的犯罪嫌疑人、被告人或被拘留的人员，在案件侦查、审理、执行期间正常死亡，由办案机关的法医出具确定其死亡的《死亡鉴定书》；办案机关没有法医的，可请公安机关派法医鉴定并出具《死亡鉴定书》。

非正常死亡，由地（市）级以上公安机关的法医出具相关鉴定书。

根据海协会海基会《两岸公证书使用查证协议》的规定，死亡公证书应寄公证书副本的范围。台胞在大陆死亡，除出具相关鉴定书外，同时应由死亡地公证部门出具公证书。

五、尸体处理

台胞尸体的处理应尊重死者家属意愿，可在当地殡仪馆火化或运回台湾。如家属提出就地土葬，需向所在地的省级民政部门提出申请，经批准后葬在指定的公墓内。如需将尸体存放，可由当地殡仪馆妥善保存。

尸体火化，应由死者家属或其委托人持医院或公安机关出具的死亡证明，到当地殡仪馆火化。如确认死者无亲属，接待单位持《死亡证明书》到殡仪馆火化，同时将火化过程拍照并出具相关证明备存在殡仪馆。

对有接待单位的死者，在尸体火化前，可由接待单位酌情为死者举行简单的追悼仪式。如死者生前对我友好，台办及有关单位可送花圈，或将追悼仪式拍照送死者家属。

对家属要求按台湾当地宗教、风俗习惯举办祭奠仪式的，必须遵守国家有关殡葬法规，经省级民政部门批准，在殡仪馆内进行。

办理丧事的费用自理。

六、骨灰和尸体运输出境

骨灰、尸体运输，须持有医院出具的《死亡证明书》或法医出具的《死亡鉴定书》，及殡葬部门出具的《火化证明书》和公证部门出具的《死亡公证书》。

将尸体运出境外的，应严格按照卫生部《实施的若干规定》（〔1983〕防字第5号）和海关部署《关于对尸体棺柩和骨灰进出境管理问题的通知》（〔84〕署外字第540号）办理尸体出境手续。

骨灰、尸体运输出境均由中国国际运尸网络服务中心负责，具体由北京、天津、上海、广州等四个办事处承办，也可委托当地殡仪馆承办。如亲属提出将尸体运回台湾，运输手续和费用均由亲属自理。在两岸实现直接通航前，死者家属要求通过第三地运送尸体时，由其家属自行办理第三地手续，有关部门应予协助。如台方提出由台湾直接派飞机或船舶运送尸体，应报国务院台办商有关部门后处理。

七、遗物的清点和处理

清点死者遗物应有死者家属或其代表和大陆有关部门人员在场。如家属明确表示不能到场时，公证部门人员应当到场。遗物清点必须造册，列出清单，清点人均应签字。遗物移交前要妥善保管好。移交遗物要开出移交书，一式2份，注明移交时间、地点、在场人、物品件数、种类和特征等，并由公证部门办理遗产移送公证书。如死者有遗嘱，应将遗嘱拍照或复制，原件交死者家属或其代理人。

死者原持有的我出入境证件，由当地公安机关入境管理部门收缴。

八、报告善后处理情况

善后事宜处理结束后，善后处理部门应写出《死亡善后处理情况报告》报上级主管部门，省、自治区、直辖市台办、公安厅（局），抄国台办和海协。

【公复字〔2008〕5号】　公安部关于正确执行《公安机关办理刑事案件程序规定》第一百九十九条①的批复（2008年10月22日答复黑龙江省公安厅"黑公传发〔2008〕521号"请示）

---

① 注：《公安机关办理刑事案件程序规定》已被2012年12月3日公安部部长办公会议修改，2012年12月13日公安部令第127号发布，2013年1月1日施行；原第199条规定的内容对应现规定第213条。

一、根据《公安机关办理刑事案件程序规定》第 199 条（现第 218 条）的规定，死者家属无正当理由拒不到场或者拒绝签名、盖章的，不影响解剖或者开棺检验，公安机关可以在履行规定的审批程序后，解剖尸体；但应当认真核实死者家属提出的不到场或者拒绝签名、盖章的理由，对于有正当理由的，应当予以妥善处理，争取家属的配合，而不能简单地作为无正当理由对待。

二、对于重大、疑难、复杂的案件，可能引起争议的案件，或者死者家属无正当理由拒不到场或者拒绝签名、盖章的案件，为确保取得良好的社会效果，公安机关在进行尸体解剖、开棺检验、死因鉴定时，应当进行全程录音录像，商请检察机关派员到场，并邀请与案件无关的第三方或者死者家属聘请的律师到场见证。

【司发〔2015〕5 号】　　监狱罪犯死亡处理规定（2015 年 3 月 18 日）

第 2 条　罪犯死亡分为正常死亡和非正常死亡。

正常死亡是指因人体衰老或者疾病等原因导致的自然死亡。

非正常死亡是指自杀死亡，或者由于自然灾害、意外事故、他杀、体罚虐待、击毙以及其他外部原因作用于人体造成的死亡。

第 7 条　罪犯死亡后，对初步认定为正常死亡的，监狱应当立即开展以下调查工作：（一）封存、查看罪犯死亡前 15 日内原始监控录像，对死亡现场进行保护、勘验并拍照、录像；（二）必要时，分散或者异地分散关押同监室罪犯并进行询问；（三）对收押、监控、管教等岗位可能了解死亡罪犯相关情况的民警以及医生等进行询问调查；（四）封存、查阅收押登记、入监健康和体表检查登记、管教民警谈话教育记录、禁闭或者戒具使用审批表、就医记录等可能与死亡有关的台账、记录等；（五）登记、封存死亡罪犯的遗物；（六）查验尸表，对尸体进行拍照并录像；（七）组织进行死亡原因鉴定。

第 8 条　监狱调查工作结束后，应当作出调查结论，并通报承担检察职责的人民检察院，通知死亡罪犯的近亲属。人民检察院应当对监狱的调查结论进行审查，并将审查结果通知监狱。

第 9 条　人民检察院接到监狱罪犯死亡报告后，应当立即派员赶赴现场，开展相关工作。具有下列情形之一的，由人民检察院进行调查：（一）罪犯非正常死亡的；（二）死亡罪犯的近亲属对监狱的调查结论有疑义，向人民检察院提出，人民检察院审查后认为需要调查的；（三）人民检察院对监狱的调查结论有异议的；（四）其他需要由人民检察院调查的。

第 11 条　人民检察院调查结束后，应当将调查结论书面通知监狱和死亡罪犯的近亲属。

第 12 条　监狱或者人民检察院组织进行尸检的，应当通知死亡罪犯的近亲属到场，并让其在《解剖尸体通知书》上签名或者盖章。对死亡罪犯无近亲属或者无法通知其近亲属，以及死亡罪犯的近亲属无正当理由拒不到场或者拒绝签名或者盖章的，不影响尸检，但是监狱或者人民检察院应当在《解剖尸体通知书》上注明，并对尸体解剖过程进行全程录像，并邀请与案件无关的人员或者死者近亲属聘请的律师到场见证。

第 13 条　监狱、人民检察院委托其他具有司法鉴定资质的机构进行尸检的，应当征求死亡罪犯的近亲属的意见；死亡罪犯的近亲属提出另行委托具有司法鉴定资质的机构进行尸检的，监狱、人民检察院应当允许。

第 14 条　监狱或者死亡罪犯的近亲属对人民检察院作出的调查结论有异议、疑义的，可以在接到通知后 3 日内书面要求作出调查结论的人民检察院进行复议。监狱或者死亡罪犯的近亲属对人民检察院的复议结论有异议、疑义的，可以向上一级人民检察院提请复核。人民检察院应当及时将复议、复核结论通知监狱和死亡罪犯的近亲属。

第15条　鉴定费用由组织鉴定的监狱或者人民检察院承担。死亡罪犯的近亲属要求重新鉴定且重新鉴定意见与原鉴定意见一致的，重新鉴定费用由死亡罪犯的近亲属承担。

【公通字〔2015〕31号】　公安机关刑事案件现场勘验检查规则（公安部2015年10月22日印发施行；公通字〔2005〕54号同名《规则》同时废止）

第35条　勘验、检查有尸体的现场，应当有法医参加。

第36条　为了确定死因，经县级以上公安机关负责人批准，可以解剖尸体。

第37条　解剖尸体应当通知死者家属到场，并让死者家属在《解剖尸体通知书》上签名。死者家属无正当理由拒不到场或者拒绝签名的，可以解剖尸体，但是应当在《解剖尸体通知书》上注明。对于身份不明的尸体，无法通知死者家属的，应当在笔录中注明。

解剖外国人尸体应当通知死者家属或者其所属国家驻华使、领馆有关官员到场，并请死者家属或者其所属国家驻华使、领馆有关官员在《解剖尸体通知书》上签名。死者家属或者其所属国家驻华使、领馆有关官员无正当理由拒不到场或者拒绝签名的，可以解剖尸体，但应当在《解剖尸体通知书》上注明。对于身份不明外国人的尸体，无法通知死者家属或者有关使、领馆的，应当在笔录中注明。

第38条　移动现场尸体前，应当对尸体的原始状况及周围的痕迹、物品进行照相、录像，并提取有关痕迹、物证。

第39条　解剖尸体应当在尸体解剖室进行。确因情况紧急，或者受条件限制，需要在现场附近解剖的，应当采取隔离、遮挡措施。

第40条　检验、解剖尸体时，应当捺印尸体指纹和掌纹。必要时，提取血液、尿液、胃内容和有关组织、器官等。<u>尸体指纹和掌纹因客观条件无法捺印时需在相关记录中注明</u>。①

第41条　检验、解剖尸体时，应当照相、录像。对尸体损伤痕迹和有关附着物等应当进行细目照相、录像。

对无名尸体的面貌、生理、病理特征，以及衣着、携带物品和包裹尸体物品等，应当进行详细检查和记录，拍摄辨认照片。

【高检发释字〔2019〕4号】　人民检察院刑事诉讼规则（2019年12月2日最高检第13届检委会第28次会议通过，2019年12月30日公布施行；高检发释字〔2012〕2号《规则（试行）》同时废止）

第198条　人民检察院解剖死因不明的尸体，应当通知死者家属到场，并让其在解剖通知书上签名或者盖章。

死者家属无正当理由拒不到场或者拒绝签名、盖章的，不影响解剖的进行，但是应当在解剖通知书上记明。对于身份不明的尸体，无法通知死者家属的，应当记明笔录。

【公安部令〔2020〕159号】　公安机关办理刑事案件程序规定（2020年7月4日第3次部务会议修订，2020年7月20日公布，2020年9月1日施行）

第218条　为了确定死因，经县级以上公安机关负责人批准，可以解剖尸体，并且通知

---

①　注：下划线部分规定为2015年《规则》新增。

死者家属到场，让其在解剖尸体通知书上签名。

死者家属无正当理由拒不到场或者拒绝签名的，侦查人员应当在解剖尸体通知书上注明。对身份不明的尸体，无法通知死者家属的，应当在笔录中注明。

第219条　对已查明死因，没有继续保存必要的尸体，应当通知家属领回处理，对于无法通知或者通知后家属拒绝领回的，经县级以上公安机关负责人批准，可以及时处理。

【海警局令〔2023〕1号】　海警机构办理刑事案件程序规定（2023年5月15日审议通过，2023年6月15日起施行）（主文见本书第308条）

第212条　为了确定死因，经海警机构负责人批准，可以聘请法医解剖尸体，并且通知死者家属到场，让其在解剖尸体通知书上签名。

死者家属无正当理由拒不到场或者拒绝签名的，侦查人员应当在解剖尸体通知书上注明。对身份不明的尸体，无法通知死者家属的，应当在笔录中注明。

第213条　对已查明死因，没有继续保存必要的尸体，应当通知家属领回处理，对于无法通知或者通知后家属拒绝领回的，经海警机构负责人批准，可以及时处理。

第341条　本规定所称"海警机构负责人"是指海警机构的正职领导。……

【国安部令〔2024〕4号】　国家安全机关办理刑事案件程序规定（2024年4月26日公布，2024年7月1日起施行）

第241条　为了确定死因，经国家安全机关负责人批准，可以解剖尸体，并且通知死者家属到场，让其在解剖尸体通知书上签名。死者家属无正当理由拒不到场或者拒绝签名的，侦查人员应当注明。对身份不明的尸体，无法通知死者家属的，应当在笔录中注明。

对于已查明死因，没有继续保存必要的尸体，应当通知家属领回处理，对于无法通知或者通知后家属拒绝领回的，经国家安全机关负责人批准，可以及时处理。

第132条[①]　**【人身检查、生物检材】**为了确定被害人、犯罪嫌疑人的某些特征、伤害情况或者生理状态，可以对人身进行检查，可以提取指纹信息，采集血液、尿液等生物样本[②]。

犯罪嫌疑人如果拒绝检查，侦查人员认为必要的时候，可以强制检查。

检查妇女的身体，应当由女工作人员或者医师进行。

● **相关规定**　【公通字〔2007〕71号】　公安机关指纹信息工作规定（公安部2007年11月9日印发，2008年1月1日施行；1980年5月7日《公安部关于对犯罪分子和违法人员十指指纹管理工作的若干规定》同时废止）

第2条　本规定所指的指纹信息包括：捺印的十指指纹（含指节纹、掌纹）及相关人员的信息；现场提取的指纹、指节纹、掌纹痕迹及相关案（事）件的信息。

第4条　指纹数据库管理的尚未公开的公安机关执行逮捕、刑事拘留、劳动教养、收容

[①] 本条规定中的2处"犯罪嫌疑人"原为"被告人"，由1996年3月17日第8届全国人民代表大会第4次会议修改，1997年1月1日施行。

[②] 本部分内容由2012年3月14日第11届全国人大常委会第5次会议增加，2013年1月1日施行。

教养的省级和全国性综合情况、统计数字、重点人口情况和数字，属于国家秘密，未经县级以上公安机关负责人批准，不得向公安机关以外的单位或者个人提供指纹信息和其他相关信息。

第11条　十指指纹信息的采集范围：（一）经人民法院审判定罪的罪犯；（二）依法被劳动教养、收容教养的人员；（三）依法被行政拘留或者因实施违反治安管理或者出入境管理行为被依法予以其他行政处罚的人员，但是被当场作出治安管理处罚的除外；（四）依法被强制戒毒的人员；（五）依法被收容教育的人员；（六）依法被拘传、取保候审、监视居住、拘留或者逮捕的犯罪嫌疑人；（七）依法被继续盘问的人员；（八）公安机关因办理案（事）件需要，经县级以上公安机关负责人批准采集指纹信息的人员。

第12条　公安机关各执法办案单位在工作中遇有本规定第11条列举的需要采集十指指纹信息的人员时，案（事）件承办单位和承办人必须采集上述人员的十指指纹信息。

对送入看守所、拘留所的违法犯罪人员、犯罪嫌疑人、被告人，送入强制戒毒所、收容教育所的戒毒人员、被收容教育人员，无论案（事）件承办单位是否采集过指纹信息，看守所、拘留所、强制戒毒所、收容教育所都必须采集十指指纹信息。

第13条　案（事）件的承办单位和承办人可以使用《十指指纹信息卡》或者活体指纹采集仪采集有关人员十指指纹信息。

使用《十指指纹信息卡》采集的，应当在采集后5个工作日内将《十指指纹信息卡》报送同级刑侦部门。

使用活体指纹采集仪采集的，应当符合公安部有关标准。是否另外捺印平面指纹、指节纹和掌纹，由各省、自治区、直辖市公安厅、局刑侦部门决定。

第14条　看守所、拘留所、强制戒毒所、收容教育所采集的十指指纹信息，必须使用《十指指纹信息卡》油墨捺印。在违法犯罪人员、犯罪嫌疑人、被告人、戒毒人员、被收容教育人员离所时，应当将依法处理的结果和去向填写在《十指指纹信息卡》的备注栏，在被捺印人离所后5个工作日内将《十指指纹信息卡》报送同级刑侦部门。

第15条（第1款）　对于未经羁押直接移送起诉的犯罪嫌疑人，案件承办单位应当在移送起诉前补充油墨捺印《十指指纹信息卡》，并跟踪搜集诉讼结果，将填写依法处理情况的《十指指纹信息卡》及时报送同级刑侦部门。

第16条　对于其他政法机关办理的刑事案件，犯罪嫌疑人或者被告人未经看守所羁押的，公安机关应当主动与人民检察院、人民法院、国家安全机关、军事司法机关等沟通联系，并在人民法院作出发生法律效力的判决、裁定后，补充捺印罪犯的《十指指纹信息卡》。

第17条　现场指纹信息的采集范围：（一）在案（事）件现场遗留的与案件有关的指纹、指节纹、掌纹；（二）未知名尸体的指纹、指节纹和掌纹；（三）自然灾害、事故中需通过指纹进行身份甄别人员的指纹、指节纹和掌纹。

第18条　对现场勘查提取的指纹，经过排查甄别确认与案（事）件有关，具备比对查档条件的，负责案（事）件的承办单位应当按要求制作《现场指纹信息卡》，并在2个工作日内报送同级刑侦部门。

第20条　对指纹信息以计算机管理为主、手工管理为辅。各级公安机关刑侦部门收到《十指指纹信息卡》、《现场指纹信息卡》后，应当在5个工作日内将指纹信息录入并传送到省级指纹数据库。

《十指指纹信息卡》和《现场指纹信息卡》由地市级公安机关刑侦部门保管；必要时可以根据具体情况，在县级或者省级公安机关刑侦部门保管。现场指纹原件由提取现场指纹的部门保管。

第 21 条　公安机关应当将采集的以下违法犯罪人员的十指指纹信息，纳入"指纹前科库"存储、管理：（一）经人民法院审判定罪的罪犯；（二）依法被劳动教养、收容教养的人员；（三）依法被行政拘留的人员；（四）依法被强制戒毒的人员；（五）依法被收容教育的人员。

公安机关应当将采集的前款规定以外人员的十指指纹信息，纳入"指纹资料库"存储、管理。

公安机关应当将现场指纹信息纳入"现场指纹库"存储、管理。

第 22 条　对数据库中同一人的多份十指指纹信息，可以只保留一份采集质量较高的，但应当将每次的违法犯罪情况补充录入备注信息中。

第 26 条　各级公安机关刑侦部门在将指纹信息录入指纹数据库的同时，应当与"指纹前科库"、"指纹资料库"和"现场指纹库"的指纹进行比对。对未比中的现场指纹，应当定期复查比对。

对需要跨地区协查的指纹信息，应当依照公安部有关协查规定开展工作。

第 29 条　指纹认定同一结论，应当由 2 名以上具备鉴定资质的专业人员共同作出。出具鉴定意见时，应当使用油墨捺印指纹作为比对样本。

第 30 条　其他政法机关在工作中需要查询指纹信息的，公安机关应当告知其向同级公安机关出具书面申请，由同级公安机关负责人审批同意后协助查询。

第 31 条　利用指纹信息比对查破案件，是公安机关内部掌握的一项重要侦查措施，未经县级以上公安机关负责人批准，不得向公安机关以外的单位或者个人提供有关情况。在向新闻媒体提供案件办理情况时，涉及指纹信息采集、提取、比对等工作的，应当以"技术手段"代替。

〔公通字〔2015〕31 号〕　公安机关刑事案件现场勘验检查规则（公安部 2015 年 10 月 22 日印发施行；公通字〔2005〕54 号同名《规则》同时废止）

第 34 条　为了确定被害人、犯罪嫌疑人的某些特征、伤害情况或者生理状态，可以对人身进行检查，可以提取指纹信息，采集血液、口腔拭子、尿液等生物样本。犯罪嫌疑人拒绝检查、提取、采集的，侦查人员认为必要的时候，经办案部门负责人批准，可以强制检查、提取、采集。

检查妇女的身体，<u>应当由女工作人员或者医师进行。</u>①

检查的情况应当制作笔录，由参加检查的侦查人员、检查人员、被检查人员和见证人签名。被检查人员拒绝签名的，侦查人员应当在笔录中注明。

〔主席令〔2018〕6 号〕　中华人民共和国反恐怖主义法（2015 年 12 月 27 日全国人大常委会〔12 届 18 次〕通过，2016 年 1 月 1 日起施行，2011 年 10 月 29 日全国人大常委会《关于加强反恐怖工作有关问题的决定》同时废止；2018 年 4 月 27 日全国人大常委会〔13

---

① 注：2005 年《规则》规定为"应当由女侦查人员或者医师进行，必要时，可以指派或者邀请法医参加"。

届2次〕修正)

第50条（第1款）　公安机关调查恐怖活动嫌疑，可以依照有关法律规定对嫌疑人员进行盘问、检查、传唤，可以提取或者采集肖像、指纹、虹膜图像等人体生物识别信息和血液、尿液、脱落细胞等生物样本，并留存其签名。

【高检发释字〔2019〕4号】　人民检察院刑事诉讼规则（2019年12月2日最高检第13届检委会第28次会议通过，2019年12月30日公布施行；高检发释字〔2012〕2号《规则（试行）》同时废止）

第199条（第2款）　必要时，可以指派、聘请法医或者医师进行人身检查。采集血液等生物样本应当由医师进行。

（第5款）　人身检查不得采用损害被检查人生命、健康或者贬低其名誉、人格的方法。在人身检查过程中知悉的被检查人的个人隐私，检察人员应当予以保密。

【公安部令〔2020〕159号】　公安机关办理刑事案件程序规定（2020年7月4日第3次部务会议修订，2020年7月20日公布，2020年9月1日施行）

第217条（第1款）　为了确定被害人、犯罪嫌疑人的某些特征、伤害情况或者生理状态，可以对人身进行检查，依法提取、采集肖像、指纹等人体生物识别信息提取指纹信息，采集血液、尿液等生物样本。被害人死亡的，应当通过被害人近亲属辨认、提取生物样本鉴定等方式确定被害人身份。

（第2款）　犯罪嫌疑人拒绝检查、提取、采集，侦查人员认为必要的时候，经办案部门负责人批准，可以强制检查、提取、采集。

【国监委公告〔2021〕1号】　监察法实施条例（2021年7月20日国家监委全体会议决定，2021年9月20日公布施行）

第139条　为了确定被调查人或者相关人员的某些特征、伤害情况或者生理状态，可以依法对其人身进行检查。必要时可以聘请法医或者医师进行人身检查。检查女性身体，应当由女性工作人员或者医师进行。被调查人拒绝检查的，可以依法强制检查。

人身检查不得采用损害被检查人生命、健康或者贬低其名誉、人格的方法。对人身检查过程中知悉的个人隐私，应当严格保密。

对人身检查的情况应当制作笔录，由参加检查的调查人员、检查人员、被检查人员和见证人签名。被检查人员拒绝签名的，调查人员应当在笔录中记明。

【海警局令〔2023〕1号】　海警机构办理刑事案件程序规定（2023年5月15日审议通过，2023年6月15日起施行）　（主文见本书第308条）

第211条　为了确定被害人、犯罪嫌疑人的某些特征、伤害情况或者生理状态，可以对人身进行检查，依法提取、采集肖像、指纹等人体生物识别信息，采集血液、尿液等生物样本。被害人死亡的，应当通过被害人近亲属辨认、提取生物样本鉴定等方式确定被害人身份。必要时，可以聘请法医或者医师进行人身检查。犯罪嫌疑人拒绝检查、提取、采集的，侦查人员认为必要的时候，经海警机构办案部门以上负责人批准，可以强制检查、提取、采集。

检查妇女的身体，应当由女工作人员或者医师进行。

人身检查不得采用损害被检查人生命、健康或者贬低其名誉、人格的方法。

检查的情况应当制作笔录，由参加检查的侦查人员、检查人员、被检查人员和见证人签名。被检查人员拒绝签名的，侦查人员应当在笔录中注明。

第 341 条　本规定所称……"海警机构办案部门"是指海警机构内部负责案件办理的内设机构、直属机构；未编设相应内设机构、直属机构的海警工作站，本规定关于办案部门负责人的职责权限由该海警工作站负责人行使。

【高检发〔2023〕4 号】　最高人民法院、最高人民检察院、公安部、司法部关于办理性侵害未成年人刑事案件的意见（2023 年 5 月 24 日印发，2023 年 6 月 1 日起施行）（详见《刑法全厚细》第 236 条）

第 26 条　未成年被害人陈述和犯罪嫌疑人、被告人供述中具有特殊性、非亲历不可知的细节，包括身体特征、行为特征和环境特征等，办案机关应当及时通过人身检查、现场勘查等调查取证方法固定证据。

【国安部令〔2024〕4 号】　国家安全机关办理刑事案件程序规定（2024 年 4 月 26 日公布，2024 年 7 月 1 日起施行）

第 240 条　为了确定被害人、犯罪嫌疑人的某些特征、生理状态或者伤害情况，侦查人员可以对人身进行检查，依法提取、采集肖像、指纹等人体生物识别信息，采集血液、尿液等生物样本。必要时，可以指派、聘请法医或者医师进行人身检查。采集血液等生物样本应当由医师进行。被害人死亡的，应当通过被害人近亲属辨认、提取生物样本鉴定等方式确定被害人身份。

犯罪嫌疑人拒绝检查、提取、采集的，侦查人员认为必要的时候，经办案部门负责人批准，可以强制检查、提取、采集。

检查妇女的身体，应当由女工作人员或者医师进行。

人身检查不得采用损害被检查人生命、健康或者贬低其名誉或人格的方法。

检查的情况应当制作笔录，由参加检查的侦查人员、检查人员、被检查人员和见证人签名。

第 133 条　【勘验、检查笔录】　勘验、检查的情况应当写成笔录，由参加勘验、检查的人和见证人签名或者盖章。

● 相关规定　【公通字〔2005〕98 号】　公安机关办理伤害案件规定（公安部 2005 年 12 月 27 日印发，2006 年 2 月 1 日施行）

第 16 条　勘验、检查伤害案件现场，应当制作现场勘验、检查笔录，绘制现场图，对现场情况和被伤害人的伤情进行照相，并将上述材料装订成卷宗。

【法发〔2010〕20 号】　最高人民法院、最高人民检察院、公安部、国家安全部、司法部关于办理死刑案件审查判断证据若干问题的规定（2010 年 6 月 13 日印发，2010 年 7 月 1 日施行；同文号印发《关于办理刑事案件排除非法证据若干问题的规定》，2010 年 7 月 1 日施行）①

---

① 根据"法发〔2010〕20 号"《通知》，办理其他刑事案件，参照《关于办理死刑案件审查判断证据若干问题的规定》执行。

（六）勘验、检查笔录

第25条 对勘验、检查笔录应当着重审查以下内容：（一）勘验、检查是否依法进行，笔录的制作是否符合法律及有关规定的要求，勘验、检查人员和见证人是否签名或者盖章等。（二）勘验、检查笔录的内容是否全面、详细、准确、规范；是否准确记录了提起勘验、检查的事由，勘验、检查的时间、地点，在场人员、现场方位、周围环境等情况；是否准确记载了现场、物品、人身、尸体等的位置、特征等详细情况以及勘验、检查、搜查的过程；文字记载与实物或者绘图、录像、照片是否相符；固定证据的形式、方法是否科学、规范；现场、物品、痕迹等是否被破坏或者伪造，是否是原始现场；人身特征、伤害情况、生理状况有无伪装或者变化等。（三）补充进行勘验、检查的，前后勘验、检查的情况是否有矛盾，是否说明了再次勘验、检查的原由。（四）勘验、检查笔录中记载的情况与被告人供述、被害人陈述、鉴定意见等其他证据能否印证，有无矛盾。

第26条 勘验、检查笔录存在明显不符合法律及有关规定的情形，并且不能作出合理解释或者说明的，不能作为证据使用。

勘验、检查笔录存在勘验、检查没有见证人的，勘验、检查人员和见证人没有签名、盖章的，勘验、检查人员违反回避规定的等情形，应当结合案件其他证据，审查其真实性和关联性。

【公通字〔2015〕31号】 公安机关刑事案件现场勘验检查规则（公安部2015年10月22日印发施行；公通字〔2005〕54号同名《规则》同时废止）

第42条 现场勘验、检查结束后，应当及时将现场信息录入"全国公安机关现场勘验信息系统"并制作《现场勘验检查工作记录》。其中，对命案现场信息应当在勘查结束后7个工作日内录入，对其他现场信息应当在勘验结束后5个工作日内录入。

《现场勘验检查工作记录》包括现场勘验笔录、现场图、现场照片、现场录像和现场录音。

第43条 现场勘验检查工作记录应当客观、全面、详细、准确、规范，能够作为核查现场或者恢复现场原状的依据。

第44条 现场勘验笔录正文需要载明现场勘验过程及结果，包括与犯罪有关的痕迹和物品的名称、位置、数量、性状、分布等情况，尸体的位置、衣着、姿势、血迹分布、性状和数量以及提取痕迹、物证情况等。

第45条 对现场进行多次勘验、检查的，在制作首次现场勘验检查工作记录后，逐次制作补充勘验检查工作记录。

第46条 现场勘验、检查人员应当制作现场方位图、现场平面示意图，并根据现场情况选择制作现场平面比例图、现场平面展开图、现场立体图和现场剖面图等。

第47条 绘制现场图应当符合以下基本要求：（一）标明案件名称，案件发现时间、案发地点；（二）完整反映现场的位置、范围；（三）准确反映与犯罪活动有关的主要物体，标明尸体、主要痕迹、主要物证、作案工具等具体位置；（四）文字说明简明、准确；（五）布局合理，重点突出，画面整洁，标识规范；（六）现场图注明方向、图例、绘图单位、绘图日期和绘图人。

第48条 现场照相和录像包括方位、概貌、重点部位和细目4种。

第49条 现场照相和录像应当符合以下基本要求：（一）影像清晰、主题突出、层次分明、色彩真实；（二）清晰、准确记录现场方位、周围环境及原始状态，记录痕迹、物证所在部位、形状、大小及其相互之间的关系；（三）细目照相、录像应当放置比例尺；（四）现场照片需有文字说明。

第50条　现场绘图、现场照相、录像、现场勘验笔录应当相互吻合。

第51条　现场绘图、现场照片、录像、现场勘验笔录等现场勘验、检查的原始资料应当妥善保存。现场勘验、检查原始记录可以用纸质形式或者电子形式记录，现场勘验、检查人员、见证人应当在现场签字确认，以电子形式记录的可以使用电子签名。

【高检发释字〔2019〕4号】　人民检察院刑事诉讼规则（2019年12月2日最高检第13届检委会第28次会议通过，2019年12月30日公布施行；高检发释字〔2012〕2号《规则（试行）》同时废止）

第197条（第2款）　勘查现场，应当拍摄现场照片。勘查的情况应当写明笔录并制作现场图，由参加勘查的人和见证人签名。勘查重大案件的现场，应当录像。

【公安部令〔2020〕159号】　公安机关办理刑事案件程序规定（2020年7月4日第3次部务会议修订，2020年7月20日公布，2020年9月1日施行）

第216条　勘查现场，应当拍摄现场照片、绘制现场图，制作笔录，由参加勘查的人和见证人签名。对重大案件的现场勘查，应当录音录像。

第217条（第4款）　检查的情况应当制作笔录，由参加检查的侦查人员、检查人员、被检查人员和见证人签名。被检查人员拒绝签名的，侦查人员应当在笔录中注明。

【法释〔2021〕1号】　最高人民法院关于适用《中华人民共和国刑事诉讼法》的解释（2020年12月7日最高法审委会〔1820次〕修订，2021年1月26日公布，2021年3月1日施行；2013年1月1日施行的"法释〔2012〕21号"《解释》同时废止）

第102条　对勘验、检查笔录应当着重审查以下内容：

（一）勘验、检查是否依法进行，笔录制作是否符合法律、有关规定，勘验、检查人员和见证人是否签名或者盖章；

（二）勘验、检查笔录是否记录了提起勘验、检查的事由，勘验、检查的时间、地点，在场人员、现场方位、周围环境等，现场的物品、人身、尸体等的位置、特征等情况，以及勘验、检查~~、搜查~~的过程；文字记录与实物或者绘图、照片、录像是否相符；现场、物品、痕迹等是否伪造、有无破坏；人身特征、伤害情况、生理状态有无伪装或者变化等；

（三）补充进行勘验、检查的，是否说明了再次勘验、检查的原因，前后勘验、检查的情况是否矛盾。

第103条　勘验、检查笔录存在明显不符合法律、有关规定的情形，不能作出合理解释~~或者说明~~的，不得作为定案的根据。

【海警局令〔2023〕1号】　海警机构办理刑事案件程序规定（2023年5月15日审议通过，2023年6月15日起施行）（主文见本书第308条）

第210条　勘查现场，应当拍摄现场照片、绘制现场图，制作笔录，由参加勘查的人和见证人签名。对重大案件的现场勘查，应当录音录像。

【国安部令〔2024〕4号】　国家安全机关办理刑事案件程序规定（2024年4月26日公布，2024年7月1日起施行）

第90条（第2款）　进行电子数据侦查实验，应当使用拍照、录像、录音、通信数据采集等一种或者多种方式客观记录实验过程，并制作笔录，由参加侦查实验的人员签名或者盖章。

第239条　勘验现场，应当拍摄现场照片、绘制现场图，制作笔录，由参加勘查的人和见证人签名。对重大案件的现场，应当录像。

第240条（第5款）（对人身进行检查）检查的情况应当制作笔录，由参加检查的侦查人员、检查人员、被检查人员和见证人签名。

第243条（第2款）　侦查实验应当制作侦查实验笔录，由参加实验的人签名。必要时，应当对侦查实验过程进行录音录像。

第134条　【复验、复查】人民检察院审查案件的时候，对公安机关的勘验、检查，认为需要复验、复查时，可以要求公安机关复验、复查，并且可以派检察人员参加。

● **相关规定**　【法发〔2007〕11号】　最高人民法院、最高人民检察院、公安部、司法部关于进一步严格依法办案确保办理死刑案件质量的意见（2007年3月9日）

21. 人民检察院审查案件的时候，对公安机关的勘验、检查，认为需要复验、复查的，应当要求公安机关复验、复查，人民检察院可以派员参加；也可以自行复验、复查，商请公安机关派员参加，必要时也可以聘请专门技术人员参加。

【公通字〔2015〕31号】　公安机关刑事案件现场勘验检查规则（公安部2015年10月22日印发施行；公通字〔2005〕54号同名《规则》同时废止）

第79条　遇有下列情形之一，应当对现场进行复验、复查：（一）案情重大、现场情况复杂的；（二）侦查工作需要从现场进一步收集信息、获取证据的；（三）人民检察院审查案件时认为需要复验、复查的；（四）当事人提出不同意见，公安机关认为有必要复验、复查的；（五）其他需要复验、复查的。

第80条　对人民检察院要求复验、复查的，公安机关复验、复查时，可以通知①人民检察院派员参加。

【高检发释字〔2019〕4号】　人民检察院刑事诉讼规则（2019年12月2日最高检第13届检委会第28次会议通过，2019年12月30日公布施行；高检发释字〔2012〕2号《规则（试行）》同时废止）

第335条　人民检察院审查案件时，对监察机关或者公安机关的勘验、检查，认为需要复验、复查的，应当要求其复验、复查，人民检察院可以派员参加；也可以自行复验、复查，商请监察机关或者公安机关派员参加，必要时也可以指派检察技术人员或者聘请其他有专门知识的人聘请专门技术人员参加。

第336条　人民检察院对物证、书证、视听资料、电子数据及勘验、检查、辨认、侦查实验等笔录存在疑问的，可以要求调查人员或者侦查人员提供获取、制作的有关情况，必要时也可以询问提供相关证据材料物证、书证、视听资料、电子数据及勘验、检查、辨认、侦查实验等笔录的人员和见证人并制作笔录附卷，对物证、书证、视听资料、电子数据进行鉴定。

---

① 注：2005年《规则》规定为"应通知"。

【公安部令〔2020〕159号】 公安机关办理刑事案件程序规定（2020年7月4日第3次部务会议修订，2020年7月20日公布，2020年9月1日施行）

第220条 公安机关进行勘验、检查后，人民检察院要求复验、复查的，公安机关应当进行复验、复查，并可以通知人民检察院派员参加。

【海警局令〔2023〕1号】 海警机构办理刑事案件程序规定（2023年5月15日审议通过，2023年6月15日起施行）（主文见本书第308条）

第214条 海警机构进行勘验、检查后，遇有下列情形之一，应当对现场进行复验、复查：（一）案情重大、现场情况复杂的；（二）需要从现场进一步收集信息、获取证据的；（三）人民检察院审查案件时认为需要复验、复查的；（四）当事人提出不同意见，海警机构认为有必要复验、复查的；（五）其他需要复验、复查的。

人民检察院要求复验、复查的，海警机构可以通知人民检察院派员参加。

【国安部令〔2024〕4号】 国家安全机关办理刑事案件程序规定（2024年4月26日公布，2024年7月1日起施行）

第242条 国家安全机关进行勘验、检查后，人民检察院要求复验、复查的，国家安全机关应当进行复验、复查，并可以通知人民检察院派员参加。

第135条 【侦查实验】 为了查明案情，在必要的时候，<u>经公安机关负责人</u>[①]批准，可以进行侦查实验。

侦查实验的情况应当写成笔录，由参加实验的人签名或者盖章。[②]

侦查实验，禁止一切足以造成危险、侮辱人格或者有伤风化的行为。

● **相关规定** 【公通字〔2015〕31号】 公安机关刑事案件现场勘验检查规则（公安部2015年10月22日印发施行；公通字〔2005〕54号同名《规则》同时废止）

第69条 为了证实现场某一具体情节的形成过程、条件和原因等，可以进行侦查实验。进行侦查实验应当经县级以上公安机关负责人批准。

第70条 侦查实验的任务包括：（一）验证在现场条件下能否听到某种声音或者看到某种情形；（二）验证在一定时间内能否完成某一行为；（三）验证在现场条件下某种行为或者作用与遗留痕迹、物品的状态是否吻合；（四）确定某种条件下某种工具能否形成某种痕迹；（五）研究痕迹、物品在现场条件下的变化规律；（六）分析判断某一情节的发生过程和原因；（七）其他需要通过侦查实验作出进一步研究、分析、判断的情况。

第71条 侦查实验应当符合以下要求：

（一）侦查实验一般在发案地点进行，燃烧、爆炸等危险性实验，应当在其他能够确保安全的地点进行；

（二）侦查实验的时间、环境条件应当与发案时间、环境条件基本相同；

[①] 本部分内容由2012年3月14日第11届全国人大常委会第5次会议修改，2013年1月1日施行。原规定为"公安局长"。

[②] 本款规定由2012年3月14日第11届全国人大常委会第5次会议增设，2013年1月1日施行。

（三）侦查实验使用的工具、材料应当与发案现场一致或者基本一致；必要时，可以使用不同类型的工具或者材料进行对照实验；

（四）如条件许可，类同的侦查实验应当进行2次以上；

（五）评估实验结果应当考虑到客观环境、条件变化对实验的影响和可能出现的误差；

（六）侦查实验，禁止一切足以造成危险、侮辱人格或者有伤风化的行为。

第72条　对侦查实验的过程和结果，应当制作《侦查实验笔录》，参加侦查实验的人员应当在《侦查实验笔录》上签名。

进行侦查实验，应当录音、录像。

【高检发释字〔2019〕4号】　人民检察院刑事诉讼规则（2019年12月2日最高检第13届检委会第28次会议通过，2019年12月30日公布施行；高检发释字〔2012〕2号《规则（试行）》同时废止）

第200条（第1款）　为了查明案情，必要时经检察长批准，可以进行侦查实验。

第201条　侦查实验，必要时可以聘请有关专业人员参加，也可以要求犯罪嫌疑人、被害人、证人参加。

原第218条　~~侦查实验，应当制作笔录，记明侦查实验的条件、经过和结果，由参加侦查实验的人员签名。必要时可以对侦查实验录音、录像。~~

【公安部令〔2020〕159号】　公安机关办理刑事案件程序规定（2020年7月4日第3次部务会议修订，2020年7月20日公布，2020年9月1日施行）

第221条（第1款）　为了查明案情，在必要的时候，经县级以上公安机关负责人批准，可以进行侦查实验。

（第2款）　进行侦查实验，应当全程录音录像，并制作侦查实验笔录，由参加实验的人签名。①

【法释〔2021〕1号】　最高人民法院关于适用《中华人民共和国刑事诉讼法》的解释（2020年12月7日最高法审委会〔1820次〕修订，2021年1月26日公布，2021年3月1日施行；2013年1月1日施行的"法释〔2012〕21号"《解释》同时废止）

第106条　对侦查实验笔录应当着重审查实验的过程、方法，以及笔录的制作是否符合有关规定。

第107条　侦查实验的条件与事件发生时的条件有明显差异，或者存在影响实验结论科学性的其他情形的，侦查实验笔录不得作为定案的根据。

【国监委公告〔2021〕1号】　监察法实施条例（2021年7月20日国家监委全体会议决定，2021年9月20日公布施行）

第140条　为查明案情，在必要的时候，经审批可以依法进行调查实验。调查实验，可以聘请有关专业人员参加，也可以要求被调查人、被害人、证人参加。

进行调查实验，应当全程同步录音录像，制作调查实验笔录，由参加实验的人签名。进行调查实验，禁止一切足以造成危险、侮辱人格的行为。

---

① 本款2012年规定为："对侦查实验的经过和结果，应当制作侦查实验笔录，由参加实验的人签名。必要时，应当对侦查实验过程进行录音或者录像。"

【海警局令〔2023〕1号】 海警机构办理刑事案件程序规定（2023年5月15日审议通过，2023年6月15日起施行） (主文见本书第308条)

第215条 为了查明案情，必要时，经海警机构负责人批准，可以进行侦查实验。

对于侦查实验的条件、经过和结果，应当制作侦查实验笔录，由参加实验的人签名。侦查实验过程应当全程录音录像。

进行侦查实验，禁止一切足以造成危险、侮辱人格或者有伤风化的行为。

第341条 本规定所称"海警机构负责人"是指海警机构的正职领导。……

【国安部令〔2024〕4号】 国家安全机关办理刑事案件程序规定（2024年4月26日公布，2024年7月1日起施行）

第90条 进行电子数据侦查实验，应当采取技术措施保护原始存储介质数据的完整性。有条件的，电子数据侦查实验应当进行2次以上。侦查实验使用的电子设备、网络环境等应当与实施犯罪行为的现场情况一致或者基本一致。电子数据侦查实验不得泄露国家秘密、工作秘密、商业秘密和公民个人信息。

进行电子数据侦查实验，应当使用拍照、录像、录音、通信数据采集等一种或者多种方式客观记录实验过程，并制作笔录，由参加侦查实验的人员签名或者盖章。

第243条 为了查明案情，在必要的时候，经国家安全机关负责人批准，可以进行侦查实验。

侦查实验应当制作侦查实验笔录，由参加实验的人签名。必要时，应当对侦查实验过程进行录音录像。

进行侦查实验，禁止一切足以造成危险、侮辱人格或者有伤风化的行为。

● **指导案例** 【高检发办字〔2022〕85号】 最高人民检察院第37批指导性案例（2022年6月16日最高检第13届检委会第101次会议通过，2022年6月21日印发）

（检例第153号） 何某贩卖、制造毒品案

要旨：……办理新型毒品犯罪案件，检察机关应当依法引导侦查机关开展侦查实验，查明案件事实。

第五节 搜 查

第136条 【搜查对象】 为了收集犯罪证据、查获犯罪人，侦查人员可以对犯罪嫌疑人[①]以及可能隐藏罪犯或者犯罪证据的人的身体、物品、住处和其他有关的地方进行搜查。

第137条[②] 【证据交出义务】 任何单位和个人，有义务按照人民检察院

[①] 本部分内容原为"被告人"，由1996年3月17日第8届全国人民代表大会第4次会议修改，1997年1月1日施行。

[②] 本条规定由1996年3月17日第8届全国人民代表大会第4次会议修改，1997年1月1日施行。原规定为："任何单位和个人，有义务按照人民检察院和公安机关的要求，交出可以证明被告人有罪或者无罪的物证、书证。"

和公安机关的要求,交出可以证明犯罪嫌疑人有罪或者无罪的物证、书证、视听资料等证据①。

第138条 【搜查示证】进行搜查,必须向被搜查人出示搜查证。

在执行逮捕、拘留的时候,遇有紧急情况,不另用搜查证也可以进行搜查。

第139条 【搜查见证人】在搜查的时候,应当有被搜查人或者他的家属、邻居或者其他见证人在场。

【搜查妇女】搜查妇女的身体,应当由女工作人员进行。

第140条 【搜查笔录】搜查的情况应当写成笔录,由侦查人员和被搜查人或者他的家属、邻居或者其他见证人签名或者盖章。如果被搜查人或者他的家属在逃或者拒绝签名、盖章,应当在笔录上注明。

◆ **相关规定**　【主席令〔1996〕61号】　中华人民共和国戒严法(1996年3月1日第8届全国人大常委会第18次会议通过,主席令第61号公布施行)

第21条(第1款)　执行戒严任务的人民警察、人民武装警察和人民解放军是戒严执勤人员。

第23条　戒严执勤人员依照戒严实施机关的规定,有权对违反宵禁规定的人予以扣留,直至清晨宵禁结束;并有权对被扣留者的人身进行搜查,对其携带的物品进行检查。

第25条　戒严执勤人员依照戒严实施机关的规定,有权对被拘留的人员的人身进行搜查,有权对犯罪嫌疑分子的住所和涉嫌藏匿犯罪分子、犯罪嫌疑分子或者武器、弹药等危险物品的场所进行搜查。

【高检发政字〔2015〕号】　人民检察院司法警察执行职务规则(2015年6月1日最高检第12届检委会第36次会议通过,2015年6月12日印发)

第15条　人民检察院司法警察执行参与搜查任务,应当做到:

(一)参与搜查前,了解被搜查对象的基本情况、搜查现场及周围环境,确定搜查的范围和重点,明确分工和责任;

(二)侦查人员对犯罪嫌疑人、被告人的人身、住所、工作地点和其他有关地方进行搜查时,应当做好安全保障和警戒工作;

(三)对被搜查人及其家属进行严密监控,防止其隐匿、毁弃、转移犯罪证据;对以暴力、威胁或者其他方法阻碍搜查的,应当予以制止或者将其带离现场;

(四)对女性犯罪嫌疑人、被告人进行人身搜查时,应当由女性司法警察执行;

(五)协助侦查人员执行扣押、查封任务时,应当做好现场警戒,保护侦查人员安全,防止意外事件发生。

【主席令〔2018〕3号】　中华人民共和国监察法(2018年3月20日第13届全国人大第1次会议通过,同日公布施行)

第24条　监察机关可以对涉嫌职务犯罪的被调查人以及可能隐藏被调查人或者犯罪证

---

① 本部分内容由2012年3月14日第11届全国人大常委会第5次会议增加,2013年1月1日施行。

据的人的身体、物品、住处和其他有关地方进行搜查。在搜查时，应当出示搜查证，并有被搜查人或者其家属等见证人在场。

搜查女性身体，应当由女性工作人员进行。

监察机关进行搜查时，可以根据工作需要提请公安机关配合。公安机关应当依法予以协助。

第41条　调查人员采取讯问、询问、留置、搜查、调取、查封、扣押、勘验检查等调查措施，均应当依照规定出示证件，出具书面通知，由2人以上进行，形成笔录、报告等书面材料，并由相关人员签名、盖章。

调查人员进行讯问以及搜查、查封、扣押等重要取证工作，应当对全过程进行录音录像，留存备查。

【国监委公告〔2021〕1号】　　监察法实施条例（2021年7月20日国家监委全体会议决定，2021年9月20日公布施行）

第56条（第1款）　开展讯问、搜查、查封、扣押以及重要的谈话、询问等调查取证工作，应当全程同步录音录像，并保持录音录像资料的完整性。录音录像资料应当妥善保管、及时归档，留存备查。

第112条　监察机关调查职务犯罪案件，为了收集犯罪证据、查获被调查人，按规定报批后，可以依法对被调查人以及可能隐藏被调查人或者犯罪证据的人的身体、物品、住处、工作地点和其他有关地方进行搜查。

第113条　搜查应当在调查人员主持下进行，调查人员不得少于2人。搜查女性的身体，由女性工作人员进行。

搜查时，应当有被搜查人或者其家属、其所在单位工作人员或者其他见证人在场。监察人员不得作为见证人。调查人员应当向被搜查人或者其家属、见证人出示《搜查证》，要求其签名。被搜查人或者其家属不在场，或者拒绝签名的，调查人员应当在文书上记明。

第114条　搜查时，应当要求在场人员予以配合，不得进行阻碍。对以暴力、威胁等方法阻碍搜查的，应当依法制止。对阻碍搜查构成违法犯罪的，依法追究法律责任。

第115条　县级以上监察机关需要提请公安机关依法协助采取搜查措施的，应当按规定报批，请同级公安机关予以协助。提请协助时，应当出具《提请协助采取搜查措施函》，列明提请协助的具体事项和建议，搜查时间、地点、目的等内容，附《搜查证》复印件。

需要提请异地公安机关协助采取搜查措施的，应当按规定报批，向协作地同级监察机关出具协作函件和相关文书，由协作地监察机关提请当地公安机关予以协助。

第116条　对搜查取证工作，应当全程同步录音录像。

对搜查情况应当制作《搜查笔录》，由调查人员和被搜查人或者其家属、见证人签名。被搜查人或者其家属不在场，或者拒绝签名的，调查人员应当在笔录中记明。

对于查获的重要物证、书证、视听资料、电子数据及其放置、存储位置应当拍照，并在《搜查笔录》中作出文字说明。

第117条　搜查时，应当避免未成年人或者其他不适宜在搜查现场的人在场。

搜查人员应当服从指挥、文明执法，不得擅自变更搜查对象和扩大搜查范围。搜查的具体时间、方法，在实施前应当严格保密。

第118条　在搜查过程中查封、扣押财物和文件的，按照查封、扣押的有关规定办理。

【高检发释字〔2019〕4号】　人民检察院刑事诉讼规则（2019年12月2日最高检第13届检委会第28次会议通过，2019年12月30日公布施行；高检发释字〔2012〕2号《规则（试行）》同时废止）

第202条　人民检察院有权要求有关单位和个人，交出能够证明犯罪嫌疑人有罪或者无罪以及犯罪情节轻重的证据。

第203条　为了收集犯罪证据，查获犯罪人，经检察长批准，检察人员可以对犯罪嫌疑人以及可能隐藏罪犯或者犯罪证据的人的身体、物品、住处、工作地点和其他有关的地方进行搜查。

第204条　搜查应当在检察人员的主持下进行，可以有司法警察参加。必要时，可以指派检察技术人员参加或者邀请当地公安机关、有关单位协助进行。

执行搜查的人员不得少于2人。

第205条　搜查时，应当向被搜查人或者他的家属出示搜查证。

在执行逮捕、拘留的时候，遇有下列紧急情况之一，不另用搜查证也可以进行搜查：（一）可能随身携带凶器的；（二）可能隐藏爆炸、剧毒等危险物品的；（三）可能隐匿、毁弃、转移犯罪证据的；（四）可能隐匿其他犯罪嫌疑人的；（五）其他紧急情况。

搜查结束后，搜查人员应当在24小时以内向检察长报告，及时补办有关手续。

第206条（第1款）　搜查时，……对被搜查人或者其家属说明阻碍搜查、妨碍公务应负的法律责任。

第207条　搜查时，如果遇到阻碍，可以强制进行搜查。对以暴力、威胁方法阻碍搜查的，应当予以制止，或者由司法警察将其带离现场。阻碍搜查构成犯罪的，应当依法追究刑事责任。

【公安部令〔2020〕159号】　公安机关办理刑事案件程序规定（2020年7月4日第3次部务会议修订，2020年7月20日公布，2020年9月1日施行）

第222条　为了收集犯罪证据、查获犯罪人，经县级以上公安机关负责人批准，侦查人员可以对犯罪嫌疑人以及可能隐藏罪犯或者犯罪证据的人的身体、物品、住处和其他有关的地方进行搜查。

第223条　进行搜查，必须向被搜查人出示搜查证，执行搜查的侦查人员不得少于2人。

第224条　执行拘留、逮捕的时候，遇有下列紧急情况之一的，不用搜查证也可以进行搜查：（一）可能随身携带凶器的；（二）可能隐藏爆炸、剧毒等危险物品的；（三）可能隐匿、毁弃、转移犯罪证据的；（四）可能隐匿其他犯罪嫌疑人的；（五）其他突然发生的紧急情况。

第225条（第2款）　……遇到阻碍搜查的，侦查人员可以强制搜查。

第226条（第2款）　如果被搜查人拒绝签名，或者被搜查人在逃，他的家属拒绝签名或者不在场的，侦查人员应当在笔录中注明。

【海警局令〔2023〕1号】　海警机构办理刑事案件程序规定（2023年5月15日审议通过，2023年6月15日起施行）（余文见本书第308条）

第188条　海警机构开展勘验、检查、搜查、辨认、查封、扣押等侦查活动，应当邀请有关公民作为见证人。

下列人员不得担任见证人：（一）生理上、精神上有缺陷或者年幼，不具有相应辨别能力或者不能正确表达的人；（二）与案件有利害关系，可能影响案件公正处理的人；（三）海警机构的工作人员或者其聘用的人员。

确因客观原因无法由符合条件的人员担任见证人的，应当对有关侦查活动进行全程录音录像，并在笔录中注明有关情况。

第216条　为了收集犯罪证据、查获犯罪人，经海警机构负责人批准，侦查人员可以对犯罪嫌疑人以及可能隐藏罪犯或者犯罪证据的人的身体、物品、住处和其他有关的地方进行搜查。

第217条　进行搜查，必须向被搜查人出示搜查证。

执行搜查的侦查人员不得少于2人。

第218条　执行拘留、逮捕时，遇有下列紧急情况之一的，不用搜查证也可以进行搜查：（一）可能随身携带凶器的；（二）可能隐藏爆炸、剧毒等危险物品的；（三）可能隐匿、毁弃、转移犯罪证据的；（四）可能隐匿其他犯罪嫌疑人的；（五）其他突然发生的紧急情况。

第219条　搜查应当全面、细致、及时，并且指派专人严密注视搜查现场动向，控制搜查现场。

搜查时，应当有被搜查人或者他的家属、邻居或者其他见证人在场。

海警机构可以要求有关单位和个人交出可以证明犯罪嫌疑人有罪或者无罪的物证、书证、视听资料、电子数据等证据。遇到阻碍搜查的，侦查人员可以强制搜查，并记录在案。

搜查妇女的身体，应当由女工作人员进行。

第220条　搜查的情况应当制作笔录，由侦查人员和被搜查人或者他的家属，邻居或者其他见证人签名。被搜查人拒绝签名，或者被搜查人在逃，他的家属拒绝签名或者不在场的，侦查人员应当在笔录中注明。

对于搜查中查获的重要书证、物证、视听资料、电子数据及其放置、存储地点，应当录像或者拍照，并在笔录中注明。

第341条　本规定所称"海警机构负责人"是指海警机构的正职领导。……

【主席令〔2023〕4号】　中华人民共和国反间谍法（2014年11月1日全国人大常委会［12届11次］通过，主席令第16号公布施行，主席令〔1993〕68号《国家安全法》同时废止；2023年4月26日全国人大常委会［14届2次］修订，2023年7月1日起施行）

第28条　国家安全机关调查间谍行为，经设区的市级以上国家安全机关负责人批准，可以依法对涉嫌间谍行为的人身、物品、场所进行检查。

检查女性身体的，应当由女性工作人员进行。

【国安部令〔2024〕4号】　国家安全机关办理刑事案件程序规定（2024年4月26日公布，2024年7月1日起施行）

第214条　国家安全机关开展勘验、检查、搜查、辨认、查封、扣押等侦查活动，应当邀请有关公民作为见证人。

下列人员不得担任侦查活动的见证人：（一）生理上、精神上有缺陷或者年幼，不具有相应辨别能力或者不能正确表达的人；（二）与案件有利害关系，可能影响案件公正处理的人；（三）国家安全机关的工作人员或者其聘用的人员。

确因客观原因无法由符合条件的人员担任见证人的，应当对有关侦查活动进行全程录音录像，并在笔录中注明有关情况。

第244条　为了收集犯罪证据、查获犯罪人，经国家安全机关负责人批准，侦查人员可以对犯罪嫌疑人以及可能隐藏罪犯或者犯罪证据的人的身体、物品、住处、工作地点和其他有关的地方进行搜查。

第245条　进行搜查时，应当向被搜查人出示搜查证。执行搜查的人员不得少于2人。搜查妇女的身体，应当由女工作人员进行。

第246条　执行拘留、逮捕的时候，遇有下列紧急情况之一的，不用搜查证也可以进行搜查：（一）可能随身携带凶器的；（二）可能隐藏爆炸、剧毒等危险物品的；（三）可能隐匿、毁弃、转移犯罪证据的；（四）可能隐匿其他犯罪嫌疑人的；（五）其他突然发生的紧急情况。

搜查结束后，应当及时补办有关批准手续。

第247条　在搜查的时候，应当有被搜查人或者他的家属，邻居或者其他见证人在场。

国家安全机关可以要求有关单位和个人交出可以证明犯罪嫌疑人有罪或者无罪的物证、书证、视听资料等证据。遇到阻碍搜查的，侦查人员可以决定强制搜查，并记录在案。

第248条　搜查的情况应当制作笔录，由侦查人员和被搜查人或者他的家属，邻居或者其他见证人签名。

被搜查人拒绝签名，或者被搜查人在逃，其家属拒绝签名或者不在场的，侦查人员应当注明。

第六节　查封、扣押物证、书证

第141条①　【查封、扣押对象】在侦查活动中发现的可用以证明犯罪嫌疑人有罪或者无罪的各种财物、文件，应当查封、扣押；与案件无关的财物、文件，不得查封、扣押。

【查封、扣押后的管理】对查封、扣押的财物、文件，要妥善保管或者封存，不得使用、调换或者损毁。

第142条②　【查封、扣押清单】对查封、扣押的财物、文件，应当会同在场见证人和被查封、扣押财物、文件持有人查点清楚，当场开列清单一式2份，由侦查人员、见证人和持有人签名或者盖章，1份交给持有人，另1份附卷备查。

第143条　【扣押邮件、电报】侦查人员认为需要扣押犯罪嫌疑人③的邮件、电报的时候，经公安机关或者人民检察院批准，即可通知邮电机关将有关的邮件、电报检交扣押。

不需要继续扣押的时候，应即通知邮电机关。

---

①　本条规定由2012年3月14日第11届全国人大常委会第5次会议修改，2013年1月1日施行。原规定为："在勘验、搜查中发现的可用以证明犯罪嫌疑人有罪或者无罪的各种物品和文件，应当扣押；与案件无关的物品、文件，不得扣押。""对于扣押的物品、文件，要妥善保管或者封存，不得使用或者损毁。"

②　本条规定由2012年3月14日第11届全国人大常委会第5次会议修改，2013年1月1日施行。原规定为："对于扣押的物品和文件，应当会同在场见证人和被扣押物品持有人查点清楚，当场开列清单一式2份，由侦查人员、见证人和持有人签名或者盖章，1份交给持有人，另1份附卷备查。"

③　本部分内容原为"被告人"，由1996年3月17日第8届全国人民代表大会第4次会议修改，1997年1月1日施行。

第 144 条① 【查询、冻结财产】人民检察院、公安机关根据侦查犯罪的需要，可以依照规定查询、冻结犯罪嫌疑人的存款、汇款、<u>债券、股票、基金份额</u>等财产。有关单位和个人应当配合。

犯罪嫌疑人的存款、汇款、<u>债券、股票、基金份额</u>等财产已被冻结的，不得重复冻结。

第 145 条② 【查封、扣押、冻结的解除】对查封、扣押的财物、文件、邮件、电报或者冻结的存款、汇款、债券、股票、基金份额等财产，经查明确实与案件无关的，应当在 3 日以内解除查封、扣押、冻结，予以退还。

（插）**第 245 条**③ 【涉案财物处理】公安机关、人民检察院和人民法院对查封、扣押、冻结的犯罪嫌疑人、被告人的财物及其孳息，应当妥善保管，以供核查，并制作清单，随案移送。任何单位和个人不得挪用或者自行处理。对被害人的合法财产，应当及时返还。对违禁品或者不宜长期保存的物品，应当依照国家有关规定处理。

【实物证据处理】对作为证据使用的实物应当随案移送，对不宜移送的，应当将其清单、照片或者其他证明文件随案移送。

【判决处理涉案财物】人民法院作出的判决，应当对查封、扣押、冻结的财物及其孳息作出处理。

人民法院作出的判决生效以后，有关机关应当根据判决对查封、扣押、冻结的财物及其孳息进行处理。对查封、扣押、冻结的赃款赃物及其孳息，除依法返还被害人的以外，一律上缴国库。

【违法处理涉案财物】司法工作人员贪污、挪用或者私自处理查封、扣押、冻结的财物及其孳息的，依法追究刑事责任；不构成犯罪的，给予处分。

---

① 本条规定由 1996 年 3 月 17 日第 8 届全国人民代表大会第 4 次会议增设，1997 年 1 月 1 日施行；下划线部分由 2012 年 3 月 14 日第 11 届全国人大常委会第 5 次会议增加，2013 年 1 月 1 日施行。

② 本条规定先后 2 次修改。原规定（1980 年 1 月 1 日施行）为："对于扣押的物品、文件、邮件、电报，经查明确实与案件无关的，应当迅速退还原主或者原邮电机关。"1996 年 3 月 17 日第 8 届全国人民代表大会第 4 次会议修改为（1997 年 1 月 1 日施行）："对于扣押的物品、文件、邮件、电报或者冻结的存款、汇款，经查明确实与案件无关的，应当在 3 日以内解除扣押、冻结，退还原主或者原邮电机关。"2012 年 3 月 14 日第 11 届全国人大常委会第 5 次会议修改为现规定，2013 年 1 月 1 日施行。

③ 本条规定由 1996 年 3 月 17 日第 8 届全国人民代表大会第 4 次会议增设，1997 年 1 月 1 日施行。原规定为："公安机关、人民检察院和人民法院对于扣押、冻结犯罪嫌疑人、被告人的财物及其孳息，应当妥善保管，以供核查。任何单位和个人不得挪用或者自行处理。对被害人的合法财产，应当及时返还。对违禁品或者不宜长期保存的物品，应当依照国家有关规定处理。""对作为证据使用的实物应当随案移送，对不宜移送的，应当将其清单、照片或者其他证明文件随案移送。""人民法院作出的判决生效以后，对扣押、冻结的赃款赃物及其孳息，除依法返还被害人的以外，一律没收，上缴国库。""司法工作人员贪污、挪用或者私自处理被扣押、冻结的赃款赃物及其孳息的，依法追究刑事责任；不构成犯罪的，给予处分。"2012 年 3 月 14 日第 11 届全国人大常委会第 5 次会议修改为现规定，2013 年 1 月 1 日施行。

● 相关规定　【银储字〔1980〕18号】　中国人民银行、最高人民法院、最高人民检察院、公安部、司法部关于查询、停止支付和没收个人在银行的存款以及存款人死亡后的存款过户或支付手续的联合通知（1980年11月22日）

一、关于查询、停止支付和没收个人存款

（一）人民法院、人民检察院和公安机关因侦查、起诉、审理案件，需要向银行查询与案件直接有关的个人存款时，必须向银行提出县级和县级以上法院、检察院或公安机关正式查询公函，并提供存款人的有关线索，如存款人的姓名、存款日期、金额等情况；经银行县、市支行或市分行区办一级核对，指定所属储蓄所提供资料。查询单位不能径自到储蓄所查阅账册；对银行提供的存款情况，应保守秘密。

（二）人民法院、人民检察院和公安机关在侦查、审理案件中，发现当事人存款与案件直接有关，要求停止支付存款时，必须向银行提出县级或县级以上人民法院、人民检察院或公安机关的正式通知，经银行县、市支行或市分行区办一级核对后，通知所属储蓄所办理暂停支付手续。

停止支付的期限最长不超过6个月。逾期自动撤销。有特殊原因需要延长的，应重新办理停止支付手续。

如存款户在停止支付期间因生活必需而须要提取用款时，银行应及时主动与要求停止支付的单位联系，并根据实际情况，具体处理。

（三）人民法院判决没收罪犯储蓄存款时，银行依据人民法院判决书办理。人民法院判处民事案件中有关储蓄存款的处理，执行时应由当事人交出存款单（折），银行、储蓄所凭存款单（折）办理；如当事人拒不交出存款单（折），须强制执行时，由人民法院通知人民银行，人民银行凭判决书或裁定书，由县、市支行或市分行区办一级核对后办理，当事人的原存款单（折）作废，将判决书或裁定书收入档案保存。

（四）查询、暂停支付华侨储蓄存款时，公安机关由地（市）以上的公安厅（局）、处依照上述规定手续办理；人民法院、人民检察院由对案件有法定管辖权的法院、检察院依照上述规定手续办理。

【银发〔1983〕203号】　中国人民银行、最高人民法院、最高人民检察院、公安部、司法部关于没收储蓄存款缴库和公证处查询存款问题几点补充规定（1983年7月4日）

一、人民检察院决定免予起诉、撤销案件或者不起诉的案件，被告人交出或者被人民检察院、公安机关查获的被告人的储蓄存款单（折），经查明确系被告人非法所得的赃款，人民检察院作出没收的决定之后，银行依据人民检察院的《免予起诉决定书》（附没收清单）或者由检察长签署的《没收通知书》和存款单（折），办理提款或者缴库手续。

二、对于收到以匿名或化名的方式交出的储蓄存款单（折），凡由人民检察院、公安机关受理的，经认真调查仍无法寻交人的，在收到该项存款单（折）半年以后，并经与银行核对确有该项存款的，根据县以上（含县）人民检察院检察长或者公安局局长签署的决定办理缴库手续。如属于其他单位接受的，由接受单位备函开具清单送交县以上人民检察院或公安机关办理缴库手续。

三、没收缴库的储蓄存款，银行采取转账方式支付，并均不计付利息。

四、没收的储蓄存款缴库后，如查出不该没收的，由原经办单位负责办理退库手续，并将款项退还当事人。上缴国库后一段时间应付储户的利息由财政上负担。

【法（复）〔1989〕号】 最高人民法院经济审判庭关于云南省玉溪汽车总站运销服务部收到的云南邮电劳动服务公司正大服务部退还的联营投资款应否作为赃款返还原主问题的电话答复（1989年3月29日答复云南高院"法经字〔1988〕18号"请示）

关于云南省玉溪汽车总站运销服务部（以下简称运销服务部）收到的云南邮电劳动服务公司正大服务部（以下简称正大服务部）退还的96000元联营投资款，应否作为赃款返还原主的问题，经研究认为：诈骗犯卢鼎虽是正大服务部的经理，但正大服务部退还运销服务部96000元联营投资款，则是根据双方的还款协议。依据该协议退款，是正大服务部正常的经营活动，并非卢的个人行为，与卢诈骗云南省景洪县民族家具厂300000元货款的犯罪行为是两回事。因此，同意你院意见，即正大服务部退还运销服务部的96000元联营投资款，不应作为赃款处理。

【法〔1996〕83号】 最高人民法院、最高人民检察院、公安部关于对冻结、扣划企业事业单位、机关团体在银行、非银行金融机构存款的执法活动加强监督的通知（1996年8月13日）

一、最高人民法院、最高人民检察院、公安部发现地方各级人民法院、人民检察院、公安机关冻结、解冻、扣划有关单位在银行、非银行金融机构存款有错误时，上级人民法院、人民检察院、公安机关发现下级人民法院、人民检察院、公安机关冻结、解冻、扣划有关单位在银行、非银行金融机构存款有错误时，可以依照法定程序作出决定或者裁定，送达本系统地方各级或下级有关法院、检察院、公安机关限期纠正。有关法院、检察院、公安机关应当立即执行。

二、有关法院、检察院、公安机关认为上级机关的决定或者裁定有错误的，可在收到该决定或者裁定之日起5日以内向作出决定或裁定的人民法院、人民检察院、公安机关请求复议。最高人民法院、最高人民检察院、公安部或上级人民法院、人民检察院、公安机关经审查，认为请求复议的理由不能成立，依法有权直接向有关银行发出法律文书，纠正各自的下级机关所作的错误决定，并通知原作出决定的机关；有关银行、非银行金融机构接到此项法律文书后，应当立即办理，不得延误，不必征得原作出决定机关的同意。

【银条法〔1997〕4号】 中国人民银行条法司关于对军队保卫部门查询、冻结有关储蓄存款问题的答复（1997年1月13日答复解放军总政治部保卫部"〔1997〕政保函字第1号"文）

一、根据《中华人民共和国刑事诉讼法》第225条及其他有关条款的规定，军队保卫部门只能对军队内部发生的刑事案件行使侦查权；在行使侦查权时，可以对犯罪嫌疑人的存款进行查询、冻结，但不能扣划。

二、商业银行应当依法协助军队保卫部门查询、冻结有关军队内部犯罪嫌疑人的储蓄存款，具体处理手续可参照中国人民银行《关于军队查询、停止支付个人储蓄存款处理手续的函》—[81]银储业字第10号文的有关规定执行。

【公发〔1997〕6号】 最高人民法院、最高人民检察院、公安部关于办理非法生产光盘案件有关问题的通知（1997年3月28日）

1996年以来，公安机关在打击侵犯知识产权违法犯罪活动的斗争中，陆续侦破了一批非法生产光盘案件，查获一批光盘生产线设备。鉴于光盘生产线设备价格昂贵，长期封存容易造成损坏，根据《中华人民共和国刑事诉讼法》第198条①的规定，现就办案中处理光盘生产线设备的有关问题通知如下：

一、公安机关对查获的非法生产光盘案件，经侦查初步认定构成犯罪的，应当对查获的光盘生产线设备作为犯罪工具依法追缴。追缴后，应采取拍照、录像等方式做好物证的保全、固定工作，再变卖给有关部门指定的单位，变卖的价款及其孳息可暂存入银行。制作的原物照片、录像、物品清单、处理凭证以及其他证明文件，作为证据随案移送。

二、对查获的非法生产光盘案件，经侦查认定构不成犯罪的，其光盘生产线设备应当移交有关行政部门依法处理。

三、对主要犯罪嫌疑人未抓获，案情尚未全部查清的案件，其随案查获的光盘生产线设备，由公安机关按照本通知第1条规定做好证据保全、固定及设备的变卖工作。待案件查清后，对构成犯罪的，按照本通知第1条办理；对构不成犯罪的，按照本通知第2条办理。

四、变卖、罚没光盘生产线设备的收入，一律上缴国库。

【署法〔1998〕202号】　海关总署关于贯彻执行《关于刑事诉讼法实施中若干问题的规定》的通知（1998年4月15日）

三、关于走私货物、物品及违法所得的处理

（一）根据刑事诉讼法第198条和《规定》第48条关于赃款赃物处理程序规定的精神以及《海关法》第52条有关规定，海关在向公安机关移送走私罪嫌疑案件时，只随案移送有关走私货物、物品以及属于走私犯罪分子所有的走私运输工具的清单、照片或其他可起证据作用的证明文件；对查扣的走私罪嫌疑人违法所得，包括根据《海关法行政处罚实施细则》的有关规定，对确属来源于走私行为非法取得的存款、汇款，已通知银行或者邮局暂停支付的，只随案移送有关证明文件。

（二）海关对查扣的依法不移送的走私货物、物品、违法所得和走私运输工具，应当在人民法院判决生效后，依照国务院和海关总署的有关规定处理。对不宜长期保存的物品需要提前处理的，海关应当按照规定报请海关总署批准并且在处理前通知司法机关和货物、物品的所有人。提前处理走私货物、物品应注意留样以备核查；不便留样的可在处理前提请司法机关或有关检验机关对货物、物品作出鉴定。

【银条法〔2000〕31号】　中国人民银行关于海关、军队保卫、证券监管部门对个人及单位银行存款查、冻、扣问题的复函（2000年4月30日答复中国银行法律事务部"中银法律〔2000〕8号"请示）

一、根据《商业银行法》第29条、第30条及《海关法》第37条的规定，海关在必要时可以要求银行协助在纳税义务人或者担保人的存款中扣缴税款，但没有规定海关可以对存款采取查询、冻结措施，因此，海关对纳税义务人或者担保人的存款没有查询、冻结权。

二、根据《商业银行法》第29条和第30条、《刑事诉讼法》第117条和第225条、八

---

①　注：该条规定的内容对应现《刑事诉讼法》第245条。

届全国人大常委会《关于军队保卫部门行使刑事侦查权的决定》的规定,军队保卫部门根据侦查犯罪的需要,可以依照规定查询、冻结犯罪嫌疑人的存款,但无权扣划。

三、《证券法》第168条规定:"国务院证券监督管理机构依法履行职责,有权采取下列措施:(四)查询当事人和与被调查事件有关的单位和个人的资金帐户、证券帐户,对有证据证明有转移或者隐匿违法资金、证券迹象的,可以申请司法机关予以冻结。"本条规定是查询个人资金账户的法律依据。这里的"个人资金帐户"应仅指投资者在证券公司、信托投资公司证券营业部开立的交易保证金帐户,不包括在银行等存款机构开立的存款帐户。

【公复字〔2001〕17号】 公安部关于公安机关在办理刑事案件中可否查封冻结不动产或投资权益问题的批复(经征最高法、最高检,2001年10月22日答复广东省公安厅"粤公(请)字〔2001〕40号"请示)

根据《中华人民共和国刑事诉讼法》第114条和最高人民法院、最高人民检察院、公安部、司法部、国家安全部、全国人大常委会法制工作委员会《关于刑事诉讼法实施中若干问题的规定》①第48条的规定,公安机关在办理刑事案件中有权依法查封、冻结犯罪嫌疑人违法所得购买的不动产、获取的投资权益或股权。但由于投资权益或股权具有一定的风险性,对其采取冻结等侦查措施应严格依照法定的适用条件和程序,慎重使用。

【银发〔2002〕1号】 金融机构协助查询、冻结、扣划工作管理规定(中国人民银行2002年1月15日印发,2002年2月1日施行)

第2条 本规定所称"协助查询、冻结、扣划"是指金融机构依法协助有权机关查询、冻结、扣划单位或个人在金融机构存款的行为。

协助查询是指金融机构依照有关法律或行政法规的规定以及有权机关查询的要求,将单位或个人存款的金额、币种以及其它存款信息告知有权机关的行为。

协助冻结是指导金融机构依照法律的规定以及有权机关冻结的要求,在一定时期内禁止单位或个人提取其存款账户内的全部或部分存款的行为。

协助扣划是指金融机构依照法律的规定以及有权机关扣划的要求,将单位或个人存款账户内的全部或部分存款资金划拨到指定账户上的行为。

第3条 本规定所称金融机构是指依法经营存款业务的金融机构(含外资金融机构),包括政策性银行、商业银行、城市和农村信用合作社、财务公司、邮政储蓄机构等。

金融机构协助查询、冻结和扣划存款,应当在存款人开户的营业分支机构具体办理。

第4条 本规定所有权机关是指依照法律、行政法规的明确规定,有权查询、冻结、扣划单位或个人在金融机构存款的司法机关、行政机关、军事机关及行使行政职能的事业单位(详见附表)。

第5条 协助查询、冻结和扣划工作应当遵循依法合规、不损害客户合法权益的原则。

第8条 办理协助查询业务时,经办人员应当核实执法人员的工作证件,以及有权机关县团级以上(含,下同)机构签发的协助查询存款通知书。

第9条 办理协助冻结业务时,金融机构经办人员应当核实以下证件和法律文书:(一)有

---

① 注:该《规定》已经被2012年12月26日最高法、最高检、公安部、国家安全部、司法部、全国人大常委会法工委《关于实施刑事诉讼法若干问题的规定》(2013年1月1日施行)替代、废止。

权机关执法人员的工作证件;(二)有权机关县团级以上机构签发的协助冻结存款通知书,法律、行政法规规定应当由有权机关主要负责人签字的,应当由主要负责人签字;(三)人民法院出具的冻结存款裁定书、其它有权机关出具的冻结存款决定书。

第10条 办理协助扣划业务时,金融机构经办人员应当核实以下证件和法律文书:(一)有权机关执法人员的工作证件;(二)有权机关县团级以上机构签发的协助扣划存款通知书,法律、行政法规规定应当由有权机关主要负责人签字的,应当由主要负责人签字;(三)有关生效法律文书或行政机关的有关决定书。

第11条 金融机构在协助冻结、扣划单位或个人存款时,应当审查以下内容;(一)"协助冻结、扣划存款通知书"填写的需被冻结或扣划存款的单位或个人开户金融机构名称、户名和账号、大小写金额;(二)协助冻结或扣划存款通知书上的义务人应与所依据的法律文书上的义务人相同;(三)协助冻结或扣划存款通知书上的冻结或扣划金额应当是确定的。如发现缺少应附的法律文书,以及法律文书有关内容与"协助冻结、扣划存款通知书"的内容不符,应说明原因,退回"协助冻结、扣划存款通知书"或所附的法律文书。

有权机关对个人存款户不能提供账户的,金融机构应当要求有权机关提供该个人的居民身份证号码或其它足以确定该个人存款账户的情况。

第12条 金融机构应当按照内控制度的规定建立和完善协助查询、冻结和扣划工作的登记制度。

金融机构在协助有权机关办理查询、冻结和扣划手续时,应对下列情况进行登记:有权机关名称、执法人员姓名和证件号码,金融机构经办人员姓名,被查询、冻结、扣划单位或个人的名称或姓名,协助查询、冻结、扣划的时间和金额,相关法律文书名称及文号,协助结果等。

登记表应当在协助办理查询、冻结、扣划手续时填写,并由有权机关执法人员和金融机构经办人签字。

金融机构应当妥善保存登记表,并严格保守有关国家秘密。

金融机构协助查询、冻结、扣划存款,涉及内控制度中的核实、授权和审批工作时,应当严格按内控制度及时办理相关手续,不得拖延推诿。

第13条 金融机构对有权机关办理查询、冻结和扣划手续完备的,应当认真协助办理。在接到协助冻结、扣划存款通知书后,不得再扣划应当协助执行的款项用于收贷收息,不得向被查询、冻结、扣划单位或个人通风报信,帮助隐匿或转移存款。

金融机构在协助有权机关办理完毕查询存款手续后,有权机关要求予以保密的,金融机构应当保守秘密。金融机构在协助有权机关办理完毕冻结、扣划存款手续后,根据业务需要可以通知存款单位或个人。

第14条 金融机构协助有权机关查询的资料应限于存款资料,包括被查询单位或个人开户、存款情况以及与存款有关的会计凭证、账簿、对账单等资料。对上述资料,金融机构应当如实提供,有权机关根据需要可以抄录、复制、照相,但不得带走原件。

金融机构协助复制存款资料等支付了成本费用的,可以按相关规定收取工本费。

第15条 有权机关在查询单位存款情况时,只提供被查询单位名称而未提供账号的,金融机构应当根据账户管理档案积极协助查询,没有所查询的账户的,应如实告知有权机关。

第 16 条　冻结单位或个人存款的期限最长为 6 个月，期满后可以续冻。有权机关应在冻结期满前办理续冻手续，逾期未办理续冻手续的，视为自动解除冻结措施。

第 17 条　有权机关要求对已被冻结的存款再行冻结的，金融机构不予办理并应当说明情况。

第 18 条　在冻结期限内，只有在原作出冻结决定的有权机关作出解冻决定并出具解除冻结存款通知书的情况下，金融机构才能对已经冻结的存款予以解冻。被冻结存款的单位或个人对冻结提出异议的，金融机构应告知其与作出冻结决定的有权机关联系，在存款冻结限内金融机构不得自行解冻。

第 19 条　有权机关在冻结、解冻工作中发生错误，其上级机关直接作出变更决定或裁定的，金融机构接到变更决定书或裁定书后，应当予以办理。

第 20 条　金融机构协助扣划时，应当将扣划的存款直接划入有权机关指定的账户。有权机关要求提取现金的，金融机构不予协助。

第 21 条　查询、冻结、扣划存款通知书与解除冻结、扣划存款通知书均应由有权机关执法人员依法送达，金融机构不接受有权机关执法人员以外的人员代为送达的上述通知书。

第 22 条　2 个以上有权机关对同一单位或个人的同一笔存款采取冻结或扣划措施时，金融机构应当协助最先送达协助冻结、扣划存款通知书的有权机关办理冻结、扣划手续。

2 个以上有权机关对金融机构协助冻结、扣划的具体措施有争议的，金融机构应当按照有关争议机关协商后的意见办理。

附表：有权查询、冻结、扣划单位、个人存款的执法机关一览表

单位名称	查询 单位	查询 个人	冻结 单位	冻结 个人	扣划 单位	扣划 个人
人民法院	有权	有权	有权	有权	有权	有权
税务机关	有权	有权	有权	有权	有权	有权
海关	有权	有权	有权	有权	有权	有权
人民检察院	有权	有权	有权	有权	无权	无权
公安机关	有权	有权	有权	有权	无权	无权
国家安全机关	有权	有权	有权	有权	无权	无权
军队保卫部门	有权	有权	有权	有权	无权	无权
监狱	有权	有权	有权	有权	无权	无权
走私犯罪侦查机关	有权	有权	有权	有权	无权	无权
监察机关（包括军队监察机关）	有权	有权	无权	无权	无权	无权
审计机关	有权	有权	无权	无权	无权	无权

续表

单位名称	查询		冻结		扣划	
	单位	个人	单位	个人	单位	个人
工商行政管理机关	有权	无权	暂停结算	暂停结算	无权	无权
证券监管管理机关	有权	无权	无权	无权	无权	无权

注：本表所列机关是《金融机构查询、冻结、扣划工作管理规定》发布之日前有关法律、行政法规明确规定具有查询、冻结或者扣划存款权力的机关。规定发布实施之后，法律、行政法规有新规定的，从其规定。

【法发〔2008〕4号】 最高人民法院、最高人民检察院、公安部、中国证监会关于查询、冻结、扣划证券和证券交易结算资金有关问题的通知（2008年1月10日印发，2008年3月1日施行）

二、人民法院要求证券登记结算机构或者证券公司协助查询、冻结、扣划证券和证券交易结算资金，人民检察院、公安机关要求证券登记结算机构或者证券公司协助查询、冻结证券和证券交易结算资金时，有关执法人员应当依法出具相关证件和有效法律文书。

执法人员证件齐全、手续完备的，证券登记结算机构或者证券公司应当签收有关法律文书并协助办理有关事项。

拒绝签收人民法院生效法律文书的，可以留置送达。

三、人民法院、人民检察院、公安机关可以依法向证券登记结算机构查询客户和证券公司的证券账户、证券交收账户和资金交收账户内已完成清算交收程序的余额、余额变动、开户资料等内容。

人民法院、人民检察院、公安机关可依法向证券公司查询客户的证券账户和资金账户、证券交收账户和资金交收账户内的余额、余额变动、证券及资金流向、开户资料等内容。

查询自然人账户的，应当提供自然人姓名和身份证件号码；查询法人账户的，应当提供法人名称和营业执照或者法人注册登记证书号码。

证券登记结算机构或者证券公司应当出具书面查询结果并加盖业务专用章。查询机关对查询结果有疑问时，证券登记结算机构、证券公司在必要时应当进行书面解释并加盖业务专用章。

四、人民法院、人民检察院、公安机关按照法定权限冻结、扣划相关证券、资金时，应当明确冻结、扣划证券、资金所在的账户名称、账户号码、冻结期限，所冻结、扣划证券的名称、数量或者资金的数额。扣划时，还应当明确拟划入的账户名称、账号。

冻结证券和交易结算资金时，应当明确冻结的范围是否及于孳息。

本通知规定的以证券登记结算机构名义建立的各类专门清算交收账户不得整体冻结。

五、证券登记结算机构依法按照业务规则收取并存放于专门清算交收账户内的下列证券，不得冻结、扣划：

（一）证券登记结算机构设立的证券集中交收账户、专用清偿账户、专用处置帐户内的证券。

（二）证券公司按照业务规则在证券登记结算机构开设的客户证券交收账户、自营证券交收账户和证券处置账户内的证券。

六、证券登记结算机构依法按照业务规则收取并存放于专门清算交收账户内的下列资金，不得冻结、扣划：

（一）证券登记结算机构设立的资金集中交收账户、专用清偿账户内的资金。

（二）证券登记结算机构依法收取的证券结算风险基金和结算互保金。

（三）证券登记结算机构在银行开设的结算备付金专用存款账户和新股发行验资专户内的资金，以及证券登记结算机构为新股发行网下申购配售对象开立的网下申购资金账户内的资金。

（四）证券公司在证券登记结算机构开设的客户资金交收账户内的资金。

（五）证券公司在证券登记结算机构开设的自营资金交收账户内最低限额自营结算备付金及根据成交结果确定的应付资金。

七、证券登记结算机构依法按照业务规则要求证券公司等结算参与人、投资者或者发行人提供的回购质押券、价差担保物、行权担保物、履约担保物，在交收完成之前，不得冻结、扣划。

八、证券公司在银行开立的自营资金账户内的资金可以冻结、扣划。

九、在证券公司托管的证券的冻结、扣划，既可以在托管的证券公司办理，也可以在证券登记结算机构办理。不同的执法机关同一交易日分别在证券公司、证券登记结算机构对同一笔证券办理冻结扣划手续的，证券公司协助办理的为在先冻结、扣划。

冻结、扣划未在证券公司或者其他托管机构托管的证券或者证券公司自营证券的，由证券登记结算机构协助办理。

十、证券登记结算机构受理冻结、扣划要求后，应当在受理日对应的交收日交收程序完成后根据交收结果协助冻结、扣划。

证券公司受理冻结、扣划要求后，应当立即停止证券交易，冻结时已经下单但尚未撮合成功的应当采取撤单措施。冻结后，根据成交结果确定的用于交收的应付证券和应付资金可以进行正常交收。在交收程序完成后，对于剩余部分可以扣划。同时，证券公司应当根据成交结果计算出等额的应收资金或者应收证券交由执法机关冻结或者扣划。

十一、已被人民法院、人民检察院、公安机关冻结的证券或证券交易结算资金，其他人民法院、人民检察院、公安机关或者同一机关因不同案件可以进行轮候冻结。冻结解除的，登记在先的轮候冻结自动生效。

轮候冻结生效后，协助冻结的证券登记结算机构或者证券公司应当书面通知做出该轮候冻结的机关。

十二、冻结证券的期限不得超过2年，冻结交易结算资金的期限不得超过6个月。

需要延长冻结期限的，应当在冻结期限届满前办理续行冻结手续，每次续行冻结的期限不得超过前款规定的期限。

十三、不同的人民法院、人民检察院、公安机关对同一笔证券或者交易结算资金要求冻结、扣划或者轮候冻结时，证券登记结算机构或者证券公司应当按照送达协助冻结、扣划通知书的先后顺序办理协助事项。

十四、要求冻结、扣划的人民法院、人民检察院、公安机关之间，因冻结、扣划事项发生争议的，要求冻结、扣划的机关应当自行协商解决。协商不成的，由其共同上级机关决定；没有共同上级机关的，由其各自的上级机关协商解决。

在争议解决之前，协助冻结的证券登记结算机构或者证券公司应当按照争议机关所送达法律文书载明的最大标的范围对争议标的进行控制。

十五、依法应当予以协助而拒绝协助，或者向当事人通风报信，或者与当事人通谋转移、隐匿财产的，对有关的证券登记结算机构或者证券公司和直接责任人应当依法进行制裁。

【公复字〔2009〕3号】　公安部关于刑事案件现场勘验检查中正确适用提取和扣押措施的批复（2009年6月19日答广东省公安厅"粤公请字〔2008〕319号"请示）

一、对于刑事案件现场勘验、检查中发现的与犯罪有关的痕迹、物品和文件，以及《公安机关刑事案件现场勘验检查规则》第60条规定的物品，都应当提取，并填写《现场勘验检查笔录》中的《现场勘验检查提取痕迹物证登记表》。

二、对于刑事案件现场勘验、检查中提取的物品或者文件，属于下列情形之一的，应当扣押，并当场开具《扣押物品、文件清单》一式3份，其中1份装订在现场勘验、检查卷宗中。

（一）经过现场调查、检验甄别，认为该物品或者文件可用以证明犯罪嫌疑人有罪或者无罪的；

（二）现场难以确定有关物品或者文件可否用以证明犯罪嫌疑人有罪或者无罪，需要进一步甄别和采取控制保全措施的；

（三）法律、法规禁止持有的物品、文件。

【法释〔2011〕3号】　最高人民法院关于适用《中华人民共和国公司法》若干问题的规定（三）（2010年12月6日最高法审委会〔1504次〕通过，2011年1月27日公布，2011年2月16日起施行；根据法释〔2020〕18号《决定》新修，2021年1月1日起施行）

第7条（第2款）　以贪污、受贿、侵占、挪用等违法犯罪所得的货币出资后取得股权的，对违法犯罪行为予以追究、处罚时，应当采取拍卖或者变卖的方式处置其股权。

【公通字〔2011〕14号】　最高人民法院、最高人民检察院、公安部、国家安全部、工业和信息化部、中国人民银行、中国银行业监督管理委员会关于办理流动性团伙性跨区域性犯罪案件有关问题的意见（2011年5月1日施行）

第5条　办案地公安机关跨区域查询、调取银行账户、网站等信息，或者跨区域查询、冻结涉案银行存款、汇款，可以通过公安机关信息化应用系统传输加盖电子签章的办案协作函和相关法律文书及凭证，或者将办案协作函和相关法律文书及凭证电传至协作地县级以上公安机关。办理跨区域查询、调取电话信息的，由地市以上公安机关办理。

协作地公安机关接收后，经审查确认，在传来法律文书上加盖本地公安机关印章，到银行、电信等部门查询、调取相关证据或者查询、冻结银行存款、汇款，银行、电信等部门应当予以配合。

【公通字〔2012〕40号】　公安机关代为保管涉案人员随身财物若干规定（公安部2012年8月18日印发，2012年9月1日施行）

第2条　本规定所称涉案人员随身财物，是指违法犯罪嫌疑人到案时随身携带或者使用的与案件无关的财物。

第3条　公安机关对代为保管的涉案人员随身财物，应当严格依法规范管理。任何单位或者个人不得贪污、挪用、调换、损毁或者违反规定处理涉案人员随身财物。对于涉及国家秘密、商业秘密、个人隐私的涉案人员随身财物，应当按照规定采取保密措施。

第4条　涉案人员到案后，民警应当立即对其进行安全检查，对其随身携带的财物进行审查和甄别。经审查，与案件无关的，依照本规定处理；属于涉案财物的，依法予以扣押；确实无法查清的，由办案部门暂时代为保管，待查清后依法处理。

第5条　对涉案人员随身财物，除生活必需品且不影响执法安全的以外，应当告知涉案人员委托家属或者其他人员领回。具有下列情形之一的，可以由公安机关代为保管：（一）被拘留的犯罪嫌疑人涉嫌危害国家安全犯罪、恐怖活动犯罪，通知家属领回可能有碍侦查的；（二）无法通知涉案人员家属或者其他受委托人的；（三）涉案人员拒绝委托家属或者其他人员代领的；（四）受委托人拒绝代领或者未到公安机关领取的；（五）需要由公安机关代为保管的其他情形。

前款第（一）项规定中，有碍侦查的情形消失以后，应当及时通知涉案人员委托家属或者其他人员领回随身财物。

第6条　公安机关应当指定办案民警以外的人员担任随身财物管理人员，负责涉案人员随身财物的保管、移交、返还等工作；严禁由办案民警自行保管涉案人员随身财物。

第7条　公安机关应当建立涉案人员随身财物专门台账，对保管的涉案人员随身财物逐一编号登记，写明随身财物的名称、编号、数量、特征等，并载明案由、来源、涉案人员信息以及接收、领取时间等内容。具备条件的，可建立电子台账，进行实时、动态、信息化管理。

第8条　涉案人员委托家属或者其他人员领取本人随身财物的，应当出具书面委托意见。公安机关应当通知受委托人凭有效身份证件领取有关财物。受委托人领取财物时，应当在随身财物专门台账上签名。

第9条　公安机关应当在执法办案场所办案区设置专门用于存放涉案人员随身财物的存放柜，存放柜应当加有锁具。具备条件的，可以配置密码式存放柜或者指纹认证式存放柜。对存放柜应当进行24小时视频监控，除因工作需要外，任何人不得擅自开启。

第10条　对于代为保管的涉案人员随身财物，办案人员、随身财物管理人员应当会同涉案人员查点清楚，并在随身财物专门台账中登记，由办案人员、随身财物管理人员和涉案人员共同签名确认，将有关财物放入存放柜保管。对于已通知涉案人员家属或者其他人员领回的随身财物，在受委托人前来领取前，应当先将有关财物登记保管。采用带锁具存放柜的，钥匙由随身财物管理人员统一保管；采用密码式存放柜的，密码由涉案人员自行保管。

第11条　对于代为保管的贵重物品或者其他价值较高的随身财物，应当放入保存袋（箱）密封后，由办案人员、随身财物管理人员和涉案人员共同在密封袋（箱）上签名后，放入存放柜中保存。对于代为保管的车辆或者无法入柜存放的大件物品，应当粘贴封条予以封存。

第12条　对容易腐烂、变质及其他不宜长期保存的随身财物，涉案人员确实无法委托家属或者其他人员及时领回的，公安机关应当建议涉案人员委托变卖、拍卖。涉案人员书面委托公安机关变卖、拍卖的，可以在拍照或者录像后委托有关部门变卖、拍卖，变卖、拍卖委托书、相关票据凭证以及所得价款放入存放柜中保存或者交涉案人员委托的人员领回。涉案人员不同意委托的，应当责令其在随身财物专门台账上注明情况并签名。

第13条　涉案人员离开公安机关时，由随身财物管理人员在涉案人员在场的情况下，开启存放柜，或者由涉案人员凭密码或者本人指纹开启存放柜，共同对财物查点清楚，并分别在随身财物专门台账上签名后，交涉案人员领回。使用密码式存放柜或者指纹认证式存放柜的，遇有密码丢失或者指纹认证失败等特殊情况，无法开启存放柜时，由随身财物管理人员在涉案人员在场情况下开启存放柜，并在随身财物专门台账上注明情况，由随身财物管理人员和涉案人员共同签名。

第14条　涉案人员被移送其他机关、公安机关其他办案部门或者看守所、拘留所、强制隔离戒毒所、收容教育所①等公安机关管理的羁押场所以及司法行政机关管理的执行场所时，应当将财物一并移交有关部门或者场所。公安机关其他办案部门或者监管场所应当接收移交的涉案人员随身财物，并且办理移交和保管手续。

【工商法字〔2012〕227号】　国家工商总局、公安部、最高人民检察院关于加强工商行政执法与刑事司法衔接配合工作若干问题的意见（2012年12月18日）

三、关于涉案物品的处置

工商机关在查处违法行为过程中，必须妥善保存所收集的与违法行为有关的证据。对于公安机关决定立案的案件，工商机关应当自接到立案通知书之日起3日内将涉案物品以及与案件有关的其他材料移交公安机关，并办结交接手续。其中，对于工商机关已经作出没收决定的物品，公安机关可以采取提取样品、拍照录像等方式，在3个工作日内及时、全面提取、固定证据完毕，没收物品由工商机关依法处理。对于工商机关尚未作出没收决定，但已采取查封、扣押等行政强制措施的物品，公安、工商机关应当加强协作，确保在查封、扣押、冻结期限届满前办结交接手续。公安机关对容易腐烂变质及其他不易保管的物品，可以根据具体情况，在拍照或者录像后委托有关部门变卖、拍卖，所得价款暂予保存，待结案后一并处理；对于大宗的、不便搬运的物品，可采取提取样品、拍照录像等方式固定证据，原物不随卷保存，由公安机关按照国家有关规定分别移送主管部门处理或者销毁。

【六部委〔2012〕规定】　最高人民法院、最高人民检察院、公安部、国家安全部、司法部、全国人大常委会法制工作委员会关于实施刑事诉讼法若干问题的规定（2012年12月26日印发，2013年1月1日施行）

36. 对于依照刑法规定应当追缴的违法所得及其他涉案财产，除依法返还被害人的财物以及依法销毁的违禁品外，必须一律上缴国库。查封、扣押的涉案财产，依法不移送的，待人民法院作出生效判决、裁定后，由人民法院通知查封、扣押机关上缴国库，查封、扣押机关应当向人民法院送交执行回单；冻结在金融机构的违法所得及其他涉案财产，待人民法院作出生效判决、裁定后，由人民法院通知有关金融机构上缴国库，有关金融机构应当向人民法院送交执行回单。

对于被扣押、冻结的债券、股票、基金份额等财产，在扣押、冻结期间权利人申请出

---

① 2020年7月21日《公安部关于保留废止修改有关收容教育规范性文件的通知》（公法制〔2020〕818号）删除了本《规定》中有关收容教育的内容。

售，经扣押、冻结机关审查，不损害国家利益、被害人利益，不影响诉讼正常进行的，以及扣押、冻结的汇票、本票、支票的有效期即将届满的，可以在判决生效前依法出售或者变现，所得价款由扣押、冻结机关保管，并及时告知当事人或者其近亲属。

37. 刑事诉讼法第142条第1款中规定："人民检察院、公安机关根据侦查犯罪的需要，可以依照规定查询、冻结犯罪嫌疑人的存款、汇款、债券、股票、基金份额等财产。"根据上述规定，人民检察院、公安机关不能扣划存款、汇款、债券、股票、基金份额等财产。对于犯罪嫌疑人、被告人死亡，依照刑法规定应当追缴其违法所得及其他涉案财产的，适用刑事诉讼法第五编第三章规定的程序，由人民检察院向人民法院提出没收违法所得的申请。

【公通字〔2013〕30号】　公安机关办理刑事案件适用查封、冻结措施有关规定[1]（最高法、最高检、公安部、国家安全部、司法部、国土资源部、住房城乡建设部、交通运输部、农业部、人民银行、林业局、银监会、证监会、保监会、民航局2013年9月1日成文，公安部办公厅2013年9月4日印发）

第2条（第2款）　本规定所称涉案财物，是指公安机关在办理刑事案件过程中，依法以查封、冻结等方式固定的可用以证明犯罪嫌疑人有罪或者无罪的各种财产和物品，包括：（一）犯罪所得及其孳息；（二）用于实施犯罪行为的工具；（三）其他可以证明犯罪行为是否发生以及犯罪情节轻重的财物。

第3条　查封、冻结以及保管、处置涉案财物，必须严格依照法定的适用条件和程序进行。与案件无关的财物不得查封、冻结。查封、冻结涉案财物，应当为犯罪嫌疑人及其所扶养的家属保留必要的生活费用和物品。

严禁在立案之前查封、冻结财物。对于境外司法、警察机关依据国际条约、协议或者互惠原则提出的查封、冻结请求，可以根据公安部的执行通知办理有关法律手续。

查封、冻结的涉案财物，除依法应当返还被害人或者经查明确实与案件无关的以外，不得在诉讼程序终结之前作出处理。法律和有关规定另有规定的除外。

第4条　查封、冻结的涉案财物涉及国家秘密、商业秘密、个人隐私的，应当保密。

第5条　根据侦查犯罪的需要，公安机关可以依法查封涉案的土地、房屋等不动产，以及涉案的车辆、船舶、航空器和大型机器、设备等特定动产。必要时，可以一并扣押证明其财产所有权或者相关权属的法律文件和文书。

置于不动产上的设施、家具和其他相关物品，需要作为证据使用的，应当扣押；不宜移动的，可以一并查封。

第6条　查封涉案财物需要国土资源、房地产管理、交通运输、农业、林业、民航等有关部门协助的，应当经县级以上公安机关负责人批准，制作查封决定书和协助查封通知书，明确查封财物情况、查封方式、查封期限等事项，送交有关部门协助办理，并及时告知有关当事人。

涉案土地和房屋面积、金额较大的，应当经设区的市一级以上公安机关负责人批准，制作查封决定书和协助查封通知书。

第7条　查封期限不得超过2年。期限届满可以续封1次，续封应当经作出原查封决定

---

[1] 注：经核阅原始纸质文件，本《规定》的文件名确实为"有关规定"，而非"相关规定"。

的县级以上公安机关负责人批准，在期限届满前 5 日以内重新制作查封决定书和协助查封通知书，送交有关部门协助办理，续封期限最长不得超过 1 年。

案件重大复杂，确需再续封的，应当经设区的市一级以上公安机关负责人批准，在期限届满前 5 日以内重新制作查封决定书和协助查封通知书，且每次再续封的期限最长不得超过 1 年。

查封期限届满，未办理续封手续的，查封自动解除。

公安机关应当及时将续封决定告知有关当事人。

第 8 条　查封土地、房屋等涉案不动产，需要查询不动产权属情况的，应当经县级以上公安机关负责人批准，制作协助查询财产通知书。

侦查人员到国土资源、房地产管理等有关部门办理查询时，应当出示本人工作证件，提交协助查询财产通知书，依照相关规定办理查询事项。

需要查询其他涉案财物的权属登记情况的，参照上述规定办理。

第 9 条　国土资源、房地产管理等有关部门应当及时协助公安机关办理查询事项。公安机关查询并复制的有关书面材料，由权属登记机构或者权属档案管理机构加盖印章。

因情况特殊，不能当场提供查询的，应当在 5 日以内提供查询结果。

无法查询的，有关部门应当书面告知公安机关。

第 10 条　土地、房屋等涉案不动产的权属确认以国土资源、房地产管理等有关部门的不动产登记簿或者不动产权属证书为准。不动产权属证书与不动产登记簿不一致的，除有证据证明不动产登记簿确有错误外，以不动产登记簿为准。

第 11 条　国土资源、房地产管理等有关部门在协助公安机关办理查封事项时，认为查封涉案不动产信息有误无法办理的，可以暂缓办理协助事项，并向公安机关提出书面审查建议，公安机关应当及时审查处理。

第 12 条　查封土地、房屋等涉案不动产的，应当经县级以上公安机关负责人批准，制作协助查封通知书，明确涉案土地、房屋等不动产的详细地址、权属证书号、权利人姓名或者单位名称等事项，送交国土资源、房地产管理等有关部门协助办理，有关部门应当在相关通知书回执中注明办理情况。

侦查人员到国土资源、房地产管理等有关部门办理土地使用权或者房屋查封登记手续时，应当出示本人工作证件，提交查封决定书和协助查封通知书，依照有关办理查封事项。

第 13 条　查封土地、房屋等涉案不动产的侦查人员不得少于 2 人，持侦查人员工作证件和相关法律文书，通知有关当事人、见证人到场，制作查封笔录，并会同在场人员对被查封的财物查点清楚，当场开列查封清单一式 3 份，由侦查人员、见证人和不动产所有权人或者使用权人签名后，1 份交给不动产所有权人或者使用权人，1 份交给公安机关保管人员，1 份连同照片、录像资料或者扣押的产权证照附卷备查，并且应当在不动产的显著位置张贴公告，必要时，可以张贴制式封条。

查封清单中应当写明涉案不动产的详细地址、相关特征和置于该不动产上不宜移动的设施、家具和其他相关物品清单，注明已经拍照或者录像以及是否扣押其产权证照等情况。

对于无法确定不动产相关权利人或者权利人拒绝签名的，应当在查封笔录中注明情况。

第 14 条　国土资源、房地产管理等有关部门对被公安机关依法查封的土地、房屋等涉案不动产,在查封期间不予办理变更、转让或者抵押权、地役权登记。

第15条 对依照有关规定可以分割的土地、房屋等涉案不动产,应当只对与案件有关的部分进行查封,并在协助查封通知书中予以明确;对依照有关规定不可分割的土地、房屋等涉案不动产,可以进行整体查封。

第16条 国土资源、房地产管理等有关部门接到协助查封通知书时,已经受理该土地、房屋等涉案不动产的转让登记申请,但尚未记载于不动产登记簿的,应当协助公安机关办理查封登记。

第17条 对下列尚未进行权属登记的房屋,公安机关可以按照本规定进行查封:(一)涉案的房地产开发企业已经办理商品房预售许可证但尚未出售的房屋;(二)犯罪嫌疑人购买的已经由房地产开发企业办理房屋权属初始登记的房屋;(三)犯罪嫌疑人购买的已经办理商品房预售合同登记备案手续或者预购商品房预告登记的房屋。

第18条 查封地上建筑物的效力及于该地上建筑物占用范围内的建设用地使用权,查封建设用地使用权的效力及于地上建筑物,但建设用地使用权与地上建筑物的所有权分属不同权利人的除外。

地上建筑物和土地使用权的登记机构不是同一机构的,应当分别办理查封登记。

第19条 查封车辆、船舶、航空器以及大型机器、设备等特定动产的,应当制作协助查封通知书,明确涉案财物的名称、型号、权属、地址等事项,送交有关登记管理部门协助办理。必要时,可以扣押有关权利证书。

执行查封时,应当将涉案财物拍照或者录像后封存,或者交持有人、近亲属保管,或者委托第三方保管。有关保管人应当妥善保管,不得转移、变卖、损毁。

第20条 查封土地、房屋等涉案不动产或者车辆、船舶、航空器以及大型机器、设备等特定动产的,可以在保证侦查活动正常进行的同时,允许有关当事人继续合理使用,并采取必要保值保管措施。

第21条 对以公益为目的的教育、医疗、卫生以及福利机构等场所、设施,保障性住房,原则上不得查封。确有必要查封的,应当经设区的市一级以上公安机关负责人批准。

第22条 查封土地、房屋以外的其他涉案不动产的,参照本规定办理。查封共有财产、担保财产以及其他特殊财物的,依照相关规定办理。

第23条 根据侦查犯罪的需要,公安机关可以依法冻结涉案的存款、汇款、证券交易结算资金、期货保证金等资金,债券、股票、基金份额和国务院依法认定的其他证券,以及股权、保单权益和其他投资权益等财产。

第24条 在侦查工作中需要冻结财产的,应当经县级以上公安机关负责人批准,制作协助冻结财产通知书,明确冻结财产的账户名称、账户号码、冻结数额、冻结期限、冻结范围以及是否及于孳息等事项,送交银行业金融机构、特定非金融机构、邮政部门、证券公司、证券登记结算机构、证券投资基金管理公司、保险公司、信托公司、公司登记机关和银行间市场交易组织机构、银行间市场集中清算机构、银行间市场登记托管结算机构、经国务院批准或者同意设立的黄金交易组织机构和结算机构等单位协助办理,有关单位应当在相关通知书回执中注明办理情况。

第25条 有关单位接到公安机关协助冻结财产通知书后,应当立即对涉案财物予以冻结,办理相关手续,不得推诿拖延,不得泄露有关信息。有关单位办理完毕冻结手续后,在当事人查询时可以予以告知。

第26条 冻结存款、汇款、证券交易结算资金、期货保证金等资金，或者投资权益等其他财产的期限为6个月。需要延长期限的，应当经作出原冻结决定的县级以上公安机关负责人批准，在冻结期限届满前5日以内办理续冻手续。每次续冻期限最长不得超过6个月。

对重大、复杂案件，经设区的市一级以上公安机关负责人批准，冻结存款、汇款、证券交易结算资金、期货保证金等资金的期限可以为1年。需要延长期限的，应当按照原批准权限和程序，在冻结期限届满前5日以内办理续冻手续。每次续冻期限最长不是超过1年。

冻结债券、股票、基金份额等证券的期限为2年。需要延长冻结期限的，应当经作出原冻结决定的县级以上公安机关负责人批准，在冻结期限届满前5日以内办理续冻手续。每次续冻期限最长不得超过2年。

冻结期限届满，未办理续冻手续的，冻结自动解除。

第27条 冻结涉案账户的款项数额，应当与涉案金额相当。不得超出涉案金额范围冻结款项。

第28条 冻结股权的，应当经设区的市一级以上公安机关负责人批准，冻结上市公司股权应当经省级以上公安机关负责人批准，并在协助冻结财产通知书中载明公司名称、股东姓名或者名称、冻结数额或者股份等与登记事项有关的内容。冻结股权期限为6个月。需要延长期限的，应当按照原批准权限和程序，在冻结期限届满前5日以内办理续冻手续。每次续冻期限最长不得超过6个月。

第29条 冻结保单权益的，应当经设区的市一级以上公安机关负责人批准，冻结保单权益期限为6个月。需要延长期限的，应当按照原批准权限和程序，在冻结期限届满前5日以内办理续冻手续。每次续冻期限最长不得超过6个月。

冻结保单权益没有直接对应本人账户的，可以冻结相关受益人的账户，并要求有关单位协助，但不得变更受益人账户，不得损害第三方利益。

人寿险、养老险、交强险、机动车第三者责任险等提供基本保障的保单原则上不得冻结，确需冻结的，应当经省级以上公安机关负责人批准。

第30条 对下列账户和款项，不得冻结：（一）金融机构存款准备金和备付金；（二）特定非金融机构备付金；（三）封闭贷款专用账户（在封闭贷款未结清期间）；（四）商业汇票保证金；（五）证券投资者保障基金、保险保障基金、存款保险基金；（六）党、团费账户和工会经费集中户；（七）社会保险基金；（八）国有企业下岗职工基本生活保障资金；（九）住房公积金和职工集资建房账户资金；（十）人民法院开立的执行账户；（十一）军队、武警部队一类保密单位开设的"特种预算存款""特种其他存款"和连队账户的存款；（十二）金融机构质押给中国人民银行的债券、股票、贷款；（十三）证券登记结算机构、银行间市场交易组织机构、银行间市场集中清算机构、银行间市场登记托管结算机构、经国务院批准或者同意设立的黄金交易组织机构和结算机构等依法按照业务规则收取并存放于专门清算交收账户内的特定股票、债券、票据、贵金属等有价凭证、资产和资金，以及按照业务规则要求金融机构等登记托管结算参与人、清算参与人、投资者或者发行人提供的、在交收或者清算结算完成之前的保证金、清算基金、回购质押券、价差担保物、履约担保物等担保物、支付机构客户备付金；（十四）其他法律、行政法规、司法解释、部门规章规定不得冻结的账户和款项。

第31条 对金融机构账户、特定非金融机构账户和以证券登记结算机构、银行间市场交易组织机构、银行间市场集中清算机构、银行间市场登记托管结算机构、经国务院批准或者同意设立的黄金交易组织机构和结算机构、支付机构等名义开立的各类专门清算交收账户、保证金账户、清算基金账户、客户备付金账户，不得整体冻结，法律另有规定的除外。

第32条 办案地公安机关需要异地办理冻结的，应当由2名以上侦查人员持办案协作函、法律文书和工作证件前往协作地联系办理，协作地公安机关应当协助执行。

在紧急情况下，可以将办案协作函、相关法律文书和工作证件复印件通过传真、电传等方式发至协作地县级以上公安机关委托执行，或者通过信息化应用系统传输加盖电子签章的办案协作函、相关法律文书和工作证件扫描件。协作地公安机关收到材料后，经审查确定，应当在传来法律文书上加盖本地公安机关印章，及时到有关银行业金融机构执行冻结，有关银行金融机构应当予以协助。

第33条 根据侦查犯罪的需要，对于涉案账户较多，办案地公安机关需要对其集中冻结的，可以分别按照以下程序办理：

涉案账户开户地同属一省、自治区、直辖市的，应当由办案地公安机关出具协助冻结财产通知书，填写冻结申请表，经该公安机关负责人审核，逐级上报省级公安机关批准后，由办案地公安机关指派2名以上侦查人员持工作证件，将冻结申请表、协助冻结财产通知书等法律文书送交有关银行业金融机构的省、区、市分行，该分行应当在24小时以内采取冻结措施，并将有关法律文书传至相关账户开户的分支机构。

涉案账户开户地分属不同省、自治区、直辖市的，应当由办案地公安机关出具协助冻结财产通知书，填写冻结申请表，经该公安机关负责人审核，逐级上报公安部按照规定程序批准后，由办案地公安机关指派2名以上侦查人员持工作证件，将冻结申请表、协助冻结财产通知书等法律文书送交有关银行业金融机构总部。该总部应当在24小时以内采取冻结措施，并将有关法律文书传至相关账户开户的分支机构。

有关银行业金融机构因技术条件等客观原因，无法按照前款要求及时采取冻结措施的，应当向公安机关书面说明原因，并立即向中国银行业监督管理委员会或者其派出机构报告。

第34条 冻结市场价格波动较大或者有效期限即将届满的债券、股票、基金份额等财产的，在送达协助冻结财产通知书的同时，应当书面告知当事人或者其法定代理人、委托代理人有权申请出售、如期兑偿或者变现。如果当事人或者其法定代理人、委托代理人书面申请出售或者变现被冻结的债券、股票、基金份额等财产，不损害国家利益、被害人利益、其他权利人利益，不影响诉讼正常进行的，以及冻结的汇票、本票、支票的有效期即将届满的，经作出冻结决定的县级以上公安机关负责人批准，可以依法在3日以内予以出售或者变现，所得价款应当继续冻结在其对应的银行账户中；没有对应的银行账户的，所得价款由公安机关在银行专门账户保管，并及时告知当事人或者其近亲属。

第35条 公安机关在采取查封、冻结措施后，应当及时查清案件事实，在法定期限内对涉案财物依法作出处理。

经查明查封、冻结的财物确实与案件无关的，应当在 3 日以内解除查封、冻结。

第 36 条　对查封、冻结的涉案财物及其孳息，应当制作清单，随案移送。对作为证据使用的实物应当随案移送，对不宜移送的，应当将其清单、照片或者其他证明文件随案移送。对于随案移送的财物，人民检察院需要继续查封、冻结的，应当及时书面通知公安机关解除原查封、冻结措施，并同时依法重新作出查封、冻结决定。

第 37 条　人民检察院决定不起诉并对涉案财物解除查封、冻结的案件，公安机关应当在接到人民检察院的不起诉决定和解除查封、冻结财物的通知之日起 3 日以内对不宜移送而未随案移送的财物解除查封、冻结。对于人民检察院提出的对被不起诉人给予行政处罚、行政处分等检察意见中涉及查封、冻结涉案财物的，公安机关应当及时予以处理或者移送有关行政主管机关处理，并将处理结果通知人民检察院。

第 38 条　公安机关决定撤销案件或者对犯罪嫌疑人终止侦查的，除依照法律和有关规定另行处理的以外，应当在作出决定之日起 3 日以内对侦查中查封、冻结的涉案财物解除查封、冻结。需要给予行政处理的，应当及时予以处理或者移交有关行政主管机关处理。

第 39 条　解除查封的，应当在 3 日以内制作协助解除查封通知书，送交协助查封的有关部门办理，并通知所有权人或者使用权人。张贴式封条的，启封时应当通知当事人到场；当事人经通知不到场，也未委托他人到场的，办案人员应当在见证人的见证下予以启封。提取的有关产权证照应当发还。必要时，可以予以公告。

第 40 条　解除冻结的，应当在 3 日以内制作协助解除冻结财产通知书，送交协助办理冻结的有关单位，同时通知被冻结财产的所有人。有关单位接到协助解除冻结财产通知书后，应当及时解除冻结。

第 41 条　需要解除集中冻结措施的，应当由作出冻结决定的公安机关出具协助解除冻结财产通知书，银行业金融机构应当协助解除冻结。

上级公安机关认为应当解除集中冻结措施的，可以责令下级公安机关解除。

第 43 条　已被有关国家机关依法查封、冻结的涉案财物，不得重复查封、冻结。需要轮候查封、冻结的，应当依照有关部门共同发布的规定执行。查封、冻结依法解除或者到期解除后，按照时间顺序登记在先的轮候查封、冻结自动生效。

第 44 条　不同国家机关之间，对同一涉案财物要求查封、冻结的，协助办理的有关部门和单位应当按照送达相关通知书的先后顺序予以登记，协助首先送达通知书的国家机关办理查封、冻结手续，对后送达通知书的国家机关作轮候查封、冻结登记，并书面告知该涉案财物已被查封、冻结的有关情况。

第 45 条　查封、冻结生效后，协助办理的有关部门和单位应当在其他轮候查封、冻结的公安机关出具的查封、冻结通知书回执中注明该涉案财物已被查封、冻结以及轮候查封、冻结的有关情况。相关公安机关可以查询轮候查封、冻结的生效情况。

第 46 条　公安机关根据侦查犯罪的需要，对其已经查封、冻结的涉案财物，继续办理续封、续冻手续的，或者公安机关移送审查起诉，人民检察院需要重新办理查封、冻结手续的，应当在原查封、冻结期限届满前办理续封、续冻手续。申请轮候查封、冻结的其他国家机关不得以送达通知书在先为由，对抗相关办理续封、续冻手续的效力。

第 47 条　要求查封、冻结涉案财物的有关国家机关之间，因查封、冻结事项发生争议的，应当自行协商解决。协商不成的，由其共同上级机关决定；分属不同部门的，由其各自的上级机关协商解决。

协助执行的部门和单位按照有关争议机关协商一致后达成的书面意见办理。

第48条 需要查封、冻结的或者已被查封、冻结的涉案财物，涉及扣押或者民事诉讼中的抵押、质押或者民事执行等特殊情况的，公安机关应当根据查封、冻结财物的权属状态和争议问题，与相关国家机关协商解决。协商不成的，各自报请上级机关协商解决。

协助执行的部门和单位按照有关争议机关协商一致后达成的书面意见办理。

第50条 公安机关应当严格执行有关规定，建立健全涉案财物管理制度，指定专门部门，建立专门台账，对涉案财物加强管理、妥善保管。任何单位和个人不得贪污、侵占、挪用、私分、调换、抵押或者违反规定使用、处置查封、冻结的涉案财物，造成查封、冻结的涉案财物损毁或者灭失的，应当承担相应的法律责任。

第53条 国土资源、房地产管理等有关部门根据有关国家机关的协助查封通知书作出的协助查封行为，公民、法人或者其他组织不服提起行政诉讼的，人民法院不予受理，但公民、法人或者其他组织认为协助查封行为与协助查封文书内容不一致的除外。

第54条 根据本规定依法应当协助办理查封、冻结措施的有关部门、单位和个人有下列行为之一的，公安机关应当向有关部门和单位通报情况，依法追究相应责任：（一）对应当查封、冻结的涉案财物不予查封、冻结，致使涉案财物转移的；（二）在查封冻结前向当事人泄露信息的；（三）帮助当事人转移、隐匿财产的；（四）其他无正当理由拒绝协助配合的。

第56条 对查封、冻结、保管和处理涉案财物，本规定未规范的，依照《公安机关办理刑事案件程序规定》等有关规定办理。此前有关公安机关查封、冻结的规范性文件与本规定不一致的，以本规定为准。

第57条 本规定施行后适用查封、冻结措施的，按照本规定办理。本规定施行前已生效的查封、冻结措施，依照措施适用时的有关规定执行。

第58条 国家安全机关依照法律规定，办理危害国家安全的刑事案件适用查封、冻结措施的，适用本规定。

第59条 本规定的"有关国家机关"，是指人民法院、人民检察院、公安机关、国家安全机关，以及其他法律法规规定有权实施查封、冻结措施的行政机关或者具有管理公共事务职能的组织。

【银监发〔2014〕53号】 银行业金融机构协助人民检察院公安机关国家安全机关查询冻结工作规定（中国银监会、最高检、公安部、国家安全部2014年12月29日印发，2015年1月1日施行）

第2条 本规定所称银行业金融机构是指依法设立的商业银行、农村信用合作社、农村合作银行等吸收公众存款的金融机构以及政策性银行。

第3条 本规定所称"协助查询、冻结"是指银行业金融机构依法协助人民检察院、公安机关、国家安全机关查询、冻结单位或个人在本机构的涉案存款、汇款等财产的行为。

第8条 人民检察院、公安机关、国家安全机关要求银行业金融机构协助查询、冻结或者解除冻结时，应当由2名以上办案人员持有效的本人工作证或人民警察证和加盖县级以上人民检察院、公安机关、国家安全机关公章的协助查询财产或协助冻结/解除冻结财产法律文书，到银行业金融机构现场办理，但符合本规定第26条情形除外。

无法现场办理完毕的，可以由提出协助要求的人民检察院、公安机关、国家安全机关指派至少 1 名办案人员持有效的本人工作证或人民警察证和单位介绍信到银行业金融机构取回反馈结果。

第 9 条　银行业金融机构协助人民检察院、公安机关、国家安全机关办理查询、冻结或者解除冻结时，应当对办案人员的工作证或人民警察证以及协助查询财产或协助冻结/解除冻结财产法律文书进行形式审查。银行业金融机构应当留存上述法律文书原件及工作证或人民警察证复印件，并注明用途。银行业金融机构应当妥善保管留存的工作证或人民警察证复印件，不得挪作他用。

第 10 条　人民检察院、公安机关、国家安全机关需要跨地区办理查询、冻结的，可以按照本规定要求持协助查询财产或协助冻结/解除冻结财产法律文书、有效的本人工作证或人民警察证、办案协作函，与协作地县级以上人民检察院、公安机关、国家安全机关联系，协作地人民检察院、公安机关、国家安全机关应当协助执行。

办案地人民检察院、公安机关、国家安全机关可以通过人民检察院、公安机关、国家安全机关信息化应用系统传输加盖电子签章的办案协作函和相关法律文书，或者将办案协作函和相关法律文书及凭证传真至协作地人民检察院、公安机关、国家安全机关。协作地人民检察院、公安机关、国家安全机关接收后，经审查确认，在传来的协助查询财产或协助冻结/解除冻结财产法律文书上加盖本地人民检察院、公安机关、国家安全机关印章，由 2 名以上办案人员持有效的本人工作证或人民警察证到银行业金融机构现场办理，银行业金融机构应当予以配合。

第 11 条　对于涉案账户较多，办案地人民检察院、公安机关、国家安全机关需要对其集中查询、冻结的，可以分别按照以下程序办理：

人民检察院、公安机关、国家安全机关需要查询、冻结的账户属于同一省、自治区、直辖市的，由办案地人民检察院、公安机关、国家安全机关出具协助查询财产或协助冻结/解除冻结财产法律文书，逐级上报并经省级人民检察院、公安机关、国家安全机关的相关业务部门批准后，由办案地人民检察院、公安机关、国家安全机关指派 2 名以上办案人员持有效的本人工作证或人民警察证和上述法律文书原件，到有关银行业金融机构的省、自治区、直辖市、计划单列市分行或其授权的分支机构要求办理。

人民检察院、公安机关、国家安全机关需要查询、冻结的账户分属不同省、自治区、直辖市的，由办案地人民检察院、公安机关、国家安全机关出具协助查询财产或协助冻结/解除冻结财产法律文书，逐级上报并经省级人民检察院、公安机关、国家安全机关负责人批准后，由办案地人民检察院、公安机关、国家安全机关指派 2 名以上办案人员持有效的本人工作证或人民警察证和上述法律文书原件，到有关银行业金融机构总部或其授权的分支机构要求办理。

第 12 条　对人民检察院、公安机关、国家安全机关提出的超出查询权限或者属于跨地区查询需求的，有条件的银行业金融机构可以通过内部协作程序，向有权限查询的上级机构或系统内其他分支机构提出协查请求，并通过内部程序反馈查询的人民检察院、公安机关、国家安全机关。

第 13 条　协助查询财产法律文书应当提供查询账号、查询内容等信息。

人民检察院、公安机关、国家安全机关无法提供具体账号时，银行业金融机构应当根据人民检察院、公安机关、国家安全机关提供的足以确定该账户的个人身份证件号码或者企业全称、组织机构代码等信息积极协助查询。没有所查询的账户的,银行业金融机构应当如实告知人民检察院、公安机关、国家安全机关,并在查询回执中注明。

第14条　银行业金融机构协助人民检察院、公安机关、国家安全机关查询的信息仅限于涉案财产信息,包括:被查询单位或者个人开户销户信息、存款余额、交易日期、交易金额、交易方式、交易对手账户及身份等信息、电子银行信息、网银登录日志等信息、POS机商户、自动机具相关信息等。

人民检察院、公安机关、国家安全机关根据需要可以抄录、复制、照相,并要求银行业金融机构在有关复制材料上加盖证明印章,但一般不得提取原件。人民检察院、公安机关、国家安全机关要求提供电子版查询结果的,银行业金融机构应当在采取必要加密措施的基础上提供,必要时可予以标注和说明。

涉案账户较多,需要批量查询的,人民检察院、公安机关、国家安全机关应当同时提供电子版查询清单。

第15条　银行业金融机构接到人民检察院、公安机关、国家安全机关协助查询需求后,应当及时办理。能够现场办理完毕的,应当现场办理并反馈。如无法现场办理完毕,对于查询单位或者个人开户销户信息、存款余额信息的,原则上应当在3个工作日以内反馈;对于查询单位或者个人交易日期、交易方式、交易对手账户及身份等信息、电子银行信息、网银登录日志等信息、POS机商户、自动机具相关信息的,原则上应当在10个工作日以内反馈。

对涉案账户较多,人民检察院、公安机关、国家安全机关办理集中查询的,银行业金融机构总部或有关省、自治区、直辖市、计划单列市分行应当在前款规定的时限内反馈。

因技术条件、不可抗力等客观原因,银行业金融机构无法在规定时限内反馈的,应当向人民检察院、公安机关、国家安全机关说明原因,并采取有效措施尽快反馈。

第16条　协助冻结财产法律文书应当明确冻结账户名称、冻结账号、冻结数额、冻结期限等要素。

冻结涉案账户的款项数额,应当与涉案金额相当。不得超出涉案金额范围冻结款项。冻结数额应当具体、明确。暂时无法确定具体数额的,人民检察院、公安机关、国家安全机关应当在协助冻结财产法律文书上明确注明"只收不付"。

人民检察院、公安机关、国家安全机关应当明确填写冻结期限起止时间,并应当给银行业金融机构预留必要的工作时间。

第17条　人民检察院、公安机关、国家安全机关提供手续齐全的,银行业金融机构应当立即办理冻结手续,并在协助冻结财产法律文书回执中注明办理情况。

对涉案账户较多,人民检察院、公安机关、国家安全机关办理集中冻结的,银行业金融机构总部或有关省、自治区、直辖市、计划单列市分行一般应当在24小时以内采取冻结措施。

如被冻结账户财产余额低于人民检察院、公安机关、国家安全机关要求数额时,银行业金融机构应当在冻结期内对该账户做"只收不付"处理,直至达到要求的冻结数额。

第18条　冻结涉案存款、汇款等财产的期限不得超过6个月。

有特殊原因需要延长的,作出原冻结决定的人民检察院、公安机关、国家安全机关应当在冻结期限届满前按照本规定第8条办理续冻手续。每次续冻期限不得超过6个月,续冻没有次数限制。

对于重大、复杂案件，经设区的市一级以上人民检察院、公安机关、国家安全机关负责人批准，冻结涉案存款、汇款等财产的期限可以为1年。需要延长期限的，应当按照原批准权限和程序，在冻结期限届满前办理续冻手续，每次续冻期限最长不得超过1年。

冻结期限届满，未办理续冻手续的，冻结自动解除。

第19条 被冻结的存款、汇款等财产在冻结期限内如需解冻，应当由作出原冻结决定的人民检察院、公安机关、国家安全机关出具协助解除冻结财产法律文书，由2名以上办案人员持有效的本人工作证或人民警察证和协助解除冻结财产法律文书到银行业金融机构现场办理，但符合本规定第26条情形除外。

在冻结期限内银行业金融机构不得自行解除冻结。

第20条 对已被冻结的涉案存款、汇款等财产，人民检察院、公安机关、国家安全机关不得重复冻结，但可以轮候冻结。冻结解除的，登记在先的轮候冻结自动生效。冻结期限届满前办理续冻的，优先于轮候冻结。

2个以上人民检察院、公安机关、国家安全机关要求对同一单位或个人的同一账户采取冻结措施时，银行业金融机构应当协助最先送达协助冻结财产法律文书且手续完备的人民检察院、公安机关、国家安全机关办理冻结手续。

第21条 下列财产和账户不得冻结：（1）金融机构存款准备金和备付金；（2）特定非金融机构备付金；（3）封闭贷款专用账户（在封闭贷款未结清期间）；（4）商业汇票保证金；（5）证券投资者保障基金、保险保障基金、存款保险基金、信托业保障基金；（6）党、团费账户和工会经费集中户；（7）社会保险基金；（8）国有企业下岗职工基本生活保障资金；（9）住房公积金和职工集资建房账户资金；（10）人民法院开立的执行账户；（11）军队、武警部队一类保密单位开设的"特种预算存款""特种其他存款"和连队账户的存款；（12）金融机构质押给中国人民银行的债券、股票、贷款；（13）证券登记结算机构、银行间市场交易组织机构、银行间市场集中清算机构、银行间市场登记托管结算机构、经国务院批准或者同意设立的黄金交易组织机构和结算机构等依法按照业务规则收取并存放于专门清算交收账户内的特定股票、债券、票据、贵金属等有价凭证、资产和资金，以及按照业务规则要求金融机构等登记托管结算参与人、清算参与人、投资者或者发行人提供的、在交收或者清算结算完成之前的保证金、清算基金、回购质押券、价差担保物、履约担保物等担保物，支付机构客户备付金；（14）其他法律、行政法规、司法解释、部门规章规定不得冻结的账户和款项。

第22条 对金融机构账户、特定非金融机构账户和以证券登记结算机构、银行间市场交易组织机构、银行间市场集中清算机构、银行间市场登记托管结算机构、经国务院批准或者同意设立的黄金交易组织机构和结算机构、支付机构等名义开立的各类专门清算交收账户、保证金账户、清算基金账户、客户备付金账户，不得整体冻结，法律另有规定的除外。

第23条 经查明冻结财产确实与案件无关的，人民检察院、公安机关、国家安全机关应当在3日以内按照本规定第19条的规定及时解除冻结，并书面通知被冻结财产的所有人；因此对被冻结财产的单位或者个人造成损失的，银行业金融机构不承担法律责任，但因银行业金融机构自身操作失误或设备故障造成被冻结财产的单位或者个人损失的除外。

上级人民检察院、公安机关、国家安全机关认为应当解除冻结措施的，应当责令作出冻结决定的下级人民检察院、公安机关、国家安全机关解除冻结。

第25条　银行业金融机构在协助人民检察院、公安机关、国家安全机关办理完毕冻结手续后，在存款单位或者个人查询时，应当告知其账户被冻结情况。被冻结款项的单位或者个人对冻结有异议的，银行业金融机构应当告知其与作出冻结决定的人民检察院、公安机关、国家安全机关联系。

第27条　银行业金融机构接到人民检察院、公安机关、国家安全机关查询、冻结账户要求后，应当立即进行办理；发现存在文书不全、要素欠缺等问题，无法办理协助查询、冻结的，应当及时要求人民检察院、公安机关、国家安全机关采取必要的补正措施；确实无法补正的，银行业金融机构应当在回执上注明原因，退回人民检察院、公安机关、国家安全机关。

银行业金融机构对人民检察院、公安机关、国家安全机关提出的不符合本规定第21条、第22条的协助冻结要求有权拒绝，同时将相关理由告知办案人员。

银行业金融机构与人民检察院、公安机关、国家安全机关在协助查询、冻结工作中意见不一致的，应当先行办理查询、冻结，并提请银行业监督管理机构的法律部门协调解决。

第28条　银行业金融机构在协助人民检察院、公安机关、国家安全机关查询、冻结工作中有下列行为之一的，由银行业监督管理机构责令改正，并责令银行业金融机构对直接负责的主管人员和其他直接责任人员依法给予处分；必要时，予以通报批评；构成犯罪的，依法追究刑事责任：（一）向被查询、冻结单位、个人或者第三方通风报信，伪造、隐匿、毁灭相关证据材料，帮助隐匿或者转移财产；（二）擅自转移或解冻已冻结的存款；（三）故意推诿、拖延，造成应被冻结的财产被转移的；（四）其他无正当理由拒绝协助配合、造成严重后果的。

第32条　非银行金融机构协助人民检察院、公安机关、国家安全机关查询、冻结单位或个人涉案存款、汇款等财产的，适用本规定。

第34条　本规定所称的"以上"、"以内"包括本数。

【银监发〔2015〕9号】　中国银监会、公安部关于银行业金融机构与公安机关开展涉案账户资金网络查控工作的意见（2015年3月3日）

二、公安机关通过网络专线，向银行业金融机构提交涉案账户、存款等相关信息查询请求，银行业金融机构在线反馈协查结果。

三、银行业金融机构和公安机关建立电子化查询、冻结平台，开展涉案账户资金网络查控工作主要采取以下2种模式：一是"总对总"模式，由公安部通过银监会金融专网通道与各全国性银行业金融机构总部进行对接，各级公安机关通过公安部与银监会的专网渠道办理查询、冻结涉案账户资金工作。二是"点对点"模式，各省（自治区、直辖市、计划单列市）公安机关通过当地银监局金融专网与各全国性银行业金融机构分行、地方法人金融机构进行对接，办理辖内涉案账户资金查询、冻结工作，外省（自治区、直辖市、计划单列市）公安机关可通过中转实现跨省涉案账户资金的查询、冻结。

公安机关与当地银行业金融机构及其分支机构已通过专线或其他网络建立网络查控机制的，可继续按原有模式建设和运行。本意见印发实施后，如需采用上述模式以外模式的，应当报经银监会和公安部同意。

六、公安部和各级公安机关应严格依法查询、冻结涉案账户，确保查询请求手续完备、真实合法。各级银行业监督管理机构和银行业金融机构应严格遵守相关保密规定。

八、为确保网络查控机制依法、有序、高效运转，银行业金融机构和公安机关开展网络查控机制建设实行归口管理，银行业监督管理机构由法律部门牵头负责，公安机关由经济犯罪侦查部门牵头负责。双方应指定专人负责联络协调工作，解决机制建设和运行中出现的分歧和争议。

九、银行业金融机构依法协助公安机关办理涉案资金网络查控时，当事人或利害关系人存在异议的，银行业金融机构应告知其向发起查控请求的公安机关提出。

【高检发〔2015〕6号〕　人民检察院刑事诉讼涉案财物管理规定（2014年11月19日最高检第12届检委会第29次会议通过，2015年3月6日印发施行；高检发〔2010〕9号《人民检察院扣押、冻结涉案款物工作规定》同时废止）

第2条　本规定所称人民检察院刑事诉讼涉案财物，是指人民检察院在刑事诉讼过程中查封、扣押、冻结的与案件有关的财物及其孳息以及从其他办案机关接收的财物及其孳息，包括犯罪嫌疑人的违法所得及其孳息、供犯罪所用的财物、非法持有的违禁品以及其他与案件有关的财物及其孳息。

第4条（第2款）　严禁以虚假立案或者其他非法方式采取查封、扣押、冻结措施。对涉案单位违规的账外资金但与案件无关的，不得查封、扣押、冻结，可以通知有关主管机关或者其上级单位处理。

（第3款）　查封、扣押、冻结涉案财物，应当为犯罪嫌疑人、被告人及其所扶养的亲属保留必需的生活费用和物品，减少对涉案单位正常办公、生产、经营等活动的影响。

第5条　严禁在立案之前查封、扣押、冻结财物。立案之前发现涉嫌犯罪的财物，符合立案条件的，应当及时立案，并采取查封、扣押、冻结措施，以保全证据和防止涉案财物转移、损毁。

个人或者单位在立案之前向人民检察院自首时携带涉案财物的，人民检察院可以根据管辖规定先行接收，并向自首人开具接收凭证，根据立案和侦查情况决定是否查封、扣押、冻结。

人民检察院查封、扣押、冻结涉案财物后，应当对案件及时进行侦查，不得在无法定理由情况下撤销案件或者停止对案件的侦查。

第6条　犯罪嫌疑人到案后，其亲友受犯罪嫌疑人委托或者主动代为向检察机关退还或者赔偿涉案财物的，参照《人民检察院刑事诉讼规则（试行）》关于查封、扣押、冻结的相关程序办理。符合相关条件的，人民检察院应当开具查封、扣押、冻结决定书，并由检察人员、代为退还或者赔偿的人员和有关规定要求的其他人员在清单上签名或者盖章。

代为退还或者赔偿的人员应当在清单上注明系受犯罪嫌疑人委托或者主动代为犯罪嫌疑人退还或者赔偿。

第8条　人民检察院查封、扣押、冻结、处理涉案财物，应当使用最高人民检察院统一制定的法律文书，填写必须规范、完整。禁止使用不符合规定的文书查封、扣押、冻结、处理涉案财物。

第9条　查封、扣押、冻结、保管、处理涉及国家秘密、商业秘密、个人隐私的财物，应当严格遵守有关保密规定。

第10条　人民检察院办案部门查封、扣押、冻结涉案财物及其孳息后，应当及时按照下列情形分别办理，至迟不得超过3日，法律和有关规定另有规定的除外：（一）将扣押的款项存入唯一合规账户；（二）将扣押的物品和相关权利证书、支付凭证以及具有一定特征能够证明案情的现金等，送案件管理部门入库保管；（三）将查封、扣押、冻结涉案财物的清单和扣押款项存入唯一合规账户的存款凭证等，送案件管理部门登记；案件管理部门应当对存款凭证复印保存，并将原件送计划财务装备部门。

扣押的款项或者物品因特殊原因不能按时存入唯一合规账户或者送案件管理部门保管的，经检察长批准，可以由办案部门暂时保管，在原因消除后及时存入或者移交，但应当将扣押清单和相关权利证书、支付凭证等依照本条第1款规定的期限送案件管理部门登记、保管。

第11条　案件管理部门接收人民检察院办案部门移送的涉案财物或者清单时，应当审查是否符合下列要求：（一）有立案决定书和相应的查封、扣押、冻结法律文书以及查封、扣押清单，并填写规范、完整，符合相关要求；（二）移送的财物与清单相符；（三）移送的扣押物品清单，已经依照《人民检察院刑事诉讼规则（试行）》有关扣押的规定注明扣押财物的主要特征；（四）移送的外币、金银珠宝、文物、名贵字画以及其他不易辨别真伪的贵重物品，已经依照《人民检察院刑事诉讼规则（试行）》有关扣押的规定予以密封，检察人员、见证人和被扣押物品持有人在密封材料上签名或者盖章，经过鉴定的，附有鉴定意见复印件；（五）移送的存折、信用卡、有价证券等支付凭证和具有一定特征能够证明案情的现金，已经依照《人民检察院刑事诉讼规则（试行）》有关扣押的规定予以密封，注明特征、编号、种类、面值、张数、金额等，检察人员、见证人和被扣押物品持有人在密封材料上签名或者盖章；（六）移送的查封清单，已经依照《人民检察院刑事诉讼规则（试行）》有关查封的规定注明相关财物的详细地址和相关特征，检察人员、见证人和持有人签名或者盖章，注明已经拍照或者录像及其权利证书是否被扣押，注明财物被查封后由办案部门保管或者交持有人或者其近亲属保管，注明查封决定书副本已送达相关的财物登记、管理部门等。

第12条　人民检察院办案部门查封、扣押的下列涉案财物不移送案件管理部门保管，由办案部门拍照或者录像后妥善管理或者及时按照有关规定处理：（一）查封的不动产和置于该不动产上不宜移动的设施等财物，以及涉案的车辆、船舶、航空器和大型机械、设备等财物，及时依照《人民检察院刑事诉讼规则（试行）》有关查封、扣押的规定扣押相关权利证书，将查封决定书副本送达有关登记、管理部门，并告知其在查封期间禁止办理抵押、转让、出售等权属关系变更、转移登记手续；（二）珍贵文物、珍贵动物及其制品、珍稀植物及其制品，按照国家有关规定移送主管机关；（三）毒品、淫秽物品等违禁品，及时移送有关主管机关，或者根据办案需要严格封存，不得擅自使用或者扩散；（四）爆炸性、易燃性、放射性、毒害性、腐蚀性等危险品，及时移送有关部门或者根据办案需要委托有关主管机关妥善保管；（五）易损毁、灭失、变质等不宜长期保存的物品，易贬值的汽车、船艇等物品，经权利人同意或者申请，并经检察长批准，可以及时委托有关部门先行变卖、拍卖，所得款项存入唯一合规账户。先行变卖、拍卖应当做到公开、公平。

人民检察院办案部门依照前款规定不将涉案财物移送案件管理部门保管的，应当将查封、扣押清单以及相关权利证书、支付凭证等依照本规定第10条第1款的规定送案件管理部门登记、保管。

第 13 条　人民检察院案件管理部门接收其他办案机关随案移送的涉案财物的，参照本规定第 11 条、第 12 条的规定进行审查和办理。

对移送的物品、权利证书、支付凭证以及具备一定特征能够证明案情的现金，案件管理部门审查后认为符合要求的，予以接收并入库保管。对移送的涉案款项，由其他办案机关存入检察机关指定的唯一合规账户，案件管理部门对转账凭证进行登记并联系计划财务装备部门进行核对。其他办案机关直接移送现金的，案件管理部门可以告知其存入指定的唯一合规账户，也可以联系计划财务装备部门清点、接收并及时存入唯一合规账户。计划财务装备部门应当在收到款项后3日以内将收款凭证复印件送案件管理部门登记。

对于其他办案机关移送审查起诉时随案移送的有关实物，案件管理部门经商公诉部门后，认为属于不宜移送的，可以依照刑事诉讼法第 234 条第 1 款、第 2 款的规定，只接收清单、照片或者其他证明文件。必要时，人民检察院案件管理部门可以会同公诉部门与其他办案机关相关部门进行沟通协商，确定不随案移送的实物。

第 15 条　案件管理部门接收密封的涉案财物，一般不进行拆封。移送部门或者案件管理部门认为有必要拆封的，由移送人员和接收人员共同启封、检查、重新密封，并对全过程进行录像。根据《人民检察院刑事诉讼规则（试行）》有关扣押的规定应当予以密封的涉案财物，启封、检查、重新密封时应当依照规定有见证人、持有人或者单位负责人等在场并签名或者盖章。

第 16 条　案件管理部门对于接收的涉案财物、清单及其他相关材料，认为符合条件的，应当及时在移送清单上签字并制作入库清单，办理入库手续。认为不符合条件的，应当将原因告知移送单位，由移送单位及时补送相关材料，或者按照有关规定进行补正或者作出合理解释。

第 19 条　案件管理部门对收到的物品应当建账设卡，一案一账、一物一卡（码）。对于贵重物品和细小物品，根据物品种类实行分袋、分件、分箱设卡和保管。

案件管理部门应当定期对涉案物品进行检查，确保账实相符。

第 21 条　人民检察院办案部门人员需要查看、临时调用涉案财物的，应当经办案部门负责人批准；需要移送、处理涉案财物的，应当经检察长批准。案件管理部门对于审批手续齐全的，应当办理查看、出库手续并认真登记。

对于密封的涉案财物，在查看、出库、归还时需要拆封的，应当遵守本规定第 15 条的要求。

第 22 条　对于查封、扣押、冻结的涉案财物及其孳息，除按照有关规定返还被害人或者经查明确实与案件无关的以外，不得在诉讼程序终结之前上缴国库或者作其他处理。法律和有关规定另有规定的除外。

在诉讼过程中，对权属明确的被害人合法财产，凡返还不损害其他被害人或者利害关系人的利益、不影响诉讼正常进行的，人民检察院应当依法及时返还。权属有争议的，应当在决定撤销案件、不起诉或者由人民法院判决时一并处理。

在扣押、冻结期间，权利人申请出售被扣押、冻结的债券、股票、基金份额等财产的，以及扣押、冻结的汇票、本票、支票的有效期即将届满的，人民检察院办案部门应当依照《人民检察院刑事诉讼规则（试行）》的有关规定及时办理。

第 23 条　人民检察院作出撤销案件决定、不起诉决定或者收到人民法院作出的生效判决、裁定后，应当在30日以内对涉案财物作出处理。情况特殊的，经检察长批准，可以延长30日。

前款规定的对涉案财物的处理工作，人民检察院决定撤销案件的，由侦查部门负责办理；人民检察院决定不起诉或者人民法院作出判决、裁定的案件，由公诉部门负责办理；对人民检察院直接立案侦查的案件，公诉部门可以要求侦查部门协助配合。

人民检察院按照本规定第5条第2款的规定先行接收涉案财物，如果决定不予立案的，侦查部门应当按照本条第1款规定的期限对先行接收的财物作出处理。

第24条 处理由案件管理部门保管的涉案财物，办案部门应当持经检察长批准的相关文书或者报告，到案件管理部门办理出库手续；处理存入唯一合规账户的涉案款项，办案部门应当持经检察长批准的相关文书或者报告，经案件管理部门办理出库手续后，到计划财务装备部门办理提现或者转账手续。案件管理部门或者计划财务装备部门对于符合审批手续的，应当及时办理。

对于依照本规定第10条第2款、第12条的规定未移交案件管理部门保管或者未存入唯一合规账户的涉案财物，办案部门应当依照本规定第23条规定的期限报经检察长批准后及时作出处理。

第25条（第1款） 对涉案财物，应当严格依照有关规定，区分不同情形，及时作出相应处理：（一）因犯罪嫌疑人死亡而撤销案件、决定不起诉，依照刑法规定应当追缴其违法所得及其他涉案财产的，应当按照《人民检察院刑事诉讼规则（试行）》有关犯罪嫌疑人逃匿、死亡案件违法所得的没收程序的规定办理；对于不需要追缴的涉案财物，应当依照本规定第23条规定的期限及时返还犯罪嫌疑人、被不起诉人的合法继承人；（二）因其他原因撤销案件、决定不起诉，对于查封、扣押、冻结的犯罪嫌疑人违法所得及其他涉案财产需要没收的，应当依照《人民检察院刑事诉讼规则（试行）》有关撤销案件时处理犯罪嫌疑人违法所得的规定提出检察建议或者依照刑事诉讼法第173条第3款的规定提出检察意见，移送有关主管机关处理；未认定为需要没收并移送有关主管机关处理的涉案财物，应当依照本规定第23条规定的期限及时返还犯罪嫌疑人、被不起诉人；（三）提起公诉的案件，在人民法院作出生效判决、裁定后，对于冻结在金融机构的涉案财产，由人民法院通知该金融机构上缴国库；对于查封、扣押且依法未随案移送人民法院的涉案财物，人民检察院根据人民法院的判决、裁定上缴国库；（四）人民检察院侦查部门移送审查起诉的案件，起诉意见书中未认定为与犯罪有关的涉案财物；提起公诉的案件，起诉书中未认定或者起诉书认定但人民法院生效判决、裁定中未认定为与犯罪有关的涉案财物，应当依照本条第二项的规定移送有关主管机关处理或者及时返还犯罪嫌疑人、被不起诉人、被告人；（五）对于需要返还被害人的查封、扣押、冻结涉案财物，应当按照有关规定予以返还。

第26条 对于应当返还被害人的查封、扣押、冻结涉案财物，无人认领的，应当公告通知。公告满6个月无人认领的，依法上缴国库。上缴国库后有人认领，经查证属实的，人民检察院应当向人民政府财政部门申请退库予以返还。原物已经拍卖、变卖的，应当退回价款。

第27条 对于贪污、挪用公款等侵犯国有资产犯罪案件中查封、扣押、冻结的涉案财物，除人民法院判决上缴国库的以外，应当归还原单位或者原单位的权利义务继受单位。犯罪金额已经作为损失核销或者原单位已不存在且无权利义务继受单位的，应当上缴国库。

第28条　查封、扣押、冻结的涉案财物应当依法上缴国库或者返还有关单位和个人的，如果有孳息，应当一并上缴或者返还。

第31条（第1款）　案件管理部门在涉案财物管理工作中，发现办案部门或者办案人员有下列情形之一的，可以进行口头提示；对于违规情节较重的，应当发送案件流程监控通知书；认为需要追究纪律或者法律责任的，应当移送本院监察部门处理或者向检察长报告：（一）查封、扣押、冻结的涉案财物与清单存在不一致，不能作出合理解释或者说明的；（二）查封、扣押、冻结涉案财物时，未按照有关规定进行密封、签名或者盖章，影响案件办理的；（三）查封、扣押、冻结涉案财物后，未及时存入唯一合规账户、办理入库保管手续，或者未及时向案件管理部门登记，不能作出合理解释或者说明的；（四）在立案之前采取查封、扣押、冻结措施的，或者未依照有关规定开具法律文书而采取查封、扣押、冻结措施的；（五）对明知与案件无关的财物采取查封、扣押、冻结措施的，或对经查明确实与案件无关的财物仍不解除查封、扣押、冻结或者不予退还的，或者应当将被查封、扣押、冻结的财物返还被害人而不返还的；（六）违反有关规定，在诉讼程序依法终结之前将涉案财物上缴国库或者作其他处理的；（七）在诉讼程序依法终结之后，未按照有关规定及时、依法处理涉案财物，经督促后仍不及时、依法处理的；（八）因不负责任造成查封、扣押、冻结的涉案财物丢失、损毁或者泄密的；（九）贪污、挪用、截留、私分、调换、违反规定使用查封、扣押、冻结的涉案财物的；（十）其他违反法律和有关规定的情形。

（第2款）　人民检察院办案部门收到案件管理部门的流程监控通知书后，应当在10日以内将核查情况书面回复案件管理部门。

第36条　对涉案财物的保管、鉴定、估价、公告等支付的费用，列入人民检察院办案（业务）经费，不得向当事人收取。

第37条　本规定所称犯罪嫌疑人、被告人、被害人，包括自然人、单位。

第38条　本规定所称有关主管机关，是指对犯罪嫌疑人违反法律、法规的行为以及有关违禁品、危险品具有行政管理、行政处罚、行政处分权限的机关和纪检监察部门。

【高检发办字〔2015〕31号】　最高人民检察院职务犯罪侦查工作八项禁令（2015年8月4日）

四、严禁违法违规处理查封、扣押、冻结涉案财物。对任意查封、扣押、冻结公私财产，或不依法及时返还扣押、冻结款物，或侵吞、挪用、私分、私存、调换、外借、压价收购，或其他违法违规处理扣押、冻结款物及其孳息的，依纪依法追究决策者和执行者的纪律、法律责任。导致国家赔偿的，依法向责任人员追偿。

【公通字〔2015〕21号】　公安机关涉案财物管理若干规定（公安部2015年7月22日印发，2015年9月1日施行；"公通字〔2010〕57号"同名《规定》同时废止）

第2条　本规定所称涉案财物，是指公安机关在办理刑事案件和行政案件过程中，依法采取查封、扣押、冻结、扣留、先行登记保存、抽样取证、追缴、收缴等措施提取或者固定，以及从其他单位和个人接收的与案件有关的物品、文件和款物，包括：（一）违法犯罪所得及其孳息；（二）用于实施违法犯罪行为的工具；（三）非法持有的淫秽物品、毒品等违禁品；（四）其他可以证明违法犯罪行为发生、违法犯罪行为情节轻重的物品和文件。

第6条　公安机关对涉案财物采取措施后，应当及时进行审查。经查明确实与案件无关的，应当在3日以内予以解除、退还，并通知有关当事人。对与本案无关，但有证据证明涉及其他部门管辖的违纪、违法、犯罪行为的财物，应当依照相关法律规定，连同有关线索移送有管辖权的部门处理。

对涉案财物采取措施，应当为违法犯罪嫌疑人及其所扶养的亲属保留必需的生活费用和物品；根据案件具体情况，在保证侦查活动正常进行的同时，可以允许有关当事人继续合理使用有关涉案财物，并采取必要的保值保管措施，以减少侦查办案对正常办公和合法生产经营的影响。

第 7 条　公安机关对涉案财物进行保管、鉴定、估价、公告等，不得向当事人收取费用。

第 11 条（第 4 款）　依法对文物、金银、珠宝、名贵字画等贵重财物采取查封、扣押、扣留等措施的，应当拍照或者录像，并及时鉴定、估价；必要时，可以实行双人保管。

第 12 条　办案人员依法提取涉案财物后，应当在 24 小时以内按照规定将其移交涉案财物管理部门或者本部门的涉案财物管理人员，并办理移交手续。

对于采取查封、冻结、先行登记保存等措施后不在公安机关保管的涉案财物，办案人员应当在采取有关措施后的 24 小时以内，将相关法律文书和清单的复印件移交涉案财物管理人员予以登记。

第 13 条　因情况紧急，需要在提取后的 24 小时以内开展鉴定、辨认、检验、检查等工作的，经办案部门负责人批准，可以在上述工作完成后的 24 小时以内将涉案财物移交涉案财物管理人员，并办理移交手续。

异地办案或者在偏远、交通不便地区办案的，应当在返回办案单位后的 24 小时以内办理移交手续；行政案件在提取后的 24 小时以内已将涉案财物处理完毕的，可以不办理移交手续，但应当将处理涉案财物的相关手续附卷保存。

第 15 条（第 1 款）　因讯问、询问、鉴定、辨认、检验、检查等办案工作需要，经办案部门负责人批准，办案人员可以向涉案财物管理人员调用涉案财物。调用结束后，应当在 24 小时以内将涉案财物归还涉案财物管理人员。

第 17 条　办案部门扣押、扣留涉案车辆时，应当认真查验车辆特征，并在清单或者行政强制措施凭证中详细载明当事人的基本情况、案由、厂牌型号、识别代码、牌照号码、行驶里程、重要装备、车身颜色、车辆状况等情况。

对车辆内的物品，办案部门应当仔细清点。对与案件有关，需要作为证据使用的，应当依法扣押；与案件无关的，通知当事人或者其家属、委托的人领取。

公安机关应当对管理的所有涉案车辆进行专门编号登记，严格管理，妥善保管，非因法定事由并经公安机关负责人批准，不得调用。

对船舶、航空器等交通工具采取措施和进行管理，参照前三款规定办理。

第 19 条　有关违法犯罪事实查证属实后，对于有证据证明权属明确且无争议的被害人、被侵害人合法财产及其孳息，凡返还不损害其他被害人、被侵害人或者利害关系人的利益，不影响案件正常办理的，应当在登记、拍照或者录像和估价后，报经县级以上公安机关负责人批准，开具发还清单并返还被害人、被侵害人。办案人员应当在案卷材料中注明返还的理由，并将原物照片、发还清单和被害人、被侵害人的领取手续存卷备查。

领取人应当是涉案财物的合法权利人或者其委托的人，办案人员或公安机关其他工作人员不得代为领取。

第 20 条　对于刑事案件依法撤销、行政案件因违法事实不能成立而作出不予行政处罚决定的，除依照法律、行政法规有关规定另行处理的以外，公安机关应当解除对涉案财物采取的相关措施并返还当事人。

人民检察院决定不起诉、人民法院作出无罪判决，涉案财物由公安机关管理的，公安机关应当根据人民检察院的书面通知或者人民法院的生效判决，解除对涉案财物采取的相关措施并返还当事人。

人民法院作出有罪判决，涉案财物由公安机关管理的，公安机关应当根据人民法院的生效判决，对涉案财物作出处理。人民法院的判决没有明确涉案财物如何处理的，公安机关应当征求人民法院意见。

第21条　对于因自身材质原因易损毁、灭失、腐烂、变质而不宜长期保存的食品、药品及其原材料等物品，长期不使用容易导致机械性能下降、价值贬损的车辆、船舶等物品，市场价格波动大的债券、股票、基金份额等财产和有效期即将届满的汇票、本票、支票等，权利人明确的，经其本人书面同意或者申请，并经县级以上公安机关主要负责人批准，可以依法变卖、拍卖，所得款项存入本单位唯一合规账户；其中，对于冻结的债券、股票、基金份额等财产，有对应的银行账户的，应当将变现后的款项继续冻结在对应账户中。

对涉案财物的变卖、拍卖应当坚持公开、公平原则，由县级以上公安机关商本级人民政府财政部门统一组织实施，严禁暗箱操作。

善意第三人等案外人与涉案财物处理存在利害关系的，公安机关应当告知其相关诉讼权利。

第22条　公安机关在对违法行为人、犯罪嫌疑人依法作出限制人身自由的处罚或者采取限制人身自由的强制措施时，对其随身携带的与案件无关的财物，应当按照《公安机关代为保管涉案人员随身财物若干规定》有关要求办理。

第23条　对于违法行为人、犯罪嫌疑人或者其家属、亲友给予被害人、被侵害人退、赔款物的，公安机关应当通知其向被害人、被侵害人或者其家属、委托的人直接交付，并将退、赔情况及时书面告知公安机关。公安机关不得将退、赔款物作为涉案财物扣押或者暂存，但需要作为证据使用的除外。

被害人、被侵害人或者其家属、委托的人不愿意当面接收的，经书面同意或者申请，公安机关可以记录其银行账号，通知违法行为人、犯罪嫌疑人或者其家属、亲友将退、赔款项汇入该账户。

公安机关应当将双方的退赔协议或者交付手续复印附卷保存，并将退赔履行情况记录在案。

第26条　办案人员有下列行为之一的，应当根据其行为的情节和后果，依照有关规定追究责任；涉嫌犯罪的，移交司法机关依法处理：（一）对涉案财物采取措施违反法定程序的；（二）对明知与案件无关的财物采取查封、扣押、冻结等措施的；（三）不按照规定向当事人出具有关法律文书的；（四）提取涉案财物后，在规定的时限内无正当理由不向涉案财物管理人员移交涉案财物的；（五）擅自处置涉案财物的；（六）依法应当将有关财物返还当事人而拒不返还，或者向当事人及其家属等索取费用的；（七）因故意或者过失，致使涉案财物损毁、灭失的；（八）其他违反法律规定的行为。

案件审批人、审核人对于前款规定情形的发生负有责任的，依照前款规定处理。

第27条　涉案财物管理人员不严格履行管理职责，有下列行为之一的，应当根据其行为的情节和后果，依照有关规定追究责任；涉嫌犯罪的，移交司法机关依法处理：（一）未按照规定严格履行涉案财物登记、移交、调用等手续的；（二）因故意或者过失，致使涉案财物损毁、灭失的；（三）发现办案人员不按照规定移交、使用涉案财物而不及时报告的；（四）其他不严格履行管理职责的行为。

调用人有前款第一项、第二项行为的，依照前款规定处理。

第28条 对于贪污、挪用、私分、调换、截留、坐支、损毁涉案财物，以及在涉案财物拍卖、变卖过程中弄虚作假、中饱私囊的有关领导和直接责任人员，应当依照有关规定追究责任；涉嫌犯罪的，移交司法机关依法处理。

第32条 ……公安部此前制定的有关涉案财物管理的规范性文件与本规定不一致的，以本规定为准。

【公通字〔2015〕31号】 公安机关刑事案件现场勘验检查规则（公安部2015年10月22日印发施行；公通字〔2005〕54号同名《规则》同时废止）

第54条 在现场勘验、检查中，应当对能够证明犯罪嫌疑人有罪或者无罪的各种物品和文件予以扣押；对有可能成为痕迹物证载体的物品、文件，应当予以提取、扣押，进一步检验，但不得扣押或者提取与案件无关的物品、文件。对与犯罪有关的物品、文件和有可能成为痕迹物证载体的物品、文件的持有人无正当理由拒绝交出物品、文件的，现场勘验、检查人员可以强行扣押或者提取。

第55条 现场勘验、检查中需要扣押或者提取物品、文件的，由现场勘验、检查指挥员决定。执行扣押或者提取物品、文件时，侦查人员不得少于2人，并持有关法律文书和相关证件，同时应当有见证人在场。

第56条 现场勘验、检查中，发现爆炸物品、毒品、枪支、弹药和淫秽物品<u>以及其他危险品或者违禁物品</u>，应当立即扣押，固定相关证据后，交有关部门处理。

第57条 扣押物品、文件时，当场开具《扣押清单》，写明扣押的日期和物品、文件的名称、编号、数量、特征及其来源等，<u>由侦查人员</u>扣押经办人、见证人和物品、文件持有人分别签名或者盖章。对于持有人拒绝签名或者无法查清持有人的，应当在《扣押清单》上注明。

《扣押清单》一式3份，1份交物品、文件持有人，1份交公安机关保管人员，1份附卷备查。

提取现场痕迹、物品应当填写《提取痕迹、物证登记表》，写明物品、文件的编号、名称、数量、特征和来源等，由侦查人员、见证人和物品、文件持有人分别签名或者盖章。对于物品持有人拒绝签名或者无法查清持有人的，应当在《提取痕迹、物证登记表》上注明。

第58条 对应当扣押但不便提取的物品、文件，经登记、拍照或者录像、估价后，可以交被扣押物品、文件持有人保管或者封存，并明确告知物品持有人应当妥善保管，不得转移、变卖、毁损。

交被扣押物品、文件持有人保管或者封存的，应当开具《登记保存清单》，在清单上写明封存地点和保管责任人，注明已经拍照或者录像，由侦查人员、见证人和持有人签名或者盖章。

《登记保存清单》一式2份，1份交给物品、文件持有人，1份连同照片或者录像资料附卷备查。

对应当扣押但容易腐烂变质以及其他不易保管的物品，权利人明确的，经其本人书面同意或者申请，经县级以上公安机关负责人批准，在拍照或者录像固定后委托有关部门变卖、拍卖，所得款项存入本单位唯一合规账户，待诉讼终结后一并处理。

第 59 条 对不需要继续保留或者经调查证实与案件无关的检材和被扣押物品、文件，应当及时退还原主，填写《发还清单》一式 3 份，由承办人、领取人签名或者盖章，1 份交物品、文件的原主，1 份交物品保管人，1 份附卷备查。

第 60 条 对公安机关扣押物品、文件有疑问的，物品、文件持有人可以向扣押单位咨询；认为扣押不当的，可以向扣押物品、文件的公安机关申诉或者控告。

第 61 条 上级公安机关发现下级公安机关扣押物品、文件不当的，应当责令下级公安机关纠正，下级公安机关应当立即执行。必要时，上级公安机关可以就申诉、控告事项直接作出处理决定。

第 62 条 对于现场提取的痕迹、物品和扣押的物品、文件，应当按照有关规定建档管理，存放于专门场所，由专人负责，严格执行存取登记制度，严禁侦查人员自行保管。

【法〔2016〕401 号】 最高人民法院关于在执行工作中规范执行行为切实保护各方当事人财产权益的通知（2016 年 11 月 22 日）

三、在采取查冻扣措施时注意把握执行政策。查封、扣押、冻结财产要严格遵守相应的适用条件与法定程序，坚决杜绝超范围、超标的查封、扣押、冻结财产，对银行账户内资金采取冻结措施的，应当明确具体冻结数额；对土地、房屋等不动产保全查封时，如果登记在一个权利证书下的不动产价值超过应保全的数额，则应加强与国土部门的沟通、协商，尽量仅对该不动产的相应价值部分采取保全措施，避免影响其他部分财产权益的正常行使。

在采取具体执行措施时，要注意把握执行政策，尽量寻求依法平等保护各方利益的平衡点：对能采取"活封""活扣"措施的，尽量不"死封""死扣"，使保全财产继续发挥其财产价值，防止减损当事人利益，如对厂房、机器设备等生产经营性财产进行保全时，指定被保全人保管的，应当允许其继续使用；对车辆进行查封，可考虑与交管部门建立协助执行机制，以在车辆行驶证上加注查封标记的方式进行，既可防止被查封车辆被擅自转让，也能让车辆继续使用，避免"死封"带来的价值贬损及高昂停车费用。对有多种财产并存的，尽量优先采取方便执行且对当事人生产经营影响较小的执行措施。在不损害债权人利益前提下，允许被执行人在法院监督下处置财产，尽可能保全财产市场价值。在条件允许的情况下可以为企业预留必要的流动资金和往来账户，最大限度降低对企业正常生产经营活动的不利影响。对符合法定情形的，应当在法定期限内及时解除保全措施，避免因拖延解保给被保全人带来财产损失。《最高人民法院关于人民法院办理财产保全案件若干问题的规定》即将正式施行，各级人民法院要在执行工作中认真贯彻落实。

【银监发〔2016〕41 号】 电信网络新型违法犯罪案件冻结资金返还若干规定（中国银监会、公安部 2016 年 8 月 4 日印发施行）

第 2 条 本规定所称电信网络新型违法犯罪案件，是指不法分子利用电信、互联网等技术，通过发送短信、拨打电话、植入木马等手段，诱骗（盗取）被害人资金汇（存）入其控制的银行账户，实施的违法犯罪案件。

本规定所称冻结资金，是指公安机关依照法律规定对特定银行账户实施冻结措施，并由银行业金融机构协助执行的资金。本规定所称被害人，包括自然人、法人和其他组织。

第4条　公安机关负责查清被害人资金流向，及时通知被害人，并作出资金返还决定，实施返还。

银行业监督管理机构负责督促、检查辖区内银行业金融机构协助查询、冻结、返还工作，并就执行中的问题与公安机关进行协调。

银行业金融机构依法协助公安机关查清被害人资金流向，将所涉资金返还至公安机关指定的被害人账户。

第5条　被害人在办理被骗（盗）资金返还过程中，应当提供真实有效的信息，配合公安机关和银行业金融机构开展相应的工作。

被害人应当由本人办理冻结资金返还手续。本人不能办理的，可以委托代理人办理；公安机关应当核实委托关系的真实性。

被害人委托代理人办理冻结资金返还手续的，应当出具合法的委托手续。

第6条　对电信网络新型违法犯罪案件，公安机关冻结涉案资金后，应当主动告知被害人。

被害人向冻结公安机关或者受理案件地公安机关提出冻结涉案资金返还请求的，应当填写《电信网络新型违法犯罪涉案资金返还申请表》（附件1）。

冻结公安机关应当对被害人的申请进行审核，经查明冻结资金确属被害人的合法财产，权属明确无争议的，制作《电信网络新型违法犯罪涉案资金流向表》和《呈请返还资金报告书》（附件2），由设区的市一级以上公安机关批准并出具《电信网络新型违法犯罪冻结资金返还决定书》（附件3）。

受理案件地公安机关与冻结公安机关不是同一机关的，受理案件地公安机关应当及时向冻结公安机关移交受、立案法律手续、询问笔录、被骗盗银行卡账户证明、身份信息证明、《电信网络新型违法犯罪涉案资金返还申请表》等相关材料，冻结公安机关按照前款规定进行审核决定。

冻结资金应当返还至被害人原汇出银行账户，如原银行账户无法接受返还，也可以向被害人提供的其他银行账户返还。

第7条　冻结公安机关对依法冻结的涉案资金，应当以转账时间戳（银行电子系统记载的时间点）为标记，核查各级转账资金走向，一一对应还原资金流向，制作《电信网络新型违法犯罪案件涉案资金流向表》。

第8条　冻结资金以溯源返还为原则，由公安机关区分不同情况按以下方式返还：

（一）冻结账户内仅有单笔汇（存）款记录，可直接溯源被害人的，直接返还被害人；

（二）冻结账户内有多笔汇（存）款记录，按照时间戳记载可以直接溯源被害人的，直接返还被害人；

（三）冻结账户内有多笔汇（存）款记录，按照时间戳记载无法直接溯源被害人的，按照被害人被骗（盗）金额占冻结在案资金总额的比例返还（返还计算公式见附件4）。

按比例返还的，公安机关应当发出公告，公告期为30日，公告期间内被害人、其他利害关系人可就返还冻结提出异议，公安机关依法进行审核。

冻结账户返还后剩余资金在原冻结期内继续冻结；公安机关根据办案需要可以在冻结期满前依法办理续冻手续。如查清新的被害人，公安机关可以按照本规定启动新的返还程序。

第9条　被害人以现金通过自动柜员机或者柜台存入涉案账户内的，涉案账户交易明细账中的存款记录与被害人笔录核对相符的，可以依照本规定第8条的规定，予以返还。

第10条 公安机关办理资金返还工作时，应当制作《电信网络新型违法犯罪冻结资金协助返还通知书》（附件5），由两名以上公安机关办案人员持本人有效人民警察证和《电信网络新型违法犯罪冻结资金协助返还通知书》前往冻结银行办理返还工作。

第11条 立案地涉及多地，对资金返还存在争议的，应当由共同上级公安机关确定一个公安机关负责返还工作。

第12条 银行业金融机构办理返还时，应当对办案人员的人民警察证和《电信网络新型违法犯罪冻结资金协助返还通知书》进行审查。对于提供的材料不完备的，有权要求办案公安机关补正。

银行业金融机构应当及时协助公安机关办理返还。能够现场办理完毕的，应当现场办理；现场无法办理完毕的，应当在3个工作日内办理完毕。银行业金融机构应当将回执反馈公安机关。

银行业金融机构应当留存《电信网络新型违法犯罪冻结资金协助返还通知书》原件、人民警察证复印件，并妥善保管留存，不得挪作他用。

第14条 公安机关违法办理资金返还，造成当事人合法权益损失的，依法承担法律责任。

第15条 中国银监会和公安部应当加强对新型电信网络违法犯罪冻结资金返还工作的指导和监督。

银行业金融机构违反协助公安机关资金返还义务的，按照《银行业金融机构协助人民检察院公安机关国家安全机关查询冻结工作规定》第28条的规定，追究相应机构和人员的责任。

附件5：资金返还比例计算方法

冻结公安机关逐笔核对时间戳，按所拦截的资金来源区分被害人资金份额。若冻结账户为A账户；冻结账户的上级账户为B账户，B账户内有多笔资金来源；B账户的上级账户为C账户，C账户内的资金可明确追溯单一被害人资金。

C账户应分配的资金 = 【特定时间戳C账户汇入B账户的资金额】÷【特定时间戳B账户内资金余额】×【特定时间戳B账户资金汇入A账户的冻结资金额】

C账户可分配资金若不能明确对应至单一被害人资金的，应参照前述所列公式，将C账户可分配资金视作公式中的"冻结账户金额"向上一级账户溯源分配，依此类推。

举例说明：

2016年3月事主王某被电信网络诈骗100万元，事主账号为62226001400＊＊＊＊2209，被犯罪嫌疑人通过逐层转账的方式转至下级账号。

出账：于3月16日13时20分10秒被网银转到账号62226009100＊＊＊＊4840金额100万。

出账：于13时21分05秒分别网银转账到62128802000＊＊＊＊5406金额50万元，账号62170017000＊＊＊＊9449金额50万元。

出账：62128802000＊＊＊＊5406金额50万元又分别于13时21分56秒转62220213060＊＊＊＊5495账号金额20万元和62170017000＊＊＊＊5431账号金额30万元。

进账：与此同时62170017000＊＊＊＊5431账于13时22分18秒又收到账号62148302

＊＊＊1469 网银转来金额 15 万元。

出账：62170017000＊＊＊5431 账号又于 13 时 23 分 50 秒分别通过网银转账转至 62178663000＊＊＊7604 账号金额 10 万，转至 62258801＊＊＊＊0272 账号金额 35 万元。

出账：62258801＊＊＊＊0272 账号于 13 时 25 分 01 秒转至另一账号 18 万元后。

冻结：62258801＊＊＊＊0272 账号于 13 时 25 分 30 秒该账号被我公安机关冻结，共冻结金额 17 万元。

通过以上案例，对照公式，其中 13 时 25 分 30 秒 62258801＊＊＊＊02722 账号为特定时间戳 A，13 时 23 分 50 秒 62170017000＊＊＊＊5431 账号为特定时间戳 B，13 时 21 分 56 秒 62128802000＊＊＊＊5406 账号为特定时间戳 C，事主王某应返还钱款计算公式为：30÷45×17＝11.33 万元。

【银监办发〔2016〕170 号】 电信网络新型违法犯罪案件冻结资金返还若干规定实施细则（中国银监会办公厅、公安部办公厅 2016 年 12 月 2 日）

第 2 条 《返还规定》目前仅适用于我国公安机关立案侦办的电信网络犯罪案件。外国通过有关国际条约、协议、规定的联系途径、外交途径，提出刑事司法协助请求的，由银监会和公安部批准后，可参照此规定执行。

第 3 条 《返还规定》第 2 条第 2 款所称的冻结资金不包括止付资金。

第 4 条 《返还规定》第 5 条第 1 款中的"真实有效的信息"，是指受害人应当提供本人有效身份证件、接受资金返还银行卡（卡状态为正常）原件及复印件，并在复印件上注明"此复印件由本人提供，经核对，与原件无误，此件只做冻结资金返还使用"。

第 5 条 被害人委托代理人办理资金返还手续时，委托代理人需提供本人有效身份证件、被害人有效证件以及被害人签名或盖章的授权委托书。

被害人为无民事行为能力或者限制民事行为能力的，由其监护人办理资金返还；被害人死亡的，由其继承人办理资金返还。被害人的监护人或继承人需提供相应证明文件。

第 6 条 《返还规定》第 5 条中的"公安机关"是指受理案件地公安机关。

【高检发〔2017〕1 号】 最高人民检察院关于充分履行检察职能加强产权司法保护的意见（2017 年 1 月 6 日）

5.……对于不涉案的款物、账户，包括企业生产经营资料、涉案人员近亲属的合法财产等，一律不查封、扣押、冻结。……

10.……对于涉案企业和人员正在投入生产运营或者正在用于科技创新、产品研发的设备、资金和技术资料等，能够采取非强制性措施即可达到保障诉讼目的的，不使用强制性措施。加强查封、扣押、冻结涉案财产甄别审查工作，最大限度缩短甄别审查期限，确保合法财产不受牵连。……

【公通字〔2017〕25 号】 最高人民检察院、公安部关于公安机关办理经济犯罪案件的若干规定（最高检、公安部 2017 年 11 月 24 日印发，2018 年 1 月 1 日施行；2005 年 12 月 31 日"公通字〔2005〕101 号"《规定》同时废止）

第 46 条 查封、扣押、冻结以及处置涉案财物，应当依照法律规定的条件和程序进行。除法律法规和规范性文件另有规定以外，公安机关不得在诉讼程序终结之前处置涉案财物。严格区分违法所得、其他涉案财产与合法财产，严格区分企业法人财产与股东个人财产，严格区分犯罪嫌疑人个人财产与家庭成员财产，不得超权限、超范围、超数额、超时限查封、扣押、冻结，并注意保护利害关系人的合法权益。

对涉众型经济犯罪案件①，需要追缴、返还涉案财物的，应当坚持统一资产处置原则。公安机关移送审查起诉时，应当将有关涉案财物及其清单随案移送人民检察院。人民检察院提起公诉时，应当将有关涉案财物及其清单一并移送受理案件的人民法院，并提出处理意见。

第47条 对依照有关规定可以分割的土地、房屋等涉案不动产，应当只对与案件有关的部分进行查封。

对不可分割的土地、房屋等涉案不动产或者车辆、船舶、航空器以及大型机器、设备等特定动产，可以查封、扣押、冻结犯罪嫌疑人提供的与涉案金额相当的其他财物。犯罪嫌疑人不能提供的，可以予以整体查封。

冻结涉案账户的款项数额，应当与涉案金额相当。

第48条 对自动投案时主动提交的涉案财物和权属证书等，公安机关可以先行接收，如实登记并出具接收财物凭证，根据立案和侦查情况决定是否查封、扣押、冻结。

第49条 已被依法查封、冻结的涉案财物，公安机关不得重复查封、冻结，但是可以轮候查封、冻结。

已被人民法院采取民事财产保全措施的涉案财物，依照前款规定办理。

第50条 对不宜查封、扣押、冻结的经营性涉案财物，在保证侦查活动正常进行的同时，可以允许有关当事人继续合理使用，并采取必要的保值保管措施，以减少侦查办案对正常办公和合法生产经营的影响。必要时，可以申请当地政府指定有关部门或者委托有关机构代管。

第51条 对查封、扣押、冻结的涉案财物及其孳息，以及作为证据使用的实物，公安机关应当如实登记，妥善保管，随案移送，并与人民检察院及时交接，变更法律手续。

在查封、扣押、冻结涉案财物时，应当收集、固定与涉案财物来源、权属、性质等有关的证据材料并随案移送。对不宜移送或者依法不移送的实物，应当将其清单、照片或者其他证明文件随案移送。

第52条 涉嫌犯罪事实查证属实后，对有证据证明权属关系明确的被害人合法财产及其孳息，及时返还不损害其他被害人或者利害关系人的利益、不影响诉讼正常进行的，可以在登记、拍照或者录像、估价后，经县级以上公安机关负责人批准，开具发还清单，在诉讼程序终结之前返还被害人。办案人员应当在案卷中注明返还的理由，将原物照片、清单和被害人的领取手续存卷备查。

具有下列情形之一的，不得在诉讼程序终结之前返还：（一）涉嫌犯罪事实尚未查清的；（二）涉案财物及其孳息的权属关系不明确或者存在争议的；（三）案件需要变更管辖的；（四）可能损害其他被害人或者利害关系人利益的；（五）可能影响诉讼程序正常进行的；（六）其他不宜返还的。

第53条 有下列情形之一的，除依照有关法律法规和规范性文件另行处理的以外，应

---

① 本《规定》第78条规定："涉众型经济犯罪案件"，是指基于同一法律事实、利益受损人数众多、可能影响社会秩序稳定的经济犯罪案件，包括但不限于非法吸收公众存款，集资诈骗，组织、领导传销活动，擅自设立金融机构，擅自发行股票、公司企业债券等犯罪。

当立即解除对涉案财物的查封、扣押、冻结措施,并及时返还有关当事人:(一)公安机关决定撤销案件或者对犯罪嫌疑人终止侦查的;(二)人民检察院通知撤销案件或者作出不起诉决定的;(三)人民法院作出生效判决、裁定应当返还的。

第54条 犯罪分子违法所得的一切财物及其孳息,应当予以追缴或者责令退赔。

发现犯罪嫌疑人将经济犯罪违法所得和其他涉案财物用于清偿债务、转让或者设定其他权利负担,具有下列情形之一的,应当依法查封、扣押、冻结:(一)他人明知是经济犯罪违法所得和其他涉案财物而接受的;(二)他人无偿或者以明显低于市场价格取得上述财物的;(三)他人通过非法债务清偿或者违法犯罪活动取得上述财物的;(四)他人通过其他恶意方式取得上述财物的。

他人明知是经济犯罪违法所得及其产生的收益,通过虚构债权债务关系、虚假交易等方式予以窝藏、转移、收购、代为销售或者以其他方法掩饰、隐瞒,构成犯罪的,应当依法追究刑事责任。

第55条 具有下列情形之一,依照刑法规定应当追缴其违法所得及其他涉案财物的,经县级以上公安机关负责人批准,公安机关应当出具没收违法所得意见书,连同相关证据材料一并移送同级人民检察院:(一)重大的走私、金融诈骗、洗钱犯罪案件,犯罪嫌疑人逃匿,在通缉1年后不能到案的;(二)犯罪嫌疑人死亡的;(三)涉案重大走私、金融诈骗、洗钱犯罪的单位被撤销、注销,直接负责的主管人员和其他直接责任人员逃匿、死亡,导致案件无法适用普通刑事诉讼程序审理的。

犯罪嫌疑人死亡,现有证据证明其存在违法所得及其他涉案财物应当予以没收的,公安机关可以继续调查,并依法进行查封、扣押、冻结。

【主席令〔2000〕35号】 中华人民共和国海关法(1987年1月22日第6届全国人大常委会第19次会议通过;2000年7月8日第9届全国人大常委会第16次会议修订;2013年6月29日、2013年12月28日、2016年11月7日、2017年11月4日、2021年4月29日修正)

第6条 海关可以行使下列权力:

(一)检查进出境运输工具,查验进出境货物、物品;对违反本法或者其他有关法律、行政法规的,可以扣留。

(二)查阅进出境人员的证件;查问违反本法或者其他有关法律、行政法规的嫌疑人,调查其违法行为。

(三)查阅、复制与进出境运输工具、货物、物品有关的合同、发票、帐册、单据、记录、文件、业务函电、录音录像制品和其他资料;对其中与违反本法或者其他有关法律、行政法规的进出境运输工具、货物、物品有牵连的,可以扣留。

(四)在海关监管区和海关附近沿海沿边规定地区,检查有走私嫌疑的运输工具和有藏匿走私货物、物品嫌疑的场所,检查走私嫌疑人的身体;对有走私嫌疑的运输工具、货物、物品和走私犯罪嫌疑人,经直属海关关长或者其授权的隶属海关关长批准,可以扣留;对走私犯罪嫌疑人,扣留时间不超过24小时,在特殊情况下可以延长至48小时。

在海关监管区和海关附近沿海沿边规定地区以外,海关在调查走私案件时,对有走私嫌疑的运输工具和除公民住处以外的有藏匿走私货物、物品嫌疑的场所,经直属海关关长或者其授权的隶属海关关长批准,可以进行检查,有关当事人应当到场;当事人未到场的,在有见证人在场的情况下,可以径行检查;对其中有证据证明有走私嫌疑的运输工具、货物、物品，可以扣留。

海关附近沿海沿边规定地区的范围，由海关总署和国务院公安部门会同有关省级人民政府确定。

（五）在调查走私案件时，经直属海关关长或者其授权的隶属海关关长批准，可以查询案件涉嫌单位和涉嫌人员在金融机构、邮政企业的存款、汇款。

（六）进出境运输工具或者个人违抗海关监管逃逸的，海关可以连续追至海关监管区和海关附近沿海沿边规定地区以外，将其带回处理。

（七）海关为履行职责，可以配备武器。海关工作人员佩带和使用武器的规则，由海关总署会同国务院公安部门制定，报国务院批准。

（八）法律、行政法规规定由海关行使的其他权力。

第92条　海关依法扣留的货物、物品、运输工具，在人民法院判决或者海关处罚决定作出之前，不得处理。但是，危险品或者鲜活、易腐、易失效等不宜长期保存的货物、物品以及所有人申请先行变卖的货物、物品、运输工具，经直属海关关长或者其授权的隶属海关关长批准，可以先行依法变卖，变卖所得价款由海关保存，并通知其所有人。

人民法院判决没收或者海关决定没收的走私货物、物品、违法所得、走私运输工具、特制设备，由海关依法统一处理，所得价款和海关决定处以的罚款，全部上缴中央国库。

【主席令〔2018〕6号】　中华人民共和国反恐怖主义法（2015年12月27日全国人大常委会〔12届18次〕通过，2016年1月1日起施行，2011年10月29日全国人大常委会《关于加强反恐怖工作有关问题的决定》同时废止；2018年4月27日全国人大常委会〔13届2次〕修正）

第52条　公安机关调查恐怖活动嫌疑，经县级以上公安机关负责人批准，可以查询嫌疑人员的存款、汇款、债券、股票、基金份额等财产，可以采取查封、扣押、冻结措施。查封、扣押、冻结的期限不得超过2个月，情况复杂的，可以经上一级公安机关负责人批准延长1个月。

【主席令〔2018〕13号】　中华人民共和国国际刑事司法协助法（2018年10月26日第13届全国人大常委会第6次会议通过，主席令第13号公布施行）

第39条（第2款）　外国对于协助执行中华人民共和国查封、扣押、冻结涉案财物的请求有特殊要求的，在不违反中华人民共和国法律的基本原则的情况下，可以同意。需要由司法机关作出决定的，由人民法院作出。

第40条　向外国请求查封、扣押、冻结涉案财物的，请求书及所附材料应当根据需要载明下列事项：（一）需要查封、扣押、冻结的涉案财物的权属证明、名称、特性、外形和数量等；（二）需要查封、扣押、冻结的涉案财物的地点。资金或者其他金融资产存放在金融机构中的，应当载明金融机构的名称、地址和账户信息；（三）相关法律文书的副本；（四）有关查封、扣押、冻结以及利害关系人权利保障的法律规定；（五）有助于执行请求的其他材料。

第42条（第2款）　外国向中华人民共和国请求查封、扣押、冻结涉案财物的，请求书及所附材料应当根据需要载明本法第40条规定的事项。

第43条　主管机关经审查认为符合下列条件的，可以同意查封、扣押、冻结涉案财物，并安排有关办案机关执行：（一）查封、扣押、冻结符合中华人民共和国法律规定的条件；

（二）查封、扣押、冻结涉案财物与请求国正在进行的刑事案件的调查、侦查、起诉和审判活动相关；（三）涉案财物可以被查封、扣押、冻结；（四）执行请求不影响利害关系人的合法权益；（五）执行请求不影响中华人民共和国有关机关正在进行的调查、侦查、起诉、审判和执行活动。

办案机关应当及时通过主管机关通知对外联系机关，由对外联系机关将查封、扣押、冻结的结果告知请求国。必要时，办案机关可以对被查封、扣押、冻结的涉案财物依法采取措施进行处理。

第44条 查封、扣押、冻结的期限届满，外国需要继续查封、扣押、冻结相关涉案财物的，应当再次向对外联系机关提出请求。

外国决定解除查封、扣押、冻结的，对外联系机关应当通过主管机关通知办案机关及时解除。

第45条 利害关系人对查封、扣押、冻结有异议，办案机关经审查认为查封、扣押、冻结不符合本法第43条第1款规定的条件的，应当报请主管机关决定解除查封、扣押、冻结并通知对外联系机关，由对外联系机关告知请求国；对案件处理提出异议的，办案机关可以通过所属主管机关转送对外联系机关，由对外联系机关向请求国提出。

第46条 由于请求国的原因导致查封、扣押、冻结不当，对利害关系人的合法权益造成损害的，办案机关可以通过对外联系机关要求请求国承担赔偿责任。

【高检（研）发〔2018〕号】 最高人民检察院关于检察机关办理涉民营企业案件有关法律政策问题的解答（2018年11月15日）

八、办理涉民营企业案件，怎样慎重使用查封、扣押、冻结等强制性措施？

答：办理涉民营企业案件，应当坚持谦抑性原则，尽可能减少对民营企业经营活动的影响，能够采取较为轻缓、宽和的措施，就尽量不采用限制人身、财产权利的强制性措施，具体措施的采取必须综合考量案件证据的收集情况、犯罪的轻重程度以及犯罪嫌疑人的社会危险性等因素。在自行补充侦查过程中，需要查封、扣押、冻结财产的，应当做到严格区分违法所得、其他涉案财产与合法财产，严格区分民营企业法人财产与个人财产，严格区分涉案民营企业负责人个人财产与家庭成员财产，不得超权限、超范围、超数额、超时限查封、扣押、冻结，并注意保护民营企业利害关系人的合法权益。需要查封、扣押、冻结的，一般应当为民营企业预留必要的流动资金和往来账户，减少对正常生产经营活动的影响；对于涉案民营企业正在投入生产运营和正在用于科技创新、产品研发的设备、资金和技术资料等，原则上不予查封、扣押、冻结，确需提取犯罪证据的，可以采取拍照、复制等方式提取。对公安机关违反有关规定查封、扣押、冻结涉案财物的，应当依法提出纠正意见。

【主席令〔2018〕3号】 中华人民共和国监察法（2018年3月20日第13届全国人大第1次会议通过，同日公布施行）

第23条 监察机关调查涉嫌贪污贿赂、失职渎职等严重职务违法或者职务犯罪，根据工作需要，可以依照规定查询、冻结涉案单位和个人的存款、汇款、债券、股票、基金份额等财产。有关单位和个人应当配合。

冻结的财产经查明与案件无关的，应当在查明后3日内解除冻结，予以退还。

第25条 监察机关在调查过程中，可以调取、查封、扣押用以证明被调查人涉嫌违法犯罪的财物、文件和电子数据等信息。采取调取、查封、扣押措施，应当收集原物原件，会同持有人或者保管人、见证人，当面逐一拍照、登记、编号，开列清单，由在场人员当场核对、签名，并将清单副本交财物、文件的持有人或者保管人。

对调取、查封、扣押的财物、文件，监察机关应当设立专用账户、专门场所，确定专门人员妥善保管，严格履行交接、调取手续，定期对账核实，不得毁损或者用于其他目的。对价值不明物品应当及时鉴定，专门封存保管。

查封、扣押的财物、文件经查明与案件无关的，应当在查明后3日内解除查封、扣押，予以退还。

第41条　调查人员采取讯问、询问、留置、搜查、调取、查封、扣押、勘验检查等调查措施，均应当依照规定出示证件，出具书面通知，由2人以上进行，形成笔录、报告等书面材料，并由相关人员签名、盖章。

调查人员进行讯问以及搜查、查封、扣押等重要取证工作，应当对全过程进行录音录像，留存备查。

第46条　监察机关经调查，对违法取得的财物，依法予以没收、追缴或者责令退赔；对涉嫌犯罪取得的财物，应当随案移送人民检察院。

【国监办发〔2019〕3号】　国家监察委员会办公厅、自然资源部办公厅关于不动产登记机构协助监察机关在涉案财物处理中办理不动产登记工作的通知（2019年12月17日印发，2020年1月1日起实施）

一、县级以上监察机关经过调查，对违法取得且已经办理不动产登记或者具备首次登记条件的不动产作出没收、追缴、责令退赔等处理决定后，在执行没收、追缴、责令退赔等决定过程中需要办理不动产转移等登记的，不动产登记机构应当按照监察机关出具的监察文书和协助执行通知书办理。

监察机关对不动产作出的处理决定，应当依法告知被调查人以及不动产权利人。

不动产登记涉及的税费按照国家有关规定收取。

二、监察机关到不动产登记机构办理不动产登记时，应当出具监察文书和协助执行通知书，由2名工作人员持上述文书和本人工作证件办理。根据工作需要，也可以出具委托函，委托财政部门、国有资产管理部门或者其他被授权协助处理涉案财物的单位，由其2名工作人员持本人工作证件、委托函、监察机关出具的监察文书和协助执行通知书办理。

三、中央纪委国家监委各派驻（派出）机构以及中管企业纪检监察机构需要不动产登记机构协助办理不动产登记的，应当依法出具监察文书和协助执行通知书，按照本通知第2条规定的程序办理。

省级以下监察委员会派驻或者派出的监察机构、监察专员根据授权开展调查、处置工作过程中，需要商请不动产登记机构协助办理不动产登记的，应当依法出具监察文书，由该监察委员会审核并出具协助执行通知书，按照本通知第2条规定的程序办理。

四、监察机关需要异地不动产登记机构协助办理不动产登记的，可以直接到异地不动产登记机构办理，也可以出具委托函，委托不动产所在地监察机关办理。具体办理程序按照第2条的规定执行。

五、监察机关对不动产进行处理前，应当先行查询不动产权属情况。处理不动产涉及集体土地和划拨土地的，监察机关应当与自然资源管理部门协商后再行处理。

六、相关不动产已被人民法院、人民检察院、公安机关等其他有权机关查封，并由不动产登记机构办理了查封登记的，监察机关在作出处理决定前应当与上述实施查封的有权机关协商。需要注销查封登记的，应当由实施查封的有权机关按照规定程序办理。

七、相关不动产已办理抵押登记的，监察机关应当依法妥善处理，保障抵押权人合法权益。

八、不动产登记机构在协助监察机关办理不动产登记时，不对监察文书和协助执行通知书进行实体审查。不动产登记机构认为监察机关处理的相关不动产信息错误的，应当依法向监察机关提出书面核查建议，监察机关应当进行认真核查，核查期间中止协助事项。经监察机关核查并出具书面函件确认无误后，不动产登记机构应当予以协助办理。

九、公民、法人或者其他组织对不动产登记机构根据监察机关的监察文书等材料办理的不动产登记行为不服的，可以按规定向相关监察机关申诉、控告或者检举。

公民、法人或者其他组织对登记行为不服申请行政复议的，有关复议机构不予受理，但公民、法人或者其他组织认为登记与有关文书内容不一致的除外。

不动产登记机构根据监察机关的监察文书等材料办理不动产登记，是行政机关根据有权机关的协助执行通知书实施的行为，公民、法人或者其他组织对该行为不服提起行政诉讼的，按照《最高人民法院关于审理房屋登记案件若干问题的规定》（法释〔2010〕15号）第2条规定办理。

【国监办发〔2020〕3号】 国家监察委员会办公厅、公安部办公厅关于规范公安机关协助监察机关在涉案财物处理中办理机动车登记工作的通知（2020年6月24日印发实施）

一、县级以上监察机关经过调查，对违法取得且已经办理登记或者具备法定登记条件的机动车作出没收、追缴、责令退赔等处理决定后，在执行没收、追缴、责令退赔等决定过程中需要办理机动车注册、转移等登记的，公安机关交通管理部门应当按照监察机关出具的监察文书和协助执行通知书办理。

监察机关对机动车作出的处理决定，应当依法告知被调查人以及机动车所有人。

机动车登记涉及的税费按照国家有关规定收取。

二、监察机关到公安机关交通管理部门办理机动车登记时，应当出具监察文书和协助执行通知书，以及现机动车所有人的身份证明原件或者复印件，由2名工作人员持本人工作证件办理。根据工作需要，也可以委托财政部门、国有资产管理部门或者其他被授权协助处理涉案财物的单位，由其2名工作人员持本人工作证件、委托函、监察机关出具的监察文书、协助执行通知书以及现机动车所有人的身份证明原件或者复印件办理。

三、中央纪委国家监委各派驻机构、派出机构以及中管企业纪检监察机构需要公安机关交通管理部门协助办理机动车登记的，应当依法出具监察文书和协助执行通知书，按照本通知第2条规定的程序办理。

省级以下监察委员会派驻或者派出的监察机构、监察专员根据授权开展调查、处置工作过程中，需要商请公安机关交通管理部门协助办理机动车登记的，应当依法出具监察文书，由该监察委员会审核并出具协助执行通知书，按照本通知第2条规定的程序办理。

四、监察机关需要异地公安机关交通管理部门协助办理机动车注册、转移等登记的，可以直接到异地公安机关交通管理部门办理，也可以出具委托函，委托机动车登记地监察机关办理。具体办理程序按照本通知第2条的规定执行。

五、对机动车被监察机关依法拍卖，或者被监察机关依法处理决定所有权转移的，可以由现机动车所有人或者其代理人持监察机关出具的监察文书、协助执行通知书以及法律法规规定的证明凭证办理机动车登记。

原机动车所有人未提供机动车登记证书、号牌或者行驶证的，监察机关应当在协助执行通知书中注明，公安机关交通管理部门按照监察机关出具的协助执行通知书办理登记手续。

六、监察机关对机动车进行处理前，应当先行查询机动车权属等情况。对存在被盗抢、走私、非法拼（组）装、达到国家强制报废标准等情形的机动车，监察机关应当与公安机关协商后依法处理。

七、相关机动车已被人民法院、人民检察院、公安机关等其他有权机关查封、扣押的，监察机关在作出处理决定前应当与上述实施查封、扣押的有权机关协商。需要解除查封、扣押的，应当由实施查封、扣押的有权机关按照规定程序办理。

八、相关机动车已办理抵押登记的，监察机关应当依法妥善处理，保障抵押权人合法权益。

九、公安机关交通管理部门在协助监察机关办理机动车登记时，不对监察文书和协助执行通知书进行实体审查。公安机关交通管理部门认为监察机关处理的相关机动车、机动车所有人等信息错误的，应当依法向监察机关提出书面核查建议，监察机关应当进行认真核查，核查期间中止协助事项。经监察机关核查并出具书面函件确认无误后，公安机关交通管理部门应当予以协助办理。

十、公民、法人或者其他组织对公安机关交通管理部门根据监察机关的监察文书等材料办理机动车登记行为不服，可以按规定向相关监察机关申诉、控告或者检举。

公民、法人或者其他组织对登记行为不服申请行政复议的，有关复议机构不予受理，但公民、法人或者其他组织认为登记与有关文书内容不一致的除外。

公安机关交通管理部门根据监察机关的监察文书等材料办理机动车登记，是行政机关根据有权机关的协助执行通知书实施的行为，公民、法人或者其他组织对该行为不服提起行政诉讼的，按照相关法律规定办理。

【国监委公告〔2021〕1号】 监察法实施条例（2021年7月20日国家监委全体会议决定，2021年9月20日公布施行）

第104条 监察机关调查严重职务违法或者职务犯罪，根据工作需要，按规定报批后，可以依法查询、冻结涉案单位和个人的存款、汇款、债券、股票、基金份额等财产。

第105条 查询、冻结财产时，调查人员不得少于2人。调查人员应当出具《协助查询财产通知书》或者《协助冻结财产通知书》，送交银行或者其他金融机构、邮政部门等单位执行。有关单位和个人应当予以配合，并严格保密。

查询财产应当在《协助查询财产通知书》中填写查询账号、查询内容等信息。没有具体账号的，应当填写足以确定账户或者权利人的自然人姓名、身份证件号码或者企业法人名称、统一社会信用代码等信息。

冻结财产应当在《协助冻结财产通知书》中填写冻结账户名称、冻结账号、冻结数额、冻结期限起止时间等信息。冻结数额应当具体、明确，暂时无法确定具体数额的，应当在《协助冻结财产通知书》上明确写明"只收不付"。冻结证券和交易结算资金时，应当明确冻结的范围是否及于孳息。

冻结财产，应当为被调查人及其所扶养的亲属保留必需的生活费用。

第 106 条　调查人员可以根据需要对查询结果进行打印、抄录、复制、拍照，要求相关单位在有关材料上加盖证明印章。对查询结果有疑问的，可以要求相关单位进行书面解释并加盖印章。

第 107 条　监察机关对查询信息应当加强管理，规范信息交接、调阅、使用程序和手续，防止滥用和泄露。

调查人员不得查询与案件调查工作无关的信息。

第 108 条　冻结财产的期限不得超过 6 个月。冻结期限到期未办理续冻手续的，冻结自动解除。

有特殊原因需要延长冻结期限的，应当在到期前按原程序报批，办理续冻手续。每次续冻期限不得超过 6 个月。

第 109 条　已被冻结的财产可以轮候冻结，不得重复冻结。轮候冻结的，监察机关应当要求有关银行或者其他金融机构等单位在解除冻结或者作出处理前予以通知。

监察机关接受司法机关、其他监察机关等国家机关移送的涉案财物后，该国家机关采取的冻结期限届满，监察机关续行冻结的顺位与该国家机关冻结的顺位相同。

第 110 条　冻结财产应当通知权利人或者其法定代理人、委托代理人，要求其在《冻结财产告知书》上签名。冻结股票、债券、基金份额等财产，应当告知权利人或者其法定代理人、委托代理人有权申请出售。

对于被冻结的股票、债券、基金份额等财产，权利人或者其法定代理人、委托代理人申请出售，不损害国家利益、被害人利益，不影响调查正常进行的，经审批可以在案件办结前由相关机构依法出售或者变现。对于被冻结的汇票、本票、支票即将到期的，经审批可以在案件办结前由相关机构依法出售或者变现。出售上述财产的，应当出具《许可出售冻结财产通知书》。

出售或者变现所得价款应当继续冻结在其对应的银行账户中；没有对应的银行账户的，应当存入监察机关指定的专用账户保管，并将存款凭证送监察机关登记。监察机关应当及时向权利人或者其法定代理人、委托代理人出具《出售冻结财产通知书》，并要求其签名。拒绝签名的，调查人员应当在文书上记明。

第 111 条　对于冻结的财产，应当及时核查。经查明与案件无关的，经审批，应当在查明后 3 日以内将《解除冻结财产通知书》送交有关单位执行。解除情况应当告知被冻结财产的权利人或者其法定代理人、委托代理人。

第 125 条　监察机关按规定报批后，可以依法查封、扣押用以证明被调查人涉嫌违法犯罪以及情节轻重的财物、文件、电子数据等证据材料。

对于被调查人到案时随身携带的物品，以及被调查人或者其他相关人员主动上交的财物和文件，依法需要扣押的，依照前款规定办理。对于被调查人随身携带的与案件无关的个人用品，应当逐件登记，随案移交或者退还。

第 126 条　查封、扣押时，应当出具《查封/扣押通知书》，调查人员不得少于 2 人。持有人拒绝交出应当查封、扣押的财物和文件的，可以依法强制查封、扣押。

调查人员对于查封、扣押的财物和文件，应当会同在场见证人和被查封、扣押财物持有人进行清点核对，开列《查封/扣押财物、文件清单》，由调查人员、见证人和持有人签名或者盖章。持有人不在场或者拒绝签名、盖章的，调查人员应当在清单上记明。

查封、扣押财物，应当为被调查人及其所扶养的亲属保留必需的生活费用和物品。

第 127 条 查封、扣押不动产和置于该不动产上不宜移动的设施、家具和其他相关财物，以及车辆、船舶、航空器和大型机械、设备等财物，必要时可以依法扣押其权利证书，经拍照或者录像后原地封存。调查人员应当在查封清单上记明相关财物的所在地址和特征，已经拍照或者录像及其权利证书被扣押的情况，由调查人员、见证人和持有人签名或者盖章。持有人不在场或者拒绝签名、盖章的，调查人员应当在清单上记明。

查封、扣押前款规定财物的，必要时可以将查封财物交给持有人或者其近亲属保管。调查人员应当告知保管人妥善保管，不得对被查封财物进行转移、变卖、毁损、抵押、赠予等处理。

调查人员应当将《查封/扣押通知书》送达不动产、生产设备或者车辆、船舶、航空器等财物的登记、管理部门，告知其在查封期间禁止办理抵押、转让、出售等权属关系变更、转移登记手续。相关情况应当在查封清单上记明。被查封、扣押的财物已经办理抵押登记的，监察机关在执行没收、追缴、责令退赔等决定时应当及时通知抵押权人。

第 128 条 查封、扣押下列物品，应当依法进行相应的处理：

（一）查封、扣押外币、金银珠宝、文物、名贵字画以及其他不易辨别真伪的贵重物品，具备当场密封条件的，应当当场密封，由 2 名以上调查人员在密封材料上签名并记明密封时间。不具备当场密封条件的，应当在笔录中记明，以拍照、录像等方法加以保全后进行封存。查封、扣押的贵重物品需要鉴定的，应当及时鉴定。

（二）查封、扣押存折、银行卡、有价证券等支付凭证和具有一定特征能够证明案情的现金，应当记明特征、编号、种类、面值、张数、金额等，当场密封，由 2 名以上调查人员在密封材料上签名并记明密封时间。

（三）查封、扣押易损毁、灭失、变质等不宜长期保存的物品以及有消费期限的卡、券，应当在笔录中记明，以拍照、录像等方法加以保全后进行封存，或者经审批委托有关机构变卖、拍卖。变卖、拍卖的价款存入专用账户保管，待调查终结后一并处理。

（四）对于可以作为证据使用的录音录像、电子数据存储介质，应当记明案由、对象、内容、录制、复制的时间、地点、规格、类别、应用长度、文件格式及长度等，制作清单。具备查封、扣押条件的电子设备、存储介质应当密封保存。必要时，可以请有关机关协助。

（五）对被调查人使用违法犯罪所得与合法收入共同购置的不可分割的财产，可以先行查封、扣押。对无法分割退还的财产，涉及违法的，可以在结案后委托有关单位拍卖、变卖，退还不属于违法所得的部分及孳息；涉及职务犯罪的，依法移送司法机关处置。

（六）查封、扣押危险品、违禁品，应当及时送交有关部门，或者根据工作需要严格封存保管。

第 129 条 对于需要启封的财物和文件，应当由 2 名以上调查人员共同办理。重新密封时，由 2 名以上调查人员在密封材料上签名、记明时间。

第 130 条 查封、扣押涉案财物，应当按规定将涉案财物详细信息、《查封/扣押财物、文件清单》录入并上传监察机关涉案财物信息管理系统。

对于涉案款项，应当在采取措施后 15 日以内存入监察机关指定的专用账户。对于涉案物品，应当在采取措施后 30 日以内移交涉案财物保管部门保管。因特殊原因不能按时存入专用账户或者移交保管的，应当按规定报批，将保管情况录入涉案财物信息管理系统，在原因消除后及时存入或者移交。

第131条　对于已移交涉案财物保管部门保管的涉案财物，根据调查工作需要，经审批可以临时调用，并应当确保完好。调用结束后，应当及时归还。调用和归还时，调查人员、保管人员应当当面清点查验。保管部门应当对调用和归还情况进行登记，全程录像并上传涉案财物信息管理系统。

第132条　对于被扣押的股票、债券、基金份额等财产，以及即将到期的汇票、本票、支票，依法需要出售或者变现的，按照本条例关于出售冻结财产的规定办理。

第133条　监察机关接受司法机关、其他监察机关等国家机关移送的涉案财物后，该国家机关采取的查封、扣押期限届满，监察机关续行查封、扣押的顺位与该国家机关查封、扣押的顺位相同。

第134条　对查封、扣押的财物和文件，应当及时进行核查。经查明与案件无关的，经审批，应当在查明后3日以内解除查封、扣押，予以退还。解除查封、扣押的，应当向有关单位、原持有人或者近亲属送达《解除查封/扣押通知书》，附《解除查封/扣押财物、文件清单》，要求其签名或者盖章。

第135条　在立案调查之前，对监察对象及相关人员主动上交的涉案财物，经审批可以接收。

接收时，应当由2名以上调查人员，会同持有人和见证人进行清点核对，当场填写《主动上交财物登记表》。调查人员、持有人和见证人应当在登记表上签名或者盖章。

对于主动上交的财物，应当根据立案及调查情况及时决定是否依法查封、扣押。

第207条（第3款）　对于涉案单位和人员通过行贿等非法手段取得的财物及孳息，应当依法予以没收、追缴或者责令退赔。对于违法取得的其他不正当利益，依照法律法规及有关规定予以纠正处理。

第208条　对查封、扣押、冻结的涉嫌职务犯罪所得财物及孳息应当妥善保管，并制作《移送司法机关涉案财物清单》随案移送人民检察院。对作为证据使用的实物应当随案移送；对不宜移送的，应当将清单、照片和其他证明文件随案移送。

对于移送人民检察院的涉案财物，价值不明的，应当在移送起诉前委托进行价格认定。在价格认定过程中，需要对涉案财物先行作出真伪鉴定或者出具技术、质量检测报告的，应当委托有关鉴定机构或者检测机构进行真伪鉴定或者技术、质量检测。

对不属于犯罪所得但属于违法取得的财物及孳息，应当依法予以没收、追缴或者责令退赔，并出具有关法律文书。

对经认定不属于违法所得的财物及孳息，应当及时予以返还，并办理签收手续。

第209条　监察机关经调查，对违法取得的财物及孳息决定追缴或者责令退赔的，可以依法要求公安、自然资源、住房城乡建设、市场监管、金融监管等部门以及银行等机构、单位予以协助。

追缴涉案财物以追缴原物为原则，原物已经转化为其他财物的，应当追缴转化后的财物；有证据证明依法应当追缴、没收的涉案财物无法找到、被他人善意取得、价值灭失减损或者与其他合法财产混合且不可分割的，可以依法追缴、没收其他等值财产。

追缴或者责令退赔应当自处置决定作出之日起1个月以内执行完毕。因被调查人的原因逾期执行的除外。

人民检察院、人民法院依法将不认定为犯罪所得的相关涉案财物退回监察机关的，监察机关应当依法处理。

【高检发〔2019〕6号】 最高人民法院、最高人民检察院、公安部、司法部关于办理黑恶势力刑事案件中财产处置若干问题的意见（2019年4月9日印发施行）

1. 公安机关、人民检察院、人民法院在办理黑恶势力犯罪案件时，在查明黑恶势力组织违法犯罪事实并对黑恶势力成员依法定罪量刑的同时，要全面调查黑恶势力组织及其成员的财产状况，依法对涉案财产采取查询、查封、扣押、冻结等措施，并根据查明的情况，依法作出处理。

前款所称处理既包括对涉案财产中犯罪分子违法所得、违禁品、供犯罪所用的本人财物以及其他等值财产等依法追缴、没收，也包括对被害人的合法财产等依法返还。

2. 对涉案财产采取措施，应当严格依照法定条件和程序进行。严禁在立案之前查封、扣押、冻结财物。凡查封、扣押、冻结的财物，都应当及时进行审查，防止因程序违法、工作瑕疵等影响案件审理以及涉案财产处置。

3. 对涉案财产采取措施，应当为犯罪嫌疑人、被告人及其所扶养的亲属保留必需的生活费用和物品。

根据案件具体情况，在保证诉讼活动正常进行的同时，可以允许有关人员继续合理使用有关涉案财产，并采取必要的保值保管措施，以减少案件办理对正常办公和合法生产经营的影响。

4. 要彻底摧毁黑社会性质组织的经济基础，防止其死灰复燃。对于组织者、领导者一般应当并处没收个人全部财产。对于确属骨干成员或者为该组织转移、隐匿资产的积极参加者，可以并处没收个人全部财产。对于其他组织成员，应当根据所参与实施违法犯罪活动的次数、性质、地位、作用、违法所得数额以及造成损失的数额等情节，依法决定财产刑的适用。

6. 公安机关侦查期间，要根据《公安机关办理刑事案件适用查封、冻结措施相关规定》（公通字〔2013〕30号）等有关规定，会同有关部门全面调查黑恶势力及其成员的财产状况，并可以根据诉讼需要，先行依法对下列财产采取查询、查封、扣押、冻结等措施：（1）黑恶势力组织的财产；（2）犯罪嫌疑人个人所有的财产；（3）犯罪嫌疑人实际控制的财产；（4）犯罪嫌疑人出资购买的财产；（5）犯罪嫌疑人转移至他人名下的财产；（6）犯罪嫌疑人涉嫌洗钱以及掩饰、隐瞒犯罪所得、犯罪所得收益等犯罪涉及的财产；（7）其他与黑恶势力组织及其违法犯罪活动有关的财产。

8. 公安机关对于采取措施的涉案财产，应当全面收集证明其来源、性质、用途、权属及价值的有关证据，审查判断是否应当依法追缴、没收。

证明涉案财产来源、性质、用途、权属及价值的有关证据一般包括：（1）犯罪嫌疑人、被告人关于财产来源、性质、用途、权属、价值的供述；（2）被害人、证人关于财产来源、性质、用途、权属、价值的陈述、证言；（3）财产购买凭证、银行往来凭证、资金注入凭据、权属证明等书证；（4）财产价格鉴定、评估意见；（5）可以证明财产来源、性质、用途、权属、价值的其他证据。

9. 公安机关对应当依法追缴、没收的财产中黑恶势力组织及其成员聚敛的财产及其孳息、收益的数额，可以委托专门机构评估；确实无法准确计算的，可以根据有关法律规定及查明的事实、证据合理估算。

人民检察院、人民法院对于公安机关委托评估、估算的数额有不同意见的，可以重新委托评估、估算。

11. (第3款) 涉案财产不宜随案移送的，应当按照相关法律、司法解释的规定，提供相应的清单、照片、录像、封存手续、存放地点说明、鉴定、评估意见、变价处理凭证等材料。

12. 对于不宜查封、扣押、冻结的经营性财产，公安机关、人民检察院、人民法院可以申请当地政府指定有关部门或者委托有关机构代管或者托管。

对易损毁、灭失、变质等不宜长期保存的物品，易贬值的汽车、船艇等物品，或者市场价格波动大的债券、股票、基金等财产，有效期即将届满的汇票、本票、支票等，经权利人同意或者申请，并经县级以上公安机关、人民检察院或者人民法院主要负责人批准，可以依法出售、变现或者先行变卖、拍卖，所得价款由扣押、冻结机关保管，并及时告知当事人或者其近亲属。

14. 人民法院作出的判决，除应当对随案移送的涉案财产作出处理外，还应当在判决书中写明需要继续追缴尚未被足额查封、扣押的其他违法所得；对随案移送财产进行处理时，应当列明相关财产的具体名称、数量、金额、处置情况等。涉案财产或者有关当事人人数较多，不宜在判决书正文中详细列明的，可以概括叙述并另附清单。

15. 涉案财产符合下列情形之一的，应当依法追缴、没收：(1) 黑恶势力组织及其成员通过违法犯罪活动或者其他不正当手段聚敛的财产及其孳息、收益；(2) 黑恶势力组织成员通过个人实施违法犯罪活动聚敛的财产及其孳息、收益；(3) 其他单位、组织、个人为支持该黑恶势力组织活动资助或者主动提供的财产；(4) 黑恶势力组织及其成员通过合法的生产、经营活动获取的财产或者组织成员个人、家庭合法财产中，实际用于支持该组织活动的部分；(5) 黑恶势力组织成员非法持有的违禁品以及供犯罪所用的本人财物；(6) 其他单位、组织、个人利用黑恶势力组织及其成员违法犯罪活动获取的财产及其孳息、收益；(7) 其他应当追缴、没收的财产。

16. 应当追缴、没收的财产已用于清偿债务或者转让、或者设置其他权利负担，具有下列情形之一的，应当依法追缴：(1) 第三人明知是违法犯罪所得而接受的；(2) 第三人无偿或者以明显低于市场的价格取得涉案财物的；(3) 第三人通过非法债务清偿或者违法犯罪活动取得涉案财物的；(4) 第三人通过其他方式恶意取得涉案财物的。

17. 涉案财产符合下列情形之一的，应当依法返还：(1) 有证据证明确属被害人合法财产；(2) 有证据证明与黑恶势力及其违法犯罪活动无关。

18. 有关违法犯罪事实查证属实后，对于有证据证明权属明确且无争议的被害人、善意第三人或者其他人员合法财产及其孳息，凡返还不损害其他利害关系人的利益，不影响案件正常办理的，应当在登记、拍照或者录像后，依法及时返还。

22. 本意见所称孳息，包括天然孳息和法定孳息。

本意见所称收益，包括但不限于下列情形：(1) 聚敛、获取的财产直接产生的收益，如使用聚敛、获取的财产购买彩票中奖所得收益等；(2) 聚敛、获取的财产用于违法犯罪活动产生的收益，如使用聚敛、获取的财产赌博赢利所得收益、非法放贷所得收益、购买并贩卖毒品所得收益等；(3) 聚敛、获取的财产投资、置业形成的财产及其收益；(4) 聚敛、获取的财产和其他合法财产共同投资或者置业形成的财产中，与聚敛、获取的财产对应的份额及其收益；(5) 应当认定为收益的其他情形。

【高检发释字〔2019〕4号】 人民检察院刑事诉讼规则（2019年12月2日最高检第13届检委会第28次会议通过，2019年12月30日公布施行；高检发释字〔2012〕2号《规则（试行）》同时废止）

第208条 检察人员可以凭人民检察院的证明文件，向有关单位和个人调取能够证明犯罪嫌疑人有罪或者无罪以及犯罪情节轻重的证据材料，并且可以根据需要拍照、录像、复印和复制。

第209条 调取物证应当调取原物。原物不便搬运、保存，或者依法应当返还被害人，或者因保密工作需要不能调取原物的，可以将原物封存，并拍照、录像。对原物拍照或者录像应当足以反映原物的外形、内容。

调取书证、视听资料应当调取原件。取得原件确有困难或者因保密需要不能调取原件的，可以调取副本或者复制件。

调取书证、视听资料的副本、复制件和物证的照片、录像的，应当书面记明不能调取原件、原物的原因，制作过程和原件、原物存放地点，并由制作人员和书证、视听资料、物证持有人签名或者盖章。

第210条 ……查封或者扣押应当经检察长批准。

不能立即查明是否与案件有关的可疑的财物和文件，也可以查封或者扣押，但应当及时审查。经查明确实与案件无关的，应当在3日以内解除查封或者予以退还。

持有人拒绝交出应当查封、扣押的财物和文件的，可以强制查封、扣押。

对于犯罪嫌疑人、被告人到案时随身携带的物品需要扣押的，可以依照前款规定办理。对于与案件无关的个人用品，应当逐件登记，并随案移交或者退还其家属。

第211条 对犯罪嫌疑人使用违法所得与合法收入共同购置的不可分割的财产，可以先行查封、扣押、冻结。对无法分割退还的财产，应当在结案后予以拍卖、变卖，对不属于违法所得的部分予以退还。

第212条 （第1款内容同《刑事诉讼法》第144条第1款，略）

查询、冻结前款规定的财产，应当经检察长批准，制作查询、冻结财产通知书，通知银行或者其他金融机构、邮政部门执行。冻结财产的，应当经检察长批准。

第213条 犯罪嫌疑人的存款、汇款、债券、股票、基金份额等财产已冻结的，人民检察院不得重复冻结，可以轮候冻结。人民检察院应当要求有关银行或者其他金融机构、邮政部门在解除冻结或者作出处理前通知人民检察院。

第214条 扣押、冻结债券、股票、基金份额等财产，应当书面告知当事人或者其法定代理人、委托代理人有权申请出售。

对于被扣押、冻结的债券、股票、基金份额等财产，在扣押、冻结期间权利人申请出售，经审查认为不损害国家利益、被害人利益，不影响诉讼正常进行的，以及扣押、冻结的汇票、本票、支票的有效期即将届满的，经检察长批准，可以在案件办结前依法出售或者变现，所得价款由人民检察院指定的银行账户保管，并及时告知当事人或者其近亲属。

第215条 对于冻结的存款、汇款、债券、股票、基金份额等财产，经查明确实与案件无关的，应当在3日以内解除冻结，并通知财产所有人。

第216条　查询、冻结与案件有关的单位的存款、汇款、债券、股票、基金份额等财产的办法适用本规则第212条至第215条的规定。

第217条　对于扣押的款项和物品，应当在3日以内将款项存入唯一合规账户，将物品送负责案件管理的部门保管。法律或者有关规定另有规定的除外。

对于查封、扣押在人民检察院的物品、文件、邮件、电报，人民检察院应当妥善保管。经查明确实与案件无关的，应当在3日以内作出解除或者退还决定，并通知有关单位、当事人办理相关手续。

原第235条（第1款）　~~人民检察院查封、扣押财物和文件，应当经检察长批准，由2名以上检察人员执行。~~

第250条　查封、扣押、冻结的财物，除依法应当返还被害人或者经查明确实与案件无关的以外，不得在诉讼程序终结之前处理。法律或者有关规定另有规定的除外。

第251条　处理查封、扣押、冻结的涉案财物，应当由办案部门提出意见，报请检察长决定。~~负责保管涉案款物的管理部门会同办案部门办理相关的处理手续。~~

第352条　追缴的财物中，属于被害人的合法财产，不需要在法庭出示的，应当及时返还被害人，并由被害人在发还款物清单上签名或者盖章，注明返还的理由，并将清单、照片附卷。

第353条　追缴的财物中，属于违禁品或者不宜长期保存的物品，应当依照国家有关规定处理，并将清单、照片、处理结果附卷。

第668条　<u>监察机关或者公安机关等</u>侦查机关移送审查起诉时随案移送涉案财物及其孳息的，人民检察院<u>负责案件管理的部门</u>~~案件管理部门~~应当在受理案件时进行审查，并及时办理入库保管手续。

第669条　人民检察院<u>负责案件管理的部门</u>~~案件管理部门~~对扣押的涉案物品<u>财物</u>进行保管，并对查封、扣押、冻结、处理涉案财物工作进行监督管理。对违反规定的行为提出纠正意见；<u>涉嫌违法违纪的，</u>报告检察长对构成违法或者严重违纪的行为，移送纪检监察部门处理。

第670条　人民检察院办案部门需要调用、移送、处理查封、扣押、冻结的涉案财物的，应当按照规定办理审批手续。~~案件管理部门~~对于审批手续齐全的，<u>负责案件管理的部门</u>应当办理出库手续。

【高检发〔2020〕10号】　最高人民检察院关于充分发挥检察职能服务保障"六稳""六保"的意见（2020年7月21日第13届最高检党组第119次会议通过，2020年7月22日）[①]

10. 依法合理采取更加灵活务实的司法措施。立足当前经济社会发展需求，充分考虑涉案企业经营发展，在办案中依法采取更加灵活务实、及时高效的司法措施。一是慎重适用涉财产强制性措施。对涉嫌犯罪但仍在正常生产经营的各类企业，原则上不采取查封、扣押、冻结措施。对确需查封、扣押、冻结涉案财物的，应当严格区分合法财产与非法财产、股东个人财产与企业法人财产、犯罪嫌疑人个人财产与家庭成员财产，不得超权限、超范围、超数额、超时限查封、扣押、冻结财产。对于相关部门违法采取查封、扣押、冻结等措施的，要依法提出纠正意见。……

---

① 本《意见》（司法解释性质的检察业务文件）由最高检党组（而非检委会）讨论通过，之前较罕见。

【高检发〔2020〕12号】 最高人民法院、最高人民检察院、公安部关于刑事案件涉扶贫领域财物依法快速返还的若干规定（2020年7月24日）

第2条 本规定所称涉案财物，是指办案机关办理有关刑事案件过程中，查封、扣押、冻结的与扶贫有关的财物及孳息，以及由上述财物转化而来的财产。

第3条 对于同时符合下列条件的涉案财物，应当依法快速返还有关个人、单位或组织：（一）犯罪事实清楚，证据确实充分；（二）涉案财物权属关系已经查明；（三）有明确的权益被侵害的个人、单位或组织；（四）返还涉案财物不损害其他被害人或者利害关系人的利益；（五）不影响诉讼正常进行或者案件公正处理；（六）犯罪嫌疑人、被告人以及利害关系人对涉案财物快速返还没有异议。

第4条 人民法院、人民检察院、公安机关办理有关扶贫领域刑事案件，应当依法积极追缴涉案财物，对于本办案环节具备快速返还条件的，应当及时快速返还。

第5条 人民法院、人民检察院、公安机关对追缴到案的涉案财物，应当及时调查、审查权属关系。

对于权属关系未查明的，人民法院可以通知人民检察院，由人民检察院通知前一办案环节补充查证，或者由人民检察院自行补充侦查。

第6条 公安机关办理涉扶贫领域财物刑事案件期间，可以就涉案财物处理等问题听取人民检察院意见，人民检察院应当提出相关意见。

第7条 人民法院、人民检察院、公安机关认为涉案财物符合快速返还条件的，应当在作出返还决定5个工作日内返还有关个人、单位或组织。

办案机关返还涉案财物时，应当制作返还财物清单，注明返还理由，由接受个人、单位或组织在返还财物清单上签名或者盖章，并将清单、照片附卷。

第8条 公安机关、人民检察院在侦查阶段、审查起诉阶段返还涉案财物的，在案件移送人民检察院、人民法院时，应当将返还财物清单随案移送，说明返还的理由并附相关证据材料。

未快速返还而随案移送的涉案财物，移送机关应当列明权属情况、提出处理建议并附相关证据材料。

第9条 对涉案财物中易损毁、灭失、变质等不宜长期保存的物品，易贬值的汽车等物品，市场价格波动大的债券、股票、基金份额等财产，有效期即将届满的汇票、本票、支票等，经权利人同意或者申请，并经人民法院、人民检察院、公安机关主要负责人批准，可以及时依法出售、变现或者先行变卖、拍卖。所得款项依照本规定快速返还，或者按照有关规定处理。

第10条 人民法院、人民检察院应当跟踪了解有关单位和村（居）民委员会等组织对返还涉案财物管理发放情况，跟进开展普法宣传教育，对于管理环节存在漏洞的，要及时提出司法建议、检察建议，确保扶贫款物依法正确使用。

第11条 发现快速返还存在错误的，应当由决定快速返还的机关及时纠正，依法追回返还财物；侵犯财产权的，依据《中华人民共和国国家赔偿法》第18条及有关规定处理。

【公安部令〔2020〕159号】 公安机关办理刑事案件程序规定（2020年7月4日第3次部务会议修订，2020年7月20日公布，2020年9月1日施行）

第227条（第2款） 持有人拒绝交出应当查封、扣押的财物、文件的，公安机关可以强制查封、扣押。

第228条 在侦查过程中需要扣押财物、文件的，应当经办案部门负责人批准，制作扣押决定书；在现场勘查或者搜查中需要扣押财物、文件的，由现场指挥人员决定；但扣押财物、文件价值较高或者可能严重影响正常生产经营的，应当经县级以上公安机关负责人批准，制作扣押决定书。

在侦查过程中需要查封土地、房屋等不动产，或者船舶、航空器以及其他不宜移动的大型机器、设备等特定动产的，应当经县级以上公安机关负责人批准并制作查封决定书。

第229条 执行查封、扣押的侦查人员不得少于2人，并出示本规定第228条规定的有关法律文书。

查封、扣押的情况应当制作笔录，由侦查人员、持有人和见证人签名。对于无法确定持有人或者持有人拒绝签名的，侦查人员应当在笔录中注明。

第230条 对查封、扣押的财物和文件，应当会同在场见证人和被查封、扣押财物、文件的持有人查点清楚，当场开列查封、扣押清单一式3份，写明财物或者文件的名称、编号、数量、特征及其来源等，由侦查人员、持有人和见证人签名，1份交给持有人，1份交给公安机关保管人员，1份附卷备查。

对于财物、文件的持有人无法确定，以及持有人不在现场或者拒绝签名的，侦查人员应当在清单中注明。

依法扣押文物、贵金属金银、珠宝、名贵字画等贵重物品的，应当拍照或者录音录像，并及时鉴定、估价。

（新增）执行查封、扣押时，应当为犯罪嫌疑人及其所扶养的亲属保留必需的生活费用和物品。能够保证侦查活动正常进行的，可以允许有关当事人继续合理使用有关涉案财物，但应当采取必要的保值、保管措施。

第231条 对作为犯罪证据但不便提取或者没有必要提取的财物、文件，经登记、拍照或者录音录像、估价后，可以交财物、文件持有人保管或者封存，并且开具登记保存清单一式2份，由侦查人员、持有人和见证人签名，1份交给财物、文件持有人，另1份连同照片或者录音录像资料附卷备查。财物、文件持有人应当妥善保管，不得转移、变卖、毁损。

第232条 扣押犯罪嫌疑人的邮件、电子邮件、电报，应当经县级以上公安机关负责人批准，制作扣押邮件、电报通知书，通知邮电部门或者网络服务单位检交扣押。

不需要继续扣押的时候，应当经县级以上公安机关负责人批准，制作解除扣押邮件、电报通知书，立即通知邮电部门或者网络服务单位。

第233条 对查封、扣押的财物、文件、邮件、电子邮件、电报，经查明确实与案件无关的，应当在3日以内解除查封、扣押，退还原主或者原邮电部门、网络服务单位；原主不明确的，应当采取公告方式告知原主认领。在通知原主或者公告后6个月以内，无人认领的，按照无主财物处理，登记后上缴国库。

第234条 有关犯罪事实查证属实后，对于有证据证明权属明确且无争议的被害人合法财产及其孳息，并且涉嫌犯罪事实已经查证属实的，且返还不损害其他被害人或者利害关系人的利益，不影响案件正常办理的，应当在登记、拍照或者录音录像和估价后，报经县级以上公安机关负责人批准，开具发还清单返还，并在案卷材料中注明返还的理由，将原物照片、发还清单和被害人的领取手续存卷备查。

（新增）领取人应当是涉案财物的合法权利人或者其委托的人；委托他人领取的，应当出具委托书。侦查人员或者公安机关其他工作人员不得代为领取。

查找不到被害人，或者通知被害人后，无人领取的，应当将有关财产及其孳息随案移送。

第235条　对查封、扣押的财物及其孳息、文件，公安机关应当妥善保管，以供核查。任何单位和个人不得违规使用、调换、损毁或者自行处理。

（新增）县级以上公安机关应当指定一个内设部门作为涉案财物管理部门，负责对涉案财物实行统一管理，并设立或者指定专门保管场所，对涉案财物进行集中保管。

（新增）对价值较低、易于保管，或者需要作为证据继续使用，以及需要先行返还被害人的涉案财物，可以由办案部门设置专门的场所进行保管。办案部门应当指定不承担办案工作的民警负责本部门涉案财物的接收、保管、移交等管理工作；严禁由侦查人员自行保管涉案财物。

第236条　在侦查期间，对于易损毁、灭失、对容易腐烂、变质而不宜长期保存，或者难以保管的物品及其他不易保管的财物，可以根据具体情况，经县级以上公安机关主要负责人批准，可以在拍照或者录音录像后委托有关部门变卖、拍卖，变卖、拍卖的价款暂予保存，待诉讼终结后一并处理。

对于违禁品，应当依照国家有关规定处理；需要作为证据使用的，应当在诉讼终结后处理。

第237条　公安机关根据侦查犯罪的需要，可以依照规定查询、冻结犯罪嫌疑人的存款、汇款、证券交易结算资金、期货保证金等资金，债券、股票、基金份额和其他证券，以及股权、保单权益和其他投资权益等财产，并可以要求有关单位和个人配合。

第238条　向金融机构等单位查询犯罪嫌疑人的存款、汇款、证券交易结算资金、期货保证金等资金，债券、股票、基金份额和其他证券，以及股权、保单权益和其他投资权益等财产，应当经县级以上公安机关负责人批准，制作协助查询财产通知书，通知金融机构等单位协助办理。

第239条　需要冻结犯罪嫌疑人在金融机构等单位的存款、汇款、债券、股票、基金份额等财产的，应当经县级以上公安机关负责人批准，制作协助冻结财产通知书，明确冻结财产的账户名称、账户号码、冻结数额、冻结期限、冻结范围以及是否及于孳息等事项，通知金融机构等单位协助办理。

（新增）冻结股权、保单权益的，应当经设区的市一级以上公安机关负责人批准。

（新增）冻结上市公司股权的，应当经省级以上公安机关负责人批准。

第240条　需要延长冻结期限的，应当按照原批准权限和程序，在冻结期限届满前办理继续冻结手续。逾期不办理继续冻结手续的，视为自动解除冻结。

第241条　不需要继续冻结犯罪嫌疑人存款、汇款、债券、股票、基金份额等财产时，应当经原批准冻结的公安机关县级以上公安机关负责人批准，制作协助解除冻结财产通知书，通知金融机构等单位协助办理。

第242条　犯罪嫌疑人的存款、汇款、债券、股票、基金份额等财产已被冻结的，不得重复冻结，但可以轮候冻结。

第243条　冻结存款、汇款、证券交易结算资金、期货保证金等财产的期限为6个月。每次续冻期限最长不得超过6个月。

（新增）对于重大、复杂案件，经设区的市一级以上公安机关负责人批准，冻结存款、汇款、证券交易结算资金、期货保证金等财产的期限可以为1年。每次续冻期限最长不得超过1年。

第244条 冻结债券、股票、基金份额等证券的期限为2年。每次续冻期限最长不得超过2年。

<u>第245条</u> 冻结股权、保单权益或者投资权益的期限为6个月。每次续冻期限最长不得超过6个月。

第246条 对冻结的债券、股票、基金份额等财产，应当告知当事人或者其法定代理人、委托代理人有权申请出售。

权利人书面申请出售被冻结的债券、股票、基金份额等财产，不损害国家利益、被害人、其他权利人利益，不影响诉讼正常进行的，以及冻结的汇票、本票、支票的有效期即将届满的，经县级以上公安机关负责人批准，可以依法出售或者变现，所得价款应当继续冻结在其对应的银行账户中；没有对应的银行账户的，所得价款由公安机关在银行指定专门账户保管，并及时告知当事人或者其近亲属。

第247条 对冻结的财产<u>存款、汇款、债券、股票、基金份额</u>等，经查明确实与案件无关的，应当在3日以内通知金融机构等单位解除冻结，并通知被冻结财产的所有人。

第293条 人民检察院作出不起诉决定的，如果<u>被不起诉人犯罪嫌疑人</u>在押，公安机关应当立即办理释放手续。<u>除依法转为行政案件办理外</u>，<u>应当</u>根据人民检察院解除查封、扣押、冻结财物的书面通知，及时解除查封、扣押、冻结。

人民检察院提出对被不起诉人给予行政处罚、<u>处分行政处分</u>或者没收其违法所得的检察意见，移送公安机关处理的，公安机关应当将处理结果及时通知人民检察院。

【打假办发〔2020〕3号〕 全国打击侵犯知识产权和制售假冒伪劣商品工作领导小组办公室、中央宣传部、最高人民法院、最高人民检察院、公安部、生态环境部、文化和旅游部、海关总署、国家市场监督管理总局关于加强侵权假冒商品销毁工作的意见（2020年8月13日）

二、主要内容

（一）销毁范围。

县级以上（含县级）行政执法、司法办案单位（以下简称行政执法、司法办案单位）依据法律、行政法规规定，对依法没收的侵权假冒商品，以及主要用于生产或制造假冒或盗版商品的材料、工具、标识标志、标签、证书、包装物等，除特殊情况外，应予销毁，包括但不限于以下侵权假冒商品：假冒注册商标的商品，非法制造的注册商标标识，侵犯著作权的复制品，主要用于制造假冒注册商标的商品、注册商标标识或者侵权复制品的材料和器具、模具等工具，以及其他依法应予销毁的侵权假冒商品。

（二）销毁时限。

……

侵权知识产权刑事案件中，审判机关判决有罪的，除特殊情况外，应当对销毁事项作出判决。自判决生效之日起6个月内，司法办案单位应当对涉案侵权假冒商品和主要用于制造侵权假冒商品的材料和器具、模具等工具予以销毁；判决无罪、作出不起诉决定或者撤销案件的，但构成行政违法的，应当将涉案侵权假冒物品移送行政执法办案单位，由行政执法办单位按规定处置。

需要作为民事、行政案件的证据使用的，经权利人申请，可以在民事、行政案件终结后或者采取取样、拍照等方式对证据固定后依法予以销毁。

【法发〔2020〕42号】 最高人民法院关于加强著作权和与著作权有关的权利保护的意见（2020年11月16日）

6. （第2款） 在刑事诉讼中，权利人以为后续可能提起的民事或者行政诉讼保全证据为由，请求对侵权复制品及材料和工具暂不销毁的，人民法院可以予以支持。权利人在后续民事或者行政案件中请求侵权人赔偿其垫付的保管费用的，人民法院可以予以支持。

【财税〔2020〕54号】 罚没财物管理办法（财政部2020年12月17日印发，2021年1月1日施行）

第2条 罚没财物移交、保管、处置、收入上缴、预算管理等，适用本办法。

第3条 本办法所称罚没财物，是指执法机关依法对自然人、法人和非法人组织作出行政处罚决定、没收、追缴决定或者法院生效裁定、判决取得的罚款、罚金、违法所得、非法财物、没收的保证金、个人财产等，包括现金、有价票证、有价证券、动产、不动产和其他财产权利等。

本办法所称执法机关，是指各级行政机关、监察机关、审判机关、检察机关，法律法规授权的具有管理公共事务职能的事业单位和组织。

本办法所称罚没收入是指罚款、罚金等现金收入，罚没财物处置收入及其孳息。

第4条 罚没财物管理工作应遵循罚款决定与罚款收缴相分离、执法与保管、处置岗位相分离，罚没收入与经费保障相分离的原则。

第14条 除法律法规另有规定外，容易损毁、灭失、变质、保管困难或者保管费用过高、季节性商品等不宜长期保存的物品，长期不使用容易导致机械性能下降、价值贬损的车辆、船艇、电子产品等物品，以及有效期即将届满的汇票、本票、支票等，在确定为罚没财物前，经权利人同意或者申请，并经执法机关负责人批准，可以依法先行处置；权利人不明确的，可以依法公告，公告期满后仍没有权利人同意或者申请的，可以依法先行处置。先行处置所得款项按照涉案现金管理。

第15条 罚没物品处置前存在破损、污秽等情形的，在有利于加快处置的情况下，且清理、修复费用低于变卖收入的，可以进行适当清理、修复。

第16条 执法机关依法取得的罚没物品，除法律、行政法规禁止买卖的物品或者财产权利、按国家规定另行处置外，应当按照国家规定进行公开拍卖。公开拍卖应当符合下列要求：

（一）拍卖活动可以采取现场拍卖方式，鼓励有条件的部门和地区通过互联网和公共资源交易平台进行公开拍卖。

（二）公开拍卖应当委托具有相应拍卖资格的拍卖人进行，拍卖人可以通过摇珠等方式从具备资格条件的范围中选定，必要时可以选择多个拍卖人进行联合拍卖。

（三）罚没物品属于国家有强制安全标准或者涉及人民生命财产安全的，应当委托符合有关规定资格条件的检验检疫机构进行检验检测，不符合安全、卫生、质量或者动植物检疫标准的，不得进行公开拍卖。

（四）根据需要，可以采取"一物一拍"等方式对罚没物品进行拍卖。采用公开拍卖方式处置的，一般应当确定拍卖标的保留价。保留价一般参照价格认定机构或者符合资格条件的资产评估机构作出的评估价确定，也可以参照市场价或者通过互联网询价确定。

（五）公开拍卖发生流拍情形的，再次拍卖的保留价不得低于前次拍卖保留价的80%。发生3次（含）以上流拍情形的，经执法机关商同级财政部门确定后，可以通过互联网平台采取无底价拍卖或者转为其他处置方式。

第17条　属于国家规定的专卖商品等限制流通的罚没物品，应当交由归口管理单位统一变卖，或者变卖给按规定可以接受该物品的单位。

第18条　下列罚没物品，应当移交相关主管部门处置：

（一）依法没收的文物，应当移交国家或者省级文物行政管理部门，由其指定的国有博物馆、图书馆等文物收藏单位收藏或者按国家有关规定处置。经国家或者省级文物行政管理部门授权，市、县的文物行政管理部门或者有关国有博物馆、图书馆等文物收藏单位可以具体承办文物接收事宜。

（二）武器、弹药、管制刀具、毒品、毒具、赌具、禁止流通的易燃易爆危险品等，应当移交同级公安部门或者其他有关部门处置，或者经公安部门、其他有关部门同意，由有关执法机关依法处置。

（三）依法没收的野生动植物及其制品，应当交由野生动植物保护主管部门、海洋执法部门或者有关保护区域管理机构按规定处置，或者经有关主管部门同意，交由相关科研机构用于科学研究。

（四）其他应当移交相关主管部门处置的罚没物品。

第19条　罚没物品难以变卖或者变卖成本大于收入，且具有经济价值或者其他价值的，执法机关应当报送同级财政部门，经同级财政部门同意后，可以赠送有关公益单位用于公益事业；没有捐赠且能够继续使用的，由同级财政部门统一管理。

第20条　淫秽、反动物品，非法出版物，有毒有害的食品药品及其原材料，危害国家安全以及其他有社会危害性的物品，以及法律法规规定应当销毁的，应当由执法机关予以销毁。

对难以变卖且无经济价值或者其他价值的，可以由执法机关、政府公物仓予以销毁。

属于应销毁的物品经无害化或者合法化处理，丧失原有功能后尚有经济价值的，可以由执法机关、政府公物仓作为废旧物品变卖。

第21条　已纳入罚没仓库保管的物品，依法应当退还的，由执法机关、政府公物仓办理退还手续。

第22条　依法应当进行权属登记的房产、土地使用权等罚没财产和财产权利，变卖前可以依据行政处罚决定、没收、追缴决定，法院生效裁定、判决进行权属变更，变更后应按本办法相关规定处置。

权属变更后的承接权属主体可以是执法机关、政府公物仓、同级财政部门或者其他指定机构，但不改变罚没财物的性质，承接单位不得占用、出租、出借。

第23条　罚没物品无法直接适用本办法规定处置的，执法机关与同级财政商有关部门后，提出处置方案，报上级财政部门备案。

第24条　罚没收入属于政府非税收入，应当按照国库集中收缴管理有关规定，全额上缴国库，纳入一般公共预算管理。

第27条 除以下情形外，罚没收入应按照执法机关的财务隶属关系缴入同级国库：
（一）海关、公安、中国海警、市场监管等部门取得的缉私罚没收入全额缴入中央国库。
（二）海关（除缉私外）、国家外汇管理部门、国家邮政部门、通信管理部门、气象管理部门、应急管理部所属煤矿安全监察部门、交通运输部所属海事部门中央本级取得的罚没收入全额缴入中央国库。省以下机构取得的罚没收入，50%缴入中央国库，50%缴入地方国库。
（三）国家烟草专卖部门取得的罚没收入全额缴入地方国库。
（四）应急管理部所属的消防救援部门取得的罚没收入，50%缴入中央国库，50%缴入地方国库。
（五）国家市场监督管理总局所属的反垄断部门与地方反垄断部门联合办理或者委托地方查办的重大案件取得的罚没收入，全额缴入中央国库。
（六）国有企业、事业单位监察机构没收、追缴的违法所得，按照国有企业、事业单位隶属关系全额缴入中央或者地方国库。
（七）中央政法机关交办案件按照有关规定执行。
（八）财政部规定的其他情形。
第28条 罚没物品处置收入，可以按扣除处置该罚没物品直接支出后的余额，作为罚没收入上缴；政府预算已经安排罚没物品处置专项经费的，不得扣除处置罚没物品的直接支出。
前款所称处置罚没物品直接支出包括质量鉴定、评估和必要的修复费用。
第29条 罚没收入的缴库，按下列规定执行：
（一）执法机关取得的罚没收入，除当场收缴的罚款和财政部另有规定外，应当在取得之日缴入财政专户或者国库；
（二）执法人员依法当场收缴罚款的，执法机关应当自收到款项之日起2个工作日内缴入财政专户或者国库；
（三）委托拍卖机构拍卖罚没物品取得的变价款，由委托方自收到款项之日起2个工作日内缴入财政专户或者国库。
第31条 依法退还多缴、错缴等罚没收入，应当按照本级财政部门有关规定办理。
第36条（第2款） 本办法实施前已经形成的罚没财物，尚未处置的，按照本办法执行。

《法释〔2021〕1号》 最高人民法院关于适用《中华人民共和国刑事诉讼法》的解释（2020年12月7日最高法审委会〔1820次〕修订，2021年1月26日公布，2021年3月1日施行；2013年1月1日施行的"法释〔2012〕21号"《解释》同时废止）

<u>第279条</u> 法庭审理过程中，应当对查封、扣押、冻结财物及其孳息的权属、来源等情况，<u>是否属于违法所得或者依法应当追缴的其他涉案财物进行调查，由公诉人说明情况、出示证据、提出处理建议，并听取被告人、辩护人等诉讼参与人的意见。</u>
案外人对查封、扣押、冻结的财物及其孳息提出权属异议的，人民法院应当听取案外人的意见；必要时，可以通知案外人出庭。
经审查，不能确认查封、扣押、冻结的财物及其孳息属于违法所得或依法应当追缴的其他涉案财物的，不得没收。
第341条 被告单位的违法所得及<u>其他涉案财物</u>其孳息，尚未被依法追缴或者查封、扣押、冻结的，人民法院应当决定追缴或者查封、扣押、冻结。

第342条 为保证判决的执行，人民法院可以先行查封、扣押、冻结被告单位的财产，或者由被告单位提出担保。

第343条 采取查封、扣押、冻结等措施，应当严格依照法定程序进行，最大限度降低对被告单位正常生产经营活动的影响。

第437条 人民法院对查封、扣押、冻结的涉案~~被告人~~财物及其孳息，应当妥善保管，并制作清单，附卷备查；对人民检察院随案移送的实物~~被告人财物及其孳息~~，应当根据清单核查后妥善保管。任何单位和个人不得挪用或者自行处理。

查封不动产、车辆、船舶、航空器等财物，应当扣押其权利证书，经拍照或者录像后原地封存，或者交付有人、被告人的近亲属保管，登记并写明财物的名称、型号、权属、地址等详细信息~~情况~~，并通知有关财物的登记、管理部门办理查封登记手续。

扣押物品，应当登记并写明物品名称、型号、规格、数量、重量、质量、成色、纯度、颜色、新旧程度、缺损特征和来源等。扣押货币、有价证券，应当登记并写明货币、有价证券的名称、数额、面额等，货币应当存入银行专门账户，并登记银行存款凭证的名称、内容。扣押文物、金银、珠宝、名贵字画等贵重物品以及违禁品，应当拍照，需要鉴定的，应当及时鉴定。对扣押的物品应当根据有关规定及时估价。

冻结存款、汇款、债券、股票、基金份额等财产，应当登记并写明编号、种类、面值、张数、金额等。

第438条 对被害人的合法财产，权属明确的，应当依法及时返还，但须经拍照、鉴定、估价，并在案卷中注明返还的理由，将原物照片、清单和被害人的领取手续附卷备查；权属不明的，应当在人民法院判决、裁定生效后，按比例返还被害人，但已获退赔的部分应予扣除。

第439条 审判期间，对不宜长期保存、易贬值或者市场价格波动大的财产，或者有效期即将届满的票据等，经权利人申请或者同意，并经院长批准，可以依法先行处置，所得款项由人民法院保管。①

（新增）涉案财物先行处置应当依法、公开、公平。

第440条 对作为证据使用的实物，应当随案移送。包括作为物证的货币、有价证券等第一审判决、裁定宣告后，被告人上诉或者人民检察院抗诉的，第一审人民法院应当将上述证据移送第二审人民法院。

第441条 对实物未随案移送的不宜移送的实物，应当根据情况，分别审查以下内容：

（一）大宗的、不便搬运的物品，~~查封、扣押机关~~是否随案移送查封、扣押清单，并附原物照片和封存手续，注明存放地点等；

（二）易腐烂、霉变和不易保管的物品，查封、扣押机关变卖处理后，是否随案移送原物照片、清单、变价处理的凭证（复印件）等；

（三）枪支弹药、剧毒物品、易燃易爆物品以及其他违禁品、危险物品，查封、扣押机

---

① 本款2012年规定为："审判期间，权利人申请出卖被扣押、冻结的债券、股票、基金份额等财产，人民法院经审查，认为不损害国家利益、被害人利益，不影响诉讼正常进行的，以及扣押、冻结的汇票、本票、支票有效期即将届满的，可以在判决、裁定生效前依法出卖，所得价款由人民法院保管，并及时告知当事人或者其近亲属。"

关根据有关规定处理后,是否随案移送原物照片和清单等。

上述未随案移送不宜移送的实物,应当依法鉴定、估价的,还应当审查是否附有鉴定、估价意见。

对查封、扣押的货币、有价证券等,未移送实物的,应当审查是否附有原物照片、清单或者其他证明文件。

第442条 法庭审理过程中,应当依照本解释第279条的规定,依法对查封、扣押、冻结的财物及其孳息进行审查。①

第443条 被告人将依法应当追缴的涉案财物用于投资或者置业的,对因此形成的财产及其收益,应当追缴。

被告人将依法应当追缴的涉案财物与其他合法财产共同用于投资或者置业的,对因此形成的财产中与涉案财物对应的份额及其收益,应当追缴。

第444条 对查封、扣押、冻结的财物及其孳息,应当在判决书中写明名称、金额、数量、存放地点及其处理方式等。涉案财物较多,不宜在判决主文中详细列明的,可以附清单。

判决追缴违法所得或者责令退赔的,应当写明追缴、退赔的金额或者财物的名称、数量等情况;已经发还的,应当在判决书中写明。②

第445条 查封、扣押、冻结的财物及其孳息,经审查,确属违法所得或者依法应当追缴的其他涉案财物的,应当判决返还被害人,或者没收上缴国库,但法律另有规定的除外。

(新增)对判决时尚未追缴到案或者尚未足额退赔的违法所得,应当判决继续追缴或者责令退赔。

判决返还被害人的涉案财物,应当通知被害人认领;无人认领的,应当公告通知;公告满1年3个月无人认领的,应当上缴国库;上缴国库后有人认领,经查证属实的,应当申请退库予以返还;原物已经拍卖、变卖的,应当返还价款。

对侵犯国有财产的案件,被害单位已经终止且没有权利义务继受人,或者损失已经被核销的,查封、扣押、冻结的财物及其孳息应当上缴国库。

第446条 第二审期间,发现第一审判决未对随案移送的涉案财物及其孳息作出处理的,可以裁定撤销原判,发回原审人民法院重新审判,由原审人民法院依法对涉案财物及其孳息一并作出处理。

判决生效后,发现原判未对随案移送的涉案财物及其孳息作出处理的,由原审人民法院依法对涉案财物及其孳息另行作出处理。

第447条 随案移送的或者人民法院查封、扣押的财物及其孳息,由第一审人民法院在判决生效后负责处理。

实物涉案财物未随案移送、由扣押机关保管的,人民法院应当在判决生效后10日以内,将判决书、裁定书送达查封、扣押机关,并告知其在1个月以内将执行回单送回,确因客观

---

① 本条2012年规定有3款:"法庭审理过程中,对查封、扣押、冻结的财物及其孳息,应当调查其权属情况,是否属于违法所得或者依法应当追缴的其他涉案财物。""案外人对查封、扣押、冻结的财物及其孳息提出权属异议的,人民法院应当审查并依法处理。""经审查,不能确认查封、扣押、冻结的财物及其孳息属于违法所得或者依法应当追缴的其他涉案财物的,不得没收。"

② 本款2012年规定为:"涉案财物未随案移送的,应当在判决书中写明,并写明由查封、扣押、冻结机关负责处理。"

原因无法按时完成的,应当说明原因。

第448条 对冻结的存款、汇款、债券、股票、基金份额等财产判决没收的,第一审人民法院应当在判决生效后,将判决书、裁定书送达相关金融机构和财政部门,通知相关金融机构依法上缴国库并在接到执行通知书后15日以内,将上缴国库的凭证、执行回单送回。

第449条 查封、扣押、冻结的财物与本案无关但已列入清单的,应当由查封、扣押、冻结机关依法处理。

查封、扣押、冻结的财物属于被告人合法所有的,应当在赔偿被害人损失、执行财产刑后及时返还被告人;~~财物未随案移送的,应当通知查封、扣押、冻结机关将赔偿被害人损失、执行财产刑的部分移送人民法院。~~

第450条 查封、扣押、冻结财物及其处理,本解释没有规定的,参照适用~~法律、~~其他司法解释的有关规定。

【主席令〔2021〕71号】 中华人民共和国海警法(2021年1月22日第13届全国人大常委会第25次会议通过,2021年2月1日施行)

第61条 海警机构对依法扣押、扣留的涉案财物,应当妥善保管,不得损毁或者擅自处理。但是,对下列货物、物品,经市级海警局以上海警机构负责人批准,可以先行依法拍卖或者变卖并通知所有人,所有人不明确的,通知其他当事人:(一)成品油等危险品;(二)鲜活、易腐、易失效等不宜长期保存的;(三)长期不使用容易导致机械性能下降、价值贬损的车辆、船舶等;(四)体量巨大难以保管的;(五)所有人申请先行拍卖或者变卖的。

拍卖或者变卖所得款项由海警机构暂行保存,待结案后按照国家有关规定处理。

第62条 海警机构对应当退还所有人或者其他当事人的涉案财物,通知所有人或者其他当事人在6个月内领取;所有人不明确的,应当采取公告方式告知所有人认领。在通知所有人、其他当事人或者公告后6个月内无人认领的,按无主财物处理,依法拍卖或者变卖后将所得款项上缴国库。遇有特殊情况的,可以延期处理,延长期限最长不超过3个月。

【主席令〔2021〕101号】 中华人民共和国反有组织犯罪法(2021年12月24日第13届全国人大常委会第32次会议通过,主席令第101号公布,2022年5月1日施行)

第27条 公安机关核查有组织犯罪线索,经县级以上公安机关负责人批准,可以查询嫌疑人员的存款、汇款、债券、股票、基金份额等财产信息。

公安机关核查黑社会性质组织犯罪线索,发现涉案财产有灭失、转移的紧急风险的,经设区的市级以上公安机关负责人批准,可以对有关涉案财产采取紧急止付或者临时冻结、临时扣押的紧急措施,期限不得超过48小时。期限届满或者适用紧急措施的情形消失的,应当立即解除紧急措施。

第39条 办理有组织犯罪案件中发现的可用以证明犯罪嫌疑人、被告人有罪或者无罪的各种财物、文件,应当依法查封、扣押。

公安机关、人民检察院、人民法院可以依照《中华人民共和国刑事诉讼法》的规定查询、冻结犯罪嫌疑人、被告人的存款、汇款、债券、股票、基金份额等财产。有关单位和个人应当配合。

第40条 公安机关、人民检察院、人民法院根据办理有组织犯罪案件的需要,可以全面调查涉嫌有组织犯罪的组织及其成员的财产状况。

第 41 条　查封、扣押、冻结、处置涉案财物，应当严格依照法定条件和程序进行，依法保护公民和组织的合法财产权益，严格区分违法所得与合法财产、本人财产与其家属的财产，减少对企业正常经营活动的不利影响。不得查封、扣押、冻结与案件无关的财物。经查明确实与案件无关的财物，应当在 3 日以内解除查封、扣押、冻结，予以退还。对被害人的合法财产，应当及时返还。

查封、扣押、冻结涉案财物，应当为犯罪嫌疑人、被告人及其扶养的家属保留必需的生活费用和物品。

第 42 条　公安机关可以向反洗钱行政主管部门查询与有组织犯罪相关的信息数据，提请协查与有组织犯罪相关的可疑交易活动。反洗钱行政主管部门应当予以配合并及时回复。

第 43 条　对下列财产，经县级以上公安机关、人民检察院或者人民法院主要负责人批准，可以依法先行出售、变现或者变卖、拍卖，所得价款由扣押、冻结机关保管，并及时告知犯罪嫌疑人、被告人或者其近亲属：（一）易损毁、灭失、变质等不宜长期保存的物品；（二）有效期即将届满的汇票、本票、支票等；（三）债券、股票、基金份额等财产，经权利人申请，出售不损害国家利益、被害人利益，不影响诉讼正常进行的。

【公安部令〔2022〕165 号】　公安机关反有组织犯罪工作规定（2022 年 8 月 10 日第 9 次公安部部务会议通过，2022 年 8 月 26 日公布，2022 年 10 月 1 日施行）

第 30 条　公安机关核查黑社会性质组织犯罪线索，发现涉案财产有灭失、转移的紧急风险的，经设区的市级以上公安机关负责人批准后，可以对有关涉案财产采取紧急止付或者临时冻结、临时扣押的紧急措施，期限不得超过 48 小时。

期限届满或者适用紧急措施的情形消失的，应当立即解除紧急措施；符合立案条件的，办案部门应当在紧急措施期限届满前依法立案侦查，并办理冻结、扣押手续。

第 45 条　公安机关根据办理有组织犯罪案件的需要，可以全面调查涉嫌有组织犯罪的组织及其成员财产的来源、性质、用途、权属及价值，依法采取查询、查封、扣押、冻结等措施。

全面调查的范围包括：有组织犯罪组织的财产；组织成员个人所有的财产；组织成员实际控制的财产；组织成员出资购买的财产；组织成员转移至他人名下的财产；组织成员涉嫌洗钱及掩饰、隐瞒犯罪所得、犯罪所得孳息、收益等犯罪涉及的财产；其他与有组织犯罪组织及其成员有关的财产。

第 47 条　对下列财产，经县级以上公安机关主要负责人批准，可以依法先行处置，所得价款由扣押、冻结机关保管，并及时告知犯罪嫌疑人、被告人或者其近亲属：（一）易损毁、灭失、变质等不宜长期保存的物品；（二）有效期即将届满的汇票、本票、支票等；（三）债券、股票、基金份额等财产，经权利人申请，出售不损害国家利益、被害人利益，不影响诉讼正常进行的。

第 48 条　有组织犯罪组织及其成员依法应当被追缴、没收的涉案财产无法找到、灭失或者与其他合法财产混合且不可分割的，公安机关应当积极调查、收集有关证据，并在起诉意见书中说明。

第 49 条　有证据证明犯罪嫌疑人在犯罪期间获得的财产高度可能属于黑社会性质组织犯罪的违法所得及其孳息、收益，公安机关应当要求犯罪嫌疑人说明财产来源并予以查证，对犯罪嫌疑人不能说明合法来源的，应当随案移送审查起诉，并对高度可能性作出说明。

第50条　有组织犯罪案件移送审查起诉时，公安机关应当对涉案财产提出书面处理意见及理由、依据。

黑社会性质组织犯罪案件，一般应当对涉案财产材料单独立卷。

第52条　对于不宜查封、扣押、冻结的经营性财产，经县级以上公安机关主要负责人批准，可以申请当地政府指定有关部门或者委托有关机构代管或者托管。

不宜查封、扣押、冻结情形消失的，公安机关可以依法对相关财产采取查封、扣押、冻结措施。

【法发〔2022〕18号】　最高人民法院、最高人民检察院、公安部、国家移民管理局关于依法惩治妨害国（边）境管理违法犯罪的意见（2022年6月29日）

20.办理案件中发现的可用以证明犯罪嫌疑人、被告人有罪或者无罪的各种财物，应当严格依照法定条件和程序进行查封、扣押、冻结。不得查封、扣押、冻结与案件无关的财物。凡查封、扣押、冻结的财物，都要及时进行审查。经查明确实与案件无关的，应当在3日以内予以解除、退还，并通知有关当事人。

查封、扣押、冻结涉案财物及其孳息，应当制作清单，妥善保管，随案移送。待人民法院作出生效判决后，依法作出处理。

公安机关、人民检察院应当对涉案财物审查甄别。在移送审查起诉、提起公诉时，应当对涉案财物提出处理意见。人民法院对随案移送的涉案财物，应当依法作出判决。

【法发〔2022〕23号】　最高人民法院、最高人民检察院、公安部关于办理信息网络犯罪案件适用刑事诉讼程序若干问题的意见（2022年8月26日印发，2022年9月1日施行；2014年5月4日公通字〔2014〕10号《意见》同时废止）

22.办理信息网络犯罪案件，应当依法及时查封、扣押、冻结涉案财物，督促涉案人员退赃退赔，及时避免挽损。

公安机关应当全面收集证明涉案财物性质、权属情况、依法应予追缴、没收或者责令退赔的证据材料，在移送审查起诉时随案移送并作出说明。其中，涉案财物需要返还被害人的，应当尽可能查明被害人损失情况。人民检察院应当对涉案财物的证据材料进行审查，在提起公诉时提出处理意见。人民法院应当依法作出判决，对涉案财物作出处理。

对应当返还被害人的合法财产，权属明确的，应当依法及时返还；权属不明的，应当在人民法院判决、裁定生效后，按比例返还被害人，但已获退赔的部分应予扣除。

【主席令〔2022〕119号】　中华人民共和国反电信网络诈骗法（2022年9月2日第13届全国人大常委会第36次会议通过，2022年12月1日施行）

第20条　国务院公安部门会同有关部门建立完善电信网络诈骗涉案资金即时查询、紧急止付、快速冻结、及时解冻和资金返还制度，明确有关条件、程序和救济措施。

公安机关依法决定采取上述措施的，银行业金融机构、非银行支付机构应当予以配合。

【海警局令〔2023〕1号】　海警机构办理刑事案件程序规定（2023年5月15日审议通过，2023年6月15日起施行）（主文见本书第308条）

第221条　在侦查活动中发现的可用以证明犯罪嫌疑人有罪或者无罪的各种财物、文件，应当查封、扣押；但与案件无关的财物、文件，不得查封、扣押。

持有人拒绝交出应当查封、扣押的财物、文件的，海警机构可以强制查封、扣押。

第222条　在侦查过程中需要查封、扣押财物、文件的，应当经海警机构负责人批准，制作查封、扣押决定书。

在现场勘查、搜查，执行拘留、逮捕时，遇紧急情况需要扣押财物、文件的，由现场指挥人员决定；但扣押财物、文件价值较高或者可能严重影响正常生产经营的，应当经海警机构负责人批准，制作扣押决定书。

第223条　执行查封、扣押的侦查人员不得少于2人，并应当持有有关法律文书。

查封、扣押的情况应当制作笔录，由侦查人员、持有人和见证人签名。对于无法确定持有人或者持有人拒绝签名的，侦查人员应当注明。

第224条　对查封、扣押的财物、文件，应当会同在场见证人和持有人查点清楚，当场开列查封、扣押清单一式3份，写明财物、文件的名称、编号、规格、数量、质量、特征及其来源等，由侦查人员、持有人和见证人签名，1份交给持有人，1份交给海警机构保管人员，1份附卷备查。对于财物、文件的持有人无法确定，以及拒绝签名或者不在场的，侦查人员应当注明。

依法扣押外币、金银、珠宝、文物、名贵字画以及其他不易辨别真伪的贵重财物，应当在拍照或者录音录像后当场密封，由侦查人员、持有人和见证人在密封材料上签名，并及时鉴定、估价。

第225条　对作为犯罪证据但不便提取或者没有必要提取的财物、文件，经登记、拍照或者录音录像、估价后，可以交财物、文件持有人保管或者封存，并且开具登记保存清单一式2份，由侦查人员、持有人和见证人签名，1份交给财物、文件持有人，另1份连同照片或者录音录像资料附卷备查。财物、文件持有人应当妥善保管，不得转移、变卖、毁损。

第226条　海警机构依法查封涉案的土地、房屋等不动产，以及涉案的车辆、船舶、航空器等特定动产，必要时，可以一并扣押其权利证书。置于不动产上的设施、家具和其他相关物品，需要作为证据使用的，应当扣押；不宜移动的，可以一并查封。

查封前款规定的不动产和特定动产，海警机构应当制作协助查封通知书，载明涉案财物的名称、权属、地址等事项，送交有关登记管理部门协助办理。

第227条　扣押犯罪嫌疑人的邮件、电子邮件、电报，应当经海警机构负责人批准，制作扣押邮件、电报通知书，通知邮政部门或者网络服务单位检交扣押。

不需要继续扣押的，应当经海警机构负责人批准，制作解除扣押邮件、电报通知书，立即通知邮政部门或者网络服务单位。

第228条　海警机构根据侦查犯罪的需要，可以依照规定查询、冻结犯罪嫌疑人的存款、汇款、证券交易结算资金、期货保证金等资金，债券、股票、基金份额和其他证券，以及股权、保单权益和其他投资权益等财产，并可以要求有关单位和个人配合。

对于前款规定的财产，不得划转、转账或者以其他方式变相扣押。

第229条　向金融机构等单位查询犯罪嫌疑人的存款、汇款、证券交易结算资金、期货保证金等资金，债券、股票、基金份额和其他证券，以及股权、保单权益和其他投资权益等财产，应当经海警机构负责人批准，制作协助查询财产通知书，通知金融机构等单位协助办理。

第230条　需要冻结犯罪嫌疑人财产的，应当经海警机构负责人批准，制作协助冻结财产通知书，明确冻结财产的账户名称、账户号码、冻结数额、冻结期限、冻结范围以及是否及于孳息等事项,通知金融机构等单位协助办理。

冻结股权、保单权益的,应当经市级海警局以上海警机构负责人批准。

冻结上市公司股权的,应当经省级海警局以上海警机构负责人批准。

第231条 需要延长冻结期限的,应当按照原批准权限和程序,在冻结期限届满前办理继续冻结手续。逾期不办理继续冻结手续的,冻结自动解除。

第232条 不需要继续冻结犯罪嫌疑人财产时,应当经原批准冻结的海警机构负责人批准,制作协助解除冻结财产通知书,通知金融机构等单位协助办理。

第233条 犯罪嫌疑人的财产已被冻结的,不得重复冻结,但可以轮候冻结。

第234条 冻结存款、汇款、证券交易结算资金、期货保证金等财产的期限为6个月。每次续冻期限最长不得超过6个月。

对于重大、复杂案件,经市级海警局以上海警机构负责人批准,冻结存款、汇款、证券交易结算资金、期货保证金等财产的期限可以为1年。每次续冻期限最长不得超过1年。

第235条 冻结债券、股票、基金份额等证券的期限为2年。每次续冻期限最长不得超过2年。

第236条 冻结股权、保单权益或者投资权益的期限为6个月。每次续冻期限最长不得超过6个月。

第237条 查封、扣押、冻结涉案财物,海警机构应当为犯罪嫌疑人及其所扶养的亲属保留必需的生活费用和物品,减少对涉案单位正常办公、生产、经营等活动的影响。能够保证侦查活动正常进行的,可以允许有关当事人继续合理使用涉案财物,但应当采取必要的保值、保管措施。

第238条 对查封、扣押的财物、文件、邮件、电子邮件、电报,经查明确实与案件无关的,应当在3日以内解除查封、扣押,退还所有人、其他当事人或者原邮政部门、网络服务单位;所有人不明确的,应当采取公告方式告知所有人认领。在通知所有人、其他当事人或者公告后6个月以内无人认领的,按照无主财物处理,依法拍卖或者变卖后将所得款项上缴国库;遇有特殊情况的,可以延期处理,延长期限最长不超过3个月。

第239条 有关犯罪事实查证属实后,对于有证据证明权属明确且无争议的被害人合法财产及其孳息,且返还不损害其他被害人或者利害关系人的利益,不影响案件正常办理的,应当在登记、拍照或者录音录像和估价后,经海警机构负责人批准,开具发还清单返还,并在案卷材料中注明返还的理由,将原物照片、发还清单和被害人的领取手续存卷备查。

领取人应当是涉案财物的合法权利人或者其委托的人;委托他人领取的,应当出具委托书。侦查人员或者海警机构其他工作人员不得代为领取。

查找不到被害人,或者通知被害人后,无人领取的,应当将有关财产及其孳息随案移送。

第240条 对冻结的债券、股票、基金份额等财产,应当告知当事人或者其法定代理人、委托代理人有权申请出售。

权利人书面申请出售被冻结的债券、股票、基金份额等财产,不损害国家利益、被害人利益、其他权利人利益,不影响诉讼正常进行的,以及冻结的汇票、本票、支票的有效期即将届满的,经海警机构负责人批准,可以依法出售或者变现,所得价款应当继续冻结在其对应的银行账户中；没有对应的银行账户的，所得价款由海警机构在银行指定账户保管，并及时告知当事人或者其近亲属。

第241条　对冻结的财产，经查明确实与案件无关的，应当在3日以内通知金融机构等单位解除冻结，并通知被冻结的财产所有人。

第242条　对查封、扣押的涉案财物及其孳息、文件，应当妥善保管，以供核查。任何单位和个人不得违规使用、调换、损毁或者自行处理。

海警机构应当指定内设部门或者专门人员，负责对涉案财物进行统一管理，并设立专门保管场所或者委托社会保管机构，对涉案财物进行集中保管；对特殊的涉案财物，也可以移交有关主管部门进行保管。

对价值较低、易于保管，或者需要作为证据继续使用，以及需要先行返还被害人的涉案财物，可以由办案部门设置专门的场所进行保管。办案部门应当指定不承担办案工作的人员负责本部门涉案财物的接收、保管、移交等管理工作；严禁由负责本案的侦查人员自行保管涉案财物。

第243条　在侦查期间，对于成品油等危险品、鲜活、易腐、易失效等不宜长期保存的物品，长期不使用容易导致机械性能下降、价值贬损的车辆、船舶，体量巨大难以保管或者所有人申请先行拍卖或者变卖的物品，经市级海警局以上海警机构负责人批准，可以在拍照或者录音录像后委托有关部门拍卖、变卖，拍卖或变卖所得款项由海警机构暂行保存，待诉讼终结后按照国家有关规定处理。

对于违禁品，应当依照国家有关规定处理；需要作为证据使用的，应当在诉讼终结后处理。

第244条　对当事人、利害关系人就涉案财物处置提出异议、投诉、举报的，海警机构应当依法及时受理并反馈处理结果。

第284条　人民检察院决定不起诉的，如果被不起诉人在押，海警机构应当立即办理释放手续。除依法转为行政案件办理外，应当根据人民检察院解除查封、扣押、冻结财物的书面通知，及时解除查封、扣押、冻结。

人民检察院提出对被不起诉人给予行政处理或者没收其违法所得的检察意见，移送海警机构处理的，海警机构应当将处理结果及时通知人民检察院。

第341条　本规定所称"海警机构负责人"是指海警机构的正职领导。……

【法发〔2023〕15号】　最高人民法院关于优化法治环境 促进民营经济发展壮大的指导意见（2023年9月25日）

3.（第2款）……对涉案财产采取强制措施时，应当加强财产甄别，严格区分违法所得与合法财产、涉案人员个人财产与家庭成员财产等，对与案件无关的财物，应当依法及时解除；对于经营性涉案财物，在保证案件审理的情况下，一般应当允许有关当事人继续合理使用，最大限度减少因案件办理对企业正常办公和生产经营的影响；对于依法不应交由涉案企业保管使用的财物，查封扣押部门要采取合理的保管保值措施，防止财产价值贬损。

5.健全涉案财物追缴处置机制。对于被告人的合法财产以及与犯罪活动无关的财产及其孳息，符合返还条件的，应当及时返还。涉案财物已被用于清偿合法债务、转让或者设置其他权利负担，善意案外人通过正常的市场交易、支付了合理对价，并实际取得相应权利的，不得追缴或者没收。对于通过违法犯罪活动聚敛、获取的财产形成的投资权益，应当对该投资权益依法进行处置，不得直接追缴投入的财产。

进一步畅通权益救济渠道，被告人或案外人对查封、扣押、冻结的财物及其孳息提出权属异议的，人民法院应当听取意见，必要时可以通知案外人出庭。被告人或案外人以生效裁判侵害其合法财产权益或对是否属于赃款赃物认定错误为由提出申诉的，人民法院应当及时受理审查，确有错误的，应予纠正。

【主席令〔2023〕4号】　中华人民共和国反间谍法（2014年11月1日全国人大常委会〔12届11次〕通过，主席令第16号公布施行，主席令〔1993〕68号《国家安全法》同时废止；2023年4月26日全国人大常委会〔14届2次〕修订，2023年7月1日起施行）

第25条　国家安全机关工作人员依法执行反间谍工作任务时，经设区的市级以上国家安全机关负责人批准，出示工作证件，可以查验有关个人和组织的电子通信工具、器材等设备、设施及有关程序、工具。查验中发现存在危害国家安全情形，国家安全机关应当责令其采取措施立即整改。拒绝整改或者整改后仍存在危害国家安全隐患/不符合要求的，可以予以查封、扣押。

对依照前款规定查封、扣押的电子设备、设施及有关程序、工具，在危害国家安全的情形消除后，国家安全机关应当及时解除查封、扣押。

第29条　国家安全机关调查间谍行为，经设区的市级以上国家安全机关负责人批准，可以查询涉嫌间谍行为人员的相关财产信息。

第30条　国家安全机关调查间谍行为，经设区的市级以上国家安全机关负责人批准，可以对涉嫌用于间谍行为的场所、设施或者财物依法查封、扣押、冻结；不得查封、扣押、冻结与被调查的间谍行为无关的场所、设施或者财物。

第62条　国家安全机关对依照本法查封、扣押、冻结的财物，应当妥善保管，并按下列情形分别处理：（一）涉嫌犯罪的，依照《中华人民共和国刑事诉讼法》等有关法律的规定处理；（二）尚不构成犯罪，有违法事实的，对依法应当没收的予以没收，依法应当销毁的予以销毁；（三）没有违法事实的，或者与案件无关的，应当解除查封、扣押、冻结，并及时返还相关财物；造成损失的，应当依法予以赔偿。

【国安部令〔2024〕4号】　国家安全机关办理刑事案件程序规定（2024年4月26日公布，2024年7月1日起施行）

第213条（第2款）　国家安全机关依法查封、扣押、冻结涉案财物，应当为犯罪嫌疑人及其所扶养的亲属保留必需的生活费用和物品，减少对涉案单位正常办公、生产、经营等活动的影响。严禁在立案之前查封、扣押、冻结财物，不得查封、扣押、冻结与案件无关的财物。对查封、扣押、冻结的财物，应当及时进行审查。能够保证侦查活动正常进行的，可以允许有关当事人继续合理使用有关涉案财物，但应当采取必要的保值、保管措施。

第214条　国家安全机关开展勘验、检查、搜查、辨认、查封、扣押等侦查活动，应当邀请有关公民作为见证人。

下列人员不得担任侦查活动的见证人：（一）生理上、精神上有缺陷或者年幼，不具有相应辨别能力或者不能正确表达的人；（二）与案件有利害关系，可能影响案件公正处理的人；（三）国家安全机关的工作人员或者其聘用的人员。

确因客观原因无法由符合条件的人员担任见证人的，应当对有关侦查活动进行全程录音录像，并在笔录中注明有关情况。

第249条　在侦查中发现的可用以证明犯罪嫌疑人有罪或者无罪的各种财物、文件，应当查封、扣押；但与案件无关的财物、文件，不得查封、扣押。

持有人或者保管人拒绝交出应当查封、扣押的财物、文件的，国家安全机关可以强制查封、扣押。

第250条　在侦查过程中需要查封、扣押财物、文件的，应当经国家安全机关负责人批准，制作查封、扣押决定书。执行查封、扣押的侦查人员不得少于2人。

在现场勘查、执行拘留、逮捕、搜查时，需要扣押财物、文件的，由现场负责人决定。执行扣押后，应当按前款规定及时补办有关批准手续。

第251条　查封、扣押的情况应当制作笔录，由侦查人员、持有人或者保管人、见证人签名。

对于查封、扣押的财物、文件，侦查人员应当会同在场的见证人、持有人或者保管人查点清楚，当场制作查封、扣押财物、文件清单一式3份，写明财物、文件的名称、编号、数量、特征及其来源等，由侦查人员、见证人、持有人或者保管人签名，1份交持有人或者保管人，1份附卷备查，1份交物证保管人员。

对于持有人、保管人无法确定或者不在现场的，侦查人员应当注明。

第252条　对作为犯罪证据但不便提取或者没有必要提取的财物、文件，经登记、拍照或者录音录像、估价后，可以交财物、文件持有人保管或者封存，并且开具登记保存清单一式2份，由侦查人员、持有人和见证人签名，1份交给财物、文件持有人，另1份连同照片或者录音录像资料附卷备查。财物、文件持有人应当妥善保管，不得转移、变卖、毁损。

第253条　对于应当查封土地、房屋等不动产和置于该不动产上不宜移动的设施、家具和其他相关财物，以及涉案的车辆、船舶、航空器和大型机器、设备等财物的，必要时可以扣押其权利证书，经拍照或者录像后原地封存，并在查封清单中注明相关财物的详细地址和相关特征，同时注明已经拍照或者录像及其权利证书已被扣押。

国家安全机关查封不动产和置于该不动产上不宜移动的设施、家具和其他相关财物，以及涉案的车辆、船舶、航空器和大型机械、设备等财物，应当在保证侦查活动正常进行的同时，尽量不影响有关当事人的正常生活和生产经营活动。必要时，可以将被查封的财物交持有人或者其近亲属保管，并书面告知保管人对被查封的财物应当妥善保管，不得擅自处置。

第254条　查封土地、房屋等涉案不动产，需要查询不动产权属情况的，应当制作协助查询财产通知书。

国家安全机关侦查人员到自然资源、房地产管理等有关部门办理查询时，应当出示人民警察证或者侦察证，提交协助查询财产通知书。自然资源、房地产管理等有关部门应当及时协助国家安全机关办理查询事项。国家安全机关查询并复制的有关书面材料，由权属登记机构或者权属档案管理机构加盖印章。因情况特殊，不能当场提供查询的，应当在5日以内提供查询结果。无法查询的，有关部门应当在5日以内书面告知国家安全机关。

第255条　查封、扣押外币、金银珠宝、文物、名贵字画以及其他不易辨别真伪的贵重物品，具备当场密封条件的，应当当场密封，由2名以上侦查人员在密封材料上签名并记明密封时间。不具备当场密封条件的，应当在笔录中记明，以拍照、录像等方法加以保全后进行封存。查封、扣押的贵重物品需要鉴定的，应当及时鉴定。

对于需要启封的财物和文件，应当由2名以上侦查人员共同办理。重新密封时，由2名以上侦查人员在密封材料上签名、记明时间。

第 256 条　对于不宜随案移送的物品，应当移送相关清单、照片或者其他证明文件。

第 257 条　对于因自身材质原因易损毁、灭失、腐烂、变质而不宜长期保存的食品、药品及其原材料等物品，长期不使用容易导致机械性能下降、价值贬损的车辆、船舶等物品，市场价格波动大的债券、股票、基金份额等财产和有效期即将届满的汇票、本票、支票等，权利人明确的，经其本人书面同意或者申请，并经设区的市级以上国家安全机关负责人批准，可以依法变卖、拍卖，所得款项存入本单位唯一合规账户；其中，对于冻结的债券、股票、基金份额等财产，有对应的银行账户的，应当将变现后的款项继续冻结在对应账户中。

善意第三人等案外人与涉案财物处理存在利害关系的，国家安全机关应当告知其相关诉讼权利。

第 258 条　对于违禁品，应当依照国家有关规定处理；对于需要作为证据使用的，应当在诉讼终结后处理。

第 259 条　需要扣押犯罪嫌疑人的邮件、电子邮件、电报的，应当经国家安全机关负责人批准，制作扣押邮件、电报通知书，通知邮电部门或者网络运营者将有关的邮件、电子邮件、电报检交扣押。

不需要继续扣押的，应当经国家安全机关负责人批准，制作解除扣押邮件、电报通知书，通知有关单位。

第 260 条　对于查封、扣押的财物、文件、邮件、电子邮件、电报，经查明确实与案件无关的，应当在 3 日以内解除查封、扣押，退还原主或者原邮电部门、网络运营者；原主不明确的，应当采取公告方式告知原主认领。在通知原主或者公告后 6 个月以内，无人认领的，按照无主财物处理，登记后上缴国库。

第 261 条　有关犯罪事实查证属实后，对于有证据证明权属明确且无争议的被害人合法财产及其孳息，且返还不损害其他被害人或者利害关系人的利益，不影响案件正常办理的，应当在登记、拍照或者录音录像和估价后，报经国家安全机关负责人批准，开具发还清单返还，并在案卷材料中注明返还的理由，将原物照片、发还清单和被害人的领取手续存卷备查。

领取人应当是涉案财物的合法权利人或者其委托的人；委托他人领取的，应当出具委托书。侦查人员或者国家安全机关其他工作人员不得代为领取。

查找不到被害人，或者通知被害人后，无人领取的，应当将有关财产及其孳息随案移送。

第 262 条　对查封、扣押的财物及其孳息、文件，国家安全机关应当妥善保管，以供核查。任何单位和个人不得违规使用、调换、损毁、截留、坐支、私分或者擅自处理。

国家安全机关应当依照有关规定，严格管理涉案财物，及时办理涉案财物的移送、返还、变卖、拍卖、销毁、上缴国库等工作。

第 263 条　国家安全机关根据侦查犯罪的需要，可以依照规定查询、冻结犯罪嫌疑人的存款、汇款、证券交易结算资金、期货保证金等资金，债券、股票、基金份额和其他证券，以及股权、保单权益和其他投资权益等财产，并可以要求有关单位和个人予以配合。

对于前款规定的财产，不得划转、转账或者以其他方式变相扣押。

第 264 条　查询、冻结犯罪嫌疑人的存款、汇款、证券交易结算资金、期货保证金等资金、债券、股票、基金份额和其他证券，以及股权、保单权益和其他投资权益等财产，应当经国家安全机关负责人批准，制作查询财产通知书或者冻结财产通知书，通知银行和其他单位执行。

第265条　涉案账户较多，属于同一省、自治区、直辖市内的不同地区，或者分属不同省、自治区、直辖市，国家安全机关需要对其集中查询、冻结的，可以按照有关规定，由办案地国家安全机关指派2名以上侦查人员持相关法律文书和人民警察证或者侦察证，通过有关银行和其他单位办理。

第266条　需要延长冻结期限的，应当按照原批准程序，在冻结期限届满前办理继续冻结手续。逾期不办理继续冻结手续的，视为自动解除冻结。

第267条　不需要继续冻结犯罪嫌疑人财产时，应当按照原批准程序，制作协助解除冻结财产通知书，通知银行和其他单位协助办理。

第268条　犯罪嫌疑人的财产已被冻结的，不得重复冻结，但可以轮候冻结。

第269条　冻结存款、汇款、证券交易结算资金、期货保证金等财产的期限为6个月。每次续冻期限最长不得超过6个月。对于重大、复杂案件，经设区的市级以上国家安全机关负责人批准，冻结存款、汇款、证券交易结算资金、期货保证金等财产的期限可以为1年。每次续冻期限最长不得超过1年。

冻结债券、股票、基金份额等证券的期限为2年。每次续冻期限最长不得超过2年。

冻结股权、保单权益或者投资权益的期限为6个月。每次续冻期限最长不得超过6个月。

第270条　对于冻结的债券、股票、基金份额等财产，应当告知当事人或者其法定代理人、委托代理人有权申请出售。

权利人申请出售被冻结的债券、股票、基金份额等财产，不损害国家利益、被害人、其他权利人利益，不影响诉讼正常进行的，以及冻结的汇票、本票、支票的有效期即将届满的，经国家安全机关负责人批准，可以依法出售或者变现，所得价款应当继续冻结在其对应的银行账户中；没有对应的银行账户的，所得价款由国家安全机关在银行指定专门账户保管，并及时告知当事人或者其近亲属。

第271条　对冻结的财产，经查明确实与案件无关的，应当在3日以内通知银行和其他单位解除冻结，并通知被冻结财产的所有人。

● 指导案例　【法〔2022〕236号】　最高人民法院第33批指导性案例（2022年11月29日）

（指导案例188号）　史广振等组织、领导、参加黑社会性质组织案

裁判要点：在涉黑社会性质组织犯罪案件审理中，应当对查封、扣押、冻结财物及其孳息的权属进行调查，案外人对查封、扣押、冻结财物及其孳息提出权属异议的，人民法院应当听取其意见，确有必要的，人民法院可以通知其出庭，以查明相关财物权属。

第七节　鉴　定

第146条　【鉴定目的、鉴定人】 为了查明案情，需要解决案件中某些专门性问题的时候，应当指派、聘请有专门知识的人进行鉴定。

> **第147条　【鉴定意见】**鉴定人进行鉴定后，应当写出鉴定意见①，并且签名。
> 　　**【虚假鉴定】**鉴定人故意作虚假鉴定的，应当承担法律责任。②
> 　　**第148条**③　**【补充鉴定、重新鉴定】**侦查机关应当将用作证据的鉴定意见④告知犯罪嫌疑人、被害人。如果犯罪嫌疑人、被害人提出申请，可以补充鉴定或者重新鉴定。

● 相关规定　　　　　　　　　　（综合规定）

【人大决定〔2005〕号】　全国人民代表大会常务委员会关于司法鉴定管理问题的决定
（2005年2月28日全国人大常委会〔10届14次〕通过，2005年10月1日起施行；2015年4月24日全国人大常委会〔12届14次〕统修）

　　一、司法鉴定是指在诉讼活动中鉴定人运用科学技术或者专门知识对诉讼涉及的专门性问题进行鉴别和判断并提供鉴定意见的活动。

　　二、国家对从事下列司法鉴定业务的鉴定人和鉴定机构实行登记管理制度：（一）法医类鉴定；（二）物证类鉴定；（三）声像资料鉴定；（四）根据诉讼需要由国务院司法行政部门商最高人民法院、最高人民检察院确定的其他应当对鉴定人和鉴定机构实行登记管理的鉴定事项。

　　法律对前款规定事项的鉴定人和鉴定机构的管理另有规定的，从其规定。

　　七、侦查机关根据侦查工作的需要设立的鉴定机构，不得面向社会接受委托从事司法鉴定业务。

　　人民法院和司法行政部门不得设立鉴定机构。

　　八、各鉴定机构之间没有隶属关系；鉴定机构接受委托从事司法鉴定业务，不受地域范围的限制。

　　鉴定人应当在一个鉴定机构中从事司法鉴定业务。

　　十、司法鉴定实行鉴定人负责制度。鉴定人应当独立进行鉴定，对鉴定意见负责并在鉴定书上签名或者盖章。多人参加的鉴定，对鉴定意见有不同意见的，应当注明。

　　十一、在诉讼中，当事人对鉴定意见有异议的，经人民法院依法通知，鉴定人应当出庭作证。

　　十六、对鉴定人和鉴定机构进行登记、名册编制和公告的具体办法，由国务院司法行政部门制定，报国务院批准。

　　十七、本决定下列用语的含义是：

---

①　本部分内容由2012年3月14日第11届全国人大常委会第5次会议修改，2013年1月1日施行。原规定为"鉴定结论"。
②　本款规定由1996年3月17日第8届全国人民代表大会第4次会议增设，1997年1月1日施行。
③　本条规定由1996年3月17日第8届全国人民代表大会第4次会议修改，1997年1月1日施行。原规定为："用作证据的鉴定结论应当告知被告人。如果被告人提出申请，可以补充鉴定或者重新鉴定。"
④　本部分内容由2012年3月14日第11届全国人大常委会第5次会议修改，2013年1月1日施行。原规定为"鉴定结论"。

（一）法医类鉴定，包括法医病理鉴定、法医临床鉴定、法医精神病鉴定、法医物证鉴定和法医毒物鉴定。

（二）物证类鉴定，包括文书鉴定、痕迹鉴定和微量鉴定。

（三）声像资料鉴定，包括对录音带、录像带、磁盘、光盘、图片等载体上记录的声音、图像信息的真实性、完整性及其所反映的情况过程进行的鉴定和对记录的声音、图像中的语言、人体、物体作出种类或者同一认定。

【司复〔2001〕7号】 司法部关于对司法鉴定地方立法和司法鉴定管理制度性质问题的批复（2001年6月12日答复内蒙古自治区司法厅"内司请〔2001〕9号"请示和上海市司法局"沪司发请〔2001〕39号"请示）

司法鉴定制度是有关司法鉴定工作各项制度的总称，是由司法鉴定的启动制度、实施制度、质证制度、认证制度等构成的制度体系。司法鉴定制度的具体内容，既有属于诉讼制度的内容，如司法鉴定的质证制度、认证制度，也有属于行政管理制度的内容，如司法鉴定的实施制度。按照《中华人民共和国立法法》第8条（现第11条）的规定，司法鉴定的质证制度、认证制度属于诉讼制度，只能由国家法律规定。而司法鉴定实施制度，如司法鉴定机构及机构的设立、司法鉴定人资格及资格的取得、司法鉴定的具体程序，则属于行政管理的范畴，可以由地方人大制定地方性法规予以规范。

【司法部令〔2005〕95号】 司法鉴定机构登记管理办法（经国务院批准，2005年9月30日公布施行）

第17条 司法鉴定机构在本省（自治区、直辖市）行政区域内设立分支机构的，分支机构应当符合本办法第14条规定的条件，并经省级司法行政机关审核登记后，方可依法开展司法鉴定活动。

跨省（自治区、直辖市）设立分支机构的，除应当经拟设分支机构所在行政区域的省级司法行政机关审核登记外，还应当报经司法鉴定机构所在行政区域的省级司法行政机关同意。

第22条（第1款） 《司法鉴定许可证》是司法鉴定机构的执业凭证，司法鉴定机构必须持有省级司法行政机关准予登记的决定及《司法鉴定许可证》，方可依法开展司法鉴定活动。

（第3款） 《司法鉴定许可证》使用期限为5年，自颁发之日起计算。

第39条 司法鉴定机构有下列情形之一的，由省级司法行政机关依法给予警告，并责令其改正：（一）超出登记的司法鉴定业务范围开展司法鉴定活动的；（二）未经依法登记擅自设立分支机构的；（三）未依法办理变更登记的；（四）出借《司法鉴定许可证》的；（五）组织未取得《司法鉴定人执业证》的人员从事司法鉴定业务的；（六）无正当理由拒绝接受司法鉴定委托的；（七）违反司法鉴定收费管理办法的；（八）支付回扣、介绍费，进行虚假宣传等不正当行为的；（九）拒绝接受司法行政机关监督、检查或者向其提供虚假材料的；（十）法律、法规和规章规定的其他情形。

第40条 司法鉴定机构有下列情形之一的，由省级司法行政机关依法给予停止从事司法鉴定业务3个月以上1年以下的处罚；情节严重的，撤销登记：（一）因严重不负责任给当事人合法权益造成重大损失的；（二）具有本办法第39条规定的情形之一，并造成严重后果的；（三）提供虚假证明文件或采取其他欺诈手段，骗取登记的；（四）法律、法规规定的其他情形。

第41条 司法鉴定机构在开展司法鉴定活动中因违法和过错行为应当承担民事责任的，按照民事法律的有关规定执行。

第44条 本办法所称司法鉴定机构不含《全国人民代表大会常务委员会关于司法鉴定管理问题的决定》第7条规定的鉴定机构。

【司法部令〔2005〕96号】 司法鉴定人登记管理办法（经国务院批准，2005年9月30日公布施行）

第17条 ……《司法鉴定人执业证》是司法鉴定人的执业凭证。

《司法鉴定人执业证》使用期限为5年，自颁发之日起计算。

《司法鉴定人执业证》应当载明下列内容：（一）姓名；（二）性别；（三）身份证号码；（四）专业技术职称；（五）行业执业资格；（六）执业类别；（七）执业机构；（八）使用期限；（九）颁证机关和颁证时间；（十）证书号码。

第29条 司法鉴定人有下列情形之一的，由省级司法行政机关依法给予警告，并责令其改正：（一）同时在2个以上司法鉴定机构执业的；（二）超出登记的执业类别执业的；（三）私自接受司法鉴定委托的；（四）违反保密和回避规定的；（五）拒绝接受司法行政机关监督、检查或者向其提供虚假材料的；（六）法律、法规和规章规定的其他情形。

第30条 司法鉴定人有下列情形之一的，由省级司法行政机关给予停止执业3个月以上1年以下的处罚；情节严重的，撤销登记；构成犯罪的，依法追究刑事责任：（一）因严重不负责任给当事人合法权益造成重大损失的；（二）具有本办法第29规定的情形之一并造成严重后果的；（三）提供虚假证明文件或者采取其他欺诈手段，骗取登记的；（四）经人民法院依法通知，无法定事由拒绝出庭作证的；（五）故意做虚假鉴定的；（六）法律、法规规定的其他情形。

第31条 司法鉴定人在执业活动中，因故意或者重大过失行为给当事人造成损失的，其所在的司法鉴定机构依法承担赔偿责任后，可以向有过错行为的司法鉴定人追偿。

【司发通〔2014〕10号】 司法部关于进一步发挥司法鉴定制度作用防止冤假错案的意见（2014年2月13日）

四、严格规范司法鉴定执业行为

11. 严格规范委托受理。要严格规范司法鉴定的委托受理，认真审查委托事项、鉴定要求和鉴定材料。对于不属于司法鉴定事项的、超出机构业务范围、技术条件和鉴定能力的或者发现同一事项多头委托的，不予受理并说明理由；对于委托人拒绝签订委托协议的，可以中止受理或者终止鉴定；对于不符合重新鉴定条件的，不予受理并说明理由；对于重新鉴定意见与原鉴定意见不一致的，应当在鉴定意见书中充分说明理由和依据。

12. 严格规范与当事人关系。司法鉴定机构接受委托后，除人身损伤、精神状况、听证等必须与当事人接触的鉴定活动外，严禁鉴定人与当事人及其代理人私下接触。

13. 完善执业监管。要认真贯彻《司法部关于进一步加强司法鉴定投诉处理工作的意见》，进一步健全完善投诉查处机制，畅通投诉渠道，及时受理群众投诉，规范投诉调查活动，严肃查处违规违纪行为。

14. 开展专项检查，要针对当地存在的突出问题，及时开展专项检查，严肃查处司法鉴定违规违纪执业行为。对于"金钱案"、"权力案"、"关系案"，发现一起惩处一起，绝不姑息，坚决将"害群之马"清理出司法鉴定队伍。

【司法部令〔2016〕132号】 司法鉴定程序通则（司法部令〔2007〕107号公布，2007年10月1日起施行；2015年12月24日司法部部务会议修订，2016年3月2日公布，2016年5月1日起施行）

第18条 司法鉴定机构受理鉴定委托后，应当指定本机构具有该鉴定事项执业资格的司法鉴定人进行鉴定。

委托人有特殊要求的，经双方协商一致，也可以从本机构中选择符合条件的司法鉴定人进行鉴定。

委托人不得要求或者暗示司法鉴定机构、司法鉴定人按其意图或者特定目的提供鉴定意见。

第19条 司法鉴定机构对同一鉴定事项，应当指定或者选择2名司法鉴定人进行鉴定；对复杂、疑难或者特殊鉴定事项，可以指定或者选择多名司法鉴定人进行鉴定。

第20条 司法鉴定人本人或者其近亲属与诉讼当事人、鉴定事项涉及的案件有利害关系，可能影响其独立、客观、公正进行鉴定的，应当回避。

司法鉴定人曾经参加过同一鉴定事项鉴定的，或者曾经作为专家提供过咨询意见的，或者曾被聘请为有专门知识的人参与过同一鉴定事项法庭质证的，应当回避。

第21条 司法鉴定人自行提出回避的，由其所属的司法鉴定机构决定；委托人要求司法鉴定人回避的，应当向该司法鉴定人所属的司法鉴定机构提出，由司法鉴定机构决定。

委托人对司法鉴定机构作出的司法鉴定人是否回避的决定有异议的，可以撤销鉴定委托。

第23条 司法鉴定人进行鉴定，应当依下列顺序遵守和采用该专业领域的技术标准、技术规范和技术方法：（一）国家标准和技术规范；（二）司法鉴定主管部门、司法鉴定行业组织或者相关行业主管部门制定的行业标准和技术规范；（三）该专业领域多数专家认可的技术方法/技术标准和技术规范。

不具备前款规定的技术标准和技术规范的，可以采用所属司法鉴定机构自行制定的有关技术规范。

第25条 司法鉴定人在进行鉴定的过程中，需要对女性作妇科检查的，应当由女性司法鉴定人进行；无女性司法鉴定人的，应当有女性工作人员在场。

鉴定过程中，需要对无民事行为能力人或者限制民事行为能力人/未成年人进行身体检查的，应当通知其监护人或者近亲属到场见证；必要时，可以通知委托人到场见证。

（第2款见本书第149条）

对需要到现场提取检材的，应当由不少于2名司法鉴定人提取，并通知委托人到场见证。

对需要进行尸体解剖的，应当通知委托人或者死者的近亲属或者监护人到场见证。

（新增）到场见证人员应当在鉴定记录上签名。见证人员未到场的，司法鉴定人不得开展相关鉴定活动，延误时间不计入鉴定时限。

第27条 司法鉴定人应当对鉴定过程进行实时记录并签名。记录可以采取笔记、录音、录像、拍照等方式。记录应当载明主要的鉴定方法和过程，检查、检验、检测结果，以及仪器设备使用情况等。记录的内容应当真实、客观、准确、完整、清晰，记录的文本资料、音像资料等应当存入鉴定档案。

第31条　有下列情形之一的，司法鉴定机构可以接受办案机关委托进行重新鉴定：（一）原司法鉴定人不具有从事委托鉴定事项执业资格的；（二）原司法鉴定机构超出登记的业务范围组织鉴定的；（三）原司法鉴定人应当回避没有回避的；（四）办案机关认为需要重新鉴定的[①]；（五）法律规定的其他情形。

第32条　重新鉴定应当委托原司法鉴定机构以外的其他司法鉴定机构进行；因特殊原因，委托人也可以委托原司法鉴定机构进行，但原司法鉴定机构应当指定原司法鉴定人以外的其他符合条件的司法鉴定人进行。

接受重新鉴定委托的司法鉴定机构的资质条件应当不低于原司法鉴定机构，进行重新鉴定的司法鉴定人中应当至少有1名具有相关专业高级专业技术职称。

第37条　司法鉴定意见书应当由司法鉴定人签名。多人参加的鉴定，对鉴定意见有不同意见的，应当注明。

第38条　司法鉴定意见书应当加盖司法鉴定机构的司法鉴定专用章。

第41条　司法鉴定意见书出具后，发现有下列情形之一的，司法鉴定机构可以进行补正：（一）图像、谱图、表格不清晰的；（二）签名、盖章或者编号不符合制作要求的；（三）文字表达有瑕疵或者错别字，但不影响司法鉴定意见的。

补正应当在原司法鉴定意见书上进行，由至少1名司法鉴定人在补正处签名。必要时，可以出具补正书。

对司法鉴定意见书进行补正，不得改变司法鉴定意见的原意。

【司发通〔2015〕117号】　最高人民法院、最高人民检察院、司法部关于将环境损害司法鉴定纳入统一登记管理范围的通知（2015年12月21日）

为满足环境损害诉讼需要，加强环境发展、环境保护和环境修复工作，推进生态文明建设，根据《全国人民代表大会常务委员会关于司法鉴定管理问题的决定》和《最高人民法院最高人民检察院关于办理环境污染刑事案件适用法律若干问题的解释》等有关规定，经研究，决定将环境损害司法鉴定纳入统一登记管理范围。环境损害司法鉴定管理的具体办法由司法部会同环境保护部制定。

【司发通〔2015〕118号】　司法部、环境保护部关于规范环境损害司法鉴定管理工作的通知（2015年12月21日）

对本通知下发前已审核登记从事环境损害司法鉴定业务的鉴定机构，应当进行重新审核登记。已登记从事环境损害鉴定业务的司法鉴定机构最迟应当于2017年6月前提出重新登记申请。逾期未提出重新登记申请或经审核不符合条件的，撤销登记。重新审核登记期间，已审核登记的环境损害司法鉴定机构可以继续从事环境损害司法鉴定业务。

【司发通〔2016〕101号】　环境损害司法鉴定机构审核登记评审办法（司法部、环境保护部2016年10月12日）

第4条　申请从事环境损害司法鉴定业务的法人或者其他组织（以下简称"申请人"），应当符合《司法鉴定机构登记管理办法》规定的条件，同时还应当具备以下条件：（一）每

[①] 注：本项原规定："委托人或者其他诉讼当事人对原鉴定意见有异议，并能提出合法依据和合理理由的，可以委托重新鉴定。"修订后将该项权利赋予"办案机关"。

项鉴定业务至少有2名具有相关专业高级专业技术职称的鉴定人。(二) 有不少于100万元人民币的资金。

第5条　申请人申请从事环境损害司法鉴定业务，应当向省（区、市）司法行政机关提交申请材料。司法行政机关决定受理的，应当按照法定的时限和程序进行审核并依照本办法及有关规定组织专家进行评审。

评审时间不计入审核时限。

第6条（第1款）　省（区、市）司法行政机关应当根据申请人的申请执业范围，针对每个鉴定事项成立专家评审组。评审组专家应当从环境损害司法鉴定机构登记评审专家库中选取，人数不少于3人，其中国家库中专家不少于1人；必要时，可以从其他省（区、市）地方库中选取评审专家。

【司发通〔2018〕54号】　**环境损害司法鉴定机构登记评审细则**（司法部、环境保护部2018年6月14日）

一、省级司法行政机关应当按照《行政许可法》、《司法鉴定机构登记管理办法》（司法部令第95号）、《司法鉴定人登记管理办法》（司法部令第96号）等规定，对申请人的申请材料进行认真审查，根据审查情况，按照法定时限出具受理决定书或者不予受理决定书。决定受理的，省级司法行政机关应当于5个工作日内组织专家开展评审工作。

【司发通〔2019〕56号】　**环境损害司法鉴定执业分类规定**（司法部、生态环境部2019年5月6日印发）

第2章　污染物性质鉴定

第4条　固体废物鉴定。包括通过溯源及固体废物鉴别标准判断待鉴定物质是否属于固体废物。

第5条　危险废物鉴定。包括依据《危险废物鉴别标准通则》中规定的程序，判断固体废物是否属于列入《国家危险废物名录》的危险废物，以及鉴别固体废物是否具有危险特性；确定危险废物的合法、科学、合理的处置方式，制定处置方案建议，按照处理成本、收费标准等评估处置费用等。

第6条　有毒物质（不包括危险废物）鉴定。包括根据物质来源认定待鉴定物质是否属于法律法规和标准规范规定的有毒物质，或根据文献资料、实验数据等判断待鉴定物质是否具有环境毒性；确定有毒物质的合法、科学、合理的处置方式，制定处置方案建议，按照处理成本、收费标准等评估处置费用等。

第7条　放射性废物鉴定。包括认定待鉴定物质是否含有放射性核素或被放射性核素污染，其放射水平是否符合国家规定的控制水平，是否属于预期不再使用的放射性物质等；确定放射性废物的合法、科学、合理的处置方式，制定处置方案建议，按照处理成本、收费标准等评估处置费用等。

第8条　含传染病病原体的废物（不包括医疗废物）鉴定。包括认定待鉴定物质是否含有细菌、衣原体、支原体、立克次氏体、螺旋体、放线菌、真菌、病毒、寄生虫等传染病病原体；确定含传染病病原体废物的合法、科学、合理的处置方式，制定处置方案建议，按照处理成本、收费标准等评估处置费用等。

第9条　污染物筛查及理化性质鉴定。包括通过现场勘察、生产工艺分析、实验室检测等方法综合分析确定废水、废气、固体废物中的污染物，鉴定污染物的理化性质参数等。

第10条　有毒物质、放射性废物致植物损害鉴定。包括确定植物（包括农作物、林草作物、景观或种用等种植物和野生植物）损害的时间、类型、程度和范围等，判定危险废物、有毒物质、放射性废物接触与植物损害之间的因果关系，制定植物恢复方案建议，评估植物损害数额，评估恢复效果等。

第11条　有毒物质、放射性废物致动物损害鉴定。包括确定动物（包括家禽、家畜、水产、特种、娱乐或种用等养殖动物和野生动物）损害的时间、类型、程度和范围等，判定危险废物、有毒物质、放射性废物接触和动物损害之间的因果关系，制定动物恢复方案建议，评估动物损害数额，评估恢复效果等。

第3章　地表水与沉积物环境损害鉴定

第12条　污染环境行为致地表水与沉积物环境损害鉴定。包括确定水功能，识别特征污染物，确定地表水和沉积物环境基线，确认地表水和沉积物环境质量是否受到损害，确定地表水和沉积物环境损害的时空范围和程度，判定污染环境行为与地表水和沉积物环境损害之间的因果关系，制定地表水和沉积物环境修复方案建议，评估地表水和沉积物环境损害数额，评估修复效果等。

第13条　污染环境行为致水生态系统损害鉴定。包括确定水生态系统功能，识别濒危物种、优势物种、特有物种、指示物种等，确定水生态系统损害评价指标与基线水平，确认水生态系统功能是否受到损害，确定水生态系统损害的时空范围和程度，判定污染环境行为与水生态系统损害之间的因果关系，制定水生态系统恢复方案建议，评估水生态系统损害数额，评估恢复效果等。

第14条　地表水和沉积物污染致植物损害鉴定。包括确定植物（包括农作物、林草作物、景观或种用等种植物和野生植物）损害的时间、类型、范围和程度，判定地表水和沉积物污染与植物损害之间的因果关系，制定植物恢复方案建议，评估植物损害数额，评估恢复效果等。

第15条　地表水和沉积物污染致动物损害鉴定。包括确定动物（包括家禽、家畜、水产、特种、娱乐或种用等养殖动物和野生动物）损害的时间、类型、范围和程度，判定地表水和沉积物污染与动物损害之间的因果关系，制定动物恢复方案建议，评估动物损害数额，评估恢复效果等。

第4章　空气污染环境损害鉴定

第16条　污染环境行为致环境空气损害鉴定。包括识别特征污染物，确定环境空气基线，确认环境空气质量与基线相比是否受到损害，确定环境空气损害的时空范围和程度，判定污染环境行为与环境空气损害之间的因果关系，制定废气治理方案建议，评估环境空气损害数额，评估治理效果等。

第17条　环境空气污染致植物损害鉴定。包括确定植物（包括农作物、林草作物、景观或种用等种植物和野生植物）损害的时间、类型、范围和程度，判定环境空气污染与植物损害之间的因果关系，制定植物恢复方案建议，评估植物损害数额，评估恢复效果等。

第18条　环境空气污染致动物损害鉴定。包括确定动物（包括家禽、家畜、特种、娱乐或种用等养殖动物和野生动物）损害的时间、类型、范围和程度，判定环境空气污染与动物损害之间的因果关系，制定动物恢复方案建议，评估动物损害数额，评估恢复效果等。

第19条　室内空气污染损害鉴定。包括确认住宅、办公场所、公共场所等全封闭或半封闭室内环境空气质量与基线相比是否受到损害，确定室内空气污染损害的时空范围和程度，判定室内空气污染的原因，制定室内空气污染治理方案建议，评估室内空气污染损害数额，评估治理效果等。

第20条　室内空气污染致人体健康损害鉴定。包括确定人体健康损害（如死亡、疾病、症状或体征等）的时间、类型、范围和程度，判定室内空气污染与人体健康损害之间的因果关系，评估人体健康损害数额等。

第5章　土壤与地下水环境损害鉴定

第21条　污染环境行为致土壤环境损害鉴定。包括确定土地利用类型，识别特征污染物，确定土壤（包括农用地、建设用地、矿区等土壤）环境基线，确认土壤环境质量（包括土壤肥力）是否受到损害，确定土壤环境损害的时空范围和程度，判定污染环境行为与土壤环境损害之间的因果关系，制定土壤风险管控和治理修复方案建议，评估土壤环境损害数额，评估修复效果等。

第22条　污染环境行为致地下水环境损害鉴定。包括确定地下水功能区，识别特征污染物，确定地下水环境基线，确认地下水环境质量是否受到损害，确定地下水环境损害的时空范围和程度，判定污染环境行为与地下水环境损害之间的因果关系，制定地下水风险管控和治理修复方案建议，评估地下水环境损害数额，评估修复效果等。

第23条　污染环境行为致土壤生态系统损害鉴定。包括识别土壤生态系统（含地上和地下部分）功能，确定土壤生态系统损害评价指标与基线水平，确认土壤生态系统功能是否受到损害，确定土壤生态系统损害的时空范围和程度，判定污染环境行为与土壤生态系统损害之间的因果关系，制定土壤生态系统恢复方案建议，评估土壤生态系统损害数额，评估恢复效果等。

第24条　土壤污染致植物损害鉴定。包括确定植物（包括农作物、林草作物、景观或种用等种植物和野生植物）损害的时间、类型、范围和程度，判定土壤污染与植物损害之间的因果关系，制定植物恢复方案建议，评估植物损害数额，评估恢复效果等。

第25条　地下水污染致植物损害鉴定。包括确定植物（包括农作物、林草作物、景观或种用等种植物和野生植物）损害的时间、类型、范围和程度，判定地下水污染与植物损害之间的因果关系，制定植物恢复方案建议，评估植物损害数额，评估恢复效果等。

第26条　土壤污染致动物损害鉴定。包括确定动物（包括家禽、家畜、特种、娱乐或种用等养殖动物和野生动物）损害的时间、类型、范围和程度，判定土壤污染与动物损害之间的因果关系，制定动物恢复方案建议，评估动物损害数额，评估恢复效果等。

第27条　地下水污染致动物损害鉴定。包括确定动物（包括家禽、家畜、特种、娱乐或种用等养殖动物和野生动物）损害的时间、类型、范围和程度，判定地下水污染与动物损害之间的因果关系，制定动物恢复方案建议，评估动物损害数额，评估恢复效果等。

第6章　近岸海洋与海岸带环境损害鉴定

第28条　污染环境行为致近岸海洋与海岸带环境损害鉴定。包括确定近岸海洋、海岸带和海岛功能，识别特征污染物，确定近岸海洋、海岸带和海岛环境基线，确认近岸海洋、海岸带和海岛环境质量是否受到损害，确定近岸海洋、海岸带和海岛环境损害的时空范围和程度，判定污染环境行为与近岸海洋、海岸带和海岛环境损害之间的因果关系，制定近岸海洋、海岸带和海岛环境修复方案建议，评估近岸海洋、海岸带和海岛环境损害数额，评估修复效果等。

第29条　污染环境行为致近岸海洋与海岸带生态系统损害鉴定。包括确定近岸海洋、海岸带和海岛生态系统功能（如珊瑚礁、海草床、滨海滩涂、盐沼地、红树林等），识别濒危物种、优势物种、特有物种、指示物种等，确定近岸海洋、海岸带和海岛生态系统损害评价指标与基线水平，确认近岸海洋、海岸带和海岛生态系统与基线相比是否受到损害，确定近岸海洋、海岸带和海岛生态系统损害的时空范围和程度，判定污染环境行为与近岸海洋、海岸带和海岛生态系统损害之间的因果关系，制定近岸海洋、海岸带和海岛生态系统恢复方案建议，评估近岸海洋、海岸带和海岛生态系统损害数额，评估恢复效果等。

第30条　近岸海洋与海岸带环境污染致海洋植物损害鉴定。包括确定海洋养殖植物（包括食用、观赏、种用等海洋植物）、滨海湿地野生植物、海洋野生植物（包括藻类及种子植物等）损害的时间、类型、范围和程度，判定近岸海洋、海岸带和海岛环境污染与海洋植物损害之间的因果关系，制定海洋植物恢复方案建议，评估海洋植物损害数额，评估恢复效果等。

第31条　近岸海洋与海岸带环境污染致海洋动物损害鉴定。包括确定海洋养殖动物（包括食用、观赏、种用等海洋养殖动物）、滨海湿地野生动物（包括水禽、鸟类、两栖、爬行动物等）、海洋野生动物（包括浮游动物、底栖动物、鱼类、哺乳动物等）损害的时间、类型、范围和程度，判定近岸海洋、海岸带和海岛环境污染与海洋动物损害之间的因果关系，制定海洋动物恢复方案建议，评估海洋动物损害数额，评估恢复效果等。

第7章　生态系统环境损害鉴定

第32条　生态破坏行为致植物损害鉴定。包括鉴定藻类、地衣类、苔藓类、蕨类、裸子、被子等植物及植物制品物种及其濒危与保护等级、年龄、原生地；鉴定外来植物物种及入侵种；确定植物损害的时间、类型、范围和程度，判定滥砍滥伐、毁林、开垦林地、草原等生态破坏行为与植物物种损害之间的因果关系，制定植物损害生态恢复方案建议，评估植物损害数额，评估恢复效果等。

第33条　生态破坏行为致动物损害鉴定。包括鉴定哺乳纲、鸟纲、两栖纲、爬行纲、鱼类（圆口纲、盾皮鱼纲、软骨鱼纲、辐鳍鱼纲、棘鱼纲、肉鳍鱼纲等）、棘皮动物、昆虫纲、多足纲、软体动物、珊瑚纲等动物及动物制品物种及其濒危与保护等级、种类、年龄、原生地；鉴定外来动物物种及入侵种，确定动物损害的时间、类型、范围和程度，判定乱捕滥杀、栖息地破坏、外来种入侵等生态破坏行为与动物损害之间的因果关系，制定动物损害生态恢复方案建议，评估动物损害数额，评估恢复效果等。

第34条　生态破坏行为致微生物损害鉴定。包括确定食用菌、药用菌及其他真菌类等大型真菌物种及其濒危与保护等级；鉴定微生物损害的时间、类型、范围和程度，判定毁林、滥采等生态破坏行为与微生物损害之间的因果关系，制定微生物损害生态恢复方案建议，评估微生物损害数额，评估恢复效果等。

第35条　生态破坏行为致森林生态系统损害鉴定。包括确定森林类型与保护级别，确定森林生态系统损害评价指标与基线水平，确定森林生态系统损害的时间、类型（如指示性生物、栖息地、土壤、地下水等损害）、范围和程度，判定森林盗伐、滥砍滥伐珍稀保护物种、破坏种质资源、森林火灾、非法占用、工程建设、外来种引入、地下水超采等生态破坏行为与森林生态系统损害之间的因果关系，制定森林生态系统恢复方案建议，评估森林生态系统损害数额，评估恢复效果等。

第36条　生态破坏行为致草原生态系统损害鉴定。包括确定草原类型与保护级别；确定草原生态系统损害评价指标与基线水平，确定草原生态系统损害（如指示性生物、栖息地、土壤、地下水等损害）的时间、类型、范围和程度，判定超载放牧、滥采药材、毁草开荒、非法占用、工程建设、乱捕滥杀野生动物、外来种引入、地下水超采等生态破坏行为与草原生态系统损害之间的因果关系，制定草原生态系统恢复方案建议，评估草原生态系统损害数额，评估恢复效果等。

第37条　生态破坏行为致湿地生态系统损害鉴定。包括确定湿地类型与保护级别，确定湿地生态系统（河流、湖泊除外）损害评价指标和基线水平，确定湿地生态系统损害的时间、类型（如地表水、指示性生物、栖息地、土壤、地下水等损害）、范围和程度，判定农业围垦、城市开发、外来种引入、地下水超采等生态破坏行为与湿地生态系统损害之间的因果关系，制定湿地生态系统恢复方案建议，评估湿地生态系统损害数额，评估恢复效果等。

第38条　生态破坏行为致荒漠生态系统损害鉴定。包括确定荒漠性质及类别，确定荒漠生态系统损害评价指标和基线水平，确定荒漠生态系统损害的时间、类型（如土壤、地下水、指示性生物、栖息地等损害）、范围和程度，判定矿产开发、农业开垦、超载放牧、工程建设、珍稀濒危动植物种盗猎、盗采、外来种引入、地下水超采等生态破坏行为与荒漠生态系统损害之间的因果关系，制定荒漠生态系统恢复方案建议，评估荒漠生态系统损害数额，评估恢复效果等。

第39条　生态破坏行为致海洋生态系统损害鉴定。包括确定海洋类型与保护级别，确定海洋生态系统损害评价指标和基线水平，确定海洋生态系统损害的时间、类型（如海洋生物、渔业资源、珍稀物种、珊瑚礁及成礁生物、矿产资源、栖息地等损害）、范围和程度，判定过度捕捞、围填海、工程建设、外来种引入等生态破坏行为与海洋生态系统损害之间的因果关系，制定海洋生态系统恢复方案建议，评估海洋生态系统损害数额，评估恢复效果等。

第40条　生态破坏行为致河流、湖泊生态系统损害鉴定。包括确定河流、湖泊类型及保护级别，确定河流、湖泊生态系统损害评价指标和基线水平，确定河流、湖泊、入海河口生态系统损害的时间、类型（如径流水量、水域岸线、水生生物、渔业资源、珍稀物种、栖息地等损害）、范围和程度，判定非法采砂、渔业滥捕超捕、侵占水域岸线、围湖造田、围垦河道、水域拦截、工程建设、外来种引入等生态破坏行为与河流、湖泊生态系统损害之间的因果关系，制定河流、湖泊生态系统恢复方案建议，评估河流、湖泊生态系统损害数额，评估恢复效果等。

第41条　生态破坏行为致冻原生态系统损害鉴定。包括确定冻原性质及类别，确定冻原生态系统损害评价指标和基线水平，确定冻原生态系统损害的时间、类型（如土壤、永冻层、冰川、地表水、地下水、指示性生物、栖息地等损害）、范围和程度，判定水资源开发、超载放牧、工程建设、珍稀濒危动植物盗猎盗采、外来种引入、地下水超采等生态破坏行为与冻原生态系统损害之间的因果关系，制定冻原生态系统恢复方案建议，评估冻原生态系统损害数额，评估恢复效果等。

第42条 生态破坏行为致农田生态系统损害鉴定。包括确定农田性质及类别，确定农田生态系统损害评价指标和基线水平，确定农田生态系统损害的时间、类型（如农田种植物、土壤、地下水等损害）、范围和程度，判定非法占用耕地、农区土地破坏、外来种引入、地下水超采等生态破坏行为与农田生态系统损害之间的因果关系，制定农田生态系统恢复方案建议，评估农田生态系统损害数额，评估恢复效果等。

第43条 生态破坏行为致城市生态系统损害鉴定。包括确定城市生态系统损害评价指标和基线水平，确定城市生态系统损害的时间、类型（如生物、城市景观、土壤、地下水等损害）、范围和程度，判定城市绿化用地侵占、植被破坏、外来种引入、地下水超采等生态破坏行为与城市生态系统损害之间的因果关系，制定城市生态系统恢复方案建议，评估城市生态系统损害数额，评估恢复效果等。

第44条 矿产资源开采行为致矿山地质环境破坏、土地损毁及生态功能损害鉴定。包括采矿引发的地貌塌陷、地裂缝、崩塌、滑坡、泥石流及隐患的规模、类型、危害，制定矿山地质灾害治理方案，评估损害数额，评估治理效果等；确定损毁土地的时间、类型、范围和程度，判定采矿活动与土地损毁之间的关系，制定土地功能恢复方案，评估损害数额，评估恢复效果等；确定采矿造成含水层水位下降的时间、程度、范围，井、泉水量减少（疏干）的程度，判定采矿活动与含水层水位下降、井（泉）水量减少的因果关系，制定含水层保护恢复方案，评估损害数额，评估恢复效果等；确定采矿改变地形条件造成山体破损、岩石裸露的时间、范围和程度，判定采矿活动与山体破损、岩石裸露的因果关系，制定地形地貌重塑方案建议，评估损害数额，评估治理效果等；确定矿产资源损失的时间、类型、范围和程度，判定采矿活动与矿产资源损失的因果关系，制定生态恢复方案建议，评估损害数额，评估恢复效果等。

第8章 其他环境损害鉴定

第45条 噪声损害鉴定。包括识别噪声源，评估噪声强度和影响范围；确定噪声致野生或养殖动物（包括家禽、家畜、水产、特种、娱乐或种用等养殖动物）及人体健康等损害（如死亡、减产、疾病等）数量和程度；判定噪声污染与野生或养殖动物及人体健康等损害之间的因果关系；制定噪声污染治理方案建议，评估损害数额，评估治理效果等。

第46条 振动损害鉴定。包括识别振动源，评估振动强度和影响范围；确定振动致野生或养殖动物及人体健康等损害的数量和程度；判定振动污染与野生或养殖动物及人体健康等损害之间的因果关系；制定振动污染治理方案建议，评估损害数额，评估治理效果等。

第47条 光损害鉴定。包括识别光污染源，评估光污染强度和影响范围；确定光污染致野生或养殖动物及人体健康等损害的数量和程度；判定光污染与野生或养殖动物及人体健康等损害之间的因果关系；制定光污染治理方案建议，评估损害数额，评估治理效果等。

第48条 热损害鉴定。包括识别热污染源，评估热污染强度和影响范围；确定热污染致野生或养殖动物及人体健康等损害的数量和程度；判定热污染与野生或养殖动物及人体健康等损害之间的因果关系；制定热污染治理方案建议，评估损害数额，评估治理效果等。

第49条　电磁辐射损害鉴定。 包括识别电磁辐射源，评估电磁辐射强度和对环境的影响范围；确定电磁辐射致野生或养殖动物及人体健康等损害的数量和程度；判定电磁辐射与野生或养殖动物及人体健康等损害之间的因果关系；制定电磁辐射污染治理方案建议，评估损害数额，评估治理效果等。

第50条　电离辐射损害鉴定。 包括识别电离辐射源，评估电离辐射强度和对环境的影响范围；确定电离辐射致野生或养殖动物及人体健康等损害的数量和程度；判定电离辐射与野生或养殖动物及人体健康等损害之间的因果关系；制定电离辐射污染治理方案建议，评估损害数额，评估治理效果等。

【文物博发〔2018〕4号】　**涉案文物鉴定评估管理办法**（见《刑法全厚细》第326条）

【司规〔2019〕4号】　**司法部、国家市场监督管理总局关于加快推进司法鉴定资质认定工作的指导意见**（2019年12月31日）

一、从事法医物证、法医毒物、微量物证、环境损害司法鉴定业务的司法鉴定机构，已经司法行政机关审核登记的，其相应的检测实验室申请资质认定时，由设立该司法鉴定机构的法人或者其他组织向司法行政机关提出申请，经审核符合相关要求的，由司法行政机关推荐，向市场监督管理部门申请资质认定。根据工作实际，截至2019年12月31日前未通过相应的资质认定或实验室认可的，可延长至2020年10月30日。2020年10月30日后仍未通过资质认定或实验室认可的，司法行政机关应当依法撤销其相应的司法鉴定业务类别。

申请从事涉及法医物证、法医毒物、微量物证、环境损害司法鉴定业务的法人或者其他组织，未经司法行政机关登记的，应首先向市场监管部门申请对相应的检测实验室进行资质认定，待其通过资质认定后，再向司法行政机关申请登记。

二、从事法医物证、法医毒物、微量物证、环境损害之外其他司法鉴定业务的检测实验室，可以其设立的法人或者其他组织的名义申请资质认定。已取得《司法鉴定许可证》的司法鉴定机构的检测实验室，由司法行政机关推荐，向市场监督管理部门申请资质认定。未经司法行政机关登记的法人或者其他组织拟开展法医物证、法医毒物、微量物证、环境损害之外其他业务所需的检测实验室需要申请资质认定的，向市场监督管理部门申请资质认定。

三、……具备以下条件的，可由省级司法行政机关推荐，报司法部审核后，向国家市场监管总局申请国家级资质认定：（一）符合《检验检测机构资质认定管理办法》（质检总局令第163号）规定的条件；（二）经司法行政机关审核登记，从事相关司法鉴定业务3年以上；（三）至少涵盖5项以上司法鉴定业务类别；（四）近3年持续开展司法鉴定业务，且年均业务量较多；（五）所申请的司法鉴定业务类别中，至少拥有5名以上鉴定人，其中至少有1名具有副高以上专业技术职称的鉴定人；（六）所申请的司法鉴定业务类别2年内参加能力验证活动并取得"满意"结果。

取得省级或者国家级资质认定后，证书有效期内所有项目应当参加能力验证活动并取得"满意"结果。

【司发通〔2019〕50号】 司法部关于公民非正常死亡法医鉴定机构遴选结果的通知（2019年4月22日）

附：公民非正常死亡法医鉴定推荐机构名单（按行政区划排序，排名不分先后）

序号	鉴定机构名称	序号	鉴定机构名称
1	法大法庭科学技术鉴定研究所	15	新乡医学院司法鉴定中心
2	河北医科大学法医鉴定中心	16	河南科技大学司法鉴定中心
3	山西医科大学司法鉴定中心	17	湖北崇新司法鉴定中心
4	内蒙古医科大学司法鉴定中心	18	湖南省湘雅司法鉴定中心
5	中国医科大学法医司法鉴定中心	19	中山大学法医鉴定中心
6	吉林大学司法鉴定中心	20	南方医科大学司法鉴定中心
7	司法鉴定科学研究院	21	海南医学院法医鉴定中心
8	复旦大学上海医学院司法鉴定中心	22	重庆法医验伤所
9	苏州大学司法鉴定中心	23	四川华西法医学鉴定中心
10	温州医科大学司法鉴定中心	24	贵州医科大学法医司法鉴定中心
11	安徽皖医司法鉴定中心	25	昆明医科大学司法鉴定中心
12	福建警察学院司法鉴定中心	26	西安交通大学法医学司法鉴定中心
13	赣南医学院司法鉴定中心	27	宁夏医科大学法医司法鉴定中心
14	济宁医学院司法鉴定中心	28	新疆新医司法鉴定所

【司规〔2020〕3号】 法医类司法鉴定执业分类规定（2020年5月9日第20次部长办公会议通过，2020年5月14日印发施行）[①]

第1章 总则

第3条 法医类司法鉴定依据所解决的专门性问题分为法医病理鉴定、法医临床鉴定、法医精神病鉴定、法医物证鉴定、法医毒物鉴定等。

第2章 法医病理鉴定（01）

第4条 法医病理鉴定是指鉴定人运用法医病理学的科学技术或者专门知识，对与法律问题有关的人身伤、残、病、死及死后变化等专门性问题进行鉴别和判断并提供鉴定意见的活动。

法医病理鉴定包括死亡原因鉴定，死亡方式判断，死亡时间推断，损伤时间推断，致伤物推断，成伤机制分析，医疗损害鉴定以及与死亡原因相关的其他法医病理鉴定等。

第5条 死亡原因鉴定（0101）。依据法医病理学尸体检验等相关标准，基于具体案件鉴定中的检材情况、委托人的要求以及死者的民族习惯等，按照所采用的检查方法进行死亡

[①] 注：文中括号内的数字为《分类规定》附表"法医类司法鉴定执业分类目录"中的领域项目代码。

原因鉴定或分析。死亡原因鉴定通常有以下类型：

尸体解剖，死亡原因鉴定（010101）。通过进行系统尸体解剖检验（包括但不限于颅腔、胸腔、腹腔等）；提取病理检材，对各器官进行大体检验和显微组织病理学检验；提取尸体相关体液或组织进行毒、药物检验，或者其他实验室检验（必要时）。根据上述尸体解剖检验和必要的实验室检验结果，结合案情资料及其他书证材料，对死亡原因等进行鉴定。

尸表检验，死亡原因分析（010102）。通过对尸体衣着、体表进行检验，必要时进行尸体影像学检查或提取相关体液检材进行毒、药物检验等。根据上述检验结果，并结合案情资料等对死亡原因等进行分析。

器官/切片检验，死亡原因分析（010103）。因鉴定条件所限，缺少尸体材料时（如：再次鉴定时尸体已处理），可以通过对送检器官/组织切片进行法医病理学检验与诊断，并结合尸体检验记录和照片、毒物检验结果以及案情资料、书证材料等，进行死亡原因分析。

第6条 器官组织法医病理学检验与诊断（0102）。通过对人体器官/组织切片进行大体检验和（或）显微组织病理学检验，依据法医病理学专业知识分析、判断，作出法医病理学诊断意见。

第7条 死亡方式判断（0103）。通过案情调查、现场勘验、尸体检验及相关实验室检验/检测等资料综合分析，判断死者的死亡方式是自然死亡还是他杀、自杀、意外死亡，或者死亡方式不确定。

第8条 死亡时间推断（0104）。依据尸体现象及其变化规律推断死亡时间；依据胃、肠内容物的量和消化程度推断死亡距最后一次用餐的经历时间；利用生物化学方法，检测体液内化学物质或大分子物质浓度变化等推断死亡时间；利用光谱学、基因组学等技术推断死亡时间；依据法医昆虫学嗜尸性昆虫的发育周期及其演替规律推断死亡时间等。

第9条 损伤时间推断（0105）。在鉴别生前伤与死后伤的基础上，通过对损伤组织的大体观察和镜下组织病理学检查，依据生前损伤组织修复、愈合、炎症反应等形态学改变，对损伤时间进行推断；利用免疫组织化学和分子生物学等技术，依据生前损伤组织大分子活性物质变化规律等，对伤后存活时间进行推断。

第10条 致伤物推断（0106）。依据人体损伤形态特征、微量物证及DNA分型检验结果等，结合案情、现场勘验及可疑致伤物特征，对致伤物的类型、大小、质地、重量及作用面形状等进行分析，推断致伤物。

第11条 成伤机制分析（0107）。依据人体损伤的形态、大小、方向、分布等损伤特征，结合案情、现场勘验及可疑致伤物特征，对损伤是如何形成的进行分析、判断。

第12条 医疗损害鉴定（0108）。应用法医病理学鉴定理论知识、临床医学理论知识和诊疗规范等，对涉及病理诊断和/或死亡后果等情形的医疗纠纷案件进行鉴定。判断诊疗行为有无过错；诊疗行为与死者死亡后果之间是否存在因果关系以及过错原因力大小等。

第13条 与死亡原因相关的其他法医病理鉴定（0109）。包括但不限于组织切片特殊染色、尸体影像学检查、组织器官硅藻检验、尸体骨骼的性别和年龄推断等。

第3章 法医临床鉴定（02）

第14条 法医临床鉴定是指鉴定人运用法医临床学的科学技术或者专门知识，对诉讼涉及的与法律有关的人体损伤、残疾、生理功能、病理生理状况及其他相关的医学问题进行鉴别和判断并提供鉴定意见的活动。

法医临床鉴定包括人体损伤程度鉴定，人体残疾等级鉴定，赔偿相关鉴定，人体功能评定，性侵犯与性别鉴定，诈伤、诈病、造作伤鉴定，医疗损害鉴定，骨龄鉴定及与损伤相关的其他法医临床鉴定等。

第15条　人体损伤程度鉴定（0201）。依据相关标准规定的各类致伤因素所致人身损害的等级划分，对损伤伤情的严重程度进行鉴定。

第16条　人体残疾等级鉴定（0202）。依据相关标准规定的各类损伤（疾病）后遗人体组织器官结构破坏或者功能障碍所对应的等级划分，对后遗症的严重程度及其相关的劳动能力等事项进行鉴定。

第17条　赔偿相关鉴定（0203）。依据相关标准或者法医临床学的一般原则，对人体损伤、残疾有关的赔偿事项进行鉴定。包括医疗终结时间鉴定，人身损害休息（误工）期、护理期、营养期的鉴定，定残后护理依赖、医疗依赖、营养依赖的鉴定，后续诊疗项目的鉴定，诊疗合理性和相关性的鉴定。

第18条　人体功能评定（0204）。依据相关标准，在活体检查与实验室检验的基础上，必要时结合伤（病）情资料，对视觉功能（020401）、听觉功能（020402）、男性性功能与生育功能（020403）、嗅觉功能（020404）及前庭平衡功能（020405）进行综合评定。

第19条　性侵犯与性别鉴定（0205）。采用法医临床学及临床医学相关学科的理论与技术，对强奸、猥亵、性虐待等非法性侵犯和反常性行为所涉专门性问题进行鉴定，以及对性别（第二性征）进行鉴定。

第20条　诈伤、诈病、造作伤鉴定（0206）。采用法医临床学的理论与技术，对诈称（夸大）损伤、诈称（夸大）疾病以及人为造成的身体损伤进行鉴定。

第21条　医疗损害鉴定（0207）。应用法医临床学与临床医学相关学科的理论与技术，对医疗机构实施的诊疗行为有无过错、诊疗行为与患者损害后果之间是否存在因果关系及其原因力大小的鉴定，还包括对医疗机构是否尽到了说明义务、取得患者或者患者近亲属书面同意义务的鉴定（不涉及病理诊断或死亡原因鉴定）。

第22条　骨龄鉴定（0208）。通过个体骨骼的放射影像学特征对青少年的骨骼年龄进行推断。

第23条　与人体损伤相关的其他法医临床鉴定（0209）。采用法医临床学及其相关自然科学学科的理论与技术，对人体损伤（疾病）所涉及的除上述以外其他专门性问题的鉴定。包括损伤判定、损伤时间推断、成伤机制分析与致伤物推断、影像资料的同一性认定，以及各种致伤因素造成的人身损害与疾病之间因果关系和原因力大小的鉴定等。

第4章　法医精神病鉴定（03）**（见本书第149条）**

第5章　法医物证鉴定（04）

第34条　法医物证鉴定是指鉴定人运用法医物证学的科学技术或者专门知识，对各类生物检材进行鉴别和判断并提供鉴定意见的活动。

法医物证鉴定包括个体识别，三联体亲子关系鉴定，二联体亲子关系鉴定，亲缘关系鉴定，生物检材种属和组织来源鉴定，生物检材来源生物地理溯源，生物检材来源个体表型推断，生物检材来源个体年龄推断以及与非人源生物检材相关的其他法医物证鉴定等。

第35条　个体识别（0401）。对生物检材进行性别检测、常染色体STR检测、Y染色体STR检测、X染色体STR检测、线粒体DNA检测等，以判断两个或多个生物检材是否来源于同一个体。

第36条 三联体亲子关系鉴定（0402）。对生物检材进行常染色体STR检测、Y染色体STR检测、X染色体STR检测等，以判断生母、孩子与被检父或者生父、孩子与被检母之间的亲缘关系。

第37条 二联体亲子关系鉴定（0403）。对生物检材进行常染色体STR检测、Y染色体STR检测、X染色体STR检测、线粒体DNA检测等，以判断被检父与孩子或者被检母与孩子之间的亲缘关系。

第38条 亲缘关系鉴定（0404）。对生物检材进行STR检测、SNP检测、线粒体DNA检测等，以判断被检个体之间的同胞关系、祖孙关系等亲缘关系。

第39条 生物检材种属和组织来源鉴定（0405）。对可疑血液、精液、唾液、阴道液、汗液、羊水、组织/器官等各类生物检材及其斑痕进行细胞学检测、免疫学检测、DNA检测、RNA检测等，以判断其种属、组织类型或来源。

第40条 生物检材来源生物地理溯源（0406）。对生物检材进行祖先信息遗传标记检测，以推断被检个体的生物地理来源。

第41条 生物检材来源个体表型推断（0407）。对生物检材进行生物表型信息遗传标记检测，以推断被检个体容貌、身高等生物表型或其它个体特征信息。

第42条 生物检材来源个体年龄推断（0408）。对体液（斑）、组织等检材进行生物年龄标志物检测，以推断被检个体的生物学年龄。

第43条 与非人源生物检材相关的其他法医物证鉴定（0409）。包括但不限于对来自动物、植物、微生物等非人源样本进行同一性鉴识、种属鉴定以及亲缘关系鉴定等。

第6章 法医毒物鉴定（05）

第44条 法医毒物鉴定是指鉴定人运用法医毒物学的科学技术或者专门知识，对体内外药毒物、毒品及代谢物进行定性、定量分析，并提供鉴定意见的活动。

法医毒物鉴定包括气体毒物鉴定，挥发性毒物鉴定，合成药毒物鉴定，天然药毒物鉴定，毒品鉴定，易制毒化学品鉴定，杀虫剂鉴定，除草剂鉴定，杀鼠剂鉴定，金属毒物类鉴定，水溶性无机毒物类鉴定以及与毒物相关的其他法医毒物鉴定等。

第45条 气体毒物鉴定（0501）。鉴定检材中是否含有一氧化碳、硫化氢、磷化氢、液化石油气等气体毒物或其体内代谢物；气体毒物及代谢物的定量分析。

第46条 挥发性毒物鉴定（0502）。鉴定检材中是否含有氢氰酸、氰化物、含氰苷类、醇类、苯及其衍生物等挥发性毒物或其体内代谢物；挥发性毒物及代谢物的定量分析。

第47条 合成药毒物鉴定（0503）。鉴定检材中是否含有苯二氮䓬类药物、巴比妥类药物、吩噻嗪类药物、抗精神病药物、临床麻醉药、抗生素、甾体激素等化学合成或半合成的药物或其体内代谢物；合成药毒物及代谢物的定量分析。

第48条 天然药毒物鉴定（0504）。鉴定检材中是否含有乌头生物碱、颠茄生物碱、钩吻生物碱、雷公藤甲素、雷公藤酯甲等植物毒物成分或其体内代谢物，以及检材中是否含有斑蝥素、河豚毒素、蟾蜍毒素等动物毒物成分或其体内代谢物；天然药毒物及代谢物的定量分析。

第49条 毒品鉴定（0505）。鉴定检材中是否含有阿片类、苯丙胺类兴奋剂、大麻类、可卡因、氯胺酮、合成大麻素类、卡西酮类、芬太尼类、哌嗪类、色胺类等毒品或其体内代谢物；毒品及代谢物的定量分析。

第 50 条 易制毒化学品鉴定（0506）。鉴定检材中是否含有1-苯基-2-丙酮、苯乙酸、甲苯等易制毒化学品；易制毒化学品的定量分析。

第 51 条 杀虫剂鉴定（0507）。鉴定检材中是否含有有机磷杀虫剂、氨基甲酸酯类杀虫剂、拟除虫菊酯类杀虫剂等杀虫剂或其体内代谢物；杀虫剂及代谢物的定量分析。

第 52 条 除草剂鉴定（0508）。鉴定检材中是否含有百草枯、敌草快、草甘膦等除草剂或其体内代谢物；除草剂及代谢物的定量分析。

第 53 条 杀鼠剂鉴定（0509）。鉴定检材中是否含有香豆素类、茚满二酮类、有机氟类、有机磷类、氨基甲酸酯类等有机合成杀鼠剂、无机杀鼠剂、天然植物性杀鼠剂成分等杀鼠剂或其体内代谢物；杀鼠剂及代谢物的定量分析。

第 54 条 金属毒物鉴定（0510）。鉴定检材中是否含有砷、汞、钡、铅、铬、铊、镉等金属、类金属及其化合物；金属毒物的定量分析。

第 55 条 水溶性无机毒物鉴定（0511）。鉴定检材中是否含有亚硝酸盐、强酸、强碱等水溶性无机毒物，水溶性无机毒物的定量分析。

第 56 条 与毒物相关的其他法医毒物鉴定（0512），包括但不限于定性、定量分析结果的解释，如对毒物在体内的存在形式、代谢过程、检出时限的解释等。

【司规〔2020〕5 号】 物证类司法鉴定执业分类规定（2020 年 6 月 19 日第 23 次部长办公会议通过，2020 年 6 月 23 日印发施行）①

第 1 章 总则

第 3 条 物证类司法鉴定解决的专门性问题包括：文书物证的书写人、制作工具、制作材料、制作方法，及其内容、性质、状态、形成过程、制作时间等鉴定；痕迹物证的勘验提取，造痕体和承痕体的性质、状况及其形成痕迹的同一性、形成原因、形成过程、相互关系等鉴定；微量物证的物理性质、化学性质和成分组成等鉴定。

第 2 章 文书鉴定（01）

第 4 条 文书鉴定是指鉴定人运用文件检验学的理论、方法和专门知识，对可疑文件（检材）的书写人、制作工具、制作材料、制作方法、内容、性质、状态、形成过程、制作时间等问题进行检验检测、分析鉴别和判断并提供鉴定意见的活动。

文书鉴定包括笔迹鉴定、印章印文鉴定、印刷文件鉴定、篡改（污损）文件鉴定、文件形成方式鉴定、特种文件鉴定、朱墨时序鉴定、文件材料鉴定、基于痕迹特征的文件形成时间鉴定、基于材料特性的文件形成时间鉴定、文本内容鉴定等。

第 5 条 笔迹鉴定（0101）。包括依据笔迹同一性鉴定标准，必要时结合笔迹形成方式的检验鉴定结果，判断检材之间或检材与样本之间的笔迹是否同一人书写或者是否出自于同一人。

第 6 条 印章印文鉴定（0102）。包括依据印章印文同一性鉴定标准，必要时结合印文形成方式的检验鉴定结果，判断检材之间或检材与样本之间的印文是否同一枚印章盖印或者是否出自于同一枚印章。

第 7 条 印刷文件鉴定（0103）。包括依据印刷方式鉴定标准判断检材是何种印刷方式

---

① 注：文中括号内的数字为《分类规定》附表"物证类司法鉴定执业分类目录"中的领域项目代码。

印制形成，如制版印刷中的凹、凸、平、孔版印刷等，现代办公机具印刷中的复印、打印、传真等；依据印刷机具种类鉴定标准判断检材是何种机具印制形成；依据印刷机具或印版同一性鉴定标准判断检材之间或检材与样本之间是否同一机具或同一印版印制形成等。

第8条 篡改（污损）文件鉴定（0104）。包括依据变造文件鉴定标准判断检材是否存在添改、刮擦、拼凑、掩盖、换页、密封、消退、伪老化等变造现象；依据污损文件鉴定标准对破损、烧毁、浸损等污损检材进行清洁整理、整复固定、显现和辨识原始内容等；依据模糊记载鉴定标准对检材褪色记载、无色记载等模糊记载内容进行显现和辨识；依据压痕鉴定标准对检材压痕内容进行显现和辨识等。

第9条 文件形成方式鉴定（0105）。包括依据笔迹形成方式鉴定标准判断检材笔迹是书写形成还是复制形成；依据印章印文形成方式鉴定标准判断检材印文是盖印形成还是复制形成；依据指印形成方式鉴定标准判断文件上有色检材指印是否复制形成等。

第10条 特种文件鉴定（0106）。包括依据特种文件鉴定标准判断检材货币、证照、票据、商标、银行卡及其他安全标记等的真伪。

第11条 朱墨时序鉴定（0107）。包括依据朱墨时序鉴定标准判断检材上文字、印文、指印等之间的形成先后顺序。

第12条 文件材料鉴定（0108）。包括依据文件材料鉴定标准对需检纸张、墨水墨迹、油墨墨迹、墨粉墨迹、粘合剂等文件材料的特性进行检验检测及比较检验等。

第13条 基于痕迹特征的文件形成时间鉴定（0109）。包括依据印章印文盖印时间鉴定标准判断检材印文的盖印时间；依据打印文件印制时间鉴定标准判断检材打印文件的打印时间；依据静电复印文件印制时间鉴定标准判断检材静电复印文件的复印时间；依据检材要素的发明、生产时间或时间标记信息判断其文件要素的形成时间等。

第14条 基于材料特性的文件形成时间鉴定（0110）。包括综合运用光谱、色谱、质谱等仪器检测分析技术，根据墨水墨迹、油墨墨迹、墨粉墨迹、印文色料、纸张等文件材料的某种（些）理化特性随时间的变化规律，依据相应的判定方法，分析判断检材的形成时间。

第15条 文本内容鉴定（0111）。包括通过书面言语分析，判断检材文本作者的地域、年龄、文化程度、职业等属性；通过文本格式、内容、书面言语特征等的比较检验，分析判断检材之间或检材与样本之间文本的相互关系等。

第3章 痕迹鉴定（02）

第16条 痕迹鉴定是指鉴定人运用痕迹检验学的理论、方法和专门知识，对痕迹物证进行勘验提取，并对其性质、状况及其形成痕迹的同一性、形成原因、形成过程、相互关系等进行检验检测、分析鉴别和判断并提供鉴定意见的活动。

痕迹鉴定包括手印鉴定、潜在手印显现、足迹鉴定、工具痕迹鉴定、整体分离痕迹鉴定、枪弹痕迹鉴定、爆炸痕迹鉴定、火灾痕迹鉴定、人体特殊痕迹鉴定、日用物品损坏痕迹鉴定、交通事故痕迹物证鉴定等。

第17条 手印鉴定（0201）。包括通过比较检验判断检材之间或检材与样本之间的指印是否同一；通过比较检验判断检材之间或检材与样本之间的掌印是否同一；通过对检材指掌印的检验判断其形成过程。

第18条 潜在手印显现（0202）。包括使用物理学、化学或专用设备等方法显色增强潜在手印。

第19条　足迹鉴定（0203）。包括通过比较检验判断检材之间或检材与样本之间的赤足印是否同一；通过比较检验判断检材之间或检材与样本之间的鞋、袜印是否同一。

第20条　工具痕迹鉴定（0204）。包括通过勘验和检验判断检材线形痕迹、凹陷痕迹、断裂变形痕迹等的形成原因；通过比较检验判断检材线形痕迹、凹陷痕迹、断裂变形痕迹等是否为某一造痕体形成。

第21条　整体分离痕迹鉴定（0205）。包括通过检验判断分离物体之间是否存在整体分离关系。

第22条　枪弹痕迹鉴定（0206）。包括枪械射击弹头/弹壳痕迹检验、枪弹识别检验、枪支性能检验、利用射击弹头/弹壳痕迹认定发射枪支检验、利用射击弹头/弹壳痕迹认定发射枪种检验、枪击弹孔检验、枪支号码显现，以及通过对枪击现场的勘查和检验分析，必要时结合所涉射击残留物的理化特性检验检测结果，综合判断枪击事件中痕迹的形成过程及与事件之间的因果关系等。

第23条　爆炸痕迹鉴定（0207）。包括炸药爆炸力及炸药量检验、雷管及导火（爆）索检验、爆炸装置检验，以及通过对爆炸现场的勘查和检验分析，必要时结合所涉爆炸物的理化特性检验检测结果，综合判断爆炸事件中痕迹的形成过程及与事件之间的因果关系等。

第24条　火灾痕迹鉴定（0208）。包括通过火灾现场、监控信息等，对现场烟熏痕迹、倒塌痕迹、炭化痕迹、变形变色痕迹、熔化痕迹以及其他燃烧残留物进行勘查和检验分析，必要时结合火灾微量物证鉴定结果，综合判断火灾事故中痕迹形成过程及与事故之间的因果关系等。

第25条　人体特殊痕迹鉴定（0209）。包括除手印、脚印外的其他人体部位形成的痕迹鉴定，如牙齿痕迹鉴定、唇纹痕迹鉴定、耳廓痕迹鉴定等。

第26条　日用物品损坏痕迹鉴定（0210）。包括运用痕迹检验学的原理和技术方法，必要时结合所涉日用物品材料的理化特性检验检测结果，对日常生活中使用的玻璃物品、纺织物品、陶瓷物品、塑料物品、金属物品等的损坏痕迹的形态进行勘查和检验分析，综合判断其损坏原因。

第27条　交通事故痕迹物证鉴定（0211）。包括车辆安全技术状况鉴定；交通设施安全技术状况鉴定；交通事故痕迹鉴定；车辆速度鉴定；交通事故痕迹物证综合鉴定等。非交通事故的相关鉴定可参照本条款。

交通事故痕迹物证鉴定包括的具体项目内容如下：

（一）车辆安全技术状况鉴定（021101）。包括判断涉案车辆的类型（如机动车、非机动车）；对车辆安全技术状况进行检验；判断车辆相关技术状况或性能的符合性（如制动系、转向系、行驶系、灯光、信号装置等）。

（二）交通设施安全技术状况鉴定（021102）。包括对交通事故现场或事故发生地点等相关区域进行勘查、测量；对路基、路面、桥涵、隧道、交通工程及沿线交通附属设施的安全技术状况进行检验（如道路线形、护栏、标志、标线等）；判断事故相关区域交通设施的技术状况或性能的符合性（如材质、设置位置、几何尺寸、力学性能等）。

（三）交通事故痕迹鉴定（021103）。包括通过对涉案车辆唯一性检查，对涉案车辆、交通设施、人员及穿戴物等为承痕体、造痕体的痕迹和整体分离痕迹进行检验分析，必要时结合交通事故微量物证鉴定、法医学鉴定等结果，判断痕迹的形成过程和原因（如是否发生过接触碰撞、接触碰撞部位和形态等）。

（四）车辆速度鉴定（021104）。运用动力学、运动学、经验公式、模拟实验等方法，根据道路交通事故现场痕迹和资料、视频图像、车辆行驶记录信息等，判断事故瞬间速度（如碰撞、倾覆或坠落等瞬间的速度），采取避险措施时的速度（如采取制动、转向等避险措施时的速度），在某段距离、时间或过程的平均行驶速度及速度变化状态等。

（五）交通事故痕迹物证综合鉴定（021105）。基于以上交通事故痕迹物证鉴定项目的检验鉴定结果，必要时结合交通事故微量物证鉴定、声像资料鉴定、法医学鉴定等结果，综合判断涉案人员、车辆、设施等交通要素在事故过程中的状态、痕迹物证形成过程和原因等，包括交通行为方式、交通信号灯指示状态、事故车辆起火原因、轮胎破损原因等。

第4章 微量物证鉴定（03）

第28条 微量物证鉴定简称微量鉴定，是指鉴定人运用理化检验的原理、方法或专门知识，使用专门的分析仪器，对物质的物理性质、化学性质和成分组成进行检验检测和分析判断并提供鉴定意见的活动。其中，物理性质包括物质的外观、重量、密度、力学性质、热学性质、光学性质和电磁学性质等；化学性质包括物质的可燃性、助燃性、稳定性、不稳定性、热稳定性、酸性、碱性、氧化性和还原性等；成分组成包括物质中所含有机物、无机物的种类和含量等。

微量物证鉴定包括化工产品类鉴定、金属和矿物类鉴定、纺织品类鉴定、日用化学品类鉴定、文化用品类鉴定、食品类鉴定、易燃物质类鉴定、爆炸物类鉴定、射击残留物类鉴定、交通事故微量物证鉴定和火灾微量物证鉴定。

第29条 化工产品类鉴定（0301）。包括塑料、橡胶、涂料（油漆）、玻璃、陶瓷、胶黏剂、填料、化学试剂以及化工原料、化工中间体、化工成品等的物理性质、化学性质和成分组成的检验检测，以及上述材料的比较检验和种类判别。

第30条 金属和矿物类鉴定（0302）。包括金属、合金、泥土、砂石、灰尘等的物理性质、化学性质和成分组成的检验检测，以及上述材料的比较检验和种类判别。

第31条 纺织品类鉴定（0303）。包括纤维、织物等的物理性质、化学性质和成分组成的检验检测，以及上述材料的比较检验和种类判别。

第32条 日用化学品类鉴定（0304）。包括洗涤剂、化妆品、香精香料等的物理性质、化学性质和成分组成的检验检测，以及上述材料的比较检验和种类判别。

第33条 文化用品类鉴定（0305）。包括墨水、油墨、墨粉、纸张、粘合剂等的物理性质、化学性质和成分组成的检验检测，以及上述材料的比较检验和种类判别。

第34条 食品类鉴定（0306）。包括食品的营养成分、重金属、添加剂、药物残留、毒素、微生物等的检验检测。

第35条 易燃物质类鉴定（0307）。包括易燃气体、易燃液体和易燃固体及其残留物的物理性质、化学性质和成分组成的检验检测，以及上述材料的比较检验和种类判别。

第36条 爆炸物类鉴定（0308）。包括易爆物质及其爆炸残留物的物理性质、化学性质和成分组成的检验检测，以及上述材料的比较检验和种类判别。

第37条 射击残留物类鉴定（0309）。包括射击残留物的物理性质、化学性质和成分组成的检验检测，以及上述材料的比较检验和种类判别。

第38条　交通事故微量物证鉴定（0310）。包括交通事故涉及的油漆、橡胶、塑料、玻璃、纤维、金属、易燃物质等的物理性质、化学性质和成分组成的检验检测，以及上述材料的比较检验和种类判别。

第39条　火灾微量物证鉴定（0311）。包括火灾现场涉及的易燃物质类、化工产品类、金属等的物理性质、化学性质和成分组成的检验检测，以及上述材料的比较检验和种类判别。

【司规〔2020〕5号】　声像资料司法鉴定执业分类规定（2020年6月19日第23次部长办公会议通过，2020年6月23日印发施行）①

第1章　总则

第3条　声像资料司法鉴定包括录音鉴定、图像鉴定、电子数据鉴定。解决的专门性问题包括：录音和图像（录像/视频、照片/图片）的真实性、同一性、相似性、所反映的内容等鉴定；电子数据的存在性、真实性、功能性、相似性等鉴定。

第2章　录音鉴定（01）

第4条　录音鉴定是指鉴定人运用物理学、语言学、信息科学与技术、同一认定理论等原理、方法和专门知识，对检材录音的真实性、同一性、相似性及所反映的内容等问题进行检验、分析、鉴别和判断并提供鉴定意见的活动。

录音鉴定包括录音处理、录音真实性鉴定、录音同一性鉴定、录音内容分析、录音作品相似性鉴定等。

第5条　录音处理（0101）。包括依据录音处理方法，对检材录音进行降噪、增强等清晰化处理，以改善听觉或声谱质量。

第6条　录音真实性鉴定（0102）。包括依据录音原始性鉴定方法，判断检材录音是否为原始录音；依据录音完整性鉴定方法，判断检材录音是否经过剪辑处理。

第7条　录音同一性鉴定（0103）。包括依据语音同一性鉴定方法，判断检材与样本之间或检材之间的语音是否同一；参照语音同一性鉴定方法，判断检材与样本之间或检材之间的其他声音是否同一。

第8条　录音内容分析（0104）。包括依据录音内容辨听方法，结合录音处理和录音同一性鉴定结果，综合分析辨识并整理检材录音所反映的相关内容；依据说话人的口头言语特征，分析说话人的地域、性别、年龄、文化程度、职业等属性。

第9条　录音作品相似性鉴定（0105）。包括综合运用录音内容分析、录音同一性鉴定等鉴定技术，通过检材与样本之间或检材之间录音作品的比较检验综合判断是否来源于同一个作品或相似程度。

第3章　图像鉴定（02）

第10条　图像鉴定是指鉴定人运用物理学、信息科学与技术、同一认定理论等原理、方法和专门知识，对检材图像（录像/视频、照片/图片）的真实性、同一性、相似性及所反映的内容等专门性问题进行检验、分析、鉴别和判断并提供鉴定意见的活动。

图像鉴定包括图像处理、图像真实性鉴定、图像同一性鉴定、图像内容分析、图像作品相似性鉴定、特种照相检验等。

---

① 注：文中括号内的数字为《分类规定》附表"声像资料司法鉴定执业分类目录"中的领域项目代码。

第 11 条　图像处理（0201）。包括依据图像处理方法，对检材图像进行降噪、增强、还原等清晰化处理，以改善视觉效果。

第 12 条　图像真实性鉴定（0202）。包括依据图像原始性鉴定方法，判断检材图像是否为原始图像；依据图像完整性鉴定方法，判断检材图像是否经过剪辑处理。

第 13 条　图像同一性鉴定（0203）。包括依据人像同一性鉴定方法，判断检材与样本之间或检材之间记载的人像是否同一；依据物像同一性鉴定方法，判断检材与样本之间或检材之间记载的物体是否同一。

第 14 条　图像内容分析（0204）。包括依据图像内容分析方法，结合图像处理和图像同一性鉴定结果，综合判断检材图像所记载的人、物的状态和变化情况及事件发展过程，如案事件图像中的人物行为和事件过程、交通事故图像中的交通参与者行为及涉案车辆速度、火灾现场图像中的起火部位及火灾过程等。

第 15 条　图像作品相似性鉴定（0205）。包括综合运用图像内容分析、图像同一性鉴定等鉴定技术，通过检材与样本之间或检材之间图像作品的比较检验综合判断是否来源于同一个作品或相似程度。

第 16 条　特种照相检验（0206）。运用特种照相技术，包括红外照相、紫外照相、光致发光照相和光谱成像等技术对物证进行照相检验。

第 4 章　电子数据鉴定（03）

第 17 条　电子数据鉴定是指鉴定人运用信息科学与技术和专门知识，对电子数据的存在性、真实性、功能性、相似性等专门性问题进行检验、分析、鉴别和判断并提供鉴定意见的活动。

电子数据鉴定包括电子数据存在性鉴定、电子数据真实性鉴定、电子数据功能性鉴定、电子数据相似性鉴定等。

第 18 条　电子数据存在性鉴定（0301）。包括电子数据的提取、固定与恢复及电子数据的形成与关联分析。其中电子数据的提取、固定与恢复包括对存储介质（硬盘、光盘、优盘、磁带、存储卡、存储芯片等）和电子设备（手机、平板电脑、可穿戴设备、考勤机、车载系统等）中电子数据的提取、固定与恢复，以及对公开发布的或经所有权人授权的网络数据的提取和固定；电子数据的形成与关联分析包括对计算机信息系统的数据生成、用户操作、内容关联等进行分析。

第 19 条　电子数据真实性鉴定（0302）。包括对特定形式的电子数据，如电子邮件、即时通信、电子文档、数据库数据等的真实性或修改情况进行鉴定；依据相应验证算法对特定形式的电子签章，如电子签名、电子印章等进行验证。

第 20 条　电子数据功能性鉴定（0303）。包括对软件、电子设备、计算机信息系统和破坏性程序的功能进行鉴定。

第 21 条　电子数据相似性鉴定（0304）。包括对软件（含代码）、数据库、电子文档等的相似程度进行鉴定；对集成电路布图设计的相似程度进行鉴定。

【司办通〔2020〕56 号】　司法鉴定机构、鉴定人记录和报告干预司法鉴定活动的有关规定（司法部办公厅 2020 年 6 月 8 日印发，2020 年 7 月 1 日起施行）

第 3 条　有下列情形之一的，属于干预司法鉴定活动：（一）为当事人请托说情的；（二）邀请鉴定人或者鉴定机构其他人员私下会见司法鉴定委托人、当事人及其代理人、辩护律师、近亲属以及其他与案件有利害关系的人的；（三）明示、暗示或强迫鉴定人或者鉴定机构其他人员违规受理案件、出具特定鉴定意见、终止鉴定的；（四）其他影响鉴定人独立进行鉴定的情形。

第4条　干预司法鉴定活动实行零报告制度。对于有本规定第3条规定情形的，鉴定人或者鉴定机构其他人员应当及时固定相关证据，填写《干预司法鉴定活动记录表》（见附件）并签名、存入司法鉴定业务档案，做到全程留痕，有据可查。

没有本规定第3条规定情形的，应当在《干预司法鉴定活动记录表》中勾选"无此类情况"并签名、存入司法鉴定业务档案。

第5条　鉴定人或者鉴定机构其他人员应当及时将干预司法鉴定活动情况报所在司法鉴定机构。

对于鉴定机构负责人有本规定第3条规定情形的，鉴定人或者鉴定机构其他人员可以直接向主管该鉴定机构的司法行政机关报告。

对于鉴定机构其他人员有本规定第3条规定情形，造成严重后果的，鉴定人或者鉴定机构可以直接向主管该鉴定机构的司法行政机关报告。

第6条　司法鉴定机构收到报告后，对于鉴定机构内部人员干预司法鉴定活动的，依据本机构章程等规定予以处理；对于鉴定机构外部人员干预司法鉴定活动的，及时向主管该鉴定机构的司法行政机关报告。

第7条　司法鉴定机构及其工作人员应当严格遵守本规定，做好干预司法鉴定活动记录和报告等工作。

司法鉴定机构应当充分发挥党组织职能作用，加强党员教育管理。对于党员干预司法鉴定活动的，除根据本规定第6条给予处理外，还应当依规依纪进行处理。

第8条　司法行政机关收到报告后，应当按照下列不同情形，分别作出处理：

（一）符合第5条第2款、第3款规定情形的鉴定机构内部人员干预司法鉴定活动的，由主管该机构的司法行政机关调查处理；

（二）司法行政机关工作人员干预司法鉴定活动的，由其所在的司法行政机关依法处理；

（三）司法机关、行政执法机关等委托人及其工作人员干预司法鉴定活动的，应当向其上级机关或者主管单位进行通报；

（四）其他机关或组织的工作人员干预司法鉴定活动的，向其主管单位或者上级机关通报；

（五）其他个人干预司法鉴定活动的，将有关情况告知司法机关、行政执法机关等委托人。

其中，存在第（一）（二）（四）项情况的，应当一并告知司法机关、行政执法机关等委托人。

第9条　鉴定人或者鉴定机构其他人员如实记录和报告干预司法鉴定活动情况，受法律和组织保护。对记录和报告人员打击报复的，依法依规严肃处理；构成犯罪的，依法追究刑事责任。

第10条　司法行政机关、司法鉴定机构及其工作人员不得泄露其知悉的记录和报告干预司法鉴定活动有关情况。

第11条　有下列情形之一的，由司法行政机关责令改正，并记入其诚信档案；2次以上不记录或者不如实记录、报告的，予以训诫、通报批评：（一）鉴定人未如实记录、报告干预司法鉴定活动情况的；（二）鉴定机构负责人授意不记录、报告或者不如实记录、报告干预司法鉴定活动情况的；（三）其他违反本规定的情形。

【司公通〔2020〕14号】**司法鉴定与法律援助工作衔接管理办法（试行）**（司法部公共法律服务管理局2020年12月30日印发试行）

第2条 法律援助案件受援人申请减免司法鉴定费用，应当同时符合以下条件：（一）申请司法鉴定的法律援助案件已进入诉讼程序的；（二）办案机关已启动委托程序的；（三）申请的鉴定事项属于法医类、物证类、声像资料、环境损害司法鉴定业务范围的。

第3条 受援人应当向给予其法律援助决定的司法行政部门法律援助机构提出减免司法鉴定费用申请，填写《减免司法鉴定费用申请表》（以下简称申请表），并提交相应材料，具体所需材料由各省（区、市）、新疆生产建设兵团根据实际情况确定。

同一案件的同一司法鉴定事项，受援人一般只能提交1次减免司法鉴定费用申请。

第4条 法律援助机构收到受援人申请后，可以征求司法鉴定管理部门的意见，并在7个工作日内完成审查，按不同情况分别作出如下处理：（一）提交的材料不齐全的，应当要求受援人作出必要的补充或者说明，受援人未按要求作出补充或者说明的，视为撤销申请；（二）符合条件的，应当接收申请表及相关材料，并在申请表上签署意见、盖章；（三）不符合条件的，应当将申请表及有关材料退还受援人。

第5条 司法鉴定机构收到受援人递交的申请表等相关材料后，经核查无误的，可以根据案件情况减收、免收司法鉴定费用，并依法按程序及时开展鉴定工作。

第6条 有下列情形之一的，司法鉴定机构应当向法律援助机构通报，经法律援助机构审查核实的，终止对受援人减免司法鉴定费用：（一）因受援人原因致使鉴定活动无法正常进行的；（二）案件终止审理或者已被撤销的；（三）受援人要求终止减免司法鉴定费用的；（四）存在《司法鉴定程序通则》第29条所列终止鉴定情形的。

第7条 司法鉴定机构完成鉴定后，应当在申请表上注明办理情况并盖章，同时将申请表及相关材料送交法律援助机构。

第8条 司法鉴定机构依法减免法律援助案件受援人司法鉴定费用。

法律援助机构可以按照相关规定，将法律援助案件中产生的司法鉴定费用列入直接费用予以安排。

司法鉴定机构减免司法鉴定费用和法律援助机构安排核报的司法鉴定费用比例或额度由各省（区、市）、新疆生产建设兵团根据本地实际情况确定。

【法刊文摘】**检答网集萃49：审计报告是否等同于司法会计鉴定**（检察日报2021年7月5日）

咨询内容（甘肃兰州敬红）：在经济犯罪中，尤其是职务侵占案件中，往往被害单位会自行委托会计师事务所或者审计师事务所制作审计报告，作为证明被告人有罪的证据提交公安或者检察机关。审计报告是否等同于司法会计鉴定，二者的实质差别是什么？

解答摘要（长波）：审计报告属于鉴证业务。鉴证作用主要是判断鉴证对象是否符合标准，一般只作为参考报告之用。司法会计鉴定属于鉴定业务，其作用是通过对会计证据资料的检查、验证、鉴别、判断从而证明案件事实，具备相应的法律效力。二者之间在法律依据、针对的对象、获取证据的方法、资质要求及证据要求和种类上的要求都不相同。

（公安规定）

【公复字〔1996〕8号】　公安部关于淫秽电影鉴定问题的批复（经研究并商广播电影电视部同意，1996年12月5日答复安徽省公安厅"皖公明发〔1996〕1736号"请示）[1]

2. 对办案中查获的淫秽影片，由地（市）以上公安机关鉴定。对于认定不准或有争议的，送省、自治区、直辖市公安厅、局会同省级广播电影电视部门共同鉴定。

【公复字〔1998〕8号】　公安部对《关于鉴定淫秽物品有关问题的请示》的批复（1998年11月27日答复江苏省公安厅"苏公厅〔1998〕459号"请示）[2]

鉴于近年来各地公安机关查获淫秽物品数量不断增加、查禁任务日趋繁重的情况，为及时打击处理走私、制作、贩卖、传播淫秽物品的违法犯罪分子，今后各地公安机关查获的物品，需审查认定是否为淫秽物品的，可以由县级以上公安机关治安部门负责鉴定工作，但要指定2名政治、业务素质过硬的同志共同进行，其他人员一律不得参加。当事人提出不同意见需重新鉴定的，由上一级公安机关治安部门会同同级新闻出版、音像归口管理等部门重新鉴定。对送审鉴定和收缴的淫秽物品，由县级以上公安机关治安部门统一集中，登记造册，适时组织全部销毁。

对于淫秽物品鉴定工作中与新闻出版、音像归口管理等部门的配合问题，仍按现行规定执行。

【公通字〔2000〕21号】　最高人民法院、最高人民检察院、公安部、司法部、新闻出版署关于公安部光盘生产源鉴定中心行使行政、司法鉴定权有关问题的通知（2000年3月9日印发施行）

为适应"扫黄""打非"、保护知识产权工作的需要，解决目前各地办案过程中遇到的光盘生产源无法识别的问题，经中央机构编制委员会办公室批准，公安部组建了光盘生产源鉴定中心（设在广东省深圳市，以下简称鉴定中心）。目前，鉴定中心的各项筹备工作已完毕，所开发研制的光盘生产源识别方法已通过了由最高人民法院、最高人民检察院、公安部、司法部和国家新闻出版署派员组成的专家委员会的评审鉴定，具备了行政、司法鉴定能力。现将有关问题通知如下：

一、鉴定范围和内容

鉴定中心负责对各地人民法院、人民检察院、公安机关、司法行政机关、新闻出版行政机关、音像行政管理部门和其他行政执法机关在办理制黄贩黄、侵权盗版案件中所查获的光盘及母盘进行鉴定，确定送检光盘及母盘的生产企业。

企事业单位因业务工作需要，提出鉴定申请的，鉴定中心也可以进行上述鉴定。

二、鉴定程序

办案单位认为需要进行行政、司法鉴定的，应持有本单位所在地县级以上人民法院、人民检察院、公安机关、司法行政机关或其他行政执法机关出具的公函；新闻出版行政机关、音像行政管理部门办案需要鉴定的，由当地省级以上新闻出版机关、音像行政管理部门出具委托鉴定公函。企事业单位需要鉴定的，由本单位向鉴定中心出具委托鉴定公函。鉴定中心在接受鉴定委托后，应立即组织2名以上专业技术人员进行鉴定，在30天以内出具《中华

---

[1] 该《批复》被《公安部规章和规范性文件目录》（2018年4月12日公告）确认继续有效。
[2] 该《批复》被《公安部规章和规范性文件目录》（2018年4月12日公告）确认继续有效。

人民共和国公安部光盘生产源鉴定书》（见附件），并报公安部治安管理局备案。

委托鉴定可通过寄递方式提出。

三、鉴定费用

鉴定中心接受人民法院、人民检察院、公安机关、司法行政机关、新闻出版行政机关、音像行政管理部门或其他行政执法机关委托鉴定的，不收取鉴定费用。

鉴定中心接受企事业单位委托鉴定的，按照国家有关规定收取鉴定费用。

四、鉴定的法律效力

鉴定中心出具的鉴定书可以作为定案依据。

【公信安〔2005〕281号】　公安机关电子数据鉴定规则（公安部网络安全局2005年3月23日印发）

第2条　本规则所称的电子数据，是指以数字化形式存储、处理、传输的数据。本规则所称的电子数据鉴定，是指公安机关电子数据鉴定机构的鉴定人按照技术规程，运用专业知识、仪器设备和技术方法，对受理委托鉴定的检材进行检查、验证、鉴别、判定，并出具鉴定结论的过程。

第4条　公安部对全国公安机关电子数据鉴定机构实行鉴定资质许可管理制度。

第9条　公安部对电子数据鉴定人实行鉴定人资格管理制度。

第28条　公安机关电子数据鉴定机构可以受理公安机关、人民法院、人民检察院、司法行政机关、国家安全机关、其他行政执法机关、军队保卫部门、纪检监察部门，以及仲裁机构委托的电子数据鉴定。必要时，经公安机关电子数据鉴定机构主要负责人批准，可以受理律师事务所委托的电子数据鉴定。

第37条　案件或者事件当事人、本案侦查人员发现下列情形之一，可以提出补充鉴定的申请：（一）鉴定内容有明显遗漏的；（二）发现新的有鉴定意义的证据的；（三）鉴定结论不完善可能导致案件或者事件不公正处理的；（四）对已鉴定电子数据有新的鉴定要求的。

补充鉴定应当由地市级以上公安机关公共信息网络安全监察部门负责人批准后进行。补充鉴定可以由原鉴定人或者其他鉴定人进行。

第38条　案件或者事件当事人、本案侦查人员发现下列情形之一，可以提出重新鉴定的申请：（一）电子数据鉴定机构、鉴定人不具备鉴定资质、资格的；（二）鉴定人依法应当回避而未回避的；（三）在鉴定过程中对送检的电子数据进行修改，并可能影响鉴定结论客观、公正的；（四）鉴定结论与事实不符或者同其他证据有明显矛盾的；（五）鉴定结论不准确的。

重新鉴定应当由地市级以上公安机关公共信息网络安全监察部门负责人批准后进行。需要进行重新鉴定的，电子数据鉴定机构应当另行指派或者聘请鉴定人员。

第39条　电子数据鉴定应当由2名以上鉴定人员参加。必要时，可以指派或者聘请具有专门知识的人协助鉴定。

第48条　《电子数据鉴定书》应当包含以下内容：（一）委托单位、委托人、送检时间；（二）案由、鉴定要求；（三）论证报告；（四）鉴定结论或鉴定意见；（五）《受理鉴定检材清单》；（六）《提取电子证据清单》；（七）鉴定过程中生成的照片、文档、图表等其它材料。

第50条　在鉴定结论、鉴定意见和论证报告中引用到的电子数据，应当以电子数据的形式提交作为鉴定报告的附件，并制作《提取电子证据清单》记录该电子数据的来源、提取方法及其含义。

如果电子数据数量巨大，无法作为附件提交的，可以在《提取电子证据清单》中可以只注明该电子数据在原存储媒介中的存储位置。

第54条　本规则颁布之前已经从事电子数据鉴定的公安机关和专业技术人员，应当依照本规则的有关规定，报公安部核准并申请公安机关电子数据鉴定机构资质和电子数据鉴定人资格。

【公通字〔2005〕98号】　公安机关办理伤害案件规定（公安部2005年12月27日印发，2006年2月1日起施行）

第17条　公安机关办理伤害案件，应当对人身损伤程度和用作证据的痕迹、物证、致伤工具等进行检验、鉴定。

第18条　公安机关受理伤害案件后，应当在24小时内开具伤情鉴定委托书，告知被害人到指定的鉴定机构进行伤情鉴定。

第19条　根据国家有关部门颁布的人身伤情鉴定标准和被害人当时的伤情及医院诊断证明，具备即时进行伤情鉴定条件的，公安机关的鉴定机构应当在受委托之时起24小时内提出鉴定意见，并在3日内出具鉴定文书。

对伤情比较复杂，不具备即时进行鉴定条件的，应当在受委托之日起7日内提出鉴定意见并出具鉴定文书。

对影响组织、器官功能或者伤情复杂，一时难以进行鉴定的，待伤情稳定后及时提出鉴定意见，并出具鉴定文书。

第20条　对人身伤情进行鉴定，应当由县级以上公安机关鉴定机构2名以上鉴定人负责实施。

伤情鉴定比较疑难，对鉴定意见可能发生争议或者鉴定委托主体有明确要求的，伤情鉴定应当由3名以上主检法医师或者四级以上法医官负责实施。

需要聘请其他具有专门知识的人员进行鉴定的，应当经县级以上公安机关负责人批准，制作《鉴定聘请书》，送达被聘请人。

第21条　对人身伤情鉴定意见有争议需要重新鉴定的，应当依照《中华人民共和国刑事诉讼法》的有关规定进行。

第22条　人身伤情鉴定文书格式和内容应当符合规范要求。鉴定文书中应当有被害人正面免冠照片及其人体需要鉴定的所有损伤部位的细目照片。对用作证据的鉴定意见，公安机关办案单位应当制作《鉴定意见通知书》，送达被害人和违法犯罪嫌疑人。

第46条本规定所称以上、以下，包括本数。

【公通字〔2017〕6号】　公安机关鉴定规则（2008年5月4日公安部部长办公会议通过，2008年5月6日公安部令第86号发布，2008年6月1日起施行；2017年2月16日修订后印发）

第2条　本规则所称的鉴定，是指为解决案（事）件调查和诉讼活动中某些专门性问题，公安机关鉴定机构的鉴定人运用自然科学和社会科学的理论成果与技术方法，对人身、尸体、生物检材、痕迹、文件、视听资料、电子数据及其它相关物品、物质等进行检验、鉴别、分析、判断，并出具鉴定意见或检验结果的科学实证活动。

第 3 条　本规则所称的鉴定机构，是指根据《公安机关鉴定机构登记管理办法》，经公安机关登记管理部门核准登记，取得鉴定机构资格证书并开展鉴定工作的机构。

第 4 条　本规则所称的鉴定人，是指根据《公安机关鉴定人登记管理办法》，经公安机关登记管理部门核准登记，取得鉴定人资格证书并从事鉴定工作的专业技术人员。

第 8 条　鉴定人享有下列权利：（一）了解与鉴定有关的案（事）件情况，开展与鉴定有关的调查、实验等；（二）要求委托鉴定单位提供鉴定所需的检材、样本和其他材料；（三）在鉴定业务范围内表达本人的意见；（四）与其他鉴定人的鉴定意见不一致时，可以保留意见；（五）对提供虚假鉴定材料或者不具备鉴定条件的，可以向所在鉴定机构提出拒绝鉴定；（六）发现违反鉴定程序，检材、样本和其他材料虚假或者鉴定意见错误的，可以向所在鉴定机构申请撤销鉴定意见；（七）法律、法规规定的其他权利。

第 10 条　具有下列情形之一的，鉴定人应当自行提出回避申请；没有自行提出回避申请的，有关公安机关负责人应当责令其回避；当事人及其法定代理人也有权要求其回避：（一）是本案当事人或者当事人的近亲属的；（二）本人或者其近亲属与本案有利害关系的；（三）担任过本案证人、辩护人、诉讼代理人的；（四）担任过本案侦查人员的；（五）是重新鉴定事项的原鉴定人的；（六）担任过本案专家证人，提供过咨询意见的；（七）其他可能影响公正鉴定的情形。

第 11 条　鉴定人自行提出回避申请的，应当说明回避的理由；口头提出申请的，公安机关应当记录在案。

当事人及其法定代理人要求鉴定人回避的，应当提出申请，并说明理由；口头提出申请的，公安机关应当记录在案。

第 12 条　鉴定人的回避，由县级以上公安机关负责人决定。

第 13 条　当事人及其法定代理人对鉴定人提出回避申请的，公安机关应当在收到回避申请后 2 日以内作出决定并通知申请人；情况复杂的，经县级以上公安机关负责人批准，可以在收到回避申请后 5 日以内作出决定。

第 14 条　当事人或者其法定代理人对驳回申请回避的决定不服，可以在收到驳回申请回避决定书后 5 日以内向作出决定的公安机关申请复议。

公安机关应当在收到复议申请后 5 日以内作出复议决定并书面通知申请人。

第 20 条　委托鉴定单位提供的检材，应当是原物、原件。无法提供原物、原件的，应当提供符合本专业鉴定要求的复印件、复制件。所提供的复印件、复制件应当有复印、复制无误的文字说明，并加盖委托鉴定单位公章。送检的检材、样本应当使用规范包装，标识清楚。

第 22 条　委托鉴定单位及其送检人不得暗示或者强迫鉴定机构及其鉴定人作出某种鉴定意见。

第 23 条　具有下列情形之一的，公安机关办案部门不得委托该鉴定机构进行鉴定：（一）未取得合法鉴定资格证书的；（二）超出鉴定项目或者鉴定能力范围的；（三）法律、法规规定的其他情形。

第 27 条　鉴定机构受理鉴定时，按照下列程序办理：（一）查验委托主体和委托文件是否符合要求；（二）听取与鉴定有关的案（事）件情况介绍；（三）查验可能具有爆炸性、毒害性、放射性、传染性等危险的检材或者样本，对确有危险的，应当采取措施排除或者控制危险；（四）核对检材和样本的名称、数量和状态，了解检材和样本的来源、采集和包装方法等；（五）确认是否需要补送检材和样本；（六）核准鉴定的具体要求；（七）鉴定机构受理人与委托鉴定单位送检人共同填写鉴定事项确认书，一式2份，鉴定机构和委托鉴定单位各持1份。

第28条　鉴定事项确认书应当包括下列内容：（一）鉴定事项确认书编号；（二）鉴定机构全称和受理人姓名；（三）委托鉴定单位全称和委托书编号；（四）送检人姓名、职务、证件名称及号码和联系电话；（五）鉴定有关案（事）件名称、案件编号；（六）案（事）件情况摘要；（七）收到的检材和样本的名称、数量、性状、包装，检材的提取部位和提取方法等情况；（八）鉴定要求；（九）鉴定方法和技术规范；（十）鉴定机构与委托鉴定单位对鉴定时间以及送检检材和样本等使用、保管、取回事项进行约定，并由送检人和受理人分别签字。

第31条　鉴定工作实行鉴定人负责制度。鉴定人应当独立进行鉴定。

鉴定的实施，应当由2名以上具有本专业鉴定资格的鉴定人负责。

第33条　鉴定机构应当在受理鉴定委托之日起15个工作日内作出鉴定意见，出具鉴定文书。法律法规、技术规程另有规定，或者侦查破案、诉讼活动有特别需要，或者鉴定内容复杂、疑难及检材数量较大的，鉴定机构可以与委托鉴定单位另行约定鉴定时限。

需要补充检材、样本的，鉴定时限从检材、样本补充齐全之日起计算。

第36条　具有下列情形之一的，鉴定机构及其鉴定人应当中止鉴定：（一）因存在技术障碍无法继续进行鉴定的；（二）需补充鉴定材料无法补充的；（三）委托鉴定单位书面要求中止鉴定的；（四）因不可抗力致使鉴定无法继续进行的；（五）委托鉴定单位拒不履行鉴定委托书规定的义务，被鉴定人拒不配合或者鉴定活动受到严重干扰，致使鉴定无法继续进行的。

中止鉴定原因消除后，应当继续进行鉴定。鉴定时限从批准继续鉴定之日起重新计算。

中止鉴定或者继续鉴定，由鉴定机构负责人批准。

第37条　中止鉴定原因确实无法消除的，鉴定机构应当终止鉴定，将有关检材和样本等及时退还委托鉴定单位，并出具书面说明。

终止鉴定，由鉴定机构负责人批准。

第40条　对鉴定意见，办案人员应当进行审查。

对经审查作为证据使用的鉴定意见，公安机关应当及时告知犯罪嫌疑人、被害人或者其法定代理人。

第41条　犯罪嫌疑人、被害人对鉴定意见有异议提出申请，以及办案部门或者办案人员对鉴定意见有疑义的，公安机关可以将鉴定意见送交其他有专门知识的人员提出意见。必要时，询问鉴定人并制作笔录附卷。

第42条　对有关人员提出的补充鉴定申请，经审查，发现有下列情形之一的，经县级以上公安机关负责人批准，应当补充鉴定：（一）鉴定内容有明显遗漏的；（二）发现新的有鉴定意义的证物的；（三）对鉴定证物有新的鉴定要求的；（四）鉴定意见不完整，委托事项无法确定的；（五）其他需要补充鉴定的情形。

经审查，不存在上述情形的，经县级以上公安机关负责人批准，作出不准予补充鉴定的决定，并在作出决定后3日以内书面通知申请人。

第43条　对有关人员提出的重新鉴定申请，经审查，发现有下列情形之一的，经县级以上公安机关负责人批准，应当重新鉴定：（一）鉴定程序违法或者违反相关专业技术要求的；（二）鉴定机构、鉴定人不具备鉴定资质和条件的；（三）鉴定人故意作出虚假鉴定或者违反回避规定的；（四）鉴定意见依据明显不足的；（五）检材虚假或者被损坏的；（六）其他应当重新鉴定的情形。

重新鉴定，应当另行指派或者聘请鉴定人。

经审查，不存在上述情形的，经县级以上公安机关负责人批准，作出不准予重新鉴定的决定，并在作出决定后3日以内书面通知申请人。

第44条　进行重新鉴定，可以另行委托其他鉴定机构进行鉴定。鉴定机构应当从列入鉴定人名册的鉴定人中，选择与原鉴定人专业技术资格或者职称同等以上的鉴定人实施。

第45条　鉴定文书分为《鉴定书》和《检验报告》两种格式。

客观反映鉴定的由来、鉴定过程，经过检验、论证得出鉴定意见的，出具《鉴定书》。

客观反映鉴定的由来、鉴定过程，经过检验直接得出检验结果的，出具《检验报告》。

鉴定后，鉴定机构应当出具鉴定文书，并由鉴定人及授权签字人在鉴定文书上签名，同时附上鉴定机构和鉴定人的资质证明或者其他证明文件。

第46条　鉴定文书应当包括：（一）标题；（二）鉴定文书的唯一性编号和每一页的标识；（三）委托鉴定单位名称、送检人姓名；（四）鉴定机构受理鉴定委托的日期；（五）案件名称或者与鉴定有关的案（事）件情况摘要；（六）检材和样本的描述；（七）鉴定要求；（八）鉴定开始日期和实施鉴定的地点；（九）鉴定使用的方法；（十）鉴定过程；（十一）《鉴定书》中应当写明必要的论证和鉴定意见，《检验报告》中应当写明检验结果；（十二）鉴定人的姓名、专业技术资格或者职称、签名；（十三）完成鉴定文书的日期；（十四）鉴定文书必要的附件；（十五）鉴定机构必要的声明。

第47条　鉴定文书的制作应当符合以下要求：（一）鉴定文书格式规范、文字简练、图片清晰、资料齐全、卷面整洁、论证充分、表述准确；使用规范的文字和计量单位。（二）鉴定文书正文使用打印文稿，并在首页唯一性编号和末页成文日期上加盖鉴定专用章。鉴定文书内页纸张2页以上的，应当在内页纸张正面右侧边缘中部骑缝加盖鉴定专用章。（三）鉴定文书制作正本、副本各1份。正本交委托鉴定单位，副本由鉴定机构存档。（四）鉴定文书存档文件包括：鉴定文书副本、审批稿、检材和样本照片或者检材和样本复制件、检验记录、检验图表、实验记录、鉴定委托书、鉴定事项确认书、鉴定文书审批表等资料。（五）补充鉴定或者重新鉴定的，应当单独制作鉴定文书。

第52条　具有下列情形之一的，鉴定完成后应当永久保存鉴定资料：（一）涉及国家秘密没有解密的；（二）未破获的刑事案件；（三）可能或者实际被判处有期徒刑10年以上、无期徒刑、死刑的案件；（四）特别重大的火灾、交通事故、责任事故和自然灾害；（五）办案部门或者鉴定机构认为有永久保存必要的；（六）法律、法规规定的其他情形。

其他案（事）件的鉴定资料保存30年。

第56条　鉴定人应当遵守下列工作纪律：（一）不得擅自受理任何机关、团体和个人委托的鉴定；（二）不得擅自参加任何机关、团体和个人组织的鉴定活动；（三）不得违反规定会见当事人及其代理人；（四）不得接受当事人及其代理人的宴请或者礼物；（五）不得擅自向当事人及其代理人或者其他无关人员泄露鉴定事项的工作情况；（六）不得违反检验鉴定技术规程要求；（七）不得以任何形式泄露委托鉴定涉及的国家秘密、商业秘密和个人隐私；（八）不得在其他面向社会提供有偿鉴定服务的组织中兼职。

【公安部令〔2019〕155号】　公安机关鉴定机构登记管理办法（2019年11月11日公安部部务会议通过，2019年11月22日发布，2020年5月1日起施行；2005年12月29日公安部令第83号《办法》同时废止）

第2条　本办法所称公安机关鉴定机构（以下简称鉴定机构），是指公安机关及其所属的科研机构、院校、医院和专业技术协会等依法设立并开展鉴定工作的组织。

第3条　本办法所称的鉴定，是指为解决案（事）件调查和诉讼活动中某些专门性问题，公安机关鉴定机构的鉴定人运用自然科学和社会科学的理论成果与技术方法，对人身、尸体、生物检材、痕迹、文件、证件、视听资料、电子数据及其它相关物品、物质等进行检验、鉴别、分析、判断，并出具鉴定意见或者检验结果的科学实证活动。

第8条（第1款）　鉴定机构经登记管理部门核准登记，取得《鉴定机构资格证书》，方可进行鉴定工作。

第10条　单位申请鉴定机构资格，应当具备下列条件：（一）有单位名称和固定住所；（二）有适合鉴定工作的办公和业务用房；（三）有明确的鉴定项目范围；（四）有在项目范围内进行鉴定必需的仪器、设备；（五）有在项目范围内进行鉴定必需的依法通过资质认定或者实验室认可的实验室；（六）有在项目范围内进行鉴定必需的资金保障；（七）有开展该鉴定项目的3名以上的鉴定人；（八）有完备的鉴定工作管理制度。

第12条　公安机关的鉴定机构可以申报登记开展下列鉴定项目：（一）法医类鉴定，包括法医临床、法医病理、法医人类学和法医精神病鉴定；（二）DNA鉴定；（三）痕迹鉴定；（四）理化鉴定，包括毒物、毒品和微量物质的鉴定；（五）文件证件鉴定；（六）声像资料鉴定；（七）电子数据鉴定；（八）环境损害鉴定；（九）交通事故鉴定；（十）心理测试；（十一）警犬鉴别。

根据科学技术发展和公安工作需要，鉴定机构可以申请开展其他鉴定项目。

第14条（第2款）　公安机关一个独立法人单位（含市辖区公安分局）只核准登记1个鉴定机构。因工作需要，可以设立分支机构。

第16条　鉴定机构有下列情形之一的，年度审验不合格：（一）所属鉴定人人数达不到登记条件的；（二）因技术用房、仪器设备、资金保障、鉴定人能力的缺陷已无法保证鉴定质量的；（三）资质认定或者实验室认可资格被暂停或者取消的；（四）出具错误鉴定意见并导致发生重大责任事故的。

第17条　对于年度审验不合格的鉴定机构，登记管理部门应当责令其限期改正。鉴定机构应当在改正期内暂停相关鉴定项目。

第20条　鉴定机构有下列情形之一的，应当主动向登记管理部门申请注销鉴定资格，登记管理部门也可以直接注销其鉴定资格：（一）年度审验不合格，在责令改正期限内没有改正的；（二）提供虚假申报材料骗取登记的；（三）因主管部门变化需要注销登记的；（四）法律、法规规定的其他情形。

第23条　鉴定机构对登记管理部门作出不予登记、年度审验不合格、不予变更登记或者注销登记等决定不服的，可以在收到相应通知后30个工作日内向登记管理部门申复议。

第 24 条　登记管理部门收到有关复议申请后，应当以集体研究的方式进行复议，在 15 个工作日内作出复议决定，并在 10 个工作日内将《复议决定通知书》送达申请复议的单位。

第 35 条　铁路、交通港航、民航、森林公安机关和海关缉私部门的鉴定机构登记管理工作，依照本办法规定向所在地公安机关登记管理部门申请登记。

【公安部令〔2019〕156 号】　公安机关鉴定人登记管理办法（2019 年 11 月 11 日公安部部务会议通过，2019 年 11 月 22 日发布，2020 年 5 月 1 日起施行；2005 年 12 月 29 日公安部令第 84 号《办法》同时废止）

第 2 条　本办法所称的公安机关鉴定人（以下简称鉴定人），是指经公安机关登记管理部门核准登记，取得鉴定人资格证书并从事鉴定工作的专业技术人员。

第 3 条　本办法所称的鉴定，是指为解决案（事）件调查和诉讼活动中某些专门性问题，公安机关鉴定机构的鉴定人运用自然科学和社会科学的理论成果与技术方法，对人身、尸体、生物检材、痕迹、文件、证件、视听资料、电子数据及其它相关物品、物质等进行检验、鉴别、分析、判断，并出具鉴定意见或者检验结果的科学实证活动。

第 8 条（第 1 款）　鉴定人经登记管理部门核准登记，取得《鉴定人资格证书》，方可从事鉴定工作。《鉴定人资格证书》由所在鉴定机构统一管理。

第 9 条　个人申请鉴定人资格，应当具备下列条件：（一）在职或者退休的具有专门技术知识和技能的人民警察；公安机关聘用的具有行政编制或者事业编制的专业技术人员；（二）遵守国家法律、法规，具有人民警察职业道德；（三）具有与所申请从事鉴定项目相关的高级警务技术职务任职资格或者高级专业技术职称，或者高等院校相关专业本科以上学历，从事相关工作或研究 5 年以上，或者具有与所申请从事鉴定项目相关工作 10 年以上经历和较强的专业技能；（四）所在机构已经取得或者正在申请《鉴定机构资格证书》；（五）身体状况良好，适应鉴定工作需要。

第 13 条　鉴定人有下列情形之一的，年度审验不合格：（一）所审验年度内未从事鉴定工作的；（二）无正当理由不接受专业技能培训或者培训不合格的；（三）未经所在鉴定机构同意擅自受理鉴定的；（四）因违反技术规程出具错误鉴定意见的；（五）同一审验年度内被鉴定委托人正当投诉 2 次以上的。

第 14 条　对于年度审验不合格的鉴定人，登记管理部门应当责令其限期改正。鉴定人在改正期内不得出具鉴定文书。

第 18 条　鉴定人有下列情形之一的，应当主动向登记管理部门申请注销资格，登记管理部门也可以直接注销其鉴定资格：（一）连续 2 年未从事鉴定工作的；（二）无正当理由，3 年以上没有参加专业技能培训的；（三）年度审验不合格，在责令改正期限内没有改正的；（四）经人民法院依法通知，无正当理由拒绝出庭作证的；（五）提供虚假证明或者采取其他欺诈手段骗取登记的；（六）同一审验年度内出具错误鉴定意见 2 次以上的；（七）违反保密规定造成严重后果的；（八）登记管理部门书面警告后仍在其他鉴定机构兼职的；（九）限制行为能力或者丧失行为能力的。

第 20 条　因本办法第 18 条第（一）、（二）、（三）、（四）款被注销鉴定资格的，具备登记条件或者改正后，可以重新申请鉴定人资格。

因本办法第18条第（五）、（六）、（七）、（八）、（九）款被注销鉴定资格的，被注销鉴定资格之日起1年内不得申请鉴定人资格。

第21条　个人对登记管理部门作出不予授予鉴定资格、年度审验不合格、不予变更登记或者注销鉴定资格决定不服的，可以在收到相应通知后30个工作日内向登记管理部门申请复议。

第28条　鉴定人违反本办法有关规定，情节轻微的，除适用第13条外，登记管理部门还可以依法给予书面警告、责令改正的处罚。责令改正期限一般不得超过3个月。

第29条　有下列情形之一的，终身不授予鉴定资格：（一）故意出具虚假鉴定意见的；（二）严重违反规定，出具2次以上错误鉴定意见并导致冤假错案的；（三）受过开除公职处分的。

第30条　铁路、交通港航、民航、森林公安机关和海关缉私部门的鉴定人登记管理工作，依照本办法规定向所在地公安机关登记管理部门申请登记。

【公安部令〔2020〕159号】　公安机关办理刑事案件程序规定（2020年7月4日第3次部务会议修订，2020年7月20日公布，2020年9月1日施行）

第248条　为了查明案情，解决案件中某些专门性问题，应当指派、聘请有专门知识的人进行鉴定。

需要聘请有专门知识的人进行鉴定，应当经县级以上公安机关负责人批准后，制作鉴定聘请书。

第249条　公安机关应当为鉴定人进行鉴定提供必要的条件，及时向鉴定人送交有关检材和对比样本等原始材料，介绍与鉴定有关的情况，并且明确提出要求鉴定解决的问题。

禁止暗示或者强迫鉴定人作出某种鉴定意见。

第250条　侦查人员应当做好检材的保管和送检工作，并注明检材送检环节的责任人，确保检材在流转环节中的同一性和不被污染。

第251条　鉴定人应当按照鉴定规则，运用科学方法独立进行鉴定。鉴定后，应当出具鉴定意见，并在鉴定意见书上签名，同时附上鉴定机构和鉴定人的资质证明或者其他证明文件。

多人参加鉴定，鉴定人有不同意见的，应当注明。

第252条　对鉴定意见，侦查人员应当进行审查。

对经审查作为证据使用的鉴定意见，公安机关应当及时告知犯罪嫌疑人、被害人或者其法定代理人。

第253条　犯罪嫌疑人、被害人对鉴定意见有异议提出申请，以及办案部门或者侦查人员对鉴定意见有疑义的，可以将鉴定意见送交其他有专门知识的人员提出意见。必要时，询问鉴定人并制作笔录附卷。

第254条　经审查，发现有下列情形之一的，经县级以上公安机关负责人批准，应当补充鉴定：（一）鉴定内容有明显遗漏的；（二）发现新的有鉴定意义的证物的；（三）对鉴定证物有新的鉴定要求的；（四）鉴定意见不完整，委托事项无法确定的；（五）其他需要补充鉴定的情形。

经审查，不符合上述情形的，经县级以上公安机关负责人批准，作出不准予补充鉴定的决定，并在作出决定后3日以内书面通知申请人。

第255条　经审查，发现有下列情形之一的，经县级以上公安机关负责人批准，应当重新鉴定：（一）鉴定程序违法或者违反相关专业技术要求的；（二）鉴定机构、鉴定人不具备鉴定资质和条件的；（三）鉴定人故意作虚假鉴定或者违反回避规定的；（四）鉴定意见依据明显不足的；（五）检材虚假或者被损坏的；（六）其他应当重新鉴定的情形。

重新鉴定，应当另行指派或者聘请鉴定人。

经审查，不符合上述情形的，经县级以上公安机关负责人批准，作出不准予重新鉴定的决定，并在作出决定后3日以内书面通知申请人。

第256条　公诉人、当事人或者辩护人、诉讼代理人对鉴定意见有异议，经人民法院依法通知的，公安机关鉴定人应当出庭作证。

鉴定人故意作虚假鉴定的，应当依法追究其法律责任。

第257条　对犯罪嫌疑人作精神病鉴定的时间不计入办案期限，其他鉴定时间都应当计入办案期限。

（国安规定）

【国安部令〔2024〕4号】　国家安全机关办理刑事案件程序规定（2024年4月26日公布，2024年7月1日起施行）

第272条　为了查明案情，解决案件中某些专门性问题，国家安全机关可以指派有鉴定资格的人进行鉴定，或者聘请具有合法资质的鉴定机构的鉴定人进行鉴定。

需要聘请鉴定人的，经国家安全机关负责人批准，制作鉴定聘请书。

第273条　国家安全机关应当为鉴定人进行鉴定提供必要的条件。

及时向鉴定人送交有关检材和对比样本等原始材料，介绍与鉴定有关的情况，并且明确提出要求鉴定解决的问题。

禁止暗示或者强迫鉴定人作出某种鉴定意见。

第274条　侦查人员应当做好检材的保管和送检工作，确保检材在流转环节的同一性和不被污染。

第275条　鉴定人应当按照鉴定规则，运用科学方法独立进行鉴定。鉴定后，应当出具鉴定意见，并在鉴定意见书上签名，由鉴定机构加盖鉴定机构司法鉴定专用章，同时附上鉴定机构和鉴定人的资质证明或者其他证明文件。

多人参加鉴定，鉴定人有不同意见的，应当注明。

鉴定人故意作虚假鉴定的，应当承担法律责任。

第276条　对于鉴定人出具的鉴定意见，国家安全机关应当进行审查。发现文字表达有瑕疵或者错别字，但不影响司法鉴定意见的，可以要求司法鉴定机构对鉴定意见进行补正。

对于经审查作为证据使用的鉴定意见，国家安全机关应当制作鉴定意见通知书，及时告知犯罪嫌疑人或者其法定代理人、被害人或者其家属。

第277条　犯罪嫌疑人、被害人对鉴定意见有异议提出申请，以及办案部门或者侦查人员对鉴定意见有疑义的，可以将鉴定意见送交其他有专门知识的人员提出意见。必要时，询问鉴定人并制作笔录附卷。

第278条　经审查，发现有下列情形之一的，经国家安全机关负责人批准，应当补充鉴定：（一）鉴定内容有明显遗漏的；（二）发现新的有鉴定意义的证物的；（三）对鉴定证物有新的鉴定要求的；（四）鉴定意见不完整，委托事项无法确定的；（五）其他需要补充鉴定的情形。

经审查，不符合上述情形的，经国家安全机关负责人批准，作出不予补充鉴定的决定，并在作出决定后3日以内书面通知申请人。

第279条　经审查，发现有下列情形之一的，经国家安全机关负责人批准，应当重新鉴定：（一）鉴定程序违法或者违反相关专业技术要求的；（二）鉴定机构、鉴定人不具备鉴定资质和条件的；（三）鉴定人故意作虚假鉴定或者违反回避规定的；（四）鉴定意见依据明显不足的；（五）检材虚假或者被损坏的；（六）其他应当重新鉴定的情形。

重新鉴定，应当另行派出或者聘请鉴定人。

经审查，不符合上述情形的，经国家安全机关负责人批准，作出不予重新鉴定的决定，并在作出决定后3日以内书面通知申请人。

第280条　公诉人、当事人或者辩护人、诉讼代理人对司法鉴定机构出具的鉴定意见有异议，经人民法院依法通知的，鉴定人应当出庭作证。

第281条　对犯罪嫌疑人作精神病鉴定的时间不计入办案期限，其他鉴定时间应当计入办案期限。

（检察规定）

【高检发办字〔2005〕11号】　最高人民检察院关于贯彻《全国人民代表大会常务委员会关于司法鉴定管理问题的决定》有关工作的通知（2005年9月21日）

……检察机关设立鉴定机构，开展必要的鉴定工作，是履行法律监督职能的客观需要，不仅可以为职务犯罪侦查工作提供有力的技术支持，也可以为批捕、公诉工作中正确审查判断证据提供科学的依据。……

一、根据《决定》的规定，自10月1日起，各级检察机关的鉴定机构不得面向社会接受委托从事鉴定业务，鉴定人员不得参与面向社会服务的司法鉴定机构组织的司法鉴定活动。

二、根据《决定》的有关规定，检察机关的鉴定机构和鉴定人员不得在司法行政机关登记注册从事面向社会的鉴定业务。已经登记注册的事业性质鉴定机构，如继续面向社会从事司法鉴定业务，要在10月1日前与人民检察院在人、财、物上脱钩，否则应办理注销登记。

三、检察机关鉴定机构可以受理下列鉴定案件：1.检察机关业务工作所需的鉴定；2.有关部门交办的鉴定；3.其他司法机关委托的鉴定。

四、各级检察技术部门要围绕"强化法律监督，维护公平正义"的检察工作主题，着眼于提高检察机关法律监督能力，加大对批捕、公诉工作中技术性证据的审查力度，积极开展文证审查工作，为检察机关履行法律监督职能提供技术保障。

五、检察机关内部委托的鉴定，仍实行逐级委托制度。其他司法机关委托的鉴定，实行同级委托制度，即进行鉴定前，需有同级司法机关的委托或介绍。

六、为贯彻落实《决定》，最高人民检察院将制定《人民检察院鉴定工作规则》、《人民检察院鉴定机构管理办法》、《人民检察院鉴定人管理办法》、《人民检察院文证审查工作规定》和各专业门类的工作细则等，进一步加强和规范人民检察院的鉴定工作。各级人民检察院要根据《决定》要求和精神，结合中央政法委关于开展"规范执法行为，促进执法公正"专项整改活动的要求，加强检察机关鉴定工作管理，规范工作程序，保证鉴定质量。

【高检发办字〔2006〕33号】　人民检察院鉴定规则（试行）（2006年11月1日最高检检委会［10届62次］通过，2006年11月30日印发，2007年1月1日试行；同日同文号印发试行《人民检察院鉴定机构登记管理办法》《人民检察院鉴定人登记管理办法》）

第4条　本规则所称鉴定机构，是指在人民检察院设立的、取得鉴定机构资格并开展鉴定工作的部门。

第5条　本规则所称鉴定人，是指取得鉴定人资格，在人民检察院鉴定机构中从事法医类、物证类、声像资料、司法会计鉴定以及心理测试等工作的专业技术人员。

第14条　鉴定机构接受鉴定委托后，应当指派2名以上鉴定人共同进行鉴定。根据鉴定需要可以聘请其他鉴定机构的鉴定人参与鉴定。

第15条　具备鉴定条件的，一般应当在受理后15个工作日以内完成鉴定；特殊情况不能完成的，经检察长批准，可以适当延长，并告知委托单位。

第16条　鉴定应当严格执行技术标准和操作规程。需要进行实验的，应当记录实验时间、条件、方法、过程、结果等，并由实验人签名，存档备查。

第17条　具有下列情形之一的，鉴定机构可以接受案件承办单位的委托，进行重新鉴定：（一）鉴定意见与案件中其他证据相矛盾的；（二）有证据证明鉴定意见确有错误的；（三）送检材料不真实的；（四）鉴定程序不符合法律规定的；（五）鉴定人应当回避而未回避的；（六）鉴定人或者鉴定机构不具备鉴定资格的；（七）其他可能影响鉴定客观、公正情形的。

重新鉴定时，应当另行指派或者聘请鉴定人。

第18条　鉴定事项有遗漏或者发现新的相关重要鉴定材料的，鉴定机构可以接受委托，进行补充鉴定。

第19条　遇有重大、疑难、复杂的专门性问题时，经检察长批准，鉴定机构可以组织会检鉴定。

会检鉴定人可以由本鉴定机构的鉴定人与聘请的其他鉴定机构的鉴定人共同组成；也可以全部由聘请的其他鉴定机构的鉴定人组成。

会检鉴定人应当不少于3名，采取鉴定人分别独立检验，集体讨论的方式进行。

会检鉴定应当出具鉴定意见。鉴定人意见有分歧的，应当在鉴定意见中写明分歧的内容和理由，并分别签名或者盖章。

【高检技发〔2009〕27号】　人民检察院电子证据鉴定程序规则（试行）（最高检检察技术信息研究中心2009年4月印发试行"4个规则"）[1]

第2条　电子证据是指由电子信息技术应用而出现的各种能够证明案件真实情况的材料及其派生物。

第4条　电子证据鉴定范围：（一）电子证据数据内容一致性的认定；（二）对各类存储介质或设备存储数据内容的认定；（三）对各类存储介质或设备已删除数据内容的认定；（四）加密文件数据内容的认定；（五）计算机程序功能或系统状况的认定；（六）电子证据的真伪及形成过程的认定；（七）根据诉讼需要进行的关于电子证据的其他认定。

---

[1] 注：最高检检察技术信息研究中心同日、同文号印发试行了电子证据鉴定、声纹鉴定、理化检验、文件检验等4个程序规则。

第 10 条　对受理的检材，应当场密封，由送检人、接收人在密封件上签名或者盖章，并制作《使用和封存记录》。

第 12 条　检验鉴定应当由 2 名以上鉴定人员进行。必要时，可以指派或者聘请其他具有专门知识的人员参加。

第 21 条　根据鉴定要求，经检验鉴定确定的电子证据应当复制保存于安全的存储介质中。无法复制的，可通过截取屏幕图像、拍照、录像、打印等方式固定提取。

【高检发研字〔2010〕13 号】　最高人民检察院关于适用《关于办理死刑案件审查判断证据若干问题的规定》和《关于办理刑事案件排除非法证据若干问题的规定》的指导意见（2010 年 11 月 24 日最高检检委会〔11 届 49 次〕通过，2010 年 12 月 30 日印发施行）①

19. 审查鉴定意见，要着重审查检材的来源、提取、保管、送检是否符合法律及有关规定，鉴定机构或者鉴定人员是否具备法定资格和鉴定条件，鉴定意见的形式要件是否完备，鉴定程序是否合法，鉴定结论是否科学合理。检材来源不明或者可能被污染导致鉴定意见存疑的，应当要求侦查机关（部门）进行重新鉴定或者补充鉴定，必要时检察机关可以另行委托进行重新鉴定或者补充鉴定；鉴定机构或者鉴定人员不具备法定资格和鉴定条件，或者鉴定事项超出其鉴定范围以及违反回避规定的，应当要求侦查机关（部门）另行委托重新鉴定，必要时检察机关可以另行委托进行重新鉴定；鉴定意见形式要件不完备的，应当通过侦查机关（部门）要求鉴定机构补正；对鉴定程序、方法、结论等涉及专门技术问题的，必要时听取检察技术部门或者其他具有专门知识的人员的意见。

【高检发〔2018〕14 号】　2018—2022 年检察改革工作规划（最高检 2018 年 12 月 27 日印发）

二、主要任务

9. 建立执法活动中非正常死亡在检察机关主持下鉴定的工作机制。对于公民在传唤、拘传、羁押、监所服刑、强制隔离戒毒、强制医疗期间死亡的，除法律另有规定外，应当在检察机关主持下，委托具有法医病理司法鉴定资格的鉴定机构和鉴定人进行死亡原因鉴定。

【高检发释字〔2018〕1 号】　最高人民检察院关于指派、聘请有专门知识的人参与办案若干问题的规定（试行）（2018 年 2 月 11 日最高检检委会〔12 届 73 次〕通过，2018 年 4 月 3 日公布试行）

第 2 条　本规定所称"有专门知识的人"，是指运用专门知识参与人民检察院的办案活动，协助解决专门性问题或者提出意见的人，但不包括以鉴定人身份参与办案的人。

本规定所称"专门知识"，是指特定领域内的人员理解和掌握的、具有专业技术性的认识和经验等。

第 3 条　人民检察院可以指派、聘请有鉴定资格的人员，或者经本院审查具备专业能力的其他人员，作为有专门知识的人参与办案。

---

① 该《指导意见》于 2011 年 3 月 3 日被最高人民法院办公厅"法办〔2011〕47 号"《通知》全文转发，称《指导意见》强化了对于侦查取证工作的法律监督，强化了对于证据合法性的举证责任，强化了对证据的综合审查和运用，可作为人民法院与人民检察院共同落实两个证据规定，审查、判断证据的依据，要求全国法院在审判工作中参照《指导意见》的规定，切实贯彻执行好两个证据规定，确保刑事案件审判质量，争取更好的裁判效果。

有下列情形之一的人员，不得作为有专门知识的人参与办案：（一）因违反职业道德，被主管部门注销鉴定资格、撤销鉴定人登记，或者吊销其他执业资格、近3年以内被处以停止执业处罚的；（二）无民事行为能力或者限制民事行为能力的；（三）近3年以内违反本规定第18条至第21条规定的；（四）以办案人员等身份参与过本案办理工作的；（五）不宜作为有专门知识的人参与办案的其他情形。

第7条　人民检察院办理刑事案件需要收集证据的，可以指派、聘请有专门知识的人开展下列工作：（一）在检察官的主持下进行勘验或者检查；（二）就需要鉴定、但没有法定鉴定机构的专门性问题进行检验；（三）其他必要的工作。

第8条　人民检察院在审查起诉时，发现涉及专门性问题的证据材料有下列情形之一的，可以指派、聘请有专门知识的人进行审查，出具审查意见：（一）对定罪量刑有重大影响的；（二）与其他证据之间存在无法排除的矛盾的；（三）就同一专门性问题有2份或者2份以上的鉴定意见，且结论不一致的；（四）当事人、辩护人、诉讼代理人有异议的；（五）其他必要的情形。

第14条　人民检察院在下列办案活动中，需要指派、聘请有专门知识的人的，可以适用本规定：（一）办理控告、申诉、国家赔偿或者国家司法救助案件；（二）办理监管场所发生的被监管人重伤、死亡案件；（三）办理民事、行政诉讼监督案件；（四）检察委员会审议决定重大案件和其他重大问题；（五）需要指派、聘请有专门知识的人的其他办案活动。

第23条　各省、自治区、直辖市人民检察院可以依照本规定，结合本地实际，制定具体实施办法，并报最高人民检察院备案。

【高检发释字〔2019〕4号】　人民检察院刑事诉讼规则（2019年12月2日最高检第13届检委会第28次会议通过，2019年12月30日公布施行；高检发释字〔2012〕2号《规则（试行）》同时废止）

第218条（第2款）　鉴定由~~检察长批准~~，由人民检察院~~技术部门~~有鉴定资格的人员进行。必要时，也可以聘请其他有鉴定资格的人员进行，但是应当征得鉴定人所在单位同意。

第219条　人民检察院应当为鉴定人提供必要条件，及时向鉴定人送交有关检材和对比样本等原始材料，介绍与鉴定有关的情况，并明确提出要求鉴定解决的问题，但是不得暗示或者强迫鉴定人作出某种鉴定意见。

原第250条　~~鉴定人进行鉴定后，应当出具鉴定意见、检验报告，同时附上鉴定机构和鉴定人的资质证明，并且签名或者盖章。~~

~~多个鉴定人的鉴定意见不一致的，应当在鉴定意见上写明分歧的内容和理由，并且分别签名或者盖章。~~

第220条　对于鉴定意见，检察人员应当进行审查，必要时可以~~提出补充鉴定或者重新鉴定的意见，报检察长批准后~~进行补充鉴定或者重新鉴定。~~检察长也可以直接决定进行补充鉴定或者重新鉴定。~~重新鉴定的，应当另行指派或者聘请鉴定人。

第221条（第1款）　用作证据的鉴定意见，人民检察院办案部门应当告知犯罪嫌疑人、被害人；被害人死亡或者没有诉讼行为能力的，应当告知其法定代理人、近亲属或诉讼代理人。

（第2款）　犯罪嫌疑人、被害人或者害人的法定代理人、近亲属、诉讼代理人提出申请，~~经检察长批准，~~可以补充鉴定或者重新鉴定，鉴定费用由请求方承担。但原鉴定违反法定程序的，由人民检察院承担。

第 332 条　人民检察院认为需要对案件中某些专门性问题进行鉴定而<u>监察机关或者公安机关</u>/<u>侦查机关</u>没有鉴定的，应当要求<u>监察机关或者公安机关</u>/<u>侦查机关</u>进行鉴定。必要时，也可以由人民检察院进行鉴定，或者由人民检察院<u>聘请</u>/<u>送交</u>有鉴定资格的人进行<u>鉴定</u>。

人民检察院自行进行鉴定的，可以商请<u>监察机关或者公安机关</u>/<u>侦查机关</u>派员参加，必要时可以聘请有鉴定资格<u>或者有专门知识</u>的人参加。

第 334 条　人民检察院对鉴定意见有疑问的，可以询问鉴定人<u>或者有专门知识的人</u>并制作笔录附卷，也可以指派有<u>鉴定资格的检察技术人员或者聘请</u><u>其他</u>有鉴定资格的人~~对案件中的某些专门性问题进行补充鉴定或者重新鉴定~~。

人民检察院对鉴定意见等技术性证据材料需要进行专门审查的，按照有关规定交检察技术人员或者其他有专门知识的人进行审查并出具审查意见。[①]

【高检发办字〔2022〕167 号】　最高人民检察院、公安部关于依法妥善办理轻伤害案件的指导意见（2022 年 12 月 22 日）（主文见《刑法全厚细》第 234 条）

（六）对鉴定意见进行实质性审查。人民检察院、公安机关要注重审查检材与其他证据是否相互印证，文书形式、鉴定人资质、检验程序是否规范合法，鉴定依据、方法是否准确，损伤是否因既往伤病所致，是否及时就医，以及论法分析是否科学严谨，鉴定意见是否明确等。需要对鉴定意见等技术性证据材料进行专门审查的，可以按照有关规定送交检察、侦查技术人员或者其他有专门知识的人进行审查并出具审查意见。

对同一鉴定事项存在 2 份以上结论不同的鉴定意见或者当事人对鉴定结论有不同意见时，人民检察院、公安机关要注意对分歧点进行重点审查分析，听取当事人、鉴定人、有专门知识的人的意见，开展相关调查取证，综合全案证据决定是否采信。必要时，可以依法进行补充鉴定或者重新鉴定。

【高检发办字〔2023〕49 号】　人民检察院办理知识产权案件工作指引（2023 年 4 月 25 日印发施行）

第 7 条　人民检察院办理知识产权案件，为解决案件中的专门性问题，可以依法聘请有专门知识的人或者指派具备相应资格的检察技术人员出具意见。

前款人员出具的意见，经审查可以作为办案部门、检察官判断运用证据或者作出相关决定的依据。

第 8 条　人民检察院办理知识产权案件认为需要鉴定的，可以委托具备法定资格的机构进行鉴定。

在诉讼过程中已经进行过鉴定的，除确有必要外，一般不再委托鉴定。

【法刊文摘】　检答网集萃 19：被害人拒绝做伤情鉴定怎么办（检察日报 2020 年 1 月 7 日）

咨询内容（山西长治张鹏建）：伤情鉴定是否必须被害人到场？在没有使用器械的情况下，一年半前造成被害人肋骨骨折，被害人拒绝做鉴定，这种情况下能否依据诊断证明书等

[①] 本款内容 2012 年规定为："公诉部门对审查起诉案件中涉及专门性问题的证据材料需要审查的，可以送交检察技术人员或者其他有专门知识的人审查，审查后应当出具审查意见。"

进行鉴定出具报告等？有没有相关依据？

解答摘要（张墉枫）：对需要进行伤情鉴定的案件，被害人拒绝鉴定的，可以进行沟通说服，并告知其可能出现的不利后果。如其无正当理由仍不配合的，应将有关情况记录在案，视其为拒绝鉴定。在此情况下，如果法医认为可以采取文证检验的方法，可依据现有病历、图像、检验报告、诊断书等得出鉴定意见。如果不能得出明确鉴定意见的，可以事实不清、证据不足为由，作出相关审查结论。

（法院规定）

【法发〔2001〕23号】　人民法院司法鉴定工作暂行规定（最高法2001年11月16日）

第2条　本规定所称司法鉴定，是指在诉讼过程中，为查明案件事实，人民法院依据职权，或者应当事人及其他诉讼参与人的申请，指派或委托具有专门知识人，对专门性问题进行检验、鉴别和评定的活动。

第4条　凡需要进行司法鉴定的案件，应当由人民法院司法鉴定机构鉴定，或者由人民法院司法鉴定机构统一对外委托鉴定。

第7条　鉴定人权利：（一）了解案情，要求委托人提供鉴定所需的材料；（二）勘验现场，进行有关的检验，询问与鉴定有关的当事人。必要时，可申请人民法院依据职权采集鉴定材料，决定鉴定方法和处理检材；（三）自主阐述鉴定观点，与其他鉴定人意见不同时，可不在鉴定文书上署名；（四）拒绝受理违反法律规定的委托。

第8条　鉴定人义务：（一）尊重科学，恪守职业道德；（二）保守案件秘密；（三）及时出具鉴定结论；（四）依法出庭宣读鉴定结论并回答与鉴定相关的提问。

第9条　有下列情形之一的，鉴定人应当回避：（一）鉴定人系案件的当事人，或者当事人的近亲属；（二）鉴定人的近亲属与案件有利害关系；（三）鉴定人担任过本案的证人、辩护人、诉讼代理人；（四）其他可能影响准确鉴定的情形。

第10条　各级人民法院司法鉴定机构，受理本院及下级人民法院委托的司法鉴定。下级人民法院可逐级委托上级人民法院司法鉴定机构鉴定。

第12条　司法鉴定机构应当在3日内做出是否受理的决定。对不予受理的，应当向委托人说明原因。

第13条　司法鉴定机构接受委托后，可根据情况自行鉴定，也可以组织专家、联合科研机构或者委托从相关鉴定人名册中随机选定的鉴定人进行鉴定。

第14条　有下列情形之一需要重新鉴定的，人民法院应当委托上级法院的司法鉴定机构做重新鉴定：（一）鉴定人不具备相关鉴定资格的；（二）鉴定程序不符合法律规定的；（三）鉴定结论与其他证据有矛盾的；（四）鉴定材料有虚假，或者原鉴定方法有缺陷的；（五）鉴定人应当回避没有回避，而对其鉴定结论有持不同意见的；（六）同一案件具有多个不同鉴定结论的；（七）有证据证明存在影响鉴定人准确鉴定因素的。

第15条　司法鉴定机构可受人民法院的委托，对拟作为证据使用的鉴定文书、检验报告、勘验检查记录、医疗病情资料、会计资料等材料作文证审查。

第17条　对存在损耗检材的鉴定，应当向委托人说明。必要时，应由委托人出具检材处理授权书。

第18条　检验取样和鉴定取样时，应当通知委托人、当事人或者代理人到场。

第19条　进行身体检查时，受检人、鉴定人互为异性的，应当增派1名女性工作人员在场。

第20条　对疑难或者涉及多学科的鉴定，出具鉴定结论前，可听取有关专家的意见。

第21条　鉴定期限是指决定受理委托鉴定之日起，到发出鉴定文书之日止的时间。一般的司法鉴定应当在30个工作日内完成；疑难的司法鉴定应当在60个工作日内完成。

第22条　具有下列情形之一，影响鉴定期限的，应当中止鉴定：（一）受检人或者其他受检物处于不稳定状态，影响鉴定结论的；（二）受检人不能在指定的时间、地点接受检验的；（三）因特殊检验需预约时间或者等待检验结果的；（四）须补充鉴定材料的。

第23条　具有下列情形之一的，可终结鉴定：（一）无法获取必要的鉴定材料的；（二）被鉴定人或者受检人不配合检验，经做工作仍不配合的；（三）鉴定过程中撤诉或者调解结案的；（四）其他情况使鉴定无法进行的。

在规定期限内，鉴定人因鉴定中止、终结或者其他特殊情况不能完成鉴定的，应当向司法鉴定机构申请办理延长期限或者终结手续。司法鉴定机构对是否中止、终结应当做出决定。做出中止、终结决定的，应当函告委托人。

第24条　人民法院司法鉴定机构工作人员因徇私舞弊、严重不负责任造成鉴定错误导致错案的，参照《人民法院审判人员违法审判责任追究办法（试行）》和《人民法院审判纪律处分办法（试行）》追究责任。

其他鉴定人因鉴定结论错误导致错案的，依法追究其法律责任。

【法释〔2002〕8号】　人民法院对外委托司法鉴定管理规定（2002年2月22日最高法审委会〔1214次〕通过，2002年3月27日公布，2002年4月1日起施行）

第1条　为规范人民法院对外委托和组织司法鉴定工作，根据《人民法院司法鉴定工作暂行规定》，制定本办法。①

第3条　人民法院司法鉴定机构建立社会鉴定机构和鉴定人（以下简称鉴定人）名册，根据鉴定对象对专业技术的要求，随机选择和委托鉴定人进行司法鉴定。

第7条　申请进入地方人民法院鉴定人名册的单位和个人，其入册资格由有关人民法院司法鉴定机构审核，报上一级人民法院司法鉴定机构批准，并报最高人民法院司法鉴定机构备案。

第8条　经批准列入人民法院司法鉴定人名册的鉴定人，在《人民法院报》予以公告。

第10条　人民法院司法鉴定机构依据尊重当事人选择和人民法院指定相结合的原则，组织诉讼双方当事人进行司法鉴定的对外委托。

诉讼双方当事人协商不一致的，由人民法院司法鉴定机构在列入名册的、符合鉴定要求的鉴定人中，选择受委托人鉴定。

第11条　司法鉴定所涉及的专业未纳入名册时，人民法院司法鉴定机构可以从社会相关专业中，择优选定受委托单位或专业人员进行鉴定。如果被选定的单位或专业人员需要进入鉴定人名册的，仍应当呈报上一级人民法院司法鉴定机构批准。

第12条　遇有鉴定人应当回避等情形时，有关人民法院司法鉴定机构应当重新选择鉴定人。

第13条　人民法院司法鉴定机构对外委托鉴定的，应当指派专人负责协调，主动了解

---

① 本书注：《最高人民法院关于司法解释工作的规定》规定：司法解释应当根据法律和有关立法精神，结合审判工作实际需要制定。而本《规定》的制定依据是《人民法院司法鉴定工作暂行规定》（法发〔2001〕23号），<u>与法理相悖</u>。另外，将《管理规定》称为"本办法"，<u>也是一处纰误</u>。

鉴定的有关情况，及时处理可能影响鉴定的问题。

第14条　接受委托的鉴定人认为需要补充鉴定材料时，如果由申请鉴定的当事人提供确有困难的，可以向有关人民法院司法鉴定机构提出请求，由人民法院决定依据职权采集鉴定材料。

【法发〔2005〕12号】　最高人民法院关于贯彻落实《全国人民代表大会常务委员会关于司法鉴定管理问题的决定》做好过渡期相关工作的通知（2005年7月14日）

二、最高人民法院贯彻落实《决定》的工作安排

为贯彻落实《决定》精神，按照中央关于司法体制和工作机制改革的部署，最高人民法院在组织实施司法鉴定制度改革的同时，将组织开展加强人民法院司法技术工作的调研活动，并着手研究制定《人民法院司法技术工作管理规定》，争取在2005年10月1日前颁布实施，同时废止《人民法院司法鉴定工作暂行规定》和《人民法院对外委托司法鉴定管理规定》①。

三、当前贯彻落实《决定》的有关工作要求

根据中央关于司法体制和工作机制改革的部署，各项司法体制改革，必须在中央的统一领导下，稳步、有序地推进。各级人民法院要在最高人民法院的统一部署下，积极稳妥地做好过渡期的以下工作：

（一）2005年9月30日前，各级人民法院应当善始善终地在规定时限内认真完成已受理的法医类、物证类和声像资料鉴定案件的自主鉴定工作。2005年10月1日起，各级人民法院一律不得受理各种类型的鉴定业务。

（二）各级人民法院如有事业单位性质的鉴定机构，应当于2005年9月30日前停止进行鉴定工作；如继续从事司法鉴定工作的，应当同人民法院脱钩。

（三）各级人民法院要严格遵照《决定》的相关规定，在2005年9月30日前根据省级人民政府司法行政部门审批公告的法医类、物证类、声像资料鉴定机构与人员的情况，做好委托上述3类鉴定的相关准备工作。

【法办发〔2007〕5号】　最高人民法院对外委托鉴定、评估、拍卖等工作管理规定（2007年8月23日印发，2007年9月1日起施行）

第2条　对外委托鉴定、评估、拍卖等工作是指人民法院审判和执行工作中委托专门机构或专家进行鉴定、检验、评估、审计、拍卖、变卖和指定破产清算管理人等工作，并进行监督协调的司法活动。

第6条　最高人民法院的审判、执行部门在工作中对需要进行对外委托鉴定、检验、评估、审计、拍卖、变卖和指定破产清算管理人等工作的，应当制作《对外委托工作交接表》，同相关材料一起移送司法辅助工作部门。

地方各级人民法院和专门人民法院需要委托最高人民法院对外委托鉴定、评估、拍卖等工作的，应当层报最高人民法院。

第7条　对外委托鉴定、检验、评估、审计、变卖和指定破产清算管理人等工作时，应

---

① 注：点划线部分内容一直未见落实。《人民法院司法技术工作管理规定》一直未见颁布；《人民法院司法鉴定工作暂行规定》（法发〔2001〕23号）和《人民法院对外委托司法鉴定管理规定》（法释〔2002〕8号）一直未被废止。

当移交以下材料：（一）相关的卷宗材料；（二）经法庭质证确认的当事人举证材料；（三）法院依职权调查核实的材料；（四）既往鉴定、检验、评估、审计、变卖和指定破产清算管理人报告文书；（五）申请方当事人和对方当事人及其辩护人、代理人的通讯地址、联系方式、代理人的代理权限；（六）与对外委托工作有关的其他材料。

第8条　对外委托拍卖的案件移送时应当移交以下材料：（一）执行所依据的法律文书；（二）拍卖财产的评估报告副本和当事人确认价格的书面材料；（三）拍卖标的物的相关权属证明复印件；（四）拍卖标的物的来源和瑕疵情况说明；（五）拍卖财产现状调查表；（六）当事人授权书复印件；（七）当事人及其他相关权利人的基本情况及联系方式；（八）被执行人履行债务的情况说明。

第9条　对外委托的收案工作由司法辅助工作部门的专门人员负责，按以下程序办理：（一）审查移送手续是否齐全；（二）审查、核对移送材料是否齐全，是否符合要求；（三）制作案件移送单并签名，报司法辅助工作部门负责人签字并加盖部门公章。由司法辅助工作部门和审判、执行部门各存一份备查；（四）进行收案登记。

第10条　司法辅助工作部门负责人指定对外委托案件的监督、协调员。监督、协调员分为主办人和协办人。

主办人负责接收案件，保管对外委托的卷宗等材料，按照委托要求与协办人办理对外委托工作；协办人应积极配合主办人完成工作。

第11条　主办人接到案件后应在3个工作日内提出初审意见，对不具备委托条件的案件应制作《不予委托意见书》说明理由，报司法辅助工作部门负责人审批后，办理结案手续，并于3个工作日内将案件材料退回审判、执行部门。

第13条　司法辅助工作部门专门人员收案后，除第11条第2款的情况外，应当在3个工作日内采取书面、电传等有效方式，通知当事人按指定的时间、地点选择专业机构或专家。

第14条　当事人不按时到场，也未在规定期间内以书面形式表达意见的，视为放弃选择专业机构的权利。

第18条　名册中的专业机构仅有一家时，在不违反回避规定的前提下，即为本案的专业机构。

第23条　应当事人或合议庭的要求，对重大、疑难、复杂或涉及多学科的专门性问题，司法技术辅助工作部门可委托有资质的专业机构组织相关学科的专家进行鉴定。

组织鉴定由3名以上总数为单数的专家组组成。

第24条　专业机构确定后，监督、协调员应在3个工作日内通知专业机构审查材料，专业机构审查材料后同意接受委托的，办理委托手续，并由专业机构出具接受材料清单交监督、协调员留存。审查材料后不接受委托的，通知当事人在3个工作日内重新选择或者由司法辅助工作部门重新指定。

第28条（第2款）　公诉案件的对外委托费用在人民法院的预算费用中支付。

第29条　专业机构接受委托后，监督、协调员应审查专业机构专家的专业、执业资格，对不具有相关资质的应当要求换人。专业机构坚持指派不具有资质的专家从事委托事项的，经司法辅助工作部门负责人批准后撤回对该机构的委托，重新选择专业机构。

第30条　对外委托的案件需要勘验现场的，监督、协调员应提前3个工作日通知专业机构和当事人。任何一方当事人无故不到场的，不影响勘验工作的进行。勘验应制作勘验笔录。

第 31 条　需要补充材料的，应由监督、协调员通知审判或执行部门依照法律法规提供。补充的材料须经法庭质证确认或主办法官审核签字。当事人私自向专业机构或专家个人送交的材料不得作为鉴定的依据。

第 33 条　对当事人提出的异议及证据材料，专业机构应当认真审查，自主决定是否采纳，并说明理由。需要进行调查询问时，由监督、协调员与专业机构共同进行，专业机构不得单独对当事人进行调查询问。

第 34 条　专业机构一般应在接受委托后的 30 个工作日内完成工作，重大、疑难、复杂的案件在 60 个工作日内完成。因委托中止在规定期限内不能完成，需要延长期限的，专业机构应当提交书面申请，并按法院重新确定的时间完成受委托工作。

第 38 条　以出具报告形式结案的，监督、协调员应在收到正式报告后 5 个工作日内制作委托工作报告，载明委托部门或单位、委托内容及要求、选择专业机构的方式方法、专业机构的工作过程、对其监督情况等事项，报告书由监督、协调员署名；经司法辅助工作部门负责人签发后加盖司法辅助工作部门印章；填写案件移送清单，与委托材料、委托结论报告、委托工作报告等一并送负责收案的专门人员，由其移送委托方。

【法发〔2007〕11 号】　最高人民法院、最高人民检察院、公安部、司法部关于进一步严格依法办案确保办理死刑案件质量的意见（2007 年 3 月 9 日）

10. 加强证据的收集、保全和固定工作。对证据的原物、原件要妥善保管，不得损毁、丢失或者擅自处理。对与查明案情有关需要鉴定的物品、文件、电子数据、痕迹、人身、尸体等，应当及时进行刑事科学技术鉴定，并将鉴定报告附卷。涉及命案的，应当通过被害人近亲属辨认、DNA 鉴定、指纹鉴定等方式确定被害人身份。对现场遗留的与犯罪有关的具备同一认定检验鉴定条件的血迹、精斑、毛发、指纹等生物物证、痕迹、物品，应当通过 DNA 鉴定、指纹鉴定等刑事科学技术鉴定方式与犯罪嫌疑人的相应生物检材、生物特征、物品等作同一认定。侦查机关应当将用作证据的鉴定结论告知犯罪嫌疑人、被害人。如果犯罪嫌疑人、被害人提出申请，可以补充鉴定或者重新鉴定。

【法司〔2008〕12 号】　最高人民法院司法行政装备管理局关于对外委托文件制成时间鉴定有关事项的通知（2008 年 2 月 29 日）

一、一般情况，对外委托文件制成时间鉴定时，应要求送检单位提供比对的样本。若送检单位不能提供样本，目前只有少数鉴定机构用多次测定法能鉴定 3 个月以内的制成文件；极个别公安部门的鉴定机构能鉴定 6 个月以内的制成文件，由于受各种客观因素的影响，送检鉴定的检出率不高。对此，人民法院的司法技术人员应对委托案件的鉴定条件和鉴定机构的资质、能力进行审查，对落款时间和怀疑时间超过 6 个月的，要求送检单位必须提供比对的样本。

二、由于检材与样本在纸张、墨水、油墨、保存环境等方面的不同都会对鉴定结果产生决定性影响，鉴定机构自备的样本不可能满足与送检材在纸张的种类及颜色、墨水、油墨的色料及染料的主要成份，保存环境的温度、湿度等方面相同。因此，不能使用鉴定机构的自备样本进行文件制成时间鉴定。

【法发〔2010〕20 号】　最高人民法院、最高人民检察院、公安部、国家安全部、司法部关于办理死刑案件审查判断证据若干问题的规定（2010 年 6 月 13 日印发，2010 年 7 月 1 日起施行；同文号印发《关于办理刑事案件排除非法证据若干问题的规定》，2010 年 7 月 1

日起施行)①

(五)鉴定意见

第23条 对鉴定意见应当着重审查以下内容：(一)鉴定人是否存在应当回避而未回避的情形。(二)鉴定机构和鉴定人是否具有合法的资质。(三)鉴定程序是否符合法律及有关规定。(四)检材的来源、取得、保管、送检是否符合法律及有关规定，与相关提取笔录、扣押物品清单等记载的内容是否相符，检材是否充足、可靠。(五)鉴定的程序、方法、分析过程是否符合本专业的检验鉴定规程和技术方法要求。(六)鉴定意见的形式要件是否完备，是否注明提起鉴定的事由、鉴定委托人、鉴定机构、鉴定要求、鉴定过程、检验方法、鉴定文书的日期等相关内容，是否由鉴定机构加盖鉴定专用章并由鉴定人签名盖章。(七)鉴定意见是否明确。(八)鉴定意见与案件待证事实有无关联。(九)鉴定意见与其他证据之间是否有矛盾，鉴定意见与检验笔录及相关照片是否有矛盾。(十)鉴定意见是否依法及时告知相关人员，当事人对鉴定意见是否有异议。

第24条 鉴定意见具有下列情形之一的，不能作为定案的根据：(一)鉴定机构不具备法定的资格和条件，或者鉴定事项超出本鉴定机构项目范围或者鉴定能力的；(二)鉴定人不具备法定的资格和条件、鉴定人不具有相关专业技术或者职称、鉴定人违反回避规定的；(三)鉴定程序、方法有错误的；(四)鉴定意见与证明对象没有关联的；(五)鉴定对象与送检材料、样本不一致的；(六)送检材料、样本来源不明或者确实被污染且不具备鉴定条件的；(七)违反有关鉴定特定标准的；(八)鉴定文书缺少签名、盖章的；(九)其他违反有关规定的情形。

对鉴定意见有疑问的，人民法院应当依法通知鉴定人出庭作证或者由其出具相关说明，也可以依法补充鉴定或者重新鉴定。

【法二巡(会1)〔2020〕3号】 有专门知识的人的性质及在证据法上的效力（最高法第二巡回法庭2019年第31次法官会议纪要)②

我国《民事诉讼法》及相关司法解释中并无专家证人的规定，根据2019年修正后公布的《民事证据规定》第72条关于"证人应当客观陈述其亲身感知的事实，作证时不得使用猜测、推断或者评论性语言"的规定，证人仅指事实证人，不包括专家证人。《民事诉讼法》第79条规定的有专门知识的人，性质上为专家辅助人。根据《民事诉讼法解释》第122条第2款的规定，其所陈述的意见视为当事人的陈述。而根据《民事诉讼法》第75条的规定，当事人的陈述不能独立证明案件事实，应当与其他证据结合才能作为认定案件事实的根据。本案中，一审法院将有专门知识的人作为专家证人错误，仅以其陈述的意见认定案件事实程序上显属不当。

---

① 根据"法发〔2010〕20号"《通知》，办理其他刑事案件，参照《关于办理死刑案件审查判断证据若干问题的规定》执行。

② 本意见原针对民事诉讼，在刑事诉讼中也有参考作用。未被法官会议采纳的意见为：从《民事诉讼法》第79条、《民事诉讼法解释》第122条的内容来看，有专门知识的人是以其专业知识辅助法官进行事实判断的人，其以口头方式发表意见，接受法官询问，可以和对方当事人以及对方当事人申请出庭的有专门知识的人进行对质，具备证人作证的功能和特点。因此，有专门知识的人性质上为专家证人，其陈述的内容为证人证言，能够独立作为认定案件事实的根据。参见贺小荣主编：《最高人民法院第二巡回法庭法官会议纪要（第二辑）》，人民法院出版社2021年版。

【法释〔2021〕1号】　最高人民法院关于适用《中华人民共和国刑事诉讼法》的解释（2020年12月7日最高法审委会〔1820〕次修订，2021年1月26日公布，2021年3月1日施行；2013年1月1日施行的"法释〔2012〕21号"《解释》同时废止）

第97条　对鉴定意见应当着重审查以下内容：（一）鉴定机构和鉴定人是否具有法定资质；（二）鉴定人是否存在应当回避的情形；（三）检材的来源、取得、保管、送检是否符合法律、有关规定，与相关提取笔录、扣押物品清单等记载的内容是否相符，检材是否充足、可靠；（四）鉴定意见的形式要件是否完备，是否注明提起鉴定的事由、鉴定委托人、鉴定机构、鉴定要求、鉴定过程、鉴定方法、鉴定日期等相关内容，是否由鉴定机构加盖司法鉴定专用章并由鉴定人签名、盖章；（五）鉴定程序是否符合法律、有关规定；（六）鉴定的过程和方法是否符合相关专业的规范要求；（七）鉴定意见是否明确；（八）鉴定意见与案件事实有无关联；（九）鉴定意见与勘验、检查笔录及相关照片等其他证据是否矛盾，存在矛盾的，能否得到合理解释；（十）鉴定意见是否依法及时告知相关人员，当事人对鉴定意见有无异议。

第98条　鉴定意见具有下列情形之一的，不得作为定案的根据：（一）鉴定机构不具备法定资质，或者鉴定事项超出该鉴定机构业务范围、技术条件的；（二）鉴定人不具备法定资质，不具有相关专业技术或者职称，或者违反回避规定的；（三）送检材料、样本来源不明，或者因污染不具备鉴定条件的；（四）鉴定对象与送检材料、样本不一致的；（五）鉴定程序违反规定的；（六）鉴定过程和方法不符合相关专业的规范要求的；（七）鉴定文书缺少签名、盖章的；（八）鉴定意见与案件事实没有关联的；（九）违反有关规定的其他情形。

第99条　经人民法院通知，鉴定人拒不出庭作证的，鉴定意见不得作为定案的根据。

鉴定人由于不能抗拒的原因或者有其他正当理由无法出庭的，人民法院可以根据情况决定延期审理或者重新鉴定。

鉴定人无正当理由拒不出庭作证的，人民法院应当通报司法行政机关或者有关部门。

第100条　因无鉴定机构，或者根据法律、司法解释的规定，指派、聘请有专门知识的人就案件的专门性问题出具的报告，可以作为证据使用。①

对前款规定的报告/检验报告的审查与认定，参照适用本节的有关规定。

经人民法院通知，出具报告的人/检验人拒不出庭作证的，有关报告/检验报告不得作为定案的根据/定罪量刑的参考。

第101条　有关部门对事故进行调查形成的报告，在刑事诉讼中可以作为证据使用；报告中涉及专门性问题的意见，经法庭查证属实，且调查程序符合法律、有关规定的，可以作为定案的根据。

（监察规定）

【主席令〔2018〕3号】　中华人民共和国监察法（2018年3月20日全国人大〔13届1次〕通过、施行；《行政监察法》同时废止）

第27条　监察机关在调查过程中，对于案件中的专门性问题，可以指派、聘请有专门知识的人进行鉴定。鉴定人进行鉴定后，应当出具鉴定意见，并且签名。

---

① 本款2012年规定为："对案件中的专门性问题需要鉴定，但没有法定司法鉴定机构，或者法律、司法解释规定可以进行检验的，可以指派、聘请有专门知识的人进行检验，检验报告可以作为定罪量刑的参考。"

【国监委公告〔2021〕1号】　　监察法实施条例（2021年7月20日国家监委全体会议决定，2021年9月20日公布施行）

第145条　监察机关为解决案件中的专门性问题，按规定报批后，可以依法进行鉴定。鉴定时应当出具《委托鉴定书》，由2名以上调查人员送交具有鉴定资格的鉴定机构、鉴定人进行鉴定。

第146条　监察机关可以依法开展下列鉴定：（一）对笔迹、印刷文件、污损文件、制成时间不明的文件和以其他形式表现的文件等进行鉴定；（二）对案件中涉及的财务会计资料及相关财物进行会计鉴定；（三）对被调查人、证人的行为能力进行精神病鉴定；（四）对人体造成的损害或者死因进行人身伤亡医学鉴定；（五）对录音录像资料进行鉴定；（六）对因电子信息技术应用而出现的材料及其派生物进行电子证据鉴定；（七）其他可以依法进行的专业鉴定。

第147条　监察机关应当为鉴定提供必要条件，向鉴定人送交有关检材和对比样本等原始材料，介绍与鉴定有关的情况。调查人员应当明确提出要求鉴定事项，但不得暗示或者强迫鉴定人作出某种鉴定意见。

监察机关应当做好检材的保管和送检工作，记明检材送检环节的责任人，确保检材在流转环节的同一性和不被污染。

第148条　鉴定人应当在出具的鉴定意见上签名，并附鉴定机构和鉴定人的资质证明或者其他证明文件。多个鉴定人的鉴定意见不一致的，应当在鉴定意见上记明分歧的内容和理由，并且分别签名。

监察机关对于法庭审理中依法决定鉴定人出庭作证的，应当予以协调。

鉴定人故意作出虚假鉴定的，应当依法追究法律责任。

第149条　调查人员应当对鉴定意见进行审查。对经审查作为证据使用的鉴定意见，应当告知被调查人及相关单位、人员，送达《鉴定意见告知书》。

被调查人或者相关单位、人员提出补充鉴定或者重新鉴定申请，经审查符合法定要求的，应当按规定报批，进行补充鉴定或者重新鉴定。

对鉴定意见告知情况可以制作笔录，载明告知内容和被告知人的意见等。

第150条　经审查具有下列情形之一的，应当补充鉴定：（一）鉴定内容有明显遗漏的；（二）发现新的有鉴定意义的证物的；（三）对鉴定证物有新的鉴定要求的；（四）鉴定意见不完整，委托事项无法确定的；（五）其他需要补充鉴定的情形。

第151条　经审查具有下列情形之一的，应当重新鉴定：（一）鉴定程序违法或者违反相关专业技术要求的；（二）鉴定机构、鉴定人不具备鉴定资质和条件的；（三）鉴定人故意作出虚假鉴定或者违反回避规定的；（四）鉴定意见依据明显不足的；（五）检材虚假或者被损坏的；（六）其他应当重新鉴定的情形。

决定重新鉴定的，应当另行确定鉴定机构和鉴定人。

第152条　因无鉴定机构，或者根据法律法规等规定，监察机关可以指派、聘请具有专门知识的人就案件的专门性问题出具报告。

(海警规定)

【海警局令〔2023〕1号】　　海警机构办理刑事案件程序规定（2023年5月15日审议通过，2023年6月15日起施行）（主文见本书第308条）

第 245 条　为了查明案情，解决案件中某些专门性问题，海警机构应当聘请有专门知识的人进行鉴定。

聘请有专门知识的人进行鉴定，应当经海警机构负责人批准后，制作鉴定聘请书。

第 246 条　海警机构应当为鉴定人进行鉴定提供必要的条件，及时向鉴定人送交有关检材和对比样本等原始材料，介绍与鉴定有关的情况，并且明确提出要求鉴定解决的问题。

送检的检材，应当是原物、原件。无法提供原物、原件的，应当提供符合本专业鉴定要求的复制件、复印件。送检的检材，应当包装规范、标记清晰、来源真实、提取合法。对具有爆炸性、毒害性、放射性、传染性等危险检材、样本，应当作出文字说明和明显标识，并在排除危险后送检。

禁止暗示或者强迫鉴定人作出某种鉴定意见。

第 247 条　侦查人员应当做好检材的保管和送检工作，并注明检材送检环节的责任人，确保检材在流转环节中的同一性和不被污染。

第 248 条　鉴定人应当按照鉴定规则，运用科学方法独立进行鉴定。鉴定后，应当出具鉴定意见，并在鉴定意见书上签名，由鉴定机构加盖鉴定机构鉴定专用章，同时附上鉴定机构和鉴定人的资质证明或者其他证明文件。

多人参加鉴定，鉴定人有不同意见的，应当注明。

鉴定人故意作虚假鉴定的，应当承担法律责任。

第 249 条　对鉴定意见，侦查人员应当进行审查。

对经审查作为证据使用的鉴定意见，海警机构应当及时告知犯罪嫌疑人、被害人或者其法定代理人。

第 250 条　犯罪嫌疑人、被害人对鉴定意见有异议提出申请，以及办案部门或者侦查人员对鉴定意见有疑义的，可以将鉴定意见送交其他有专门知识的人员提出意见。必要时，询问鉴定人并制作笔录附卷。

第 251 条　经审查，发现有下列情形之一的，经海警机构负责人批准，应当补充鉴定：（一）鉴定内容有明显遗漏的；（二）发现新的有鉴定意义的证物的；（三）对鉴定证物有新的鉴定要求的；（四）鉴定意见不完整，委托事项无法确定的；（五）其他需要补充鉴定的情形。

经审查，不符合上述情形的，经海警机构负责人批准，作出不准予补充鉴定的决定，并在作出决定后 3 日以内书面通知申请人。

第 252 条　经审查，发现有下列情形之一的，经海警机构负责人批准，应当重新鉴定：（一）鉴定程序违法或者违反相关专业技术要求的；（二）鉴定机构、鉴定人不具备鉴定资质和条件的；（三）鉴定人故意作虚假鉴定或者违反回避规定的；（四）鉴定意见依据明显不足的；（五）检材虚假或者被损坏的；（六）其他应当重新鉴定的情形。

重新鉴定，应当另行聘请鉴定人。

经审查，不符合上述情形的，经海警机构负责人批准，作出不准予重新鉴定的决定，并在作出决定后 3 日以内书面通知申请人。

第 253 条　对犯罪嫌疑人作精神病鉴定的时间不计入办案期限，其他鉴定时间都应当计入办案期限。

第 341 条　本规定所称"海警机构负责人"是指海警机构的正职领导。……

(价格认定)

【法发〔1994〕9号】 最高人民法院、最高人民检察院、公安部、国家计委关于统一赃物估价工作的通知（1994年4月22日）①

一、人民法院、人民检察院、公安机关在办理刑事案件过程中，对于价格不明或者价格难以确定的赃物应当估价。案件移送时，应附《赃物估价鉴定结论书》。

二、国家计委及地方各级政府物价管理部门是赃物估价的主管部门，其设立的价格事务所是指定的赃物估价机构。

三、人民法院、人民检察院、公安机关在办案中需要对赃物估价时，应当出具估价委托书，委托案件管辖地的同级物价管理部门设立的价格事务所进行估价。估价委托书一般应当载明赃物的品名、牌号、规格、数量、来源、购置时间、以及违法犯罪获得赃物的时间、地点等有关情况。

四、价格事务所应当参照最高人民法院、最高人民检察院1992年12月11日《关于办理盗窃案件具体应用法律的若干问题的解释》②第3条的规定估价。价格事务所应当在接受估价委托后7日内作出估价鉴定结论，但另有约定的除外。

五、价格事务所对赃物估价后，应当出具统一制作的《赃物估价鉴定结论书》，由估价工作人员签名并加盖价格事务所印章。

六、委托估价的机关应当对《赃物估价鉴定结论书》进行审查。如果对同级价格事务所出具的《赃物估价鉴定结论书》提出异议，可退回价格事务所重新鉴定或者委托上一级价格事务所复核。经审查，确认无误的赃物估价鉴定结论，才能作为定案的根据。国家计委指定的直属价格事务所是赃物估价的最终复核裁定机构。

七、赃物估价是一项严肃的工作。各级政府价格主管部门及其价格事务所应积极配合人民法院、人民检察院、公安机关认真做好这项工作。一些尚未组建价格事务所的地区，赃物估价工作暂由物价管理部门承担。

八、关于赃物估价的具体规定和办法，另行制定。

【计办〔1997〕808号】 扣押、追缴、没收物品估价管理办法（国家计委、最高法、最高检、公安部1997年4月22日印发）

第2条 人民法院、人民检察院、公安机关各自管辖的刑事案件，对于价格不明或者价格难以确定的扣押、追缴、没收物品需要估价的，应当委托指定的估价机构估价。案件移送时，应当附有《扣押、追缴、没收物品估价鉴定结论书》。

第3条 公安机关移送人民检察院审查起诉和人民检察院向人民法院提起公诉的案件，

---

① 该《通知》一直未被正式废止，但原国家计委物价管理部门（价格事务所）的职能已经被国家发展和改革委员会价格认证中心取代。

② 注：1992年12月11日最高人民法院、最高人民检察院发布的《关于办理盗窃案件具体应用法律的若干问题的解释》（法发〔1992〕43号、高检会〔1992〕37号）已经被《最高人民法院、最高人民检察院关于废止1980年1月1日至1997年6月30日期间制发的部分司法解释和司法解释性质文件的决定》（法释〔2013〕1号，2013年1月18日起施行）宣布废止；现行相关司法解释是《最高人民法院、最高人民检察院关于办理盗窃刑事案件适用法律若干问题的解释》（法释〔2013〕8号，2013年3月8日最高法审委会〔1571次〕、2013年3月18日最高检委会〔12届1次〕通过，2013年4月2日公布，2013年4月4日起施行）。详见本书关于刑法第264条的相关内容。

对估价结论有异议的,应当由提出异议的机关自行委托估价机构重新估价。

第4条 对于扣押、追缴、没收的珍贵文物,珍贵、濒危动物及其制品、珍稀植物及其制品、毒品、淫秽物品、枪支、弹药等不以价格数额作为定罪量刑标准的,不需要估价。

第5条 国务院及地方人民政府价格部门是扣押、追缴、没收物品估价工作的主管部门,其设立的价格事务所是各级人民法院、人民检察院、公安机关指定的扣押、追缴、没收物品估价机构,其他任何机构或者个人不得对扣押、追缴、没收物品估价。

第6条 价格事务所出具的扣押、追缴、没收物品估价鉴定结论,经人民法院、人民检察院、公安机关确认,可以作为办理案件的依据。

第8条 委托机关在委托估价时,应当送交《扣押、追缴、没收物品估价委托书》。《扣押、追缴、没收物品估价委托书》应当包括以下内容:(一)估价的理由和要求;(二)扣押、追缴、没收物品的品名、牌号、规格、种类、数量、来源,以及购置、生产、使用时间;(三)起获扣押、追缴、没收物品时其被使用、损坏程度的记录,重要的扣押、追缴、没收物品,应当附照片;(四)起获扣押、追缴、没收物品的时间、地点;(五)其他需要说明的情况。

委托机关送交的《扣押、追缴、没收物品估价委托书》必须加盖单位公章。

第10条 价格事务所在接受委托后,应当按照《扣押、追缴、没收物品估价委托书》载明的情况对实物进行查验,如发现差异,应立即与委托机关共同确认。

价格事务所一般不留存扣押、追缴、没收物品,如确需留存时,应当征得委托机关同意并严格办理交接手续。

第11条 价格事务所估价确实需要时,可以提请委托机关协助查阅有关的账目、文件等资料。可以向与委托事项有关的单位和个人进行调查或索取证明材料。

第13条 价格事务所办理的扣押、追缴、没收物品估价鉴定,应当由2名以上估价工作人员共同承办,出具的估价鉴定结论,必须经过内部审议。

价格事务所估价人员,遇有下列情形之一的,应当回避:(一)与估价事项当事人有亲属关系或与该估价事项有利害关系的;(二)与估价事项当事人有其他关系,可能影响对扣押、追缴、没收物品公正估价的。

第14条 价格事务所在完成估价后,应当向委托机关出具《扣押、追缴、没收物品估价鉴定结论书》。《扣押、追缴、没收物品估价鉴定结论书》应当包括以下内容:(一)估价范围和内容;(二)估价依据;(三)估价方法和过程要述;(四)估价结论;(五)其他需要说明的问题及有关材料;(六)估价工作人员签名。

价格事务所出具的《扣押、追缴、没收物品估价鉴定结论书》必须加盖单位公章。

第15条 委托机关对价格事务所出具的《扣押、追缴、没收物品估价鉴定结论书》有异议的,可以向原估价机构要求补充鉴定或者重新鉴定,也可以直接委托上级价格部门设立的价格事务所复核或者重新估价。

第16条 接受委托的价格事务所认为必要时,在征得委托机关同意后,可以将委托事项转送上级价格部门设立的价格事务所进行估价,并将有关情况书面通知原委托估价机关。

第17条 国家计划委员会直属价格事务所是扣押、追缴、没收物品估价的最终复核裁定机构。

第19条 扣押、追缴、没收物品估价的基准日除法律、法规和司法解释另有规定外,应当由委托机关根据案件实际情况确定。

第 20 条　价格事务所对委托估价的文物、邮票、字画、贵重金银、珠宝及其制品等特殊物品，应当送有关专业部门作出技术、质量鉴定后，根据其提供的有关依据，作出估价结论。

第 28 条　其他涉案物品的估价，以及行政执法机关提请价格部门设立的价格事务所对收缴、罚没、扣押物品的估价，可以参照本办法执行。

【发改价格〔2015〕2251号】　**价格认定规定**（国家发改委 2015 年 10 月 8 日）

第 2 条　本规定所称价格认定，是指经有关国家机关提出，价格认定机构对纪检监察、司法、行政工作中所涉及的，价格不明或者价格有争议的，实行市场调节价的有形产品、无形资产和各类有偿服务进行价格确认的行为。

第 3 条　对下列情形中涉及的作为定案依据或者关键证据的有形产品、无形资产和各类有偿服务价格不明或者价格有争议的，经有关国家机关提出后，价格认定机构应当进行价格认定：（一）涉嫌违纪案件；（二）涉嫌刑事案件；（三）行政诉讼、复议及处罚案件；（四）行政征收、征用及执法活动；（五）国家赔偿、补偿事项；（六）法律、法规规定的其他情形。

第 6 条　县级以上各级政府价格主管部门的价格认定机构承担价格认定工作。

第 7 条　国务院价格主管部门的价格认定机构办理中央纪律检查委员会、最高人民法院、最高人民检察院、国务院各部门以及直属机构提出的价格认定事项和价格认定最终复核事项。

第 8 条　省、自治区、直辖市人民政府价格主管部门的价格认定机构办理本省、自治区、直辖市纪律检查委员会、高级人民法院、人民检察院、人民政府各部门以及国务院垂直管理部门所属机构，直辖市中级人民法院、人民检察院分院提出的价格认定事项和本行政区域内的价格认定复核事项。

第 9 条　地市级人民政府价格主管部门的价格认定机构办理本级纪律检查委员会、中级人民法院或者直辖市辖区人民法院，本级或者直辖市辖区人民检察院，本级人民政府各部门以及国务院垂直管理部门所属机构提出的价格认定事项和本行政区域内的价格认定复核事项。

第 10 条　县级人民政府价格主管部门的价格认定机构办理本级纪律检查委员会、基层人民法院、人民检察院、人民政府各部门以及国务院垂直管理部门所属机构提出的价格认定事项。

第 12 条　价格认定机构办理价格认定事项，应当具有价格认定提出机关出具的价格认定协助书。

第 13 条　价格认定机构办理价格认定事项时，价格认定人员不得少于 2 人。

第 15 条　价格认定人员应当全面、客观、公正地收集资料作为价格认定依据，并对其真实性、合法性和关联性进行审查。

第 17 条　价格认定机构应当在接受价格认定提出机关提出价格认定事项之日起 7 个工作日内作出价格认定结论；另有约定的，在约定期限内作出。

第 18 条　价格认定机构作出的价格认定结论，经提出机关确认后，作为纪检监察、司法和行政工作的依据。

第 19 条　价格认定提出机关对价格认定结论有异议的，可在收到价格认定结论之日起 60 日内，向上一级价格认定机构提出复核。提出复核不得超过 2 次。

必要时，国务院价格主管部门的价格认定机构可对省、自治区、直辖市人民政府价格主管部门的价格认定机构作出的二次复核进行最终复核。

第20条 对重大、疑难的复核事项,价格认定机构认为必要或者价格认定提出机关提出申请,价格认定机构可通过听证、座谈等方式,听取价格认定提出机关、相关当事人、专家的意见。

第21条 价格认定机构应当在接受价格认定提出机关提出复核事项之日起60日内作出复核决定;另有约定的,在约定期限内作出。

第23条 价格认定机构或者价格认定人员,有下列情形之一的,由任免机关或者监察机关对负有责任的领导人员和直接责任人员给予处分;构成犯罪的,依法追究刑事责任:(一)将依法取得的价格认定资料或者了解的情况用于其他目的的;(二)因主观故意或者过失,出具虚假价格认定结论或者价格认定结论有重大差错的;(三)违反法律、法规规定的其他行为。

第24条 价格认定机构办理价格认定事项不得收取任何费用。

【发改价证办〔2016〕84号】 价格认定行为规范(国家发改委价格认证中心2016年4月15日印发,2016年7月1日起施行;《价格鉴定行为规范(2010年版)》同时废止)

第2条 本规范所称价格认定,是指经有关国家机关提出,价格认定机构对纪检监察、司法、行政工作中所涉及的,价格不明或者价格有争议的,实行市场调节价的有形产品、无形资产和各类有偿服务进行价格确认的行为。

第15条 价格认定机构受理价格认定后,应当指派2名或者2名以上符合岗位条件的价格认定人员组成价格认定小组,办理价格认定事项。

第17条 价格认定人员应当对价格认定标的进行实物查验、核实或者勘验,并记录查验或者勘验情况。

第18条 价格认定人员应当要求提出机关协助并参加查验或者勘验。有必要的,可以要求提出机关通知价格认定事项当事人到场。

第22条 价格认定人员应当制作查验或者勘验记录并签字,同时要求参加查验或者勘验的其他有关人员在查验或者勘验记录上签字。其他有关人员未签字的,价格认定人员应当在查验或者勘验记录上载明情况,查验或者勘验记录的使用不受影响。

第23条 对重大、疑难的价格认定事项,价格认定机构认为必要或者提出机关提出申请,价格认定机构可以通过听证、座谈等方式,听取提出机关、相关当事人、专家对价格认定事项的意见。

第25条 听取意见时,价格认定人员应当做好听取意见记录并要求相关人员签字。相关人员未签字的,价格认定人员应当在听取意见记录上载明情况,听取意见记录的使用不受影响。

第27条 市场调查记录应当有调查人和被调查人签字。被调查人未签字的,调查人应当在记录上载明情况,市场调查记录的使用不受影响。

第31条 价格认定小组应当根据测算说明,按照价格认定文书格式的相关规定,撰写价格认定结论书。价格认定结论书应当包括下列内容:(一)价格认定事项描述;(二)价格认定依据;(三)价格认定过程及方法;(四)价格认定结论;(五)价格认定限定条件;(六)其他需要说明的事项。

第32条 价格认定机构应当对价格认定结论及相关资料进行内部审核。

第33条　对重大、疑难的价格认定事项，价格认定小组应当将价格认定结论提交集体审议，形成集体审议意见。

第34条　集体审议时，价格认定人员应当记录集体审议内容。参加集体审议的人员应当在集体审议记录上签字；未签字的，应当在集体审议记录上载明情况，集体审议记录的使用不受影响。

第35条　经过审核的价格认定结论书应当由价格认定机构法定代表人或者负责人签发。价格认定结论书自签发之日起生效。

第36条　价格认定机构应当制作价格认定结论书正式文本并加盖价格认定机构公章。

【发改价证办〔2016〕94号】　价格认定依据规则（国家发改委价格认证中心2016年4月19日印发，2016年7月1日起施行）

第4条　价格认定依据包括：（一）法律、法规、规章及规范性文件、技术标准文件；（二）价格认定提出机关提供的资料，包括价格认定协助书及相关资料、有关证据材料等；（三）价格认定人员收集的资料。

第5条　价格认定提出机关提供的证据材料：包括书证、物证、证人证言、当事人（包括刑事诉讼的被害人、犯罪嫌疑人、被告人，下同）陈述或者供述、勘验记录、鉴定意见、视听资料、电子数据等法定证据。价格认定提出机关提供的证据材料，其真实性、合法性由提出机关负责。

第6条　价格认定人员收集的资料包括：实物查（勘）验记录、市场调查资料、听取意见记录、有关单位或者专家意见、测算说明及其他与价格认定有关的资料。

第7条　实物查（勘）验记录是指价格认定人员对与案件有关的物品或者现场进行查验、勘验、测量、绘图、拍照等所作的记录。

第8条　市场调查资料是指价格认定人员向有关单位或人员进行调查、收集的书面材料、视听资料、电子数据及调查记录，包括合同、账簿、报表、单据、凭证、银行资料、文件、图片、专业技术资料、科技文献、统计资料、权属证明、报价单、价目表等资料，以及有关人员所作的陈述。

第10条　价格认定人员可以依法通过下列方式收集资料：（一）提请价格认定提出机关提供；（二）向有关单位和个人进行调查、咨询；（三）查询、复制与价格认定有关的合同、账簿、报表、单据、凭证、银行资料、文件、勘验笔录、视听资料、电子数据、权属证明等资料；（四）对价格认定标的进行查验、勘验；（五）进行市场调查；（六）通过听证、座谈等方式听取意见；（七）其他合法方式。

第12条　收集的书面材料应当符合下列条件：（一）提取原件，原本、正本、副本均属于原件；（二）提取原件确有困难的，可提取原件的复印件、影印件、照片、抄录或者节录本，注明出处，并由保管该材料的部门有关人员核对无误后签名或者盖章；（三）收集报表、图纸、会计账册、专业技术资料、科技文献等材料的，应当注明出处，必要时应当制作说明。

收集书面材料时，有关单位或人员拒绝签名或者盖章的，价格认定人员应如实载明情况，书面材料的使用不受影响。

第13条　进行实物查（勘）验，应当制作查（勘）验记录，内容包括查（勘）验时间、查（勘）验地点、查（勘）验人员及其他参加人员、查（勘）验过程、查（勘）验内容、查（勘）验结果。

查（勘）验时照相、录像的，照相、录像应当客观反映实物的全貌以及重点部位的特征，并注明拍摄时间、地点、拍摄人员等信息。

第14条 通过听证、座谈等方式听取意见的，应当制作听取意见记录，记录内容一般包括事项、时间、地点、主持人、记录人、参加人员（价格认定机构、价格认定提出机关、当事人及与价格认定相关的其他人员）、主要内容等。相关人员应在记录上签字，相关人员未签字的，记录人员应在记录上载明情况，听取意见记录的使用不受影响。

第15条 从有关单位或人员处提取视听资料的，应当符合下列要求：（一）提取的视听资料应为原始载体，提取原始载体有困难的，可以提取复制件；（二）注明提取人、提取出处、提取时间和证明对象等。

第16条 价格认定人员可以直接提取有关单位电子数据库中的数据，也可以对有关单位电子数据库中的数据采用转换、计算、分解等方式形成新的电子数据。

收集电子数据应当注明收集方法、收集时间、收集人和证明对象等。

第17条 价格认定人员可以通过以下方式确认电子数据：（一）打印后由有关单位或者人员、价格认定人员签名或者盖章；（二）以公证的方式证明；（三）转化为只读光盘、磁盘等，经有关单位或者人员、价格认定人员与原电子数据核对无误后，加封封条；（四）依据《电子签名法》的相关规定使用电子签名；（五）能够确认电子数据的其他方式。

第18条 价格认定工作中需要进行质量、技术、真伪等鉴定的，应告知价格认定提出机关委托有关机构进行鉴定。必要时，价格认定机构予以协助。

第22条 从以下方面审查价格认定人员收集的依据的真实性：（一）依据的来源或出处；（二）依据是否为原件、原物，复制件、复制品与原件、原物是否相符；（三）影响依据真实性的其他因素。

第23条 从以下方面审查价格认定人员收集的依据的合法性：（一）依据是否符合法定形式；（二）依据的取得是否符合法定要求；（三）是否具有影响效力的其他违法情形。

第24条 从以下方面审查价格认定人员收集的依据的关联性：（一）依据所证明的事实是否与价格认定事项有本质的内在联系，以及关联程度的大小；（二）依据所证明的事实对价格认定结论的影响程度大小；（三）依据之间是否能够相互印证、形成链条，是否能比较全面地印证价格认定事项有关事实。

第25条 下列资料不能作为价格认定的依据：（一）违反价格认定有关程序规定收集的资料；（二）无法辨明真伪的资料；（三）不具备真实性、合法性和关联性的其他资料。

【发改价证综〔2016〕38号】 **国家发展改革委价格认证中心关于停止办理价格鉴证机构资质证等有关事项的通知**（2016年3月11日）

根据国家发展改革委有关工作要求，决定停止办理《价格鉴证机构资质证》，已发放的机构资质证书不再作为行政证明使用。

鉴于各级人民政府批准设立的价格认定机构（原价格鉴证机构）的职能已由同级编制部门确定，国家发展改革委印发的《价格认定规定》（发改价格〔2015〕2251号）也明确了价格认定机构的工作范围，价格认定机构今后开展价格认定工作不需提供相关证明。

【浙检发研字〔2018〕14号】 **浙江省高级人民法院、浙江省人民检察院、浙江省公安厅、浙江省物价局关于涉案财产价格认定的会议纪要**（2017年11月7日召开，2018年6月5日印发）

2016年2月、6月，国务院先后下发了《关于取消13项国务院部门行政许可事项的决定》（国发〔2016〕10号）、《关于取消一批职业资格许可和认定事项的决定》（国发〔2016〕35号），取消了价格鉴证师职业资格许可和认定、注册核准。2016年3月、4月，国家发改委价格认证中心先后下发了《关于停止办理价格鉴证机构资质证等有关事项的通知》（发改价证综〔2016〕38号）、《价格认定行为规范》（发改价认办〔2016〕84号），决定停止办理《价格鉴证机构资质证》，已发放的机构资质证书不再作为行政证明使用，并取消了价格认定人员在"价格认定结论书"上签字的规定。由此，引发了司法实践对"价格认定结论书"证据资格的不同认识。经研究，会议达成以下共识：

根据《价格认定规定》（发改价格〔2015〕2251号）规定，价格认定是指经有关国家机关提出，价格认定机构对纪检监察、司法、行政工作中所涉及的价格不明或价格有争议的，实行市场调节价的有形产品、无形资产和各类有偿服务进行价格确认的行为。根据《价格认定行为规范》规定，价格认定机构出具的"价格认定结论书"，应当加盖价格认定机构公章。

根据《全国人民代表大会常务委员会关于司法鉴定管理问题的决定》、《司法鉴定程序通则》（司法部令第132号）等规定，价格认定机构未纳入司法行政部门登记管理，不属于司法鉴定机构。价格认定非司法鉴定行为，"价格认定结论书"不属于司法鉴定机构的鉴定意见。价格认定机构出具的"价格认定结论书"没有价格认定人员签名、不附价格认定机构资质证明和人员资格证书，不影响其证据资格。至于具体个案中的"价格认定结论书"能否作为定案根据，应结合案件其他情况，综合认定。

【发改价格规〔2018〕1343号】 价格认定复核办法（根据《价格认定规定》制定，国家发改委2018年9月15日印发，2019年1月1日起施行）

第2条　本办法所称价格认定复核，是指价格认定机构办理涉嫌违纪违法案件、涉嫌刑事案件价格认定时，纪检监察、司法机关（以下简称提出机关）对价格认定结论或者复核决定有异议并提出复核的，上级人民政府价格主管部门的价格认定机构对下级人民政府价格主管部门的价格认定机构作出的价格认定结论或者复核决定进行审核并作出复核决定的行为，以及国务院价格主管部门的价格认定机构作出最终复核决定的行为。

前款所称提出机关，包括原价格认定提出机关，以及纪检监察机关、公安机关移送人民检察院审查起诉和人民检察院向人民法院提起公诉的案件中对价格认定结论或者复核决定有异议的其他司法机关。

第4条　提出机关对价格认定结论或者复核决定有异议的，可以在提出机关收到价格认定结论或者复核决定之日起60日内，向作出该价格认定结论或者复核决定的价格认定机构的上一级价格认定机构逐级提出复核。

提出机关对国务院价格主管部门的价格认定机构出具的价格认定结论有异议的，可以在收到价格认定结论之日起60日内，向国务院价格主管部门的价格认定机构提出最终复核。

价格认定事项当事人对价格认定结论或者复核决定有异议的，可以在规定期限内向提出机关提出复核申请，并提供相关的理由和依据，经提出机关认可后，由提出机关按规定提出复核。

第5条　对同一价格认定事项不得向已作出复核决定的价格认定机构重复提出复核。逐级提出复核次数不得超过2次，本条第2款规定的情形除外。

经地市级价格主管部门的价格认定机构作出复核决定后，又经省级价格主管部门的价格认定机构作出复核决定的复核事项，提出机关有确切证据证明省级价格主管部门的价格认定机构作出的复核决定有下列情形之一的，可以向国务院价格主管部门的价格认定机构提出最终复核，经审核证据确凿的，国务院价格主管部门的价格认定机构应当受理最终复核：（一）程序不符合相关规定的；（二）适用依据错误的；（三）选用方法不当的；（四）采用参数不合理的；（五）测算错误的；（六）国务院价格主管部门的价格认定机构认可的其他需要最终复核的情形。

第6条　提出机关提出复核，应当提交价格认定复核申请书。价格认定复核申请书应当包括下列内容：（一）办理复核事项的价格认定机构名称；（二）复核标的的名称、数量以及质量等基本情况，价格认定基准日，价格内涵；（三）复核的异议事项；（四）提出复核的主要事实依据和具体理由；（五）提供材料的名称、份数；（六）提出复核的日期；（七）提出机关名称、联系地址、联系人、联系方式；（八）其他需要说明的事项。

价格认定复核申请书应当附原价格认定协助书、原价格认定结论书复印件。申请二次复核或者最终复核的，还应当附原价格认定复核申请书、原复核决定书复印件。

价格认定复核申请书和相关材料应当加盖提出机关公章。

第7条　对影响价格认定结论的事实存在争议的，价格认定机构应当要求提出机关书面确认或者提供相关专业部门出具的鉴定报告。

第8条　价格认定机构应当对提出机关提供的价格认定复核申请书和相关材料进行审核，在10个工作日内决定受理或者不予受理复核。

受理复核的，价格认定机构应当出具价格认定复核受理通知书。

不予受理复核的，价格认定机构应当出具价格认定复核不予受理通知书并说明理由。

第9条　有下列情形之一的，价格认定机构不予受理复核：（一）对非本行政区域内下一级价格认定机构出具的价格认定结论或者复核决定提出复核的；（二）超出复核申请期限的；（三）价格认定复核申请书所提异议事项不属于价格认定范围的；（四）提出机关没有明确提出复核的事实依据和具体理由的；（五）提出复核的价格认定事项中，价格认定标的、基准日或者价格内涵与原价格认定协助书或者复核申请书所载内容不一致的；（六）对影响价格认定结论的事实存在争议，提出机关无法确认或缺少相关专业部门出具的鉴定报告的；（七）国务院价格主管部门的价格认定机构已作出最终复核的；（八）司法机关按照当时法律已经结案，且未进行另外司法程序的；（九）其他不予受理复核的情形。

第10条　有下列情形之一的，价格认定机构应当书面告知提出机关补充相关材料：（一）复核申请书内容不符合要求的；（二）相关材料不齐全或者相互矛盾的；（三）应当提供有效的真伪、质量、技术等检测、鉴定报告而未提供的；（四）提出复核时，原价格认定标的已灭失或者其状态与基准日相比发生重大变化，且提出机关未确定其基准日状态的。

补充材料通知应当载明需要补充的事项和合理的补充材料期限。补充申请材料所用时间不计入受理审查期限。

提出机关在通知规定的期限内补足相关材料或者对有关事项予以明确后，符合价格认定受理条件的，价格认定机构应当及时受理。提出机关未在通知规定的期限内补足相关材料或者对有关事项予以明确的，价格认定机构应当不予受理。

第12条　价格认定机构受理复核后，应当指派至少2名价格认定人员办理复核。承办复核工作的价格认定人员应当熟悉价格认定相关法律、法规、规定及技术规范，具有价格认定岗位的工作经验，参加省级以上价格主管部门的价格认定机构组织的价格认定复核岗位培训且考核合格。

第13条 价格认定机构应当在受理复核之日起60日内作出复核决定；另有约定的，在约定期限内作出。

第14条 价格认定机构应当对提出机关提出的异议事项及相关部分进行复核。价格认定机构认为有必要的，可以不受异议事项限制，对原价格认定涉及的其他内容进行复核。

价格认定机构应当对原价格认定依据的真实性、合法性和关联性进行审查。

第15条 对重大、疑难的价格认定复核事项，价格认定机构认为必要或者提出机关提出申请，价格认定机构可以通过听证、座谈等方式，听取提出机关、相关当事人、专家的意见。

第16条 对重大、疑难的价格认定复核事项，以及二次复核、最终复核事项，价格认定机构应当进行集体审议。集体审议人员范围由价格认定机构根据有关规定明确。

第18条 原价格认定或者复核程序符合规定，原价格认定结论或者复核决定适用依据正确、选用方法适当、采用参数合理并且测算准确的，价格认定机构应当维持原价格认定结论或者复核决定。

第19条 有下列情形之一的，价格认定机构应当撤销原价格认定结论或者复核决定，并作出新的价格认定结论：（一）程序不符合规定的；（二）适用依据错误的；（三）选用方法不当的；（四）采用参数不合理的；（五）测算错误的；（六）具有其他应当予以撤销的情形。

第20条 价格认定复核决定书应当包括以下内容：（一）复核的范围及内容；（二）复核过程要求；（三）复核结论；（四）其他需要说明的事项。

价格认定复核决定书应当加盖价格认定机构公章。价格认定复核决定书应当抄送原价格认定机构和价格认定复核机构。

第21条 涉嫌违纪违法案件、涉嫌刑事案件以外的其他事项的价格认定复核办法，另行规定。

第22条 本办法由国家发展和改革委员会负责解释。

第23条 法律法规另有规定的，从其规定。

(标准规范)

【赣司鉴协会字〔2010〕3号】 法医临床司法鉴定若干问题执业规范（试行）（江西省司法厅2010年3月29日印发施行）

一、关于评残标准的适用问题

（一）目前涉及伤残鉴定的评残标准主要有2个国家标准，即GB/T16180-2006《劳动能力鉴定—职工工伤与职业病致残等级》和GB18667-2002《道路交通事故受伤人员伤残评定》。鉴定人在伤残鉴定中适用哪个标准，必须依据具体案情来确定。一般来说，GB18667-2002《道路交通事故受伤人员伤残评定》标准有特定的案情和明确的适用范围，不宜无限制的扩大适用范围。

（二）司法鉴定机构在受理伤残鉴定案件时，委托人有明确提出按某某标准进行评残要求的，司法鉴定机构应严格按照《司法鉴定程序通则》（司法部107号令）第13条第2款和第16条第4款的规定，不得受理。

二、关于伤残评定的有关问题
（一）鉴定时机
1. 伤残等级一般应在各种因素直接所致的损伤或确因损伤所致的并发症治疗终结（即临床医学一般原则所承认的临床效果稳定或参照GA/T521-2004《人身损害受伤人员误工损失日评定准则》确定）后进行评定。
2. 对委托人要求在治疗终结前进行鉴定的案件，若不涉及中枢或周围神经系统损害、视听功能障碍、关节功能障碍、毁容、可能出现并发症和后遗症影响鉴定结论的，可以酌情进行伤残评定。
但若涉及上述问题，鉴定机构至少应在受伤3月后方能进行伤残评定。
3. 对于涉及精神障碍、智力缺损的伤残评定：须在伤后6个月后进行。
4. 对道路交通事故受伤人员要求在治疗终结前进行鉴定的，如不涉及刑事责任、委托人确有需要且当事双方同意，可在伤者出院1个月后进行伤残评定，但鉴定机构必须与委托人和当事人双方签署鉴定协议书并明确告之鉴定意见可能的不确定性。
5. 涉及损伤程度的评定时间，参照第2条规定。
（二）伤残等级
1. 对道路交通事故受伤人员的伤残评定
（1）伤残评定应以人体损伤后治疗效果为主要依据，同时对原发性损伤及其并发症或后遗症进行全面分析、综合考虑后，严格按照GB/T18667-2002《道路交通事故受伤人员伤残评定》标准中的相关规定进行评定。
（2）对于有明确的伤残等级评定标准的损伤，不得套用附录中的有关条款评定伤残程度或晋级。
（3）关节损伤假体置换术后（人工髋关节置换多见），如无明显并发症或后遗症，原则上评定为九级伤残；四肢长骨内固定，评为十级伤残。
（4）关于道路交通事故受伤人员伤残等级评定中涉及精神损伤程度的评定问题。精神损伤是受伤人员伤残的组成部分，受伤人员伤残等级评定应包括精神损伤程度。但在鉴定中涉及的精神损伤问题，由于专业性较强，法医临床鉴定机构不能就精神损伤程度进行评定，也不能依据精神病医院或精神病医生出具的检查、检测结果进行评定。遇到此类问题时，法医临床鉴定机构应告知委托方另行委托法医精神病司法鉴定机构进行精神损伤程度评定，委托方持法医精神病司法鉴定机构的司法鉴定文书，再到法医临床司法鉴定机构，综合躯体受伤程度与精神损伤程度，对受伤人员伤残等级进行评定，并出具司法鉴定文书。司法鉴定机构在审查受理此类案件时，应在委托受理协议书中注明："凡涉及的精神损伤程度评定，由委托方另行委托法医精神病司法鉴定机构鉴定，进行法医精神病鉴定的时间不计入法定时限内，法医临床鉴定收取的费用不包括进行法医精神病鉴定费用。"
（5）颅脑损伤伤残等级评定：不能单独依靠智力检查结果，应结合智力检查时的合作程度以及脑损伤的严重程度综合评定（影像学证实脑挫裂伤为十级伤残）。
（6）涉及损病关系的伤残评定：如果外伤与损害后果存在因果关系，应以最终损害后果评定伤残等级，但须评估损伤或疾病参与度；对某些外伤作用轻微（如诱因）、且与伤残关联度轻微的案例，也可不评定伤残等级。如不能判断外伤与损害后果存在因果关系，则不予评定伤残等级。

（7）伤残等级评定时，均应进行相关客观检查（以往已行客观检查的，必要时仍应复查），损害后果的认定须有客观检查结果支持，不能以主观检查结果作为伤残评定的依据。

2. 对其他受伤人员的伤残评定

（1）对于除交通事故、工伤或医疗事故以外的受伤人员的伤残等级评定，鉴定机构应参照 GB/T16180-2006《劳动能力鉴定职工工伤与职业病致残等级》进行。

（2）工作中受伤人员，虽未经劳动人事部门进行工伤认定，法医鉴定机构原则上宜应用 GB/T16180-2006《劳动能力鉴定职工工伤与职业病致残等级》标准评定伤残等级。

（3）根据具体案件的特殊情况或双方当事人有明确要求，经签署鉴定协议书后，也可按照 GB/T16180-2006《劳动能力鉴定—职工工伤与职业病致残等级》和 GB18667-2002《道路交通事故受伤人员伤残评定》2 个标准中最适合的条款进行评定。

（三）劳动能力丧失

依据伤残等级级别确定劳动能力丧失率，如十级伤残为劳动能力丧失 10%，九级为 20%，依此类推，一级为 100%。按工伤标准的规定，一、二、三、四级残为劳动能力完全丧失，五、六级为大部分丧失，七、八、九、十级为部分劳动能力丧失。

（四）误工损失日

1. 原则上按照 GA/T521-2004《人身损害受伤人员误工损失日评定准则》的标准鉴定误工损失日。

2. 对于存在轻度功能障碍的可适当延长 30~60 日；需二次治疗的（如内固定取出）或存在严重功能障碍和/或多部位损伤的，应根据其具体情况，适当延长误工损失日（一般不能超过原标准规定的时间）。

3. 因伤情变化超过误工损失日评定时间规定的（如骨折不愈合），包括伤后较长时间方进行伤残评定的伤者，误工损失日可评为"至定残前 1 日"。

4. 可以安装假肢的，误工损失日应评定为至出院后 3~6 个月或安装假肢日止。

5. 其他未列入的情况，应以 GA/T521-2004《人身损害受伤人员误工损失日评定准则》为基础，根据医学科学原则及具体伤情，综合考虑评估（延长或缩短）。

（五）护理时间和护理依赖

"护理时间"和"护理依赖"是两个不同的概念，前者期限应计算至受害人恢复生活自理能力时止，后者时间指受害人因残疾不能恢复生活自理能力的，可以根据其年龄、健康状况等因素确定合理的护理期限。原则上按照"生活自理五项基本标准"评定护理时间、是否存在护理依赖和等级（护理人数原则上评为 1 人）。

1. 护理时间可参照最高人民法院 2003 年 12 月 4 日发布的《关于审理人身损害赔偿案件适用法律若干问题的解释》适用。

2. 护理依赖可参照 GA/T800-2008《人身损害护理依赖程度评定》适用。

（六）残疾辅助器具

1. 法医鉴定机构原则上不予受理。

2. 人民法院委托需鉴定的，应首先由法定的残疾人辅助器具司法鉴定机构评估辅助用具价格等，尔后法医鉴定机构在其业务范围内酌处（主要是把握残疾辅助用具的使用年限、是否需要配置附件及维修费用等），同时，在鉴定协议书中应进行风险告知。

三、关于医疗费用评定的有关问题

（一）按照最高人民法院关于人身损害赔偿司法解释中的相关规定，鉴定机构原则上只评定"必然发生的"的后续治疗费用，不评估非必然发生的后期医疗费、治疗未终结时的特殊治疗费用以及其他不可预见的费用。

（二）前期医疗费的审核：应参照"道路交通受伤人员临床诊疗指南"的规定进行评定。根据最高人民法院前期医疗费实行"差额式"赔偿、即需要多少赔多少的原则，只要是实际需要并合理的费用，鉴定时应予以支持。

（三）后续治疗费：是指伤残评定后必然发生的、必要的康复费和适当的整容及其他后续治疗费。最高人民法院规定的原则是"定型化"赔偿原则，即从损害赔偿的社会妥协性和公正性出发，为损害确定固定标准的赔偿原则。

（四）确定后续治疗费应把握的原则：

1. 应是必然发生的后续治疗费；

2. 已确定伤残等级者，原则上不给予可能减轻伤残等级的后续治疗费用。如颅脑损伤评残后，不再给予营养脑细胞、高压氧等治疗费用；未评定伤残者，可结合实际需要情况评估后续治疗费用；

3. 后续治疗费原则上按普通价格（暂定为市级三甲医院收费标准）和/或参照市级经济医院收费标准评估；

4. 后续治疗费的评估，还应该考虑伤者的具体情况，如伤残等级评定的松紧度、治疗时间的长短、损伤的恢复情况等进行综合评定。

（五）损伤致严重残疾存在医疗依赖者，其后期医疗费用的评估应根据医学科学规律和最高人民法院后期医疗费"定型化"赔偿的原则，一般2年后不再给予病因治疗费用，但应适当考虑给予支持、对症、并发症防治费用。

（六）必然发生的后续治疗费得评定，原则上需按照下表中标准执行（见附表）；对于标准中未列出的，可比照相近治疗费用进行评估。

四、其他有关问题

（一）对伤残等级的表示统一使用汉字小写（即一、二、三、四、五、六、七、八、九、十）。

（二）鉴定人应当独立进行鉴定，对鉴定意见负责，并应当在鉴定文书上由本人签字。

（三）在诉讼过程中，当事人对鉴定意见有异议的，经人民法院依法通知，鉴定人必须出庭作证，不得以出差、有事等为借口推诿、拒绝出庭，也不能由他人代替出庭作证。

附表：必然发生的后续治疗费参考标准（略）

【联合公告〔2013〕号】　最高人民法院、最高人民检察院、公安部、国家安全部、司法部关于发布《人体损伤程度鉴定标准》的公告（2013年8月30日公告，2014年1月1日起施行；司发〔1990〕070号《人体重伤鉴定标准》、法（司）发〔1990〕6号《人体轻伤鉴定标准（试行）》和GA/T146-1996《人体轻微伤的鉴定》同时废止）

人体损伤程度鉴定标准

1　范围本标准规定了人体损伤程度鉴定的原则、方法、内容和等级划分。本标准适用于《中华人民共和国刑法》及其他法律、法规所涉及的人体损伤程度鉴定。

2　规范性引用文件下列文件对于本文件的应用是必不可少的。本标准引用文件的最新版本适用于本标准。

GB 18667 道路交通事故受伤人员伤残评定
GB/T 16180 劳动能力鉴定 职工工伤与职业病致残等级
GB/T 26341-2010 残疾人残疾分类和分级

3 术语和定义

3.1 重伤使人肢体残废、毁人容貌、丧失听觉、丧失视觉、丧失其他器官功能或者其他对于人身健康有重大伤害的损伤，包括重伤一级和重伤二级。

3.2 轻伤使人肢体或者容貌损害，听觉、视觉或者其他器官功能部分障碍或者其他对于人身健康有中度伤害的损伤，包括轻伤一级和轻伤二级。

3.3 轻微伤各种致伤因素所致的原发性损伤，造成组织器官结构轻微损害或者轻微功能障碍。

4 总则

4.1 鉴定原则

4.1.1 遵循实事求是的原则，坚持以致伤因素对人体直接造成的原发性损伤及由损伤引起的并发症或者后遗症为依据，全面分析，综合鉴定。

4.1.2 对于以原发性损伤及其并发症作为鉴定依据的，鉴定时应以损伤当时伤情为主，损伤的后果为辅，综合鉴定。

4.1.3 对于以容貌损害或者组织器官功能障碍作为鉴定依据的，鉴定时应以损伤的后果为主，损伤当时伤情为辅，综合鉴定。

4.2 鉴定时机

4.2.1 以原发性损伤为主要鉴定依据的，伤后即可进行鉴定；以损伤所致的并发症为主要鉴定依据的，在伤情稳定后进行鉴定。

4.2.2 以容貌损害或者组织器官功能障碍为主要鉴定依据的，在损伤90日后进行鉴定；在特殊情况下可以根据原发性损伤及其并发症出具鉴定意见，但须对有可能出现的后遗症加以说明，必要时应进行复检并予以补充鉴定。

4.2.3 疑难、复杂的损伤，在临床治疗终结或者伤情稳定后进行鉴定。

4.3 伤病关系处理原则

4.3.1 损伤为主要作用的，既往伤/病为次要或者轻微作用的，应依据本标准相应条款进行鉴定。

4.3.2 损伤与既往伤/病共同作用的，即二者作用相当的，应依据本标准相应条款适当降低损伤程度等级，即等级为重伤一级和重伤二级的，可视具体情况鉴定为轻伤一级或者轻伤二级，等级为轻伤一级和轻伤二级的，均鉴定为轻微伤。

4.3.3 既往伤/病为主要作用的，即损伤为次要或者轻微作用的，不宜进行损伤程度鉴定，只说明因果关系。

5 损伤程度分级

5.1 颅脑、脊髓损伤

5.1.1 重伤一级：a) 植物生存状态。b) 四肢瘫（3肢以上肌力3级以下）。c) 偏瘫、截瘫（肌力2级以下），伴大便、小便失禁。d) 非肢体瘫的运动障碍（重度）。e) 重度智能减退或者器质性精神障碍，生活完全不能自理。

5.1.2 重伤二级：a) 头皮缺损面积累计 75.0cm² 以上。b) 开放性颅骨骨折伴硬脑膜破裂。c) 颅骨凹陷性或者粉碎性骨折，出现脑受压症状和体征，须手术治疗。d) 颅底骨折，伴脑脊液漏持续4周以上。e) 颅底骨折，伴面神经或者听神经损伤引起相应神经功能障碍。f) 外伤性蛛网膜下腔出血，伴神经系统症状和体征。g) 脑挫（裂）伤，伴神经系统症状和体征。h) 颅内出血，伴脑受压症状和体征。i) 外伤性脑梗死，伴神经系统症状和体征。j) 外伤性脑脓肿。k) 外伤性脑动脉瘤，须手术治疗。l) 外伤性迟发性癫痫。m) 外伤性脑积水，须手术治疗。n) 外伤性颈动脉海绵窦瘘。o) 外伤性下丘脑综合征。p) 外伤性尿崩症。q) 单肢瘫（肌力3级以下）。r) 脊髓损伤致重度肛门失禁或重度排尿障碍。

5.1.3 轻伤一级：a) 头皮创口或者瘢痕长度累计20.0cm以上。b) 头皮撕脱伤面积累计50.0cm² 以上；头皮缺损面积累计24.0cm² 以上。c) 颅骨凹陷性或者粉碎性骨折。d) 颅底骨折伴脑脊液漏。e) 脑挫（裂）伤；颅内出血；慢性颅内血肿；外伤性硬脑膜下积液。f) 外伤性脑积水；外伤性颅内动脉瘤；外伤性脑梗死；外伤性颅内低压综合征。g) 脊髓损伤致排便或者排尿功能障碍（轻度）。h) 脊髓挫裂伤。

5.1.4 轻伤二级：a) 头皮创口或者瘢痕长度累计8.0cm以上。b) 头皮撕脱伤面积累计20.0cm² 以上；头皮缺损面积累计10.0cm² 以上。c) 帽状腱膜下血肿范围50.0cm² 以上。d) 颅骨骨折。e) 外伤性蛛网膜下腔出血。f) 脑神经损伤引起相应神经功能障碍。

5.1.5 轻微伤：a) 头部外伤后伴有神经症状。b) 头皮擦伤面积5.0cm² 以上；头皮挫伤；头皮下血肿。c) 头皮创口或者瘢痕。

5.2 面部、耳廓损伤

5.2.1 重伤一级：a) 容貌毁损（重度）。

5.2.2 重伤二级：a) 面部条状瘢痕（50%以上位于中心区），单条长度10.0cm以上，或者2条以上长度累计15.0cm以上。b) 面部块状瘢痕（50%以上位于中心区），单块面积6.0cm² 以上，或者2块以上面积累计10.0cm² 以上。c) 面部片状细小瘢痕或者显著色素异常，面积累计达面部30%。d) 一侧眼球萎缩或者缺失。e) 眼睑缺失相当于一侧上眼睑1/2以上。f) 一侧眼睑重度外翻或者双侧眼睑中度外翻。g) 一侧上睑下垂完全覆盖瞳孔。h) 一侧眼眶骨折致眼球内陷0.5cm以上。i) 一侧鼻泪管和内眦韧带断裂。j) 鼻部离断或者缺损30%以上。k) 耳廓离断、缺损或者挛缩畸形累计相当于一侧耳廓面积50%以上。l) 口唇离断或者缺损致牙齿外露3枚以上。m) 舌体离断或者缺损达舌系带。n) 牙齿脱落或者牙折共7枚以上。o) 损伤致张口困难Ⅲ度。p) 面神经损伤致一侧面肌大部分瘫痪，遗留眼睑闭合不全和口角歪斜。q) 容貌毁损（轻度）。

5.2.3 轻伤一级：a) 面部单个创口或者瘢痕长度6.0cm以上；多个创口或者瘢痕长度累计10.0cm以上。b) 面部块状瘢痕，单块面积4.0cm² 以上；多块面积累计7.0cm² 以上。c) 面部片状细小瘢痕或者明显色素异常，面积累计30.0cm² 以上。d) 眼睑缺失相当于一侧上眼睑1/4以上。e) 一侧眼睑中度外翻，双侧眼睑轻度外翻。f) 一侧上眼睑下垂覆盖瞳孔超过1/2。g) 2处以上不同眶壁骨折；一侧眶壁骨折致眼球内陷0.2cm以上。h) 双侧泪器损伤伴溢泪。i) 一侧鼻泪管断裂；一侧内眦韧带断裂。j) 耳廓离断、缺损或者挛缩畸形累计相当于一侧耳廓面积30%以上。k) 鼻部离断或者缺损15%以上。l) 口唇离断或者缺损致牙齿外露1枚以上。m) 牙齿脱落或者牙折共4枚以上。n) 损伤致张口困难Ⅱ度。o) 腮腺总导管完全断裂。p) 面神经损伤致一侧面肌部分瘫痪，遗留眼睑闭合不全或者口角歪斜。

5.2.4 轻伤二级：a) 面部单个创口或者瘢痕长度4.5cm以上；多个创口或者瘢痕长度

累计6.0cm以上。b) 面颊穿透创, 皮肤创口或者瘢痕长度1.0cm以上。c) 口唇全层裂创, 皮肤创口或者瘢痕长度1.0cm以上。d) 面部块状瘢痕, 单块面积3.0cm² 以上或多块面积累计5.0cm² 以上。e) 面部片状细小瘢痕或者色素异常, 面积累计8.0cm² 以上。f) 眶壁骨折 (单纯眶内壁骨折除外)。g) 眼睑缺损。h) 一侧眼睑轻度外翻。i) 一侧上眼睑下垂覆盖瞳孔。j) 一侧眼睑闭合不全。k) 一侧泪器损伤伴溢泪。l) 耳廓创口或者瘢痕长度累计6.0cm以上。m) 耳廓离断、缺损或者挛缩畸形累计相当于一侧耳廓面积15%以上。n) 鼻尖或者一侧鼻翼缺损。o) 鼻骨粉碎性骨折; 双侧鼻骨骨折; 鼻骨骨折合并上颌骨额突骨折; 鼻骨骨折合并鼻中隔骨折; 双侧上颌骨额突骨折。p) 舌缺损。q) 牙齿脱落或者牙折2枚以上。r) 腮腺、颌下腺或者舌下腺实质性损伤。s) 损伤致张口困难Ⅰ度。t) 颌骨骨折 (牙槽突骨折及一侧上颌骨额突骨折除外)。u) 颧骨骨折。

5.2.5 轻微伤: a) 面部软组织创。b) 面部损伤留有瘢痕或者色素改变。c) 面部皮肤擦伤, 面积2.0cm² 以上; 面部软组织挫伤; 面部划伤4.0cm以上。d) 眶内壁骨折。e) 眼部挫伤; 眼部外伤后影响外观。f) 耳廓创。g) 鼻骨骨折; 鼻出血。h) 上颌骨额突骨折。i) 口腔粘膜破损; 舌损伤。j) 牙齿脱落或者缺损; 牙槽突骨折; 牙齿松动2枚以上或者Ⅲ度松动1枚以上。

5.3 听器听力损伤

5.3.1 重伤一级: a) 双耳听力障碍 (≥91dB HL)。

5.3.2 重伤二级: a) 一耳听力障碍 (≥91dB HL)。b) 一耳听力障碍 (≥81dB HL), 另一耳听力障碍 (≥41dB HL)。c) 一耳听力障碍 (≥81dB HL), 伴同侧前庭平衡功能障碍。d) 双耳听力障碍 (≥61dB HL)。e) 双侧前庭平衡功能丧失, 睁眼行走困难, 不能并足站立。

5.3.3 轻伤一级: a) 双耳听力障碍 (≥41dB HL)。b) 双耳外耳道闭锁。

5.3.4 轻伤二级: a) 外伤性鼓膜穿孔6周不能自行愈合。b) 听骨骨折或者脱位; 听骨链固定。c) 一耳听力障碍 (≥41dB HL)。d) 一侧前庭平衡功能障碍, 伴同侧听力减退。e) 一耳外耳道横截面1/2以上狭窄。

5.3.5 轻微伤: a) 外伤性鼓膜穿孔。b) 鼓室积血。c) 外伤后听力减退。

5.4 视器视力损伤

5.4.1 重伤一级: a) 一眼眼球萎缩或者缺失, 另一眼盲目3级。b) 一眼视野完全缺损, 另一眼视野半径20°以下 (视野有效值32%以下)。c) 双眼盲目4级。

5.4.2 重伤二级: a) 一眼盲目3级。b) 一眼重度视力损害, 另一眼中度视力损害。c) 一眼视野半径10°以下 (视野有效值16%以下)。d) 双眼偏盲; 双眼残留视野半径30°以下 (视野有效值48%以下)。

5.4.3 轻伤一级: a) 外伤性青光眼, 经治疗难以控制眼压。b) 一眼虹膜完全缺损。c) 一眼重度视力损害; 双眼中度视力损害。d) 一眼视野半径30°以下 (视野有效值48%以下); 双眼视野半径50°以下 (视野有效值80%以下)。

5.4.4 轻伤二级: a) 眼球穿通伤或者眼球破裂伤; 前房出血须手术治疗; 房角后退; 虹膜根部离断或者虹膜缺损超过1个象限; 睫状体脱离; 晶状体脱位; 玻璃体积血; 外伤性视网膜脱离; 外伤性视网膜出血; 外伤性黄斑裂孔; 外伤性脉络膜脱离。b) 角膜斑翳或者血管翳; 外伤性白内障; 外伤性低眼压; 外伤性青光眼。c) 瞳孔括约肌损伤致瞳孔显著变形或者瞳孔散大（直径0.6cm以上）。d）斜视；复视。e）睑球粘连。f）一眼矫正视力减退至0.5以下（或者较伤前视力下降0.3以上）；双眼矫正视力减退至0.7以下（或者较伤前视力下降0.2以上）；原单眼中度以上视力损害者，伤后视力降低一个级别。g）一眼视野半径50°以下（视野有效值80%以下）。

5.4.5　轻微伤：a）眼球损伤影响视力。

5.5　颈部损伤

5.5.1　重伤一级：a）颈部大血管破裂。b）咽喉部广泛毁损，呼吸完全依赖气管套或者造口。c）咽或者食管广泛毁损，进食完全依赖胃或者造口。

5.5.2　重伤二级：a）甲状旁腺功能低下（重度）。b）甲状腺功能低下，药物依赖。c）咽部、咽后区、喉或者气管穿孔。d）咽喉或者颈部气管损伤，遗留呼吸困难（3级）。e）咽或者食管损伤，遗留吞咽功能障碍（只能进流食）。f）喉损伤遗留发声障碍（重度）。g）颈内动脉血栓形成，血管腔狭窄（50%以上）。h）颈总动脉血栓形成，血管腔狭窄（25%以上）。i）颈前三角区增生瘢痕，面积累计30.0cm^{2}以上。

5.5.3　轻伤一级：a）颈前部单个创口或者瘢痕长度10.0cm以上；多个创口或者瘢痕长度累计16.0cm以上。b）颈前三角区瘢痕，单块面积10.0cm^{2}以上；多块面积累计12.0cm^{2}以上。c）咽喉部损伤遗留发声或者构音障碍。d）咽或者食管损伤，遗留吞咽功能障碍（只能进半流食）。e）颈总动脉血栓形成；颈内动脉血栓形成；颈外动脉血栓形成；椎动脉血栓形成。

5.5.4　轻伤二级：a）颈前部单个创口或者瘢痕长度5.0cm以上；多个创口或者瘢痕长度累计8.0cm以上。b）颈前部瘢痕，单块面积4.0cm^{2}以上，或者2块以上面积累计6.0cm^{2}以上。c）甲状腺挫裂伤。d）咽喉软骨骨折。e）喉或者气管损伤。f）舌骨骨折。g）膈神经损伤。h）颈部损伤出现窒息征象。

5.5.5　轻微伤：a）颈部创口或者瘢痕长度1.0cm以上。b）颈部擦伤面积4.0cm^{2}以上。c）颈部挫伤面积2.0cm^{2}以上。d）颈部划伤长度5.0cm以上。

5.6　胸部损伤

5.6.1　重伤一级：a）心脏损伤，遗留心功能不全（心功能Ⅳ级）。b）肺损伤致一侧全肺切除或者双肺3肺叶切除。

5.6.2　重伤二级：a）心脏损伤，遗留心功能不全（心功能Ⅲ级）。b）心脏破裂；心包破裂。c）女性双侧乳房损伤，完全丧失哺乳功能；女性一侧乳房大部分缺失。d）纵隔血肿或者气肿，须手术治疗。e）气管或者支气管破裂，须手术治疗。f）肺破裂，须手术治疗。g）血胸、气胸或者血气胸，伴一侧肺萎陷70%以上，或者双侧肺萎陷均在50%以上。h）食管穿孔或者全层破裂，须手术治疗。i）脓胸或者肺脓肿；乳糜胸；支气管胸膜瘘；食管胸膜瘘；食管支气管瘘。j）胸腔大血管破裂。k）膈肌破裂。

5.6.3　轻伤一级：a）心脏挫伤致心包积血。b）女性一侧乳房损伤，丧失哺乳功能。c）肋骨骨折6处以上。d）纵隔血肿；纵隔气肿。e）血胸、气胸或者血气胸，伴一侧肺萎陷30%以上，或者双侧肺萎陷均在20%以上。f）食管挫裂伤。

5.6.4　轻伤二级：a）女性一侧乳房部分缺失或者乳腺导管损伤。b）肋骨骨折2处以上。c）胸骨骨折；锁骨骨折；肩胛骨骨折。d）胸锁关节脱位；肩锁关节脱位。e）胸部损伤，致皮下肿1周不能自行吸收。f）胸腔积血；胸腔积气。g）胸壁穿透创。h）胸部挤压出现窒息征象。

5.6.5 轻微伤：a) 肋骨骨折；肋软骨骨折。b) 女性乳房擦挫伤。

5.7 腹部损伤

5.7.1 重伤一级：a) 肝功能损害（重度）。b) 胃肠道损伤致消化吸收功能严重障碍，依赖肠外营养。c) 肾功能不全（尿毒症期）。

5.7.2 重伤二级：a) 腹腔大血管破裂。b) 胃、肠、胆囊或者胆道全层破裂，须手术治疗。c) 肝、脾、胰或者肾破裂，须手术治疗。d) 输尿管损伤致尿外渗，须手术治疗。e) 腹部损伤致肠瘘或者尿瘘。f) 腹部损伤引起弥漫性腹膜炎或者感染性休克。g) 肾周血肿或者肾包膜下血肿，须手术治疗。h) 肾功能不全（失代偿期）。i) 肾损伤致肾性高血压。j) 外伤性肾积水；外伤性肾动脉瘤；外伤性肾动静脉瘘。k) 腹腔积血或者腹膜后血肿，须手术治疗。

5.7.3 轻伤一级：a) 胃、肠、胆囊或者胆道非全层破裂。b) 肝包膜破裂；肝脏实质内血肿直径2.0cm以上。c) 脾包膜破裂；脾实质内血肿直径2.0cm以上。d) 胰腺包膜破裂。e) 肾功能不全（代偿期）。

5.7.4 轻伤二级：a) 胃、肠、胆囊或者胆道挫伤。b) 肝包膜下或者实质内出血。c) 脾包膜下或者实质内出血。d) 胰腺挫伤。e) 肾包膜下或者实质内出血。f) 肝功能损害（轻度）。g) 急性肾功能障碍（可恢复）。h) 腹腔积血或者腹膜后血肿。i) 腹壁穿透创。

5.7.5 轻微伤：a) 外伤性血尿。

5.8 盆部及会阴损伤

5.8.1 重伤一级：a) 阴茎及睾丸全部缺失。b) 子宫及卵巢全部缺失。

5.8.2 重伤二级：a) 骨盆骨折畸形愈合，致双下肢相对长度相差5.0cm以上。b) 骨盆不稳定性骨折，须手术治疗。c) 直肠破裂，须手术治疗。d) 肛管损伤致大便失禁或者肛管重度狭窄，须手术治疗。e) 膀胱破裂，须手术治疗。F) 后尿道破裂，须手术治疗。g) 尿道损伤致重度狭窄。h) 损伤致早产或者死胎；损伤致胎盘早期剥离或者流产，合并轻度休克。i) 子宫破裂，须手术治疗。j) 卵巢或者输卵管破裂，须手术治疗。k) 阴道重度狭窄。l) 幼女阴道Ⅱ度撕裂伤。m) 女性会阴或者阴道Ⅲ度撕裂伤。n) 龟头缺失达冠状沟。o) 阴囊皮肤撕脱伤面积占阴囊皮肤面积50%以上。p) 双侧睾丸损伤，丧失生育能力。q) 双侧附睾或者输精管损伤，丧失生育能力。r) 直肠阴道瘘；膀胱阴道瘘；直肠膀胱瘘。s) 重度排尿障碍。

5.8.3 轻伤一级：a) 骨盆2处以上骨折；骨盆骨折畸形愈合；髋臼骨折。b) 前尿道破裂，须手术治疗。c) 输尿管狭窄。d) 一侧卵巢缺失或者萎缩。e) 阴道轻度狭窄。f) 龟头缺失1/2以上。g) 阴囊皮肤撕脱伤面积占阴囊皮肤面积30%以上。h) 一侧睾丸或者附睾缺失；一侧睾丸或者附睾萎缩。

5.8.4 轻伤二级：a) 骨盆骨折。b) 直肠或者肛管挫裂伤。c) 一侧输尿管挫裂伤；膀胱挫裂伤；尿道挫裂伤。d) 子宫挫裂伤。e) 一侧卵巢或者输卵管挫裂伤。e) 阴道撕裂伤。f) 女性外阴皮肤创口或者瘢痕长度累计4.0cm以上。g) 龟头部分缺损。h) 阴茎撕脱伤；阴茎皮肤创口或者瘢痕长度2.0cm以上；阴茎海绵体出血并形成硬结。i) 阴囊壁贯通创；阴囊皮肤创口或者瘢痕长度累计4.0cm以上；阴囊内积血，2周内未完全吸收。j) 一侧睾丸破裂、血肿、脱位或者扭转。k) 一侧输精管破裂。l) 轻度肛门失禁或者轻度肛门狭窄。m) 轻度排尿障碍。n) 外伤性难免流产；外伤性胎盘早剥。

5.8.5 轻微伤：a) 会阴部软组织挫伤。b) 会阴创；阴囊创；阴茎创。c) 阴囊皮肤挫伤。d) 睾丸或者阴茎挫伤。e) 外伤性先兆流产。

5.9 脊柱四肢损伤

5.9.1 重伤一级：a) 2肢以上离断或者缺失（上肢腕关节以上、下肢踝关节以上）。b) 2肢6大关节功能完全丧失。

5.9.2 重伤二级：a) 四肢任一大关节强直畸形或者功能丧失50%以上。b) 臂丛神经干性或者束性损伤，遗留肌瘫（肌力3级以下）。c) 正中神经肘部以上损伤，遗留肌瘫（肌力3级以下）。d) 桡神经肘部以上损伤，遗留肌瘫（肌力3级以下）。e) 尺神经肘部以上损伤，遗留肌瘫（肌力3级以下）。f) 骶丛神经或者坐骨神经损伤，遗留肌瘫（肌力3级以下）。g) 股骨干骨折缩短5.0cm以上、成角畸形30°以上或者严重旋转畸形。h) 胫腓骨骨折缩短5.0cm以上、成角畸形30°以上或者严重旋转畸形。i) 膝关节挛缩性屈曲30°以上。j) 一侧膝关节交叉韧带完全断裂遗留旋转不稳。k) 股骨颈骨折或者髋关节脱位，致股骨头坏死。l) 四肢长骨骨折不愈合或者假关节形成；四肢长骨骨折并发慢性骨髓炎。m) 一足离断或者缺失50%以上；足跟离断或者缺失50%以上。n) 一足的第一趾和其余任何二趾离断或者缺失；一足除第一趾外，离断或者缺失4趾。o) 两足5个以上足趾离断或者缺失。p) 一足第一趾及其相连的跖骨离断或者缺失。q) 一足除第一趾外，任何3趾及其相连的跖骨离断或者缺失。

5.9.3 轻伤一级：a) 四肢任一大关节功能丧失25%以上。b) 1节椎体压缩骨折超过1/3以上；2节以上椎体骨折；3处以上横突、棘突或者椎弓骨折。c) 膝关节韧带断裂伴半月板破裂。d) 四肢长骨骨折畸形愈合。e) 四肢长骨粉碎性骨折或者2处以上骨折。f) 四肢长骨骨折累及关节面。g) 股骨颈骨折未见股骨头坏死，已行假体置换。h) 髌板断裂。i) 一足离断或者缺失10%以上；足跟离断或者缺失20%以上。j) 一足的第一趾离断或者缺失；一足除第一趾外的任何2趾离断或者缺失。k) 3个以上足趾离断或者缺失。l) 除第一趾外任何一趾及其相连的跖骨离断或者缺失。m) 肢体皮肤创口或者瘢痕长度累计45.0cm以上。

5.9.4 轻伤二级：a) 四肢任一大关节功能丧失10%以上。b) 四肢重要神经损伤。c) 四肢重要血管破裂。d) 椎骨骨折或者脊椎脱位（尾椎脱位不影响功能的除外）；外伤性椎间盘突出。e) 肢体大关节韧带断裂；半月板破裂。f) 四肢长骨骨折；髌骨骨折。g) 骨骺分离。h) 损伤致肢体大关节脱位。i) 第一趾缺失超过趾间关节；除第一趾外，任何2趾缺失超过趾间关节；1趾缺失。j) 2节趾骨骨折；1节趾骨骨折合并1跖骨骨折。k) 2跖骨骨折或者1跖骨完全骨折；距骨、跟骨、骰骨、楔骨或者足舟骨骨折；跗跖关节脱位。l) 肢体皮肤1处创口或者瘢痕长度10.0cm以上；2处以上创口或者瘢痕长度累计15.0cm以上。

5.9.5 轻微伤：a) 肢体1处创口或者瘢痕长度1.0cm以上；2处以上创口或者瘢痕长度累计1.5cm以上；刺创深达肌层。b) 肢体关节、肌腱或者韧带损伤。c) 骨挫伤。d) 足骨骨折。e) 外伤致趾甲脱落、甲床暴露；甲床出血。f) 尾椎脱位。

5.10 手损伤

5.10.1 重伤一级：a) 双手离断、缺失或者功能完全丧失。

5.10.2 重伤二级：a) 手功能丧失累计达一手功能36%。b) 一手拇指挛缩畸形不能对指和握物。c) 一手除拇指外，其余任何3指挛缩畸形，不能对指和握物。d) 一手拇指离断或者缺失超过指间关节。e) 一手示指和中指全部离断或者缺失。f) 一手除拇指外的任何3

指离断或者缺失均超过近侧指间关节。

5.10.3　轻伤一级：a) 手功能丧失累计达一手功能16%。b) 一手拇指离断或者缺失未超过指间关节。c) 一手除拇指外的示指和中指离断或者缺失均超过远侧指间关节。d) 一手除拇指外的环指和小指离断或者缺失均超过近侧指间关节。

5.10.4　轻伤二级：a) 手功能丧失累计达一手功能4%。b) 除拇指外的一个指节离断或者缺失。c) 2节指骨线性骨折或者一节指骨粉碎性骨折（不含第2至5指末节）。d) 舟骨骨折、月骨脱位或者掌骨完全性骨折。

5.10.5　轻微伤：a) 手擦伤面积10.0cm² 以上或者挫伤面积6.0cm² 以上。b) 手1处创口或者瘢痕长度1.0cm以上；2处以上创口或者瘢痕长度累计1.5cm以上；刺伤深达肌层。c) 手关节或者肌腱损伤。d) 腕骨、掌骨或者指骨骨折。e) 外伤致指甲脱落，甲床暴露；甲床出血。

5.11　体表损伤

5.11.1　重伤二级：a) 挫伤面积累计达体表面积30%。b) 创口或者瘢痕长度累计200.0cm以上。

5.11.2　轻伤一级：a) 挫伤面积累计达体表面积10%。b) 创口或者瘢痕长度累计40.0cm以上。c) 撕脱伤面积100.0cm² 以上。d) 皮肤缺损30.0cm² 以上。

5.11.3　轻伤二级：a) 挫伤面积达体表面积6%。b) 单个创口或者瘢痕长度10.0cm以上；多个创口或者瘢痕长度累计15.0cm以上。c) 撕脱伤面积50.0cm² 以上。d) 皮肤缺损6.0cm² 以上。

5.11.4　轻微伤：a) 擦伤面积20.0cm² 以上或者挫伤面积15.0cm² 以上。b) 1处创口或者瘢痕长度1.0cm以上；2处以上创口或者瘢痕长度累计1.5cm以上；刺创深达肌层。c) 咬伤致皮肤破损。

5.12　其他损伤

5.12.1　重伤一级：a) 深Ⅱ°以上烧烫伤面积达体表面积70%或者Ⅲ°面积达30%。（无b)

5.12.2　重伤二级：a) Ⅱ°以上烧烫伤面积达体表面积30%或者Ⅲ°面积达10%；面积低于上述程度但合并吸入有毒气体中毒或者严重呼吸道烧烫伤。b) 枪弹创，创道长度累计180.0cm。c) 各种损伤引起脑水肿（脑肿胀）、脑疝形成。d) 各种损伤引起休克（中度）。e) 挤压综合征（Ⅱ级）。f) 损伤引起脂肪栓塞综合征（完全型）。g) 各种损伤致急性呼吸窘迫综合征（重度）。h) 电击伤（Ⅱ°）。i) 溺水（中度）。j) 脑内异物存留；心脏异物存留。k) 器质性阴茎勃起障碍（重度）。

5.12.3　轻伤一级：a) Ⅱ°以上烧烫伤面积达体表面积20%或者Ⅲ°面积达5%。b) 损伤引起脂肪栓塞综合征（不完全型）。c) 器质性阴茎勃起障碍（中度）。

5.12.4　轻伤二级：a) Ⅱ°以上烧烫伤面积达体表面积5%或者Ⅲ°面积达0.5%。b) 呼吸道烧伤。c) 挤压综合征（Ⅰ级）。d) 电击伤（Ⅰ°）。e) 溺水（轻度）。f) 各种损伤引起休克（轻度）。g) 呼吸功能障碍，出现窒息征象。h) 面部异物存留；眶内异物存留；鼻窦异物存留。i) 胸腔内异物存留；腹腔内异物存留；盆腔内异物存留。j) 深部组织内异物存留。k) 骨折内固定物损坏需要手术更换或者修复。l) 各种置入式假体装置损坏需要手术更换或者修复。m) 器质性阴茎勃起障碍（轻度）。

5.12.5 轻微伤：a) 身体各部位骨皮质的砍（刺）痕；轻微撕脱性骨折，无功能障碍。b) 面部Ⅰ°烧烫伤面积 10.0cm² 以上；浅Ⅱ°烧烫伤。c) 颈部Ⅰ°烧烫伤面积 15.0cm² 以上；浅Ⅱ°烧烫伤面积 2.0cm² 以上。d) 体表Ⅰ°烧烫伤面积 20.0cm² 以上；浅Ⅱ°烧烫伤面积 4.0cm² 以上；深Ⅱ°烧烫伤。

6 附则

6.1 伤后因其他原因死亡的个体，其生前损伤比照本标准相关条款综合鉴定。

6.2 未列入本标准中的物理性、化学性和生物性等致伤因素造成的人体损伤，比照本标准中的相应条款综合鉴定。

6.3 本标准所称的损伤是指各种致伤因素所引起的人体组织器官结构破坏或者功能障碍。反应性精神病、癔症等，均为内源性疾病，不宜鉴定损伤程度。

6.4 本标准未作具体规定的损伤，可以遵循损伤程度等级划分原则，比照本标准相近条款进行损伤程度鉴定。

6.5 盲管创、贯通创，其创道长度可视为皮肤创口长度，并参照皮肤创口长度相应条款鉴定损伤程度。

6.6 牙折包括冠折、根折和根冠折，冠折须暴露髓腔。

6.7 骨皮质的砍（刺）痕或者轻微撕脱性骨折（无功能障碍）的，不构成本标准所指的轻伤。

6.8 本标准所称大血管是指胸主动脉、主动脉弓分支、肺动脉、肺静脉、上腔静脉和下腔静脉，腹主动脉、髂总动脉、髂外动脉、髂外静脉。

6.9 本标准四肢大关节是指肩、肘、腕、髋、膝、踝等6大关节。

6.10 本标准四肢重要神经是指臂丛及其分支神经（包括正中神经、尺神经、桡神经和肌皮神经等）和腰骶丛及其分支神经（包括坐骨神经、腓总神经、腓浅神经和胫神经等）。

6.11 本标准四肢重要血管是指与四肢重要神经伴行的同名动、静脉。

6.12 本标准幼女或者儿童是指年龄不满14周岁的个体。

6.13 本标准所称的假体是指植入体内替代组织器官功能的装置，如：颅骨修补材料、人工晶体、义眼座、固定义齿（种植牙）、阴茎假体、人工关节、起搏器、支架等，但可摘式义眼、义齿等除外。

6.14 移植器官损伤参照相应条款综合鉴定。

6.15 本标准所称组织器官包括再植或者再造成活的。

6.16 组织器官缺失是指损伤当时完全离体或者仅有少量皮肤和皮下组织相连，或者因损伤经手术切除的。器官离断（包括牙齿脱落），经再植、再造手术成功的，按损伤当时情形鉴定损伤程度。

6.17 对于2个部位以上同类损伤可以累加，比照相关部位数值规定高的条款进行评定。

6.18 本标准所涉及的体表损伤数值，0~6岁按50%计算，7~10岁按60%计算，11~14岁按80%计算。

6.19 本标准中出现的数字均含本数。

附录A（规范性附录） 损伤程度等级划分原则

1 重伤一级各种致伤因素所致的原发性损伤或者由原发性损伤引起的并发症，严重危及生命；遗留肢体严重残废或者重度容貌毁损；严重丧失听觉、视觉或者其他重要器官功能。

2　重伤二级各种致伤因素所致的原发性损伤或者由原发性损伤引起的并发症，危及生命；遗留肢体残废或者轻度容貌毁损；丧失听觉、视觉或者其他重要器官功能。

3　轻伤一级各种致伤因素所致的原发性损伤或者由原发性损伤引起的并发症，未危及生命；遗留组织器官结构、功能中度损害或者明显影响容貌。

4　轻伤二级各种致伤因素所致的原发性损伤或者由原发性损伤引起的并发症，未危及生命；遗留组织器官结构、功能轻度损害或者影响容貌。

5　轻微伤各种致伤因素所致的原发性损伤，造成组织器官结构轻微损害或者轻微功能障碍。

A.6　等级限度重伤二级是重伤的下限，与重伤一级相衔接，重伤一级的上限是致人死亡；轻伤二级是轻伤的下限，与轻伤一级相衔接，轻伤一级的上限与重伤二级相衔接；轻微伤的上限与轻伤二级相衔接，未达轻微伤标准的，不鉴定为轻微伤。

附录B（规范性附录）　功能损害判定基准和使用说明

B.1　颅脑损伤

B.1.1　智能（IQ）减退

极重度智能减退：IQ低于25；语言功能丧失；生活完全不能自理。

重度智能减退：IQ25～39之间；语言功能严重受损，不能进行有效的语言交流；生活大部分不能自理。

中度智能减退：IQ40～54之间；能掌握日常生活用语，但词汇贫乏，对周围环境辨别能力差，只能以简单的方式与人交往；生活部分不能自理，能做简单劳动。

轻度智能减退：IQ55～69之间；无明显语言障碍，对周围环境有较好的辨别能力，能比较恰当的与人交往；生活能自理，能做一般非技术性工作。

边缘智能状态：IQ70～84之间；抽象思维能力或者思维广度、深度机敏性显示不良；不能完成高级复杂的脑力劳动。

B.1.2　器质性精神障碍

有明确的颅脑损伤伴不同程度的意识障碍病史，并且精神障碍发生和病程与颅脑损伤相关。症状表现为：意识障碍；遗忘综合征；痴呆；器质性人格改变；精神病性症状；神经症样症状；现实检验能力或者社会功能减退。

B.1.3　生活自理能力

生活自理能力主要包括以下5项：（1）进食。（2）翻身。（3）大、小便。（4）穿衣、洗漱。（5）自主行动。

生活完全不能自理：是指上述5项均需依赖护理者。

生活大部分不能自理：是指上述5项中3项以上需依赖护理者。

生活部分不能自理：是指上述5项中1项以上需依赖护理者。

B.1.4　肌瘫（肌力）

0级：肌肉完全瘫痪，毫无收缩。

1级：可看到或者触及肌肉轻微收缩，但不能产生动作。

2级：肌肉在不受重力影响下，可进行运动，即肢体能在床面上移动，但不能抬高。

3级：在和地心引力相反的方向中尚能完成其动作，但不能对抗外加的阻力。

4级：能对抗一定的阻力，但较正常人为低。

5级：正常肌力。

B.1.5　非肢体瘫的运动障碍

非肢体瘫的运动障碍包括肌张力增高，共济失调，不自主运动或者震颤等。根据其对生活自理影响的程度划分为轻、中、重三度。

重度：不能自行进食，大小便，洗漱，翻身和穿衣，需要他人护理。

中度：上述动作困难，但在他人帮助下可以完成。

轻度：完成上述动作虽有一些困难，但基本可以自理。

B.1.6　外伤性迟发性癫痫应具备的条件：（1）确证的头部外伤史。（2）头部外伤90日后仍被证实有癫痫的临床表现。（3）脑电图检查（包括常规清醒脑电图检查、睡眠脑电图检查或者较长时间连续同步录像脑电图检查等）显示异常脑电图。（4）影像学检查确证颅脑器质性损伤。

B.1.7　肛门失禁

重度：大便不能控制；肛门括约肌收缩力很弱或者丧失；肛门括约肌收缩反射很弱或者消失；直肠内压测定，肛门注水法<20cmH$_2$O。

轻度：稀便不能控制；肛门括约肌收缩力较弱；肛门括约肌收缩反射较弱；直肠内压测定，肛门注水法 20~30cmH$_2$O。

B.1.8　排尿障碍

重度：出现真性重度尿失禁或者尿潴留残余尿≥50mL。

轻度：出现真性轻度尿失禁或者尿潴留残余尿<50mL。

B.2　头面部损伤

B.2.1　眼睑外翻

重度外翻：睑结膜严重外翻，穹隆部消失。

中度外翻：睑结膜和睑板结膜外翻。

轻度外翻：睑结膜与眼球分离，泪点脱离泪阜。

B.2.2　容貌毁损

重度：面部瘢痕畸形，并有以下6项中4项者。（1）眉毛缺失；（2）双睑外翻或者缺失；（3）外耳缺失；（4）鼻缺失；（5）上、下唇外翻或者小口畸形；（6）颈颏粘连。

中度：具有以下6项中3项者。（1）眉毛部分缺失；（2）眼睑外翻或者部分缺失；（3）耳廓部分缺失；（4）鼻翼部分缺失；（5）唇外翻或者小口畸形；（6）颈部瘢痕畸形。

轻度：含中度畸形6项中2项者。

B.2.3　面部及中心区面部的范围是指前额发际下，两耳屏前与下颌下缘之间的区域，包括额部、眶部、鼻部、口唇部、颏部、颞部、颊部、腮腺咬肌部。

面部中心区：以眉弓水平线为上横线，以下唇唇红缘中点处作水平线为下横线，以双侧外眦处作2条垂直线，上述4条线围绕的中央部分为中心区。

B.2.4　面瘫（面神经麻痹）

本标准涉及的面瘫主要是指外周性（核下性）面神经损伤所致。

完全性面瘫：是指面神经5个分支（颞支、颧支、颊支、下颌缘支和颈支）支配的全部颜面肌肉瘫痪，表现为：额纹消失，不能皱眉；眼睑不能充分闭合，鼻唇沟变浅；口角下垂，不能示齿，鼓腮，吹口哨，饮食时汤水流逸。

不完全性面瘫：是指面神经颧支、下颌支或者颞支和颊支损伤出现部分上述症状和体征。

B.2.5 张口困难分级

张口困难Ⅰ度：大张口时，只能垂直置入示指和中指。

张口困难Ⅱ度：大张口时，只能垂直置入示指。

张口困难Ⅲ度：大张口时，上、下切牙间距小于示指之横径。

B.3 听器听力损伤

听力损失计算应按照世界卫生组织推荐的听力减退分级的频率范围，取 0.5、1、2、4kHz4 个频率气导听阈级的平均值。如所得均值不是整数，则小数点后之尾数采用 4 舍 5 入法进为整数。

纯音听阈级测试时，如某一频率纯音气导最大声输出仍无反应时，以最大声输出值作为该频率听阈级。

听觉诱发电位测试时，若最大输出声强仍引不出反应波形的，以最大输出声强为反应阈值。在听阈评估时，听力学单位一律使用听力级（dB HL）。一般情况下，受试者听觉诱发电位反应阈要比其行为听阈高 10~20 dB（该差值又称"校正值"），即受试者的行为听阈等于其听觉诱发电位反应阈减去"校正值"。听觉诱发电位检测实验室应建立自己的"校正值"，如果没有自己的"校正值"，则取平均值（15 dB）作为"较正值"。

纯音气导听阈级应考虑年龄因素，按照《纯音气导阈的年龄修正值》（GB7582-87）听阈级偏差的中值（50%）进行修正，其中 4000Hz 的修正值参考 2000Hz 的数值。

表 B.1 纯音气导阈值的年龄修正值（GB7582-87）

年龄	男			女		
	500Hz	1000Hz	2000Hz	500Hz	1000Hz	2000Hz
30	1	1	1	1	1	1
40	2	2	3	2	2	3
50	4	4	7	4	4	6
60	6	7	12	6	7	11
70	10	11	19	10	11	16

B.4 视觉器官损伤

B.4.1 盲及视力损害分级

表 B.2 盲及视力损害分级标准（2003 年，WHO）

分类	远视力低于	远视力等于或优于
轻度或无视力损害		0.3
中度视力损害（视力损害 1 级）	0.3	0.1
重度视力损害（视力损害 2 级）	0.1	0.05
盲（盲目 3 级）	0.05	0.02
盲（盲目 4 级）	0.02	光感
盲（盲目 5 级）		无光感

表 B.3　视野有效值与视野半径的换算

视野有效值（%）	视野度数（半径）
8	5°
16	10°
24	15°
32	20°
40	25°
48	30°
56	35°
64	40°
72	45°
80	50°
88	55°
96	60°

B.5　颈部损伤

B.5.1　甲状腺功能低下

重度：临床症状严重；T3、T4 或者 FT3、FT4 低于正常值，TSH>50μU/L。

中度：临床症状较重；T3、T4 或者 FT3、FT4 正常，TSH>50μU/L。

轻度：临床症状较轻；T3、T4 或者 FT3、FT4 正常，TSH，轻度增高但<50μU/L。

B.5.2　甲状旁腺功能低下（以下分级需结合临床症状分析）

重度：空腹血钙<6mg/dL。

中度：空腹血钙 6~7mg/dL。

轻度：空腹血钙 7.1~8mg/dL。

B.5.3　发声功能障碍

重度：声哑、不能出声。

轻度：发音过弱、声嘶、低调、粗糙、带鼻音。

B.5.4　构音障碍

严重构音障碍：表现为发音不分明，语不成句，难以听懂，甚至完全不能说话。

轻度构音障碍：表现为发音不准，吐字不清，语调速度、节律等异常，鼻音过重。

B.6　胸部损伤

B.6.1　心功能分级

Ⅰ级：体力活动不受限，日常活动不引起过度的乏力、呼吸困难或者心悸。即心功能代偿期。

Ⅱ级：体力活动轻度受限，休息时无症状，日常活动即可引起乏力、心悸、呼吸困难或者心绞痛。亦称Ⅰ度或者轻度心衰。

Ⅲ级：体力活动明显受限，休息时无症状，轻于日常的活动即可引起上述症状。亦称Ⅱ度或者中度心衰。

Ⅳ级：不能从事任何体力活动，休息时亦有充血性心衰或心绞痛症状，任何体力活动后加重。亦称Ⅲ度或者重度心衰。

B.6.2 呼吸困难

1级：与同年龄健康者在平地一同步行无气短，但登山或者上楼时呈气短。

2级：平路步行1000m无气短，但不能与同龄健康者保持同样速度，平路快步行走呈现气短，登山或者上楼时气短明显。

3级：平路步行100m即有气短。

4级：稍活动（如穿衣、谈话）即气短。

B.6.3 窒息征象

临床表现为面、颈、上胸部皮肤出现针尖大小的出血点，以面部与眼眶部为明显；球睑结膜下出现出血斑点。

B.7 腹部损伤

B.7.1 肝功能损害

表B.4 肝功能损害分度

程度	血清清蛋白	血清总胆红素	腹水	脑症	凝血酶原时间
重度	<2.5g/dL	>3.0mg/dL	顽固性	明显	明显延长（较对照组>9秒）
中度	2.5~3.0g/dL	2.0~3.0mg/dL	无或者少量，治疗后消失	无或者轻度	延长（较对照组>6秒）
轻度	3.1~3.5g/dL	1.5~2.0mg/dL	无	无	稍延长（较对照组>3秒）

B.7.2 肾功能不全

表B.5 肾功能不全分期

分期	内生肌酐清除率	血尿素氮浓度	血肌酐浓度	临床症状
代偿期	降至正常的50% 50~70mL/min	正常	正常	通常无明显临床症状
失代偿期	25~49mL/min		>177μmol/L（2mg/dL）但<450μmol/L（5mg/dL）	无明显临床症状，可有轻度贫血；夜尿、多尿
尿毒症期	<25mL/min	>21.4mmol/L（60mg/dL）	450~707μmol/L（5~8mg/dL）	常伴有酸中毒和严重尿毒症临床症状

B.7.3 会阴及阴道撕裂

Ⅰ度：会阴部粘膜、阴唇系带、前庭粘膜、阴道粘膜等处有撕裂，但未累及肌层及筋膜。

Ⅱ度：撕裂伤累及盆底肌肉筋膜，但未累及肛门括约肌。

Ⅲ度：肛门括约肌全部或者部分撕裂，甚至直肠前壁亦被撕裂。

B.8 其他损伤

B.8.1 烧烫伤分度

表 B.6　烧伤深度分度

程度		损伤组织	烧伤部位特点	愈后情况
Ⅰ度		表皮	皮肤红肿，有热、痛感，无水疱、干燥，局部温度稍有增高	不留瘢痕
Ⅱ度	浅Ⅱ度	真皮浅层	剧痛，表皮有大而薄的水疱，疱底有组织充血和明显水肿；组织坏死仅限于皮肤的真皮层，局部温度明显增高	不留瘢痕
	深Ⅱ度	真皮深层	痛，损伤已达真皮深层，水疱较小，表皮和真皮层大部分凝固和坏死。将已分离的表皮揭去，可见基底微湿，色泽苍白上有红出血点，局部温度较低	可留下瘢痕
Ⅲ度		全层皮肤或者皮下组织、肌肉、骨骼	不痛，皮肤全层坏死，干燥如皮革样，不起水疱，蜡白或者焦黄、炭化，知觉丧失，脂肪层的大静脉全部坏死，局部温度低，发凉	需自体皮肤移植，有瘢痕或者畸形

B.8.2　电击伤

Ⅰ度：全身症状轻微，只有轻度心悸。触电肢体麻木，全身无力，如极短时间内脱离电源，稍休息可恢复正常。

Ⅱ度：触电肢体麻木，面色苍白，心跳、呼吸增快，甚至昏厥、意识丧失，但瞳孔不散大，对光反射存在。

Ⅲ度：呼吸浅而弱、不规则，甚至呼吸骤停。心律不齐，有室颤或者心搏骤停。

B.8.3　溺水

重度：落水后3~4分钟，神志昏迷，呼吸不规则，上腹部膨胀，心音减弱或者心跳、呼吸停止。淹溺到死亡的时间一般为5~6分钟。

中度：落水后1~2分钟，神志模糊，呼吸不规则或者表浅，血压下降，心跳减慢，反射减弱。

轻度：刚落水片刻，神志清，血压升高，心率、呼吸增快。

B.8.4　挤压综合征

系人体肌肉丰富的四肢与躯干部位因长时间受压（例如暴力挤压）或者其他原因造成局部循环障碍，结果引起肌肉缺血性坏死，出现肢体明显肿胀、肌红蛋白尿及高血钾等为特征的急性肾功能衰竭。

Ⅰ级：肌红蛋白尿试验阳性，肌酸磷酸激酶（CPK）增高，而无肾衰等周身反应者。

Ⅱ级：肌红蛋白尿试验阳性，肌酸磷酸激酶（CPK）明显升高，血肌酐和尿素氮增高，少尿，有明显血浆渗入组织间隙，致有效血容量丢失，出现低血压者。

Ⅲ级：肌红蛋白尿试验阳性，肌酸磷酸激酶（CPK）显著升高，少尿或者尿闭，休克，代谢性酸中毒以及高血钾者。

B.8.5　急性呼吸窘迫综合征

急性呼吸窘迫综合征（ARDS）须具备以下条件：（1）有发病的高危因素。（2）急性起病，呼吸频率数和/或呼吸窘迫。（3）低氧血症，$PaO_2/FiO_2 \leqslant 200mmHg$。（4）胸部X线检查两肺浸润影。（5）肺毛细血管楔压（PCWP）$\leqslant 18mmHg$，或者临床上除外心源性肺水肿。

凡符合以上5项可诊断为ARDS。

表 B.7 急性呼吸窘迫综合征分度

程度	临床分级			血气分析分级	
	呼吸频率	临床表现	X 线示	吸空气	吸纯氧 15 分钟后
轻度	>35 次/分	无发绀	无异常或者纹理增多,边缘模糊	氧分压<8.0kPa 二氧化碳分压<4.7kPa	氧分压<46.7kPa Qs/Qt>10%
中度	>40 次/分	发绀,肺部有异常体征	斑片状阴影或者呈磨玻璃样改变,可见支气管气相	氧分压<6.7kPa 二氧化碳分压<5.3kPa	氧分压<20.0kPa Qs/Qt>20%
重度	呼吸极度窘迫	发绀进行性加重,肺广泛湿罗音或者实变	双肺大部分密度普遍增高,支气管气相明显	氧分压<5.3kPa (40mmHg) 二氧化碳分压>6.0kPa	氧分压<13.3kPa Qs/Qt>30%

B.8.6 脂肪栓塞综合征

不完全型(或者称部分症候群型):伤者骨折后出现胸部疼痛、咳呛震痛、胸闷气急、痰中带血、神疲身软、面色无华,皮肤出现瘀血点、上肢无力伸举、脉多细涩。实验室检查有明显低氧血症,预后一般良好。

完全型(或者称典型症候群型):伤者创伤骨折后出现神志恍惚、严重呼吸困难、口唇紫绀、胸闷欲绝、脉细涩。本型初起表现为呼吸和心动过速、高热等非特异症状。此后出现呼吸窘迫、神志不清以至昏迷等神经系统症状,在眼结膜及肩、胸皮下可见散在瘀血点,实验室检查可见血色素降低,血小板减少,血沉增快以及出现低氧血症。肺部 X 线检查可见多变的进行性的肺部斑片状阴影改变和右心扩大。

B.8.7 休克分度

表 B.8 休克分度

程度	血压(收缩压)kPa	脉搏(次/分)	全身状况
轻度	12~13.3 (90~100mmHg)	90~100	尚好
中度	10~12 (75~90mmHg)	110~130	抑制、苍白、皮肤冷
重度	<10 (<75mmHg)	120~160	明显抑制
垂危	0		呼吸障碍、意识模糊

B.8.8 器质性阴茎勃起障碍

重度:阴茎无勃起反应,阴茎硬度及周径均无改变。
中度:阴茎勃起时最大硬度>0,<40%,每次勃起持续时间<10 分钟。
轻度:阴茎勃起时最大硬度≥40%,<60%,每次勃起持续时间<10 分钟。

附录 C(资料性附录) 人体损伤程度

C.1 视力障碍检查

视力记录可采用小数记录或者 5 分记录两种方式。视力(指远距视力)经用镜片(包括接触镜、针孔镜等),纠正达到正常视力范围(0.8 以上)或者接近正常视力范围(0.4~0.8)的都不属视力障碍范围。

中心视力好而视野缩小,以注视点为中心,视野半径小于 10 度而大于 5 度者为盲目 3

级，如半径小于5度者为盲目4级。

周边视野检查：视野缩小系指因损伤致眼球注视前方而不转动所能看到的空间范围缩窄，以致难以从事正常工作、学习或者其它活动。

对视野检查要求，视标颜色：白色，视标大小：5mm，检查距离330mm，视野背景亮度：31.5asb。

周边视野缩小，鉴定以实测得八条子午线视野值的总和计算平均值，即有效视野值。

视力障碍检查具体方法参考《视觉功能障碍法医鉴定指南》（SF/Z JD0103004）。

C.2 听力障碍检查

听力障碍检查应符合《听力障碍的法医学评定》（GA/T 914）。

C.3 前庭平衡功能检查

本标准所指的前庭平衡功能丧失及前庭平衡功能减退，是指外力作用颅脑或者耳部，造成前庭系统的损伤。伤后出现前庭平衡功能障碍的临床表现，自发性前庭体征检查法和诱发性前庭功能检查法等有阳性发现（如眼震电图/眼震视视、静、动态平衡仪、前庭诱发电位等检查），结合听力检查和神经系统检查，以及影像学检查综合判定，确定前庭平衡功能是丧失，或者减退。

C.4 阴茎勃起功能检测

阴茎勃起功能检测应满足阴茎勃起障碍法医学鉴定的基本要求，具体方法参考《男子性功能障碍法医学鉴定规范》（SF/Z JD0103002）。

C.5 体表面积计算

九分估算法：成人体表面积视为100%，将总体表面积划分为11个9%等面积区域，即头（面）颈部占1个9%，双上肢占2个9%，躯干前后及会阴部占3个9%，臀部及双下肢占5个9%+1%（见表B2）。

表 C.1 体表面积的九分估算法

部位	面积,%	按九分法面积,%
头	6	$(1\times9) = 9$
颈	3	
前躯	13	
后躯	13	$(3\times9) = 27$
会阴	1	
双上臂	7	
双前臂	6	$(2\times9) = 18$
双手	5	
臀	5	
双大腿	21	$(5\times9+1) = 46$
双小腿	13	
双足	7	
全身合计	100	$(11\times9+1) = 100$

注：12岁以下儿童体表面积：头颈部=9+（12-年龄），双下肢=46-（12-年龄）

手掌法：受检者五指并拢，一掌面相当其自身体表面积的1%。

公式计算法：S（平方米）= 0.0061×身长（cm）+0.0128×体重（kg）-0.1529

C.6 肢体关节功能丧失程度评价

肢体关节功能评价使用说明（适用于四肢大关节功能评定）：

1. 各关节功能丧失程度等于相应关节所有轴位（如腕关节有两个轴位）和所有方位（如腕关节有四个方位）功能丧失值的之和再除以相应关节活动的方位数之和。例如：腕关节掌屈40度，背屈30度，桡屈15度，尺屈20度。查表得相应功能丧失值分别为30%、40%、60%和60%，求得腕关节功能丧失程度为47.5%。如果掌屈伴肌力下降（肌力3级），查表得相应功能丧失值分别为65%、40%、60%和60%。求得腕关节功能丧失程度为56.25%。

2. 当关节活动受限于某一方位时，其同一轴位的另一方位功能丧失值以100%计。如腕关节掌屈和背屈轴位上的活动限制在掌屈10度与40度之间，则背屈功能丧失值以100%计，而掌屈以40度计，查表得功能丧失值为30%，背屈功能以100%计，则腕关节功能丧失程度为65%。

3. 对疑有关节病变（如退行性变）并影响关节功能时，伤侧关节功能丧失值应与对侧进行比较，即同时用查表法分别求出伤侧和对侧关节功能丧失值，并用伤侧关节功能丧失值减去对侧关节功能丧失值即为伤侧关节功能实际丧失值。

4. 由于本标准对于关节功能的评定已经考虑到肌力减退对关节功能的影响，故在测量关节运动活动度时，应以关节被动活动度为准。

C.6.1 肩关节功能丧失程度评定

表 C.2 肩关节功能丧失程度（%）

	关节运动活动度	≤M1	M2	M3	M4	M5
前屈	≥171	100	75	50	25	0
	151~170	100	77	55	32	10
	131~150	100	80	60	40	20
	111~130	100	82	65	47	30
	91~110	100	85	70	55	40
	71~90	100	87	75	62	50
	51~70	100	90	80	70	60
	31~50	100	92	85	77	70
	≤30	100	95	90	85	80
后伸	≥41	100	75	50	25	0
	31~40	100	80	60	40	20
	21~30	100	85	70	55	40
	11~20	100	90	80	70	60
	≤10	100	95	90	85	80

续表

关节运动活动度		≤M1	M2	M3	M4	M5
外展	≥171	100	75	50	25	0
	151~170	100	77	55	32	10
	131~150	100	80	60	40	20
	111~130	100	82	65	47	30
	91~110	100	85	70	55	40
	71~90	100	87	75	62	50
	51~70	100	90	80	70	60
	31~50	100	92	85	77	70
	≤30	100	95	90	85	80
内收	≥41	100	75	50	25	0
	31~40	100	80	60	40	20
	21~30	100	85	70	55	40
	11~20	100	90	80	70	60
	≤10	100	95	90	85	80
内旋	≥81	100	75	50	25	0
	71~80	100	77	55	32	10
	61~70	100	80	60	40	20
	51~60	100	82	65	47	30
	41~50	100	85	70	55	40
	31~40	100	87	75	62	50
	21~30	100	90	80	70	60
	11~20	100	92	85	77	70
	≤10	100	95	90	85	80
外旋	≥81	100	75	50	25	0
	71~80	100	77	55	32	10
	61~70	100	80	60	40	20
	51~60	100	82	65	47	30
	41~50	100	85	70	55	40
	31~40	100	87	75	62	50
	21~30	100	90	80	70	60
	11~20	100	92	85	77	70
	≤10	100	95	90	85	80

C.6.2 肘关节功能丧失程度评定

表C.3 肘关节功能丧失程度（%）

关节运动活动度		≤M1	M2	M3	M4	M5
		肌 力				
屈曲	≥41	100	75	50	25	0
	36~40	100	77	55	32	10
	31~35	100	80	60	40	20
	26~30	100	82	65	47	30
	21~25	100	85	70	55	40
	16~20	100	87	75	62	50
	11~15	100	90	80	70	60
	6~10	100	92	85	77	70
	≤5	100	95	90	85	80
伸展	81~90	100	75	50	25	0
	71~80	100	77	55	32	10
	61~70	100	80	60	40	20
	51~60	100	82	65	47	30
	41~50	100	85	70	55	40
	31~40	100	87	75	62	50
	21~30	100	90	80	70	60
	11~20	100	92	85	77	70
	≤10	100	95	90	85	80

注：为方便肘关节功能计算，此处规定肘关节以屈曲90度为中立位0度。

C.6.3 腕关节功能丧失程度评定

表C.4 腕关节功能丧失程度（%）

关节运动活动度		≤M1	M2	M3	M4	M5
		肌 力				
掌屈	≥61	100	75	50	25	0
	51~60	100	77	55	32	10
	41~50	100	80	60	40	20
	31~40	100	82	65	47	30
	26~30	100	85	70	55	40
	21~25	100	87	75	62	50
	16~20	100	90	80	70	60
	11~15	100	92	85	77	70
	≤10	100	95	90	85	80

续表

关节运动活动度		≤M1	M2	M3	M4	M5
			肌 力			
背屈	≥61	100	75	50	25	0
	51~60	100	77	55	32	10
	41~50	100	80	60	40	20
	31~40	100	82	65	47	30
	26~30	100	85	70	55	40
	21~25	100	87	75	62	50
	16~20	100	90	80	70	60
	11~15	100	92	85	77	70
	≤10	100	95	90	85	80
桡屈	≥21	100	75	50	25	0
	16~20	100	80	60	40	20
	11~15	100	85	70	55	40
	6~10	100	90	80	70	60
	≤5	100	95	90	85	80
尺屈	≥41	100	75	50	25	0
	31~40	100	80	60	40	20
	21~30	100	85	70	55	40
	11~20	100	90	80	70	60
	≤10	100	95	90	85	80

C.6.4 髋关节功能丧失程度评定

表 C.5 髋关节功能丧失程度（%）

关节运动活动度		≤M1	M2	M3	M4	M5
			肌 力			
前屈	≥121	100	75	50	25	0
	106~120	100	77	55	32	10
	91~105	100	80	60	40	20
	76~90	100	82	65	47	30
	61~75	100	85	70	55	40
	46~60	100	87	75	62	50
	31~45	100	90	80	70	60
	16~30	100	92	85	77	70
	≤15	100	95	90	85	80
后伸	≥11	100	75	50	25	0
	6~10	100	85	70	55	20
	1~5	100	90	80	70	50
	0	100	95	90	85	80

续表

关节运动活动度		≤M1	M2	M3	M4	M5
				肌　力		
外展	≥41	100	75	50	25	0
	31~40	100	80	60	40	20
	21~30	100	85	70	55	40
	11~20	100	90	80	70	60
	≤10	100	95	90	85	80
内收	≥16	100	75	50	25	0
	11~15	100	80	60	40	20
	6~10	100	85	70	55	40
	1~5	100	90	80	70	60
	0	100	95	90	85	80
外旋	≥41	100	75	50	25	0
	31~40	100	80	60	40	20
	21~30	100	85	70	55	40
	11~20	100	90	80	70	60
	≤10	100	95	90	85	80
内旋	≥41	100	75	50	25	0
	31~40	100	80	60	40	20
	21~30	100	85	70	55	40
	11~20	100	90	80	70	60
	≤10	100	95	90	85	80

注：表中前屈指屈膝位前屈。

C.6.5　膝关节功能丧失程度评定

表 C.6　膝关节功能丧失程度（%）

关节运动活动度		≤M1	M2	M3	M4	M5
				肌　力		
屈曲	≥130	100	75	50	25	0
	116~129	100	77	55	32	10
	101~115	100	80	60	40	20
	86~100	100	82	65	47	30
	71~85	100	85	70	55	40
	61~70	100	87	75	62	50
	46~60	100	90	80	70	60
	31~45	100	92	85	77	70
	≤30	100	95	90	85	80

续表

关节运动活动度	肌力				
	≤M1	M2	M3	M4	M5
≤-5	100	75	50	25	0
-6~-10	100	77	55	32	10
-11~-20	100	80	60	40	20
-21~-25	100	82	65	47	30
-26~-30	100	85	70	55	40
-31~-35	100	87	75	62	50
-36~-40	100	90	80	70	60
-41~-45	100	92	85	77	70
≥46	100	95	90	85	80

（伸展）

注：表中负值表示膝关节伸展时到达功能位（直立位）所差的度数。

使用说明：考虑到膝关节同一轴位屈伸活动相互重叠，膝关节功能丧失程度的计算方法与其他关节略有不同，即根据关节屈曲与伸展运动活动度查表得出相应功能丧失程度，再求和即为膝关节功能丧失程度。当二者之和大于100%时，以100%计算。

C.6.6 踝关节功能丧失程度评定

表C.7 踝关节功能丧失程度（%）

关节运动活动度	肌力				
	≤M1	M2	M3	M4	M5
≥16	100	75	50	25	0
11~15	100	80	60	40	20
6~10	100	85	70	55	40
1~5	100	90	80	70	60
0	100	95	90	85	80
≥41	100	75	50	25	0
31~40	100	80	60	40	20
21~30	100	85	70	55	40
11~20	100	90	80	70	60
≤10	100	95	90	85	80

（背屈／跖屈）

C.7 手功能计算

C.7.1 手缺失和丧失功能的计算

一手拇指占一手功能的36%，其中末节和近节指节各占18%；食指、中指各占一手功能的18%，其中末节指节占8%，中节指节占7%，近节指节占3%；无名指和小指各占一手功能的9%，其中末节指节占4%，中节指节占3%，近节指节占2%。一手掌占一手功能的10%，其中第一掌骨占4%，第二、第三掌骨各占2%，第四、第五掌骨各占1%。本标准中，双手缺失或丧失功能的程度是按前面方法累加计算的结果。

C.7.2 手感觉丧失功能的计算

手感觉丧失功能是指因事故损伤所致手的掌侧感觉功能的丧失。手感觉丧失功能的计算按相应手功能丧失程度的50%计算。

【法〔2014〕3号】　最高人民法院关于执行《人体损伤程度鉴定标准》有关问题的通知（2014年1月2日）

一、致人损伤的行为发生在2014年1月1日之前，尚未审判或者正在审判的案件，需要进行损伤程度鉴定的，适用原鉴定标准。但按照《损伤标准》不构成损伤或者损伤程度较轻的，适用《损伤标准》。

二、致人损伤的行为发生在2014年1月1日之后，需要进行损伤程度鉴定的，适用《损伤标准》。

三、2014年1月1日前已发生法律效力的判决、裁定，按照当时的法律和司法解释，认定事实和适用法律没有错误的，不再变动。当事人及其法定代理人、近亲属以《损伤程度》的相关规定发生变更为由申请再审的，人民法院不予受理。

四、对于正在审理案件需要进行损伤程度鉴定的，司法技术部门应做好前期技术审核工作，在对外委托时应明确向鉴定机构提出适用标准。

【司鉴〔2014〕1号】　司法部司法鉴定管理局关于适用《人体损伤程度鉴定标准》有关问题的通知（经与最高法等有关部门协商，2014年1月6日印发）

（第一、二条内容同"法〔2014〕3号"《通知》）

三、对于2014年1月1日前已发生法律效力的判决、裁定，需要进行重新鉴定的，依照原鉴定标准进行。

【法刊文摘】　检答网集萃52：盆腔积血是否可以适用《人体损伤程度鉴定标准》第5.7.4 h）条款（检察日报2021年7月26日）

咨询内容（天津和平韩飞）：故意伤害案件中，被害人自行CT检查发现盆腔积液、积血，但未做穿刺取样，法医鉴定中心依据《人体损伤程度鉴定标准》第5.7.4 h）条，认为其伤情构成轻伤二级。承办人查询发现，该条款规定是腹腔积血或者腹膜后血肿构成轻伤二级。且《人体损伤程度鉴定标准》明确区分了腹部和盆部。问题1：是否必须经穿刺取样检验方能认定被害人盆腔确系积血？问题2：盆腔积血能否适用腹部损伤的条款？

解答摘要（张阿众）：1.原则上通过CT、超声等无创检查能够确证的盆腔积血，穿刺等有创检查并不是必须的。2.既然腹部损伤和盆部损伤分成两处，那么对于腹腔与盆腔以狭义理解为宜。对于该部位分类下未涉及到的损伤，在鉴定损伤程度时应采审慎态度。考虑到标准适用中可能会遇到未能涵盖的损伤情况，标准制定者在附则中单独设置了6.4条——本标准未作具体规定的损伤，可以遵循损伤程度等级划分原则，比照本标准相近条款进行损伤程度鉴定。因此，盆腔积血鉴定如适用腹部损伤的5.7.4 h）条，应同时依据标准6.4条。

【联合公告〔2016〕号】　最高人民法院、最高人民检察院、公安部、国家安全部、司法部关于发布《人体损伤致残程度分级》的公告（2016年4月18日）

为进一步规范人体损伤致残程度鉴定，现公布《人体损伤致残程度分级》，自2017年1月1日起施行。司法鉴定机构和司法鉴定人进行人体损伤致残程度鉴定统一适用《人体损伤致残程度分级》①。

人体损伤致残程度分级

3 术语和定义

3.1 损伤：各种因素造成的人体组织器官结构破坏和/或功能障碍。

3.2 残疾：人体组织器官结构破坏或者功能障碍，以及个体在现代临床医疗条件下难以恢复的生活、工作、社会活动能力不同程度的降低或者丧失。

4 总则

4.1 鉴定原则

应以损伤治疗后果或者结局为依据，客观评价组织器官缺失和/或功能障碍程度，科学分析损伤与残疾之间的因果关系，实事求是地进行鉴定。

受伤人员符合2处以上致残程度等级者，鉴定意见中应该分别写明各处的致残程度等级。

4.2 鉴定时机

应在原发性损伤及其与之确有关联的并发症治疗终结或者临床治疗效果稳定后进行鉴定。

4.3 伤病关系处理

当损伤与原有伤、病共存时，应分析损伤与残疾后果之间的因果关系。根据损伤在残疾后果中的作用力大小确定因果关系的不同形式，可依次分别表述为：完全作用、主要作用、同等作用、次要作用、轻微作用、没有作用。

除损伤"没有作用"以外，均应按照实际残情鉴定致残程度等级，同时说明损伤与残疾后果之间的因果关系；判定损伤"没有作用"的，不应进行致残程度鉴定。

4.4 致残等级划分

本标准将人体损伤致残程度划分为10个等级，从一级（人体致残率100%）到十级（人体致残率10%），每级致残率相差10%。致残程度等级划分依据见附录A。

4.5 判断依据

依据人体组织器官结构破坏、功能障碍及其对医疗、护理的依赖程度，适当考虑由于残疾引起的社会交往和心理因素影响，综合判定致残程度等级。

5 致残程度分级

5.1 一级

5.1.1 颅脑、脊髓及周围神经损伤 1）持续性植物生存状态；2）精神障碍或者极重度智能减退，日常生活完全不能自理；3）四肢瘫（肌力3级以下）或者三肢瘫（肌力2级以下）；4）截瘫（肌力2级以下）伴重度排便功能障碍与重度排尿功能障碍。

5.1.2 颈部及胸部损伤 1）心功能不全，心功能Ⅳ级；2）严重器质性心律失常，心功能Ⅲ级；3）心脏移植术后，心功能Ⅲ级；4）心肺联合移植术后；5）肺移植术后呼吸困难（极重度）。

5.1.3 腹部损伤 1）原位肝移植术后肝衰竭晚期；2）双肾切除术后或者孤肾切除

---

① 该《分级》保留认可《劳动能力鉴定——职工工伤与职业病致残等级》（GB/T 16180-2014），但取代了《道路交通事故受伤人员伤残评定》（GB/T 18667-2002）。

后，需透析治疗维持生命；肾移植术后肾衰竭。

5.1.4 脊柱、骨盆及四肢损伤 1) 三肢缺失（上肢肘关节以上，下肢膝关节以上）；2) 二肢缺失（上肢肘关节以上，下肢膝关节以上），第三肢各大关节功能丧失均达75%；3) 2肢缺失（上肢肘关节以上，下肢膝关节以上），第三肢任二大关节均强直固定或者功能丧失均达90%。

5.2 二级

5.2.1 颅脑、脊髓及周围神经损伤 1) 精神障碍或者重度智能减退，日常生活随时需有人帮助；2) 3肢瘫（肌力3级以下）；3) 偏瘫（肌力2级以下）；4) 截瘫（肌力2级以下）；5) 非肢体瘫运动障碍（重度）。

5.2.2 头面部损伤 1) 容貌毁损（重度）；2) 上颌骨或者下颌骨完全缺损；3) 双眼球缺失或者萎缩；4) 双眼盲目5级；5) 双侧眼睑严重畸形（或者眼睑重度下垂，遮盖全部瞳孔），伴双眼盲目3级以上。

5.2.3 颈部及胸部损伤 1) 呼吸困难（极重度）；2) 心脏移植术后；3) 肺移植术后。

5.2.4 腹部损伤：1) 肝衰竭晚期；2) 肾衰竭；3) 小肠大部分切除术后，消化吸收功能丧失，完全依赖肠外营养。

5.2.5 脊柱、骨盆及四肢损伤 1) 双上肢肘关节以上缺失，或者一上肢肘关节以上缺失伴一下肢膝关节以上缺失；2) 一肢缺失（上肢肘关节以上，下肢膝关节以上），其余任2肢体各有二大关节功能丧失均达75%；3) 双上肢各大关节均强直固定或者功能丧失均达90%。

5.2.6 体表及其他损伤 1) 皮肤瘢痕形成达体表面积90%；2) 重型再生障碍性贫血。

5.3 三级

5.3.1 颅脑、脊髓及周围神经损伤 1) 精神障碍或者重度智能减退，不能完全独立生活，需经常有人监护；2) 完全感觉性失语或者混合性失语；3) 截瘫（肌力3级以下）伴排便或者排尿功能障碍；4) 双手全肌瘫（肌力2级以下），伴双腕关节功能丧失均达75%；5) 重度排便功能障碍伴重度排尿功能障碍。

5.3.2 头面部损伤 1) 一眼球缺失、萎缩或者盲目5级，另一眼盲目3级；2) 双眼盲目4级；3) 双眼视野接近完全缺损，视野有效值≤4%（直径≤5°）；4) 吞咽功能障碍，完全依赖胃管进食。

5.3.3 颈部及胸部损伤 1) 食管闭锁或者切除术后，摄食依赖胃造口或者空肠造口；2) 心功能不全，心功能Ⅲ级。

5.3.4 腹部损伤 1) 全胰缺失；2) 一侧肾切除术后，另一侧肾功能重度下降；3) 小肠大部分切除术后，消化吸收功能严重障碍，大部分依赖肠外营养。

5.3.5 盆部及会阴部损伤 1) 未成年人双侧卵巢缺失或者萎缩，完全丧失功能；2) 未成年人双侧睾丸缺失或者萎缩，完全丧失功能；3) 阴茎接近完全缺失（残留长度≤1.0cm）。

5.3.6 脊柱、骨盆及四肢损伤 1) 2肢缺失（上肢腕关节以上，下肢膝关节以上）；2) 1肢缺失（上肢腕关节以上，下肢膝关节以上），另一肢各大关节均强直固定或者功能丧失均达90%；3) 双上肢各大关节功能丧失均达75%；双下肢各大关节均强直固定或者功能丧失均达90%；一上肢与一下肢各大关节均强直固定或者功能丧失均达90%。

5.4 四级

5.4.1 颅脑、脊髓及周围神经损伤 1) 精神障碍或者中度智能减退，日常生活能力严重受限，间或需要帮助；2）外伤性癫痫（重度）；3）偏瘫（肌力3级以下）；4）截瘫（肌力3级以下）；5）阴茎器质性勃起障碍（重度）。

5.4.2 头面部损伤 1）符合容貌毁损（重度）标准之3项者；2）上颌骨或者下颌骨缺损达1/2；3）一眼球缺失、萎缩或者盲目5级，另一眼重度视力损害；4）双眼盲目3级；5）双眼视野极度缺损，视野有效值≤8%（直径≤10°）；6）双耳听力障碍≥91dB HL。

5.4.3 颈部及胸部损伤 1）严重器质性心律失常，心功能Ⅱ级；2）一侧全肺切除术后；3）呼吸困难（重度）。

5.4.4 腹部损伤 1）肝切除2/3以上；2）肝衰竭中期；3）胰腺大部分切除，胰岛素依赖；4）肾功能重度下降；5）双侧肾上腺缺失；6）永久性回肠造口。

5.4.5 盆部及会阴部损伤 1）膀胱完全缺失或者切除术后，行永久性输尿管腹壁造瘘或者肠代膀胱并永久性造口。

5.4.6 脊柱、骨盆及四肢损伤 1）一上肢腕关节以上缺失伴一下肢踝关节以上缺失，或者双下肢踝关节以上缺失；2）双下肢各大关节功能丧失均达75%；一上肢与一下肢各大关节功能丧失均达75%；3）手功能丧失分值达150分。

5.4.7 体表及其他损伤 1）皮肤瘢痕形成达体表面积70%；2）放射性皮肤癌。

5.5 五级

5.5.1 颅脑、脊髓及周围神经损伤 1）精神障碍或者中度智能减退，日常生活能力明显受限，需要指导；2）完全运动性失语；3）完全性失用、失写、失读或者失认等；4）双侧完全性面瘫；5）四肢瘫（肌力4级以下）；6）单瘫（肌力2级以下）；7）非肢体瘫运动障碍（中度）；8）双手大部分肌瘫（肌力2级以下）；9）双足全肌瘫（肌力2级以下）；10）排便伴排尿功能障碍，其中一项达重度。

5.5.2 头面部损伤 1）符合容貌毁损（重度）标准之2项者；2）一眼球缺失、萎缩或者盲目5级，另一眼中度视力损害；3）双眼重度视力损害；4）双眼视野重度缺损，视野有效值≤16%（直径≤20°）；5）一侧眼睑严重畸形（或者眼睑重度下垂，遮盖全部瞳孔，伴另一眼盲目3级以上；6）双耳听力障碍≥81dB HL；7）一耳听力障碍≥91dB HL，另一耳听力障碍≥61dB HL；8）舌根大部缺损；9）咽或者咽后区损伤遗留吞咽功能障碍，只能吞咽流质食物。

5.5.3 颈部及胸部损伤 1）未成年人甲状腺损伤致功能减退，药物依赖；2）甲状旁腺功能损害（重度）；3）食管狭窄，仅能进流质食物；4）食管损伤，肠代食管术后。

5.5.4 腹部损伤 1）胰头合并十二指肠切除术后；2）一侧肾切除术后，另一侧肾功能中度下降；3）肾移植术后，肾功能基本正常；4）肾上腺皮质功能明显减退；5）全胃切除术后；6）小肠部分切除术后，消化吸收功能障碍，部分依赖肠外营养；7）全结肠缺失。

5.5.5 盆部及会阴部损伤 1）永久性输尿管腹壁造口；2）尿瘘难以修复；3）直肠阴道瘘难以修复；4）阴道严重狭窄（仅可容纳一中指）；5）双侧睾丸缺失或者完全萎缩，丧失生殖功能；6）阴茎大部分缺失（残留长度≤3.0cm）。

5.5.6 脊柱、骨盆及四肢损伤 1）一上肢肘关节以上缺失；2）一肢缺失（上肢腕关节以上，下肢膝关节以上），另一肢各大关节功能丧失均达50%或者其余肢体任2大关节功能丧失均达75%；3）手功能丧失分值≥120分。

5.6 六级

5.6.1 颅脑、脊髓及周围神经损伤 1）精神障碍或者中度智能减退，日常生活能力部分受限，但能部分代偿，部分日常生活需要帮助；2）外伤性癫痫（中度）；3）尿崩症（重度）；4）一侧完全性面瘫；5）3肢瘫（肌力4级以下）；6）截瘫（肌力4级以下）伴排便或者排尿功能障碍；7）双手部分肌瘫（肌力3级以下）；8）一手全肌瘫（肌力2级以下），伴相应腕关节功能丧失75%以上；9）双足全肌瘫（肌力3级以下）；10）阴茎器质性勃起障碍（中度）。

5.6.2 头面部损伤 1）符合容貌毁损（中度）标准之4项者；2）面部中心区条状瘢痕形成（宽度达0.3cm，累计长度达20.0cm；3）面部片状细小瘢痕形成或者色素显著异常，累计达面部面积的80%；4）双侧眼睑严重畸形；5）一眼球缺失、萎缩或者盲目5级，另一眼视力≤0.5；6）一眼重度视力损害，另一眼中度视力损害；7）双眼视野中度缺损，视野有效值≤48%（直径≤60°）；8）双侧前庭平衡功能丧失，睁眼行走困难，不能并足站立；9）唇缺损或者畸形，累计相当于上唇2/3以上。

5.6.3 颈部及胸部损伤 1）双侧喉返神经损伤，影响功能；2）一侧胸廓成形术后，切除6根以上肋骨；3）女性双侧乳房完全缺失；4）心脏瓣膜置换术后，心功能不全；5）心功能不全，心功能Ⅱ级；6）器质性心律失常安装永久性起搏器后；7）严重器质性心律失常；8）2肺叶切除术后。

5.6.4 腹部损伤 1）肝切除1/2以上；2）肝衰竭早期；3）胰腺部分切除术后伴功能障碍，需药物治疗；4）肾功能中度下降；5）小肠部分切除术后，影响消化吸收功能，完全依赖肠内营养。

5.6.5 盆部及会阴部损伤 1）双侧卵巢缺失或者萎缩，完全丧失功能；2）未成年人双侧卵巢萎缩，部分丧失功能；3）未成年人双侧睾丸萎缩，部分丧失功能；4）会阴部瘢痕挛缩伴阴道狭窄；5）睾丸或者附睾损伤，生殖功能重度损害；6）双侧输精管损伤难以修复；7）阴茎严重畸形，不能实施性交行为。

5.6.6 脊柱、骨盆及四肢损伤 1）脊柱骨折后遗留30°以上侧弯或者后凸畸形；2）一肢缺失（上肢腕关节以上，下肢膝关节以上）；3）双足跗关节以上缺失；4）手或者足功能丧失分值≥90分。

5.6.7 体表及其他损伤 1）皮肤瘢痕形成达体表面积50%；2）非重型再生障碍性贫血。

5.7 七级

5.7.1 颅脑、脊髓及周围神经损伤 1）精神障碍或者轻度智能减退，日常生活有关的活动能力极重度受限；2）不完全感觉性失语；3）双侧大部分面瘫；4）偏瘫（肌力4级以下）；5）截瘫（肌力4级以下）；6）单肢瘫（肌力3级以下）；7）一手大部分肌瘫（肌力2级以下）；8）一足全肌瘫（肌力2级以下）；9）重度排便功能障碍或者重度排尿功能障碍。

5.7.2 头面部损伤 1）面部中心区条状瘢痕形成（宽度达0.3cm），累计长度达15.0cm；2）面部片状细小瘢痕形成或者色素显著异常，累计达面部面积的50%；3）双侧眼睑重度下垂，遮盖全部瞳孔；4）一眼球缺失或者萎缩；5）双眼中度视力损害；6）一眼盲目3级，另一眼视力≤0.5；7）双眼偏盲；8）一侧眼睑严重畸形（或者眼睑重度下垂，遮盖全部瞳孔）合并该眼盲目3级以上；9）一耳听力障碍≥81dB HL，另一耳听力障碍≥61dB HL；10）咽或者咽后区损伤遗留吞咽功能障碍，只能吞咽半流质食物；11）上颌骨或者下颌骨缺损达1/4；12）上颌骨或者下颌骨部分缺损伴牙齿缺失14枚以上；13）颌面部软组织缺损，伴发涎漏。

5.7.3 颈部及胸部损伤 1）甲状腺功能损害（重度）；2）甲状旁腺功能损害（中度）；3）食管狭窄，仅能进半流质食物；食管重建术后并发反流性食管炎；4）颏颈粘连（中度）；5）女性双侧乳房大部分缺失或者严重畸形；6）未成年或者育龄女性双侧乳头完全缺失；7）胸廓畸形，胸式呼吸受限；8）一肺叶切除，并肺段或是肺组织楔形切除术后。

5.7.4 腹部损伤 1）肝切除1/3以上；2）一侧肾切除术后；3）胆道损伤胆肠吻合术后，反复发作逆行性胆道感染；4）未成年人脾切除术后；5）小肠部分（包括回盲部）切除术后；6）永久性结肠造口；7）肠瘘长期不愈（1年以上）。

5.7.5 盆部及会阴部损伤 1）永久性膀胱造口；2）膀胱部分切除术后合并轻度排尿功能障碍；3）原位肠代膀胱术后；4）子宫大部分切除术后；5）睾丸损伤，血睾酮降低，需药物替代治疗；6）未成年人一侧睾丸缺失或者严重萎缩；7）阴茎畸形，难以实施性交行为；8）尿道狭窄（重度）或者成形术后；9）肛管或者直肠损伤，排便功能重度障碍或者肛门失禁（重度）；10）会阴部瘢痕挛缩致肛门闭锁，结肠造口术后。

5.7.6 脊柱、骨盆及四肢损伤 1）双下肢长度相差8.0cm以上；2）一下肢踝关节以上缺失；3）四肢任一大关节（踝关节除外）强直固定于非功能位；4）四肢任二大关节（踝关节除外）功能丧失均达75%；5）一手除拇指外，余四指完全缺失；6）双足足弓结构完全破坏；7）手或者足功能丧失分值≥60分。

5.8 八级

5.8.1 颅脑、脊髓及周围神经损伤 1）精神障碍或者轻度智能减退，日常生活有关的活动能力重度受限；2）不完全运动性失语；不完全性失用、失写、失读或者失认；3）尿崩症（中度）；4）一侧大部分面瘫，遗留眼睑闭合不全和口角歪斜；5）单肢瘫（肌力4级以下）；6）非肢体瘫运动障碍（轻度）；7）一手大部分肌瘫（肌力3级以下）；8）一足全肌瘫（肌力3级以下）；9）阴茎器质性勃起障碍（轻度）。

5.8.2 头面部损伤 1）容貌毁损（中度）；2）符合容貌毁损（重度）标准之一项者；3）头皮完全缺损，难以修复；4）面部条状瘢痕形成，累计长度达30.0cm；面部中心区条状瘢痕形成（宽度达0.2cm），累计长度达15.0cm；5）面部块状增生性瘢痕形成，累计面积达15.0cm²；面部中心区块状增生性瘢痕形成，单块面积达7.0cm²或者多块累计面积达9.0cm²；6）面部片状细小瘢痕形成或者色素异常，累计面积达100.0cm²；7）一眼盲目4级；8）一眼视野接近完全缺损，视野有效值≤4%（直径≤5°）；9）双眼外伤性青光眼，经手术治疗；10）一侧眼睑严重畸形（或者眼睑重度下垂，遮盖全部瞳孔）合并该眼重度视力损害；11）一耳听力障碍≥91dB HL；12）双耳听力障碍≥61dB HL；13）双侧鼻翼大部分缺损，或者鼻尖大部分缺损合并一侧鼻翼大部分缺损；14）舌体缺损达舌系带；15）唇缺损或者畸形，累计相当于上唇1/2以上；16）脑脊液漏经手术治疗后持续不愈；17）张口受限Ⅲ度；18）发声功能或者构音功能障碍（重度）；19）咽成形术后咽下运动异常。

5.8.3 颈部及胸部损伤 1）甲状腺功能损害（中度）；2）颈总动脉或者颈内动脉严重狭窄支架置入或者血管移植术后；3）食管部分切除术后，并后遗胸腔瘘；4）女性一侧乳房完全缺失；女性双侧乳房缺失或者毁损，累计范围相当于一侧乳房3/4以上；5）女性双侧乳头完全缺失；6）肋骨骨折12根以上并后遗6处畸形愈合；7）心脏或者大血管修补术后，

8) 一肺叶切除术后; 9) 胸廓成形术后, 影响呼吸功能; 10) 呼吸困难 (中度)。

5.8.4 腹部损伤 1) 腹壁缺损≥腹壁的 1/4; 2) 成年人脾切除术后; 3) 胰腺部分切除术后; 4) 胃大部分切除术后; 5) 肠部分切除术后, 影响消化吸收功能; 6) 胆道损伤, 胆肠吻合术后; 7) 损伤致肾性高血压; 8) 肾功能轻度下降; 9) 一侧肾上腺缺失; 10) 肾上腺皮质功能轻度减退。

5.8.5 盆部及会阴部损伤 1) 输尿管损伤行代替术或者改道术后; 2) 膀胱大部分切除术后; 3) 一侧输卵管和卵巢缺失; 4) 阴道狭窄; 5) 一侧睾丸缺失; 6) 睾丸或者附睾损伤, 生殖功能轻度损害; 7) 阴茎冠状沟以上缺失; 8) 阴茎皮肤瘢痕形成, 严重影响性交行为。

5.8.6 脊柱、骨盆及四肢损伤 1) 2 椎体压缩性骨折 (压缩程度均达 1/3); 2) 3 个以上椎体骨折, 经手术治疗; 3) 女性骨盆骨折致骨产道变形, 不能自然分娩; 4) 股骨头缺血性坏死, 难以行关节假体置换术; 5) 四肢长骨开放性骨折并发慢性骨髓炎、大块死骨形成, 长期不愈 (1 年以上); 6) 双上肢长度相差 8.0cm 以上; 7) 双下肢长度相差 6.0cm 以上; 8) 四肢任 1 大关节 (踝关节除外) 功能丧失 75% 以上; 9) 一踝关节强直固定于非功能位; 10) 一肢体各大关节功能丧失均达 50%; 11) 一手拇指缺失近远节指骨 1/2 以上并相应掌指关节强直固定; 12) 一足足弓结构完全破坏, 另一足足弓结构部分破坏; 13) 手或者足功能丧失分值≥40 分。

5.8.7 体表及其他损伤 1) 皮肤瘢痕形成达体表面积 30%。

5.9 九级

5.9.1 颅脑、脊髓及周围神经损伤 1) 精神障碍或者轻度智能减退, 日常生活有关的活动能力中度受限; 2) 外伤性癫痫 (轻度); 3) 脑叶部分切除术后; 4) 一侧部分面瘫, 遗留眼睑闭合不全或者口角歪斜; 5) 一手部分肌瘫 (肌力 3 级以下); 6) 一足大部分肌瘫 (肌力 3 级以下); 7) 四肢重要神经损伤 (上肢肘关节以上, 下肢膝关节以上), 遗留相应肌群肌力 3 级以下; 8) 严重影响阴茎勃起功能; 9) 轻度排便或者排尿功能障碍。

5.9.2 头面部损伤 1) 头皮瘢痕形成或者无毛发, 达头皮面积 50%; 2) 颅骨缺损 25.0cm^2 以上, 不宜或者无法手术修补; 3) 容貌毁损 (轻度); 4) 面部条状瘢痕形成, 累计长度达 20.0cm; 面部条状瘢痕形成 (宽度达 0.2cm), 累计长度达 10.0cm, 其中至少 5.0cm 以上位于面部中心区; 5) 面部块状瘢痕形成, 单块面积达 7.0cm^2, 或者多块累计面积达 9.0cm^2; 6) 面部片状细小瘢痕形成或者色素异常, 累计面积达 30.0cm^2; 7) 一侧眼睑严重畸形; 一侧眼睑重度下垂, 遮盖全部瞳孔; 双侧眼睑轻度畸形; 双侧眼睑下垂, 遮盖部分瞳孔; 8) 双眼泪器损伤均后遗溢泪; 9) 双眼角膜斑翳或者血管翳, 累及瞳孔区; 双眼角膜移植术后; 10) 双眼外伤性白内障; 儿童人工晶体植入术后; 11) 一眼盲目 3 级; 12) 一眼重度视力损害, 另一眼视力≤0.5; 13) 一眼视野极度缺损, 视野有效值≤8% (直径≤10°); 14) 双眼象限性视野缺损; 15) 一侧眼睑轻度畸形 (或者眼睑下垂, 遮盖部分瞳孔) 合并该眼中度视力损害; 16) 一眼眶骨折后遗眼球内陷 5mm 以上; 17) 耳廓缺损或者畸形, 累计相当于一侧耳廓; 18) 一耳听力障碍≥81dB HL; 19) 一耳听力障碍≥61dB HL, 另一耳听力障碍≥41dB HL; 20) 一侧鼻翼或者鼻尖大部分缺损或者严重畸形; 21) 唇缺损或者畸形, 露齿 3 枚以上 (其中 1 枚露齿达 1/2); 22) 颌骨骨折, 经牵引或者固定治疗后遗留功能障碍; 23) 上颌骨或者下颌骨部分缺损伴牙齿缺失或者折断 7 枚以上; 24) 张口受限 II 度;

25）发声功能或者构音功能障碍（轻度）。

5.9.3 颈部及胸部损伤 1）颈前三角区瘢痕形成，累计面积达 50.0cm²；2）甲状腺功能损害（轻度）；3）甲状旁腺功能损害（轻度）；4）气管或者支气管成形术后；5）食管吻合术后；6）食管腔内支架置入术后；7）食管损伤，影响吞咽功能；8）女性双侧乳房缺失或者毁损，累计范围相当于一侧乳房 1/2 以上；9）女性一侧乳房大部分缺失或者严重畸形；10）女性一侧乳头完全缺失或者双侧乳头部分缺失（或者畸形）；11）肋骨骨折 12 根以上，或者肋骨部分缺失 4 根以上；肋骨骨折 8 根以上并后遗 4 处畸形愈合；12）心功能不全，心功能 I 级；13）冠状动脉移植术后；14）心脏室壁瘤；15）心脏异物存留或者取出术后；16）缩窄性心包炎；17）胸导管损伤；18）肺段或者肺组织楔形切除术后；19）肺脏异物存留或者取出术后。

5.9.4 腹部损伤 1）肝部分切除术后；2）脾部分切除术后；3）外伤性胰腺假性囊肿术后；4）一侧肾部分切除术后；5）胃部分切除术后；6）肠部分切除术后；7）胆道损伤胆管外引流术后；8）胆囊切除术后；9）肠梗阻反复发作；10）膈肌修补术后遗留功能障碍（如膈肌麻痹或者膈疝）。

5.9.5 盆部及会阴部损伤 1）膀胱部分切除术后；2）输尿管狭窄成形术后；3）输尿管狭窄行腔内扩张术或者腔内支架置入术；4）一侧卵巢缺失或者丧失功能；5）一侧输卵管缺失或者丧失功能；6）子宫部分切除术后；7）一侧附睾缺失；8）一侧输精管损伤难以修复；9）尿道狭窄（轻度）；10）肛管或者直肠损伤，排便功能轻度障碍或者肛门失禁（轻度）。

5.9.6 脊柱、骨盆及四肢损伤 1）一椎体粉碎性骨折，椎管内骨性占位；2）一椎体并相应附件骨折，经手术治疗后；二椎体压缩性骨折；3）骨盆两处以上骨折或者粉碎性骨折，严重畸形愈合；4）青少年四肢长骨骨骺粉碎性或者压缩性骨折；5）四肢任一大关节行关节假体置换术后；6）双上肢前臂旋转功能丧失均达 75%；7）双上肢长度相差 6.0cm 以上；8）双下肢长度相差 4.0cm 以上；9）四肢任一大关节（踝关节除外）功能丧失 50% 以上；10）一踝关节功能丧失 75% 以上；11）一肢体各大关节功能丧失达 25%；12）双足拇趾功能丧失均达 75%；一足 5 趾功能均完全丧失；13）双足跟骨粉碎性骨折畸形愈合；14）双足足弓结构部分破坏；一足足弓结构完全破坏；15）手或者足功能丧失分值 ≥ 25 分。

5.9.7 体表及其他损伤 1）皮肤瘢痕形成达体表面积 10%。

5.10 十级

5.10.1 颅脑、脊髓及周围神经损伤 1）精神障碍或者轻度智能减退，日常生活有关的活动能力轻度受限；2）颅脑损伤后遗脑软化灶形成，伴有神经系统症状或者体征；3）一侧部分面瘫；4）嗅觉功能完全丧失；5）尿崩症（轻度）；6）四肢重要神经损伤，遗留相应肌群肌力 4 级以下；7）影响阴茎勃起功能；8）开颅术后。

5.10.2 头面部损伤 1）面颅骨部分缺损或者畸形，影响面容；2）头皮瘢痕形成或者无毛发，面积达 40.0cm²；3）面部条状瘢痕形成（宽度达 0.2cm），累计长度达 6.0cm，其中至少 3.0cm 位于面部中心区；4）面部条状瘢痕形成，累计长度达 10.0cm；5）面部块状瘢痕形成，单块面积达 3.0cm²，或者多块累计面积达 5.0cm²；6）面部片状细小瘢痕形成或者色素异常，累计面积达 10.0cm²；7）一侧眼睑下垂，遮盖部分瞳孔；一侧眼睑轻度畸形；一侧睑球粘连影响眼球运动；8）一眼泪器损伤后遗溢泪；9）一眼眶骨折后遗眼球内陷 2mm

以上；10）复视或者斜视；11）一眼角膜斑翳或者血管翳，累及瞳孔区；一眼角膜移植术后；12）一眼外伤性青光眼，经手术治疗；一眼外伤性低眼压；13）一眼外伤后无虹膜；14）一眼外伤性白内障；一眼无晶体或者人工晶体植入术后；15）一眼中度视力损害；16）双眼视力≤0.5；17）一眼视野中度缺损，视野有效值≤48%（直径≤60°）；18）一耳听力障碍≥61dB HL；19）双耳听力障碍≥41dB HL；20）一侧前庭平衡功能丧失，伴听力减退；21）耳廓缺损或者畸形，累计相当于一侧耳廓的30%；22）鼻尖或者鼻翼部分缺损深达软骨；23）唇外翻或者小口畸形；24）唇缺损或者畸形，致露齿；25）舌部分缺损；26）牙齿缺失或者折断7枚以上；牙槽骨部分缺损，合并牙齿缺失或者折断4枚以上；27）张口受限Ⅰ度；28）咽或者咽后区损伤影响吞咽功能。

　　5.10.3　颈部及胸部损伤 1）颏颈粘连畸形松解术后；2）颈前三角区瘢痕形成，累计面积达25.0cm²；3）一侧喉返神经损伤，影响功能；4）器质性声音嘶哑；5）食管修补术后；6）女性一侧乳房部分缺失或者畸形；7）肋骨骨折6根以上，或者肋骨部分缺失2根以上；肋骨骨折4根以上并后遗2处畸形愈合；8）肺修补术后；9）呼吸困难（轻度）。

　　5.10.4　腹部损伤 1）腹壁疝，难以手术修补；2）肝、脾或者胰腺修补术后；3）胃、肠或者胆道修补术后；4）膈肌修补术后。

　　5.10.5　盆部及会阴部损伤 1）肾、输尿管或者膀胱修补术后；2）子宫或者卵巢修补术后；3）外阴或阴道修补术后；4）睾丸破裂修补术后；5）一侧输精管破裂修复术后；6）尿道修补术后；7）会阴部瘢痕挛缩，肛管狭窄；8）阴茎头部分缺失。

　　5.10.6　脊柱、骨盆及四肢损伤 1）枢椎齿状突骨折，影响功能；2）一椎体压缩性骨折（压缩程度达1/3）或者粉碎性骨折；一椎体骨折经手术治疗；3）4处以上横突、棘突或者椎弓根骨折，影响功能；4）骨盆2处以上骨折或者粉碎性骨折，畸形愈合；5）一侧髋骨切除；6）一侧膝关节交叉韧带、半月板伴侧副韧带撕裂伤经手术治疗后，影响功能；7）青少年四肢长骨骨折累及骨骺；8）一上肢前臂旋转功能丧失75%以上；9）双上肢长度相差4.0cm以上；10）双下肢长度相差2.0cm以上；11）四肢任一大关节（踝关节除外）功能丧失25%以上；12）一踝关节功能丧失50%以上；13）下肢任一大关节骨折后遗创伤性关节炎；14）肢体重要血管循环障碍，影响功能；15）一手小指完全缺失并第5掌骨部分缺损；16）一足拇趾功能丧失75%以上；一足5趾功能丧失均达50%；双足拇趾功能丧失均达50%；双足除拇趾外任何4趾功能均完全丧失；17）一足跟骨粉碎性骨折畸形愈合；18）一足足弓结构部分破坏；19）手或者足功能丧失分值≥10分。

　　5.10.7　体表及其他损伤 1）手部皮肤瘢痕形成或者植皮术后，范围达一手掌面积50%；2）皮肤瘢痕形成达体表面积4%；3）皮肤创面长期不愈超过1年，范围达体表面积1%。

　　6　附则

　　6.1　遇有本标准致残程度分级系列中未列入的致残情形，可根据残疾的实际情况，依据本标准附录A的规定，并比照最相似等级的条款，确定其致残程度等级。

　　6.2　同一部位和性质的残疾，不应采用本标准条款2条以上或者同一条款2次以上进行鉴定。

　　6.3　本标准中四肢大关节是指肩、肘、腕、髋、膝、踝等6大关节。

　　6.4　本标准中牙齿折断是指冠折1/2以上，或者牙齿部分缺失致牙髓腔暴露。

　　6.5　移植、再植或者再造成活组织器官的损伤应根据实际后遗功能障碍程度参照相应分级条款进行致残程度等级鉴定。

6.6 永久性植入式假体（如颅骨修补材料、种植牙、人工支架等）损坏引起的功能障碍可参照相应分级条款进行致残程度等级鉴定。

6.7 本标准中四肢重要神经是指臂丛及其分支神经（包括正中神经、尺神经、桡神经和肌皮神经等）和腰骶丛及其分支神经（包括坐骨神经、腓总神经和胫神经等）。

6.8 本标准中四肢重要血管是指与四肢重要神经伴行的同名动、静脉。

6.9 精神分裂症或者心境障碍等内源性疾病不是外界致伤因素直接作用所致，不宜作为致残程度等级鉴定的依据，但应对外界致伤因素与疾病之间的因果关系进行说明。

6.10 本标准所指未成年人是指年龄未满18周岁者。

6.11 本标准中涉及面部瘢痕致残程度需测量长度或者面积的数值时，0~6周岁者按标准规定值50%计，7~14周岁者按80%计。

6.12 本标准中凡涉及数量、部位规定时，注明"以上"、"以下"者，均包含本数（有特别说明的除外）。

【法刊文摘】 检答网集萃54：交通事故受伤后何时可以做伤残鉴定（检察日报2021年8月9日）

咨询内容（河北邢台李静）：在交通事故案件中，很多当事人对伤残评定的时间往往把握不准，导致一些伤残鉴定结论在诉讼中无法得到法院支持，请问交通事故受伤后什么时间可以做伤残鉴定？

解答摘要（赵欢欢）：一是《人体损伤致残程度分级》4.2规定，鉴定时机应在原发性损伤及其与之确定有关联的并发症治疗终结或者临床治疗效果稳定后进行鉴定。二是司法部司法鉴定管理局和最高人民法院司法行政装备管理局组织编写的《〈人体损伤致残程度分级〉试用指南》中关于鉴定时机的总体要求是：原发性损伤及其与之确有关联的并发症已经符合临床一般医疗原则的治疗与必要的康复，症状已经消失或者稳定，体征达到相对固定，经评估其组织器官结构破坏或功能障碍符合难以继续恢复的情形。治疗及康复期原则上不超过2年。

【标准 GB/T16180-2014】 劳动能力鉴定 职工工伤与职业病致残等级（国家质检总局、国家标准委2014年9月3日发布，2015年1月1日实施）

1 范围

本标准规定了职工工伤致残劳动能力鉴定原则和分级标准。

本标准适用于职工在职业活动中因工负伤和因职业病致残程度的鉴定。

2 规范性引用文件

下列文件中的条款通过本标准的引用而成为本标准的条款。凡是注日期的引用文件，仅注日期的版本适用于本文件。凡是不注日期的引用文件，其最新版本（包括所有修改单）适用于本标准：GB/T4854（所有部分）声学校准测听设备的基准零级；GB/T7341（所有部分）听力计；GB/T7582—2004 声学听阈与年龄关系的统计分布；GB/T7583 声学纯音气导听阈测定保护听力用；GB11533 标准对数视力表；GBZ4 职业性慢性二硫化碳中毒诊断标准；GBZ5 职业性氟及无机化合物中毒的诊断；GBZ7 职业性手臂振动病诊断标准；GBZ9 职业性急性电光性眼炎（紫外线角膜结膜炎）诊断；GBZ12 职业性铬鼻病诊断标准；GBZ23 职业性急性一氧化碳中毒诊断标准；GBZ24 职业性减压病诊断标准；GBZ35 职业性白内障诊断标准；

GBZ45 职业性三硝基甲苯白内障诊断标准；GBZ49 职业性噪声聋诊断标准；GBZ54 职业性化学性眼灼伤诊断标准；GBZ57 职业性哮喘诊断标准；GBZ60 职业性过敏性肺炎诊断标准；GBZ61 职业性牙酸蚀病诊断标准；GBZ70 尘肺病诊断标准；GBZ81 职业性磷中毒诊断标准；GBZ82 职业性煤矿井下工人滑囊炎诊断标准；GBZ83 职业性慢性砷中毒诊断标准；GBZ94 职业性肿瘤诊断标准；GBZ95 放射性白内障诊断标准；GBZ96 内照射放射病诊断标准；GBZ97 放射性肿瘤诊断标准；GBZ101 放射性甲状腺疾病诊断标准；GBZ104 外照射急性放射病诊断标准；GBZ105 外照射慢性放射病诊断标准；GBZ106 放射性皮肤疾病诊断标准；GBZ107 放射性性腺疾病诊断标准；GBZ109 放射性膀胱疾病诊断标准；GBZ110 急性放射性肺炎诊断标准；GBZ/T238 职业性爆震聋的诊断。

3 术语和定义

下列术语和定义适用于本文件。

3.1 劳动能力鉴定：法定机构对劳动者在职业活动中因工负伤或患职业病后，根据国家工伤保险法规规定，在评定伤残等级时通过医学检查对劳动功能障碍程度（伤残程度）和生活自理障碍程度做出的技术性鉴定结论。

3.2 医疗依赖：工伤致残于评定伤残等级技术鉴定后仍不能脱离治疗。

3.3 生活自理障碍：工伤致残者因生活不能自理，需依赖他人护理。

4 总则

4.1 判断依据

4.1.1 综合判定：依据工伤致残者于评定伤残等级技术鉴定时的器官损伤、功能障碍及其对医疗与日常生活护理的依赖程度，适当考虑由于伤残引起的社会心理因素影响，对伤残程度进行综合判定分级。

附录 A 为各门类工伤、职业病致残分级判定基准。

附录 B 为正确使用本标准的说明。

4.1.2 器官损伤：器官损伤是工伤的直接后果，但职业病不一定有器官缺损。

4.1.3 功能障碍：工伤后功能障碍的程度与器官缺损的部位及严重程度有关，职业病所致的器官功能障碍与疾病的严重程度相关。对功能障碍的判定，应以评定伤残等级技术鉴定时的医疗检查结果为依据，根据评残对象逐个确定。

4.1.4 医疗依赖

医疗依赖判定分级：a）特殊医疗依赖是指工伤致残后必须终身接受特殊药物、特殊医疗设备或装置进行治疗；b）一般医疗依赖是指工伤致残后仍需接受长期或终身药物治疗。

4.1.5 生活自理障碍

生活自理范围主要包括下列 5 项：a）进食：完全不能自主进食，需依赖他人帮助；b）翻身：不能自主翻身；c）大、小便：不能自主行动，排大小便需要他人帮助；d）穿衣、洗漱：不能自己穿衣、洗漱，完全依赖他人帮助；e）自主行动：不能自主走动。

护理依赖的程度分 3 级：a）完全生活自理障碍：生活完全不能自理，上述 5 项均需护理；b）大部分生活自理障碍：生活大部不能自理，上述 5 项中 3 项或 4 项需要护理；c）部分生活自理障碍：部分生活不能自理，上述 5 项中 1 项或 2 项需要护理。

4.2 晋级原则：对于同一器官或系统多处损伤，或 1 个以上器官不同部位同时受到损伤者，应先对单项伤残程度进行鉴定。如果几项伤残等级不同，以重者定级；如果两项及以上等级相同,最多晋升一级。

4.3 对原有伤残及合并症的处理:在劳动能力鉴定过程中,工伤或职业病后出现合并症,其致残等级的评定以鉴定时实际的致残结局为依据。

如受工伤损害的器官原有伤残或疾病史,即:单个或双器官(如双眼、四肢、肾脏)或系统损伤,本次鉴定时应检查本次伤情是否加重原有伤残,如若加重原有伤残,鉴定时按事实的致残结局为依据;若本次伤情轻于原有伤残,鉴定时则按本次伤情致残结局为依据。

对原有伤残的处理适用于初次或再次鉴定,复查鉴定不适用于本规则。

4.4 门类划分

按照临床医学分科和各学科间相互关联的原则,对残情的判定划分为5个门类:a)神经内科、神经外科、精神科门。b)骨科、整形外科、烧伤科门。c)眼科、耳鼻喉科、口腔科门。d)普外科、胸外科、泌尿生殖科门。e)职业病内科门。

4.5 条目划分

按照4.4中的5个门类,以附录C中表C.1~C.5及一至十级分级系列,根据伤残的类别和残情的程度划分伤残条目,共列出残情530条。

4.6 等级划分

根据条目划分原则以及工伤致残程度,综合考虑各门类间的平衡,将残情级别分为一至十级。最重为第一级,最轻为第十级。对未列出的个别伤残情况,参照本标准中相应定级原则进行等级评定。

5 职工工伤与职业病致残等级分级

5.1 一级

5.1.1 定级原则

器官缺失或功能完全丧失,其他器官不能代偿,存在特殊医疗依赖,或完全或大部分或部分生活自理障碍。

5.1.2 一级条款系列

凡符合5.1.1或下列条款之一者均为工伤一级。1)极重度智能损伤;2)四肢瘫肌力≤3级或三肢瘫肌力≤2级;3)重度非肢体瘫运动障碍;4)面部重度毁容,同时伴有表C.2中二级伤残之一者;5)全身重度瘢痕形成,占体表面积≥90%,伴有脊柱及四肢大关节活动功能基本丧失;6)双肘关节以上缺失或功能完全丧失;7)双下肢膝上缺失及一上肢肘上缺失;8)双下肢及一上肢严重瘢痕畸形,功能完全丧失;9)双眼无光感或仅有光感但光定位不准者;10)肺功能重度损伤和呼吸困难Ⅳ级,需终生依赖机械通气;11)双肺或心肺联合移植术;12)小肠切除≥90%;13)肝切除后原位肝移植;14)胆道损伤原位肝移植;15)全胰切除;16)双侧肾切除或孤肾切除术后,用透析维持或同种肾移植术后肾功能不全尿毒症期;17)尘肺叁期伴肺功能重度损伤及(或)重度低氧血症[PO_2<5.3 kPa(<40 mmHg)];18其他职业性肺部疾患,伴肺功能重度损伤及(或)重度低氧血症[PO_2<5.3 kPa(<40 mmHg)];19)放射性肺炎后,两叶以上肺纤维化伴重度低氧血症[PO_2<5.3 kPa(<40 mmHg)];20)职业性肺癌伴肺功能重度损伤;21)职业性肝血管肉瘤,重度肝功能损害;22)肝硬化伴食道静脉破裂出血,肝功能重度损害;23)肾功能不全尿毒症期,内生肌酐清除率持续<10ml/707μmol/L(8mg/dL)。

5.2 二级

5.2.1 定级原则

器官严重缺损或畸形,有严重功能障碍或并发症,存在特殊医疗依赖,或大部分或部分生活自理障碍。

5.2.2 二级条款系列

凡符合5.2.1或下列条款之一者均为工伤二级。1) 重度智能损伤;2) 3肢瘫肌力3级;3) 偏瘫肌力≤2级;4) 截瘫肌力≤2级;5) 双手全肌瘫肌力≤2级;6) 完全感觉性或混合性失语;7) 全身重度瘢痕形成,占体表面积≥80%,伴有四肢大关节中3个以上活动功能受限;8) 全面部瘢痕或植皮伴有重度毁容;9) 双侧前臂缺失或双手功能完全丧失;10) 双下肢瘢痕畸形,功能完全丧失;11) 双膝以上缺失;12) 双膝、双踝关节功能完全丧失;13) 同侧上、下肢缺失或功能完全丧失;14) 四肢大关节(肩、髋、膝、肘)中4个以上关节功能完全丧失者;15) 一眼有或无光感,另眼矫正视力≤0.02,或视野≤8%(或半径≤5°);16) 无吞咽功能,完全依赖胃管进食;17) 双侧上颌骨或双侧下颌骨完全缺损;18) 一侧上颌骨及对侧下颌骨完全缺损,并伴有颜面软组织损伤>30cm²;19) 一侧全肺切除并胸廓成形术,呼吸困难Ⅲ级;20) 心功能不全三级;21) 食管闭锁或损伤后无法行食管重建术,依赖胃造瘘或空肠造瘘进食;22) 小肠切除3/4,合并短肠综合症;23) 肝切除3/4,并肝功能重度损害;24) 肝外伤后发生门脉高压三联症或发生Budd-chiari综合征;25) 胆道损伤致肝功能重度损害;26) 胰次全切除,胰腺移植术后;27) 孤肾部分切除后,肾功能不全失代偿期;28) 肺功能重度损伤及(或)重度低氧血症;29) 尘肺叁期伴肺功能中度损伤及(或)中度低氧血症;30) 尘肺贰期伴肺功能重度损伤及/或重度低氧血症[PO²<5.3 kPa(40 mmHg)];31) 尘肺叁期伴活动性肺结核;32) 职业性肺癌或胸膜间皮瘤;33) 职业性急性白血病;34) 急性重型再生障碍性贫血;35) 慢性重度中毒性肝病;36) 肝血管肉瘤;37) 肾功能不全尿毒症期,内生肌酐清除率<25ml/450μmol/L(5mg/dL);38) 职业性膀胱癌;39) 放射性肿瘤。

5.3 三级

5.3.1 定级原则

器官严重缺损或畸形,有严重功能障碍或并发症,存在特殊医疗依赖,或部分生活自理障碍。

5.3.2 三级条款系列

凡符合5.3.1或下列条款之一者均为工伤三级。1) 精神病性症状,经系统治疗1年后仍表现为危险或冲动行为者;2) 精神病性症状,经系统治疗1年后仍缺乏生活自理能力者;3) 偏瘫肌力3级;4) 截瘫肌力3级;5) 双足全肌瘫肌力≤2级;6) 中度非肢体瘫运动障碍;7) 完全性失用、失写、失读、失认等具有2项及2项以上者;8) 全身重度瘢痕形成,占体表面积≥70%,伴有四肢大关节中2个以上活动功能受限;9) 面部瘢痕或植皮≥2/3并有中度毁容;10) 一手缺失,另一手拇指缺失;11) 双手拇、食指缺失或功能完全丧失;12) 一手功能完全丧失,另一手拇指功能丧失;13) 双髋、双膝关节中,有一个关节缺失或无功能及另一关节重度功能障碍;14) 双膝以下缺失或功能完全丧失;15) 一侧髋、膝关节畸形,功能完全丧失;16) 非同侧腕上、踝上缺失;17) 非同侧上、下肢瘢痕畸形,功能完全丧失;18) 一眼有或无光感,另眼矫正视力≤0.05或视野≤16%(半径≤10°);19) 双眼矫正视力<0.05或视野≤16%(半径≤10°);20) 一侧眼球摘除或眼内容物剜出,另眼矫正

视力<0.1或视野≤24%（或半径≤15°）；21）呼吸完全依赖气管套管或造口；22）喉或气管损伤导致静止状态下或仅轻微活动即有呼吸困难；23）同侧上、下颌骨完全缺损；24）一侧上颌骨或下颌骨完全缺损，伴颜面部软组织损伤/>30cm²；25）舌缺损>全舌的2/3；26）一侧全肺切除并胸廓成形术；27）一侧胸廓成形术，肋骨切除6根以上；28）一侧全肺切除并隆凸切除成形术；29）一侧全肺切除并大血管重建术；30）Ⅲ度房室传导阻滞；31）肝切除2/3，并肝功能中度损害；32）胰次全切除，胰岛素依赖；33）一侧肾切除，对侧肾功能不全失代偿期；34）双侧输尿管狭窄，肾功能不全失代偿期；35）永久性输尿管腹壁造瘘；36）膀胱全切除；37）尘肺叁期；38）尘肺贰期伴肺功能中度损伤及（或）中度低氧血症；39）尘肺贰期合并活动性肺结核；40）放射性肺炎后两叶肺纤维化，伴肺功能中度损伤及（或）中度低氧血症；41）粒细胞缺乏症；42）再生障碍性贫血；43）职业性慢性白血病；44）中毒性血液病，骨髓增生异常综合征；45）中毒性血液病，严重出血或血小板含量≤2×10¹⁰/L；46）砷性皮肤癌；47）放射性皮肤癌。

5.4 四级

5.4.1 定级原则

器官严重损或畸形，有严重功能障碍或并发症，存在特殊医疗依赖，或部分生活自理障碍或无生活自理障碍。

5.4.2 四级条款系列

凡符合5.4.1或下列条款之一者均为工伤四级。1）中度智能损伤；2）重度癫痫；3）精神病性症，经系统治疗1年后仍缺乏社交能力者；4）单肢瘫肌力≤2级；5）双手部分肌瘫肌力≤2级；6）脑脊液漏伴有颅底骨缺损不能修复或反复手术失败；7）面部中度毁容；8）全身瘢痕面积≥60%，四肢大关节中1个关节活动功能受限；9）面部瘢痕或植皮≥1/2并有轻度毁容；10）双拇指完全缺失或功能完全丧失；11）一侧手功能完全丧失，另一手部分功能丧失；12）一侧肘上缺失；13）一侧膝以下缺失，另一侧前足缺失；14）一侧膝以上缺失；15）一侧踝以下缺失，另一足畸形行走困难；16）一眼有或无光感，另眼矫正视力<0.2或视野≤32%（或半径≤20°）；17）一眼矫正视力<0.05，另眼矫正视力≤0.1；18）双眼矫正视力<0.1或视野≤32%（或半径≤20°）；19）双耳听力损失≥91dB；20）牙关紧闭或因食管狭窄只能进流食；21）一侧上颌骨缺损1/2，伴颜面部软组织损伤>20cm²；22）下颌骨缺损长6cm以上的区段，伴口腔、颜面软组织损伤>20cm²；23）双侧颞下颌关节骨性强直，完全不能张口；24）面颊部洞穿性缺损>20cm²；25）双侧完全性面瘫；26）一侧全肺切除术；27）双侧肺叶切除术；28）肺叶切除后并胸廓成形术后；29）肺叶切除并隆凸切除成形术后；30）一侧肺移植术；31）心瓣膜置换术后；32）心功能不全二级；33）食管重建术后吻合口狭窄，仅能进流食者；34）全胃切除；35）胰头、十二指肠切除；36）小肠切除3/4；37）小肠切除2/3，包括回盲部切除；38）全结肠、直肠、肛门切除，回肠造瘘；39）外伤后肛门排便重度障碍或失禁；40）肝切除2/3；41）肝切除1/2，肝功能轻度损害；42）胆道损伤致肝功能中度损害；43）甲状腺功能重度损害；44）肾修补术后，肾功能不全失代偿期；45）输尿管修补术后，肾功能不全失代偿期；46）永久性膀胱造瘘；47）重度排尿障碍；48）神经原性膀胱，残余尿≥50mL；49）双侧肾上腺缺损；50）尘肺贰期；51）尘肺壹期伴肺功能中度损伤或中度低氧血症；52）尘肺壹期伴活动性肺结核；53）病态窦房结综合征（需安装起搏器者）；54）肾上腺皮质功能明显减退；55）放射性损伤致免疫功能明显减退。

5.5 五级

5.5.1 定级原则

器官大部缺损或明显畸形，有较重功能障碍或并发症，存在一般医疗依赖，无生活自理障碍。

5.5.2 五级条款系列

凡符合5.5.1或下列条款之一者均为工伤五级。1）四肢瘫肌力4级；2）单肢瘫肌力3级；3）双手部分肌瘫肌力3级；4）一手全肌瘫肌力≤2级；5）双足全肌瘫肌力3级；6）完全运动性失语；7）完全性失用、失写、失读、失认等具有一项者；8）不完全性失用、失写、失读、失认等具有多项者；9）全身瘢痕占体表面积≥50%，并有关节活动功能受限；10）面部瘢痕或植皮≥1/3并有毁容标准之一项；11）脊柱骨折后遗30°以上侧弯或后凸畸形，伴严重根性神经痛；12）一侧前臂缺失；13）一手功能完全丧失；14）肩、肘、腕关节之一功能完全丧失；15）一手拇指缺失，另一手除拇指外3指缺失；16）一手拇指功能完全丧失，另一手除拇指外3指功能完全丧失；17）双前足缺失或双前足瘢痕畸形，功能完全丧失；18）双跟骨足底软组织缺损瘢痕形成，反复破溃；19）一髋（或一膝）功能完全丧失；20）四肢大关节之一人工关节术后遗留重度功能障碍；21）一侧膝以下缺失；22）第Ⅲ对脑神经麻痹；23）双眼外伤性青光眼术后，需用药物维持眼压者；24）一眼有或无光感，另眼矫正视力≤0.3或视野≤40%（或半径≤25°）；25）一眼矫正视力<0.05，另眼矫正视力0.2；26）一眼矫正视力<0.1，另眼矫正视力等于0.1；27）双眼视野≤40%（或半径≤25°）；28）双耳听力损失≥81dB；29）喉或气管损伤导致一般活动及轻工作时有呼吸困难；30）吞咽困难，仅能进半流食；31）双侧喉返神经损伤，喉保护功能丧失致饮食呛咳、误吸；32）一侧上颌骨缺损>1/4，但<1>10cm²，但<20cm²；33）下颌骨缺损长4cm以上的区段，伴口腔、颜面软组织损伤>10cm²；34）一侧完全面瘫，另一侧不完全面瘫；35）双肺叶切除术；36）肺叶切除术并大血管重建术；37）隆凸切除成形术；38）食管重建术后吻合口狭窄，仅能进半流食者；39）食管气管（或支气管）瘘；40）食管胸膜瘘；41）胃切除3/4；42）小肠切除2/3，包括回肠大部；43）直肠、肛门切除，结肠部分切除，结肠造瘘；44）肝切除1/2；45）胰切除2/3；46）甲状腺功能重度损害；47）一侧肾切除，对侧肾功能不全代偿期；48）一侧输尿管狭窄，肾功能不全代偿期；49）尿道瘘不能修复者；50）两侧睾丸、副睾丸缺损；51）放射性损伤致生殖功能重度损伤；52）阴茎全缺损；53）双侧卵巢切除；54）阴道闭锁；55）会阴部瘢痕挛缩伴有阴道或尿道或肛门狭窄；56）肺功能中度损伤；57）莫氏Ⅱ型Ⅱ度房室传导阻滞；58）病态窦房结综合征（不需安起搏器者）；59）中毒性血液病，血小板减少（≤4×1010/L）并有出血倾向；60）中毒性血液病，白细胞含量持续<3×109/L（<3000/mm³）或粒细胞含量<1.5×109/L（1500/mm3）；61）慢性中度中毒性肝病；62）肾功能不全失代偿期，内生肌酐清除率持续<50ml>177μmol/L（>2mg/dL）；63）放射性损伤致睾丸萎缩；64）慢性重度磷中毒；65）重度手臂振动病。

5.6 六级

5.6.1 定级原则

器官大部缺损或明显畸形，有中等功能障碍或并发症，存在一般医疗依赖，无生活自理障碍。

5.6.2 六级条款系列

凡符合5.6.1或下列条款之一者均为工伤六级。1) 癫痫中度；2) 轻度智能损伤；3) 精神病性症状，经系统治疗1年后仍影响职业劳动能力者；4) 3肢瘫肌力4级；5) 截瘫双下肢肌力4级伴轻度排尿障碍；6) 双手全肌瘫肌力4级；7) 一手全肌瘫肌力3级；8) 双足部分肌瘫肌力≤2级；9) 单足全肌瘫肌力≤2级；10) 轻度非肢体瘫运动障碍；11) 不完全性感觉性失语；12) 面部重度异物色素沉着或脱失；13) 面部瘢痕或植皮≥1/3；14) 全身瘢痕面积≥40%；15) 撕脱伤后头皮缺失1/5以上；16) 一手一拇指完全缺失，连同另一手非拇指2指缺失；17) 一拇指功能完全丧失，另一手除拇指外有2指功能完全丧失；18) 一手3指（含拇指）缺失；19) 除拇指外其余4指缺失或功能完全丧失；20) 一侧踝以下缺失，或踝关节畸形，功能完全丧失；21) 下肢骨折成角畸形>15°，并有肢体短缩4cm以上；22) 一前足缺失，另一足仅残留拇趾；23) 一前足缺失，另一足除拇趾外，2~5趾畸形，功能完全丧失；24) 一足功能完全丧失，另一足部分功能丧失；25) 一髋或一膝关节功能重度障碍；26) 单侧跟骨足底软组织缺损瘢痕形成，反复破溃；27) 一侧眼球摘除，或一侧眼球明显萎缩，无光感；28) 一眼有或无光感，另一眼矫正视力≥0.4；29) 一眼矫正视力≤0.05，另一眼矫正视力≥0.3；30) 一眼矫正视力≤0.1，另一眼矫正视力≥0.2；31) 双眼矫正视力≤0.2或视野<48%（或半径≤30°）；32) 第Ⅳ或第Ⅵ对脑神经麻痹，或眼外肌损伤致复视的；33) 双耳听力损失≥71dB；34) 双侧前庭功能丧失，睁眼行走困难，不能并足站立；35) 单侧或双侧颞下颌关节强直，张口困难Ⅲ度；36) 一侧上颌骨缺损1/4，伴口腔、颜面软组织损伤>10cm²；37) 面部软组织缺损>20cm²，伴发涎瘘；38) 舌缺损>1/3，但<2/3；39) 双侧颧骨并颧弓骨折，伴有开口困难Ⅱ度以上及颜面部畸形经手术复位者；40) 双侧下颌骨髁状突颈部骨折，伴有开口困难Ⅱ度以上及咬合关系改变，经手术治疗者；14) 一侧完全性面瘫；42) 肺叶切除并肺段或楔形切除术；43) 肺叶切除并支气管成形术后；44) 支气管（或气管）胸膜瘘；45) 冠状动脉旁路移植术；46) 大血管重建术；47) 胃切除2/3；48) 小肠切除1/2，包括回盲部；49) 肛门外伤后排便轻度障碍或失禁；50) 肝切除1/3；51) 胆道损伤致肝功能轻度损伤；52) 腹壁缺损面积≥腹壁的1/4；53) 胰切除1/2；54) 甲状腺功能中度损害；55) 甲状旁腺功能中度损害；56) 肾损伤性高血压；57) 尿道狭窄经系统治疗1年后仍需定期行扩张术；58) 膀胱部分切除合并轻度排尿障碍；59) 两侧睾丸创伤后萎缩，血睾酮低于正常值；60) 放射性损伤致生殖功能轻度损伤；61) 双侧输精管缺损，不能修复；62) 阴茎部分缺损；63) 女性双侧乳房完全缺损或严重瘢痕畸形；64) 子宫切除；65) 双侧输卵管切除；66) 尘肺壹期伴肺功能轻度损伤及（或）轻度低氧血症；67) 放射性肺炎后肺纤维化（<两叶），伴肺功能轻度损伤及（或）轻度低氧血症；68) 其他职业性肺部疾患，伴肺功能轻度损伤；69) 白血病完全缓解；70) 中毒性肾病，持续性低分子蛋白尿伴白蛋白尿；71) 中毒性肾病，肾小管浓缩功能减退；72) 放射性损伤致肾上腺皮质功能轻度减退；73) 放射性损伤致甲状腺功能低下；74) 减压性骨坏死Ⅲ期；75) 中度手臂振动病；76) 氟及无机化合物中毒性慢性重度中毒。

5.7 七级

5.7.1 定级原则

器官大部分缺损或畸形，有轻度功能障碍或并发症，存在一般医疗依赖，无生活自理障碍。

5.7.2 七级条款系列

凡符合5.7.1或下列条款之一者均为工伤七级。1) 偏瘫肌力4级；2) 截瘫肌力4级；3) 单手部分肌瘫肌力3级；4) 双足部分肌瘫肌力3级；5) 单足全肌瘫肌力3级；6) 中毒性周围神经病重度感觉障碍；7) 人格改变或边缘智能，经系统治疗1年后仍存在明显社会功能受损者。8) 不完全性运动失语；9) 不完全性失用、失写、失读和失认等具有1项者；10) 符合重度毁容标准之2项者；11) 烧伤后颅骨全层缺损≥30cm^2，或在硬脑膜上植皮面积≥10cm^2；12) 颈部瘢痕挛缩，影响颈部活动；13) 全身瘢痕面积≥30%；14) 面部瘢痕、异物或植皮伴色素改变占面部的10%以上；15) 骨盆骨折内固定术后，骨盆环不稳定，骶髂关节分离；15) 骨盆骨折严重移位，症状明显者；16) 一手拇指指外，其他2~3指（含食指）近侧指间关节离断；17) 一手除拇指外，其他2~3指（含食指）近侧指间关节功能丧失；18) 肩、肘关节之一损伤后遗留关节重度功能障碍；19) 一腕关节功能完全丧失；20) 一足1~5趾缺失；21) 一前足缺失；22) 四肢大关节之一人工关节术后，基本能生活自理；23) 四肢大关节之一关节内骨折导致创伤性关节炎，遗留中重度功能障碍；24) 下肢伤后短缩>2cm，但<4cm者；25) 膝关节韧带损伤术后关节不稳定，伸屈功能正常者；26) 一眼有或无光感，另眼矫正视力≥0.8；27) 一眼有或无光感，另一眼各种客观检查正常；28) 一眼矫正视力≤0.05，另眼矫正视力≥0.6；29) 一眼矫正视力≤0.1，另眼矫正视力≥0.4；30) 双眼矫正视力≤0.3或视野≤64%（或半径≤40°）；31) 单眼外伤性青光眼术后，需用药物维持眼压者；32) 双耳听力损失≥56dB；33) 咽成形术后，咽下运动不正常；34) 牙槽骨损伤长度≥8cm，牙齿脱落10个及以上；35) 单侧颞骨并颧弓骨折，伴有开口困难Ⅱ度以上及颜面部畸形经手术复位者；36) 双侧不完全性面瘫；37) 肺叶切除术；38) 限局性脓胸行部分胸廓成形术；39) 气管部分切除术；40) 食管重建后伴返流性食管炎；41) 食管外伤或成形术后咽下运动不正常；42) 胃切除1/2；43) 小肠切除1/2；44) 结肠大部分切除；45) 肝切除1/4；46) 胆道损伤，胆肠吻合术后；47) 脾切除；48) 胰切除1/3；49) 女性双侧乳房部分缺损；50) 一侧肾切除；51) 膀胱部分切除；52) 轻度排尿障碍；53) 阴道狭窄；54) 尘肺壹期，肺功能正常；55) 放射性肺炎后肺纤维化（<两叶），肺功能正常；56) 轻度低氧血症；57) 心功能不全一级；58) 再生障碍性贫血完全缓解；59) 白细胞减少症，含量持续<4×10^9/L（4 000/mm^3）；60) 中性粒细胞减少症，<2×10^9/L（2 000/mm^3）；61) 慢性轻度中毒性肝病；62) 肾功能不全代偿期，内生肌酐清除率<70mL/min；63) 三度牙酸蚀病。

5.8 八级

5.8.1 定级原则

器官部分缺损，形态异常，轻度功能障碍，存在一般医疗依赖，无生活自理障碍。

5.8.2 八级条款系列

凡符合5.8.1或下列条款之一者均为工伤八级。1) 单肢体瘫肌力4级；2) 单手全肌瘫肌力4级；3) 双手部分肌瘫肌力4级；4) 双足部分肌瘫肌力4级；5) 单足部分肌瘫肌力≤3级；6) 脑叶部分切除术后；7) 符合重度毁容标准之一项者；8) 面部烧伤植皮≥1/5；9) 面部轻度异物沉着或色素脱失；10) 双侧耳廓部分或一侧耳廓大部分缺损；11) 全身瘢痕面积≥20%；12) 一侧或双侧眼睑明显缺损；13) 脊椎压缩骨折，椎体前缘高度减少1/2以上者或脊柱不稳定性骨折；14) 3个及以上节段脊柱内固定术；15) 一手除拇、食指外，有两指近侧指间关节离断；16) 一手除拇、食指外，有两指近侧指间关节功能完全丧失；

17)一拇指指间关节离断;18)一拇指指间关节畸形,功能完全丧失;19)一足拇趾缺失,另一足非拇趾一趾缺失;20)一足拇趾畸形,功能完全丧失,另一足非拇趾一趾畸形;21)一足除拇趾外,其他3趾缺失;22)一足除拇趾外,其他4趾瘢痕畸形,功能完全丧失;23)因开放骨折感染形成慢性骨髓炎,反复发作者;24)四肢大关节之一关节内骨折导致创伤性关节炎,遗留轻度功能障碍;25)急性放射皮肤损伤Ⅳ度及慢性放射性皮肤损伤手术治疗后影响肢体功能;26)放射性皮肤溃疡经久不愈者;27)一眼矫正视力≤0.2,另眼矫正视力≥0.5;28)双眼矫正视力等于0.4;29)双眼视野≤80%(或半径≤50°);30)一侧或双侧睑外翻或睑闭合不全者;31)上睑下垂盖及瞳孔1/3者;32)睑球粘连影响眼球转动者;33)外伤性青光眼行抗青光眼手术后眼压控制正常者;34)双耳听力损失≥41dB或一耳≥91dB;35)喉或气管损伤导致体力劳动时有呼吸困难;36)喉源性损伤导致发声及言语困难;37)牙槽骨损伤长度≥6cm,牙齿脱落8个及以上;38)舌缺损<舌的1/3;39)双侧鼻腔或鼻咽部闭锁;40)双侧颞下颌关节强直,张口困难Ⅱ度;41)上、下颌骨骨折,经牵引、固定治疗后有功能障碍者;42)双侧颧骨并颧弓骨折,无开口困难,颜面部凹陷畸形不明显,不需手术复位;43)肺段切除术;44)支气管成形术;45)双侧≥3根肋骨骨折致胸廓畸形;46)膈肌破裂修补术后,伴膈神经麻痹;47)心脏、大血管修补术;48)心脏异物滞留或异物摘除术;49)肺功能轻度损伤;50)食管重建术后,进食正常者;51)胃部分切除;52)小肠部分切除;53)结肠部分切除;54)肝部分切除;55)腹壁缺损面积<腹壁的1/4;56)脾部分切除;57)胰部分切除;58)甲状腺功能轻度损害;59)甲状旁腺功能轻度损害;60)尿道修补术;61)一侧睾丸、副睾丸切除;62)一侧输精管缺损,不能修复;63)脊髓神经周围神经损伤,或盆腔、会阴术后遗留性功能障碍者;64)一侧肾上腺缺损;65)单侧输卵管切除;66)单侧卵巢切除;67)女性单侧乳房切除或严重瘢痕畸形;68)其他职业性肺疾患,肺功能正常;69)中毒性肾病,持续低分子蛋白尿;70)慢性中度磷中毒;71)氟及其他无机化合物中毒慢性中度中毒;72)减压性骨坏死Ⅱ期;73)轻度手臂振动病;74)二度牙酸蚀。

5.9 九级

5.9.1 定级原则

器官部分缺损,形态异常,轻度功能障碍,无医疗依赖或者存在一般医疗依赖,无生活自理障碍。

5.9.2 九级条款系列

凡符合5.9.1或下列条款之一者均为工伤九级。1)癫痫轻度;2)中毒性周围神经病轻度感觉障碍;3)脑挫裂伤无功能障碍;4)开颅手术后无功能障碍;5)颅内异物无功能障碍;6)颈部外伤致颈总、颈内动脉狭窄,支架置入或血管搭桥手术后无功能障碍;7)符合中度毁容标准之两项或轻度毁容者;8)发际边缘瘢痕性秃发或其他部位秃发,需戴假发者;9)全身瘢痕占体表面积≥5%;10)面部有≥8cm²或3处以上≥1cm²的瘢痕;11)2个以上横突骨折;12)脊椎压缩骨折,椎体前缘高度减少小于1/2者;13)椎间盘髓核切除术后;14)1~2节脊柱内固定术;15)一拇指末节部分1/2缺失;16)一手食指2~3节缺失;17)一拇指指间关节僵直于功能位;18)除拇趾外,余3~4指末节缺失;19)一足拇趾末节缺失;20)除拇趾外其他二趾缺失或瘢痕畸形,功能不全;21)跖骨或跗骨骨折影响足弓者;22)外伤后膝关节半月板切除、髌骨切除、膝关节交叉韧带修补术后无功能障碍;23)四肢长管状骨骨折内固定或外固定支架术后；24）髌骨、跟骨、距骨、下颌骨、或骨盆骨折内固定术后；25）第Ⅴ对脑神经眼支麻痹；26）眶壁骨折致眼球内陷、两眼球突出度相差>2mm或错位变形影响外观者；27）一眼矫正视力≤0.3，另眼矫正视力>0.6；28）双眼矫正视力等于0.5；29）泪器损伤，手术无法改进溢泪者；30）双耳听力损失≥31dB或一耳损失≥71dB；31）喉源性损伤导致发声及言语不畅；32）铬鼻病有医疗依赖；33）牙槽骨损伤长度>4cm，牙脱落4个及以上；34）上、下颌骨骨折，经牵引、固定治疗后无功能障碍者；35）一侧下颌骨髁状突颈部骨折；36）一侧颧骨并颧弓骨折；37）肺内异物滞留或异物摘除术；38）限局性脓胸行胸膜剥脱术；39）胆囊切除；40）一侧卵巢部分切除；41）乳腺成形术后；42）胸、腹腔脏器探查术或修补术后。

5.10 十级

5.10.1 定级原则

器官部分缺损，形态异常，无功能障碍，无医疗依赖或者存在一般医疗依赖，无生活自理障碍。

5.10.2 十级条款系列

凡符合5.10.1或下列条款之一者均为工伤十级。1）符合中度毁容标准之一项者；2）面部有瘢痕，植皮，异物色素沉着或脱失>2cm^2；3）全身瘢痕面积<5%，但≥1%；4）急性外伤导致椎间盘髓核突出，并伴神经刺激征者；5）一手指除拇指外，任何一指远侧指间关节离断或功能丧失；6）指端植皮术后（增生性瘢痕1cm^{2}以上）；7）手背植皮面积>50cm^2，并有明显瘢痕；8）手掌、足掌植皮面积>30%者；9）除拇趾外，任何一趾末节缺失；10）足背植皮面积>100cm^2；11）膝关节半月板损伤、膝关节交叉韧带损伤未做手术者；12）身体各部位骨折愈合后无功能障碍或轻度功能障碍者；13）四肢大关节肌腱及韧带撕裂伤后遗留轻度功能障碍；14）一手或两手慢性放射性皮肤损伤Ⅱ度及Ⅱ度以上者；15）一眼矫正视力≤0.5，另一眼矫正视力≥0.8；16）双眼矫正视力≤0.8；17）一侧或双侧睑外翻或睑闭合不全行成形手术后矫正者；18）上睑下垂盖及瞳孔1/3行成形手术后矫正者；19）睑球粘连影响眼球转动行成形手术后矫正者；20）职业性及外伤性白内障术后人工晶状体眼，矫正视力正常者；21）职业性及外伤性白内障Ⅰ度～Ⅱ度（或轻度、中度），矫正视力正常者；22）晶状体部分脱位；23）眶内异物未取出者；24）眼球内异物未取出者；25）外伤性瞳孔放大；26）角巩膜穿通伤治愈者；27）双耳听力损失≥26dB，或一耳≥56dB；28）双侧前庭功能丧失，闭眼不能行不足站立；29）铬鼻病（无症状者）；30）嗅觉丧失；31）牙齿除智齿以外，切牙脱落1个以上或其他牙脱落2个以上；32）一侧颞下颌关节强直，张口困难Ⅰ度；33）鼻窦或面颊部有异物未取出；34）单侧鼻腔或鼻孔闭锁；35）鼻中隔穿孔；36）一侧不完全性面瘫；37）血、气胸行单纯闭式引流术后，胸膜粘连增厚；38）腹腔脏器挫裂伤保守治疗后；39）乳腺修补术后；40）放射性损伤导致免疫功能轻度减退；41）慢性轻度磷中毒；42）氟及其他无机化合物中毒慢性轻度中毒；43）井下工人滑囊炎；44）减压性骨坏死Ⅰ期；45）一度牙酸蚀病；46）职业性皮肤病久治不愈。

附录A（规范性附录） 各门类工伤、职业病致残分级判定基准

A.1 神经内科、神经外科、精神科门

A.1.1 智能损伤

A.1.1.1 症状：a）记忆减退，最明显的是学习新事物的能力受损；b）以思维和信息

处理过程减退为特征的智能损害，如抽象概括能力减退，难以解释成语、谚语，掌握词汇量减少，不能理解抽象意义的词汇，难以概括同类事物的共同特征，或判断力减退；c) 情感障碍，如抑郁、淡漠，或敌意增加等；d) 意志减退，如懒散、主动性降低；e) 其他高级皮层功能受损，如失语、失认、失用，或人格改变等；f) 无意识障碍。

符合症状标准至少已6个月方可诊断。

A.1.1.2 智能损伤的级别

a) 极重度智能损伤：1) 记忆损伤，记忆商（MQ）0~19；2) 智商（IQ）<20；3) 生活完全不能自理。

b) 重度智能损伤：1) 记忆损伤，MQ 20~34；2) IQ 20~34；3) 生活大部不能自理。

c) 中度智能损伤：1) 记忆损伤，MQ 35~49；2) IQ 35~49；3) 生活能部分自理。

d) 轻度智能损伤：1) 记忆损伤，MQ 50~69；2) IQ 50~69；3) 生活勉强能自理，能做一般简单的非技术性工作。

e) 边缘智能：1) 记忆损伤，MQ 70~79；2) IQ 70~79；3) 生活基本自理，能做一般简单的非技术性工作。

A.1.2 精神障碍

A.1.2.1 精神病性症状

有下列表现之一者：a) 突出的妄想；b) 持久或反复出现的幻觉；c) 病理性思维联想障碍；d) 紧张综合征，包括紧张性兴奋与紧张性木僵；e) 情感障碍显著，且妨碍社会功能（包括生活自理功能、社交功能及职业和角色功能）。

A.1.2.2 与工伤、职业病相关的精神障碍的认定：a) 精神障碍的发病基础需有工伤、职业病的存在；b) 精神障碍的起病时间需与工伤、职业病的发生相一致；c) 精神障碍应随着工伤、职业病的改善和缓解而恢复正常；d) 无证据提示精神障碍的发病有其他原因（如强阳性家族病史）。

A.1.3 人格改变

个体原来特有的人格模式发生了改变，人格改变需有2种或2种以上的下列特征，至少持续6个月方可诊断：a) 语速和语流明显改变，如以赘述或粘滞为特征；b) 目的性活动能力降低，尤以耗时较久才能得到满足的活动更明显；c) 认知障碍，如偏执观念，过于沉湎于某一主题（如宗教），或单纯以对或错来对他人进行僵化的分类；d) 情感障碍，如情绪不稳、欣快、肤浅、情感流露不协调、易激惹，或淡漠；e) 不可抑制的需要和冲动（不顾后果和社会规范要求）。

A.1.4 癫痫的诊断

癫痫诊断的分级包括：

a) 轻度：经系统服药治疗方能控制的各种类型癫痫发作者。

b) 中度：各种类型的癫痫发作，经系统服药治疗1年后，全身性强直—阵挛发作、单纯或复杂部分发作，伴自动症或精神症状（相当于大发作、精神运动性发作）平均每月1次或1次以下，失神发作和其他类型发作平均每周1次以下。

c) 重度：各种类型的癫痫发作，经系统服药治疗一年后，全身性强直—阵挛发作、单纯或复杂部分发作，伴自动症或精神症状（相当于大发作、精神运动性发作）平均每月1次以上，失神发作和其他类型发作平均每周1次以上者。

A.1.5 面神经损伤的评定

面神经损伤分中枢性（核上性）和外周性损伤。本标准所涉及到的面神经损伤主要指外周性（核下性）病变。

一侧完全性面神经损伤系指面神经的5个分支支配的全部颜面肌肉瘫痪，表现为：a) 额纹消失，不能皱眉；b) 眼睑不能充分闭合，鼻唇沟变浅；c) 口角下垂，不能示齿、鼓腮、吹口哨，饮食时汤水流溢。

不完全性面神经损伤系指面神经颧枝损伤或下颌枝损伤或颞枝和颊枝损伤者。

A.1.6 运动障碍

A.1.6.1 肢体瘫

肢体瘫痪程度以肌力作为分级标准，具体级别包括：

a) 0级：肌肉完全瘫痪，毫无收缩；
b) 1级：可看到或触及肌肉轻微收缩，但不能产生动作；
c) 2级：肌肉在不受重力影响下，可进行运动，即肢体能在床面上移动，但不能抬高；
d) 3级：在和地心引力相反的方向中尚能完成其动作，但不能对抗外加的阻力；
e) 4级：能对抗一定的阻力，但较正常人为低；
f) 5级：正常肌力。

A.1.6.2 非肢体瘫痪的运动障碍

包括肌张力增高、深感觉障碍和（或）小脑性共济失调、不自主运动或震颤等。根据其对生活自理的影响程度划分为轻、中、重三度：

a) 重度：不能自行进食，大小便、洗漱、翻身和穿衣需由他人护理。
b) 中度：上述动作困难，但在他人帮助下可以完成。
c) 轻度：完成上述运动虽有一些困难，但基本可以自理。

A.2 骨科、整形外科、烧伤科门

A.2.1 颜面毁容

A.2.1.1 重度：面部瘢痕畸形，并有以下6项中任意4项者：a) 眉毛缺失；b) 双睑外翻或缺失；c) 外耳缺失；d) 鼻缺失；e) 上下唇外翻、缺失或小口畸形；f) 颈颏粘连。

A.2.1.2 中度：具有下述6项中3项者：a) 眉毛部分缺失；b) 眼睑外翻或部分缺失；c) 耳廓部分缺失；d) 鼻部分缺失；e) 唇外翻或小口畸形；f) 颈部瘢痕畸形。

A.2.1.3 轻度：含中度畸形6项中2项者。

A.2.2 瘢痕诊断界定：指创面愈合后的增生性瘢痕，不包括皮肤平整、无明显质地改变的萎缩性瘢痕或疤痕。

A.2.3 面部异物色素沉着或脱失

A.2.3.1 轻度：异物色素沉着或脱失超过颜面总面积的1/4。

A.2.3.2 重度：异物色素沉着或脱失超过颜面总面积的1/2。

A.2.4 高位截肢：指肱骨或股骨缺失2/3以上。

A.2.5 关节功能障碍

A.2.5.1 关节功能完全丧失：非功能位关节僵直、固定或关节周围其他原因导致关节连枷状或严重不稳，以致无法完成其功能活动。

A.2.5.2 关节功能重度障碍：关节僵直于功能位，或残留关节活动范围约占正常的1/

3，较难完成原有劳动并对日常生活有明显影响。

A.2.5.3 关节功能中度障碍：残留关节活动范围约占正常的2/3，能基本完成原有劳动，对日常生活有一定影响。

A.2.5.4 关节功能轻度障碍：残留关节活动范围约占正常的2/3以上，对日常生活无明显影响。

A.2.6 四肢长管状骨：指肱骨、尺骨、桡骨、股骨、胫骨和腓骨。

A.2.7 脊椎骨折的类型

在评估脊椎损伤严重程度时，应根据暴力损伤机制、临床症状与体征，尤其是神经功能损伤情况以及影像等资料进行客观评估，出现以下情形之一时可判断为脊椎不稳定性骨折：a) 脊椎有明显骨折移位，椎体前缘高度压缩大于50%，后凸或侧向成角大于300；b) 后缘骨折，且有骨块突入椎管内，椎管残留管腔小于40%；c) 脊椎弓根、关节突、椎板骨折等影像学表现。

上述情形外的其他情形可判断为脊椎稳定性骨折。

A.2.8 放射性皮肤损伤

A.2.8.1 急性放射性皮肤损伤Ⅳ度：初期反应为红斑、麻木、瘙痒、水肿、刺痛，经过数小时至10天假愈期后出现第2次红斑、水疱、坏死、溃疡，所受剂量可能≥20Gy。

A.2.8.2 慢性放射性皮肤损伤Ⅱ度：临床表现为角化过度、皲裂或皮肤萎缩变薄，毛细血管扩张，指甲增厚变形。

A.2.8.3 慢性放射性皮肤损伤Ⅲ度：临床表现为坏死、溃疡，角质突起，指端角化与融合，肌腱挛缩，关节变形及功能障碍（具备其中1项即可）。

A.3 眼科、耳鼻喉科、口腔科门

A.3.1 视力的评定

A.3.1.1 视力检查

按照 GB 11533 的规定检查视力。视力记录可采用5分记录（对数视力表）或小数记录2种方式（详见表 A.1，略）。

A.3.1.2 盲及低视力分级

盲及低视力分级见表 A.2

表 A.2 盲及低视力分级

类别	级别	最佳矫正视力
盲	一级盲	<0.02~无光感，或视野半径<5°
	二级盲	<0.05~0.02，或视野半径<10°
低视力	一级低视力	<0.1~0.05
	二级低视力	<0.3~0.1

A.3.2 周边视野

A.3.2.1 视野检查的要求

a) 视标颜色：白色；
b) 视标大小：3mm；
c) 检查距离：330mm；

d) 视野背景亮度：31.5asb。
A.3.2.2 视野缩小的计算
视野有效值计算方法为：

$$实测视野有效值=\frac{8条子午线实测视野值}{500}\times100\%$$

A.3.3 伪盲鉴定方法
A.3.3.1 单眼全盲检查法
a) 视野检查法：在不遮盖盲眼的情况下，检查健眼的视野，鼻侧视野>60°者，可疑为伪盲。
b) 加镜检查法：将准备好的试镜架上（好眼之前）放一个屈光度为+6.00D的球镜片，在所谓盲眼前放上一个屈光度为+0.25D的球镜片，戴在患者眼前以后，如果仍能看清5m处的远距离视力表时，即为伪盲。或嘱患者两眼注视眼前一点，将一个三棱镜度为6的三棱镜放于所谓盲眼之前，不拘底向外或向内，注意该眼球必向内或向外转动，以避免发生复视。
A.3.3.2 单眼视力减退检查法
a) 加镜检查法：先记录两眼单独视力，然后将平面镜或不影响视力的低度球镜片放于所谓患眼之前，并将一个屈光度为+12.00D的凸球镜片同时放于好眼之前，再检查两眼同时看的视力，如果所得的视力较所谓患眼的单独视力更好时，则可证明患眼为伪装视力减退。
b) 视觉诱发电位（VEP）检查法（略）。
A.3.4 视力减弱补偿率
视力减弱补偿率是眼科致残评级依据之一。从表A.3中提示，如左眼检查视力0.15，右眼检查视力0.3，对照视力减弱补偿率，行是9，列是7，交汇点是38，即视力减弱补偿率为38，对应致残等级是七级。余可类推。

表A.3 视力减弱补偿率表

左眼		右眼										
		6/6	5/6	6/9	5/9	6/12	6/18	6/24	6/36	6/60	4/60	3/60
		1~0.9	0.8	0.6	0.6	0.5	0.4	0.3	0.2	0.15	0.1	1/15	1/20	<1/20
6/6	1~0.9	0	0	2	3	4	6	9	12	16	20	23	25	27
5/6	0.8	0	0	3	4	5	7	10	14	18	22	24	26	28
6/9	0.7	2	3	4	5	6	8	12	16	20	24	26	28	30
5/9	0.6	3	4	5	6	7	9	14	18	22	26	28	30	35
6/12	0.5	4	5	6	7	8	12	17	22	25	28	32	36	40
6/18	0.4	6	7	8	9	12	16	20	25	28	31	35	40	45
6/24	0.3	9	10	12	14	17	20	25	33	38	42	47	52	60
6/36	0.2	12	14	16	19	22	25	33	47	55	60	67	75	80
	0.15	16	18	20	22	25	28	38	55	63	70	78	83	83
6/60	0.1	20	22	24	26	28	31	42	60	70	80	85	90	95
4/60	1/15	23	24	26	29	32	35	47	67	78	85	92	95	98
3/60	1/20	25	26	28	30	36	40	52	75	83	90	98	100	100
	<1/20	27	28	30	35	40	45	60	80	88	95	98	100	100

表 A.4 视力减弱补偿率与工伤等级对应表

致残等级	视力减弱补偿率/%
一级	—
二级	—
三级	100
四级	86~99
五级	76~85
六级	41~75
七级	25~40
八级	16~24
九级	8~15
十级	0~7

注1：视力减弱补偿率不能代替《工伤鉴定标准》，只有现条款不能得出确定结论时，才可对照视力减弱补偿率表得出相对应的视力减弱补偿率，并给出相对应的致残等级。
注2：视力减弱补偿率及其等级分布不适用于一、二级的评定和眼球摘除者的致残等级。

A.3.5 无晶体眼的视觉损伤程度评价

因工伤或职业病导致眼晶体摘除，除了导致视力障碍外，还分别影响到患者视野及立体视觉功能，因此，对无晶体眼中心视力（矫正后）的有效值的计算要低于正常晶体眼。计算办法可根据无晶体眼的只数和无晶体眼分别进行视力最佳矫正（包括戴眼镜或接触镜和植入人工晶体）后，与正常晶体眼，依视力递减受损程度百分比进行比较来确定无晶体眼视觉障碍的程度，见表 A.5。

表 A.5 无晶状体眼视觉损伤程度评价参考表

视力	无晶状体眼中心视力有效值百分比/%		
	晶状体眼	单眼无晶状体	双眼无晶状体
1.2	100	50	75
1.0	100	50	75
0.8	95	47	71
0.6	90	45	67
0.5	85	42	64
0.4	75	37	56
0.3	65	32	49
0.25	60	30	45
0.20	50	25	37
0.15	40	20	30
0.12	30	—	22
0.1	20	—	—

A.3.6 听力损伤计算法
A.3.6.1 听阈值计算
30岁以上受检者在计算其听阈值时,应从实测值中扣除其年龄修正值,见表 A.6。后者取 GB/T7582-2004 附录 B 中数值。

表 A.6 纯音气导阈的年龄修正值

年龄/岁	频率/Hz						
	男			女		
	500	1 000	2 000	500	1 000	2 000
30	1	1	1	1	1	1
40	2	2	3	2	2	3
50	4	4	7	4	4	6
60	6	7	12	6	7	11
70	10	11	19	10	11	16

A.3.6.2 单耳听力损失计算法
取该耳语频 500Hz、1000Hz 及 2000Hz 纯音气导听阈值相加取其均值,若听阈超过 100dB,仍按 100dB 计算。如所得均值不是整数,则小数点后之尾数采用四舍五入法进为整数。

A.3.6.3 双耳听力损失计算法
听力较好一耳的语频纯音气导听阈均值(PTA)乘以 4 加听力较差耳的均值,其和除以 5。如听力较差耳的致聋原因与工伤或职业无关,则不予计入,直接以较好一耳的语频听阈均值为准。在标定听阈均值时,小数点后之尾数采取四舍五入法进为整数。

A.3.7 张口度判定及测量方法
以患者自身的食指、中指、无名指并列垂直置入上、下中切牙切缘间测量。
a)正常张口度:张口时上述 3 指可垂直入上、下切牙切缘间(相当于 4.5cm 左右)。
b)张口困难 I 度:大张口时,只能垂直入食指和中指(相当于 3cm 左右)。
c)张口困难 II 度:大张口时,只能垂直入食指(相当于 1.7cm 左右)。
d)张口困难 III 度:大张口时,上、下切牙间距小于食指之横径。
e)完全不能张口。

A.4 普外科、胸外科、泌尿生殖科门
A.4.1 肝功能损害
以血清白蛋白、血清胆红素、腹水、脑病和凝血酶原时间五项指标在肝功能损害中所占积分的多少作为其损害程度的判定(见表 A.7)。

表 A.7 肝功能损害的判定

项目	分数		
	1分	2分	3分
血清白蛋白	3.0 g/dL~3.5 g/dL	2.5 g/dL~3.0 g/dL	<2.5 g/dL
血清胆红素	1.5 mg/dL~2.0 mg/dL	2.0 mg/dL~3.0 mg/dL	>3.0 mg/dL

续表

项目	分数		
	1分	2分	3分
腹水	无	少量腹水，易控制	腹水多，难于控制
脑病	无	轻度	重度
凝血酶原时间	延长>3 s	延长>6 s	延长>9 s

肝功能损害级别包括：
a) 肝功能重度损害：10分~15分。
b) 肝功能中度损害：7分~9分。
c) 肝功能轻度损害：5分~6分。

A.4.2 肺、肾、心功能损害：参见A.5。

A.4.3 肾损伤性高血压判定：肾损伤所致高血压系指血压的两项指标（收缩压≥21.3kPa，舒张压≥12.7kPa）只须具备一项即可成立。

A.4.4 甲状腺功能低下分级

A.4.4.1 重度：a) 临床症状严重；b) T3、T4或FT3、FT4低于正常值，TSH>50μU/L。

A.4.4.2 中度：a) 临床症状较重；b) T3、T4或FT3、FT4正常，TSH>50μU/L。

A.4.4.3 轻度：a) 临床症状较轻；b) T3、T4或FT3、FT4正常，TSH轻度增高但<50μU/L。

A.4.5 甲状旁腺功能低下分级
a) 重度：空腹血钙质量浓度<6mg/dL；
b) 中度：空腹血钙质量浓度6~7mg/dL；
c) 轻度：空腹血钙质量浓度7~8mg/dL。
注：以上分级均需结合临床症状分析。

A.4.6 肛门失禁

A.4.6.1 重度：a) 大便不能控制；b) 肛门括约肌收缩力很弱或丧失；c) 肛门括约肌收缩反射很弱或消失；d) 直肠内压测定：采用肛门注水法测定时直肠内压应小于1 961 Pa（20cm H₂O）。

A.4.6.2 轻度：a) 稀便不能控制；b) 肛门括约肌收缩力较弱；c) 肛门括约肌收缩反射较弱；d) 直肠内压测定：采用肛门注水法测定时直肠内压应为1 961 Pa~2 942 Pa（20~30cm H₂O）。

A.4.7 排尿障碍
a) 重度：系出现真性重度尿失禁或尿潴留残余尿体积≥50mL者。
b) 轻度：系出现真性轻度尿失禁或残余尿体积<50mL者。

A.4.8 生殖功能损害
a) 重度：精液中精子缺如。
b) 轻度：精液中精子数<500万/mL或异常精子>30%或死精子或运动能力很弱的精子>30%。

A.4.9 血睾酮正常值：血睾酮正常值为14.4nmol/L~41.5nmoL/L（<60ng/dL）。

A.4.10 左侧肺叶计算：本标准按3叶划分，即顶区、舌叶和下叶。

A.4.11 大血管界定：本标准所称大血管是指主动脉、上腔静脉、下腔静脉、肺动脉和肺静脉。

A.4.12 呼吸困难：参见A.5.1。

A.5 职业病内科门

A.5.1 呼吸困难及呼吸功能损害

A.5.1.1 呼吸困难分级

Ⅰ级：与同龄健康者在平地一同步行无气短，但登山或上楼时呈现气短。

Ⅱ级：平路步行1000m无气短，但不能与同龄健康者保持同样速度，平路快步行走呈现气短，登山或上楼时气短明显。

Ⅲ级：平路步行100m即有气短。

Ⅳ级：稍活动（如穿衣、谈话）即气短。

A.5.1.2 肺功能损伤分级：肺功能损伤分级见表A.8。

表A.8 肺功能损伤分级   %

损伤级别	FVC	FEV1	MVV	FEV1/FVC	RV/TLC	DLco
正常	>80	>80	>80	>70	<35	>80
轻度损伤	60~79	60~79	60~79	55~69	36~45	60~79
中度损伤	40~59	40~59	40~59	35~54	46~55	45~59
重度损伤	<40	<40	<40	<35	>55	<45

注：FVC、FEV1、MVV、DLco为占预计值百分数。

A.5.1.3 低氧血症分级

a) 正常：PO_2为13.3kPa~10.6kPa（100mmHg~80mmHg）；

b) 轻度：PO_2为10.5kPa~8.0kPa（79mmHg~60mmHg）；

c) 中度：PO_2为7.9kPa~5.3kPa（59mmHg~40mmHg）；

d) 重度：PO_2<5.3kPa（<40mmHg）。

A.5.2 活动性肺结核病诊断

A.5.2.1 诊断要点：尘肺合并活动性肺结核，应根据胸部X射线片、痰涂片、痰结核杆菌培养和相关临床表现作出判断。

A.5.2.2 涂阳肺结核诊断

符合以下3项之一者：a) 直接痰涂片镜检抗酸杆菌阳性2次；b) 直接痰涂片镜检抗酸杆菌1次阳性，且胸片显示有活动性肺结核病变；c) 直接痰涂片镜检抗酸杆菌1次阳性加结核分枝杆菌培养阳性1次。

A.5.2.3 涂阴肺结核的判定

直接痰涂片检查3次均阴性者，应从以下几方面进行分析和判断：a) 有典型肺结核临床症状和胸部x线表现；b) 支气管或肺部组织病理检查证实结核性改变。

此外，结核菌素（PPD 5 IU）皮肤试验反应≥15mm或有丘疹水疱；血清抗结核抗体阳性；痰结核分枝杆菌PCR加探针检测阳性以及肺外组织病理检查证实结核病变等可作为参考指标。

A.5.3 心功能不全

a) 一级心功能不全：能胜任一般日常劳动，但稍重体力劳动即有心悸、气急等症状。

b) 二级心功能不全：普通日常活动即有心悸、气急等症状，休息时消失。

c) 三级心功能不全：任何活动均可引起明显心悸、气急等症状，甚至卧床休息仍有症状。

A.5.4 中毒性肾病

A.5.4.1 特征性表现：肾小管功能障碍为中毒性肾病的特征性表现。

A.5.4.2 轻度中毒性肾病

a) 近曲小管损伤：尿 β2 微球蛋白持续>1000μg/g 肌酐，可见葡萄糖尿和氨基酸尿，尿钠排出增加，临床症状不明显。

b) 远曲小管损伤：肾脏浓缩功能降低，尿液稀释（尿渗透压持续<350mOsm/kg·H_2O），尿液碱化（尿液 pH 持续>6.2）。

A.5.4.3 重度中毒性肾病：除上述表现外，尚可波及肾小球，引起白蛋白尿（持续>150mg/24h），甚至肾功能不全。

A.5.5 肾功能不全

a) 肾功能不全尿毒症期：内生肌酐清除率<25mL/min，血肌酐浓度为 450μmol/L~707μmol/L（5mg/dL~8mg/dL），血尿素氮浓度>21.4mmol/L（60mg/dL），常伴有酸中毒及严重尿毒症临床症象。

b) 肾功能不全失代偿期：内生肌酐清除率 25mL/min~49mL/min，血肌酐浓度>177μmol/L（2mg/dL），但<450μmol/L（5mg/dL），无明显临床症状，可有轻度贫血、夜尿、多尿。

c) 肾功能不全代偿期：内生肌酐清除率降低至正常的 50%（50mL/min~70mL/min），血肌酐及血尿素氮水平正常，通常无明显临床症状。

A.5.6 中毒性血液病诊断分级

A.5.6.1 重型再生障碍性贫血：急性再生障碍性贫血及慢性再生障碍性贫血病情恶化期。

a) 临床：发病急，贫血呈进行性加剧，常伴严重感染、内脏出血；

b) 血象：除血红蛋白下降较快外，须具备下列 3 项中之 2 项：1) 网织红细胞<1%，含量<15×109/L；2) 白细胞明显减少，中性粒细胞绝对值<0.5×109/L；3) 血小板<20×109/L。

c) 骨髓象：1) 多部位增生减低，3 系造血细胞明显减少，非造血细胞增多。如增生活跃须有淋巴细胞增多；2) 骨髓小粒中非造血细胞及脂肪细胞增多。

A.5.6.2 慢性再生障碍性贫血

a) 临床：发病慢，贫血、感染、出血均较轻。

b) 血象：血红蛋白下降速度较慢，网织红细胞、白细胞、中性粒细胞及血小板值常较急性再生障碍性贫血为高。

c) 骨髓象：1) 3 系或 2 系减少，至少 1 个部位增生不良，如增生良好，红系中常有幼红（炭核）比例增多，巨核细胞明显减少。2) 骨髓小粒中非造血细胞及脂肪细胞增多。

A.5.6.3 骨髓增生异常综合征：须具备以下条件：a) 骨髓至少 2 系呈病态造血；b)

外周血1系、2系或全血细胞减少，偶可见白细胞增多，可见有核红细胞或巨大红细胞或其他病态造血现象；c）除外其他引起病态造血的疾病。

A.5.6.4　贫血

重度贫血：血红蛋白含量（Hb）<60g/L，红细胞含量（RBC）<2.5×1012/L；

轻度贫血：成年男性Hb<120g/L，RBC<4.5×1012/L及红细胞比积（HCT）<0.42，成年女性Hb<11g/L，RBC：<4.0×1012/L及HCT<0.37。

A.5.6.5　粒细胞缺乏症：外周血中性粒细胞含量低于0.5×109/L。

A.5.6.6　中性粒细胞减少症：外周血中性粒细胞含量低于2.0×109/L。

A.5.6.7　白细胞减少症：外周血白细胞含量低于4.0×109/L。

A.5.6.8　血小板减少症：外周血液血小板计数<8×1010/L，称血小板减少症；当<4×1010/L以下时，则有出血危险。

A.5.7　再生障碍性贫血完全缓解：贫血和出血症状消失，血红蛋白含量：男不低于120g/L，女不低于100g/L；白细胞含量4×109/L左右；血小板含量达8×1010/L；3个月内不输血，随访1年以上无复发者。

A.5.8　急性白血病完全缓解

a）骨髓象：原粒细胞Ⅰ型+Ⅱ型（原单+幼稚单核细胞或原淋+幼稚淋巴细胞）≤5%，红细胞及巨核细胞系正常。

M2b型：原粒Ⅰ型+Ⅱ型≤5%，中性中幼粒细胞比例在正常范围。

M3型：原粒+早幼粒≤5%。

M4型：原粒Ⅰ、Ⅱ型+原红及幼单细胞≤5%。

M6型：原粒Ⅰ、Ⅱ型≤5%，原红+幼红以及红细胞比例基本正常。

M7型：粒、红二系比例正常，原巨+幼稚巨核细胞基本消失。

b）血象：男Hb含量≥100g/L或女Hb含量≥90g/L；中性粒细胞含量≥1.5×109/L；血小板含量≥10×1010/L；外周血分类无白血病细胞。

c）临床无白血病浸润所致的症状和体征，生活正常或接近正常。

A.5.9　慢性粒细胞白血病完全缓解

a）临床：无贫血、出血、感染及白血病细胞浸润表现。

b）血象：Hb含量>100g/L，白细胞总数（WBC）<10×109/L，分类无幼稚细胞，血小板含量10×1010/L~40×1010/L。

c）骨髓象：正常。

A.5.10　慢性淋巴细胞白血病完全缓解：外周血白细胞含量≤10×109/L，淋巴细胞比例正常（或<40%），骨髓淋巴细胞比例正常（或<30%）临床症状消失，受累淋巴结和肝脾回缩至正常。

A.5.11　慢性中毒性肝病诊断分级

A.5.11.1　慢性轻度中毒性肝病

出现乏力、食欲减退、恶心、上腹饱胀或肝区疼痛等症状，肝脏肿大，质软或柔韧，有压痛；常规肝功能试验或复筛肝功能试验异常。

A.5.11.2　慢性中度中毒性肝病：a）上述症状较严重，肝脏有逐步缓慢性肿大或质地有变硬趋向，伴有明显压痛。b）乏力及胃肠道症状较明显，血清转氨酶活性、γ—谷氨酰转肽酶或γ—球蛋白等反复异常或持续升高。c) 具有慢性轻度中毒性肝病的临床表现，伴有脾脏肿大。

A.5.11.3 慢性重度中毒性肝病：有下述表现之一者：a) 肝硬化；b) 伴有较明显的肾脏损害；c) 在慢性中度中毒性肝病的基础上，出现白蛋白持续降低及凝血机制紊乱。

A.5.12 慢性肾上腺皮质功能减退

A.5.12.1 功能明显减退：a) 乏力，消瘦，皮肤、黏膜色素沉着，白癜，血压降低，食欲不振；b) 24h尿中17-羟类固醇<4mg，17-酮类固醇<10mg；c) 血浆皮质醇含量早上8时，<9mg/100mL，下午4时，<3mg/100ml；d) 尿中皮质醇<5mg/24h。

A.5.12.2 功能轻度减退：a) 具有A.5.12.1b)、c) 2项；b) 无典型临床症状。

A.5.13 免疫功能减低

A.5.13.1 功能明显减低：a) 表现为易于感染，全身抗力下降；b) 体液免疫（各类免疫球蛋白）及细胞免疫（淋巴细胞亚群测定及周围血白细胞总数和分类）功能减退。

A.5.13.2 功能轻度减低：a) 具有A.5.13.1b) 项；b) 无典型临床症状。

A.6 非职业病内科疾病的评戒：由职业因素所致内科以外的，且属于卫生部颁布的职业病名单中的病伤，在经治疗于停工留薪期满时其致残等级皆根据总则5中相应的残情进行鉴定，其中因职业肿瘤手术所致的残情，参照主要受损器官的相应条目进行评定。

A.7 系统治疗的界定：本标准中所指的"系统治疗"是指经住院治疗，或每月平均一次到医院门诊治疗并坚持服药或其他专科治疗等。

A.8 等级相应原则：在实际应用中，如果仍有某些损伤类型未在本标准中提及者，可按其对劳动、生活能力影响程度列入相应等级。

附录B（资料性附录） 正确使用本标准的说明

B.1 神经内科、神经外科、精神科门

意识障碍是急性器质性脑功能障碍的临床表现。如持续性植物状态、去皮层状态、动作不能性缄默等等常长期存在，久治不愈。遇到这类意识障碍，因患者生活完全不能自理，一切需别人照料，应评为最重级。

反复发作性的意识障碍，作为癫痫的一组症状或癫痫发作的一种形式时，不单独评定其致残等级。

精神分裂症和躁郁症均为内源性精神病，发病主要决定于病人自身的生物学素质。在工伤或职业病过程中伴发的内源性精神病不应与工伤或职业病直接所致的精神病相混淆。精神分裂症和躁郁症不属于工伤或职业病性精神病。

智能损伤说明：

a) 智能损伤的总体严重性以记忆或智能损伤程度予以考虑，按"就重原则"其中哪项重，就以哪项表示；

b) 记忆商（MQ）、智商（IQ）的测查结果仅供参考，鉴定时需结合病理基础、日常就诊记录等多方综合评判。

神经心理学障碍指局灶性皮层功能障碍，内容包括失语、失用、失写、失读、失认等。临床上以失语为最常见，其他较少单独出现。

鉴于手、足部肌肉由多条神经支配，可出现完全瘫，亦可表现不完全瘫，在评定手、足瘫致残程度时，应区分完全性瘫与不完全性瘫，再根据肌力分级判定基准，对肢体瘫痪致残程度详细分级。

神经系统多部位损伤或合并其他器官的伤残时，其致残程度的鉴定依照本标准总则中的有关规定处理。

癫痫是一种以反复发作性抽搐或以感觉、行为、意识等发作性障碍为特征的临床症候群，属于慢性病之一。因为它的临床体征较少，若无明显颅脑器质性损害则难于定性。为了科学、合理地进行劳动能力鉴定，在进行致残程度评定时，应根据以下信息资料综合评判：a) 工伤和职业病所致癫痫的诊断前提应有严重颅脑外伤或中毒性脑病的病史；b) 1 年来系统治疗病历资料；c) 脑电图资料；d) 其他有效资料，如血药浓度测定。

各种颅脑损伤出现功能障碍参照有关功能障碍评级。

为便于分类分级，将运动障碍按损伤部位不同分为脑、脊髓、周围神经损伤 3 类。鉴定中首先分清损伤部位，再给予评级。

考虑到颅骨缺损多可修补后按开颅术定级，且颅骨缺损的大小与功能障碍程度无必然联系，故不再以颅骨缺损大小作为评级标准。

脑挫裂伤应具有相应病史、临床治疗经过，经 CT 及（或）MRI 等辅助检查证实有脑实质损害征象。

开颅手术包括开颅探查、去骨瓣减压术、颅骨整复、各种颅内血肿清除、慢性硬膜下血肿引流、脑室外引流、脑室—腹腔分流等。

脑脊液漏手术修补成功无功能障碍按开颅手术定级；脑脊液漏伴颅底骨缺损反复修补失败或无法修补者定为四级。

中毒性周围神经病表现为四肢对称性感觉减退或消失，肌力减退，肌肉萎缩，四肢腱反射（特别是跟腱反射）减退或消失。神经肌电图显示神经源性损害。如仅表现以感觉障碍为主的周围神经病，有深感觉障碍的定为七级，只有浅感觉障碍的定为九级，出现运动障碍者可参见神经科部分"运动障碍"定级。

外伤或职业中毒引起的周围神经损害，如出现肌萎缩者，可按肌力予以定级。

外伤或职业中毒引起的同向偏盲或象限性偏盲，其视野缺损程度可参见眼科标准予以定级。

B.2 骨科、整形外科、烧伤科门

本标准只适用于因工负伤或职业病所致脊柱、四肢损伤的致残程度鉴定之用，其他先天畸形，或随年龄增长出现的退行性改变，如骨性关节炎等，不适用本标准。

有关节内骨折史的骨性关节炎或创伤后关节骨坏死，按该关节功能损害程度，列入相应评残等级处理。

创伤性滑膜炎，滑膜切除术后留有关节功能损害或人工关节术后残留有功能不全者，按关节功能损害程度，列入相应等级处理。

脊柱骨折合并有神经系统症状，骨折治疗后伤残留不同程度的脊髓和神经功能障碍者，参照总则 5 中相应条款进行处理。

外伤后（1 周内）发生的椎间盘突出症，经人力资源与社会保障部门认定为工伤的，按本标准相应条款进行伤残等级评定，若手术后残留有神经系统症状者，参照总则 5 中相应条款进行处理。

职业性损害如氟中毒或减压病等所致骨与关节损害，按损害部位功能障碍情况列入相应评残等级处理。

神经根性疼痛的诊断需根据临床症状，同时结合必要的相关检查综合评判。

烧伤面积、深度不作为评残标准，需等治疗停工留薪期满后，依据造成的功能障碍程度、颜面瘢痕畸形程度和瘢痕面积（包括供皮区明显瘢痕）大小进行评级。

面部异物色素沉着是指由于工伤如爆炸伤所致颜面各部各种异物（包括石子、铁粒等）的存留，或经取异物后仍有不同程度的色素沉着。但临床上很难对面部异物色素沉着量及面积作出准确的划分，考虑到实际工作中可能遇见多种复杂情况，故本标准将面部异物色素沉着分为轻度及重度两个级别，分别以超过颜面总面积的 1/4 及 1/2 作为判定轻、重的基准。

以外伤为主导诱因引发的急性腰椎间盘突出症，应按下列要求确定诊断：a）急性外伤史并发坐骨神经刺激征；b）有早期 MRI（1 个月内）影像学依据提示为急性损伤；c）无法提供早期 MRI 资料的，仅提供早期 CT 依据者应继续 3~6 个月治疗与观察后申请鉴定，鉴定时根据遗留症状与体征，如相应受损神经支配肌肉萎缩、肌力减退、异常神经反射等损害程度作出等级评定。

膝关节损伤的诊断应从以下几方面考虑：明确的外伤史；相应的体征；结合影像学资料。如果还不能确诊者，可行关节镜检查确定。

手、足功能缺损评估参考图表

考虑到手、足外伤复杂多样性，在现标准没有可对应条款情况下，可参照"手、足功能缺损评估参考图表"定级。

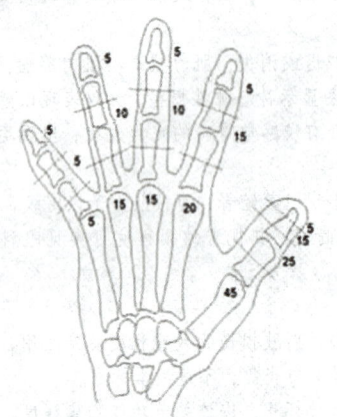

图 B.1 手功能缺损评估参考图 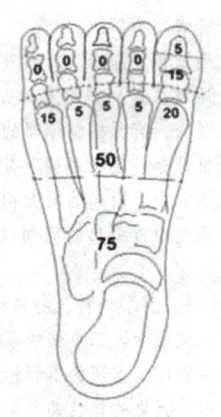　　图 B.2 足功能缺损评估参考图

表 B.1　手、足功能缺损分值定级区间参考表（仅用于单肢体）

级别	分值
一级	—
二级	—
三级	—
四级	—

续表

级别	分值
五级	81 分~100 分
六级	51 分~80 分
七级	31 分~50 分
八级	21 分~30 分
九级	11 分~20 分
十级	≤10 分

表 B.2 手、腕部功能障碍评估参考表

受累部位		功能障碍程度与分值定级		
		僵直于非功能位	僵直于功能位或<1/2 关节活动度	轻度功能障碍或 >1/2 关节活动度
拇指	第一掌腕/掌指/指间关节均受累	40	25	15
	掌指、指间关节同时受累	30	20	10
	掌指、指间单一关节受累	20	15	5
食指	掌指、指间关节均受累	20	15	5
	掌指或近侧指间关节受累	15	10	0
	远侧指间关节受累	5	5	0
中指	掌指、指间关节均受累	15	5	5
	掌指或近侧指间关节受累	10	5	0
	远侧指间关节受累	5	0	0
环指	掌指、指间关节均受累	10	5	5
	掌指或近侧指间关节受累	5	5	0
	远侧指间关节受累	5	0	0
小指	掌指、指间关节均受累	5	5	5
	掌指或近侧指间关节受累	5	5	0
	远侧指间关节受累	0	0	0
腕关节	功能大部分丧失时的腕关节受累	10	5	5
		40	30	20

B.3 眼科、耳鼻喉科、口腔科门

非工伤和职业性五官科疾病如夜盲、立体盲、耳硬化症等不适用本标准。

职工工伤与职业病所致视觉损伤不仅仅是眼的损伤或破坏，重要的是涉及视功能的障碍以及有关的解剖结构和功能的损伤如眼睑等。因此，视觉损伤的鉴定包括：

a) 眼睑、眼球及眼眶等的解剖结构和功能损伤或破坏程度的鉴定；

b) 视功能（视敏锐度、视野和立体视觉等）障碍程度的鉴定。

眼伤残鉴定标准主要的鉴定依据为眼球或视神经器质性损伤所致的视力、视野、立体视功能障碍及其他解剖结构和功能的损伤或破坏。其中视残疾主要参照了盲和低视力分级标准和视力减弱补偿率视力损伤百分计算办法。"一级"划线的最低限为双眼无光感或仅有光感但光定位不准；"二级"等于"盲"标准的一级盲；"三级"等于或相当于二级盲；"四级"相当于一级低视力;"五级"相当于二级低视力,"六~十级"则分别相当于视力障碍的 0.2~0.8。

周边视野损伤程度鉴定以实际测得的 8 条子午线视野值的总和,计算平均值即有效视野值。当视野检查结果与眼部客观检查不符时,可用 Humphrey 视野或 Octopus 视野检查。

中心视野缺损目前尚无客观的计量办法,评残时可根据视力受损程度确定其相应级别。

无晶状体眼视觉损伤程度评价参见表 A.5。在确定无晶状体眼中心视力的实际有效值之后,分别套入本标准的实际级别。

中央视力及视野(周边视力)的改变,均须有相应的眼组织器质性改变来解释,如不能解释则要根据视觉诱发电位及多焦视网膜电流图检查结果定级。

伪盲鉴定参见 A.3.3。视觉诱发电位等的检查可作为临床鉴定伪盲的主要手段。如一眼有或无光感,另眼眼组织无器质性病变,并经视觉诱发电位及多焦视网膜电流图检查结果正常者,应考虑另眼为伪盲眼。也可采用其他行之有效的办法包括社会调查、家庭采访等。

睑球粘连严重、同时有角膜损伤者按中央视力定级。

职业性眼病(包括白内障、电光性眼炎、二硫化碳中毒、化学性眼灼伤)的诊断可分别参见 GBZ 35、GBZ 9、GBZ 4、GBZ 45、GBZ 54。

职业性及外伤性白内障视力障碍程度较本标准所规定之级别重者(即视力低于标准 9 级和 10 级之 0.5~0.8),则按视力减退情况分别套入不同级别。白内障术后评残办法参见 A.3.5。如果术前已经评残者,术后应根据矫正视力情况,并参照 A.3.5 无晶状体眼视觉损伤程度评价重新评残。

外伤性白内障未做手术者根据中央视力定级;白内障摘除人工晶状体植入术后谓人工晶状体眼,人工晶状体眼根据中央视力定级。白内障摘除未能植入人工晶状体者,谓无晶状体眼,根据其矫正视力并参见 B.3.6 的要求定级。

泪器损伤指泪道(包括泪小点、泪小管、泪囊、鼻泪管等)及泪腺的损伤。

有明确的外眼或内眼组织结构的破坏,而视功能检查好于本标准第十级(即双眼视力≤0.8)者,可视为十级。

本标准没有对光觉障(暗适应)作出规定,如果临床上确有因工或职业病所致明显暗适应功能减退者,应根据实际情况,作出适当的判定。

一眼受伤后健眼发生交感性眼炎者无论伤后何时都可以申请定级。

本标准中的双眼无光感、双眼矫正视力或双眼视野,其"双眼"为临床习惯称谓,实际工作(包括评残)中是以各眼检查或矫正结果为准。

听功能障碍包括长期暴露于生产噪声所致的职业性噪声聋,压力波、冲击波造成的爆破性聋等,颅脑外伤所致的颞骨骨折、内耳震荡、耳蜗神经挫伤等产生的耳聋及中、外耳伤后遗的鼓膜穿孔、鼓室瘢痕粘连,外耳道闭锁等产生的听觉损害。

听阈测定的设备和方法必须符合国家标准:GB/T 7341、GB 4854、GB/T 7583。

纯音电测听重度、极重度听功能障碍时,应同时加测听觉脑干诱发电位(A.B.R)。

耳廓、外鼻完全或部分缺损,可参照整形科"头面部毁容"。

耳科平衡功能障碍指前庭功能丧失而平衡功能代偿不全者。因肌肉、关节或其他神经损害引起的平衡障碍,按有关学科残情定级。

如职工因与工伤或职业有关的因素诱发功能性视力障碍和耳聋,应用相应的特殊检查法明确诊断，在其器质性视力和听力减退确定以前暂不评残。伪聋，也应先予排除，然后评残。

喉原性呼吸困难系指声门下区以上呼吸道的阻塞性疾患引起者。由胸外科、内科病所致的呼吸困难参见 A.5.1。

发声及言语困难系指喉外伤后致结构改变，虽呼吸通道无障碍，但有明显发声困难及言语表达障碍；轻者则为发声及言语不畅。

发声障碍系指声带麻痹或声带的缺损、小结等器质性损害致不能胜任原来的嗓音职业工作者。

职业性铬鼻病、工业性氟病、减压病、尘肺病、职业性肿瘤、慢性砷中毒、磷中毒、手臂振动病、牙酸蚀病以及煤矿井下工人滑囊炎等的诊断分别参见 GBZ 12、GBZ 5、GBZ 24、GBZ 70、GBZ 94、GBZ 83、GBZ 81、GBZ 7、GBZ 61、GBZ 82。

颞下颌关节强直，临床上分 2 类：一为关节内强直，一为关节外强直（颌间挛缩），本标准中颞下颌关节强直即包括此 2 类。

本标准将舌划分为 3 等份即按舌尖、舌体和舌根计算损伤程度。

头面部毁容参见 A.2.1。

B.4 普外科、胸外科、泌尿生殖科门

器官缺损伴功能障碍者，在评残时一般应比器官完整伴功能障碍者级别高。

生殖器官缺损不能修复，导致未育者终生不能生育的，应在原级别基础上上升一级。

多器官损害的评级标准依照本标准总则中制定的有关规定处理。

任何并发症的诊断都要有影像学和实验室检查的依据，主诉和体征供参考。

评定任何一个器官的致残标准，都要有原始病历记录，其中包括病历记录、手术记录、病理报告等。

甲状腺损伤若伴有喉上神经和喉返神经损伤致声音嘶哑、呼吸困难或呛咳者，判定级别标准参照耳鼻喉科部分。

阴茎缺损指阴茎全切除或部分切除并功能障碍者。

心脏及大血管的各种损伤其致残程度的分级，均按治疗期满后的功能不全程度分级。

胸部（胸壁、气管、支气管、肺）各器官损伤的致残分级除按表 C.4 中列入各项外，其他可按治疗期结束后的肺功能损害和呼吸困难程度分级。

肝、脾、胰等挫裂伤，有明显外伤史并有影像学诊断依据者，保守治疗后可定为十级。

普外科开腹探查术后或任何开腹手术后发生粘连性肠梗阻，且反复发作，有明确影像学诊断依据，应在原级别基础上上升一级。

B.5 职业病内科门

本标准适用于确诊患有中华人民共和国卫生部颁布的职业病名单中的各种职业病所致肺脏、心脏、肝脏、血液或肾脏损害经治疗停工留薪期满时需评定致残程度者。

心律失常（包括传导阻滞）与心功能不全往往有联系，但两者的严重程度可不平衡，但心律失常者，不一定有心功能不全或劳动能力减退，评残时应按实际情况定级。

本标准所列各类血液病、内分泌及免疫功能低下及慢性中毒性肝病等，病情常有变化，对已进行过评残后，经继续治疗后残情发生变化者应按国家社会保险法规的要求，对残情重新进行评级。

肝功能的测定

肝功能的测定包括：

常规肝功能试验：包括血清丙氨酸氨基转换酶（ALT 即 GPT）、血清胆汁酸等。

复筛肝功能试验：包括血清蛋白电泳、总蛋白及白蛋白、球蛋白、血清天门冬氨酸氨基转移酶（AST 即 GOT）、血清谷氨酰转肽酶（γ-GT）、转铁蛋白或单胺氧化酶测定等，可根据临床具体情况选用。

静脉色氨酸耐量试验（ITTT）、吲哚氰绿滞留试验（IGG）是敏感性和特异性都较好的肝功能试验，有备件可作为复筛指标。

职业性肺部疾患主要包括尘肺、铍病、职业性哮喘等，在评定残情分级时，除尘肺在分级表中明确注明外，其他肺部疾病可分别参照相应的国家诊断标准，以呼吸功能损害程度定级。

对职业病患者进行肺部损害鉴定的要求：a）须持有职业病诊断证明书；b）须有近期胸部 X 线平片；c）须有肺功能测定结果及（或）血气测定结果。

肺功能测定时注意的事项：a）肺功能仪应在校对后使用；b）对测定对象，测定肺功能前应进行训练；c）FVC、FEV1 至少测定 2 次，2 次结果相差不得超过 5%；d）肺功能的正常预计值公式宜采用各实验室的公式作为预计正常值。

鉴于职业性哮喘在发作或缓解期所测得的肺功能不能正确评价哮喘病人的致残程度，可以其发作频度和影响工作的程度进行评价。

在判定呼吸困难有困难时或呼吸困难分级与肺功能测定结果有矛盾时，应以肺功能测定结果作为致残分级标准的依据。

石棉肺是尘肺的一种，本标准未单独列出，在评定致残分级时，可根据石棉肺的诊断，主要结合肺功能损伤情况进行评定。

放射性疾病包括外照射急性放射病、外照射慢性放射病、放射性皮肤病、放射性白内障、内照射放射病、放射性甲状腺疾病、放射性性腺疾病、放射性膀胱疾病、急性放射性肺炎及放射性肿瘤，临床诊断及处理可参照 GBZ 104、GBZ 105、GBZ 106、GBZ 95、GBZ 96、GBZ 101、GBZ 107、GBZ 109、GBZ 110、GBZ 94。放射性白内障可参照眼科评残处理办法，其他有关放射性损伤评残可参照相应条目进行处理。

本标准中有关慢性肾上腺皮质功能减低、免疫功能减低及血小板减少症均指由于放射性损伤所致，不适用于其他非放射性损伤的评残。

附录 C（规范性附录）　职工工伤 职业病致残等级分级表（略）

● **指导案例**　【司发通〔2018〕34 号】　司法部发布关于司法鉴定指导案例的通知（2018 年 4 月 9 日印发，2018 年 4 月 12 日公布）

（指导案例 07 号）　张大山同卵双胞胎的 DNA 鉴定案[①]

鉴定要点：1. 需要做 DNA 鉴定时，应当委托司法行政机关登记的具有法医物证鉴定资

[①] 本案意义：由于同卵双胞胎具有相同的遗传背景，基因所包含的 DNA 信息相同，常规法医学个体识别技术一般无法区分。本案的司法鉴定人员通过比对同卵双胞胎 STR 分型结果，发现了二者在 vWA 基因座上分型结果不同，进而抓住这一点，并以重复检验和更换样本类型来证实这一结果的可靠性，从而科学地甄别了本案涉及的同卵双胞胎。这一案例，为同卵双胞胎的甄别提供了一种可借鉴的技术思路。

格的司法鉴定机构去做。查验司法鉴定机构有无法医物证鉴定资质，可以在互联网上键入www.12348.gov.cn，登录"12348中国法网"，点击首页上的"寻鉴定"，再按页面提示键入需要查询的鉴定机构名称，网页会显示鉴定机构和鉴定人的基本情况，供查询人挑选。

2. 需要做DNA鉴定的每个人都要持本人身份证或者户口本原件亲自前往司法鉴定机构，工作人员将核对被鉴定人信息，复印有效证件，拍摄全体被鉴定人手持姓名和日期牌的合影，与被鉴定人签订鉴定委托书并收取鉴定费。

3. 鉴定人将提取被鉴定人的血样或者唾液样本，被鉴定人要在样本采集单上捺印指纹。行动不便或者其他原因不能亲自到司法鉴定机构登记和取样的，可以请司法鉴定机构派员上门办理。绝不能通过邮寄、快递，以及被鉴定人自行取血送到鉴定机构等方式传递血样，以免发生差错、变质和遗失，即便是自己采的，自己送的，鉴定机构一概不予接受。

4. 鉴定完成后，司法鉴定机构会把《鉴定意见书》送达被鉴定人，并严格按照法律要求，保护被鉴定人个人隐私，DNA样本绝不会用于被鉴定人要求以外的其他任何用途。

【法〔2020〕352号】　最高人民法院第26批指导性案例（2020年12月31日）
（指导案例147号）　　张永明、毛伟明、张鹭故意损毁名胜古迹案

裁判要点：2. 对刑事案件中的专门性问题需要鉴定，但没有鉴定机构的，可以指派、聘请有专门知识的人就案件的专门性问题出具报告，相关报告在刑事诉讼中可以作为证据使用。

~~（原第120条第2款）① 【精神病鉴定】对人身伤害的医学鉴定有争议需要重新鉴定或者对精神病的医学鉴定，由省级人民政府指定的医院进行。鉴定人进行鉴定后，应当写出鉴定结论，并且由鉴定人签名，医院加盖公章。~~

第149条② 【精神病鉴定期间】对犯罪嫌疑人作精神病鉴定的期间不计入办案期限。

● 相关规定　【卫医字〔1989〕17号】　精神疾病司法鉴定暂行规定（最高人民法院、最高人民检察院、公安部、司法部、卫生部1989年7月11日颁发，1989年8月1日施行）③

第4条　鉴定委员会由人民法院、人民检察院和公安、司法、卫生机关的有关负责干部和专家若干人组成，人选由上述机关协商确定。

第9条　刑事案件中，精神疾病司法鉴定包括：
（一）确定被鉴定人是否患有精神疾病，患何种精神疾病，实施危害行为时的精神状态，精神疾病和所实施的危害行为之间的关系，以及有无刑事责任能力。
（二）确定被鉴定人在诉讼过程中的精神状态以及有无诉讼能力。
（三）确定被鉴定人在服刑期间的精神状态以及对应当采取的法律措施的建议。

第13条　具有下列资格之一的，可以担任鉴定人：
（一）具有5年以上精神科临床经验并具有司法精神病学知识的主治医师以上人员。

---

① 本款规定由1996年3月17日第8届全国人民代表大会第4次会议增设（1997年1月1日施行），被2012年3月14日第11届全国人大常委会第5次会议删除，2013年1月1日施行。
② 本条规定由1996年3月17日第8届全国人民代表大会第4次会议增设，1997年1月1日施行。
③ 注：该《规定》被2018年1月2日"国家卫生和计划生育委员会公告2018年第1号"确认有效。

（二）具有司法精神病学知识、经验和工作能力的主检法医师以上人员。

第19条 刑事案件被鉴定人责任能力的评定：

被鉴定人实施危害行为时，经鉴定患有精神疾病，由于严重的精神活动障碍，致使不能辨认或者不能控制自己行为的，为无刑事责任能力。

被鉴定人实施危害行为时，经鉴定属于下列情况之一的，为具有责任能力：(1) 具有精神疾病的既往史，但实施危害行为时并无精神异常；(2) 精神疾病的间歇期，精神症状已经完全消失。

第21条 诉讼过程中有关法定能力的评定：

（一）被鉴定人为刑事案件的被告人，在诉讼过程中，经鉴定患有精神疾病，致使不能行使诉讼权利的，为无诉讼能力。

（二）被鉴定人为民事案件的当事人或者是刑事案件的自诉人，在诉讼过程中经鉴定患有精神疾病，致使不能行使诉讼权利的，为无诉讼能力。

（三）控告人、检举人、证人等提供不符合事实的证言，经鉴定患有精神疾病，致使缺乏对客观事实的理解力或判断力的，为无作证能力。

第22条 其他有关法定能力的评定：

（一）被鉴定人是女性，经鉴定患有精神疾病，在她的性不可侵犯权遭到侵害时，对自身所受的侵害或严重后果缺乏实质性理解能力，为无自我防卫能力。

（二）被鉴定人在服刑、劳动教养或者被裁决受治安处罚中，经鉴定患有精神疾病，由于严重的精神活动障碍，致使其无辨认能力或控制能力，为无服刑、受劳动教养能力或者无受处罚能力。

【公通字〔2006〕17号】　公安机关适用刑事羁押期限规定（公安部2006年1月27日印发，2006年5月1日施行）

第4条（第2款） 对犯罪嫌疑人作精神病鉴定的期间不计入羁押期限。精神病鉴定期限自决定对犯罪嫌疑人进行鉴定之日起至收到鉴定结论后决定恢复计算侦查羁押期限之日止。

第19条 对于因进行司法精神病鉴定不计入办案期限的，办案部门应当在决定对犯罪嫌疑人进行司法精神病鉴定后的2日以内通知看守所。

办案部门应当自决定进行司法精神病鉴定之日起2日以内将委托鉴定书送达省级人民政府指定的医院。

第20条 公安机关接到省级人民政府指定的医院的司法精神病鉴定结论后决定恢复计算侦查羁押期限的，办案部门应当在作出恢复计算羁押期限决定后的24小时以内将恢复计算羁押期限的决定以及剩余的侦查羁押期限通知看守所。

【司办函〔2008〕130号】　司法部关于法医精神病鉴定业务范围问题的复函（2008年7月2日答复吉林省司法厅"吉司请字〔2008〕18号"请示）

依据《全国人民代表大会常务委员会关于司法鉴定管理问题的决定》和司法部《司法鉴定执业分类规定（试行）》（司发通〔2000〕159号）的有关规定，法医精神病鉴定的业务范围包括精神损伤程度的鉴定。

取得法医精神病鉴定执业资质的司法鉴定机构和司法鉴定人，方能开展与法医精神病鉴定有关的精神损伤程度的鉴定。

【主席令〔2012〕62号】　中华人民共和国精神卫生法（2012年10月26日第11届全国人大常委会第29次会议通过，2013年5月1日施行；2018年4月27日第13届全国人大常委会第2次会议修正）

第27条　精神障碍的诊断应当以精神健康状况为依据。

除法律另有规定外，不得违背本人意志进行确定其是否患有精神障碍的医学检查。

第28条　除个人自行到医疗机构进行精神障碍诊断外，疑似精神障碍患者的近亲属可以将其送往医疗机构进行精神障碍诊断。对查找不到近亲属的流浪乞讨疑似精神障碍患者，由当地民政等有关部门按照职责分工，帮助送往医疗机构进行精神障碍诊断。

疑似精神障碍患者发生伤害自身、危害他人安全的行为，或者有伤害自身、危害他人安全的危险的，其近亲属、所在单位、当地公安机关应当立即采取措施予以制止，并将其送往医疗机构进行精神障碍诊断。

医疗机构接到送诊的疑似精神障碍患者，不得拒绝为其作出诊断。

第29条　精神障碍的诊断应当由精神科执业医师作出。

医疗机构接到依照本法第28条第2款规定送诊的疑似精神障碍患者，应当将其留院，立即指派精神科执业医师进行诊断，并及时出具诊断结论。

第30条（第2款）　诊断结论、病情评估表明，就诊者为严重精神障碍患者并有下列情形之一的，应当对其实施住院治疗：（一）已经发生伤害自身的行为，或者有伤害自身的危险的；（二）已经发生危害他人安全的行为，或者有危害他人安全的危险的。

第32条　精神障碍患者有本法第30条第2款第二项情形，患者或者其监护人对需要住院治疗的诊断结论有异议，不同意对患者实施住院治疗的，可以要求再次诊断和鉴定。

依照前款规定要求再次诊断的，应当自收到诊断结论之日起3日内向原医疗机构或者其他具有合法资质的医疗机构提出。承担再次诊断的医疗机构应当在接到再次诊断要求后指派2名初次诊断医师以外的精神科执业医师进行再次诊断，并及时出具再次诊断结论。承担再次诊断的执业医师应当到收治患者的医疗机构面见、询问患者，该医疗机构应当予以配合。

对再次诊断结论有异议的，可以自主委托依法取得执业资质的鉴定机构进行精神障碍医学鉴定；医疗机构应当公示经公告的鉴定机构名单和联系方式。接受委托的鉴定机构应当指定本机构具有该鉴定事项执业资格的2名以上鉴定人共同进行鉴定，并及时出具鉴定报告。

第33条　鉴定人应当到收治精神障碍患者的医疗机构面见、询问患者，该医疗机构应当予以配合。

鉴定人本人或者其近亲属与鉴定事项有利害关系，可能影响其独立、客观、公正进行鉴定的，应当回避。

第34条（第2款）　鉴定人应当对鉴定过程进行实时记录并签名。记录的内容应当真实、客观、准确、完整，记录的文本或者声像载体应当妥善保存。

【六部委〔2012〕规定】　最高人民法院、最高人民检察院、公安部、国家安全部、司法部、全国人大常委会法制工作委员会关于实施刑事诉讼法若干问题的规定（2012年12月26日印发，2013年1月1日施行）

40.（第1款）　刑事诉讼法第147条规定："对犯罪嫌疑人作精神病鉴定的期间不计入

办案期限。"根据上述规定，犯罪嫌疑人、被告人在押的案件，除对犯罪嫌疑人、被告人的精神病鉴定期间不计入办案期限外，其他鉴定期间都应当计入办案期限。对于因鉴定时间较长，办案期限届满仍不能终结的案件，自期限届满之日起，应当对被羁押的犯罪嫌疑人、被告人变更强制措施，改为取保候审或者监视居住。

【司法部令〔2015〕132号】 司法鉴定程序通则（2015年12月24日司法部部务会议修订，2016年3月2日公布，2016年5月1日施行）

第25条（第2款） 对被鉴定人进行法医精神病鉴定的，应当通知委托人或者被鉴定人的近亲属或者监护人到场见证。

（第4款） 到场见证人员应当在鉴定记录上签名。见证人员未到场，司法鉴定人不得开展相关鉴定活动，延误时间不计入鉴定时限。①

【高检发未检字〔2017〕1号】 未成年人刑事检察工作指引（试行）（最高检2017年3月2日印发试行）

第172条 【精神病鉴定】 在审查起诉过程中，发现未成年犯罪嫌疑人可能存在精神疾患或者智力发育严重迟滞的，人民检察院应当退回公安机关委托或者自行委托鉴定机构对未成年犯罪嫌疑人进行精神病鉴定。

未成年犯罪嫌疑人的法定代理人、辩护人或者近亲属以该未成年犯罪嫌疑人可能患有精神疾病而申请对其进行鉴定的，人民检察院应当委托鉴定机构对未成年犯罪嫌疑人进行鉴定，鉴定费用由申请方承担。

【高检发释字〔2019〕4号】 人民检察院刑事诉讼规则（2019年12月2日最高检第13届检委会第28次会议通过，2019年12月30日公布施行；高检发释字〔2012〕2号《规则（试行）》同时废止）

第221条（第3款） 犯罪嫌疑人的辩护人或者近亲属以犯罪嫌疑人有患精神病可能而申请对犯罪嫌疑人进行鉴定的，鉴定费用由申请方承担。

第222条 对犯罪嫌疑人作精神病鉴定的期间不计入羁押期限和办案期限。

第333条 在审查起诉中，发现犯罪嫌疑人可能患有精神病的，人民检察院应当依照本规则的有关规定对犯罪嫌疑人进行鉴定。

犯罪嫌疑人的辩护人或者近亲属以犯罪嫌疑人可能患有精神病而申请对犯罪嫌疑人进行鉴定的，人民检察院也可以依照本规则的有关规定对犯罪嫌疑人进行鉴定。鉴定费用由申请方承担。

第614条 人民检察院在办理案件过程中，犯罪嫌疑人、被告人被羁押，具有下列情形之一的，办案部门应当在作出决定或者收到决定书、裁定书后10日以内通知本院负有监督职责的部门：……（三）对犯罪嫌疑人、被告人进行精神病鉴定的；……

第616条 人民检察院发现公安机关的侦查羁押期限执行情况具有下列情形之一的，应当依法提出纠正意见：……（三）对犯罪嫌疑人进行精神病鉴定，没有书面通知人民检察院和看守所的；……

第617条 人民检察院发现人民法院的审理期限执行情况具有下列情形之一的，应当依

---

① 注：本款规定是《通则》修订后新增的内容。

法提出纠正意见：……（三）……对被告人进行精神病鉴定，没有书面通知人民检察院和看守所的；……

【公安部令〔2020〕159号】 公安机关办理刑事案件程序规定（2020年7月4日第3次部务会议修订，2020年7月20日公布，2020年9月1日施行）

第257条　对犯罪嫌疑人作精神病鉴定的时间不计入办案期限，其他鉴定时间都应当计入办案期限。

【法〔2020〕202号】 最高人民法院关于人民法院民事诉讼中委托鉴定审查工作若干问题的规定（2020年7月31日印发，2020年9月1日施行）

一、对鉴定事项的审查

1. 严格审查拟鉴定事项是否属于查明案件事实的专门性问题，有下列情形之一的，人民法院不予委托鉴定：(1) 通过生活常识、经验法则可以推定的事实；(2) 与待证事实无关联的问题；(3) 对证明待证事实无意义的问题；(4) 应当由当事人举证的非专门性问题；(5) 通过法庭调查、勘验等方法可以查明的事实；(6) 对当事人责任划分的认定；(7) 法律适用问题；(8) 测谎；(9) 其他不适宜委托鉴定的情形。

2. 拟鉴定事项所涉鉴定技术和方法争议较大的，应当先对其鉴定技术和方法的科学可靠性进行审查。所涉鉴定技术和方法没有科学可靠性的，不予委托鉴定。

四、对鉴定人的审查

9. 人民法院委托鉴定机构指定鉴定人的，应当严格依照法律、司法解释等规定，对鉴定人的专业能力、从业经验、业内评价、执业范围、鉴定资格、资质证书有效期以及是否有依法回避的情形等进行审查。

特殊情形人民法院直接指定鉴定人的，依照前款规定进行审查。

五、对鉴定意见书的审查

10. 人民法院应当审查鉴定意见书是否具备《最高人民法院关于民事诉讼证据的若干规定》第36条规定的内容。

11. 鉴定意见书有下列情形之一的，视为未完成委托鉴定事项，人民法院应当要求鉴定人补充鉴定或重新鉴定：(1) 鉴定意见和鉴定意见书的其他部分相互矛盾的；(2) 同一认定意见使用不确定性表述的；(3) 鉴定意见书有其他明显瑕疵的。

补充鉴定或重新鉴定仍不能完成委托鉴定事项的，人民法院应当责令鉴定人退回已经收取的鉴定费用。

【法释〔2021〕1号】 最高人民法院关于适用《中华人民共和国刑事诉讼法》的解释（2020年12月7日最高法审委会〔1820次〕修订，2021年1月26日公布，2021年3月1日施行；2013年1月1日施行的"法释〔2012〕21号"《解释》同时废止）

第211条　审判期间，对被告人作精神病鉴定的时间不计入审理期限。

【国安部令〔2024〕4号】 国家安全机关办理刑事案件程序规定（2024年4月26日公布，2024年7月1日起施行）

第281条　对犯罪嫌疑人作精神病鉴定的时间不计入办案期限，其他鉴定时间应当计入办案期限。

【标准 CCMD-3】　　中国精神障碍分类与诊断标准（第三版）（中华精神科学会常委会 2000 年通过）①

0　器质性精神障碍
1　精神活性物质或非成瘾物质所致精神障碍
2　精神分裂症（分裂症）和其他精神病性障碍
3　心境障碍（情感性精神障碍）
4　癔症、应激相关障碍、神经症
5　心理因素相关生理障碍
6　人格障碍、习惯与冲动控制障碍、性心理障碍
7　精神发育迟滞与童年和少年期心理发育障碍
8　童年和少年期的多动障碍、品行障碍、情绪障碍
9　其他精神障碍和心理卫生情况

【标准 SF/ZJD0104001—2011】　　精神障碍者司法鉴定精神检查规范（司法部司法鉴定管理局 2011 年 3 月 17 日发布实施）

2　定义

本技术规范采用以下定义：

2.1　精神检查：指鉴定人与被鉴定人进行接触交谈的活动，是提供鉴定意见的重要步骤之一。

2.2　精神症状：指大脑功能发生障碍时，精神活动所表现出的各种精神病理现象的总称，包括感知觉、思维、情感、记忆、智能和意志、意识等方面的异常。

2.3　精神障碍：又称精神疾病（mental illness），是指在各种因素的作用下造成的心理功能失调，而出现感知、思维、情感、行为、意志及智力等精神活动方面的异常。

3　总则

3.1　制定本技术规范目的是为规范精神障碍者司法鉴定精神检查的方法和内容。

3.2　由精神疾病司法鉴定人完成精神检查工作。精神检查应在比较安静的环境中进行，尽量避免外界的干扰。

3.3　鉴定人在精神检查前要熟悉案卷材料，检查时应以材料中的异常现象和可能的病因为线索，有重点地进行检查，并根据被鉴定人表现及交谈中发现的新情况进行针对性检查，避免刻板、公式化。

3.4　鉴定人作精神检查时，应以平和、耐心的态度对待被鉴定人，以消除交流的障碍，建立较为合作的关系；应根据被鉴定人的年龄、性别、个性、职业和检查当时的心理状态，采用灵活的检查方式以取得最佳的效果。

3.5　精神检查可以采用自由交谈法与询问法相结合的方式进行，一方面使被鉴定人在较为自然的气氛中不受拘束地交谈，另一方面又可在鉴定人有目的的提问下使其谈话不致偏离主题太远，做到重点突出。

3.6　精神检查时，既要倾听，又要注意观察被鉴定人的表情、姿势、态度及行为，要

---

① CCMD-3 是参照 ICD-10 国际标准编写的具有中国特色的分类和诊断标准，兼顾病因、病理学分类和症状学分类。新的 ICD-11 和 DSM-5 的诊断分类是病因学分类。

善于观察被鉴定人的细微变化，并适时描述记录。

3.7 精神检查时，要注意覆盖下述检查内容，做到全面、细致，并适时作好记录，确保记录内容真实和完整，必要时可进行录像、录音。

3.8 鉴定人认为必要时，可进行相关心理测验或实验室检查。

4 精神检查内容

4.1 合作被鉴定人的精神检查

4.1.1 一般情况

a) 意识状态：意识是否清晰，有何种意识障碍，包括意识障碍的水平和内容。

b) 定向力：时间、地点及人物的定向力；自我定向如姓名、年龄、职业等。

c) 接触情况：主动或被动，合作情况及程度，对周围环境的态度。

d) 日常生活：包括仪表、饮食、大小便；女性病人的经期情况；与其他人的接触及参加社会活动情况等。

4.1.2 认知过程

a) 知觉障碍：

1) 错觉：种类、出现时间及频度，与其他精神症状的关系及影响。

2) 幻觉：种类、出现时间及频度，与其他精神症状的关系及影响，特别要检查有否诊断价值大的症状。

3) 感知综合障碍：种类、出现时间及频度，与其他精神症状的关系及影响。

b) 注意障碍：是否集中、涣散。

c) 思维障碍：

1) 思维过程和思维逻辑：语量和语速有无异常，有无思维迟缓、思维奔逸、思维中断、破裂性思维、思维贫乏及逻辑推理障碍等。

2) 思维内容和结构：

有无妄想：种类、出现时间，内容及性质，发展动态，涉及范围，是否固定或成系统，荒谬程度或现实程度，与其他精神症状的关系。

有无强迫观念：种类、内容，发展动态及与情感意向活动的关系。

有无超价观念：种类、内容，发展动态及与情感意向活动的关系。

d) 记忆障碍：有无记忆力减退（包括即刻记忆、近记忆及远记忆），记忆增强，有无遗忘、错构及虚构等，可辅助进行记忆测验。

e) 智能障碍：包括一般常识、专业知识、计算力、理解力、分析综合及抽象概括能力等方面。可辅助进行智力测验。

f) 自知力障碍：被鉴定人对所患的精神疾病是否存在自知力。

4.1.3 情感表现

包括是否存在情感高涨、情感低落、情感淡漠、情感倒错、情感迟钝、焦虑、紧张等。并注意被鉴定人的表情、姿势、声调、内心体验及情感强度、稳定性，情感与其他精神活动是否配合，对周围事物是否有相应的情感反应。

4.1.4 意志与行为活动

有无意志减退或增强，本能活动的减退或增强，有无木僵及怪异的动作行为。注意其稳定性及冲动性，与其他精神活动的关系及协调性等。

4.2 不合作被鉴定人的精神检查

处于极度兴奋躁动、木僵、缄默、违拗及意识模糊等状态的被鉴定人属于不合作被鉴定人。

4.2.1 一般情况

a) 意识：通过观察被鉴定人的面部表情、自发言语、生活自理情况及行为等方面进行判断。

b) 定向力：通过观察被鉴定人的自发言语、生活起居及接触他人时的反应等方面进行判断。

c) 姿态：姿势是否自然，有无不舒服的姿势，姿势是否长时间不变或多动不定，肌力、肌张力如何。

d) 日常生活：饮食及大小便能否自理，女性被鉴定人能否主动料理经期卫生。

4.2.2 言语

被鉴定人兴奋时应注意言语的连贯性及内容，有无模仿言语，吐字是否清晰，音调高低，是否用手势或表情示意。缄默不语时是否能够用文字表达其内心体验与要求，有无失语症。

4.2.3 面部表情与情感反应

面部表情如呆板、欣快、愉快、焦虑等，有无变化。周围无人时被鉴定人是否闭眼、凝视，是否警惕周围事物的变化。询问有关问题时，有无情感流露。

4.2.4 动作与行为

有无本能活动亢进、蜡样屈曲、刻板动作、模仿动作、重复动作。有无冲动、自伤、自杀行为。有无抗拒、违拗、躲避、攻击及被动服从。动作增多或减少，对指令是否服从。

4.3 与法律相关的问题

应根据相应的委托鉴定事项进行针对性询问，具体内容另行规定。

【标准 SF/ZJD0104002-2016】 **精神障碍者刑事责任能力评定指南**（司法部司法鉴定管理局 2016 年 9 月 22 日发布实施）

3 定义

3.1 精神障碍：又称精神疾病，是指在各种因素的作用下造成的心理功能失调，而出现感知、思维、情感、行为、意志及智力等精神活动方面的异常。

3.2 刑事责任能力：刑事责任能力也称责任能力，是指行为人能够正确认识自己行为的性质、意义、作用和后果，并能够根据这种认识而自觉地选择和控制自己的行为，从而达对自己所实施的刑法所禁止的危害社会行为承担刑事责任的能力，即对刑法所禁止的危害社会行为具有的辨认和控制能力。

3.2.1 完全刑事责任能力：行为人实施某种危害行为时，对自己行为的辨认和控制能力完整。

3.2.2 限定刑事责任能力：也称部分责任能力、限制责任能力，本技术规范建议使用限定（刑事）责任能力。在发生危害行为时，由于精神症状的影响，对自己行为的辨认或者控制能力明显削弱，但尚未到达丧失或不能的程度。

3.2.3 无刑事责任能力：是指行为人实施某种危害行为时，由于严重意识障碍、智能缺损、或幻觉妄想等精神症状的影响，不能控制自己的行为或不能理解与预见自己的行为结

3.3 辨认能力：是指行为人对自己的行为在刑法上的意义、性质、作用、后果的分辨认识能力。也可以认为是行为人对其行为的是非、是否触犯刑法、危害社会的分辨认识能力。具体地说，是行为人实施危害行为时是否意识其行为的动机、要达到的目的，为达到目的而准备或采取的手段，是否预见行为的后果、是否理解犯罪性质以及在法律上的意义等。

3.4 控制能力：指行为人具备选择自己实施或不实施为刑法所禁止、所制裁的行为的能力，即具备决定自己是否以行为触犯刑法的能力，既受辨认能力的制约，也受意志和情感活动的影响。

4 总则

4.1 本技术规范以精神病学及法学的理论和技术为基础，结合法医精神病学司法鉴定的实践经验而制定，为刑事责任能力评定提供科学依据和统一标准。

4.2 刑事责任能力的评定有2个要件：医学要件和法学要件。医学要件为存在某种精神障碍；法学要件为该精神障碍是否影响其危害行为的辨认能力或控制能力及影响程度。

4.3 本技术规范将刑事责任能力分为完全刑事责任能力、限定刑事责任能力和无刑事责任能力3等级。

4.4 进行刑事责任能力评定时，首先应评定被鉴定人的精神状态，根据CCMD或ICD进行医学诊断，在医学诊断的基础上再考察辨认和控制能力受损程度，根据辨认或控制能力的损害程度评定责任能力等级。

4.5 辨认与控制能力损害程度的判断应从以下方面进行评估：作案动机、作案前先兆、作案的诱因、作案时间选择性、地点选择性、对象选择性、工具选择性、作案当时情绪反应、作案后逃避责任、审讯或检查时对犯罪事实掩盖、审讯或检查时有无伪装、对作案行为的罪错性认识、对作案后果的估计、生活自理能力、工作或学习能力、自知力、现实检验能力、自我控制能力。

4.6 进行刑事责任能力评定可辅以标准化评定工具，但评定工具不能取代鉴定人工作。

4.7 本技术规范分为正文和附录两个部分。

4.8 使用本技术规范时，应严格遵循附录中的分级依据或者判定准则以及附录中正确使用的说明。

5 刑事责任能力判定标准

5.1 精神障碍者的刑事责任能力

5.1.1 完全刑事责任能力：a) 被鉴定人实施某种危害行为时，精神状态正常；或虽然能建立明确的精神障碍诊断，但其对危害行为的辨认和控制能力完整。b) 参考标准：标准化评定工具检验在完全刑事责任能力范围内。

5.1.2 限定刑事责任能力：a) 在发生危害行为时，能建立明确的精神障碍诊断；b) 被鉴定人对危害行为的辨认或控制能力削弱，但尚未到达丧失或不能的程度；c) 辨认或控制能力削弱由精神障碍所致；d) 参考标准：标准化评定工具检验在限定刑事责任能力范围内。

5.1.3 无刑事责任能力：a) 在发生危害行为时，能建立明确的精神障碍诊断；b) 被鉴定人对危害行为的辨认或控制能力丧失；c) 辨认或控制能力的丧失由精神障碍所致；d) 参考标准：标准化评定工具检验在无刑事责任能力范围内。

5.2　特殊精神障碍者的刑事责任能力

5.2.1　反社会人格障碍者评定为完全刑事责任能力；

5.2.2　普通（急性）醉酒者评定为完全刑事责任能力；

5.2.3　复杂性醉酒者，实施危害行为时处于辨认或控制能力丧失或明显削弱状态的，评定为限定刑事责任能力；再次发生复杂性醉酒者，评定为完全刑事责任能力。

5.2.4　病理性醉酒者，实施危害行为时处于辨认或控制能力丧失的，评定为无刑事责任能力；再次发生病理性醉酒时，对自愿者评定为完全刑事责任能力。

5.2.5　对毒品所致精神障碍者，如为非自愿摄入者按5.1条款评定其刑事责任能力；对自愿摄入者，如果精神症状影响其辨认或控制能力时，不宜评定其刑事责任能力，可进行医学诊断并说明其作案时精神状态。

6　附则

6.1　附录A与指南正文判定标准，两者须同时使用。

6.2　本技术规范推荐使用《精神病人刑事责任能力评定量表》①作为标准化评定工具。

附录A（规范性附录）　刑事责任能力判定标准细则

A.1　完全刑事责任能力

A.1.1　精神状态正常，也包括以下情形：a) 按CCMD标准诊断为"无精神病"；b) 既往患有精神障碍已痊愈或缓解，作案时无精神症状表现；c) 伪装精神病或诈病；d) 精神障碍具间歇性特点，作案时精神状态完全恢复正常，如心境障碍（情感性精神病）的缓解期。

A.1.2　能建立明确的精神障碍诊断，指以下情形：符合CCMD或ICD诊断标准的精神障碍，包括：器质性精神障碍，精神活性物质或非成瘾物质所致精神障碍，精神分裂症和其他精神病性障碍，心境障碍（情感性精神障碍），癔症，应激相关障碍，神经症，精神发育迟滞等。

A.1.3　对危害行为的辨认和控制能力完整，指以下情形：

A.1.3.1　辨认能力完整指被鉴定人对自己的行为在刑法上的意义、性质、作用、后果具有良好的分辨认识能力：a) 能充分认识行为的是非、对错；b) 能充分认识对行为的违法性和社会危害性；c) 能充分认识行为的必要性。

A.1.3.2　控制能力完整指被鉴定人完全具备选择自己实施或不实施为刑法所禁止、所制裁行为的能力。

A.1.4　标准化评定工具检验在完全刑事责任能力范围内，指以下情形：a)《精神病人刑事责任能力量表》总分在37分以上（含37分）；b)《精神病人刑事责任能力量表》判别结果为完全刑事责任能力。

A.1.5　按CCMD标准诊断为普通（单纯）醉酒或反社会人格障碍者。

---

① 注：该《量表》前身为司法部司法鉴定科学技术研究所联合国内多家鉴定机构编制的《精神病人限定刑事责任能力评定量表》，由18个条目构成，即作案动机、作案前先兆、作案的诱因、作案时间选择性、地点选择性、对象选择性、工具选择性、作案当时情绪反应、作案后逃避责任、审讯或检查时对犯罪事实掩盖、审讯或检查时有无伪装、对作案行为的罪错性认识、对作案后果的估计、生活自理能力、工作或学习能力、自知力、现实检验能力、自我控制能力。《量表》基本涵盖法学标准，不局限于某种具体犯罪行为或案件、精神症状或疾病诊断，适用于各种刑事案件的责任能力评定。

A.1.6 再次发生的复杂性醉酒者与因自愿陷入的病理性醉酒者。
A.2 限定刑事责任能力
A.2.1 同 A.1.2 条款
A.2.2 对危害行为的辨认或控制能力削弱，指以下情形：a）辨认或控制能力界于完整与丧失之间；b）辨认能力削弱指被鉴定人对自己的行为在刑法上的意义、性质、作用、后果的分辨认识能力受损；c）控制能力削弱指犯罪嫌疑人选择自己实施或不实施为刑法所禁止、所制裁的行为的能力削弱。
A.2.3 标准化评定工具检验在限定刑事责任能力范围内，指以下情形：a）《精神病人刑事责任能力量表》总分在 16-36 分之间；b）《精神病人刑事责任能力量表》判别结果为限定刑事责任能力。
A.2.4 按 CCMD 标准被诊断为复杂性醉酒者，作案时符合 A.2.2 条款或 A.3.2 条款。
A.3 无刑事责任能力
A.3.1 同 A.1.2 条款
A.3.2 对作案行为的辨认或控制能力丧失，指以下情形：a）辨认能力丧失指被鉴定人完全不能认识自己行为在刑法上的意义、性质、作用、后果；b）实质性辨认能力丧失指被鉴定人虽然能认识作案行为的是非、对错或社会危害性，但不能认识其必要性；c）控制能力丧失指被鉴定人不具备选择自己实施或不实施为刑法所禁止、所制裁的行为的能力。
A.3.3 标准化评定工具检验在无刑事责任能力范围内，指以下情形：a）《精神病人刑事责任能力量表》总分在 15 分以下（含 15 分）；b）《精神病人刑事责任能力量表》判别结果属无刑事责任能力。
A.3.4 按 CCMD 标准被诊断为病理醉酒者，作案时符合 A.3.2 条款。

【标准 SF/ZJD0104005-2018】 精神障碍者受审能力评定指南（司法部公共法律服务管理局 2018 年 11 月 8 日发布，2019 年 1 月 1 日起生效）

3 定义

3.1 精神障碍：又称精神疾病，是指在各种因素的作用下造成的心理功能失调，而出现感知、思维、情感、行为、意志及智力等精神活动方面的异常。

3.2 受审能力：受审能力是指犯罪嫌疑人/被告人在刑事诉讼活动中对自己面临的诉讼及其可能带来的后果合理恰当的理解能力、对诉讼程序及自我权利的认识能力、以及与辩护人配合进行合理辩护能力的有机结合。

3.3 有受审能力：指行为人能理解其面临的刑事诉讼的性质和可能带来的后果，能了解自己在刑事诉讼中的权利和义务，能与自己的辩护人有效配合完成合理辩护。

3.4 无受审能力：指在精神障碍的影响下，行为人不能认识自己目前面临的刑事诉讼的性质及其可能带来的后果，或不能认识自己在刑事诉讼中的权利和义务，从而不能与其辩护人有效配合完成辩护。

3.5 辨认能力：行为人在刑事诉讼活动中对自己面临的诉讼及其可能带来的后果的理解能力，以及对诉讼程序及自身权利的认识能力。

3.6 辩护能力：行为人在刑事诉讼活动中与律师的配合水平，以及对自己面临的诉讼进行自我辩护的能力。

4 总则

4.1 本技术规范以精神病学及法学的理论和技术为基础，结合法医精神病学司法鉴定的实践经验而制定，为受审能力评定提供科学依据和统一标准。

4.2 受审能力的评定有两个要件：医学要件和法学要件。医学要件为存在某种精神障碍及严重程度；法学要件为该精神障碍是否影响行为人对自身面临的刑事诉讼的性质及其可能后果、自己在刑事诉讼的权力和义务的辨认能力，以及与辩护人有效配合进行合理辩护的能力。

4.3 本技术规范将受审能力分为有受审能力、无受审能力2个等级。

4.4 进行受审能力评定时，首先应评定被鉴定人的精神状态，根据ICD或CCMD现行有效版本诊断标准进行医学诊断；在医学诊断的基础上再检查被鉴定人对刑事诉讼活动的辨认能力和辩护能力，根据相关能力的损害程度评定受审能力等级。

4.4.1 辨认能力　可从以下方面评估：理解对其刑事起诉的目的和性质；理解诉讼相关的司法程序；理解诉讼相关人员的职责及作用；理解自己在刑事诉讼活动中的法律地位与这场诉讼的关系；理解自己、其他诉讼参与人证词的能力；理解自己当前被控告的罪名以及可能的后果。

4.4.2 辩护能力　可从以下方面评估：与其他诉讼参与人保持有效交流；对其证词做出陈述或辩解；理解自己、其他诉讼参与人（被害人及证人等）的证词，并对其他诉讼参与人的提问做出合理的回答；与辩护人进行有效配合或独立为自己完成合理的辩护。

4.5 进行受审能力评定，可辅以标准化评定工具，但评定工具不能取代鉴定人工作。

4.6 本技术规范分为正文和附录2个部分。

4.7 使用本技术规范时，应严格遵循附录中的分级依据或者判定准则以及附录中正确使用技术规范的说明。

5 受审能力判定标准

5.1 有受审能力

符合以下情况应评定为有受审能力：a) 不能建立明确的精神障碍诊断；或虽然能建立明确的精神障碍诊断，但能认识其面临的刑事诉讼的性质和可能为自己带来的后果，能认识自己在刑事诉讼活动中的权利和义务，能与辩护人进行有效配合或独立为自己完成合理的辩护。b) 参考标准：《精神障碍者受审能力评定量表》评分在有受审能力范围内。

5.2 无受审能力

符合以下情况应评定为无受审能力：a) 能建立明确的精神障碍诊断；b) 不能认识其面临的刑事诉讼的性质和可能为自己带来的后果，或不能认识自己在刑事诉讼活动中的权利和义务，或不能与其辩护人进行有效配合或独立为自己完成合理的辩护；c) 辨认能力或辩护能力的丧失，由精神障碍所致。d) 参考标准：《精神障碍者受审能力评定量表》评分在无受审能力范围内。

6 附则

6.1 附录A与技术规范正文判定标准，二者须同时使用。

6.2 本技术规范推荐使用《精神障碍者受审能力评定量表》作为标准化评定的参考工具。

附录 A（规范性附录）　受审能力判定标准细则
A.1　有受审能力
A.1.1　精神状态无异常，指以下情形：a）按 ICD 或 CCMD 现行有效版本诊断标准不能建立明确的精神障碍诊断；b）按 CCMD 诊断标准，诊断为"无精神病"；c）既往患有精神障碍，但目前精神状态完全恢复正常或处于疾病间歇期；d）伪装精神病或诈病。
A.1.2　辨认能力完整，指以下情形：a）能理解其面临的刑事诉讼的性质、被控罪名及可能的后果；b）能理解自己在诉讼过程中的法律地位与这场诉讼的关系；c）能理解或通过学习后理解刑事诉讼相关的司法程序与要求；d）能理解诉讼相关人员的职责及作用；e）能理解自己在刑事诉讼活动中的权利和义务；f）能理解自己及其他诉讼参与人证词的能力。
A.1.3　辩护能力完整，指以下情形：a）能与其他诉讼参与人保持有效交流的能力；b）能对其证词做出陈述或辩解；c）对其他诉讼参与人的提问，能做出合理的回答；d）能与辩护人进行有效配合或独立为自己完成合理的辩护；e）对诉讼（判决）结果有合理的反应（服从判决、不服判决要求上诉）。
A.1.4　参考标准：标准化评定工具《精神障碍受审能力评定量表》总分在 33 分以上（含 33 分）。
A.2　无受审能力
A.2.1　能建立明确的精神障碍诊断，指以下情形：符合 ICD 或 CCMD 现行有效版本诊断标准的精神障碍，包括：器质性精神障碍、精神活性物质或非成瘾物质所致精神障碍、精神分裂症和其他精神病性障碍、心境障碍（情感性精神障碍）、癔症、应激相关障碍、神经症、精神发育迟滞等。
A.2.2　辨认能力丧失，指以下情形：a）不能理解其面临的刑事诉讼的性质、被控罪名及可能带来的后果；b）不能理解自己在诉讼过程中的法律地位与这场诉讼的关系；c）不能理解或通过学习后仍然不能理解刑事诉讼相关的司法程序与要求；d）不能理解诉讼相关人员的职责及作用；e）不能理解自己在刑事诉讼活动中的权利和义务；f）不能理解自己及其他诉讼参与人证词的能力。
A.2.3　辩护能力丧失，指以下情形：a）不能与其他诉讼参与人保持有效交流的能力；b）不能对其证词做出陈述或辩解；c）不对其他诉讼参与人的提问，能做出合理的回答；d）不能与辩护人进行有效配合或独立为自己完成合理的辩护；e）对诉讼（判决）结果无合理的反应。
A.2.4　参考标准：标准化评定工具《精神障碍受审能力评定量表》总分在 33 分以下。

【标准 SF/ZJD0104003-2016】　精神障碍者服刑能力评定指南（司法部司法鉴定管理局 2016 年 9 月 22 日发布实施）
3　定义
本技术规范采用以下定义：
3.1　精神障碍：又称精神疾病，是指在各种因素的作用下造成的心理功能失调，而出现感知、思维、情感、行为、意志及智力等精神活动方面的异常。
3.2　服刑能力：指服刑人员能够合理承受对其剥夺部分权益的惩罚，清楚地辨认自己犯罪行为的性质、后果，合理地理解刑罚的性质、目的和意义，并合理地控制自己言行以有效接受劳动改造的能力。

3.2.1 有服刑能力：能正确认识自己所承受刑罚的性质、意义和目的，能合理地认识自己的身份和出路，对自己当前应当遵循的行为规范具有相应的适应能力。

3.2.2 无服刑能力：不能合理认识自己目前所承受刑罚的性质、意义和目的，丧失了对自己当前身份和未来出路的合理的认识能力，或丧失了对自己当前应当遵循的行为规范的适应能力。

5 服刑能力评定标准

5.1 有服刑能力：目前无精神异常；或虽然目前存在确定精神异常，但精神症状对其相应的法律心理能力影响不明显，被鉴定人能正确认识自己所承受刑罚的性质、意义和目的，能合理地认识自己的身份和出路，对自己当前应当遵循的行为规范具有相应的适应能力。

5.2 无服刑能力：目前具有明显的精神异常，在精神症状的影响下，被鉴定人对自己目前所承受刑罚的性质、意义和目的不能合理认识，丧失了对自己当前身份和未来出路的合理的认识能力，或丧失了对自己当前应当遵循的行为规范的适应能力。

6 附则

6.1 附录 A 与技术规范正文判定标准的细则须同时使用。

附录 A（规范性附录） 服刑能力评定标准细则

A.1 有服刑能力

A.1.1 精神状态正常，指以下情形：a）按 CCMD 诊断标准诊断为"无精神病"；b）既往患有精神障碍已痊愈或缓解 2 年以上，目前无精神症状表现；c）伪装精神病；d）精神障碍具间歇性，目前精神状态完全恢复正常，如心境障碍（情感性精神病）缓解期等。

A.1.2 虽然目前存在确定精神异常，但精神症状对其相应的法律心理能力影响不明显，被鉴定人能合理认识自己所承受刑罚的性质、意义和目的，能合理地认识自己的身份和出路，对自己当前应当遵循的行为规范具有相应的适应能力；

A.1.3 参考标准：标准化评定工具《精神障碍者服刑能力评定量表》大于 29 分。

A.2 无服刑能力

A.2.1 能建立明确的精神障碍诊断，指以下情形：

符合 CCMD 或 ICD 诊断标准的精神障碍，包括：器质性精神障碍，精神活性物质或非成瘾物质所致精神障碍，精神分裂症和其他精神病性障碍，心境障碍（情感性精神障碍），癔症、应激相关障碍、神经症，精神发育迟滞等。

A.2.2 目前具有明显的精神异常，在精神症状的影响下，被鉴定人不能合理认识对自己目前所承受刑罚的性质、意义和目的，丧失了对自己当前身份和未来出路的合理的认识能力，或丧失了对自己当前应当遵循的行为规范的适应能力。

A.2.3 参考标准：标准化评定工具《精神障碍者服刑能力评定量表》等于或小于 29 分。

【司规〔2020〕3 号】 **法医类司法鉴定执业分类规定**（2020 年 5 月 9 日第 20 次部长办公会议通过，2020 年 5 月 14 日印发施行）①

第 24 条 法医精神病鉴定是指运用法医精神病学的科学技术或者专门知识，对涉及法

---

① 注：文中括号内的数字为《分类规定》附表"法医类司法鉴定执业分类目录"中的领域项目代码。

律问题的被鉴定人的精神状态、行为/法律能力、精神损伤及精神伤残等专门性问题进行鉴别和判断并提供鉴定意见的活动。

法医精神病鉴定包括精神状态鉴定、刑事类行为能力鉴定、民事类行为能力鉴定、其他类行为能力鉴定、精神损伤类鉴定、医疗损害鉴定、危险性评估、精神障碍医学鉴定以及与心理、精神相关的其他法医精神病鉴定等。

第25条 精神状态鉴定（0301）。对感知、思维、情感、行为、意志及智力等精神活动状态的评估。包括有无精神障碍（含智能障碍）及精神障碍的分类。

第26条 刑事类行为能力鉴定（0302）。对涉及犯罪嫌疑人或被告人、服刑人员以及强奸案件中被害人的行为能力进行鉴定。包括刑事责任能力、受审能力、服刑能力（含是否适合收监）、性自我防卫能力鉴定等。

第27条 民事类行为能力鉴定（0303）。对涉及民事诉讼活动中相关行为能力进行鉴定。包括民事行为能力、诉讼能力鉴定等。

第28条 其他类行为能力鉴定（0304）。对涉及行政案件的违法者（包括吸毒人员）、各类案件的证人及其他情形下的行为能力进行鉴定。包括受处罚能力，是否适合强制隔离戒毒，作证能力及其他行为能力鉴定等。

第29条 精神损伤类鉴定（0305）。对因伤或因病致劳动能力丧失及其丧失程度，对各类致伤因素所致人体损害后果的等级划分，及损伤伤情的严重程度进行鉴定。包括劳动能力，伤害事件与精神障碍间因果关系，精神损伤程度，伤残程度，休息期（误工期）、营养期、护理期及护理依赖程度等鉴定。

第30条 医疗损害鉴定（0306）。对医疗机构实施的精神障碍诊疗行为有无过错、诊疗行为与损害后果间是否存在因果关系及原因力大小进行鉴定。

第31条 危险性评估（0307）。适用于依法不负刑事责任精神病人的强制医疗程序，包括对其被决定强制医疗前或解除强制医疗时的暴力危险性进行评估。

第32条 精神障碍医学鉴定（0308）。对疑似严重精神障碍患者是否符合精神卫生法规定的非自愿住院治疗条件进行评估。

第33条 与心理、精神相关的其他法医精神病鉴定或测试（0309）。包括但不限于强制隔离戒毒适合性评估、多道心理生理测试（测谎）、心理评估等。

【标准SF/T0071-2020】 **精神障碍者性自我防卫能力评定指南**（见《刑法全厚细》第236条）

● **指导案例** 【司发通〔2018〕34号】 **司法部发布关于司法鉴定指导案例的通知**（2018年4月9日印发，2018年4月12日公布）

（指导案例 09 号） 马冰法医精神病鉴定案①

鉴定要点：1. 目前法医精神病鉴定的启动权主要由侦查机关、检察机关和人民法院等办案机关掌握，当事人或其委托的律师认为有必要的，可以提出鉴定申请。

2. 从事法医精神病鉴定的鉴定机构，应当具备法律规定的设立条件。

3. 对被鉴定人进行法医精神病鉴定的，应当通知委托人或者被鉴定人的近亲属到场

---

① 本案概况：马冰（化名）认为他偷盗邻居张三（化名）的弟弟花生之事被张三发现，还被张三的儿子发到网上。他时常感觉张三在夜间砸他家的墙，遂怀恨在心，购买刀具伺机报复。2012 年 9 月 12 日上午 9 时许，马冰朝张三兄弟家的夹道里扔石头，张三发现后双方争执，马冰持刀刺中张三，并在追赶张三中连续刺其胸部、腰部、背部 11 刀，致张三心脏破裂死亡。作案后，马冰在家中被抓获。他供述，杀死张三是因为 2012 年农历三月听村民李四（化名）说，张三的儿子在网上说他偷花生的事，还说村里人都是这么说的，认为是张三告诉他儿子的。还有农历正月，自己在家时常听见门墙响，认为一定是张三砸他家的墙，马冰 2 次去砸张三家的墙，均被张三发现。

办案机关调查发现，马冰时年 24 岁，身体健康。父亲早故，母亲改嫁，与爷爷相依为命。爷爷与张氏兄弟交好，常托付他们教育马冰。马冰小学毕业后不再念书，平时宅在家里，不爱说话，比较老实不惹事。考虑马冰家族未发现精神病史，平素未见其精神异常，加上作案动机明确，辩护人未提出，司法机关未进行法医精神病鉴定。

一审马冰因犯故意杀人罪被判处死刑。二审时律师调查发现马冰所称张三儿子在网上公布其偷花生一事纯系乌有，村民李四当时外出打工，从未向马冰说及此事，感觉马冰可能存在精神异常，申请进行法医精神病鉴定。法院审查后认为辩护律师的申请符合本案实际，确有必要进行鉴定，遂批准委托司法鉴定机构对马冰作案时是否有精神障碍进行鉴定，如果有精神障碍，评定其刑事责任能力（即精神障碍对其作案行为辨认和控制能力的影响程度）。

司法鉴定科学技术研究所司法鉴定中心依法受理委托，指派 3 名具有法医精神病鉴定资格的鉴定人进行鉴定。鉴定人认真查阅了卷宗中文书、询问笔录、讯问笔录、一审判决书。向看守所管教人员调查了解马冰的表现和生活情况，管教人员反映马冰在关押期间表现得越来越内向，沉默少语，死刑判决后表示不上诉，问他有什么想法就"嘿嘿"笑两声，人变得越来越傻，不讲卫生，时而莫名发笑，有点痴呆。精神检查发现，马冰意识清楚，情感淡漠，目光茫然，不时莫名独自发笑。他说，偷花生的事被上网公布是听李四站在李家院子里说的，杀人也是因为此事。还经常听见张三说他的坏话，内容是说他偷东西 1 年多了，在看守所都能听见，作案前也听到其他不熟悉的人说他坏话，男声女声都有，但是就是找不到人。他坚信是张三儿子把他偷花生的事在网上公布的，对被判死刑感到不公。

鉴定人分析认为，马冰无端怀疑自己偷花生一事被人在网上公布，怎样解释说服都无效，还凭空听见旁人说他坏话、听到有人砸他家墙壁，应该属于妄想与幻听，症状已持续 1 年多，涉案阶段也是如此，作案行为与精神症状直接相关，被精神症状驱动，丧失了对作案行为的实质性辨认能力。按照现行精神障碍诊断标准及刑事责任能力评定规范综合判断，鉴定意见为：马冰患"精神分裂症"，作案时处于发病期，受精神病的影响，实质性辨认和控制能力完全丧失，应评定为无刑事责任能力。

二审法院通知鉴定人出庭作证。法庭上，被害人的代理人、公诉人提出质疑，马冰在作案前并没有表现出任何精神异常，仅凭管教的点滴反映，为什么鉴定为精神病？会不会是伪装精神病？

鉴定人回答说，法医精神病鉴定首先要排除伪装的可能。本案被鉴定人马冰从未接触过精神病学知识，其症状出现、演化符合疾病发展规律，到案后供述前后一致，旁证调查证实其怀疑内容的荒唐性。检查时症状流露自然，否认自己有精神病，据此可排除伪装精神病可能。精神分裂症是一组病因未明的精神病，多起病于青壮年，症状表现多样，具有思维、情感、行为等多方面障碍及精神活动不协调，诊断标准非常严格。大家比较容易发现、认同以行为紊乱为主要表现的所谓"武疯子"，但是以思维障碍为主的"文疯子"的异常行为或精神活动比较隐蔽，一般人难以察觉其存在精神异常。如本案的马冰，周围人觉得他只是不愿与人多接触，年轻怕吃苦不愿外出打工，只有深入了解后才能发现他在偷花生后，逐渐出现了无端怀疑被人网上传播、凭空听见周围人议论此事，讲他坏话，砸他家墙壁等，现实检验能力丧失，与检查所见相互印证，其表现完全符合诊断精神分裂症的症状标准、病程标准、严重程度标准和排除标准，因此鉴定结论为马冰患有精神病。

经审理，法院采信司法鉴定意见，认定马冰作案时处于精神病的发病期，辨认和控制能力完全丧失，未追究其刑事责任，转而依法对其实施强制医疗。

见证。

4. 接受委托的鉴定机构应当指定本机构 2 名以上鉴定人进行鉴定。对于疑难复杂的鉴定，可以指定多名鉴定人进行；重新鉴定，则应当至少有 1 名鉴定人具有高级技术职称。

（本书汇）【鉴定标准名录】①

● **相关规定**　【本书注】　司法部颁发的司法鉴定技术规范一览：（截至 2023 年 10 月 31 日）

标准编号	标准名称	生效日期
SF/T 0061-2020	司法鉴定行业标准体系	2020/5/29
SF/T 0062-2020	司法鉴定技术规范编写规则	2020/5/29
SF/T 0063-2020	法医毒物分析方法验证通则	2020/5/29
SF/T 0064-2020	血液中 188 种毒（药）物的气相色谱-高分辨质谱检验方法	2020/5/29
SF/T 0065-2020	毛发中二甲基色胺等 16 种色胺类新精神活性物质及其代谢物的液相色谱-串联质谱检验方法	2020/5/29
SF/T 0066-2020	生物检材中芬太尼等 31 种芬太尼类新精神活性物质及其代谢物的液相色谱-串联质谱检验方法	2020/5/29
SF/T 0067-2020	尸体多层螺旋计算机体层成像（MSCT）血管造影操作规程	2020/5/29
SF/T 0068-2020	环境损害致人身伤害司法鉴定技术导则	2020/5/29
SF/T 0069-2020	法医物证鉴定实验室管理规范	2020/5/29
SF/T 0070-2020	染色体遗传标记高通量测序与法医学应用规范	2020/5/29
SF/T 0071-2020	精神障碍者性自我防卫能力评定指南	2020/5/29
SF/T 0072-2020	道路交通事故痕迹物证鉴定通用规范	2020/5/29
SF/T 0073-2020	基于视频图像的道路交通事故信号灯状态鉴定规范	2020/5/29
SF/T 0074-2020	耕地和林地破坏司法鉴定技术规范	2020/5/29
SF/T 0075-2020	网络文学作品相似性检验技术规范	2020/5/29
SF/T 0076-2020	电子数据存证技术规范	2020/5/29

---

① 注：为便于查阅，本书将鉴定标准的相关名录汇集于此。

续表

标准编号	标准名称	生效日期
SF/T 0077-2020	汽车电子数据检验技术规范	2020/5/29
SF/T 0078-2020	数字图像元数据检验技术规范	2020/5/29
SF/T 0079-2020	墨迹实时直接分析-高分辨质谱检验技术规范	2020/5/29
SF/T 0080-2020	单根纤维的比对检验 激光显微拉曼光谱法	2020/5/29
SF/T 0092-2021	血液中扑草净等20种除草剂的液相色谱-串联质谱检验方法	2021/11/17
SF/T 0093-2021	血液中卡西酮等37种卡西酮类新精神活性物质及其代谢物的液相色谱-串联质谱检验方法	2021/11/17
SF/T 0094-2021	毛发中5F-MDMB-PICA等7种合成大麻素类新精神活性物质的液相色谱-串联质谱检验方法	2021/11/17
SF/T 0095-2021	人身损害与疾病因果关系判定指南	2021/11/17
SF/T 0096-2021	肢体运动功能评定	2021/11/17
SF/T 0097-2021	医疗损害司法鉴定指南	2021/11/17
SF/T 0098-2021	大麻的法医学STR遗传标记检验要求	2021/11/17
SF/T 0099-2021	道路交通设施安全技术状况鉴定规范	2021/11/17
SF/T 0100-2021	车辆火灾痕迹物证鉴定技术规范	2021/11/17
SF/T 0101-2021	精神障碍者诉讼能力评定	2021/11/17
SF/T 0102-2021	文件上可见指印形成过程鉴定技术规范	2021/11/17
SF/T 0103-2021	文件相似性鉴定技术规范	2021/11/17
SF/T 0104-2021	银行卡侧录器鉴定技术规范	2021/11/17
SF/T 0105-2021	存储介质数据镜像技术规程	2021/11/17
SF/T 0106-2021	人像鉴定中人脸识别技术检验规范	2021/11/17
SF/T 0107-2021	塑料物证鉴定规范	2021/11/17
SF/T 0108-2021	油漆检验 裂解气相色谱/质谱法	2021/11/17
SF/T 0109-2021	环境损害司法鉴定中居住环境噪声的测量与评价	2021/11/17
SF/T 0110-2021	司法鉴定标准化工作指南	2021/11/17

续表

标准编号	标准名称	生效日期
SF/T 0111-2021	法医临床检验规范①	2021/11/17
SF/T 0112-2021	法医临床影像学检验实施规范	2021/11/17
SF/T 0113-2021	血液中氰化物的气相色谱-质谱和气相色谱检验方法	2021/11/17
SF/T 0114-2021	生物检材中吗啡、O6-单乙酰吗啡和可待因的检验方法	2021/11/17
SF/T 0115-2021	血液中45种有毒生物碱的液相色谱-串联质谱检验方法	2021/11/17
SF/T 0116-2021	血液、尿液中苯丙胺类兴奋剂、哌替啶和氯胺酮的检验方法	2021/11/17
SF/T 0117-2021	生物学全同胞关系鉴定技术规范	2021/11/17
SF/T 0118-2021	油漆物证鉴定规范	2021/11/17
SF/T 0119-2021	声像资料鉴定通用规范	2021/11/17
SF/T 0120-2021	录音真实性鉴定技术规范	2021/11/17
SF/T 0121-2021	录音内容辨听技术规范	2021/11/17
SF/T 0122-2021	语音同一性鉴定技术规范	2021/11/17
SF/T 0123-2021	录像真实性鉴定技术规范	2021/11/17
SF/T 0124-2021	录像过程分析技术规范	2021/11/17
SF/T 0125-2021	人像鉴定技术规范	2021/11/17
SF/T 0126-2021	物像鉴定技术规范	2021/11/17
SF/T 0162-2023	道路交通事故涉案者交通行为方式鉴定规范	2023/12/1
SF/Z JD0101002-2015	法医学尸体解剖规范	2015/11/20
SF/Z JD0101003-2015	法医学虚拟解剖操作规程	2015/11/20
SF/Z JD0103001-2010	听力障碍法医学鉴定规范	2010/4/7

---

① 同名标准:《法医临床检验规范》(RB/T192-2015),中国国家认证认可监督管理委员会2015年12月17日发布,2016年7月1日实施。该标准由司法部司法鉴定科学技术研究所、中国合格评定国家认可委员会起草;规定了法医临床检验的基本要求、检验内容和检验方法,适用于法医临床鉴定中的活体检验。

续表

标准编号	标准名称	生效日期
SF/Z JD0103004-2016	视觉功能障碍法医学鉴定规范	2016/9/22
SF/Z JD0103005-2014	周围神经损伤鉴定实施规范[1]	2014/3/17
SF/Z JD0103007-2014	外伤性癫痫鉴定实施规范	2014/3/17
SF/Z JD0103008-2015	人身损害后续诊疗项目评定指南	2015/11/20
SF/Z JD0103009-2018	人体前庭、平衡功能检查评定规范	2019/1/1
SF/Z JD0103010-2018	法医临床学视觉电生理检查规范	2019/1/1
SF/Z JD0103011-2018	男性生育功能障碍法医学鉴定	2019/1/1
SF/Z JD0103012-2018	嗅觉障碍的法医学评定	2019/1/1
SF/Z JD0104001-2011	精神障碍者司法鉴定精神检查规范	2011/3/17
SF/Z JD0104002-2016	精神障碍者刑事责任能力评定指南	2016/9/22
SF/Z JD0104003-2016	精神障碍者服刑能力评定指南	2016/9/22
SF/Z JD0104004-2014	道路交通事故受伤人员精神伤残评定规范	2014/3/17
SF/Z JD0104004-2018	精神障碍者民事行为能力评定指南	2019/1/1
SF/Z JD0104005-2018	精神障碍者受审能力评定指南	2019/1/1
SF/Z JD0105003-2015	法医SNP分型与应用规范	2015/11/20
SF/Z JD0105004-2015	亲子鉴定文书规范	2015/11/20
SF/Z JD0105005-2015	生物学祖孙关系鉴定规范	2015/11/20
SF/Z JD0105006-2018	法医物证鉴定X-STR检验规范	2019/1/1
SF/Z JD0105007-2018	法医物证鉴定Y-STR检验规范	2019/1/1
SF/Z JD0105008-2018	法医物证鉴定线粒体DNA检验规范	2019/1/1
SF/Z JD0105009-2018	法医物证鉴定标准品DNA使用与管理规范	2019/1/1
SF/Z JD0105010-2018	常染色体STR基因座的法医学参数计算规范	2019/1/1
SF/Z JD0105011-2018	法医学STR基因座命名规范	2019/1/1
SF/Z JD0105012-2018	个体识别技术规范	2019/1/1
SF/Z JD0107003-2010	血液、尿液中毒鼠强测定 气相色谱法	2010/4/7

续表

标准编号	标准名称	生效日期
SF/Z JD0107005-2016	血液、尿液中238种毒（药）物的检测 液相色谱-串联质谱法	2016/9/22
SF/Z JD0107008-2010	生物检材中巴比妥类药物的测定 液相色谱-串联质谱法	2010/4/7
SF/Z JD0107009-2010	生物检材中乌头碱、新乌头碱和次乌头碱的LC-MSMS测定 液相色谱-串联质谱法	2010/4/7
SF/Z JD0107010-2011	血液中碳氧血红蛋白饱和度的测定 分光光度法	2011/3/17
SF/Z JD0107011-2011	生物检材中河豚毒素的测定 液相色谱-串联质谱法	2011/3/17
SF/Z JD0107012-2011	血液中铬、镉、砷、铊和铅的测定 电感耦合等离子体质谱法	2011/3/17
SF/Z JD0107013-2014	气相色谱-质谱联用法测定硫化氢中毒血液中的硫化物实施规范	2014/3/17
SF/Z JD0107014-2015	血液和尿液中108种毒（药）物的气相色谱-质谱检验方法	2015/11/20
SF/Z JD0107016-2015	毛发中可卡因及其代谢物苯甲酰爱康宁的液相色谱-串联质谱检验方法	2015/11/20
SF/Z JD0107017-2015	生物检材中32种元素的测定电感耦合等离子体质谱法	2015/11/20
SF/Z JD0107018-2018	血液中溴敌隆等13种抗凝血类杀鼠药的液相色谱-串联质谱检验方法	2019/1/1
SF/Z JD0107019-2018	法医毒物有机质谱定性分析通则	2019/1/1
SF/Z JD0107020-2018	血液中磷化氢及其代谢物的顶空气相色谱-质谱检验方法	2019/1/1
SF/Z JD0107021-2018	生物检材中钩吻素子、钩吻素甲和钩吻素己的液相色谱-串联质谱检验方法	2019/1/1
SF/Z JD0107022-2018	毛发中△9-四氢大麻酚、大麻二酚、大麻酚的液相色谱-串联质谱检验方法	2019/1/1
SF/Z JD0107023-2018	生物检材中雷公藤甲素和雷公藤酯甲的液相色谱-串联质谱检验方法	2019/1/1

续表

标准编号	标准名称	生效日期
SF/Z JD0107024-2018	尿液、毛发中S(+)-甲基苯丙胺、R(-)-甲基苯丙胺、S(+)-苯丙胺和R(-)-苯丙胺的液相色谱-串联质谱检验方法	2019/1/1
SF/Z JD0107025-2018	毛发中15种毒品及其代谢物的液相色谱-串联质谱检验方法	2019/1/1
SF/Z JD0201009-2014	藏文笔迹鉴定实施规范：第1部分/第2部分/第3部分/第4部分/第5部分	2014/3/17
SF/Z JD0201014-2015	多光谱视频文件检验仪检验规程	2015/11/20
SF/Z JD0202001-2015	文件上可见指印鉴定技术规范	2015/11/20
SF/Z JD0203002-2015	激光显微拉曼光谱法检验墨水	2015/11/20
SF/Z JD0203003-2018	红外光谱法检验墨粉	2019/1/1
SF/Z JD0203004-2018	书写墨迹中9种挥发性溶剂的检测 气相色谱-质谱法	2019/1/1
SF/Z JD0203005-2018	书写墨迹中9种染料的检测 液相色谱-高分辨质谱法	2019/1/1
SF/Z JD0203006-2018	微量物证鉴定通用规范	2019/1/1
SF/Z JD0203007-2018	纤维物证鉴定规范	2019/1/1
SF/Z JD0203008-2018	玻璃物证鉴定规范	2019/1/1
SF/Z JD0300002-2015	音像制品同源性鉴定技术规范	2015/11/20
SF/Z JD0300002-2018	数字声像资料提取与固定技术规范	2019/1/1
SF/Z JD0301002-2015	录音设备鉴定技术规范	2015/11/20
SF/Z JD0301003-2015	录音资料处理技术规范	2015/11/20
SF/Z JD0302001-2015	图像真实性鉴定技术规范	2015/11/20
SF/Z JD0302002-2015	图像资料处理技术规范	2015/11/20
SF/Z JD0302003-2018	数字图像修复技术规范	2019/1/1
SF/Z JD0303001-2018	照相设备鉴定技术规范	2019/1/1
SF/Z JD0304002-2018	录像设备鉴定技术规范	2019/1/1

续表

标准编号	标准名称	生效日期
SF/Z JD0400001-2014	电子数据司法鉴定通用实施规范	2014/3/17
SF/Z JD0400002-2015	电子数据证据现场获取通用规范	2015/11/20
SF/Z JD0401001-2014	电子数据复制设备鉴定实施规范	2014/3/17
SF/Z JD0401002-2015	手机电子数据提取操作规范	2015/11/20
SF/Z JD0402001-2014	电子邮件鉴定实施规范	2014/3/17
SF/Z JD0402002-2015	数据库数据真实性鉴定规范	2015/11/20
SF/Z JD0402003-2015	即时通讯记录检验操作规范	2015/11/20
SF/Z JD0402004-2018	电子文档真实性鉴定技术规范	2019/1/1
SF/Z JD0403001-2014	软件相似性检验实施规范	2014/3/17
SF/Z JD0403002-2015	破坏性程序检验操作规范	2015/11/20
SF/Z JD0403003-2015	计算机系统用户操作行为检验规范	2015/11/20
SF/Z JD0403004-2018	软件功能鉴定技术规范	2019/1/1
SF/Z JD0404001-2018	伪基站检验操作规范	2019/1/1
SF/Z JD0601001-2014	农业环境污染事故司法鉴定经济损失估算实施规范	2014/3/17
SF/Z JD0606001-2018	农业环境污染损害司法鉴定操作技术规范	2019/1/1
SF/Z JD0606002-2018	农作物污染司法鉴定调查技术规范	2019/1/1

【司发通〔2019〕33号】 司法部关于废止《印章印文鉴定规范》等15项司法鉴定技术规范的通知（2019年3月8日印发，2019年4月1日起施行）

附件：废止的技术规范与国家标准对应表

序号	废止的技术规范	对应的国家标准
1	印章印文鉴定规范 （SF/Z JD0201003-2010）	印章印文鉴定技术规范 （GB/T 37231-2018）
2	印刷文件鉴定规范 （SF/Z JD0201004-2010）	印刷文件鉴定技术规范 （GB/T 37232-2018）

续表

序号	废止的技术规范	对应的国家标准
3	文件制作时间鉴定通用术语 （SF/Z JD0201010-2015）	文件制作时间鉴定技术规范 （GB/T 37233-2018）
4	朱墨时序鉴定规范 （SF/Z JD0201007-2010）	
5	打印文件形成时间物理检验规范 （SF/Z JD0201011-2015）	
6	印章印文形成时间物理检验规范 （SF/Z JD0201013-2015）	
7	静电复印文件形成时间物理检验规范 （SF/Z JD0201012-2015）	
8	文书鉴定通用规范 （SF/Z JD0201001-2010）	文件鉴定通用规范 （GB/T 37234-2018）
9	文件材料鉴定规范 （SF/Z JD0201008-2010）	文件材料鉴定技术规范 （GB/T 37235-2018）
10	特种文件鉴定规范 （SF/Z JD0201006-2010）	特种文件鉴定技术规范 （GB/T 37236-2018）
11	男子性功能障碍法医学鉴定规范 （SF/Z JD0103002-2010）	男性性功能障碍法医学鉴定 （GB/T 37237-2018）
12	篡改（污损）文件鉴定规范 （SF/Z JD0201005-2010）	篡改（污损）文件鉴定技术规范 （GB/T 37238-2018）
13	笔迹鉴定规范 （SF/Z JD0201002-2010）	笔迹鉴定技术规范 （GB/T 37239-2018）
14	尿液中Δ^9-四氢大麻酸的测定 （SF/Z JD0107007-2010）	尿液中Δ^9-四氢大麻酸的测定液相色谱-串联质谱法 （GB/T 37272-2018）
15	亲权鉴定技术规范 （SF/Z JD0105001-2016）	亲权鉴定技术规范 （GB/T 37223-2018）

【本书注】　公安部发布的公共安全行业标准一览：（鉴定相关标准，截至2023年10月31日）①

标准编号	标准名称	实施日期
A/T 41-2019*	道路交通事故现场痕迹物证勘查	2019/6/3
GA/T 49-2019*	道路交通事故现场图绘制	2019/7/3
GA/T 50-2019*	道路交通事故现场勘查照相	2020/1/1
GA/T 268-2019*	道路交通事故尸体检验	2019/6/3
GA/T 642-2020*	道路交通事故车辆安全技术检验鉴定	2021/5/1
GA/T 832-2014	道路交通安全违法行为图像取证技术规范	2014/12/1
GA/T 945-2018*	道路交通事故现场勘查设备通用技术要求	2018/11/16
GA/T 1381-2018	道路交通事故现场图绘制系统通用技术要求	2018/3/26
GA/T 1382-2018	基于多旋翼无人驾驶航空器的道路交通事故现场勘查系统	2018/3/26
GA/T 946.2-2020*	道路交通管理信息采集规范 第2部分：机动车登记信息采集和签注	2020/10/1
GA/T 946.4-2020*	道路交通管理信息采集规范 第4部分：道路交通安全违法行为处理信息采集	2020/10/1
GA/T 1985-2022	道路交通安全违法行为处理案卷文书	2022/10/1
GA/T 1987-2021*	道路交通事故痕迹鉴定	2022/5/1
GA/T 1988-2021*	道路交通事故受伤人员治疗终结时间	2022/1/1
GA/T 1999.1-2022	道路交通事故车辆速度鉴定方法 第1部分：基于汽车行驶记录仪	2022/10/1
GA/T 1999.2-2022	道路交通事故车辆速度鉴定方法 第2部分：基于汽车事件数据记录系统	2022/10/1
GA/T 995-2020*	道路交通安全违法行为视频取证设备技术规范	2020/12/1
GA/T 1044.2-2022	道路交通事故现场安全防护规范 第2部分：普通公路	2022/8/1

---

① 注：*表示该标准更新了原标准；全角T表示原为强制性标准，现改为推荐性标准。

续表

标准编号	标准名称	实施日期
GA/T 1272-2015	公安机关道路交通事故鉴定机构建设规范	2016/1/1
GA/T 1276-2015	道路交通事故被困人员解救行动指南	2015/10/22
GA/T 1299-2016	车载视频记录取证设备通用技术条件	2016/5/30
GA/T 103-2019*	法庭科学 生物检材中甲氰菊酯等5种拟除虫菊酯类农药检验 气相色谱-质谱法	2019/12/1
GA/T 120-2021*	法庭科学 视频图像检验术语	2022/5/1
GA/T 121-2019*	法庭科学 生物检材中斑蝥素检验 气相色谱-质谱和液相色谱-质谱法	2019/12/1
GA/T 144-2018*	法庭科学指纹专业术语	2018/8/8
GA/T 145-2019*	手印鉴定文书规范	2019/4/9
GA/T 147-2019*①	法医学 尸体检验技术总则	2019/12/1
GA/T 148-2019*	法医学 病理检材的提取、固定、取材及保存规范	2019/12/1
GA/T 150-2019*	法医学 机械性窒息尸体检验规范	2019/12/1
GA/T 151-2019*	法医学 新生儿尸体检验规范	2019/12/1
GA/T 1189-2014	现场白骨化尸体骨骼提取、保存、运输规范	2014/9/28
GA/T 1198-2014	法庭科学尸体检验照相规范	2014/10/24
GA/T 1585-2019	法庭科学 尸体检验摄像技术规范	2019/10/1
GA/T 167-2019*	法医学 中毒尸体检验规范	2019/12/1
GA/T 168-2019*	法医学 机械性损伤尸体检验规范	2019/12/1
GA/T 170-2019*	法医学 猝死尸体检验规范	2019/12/1
GA/T 155-2021*	刑事录像后期制作质量要求	2022/5/1
GA 185-2014	火灾损失统计方法	2014/5/1
GA/T 1249-2015	火灾现场照相规则	2015/3/11
GA/T 1270-2015	火灾事故技术调查工作规则	2015/9/28

① 注：本标准同时替代了 GA/T149-1996。

续表

标准编号	标准名称	实施日期
GA 1301-2016	火灾原因认定规则	2016/8/1
GA/T 1427-2017	建筑火灾荷载调查与统计分析方法	2017/10/1
GA/T 187-2021*	法庭科学 生物检材中敌敌畏和敌百虫检验 气相色谱-质谱和液相色谱-质谱法	2022/5/1
GA/T 204-2019*	法庭科学 血液、尿液中苯、甲苯、乙苯和二甲苯检验 顶空气相色谱法	2019/12/1
GA/T 208-2019*	法庭科学 生物检材中磷化氢检验 顶空气相色谱和顶空气相色谱-质谱法	2019/12/1
GA/T 242-2018*	法庭科学微量物证的理化检验术语	2018/6/28
GA/T 382-2014	法庭科学DNA实验室建设规范	2014/5/9
GA/T 383-2014	法庭科学DNA实验室检验规范	2014/5/9
GA/T 419-2018*	法庭科学"502"手印熏显柜通用技术要求	2018/5/23
GA/T 424-2019*	法庭科学 讯问犯罪嫌疑人录音录像方法	2019/12/1
GA/T 496-2014	闯红灯自动记录系统通用技术条件	2014/12/1
GA/T 497-2016	道路车辆智能监测记录系统通用技术条件	2017/1/1
GA/T 540-2021*	刑事照相定向反射镜	2022/5/1
GA/T 544-2021*	多道心理测试系统通用技术规范	2022/5/1
GA/T 591-2023*	法庭科学照相设备技术条件	2023/12/1
GA/T 721.1-2021*	显现潜在手印试剂通用技术要求 第1部分：水合茚三酮（NIN）	2022/5/1
GA/T 721.2-2021*	显现潜在手印试剂通用技术要求 第2部分：3,3′,5,5′-四甲基联苯胺（TMB）	2022/5/1
GA/T 721.3-2021*	显现潜在手印试剂通用技术要求 第3部分：1,8-二氮芴-9-酮（DFO）	2022/5/1
GA/T 721.4-2021*	显现潜在手印试剂通用技术要求 第4部分：7-苄胺基-4-硝基苯并呋咱（BBD）	2022/5/1

续表

标准编号	标准名称	实施日期
GA/T 721.5-2021*	显现潜在手印试剂通用技术要求 第5部分：1，2-茚二酮（IDO）	2022/5/1
GA/T 722-2021*	茚三酮/DFO手印显现柜	2022/5/1
GA/T 724-2019*	法庭科学 手印鉴定规程	2019/12/1
GA/T 756-2021*	法庭科学 电子数据收集提取技术规范	2022/5/1
GA/T 765-2020*	人血红蛋白检测 金标试剂条法	2020/5/1
GA/T 766-2020*	人精液PSA检测 金标试剂条法	2020/5/1
GA/T 773-2019*	指掌纹自动识别系统术语	2019/12/1
GA/T 774-2019*①	指掌纹特征规范	2019/12/1
GA/T 787-2021*②	指掌纹图像数据技术规范	2022/5/1
GA/T 788-2022*	指掌纹图像数据压缩技术规范	2022/5/1
GA/T 790-2019*	捺印指掌纹信息卡式样	2019/12/1
GA/T 791-2019*	现场指掌纹信息卡式样	2019/12/1
GA 801-2019*	机动车查验工作规程	2019/9/1
GA 802-2019*	道路交通管理 机动车类型	2020/3/1
GA/T 819-2023*③	法庭科学纤维上染料检验薄层色谱和液相色谱法	2023/12/1
GA/T 823.1-2018	法庭科学油漆物语的检验方法 第1部分：颜色比对检验法	2018/6/25
GA/T 823.3-2018	法庭科学油漆物语的检验方法 第3部分：扫描电子显微镜/X射线能谱法	2018/6/25
GA/T 823.4-2018	法庭科学油漆物语的检验方法 第4部分：激光拉曼光谱法	2018/6/25
GA/T 824-2019*	法庭科学 枪弹性能检验实验室建设规范	2019/3/18

① 注：本标准同时替代了 GA 774.1~774.5-2008，GA 775-2008。
② 注：本标准同时替代了 GA 787-2010，GA 789-2008。
③ 注：本标准同时替代了 GA/T 819-2009，GA/T 820-2009。

续表

标准编号	标准名称	实施日期
GA/T 833-2016	机动车号牌图像自动识别技术规范	2017/1/1
GA/T 841-2021*	基于离子迁移谱技术的痕量毒品/炸药探测仪通用技术条件	2021/12/1
GA/T 842-2019*	血液酒精含量的检验方法	2019/5/1
GA/T 882-2014	讯问同步录音录像系统技术要求	2014/10/21
GA 947.1-2015	单警执法视音频记录系统 第1部分：基本要求	2015/12/1
GA 947.2-2015	单警执法视音频记录系统 第2部分：执法记录仪	2015/12/1
GA 947.3-2015	单警执法视音频记录系统 第3部分：管理平台	2015/12/1
GA 947.4-2015	单警执法视音频记录系统 第4部分：数据接口	2015/12/1
GA/T 961-2020*	道路车辆智能监测记录系统验收技术规范	2020/3/1
GA/T 985-2023*	法庭科学立体痕迹石膏制模提取方法	2023/12/1
GA/T 1069-2021*	法庭科学 电子物证手机检验技术规范	2022/5/1
GA/T 1070-2021*	法庭科学 计算机开关机时间检验技术规范	2022/5/1
GA/T 1071-2021*	法庭科学 电子物证Windows操作系统日志检验技术规范	2022/5/1
GA/T 1133-2014	基于视频图像的车辆行驶速度技术鉴定	2014/5/1
GA/T 1147-2014	车辆驾驶人员血液酒精含量检验实验室规范	2014/5/1
GA 1154.1-2014	视频图像分析仪 第1部分：通用技术要求	2014/8/1
GA 1154.2-2014	视频图像分析仪 第2部分：视频图像摘要技术要求	2014/8/1
GA/T 1154.4-2018	视频图像分析仪 第4部分：人脸分析技术要求	2018/9/5
GA/T 1154.5-2016	视频图像分析仪 第5部分：视频图像增强与复原技术要求	2016/12/15
GA 1156-2014	涉爆现场处置规范	2014/8/1
GA/T 1160-2014	毒品原植物的DNA提取 二氧化硅法	2014/5/9
GA/T 1161-2014	法庭科学DNA检验鉴定文书内容及格式	2014/5/9
GA/T 1162-2014	法医生物检材的提取、保存、送检规范	2014/5/9

续表

标准编号	标准名称	实施日期
GA/T 1163-2014	人类 DNA 荧光标记 STR 分型结果的分析及应用	2014/5/9
GA/T 1174-2014	电子证据数据现场获取通用方法	2014/7/9
GA/T 1175-2014	软件相似性检验技术方法	2014/7/9
GA/T 1176-2014	网页浏览器历史数据取证技术方法	2014/7/9
GA/T 1187-2014	法庭科学颅骨面貌复原技术规范	2014/9/28
GA/T 1188-2014	男性性功能障碍法医学鉴定	2014/9/28
GA/T 1194-2014	性侵害案件法医临床学检查指南	2014/9/28
GA/T 1195-2014	法庭科学滤光镜型光谱成像方法	2014/10/15
GA/T 1196-2014	法庭科学全波段 CCD 数码物证照相规范	2014/10/24
GA/T 1197-2014	法庭科学人体损伤检验照相规范	2014/10/24
GA/T 1199-2014	法庭科学视频资料连续性检验鉴定规范	2014/10/24
GA/T 1200-2014	法庭科学物证照相配光检验方法	2014/10/24
GA/T 1201-2021*	道路交通安全违法行为卫星定位技术取证规范	2022/9/1
GA/T 1202-2022	交通技术监控成像补光装置通用技术条件	2023/1/1
GA/T 1235-2015	居民身份证指纹信息采集前端系统功能与技术规范	2015/3/5
GA/T 1238-2015	法庭科学 DFO 显现手印技术规范	2015/2/11
GA/T 1239-2015	法庭科学茚三酮显现手印技术规范	2015/2/11
GA/T 1240-2015	法庭科学碘熏显现手印技术规范	2015/2/11
GA/T 1241-2015	法庭科学四甲基联苯胺显现手印技术规范	2015/2/11
GA/T 1242-2015	法庭科学硝酸银显现手印技术规范	2015/2/11
GA/T 1243-2015	法庭科学光学检验手印技术规范	2015/2/11
GA/T 1244-2015	人行横道道路交通安全违法行为监测记录系统通用技术条件	2015/7/1
GA/T 1268-2015	刑事案件命名规则	2015/7/16
GA/T 1269.10-2015	经济犯罪案件信息数据项 第10部分：地税信息	2015/8/13

续表

标准编号	标准名称	实施日期
GA/T 1269.11-2015	经济犯罪案件信息数据项 第11部分：国税信息	2015/8/13
GA/T 1269.1-2015	经济犯罪案件信息数据项 第1部分：案件基本信息	2015/8/13
GA/T 1269.12-2015	经济犯罪案件信息数据项 第12部分：组织机构信息	2015/8/13
GA/T 1269.13-2015	经济犯罪案件信息数据项 第13部分：银行信息	2015/8/13
GA/T 1269.14-2015	经济犯罪案件信息数据项 第14部分：物流信息	2015/8/13
GA/T 1269.2-2015	经济犯罪案件信息数据项 第2部分：报案人信息	2015/8/13
GA/T 1269.3-2015	经济犯罪案件信息数据项 第3部分：被害人信息	2015/8/13
GA/T 1269.4-2015	经济犯罪案件信息数据项 第4部分：嫌疑人信息	2015/8/13
GA/T 1269.5-2015	经济犯罪案件信息数据项 第5部分：被害、发案、报案单位信息	2015/8/13
GA/T 1269.6-2015	经济犯罪案件信息数据项 第6部分：嫌疑单位信息	2015/8/13
GA/T 1269.7-2015	经济犯罪案件信息数据项 第7部分：书证物证信息	2015/8/13
GA/T 1269.8-2015	经济犯罪案件信息数据项 第8部分：涉案信息	2015/8/13
GA/T 1269.9-2015	经济犯罪案件信息数据项 第9部分：企业注册信息	2015/8/13
GA/T 1310-2016	法庭科学笔迹鉴定意见规范	2016/6/27
GA/T 1311-2016	法庭科学印章印文鉴定意见规范	2016/6/27
GA/T 1312-2016	法庭科学添改文件检验技术规程	2016/6/27
GA/T 1313-2016	法庭科学正常笔迹检验技术规程	2016/6/27
GA/T 1314-2016	法庭科学纸张纤维组成的检验规范	2016/6/27
GA/T 1315-2016	法庭科学笔迹特征的分类规范	2016/6/27
GA/T 1316-2016	法庭科学毛发、血液中氯胺酮气相色谱和气相色谱-质谱检验方法	2016/6/30
GA/T 1371-2017	吸毒人员管理信息数据项	2017/1/13
GA/T 1318-2016	法庭科学吸毒人员尿液中吗啡和单乙酰吗啡气相色谱和气相色谱-质谱检验方法	2016/7/8

续表

标准编号	标准名称	实施日期
GA/T 1319-2016	法庭科学吸毒人员尿液中苯丙胺等四种苯丙胺类毒品气相色谱和气相色谱-质谱检验方法	2016/7/8
GA/T 1329-2016	法庭科学吸毒人员尿液中氯胺酮气相色谱和气相色谱-质谱检验方法	2016/9/14
GA/T 1330-2016	法庭科学吸毒人员尿液中四氢大麻酚和四氢大麻酸气相色谱-质谱检验方法	2016/9/14
GA/T 1586-2019	法庭科学 涉嫌吸毒人员尿液采集操作规范	2019/11/1
GA/T 2058-2023	法庭科学 涉嫌吸毒人员生物检材采集规范	2023/12/1
GA/T 1320-2016	法庭科学血液、尿液中氟离子气相色谱-质谱检验方法	2016/7/8
GA/T 1321-2016	法庭科学生物体液中哌替啶及其代谢物气相色谱和气相色谱-质谱检验方法	2016/7/8
GA/T 1322-2016	法庭科学血液中地西泮等十种苯骈二氮杂?类药物气相色谱-质谱检验方法	2016/7/8
GA/T 1323-2016	基于荧光聚合物传感技术的痕量炸药探测仪通用技术要求	2016/8/15
GA/T 1324-2017	安全防范 人脸识别应用 静态人脸图像采集规范	2017/12/1
GA/T 1324-2017	安全防范 人脸识别应用 静态人脸图像采集规范	2017/12/1
GA/T 1325-2017	安全防范 人脸识别应用 视频图像采集规范	2017/12/1
GA/T 1325-2017	安全防范 人脸识别应用 视频图像采集规范	2017/12/1
GA/T 1326-2017	安全防范 人脸识别应用 程序接口规范	2017/12/1
GA/T 1326-2017	安全防范 人脸识别应用 程序接口规范	2017/12/1
GA/T 1327-2016	法庭科学生物检材中唑吡坦气相色谱、气相色谱-质谱和液相色谱-串联质谱检验方法	2016/9/14
GA/T 1328-2016	法庭科学生物检材中卡马西平气相色谱和气相色谱-质谱检验方法	2016/9/14
GA/T 1331-2016	法庭科学血液中阿维菌素 B1a 液相色谱-串联质谱检验方法	2016/9/14

续表

标准编号	标准名称	实施日期
GA/T 1332-2016	法庭科学血液中甲草胺等五种酰胺类除草剂气相色谱-质谱检验方法	2016/9/14
GA 1333-2017	车辆驾驶人员体内毒品含量阈值与检验	2017/5/18
GA 1334-2016	管制刀具分类与安全要求	2016/9/8
GA/T 1335-2016	日用刀具分类与安全要求	2016/9/8
GA/T 1344-2016	安防人脸识别应用 视频人脸图像提取技术要求	2016/9/14
GA/T 1377-2018	法庭科学 复合SNPs检验族群推断方法	2018/12/11
GA/T 1378-2018	法庭科学 STR已知分型参照物质技术要求	2018/12/11
GA/T 1379-2018	法庭科学 DNA磁珠纯化试剂质量基本要求	2018/12/11
GA/T 1380-2018	法庭科学 DNA数据库人员样本采集规范	2018/12/11
GA/T 1384-2017	刑事案件侦查业务实体数据项	2017/3/23
GA/T 1385-2017	刑事案件侦查工作数据项	2017/3/23
GA/T 1386-2017	刑事案件侦查关联关系数据项	2017/3/23
GA/T 1387-2017	上网追逃犯罪嫌疑人数据项	2017/3/21
GA/T 1388-2017	刑事案件侦查业务及信息管理数据项	2017/3/23
GA/T 1399.4-2023	公安视频图像分析系统 第4部分：视频图像检索技术要求	2023/8/1
GA/T 1410-2017	出所就医方逃脱系统	2017/8/4
GA/T 1417-2017	法庭科学玻璃物证的元素成分检验 波长色散X射线荧光光谱法	2017/9/18
GA/T 1418-2017	法庭科学玻璃物证的元素成分检验 扫描电镜/能谱法	2017/9/18
GA/T 1419-2017	法庭科学玻璃微粒折射率测定 油浸法	2017/9/18
GA/T 1420-2017	法庭科学爆炸残留物中常见无机离子检验 毛细管电泳法	2017/9/18
GA/T 1421-2017	法庭科学爆炸残留物中常见无机离子检验 离子色谱法	2017/9/18

续表

标准编号	标准名称	实施日期
GA/T 1422-2017	法庭科学常见火炸药组分检验 X 射线衍射法	2017/8/25
GA/T 1423-2017	法庭科学塑料物证检验 红外光谱法	2017/8/21
GA/T 1424-2017	法庭科学合成纤维物证的检验 红外光谱法	2017/10/11
GA/T 1425-2017	法庭科学煤油、柴油检验 溶剂提取-气相色谱质谱法	2017/8/25
GA/T 1426-2017	机动车违法停车自动记录系统通用技术条件	2018/1/1
GA/T 1430-2017	法庭科学录音的真实性检验技术规范	2017/9/7
GA/T 1431-2017	法庭科学降噪及语音增强技术规范	2017/9/22
GA/T 1432-2017	法庭科学语音人身分析技术规范	2017/9/22
GA/T 1433-2017	法庭科学语音同一认定技术规范	2017/9/22
GA/T 1436-2017	法庭科学刑事案件现场图示符号规范	2017/9/25
GA/T 1437-2017	法庭科学平面鞋印形象特征检验技术规范	2017/10/2
GA/T 1438-2017	法庭科学荧光粉末显现手印技术规范	2017/11/20
GA/T 1439-2017	法庭科学复印文件检验技术规程	2017/9/25
GA/T 1440-2017	法庭科学印刷方法鉴定意见规范	2017/9/25
GA/T 1441-2017	法庭科学同版印刷鉴定意见规范	2017/10/2
GA/T 1442-2017	法庭科学摹仿笔迹检验技术规程	2017/10/2
GA/T 1443-2017	法庭科学笔迹特征比对表制作规范	2017/10/2
GA/T 1444-2017	法庭科学笔迹检验样本笔迹提取规范	2017/11/20
GA/T 1445-2017	法庭科学压痕字迹的静电显现技术规范	2017/10/2
GA/T 1446-2017	法庭科学纸张定量测定技术规范	2017/10/2
GA/T 1447-2017	法庭科学变造文件的紫外光致发光检验技术规范	2017/10/5
GA/T 1448-2017	法庭科学淀粉浆糊的显色反应检验规范	2017/10/5
GA/T 1449-2017	法庭科学印章印文检验技术规程	2017/10/31
GA/T 1450-2017	法庭科学车体痕迹检验规范	2017/10/31

续表

标准编号	标准名称	实施日期
GA/T 1451-2017	法庭科学赤足足迹特征分类规范	2017/10/31
GA/T 1452-2017	法庭科学线形痕迹硅橡胶提取方法	2017/10/31
GA/T 1456-2017	唾液毒品检测装置用技术要求	2017/11/27
GA/T 1460.2-2017	法庭科学文件检验术语 第2部分：笔迹检验术语	2017/11/20
GA/T 1460.3-2019	法庭科学 文件检验术语 第3部分：印刷文件检验	2019/12/1
GA/T 1460.4-2019	法庭科学 文件检验术语 第4部分：言语识别与鉴定	2019/12/1
GA/T 1470-2018	安全防范 人脸识别应用 分类	2018/3/12
GA/T 1474-2018	法庭科学计算机系统用户操作行为检验技术规范	2018/4/17
GA/T 1475-2018	法庭科学电子物证监控录像机检验技术规范	2018/4/17
GA/T 1476-2018	法庭科学远程主机数据获取技术规范	2018/4/13
GA/T 1477-2018	法庭科学计算机系统接入外部设备使用痕迹检验技术规范	2018/4/17
GA/T 1478-2018	法庭科学网站数据获取技术规范	2018/4/13
GA/T 1479-2018	法庭科学电子物证伪基站电子数据检验技术规范	2018/4/13
GA/T 1480-2018	法庭科学计算机操作系统仿真检验技术规范	2018/4/17
GA/T 1488-2018	法庭科学枪弹测速仪通用技术条件	2018/6/1
GA/T 1489-2018	法庭科学法医电动开颅锯通用技术条件	2018/6/1
GA/T 1490-2018	法庭科学激光物证显现仪技术要求	2018/6/1
GA/T 1491-2018	法庭科学枪支射击靶架通用技术要求	2018/6/1
GA/T 1492-2018	法庭科学游动配光照相技术规范	2018/6/1
GA/T 1493-2018	法庭科学脱落细胞负压提取器通用技术要求	2018/6/1
GA/T 1496-2018	法庭科学足迹检验名词术语	2018/6/18
GA/T 1497-2018	法庭科学整体分离痕迹检验术语	2018/6/18
GA/T 1498-2018	法庭科学剪切工具痕迹检验规范	2018/6/18
GA/T 1501-2018	法庭科学中圆珠笔字迹油墨的检验 气相色谱法	2018/7/11

续表

标准编号	标准名称	实施日期
GA/T 1502-2018	法庭科学视频中人像动态特征检验技术规范	2018/8/7
GA/T 1506-2018	法庭科学枪弹痕迹检验术语	2018/8/6
GA/T 1507-2018	法庭科学视频目标物标注技术规范	2018/8/6
GA/T 1508-2018	法庭科学车辆轮胎痕迹检验技术规范	2018/8/8
GA/T 1509-2018	法庭科学现场制图规范	2018/8/8
GA/T 1510-2018	法庭科学雪地足迹硫磺制模方法	2018/8/8
GA/T 1513-2018	法庭科学 印章色痕检验 高效液相色谱法	2018/9/3
GA/T 1514-2018	法庭科学 合成胶粘剂检验 红外光谱法	2018/9/3
GA/T 1515-2018	法庭科学 汽油残留物的提取检验 固相微萃取-气相色谱-质谱法	2018/9/3
GA/T 1516-2018	法庭科学 轮胎橡胶检验 裂解-气相色谱-质谱法	2018/9/3
GA/T 1518-2018	疑似毒品中苯丙胺等五种苯丙胺类毒品检验 毛细管电泳、傅立叶变换红外光谱法	2018/9/18
GA/T 1519-2018	法庭科学 墨粉元素成分检验 扫描电子显微镜/X射线能谱法	2018/9/26
GA/T 1520-2018	法庭科学 黑火药、烟火药元素成分检验扫描电子显微镜/X射线能谱法	2018/9/26
GA/T 1521-2018	法庭科学 塑料元素成分检验 扫描电子显微镜/X射线能谱法	2018/9/26
GA/T 1522-2018	法庭科学 射击残留物检验 扫描电子显微镜/X射线能谱法	2018/9/26
GA/T 1523-2018	微粒悬浮液显现手印技术规范	2018/9/10
GA/T 1530-2018	法庭科学230种药（毒）物液相色谱-串联质谱筛查方法	2018/11/5
GA/T 1532-2018	赤足足迹检验技术规范	2018/11/21
GA/T 1533-2018	法庭科学 指纹特征分类规范	2018/11/21
GA/T 1534-2018	茚二酮显现手印技术规范	2018/11/21

续表

标准编号	标准名称	实施日期
GA/T 1535-2018	生物检材中地芬诺酯检验 液相色谱-质谱法	2018/11/21
GA/T 1548-2019	城市道路主动发光交通标志设置指南	2019/3/18
GA/T 1553-2019	法庭科学 换页文件检验规范	2019/4/9
GA/T 1554-2019	法庭科学 电子物证检验材料保存技术规范	2019/4/9
GA/T 1555-2019	法庭科学 人身损害受伤人员后续诊疗项目评定技术规程	2019/4/9
GA/T 1556-2019	道路交通执法人体血液采集技术规范	2019/5/1
GA/T 1564-2019	法庭科学 现场勘查电子物证提取技术规范	2019/5/27
GA/T 1565-2019	法庭科学 擦刮变造文件检验技术规范	2019/5/27
GA/T 1566-2019	法庭科学 传真文件检验技术规程	2019/5/27
GA/T 1567-2019	城市道路交通隔离栏设置指南	2019/6/15
GA/T 1568-2019	法庭科学 电子物证检验术语	2019/6/15
GA/T 1569-2019	法庭科学 电子物证检验实验室建设规范	2019/6/15
GA/T 1570-2019	法庭科学 数据库数据真实性检验技术规范	2019/6/15
GA/T 1571-2019	法庭科学 Android 系统应用程序功能检验方法	2019/6/15
GA/T 1572-2019	法庭科学 移动终端地理位置信息检验技术方法	2019/6/15
GA/T 1573-2019	道路交通守法指数测评指南	2019/6/15
GA/T 1575-2019	枪弹痕迹样本制作技术规范	2019/7/1
GA/T 1576-2019	法庭科学 枪弹痕迹自动识别系统 枪弹痕迹采集规范	2019/7/1
GA/T 1577-2019	法庭科学 制式枪弹种类识别规范	2019/7/1
GA/T 1579.1-2019	法庭科学 印刷文件检验样本提取规范 第1部分：印章印文	2019/7/17
GA/T 1579.2-2019	法庭科学 印刷文件检验样本提取规范 第2部分：制版印刷文件	2019/7/17
GA/T 1579.3-2019	法庭科学 印刷文件检验样本提取规范 第3部分：打印文件	2019/7/17

续表

标准编号	标准名称	实施日期
GA/T 1579.4-2019	法庭科学 印刷文件检验样本提取规范 第4部分：复印文件	2019/7/17
GA/T 1580-2019	法庭科学 制版印刷文件检验技术规程	2019/7/17
GA/T 1581-2019	法庭科学 印章印文特征分类规范	2019/7/17
GA/T 1582-2019	法庭科学 视觉功能障碍鉴定技术规范	2019/10/1
GA/T 1583-2019	法庭科学 汉族青少年骨龄鉴定技术规程	2019/10/1
GA/T 1584-2019	法庭科学 人体耻骨性别形态学检验技术规范	2019/10/1
GA/T 1587-2019	声纹自动识别系统测试规范	2019/11/1
GA/T 1588-2019	法庭科学 法医临床鉴定室建设规范	2019/11/1
GA/T 1601-2019	法庭科学 生物检材中芬太尼检验 液相色谱-质谱法	2019/12/1
GA/T 1602-2019	法庭科学 生物检材中地西泮及其代谢物检验 液相色谱和液相色谱-质谱法	2019/12/1
GA/T 1603-2019	法庭科学 生物检材中地芬尼多检验 气相色谱和气相色谱-质谱法	2019/12/1
GA/T 1604-2019	法庭科学 生物检材中地西泮等23种药物检验 快速溶剂萃取气相色谱-质谱法	2019/12/1
GA/T 1605-2019	法庭科学 生物检材中丁丙诺啡检验 液相色谱-质谱法	2019/12/1
GA/T 1606-2019	法庭科学 生物检材中毒死蜱等五种有机磷农药检验 快速溶剂萃取气相色谱和气相色谱-质谱法	2019/12/1
GA/T 1607-2019	法庭科学 生物检材中海洛因代谢物检验 液相色谱-质谱法	2019/12/1
GA/T 1608-2019	法庭科学 生物检材中河豚毒素检验 液相色谱-质谱法	2019/12/1
GA/T 1609-2019	法庭科学 生物检材中林可霉素检验 液相色谱-质谱法	2019/12/1
GA/T 1610-2019	法庭科学 生物检材中红霉素和罗红霉素检验 液相色谱-质谱法	2019/12/1

续表

标准编号	标准名称	实施日期
GA/T 1611-2019	法庭科学 生物检材中甲氰菊酯等五种拟除虫菊酯类农药及其代谢物检验 液相色谱-质谱法	2019/12/1
GA/T 1612-2019	法庭科学 生物检材中乐果等八种有机磷类农药检验 气相色谱和气相色谱-质谱法	2019/12/1
GA/T 1613-2019	法庭科学 生物检材中利多卡因、罗哌卡因和布比卡因检验 气相色谱-质谱和液相色谱-质谱法	2019/12/1
GA/T 1614-2019	法庭科学 生物检材中氯胺酮检验 气相色谱和气相色谱-质谱法	2019/12/1
GA/T 1615-2019	法庭科学 生物检材中氯氮平检验 气相色谱和气相色谱-质谱法	2019/12/1
GA/T 1616-2019	法庭科学 生物检材中氯霉素检验 液相色谱和液相色谱-质谱法	2019/12/1
GA/T 1617-2019	法庭科学 生物检材中马钱子碱和士的宁检验 液相色谱和液相色谱-质谱法	2019/12/1
GA/T 1618-2019	法庭科学 生物检材中美沙酮检验 液相色谱-质谱法	2019/12/1
GA/T 1619-2019	法庭科学 生物检材中灭多威和灭多威肟检验 气相色谱-质谱和液相色谱-质谱法	2019/12/1
GA/T 1620-2019	法庭科学 生物检材中扑尔敏检验 气相色谱和气相色谱-质谱法	2019/12/1
GA/T 1621-2019	法庭科学 生物检材中噻嗪酮检验 气相色谱-质谱和液相色谱-质谱法	2019/12/1
GA/T 1622-2019	法庭科学 生物检材中沙蚕毒素、杀虫双、杀虫环和杀螟丹检验 气相色谱、气相色谱-质谱和液相色谱-质谱法	2019/12/1
GA/T 1623-2019	法庭科学 生物检材中涕灭威检验 气相色谱-质谱和液相色谱-质谱法	2019/12/1
GA/T 1624-2019	法庭科学 生物检材中五氟利多检验 液相色谱-质谱法	2019/12/1
GA/T 1625-2019	法庭科学 生物检材中西玛津和莠去津检验 气相色谱-质谱法	2019/12/1

续表

标准编号	标准名称	实施日期
GA/T 1626-2019	法庭科学 生物检材中佐匹克隆和右佐匹克隆检验 液相色谱-质谱法	2019/12/1
GA/T 1627-2019	法庭科学 生物检材中2,4-D等4种苯氧羧酸类除草剂检验 气相色谱和气相色谱-质谱法	2019/12/1
GA/T 1628-2019	法庭科学 生物检材中草甘膦检验 离子色谱-质谱法	2019/12/1
GA/T 1629-2019	法庭科学 血液、尿液中百草枯检验 气相色谱和气相色谱-质谱法	2019/12/1
GA/T 1630-2019	法庭科学 血液、尿液中铬等五种元素检验 电感耦合等离子体质谱法	2019/12/1
GA/T 1631-2019	法庭科学 血液、尿液中米氮平和氟西汀检验 气相色谱和气相色谱-质谱法	2019/12/1
GA/T 1632-2019	法庭科学 血液、尿液中缩节胺和矮壮素检验 液相色谱-质谱法	2019/12/1
GA/T 1633-2019	法庭科学 血液、尿液中乙基葡萄糖醛酸苷检验 气相色谱-质谱和液相色谱-质谱法	2019/12/1
GA/T 1634-2019	法庭科学 毛发、血液中苯丙胺等四种苯丙胺类毒品检验 气相色谱和气相色谱-质谱法	2019/12/1
GA/T 1635-2019	法庭科学 毛发、血液中吗啡和单乙酰吗啡检验 气相色谱-质谱法	2019/12/1
GA/T 1636-2019	法庭科学 毛发、血液中四氢大麻酚和四氢大麻酸检验 气相色谱-质谱法	2019/12/1
GA/T 1637-2019	法庭科学 血液中甲磺隆等四种磺酰脲类除草剂检验 液相色谱和液相色谱-质谱法	2019/12/1
GA/T 1638-2019	法庭科学 尿液中地西泮等四种苯驰二氮杂䓬类药物及其代谢物检验 气相色谱-质谱法	2019/12/1
GA/T 1639-2019	法庭科学 唾液中苯丙胺等四种苯丙胺类毒品和氯胺酮检验 液相色谱-质谱法	2019/12/1
GA/T 1640-2019	法庭科学 唾液中吗啡和O^6-单乙酰吗啡检验 液相色谱-质谱法	2019/12/1

续表

标准编号	标准名称	实施日期
GA/T 1641-2019	法庭科学 疑似毒品中苯丙胺和替苯丙胺检验 气相色谱和气相色谱-质谱法	2019/12/1
GA/T 1642-2019	法庭科学 疑似毒品中大麻检验 液相色谱和液相色谱-质谱法	2019/12/1
GA/T 1643-2019	法庭科学 疑似毒品中二亚甲基双氧安非他明检验 液相色谱和液相色谱-质谱法	2019/12/1
GA/T 1644-2019	法庭科学 疑似毒品中甲卡西酮、卡西酮和4-甲基甲卡西酮检验 液相色谱-质谱法	2019/12/1
GA/T 1645-2019	法庭科学 疑似毒品中可卡因检验 液相色谱和液相色谱-质谱法	2019/12/1
GA/T 1646-2019	法庭科学 疑似毒品中美沙酮检验 液相色谱和液相色谱-质谱法	2019/12/1
GA/T 1647-2019	法庭科学 疑似毒品中溴西泮等五种苯骈二氮杂䓬类毒品检验 液相色谱和液相色谱-质谱法	2019/12/1
GA/T 1648-2019	法庭科学 疑似毒品中鸦片检验 液相色谱和液相色谱-质谱法	2019/12/1
GA/T 1649-2019	法庭科学 毒物检验方法确认规范	2019/12/1
GA/T 1650-2019	法庭科学 碳微粒试剂显现胶带粘面手印技术规范	2019/12/1
GA/T 1651-2019	法庭科学 真空镀膜显现手印技术规范	2019/12/1
GA/T 1652-2019	法庭科学 植物油脂中天然辣椒素、二氢辣椒素和合成辣椒素检验 液相色谱-质谱法	2019/12/1
GA/T 1653-2019	法庭科学 催泪剂中苯氯乙酮和邻氯苯亚甲基丙二腈检验 气相色谱-质谱法	2019/12/1
GA/T 1654-2019	法庭科学 纸张元素成分检验 波长色散X射线荧光光谱法	2019/12/1
GA/T 1655-2019	法庭科学 泥土元素成分检验 X射线荧光光谱法	2019/12/1
GA/T 1656-2019	法庭科学 口红检验 红外光谱法	2019/12/1
GA/T 1657-2019	法庭科学 圆珠笔字迹色痕检验 液相色谱法	2019/12/1

续表

标准编号	标准名称	实施日期
GA/T 1658-2019	法庭科学 三硝基甲苯（TNT）检验 气相色谱-质谱法	2019/12/1
GA/T 1659-2019	法庭科学 羊绒纤维检验 生物显微镜法	2019/12/1
GA/T 1660-2019	视频侦查技术实验室建设规范	2019/12/1
GA/T 1661-2019	法医学 关节活动度检验规范	2019/12/1
GA/T 1662-2019	法庭科学 硅藻检验技术规范 微波消解-真空抽滤-显微镜法	2019/12/1
GA/T 1663-2019	法庭科学 Linux 操作系统日志检验技术规范	2019/12/1
GA/T 1664-2019	法庭科学 MS SQL Server 数据库日志检验技术规范	2019/12/1
GA/T 1665-2019	法庭科学 人类血液采集存储卡通用技术要求	2019/12/1
GA/T 1666-2019	法庭科学 吗啡尿液检测试剂盒（胶体金免疫层析法）通用技术要求	2019/12/1
GA/T 1667-2019	法庭科学 吗啡/甲基安非他明唾液检测试剂盒（胶体金免疫层析法）通用技术要求	2019/12/1
GA/T 1668-2019	法庭科学 可卡因尿液检测试剂盒（胶体金免疫层析法）通用技术要求	2019/12/1
GA/T 1669-2019	法庭科学 紫外、红外数码照相机技术要求	2019/12/1
GA/T 1670-2019	法庭科学 比较显微镜通用技术要求	2019/12/1
GA/T 1671-2019	法庭科学 宽幅强光足迹灯通用技术要求	2019/12/1
GA/T 1672-2019	法庭科学 工具痕迹检验术语	2019/12/1
GA/T 1673-2019	法庭科学 弹子锁具痕迹检验术语	2019/12/1
GA/T 1674-2019	法庭科学 痕迹检验形态特征比对方法确认规范	2019/12/1
GA/T 1675-2019	法庭科学 平面水渍足迹提取方法	2019/12/1
GA/T 1676-2019	法庭科学 血足迹提取规程	2019/12/1
GA/T 1677-2019	法庭科学 立体鞋印形象特征检验技术规范	2019/12/1
GA/T 1678-2019	法庭科学 鞋底磨损特征检验技术规范	2019/12/1
GA/T 1679-2019	法庭科学 牲畜蹄迹提取技术规范	2019/12/1

续表

标准编号	标准名称	实施日期
GA/T 1680-2019	法庭科学 平面灰尘痕迹溴甲酚蓝增强方法	2019/12/1
GA/T 1681-2019	法庭科学 凹窝牙花钥匙增配痕迹检验技术规范	2019/12/1
GA/T 1682-2019	法庭科学 凹陷痕迹样本制作技术规范	2019/12/1
GA/T 1683-2019	法庭科学 枪械种类识别检验技术规范	2019/12/1
GA/T 1684-2019	法庭科学 纺织品上显现铜、铅元素判断射击距离的方法	2019/12/1
GA/T 1685-2019	法庭科学 炸药爆炸冲击波超压测定方法	2019/12/1
GA/T 1686-2019	法庭科学 现场伐根测量方法	2019/12/1
GA/T 1687-2019	法庭科学文件检验标准体系表	2019/12/1
GA/T 1689-2020	法庭科学 酸性黄显现潜血手印技术规范	2020/5/1
GA/T 1690.1-2019	法庭科学 印章印文检验 第1部分：显微检验法	2019/12/1
GA/T 1690.2-2019	法庭科学 印章印文检验 第2部分：重合比对法	2019/12/1
GA/T 1690.3-2019	法庭科学 印章印文检验 第3部分：细节特征比对法	2019/12/1
GA/T 1690.4-2019	法庭科学 印章印文检验 第4部分：测量比较法	2019/12/1
GA/T 1690.5-2019	法庭科学 印章印文检验 第5部分：拼接比对法	2019/12/1
GA/T 1690.6-2019	法庭科学 印章印文检验 第6部分：画线比对法	2019/12/1
GA/T 1691-2020	法庭科学 氨基黑10B显现潜血手印技术规范	2020/5/1
GA/T 1692-2020	法庭科学 甲基安非他明尿液检测试剂盒（胶体金免疫层析法）通用技术要求	2020/8/1
GA/T 1693-2020	法庭科学 DNA二代测序检验规范	2021/1/1
GA/T 1694-2020	序列多态STR等位基因命名规则	2021/1/1
GA/T 1695-2020	警犬技术 搜毒犬训练和使用	2021/3/1
GA/T 1696-2019	法庭科学 纸张检验外观纸病分类规范	2019/12/1
GA/T 1697-2019	法庭科学 书写条件变化笔迹检验规程	2019/12/1
GA/T 1698-2019	法庭科学 复制印章印文检验指南	2019/12/1
GA/T 1699-2019	法庭科学 复制笔迹检验指南	2019/12/1

续表

标准编号	标准名称	实施日期
GA/T 1700-2023*	法庭科学 彩色激光打印（复印）文件跟踪暗码检验	2023/12/1
GA/T 1701-2019	法庭科学 墨粉检验 红外光谱法	2019/12/1
GA/T 1702-2019	法庭科学 纸张检验 染色剂法	2019/12/1
GA/T 1703-2019	法庭科学 犬DNA实验室检验规范	2019/12/1
GA/T 1704-2019	法庭科学 DNA实验室质量控制规范	2019/12/1
GA/T 1705-2019	法庭科学 生物样本自动分拣方法	2019/12/1
GA/T 1706-2019	法庭科学 生物样本自动分拣设备通用技术要求	2019/12/1
GA/T 1713-2020	法庭科学 破坏性程序检验技术方法	2020/5/1
GA/T 1741-2020	公安视频图像信息应用系统检验规范	2021/2/1
GA/T 1755-2020	安全防范 人脸识别应用 人证核验设备通用技术要求	2021/5/1
GA/T 1756-2020	公安视频监控人像/人脸识别应用技术要求	2021/5/1
GA/T 1759-2020	法庭科学 模糊字迹显现检验规范	2021/5/1
GA/T 1779-2021	被动式太赫兹成像人体安全检查设备通用技术要求	2021/10/1
GA/T 1900-2021	法庭科学 生物检材中毒物毒品定性定量检验方法通用要求	2022/5/1
GA/T 1901-2021	法庭科学 生物检材中89种农药及代谢物筛选 气相色谱-质谱法	2022/5/1
GA/T 1902.1-2021	法庭科学 生物检材中巴比妥等46种安眠镇静类药物筛选 第1部分：气相色谱-质谱法	2022/5/1
GA/T 1902.2-2021	法庭科学 生物检材中巴比妥等46种安眠镇静类药物筛选 第2部分：液相色谱-质谱法	2022/5/1
GA/T 1903-2021	法庭科学 生物检材中吗啡等29种毒品及代谢物筛选 液相色谱-质谱法	2022/5/1
GA/T 1904-2021	法庭科学 生物检材中乌头贼等21种生物碱筛选 液相色谱-质谱法	2022/5/1
GA/T 1905-2021	法庭科学 生物检材中溴敌隆等14种抗凝血鼠药检验 液相色谱-质谱法	2022/5/1

续表

标准编号	标准名称	实施日期
GA/T 1906-2021	法庭科学 生物检材中甲基苯丙胺等10种毒品检验 液相色谱-质谱法	2022/5/1
GA/T 1907-2021	法庭科学 生物检材中克百威等7种氨基甲酸酯类杀虫剂检验 液相色谱-质谱法	2022/5/1
GA/T 1908-2021	法庭科学 生物检材中雷公藤内酯甲等4种雷公藤毒素检验 液相色谱-质谱法	2022/5/1
GA/T 1909-2021	法庭科学 生物检材中α-茄碱和α-卡茄碱检验 液相色谱-质谱法	2022/5/1
GA/T 1910-2021	法庭科学 生物检材中百草枯检验 液相色谱-质谱法	2022/5/1
GA/T 1911-2021	法庭科学 生物检材中草甘膦和氨甲基膦酸检验 液相色谱-质谱法	2022/5/1
GA/T 1912-2021	法庭科学 生物检材中钩吻素甲和钩吻素子检验 气相色谱-质谱法	2022/5/1
GA/T 1913-2021	法庭科学 生物检材中钩吻素甲和钩吻素子检验 液相色谱-质谱法	2022/5/1
GA/T 1914-2021	法庭科学 生物检材中夹竹桃苷和夹竹桃苷乙检验 液相色谱-质谱法	2022/5/1
GA/T 1915-2021	法庭科学 生物检材中硫化氢检验 气相色谱和气相色谱-质谱法	2022/5/1
GA/T 1916-2021	法庭科学 生物检材中氟乙酸根离子检验 液相色谱-质谱法	2022/5/1
GA/T 1917-2021	法庭科学 毛发中地西泮等18种苯二氮䓬类药物检验 液相色谱-质谱法	2022/5/1
GA/T 1918-2021	法庭科学 亚硝酸根离子检验 化学和离子色谱法	2022/5/1
GA/T 1919-2021	法庭科学 琥珀胆碱和琥珀单胆碱检验 液相色谱-质谱和红外光谱法	2022/5/1
GA/T 1920-2021	法庭科学 疑似毒品中211种麻醉药品和精神药品检验 气相色谱-质谱法	2022/5/1

续表

标准编号	标准名称	实施日期
GA/T 1921-2021	法庭科学 疑似毒品中202种麻醉药品和精神药品检验 液相色谱-质谱法	2022/5/1
GA/T 1922-2021	法庭科学 疑似毒品中8种芬太尼类物质检验 气相色谱和气相色谱-质谱法	2022/5/1
GA/T 1923-2021	法庭科学 疑似毒品中8种芬太尼类物质检验 液相色谱和液相色谱-质谱法	2022/5/1
GA/T 1924-2021	法庭科学 疑似毒品中JWH-018等5种合成大麻素检验 气相色谱-质谱法	2022/5/1
GA/T 1925-2021	法庭科学 疑似毒品中2-甲基甲卡西酮等7种卡西酮类毒品检验 气相色谱和气相色谱-质谱法	2022/5/1
GA/T 1926-2021	法庭科学 疑似毒品中2-甲基甲卡西酮等7种卡西酮类毒品检验 液相色谱和液相色谱-质谱法	2022/5/1
GA/T 1927-2021	法庭科学 疑似毒品中2,5-二甲氧基-4-乙基苯乙胺等7种苯乙胺类毒品检验 液相色谱和液相色谱-质谱法	2022/5/1
GA/T 1928-2021	法庭科学 疑似毒品中AB-CHMINACA、AB-FUBINACA和AB-PINACA检验 气相色谱和气相色谱-质谱法	2022/5/1
GA/T 1929-2021	法庭科学 疑似毒品中AB-CHMINACA、AB-FUBINACA和AB-PINACA检验 液相色谱和液相色谱-质谱法	2022/5/1
GA/T 1930-2021	法庭科学 疑似毒品中5,6-亚甲二氧基-2-氨基茚满、2-氨基茚满和乙基氨基丙基苯并呋喃检验 液相色谱和液相色谱-质谱法	2022/5/1
GA/T 1931-2021	法庭科学 疑似毒品中α-PBP、α-PVP和4-F-α-PVP检验 气相色谱和气相色谱-质谱法	2022/5/1
GA/T 1932-2021	法庭科学 疑似毒品中苄基哌嗪、1-(3-氯苯基)哌嗪和1-(3-三氟甲基苯基)哌嗪检验 气相色谱和气相色谱-质谱法	2022/5/1
GA/T 1933-2021	法庭科学 疑似毒品中左旋甲基苯丙胺和右旋甲基苯丙胺检验 液相色谱和气相色谱-质谱法	2022/5/1

续表

标准编号	标准名称	实施日期
GA/T 1934-2021	法庭科学 疑似易制毒化学品中去甲麻黄碱等6种麻黄碱类物质检验 气相色谱–质谱、液相色谱和液相色谱–质谱法	2022/5/1
GA/T 1935-2021	法庭科学 物理显影液显现手印技术规范	2022/5/1
GA/T 1936-2021	法庭科学 化学纤维物证横截面形状检验 显微镜法	2022/5/1
GA/T 1937-2021	法庭科学 橡胶检验 扫描电子显微镜/X射线能谱法	2022/5/1
GA/T 1938-2021	法庭科学 金属检验 扫描电子显微镜/X射线能谱法	2022/5/1
GA/T 1939-2021	法庭科学 电流斑检验 扫描电子显微镜/X射线能谱法	2022/5/1
GA/T 1940-2021	法庭科学 黑索金、太安和特屈儿检验 气相色谱–质谱法	2022/5/1
GA/T 1941-2021	法庭科学 重质矿物油检验 气相色谱–质谱法	2022/5/1
GA/T 1942-2021	法庭科学 硝化纤维素检验 红外光谱法	2022/5/1
GA/T 1943-2021	法庭科学 硝酸铵等16种炸药检验 拉曼光谱法	2022/5/1
GA/T 1944-2021	法庭科学 三硝基甲苯等6种有机炸药及其爆炸残留物检验 液相色谱–质谱法	2022/5/1
GA/T 1945-2021	法庭科学 常见无机炸药及其爆炸残留物检验 化学法	2022/5/1
GA/T 1946-2021	法庭科学 盐酸、硫酸和硝酸检验 化学和离子色谱法	2022/5/1
GA/T 1947-2021	法庭科学 爆炸痕迹检验术语	2022/5/1
GA/T 1948-2021	法庭科学 玻璃上枪弹痕迹检验技术规范	2022/5/1
GA/T 1949-2021	法庭科学 人脸图像相似度检验技术规范	2022/5/1
GA/T 1950-2021	法庭科学 录像设备鉴定技术规范	2022/5/1
GA/T 1951-2021	法庭科学 足迹发现规程	2022/5/1
GA/T 1952-2021	法庭科学 票证检验规范	2022/5/1
GA/T 1953-2021	法庭科学 笔迹检验规范	2022/5/1

续表

标准编号	标准名称	实施日期
GA/T 1954-2021	法庭科学 印刷品来源检验规范	2022/5/1
GA/T 1955-2021	法庭科学 制版印刷文件印刷方法检验规范	2022/5/1
GA/T 1956-2021	法庭科学 打印文件检验规范	2022/5/1
GA/T 1957-2021	法庭科学 变造文件检验规范	2022/5/1
GA/T 1958-2021	法庭科学 朱墨时序检验规范	2022/5/1
GA/T 1959-2021	法庭科学 言语人地域性识别技术规范	2022/5/1
GA/T 1960-2021	法庭科学 言语识别检验规程	2022/5/1
GA/T 1961-2021	法庭科学 言语特征分类规范	2022/5/1
GA/T 1962-2021	法庭科学 大麻性别基因特异片段检测 毛细管电泳荧光检测法	2022/5/1
GA/T 1963-2021	法庭科学 罂粟种属 SSR 标记检测 毛细管电泳荧光检测法	2022/5/1
GA/T 1964-2021	法庭科学 家猪 STR 复合扩增检验 毛细管电泳荧光检测法	2022/5/1
GA/T 1965-2021	法庭科学 硅藻 rbcL 基因特异片段检测 毛细管电泳荧光检测法	2022/5/1
GA/T 1966-2021	法庭科学 电子设备存储芯片数据检验技术规范	2022/5/1
GA/T 1967-2021	法医学 视觉电生理检查规范	2022/5/1
GA/T 1968-2021	法医学 死亡原因分类及其鉴定指南	2022/5/1
GA/T 1969-2021	法医学 机械性损伤致伤物分类及推断指南	2022/5/1
GA/T 1970-2021	法医临床学检验规范	2022/5/1
GA/T 1971-2021	法医精神病学精神检查指南	2022/5/1
GA/T 1972-2021	法医物证检验术语	2022/5/1
GA/T 1974-2021	涉案人员视频采集技术规范	2022/5/1
GA/T 1977-2022	法庭科学 计算机内存数据提取检验技术规范	2022/6/1
GA/T 1978-2022	法庭科学 X-STR 检验技术方法	2022/8/1

续表

标准编号	标准名称	实施日期
GA/T 1981-2022	法庭科学 故障机械硬盘数据提取固定技术规范	2022/10/1
GA/T 1982-2022	法庭科学 硬盘存储式打印复印机检验技术规范	2022/10/1
GA/T 1987-2022	执法记录仪接入移动警务系统技术要求	2022/7/1
GA/T 1989-2022	法庭科学 疑似毒品中异丙嗪检验 气相色谱和气相色谱-质谱法	2022/10/1
GA/T 1990-2022	法庭科学 疑似易制毒化学品检验 红外光谱法	2022/10/1
GA/T 1991-2022	法庭科学 疑似毒品中卡西酮等5种卡西酮类毒品检验 气相色谱和气相色谱-质谱法	2022/10/1
GA/T 1994-2022	法庭科学 合成纤维检验 差示扫描量热法	2022/10/1
GA/T 1995-2022	法庭科学 金属检验 波长色散X射线荧光光谱法	2022/10/1
GA/T 1997-2022	法庭科学 人类唾液/口腔细胞样本采集存储卡质量基本要求	2022/10/1
GA/T 1998-2022	汽车车载电子数据提取技术规范	2022/10/1
GA/T 2000.100-2015	公安信息代码 第100部分：干扰侦查手段分类与代码	2015/12/30
GA/T 2000.101-2015	公安信息代码 第101部分：冒充冒用手段代码	2015/12/30
GA/T 2000.102-2015	公安信息代码 第102部分：联络方式代码	2015/12/30
GA/T 2000.103-2015	公安信息代码 第103部分：涉案单位责任人类别代码	2015/12/30
GA/T 2000.104-2015	公安信息代码 第104部分：物权类别代码	2015/12/30
GA/T 2000.105-2015	公安信息代码 第105部分：侦查线索获取方式代码	2015/12/30
GA/T 2000.106-2015	公安信息代码 第106部分：作案时机类别代码	2015/12/30
GA/T 2000.107-2015	公安信息代码 第107部分：日时段代码	2015/12/30
GA/T 2000.108-2015	公安信息代码 第108部分：地域分类与代码	2015/12/30
GA/T 2000.109-2015	公安信息代码 第109部分：涉案场所分类与代码	2015/12/30
GA/T 2000.110-2015	公安信息代码 第110部分：空间部位分类与代码	2015/12/30
GA/T 2000.43-2015	公安信息代码 第43部分：案件督办级别代码	2015/3/31

续表

标准编号	标准名称	实施日期
GA/T 2000.44-2015	公安信息代码 第44部分：案事件移送单位类型代码	2015/3/31
GA/T 2000.45-2015	公安信息代码 第45部分：经济犯罪案件特征代码	2015/3/31
GA/T 2000.46-2015	公安信息代码 第46部分：涉案事件物品处理结果代码	2015/3/31
GA/T 2000.47-2015	公安信息代码 第47部分：刑事案件办理状态代码	2015/3/31
GA/T 2000.48-2015	公安信息代码 第48部分：刑事案件撤销原因代码	2015/3/31
GA/T 2000.49-2015	公安信息代码 第49部分：刑事案件人身强制措施代码	2015/3/31
GA/T 2000.50-2015	公安信息代码 第50部分：刑事案件在逃人员抓获方式代码	2015/3/31
GA/T 2000.51-2015	公安信息代码 第51部分：刑事案件证据类别代码	2015/3/31
GA/T 2000.52-2015	公安信息代码 第52部分：仿真币年版代码	2015/3/31
GA/T 2000.53-2015	公安信息代码 第53部分：假币发现方式代码	2015/3/31
GA/T 2000.54-2015	公安信息代码 第54部分：假币伪造方式代码	2015/3/31
GA/T 2000.55-2015	公安信息代码 第55部分：银行账户类型代码	2015/3/31
GA/T 2000.56-2015	公安信息代码 第56部分：刑事案件分类与代码	2015/12/30
GA/T 2000.57-2015	公安信息代码 第57部分：刑事警情分类与代码	2015/12/30
GA/T 2000.58-2015	公安信息代码 第58部分：案事件来源分类与代码	2015/12/30
GA/T 2000.59-2015	公安信息代码 第59部分：刑事案件立案审查结果分类与代码	2015/12/30
GA/T 2000.60-2015	公安信息代码 第60部分：案事件侦查行为分类与代码	2015/12/30
GA/T 2000.61-2015	公安信息代码 第61部分：移送审查起诉案件审查返回决定分类与代码	2015/12/30
GA/T 2000.62-2015	公安信息代码 第62部分：审判阶段代码	2015/12/30
GA/T 2000.63-2015	公安信息代码 第63部分：人名称类别代码	2015/12/30
GA/T 2000.64-2015	公安信息代码 第64部分：社会关系代码	2015/12/30

续表

标准编号	标准名称	实施日期
GA/T 2000.65-2015	公安信息代码 第65部分：案事件相关人员角色代码	2015/12/30
GA/T 2000.66-2015	公安信息代码 第66部分：犯罪嫌疑人特殊专长代码	2015/12/30
GA/T 2000.67-2015	公安信息代码 第67部分：犯罪嫌疑人特殊行为代码	2015/12/30
GA/T 2000.68-2015	公安信息代码 第68部分：共同犯罪犯罪嫌疑人涉案地位作用代码	2015/12/30
GA/T 2000.69-2015	公安信息代码 第69部分：到案状态代码	2015/12/30
GA/T 2000.70-2015	公安信息代码 第70部分：在逃犯罪嫌疑人抓捕工作措施代码	2015/12/30
GA/T 2000.71-2015	公安信息代码 第71部分：抓获方式代码	2015/12/30
GA/T 2000.72-2015	公安信息代码 第72部分：强制措施变动类别代码	2015/12/30
GA/T 2000.73-2015	公安信息代码 第73部分：人身确定及核实方式代码	2015/12/30
GA/T 2000.74-2015	公安信息代码 第74部分：人身伤害程度代码	2015/12/30
GA/T 2000.75-2015	公安信息代码 第75部分：人身侵犯结果代码	2015/12/30
GA/T 2000.76-2015	公安信息代码 第76部分：失踪人员疑似被侵害依据代码	2015/12/30
GA/T 2000.77-2015	公安信息代码 第77部分：涉案物品分类与代码	2015/12/30
GA/T 2000.78-2015	公安信息代码 第78部分：物品标识号代码	2015/12/30
GA/T 2000.79-2015	公安信息代码 第79部分：涉案物品角色代码	2015/12/30
GA/T 2000.80-2015	公安信息代码 第80部分：案事件相关单位类别代码	2015/12/30
GA/T 2000.81-2015	公安信息代码 第81部分：案事件相关单位角色代码	2015/12/30
GA/T 2000.82-2015	公安信息代码 第82部分：共同犯罪犯罪嫌疑人组合形式代码	2015/12/30
GA/T 2000.83-2015	公安信息代码 第83部分：犯罪团伙性质代码	2015/12/30
GA/T 2000.84-2015	公安信息代码 第84部分：犯罪团伙成员地位作用代码	2015/12/30
GA/T 2000.85-2015	公安信息代码 第85部分：服务标识号代码	2015/12/30

续表

标准编号	标准名称	实施日期
GA/T 2000.86-2015	公安信息代码 第86部分：案事件相关服务标识号角色代码	2015/12/30
GA/T 2000.87-2015	公安信息代码 第87部分：作案准备手段代码	2015/12/30
GA/T 2000.88-2015	公安信息代码 第88部分：作案工具获取方式分类与代码	2015/12/30
GA/T 2000.89-2015	公安信息代码 第89部分：接近手段代码	2015/12/30
GA/T 2000.90-2015	公安信息代码 第90部分：胁迫手段分类与代码	2015/12/30
GA/T 2000.91-2015	公安信息代码 第91部分：施暴手段分类与代码	2015/12/30
GA/T 2000.92-2015	公安信息代码 第92部分：窃取手段分类与代码	2015/12/30
GA/T 2000.93-2015	公安信息代码 第93部分：诈骗手段代码	2015/12/30
GA/T 2000.94-2015	公安信息代码 第94部分：引爆手段代码	2015/12/30
GA/T 2000.95-2015	公安信息代码 第95部分：网络作案手段代码	2015/12/30
GA/T 2000.96-2015	公安信息代码 第96部分：进入建筑空间方式及手段分类与代码	2015/12/30
GA/T 2000.97-2015	公安信息代码 第97部分：离开建筑空间方式分类与代码	2015/12/30
GA/T 2000.98-2015	公安信息代码 第98部分：箱体空间突破手段代码	2015/12/30
GA/T 2000.99-2015	公安信息代码 第99部分：解锁手段分类与代码	2015/12/30
GA/T 2002-2022	多道心理测试 通用技术规程	2023/1/1
GA/T 2003-2022	多道心理测试 系统调查测试方法题目结构	2023/1/1
GA/T 2004-2022	法庭科学 油红O显现手印技术规范	2023/1/1
GA/T 2005-2022	法庭科学 火药动力非制式枪弹检验 分解检验法	2023/1/1
GA/T 2006-2022	法庭科学 火药动力非制式枪弹检验 射击试验法	2023/1/1
GA/T 2007-2022	法庭科学 气枪弹检验技术规范	2023/1/1
GA/T 2008-2022	法庭科学 枪支检验技术规范	2023/1/1
GA/T 2009-2022	法庭科学 枪支散件检验技术规范	2023/1/1

续表

标准编号	标准名称	实施日期
GA/T 2016-2023	公安视频图像信息系统运维管理规范	2023/8/1
GA/T 2017-2023	公安视频图像信息系统运维管理平台技术要求	2023/8/1
GA/T 2018-2023	公安视频图像信息系统运维管理平台软件测试规范	2023/8/1
GA/T 2019-2023	公安视频监控视频存储技术要求	2023/8/1
GA/T 2020-2023	法庭科学 疑似毒品中2-氟苯丙胺等168种新精神活性物质检验气相色谱-质谱、红外光谱和液相色谱法	2023/12/1
GA/T 2021-2023	法庭科学 疑似毒品中2'-氯地西泮和4'-氯地西泮检验气相色谱和气相色谱-质谱法	2023/12/1
GA/T 2022-2023	法庭科学 疑似毒品中5F-AMB和5F-APINACA检验气相色谱和气相色谱-质谱法	2023/12/1
GA/T 2023-2023	法庭科学 疑似毒品中5F-AMB和5F-APINACA检验液相色谱和液相色谱-质谱法	2023/12/1
GA/T 2024-2023	法庭科学 疑似毒品中5-MeO-DiPT和5-MeO-MiPT检验气相色谱和气相色谱-质谱法	2023/12/1
GA/T 2025-2023	法庭科学 疑似毒品中5-MeO-DiPT和5-MeO-MiPT检验液相色谱和液相色谱-质谱法	2023/12/1
GA/T 2026-2023	法庭科学 疑似毒品中苯环利定检验气相色谱和气相色谱-质谱法	2023/12/1
GA/T 2027-2023	法庭科学 疑似毒品中苯环利定检验液相色谱和液相色谱-质谱法	2023/12/1
GA/T 2028-2023	法庭科学 疑似毒品中丁丙诺啡检验气相色谱和气相色谱-质谱法	2023/12/1
GA/T 2029-2023	法庭科学 疑似毒品中丁丙诺啡检验液相色谱和液相色谱-质谱法	2023/12/1
GA/T 2030-2023	法庭科学 疑似毒品中杜冷丁检验气相色谱和气相色谱-质谱法	2023/12/1
GA/T 2031-2023	法庭科学 疑似毒品中杜冷丁检验液相色谱和液相色谱-质谱法	2023/12/1

续表

标准编号	标准名称	实施日期
GA/T 2032-2023	法庭科学 疑似毒品中二氢埃托啡检验气相色谱和气相色谱-质谱法	2023/12/1
GA/T 2033-2023	法庭科学 疑似毒品中二氢埃托啡检验液相色谱和液相色谱-质谱法	2023/12/1
GA/T 2034-2023	法庭科学 疑似毒品中咖啡因检验气相色谱和气相色谱-质谱法	2023/12/1
GA/T 2035-2023	法庭科学 疑似毒品中咖啡因检验液相色谱和液相色谱-质谱法	2023/12/1
GA/T 2036-2023	法庭科学 疑似毒品中尼美西泮检验气相色谱和气相色谱-质谱法	2023/12/1
GA/T 2037-2023	法庭科学 疑似毒品中尼美西泮检验液相色谱和液相色谱-质谱法	2023/12/1
GA/T 2038-2023	法庭科学 疑似毒品中曲马多检验气相色谱和气相色谱-质谱法	2023/12/1
GA/T 2039-2023	法庭科学 疑似毒品中曲马多检验液相色谱和液相色谱-质谱法	2023/12/1
GA/T 2040-2023	法庭科学 疑似毒品中异丙嗪检验液相色谱和液相色谱-质谱法	2023/12/1
GA/T 2041-2023	法庭科学 疑似恰特草中卡西酮、去甲伪麻黄碱和去甲麻黄碱检验气相色谱和气相色谱-质谱法	2023/12/1
GA/T 2042-2023	法庭科学 疑似恰特草中卡西酮、去甲伪麻黄碱和去甲麻黄碱检验液相色谱和液相色谱-质谱法	2023/12/1
GA/T 2043-2023	法庭科学 疑似止咳水中可待因检验气相色谱和气相色谱-质谱法	2023/12/1
GA/T 2044-2023	法庭科学 疑似止咳水中可待因检验液相色谱和液相色谱-质谱法	2023/12/1
GA/T 2045-2023	法庭科学 疑似易制毒化学品中1-苯基-2丙酮等8种物质检验气相色谱-质谱和液相色谱法	2023/12/1

续表

标准编号	标准名称	实施日期
GA/T 2046-2023	法庭科学 疑似易制毒化学品中 N-苯乙基-4-哌啶酮和 4-苯胺基-N-苯乙基哌啶检验红外光谱、气相色谱-质谱和液相色谱法	2023/12/1
GA/T 2047-2023	法庭科学 疑似易制毒化学品中苯乙腈、3-氧-2-苯基丁酰胺、3-氧-2-苯基丁酸甲酯检验气相色谱和气相色谱-质谱法	2023/12/1
GA/T 2048-2023	法庭科学 疑似易制毒化学品中苯乙酸检验气相色谱-质谱法	2023/12/1
GA/T 2049-2023	法庭科学 疑似易制毒化学品中丙酮等 5 种物质检验气相色谱-质谱法	2023/12/1
GA/T 2050-2023	法庭科学 疑似易制毒化学品中醋酸酐检验气相色谱-质谱法	2023/12/1
GA/T 2051-2023	法庭科学 疑似易制毒化学品中溴素检验气相色谱和气相色谱-质谱法	2023/12/1
GA/T 2052-2023	法庭科学 海洛因样品间关联性判别液相色谱-质谱法	2023/12/1
GA/T 2053-2023	法庭科学 甲基苯丙胺样品间关联性判别液相色谱-质谱法	2023/12/1
GA/T 2054-2023	法庭科学 氯胺酮样品间关联性判别液相色谱-质谱法	2023/12/1
GA/T 2055-2023	法庭科学 阿片类和卡西酮类物质成瘾性评估自身给药法	2023/12/1
GA/T 2056-2023	法庭科学 苯乙胺类和卡西酮类物质神经毒性评估体外神经细胞毒性检测法	2023/12/1
GA/T 2057-2023	法庭科学 芬太尼类物质急性毒性评估上下增减剂量法	2023/12/1
GA/T 2059-2023	法庭科学 水样中吗啡等 10 种毒品及代谢物检验液相色谱-质谱法	2023/12/1
GA/T 2060-2023	法庭科学 毛发中甲基苯丙胺等 11 种毒品及代谢物检验液相色谱-质谱法	2023/12/1

续表

标准编号	标准名称	实施日期
GA/T 2061-2023	法庭科学 毛发中甲卡西酮等7种卡西酮类物质检验液相色谱-质谱法	2023/12/1
GA/T 2062-2023	法庭科学 生物检材中MDMB-4en-PINACA等42种合成大麻素及代谢物检验液相色谱-质谱法	2023/12/1
GA/T 2063-2023	法庭科学 生物检材中382种药（毒）物筛选液相色谱-高分辨质谱法	2023/12/1
GA/T 2064-2023	法庭科学 生物检材中113种农药及代谢物筛选液相色谱-质谱法	2023/12/1
GA/T 2065-2023	法庭科学 体液斑痕中尼古丁等95种药（毒）物筛选液相色谱-质谱法	2023/12/1
GA/T 2066-2023	法庭科学 生物检材中甲嘧磺隆等21种磺酰脲类除草剂筛选液相色谱-质谱法	2023/12/1
GA/T 2067-2023	法庭科学 生物检材中巴比妥等9种巴比妥类药物检验液相色谱-质谱法	2023/12/1
GA/T 2068-2023	法庭科学 生物检材中毒鼠强等16种杀鼠药筛选液相色谱-质谱法	2023/12/1
GA/T 2069-2023	法庭科学 生物检材中2'-氯地西泮等5种氯代地西泮类物质检验液相色谱-质谱法	2023/12/1
GA/T 2070-2023	法庭科学 生物检材中α-鹅膏毒肽等5种鹅膏菌毒素检验液相色谱-质谱法	2023/12/1
GA/T 2071-2023	法庭科学 生物检材中四氢唑啉等5种咪唑啉类药物检验液相色谱-质谱法	2023/12/1
GA/T 2072-2023	法庭科学 生物检材中水合氯醛检验顶空气相色谱-质谱法	2023/12/1
GA/T 2073-2023	法庭科学 血液中碳氧血红蛋白检验分光光度法	2023/12/1
GA/T 2074-2023	法庭科学 水样中丁草特等29种农药检验气相色谱-质谱法	2023/12/1
GA/T 2075.1-2023	法庭科学 常见易燃液体及其残留物检验 第1部分：溶剂提取-气相色谱/质谱法	2023/12/1

续表

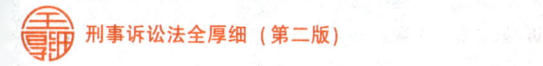

标准编号	标准名称	实施日期
GA/T 2075.2-2023	法庭科学 常见易燃液体及其残留物检验 第2部分：吹扫捕集-气相色谱/质谱法	2023/12/1
GA/T 2075.3-2023	法庭科学 常见易燃液体及其残留物检验 第3部分：热脱附-气相色谱/质谱法	2023/12/1
GA/T 2076-2023	法庭科学 射击残留物及发射药中二苯胺等5种有机组分检验气相色谱-质谱法	2023/12/1
GA/T 2077-2023	法庭科学 弹丸和焊锡检验差示扫描量热法	2023/12/1
GA/T 2078-2023	法庭科学 固体物证制样离子束法	2023/12/1
GA/T 2079-2023	法庭科学 矿物检验X射线衍射法	2023/12/1
GA/T 2080-2023	法庭科学 塑料检验差示扫描量热法	2023/12/1
GA/T 2081-2023	法庭科学 纤维检验偏振光显微镜法	2023/12/1
GA/T 2082-2023	法庭科学 纤维检验显微分光光度法	2023/12/1
GA/T 2083-2023	法庭科学 橡胶检验红外吸收光谱法	2023/12/1
GA/T 2084-2023	法庭科学 油漆检验显微分光光度法	2023/12/1
GA/T 2085-2023	法庭科学 粉末显现手印技术规范	2023/12/1
GA/T 2086-2023	法庭科学 齿科影像个体识别特征分类与编码	2023/12/1
GA/T 2087-2023	法庭科学 玻璃破碎痕迹检验技术规程	2023/12/1
GA/T 2088-2023	法庭科学 插芯（叶片）锁开锁痕迹检验技术规范	2023/12/1
GA/T 2089-2023	法庭科学 智能锁非正常开锁痕迹检验技术规范	2023/12/1
GA/T 2090-2023	法庭科学 DNA技术人员培训规范	2023/12/1
GA/T 2091.1-2023	法庭科学 毛细管电泳试剂耗材 第1部分：分离胶	2023/12/1
GA/T 2091.2-2023	法庭科学 毛细管电泳试剂耗材 第2部分：去离子甲酰胺	2023/12/1
GA/T 2091.3-2023	法庭科学 毛细管电泳试剂耗材 第3部分：缓冲液	2023/12/1
GA/T 2092.1-2023	基于跨网应用的现场勘验移动采集录入终端 第1部分：基本功能	2023/12/1

续表

标准编号	标准名称	实施日期
GA/T 2092.2-2023	基于跨网应用的现场勘验移动采集录入终端 第2部分：基本数据项	2023/12/1
GA/T 2092.3-2023	基于跨网应用的现场勘验移动采集录入终端 第3部分：设备要求	2023/12/1
GA/T 2092.4-2023	基于跨网应用的现场勘验移动采集录入终端 第4部分：数据上传接口	2023/12/1

【公告〔2017〕号】 公安部关于废止213项公共安全行业标准的公告（2017年7月28日发布施行）

附件：公共安全行业标准废止目录（已被新标准替代的部分，本书已删略）

标准编号	标准名称
GA471-2004	抗A、抗B血清试剂
GA472-2004	抗人血红蛋白血清试剂
GA473-2004	抗人精液血清试剂
GA474-2004	抗猪、羊等常见动物血清试剂
GA475-2004	抗人血清试剂
GA655-2006	人毛发ABO血型检测 解离法
GA656-2006	人血液（痕）ABO血型检测 凝集法、解离法
GA657-2006	人体液斑ABO血型检测 凝集抑制试验
GA776-2008	指纹自动识别系统产品编码规则
GA782.1-2008	指纹信息应用交换接口规范 第1部分：指纹信息应用交换接口模型
GA782.2-2008	指纹信息应用交换接口规范 第2部分：指纹信息状态交换接口
GA782.3-2008	指纹信息应用交换接口规范 第3部分：指纹数据交换接口
GA783.1-2008	指纹应用接口 第1部分：十指指纹特征编辑调用接口
GA783.2-2008	指纹应用接口 第2部分：现场指纹特征编辑调用接口
GA783.3-2008	指纹应用接口 第3部分：比对结果复核认定调用接口
GA784-2008	十指指纹图像数据压缩动态链接库接口

续表

标准编号	标准名称
GA785-2008	十指指纹图像数据复现动态链接库接口
GA786-2008	十指指纹图像数据复现JAVA接口
GA240.10-2000	刑事犯罪信息管理代码 第10部分：涉案物品分类和代码
GA240.1-2000	刑事犯罪信息管理代码 第1部分：案件类别代码
GA240.13-2000	刑事犯罪信息管理代码 第13部分：人身伤害程度代码
GA240.15-2000	刑事犯罪信息管理代码 第15部分：人员关系代码
GA240.16-2000	刑事犯罪信息管理代码 第16部分：违法犯罪经历代码
GA240.2-2000	刑事犯罪信息管理代码 第2部分：专长代码
GA240.29-2003	刑事犯罪信息管理代码 第29部分：发案地域类型代码
GA240.4-2000	刑事犯罪信息管理代码 第4部分：选择时机分类和代码
GA240.5-2000	刑事犯罪信息管理代码 第5部分：选择处所分类和代码
GA240.7-2000	刑事犯罪信息管理代码 第7部分：作案手段分类和代码
GA240.8-2000	刑事犯罪信息管理代码 第8部分：作案特点分类和代码
GA332.12-2001	禁毒信息管理代码 第12部分：查获毒品处理情况代码
GA332.7-2001	禁毒信息管理代码 第7部分：吸毒人员变更原因代码
GA376-2002	公安技术侦察装备信息管理系统数据交换格式
GA377-2002	公安技术侦察装备信息管理系统基本功能
GA397.1-2002	经济犯罪案件管理信息系统技术规范 第1部分：基本功能
GA397.2-2002	经济犯罪案件管理信息系统技术规范 第2部分：角色分类及权限
GA397.3-2002	经济犯罪案件管理信息系统技术规范 第3部分：案件名称组成方法
GA398.1-2002	经济犯罪案件管理信息代码 第1部分：案件编号
GA398.2-2002	经济犯罪案件管理信息代码 第2部分：案件来源代码
GA398.4-2002	经济犯罪案件管理信息代码 第4部分：初查审核结果代码
GA398.8-2002	经济犯罪案件管理信息代码 第8部分：统计立（破）案时间段代码
GA398.9-2002	经济犯罪案件管理信息代码 第9部分：犯罪主体类型代码

续表

标准编号	标准名称
GA398.11-2002	经济犯罪案件管理信息代码 第11部分：经侦民警编号
GA398.12-2002	经济犯罪案件管理信息代码 第12部分：嫌疑人编号
GA398.13-2002	经济犯罪案件管理信息代码 第13部分：逃犯抓获方法代码
GA398.14-2002	经济犯罪案件管理信息代码 第14部分：强制措施代码
GA398.16-2002	经济犯罪案件管理信息代码 第16部分：嫌疑单位编号
GA398.17-2002	经济犯罪案件管理信息代码 第17部分：报案、发案、受害单位行业分类代码
GA398.19-2002	经济犯罪案件管理信息代码 第19部分：犯罪集团类型代码
GA398.20-2002	经济犯罪案件管理信息代码 第20部分：书证物证种类代码
GA399.1-2002	经济犯罪案件基本信息数据结构 第1部分：案件信息数据结构
GA399.2-2002	经济犯罪案件基本信息数据结构 第2部分：报案人数据结构
GA399.3-2002	经济犯罪案件基本信息数据结构 第3部分：受害人数据结构
GA399.4-2002	经济犯罪案件基本信息数据结构 第4部分：嫌疑人数据结构
GA399.5-2002	经济犯罪案件基本信息数据结构 第5部分：受害、发案、报案单位数据结构
GA399.6-2002	经济犯罪案件基本信息数据结构 第6部分：嫌疑单位数据结构
GA399.7-2002	经济犯罪案件基本信息数据结构 第7部分：犯罪集团数据结构
GA399.8-2002	经济犯罪案件基本信息数据结构 第8部分：涉案物品数据结构
GA425.10-2003	指纹自动识别系统基础技术规范 第10部分：指纹图像数据的压缩和恢复
GA/T894.2-2010	安防指纹识别应用系统 第2部分：指纹图像记录格式
GA/T101-1995	中毒检材中有机磷农药的定性定量分析方法
GA/T104-1995	鸦片毒品中吗啡、可待因、蒂巴因、罂粟碱、那可汀的定性分析及吗啡、可待因的定量分析方法
GA/T117-2005	现场照相、录像要求规则
GA/T118-2005	刑事照相制卷质量要求

续表

标准编号	标准名称
GA/T146-1996	人体轻微伤的鉴定
GA/T162.1-1997	指纹自动识别系统数据交换工程体制规范第1部分：指纹图像数据转换的技术条件
GA/T162.2-1999	指纹自动识别系统数据交换工程体制规范第2部分：指纹信息交换的数据格式
GA/T162.3-1999	指纹自动识别系统数据交换工程体制规范第3部分：指纹图像数据的压缩与恢复
GA/T162.4-1999	指纹自动识别系统数据交换工程规范 第4部分：指纹自动识别系统的基本性能指标
GA/T162.5-1999	指纹自动识别系统数据交换工程规范 第5部分：指纹自动识别系统的测试规范
GA/T169-1997	法医学物证检材的提取、保存与送检
GA/T188-1998	中毒检材中安定、利眠宁的定性及定量分析法
GA/T191-1998	毒物分析鉴定书编写规程
GA/T192-1998	毒物分析检验记录内容及格式
GA/T195-1998	中毒检材中甲胺磷的定性及定量分析方法
GA/T196-1998	涉毒案件检材中海洛因的定性及定量分析方法
GA/T197-1998	涉毒案件检材中可卡因的定性及定量分析方法
GA/T205-1999	中毒案件检材中毒鼠强的气相色谱定性及定量分析方法
GA/T206-1999	涉毒案件检材中大麻的定性及定量分析方法
GA/T221-1999	物证检验照相要求规则
GA/T521-2004	人身损害受伤人员误工损失日评定准则
GA/T592-2006	刑事数字影像技术规则
GA/T800-2008	人身损害护理依赖程度评定①
GA/T966-2011	物证的封装要求

① 注：该标准已经升级为《人身损害护理依赖程度评定》（GB/T 31147-2014），公安部提出并归口，国家质检总局、国标委2014年9月3日发布，2015年1月1日起实施。

续表

标准编号	标准名称
GA/T171-2002	公安技术侦察装备分类与代码
GA/T643-2006	典型交通事故形态车辆行驶速度技术鉴定

【公告〔2020〕号】 公安部关于废止77项公共安全行业标准的公告（2020年5月29日发布施行）

附件：公共安全行业标准废止目录（已被新标准替代的部分，本书已删略）

标准编号	标准名称
GA/T 815-2009	法庭科学人类荧光标记STR复合扩增检测试剂质量基本要求
GA/T 820-2009	涤纶纤维上分散染料的分析方法
GA/T 382-2010	法庭科学DNA实验室建设规范
GA/T 383-2010	法庭科学DNA实验室检验规范
GA/T 1188-2014	男性性功能障碍法医学鉴定
GA 268-2009	道路交通事故尸体检验
GA/T 496-2009	闯红灯自动记录系统通用技术条件
GA/T 832-2009	道路交通安全违法行为图像取证技术规范
GA/T 945-2011	道路交通事故现场勘查设备通用技术要求
GA 1012-2012	居民身份证指纹采集和比对技术规范
GA 490-2013	居民身份证机读信息规范
GA 1091-2013	基于13.56MHz的电子证件芯片环境适应性评测规范
GA/T 1156-2014	涉爆现场处置规范

【公告〔2023〕号】 公安部关于废止47项公共安全行业标准的公告（2023年2月17日发布施行）

附件：公共安全行业标准废止目录（已被新标准替代的部分，本书已删略）

标准编号	标准名称
GA/T 190-1998	中毒检材中苯唑卡因、利多卡因、普鲁卡因、丁卡因、布比卡因的GC/NPD定性及定量分析方法
GA/T 1008.1-2013	常见毒品的气相色谱、气相色谱-质谱检验方法 第1部分：鸦片中五种成分

续表

标准编号	标准名称
GA/T 1008.2-2013	常见毒品的气相色谱、气相色谱-质谱检验方法 第2部分：吗啡
GA/T 1008.3-2013	常见毒品的气相色谱、气相色谱-质谱检验方法 第3部分：大麻中三种成分
GA/T 1008.4-2013	常见毒品的气相色谱、气相色谱-质谱检验方法 第4部分：可卡因
GA/T 1008.5-2013	常见毒品的气相色谱、气相色谱-质谱检验方法 第5部分：二亚甲基双氧安非他明
GA/T 1008.6-2013	常见毒品的气相色谱、气相色谱-质谱检验方法 第6部分：美沙酮
GA/T 1008.7-2013	常见毒品的气相色谱、气相色谱-质谱检验方法 第7部分：安眠酮
GA/T 1008.8-2013	常见毒品的气相色谱、气相色谱-质谱检验方法 第8部分：三唑仑
GA/T 1008.9-2013	常见毒品的气相色谱、气相色谱-质谱检验方法 第9部分：艾司唑仑
GA/T 1008.10-2013	常见毒品的气相色谱、气相色谱-质谱检验方法 第10部分：地西泮
GA/T 1008.11-2013	常见毒品的气相色谱、气相色谱-质谱检验方法 第11部分：溴西泮
GA/T 1008.12-2013	常见毒品的气相色谱、气相色谱-质谱检验方法 第12部分：氯氮卓
GA/T 946.2-2011	道路交通管理信息采集规范 第2部分：机动车登记信息采集和签注
GA/T 946.3-2011	道路交通管理信息采集规范 第3部分：道路交通事故处理信息采集
GA/T 946.4-2011	道路交通管理信息采集规范 第4部分：道路交通违法处理信息采集
GA/T 995-2012	道路交通安全违法行为视频取证设备技术规范
GA/T 1082-2013	道路交通事故信息调查

（本书汇）【辨认】①

● **相关规定**　　【法发〔2010〕20号】　　最高人民法院、最高人民检察院、公安部、国家安全部、司法部关于办理死刑案件审查判断证据若干问题的规定（2010年6月13日印发，2010年7月1日施行；同文号印发《关于办理刑事案件排除非法证据若干问题的规定》，2010年7月1日施行）②

第30条　侦查机关组织的辨认，存在下列情形之一的，应当严格审查，不能确定其真实性的，辨认结果不能作为定案的根据：（一）辨认不是在侦查人员主持下进行的；（二）辨认前使辨认人见到辨认对象的；（三）辨认人的辨认活动没有个别进行的；（四）辨认对象没有混杂在具有类似特征的其他对象中，或者供辨认的对象数量不符合规定的；尸体、场所等特定辨认对象除外。（五）辨认中给辨认人明显暗示或者明显有指认嫌疑的。

有下列情形之一的，通过有关办案人员的补正或者作出合理解释的，辨认结果可以作为证据使用：（一）主持辨认的侦查人员少于2人的；（二）没有向辨认人详细询问辨认对象的具体特征的；（三）对辨认经过和结果没有制作专门的规范的辨认笔录，或者辨认笔录没有侦查人员、辨认人、见证人的签名或者盖章的；（四）辨认记录过于简单，只有结果没有过程的；（五）案卷中只有辨认笔录，没有被辨认对象的照片、录像等资料，无法获悉辨认的真实情况的。

【国监委公告〔2021〕1号】　　监察法实施条例（2021年7月20日国家监委全体会议决定，2021年9月20日公布施行）

第141条　调查人员在必要时，可以依法让被害人、证人和被调查人对与违法犯罪有关的物品、文件、尸体或者场所进行辨认；也可以让被害人、证人对被调查人进行辨认，或者让被调查人对涉案人员进行辨认。

辨认工作应当由2名以上调查人员主持进行。在辨认前，应当向辨认人详细询问辨认对象的具体特征，避免辨认人见到辨认对象，并告知辨认人作虚假辨认应当承担的法律责任。几名辨认人对同一辨认对象进行辨认时，应当由辨认人个别进行。辨认应当形成笔录，并由调查人员、辨认人签名。

第142条　辨认人员时，被辨认的人数不得少于7人，照片不得少于10张。

辨认人不愿公开进行辨认时，应当在不暴露辨认人的情况下进行辨认，并为其保守秘密。

第143条　组织辨认物品时一般应当辨认实物。被辨认的物品系名贵字画等贵重物品或者存在不便搬运等情况的，可以对实物照片进行辨认。辨认人进行辨认时，应当在辨认出的实物照片与附纸骑缝上捺指印予以确认，在附纸上写明该实物涉案情况并签名、捺指印。

辨认物品时，同类物品不得少于5件，照片不得少于5张。

对于难以找到相似物品的特定物，可以将该物品照片交由辨认人进行确认后，在照片与

---

① 注：《刑事诉讼法》没有关于辨认的规定，本书将其汇集于此。
② 根据"法发〔2010〕20号"《通知》，办理其他刑事案件，参照《关于办理死刑案件审查判断证据若干问题的规定》执行。

附纸骑缝上捺指印，在附纸上写明该物品涉案情况并签名、捺指印。在辨认人确认前，应当向其详细询问物品的具体特征，并对确认过程和结果形成笔录。

第144条　辨认笔录具有下列情形之一的，不得作为认定案件的依据：（一）辨认开始前使辨认人见到辨认对象的；（二）辨认活动没有个别进行的；（三）辨认对象没有混杂在具有类似特征的其他对象中，或者供辨认的对象数量不符合规定的，但特定辨认对象除外；（四）辨认中给辨认人明显暗示或者明显有指认嫌疑的；（五）辨认不是在调查人员主持下进行的；（六）违反有关规定，不能确定辨认笔录真实性的其他情形。

辨认笔录存在其他瑕疵的，应当结合全案证据审查其真实性和关联性，作出综合判断。

【公安部令〔2020〕159号】　公安机关办理刑事案件程序规定（2020年7月4日第3次部务会议修订，2020年7月20日公布，2020年9月1日施行）

第258条　为了查明案情，在必要的时候，侦查人员可以让被害人、证人或者犯罪嫌疑人对与犯罪有关的物品、文件、尸体、场所或者犯罪嫌疑人进行辨认。

第259条　辨认应当在侦查人员的主持下进行。主持辨认的侦查人员不得少于2人。

几名辨认人对同一辨认对象进行辨认时，应当由辨认人个别进行。

第260条　辨认时，应当将辨认对象混杂在特征相似的其他对象中，不得在辨认前向辨认人展示辨认对象及其影像资料，不得给辨认人任何暗示。

辨认犯罪嫌疑人时，被辨认的人数不得少于7人；对犯罪嫌疑人照片进行辨认的，不得少于10人的照片。

辨认物品时，混杂的同类物品不得少于5件；对物品的照片进行辨认的，不得少于10个物品的照片。

对场所、尸体等特定辨认对象进行辨认，或者辨认人能够准确描述物品独有特征的，陪衬物不受数量的限制。

第261条　对犯罪嫌疑人的辨认，辨认人不愿意公开进行时，可以在不暴露辨认人的情况下进行，并应当为其保守秘密。

第262条　对辨认经过和结果，应当制作辨认笔录，由侦查人员、辨认人、见证人签名。必要时，应当对辨认过程进行录音或者录像。

【高检发释字〔2019〕4号】　人民检察院刑事诉讼规则（2019年12月2日最高检第13届检委会第28次会议通过，2019年12月30日公布施行；高检发释字〔2012〕2号《规则（试行）》同时废止）

第223条　为了查明案情，必要时，检察人员可以让被害人、证人和犯罪嫌疑人对与犯罪有关的物品、文件、尸体或场所进行辨认；也可以让被害人、证人对犯罪嫌疑人进行辨认，或者让犯罪嫌疑人对其他犯罪嫌疑人进行辨认。

对犯罪嫌疑人进行辨认，应当经检察长批准。

第224条　辨认应当在检察人员的主持下进行，执行主持辨认的检察人员不得少于2人。在辨认前，应当向辨认人详细询问被辨认对象的具体特征，避免辨认人见到被辨认对象，并应当告知辨认人有意作虚假辨认应负的法律责任。

第225条　几名辨认人对同一被辨认对象进行辨认时，应当由每名辨认人单独进行。必要时，可以有见证人在场。

第226条　辨认时，应当将辨认对象混杂在其他对象中。不得在辨认前向辨认人展示辨认对象及其影像资料，不得给辨认人任何暗示。

辨认犯罪嫌疑人~~、被害人~~时，被辨认的人数不得少于7人~~5到10人~~，照片不得少于10张~~5到10张~~。

辨认物品时，同类物品不得少于5件，照片不得少于5张。

对犯罪嫌疑人的辨认，辨认人不愿公开进行时，可以在不暴露辨认人的情况下进行，并应当为其保守秘密。

【法释〔2021〕1号】　最高人民法院关于适用《中华人民共和国刑事诉讼法》的解释（2020年12月7日最高法审委会〔1820次〕修订，2021年1月26日公布，2021年3月1日施行；2013年1月1日施行的"法释〔2012〕21号"《解释》同时废止）

第104条　对辨认笔录应当着重审查辨认的过程、方法，以及辨认笔录的制作是否符合有关规定。

第105条　辨认笔录具有下列情形之一的，不得作为定案的根据：（一）辨认不是在调查人员、侦查人员主持下进行的；（二）辨认前使辨认人见到辨认对象的；（三）辨认活动没有个别进行的；（四）辨认对象没有混杂在具有类似特征的其他对象中，或者供辨认的对象数量不符合规定的；（五）辨认中给辨认人明显暗示或者明显有指认嫌疑的；（六）违反有关规定，不能确定辨认笔录真实性的其他情形。

【海警局令〔2023〕1号】　海警机构办理刑事案件程序规定（2023年5月15日审议通过，2023年6月15日起施行）（主文见本书第308条）

第254条　为了查明案情，必要时，侦查人员可以让犯罪嫌疑人或者被害人、证人对与犯罪有关的物品、文件、尸体、场所或者犯罪嫌疑人进行辨认。

第255条　辨认应当在侦查人员的主持下进行。主持辨认的侦查人员不得少于2人。

几名辨认人对同一辨认对象进行辨认时，应当由辨认人个别进行。

第256条　辨认时，应当将辨认对象混杂在特征相类似的其他对象中，不得在辨认前向辨认人展示辨认对象及其影像资料，不得给辨认人任何暗示。

辨认犯罪嫌疑人时，被辨认的人数不得少于7人；对犯罪嫌疑人照片进行辨认的，不得少于10人的照片。

辨认物品时，混杂的同类物品不得少于5件；对物品的照片进行辨认的，不得少于10个物品的照片。

对场所、尸体等特定辨认对象进行辨认，或者辨认人能够准确描述物品独有特征的，陪衬物不受数量的限制。

第257条　对犯罪嫌疑人的辨认，辨认人不愿意公开进行的，可以在不暴露辨认人的情况下进行，并应当为其保守秘密。

第258条　辨认应当制作辨认笔录，写明辨认经过和结果，由辨认人签名、捺指印，侦查人员、见证人也应当签名。必要时，应当对辨认过程进行录音录像。

【国安部令〔2024〕4号】　国家安全机关办理刑事案件程序规定（2024年4月26日公布，2024年7月1日起施行）

第214条　国家安全机关开展勘验、检查、搜查、辨认、查封、扣押等侦查活动，应当邀请有关公民作为见证人。

下列人员不得担任侦查活动的见证人：（一）生理上、精神上有缺陷或者年幼，不具有相应辨别能力或者不能正确表达的人；（二）与案件有利害关系，可能影响案件公正处理的人；（三）国家安全机关的工作人员或者其聘用的人员。

确因客观原因无法由符合条件的人员担任见证人的，应当对有关侦查活动进行全程录音录像，并在笔录中注明有关情况。

第282条　为了查明案情，在必要的时候，侦查人员可以让犯罪嫌疑人或者证人、被害人对与犯罪有关的物品、文件、尸体、场所或者犯罪嫌疑人进行辨认。

第283条　辨认应当在侦查人员的主持下进行，主持辨认的侦查人员不得少于2人。

第284条　几名辨认人对同一辨认对象进行辨认时，应当由每名辨认人个别进行。

第285条　辨认时，应当首先让辨认人说明被辨认对象的特征，并在辨认笔录中注明，必要时，可以有见证人在场。

辨认时，应当将辨认对象混杂在特征相类似的其他对象中，不得在辨认前向辨认人展示辨认对象及其影像资料，不得给辨认人任何暗示。

辨认犯罪嫌疑人时，被辨认的人数不得少于7人；对犯罪嫌疑人照片进行辨认的，不得少于10人的照片。

辨认物品时，混杂的同类物品不得少于5件；对物品的照片进行辨认的，不得少于10个物品的照片。

对场所、尸体等特定辨认对象进行辨认，或者辨认人能够准确描述物品独有特征的，或者物品已经损坏、变形的，陪衬物不受数量的限制。

第286条　对犯罪嫌疑人的辨认，辨认人不愿意公开进行的，可以在不暴露辨认人的情况下进行，并应当为其保守秘密。

第287条　对辨认经过和结果，应当制作辨认笔录，由侦查人员、辨认人、见证人签名。必要时，应当对辨认过程进行录音录像。

辨认笔录和被辨认对象的照片、录音、录像等资料，应当一并附卷。

第八节　技术侦查措施[1]

第150条　【技术侦查对象】 公安机关在立案后，对于危害国家安全犯罪、恐怖活动犯罪、黑社会性质的组织犯罪、重大毒品犯罪或者其他严重危害社会的犯罪案件，根据侦查犯罪的需要，经过严格的批准手续，可以采取技术侦查措施。

人民检察院在立案后，对于重大的贪污、贿赂犯罪案件以及[2]利用职权实施的严重侵犯公民人身权利的重大犯罪案件，根据侦查犯罪的需要，经过严格的批准手续，可以采取技术侦查措施，按照规定交有关机关执行。

---

[1] 本节规定由2012年3月14日第11届全国人大常委会第5次会议增设，2013年1月1日施行。
[2] 本部分内容被2018年10月26日第13届全国人大常委会第6次会议删除，同日公布施行。

追捕被通缉或者批准、决定逮捕的在逃的犯罪嫌疑人、被告人，经过批准，可以采取追捕所必需的技术侦查措施。

第151条 【技术侦查期限】批准决定应当根据侦查犯罪的需要，确定采取技术侦查措施的种类和适用对象。批准决定自签发之日起3个月以内有效。对于不需要继续采取技术侦查措施的，应当及时解除；对于复杂、疑难案件，期限届满仍有必要继续采取技术侦查措施的，经过批准，有效期可以延长，每次不得超过3个月。

第152条 【技术侦查适用】采取技术侦查措施，必须严格按照批准的措施种类、适用对象和期限执行。

侦查人员对采取技术侦查措施过程中知悉的国家秘密、商业秘密和个人隐私，应当保密；对采取技术侦查措施获取的与案件无关的材料，必须及时销毁。

采取技术侦查措施获取的材料，只能用于对犯罪的侦查、起诉和审判，不得用于其他用途。

公安机关依法采取技术侦查措施，有关单位和个人应当配合，并对有关情况予以保密。

第153条 【特情侦查】为了查明案情，在必要的时候，经公安机关负责人决定，可以由有关人员隐匿其身份实施侦查。但是，不得诱使他人犯罪①，不得采用可能危害公共安全或者发生重大人身危险的方法。

【控制下交付】对涉及给付毒品等违禁品或者财物的犯罪活动，公安机关根据侦查犯罪的需要，可以依照规定实施控制下交付。

第154条 【技术侦查证据的使用】依照本节规定采取侦查措施收集的材料在刑事诉讼中可以作为证据使用。如果使用该证据可能危及有关人员的人身安全，或者可能产生其他严重后果的，应当采取不暴露有关人员身份、技术方法等保护措施，必要的时候，可以由审判人员在庭外对证据进行核实。

● 相关规定 【署侦〔1998〕742号】 最高人民法院、最高人民检察院、公安部、司法部、海关总署关于走私犯罪侦查机关办理走私犯罪案件适用刑事诉讼程序若干问题的通知（1998年12月3日）

二、（第3款） 走私犯罪侦查机关因办案需要使用技术侦察手段时，应严格遵照有关规定，按照审批程序和权限报批后，由有关公安机关实施。

---

① 注：对于"犯意引诱"，即行为人本没有实施毒品犯罪的主观意图，而是在特情诱惑和促成下形成犯意，进而实施毒品犯罪的，最高人民法院2008年12月8日印发的《全国部分法院审理毒品犯罪案件工作座谈会纪要》（法〔2008〕324号）曾经规定"依法从轻处罚"。2012年版《刑事诉讼法》专门增加了"技术侦查措施"相关规定（尤其是下划线部分）以后，纯粹的"犯意引诱"应当视作一种非法行为，由此取得的证据应视为非法证据。但是，如果只是提供作案机会（如美女引诱强奸犯现身），或者在行为人主动犯意的基础上"成全"其作案（如针对贩毒广告而假装买毒），则不属于犯意引诱。

【主席令〔2012〕69号】　中华人民共和国人民警察法（2012年10月26日第11届全国人大常委会第29次会议修正，主席令第69号公布，2013年1月1日施行）

第16条　公安机关因侦查犯罪的需要，根据国家有关规定，经过严格的批准手续，可以采取技术侦察措施。

【六部委〔2012〕规定】　最高人民法院、最高人民检察院、公安部、国家安全部、司法部、全国人大常委会法制工作委员会关于实施刑事诉讼法若干问题的规定（2012年12月26日印发，2013年1月1日施行）

20. 刑事诉讼法第149条中规定："批准决定应当根据侦查犯罪的需要，确定采取技术侦查措施的种类和适用对象。"采取技术侦查措施收集的材料作为证据使用的，批准采取技术侦查措施的法律文书应当附卷，辩护律师可以依法查阅、摘抄、复制，在审判过程中可以向法庭出示。

【京公法字〔2012〕1588号】　北京市公安局、北京市高级人民法院、北京市人民检察院关于刑事诉讼中适用技术侦查措施有关问题解答（2012年12月6日）

三、侦查机关在什么情况下可以采取技术侦查措施

（二）检察机关在立案后，根据侦查犯罪的需要，可以对下列犯罪案件采取技术侦查措施：

1. 对于涉案数额在10万元以上、采取其他方法难以收集证据的重大贪污、贿赂犯罪案件。包括刑法分则第八章规定的贪污罪、受贿罪、单位受贿罪、行贿罪、对单位行贿罪、介绍贿赂罪、单位行贿罪、利用影响力受贿罪。

2. 利用职权实施的严重侵犯公民人身权利的重大犯罪案件。包括有重大社会影响的、造成严重后果的或者情节特别严重的非法拘禁、非法搜查、刑讯逼供、暴力取证、虐待被监管人、报复陷害等案件。

四、侦查机关采取技术侦查措施的批准决定程序是什么

（一）公安机关办案部门在侦办犯罪案件时，需要采取技术侦查措施的，应当制作呈请采取技术侦查措施报告书，经技术侦查部门审核，按有关规定进行审批后，制作采取技术侦查措施决定书。

紧急情况下，不立即采取技术侦查措施可能错失侦查时机的，按有关规定批准后，可以先行采取相应的技术侦查措施，公安机关办案部门应当在48小时内，依照上述规定补办批准手续。

（二）检察机关办案部门侦办职务犯罪需要采取技术侦查措施的，按照有关规定执行。

（三）追捕被通缉或者批准、决定逮捕的在逃的犯罪嫌疑人、被告人，需要采取追捕所必需的技术侦查措施的，批准决定的程序按照上述规定执行。

【法发〔2013〕11号】　最高人民法院关于建立健全防范刑事冤假错案工作机制的意见（2013年10月9日印发）

12. 证据未经当庭出示、辨认、质证等法庭调查程序查证属实的，不得作为定案的根据。

采取技术侦查措施收集的证据，除可能危及有关人员的人身安全，或者可能产生其他严重后果，由人民法院依职权庭外调查核实的外，未经法庭调查程序查证属实，不得作为定案的根据。

【主席令〔2018〕3号】　中华人民共和国监察法（2018年3月20日第13届全国人大第1次会议通过，同日公布施行）

第28条　监察机关调查涉嫌重大贪污贿赂等职务犯罪，根据需要，经过严格的批准手续，可以采取技术调查措施，按照规定交有关机关执行。

批准决定应当明确采取技术调查措施的种类和适用对象，自签发之日起3个月以内有效；对于复杂、疑难案件，期限届满仍有必要继续采取技术调查措施的，经过批准，有效期可以延长，每次不得超过3个月。对于不需要继续采取技术调查措施的，应当及时解除。

【国监委公告〔2021〕1号】　监察法实施条例（2021年7月20日国家监委全体会议决定，2021年9月20日公布施行）

第55条（第1款）　……需要采取技术调查、限制出境措施的，应当按照规定交有关机关依法执行。设区的市级以下监察机关在初步核实中不得采取技术调查措施。

第153条　监察机关根据调查涉嫌重大贪污贿赂等职务犯罪需要，依照规定的权限和程序报经批准，可以依法采取技术调查措施，按照规定交公安机关或者国家有关执法机关依法执行。

前款所称重大贪污贿赂等职务犯罪，是指具有下列情形之一：（一）案情重大复杂，涉及国家利益或者重大公共利益的；（二）被调查人可能被判处10年以上有期徒刑、无期徒刑或者死刑的；（三）案件在全国或者本省、自治区、直辖市范围内有较大影响的。

第154条　依法采取技术调查措施的，监察机关应当出具《采取技术调查措施委托函》《采取技术调查措施决定书》和《采取技术调查措施适用对象情况表》，送交有关机关执行。其中，设区的市级以下监察机关委托有关执行机关采取技术调查措施，还应当提供《立案决定书》。

第155条　技术调查措施的期限按照监察法的规定执行，期限届满前未办理延期手续的，到期自动解除。

对于不需要继续采取技术调查措施的，监察机关应当按规定及时报批，将《解除技术调查措施决定书》送交有关机关执行。

需要依法变更技术调查措施种类或者增加适用对象的，监察机关应当重新办理报批和委托手续，依法送交有关机关执行。

第156条　对于采取技术调查措施收集的信息和材料，依法需要作为刑事诉讼证据使用的，监察机关应当按规定报批，出具《调取技术调查证据材料通知书》向有关执行机关调取。

对于采取技术调查措施收集的物证、书证及其他证据材料，监察机关应当制作书面说明，写明获取证据的时间、地点、数量、特征以及采取技术调查措施的批准机关、种类等。调查人员应当在书面说明上签名。

对于采取技术调查措施获取的证据材料，如果使用该证据材料可能危及有关人员的人身安全，或者可能产生其他严重后果的，应当采取不暴露有关人员身份、技术方法等保护措施。必要时，可以建议由审判人员在庭外进行核实。

第157条　调查人员对采取技术调查措施过程中知悉的国家秘密、商业秘密、个人隐私，应当严格保密。

采取技术调查措施获取的证据、线索及其他有关材料，只能用于对违法犯罪的调查、起诉和审判，不得用于其他用途。

对采取技术调查措施获取的与案件无关的材料，应当经审批及时销毁。对销毁情况应当制作记录，由调查人员签名。

【主席令〔2018〕6号】　中华人民共和国反恐怖主义法（2015年12月27日全国人大常委会〔12届18次〕通过，2016年1月1日起施行，2011年10月29日全国人大常委会《关于加强反恐怖工作有关问题的决定》同时废止；2018年4月27日全国人大常委会〔13届2次〕修正）

第18条　电信业务经营者、互联网服务提供者应当为公安机关、国家安全机关依法进行防范、调查恐怖活动提供技术接口和解密等技术支持和协助。

第45条　公安机关、国家安全机关、军事机关在其职责范围内，因反恐怖主义情报信息工作的需要，根据国家有关规定，经过严格的批准手续，可以采取技术侦察措施。

依照前款规定获取的材料，只能用于反恐怖主义应对处置和对恐怖活动犯罪、极端主义犯罪的侦查、起诉和审判，不得用于其他用途。

【高检发诉二字〔2018〕1号】　人民检察院办理死刑第二审案件和复核监督工作指引（试行）（2018年1月11日最高检第12届检委会第72次会议通过，2018年3月31日印发）

第15条　【对技术侦查措施收集证据的审查】侦查机关采取技术侦查措施收集的物证、书证、电子数据等证据材料没有移送，影响定罪量刑的，检察人员可以要求侦查机关将相关证据材料连同批准采取侦查措施的法律文书一并移送，必要时可以到侦查机关技术侦查部门核查原始证据。

【高检发释字〔2019〕4号】　人民检察院刑事诉讼规则（2019年12月2日最高检第13届检委会第28次会议通过，2019年12月30日公布施行；高检发释字〔2012〕2号《规则（试行）》同时废止）

第227条　人民检察院在立案后，对于涉案数额在10万元以上、采取其他方法难以收集证据的重大贪污、贿赂犯罪案件以及利用职权实施的严重侵犯公民人身权利的重大犯罪案件，经过严格的批准手续，可以采取技术侦查措施，交有关机关执行。

本条规定的贪污、贿赂犯罪包括刑法分则第八章规定的贪污罪、受贿罪、单位受贿罪、行贿罪、对单位行贿罪、介绍贿赂罪、单位行贿罪、利用影响力受贿罪。

本条规定的利用职权实施的严重侵犯公民人身权利的重大犯罪案件包括有重大社会影响的、造成严重后果的或者情节特别严重的非法拘禁、非法搜查、刑讯逼供、暴力取证、虐待被监管人、报复陷害等案件。

第228条　人民检察院办理直接受理立案侦查的案件，需要逮捕被通缉或者批准、决定逮捕的在逃犯罪嫌疑人、被告人的，经过批准，可以采取追捕所必需的技术侦查措施，不受本规则第227条规定的案件范围的限制。

第229条　……对于复杂、疑难案件，期限届满仍有必要继续采取技术侦查措施的，应当在期限届满前10日以内制作呈请延长技术侦查措施期限报告书，写明延长的期限及理由，经过原批准机关批准，有效期可以延长，每次不得超过3个月。

采取技术侦查措施收集的材料作为证据使用的，批准采取技术侦查措施的法律决定文书应当附卷，辩护律师可以依法查阅、摘抄、复制。

第230条　采取技术侦查措施收集的物证、书证及其他证据材料，检察人员侦查人员应当制作相应的说明材料，写明获取证据的时间、地点、数量、特征以及采取技术侦查措施的批准机关、种类等，并签名和盖章。

对于使用技术侦查措施获取的证据材料，如果可能危及特定人员的人身安全、涉及国家秘密或者公开后可能暴露侦查秘密或者严重损害商业秘密、个人隐私的，应当采取不暴露有关人员身份、技术方法等保护措施。必要时，可以建议不在法庭上证实，由审判人员在庭外对证据进行核实。

第231条　检察人员对采取技术侦查措施过程中知悉的国家秘密、商业秘密和个人隐私，应当保密；对采取技术侦查措施获取的与案件无关的材料，应当及时销毁，并对销毁情况制作记录。

采取技术侦查措施获取的证据、线索及其他有关材料，只能用于对犯罪的侦查、起诉和审判，不得用于其他用途。

【公安部令〔2020〕159号】　公安机关办理刑事案件程序规定（2020年7月4日第3次部务会议修订，2020年7月20日公布，2020年9月1日施行）

第263条　公安机关在立案后，根据侦查犯罪的需要，可以对下列严重危害社会的犯罪案件采取技术侦查措施：（一）危害国家安全犯罪、恐怖活动犯罪、黑社会性质的组织犯罪、重大毒品犯罪案件；（二）故意杀人、故意伤害致人重伤或者死亡、强奸、抢劫、绑架、放火、爆炸、投放危险物质等严重暴力犯罪案件；（三）集团性、系列性、跨区域性重大犯罪案件；（四）利用电信、计算机网络、寄递渠道等实施的重大犯罪案件，以及针对计算机网络实施的重大犯罪案件；（五）其他严重危害社会的犯罪案件，依法可能判处7年以上有期徒刑的。

公安机关追捕被通缉或者批准、决定逮捕的在逃的犯罪嫌疑人、被告人，可以采取追捕所必需的技术侦查措施。

第264条　技术侦查措施是指由设区的市一级以上公安机关负责技术侦查的部门实施的记录监控、行踪监控、通信监控、场所监控等措施。

技术侦查措施的适用对象是犯罪嫌疑人、被告人以及与犯罪活动直接关联的人员。

第265条　需要采取技术侦查措施的，应当制作呈请采取技术侦查措施报告书，报设区的市一级以上公安机关负责人批准，制作采取技术侦查措施决定书。

人民检察院等部门决定采取技术侦查措施，交公安机关执行的，由设区的市一级以上公安机关按照规定办理相关手续后，交负责技术侦查的部门执行，并将执行情况通知人民检察院等部门。

第266条　批准采取技术侦查措施的决定自签发之日起3个月以内有效。

在有效期限内，对不需要继续采取技术侦查措施的，办案部门应当立即书面通知负责技术侦查的部门解除技术侦查措施；负责技术侦查的部门认为需要解除技术侦查措施的，报批准机关负责人批准，制作解除技术侦查措施决定书，并及时通知办案部门。

对复杂、疑难案件，采取技术侦查措施的有效期限届满仍需要继续采取技术侦查措施的，经负责技术侦查的部门审核后，报批准机关负责人批准，制作延长技术侦查措施期限决定书。批准延长期限，每次不得超过3个月。

有效期限届满，负责技术侦查的部门应当立即解除技术侦查措施。

第267条　采取技术侦查措施，必须严格按照批准的措施种类、适用对象和期限执行。

在有效期限内，需要变更技术侦查措施种类或者适用对象的，应当按照本规定第265条规定重新办理批准手续。

第268条　采取技术侦查措施收集的材料在刑事诉讼中可以作为证据使用。使用技术侦查措施收集的材料作为证据时，可能危及有关人员的人身安全，或者可能产生其他严重后果的，应当采取不暴露有关人员身份和使用的技术设备、侦查方法等保护措施。

采取技术侦查措施收集的材料作为证据使用的，采取技术侦查措施决定书应当附卷。

第269条　采取技术侦查措施收集的材料，应当严格依照有关规定存放，只能用于对犯罪的侦查、起诉和审判，不得用于其他用途。

采取技术侦查措施收集的与案件无关的材料，必须及时销毁，并制作销毁记录。

第270条　侦查人员对采取技术侦查措施过程中知悉的国家秘密、商业秘密和个人隐私，应当保密。

公安机关依法采取技术侦查措施，有关单位和个人应当配合，并对有关情况予以保密。

第271条　为了查明案情，在必要的时候，经县级以上公安机关负责人决定，可以由侦查人员或者公安机关指定的其他人员隐匿身份实施侦查。

隐匿身份实施侦查时，不得使用促使他人产生犯罪意图的方法诱使他人犯罪，不得采用可能危害公共安全或者发生重大人身危险的方法。

第272条　对涉及给付毒品等违禁品或者财物的犯罪活动，为查明参与该项犯罪的人员和犯罪事实，根据侦查需要，经县级以上公安机关负责人决定，可以实施控制下交付。

第273条　公安机关依照本节规定实施隐匿身份侦查和控制下交付收集的材料在刑事诉讼中可以作为证据使用。

使用隐匿身份侦查和控制下交付收集的材料作为证据时，可能危及隐匿身份人员的人身安全，或者可能产生其他严重后果的，应当采取不暴露有关人员身份等保护措施。

第385条　本规定所称"危害国家安全犯罪"，包括刑法分则第一章规定的危害国家安全罪以及危害国家安全的其他犯罪；"恐怖活动犯罪"，包括以制造社会恐慌、危害公共安全或者胁迫国家机关、国际组织为目的，采取暴力、破坏、恐吓等手段，造成或者意图造成人员伤亡、重大财产损失、公共设施损坏、社会秩序混乱等严重社会危害的犯罪，以及煽动、资助或者以其他方式协助实施上述活动的犯罪。

【主席令〔2021〕71号】　中华人民共和国海警法（2021年1月22日第13届全国人大常委会第25次会议通过，2021年2月1日施行）

第39条　海警机构在立案后，对于危害国家安全犯罪、恐怖活动犯罪、黑社会性质的组织犯罪、重大毒品犯罪或者其他严重危害社会的犯罪案件，依照《中华人民共和国刑事诉讼法》和有关规定，经过严格的批准手续，可以采取技术侦查措施，按照规定交由有关机关执行。

追捕被通缉或者批准、决定逮捕的在逃的犯罪嫌疑人、被告人，经过批准，可以采取追捕所必需的技术侦查措施。

【法释〔2021〕1号】　最高人民法院关于适用《中华人民共和国刑事诉讼法》的解释（2020年12月7日最高法审委会〔1820次〕修订，2021年1月26日公布，2021年3月1日施行；2013年1月1日施行的"法释〔2012〕21号"《解释》同时废止）

第116条　依法采取技术调查、侦查措施收集的材料在刑事诉讼中可以作为证据使用。

采取技术调查、侦查措施收集的材料，作为证据使用的，应当随案移送。

第117条　使用采取技术调查、侦查措施收集的证据材料可能危及有关人员的人身安全，或者可能产生其他严重后果的，可以采取下列保护措施：（一）使用化名等代替调查、侦查人员及有关人员的个人信息；（二）不具体写明技术调查、侦查措施使用的技术设备和技术方法；（三）其他必要的保护措施。

第118条　移送技术调查、侦查证据材料的，应当附采取技术调查、侦查措施的法律文书、技术调查、侦查证据材料清单和有关说明材料。

移送采用技术调查、侦查措施收集的视听资料、电子数据的，应当制作新的存储介质，并附制作说明，写明原始证据材料、原始存储介质的存放地点等信息，由制作人签名，并加盖单位印章。

第119条　对采取技术调查、侦查措施收集的证据材料，除根据相关证据材料所属的证据种类，依照本章第二节至第七节的相应规定进行审查外，还应当着重审查以下内容：（一）技术调查、侦查措施所针对的案件是否符合法律规定；（二）技术调查措施是否经过严格的批准手续，按照规定交有关机关执行；技术侦查措施是否在刑事立案后，经过严格的批准手续；（三）采取技术调查、侦查措施的种类、适用对象和期限是否按照批准决定载明的内容执行；（四）采取技术调查、侦查措施收集的证据材料与其他证据是否矛盾；存在矛盾的，能否得到合理解释。

第120条　采取技术调查、侦查措施收集的证据材料，<u>应当</u>经过当庭出示、辨认、质证等法庭调查程序查证。

<u>当庭调查技术调查、侦查证据材料</u>①可能危及有关人员的人身安全，或者可能产生其他严重后果的，法庭应当采取不暴露有关人员身份和<u>技术调查、侦查措施使用的技术设备、技术方法等保护措施</u>。必要时，审判人员可以在庭外对证据进行核实。

第121条　采用技术调查、侦查证据作为定案根据的，人民法院在裁判文书中可以表述相关证据的名称、证据种类和证明对象，但不得表述有关人员身份和技术调查、侦查措施使用的技术设备、技术方法等。

第122条　人民法院认为应当移送的技术调查、侦查证据材料未随案移送的，应当通知人民检察院在指定时间内移送。人民检察院未移送的，人民法院应当根据在案证据对案件事实作出认定。

【主席令〔2021〕101号】　中华人民共和国反有组织犯罪法（2021年12月24日第13届全国人大常委会第32次会议通过，主席令第101号公布，2022年5月1日施行）

第31条　公安机关在立案后，根据侦查犯罪的需要，依照《中华人民共和国刑事诉讼法》的规定，可以采取技术侦查措施、实施控制下交付或者由有关人员隐匿身份进行侦查。

【公安部令〔2022〕165号】　公安机关反有组织犯罪工作规定（2022年8月10日第9次公安部部务会议通过，2022年8月26日公布，2022年10月1日施行）

第40条　公安机关在立案后，根据侦查犯罪的需要，依照《中华人民共和国刑事诉讼法》的规定，可以采取技术侦查措施、实施控制下交付或者由有关人员隐匿身份进行侦查。

公安机关实施控制下交付或者由有关人员隐匿身份进行侦查的，应当进行风险评估，制

---

① 本部分内容2012年规定为"使用前款规定的证据"。

定预案，经县级以上公安机关负责人批准后实施。

采取技术侦查、控制下交付、隐匿身份侦查措施收集的与案件有关的材料，可以作为刑事诉讼证据使用。如果使用该证据可能危及有关人员的人身安全，或者可能产生其他严重后果的，应当采取不暴露有关人员身份和使用的技术设备、侦查方法等保护措施。无法采取保护措施或者采取保护措施不足以防止产生严重后果的，可以建议由审判人员在庭外对证据进行核实。

【法发〔2022〕18号】 最高人民法院、最高人民检察院、公安部、国家移民管理局关于依法惩治妨害国（边）境管理违法犯罪的意见（2022年6月29日）

19. 采取技术侦查措施收集的材料，作为证据使用的，应当随案移送，并附采取技术侦查措施的法律文书、证据清单和有关情况说明。

【法发〔2022〕23号】 最高人民法院、最高人民检察院、公安部关于办理信息网络犯罪案件适用刑事诉讼程序若干问题的意见（2022年8月26日印发，2022年9月1日起施行；2014年5月4日公通字〔2014〕10号《意见》同时废止）

18. 采取技术侦查措施收集的材料作为证据使用的，<u>应当随案移送批准，并附采取技术侦查措施的法律文书、和所收集的证据材料清单和有关说明材料</u>。

（新增）移送采取技术侦查措施收集的视听资料、电子数据的，应当由2名以上侦查人员制作复制件，并附制作说明，写明原始证据材料、原始存储介质的存放地点等信息，由制作人签名，并加盖单位印章。

<u>19.</u> （新增）采取技术侦查措施收集的证据材料，应当经过当庭出示、辨认、质证等法庭调查程序查证。

<u>当庭调查技术侦查使用有关</u>证据材料可能危及有关人员的人身安全，或者可能产生其他严重后果的，<u>法庭应当采取不暴露有关人员身份和技术侦查措施使用的技术设备</u>、技术方法等保护措施。必要时，审判人员可以在庭外<u>对证据</u>进行核实。

【海警局令〔2023〕1号】 海警机构办理刑事案件程序规定（2023年5月15日审议通过，2023年6月15日起施行）（主文见本书第308条）

第259条 海警机构在立案后，根据侦查犯罪的需要，可以对下列严重危害社会的犯罪案件采取技术侦查措施：（一）危害国家安全犯罪、恐怖活动犯罪、黑社会性质的组织犯罪、重大毒品犯罪案件；（二）故意杀人、故意伤害致人重伤或者死亡、强奸、抢劫、绑架、放火、爆炸、投放危险物质等严重暴力犯罪案件；（三）集团性、系列性、跨区域性重大犯罪案件；（四）其他严重危害社会的犯罪案件，依法可能判处7年以上有期徒刑的。

海警机构追捕被通缉或者批准、决定逮捕的在逃的犯罪嫌疑人、被告人，可以采取追捕所必需的技术侦查措施。

第260条 需要采取技术侦查措施的，应当制作呈请采取技术侦查措施报告书，并提交呈请立案报告书、立案决定书的复印件，经市级海警局以上海警机构负责人批准后，交公安机关、国家安全机关等部门按程序办理。

需要采取技术侦查措施追捕通缉或者批准、决定逮捕的在逃的犯罪嫌疑人、被告人的，应当制作呈请采取技术侦查措施报告书，并提交通缉令或者逮捕证的复印件，经市级海警局以上海警机构负责人批准后，交公安机关、国家安全机关等部门按程序办理。

第261条 采取技术侦查措施获取的材料，应当严格依照有关规定存放，只能用于对犯罪的侦查、起诉和审判，不得用于其他用途。

采取技术侦查措施收集的与案件无关的材料，必须及时销毁，并制作销毁记录。

第262条 采取技术侦查措施收集的材料在刑事诉讼中可以作为证据使用。

采取技术侦查措施收集的材料作为证据使用的，批准采取技术侦查措施的相关文书应当附卷。

第263条 为了查明案情，必要时，经市级海警局以上海警机构负责人决定，可以由有关人员隐匿其身份实施侦查，但是不得使用促使他人产生犯罪意图的方法诱使他人犯罪，不得采用可能危害公共安全或者发生重大人身危险的方法。

第264条 对涉及给付毒品等违禁品或者财物的犯罪活动，根据侦查需要，经省级海警局以上海警机构负责人决定，可以实施控制下交付。

第265条 依照本节规定实施隐匿身份侦查和控制下交付收集的材料在刑事诉讼中可以作为证据使用。

使用隐匿身份侦查和控制下交付收集的材料作为证据时，可能危及隐匿身份人员的人身安全，或者可能产生其他严重后果的，应当采取不暴露有关人员身份等保护措施。

第339条 本规定所称"危害国家安全犯罪"，包括《中华人民共和国刑法》分则第1章规定的危害国家安全罪以及危害国家安全的其他犯罪；"恐怖活动犯罪"，包括以制造社会恐慌、危害公共安全或者胁迫国家机关、国际组织为目的，采取暴力、破坏、恐吓等手段，造成或者意图造成人员伤亡、重大财产损失、公共设施损坏、社会秩序混乱等严重社会危害的犯罪，以及煽动、资助或者以其他方式协助实施上述活动的犯罪。

第341条 本规定所称"海警机构负责人"是指海警机构的正职领导。……

【主席令〔2023〕4号】 **中华人民共和国反间谍法**（2014年11月1日全国人大常委会[12届11次]通过，主席令第16号公布施行，主席令〔1993〕68号《国家安全法》同时废止；2023年4月26日全国人大常委会〔14届2次〕修订，2023年7月1日起施行）

第37条 国家安全机关因<u>反间谍工作/侦察间谍行为</u>需要，根据国家有关规定，经过严格的批准手续，可以采取技术侦查措施<u>和身份保护措施</u>。

【国安部令〔2024〕4号】 **国家安全机关办理刑事案件程序规定**（2024年4月26日公布，2024年7月1日起施行）

第94条 国家安全机关采取技术侦查措施收集的物证、书证及其他证据材料，侦查人员应当制作相应的说明材料，写明获取证据的时间、地点、数量、特征以及采取技术侦查措施的批准机关、种类等，并签名和盖章。

对于使用技术侦查措施获取的证据材料，如果可能危及特定人员的人身安全或者可能产生其他严重后果的，应当采取不暴露有关人员身份和使用的技术设备、技术方法等保护措施。必要时，可以由审判人员在庭外对证据进行核实。

第288条 国家安全机关在立案后，对于危害国家安全犯罪、恐怖活动犯罪等案件，依照刑事诉讼法需要采取技术侦查措施的，应当经设区的市级以上国家安全机关负责人批准，制作采取技术侦查措施决定书。情况紧急需要立即采取技术侦查措施的，经设区的市级以上国家安全机关负责人批准后，可以先行采取技术侦查措施，但应当在48小时以内补办采取技术侦查措施的审批手续。逾期未办理的，应当立即停止技术侦查措施，并仍应补办手续。

批准采取技术侦查措施的决定自签发之日起3个月内有效，对于不需要继续采取技术侦查措施的，应当及时解除。对于复杂、疑难案件，期限届满仍有必要继续采取技术侦查措施的，应当经设区的市级以上国家安全机关负责人批准，制作延长技术侦查措施期限决定书，批准延长期限，每次不得超过3个月。有效期限届满，负责技术侦查的部门应当立即解除技术侦查措施。

第289条　技术侦查措施包括记录监控、行踪监控、通信监控、场所监控等措施。

技术侦查措施的适用对象是犯罪嫌疑人、被告人以及与犯罪活动直接关联的人员。

第290条　采取技术侦查措施，应当严格按照批准的措施种类、适用对象和期限执行。

在采取技术侦查措施期间，需要变更技术侦查措施种类或者适用对象的，应当重新办理批准手续。

第291条　侦查人员对采取技术侦查措施过程中知悉的国家秘密、工作秘密、商业秘密和个人隐私、个人信息，应当保密。

采用技术侦查措施获取的材料，应当严格依照有关规定存放，只能用于对犯罪的侦查、起诉和审判，不得用于其他用途。

采取技术侦查措施收集的与案件无关的材料，必须及时销毁，并制作销毁记录。

第292条　采取技术侦查措施收集的材料在刑事诉讼中可以作为证据使用。

采取技术侦查措施收集的材料作为证据使用的，批准采取技术侦查措施的法律文书应当附卷。

第293条　国家安全机关依法采取技术侦查措施，有关单位和个人应当配合，并对有关情况予以保密。

第294条　为了查明案情，在必要的时候，经设区的市级以上国家安全机关负责人决定，可以由有关人员隐匿其身份实施侦查。但是，不得诱使他人犯罪，不得采用可能危害公共安全或者发生重大人身危险的方法。

第295条　对于涉及给付违禁品或者财物的犯罪活动，为查明参与该项犯罪的人员和犯罪事实，根据侦查需要，经设区的市级以上国家安全机关负责人决定，可以实施控制下交付。

第296条　实施隐匿身份侦查和控制下交付收集的材料在刑事诉讼中可以作为证据使用。

使用隐匿身份侦查和控制下交付收集的材料作为证据时，可能危及隐匿身份人员的人身安全，或者可能产生其他严重后果的，应当采取不暴露有关人员身份等保护措施。

第九节　通　缉

第155条　【通缉对象】应当逮捕的犯罪嫌疑人[1]如果在逃，公安机关可以发布通缉令，采取有效措施，追捕归案。

【通缉发布】各级公安机关在自己管辖的地区以内，可以直接发布通缉令；超出自己管辖的地区，应当报请有权决定的上级机关发布。

（本书汇）【边境控制】[2]

---

[1] 本部分内容原为"被告人"，由1996年3月17日第8届全国人民代表大会第4次会议修改，1997年1月1日施行。

[2] 注：《刑事诉讼法》没有关于边境控制措施的专门规定，本书将其一并汇集于此。

● **相关规定**　【公发〔1987〕16号】　最高人民法院、最高人民检察院、公安部、国家安全部关于依法限制外国人和中国公民出境问题的若干规定（1987年3月10日）

一、需要限制已入境的外国人出境或者限制中国公民出境的，必须严格依照法律规定执行。在执行中应当注意：凡能尽早处理的不要等到外国人或中国公民临出境时处理；凡可以通过其他方式处理的，不要采取扣留证件的办法限制出境；凡能在内地处理的，不要到出境口岸处理，要把确需在口岸阻止出境的人员控制在极少数。

二、限制外国人或中国公民出境的审批权限：

1. 公安机关和国家安全机关认定的犯罪嫌疑人或有其他违反法律的行为尚未处理并需要追究法律责任的，其限制出境的决定需经省、自治区、直辖市公安厅、局或国家安全厅、局批准。

2. 人民法院或人民检察院认定的犯罪嫌疑人或有其他违反法律的行为尚未处理并需要追究法律责任的，由人民法院或人民检察院决定限制出境并按有关规定执行，同时通报同级公安机关。

3. 国家安全机关对某些外国人或中国公民采取限制出境措施时，要及时通报公安机关。

4. 有未了结民事案件（包括经济纠纷案件）的，由人民法院决定限制出境并执行，同时通报公安机关。

5. 对其他需要在边防口岸限制出境的人员，可按1985年公安部、国家安全部《关于做好入出境查控工作的通知》（〔85〕公发24号文件）精神办理。

三、人民法院、人民检察院、公安机关和国家安全机关在限制外国人和中国公民出境时，可以分别采取以下办法：

1. 向当事人口头通知或书面通知，在其案件（或问题）了结之前，不得离境；

2. 根据案件性质及当事人的具体情况，分别采取监视居住或取保候审的办法，或令其提供财产担保或交付一定数量保证金后准予出境；

3. 扣留当事人护照或其他有效出入境证件。但应在护照或其他出入境证件有效期内处理了结，同时发给本人扣留证件的证明。人民法院、人民检察院或国家安全机关扣留当事人护照或其他有效出入境证件，如在出入境证件有效期内不能了结的，应当提前通知公安机关。

四、人民法院、人民检察院、国家安全机关及公安机关对某些不准出境的外国人和中国公民，需在边防检查站阻止出境的，应填写《口岸阻止人员出境通知书》（样本附后，自行印制）。在本省、自治区、直辖市口岸阻止出境的，应向本省、自治区、直辖市公安厅、局交控。在紧急情况下，如确有必要，也可先向边防检查站交控，然后按本通知的规定，补办交控手续。控制口岸超出本省、自治区、直辖市的，应通过有关省、自治区、直辖市公安厅、局办理交控手续。

【公复字〔1992〕1号】　公安部关于改进通缉办法的批复（1992年1月13日答复北京市公安局"京公办字〔1991〕560号"请示）[①]

经研究并报乔石同志批准，同意你局关于改进通缉办法的意见。试行阶段可选择公布社会影响较大的重要案犯，并注意严格把关，慎重行事。根据实际效果和各方面的反映，不断改进和完善。

[①] 注：本《批复》一直未被废止，并在《公安机关执法细则》（公通字〔2016〕18号）中被确认有效。

附件：北京市公安局关于改进通缉办法的请示（京公办字〔1991〕560号）

公安机关使用通缉令查缉在逃的刑事犯罪分子，是贯彻执行依法从重从快方针，严厉打击严重刑事犯罪活动的重要措施。过去使用这个办法只是在公安、保卫系统内部，囿于局限性，影响了效果。为了进一步贯彻落实专门工作与依靠群众相结合的方针，更加有效地对付犯罪分子，拟对通缉办法实行如下改进：

一、有选择地、适时地在地方报纸、电台、电视台公开通缉在逃的刑事犯罪分子，并在适当范围张贴、散发通缉令。请报纸、电台、电视台给予支持，作为新闻无偿报道。

二、这种公开报道必须注意政策，坚持做到有利无害。政治上敏感，可能造成不利影响的，不公开报道。为此，要具体规定审批把关制度。

三、试行一段后，看看效果，听听反应，总结经验，研究改进。

【高检会〔1993〕17号】 最高人民检察院、公安部、中国人民银行、海关总署关于查处携款潜逃的经济犯罪分子的通知（1993年8月9日）

一、对携款潜逃的经济犯罪分子，检察机关、公安机关应当根据分工迅速立案，及时通报有关部门，并由公安机关发布通缉令。对重大案犯，要向上一级检察机关、公安机关报告，上级检察机关、公安机关要作好组织缉捕工作。对于已经逃往境外的犯罪分子，应通过国际刑警组织和其他途径予以缉捕；对于通缉在案的犯罪分子，检察机关、公安机关要及时组织力量进行缉捕，可能逃往境外需要边防检查站阻止出境的，应填写《边控对象通知书》。

二、海关在监管工作中发现国内人员非法携带大量现金出境，并有携款潜逃嫌疑的，应采取监控措施，并及时将有关情况通报海关所在地的检察机关和公安机关。

【高检会〔2000〕2号】 最高人民检察院、公安部关于适用刑事强制措施有关问题的规定（2000年8月28日公布施行）

五、其他有关规定

第33条 人民检察院直接立案侦查的案件，需要通缉犯罪嫌疑人的，应当作出逮捕决定，并将逮捕决定书、通缉通知书和犯罪嫌疑人的照片、身份、特征等情况及简要案情，送达同级公安机关，由公安机关按照规定发布通缉令。人民检察院应当予以协助。

各级人民检察院需要在本辖区内通缉犯罪嫌疑人的，可以直接决定通缉；需要在本辖区外通缉犯罪嫌疑人的，由有决定权的上级人民检察院决定。

第39条 各省、自治区、直辖市人民检察院、公安厅（局）和最高人民检察院、公安部直接立案侦查的刑事案件，适用刑事诉讼法和本规定。

【主席令〔2012〕57号】 中华人民共和国出境入境管理法（2012年6月30日第11届全国人大常委会第27次会议通过，2013年7月1日施行）

第12条 中国公民有下列情形之一的，不准出境：（一）未持有效出境入境证件或者拒绝、逃避接受边防检查的；（二）被判处刑罚尚未执行完毕或者属于刑事案件被告人、犯罪嫌疑人的；（三）有未了结的民事案件，人民法院决定不准出境的；（四）因妨害国（边）境管理受到刑事处罚或者因非法出境、非法居留、非法就业被其他国家或者地区遣返，未满不准出境规定年限的；（五）可能危害国家安全和利益，国务院有关主管部门决定不准出境的；（六）法律、行政法规规定不准出境的其他情形。

第28条 外国人有下列情形之一的，不准出境：（一）被判处刑罚尚未执行完毕或者属于刑事案件被告人、犯罪嫌疑人的，但是按照中国与外国签订的有关协议，移管被判刑人的除外；（二）有未了结的民事案件，人民法院决定不准出境的；（三）拖欠劳动者的劳动报酬，经国务院有关部门或者省、自治区、直辖市人民政府决定不准出境的；（四）法律、行政法规规定不准出境的其他情形。

【海关总署、公安部令〔1989〕7号】　海关工作人员使用武器和警械的规定（1989年5月11日国务院批准，1989年6月19日发布施行；2011年1月8日国务院令第588号修订）

第2条　海关工作人员使用的武器和警械，经当地公安机关同意后由海关总署统一配发。海关工作人员执行缉私任务时，应当依照本规定使用武器和警械。

海关工作人员使用的武器和警械包括：轻型枪支、电警棍、手铐及其他经批准列装的武器和警械。

第3条　配发给海关的武器和警械一律公用，不配发个人专用的武器和警械。

海关工作人员持枪执行缉私任务时，应当随身携带当地公安机关核发的持枪证或者持枪通行证。

第4条　海关工作人员执行缉私任务，遇有下列情形之一的，可以开枪射击：（一）追缉逃跑的走私团伙或者遭遇武装掩护走私，非开枪不足以制服时；（二）走私分子或者走私嫌疑人以暴力抗拒检查，抢夺武器或者警械，威胁海关工作人员生命安全，非开枪不能自卫时；（三）走私分子或者走私嫌疑人以暴力劫夺查扣的走私货物、物品和其他证据，非开枪不能制止时。

第5条　海关工作人员执行缉私任务，遇有下列情形之一的，可以使用警械：（一）走私分子或者走私嫌疑人以暴力抗拒检查或者逃跑时；（二）走私分子或者走私嫌疑人以暴力抗拒查扣走私货物、物品和其他证据时；（三）执行缉私任务受到袭击需要自卫时；（四）遇有其他需要使用警械的情形时。

第6条　海关工作人员使用武器或者警械时，应当以制服对方为限度。海关工作人员依照本规定第4条的规定开枪射击时，除特别紧迫的情况外，应当先口头警告或者鸣枪警告，对方一有畏服表现，应当立即停止射击。开枪射击造成人员伤亡的，应当保护现场，并立即向上级海关和当地公安机关报告。

第7条　海关工作人员违反本规定，滥用武器或者警械的，应当根据情节，依法追究有关人员的责任。

【高检发政字〔2015〕号】　人民检察院司法警察执行职务规则（2015年6月1日最高检第12届检委会第36次会议通过，2015年6月12日印发）

第14条　人民检察院司法警察协助追捕在逃或者脱逃的犯罪嫌疑人，应当做到：

（一）详细了解在逃或者脱逃犯罪嫌疑人的基本情况、体貌特征、联系方式、可能藏匿的地点、有无凶器或者武器，以及相关联系人的单位、住址、电话等情况，拟制周密的追捕计划，准备相关的法律文书；

（二）追捕中要采取多种方式了解在逃或者脱逃犯罪嫌疑人行踪，注意隐蔽身份，严守保密纪律，防止走漏消息；

（三）捕获犯罪嫌疑人后，应当对其进行人身搜查，发现与案件相关的证据或者可疑物品以及可能危害人身安全的物品，应当及时向案件承办人报告；

（四）对拒捕的犯罪嫌疑人，可以依法采取约束性保护措施予以控制，防止犯罪嫌疑人再次脱逃或者行凶、自杀、自伤、被劫持等事故的发生；对携带枪支、爆炸、剧毒等危险物品拒捕的犯罪嫌疑人，立即向上级报告，并与当地公安机关联系，共同抓捕犯罪嫌疑人；

（五）如果捕获的犯罪嫌疑人意外受伤或者突发疾病，应当及时送医院治疗，并立即向上级报告；

（六）捕获犯罪嫌疑人后，应当按照有关规定立即将其押解归案，并将相关法律文书交案件承办人。

【公通字〔2017〕25号】 最高人民检察院、公安部关于公安机关办理经济犯罪案件的若干规定（最高检、公安部2017年11月24日印发，2018年1月1日施行；2005年12月31日"公通字〔2005〕101号"《规定》同时废止）

第33条 对于被决定采取强制措施并上网追逃的犯罪嫌疑人，经审查发现不构成犯罪或者依法不予追究刑事责任的，应当立即撤销强制措施决定，并按照有关规定，报请省级以上公安机关删除相关信息。

【主席令〔2018〕3号】 中华人民共和国监察法（2018年3月20日第13届全国人大第1次会议通过，同日公布施行）

第29条 依法应当留置的被调查人如果在逃，监察机关可以决定在本行政区域内通缉，由公安机关发布通缉令，追捕归案。通缉范围超出本行政区域的，应当报请有权决定的上级监察机关决定。

第30条 监察机关为防止被调查人及相关人员逃匿境外，经省级以上监察机关批准，可以对被调查人及相关人员采取限制出境措施，由公安机关依法执行。对于不需要继续采取限制出境措施的，应当及时解除。

【国监委公告〔2021〕1号】 监察法实施条例（2021年7月20日国家监委全体会议决定，2021年9月20日公布施行）

第158条 县级以上监察机关对在逃的应当被留置人员，依法决定在本行政区域内通缉的，应当按规定报批，送交同级公安机关执行。送交执行时，应当出具《通缉决定书》，附《留置决定书》等法律文书和被通缉人员信息，以及承办单位、承办人员等有关情况。

通缉范围超出本行政区域的，应当报有决定权的上级监察机关出具《通缉决定书》，并附《留置决定书》及相关材料，送交同级公安机关执行。

第159条 国家监察委员会依法需要提请公安部对在逃人员发布公安部通缉令的，应当先请公安部采取网上追逃措施。如情况紧急，可以向公安部同时出具《通缉决定书》和《提请采取网上追逃措施函》。

省级以下监察机关报请国家监察委员会提请公安部发布公安部通缉令的，应当先提请本地公安机关采取网上追逃措施。

第160条 监察机关接到公安机关抓获被通缉人员的通知后，应当立即核实被抓获人员身份，并在接到通知后24小时以内派员办理交接手续。边远或者交通不便地区，至迟不得超过3日。

公安机关在移交前，将被抓获人员送往当地监察机关留置场所临时看管的，当地监察机关应当接收，并保障临时看管期间的安全，对工作信息严格保密。

监察机关需要提请公安机关协助将被抓获人员带回的，应当按规定报批，请本地同级公安机关依法予以协助。提请协助时，应当出具《提请协助采取留置措施函》，附《留置决定书》复印件及相关材料。

第161条　监察机关对于被通缉人员已经归案、死亡，或者依法撤销留置决定以及发现有其他不需要继续采取通缉措施情形的，应当经审批出具《撤销通缉通知书》，送交协助采取原措施的公安机关执行。

第162条　监察机关为防止被调查人及相关人员逃匿境外，按规定报批后，可以依法决定采取限制出境措施，交由移民管理机构依法执行。

第163条　监察机关采取限制出境措施应当出具有关函件，与《采取限制出境措施决定书》一并送交移民管理机构执行。其中，采取边控措施的，应当附《边控对象通知书》；采取法定不批准出境措施的，应当附《法定不准出境人员报备表》。

第164条　限制出境措施有效期不超过3个月，到期自动解除。

到期后仍有必要继续采取措施的，应当按原程序报批。承办部门应当出具有关函件，在到期前与《延长限制出境措施期限决定书》一并送交移民管理机构执行。延长期限每次不得超过3个月。

第165条　监察机关接到口岸移民管理机构查获被决定采取留置措施的边控对象的通知后，应当于24小时以内到达口岸办理移交手续。无法及时到达的，应当委托当地监察机关及时前往口岸办理移交手续。当地监察机关应当予以协助。

第166条　对于不需要继续采取限制出境措施的，应当按规定报批，及时予以解除。承办部门应当出具有关函件，与《解除限制出境措施决定书》一并送交移民管理机构执行。

第167条　县级以上监察机关在重要紧急情况下，经审批可以依法直接向口岸所在地口岸移民管理机构提请办理临时限制出境措施。

第238条　监察机关应当将防逃工作纳入日常监督内容，督促相关机关、单位建立健全防逃责任机制。

监察机关在监督、调查工作中，应当根据情况制定对监察对象、重要涉案人员的防逃方案，防范人员外逃和资金外流风险。监察机关应当会同同级组织人事、外事、公安、移民管理等单位健全防逃预警机制，对存在外逃风险的监察对象早发现、早报告、早处置。

第239条　监察机关应当加强与同级人民银行、公安等单位的沟通协作，推动预防、打击利用离岸公司和地下钱庄等向境外转移违法所得及其他涉案财产，对涉及职务违法和职务犯罪的行为依法进行调查。

第240条　国家监察委员会派驻或者派出的监察机构、监察专员和地方各级监察委员会发现监察对象出逃、失踪、出走，或者违法所得及其他涉案财产被转移至境外的，应当在24小时以内将有关信息逐级报送至国家监察委员会国际合作局，并迅速开展相关工作。

第241条　监察机关追逃追赃部门统一接收巡视巡察机构、审计机关、行政执法部门、司法机关等单位移交的外逃信息。

监察机关对涉嫌职务违法和职务犯罪的外逃人员，应当明确承办部门，建立案件档案。

第242条　监察机关应当依法全面收集外逃人员涉嫌职务违法和职务犯罪证据。

第243条　开展反腐败国际追逃追赃等涉外案件办理工作，应当把思想教育贯穿始终，落实宽严相济刑事政策，依法适用认罪认罚从宽制度，促使外逃人员回国投案或者配合调查、主动退赃。开展相关工作，应当尊重所在国家（地区）的法律规定。

第 244 条　外逃人员归案、违法所得及其他涉案财产被追缴后，承办案件的监察机关应当将情况逐级报送国家监察委员会国际合作局。监察机关应当依法对涉案人员和违法所得及其他涉案财产作出处置，或者请有关单位依法处置。对不需要继续采取相关措施的，应当及时解除或者撤销。

【高检发释字〔2019〕4 号】　人民检察院刑事诉讼规则（2019 年 12 月 2 日最高检第 13 届检委会第 28 次会议通过，2019 年 12 月 30 日公布施行；高检发释字〔2012〕2 号《规则（试行）》同时废止）

第 232 条　人民检察院办理直接受理侦查的案件，应当逮捕的犯罪嫌疑人在逃，或者已被逮捕的犯罪嫌疑人脱逃的，经检察长批准，可以通缉。

第 233 条　各级人民检察院需要在本辖区内通缉犯罪嫌疑人的，可以直接决定通缉；需要在本辖区外通缉犯罪嫌疑人的，由有决定权的上级人民检察院决定。

第 234 条　人民检察院应当将通缉通知书和通缉对象的照片、身份、特征、案情简况送达公安机关，由公安机关发布通缉令，追捕归案。

第 235 条　为防止犯罪嫌疑人等涉案人员逃往境外，需要在边防口岸采取边控措施的，人民检察院应当按照有关规定制作边控对象通知书，商请公安机关办理边控手续。

第 236 条　应当逮捕的犯罪嫌疑人潜逃出境的，可以按照有关规定层报最高人民检察院商请国际刑警组织中国国家中心局，请求有关方面协助，或者通过其他法律规定的途径进行追捕。

【公安部令〔2020〕159 号】　公安机关办理刑事案件程序规定（2020 年 7 月 4 日第 3 次部务会议修订，2020 年 7 月 20 日公布，2020 年 9 月 1 日施行）

第 274 条　应当逮捕的犯罪嫌疑人在逃的，<u>经县级以上公安机关负责人批准</u>，公安机关可以发布通缉令，采取有效措施，追捕归案。

县级以上公安机关在自己管辖的地区内，可以直接发布通缉令；超出自己管辖的地区，应当报请有权决定的上级公安机关发布。

通缉令的发送范围，由签发通缉令的公安机关负责人决定。

第 275 条　通缉令中应当尽可能写明被通缉人的姓名、别名、曾用名、绰号、性别、年龄、民族、籍贯、出生地、户籍所在地、居住地、职业、身份证号码、衣着和体貌特征、口音、行为习惯，并附被通缉人近期照片，可以附指纹及其他物证的照片。除了必须保密的事项以外，应当写明发案的时间、地点和简要案情。

第 276 条　通缉令发出后，如果发现新的重要情况可以补发通报。通报必须注明原通缉令的编号和日期。

第 277 条　公安机关接到通缉令后，应当及时布置查缉。抓获犯罪嫌疑人后，报经县级以上公安机关负责人批准，凭通缉令或者相关法律文书羁押，并通知通缉令发布机关进行核实，办理交接手续。

第 278 条　需要对犯罪嫌疑人在口岸采取边控措施的，应当按照有关规定制作边控对象通知书，<u>并附有关法律文书，经县级以上公安机关负责人</u>审核后，层报省级公安机关批准，办理全国范围内的边控措施。需要限制犯罪嫌疑人人身自由的，应当附有关<u>限制人身自由的法律文书</u>。

紧急情况下，需要采取边控措施的，县级以上公安机关可以出具公函，先向有关口岸所在地出入境边防检查机关当地边防检查站交控，但应当在7日以内按照规定程序办理全国范围内的边控措施。

第279条　为发现重大犯罪线索，追缴涉案财物、证据，查获犯罪嫌疑人，必要时，经县级以上公安机关负责人批准，可以发布悬赏通告。

悬赏通告应当写明悬赏对象的基本情况和赏金的具体数额。

第280条　通缉令、悬赏通告应当广泛张贴，并可以通过广播、电视、报刊、计算机网络等方式发布。

第281条　经核实，犯罪嫌疑人已经自动投案、被击毙或者被抓获，以及发现有其他不需要采取通缉、边控、悬赏通告的情形的，发布机关应当在原通缉、通知、通告范围内，撤销通缉令、边控通知、悬赏通告。

第282条　通缉越狱逃跑的犯罪嫌疑人、被告人或者罪犯，适用本节的有关规定。

第351条　已被决定拘留、逮捕的犯罪嫌疑人在逃的，可以通过网上工作平台发布犯罪嫌疑人相关信息、拘留证或者逮捕证。各地公安机关发现网上逃犯的，应当立即组织抓捕。

协作地公安机关抓获犯罪嫌疑人后，应当立即通知办案地公安机关。办案地公安机关应当立即携带法律文书及时提解，提解的侦查人员不得少于2人。

（新增）办案地公安机关不能及时到达协作地的，应当委托协作地公安机关在拘留、逮捕后24小时以内进行讯问。

【司发通〔2020〕59号】　社区矫正法实施办法（2020年6月18日最高法、最高检、公安部、司法部印发，2020年7月1日施行；2012年1月10日"两院两部"司发通〔2012〕12号《社区矫正实施办法》同时废止）

第51条　撤销缓刑、撤销假释的裁定和收监执行的决定生效后，社区矫正对象下落不明的，应当认定为在逃。

被裁定撤销缓刑、撤销假释和被决定收监执行的社区矫正对象在逃的，由执行地县级公安机关负责追捕。撤销缓刑、撤销假释裁定书和对暂予监外执行罪犯收监执行决定书，可以作为公安机关追逃依据。

【主席令〔2021〕71号】　中华人民共和国海警法（2021年1月22日第13届全国人大常委会第25次会议通过，2021年2月1日施行）

第40条　应当逮捕的犯罪嫌疑人在逃，海警机构可以按照规定发布通缉令，采取有效措施，追捕归案。

海警机构对犯罪嫌疑人发布通缉令的，可以商请公安机关协助追捕。

【主席令〔2021〕101号】　中华人民共和国反有组织犯罪法（2021年12月24日第13届全国人大常委会第32次会议通过，主席令第101号公布，2022年5月1日施行）

第29条　公安机关办理有组织犯罪案件，可以依照《中华人民共和国出境入境管理法》的规定，决定对犯罪嫌疑人采取限制出境措施，通知移民管理机构执行。

【公安部令〔2022〕165号】　公安机关反有组织犯罪工作规定（2022年8月10日第9次公安部部务会议通过，2022年8月26日公布，2022年10月1日施行）

第38条　公安机关办理有组织犯罪案件，可以依照《中华人民共和国出境入境管理法》

的规定，决定对犯罪嫌疑人采取限制出境措施，按规定通知移民管理机构执行；对于不需要继续采取限制出境措施的，应当及时解除。

【主席令〔2022〕119号】　中华人民共和国反电信网络诈骗法（2022年9月2日第13届全国人大常委会第36次会议通过，2022年12月1日施行）

第35条　经国务院反电信网络诈骗工作机制决定或者批准，公安、金融、电信等部门对电信网络诈骗活动严重的特定地区，可以依照国家有关规定采取必要的临时风险防范措施。

第36条　对前往电信网络诈骗活动严重地区的人员，出境活动存在重大涉电信网络诈骗活动嫌疑的，移民管理机构可以决定不准其出境。

因从事电信网络诈骗活动受过刑事处罚的人员，设区的市级以上公安机关可以根据犯罪情况和预防再犯罪的需要，决定自处罚完毕之日起6个月至3年以内不准其出境，并通知移民管理机构执行。

【海警局令〔2023〕1号】　海警机构办理刑事案件程序规定（2023年5月15日审议通过，2023年6月15日起施行）(余文见本书第308条)

第148条　查获被通缉、脱逃的犯罪嫌疑人以及执行追捕、押解任务需要临时寄押的，应当持通缉令或者其他有关法律文书并经寄押地海警机构负责人批准，送看守所寄押。寄押地未设海警机构的，应当持通缉令或者其他有关法律文书商请当地公安机关予以协助。

第266条　应当逮捕的犯罪嫌疑人在逃的，经省级海警局以上海警机构负责人批准，可以在对应的行政区划范围内发布通缉令，采取有效措施，追捕归案。中国海警局直属局可以在所在省、自治区、直辖市范围内直接发布通缉令。

海警机构发布的通缉令应当通报公安机关，商请公安机关协助追捕。

第267条　通缉令中应当尽可能写明被通缉人的姓名、别名、曾用名、绰号、性别、年龄、民族、籍贯、出生地、户籍所在地、居住地、职业、身份证号码、身高、衣着和体貌特征、口音、行为习惯等，并附被通缉人近期照片，可以附指纹及其他物证的照片。除了必须保密的事项以外，应当写明发案的时间、地点和简要案情。

第268条　通缉令发出后，如果发现新的重要情况可以补发通报。通报应当注明原通缉令的编号和日期。

第269条　接到通缉令的海警机构，应当及时布置查缉。抓获犯罪嫌疑人后，报海警机构负责人批准，凭通缉令或者相关法律文书羁押，并通知发布通缉令的海警机构进行核实，办理交接手续。

第270条　需要对犯罪嫌疑人在口岸采取边控措施的，应当按照有关规定制作边控对象通知书，并附有关法律文书，由省级海警局向所在地出入境边防检查总站交控，办理全国范围内的边控措施。需要限制犯罪嫌疑人人身自由的，应当附有关法律文书。

紧急情况下，需要采取边控措施的，海警机构可以出具公函，先向有关口岸所在地出入境边防检查机关交控，但应当在7日以内按照规定程序办理全国范围内的边控措施。

第271条　为发现重大犯罪线索，追缴涉案财物、证据，查获犯罪嫌疑人，必要时，经海警机构负责人批准，可以发布悬赏通告。

悬赏通告应当写明悬赏对象的基本情况和赏金的具体数额。

第272条　通缉令、悬赏通告应当广泛张贴，并可以通过广播、电视、报刊、互联网等方式发布。

第273条　犯罪嫌疑人已经自动投案、被抓获或者死亡，以及有其他不需要采取通缉、边控、悬赏通告的情形的，发布机关应当在原通缉、通知、通告范围内，撤销通缉令、边控通知、悬赏通告。

第341条　本规定所称"海警机构负责人"是指海警机构的正职领导。……

【主席令〔2023〕4号】　　中华人民共和国反间谍法（2014年11月1日全国人大常委会〔12届11次〕通过，主席令第16号公布施行，主席令〔1993〕68号《国家安全法》同时废止；2023年4月26日全国人大常委会〔14届2次〕修订，2023年7月1日起施行）

第33条　对出境后可能对国家安全造成危害，或者对国家利益造成重大损失的中国公民，国务院国家安全主管部门可以决定其在一定期限内不准出境，并通知移民管理机构。

对涉嫌间谍行为人员，省级以上国家安全机关可以通知移民管理机构不准其出境。

第34条　对入境后可能进行危害中华人民共和国国家安全活动的境外人员，国务院国家安全主管部门可以通知移民管理机构不准其入境。

第35条　对国家安全机关通知不准出境或者不准入境的人员，移民管理机构应当按照国家有关规定执行；不准出境、入境情形消失的，国家安全机关应当及时撤销不准出境、入境决定，并通知移民管理机构。

【国务院令〔2017〕692号】　　反间谍法实施细则（2017年11月22日公布施行，1994年6月4日国务院令第157号《国家安全法实施细则》同时废止）

第9条　境外个人被认为入境后可能进行危害中华人民共和国国家安全活动的，国务院国家安全主管部门可以决定其在一定时期内不得入境。

【国安部令〔2024〕4号】　　国家安全机关办理刑事案件程序规定（2024年4月26日公布，2024年7月1日起施行）

第297条　对于应当逮捕的犯罪嫌疑人在逃的，或者越狱逃跑的犯罪嫌疑人、被告人或者罪犯，国家安全机关可以发布通缉令，采取有效措施，追捕归案。

各级国家安全机关在自己管辖的地区以内，可以直接发布通缉令；超出自己管辖的地区，应当报请有权决定的上级国家安全机关发布。

通缉令的发送范围，由签发通缉令的国家安全机关负责人决定。

第298条　通缉令中应当尽可能写明被通缉人的姓名、别名、曾用名、绰号、性别、年龄、民族、籍贯、出生地、户籍所在地、居住地、职业、身份证号码、衣着和体貌特征、口音、行为习惯，并附被通缉人近期照片，可以附指纹及其他物证的照片。除了必须保密的事项以外，应当写明发案的时间、地点和简要案情。

第299条　通缉令发出后，如果发现新的重要情况可以补发通报。通报必须注明原通缉令的编号和日期。

第300条　国家安全机关接到通缉令后，应当及时布置查缉。抓获犯罪嫌疑人后，经设区的市级以上国家安全机关负责人批准，凭通缉令或者相关法律文书羁押，并通知通缉令发布机关进行核实，办理交接手续。

第301条　需要对犯罪嫌疑人在口岸采取边控措施的，应当按照有关规定办理边控手续。

第302条　为发现重大犯罪线索，追缴涉案财物、证据，查获犯罪嫌疑人，必要时，经国家安全机关负责人批准，可以发布悬赏通告。

悬赏通告应当写明悬赏对象的基本情况和赏金的具体数额。

第303条 通缉令、悬赏通告应当广泛张贴，并可以通过广播、电视、报刊、网络等方式发布。

第304条 被通缉的犯罪嫌疑人已经自动投案、被抓获或者死亡，以及发现有其他不需要采取通缉、边控、悬赏通告的情形的，发布机关应当在原通缉、通知、通告范围内，撤销通缉令、边控通知、悬赏通告。

第十节 侦查终结

第156条 【侦查羁押期限】[1] 对犯罪嫌疑人逮捕后的侦查羁押期限不得超过2个月。案情复杂、期限届满不能终结的案件，可以经上一级人民检察院批准延长1个月。

第157条[2] 【特殊侦查羁押期限】 因为特殊原因，在较长时间内不宜交付审判的特别重大复杂的案件，由最高人民检察院报请全国人民代表大会常务委员会批准延期审理。[3]

第158条[4] 【侦查羁押期限延长】 下列案件在本法第156条规定的期限届满不能侦查终结的，经省、自治区、直辖市人民检察院批准或者决定，可以延长2个月：

（一）交通十分不便的边远地区的重大复杂案件；
（二）重大的犯罪集团案件；
（三）流窜作案的重大复杂案件；
（四）犯罪涉及面广，取证困难的重大复杂案件。

第159条[5] 【重刑侦查羁押期限再延长】 对犯罪嫌疑人可能判处10年有期徒刑以上刑罚，依照本法第158条规定延长期限届满，仍不能侦查终结的，经省、自治区、直辖市人民检察院批准或者决定，可以再延长2个月。

第160条[6] 【侦查羁押期限重新计算】 在侦查期间，发现犯罪嫌疑人另有重要罪行的，自发现之日起依照本法第156条的规定重新计算侦查羁押期限。

---

[1] 本部分内容由1996年3月17日第8届全国人民代表大会第4次会议修改，1997年1月1日施行。原规定为"被告人在侦查中的羁押期限"。

[2] 本条规定由1996年3月17日第8届全国人民代表大会第4次会议修改，1997年1月1日施行。原规定为："特别重大、复杂的案件，依照前款规定延长后仍不能终结的，由最高人民检察院报请全国人民代表大会常务委员会批准延期审理。"

[3] 这是全国人大常委会"参与"具体办案的唯一规定。

[4] 本条规定由1996年3月17日第8届全国人民代表大会第4次会议增设，1997年1月1日施行。

[5] 本条规定由1996年3月17日第8届全国人民代表大会第4次会议增设，1997年1月1日施行。

[6] 本条规定由1996年3月17日第8届全国人民代表大会第4次会议增设，1997年1月1日施行。

【**身份不明的处理**】犯罪嫌疑人不讲真实姓名、住址，身份不明的，应当对其身份进行调查，侦查羁押期限自查清其身份之日起计算，但是不得停止对其犯罪行为的侦查取证。对于犯罪事实清楚，证据确实、充分，确实无法查明其身份的，也可以按其自报的姓名起诉、审判。①

● **相关规定**　【高检发〔1998〕14号】　最高人民检察院关于清理和纠正检察机关直接受理侦查案件超期羁押犯罪嫌疑人问题的通知（1998年6月5日）

三、严格执行刑事诉讼法关于延长侦查羁押期限的规定，不得变相延长侦查羁押期限。不符合刑事诉讼法关于重新计算侦查羁押期限规定的，不得重新计算侦查羁押期限。侦查羁押期限与审查起诉羁押期限不得相互借用，不得滥用补充侦查延长羁押期限。

四、检察院决定对犯罪嫌疑人刑事拘留、逮捕以及移送审查起诉的，有关业务部门应将决定书副本抄送监所检察部门，监所检察部门发现本院有超期羁押犯罪嫌疑人的情况，应当及时提出纠正意见，同时报告主管检察长；发现上级检察机关或异地检察机关办理案件超期羁押犯罪嫌疑人的，经主管检察长批准后，应及时向上级检察机关或异地检察机关提出纠正意见。各级检察机关的领导要高度重视这些意见，严肃认真纠正。

五、上级检察机关发现下级检察机关超期羁押犯罪嫌疑人时，要依法予以纠正，下级检察机关要将纠正结果报告上级检察机关。检察长发现本院承办的案件超期羁押犯罪嫌疑人的，要立即决定或召开检察委员会决定对犯罪嫌疑人变更强制措施。

六、对违法超期羁押犯罪嫌疑人，经上级检察机关或监所检察部门提出纠正意见后在1个月内不纠正的，或造成被羁押人伤残、伤亡等严重后果的，要按最高人民检察院《对违法办案、渎职失职若干行为的纪律处分办法》第6条的规定，对有关责任人员给予处理。

【高检会〔1998〕1号】　最高人民检察院、最高人民法院、公安部关于严格执行刑事诉讼法关于对犯罪嫌疑人、被告人羁押期限的规定坚决纠正超期羁押问题的通知（1998年10月19日）

一、对犯罪嫌疑人、被告人已经采取刑事拘留、逮捕强制措施的案件，要集中力量查办，在法定期限内办结。对于在法定期限内确实难以办结的案件，应当根据案件的具体情况依法变更强制措施或者释放犯罪嫌疑人、被告人。

二、严格执行《刑事诉讼法》关于延长、重新计算羁押期限的规定。对于不符合有关规定的，不得随意延长、重新计算羁押期限；检察机关立案侦查的案件，侦查与审查起诉羁押期限不得互相借用；经最高人民法院核准或授权高级人民法院核准的死刑罪犯，下级人民法院在接到执行死刑命令后，应当按期执行。办理犯罪嫌疑人、被告人在押的案件，需要向上级机关请示的，请示、答复时间应当计入办案期限。

三、对复杂、疑难和重大案件，羁押期限届满的，应当分别不同情况，采取果断措施依法作出处理：(1) 对于流窜作案、多次作案的犯罪嫌疑人、被告人的主要罪行或某一罪行事

---

① 本款规定由2012年3月14日第11届全国人大常委会第5次会议修改，2013年1月1日施行。原规定为："犯罪嫌疑人不讲真实姓名、住址，身份不明的，侦查羁押期限自查清其身份之日起计算，但是不得停止对其犯罪行为的侦查取证。对于犯罪事实清楚，证据确实、充分的，也可以按其自报的姓名移送人民检察院审查起诉。"

实清楚，证据确实充分，而其他罪行一时难以查清的，应当对已查清的主要罪行或某一罪行移送起诉、提起公诉或者进行审判；(2) 对于共同犯罪案件中主犯或者从犯在逃，在押犯罪嫌疑人、被告人的犯罪事实清楚，证据确实充分的，应当对在押犯罪嫌疑人、被告人移送起诉、提起公诉或者进行审判；犯罪事实一时难以查清的，应当对在押犯罪嫌疑人、被告人依法变更强制措施；(3) 对于司法机关之间有争议的案件通过协调后意见仍不能一致的，办案单位应按照各自的职权在法定期限内依法作出处理。

四、各级司法机关必须严格执行对犯罪嫌疑人、被告人羁押换押制度。公安机关移送起诉、检察机关向法院提起公诉以及人民法院审理一审、二审案件递次移送时，均应按照有关规定及时对犯罪嫌疑人、被告人办理换押手续。

五、上级司法机关发现下级司法机关超期羁押犯罪嫌疑人、被告人的，要依法予以纠正，下级司法机关应当将纠正结果报告上级司法机关。本机关负责人发现业务部门承办的案件超期羁押犯罪嫌疑人、被告人的，应当立即研究解决办法，及时予以纠正。

六、看守所发现对犯罪嫌疑人、被告人羁押超过法定期限的，应当将超期羁押的情况报告人民检察院。各级人民检察院应当认真履行法律监督职责，发现办案机关超期羁押犯罪嫌疑人、被告人的，应当及时向办案机关提出纠正意见。办案机关接到人民检察院纠正超期羁押通知后，应当及时进行研究，根据案件的具体情况采取相应的纠正措施，并将纠正情况回复提出纠正意见的人民检察院。

七、办案机关超期羁押犯罪嫌疑人、被告人，经上级机关或人民检察院提出纠正意见后，在1个月内不予纠正的，或者在超期羁押期间造成被羁押人伤残、死亡或其他严重后果的，应当追究办案机关负责人和直接责任人员的责任。

【公复字〔1999〕1号】 公安部关于如何处理无法查清身份的外国籍犯罪嫌疑人问题的批复（1999年1月11日答复吉林省公安厅"公吉明发〔98〕2239号"请示）

公安机关在办理刑事案件过程中，需要确认外国籍犯罪嫌疑人身份的，如果我国与该犯罪嫌疑人所称的国籍国签订的有关司法协助条约或者共同缔结或参加的国际公约有规定，可以按照有关司法协助条约或者国际公约的规定，请求该国协助查明其身份。如果没有司法协助条约或国际公约规定，可以通过外交途径或者国际刑警组织渠道办理。

公安机关应当尽可能地查明外国籍犯罪嫌疑人的身份，避免引起外交交涉。如果确实无法查清或者有关国家拒绝协助，可以根据《刑事诉讼法》……的规定处理，即犯罪嫌疑人不讲真实姓名、住址，身份不明，但犯罪事实清楚，证据确实、充分的，也可以按其自报的姓名移送人民检察院审查起诉。

【公通字〔2000〕25号】 公安部关于打击拐卖妇女儿童犯罪适用法律和政策有关问题的意见（2000年3月17日）

八、关于办理涉外案件

（四）对于外国籍犯罪嫌疑人身份无法查明或者其国籍国拒绝提供有关身份证明的，也可以按其自报的姓名依法提请人民检察院批准逮捕、移送审查起诉。

【法工委刑发〔2000〕号】 全国人大常委会法制工作委员会刑法室关于如何计算身份不明的犯罪嫌疑人拘留后的侦查羁押期限问题的电话答复（2000年12月29日答复公安部法制局《关于刑事拘留延长至30日后是否可以再延长或者重新计算羁押期限问题的征求意见函》）

一、刑事诉讼法……规定，犯罪嫌疑人不讲真实姓名、住址，身份不明的，侦查羁押期限自查清身份之日起计算，但是不得停止对其犯罪行为的侦查取证。对于犯罪事实清楚，证据确实、充分的，也可以按其自报的姓名移送人民检察院审查起诉。根据上述规定，对于犯罪嫌疑人被拘留或者逮捕后，不讲真实姓名、住址，身份不明的，其拘留或者逮捕期限都应自查清其身份之日起计算。

二、刑事诉讼法……规定，对于流窜作案、多次作案、结伙作案的重大嫌疑分子，提请审查批准的时间可以延长至30日。根据上述规定，对于犯罪嫌疑人不讲真实姓名、住址，身份不明，其拘留期限不适用关于延长至30日的规定，应按照刑事诉讼法第128条第2款的规定执行。

【公通字〔2006〕17号】　公安机关适用刑事羁押期限规定（公安部2006年1月27日印发，2006年5月1日施行）

第4条　对犯罪嫌疑人的羁押期限，按以下方式计算：（一）拘留后的提请审查批准逮捕的期限以日计算，执行拘留后满24小时为1日；（二）逮捕后的侦查羁押期限以月计算，自对犯罪嫌疑人执行逮捕之日起至下1个月的对应日止为1个月；没有对应日的，以该月的最后1日为截止日。

对犯罪嫌疑人作精神病鉴定的期间不计入羁押期限。精神病鉴定期限自决定对犯罪嫌疑人进行鉴定之日起至收到鉴定结论后决定恢复计算侦查羁押期限之日止。

第5条　对犯罪嫌疑人第一次讯问开始时或者采取强制措施时，侦查人员应当向犯罪嫌疑人送达《犯罪嫌疑人诉讼权利义务告知书》，并在讯问笔录中注明或者由犯罪嫌疑人在有关强制措施附卷联中签收。犯罪嫌疑人拒绝签收的，侦查人员应当注明。

第6条　县级以上公安机关负责人在作出批准拘留的决定时，应当在呈请报告上同时注明1日至3日的拘留时间。需要延长1日至4日或者延长至30日的，应当办理延长拘留手续。

第7条　侦查人员应当在宣布拘留或者逮捕决定时，将拘留或者逮捕的决定机关、法定羁押起止时间以及羁押处所告知犯罪嫌疑人。

第8条　侦查人员应当在拘留或者逮捕犯罪嫌疑人后的24小时以内对其进行讯问，发现不应当拘留或者逮捕的，应当报经县级以上公安机关负责人批准，制作《释放通知书》送达看守所。看守所凭《释放通知书》发给被拘留或者逮捕人《释放证明书》，将其立即释放。

在羁押期间发现对犯罪嫌疑人拘留或者逮捕不当的，应当在发现后的12小时以内，经县级以上公安机关负责人批准将被拘留或者逮捕人释放，或者变更强制措施。

释放被逮捕的人或者变更强制措施的，应当在作出决定后的3日以内，将释放或者变更的原因及情况通知原批准逮捕的人民检察院。

第9条　对被拘留的犯罪嫌疑人在拘留后的3日以内无法提请人民检察院审查批准逮捕的，如果有证据证明犯罪嫌疑人有流窜作案、多次作案、结伙作案的重大嫌疑，报经县级以上公安机关负责人批准，可以直接将提请审查批准的时间延长至30日。

第10条　对人民检察院批准逮捕的，应当在收到人民检察院批准逮捕的决定书后24小时以内制作《逮捕证》，向犯罪嫌疑人宣布执行，并将执行回执及时送达作出批准逮捕决定的人民检察院。对未能执行的，应当将回执送达人民检察院，并写明未能执行的原因。

第11条　拘留或者逮捕犯罪嫌疑人后，除有碍侦查或者无法通知的情况以外，应当在24小时以内将拘留或者逮捕的原因和羁押的处所通知被拘留或者逮捕人的家属或者所在单位。对于有碍侦查和无法通知的范围，应当严格按照《公安机关办理刑事案件程序规定》第108条第1款（现第113条第2款）、第125条第1款（现第127条第3款）的规定执行。

第12条　对已经被拘留或者逮捕的犯罪嫌疑人，经审查符合取保候审或者监视居住条件的，应当在拘留或者逮捕的法定羁押期限内及时将强制措施变更为取保候审或者监视居住。

第13条　被羁押的犯罪嫌疑人及其法定代理人、近亲属、被逮捕的犯罪嫌疑人聘请的律师提出取保候审申请的，公安机关应当在接到申请之日起7日以内作出同意或者不同意的答复。同意取保候审的，依法办理取保候审手续；不同意取保候审的，应当书面通知申请人并说明理由。

第14条　对犯罪嫌疑人已被逮捕的案件，在逮捕后2个月的侦查羁押期限以及依法变更的羁押期限内不能侦查终结移送审查起诉的，应当在侦查羁押期限届满前释放犯罪嫌疑人。需要变更强制措施的，应当在释放犯罪嫌疑人前办理完审批手续。

第15条　对人民检察院不批准逮捕被拘留的犯罪嫌疑人的，应当在收到不批准逮捕决定书后12小时以内，报经县级以上公安机关负责人批准，制作《释放通知书》送交看守所。看守所凭《释放通知书》发给被拘留人《释放证明书》，将其立即释放。需要变更强制措施的，应当在释放犯罪嫌疑人前办理完审批手续。

第16条　对犯罪嫌疑人因不讲真实姓名、住址，身份不明，经县级以上公安机关负责人批准，侦查羁押期限自查清其身份之日起计算的，办案部门应当在作出决定后的2日以内通知看守所；查清犯罪嫌疑人身份的，应当在查清后的2日以内将侦查羁押期限起止时间通知看守所。

第17条　对依法延长侦查羁押期限的，办案部门应当在作出决定后的2日以内将延长侦查羁押期限的法律文书送达看守所，并向犯罪嫌疑人宣布。

第18条　在侦查期间，发现犯罪嫌疑人另有重要罪行的，应当自发现之日起5日以内，报经县级以上公安机关负责人批准，将重新计算侦查羁押期限的法律文书送达看守所，向犯罪嫌疑人宣布，并报原批准逮捕的人民检察院备案。

前款规定的另有重要罪行，是指与逮捕时的罪行不同种的重大犯罪以及同种犯罪并将影响罪名认定、量刑档次的重大犯罪。

第19条　对于因进行司法精神病鉴定不计入办案期限的，办案部门应当在决定对犯罪嫌疑人进行司法精神病鉴定后的2日以内通知看守所。

办案部门应当自决定进行司法精神病鉴定之日起2日以内将委托鉴定书送达省级人民政府指定的医院。

第20条　公安机关接到省级人民政府指定的医院的司法精神病鉴定结论后决定恢复计算侦查羁押期限的，办案部门应当在作出恢复计算羁押期限决定后的24小时以内将恢复计算羁押期限的决定以及剩余的侦查羁押期限通知看守所。

第21条　需要提请有关机关协调或者请示上级主管机关的，应当在办案期限内提请、请示、处理完毕；在法定侦查羁押期限内未处理完毕的，应当依法释放犯罪嫌疑人或者变更强制措施。

第22条　公安机关经过侦查，对案件事实清楚，证据确实、充分的，应当在法定羁押期限内移送同级人民检察院审查起诉。

犯罪嫌疑人实施的数个犯罪行为中某一犯罪事实一时难以查清的，应当在法定羁押期限内对已查清的罪行移送审查起诉。

共同犯罪中同案犯罪嫌疑人在逃的，对已归案的犯罪嫌疑人应当按照基本事实清楚、基本证据确凿的原则，在法定侦查羁押期限内移送审查起诉。

犯罪嫌疑人被羁押的案件，不能在法定侦查羁押期限内办结，需要继续侦查的，对犯罪嫌疑人可以取保候审或者监视居住。

第23条　人民检察院对公安机关移送审查起诉的案件，经审查后决定退回公安机关补充侦查的，公安机关在接到人民检察院退回补充侦查的法律文书后，应当按照补充侦查提纲的要求在1个月以内补充侦查完毕。

补充侦查以2次为限。对公安机关移送审查起诉的案件，人民检察院退回补充侦查2次后或者已经提起公诉后再退回补充侦查的，公安机关应当依法拒绝。

对人民检察院因补充侦查需要提出协助请求的，公安机关应当依法予以协助。

第24条　对侦查终结移送审查起诉或者补充侦查终结的案件犯罪嫌疑人在押的，应当在案件移送审查起诉的同时，填写《换押证》，随同案件材料移送同级人民检察院，并通知看守所。

第25条　人民检察院将案件退回公安机关补充侦查的，办案部门应当在收到人民检察院移送的《换押证》的24小时以内，到看守所办理换押手续。

第26条　案件改变管辖，犯罪嫌疑人羁押地点不变的，原办案的公安机关和改变管辖后的公安机关均应办理换押手续。

第27条　看守所应当在犯罪嫌疑人被延长拘留至30日的拘留期限届满3日前或者逮捕后的侦查羁押期限届满7日前通知办案部门。

第28条　侦查羁押期限届满，原《提讯证》停止使用，看守所应当拒绝办案部门持用《提讯证》提讯犯罪嫌疑人。办案部门将依法变更侦查羁押期限的法律文书送达看守所，看守所在《提讯证》上注明变更后的羁押期限的，可以继续使用《提讯证》提讯犯罪嫌疑人。

第29条　看守所对犯罪嫌疑人的羁押情况实行1人一卡登记制度，记明犯罪嫌疑人的基本情况、诉讼阶段的变更、法定羁押期限以及变更情况等。有条件的看守所应当对犯罪嫌疑人的羁押期限实行计算机管理。

第31条　对犯罪嫌疑人及其法定代理人、近亲属或者犯罪嫌疑人委托的律师认为拘留或者逮捕犯罪嫌疑人超过法定期限，要求解除的，公安机关应当在接到申请后3日内进行审查，对确属超期羁押的，应当依法予以纠正。

第32条　人民检察院认为公安机关超期羁押犯罪嫌疑人，向公安机关发出纠正违法通知书的，公安机关应当在接到纠正违法通知书后的3日内进行审查。对犯罪嫌疑人超期羁押的，应当依法予以纠正，并将纠正情况及时通知人民检察院。对不属于超期羁押的，应当向人民检察院说明情况。

第33条　看守所应当自接到被羁押的犯罪嫌疑人有关超期羁押的申诉、控告后24小时以内，将有关申诉、控告材料转送驻所检察室、公安机关执法监督部门或者其他有关机关、部门处理。

驻所检察员接到有关超期羁押的申诉、控告材料后，提出会见被羁押犯罪嫌疑人的，看守所应当及时安排。

第34条　地方各级公安机关应当每月向上一级公安机关报告上月本级公安机关辖区内

对犯罪嫌疑人超期羁押的情况。

上级公安机关接到有关超期羁押的报告后，应当责令下级公安机关限期纠正，并每季度通报下级公安机关超期羁押的情况。

第35条　对超期羁押的责任认定及处理，按照《公安机关人民警察执法过错责任追究规定》执行。

第36条　对犯罪嫌疑人超期羁押，具有下列情形之一的，应当从重处理；构成犯罪的，依法追究刑事责任：（一）因贪赃枉法、打击报复或者其他非法目的故意致使犯罪嫌疑人被超期羁押的；（二）弄虚作假隐瞒超期羁押事实的；（三）超期羁押期间犯罪嫌疑人自残、自杀或者因受到殴打导致重伤、死亡或者发生其他严重后果的；（四）其他超期羁押犯罪嫌疑人情节严重的。

第37条　公安机关所属执法部门或者派出机构超期羁押犯罪嫌疑人，造成犯罪嫌疑人在被超期羁押期间自杀或者因受到殴打导致死亡的，或者有其他严重情节的，本级公安机关年度执法质量考核评议结果应当确定为不达标。

第38条　本规定所称超期羁押，是指公安机关在侦查过程中，对犯罪嫌疑人拘留、逮捕后，法定羁押期限届满，未依法办理变更羁押期限的手续，未向人民检察院提请批准逮捕和移送审查起诉，对犯罪嫌疑人继续羁押的情形。

第39条　超期羁押的时间，是指犯罪嫌疑人实际被羁押的时间扣除法定羁押期限以及依法不计入的羁押期限后的时间。

第40条　本规定中的办案部门，是指公安机关内设的负责办理刑事案件的部门。

第41条　公安机关执行本规定通知有关单位、人员时，如情况紧急或者距离被通知的有关单位、人员路途较远，可以通过电话、传真等方式先行通知，再送达有关法律文书。

【六部委〔2012〕规定】　最高人民法院、最高人民检察院、公安部、国家安全部、司法部、全国人大常委会法制工作委员会关于实施刑事诉讼法若干问题的规定（2012年12月26日印发，2013年1月1日施行）

21. 公安机关对案件提请延长羁押期限的，应当在羁押期限届满7日前提出，并书面呈报延长羁押期限案件的主要案情和延长羁押期限的具体理由，人民检察院应当在羁押期限届满前作出决定。

22. 刑事诉讼法第158条第1款规定："在侦查期间，发现犯罪嫌疑人另有重要罪行的，自发现之日起依照本法第154条的规定重新计算侦查羁押期限。"公安机关依照上述规定重新计算侦查羁押期限的，不需要经人民检察院批准，但应当报人民检察院备案，人民检察院可以进行监督。

【高检发侦监字〔2016〕9号】　人民检察院办理延长侦查羁押期限案件的规定（2016年7月1日最高检第12届检委会第52次会议通过，2016年7月12日印发施行）

第3条　侦查机关依照《中华人民共和国刑事诉讼法》第154条规定提请延长犯罪嫌疑人侦查羁押期限的案件，由同级人民检察院受理审查并提出意见后，报上一级人民检察院审查决定。

人民检察院直接受理立案侦查的案件，依照《中华人民共和国刑事诉讼法》第154条规定提请延长犯罪嫌疑人侦查羁押期限的，由本院审查提出意见后，报上一级人民检察院审查决定。

第4条　侦查机关需要延长侦查羁押期限的，应当在侦查羁押期限届满7日前，向同级人民检察院移送以下材料：（一）提请批准延长侦查羁押期限意见书和延长侦查羁押期限案情报告；（二）立案决定书、逮捕证以及重新计算侦查羁押期限决定书等相关法律文书复印件；（三）罢免、辞去县级以上人大代表或者报请许可对其采取强制措施手续等文书；（四）案件的其他情况说明。

人民检察院直接受理立案侦查的案件，需要延长侦查羁押期限的，侦查部门应当依照本条第一款的规定向本院侦查监督部门移送延长侦查羁押期限意见书和前款规定的有关材料。

第5条　侦查机关应当在延长侦查羁押期限案情报告中详细写明犯罪嫌疑人基本情况、采取强制措施的具体情况、主要案情和捕后侦查工作进展情况、下一步侦查工作计划、延长侦查羁押期限的具体理由和法律依据、继续羁押的必要以及提请批准延长侦查羁押期限的起止日期。

人民检察院直接受理立案侦查的案件，侦查部门应当在延长侦查羁押期限意见书中详细写明前款规定的内容。

第6条　受理案件的人民检察院侦查监督部门应当制作提请批准延长侦查羁押期限报告书和提请延长侦查羁押期限案件审查报告，连同审查逮捕意见书以及侦查机关（部门）移送的材料，经本院案件管理部门报上一级人民检察院审查。

第7条　上一级人民检察院案件管理部门收到案件材料后，应当及时审核，符合报送材料要求的，移交本院侦查监督部门办理。发现材料不全的，应当要求在规定的时间内予以补充。

对于未及时补充或者未按规定时间移送材料的，应当及时告知侦查监督部门，由侦查监督部门决定是否予以受理。

对于侦查机关（部门）超过法定羁押期限仍提请延长侦查羁押期限的，上一级人民检察院不予受理。

第8条　人民检察院侦查监督部门应当在提请延长侦查羁押期限案件审查报告中详细写明受案和审查过程、犯罪嫌疑人基本情况、采取强制措施的情况和羁押地点、主要案情、延长侦查羁押期限的理由和法律依据、继续羁押的必要、提请批准延长侦查羁押期限的起止日期以及审查意见。

第9条　人民检察院侦查监督部门办理延长侦查羁押期限案件，应当审查以下内容：（一）本院或者下级人民检察院的逮捕决定是否符合法律规定；（二）犯罪嫌疑人逮捕后侦查工作进展情况；（三）下一步侦查计划是否具体明确；（四）延长侦查羁押期限的理由、日期是否符合法律规定；（五）犯罪嫌疑人有无继续羁押的必要；（六）有无超期羁押等违法情况；（七）其他需要审查的内容。

第10条　人民检察院侦查监督部门办理延长侦查羁押期限案件，应当由承办检察官提出审查意见，报检察长决定。

第11条　人民检察院侦查监督部门审查延长侦查羁押期限案件，对于案件是否符合延长侦查羁押期限条件有疑义或者侦查活动可能存在重大违法等情形的，可以讯问犯罪嫌疑人，听取律师意见、侦查机关（部门）意见，调取案卷及相关材料。

第12条　经审查，同时具备下列条件的案件，人民检察院应当作出批准延长侦查羁押期限1个月的决定：（一）符合《中华人民共和国刑事诉讼法》第154条的规定；（二）符合逮捕条件；（三）犯罪嫌疑人有继续羁押的必要。

第13条　经审查，对于不符合《中华人民共和国刑事诉讼法》第154条规定、犯罪嫌疑人不符合逮捕条件或者犯罪嫌疑人没有继续羁押必要的，人民检察院应当作出不批准延长侦查羁押期限决定。

对于犯罪嫌疑人虽然符合逮捕条件，但经审查，侦查机关（部门）在犯罪嫌疑人逮捕后2个月以内未有效开展侦查工作或者侦查取证工作没有实质进展的，人民检察院可以作出不批准延长侦查羁押期限的决定。

对于犯罪嫌疑人不符合逮捕条件，需要撤销下级人民检察院逮捕决定的，上一级人民检察院作出不批准延长侦查羁押期限决定后，应当作出撤销逮捕决定，或者通知下级人民检察院撤销逮捕决定。

第14条　《中华人民共和国刑事诉讼法》第154条规定的"案情复杂、期限届满不能终结的案件"，包括以下情形之一：（一）影响定罪量刑的重要证据无法在侦查羁押期限内调取到的；（二）共同犯罪案件，犯罪事实需要进一步查清的；（三）犯罪嫌疑人涉嫌多起犯罪或者多个罪名，犯罪事实需要进一步查清的；（四）涉外案件，需要境外取证的；（五）与其他重大案件有关联，重大案件尚未侦查终结，影响本案或者其他重大案件处理的。

第15条　有决定权的人民检察院在侦查羁押期限届满前作出是否批准延长侦查羁押期限的决定后，交由受理案件的人民检察院侦查监督部门送达侦查机关（部门）。

受理案件的人民检察院侦查监督部门在收到批准延长侦查羁押期限决定书或者不批准延长侦查羁押期限决定书的同时，应当书面告知本院刑事执行检察部门。

第16条　逮捕后侦查羁押期限日期的计算，应当自对犯罪嫌疑人执行逮捕的第2日起，至2个月后对应日期的前一日止，无对应日期的，以该月的最后一日为截止日。

延长侦查羁押期限的起始日应当与延长前侦查羁押期限的截止日连续计算。

第18条　依照《中华人民共和国刑事诉讼法》第156条、第157条规定提请批准延长侦查羁押期限的案件，参照本规定办理。

第20条　本规定自印发之日施行。最高人民检察院以前发布的有关规定与本规定不一致的，以本规定为准。[①]

【高检发释字〔2019〕4号】　人民检察院刑事诉讼规则（2019年12月2日最高检第13届检委会第28次会议通过，2019年12月30日公布施行；高检发释字〔2012〕2号《规则（试行）》同时废止）

第252条（第2款）　由于同案犯罪嫌疑人在逃，在案犯罪嫌疑人的犯罪事实无法查清的，对在案犯罪嫌疑人应当根据案件的不同情况分别报请延长侦查羁押期限、变更强制措施或者解除强制措施。[②]

[①]　这里的"最高人民检察院以前发布的有关规定"应该包括了当时正在施行的《人民检察院刑事诉讼规则（试行）》（高检发释字〔2012〕2号）。这种规定规范性文件（高检发侦监字〔2016〕9号）的效力高于司法解释的做法，值得斟酌。

[②]　注：1999年1月18日施行的《人民检察院刑事诉讼规则》（高检发释字〔1999〕1号）第241条曾规定："侦查过程中，犯罪嫌疑人长期潜逃，采取有效追捕措施仍不能缉拿归案的，或者犯罪嫌疑人患有精神病或其他严重疾病不能接受讯问，丧失诉讼行为能力的，经检察长决定，中止侦查。中止侦查的理由和条件消失后，经检察长决定，应当恢复侦查。""中止侦查期间，如果犯罪嫌疑人在押，对符合延长侦查羁押期限条件的，应当依法延长侦查羁押期限；对侦查羁押期限届满的，应当依法变更为取保候审或者监视居住措施。"该规定在高检发释字〔2012〕2号《人民检察院刑事诉讼规则（试行）》（2013年1月1日施行）已经被删除。

第306条　设区的市级分、州、市人民检察院和基层人民检察院办理直接受理侦查的案件，符合刑事诉讼法第158条规定，在本规则第305条（内容同《刑事诉讼法》第156条）规定的期限届满前不能侦查终结的，经省级省、自治区、直辖市人民检察院批准，可以延长2个月。

省级人民检察院直接受理侦查的案件，有前款情形的，可以直接决定延长2个月。

第307条　设区的市级分、州、市人民检察院和基层人民检察院办理直接受理侦查的案件，对犯罪嫌疑人可能判处10年有期徒刑以上刑罚，依照本规则第306条的规定依法延长羁押期限届满，仍不能侦查终结的，经省级省、自治区、直辖市人民检察院批准，可以再延长2个月。

省级人民检察院办理直接受理侦查的案件，有前款情形的，可以直接决定再延长2个月。

第308条　最高人民检察院办理直接受理侦查的案件，依照刑事诉讼法的规定需要延长侦查羁押期限的，直接决定延长侦查羁押期限。

第309条　公安机关需要延长侦查羁押期限的，人民检察院应当要求其在侦查羁押期限届满7日前提请批准延长侦查羁押期限①。

人民检察院办理直接受理立案侦查的案件，负责侦查的部门侦查部门认为需要延长侦查羁押期限的，应当按照前款规定向本院负责捕诉的部门侦查监督部门移送延长侦查羁押期限意见书及有关材料。

（新增）对于超过法定羁押期限提请延长侦查羁押期限的，不予受理。

第310条　人民检察院审查批准或者决定延长侦查羁押期限，由负责捕诉的部门侦查监督部门办理。

受理案件的人民检察院对延长侦查羁押期限的意见审查后，应当提出是否同意延长侦查羁押期限的意见，将公安机关侦查机关延长侦查羁押期限的意见和本院的审查意见层报有决定权的人民检察院审查决定。

第311条　对于同时具备下列条件的案件，人民检察院应当作出批准延长侦查羁押期限1个月的决定：（一）符合刑事诉讼法第156条的规定；（二）符合逮捕条件；（三）犯罪嫌疑人有继续羁押的必要。

第312条　犯罪嫌疑人虽然符合逮捕条件，但经审查，公安机关在对犯罪嫌疑人执行逮捕后2个月以内未有效开展侦查工作或者侦查取证工作没有实质进展的，人民检察院可以作出不批准延长侦查羁押期限的决定。

犯罪嫌疑人不符合逮捕条件，需要撤销下级人民检察院逮捕决定的，上级人民检察院在作出不批准延长侦查羁押期限决定的同时，应当作出撤销逮捕的决定，或者通知下级人民检察院撤销逮捕决定。

第313条　有决定权的人民检察院作出批准延长侦查羁押期限或者不批准延长侦查羁押期限的决定后，应当将决定书交由最初受理案件的人民检察院送达公安机关。

最初受理案件的人民检察院负责捕诉的部门收到批准延长侦查羁押期限决定书或者不批

---

① 本部分内容2012年规定为"应当在侦查羁押期限届满7日前，向同级人民检察院移送延长侦查羁押期限意见书，写明案件的主要案情和延长侦查羁押期限的具体理由"。

准延长侦查羁押期限决定书，应当书面告知本院负责刑事执行检察的部门。

第314条 因为特殊原因，在较长时间内不宜交付审判的特别重大复杂的案件，由最高人民检察院报请全国人民代表大会常务委员会批准延期审理。

第315条 人民检察院在侦查期间发现犯罪嫌疑人另有重要罪行的，自发现之日起依照本规则第305条的规定重新计算侦查羁押期限。

另有重要罪行是指与逮捕时的罪行不同种的重大犯罪或者和同种的影响罪名认定、量刑档次的重大犯罪。

第316条 人民检察院重新计算侦查羁押期限，应当由负责侦查的部门侦查部门提出重新计算侦查羁押期限的意见，移送本院负责捕诉的部门侦查监督部门审查。负责捕诉的部门侦查监督部门审查后应当提出是否同意重新计算侦查羁押期限的意见，报检察长决定。

第317条 对公安机关重新计算侦查羁押期限的备案，由负责捕诉的部门侦查监督部门审查。负责捕诉的部门侦查监督部门认为公安机关重新计算侦查羁押期限不当的，应当提出纠正意见，报检察长决定后，通知公安机关纠正。

第318条 人民检察院直接受理侦查的案件，不能在法定侦查羁押期限内侦查终结的，应当依法释放犯罪嫌疑人或者变更强制措施。

第319条 负责捕诉的部门侦查监督部门审查延长侦查羁押期限、审查重新计算侦查羁押期限，可以讯问犯罪嫌疑人，听取辩护律师和侦查人员的意见，调取案卷及相关材料等。

第613条 对公安机关、人民法院办理案件相关的羁押期限和办案期限的监督，犯罪嫌疑人、被告人被羁押的，由人民检察院负责刑事执行检察的部门承担羁押期限和办案；犯罪嫌疑人、被告人未被羁押的，由人民检察院负责捕诉的部门承担侦查监督部门或者公诉部门负责。对人民检察院办理案件相关的羁押期限和办案期限的监督，由负责案件管理的部门承担本院案件管理部门负责。

第614条 人民检察院侦查部门、侦查监督部门、公诉部门在办理案件过程中，犯罪嫌疑人、被告人被羁押，具有下列情形之一的，办案部门负有监督职责的人民检察院监所检察部门或案件管理部门以及看守所应当在作出决定或者收到决定书、裁定书后10日以内通知本院负有监督职责的部门：（一）批准或者决定延长侦查羁押期限的；（二）对于人民检察院直接受理侦查的案件，决定重新计算侦查羁押期限、变更或者解除强制措施的；……（五）案件退回补充侦查，或者补充侦查完毕移送起诉后重新计算审查起诉期限的；……

第615条 人民检察院发现看守所的羁押期限管理活动具有下列情形之一的，应当依法提出纠正意见：（一）未及时督促办案机关办理换押手续的；（二）未在犯罪嫌疑人、被告人羁押期限届满前7日以内向办案机关发出羁押期限即将届满通知书的；（三）犯罪嫌疑人、被告人被超期羁押后，没有立即书面报告人民检察院并通知办案机关的；（四）收到犯罪嫌疑人、被告人及其法定代理人、近亲属或者辩护人提出的变更强制措施、羁押必要性审查、羁押期限届满要求释放或者变更强制措施的申请、申诉、控告后，没有及时转送有关办案机关或者人民检察院的；（五）其他违法情形。

第616条 人民检察院发现公安机关的侦查羁押期限执行情况具有下列情形之一的，应当依法提出纠正意见：（一）未按规定办理换押手续的；（二）决定重新计算侦查羁押期限、经批准延长侦查羁押期限，未书面通知人民检察院和看守所的；（三）对犯罪嫌疑人进行精神病鉴定，没有书面通知人民检察院和看守所的；（四）其他违法情形。

第618条　人民检察院发现同级或者下级公安机关、人民法院超期羁押的，应当报经本院检察长批准，向该办案机关发出纠正违法通知书。

发现上级公安机关、人民法院超期羁押的，应当及时层报该办案机关的同级人民检察院，由同级人民检察院向该办案机关发出纠正违法通知书。

对异地羁押的案件，发现办案机关超期羁押的，应当通报该办案机关的同级人民检察院，由其依法向办案机关发出纠正违法通知书。

第619条　人民检察院发出纠正违法通知书后，有关办案机关未回复意见或者继续超期羁押的，应当及时报告上一级人民检察院。

对于造成超期羁押的直接责任人员，可以书面建议其所在单位或者有关主管机关依照法律或者有关规定予以行政或者纪律处分；对于造成超期羁押情节严重，涉嫌犯罪的，应当依法追究其刑事责任。

第620条　人民检察院办理直接受理侦查的案件或者审查逮捕、审查起诉案件，在犯罪嫌疑人侦查羁押期限、办案期限即将届满前，负责案件管理的部门应当依照有关规定向本院办案部门进行期限届满提示。发现办案部门办理案件超过规定期限的，应当依照有关规定提出纠正意见。

【公安部令〔2020〕159号】　公安机关办理刑事案件程序规定（2020年7月4日第3次部务会议修订，2020年7月20日公布，2020年9月1日施行）

第130条　犯罪嫌疑人不讲真实姓名、住址，身份不明的，应当对其身份进行调查。对符合逮捕条件的犯罪嫌疑人，也可以按其自报的姓名提请批准逮捕。经县级以上公安机关负责人批准，拘留期限自查清其身份之日起计算，但不得停止对其犯罪行为的侦查取证。

第148条　……案情复杂、期限届满不能侦查终结的案件，应当制作提请批准延长侦查羁押期限意见书，经县级以上公安机关负责人批准后，在期限届满7日前送请同级人民检察院转报上一级人民检察院批准延长1个月。

第149条　下列案件在本规定第148条规定的期限届满不能侦查终结的，应当制作提请批准延长侦查羁押期限意见书，经县级以上公安机关负责人批准，在期限届满7日前送请同级人民检察院层报省、自治区、直辖市人民检察院批准，延长2个月：（一）交通十分不便的边远地区的重大复杂案件；（二）重大的犯罪集团案件；（三）流窜作案的重大复杂案件；（四）犯罪涉及面广，取证困难的重大复杂案件。

第150条　对犯罪嫌疑人可能判处10年有期徒刑以上刑罚，依照本规定第149条规定的延长期限届满，仍不能侦查终结的，应当制作提请批准延长侦查羁押期限意见书，经县级以上公安机关负责人批准，在期限届满7日前送请同级人民检察院层报省、自治区、直辖市人民检察院批准，再延长2个月。

第151条　在侦查期间，发现犯罪嫌疑人另有重要罪行的，应当自发现之日起5日以内报县级以上公安机关负责人批准后，重新计算侦查羁押期限，制作变更重新计算侦查羁押期限通知书，送达看守所，并报批准逮捕的人民检察院备案。

前款规定的"另有重要罪行"，是指与逮捕时的罪行不同种的重大犯罪以及同种犯罪中将影响罪名认定、量刑档次的重大犯罪。

第359条　外国籍犯罪嫌疑人的国籍，以其在入境时持用的有效证件予以确认；国籍不明的，由出入境管理部门协助予以查明。国籍确实无法查明的，以无国籍人对待。

第360条　确认外国籍犯罪嫌疑人身份，可以依照有关国际条约或者通过国际刑事警察组织、警务合作渠道办理。确实无法查明的，可以按其自报的姓名移送人民检察院审查起诉。

人民检察院羁押听证办法（2021年4月8日最高检第13届检委会第65次会议通过，2021年8月17日印发施行。详见《刑事诉讼法》第95～99条）

第2条　羁押听证是指人民检察院办理审查逮捕、审查延长侦查羁押期限、羁押必要性审查案件，以组织召开听证会的形式，就是否决定逮捕、是否批准延长侦查羁押期限、是否继续羁押听取各方意见的案件审查活动。

【署缉发〔2021〕141号】　最高人民法院、最高人民检察院、海关总署、公安部、中国海警局关于打击粤港澳海上跨境走私犯罪适用法律若干问题的指导意见（2020年12月18日印发施行）

三、犯罪嫌疑人真实姓名、住址无法查清的，按其绰号或者自报的姓名、住址认定，并在法律文书中注明。

犯罪嫌疑人的国籍、身份，根据其入境时的有效证件认定；拥有2国以上护照的，以其入境时所持的护照认定其国籍。

犯罪嫌疑人国籍不明的，可以通过出入境管理部门协助查明，或者以有关国家驻华使、领馆出具的证明认定；确实无法查明国籍的，以无国籍人员对待。

【海警局令〔2023〕1号】　海警机构办理刑事案件程序规定（2023年5月15日审议通过，2023年6月15日起施行）（余文见本书第308条）

第142条　海警机构对犯罪嫌疑人逮捕后的侦查羁押期限，不得超过2个月。

案情复杂、期限届满不能侦查终结的，应当制作提请批准延长侦查羁押期限意见书，经海警机构负责人批准后，在期限届满7日前送请相应人民检察院报上一级人民检察院批准延长1个月。

第143条　下列案件在本规定第142条规定的期限届满不能侦查终结的，应当制作提请批准延长侦查羁押期限意见书，经海警机构负责人批准，在期限届满7日前送请相应人民检察院层报省、自治区、直辖市人民检察院批准，延长2个月：（一）交通十分不便的边远海岛、海域的重大复杂案件；（二）重大的犯罪集团案件；（三）流窜作案的重大复杂案件；（四）犯罪涉及面广，取证困难的重大复杂案件。

第144条　对犯罪嫌疑人可能判处10年有期徒刑以上刑罚，依照本规定第143条规定的延长期限届满，仍不能侦查终结的，应当制作提请批准延长侦查羁押期限意见书，经海警机构负责人批准，在期限届满7日前送请相应人民检察院层报省、自治区、直辖市人民检察院批准，再延长2个月。

第145条　对于延长侦查羁押期限的，海警机构应当制作变更羁押期限通知书，在羁押期限届满前送达看守所。

第146条　在侦查期间，发现犯罪嫌疑人另有重要罪行的，应当自发现之日起5日以内报海警机构负责人批准后，重新计算侦查羁押期限，制作变更羁押期限通知书，送达看守所，并报批准逮捕的人民检察院备案。

前款规定的"另有重要罪行",是指与逮捕时的罪行不同种的重大犯罪以及同种犯罪并将影响罪名认定、量刑档次的重大犯罪。

第147条　犯罪嫌疑人不讲真实姓名、住址,身份不明的,应当对其身份进行调查。经海警机构负责人批准,侦查羁押期限自查清其身份之日起计算,但不得停止对其犯罪行为的侦查取证。

对于犯罪事实清楚,证据确实、充分,确实无法查明其身份的,按其自报的姓名移送人民检察院审查起诉。

【国安部令〔2024〕4号】　**国家安全机关办理刑事案件程序规定**(2024年4月26日公布,2024年7月1日起施行)

第172条　对犯罪嫌疑人逮捕后的侦查羁押期限,不得超过2个月。

案情复杂、期限届满不能侦查终结,需要提请延长侦查羁押期限的,应当经国家安全机关负责人批准,制作提请批准变更侦查羁押期限意见书,说明延长羁押期限案件的主要案情和延长羁押期限的具体理由,在羁押期限届满7日前提请同级人民检察院转报上一级人民检察院批准延长1个月。

第173条　下列案件在本规定第172条规定的期限届满不能侦查终结的,应当经国家安全机关负责人批准,制作提请批准变更羁押期限意见书,在羁押期限届满7日前提请人民检察院批准,延长2个月:(一)交通十分不便的边远地区的重大复杂案件;(二)重大的犯罪集团案件;(三)流窜作案的重大复杂案件;(四)犯罪涉及面广,取证困难的重大复杂案件。

第174条　对于犯罪嫌疑人可能判处10年有期徒刑以上刑罚,依照本规定第173条规定延长期限届满,仍不能侦查终结的,应当经国家安全机关负责人批准,制作提请批准变更羁押期限意见书,在羁押期限届满7日前提请同级人民检察院转报省、自治区、直辖市人民检察院批准,再延长2个月。

第177条　对于延长侦查羁押期限的,国家安全机关的办案部门应当制作变更羁押期限通知书,通知看守所。

第178条　侦查期间,发现犯罪嫌疑人另有重要罪行,自发现之日起依照本规定第172条重新计算侦查羁押期限。国家安全机关应当自发现之日起5日以内,经国家安全机关负责人批准,制作变更羁押期限通知书,送达看守所,并报批准逮捕的人民检察院备案。

前款规定的"另有重要罪行",是指与逮捕时的罪行不同种的重大犯罪和同种的影响罪名认定、量刑档次的重大犯罪。

第179条　犯罪嫌疑人不讲真实姓名、住址,身份不明的,应当对其身份进行调查。经国家安全机关负责人批准,侦查羁押期限自查清身份之日起计算,但是不得停止对其犯罪行为的侦查取证。

对于犯罪事实清楚,证据确实、充分,确实无法查明其身份的,可以按其自报的姓名移送人民检察院审查起诉。

第 161 条① 　【侦查阶段辩护律师意见】 在案件侦查终结前，辩护律师提出要求的，侦查机关应当听取辩护律师的意见，并记录在案。辩护律师提出书面意见的，应当附卷。

【本书汇】【破案】②

第 162 条　【侦结移送、起诉意见】 公安机关侦查终结的案件，应当做到犯罪事实清楚、证据确实、充分，并且写出起诉意见书，连同案卷材料、证据一并移送同级人民检察院审查决定；同时将案件移送情况告知犯罪嫌疑人及其辩护律师。③

【自愿认罪记录】 犯罪嫌疑人自愿认罪的，应当记录在案，随案移送，并在起诉意见书中写明有关情况。④

【本书汇】【监察移送起诉】⑤

● **相关规定** 　【署侦〔1998〕742号】 最高人民法院、最高人民检察院、公安部、司法部、海关总署关于走私犯罪侦查机关办理走私犯罪案件适用刑事诉讼程序若干问题的通知（1998年12月3日）

六、走私犯罪侦查机关对犯罪事实清楚、证据确实、充分，已侦查终结的案件，应当制作《起诉意见书》连同案卷材料、证据，一并移送走私犯罪侦查机关所在地的分、州、市级人民检察院审查决定。

【法发〔2007〕11号】 最高人民法院、最高人民检察院、公安部、司法部关于进一步严格依法办案确保办理死刑案件质量的意见（2007年3月9日）

14. 侦查机关将案件移送人民检察院审查起诉时，应当将包括第1次讯问笔录及勘验、检查、搜查笔录在内的证明犯罪嫌疑人有罪或者无罪、罪重或者罪轻等涉及案件事实的所有证据一并移送。

【公通字〔2009〕51号】 最高人民法院、最高人民检察院、公安部关于公安部证券犯罪侦查局直属分局办理经济犯罪案件适用刑事诉讼程序若干问题的通知（2009年11月4日印发，2010年1月1日起实施；2005年2月28日印发的《关于公安部证券犯罪侦查局直属分局办理证券期货领域刑事案件适用刑事诉讼程序若干问题的通知》（公通字〔2005〕11号）同时废止）

---

① 本条规定由2012年3月14日第11届全国人大常委会第5次会议增设，2013年1月1日施行。
② 注：《刑事诉讼法》没有关于破案的规定，本书将其汇集于此。
③ 本款规定先后2次修改。原规定（1980年1月1日施行）为："人民检察院侦查的案件，侦查终结后，应当作出提起公诉、免予起诉或者撤销案件的决定。公安机关侦查的案件，侦查终结后，应当写出起诉意见书或者免予起诉意见书，连同案卷材料、证据一并移送同级人民检察院审查决定。"1996年3月17日第8届全国人民代表大会第4次会议修改为（1997年1月1日施行）："公安机关侦查终结的案件，应当做到犯罪事实清楚、证据确实、充分，并且写出起诉意见书，连同案卷材料、证据一并移送同级人民检察院审查决定。"2012年3月14日第11届全国人大常委会第5次会议再次修改（增加了下划线部分），2013年1月1日施行。
④ 本款规定由2018年10月26日第13届全国人大常委会第6次会议增设，同日公布施行。
⑤ 注：《刑事诉讼法》没有关于监察移送起诉的规定，本书将其汇集于此。

六、直属分局对于侦查终结的案件，犯罪事实清楚、证据确实、充分的，应当按照《刑事诉讼法》的有关规定，制作《起诉意见书》，连同案卷材料、证据，一并移送犯罪地的人民检察院审查决定。如果由犯罪嫌疑人居住地的人民检察院办理更为适宜的，可以移送犯罪嫌疑人居住地的人民检察院审查决定。

【法发〔2011〕9号】 最高人民法院、最高人民检察院、公安部、司法部关于对判处管制、宣告缓刑的犯罪分子适用禁止令有关问题的规定（试行）（2011年4月28日印发试行）

第7条（第2款） 公安机关在移送审查起诉时，可以根据犯罪嫌疑人涉嫌犯罪的情况，就应否宣告禁止令及宣告何种禁止令，向人民检察院提出意见。

【司发通〔2013〕18号】 最高人民法院、最高人民检察院、公安部、司法部关于刑事诉讼法律援助工作的规定（2013年2月4日印发，2013年3月1日施行；司发通〔2005〕78号同名《规定》同时废止）

第17条 在案件侦查终结前，承办律师提出要求的，侦查机关应当听取其意见，并记录在案。承办律师提出书面意见的，应当附卷。

【司发〔2015〕14号】 最高人民法院、最高人民检察院、公安部、国家安全部、司法部关于依法保障律师执业权利的规定（2015年9月16日）

第37条 对于诉讼中的重大程序信息和送达当事人的诉讼文书，办案机关应当通知辩护、代理律师。

【法发〔2016〕18号】 最高人民法院、最高人民检察院、公安部、国家安全部、司法部关于推进以审判为中心的刑事诉讼制度改革的意见（2016年7月20日）

五、(第2款) 探索建立重大案件侦查终结前对讯问合法性进行核查制度。对公安机关、国家安全机关和人民检察院侦查的重大案件，由人民检察院驻看守所检察人员询问犯罪嫌疑人，核查是否存在刑讯逼供、非法取证情形，并同步录音录像。经核查，确有刑讯逼供、非法取证情形的，侦查机关应当及时排除非法证据，不得作为提请批准逮捕、移送审查起诉的根据。

六、在案件侦查终结前，犯罪嫌疑人提出无罪或者罪轻的辩解，辩护律师提出犯罪嫌疑人无罪或者依法不应追究刑事责任的意见，侦查机关应当依法予以核实。

【主席令〔2018〕3号】 中华人民共和国监察法（2018年3月20日第13届全国人大第1次会议通过，同日公布施行）

第45条（第1款） 监察机关根据监督、调查结果，依法作出如下处置：

（一）对有职务违法行为但情节较轻的公职人员，按照管理权限，直接或者委托有关机关、人员，进行谈话提醒、批评教育、责令检查，或者予以诫勉；

（二）对违法的公职人员依照法定程序作出警告、记过、记大过、降级、撤职、开除等政务处分决定；

（三）对不履行或者不正确履行职责负有责任的领导人员，按照管理权限对其直接作出问责决定，或者向有权作出问责决定的机关提出问责建议；

（四）对涉嫌职务犯罪的，监察机关经调查认为犯罪事实清楚，证据确实、充分的，制作起诉意见书，连同案卷材料、证据一并移送人民检察院依法审查、提起公诉；

（五）对监察对象所在单位廉政建设和履行职责存在的问题等提出监察建议。

【国监委公告〔2021〕1号】 监察法实施条例（2021年7月20日国家监委全体会议决定，2021年9月20日公布施行）

第35条 监察机关对涉嫌职务犯罪的人员，经调查认为犯罪事实清楚、证据确实、充分，需要追究刑事责任的，依法移送人民检察院审查起诉。

第207条（第1款） 对于涉嫌行贿等犯罪的非监察对象，案件调查终结后依法移送起诉。综合考虑行为性质、手段、后果、时间节点、认罪悔罪态度等具体情况，对于情节较轻，经审批不予移送起诉的，应当采取批评教育、责令具结悔过等方式处置；应当给予行政处罚的，依法移送有关行政执法部门。

第212条 监察机关决定对涉嫌职务犯罪的被调查人移送起诉的，应当出具《起诉意见书》，连同案卷材料、证据等，一并移送同级人民检察院。

监察机关案件审理部门负责与人民检察院审查起诉的衔接工作，调查、案件监督管理等部门应当予以协助。

国家监察委员会派驻或者派出的监察机构、监察专员调查的职务犯罪案件，应当依法移送省级人民检察院审查起诉。

第220条 监察机关一般应当在正式移送起诉10日前，向拟移送的人民检察院采取书面通知等方式预告移送事宜。……

第223条（第1款） 监察机关对已经移送起诉的职务犯罪案件，发现遗漏被调查人罪行需要补充移送起诉的，应当经审批出具《补充起诉意见书》，连同相关案卷材料、证据等一并移送同级人民检察院。

【高检发〔2019〕13号】 最高人民法院、最高人民检察院、公安部、国家安全部、司法部关于适用认罪认罚从宽制度的指导意见（2019年10月11日印发施行）

七、侦查机关的职责

22. 权利告知和听取意见。公安机关在侦查过程中，应当告知犯罪嫌疑人享有的诉讼权利、如实供述罪行可以从宽处理和认罪认罚的法律规定，听取犯罪嫌疑人及其辩护人或者值班律师的意见，记录在案并随案移送。

对在非讯问时间、办案人员不在场情况下，犯罪嫌疑人向看守所工作人员或者辩护人、值班律师表示愿意认罪认罚的，有关人员应当及时告知办案单位。

23. 认罪教育。公安机关在侦查阶段应当同步开展认罪教育工作，但不得强迫犯罪嫌疑人认罪，不得作出具体的从宽承诺。犯罪嫌疑人自愿认罪，愿意接受司法机关处罚的，应当记录在案并附卷。

24. 起诉意见。对移送审查起诉的案件，公安机关应当在起诉意见书中写明犯罪嫌疑人自愿认罪认罚情况。认为案件符合速裁程序适用条件的，可以在起诉意见书中建议人民检察院适用速裁程序办理，并简要说明理由。

对可能适用速裁程序的案件，公安机关应当快速办理，对犯罪嫌疑人未被羁押的，可以集中移送审查起诉，但不得为集中移送拖延案件办理。

对人民检察院在审查逮捕期间或者重大案件听取意见中提出的开展认罪认罚工作的意见或建议，公安机关应当认真听取，积极开展相关工作。

【高检发释字〔2019〕4号】 人民检察院刑事诉讼规则（2019年12月2日最高检第13届检委会第28次会议通过，2019年12月30日公布施行；高检发释字〔2012〕2号《规则

（试行）》同时废止)

第237条 人民检察院经过侦查，认为犯罪事实清楚，证据确实、充分，依法应当追究刑事责任的，应当写出侦查终结报告，并且制作起诉意见书。

（新增）犯罪嫌疑人自愿认罪的，应当记录在案，随案移送，并在起诉意见书中写明有关情况。

对于犯罪情节轻微，依照刑法规定不需要判处刑罚或者免除刑罚的案件，应当写出侦查终结报告，并且制作不起诉意见书。

侦查终结报告和起诉意见书或者不起诉意见书由侦查部门负责人审核，应当报请检察长批准。

第238条 负责侦查的部门应当将起诉意见书或者不起诉意见书，查封、扣押、冻结的犯罪嫌疑人的财物及其孳息、文件清单以及对查封、扣押、冻结的涉案财物的处理意见和其他案卷材料，一并移送本院负责捕诉的部门审查。国家或者集体财产遭受损失的，在提出提起公诉意见的同时，可以提出提起附带民事诉讼的意见。

第239条 在案件侦查过程中，犯罪嫌疑人委托辩护律师的，检察人员可以听取辩护律师的意见。

辩护律师要求当面提出意见的，检察人员应当听取意见，并制作笔录附卷。……

（新增）侦查终结前，犯罪嫌疑人提出无罪或者罪轻的辩解，辩护律师提出犯罪嫌疑人无罪或者依法不应当追究刑事责任意见的，人民检察院应当依法予以核实。

案件侦查终结移送审查起诉时，人民检察院应当同时将案件移送情况告知犯罪嫌疑人及其辩护律师。

第240条 人民检察院侦查终结的案件，需要在异地起诉、审判，应当在移送起诉前与人民法院协商指定管辖的相关事宜。

第241条 上级人民检察院侦查终结的案件，依照刑事诉讼法的规定应当由下级人民检察院提起公诉或者不起诉的，应当将有关决定、侦查终结报告连同案卷材料交下级人民检察院审查。

下级人民检察院认为上级人民检察院的决定有错误的，可以向上级人民检察院报告。上级人民检察院维持原决定的，下级人民检察院应当执行。

第252条（第1款） 人民检察院直接受理侦查的共同犯罪案件，如果同案犯罪嫌疑人在逃，但在案犯罪嫌疑人犯罪事实清楚，证据确实、充分的，对在案犯罪嫌疑人应当根据本规则第237条的规定分别移送起诉或者移送不起诉。

第253条 人民检察院直接受理侦查的案件，对犯罪嫌疑人没有采取取保候审、监视居住、拘留或者逮捕措施的，负责侦查的部门侦查部门应当在立案后2年以内提出移送起诉、移送不起诉或者撤销案件的意见；对犯罪嫌疑人采取取保候审、监视居住、拘留或者逮捕措施的，负责侦查的部门侦查部门应当在解除或者撤销强制措施后1年以内提出移送起诉、移送不起诉或者撤销案件的意见。

第347条 补充侦查期限届满，公安机关未将案件重新移送起诉的，人民检察院应当要求公安机关说明理由。

人民检察院发现公安机关违反法律规定撤销案件的，应当提出纠正意见。

【高检发办字〔2020〕4号】 最高人民检察院、公安部、国家安全部关于重大案件侦查终结前开展讯问合法性核查工作若干问题的意见（2020年1月13日印发施行；详见刑事诉讼法第118—123条相关规定）

【公安部令〔2020〕159号】 公安机关办理刑事案件程序规定（2020年7月4日第3次部务会议修订，2020年7月20日公布，2020年9月1日施行）

第283条 侦查终结的案件，应当同时符合以下条件：（一）案件事实清楚；（二）证据确实、充分；（三）犯罪性质和罪名认定正确；（四）法律手续完备；（五）依法应当追究刑事责任。①

第284条 对侦查终结的案件，公安机关应当全面审查证明证据收集合法性的证据材料，依法排除非法证据。排除非法证据后证据不足的，不得移送审查起诉。

公安机关发现侦查人员非法取证的，应当依法作出处理，并可另行指派侦查人员重新调查取证。

第285条 侦查终结的案件，侦查人员应当制作结案报告。

结案报告应当包括以下内容：（一）犯罪嫌疑人的基本情况；（二）是否采取了强制措施及其理由；（三）案件的事实和证据；（四）法律依据和处理意见。

第286条 侦查终结案件的处理，由县级以上公安机关负责人批准；重大、复杂、疑难的案件应当经过集体讨论。

第287条 侦查终结后，应当将全部案卷材料按照要求装订立卷。

向人民检察院移送案件时，只移送诉讼卷，侦查卷由公安机关存档备查。

第288条 对查封、扣押的犯罪嫌疑人的财物及其孳息、文件或者冻结的财产，作为证据使用的，应当随案移送，并制作随案移送清单一式2份，1份留存，1份交人民检察院。制作清单时，应当根据已经查明的案情，写明对涉案财物的处理建议。

对于实物不宜移送的，应当将其清单、照片或者其他证明文件随案移送。待人民法院作出生效判决后，按照人民法院送达的生效判决书、裁定书依法作出处理，按照人民法院的通知，上缴国库或者依法予以返还，并向人民法院送交回执。人民法院在判决、裁定中未对涉案财物作出处理的，公安机关应当征求人民法院意见，并根据人民法院的决定依法作出处理。

第289条 对侦查终结的案件，应当制作起诉意见书，经县级以上公安机关负责人批准后，连同全部案卷材料、证据，以及辩护律师提出的意见，一并移送同级人民检察院审查决定；同时将案件移送情况告知犯罪嫌疑人及其辩护律师。

（新增）犯罪嫌疑人自愿认罪的，应当记录在案，随案移送，并在起诉意见书中写明有关情况；认为案件符合速裁程序适用条件的，可以向人民检察院提出适用速裁程序的建议。

第290条 对于犯罪嫌疑人在境外，需要及时进行审判的严重危害国家安全犯罪、恐怖活动犯罪案件，应当在侦查终结后具报公安部批准，移送同级人民检察院审查起诉。

在审查起诉或者缺席审理过程中，犯罪嫌疑人、被告人向公安机关自动投案或者被公安机关抓获的，公安机关应当立即通知人民检察院、人民法院。

---

① 注：1998年《规定》曾对"破案"作出规定："破案应当具备下列条件：（一）犯罪事实已有证据证明；（二）有证据证明犯罪事实是犯罪嫌疑人实施的；（三）犯罪嫌疑人或者主要犯罪嫌疑人已经归案。"该规定被删除。

第291条　共同犯罪案件的起诉意见书，应当写明每个犯罪嫌疑人在共同犯罪中的地位、作用、具体罪责和认罪态度，并分别提出处理意见。

第292条　被害人提出附带民事诉讼的，应当记录在案；移送审查起诉时，应当在起诉意见书末页注明。

第296条　对人民检察院退回补充侦查的案件，根据不同情况，报县级以上公安机关负责人批准，分别作如下处理：……（二）在补充侦查过程中，发现新的同案犯或者新的罪行，需要追究刑事责任的，应当重新制作起诉意见书，移送人民检察院审查；……

【法发〔2020〕38号】　最高人民法院、最高人民检察院、公安部、国家安全部、司法部关于规范量刑程序若干问题的意见（2020年11月5日印发，2020年11月6日施行；法发〔2010〕35号同名《意见（试行）》同时废止）

第2条（第2款）　对于法律规定并处或者单处财产刑的案件，侦查机关应当根据案件情况对被告人的财产状况进行调查，并向人民检察院移送相关证据材料。人民检察院应当审查并向人民法院移送相关证据材料。

第4条（第1款）　侦查机关在移送审查起诉时，可以根据犯罪嫌疑人涉嫌犯罪的情况，就宣告禁止令和从业禁止向人民检察院提出意见。

【高检发〔2021〕13号】　最高人民检察院、公安部关于健全完善侦查监督与协作配合机制的意见（2021年10月31日）

三、机制完善

（二）健全完善协作配合机制

4.建立健全刑事案件统一对口衔接机制。公安机关要深化完善刑事案件法制部门统一审核、统一出口工作机制。向人民检察院提请批准逮捕、移送审查起诉、要求说明理由、要求复议、提请复核、申请复查等重要事项，由公安机关法制部门统一向人民检察院相关部门提出；人民检察院在审查批准逮捕、审查起诉、法律监督工作中需要与公安机关对接的事项，由公安机关法制部门统一接收与回复。……

【公安部令〔2022〕165号】　公安机关反有组织犯罪工作规定（2022年8月10日第9次公安部部务会议通过，2022年8月26日公布，2022年10月1日施行）

第41条　公安机关侦查有组织犯罪案件，应当依法履行认罪认罚从宽告知、教育义务，敦促犯罪嫌疑人如实供述自己的罪行。

犯罪嫌疑人认罪认罚的，应当在起诉意见书中写明自愿认罪认罚的情况和从宽处理意见，并随案移送相关证据材料。

第44条（第1款）　犯罪嫌疑人、被告人有《中华人民共和国反有组织犯罪法》第33条第1款所列情形之一的，经县级以上公安机关主要负责人批准，公安机关可以向人民检察院提出从宽处理的意见，并说明理由。

【法发〔2022〕23号】　最高人民法院、最高人民检察院、公安部关于办理信息网络犯罪案件适用刑事诉讼程序若干问题的意见（2022年8月26日印发，2022年9月1日起施行；2014年5月4日公通字〔2014〕10号《意见》同时废止）

13.（第2款）　调查核实过程中收集的材料作为证据使用的，应当随案移送，并附批准调查核实的相关材料。

【海警局令〔2023〕1号】 海警机构办理刑事案件程序规定（2023年5月15日审议通过，2023年6月15日起施行）（余文见本书第308条）

第47条 案件侦查终结前，辩护律师提出要求的，海警机构应当听取辩护律师的意见，根据情况进行核实，并记录在案。辩护律师提出书面意见的，应当附卷。

对辩护律师收集的犯罪嫌疑人不在犯罪现场、未达到刑事责任年龄、属于依法不负刑事责任的精神病人的证据，海警机构应当进行核实并将有关情况记录在案，有关证据应当附卷。

第274条 侦查终结的案件，应当同时符合以下条件：（一）案件事实清楚；（二）证据确实、充分；（三）犯罪性质和罪名认定正确；（四）法律手续完备；（五）依法应当追究刑事责任。

第275条 侦查终结的案件，海警机构应当全面审查证明证据收集合法性的证据材料，依法排除非法证据。排除非法证据后证据不足的，不得移送审查起诉。

海警机构发现侦查人员非法取证的，应当依法作出处理，并可以另行指派侦查人员重新调查取证。

第276条 侦查终结的案件，侦查人员应当制作结案报告。

结案报告应当包括以下内容：（一）犯罪嫌疑人的基本情况；（二）是否采取了强制措施及其理由；（三）案件的事实和证据；（四）法律依据和处理意见。

第277条 侦查终结案件的处理，由海警机构负责人批准；重大、复杂、疑难的案件应当经过集体讨论。

第278条 侦查终结后，应当将全部案卷材料按照要求装订立卷。

向人民检察院移送案件时，只移送诉讼卷，侦查卷由海警机构存档备查。

第279条 对查封、扣押的犯罪嫌疑人的财物及其孳息、文件或者冻结的财产，作为证据使用的，应当随案移送，并制作随案移送清单一式2份，1份留存，1份交人民检察院。制作清单时，应当根据已经查明的案情，写明对涉案财物的处理建议。

对于不宜移送的实物，应当将其清单、照片或者其他证明文件随案移送。待人民法院作出生效判决后，按照人民法院送达的生效判决书、裁定书依法作出处理，并向人民法院送交回执。人民法院在判决、裁定中未对涉案财物作出处理的，海警机构应当征求人民法院意见，并根据人民法院的决定依法作出处理。

第280条 对侦查终结的案件，应当制作起诉意见书，经海警机构负责人批准后，连同全部案卷材料、证据，以及辩护律师提出的意见，一并移送所在地相应人民检察院审查决定；同时将案件移送情况告知犯罪嫌疑人及其辩护律师。

犯罪嫌疑人自愿认罪的，应当记录在案，随案移送，并在起诉意见书中写明有关情况；认为案件符合速裁程序适用条件的，可以向人民检察院提出适用速裁程序的建议。

第281条 对于犯罪嫌疑人在境外，需要及时进行审判的严重危害国家安全犯罪、恐怖活动犯罪案件，应当在侦查终结后层报中国海警局批准，移送所在地相应人民检察院审查起诉。

在审查起诉或者缺席审理过程中，犯罪嫌疑人、被告人向海警机构自动投案或者被抓获的，海警机构应当立即通知人民法院、人民检察院。

第282条 共同犯罪案件的起诉意见书，应当写明每个犯罪嫌疑人在共同犯罪中的地位、作用、具体罪责和认罪态度，并分别提出处理意见。

第283条　被害人提出附带民事诉讼的，应当记录在案；移送审查起诉时，应当在起诉意见书末页注明。

第339条　本规定所称"危害国家安全犯罪"，包括《中华人民共和国刑法》分则第1章规定的危害国家安全罪以及危害国家安全的其他犯罪；"恐怖活动犯罪"，包括以制造社会恐慌、危害公共安全或者胁迫国家机关、国际组织为目的，采取暴力、破坏、恐吓等手段，造成或者意图造成人员伤亡、重大财产损失、公共设施损坏、社会秩序混乱等严重社会危害的犯罪，以及煽动、资助或者以其他方式协助实施上述活动的犯罪。

第341条　本规定所称"海警机构负责人"是指海警机构的正职领导。……

【高检发〔2023〕4号】　最高人民法院、最高人民检察院、公安部、司法部关于办理性侵害未成年人刑事案件的意见（2023年5月24日印发，2023年6月1日起施行）（详见《刑法全厚细》第236条）

第11条　公安机关办理性侵害未成年人刑事案件，在提请批准逮捕、移送起诉时，案卷材料中应当包含证明案件来源与案发过程的有关材料和犯罪嫌疑人归案（抓获）情况的说明等。

【国安部令〔2024〕4号】　国家安全机关办理刑事案件程序规定（2024年4月26日公布，2024年7月1日起施行）

第61条　辩护律师提交与案件有关材料的，国家安全机关应当当面了解辩护律师提交材料的目的、材料的来源和主要内容等有关情况并出具回执。辩护律师应当提交材料原件，提交材料原件确有困难的，经国家安全机关准许，也可以提交复印件，经与原件核对无误后由辩护律师签名确认。

第62条　对于辩护律师提供的犯罪嫌疑人不在犯罪现场、未达到刑事责任年龄、属于依法不负刑事责任的精神病人的证据，国家安全机关应当进行核实，有关证据应当附卷。

第63条　案件侦查终结前，辩护律师提出要求的，国家安全机关应当听取辩护律师的意见，并记录在案。听取辩护律师意见的笔录、辩护律师提出犯罪嫌疑人无罪或者依法不追究刑事责任的意见，或者提出证据材料的，国家安全机关应当依法予以核实。辩护律师提出书面意见的，应当附卷。

第305条　侦查终结的案件应当同时具备以下条件：（一）案件事实清楚；（二）证据确实、充分；（三）犯罪性质和罪名认定正确；（四）法律手续完备；（五）依法应当追究刑事责任。

第306条　对侦查终结的案件，国家安全机关应当全面审查证明证据收集合法性的证据材料，依法排除非法证据。排除非法证据后，证据不足的，不得移送审查起诉。

国家安全机关发现侦查人员非法取证的，应当依法作出处理，并可另行指派侦查人员重新调查取证。

第307条　侦查终结的案件，侦查人员应当制作结案报告。

结案报告应当包括以下内容：（一）犯罪嫌疑人的基本情况；（二）是否采取了强制措施及其理由；（三）案件的事实和证据；（四）法律依据和处理意见。

第308条　侦查终结案件的处理，由设区的市级以上国家安全机关负责人批准；重大、复杂、疑难的案件应当报上一级国家安全机关负责人批准。

第309条　侦查终结后，应当将全部案卷材料按照要求分别装订立卷。向人民检察院移送案卷时，有关材料涉及国家秘密、工作秘密、商业秘密、个人隐私的，应当保密。

第310条　对于查封、扣押的犯罪嫌疑人的财物及其孳息、文件或者冻结的财产，作为证据使用的，应当随案移送，并制作随案移送清单一式2份，1份留存，1份交人民检察院。

对于实物不宜移送的，应当将其清单、照片或者其他证明文件随案移送。待人民法院作出生效判决后，按照人民法院送达的生效判决书、裁定书依法作出处理，并向人民法院送交回执。人民法院未作处理的，应当征求人民法院意见，并根据人民法院的决定依法作出处理。

第311条　对侦查终结的案件，应当制作起诉意见书，经国家安全机关负责人批准后，连同全部案卷材料、证据，以及辩护律师提出的意见，一并移送同级人民检察院审查决定；同时将案件移送情况告知犯罪嫌疑人及其辩护律师。

犯罪嫌疑人自愿认罪的，应当记录在案，随案移送，并在起诉意见书中写明有关情况。

对于犯罪嫌疑人在押的，应当制作换押证并随案移送。

第312条　对于犯罪嫌疑人在境外，需要及时进行审判的严重危害国家安全犯罪、恐怖活动犯罪案件，应当在侦查终结后层报国家安全部批准，按照有关规定移送审查起诉。

在审查起诉或者缺席审理过程中，犯罪嫌疑人、被告人向国家安全机关自动投案或者被国家安全机关抓获的，国家安全机关应当立即通知人民检察院、人民法院。

第313条　共同犯罪案件的起诉意见书，应当写明每个犯罪嫌疑人在共同犯罪中的地位、作用、具体罪责和认罪态度，并分别提出处理意见。

第314条　被害人提出附带民事诉讼的，应当记录在案；移送审查起诉时，应当在起诉意见书末页注明。

对于达成当事人和解的公诉案件，经国家安全机关负责人批准，国家安全机关移送审查起诉时，可以提出从宽处理的建议。

第163条① 【**撤销案件**】在侦查过程中，发现不应对犯罪嫌疑人追究刑事责任的，应当撤销案件；被告人犯罪嫌疑人②已被逮捕的，应当立即释放，发给释放证明，并且通知原批准逮捕的人民检察院。

（插）**第168条**　【**自侦终结**】人民检察院侦查终结的案件，应当作出提起公诉、不起诉或者撤销案件的决定。

● **相关规定**　【高检会〔2015〕10号】　最高人民法院、最高人民检察院、公安部、国家安全部关于机关事业单位工作人员被采取刑事强制措施和受刑事处罚实行向所在单位告知制度的通知（最高检办公厅2015年11月6日印发施行；详见《刑事诉讼法》第66条）

3.（第1款）　办案机关决定撤销案件或者对犯罪嫌疑人终止侦查的，应当在作出撤销案件或者终止侦查决定后10日以内，告知机关事业单位工作人员所在单位。

---

① 本条规定中的2处"犯罪嫌疑人"原为"被告人"，由1996年3月17日第8届全国人民代表大会第4次会议修改，1997年1月1日施行。

② 本部分内容由1996年3月17日第8届全国人民代表大会第4次会议修改，1997年1月1日施行。

【主席令〔2018〕3号】　中华人民共和国监察法（2018年3月20日第13届全国人大第1次会议通过，同日公布施行）

第45条（第2款）　监察机关经调查，对没有证据证明被调查人存在违法犯罪行为的，应当撤销案件，并通知被调查人所在单位。

【国监委公告〔2021〕1号】　监察法实施条例（2021年7月20日国家监委全体会议决定，2021年9月20日公布施行）

第206条　监察机关经调查，对没有证据证明或者现有证据不足以证明被调查人存在违法犯罪行为的，应当依法撤销案件。省级以下监察机关撤销案件后，应当在7个工作日以内向上一级监察机关报送备案报告。上一级监察机关监督检查部门负责备案工作。

省级以下监察机关拟撤销上级监察机关指定管辖或者交办案件的，应当将《撤销案件意见书》连同案卷材料，在法定调查期限到期7个工作日前报指定管辖或者交办案件的监察机关审查。对于重大、复杂案件，在法定调查期限到期10个工作日前报指定管辖或者交办案件的监察机关审查。

指定管辖或者交办案件的监察机关由监督检查部门负责审查工作。指定管辖或者交办案件的监察机关同意撤销案件的，下级监察机关应当作出撤销案件决定，制作《撤销案件决定书》；指定管辖或者交办案件的监察机关不同意撤销案件的，下级监察机关应当执行该决定。

监察机关对于撤销案件的决定应当向被调查人宣布，由其在《撤销案件决定书》上签名、捺指印，立即解除留置措施，并通知其所在机关、单位。

撤销案件后又发现重要事实或者有充分证据，认为被调查人有违法犯罪事实需要追究法律责任的，应当重新立案调查。

【高检发释字〔2019〕4号】　人民检察院刑事诉讼规则（2019年12月2日最高检第13届检委会第28次会议通过，2019年12月30日公布施行；高检发释字〔2012〕2号《规则（试行）》同时废止）

第242条　人民检察院在侦查过程中或者侦查终结后，发现具有下列情形之一的，负责侦查的部门应当制作拟撤销案件意见书，报请检察长或者检察委员会决定：（一）具有刑事诉讼法第16条规定情形之一的；（二）没有犯罪事实的，或者依照刑法规定不负刑事责任或者不是犯罪的；（三）虽有犯罪事实，但不是犯罪嫌疑人所为的。

对于共同犯罪的案件，如有符合本条规定情形的犯罪嫌疑人，应当撤销对该犯罪嫌疑人的立案。

第243条　地方各级人民检察院检察长或者检察委员会决定撤销案件的，负责侦查的部门侦查部门应当将撤销案件意见书连同本案全部案卷材料，在法定期限届满7日前报上一级人民检察院审查；重大、复杂案件在法定期限届满10日前报上一级人民检察院审查。

对于共同犯罪案件，应当将处理同案犯罪嫌疑人的有关法律文书以及案件事实、证据材料复印件等，一并报送上一级人民检察院。

上一级人民检察院负责侦查的部门侦查部门应当对案件事实、证据和适用法律进行全面审查。必要时，可以讯问犯罪嫌疑人。

上一级人民检察院负责侦查的部门侦查部门审查后，应当提出是否同意撤销案件的意见，报请检察长或者检察委员会决定。

人民检察院决定撤销案件的，应当告知控告人、举报人，听取其意见并记明笔录。

第244条　上一级人民检察院审查下级人民检察院报送的拟撤销案件，应当在收到案件后7日以内批复；重大、复杂案件，应当在收到案件后10日以内批复。情况紧急或者因其他特殊原因不能按时送达的，可以先行通知下级人民检察院执行。

第245条　上一级人民检察院同意撤销案件的，下级人民检察院应当作出撤销案件决定，并制作撤销案件决定书。上一级人民检察院不同意撤销案件的，下级人民检察院应当执行上一级人民检察院的决定。

报请上一级人民检察院审查期间，犯罪嫌疑人羁押期限届满的，应当依法释放犯罪嫌疑人或者变更强制措施。

第246条　撤销案件的决定，应当分别送达犯罪嫌疑人所在单位和犯罪嫌疑人。犯罪嫌疑人死亡的，应当送达犯罪嫌疑人原所在单位。如果犯罪嫌疑人在押，应当制作决定释放通知书，通知公安机关依法释放。

第247条　人民检察院作出撤销案件决定的，应当在30日以内报经检察长批准，对犯罪嫌疑人的违法所得作出处理，并制作查封、扣押、冻结款物的处理报告，详细列明每一项款物的来源、去向并附有关法律文书复印件，报检察长审核后存入案卷，并在撤销案件决定书中写明对查封、扣押、冻结的涉案款物的处理结果。情况特殊的，经检察长决定，可以延长30日。

第248条　人民检察院撤销案件时，对犯罪嫌疑人的违法所得及其他涉案财产应当区分不同情形，作出相应处理：

（一）因犯罪嫌疑人死亡而撤销案件，依照刑法规定应当追缴其违法所得及其他涉案财产的，按照本规则第12章第4节的规定办理。

（二）因其他原因撤销案件，对于查封、扣押、冻结犯罪嫌疑人违法所得及其他涉案财产需要没收的，应当提出检察意见，移送有关主管机关处理。

（三）对于冻结的犯罪嫌疑人存款、汇款、债券、股票、基金份额等财产需要返还被害人的，可以通知金融机构、邮政部门返还被害人；对于查封、扣押的犯罪嫌疑人的违法所得及其他涉案财产需要返还被害人的，直接决定返还被害人。

人民检察院申请人民法院裁定处理犯罪嫌疑人涉案财产的，应当向人民法院移送有关案卷案件材料。

第249条　人民检察院撤销案件时，对查封、扣押、冻结的犯罪嫌疑人的涉案财物需要返还犯罪嫌疑人的，应当解除查封、扣押或者书面通知有关金融机构、邮政部门解除冻结，返还犯罪嫌疑人或者其合法继承人。

第254条　人民检察院直接受理侦查的案件，撤销案件以后，又发现新的事实或者证据，认为有犯罪事实需要追究刑事责任的，可以重新立案侦查。

第287条（第1款）　对于没有犯罪事实或者犯罪嫌疑人具有刑事诉讼法第16条规定情形之一，人民检察院作出不批准逮捕决定的，应当同时告知公安机关撤销案件。

（第2款）　对于有犯罪事实需要追究刑事责任，但不是被立案侦查的犯罪嫌疑人实施，或者共同犯罪案件中部分犯罪嫌疑人不负刑事责任，人民检察院作出不批准逮捕决定的，应当同时告知公安机关对有关犯罪嫌疑人终止侦查。

第564条（第2款）　公安机关在收到通知立案书或者通知撤销案件书后超过15日不予立案或者未要求复议、提请复核既不提出复议、复核也不撤销案件的，人民检察院应当发出纠正违法通知书。公安机关仍不纠正的，报上一级人民检察院协商同级公安机关处理。

【应急〔2019〕54号】 安全生产行政执法与刑事司法衔接工作办法（应急管理部、公安部、最高法、最高检2019年4月16日印发施行）

第12条（第2款） 对移送的涉嫌安全生产犯罪案件，公安机关立案后决定撤销案件的，应当将撤销案件决定书送达移送案件的应急管理部门，并退回案卷材料。对依法应当追究行政法律责任的，可以同时提出书面建议。有关撤销案件决定书应当抄送同级人民检察院。

【公安部令〔2020〕159号】 公安机关办理刑事案件程序规定（2020年7月4日第3次部务会议修订，2020年7月20日公布，2020年9月1日施行）

第186条 经过侦查，发现具有下列情形之一的，应当撤销案件：（一）没有犯罪事实的；（二）情节显著轻微、危害不大，不认为是犯罪的；（三）犯罪已过追诉时效期限的；（四）经特赦令免除刑罚的；（五）犯罪嫌疑人死亡的；（六）其他依法不追究刑事责任的。

对于经过侦查，发现有犯罪事实需要追究刑事责任，但不是被立案侦查的犯罪嫌疑人实施的，或者共同犯罪案件中部分犯罪嫌疑人不够刑事处罚的，应当对有关犯罪嫌疑人终止侦查，并对该案件继续侦查。

第187条 需要撤销案件或者对犯罪嫌疑人终止侦查的，办案部门应当制作撤销案件或者对犯罪嫌疑人终止侦查报告书，报县级以上公安机关负责人批准。

公安机关决定撤销案件或者对犯罪嫌疑人终止侦查时，原犯罪嫌疑人在押的，应当立即释放，发给释放证明书。原犯罪嫌疑人被逮捕的，应当通知原批准逮捕的人民检察院。对原犯罪嫌疑人采取其他强制措施的，应当立即解除强制措施；需要行政处理的，依法予以处理或者移交有关部门。

对查封、扣押的财物及其孳息、文件，或者冻结的财产，除按照法律和有关规定另行处理的以外，应当解除查封、扣押、冻结，并及时返还或者通知当事人。

第189条 公安机关作出撤销案件决定后，应当在3日以内告知原犯罪嫌疑人、被害人或者其近亲属、法定代理人以及案件移送机关。

公安机关作出终止侦查决定后，应当在3日以内告知原犯罪嫌疑人。

第190条 公安机关撤销案件以后又发现新的事实或者证据，或者发现原认定事实错误，认为有犯罪事实需要追究刑事责任的，应当重新立案侦查。

对犯罪嫌疑人终止侦查后又发现新的事实或者证据，或者发现原认定事实错误，认为有犯罪事实需要对其追究刑事责任的，应当继续侦查。

第296条 对人民检察院退回补充侦查的案件，根据不同情况，报县级以上公安机关负责人批准，分别作如下处理：……（三）发现原认定的犯罪事实有重大变化，不应当追究刑事责任的，应当撤销案件或者对犯罪嫌疑人终止侦查，并将有关情况重新提出处理意见，并将处理结果通知退查的人民检察院；……

【海警局令〔2023〕1号】 海警机构办理刑事案件程序规定（2023年5月15日审议通过，2023年6月15日起施行）（余文见本书第308条）

第180条 经过侦查，发现有下列情形之一的，应当撤销案件：（一）没有犯罪事实的；（二）情节显著轻微、危害不大，不认为是犯罪的；（三）犯罪已过追诉时效期限的；（四）犯罪嫌疑人死亡的；（五）其他依法不追究刑事责任的。

对于经过侦查，发现有犯罪事实需要追究刑事责任，但不是被立案侦查的犯罪嫌疑人实施的，或者共同犯罪案件中部分犯罪嫌疑人不够刑事处罚的，应当对有关犯罪嫌疑人终止侦查，并对该案件继续侦查。

第181条　需要撤销案件或者对犯罪嫌疑人终止侦查的，办案部门应当制作撤销案件或者终止侦查报告书，报海警机构负责人批准。

海警机构决定撤销案件或者对犯罪嫌疑人终止侦查时，原犯罪嫌疑人在押的，应当制作释放通知书送达看守所。原犯罪嫌疑人被逮捕的，应当通知原批准逮捕的人民检察院。对原犯罪嫌疑人采取其他强制措施的，应当立即解除强制措施；需要行政处理的，依法予以处理或者移送有关部门。

对查封、扣押的财物及其孳息、文件，或者冻结的财产，除按照法律和有关规定另行处理的以外，应当解除查封、扣押、冻结，并及时返还或者通知当事人。

第182条　犯罪嫌疑人自愿如实供述涉嫌犯罪的事实，有重大立功或者案件涉及国家重大利益，需要撤销案件的，应当层报中国海警局，由中国海警局商请最高人民检察院核准。

报请撤销案件的海警机构应当同时将相关情况通报相应人民检察院。

海警机构根据前款规定撤销案件的，应当对查封、扣押、冻结的财物及其孳息作出处理。

第183条　海警机构作出撤销案件决定后，应当在3日以内告知原犯罪嫌疑人、被害人或者其近亲属、法定代理人以及案件移送机关。

海警机构作出终止侦查决定后，应当在3日以内告知原犯罪嫌疑人。

第184条　海警机构撤销案件以后又发现新的事实或者证据，或者发现原认定事实错误，认为有犯罪事实需要追究刑事责任的，应当重新立案侦查。

对犯罪嫌疑人终止侦查后又发现新的事实或者证据，或者发现原认定事实错误，需要对其追究刑事责任的，应当继续侦查。

第341条　本规定所称"海警机构负责人"是指海警机构的正职领导。……

【法刊文摘】　检答网集萃107：检察院自行侦查的职务犯罪案件出现犯罪嫌疑人无法接受讯问情况，能否中止侦查（检察日报2023年6月9日）

咨询内容（湖南永州唐引）：检察院自行立案侦查的职务犯罪案件，由于犯罪嫌疑人突发脑溢血，一直处于昏迷状态，无法接受讯问，对此，检察院是否应当中止侦查？如不能，该如何处理？如移送审查起诉，能否因犯罪嫌疑人无法参与诉讼，拒绝受理？

解答摘要（毛善国）：对于人民检察院立案侦查的案件，出现犯罪嫌疑人不能到案、突发疾病等无法接受讯问情况时，检察机关不能中止侦查，应当在依法保障犯罪嫌疑人合法权益的同时，严格依照刑事诉讼法规定采取能够实施的其他刑事侦查措施，全面客观收集除犯罪嫌疑人供述和辩解以外的其他证据，待查明案件事实后依法将案件侦查终结，并依据事实、证据和法律分别作出移送审查起诉、移送审查不起诉或者撤案处理。

【国安部令〔2024〕4号】　国家安全机关办理刑事案件程序规定（2024年4月26日公布，2024年7月1日起施行）

第206条　经过侦查，发现具有下列情形之一的，应当撤销案件：（一）没有犯罪事实的；（二）情节显著轻微、危害不大，不认为是犯罪的；（三）犯罪已过追诉时效期限的；（四）经特赦令免除刑罚的；（五）犯罪嫌疑人死亡的；（六）其他依法不追究刑事责任的。

对于经过侦查，发现有犯罪事实需要追究刑事责任，但不是被立案侦查的犯罪嫌疑人实施的，或者共同犯罪案件中部分犯罪嫌疑人不够刑事处罚的，应当对有关犯罪嫌疑人终止侦查，并对该案件继续侦查。

第207条 需要撤销案件或者对犯罪嫌疑人终止侦查的，应当报国家安全机关负责人批准。

国家安全机关决定撤销案件或者对犯罪嫌疑人终止侦查时，原犯罪嫌疑人在押的，应当立即释放，发给释放证明书。原犯罪嫌疑人被逮捕的，应当通知原批准逮捕的人民检察院。对原犯罪嫌疑人采取其他强制措施的，应当立即解除强制措施；需要行政处理的，依法予以处理或者移交有关部门。

对于查封、扣押的财物及其孳息、文件，或者冻结的财产，除按照法律和有关规定另行处理的以外，应当解除查封、扣押、冻结，并及时返还或者通知当事人。

第208条 犯罪嫌疑人自愿如实供述涉嫌犯罪的事实，有重大立功或者案件涉及国家重大利益，需要撤销案件的，办理案件的国家安全机关应当层报国家安全部，由国家安全部提请最高人民检察院核准后撤销案件。报请撤销案件的国家安全机关应当同时将相关情况通报同级人民检察院。

根据前款规定撤销案件的，国家安全机关应当及时对查封、扣押、冻结的财物及其孳息作出处理。

第209条 国家安全机关作出撤销案件决定后，应当在3日以内告知原犯罪嫌疑人、被害人或者其近亲属、法定代理人以及移送案件的机关。

国家安全机关作出终止侦查决定后，应当在3日以内告知原犯罪嫌疑人。

第210条 国家安全机关撤销案件以后又发现新的事实或者证据，或者发现原认定事实错误，认为有犯罪事实需要追究刑事责任的，应当重新立案侦查。

对犯罪嫌疑人终止侦查以后又发现新的事实或者证据，或者发现原认定事实错误，需要对其追究刑事责任的，应当继续侦查。

第十一节 人民检察院对直接受理的案件的侦查①

第164条 【检察院自侦适用】② 人民检察院对直接受理的案件的侦查适用本章规定。

第165条 【自侦案件的逮捕、拘留】（见第82条、第87条）

第166条 【自侦拘留后的讯问】（见第86条第3款）

第167条③ 【自侦逮捕决定期限】（见第91条）

第168条 【自侦终结】（见第163条）

---

① 本节规定由1996年3月17日第8届全国人民代表大会第4次会议增设，1997年1月1日施行。
② 注：为便于理解和适用，本书将本节规定的内容调整至刑事诉讼法其他相关的条文处。
③ 本条下划线部分由2012年3月14日第11届全国人大常委会第5次会议修改，2013年1月1日施行。原规定分别为"10日""1日至4日"。

（本书汇）【提前介入】[1]

● **相关规定**　　**【主席令〔2018〕10号】**　　**中华人民共和国刑事诉讼法**（2018年10月26日第十三届全国人民代表大会常务委员会第六次会议第三次修正，同日公布施行）

第87条　【检察参加公安讨论】……必要的时候，人民检察院可以派人参加公安机关对于重大案件的讨论。

【高检发研字〔1996〕2号】　　**最高人民检察院关于认真执行《中华人民共和国戒严法》的通知**（1996年3月29日）

四、根据《戒严法》第31条的规定，在个别县、市的局部范围内突然发生严重危及国家安全、社会公共安全和人民的生命财产安全的骚乱，在国家没有作出戒严决定时，省级人民政府可以组织实施一些恢复和维持正常社会秩序的措施。一旦出现这些情况，有关检察机关也应予以高度的重视，采取及时有效的措施依法履行检察职责，与有关部门通力配合，适时介入，熟悉情况，快捕快诉，并配合有关部门做好平息事态工作。

【高检发研字〔1999〕22号】　　**最高人民检察院关于认真贯彻执行《关于取缔邪教组织防范和惩治邪教活动的决定》和有关司法解释的通知**（1999年10月31日）

四、在依法取缔邪教组织、防范和惩治邪教活动的斗争中，各级人民检察院要加强领导、严格责任，检察长要亲自过问有关案件的办理情况，对这类案件的审查逮捕、审查起诉工作，要指派业务骨干承办，各业务部门要切实负起责任，对工作各个环节周密部署，依法及时作出决定。要加强与公安、法院等有关部门的密切联系，适时介入侦查，掌握案情，审查证据，为有力指控有关犯罪打好基础。对于重大、疑难案件，上级检察院要加强对下级检察院的指导、支持和协调有关工作，确保依法、及时、准确有力地打击组织、利用邪教组织进行犯罪的斗争顺利健康进行。

【高检捕发〔2000〕1号】　　**人民检察院立案监督工作问题解答**（2000年1月13日）

15. 公安机关接《通知立案书》后虽已立案，但立案后立而不查、久拖不决的怎么办？

答：……对侦查工作已有重大突破的案件，批捕部门要适时介入公安机关的侦查活动，促使公安机关加快办案进度。

【高检会〔2001〕10号】　　**最高人民检察院、公安部关于依法适用逮捕措施有关问题的规定**（2001年8月6日）

二、（第2款）公安机关认为需要人民检察院派员参加重大案件讨论的，应当及时通知人民检察院，人民检察院接到通知后，应当及时派员参加。参加的检察人员在充分了解案情的基础上，应当对侦查活动提出意见和建议。

三、（第3款）对公安机关报请批准逮捕的案件人民检察院在审查逮捕期间不另行侦查。必要的时候，人民检察院可以派人参加公安机关对重大案件的讨论。

---

[1] 注：《刑事诉讼法》并没有"检察机关提前介入侦查活动"的明确规定（依法自行补充侦查另当别论），故本书将相关规定汇集于此。检察机关一直以《刑事诉讼法》第87条规定"……必要的时候，人民检察院可以派人参加公安机关对于重大案件的讨论"作为介入侦查的上位法依据，最高人民检察院也据此制定了许多相关规定。但本书认为："参加重大案件的讨论"与"提前介入""引导取证"等活动的含义并不相同。

【高检发诉字〔2002〕17号】　最高人民检察院关于进一步加强公诉工作的决定（2002年9月12日）

6. 依法适时介入侦查，引导侦查机关（部门）取证。加强同侦查机关（部门）的联系与配合，建立健全联席会议制度，坚持对重大案件适时介入侦查，依法引导取证活动。按照出庭公诉的要求，对侦查机关（部门）收集证据、固定证据和完善证据工作提出指导性意见和建议。

【高检会〔2004〕1号】　最高人民检察院、全国整顿和规范市场经济秩序领导小组办公室、公安部关于加强行政执法机关与公安机关、人民检察院工作联系的意见（2004年3月18日）

四、……在审查批准逮捕过程中，必要的时候，人民检察院可以派人参加公安机关对于重大案件的讨论，协助公安机关及时侦结案件。

【高检发〔2005〕9号】　最高人民检察院关于进一步加强公诉工作强化法律监督的意见（2005年6月10日）

二、正确履行指控犯罪职能，依法打击各种犯罪活动

（五）加强与侦查、审判机关的协调配合。对重大、疑难、复杂案件和在社会上有影响的案件，公诉部门要适时介入侦查，提前熟悉案情，引导取证，必要时指派检察官参加侦查机关（部门）对重大案件的讨论，根据指控犯罪的需要依法要求侦查人员出庭作证，依法就案件审理的有关安排、临庭处置预案等与审判机关进行沟通协调，形成打击合力。

【工商法字〔2012〕227号】　国家工商总局、公安部、最高人民检察院关于加强工商行政执法与刑事司法衔接配合工作若干问题的意见（2012年12月18日）

七、（第3款）对于情节严重、性质恶劣或者疑难复杂的重大涉嫌犯罪案件，公安、工商机关可以采取组成联合工作组等形式，共同商定工作策略和步骤，联合打击，形成合力，深挖首要违法犯罪分子，彻底摧毁犯罪网络，必要时请人民检察院提前介入研究案件。上级公安、工商机关可以对重大涉嫌犯罪案件开展联合督办，加强指导协调力度，确保严格依法办案。

【高检发诉字〔2015〕5号】　最高人民检察院关于加强出庭公诉工作的意见（2015年6月15日印发；公诉人出席特别程序法庭，检察员出席二审、再审法庭，参照本意见执行）

3. 积极介入侦查引导取证。对重大、疑难、复杂案件，坚持介入范围适当、介入时机适时、介入程度适度原则，通过出席现场勘查和案件讨论等方式，按照提起公诉的标准，对收集证据、适用法律提出意见，监督侦查活动是否合法，引导侦查机关（部门）完善证据链条和证明体系。

【高检发未检字〔2017〕1号】　未成年人刑事检察工作指引（试行）（最高检2017年3月2日印发试行）

第130条　【参与询问】对于性侵害等严重侵害未成年人人身权利的犯罪案件，可以通过提前介入侦查的方式参与公安机关询问未成年被害人工作。对询问过程一般应当进行录音录像，尽量避免在检察环节重复询问。

【公通字〔2017〕25号】　最高人民检察院、公安部关于公安机关办理经济犯罪案件的若干规定（最高检、公安部2017年11月24日印发，2018年1月1日施行；2005年12月31日"公通字〔2005〕101号"《规定》同时废止）

第41条　公安机关办理重大、疑难、复杂的经济犯罪案件，可以听取人民检察院的意见，人民检察院认为确有必要时，可以派员适时介入侦查活动，对收集证据、适用法律提出意见，监督侦查活动是否合法。对人民检察院提出的意见，公安机关应当认真审查，并将结果及时反馈人民检察院。没有采纳的，应当说明理由。

【高检发诉二字〔2018〕1号】　人民检察院办理死刑第二审案件和复核监督工作指引（试行）（2018年1月11日最高检第12届检委会第72次会议通过，2018年3月31日印发）

第93条　【工作指导的要求】上级人民检察院应当加强对死刑案件提前介入侦查、审查起诉、出席第一审法庭、第二审法庭和死刑复核监督工作的指导。

省级人民检察院对可能判处死刑的重大、疑难、复杂案件，应当加强审查起诉和出席第一审法庭的指导工作。对特别重大、疑难、复杂的死刑第二审案件，最高人民检察院应当派员进行指导。

第94条　【同步指导】对于下级人民检察院提前介入侦查活动的可能判处死刑的案件以及下级人民检察院办理的其他死刑案件，上级人民检察院在必要时可以进行同步指导。

【高检发释字〔2019〕4号】　人民检察院刑事诉讼规则（2019年12月2日最高检第13届检委会第28次会议通过，2019年12月30日公布施行；高检发释字〔2012〕2号《规则（试行）》同时废止）

第256条　<u>经公安机关商请或者</u>人民检察院认为确有必要时，可以派员适时介入重大、疑难、复杂案件的侦查活动，参加公安机关对于重大案件的讨论，对案件性质、收集证据、适用法律等提出意见，监督侦查活动是否合法。

（新增）经监察机关商请，人民检察院可以派员介入监察机关办理的职务犯罪案件。

【高检发办字〔2020〕31号】　最高人民检察院关于加强新时代未成年人检察工作的意见（2020年4月21日）

4.依法从严从快批捕、起诉侵害未成年人犯罪。……坚持和完善重大疑难案件快速反应、介入侦查引导取证机制。加强与侦查、审判机关的沟通交流，通过典型案例研讨、同堂培训、一体推行司法政策等方式凝聚共识，统一司法尺度，形成打击合力。

6.持续推进"一站式"办案机制。加强与公安机关沟通，努力实现性侵害未成年人案件提前介入、询问被害人同步录音录像全覆盖，切实提高一次询问的比例，避免和减少二次伤害。……

【高检发办字〔2021〕3号】　人民检察院办理网络犯罪案件规定（2020年12月14日最高检第13届检委会第57次会议通过，2021年1月22日印发）

第12条　经公安机关商请，根据追诉犯罪的需要，人民检察院可以派员适时介入重大、疑难、复杂网络犯罪案件的侦查活动，并对以下事项提出引导取证意见：（一）案件的侦查方向及可能适用的罪名；（二）证据的收集、提取、保全、固定、检验、分析等；（三）关联犯罪线索；（四）追赃挽损工作；（五）其他需要提出意见的事项。

人民检察院开展引导取证活动时，涉及专业性问题的，可以指派检察技术人员共同参与。

第13条　人民检察院可以通过以下方式了解案件办理情况：（一）查阅案件材料；（二）参加公安机关对案件的讨论；（三）了解讯（询）问犯罪嫌疑人、被害人、证人的情况；（四）了解、参与电子数据的收集、提取；（五）其他方式。

第14条　人民检察院介入网络犯罪案件侦查活动，发现关联犯罪或其他新的犯罪线索，应当建议公安机关依法立案或移送相关部门；对于犯罪嫌疑人不构成犯罪的，依法监督公安机关撤销案件。

第15条　人民检察院可以根据案件侦查情况，向公安机关提出以下取证意见：

（一）能够扣押、封存原始存储介质的，及时扣押、封存；

（二）扣押可联网设备时，及时采取信号屏蔽、信号阻断或者切断电源等方式，防止电子数据被远程破坏；

（三）及时提取账户密码及相应数据，如电子设备、网络账户、应用软件等的账户密码，以及存储于其中的聊天记录、电子邮件、交易记录等；

（四）及时提取动态数据，如内存数据、缓存数据、网络连接数据等；

（五）及时提取依赖于特定网络环境的数据，如点对点网络传输数据、虚拟专线网络中的数据等；

（六）及时提取书证、物证等客观证据，注意与电子数据相互印证。

第61条　人民检察院办理网络犯罪案件适用本规定，本规定没有规定的，适用其他相关规定。

第63条　人民检察院办理国家安全机关、海警机关、监狱等移送的网络犯罪案件，适用本规定和其他相关规定。

【高检发〔2021〕13号】　最高人民检察院、公安部关于健全完善侦查监督与协作配合机制的意见（2021年10月31日）

三、机制完善

（二）健全完善协作配合机制

1. 重大疑难案件听取意见机制。公安机关办理重大、疑难案件，可以商请人民检察院派员通过审查证据材料等方式，就案件定性、证据收集、法律适用等提出意见建议。

对于人民检察院派员审查提出意见的案件，公安机关应当全面介绍案件情况，提供相关文书和证据材料，及时向检察机关通报案件侦查进展情况，配合人民检察院的审查工作；根据人民检察院提出的意见建议，进一步收集、固定证据，完善证据体系；对人民检察院提出的证据瑕疵或取证、强制措施适用违反规定程序等确实存在的问题，应当及时进行补正、纠正。人民检察院应当指派具有丰富刑事法律实务经验的检察官对重大疑难案件审查提出意见建议，就公安机关开展侦查取证等工作提出的意见建议应当必要、明确、可行。

【浙检发办字〔2021〕135号】　浙江省人民检察院、浙江省高级人民法院、浙江省公安厅、浙江省司法厅、浙江省自然资源厅、浙江省生态环境厅、浙江省水利厅、浙江省林业局关于进一步完善生态环境和资源保护行政执法与司法协作机制的意见（2021年10月18日）

三、建立司法机关提前介入机制。生态环境和资源保护主管部门和水行政主管部门、综合行政执法部门在日常监管中，发现下列情形的，应当及时向公安机关和人民检察院通报并做好现场保护和证据固定，公安机关应提前介入，符合立案条件的，应当及时立案侦查：（一）明显涉嫌生态环境和资源破坏犯罪的；（二）犯罪证据可能被转移、销毁或灭失，需要立即采取固定措施的；（三）犯罪嫌疑人身份不明或可能逃匿，需要采取侦查手段或及时采取强制措施的；（四）其他需要公安机关提前介入的情形。

……对案情重大、群众反映强烈、被国家挂牌督办案件及其他复杂疑难案件，公安机关可以听取人民检察院的意见；检察机关应提前介入，就刑事侦查和生态环境损害赔偿取证进行引导，提出意见和建议。对公安机关立案侦查的跨省生态环境资源刑事案件，同级检察机关及时介入引导取证，并主动加强与其他涉案地检察机关联系，相互通报反馈有关情况，确保案件得到全面有效办理。

【公安部令〔2022〕165号】　公安机关反有组织犯罪工作规定（2022年8月10日第9次公安部部务会议通过，2022年8月26日公布，2022年10月1日施行）

第37条　根据有组织犯罪案件侦查需要，公安机关可以商请人民检察院派员参加案件会商，听取其关于案件定性、证据收集、法律适用等方面的意见。

【高检发办字〔2023〕49号】　人民检察院办理知识产权案件工作指引（2023年4月25日印发施行）

第14条　人民检察院办理知识产权案件，应当进一步健全完善与公安机关的侦查监督与协作配合工作机制。经公安机关商请或者人民检察院认为确有必要时，可以派员通过审查证据材料等方式对重大、疑难、复杂知识产权刑事案件的案件性质、收集证据、适用法律等提出意见建议。

【海警局令〔2023〕1号】　海警机构办理刑事案件程序规定（2023年5月15日审议通过，2023年6月15日起施行）（余文见本书第308条）

第192条（第2款）　海警机构办理重大、疑难、复杂案件，可以商请人民检察院介入侦查活动，并听取人民检察院的意见和建议。人民检察院派员介入海警机构的侦查活动，对收集证据、适用法律提出意见，监督侦查活动是否合法的，海警机构应当予以配合。

【高检发办字〔2023〕71号】　最高人民检察院、中国海警局关于健全完善侦查监督与协作配合机制的指导意见

10.海警机构办理重大、疑难案件，可以商请检察机关派员，通过审查证据材料、参与案件讨论等方式，就案件定性、证据收集、法律适用等提出意见建议。

海警机构应当向检察机关指派人员全面介绍案件情况，提供相关文书和证据材料，及时通报案件侦查进展，根据检察机关提出的意见建议，进一步收集、固定证据，完善证据体系；存在证据瑕疵或取证、强制措施适用违反规定程序等问题的，应当及时补正纠正。

● **指导案例**　**【高检发研字〔2018〕10号】　最高人民检察院第10批指导性案例**（2018年6月13日最高检第13届检委会第2次会议通过，2018年7月3日印发）

(检例第40号)　周辉集资诈骗案

指导意义：集资诈骗罪是近年来检察机关重点打击的金融犯罪之一。对该类犯罪，检察机关应着重从以下几个方面开展工作：一是强化证据审查。非法集资类案件由于参与人数多、涉及面广，受主客观因素影响，取证工作易出现瑕疵和问题。检察机关对重大复杂案件要及时介入侦查、引导取证。在审查案件中要强化对证据的审查，需要退回补充侦查或者自行补充侦查的，要及时退查或补查，建立起完整、牢固的证据锁链，夯实认定案件事实的证据基础。二是在法庭审理中要突出指控和证明犯罪的重点。要紧紧围绕集资诈骗罪构成要件，特别是行为人主观上具有非法占有目的、客观上以欺骗手段非法集资的事实梳理组合证据，运用完整的证据体系对认定犯罪的关键事实予以清晰证明。三是要将办理案件与追赃挽损相结合。检察机关办理相关案件，要积极配合公安机关、人民法院依法开展追赃挽损、资产处置等工作，最大限度减少人民群众的实际损失。四是要结合办案开展以案释法，增强社会公众的法治观念和风险防范意识，有效预防相关犯罪的发生。

【高检发办字〔2020〕21号】 最高人民检察院第18批指导性案例（2020年1月3日最高检第13届检委会第31次会议通过，2020年3月28日印发，2020年4月8日公布）

（检例第69号） 姚晓杰等11人破坏计算机信息系统案

指导意义：（一）立足网络攻击犯罪案件特点引导公安机关收集调取证据。对重大、疑难、复杂的网络攻击类犯罪案件，检察机关可以适时介入侦查引导取证，会同公安机关研究侦查方向，在收集、固定证据等方面提出法律意见。一是引导公安机关及时调取证明网络攻击犯罪发生、证明危害后果达到追诉标准的证据。委托专业技术人员对收集提取到的电子数据等进行检验、鉴定，结合在案其他证据，明确网络攻击类型、攻击特点和攻击后果。二是引导公安机关调取证明网络攻击是犯罪嫌疑人实施的证据。借助专门技术对攻击源进行分析，溯源网络犯罪路径。审查认定犯罪嫌疑人网络身份与现实身份的同一性时，可通过核查IP地址、网络活动记录、上网终端归属，以及证实犯罪嫌疑人与网络终端、存储介质间的关联性综合判断。犯罪嫌疑人在实施网络攻击后，威胁被害人的证据可作为认定攻击事实和因果关系的证据。有证据证明犯罪嫌疑人实施了攻击行为，网络攻击类型和特点与犯罪嫌疑人实施的攻击一致，攻击时间和被攻击时间吻合的，可以认定网络攻击系犯罪嫌疑人实施。三是网络攻击类犯罪多为共同犯罪，应重点审查各犯罪嫌疑人的供述和辩解、手机通信记录等，通过审查自供和互证的情况以及与其他证据间的印证情况，查明各犯罪嫌疑人间的犯意联络、分工和作用，准确认定主、从犯。四是对需要通过退回补充侦查进一步完善上述证据的，在提出补充侦查意见时，应明确列出每一项证据的补侦目的，以及为了达到目的需要开展的工作。在补充侦查过程中，要适时与公安机关面对面会商，了解和掌握补充侦查工作的进展，共同研究分析补充到的证据是否符合起诉和审判的标准和要求，为补充侦查工作提供必要的引导和指导。

……

（三）对破坏计算机信息系统的危害后果应作客观全面准确认定。对这类案件，如果仅根据违法所得或经济损失数额来评估危害后果，可能会导致罪刑不相适应。因此，在办理破坏计算机信息系统犯罪案件时，检察机关应发挥好介入侦查引导取证的作用，及时引导公安机关按照法律规定，从扰乱公共秩序的角度，收集、固定能够证实受影响的计算机信息系统数量或用户数量、受影响或被攻击的计算机信息系统不能正常运行的累计时间、对被害企业造成的影响等证据，对危害后果作出客观、全面、准确认定，做到罪责相当、罚当其罪，使被告人受到应有惩处。

【高检发办字〔2020〕44号】 最高人民检察院第20批指导性案例（2020年7月6日最高检第13届检委会第42次会议通过，2020年7月16日印发）

（检例第76号） 张某受贿、郭某行贿、职务侵占、诈骗案

要旨：检察机关提前介入应认真审查案件事实和证据，准确把握案件定性，依法提出提前介入意见。

（本书汇）【侦查活动监督】①

● **相关规定**　【高检发诉字〔2002〕17号】　**最高人民检察院关于进一步加强公诉工作的决定**（2002年9月12日）

7. 依法对侦查活动进行监督。对于以刑讯逼供或者威胁、引诱、欺骗等非法手段收集的犯罪嫌疑人供述、被害人陈述、证人证言，不能作为指控犯罪的证据。对侦查活动中刑讯逼供、徇私舞弊、非法取证、任意改变强制措施和其他违反刑事诉讼法的行为，依法提出纠正意见；构成犯罪的，移送有关部门追究刑事责任。加大追诉漏罪、漏犯力度，防止犯罪分子逃脱法律制裁。

【高检发〔2005〕9号】　**最高人民检察院关于进一步加强公诉工作强化法律监督的意见**（2005年6月10日）

三、强化诉讼监督，维护司法公正

（二）依法加强对侦查活动的监督。坚持打击犯罪与保障人权并重，既要加强对以罚代刑、漏罪漏犯、另案处理、退回补充侦查后自行消化处理等案件的监督，防止有罪不究、放纵犯罪，又要严格区分罪与非罪的界限，依法监督纠正滥用刑事手段、违法插手经济纠纷，以及出于地方和部门保护主义，违法立案管辖刑事案件等问题，切实保障无罪的人不受刑事追究。对滥用强制措施或者检察机关批准逮捕后随意改变强制措施的，以及其他在侦查活动中违反程序、侵犯诉讼参与人诉讼权利与合法权益的行为，应当依法提出监督意见，督促纠正。

重点加强对刑讯逼供、暴力取证等严重侦查违法行为的监督，坚决依法排除非法证据。要根据法律规定，制定检察机关公诉案件非法证据排除规则。切实加强对证据来源合法性的审查，对于以刑讯逼供、暴力取证或者威胁、引诱、欺骗等非法方法收集的犯罪嫌疑人供述、被害人陈述、证人证言，应当坚决予以排除。对于其他未严格遵守法律规定收集的证据，必须依法重新收集或者采取其他补救措施后，才能作为指控犯罪的根据。要从程序上设置发现刑讯逼供的途径，严格执行诉讼权利告知制度，认真听取犯罪嫌疑人等对侦查违法行为的控告，并通过审查分析侦查程序是否合法、是否出现异常现象等情况，努力提高发现刑讯逼供、暴力取证行为的能力。对违法取证特别是刑讯逼供、暴力取证的，要坚决依法监督纠正，构成犯罪的，依法追究刑事责任。

【高检发〔2009〕30号】　**最高人民检察院关于进一步加强对诉讼活动法律监督工作的意见**（2009年2月18日最高检第11届检委会第9次会议通过，2009年12月29日印发施行）

二、突出重点，加强对诉讼活动的法律监督

（二）侦查活动监督

6. 加大对侦查活动中刑讯逼供、暴力取证等违法行为的查处力度。健全对刑讯逼供、暴力取证等侦查违法行为开展调查、纠正违法的程序和方式，发现有刑讯逼供、暴力取证等违法行为的，及时提出纠正意见；涉嫌犯罪的，及时立案侦查。会同有关部门建立建议更换办

---

① 注：为便于查阅，本书将侦查活动违法监督的相关规定汇集于此（批捕时的纠违见第100条；立案监督见第113条）。

案人制度。探索建立对公安派出所的监督机制。

7. 健全排除非法证据制度。在审查逮捕、审查起诉工作中发现侦查机关以刑讯逼供或者威胁、引诱、欺骗等非法方法收集的犯罪嫌疑人供述、被害人陈述以及证人证言，依法予以排除，不能作为指控犯罪的根据。

8. 探索对侦查机关采取的强制性侦查措施及强制措施的监督机制。探索建立诉讼当事人对侦查机关采取搜查、查封、扣押、冻结等措施不服，提请检察机关进行监督的制度。加强对侦查机关变更逮捕措施、另案处理以及退回补充侦查后自行处理案件的监督。

9. 防止错误逮捕、起诉以及遗漏犯罪嫌疑人或罪行。在审查逮捕、审查起诉中加强审查工作，发现提请逮捕、移送起诉有错误的，及时作出处理；发现遗漏犯罪嫌疑人或罪行的，追加逮捕或起诉；对于已批捕的犯罪嫌疑人在逃的，督促公安机关及时抓捕。

【高检发执检字〔2015〕18号】　人民检察院对指定居所监视居住实行监督的规定（2015年10月13日最高检第12届检委会第41次会议通过，2015年12月17日印发施行）

第7条　具有以下情形之一的，人民检察院应当对指定居所监视居住决定是否合法启动监督：（一）犯罪嫌疑人及其法定代理人、近亲属或者辩护人认为指定居所监视居住决定违法，向人民检察院提出控告、举报、申诉的；（二）人民检察院通过介入侦查、审查逮捕、审查起诉、刑事执行检察、备案审查等工作，发现侦查机关（部门）作出的指定居所监视居住决定可能违法的；（三）人民监督员认为指定居所监视居住决定违法，向人民检察院提出监督意见的；（四）其他应当启动监督的情形。

【公通字〔2017〕25号】　最高人民检察院、公安部关于公安机关办理经济犯罪案件的若干规定（最高检、公安部2017年11月24日印发，2018年1月1日施行；2005年12月31日《公通字〔2005〕101号》《规定》同时废止）

第72条　公安机关应当依据《中华人民共和国人民警察法》等有关法律法规和规范性文件的规定，加强对办理经济犯罪案件活动的执法监督和督察工作。

上级公安机关发现下级公安机关存在违反法律和有关规定行为的，应当责令其限期纠正。必要时，上级公安机关可以就其违法行为直接作出相关处理决定。

人民检察院发现公安机关办理经济犯罪案件中存在违法行为的，或者对有关当事人及其辩护律师、诉讼代理人、利害关系人的申诉、控告事项查证属实的，应当通知公安机关予以纠正。

第73条　具有下列情形之一的，公安机关应当责令依法纠正，或者直接作出撤销、变更或者纠正决定。对发生执法过错的，应当根据办案人员在办案中各自承担的职责，区分不同情况，分别追究案件审批人、审核人、办案人及其他直接责任人的责任。构成犯罪的，依法追究刑事责任：

（一）越权管辖或者推诿管辖的；（二）违反规定立案、不予立案或者撤销案件的；（三）违反规定对犯罪嫌疑人采取强制措施的；（四）违反规定对财物采取查封、扣押、冻结措施的；（五）违反规定处置涉案财物的；（六）拒不履行办案协作职责，或者阻碍异地公安机关依法办案的；（七）阻碍当事人、辩护人、诉讼代理人依法行使诉讼权利的；（八）其他应当予以追究责任的。

对于导致国家赔偿的责任人员，应当依据《中华人民共和国国家赔偿法》的有关规定，追偿其部分或者全部赔偿费用。

第74条　公安机关在受理、立案、移送以及涉案财物处置等过程中，与人民检察院、人民法院以及仲裁机构发生争议的，应当协商解决。必要时，可以报告上级公安机关协调解决。上级公安机关应当加强监督，依法处理。

人民检察院发现公安机关存在执法不当行为的，可以向公安机关提出书面纠正意见或者检察建议。公安机关应当认真审查，并将结果及时反馈人民检察院。没有采纳的，应当说明理由。

【高检发释字〔2019〕4号】　人民检察院刑事诉讼规则（2019年12月2日最高检第13届检委会第28次会议通过，2019年12月30日公布施行；高检发释字〔2012〕2号《规则（试行）》同时废止）

第567条　人民检察院应当对侦查活动中是否存在以下违法行为进行监督：
（1）采用刑讯逼供以及其他非法方法收集犯罪嫌疑人供述的；故意制造冤、假、错案的；
（2）讯问犯罪嫌疑人依法应当录音或者录像而没有录音或者录像，或者未在法定羁押场所讯问犯罪嫌疑人的；非法搜查他人身体、住宅，或者非法侵入他人住宅的；
（3）采用暴力、威胁以及非法限制人身自由等非法方法收集证人证言、被害人陈述，或者以暴力、威胁等方法阻止证人作证或者指使他人作伪证的；非法拘禁他人或者以其他方法非法剥夺他人人身自由的；
（4）伪造、隐匿、销毁、调换、私自涂改证据，或者帮助当事人毁灭、伪造证据的；
（5）违反刑事诉讼法关于决定、执行、变更、撤销强制措施的规定，或者强制措施法定期限届满，不予释放、解除或者变更的；
（6）应当退还取保候审保证金不退还的；在侦查活动中利用职务之便谋取非法利益的；
（7）违反刑事诉讼法关于讯问、询问、勘验、检查、搜查、鉴定、采取技术侦查措施等规定的；
（8）对与案件无关的财物采取查封、扣押、冻结措施，或者应当解除查封、扣押、冻结而不解除的；
（9）贪污、挪用、私分、调换、违反规定使用查封、扣押、冻结的财物及其孳息的；
（10）在侦查过程中不应当撤案而撤案的；徇私舞弊、放纵、包庇犯罪分子的；
（11）侦查人员应当回避而不回避的；
（12）依法应当告知犯罪嫌疑人诉讼权利而不告知，影响犯罪嫌疑人行使诉讼权利的；
（13）对犯罪嫌疑人拘留、逮捕、指定居所监视居住后依法应当通知家属而未通知的；
（14）阻碍当事人、辩护人、诉讼代理人、值班律师依法行使诉讼权利的；
（15）应当对证据收集的合法性出具说明或者提供证明材料而不出具、不提供的；
（16）侦查活动中的其他违反法律规定刑事诉讼法有关规定的行为。

第568条　人民检察院发现侦查活动中的违法情形已涉嫌犯罪，属于人民检察院管辖的，依法立案侦查；不属于人民检察院管辖的，依照有关规定移送有管辖权的机关。

第569条　人民检察院负责捕诉的部门发现本院负责侦查的部门在侦查活动中有违法情形，应当提出纠正意见。需要追究相关人员违法违纪责任的，应当报告检察长。

上级人民检察院发现下级人民检察院在侦查活动中有违法情形，应当通知其纠正。下级人民检察院应当及时纠正，并将纠正情况报告上级人民检察院。

【高检发办字〔2021〕3号】　人民检察院办理网络犯罪案件规定（2020年12月14日最高检第13届检委会第57次会议通过，2021年1月22日印发）

第3条　人民检察院办理网络犯罪案件应当加强全链条惩治，注重审查和发现上下游关联犯罪线索。对涉嫌犯罪，公安机关未立案侦查、应当提请批准逮捕而未提请批准逮捕或者应当移送起诉而未移送起诉的，依法进行监督。

第61条　人民检察院办理网络犯罪案件适用本规定，本规定没有规定的，适用其他相关规定。

第63条　人民检察院办理国家安全机关、海警机关、监狱等移送的网络犯罪案件，适用本规定和其他相关规定。

【海警局令〔2023〕1号】　海警机构办理刑事案件程序规定（2023年5月15日审议通过，2023年6月15日起施行）（余文见本书第308条）

第192条（第1款）　人民检察院发现海警机构的侦查活动存在违法情况，通知海警机构予以纠正的，海警机构应当调查核实，对于发现的违法情况应当及时纠正，并将纠正情况书面回复人民检察院。

【高检发办字〔2023〕71号】　最高人民检察院、中国海警局关于健全完善侦查监督与协作配合机制的指导意见

5.人民检察院对海警机构的刑事侦查活动进行监督，重点监督纠正非法取证、违法采取强制措施或者强制措施法定期限届满不予释放、解除、变更，以及违法查封、扣押、冻结、处置涉案财物等情形。

6.人民检察院对海警机构立案侦查的刑事案件，具有下列情形之一的，应当开展监督：

（一）对犯罪嫌疑人解除强制措施之日起12个月以内，仍然不能移送起诉或者依法作出其他处理的；

（二）对犯罪嫌疑人未采取强制措施，自立案之日起2年以内，仍然不能移送起诉或者依法作出其他处理的。

人民检察院应当督促海警机构积极开展侦查并跟踪案件进度，具备法定条件的，应当要求海警机构尽快侦查终结。海警机构侦查终结移送起诉的，人民检察院应当依法审查处理；对于人民检察院违反规定拒绝收卷的，海警机构可以向其上一级人民检察院通报。

对于符合法定撤案情形的，人民检察院应当依法监督海警机构撤销案件。海警机构撤销案件后，对相关违法行为应当依法予以行政处罚或者移交有关部门处理。撤销案件后，又发现新的涉嫌犯罪事实或者证据，依法需要追究刑事责任的，海警机构应当重新立案侦查。

海警机构应当通过科学设置考核指标提升案件办理质效。

8.人民检察院开展法律监督应当依法进行调查核实，主要方式包括：（一）查阅台账、法律文书及工作文书，调阅卷宗及执法记录仪，查看、调取讯问同步录音录像；（二）讯问、询问犯罪嫌疑人，询问证人、被害人或者其他诉讼参与人；（三）询问办案人员；（四）询问在场人员或者其他可能知情的人员；（五）听取申诉人或者控告人意见；（六）听取辩护人、值班律师意见；（七）查看、了解刑事强制措施执行情况以及涉案财物查封、扣押、冻结、返还、处理情况；（八）进行伤情、病情检查或者鉴定，查询、调取犯罪嫌疑人出入看守所时身体检查记录；（九）其他调查核实方式。

人民检察院开展调查核实，不得干预海警机构侦查人员依法办案，不得干扰和妨碍侦查活动正常进行。

人民检察院在调查核实过程中，应当加强与海警机构沟通，充分听取办案人员意见。经依法调查核实后，需要监督纠正的，应当及时向海警机构提出监督意见。海警机构对人民检察院提出的监督意见，应当依法及时将处理结果或者进展情况回复人民检察院。

（本书汇）【公安内部执法监督】①

● **相关规定** 　**【公安部令〔1999〕40号】** 　**公安机关内部执法监督工作规定**（1999年6月2日公安部部长办公会议通过，1999年6月11日发布施行；2014年6月29日公安部令第132号、2020年8月6日公安部令第160号修正）

第2条　公安机关内部执法监督，是指上级公安机关对下级公安机关，上级业务部门对下级业务部门，本级公安机关对所属业务部门、派出机构及其人民警察的各项执法活动实施的监督。

第5条　各级公安机关在加强内部执法监督的同时，必须依法接受人民群众、新闻舆论的监督，接受国家权力机关、人民政府的监督，接受人民检察院的法律监督和人民法院的审判监督。

第6条　执法监督的范围：（一）有关执法工作的规范性文件及制度、措施是否合法；（二）刑事立案、销案，实施侦查措施、刑事强制措施和执行刑罚等刑事执法活动是否合法和适当；……（五）看守所、拘役所、治安拘留所、强制戒毒所、留置室等限制人身自由场所的执法情况；……（七）国家赋予公安机关承担的其他执法职责的履行情况。

第7条　执法监督的方式：（一）依照法律、法规和规章规定的执法程序和制度进行的监督；（二）对起草、制订的有关执法工作的规范性文件及制度、措施进行法律审核；（三）对疑难、有分歧、易出问题和各级公安机关决定需要专门监督的案件，进行案件审核；（四）组织执法检查、评议；（五）组织专项、专案调查；（六）依照法律、法规进行听证、复议、复核；（七）进行执法过错责任追究；（八）各级公安机关决定采取的其他方式。

第8条　各级公安机关发现本级或者下级公安机关发布的规范性文件和制度、措施与国家法律、法规和规章相抵触的，应当予以纠正或者通知下级公安机关予以纠正。

第9条　对案件的审核可以采取阅卷审查方式进行，就案件的事实是否清楚，证据是否确凿、充分，定性是否准确，处理意见是否适当，适用法律是否正确，程序是否合法，法律文书是否规范、完备等内容进行审核，保障案件质量。

第12条　对国家权力机关、人民政府或者上级公安机关交办复查的案件，人民群众反映强烈的普遍性、倾向性的公安执法问题，应当组织有关部门进行专项调查或者专案调查。在查明情况后，应当写出调查报告，提出处理意见和纠正措施，报本级公安机关领导批准后组织实施，并将查处结果报告交办机关和上级公安机关。

第13条　在执法监督过程中，发现本级或者下级公安机关已经办结的案件或者执法活动确有错误、不适当的，主管部门报经主管领导批准后，直接作出纠正的决定，或者责成有

---

① 注：《刑事诉讼法》没有关于公安机关内部执法监督的相关规定，本书将其汇集于此。

关部门或者下级公安机关在规定的时限内依法予以纠正。

第18条　公安机关警务督察部门依照《公安机关督察条例》的规定，对公安机关及其人民警察的执法活动进行现场督察。

第19条　对公安机关及其人民警察不合法、不适当的执法活动，分别作出如下处理：

（一）对错误的处理或者决定予以撤销或者变更；

（二）对拒不履行法定职责的，责令其在规定的时限内履行法定职责；

（三）对拒不执行上级公安机关决定和命令的有关人员，可以停止执行职务；

（四）公安机关及其人民警察违法行使职权已经给公民、法人和其他组织造成损害，需要给予国家赔偿的，应当依照《中华人民共和国国家赔偿法》的规定予以国家赔偿；

（五）公安机关人民警察在执法活动中因故意或者过失，造成执法过错的，按照《公安机关人民警察执法过错责任追究规定》追究执法过错责任。

第21条　对上级公安机关及其主管部门的执法监督决定、命令，有关公安机关及其职能部门必须执行，并报告执行结果。

对执法监督决定有异议的，应当先予执行，然后按照规定提出意见，作出决定的机关应当认真审查，执行后果由作出决定的公安机关负责。

第23条　对本级和上级公安机关作出的执法监督决定不服，有关单位和人民警察可以向本级或者上级公安机关提出申诉，有关部门应当认真受理，并作出答复。

【公安部令〔2010〕20号】　公安机关人民警察纪律条令（2010年3月10日国务院批准，2010年4月21日监察部、人力资源社会保障部、公安部令第20号公布，2010年6月1日起施行）

第6条　监察机关派驻同级公安机关监察机构可以调查下一级监察机关派驻同级公安机关监察机构管辖范围内的违法违纪案件，必要时也可以调查所辖各级监察机关派驻同级公安机关监察机构管辖范围内的违法违纪案件。

监察机关派驻同级公安机关监察机构经派出它的监察机关批准，可以调查下一级公安机关领导人员的违法违纪案件。

调查结束后，按照人事管理权限，监察机关派驻同级公安机关监察机构应当向处分决定机关提出处分建议，由处分决定机关依法作出处分决定。

第7条　有下列行为之一的，给予开除处分：（一）逃往境外或者非法出境、违反规定滞留境外不归的；（二）参与、包庇或者纵容危害国家安全违法犯罪活动的；（三）参与、包庇或者纵容黑社会性质组织犯罪活动的；（四）向犯罪嫌疑人通风报信的；（五）私放他人出入境的。

第9条　有下列行为之一的，给予记过或者记大过处分；情节较重的，给予降级或者撤职处分；情节严重的，给予开除处分：（一）故意违反规定立案、撤销案件、提请逮捕、移送起诉的；（二）违反规定采取、变更、撤销刑事拘留、取保候审、监视居住等刑事强制措施或者行政拘留的；（三）非法剥夺、限制他人人身自由的；（四）非法搜查他人身体、物品、住所或者场所的；（五）违反规定延长羁押期限或者变相拘禁他人的；（六）违反规定采取通缉等措施或者擅自使用侦察手段侵犯公民合法权益的。

第10条　有下列行为之一的，给予记过或者记大过处分；情节较重的，给予降级或者撤职处分；情节严重的，给予开除处分：（一）违反规定为在押人员办理保外就医、所外执行的；(二) 擅自安排在押人员与其亲友会见，私自为在押人员或者其亲友传递物品、信件，造成不良后果的；(三) 指派在押人员看管在押人员的；(四) 私带在押人员离开羁押场所的。

有前款规定行为并从中谋利的，从重处分。

第11条 体罚、虐待违法犯罪嫌疑人、被监管人员或者其他工作对象的，给予记过或者记大过处分；情节较重的，给予降级或者撤职处分；情节严重的，给予开除处分。

实施或者授意、唆使、强迫他人实施刑讯逼供的，给予撤职处分；造成严重后果的，给予开除处分。

第12条 有下列行为之一的，给予记过或者记大过处分；情节较重的，给予降级或者撤职处分；情节严重的，给予开除处分：(一) 对依法应当办理的受理案件、立案、撤销案件、提请逮捕、移送起诉等事项，无正当理由不予办理的；(二) 对管辖范围内发生的应当上报的重大治安案件、刑事案件、特大道路交通事故和群体性或者突发性事件等隐瞒不报或者谎报的；(三) 在勘验、检查、鉴定等取证工作中严重失职，造成无辜人员被处理或者违法犯罪人员逃避法律追究的；(四) 因工作失职造成被羁押、监管等人员脱逃、致残、致死或者其他不良后果的；(五) 在值班、备勤、执勤时擅离岗位，造成不良后果的；(六) 不履行办案协作职责造成不良后果的；(七) 在执行任务时临危退缩、临阵脱逃的。

第13条 有下列行为之一的，给予记过或者记大过处分；情节较重的，给予降级或者撤职处分；情节严重的，给予开除处分：(一) 利用职权干扰执法办案或者强令违法办案的；(二) 利用职权干预经济纠纷或者为他人追债讨债的。

第14条 有下列行为之一的，给予记过或者记大过处分；情节较重的，给予降级或者撤职处分；情节严重的，给予开除处分：(一) 隐瞒或者伪造案情的；(二) 伪造、变造、隐匿、销毁检举控告材料或者证据材料的；(三) 出具虚假审查或者证明材料、结论的。

第15条 有下列行为之一的，给予警告或者记过处分；情节较重的，给予记大过或者降级处分；情节严重的，给予撤职处分：(一) 违反规定吊销、暂扣证照或者责令停业整顿的；(二) 违反规定查封、扣押、冻结、没收财物的。

第18条 私分、挪用、非法占有赃款赃物、扣押财物、保证金、无主财物、罚没款物的，给予记过或者记大过处分；情节较重的，给予降级或者撤职处分；情节严重的，给予开除处分。

第21条 违反公务用枪管理使用规定的，依照《公安民警违反公务用枪管理使用规定行政处分若干规定》给予处分。

第22条 有下列行为之一的，给予警告或者记过处分；情节较重的，给予记大过或者降级处分；情节严重的，给予撤职或者开除处分：……(三) 违反规定使用警械的。

第24条 参与、包庇或者纵容违法犯罪活动的，给予警告、记过或者记大过处分；情节较重的，给予降级或者撤职处分；情节严重的，给予开除处分。

吸食、注射毒品或者参与、组织、支持、容留卖淫、嫖娼、色情淫乱活动的，给予开除处分。

参与赌博的，依照《行政机关公务员处分条例》第32条规定从重处分。

第25条 违反规定使用公安信息网的，给予警告或者记过或者记大过处分；情节严重的，给予降级或者撤职处分。

第26条 有本条令规定的违法违纪行为，已不符合人民警察条件、不适合继续在公安机关工作的，可以依照有关规定予以辞退或者限期调离。

第28条　本条令所称公安机关人民警察是指属于公安机关及其直属单位的在编在职的人民警察。

公安机关包括县级以上人民政府公安机关和设在铁道、交通运输、民航、林业、海关部门的公安机构。

【国务院令〔2011〕603号】　公安机关督察条例（2011年8月24日国务院第169次常务会议修订，2011年8月31日发布，2011年10月1日起施行）

第2条　公安部督察委员会领导全国公安机关的督察工作，负责对公安部所属单位和下级公安机关及其人民警察依法履行职责、行使职权和遵守纪律的情况进行监督，对公安部部长负责。公安部督察机构承担公安部督察委员会办事机构职能。

县级以上地方各级人民政府公安机关督察机构，负责对本级公安机关所属单位和下级公安机关及其人民警察依法履行职责、行使职权和遵守纪律的情况进行监督，对上一级公安机关督察机构和本级公安机关行政首长负责。

县级以上地方各级人民政府公安机关的督察机构为执法勤务机构，由专职人员组成，实行队建制。

第4条　督察机构对公安机关及其人民警察依法履行职责、行使职权和遵守纪律的下列事项，进行现场督察：……（四）刑事案件、治安案件的受理、立案、侦查、调查、处罚和强制措施的实施情况；……（六）使用武器、警械以及警用车辆、警用标志的情况；（七）处置公民报警、请求救助和控告申诉的情况；……

第5条　督察机构可以向本级公安机关所属单位和下级公安机关派出督察人员进行督察，也可以指令下级公安机关督察机构对专门事项进行督察。

第6条　县级以上地方各级人民政府公安机关督察机构查处违法违纪行为，应当向上一级公安机关督察机构报告查处情况；下级公安机关督察机构查处不力的，上级公安机关督察机构可以直接进行督察。

第9条　督察机构对群众投诉的正在发生的公安机关及其人民警察违法违纪行为，应当及时出警，按照规定给予现场处置，并将处理结果及时反馈投诉人。

投诉人的投诉事项已经进入信访、行政复议或者行政诉讼程序的，督察机构应当将投诉材料移交有关部门。

第10条　督察机构对本级公安机关所属单位和下级公安机关拒不执行法律、法规和上级决定、命令的，可以责令执行；对本级公安机关所属单位或者下级公安机关作出的错误决定、命令，可以决定撤销或者变更，报本级公安机关行政首长批准后执行。

第12条　督察机构认为公安机关人民警察违反纪律需要采取停止执行职务、禁闭措施的，由督察机构作出决定，报本级公安机关督察长批准后执行。

停止执行职务的期限为10日以上60日以下；禁闭的期限为1日以上7日以下。

第13条　督察机构认为公安机关人民警察需要给予处分或者降低警衔、取消警衔的，督察机构应当提出建议，移送有关部门依法处理。

督察机构在督察工作中发现公安机关人民警察涉嫌犯罪的，移送司法机关依法处理。

第14条　公安机关人民警察对停止执行职务和禁闭决定不服的，可以在被停止执行职务或者被禁闭期间向作出决定的公安机关的上一级公安机关提出申诉。由公安部督察机构作出的停止执行职务、禁闭的决定，受理申诉的机关是公安部督察委员会。

受理申诉的公安机关对不服停止执行职务的申诉，应当自收到申诉之日起5日内作出是否撤销停止执行职务的决定；对不服禁闭的申诉，应当在收到申诉之时起24小时内作出是否撤销禁闭的决定。

申诉期间，停止执行职务、禁闭决定不停止执行。

受理申诉的公安机关认为停止执行职务、禁闭决定确有错误的，应当予以撤销，并在适当范围内为当事人消除影响，恢复名誉。

【主席令〔2012〕69号】 中华人民共和国人民警察法（1995年2月28日全国人大常委会〔8届12次〕通过；2012年10月26日全国人大常委会〔11届29次〕修正，2013年1月1日起施行）

第22条 人民警察不得有下列行为：……（二）泄露国家秘密、警务工作秘密；（三）弄虚作假，隐瞒案情，包庇、纵容违法犯罪活动；（四）刑讯逼供或者体罚、虐待人犯；（五）非法剥夺、限制他人人身自由，非法搜查他人的身体、物品、住所或者场所；（六）敲诈勒索或者索取、收受贿赂；（七）殴打他人或者唆使他人打人；……（十一）玩忽职守，不履行法定义务；（十二）其他违法乱纪的行为。

第42条 人民警察执行职务，依法接受人民检察院和行政监察机关的监督。

第43条 人民警察的上级机关对下级机关的执法活动进行监督，发现其作出的处理或者决定有错误的，应当予以撤销或者变更。

第46条 公民或者组织对人民警察的违法、违纪行为，有权向人民警察机关或者人民检察院、行政监察机关检举、控告。受理检举、控告的机关应当及时查处，并将查处结果告知检举人、控告人。

对依法检举、控告的公民或者组织，任何人不得压制和打击报复。

第48条 人民警察有本法第22条所列行为之一的，应当给予行政处分；构成犯罪的，依法追究刑事责任。

行政处分分为：警告、记过、记大过、降级、撤职、开除。对受行政处分的人民警察，按照国家有关规定，可以降低警衔、取消警衔。

对违反纪律的人民警察，必要时可以对其采取停止执行职务、禁闭的措施。

【公安部令〔2016〕137号】 公安机关执法质量考核评议规定（2016年1月4日公安部部长办公会议修订，2016年1月14日发布，2016年3月1日起施行）

第2条 执法质量考核评议，是指上级公安机关对下级公安机关、各级公安机关对所属执法部门及其人民警察执法办案质量进行的考核评议。

第4条 公安机关执法质量考核评议的主要内容包括：（一）接处警执法情况；（二）办理案件情况；……（四）执法监督救济情况；……（六）涉案财物管理和涉案人员随身财物代为保管以及证物保管情况；（七）执法安全情况；……（九）其他需要考核评议的内容。

第5条 接处警执法应当达到以下标准：（一）接警文明规范，出警及时；（二）着装、携带使用处警装备符合规定；（三）处置措施适度、规范；（四）现场取证及时、全面；（五）接处警记录完整、准确、规范；（六）按规定出具接报案回执。

第6条 办理案件应当达到以下标准：（一）受案立案及时、合法、规范；（二）执法主体合法，并具备相应的执法资格；（三）案件管辖符合规定；（四）案件事实清楚，证据确实充分，程序合法；（五）调查取证合法、及时、客观、全面；（六）定性及适用法律、法规、规章准确，量处适当；（七）适用强制措施、侦查措施、作出行政处理决定符合规定；（八）执行刑罚、行政处理决定符合规定；（九）依法保护当事人的合法权益，保障律师执业权利；（十）案件信息公开符合规定；（十一）法律文书规范、完备，送达合法、及时，案卷装订、保管、移交规范。

第8条　执法监督救济应当达到以下标准：（一）受理、查处涉警投诉及时、规范，办理涉法涉诉信访事项的程序合法，无拒不受理、违规受理或者推诿、拖延、敷衍办理等情形；（二）对符合法定受理条件的行政复议、刑事复议复核案件及时受理，办案程序合法、适用法律正确；（三）对行政诉讼案件依法出庭应诉，提出诉讼证据和答辩意见，及时执行生效判决；（四）办理国家赔偿案件程序合法、适用法律正确，无不依法赔偿或者违反规定采取补偿、救助等形式代替国家赔偿等情形；（五）对已发现的执法问题及时纠正，依法追究执法过错责任人的责任。

第10条　涉案财物管理和涉案人员随身财物代为保管应当达到以下标准：（一）财物管理场所设置、保管财物的设备设施符合规定；（二）财物管理制度健全，办案与管理分离、统一管理的有关要求得到落实；（三）按照规定对财物登记、保管、处理，记录、台账清晰完备。

不属于涉案财物的证物的管理标准按照相关规定确定，没有具体规定的，参照上述标准执行。

第11条　执法安全应当达到以下标准：（一）无因违法使用警械、武器造成人员伤亡情形；（二）无因故意或者过失致使被监管人员、涉案人员行凶、自杀、自伤、脱逃等情形；（三）无殴打、虐待或者唆使、放纵他人殴打、虐待被监管人员、涉案人员等情形；（四）无其他造成恶劣影响的执法安全事故。

第14条　各地执法质量考核评议项目和指标由省级公安机关统一确定，各级公安机关部门、警种不得以部门、警种名义下达执法质量考核评议项目和指标。

确定执法质量考核评议项目和指标，应当把执法质量与执法数量、执法效率、执法效果结合起来，激励民警又好又多地执法办案，但不得以不科学、不合理的罚没款数额、刑事拘留数、行政拘留数、发案数、退查率、破案率等作为考评指标。

第17条　具有下列情形之一的，不予扣分：（一）因法律法规、司法解释发生变化，改变案件定性、处理的；（二）因法律规定不明确、有关司法解释不一致，致使案件定性、处理存在争议的；（三）因不能预见或者无法抗拒的原因致使执法问题发生的；（四）对案件基本事实的判断存在争议或者疑问，根据证据规则能够予以合理说明的；（五）因出现新证据而改变原结论的；（六）原结论依据的法律文书被撤销或者变更的；（七）因执法相对人的过错致使执法过错发生的。

第18条　因执行上级公安机关决定、命令而发生执法过错的，不予扣分。

对超越法律、法规规定的人民警察职责范围的指令，下级公安机关有权拒绝执行，并同时向上级公安机关报告。没有报告造成执法问题的，应当扣分；已经报告的，可以减少扣分。

第19条　对执法问题自查自纠，并已依法追究执法过错责任的，可以减少扣分或者不予扣分。

第20条 具有下列情形之一的，年度执法质量考核评议结果应当确定为不达标：（一）发生错案，造成恶劣社会影响的；（二）刑讯逼供或者殴打、体罚、虐待被监管人员、涉案人员致其重伤、死亡的；（三）违法使用警械、武器致人重伤、死亡的；（四）因疏于管理、玩忽职守、滥用职权等原因造成被监管人员、涉案人员非正常死亡、脱逃的；（五）因黄、赌、毒或者涉黑涉恶违法犯罪现象严重，造成恶劣社会影响的；（六）领导班子成员因执法问题被追究刑事责任的。

被考核评议单位拒绝接受考核评议或者弄虚作假的，年度执法质量考核评议结果应当确定为不达标。

第26条 考核评议结果应当及时告知被考核评议单位或者民警。对结果有异议的，可以及时向负责考核评议的公安机关提出书面申诉。负责考核评议的公安机关可以视情重新组织人员复查，并告知复查结果。

第30条 在执法质量考核评议过程中，发现已办结的案件或者执法活动确有错误、不适当的，应当及时纠正。需要追究有关领导或者直接责任人员执法过错责任的，应当依照《公安机关人民警察执法过错责任追究规定》等规定予以追究。

对违反本规定第14条下达、设定考核评议指标以及不按照规定组织开展执法质量考核评议工作的，应当及时纠正，并依照有关规定予以追究责任。

【公安部令〔2016〕138号】 公安机关人民警察执法过错责任追究规定（2016年1月4日公安部部长办公会议修订，2016年1月14日发布，2016年3月1日起施行）

第2条 本规定所称执法过错是指公安机关人民警察在执法办案中，故意或者过失造成的认定事实错误、适用法律错误、违反法定程序、作出违法处理决定等执法错误。

在事实表述、法条引用、文书制作等方面存在执法瑕疵，不影响案件处理结果的正确性及效力的，不属于本规定所称的执法过错，不予追究执法过错责任，但应当纳入执法质量考评进行监督并予以纠正。

第5条 执法办案人、鉴定人、审核人、审批人都有故意或者过失造成执法过错的，应当根据各自对执法过错所起的作用，分别承担责任。

第6条 审批人在审批时改变或者不采纳执法办案人、审核人的正确意见造成执法过错的，由审批人承担责任。

第7条 因执法办案人或者审核人弄虚作假、隐瞒真相，导致审批人错误审批造成执法过错的，由执法办案人或者审核人承担主要责任。

第8条 因鉴定人提供虚假、错误鉴定意见造成执法过错的，由鉴定人承担主要责任。

第9条 违反规定的程序，擅自行使职权造成执法过错的，由直接责任人员承担责任。

第10条 下级公安机关人民警察按照规定向上级请示的案件，因上级的决定、命令错误造成执法过错的，由上级有关责任人员承担责任。因下级故意提供虚假材料或者不如实汇报导致执法过错的，由下级有关责任人员承担责任。

下级对超越法律、法规规定的人民警察职责范围的指令，有权拒绝执行，并同时向上级机关报告。没有报告造成执法过错的，由上级和下级分别承担相应的责任；已经报告的，由上级承担责任。

第11条 对其他执法过错情形，应当根据公安机关人民警察在执法办案中各自承担的职责，区分不同情况，分别追究有关人员的责任。

第13条　追究行政纪律责任的，由人事部门或者纪检监察部门依照《行政机关公务员处分条例》和《公安机关人民警察纪律条令》等规定依法给予处分；构成犯罪的，依法移送有关司法机关处理。

第14条　作出其他处理的，由相关部门提出处理意见，经公安机关负责人批准，可以单独或者合并作出以下处理：（一）诫勉谈话；（二）责令作出书面检查；（三）取消评选先进的资格；（四）通报批评；（五）停止执行职务；（六）延期晋级、晋职或者降低警衔；（七）引咎辞职、责令辞职或者免职；（八）限期调离公安机关；（九）辞退或者取消录用。

第19条　具有下列情形之一的，应当从重追究执法过错责任：（一）因贪赃枉法、徇私舞弊、刑讯逼供、伪造证据、通风报信、蓄意报复、陷害等故意造成执法过错的；（二）阻碍追究执法过错责任的；（三）对检举、控告、申诉人打击报复的；（四）多次发生执法过错的；（五）情节恶劣、后果严重的。

第20条　具有下列情形之一的，可以从轻、减轻或者免予追究执法过错责任：（一）由于轻微过失造成执法过错的；（二）主动承认错误，并及时纠正的；（三）执法过错发生后能够配合有关部门工作，减少损失、挽回影响的；（四）情节轻微、尚未造成严重后果的。

第21条　具有下列情形之一的，不予追究执法过错责任：（一）因法律法规、司法解释发生变化，改变案件定性、处理的；（二）因法律规定不明确、有关司法解释不一致，致使案件定性、处理存在争议的；（三）因不能预见或者无法抗拒的原因致使执法过错发生的；（四）对案件基本事实的判断存在争议或者疑问，根据证据规则能够予以合理说明的；（五）因出现新证据而改变原结论的；（六）原结论依据的法律文书被撤销或者变更的；（七）因执法相对人的过错致使执法过错发生的。

第22条　追究执法过错责任，由发生执法过错的公安机关负责查处。

上级公安机关发现下级公安机关应当查处而未查处的，应当责成下级公安机关查处；必要时，也可以直接查处。

第24条　各有关部门调查后，认为需要法制部门认定执法过错的，可以将案件材料移送法制部门认定。

第25条　法制部门认定执法过错案件，可以通过阅卷、组织有关专家讨论、会同有关部门调查核实等方式进行，形成执法过错认定书面意见后，及时送达有关移送部门，由移送部门按照本规定第13条、第14条作出处理。

第26条　被追究执法过错责任的公安机关人民警察及其所属部门不服执法过错责任追究的，可以在收到执法过错责任追究决定之日起5日内向作出决定的公安机关或者上一级公安机关申诉；接受申诉的公安机关应当认真核实，并在30日内作出最终决定。法律、法规另有规定的，按照有关规定办理。

第27条　因故意或者重大过失造成错案，不受执法过错责任人单位、职务、职级变动或者退休的影响，终身追究执法过错责任。

错案责任人已调至其他公安机关或者其他单位的，应当向其所在单位通报，并提出处理建议；错案责任人在被作出追责决定前，已被开除、辞退且无相关单位的，应当在追责决定中明确其应当承担的责任。

第三章　提起公诉[①]

第 169 条　【公诉权】凡需要提起公诉或者免予起诉[②]的案件，一律由人民检察院审查决定。

● 相关规定　【高检发诉字〔2015〕5号】　最高人民检察院关于加强出庭公诉工作的意见（2015年6月15日印发；公诉人出席特别程序法庭，检察员出席二审、再审法庭，参照本意见执行）

　　二、进一步加强庭前准备工作

　　3. 积极介入侦查引导取证。对重大、疑难、复杂案件，坚持介入范围适当、介入时机适时、介入程度适度原则，通过出席现场勘查和案件讨论等方式，按照提起公诉的标准，对收集证据、适用法律提出意见，监督侦查活动是否合法，引导侦查机关（部门）完善证据链条和证明体系。

　　4. 加强庭前审查。全面审查证据材料的客观性、关联性、合法性，全面审查涉及定罪量刑的各种证据，对据以定罪的关键证据必须严格审查，对犯罪嫌疑人、被告人的无罪辩解必须高度重视，对定罪疑难且单一的言词证据必须认真复核，对矛盾证据必须严格甄别。对没有直接证据证实犯罪的，要综合审查判断间接证据是否形成完整证据链条。高度重视对物证、书证等客观性证据的审查和运用，掌握司法会计、法医、精神病、痕迹检验等鉴定意见以及电子证据相关的专业性知识和审查判断方法。突出对证据合法性的审查，坚决排除非法证据，及时补正瑕疵证据。正确适用法律和司法解释，全面贯彻宽严相济刑事政策，准确认定行为性质，确保不枉不纵。

　　三、强化当庭指控证实犯罪和庭外监督工作

　　8. 强化当庭询问。公诉人询问出庭作证的证人，可以要求证人连贯陈述，也可以直接发问。发问应简洁清楚，重点围绕与定罪量刑紧密相关的事实以及证言中有遗漏、矛盾、模糊不清和有争议的内容进行。当事人和辩护人、诉讼代理人对证人发问后，公诉人可以根据证人回答的情况，向法庭申请再次对证人发问。发现辩护人对证人有提示性、诱导性发问的，公诉人要及时提请合议庭予以制止。

　　11. 强化证据合法性的证明。对被告人或辩护人当庭提出被告人庭前供述系非法取得，法庭决定进行调查时，公诉人可以根据讯问笔录、羁押记录、出入看守所的健康检查记录、看守管教人员的谈话记录以及侦查机关对讯问过程合法性的说明等，对庭前讯问被告人的合法性进行证明。必要时，可以要求法庭播放讯问录音、录像，申请法庭通知侦查人员或者其他人员出庭说明情况。审判人员认为可能存在以非法方法收集其他证据的情形需要进行法庭调查的，公诉人可以参照上述方法对证据收集的合法性进行证明。

　　15. 强化刑事审判监督。公诉人出席法庭，应当增强法律监督意识，发现法庭审判违反

[①]　注：1996年3月17日第8届全国人民代表大会第4次会议说明（1997年1月1日施行）：向人民法院提起公诉前，原"被告人"的称谓修改为"犯罪嫌疑人"。

[②]　本部分内容被1996年3月17日第8届全国人民代表大会第4次会议删除，1997年1月1日施行。

法律规定的诉讼程序，应当记录在案并在休庭后及时向检察长报告；对违反程序的庭审活动提出纠正意见，由人民检察院在庭审后提出。

16. 强化现代科技手段运用。善于运用信息化和科技手段提高出庭质量和效果。公诉人在庭审中要灵活运用多媒体技术、现代通讯技术以及相关科技手段进行示证，增强出庭举证效果。探索运用信息化手段开展简易程序案件远程视频出庭，对未成年人被害人、证人出庭作证的，采取不暴露外貌、真实声音等保护措施。加强重大敏感复杂案件远程出庭指挥，及时解决庭审中遇到的突发情况，确保庭审效果。

四、加强出庭公诉工作的保障措施

22. 完善专家型、专门型公诉人培养调配机制。培养一批具有较高政治素质和政策水平、深厚法学理论功底、丰富公诉经验，在公诉系统内外有较高声望、较大影响的专家型公诉人。培养一批擅长办理职务犯罪、经济犯罪、未成年人犯罪和重特大普通刑事犯罪等案件的专门型公诉人，实现公诉工作的专业化分工。建立专家型、专门型公诉人才库，跨区域统一调配使用公诉力量。

24. 强化公诉人出庭安全保障。认真做好公诉案件的风险评估、预警和处置工作，对于可能发生公诉人员被攻击情况的案件，庭前与法院、公安机关积极沟通协商，制定庭审应急处置预案，采取必要安全防范措施。对于可能出现妨碍公诉人员依法履行职务情形的，由人民检察院司法警察出警，护送公诉人员出庭和返回，保障依法履行职务和人身安全。商请法院加强法庭安全设施建设，采取相应安全保障措施，为公诉人员设立专用通道。会同有关部门依法加大对哄闹法庭、殴打公诉人员等违法犯罪行为的惩治力度。为公诉人员办理人身意外伤害保险、建立保障基金等，解决公诉人员后顾之忧。

【高检发诉二字〔2018〕1号】　人民检察院办理死刑第二审案件和复核监督工作指引（试行）（2018年1月11日最高检第12届检委会第72次会议通过，2018年3月31日印发）

第93条　【工作指导的要求】上级人民检察院应当加强对死刑案件提前介入侦查、审查起诉、出席第一审法庭、第二审法庭和死刑复核监督工作的指导。

省级人民检察院对可能判处死刑的重大、疑难、复杂案件，应当加强审查起诉和出席第一审法庭的指导工作。对特别重大、疑难、复杂的死刑第二审案件，最高人民检察院应当派员进行指导。

第94条　【同步指导】对于下级人民检察院提前介入侦查活动的可能判处死刑的案件以及下级人民检察院办理的其他死刑案件，上级人民检察院在必要时可以进行同步指导。

第95条　【向上级院报告重大事项】对于具有重大社会影响可能判处死刑的案件，下级人民检察院公诉部门应当将案件基本情况和出现的重大情况，及时向上一级人民检察院公诉部门书面报告，必要时层报最高人民检察院公诉部门。

第96条　【对改变起诉指控事实、罪名的判决的审查】对于人民法院第一审判决改变起诉指控事实、罪名的死刑案件，人民检察院应当在收到判决书后3日以内，将审查报告、起诉书和判决书等案件材料报送上一级人民检察院备案审查。

上级人民检察院收到备案材料后，应当及时审查。认为应当抗诉的，应当及时通知下级人民检察院依法提出抗诉；对于判决有错误但无抗诉必要的，应当及时通知下级人民检察院依法提出纠正意见；对于具有被告人上诉等其他情形的，应当提前做好相应准备工作。

第97条　【死刑案件数据统计、分析及报送】人民检察院公诉部门应当做好死刑案件的数据统计、分析工作；省级人民检察院应当在每年3月15日前，将上一年度死刑案件综合分析报告报送最高人民检察院，并严格做好保密工作。

第98条 【参照执行的案件类型】对于人民法院按照第二审程序提审或者重新开庭审理的其他死刑案件，人民检察院出席第二审法庭的，参照本指引执行。

第99条 【效力】最高人民检察院原有的相关规定与本指引不一致的，以本指引为准。

【高检发释字〔2019〕4号】 人民检察院刑事诉讼规则（2019年12月2日最高检第13届检委会第28次会议通过，2019年12月30日公布施行；高检发释字〔2012〕2号《规则（试行）》同时废止）

第156条 下列案件，由人民检察院负责案件管理的部门统一受理：

（一）公安机关提请批准逮捕、移送起诉、提请批准延长侦查羁押期限、要求复议、提请复核、申请复查、移送申请强制医疗、移送申请没收违法所得的案件；

（二）监察机关移送起诉、提请没收违法所得、对不起诉决定提请复议的案件；

（三）下级人民检察院提出或者提请抗诉、报请指定管辖、报请核准追诉、报请核准缺席审判或者提请死刑复核监督的案件；

（四）人民法院通知出席第二审法庭或者再审法庭的案件；

（五）其他依照规定由负责案件管理的部门受理的案件。

第170条①（第1款） （见第175条第2款）

（第2款） 【监察留置的衔接】对于监察机关移送起诉的已采取留置措施的案件，人民检察院应当对犯罪嫌疑人先行拘留，留置措施自动解除。人民检察院应当在拘留后的10日以内作出是否逮捕、取保候审或者监视居住的决定。在特殊情况下，决定的时间可以延长1日至4日。人民检察院决定采取强制措施的期间不计入审查起诉期限。

● 相关规定 【主席令〔2018〕3号】 中华人民共和国监察法（2018年3月20日第13届全国人大第1次会议通过，同日公布施行）

第47条（第1款） 对监察机关移送的案件，人民检察院依照《中华人民共和国刑事诉讼法》对被调查人采取强制措施。

【国监委公告〔2021〕1号】 监察法实施条例（2021年7月20日国家监委全体会议决定，2021年9月20日公布施行）

第220条 监察机关一般应当在正式移送起诉10日前，向拟移送的人民检察院采取书面通知等方式预告移送事宜。对于已采取留置措施的案件，发现被调查人因身体等原因存在不适宜羁押等可能影响刑事强制措施执行情形的，应当通报人民检察院。对于未采取留置措施的案件，可以根据案件具体情况，向人民检察院提出对被调查人采取刑事强制措施的建议。

---

① 本条规定由2018年10月26日第13届全国人大常委会第6次会议增设，同日公布施行。

【高检发释字〔2019〕4号】　人民检察院刑事诉讼规则（2019年12月2日最高检第13届检委会第28次会议通过，2019年12月30日公布施行；高检发释字〔2012〕2号《规则（试行）》同时废止）

第142条　对于监察机关移送起诉的已采取留置措施的案件，人民检察院应当在受理案件后，及时对犯罪嫌疑人作出拘留决定，交公安机关执行。执行拘留后，留置措施自动解除。

第144条　除无法通知的以外，人民检察院应当在公安机关执行拘留、逮捕后24小时以内，通知犯罪嫌疑人的家属。

第145条　人民检察院应当自收到移送起诉的案卷材料之日起3日以内告知犯罪嫌疑人有权委托辩护人。对已经采取留置措施的，应当在执行拘留时告知。

第146条　对于监察机关移送起诉的未采取留置措施的案件，人民检察院受理后，在审查起诉过程中根据案件情况，可以依照本规则相关规定决定是否采取逮捕、取保候审或者监视居住措施。

第147条　对于监察机关移送起诉案件的犯罪嫌疑人采取强制措施，本节未规定的，适用本规则相关规定。

第171条　【审查起诉内容】人民检察院审查案件的时候，必须查明：

（一）犯罪事实、情节是否清楚，证据是否确实、充分，犯罪性质和罪名的认定是否正确；

（二）有无遗漏罪行和其他应当追究刑事责任的人；

（三）是否属于不应追究刑事责任的；

（四）有无附带民事诉讼；

（五）侦查活动是否合法①。

● **相关规定**　【高检会〔2000〕2号】　最高人民检察院、公安部关于适用刑事强制措施有关问题的规定（2000年8月28日公布施行）

第34条　公安机关侦查终结后，应当按照刑事诉讼法第129条的规定，移送同级人民检察院审查起诉。人民检察认为应当由上级人民检察院、同级其他人民检察院或者下级人民检察院审查起诉的，由人民检察院将案件移送有管辖权的人民检察院审查起诉。

【高检发释字〔2013〕4号】　最高人民检察院关于审查起诉期间犯罪嫌疑人脱逃或者患有严重疾病的应当如何处理的批复（2013年12月19日最高检第12届检委会第14次会议通过，2013年12月27日公布答复北京市检"京检字〔2013〕75号"请示，2014年1月1日施行）

一、人民检察院办理犯罪嫌疑人被羁押的审查起诉案件，应当严格依照法律规定的期限办结。未能依法办结的，应当根据刑事诉讼法第96条的规定予以释放或者变更强制措施。

二、人民检察院对于侦查机关移送审查起诉的案件，如果犯罪嫌疑人脱逃的，应当根据

---

① 注：此处并未规定对监察机关的调查活动是否合法进行审查。

《人民检察院刑事诉讼规则（试行）》第154条第3款的规定，要求侦查机关采取措施保证犯罪嫌疑人到案后再移送审查起诉。

三、人民检察院在审查起诉过程中发现犯罪嫌疑人脱逃的，应当及时通知侦查机关，要求侦查机关开展追捕活动。

人民检察院应当及时全面审阅案卷材料。经审查，对于案件事实不清、证据不足的，可以根据刑事诉讼法第171条第2款、《人民检察院刑事诉讼规则（试行）》第380条的规定退回侦查机关补充侦查。

侦查机关补充侦查完毕移送审查起诉的，人民检察院应当按照本批复第2条的规定进行审查。

共同犯罪中的部分犯罪嫌疑人脱逃的，对其他犯罪嫌疑人的审查起诉应当照常进行。

四、犯罪嫌疑人患有精神病或者其他严重疾病丧失诉讼行为能力不能接受讯问的，人民检察院可以依法变更强制措施。对实施暴力行为的精神病人，人民检察院可以商请公安机关采取临时的保护性约束措施。

经审查，应当按照下列情形分别处理：

（一）经鉴定系依法不负刑事责任的精神病人的，人民检察院应当作出不起诉决定。符合刑事诉讼法第284条规定的条件的，可以向人民法院提出强制医疗的申请；

（二）有证据证明患有精神病的犯罪嫌疑人尚未完全丧失辨认或者控制自己行为的能力，或者患有间歇性精神病的犯罪嫌疑人实施犯罪行为时精神正常，符合起诉条件的，可以依法提起公诉；

（三）案件事实不清、证据不足的，可以根据刑事诉讼法第171条第2款、《人民检察院刑事诉讼规则（试行）》第380条的规定退回侦查机关补充侦查。

五、人民检察院在审查起诉期间，犯罪嫌疑人脱逃或者死亡，符合刑事诉讼法第280条第1款规定的条件的，人民检察院可以向人民法院提出没收违法所得的申请。

【高检发释字〔2019〕4号】 人民检察院刑事诉讼规则（2019年12月2日最高检第13届检委会第28次会议通过，2019年12月30日公布施行；高检发释字〔2012〕2号《规则（试行）》同时废止）

第157条 人民检察院负责案件管理的部门受理案件时，应当接收案卷材料，并立即审查下列内容：（一）依据移送的法律文书载明的内容确定案件是否属于本院管辖；（二）案卷材料是否齐备、规范，符合有关规定的要求；（三）移送的款项或者物品与移送清单是否相符；（四）犯罪嫌疑人是否在案以及采取强制措施的情况；（五）是否在规定的期限内移送案件。（本项新增）

第158条 人民检察院负责案件管理的部门对接收的案卷材料审查后，认为具备受理条件的，应当及时进行登记，并立即将案卷材料和案件受理登记表移送办案部门办理。

经审查，认为案卷材料不齐备的，应当及时要求移送案件的单位补送相关材料。对于案卷装订不符合要求的，应当要求移送案件的单位重新装订后移送。

对于移送起诉的案件，犯罪嫌疑人在逃的，应当要求公安机关采取措施保证犯罪嫌疑人到案后再移送起诉。共同犯罪案件中部分犯罪嫌疑人在逃的，对在案犯罪嫌疑人的移送起诉审查起诉应当受理依法进行。

第159条 对公安机关送达的执行情况回执和人民法院送达的判决书、裁定书等法律文书，人民检察院负责案件管理的部门应当接收，即时登记。

第160条　人民检察院直接受理侦查的案件，移送审查逮捕、移送起诉，按照本规则第156条至第158条的规定办理。

第255条　人民检察院办理审查逮捕、审查起诉案件，应当全面审查证明犯罪嫌疑人有罪或者无罪、罪轻或者罪重的证据。

<u>第266条（第2款）</u>　审查起诉期间，犯罪嫌疑人及其辩护人又提出新的线索或者证据，或者人民检察院发现新的证据，经调查核实认为侦查人员存在以刑讯逼供等非法方法收集证据情形的，应当依法排除非法证据，不得作为提起公诉的依据。

第330条　人民检察院审查移送起诉的案件，应当查明：（一）犯罪嫌疑人身份状况是否清楚，包括姓名、性别、国籍、出生年月日、职业和单位等；单位犯罪的，单位的相关情况是否清楚；（二）犯罪事实、情节是否清楚；实施犯罪的时间、地点、手段、<u>犯罪事实</u>、危害后果是否明确；（三）认定犯罪性质和罪名的意见是否正确；有无法定的从重、从轻、减轻或者免除处罚情节及酌定从重、从轻情节；共同犯罪案件的犯罪嫌疑人在犯罪活动中的责任认定是否恰当；（四）<u>犯罪嫌疑人是否认罪认罚</u>；（五）证明犯罪事实的证据材料<u>包括采取技术侦查措施的决定书及证据材料是否随案移送</u>；证明相关财产系违法所得的证据材料是否随案移送；不宜移送的证据的清单、复制件、照片或者其他证明文件是否随案移送；（六）证据是否确实、充分，是否依法收集，有无应当排除非法证据的情形；（七）<u>采取侦查措施包括技术侦查措施的法律手续和诉讼文书是否完备</u>；（八）有无遗漏罪行和其他应当追究刑事责任的人；（九）是否属于不应当追究刑事责任的；（十）有无附带民事诉讼；对于国家财产、集体财产遭受损失的，是否需要由人民检察院提起附带民事诉讼；<u>对于破坏生态环境和资源保护，食品药品安全领域侵害众多消费者合法权益，侵害英雄烈士的姓名、肖像、名誉、荣誉等损害社会公共利益的行为，是否需要由人民检察院提起附带民事公益诉讼</u>；（十一）采取的强制措施是否适当，对于已经逮捕的犯罪嫌疑人，有无继续羁押的必要；（十二）侦查活动是否合法；（十三）涉案财物款物是否查封、扣押、冻结并妥善保管，清单是否齐备；对被害人合法财产的返还和对违禁品或者不宜长期保存的物品的处理是否妥当，移送的证明文件是否完备。

第337条　人民检察院在审查起诉阶段认为需要逮捕犯罪嫌疑人的，应当经检察长决定。

第354条　<u>人民检察院在审查起诉阶段</u>公诉部门办理案件，可以适用本规则规定的侦查措施和程序。

【公安部令〔2020〕159号】　公安机关办理刑事案件程序规定（2020年7月4日第3次部务会议修订，2020年7月20日公布，2020年9月1日施行）

第147条　人民检察院在审查批准逮捕工作中发现公安机关的侦查活动存在违法情况，通知公安机关予以纠正的，公安机关应当调查核实，对于发现的违法情况应当及时纠正，并将纠正情况书面通知人民检察院。

【高检发办字〔2021〕3号】　人民检察院办理网络犯罪案件规定（2020年12月14日最高检第13届检委会第57次会议通过，2021年1月22日印发）

第17条　认定网络犯罪的犯罪嫌疑人，应当结合全案证据，围绕犯罪嫌疑人与原始存储介质、电子数据的关联性、犯罪嫌疑人网络身份与现实身份的同一性，注重审查以下内容：（一）扣押、封存的原始存储介质是否为犯罪嫌疑人所有、持有或者使用；（二）社交、支付结算、网络游戏、电子商务、物流等平台的账户信息、身份认证信息、数字签名、生物识别信息等是否与犯罪嫌疑人身份关联；（三）通话记录、短信、聊天信息、文档、图片、语音、视频等文件内容是否能够反映犯罪嫌疑人的身份；（四）域名、IP地址、终端MAC地址、通信基站信息等是否能够反映电子设备为犯罪嫌疑人所使用；（五）其他能够反映犯罪嫌疑人主体身份的内容。

第18条 认定犯罪嫌疑人的客观行为，应当结合全案证据，围绕其利用的程序工具、技术手段的功能及其实现方式、犯罪行为和结果之间的关联性，注重审查以下内容：（一）设备信息、软件程序代码等作案工具；（二）系统日志、域名、IP地址、WiFi信息、地理位置信息等是否能够反映犯罪嫌疑人的行为轨迹；（三）操作记录、网络浏览记录、物流信息、交易结算记录、即时通信信息等是否能够反映犯罪嫌疑人的行为内容；（四）其他能够反映犯罪嫌疑人客观行为的内容。

第19条 认定犯罪嫌疑人的主观方面，应当结合犯罪嫌疑人的认知能力、专业水平、既往经历、人员关系、行为次数、获利情况等综合认定，注重审查以下内容：（一）反映犯罪嫌疑人主观故意的聊天记录、发布内容、浏览记录等；（二）犯罪嫌疑人行为是否明显违背系统提示要求、正常操作流程；（三）犯罪嫌疑人制作、使用或者向他人提供的软件程序是否主要用于违法犯罪活动；（四）犯罪嫌疑人支付结算的对象、频次、数额等是否明显违反正常交易习惯；（五）犯罪嫌疑人是否频繁采用隐蔽上网、加密通信、销毁数据等措施或者使用虚假身份；（六）其他能够反映犯罪嫌疑人主观方面的内容。

第20条 认定犯罪行为的情节和后果，应当结合网络空间、网络行为的特性，从违法所得、经济损失、信息系统的破坏、网络秩序的危害程度以及对被害人的侵害程度等综合判断，注重审查以下内容：（一）聊天记录、交易记录、音视频文件、数据库信息等能够反映犯罪嫌疑人违法所得、获取和传播数据及文件的性质、数量的内容；（二）账号数量、信息被点击次数、浏览次数、被转发次数等能够反映犯罪行为对网络空间秩序产生影响的内容；（三）受影响的计算机信息系统数量、服务器日志信息等能够反映犯罪行为对信息网络运行造成影响程度的内容；（四）被害人数量、财产损失数额、名誉侵害的影响范围等能够反映犯罪行为对被害人的人身、财产等造成侵害的内容；（五）其他能够反映犯罪行为情节、后果的内容。

第21条 人民检察院办理网络犯罪案件，确因客观条件限制无法逐一收集相关言词证据的，可以根据记录被害人人数、被侵害的计算机信息系统数量、涉案资金数额等犯罪事实的电子数据、书证等证据材料，在审查被告人及其辩护人所提辩解、辩护意见的基础上，综合全案证据材料，对相关犯罪事实作出认定。

第22条 对于数量众多的同类证据材料，在证明是否具有同样的性质、特征或者功能时，因客观条件限制不能全部验证的，可以进行抽样验证。

第23条 对鉴定意见、电子数据等技术性证据材料，需要进行专门审查的，应当指派检察技术人员或者聘请其他有专门知识的人进行审查并提出意见。

第52条 办理关联网络犯罪案件的人民检察院可以相互申请查阅卷宗材料、法律文书、了解案件情况，被申请的人民检察院应当予以协助。

第61条 人民检察院办理网络犯罪案件适用本规定，本规定没有规定的，适用其他相关规定。

第63条 人民检察院办理国家安全机关、海警机关、监狱等移送的网络犯罪案件，适用本规定和其他相关规定。

【高检发办字〔2021〕120号】 人民检察院办理认罪认罚案件开展量刑建议工作的指导意见（2021年11月15日最高检第13届检委会第78次会议通过，2021年12月3日印发施行）

第6条 影响量刑的基本事实和各量刑情节均应有相应的证据加以证明。

对侦查机关移送审查起诉的案件，人民检察院应当审查犯罪嫌疑人有罪和无罪、罪重和罪轻、从宽和从严的证据是否全部随案移送，未随案移送的，应当通知侦查机关在指定时间内移送。侦查机关应当收集而未收集量刑证据的，人民检察院可以通知侦查机关补充相关证据或者退回侦查机关补充侦查，也可以自行补充侦查。

对于依法需要判处财产刑的案件，人民检察院应当要求侦查机关收集并随案移送涉及犯罪嫌疑人财产状况的证据材料。

第7条 对于自首情节，应当重点审查投案的主动性、供述的真实性和稳定性等情况。

对于立功情节，应当重点审查揭发罪行的轻重、提供的线索对侦破案件或者协助抓获其他犯罪嫌疑人所起的作用、被检举揭发的人可能或者已经被判处的刑罚等情况。犯罪嫌疑人提出检举、揭发犯罪立功线索的，应当审查犯罪嫌疑人掌握线索的来源、有无移送侦查机关、侦查机关是否开展调查核实等。

对于累犯、惯犯以及前科、劣迹等情节，应当调取相关的判决、裁定、释放证明等材料，并重点审查前后行为的性质、间隔长短、次数、罪行轻重等情况。

第8条 人民检察院应当根据案件情况对犯罪嫌疑人犯罪手段、犯罪动机、主观恶性、是否和解谅解、是否退赃退赔、有无前科劣迹等酌定量刑情节进行审查，并结合犯罪嫌疑人的家庭状况、成长环境、心理健康情况等进行审查，综合判断。

有关个人品格方面的证据材料不得作为定罪证据，但与犯罪相关的个人品格情况可以作为酌定量刑情节予以综合考虑。

【法刊文摘】 检答网集萃98：犯罪时为限制行为能力人，审查起诉时无行为能力如何处理（检察日报2022年11月22日）

咨询内容（天津河北孟祥海）：公安机关移送审查起诉后，经承办人审查，犯罪嫌疑人犯罪时为限制行为能力人，审查起诉阶段因病（精神病发病无法接受讯问）为无行为能力人。现审查起诉期限届满，检察机关应当如何处理？

解答摘要（元静）：问题属于检察机关受理审查起诉限制或无刑事行为能力犯罪嫌疑人的处理问题。2014年最高检《关于审查起诉期间犯罪嫌疑人脱逃或者患有严重疾病的应当如何处理的批复》第4条规定，犯罪嫌疑人患有精神病或者其他严重疾病丧失诉讼行为能力不能接受讯问的，人民检察院可以依法变更强制措施。对实施暴力行为的精神病人，人民检察院可以商请公安机关采取临时的保护性约束措施。建议按照下列情形分别处理：

一是对于经鉴定，犯罪嫌疑人确系依法不负刑事责任的精神病人的，检察院应当作出绝对不起诉决定。根据《人民检察院刑事诉讼规则》第534条规定，有继续危害社会可能的，人民检察院应当向人民法院提出强制医疗的申请。对于有被害人的案件，检察人员应做好对被害人的释法说理及刑事附带民事部分赔偿的和解工作，必要时对于符合条件的案件，可以启动司法救助进行救济，防止出现信访事件。

二是对于有证据证明患有精神病的犯罪嫌疑人尚未完全丧失辨认或者控制自己行为的能力，或者患有间歇性精神病的犯罪嫌疑人实施犯罪行为时精神正常，符合起诉条件的，可以依法提起公诉。根据刑事诉讼法第206条规定，在审判过程中被告人患有严重疾病，无法出庭的，可以中止审理。第296条进一步规定，因被告人患有严重疾病无法出庭，中止审理超过6个月，被告人仍无法出庭，被告人及其法定代理人、近亲属申请或者同意恢复审理的，人民法院可以在被告人不出庭的情况下缺席审理，依法作出判决。

三是案件事实不清、证据不足的，可以退回侦查机关补充侦查。对于二次补充侦查后，仍然认为证据不足、不符合起诉条件的，根据《人民检察院刑事诉讼规则》第367条规定，经检察长批准，人民检察院应当作出（存疑）不起诉决定，并告知公安机关查清案件事实后再移送审查起诉，同时建议公安机关采取临时性的保护性约束措施，严防犯罪嫌疑人再犯罪。

为保证案件的诉讼进程，建议承办人及时向部门负责人及分管院领导进行汇报，与公安机关、法院做好协调。

【高检发办字〔2023〕49号】 人民检察院办理知识产权案件工作指引（2023年4月25日印发施行）

第9条 人民检察院办理知识产权案件，涉及国家秘密、商业秘密、个人隐私或者其他需要保密的情形，应当依职权或者依当事人、辩护人、诉讼代理人、其他利害关系人书面申请，审查决定采取组织诉讼参与人签署保密承诺书、对秘密信息进行技术处理等必要的保密措施。

第15条 人民检察院办理知识产权刑事案件，应当加强全链条惩治，注重审查和发现上下游关联犯罪线索，查明有无遗漏罪行和其他应当追究刑事责任的单位和个人。

第18条 人民检察院在办理知识产权刑事案件中，发现与人民法院正在审理的民事、行政案件或者人民检察院正在办理的民事、行政诉讼监督案件系同一事实或者存在牵连关系，或者案件办理结果以另一案件审理或者办理结果为依据的，应当及时将刑事案件受理情况告知相关的人民法院、人民检察院。

● **指导案例**　**【高检发办字〔2021〕5号】**　最高人民检察院第25批指导性案例（2020年12月4日最高检检委会〔13届56次〕通过，2021年1月20日印发）

（检例第95号）　宋某某等人重大责任事故案①

要旨：对相关部门出具的安全生产事故调查报告，要综合全案证据进行审查，准确认定案件事实和相关人员责任。要正确区分相关涉案人员的责任和追责方式，发现漏犯及时追诉，对不符合起诉条件的，依法作出不起诉处理。

【高检办发〔2023〕1号】　中共中央纪委办公厅、国家监察委员会办公厅、最高人民检察院办公厅关于印发行贿犯罪典型案例（第2批）的通知（2023年3月12日）

（案例1）　陈某某行贿、对有影响力的人行贿、对非国家工作人员行贿案

要旨：……经审查起诉，拟改变罪名的，检察机关应当及时与监察机关沟通，依法处理。

---

① 本案指导意义：……对于调查报告中未建议移送司法机关处理，侦查（调查）机关也未移送起诉的人员，检察机关审查后认为应当追究刑事责任的，要依法追诉。……

第 172 条① 【审查起诉期限】② 人民检察院对于监察机关、公安机关移送起诉的案件，应当在 1 个月以内作出决定，重大、复杂的案件，可以延长 15 日；犯罪嫌疑人认罪认罚，符合速裁程序适用条件的，应当在 10 日以内作出决定，对可能判处的有期徒刑超过 1 年的，可以延长至 15 日。

【改变管辖的审查起诉期限】 人民检察院审查起诉的案件，改变管辖的，从改变后的人民检察院收到案件之日起计算审查起诉期限。

● **相关规定** 【高检一厅字〔1988〕号】 最高人民检察院一厅关于改变管辖后的办案期限是否重新计算的问题的答复（1988 年 6 月 9 日答复湖南省检二处"〔88〕湘检刑二处字 30 号"请示）③

县检察院审查后再移送分、市院审查起诉的案件，应视为改变管辖。关于改变管辖后的办案期限是否重新计算的问题，1984 年 7 月 7 日第六届全国人大常委会第六次会议通过的《全国人民代表大会常务委员会关于刑事案件办案期限的补充规定》的第六项作了明确规定，即："人民检察院和人民法院改变管辖的公诉案件，从改变后的办案机关收到案件之日起计算办案期限。"

【六部委〔2012〕规定】 最高人民法院、最高人民检察院、公安部、国家安全部、司法部、全国人大常委会法制工作委员会关于实施刑事诉讼法若干问题的规定（2012 年 12 月 26 日印发，2013 年 1 月 1 日施行）

23. 上级公安机关指定下级公安机关立案侦查的案件，需要逮捕犯罪嫌疑人的，由侦查该案件的公安机关提请同级人民检察院审查批准；需要提起公诉的，由侦查该案件的公安机关移送同级人民检察院审查起诉。

人民检察院对于审查起诉的案件，按照刑事诉讼法的管辖规定，认为应当由上级人民检察院或者同级其他人民检察院起诉的，应当将案件移送有管辖权的人民检察院。人民检察院认为需要依照刑事诉讼法的规定指定审判管辖的，应当协商同级人民法院办理指定管辖有关事宜。

---

① 本条规定先后 2 次修改。原规定（1980 年 1 月 1 日施行）只有 1 款："人民检察院对于公安机关移送起诉或者免予起诉的案件，应当在 1 个月以内作出决定，重大、复杂的案件，可以延长半个月。"1996 年 3 月 17 日第 8 届全国人民代表大会第 4 次会议将"或者免予起诉"删除，并增设了第 2 款规定，1997 年 1 月 1 日施行。2018 年 10 月 26 日第 13 届全国人大常委会第 6 次会议将第 1 款修改现规定，同日公布施行。

② 注：本条规定的"审查起诉期限"应当是针对犯罪嫌疑人被羁押的案件。《刑事诉讼法》第 98 条规定，犯罪嫌疑人被羁押的案件，不能在本法规定的审查起诉期限内办结的，对犯罪嫌疑人应当予以释放；需要继续查证的，对犯罪嫌疑人可以取保候审或者监视居住。另外，《刑事诉讼法》第 67 条规定，羁押期限届满，案件尚未办结的，可以取保候审。《刑事诉讼法》第 74 条规定，符合逮捕条件，羁押期限届满，案件尚未办结的，可以监视居住。因此，对已经采取取保候审/监视居住措施的非羁押案件，在"审查起诉期限"尚未办结的，可以继续查证。此时的办案期限应当适用《刑事诉讼法》第 79 条的规定，取保候审最长不得超过 12 个月，监视居住最长不得超过 6 个月。

③ 注：本《答复》一直未被废止，但答复的内容已经在现行刑事诉讼法中有规定。本书存目备查。

【高检发释字〔2013〕4号】　最高人民检察院关于审查起诉期间犯罪嫌疑人脱逃或者患有严重疾病的应当如何处理的批复（2013年12月19日最高检第12届检委会第14次会议通过，2013年12月27日公布答复北京市检"京检字〔2013〕75号"请示，2014年1月1日施行）

一、人民检察院办理犯罪嫌疑人被羁押的审查起诉案件，应当严格依照法律规定的期限办结。未能依法办结的，应当根据刑事诉讼法第96条的规定予以释放或者变更强制措施。

【高检发释字〔2019〕4号】　人民检察院刑事诉讼规则（2019年12月2日最高检第13届检委会第28次会议通过，2019年12月30日公布施行；高检发释字〔2012〕2号《规则（试行）》同时废止）

第346条（第3款）　<u>补充调查</u>、补充侦查完毕移送起诉后，人民检察院重新计算审查起诉期限。

第348条　人民检察院在审查起诉中决定自行侦查的，应当在审查起诉期限内侦查完毕。

第351条　人民检察院对于移送起诉的案件，应当在1个月以内作出决定；重大、复杂的案件，1个月以内不能作出决定的，~~经检察长批准~~，可以延长15日。

人民检察院审查起诉的案件，改变管辖的，从改变后的人民检察院收到案件之日起计算审查起诉期限。

第391条　对于提起公诉后人民法院改变管辖的案件，提起公诉的人民检察院参照本规则第328条的规定将案件移送与审判管辖相对应的人民检察院。（见《刑事诉讼法》第26条）

接受移送的人民检察院重新对案件进行审查的，根据刑事诉讼法第172条第2款的规定自收到案件之日起计算审查起诉期限。

第614条　人民检察院在办理案件过程中，犯罪嫌疑人、被告人被羁押，具有下列情形之一的，办案部门应当在作出决定或者收到决定书、裁定书后10日以内通知本院负有监督职责的部门：（四）审查起诉期间改变管辖、延长审查起诉期限的……

【高检发释字〔2022〕2号】　最高人民检察院关于先后受理同一犯罪嫌疑人涉嫌职务犯罪和其他犯罪的案件审查起诉期限如何起算问题的批复（2022年11月9日最高检第13届检委会第108次会议通过，2022年11月15日公布，答复江苏省检"苏检发三部字〔2022〕2号"请示，2022年11月18日起施行）

对于同一犯罪嫌疑人涉嫌职务犯罪和其他犯罪的案件，监察机关、侦查机关移送人民检察院审查起诉时间不一致，需要并案处理的，审查起诉期限自受理后案之日起重新计算。

第173条　【审查起诉期的讯问与听取意见】人民检察院审查案件，应当讯问犯罪嫌疑人，听取辩护人或者值班律师、被害人及其诉讼代理人的意见，并记录在案。辩护人或者值班律师、被害人及其诉讼代理人提出书面意见的，应当附卷。①

【认罪认罚告知与听取意见】犯罪嫌疑人认罪认罚的，人民检察院应当告知其享有的诉讼权利和认罪认罚的法律规定，听取犯罪嫌疑人、辩护人或者值班律师、被害人及其诉讼代理人对下列事项的意见，并记录在案：②

（一）涉嫌的犯罪事实、罪名及适用的法律规定；
（二）从轻、减轻或者免除处罚等从宽处罚的建议；
（三）认罪认罚后案件审理适用的程序；
（四）其他需要听取意见的事项。

【为值班律师提供便利】人民检察院依照前两款规定听取值班律师意见的，应当提前为值班律师了解案件有关情况提供必要的便利。③

第 174 条④ 【认罪认罚具结书】犯罪嫌疑人自愿认罪，同意量刑建议和程序适用的，应当在辩护人或者值班律师在场的情况下签署认罪认罚具结书。

犯罪嫌疑人认罪认罚，有下列情形之一的，不需要签署认罪认罚具结书：
（一）犯罪嫌疑人是盲、聋、哑人，或者是尚未完全丧失辨认或者控制自己行为能力的精神病人的；
（二）未成年犯罪嫌疑人的法定代理人、辩护人对未成年人认罪认罚有异议的；
（三）其他不需要签署认罪认罚具结书的情形。

● **相关规定** 【司发〔2015〕14 号】 最高人民法院、最高人民检察院、公安部、国家安全部、司法部关于依法保障律师执业权利的规定（2015 年 9 月 16 日）

第 37 条 对于诉讼中的重大程序信息和送达当事人的诉讼文书，办案机关应当通知辩护、代理律师。

【律发通〔2017〕51 号】 律师办理刑事案件规范（2017 年 8 月 27 日第 9 届全国律协常务理事会第 8 次会议通过、即日施行，中华全国律师协会 2017 年 9 月 20 日印发）

第 70 条 审查起诉期间，辩护律师应当及时查阅、摘抄、复制案卷材料，并根据案件情况会见犯罪嫌疑人核实证据。

---

① 本款规定先后 3 次修改。原规定（1980 年 1 月 1 日施行）为："人民检察院审查案件，应当讯问被告人。"1996 年 3 月 17 日第 8 届全国人民代表大会第 4 次会议修改（1997 年 1 月 1 日施行）为："人民检察院审查案件，应当讯问犯罪嫌疑人，听取被害人和被害人委托的人的意见。"2012 年 3 月 14 日第 11 届全国人大常委会第 5 次会议再次修改（2013 年 1 月 1 日施行）为："人民检察院审查案件，应当讯问犯罪嫌疑人，听取辩护人、被害人及其诉讼代理人的意见，并记录在案。辩护人、被害人及其诉讼代理人提出书面意见人，应当附卷。"2018 年 10 月 26 日第 13 届全国人大常委会第 6 次会议第 3 次修改为现规定，同日公布施行。
② 本款规定由 2018 年 10 月 26 日第 13 届全国人大常委会第 6 次会议增设，同日公布施行。
③ 本款规定由 2018 年 10 月 26 日第 13 届全国人大常委会第 6 次会议增设，同日公布施行。
④ 本条规定由 2018 年 10 月 26 日第 13 届全国人大常委会第 6 次会议增设，同日公布施行。

第 71 条　辩护律师在侦查期间未能会见犯罪嫌疑人的，在审查起诉期间会见犯罪嫌疑人提供咨询的适用本规范第 61 条至第 64 条之规定。（详见刑事诉讼法第 38 条的相关规定）

第 72 条　审查起诉期间，辩护律师可以从程序、实体等方面向检察机关提出口头或书面辩护意见。

对于以非法方法收集的证据，辩护律师应当及时向检察机关提出对该证据予以排除的意见。

第 73 条　审查起诉期间，辩护律师收集到有关犯罪嫌疑人不在犯罪现场、未达到刑事责任年龄、属于依法不负刑事责任的精神病人的证据材料时，应当及时向检察机关提出无罪或不予追究刑事责任的辩护意见，并同时要求检察机关释放犯罪嫌疑人或对其变更强制措施。

第 74 条　审查起诉期间，辩护律师认为犯罪嫌疑人没有犯罪事实，或者符合《刑事诉讼法》第 15 条规定的情形之一的，应当向检察机关提出不起诉的意见。

第 75 条　审查起诉期间，辩护律师认为犯罪嫌疑人犯罪情节轻微，依照刑法规定不需要判处刑罚或者免除刑罚的，应当向检察机关提出不起诉的意见。

第 76 条　审查起诉期间，对于经 1 次或 2 次补充侦查的案件，辩护律师认为证据不足，不符合起诉条件的，应当向检察机关提出不起诉的意见。

【高检发诉二字〔2018〕1 号】　人民检察院办理死刑第二审案件和复核监督工作指引（试行）（2018 年 1 月 11 日最高检第 12 届检委会第 72 次会议通过，2018 年 3 月 31 日印发）

第 14 条　【讯问被告人】讯问被告人应当按照以下要求进行：（1）讯问应当由 2 名以上检察人员进行；（2）讯问前认真制作讯问提纲，明确讯问目的，拟定重点解决的问题；（3）核对被告人的基本情况，告知诉讼权利和义务；（4）听取被告人的上诉理由、辩解和供述，核查是否有新证据、是否有自首和立功等情节、是否有刑讯逼供等非法取证情况，以及其他需要核实的问题；（5）规范制作讯问笔录，笔录首部内容应当填写完整，讯问人员应当在讯问笔录上签名；（6）远程视频提讯的，应当制作同步录音录像。

对讯问过程中出现翻供或者在一审阶段曾经翻供的，应当详细讯问翻供的原因和理由，并重点讯问作案动机、目的、手段、工具以及与犯罪有关的时间、地点、人员等细节。

第 25 条　【保障律师执业权利】检察人员应当依法保障律师的执业权利。

辩护律师要求听取其意见的，应当及时安排在工作时间、工作场所接待，并由 2 名以上检察人员听取意见、制作笔录。

辩护律师提出的书面意见，或者提交的无罪、罪轻或者减轻、免除刑事责任的证据材料应当附卷，并在审查报告中说明是否采纳及理由。

第 26 条　【保障被害人权益】检察人员应当依法保障被害人及其法定代理人或者近亲属的合法权益。涉及影响案件定罪量刑、社会稳定、司法救助等情况的，应当主动听取被害人及其法定代理人或者近亲属的意见。

【高检发〔2019〕13 号】　最高人民法院、最高人民检察院、公安部、国家安全部、司法部关于适用认罪认罚从宽制度的指导意见（2019 年 10 月 11 日印发施行）

四、犯罪嫌疑人、被告人辩护权保障

14. 拒绝法律帮助的处理。犯罪嫌疑人、被告人自愿认罪认罚，没有委托辩护人，拒绝值班律师帮助的，人民法院、人民检察院、公安机关应当允许，记录在案并随案移送。但是审查起诉阶段签署认罪认罚具结书时，人民检察院应当通知值班律师到场。

15. 辩护人职责。认罪认罚案件犯罪嫌疑人、被告人委托辩护人或者法律援助机构指派律师为其辩护的，辩护律师在侦查、审查起诉和审判阶段，应当与犯罪嫌疑人、被告人就是否认罪认罚进行沟通，提供法律咨询和帮助，并就定罪量刑、诉讼程序适用等向办案机关提出意见。

八、审查起诉阶段人民检察院的职责

26. 权利告知。案件移送审查起诉后，人民检察院应当告知犯罪嫌疑人享有的诉讼权利和认罪认罚的法律规定，保障犯罪嫌疑人的程序选择权。告知应当采取书面形式，必要时应当充分释明。

27. 听取意见。犯罪嫌疑人认罪认罚的，人民检察院应当就下列事项听取犯罪嫌疑人、辩护人或者值班律师的意见，记录在案并附卷：（一）涉嫌的犯罪事实、罪名及适用的法律规定；（二）从轻、减轻或者免除处罚等从宽处罚的建议；（三）认罪认罚后案件审理适用的程序；（四）其他需要听取意见的情形。

人民检察院未采纳辩护人、值班律师意见的，应当说明理由。

28. 自愿性、合法性审查。对侦查阶段认罪认罚的案件，人民检察院应当重点审查以下内容：（一）犯罪嫌疑人是否自愿认罪认罚，有无因受到暴力、威胁、引诱而违背意愿认罪认罚；（二）犯罪嫌疑人认罪认罚时的认知能力和精神状态是否正常；（三）犯罪嫌疑人是否理解认罪认罚的性质和可能导致的法律后果；（四）侦查机关是否告知犯罪嫌疑人享有的诉讼权利，如实供述自己罪行可以从宽处理和认罪认罚的法律规定，并听取意见；（五）起诉意见书中是否写明犯罪嫌疑人认罪认罚情况；（六）犯罪嫌疑人是否真诚悔罪，是否向被害人赔礼道歉。

经审查，犯罪嫌疑人违背意愿认罪认罚的，人民检察院可以重新开展认罪认罚工作。存在刑讯逼供等非法取证行为的，依照法律规定处理。

29. 证据开示。人民检察院可以针对案件具体情况，探索证据开示制度，保障犯罪嫌疑人的知情权和认罪认罚的真实性及自愿性。

30. 不起诉的适用。完善起诉裁量权，充分发挥不起诉的审前分流和过滤作用，逐步扩大相对不起诉在认罪认罚案件中的适用。对认罪认罚后没有争议，不需要判处刑罚的轻微刑事案件，人民检察院可以依法作出不起诉决定。人民检察院应当加强对案件量刑的预判，对其中可能判处免刑的轻微刑事案件，可以依法作出不起诉决定。

对认罪认罚后案件事实不清、证据不足的案件，应当依法作出不起诉决定。

31. 签署具结书。犯罪嫌疑人自愿认罪，同意量刑建议和程序适用的，应当在辩护人或者值班律师在场的情况下签署认罪认罚具结书。犯罪嫌疑人被羁押的，看守所应当为签署具结书提供场所。具结书应当包括犯罪嫌疑人如实供述罪行、同意量刑建议、程序适用等内容，由犯罪嫌疑人、辩护人或者值班律师签名。

犯罪嫌疑人认罪认罚，有下列情形之一的，不需要签署认罪认罚具结书：（一）犯罪嫌疑人是盲、聋、哑人，或者是尚未完全丧失辨认或者控制自己行为能力的精神病人的；（二）未成年犯罪嫌疑人的法定代理人、辩护人对未成年人认罪认罚有异议的；（三）其他不需要签署认罪认罚具结书的情形。

上述情形犯罪嫌疑人未签署认罪认罚具结书的，不影响认罪认罚从宽制度的适用。

十一、认罪认罚的反悔和撤回

52. 起诉前反悔的处理。犯罪嫌疑人认罪认罚，签署认罪认罚具结书，在人民检察院提起公诉前反悔的，具结书失效，人民检察院应当在全面审查事实证据的基础上，依法提起公诉。

十二、未成年人认罪认罚案件的办理

55. 听取意见。人民法院、人民检察院办理未成年人认罪认罚案件，应当听取未成年犯罪嫌疑人、被告人的法定代理人的意见，法定代理人无法到场的，应当听取合适成年人的意见，但受案时犯罪嫌疑人已经成年的除外。

56. 具结书签署。未成年犯罪嫌疑人签署认罪认罚具结书时，其法定代理人应当到场并签字确认。法定代理人无法到场的，合适成年人应当到场签字确认。法定代理人、辩护人对未成年人认罪认罚有异议的，不需要签署认罪认罚具结书。

【高检发释字〔2019〕4号】 人民检察院刑事诉讼规则（2019年12月2日最高检第13届检委会第28次会议通过，2019年12月30日公布施行；高检发释字〔2012〕2号《规则（试行）》同时废止）

第54条 在人民检察院侦查、审查逮捕、审查起诉过程中，辩护人要求听取其意见的，办案部门案件管理部门应当及时安排。辩护人提出书面意见的，办案部门案件管理部门应当接收并登记及时移送侦查部门、侦查监督部门或者公诉部门。

（新增）听取辩护人意见应当制作笔录或者记录在案，辩护人提出的书面意见应当附卷。

（新增）辩护人提交案件相关材料的，办案部门应当将辩护人提交材料的目的、来源及内容等情况记录在案，一并附卷。

第261条（第2款） 办理审查起诉案件，应当听取辩护人或者值班律师、被害人及其诉讼代理人的意见，并制作笔录。辩护人或者值班律师、被害人及其诉讼代理人提出书面意见的，应当附卷。

（第3款） 对于辩护律师在审查逮捕、审查起诉阶段多次提出意见的，均应如实记录。

第262条 直接听取辩护人、被害人及其诉讼代理人的意见有困难的，可以通过电话、视频等方式听取意见并记录在案，或者通知辩护人、被害人及其诉讼代理人提出书面意见。无法通知或者在指定期限内未提出意见的，应当记录在案。

第267条（第2款） 人民检察院受理案件后，应当向犯罪嫌疑人了解其委托辩护人的情况。犯罪嫌疑人自愿认罪认罚、没有辩护人的，在审查逮捕阶段，人民检察院应当要求公安机关通知值班律师为其提供法律帮助；在审查起诉阶段，人民检察院应当通知值班律师为其提供法律帮助。符合通知辩护条件的，应当依法通知法律援助机构指派律师为其提供辩护。

第268条 人民检察院应当商法律援助机构设立法律援助工作站派驻值班律师或者及时安排值班律师，为犯罪嫌疑人提供法律咨询、程序选择建议、申请变更强制措施、对案件处理提出意见等法律帮助。

人民检察院应当告知犯罪嫌疑人有权约见值班律师，并为其约见值班律师提供便利。

第269条 犯罪嫌疑人认罪认罚的，人民检察院应当告知其享有的诉讼权利和认罪认罚的法律规定，听取犯罪嫌疑人、辩护人或者值班律师、被害人及其诉讼代理人对下列事项的意见，并记录在案：（一）涉嫌的犯罪事实、罪名及适用的法律规定；（二）从轻、减轻或者免除处罚等从宽处罚的建议；（三）认罪认罚后案件审理适用的程序；（四）其他需要听取意见的事项。

依照前款规定听取值班律师意见的，应当提前为值班律师了解案件有关情况提供必要的便利。自人民检察院对案件审查起诉之日起，值班律师可以查阅案卷材料，了解案情。人民检察院应当为值班律师查阅案卷材料提供便利。

人民检察院不采纳辩护人或者值班律师所提意见的，应当向其说明理由。

第271条　审查起诉阶段，对于在侦查阶段认罪认罚的案件，人民检察院应当重点审查以下内容：（一）犯罪嫌疑人是否自愿认罪认罚，有无因受到暴力、威胁、引诱而违背意愿认罪认罚；（二）犯罪嫌疑人认罪认罚时的认知能力和精神状态是否正常；（三）犯罪嫌疑人是否理解认罪认罚的性质和可能导致的法律后果；（四）公安机关是否告知犯罪嫌疑人享有的诉讼权利，如实供述自己罪行可以从宽处理和认罪认罚的法律规定，并听取意见；（五）起诉意见书中是否写明犯罪嫌疑人认罪认罚情况；（六）犯罪嫌疑人是否真诚悔罪，是否向被害人赔礼道歉。

经审查，犯罪嫌疑人违背意愿认罪认罚的，人民检察院可以重新开展认罪认罚工作。存在刑讯逼供等非法取证行为的，依照法律规定处理。

第272条　犯罪嫌疑人自愿认罪认罚，同意量刑建议和程序适用的，应当在辩护人或者值班律师在场的情况下签署认罪认罚具结书。具结书应当包括犯罪嫌疑人如实供述罪行、同意量刑建议和程序适用等内容，由犯罪嫌疑人及其辩护人、值班律师签名。

犯罪嫌疑人具有下列情形之一的，不需要签署认罪认罚具结书：（一）犯罪嫌疑人是盲、聋、哑人，或者是尚未完全丧失辨认或者控制自己行为能力的精神病人的；（二）未成年犯罪嫌疑人的法定代理人、辩护人对未成年人认罪认罚有异议的；（三）其他不需要签署认罪认罚具结书的情形。

有前款情形，犯罪嫌疑人未签署认罪认罚具结书的，不影响认罪认罚从宽制度的适用。

【高检发办字〔2020〕35号】　人民检察院办理认罪认罚案件监督管理办法（2020年4月3日最高检第13届检委会第36次会议通过，2020年5月11日印发）

第3条　办理认罪认罚案件，检察官应当依法履行听取犯罪嫌疑人、被告人及其辩护人或者值班律师、被害人及其诉讼代理人的意见等各项法定职责，依法保障犯罪嫌疑人、被告人诉讼权利和认罪认罚的自愿性、真实性和合法性。

听取意见可以采取当面或者电话、视频等方式进行，听取情况应当记录在案，对提交的书面意见应当附卷。对于有关意见，办案检察官应当认真审查，并将审查意见写入案件审查报告。

第4条　辩护人、被害人及其诉讼代理人要求当面反映意见的，检察官应当在工作时间和办公场所接待。确因特殊且正当原因需要在非工作时间或者非办公场所接待的，检察官应当依照相关规定办理审批手续并获批准后方可会见。因不明情况或者其他原因在非工作时间或非工作场所接触听取相关意见的，应当在当日或者次日向本院检务督察部门报告有关情况。

辩护人、被害人及其诉讼代理人当面提交书面意见、证据材料的，检察官应当了解其提交材料的目的、材料的来源和主要内容等有关情况并记录在案，与相关材料一并附卷，并出具回执。

当面听取意见时，检察人员不得少于2人，必要时可进行同步录音或者录像。

【高检发〔2020〕号】　最高人民检察院关于认真学习贯彻十三届全国人大常委会第二十二次会议对《最高人民检察院关于人民检察院适用认罪认罚从宽制度情况的报告》的审议意见的通知（2020年12月1日）

五、着力在加强与律师沟通协商上下功夫，提升制度适用效果。认罪认罚案件中听取意见不到位和控辩量刑协商不足、质量不高问题不同程度存在，个别办案人员不尊重辩护人和犯罪嫌疑人意见。

11. 高度重视辩护律师、值班律师在保障犯罪嫌疑人、被告人权利，促进认罪认罚从宽制度良性健康运行方面的重要作用。严格落实法律及有关规范性文件要求，依法履行听取意见的法律责任，在听取意见时加强沟通协商，充分尊重辩护律师、值班律师意见，做到每案必听意见、凡听必记录、听后有反馈。

12. 注意提升沟通协商的能力和水平。协商前要有充分准备，协商中要加强释法说理，认真、理性、平和、诚恳听取意见和开展协商，合理意见要注意吸收和采纳，不合理的意见应有反馈和说明，避免办案人员"一锤定音"和"我说了算"。

13. 积极探索控辩协商同步录音录像制度。对认罪认罚量刑协商、具结书签署等关键环节，探索实行同步录音录像，切实提高沟通协商的透明度和公信力。

【司规〔2020〕6号】　法律援助值班律师工作办法（最高法、最高检、公安部、国家安全部、司法部2020年8月20日印发施行；司发通〔2017〕84号《关于开展法律援助值班律师工作的意见》同时废止）

第8条　在审查起诉阶段，犯罪嫌疑人认罪认罚的，值班律师可以就以下事项向人民检察院提出意见：（一）涉嫌的犯罪事实、指控罪名及适用的法律规定；（二）从轻、减轻或者免除处罚等从宽处罚的建议；（三）认罪认罚后案件审理适用的程序；（四）其他需要提出意见的事项。

值班律师对前款事项提出意见的，人民检察院应当记录在案并附卷，未采纳值班律师意见的，应当说明理由。

第9条　犯罪嫌疑人、被告人提出申请羁押必要性审查的，值班律师应当告知其取保候审、监视居住、逮捕等强制措施的适用条件和相关法律规定、人民检察院进行羁押必要性审查的程序；犯罪嫌疑人、被告人已经被逮捕的，值班律师可以帮助其向人民检察院提出羁押必要性审查申请，并协助提供相关材料。

第10条　犯罪嫌疑人签署认罪认罚具结书时，值班律师对犯罪嫌疑人认罪认罚自愿性、人民检察院量刑建议、程序适用等均无异议的，应当在具结书上签名，同时留存一份复印件归档。

值班律师对人民检察院量刑建议、程序适用有异议的，在确认犯罪嫌疑人系自愿认罪认罚后，应当在具结书上签字，同时可以向人民检察院提出法律意见。

犯罪嫌疑人拒绝值班律师帮助的，值班律师无需在具结书上签字，应当将犯罪嫌疑人签字拒绝法律帮助的书面材料留存一份归档。

【高检发办字〔2021〕117号】　人民检察院办理认罪认罚案件听取意见同步录音录像规定（2021年11月15日最高检第13届检委会第78次会议通过，2021年12月2日印发，2022年3月1日施行）

第2条　人民检察院办理认罪认罚案件，对于检察官围绕量刑建议、程序适用等事项听取犯罪嫌疑人、被告人、辩护人或者值班律师意见、签署具结书活动，应当同步录音录像。

听取意见同步录音录像不包括讯问过程，但是讯问与听取意见、签署具结书同时进行的，可以一并录制。

多次听取意见的，至少要对量刑建议形成、确认以及最后的具结书签署过程进行同步录音录像。对依法不需要签署具结书的案件，应当对能够反映量刑建议形成的环节同步录音录像。

第3条　认罪认罚案件听取意见同步录音录像适用于所有认罪认罚案件。

第4条　同步录音录像一般应当包含如下内容：（一）告知犯罪嫌疑人、被告人、辩护人或者值班律师对听取意见过程进行同步录音录像的情况；（二）告知犯罪嫌疑人、被告人诉讼权利义务和认罪认罚法律规定，释明认罪认罚的法律性质和法律后果的情况；（三）告知犯罪嫌疑人、被告人无正当理由反悔的法律后果的情况；（四）告知认定的犯罪事实、罪名、处理意见，提出的量刑建议、程序适用建议并进行说明的情况；（五）检察官听取犯罪嫌疑人、被告人、辩护人或者值班律师意见，犯罪嫌疑人、被告人听取辩护人或者值班律师意见的情况；（六）根据需要，开示证据的情况；（七）犯罪嫌疑人、被告人签署具结书及辩护人或者值班律师见证的情况；（八）其他需要录制的情况。

第5条　认罪认罚案件听取意见应当由检察官主持，检察官助理、检察技术人员、司法警察、书记员协助。犯罪嫌疑人、被告人、辩护人或者值班律师等人员参与。

同步录音录像由检察技术人员或其他检察辅助人员负责录制。

第6条　同步录音录像一般应当在羁押场所或者检察机关办案区进行，有条件的可以探索在上述地点单独设置听取意见室。

采取远程视频等方式听取意见的，应当保存视频音频作为同步录音录像资料。

第7条　听取意见前，人民检察院应当告知辩护人或者值班律师听取意见的时间、地点，并听取辩护人或者值班律师意见。

在听取意见过程中，人民检察院应当为辩护人或者值班律师会见犯罪嫌疑人、查阅案卷材料提供必要的便利。

第8条　同步录音录像，应当客观、全面地反映听取意见的参与人员、听取意见过程，画面完整、端正，声音和影像清晰可辨。同步录音录像应当保持完整、连续，不得选择性录制，不得篡改、删改。

第9条　同步录音录像的起始和结束由检察官宣布。开始录像前，应当告知犯罪嫌疑人、被告人、辩护人或者值班律师。

第10条　听取意见过程中发现可能影响定罪量刑的新情况，需要补充核实的，应当中止听取意见和同步录音录像。核实完毕后，视情决定重新或者继续听取意见并进行同步录音录像。

因技术故障无法录制的，一般应当中止听取意见，待故障排除后再行听取意见和录制。技术故障一时难以排除的，征得犯罪嫌疑人、被告人、辩护人或者值班律师同意，可以继续听取意见，但应当记录在案。

第11条　同步录音录像结束后，录制人员应当及时制作同步录音录像文件，交由案件承办人员办案使用，案件办结后由案件承办人员随案归档。同步录音录像文件的命名应当与全国检察业务应用系统内案件对应。各级人民检察院应当逐步建立同步录音录像文件管理系统，统一存储和保管同步录音录像文件。同步录音录像文件保存期限为10年。

第12条　同步录音录像文件是人民检察院办理认罪认罚案件的工作资料，实行有条件调取使用。因人民法院、犯罪嫌疑人、被告人、辩护人或者值班律师对认罪认罚自愿性、真实性、合法性提出异议或者疑问等原因，需要查阅同步录音录像文件的，人民检察院可以出示，也可以将同步录音录像文件移送人民法院，必要时提请法庭播放。

因案件质量评查、复查、检务督察等工作，需要查阅、调取、复制、出示同步录音录像文件的，应当履行审批手续并记录在案。

第13条 检察人员听取意见应当着检察制服，做到仪表整洁，举止严肃、端庄，用语文明、规范。

第14条 人民检察院刑事检察、检察技术、计划财务装备、案件管理、司法警察、档案管理等部门应当各司其职、各负其责、协调配合，保障同步录音录像工作规范、高效、有序开展。

第15条 人民检察院办理未成年人认罪认罚案件开展听取意见同步录音录像工作的，根据相关法律规定，结合未成年人检察工作实际，参照本规定执行。

【高检发办字〔2021〕120号】 人民检察院办理认罪认罚案件开展量刑建议工作的指导意见（2021年11月15日最高检第13届检委会第78次会议通过，2021年12月3日印发施行）

第5条 人民检察院办理认罪认罚案件提出量刑建议，应当按照有关规定对听取意见情况进行同步录音录像。

第9条 人民检察院办理认罪认罚案件提出量刑建议，应当听取被害人及其诉讼代理人的意见，并将犯罪嫌疑人是否与被害方达成调解协议、和解协议或者赔偿被害方损失，取得被害方谅解，是否自愿承担公益损害修复及赔偿责任等，作为从宽处罚的重要考虑因素。

犯罪嫌疑人自愿认罪并且有赔偿意愿，但被害方拒绝接受赔偿或者赔偿请求明显不合理，未能达成调解或者和解协议的，可以综合考量赔偿情况及全案情节对犯罪嫌疑人予以适当从宽，但罪行极其严重、情节极其恶劣的除外。

必要时，人民检察院可以听取侦查机关、相关行政执法机关、案发地或者居住地基层组织和群众的意见。

第24条 人民检察院在听取意见时，应当将犯罪嫌疑人享有的诉讼权利和认罪认罚从宽的法律规定，拟认定的犯罪事实、涉嫌罪名、量刑情节，拟提出的量刑建议及法律依据告知犯罪嫌疑人及其辩护人或者值班律师。

人民检察院听取意见可以采取当面、远程视频等方式进行。

第25条 人民检察院应当充分说明量刑建议的理由和依据，听取犯罪嫌疑人及其辩护人或者值班律师对量刑建议的意见。

犯罪嫌疑人及其辩护人或者值班律师对量刑建议提出不同意见，或者提交影响量刑的证据材料，人民检察院经审查认为犯罪嫌疑人及其辩护人或者值班律师意见合理的，应当采纳，相应调整量刑建议，审查认为意见不合理的，应当结合法律规定、全案情节、相似案件判决等作出解释、说明。

第26条 人民检察院在听取意见的过程中，必要时可以通过出示、宣读、播放等方式向犯罪嫌疑人开示或部分开示影响定罪量刑的主要证据材料，说明证据证明的内容，促使犯罪嫌疑人认罪认罚。

言词证据确需开示的，应注意合理选择开示内容及方式，避免妨碍诉讼、影响庭审。

第 27 条　听取意见后，达成一致意见的，犯罪嫌疑人应当签署认罪认罚具结书。有刑事诉讼法第 174 条第 2 款不需要签署具结书情形的，不影响对其提出从宽的量刑建议。

犯罪嫌疑人有辩护人的，应当由辩护人在场见证具结并签字，不得绕开辩护人安排值班律师代为见证具结。辩护人确因客观原因无法到场的，可以通过远程视频方式见证具结。

犯罪嫌疑人自愿认罪认罚，没有委托辩护人，拒绝值班律师帮助的，签署具结书时，应当通知值班律师到场见证，并在具结书上注明。值班律师对人民检察院量刑建议、程序适用有异议的，检察官应当听取其意见，告知其确认犯罪嫌疑人认罪认罚的自愿性后应当在具结书上签字。

未成年犯罪嫌疑人签署具结书时，其法定代理人应当到场并签字确认。法定代理人无法到场的，合适成年人应当到场签字确认。法定代理人、辩护人对未成年人认罪认罚有异议的，未成年犯罪嫌疑人不需要签署具结书。

第 28 条　听取意见过程中，犯罪嫌疑人及其辩护人或者值班律师提供可能影响量刑的新的证据材料或者提出不同意见，需要审查、核实的，可以中止听取意见。人民检察院经审查、核实并充分准备后可以继续听取意见。

第 29 条　人民检察院提起公诉后开庭前，被告人自愿认罪认罚的，人民检察院可以组织听取意见。达成一致的，被告人应当在辩护人或者值班律师在场的情况下签署认罪认罚具结书。

第 30 条　对于认罪认罚案件，犯罪嫌疑人签署具结书后，没有新的事实和证据，且犯罪嫌疑人未反悔的，人民检察院不得撤销具结书、变更量刑建议。除发现犯罪嫌疑人认罪悔罪不真实、认罪认罚后又反悔或者不履行具结书中需要履行的赔偿损失、退赃退赔等情形外，不得提出加重犯罪嫌疑人刑罚的量刑建议。

【司发通〔2022〕49 号】　最高人民法院、最高人民检察院、公安部、司法部关于进一步深化刑事案件律师辩护全覆盖试点工作的意见（2022 年 10 月 12 日）

18. 值班律师依法履行职责。值班律师提供法律帮助应当充分了解案情，对于案情较为复杂的案件，应当在查阅案卷材料并向犯罪嫌疑人、被告人充分释明相关诉讼权利和程序规定后对案件处理提出意见。犯罪嫌疑人、被告人自愿认罪认罚的，值班律师应当结合案情向犯罪嫌疑人、被告人释明认罪认罚的性质和法律规定，对人民检察院指控的罪名、量刑建议、诉讼程序适用等提出意见，在犯罪嫌疑人签署具结书时在场。

【高检发办字〔2023〕28 号】　最高人民检察院、司法部、中华全国律师协会关于依法保障律师执业权利的十条意见（2023 年 3 月 1 日）

四、充分保障律师反映意见的权利

人民检察院听取律师意见，应当坚持"能见尽见、应听尽听"原则，充分保障律师向办案部门反映意见的权利。人民检察院拟决定或者批准逮捕犯罪嫌疑人的，应当在作出决定前征询辩护律师意见。拟当面听取律师意见的，应当由检察官或者检察官助理在专门的律师会见室进行，并配备记录人员，完整记录律师意见和工作过程。当面听取律师意见有困难的，可以通过书面、电话、视频等方式进行并记录在案。

五、及时向律师反馈意见采纳情况

人民检察院应当全面审查律师就办案工作提出的意见，有事实和法律依据的意见应当吸收。在案件办结前，应当通过约见、书面、电话、视频等方式向律师反馈意见采纳情况及不予采纳的理由，并记录在案。制作法律文书时，应当写明律师相关信息，并载明律师意见、检察机关采纳情况及不予采纳的理由。

六、认真听取律师对认罪认罚案件的意见

人民检察院办理认罪认罚案件，应当认真听取辩护律师或者值班律师的意见。已委托辩护律师的，应当提前通知辩护律师，确保犯罪嫌疑人签署认罪认罚具结书时在场并有明确的意见，不得绕开辩护律师安排值班律师代为见证具结。辩护律师确因客观原因无法到场的，可以通过远程视频方式见证具结；确有不便的，经辩护律师同意，可以安排值班律师在场履职。

【法刊文摘】 **检答网集萃 36：适用认罪认罚从宽制度的案件拟作相对不起诉是否需要签署认罪认罚具结书**（检察日报 2021 年 3 月 14 日）

咨询内容（广东东莞黄铭）：1. 对于犯罪嫌疑人愿意认罪认罚的案件，检察官拟作相对不起诉，是否需要与犯罪嫌疑人签署认罪认罚具结书？2. 如果需要签署，应如何签署？

解答摘要（李元端）：检察实践中，先由犯罪嫌疑人签署具结书或先完成内部审批讨论程序的处理方式都有。为避免处理意见过于宽泛，也可由嫌疑人对不起诉具结，再按照内部程序处理。如审批或讨论通过的，依法作出不起诉决定。如不起诉意见被否决的，再根据案件具体情况提出量刑建议签署新的具结书。

（本书汇）【核准追诉】[1]

● **相关规定** 【主席令〔1997〕83 号】 **中华人民共和国刑法**（1979 年 7 月 1 日第五届全国人民代表大会第二次会议通过 1997 年 3 月 14 日第八届全国人民代表大会第五次会议修订）[2]

第 87 条 犯罪经过下列期限不再追诉：……（四）法定最高刑为无期徒刑、死刑的，经过 20 年。如果 20 年以后认为必须追诉的，须报请最高人民检察院核准。

【高检发释字〔2019〕4 号】 **人民检察院刑事诉讼规则**（2019 年 12 月 2 日最高检第 13 届检委会第 28 次会议通过，2019 年 12 月 30 日公布施行；高检发释字〔2012〕2 号《规则（试行）》同时废止）

第 321 条 须报请最高人民检察院核准追诉的案件，<u>公安机关</u>侦查机关在核准之前可以

---

[1] 注：《刑事诉讼法》没有关于核准追诉的规定，本书将其汇集于此。
[2] 根据 1998 年 12 月 29 日第九届全国人民代表大会常务委员会第六次会议通过的《全国人民代表大会常务委员会关于惩治骗购外汇、逃汇和非法买卖外汇犯罪的决定》、1999 年 12 月 25 日第九届全国人民代表大会常务委员会第十三次会议通过的《中华人民共和国刑法修正案》、2001 年 8 月 31 日第九届全国人民代表大会常务委员会第二十三次会议通过的《中华人民共和国刑法修正案（二）》、2001 年 12 月 29 日第九届全国人民代表大会常务委员会第二十五次会议通过的《中华人民共和国刑法修正案（三）》、2002 年 12 月 28 日第九届全国人民代表大会常务委员会第三十一次会议通过的《中华人民共和国刑法修正案（四）》、2005 年 2 月 28 日第十届全国人民代表大会常务委员会第十四次会议通过的《中华人民共和国刑法修正案（五）》、2006 年 6 月 29 日第十届全国人民代表大会常务委员会第二十二次会议通过的《中华人民共和国刑法修正案（六）》、2009 年 2 月 28 日第十一届全国人民代表大会常务委员会第七次会议通过的《中华人民共和国刑法修正案（七）》、2009 年 8 月 27 日第十一届全国人民代表大会常务委员会第十次会议通过的《全国人民代表大会常务委员会关于修改部分法律的决定》、2011 年 2 月 25 日第十一届全国人民代表大会常务委员会第十九次会议通过的《中华人民共和国刑法修正案（八）》、2015 年 8 月 29 日第十二届全国人民代表大会常务委员会第十六次会议通过的《中华人民共和国刑法修正案（九）》、2017 年 11 月 4 日第十二届全国人民代表大会常务委员会第三十次会议通过的《中华人民共和国刑法修正案（十）》、2020 年 12 月 26 日第十三届全国人民代表大会常务委员会第二十四次会议通过的《中华人民共和国刑法修正案（十一）》和 2023 年 12 月 29 日第十四届全国人民代表大会常务委员会第七次会议通过的《中华人民共和国刑法修正案（十二）》修正。

依法对犯罪嫌疑人采取强制措施。

公安机关侦查机关报请核准追诉并提请逮捕犯罪嫌疑人，人民检察院经审查认为必须追诉而且符合法定逮捕条件的，可以依法批准逮捕，同时要求公安机关侦查机关在报请核准追诉期间不得停止对案件的侦查。

未经最高人民检察院核准，不得对案件提起公诉。

第322条　报请核准追诉的案件应当同时符合下列条件：（一）有证据证明存在犯罪事实，且犯罪事实是犯罪嫌疑人实施的；（二）涉嫌犯罪的行为应当适用的法定量刑幅度的最高刑为无期徒刑或者死刑；（三）涉嫌犯罪的性质、情节和后果特别严重，虽然已过20年追诉期限，但社会危害性和影响依然存在，不追诉会严重影响社会稳定或者产生其他严重后果，而必须追诉的；（四）犯罪嫌疑人能够及时到案接受追诉。

● **指导案例**　　【高检发研字〔2015〕3号】　最高人民检察院第6批指导性案例（2015年7月1日最高检第12届检委会第37次会议通过，2015年7月3日）

（检例第20号）　马世龙（抢劫）核准追诉案

要旨：故意杀人、抢劫、强奸、绑架、爆炸等严重危害社会治安的犯罪，经过20年追诉期限，仍然严重影响人民群众安全感，被害方、案发地群众、基层组织等强烈要求追究犯罪嫌疑人刑事责任，不追诉可能影响社会稳定或者产生其他严重后果的，对犯罪嫌疑人应当追诉。

（检例第21号）　丁国山等（故意伤害）核准追诉案

要旨：涉嫌犯罪情节恶劣、后果严重，并且犯罪后积极逃避侦查，经过20年追诉期限，犯罪嫌疑人没有明显悔罪表现，也未通过赔礼道歉、赔偿损失等获得被害方谅解，犯罪造成的社会影响没有消失，不追诉可能影响社会稳定或者产生其他严重后果的，对犯罪嫌疑人应当追诉。

（检例第22号）　杨菊云（故意杀人）不核准追诉案

要旨：1. 因婚姻家庭等民间矛盾激化引发的犯罪，经过20年追诉期限，犯罪嫌疑人没有再犯罪危险性，被害人及其家属对犯罪嫌疑人表示谅解，不追诉有利于化解社会矛盾、恢复正常社会秩序，同时不会影响社会稳定或者产生其他严重后果的，对犯罪嫌疑人可以不再追诉。

2. 须报请最高人民检察院核准追诉的案件，侦查机关在核准之前可以依法对犯罪嫌疑人采取强制措施。侦查机关报请核准追诉并提请逮捕犯罪嫌疑人，人民检察院经审查认为必须追诉而且符合法定逮捕条件的，可以依法批准逮捕。

（检例第23号）　蔡金星、陈国辉等（抢劫）不核准追诉案

要旨：1. 涉嫌犯罪已过20年追诉期限，犯罪嫌疑人没有再犯罪危险性，并且通过赔礼道歉、赔偿损失等方式积极消除犯罪影响，被害方对犯罪嫌疑人表示谅解，犯罪破坏的社会秩序明显恢复，不追诉不会影响社会稳定或者产生其他严重后果的，对犯罪嫌疑人可以不再追诉。

2. 1997年9月30日以前实施的共同犯罪，已被司法机关采取强制措施的犯罪嫌疑人逃避侦查或者审判的，不受追诉期限限制。司法机关在追诉期限内未发现或者未采取强制措施的犯罪嫌疑人，应当受追诉期限限制；涉嫌犯罪应当适用的法定量刑幅度的最高刑为无期徒刑、死刑，犯罪行为发生20年以后认为必须追诉的，须报请最高人民检察院核准。

第 175 条（第 1 款） 【证据合法性说明】 人民检察院审查案件，可以要求公安机关提供法庭审判所必需的证据材料；认为可能存在本法第 56 条规定的以非法方法收集证据情形的，可以要求其对证据收集的合法性作出说明。①

● **相关规定**　【高检诉发〔2006〕47 号】　最高人民检察院关于在审查逮捕和审查起诉工作中加强证据审查的若干意见（2006 年 7 月 3 日）

一、高度重视证据审查工作，全面客观审查证据

……在办案工作中全面、客观地审查证据，既要重视对证据客观性、关联性的审查，又要注重对证据合法性的审查，对非法证据要严格依照法律规定予以排除。侦查监督、公诉部门的负责人要直接参与对重大案件证据的审查。……

二、注意发现和严格依法排除非法证据

……对以非法搜查、非法扣押等方式取得的物证、书证等实物证据，要结合案件实际情况，严格审查，认真甄别。要注意审查各种实物证据是否客观真实，是否与其他证据相互印证，审查全案证据是否能够形成完整的证据体系，是否符合批准逮捕、提起公诉的条件。

三、认真审查瑕疵证据，依法要求侦查机关采取补救措施

……对讯问犯罪嫌疑人时侦查人员不足 2 人或者询问证人、被害人未个别进行而收集、调取的证据，应当要求侦查人员依法重新收集、调取；对侦查人员或犯罪嫌疑人、证人、被害人、见证人等没有签名或者盖章的书面证据材料，应要求侦查人员依法重新收集、调取或者采取其他补救措施，否则不能作为指控犯罪的依据。对没有严格遵守法律规定，讯问犯罪嫌疑人、询问证人、被害人的时间、地点不符合要求或者在没有告知其法定诉讼权利的情况下获取的证据，应当要求侦查人员依法重新收集、调取或者采取其他补救措施；如果因客观条件限制确实无法重新收集、调取证据，也无法采取其他补救措施，如不影响证据的客观性、关联性，可以在向侦查机关提出纠正违法意见的同时，作为指控犯罪的依据。

四、强化侦查监督，依法纠正违法取证行为

……对违法取证行为情节较重，但尚未构成犯罪的，应当报请检察长批准后，向侦查机关发出《纠正违法通知书》，并跟踪监督纠正情况。对纠正不力的，可以向侦查机关负责人再次说明违法取证情况，督促限期纠正并将纠正情况回复人民检察院。必要时，可以将《纠正违法通知书》及督促纠正违法的情况一并报上一级人民检察院，由上一级人民检察院向同级侦查机关通报。对违法取证行为情节严重，涉嫌构成犯罪的，应当移送本院侦查部门审查，并报告检察长，或者报经检察长批准进行初查后，移交侦查部门立案侦查。

五、认真落实检察机关办案责任制

……侦查监督、公诉部门的办案人员严重不负责任，对应当排除的非法证据不予排除或者没有发现，造成错案的，应当依法依纪追究其相应责任。部门负责人和检察长对办案人员提出的依法排除非法证据的意见不予支持，造成错案的，应当依法依纪追究其相应责任。

---

① 本款规定由 1996 年 3 月 17 日第 8 届全国人民代表大会第 4 次会议增设，1997 年 1 月 1 日施行。其中下划线部分由 2012 年 3 月 14 日第 11 届全国人大常委会第 5 次会议增设，2013 年 1 月 1 日施行。

【公通字〔2017〕25号】　最高人民检察院、公安部关于公安机关办理经济犯罪案件的若干规定（最高检、公安部2017年11月24日印发，2018年1月1日施行；2005年12月31日"公通字〔2005〕101号"《规定》同时废止）

第43条　人民检察院在审查逮捕、审查起诉中发现公安机关办案人员以非法方法收集犯罪嫌疑人供述、被害人陈述、证人证言等证据材料的，应当依法排除非法证据并提出纠正意见。需要重新调查取证的，经县级以上公安机关负责人批准，应当另行指派办案人员重新调查取证。必要时，人民检察院也可以自行收集犯罪嫌疑人供述、被害人陈述、证人证言等证据材料。

公安机关发现收集物证、书证不符合法定程序，可能严重影响司法公正的，应当要求办案人员予以补正或者作出合理解释；不能补正或者作出合理解释的，应当依法予以排除，不得作为提请批准逮捕、移送审查起诉的依据。

人民检察院发现收集物证、书证不符合法定程序，可能严重影响司法公正的，应当要求公安机关予以补正或者作出合理解释，不能补正或者作出合理解释的，应当依法予以排除，不得作为批准逮捕、提起公诉的依据。

【国监委公告〔2021〕1号】　监察法实施条例（2021年7月20日国家监委全体会议决定，2021年9月20日公布施行）

第56条（第2款）　人民检察院、人民法院需要调取同步录音录像的，监察机关应当予以配合，经审批依法予以提供。

第225条　监察机关对于人民检察院在审查起诉中书面提出的下列要求应当予以配合：（一）认为可能存在以非法方法收集证据情形，要求监察机关对证据收集的合法性作出说明或者提供相关证明材料的；（二）排除非法证据后，要求监察机关另行指派调查人员重新取证的；（三）对物证、书证、视听资料、电子数据及勘验检查、辨认、调查实验等笔录存在疑问，要求调查人员提供获取、制作的有关情况的；（四）要求监察机关对案件中某些专门性问题进行鉴定，或者对勘验检查进行复验、复查的；（五）认为主要犯罪事实已经查清，仍有部分证据需要补充完善，要求监察机关补充提供证据的；（六）人民检察院依法提出的其他工作要求。

【高检发诉二字〔2018〕1号】　人民检察院办理死刑第二审案件和复核监督工作指引（试行）（2018年1月11日最高检第12届检委会第72次会议通过，2018年3月31日印发）

第16条　【调查核实证据合法性】经审查，发现侦查人员以非法方法收集证据的，或者被告人及其辩护人申请排除非法证据，并提供相关线索或者材料的，应当依照相关规定，及时进行调查核实。

调查核实证据合法性可以采取以下方式：（1）讯问被告人；（2）询问办案人员；（3）询问在场人员及证人；（4）听取辩护律师意见；（5）调取讯问笔录、讯问录音录像；（6）调取、查询被告人出入看守所的身体检查记录及相关材料；（7）调取、查询驻看守所检察人员在侦查终结前的核查材料；（8）调取、查阅、复制相关法律文书或者案件材料；（9）进行伤情、病情检查或者鉴定；（10）其他调查核实方式。

第19条　【非法证据排除】对采用下列非法方法收集的被告人供述，应当提出依法排除的意见：（1）采取殴打、违法使用戒具等暴力方法或者变相肉刑的恶劣手段，使被告人遭受难以忍受的痛苦而违背意愿作出的供述；（2）采用以暴力或者严重损害本人及其近亲属合法权益等进行威胁的方法，使被告人遭受难以忍受的痛苦而违背意愿作出的供述；（3）采用非法拘禁等非法限制人身自由的方法收集的供述。

采用暴力、威胁以及非法限制人身自由等非法方法收集的证人证言、被害人陈述，应当予以排除。

第20条 【重复自白的排除及除外情形】采用刑讯逼供方法使被告人作出供述，之后被告人受该刑讯逼供行为影响而作出的与该供述相同的重复性供述，应当提出依法排除的意见，但下列情形除外：(1)侦查期间，根据控告、举报或者自己发现等，侦查机关确认或者不能排除以非法方法收集证据而更换侦查人员，其他侦查人员再次讯问时告知诉讼权利和认罪的法律后果，犯罪嫌疑人自愿供述的；(2)审查逮捕、审查起诉和审判期间，检察人员、审判人员讯问时告知诉讼权利和认罪的法律后果，犯罪嫌疑人、被告人自愿供述的。

第22条 【案件线索来源存疑、侦破过程不清楚的案件的审查】对于案件线索来源存疑、侦破过程不清楚的，应当要求侦查机关提供相关法律文书或作出详细的情况说明。

(插) 第170条（第1款）[①] 【补充调查、自行侦查】人民检察院对于监察机关移送起诉的案件，依照本法和监察法的有关规定进行审查。人民检察院经审查，认为需要补充核实的，应当退回监察机关补充调查，必要时可以自行补充侦查。

第175条（第2款） 【补充侦查、自行侦查】人民检察院审查案件，对于需要补充侦查的，可以退回公安机关补充侦查，也可以自行侦查。

(第3款) 【补侦时限和次数，重新计算期限】对于补充侦查的案件，应当在1个月以内补充侦查完毕。补充侦查以2次为限。补充侦查完毕移送人民检察院后，人民检察院重新计算审查起诉期限[②]。

(第4款) (见第177条)

● 相关规定 【高检会〔2000〕2号】 最高人民检察院、公安部关于适用刑事强制措施有关问题的规定（2000年8月28日公布施行）

第35条 人民检察院审查公安机关移送起诉的案件，认为需要补充侦查的，可以退回公安机关补充侦查，也可以自行侦查。

补充侦查以2次为限。公安机关已经补充侦查2次后移送审查起诉的案件，人民检察院依法改变管辖的，如果需要补充侦查，由人民检察院自行侦查；人民检察院在审查起诉中又发现新的犯罪事实的，应当移送公安机关立案侦查，对已经查清的犯罪事实依法提起公诉。

人民检察院提起公诉后，发现案件需要补充侦查的，由人民检察院自行侦查，公安机关应当予以协助。

【法〔2003〕163号】 最高人民法院、最高人民检察院、公安部关于严格执行刑事诉讼法，切实纠防超期羁押的通知（2003年11月12日）

四、坚持依法办案，正确适用法律，有罪依法追究，无罪坚决放人，人民法院、人民检

---

① 本款规定由2018年10月26日第13届全国人大常委会第6次会议增设，同日公布施行。
② 本部分内容由1996年3月17日第8届全国人民代表大会第4次会议增设，1997年1月1日施行。

察院和公安机关在刑事诉讼过程中,要分工负责,互相配合,互相制约,依法进行,避免超期羁押现象的发生。……人民检察院对于经过2次补充侦查或者在审判阶段建议补充侦查并经人民法院决定延期审理的案件,不再退回公安机关;对于经过2次补充侦查,仍然证据不足、不符合起诉条件的案件,要依法作出不起诉的决定。……

【法发〔2007〕11号】 最高人民法院、最高人民检察院、公安部、司法部关于进一步严格依法办案确保办理死刑案件质量的意见（2007年3月9日）

23. 人民检察院审查案件的时候,认为事实不清、证据不足或者遗漏罪行、遗漏同案犯罪嫌疑人等情形,需要补充侦查的,应当提出需要补充侦查的具体意见,连同案卷材料一并退回公安机关补充侦查。公安机关应当在1个月以内补充侦查完毕。人民检察院也可以自行侦查,必要时要求公安机关提供协助。

【六部委〔2012〕规定】 最高人民法院、最高人民检察院、公安部、国家安全部、司法部、全国人大常委会法制工作委员会关于实施刑事诉讼法若干问题的规定（2012年12月26日印发,2013年1月1日施行）

31. 法庭审理过程中,被告人揭发他人犯罪行为或者提供重要线索,人民检察院认为需要进行查证的,可以建议补充侦查。

【高检发释字〔2013〕4号】 最高人民检察院关于审查起诉期间犯罪嫌疑人脱逃或者患有严重疾病的应当如何处理的批复（2013年12月19日最高检第12届检委会第14次会议通过,2013年12月27日公布答复北京市检"京检字〔2013〕75号"请示,2014年1月1日施行）

三、（第2款） 人民检察院应当及时全面审阅案卷材料。经审查,对于案件事实不清、证据不足的,可以根据刑事诉讼法第171条第2款、《人民检察院刑事诉讼规则（试行）》第380条的规定退回侦查机关补充侦查。

（第3款） 侦查机关补充侦查完毕移送审查起诉的,人民检察院应当按照本批复第2条（详见《刑事诉讼法》第176条配套规定）的规定进行审查。

四、（第2款） 经审查,应当按照下列情形分别处理:……（三）案件事实不清、证据不足的,可以根据刑事诉讼法第171条第2款、《人民检察院刑事诉讼规则（试行）》第380条的规定退回侦查机关补充侦查。

【法发〔2016〕18号】 最高人民法院、最高人民检察院、公安部、国家安全部、司法部关于推进以审判为中心的刑事诉讼制度改革的意见（2016年7月20日）

七、完善补充侦查制度。进一步明确退回补充侦查的条件,建立人民检察院退回补充侦查引导和说理机制,明确补充侦查方向、标准和要求。规范补充侦查行为,对于确实无法查明的事项,公安机关、国家安全机关应当书面向人民检察院说明理由。……

【高检发诉二字〔2018〕1号】 人民检察院办理死刑第二审案件和复核监督工作指引（试行）（2018年1月11日最高检第12届检委会第72次会议通过,2018年3月31日印发）

第21条 【对自首、立功等可能影响定罪量刑的材料和线索的审查】被告人、辩护人提出被告人自首、立功或者受到刑讯逼供等可能影响定罪量刑的材料和线索的,人民检察院可以依照管辖规定交侦查机关调查核实,也可以自行调查核实。发现遗漏罪行或者同案犯罪嫌疑人的,应当建议侦查机关侦查。

第23条 【补充收集证据的一般规定】对死刑第二审案件自行补充收集证据的,应当由2名以上检察人员进行,可以要求侦查机关提供协助,也可以申请本院司法警察协助。上级人民检察院通过下级人民检察院通知侦查机关补充收集证据的,下级人民检察院应当提供协助。

第24条 【自行补充收集证据的情形】死刑第二审案件具有下列情形之一的,可以自行补充收集证据:(1) 侦查机关以刑讯逼供等非法方法收集的被告人供述和采用暴力、威胁等非法手段取得的被害人陈述、证人证言,被依法排除后,侦查机关未另行指派侦查人员重新调查取证的;(2) 被告人作出无罪辩解或者辩护人提出无罪辩护意见,经审查后,认为侦查机关取得的言词证据不全面或者有遗漏,或者经审查后认为存在疑问的;(3) 案件在定罪量刑方面存在明显分歧或者较大争议,需要补充关键性言词证据,特别是影响案件定罪量刑的被告人供述、证人证言、被害人陈述等言词类证据的;(4) 认为需要补充收集的事项,侦查机关未补充收集或者补充收集后未达到要求,且自行补充收集具有可行性的;(5) 案件主要事实清楚,主要证据确实、充分,尚需要查明个别事实、情节或者补充个别证据材料的;(6) 其他需要自行补充收集证据的情形。

【主席令〔2018〕3号】 中华人民共和国监察法(2018年3月20日第13届全国人大第1次会议通过,同日公布施行)

第47条(第3款) 人民检察院经审查,认为需要补充核实的,应当退回监察机关补充调查,必要时可以自行补充侦查。对于补充调查的案件,应当在1个月内补充调查完毕。补充调查以2次为限。

【国监委公告〔2021〕1号】 监察法实施条例(2021年7月20日国家监委全体会议决定,2021年9月20日公布施行)

第196条 经审理认为主要违法犯罪事实不清、证据不足的,应当经审批将案件退回承办部门重新调查。

有下列情形之一,需要补充完善证据的,经审批可以退回补充调查:(一) 部分事实不清、证据不足的;(二) 遗漏违法犯罪事实的;(三) 其他需要进一步查清案件事实的情形。

案件审理部门将案件退回重新调查或者补充调查的,应当出具审核意见,写明调查事项、理由、调查方向、需要补充收集的证据及其证明作用等,连同案卷材料一并送交承办部门。

承办部门补充调查结束后,应当经审批将补证情况报告及相关证据材料,连同案卷材料一并移送案件审理部门;对确实无法查明的事项或者无法补充的证据,应当作出书面说明。重新调查终结后,应当重新形成调查报告,依法移送审理。

重新调查完毕移送审理的,审理期限重新计算。补充调查期间不计入审理期限。

第226条 监察机关对于人民检察院依法退回补充调查的案件,应当向主要负责人报告,并积极开展补充调查工作。

第227条 对人民检察院退回补充调查的案件,经审批分别作出下列处理:

(一) 认定犯罪事实的证据不够充分的,应当在补充证据后,制作补充调查报告书,连同相关材料一并移送人民检察院审查,对无法补充完善的证据,应当作出书面情况说明,并加盖监察机关或者承办部门公章;

(二) 在补充调查中发现新的同案犯或者增加、变更犯罪事实,需要追究刑事责任的,

应当重新提出处理意见,移送人民检察院审查;

(三)犯罪事实的认定出现重大变化,认为不应当追究被调查人刑事责任的,应当重新提出处理意见,将处理结果书面通知人民检察院并说明理由;

(四)认为移送起诉的犯罪事实清楚、证据确实、充分的,应当说明理由,移送人民检察院依法审查。

【法发〔2019〕10 号】 最高人民法院、最高人民检察院、公安部、司法部关于办理恶势力刑事案件若干问题的意见(2019 年 4 月 9 日印发施行)

18.(第 1 款) ……人民检察院认为恶势力相关违法犯罪事实不清、证据不足,或者存在遗漏恶势力违法犯罪事实、遗漏同案犯罪嫌疑人等情形需要补充侦查的,应当提出具体的书面意见,连同案卷材料一并退回公安机关补充侦查;人民检察院也可以自行侦查,必要时可以要求公安机关提供协助。

【高检发释字〔2019〕4 号】 人民检察院刑事诉讼规则(2019 年 12 月 2 日最高检第 13 届检委会第 28 次会议通过,2019 年 12 月 30 日公布施行;高检发释字〔2012〕2 号《规则(试行)》同时废止)

第 257 条 对于批准逮捕后要求公安机关继续侦查、不批准逮捕后要求公安机关补充侦查或者审查起诉阶段退回公安机关补充侦查的案件,人民检察院应当分别制作继续侦查提纲或者补充侦查提纲,写明需要继续侦查或者补充侦查的事项、理由、侦查方向、需补充收集的证据及其证明作用等,送交公安机关。

第 340 条 人民检察院对监察机关或者公安机关侦查机关移送的案件进行审查后,在人民法院作出生效判决之前,认为需要补充提供法庭审判所必需的证据材料的,可以书面要求监察机关或者公安机关侦查机关提供。

第 341 条 人民检察院在审查起诉中发现有应当排除的非法证据①,应当依法排除非法证据并提出纠正意见,同时可以要求监察机关或者公安机关侦查机关另行指派调查人员或者侦查人员重新调查取证。必要时,人民检察院也可以自行调查取证。

第 342 条 人民检察院认为犯罪事实不清、证据不足或者存在遗漏罪行、遗漏同案犯罪嫌疑人等情形需要补充侦查的,应当制作补充侦查提纲提出具体的书面意见,连同案卷材料一并退回公安机关补充侦查。人民检察院也可以自行侦查,必要时可以要求公安机关提供协助。

第 343 条 人民检察院对于监察机关移送起诉的案件,认为需要补充调查的,应当退回监察机关补充调查。必要时,可以自行补充侦查。

需要退回补充调查的案件,人民检察院应当出具补充调查决定书、补充调查提纲,写明补充调查的事项、理由、调查方向、需补充收集的证据及其证明作用等,连同案卷材料一并送交监察机关。

人民检察院决定退回补充调查的案件,犯罪嫌疑人已被采取强制措施的,应当将退回补充调查情况书面通知强制措施执行机关。监察机关需要讯问的,人民检察院应当予以配合。

---

① 本部分内容原为"侦查人员以非法方法收集犯罪嫌疑人供述、被害人陈述、证人证言等证据材料"。

第344条　对于监察机关移送起诉的案件，具有下列情形之一的，人民检察院可以自行补充侦查：（一）证人证言、犯罪嫌疑人供述和辩解、被害人陈述的内容主要情节一致，个别情节不一致的；（二）物证、书证等证据材料需要补充鉴定的；（三）其他由人民检察院查证更为便利、更有效率、更有利于查清案件事实的情形。

自行补充侦查完毕后，应当将相关证据材料入卷，同时抄送监察机关。人民检察院自行补充侦查的，可以商请监察机关提供协助。

第345条　人民检察院负责捕诉的部门对本院负责侦查的部门移送起诉的案件进行审查后，认为犯罪事实不清、证据不足或者存在遗漏罪行、遗漏同案犯罪嫌疑人等情形需要补充侦查的，应当制作补充侦查提纲向侦查部门提出补充侦查的书面意见，连同案卷材料一并退回负责侦查的部门补充侦查。必要时，也可以自行侦查，可以要求负责侦查的部门予以协助。

第346条　退回监察机关补充调查、退回公安机关补充侦查的案件，均应当在1个月以内补充调查、补充侦查完毕。

补充调查、补充侦查以2次为限。

补充调查、补充侦查完毕移送起诉后，人民检察院重新计算审查起诉期限。

人民检察院负责捕诉的部门公诉部门退回本院负责侦查的部门侦查部门补充侦查的期限、次数按照本条第1款至第3款的规定执行。

第347条　补充侦查期限届满，公安机关未将案件重新移送起诉的，人民检察院应当要求公安机关说明理由。

人民检察院发现公安机关违反法律规定撤销案件的，应当提出纠正意见。

第348条　人民检察院在审查起诉中决定自行侦查的，应当在审查起诉期限内侦查完毕。

第349条　人民检察院对已经退回监察机关2次补充调查或者退回公安机关侦查机关2次补充侦查的案件，在审查起诉中又发现新的犯罪事实，应当将线索移送监察机关或者公安机关侦查机关立案侦查。对已经查清的犯罪事实，应当依法提起公诉。

第350条　对于在审查起诉期间改变管辖的案件，改变后的人民检察院对于符合刑事诉讼法第175条第2款规定的案件，可以经原受理案件的人民检察院协助通过原受理案件的人民检察院，直接退回原侦查案件的公安机关补充侦查，也可以自行侦查。改变管辖前后退回补充侦查的次数总共不得超过2次。

第393条　人民检察院在开庭审理前收到人民法院或者被告人及其辩护人、被害人、证人等送交的反映证据系非法取得的书面材料的，应当进行审查。对于审查逮捕、审查起诉期间已经提出并经查证不存在非法取证行为的，应当通知人民法院、有关当事人和辩护人，并按照查证的情况做好庭审准备。对于新的材料或者线索，可以要求监察机关、公安机关侦查机关对证据收集的合法性进行说明或者提供相关证明材料，必要时可以自行调查核实。

【高检发〔2020〕6号】　最高人民检察院、公安部关于加强和规范补充侦查工作的指导意见（2020年3月27日印发实施）

第4条　人民检察院开展补充侦查工作，应当书面列出补充侦查提纲。补充侦查提纲应当分别归入检察内卷、侦查内卷。

第6条　人民检察院在审查起诉期间发现案件存在事实不清、证据不足或者存在遗漏罪行、遗漏同案犯罪嫌疑人等情形需要补充侦查的，应当制作补充侦查提纲，连同案卷材料一并退回公安机关并引导公安机关进一步查明案件事实、补充收集证据。

人民检察院第一次退回补充侦查时,应当向公安机关列明全部补充侦查事项。在案件事实或证据发生变化、公安机关未补充侦查到位、或者重新报送的材料中发现矛盾和问题的,可以第二次退回补充侦查。

第7条 退回补充侦查提纲一般包括以下内容:(一)阐明补充侦查的理由,包括案件事实不清、证据不足的具体表现和问题;(二)阐明补充侦查的方向和取证目的;(三)明确需要补充侦查的具体事项和需要补充收集的证据目录;(四)根据起诉和审判的证据标准,明确补充、完善证据需要达到的标准和必备要素;(五)有遗漏罪行的,应当指出在起诉意见书中没有认定的犯罪嫌疑人的罪行;(六)有遗漏同案犯罪嫌疑人需要追究刑事责任的,应当建议补充移送;(七)其他需要列明的事项。

补充侦查提纲、捕后侦查意见可参照本条执行。

第9条 具有下列情形之一的,一般不退回补充侦查:(一)查清的事实足以定罪量刑或者与定罪量刑有关的事实已经查清,不影响定罪量刑的事实无法查清的;(二)作案工具、赃物去向等部分事实无法查清,但有其他证据足以认定,不影响定罪量刑的;(三)犯罪嫌疑人供述和辩解、证人证言、被害人陈述的主要情节能够相互印证,只有个别情节不一致但不影响定罪量刑的;(四)遗漏同案犯罪嫌疑人或者同案犯罪嫌疑人在逃,在案犯罪嫌疑人定罪量刑的事实已经查清且符合起诉条件,公安机关不能及时补充移送同案犯罪嫌疑人的;(五)补充侦查事项客观上已经没有查证可能性的;(六)其他没有必要退回补充侦查的。

第10条 对于具有以下情形可以及时调取的有关证据材料,人民检察院可以发出《调取证据材料通知书》,通知公安机关直接补充相关证据并移送,以提高办案效率:(一)案件基本事实清楚,虽欠缺某些证据,但收集、补充证据难度不大且在审查起诉期间内能够完成的;(二)证据存在书写不规范、漏填、错填等瑕疵,公安机关可以在审查起诉期间补正、说明的;(三)证据材料制作违反程序规定但程度较轻微,通过补正可以弥补的;(四)案卷诉讼文书存在瑕疵,需进行必要的修改或补充的;(五)缺少前科材料、释放证明、抓获经过等材料,侦查人员能够及时提供的;(六)其他可以通知公安机关直接补充相关证据的。

第11条 人民检察院在审查起诉过程中,具有下列情形之一,自行补充侦查更为适宜的,可以依法自行开展侦查工作:(一)影响定罪量刑的关键证据存在灭失风险,需要及时收集和固定证据,人民检察院有条件自行侦查的;(二)经退回补充侦查未达到要求,自行侦查具有可行性的;(三)有证据证明或者有迹象表明侦查人员可能存在利用侦查活动插手民事、经济纠纷、实施报复陷害等违法行为和刑讯逼供、非法取证等违法行为,不宜退回补充侦查的;(四)其他需要自行侦查的。

人民检察院开展自行侦查工作应依法规范开展。

第12条 自行侦查由检察官组织实施,必要时可以调配办案人员。开展自行侦查的检察人员不得少于2人。自行侦查过程中,需要技术支持和安全保障的,由检察机关的技术部门和警务部门派员协助。

人民检察院通过自行侦查方式补强证据的,公安机关应当依法予以配合。

人民检察院自行侦查,适用《中华人民共和国刑事诉讼法》规定的讯问、询问、勘验、检查、查封、扣押、鉴定等侦查措施,应当遵循法定程序,在法定期限内侦查完毕。

第13条 人民检察院对公安机关移送的案件进行审查后,在法院作出生效判决前,认为需要补充审判所必需的证据材料的,可以发出《调取证据材料通知书》,要求公安机关提供。人民检察院办理刑事审判监督案件,可以向公安机关发出《调取证据材料通知书》。

第14条 人民检察院在办理刑事案件过程中,发现可能存在《中华人民共和国刑事诉讼法》第56条规定的以非法方法收集证据情形的,可以要求公安机关对证据收集的合法性作出书面说明或者提供相关证明材料,必要时,可以自行调查核实。

第16条 公安机关开展补充侦查工作,应当按照人民检察院补充侦查提纲的要求,及时、认真补充完善相关证据材料;对于补充侦查提纲不明确或者有异议的,应当及时与人民检察院沟通;对于无法通过补充侦查取得证据的,应当书面说明原因、补充侦查过程中所做的工作以及采取的补救措施。公安机关补充侦查后,应当单独立卷移送人民检察院,人民检察院应当依法接收案卷。

第17条 对公安机关未及时有效开展补充侦查工作的,人民检察院应当进行口头督促,对公安机关不及时补充侦查导致证据无法收集影响案件处理的,必要时可以发出检察建议;公安机关存在非法取证等情形的,应当依法启动调查核实程序,根据情节,依法向公安机关发出纠正违法通知书,涉嫌犯罪的,依法进行侦查。

公安机关以非法方法收集的犯罪嫌疑人供述、被害人陈述、证人证言等证据材料,人民检察院应当依法排除并提出纠正意见,同时可以建议公安机关另行指派侦查人员重新调查取证,必要时人民检察院也可以自行调查取证。公安机关发现办案人员非法取证的,应当依法作出处理,并可另行指派侦查人员重新调查取证。

第18条 案件补充侦查期限届满,公安机关认为原认定的犯罪事实有重大变化,不应当追究刑事责任而未将案件重新移送审查起诉的,应当以书面形式告知人民检察院,并说明理由。公安机关应当将案件重新移送审查起诉而未重新移送审查起诉的,人民检察院应当要求公安机关说明理由。人民检察院认为公安机关理由不成立的,应当要求公安机关重新移送审查起诉。人民检察院发现公安机关不应当撤案而撤案的,应当进行立案监督。公安机关未重新移送审查起诉,且未及时以书面形式告知并说明理由的,人民检察院应当提出纠正意见。

【公安部令〔2020〕159号】 公安机关办理刑事案件程序规定(2020年7月4日第3次部务会议修订,2020年7月20日公布,2020年9月1日施行)

第295条 侦查终结,移送人民检察院审查起诉的案件,人民检察院退回公安机关补充侦查的,公安机关接到人民检察院退回补充侦查的法律文书后,应当按照补充侦查提纲在1个月以内补充侦查完毕。

补充侦查以2次为限。

第296条 对人民检察院退回补充侦查的案件,根据不同情况,报县级以上公安机关负责人批准,分别作如下处理:

(一)原认定犯罪事实不清或者清楚证据不够充分的,应当查清事实、补充证据后,制作补充侦查报告书,移送人民检察院审查;对确实无法查明的事项或者无法补充的证据,应当书面向人民检察院说明情况;

(二)在补充侦查过程中,发现新的同案犯或者新的罪行,需要追究刑事责任的,应当重新制作起诉意见书,移送人民检察院审查;

(三)发现原认定的犯罪事实有重大变化,不应当追究刑事责任的,应当撤销案件或者对犯罪嫌疑人终止侦查或重新提出处理意见,并将有关情况处理结果通知退查的人民检察院。

(四)原认定犯罪事实清楚,证据确实、充分,人民检察院退回补充侦查不当的,应当说明理由,移送人民检察院审查。

第297条 对于人民检察院在审查起诉过程中以及在人民法院作出生效判决前,要求公安机关提供法庭审判所必需的证据材料的,应当及时收集和提供。

【法发〔2020〕38号】 最高人民法院、最高人民检察院、公安部、国家安全部、司法部关于规范量刑程序若干问题的意见(2020年11月5日印发,2020年11月6日施行;法发〔2010〕35号同名《意见(试行)》同时废止)

第2条(第3款) 人民检察院在审查起诉时发现侦查机关应当收集而未收集量刑证据的,可以退回侦查机关补充侦查,也可以自行侦查。人民检察院退回补充侦查的,侦查机关应当按照人民检察院退回补充侦查提纲的要求及时收集相关证据。

【高检发办字〔2021〕3号】 人民检察院办理网络犯罪案件规定(2020年12月14日最高检第13届检委会第57次会议通过,2021年1月22日印发)

第16条 对于批准逮捕后要求公安机关继续侦查、不批准逮捕后要求公安机关补充侦查或者审查起诉退回公安机关补充侦查的网络犯罪案件,人民检察院应当重点围绕本规定第12条第1款规定的事项[①],有针对性地制作继续侦查提纲或者补充侦查提纲。对于专业性问题,应当听取检察技术人员或者其他有专门知识的人的意见。

人民检察院应当及时了解案件继续侦查或者补充侦查的情况。

第24条 人民检察院在审查起诉过程中,具有下列情形之一的,可以依法自行侦查:

(一)公安机关未能收集的证据,特别是存在灭失、增加、删除、修改风险的电子数据,需要及时收集和固定的;

(二)经退回补充侦查未达到补充侦查要求的;

(三)其他需要自行侦查的情形。

第25条 自行侦查由检察官组织实施,开展自行侦查的检察人员不得少于2人。需要技术支持和安全保障的,由人民检察院技术部门和警务部门派员协助。必要时,可以要求公安机关予以配合。

第61条 人民检察院办理网络犯罪案件适用本规定,本规定没有规定的,适用其他相关规定。

第63条 人民检察院办理国家安全机关、海警机关、监狱等移送的网络犯罪案件,适用本规定和其他相关规定。

【法释〔2021〕1号】 最高人民法院关于适用《中华人民共和国刑事诉讼法》的解释(2020年12月7日最高法审委会〔1820次〕修订,2021年1月26日公布,2021年3月1日施行;2013年1月1日施行的"法释〔2012〕21号"《解释》同时废止)

第277条(第2款) 审判期间,被告人提出新的立功线索的,人民法院可以建议人民检察院补充侦查。

第297条(第1款) 审判期间,人民法院发现新的事实,可能影响定罪量刑的,或

[①] 详见《刑事诉讼法》第87条(检察介入侦查)相关规定。

者需要补查补证的,应当通知人民检察院,由其决定是否补充、变更、追加起诉或者补充侦查①。

【高检发〔2021〕13号】 最高人民检察院、公安部关于健全完善侦查监督与协作配合机制的意见（2021年10月31日）

三、机制完善

（二）健全完善协作配合机制

3. 加强办案衔接配合。……人民检察院在审查逮捕、审查起诉过程中,应当加强与公安机关的沟通,认为需要补充侦查、拟作不批准逮捕或者不起诉决定的,应当充分听取办案人员意见,加强不批捕不起诉说理,规范制发必要、明确、可行的补充侦查文书。公安机关应当按照人民检察院补充侦查文书的要求及时、规范、有效开展补充侦查。人民检察院自行补充侦查、要求公安机关补充证据材料的,公安机关应当积极配合。……

【法发〔2022〕23号】 最高人民法院、最高人民检察院、公安部关于办理信息网络犯罪案件适用刑事诉讼程序若干问题的意见（2022年8月26日印发,2022年9月1日施行;2014年5月4日公通字〔2014〕10号《意见》同时废止）

7. （第2款）人民法院受理案件后,发现被告人还有犯罪被其他公安机关立案侦查的,可以建议人民检察院补充侦查。人民检察院经审查,认为需要补充侦查的,应当通知移送审查起诉的公安机关。

16. 人民检察院依法自行侦查、补充侦查,或者人民法院调查核实相关证据的,适用本意见第14条（见刑诉法第55条第2款）、第15条（见刑诉法第123条）的有关规定。

【海警局令〔2023〕1号】 海警机构办理刑事案件程序规定（2023年5月15日审议通过,2023年6月15日起施行）（主文见本书第308条）

第286条 案件移送起诉后,人民检察院退回补充侦查的,海警机构应当按照补充侦查提纲在1个月以内补充侦查完毕。

补充侦查以2次为限。

第287条 对人民检察院退回补充侦查的案件,根据不同情况,经海警机构负责人批准,分别作如下处理:

（一）原认定犯罪事实不清或者证据不够充分的,应当在查清事实、补充证据后,制作补充侦查报告书,移送人民检察院审查;对确实无法查明的事项或者无法补充的证据,应当书面向人民检察院说明情况;

（二）在补充侦查过程中,发现新的同案犯或者新的罪行,需要追究刑事责任的,应当重新制作起诉意见书,移送人民检察院审查;

（三）发现原认定的犯罪事实有重大变化,不应当追究刑事责任的,应当撤销案件或者对犯罪嫌疑人终止侦查,并将有关情况书面通知退查的人民检察院;

（四）原认定犯罪事实清楚,证据确实、充分,人民检察院退回补充侦查不当的,应当说明理由,移送人民检察院审查。

第288条 对于人民检察院在审查起诉过程中以及在人民法院作出生效判决前,要求海

---

① 本部分内容2012年规定为"可以建议人民检察院补充或者变更起诉"。

警机构提供法庭审判所必需的证据材料的，应当及时收集和提供。

第341条　本规定所称"海警机构负责人"是指海警机构的正职领导。……

【高检发办字〔2023〕71号】　最高人民检察院、中国海警局关于健全完善侦查监督与协作配合机制的指导意见

11. 人民检察院在审查案件过程中，认为需要补充侦查或者依法作出不批准逮捕或者不起诉决定的，应当加强说理，制发补充侦查文书，提出明确、具体、可行的补充侦查意见。海警机构应当按照检察机关补充侦查文书的要求及时、有效开展补充侦查。人民检察院在审查起诉阶段自行补充侦查、要求海警机构补充证据材料的，海警机构应当积极配合。庭审阶段，侦查人员应当依法出庭，配合人民检察院做好取证合法性证明工作。

【国安部令〔2024〕4号】　国家安全机关办理刑事案件程序规定（2024年4月26日公布，2024年7月1日起施行）

第317条　侦查终结，移送人民检察院审查起诉的案件，人民检察院退回国家安全机关补充侦查的，国家安全机关接到人民检察院退回补充侦查的法律文书后，应当按照补充侦查提纲在1个月以内补充侦查完毕。

补充侦查以2次为限。

第318条　对人民检察院退回补充侦查的案件，国家安全机关应当根据不同情况，分别作出如下处理：

（一）原认定犯罪事实不清或者证据不够充分的，应当在查清事实、补充证据后，制作补充侦查报告书，移送人民检察院审查；对确实无法查明的事项或者无法补充的证据，应当书面向人民检察院说明情况；

（二）在补充侦查过程中，发现新的同案犯或者新的罪行，需要追究刑事责任的，应当重新制作起诉意见书或者制作补充起诉意见书，移送人民检察院审查；

（三）发现原认定的犯罪事实有重大变化，不应当追究刑事责任的，应当撤销案件或者对犯罪嫌疑人终止侦查，并将有关情况通知人民检察院；

（四）原认定犯罪事实清楚，证据确实、充分，人民检察院退回补充侦查不当的，应当说明理由，移送人民检察院审查。

第319条　对于人民检察院在审查起诉过程中以及在人民法院作出生效判决前，向国家安全机关调取有关证据材料，或者通知国家安全机关补充移送、通知国家安全机关对已移送的电子数据进行补正的，国家安全机关应当自收到有关法律文书后3日以内移送有关证据材料，或者补充有关材料。

● 指导案例　【高检发办字〔2022〕85号】　最高人民检察院第37批指导性案例（2022年6月16日最高检第13届检委会第101次会议通过，2022年6月21日印发）

（检例第152号）　郭某某欺骗他人吸毒案

要旨：……检察机关应当加强自行补充侦查，强化电子数据等客观性证据审查，准确认定犯罪事实。

【高检发办字〔2023〕60号】　最高人民检察院第44批指导性案例（2023年4月28日最高检检委会〔14届4次〕通过，2023年5月11日印发）

（检例第177号）　孙旭东非法经营案

要旨： 经2次退回补充侦查仍未达到起诉条件，但根据已查清的事实认为犯罪嫌疑人仍然有遗漏犯罪重大嫌疑的，检察机关依法可以自行侦查。应当结合相关类型犯罪的特点，对在案证据、需要补充的证据和可能的侦查方向进行分析研判，明确自行侦查的可行性和路径。……

第 176 条（第 1 款） 【公诉条件、材料移送】

人民检察院认为犯罪嫌疑人①的犯罪事实已经查清，证据确实、充分，依法应当追究刑事责任的，应当作出起诉决定，按照审判管辖的规定，向人民法院提起公诉，<u>并将案卷材料、证据移送人民法院</u>②。

● **相关规定** 【公发（审）〔1982〕53号】 **最高人民法院、最高人民检察院、公安部关于如何处理有同案犯在逃的共同犯罪案件的通知**（1982年4月5日）③

（一）公安机关应对在逃的同案犯，组织力量，切实采取有力措施，积极追捕归案。

（二）同案犯在逃，对在押犯的犯罪事实已查清并有确实、充分证据的，应按照刑事诉讼法规定的诉讼程序，该起诉的起诉，该定罪判刑的定罪判刑。

如在逃跑的同案犯逮捕归案后，对已按上项办法处理的罪行查明还有其他罪没有判决时，可以按照刑事诉讼法规定的诉讼程序对新查明的罪行进行起诉和判决。人民法院应依照刑法第65条和全国人民代表大会常务委员会《关于处理逃跑或者重新犯罪的劳改犯和劳教人员的决定》的有关规定判处这类案件。④

（三）由于同案犯在逃，在押犯主要犯罪事实情节不清并缺乏证据的，可根据不同情况，分别采取依法报请延长羁押期限、监视居住、取保候审等办法，继续侦查，抓紧结案。

（四）由于同案犯在逃，没有确实证据证明在押犯的犯罪事实的，或已查明的情节显著轻微的，应予先行释放，在同案犯追捕归案、查明犯罪事实后再作处理。

【署侦〔1998〕742号】 **最高人民法院、最高人民检察院、公安部、司法部、海关总署关于走私犯罪侦查机关办理走私犯罪案件适用刑事诉讼程序若干问题的通知**（1998年12月3日）

七、人民检察院认为走私犯罪嫌疑人的犯罪事实已经查清，证据确实、充分，依法应当追究刑事责任的，应当依法提起公诉。对于基层人民法院管辖的案件，可以依照刑事诉讼法第23条的规定，向当地中级人民法院提起公诉，人民法院应当依法作出判决。

【刑监他字〔2005〕9号】 **最高人民法院关于徐凌秀诈骗一案的请示与答复**（2005年12月6日答复山东高院请示）

经查，济南市中级人民法院已裁定撤销济南市槐荫区人民法院〔2000〕槐刑初字第81

---

① 本部分内容原为"被告人"，由1996年3月17日第8届全国人民代表大会第4次会议修改，1997年1月1日施行。
② 本部分内容由2012年3月14日第11届全国人大常委会第5次会议增加，2013年1月1日施行。
③ 注：该《通知》一直未被宣布废止，但里面许多内容已经明显失效。本书收录备查。
④ 注：1979年刑法第65条的内容对应现刑法第70条。1981年6月10日第5届全国人民大会常委会第19次会议《关于处理逃跑或者重新犯罪的劳改犯和劳教人员的决定》在1997年刑法修订时被认为不再适用，已经被废止。

号刑事判决,由济南市中级人民法院依照第一审程序进行审理。济南市中级人民法院改变管辖级别后,并没有改变原审适用的第一审审理程序,且同级公诉机关也没有对原起诉作出其他相应处理,故应当依法对原起诉重新进行审理。因此,可不要求同级公诉机关重新制作起诉书,但应当由同级公诉机关在再审法庭上重新宣读原起诉书、支持公诉。"

【法刊文摘】 **撤销生效判决后,依照一审程序审理的刑事再审案件,同级公诉机关应否重新起诉**(刊于最高法审判监督庭编撰的《审判监督指导》2006年第1辑,总第19辑,人民法院出版社2007年1月出版;本文为针对《最高人民法院关于徐凌秀诈骗一案的请示的答复》的解读)

(三)重新起诉并不等于重复起诉

本案在济南市中级人民法院向同级人民检察院送达有关法律文书、书面通知重新提起公诉的过程中,检察院认为法院要求重新提起公诉的意见于法无据,不再重新制作起诉书,只派员出席再审法庭。应当说,同级公诉机关表示派员出席再审法庭、支持公诉的意见是依法履行再审诉讼中法定职能的行为。《刑事诉讼规则》第329条第1款规定:"对于人民法院改变管辖的案件,原提起公诉的人民检察院参照本规则第217条的规定移送与管辖权法院相对应的人民检察院。"第2款规定:"接受移送的人民检察院可以指派本院检察人员重新对案件进行审查并出席第一审法庭,必要时也可以经两院检察长协商批准,委托原公诉人以代理检察员身份代表接受移送的人民检察院出席第一审法庭。"第3款规定:"接受移送的人民检察院重新对案件进行审查的,根据刑事诉讼法第138条第2款的规定重新计算审查起诉期限。"这里规定的重新对案件审查,必然要进行重新处理,而重新起诉就是审查处理的结果之一。

济南市中级人民法院适用第一审程序对本案进行重新审理,按照第一审程序的规定,代表国家履行指控犯罪的法定职能在本案中就是公诉机关。且原一审判决撤销后,公诉机关原对被告人犯罪事实的指控尚未审判,根据《刑事诉讼法》第351条的规定,济南市人民检察院只要不撤回起诉,就必须按照《刑事诉讼法》第331条第一项的规定"宣读起诉书,代表国家指控犯罪,提请人民法院对被告人依法审判"。

有人认为重新起诉有违禁止重复指控的诉讼规则的规定。实际上这是一种误解。所谓二次起诉、重复指控,与双重起诉等等不同的说法,都与重新起诉迥然不同。说到双重起诉,实际上与双重审理相联系。按照《牛津法律大辞典》对双重审理的解释,它是指实质上的同一罪而2次指控。双重审理的一般原则禁止以同一罪行对某人进行2次审判,也不得基于同一行为宣判某人几种不同罪名,除非这些犯罪在性质上确属截然不同,如谋杀罪和抢劫罪。双重起诉特指2种情形:第一,公诉机关向审判机关提起公诉后,被裁决驳回起诉后,其又以该事实再次指控的案件;第二,公诉机关经过审查已经作出不予起诉的决定后,又就该事实进行侦查并向人民法院起诉的案件。除非法律另有规定外,该两种情形的再行侦查和起诉,即构成双重起诉。其中法律另有规定的属于例外原则,在国际刑法中,最主要的一个例外就是所谓双重主权学说。在国内刑法中,作为例外原则情形之一的则是:复审程序不适用"一案不二理"原则。即,如果在最终判决作出之后,又发现了新的证据,则应该重新审理此案。这种例外情形在我国也是存在的,如我国《刑事诉讼法》规定的审判监督制度、重新起诉制度。这就是说对于人民法院在依照第一审程序进行再审时,同级人民检察院提起的公诉,显然不是双重起诉,而只能属于重新起诉。这如同一审公诉机关不服一审判决在法定期间提起抗诉,以及人民检察院按照审判监督程序对生效裁判向同级人民法院提出抗诉一样与二次起诉、双重起诉有着原则区别。所以，再审案件不管其已经发生法律效力的裁判是否被撤销，只要由人民法院依照第一审程序重新审判的，公诉机关重新出庭的主要任务，不是支持已经被原审人民法院确认的原起诉指控，就是将原提起的公诉重新向再审法庭提出指控。

（四）可不要求重新制作起诉书

关于依照一审程序重新审理时公诉机关是重新制作起诉书还是宣读原起诉书的问题。《刑事诉讼法》包括两院的司法解释均没有明确的具体规定。我们认为在现有的《刑事诉讼法》第206条的规定精神，以及《刑事诉讼规则》第329条第1款、第2款规定的逻辑来看，公诉机关应该重新制作起诉书。且本案济南市中级人民法院在裁定撤销一审判决后，变更了管辖级别。所以，重新制作起诉书是合法、合理的。当然，接受指令再审的人民法院，应当为改变管辖的同级公诉机关出庭支持公诉而进行的审查公诉提供条件。以本案为例，即由济南市中级人民法院将徐凌夯诈骗一案的全部起诉卷宗交由济南市槐荫区人民法院退回槐荫区人民检察院，再由区人民检察院移送济南市人民检察院审查，重新制作起诉书、出庭支持公诉。

但是正如有人所说，对于改变审级管辖适用第一审程序的再审案件，公诉机关重新制作起诉书的问题，由于没有明确规定，只要出席再审法庭的公诉机关出庭支持公诉，其自由裁量选择的公诉方式应当予以尊重。

【高检发研字〔2006〕8号】 最高人民检察院关于人民检察院立案侦查的案件改变定性后可否直接提起公诉问题的批复（经征全国人大常委会法工委刑法室，2006年12月22日答复内蒙古自治区检察院"内检发研字〔2006〕159号"请示）

人民检察院立案侦查刑事案件，应当严格按照刑事诉讼法有关立案侦查管辖的规定进行。人民检察院立案侦查的案件在侦查阶段发现不属于自己管辖或者在审查起诉阶段发现事实不清、证据不足并且不属于自己管辖的，应当及时移送有管辖权的机关办理。人民检察院立案侦查时认为属于自己管辖的案件，到审查起诉阶段发现不属于人民检察院管辖的，如果证据确实、充分，符合起诉条件的，可以直接起诉。

【高检诉发〔2007〕63号】 人民检察院办理起诉案件质量标准（试行）（最高检公诉厅2007年6月19日印发试行）

一、符合下列条件的，属于达到起诉案件质量标准：

（1）指控的犯罪事实清楚：①指控的被告人的身份，实施犯罪的时间、地点、经过、手段、动机、目的、危害后果以及其他影响定罪量刑的事实、情节清楚；②无遗漏犯罪事实；③无遗漏被告人。

（2）证据确实、充分：①证明案件事实和情节的证据合法有效，依据法律和有关司法解释排除非法证据；②证明犯罪构成要件的事实和证据确实、充分；③据以定罪的证据之间不存在矛盾或者矛盾能够合理排除；④根据证据得出的结论具有排他性。

（3）适用法律正确：①认定的犯罪性质和罪名准确；②认定的一罪或者数罪正确；③认定从重、从轻、减轻或者免除处罚的法定情节准确；④认定共同犯罪的各被告人在犯罪活动中的作用和责任恰当；⑤引用法律条文准确、完整。

（4）诉讼程序合法：①本院有案件管辖权；②符合回避条件的人员依法回避；③适用强制措施正确；④依法讯问犯罪嫌疑人，听取被害人和犯罪嫌疑人、被害人委托的人的意见；⑤依法告知当事人诉讼权利；⑥在法定期限内审结，未超期羁押；⑦遵守法律、法规及最高人民检察院规定的其他办案程序。

(5) 依法履行法律监督职责：①依法对侦查、审判活动中的违法行为提出纠正意见；②依法向有关单位提出检察意见或书面纠正意见；③对发现的犯罪线索，及时进行初查或移送有关部门处理；④依法追诉漏罪、漏犯；⑤依法对人民法院确有错误的判决、裁定提出抗诉。

(6) 符合宽严相济刑事司法政策的要求：①充分考虑起诉的必要性，可诉可不诉的不诉；②正确适用量刑建议，根据具体案情，依法向人民法院提出从宽或者从严处罚的量刑建议；③对符合条件的轻微刑事案件，适用快速办理机制进行处理；④对符合条件的轻微刑事案件，建议或同意人民法院适用简易程序；⑤对符合条件的被告人认罪的刑事案件，建议或同意人民法院适用普通程序简化审理；⑥对未成年人刑事案件，办案方式应符合有关特殊规定。

(7) 其他情形：①犯罪行为造成国家财产、集体财产损失，需要由人民检察院提起附带民事诉讼的，依法提起；②依法应当移送或者作出处理的有关证据材料、扣押款物、非法所得及其孳息等，移送有关机关或者依法作出处理，证明文件完备；③法律文书、工作文书符合有关规范。

二、具有下列情形之一的，属于起诉错误：(1) 本院没有案件管辖权而提起公诉的；(2) 对不构成犯罪的人或者具有刑事诉讼法第15条规定的情形不应当被追究刑事责任的人提起公诉的；(3) 法院作出无罪判决，经审查确认起诉确有错误的；(4) 案件撤回起诉，经审查确认起诉确有错误的；(5) 具有其他严重违反法律规定的情形，造成起诉错误的。

三、具有下列情形之一的，属于起诉质量不高：(1) 认定事实、情节有误或者遗漏部分犯罪事实的；(2) 没有依法排除非法证据尚未造成错案的；(3) 遗漏认定从重、从轻、减轻或者免除处罚的法定情节的；(4) 对共同犯罪的各被告人在犯罪活动中的作用和责任认定严重不当的；(5) 没有依法变更起诉、追加起诉，或者适用变更起诉、追加起诉明显不当的；(6) 引用法律条文不准确或者不完整的；(7) 在出庭讯问被告人和举证、质证、辩论中有明显失误的；(8) 依法应当回避的人员没有依法回避的；(9) 没有依法讯问犯罪嫌疑人，或没有依法听取被害人和犯罪嫌疑人、被害人委托的人的意见的；(10) 没有依法告知当事人诉讼权利的；(11) 超过了法定办案期限，或者具有超期羁押情形的；(12) 适用强制措施错误或者明显不当的；(13) 没有依法履行法律监督职责的；(14) 办理案件明显不符合宽严相济刑事司法政策要求的；(15) 依法应当提起附带民事诉讼而没有提起的；(16) 依法应当移送或者作出处理的有关证据材料、扣押款物、非法所得及其孳息等，没有移送有关机关，或者没有依法作出处理，证明文件不完备的；(17) 法律文书、工作文书不符合有关规范的；(18) 具有其他违反法律及最高人民检察院有关规定的情形，影响了起诉质量，但不属于起诉错误的。

【法发〔2007〕11号】 最高人民法院、最高人民检察院、公安部、司法部关于进一步严格依法办案确保办理死刑案件质量的意见（2007年3月9日）

24. 人民检察院对案件进行审查后，认为犯罪嫌疑人的犯罪事实已经查清，证据确实、充分，依法应当追究刑事责任的，应当作出起诉决定。具有下列情形之一的，可以确认犯罪事实已经查清：(1) 属于单一罪行的案件，查清的事实足以定罪量刑或者与定罪量刑有关的事实已经查清，不影响定罪量刑的事实无法查清的；(2) 属于数个罪行的案件，部分罪行已经查清并符合起诉条件,其他罪行无法查清的;(3)作案工具无法起获或者赃物去向不明,但有其他证据足以对犯罪嫌疑人定罪量刑的;(4)证人证言、犯罪嫌疑人的供述和辩解、被害人陈述的内容中主要情节一致,只有个别情节不一致且不影响定罪的。对于符合第(2)项情形的,应当以已经查清的罪行起诉。

26.人民法院认为人民检察院起诉移送的有关材料不符合刑事诉讼法第150条规定的条件,向人民检察院提出书面意见要求补充提供的,人民检察院应当在收到通知之日起3日以内补送。逾期不能提供的,人民检察院应当作出书面说明。

【公通字〔2009〕51号】 最高人民法院、最高人民检察院、公安部关于公安部证券犯罪侦查局直属分局办理经济犯罪案件适用刑事诉讼程序若干问题的通知(2009年11月4日印发,2010年1月1日起实施;2005年2月28日印发的《关于公安部证券犯罪侦查局直属分局办理证券期货领域刑事案件适用刑事诉讼程序若干问题的通知》(公通字〔2005〕11号)同时废止)

七、人民检察院认为直属分局移送的案件,犯罪事实已经查清,证据确实、充分,依法应当追究刑事责任的,应当依照《刑事诉讼法》有关管辖的规定向人民法院提起公诉。人民法院应当依法作出判决。

八、案情重大、复杂或者确有特殊情况需要改变管辖的,人民法院可以依照《刑事诉讼法》第23条、第26条的规定决定。

【法发〔2011〕9号】 最高人民法院、最高人民检察院、公安部、司法部关于对判处管制、宣告缓刑的犯罪分子适用禁止令有关问题的规定(试行)(2011年4月28日印发试行)

第7条(第1款) 人民检察院在提起公诉时,对可能判处管制、宣告缓刑的被告人可以提出宣告禁止令的建议。当事人、辩护人、诉讼代理人可以就应否对被告人宣告禁止令提出意见,并说明理由。

【六部委〔2012〕规定】 最高人民法院、最高人民检察院、公安部、国家安全部、司法部、全国人大常委会法制工作委员会关于实施刑事诉讼法若干问题的规定(2012年12月26日印发,2013年1月1日施行)

24.人民检察院向人民法院提起公诉时,应当将案卷材料和全部证据移送人民法院,包括犯罪嫌疑人、被告人翻供的材料,证人改变证言的材料,以及对犯罪嫌疑人、被告人有利的其他证据材料。

【主席令〔2018〕3号】 中华人民共和国监察法(2018年3月20日第13届全国人大第1次会议通过,同日公布施行)

第47条(第2款) 人民检察院经审查,认为犯罪事实已经查清,证据确实、充分,依法应当追究刑事责任的,应当作出起诉决定。

【国监委公告〔2021〕1号】 监察法实施条例(2021年7月20日国家监委全体会议决定,2021年9月20日公布施行)

第213条 涉嫌职务犯罪的被调查人和涉案人员符合监察法第31条、第32条规定情形的,结合其案发前的一贯表现、违法犯罪行为的情节、后果和影响等因素,监察机关经综合研判和集体审议,报上一级监察机关批准,可以在移送人民检察院时依法提出从轻、减轻或者免除处罚等从宽处罚建议。报请批准时,应当一并提供主要证据材料、忏悔反思材料。

上级监察机关相关监督检查部门负责审查工作，重点审核拟认定的从宽处罚情形、提出的从宽处罚建议，经审批在15个工作日以内作出批复。

第214条 涉嫌职务犯罪的被调查人有下列情形之一，如实交代自己主要犯罪事实的，可以认定为监察法第31条第一项规定的自动投案，真诚悔罪悔过：（一）职务犯罪问题未被监察机关掌握，向监察机关投案的；（二）在监察机关谈话、函询过程中，如实交代监察机关未掌握的涉嫌职务犯罪问题的；（三）在初步核实阶段，尚未受到监察机关谈话时投案的；（四）职务犯罪问题虽被监察机关立案，但尚未受到讯问或者采取留置措施，向监察机关投案的；（五）因伤病等客观原因无法前往投案，先委托他人代为表达投案意愿，或者以书信、网络、电话、传真等方式表达投案意愿，后到监察机关接受处理的；（六）涉嫌职务犯罪潜逃后又投案，包括在被通缉、抓捕过程中投案的；（七）经查实确已准备去投案，或者正在投案途中被有关机关抓获的；（八）经他人规劝或者在他人陪同下投案的；（九）虽未向监察机关投案，但向其所在党组织、单位或者有关负责人员投案，向有关巡视巡察机构投案，以及向公安机关、人民检察院、人民法院投案的；（十）具有其他应当视为自动投案的情形的。

被调查人自动投案后不能如实交代自己的主要犯罪事实，或者自动投案并如实供述自己的罪行后又翻供的，不能适用前款规定。

第215条 涉嫌职务犯罪的被调查人有下列情形之一的，可以认定为监察法第31条第二项规定的积极配合调查工作，如实供述监察机关还未掌握的违法犯罪行为：（一）监察机关所掌握线索针对的犯罪事实不成立，在此范围外被调查人主动交代其他罪行的；（二）主动交代监察机关尚未掌握的犯罪事实，与监察机关已掌握的犯罪事实属不同种罪行的；（三）主动交代监察机关尚未掌握的犯罪事实，与监察机关已掌握的犯罪事实属同种罪行的；（四）监察机关掌握的证据不充分，被调查人如实交代有助于收集定案证据的。

前款所称同种罪行和不同种罪行，一般以罪名区分。被调查人如实供述其他罪行的罪名与监察机关已掌握犯罪的罪名不同，但属选择性罪名或者在法律、事实上密切关联的，应当认定为同种罪行。

第216条 涉嫌职务犯罪的被调查人有下列情形之一的，可以认定为监察法第31条第三项规定的积极退赃，减少损失：（一）全额退赃的；（二）退赃能力不足，但被调查人及其亲友在监察机关追缴赃款赃物过程中积极配合，且大部分已追缴到位的；（三）犯罪后主动采取措施避免损失发生，或者积极采取有效措施减少、挽回大部分损失的。

第217条 涉嫌职务犯罪的被调查人有下列情形之一的，可以认定为监察法第31条第四项规定的具有重大立功表现：（一）检举揭发他人重大犯罪行为且经查证属实的；（二）提供其他重大案件的重要线索且经查证属实的；（三）阻止他人重大犯罪活动的；（四）协助抓捕其他重大职务犯罪案件被调查人、重大犯罪嫌疑人（包括同案犯）的；（五）为国家挽回重大损失等对国家和社会有其他重大贡献的。

前款所称重大犯罪一般是指依法可能被判处无期徒刑以上刑罚的犯罪行为；重大案件一般是指在本省、自治区、直辖市或者全国范围内有较大影响的案件；查证属实一般是指有关案件已被监察机关或者司法机关立案调查、侦查，被调查人、犯罪嫌疑人被监察机关采取留置措施或者被司法机关采取强制措施，或者被告人被人民法院作出有罪判决，并结合案件事实、证据进行判断。

监察法第31条第四项规定的案件涉及国家重大利益，是指案件涉及国家主权和领土完整、国家安全、外交、社会稳定、经济发展等情形。

第218条 涉嫌行贿等犯罪的涉案人员有下列情形之一的，可以认定为监察法第32条规定的揭发有关被调查人职务违法犯罪行为，查证属实或者提供重要线索，有助于调查其他案件：（一）揭发所涉案件以外的被调查人职务犯罪行为，经查证属实的；（二）提供的重要线索指向具体的职务犯罪事实，对调查其他案件起到实质性推动作用的；（三）提供的重要线索有助于加快其他案件办理进度，或者对其他案件固定关键证据、挽回损失、追逃追赃等起到积极作用的。

第219条 从宽处罚建议一般应当在移送起诉时作为《起诉意见书》内容一并提出，特殊情况下也可以在案件移送后、人民检察院提起公诉前，单独形成从宽处罚建议书移送人民检察院。对于从宽处罚建议所依据的证据材料，应当一并移送人民检察院。

监察机关对于被调查人在调查阶段认罪认罚，但不符合监察法规定的提出从宽处罚建议条件，在移送起诉时没有提出从宽处罚建议的，应当在《起诉意见书》中写明其自愿认罪认罚的情况。

【法发〔2019〕10号】 最高人民法院、最高人民检察院、公安部、司法部关于办理恶势力刑事案件若干问题的意见（2019年4月9日印发施行）

17. 人民法院、人民检察院、公安机关经审查认为案件符合恶势力认定标准的，应当在起诉意见书、起诉书、判决书、裁定书等法律文书中的案件事实部分明确表述，列明恶势力的纠集者、其他成员、违法犯罪事实以及据以认定的证据；符合恶势力犯罪集团认定标准的，应当在上述法律文书中明确定性，列明首要分子、其他成员、违法犯罪事实以及据以认定的证据，并引用刑法总则关于犯罪集团的相关规定。被告人及其辩护人对恶势力定性提出辩解和辩护意见，人民法院可以在裁判文书中予以评析回应。

恶势力刑事案件的起诉意见书、起诉书、判决书、裁定书等法律文书，可以在案件事实部分先概述恶势力、恶势力犯罪集团的概括事实，再分述具体的恶势力违法犯罪事实。

18. （第1款） 对于公安机关未在起诉意见书中明确认定，人民检察院在审查起诉期间发现构成恶势力或者恶势力犯罪集团，且相关违法犯罪事实已经查清，证据确实、充分，依法应当追究刑事责任的，应当作出起诉决定，根据查明的事实向人民法院提起公诉，并在起诉书中明确认定为恶势力或者恶势力犯罪集团。……

【高检发释字〔2019〕4号】 人民检察院刑事诉讼规则（2019年12月2日最高检第13届检委会第28次会议通过，2019年12月30日公布施行；高检发释字〔2012〕2号《规则（试行）》同时废止）

第355条 人民检察院<u>对案件进行审查后，</u>认为犯罪嫌疑人的犯罪事实已查清，证据确实、充分，依法应当追究刑事责任的，应当作出起诉决定。

具有下列情形之一的，可以认为<u>确认</u>犯罪事实已经查清：（一）属于单一罪行的案件，查清的事实足以定罪量刑或者与定罪量刑有关的事实已经查清，不影响定罪量刑的事实无法查清的；（二）属于数个罪行的案件，部分罪行已经查清并符合起诉条件，其他罪行无法查清的；（三）无法查清作案工具、赃物去向，但有其他证据足以对被告人定罪量刑的；（四）证人证言、犯罪嫌疑人供述和辩解、被害人陈述的内容主要情节一致，个别情节不一致，但不影响定罪的。①

对于符合前款第二项情形的，应当以已经查清的罪行起诉。

第356条　人民检察院在办理公安机关移送起诉的案件中，发现遗漏罪行或者有依法应当移送审查起诉的同案犯罪嫌疑人未移送起诉的，应当要求公安机关补充侦查或者补充移送审查起诉。对于犯罪事实清楚，证据确实、充分的，也可以直接提起公诉。

第357条　人民检察院立案侦查时认为属于直接受理侦查的案件，在审查起诉阶段发现不属于人民检察院管辖，属于监察机关管辖的，应当及时商监察机关办理。属于公安机关管辖，案件事实清楚，证据确实、充分，符合起诉条件的，可以直接起诉；事实不清、证据不足，应当及时移送有管辖权的机关办理。

（新增）在审查起诉阶段，发现公安机关移送起诉的案件属于监察机关管辖，或者监察机关移送起诉的案件属于公安机关管辖，但案件事实清楚，证据确实、充分，符合起诉条件的，经征求监察机关、公安机关意见后，没有不同意见的，可以直接起诉；提出不同意见，或者事实不清、证据不足的，应当将案件退回移送案件的机关并说明理由，建议其移送有管辖权的机关办理。

第358条　人民检察院决定起诉的，应当制作起诉书。

起诉书的主要内容包括：（一）被告人的基本情况，包括姓名、性别、出生年月日、出生地和户籍地、公民身份号码身份证号码、民族、文化程度、职业、工作单位及职务、住址，是否受过刑事处分及处分的种类和时间，采取强制措施的情况等；如果是单位犯罪，应当写明犯罪单位的名称和组织机构代码、所在地址、联系方式，法定代表人和诉讼代表人的姓名、职务、联系方式；如果还有应当负刑事责任的直接负责的主管人员或其他直接责任人员，应当按上述被告人基本情况的内容叙写；（二）案由和案件来源；（三）案件事实，包括犯罪的时间、地点、经过、手段、动机、目的、危害后果等与定罪量刑有关的事实要素。起诉书叙述的指控犯罪事实的必备要素应当明晰、准确。被告人被控有多项犯罪事实的，应当逐一列举，对于犯罪手段相同的同一犯罪可以概括叙写；（四）起诉的根据和理由，包括被告人触犯的刑法条款、犯罪的性质及认定的罪名、处罚条款、法定从轻、减轻或者从重处罚的情节，共同犯罪各被告人应负的罪责等；（五）被告人认罪认罚情况，包括认罪认罚的内容、具结书签署情况等。

被告人真实姓名、住址无法查清的，可以按其绰号或者自报的姓名、住址制作起诉书，并在起诉书中注明。被告人自报的姓名可能造成损害他人名誉、败坏道德风俗等不良影响的，可以对被告人编号并按编号制作起诉书，附具被告人的照片，记明足以确定被告人面貌、体格、指纹以及其他反映被告人特征的事项。

起诉书应当附有被告人现在处所，证人、鉴定人、需要出庭的有专门知识的人的名单，需要保护的被害人、证人、鉴定人的化名名单，查封、扣押、冻结的财物及孳息的清单涉案

---

① 注：1999年1月18日施行的《人民检察院刑事诉讼规则》（高检发释字〔1999〕1号）第241条曾规定："侦查过程中，犯罪嫌疑人长期潜逃，采取有效追捕措施仍不能缉拿归案的，或者犯罪嫌疑人患有精神病及其他严重疾病不能接受讯问，丧失诉讼行为能力的，经检察长决定，中止侦查。中止侦查的理由和条件消失后，经检察长决定，应当恢复侦查。""中止侦查期间，如果犯罪嫌疑人在押，对符合延长侦查羁押期限条件的，应当依法延长侦查羁押期限；对侦查羁押期限届满的，应当依法变更为取保候审或者监视居住措施。"该规定在高检发释字〔2012〕2号《人民检察院刑事诉讼规则（试行）》（2013年1月1日施行）已经被删除。

款物情况、附带民事诉讼、附带民事公益诉讼情况以及其他需要附注的情况。

证人、鉴定人、有专门知识的人的名单应当列明姓名、性别、年龄、职业、住址、联系方式，并注明证人、鉴定人是否出庭。

第359条 人民检察院提起公诉的案件，应当向人民法院移送起诉书、案卷材料、证据和认罪认罚具结书等材料。

起诉书应当一式8份，每增加1名被告人增加起诉书5份。

关于被害人姓名、住址、联系方式、被告人被采取强制措施的种类、是否在案及羁押处所等问题，人民检察院应当在起诉书中列明，不再单独移送材料；对于涉及被害人隐私或者为保护人、鉴定人、被害人人身安全，而不宜公开证人、鉴定人、被害人姓名、住址、工作单位和联系方式等个人信息的，可以在起诉书中使用化名。但是应当另行书面说明使用化名的情况并标明密级，单独成卷。

第360条 人民检察院对于犯罪嫌疑人、被告人或者证人等翻供、翻证的材料以及对犯罪嫌疑人、被告人有利的其他证据材料，应当移送人民法院。

第361条 人民法院向人民检察院提出书面意见要求补充移送材料，人民检察院认为有必要移送的，应当自收到通知之日起3日以内补送。

第362条 对提起公诉后，在人民法院宣告判决前补充收集的证据材料，人民检察院应当及时移送人民法院。

第363条 在审查起诉期间，人民检察院可以根据辩护人的申请，向监察机关、公安机关调取在调查、侦查期间收集的证明犯罪嫌疑人、被告人无罪或者罪轻的证据材料。

【法刊文摘】 检答网集萃64：如何正确理解和适用《人民检察院刑事诉讼规则》第356条（检察日报2021年11月29日）

咨询内容（海南省检察院陈礼斌）：两种理解：一是发现遗漏罪行或者遗漏同案犯的，应当先行要求公安机关补充侦查或者补充移送起诉，即使犯罪事实清楚，证据确实、充分的，也不得直接提起公诉，只有在公安机关未补充移送起诉的情况下，可以直接起诉。二是发现遗漏罪行或者遗漏同案犯的，如果犯罪事实清楚，证据确实、充分的，可以不要求公安机关补充侦查或者补充移送起诉，可以直接提起公诉。

解答摘要（最高检专家组）：从条文本身而言，存在2种处理方式：一是检察机关要求公安机关补充侦查或者补充移送起诉；二是如果犯罪事实清楚，证据确实、充分，检察机关直接提起公诉。在审查起诉阶段发现漏罪漏犯的，一般情况下，检察机关应当要求公安机关补充侦查或者补充移送起诉。只有在不经补充侦查或者补充移送起诉，也符合犯罪事实清楚、证据确实、充分的特殊情况下，才可以直接提起公诉。

【法发〔2020〕38号】 最高人民法院、最高人民检察院、公安部、国家安全部、司法部关于规范量刑程序若干问题的意见（2020年11月5日印发，2020年11月6日施行；法发〔2010〕35号同名《意见（试行）》同时废止）

第2条（第1款） 侦查机关、人民检察院应当依照法定程序，全面收集、审查、移送证明犯罪嫌疑人、被告人犯罪事实、量刑情节的证据。

（第2款） 对于法律规定并处或者单处财产刑的案件，侦查机关应当根据案件情况对被告人的财产状况进行调查，并向人民检察院移送相关证据材料。人民检察院应当审查并向人民法院移送相关证据材料。

第 4 条（第 2 款） 人民检察院在提起公诉时，可以提出宣告禁止令和从业禁止的建议。被告人及其辩护人、被害人及其诉讼代理人可以就是否对被告人宣告禁止令和从业禁止提出意见，并说明理由。

【高检发办字〔2021〕3 号】 人民检察院办理网络犯罪案件规定（2020 年 12 月 14 日最高检第 13 届检委会第 57 次会议通过，2021 年 1 月 22 日印发）

第 9 条 人民检察院办理网络犯罪案件，对集团犯罪或者涉案人数众多的，根据行为人的客观行为、主观恶性、犯罪情节及地位、作用等综合判断责任轻重和刑事追究的必要性，按照区别对待原则分类处理，依法追诉。

第 61 条 人民检察院办理网络犯罪案件适用本规定，本规定没有规定的，适用其他相关规定。

第 63 条 人民检察院办理国家安全机关、海警机关、监狱等移送的网络犯罪案件，适用本规定和其他相关规定。

【法释〔2021〕1 号】 最高人民法院关于适用《中华人民共和国刑事诉讼法》的解释（2020 年 12 月 7 日最高法审委会〔1820 次〕修订，2021 年 1 月 26 日公布，2021 年 3 月 1 日施行；2013 年 1 月 1 日施行的"法释〔2012〕21 号"《解释》同时废止）

第 73 条 对提起公诉的案件，人民法院应当审查证明被告人有罪、无罪、罪重、罪轻的证据材料是否全部随案移送；未随案移送的，应当通知人民检察院在指定时间内移送。人民检察院未移送的，人民法院应当根据在案证据对案件事实作出认定。

第 74 条 依法应当对讯问过程录音录像的案件，相关录音录像未随案移送的，必要时，人民法院可以通知人民检察院在指定时间内移送。人民检察院未移送，导致不能排除属于刑事诉讼法第 56 条规定的以非法方法收集证据情形的，对有关证据应当依法排除；导致有关证据的真实性无法确认的，不得作为定案的根据。

第 277 条（第 1 款） 审判期间，合议庭发现被告人可能有自首、坦白、立功等法定量刑情节，而人民检察院移送的案卷中没有相关证据材料的，应当通知人民检察院在指定时间内移送。

第 349 条 对人民检察院提起公诉的认罪认罚案件，人民法院应当重点审查以下内容：（一）人民检察院讯问犯罪嫌疑人时，是否告知其诉讼权利和认罪认罚的法律规定；（二）是否随案移送听取犯罪嫌疑人、辩护人或者值班律师、被害人及其诉讼代理人意见的笔录；（三）被告人与被害人达成调解、和解协议或者取得被害人谅解的，是否随案移送调解、和解协议、被害人谅解书等相关材料；（四）需要签署认罪认罚具结书的，是否随案移送具结书。

未随案移送前款规定的材料的，应当要求人民检察院补充。

● 指导案例 【高检发研字〔2014〕4 号】 最高人民检察院第 5 批指导性案例（2014 年 8 月 28 日最高检第 12 届检委会第 26 次会议通过，2014 年 9 月 10 日印发）

（检例第 17 号） 陈邓昌抢劫、盗窃，付志强盗窃案

要旨：在人民法院宣告判决前，人民检察院发现被告人有遗漏的罪行可以一并起诉和审理的，可以补充起诉。

（检例第 19 号） 张某、沈某某等 7 人抢劫案

要旨：办理未成年人与成年人共同犯罪案件，一般应当将未成年人与成年人分案起诉，

但对于未成年人系犯罪集团的组织者或者其他共同犯罪中的主犯，或者具有其他不宜分案起诉情形的，可以不分案起诉。

【高检发办字〔2020〕44号】 最高人民检察院第20批指导性案例（2020年7月6日最高检第13届检委会第42次会议通过，2020年7月16日印发）

（检例第73号） 浙江省某县图书馆及赵某、徐某某单位受贿、私分国有资产、贪污案

要旨：人民检察院在对职务犯罪案件审查起诉时，如果认为相关单位亦涉嫌犯罪，且单位犯罪事实清楚、证据确实充分，经与监察机关沟通，可以依法对犯罪单位提起公诉。检察机关在审查起诉中发现遗漏同案犯或犯罪事实的，应当及时与监察机关沟通，依法处理。

（检例第76号） 张某受贿、郭某行贿、职务侵占、诈骗案

要旨：检察机关提前介入应认真审查案件事实和证据，准确把握案件定性，依法提出提前介入意见。检察机关在审查起诉阶段仍应严格审查，提出审查起诉意见。审查起诉意见改变提前介入意见的，应及时与监察机关沟通。对于在审查起诉阶段发现漏罪，如该罪属于公安机关管辖，但犯罪事实清楚，证据确实充分，符合起诉条件的，检察机关在征得相关机关同意后，可以直接追加起诉。①

（本书汇）【刑拘直诉】②

● **典型案例** 陈某盗窃案③

2021年1月12日，陈某在莆田市荔城区黄石工艺城一珠宝店内，趁店员不注意将试戴在手上的黄金手链（经鉴定价值4379元）用衣袖盖住后逃离现场。2021年1月14日22时23分，陈某被莆田市荔城区公安分局抓获；2021年1月16日8时32分，陈某在值班律师的见证下，接受莆田市荔城区检察院提出的量刑建议并签署《认罪认罚具结书》；2021年1月16日10时5分，莆田市荔城区法院适用速裁程序当庭宣判，陈某犯盗窃罪判处拘役4个月，缓刑6个月，并处罚金1500元，陈某当庭服判。

（本书汇）【变更起诉、撤回起诉】④

● **相关规定** 【高检诉发〔2007〕18号】 最高人民检察院关于公诉案件撤回起诉若干问题的指导意见（最高检公诉厅2007年2月2日印发施行）

---

① 注：对于监察机关在调查其管辖犯罪时已经查明，但属于公安机关管辖的犯罪，检察机关可以依法追加起诉。对于监察机关移送起诉的案件，检察机关在审查起诉阶段发现漏罪，如该罪属于公安机关管辖，但犯罪事实清楚，证据确实充分，符合起诉条件的，经征求监察机关、公安机关意见后，没有不同意见的，可以直接追加起诉；提出不同意见，或者事实不清、证据不足的，应当将案件退回监察机关并说明理由，建议其移送有管辖权的机关办理，必要时可以自行补充侦查。

② 注："刑拘直诉"是当前刑事政策变革转型过程中改革创新的产物，故本书将一些代表性的相关规定汇集于此。

③ 案例参见光明网：https://m.gmw.cn/baijia/2021-05/11/1302285735.html，最后访问日期：2021年10月2日。

④ 注：《刑事诉讼法》没有关于起诉的变更与撤回的规定，本书将其汇集于此。

第2条　撤回起诉是指人民检察院在案件提起公诉后、人民法院作出判决前，因出现一定法定事由，决定对提起公诉的全部或者部分被告人撤回处理的诉讼活动。

第3条　对于提起公诉的案件，发现下列情形之一的，人民检察院可以撤回起诉：

（一）不存在犯罪事实的；

（二）犯罪事实并非被告人所为的；

（三）情节显著轻微、危害不大，不认为是犯罪的；

（四）证据不足或证据发生变化，不符合起诉条件的；

（五）被告人因未达到刑事责任年龄，不负刑事责任的；

（六）被告人是精神病人，在不能辨认或者不能控制自己行为的时候造成危害结果，经法定程序鉴定确认，不负刑事责任的；

（七）法律、司法解释发生变化导致不应当追究被告人刑事责任的；

（八）其他不应当追究被告人刑事责任的。

第4条　对于人民法院建议人民检察院撤回起诉或拟作无罪判决的，人民检察院应当认真审查并与人民法院交换意见；对于符合本意见第3条规定的撤回起诉条件的，可以撤回起诉；认为犯罪事实清楚，证据确实、充分，依法应当追究刑事责任的，由人民法院依法判决。

第5条　案件提起公诉后出现如下情况的，不得撤回起诉，应当依照有关规定分别作出处理：

（一）人民检察院发现被告人的真实身份或者犯罪事实与起诉书中叙述的身份或者指控犯罪事实不符的，可以要求变更起诉；发现遗漏的同案犯罪嫌疑人或罪行可以一并起诉和审理的，可以要求追加起诉；

（二）人民法院在审理中发现新的犯罪事实，可能影响定罪量刑，建议人民检察院追加或变更起诉，人民检察院经审查同意的，应当提出追加或变更起诉；不同意的，应当要求人民法院就起诉指控的犯罪事实依法判决；

（三）人民法院认为不属于其管辖或者改变管辖的，由人民法院决定将案件退回人民检察院，由原提起公诉的人民检察院移送有管辖权的人民检察院审查起诉；

（四）公诉人符合回避条件的，由人民检察院作出变更公诉人的决定；

（五）因被告人患精神病或者其他严重疾病以及被告人脱逃，致使案件在较长时间内无法继续审理的，由人民法院裁定中止审理；

（六）对于犯罪已过追诉时效期限并且不是必须追诉的，经特赦令免除刑罚的，依照刑法告诉才处理的犯罪没有告诉或者撤回告诉的，或者被告人在宣告判决前死亡的，由人民法院裁定终止审理。

第6条　对于人民检察院决定变更起诉、追加起诉的案件，应当书面通知人民法院，并制作变更起诉书或追加起诉书。变更起诉书、追加起诉书文号分别编为：×检刑变诉（×××）×号、×检刑追诉（××××）×号。在案件提起公诉后、作出判决前，发现被告人存在新的犯罪事实需要追究刑事责任的，人民检察院如果在法定期限内能够追加起诉的，原则上应当合并审理。如果人民法院在法定期限内不能将追加部分与原案件一并审结的，可以另行起诉，原案件诉讼程序继续进行。

第7条　在法庭审判过程中，人民检察院发现提起公诉的案件证据不足或者证据发生变化，需要补充侦查的，应当要求法庭延期审理；经补充侦查后，仍然认为证据不足，不符合起诉条件的，可以作出撤回起诉决定。

第 8 条　对于提起公诉的案件拟撤回起诉的，应当由承办人制作撤回起诉报告，写明撤回起诉的理由以及处理意见，经公诉部门负责人审核后报本院检察长或检察委员会决定。

第 9 条　人民检察院决定撤回起诉的，应当制作《人民检察院撤回起诉决定书》，加盖院章后送达人民法院。人民法院要求书面说明撤回起诉理由的，人民检察院应当书面说明。对于人民法院认为人民检察院决定撤回起诉的理由不充分，不同意撤回起诉并决定继续审理的，人民检察院应当继续参与刑事诉讼，建议人民法院依法裁判。

第 10 条　对于撤回起诉的案件，没有新的事实或者新的证据，人民检察院不得再行起诉。新的事实，是指原起诉书中未指控的犯罪事实。该犯罪事实触犯的罪名既可以是原指控罪名的同种罪名，也可以是异种罪名；新的证据，是指撤回起诉后收集、调取的足以证明原指控犯罪事实能够认定的证据。因为发现新的证据而重新起诉的，应当重新编号，制作新的起诉书。重新起诉的起诉书应当列明原提起公诉以及撤回起诉等诉讼经过。

第 11 条　对于撤回起诉的案件，人民检察院应当在撤回起诉后 7 日内作出不起诉决定，或者书面说明理由将案卷退回侦查机关（部门）处理，并提出重新侦查或者撤销案件的建议。

第 12 条　对于退回侦查机关（部门）提出重新侦查意见的案件，人民检察院应当及时督促侦查机关（部门）作出撤销、解除或者变更强制措施的决定。对于退回侦查机关（部门）提出撤销案件意见的案件，人民检察院应当及时督促侦查机关（部门）作出撤销强制措施的决定，依法处理对财物的扣押、冻结。

第 13 条　对于撤回起诉的案件，应当在撤回起诉后 30 日内将撤回起诉案件分析报告，连同起诉意见书、起诉书、撤回起诉决定书等相关法律文书报上一级人民检察院公诉部门备案。

【六部委〔2012〕规定】　最高人民法院、最高人民检察院、公安部、国家安全部、司法部、全国人大常委会法制工作委员会关于实施刑事诉讼法若干问题的规定（2012 年 12 月 26 日印发，2013 年 1 月 1 日施行）

30. 人民法院审理公诉案件，发现有新的事实，可能影响定罪的，人民检察院可以要求补充起诉或者变更起诉，人民法院可以建议人民检察院补充起诉或者变更起诉。人民法院建议人民检察院补充起诉或者变更起诉的，人民检察院应当在 7 日以内回复意见。

【法发〔2016〕18 号】　最高人民法院、最高人民检察院、公安部、国家安全部、司法部关于推进以审判为中心的刑事诉讼制度改革的意见（2016 年 7 月 20 日）

九、完善不起诉制度……完善撤回起诉制度，规范撤回起诉的条件和程序。

【法发〔2017〕31 号】　人民法院办理刑事案件庭前会议规程（试行）（2017 年 11 月 27 日最高法印发"三项规程"，2018 年 1 月 1 日试行）

第 22 条　人民法院在庭前会议中听取控辩双方对案件事实证据的意见后，对于明显事实不清、证据不足的案件，可以建议人民检察院补充材料或者撤回起诉。建议撤回起诉的案件，人民检察院不同意的，人民法院开庭审理后，没有新的事实和理由，一般不准许撤回起诉。

【法发〔2019〕10 号】　最高人民法院、最高人民检察院、公安部、司法部关于办理恶势力刑事案件若干问题的意见（2019 年 4 月 9 日印发施行）

18.（第 2 款）　对于人民检察院未在起诉书中明确认定，人民法院在审判期间发现构成恶势力或恶势力犯罪集团的，可以建议人民检察院补充或者变更起诉；……

【高检发释字〔2019〕4号】 人民检察院刑事诉讼规则（2019年12月2日最高检第13届检委会第28次会议通过，2019年12月30日公布施行；高检发释字〔2012〕2号《规则（试行）》同时废止）

第423条 人民法院宣告判决前，人民检察院发现被告人的真实身份或者犯罪事实与起诉书中叙述的身份或者指控犯罪事实不符的，或者事实、证据没有变化，但罪名、适用法律与起诉书不一致的，可以变更起诉。发现遗漏同案犯罪嫌疑人或者罪行的，应当要求公安机关补充移送起诉或者补充侦查；对于犯罪事实清楚、证据确实、充分的可以一并起诉和审理的，可以直接追加、补充起诉。

第424条 人民法院宣告判决前，人民检察院发现具有下列情形之一的，经检察长批准，可以撤回起诉：（一）不存在犯罪事实的；（二）犯罪事实并非被告人所为的；（三）情节显著轻微、危害不大，不认为是犯罪的；（四）证据不足或证据发生变化，不符合起诉条件的；（五）被告人因未达到刑事责任年龄，不负刑事责任的；（六）法律、司法解释发生变化导致不应当追究被告人刑事责任的；（七）其他不应当追究被告人刑事责任的。

对于撤回起诉的案件，人民检察院应当在撤回起诉后30日以内作出不起诉决定。需要重新调查或者侦查的，应当在作出不起诉决定后将案卷材料退回监察机关或者公安机关，建议监察机关或者公安机关重新调查或者侦查，并书面说明理由。

对于撤回起诉的案件，没有新的事实或者新的证据，人民检察院不得再行起诉。

新的事实是指原起诉书中未指控的犯罪事实。该犯罪事实触犯的罪名既可以是原指控罪名的同一罪名，也可以是其他罪名。

新的证据是指撤回起诉后收集、调取的足以证明原指控犯罪事实的证据。

第425条 在法庭审理过程中，人民法院建议人民检察院补充侦查、补充起诉、追加起诉或者变更起诉的，人民检察院应当审查有关理由，并作出是否补充侦查、补充起诉、追加起诉或者变更起诉的决定。人民检察院不同意的，可以要求人民法院就起诉指控的犯罪事实依法作出裁判。

第426条 变更、追加、补充或者撤回起诉应当报经检察长或者检察委员会决定，并以书面方式在判决宣告人民法院宣告判决前向人民法院提出。

【湘高法〔2020〕21号】 湖南省高级人民法院关于贪污贿赂案件审判适用法律若干问题的解答（2020年9月15日公布）

问题35：贪污贿赂案件中，对未作为单位犯罪起诉的单位犯罪案件以及以单位犯罪起诉的自然人犯罪案件如何处理？

答：对于应当认定为单位犯罪的案件，检察机关只作为自然人犯罪案件起诉的，人民法院应及时与检察机关协商，建议检察机关对犯罪单位补充起诉。如检察机关不补充起诉的，人民法院仍应依法审理，对被起诉的自然人根据指控的犯罪事实、证据及庭审查明的事实，依法按单位犯罪中的直接负责的主管人员或者其他直接责任人员追究刑事责任，并应引用刑法分则关于单位犯罪追究直接负责的主管人员和其他直接责任人员刑事责任的有关条款。对于应当认定为自然人犯罪的案件，检察机关作为单位犯罪起诉的，因单位被列为被告人的同时自然人也被列为被告人，以及人民法院作出判决所依据的事实能够被检察机关起诉书载明的事实涵盖，应当按照自然人犯罪作出判决，但判决前应听取控辩双方的意见，保障被告人、辩护人充分行使辩护权。必要时，可以重新开庭，组织控辩双方进行辩论。

【法释〔2021〕1号】 最高人民法院关于适用《中华人民共和国刑事诉讼法》的解释（2020年12月7日最高法审委会〔1820次〕修订，2021年1月26日公布，2021年3月1日施行；2013年1月1日施行的"法释〔2012〕21号"《解释》同时废止）

<u>第289条</u> 公诉人当庭发表与起诉书不同的意见，属于变更、追加、补充或者撤回起诉的，人民法院应当要求人民检察院在指定时间内以书面方式提出；必要时，可以宣布休庭。人民检察院在指定时间内未提出的，人民法院应当根据法庭审理情况，就起诉书指控的犯罪事实依法作出判决、裁定。

人民检察院变更、追加、补充起诉的，人民法院应当给予被告人及其辩护人必要的准备时间。

第296条 <u>在开庭后</u>、宣告判决前，人民检察院要求撤回起诉的，人民法院应当审查撤回起诉的理由，作出是否准许的裁定。

第297条（第1款） 审判期间，人民法院发现新的事实，可能影响定罪量刑的，<u>或者需要补查补证的，应当通知人民检察院，由其决定是否补充、变更、追加起诉或者补充侦查</u>①。

第340条 对应当认定为单位犯罪的案件，人民检察院只作为自然人犯罪起诉的，人民法院应当建议人民检察院对犯罪单位追加起诉~~补充起诉~~。人民检察院仍以自然人犯罪起诉的，人民法院应当依法审理，按照单位犯罪直接负责的主管人员或者其他直接责任人员追究刑事责任，并援引刑法分则关于追究单位犯罪中直接负责的主管人员和其他直接责任人员刑事责任的条款。

第176条（第2款）【认罪认罚量刑建议】 犯罪嫌疑人认罪认罚的，人民检察院应当就主刑、附加刑、是否适用缓刑等提出量刑建议，并随案移送认罪认罚具结书等材料。②

● **相关规定** 【高检诉发〔2010〕21号】 人民检察院开展量刑建议工作的指导意见（试行）（最高检公诉厅2010年2月23日印发试行）

第1条 量刑建议是指人民检察院对提起公诉的被告人，依法就其适用的刑罚种类、幅度及执行方式等向人民法院提出的建议。量刑建议是检察机关公诉权的一项重要内容。

第4条 提出量刑建议的案件应当具备以下条件：（一）犯罪事实清楚，证据确实充分；（二）提出量刑建议所依据的各种法定从重、从轻、减轻等量刑情节已查清；（三）提出量刑建议所依据的重要酌定从重，从轻等量刑情节已查清。

第5条 除有减轻处罚情节外，量刑建议应当在法定量刑幅度内提出，不得兼跨2种以上主刑。

（一）建议判处死刑、无期徒刑的，应当慎重。

（二）建议判处有期徒刑的，一般应当提出一个相对明确的量刑幅度，法定刑的幅度小于3年（含3年）的，建议幅度一般不超过1年；法定刑的幅度大于3年小于5年（含5年）的，建议幅度一般不超过2年；法定刑的幅度大于5年的，建议幅度一般不超过3年，根据

---

① 本部分内容2012年规定为"可以建议人民检察院补充或者变更起诉"。
② 本款规定由2018年10月26日第13届全国人大常委会第6次会议增设，同日公布施行。

案件具体情况,如确有必要,也可以提出确定刑期的建议。

(三)建议判处管制的,幅度一般不超过 3 个月。

(四)建议判处拘役的,幅度一般不超过 1 个月。

(五)建议适用缓刑的,应当明确提出。

(六)建议判处附加刑的,可以只提出适用刑种的建议。

对不宜提出具体量刑建议的特殊案件,可以提出依法从重、从轻、减轻处罚等概括性建议。

第 6 条 人民检察院指控被告人犯有数罪的,应当对指控的各罪分别提出量刑建议,可以不再提出总的建议。

第 10 条 提出量刑建议,应当区分不同情形,按照以下审批程序进行:

(一)对于主诉检察官决定提起公诉的一般案件,由主诉检察官决定提出量刑建议;公诉部门负责人对于主诉检察官提出的量刑建议有异议的,报分管副检察长决定。

(二)对于特别重大、复杂的案件、社会高度关注的敏感案件或者建议减轻处罚、免除处罚的案件以及非主诉检察官承办的案件,由承办检察官提出量刑的意见,部门负责人审核,检察长或者检察委员会决定。

第 11 条 人民检察院提出量刑建议,一般应制作量刑建议书,根据案件具体情况,也可以在公诉意见书中提出。

对于人民检察院不派员出席法庭的简易程序案件,应当制作量刑建议书。

量刑建议书一般应载明检察机关建议人民法院对被告人处以刑罚的种类、刑罚幅度、可以适用的刑罚执行方式以及提出量刑建议的依据和理由等。

【法发〔2016〕18 号】 最高人民法院、最高人民检察院、公安部、国家安全部、司法部关于推进以审判为中心的刑事诉讼制度改革的意见(2016 年 7 月 20 日)

八、进一步完善公诉机制,被告人有罪的举证责任,由人民检察院承担。对被告人不认罪的,人民检察院应当强化庭前准备和当庭讯问、举证、质证。

【主席令〔2018〕3 号】 中华人民共和国监察法(2018 年 3 月 20 日第 13 届全国人大第 1 次会议通过,同日公布施行)

第 31 条 涉嫌职务犯罪的被调查人主动认罪认罚,有下列情形之一的,监察机关经领导人员集体研究,并报上一级监察机关批准,可以在移送人民检察院时提出从宽处罚的建议:(一)自动投案,真诚悔罪悔过的;(二)积极配合调查工作,如实供述监察机关还未掌握的违法犯罪行为的;(三)积极退赃,减少损失的;(四)具有重大立功表现或者案件涉及国家重大利益等情形的。

第 32 条 职务违法犯罪的涉案人员揭发有关被调查人职务违法犯罪行为,查证属实的,或者提供重要线索,有助于调查其他案件的,监察机关经领导人员集体研究,并报上一级监察机关批准,可以在移送人民检察院时提出从宽处罚的建议。

【国监委公告〔2021〕1 号】 监察法实施条例(2021 年 7 月 20 日国家监委全体会议决定,2021 年 9 月 20 日公布施行)

第 213 条 涉嫌职务犯罪的被调查人和涉案人员符合监察法第 31 条、第 32 条规定情形的,结合其案发前的一贯表现、违法犯罪行为的情节、后果和影响等因素,监察机关经综合研判和集体审议，报上一级监察机关批准，可以在移送人民检察院时依法提出从轻、减轻或者免除处罚等从宽处罚建议。报请批准时，应当一并提供主要证据材料、忏悔反思材料。

上级监察机关相关监督检查部门负责审查工作，重点审核拟认定的从宽处罚情形、提出的从宽处罚建议，经审批在15个工作日以内作出批复。

第214条　涉嫌职务犯罪的被调查人有下列情形之一，如实交代自己主要犯罪事实的，可以认定为监察法第31条第1项规定的自动投案，真诚悔罪悔过：（一）职务犯罪问题未被监察机关掌握，向监察机关投案的；（二）在监察机关谈话、函询过程中，如实交代监察机关未掌握的涉嫌职务犯罪问题的；（三）在初步核实阶段，尚未受到监察机关谈话时投案的；（四）职务犯罪问题虽被监察机关立案，但尚未受到讯问或者采取留置措施，向监察机关投案的；（五）因伤病等客观原因无法前往投案，先委托他人代为表达投案意愿，或者以书信、网络、电话、传真等方式表达投案意愿，后到监察机关接受处理的；（六）涉嫌职务犯罪潜逃后又投案，包括在被通缉、抓捕过程中投案的；（七）经查实确已准备去投案，或者正在投案途中被有关机关抓获的；（八）经他人规劝或者在他人陪同下投案的；（九）虽未向监察机关投案，但向其所在党组织、单位或者有关负责人员投案，向有关巡视巡察机构投案，以及向公安机关、人民检察院、人民法院投案的；（十）具有其他应当视为自动投案的情形的。

被调查人自动投案后不能如实交代自己的主要犯罪事实，或者自动投案并如实供述自己的罪行后又翻供的，不能适用前款规定。

第215条　涉嫌职务犯罪的被调查人有下列情形之一的，可以认定为监察法第31条第2项规定的积极配合调查工作，如实供述监察机关还未掌握的违法犯罪行为：（一）监察机关所掌握线索针对的犯罪事实不成立，在此范围外被调查人主动交代其他罪行的；（二）主动交代监察机关尚未掌握的犯罪事实，与监察机关已掌握的犯罪事实属不同种罪行的；（三）主动交代监察机关尚未掌握的犯罪事实，与监察机关已掌握的犯罪事实属同种罪行的；（四）监察机关掌握的证据不充分，被调查人如实交代有助于收集定案证据的。

前款所称同种罪行和不同种罪行，一般以罪名区分。被调查人如实供述其他罪行的罪名与监察机关已掌握犯罪的罪名不同，但属选择性罪名或者在法律、事实上密切关联的，应当认定为同种罪行。

第216条　涉嫌职务犯罪的被调查人有下列情形之一的，可以认定为监察法第31条第3项规定的积极退赃，减少损失：（一）全额退赃的；（二）退赃能力不足，但被调查人及其亲友在监察机关追缴赃款赃物过程中积极配合，且大部分已追缴到位的；（三）犯罪后主动采取措施避免损失发生，或者积极采取有效措施减少、挽回大部分损失的。

第217条　涉嫌职务犯罪的被调查人有下列情形之一的，可以认定为监察法第31条第4项规定的具有重大立功表现：（一）检举揭发他人重大犯罪行为且经查证属实的；（二）提供其他重大案件的重要线索且经查证属实的；（三）阻止他人重大犯罪活动的；（四）协助抓捕其他重大职务犯罪案件被调查人、重大犯罪嫌疑人（包括同案犯）的；（五）为国家挽回重大损失等对国家和社会有其他贡献的。

前款所称重大犯罪一般是指依法可能被判处无期徒刑以上刑罚的犯罪行为；重大案件一般是指在本省、自治区、直辖市或者全国范围内有较大影响的案件；查证属实一般是指有关案件已被监察机关或者司法机关立案调查、侦查，被调查人、犯罪嫌疑人被监察机关采取留置措施或者被司法机关采取强制措施，或者被告人被人民法院作出有罪判决，并结合案件事实、证据进行判断。

监察法第31条第4项规定的案件涉及国家重大利益，是指案件涉及国家主权和领土完整、国家安全、外交、社会稳定、经济发展等情形。

第218条 涉嫌行贿等犯罪的涉案人员有下列情形之一的，可以认定为监察法第32条规定的揭发有关被调查人职务违法犯罪行为，查证属实或者提供重要线索，有助于调查其他案件：（一）揭发所涉案件以外的被调查人职务犯罪行为，经查证属实的；（二）提供的重要线索指向具体的职务犯罪事实，对调查其他案件起到实质性推动作用的；（三）提供的重要线索有助于加快其他案件办理进度，或者对其他案件固定关键证据、挽回损失、追逃追赃等起到积极作用的。

第219条 从宽处罚建议一般应当在移送起诉时作为《起诉意见书》内容一并提出，特殊情况下也可以在案件移送后、人民检察院提起公诉前，单独形成从宽处罚建议书移送人民检察院。对于从宽处罚建议所依据的证据材料，应当一并移送人民检察院。

监察机关对于被调查人在调查阶段认罪认罚，但不符合监察法规定的提出从宽处罚建议条件，在移送起诉时没有提出从宽处罚建议的，应当在《起诉意见书》中写明其自愿认罪认罚的情况。

【高检发释字〔2019〕4号】　人民检察院刑事诉讼规则（2019年12月2日最高检第13届检委会第28次会议通过，2019年12月30日公布施行；高检发释字〔2012〕2号《规则（试行）》同时废止）

第364条 人民检察院提起公诉的案件，可以向人民法院提出量刑建议。除有减轻处罚或者免除处罚情节外，量刑建议应当在法定量刑幅度内提出。建议判处有期徒刑、管制、拘役的，可以具有一定的幅度，也可以提出具体确定的建议。

提出量刑建议的，可以制作量刑建议书，与起诉书一并移送人民法院。量刑建议书的主要内容应当包括被告人所犯罪行的法定刑、量刑情节、建议人民法院对被告人判处刑罚的种类、刑罚幅度、可以适用的刑罚执行方式以及提出量刑建议的依据和理由等。

认罪认罚案件的量刑建议，按照本章第二节的规定办理。（见《刑事诉讼法》第15条、第201条）

【法发〔2020〕38号】　最高人民法院、最高人民检察院、公安部、国家安全部、司法部关于规范量刑程序若干问题的意见（2020年11月5日印发，2020年11月6日施行；法发〔2010〕35号同名《意见（试行）》同时废止）

第5条 符合下列条件的案件，人民检察院提起公诉时可以提出量刑建议；被告人认罪认罚的，人民检察院应当提出量刑建议：

（一）犯罪事实清楚，证据确实、充分；

（二）提出量刑建议所依据的法定从重、从轻、减轻或者免除处罚等量刑情节已查清；

（三）提出量刑建议所依据的酌定从重、从轻处罚等量刑情节已查清。

第6条 量刑建议包括主刑、附加刑、是否适用缓刑等。主刑可以具有一定的幅度，也可以根据案件具体情况，提出确定刑期的量刑建议。建议判处财产刑的，可以提出确定的数额。

第7条　对常见犯罪案件，人民检察院应当按照量刑指导意见提出量刑建议。对新类型、不常见犯罪案件，可以参照相关量刑规范提出量刑建议。提出量刑建议，应当说明理由和依据。

第8条　人民检察院指控被告人犯有数罪的，应当对指控的个罪分别提出量刑建议，并依法提出数罪并罚后决定执行的刑罚的量刑建议。

对于共同犯罪案件，人民检察院应当根据各被告人在共同犯罪中的地位、作用以及应当承担的刑事责任分别提出量刑建议。

第9条　人民检察院提出量刑建议，可以制作量刑建议书，与起诉书一并移送人民法院；对于案情简单、量刑情节简单的适用速裁程序的案件，也可以在起诉书中写明量刑建议。

量刑建议书中应当写明人民检察院建议对被告人处以的主刑、附加刑、是否适用缓刑等及其理由和依据。

人民检察院以量刑建议书方式提出量刑建议的，人民法院在送达起诉书副本时，应当将量刑建议书一并送达被告人。

第10条　在刑事诉讼中，自诉人、被告人及其辩护人、被害人及其诉讼代理人可以提出量刑意见，并说明理由，人民检察院、人民法院应当记录在案并附卷。

【高检发办字〔2021〕120号】　人民检察院办理认罪认罚案件开展量刑建议工作的指导意见（2021年11月15日最高检第13届检委会第78次会议通过，2021年12月3日印发施行）

第3条　人民检察院对认罪认罚案件提出量刑建议，应当符合以下条件：

（一）犯罪事实清楚，证据确实、充分；

（二）提出量刑建议所依据的法定从重、从轻、减轻或者免除处罚等量刑情节已查清；

（三）提出量刑建议所依据的酌定从重、从轻处罚等量刑情节已查清。

第4条　办理认罪认罚案件，人民检察院一般应当提出确定刑量刑建议。对新类型、不常见犯罪案件，量刑情节复杂的重罪案件等，也可以提出幅度刑量刑建议，但应当严格控制所提量刑建议的幅度。

第11条　人民检察院应当按照有关量刑指导意见规定的量刑基本方法，依次确定量刑起点、基准刑和拟宣告刑，提出量刑建议。对新类型、不常见犯罪案件，可以参照相关量刑规范和相似案件的判决提出量刑建议。

第12条　提出确定刑量刑建议应当明确主刑适用刑种、刑期和是否适用缓刑。

建议判处拘役的，一般应当提出确定刑量刑建议。

建议判处附加刑的，应当提出附加刑的类型。

建议判处罚金刑的，应当以犯罪情节为根据，综合考虑犯罪嫌疑人缴纳罚金的能力提出确定的数额。

建议适用缓刑的，应当明确提出。

第13条　除有减轻处罚情节外，幅度刑量刑建议应当在法定量刑幅度内提出，不得兼跨2种以上主刑。

建议判处有期徒刑的，一般应当提出相对明确的量刑幅度。建议判处6个月以上不满1年有期徒刑的，幅度一般不超过2个月；建议判处1年以上不满3年有期徒刑的，幅度一般不超过6个月；建议判处3年以上不满10年有期徒刑的，幅度一般不超过1年；建议判处10年以上有期徒刑的，幅度一般不超过2年。

建议判处管制的，幅度一般不超过3个月。

第14条　人民检察院提出量刑建议应当区别认罪认罚的不同诉讼阶段、对查明案件事实的价值和意义、是否确有悔罪表现，以及罪行严重程度等，综合考量确定从宽的限度和幅度。在从宽幅度上，主动认罪认罚优于被动认罪认罚，早认罪认罚优于晚认罪认罚，彻底认罪认罚优于不彻底认罪认罚，稳定认罪认罚优于不稳定认罪认罚。

认罪认罚的从宽幅度一般应当大于仅有坦白，或者虽认罪但不认罚的从宽幅度。对犯罪嫌疑人具有自首、坦白情节，同时认罪认罚的，应当在法定刑幅度内给予相对更大的从宽幅度。

第15条　犯罪嫌疑人虽然认罪认罚，但所犯罪行具有下列情形之一的，提出量刑建议应当从严把握从宽幅度或者依法不予从宽：

（一）危害国家安全犯罪、恐怖活动犯罪、黑社会性质组织犯罪的首要分子、主犯；

（二）犯罪性质和危害后果特别严重、犯罪手段特别残忍、社会影响特别恶劣的；

（三）虽然罪行较轻但具有累犯、惯犯等恶劣情节的；

（四）性侵等严重侵害未成年人的；

（五）其他应当从严把握从宽幅度或者不宜从宽的情形。

第16条　犯罪嫌疑人既有从重又有从轻、减轻处罚情节的，应当全面考虑各情节的调节幅度，综合分析提出量刑建议，不能仅根据某一情节一律从轻或者从重。

犯罪嫌疑人具有减轻处罚情节的，应当在法定刑以下提出量刑建议，有数个量刑幅度的，应当在法定量刑幅度的下一个量刑幅度内提出量刑建议。

第17条　犯罪嫌疑人犯数罪，同时具有立功、累犯等量刑情节的，先适用该量刑情节调节个罪基准刑，分别提出量刑建议，再依法提出数罪并罚后决定执行的刑罚的量刑建议。人民检察院提出量刑建议时应当分别列明个罪量刑建议和数罪并罚后决定执行的刑罚的量刑建议。

第18条　对于共同犯罪案件，人民检察院应当根据各犯罪嫌疑人在共同犯罪中的地位、作用以及应当承担的刑事责任分别提出量刑建议。提出量刑建议时应当注意各犯罪嫌疑人之间的量刑平衡。

第19条　人民检察院可以根据案件实际情况，充分考虑提起公诉后可能出现的退赃退赔、刑事和解、修复损害等量刑情节变化，提出满足相应条件情况下的量刑建议。

第20条　人民检察院可以借助量刑智能辅助系统分析案件、计算量刑，在参考相关结论的基础上，结合案件具体情况，依法提出量刑建议。

第21条　检察官应当全面审查事实证据，准确认定案件性质，根据量刑情节拟定初步的量刑建议，并组织听取意见。

案件具有下列情形之一的，检察官应当向部门负责人报告或者建议召开检察官联席会议讨论，确定量刑建议范围后再组织听取意见：（一）新类型、不常见犯罪；（二）案情重大、疑难、复杂的；（三）涉案犯罪嫌疑人人数众多的；（四）性侵未成年人的；（五）与同类案件或者关联案件处理结果明显不一致的；（六）其他认为有必要报告或讨论的。

检察官应当按照有关规定在权限范围内提出量刑建议。案情重大、疑难、复杂的，量刑建议应当由检察长或者检察委员会讨论决定。

第 31 条 人民检察院提出量刑建议，一般应当制作量刑建议书，与起诉书一并移送人民法院。对于案情简单、量刑情节简单，适用速裁程序的案件，也可以在起诉书中载明量刑建议。

量刑建议书中应当写明建议对犯罪嫌疑人科处的主刑、附加刑、是否适用缓刑等及其理由和依据，必要时可以单独出具量刑建议理由说明书。适用速裁程序审理的案件，通过起诉书载明量刑建议的，可以在起诉书中简化说理。

【高检发办字〔2023〕49 号】 人民检察院办理知识产权案件工作指引（2023 年 4 月 25 日印发施行）

第 16 条 人民检察院办理知识产权刑事案件，应当坚持宽严相济刑事政策，该严则严，当宽则宽。

犯罪嫌疑人、被告人自愿认罪，通过退赃退赔、赔偿损失、赔礼道歉等方式表示真诚悔罪，且愿意接受处罚的，可以依法提出从宽处罚的量刑建议。有赔偿能力而不赔偿损失的，不能适用认罪认罚从宽制度。

人民检察院办理知识产权刑事案件，应当听取被害人及其诉讼代理人的意见，依法积极促进犯罪嫌疑人、被告人与被害人达成谅解。犯罪嫌疑人、被告人自愿对权利人作出合理赔偿的，可以作为从宽处罚的考量因素。

● 指导案例 【高检发办字〔2020〕44 号】 最高人民检察院第 20 批指导性案例（2020 年 7 月 6 日最高检第 13 届检委会第 42 次会议通过，2020 年 7 月 16 日印发）

（检例第 75 号） 金某某受贿案

要旨：对于犯罪嫌疑人自愿认罪认罚的职务犯罪案件，应当依法适用认罪认罚从宽制度办理。在适用认罪认罚从宽制度办理职务犯罪案件过程中，检察机关应切实履行主导责任，与监察机关、审判机关互相配合，互相制约，充分保障犯罪嫌疑人、被告人的程序选择权。要坚持罪刑法定和罪责刑相适应原则，对符合有关规定条件的，一般应当就主刑、附加刑、是否适用缓刑等提出确定刑量刑建议。

【高检发办字〔2020〕64 号】 最高人民检察院第 22 批指导性案例（2020 年 9 月 28 日最高检第 13 届检委会第 52 次会议通过，2020 年 11 月 24 日印发）

（检例第 82 号） 钱某故意伤害案[①]

要旨：检察机关应当健全量刑协商机制，规范认罪认罚案件量刑建议的形成过程。依法听取犯罪嫌疑人、辩护人或者值班律师的意见，通过出示有关证据、释法说理等方式，结合案件事实和情节开展量刑协商，促进协商一致。注重运用司法救助等制度措施化解矛盾，提升办案质效。

[①] 本案指导意义：对于因民间矛盾纠纷引发，致人伤亡的案件，被告人认罪悔罪态度好，但因家庭经济困难没有赔偿能力或者赔偿能力有限，而被害方又需要救助的，检察机关应当积极促使被告人尽力赔偿被害方损失，争取被害方谅解，促进矛盾化解。同时积极开展司法救助，落实帮扶措施，切实为被害方疏解困难提供帮助，做实做细化解矛盾等社会治理工作。

（插）第 175 条（第 4 款）　【证据不足不起诉】对于 <u>2 次</u>[①]补充侦查的案件，人民检察院仍然认为证据不足，不符合起诉条件的，应当作出不起诉的决定。[②]

第 177 条　【无责免责不起诉】犯罪嫌疑人[③]没有犯罪事实，或者[④]有本法第 16 条规定的情形之一的，人民检察院应当作出不起诉决定。

【情节轻微不起诉】对于犯罪情节轻微，依照刑法规定不需要判处刑罚或者免除刑罚的，人民检察院可以作出<u>不起诉</u>决定。[⑤]

【不起诉案件的处理】人民检察院决定不起诉的案件，应当同时对侦查中<u>查封</u>、[⑥]扣押、冻结的财物解除<u>查封</u>、扣押、冻结。对被不起诉人需要给予行政处罚、~~行政~~[⑦]处分或者需要没收其违法所得的，人民检察院应当提出检察意见，移送有关主管机关处理。有关主管机关应当将处理结果及时通知人民检察院。[⑧]

第 178 条[⑨]　【不起诉决定书】不起诉的决定，应当公开宣布，并且将<u>不起诉</u>决定书送达<u>被不起诉人</u>和他的所在单位。如果<u>被不起诉人</u>在押，应当立即释放。

● **相关规定**　【署侦〔1998〕742 号】　最高人民法院、最高人民检察院、公安部、司法部、海关总署关于走私犯罪侦查机关办理走私犯罪案件适用刑事诉讼程序若干问题的通知（1998 年 12 月 3 日）

十、对经侦查不构成走私罪和人民检察院依法不起诉或者人民法院依法免予刑事处罚的走私案件，依照《中华人民共和国海关法》的规定，移送海关调查部门处理。

十一、海关调查部门、地方公安机关（包括公安边防部门）和工商行政等执法部门对于查获的需移送走私犯罪侦查机关的案件，应当就近移送。走私犯罪侦查机关应及时接受，出具有关手续，并将案件处理结果书面通报移送部门。

[①] 本部分内容由 2012 年 3 月 14 日第 11 届全国人大常委会第 5 次会议增加，2013 年 1 月 1 日施行。
[②] 本款规定由 1996 年 3 月 17 日第 8 届全国人民代表大会第 4 次会议增设，1997 年 1 月 1 日施行。
[③] 本部分内容由 1996 年 3 月 17 日第 8 届全国人民代表大会第 4 次会议修改，1997 年 1 月 1 日施行。原规定为"被告人"。
[④] 本部分内容由 2012 年 3 月 14 日第 11 届全国人大常委会第 5 次会议修改，2013 年 1 月 1 日施行。
[⑤] 本款规定由 1996 年 3 月 17 日第 8 届全国人民代表大会第 4 次会议修改，1997 年 1 月 1 日施行；规定中的"对于犯罪情节轻微"为新增内容，规定中的"不起诉"原为"免予起诉"。
[⑥] 本款下划线部分由 2012 年 3 月 14 日第 11 届全国人大常委会第 5 次会议增加（下同），2013 年 1 月 1 日施行。
[⑦] 本部分内容被 2018 年 10 月 26 日第 13 届全国人大常委会第 6 次会议删除，同日公布施行。
[⑧] 本款规定由 1996 年 3 月 17 日第 8 届全国人民代表大会第 4 次会议增设，1997 年 1 月 1 日施行。
[⑨] 本条规定由 1996 年 3 月 17 日第 8 届全国人民代表大会第 4 次会议修改，1997 年 1 月 1 日施行；规定中的 2 处"不起诉"原为"免予起诉"，规定中的 2 处"被不起诉人"原为"被告人"。

【高检发诉字〔2002〕17号】　最高人民检察院关于进一步加强公诉工作的决定（2002年9月12日）

10. 依法行使不起诉权，推动不起诉案件公开审查制度。对存在较大争议并且在当地有较大社会影响的案件，公诉部门审查后准备作不起诉处理的，可以进行公开审查。在审查中充分听取侦查机关（部门）和犯罪嫌疑人、被害人以及犯罪嫌疑人、被害人委托的人等方面的意见，保证不起诉决定的公正性。

【法〔2003〕163号】　最高人民法院、最高人民检察院、公安部关于严格执行刑事诉讼法，切实纠防超期羁押的通知（2003年11月12日）

四、坚持依法办案，正确适用法律，有罪依法追究，无罪坚决放人，人民法院、人民检察院和公安机关在刑事诉讼过程中，要分工负责，互相配合，互相制约，依法进行，避免超期羁押现象的发生。在侦查、起诉、审判等各个诉讼阶段，凡发现犯罪嫌疑人、被告人不应或者不需要追究刑事责任的，应当依法撤销案件，或者不起诉，或者终止审理，或者宣告无罪。公安机关、人民检察院要严格执行刑事诉讼法关于拘留、逮捕条件的规定，不符合条件的坚决不拘、不提请批准逮捕或者决定不批准逮捕。人民检察院对于经过2次补充侦查或者在审判阶段建议补充侦查并经人民法院决定延期审理的案件，不再退回公安机关；对于经过2次补充侦查，仍然证据不足、不符合起诉条件的案件，要依法作出不起诉的决定。……

【高检诉发〔2007〕63号】　人民检察院办理不起诉案件质量标准（试行）（最高检公诉厅2007年6月19日印发试行）

一、符合下列条件的，属于达到不起诉案件质量标准：

（一）根据刑事诉讼法第140条第4款决定不起诉的案件

人民检察院对于经过补充侦查并且具有下列情形之一的案件，经检察委员会讨论决定，可以作出不起诉决定：（1）据以定罪的证据存在疑问，无法查证属实的；（2）犯罪构成要件事实缺乏必要的证据予以证明的；（3）据以定罪的证据之间的矛盾不能合理排除的；（4）根据证据得出的结论具有其他可能性的。

（二）根据刑事诉讼法第142条第1款决定不起诉的案件

人民检察院对于犯罪嫌疑人有刑事诉讼法第15条规定的6种情形之一的，经检察长决定，应当作出不起诉决定。

对于犯罪嫌疑人没有违法犯罪行为的，或者犯罪事实并非犯罪嫌疑人所为的案件，人民检察院应当书面说明理由将案件退回侦查机关作撤案处理或者重新侦查；侦查机关坚持移送的，经检察长决定，人民检察院可以根据刑事诉讼法第142条第1款的规定作不起诉处理。

（三）根据刑事诉讼法第142条第2款决定不起诉的案件

人民检察院对于犯罪情节轻微，依照刑法规定不需要判处刑罚或者免除刑罚的，经检察委员会讨论决定，可以作出不起诉决定。

对符合上述条件，同时具有下列情形之一的，依法决定不起诉：（1）未成年犯罪嫌疑人、老年犯罪嫌疑人，主观恶性较小、社会危害不大的；（2）因亲友、邻里及同学同事之间纠纷引发的轻微犯罪中的犯罪嫌疑人，认罪悔过、赔礼道歉、积极赔偿损失并得到被害人谅解或者双方达成和解并切实履行，社会危害不大的；（3）初次实施轻微犯罪的犯罪嫌疑人，主观恶性较小的；（4）因生活无着偶然实施盗窃等轻微犯罪的犯罪嫌疑人，人身危险性不大的；（5）群体性事件引起的刑事犯罪中的犯罪嫌疑人，属于一般参与者的。

具有下列情形之一的，不应适用刑事诉讼法第142条第2款作不起诉决定：（1）实施危害国家安全犯罪的；（2）1人犯数罪的；（3）犯罪嫌疑人有脱逃行为或者构成累犯的；（4）犯罪嫌疑人系共同犯罪中的主犯，而从犯已被提起公诉或者已被判处刑罚的；（5）共同犯罪中的同案犯，一并起诉、审理更为适宜的；（6）犯罪后订立攻守同盟，毁灭证据，逃避或者对抗侦查的；（7）因犯罪行为给国家或者集体造成重大经济损失或者有严重政治影响的；（8）需要人民检察院提起附带民事诉讼的；（9）其他不应当适用刑事诉讼法第142条第2款作不起诉处理的。

（四）其他情形

1. 关于案件事实和证据的认定、法律适用、诉讼程序、法律监督等方面的质量标准，应照《人民检察院办理起诉案件质量标准（试行）》中"办理起诉案件质量标准"部分的相关规定执行；

2. 对未成年人犯罪案件，办案方式应符合有关规定；

3. 对需要进行公开审查的不起诉案件，按照有关规定进行公开审查；

4. 根据刑事诉讼法第140条第4款和第142条第2款的规定作不起诉的案件应当报送上一级人民检察院备案；

5. 对检察机关直接受理侦查的案件，拟作不起诉处理的，应由人民监督员提出监督意见；

6. 省级以下人民检察院对直接受理侦查的案件拟作不起诉决定的，应报上一级人民检察院批准；

7. 不起诉的决定应当公开宣布，并将不起诉决定书送达被不起诉人、被不起诉人所在单位、被害人或者其近亲属及其诉讼代理人、侦查机关。如果被不起诉人在押，应当立即释放；

8. 人民检察院决定不起诉的案件，需要对侦查中扣押、冻结的财物解除扣押、冻结的，应当书面通知作出扣押、冻结决定的机关或者执行扣押、冻结决定的机关解除扣押、冻结；

9. 需要对被不起诉人给予行政处罚、处分或者没收其违法所得的，应当提出书面检察意见，连同不起诉决定书一并移送有关主管机关处理；

10. 侦查机关对不起诉决定要求复议或者提请复核的，被不起诉人或者被害人不服不起诉决定提出申诉的，人民检察院应当及时审查并在法定期限内作出决定；

11. 人民检察院收到人民法院受理被害人对被不起诉人起诉的通知后，应当将作出不起诉决定所依据的有关案件材料移送人民法院。

二、具有下列情形之一的，属于不起诉错误

1. 本院没有案件管辖权；

2. 对应当提起公诉的案件或者不符合不起诉法定条件的案件作出不起诉决定的；

3. 对定罪的证据确实、充分，仅是影响量刑的证据不足或者对界定此罪与彼罪有不同认识的案件，依照刑事诉讼法第140条第4款作出不起诉决定的；

4. 适用不起诉法律条文（款）错误的；

5. 经审查确认不起诉决定确有错误，被上级检察机关依法撤销的；

6. 具有其他违反法律规定的情形，造成不起诉错误的。

三、具有下列情形之一的，属于不起诉质量不高

1. 关于案件事实和证据的认定、法律适用、诉讼程序、法律监督以及符合刑事政策要求

等方面的不起诉质量不高的情形,参照《人民检察院办理起诉案件质量标准(试行)》中"起诉案件质量不高"部分的相关规定执行;

2. 对检察机关直接受理侦查的案件,拟作不起诉处理,未由人民监督员提出监督意见的;

3. 省级以下人民检察院对直接受理侦查的案件作出不起诉决定,未报上一级人民检察院批准的;

4. 应当报送上一级人民检察院备案而没有报送的;

5. 未按有关规定对不起诉案件进行公开审查的;

6. 没有公开宣布不起诉决定,或者没有向被不起诉人及其所在单位、被害人或者其近亲属及其诉讼代理人、侦查机关送达不起诉决定书,或者没有将在押的被不起诉人立即释放的;

7. 人民检察院决定不起诉的案件,需要对侦查中扣押、冻结,或者直接解除了扣押、冻结的;

8. 需要对被不起诉人给予行政处罚、处分或没收其违法所得的,没有提出书面检察意见连同不起诉决定书一并移送有关主管机关处理的;

9. 侦查机关对不起诉决定要求复议或提请复核,被不起诉人或者被害人不服不起诉决定提出申诉,人民检察院没有及时审查并在法定期限内作出决定的;

10. 人民检察院收到人民法院受理被害人对被不起诉人起诉的通知后,没有将作出不起诉决定所依据的有关案件材料移送人民法院的;

11. 具有其他违反法律及最高人民检察院有关规定的情形,影响了不起诉质量,但不属于不起诉错误的。

【高检发研字〔2007〕2号】 最高人民检察院关于在检察工作中贯彻宽严相济刑事司法政策的若干意见(2006年12月28日最高检第10届检委会第68次会议通过,2007年1月15日)

二、在履行法律监督职能中全面贯彻宽严相济刑事司法政策

8. 正确把握起诉和不起诉条件,依法适用不起诉。在审查起诉工作中,严格依法掌握起诉条件,充分考虑起诉的必要性,可诉可不诉的不诉。对于初犯、从犯、预备犯、中止犯、防卫过当、避险过当、未成年人犯罪、老年人犯罪以及亲友、邻里、同学同事等纠纷引发的案件,符合不起诉条件的,可以依法适用不起诉,并可以根据案件的不同情况,对被不起诉人予以训诫或者责令具结悔过、赔礼道歉、赔偿损失。确需提起公诉的,可以依法向人民法院提出从宽处理、适用缓刑等量刑方面的意见。

11. 对未成年人犯罪案件依法从宽处理。办理未成年人犯罪案件,应当坚持"教育、感化、挽救"的方针和"教育为主、惩罚为辅"的原则。要对未成年犯罪嫌疑人的情况进行调查,了解未成年人的性格特点、家庭情况、社会交往、成长经历以及有无帮教条件等情况,除主观恶性大、社会危害严重的以外,根据案件具体情况,可捕可不捕的不捕,可诉可不诉的不诉。对确需提起公诉的未成年被告人,应当根据情况依法向人民法院提出从宽处理、适用缓刑等量刑方面的意见。

12. 对因人民内部矛盾引发的轻微刑事案件依法从宽处理。对因亲友、邻里及同学同事之间纠纷引发的轻微刑事案件,要本着"冤家宜解不宜结"的精神,着重从化解矛盾、解决

纠纷的角度正确处理。对于轻微刑事案件中犯罪嫌疑人认罪悔过、赔礼道歉、积极赔偿损失并取得被害人谅解或者双方达成和解并切实履行，社会危害性不大的，可以依法不予逮捕或者不起诉。确需提起公诉的，可以依法向人民法院提出从宽处理的意见。对属于被害人可以提起自诉的轻微刑事案件，由公安机关立案侦查并提请批捕、移送起诉的，人民检察院可以促使双方当事人在民事赔偿和精神抚慰方面和解，及时化解矛盾，依法从宽处理。

13. 对轻微犯罪中的初犯、偶犯依法从宽处理。对于初次实施轻微犯罪、主观恶性小的犯罪嫌疑人，特别是对因生活无着偶然发生的盗窃等轻微犯罪，犯罪嫌疑人人身危险性不大的，一般可以不予逮捕；符合法定条件的，可以依法不起诉。确需提起公诉的，可以依法向人民法院提出从宽处理的意见。

14. 正确处理群体性事件中的犯罪案件。处理群体性事件中的犯罪案件，应当坚持惩治少数，争取、团结、教育大多数的原则。对极少数插手群体性事件，策划、组织、指挥闹事的严重犯罪分子以及进行打砸抢等犯罪活动的首要分子或者骨干分子，要依法严厉打击。对一般参与者，要慎重适用强制措施和提起公诉；确需提起公诉的，可以依法向人民法院提出从宽处理的意见。

【法发〔2007〕11号】　最高人民法院、最高人民检察院、公安部、司法部关于进一步严格依法办案确保办理死刑案件质量的意见（2007年3月9日）

25. 人民检察院对于退回补充侦查的案件，经审查仍然认为不符合起诉条件的，可以作出不起诉决定。具有下列情形之一，不能确定犯罪嫌疑人构成犯罪和需要追究刑事责任的，属于证据不足，不符合起诉条件：（1）据以定罪的证据存在疑问，无法查证属实的；（2）犯罪构成要件事实缺乏必要的证据予以证明的；（3）据以定罪的证据之间的矛盾不能合理排除的；（4）根据证据得出的结论具有其他可能性的。

【公通字〔2009〕51号】　最高人民法院、最高人民检察院、公安部关于公安部证券犯罪侦查局直属分局办理经济犯罪案件适用刑事诉讼程序若干问题的通知（2009年11月4日印发，2010年1月1日起实施；2005年2月28日印发的《关于公安部证券犯罪侦查局直属分局办理证券期货领域刑事案件适用刑事诉讼程序若干问题的通知》（公通字〔2005〕11号）同时废止。

九、对经侦查不构成犯罪和人民检察院依法决定不起诉或者人民法院依法宣告无罪、免予刑事处罚的刑事案件，需要追究行政责任的，依照有关行政法规的规定，移送有关部门处理。

【高检发研字〔2013〕7号】　人民检察院办理未成年人刑事案件的规定（2002年3月25日最高检第9届检委会第105次会议通过；2006年12月28日最高检第10届检委会第68次会议第1次修订；2013年12月19日最高检第12届检委会第14次会议第2次修订，2013年12月27日印发）

第26条　对于犯罪情节轻微，具有下列情形之一，依照刑法规定不需要判处刑罚或者免除刑罚的未成年犯罪嫌疑人，一般应当依法作出不起诉决定：（一）被胁迫参与犯罪的；（二）犯罪预备、中止、未遂的；（三）在共同犯罪中起次要或者辅助作用的；（四）系又聋又哑的人或者盲人的；（五）因防卫过当或者紧急避险过当构成犯罪的；（六）有自首或者立功表现的；（七）其他依照刑法规定不需要判处刑罚或者免除刑罚的情形。

第27条 对于未成年人实施的轻伤害案件、初次犯罪、过失犯罪、犯罪未遂的案件以及被诱骗或者被教唆实施的犯罪案件等，情节轻微，犯罪嫌疑人确有悔罪表现，当事人双方自愿就民事赔偿达成协议并切实履行或者经被害人同意并提供有效担保，符合刑法第37条规定的，人民检察院可以依照刑事诉讼法第173条第2款的规定作出不起诉决定，并可以根据案件的不同情况，予以训诫或者责令具结悔过、赔礼道歉、赔偿损失，或者由主管部门予以行政处罚。

第79条 本规定所称未成年人刑事案件，是指犯罪嫌疑人、被告人实施涉嫌犯罪行为时已满14周岁、未满18周岁的刑事案件，但在有关未成年人诉讼权利和体现对未成年人程序上特殊保护的条文中所称的未成年人，是指在诉讼过程中未满18周岁的人。犯罪嫌疑人实施涉嫌犯罪行为时未满18周岁，在诉讼过程中已满18周岁的，人民检察院可以根据案件的具体情况适用本规定。

第80条 实施犯罪行为的年龄，一律按公历的年、月、日计算。从周岁生日的第2天起，为已满××周岁。

【高检发释字〔2015〕5号】 最高人民检察院关于下级人民检察院对上级人民检察院不批准不起诉等决定能否提请复议的批复（2015年12月9日最高检第12届检委会第44次会议通过，2015年12月15日公报批复宁夏区检"宁检〔2015〕126号"请示，2015年12月25日施行）

一、上级人民检察院的决定，下级人民检察院应当执行。下级人民检察院认为上级人民检察院的决定有错误或者对上级人民检察院的决定有不同意见的，可以在执行的同时向上级人民检察院报告。

二、下级人民检察院对上级人民检察院的决定有不同意见，法律、司法解释设置复议程序或者重新审查程序的，可以向上级人民检察院提请复议或者报请重新审查；法律、司法解释未设置复议程序或者重新审查程序的，不能向上级人民检察院提请复议或者报请重新审查。

三、根据《人民检察院检察委员会组织条例》第15条的规定，对上级人民检察院检察委员会作出的不批准不起诉等决定，下级人民检察院可以提请复议；上级人民检察院非经检察委员会讨论作出的决定，且不属于法律、司法解释规定的可以提请复议情形的，下级人民检察院不得对上级人民检察院的决定提请复议。

【高检会〔2015〕10号】 最高人民法院、最高人民检察院、公安部、国家安全部关于机关事业单位工作人员被采取刑事强制措施和受刑事处罚实行向所在单位告知制度的通知（最高检办公厅2015年11月6日印发施行；详见《刑事诉讼法》第66条）

3.（第2款） 人民检察院决定不起诉的，应当在作出不起诉决定后10日以内，告知机关事业单位工作人员所在单位。

【法发〔2016〕18号】 最高人民法院、最高人民检察院、公安部、国家安全部、司法部关于推进以审判为中心的刑事诉讼制度改革的意见（2016年7月20日）

七、……对于二次退回补充侦查后，仍然证据不足、不符合起诉条件的，依法作出不起诉决定。

九、完善不起诉制度，对未达到法定证明标准的案件，人民检察院应当依法作出不起诉决定，防止事实不清、证据不足的案件进入审判程序……

【公通字〔2017〕25 号】　最高人民检察院、公安部关于公安机关办理经济犯罪案件的若干规定（最高检、公安部 2017 年 11 月 24 日印发，2018 年 1 月 1 日施行；2005 年 12 月 31 日"公通字〔2005〕101 号"《规定》同时废止）

第 45 条　人民检察院已经作出不起诉决定的案件，公安机关不得针对同一法律事实的同一犯罪嫌疑人继续侦查或者补充侦查，但是有新的事实或者证据的，可以重新立案侦查。

【高检发未检字〔2017〕1 号】　未成年人刑事检察工作指引（试行）（最高检 2017 年 3 月 2 日印发试行）

第 174 条　【绝对不起诉】人民检察院经审查后，对于符合以下情形之一的未成年犯罪嫌疑人，经检察长或者检察委员会决定，应当对其作出不起诉决定：（一）未达法定刑事责任年龄的；（二）不存在犯罪事实或者犯罪事实非其所为的；（三）情节显著轻微、危害不大，不认为是犯罪的；（四）犯罪已过追诉时效期限的；（五）经特赦令免除刑罚的；（六）依照刑法规定告诉才处理的犯罪，没有告诉或者撤回告诉的；（七）犯罪嫌疑人死亡的；（八）其他法律规定免予追究刑事责任的情形。

发现犯罪事实并非未成年犯罪嫌疑人所为，需要重新侦查的，应当在作出不起诉决定后书面说明理由，将案卷材料退回公安机关并建议公安机关重新侦查。

第 175 条　【存疑不起诉】人民检察院对于 2 次退回补充侦查的案件，仍然认为证据不足，不符合起诉条件的，经检察长或者检察委员会决定，应当作出不起诉决定。

人民检察院对于经过一次退回补充侦查的案件，认为证据不足，不符合起诉条件，且没有退回补充侦查必要的，可以作出不起诉决定。

第 176 条　【相对不起诉】对于犯罪情节轻微，具有下列情形之一，依照刑法规定不需要判处刑罚或者免除刑罚的未成年犯罪嫌疑人，一般应当依法作出不起诉决定：（一）被胁迫参与犯罪的；（二）犯罪预备、中止、未遂的；（三）在共同犯罪中起次要或者辅助作用的；（四）系又聋又哑的人或者盲人的；（五）因防卫过当或者紧急避险过当构成犯罪的；（六）有自首或者立功表现的；（七）其他依照刑法规定不需要判处刑罚或者免除刑罚的情形。

对于未成年人轻伤害、初次犯罪、过失犯罪、犯罪未遂以及被诱骗或者被教唆实施犯罪等，情节轻微，确有悔罪表现，当事人双方自愿就民事赔偿达成协议并切实履行，或者经被害人同意并提供有效担保，符合刑法第 37 条规定的，人民检察院可以依照刑事诉讼法第 173 条第二款的规定作出不起诉决定，并根据案件的不同情况，予以训诫或者责令具结悔过、赔礼道歉、赔偿损失，或者由主管部门予以行政处罚。

第 177 条　【不公开听证会】人民检察院对于社会影响较大或者争议较大的案件，在作出相对不起诉决定前，可以邀请侦查人员、未成年犯罪嫌疑人及其法定代理人、合适成年人、辩护人、被害人及其法定代理人、诉讼代理人、社会调查员、帮教人员等，召开不起诉听证会，充分听取各方的意见和理由，并制作听证笔录，由参与人员签字确认。

不起诉听证会应当不公开进行。人民检察院应当告知参与人员不得泄露涉案信息，注意保护未成年人的隐私。

第 178 条　【送达告知】人民检察院决定不起诉的案件，应当制作不起诉决定书，并在 3 日内送达公安机关、被害人或者其近亲属及其诉讼代理人、被不起诉的未成年人及其法定代理人、辩护人。

送达时应当告知被害人或者其近亲属及其诉讼代理人，如果对不起诉决定不服，可以自收到不起诉决定书后7日以内向上一级人民检察院申诉，也可以不经申诉，直接向人民法院起诉；告知被不起诉的未成年人及其法定代理人，如果对不起诉决定不服，可以自收到不起诉决定书后7日以内向人民检察院申诉。

送达时应当告知被送达人，检察机关将对被不起诉未成年人的不起诉记录予以封存，被送达人不得泄露未成年人的隐私；告知被不起诉的未成年人及其法定代理人，如有单位或个人泄露已被封存的不起诉记录，可以向检察机关反映情况。

上述告知情况应当记录在案。

第179条　【宣布教育】对于决定不起诉的案件，人民检察院应当举行不起诉宣布教育仪式，向被不起诉的未成年人及其法定代理人宣布不起诉决定书，阐明不起诉的理由和法律依据，并结合社会调查等情况，围绕犯罪行为对被害人、被不起诉的未成年人及其家庭、社会等造成的危害，导致犯罪行为发生的原因及应当吸取的教训等，对被不起诉的未成年人开展必要的教育。如果侦查人员、合适成年人、辩护人、帮教人员等参加有利于教育被不起诉的未成年人的，可以邀请他们参加，但要严格控制参与人员范围并告知其负有保密义务。

人民检察院可以根据案件的不同情况，对被不起诉的未成年人予以训诫或者责令具结悔过、赔礼道歉、赔偿损失，必要时，可以责令家长严加管教。

未成年犯罪嫌疑人没有犯罪事实，或者证据不足以证实其存在违法犯罪事实或者不良行为的，不适用前款规定。

第180条　【后续处理】不起诉决定书自公开宣布之日起生效。被不起诉人在押的，应当立即释放，被采取其他强制措施的，应当通知执行机关解除。

对被不起诉人需要给予行政处罚或者需要没收其违法所得的，应当提出检察意见，连同不起诉决定书一并移送有关主管机关处理，并要求有关主管机关及时通知处理结果。

对于扣押、查封、冻结的财产，应当书面通知作出扣押、查封、冻结决定的机关或者执行扣押、查封、冻结决定的机关解除扣押、查封、冻结。

【主席令〔2018〕3号】　中华人民共和国监察法（2018年3月20日第13届全国人大第1次会议通过，同日公布施行）

第47条（第4款）　人民检察院对于有《中华人民共和国刑事诉讼法》规定的不起诉的情形的，经上一级人民检察院批准，依法作出不起诉的决定。监察机关认为不起诉的决定有错误的，可以向上一级人民检察院提请复议。

【高检（研）发〔2018〕号】　最高人民检察院关于检察机关办理涉民营企业案件有关法律政策问题的解答（2018年11月15日）

十、办理涉民营企业案件，哪些情况下检察机关可以不起诉？

答：办理涉民营企业案件要严格落实罪刑法定、疑罪从无等法律原则和制度，坚决防止将经济纠纷当作犯罪处理，坚决防止将民事责任变为刑事责任，厘清罪与非罪的界限，加强社会危险性分析，保障不起诉权的依法、规范行使，确保企业正常生产经营秩序。

第一，经审查认定案件不构成犯罪，包括涉案民营企业负责人没有犯罪事实，或者具有刑事诉讼法第十六条规定的情形之一，或者具有其他法律规定的免予追究刑事责任情形的，应当作出不起诉决定。

第二，经审查认定案件构成犯罪，但犯罪情节轻微，依照刑法规定不需要判处刑罚或者免除刑罚的,可以作出不起诉决定,防止"入罪即诉""一诉了之"。

第三,经审查认定案件事实不清、证据不足,经过2次补充侦查仍然证据不足,不符合起诉条件,或者经过1次退回补充侦查,仍然证据不足,不符合起诉条件且无再次退回补充侦查必要的,应当作出不起诉决定,坚决防止"带病起诉"。

第四,经审查认定案件符合刑事诉讼法第182条的规定,涉案民营企业负责人自愿如实供述涉嫌犯罪的事实,有重大立功或者案件涉及国家重大利益的,经最高人民检察院核准,人民检察院可以作出不起诉决定。

【应急〔2019〕54号】 **安全生产行政执法与刑事司法衔接工作办法**(应急管理部、公安部、最高法、最高检2019年4月16日印发施行)

第18条(第2款) 人民检察院对决定不起诉的案件,应当自作出决定之日起3日内,将不起诉决定书送达公安机关和应急管理部门。对依法应当追究行政法律责任的,可以同时提出检察意见,并要求应急管理部门及时通报处理情况。

【高检发〔2019〕11号】 **人民检察院办案活动接受人民监督员监督的规定**(2019年6月28日最高检第13届检委会第20次会议通过,2019年8月27日印发施行;《最高人民检察院关于人民监督员监督工作的规定》同时废止)

第9条 人民检察院对不服检察机关处理决定的刑事申诉案件、拟决定不起诉的案件、羁押必要性审查案件等进行公开审查,或者对有重大影响的审查逮捕案件、行政诉讼监督案件等进行公开听证的,应当邀请人民监督员参加,听取人民监督员对案件事实、证据的认定和案件处理的意见。

【高检发〔2019〕13号】 **最高人民法院、最高人民检察院、公安部、国家安全部、司法部关于适用认罪认罚从宽制度的指导意见**(2019年10月11日印发施行)

51. 不起诉后反悔的处理。因犯罪嫌疑人认罪认罚,人民检察院依照刑事诉讼法第177条第2款作出不起诉决定后,犯罪嫌疑人否认指控的犯罪事实或者不积极履行赔礼道歉、退赃退赔、赔偿损失等义务的,人民检察院应当进行审查,区分下列情形依法作出处理:(一)发现犯罪嫌疑人没有犯罪事实,或者符合刑事诉讼法第16条规定的情形之一的,应当撤销原不起诉决定,依法重新作出不起诉决定;(二)认为犯罪嫌疑人仍属于犯罪情节轻微,依照刑法规定不需要判处刑罚或者免除刑罚的,可以维持原不起诉决定;(三)排除认罪认罚因素后,符合起诉条件的,应当根据案件具体情况撤销原不起诉决定,依法提起公诉。

【高检发释字〔2019〕4号】 **人民检察院刑事诉讼规则**(2019年12月2日最高检第13届检委会第28次会议通过,2019年12月30日公布施行;高检发释字〔2012〕2号《规则(试行)》同时废止)

第278条 犯罪嫌疑人认罪认罚,人民检察院依照刑事诉讼法第177条第2款作出不起诉决定后,犯罪嫌疑人反悔的,人民检察院应当进行审查,并区分下列情形依法作出处理:

(一)发现犯罪嫌疑人没有犯罪事实,或者符合刑事诉讼法第16条规定的情形之一的,应当撤销原不起诉决定,依照刑事诉讼法第177条第1款的规定重新作出不起诉决定;

(二)犯罪嫌疑人犯罪情节轻微,依照刑法不需要判处刑罚或者免除刑罚的,可以维持原不起诉决定;

(三)排除认罪认罚因素后,符合起诉条件的,应当根据案件具体情况撤销原不起诉定，依法提起公诉。

第339条　人民检察院对案件进行审查后，应当依法作出起诉或者不起诉以及是否提起附带民事诉讼、附带民事公益诉讼的决定。

第365条　人民检察院对于<u>监察机关或者</u>公安机关移送起诉的案件，发现犯罪嫌疑人没有犯罪事实，或者符合刑事诉讼法第16条规定的情形之一的，<u>经检察长批准</u>~~检察长或者检察委员会决定~~，应当作出不起诉决定。

对于犯罪事实并非犯罪嫌疑人所为，需要重新调查或者侦查的，应当在作出不起诉决定后书面说明理由，将案卷材料退回监察机关或者公安机关并建议重新调<u>查或者</u>侦查。

第366条　<u>负责捕诉的部门</u>~~公诉部门~~对于本院负责侦查的部门移送起诉的案件，发现具有本规则第365条第1款规定情形的，应当退回本院负责侦查的部门，建议撤销案件。

第367条　人民检察院对于2次退回<u>补充调查或者</u>补充侦查的案件，仍然认为证据不足，不符合起诉条件的，<u>经检察长批准</u>~~检察长或者检察委员会决定~~，~~应当~~依法作出不起诉决定。

人民检察院对于经过1次退回<u>补充调查</u>或者补充侦查的案件，认为证据不足，不符合起诉条件，且没有<u>再次</u>退回<u>补充调查或者</u>补充侦查必要的，<u>经检察长批准</u>，可以作出不起诉决定。

第368条　具有下列情形之一，不能确定犯罪嫌疑人构成犯罪和需要追究刑事责任的，属于证据不足，不符合起诉条件：（一）犯罪构成要件事实缺乏必要的证据予以证明的；（二）据以定罪的证据存在疑问，无法查证属实的；（三）据以定罪的证据之间、证据与案件事实之间的矛盾不能合理排除的；（四）根据证据得出的结论具有其他可能性，不能排除合理怀疑的；（五）根据证据认定案件事实不符合逻辑和经验法则，得出的结论明显不符合常理的。

第369条　人民检察院根据刑事诉讼法第175条第4款规定决定不起诉的，在发现新的证据，符合起诉条件时，可以提起公诉。

第370条　人民检察院对于犯罪情节轻微，依照刑法规定不需要判处刑罚或者免除刑罚的，<u>经检察长批准</u>~~检察长或者检察委员会决定~~，可以作出不起诉决定。

第371条　<u>省级以下</u>人民检察院<u>办理</u>直接受理<u>立案</u>侦查的案件，<u>以及监察机关移送起诉的案件</u>，拟作不起诉决定的，应当报请上一级人民检察院批准。

第372条　人民检察院决定不起诉的，应当制作不起诉决定书。

不起诉决定书的主要内容包括：（一）被不起诉人的基本情况，包括姓名、性别、出生年月日、出生地和户籍地、<u>公民身份号码</u>~~身份证号码~~、民族、文化程度、职业、工作单位及职务、住址、是否受过刑事处分、采取强制措施的情况以及羁押处所等；如果是单位犯罪，应当写明犯罪单位的名称和组织机构代码、所在地址、联系方式、法定代表人和诉讼代表人的姓名、职务、联系方式；（二）案由和案件来源；（三）案件事实，包括否定或者指控被不起诉人构成犯罪的事实以及作为不起诉决定根据的事实；（四）不起诉的法律根据和理由，写明作出不起诉决定适用的法律条款；（五）查封、扣押、冻结的涉案财物<u>款物</u>的处理情况；（六）有关告知事项。

第373条　人民检察院决定不起诉的案件，可以根据案件的不同情况，对被不起诉人予以训诫或者责令具结悔过、赔礼道歉、赔偿损失。

对被不起诉人需要给予行政处罚、政务处分或者其他处分行政处分的，经检察长批准，人民检察院应当提出检察意见，连同不起诉决定书一并移送有关主管机关处理，并要求有关主管机关及时通报处理情况。

第374条　人民检察院决定不起诉的案件，需要对侦查中查封、扣押、冻结的财物解除查封、扣押、冻结的，应当同时书面通知作出查封、扣押、冻结决定的机关或者执行查封、扣押、冻结决定的机关解除查封、扣押、冻结。

第375条　人民检察院决定不起诉的案件，需要没收违法所得的，经检察长批准，应当提出检察意见，移送有关主管机关处理，并要求有关主管机关及时通报处理情况。具体程序可以对犯罪嫌疑人违法所得及其他涉案财产的处理，参照本规则第248条的规定办理。（见《刑事诉讼法》第163条）

第376条　不起诉的决定，由人民检察院公开宣布。公开宣布不起诉决定的活动应当记录在案。

不起诉决定书自公开宣布之日起生效。

被不起诉人在押的，应当立即释放；被采取其他强制措施的，应当通知执行机关解除。

第424条　人民法院宣告判决前，人民检察院发现具有下列情形之一的，经检察长批准，可以撤回起诉：（一）不存在犯罪事实的；（二）犯罪事实并非被告人所为的；（三）情节显著轻微、危害不大，不认为是犯罪的；（四）证据不足或证据发生变化，不符合起诉条件的；（五）被告人因未达到刑事责任年龄，不负刑事责任的；（六）法律、司法解释发生变化导致不应当追究被告人刑事责任的；（七）其他不应当追究被告人刑事责任的。

对于撤回起诉的案件，人民检察院应当在撤回起诉后30日以内作出不起诉决定。需要重新调查或者侦查的，应当在作出不起诉决定后将案卷材料退回监察机关或者公安机关，建议监察机关或者公安机关重新调查或者侦查，并书面说明理由。

对于撤回起诉的案件，没有新的事实或者新的证据，人民检察院不得再行起诉。

新的事实是指原起诉书中未指控的犯罪事实。该犯罪事实触犯的罪名既可以是原指控罪名的同一罪名，也可以是其他罪名。

新的证据是指撤回起诉后收集、调取的足以证明原指控犯罪事实的证据。

第426条　变更、追加、补充或者撤回起诉应当报经检察长或者检察委员会决定，并以书面方式在判决宣告人民法院宣告判决前向人民法院提出。

【高检发办字〔2020〕35号】　人民检察院办理认罪认罚案件监督管理办法（2020年4月3日最高检第13届检委会第36次会议通过，2020年5月11日印发）

第9条　对于犯罪嫌疑人罪行较轻且认罪认罚，检察官拟作出不批准逮捕或者不起诉决定的案件，应当报请检察长决定。报请检察长决定前，可以提请部门负责人召开检察官联席会议研究讨论。检察官联席会议可以由本部门全体检察官组成，也可以由3名以上检察官（不包括承办检察官）组成。

参加联席会议的检察官应当根据案件的类型、讨论重点等情况，通过查阅卷宗、案件审查报告、听取承办检察官介绍等方式，在全面准确掌握案件事实、情节的基础上参加讨论、发表意见，供承办检察官决策参考，并在讨论笔录上签字确认。

检察官联席会议讨论意见一致或者形成多数意见的，由承办检察官自行决定或者按检察官职权配置规定报请决定。承办检察官与多数意见分歧的，应当提交部门负责人审核后报请检察长（分管副检察长）决定。

第10条 对于下列拟作不批捕、不起诉的认罪认罚从宽案件，可以进行公开听证：（一）被害人不谅解、不同意从宽处理的；（二）具有一定社会影响，有必要向社会释法介绍案件情况的；（三）当事人多次涉诉信访，引发的社会矛盾尚未化解的；（四）食品、医疗、教育、环境等领域与民生密切相关，公开听证有利于宣扬法治、促进社会综合治理的；（五）具有一定典型性，有法治宣传教育意义的。

人民检察院办理认罪认罚案件应当按照规定接受人民监督员的监督。对公开听证的认罪认罚案件，可以邀请人民监督员参加，听取人民监督员对案件事实、证据认定和案件处理的意见。

【高检发〔2020〕10号】 最高人民检察院关于充分发挥检察职能服务保障"六稳""六保"的意见（2020年7月21日第13届最高检党组第119次会议通过，2020年7月22日）①

9. 落实"少捕""少押""慎诉"的司法理念。适应新时期犯罪形势变化，在保持对少数严重暴力犯罪和恶性犯罪从严打击绝不放过的同时，对认罪认罚、轻刑犯罪充分适用依法从宽的刑事政策，促进社会综合治理。……三是坚持依法能不诉的不诉。依法行使不起诉裁量权，逐步扩大酌定不起诉在认罪认罚案件中的适用，鼓励和促使更多的犯罪嫌疑人、被告人认罪服法，化解社会矛盾，减少社会对抗，提升司法效率，确保办案效果。四是综合运用刑事追诉和行政处罚、经济处罚措施。依法作出酌定不起诉决定的，要根据案件情况，对被不起诉人予以训诫或者责令具结悔过、赔礼道歉、赔偿损失。需要给予行政处罚的，提出检察意见移送有关主管机关处理，防止不起诉后一放了之。

【高检发〔2020〕号】 最高人民检察院关于认真学习贯彻十三届全国人大常委会第二十二次会议对《最高人民检察院关于人民检察院适用认罪认罚从宽制度情况的报告》的审议意见的通知（2020年12月1日）

六、着力在用好起诉裁量权上下功夫，发挥审前把关和分流作用。适用认罪认罚从宽制度的案件中，轻微犯罪案件占有较大比例，其中部分案件依法不需要判处刑罚或者免除处罚，检察机关要运用好起诉裁量权，依法适用不起诉制度。另外，实践中对于认罪认罚案件不起诉后的行政处罚尚未跟上，"不诉了之"或者提出检察意见未得到认可的情况都存在，导致检察机关不起诉容易受到误解，一定程度上也影响适用效果，要努力采取措施加以解决。

14. 加强对认罪认罚案件的量刑研判，对依照法律规定不需要判处刑罚或者可能判处免予刑事处罚的轻罪案件，依法作出不起诉决定，逐步提高认罪认罚案件相对不起诉适用率。

15. 会同有关部门，完善认罪认罚后不起诉处理与行政处罚程序、民事诉讼程序的衔接机制。准确适用刑事诉讼法第177条第3款的规定，进一步加强与行政机关的沟通，依法运用检察意见，完善不起诉决定与后续行政处罚、处分的衔接机制，提升不起诉适用效果。

【公安部令〔2020〕159号】 公安机关办理刑事案件程序规定（2020年7月4日第3次部务会议修订，2020年7月20日公布，2020年9月1日施行）

第293条 人民检察院作出不起诉决定的，如果被不起诉人犯罪嫌疑人在押，公安机关

---

① 本《意见》（司法解释性质的检察业务文件）由最高检党组（而非检委会）讨论通过，之前较罕见。

应当立即办理释放手续。除依法转为行政案件办理外，应当根据人民检察院解除查封、扣押、冻结财物的书面通知，及时解除查封、扣押、冻结。

人民检察院提出对被不起诉人给予行政处罚、处分行政处分或者没收其违法所得的检察意见，移送公安机关处理的，公安机关应当将处理结果及时通知人民检察院。

中共中央关于加强新时代检察机关法律监督工作的意见（2021年6月15日）

5. 健全行政执法和刑事司法衔接机制。……健全检察机关对决定不起诉的犯罪嫌疑人依法移送有关主管机关给予行政处罚、政务处分或者其他处分的制度。

【高检发释字〔2021〕4号】 最高人民检察院关于推进行政执法与刑事司法衔接工作的规定（2021年6月2日最高检第13届检委会第68次会议通过，2021年9月6日印发施行；2001年12月3日高检发释字〔2001〕4号《人民检察院办理行政执法机关移送涉嫌犯罪案件的规定》同时废止）

第8条 人民检察院决定不起诉的案件，应当同时审查是否需要对被不起诉人给予行政处罚。对被不起诉人需要给予行政处罚的，经检察长批准，人民检察院应当向同级有关主管机关提出检察意见，自不起诉决定作出之日起3日以内连同不起诉决定书一并送达。人民检察院应当将检察意见抄送同级司法行政机关，主管机关实行垂直管理的，应当将检察意见抄送其上级机关。

检察意见书应当写明采取和解除刑事强制措施，查封、扣押、冻结涉案财物以及对被不起诉人予以训诫或者责令具结悔过、赔礼道歉、赔偿损失等情况。对于需要没收违法所得的，人民检察院应当将查封、扣押、冻结的涉案财物一并移送。对于在办案过程中收集的相关证据材料，人民检察院可以一并移送。

【法刊文摘】 检答网集萃35：对于作出不起诉决定的案件作为证据使用的作案工具如何处理（检察日报2021年1月11日）

咨询内容（河南开封甘延亨）：对于作为物证使用的作案工具，比如刀具、木棍、石块等扣押物品，经济价值不大，却对案件有重要证明作用，该移送给哪个主管机关处理？

解答摘要（石建辉）：应从3个方面把握，一是按照《人民检察院刑事诉讼涉案财物管理规定》（高检发〔2015〕6号，下称《规定》）第25条的要求，区分情形作出相应处理。因犯罪嫌疑人死亡而决定不起诉，对于不需要追缴的涉案财物，应当依照《规定》第23条规定的期限及时返还被不起诉人的合法继承人；因其他原因决定不起诉，应当依照刑事诉讼法第177条第3款的规定提出检察意见，移送有关主管机关处理；未认定为需要没收并移送有关主管机关处理的涉案财物，应当依照《规定》第23条规定的期限及时返还被不起诉人。二是区分涉案物品性质进行相应处理，如果涉案物品非违禁品或管制刀具，应当返还被不起诉人；如果是管制刀具或者违禁品，应当予以收缴。三是区分不起诉性质作出相应处理，如果是法定不起诉或者相对不起诉，应当将相关物品返还被不起诉人；如果是存疑不起诉，应当退回公安机关，作为侦查机关继续侦查的物证保存更为适宜。

【法刊文摘】 检答网集萃74：检察机关可否追加单位犯罪（检察日报2022年3月17日）

咨询内容（天津东丽王伟波）：对公安机关移送审查起诉的个人虚开增值税专用发票的案件，检察机关经审查，认为该犯罪行为为单位的利益，经单位主要负责人决定，以单位的名义实施，应认定为单位犯罪的，但是由于犯罪情节轻微，依照法律规定不需要判处刑罚，决定对该行为不起诉的，是否需要追加该单位犯罪，并对该单位作出不起诉决定，还是只需要对公安机关移送审查起诉的行为人作不起诉决定？对单位犯罪不起诉的，是否需要对单位单独制作不起诉决定书，还是可以将其与被不起诉的个人一并写入同一份不起诉决定书？

解答摘要（最高检专家组）：关于第一个问题，经研究，我们倾向于认为，对公安机关只作为自然人犯罪移送起诉的案件，经审查认为构成单位犯罪，且事实清楚，证据确实、充分，但犯罪情节轻微，依照刑法规定不需要判处刑罚或者免除刑罚的，检察机关可以对单位作出相对不起诉的决定。关于第二个问题，我们认为，被不起诉单位和被不起诉人涉及的是同一起微罪事实，被不起诉人是单位犯罪直接负责的主管人员或者其他直接责任人员，检察机关作出一份不起诉决定书即可。否则一个案件就被分为了两个案件，不符合优化"案-件比"的要求。

【法发〔2021〕35号】 **最高人民法院、最高人民检察院、公安部、工业和信息化部、住房和城乡建设部、交通运输部、应急管理部、国家铁路局、中国民用航空局、国家邮政局关于依法惩治涉枪支、弹药、爆炸物、易燃易爆危险物品犯罪的意见**（2021年12月28日印发，2021年12月31日施行）

22.（第2款）对于人民检察院依法决定不起诉或者人民法院依法免予刑事处罚的案件，需要给予行政处罚的，由有关行政执法机关依法给予行政处罚。

24.本意见所称有关行政执法机关，包括民用爆炸物品行业主管部门、燃气管理部门、交通运输主管部门、应急管理部门、铁路监管部门、民用航空主管部门和邮政管理部门等。

【主席令〔2021〕101号】 **中华人民共和国反有组织犯罪法**（2021年12月24日第13届全国人大常委会第32次会议通过，主席令第101号公布，2022年5月1日施行）

第33条（第2款）对参加有组织犯罪组织的犯罪嫌疑人、被告人不起诉或者免予刑事处罚的，可以根据案件的不同情况，依法予以训诫、责令具结悔过、赔礼道歉、赔偿损失，或者由主管部门予以行政处罚或者处分。

【豫检文〔2022〕102号】 **河南省人民检察院轻微刑事案件适用相对不起诉指导意见**（省院第13届检委会第5次会议修订，2022年10月22日印发；2018年7月13日豫检文〔2018〕60号《意见》同时废止）

第4条 适用相对不起诉应当具备以下条件：（一）事实清楚，证据确实、充分，犯罪嫌疑人的行为依照刑法规定已经构成犯罪；（二）犯罪情节轻微，依照刑法规定不需要判处刑罚或者免除刑罚；（三）犯罪嫌疑人主观恶性较小，认罪、悔罪态度较好；（四）社会危害性较小，有被害人的，犯罪嫌疑人与被害人或者被害人的近亲属达成和解并已实际履行，被害人或者被害人的近亲属对犯罪嫌疑人的行为表示谅解。

第5条 对"情节轻微"的把握，应当综合考虑以下因素：（一）犯罪嫌疑人系未成年人或者在校学生；75周岁以上的老年人；患有严重疾病、生活不能自理的人或者其唯一抚（扶）养人；怀孕或者正在哺乳自己婴儿的妇女；（二）属于初犯、偶犯或者过失犯罪；（三）因亲友、邻里等民间纠纷引发，当事人双方达成和解；（四）具有防卫过当、避险过当、从犯、胁从犯、中止、未遂、自首、立功等法定从轻、减轻或者免除处罚情节；（五）具有其他从宽处理情节。

第6条 具有下列情形之一的，原则上不适用相对不起诉：（一）一人犯数罪，或者犯罪嫌疑人出于一定的犯罪目的所实施的方法行为和结果行为又触犯其他罪名，处断上作一罪处理的；（二）曾因故意犯罪受过刑事追究的；（三）犯罪嫌疑人有违反取保候审、监视居住规定的脱逃行为的；（四）犯罪后毁灭、伪造证据或者串供、干扰证人作证，逃避、对抗侦查、审查起诉或者认罪态度不好、无悔罪表现的；（五）故意犯罪的侵害对象为未成年人、老年人、孕妇、携带婴幼儿的人、残疾人、病人、丧失劳动能力人等特殊人群，或者救灾、抢险、防汛、优抚、扶贫、移民、救济、防疫、社会捐助、医疗款物等特殊物资的；（六）侵财贪利型犯罪未退清赃款、赃物，未赔偿经济损失的；（七）因犯罪行为给国家或者集体造成重大经济损失或者有恶劣社会影响的；（八）犯罪嫌疑人系共同犯罪的主犯，而从犯已被提起公诉或者已被判处刑罚的，或者系共同犯罪中的同案犯，一并起诉、审理更为适宜的；（九）需要人民检察院提起附带民事诉讼或者公益诉讼的；（十）其他不宜作不起诉处理的。

【高检发办字〔2022〕167号】 最高人民检察院、公安部关于依法妥善办理轻伤害案件的指导意见（2022年12月22日）(主文见《刑法全厚细》第234条)

（10）准确认定共同犯罪。2人以上对同一被害人共同故意实施伤害行为，无论是否能够证明伤害结果具体由哪一犯罪嫌疑人的行为造成的，均应当按照共同犯罪认定处理，并根据各犯罪嫌疑人在共同犯罪中的地位、作用、情节等追究刑事责任。

犯罪嫌疑人对被害人实施伤害时，对虽然在场但并无伤害故意和伤害行为的人员，不能认定为共同犯罪。

对虽然有一定参与但犯罪情节轻微，依照刑法规定不需要判处刑罚或者免除刑罚的，可以依法作出不起诉处理。对情节显著轻微、危害不大，不认为是犯罪的，应当撤销案件，或者作出不起诉处理。

（15）注重通过不起诉释法说理修复社会关系。人民检察院宣布不起诉决定，一般应当在人民检察院的宣告室等场所进行。根据案件的具体情况，也可以到当事人所在村、社区、单位等场所宣布，并邀请社区、单位有关人员参加。宣布不起诉决定时，应当就案件事实、法律责任、不起诉依据、理由等释法说理。

对于犯罪嫌疑人系未成年人的刑事案件，应当以不公开方式宣布不起诉决定，并结合案件具体情况对未成年犯罪嫌疑人予以训诫和教育。

（十七）依法准确适用不起诉。对于犯罪事实清楚，证据确实、充分，犯罪嫌疑人具有本意见第16条第1款规定情形之一，依照刑法规定不需要判处刑罚或者免除刑罚的，可以依法作出不起诉决定。

对犯罪嫌疑人自愿认罪认罚，愿意积极赔偿，并提供了担保，但因被害人赔偿请求明显不合理，未能达成和解谅解的，一般不影响对符合条件的犯罪嫌疑人依法作出不起诉决定。

（十八）落实不起诉后非刑罚责任。人民检察院决定不起诉的轻伤害案件，可以根据案件的不同情况，对被不起诉人予以训诫或者责令具结悔过、赔礼道歉、赔偿损失。被不起诉人在不起诉前已被刑事拘留、逮捕的，或者当事人双方已经和解并承担了民事赔偿责任的，人民检察院作出不起诉决定后，一般不再提出行政拘留的检察意见。

（二十二）以公开听证促进案件公正处理。对于事实认定、法律适用、案件处理等方面存在较大争议，或者有重大社会影响，需要当面听取当事人和邻里、律师等其他相关人员意见的案件，人民检察院拟作出不起诉决定的，可以组织听证，把事理、情理、法理讲清说透，实现案结事了人和。对其他拟作不起诉的，也要坚持"应听尽听"……

【高检发办字〔2023〕49号】 人民检察院办理知识产权案件工作指引（2023年4月25日印发施行）

第19条 人民检察院对知识产权刑事案件作出不起诉决定，对被不起诉人需要给予行政处罚、政务处分或者其他处分的，经检察长批准，应当依法向同级有关主管机关提出检察意见，自不起诉决定作出之日起3日以内连同不起诉决定书一并送达。有关主管机关应当将处理结果及时通知人民检察院。

【高检发〔2023〕号】 最高人民检察院关于依法惩治和预防民营企业内部人员侵害民营企业合法权益犯罪、为民营经济发展营造良好法治环境的意见（2023年7月26日）

6.准确把握起诉标准。……犯罪行为本身性质、社会危害与犯罪嫌疑人的主观恶性是决定诉与不诉的基本依据；认罪认罚、赔偿谅解、被害企业态度等是在确定行为性质与主观恶性后，案件处于可诉可不诉情形时，需要予以充分考量的因素。在查明案件事实、情节基础上，结合案件具体情况和公共利益考量等因素，对起诉必要性进行审查。对于符合法定条件、没有起诉必要的，依法作出不起诉决定。

【高检发办字〔2023〕187号】 最高人民法院、最高人民检察院、公安部、司法部关于办理醉酒危险驾驶刑事案件的意见（2023年12月13日印发，2023年12月28日起施行；法发〔2013〕15号《最高人民法院、最高人民检察院、公安部关于办理醉酒驾驶机动车刑事案件适用法律若干问题的意见》同时废止）（详见《刑法全厚细》第133条之一）

第13条 对公安机关移送审查起诉的醉驾案件，人民检察院综合考虑犯罪嫌疑人驾驶的动机和目的、醉酒程度、机动车类型、道路情况、行驶时间、速度、距离以及认罪悔罪表现等因素，认为属于犯罪情节轻微的，依照刑法第37条、刑事诉讼法第177条第2款的规定处理。

● **指导案例** 【高检发办字〔2020〕10号】 最高人民检察院第17批指导性案例（2019年7月10日最高检第13届检委会第21次会议通过，2020年2月5日印发）

（检例第66号） 博元投资股份有限公司、余蒂妮等人违规披露、不披露重要信息案[①]

要旨：刑法规定违规披露、不披露重要信息罪只处罚单位直接负责的主管人员和其他直接责任人员，不处罚单位。公安机关以本罪将单位移送起诉的，检察机关应当对单位直接负责的主管人员及其他直接责任人员提起公诉，对单位依法作出不起诉决定。对单位需要给予行政处罚的，检察机关应当提出检察意见，移送证券监督管理部门依法处理。

【高检发办字〔2020〕64号】 最高人民检察院第22批指导性案例（2020年9月28日最高检第13届检委会第52次会议通过，2020年11月24日印发）

（检例第81号） 无锡F警用器材公司虚开增值税专用发票案[②]

要旨：民营企业违规经营触犯刑法情节较轻，认罪认罚的，对单位和直接责任人员依法能不捕的不捕，能不诉的不诉。检察机关应当督促认罪认罚的民营企业合法规范经营。拟对

[①] 本案指导说明：鉴于刑事诉讼法没有规定与之对应的不起诉情形，检察机关可以根据刑事诉讼法规定的最相近的不起诉情形，对单位作出不起诉决定。

[②] 本案指导意义：企业通过主动整改、建章立制落实合法规范经营要求体现悔罪表现，可以据此作为从宽处罚的考量因素。

企业作出不起诉处理的，可以通过公开听证听取意见。对被不起诉人（单位）需要给予行政处罚、处分或者需要没收其违法所得的，应当依法提出检察意见，移送有关主管机关处理。

【高检发办字〔2020〕68号】 最高人民检察院第23批指导性案例（2020年11月6日最高检第13届检委会第54次会议通过，2020年12月3日印发）

（检例第85号） 刘远鹏涉嫌生产、销售"伪劣产品"（不起诉）案①

要旨：检察机关办理涉企案件，应当注意保护企业创新发展。对涉及创新的争议案件，可以通过听证方式开展审查。对专业性问题，应当加强与行业主管部门沟通，充分听取行业意见和专家意见，促进完善相关行业领域标准。

【高检发办字〔2021〕5号】 最高人民检察院第25批指导性案例（2020年12月4日最高检检委会〔13届56次〕通过，2021年1月20日印发）

（检例第95号） 宋某某等人重大责任事故案

指导意义：（一）安全生产事故调查报告在刑事诉讼中可以作为证据使用，应结合全案证据进行审查。……对于调查报告建议移送司法机关处理，侦查（调查）机关移送起诉的涉案人员，检察机关审查后认为证据不足或者不应当追究刑事责任的，应依法作出不起诉决定。

【高检发办字〔2023〕92号】 最高人民检察院第45批指导性案例（2023年5月26日最高检检委会〔14届5次〕通过，2023年6月25日印发）

（检例第182号） 宋某某危险驾驶二审、再审抗诉案

要旨：人民检察院应当依法规范行使不起诉权，通过备案审查等方式加强对不起诉决定的内部监督制约，着力提高审查起诉工作水平和办案质量②。……

【高检发办字〔2024〕号】 最高人民检察院第50批指导性案例（2023年12月29日最高检检委会〔14届19次〕通过，2024年2月22日印发）

（检例第201号） 姚某某等人网络诈骗案③

要旨：办理涉及众多未成年人的网络诈骗案件，应注重罪错未成年人分级干预，实现分

---

① 本案指导意义：对于已有国家标准、行业标准的传统产品，只有符合标准的才能认定为合格产品；对于尚无国家标准、行业标准的创新产品，在使用性能方面与传统产品存在实质性差别的，不宜简单化套用传统产品的标准认定是否"合格"。创新产品不存在危及人身、财产安全隐患，且具备应有使用性能的，不应当认定为伪劣产品。相关质量检验机构作出鉴定意见的，检察机关应当进行实质审查。

② 该案，秀英区检察院认为宋某某危险驾驶的事实不清、证据不足，作出不起诉决定。经海口市检察院审查后报海南省检察院。海南省检认为不起诉决定有误，要求秀英区检察院纠正。

③ 该案，2018年3月至2019年8月，姚某某伙同他人组建诈骗团伙，设置团长、师傅、助理、外宣4个层级，通过在网络平台虚构网络兼职、工资待遇等信息，骗取兼职人员缴纳会员费，涉案人员750名，犯罪金额达1300余万元。检察机关提前介入后，认为涉案兼职犯罪模式对未成年人具有迷惑性、诱导性，建议公安机关按涉案金额分3种情形办理：1. 未达到诈骗罪入罪数额的，不认定为犯罪；2. 达到或略高于入罪数额，具有因谋求兼职需要、仅完成团伙规定任务、参与时间短、主动退出犯罪团伙、退赃退赔等情节的，认定为情节显著轻微、危害不大，不认为是犯罪，予以行政处罚；3. 超出入罪数额，具有主动参与、参与时间长、诈骗多次等情节的，依法追究刑事责任。最终，公安机关对491名涉案未成年人不作为犯罪处理，对69名涉罪未成年人移送审查起诉。检察机关再次分类处理：对在共同犯罪中起主要作用、社会危害性大的16人，依法提起公诉；对起次要作用、认罪悔罪态度好、认知行为存在偏差需要矫正，符合附条件不起诉条件的12人，作出附条件不起诉决定；对符合不起诉条件的41人，作出不起诉决定。

类处理，精准帮教。依托侦查监督与协作配合机制，建议公安机关在全面收集证据、查清事实基础上，充分考量未成年人的涉案情节，综合判定其主观违法性认识，依法分类处置。在审查起诉时，结合社会调查、心理测评、风险评估等情况，对涉罪未成年人进行分类处理并开展精准帮教。针对未成年人涉网违法犯罪防治难题，推动多部门搭建数字平台，实现对未成年人涉网违法犯罪的精准预防。

（检例第203号） 李某某帮助信息网络犯罪活动案①

要旨： 办理未成年人涉嫌使用本人银行卡帮助信息网络犯罪活动罪案件，应当结合涉案未成年人身心特点，重点审查是否明知他人利用信息网络实施上游犯罪并提供帮助。对于主观恶性不大、社会危害较小且自愿认罪认罚的未成年人，坚持以教育、挽救为主，符合附条件不起诉的，依法适用附条件不起诉。对于未成年人银行账户管理存在漏洞，有异常交易风险的，检察机关通过向金融监管机关、商业银行制发检察建议，强化账户源头管理，推动诉源治理。

第179条② **【公安机关对不起诉的异议】** 对于公安机关移送起诉的案件，人民检察院决定不起诉的，应当将不起诉决定书送达公安机关。公安机关认为不起诉的决定有错误的时候，可以要求复议，如果意见不被接受，可以向上一级人民检察院提请复核。

（本书汇）【监察机关对不起诉的异议】③

第180条④ **【被害人对不起诉的申诉、自诉】** 对于有被害人的案件，决定不起诉的，人民检察院应当将不起诉决定书送达被害人。被害人如果不服，可以自收到决定书后7日以内向上一级人民检察院申诉，请求提起公诉。人民检察院应当将复查决定告知被害人。对人民检察院维持不起诉决定的，被害人可以向人民法院起诉。被害人也可以不经申诉，直接向人民法院起诉。人民法院受理案件后，人民检察院应当将有关案件材料移送人民法院。

第181条⑤ **【嫌犯对不起诉的申诉】** 对于人民检察院依照本法第177条

---

① 该案，未成年人李某某在某职业中学就读期间，其同学卢某某、彭某某（均已满18周岁，另案处理）向其提出"需要将网络赌博平台上汇集的充值资金，使用绑定的银行卡转账，如果愿意提供本人银行卡用于转账，就可以分钱"，李某某为了能"轻松挣钱"遂表示同意。2021年5月7日至18日，李某某使用本人借记卡代为转账420余万元，并采取变更转账地点的方式规避调查。李某某分得3000元后，因"感觉容易出事"遂未再参与，并在案发后投案自首。

② 本条规定由1996年3月17日第8届全国人民代表大会第4次会议修改，1997年1月1日施行；规定中的3处"不起诉"原为"免予起诉"。

③ 注：《刑事诉讼法》没有关于监察机关对不起诉的异议的规定，本书将其一并汇集于此。

④ 本条规定由1996年3月17日第8届全国人民代表大会第4次会议修改，1997年1月1日施行。原规定为："对于有被害人的案件，决定免予起诉的，人民检察院应当将免予起诉决定书送达被害人。被害人如果不服，可以在收到后7日内向人民检察院申诉。人民检察院应当将复查结果告知被害人。"

⑤ 本条规定由1996年3月17日第8届全国人民代表大会第4次会议修改，1997年1月1日施行。原规定为："对于免予起诉的决定，被告人如果不服，可以在7日内向人民检察院申诉。人民检察院应当作出复查决定，通知被告人，同时抄送公安机关。"

第2款规定作出的不起诉决定,被不起诉人如果不服,可以自收到决定书后7日以内向人民检察院申诉。人民检察院应当作出复查决定,通知被不起诉的人,同时抄送公安机关。

● **立法解释** 全国人民代表大会常务委员会关于《中华人民共和国刑事诉讼法》第二百七十一条第二款①的解释(2014年4月24日第12届全国人大常委会第8次会议通过)

人民检察院办理未成年人刑事案件,在作出附条件不起诉的决定以及考验期满作出不起诉的决定以前,应当听取被害人的意见。被害人对人民检察院对未成年犯罪嫌疑人作出的附条件不起诉的决定和不起诉的决定,可以向上一级人民检察院申诉,不适用刑事诉讼法第176条②关于被害人可以向人民法院起诉的规定。

【高检会〔2000〕2号】 最高人民检察院、公安部关于适用刑事强制措施有关问题的规定(2000年8月28日公布施行)

第36条 公安机关认为人民检察院的不起诉决定有错误的,应当在收到人民检察院不起诉决定书后7日内制作要求复议意见书,要求同级人民检察院复议。人民检察院应当在收到公安机关要求复议意见书后30日内作出复议决定。

公安机关对人民检察院的复议决定不服的,可以在收到人民检察院复议决定书后7日内制作提请复核意见书,向上一级人民检察院提请复核。上一级人民检察院应当在收到公安机关提请复核意见书后30日内作出复核决定。

【高检诉发〔2001〕11号】 人民检察院办理不起诉案件公开审查规则(试行)(最高检公诉厅2001年3月5日印发试行)

第4条 公开审查的不起诉案件应当是存在较大争议并且在当地有较大社会影响的,经人民检察院审查后准备作不起诉的案件。

第5条 对下列案件不进行公开审查:(一)案情简单,没有争议的案件;(二)涉及国家秘密或者个人隐私的案件;(三)14岁以上不满16岁未成年人犯罪的案件;16岁以上不满18岁未成年人犯罪的案件,一般也不进行公开审查;(四)其他没有必要进行公开审查的案件。

第6条 人民检察院对于拟作不起诉处理的案件,可以根据侦查机关(部门)的要求或者犯罪嫌疑人及其法定代理人、辩护人,被害人及其法定代理人、辩护人,被害人及其法定代理人、诉讼代理人的申请,经检察长决定,进行公开审查。

第7条 人民检察院对不起诉案件进行公开审查,应当听取侦查机关(部门),犯罪嫌疑人及其法定代理人、辩护人,被害人及法定代理人、诉讼代理人的意见。听取意见可以分别进行,也可以同时进行。

第8条 公开审查活动应当在人民检察院进行,也可以在人民检察院指定的场所进行。

第9条 公开审查活动应当由案件承办人主持进行,并配备书记员记录。

第10条 不起诉案件公开审查时,允许公民旁听;可以邀请人大代表、政协委员、特

---

① 注:该款的内容对应现行《刑事诉讼法》(2018年版)第282条第2款。
② 注:该条的内容对应现行《刑事诉讼法》(2018年版)第180条。

约检察员参加；可以根据案件需要或者当事人的请求，邀请有关专家及与案件有关的人参加；经人民检察院许可，新闻记者可以旁听和采访。

对涉及国家财产、集体财产遭受损失的案件，可以通知有关单位派代表参加。

第11条　人民检察院在公开审查3日前，应当向社会公告案由、公开审查的时间和地点，并通知参加公开审查活动的人员。

第12条　人民检察院在公开审查时，应当公布案件承办人和书记员的姓名，宣布案由以及公开审查的内容、目的，告知当事人有关权利和义务，并询问是否申请回避。

第13条　人民检察院主要就案件拟作不起诉处理听取侦查机关（部门）、犯罪嫌疑人及其法定代理人、诉讼代理人的意见。

第14条　案件承办人应当根据案件证据，依照法律的有关规定，阐述不起诉的理由，但不需要出示证据。

参加公开审查的侦查人员，犯罪嫌疑人及其法定代理人、辩护人、被害人及其法定代理人、诉讼代理人可以就案件事实、证据、适用的法律以及是否应予不起诉，各自发表意见，但不能直接进行辩护。

第15条　公开审查的活动内容由书记员制作笔录。笔录应当交参加公开审查的侦查人员，犯罪嫌疑人及其法定代理人、辩护人，被害人及其法定代理人、诉讼代理人阅读或者向其宣读，如果认为记录有误或有遗漏的，可以请求补充或更正，确认无误后，应当签名或盖章。

第16条　公开审查活动结束后，应当制作不起诉案件公开审查的情况报告。报告中应当重点写明公开审查过程中各方一致性意见或者存在的主要分歧，并提出起诉或者不起诉的建议，连同公开审查笔录，呈报检察长或者检察委员会，作为案件是否作出不起诉决定的参考。

第17条　人民检察院公开审查不起诉案件应当在审查起诉期限内完成。

【高检发刑申字〔2012〕1号】　人民检察院刑事申诉案件公开审查程序规定（2011年12月29日最高检第11届检委会第69次会议通过，2012年1月11日印发施行）

第30条　根据《人民检察院办理不起诉案件公开审查规则》举行过公开审查的，同一案件复查申诉时可以不再举行公开听证。

【主席令〔2018〕3号】　中华人民共和国监察法（2018年3月20日第13届全国人大第1次会议通过，同日公布施行）

第47条（第4款）　人民检察院对于有《中华人民共和国刑事诉讼法》规定的不起诉的情形的，经上一级人民检察院批准，依法作出不起诉的决定。监察机关认为不起诉的决定有错误的，可以向上一级人民检察院提请复议。

【国监委公告〔2021〕1号】　监察法实施条例（2021年7月20日国家监委全体会议决定，2021年9月20日公布施行）

第230条　监察机关认为人民检察院不起诉决定有错误的，应当在收到不起诉决定书后30日以内，依法向其上一级人民检察院提请复议。监察机关应当将上述情况及时向上一级监察机关书面报告。

第231条　对于监察机关移送起诉的案件，人民检察院作出不起诉决定、人民法院作出无罪判决，或者监察机关经人民检察院退回补充调查后不再移送起诉，涉及对被调查人已生效政务处分事实认定的，监察机关应当依法对政务处分决定进行审核。认为原政务处分决定认定事实清楚、适用法律正确的，不再改变；认为原政务处分决定确有错误或者不当的，依法予以撤销或者变更。

【高检发释字〔2019〕4号】 人民检察院刑事诉讼规则（2019年12月2日最高检第13届检委会第28次会议通过，2019年12月30日公布施行；高检发释字〔2012〕2号《规则（试行）》同时废止）

第164条 负责控告申诉检察的部门对受理的刑事申诉案件应当根据事实、法律进行审查，必要时可以进行调查核实。认为原案处理可能错误的，应当移送相关办案部门办理；认为原案处理没有错误的，应当书面答复申诉人。

第165条 办案部门应当在规定期限内办结控告、申诉办理案件，制作相关法律文书，送达报案人、控告人、申诉人、举报人、自首人，并做好释法说理工作。

第377条 不起诉决定书应当送达被害人或者其近亲属及其诉讼代理人、被不起诉人及其辩护人以及被不起诉人所在单位。送达时，应当告知被害人或者其近亲属及其诉讼代理人，如果对不起诉决定不服，可以自收到不起诉决定书后7日以内向上一级人民检察院申诉；也可以不经申诉，直接向人民法院起诉。依照刑事诉讼法第177条第2款作出不起诉决定的，应当告知被不起诉人，如果对不起诉决定不服，可以自收到不起诉决定书后7日以内向人民检察院申诉。

第378条 对于监察机关或者公安机关移送起诉的案件，人民检察院决定不起诉的，应当将不起诉决定书送达监察机关或者公安机关。

第379条 （新增）监察机关认为不起诉的决定有错误，向上一级人民检察院提请复议的，上一级人民检察院应当在收到提请复议意见书后30日以内，经检察长批准，作出复议决定，通知监察机关。

公安机关认为不起诉决定有错误要求复议的，人民检察院负责捕诉的部门公诉部门应当另行指派检察官或者检察官办案组检察人员进行审查并提出审查意见，并在收到要求复议意见书后30日以内，经检察长批准经公诉部门负责人审核，报请检察长或者检察委员会，作出复议决定，通知公安机关。

第380条 公安机关对不起诉决定提请复核的，上一级人民检察院应当在收到提请复核意见书后30日以内，经检察长批准①，作出复核决定，通知提请复核的公安机关和下级人民检察院。经复核认为下级人民检察院不起诉决定错误的②，应当指令下级人民检察院纠正，或者撤销、变更下级人民检察院作出的不起诉决定。

第381条 被害人不服不起诉决定，在收到不起诉决定书后7日以内提出申诉的，由作出不起诉决定的人民检察院的上一级人民检察院负责捕诉的部门刑事申诉检察部门进行复查。

被害人向作出不起诉决定的人民检察院提出申诉的，作出决定的人民检察院应当将申诉材料连同案卷一并报送上一级人民检察院。

第382条 被害人不服不起诉决定，在收到不起诉决定书7日以后提出申诉的，由作出

---

① 本部分内容原为"公诉部门指定检察人员进行审查并提出审查意见，经公诉部门负责人审核，报请检察长或者检察委员会决定"。

② 本部分内容原为"改变下级人民检察院不起诉决定的"。

不起诉决定的人民检察院负责控告申诉检察的部门进行审查后决定是否立案复查。经审查，认为不起诉决定正确的，出具审查结论直接答复申诉人，并做好释法说理工作；认为不起诉决定可能存在错误的，移送负责捕诉的部门进行复查。

第383条 刑事申诉检察部门复查后应当提出复查意见，报请检察长作出复查决定。人民检察院应当将复查决定书复查决定书应当送达被害人、被不起诉人和作出不起诉决定的人民检察院。

上级人民检察院经复查作出起诉决定的，应当撤销下级人民检察院的不起诉决定，交由下级人民检察院提起公诉，并将复查决定抄送移送审查起诉的监察机关或者公安机关。由庭支持公诉由公诉部门办理。

第384条 人民检察院收到人民法院受理被害人对被不起诉人起诉的通知后，应当终止复查，将作出不起诉决定所依据的有关案卷材料移送人民法院。

第385条 对于人民检察院依照刑事诉讼法第177条第2款规定作出的不起诉决定，被不起诉人不服，在收到不起诉决定书后7日以内提出申诉的，应当由作出决定的人民检察院负责捕诉的部门刑事申诉检察部门进行复查；被不起诉人在收到不起诉决定书7日以后提出申诉的，由负责控告申诉检察的部门进行审查。经审查，认为不起诉决定正确的，出具审查结论直接答复申诉人，并做好释法说理工作；认为不起诉决定可能存在错误的，移送负责捕诉的部门复查①。

人民检察院应当将复查决定书复查决定书应当送达被不起诉人、被害人。复查后，撤销不起诉决定，变更不起诉的事实或者法律依据的，应当同时将复查决定书抄送移送起诉的监察机关或者公安机关。

第386条 人民检察院复查不服不起诉决定的申诉，应当在立案后3个月以内报经检察长批准作出复查决定。案情复杂的，不得超过6个月。

第387条 被害人、被不起诉人对不起诉决定不服提出申诉的，应当递交申诉书，写明申诉理由。被害人、被不起诉人没有书写能力的，也可以口头提出申诉。人民检察院应当根据其口头提出的申诉制作笔录。

第388条 人民检察院发现不起诉决定确有错误，符合起诉条件的，应当撤销不起诉决定，提起公诉。

第389条 最高人民检察院对地方各级人民检察院的起诉、不起诉决定，上级人民检察院对下级人民检察院的起诉、不起诉决定，发现确有错误的，应当予以撤销或者指令下级人民检察院纠正。

【高检发办字〔2020〕55号】 人民检察院办理刑事申诉案件规定（2020年5月19日最高检第13届检委会第38次会议通过，2020年9月22日印发；高检发〔2014〕18号《人民检察院复查刑事申诉案件规定》同时废止）

第8条 人民检察院管辖的下列刑事申诉，按照本规定办理：（一）不服人民检察院因犯罪嫌疑人没有犯罪事实，或者符合《中华人民共和国刑事诉讼法》第16条规定情形而

---

① 本部分内容原为"人民检察院刑事申诉检察部门复查后应当提出复查意见，认为应当维持不起诉决定的，报请检察长作出复查决定；认为应当变更不起诉决定的，报请检察长或者检察委员会决定；认为应当撤销不起诉决定提起公诉的，报请检察长或者检察委员会决定"。

作出的不批准逮捕决定的申诉；(二) 不服人民检察院不起诉决定的申诉；(三) 不服人民检察院撤销案件决定的申诉；(四) 不服人民检察院其他诉讼终结的刑事处理决定的申诉；……

上述情形之外的其他与人民检察院办理案件有关的申诉，不适用本规定，按照《人民检察院刑事诉讼规则》等规定办理。

第9条（第1款） 不服人民检察院诉讼终结的刑事处理决定的申诉，由作出决定的人民检察院管辖，本规定另有规定的除外。

（第3款） 不服人民检察院刑事申诉案件审查或者复查结论的申诉，由上一级人民检察院管辖。

第10条 被害人及其法定代理人、近亲属不服人民检察院不起诉决定，在收到不起诉决定书后7日以内提出申诉的，由作出不起诉决定的人民检察院的上一级人民检察院管辖。

第11条 上级人民检察院在必要时，可以将本院管辖的刑事申诉案件交下级人民检察院办理，也可以直接办理下级人民检察院管辖的刑事申诉案件。

第13条 申诉人向人民检察院提出申诉时，应当递交申诉书、身份证明、相关法律文书及证据材料或者证据线索。

身份证明是指自然人的居民身份证、军官证、士兵证、护照等能够证明本人身份的有效证件；法人或者其他组织的营业执照副本和法定代表人或者主要负责人的身份证明等有效证件。申诉人系正在服刑的罪犯，有效证件由刑罚执行机关保存的，可以提供能够证明本人身份的有效证件的复印件。对身份证明，人民检察院经核对无误留存复印件。

相关法律文书是指人民检察院作出的决定书、刑事申诉审查、复查结论文书，或者人民法院作出的刑事判决书、裁定书等法律文书。

第14条 申诉人递交的申诉书应当写明下列事项：(一) 申诉人的姓名、性别、出生日期、工作单位、住址、有效联系方式，法人或者其他组织的名称、所在地址和法定代表人或者主要负责人的姓名、职务、有效联系方式；(二) 申诉请求和所依据的事实与理由；(三) 申诉人签名、盖章或者捺指印及申诉时间。

申诉人不具备书写能力口头提出申诉的，应当制作笔录，并由申诉人签名或者捺指印。

第16条 刑事申诉由控告申诉检察部门统一接收。控告申诉检察部门对接收的刑事申诉应当在7个工作日以内分别情况予以处理并告知申诉人：(一) 属于本院管辖并符合受理条件的，予以受理；……(三) 属于人民检察院管辖但是不属于本院管辖的，移送有管辖权的人民检察院处理；(四) 不属于人民检察院管辖的，移送其他机关处理。

第17条 对受理的刑事申诉案件，控告申诉检察部门应当进行审查。

审查刑事申诉案件，应当审查申诉材料、原案法律文书，可以调取相关人民检察院审查报告、案件讨论记录等材料，可以听取申诉人、原案承办人员意见。

对于首次向人民检察院提出的刑事申诉案件，应当调阅原案卷宗进行审查，并听取申诉人或者其委托代理律师意见。必要时可以采用公开听证方式进行审查。

第19条 控告申诉检察部门经审查，具有下列情形之一的，应当移送刑事检察部门办理：……(二) 不服人民检察院诉讼终结的刑事处理决定首次提出申诉的；(三) 被害人及其法定代理人、近亲属，被不起诉人及其法定代理人、近亲属不服不起诉决定，在收到不起诉决定书后7日以内提出申诉的。

第21条　对决定移送的刑事申诉案件，应当制作刑事申诉案件移送函，连同申诉书、原判决、裁定、处理决定，人民检察院审查、复查文书等申诉材料移送刑事检察部门。

刑事申诉案件移送函应当载明案件来源、受理时间、申诉理由、审查情况、移送理由等内容。

对决定移送的刑事申诉案件，控告申诉检察部门应当调取原案卷宗，一并移送刑事检察部门。

第22条（第2款）　对不服人民检察院诉讼终结的刑事处理决定首次提出申诉的，或者被害人及其法定代理人、近亲属、被不起诉人及其法定代理人、近亲属不服不起诉决定，在收到不起诉决定书后7日以内提出申诉的，应当决定进行复查。

第23条　控告申诉检察部门审查刑事申诉案件，应当自受理之日起3个月以内作出审查结案或者移送刑事检察部门办理的决定，并告知申诉人。

刑事检察部门对移送的刑事申诉案件，应当自收到案件之日起3个月以内作出审查结案或者进行复查的决定，并告知申诉人。

重大、疑难、复杂案件，报检察长决定，可以适当延长办理期限。

调取卷宗期间不计入办案期限。

第24条　经审查，具有下列情形之一的，上级人民检察院可以交由下级人民检察院重新办理：（一）首次办理刑事申诉的人民检察院应当调卷审查而未调卷，或者应当进行复查而未复查的；（二）对申诉人提出的申诉理由未进行审查，或者未作出合法合理答复的；（三）其他办案质量不高，认为应当重新办理的。

接受交办的人民检察院应当将重新办理结果向交办的上级人民检察院报告。

第25条　审查刑事申诉案件应当制作刑事申诉审查报告。听取意见、释法说理、公开听证等活动应当制作笔录。

第26条　复查刑事申诉案件应当由检察官或者检察官办案组办理，原案承办人员和原申诉案件承办人员不应参与办理。

第27条　复查刑事申诉案件应当全面审查申诉材料和全部案卷。

第28条　经审查，具有下列情形之一，认为需要调查核实的，应当拟定调查提纲进行调查：（一）原案事实不清、证据不足的；（二）申诉人提供了新的事实、证据或者证据线索的；（三）有其他问题需要调查核实的。

第29条　对与案件有关的勘验、检查、辨认、侦查实验等笔录和鉴定意见，认为需要复核的，可以进行复核，也可以对专门问题进行鉴定或者补充鉴定。

第30条（第1款）　复查刑事申诉案件可以询问原案当事人、证人和其他有关人员。

第31条　复查刑事申诉案件应当听取申诉人及其委托代理律师意见，核实相关问题。

第32条　复查刑事申诉案件可以听取原申诉案件办理部门或者原案承办人员、原案承办部门意见，全面了解案件办理情况。

第33条　复查刑事申诉案件过程中进行的询问、讯问等调查活动，应当制作调查笔录。调查笔录应当经被调查人确认无误后签名或者捺指印。

第34条　刑事申诉案件经复查，案件事实、证据、适用法律和诉讼程序以及其他可能影响案件公正处理的情形已经审查清楚，能够得出明确复查结论的，应当复查终结。

第35条　复查终结刑事申诉案件，承办检察官应当制作刑事申诉复查终结报告，在规定的职权范围作出决定；重大、疑难、复杂案件，报检察长或者检察委员会决定。

经检察委员会决定的案件，应当将检察委员会决定事项通知书及讨论记录附卷。

第36条　复查刑事申诉案件，应当自决定复查之日起3个月以内办结。3个月以内不能办结的，报检察长决定，可以延长3个月，并告知申诉人。

重大、疑难、复杂案件，在前款规定期限内仍不能办结，确需延长办理期限的，报检察长决定延长办理期限。

第37条　接受交办的人民检察院对上级人民检察院交办的刑事申诉案件应当依法办理并报告结果。对属于本院管辖的刑事申诉案件应当进行复查。

对交办的刑事申诉案件，应当自收到交办文书之日起3个月以内办结。确需延长办理期限的，应当报检察长决定，延长期限不得超过3个月。延期办理的，应当向交办的上级人民检察院书面说明情况。

第38条　被害人及其法定代理人、近亲属不服不起诉决定，在收到不起诉决定书后7日以内提出申诉的，由作出不起诉决定的人民检察院的上一级人民检察院进行复查。

第39条　被不起诉人及其法定代理人、近亲属不服不起诉决定，在收到不起诉决定书后7日以内提出申诉的，由作出不起诉决定的人民检察院进行复查。

第40条　被害人及其法定代理人、近亲属，被不起诉人及其法定代理人、近亲属不服不起诉决定，在收到不起诉决定书后7日以内均提出申诉的，由作出不起诉决定的人民检察院的上一级人民检察院进行复查。

第41条　被害人及其法定代理人、近亲属，被不起诉人及其法定代理人、近亲属不服不起诉决定，在收到不起诉决定书后7日以内提出申诉的，控告申诉检察部门应当制作刑事申诉案件移送函，连同申诉材料移送刑事检察部门进行复查。

被害人及其法定代理人、近亲属向作出不起诉决定的人民检察院提出申诉的，作出决定的人民检察院刑事检察部门应当将申诉材料连同案卷一并报送上一级人民检察院刑事检察部门进行复查。

第42条　被害人及其法定代理人、近亲属，被不起诉人及其法定代理人、近亲属不服不起诉决定，在收到不起诉决定书7日以后提出申诉的，由作出不起诉决定的人民检察院控告申诉检察部门进行审查。经审查，认为不起诉决定正确的，应当审查结案；认为不起诉决定存在错误可能的，制作刑事申诉案件移送函，连同申诉材料移送刑事检察部门进行复查。

不服人民检察院其他诉讼终结的刑事处理决定的申诉案件，依照前款规定办理。

第43条　对不服人民检察院诉讼终结的刑事处理决定的申诉案件进行复查后，应当分别作出如下处理：

（一）原处理决定正确的，予以维持；

（二）原处理决定正确，但所认定的部分事实或者适用法律错误的，应当纠正错误的部分，维持原处理决定；

（三）原处理决定错误的，予以撤销；需要重新进入诉讼程序的，将案件移送有管辖权的人民检察院或者本院有关部门依法办理。

第六章　其他规定

第54条　人民检察院审查结案和复查终结的刑事申诉案件，应当制作刑事申诉结果通知书，于10日以内送达申诉人，并做好释法说理工作。

下级人民检察院应当协助上级人民检察院做好释法说理、息诉息访工作。

对移送的刑事申诉案件，刑事检察部门应当将刑事申诉结果通知书抄送控告申诉检察部门。

第56条　对不服人民检察院诉讼终结的刑事处理决定的申诉案件进行复查后，依照本规定第43条第二项、第三项规定变更原处理决定认定事实、适用法律或者撤销原处理决定的，应当将刑事申诉结果通知书抄送相关人民检察院。

第57条　对重大、疑难、复杂的刑事申诉案件，人民检察院可以进行公开听证，对涉案事实、证据、法律适用等有争议问题进行公开陈述、示证、论证和辩论，充分听取各方意见，依法公正处理案件。

第58条　申诉人对处理结论有异议的刑事申诉案件，人民检察院可以进行公开答复，做好解释、说明和教育工作，预防和化解社会矛盾。

第59条　人民检察院对具有下列情形之一的刑事申诉案件，可以中止办理：……（二）无法与申诉人及其代理人取得联系的；（三）申诉的自然人死亡，需要等待其他申诉权利人表明是否继续申诉的；（四）申诉的法人或者其他组织终止，尚未确定权利义务承继人的；（五）由于其他原因，致使案件在较长时间内无法继续办理的。

决定中止办理的案件，应当制作刑事申诉中止办理通知书，通知申诉人；确实无法通知的，应当记录在案。

中止办理的事由消除后，应当立即恢复办理。中止办理的期间不计入办案期限。

第60条　人民检察院对具有下列情形之一的刑事申诉案件，经检察长决定，应当终止办理：（一）人民检察院因同一案件事实对撤销案件的犯罪嫌疑人重新立案侦查的，对不批准逮捕的犯罪嫌疑人重新作出批准逮捕决定的，或者对不起诉案件的被不起诉人重新起诉的；（二）人民检察院收到人民法院受理被害人对被不起诉人起诉的通知的；……（四）申诉人自愿撤回申诉，且不损害国家利益、社会公共利益或者他人合法权益的；（五）申诉的自然人死亡，没有其他申诉权利人或者申诉权利人明确表示放弃申诉，但是有证据证明原案被告人是无罪的除外；（六）申诉的法人或者其他组织终止，没有权利义务承继人或者权利义务承继人明确表示放弃申诉，但是有证据证明原案被告人是无罪的除外；（七）其他应当终止办理的情形。

决定终止办理的案件，应当制作刑事申诉终止办理通知书，通知申诉人；确实无法通知的，应当记录在案。

终止办理的事由消除后，申诉人再次提出申诉，符合刑事申诉受理条件的，应当予以受理。

第61条　办理刑事申诉案件中发现原案存在执法司法瑕疵等问题的，可以依照相关规定向原办案单位提出检察建议或者纠正意见。

第62条　办理刑事申诉案件中发现原案办理过程中有贪污贿赂、渎职等违法违纪行为的，应当移送有关机关处理。

第63条　办理刑事申诉案件中发现原案遗漏罪行或者同案犯罪嫌疑人的，应当移送有关机关处理。

第64条　刑事申诉案件相关法律文书应当在统一业务应用系统内制作。

【高检发〔2020〕6号】　最高人民检察院、公安部关于加强和规范补充侦查工作的指导意见（2020年3月27日印发实施）

第15条（第2款）　对公安机关要求复议的不批准逮捕案件、不起诉案件，人民检察院应当另行指派检察官办理。人民检察院办理公安机关对不批准逮捕决定和不起诉决定要求复议、提请复核的案件，应当充分听取公安机关的意见，相关意见应当附卷备查。

【公安部令〔2020〕159号】　公安机关办理刑事案件程序规定（2020年7月4日第3次部务会议修订，2020年7月20日公布，2020年9月1日施行）

第294条　认为人民检察院作出的不起诉决定有错误的，应当在收到不起诉决定书后7日以内制作要求复议意见书，经县级以上公安机关负责人批准后，移送同级人民检察院复议。

要求复议的意见不被接受的，可以在收到人民检察院的复议决定书后7日以内制作提请复核意见书，经县级以上公安机关负责人批准后，连同人民检察院的复议决定书，一并提请上一级人民检察院复核。

【法刊文摘】　检答网集萃68：关于撤销不起诉决定的启动主体、情形及程序（检察日报2021年12月27日）

咨询内容（北京市检察院何祎）：除公安机关要求复议、复核或被害人、被不起诉人申诉后，人民检察院经审查认为不起诉决定确有错误，进而撤销不起诉决定的以外，作出不起诉决定的检察院或者其上级检察院通过其他途径发现不起诉决定确有错误的，是否可以依职权撤销原不起诉决定？撤销不起诉决定后的办理程序、审查期限、强制措施适用有无特别要求？如何针对此问题进行全国检察业务应用系统操作？

解答摘要（最高检专家组）：根据《人民检察院刑事诉讼规则》第388条、第389条规定，我们赞同"不论是作出不起诉决定的检察院还是其上级检察院，通过其他途径发现不起诉决定确有错误的，均可以依职权撤销原不起诉决定"的观点。

关于咨询问题中提及的"撤销不起诉决定后的办理程序、审查期限、强制措施适用有无特别要求？如何针对此问题进行全国检察业务应用系统操作？"目前刑事诉讼法和相关司法解释对此暂无明确规定。我们将就此问题进一步研究，并征求立法机关意见，适时作出规定。我们倾向认为，《人民检察院刑事诉讼规则》第388条所指的"不起诉决定确有错误"是指对于是否有犯罪行为、犯罪情节轻重、是否应当追究刑事责任的原有判断与后来经复查后对案件的新判断不一致。

【高检发办字〔2022〕167号】　最高人民检察院、公安部关于依法妥善办理轻伤害案件的指导意见（2022年12月22日）(主文见《刑法全厚细》第234条)

（十一）充分适用刑事和解制度。……当事人双方达成和解并已实际履行的，应当依法从宽处理，符合不起诉条件的，应当作出不起诉决定。被害人事后反悔要求追究犯罪嫌疑人刑事责任或者不同意对犯罪嫌疑人从宽处理的，人民检察院、公安机关应当调查了解原因，认为被害人理由正当的，应当依法保障被害人的合法权益；对和解系自愿、合法的，应当维持已作出的从宽处理决定。人民检察院、公安机关开展刑事和解工作的相关证据和材料，应当随案移送。

【海警局令〔2023〕1号】　海警机构办理刑事案件程序规定（2023年5月15日审议通过，2023年6月15日起施行）(主文见本书第308条)

第285条　认为人民检察院作出的不起诉决定有错误的，应当在收到不起诉决定书后7

日以内制作要求复议意见书，经海警机构负责人批准后，移送人民检察院复议。

要求复议的意见不被接受的，可以在收到人民检察院的复议决定书后 7 日以内制作提请复核意见书，经海警机构负责人批准后，连同人民检察院的复议决定书，一并提请上一级人民检察院复核。

第341条　本规定所称"海警机构负责人"是指海警机构的正职领导。……

【高检发办字〔2023〕71号】　最高人民检察院、中国海警局关于健全完善侦查监督与协作配合机制的指导意见

7.（第2款）　对于人民检察院决定不起诉并提出行政处罚检察意见的案件，海警机构应当依法处理，自收到检察意见书之日起2个月以内将处理结果或者办理情况书面回复人民检察院。因情况紧急需要立即处理的，人民检察院可以根据实际情况确定回复期限。

9. 海警机构对人民检察院的不批准逮捕、不起诉决定以及立案监督、纠正侦查违法等督意见有异议的，可以依据法律及相关规定要求说明理由或者要求复议、提请复核、申请复查，人民检察院应当认真审查并及时回复海警机构。人民检察院经复议、复核、复查，认为原决定或者监督意见有错误的，应当及时撤销。

【国安部令〔2024〕4号】　国家安全机关办理刑事案件程序规定（2024年4月26日公布，2024年7月1日起施行）

第315条　人民检察院作出不起诉决定的，如果被不起诉人在押，国家安全机关应当立即办理释放手续，发给释放证明书。犯罪嫌疑人被采取其他强制措施的，应当予以解除。对查封、扣押、冻结的财物，应当依法进行处理。

人民检察院提出对被不起诉人给予行政处罚、处分或者没收其违法所得的检察意见，移送国家安全机关处理的，国家安全机关应当将处理结果及时通知人民检察院。

第316条　国家安全机关认为人民检察院作出的不起诉决定有错误的，应当在收到不起诉决定书后7日以内，经国家安全机关负责人批准，制作要求复议意见书，移送人民检察院复议。

要求复议的意见不被接受的，可以在收到人民检察院的复议决定书后7日以内，经国家安全机关负责人批准，制作提请复核意见书，连同人民检察院的复议决定书，一并提请上一级人民检察院复核。

● **指导案例**　**【高检发办字〔2022〕102号】**　最高人民检察院第39批指导性案例（2022年5月11日最高检第13届检委会第98次会议通过，2022年7月21日印发）

（检例第158号）　陈某某刑事申诉公开听证案[①]

要旨：检察机关办理疑难复杂和争议较大的刑事案件应当坚持"应听证尽听证"，做到厘清案情、释明法理、化解矛盾、案结事了。刑事申诉案件公开听证，重在释法说理，解开"心结"，引导当事人理解、认同人民检察院依法作出的处理决定。主办检察官主持听证，能当场

[①] 该案，福建省某铝业公司为某塑胶公司的贷款提供担保后，股东王某某与吕某某将该铝业公司转让给陈某某。后因塑胶公司未还贷，泉州市丰泽区法院判决铝业公司对该贷款本息承担连带担保责任。陈某某以王某某与吕某某合同诈骗为由向连城县公安局报案，连城县检察院以事实不清、证据不足为对王某某、吕某某作出不起诉决定。陈某某申诉后，龙岩市人民检察院维持原不起诉决定；福建省人民检察院不予立案复查。陈某某仍不服，向最高人民检察院提出申诉。

作出决定的，可当场宣布处理决定并阐明理由。在听证员评议时，主办检察官可结合听证情况分别与双方当事人进一步沟通交流，做针对性更强、更为具体的矛盾化解和释法说理工作。听证员评议意见是人民检察院作出决定的重要参考，检察机关要保障听证员独立和充分发表意见。

（检例第 159 号）　吴某某、杨某某刑事申诉公开听证案①

要旨：对于因司法机关依法改变原处理决定，但未对当事人释法说理引起刑事申诉的，检察机关应当充分做好释法说理，必要时组织检察听证，弥补原案办理中的缺陷，促进案结事了。要认真做好检察听证前的准备工作。出现申诉人不信任、不配合等抵触情形的，要做好情绪疏导工作，必要时争取当地有关部门支持配合，共同解开"心结"，确保听证顺利举行。办案过程中发现申诉人因案致困，符合司法救助条件的，应当及时给予救助帮扶。对于反向审视发现的原案办理中履职不到位或者不规范司法等问题，应当促使相关检察机关提出切实可行的整改措施，进一步规范司法行为，提升案件办理质效。

（检例第 160 号）　董某某刑事申诉公开听证案②

要旨：检察机关办理因民间矛盾、邻里纠纷等引发的复杂、疑难刑事申诉案件，应当举行检察听证，消除双方当事人之间的误会和积怨，引导双方当事人和解。对于刑事申诉案件反映出的社会治理不完善的问题，检察机关应当依法能动履职，推动主管部门予以完善。必要时可以邀请相关主管部门负责人参加检察听证，就有效化解矛盾、妥善处理案件等提出意见建议，促进综合治理。

（检例第 161 号）　董某娟刑事申诉简易公开听证案③

要旨：检察机关办理申诉人走访申诉的案件，可以在 12309 检察服务中心等申诉案件办理场所举行简易公开听证，由检察官和听证员现场解答申诉人关于案件事实认定、证据采信和法律适用等方面的疑问。心理咨询师可以作为听证员或者辅助人员，参与检察听证，有针对性地给予申诉人专业化的心理疏导，纾解其心结，增强释法说理效果，促进矛盾化解、案结事了。

【高检发研字〔2024〕101 号】　最高人民检察院第 52 批指导性案例（2024 年 1 月 26 日最高检检委会〔14 届 23 次〕通过，2024 年 4 月 23 日印发）

（检例第 212 号）　茅某组织卖淫不起诉复议复核案（详见《刑法全厚细》第 358 条）

要旨：……人民检察院办理不起诉复核案件，经审查认为下级人民检察院作出的不起诉决定确有错误的，应当依法指令下级人民检察院纠正，或者撤销、变更下级人民检察院作出的不起诉决定。

---

① 该案，吴杨夫妇之子被吴某坚抢劫时杀害。贵港市中级法院一审以抢劫罪判处吴某坚 15 年；吴某坚以其未满 14 周岁为由上诉，广西壮族自治区高院以事实不清、证据不足为由发回重审后，贵港市检察院以事实、证据有变化为由申请撤回起诉，退回公安机关补充侦查，后长期"挂案"。吴杨夫妇申诉认为吴某坚案发时已年满 14 周岁，广西壮族自治区检察院认为申诉理由不成立；吴某某与杨某某遂向最高人民检察院申诉。

② 该案，董某某和徐某某在南昌铁路文化宫门口台阶处因跳广场舞发生口角，拉扯中董某某摔下台阶，经鉴定为轻伤二级。南昌铁路运输检察院 2 次退回公安机关补充侦查，认为现有证据无法认定徐某某将董某某推下台阶或者击打董某某导致董某某轻伤，认定故意伤害的证据不足，决定不起诉。董某某申诉，江西省人民检察院南昌铁路运输分院认为申诉理由不成立。董某某仍不服，向江西省检察院申诉。

③ 该案，董某娟因家庭矛盾与其嫂刘某甲姊妹发生口角和推搡，被途经案发地并与刘某甲相熟的王某某拳击鼻部，导致轻伤二级、十级伤残。经自诉，四平市铁西区法院以故意伤害罪判处王某某 6 个月；刘某甲姊妹无罪。董某娟上诉认为刘某甲姊妹系共犯，也应当追究刑事责任；四平市中级法院驳回上诉。董某娟申诉后，四平市检察院和吉林省检察院均认为申诉理由不成立。董某娟仍不服，到最高人民检察院 12309 检察服务中心走访申诉。

第182条[1]　**【特殊案件的撤销、不起诉】**　犯罪嫌疑人自愿如实供述涉嫌犯罪的事实，有重大立功或者案件涉及国家重大利益的，经最高人民检察院核准，公安机关可以撤销案件，人民检察院可以作出不起诉决定，也可以对涉嫌数罪中的一项或者多项不起诉。

根据前款规定不起诉或者撤销案件的，人民检察院、公安机关应当及时对查封、扣押、冻结的财物及其孳息作出处理。

● **相关规定**　【高检发释字〔2019〕4号】　人民检察院刑事诉讼规则（2019年12月2日最高检第13届检委会第28次会议通过，2019年12月30日公布施行；高检发释字〔2012〕2号《规则（试行）》同时废止）

第279条　（第1款内容同《刑事诉讼法》182条第1款，略）[2]
前款规定的不起诉，应当由检察长决定。决定不起诉的，人民检察院应当及时对查封、扣押、冻结的财物及其孳息作出处理。

【公安部令〔2020〕159号】　公安机关办理刑事案件程序规定（2020年7月4日第3次部务会议修订，2020年7月20日公布，2020年9月1日施行）

第188条　犯罪嫌疑人自愿如实供述涉嫌犯罪的事实，有重大立功或者案件涉及国家重大利益，需要撤销案件的，应当层报公安部，由公安部商请最高人民检察院核准后撤销案件。报请撤销案件的公安机关应当同时将相关情况通报同级人民检察院。

公安机关根据前款规定撤销案件的，应当对查封、扣押、冻结的财物及其孳息作出处理。

（本书汇）【企业刑事合规】

● **相关规定**　【高检发〔2020〕10号】　最高人民检察院关于充分发挥检察职能服务保障"六稳""六保"的意见（2020年7月21日第13届最高检党组第119次会议通过，2020年7月22日）[3]

3. 依法保护企业正常生产经营活动。深刻认识"六稳""六保"最重要的是稳就业、保就业，关键在于保企业，努力落实让企业"活下来""留得住""经营得好"的目标。一是加大力度惩治各类侵犯企业财产、损害企业利益的犯罪。依法严格追诉职务侵占、非国家工作人员受贿和挪用资金犯罪，根据犯罪数额和情节，综合考虑犯罪行为对民营企业经营发展、商业信誉、内部治理、外部环境的影响程度，精准提出量刑建议。对提起公诉前退还挪

---

[1] 本条规定由2018年10月26日第13届全国人大常委会第6次会议增设，同日公布施行。

[2] 注：1999年1月18日施行的《人民检察院刑事诉讼规则》（高检发释字〔1999〕1号）第241条曾规定："在审查起诉过程中犯罪嫌疑人潜逃或者患有精神病及其他严重疾病不能接受讯问，丧失诉讼行为能力的，人民检察院可以中止审查。共同犯罪中的部分犯罪嫌疑人潜逃的，对潜逃犯罪嫌疑人可以中止审查；对其他犯罪嫌疑人的审查起诉应当照常进行。""中止审查应当由办案人员提出意见，部门负责人审核，报请检察长决定。需要撤销中止审查决定的，参照前款规定办理。"该规定在高检发释字〔2012〕2号《人民检察院刑事诉讼规则（试行）》（2013年1月1日施行）已经被删除。

[3] 本《意见》（司法解释性质的检察业务文件）由最高检党组（而非检委会）讨论通过，之前较罕见。

用资金或者具有其他情节轻微情形的，可以依法不起诉；对数额特别巨大拒不退还或者具有其他情节特别严重情形的，依法从严追诉。二是依法慎重处理贷款类犯罪案件。在办理骗取贷款等犯罪案件时，充分考虑企业"融资难""融资贵"的实际情况，注意从借款人采取的欺骗手段是否属于明显虚构事实或者隐瞒真相、是否与银行工作人员合谋、受其指使、是否非法影响银行放贷决策、危及信贷资金安全、是否造成重大损失等方面，合理判断其行为危害性，不苛求企业等借款人。对于借款人因生产经营需要，在贷款过程中虽有违规行为，但未造成实际损失的，一般不作为犯罪处理。对于借款人采取欺骗手段获取贷款，虽给银行造成损失，但证据不足以认定借款人有非法占有目的的，不能以贷款诈骗罪定性处理。三是依法慎重处理拒不支付劳动报酬犯罪案件。充分考虑企业生产经营实际，注意把握企业因资金周转困难拖欠劳动报酬与恶意欠薪的界限，灵活采取检察建议、督促履行、协调追欠追赃垫付等形式，既有效维护劳动者权益，又保障企业生产经营。对恶意欠薪涉嫌犯罪，但在提起公诉前支付劳动报酬，并依法承担相应赔偿责任的，可以依法不起诉。四是严格把握涉企业生产经营、创新创业的新类型案件的法律政策界限。对于企业创新产品与现有国家标准难以对应的，应当深入调查，进行实质性评估，加强请示报告，准确认定产品属性和质量，防止简单化"对号入座"，以生产、销售伪劣产品定罪处罚。

5. 依法惩治破坏金融管理秩序犯罪。深刻认识"稳金融"在"六稳""六保"中的重要支撑和促进作用，依法惩治金融犯罪，切实维护金融安全。一是加大对证券期货领域金融犯罪的惩治力度。依法"全链条"从严追诉欺诈发行股票、债券，违规披露、不披露重要信息和提供虚假证明文件等扰乱资本市场秩序、侵害投资者利益的犯罪行为，既追究惩治具体实施造假的公司、企业，又追究惩治组织、指使造假的控股股东、实际控制人，同时还要追究惩治帮助造假的中介组织，全面落实对资本市场违法犯罪"零容忍"的要求。二是依法从严惩治严重扰乱金融秩序犯罪。严惩不法分子借互联网金融名义实施的非法吸收公众存款、集资诈骗等犯罪，从严追诉组织者、领导者。按照依法追缴、应追尽追、鼓励退赔、统一返还等原则，持续推进非法集资涉案财物追缴处置工作，配合有关部门最大限度追赃挽损，最大限度减少集资参与人的实际损失。三是加大惩治洗钱犯罪的力度。切实转变"重上游犯罪、轻洗钱犯罪"的做法，办理上游犯罪案件时要同步审查是否涉嫌洗钱犯罪，上游犯罪共犯以及掩饰、隐瞒犯罪所得、非法经营地下钱庄等行为同时构成洗钱罪的，择一重罪依法从严追诉。

6. 依法维护有利于对外开放的法治化营商环境。充分认识"稳外贸""稳外资""稳投资"对稳定宏观经济、扩大对外开放的重大意义，有效维护相关领域的市场秩序。一是围绕自贸试验区、海南自由贸易港、粤港澳大湾区建设等重大战略，依法惩治侵害外国投资者和外商投资企业合法权益，以及扰乱投资秩序、妨害项目推进的各类犯罪，保障外商投资法顺利施行，营造安全、透明的投资环境。二是聚焦当前对外贸易、外商投资领域的新形势，依法惩治利用外贸合同诈骗，虚开出口退税、抵扣税款发票，骗取出口退税以及对外贸易经营活动中的走私、逃汇骗汇等犯罪，促进稳住外贸基本盘，保障外贸产业链、供应链、资金流畅通运转。三是依法慎重处理企业涉税案件。注意把握一般涉税违法行为与以骗取国家税款为目的的涉税犯罪的界限，对于有实际生产经营活动的企业为虚增业绩、融资、贷款等非骗税目的且没有造成税款损失的虚开增值税专用发票行为，不以虚开增值税专用发票罪定性处理，依法作出不起诉决定，移送税务机关给予行政处罚。

7. 努力为决战决胜脱贫攻坚提供司法保障。深刻认识打赢精准脱贫攻坚战对保障民生底线、全面建成小康社会的重大意义，充分发挥检察职能，助力脱贫攻坚。一是突出对重点领域和弱势群体的司法保护。依法严惩贪污侵占、截留挪用扶贫惠农、救灾救济资金等侵害群众切身利益的腐败犯罪。加强扶贫领域涉案财物依法快速返还工作，审查起诉时及时审查认定权属关系，符合快速返还条件的，依法作出决定并于 5 日内将涉案财物返还给被侵害的个人或单位。二是突出对困难群体的司法救助。对故意杀人、故意伤害、绑架、抢劫、强奸等严重暴力犯罪造成被害人重伤、死亡的，或者被害人家庭因案致贫、因案返贫的，结合具体案情及时、主动给予司法救助，并积极协调有关部门落实多元救助措施，保障困难当事人的基本生活。三是突出对未成年人的司法保护。持续推进"一号检察建议"落实，加大对侵害农村留守儿童、困境儿童等犯罪打击力度。对拉拢、诱迫未成年人参与有组织犯罪的，一律依法从严追诉、从重提出量刑建议。联合各方力量开展有针对性的帮扶救助，监督推动贫困地区将"控辍保学"、关爱重点儿童群体等相关政策落到实处。

9. 落实"少捕""少押""慎诉"的司法理念。适应新时期犯罪形势变化，在保持对少数严重暴力犯罪和恶性犯罪从严打击不放过的同时，对认罪认罚、轻刑犯罪充分适用依法从宽的刑事政策，促进社会综合治理。一是坚持依法能不捕的不捕。审查批捕环节，注重将犯罪嫌疑人认罪认罚积极复工复产、开展生产自救、努力保就业岗位作为审查判断有无社会危险性的重要考量因素。二是积极探索总结非羁押性强制措施适用经验。推动完善取保候审制度，进一步探索使用电子手铐、赔偿保证金等措施，积极推广适用电子监控措施执行监视居住。认真履行羁押必要性审查职责，减少不必要的羁押。三是坚持依法能不诉的不诉。依法行使不起诉裁量权，逐步扩大酌定不起诉在认罪认罚案件中的适用，鼓励和促使更多的犯罪嫌疑人、被告人认罪服法，化解社会矛盾，减少社会对抗，提升司法效率，确保办案效果。四是综合运用刑事追诉和行政处罚、经济处罚措施。依法作出酌定不起诉决定的，要根据案件情况，对被不起诉人予以训诫或者责令具结悔过、赔礼道歉、赔偿损失。需要给予行政处罚的，提出检察意见移送有关主管机关处理，防止不起诉后一放了之。

10. 依法合理采取更加灵活务实的司法措施。立足当前经济社会发展需求，充分考虑涉案企业经营发展，在办案中依法采取更加灵活务实、及时高效的司法措施。一是慎重适用涉财产强制性措施。对涉嫌犯罪但仍在正常生产经营的各类企业，原则上不采取查封、扣押、冻结措施。对确需查封、扣押、冻结涉案财物的，应当严格区分合法财产与非法财产、股东个人财产与企业法人财产、犯罪嫌疑人个人财产与家庭成员财产，不得超权限、超范围、超数额、超时限查封、扣押、冻结财产。对于相关部门违法采取查封、扣押、冻结措施的，要依法提出纠正意见。二是优化刑罚执行环节司法措施。扩大涉企服刑人员假释的适用，对于同时符合减刑和假释条件的，依法建议适用假释。会同司法行政机关研究具体措施，为接受社区矫正的民营企业人员从事相关生产经营活动提供必要便利，简化批准流程。三是妥善采取公益诉讼案件司法措施。加强检察机关与有关部门沟通协调，在检察建议及诉讼请求中，慎重采取关停涉案企业等影响企业生存和正常生产经营的措施，帮助协调解决涉案企业异地安置、补偿等实际困难。完善公益诉讼与生态环境损害赔偿等制度的衔接机制，向相关企业主张生态修复费用及惩罚性赔偿时，探索通过分期支付、替代性修复等方法促使其接受惩罚、守法经营、健康发展。

11. 加大对涉民营企业各类案件的法律监督力度。紧盯重点环节和重点领域，强化检察监督，维护、促进司法公正。一是加强立案监督，着重纠正涉及民营企业案件不应当立而立和应立不立等突出问题。坚决防止和纠正以刑事案件名义插手民事纠纷、经济纠纷等各类违法行为，重点监督纠正以非法立案为利害关系人追款讨债，干预法院正在审理或者已经裁判的经济纠纷，将合同纠纷立为诈骗、民事侵权立为职务侵占、行业拆借立为挪用资金、买卖纠纷立为强迫交易、正常经营行为立为非法经营等问题。二是加大清理涉民营企业刑事诉讼"挂案"力度。对既不依法推进诉讼程序，又不及时依法撤销案件的"挂案"，摸清底数，消化存量，杜绝增量，精准监督，推动建立长效机制，维护企业和当事人合法权益。三是加强涉企行政非诉执行监督。强化对行政非诉执行活动受理、审查、裁定和执行环节的监督，防止企业因不当强制执行措施陷入生产经营困境。四是加强控告申诉案件办理答复工作。做实做细群众来信件件有回复和信访积案清理工作，对涉及民营企业的控告申诉案件进行集中清理和统一管理，做到逐案交办、逐案督办，件件有回音，事事有着落。健全检察环节涉产权冤错案件有效防范和常态化纠正机制，做到应纠尽纠。

【高检发〔2021〕6号】 最高人民检察院、司法部、财政部、生态环境部、国务院国有资产监督管理委员会、国家税务总局、国家市场监督管理总局、中华全国工商业联合会、中国国际贸易促进委员会关于建立涉案企业合规第三方监督评估机制的指导意见（试行）
(2021年6月3日印发试行)

第1条 涉案企业合规第三方监督评估机制（以下简称第三方机制），是指人民检察院在办理涉企犯罪案件时，对符合企业合规改革试点适用条件的，交由第三方监督评估机制管理委员会（以下简称第三方机制管委会）选任组成的第三方监督评估组织（以下简称第三方组织），对涉案企业的合规承诺进行调查、评估、监督和考察。考察结果作为人民检察院依法处理案件的重要参考。

第2条 第三方机制的建立和运行，应当遵循依法有序、公开公正、平等保护、标本兼治的原则。

第3条 第三方机制适用于公司、企业等市场主体在生产经营活动中涉及的经济犯罪、职务犯罪等案件，既包括公司、企业等实施的单位犯罪案件，也包括公司、企业实际控制人、经营管理人员、关键技术人员等实施的与生产经营活动密切相关的犯罪案件。

第4条 对于同时符合下列条件的涉企犯罪案件，试点地区人民检察院可以根据案件情况适用本指导意见：（一）涉案企业、个人认罪认罚；（二）涉案企业能够正常生产经营，承诺建立或者完善企业合规制度，具备启动第三方机制的基本条件；（三）涉案企业自愿适用第三方机制。

第5条 对于具有下列情形之一的涉企犯罪案件，不适用企业合规试点以及第三方机制：（一）个人为进行违法犯罪活动而设立公司、企业的；（二）公司、企业设立后以实施犯罪为主要活动的；（三）公司、企业人员盗用单位名义实施犯罪的；（四）涉嫌危害国家安全犯罪、恐怖活动犯罪的；（五）其他不宜适用的情形。

第6条 最高人民检察院、国务院国有资产监督管理委员会、财政部、全国工商联同司法部、生态环境部、国家税务总局、国家市场监督管理总局、中国国际贸易促进委员会等部门组建第三方机制管委会，全国工商联负责承担管委会的日常工作，国务院国有资产监督管理委员会、财政部负责承担管委会中涉及国有企业的日常工作。

第三方机制管委会履行下列职责：（一）研究制定涉及第三方机制的规范性文件；

(二)研究论证第三方机制涉及的重大法律政策问题;(三)研究制定第三方机制专业人员名录库的入库条件和管理办法;(四)研究制定第三方组织及其人员的工作保障和激励制度;(五)对试点地方第三方机制管委会和第三方组织开展日常监督和巡回检查;(六)协调相关成员单位对所属或者主管的中华全国律师协会、中国注册会计师协会、中国企业联合会、中国注册税务师协会、中国贸促会全国企业合规委员会(中国贸促会商事法律服务中心)以及其他行业协会、商会、机构等在企业合规领域的业务指导,研究制定涉企犯罪的合规考察标准;(七)统筹协调全国范围内第三方机制的其他工作。

第7条 第三方机制管委会各成员单位建立联席会议机制,由最高人民检察院、国务院国有资产监督管理委员会、财政部、全国工商联负责同志担任召集人,根据工作需要定期或者不定期召开会议,研究有关重大事项和规范性文件,确定阶段性工作重点和措施。

各成员单位应当按照职责分工,认真落实联席会议确定的工作任务和议定事项,建立健全日常联系、联合调研、信息共享、宣传培训等机制,推动企业合规改革试点和第三方机制相关工作的顺利进行。

第8条 试点地方的人民检察院和国资委、财政部门、工商联应当结合本地实际,参照本指导意见第6条、第7条规定组建本地区的第三方机制管委会并建立联席会议机制。

试点地方第三方机制管委会履行下列职责:(一)建立本地区第三方机制专业人员名录库,并根据各方意见建议和工作实际进行动态管理;(二)负责本地区第三方组织及其成员的日常选任、培训、考核工作,确保其依法依规履行职责;(三)对选任组成的第三方组织及其成员开展日常监督和巡回检查;(四)对第三方组织的成员违反本指导意见的规定,或者实施其他违反社会公德、职业伦理的行为,严重损害第三方组织形象或公信力的,及时向有关主管机关、协会等提出惩戒建议,涉嫌违法犯罪的,及时向公安司法机关报案或者举报,并将其列入第三方机制专业人员名录库黑名单;(五)统筹协调本地区第三方机制的其他工作。

第9条 第三方机制管委会应当组建巡回检查小组,按照本指导意见第6条第五项、第8条第三项的规定,对相关组织和人员在第三方机制相关工作中的履职情况开展不预先告知的现场抽查和跟踪监督。

巡回检查小组成员可以由人大代表、政协委员、人民监督员、退休法官、检察官以及会计审计等相关领域的专家学者担任。

第10条 人民检察院在办理涉企犯罪案件时,应当注意审查是否符合企业合规试点以及第三方机制的适用条件,并及时征询涉案企业、个人的意见。涉案企业、个人及其辩护人、诉讼代理人或者其他相关单位、人员提出适用企业合规试点以及第三方机制申请的,人民检察院应当依法受理并进行审查。

人民检察院经审查认为涉企犯罪案件符合第三方机制适用条件的,可以商请本地区第三方机制管委会启动第三方机制。第三方机制管委会应当根据案件具体情况以及涉案企业类型,从专业人员名录库中分类随机抽取人员组成第三方组织,并向社会公示。

第三方组织组成人员名单应当报送负责办理案件的人民检察院备案。人民检察院或涉案企业、个人、其他相关单位、人员对选任的第三方组织组成人员提出异议的,第三方机制管委会应当调查核实并视情况做出调整。

第11条 第三方组织应当要求涉案企业提交专项或者多项合规计划,并明确合规计划的承诺完成时限。

涉案企业提交的合规计划，主要围绕与企业涉嫌犯罪有密切联系的企业内部治理结构、规章制度、人员管理等方面存在的问题，制定可行的合规管理规范，构建有效的合规组织体系，健全合规风险防范报告机制，弥补企业制度建设和监督管理漏洞，防止再次发生相同或者类似的违法犯罪。

第 12 条　第三方组织应当对涉案企业合规计划的可行性、有效性与全面性进行审查，提出修改完善的意见建议，并根据案件具体情况和涉案企业承诺履行的期限，确定合规考察期限。

在合规考察期内，第三方组织可以定期或者不定期对涉案企业合规计划履行情况进行检查和评估，可以要求涉案企业定期书面报告合规计划的执行情况，同时抄送负责办理案件的人民检察院。第三方组织发现涉案企业或其人员尚未被办案机关掌握的犯罪事实或者新实施的犯罪行为，应当中止第三方监督评估程序，并向负责办理案件的人民检察院报告。

第 13 条　第三方组织在合规考察期届满后，应当对涉案企业的合规计划完成情况进行全面检查、评估和考核，并制作合规考察书面报告，报送负责选任第三方组织的第三方机制管委会和负责办理案件的人民检察院。

第 14 条　人民检察院在办理涉企犯罪案件过程中，应当将第三方组织合规考察书面报告、涉案企业合规计划、定期书面报告等合规材料，作为依法作出批准或者不批准逮捕、起诉或者不起诉以及是否变更强制措施等决定，提出量刑建议或者检察建议、检察意见的重要参考。

人民检察院发现涉案企业在预防违法犯罪方面制度不健全、不落实，管理不完善，存在违法犯罪隐患，需要及时消除的，可以结合合规材料，向涉案企业提出检察建议。

人民检察院对涉案企业作出不起诉决定，认为需要给予行政处罚、处分或者没收其违法所得的，应当结合合规材料，依法向有关主管机关提出检察意见。

人民检察院通过第三方机制，发现涉案企业或其人员存在其他违法违规情形的，应当依法将案件线索移送有关主管机关、公安机关或者纪检监察机关处理。

第 15 条　人民检察院对于拟作不批准逮捕、不起诉、变更强制措施等决定的涉企犯罪案件，可以根据《人民检察院审查案件听证工作规定》召开听证会，并邀请第三方组织组成人员到会发表意见。

第 16 条　负责办理案件的人民检察院应当履行下列职责：（一）对第三方组织组成人员名单进行备案审查，发现组成人员存在明显不适当情形的，及时向第三方机制管委会提出意见建议；（二）对涉案企业合规计划、定期书面报告进行审查，向第三方组织提出意见建议；（三）对第三方组织合规考察书面报告进行审查，向第三方机制管委会提出意见建议，必要时开展调查核实工作；（四）依法办理涉案企业、个人及其辩护人、诉讼代理人或者其他相关单位、人员在第三方机制运行期间提出的申诉、控告或者有关申请、要求；（五）刑事诉讼法、人民检察院刑事诉讼规则等法律、司法解释规定的其他法定职责。

第 17 条　第三方组织及其组成人员在合规考察期内，可以针对涉案企业合规计划、定期书面报告开展必要的检查、评估，涉案企业应当予以配合。

第三方组织及其组成人员应当履行下列义务：（一）遵纪守法，勤勉尽责，客观中立；（二）不得泄露履职过程中知悉的国家秘密、商业秘密和个人隐私；（三）不得利用履职便利，索取、收受贿赂或者非法侵占涉案企业、个人的财物；（四）不得利用履职便利，干扰涉案企业正常生产经营活动。

第三方组织组成人员系律师、注册会计师、税务师（注册税务师）等中介组织人员的，在履行第三方监督评估职责期间不得违反规定接受可能有利益关系的业务；在履行第三方监督评估职责结束后1年以内，上述人员及其所在中介组织不得接受涉案企业、个人或者其他有利益关系的单位、人员的业务。

第18条　涉案企业或其人员在第三方机制运行期间，认为第三方组织或其组成人员存在行为不当或者涉嫌违法犯罪的，可以向负责选任第三方组织的第三方机制管委会反映或者提出异议，或者向负责办理案件的人民检察院提出申诉、控告。

涉案企业及其人员应当按照时限要求认真履行合规计划，不得拒绝履行或者变相不履行合规计划、拒不配合第三方组织合规考察或者实施其他严重违反合规计划的行为。

第19条　纪检监察机关认为涉嫌行贿的企业符合企业合规试点以及第三方机制适用条件，向人民检察院提出建议的，人民检察院可以参照适用本指导意见。

第20条　试点地方人民检察院、国资委、财政部门、工商联可以结合本地实际，参照本指导意见会同有关部门制定具体实施办法，并按照试点工作要求报送备案。

本指导意见由最高人民检察院、国务院国有资产监督管理委员会、财政部、全国工商联会同司法部、生态环境部、国家税务总局、国家市场监督管理总局、中国国际贸易促进委员会负责解释，自印发之日起施行。

【高检发办字〔2023〕49号】　人民检察院办理知识产权案件工作指引（2023年4月25日印发施行）

第17条（第1款）　人民检察院办理侵犯知识产权刑事案件，对于符合适用涉案企业合规改革案件范围和条件的，依法依规适用涉案企业合规机制。根据案件具体情况和法定从轻、减轻情节，结合企业合规整改效果，依法提出处理意见。

【全联厅发〔2021〕66号】　中华全国工商业联合会办公厅、最高人民检察院办公厅、司法部办公厅、财政部办公厅、生态环境部办公厅、国务院国有资产监督管理委员会办公厅、国家税务总局办公厅、国家市场监督管理总局办公厅、中国国际贸易促进委员会办公室《关于建立涉案企业合规第三方监督评估机制的指导意见（试行）》实施细则（2021年11月25日；同日同文号印发《涉案企业合规第三方监督评估机制专业人员选任管理办法（试行）》）

第1章　第三方机制管委会的组成和职责

第1条　第三方机制管委会是承担对第三方机制的宏观指导、具体管理、日常监督、统筹协调等职责，确保第三方机制依法、有序、规范运行，以及第三方监督评估组织（以下简称第三方组织）及其组成人员依法依规履行职责的议事协调机构。

第2条　第三方机制管委会成员单位包括最高人民检察院、司法部、财政部、生态环境部、国务院国资委、税务总局、市场监管总局、全国工商联、中国贸促会等部门，并可以根据工作需要增加成员单位。

第3条　第三方机制管委会履行下列职责：（一）研究制定涉及第三方机制的规范性文件；（二）研究论证第三方机制涉及的重大法律政策问题；（三）研究制定第三方机制专业人员名录库的入库条件和管理办法；（四）研究制定第三方组织及其组成人员的工作保障和激励制度；（五）对试点地方第三方机制管委会和第三方组织开展日常监督和巡回检查；

（六）协调相关成员单位对所属或者主管的中华全国律师协会、中国注册会计师协会、中国企业联合会、中国注册税务师协会、中国贸促会全国企业合规委员会（中国贸促会商事法律服务中心）以及其他行业协会、商会、机构等在企业合规领域的业务指导，研究制定涉企犯罪的合规考察标准；（七）统筹协调第三方机制的其他工作。

第2章　第三方机制管委会联席会议的职责

第4条　第三方机制管委会建立联席会议机制，以联席会议形式研究制定重大规范性文件，研究论证重大法律政策问题，研究确定阶段性工作重点和措施，协调议定重大事项，推动管委会有效履职尽责。

第5条　联席会议由最高人民检察院、国务院国资委、财政部、全国工商联有关负责同志担任召集人，管委会其他成员单位有关负责同志担任联席会议成员。联席会议成员因工作变动需要调整的，由所在单位提出，联席会议确定。

第6条　联席会议原则上每半年召开1次，也可以根据工作需要临时召开。涉及企业合规改革试点工作及重大法律政策议题的由最高人民检察院召集，涉及第三方机制管委会日常工作及民营企业议题的由全国工商联召集，涉及国有企业议题的由国务院国资委、财政部召集。召集人可以根据议题邀请其他相关部门、单位以及专家学者参加会议。

第7条　联席会议以纪要形式明确会议议定事项，印发第三方机制管委会各成员单位及有关方面贯彻落实，重大事项按程序报批，落实情况定期报告联席会议。

第8条　联席会议设联络员，由第三方机制管委会各成员单位有关司局负责同志担任。在联席会议召开之前，应当召开联络员会议，研究讨论联席会议议题和需提交联席会议议定的事项及其他有关工作。

联络员应当根据所在单位职能，履行下列职责：（一）协调本单位与其他成员单位的工作联系；（二）组织研究起草有关规范性文件，研究论证有关法律政策问题，对有关事项或者议题提出意见建议；（三）组织研究提出本单位需提交联席会议讨论的议题；（四）在联席会议成员因故不能参加会议时，受委托参加会议并发表意见；（五）组织落实联席会议确定的工作任务和议定事项。

第9条　联席会议设联系人，由第三方机制管委会各成员单位有关处级负责同志担任，负责日常联系沟通工作，承办联席会议成员及联络员的交办事项。

第3章　第三方机制管委会办公室的职责

第10条　第三方机制管委会下设办公室作为常设机构，负责承担第三方机制管委会的日常工作。办公室设在全国工商联，由全国工商联有关部门负责同志担任办公室主任，最高人民检察院、国务院国资委、财政部有关部门负责同志担任办公室副主任。

第11条　第三方机制管委会办公室履行下列职责：（一）协调督促各成员单位落实联席会议确定的工作任务和议定事项；（二）收集整理各成员单位提交联席会议研究讨论的议题，负责联席会议和联络员会议的组织筹备工作；（三）协调指导联席会议联系人开展日常联系沟通工作；（四）负责国家层面第三方机制专业人员名录库的建立选任、日常管理、动态调整，并建立禁入名单等惩戒机制；（五）组织开展对试点地方第三方机制管委会和第三方组织日常监督和巡回检查；（六）承担第三方机制管委会及其联席会议交办的其他工作。

第12条　第三方机制管委会办公室应当采取有效措施，建立健全第三方机制管委会联合调研、信息共享、案例指导、宣传培训等机制，并加强与中华全国律师协会、中国注册会计师协会、中国企业联合会、中国注册税务师协会、中国贸促会全国企业合规委员会（中国贸促会商事法律服务中心）以及其他行业协会、商会、机构的工作联系。

第13条　第三方机制管委会办公室牵头组建巡回检查小组，邀请人大代表、政协委员、人民监督员、退休法官、退休检察官以及会计、审计、法律、合规等相关领域的专家学者担任巡回检查小组成员，对试点地方第三方机制管委会和相关第三方组织及其组成人员的履职情况开展不预先告知的现场抽查和跟踪监督。

第三方机制管委会办公室应当将巡回检查情况及时报告第三方机制管委会及其联席会议，并提出改进工作的意见建议。

第14条　第三方机制管委会办公室可以推动各成员单位、各工作联系单位根据工作需要互派干部挂职交流，探索相关单位工作人员兼任检察官助理制度，并协调各成员单位视情派员参与第三方机制管委会办公室工作，提升企业合规工作专业化规范化水平。

第15条　试点地方的人民检察院和国资委、财政、工商联等有关单位应当结合本地实际，组建本地区的第三方机制管委会并建立联席会议机制，设立第三方机制管委会办公室负责日常工作。

第4章　第三方组织的性质

第16条　第三方组织是试点地方第三方机制管委会选任组成的负责对涉案企业的合规承诺及其完成情况进行调查、评估、监督和考察的临时性组织。

第17条　第三方组织的运行应当遵循依法依规、公开公正、客观中立、专业高效的原则。

第18条　试点地方第三方机制管委会负责对其选任组成的第三方组织及其组成人员履职期间的监督、检查、考核等工作，确保其依法依规履行职责。

第5章　第三方机制的启动

第19条　人民检察院在办理涉企犯罪案件时，应当注意审查是否符合企业合规试点以及第三方机制的适用条件，并及时听取涉案企业、人员的意见．经审查认为符合适用条件的，应当商请本地区第三方机制管委会启动第三方机制。

公安机关、纪检监察机关等办案机关提出适用建议的，人民检察院参照前款规定处理。

第20条　涉案企业、人员及其辩护人、诉讼代理人以及其他相关单位、人员提出适用企业合规试点以及第三方机制申请的，人民检察院应当依法受理并进行审查．经审查认为符合适用条件的，应当商请本地区第三方机制管委会启动第三方机制。

第21条　第三方机制管委会收到人民检察院商请后，应当综合考虑案件涉嫌罪名、复杂程度以及涉案企业类型、规模、经营范围、主营业务等因素，从专业人员名录库中分类随机抽取人员组成第三方组织。

专业人员名录库中没有相关领域专业人员的，第三方机制管委会可以采取协商邀请的方式，商请有关专业人员参加第三方组织。

同一个第三方组织一般负责监督评估一个涉案企业。同一案件涉及多个涉案企业，或者涉案企业之间存在明显关联关系的，可以由同一个第三方组织负责监督评估。

第22条　涉案企业、人员的居住地与案件办理地不一致的，案件办理地第三方机制管委会可以委托涉案企业、人员居住地第三方机制管委会选任组成第三方组织并开展监督评估，或者可以通过第三方机制管委会成员单位及其所属或者主管的行业协会、商会、机构的异地协作机制，协助开展监督评估。

第23条　第三方组织一般由3至7名专业人员组成，针对小微企业的第三方组织也可以由2名专业人员组成。

同一名专业人员在不存在利益关系、保障工作质量的条件下，可以同时担任一个以上第三方组织的组成人员。

第三方机制管委会应当根据工作需要，指定第三方组织牵头负责人，也可由第三方组织组成人员民主推举负责人，并报第三方机制管委会审定。

第24条　第三方机制管委会应当将第三方组织组成人员名单及提出意见的方式向社会公示，接受社会监督。

公示期限由第三方机制管委会根据情况决定，但不得少于5个工作日。公示可以通过在涉案单位所在地或者有关新闻媒体、网站发布公示通知等形式进行。

第25条　涉案企业、人员或者其他相关单位、人员对选任的第三方组织组成人员提出异议，或者第三方组织组成人员申请回避的，第三方机制管委会应当及时调查核实并视情况作出调整。

公示期满后无异议或者经审查异议不成立的，第三方机制管委会应当将第三方组织组成人员名单报送负责办理案件的人民检察院备案。人民检察院发现组成人员存在明显不适当情形的，应当及时向第三方机制管委会提出意见建议，第三方机制管委会依照本条第一款的规定处理。

第26条　人民检察院对第三方机制管委会报送的第三方组织组成人员名单，经审查未提出不同意见的，应当通报第三方机制管委会，并由第三方机制管委会宣告第三方组织成立。

第三方组织存续期间，其组成人员一般不得变更。确需变更的，第三方机制管委会应当依照本实施细则相关规定处理。

第6章　第三方机制的运行

第27条　第三方组织成立后，应当在负责办理案件的人民检察院的支持协助下，深入了解企业涉案情况，认真研判涉案企业在合规领域存在的薄弱环节和突出问题，合理确定涉案企业适用的合规计划类型，做好相关前期准备工作。

第三方机制管委会可以根据工作需要，指派专门人员负责与选任组成的第三方组织及负责办理案件的人民检察院、涉案企业联络沟通，协调处理第三方机制启动和运行有关事宜。

第28条　第三方组织根据涉案企业情况和工作需要，应当要求涉案企业提交单项或者多项合规计划，对于小微企业可以视情简化。

涉案企业提交的合规计划，应当以全面合规为目标、专项合规为重点，主要针对与企业涉嫌犯罪有密切联系的企业内部治理结构、规章制度、人员管理等方面存在的问题，制定可行的合规管理规范，构建有效的合规组织体系，完善相关业务管理流程，健全合规风险防范报告机制，弥补企业制度建设和监督管理漏洞，防止再次发生相同或者类似的违法犯罪。

第29条　第三方组织应当对涉案企业合规计划的可行性、有效性与全面性进行审查，重点审查以下内容：（一）涉案企业完成合规计划的可能性以及合规计划本身的可操作性；（二）合规计划对涉案企业预防治理涉嫌的犯罪行为或者类似违法犯罪行为的实效性；（三）合规计划是否覆盖涉案企业在合规领域的薄弱环节和明显漏洞；（四）其他根据涉案企业实际情况需要重点审查的内容。

第三方组织应当就合规计划向负责办理案件的人民检察院征求意见，综合审查情况一并向涉案企业提出修改完善的意见。

第30条　第三方组织根据案件具体情况和涉案企业承诺履行的期限，并向负责办理案件的人民检察院征求意见后，合理确定合规考察期限。

第31条　在合规考察期内，第三方组织可以定期或者不定期对涉案企业合规计划履行情况进行监督和评估，可以要求涉案企业定期书面报告合规计划的执行情况，同时抄送负责办理案件的人民检察院。

第三方组织发现涉案企业执行合规计划存在明显偏差或错误的，应当及时进行指导、提出纠正意见，并报告负责办理案件的人民检察院。

第32条　第三方组织发现涉案企业或其人员尚未被办案机关掌握的犯罪事实或者新实施的犯罪行为，应当中止第三方监督评估程序，并及时向负责办理案件的人民检察院报告。

负责办理案件的人民检察院接到报告后，依照刑事诉讼法及相关司法解释的规定依法处理。

第33条　第三方组织在合规考察期届满后，应当对涉案企业的合规计划完成情况进行全面了解、监督、评估和考核，并制作合规考察书面报告。

合规考察书面报告一般应当包括以下内容：（一）涉案企业履行合规承诺、落实合规计划情况；（二）第三方组织开展了解、监督、评估和考核情况；（三）第三方组织监督评估的程序、方法和依据；（四）监督评估结论及意见建议；（五）其他需要说明的问题。

第34条　合规考察书面报告应当由第三方组织全体组成人员签名或者盖章后，报送负责选任第三方组织的第三方机制管委会、负责办理案件的人民检察院等单位。

第三方组织组成人员对合规考察书面报告有不同意见的，应当在报告中说明其不同意见及理由。

第35条　本实施细则第31条、第33条规定的监督、评估方法应当紧密联系企业涉嫌犯罪有关情况，包括但不限于以下方法：（一）观察、访谈、文本审阅、问卷调查、知识测试；（二）对涉案企业的相关业务与管理事项，结合业务发生频率、重要性及合规风险高低进行抽样检查；（三）对涉案企业的相关业务处理流程，结合相关原始文件、业务处理踪迹、操作管理流程等进行穿透式检查；（四）对涉案企业的相关系统及数据，结合交易数据、业务凭证、工作记录以及权限、参数设置等进行比对检查。

第36条　涉案企业及其人员对第三方组织开展的检查、评估应当予以配合并提供便利，如实填写、提交相关文件、材料，不得弄虚作假。

涉案企业或其人员认为第三方组织或其组成人员的检查、评估行为不当或者涉嫌违法犯罪的，可以向负责选任第三方组织的第三方机制管委会反映或者提出异议，或者向负责办理案件的人民检察院提出申诉、控告。

第37条　负责选任第三方组织的第三方机制管委会和负责办理案件的人民检察院收到第三方组织报送的合规考察书面报告后，应当及时进行审查，双方认为第三方组织已经完成监督评估工作的，由第三方机制管委会宣告第三方组织解散。

第38条　第三方组织组成人员系律师、注册会计师、税务师（注册税务师）等中介组织人员的，在履行第三方监督评估职责期间不得违反规定接受可能有利益关系的业务；在履行第三方监督评估职责结束后二年以内，上述人员及其所在中介组织不得接受涉案企业、人员或者其他有利益关系的单位、人员的业务。

第39条　第三方机制管委会或者负责办理案件的人民检察院发现第三组织或其组成人员故意提供虚假报告或者提供的报告严重失实的，应当依照《指导意见》的规定及时向有关主管机关、协会等提出惩戒建议，涉嫌违法犯罪的，及时向有关机关报案或者举报，并将其列入第三方机制专业人员名录库禁入名单。

第40条　负责办理案件的人民检察院应当要求知悉案情的第三方组织组成人员，参照执行防止干预司法"三个规定"，严格做好有关事项填报工作。

第7章　附则

第41条　试点地方第三方机制管委会可以结合本地实际，参照《指导意见》及本实施细则制定具体实施办法，并按照试点工作要求报送备案。

【全联厅发〔2021〕66号】　涉案企业合规第三方监督评估机制专业人员选任管理办法（试行）（中华全国工商联合会办公厅、最高检办公厅、司法部办公厅、财政部办公厅、生态环境部办公厅、国资委办公厅、国税总局办公厅、市监总局办公厅、中国国贸促进会办公室2021年11月25日印发）

第1章　总则

第1条　第三方机制专业人员，是指由涉案企业合规第三方监督评估机制管理委员会（以下简称第三方机制管委会）选任确定，作为第三方监督评估组织（以下简称第三方组织）组成人员参与涉案企业合规第三方监督评估工作的相关领域专业人员，主要包括律师、注册会计师、税务师（注册税务师）、企业合规师、相关领域专家学者以及有关行业协会、商会、机构、社会团体（以下简称有关组织）的专业人员。

生态环境、税务、市场监督管理等政府工作部门中具有专业知识的人员可以被选任确定为第三方机制专业人员，或者可以受第三方机制管委会邀请或者受所在单位委派参加第三方组织及其相关工作，其选任管理具体事宜由第三方机制管委会与其所在单位协商确定。有关政府工作部门所属企事业单位中的专业人员可以被选任确定为第三方机制专业人员，参加第三方组织及其相关工作。

有关单位中具有专门知识的退休人员参加第三方组织及其相关工作的，应当同时符合有关退休人员的管理规定。

第2章　第三方机制专业人员的选任

第4条　国家层面、省级和地市级第三方机制管委会应当组建本级第三方机制专业人员名录库（以下简称名录库）。经省级第三方机制管委会审核同意，有条件的县级第三方机制管委会可以组建名录库。

第5条　名录库以个人作为入库主体，不得以单位、团体作为入库主体。

名录库应当分类组建，总人数不少于50人。人员数量、组成结构和各专业领域名额分配可以由负责组建名录库的第三方机制管委会根据工作需要自行确定，并可以结合实际进行调整。

省级以下名录库的入库人员限定为本省（自治区、直辖市）区域内的专业人员。因专业人员数量不足未达到组建条件的，可以由省级第三方机制管委会统筹协调相邻地市联合组建名录库。

第6条　第三方机制专业人员应当拥有较好的政治素质和道德品质，具备履行第三方监督评估工作的专业知识、业务能力和时间精力，其所在单位或者所属有关组织同意其参与第三方监督评估工作。

第三方机制专业人员一般应当具备下列条件：（一）拥护中国共产党领导，拥护我国社会主义法治；（二）具有良好道德品行和职业操守；（三）持有本行业执业资格证书，从事本行业工作满3年；（四）工作业绩突出，近3年考核等次为称职以上；（五）熟悉企业运行管理或者具备相应专业知识；（六）近3年未受过与执业行为有关的行政处罚或者行业惩戒；（七）无受过刑事处罚、被开除公职或者开除党籍等情形；（八）无其他不适宜履职的情形。

第8条　第三方机制管委会组织实施第三方机制专业人员选任，应当在成员单位或其所属或者主管的律师协会、注册会计师协会、注册税务师协会等有关组织的官方网站上发布公告。

公告应当载明选任名额、标准条件、报名方式、报名材料和选任工作程序等相关事项，公告期一般不少于20个工作日。

第9条　第三方机制管委会可以通过审查材料、走访了解、面谈测试等方式对报名人员进行审核考察，并在此基础上提出拟入库人选。

第三方机制管委会可以通过成员单位所属或者主管的有关组织了解核实拟入库人选的相关情况。

第10条　第三方机制管委会应当将拟入库人选名单及监督联系方式向社会公示，接受社会监督。公示可以通过在拟入库人选所在单位或者有关新闻媒体、网站发布公示通知等形式进行，公示期一般不少于7个工作日。

第三方机制管委会对于收到的举报材料、情况反映应当及时进行调查核实，视情提出处理意见。调查核实过程中可以根据情况与举报人、反映人沟通联系。

第11条　第三方机制管委会在确定拟入库人选时应当综合考虑报名人员的政治素质、执业（工作）时间、工作业绩、研究成果、表彰奖励，以及所在单位的资质条件、人员规模、所获奖励、行业影响力等情况。同等条件下，可以优先考虑担任党代表、人大代表、政协委员、人民团体职务的人选。

第12条　公示期满后无异议或者经审查异议不成立的，第三方机制管委会应当向入库人员颁发证书，并通知其所在单位或者所属有关组织。名录库人员名单应当在第三方机制管委会成员单位的官方网站上公布，供社会查询。

第三方机制管委会应当明确入库人员的任职期限，一般为2至3年。经第三方机制管委会审核，期满后可以续任。

第3章　第三方机制专业人员的日常管理

第16条　第三方机制管委会可以通过定期考核、一案一评、随机抽查、巡回检查等方式，对第三方机制专业人员进行考核评价。考核结果作为对第三方机制专业人员奖励激励、续任或者调整出库的重要依据。

第19条　第三方机制管委会应当建立健全第三方机制专业人员履职台账，全面客观记录第三方机制专业人员业务培训、参加活动和履行职责情况，作为确定考核结果的重要参考。

第20条　第三方机制管委会在对第三方机制专业人员的履职情况开展考核评价时，应当主动征求办理案件的检察机关、巡回检查小组以及涉案企业等意见建议。

第21条　第三方机制专业人员有下列情形之一的，考核评价结果应当确定为不合格，并视情作出相应后续处理：（一）不参加第三方组织工作或者不接受第三方机制管委会分配工作任务，且无正当理由的；（二）在履行第三方监督评估职责中出现重大失误，造成不良影响的；（三）在履行第三方监督评估职责中存在行为不当，涉案企业向第三方机制管委会反映或者提出异议，造成不良影响的；（四）其他造成不良影响或者损害第三方组织形象、公信力的情形。

第22条　第三方机制管委会对违反有关义务的第三方机制专业人员，可以谈话提醒、批评教育，或视情通报其所在单位或者所属有关组织，情节严重或者造成严重后果的可以将其调整出库。

第三方机制专业人员有下列情形之一的，第三方机制管委会应当及时将其调整出库：（一）在选任或者履职中弄虚作假，提供虚假材料或者情况的；（二）受到刑事处罚、被开除公职或者开除党籍的；（三）受到行政处罚或者行业惩戒，情节严重的；（四）违反《指导意见》第17条第2款第2项至第4项规定的；（五）利用第三方机制专业人员身份发表与履职无关的言论或者从事与履职无关的活动，造成严重不良影响的；（六）考核评价结果2次确定为不合格的；（七）实施严重违反社会公德、职业道德或者其他严重有损第三方机制专业人员形象、公信力行为的；（八）其他不适宜继续履行第三方监督评估职责的情形。

第三方机制管委会发现第三方机制专业人员的行为涉嫌违规的，应当及时向有关主管机关，或其所在单位或者所属有关组织反映情况、提出惩戒或者处理建议；涉嫌违法犯罪的，应当及时向有关机关报案或者举报。

第23条　第三方机制管委会应当建立健全第三方机制专业人员名录库禁入名单制度。对于依照本办法第22条规定被调整出库的第三方机制专业人员，应当列入名录库禁入名单。

第三方机制管委会对列入名录库禁入名单的人员应当逐级汇总上报，实现信息共享。

第24条　第三方机制专业人员因客观原因不能履职、本人不愿继续履职或者发生影响履职重大事项的，应当及时向第三方机制管委会报告并说明情况，主动辞任第三方机制专业人员。第三方机制管委会应当及时进行审查并将其调整出库。

第25条　第三方机制管委会应当根据工作需要，结合履职台账、考核情况以及本人意愿、所在单位或者所属有关组织意见等，定期或者不定期对名录库人员进行动态调整。名录库人员名单调整更新后，应当依照本办法第12条规定，及时向社会公布。

第4章　工作保障

第27条　第三方机制专业人员选任管理工作所需业务经费和第三方机制专业人员履职所需费用，试点地方可以结合本地实际，探索多种经费保障模式。

第5章　附则

第28条　地方各级第三方机制管委会可以结合本地实际，参照本办法制定具体实施细则，并按照试点工作要求报送备案。

有关部门、组织可以结合本行业、本部门实际，制定名录库人员的具体入选标准。

本办法出台前，已组建的各地各级名录库不符合本办法规定的，可以继续试点。

【全联厅发〔2022〕13号】　涉案企业合规建设、评估和审查办法（试行）（中华全国工商联办公厅、最高检办公厅、司法部办公厅、财政部办公厅、生态环境部办公厅、国资委办公厅、国税总局办公厅、市监总局办公厅、中国国贸促进会办公室2022年4月19日印发）

第1章　总则

第1条　涉案企业合规建设，是指涉案企业针对与涉嫌犯罪有密切联系的合规风险，制定专项合规整改计划，完善企业治理结构，健全内部规章制度，形成有效合规管理体系的活动。

涉案企业合规评估，是指第三方监督评估组织（以下简称第三方组织）对涉案企业专项合规整改计划和相关合规管理体系有效性进行了解、评价、监督和考察的活动。

涉案企业合规审查，是指负责办理案件的人民检察院对第三方组织的评估过程和结论进行审核。

针对未启动第三方机制的小微企业合规，可以由人民检察院对其提交的合规计划和整改报告进行审查。

第2条　对于涉案企业合规建设经评估符合有效性标准的，人民检察院可以参考评估结论依法作出不批准逮捕、变更强制措施、不起诉的决定，提出从宽处罚的量刑建议，或者向有关主管机关提出从宽处罚、处分的检察意见。

对于涉案企业合规建设经评估未达到有效性标准或者采用弄虚作假手段骗取评估结论的，人民检察院可以依法作出批准逮捕、起诉的决定，提出从严处罚的量刑建议，或者向有关主管机关提出从严处罚、处分的检察意见。

第2章　涉案企业合规建设

第3条　涉案企业应当全面停止涉罪违规违法行为，退缴违规违法所得，补缴税款和滞纳金并缴纳相关罚款，全力配合有关主管机关、公安机关、检察机关及第三方组织的相关工作。

第4条　涉案企业一般应当成立合规建设领导小组，由其实际控制人、主要负责人和直接负责的主管人员等组成，必要时可以聘请外部专业机构或者专业人员参与或者协助。合规建设领导小组应当在全面分析研判企业合规风险的基础上，结合本行业合规建设指引，研究制定专项合规计划和内部规章制度。

第5条　涉案企业制定的专项合规计划，应当能够有效防止再次发生相同或者类似的违法犯罪行为。

第6条　涉案企业实际控制人、主要负责人应当在专项合规计划中作出合规承诺并明确宣示，合规是企业的优先价值，对违规违法行为采取零容忍的态度，确保合规融入企业的发展目标、发展战略和管理体系。

第7条　涉案企业应当设置与企业类型、规模、业务范围、行业特点等相适应的合规管理机构或者管理人员。

合规管理机构或者管理人员可以专设或者兼理，合规管理的职责必须明确、具体、可考核。

第8条　涉案企业应当针对合规风险防控和合规管理机构履职的需要，通过制定合规管理规范、弥补监督管理漏洞等方式，建立健全合规管理的制度机制。

涉案企业的合规管理机构和各层级管理经营组织均应当根据其职能特点设立合规目标，细化合规措施。

合规管理制度机制应当确保合规管理机构或者管理人员独立履行职责，对于涉及重大合规风险的决策具有充分发表意见并参与决策的权利。

第9条　涉案企业应当为合规管理制度机制的有效运行提供必要的人员、培训、宣传、场所、设备和经费等人力物力保障。

第10条　涉案企业应当建立监测、举报、调查、处理机制，保证及时发现和监控合规风险，纠正和处理违规行为。

第11条　涉案企业应当建立合规绩效评价机制，引入合规指标对企业主要负责人、经营管理人员、关键技术人员等进行考核。

第12条　涉案企业应当建立持续整改、定期报告等机制，保证合规管理制度机制根据企业经营发展实际不断调整和完善。

第3章　涉案企业合规评估

第13条　第三方组织可以根据涉案企业情况和工作需要，制定具体细化、可操作的合规评估工作方案。

第14条　第三方组织对涉案企业专项合规整改计划和相关合规管理体系有效性的评估，重点包括以下内容：（一）对涉案合规风险的有效识别、控制；（二）对违规违法行为的及时处置；（三）合规管理机构或者管理人员的合理配置；（四）合规管理制度机制建立以及人力物力的充分保障；（五）监测、举报、调查、处理机制及合规绩效评价机制的正常运行；（六）持续整改机制和合规文化已经基本形成。

第15条　第三方组织应当以涉案合规风险整改防控为重点，结合特定行业合规评估指标，制定符合涉案企业实际的评估指标体系。

评估指标的权重可以根据涉案企业类型、规模、业务范围、行业特点以及涉罪行为等因素设置，并适当提高合规管理的重点领域、薄弱环节和重要岗位等方面指标的权重。

第4章　涉案企业合规审查

第16条　第三方机制管委会和人民检察院收到第三方组织报送的合规考察书面报告后，应当及时进行审查，重点审查以下内容：（一）第三方组织制定和执行的评估方案是否适当；（二）评估材料是否全面、客观、专业，足以支持考察报告的结论；（三）第三方组织或其组成人员是否存在可能影响公正履职的不当行为或者涉嫌违法犯罪行为。

经第三方机制管委会和人民检察院审查，认为第三方组织已经完成监督评估工作的，由第三方机制管委会宣告第三方组织解散。对于审查中发现的疑点和重点问题，人民检察院可以要求第三方组织或其组成人员说明情况，也可以直接进行调查核实。

第17条　人民检察院对小微企业提交合规计划和整改报告的审查，重点包括合规承诺的履行、合规计划的执行、合规整改的实效等内容。

第18条　第三方机制管委会收到关于第三方组织或其组成人员存在行为不当或者涉嫌违法犯罪的反映、异议，或者人民检察院收到上述内容的申诉、控告的，双方应当及时互相通报情况并会商提出处理建议。

第19条　第三方机制管委会或者人民检察院经审查合规考察书面报告等材料发现，或者经对收到的反映、异议或者申诉、控告调查核实确认，第三方组织或其组成人员存在违反《指导意见》及其实施细则规定的禁止性行为，足以影响评估结论真实性、有效性的，第三方机制管委会应当重新组建第三方组织进行评估。

第5章 附则

第20条 本办法所称涉案企业，是指涉嫌单位犯罪的企业，或者实际控制人、经营管理人员、关键技术人员等涉嫌实施与生产经营活动密切相关犯罪的企业。

对与涉案企业存在关联合规风险或者由类案暴露出合规风险的企业，负责办理案件的人民检察院可以对其提出合规整改的检察建议。

第21条 涉案企业应当以全面合规为目标、专项合规为重点，并根据规模、业务范围、行业特点等因素变化，逐步增设必要的专项合规计划，推动实现全面合规。

第22条 大中小微企业的划分，根据国家相关标准执行。

第23条 本办法由国家层面第三方机制管委会负责解释。自印发之日起施行。

【法发〔2023〕15号】 最高人民法院关于优化法治环境 促进民营经济发展壮大的指导意见（2023年9月25日）

4. 深入推进涉案企业合规改革。坚持治罪与治理并重，对于依法可判处缓刑、免于刑事处罚的民营企业，与检察机关共同做好涉案企业刑事合规改革，充分利用第三方合规监管机制，确保合规整改落到实处，从源头预防和减少企业重新违法犯罪。积极延伸司法职能，在民商事、行政、执行过程中引导企业守法合规经营，强化防范法律风险、商业风险意识，推进民营企业在法治轨道上健康发展。

【高检发办字〔2023〕49号】 人民检察院办理知识产权案件工作指引（2023年4月25日印发施行）

第17条（第1款） 人民检察院办理侵犯知识产权刑事案件，对于符合适用涉案企业合规改革案件范围和条件的，依法依规适用涉案企业合规机制。根据案件具体情况和法定从轻、减轻情节，结合企业合规整改效果，依法提出处理意见。

● **指导案例** **【高检发办字〔2020〕64号】 最高人民检察院第22批指导性案例**（2020年9月28日最高检第13届检委会第52次会议通过，2020年11月24日印发）

（检例第81号） 无锡F警用器材公司虚开增值税专用发票案①

指导意义：1. 对犯罪情节较轻且认罪认罚的涉罪民营企业及其有关责任人员，应当依法从宽处理。检察机关办理涉罪民营企业刑事案件，应当充分考虑促进经济发展，促进职工就业，维护国家和社会公共利益的需要，积极做好涉案企业及其有关责任人员的认罪认罚工作，促使涉罪企业退缴违法所得、赔偿损失、修复损害、挽回影响，从而将犯罪所造成的危害降到最低。对犯罪情节较轻且认罪认罚、积极整改的企业及其相关责任人员，符合不捕、不诉条件的，坚持能不捕的不捕，能不诉的不诉，符合判处缓刑条件的要提出适用缓刑的建议。

2. 把建章立制落实合法规范经营要求，作为悔罪表现和从宽处罚的考量因素。检察机关在办理企业涉罪案件过程中，通过对自愿认罪认罚的民营企业进行走访、调查，查明企业犯

---

① 本案要旨见《刑事诉讼法》第177、178条。

罪的诱发因素、制度漏洞、刑事风险等，提出检察建议。企业通过主动整改、建章立制落实合法规范经营要求体现悔罪表现。检察机关可以协助和督促企业执行，帮助企业增强风险意识，规范经营行为，有效预防犯罪并据此作为从宽处罚的考量因素。

3. 依法做好刑事不起诉与行政处罚、处分有效衔接。检察机关依法作出不起诉决定的案件，要执行好《中华人民共和国刑事诉讼法》第177条第3款的规定，对被不起诉人需要给予行政处罚、处分或者需要没收其违法所得的，应当提出检察意见，移送有关主管机关处理。有关主管机关应当将处理结果及时通知人民检察院。有关主管机关未及时通知处理结果的，人民检察院应当依法予以督促。

● 入库案例　　【2023-06-1-085-004】　北京某贸易公司、某国际贸易公司走私普通货物案（天津三中院/2023.05.26/［2023］津03刑初11号）

裁判要旨：1. 对于以第三方监督评估组织成员名义出具的企业合规检查评估报告，其作为有专门知识的人就案件的专门性问题出具的报告，参照鉴定意见的有关规定进行审查认定，第三方监督评估组织的成员则作为有专门知识的人，在接到法院通知时需要出庭。

2. 从案件类型方面，需要先行考察被告单位的诉讼代表人、被告人是否如实供述犯罪事实、是否对指控罪名提出异议，以排除在不认罪案件中启动企业合规的情况；对于认罪认罚的审查以直接负责的主管人员为重点，即使存在部分其他直接责任人员进行辩解的情况，也不宜一概认为全案不具备企业合规的启动前提。

3. 对于通过检查评估的犯罪单位，应从有利于持续整改的客观需求出发确定从宽重点。在合规计划通过检查评估以后，将企业合规与其他从宽处罚情节相互配合，使涉案企业主的刑罚宽缓，从而使得持续整改的客观需求得以实现。

【2023-11-1-340-008】　某公司污染环境案（绍兴上虞区院/2022.03.15/［2021］浙0604刑初475号）

裁判要旨：……案发后，行为人能积极进行整改，降低污染排放，带动上下游产业链减少危险废物量、碳排放量的，人民法院可以综合全案情况，将整改成效作为酌情从轻量刑情节予以考量。

【2024-03-1-090-001】　邓某甲、邓某乙违规不披露重要信息案（成都中院/2022.12.30/［2022］川01刑初27号）

裁判要旨：企业合规整改在审查起诉阶段没有完成的，可以在审判阶段继续开展合规整改。整改合格的，可以从宽处罚。

【2024-18-1-146-002】　邢某某虚开增值税专用发票案（芜湖中院/2023.04.27/［2022］皖02刑终186号）

裁判要旨：1. 对于公司、企业实际控制人、经营管理人员等实施的、与生产经营密切相关犯罪的刑事案件，可以适用企业合规整改。对于完成有效合规整改的，可以依法从宽处理。

2. 对于在审判阶段申请开展合规整改的，可以由人民法院视情直接组织开展。对符合相关条件的涉案企业，在第一审程序中未进行合规整改的，可以在第二审程序中开展。

（本书汇）【听证】①

● **相关规定**　【高检发未检字〔2017〕1号】　未成年人刑事检察工作指引（试行）（最高检2017年3月2日印发试行）

第177条【不公开听证会】　人民检察院对于社会影响较大或者争议较大的案件，在作出相对不起诉决定前，可以邀请侦查人员、未成年犯罪嫌疑人及其法定代理人、合适成年人、辩护人、被害人及其法定代理人、诉讼代理人、社会调查员、帮教人员等，召开不起诉听证会，充分听取各方的意见和理由，并制作听证笔录，由参与人员签字确认。

不起诉听证会应当不公开进行。人民检察院应当告知参与人员不得泄露涉案信息，注意保护未成年人的隐私。

【高检会〔2017〕3号】　最高人民法院、最高人民检察院、公安部、司法部关于依法处理涉法涉诉信访工作衔接配合的规定（2017年11月24日）

第12条　对于当事人救济权利已经充分行使仍缠访缠诉，社会影响较大的涉法涉诉信访案件，人民法院、人民检察院、公安机关、司法行政机关可以联合接待信访人，或者联合召开案件听证会，共同做好化解息诉工作。

【高检发〔2019〕11号】　人民检察院办案活动接受人民监督员监督的规定（2019年6月28日最高检检委会〔13届20次〕通过，2019年8月27日印发施行；《最高人民检察院关于人民监督员监督工作的规定》同时废止）

第9条　人民检察院对不服检察机关处理决定的刑事申诉案件、拟决定不起诉的案件、羁押必要性审查案件等进行公开审查，或者对有重大影响的审查逮捕案件、行政诉讼监督案件等进行公开听证的，应当邀请人民监督员参加，听取人民监督员对案件事实、证据的认定和案件处理的意见。

【高检发办字〔2020〕35号】　人民检察院办理认罪认罚案件监督管理办法（2020年4月3日最高检检委会〔13届36次〕通过，2020年5月11日印发）

第10条　对于下列拟作不批捕、不起诉的认罪认罚从宽案件，可以进行公开听证：（一）被害人不谅解、不同意从宽处理的；（二）具有一定社会影响，有必要向社会释法介绍案件情况的；（三）当事人多次涉诉信访，引发的社会矛盾尚未化解的；（四）食品、医疗、教育、环境等领域与民生密切相关，公开听证有利于宣扬法治、促进社会综合治理的；（五）具有一定典型性，有法治宣传教育意义的。

人民检察院办理认罪认罚案件应当按照规定接受人民监督员的监督。对公开听证的认罪认罚案件，可以邀请人民监督员参加，听取人民监督员对案件事实、证据认定和案件处理的意见。

【高检发办字〔2020〕53号】　人民检察院审查案件听证工作规定（2020年6月24日最高检检委会〔13届40次〕通过，2020年9月14日印发，2020年10月20日公布）

第2条　本规定中的听证，是指人民检察院对于符合条件的案件，组织召开听证会，就事实认定、法律适用和案件处理等问题听取听证员和其他参加人意见的案件审查活动。

---

① 注：《刑事诉讼法》没有关于听证的专门规定，本书将相关规定汇集于此。

第4条 人民检察院办理羁押必要性审查案件、拟不起诉案件、刑事申诉案件、民事诉讼监督案件、行政诉讼监督案件、公益诉讼案件等,在事实认定、法律适用、案件处理等方面存在较大争议,或者有重大社会影响,需要当面听取当事人和其他相关人员意见的,经检察长批准,可以召开听证会。

人民检察院办理审查逮捕案件,需要核实评估犯罪嫌疑人是否具有社会危险性、是否具有社会帮教条件的,可以召开听证会。

第5条 拟不起诉案件、刑事申诉案件、民事诉讼监督案件、行政诉讼监督案件、公益诉讼案件的听证会一般公开举行。

审查逮捕案件、羁押必要性审查案件以及当事人是未成年人案件的听证会一般不公开举行。

第6条 人民检察院应当根据案件具体情况,确定听证会参加人。听证会参加人除听证员外,可以包括案件当事人及其法定代理人、诉讼代理人、辩护人、第三人、相关办案人员、证人和鉴定人以及其他相关人员。

第7条 人民检察院可以邀请与案件没有利害关系并同时具备下列条件的社会人士作为听证员:(一)年满23周岁的中国公民;(二)拥护中华人民共和国宪法和法律;(三)遵纪守法、品行良好、公道正派;(四)具有正常履行职责的身体条件。

有下列情形之一的,不得担任听证员:(一)受过刑事处罚的;(二)被开除公职的;(三)被吊销律师、公证员执业证书的;(四)其他有严重违法违纪行为,可能影响司法公正的。

参加听证会的听证员一般为3至7人。

第8条 人民检察院可以邀请人民监督员参加听证会,依照有关规定接受人民监督员监督。

第9条 人民检察院可以根据案件办理需要,决定召开听证会。当事人及其辩护人、代理人向审查案件的人民检察院申请召开听证会的,人民检察院应当及时作出决定,告知申请人。不同意召开听证会的,应当向申请人说明理由。

第10条 人民检察院决定召开听证会的,应当做好以下准备工作:(一)制定听证方案,确定听证会参加人;(二)在听证3日前告知听证会参加人案由、听证时间和地点;(三)告知当事人主持听证会的检察官及听证员的姓名、身份;(四)公开听证的,发布听证会公告。

第12条 听证会一般在人民检察院检察听证室举行。有特殊情形的,经检察长批准也可以在其他场所举行。

听证会席位设置按照有关规定执行。

第13条 听证会一般由承办案件的检察官或者办案组的主办检察官主持。

检察长或者业务机构负责人承办案件的,应当担任主持人。

第15条 听证会一般按照下列步骤进行:(一)承办案件的检察官介绍案件情况和需要听证的问题;(二)当事人及其他参加人就需要听证的问题分别说明情况;(三)听证员向当事人或者其他参加人提问;(四)主持人宣布休会,听证员就听证事项进行讨论;(五)主持人宣布复会,根据案件情况,可以由听证员或者听证员代表发表意见;(六)当事人发表最后陈述意见;(七)主持人对听证会进行总结。

第 16 条　听证员的意见是人民检察院依法处理案件的重要参考。拟不采纳听证员多数意见的，应当向检察长报告并获同意后作出决定。

第 17 条　人民检察院充分听取各方意见后，根据已经查明的事实、证据和有关法律规定，能够当场作出决定的，应当由听证会主持人当场宣布决定并说明理由；不能当场作出决定的，应当在听证会后依法作出决定，向当事人宣告、送达，并将作出的决定和理由告知听证员。

第 18 条　听证过程应当由书记员制作笔录，并全程录音录像。

听证笔录由听证会主持人、承办检察官、听证会参加人和记录人签名或者盖章。笔录应当归入案件卷宗。

第 19 条　公开听证的案件，公民可以申请旁听，人民检察院可以邀请媒体旁听。经检察长批准，人民检察院可以通过中国检察听证网和其他公共媒体，对听证会进行图文、音频、视频直播或者录播。

公开听证直播、录播涉及的相关技术和工作规范，依照有关规定执行。

第 20 条　听证的期间计入办案期限。

第 21 条　人民检察院听证活动经费按照人民检察院财务管理办法有关规定执行，不得向当事人收取费用。

【高检发〔2021〕　号】　**人民检察院羁押听证办法**（见本书第 95~99 条）

【高检发办字〔2022〕167 号】　**最高人民检察院、公安部关于依法妥善办理轻伤害案件的指导意见**（2022 年 12 月 22 日）（主文见《刑法全厚细》第 234 条）

（二十二）以公开听证促进案件公正处理。对于事实认定、法律适用、案件处理等方面存在较大争议，或者有重大社会影响，需要当面听取当事人和邻里、律师等其他相关人员意见的案件，人民检察院拟作出不起诉决定的，可以组织听证，把事理、情理、法理讲清说透，实现案结事了人和。对其他拟作不起诉的，也要坚持"应听尽听"。……

【高检发办字〔2023〕49 号】　**人民检察院办理知识产权案件工作指引**（2023 年 4 月 25 日印发施行）

第 6 条　人民检察院办理知识产权案件在事实认定、法律适用、案件处理等方面存在较大争议，或者有重大社会影响，需要当面听取当事人和其他相关人员意见的，经检察长批准，可以召开听证会。根据案件需要，可以邀请有专门知识的人或者检察技术人员参加听证会。

涉及商业秘密的知识产权案件听证会，当事人申请不公开听证的，可以不公开听证。

第 17 条（第 2 款）　人民检察院对于拟作不批准逮捕、不起诉、变更强制措施等决定的涉企知识产权犯罪案件，可以根据《人民检察院审查案件听证工作规定》召开听证会，邀请公安机关、知识产权权利人、第三方组织组成人员等到会发表意见。

● **指导案例**　【高检发办字〔2020〕64 号】　**最高人民检察院第 22 批指导性案例**（2020 年 9 月 28 日最高检检委会〔13 届 52 次〕通过，2020 年 11 月 24 日印发）

（检例第 81 号）　无锡 F 警用器材公司虚开增值税专用发票案

要旨：拟对企业作出不起诉处理的，可以通过公开听证听取意见。……

【高检发办字〔2020〕68号】 最高人民检察院第23批指导性案例（2020年11月6日最高检检委会〔13届54次〕通过，2020年12月13日印发）

（检例第85号） 刘远鹏涉嫌生产、销售"伪劣产品"（不起诉）案

要旨：对涉及创新的争议案件，可以通过听证方式开展审查。对专业性问题，应当加强与行业主管部门沟通，充分听取行业意见和专家意见，促进完善相关行业领域标准。

【高检发办字〔2021〕7号】 最高人民检察院第26批指导性案例（2021年2月8日）

（检例第99号） 广州卡门实业有限公司涉嫌销售假冒注册商标的商品立案监督案

要旨：在办理注册商标类犯罪的立案监督案件时，对符合商标法规定的正当合理使用情形而未侵犯注册商标专用权的，应依法监督公安机关撤销案件，以保护涉案企业合法权益。必要时可组织听证，增强办案透明度和监督公信力。

第三编 审 判

第一章 审判组织①

第 183 条 【合议庭组成】基层人民法院、中级人民法院审判第一审案件，应当由审判员 3 人或者由审判员和人民陪审员共 3 人<u>或者 7 人</u>组成合议庭进行，但是基层人民法院适用简易程序、<u>速裁程序</u>的案件可以由审判员 1 人独任审判。②

高级人民法院审判第一审案件，应当由审判员 3 人至 7 人或者由审判员和人民陪审员共 3 人或者 7 人组成合议庭进行。③

最高人民法院审判第一审案件，应当由审判员 3 人至 7 人组成合议庭进行。④

~~人民陪审员在人民法院执行职务，同审判员有同等的权利。~~⑤

人民法院审判上诉和抗诉案件，由审判员 <u>3 人或者 5 人</u>⑥组成合议庭进行。

合议庭的成员人数应当是单数。⑦

~~合议庭由院长或者庭长指定审判员 1 人担任审判长。院长或者庭长参加审判案件的时候，自己担任审判长。~~⑧

第 184～185 条（见第 200 条）

---

① 注：1996 年 3 月 17 日第 8 届全国人民代表大会第 4 次会议将本章条文中的"检举"统一修改为"举报"，1997 年 1 月 1 日施行。

② 本款规定先后 2 次修改。原规定（1980 年 1 月 1 日施行）为："基层人民法院、中级人民法院审判第一审案件，除自诉案件和其他轻微的刑事案件可以由审判员 1 人独任审判以外，应当由审判员 1 人、人民陪审员 2 人组成合议庭进行。"1996 年 3 月 17 日第 8 届全国人民代表大会第 4 次会议修改为现规定，1997 年 1 月 1 日施行。2018 年 10 月 26 日第 13 届全国人大常委会第 6 次会议增加了下划线部分，同日公布施行。

③ 本款规定先后 2 次修改。原规定（1980 年 1 月 1 日施行）为："高级人民法院、最高人民法院审判第一审案件，应当由审判员 1 人至 3 人、人民陪审员 2 人至 4 人组成合议庭进行。"1996 年 3 月 17 日第 8 届全国人民代表大会第 4 次会议修改为（1997 年 1 月 1 日施行）："……应当由审判员 3 人至 7 人或者由审判员和人民陪审员共 3 人至 7 人组成合议庭进行。"2018 年 10 月 26 日第 13 届全国人大常委会第 6 次会议修改为现规定，同日公布施行。

④ 本款规定由 2018 年 10 月 26 日第 13 届全国人大常委会第 6 次会议增设，同日公布施行。

⑤ 本款规定被 2018 年 10 月 26 日第 13 届全国人大常委会第 6 次会议删除，同日公布施行。

⑥ 本款下划线部分由 2018 年 10 月 26 日第 13 届全国人大常委会第 6 次会议修改，同日公布施行。原规定为"3 人至 5 人"。

⑦ 本款规定由 1996 年 3 月 17 日第 8 届全国人民代表大会第 4 次会议增设，1997 年 1 月 1 日施行。

⑧ 本款规定被 2018 年 10 月 26 日第 13 届全国人大常委会第 6 次会议删除，同日公布施行。

● **相关规定**　【法发（研）〔1981〕号】　最高人民法院关于执行刑事诉讼法中若干问题的初步经验总结（1981年11月印发）①

五、关于审判组织的问题

（一）独任审判

刑事诉讼法第105条规定，基层人民法院、中级人民法院审判第一审自诉案件和其他轻微的刑事案件，可以由审判员1人独任审判。自诉案件和其他轻微的刑事案件的范围，依照刑事诉讼法第13条第1款的规定，1979年12月15日最高人民法院、最高人民检察院、公安部在《关于执行刑事诉讼法规定的案件管辖范围的通知》的第1条中，已作了具体规定，应认真执行。

独任审判不是一切从简。依法应当公开审理的案件，都要公开审理，并认真执行回避、辩护、上诉等各项审判程序制度，切实保障当事人和其他诉讼参与人的诉讼权利。

（二）合议庭审判

（第1款）　依照刑事诉讼法第105条的规定，人民法院审判案件，除基层人民法院、中级人民法院审判第一审自诉案件和其他轻微的刑事案件，可以独任审判外，均须依法组成合议庭进行。因此，合议庭是人民法院审判案件的基本组织形式。

（第2款）　根据刑事诉讼法第105条的规定和审判实践经验，合议庭的人数，必须是奇数。在一审合议庭中，人民陪审员的人数，必须多于审判员的人数。基层和中级人民法院审理第一审案件的合议庭为3人，高级和最高人民法院审理第一审案件的合议庭为3人、5人或7人。如果遇有多名被告人的共同犯罪案件，可以组织其他审判人员协助做好开庭前的准备工作，但组成合议庭的人员不能超过法定人数。

（四）院长、庭长与合议庭的关系

人民法院组织法第4条规定："人民法院独立进行审判，只服从法律。"这是指人民法院作为一个整体独立行使国家审判权，而不是合议庭独立审判，更不是审判员独立审判。院长、庭长应当负责领导和监督审判工作。合议庭制作的判决书、裁定书，是以人民法院的名义宣告发出的，必须经院长、庭长审核签发。……

【法释〔2002〕25号】　最高人民法院关于人民法院合议庭工作的若干规定（2002年7月30日最高法审委会第1234次会议通过，2002年8月12日发布，2002年8月17日施行）

第1条（第1款）　人民法院实行合议制审判第一审案件，由法官或者由法官和人民陪审员组成合议庭进行；人民法院实行合议制审判第二审案件和其他应当组成合议庭审判的案件，由法官组成合议庭进行。

第2条　合议庭的审判长由符合审判长任职条件的法官担任。

院长或者庭长参加合议庭审判案件的时候，自己担任审判长。

第3条　合议庭组成人员确定后，除因回避或者其他特殊情况，不能继续参加案件审理的之外，不得在案件审理过程中更换。更换合议庭成员，应当报请院长或者庭长决定。合议庭成员的更换情况应当及时通知诉讼当事人。

第4条　合议庭的审判活动由审判长主持，全体成员平等参与案件的审理、评议、裁判，共同对案件认定事实和适用法律负责。

---

① 注：该《经验总结》一直没有被废止，部分内容可作参考。

第5条　合议庭承担下列职责：（一）根据当事人的申请或者案件的具体情况，可以作出财产保全、证据保全、先予执行等裁定；（二）确定案件委托评估、委托鉴定等事项；（三）依法开庭审理第一审、第二审和再审案件；（四）评议案件；（五）提请院长决定将案件提交审判委员会讨论决定；（六）按照权限对案件及其有关程序性事项作出裁判或者提出裁判意见；（七）制作裁判文书；（八）执行审判委员会决定；（九）办理有关审判的其他事项。

第6条　审判长履行下列职责：（一）指导和安排审判辅助人员做好庭前调解、庭前准备及其他审判业务辅助性工作；（二）确定案件审理方案、庭审提纲、协调合议庭成员的庭审分工以及做好其他必要的庭审准备工作；（三）主持庭审活动；（四）主持合议庭对案件进行评议；（五）依照有关规定，提请院长决定将案件提交审判委员会讨论决定；（六）制作裁判文书，审核合议庭其他成员制作的裁判文书；（七）依照规定权限签发法律文书；（八）根据院长或者庭长的建议主持合议庭对案件复议；（九）对合议庭遵守案件审理期限制度的情况负责；（十）办理有关审判的其他事项。

【法释〔2010〕1号】　**最高人民法院关于进一步加强合议庭职责的若干规定**（2009年12月14日最高法审委会第1479次会议通过，2010年1月11日公布，2010年2月1日施行）

第2条　合议庭由审判员、助理审判员或者人民陪审员随机组成。合议庭成员相对固定的，应当定期交流。人民陪审员参加合议庭的，应当从人民陪审员名单中随机抽取确定。

第3条　承办法官履行下列职责：（一）主持或者指导审判辅助人员进行庭前调解、证据交换等庭前准备工作；（二）拟定庭审提纲，制作阅卷笔录；（三）协助审判长组织法庭审理活动；（四）在规定期限内及时制作审理报告；（五）案件需要提交审判委员会讨论的，受审判长指派向审判委员会汇报案件；（六）制作裁判文书提交合议庭审核；（七）办理有关审判的其他事项。

第10条　合议庭组成人员存在违法审判行为的，应当按照《人民法院审判人员违法审判责任追究办法（试行）》等规定追究相应责任。合议庭审理案件有下列情形之一的，合议庭成员不承担责任：

（一）因对法律理解和认识上的偏差而导致案件被改判或者发回重审的；

（二）因对案件事实和证据认识上的偏差而导致案件被改判或者发回重审的；

（三）因新的证据而导致案件被改判或者发回重审的；

（四）因法律修订或者政策调整而导致案件被改判或者发回重审的；

（五）因裁判所依据的其他法律文书被撤销或变更而导致案件被改判或者发回重审的；

（六）其他依法履行审判职责不应当承担责任的情形。

第11条　执行工作中依法需要组成合议庭的，参照本规定执行。

第12条　本院以前发布的司法解释与本规定不一致的，以本规定为准。

【主席令〔2018〕11号】　**中华人民共和国人民法院组织法**（2018年10月26日第13届全国人大常委会第6次会议修订，2019年1月1日施行）

第30条　合议庭由法官组成，或者由法官和人民陪审员组成，成员为3人以上单数。

合议庭由1名法官担任审判长。院长或者庭长参加审理案件时，由自己担任审判长。

审判长主持庭审、组织评议案件，评议案件时与合议庭其他成员权利平等。

第31条　合议庭评议案件应当按照多数人的意见作出决定，少数人的意见应当记入笔录。评议案件笔录由合议庭全体组成人员签名。

第32条　合议庭或者法官独任审理案件形成的裁判文书，经合议庭组成人员或者独任法官签署，由人民法院发布。

【法发〔2015〕13号】　最高人民法院关于完善人民法院司法责任制的若干意见（2015年9月21日）

二、改革审判权力运行机制

（一）独任制与合议庭运行机制

4. 基层、中级人民法院可以组建由一名法官与法官助理、书记员以及其他必要的辅助人员组成的审判团队，依法独任审理适用简易程序的案件和法律规定的其他案件。

人民法院可以按照受理案件的类别，通过随机产生的方式，组建由法官或者法官与人民陪审员组成的合议庭，审理适用普通程序和依法由合议庭审理的简易程序的案件。案件数量较多的基层人民法院，可以组建相对固定的审判团队，实行扁平化的管理模式。

人民法院应当结合职能定位和审级情况，为法官合理配置一定数量的法官助理、书记员和其他审判辅助人员。

5. 在加强审判专业化建设基础上，实行随机分案为主、指定分案为辅的案件分配制度。按照审判领域类别，随机确定案件的承办法官。因特殊情况需要对随机分案结果进行调整的，应当将调整理由及结果在法院工作平台上公示。

6. （第2款）　合议庭评议和表决规则，适用人民法院组织法、诉讼法以及《最高人民法院关于人民法院合议庭工作的若干规定》《最高人民法院关于进一步加强合议庭职责的若干规定》。

7. 进入法官员额的院长、副院长、审判委员会专职委员、庭长、副庭长应当办理案件。院长、副院长、审判委员会专职委员每年办案数量应当参照全院法官人均办案数量，根据其承担的审判管理监督事务和行政事务工作量合理确定。庭长每年办案数量参照本庭法官人均办案数量确定。对于重大、疑难、复杂的案件，可以直接由院长、副院长、审判委员会委员组成合议庭进行审理。

按照审判权与行政管理权相分离的原则，试点法院可以探索实行人事、经费、政务等行政事务集中管理制度，必要时可以指定一名副院长专门协助院长管理行政事务。

8. 人民法院可以分别建立由民事、刑事、行政等审判领域法官组成的专业法官会议，为合议庭正确理解和适用法律提供咨询意见。合议庭认为所审理的案件因重大、疑难、复杂而存在法律适用标准不统一的，可以将法律适用问题提交专业法官会议研究讨论。专业法官会议的讨论意见供合议庭复议时参考，采纳与否由合议庭决定，讨论记录应当入卷备查。

建立审判业务法律研讨机制，通过类案参考、案例评析等方式统一裁判尺度。

三、明确司法人员职责和权限

（二）院长庭长管理监督职责

21. 院长除依照法律规定履行相关审判职责外，还应当从宏观上指导法院各项审判工作，组织研究相关重大问题和制定相关管理制度，综合负责审判管理工作，主持审判委员会讨论审判工作中的重大事项，依法主持法官考评委员会对法官进行评鉴，以及履行其他必要的审判管理和监督职责。

副院长、审判委员会专职委员受院长委托，可以依照前款规定履行部分审判管理和监督职责。

22. 庭长除依照法律规定履行相关审判职责外，还应当从宏观上指导本庭审判工作，研究制定各合议庭和审判团队之间、内部成员之间的职责分工，负责随机分案后因特殊情况需要调整分案的事宜，定期对本庭审判质量情况进行监督，以及履行其他必要的审判管理和监督职责。

23. 院长、副院长、庭长的审判管理和监督活动应当严格控制在职责和权限的范围内，并在工作平台上公开进行。院长、副院长、庭长除参加审判委员会、专业法官会议外不得对其没有参加审理的案件发表倾向性意见。

【法发〔2017〕11号】 最高人民法院关于落实司法责任制完善审判监督管理机制的意见（试行）(2017年4月12日印发，2017年5月1日试行)

一、各级人民法院在法官员额制改革完成后，必须严格落实司法责任制改革要求，确保"让审理者裁判，由裁判者负责"。除审判委员会讨论决定的案件外，院庭长对其未直接参加审理案件的裁判文书不再进行审核签发，也不得以口头指示、旁听合议、文书送阅等方式变相审批案件。

二、各级人民法院应当逐步完善院庭长审判监督管理权力清单。院庭长审判监督管理职责主要体现为对程序事项的审核批准、对审判工作的综合指导、对裁判标准的督促统一、对审判质效的全程监管和排除案外因素对审判活动的干扰等方面。

院庭长可以根据职责权限，对审判流程运行情况进行查看、操作和监控，分析审判运行态势，提示纠正不当行为，督促案件审理进度，统筹安排整改措施。院庭长行使审判监督管理职责的时间、内容、节点、处理结果等，应当在办公办案平台上全程留痕、永久保存。

三、各级人民法院应当健全随机分案为主、指定分案为辅的案件分配机制。根据审判领域类别和繁简分流安排，随机确定案件承办法官。已组建专业化合议庭或者专业审判团队的，在合议庭或者审判团队内部随机分案。承办法官一经确定，不得擅自变更。因存在回避情形或者工作调动、身体健康、廉政风险等事由确需调整承办法官的，应当由院庭长按权限审批决定，调整理由及结果应当及时通知当事人并在办公办案平台公示。

有下列情形之一的，可以指定分案：(1) 重大、疑难、复杂或者新类型案件，有必要由院庭长承办的；(2) 原告或者被告相同、案由相同、同一批次受理的2件以上的批量案件或者关联案件；(3) 本院提审的案件；(4) 院庭长根据个案监督工作需要，提出分案建议的；(5) 其他不适宜随机分案的案件。指定分案情况，应当在办公办案平台上全程留痕。

四、依法由合议庭审理的案件，合议庭原则上应当随机产生。因专业化审判需要组建的相对固定的审判团队和合议庭，人员应当定期交流调整，期限一般不应超过2年。

各级人民法院可以根据本院员额法官和案件数量情况，由院庭长按权限指定合议庭中资历较深、庭审驾驭能力较强的法官担任审判长，或者探索实行由承办法官担任审判长。院庭长参加合议庭审判案件的时候，自己担任审判长。

五、对于符合《最高人民法院关于完善人民法院司法责任制的若干意见》第24条规定情形之一的案件，院庭长有权要求独任法官或者合议庭报告案件进展和评议结果。院庭长对相关案件审理过程或者评议结果有异议的，不得直接改变合议庭的意见，可以决定将案件提请专业法官会议、审判委员会进行讨论。

独任法官或者合议庭在案件审理过程中，发现符合上述个案监督情形的，应当主动按程序向院庭长报告，并在办公办案平台全程留痕。符合特定类型个案监督情形的案件，原则上应当适用普通程序审理。

六、各级人民法院应当充分发挥专业法官会议、审判委员会总结审判经验、统一裁判标准的作用，在完善类案参考、裁判指引等工作机制基础上，建立类案及关联案件强制检索机制，确保类案裁判标准统一、法律适用统一。

院庭长应当通过特定类型个案监督、参加专业法官会议或者审判委员会、查看案件评查结果、分析改判发回案件、听取辖区法院意见、处理各类信访投诉等方式，及时发现并处理裁判标准、法律适用等方面不统一的问题。

【法发〔2017〕20 号】　最高人民法院司法责任制实施意见（试行）（2017 年 7 月 25 日印发，2017 年 8 月 1 日试行）

3. 最高人民法院实行合议庭办案责任制，每个合议庭配备适当数量的法官助理和书记员。在巡回法庭一般以法官、法官助理、书记员"1+1+1"的模式配置审判团队。

4. 合议庭原则上随机产生，也可以根据专业化审判需要组成相对固定的合议庭。

5. 合议庭审判长一般由资历较深的法官担任，也可以由承办法官担任。

院长及其他院领导、庭长、副庭长参加审判案件，由其担任审判长。

6. 因专业化审判需要组建的相对固定合议庭和审判团队，人员应当定期交流，期限一般为 2 年，最长不超过 5 年。

25. 巡回法庭原则上不审理或办理请示案件，如确有必要的，应当在立案前向审判管理办公室提交报告并说明理由，审判管理办公室会同相关部门研究同意后，巡回法庭可以立案。

高级人民法院报请批准延长审限或因管辖权问题报请裁定、决定的案件，由巡回法庭审理或办理。

58. 办理死刑复核案件，刑事大要案请示案件，涉外、涉侨、涉港澳台刑事请示案件，法定刑以下判处刑罚核准案件，分案、阅卷、提讯、听证、评议及制作、审核、签署、送达、公开裁判文书等工作，按照有关规定执行。

除前款规定之外的其他刑事案件，按照本意见执行。

【法发〔2020〕26 号】　最高人民法院关于深化司法责任制综合配套改革的实施意见（2020 年 7 月 31 日印发，2020 年 8 月 4 日施行）

5. 完善"四类案件"识别监管机制。各级人民法院应当结合审级职能定位和审判工作实际，进一步细化明确《最高人民法院关于完善人民法院司法责任制的若干意见》第 24 条规定的"四类案件"范围，完善院庭长监督管理"四类案件"的发现机制、启动程序和操作规程，探索"四类案件"自动化识别、智能化监管，提高审判监督管理的信息化、专业化、规范化水平。各高级人民法院应当建立统一的"四类案件"自动识别监测系统，对审判组织应当报告而未报告、应当提交专业法官会议或审判委员会讨论而未提交的案件，系统自动预警并提醒院庭长监督。

对于"四类案件"，院庭长有权要求独任庭或合议庭报告案件进展和评议结果，对审理过程或评议结果有异议的，可以将案件提交专业法官会议、审判委员会讨论，不得要求独任庭、合议庭接受本人意见或直接改变独任庭、合议庭意见。院庭长履行审判监督管理职责时，应当在卷宗或办案平台标注，全程留痕。各级人民法院应当将履行审判监督管理职责情况、分管领域审判质效总体情况,作为院庭长综合考核评价的重要内容。

16. 健全法官遴选制度。各高级人民法院应当建立法官常态化增补机制,对辖区法院预留或空出的员额定期开展遴选,每年开展法官遴选原则上不少于1次;探索开展法官跨地域遴选工作,跨地市遴选法官的,应当报经高级人民法院同意;跨省(自治区、直辖市)遴选法官的,应当报经最高人民法院同意。法官遴选过程中,在向省级法官遴选委员会推荐拟入额人选时,可以综合考虑法官人均办案工作量、近期拟退休法官人数等因素,按照不高于法官空缺数30%的比例推荐递补人选。下次遴选工作启动前,法官员额空缺的,可以直接从递补人选中推荐拟入额人选,按程序报高级人民法院审批后办理任职手续。未能递补入额的,在下次法官遴选时,按照与其他人员相同的程序和标准重新参加遴选。

17. 完善法官退出机制。担任领导职务的法官不办案、办案达不到要求,或挂名办案、虚假办案,拒不改正的,应当退出员额。法官具有退出员额情形,所在法院未启动退出程序的,上级人民法院应当及时督促。法官对涉及本人退出员额的决定有异议的,可以在收到决定后7日内向所任职法院申请复核。法官退出员额后需要免除法律职务的,应当及时提请办理相关免职手续。法官因惩戒委员会意见退出员额5年后,或因自愿申请、办案业绩考核不达标退出员额2年后,可以重新申请入额。

【法发〔2021〕30号】 最高人民法院关于进一步完善"四类案件"监督管理工作机制的指导意见(2021年11月4日印发,2021年11月5日施行)

一、各级人民法院监督管理"四类案件",应当严格依照法律规定,遵循司法规律,落实"让审理者裁判,由裁判者负责",在落实审判组织办案主体地位基础上,细化完善审判权力和责任清单,推动实现全过程监督、组织化行权,有效防控各类风险,不断提升审判质量、效率和司法公信力。

二、本意见所称"四类案件",是指符合下列情形之一的案件:(一)重大、疑难、复杂、敏感的;(二)涉及群体性纠纷或者引发社会广泛关注,可能影响社会稳定的;(三)与本院或者上级人民法院的类案裁判可能发生冲突的;(四)有关单位或者个人反映法官有违法审判行为的。

三、"重大、疑难、复杂、敏感"的案件主要包括下列案件:涉及国家利益、社会公共利益的;对事实认定或者法律适用存在较大争议的;具有首案效应的新类型案件;具有普遍法律适用指导意义的;涉及国家安全、外交、民族、宗教等敏感案件。

四、"涉及群体性纠纷或者引发社会广泛关注,可能影响社会稳定"的案件主要包括下列案件:当事人或者被害人人数众多,可能引发群体性事件的;可能或者已经引发社会广泛关注,存在激化社会矛盾风险的;具有示范效应、可能引发后续批量诉讼的;可能对特定行业产业发展、特定群体利益、社会和谐稳定产生较大影响的。

五、"与本院或者上级人民法院的类案裁判可能发生冲突"的案件主要包括下列案件:与本院或者上级人民法院近3年类案生效裁判可能发生冲突的;与本院正在审理的类案裁判结果可能发生冲突,有必要统一法律适用的;本院近3年类案生效裁判存在重大法律适用分歧,截至案件审理时仍未解决的。

六、"有关单位或者个人反映法官有违法审判行为"的案件主要包括下列案件:当事人、诉讼代理人、辩护人、利害关系人实名反映参与本案审理的法官有违法审判行为,并提供具体线索的;当事人、诉讼代理人、辩护人实名反映案件久拖不决,经初步核实确属违反审判执行期限管理规定的；有关部门通过审务督察、司法巡查、案件评查、信访接待或者受理举报、投诉等方式，发现法官可能存在违法审判行为的；承办审判组织在"三个规定"记录报告平台反映存在违反规定干预过问案件情况，可能或者已经影响司法公正的。

有关单位或者个人反映审判辅助人员有违纪违法行为，可能或者已经影响司法公正的，参照上述情形监督管理。

八、各级人民法院应当结合本院实际，建立覆盖审判工作全过程的"四类案件"识别标注、及时报告、推送提醒、预警提示机制，明确各类审判组织、审判人员、职能部门的主体责任、报告义务、问责机制。对"四类案件"，应当通过依法公开审理、加强裁判文书说理，接受社会监督。

立案部门在立案阶段识别出"四类案件"的，应当同步在办案平台标注，提示相关院庭长，根据本意见要求确定承办审判组织形式和人员。承办审判组织在案件审理阶段识别出"四类案件"的，应当主动标注，并及时向院庭长报告。院庭长发现分管领域内"四类案件"的，应当提醒承办审判组织及时标注，并要求其报告案件进展情况。审判管理、审务督察、新闻宣传等职能部门在日常工作中发现"四类案件"的，应当及时提示相关院庭长。下级人民法院向上级人民法院移送"四类案件"卷宗材料的，应当在原审纸质卷宗或者电子卷宗中作出相应标注。

对案件是否属于"四类案件"存在争议的，可以按照工作程序层报院庭长决定。案件不再作为"四类案件"监督管理的，撤销相应标注，并在办案平台注明原因。

九、立案阶段识别标注的"四类案件"，可以指定分案。审理"四类案件"，应当依法组成合议庭，一般由院庭长担任审判长，并根据案件所涉情形、复杂程度等因素，综合确定合议庭组成人员和人数。

案件进入审理阶段后被识别标注为"四类案件"的，院庭长可以根据案件所涉情形、进展情况，按权限决定作出下述调整，调整结果应当及时通知当事人，并在办案平台注明原因：（一）由独任审理转为合议庭审理；（二）调整承办法官；（三）调整合议庭组成人员或者人数；（四）决定由自己担任审判长。

十、院庭长应当根据《中华人民共和国法官法》第9条的规定，针对"四类案件"审理中需要关注和解决的问题，按照职务权限采取以下监督管理措施：（一）按权限调整分案；（二）要求合议庭报告案件进展、评议结果；（三）要求合议庭提供类案裁判文书或者制作类案检索报告；（四）审阅案件庭审提纲、审理报告；（五）调阅卷宗、旁听庭审；（六）要求合议庭复议并报告复议结果，但同一案件一般不得超过2次；（七）决定将案件提交专业法官会议讨论；（八）决定按照工作程序将案件提交审判委员会讨论；（九）决定按程序报请上一级人民法院审理；（十）其他与其职务相适应的必要监督管理措施。

院庭长在分管领域、职务权限范围内，按工作程序采取上述监督管理措施，或者对下级人民法院审理的"四类案件"依法履行监督指导职责，不属于违反规定干预过问案件。

十一、院庭长对"四类案件"履行监督管理职责时，应当在办案平台全程留痕，或者形成书面记录入卷备查。院庭长对"四类案件"的处理意见，应当在专业法官会议或者审判委员会会议上发表，并记入会议记录，签字确认后在办案平台或者案卷中留痕。院庭长对合议庭拟作出的裁判结果有异议的，有权要求复议，也可以按照工作程序将案件提交专业法官会议、审判委员会讨论。院庭长非经法定程序，不得直接改变合议庭意见。

十四、（第1款）　本意见所称院庭长，包括进入法官员额的院长、副院长、审判委员会专职委员、庭长、副庭长和其他依法承担监督管理职责的审判（执行）部门负责人。

【法释〔2016〕30号】　最高人民法院关于巡回法庭审理案件若干问题的规定（2015年1月28日"法释〔2015〕3号"公布，2015年2月1日施行；2016年12月19日最高法审委会第1704次会议修正，2016年12月27日公布，2016年12月28日施行）

第2条　巡回法庭是最高人民法院派出的常设审判机构。巡回法庭作出的判决、裁定和决定，是最高人民法院的判决、裁定和决定。

第10条　巡回法庭按照让审理者裁判、由裁判者负责原则，实行主审法官、合议庭办案责任制。巡回法庭主审法官由最高人民法院从办案能力突出、审判经验丰富的审判人员中选派。巡回法庭的合议庭由主审法官组成。

第11条　巡回法庭庭长、副庭长应当参加合议庭审理案件。合议庭审理案件时，由承办案件的主审法官担任审判长。庭长或者副庭长参加合议庭审理案件时，自己担任审判长。巡回法庭作出的判决、裁定，经合议庭成员签署后，由审判长签发。

第12条　巡回法庭受理的案件，统一纳入最高人民法院审判信息综合管理平台进行管理，立案信息、审判流程、裁判文书面向当事人和社会依法公开。

【主席令〔2018〕4号】　中华人民共和国人民陪审员法（2018年4月27日全国人大常委会〔13届2次〕通过，同日公布施行；2004年8月28日全国人大常委会《关于完善人民陪审员制度的决定》同时废止）

第20条　审判长应当履行与案件审判相关的指引、提示义务，但不得妨碍人民陪审员对案件的独立判断。

合议庭评议案件，审判长应当对本案中涉及的事实认定、证据规则、法律规定等事项及应当注意的问题，向人民陪审员进行必要的解释和说明。

第21条　人民陪审员参加3人合议庭审判案件，对事实认定、法律适用，独立发表意见，行使表决权。

第22条　人民陪审员参加7人合议庭审判案件，对事实认定，独立发表意见，并与法官共同表决；对法律适用，可以发表意见，但不参加表决。

第23条　合议庭评议案件，实行少数服从多数的原则。人民陪审员同合议庭其他组成人员意见分歧的，应当将其意见写入笔录。

合议庭组成人员意见有重大分歧的，人民陪审员或者法官可以要求合议庭将案件提请院长决定是否提交审判委员会讨论决定。

【法释〔2021〕1号】　最高人民法院关于适用《中华人民共和国刑事诉讼法》的解释（2020年12月7日最高法审委会〔1820次〕修订，2021年1月26日公布，2021年3月1日施行；2013年1月1日施行的"法释〔2012〕21号"《解释》同时废止）

第212条　合议庭由审判员担任审判长。<u>院长或者庭长参加审理案件时，由其本人担任审判长</u>。<u>助理审判员由本院院长提出，经审判委员会通过，可以临时代行审判员职务，并可以担任审判长</u>。

审判员依法独任审判时，行使与审判长相同的职权。

<u>第213条</u>　基层人民法院、中级人民法院、高级人民法院审判下列第一审刑事案件，由

审判员和人民陪审员组成合议庭进行：（一）涉及群体利益、公共利益的；（二）人民群众广泛关注或者其他社会影响较大的；（三）案情复杂或者有其他情形，需要由人民陪审员参加审判的。

基层人民法院、中级人民法院、高级人民法院审判下列第一审刑事案件，由审判员和人民陪审员组成7人合议庭进行：（一）可能判处10年以上有期徒刑、无期徒刑、死刑，且社会影响重大的；（二）涉及征地拆迁、生态环境保护、食品药品安全，且社会影响重大的；（三）其他社会影响重大的。

第214条　开庭审理和评议案件，应当由同一合议庭进行。合议庭成员在评议案件时，应当独立发表表达意见并说明理由。意见分歧，应当按多数意见作出决定，但少数意见应当记入笔录。评议笔录由合议庭的组成人员在审阅确认无误后签名。评议情况应当保密。

【法发〔2022〕31号】　最高人民法院关于规范合议庭运行机制的意见（2022年10月26日印发，2022年11月1日起施行）

一、合议庭是人民法院的基本审判组织。合议庭全体成员平等参与案件的阅卷、庭审、评议、裁判等审判活动，对案件的证据采信、事实认定、法律适用、诉讼程序、裁判结果等问题独立发表意见并对此承担相应责任。

二、合议庭可以通过指定或者随机方式产生。因专业化审判或者案件繁简分流工作需要，合议庭成员相对固定的，应当定期轮换交流。属于"四类案件"或者参照"四类案件"监督管理的，院庭长可以按照其职权指定合议庭成员。以指定方式产生合议庭的，应当在办案平台全程留痕，或者形成书面记录入卷备查。

合议庭的审判长由院庭长指定。院庭长参加合议庭的，由院庭长担任审判长。

合议庭成员确定后，因回避、工作调动、身体健康、廉政风险等事由，确需调整成员的，由院庭长按职权决定，调整结果应当及时通知当事人，并在办案平台标注原因，或者形成书面记录入卷备查。

法律、司法解释规定"另行组成合议庭"的案件，原合议庭成员及审判辅助人员均不得参与办理。

三、合议庭审理案件时，审判长除承担由合议庭成员共同承担的职责外，还应当履行以下职责：（一）确定案件审理方案、庭审提纲，协调合议庭成员庭审分工，指导合议庭成员或者审判辅助人员做好其他必要的庭审准备工作；（二）主持、指挥庭审活动；（三）主持合议庭评议；（四）建议将合议庭处理意见分歧较大的案件，依照有关规定和程序提交专业法官会议讨论或者审判委员会讨论决定；（五）依法行使其他审判权力。

审判长承办案件时，应当同时履行承办法官的职责。

四、合议庭审理案件时，承办法官履行以下职责：（一）主持或者指导审判辅助人员做好庭前会议、庭前调解、证据交换等庭前准备工作及其他审判辅助工作；（二）就当事人提出的管辖权异议及保全、司法鉴定、证人出庭、非法证据排除申请等提请合议庭评议；（三）全面审核涉案证据，提出审查意见；（四）拟定案件审理方案、庭审提纲，根据案件审理需要制作阅卷笔录；（五）协助审判长开展庭审活动；（六）参与案件评议，并先行提出处理意见；（七）根据案件审理需要，制作或者指导审判辅助人员起草审理报告、类案检索报告等；（八）根据合议庭评议意见或者审判委员会决定，制作裁判文书；（九）依法行使其他审判权力。

五、合议庭审理案件时，合议庭其他成员应当共同参与阅卷、庭审、评议等审判活动，根据审判长安排完成相应审判工作。

六、合议庭应当在庭审结束后及时评议。合议庭成员确有客观原因难以实现线下同场评议的，可以通过人民法院办案平台采取在线方式评议，但不得以提交书面意见的方式参加评议或者委托他人参加评议。合议庭评议过程不向未直接参加案件审理工作的人员公开。

合议庭评议案件时，先由承办法官对案件事实认定、证据采信以及适用法律等发表意见，其他合议庭成员依次发表意见。审判长应当根据评议情况总结合议庭评议的结论性意见。

审判长主持评议时，与合议庭其他成员权利平等。合议庭成员评议时，应当充分陈述意见，独立行使表决权，不得拒绝陈述意见；同意他人意见的，应当提供事实和法律根据并论证理由。

合议庭成员对评议结果的表决以口头形式进行。评议过程应当以书面形式完整记入笔录，评议笔录由审判辅助人员制作，由参加合议的人员和制作人签名。评议笔录属于审判秘密，非经法定程序和条件，不得对外公开。

七、合议庭评议时，如果意见存在分歧，应当按照多数意见作出决定，但是少数意见应当记入笔录。

合议庭可以根据案情或者院庭长提出的监督意见复议。合议庭无法形成多数意见时，审判长应当按照有关规定和程序建议院庭长将案件提交专业法官会议讨论，或者由院长将案件提交审判委员会讨论决定。专业法官会议讨论形成的意见，供合议庭复议时参考；审判委员会的决定，合议庭应当执行。

八、合议庭发现审理的案件属于"四类案件"或者有必要参照"四类案件"监督管理的，应当按照有关规定及时向院庭长报告。

对于"四类案件"或者参照"四类案件"监督管理的案件，院庭长可以按照职权要求合议庭报告案件审理进展和评议结果，就案件审理涉及的相关问题提出意见，视情建议合议庭复议。院庭长对审理过程或者评议、复议结果有异议的，可以决定将案件提交专业法官会议讨论，或者按照程序提交审判委员会讨论决定，但不得直接改变合议庭意见。院庭长监督管理的情况应当在办案平台全程留痕，或者形成书面记录入卷备查。

九、合议庭审理案件形成的裁判文书，由合议庭成员签署并共同负责。合议庭其他成员签署前，可以对裁判文书提出修改意见，并反馈承办法官。

十、由法官组成合议庭审理案件的，适用本意见。依法由法官和人民陪审员组成合议庭的运行机制另行规定。执行案件办理过程中需要组成合议庭评议或者审核的事项，参照适用本意见。

十一、本意见自2022年11月1日起施行。之前有关规定与本意见不一致的，按照本意见执行。

法释〔2023〕4号   最高人民法院关于具有专门知识的人民陪审员参加环境资源案件审理的若干规定（2023年4月17日最高法审委会〔1885次〕通过，2023年7月26日公布，2023年8月1日起施行）（详见本书第13条）

第12条 审判长应当依照人民陪审员法第20条的规定，对具有专门知识的人民陪审员参加的下列工作，重点进行指引和提示：（一）专门性事实的调查；（二）就是否进行证据保全、行为保全提出意见；（三）庭前会议、证据交换和勘验；（四）就是否委托司法鉴定，以及鉴定事项、范围、目的和期限提出意见；（五）生态环境修复方案的审查；（六）环境民事公益诉讼案件、生态环境损害赔偿诉讼案件的调解、和解协议的审查。

第13条　具有专门知识的人民陪审员参加环境资源案件评议时，应当就案件事实涉及的专门性问题发表明确意见。

具有专门知识的人民陪审员就该专门性问题发表的意见与合议庭其他成员不一致的，合议庭可以将案件提请院长决定是否提交审判委员会讨论决定。有关情况应当记入评议笔录。

（本书汇）【审判委员会】①

● **相关规定**　　【法发（研）〔1981〕号】　　最高人民法院关于执行刑事诉讼法中若干问题的初步经验总结（1981年11月印发）②

五、关于审判组织的问题
（三）审判委员会
（第1款）　审判委员会是人民法院内部对审判工作实行集体领导的组织。
（第2款）　依照刑事诉讼法第107条的规定，审判委员会讨论决定的案件，应当是院长认为需要提交的重大的或者疑难的案件，不能把一切案件都提交审判委员会讨论决定。
（第4款）　审判委员会讨论案件时，人民检察院检察长可以列席，院外其他人员不得列席，也不能阅读讨论记录。讨论记录，除公开宣判的结论外，对外保密。

【法发〔2007〕11号】　　最高人民法院、最高人民检察院、公安部、司法部关于进一步严格依法办案确保办理死刑案件质量的意见（2007年3月9日）

34. 第一审人民法院和第二审人民法院审理死刑案件，合议庭应当提请院长决定提交审判委员会讨论。最高人民法院复核死刑案件，高级人民法院复核死刑缓期2年执行的案件，对于疑难、复杂的案件，合议庭认为难以作出决定的，应当提请院长决定提交审判委员会讨论决定。审判委员会讨论案件，同级人民检察院检察长、受检察长委托的副检察长均可列席会议。

【法发〔2010〕3号】　　最高人民法院关于改革和完善人民法院审判委员会制度的实施意见（经中央批准，2010年1月11日印发）

三、审判委员会是人民法院的最高审判组织，在总结审判经验，审理疑难、复杂、重大案件中具有重要的作用。

四、最高人民法院审判委员会履行审理案件和监督、管理、指导审判工作的职责：（一）讨论疑难、复杂、重大案件；（二）总结审判工作经验；（三）制定司法解释和规范性文件；（四）听取审判业务部门的工作汇报；（五）讨论决定对审判工作具有指导性意义的典型案例；（六）讨论其他有关审判工作的重大问题。

五、地方各级人民法院审判委员会履行审理案件和监督、管理、指导审判工作的职责：

---

① 注：《刑事诉讼法》除第185条之外，没有关于审判委员会的其他规定，本书将其汇集于此。
② 注：该《经验总结》一直没有被废止，部分内容可作参考。

（一）讨论疑难、复杂、重大案件；（二）结合本地区和本院实际，总结审判工作经验；（三）听取审判业务部门的工作汇报；（四）讨论决定对本院或者本辖区的审判工作具有参考意义的案例；（五）讨论其他有关审判工作的重大问题。

七、人民法院审判工作中的重大问题和疑难、复杂、重大案件以及合议庭难以作出裁决的案件，应当交由审判委员会讨论或者审理后作出决定。案件或者议题是否提交审判委员会讨论，由院长或者主管副院长决定。

八、最高人民法院审理的下列案件应当提交审判委员会讨论决定：（一）本院已经发生法律效力的判决、裁定确有错误需要再审的案件；（二）最高人民检察院依照审判监督程序提出抗诉的刑事案件。

九、高级人民法院和中级人民法院审理的下列案件应当提交审判委员会讨论决定：（一）本院已经发生法律效力的判决、裁定确有错误需要再审的案件；（二）同级人民检察院依照审判监督程序提出抗诉的刑事案件；（三）拟判处死刑立即执行的案件；（四）拟在法定刑以下判处刑罚或者免于刑事处罚的案件；（五）拟宣告被告人无罪的案件；（六）拟就法律适用问题向上级人民法院请示的案件；（七）认为案情重大、复杂，需要报请移送上级人民法院审理的案件。

十、基层人民法院审理的下列案件应当提交审判委员会讨论决定：（一）本院已经发生法律效力的判决、裁定确有错误需要再审的案件；（二）拟在法定刑以下判处刑罚或者免于刑事处罚的案件；（三）拟宣告被告人无罪的案件；（四）拟就法律适用问题向上级人民法院请示的案件；（五）认为应当判处无期徒刑、死刑，需要报请移送中级人民法院审理的刑事案件；（六）认为案情重大、复杂，需要报请移送上级人民法院审理的案件。

十一、人民法院审理下列案件时，合议庭可以提请院长决定提交审判委员会讨论：（一）合议庭意见有重大分歧、难以作出决定的案件；（二）法律规定不明确，存在法律适用疑难问题的案件；（三）案件处理结果可能产生重大社会影响的案件；（四）对审判工作具有指导意义的新类型案件；（五）其他需要提交审判委员会讨论的疑难、复杂、重大案件。

合议庭没有建议提请审判委员会讨论的案件，院长、主管副院长或者庭长认为有必要的，得提请审判委员会讨论。

十二、需要提交审判委员会讨论的案件，由合议庭层报院长、主管副院长提请院长决定。院长、主管副院长或者庭长认为不需要提交审判委员会的，可以要求合议庭复议。

审判委员会讨论案件，合议庭应当提交案件审理报告。案件审理报告应当符合规范要求，客观、全面反映案件事实、证据以及双方当事人或控辩双方的意见，说明合议庭争议的焦点、分歧意见和拟作出裁判的内容。案件审理报告应当提前发送审判委员会委员。

十三、审判委员会讨论案件时，合议庭全体成员及审判业务部门负责人应当列席会议。对本院审结的已发生法律效力的案件提起再审的，原审合议庭成员及审判业务部门负责人也应当列席会议。院长或者受院长委托主持会议的副院长可以决定其他有必要列席的人员。

审判委员会讨论案件，同级人民检察院检察长或者受检察长委托的副检察长可以列席。

十六、审判委员会讨论案件实行民主集中制。审判委员会委员发表意见的顺序，一般应当按照职级高的委员后发言的原则进行，主持人最后发表意见。

审判委员会应当充分、全面地对案件进行讨论。审判委员会委员应当客观、公正、独立、平等地发表意见，审判委员会委员发表意见不受追究，并应当记录在卷。

审判委员会委员发表意见后，主持人应当归纳委员的意见，按多数意见拟出决议，付诸表决。审判委员会的决议应当按照全体委员1/2以上多数意见作出。

【法发〔2010〕4号】 关于人民检察院检察长列席人民法院审判委员会会议的实施意见（2009年10月12日最高法审委会第1475次会议、2009年8月11日最高检第11届检委会第17次会议通过，2010年1月12日印发，2010年4月1日施行）

一、人民检察院检察长可以列席同级人民法院审判委员会会议。

检察长不能列席时，可以委托副检察长列席同级人民法院审判委员会会议。

二、人民检察院检察长列席人民法院审判委员会会议的任务是，对于审判委员会讨论的案件和其他有关议题发表意见，依法履行法律监督职责。

三、人民法院审判委员会讨论下列案件或者议题，同级人民检察院检察长可以列席：（一）可能判处被告人无罪的公诉案件；（二）可能判处被告人死刑的案件；（三）人民检察院提出抗诉的案件；（四）与检察工作有关的其他议题。

四、人民法院院长决定将本意见第3条所列案件或者议题提交审判委员会讨论的，人民法院应当通过适当方式告知同级人民检察院。人民检察院检察长决定列席审判委员会会议的，人民法院应当将会议议程、会议时间通知人民检察院。

对于人民法院审判委员会讨论的议题，人民检察院认为有必要的，可以向人民法院提出列席审判委员会会议；人民法院认为有必要的，可以邀请人民检察院检察长列席审判委员会会议。

五、人民检察院检察长列席审判委员会会议的，人民法院应当将会议材料在送审判委员会委员的同时送人民检察院检察长。

六、人民检察院检察长列席审判委员会会议，应当在会前进行充分准备，必要时可就有关问题召开检察委员会会议进行讨论。

七、检察长或者受检察长委托的副检察长列席审判委员会讨论案件的会议，可以在人民法院承办人汇报完毕后、审判委员会委员表决前发表意见。

审判委员会会议讨论与检察工作有关的其他议题，检察长或者受检察长委托的副检察长的发言程序适用前款规定。

检察长或者受检察长委托的副检察长在审判委员会会议上发表的意见，应当记录在卷。

八、人民检察院检察长列席审判委员会会议讨论的案件，人民法院应当将裁判文书及时送达或者抄送人民检察院。

人民检察院检察长列席的审判委员会会议讨论的其他议题，人民法院应当将讨论通过的决定文本及时送给人民检察院。

九、出席、列席审判委员会会议的所有人员，对审判委员会讨论内容应当保密。

十、人民检察院检察长列席人民法院审判委员会会议的具体事宜由审判委员会办事机构和检察委员会办事机构负责办理。

【法发〔2015〕13号】 最高人民法院关于完善人民法院司法责任制的若干意见（2015年9月21日）

二、改革审判权力运行机制

（二）审判委员会运行机制

9.明确审判委员会统一本院裁判标准的职能，依法合理确定审判委员会讨论案件的范围。审判委员会只讨论涉及国家外交、安全和社会稳定的重大复杂案件,以及重大、疑难、复杂案件的法律适用问题。强化审判委员会总结审判经验、讨论决定审判工作重大事项的宏观指导职能。

10. (第 2 款)　合议庭提交审判委员会讨论案件的条件和程序,适用人民法院组织法、诉讼法以及《最高人民法院关于人民法院合议庭工作的若干规定》《最高人民法院关于改革和完善人民法院审判委员会制度的实施意见》。

11. 案件需要提交审判委员会讨论决定的,审判委员会委员应当事先审阅合议庭提请讨论的材料,了解合议庭对法律适用问题的不同意见和理由,根据需要调阅庭审音频视频或者查阅案卷。

审判委员会委员讨论案件时应当充分发表意见,按照法官等级由低到高确定表决顺序,主持人最后表决。审判委员会评议实行全程留痕,录音、录像,作出会议记录。审判委员会的决定,合议庭应当执行。所有参加讨论和表决的委员应当在审判委员会会议记录上签名。

建立审判委员会委员履职考评和内部公示机制。建立审判委员会决议事项的督办、回复和公示制度。

【法发〔2017〕20 号】　最高人民法院司法责任制实施意见 (试行) (2017 年 7 月 25 日印发,2017 年 8 月 1 日试行)

17. 审判委员会根据审判工作需要,在内部设立刑事审判、民事行政审判、执行等专业委员会。

18. 审判委员会讨论决定下列案件:(1) 涉及国家利益、社会稳定的重大、复杂案件;(2) 本院已经生效的判决、裁定、决定、调解书确有错误需要再审、重新审理的案件;(3) 最高人民检察院依照审判监督程序、国家赔偿监督程序对本院生效裁判、决定提出抗诉、检察意见的案件;(4) 合议庭意见有重大分歧,经专业法官会议讨论仍难以作出决定的案件;(5) 法律规定不明确,存在法律适用疑难问题的案件;(6) 处理结果可能产生重大社会影响的案件;(7) 对审判工作具有指导意义的新类型案件;(8) 其他需要提交审判委员会讨论的重大、疑难、复杂案件。

48. 提交审判委员会讨论的案件,合议庭应当列明需要审判委员会讨论决定的法律适用问题,汇报类案件与关联类案件检索情况,提出拟处理意见和理由,说明专业法官会议、赔偿委员会对案件的处理意见或建议。

【主席令〔2018〕12 号】　中华人民共和国人民检察院组织法 (2018 年 10 月 26 日全国人大常委会〔13 届 6 次〕修订,2019 年 1 月 1 日起施行)

第 26 条　人民检察院检察长或者检察长委托的副检察长,可以列席同级人民法院审判委员会会议。

【主席令〔2018〕11 号】　中华人民共和国人民法院组织法 (2018 年 10 月 26 日第 13 届全国人大常委会第 6 次会议修订,2019 年 1 月 1 日施行)

第 36 条　各级人民法院设审判委员会。审判委员会由院长、副院长和若干资深法官组成,成员应当为单数。

审判委员会会议分为全体会议和专业委员会会议。

中级以上人民法院根据审判工作需要,可以按照审判委员会委员专业和工作分工,召开刑事审判、民事行政审判等专业委员会会议。

第37条 审判委员会履行下列职能：（一）总结审判工作经验；（二）讨论决定重大、疑难、复杂案件的法律适用；（三）讨论决定本院已经发生法律效力的判决、裁定、调解书是否应当再审；（四）讨论决定其他有关审判工作的重大问题。

最高人民法院对属于审判工作中具体应用法律的问题进行解释，应当由审判委员会全体会议讨论通过；发布指导性案例，可以由审判委员会专业委员会会议讨论通过。

第38条 审判委员会召开全体会议和专业委员会会议，应当有其组成人员的过半数出席。审判委员会会议由院长或者院长委托的副院长主持。审判委员会实行民主集中制。

审判委员会举行会议时，同级人民检察院检察长或者检察长委托的副检察长可以列席。

第39条 合议庭认为案件需要提交审判委员会讨论决定的，由审判长提出申请，院长批准。

审判委员会讨论案件，合议庭对其汇报的事实负责，审判委员会委员对本人发表的意见和表决负责。审判委员会的决定，合议庭应当执行。

审判委员会讨论案件的决定及其理由应当在裁判文书中公开，法律规定不公开的除外。

【法发〔2019〕20号】 最高人民法院关于健全完善人民法院审判委员会工作机制的意见（2019年8月2日）

二、组织构成

5. 各级人民法院设审判委员会。审判委员会由院长、副院长和若干资深法官组成，成员应当为单数。

审判委员会可以设专职委员。

6. 审判委员会会议分为全体会议和专业委员会会议。

专业委员会会议是审判委员会的一种会议形式和工作方式。中级以上人民法院根据审判工作需要，可以召开刑事审判、民事行政审判等专业委员会会议。

专业委员会会议组成人员应当根据审判委员会委员的专业和工作分工确定。审判委员会委员可以参加不同的专业委员会会议。专业委员会会议全体组成人员应当超过审判委员会全体委员的1/2。

三、职能定位

7. 审判委员会的主要职能是：（1）总结审判工作经验；（2）讨论决定重大、疑难、复杂案件的法律适用；（3）讨论决定本院已经发生法律效力的判决、裁定、调解书是否应当再审；（4）讨论决定其他有关审判工作的重大问题。

最高人民法院审判委员会通过制定司法解释、规范性文件及发布指导性案例等方式，统一法律适用。

8. 各级人民法院审理的下列案件，应当提交审判委员会讨论决定：（1）涉及国家安全、外交、社会稳定等敏感案件和重大、疑难、复杂案件；（2）本院已经发生法律效力的判决、裁定、调解书等确有错误需要再审的案件；（3）同级人民检察院依照审判监督程序提出抗诉的刑事案件；（4）法律适用规则不明的新类型案件；（5）拟宣告被告人无罪的案件；（6）拟在法定刑以下判处刑罚或者免予刑事处罚的案件；

高级人民法院、中级人民法院拟判处死刑的案件，应当提交本院审判委员会讨论决定。

9. 各级人民法院审理的下列案件，可以提交审判委员会讨论决定：（1）合议庭对法律适用问题意见分歧较大，经专业（主审）法官会议讨论难以作出决定的案件；（2）拟作出的裁判与本院或者上级法院的类案裁判可能发生冲突的案件；（3）同级人民检察院依照审判监督程序提出抗诉的重大、疑难、复杂民事案件及行政案件；（4）指令再审或者发回重审的案件；（5）其他需要提交审判委员会讨论决定的案件。

四、运行机制

10. 合议庭或者独任法官认为案件需要提交审判委员会讨论决定的，由其提出申请，层报院长批准；未提出申请，院长认为有必要的，可以提请审判委员会讨论决定。

其他事项提交审判委员会讨论决定的，参照案件提交程序执行。

11. 拟提请审判委员会讨论决定的案件，应当有专业（主审）法官会议研究讨论的意见。

专业（主审）法官会议意见与合议庭或者独任法官意见不一致的，院长、副院长、庭长可以按照审判监督管理权限要求合议庭或者独任法官复议；经复议仍未采纳专业（主审）法官会议意见的，应当按程序报请审判委员会讨论决定。

12. 提交审判委员会讨论的案件，合议庭应当形成书面报告。书面报告应当客观全面反映案件事实、证据、当事人或者控辩双方的意见，列明需要审判委员会讨论决定的法律适用问题、专业（主审）法官会议意见、类案与关联案件检索情况，有合议庭拟处理意见和理由。有分歧意见的，应归纳不同的意见和理由。

其他事项提交审判委员会讨论之前，承办部门应在认真调研并征求相关部门意见的基础上提出办理意见。

13. 对提交审判委员会讨论决定的案件或者事项，审判委员会工作部门可以先行审查是否属于审判委员会讨论范围并提出意见，报请院长决定。

14. 提交审判委员会讨论决定的案件，审判委员会委员有应当回避情形的，应当自行回避并报院长决定；院长的回避，由审判委员会决定。

审判委员会委员的回避情形，适用有关法律关于审判人员回避情形的规定。

15. 审判委员会委员应当提前审阅会议材料，必要时可以调阅相关案卷、文件及庭审音频视频资料。

16. 审判委员会召开全体会议和专业委员会会议，应当有其组成人员的过半数出席。

17. 审判委员会全体会议及专业委员会会议应当由院长或者院长委托的副院长主持。

18. 下列人员应当列席审判委员会会议：（1）承办案件的合议庭成员、独任法官或者事项承办人；（2）承办案件、事项的审判庭或者部门负责人；（3）其他有必要列席的人员。

审判委员会召开会议，必要时可以邀请人大代表、政协委员、专家学者等列席。

经主持人同意，列席人员可以提供说明或者表达意见，但不参与表决。

19. 审判委员会举行会议时，同级人民检察院检察长或者其委托的副检察长可以列席。

20. 审判委员会讨论决定案件和事项，一般按照以下程序进行：（1）合议庭、承办人汇报；（2）委员就有关问题进行询问；（3）委员按照法官等级和资历由低到高顺序发表意见，主持人最后发表意见；（4）主持人作会议总结，会议作出决议。

21. 审判委员会全体会议和专业委员会会议讨论案件或者事项，一般按照各自全体组成人员过半数的多数意见作出决定，少数委员的意见应当记录在卷。

经专业委员会会议讨论的案件或者事项，无法形成决议或者院长认为有必要的，可以提交全体会议讨论决定。

经审判委员会全体会议和专业委员会会议讨论的案件或者事项，院长认为有必要的，可以提请复议。

22. 审判委员会讨论案件或者事项的决定，合议庭、独任法官或者相关部门应当执行。审判委员会工作部门发现案件处理结果与审判委员会决定不符的，应当及时向院长报告。

23. 审判委员会会议纪要或者决定由院长审定后，发送审判委员会委员、相关审判庭或者部门。

同级人民检察院检察长或者副检察长列席审判委员会的，会议纪要或者决定抄送同级人民检察院检察委员会办事机构。

24. 审判委员会讨论案件的决定及其理由应当在裁判文书中公开，法律规定不公开的除外。

25. 经审判委员会讨论决定的案件，合议庭、独任法官应及时审结，并将判决书、裁定书、调解书等送审判委员会工作部门备案。

26. 各级人民法院应当建立审判委员会会议全程录音录像制度，按照保密要求进行管理。审判委员会议题的提交、审核、讨论、决定等纳入审判流程管理系统，实行全程留痕。

27. 各级人民法院审判委员会工作部门负责处理审判委员会日常事务性工作，根据审判委员会授权，督促检查审判委员会决定执行情况，落实审判委员会交办的其他事项。

五、保障监督

28. 审判委员会委员依法履职行为受法律保护。

29. 领导干部和司法机关内部人员违法干预、过问、插手审判委员会委员讨论决定案件的，应当予以记录、通报，并依纪依法追究相应责任。

30. 审判委员会委员因依法履职遭受诬告陷害或者侮辱诽谤的，人民法院应当会同有关部门及时采取有效措施，澄清事实真相，消除不良影响，并依法追究相关单位或者个人的责任。

31. 审判委员会讨论案件，合议庭、独任法官对其汇报的事实负责，审判委员会委员对其本人发表的意见和表决负责。

32. 审判委员会委员有贪污受贿、徇私舞弊、枉法裁判等严重违纪违法行为的，依纪依法严肃追究责任。

33. 各级人民法院应当将审判委员会委员出席会议情况纳入考核体系，并以适当形式在法院内部公示。

34. 审判委员会委员、列席人员及其他与会人员应严格遵守保密工作纪律，不得泄露履职过程中知悉的审判工作秘密。因泄密造成严重后果的，严肃追究纪律责任和法律责任。

（本书汇）【专业法官会议】[①]

● **相关规定**　【法发〔2017〕20号】　最高人民法院司法责任制实施意见（试行）（2017年7月25日印发，2017年8月1日试行）

15. 专业法官会议由各审判业务庭室在本部门范围内召集，拟讨论案件涉及交叉领域的，

[①] 注：《刑事诉讼法》没有关于专业法官会议的规定，故本书将其汇集于此。

可以在全院范围内邀请相关专业审判领域的资深法官参与讨论。专业法官会议形成的意见供合议庭参考。

16. 专业法官会议讨论下列案件：（1）合议庭处理意见分歧较大的案件；（2）合议庭认为属于重大、疑难、复杂、新类型的案件；（3）合议庭拟作出答复或批复的请示案件；（4）合议庭拟作出裁判结果与本院同类生效案件裁判尺度不一致的案件；（5）院长及其他院领导、庭长按照审判监督管理权限决定提交讨论的案件；（6）拟提交审判委员会讨论的案件；（7）合议庭少数意见坚持认为需要提请讨论并经院长同意的案件。

46.（第1款） 合议庭认为案件需要提交专业法官会议讨论的，应当报请庭长召集会议。

【法发〔2019〕20号】 最高人民法院关于健全完善人民法院审判委员会工作机制的意见（2019年8月2日）

11. 拟提请审判委员会讨论决定的案件，应当有专业（主审）法官会议研究讨论的意见。

专业（主审）法官会议意见与合议庭或者独任法官意见不一致的，院长、副院长、庭长可以按照审判监督管理权限要求合议庭或者独任法官复议；经复议仍未采纳专业（主审）法官会议意见的，应当按程序报请审判委员会讨论决定。

【法发〔2021〕2号】 最高人民法院关于完善人民法院专业法官会议工作机制的指导意见（2021年1月6日印发，2021年1月12日施行；法发〔2018〕21号《关于健全完善人民法院主审法官会议工作机制的指导意见（试行）》同时废止）

一、专业法官会议是人民法院向审判组织和院庭长（含审判委员会专职委员，下同）履行法定职责提供咨询意见的内部工作机制。

二、各级人民法院根据本院法官规模、内设机构设置、所涉议题类型、监督管理需要等，在审判专业领域、审判庭、审判团队内部组织召开专业法官会议，必要时可以跨审判专业领域、审判庭、审判团队召开。

三、专业法官会议由法官组成。各级人民法院可以结合所涉议题和会议组织方式，兼顾人员代表性和专业性，明确不同类型会议的最低参加人数，确保讨论质量和效率。

专业法官会议主持人可以根据议题性质和实际需要，邀请法官助理、综合业务部门工作人员等其他人员列席会议并参与讨论。

四、专业法官会议讨论案件的法律适用问题或者与事实认定高度关联的证据规则适用问题，必要时也可以讨论其他事项。独任庭、合议庭办理案件时，存在下列情形之一的，应当建议院庭长提交专业法官会议讨论：（一）独任庭认为需要提交讨论的；（二）合议庭内部无法形成多数意见，或者持少数意见的法官认为需要提交讨论的；（三）有必要在审判团队、审判庭、审判专业领域之间或者辖区法院内统一法律适用的；（四）属于《最高人民法院关于完善人民法院司法责任制的若干意见》第24条规定的"四类案件"范围的；（五）其他需要提交专业法官会议讨论的。

院庭长履行审判监督管理职责时，发现案件存在前款情形之一的，可以提交专业法官会议讨论；综合业务部门认为存在前款第（三）（四）项情形的，应当建议院庭长提交专业法官会议讨论。

各级人民法院应当结合审级职能定位、受理案件规模、内部职责分工、法官队伍状况等，进一步细化专业法官会议讨论范围。

五、专业法官会议由下列人员主持：

（一）审判专业领域或者跨审判庭、审判专业领域的专业法官会议，由院长或其委托的副院长、审判委员会专职委员、庭长主持；

（二）本审判庭或者跨审判团队的专业法官会议，由庭长或其委托的副庭长主持；

（三）本审判庭内按审判团队组织的专业法官会议，由庭长、副庭长或其委托的资深法官主持。

六、主持人应当在会前审查会议材料并决定是否召开专业法官会议。对于法律适用已经明确，专业法官会议已经讨论且没有出现新情况，或者其他不属于专业法官会议讨论范围的，主持人可以决定不召开会议，并根据审判监督管理权限督促或者建议独任庭、合议庭依法及时处理相关案件。主持人决定不召开专业法官会议的情况应当在办案平台或者案卷中留痕。

主持人召开会议时，应当严格执行讨论规则，客观、全面、准确归纳总结会议讨论形成的意见。

七、拟提交专业法官会议讨论的案件，承办案件的独任庭、合议庭应当在会议召开前就基本案情、争议焦点、评议意见及其他参考材料等简明扼要准备报告，并在报告中明确拟提交讨论的焦点问题。案件涉及统一法律适用问题的，应当说明类案检索情况，确有必要的应当制作类案检索报告。

全体参加人员应当在会前认真阅读会议材料，掌握议题相关情况，针对提交讨论的问题做好发言准备。

八、专业法官会议可以定期召集，也可以根据实际需要临时召集。各级人民法院应当综合考虑所涉事项、议题数量、会务成本、法官工作量等因素，合理确定专业法官会议的召开频率。

九、主持人应当指定专人负责会务工作。召开会议前，应当预留出合理、充足的准备时间，提前将讨论所需的报告等会议材料送交全体参加人员。召开会议时，应当制作会议记录，准确记载发言内容和会议结论，由全体参加人员会后及时签字确认，并在办案平台或者案卷中留痕；参加人员会后还有新的意见，可以补充提交书面材料并再次签字确认。

十、专业法官会议按照下列规则组织讨论：（一）独任庭或者合议庭作简要介绍；（二）参加人员就有关问题进行询问；（三）列席人员发言；（四）参加人员按照法官等级等由低到高的顺序发表明确意见，法官等级相同的，由晋升现等级时间较短者先发表意见；（五）主持人视情况组织后续轮次讨论；（六）主持人最后发表意见；（七）主持人总结归纳讨论情况，形成讨论意见。

十一、专业法官会议讨论形成的意见供审判组织和院庭长参考。

经专业法官会议讨论的"四类案件"，独任庭、合议庭应当及时复议；专业法官会议没有形成多数意见，独任庭、合议庭复议后的意见与专业法官会议多数意见不一致，或者独任庭、合议庭对法律适用问题难以作出决定的，应当层报院长提交审判委员会讨论决定。

对于"四类案件"以外的其他案件，专业法官会议没有形成多数意见，或者独任庭、合议庭复议后的意见仍然与专业法官会议多数意见不一致的，可以层报院长提交审判委员会讨论决定。

独任庭、合议庭复议情况，以及院庭长提交审判委员会讨论决定的情况，应当在办案平台或者案卷中留痕。

十二、拟提交审判委员会讨论决定的案件,应当由专业法官会议先行讨论。但存在下列情形之一的,可以直接提交审判委员会讨论决定:(一)依法应当由审判委员会讨论决定,但独任庭、合议庭与院庭长之间不存在分歧的;(二)专业法官会议组成人员与审判委员会委员重合度较高,先行讨论必要性不大的;(三)确因其他特殊事由无法或者不宜召开专业法官会议讨论,由院长决定提交审判委员会讨论决定的。

十三、参加、列席专业法官会议的人员和会务人员应当严格遵守保密工作纪律,不得向无关人员泄露会议议题、案件信息和讨论情况等审判工作秘密;因泄密造成严重后果的,依纪依法追究纪律责任直至刑事责任。

第二章　第一审程序

第一节　公诉案件

第186条① 【**法院立案审查及开庭条件**】人民法院对提起公诉的案件进行审查后,对于起诉书中有明确的指控犯罪事实并且附有证据目录、证人名单和主要证据复印件或者照片②的,应当决定开庭审判。

(原第109条)③ 【**法院侦查权**】人民法院在必要的时候,可以进行勘验、检查、搜查、扣押和鉴定。

● **相关规定**　【法发(研)〔1981〕号】　**最高人民法院关于执行刑事诉讼法中若干问题的初步经验总结**(1981年11月印发)④

六、关于对公诉案件审查的问题

(一)审查的内容和方法

人民法院对于公诉案件,应由院长或庭长指定审判员及时进行审查。负责进行审查的审判员,要根据起诉书内容,认真审阅全部案卷材料,主要是审查犯罪事实是否清楚,证据是否充分,是否有属于不应追究刑事责任的人,案件是否属于本法院管辖,法律文书是否完备,应该随案移送的赃款、赃物是否齐全,不能随案移送的赃物是否附有照片或说明等。

为了核实案情,必要时,可以请人民检察院补充材料或进行说明,也可以自行调查核对。

关于赃款、赃物的没收、处理和保管等问题,应按照1956年12月1日最高人民法院、最高人民检察院、公安部、财政部《关于没收和处理赃款、赃物若干问题的暂行规定》和1981年9月4日最高人民法院转发的财政部《关于查获的赃款赃物如何处理的复函》的规定执行。

---

① 本条规定被1996年3月17日第8届全国人民代表大会第4次会议修改,1997年1月1日施行。原规定为:"人民法院对提起公诉的案件进行审查后,对于犯罪事实清楚、证据充分的,应当决定开庭审判;对于主要事实不清、证据不足的,可以退回人民检察院补充侦查;对于不需要判刑的,可以要求人民检察院撤回起诉"。
② 本部分内容被2012年3月14日第11届全国人大常委会第5次会议删除,2013年1月1日施行。
③ 本条规定被1996年3月17日第8届全国人民代表大会第4次会议删除,1997年1月1日施行。
④ 注:该《经验总结》一直没有被废止,部分内容可作参考。

（二）决定开庭审判后的措施

刑事诉讼法第108条规定，案件经人民法院审查后，认为犯罪事实清楚、证据充分的，应当决定开庭审判。根据审判实践中的做法，对于被告人需要继续羁押的，应向看守所办理换押手续；对于未在押的被告人需要采取取保候审、监视居住、逮捕等措施的应依照刑事诉讼法第38条、第40条的规定，经院长决定后通知执行机关执行。

（三）退回补充侦查的案件的范围和程序

刑事诉讼法第108条规定，案件经人民法院审查后，属于"主要事实不清、证据不足"的，可以退回人民检察院补充侦查，根据实践经验，上述"主要事实不清、证据不足"是指，主要罪行缺乏证据，难以成立的；主要犯罪事实、情节的证据之间存在矛盾或显然不真实的；侦查或审查起诉中，有严重违法行为，致使案件的主要犯罪事实或证据难以认定的；遗漏重要罪行或遗漏应当追究刑事责任的同案人的。

案件需要退回补充侦查的，审判人员应当提出意见，报请庭长或院长审定。如确定退回，可说明理由和需要补充侦查的具体内容，商请人民检察院补充侦查，必要时，也可使用书面决定。

退回补充侦查的案件，应当在补充侦查完毕重新起诉后，起算审判时限。

（四）对于没有起诉的同案人的处理办法

按照1981年7月21日最高人民法院、最高人民检察院《关于共同犯罪案件中对检察院没有起诉法院认为需要追究刑事责任的同案人应如何处理问题的联合批复》的规定执行。

（五）要求人民检察院撤回起诉案件的范围和程序

刑事诉讼法第108条规定，案件经人民法院审查后，认为不需要判刑的，可以要求人民检察院撤回起诉。根据实践经验，上述"不需要判刑的"是指被告人的行为不构成犯罪的，犯罪情节轻微不需要判处刑罚的，或按照刑法和刑事诉讼法的规定具有其他免除处罚情节的。

上述案件，报经庭长或院长决定后，一般可以口头说明理由，商请人民检察院撤回起诉，并将要求撤回起诉的要点记录附卷。如果人民检察院坚持起诉，人民法院可以决定开庭审理，根据事实和法律作出判决。

案件起诉到人民法院以前，已经属于刑事诉讼法第11条第（二）、（三）、（五）、（六）项所规定的不追究刑事责任的，根据刑事诉讼法第11条、第104条的规定，应当退回人民检察院处理。

【六部委〔2012〕规定】　最高人民法院、最高人民检察院、公安部、国家安全部、司法部、全国人大常委会法制工作委员会关于实施刑事诉讼法若干问题的规定（2012年12月26日印发，2013年1月1日施行）

25.（第1款）……对于人民检察院提起公诉的案件，人民法院都应当受理。人民法院对提起公诉的案件进行审查后，对于起诉书中有明确的指控犯罪事实并且附有案卷材料、证据的，应当决定开庭审判，不得以上述材料不充足为由而不开庭审判。如果人民检察院移送的材料中缺少上述材料，人民法院可以通知人民检察院补充材料，人民检察院应当自收到通知之日起3日内补送。

【鲁高法〔2019〕27号】　山东省高级人民法院关于黑恶势力刑事案件审理的工作规范（山东高院审委会〔2019年第11次〕通过，2019年5月30日印发施行）

第1条　严格案件受理审查。对提起公诉的第一审黑恶势力刑事案件，人民法院在收到起诉书和案卷、证据后，除依照《最高人民法院关于适用〈中华人民共和国刑事诉讼法〉的解释》第180条的规定进行审查外，还应审查以下内容：（一）被告人是否为中共党员、人大代表、政协委员、基层党组织成员、国家工作人员，是否附有相关证明材料。（二）对于采取技术侦查措施收集的证据材料，是否附有采取技术侦查措施的批准决定书等书面材料。（三）是否查封、扣押、冻结被告人的违法所得或者其他涉案财产，是否有证明涉案财产来源、性质、价值、权属、名称、数量、处置情况的证据材料。（四）是否列明被害人的姓名、住址、联系方式，是否有户籍证明等身份证明材料。

第2条 及时报告案件受理信息。人民法院对提起公诉的黑恶势力刑事案件依法受理后，应当同时报告同级扫黑办和上级法院，并层报省法院备案。

【法释〔2021〕1号】 最高人民法院关于适用《中华人民共和国刑事诉讼法》的解释（2020年12月7日最高法审委会〔1820次〕修订，2021年1月26日公布，2021年3月1日施行；2013年1月1日施行的"法释〔2012〕21号"《解释》同时废止）

第218条 对提起公诉的案件，人民法院应当在收到起诉书（一式8份，每增加1名被告人，增加起诉书5份）和案卷、证据后，指定审判人员审查以下内容：（一）是否属于本院管辖；（二）起诉书是否写明被告人的身份，是否受过或者正在接受刑事处罚、行政处罚、处分，被采取留置措施的情况，被采取强制措施的时间、种类、羁押地点，犯罪的时间、地点、手段、后果以及其他可能影响定罪量刑的情形；有多起犯罪事实的，是否在起诉书中将事实分别列明；（三）是否移送证明指控犯罪事实及影响量刑的证据材料，包括采取技术调查、侦查措施的法律文书批准决定和所收集的证据材料；（四）是否查封、扣押、冻结被告人的违法所得或者其他涉案财物，查封、扣押、冻结是否逾期；是随案移送涉案财物、附涉案财物清单；是否列明涉案财物权属情况；是否就涉案财物处理提供相关证据材料①；（五）是否列明被害人的姓名、住址、联系方式，是否附有证人、鉴定人名单；是否申请法庭通知证人、鉴定人、有专门知识的人出庭，并列明有关人员的姓名、性别、年龄、职业、住址、联系方式；是否附有需要保护的证人、鉴定人、被害人名单；（六）当事人已委托辩护人、诉讼代理人或者已接受法律援助的，是否列明辩护人、诉讼代理人的姓名、住址、联系方式；（七）是否提起附带民事诉讼；提起附带民事诉讼的，是否列明附带民事诉讼当事人的姓名、住址、联系方式等，是否附有相关证据材料；（八）监察调查、侦查、审查起诉程序的各种法律手续和诉讼文书是否齐全；（九）被告人认罪认罚的，是否提出量刑建议、移送认罪认罚具结书等材料；（十）有无刑事诉讼法第16条第二项至第六项规定的不追究刑事责任的情形。

第219条 人民法院对提起公诉的案件审查后，应当按照下列情形分别处理：

（一）不属于本院管辖或者被告人不在案的，应当退回人民检察院；

（二）属于刑事诉讼法第16条第二项至第六项规定情形的，应当裁定终止审理或者退回人民检察院；属于告诉才处理的案件，应当同时告知被害人有权提起自诉；

（三）被告人不在案的，应当退回人民检察院；但是，对人民检察院按照缺席审判程序提起公诉的，应当依照本解释第24章的规定作出处理；

（四）不符合前条第二项至第九项规定之一，需要补充材料的，应当通知人民检察院在

---

① 本部分内容2012年规定为"并附证明相关财物依法应当追缴的证据材料"。

3 日以内补送;

（五）依照刑事诉讼法第 200 条第三项规定宣告被告人无罪后，人民检察院根据新的事实、证据重新起诉的，应当依法受理；

（六）依照本解释第 296 条规定裁定准许撤诉的案件，没有新的影响定罪量刑的事实、证据，重新起诉的，应当退回人民检察院；

（七）被告人真实身份不明，但符合刑事诉讼法第 160 条第 2 款规定的，应当依法受理。

对公诉案件是否受理，应当在 7 日以内审查完毕。

第 220 条　对一案起诉的共同犯罪或者关联犯罪案件，被告人人数众多、案情复杂，人民法院经审查认为，分案审理更有利于保障庭审质量和效率的，可以分案审理。分案审理不得影响当事人质证权等诉讼权利的行使。

对分案起诉的共同犯罪或者关联犯罪案件，人民法院经审查认为，合并审理更有利于查明案件事实、保障诉讼权利、准确定罪量刑的，可以并案审理。

第 650 条　人民法院讯问被告人，宣告判决，审理减刑、假释案件，根据案件情况，可以采取视频方式进行。

【法释〔2021〕12 号】　人民法院在线诉讼规则（2021 年 5 月 18 日最高法审委会第 1838 次会议通过，2021 年 6 月 16 日公布，2021 年 8 月 1 日施行）

第 3 条　人民法院综合考虑案件情况、当事人意愿和技术条件等因素，可以对以下案件适用在线诉讼：……（二）刑事速裁程序案件，减刑、假释案件，以及因其他特殊原因不宜线下审理的刑事案件；……（四）民事、行政执行案件和刑事附带民事诉讼执行案件；（五）其他适宜采取在线方式审理的案件。

第 4 条　人民法院开展在线诉讼，应当征得当事人同意，并告知适用在线诉讼的具体环节、主要形式、权利义务、法律后果和操作方法等。

人民法院应当根据当事人对在线诉讼的相应意思表示，作出以下处理：

（一）当事人主动选择适用在线诉讼的，人民法院可以不再另行征得其同意，相应诉讼环节可以直接在线进行；

（二）各方当事人均同意适用在线诉讼的，相应诉讼环节可以在线进行；

（三）部分当事人同意适用在线诉讼，部分当事人不同意的，相应诉讼环节可以采取同意方当事人线上、不同意方当事人线下的方式进行；

（四）当事人仅主动选择或者同意对部分诉讼环节适用在线诉讼的，人民法院不得推定其对其他诉讼环节均同意适用在线诉讼。

对人民检察院参与的案件适用在线诉讼的，应当征得人民检察院同意。

第 5 条　在诉讼过程中，如存在当事人欠缺在线诉讼能力、不具备在线诉讼条件或者相应诉讼环节不宜在线办理等情形之一的，人民法院应当将相应诉讼环节转为线下进行。

当事人已同意对相应诉讼环节适用在线诉讼，但诉讼过程中又反悔的，应当在开展相应诉讼活动前的合理期限内提出。经审查，人民法院认为不存在故意拖延诉讼等不当情形的，相应诉讼环节可以转为线下进行。

在调解、证据交换、询问、听证、庭审等诉讼环节中，一方当事人要求其他当事人及诉讼参与人在线下参与诉讼的，应当提出具体理由。经审查，人民法院认为案件存在案情疑难复杂、需证人现场作证、有必要线下举证质证、陈述辩论等情形之一的，相应诉讼环节可以转为线下进行。

第6条　当事人已同意适用在线诉讼，但无正当理由不参与在线诉讼活动或者不作出相应诉讼行为，也未在合理期限内申请提出转为线下进行的，应当依照法律和司法解释的相关规定承担相应法律后果。

第8条　人民法院、特邀调解组织、特邀调解员可以通过诉讼平台、人民法院调解平台等开展在线调解活动。在线调解应当按照法律和司法解释相关规定进行，依法保护国家秘密、商业秘密、个人隐私和其他不宜公开的信息。

第21条　人民法院开庭审理的案件，应当根据当事人意愿、案件情况、社会影响、技术条件等因素，决定是否采取视频方式在线庭审，但具有下列情形之一的，不得适用在线庭审：（一）各方当事人均明确表示不同意，或者一方当事人表示不同意且有正当理由的；（二）各方当事人均不具备参与在线庭审的技术条件和能力的；（三）需要通过庭审现场查明身份、核对原件、查验实物的；（四）案件疑难复杂、证据繁多，适用在线庭审不利于查明事实和适用法律的；（五）案件涉及国家安全、国家秘密的；（六）案件具有重大社会影响，受到广泛关注的；（七）人民法院认为存在其他不宜适用在线庭审情形的。

采取在线庭审方式审理的案件，审理过程中发现存在上述情形之一的，人民法院应当及时转为线下庭审。已完成的在线庭审活动具有法律效力。

在线询问的适用范围和条件参照在线庭审的相关规则。

第37条　符合本规定第3条第2项规定的刑事案件，经公诉人、当事人、辩护人同意，可以根据案件情况，采取在线方式讯问被告人、开庭审理、宣判等。

案件采取在线方式审理的，按照以下情形分别处理：

（一）被告人、罪犯被羁押的，可以在看守所、监狱等羁押场所在线出庭；

（二）被告人、罪犯未被羁押的，因特殊原因确实无法到庭的，可以在人民法院指定的场所在线出庭；……

第187条[1]　**【起诉书副本送达】**人民法院决定开庭审判后，应当确定合议庭的组成人员，将人民检察院的起诉书副本至迟在开庭10日以前送达被告人及其辩护人。[2]

---

[1]　本条规定先后2次修改。原规定（1980年1月1日施行）为："人民法院决定开庭审判后，应当进行下列工作：（一）确定合议庭的组成人员；（二）将人民检察院的起诉书副本至迟在开庭7日以前送达被告人，并且告知被告人可以委托辩护人，或者在必要时为被告人指定辩护人；（三）将开庭的时间、地点在开庭3日以前通知人民检察院；（四）传唤当事人，通知辩护人、诉讼代理人、证人、鉴定人和翻译人员，传票和通知书至迟在开庭3日以前送达；（五）公开审判的案件，先期公布案由、被告人姓名、开庭时间和地点。""上述活动情形应当写入笔录，由审判人员和书记员签名。"1996年3月17日第8届全国人民代表大会第4次会议将第（二）项修改为："……至迟在开庭10日以前送达被告人。对于被告人未委托辩护人的，告知被告人可以委托辩护人，或者在必要的时候指定承担法律援助义务的律师为其提供辩护；"将第（五）项修改为："公开审判的案件，在开庭3日以前先期公布……"2012年3月14日第11届全国人大常委会第5次会议修改为现规定，2013年1月1日施行。

[2]　注：许多司法实务人员疑惑："10日"的起始日期是否包含起诉书副本送达当日？截止日期是否包含开庭当日？其实只需要记住：起诉书副本送达第11天起可以开庭。

【庭前会议】 在开庭以前，审判人员可以召集公诉人、当事人和辩护人、诉讼代理人，对回避、出庭证人名单、非法证据排除等与审判相关的问题，了解情况，听取意见。

【开庭通知】 人民法院确定开庭日期后，应当将开庭的时间、地点通知人民检察院，传唤当事人，通知辩护人、诉讼代理人、证人、鉴定人和翻译人员，传票和通知书至迟在开庭3日以前送达。公开审判的案件，应当在开庭3日以前先期公布案由、被告人姓名、开庭时间和地点。

【庭前准备笔录】 上述活动情形应当写入笔录，由审判人员和书记员签名。

● **相关规定** 　**【法发（研）〔1981〕号】** 　最高人民法院关于执行刑事诉讼法中若干问题的初步经验总结（1981年11月印发）①

七、关于准备开庭审判的问题

（一）应合议审判的案件要首先组成合议庭

人民法院决定开庭审判的案件，由庭长或院长依法确定是独任审判还是合议审判。

依照刑事诉讼法第110条的规定，对于公诉案件，人民法院决定开庭审判后，应当合议审判的，首先要确定合议庭的组成人员。组成合议庭，并按刑事诉讼法第110条第1款的规定做好开庭审判前的各项准备工作。

（二）合议庭可以先调查案情提讯被告人

根据审判实践中的通常做法，合议庭组成后，应认真阅卷，全面了解、核实案情，必要时，可以进行调查，询问证人，提讯被告人。

（三）通知人民检察院派员出庭支持公诉

依照刑事诉讼法第110条、第112条的规定，人民法院审判公诉案件时，在开庭3日以前，应通知人民检察院派员出庭。但是，审判罪行较轻的案件，在没有辩护人出庭时，人民法院可以同意人民检察院不派员出庭。根据审判实践，这里说的"罪行较轻的案件"，是指可能判处管制、拘役、有期徒刑缓刑或独立适用罚金、剥夺政治权利、没收财产的案件。

【法发〔1999〕3号】 　最高人民法院关于严格执行公开审判制度的若干规定（1999年3月8日）

四、依法公开审理案件应当在开庭3日以前公告。公告应当包括案由、当事人姓名或者名称、开庭时间和地点。

【法发〔2004〕9号】 　最高人民法院、司法部关于规范法官和律师相互关系维护司法公正的若干规定（2004年3月19日）

第9条（第3款）　法官和律师均不得借故延迟开庭。法官确有正当理由不能按期开庭，或者律师确有正当理由不能按期出庭的，人民法院应当在不影响案件审理期限的情况下，另行安排开庭时间，并及时通知当事人及其委托的律师。

---

① 注：该《经验总结》一直没有被废止，部分内容可作参考。

【法发〔2008〕14号】 最高人民法院、司法部关于充分保障律师依法履行辩护职责确保死刑案件办理质量的若干规定（2008年5月21日）

十、律师接到人民法院开庭通知后，应当保证准时出庭。人民法院应当按时开庭。法庭因故不能按期开庭，或者律师确有正当理由不能按期出庭的，人民法院应当在不影响案件审理期限的情况下，另行安排开庭时间，并于开庭3日前通知当事人、律师和人民检察院。

【法发〔2013〕11号】 最高人民法院关于建立健全防范刑事冤假错案工作机制的意见（2013年10月9日印发）

10. 庭前会议应当归纳事实、证据争点。控辩双方有异议的证据，庭审时重点调查；没有异议的，庭审时举证、质证适当简化。

【司发通〔2013〕18号】 最高人民法院、最高人民检察院、公安部、司法部关于刑事诉讼法律援助工作的规定（2013年2月4日印发，2013年3月1日施行；司发通〔2005〕78号同名《规定》同时废止）

第18条 人民法院决定变更开庭时间的，应当在开庭3日前通知承办律师。承办律师有正当理由不能按时出庭的，可以申请人民法院延期开庭。人民法院同意延期开庭的，应当及时通知承办律师。

【高检发反贪字〔2014〕213号】 人民检察院讯问职务犯罪嫌疑人实行全程同步录音录像的规定（2014年3月17日最高检第12届检委会第18次会议通过，2014年5月26日印发施行）

第14条 案件提起公诉后在庭前会议或者法庭审理过程中，人民法院、被告人或者其辩护人对庭前讯问活动合法性提出异议的，或者被告人辩解因受刑讯逼供等非法方法而供述的，公诉人应当要求被告人及其辩护人提供相关线索或者材料。被告人及其辩护人提供线索或者材料的，公诉人可以将相关时段的讯问录音、录像资料提请法庭播放，对有关异议或者事实进行质证。

第15条 公诉人认为讯问录音、录像资料不宜在法庭上播放的，应当建议在审判人员、公诉人、被告人及其辩护人的范围内进行播放、质证，必要时可以建议法庭通知讯问人员、录制人员参加。

第16条 人民法院、被告人或者其辩护人对讯问录音、录像资料刻录光盘或者复制件提出异议的，公诉人应当将检察技术部门保存的相应原件当庭启封质证。案件审结后，经公诉人和被告人签字确认后对讯问录音、录像资料原件再行封存，并由公诉部门及时送还检察技术部门保存。

第17条（第2款） 庭前会议或者法庭审理过程中，人民法院、被告人及其辩护人认为被告人检举揭发与本案无关的犯罪事实或者线索影响量刑，需要举证、质证的，应当由承办案件的人民检察院出具证明材料，经承办人签名后，交公诉人向审判人员、被告人及其辩护人予以说明。提供的证明材料必须真实，发现证明材料失实或者是伪造的，经查证属实，应当追究相关责任。

【司发〔2015〕14号】 最高人民法院、最高人民检察院、公安部、国家安全部、司法部关于依法保障律师执业权利的规定（2015年9月16日）

第25条 人民法院确定案件开庭日期时，应当为律师出庭预留必要的准备时间并书面通知律师。律师因开庭日期冲突等正当理由申请变更开庭日期的，人民法院应当在不影响案件审理期限的情况下，予以考虑并调整日期，决定调整日期的，应当及时通知律师。

律师可以根据需要，向人民法院申请带律师助理参加庭审。律师助理参加庭审仅能从事相关辅助工作，不得发表辩护、代理意见。

第26条　有条件的人民法院应当建立律师参与诉讼专门通道，律师进入人民法院参与诉讼确需安全检查的，应当与出庭履行职务的检察人员同等对待。有条件的人民法院应当设置专门的律师更衣室、休息室或者休息区域，并配备必要的桌椅、饮水及上网设施等，为律师参与诉讼提供便利。

第37条　对于诉讼中的重大程序信息和送达当事人的诉讼文书，办案机关应当通知辩护、代理律师。

第48条　本规定所称"律师助理"，是指辩护、代理律师所在律师事务所的其他律师和申请律师执业实习人员。

【法发〔2015〕16号】　最高人民法院关于依法切实保障律师诉讼权利的规定（2015年12月29日）

三、依法保障律师出庭权。确定开庭日期时，应当为律师预留必要的出庭准备时间。因特殊情况更改开庭日期的，应当提前3日告知律师。律师因正当理由请求变更开庭日期的，法官可在征询其他当事人意见后准许。律师带助理出庭的，应当准许。

【法发〔2017〕5号】　最高人民法院关于全面推进以审判为中心的刑事诉讼制度改革的实施意见（2017年2月17日印发）

6.（第3款）　被害方提起附带民事诉讼的，可以在庭前会议中进行调解。

【法发〔2017〕20号】　最高人民法院司法责任制实施意见（试行）（2017年7月25日印发，2017年8月1日试行）

28. 合议庭成员均应在庭前阅卷，重点关注庭审中准备查明的事实证据问题以及需要当事人及代理人进行辩论的法律问题。承办法官一般应制作阅卷笔录、提炼争议焦点、拟订庭审提纲。

29. 遇有重大、疑难、复杂案件或上诉案件有新证据的，合议庭可以召集庭前会议交换证据、组织质证、排除非法证据等。

对于适宜调解的案件，合议庭可以通过庭前会议促成当事人和解或达成调解协议。

58. 办理死刑复核案件，刑事大要案请示案件，涉外、涉侨、涉港澳台刑事请示案件，法定刑以下判处刑罚核准案件，分案、阅卷、提讯、听证、评议及制作、审核、签署、送达、公开裁判文书等工作，按照有关规定执行。

除前款规定之外的其他刑事案件，按照本意见执行。

【法发〔2017〕31号】　人民法院办理刑事案件庭前会议规程（试行）（2017年11月27日最高法印发"三项规程"，2018年1月1日试行）

第1条　人民法院适用普通程序审理刑事案件，对于证据材料较多、案情疑难复杂、社会影响重大或者控辩双方对事实证据存在较大争议等情形的，可以决定在开庭审理前召开庭前会议。

控辩双方可以申请人民法院召开庭前会议。申请召开庭前会议的，应当说明需要处理的事项。人民法院经审查认为有必要的，应当决定召开庭前会议；决定不召开庭前会议的，应当告知申请人。

被告人及其辩护人在开庭审理前申请排除非法证据，并依照法律规定提供相关线索或者材料的，人民法院应当召开庭前会议。

第2条 庭前会议中，人民法院可以就与审判相关的问题了解情况，听取意见，依法处理回避、出庭证人名单、非法证据排除等可能导致庭审中断的事项，组织控辩双方展示证据，归纳争议焦点，开展附带民事调解。

第3条 庭前会议由承办法官主持，其他合议庭成员也可以主持或者参加庭前会议。根据案件情况，承办法官可以指导法官助理主持庭前会议。

公诉人、辩护人应当参加庭前会议。根据案件情况，被告人可以参加庭前会议；被告人申请参加庭前会议或者申请排除非法证据等情形的，人民法院应当通知被告人到场；有多名被告人的案件，主持人可以根据案件情况确定参加庭前会议的被告人。

被告人申请排除非法证据，但没有辩护人的，人民法院应当通知法律援助机构指派律师为被告人提供帮助。

庭前会议中进行附带民事调解的，人民法院应当通知附带民事诉讼当事人到场。

第4条 被告人不参加庭前会议的，辩护人应当在召开庭前会议前就庭前会议处理事项听取被告人意见。

第5条 庭前会议一般不公开进行。

根据案件情况，庭前会议可以采用视频会议等方式进行。

第6条 根据案件情况，庭前会议可以在开庭审理前多次召开；休庭后，可以在再次开庭前召开庭前会议。

第7条 庭前会议应当在法庭或者其他办案场所召开。被羁押的被告人参加的，可以在看守所办案场所召开。

被告人参加庭前会议，应当有法警在场。

第8条 人民法院应当根据案件情况，综合控辩双方意见，确定庭前会议需要处理的事项，并在召开庭前会议3日前，将会议的时间、地点、人员和事项等通知参会人员。通知情况应当记录在案。

被告人及其辩护人在开庭审理前申请排除非法证据的，人民法院应当在召开庭前会议3日前，将申请书及相关线索或者材料的复制件送交人民检察院。

第9条 庭前会议开始后，主持人应当核实参会人员情况，宣布庭前会议需要处理的事项。有多名被告人参加庭前会议，涉及事实证据问题的，应当组织各被告人分别参加，防止串供。

第10条 庭前会议中，主持人可以就下列事项向控辩双方了解情况，听取意见：（一）是否对案件管辖有异议；（二）是否申请有关人员回避；（三）是否申请不公开审理；（四）是否申请排除非法证据；（五）是否申请提供新的证据材料；（六）是否申请重新鉴定或者勘验；（七）是否申请调取在侦查、审查起诉期间公安机关、人民检察院收集但未随案移送的证明被告人无罪或者罪轻的证据材料；（八）是否申请向证人或有关单位、个人收集、调取证据材料；（九）是否申请证人、鉴定人、侦查人员、有专门知识的人出庭，是否对出庭人员名单有异议；（十）与审判相关的其他问题。

对于前款规定中可能导致庭审中断的事项，人民法院应当依法作出处理，在开庭审理前告知处理决定，并说明理由。控辩双方没有新的理由，在庭审中再次提出有关申请或者异议的，法庭应当依法予以驳回。

第11条　被告人及其辩护人对案件管辖提出异议，应当说明理由。人民法院经审查认为异议成立的，应当依法将案件退回人民检察院或者移送有管辖权的人民法院；认为本院不宜行使管辖权的，可以请求上一级人民法院处理。人民法院经审查认为异议不成立的，应当依法驳回异议。

第12条　被告人及其辩护人申请审判人员、书记员、翻译人员、鉴定人回避，应当说明理由。人民法院经审查认为申请成立的，应当依法决定有关人员回避；认为申请不成立的，应当依法驳回申请。

被告人及其辩护人申请回避被驳回的，可以在接到决定时申请复议一次。对于不属于刑事诉讼法第28条、第29条规定情形的，回避申请被驳回后，不得申请复议。

被告人及其辩护人申请检察人员回避的，人民法院应当通知人民检察院。

第13条　被告人及其辩护人申请不公开审理，人民法院经审查认为案件涉及国家秘密或者个人隐私的，应当准许；认为案件涉及商业秘密的，可以准许。

第14条　被告人及其辩护人在开庭审理前申请排除非法证据，并依照法律规定提供相关线索或者材料的，人民检察院应当在庭前会议中通过出示有关证据材料等方式，有针对性地对证据收集的合法性作出说明。人民法院可以对有关证据材料进行核实；经控辩双方申请，可以有针对性地播放讯问录音录像。

人民检察院可以撤回有关证据，撤回的证据，没有新的理由，不得在庭审中出示。被告人及其辩护人可以撤回排除非法证据的申请，撤回申请后，没有新的线索或者材料，不得再次对有关证据提出排除申请。

控辩双方在庭前会议中对证据收集的合法性未达成一致意见，人民法院应当开展庭审调查，但公诉人提供的相关证据材料确实、充分，能够排除非法取证情形，且没有新的线索或者材料表明可能存在非法取证的，庭审调查举证、质证可以简化。

第15条　控辩双方申请重新鉴定或者勘验，应当说明理由。人民法院经审查认为理由成立，有关证据材料可能影响定罪量刑且不能补正的，应当准许。

第16条　被告人及其辩护人书面申请调取公安机关、人民检察院在侦查、审查起诉期间收集但未随案移送的证明被告人无罪或者罪轻的证据材料，并提供相关线索或者材料的，人民法院应当调取，并通知人民检察院在收到调取决定书后3日内移交。

被告人及其辩护人申请向证人或有关单位、个人收集、调取证据材料，应当说明理由。人民法院经审查认为有关证据材料可能影响定罪量刑的，应当准许；认为有关证据材料与案件无关或者明显重复、没有必要的，可以不予准许。

第17条　控辩双方申请证人、鉴定人、侦查人员、有专门知识的人出庭，应当说明理由。人民法院经审查认为理由成立的，应当通知有关人员出庭。

控辩双方对出庭证人、鉴定人、侦查人员、有专门知识的人的名单有异议，人民法院经审查认为异议成立的，应当依法作出处理；认为异议不成立的，应当依法驳回。

人民法院通知证人、鉴定人、侦查人员、有专门知识的人等出庭后，应当告知控辩双方协助有关人员到庭。

第18条　召开庭前会议前，人民检察院应当将全部证据材料移送人民法院。被告人及其辩护人应当将收集的有关被告人不在犯罪现场、未达到刑事责任年龄、属于依法不负刑事责任的精神病人等证明被告人无罪或者依法不负刑事责任的全部证据材料提交人民法院。

人民法院收到控辩双方移送或者提交的证据材料后，应当通知对方查阅、摘抄、复制。

第19条　庭前会议中，对于控辩双方决定在庭审中出示的证据，人民法院可以组织展示有关证据，听取控辩双方对在案证据的意见，梳理存在争议的证据。

对于控辩双方在庭前会议中没有争议的证据材料，庭审时举证、质证可以简化。

人民法院组织展示证据的，一般应当通知被告人到场，听取被告人意见；被告人不到场的，辩护人应当在召开庭前会议前听取被告人意见。

第20条　人民法院可以在庭前会议中归纳控辩双方的争议焦点。对控辩双方没有争议或者达成一致意见的事项，可以在庭审中简化审理。

人民法院可以组织控辩双方协商确定庭审的举证顺序、方式等事项，明确法庭调查的方式和重点。协商不成的事项，由人民法院确定。

第21条　对于被告人在庭前会议前不认罪，在庭前会议中又认罪的案件，人民法院核实被告人认罪的自愿性和真实性后，可以依法适用速裁程序或者简易程序审理。

第22条　人民法院在庭前会议中听取控辩双方对案件事实证据的意见后，对于明显事实不清、证据不足的案件，可以建议人民检察院补充材料或者撤回起诉。建议撤回起诉的案件，人民检察院不同意的，人民法院开庭审理后，没有新的事实和理由，一般不准许撤回起诉。

第23条　庭前会议情况应当制作笔录，由参会人员核对后签名。

庭前会议结束后应当制作庭前会议报告，说明庭前会议的基本情况、与审判相关的问题的处理结果、控辩双方的争议焦点以及就相关事项达成的一致意见等。

第24条　对于召开庭前会议的案件，在宣读起诉书后，法庭应当宣布庭前会议报告的主要内容；有多起犯罪事实的案件，可以在有关犯罪事实的法庭调查开始前，分别宣布庭前会议报告的相关内容；对庭前会议处理管辖异议、申请回避、申请不公开审理等事项的，法庭可以在告知当事人诉讼权利后宣布庭前会议报告的相关内容。

第25条　宣布庭前会议报告后，对于庭前会议中达成一致意见的事项，法庭向控辩双方核实后当庭予以确认；对于未达成一致意见的事项，法庭可以归纳控辩双方争议焦点，听取控辩双方意见，依法作出处理。

控辩双方在庭前会议中就有关事项达成一致意见，在庭审中反悔的，除有正当理由外，法庭一般不再进行处理。

第26条　第二审人民法院召开庭前会议的，参照上述规定。

【律发通〔2017〕51号】　律师办理刑事案件规范（2017年8月27日第9届全国律协常务理事会第8次会议通过、即日施行，中华全国律师协会2017年9月20日）

第77条　在开庭审理前，辩护律师应当研究证据材料、有关法律、判例，熟悉案件涉及的专业知识，拟定辩护方案，准备发问提纲、质证提纲、举证提纲、辩护提纲等。

第78条　人民法院召集庭前会议的，辩护律师可以就下列事项提出意见或申请：（1）案件管辖异议；（2）申请回避；（3）申请调取证据；（4）是否适用简易程序；（5）是否公开审理；（6）开庭时间；（7）申请通知证人出庭作证；（8）申请鉴定人出庭作证；（9）申请具有专门知识的人员出庭；(10) 是否延长审限；(11) 申请查看讯问过程的同步录音、录像；(12) 申请非法证据排除；(13) 举证、质证方式的磋商；(14) 参与附带民事诉讼的调解；(15) 其他与审理相关的事项。

第79条　人民法院未召开庭前会议，辩护律师认为有上述相关事由的，可以申请人民法院召开庭前会议。

第80条　人民法院没有通知被告人参加庭前会议，但庭前会议的内容和决定影响被告人行使诉讼权利的，辩护律师应当申请人民法院通知被告人参加庭前会议。

被告人未参加庭前会议的，辩护律师未经特别授权不得代表被告人对实体、证据和程序性问题发表意见。

辩护律师出席庭前会议应当严格遵守《刑事诉讼法》关于庭前会议的有关规定，不得就依法应当在开庭审理过程中解决的问题发表意见。

第81条　辩护律师申请人民法院通知证人、鉴定人、有专门知识的人等出庭的，应当制作上述人员名单，注明身份、住址、通讯方式等，并说明出庭目的。

第82条　辩护律师拟当庭宣读、出示、播放的证据，可以制作目录并说明所要证明的事实，在开庭前提交人民法院。

第83条　辩护律师接到出庭通知书后应当按时出庭，因下列正当理由不能出庭的，应当提前向人民法院提出并说明理由，申请调整开庭日期：（一）辩护律师收到2个以上出庭通知，只能按时参加其中一的；（二）庭审前发现新的证据线索，需进一步调查取证或拟出庭的有专门知识的人、证人因故不能出庭的；（三）因其他正当理由无法按时出庭的。

辩护律师申请调整开庭日期，未获准许又确实不能出庭的，应当与委托人协商，妥善解决。

第84条　辩护律师收到出庭通知书距开庭时间不满3日的，可以建议人民法院更改开庭日期。

第85条　辩护律师有权了解公诉人、合议庭组成人员、书记员、鉴定人和翻译人员等情况，协助被告人确定有无申请回避的事由及是否提出回避的申请。

【高检发未检字〔2017〕1号】　未成年人刑事检察工作指引（试行）（最高检2017年3月2日印发试行）

第217条　【庭前准备】（第1款）　提起公诉的未成年人刑事案件，检察人员应当认真做好下列出席法庭的准备工作：（一）掌握未成年被告人的心理状态，并对其进行接受审判的教育。必要时，可以再次讯问被告人。（二）进一步熟悉案情，深入研究本案的有关法律政策，根据案件性质，结合社会调查情况，拟定讯问提纲、询问被害人、证人、鉴定人提纲、举证提纲、答辩提纲、公诉意见书和法庭教育词。

（第3款）　适用简易程序的，可以根据实际需要简化操作。

第218条　【庭前沟通】提起公诉的未成年人刑事案件，可以在开庭前与未成年被告人的法定代理人、合适成年人、辩护人等交换意见，共同做好教育、感化工作。

充分听取未成年被告人及其法定代理人意见后，可以与审判人员沟通是否有选择地通知未成年被告人所在学校、单位、居住地基层组织或者未成年人保护组织代表、社区矫正部门人员等到场。

第219条　【庭前会议】人民法院通知人民检察院派员参加庭前会议的，由出席法庭的检察人员参加，必要时可以配备书记员担任记录。

人民检察院可以根据案件具体情况，建议人民法院通知未成年被告人及其法定代理人参加庭前会议。

【高检发诉二字〔2018〕1号】 人民检察院办理死刑第二审案件和复核监督工作指引（试行）（2018年1月11日最高检第12届检委会第72次会议通过，2018年3月31日印发）

第34条 【确定出席法庭人员和制作相关文书】收到人民法院出席法庭通知书后，人民检察院应当及时确定出席法庭履行职务的检察人员，并制作派员出席法庭通知书送达人民法院。

第35条 【出席法庭准备工作】检察人员应当做好以下出席法庭准备工作：

（一）进一步熟悉案情和主要证据，及时了解证据的变化情况和辩护人向法庭提供的新证据，确定需要在法庭上出示的证据，研究与本案有关的法律政策问题以及审判中可能涉及的专业知识；

（二）拟定出庭预案，包括讯问提纲、询问提纲、举证质证提纲、答辩提纲和出庭检察员意见书。重大、疑难、复杂的案件可以制作多媒体示证资料；

（三）在开庭前将需要通知到庭的证人、侦查人员、鉴定人、有专门知识的人的名单以及拟在法庭审理中出示的新证据提交人民法院，并与审判人员做好沟通；

（四）需要对出庭证人等诉讼参与人提供保护的，及时向人民法院提出建议，做好相关工作；

（五）对于重大、疑难、复杂和社会高度关注的案件，应当制作临庭处置方案，应对可能出现的各种复杂情况。

第36条 【出庭预案】出庭预案应当重点围绕抗诉、上诉理由，针对需要查证的、与定罪量刑有关的事实进行准备，根据具体案件情况，突出针对性和预见性。对于重大、疑难、复杂和社会高度关注的案件，可以召集检察官联席会议对出庭预案进行讨论。

第37条 【出庭检察员意见书】出庭检察员意见书的主要内容包括对第一审判决的全面评价、对抗诉理由的分析或者对上诉理由的评析、对辩解理由和辩护意见的评析等。

出庭检察员意见书应当表明建议法庭维持原判、依法改判或者发回重审的意见。

第38条 【与侦查人员、侦查活动相关的庭前准备工作】检察人员认为有必要由侦查人员或者其他人员出席法庭说明情况的，应当通知侦查机关及有关人员做好出席法庭准备；检察人员认为有必要当庭播放侦查活动的相关录音、录像，但录音、录像中有涉及国家秘密、商业秘密、个人隐私或者其他不宜公开的内容的，应当提前做好技术处理。

第39条 【参加庭前会议的人员及建议召开庭前会议的情形】人民法院通知人民检察院派员参加庭前会议的，由拟出席法庭的检察人员参加，检察长认为有必要的也可以参加。

对于证据材料较多，案情疑难复杂，社会影响重大等情形，人民法院未召开庭前会议的，可以建议召开庭前会议。

被告人及其辩护人在开庭审理前申请排除非法证据，并依照法律规定提供相关线索或者材料，人民法院未召开庭前会议的，应当建议人民法院召开庭前会议。第一审期间已进行非法证据调查，被告人及其辩护人没有新的线索或者材料，以相同理由再次提出申请的除外。

第40条 【庭前会议的准备】参加庭前会议前，检察人员应当准备拟提出的问题及意见，预测辩护方可能提出的问题，制定应对方案。

第41条 【庭前会议的内容】在庭前会议中，检察人员可以对案件管辖、回避、出庭证人、鉴定人、有专门知识的人的名单、辩护人提供的无罪证据、非法证据排除、不公开审理、延期审理、庭审方案等与审判相关的问题提出和交换意见，了解辩护人收集的证据等情况。

对辩护人收集的证据有异议的，应当提出。

第42条 【申请证人、鉴定人、侦查人员、有专门知识的人出席法庭的情形】具有下列情形，检察人员可以在庭前会议中申请人民法院通知证人、鉴定人、侦查人员、有专门知识的人出席法庭：（1）对证人证言有异议，且该证人证言对案件定罪量刑有重大影响的；（2）对鉴定意见有异议的；（3）需要侦查人员就相关证据材料的合法性说明情况的；（4）需要有专门知识的人就鉴定意见或者专门性问题提出意见的。

第43条 【对非法证据进行说明】被告人及其辩护人在庭前会议中提出证据系非法取得，人民法院认为可能存在以非法方法收集证据情形的，检察人员应当通过出示有关证据材料等方式，有针对性地对证据收集的合法性作出说明。

第44条 【庭前会议的效力】对于人民法院已在庭前会议中对可能导致法庭审理中断的程序性事项作出处理决定的，被告人及其辩护人没有新的理由，在法庭审理中再次提出有关申请或者异议的，检察人员应当建议法庭予以驳回。

【高检发诉字〔2018〕8号】 人民检察院公诉人出庭举证质证工作指引（2018年5月2日最高检第13届检委会第1次会议通过，2018年7月3日印发施行）

第8条 公诉人基于出庭准备和庭审举证质证工作的需要，可以在开庭前从人民法院取回有关案卷材料和证据，或者查阅电子卷宗。

第9条 公诉案件开庭前，公诉人应当进一步熟悉案情，掌握证据情况，深入研究与本案有关的法律政策问题，熟悉审判可能涉及的专业知识，围绕起诉书指控的犯罪事实和情节，制作举证质证提纲，做好举证质证准备。

制作举证质证提纲应当注意以下方面：（一）证据的取得是否符合法律规定；（二）证据是否符合法定形式；（三）证据是否为原件、原物、照片、录像、复制件、副本等与原件、原物是否相符；（四）发现证据时的客观环境；（五）证据形成的原因；（六）证人或者提供证据的人与本案有无利害关系；（七）证据与待证事实之间的关联关系；（八）证据之间的相互关系；（九）证据是否共同指向同一待证事实，有无无法排除的矛盾和无法解释的疑问，全案证据是否形成完整的证明体系，根据全案证据认定的事实是否足以排除合理怀疑，结论是否具有唯一性；（十）证据是否具有证据能力及其证明力的其他问题。

第10条 公诉人应当通过参加庭前会议，及时掌握辩护方提供的证据，全面了解被告人及其辩护人对证据的主要异议，并在审判人员主持下，就案件的争议焦点、证据的出示方式等进行沟通，确定举证顺序、方式。根据举证需要，公诉人可以申请证人、鉴定人、侦查人员、有专门知识的人出庭，对辩护方出庭人员名单提出异议。

审判人员在庭前会议中组织展示证据的，公诉人应当出示拟在庭审中出示的证据，梳理存在争议的证据，听取被告人及其辩护人的意见。

被告人及其辩护人在开庭审理前申请排除非法证据，并依照法律规定提供相关线索或者材料的，公诉人经查证认为不存在非法取证行为的，应当在庭前会议中通过出示有关证据材料等方式，有针对性地对证据收集的合法性作出说明。

公诉人可以在庭前会议中撤回有关证据。撤回的证据，没有新的理由，不得在庭审中出示。

公诉人应当根据庭前会议上就举证方式达成的一致意见，修改完善举证提纲。

第 11 条　公诉人在开庭前收到人民法院转交或者被告人及其辩护人、被害人、证人等递交的反映证据系非法取得的书面材料的，应当进行审查。对于审查逮捕、审查起诉期间已经提出并经查证不存在非法取证行为的，应当通知人民法院，或者告知有关当事人和辩护人，并按照查证的情况做好庭审准备。对于新的材料或者线索，可以要求侦查机关对证据收集的合法性进行说明或者提供相关证明材料，必要时可以自行调查核实。

第 12 条　公诉人在庭前会议后依法收集的证据，在开庭前应当及时移送人民法院，并了解被告人或者其辩护人是否提交新的证据。如果有新的证据，公诉人应当对该证据进行审查。

第 13 条　公诉人在开庭前，应当通过讯问被告人、听取辩护人意见、参加庭前会议、与法庭沟通等方式，了解掌握辩护方所收集的证明被告人无罪、罪轻或者反映存在非法取证行为的相关材料情况，进一步熟悉拟在庭审中出示的相关证据，围绕证据的真实性、关联性、合法性，全面预测被告人、辩护人可能提出的质证观点，有针对性地制作和完善质证提纲。

【高检发释字〔2019〕4 号】　人民检察院刑事诉讼规则（2019 年 12 月 2 日最高检第 13 届检委会第 28 次会议通过，2019 年 12 月 30 日公布施行；高检发释字〔2012〕2 号《规则（试行）》同时废止）

第 394 条　人民法院通知人民检察院派员参加庭前会议的，由出席法庭的公诉人参加。检察官助理可以协助。根据需要可以必要时配备书记员担任记录。

人民检察院认为有必要召开庭前会议的，可以建议人民法院召开庭前会议。

第 395 条　在庭前会议中，公诉人可以对案件管辖、回避、出庭证人、鉴定人、有专门知识的人的名单、辩护人提供的无罪证据、非法证据排除、不公开审理、延期审理、适用简易程序或者速裁程序、庭审方案等与审判相关的问题提出和交换意见，了解辩护人收集的证据等情况。

对辩护人收集的证据有异议的，应当提出，并简要说明理由。

公诉人通过参加庭前会议，了解案件事实、证据和法律适用的争议和不同意见，解决有关程序问题，为参加法庭审理做好准备。

第 396 条　当事人、辩护人、诉讼代理人在庭前会议中提出证据系非法取得，人民法院认为可能存在以非法方法收集证据情形的，人民检察院应当可以对证据收集的合法性进行说明证明。需要调查核实的，在开庭审理前进行。

【高检发办字〔2021〕3 号】　人民检察院办理网络犯罪案件规定（2020 年 12 月 14 日最高检第 13 届检委会第 57 次会议通过，2021 年 1 月 22 日印发）

第 46 条　人民检察院依法提起公诉的网络犯罪案件，具有下列情形之一的，可以建议人民法院召开庭前会议：（一）案情疑难复杂的；（二）跨国（边）境、跨区域案件社会影响重大的；（三）犯罪嫌疑人、被害人等人数众多、证据材料较多的；（四）控辩双方对电子数据合法性存在较大争议的；（五）案件涉及技术手段专业性强，需要控辩双方提前交换意见的；（六）其他有必要召开庭前会议的情形。

必要时，人民检察院可以向法庭申请指派检察技术人员或者聘请其他有专门知识的人参加庭前会议。

第61条　人民检察院办理网络犯罪案件适用本规定，本规定没有规定的，适用其他相关规定。

第63条　人民检察院办理国家安全机关、海警机关、监狱等移送的网络犯罪案件，适用本规定和其他相关规定。

【法释〔2021〕1号】　最高人民法院关于适用《中华人民共和国刑事诉讼法》的解释（2020年12月7日最高法审委会〔1820次〕修订，2021年1月26日公布，2021年3月1日施行；2013年1月1日施行的"法释〔2012〕21号"《解释》同时废止）

第130条　开庭审理前，人民法院可以召开庭前会议①，就非法证据排除等问题了解情况，听取意见。

在庭前会议中，人民检察院可以通过出示有关证据材料等方式，对证据收集的合法性加以说明。必要时，可以通知调查人员、侦查人员或者其他人员参加庭前会议，说明情况。

第131条（第1款）　在庭前会议中，人民检察院可以撤回有关证据。撤回的证据，没有新的理由，不得在庭审中出示。

第221条　开庭审理前，人民法院应当进行下列工作：（一）确定审判长及合议庭组成人员；（二）开庭10日前将起诉书副本送达被告人、辩护人；（三）通知当事人、法定代理人、辩护人、诉讼代理人在开庭5日前提供证人、鉴定人名单，以及拟当庭出示的证据；申请证人、鉴定人、有专门知识的人出庭的，应当列明有关人员的姓名、性别、年龄、职业、住址、联系方式；（四）开庭3日前将开庭的时间、地点通知人民检察院；（五）开庭3日前将传唤当事人的传票和通知辩护人、诉讼代理人、法定代理人、证人、鉴定人等出庭的通知书送达；通知有关人员出庭，也可以采取电话、短信、传真、电子邮件鉴定人等出庭的通知书送达等能够确认对方收悉的方式；对被害人人数众多的涉众型犯罪案件，可以通过互联网公布相关文书，通知有关人员出庭；（六）公开审理的案件，在开庭3日前公布案由、被告人姓名、开庭时间和地点。

上述工作情况应当记录在案。

原第185条　开庭审理前，合议庭可以拟出法庭审理提纲，提纲一般包括下列内容：（一）合议庭成员在庭审中的分工；（二）起诉书指控的犯罪事实的重点和认定案件性质的要点；（三）讯问被告人时需了解的案情要点；（四）出庭的证人、鉴定人、有专门知识的人、侦查人员的名单；（五）控辩双方申请当庭出示的证据的目录；（六）庭审中可能出现的问题及应对措施。

第226条　案件具有下列情形之一的，人民法院可以决定召开审判人员可以召开庭前会议：（一）当事人及其辩护人、诉讼代理人申请排除非法证据的；（一）证据材料较多、案情重大复杂的；（二）控辩双方对事实、证据存在较大争议的；（三）社会影响重大的；（四）需要召开庭前会议的其他情形。

召开庭前会议，根据案件情况，可以通知被告人参加。

第227条　控辩双方可以申请人民法院召开庭前会议，提出申请应当说明理由。人民法

---

① 注：本部分内容2012年《解释》（2013年1月1日施行）规定为"当事人及其辩护人、诉讼代理人申请排除非法证据，人民法院经审查，对证据收集的合法性有疑问的，应当依照刑事诉讼法第182条第2款的规定召开庭前会议"。

院经审查认为有必要的，应当召开庭前会议；决定不召开的，应当告知申请人。

第 228 条　庭前会议可以就下列事项问题向控辩双方了解情况，听取意见：（一）是否对案件管辖有异议；（二）是否申请有关人员回避；（三）是否申请不公开审理；（四）是否申请排除非法证据；（五）是否提供新的证据材料；（六）是否申请重新鉴定或者勘验；（七）是否申请收集、调取证明被告人无罪或者罪轻的证据材料①；（八）是否申请证人、鉴定人、有专门知识的人、调查人员、侦查人员或者其他人员出庭，是否对出庭人员出庭证人、鉴定人、有专门知识的人名单有异议；（九）是否对涉案财物的权属情况和人民检察院的处理建议有异议；（十）与审判相关的其他问题。

庭前会议中，人民法院可以开展附带民事调解。②

（新增）对第 1 款规定中可能导致庭审中断的程序性事项，人民法院可以在庭前会议后依法作出处理，并在庭审中说明处理决定和理由。控辩双方没有新的理由，在庭审中再次提出有关申请或者异议的，法庭可以在说明庭前会议情况和处理决定理由后，依法予以驳回。

庭前会议情况应当制作笔录，由参会人员核对后签名。

第 229 条　庭前会议中，审判人员可以询问控辩双方对证据材料有无异议，对有异议的证据，应当在庭审时重点调查；无异议的，庭审时举证、质证可以简化。

第 230 条　庭前会议由审判长主持，合议庭其他审判员也可以主持庭前会议。

召开庭前会议应当通知公诉人、辩护人到场。

庭前会议准备就非法证据排除了解情况、听取意见，或者准备询问控辩双方对证据材料的意见的，应当通知被告人到场。有多名被告人的案件，可以根据情况确定参加庭前会议的被告人。

第 231 条　庭前会议一般不公开进行。

根据案件情况，庭前会议可以采用视频等方式进行。

第 232 条　人民法院在庭前会议中听取控辩双方对案件事实、证据材料的意见后，对明显事实不清、证据不足的案件，可以建议人民检察院补充材料或者撤回起诉。建议撤回起诉的案件，人民检察院不同意的，开庭审理后，没有新的事实和理由，一般不准许撤回起诉。

第 233 条　对召开庭前会议的案件，可以在开庭时告知庭前会议情况。对庭前会议中达成一致意见的事项，法庭在向控辩双方核实后，可以当庭予以确认；未达成一致意见的事项，法庭可以归纳控辩双方争议焦点，听取控辩双方意见，依法作出处理。

控辩双方在庭前会议中就有关事项达成一致意见，在庭审中反悔的，除有正当理由外，法庭一般不再进行处理。

【法释〔2021〕12 号】　人民法院在线诉讼规则（2021 年 5 月 18 日最高法审委会第 1838 次会议通过，2021 年 6 月 16 日公布，2021 年 8 月 1 日施行）

第 7 条　参与在线诉讼的诉讼主体应当先行在诉讼平台完成实名注册。人民法院应当通过证件证照在线比对、身份认证平台认证等方式，核实诉讼主体的实名手机号码、居民身份

---

① 注：本部分内容 2012 年《解释》（2013 年 1 月 1 日施行）规定为"是否申请调取在侦查、审查起诉期间公安机关、人民检察院收集但未随案移送的证明被告人无罪或者罪轻的证据材料"。

② 注：本款内容 2012 年《解释》（2013 年 1 月 1 日施行）规定为："被害人或者其法定代理人、近亲属提起附带民事诉讼的，可以调解。"

证件号码、护照号码、统一社会信用代码等信息，确认诉讼主体身份真实性。诉讼主体在线完成身份认证后，取得登录诉讼平台的专用账号。

参与在线诉讼的诉讼主体应当妥善保管诉讼平台专用账号和密码。除有证据证明存在账号被盗用或者系统错误的情形外，使用专用账号登录诉讼平台所作出的行为，视为被认证人本人行为。

人民法院在线开展调解、证据交换、庭审等诉讼活动，应当再次验证诉讼主体的身份；确有必要的，应当在线下进一步核实身份。

第 9 条 当事人采取在线方式提交起诉材料的，人民法院应当在收到材料后的法定期限内，在线作出以下处理：

（一）符合起诉条件的，登记立案并送达案件受理通知书、交纳诉讼费用通知书、举证通知书等诉讼文书；

（二）提交材料不符合要求的，及时通知其补正，并一次性告知补正内容和期限，案件受理时间自收到补正材料后次日重新起算；

（三）不符合起诉条件或者起诉材料经补正仍不符合要求，原告坚持起诉的，依法裁定不予受理或者不予立案；

当事人已在线提交符合要求的起诉状等材料的，人民法院不得要求当事人再提供纸质件。

上诉、申请再审、特别程序、执行等案件的在线受理规则，参照本条第 1 款、第 2 款规定办理。

第 10 条 案件适用在线诉讼的，人民法院应当通知被告、被上诉人或者其他诉讼参与人，询问其是否同意以在线方式参与诉讼。被通知人同意采用在线方式的，应当在收到通知的三日内通过诉讼平台验证身份、关联案件，并在后续诉讼活动中通过诉讼平台了解案件信息、接收和提交诉讼材料，以及实施其他诉讼行为。

被通知人未明确表示同意采用在线方式，且未在人民法院指定期限内注册登录诉讼平台的，针对被通知人的相关诉讼活动在线下进行。

第 22 条 适用在线庭审的案件，应当按照法律和司法解释的相关规定开展庭前准备、法庭调查、法庭辩论等庭审活动，保障当事人申请回避、举证、质证、陈述、辩论等诉讼权利。

【高检发〔2023〕4 号】 最高人民法院、最高人民检察院、公安部、司法部关于办理性侵害未成年人刑事案件的意见（2023 年 5 月 24 日印发，2023 年 6 月 1 日起施行）（详见《刑法全厚细》第 236 条）

第 14 条 人民法院确定性侵害未成年人刑事案件开庭日期后，应当将开庭的时间、地点通知未成年被害人及其法定代理人。

【本书汇】【审理单位犯罪】[①]

● **相关规定** 【法释〔2021〕1 号】 最高人民法院关于适用《中华人民共和国刑事诉讼法》的解释（2020 年 12 月 7 日最高法审委会〔1820 次〕修订，2021 年 1 月 26 日公布，2021 年 3 月 1 日施行；2013 年 1 月 1 日施行的"法释〔2012〕21 号"《解释》同时废止）

[①] 注：《刑事诉讼法》没有关于审理单位犯罪的专门规定，本书将其汇集于此。

第335条　人民法院受理单位犯罪案件，除依照本解释第218条的有关规定进行审查外，还应当审查起诉书是否写明被告单位的名称、住所地、联系方式，法定代表人、实际控制人、主要负责人以及代表被告单位出庭的诉讼代表人的姓名、职务、联系方式。需要人民检察院补充材料的，应当通知人民检察院在3日以内补送。

第336条　被告单位的诉讼代表人，应当是法定代表人、实际控制人或者主要负责人；法定代表人、实际控制人或者主要负责人被指控为单位犯罪直接责任人员直接负责的主管人员或者因客观原因无法出庭的，应当由被告单位委托其他负责人或者职工作为诉讼代表人。但是，有关人员被指控为单位犯罪的其他直接责任人员或者知道案件情况、负有作证义务的除外。

依据前款规定难以确定诉讼代表人的，可以由被告单位委托律师等单位以外的人员作为诉讼代表人。

诉讼代表人不得同时担任被告单位或者被指控为单位犯罪直接责任人员的有关人员的辩护人。

第337条　开庭审理单位犯罪案件，应当通知被告单位的诉讼代表人出庭；诉讼代表人不符合前条规定的没有诉讼代表人参与诉讼的，应当要求人民检察院另行确定。

被告单位的诉讼代表人不出庭的，应当按照下列情形分别处理：（一）诉讼代表人系被告单位的法定代表人、实际控制人或者主要负责人，无正当理由拒不出庭的，可以拘传其到庭；因客观原因无法出庭，或者下落不明的，应当要求人民检察院另行确定诉讼代表人；（二）诉讼代表人系被告单位的其他人员的，应当要求人民检察院另行确定诉讼代表人。

第338条　被告单位的诉讼代表人享有刑事诉讼法规定的有关被告人的诉讼权利。开庭时，诉讼代表人席位置于审判台前左侧，与辩护人席并列。

第339条　被告单位委托辩护人的，参照适用本解释的有关规定。

第340条　对应当认定为单位犯罪的案件，人民检察院只作为自然人犯罪起诉的，人民法院应当建议人民检察院对犯罪单位追加起诉补充起诉。人民检察院仍以自然人犯罪起诉的，人民法院应当依法审理，按照单位犯罪直接负责的主管人员或者其他直接责任人员追究刑事责任，并援引刑法分则关于追究单位犯罪中直接负责的主管人员和其他直接责任人员刑事责任的条款。

第344条　审判期间，被告单位被吊销营业执照、宣告破产但尚未完成清算、注销登记的，应当继续审理；被告单位被撤销、注销的，对单位犯罪直接负责的主管人员和其他直接责任人员应当继续审理。①

第345条　审判期间，被告单位合并、分立的，应当将原单位列为被告单位，并注明合并、分立情况。对被告单位所判处的罚金以其在新单位的财产及收益为限。

第346条　审理单位犯罪案件，本章没有规定的，参照适用本解释的有关规定。

---

① 本条2012年规定为："审判期间，被告单位被撤销、注销、吊销营业执照或者宣告破产的，对单位犯罪直接负责的主管人员和其他直接责任人员应当继续审理。"

（插）第 11 条 【审判公开】（见第 34 条）
人民法院审判案件，除本法另有规定的以外，一律公开进行。……
第 188 条 【公开审理】人民法院审判第一审案件应当公开进行。但是有关国家秘密或者个人隐私①的案件，不公开审理；涉及商业秘密的案件，当事人申请不公开审理的，可以不公开审理②。
~~14 岁以上不满 16 岁未成年人犯罪的案件，一律不公开审理。16 岁以上不满 18 岁未成年人犯罪的案件，一般也不公开审理。~~③
对于不公开审理的案件，应当当庭宣布不公开审理的理由。

● 相关规定　【人大公告〔2018〕1 号】　中华人民共和国宪法（1982 年 12 月 4 日全国人大〔5 届 5 次〕通过，全国人大公告施行；1988 年 4 月 12 日〔7 届 1 次〕、1993 年 3 月 29 日〔8 届 1 次〕、1999 年 3 月 15 日〔9 届 2 次〕、2004 年 3 月 14 日〔10 届 2 次〕、2018 年 3 月 11 日〔13 届 1 次〕修正）
第 130 条　人民法院审理案件，除法律规定的特别情况外，一律公开进行。……

【法发（研）〔1981〕号】　最高人民法院关于执行刑事诉讼法中若干问题的初步经验总结（1981 年 11 月印发）④
八、关于法庭审判的问题
（五）关于旁听问题
按照《中华人民共和国人民法院法庭试行规则》第五条和 1980 年 6 月 16 日最高人民法院《关于公开审判正在服刑的罪犯又犯罪的案件可否组织劳改犯参加旁听问题的批复》的规定，人民法院公开审理案件，不应组织不满 18 周岁的未成年人或者服刑中的罪犯旁听。必要时，可以组织他们旁听宣判，或者在判决生效后，印发有关案件的材料，对他们进行宣传教育。
不公开审理的案件，除依照刑事诉讼法第 10 条第 2 款的规定，被告人是不满 18 周岁的未成年人，可以通知其法定代理人 1 人到庭参加诉讼外，不允许任何人旁听，被告人的其他近亲属也不能例外。

【法发〔1999〕3 号】　最高人民法院关于严格执行公开审判制度的若干规定（1999 年 3 月 8 日）
二、人民法院对于第一审案件，除下列案件外，应当依法一律公开审理：（一）涉及国家秘密的案件；（二）涉及个人隐私的案件；（三）14 岁以上不满 16 岁未成年人犯罪的案件；经人民法院决定不公开审理的 16 岁以上不满 18 岁未成年人犯罪的案件；（四）经当事人申请，人民法院决定不公开审理的涉及商业秘密的案件；（五）经当事人申请，人民法院

---

① 本部分内容由 1996 年 3 月 17 日第 8 届全国人民代表大会第 4 次会议修改，1997 年 1 月 1 日施行。原规定为"国家机密或者个人阴私"。
② 本部分内容由 2012 年 3 月 14 日第 11 届全国人大常委会第 5 次会议增加，2013 年 1 月 1 日施行。
③ 本款规定被 2012 年 3 月 14 日第 11 届全国人大常委会第 5 次会议删除，2013 年 1 月 1 日施行。
④ 注：该《经验总结》一直没有被废止，部分内容可作参考。

决定不公开审理的离婚案件；(六) 法律另有规定的其他不公开审理的案件。

对于不公开审理的案件，应当当庭宣布不公开审理的理由。

三、下列第二审案件应当公开审理：(一) 当事人对不服公开审理的第一审案件的判决、裁定提起上诉的，但因违反法定程序发回重审的和事实清楚依法径行判决、裁定的除外。(二) 人民检察院对公开审理的案件的判决、裁定提起抗诉的，但需发回重审的除外。

七、凡应当依法公开审理的案件没有公开审理的，应当按下列规定处理：

(一) 当事人提起上诉或者人民检察院对刑事案件的判决、裁定提起抗诉的，第二审人民法院应当裁定撤销原判决，发回重审；

(二) 当事人申请再审的，人民法院可以决定再审；人民检察院按照审判监督程序提起抗诉的，人民法院应当决定再审。

上述发回重审或者决定再审的案件应当依法公开审理。

八、人民法院公开审理案件，庭审活动应当在审判法庭进行。需要巡回依法公开审理的，应当选择适当的场所进行。

十、依法公开审理案件，公民可以旁听，但精神病人、醉酒的人和未经人民法院批准的未成年人除外。

根据法庭场所和参与旁听人数等情况，旁听人需要持旁听证进入法庭的，旁听证由人民法院制发。

外国人和无国籍人持有效证件要求旁听的，参照中国公民旁听的规定办理。

旁听人员必须遵守《中华人民共和国人民法院法庭规则》的规定，并应当接受安全检查。

十一、依法公开审理案件，经人民法院许可，新闻记者可以记录、录音、录相、摄影、转播庭审实况。

外国记者的旁听按照我国有关外事管理规定办理。

【法发〔2007〕20号】 最高人民法院关于加强人民法院审判公开工作的若干意见(2007年6月4日)

二、准确把握人民法院审判公开工作的基本原则

3. 依法公开。要严格履行法律规定的公开审判职责，切实保障当事人依法参与审判活动、知悉审判工作信息的权利。要严格执行法律规定的公开范围，在审判工作中严守国家秘密和审判工作秘密，依法保护当事人隐私和商业秘密。

4. 及时公开。法律规定了公开时限的，要严格遵守法律规定的时限，在法定时限内快速、完整地依法公开审判工作信息。法律没有规定公开时限的，要在合理时间内快速、完整地依法公开审判工作信息。

5. 全面公开。要按照法律规定，在案件审理过程中做到公开开庭、公开举证、质证、公开宣判；根据审判工作需要，公开与保护当事人权利有关的人民法院审判工作各重要环节的有效信息。

三、切实加强人民法院审判公开工作的基本要求

11. 人民法院必须严格执行《中华人民共和国刑事诉讼法》、《中华人民共和国民事诉讼法》、《中华人民共和国行政诉讼法》及相关司法解释关于公开审理的案件范围的规定，应当公开审理的，必须公开审理。当事人提出案件涉及个人隐私或者商业秘密，人民法院应当

综合当事人意见、社会一般理性认识等因素，必要时征询专家意见，在合理判断基础上作出决定。

12. 审理刑事二审案件，应当积极创造条件，逐步实现开庭审理；被告人一审被判处死刑的上诉案件和检察机关提出抗诉的案件，应当开庭审理。要逐步加大民事、行政二审案件开庭审理的力度。

13. 刑事二审案件不开庭审理的，人民法院应当在全面审查案卷材料和证据基础上讯问被告人，听取辩护人、代理人的意见，核实证据，查清事实；民事、行政二审案件不开庭审理的，人民法院应当全面审查案卷，充分听取当事人意见，核实证据，查清事实。

14. 要逐步提高当庭宣判比率，规范定期宣判、委托宣判。人民法院审理案件，能够当庭宣判的，应当当庭宣判。定期宣判、委托宣判的，应当在裁判文书签发或者收到委托函后及时进行，宣判前应当通知当事人和其他诉讼参与人。宣判时允许旁听，宣判后应当立即送达法律文书。

15. 依法公开审理的案件，我国公民可以持有效证件旁听，人民法院应当妥善安排好旁听工作。因审判场所、安全保卫等客观因素所限发放旁听证的，应当作出必要的说明和解释。

16. 对群众广泛关注、有较大社会影响或者有利于社会主义法治宣传教育的案件，可以有计划地通过相关组织安排群众旁听，邀请人大代表、政协委员旁听，增进广大群众、人大代表、政协委员了解法院审判工作，方便对审判工作的监督。

【法发〔2009〕58号】　最高人民法院关于司法公开的六项规定（2009年12月8日印发施行）

一、立案公开

立案阶段的相关信息应当通过便捷、有效的方式向当事人公开。各类案件的立案条件、立案流程、法律文书样式、诉讼费用标准、缓减免交诉讼费程序、当事人重要权利义务、诉讼和执行风险提示以及可选择的诉讼外纠纷解决方式等内容，应当通过适当的形式向社会和当事人公开。人民法院应当及时将案件受理情况通知当事人。对于不予受理的，应当将不予受理裁定书、不予受理再审申请通知书、驳回再审申请裁定书等相关法律文件依法及时送达当事人，并说明理由，告知当事人诉讼权利。

二、庭审公开

建立健全有序开放、有效管理的旁听和报道庭审的规则，消除公众和媒体知情监督的障碍。依法公开审理的案件，旁听人员应当经过安全检查进入法庭旁听。因审判场所等客观因素所限，人民法院可以发放旁听证或者通过庭审视频、直播录播等方式满足公众和媒体了解庭审实况的需要。所有证据应当在法庭上公开，能够当庭认证的，应当当庭认证。除法律、司法解释规定可以不出庭的情形外，人民法院应当通知证人、鉴定人出庭作证。独任审判员、合议庭成员、审判委员会委员的基本情况应当公开，当事人依法有权申请回避。案件延长审限的情况应当告知当事人。人民法院对公开审理或者不公开审理的案件，一律在法庭内或者通过其他公开的方式公开宣告判决。

三、执行公开

执行的依据、标准、规范、程序以及执行全过程应当向社会和当事人公开，但涉及国家秘密、商业秘密、个人隐私等法律禁止公开的信息除外。进一步健全和完善执行信息查询系统、扩大查询范围，为当事人查询执行案件信息提供方便。人民法院采取查封、扣押、冻结、划拨等执行措施后应及时告知双方当事人。人民法院选择鉴定、评估、拍卖等机构的过程和结果向当事人公开。执行款项的收取发放、执行标的物的保管、评估、拍卖、变卖的程序和结果等重点环节和重点事项应当及时告知当事人。执行中的重大进展应当通知当事人和利害关系人。

四、听证公开

人民法院对开庭审理程序之外的涉及当事人或者案外人重大权益的案件实行听证的，应当公开进行。人民法院对申请再审案件、涉法涉诉信访疑难案件、司法赔偿案件、执行异议案件以及对职务犯罪案件和有重大影响案件被告人的减刑、假释案件等，按照有关规定实行公开听证的，应当向社会发布听证公告。听证公开的范围、方式、程序等参照庭审公开的有关规定。

五、文书公开

裁判文书应当充分表述当事人的诉辩意见、证据的采信理由、事实的认定、适用法律的推理与解释过程，做到说理公开。人民法院可以根据法制宣传、法学研究、案例指导、统一裁判标准的需要，集中编印、刊登各类裁判文书。除涉及国家秘密、未成年人犯罪、个人隐私以及其他不适宜公开的案件和调解结案的案件外，人民法院的裁判文书可以在互联网上公开发布。当事人对于在互联网上公开裁判文书提出异议并有正当理由的，人民法院可以决定不在互联网上发布。为保护裁判文书所涉及到的公民、法人和其他组织的正当权利，可以对拟公开发布的裁判文书中的相关信息进行必要的技术处理。人民法院应当注意收集社会各界对裁判文书的意见和建议，作为改进工作的参考。

六、审务公开

人民法院的审判管理工作以及与审判工作有关的其他管理活动应当向社会公开。各级人民法院应当逐步建立和完善互联网站和其他信息公开平台。探索建立各类案件运转流程的网络查询系统，方便当事人及时查询案件进展情况。通过便捷、有效的方式及时向社会公开关于法院工作的方针政策、各种规范性文件和审判指导意见以及非涉密司法统计数据及分析报告，公开重大案件的审判情况、重要研究成果、活动部署等。建立健全过问案件登记、说情干扰警示、监督情况通报等制度，向社会和当事人公开违反规定程序过问案件的情况和人民法院接受监督的情况，切实保护公众的知情监督权和当事人的诉讼权利。

【法发〔2009〕58 号】　最高人民法院关于人民法院接受新闻媒体舆论监督的若干规定
(2009 年 12 月 8 日印发施行)

第 1 条　人民法院应当主动接受新闻媒体的舆论监督。对新闻媒体旁听案件庭审、采访报道法院工作、要求提供相关材料的，人民法院应当根据具体情况提供便利。

第 2 条　对于社会关注的案件和法院工作的重大举措以及按照有关规定应当向社会公开的其他信息，人民法院应当通过新闻发布会、记者招待会、新闻通稿、法院公报、互联网站等形式向新闻媒体及时发布相关信息。

第 3 条　对于公开审判的案件，新闻媒体记者和公众可以旁听。审判场所座席不足的，应当优先保证媒体和当事人近亲属的需要。有条件的审判法庭根据需要可以在旁听席中设立媒体席。记者旁听庭审应当遵守法庭纪律，未经批准不得录音、录像和摄影。

第 4 条　对于正在审理的案件，人民法院的审判人员及其他工作人员不得擅自接受新闻媒体的采访。对于已经审结的案件，人民法院可以通过新闻宣传部门协调决定由有关人员接受采访。对于不适宜接受采访的，人民法院可以决定不接受采访并说明理由。

第5条　新闻媒体因报道案件审理情况或者法院其他工作需要申请人民法院提供相关资料的，人民法院可以提供裁判文书复印件、庭审笔录、庭审录音录像、规范性文件、指导意见等。如有必要，也可以为媒体提供其他可以公开的背景资料和情况说明。

第6条　人民法院接受新闻媒体舆论监督的协调工作由各级人民法院的新闻宣传主管部门统一归口管理。新闻宣传主管部门应当为新闻媒体提供新闻报道素材，保证新闻媒体真实、客观地报道人民法院的工作。对于新闻媒体报道人民法院的工作失实时，新闻宣传主管部门负责及时澄清事实，进行回应。

第7条　人民法院应当建立与新闻媒体及其主管部门固定的沟通联络机制，定期或不定期地举办座谈会或研讨会，交流意见，沟通信息。人民法院与新闻媒体可以研究制定共同遵守的行为自律准则。对于新闻媒体反映的人民法院接受舆论监督方面的意见和建议，有关法院应当及时研究处理，改进工作。

第8条　对于新闻媒体报道中反映的人民法院审判工作和其他各项工作中存在的问题，以及反映审判人员和其他工作人员违法违纪行为，人民法院应当及时调查、核实。查证属实的，应当依法采取有效措施进行处理，并及时反馈处理结果。

第9条　人民法院发现新闻媒体在采访报道法院工作时有下列情形之一的，可以向新闻主管部门、新闻记者自律组织或者新闻单位等通报情况并提出建议。违反法律规定的，依法追究相应责任。

（一）损害国家安全和社会公共利益的，泄露国家秘密、商业秘密的；

（二）对正在审理的案件报道严重失实或者恶意进行倾向性报道，损害司法权威、影响公正审判的；

（三）以侮辱、诽谤等方式损害法官名誉，或者损害当事人名誉权等人格权，侵犯诉讼参与人的隐私和安全的；

（四）接受一方当事人请托，歪曲事实，恶意炒作，干扰人民法院审判、执行活动，造成严重不良影响的；

（五）其他严重损害司法权威、影响司法公正的。

【法发〔2013〕11号】　最高人民法院关于建立健全防范刑事冤假错案工作机制的意见（2013年10月9日印发）

4. 坚持审判公开原则。依法保障当事人的诉讼权利和社会公众的知情权，审判过程、裁判文书依法公开。

【法〔2015〕45号】　最高人民法院、公安部关于刑事被告人或上诉人出庭受审时着装问题的通知（2015年2月10日）

为进一步加强刑事被告人人权保障，彰显现代司法文明，人民法院开庭时，刑事被告人或上诉人不再穿着看守所的识别服出庭受审。人民法院到看守所提解在押刑事被告人或上诉人的，看守所应当将穿着正装或便装的在押刑事被告人或上诉人移交人民法院。

【法释〔2016〕7号】　人民法院法庭规则（2015年12月21日最高法审委会第1673次会议通过，最高人民法院2016年4月13日公布，2016年5月1日施行）

第8条　人民法院应当通过官方网站、电子显示屏、公告栏等向公众公开各法庭的编号、具体位置以及旁听席位数量等信息。

第9条　公开的庭审活动，公民可以旁听。

旁听席位不能满足需要时，人民法院可以根据申请的先后顺序或者通过抽签、摇号等方式发放旁听证，但应当优先安排当事人的近亲属或其他与案件有利害关系的人旁听。

下列人员不得旁听：（一）证人、鉴定人以及准备出庭提出意见的有专门知识的人；（二）未获得人民法院批准的未成年人；（三）拒绝接受安全检查的人；（四）醉酒的人、精神病人或其他精神状态异常的人；（五）其他有可能危害法庭安全或妨害法庭秩序的人。

依法有可能封存犯罪记录的公开庭审活动，任何单位或个人不得组织人员旁听。

依法不公开的庭审活动，除法律另有规定外，任何人不得旁听。

第10条　人民法院应当对庭审活动进行全程录像或录音。

第11条　依法公开进行的庭审活动，具有下列情形之一的，人民法院可以通过电视、互联网或其他公共媒体进行图文、音频、视频直播或录播：（一）公众关注度较高；（二）社会影响较大；（三）法治宣传教育意义较强。

第12条　出庭履行职务的人员，按照职业着装规定着装。但是，具有下列情形之一的，着正装：（一）没有职业着装规定；（二）侦查人员出庭作证；（三）所在单位系案件当事人。

非履行职务的出庭人员及旁听人员，应当文明着装。

第13条　刑事在押被告人或上诉人出庭受审时，着正装或便装，不着监管机构的识别服。

人民法院在庭审活动中不得对被告人或上诉人使用戒具，但认为其人身危险性大，可能危害法庭安全的除外。

第15条　审判人员进入法庭以及审判长或独任审判员宣告判决、裁定、决定时，全体人员应当起立。

【法释〔2017〕5号】　最高人民法院关于人民法院庭审录音录像的若干规定（2017年1月25日最高法审委会第1708次会议通过，2017年2月22日公布，2017年3月1日施行）

第1条　人民法院开庭审判案件，应当对庭审活动进行全程录音录像。

第2条　人民法院应当在法庭内配备固定或者移动的录音录像设备。

有条件的人民法院可以在法庭安装使用智能语音识别同步转换文字系统。

第3条　庭审录音录像应当自宣布开庭时开始，至闭庭时结束。除下列情形外，庭审录音录像不得人为中断：（一）休庭；（二）公开审中的不公开举证、质证活动；（三）不宜录制的调解活动。

负责录音录像的人员应当对录音录像的起止时间、有无中断等情况进行记录并附卷。

第4条　人民法院应当采取叠加同步录制时间或者其他措施保证庭审录音录像的真实和完整。

因设备故障或技术原因导致录音录像不真实、不完整的，负责录音录像的人员应当作出书面说明，经审判长或独任审判员审核签字后附卷。

第5条　人民法院应当使用专门设备在线或离线存储、备份庭审录音录像。因设备故障等原因导致不符合技术标准的录音录像，应当一并存储。

庭审录音录像的归档，按照人民法院电子诉讼档案管理规定执行。

第 6 条　人民法院通过使用智能语音识别系统同步转换生成的庭审文字记录，经审判人员、书记员、诉讼参与人核对签字后，作为法庭笔录管理和使用。

第 7 条　诉讼参与人对法庭笔录有异议并申请补正的，书记员可以播放庭审录音录像进行核对、补正；不予补正的，应当将申请记录在案。

第 8 条　适用简易程序审理民事案件的庭审录音录像，经当事人同意的，可以替代法庭笔录。

第 9 条　人民法院应当将替代法庭笔录的庭审录音录像同步保存在服务器或者刻录成光盘，并由当事人和其他诉讼参与人对其完整性校验值签字或者采取其他方法进行确认。

第 10 条　人民法院应当通过审判流程信息公开平台、诉讼服务平台以及其他便民诉讼服务平台，为当事人、辩护律师、诉讼代理人等依法查阅庭审录音录像提供便利。

对提供查阅的录音录像，人民法院应当设置必要的安全防范措施。

第 11 条　当事人、辩护律师、诉讼代理人等可以依照规定复制录音或者誊录庭审录音录像，必要时人民法院应当配备相应设施。

第 12 条　人民法院可以播放依法公开审理案件的庭审录音录像。

第 13 条　诉讼参与人、旁听人员违反法庭纪律或者有关法律规定，危害法庭安全、扰乱法庭秩序的，人民法院可以通过庭审录音录像进行调查核实，并将其作为追究法律责任的证据。

第 14 条　人民检察院、诉讼参与人认为庭审活动不规范或者违反法律规定的，人民法院应当结合庭审录音录像进行调查核实。

第 15 条　未经人民法院许可，任何人不得对庭审活动进行录音录像，不得对庭审录音录像进行拍录、复制、删除和迁移。

行为人实施前款行为的，依照规定追究其相应责任。

第 16 条　涉及国家秘密、商业秘密、个人隐私等庭审活动的录制，以及对庭审录音录像的存储、查阅、复制、誊录等，应当符合保密管理等相关规定。

第 17 条　庭审录音录像涉及的相关技术保障、技术标准和技术规范，由最高人民法院另行制定。

第 18 条　人民法院从事其他审判活动或者进行执行、听证、接访等活动需要进行录音录像的，参照本规定执行。

【法发〔2017〕8 号】　最高人民法院、最高人民检察院、司法部关于逐步实行律师代理申诉制度的意见（2017 年 4 月 1 日）

十一、完善律师代理申诉公开机制。对律师代理的申诉案件，除法律规定不能公开、当事人不同意公开或者其他不适宜公开的情形，人民法院、人民检察院可以公开立案、审查程序，并告知申诉人及其代理律师，审查结果。案件疑难、复杂的，申诉人及其代理律师可以申请举行公开听证，人民法院、人民检察院可以依申请或者依职权进行公开听证，并邀请相关领域专家、人大代表、政协委员及群众代表等社会第三方参加。

【法发〔2017〕20 号】　最高人民法院司法责任制实施意见（试行）（2017 年 7 月 25 日印发，2017 年 8 月 1 日试行）

37. 庭审出现不宜直播的情况时，审判长有权指令书记员中断或终止直播，中断直播事由消除后，审判长应当指令书记员恢复直播。中断、恢复、终止直播的情况，应当记入庭审笔录。

58. 办理死刑复核案件、刑事大要案请示案件、涉外、涉侨、涉港澳台刑事请示案件、法定刑以下判处刑罚核准案件，分案、阅卷、提讯、听证、评议及制作、审核、签署、送达、公开裁判文书等工作，按照有关规定执行。

除前款规定之外的其他刑事案件，按照本意见执行。

【法发〔2017〕31号】 人民法院办理刑事案件庭前会议规程（试行）（2017年11月27日最高法印发"三项规程"，2018年1月1日试行）

第10条 庭前会议中，主持人可以就下列事项向控辩双方了解情况，听取意见：……（三）是否申请不公开审理；……

第13条 被告人及其辩护人申请不公开审理，人民法院经审查认为案件涉及国家秘密或者个人隐私的，应当准许；认为案件涉及商业秘密的，可以准许。

【法释〔2018〕7号】 最高人民法院关于人民法院通过互联网公开审判流程信息的规定（2018年2月12日最高法审委会第1733次会议通过，2018年3月4日公布，2018年9月1日施行）

第1条 人民法院审判刑事、民事、行政、国家赔偿案件的流程信息，应当通过互联网向参加诉讼的当事人及其法定代理人、诉讼代理人、辩护人公开。

人民法院审判具有重大社会影响案件的流程信息，可以通过互联网或者其他方式向公众公开。

第3条 中国审判流程信息公开网是人民法院公开审判流程信息的统一平台。各级人民法院在本院门户网站以及司法公开平台设置中国审判流程信息公开网的链接。

有条件的人民法院可以通过手机、诉讼服务平台、电话语音系统、电子邮箱等辅助媒介，向当事人及其法定代理人、诉讼代理人、辩护人主动推送案件的审判流程信息，或者提供查询服务。

第4条 人民法院应当在受理案件通知书、应诉通知书、参加诉讼通知书、出庭通知书中，告知当事人及其法定代理人、诉讼代理人、辩护人通过互联网获取审判流程信息的方法和注意事项。

第6条 人民法院通知当事人应诉、参加诉讼，准许当事人参加诉讼，或者采用公告方式送达当事人的，自完成其身份信息采集、核对后，依照本规定公开审判流程信息。

当事人中途退出诉讼的，经人民法院依法确认后，不再向该当事人及其法定代理人、诉讼代理人、辩护人公开审判流程信息。

法定代理人、诉讼代理人、辩护人参加诉讼或者发生变更的，参照前两款规定处理。

第7条 下列程序性信息应当通过互联网向当事人及其法定代理人、诉讼代理人、辩护人公开：（一）收案、立案信息，结案信息；（二）检察机关、刑罚执行机关信息，当事人信息；（三）审判组织信息；（四）审判程序、审理期限、送达、上诉、抗诉、移送等信息；（五）庭审、质证、证据交换、庭前会议、询问、宣判等诉讼活动的时间和地点；（六）裁判文书在中国裁判文书网的公布情况；（七）法律、司法解释规定应当公开，或者人民法院认为可以公开的其他程序性信息。

第8条 回避、管辖争议、保全、先予执行、评估、鉴定等流程信息，应当通过互联网向当事人及其法定代理人、诉讼代理人、辩护人公开。

公开保全、先予执行等流程信息可能影响事项处理的,可以在事项处理完毕后公开。

第9条 下列诉讼文书应当于送达后通过互联网向当事人及其法定代理人、诉讼代理人、辩护人公开:(一)起诉状、上诉状、再审申请书、申诉书、国家赔偿申请书、答辩状等诉讼文书;(二)受理案件通知书、应诉通知书、参加诉讼通知书、出庭通知书、合议庭组成人员通知书、传票等诉讼文书;(三)判决书、裁定书、决定书、调解书,以及其他中止、终结诉讼程序作用,或者对当事人实体权利有影响、对当事人程序权利有重大影响的裁判文书;(四)法律、司法解释规定应当公开,或者人民法院认为可以公开的其他诉讼文书。

第10条 庭审、质证、证据交换、庭前会议、调查取证、勘验、询问、宣判等诉讼活动的笔录,应当通过互联网向当事人及其法定代理人、诉讼代理人、辩护人公开。

第11条 当事人及其法定代理人、诉讼代理人、辩护人申请查阅庭审录音录像、电子卷宗的,人民法院可以通过中国审判流程信息公开网或者其他诉讼服务平台提供查阅,并设置必要的安全保护措施。

第12条 涉及国家秘密,以及法律、司法解释规定应当保密或者限制获取的审判流程信息,不得通过互联网向当事人及其法定代理人、诉讼代理人、辩护人公开。

第13条 已经公开的审判流程信息与实际情况不一致的,以实际情况为准,受理案件的人民法院应当及时更正。

已经公开的审判流程信息存在本规定第12条列明情形的,受理案件的人民法院应当及时撤回。

【公通字〔2018〕26号】 公安机关执法公开规定(公安部2018年8月23日印发,2018年12月1日施行)

第2条(第2款) 公民、法人或者其他组织申请获取执法信息的,公安机关应当依照《中华人民共和国政府信息公开条例》的规定办理。

第5条 对涉及公共利益、公众普遍关注、需要社会知晓的执法信息,应当主动向社会公开;对不宜向社会公开,但涉及特定对象权利义务、需要特定对象知悉的执法信息,应当主动向特定对象告知或者提供查询服务。

第6条 公安机关不得公开涉及国家秘密或者警务工作秘密,以及可能影响国家安全、公共安全、经济安全和社会稳定或者妨害执法活动的执法信息。

公安机关不得向权利人以外的公民、法人或者其他组织公开涉及商业秘密、个人隐私的执法信息。但是,权利人同意公开,或者公安机关认为不公开可能对公共利益造成重大影响的,可以公开。

第7条 公安机关公开执法信息涉及其他部门的,应当在公开前与有关部门确认;公开执法信息依照国家有关规定需要批准的,应当在批准后公开。

第9条 公安机关应当主动向社会公开下列信息:(一)公安机关的职责权限,人民警察的权利义务、纪律要求和职业道德规范;(二)涉及公民、法人和其他组织权利义务的规范性文件;(三)刑事、行政、行政复议、国家赔偿等案件的受理范围、受理部门及其联系方式、申请条件及要求、办理程序及期限和对外法律文书式样,以及当事人的权利义务和监督救济渠道;(四)行政管理相对人的权利义务和监督救济渠道;(五)与执法相关的便民服务措施;(六)举报投诉的方式和途径;(七)承担对外执法任务的内设机构和派出机构的名称及其职责权限；（八）窗口单位的办公地址、工作时间、联系方式以及民警姓名、警号；（九）固定式交通技术监控设备的设置信息；（十）采取限制交通措施、交通管制和现场管制的方式、区域、起止时间等信息；（十一）法律、法规、规章和其他规范性文件规定应当向社会公开的其他执法信息。

前款第一项至第五项所列执法信息，上级机关公开后，下级公安机关可以通过适当途径使社会广为知晓。

第10条　公安机关应当向社会公开涉及公共利益、社会高度关注的重大案事件调查进展和处理结果，以及打击违法犯罪活动的重大决策和行动。但公开后可能影响国家安全、公共安全、经济安全和社会稳定或者妨害正常执法活动的除外。

第13条　法律文书有下列情形之一的，不得向社会公开：（一）案件事实涉及国家秘密或者警务工作秘密的；（二）被行政处罚人、行政复议申请人是未成年人的；（三）经本机关负责人批准不予公开的其他情形。

第14条　向社会公开法律文书，应当对文书中载明的自然人姓名作隐名处理，保留姓氏，名字以"某"替代。

第15条　向社会公开法律文书，应当删除文书中载明的下列信息：（一）自然人的住所地详址、工作单位、家庭成员、联系方式、公民身份号码、健康状况、机动车号牌号码，以及其他能够判明其身份和具体财产的信息；（二）法人或者其他组织的涉及具体财产的信息；（三）涉及公民个人隐私和商业秘密的信息；（四）案件事实中涉及有伤风化的内容，以及可能诱发违法犯罪的细节描述；（五）公安机关印章或者工作专用章；（六）公安机关认为不宜公开的其他信息。

删除前款所列信息影响对文书正确理解的，可以用符号"×"作部分替代。

第16条　向社会公开法律文书，除按照本规定第14条、第15条隐匿、删除相关信息外，应当保持与原文书内容一致。

第17条　向社会公开执法信息，应当自该信息形成或者变更之日起20个工作日内进行。公众需要即时知晓的限制交通措施、交通管制和现场管制的信息，应当即时公开；辖区治安状况、道路交通安全形势和安全防范预警等信息，可以定期公开。法律、法规、规章和其他规范性文件对公开期限另有规定的，从其规定。

第18条　向社会公开执法信息，应当通过互联网政府公开平台进行，同时可以通过公报、发布会、官方微博、移动客户端、自助终端，以及报刊、广播、电视等便于公众知晓的方式公布。

第19条　向社会公开执法信息，由制作或者获取该信息的内设机构或者派出机构负责。必要时，征求政务公开、法制、保密部门的意见，并经本机关负责人批准。

第21条　公安机关办理刑事、行政、行政复议、国家赔偿等案件，或者开展行政管理活动，法律、法规、规章和其他规范性文件规定向特定对象告知执法信息的，应当依照有关规定执行。

第22条　除按照本规定第21条向特定对象告知执法信息外，公安机关应当通过提供查询的方式，向报案或者控告的被害人、被侵害人或者其监护人、家属公开下列执法信息：（一）办案单位名称、地址和联系方式；（二）刑事立案、移送审查起诉、终止侦查、撤销案件等情况，对犯罪嫌疑人采取刑事强制措施的种类；（三）行政案件受案、办理结果。

公安机关在接受报案时，应当告知报案或者控告的被害人、被侵害人或者其监护人、家属前款所列执法信息的查询方式和途径。

第23条　向特定对象提供执法信息查询服务，应当自该信息形成或者变更之日起5个工作日内进行。法律、法规和规范性文件对期限另有规定的，从其规定。

第24条　向特定对象提供执法信息查询服务，应当通过互联网政府公开平台进行，同时可以通过移动客户端、自助终端等方式进行。

第38条　有下列情形之一的，应当立即改正；情节严重的，依照有关规定对主管人员和其他责任人员予以处理：（一）未按照本规定履行执法公开义务的；（二）公开的信息错误、不准确且不及时更正，或者弄虚作假的；（三）公开不应当公开的信息且不及时撤回的；（四）违反本规定的其他行为。

【主席令〔2018〕11号】　中华人民共和国人民法院组织法（2018年10月26日第13届全国人大常委会第6次会议修订，2019年1月1日施行）

第39条（第3款）　审判委员会讨论案件的决定及其理由应当在裁判文书中公开，法律规定不公开的除外。

【法发〔2019〕20号】　最高人民法院关于健全完善人民法院审判委员会工作机制的意见（2019年8月2日）

24.审判委员会讨论案件的决定及其理由应当在裁判文书中公开，法律规定不公开的除外。

【鲁高法〔2019〕27号】　山东省高级人民法院关于黑恶势力刑事案件审理的工作规范（山东高院审委会〔2019年第11次〕通过，2019年5月30日印发施行）

第3条　认真做好庭前准备工作。开庭审理黑恶势力刑事案件前，人民法院应当进行下列工作：

（一）确定审判长及合议庭组成人员。黑恶势力刑事案件由中、基层人民法院院长担任审判长。社会影响重大的案件，应当依法由法官3人与人民陪审员4人组成合议庭进行审理。

（二）告知被告人可以委托辩护人。对于被告人没有委托辩护人的，应当通知法律援助机构指派律师为其提供辩护。

（三）审理黑恶势力刑事案件，应当通知对辩护律师所属事务所具有监督管理权限的司法行政机关派员旁听。

第4条　组织召开庭前会议。人民法院审理黑社会性质组织和重大恶势力集团刑事案件，应当召开庭前会议。其他恶势力刑事案件，根据审理需要，可以召开庭前会议。召开庭前会议3日前，应当将庭前会议方案报告同级扫黑办，并层报省法院备案。

第5条　认真制定庭审方案。开庭审理前，审判人员应当制定详细的庭审提纲、庭审预案。庭审预案包括开庭审理计划、安全保卫、后勤保障、宣传报道、突发情况处置等事项。黑社会性质组织和重大恶势力集团刑事案件，还应制定"三同步"方案。庭审提纲、庭审预案、"三同步"方案，应当在开庭审理3日前层报省法院。"三同步"方案应当在开庭审理三日前报同级扫黑办。

第6条　认真组织旁听。公开审理的有重大社会影响的黑社会性质组织和重大恶势力集团刑事案件，可以邀请党代表、人大代表、政协委员、特邀监督员、专家学者，以及有关业务主管部门人员旁听。

【法释〔2021〕1号】 最高人民法院关于适用《中华人民共和国刑事诉讼法》的解释(2020年12月7日最高法审委会〔1820次〕修订，2021年1月26日公布，2021年3月1日施行；2013年1月1日施行的"法释〔2012〕21号"《解释》同时废止)

第221条 开庭审理前，人民法院应当进行下列工作：(一)确定审判长及合议庭组成人员；(二)开庭10日以前将起诉书副本送达被告人、辩护人；(三)通知当事人、法定代理人、辩护人、诉讼代理人在开庭5日以前提供证人、鉴定人名单，以及拟当庭出示的证据；申请证人、鉴定人、有专门知识的人出庭的，应当列明有关人员的姓名、性别、年龄、职业、住址、联系方式；(四)开庭3日以前将开庭的时间、地点通知人民检察院；(五)开庭3日以前将传唤当事人的传票和通知辩护人、诉讼代理人、法定代理人、证人、鉴定人等出庭的通知书送达；通知有关人员出庭，也可以采取电话、短信、传真、电子邮件、即时通讯等能够确认对方收悉的方式；对被害人人数众多的涉众型犯罪案件，可以通过互联网公布相关文书，通知有关人员出庭；(六)公开审理的案件，在开庭3日以前公布案由、被告人姓名、开庭时间和地点。

上述工作情况应当记录在案。

第222条 审判案件应当公开进行。

案件涉及国家秘密或者个人隐私的，不公开审理；涉及商业秘密，当事人提出申请的，法庭可以决定不公开审理。

不公开审理的案件，任何人不得旁听，但具有刑事诉讼法第285条规定情形法律另有规定的除外。

第223条 精神病人、醉酒的人、未经人民法院批准的未成年人以及其他不宜旁听的人不得旁听案件审理。

第224条 被害人人数众多，且案件不属于附带民事诉讼范围的，被害人可以推选若干代表人参加庭审。

第225条 被害人、诉讼代理人经传唤或者通知未到庭，不影响开庭审理的，人民法院可以开庭审理。

辩护人经通知未到庭，被告人同意的，人民法院可以开庭审理，但被告人属于应当提供法律援助情形的除外。

第265条 证人、鉴定人、有专门知识的人、调查人员、侦查人员或者其他人员不得旁听对本案的审理。有关人员作证或者发表意见后，审判长应当告知其退庭。

第483条 人民法院审理涉外刑事案件，应当公开进行，但依法不应公开审理的除外。

公开审理的涉外刑事案件，外国籍当事人国籍国驻华使、领馆官员要求旁听的，可以向受理案件的人民法院所在地的高级人民法院提出申请，人民法院应当安排。

【法释〔2021〕12号】 人民法院在线诉讼规则(2021年5月18日最高法审委会第1838次会议通过，2021年6月16日公布，2021年8月1日施行)

第8条 ……在线调解应当按照法律和司法解释相关规定进行，依法保护国家秘密、商业秘密、个人隐私和其他不宜公开的信息。

第27条 适用在线庭审的案件，应当按照法律和司法解释的相关规定公开庭审活动。

对涉及国家安全、国家秘密、个人隐私的案件，庭审过程不得在互联网上公开。对涉及未成年人、商业秘密、离婚等民事案件，当事人申请不公开审理的，在线庭审过程可以不在互联网上公开。

未经人民法院同意，任何人不得违法违规录制、截取、传播涉及在线庭审过程的音频视频、图文资料。

第38条　参与在线诉讼的相关主体应当遵守数据安全和个人信息保护的相关法律法规，履行数据安全和个人信息保护义务。除人民法院依法公开的以外，任何人不得违法违规披露、传播和使用在线诉讼数据信息。出现上述情形的，人民法院可以根据具体情况，依照法律和司法解释关于数据安全、个人信息保护以及妨害诉讼的规定追究相关单位和人员法律责任，构成犯罪的，依法追究刑事责任。

【高检发办字〔2021〕8号】　检务公开工作细则（最高检党组会〔13届139次〕通过，2021年2月6日印发施行）

第3条　【公开主体】按照分级负责、归口管理的原则，检务信息公开的主体一般为制作或者获取该信息的部门；涉及多个部门的，由牵头部门负责公开。

第4条　【公开方式】公开检务信息，可以采取主动向社会公开和依申请查询的方式。

对涉及公共利益、社会普遍关注、经规定程序审核可予公开的检务信息，应当主动向社会公开。对在办案件的程序性信息，当事人和其他符合查询条件的人员根据法律法规和相关文件规定，可以向检察机关申请查询。

第5条　【公开范围】检察机关应当依法公开下列检务信息：

（一）检察业务信息。主动公开社会关注的重要案件信息和检察法律文书，依申请提供案件程序性信息查询。及时发布指导性案例、典型案例，主要检察业务数据及分析信息，司法解释等规范性文件，诉讼便民服务信息等。

（二）检察政务信息。主动公开检察机关的机构设置、职权范围和检察官的职责、义务和权利；向同级人民代表大会及其常委会所作的工作报告、专项报告和最高人民检察院公报、检察白皮书；检察机关的重要部署、重大举措、重点工作、专项活动；已出台的重大司法改革举措；接受外部监督、保障群众参与情况；部门及所属单位预算、决算包括"三公"经费情况，以及政府采购情况。信息化建设情况，窗口部门的办公地址、工作时间、联系方式等信息。

（三）检察队伍信息。主动公开检察机关党建工作和思想政治建设情况；领导班子成员、检察委员会专职委员、检察委员会委员、各部门负责人以及检察官名单等信息；检察人员招录遴选和教育培训等专业化建设信息；职业道德建设、纪律作风建设等情况；检察系统督察巡视巡察情况；检察文化建设情况。

（四）其他应当公开的检务信息。

第6条　【重要案件信息公开】对于社会普遍关注的重要案件信息，包括刑事案件的批准（决定）逮捕、提起公诉等情况，对生效民事、行政判决、裁定、调解书提出再审检察建议、抗诉等情况，提起公益诉讼情况，刑事申诉、国家赔偿、国家司法救助办理情况等，经过综合评估并按规定程序审核后，可以向社会公开。重要案件信息公开应遵循上下级同步公开机制。

对正在办理的案件，可以公开案件基本情况，但不得向社会发布有关案件事实和证据认定方面的具体信息。

第7条　【公开法律文书种类】检察机关作出的下列法律文书应当在互联网公布。（一）人民法院所作判决、裁定已生效的刑事案件起诉书、抗诉书；（二）不起诉决定书；（三）复查结案的刑事申诉结果通知书；（四）人民法院作出再审改判并已生效的案件的民事抗诉书、行政抗诉书；（五）人民法院作出生效裁判的案件的民事公益诉讼起诉书、行政公益诉讼起诉书；（六）最高人民检察院认为应当公开的其他法律文书。

第8条　【公开期限】主动向社会公开的检务信息，应当自形成或者变更之日起20个工作日以内予以公开，法律法规另有规定的按照具体规定执行。公开检察法律文书，应当在案件办结后或者在收到人民法院生效判决、裁定后10个工作日以内，经规定程序审核批准后向社会公开。

依申请查询案件程序性信息，按照最高人民检察院相关规定办理。

第9条　【公开例外】检察机关对涉及国家秘密、检察工作秘密、商业秘密、个人隐私和与未成年人相关的案件信息，以及其他依照法律法规和最高人民检察院有关规定不应当公开的信息，不得公开。

第10条　【内容审核与风险评估】认真落实涉检意识形态工作责任制，建立健全检务公开信息审核把关机制，按照"谁办理谁审核、谁决定谁负责"的原则，做好公开信息的内容审查和技术处理工作。建立完善风险评估机制，对拟公开的检务信息特别是案件信息应当提前进行风险评估，制定应急预案，提出应急措施，在依法办理的同时，注重舆论引导。

第11条　【检务公开平台建设】加强检察门户网站和微博、微信、客户端、短视频等平台的建设和管理，及时准确发布、实时动态更新各类检务信息，同时注重利用报纸期刊、广播电视等渠道公开检务信息。涉及公开听证等业务工作的，可以实行网络和新媒体直播。

依托12309中国检察网，拓展网上检察服务，公开发布网上办理事项的受理条件、办理流程等办事指南，并提供网上信访、网上查询、网上预约、网上监督、在线咨询等服务。

【高检发办字〔2021〕号】　人民检察院案件信息公开工作规定（2021年8月19日最高检第13届检委会第71次会议通过，2021年9月28日印发施行；2014年《规定（试行）》同时废止）

第3条　人民检察院应当通过互联网、电话、邮件、检察服务窗口等方式，向相关人员提供案件信息查询服务，向社会主动发布案件信息、公开法律文书，以及办理其他案件信息公开工作。

最高人民检察院建立"12309中国检察网"，各级人民检察院依照本规定，在该平台办理案件信息公开的有关工作。

第4条　人民检察院对涉及国家秘密、商业秘密、个人隐私和未成年人犯罪的案件信息，以及其他依照法律法规和最高人民检察院有关规定不应当公开的信息，不得公开。侵害未成年人犯罪的案件信息，一般不予公开，确有必要公开的，应当依法对相关信息进行屏蔽、隐名等处理。

第12条　人民检察院可以根据工作实际，向社会发布关注度较高、影响较大的案件信息：（一）相关刑事案件的办理情况；（二）相关民事检察案件的办理情况；（三）相关行政检察案件的办理情况；（四）相关公益诉讼案件的办理情况。

第13条　人民检察院可以根据需要，向社会发布具有示范引领效果、促进社会治理的相关案件信息：（一）对统一法律适用、普法具有重要意义的指导性案例和典型案例；（二）案件公开听证情况；（三）社会治理类检察建议；（四）重大、专项业务工作的进展和结果信息；

（五）其他应予发布的案件信息。

第 14 条　人民检察院可以通过新闻发言人、召开新闻发布会、提供新闻稿等方式对外发布重要案件信息，并且应当同时在"12309 中国检察网"上发布该信息。

第 15 条　案件信息由办理该案件的人民检察院负责发布。

第 16 条　人民检察院可以根据工作实际，向社会发布以下检察业务数据：（一）检察机关主要办案数据；（二）检察机关立足履行法律监督职能、服务经济社会发展的数据信息；（三）促进、推动社会治理的数据信息；（四）对社会具有警示意义的数据信息，包括典型类案新情况新特点新变化新趋势；（五）其他应予发布的业务数据。

第 17 条　人民检察院可以通过下列方式，向社会发布检察业务数据：（一）通过人民检察院官方网站、官方媒体等统一发布，并同步组织做好相关数据解读宣传工作；（二）在《中国统计年鉴》《中国检察年鉴》《最高人民检察院公报》等全国性刊物上，发布全国检察机关主要办案数据，在地方确定的官方媒体上发布本地检察机关主要办案数据；（三）公布检察工作报告；（四）召开新闻发布会、发布检察工作白皮书、组织专项工作宣传、接受媒体采访报道等；（五）以院名义发表文章；（六）其他向社会发布的方式。

第 18 条　人民检察院办理社会广泛关注的、具有一定社会影响的案件涉及的下列法律文书，可以向社会公开：（一）刑事案件起诉书、抗诉书；（二）不起诉决定书；（三）刑事申诉结果通知书。

第 20 条　人民检察院在"12309 中国检察网"上公开法律文书，应当对下列当事人及其他诉讼参与人的姓名视情做隐名处理：（一）刑事案件的被害人及其法定代理人、附带民事诉讼原告人及其法定代理人、证人、鉴定人；（二）不起诉决定书中的被不起诉人；（三）公益诉讼案件中的企业当事人。

当事人或者其他诉讼参与人要求公开本人姓名，并提出书面申请的，经承办人核实、案件办理部门负责人审核、分管副检察长批准后，可以不做相应的隐名处理。

第 21 条　根据本规定第 20 条进行隐名处理时，应当按以下情形处理：

（一）保留姓氏，名字以"某某"替代；

（二）复姓保留第 1 个字，其余内容以"某某"替代；

（三）对于少数民族姓名，保留第 1 个字，其余内容以"某某"替代；

（四）对于外国人、无国籍人姓名的中文译文，保留第 1 个字，其余内容以"某某"替代；对于外国人、无国籍人的英文姓名，保留第 1 个英文字母，隐去其他字符；

（五）对于企业当事人的名称中有所在地的，保留所在地，其余以"某某企业"替代；对于企业当事人名称中没有所在地的，直接以"某某企业"替代。

对不同姓名隐名处理后发生重复的，通过在姓名后增加甲乙丙丁、阿拉伯数字等进行区分。

第 22 条　人民检察院在"12309 中国检察网"公开法律文书，应当屏蔽下列内容：（一）与公众了解案情无关的自然人信息，如：家庭住址、通讯方式、公民身份号码（身份证号码）、社交账号、银行账号、健康状况、车牌号码、动产或不动产权属证书编号、工作单位等；（二）未成年人的相关信息；（三）法人以及其他组织的银行账号、车牌号码、动产或不动产权属证书编号、地址；（四）涉及国家秘密、商业秘密、个人隐私的信息；（五）涉及技术侦查措施的信息；（六）根据文书表述的内容可以直接推理或者符合逻辑地推理出属于需要屏蔽的信息；（七）其他不宜公开的内容。

第 23 条　在互联网公开法律文书，除根据本规定第 20 条进行隐名处理和第 22 条进行屏蔽处理的以外，应当保留当事人、法定代理人、委托代理人、辩护人的下列信息：（一）当事人及其法定代理人是自然人的，保留姓名、出生日期、性别、住所地所属县、区；当事人是法人或其他组织的，保留名称以及法定代表人或主要负责人的姓名、职务；（二）委托代理人、辩护人是律师或者基层法律服务工作者的，保留姓名、执业证号和律师事务所、基层法律服务机构名称；委托代理人、辩护人是其他人员的，保留姓名、出生日期、性别、住所地所属县、区，以及与当事人的关系。

> **第 189 条　【检察出庭】** 人民法院审判公诉案件，~~除罪行较轻经人民法院同意的以外~~①，人民检察院应当派员出席法庭支持公诉，~~但是依照本法第 175 条的规定适用简易程序的，人民检察院可以不派员出席法庭~~②。
> 出庭的检察人员发现审判活动有违法情况，有权向法庭提出纠正意见。③

● **相关规定**　**【高检发〔2005〕9 号】**　最高人民检察院关于进一步加强公诉工作强化法律监督的意见（2005 年 6 月 10 日）

二、正确履行指控犯罪职能，依法打击各种犯罪活动

（三）提高出庭公诉水平，增强指控犯罪效果。……对于重大、疑难、复杂案件，要选派优秀公诉人出庭支持公诉，检察长、主管副检察长和公诉部门负责人要带头出庭。出庭公诉人要灵活运用出庭谋略和出庭技巧，切实增强庭上应变能力，妥善应对庭审中出现的问题，对被告人翻供、证人翻证的，要综合运用全案证据揭露和证实犯罪，必要时依法建议延期审理。对于法庭审理活动违反法定程序、严重侵犯诉讼参与人诉讼权利，可能影响公正审判的，公诉人应当立即建议休庭，并在休庭后依法提出监督意见。要加强对出庭支持公诉工作的跟庭考核，总结推广出庭经验，组织优秀庭评选，促进出庭公诉水平的提高。

【法释〔2016〕7 号】　人民法院法庭规则（2015 年 12 月 21 日最高法审委会第 1673 次会议通过，最高人民法院 2016 年 4 月 13 日公布，2016 年 5 月 1 日施行）

第 12 条（第 1 款）　出庭履行职务的人员，按照职业着装规定着装。但是，具有下列情形之一的，着正装：（一）没有职业着装规定；（二）侦查人员出庭作证；（三）所在单位系案件当事人。

【高检发未检字〔2017〕1 号】　未成年人刑事检察工作指引（试行）（最高检 2017 年 3 月 2 日印发试行）

第 220 条　【出庭要求】出席未成年人刑事案件法庭，出庭检察人员应当根据未成年被告人的智力发育程度和心理状态，使用适合未成年人的语言表达方式。发言时应当语调平和，所提问题简要、明确，并注意用语文明、准确、通俗易懂。

---

① 本部分内容被 1996 年 3 月 17 日第 8 届全国人民代表大会第 4 次会议删除，1997 年 1 月 1 日施行。
② 本部分内容由 1996 年 3 月 17 日第 8 届全国人民代表大会第 4 次会议增加（1997 年 1 月 1 日施行），被 2012 年 3 月 14 日第 11 届全国人大常委会第 5 次会议删除（2013 年 1 月 1 日施行）。
③ 本款规定被 1996 年 3 月 17 日第 8 届全国人民代表大会第 4 次会议删除，1997 年 1 月 1 日施行。

出庭检察人员在庭审活动中，既要严格执行庭审程序，树立法律权威，体现法律的严肃性；又要结合未成年人的身心特点，避免给未成年被告人造成不良影响。遇到未成年被告人及其法定代理人、辩护人等辩护意见不正确时，以正面说理为主，做到有理、有节。必要时，可以建议审判长休庭，针对法定代理人、辩护人的错误行为，在庭下予以纠正，并引导他们从未成年人长远利益的角度考虑问题，帮助未成年被告人树立法治观念和正确价值观。

对于与被害人、诉讼代理人意见不一致的，应当认真听取被害人、诉讼代理人的意见，并阐明检察机关的意见和理由。说理时要温和、理性，避免造成二次伤害。

对于未成年被告人情绪严重不稳定，不宜继续接受审判的，出庭检察人员应当建议休庭。休庭后及时安抚未成年被告人的情绪，在法定代理人或者合适成年人、辩护人的协助下消除上述情形后继续开庭审理。必要时，由具有心理咨询师资质的检察人员或委托专门的心理咨询师进行心理干预和疏导。

【高检发释字〔2019〕4号】 人民检察院刑事诉讼规则（2019年12月2日最高检第13届检委会第28次会议通过，2019年12月30日公布施行；高检发释字〔2012〕2号《规则（试行）》同时废止）

第9条（第2款） 上级人民检察院可以依法统一调用辖区的检察人员办理案件，调用的决定应当以书面形式作出。被调用的检察官可以代表办理案件的人民检察院履行出庭支持公诉等各项检察职责。

第390条 提起公诉的案件，人民检察院应当派员以国家公诉人的身份出席第一审法庭，支持公诉。

公诉人应当由检察官检察长、检察员或者经检察长批准代行检察员职务的助理检察员1人至数人担任。检察官助理可以协助检察官出庭。根据需要可以并配备书记员担任记录。

第392条 人民法院决定开庭审判的，公诉人应当做好以下准备工作：（一）进一步熟悉案情，掌握证据情况；（二）深入研究与本案有关的法律政策问题；（三）充实审判中可能涉及的专业知识；（四）拟定讯问被告人、询问证人、鉴定人、有专门知识的人和宣读、出示、播放证据的计划并制定质证方案；（五）对可能出现证据合法性争议的，拟定证明证据合法性的提纲并准备相关材料；（六）拟定公诉意见，准备辩论提纲；（七）需要对出庭证人等的保护向人民法院提出建议或者配合做好工作的，做好相关准备。

【法刊文摘】 检答网集萃60：出庭时检察官助理的具体职责是什么（检察日报2021年10月12日）

咨询内容（最高人民检察院杨建军）：《人民检察院刑事诉讼规则》第390条第2款规定，公诉人应当由检察官担任，检察官助理可以协助检察官出庭。那么协助出庭具体如何理解？是否可以宣读起诉书，参与法庭讯问、举证质证、法庭辩论？在庭上按照规则应该不能称为公诉人，如何自称？本助理？本辅助？公诉人助理？

解答摘要（最高检专家组）：宣读起诉书、讯问、询问、质证、答辩及发表出庭意见等属于检察官亲历性事项，属于出庭的重要职责，应当由检察官本人履行。检察官助理可以按照检察官的指示从事宣读证据、协助进行多媒体示证等补充性、辅助性工作。检察官助理在法庭上的法律身份、名称与起诉书保持一致，仍为"检察官助理"。

【高检发办字〔2023〕133号】　最高人民检察院关于上级人民检察院统一调用辖区的检察人员办理案件若干问题的规定（经全国人大常委会法工委同意，2023年9月5日印发施行）（详见本书第1章"检察工作制度"专辑）

第7条　被调用检察人员以检察官身份代表办理案件的人民检察院履行出庭支持公诉等职责，应当由办理案件的人民检察院检察长依法提请本级人民代表大会常务委员会按照法定程序任命为本院的检察员。案件办结或者上级人民检察院作出终止调用决定的，按照法定程序免去其前述检察员职务。

人民代表大会常务委员会作出任命前，被调用检察官可以检察官助理身份协助办理案件。

第8条　上级人民检察院统一调用辖区的检察人员以检察官身份办理案件，具有下列情形之一的，可以不履行检察官任免程序：（一）上级人民检察院的检察官被调用至辖区的下级人民检察院的；（二）上级人民检察院调用本院的分院、派出检察院的检察官至本院或者本院的其他分院、派出检察院的；（三）依照法律规定不需要经人民代表大会常务委员会任免检察官的。

【法发〔2023〕号】　最高人民法院、最高人民检察院关于上级人民检察院统一调用辖区的检察人员办理案件有关问题的通知（2023年9月15日）（详见本书第253条）

三、《规定》（高检发办字〔2023〕133号）施行以前上级人民检察院已经作出调用决定的案件，被调用的检察官可以继续代表办理案件的人民检察院履行出庭支持公诉等相关职责至案件审结。

第190条　【开庭程序】 开庭的时候，审判长查明当事人是否到庭，宣布案由；宣布合议庭的组成人员、书记员、公诉人、辩护人、诉讼代理人、鉴定人和翻译人员的名单；告知当事人有权对合议庭组成人员、书记员、公诉人、鉴定人和翻译人员申请回避；告知被告人享有辩护权利。

【认罪认罚的告知及审查】 被告人认罪认罚的，审判长应当告知被告人享有的诉讼权利和认罪认罚的法律规定，审查认罪认罚的自愿性和认罪认罚具结书内容的真实性、合法性。[1]

第191条[2]　**【被告人陈述、讯问被告人】** 公诉人在法庭上宣读起诉书后，被告人、被害人可以就起诉书指控的犯罪进行陈述，公诉人可以讯问被告人。

被害人、附带民事诉讼的原告人和辩护人、诉讼代理人，经审判长许可，可以向被告人发问。

审判人员可以讯问被告人。

---

[1] 本款规定由2018年10月26日第13届全国人大常委会第6次会议增设，同日公布施行。

[2] 本条规定由1996年3月17日第8届全国人民代表大会第4次会议修改，1997年1月1日施行。原规定为："公诉人在审判长宣读起诉书后，审判人员开始询问被告人。""公诉人经审判长许可，可以讯问被告人。""被害人、附带民事诉讼的原告人和辩护人，在审判人员审问被告人后，经审判长许可，可以向被告人发问。"

● **相关规定** 　【法发（研）〔1981〕号】　最高人民法院关于执行刑事诉讼法中若干问题的初步经验总结（1981年11月印发）①

八、关于法庭审判的问题

（四）在庭审中使用戒具问题

在法庭审理案件过程中，一般不要给被告人戴戒具，可以采取设置被告人护栏、相应加强警戒力量和选择适当庭审场所等有效措施来维护法庭的安全。

对于极少数在庭审中，确有可能发生行凶、逃跑、自伤等危险的被告人，非使用戒具不可的，事先由合议庭提出意见，报院长审核批准后执行；在庭审中，遇有紧急情况，可由审判长决定，事后报告院长。使用戒具，应严格遵守1957年1月29日公安部《对犯人使用戒具的规定》。庭审中，使用戒具，应当记录在卷。

【法办〔2009〕600号】　最高人民法院办公厅关于进一步加强法庭审判秩序管理的通知（2009年10月27日）

一、严格执行《人民法院法庭规则》。各级人民法院在推进审判公开过程中，要大力宣传《人民法院法庭规则》，将其置于法院公告栏等醒目位置，通过设置咨询台、电子查询屏，发放应诉通知、诉讼手册等形式使公众知晓，书记员在开庭审理前必须当庭宣读。人民法院在庭审过程中要敢于管理、善于管理，在切实尊重和保障诉讼参与人的诉讼权利、公民的旁听权和新闻记者的报道权的同时，对公然违反法庭规则的各种行为，必须坚决予以制止和纠正。如旁听人员在庭审过程中随意走动、喧哗、哄闹法庭，新闻记者未经许可录音、录像和拍照，可依据《人民法院法庭规则》第11条、12条规定的措施作出处理。

二、严格执行诉讼法关于维护庭审秩序的相关规定。依据刑事诉讼法第161条、民事诉讼法第101条以及行政诉讼法第49条等规定精神，对于诉讼参与人、其他人以哄闹、冲击方式扰乱法庭秩序，违反法庭规则的，人民法院可以采取警告、训诫、责令具结悔过、责令退出法庭、强行带出法庭、罚款、拘留等多种措施，情节严重、构成犯罪的，依法追究刑事责任。各级人民法院要充分认识和领会法律赋予人民法院在庭审秩序管理中职权的多样性，综合运用批评教育与依法采取强制措施等各种手段，灵活机动加以处置，确保庭审秩序安全，必要时还可依法宣布休庭或延期审理，待影响庭审活动正常开展的不利因素消除后再行开庭。

【六部委〔2012〕规定】　最高人民法院、最高人民检察院、公安部、国家安全部、司法部、全国人大常委会法制工作委员会关于实施刑事诉讼法若干问题的规定（2012年12月26日印发，2013年1月1日施行）

26. 人民法院开庭审理公诉案件时，出庭的检察人员和辩护人需要出示、宣读、播放已移交人民法院的证据的，可以申请法庭出示、宣读、播放。

30. 人民法院审理公诉案件，发现有新的事实，可能影响定罪的，人民检察院可以要求补充起诉或者变更起诉，人民法院可以建议人民检察院补充起诉或者变更起诉。人民法院建议人民检察院补充起诉或者变更起诉的，人民检察院应当在7日以内回复意见。

31. 法庭审理过程中，被告人揭发他人犯罪行为或者提供重要线索，人民检察院认为需要进行查证的，可以建议补充侦查。

---

① 注：该《经验总结》一直没有被废止，部分内容可作参考。

【法释〔2016〕7号】 人民法院法庭规则（2015年12月21日最高法审委会第1673次会议通过，最高人民法院2016年4月13日公布，2016年5月1日施行）

第6条　进入法庭的人员应当出示有效身份证件，并接受人身及携带物品的安全检查。

持有效工作证件和出庭通知履行职务的检察人员、律师可以通过专门通道进入法庭。需要安全检查的，人民法院对检察人员和律师平等对待。

第7条　除经人民法院许可，需要在法庭上出示的证据外，下列物品不得携带进入法庭：（一）枪支、弹药、管制刀具以及其他具有杀伤力的器具；（二）易燃易爆物、疑似爆炸物；（三）放射性、毒害性、腐蚀性、强气味性物质以及传染病病原体；（四）液体及胶状、粉末状物品；（五）标语、条幅、传单；（六）其他可能危害法庭安全或妨害法庭秩序的物品。

第8条　人民法院应当通过官方网站、电子显示屏、公告栏等向公众公开各法庭的编号、具体位置以及旁听席位数量等信息。

第9条　公开的庭审活动，公民可以旁听。

旁听席位不能满足需要时，人民法院可以根据申请的先后顺序或者通过抽签、摇号等方式发放旁听证，但应当优先安排当事人的近亲属或其他与案件有利害关系的人旁听。

下列人员不得旁听：（一）证人、鉴定人以及准备出庭提出意见的有专门知识的人；（二）未获得人民法院批准的未成年人；（三）拒绝接受安全检查的人；（四）醉酒的人、精神病人或其他精神状态异常的人；（五）其他有可能危害法庭安全或妨害法庭秩序的人。

依法有可能封存犯罪记录的公开庭审活动，任何单位或个人不得组织人员旁听。

依法不公开的庭审活动，除法律另有规定外，任何人不得旁听。

第10条　人民法院应当对庭审活动进行全程录像或录音。

第11条　依法公开进行的庭审活动，具有下列情形之一的，人民法院可以通过电视、互联网或其他公共媒体进行图文、音频、视频直播或录播：（一）公众关注度较高；（二）社会影响较大；（三）法治宣传教育意义较强。

第12条　出庭履行职务的人员，按照职业着装规定着装。但是，具有下列情形之一的，着正装：（一）没有职业着装规定；（二）侦查人员出庭作证；（三）所在单位系案件当事人。

非履行职务的出庭人员及旁听人员，应当文明着装。

第13条　刑事在押被告人或上诉人出庭受审时，着正装或便装，不着监管机构的识别服。

人民法院在庭审活动中不得对被告人或上诉人使用戒具，但认为其人身危险性大，可能危害法庭安全的除外。

第14条　庭审活动开始前，书记员应当宣布本规则第17条规定的法庭纪律。

第15条　审判人员进入法庭以及审判长或独任审判员宣告判决、裁定、决定时，全体人员应当起立。

第16条　人民法院开庭审判案件应当严格按照法律规定的诉讼程序进行。

审判人员在庭审活动中应当平等对待诉讼各方。

【法发〔2017〕31号】 人民法院办理刑事案件第一审普通程序法庭调查规程（试行）（2017年11月27日最高法印发"三项规程"，2018年1月1日试行）

第1条　法庭应当坚持证据裁判原则。认定案件事实，必须以证据为根据。法庭调查应当以证据调查为中心，法庭认定并依法排除的非法证据，不得宣读、质证。证据未经当庭出示、宣读、辨认、质证等法庭调查程序查证属实，不得作为定案的根据。

第 2 条　法庭应当坚持程序公正原则。人民检察院依法承担被告人有罪的举证责任，被告人不承担证明自己无罪的责任。法庭应当居中裁判，严格执行法定的审判程序，确保控辩双方在法庭调查环节平等对抗，通过法庭审判的程序公正实现案件裁判的实体公正。

第 3 条　法庭应当坚持集中审理原则。规范庭前准备程序，避免庭审出现不必要的迟延和中断。承办法官应当在开庭前阅卷，确定法庭审理方案，并向合议庭通报开庭准备情况。召开庭前会议的案件，法庭可以依法处理可能导致庭审中断的事项，组织控辩双方展示证据，归纳控辩双方争议焦点。

第 4 条　法庭应当坚持诉权保障原则。依法保障当事人和其他诉讼参与人的知情权、陈述权、辩护辩论权、申请权、申诉权，依法保障辩护人发问、质证、辩论辩护等权利，完善便利辩护人参与诉讼的工作机制。

第 5 条　法庭宣布开庭后，应当告知当事人在法庭审理过程中依法享有的诉讼权利。

对于召开庭前会议的案件，在庭前会议中处理诉讼权利事项的，可以在开庭后告知诉讼权利的环节，一并宣布庭前会议对有关事项的处理结果。

第 6 条　公诉人宣读起诉书后，对于召开庭前会议的案件，法庭应当宣布庭前会议报告的主要内容。有多起犯罪事实的案件，法庭可以在有关犯罪事实的法庭调查开始前，分别宣布庭前会议报告的相关内容。

对于庭前会议中达成一致意见的事项，法庭可以向控辩双方核实后当庭予以确认；对于未达成一致意见的事项，法庭可以在庭审涉及该事项的环节归纳争议焦点，听取控辩双方意见，依法作出处理。

第 7 条　公诉人宣读起诉书后，审判长应当询问被告人对起诉书指控的犯罪事实是否有异议，听取被告人的供述和辩解。对于被告人当庭认罪的案件，应当核实被告人认罪的自愿性和真实性，听取其供述和辩解。

在审判长主持下，公诉人可以就起诉书指控的犯罪事实讯问被告人，为防止庭审过分迟延，就证据问题向被告人的讯问可在举证、质证环节进行。经审判长准许，被害人及其法定代理人、诉讼代理人可以就公诉人讯问的犯罪事实补充发问；附带民事诉讼原告人及其法定代理人、诉讼代理人可以就附带民事部分的事实向被告人发问；被告人的法定代理人、辩护人，附带民事诉讼被告人及其法定代理人、诉讼代理人可以在控诉一方就某一问题讯问完毕后向被告人发问。有多名被告人的案件，辩护人对被告人的发问，应当在审判长主持下，先由被告人本人的辩护人进行，再由其他被告人的辩护人进行。

第 8 条　有多名被告人的案件，对被告人的讯问应当分别进行。

被告人供述之间存在实质性差异的，法庭可以传唤有关被告人到庭对质。审判长可以分别讯问被告人，就供述的实质性差异进行调查核实。经审判长准许，控辩双方可以向被告人讯问、发问。审判长认为有必要的，可以准许被告人之间相互发问。

根据案件审理需要，审判长可以安排被告人与证人、被害人依照前款规定的方式进行对质。

第 9 条　申请参加庭审的被害人众多，且案件不属于附带民事诉讼范围的，被害人可以推选若干代表人参加或者旁听庭审，人民法院也可以指定若干代表人。

对被告人讯问、发问完毕后，其他证据出示前，在审判长主持下，参加庭审的被害人可以就起诉书指控的犯罪事实作出陈述。经审判长准许，控辩双方可以在被害人陈述后向被害人发问。

第10条　为解决被告人供述和辩解中的疑问，审判人员可以讯问被告人，也可以向被害人、附带民事诉讼当事人发问。

第11条　有多起犯罪事实的案件，对被告人不认罪的事实，法庭调查一般应当分别进行。

被告人不认罪或者认罪后又反悔的案件，法庭应当对与定罪和量刑有关的事实、证据进行全面调查。

被告人当庭认罪的案件，法庭核实被告人认罪的自愿性和真实性，确认被告人知悉认罪的法律后果后，可以重点围绕量刑事实和其他有争议的问题进行调查。

【律发通〔2017〕51号】　律师办理刑事案件规范（2017年8月27日第9届全国律协常务理事会第8次会议通过、即日施行，中华全国律师协会2017年9月20日）

第86条　辩护律师参加有2名以上被告人案件的审理，应当按起诉书指控被告人的顺序依次就座。

第87条　合议庭组成人员、书记员、公诉人、鉴定人和翻译人员具有法定回避情形的，在审判长宣布被告人的诉讼权利后，辩护律师可以根据情况提出，并说明理由。

第88条　法庭核对被告人年龄、身份、有无前科劣迹等情况有误，可能影响案件审理的，律师应当认真记录，在法庭调查时予以澄清。

第89条　辩护律师在公诉人、被害人及其代理律师发问后，经审判长许可，有权向被告人发问。

第90条　在法庭调查过程中，经审判长许可，辩护律师有权对证人、鉴定人、被害人、有专门知识的人发问。

第91条　公诉人、其他辩护人、诉讼代理人、审判人员以威胁、诱导或其他不当方式发问的，或发问问题与本案无关、损害被告人人格尊严的，辩护律师可以提出异议并申请审判长予以制止。

第92条　辩护律师发问应当简洁、清楚，重点围绕与定罪量刑相关的事实进行发问。

第94条　公诉人对辩护律师的发问提出反对或异议的，辩护律师可以进行反驳。法庭作出决定的，辩护律师应当服从。

【高检发诉字〔2018〕8号】　人民检察院公诉人出庭举证质证工作指引（2018年5月2日最高检第13届检委会第1次会议通过，2018年7月3日印发施行）

第2条　举证是指在出庭支持公诉过程中，公诉人向法庭出示、宣读、播放有关证据材料并予以说明，对出庭作证人员进行询问，以证明公诉主张成立的诉讼活动。

质证是指在审判人员的主持下，由控辩双方对所出示证据材料及出庭作证人员的言词证据的证据能力和证明力相互进行质疑和辩驳，以确认是否作为定案依据的诉讼活动。

第5条　公诉人可以根据被告人是否认罪，采取不同的举证质证模式。

被告人认罪的案件，经控辩双方协商一致并经法庭同意，举证质证可以简化。

被告人不认罪或者辩护人作无罪辩护的案件，一般应当全面详细举证质证。但对辩方无异议的证据，经控辩双方协商一致并经法庭同意，举证质证也可以简化。

第14条　公诉人举证，一般应当遵循下列要求：

（一）公诉人举证，一般应当全面出示证据；出示、宣读、播放每一份（组）证据时，一般应当出示证据的全部内容。根据普通程序、简易程序以及庭前会议确定的举证方式和案件的具体情况，也可以简化出示，但不得随意删减、断章取义。没有召开庭前会议的，公诉人可以当庭与辩护方协商，并经法庭许可确定举证方式。

（二）公诉人举证前，应当先就举证方式作出说明；庭前会议对简化出示证据达成一致意见的，一并作出说明。

（三）出示、宣读、播放每一份（组）证据前，公诉人一般应当先就证据证明方向、证据的种类、名称、收集主体和时间以及所要证明的内容向法庭作概括说明。

（四）对于控辩双方无异议的非关键性证据，举证时可以仅就证据的名称及所证明的事项作出说明；对于可能影响定罪量刑的关键证据和控辩双方存在争议的证据，以及法庭认为有必要调查核实的证据，应当详细出示。

（五）举证完毕后，应当对出示的证据进行归纳总结，明确证明目的。

（六）使用多媒体示证的，应当与公诉人举证同步进行。

第15条　公诉人举证，应当主要围绕下列事实，重点围绕控辩双方争议的内容进行：（一）被告人的身份；（二）指控的犯罪事实是否存在，是否为被告人所实施；（三）实施犯罪行为的时间、地点、方法、手段、结果，被告人犯罪后的表现等；（四）犯罪集团或者其他共同犯罪案件中参与犯罪人员的各自地位和应负的责任；（五）被告人有无刑事责任能力，有无故意或者过失，行为的动机、目的；（六）有无依法不应当追究刑事责任的情形，有无法定从重或者从轻、减轻以及免除处罚的情节；（七）犯罪对象、作案工具的主要特征，与犯罪有关的财物的来源、数量以及去向；（八）被告人全部或者部分否认起诉书指控的犯罪事实的，否认的根据和理由能否成立；（九）与定罪、量刑有关的其他事实。

第16条　对于公诉人简化出示的证据，辩护人要求公诉人详细出示的，可以区分不同情况作出处理。具有下列情形之一的，公诉人应当详细出示：（一）审判人员要求详细出示的；（二）辩护方要求详细出示并经法庭同意的；（三）简化出示证据可能影响举证效果的。

具有下列情形之一的，公诉人可以向法庭说明理由，经法庭同意后，可以不再详细出示：（一）公诉人已经详细出示过相关证据，辩护方重复要求的；（二）公诉人简化出示的证据能够证明案件事实并反驳辩护方异议的；（三）辩护方所要求详细出示的内容与起诉书认定事实无关的；（四）被告人承认指控的犯罪事实和情节的。

第17条　辩护方当庭申请公诉人宣读出示案卷中对被告人有利但未被公诉人采信的证据的，可以建议法庭决定由辩护方宣读出示，并说明不采信的理由。法庭采纳辩护方申请要求公诉人宣读出示的，公诉人应当出示。

第35条　宣读被告人供述，应当根据庭审中被告人供述的情况进行。被告人有多份供述且内容基本一致的，一般选择证明力最充分的一份或者几份出示。被告人当庭供述与庭前供述的实质性内容一致的，可以不再宣读庭前供述，但应当向法庭说明；被告人当庭供述与庭前供述存在实质性差异的，公诉人应当问明理由，认为理由不成立的，应当就存在实质性差异的内容宣读庭前供述，并结合相关证据予以反驳。

第36条　被告人作无罪辩解或者当庭供述与庭前供述内容不一致，足以影响定罪量刑的，公诉人可以有针对性地宣读被告人庭前供述笔录，并针对笔录中被告人的供述内容对被告人进行讯问，或者出示其他证据进行证明，予以反驳，并提请法庭对其当庭供述不予采信。对翻供内容需要调查核实的，可以建议法庭休庭或者延期审理。

第37条 鉴定意见以及勘验、检查、辨认和侦查实验等笔录应当庭宣读，并对鉴定人、勘验人、检查人、辨认人、侦查实验人员的身份、资质、与当事人及本案的关系作出说明，必要时提供证据予以证明。鉴定人、有专门知识的人出庭，公诉人可以根据需要对其发问。发问时适用对证人询问的相关要求。

第38条 播放视听资料，应当首先对视听资料的来源、制作过程、制作环境、制作人员以及所要证明的内容进行概括说明。播放一般应当连续进行，也可以根据案情分段进行，但应当保持资料原貌，不得对视听资料进行剪辑。

播放视听资料，应当向法庭提供视听资料的原始载体。提供原始载体确有困难的，可以提供复制件，但应当向法庭说明原因。

出示音频资料，也可以宣读庭前制作的附有声音资料语言内容的文字记录。

第39条 出示以数字化形式存储、处理、传输的电子数据证据，应当对该证据的原始存储介质、收集提取过程等予以简要说明，围绕电子数据的真实性、完整性、合法性，以及被告人的网络身份与现实身份的同一性出示证据。

【鲁高法〔2019〕27号】 山东省高级人民法院关于黑恶势力刑事案件审理的工作规范（山东高院审委会〔2019年第11次〕通过，2019年5月30日印发施行）

第7条 认真组织法庭调查。法庭调查应当严格按照《人民法院办理刑事案件第一审普通程序法庭调查规程（试行）》的规定进行。区分黑社会性质组织实施的犯罪和个人实施的犯罪，分别进行调查。对于黑社会性质组织罪的调查，按照先具体犯罪、后黑社会性质组织罪的顺序进行。

对指控的犯罪事实调查结束后，应当对涉案财产情况进行专门调查，组织控辩双方对涉案财产情况进行举证、质证，查清涉案财产的来源、性质、价值、权属、名称、数量、处置情况等。

【法释〔2019〕5号】 最高人民法院关于适用《中华人民共和国人民陪审员法》若干问题的解释（2019年2月18日最高法审委会第1761次会议通过，2019年4月24日公布，2019年5月1日施行；法释〔2010〕2号《最高人民法院关于人民陪审员参加审判活动若干问题的规定》同时废止）

第10条 案件审判过程中，人民陪审员依法有权参与案件调查和调解工作。

第11条 庭审过程中，人民陪审员依法有权向诉讼参与人发问，审判长应当提示人民陪审员围绕案件争议焦点进行发问。

【高检发〔2019〕13号】 最高人民法院、最高人民检察院、公安部、国家安全部、司法部关于适用认罪认罚从宽制度的指导意见（2019年10月11日印发施行）

39. 审判阶段认罪认罚自愿性、合法性审查。办理认罪认罚案件，人民法院应当告知被告人享有的诉讼权利和认罪认罚的法律规定，听取被告人及其辩护人或者值班律师的意见。庭审中应当对认罪认罚的自愿性、具结书内容的真实性和合法性进行审查核实，重点核实以下内容：（一）被告人是否自愿认罪认罚，有无因受到暴力、威胁、引诱而违背意愿认罪认罚；(二)被告人认罪认罚时的认知能力和精神状态是否正常；(三)被告人是否理解认罪认罚的性质和可能导致的法律后果；(四)人民检察院、公安机关是否履行告知义务并听取意见；(五)值班律师或者辩护人是否与人民检察院进行沟通，提供了有效法律帮助或者辩护，并在场见证认罪认罚具结书的签署。

庭审中审判人员可以根据具体案情，围绕定罪量刑的关键事实，对被告人认罪认罚的自愿性、真实性等进行发问，确认被告人是否实施犯罪，是否真诚悔罪。

被告人违背自愿认罪认罚，或者认罪认罚后又反悔，依法需要转换程序的，应当按照普通程序对案件重新审理。发现存在刑讯逼供等非法取证行为的，依照法律规定处理。

47. 普通程序的适用。适用普通程序办理认罪认罚案件，可以适当简化法庭调查、辩论程序。公诉人宣读起诉书后，合议庭应当庭询问被告人对指控的犯罪事实、证据及量刑建议的意见，核实具结书签署的自愿性、真实性、合法性。公诉人、辩护人、审判人员对被告人的讯问、发问可以简化。对控辩双方无异议的证据，可以仅就证据名称及证明内容进行说明；对控辩双方有异议，或者法庭认为有必要调查核实的证据，应当出示并进行质证。法庭辩论主要围绕有争议的问题进行，裁判文书可以适当简化。

53. 审判阶段反悔的处理。案件审理过程中，被告人反悔不再认罪认罚的，人民法院应当根据审理查明的事实，依法作出裁判。需要转换程序的，依照本意见的相关规定处理。

【高检发释字〔2019〕4号】 **人民检察院刑事诉讼规则**（2019年12月2日最高检第13届检委会第28次会议通过，2019年12月30日公布施行；高检发释字〔2012〕2号《规则（试行）》同时废止）

第397条 人民检察院提起公诉向人民法院移送全部案卷材料、证据后，在法庭审理过程中，公诉人需要出示、宣读、播放有关证据的，可以申请法庭出示、宣读、播放。

人民检察院基于出庭准备和庭审举证工作的需要，可以至迟在人民法院送达出庭通知书时取回有关案卷材料和证据。

取回案卷材料和证据后，辩护律师要求查阅案卷材料的，应当允许辩护律师在人民检察院查阅、摘抄、复制案卷材料。

第398条 公诉人在法庭上应当依法进行下列活动：（一）宣读起诉书，代表国家指控犯罪，提请人民法院对被告人依法审判；（二）讯问被告人；（三）询问证人、被害人、鉴定人；（四）申请法庭出示物证，宣读书证、未到庭证人的证言笔录、鉴定人的鉴定意见、勘验、检查、辨认、侦查实验等笔录和其他作为证据的文书，播放作为证据的视听资料、电子数据等；（五）对证据采信、法律适用和案件情况发表意见，提出量刑建议及理由，针对被告人、辩护人的辩护意见进行答辩，全面阐述公诉意见；（六）维护诉讼参与人的合法权利；（七）对法庭审理案件有无违反法律规定诉讼程序的情况记明笔录；（八）依法从事其他诉讼活动。

第399条 在法庭审理中，公诉人应当客观、全面、公正地向法庭出示与定罪、量刑有关的证明被告人有罪、罪重或者罪轻的证据。

（新增）按照审判长要求，或者经审判长同意，公诉人可以按照以下方式举证、质证：（一）对于可能影响定罪量刑的关键证据和控辩双方存在争议的证据，一般应当单独举证、质证；（二）对于不影响定罪量刑且控辩双方无异议的证据，可以仅就证据的名称及其证明的事项、内容作出说明；（三）对于证明方向一致、证明内容相近或者证据种类相同，存在内在逻辑关系的证据，可以归纳、分组示证、质证。

（新增）公诉人出示证据时，可以借助多媒体设备等方式出示、播放或者演示证据内容。定罪证据与量刑证据需要分开的，应当分别出示。

第400条　公诉人讯问被告人，询问证人、被害人、鉴定人，出示物证，宣读书证、未出庭证人的证言笔录等应当围绕下列事实进行：（一）被告人的身份；（二）指控的犯罪事实是否存在，是否为被告人所实施；（三）实施犯罪行为的时间、地点、方法、手段、结果，被告人犯罪后的表现等；（四）犯罪集团或者其他共同犯罪案件中参与犯罪人员的各自地位和应负的责任；（五）被告人有无刑事责任能力，有无故意或者过失，行为的动机、目的；（六）有无依法不应当追究刑事责任的情况，有无法定的从重或者从轻、减轻以及免除处罚的情节；（七）犯罪对象、作案工具的主要特征，与犯罪有关的财物的来源、数量以及去向；（八）被告人全部或者部分否认起诉书指控的犯罪事实的，否认的根据和理由能否成立；（九）与定罪、量刑有关的其他事实。

第401条　在法庭审理中，下列事实不必提出证据进行证明：（一）为一般人共同知晓的常识性事实；（二）人民法院生效裁判所确认并且未依审判监督程序重新审理的事实；（三）法律、法规的内容以及适用等属于审判人员履行职务所应当知晓的事实；（四）在法庭审理中不存在异议的程序事实；（五）法律规定的推定事实；（六）自然规律或者定律。

第402条　讯问被告人、询问证人不得采取应当避免可能影响陈述或者证言客观真实的诱导性发问讯问、询问以及其他不当发问方式讯问、询问。

辩护人向被告人或者证人进行诱导性发问询问以及其他不当发问询问可能影响陈述或证言的客观真实，公诉人可以要求审判长制止或者要求对该项陈述或者证言不予采纳。

讯问共同犯罪案件的被告人、询问证人应当个别进行。

被告人、证人、被害人对同一事实的陈述存在矛盾，公诉人可以建议法庭传唤有关被告人、通知有关证人同时到庭对质，必要时可以建议法庭询问被害人。

第403条　被告人在庭审中的陈述与在侦查、审查起诉中的供述一致或者不一致的内容不影响定罪量刑的，可以不宣读被告人供述笔录。

被告人在庭审中的陈述与在侦查、审查起诉中的供述不一致，足以影响定罪量刑的，可以宣读被告人供述笔录，并针对笔录中被告人的供述内容对被告人进行讯问，或者提出其他证据进行证明。

第419条　适用普通程序审理的认罪认罚案件，公诉人可以建议适当简化法庭调查、辩论程序。

第428条　人民检察院应当当庭向人民法院移交取回的案卷材料和证据。在审判长宣布休庭后，公诉人应当与审判人员办理交接手续。无法当庭移交的，应当在休庭后3日以内移交。

第429条　人民检察院对查封、扣押、冻结的被告人财物及其孳息，应当根据不同情况作以下处理：

（一）对作为证据使用的实物，应当依法随案移送；对不宜移送的，应当将其清单、照片或者其他证明文件随案移送。

（二）冻结在金融机构、邮政部门的违法所得及其他涉案财产，应当向人民法院随案移送该金融机构、邮政部门出具的证明文件。待人民法院作出生效判决、裁定后，由人民法院通知该金融机构上缴国库。

（三）查封、扣押的涉案财物，对依法不移送的，应当随案移送清单、照片或者其他证明文件。待人民法院作出生效判决、裁定后，由人民检察院根据人民法院的通知上缴国库，并向人民法院送交执行回单。

（四）对于被扣押、冻结的债券、股票、基金份额等财产，在扣押、冻结期间权利人申请出售的，参照本规则第214条的规定办理。（见《刑事诉讼法》第145条）

【法释〔2021〕1号】 最高人民法院关于适用《中华人民共和国刑事诉讼法》的解释（2020年12月7日最高法审委会〔1820次〕修订，2021年1月26日公布，2021年3月1日施行；2013年1月1日施行的"法释〔2012〕21号"《解释》同时废止）

第234条 开庭审理前，书记员应当依次进行下列工作：（一）受审判长委托，查明公诉人、当事人、辩护人、诉讼代理人、证人及其他诉讼参与人是否到庭；（二）核实旁听人员中是否有证人、鉴定人、有专门知识的人；（三）请公诉人、辩护人、诉讼代理人及其他诉讼参与人入庭；（四）宣读法庭规则（本项原为第（二）项）；（五）请审判长、审判员、人民陪审员入庭；（六）审判人员就座后，向审判长报告开庭前的准备工作已经就绪。

第235条 审判长宣布开庭，传被告人到庭后，应当查明被告人的下列情况：（一）姓名、出生日期、民族、出生地、文化程度、职业、住址，或者被告单位的名称、住所地、法定代表人、实际控制人以及诉讼代表人的姓名、职务；（二）是否受过刑事处罚、行政处罚、处分及其种类、时间①；（三）是否被采取留置措施及留置的时间，是否被采取强制措施及强制措施的种类、时间；（四）收到起诉书副本的日期；有附带民事诉讼的，附带民事诉讼被告人收到附带民事起诉状的日期。

被告人较多的，可以在开庭前查明上述情况，但开庭时审判长应当作出说明。

第236条 审判长宣布案件的来源、起诉的案由、附带民事诉讼当事人的姓名及是否公开审理；不公开审理的，应当宣布理由。

第237条 审判长宣布合议庭组成人员、法官助理、书记员、公诉人的名单，以及辩护人、诉讼代理人、鉴定人、翻译人员等诉讼参与人的名单。

第238条 审判长应当告知当事人及其法定代理人、辩护人、诉讼代理人在法庭审理过程中依法享有下列诉讼权利：（一）可以申请合议庭组成人员、法官助理、书记员、公诉人、鉴定人和翻译人员回避；（二）可以提出证据，申请通知新的证人到庭、调取新的证据，申请重新鉴定或者勘验、检查；（三）被告人可以自行辩护；（四）被告人可以在法庭辩论终结后作最后陈述。

第239条 审判长应当询问当事人及其法定代理人、辩护人、诉讼代理人是否申请回避、申请何人回避和申请回避的理由。

当事人及其法定代理人、辩护人、诉讼代理人申请回避的，依照刑事诉讼法及本解释的有关规定处理。

同意或者驳回回避申请的决定及复议决定，由审判长宣布，并说明理由。必要时，也可以由院长到庭宣布。

第240条 审判长宣布法庭调查开始后，应当先由公诉人宣读起诉书。公诉人宣读起诉书后，审判长应当询问被告人对起诉书指控的犯罪事实和罪名有无异议。

---

① 本部分内容2012年规定为"法律处分及处分的种类、时间"。

有附带民事诉讼的，公诉人宣读起诉书后，由附带民事诉讼原告人或者其法定代理人、诉讼代理人宣读附带民事起诉状。

原第 196 条　起诉书指控的被告人的犯罪事实为两起以上的，法庭调查一般应当分别进行。

第 241 条　在审判长主持下，被告人、被害人可以就起诉书指控的犯罪事实分别陈述。

第 242 条　在审判长主持下，公诉人可以就起诉书指控的犯罪事实讯问被告人。

经审判长准许，被害人及其法定代理人、诉讼代理人可以就公诉人讯问的犯罪事实补充发问；附带民事诉讼原告人及其法定代理人、诉讼代理人可以就附带民事部分的事实向被告人发问；被告人的法定代理人、辩护人，附带民事诉讼被告人及其法定代理人、诉讼代理人可以在控诉方、附带民事诉讼原告方就某一问题讯问、发问完毕后向被告人发问。

根据案件情况，就证据问题对被告人的讯问、发问可以在举证、质证环节进行。

第 243 条　讯问同案审理的被告人，应当分别进行。必要时，可以传唤同案被告人等到庭对质。

第 244 条　经审判长准许，控辩双方可以向被害人、附带民事诉讼原告人发问。

第 245 条　必要时，审判人员可以讯问被告人，也可以向被害人、附带民事诉讼当事人发问。

第 262 条　控辩双方的讯问、发问方式不当或者内容与本案无关的，对方可以提出异议，申请审判长制止，审判长应当判明情况予以支持或者驳回；对方未提出异议的，审判长也可以根据情况予以制止。

第 266 条　审理涉及未成年人的刑事案件，询问未成年被害人、证人，通知未成年被害人、证人出庭作证，适用本解释第 22 章的有关规定。（见《刑事诉讼法》第五编第一章）

第 351 条　对认罪认罚案件，法庭审理时应当告知被告人享有的诉讼权利和认罪认罚的法律规定，审查认罪认罚的自愿性和认罪认罚具结书内容的真实性、合法性。审判阶段反悔的处理。案件审理过程中，被告人反悔不再认罪认罚的，人民法院应当根据审理查明的事实，依法作出裁判。需要转换程序的，依照本意见的相关规定处理。

第 650 条　人民法院讯问被告人，宣告判决，审理减刑、假释案件，根据案件情况，可以采取视频方式进行。

【法释〔2021〕12 号】　人民法院在线诉讼规则（2021 年 5 月 18 日最高法审委会 [1838 次] 通过，2021 年 6 月 16 日公布，2021 年 8 月 1 日起施行；以本规为准）

第 3 条　人民法院综合考虑案件情况、当事人意愿和技术条件等因素，可以对以下案件适用在线诉讼：……（二）刑事速裁程序案件，减刑、假释案件，以及因其他特殊原因不宜线下审理的刑事案件；……

第 37 条　符合本规定第 3 条第 2 项规定的刑事案件，经公诉人、当事人、辩护人同意，可以根据案件情况，采取在线方式讯问被告人、开庭审理、宣判等。

案件采取在线方式审理的，按照以下情形分别处理：

（一）被告人、罪犯被羁押的，可以在看守所、监狱等羁押场所在线出庭；

（二）被告人、罪犯未被羁押的，因特殊原因确实无法到庭的，可以在人民法院指定的场所在线出庭；

（三）证人、鉴定人一般应当在线下出庭，但法律和司法解释另有规定的除外。

第 192 条① 【证人出庭】公诉人、当事人或者辩护人、诉讼代理人对证人证言有异议，且该证人证言对案件定罪量刑有重大影响，人民法院认为证人有必要出庭作证的，证人应当出庭作证。

　　人民警察就其执行职务时目击的犯罪情况作为证人出庭作证，适用前款规定。

　　【鉴定人出庭】公诉人、当事人或者辩护人、诉讼代理人对鉴定意见有异议，人民法院认为鉴定人有必要出庭的，鉴定人应当出庭作证。经人民法院通知，鉴定人拒不出庭作证的，鉴定意见不得作为定案的根据。

　　第 193 条② 【强制证人出庭】经人民法院通知，证人没有正当理由不出庭作证的，人民法院可以强制其到庭，但是被告人的配偶、父母、子女除外。③

　　【证人拒绝出庭处罚】证人没有正当理由拒绝出庭或者出庭后拒绝作证的，予以训诫，情节严重的，经院长批准，处以 10 日以下的拘留。被处罚人对拘留决定不服，可以向上一级人民法院申请复议。复议期间不停止执行。

　　（本书汇）【侦查人员出庭】④

　　（插）**第 197 条** 【新证人、新物证，重新鉴定、勘验】法庭审理过程中，当事人和辩护人、诉讼代理人有权申请通知新的证人到庭，调取新的物证，申请重新鉴定或者勘验。

　　【专知出庭】公诉人、当事人和辩护人、诉讼代理人可以申请法庭通知有专门知识的人出庭，就鉴定人作出的鉴定意见提出意见。⑤

　　【法庭审批申请】法庭对于上述申请，应当作出是否同意的决定。

　　【专知出庭规定】第 2 款规定的有专门知识的人出庭，适用鉴定人的有关规定。⑥

● **相关规定**　【法发（研）〔1981〕号】　最高人民法院关于执行刑事诉讼法中若干问题的初步经验总结（1981 年 11 月印发）⑦

　　三、关于证据的问题

---

① 本条规定由 2012 年 3 月 14 日第 11 届全国人大常委会第 5 次会议增设，2013 年 1 月 1 日施行。
② 本条规定由 2012 年 3 月 14 日第 11 届全国人大常委会第 5 次会议增设，2013 年 1 月 1 日施行。
③ 注：在 2012 年 3 月 8 日第 11 届全国人大第 5 次会议举行的记者会上，全国人大常委会法制工作委员会副主任郎胜回答中外记者的提问时，就"刑事诉讼法修改"说明中称：当出现证词至关重要，又存在很大争议的时候，法庭要判明案情，可以决定这个证人出庭，控辩双方（如检察机关和律师）也可以申请法院要求某位证人出庭。在这种情况下，证人应当履行义务，出庭接受法庭的质证。详见中国人大网 http：//www.npc.gov.cn/npc/c281/c4310/c4313/201905/t20190522_167797.html，最后访问时间：2024 年 4 月 22 日。
④ 注：《刑事诉讼法》没有关于侦查人员出庭的专门规定，本书将其汇集于此。
⑤ 本款规定由 2012 年 3 月 14 日第 11 届全国人大常委会第 5 次会议增设，2013 年 1 月 1 日施行。
⑥ 本款规定由 2012 年 3 月 14 日第 11 届全国人大常委会第 5 次会议增设，2013 年 1 月 1 日施行。
⑦ 注：该《经验总结》一直没有被废止，部分内容可作参考。

(二) 有关证人出庭作证的问题

刑事诉讼法第36条规定："证人证言必须在法庭上经过公诉人、被害人和被告人、辩护人双方讯问、质证，听取各方证人的证言并经过查实以后，才能作为定案的根据。"这一规定的精神是强调作为定案根据的证人证言，必须在法庭上查证核实。至于某个证人是否应当出庭，则应根据证言的内容和证人的具体情况来确定。一般地说，证明案件主要情节的证人，应当出庭。同一案情有数个证人证明的，不必全出庭。证明案件次要情节的，以及由于各种原因，出庭确有困难的，可以不出庭。

按照刑事诉讼法第116条的规定，对于作为定案根据的未出庭的证人的书面证言或笔录，不论证人是否愿意公开自己的姓名，都必须当庭宣读查证。如果该证言对于认定案件事实意义不大，证人又坚持不愿意公开自己的姓名，可以不当庭宣读，也不作为定案的根据。

作证是公民在法律上应尽的义务，同时也受国家法律的保护。为了保证证人能够按时出庭作证，开庭前，审判人员应注意做好证人作证义务的教育工作。对于经通知而无故不到庭作证的证人，可以批评教育，但不能拘传，也不能作为隐匿罪证处理。对于妨碍证人作证的行为，人民法院在查明情况后，应采取必要的措施，适当处置，情节严重，触犯刑法构成犯罪的，应依法处理。

【法发〔2007〕11号】 最高人民法院、最高人民检察院、公安部、司法部关于进一步严格依法办案确保办理死刑案件质量的意见（2007年3月9日）

32. 人民法院应当通知下列情形的被害人、证人、鉴定人出庭作证：（一）人民检察院、被告人及其辩护人对被害人陈述、证人证言、鉴定结论有异议，该被害人陈述、证人证言、鉴定结论对定罪量刑有重大影响的；（二）人民法院认为其他应当出庭作证的。经人民法院依法通知，被害人、证人、鉴定人应当出庭作证；不出庭作证的被害人、证人、鉴定人的书面陈述、书面证言、鉴定结论经质证无法确认的，不能作为定案的根据。

【六部委〔2012〕规定】 最高人民法院、最高人民检察院、公安部、国家安全部、司法部、全国人大常委会法制工作委员会关于实施刑事诉讼法若干问题的规定（2012年12月26日印发，2013年1月1日施行）

27. 刑事诉讼法第39条规定："辩护人认为在侦查、审查起诉期间公安机关、人民检察院收集的证明犯罪嫌疑人、被告人无罪或者罪轻的证据材料未提交的，有权申请人民检察院、人民法院调取。"第191条第1款规定："法庭审理过程中，合议庭对证据有疑问的，可以宣布休庭，对证据进行调查核实。"第192条第1款规定："法庭审理过程中，当事人和辩护人、诉讼代理人有权申请通知新的证人到庭，调取新的物证，申请重新鉴定或者勘验。"根据上述规定，自案件移送审查起诉之日起，人民检察院可以根据辩护人的申请，向公安机关调取未提交的证明犯罪嫌疑人、被告人无罪或者罪轻的证据材料。在法庭审理过程中，人民法院可以根据辩护人的申请，向人民检察院调取未提交的证明被告人无罪或者罪轻的证据材料，也可以向人民检察院调取需要调查核实的证据材料。公安机关、人民检察院应当自收到要求调取证据材料决定书后3日内移交。

28. 人民法院依法通知证人、鉴定人出庭作证的，应当同时将证人、鉴定人出庭通知书送交控辩双方，控辩双方应当予以配合。

29. 刑事诉讼法第187条第3款规定："公诉人、当事人或者辩护人、诉讼代理人对鉴意见有异议，人民法院认为鉴定人有必要出庭的，鉴定人应当出庭作证。经人民法院通知，鉴定人拒不出庭作证的，鉴定意见不得作为定案的根据。"根据上述规定，依法应当出庭的鉴定人经人民法院通知未出庭作证的，鉴定意见不得作为定案的根据。鉴定人由于不能抗拒的原因或者有其他正当理由无法出庭的，人民法院可以根据案件审理情况决定延期审理。

【法发〔2013〕11号】　最高人民法院关于建立健全防范刑事冤假错案工作机制的意见（2013年10月9日印发）

13. 依法应当出庭作证的证人没有正当理由拒绝出庭或者出庭后拒绝作证，其庭前证言真实性无法确认的，不得作为定案的根据。

【司发〔2015〕14号】　最高人民法院、最高人民检察院、公安部、国家安全部、司法部关于依法保障律师执业权利的规定（2015年9月16日）

第32条　法庭审理过程中，律师可以提出证据材料，申请通知新的证人、有专门知识的人出庭，申请调取新的证据，申请重新鉴定或者勘验、检查。在民事诉讼中，申请有专门知识的人出庭，应当在举证期限届满前向人民法院申请，经法庭许可后才可以出庭。

第38条　法庭审理过程中，律师就回避、案件管辖、非法证据排除、申请通知证人、鉴定人、有专门知识的人出庭、申请通知新的证人到庭、调取新的证据、申请重新鉴定、勘验等问题当庭提出申请，或者对法庭审理程序提出异议的，法庭原则上应当休庭进行审查，依照法定程序作出决定。其他律师有相同异议的，应一并提出，法庭一并休庭审查。法庭决定驳回申请或者异议的，律师可当庭提出复议。经复议后，律师应当尊重法庭的决定，服从法庭的安排。

律师不服法庭决定保留意见的内容应当详细记入法庭笔录，可以作为上诉理由，或者向同级或者上一级人民检察院申诉、控告。

【法释〔2016〕7号】　人民法院法庭规则（2015年12月21日最高法审委会第1673次会议修改，2016年4月13日公布，2016年5月1日施行）

第4条　刑事法庭可以配置同步视频作证室，供依法应当保护或其他确有保护必要的证人、鉴定人、被害人在庭审作证时使用。

【法发〔2016〕18号】　最高人民法院、最高人民检察院、公安部、国家安全部、司法部关于推进以审判为中心的刑事诉讼制度改革的意见（2016年7月20日）

十二、（第1款）　完善对证人、鉴定人的法庭质证规则。落实证人、鉴定人、侦查人员出庭作证制度，提高出庭作证率。公诉人、当事人或者辩护人、诉讼代理人对证人证言有异议，人民法院认为该证人证言对案件定罪量刑有重大影响的，证人应当出庭作证。

【司发通〔2016〕98号】　最高人民法院、司法部关于建立司法鉴定管理与使用衔接机制的意见（2016年10月9日）

三、加强保障监督，确保鉴定人履行出庭作证义务

鉴定人出庭作证对于法庭通过质证解决鉴定意见争议具有重要作用。人民法院要加强对鉴定意见的审查，通过强化法庭质证解决鉴定意见争议，完善鉴定人出庭作证的审查、启动和告知程序，在开庭前合理期限以书面形式告知鉴定人出庭作证的相关事项。人民法院要为鉴定人出庭提供席位、通道等，依法保障鉴定人出庭作证时的人身安全及其他合法权益。经人民法院同意，鉴定人可以使用视听传输技术或者同步视频作证室等作证。刑事法庭可以配

置同步视频作证室,供依法应当保护或其他确有保护必要的鉴定人作证时使用,并可采取不暴露鉴定人外貌、真实声音等保护措施。

鉴定人在人民法院指定日期出庭发生的交通费、住宿费、生活费和误工补贴,按照国家有关规定应当由当事人承担的,由人民法院代为收取。

司法行政机关要监督、指导鉴定人依法履行出庭作证义务。对于无正当理由拒不出庭作证的,要依法严格查处,追究鉴定人和鉴定机构及机构代表人的责任。

【司发通〔2017〕106号】 最高人民法院、司法部关于开展刑事案件律师辩护全覆盖试点工作的办法(2017年10月9日印发,在北京、上海、浙江、安徽、河南、广东、四川、陕西试行1年[①])

第17条 被告人、辩护律师申请法庭通知证人、鉴定人、有专门知识的人出庭作证的,法庭认为有必要的应当同意;法庭不同意的,应当书面向被告人及辩护律师说明理由。

【法发〔2017〕5号】 最高人民法院关于全面推进以审判为中心的刑事诉讼制度改革的实施意见(2017年2月17日印发)

14. 控辩双方对证人证言有异议,人民法院认为证人证言对案件定罪量刑有重大影响的,应当通知证人出庭作证。控辩双方申请证人出庭的,人民法院通知证人出庭后,申请方应当负责协助相关证人到庭。

证人没有正当理由不出庭作证的,人民法院在必要时可以强制证人到庭。

根据案件情况,可以实行远程视频作证。

16. 证人、鉴定人、被害人因出庭作证,本人或者其近亲属的人身安全全面临危险的,人民法院应当采取不公开其真实姓名、住址、工作单位和联系方式等个人信息,或者不暴露其外貌、真实声音等保护措施。必要时,可以建议有关机关采取专门性保护措施。

人民法院应当建立证人出庭作证补助专项经费机制,对证人出庭作证所支出的交通、住宿、就餐等合理费用给予补助。

29. 证人没有出庭作证,其庭前证言真实性无法确认的,不得作为定案的根据。证人当庭作出的证言与其庭前证言矛盾,证人能够作出合理解释,并与相关证据印证的,可以采信其审证言;不能作出合理解释,而其庭前证言与相关证据印证的,可以采信其庭前证言。

经人民法院通知,鉴定人拒不出庭作证的,鉴定意见不得作为定案的根据。

【法发〔2017〕31号】 人民法院办理刑事案件庭前会议规程(试行)(2017年11月27日最高法印发"三项规程",2018年1月1日试行)

第2条 庭前会议中,人民法院可以就与审判相关的问题了解情况,听取意见,依法处理回避、出庭证人名单、非法证据排除等可能导致庭审中断的事项,组织控辩双方展示证据,归纳争议焦点,开展附带民事调解。

第10条 庭前会议中,主持人可以就下列事项向控辩双方了解情况,听取意见:……

(九)是否申请证人、鉴定人、侦查人员、有专门知识的人出庭,是否对出庭人员名单有异

---

① 注:2018年12月27日,最高法、司法部印发《关于扩大刑事案件律师辩护全覆盖试点范围的通知》(司发通〔2018〕149号),将试点工作范围扩大到全国31个省(自治区、直辖市)和新疆生产建设兵团,并且未再限定试点期限。

议；……

第17条　控辩双方申请证人、鉴定人、侦查人员、有专门知识的人出庭，应当说明理由。人民法院经审查认为理由成立的，应当通知有关人员出庭。

控辩双方对出庭证人、鉴定人、侦查人员、有专门知识的人的名单有异议，人民法院经审查认为异议成立的，应当依法作出处理；认为异议不成立的，应当依法驳回。

人民法院通知证人、鉴定人、侦查人员、有专门知识的人等出庭后，应当告知控辩双方协助有关人员到庭。

【法发〔2017〕31号】　人民法院办理刑事案件第一审普通程序法庭调查规程（试行）
（2017年11月27日最高法印发"三项规程"，2018年1月1日试行）

第12条　控辩双方可以申请法庭通知证人、鉴定人、侦查人员和有专门知识的人等出庭。

被害人及其法定代理人、诉讼代理人，附带民事诉讼原告人及其诉讼代理人也可以提出上述申请。

第13条　控辩双方对证人证言、被害人陈述有异议，申请证人、被害人出庭，人民法院经审查认为证人证言、被害人陈述对案件定罪量刑有重大影响的，应当通知证人、被害人出庭。

控辩双方对鉴定意见有异议，申请鉴定人或者有专门知识的人出庭，人民法院经审查认为有必要的，应当通知鉴定人或者有专门知识的人出庭。

控辩双方对侦破经过、证据来源、证据真实性或者证据收集合法性等有异议，申请侦查人员或者有关人员出庭，人民法院经审查认为有必要的，应当通知侦查人员或者有关人员出庭。

为查明案件事实、调查核实证据，人民法院可以依职权通知上述人员到庭。

人民法院通知证人、被害人、鉴定人、侦查人员、有专门知识的人等出庭的，控辩双方协助有关人员到庭。

第14条　应当出庭作证的证人，在庭审期间因身患严重疾病等客观原因确实无法出庭的，可以通过视频等方式作证。

证人视频作证的，发问、质证参照证人出庭作证的程序进行。

前款规定适用于被害人、鉴定人、侦查人员。

第15条　人民法院通知出庭的证人，无正当理由拒不出庭的，可以强制其出庭，但是被告人的配偶、父母、子女除外。

强制证人出庭的，应当由院长签发强制证人出庭令，并由法警执行。必要时，可以商请公安机关协助执行。

第16条　证人、鉴定人、被害人因出庭作证，本人或者其近亲属的人身安全面临危险的，人民法院应当采取不公开其真实姓名、住址和工作单位等个人信息，或者不暴露其外貌、真实声音等保护措施。

决定对出庭作证的证人、鉴定人、被害人采取不公开个人信息的保护措施的，审判人员应当在开庭前核实其身份，对证人、鉴定人如实作证的保证书不得公开，在判决书、裁定书等法律文书中可以使用化名等代替其个人信息。

审判期间，证人、鉴定人、被害人提出保护请求的，人民法院应当立即审查，确有必要的，应当及时决定采取相应的保护措施。必要时，可以商请公安机关采取专门性保护措施。

第17条　证人、鉴定人和有专门知识的人出庭作证所支出的交通、住宿、就餐等合理费用，除由控辩双方支付的以外，列入出庭作证补助专项经费，在出庭作证后由人民法院依照规定程序发放。

第18条　证人、鉴定人出庭，法庭应当当庭核实其身份、与当事人以及本案的关系，审查证人、鉴定人的作证能力、专业资质，并告知其有关作证的权利义务和法律责任。

证人、鉴定人作证前，应当保证向法庭如实提供证言、说明鉴定意见，并在保证书上签名。

第23条（第2款）　多名证人出庭作证的，应当在法庭指定的地点等候，不得谈论案情，必要时可以采取隔离等候措施。证人出庭作证后，审判长应当通知法警引导其退庭。证人不得旁听对案件的审理。

（第3款）　被害人没有列为当事人参加法庭审理，仅出庭陈述案件事实的，参照适用前款规定。

第25条（第1款）　证人出庭作证的，其庭前证言一般不再出示、宣读，但下列情形除外：

（一）证人出庭作证时遗忘或者遗漏庭前证言的关键内容，需要向证人作出必要提示的；
（二）证人的当庭证言与庭前证言存在矛盾，需要证人作出合理解释的。

第26条　控辩双方可以申请法庭通知有专门知识的人出庭，协助本方就鉴定意见进行质证。有专门知识的人可以与鉴定人同时出庭，在鉴定人作证后向鉴定人发问，并对案件中的专门性问题提出意见。

申请有专门知识的人出庭，应当提供人员名单，并不得超过2人。有多种类鉴定意见的，可以相应增加人数。

第37条　控辩双方申请出示庭前未移送或提交人民法院的证据，对方提出异议的，申请方应当说明理由，法庭经审查认为理由成立并确有出示必要的，应当准许。

对方提出需要对新的证据作辩护准备的，法庭可以宣布休庭，并确定准备的时间。

第38条　法庭审理过程中，控辩双方申请通知新的证人到庭，调取新的证据，申请重新鉴定或者勘验的，应当提供证人的基本信息、证据的存放地点，说明拟证明的案件事实、要求重新鉴定或者勘验的理由。法庭认为有必要的，应当同意，并宣布延期审理；不同意的，应当说明理由并继续审理。

第41条　人民法院向人民检察院调取需要调查核实的证据材料，或者根据被告人及其辩护人的申请，向人民检察院调取在侦查、审查起诉期间收集的有关被告人无罪或者罪轻的证据材料，应当通知人民检察院在收到调取证据材料决定书后3日内移交。

【律发通〔2017〕51号】　律师办理刑事案件规范（2017年8月27日第9届全国律协常务理事会第8次会议通过、即日施行，中华全国律师协会2017年9月20日）

第98条　公诉人提出在案证据材料中证人名单以外的证人出庭作证的，辩护律师有权要求法庭延期审理。

对于当事人、辩护律师、公诉人有异议且对定罪量刑有重大影响的证人证言，辩护律师可以申请法庭通知证人出庭作证。

第101条（第1款）　辩护律师对鉴定意见有异议，且该鉴定意见对被告人定罪量刑有影响的，可以申请人民法院通知鉴定人出庭作证。

第110条 对勘验、检查笔录、辨认笔录、侦查实验笔录、视听资料及电子证据有疑问的，辩护律师可以申请人民法院通知勘验、检查等相关人员出庭作证。

【高检发释字〔2018〕1号】 最高人民检察院关于指派、聘请有专门知识的人参与办案若干问题的规定（试行）（2018年2月11日最高检第12届检委会第73次会议通过，2018年4月3日公布试行）

第9条 人民检察院在人民法院决定开庭后，可以指派、聘请有专门知识的人，协助公诉人做好下列准备工作：（一）掌握涉及专门性问题证据材料的情况；（二）补充审判中可能涉及的专门知识；（三）拟定讯问被告人和询问证人、鉴定人、其他有专门知识的人的计划；（四）拟定出示、播放、演示涉及专门性问题证据材料的计划；（五）制定质证方案；（六）其他必要的工作。

第11条 刑事案件法庭审理中，公诉人出示、播放、演示涉及专门性问题的证据材料需要协助的，人民检察院可以指派、聘请有专门知识的人进行操作。

【高检发诉字〔2018〕8号】 人民检察院公诉人出庭举证质证工作指引（2018年5月2日最高检第13届检委会第1次会议通过，2018年7月3日印发施行）

第18条 公诉人、被告人及其辩护人对收集被告人供述是否合法未达成一致意见，人民法院在庭审中对证据合法性进行调查的，公诉人可以根据讯问笔录、羁押记录、提讯登记、出入看守所的健康检查记录、医院病历、看守管教人员的谈话记录、采取强制措施或者侦查措施的法律文书、侦查机关对讯问过程合法性的证明材料、侦查机关或者检察机关对证据收集合法性调查核实的结论、驻看守所检察人员在侦查终结前对讯问合法性的核查结论等，对庭前讯问被告人的合法性进行证明，可以要求法庭播放讯问同步录音、录像，必要时可以申请法庭通知侦查人员或者其他人员出庭说明情况。

控辩双方对收集证人证言、被害人陈述、收集物证、书证等的合法性以及其他程序事实发生争议的，公诉人可以参照前款规定出示、宣读有关法律文书、侦查或者审查起诉活动笔录等予以证明。必要时，可以建议法庭通知负责侦查的人员以及搜查、查封、扣押、冻结、勘验、检查、辨认、侦查实验等活动的见证人出庭陈述有关情况。

【高检发释字〔2019〕4号】 人民检察院刑事诉讼规则（2019年12月2日最高检第13届检委会第28次会议通过，2019年12月30日公布施行；高检发释字〔2012〕2号《规则（试行）》同时废止）

第404条 公诉人对证人证言有异议，且该证人证言对案件定罪量刑有重大影响的，可以申请人民法院通知证人出庭作证。

人民警察就其执行职务时目击的犯罪情况作为证人出庭作证，适用前款规定。

公诉人对鉴定意见有异议的，可以申请人民法院通知鉴定人出庭作证。经人民法院通知，鉴定人拒不出庭作证的，公诉人可以建议法庭不予不得采纳该鉴定意见作为定案的根据，也可以申请法庭重新通知鉴定人出庭作证或者重新鉴定。

必要时，公诉人可以申请法庭通知有专门知识的人出庭，就鉴定人作出的鉴定意见提出意见。

当事人或者辩护人、诉讼代理人对证人证言、鉴定意见有异议的，公诉人认为必要时，可以申请人民法院通知证人、鉴定人出庭作证。

第405条 证人应当由人民法院通知并负责安排出庭作证。

对于经人民法院通知而未到庭的证人或者出庭后拒绝作证的证人的证言笔录，公诉人应当当庭宣读。

对于经人民法院通知而未到庭的证人的证言笔录存在疑问，确实需要证人出庭作证，且可以强制其到庭的，公诉人应当建议人民法院强制证人到庭作证和接受质证。

第413条 对于搜查、查封、扣押、冻结、勘验、检查、辨认、侦查实验等侦查活动中形成的笔录存在争议，需要调查人员、侦查人员以及上述活动的见证人出庭陈述有关情况的，公诉人可以建议合议庭通知其出庭。

【法发〔2020〕38号】 最高人民法院、最高人民检察院、公安部、国家安全部、司法部关于规范量刑程序若干问题的意见（2020年11月5日印发，2020年11月6日施行；法发〔2010〕35号同名《意见（试行）》同时废止）

第20条 被告人及其辩护人、被害人及其诉讼代理人申请人民法院调取在侦查、审查起诉阶段收集的量刑证据材料，人民法院认为确有必要的，应当依法调取；人民法院认为不需要调取的，应当说明理由。

【司规〔2020〕2号】 司法部关于进一步规范和完善司法鉴定人出庭作证活动的指导意见（2020年5月15日印发施行）

一、本指导意见所称的司法鉴定人出庭作证是指经司法行政机关审核登记，取得司法鉴定人执业证的司法鉴定人经人民法院依法通知，在法庭上对自己作出的鉴定意见，从鉴定依据、鉴定步骤、鉴定方法、可靠程度等方面进行解释和说明，并在法庭上当面回答质询和提问的行为。

二、人民法院出庭通知已指定出庭作证鉴定人的，要由被指定的鉴定人出庭作证；未指定出庭作证的鉴定人时，由鉴定机构指定1名或多名在司法鉴定意见书上签名的鉴定人出庭作证。

司法鉴定机构要为鉴定人出庭提供必要条件。

三、人民法院通知鉴定人到庭作证后，有下列情形之一的，鉴定人可以向人民法院提出不到庭书面申请：（一）未按照法定时限通知到庭的；（二）因健康原因不能到庭的；（三）路途特别遥远，交通不便难以到庭的；（四）因自然灾害等不可抗力不能到庭的；（五）有其他正当理由不能到庭的。

经人民法院同意，未到庭的鉴定人可以提交书面答复或者说明，或者使用视频传输等技术作证。

四、鉴定人出庭前，要做好如下准备工作：（一）了解、查阅与鉴定事项有关的情况和资料；（二）了解出庭的相关信息和质证的争议焦点；（三）准备需要携带的有助于说明鉴定的辅助器材和设备；（四）其他需要准备的工作。

五、鉴定人出庭要做到：（一）遵守法律、法规，恪守职业道德，实事求是，尊重科学，尊重事实；（二）按时出庭，举止文明，遵守法庭纪律；（三）配合法庭质证，如实回答与鉴定有关的问题；（四）妥善保管出庭所需的鉴定材料、样本和鉴定档案资料；（五）所回答问题涉及执业活动中知悉的国家秘密、商业秘密和个人隐私的，应当向人民法院阐明；经人民法院许可的，应当如实回答；（六）依法应当做到的其他事项。

六、鉴定人到庭作证时，要按照人民法院的要求，携带本人身份证件、司法鉴定人执业证和人民法院出庭通知等材料，并在法庭指定的鉴定人席就座。

七、在出庭过程中，鉴定人遇有下列情形的，可以及时向人民法院提出请求：（一）认为本人或者其近亲属的人身安全面临危险，需要请求保护的；（二）受到诉讼参与人或者其他人以言语或者行为进行侮辱、诽谤，需要予以制止的。

八、鉴定人出庭作证时，要如实回答涉及下列内容的问题：（一）与本人及其所执业鉴定机构执业资格和执业范围有关的问题；（二）与鉴定活动及其鉴定意见有关的问题；（三）其他依法应当回答的问题。

九、法庭质证中，鉴定人无法当庭回答质询或者提问的，经法庭同意，可以在庭后提交书面意见。

十、鉴定人退庭后，要对法庭笔录中鉴定意见的质证内容进行确认。

经确认无误的，应当签名；发现记录有差错的，可以要求补充或者改正。

十一、出庭结束后，鉴定机构要将鉴定人出庭作证相关材料归档。

十四、司法行政机关接到人民法院有关鉴定人无正当理由拒不出庭的通报、司法建议，或公民、法人和其他组织有关投诉、举报的，要依法进行调查处理。

在调查中发现鉴定人存在经人民法院依法通知，拒绝出庭作证情形的，要依法给予其停止从事司法鉴定业务3个月以上1年以下的处罚；情节严重的，撤销登记。

十五、司法鉴定行业协会要根据本指导意见，制定鉴定人出庭作证的行业规范，加强鉴定人出庭作证行业自律管理。

【公安部令〔2020〕159号】　公安机关办理刑事案件程序规定（2020年7月4日第3次部务会议修订，2020年7月20日公布，2020年9月1日施行）

第72条　人民法院认为现有证据材料不能证明证据收集的合法性，通知有关侦查人员或者公安机关其他人员出庭说明情况的，有关侦查人员或者其他人员应当出庭。必要时，有关侦查人员或者其他人员也可以要求出庭说明情况。侦查人员或者其他人员出庭，应当向法庭说明证据收集过程，并就相关情况接受发问。

经人民法院通知，人民警察应当就其执行职务时目击的犯罪情况出庭作证。

【主席令〔2020〕57号】　中华人民共和国未成年人保护法（2020年10月17日全国人大常委会〔13届22次〕最新修订，2021年6月1日起施行；2024年4月26日全国人大常委会〔14届9次〕统修）

第110条（第2款）　人民法院开庭审理涉及未成年人案件，未成年被害人、证人一般不出庭作证；必须出庭的，应当采取保护其隐私的技术手段和心理干预等保护措施。

【法释〔2021〕1号】　最高人民法院关于适用《中华人民共和国刑事诉讼法》的解释（2020年12月7日最高法审委会〔1820次〕修订，2021年1月26日公布，2021年3月1日施行；2013年1月1日施行的"法释〔2012〕21号"《解释》同时废止）

第79条（第2款）　人民法院调查核实证据时，发现对定罪量刑有重大影响的新的证据材料的，应当告知检察人员、辩护人、自诉人及其法定代理人。必要时，也可以直接提取，并及时通知检察人员、辩护人、自诉人及其法定代理人查阅、摘抄、复制。

第136条　控辩双方申请法庭通知调查人员、侦查人员或者其他人员出庭说明情况，法庭认为有必要的，应当通知有关人员出庭。

根据案件情况，法庭可以依职权通知调查人员、侦查人员或者其他人员出庭说明情况。

调查人员、侦查人员或者其他人员出庭的，应当向法庭说明证据收集过程，并就相关情况接受控辩双方和法庭的询问。

第246条　公诉人可以提请法庭通知证人、鉴定人、有专门知识的人、调查人员、侦查人员或者其他人员出庭①，或者出示证据。被害人及其法定代理人、诉讼代理人、附带民事诉讼原告人及其诉讼代理人也可以提出申请。

在控诉方举证后，被告人及其法定代理人、辩护人可以提请法庭通知证人、鉴定人、有专门知识的人、调查人员、侦查人员或者其他人员出庭②，或者出示证据。

第247条　控辩双方申请证人出庭作证，出示证据，应当说明证据的名称、来源和拟证明的事实。法庭认为有必要的，应当准许；对方提出异议，认为有关证据与案件无关或者明显重复、不必要，法庭经审查异议成立的，可以不予准许。

第249条　公诉人、当事人或者辩护人、诉讼代理人对证人证言有异议，且该证人证言对定罪量刑有重大影响，或者对鉴定意见有异议，申请法庭通知证人、鉴定人人民法院认为证人、鉴定人有必要出庭作证的，应当通知证人、鉴定人出庭。无法通知或者证人、鉴定人拒绝出庭的，应当及时告知申请人。

（新增）控辩双方对侦破经过、证据来源、证据真实性或者合法性等有异议，申请调查人员、侦查人员或者有关人员出庭，人民法院认为有必要的，应当通知调查人员、侦查人员或者有关人员出庭。

第250条　公诉人、当事人及其辩护人、诉讼代理人申请法庭通知有专门知识的人出庭，就鉴定意见提出意见的，应当说明理由。法庭认为有必要的，应当通知有专门知识的人出庭。

申请有专门知识的人出庭，不得超过2人。有多种类鉴定意见的，可以相应增加人数。

第251条　为查明案件事实、调查核实证据，人民法院可以依职权通知证人、鉴定人、有专门知识的人、调查人员、侦查人员或者其他人员出庭。

第252条　人民法院通知有关人员出庭的，可以要求控辩双方予以协助。

第253条　证人具有下列情形之一，无法出庭作证的，人民法院可以准许其不出庭：（一）庭审期间身患严重疾病或者行动极为不便的；（二）居所远离开庭地点且交通极为不便的；（三）身处国外短期无法回国的；（四）有其他客观原因，确实无法出庭的。

具有前款规定情形的，可以通过视频等方式作证。

第254条　证人出庭作证所支出的交通、住宿、就餐等费用，人民法院应当给予补助。

第255条　强制证人出庭的，应当由院长签发强制证人出庭令，由法警执行。必要时，可以商请公安机关协助。

第258条　证人出庭的，法庭应当③核实其身份、与当事人以及本案的关系，并告知其有关权利义务和法律责任。证人、鉴定人作证前，应当保证向法庭如实提供证言、说明鉴定

---

① 注：本部分内容2012年《解释》（2013年1月1日施行）规定为"审判长通知证人、鉴定人出庭作证"。

② 注：本部分内容2012年《解释》（2013年1月1日施行）规定为"审判长通知证人、鉴定人出庭作证"。

③ 注：本部分内容2012年《解释》（2013年1月1日施行）规定为"证人、鉴定人到庭后，审判人员应当"。

意见，并在保证书上签名。

第 266 条　审理涉及未成年人的刑事案件，询问未成年被害人、证人，通知未成年被害人、证人出庭作证，适用本解释第 22 章的有关规定。(见《刑事诉讼法》第五编第一章)

第 272 条　公诉人申请出示开庭前未移送或者提交人民法院的证据，辩护方提出异议的，审判长应当要求公诉人说明理由；理由成立并确有出示必要的，应当准许。

辩护方提出需要对新的证据作辩护准备的，法庭可以宣布休庭，并确定准备辩护的时间。

辩护方申请出示开庭前未提交的证据，参照适用前两款规定。

第 273 条　法庭审理过程中，控辩双方当事人及其辩护人、诉讼代理人申请通知新的证人到庭，调取新的证据，申请重新鉴定或者勘验的，应当提供证人的基本信息姓名、证据的存放地点，说明拟证明的事项案件事实，申请要求重新鉴定或者勘验的理由。法庭认为有必要的，应当同意，并宣布休庭；根据案件情况，可以决定延期审理。不同意的，应当说明理由并继续审理。

延期审理的案件，符合刑事诉讼法第 202 条第 1 款规定的，可以报请上级人民法院批准延长审理期限。

人民法院决定重新鉴定同意重新鉴定申请的，应当及时委托鉴定，并将鉴定意见告知人民检察院、当事人及其辩护人、诉讼代理人。

第 275 条　人民法院向人民检察院调取需要调查核实的证据材料，或者根据被告人、辩护人的申请，向人民检察院调取在调查、侦查、审查起诉期间收集的有关被告人无罪或者罪轻的证据材料，应当通知人民检察院在收到调取证据材料决定书后 3 日以内移交。

第 558 条　开庭审理涉及未成年人的刑事案件，未成年被害人、证人一般不出庭作证；必须出庭的，应当采取保护其隐私的技术手段和心理干预等保护措施。①

【法释〔2021〕12 号】　人民法院在线诉讼规则 (2021 年 5 月 18 日最高法审委会第 1838 次会议通过，2021 年 6 月 16 日公布，2021 年 8 月 1 日施行)

第 26 条　证人通过在线方式出庭的，人民法院应当通过指定在线出庭场所、设置在线作证室等方式，保证其不旁听案件审理和不受他人干扰。当事人对证人在线出庭提出异议且有合理理由的，或者人民法院认为确有必要的，应当要求证人线下出庭作证。

鉴定人、勘验人、具有专门知识的人在线出庭的，参照前款规定执行。

第 37 条　符合本规定第 3 条第二项规定的刑事案件，经公诉人、当事人、辩护人同意，可以根据案件情况，采取在线方式讯问被告人、开庭审理、宣判等。

案件采取在线方式审理的，按照以下情形分别处理：……(三) 证人、鉴定人一般应当在线下出庭，但法律和司法解释另有规定的除外。

【高检发〔2021〕13 号】　最高人民检察院、公安部关于健全完善侦查监督与协作配合机制的意见 (2021 年 10 月 31 日)

三、机制完善

(二) 健全完善协作配合机制

3. 加强办案衔接配合。……庭审阶段，经人民检察院提请人民法院通知有关侦查人员出庭就证据收集的合法性说明情况的，侦查人员应当出庭。

---

① 本条 2012 年规定为："确有必要通知未成年被害人、证人出庭作证的，人民法院应当根据案件情况采取相应的保护措施。有条件的，可以采取视频等方式对其陈述、证言进行质证。"

【海警局令〔2023〕1号】 海警机构办理刑事案件程序规定（2023年5月15日审议通过，2023年6月15日起施行）（余文见本书第308条）

第63条 人民法院认为现有证据材料不能证明证据收集的合法性，通知有关侦查人员或者海警机构其他人员出庭说明情况的，有关侦查人员或者其他人员应当出庭。必要时，有关侦查人员或者其他人员也可以要求出庭说明情况。侦查人员或者其他人员出庭，应当向法庭说明证据收集过程，并就相关情况接受询问。

经人民法院通知，侦查人员或者其他人员应当就其执行职务时目击的犯罪情况出庭作证。

【高检发〔2023〕4号】 最高人民法院、最高人民检察院、公安部、司法部关于办理性侵害未成年人刑事案件的意见（2023年5月24日印发，2023年6月1日起施行）（详见《刑法全厚细》第236条）

第15条（第1款） 人民法院开庭审理性侵害未成年人刑事案件，未成年被害人、证人一般不出庭作证。确有必要出庭的，应当根据案件情况采取不暴露外貌、真实声音等保护措施，或者采取视频等方式播放询问未成年人的录音录像，播放视频亦应当采取技术处理等保护措施。

● 入库案例 【2024-11-1-340-001】 王某高等人污染环境案（漳州诏安县院/2021.11.15/〔2021〕闽0624刑初169号）

裁判要旨：审理污染环境刑事案件时，为促进提升涉案事实、证据、司法鉴定查明等专业技术性问题的审查质效，法院可以聘请生态环境技术调查官参与调查取证、庭前会议、开庭审理、合议庭评议等环节，相关专业技术意见被采纳的可写入裁判文书。

> 第194条① 【对证人、鉴定人发问】证人作证，审判人员应当告知他要如实地提供证言和有意作伪证或者隐匿罪证要负的法律责任。公诉人、当事人和辩护人、诉讼代理人经审判长许可，可以对证人、鉴定人发问。审判长认为发问的内容与案件无关的时候，应当制止。
>
> 审判人员可以询问证人、鉴定人。

● 相关规定 【司发〔2015〕14号】 最高人民法院、最高人民检察院、公安部、国家安全部、司法部关于依法保障律师执业权利的规定（2015年9月16日）

第28条 法庭审理过程中，经审判长准许，律师可以向当事人、证人、鉴定人和有专门知识的人发问。

【律发通〔2017〕51号】 律师办理刑事案件规范（2017年8月27日第9届全国律协常务理事会第8次会议通过、即日施行，中华全国律师协会2017年9月20日）

第93条 对出庭的证人、鉴定人等，辩护律师应当按照法庭安排发问。发问内容应当重点针对定罪量刑相关的问题进行。

---

① 本条规定由1996年3月17日第8届全国人民代表大会第4次会议修改，1997年1月1日施行。原规定为："审判人员、公诉人询问证人，应当告知他要如实地提供证言和有意作伪证或者隐匿罪证要负的法律责任。当事人和辩护人可以申请审判长对证人、鉴定人发问，或者请求审判长许可直接发问。审判长认为发问的内容与案件无关的时候，应当制止。"

第94条　公诉人对辩护律师的发问提出反对或异议的，辩护律师可以进行反驳。法庭作出决定的，辩护律师应当服从。

【法发〔2017〕31号】　人民法院办理刑事案件第一审普通程序法庭调查规程（试行）（2017年11月27日最高法印发"三项规程"，2018年1月1日试行）

第19条　证人出庭后，先向法庭陈述证言，然后先由举证方发问；发问完毕后，对方也可以发问。根据案件审理需要，也可以先由申请方发问。

控辩双方向证人发问完毕后，可以发表本方对证人证言的质证意见。控辩双方如有新的问题，经审判长准许，可以再行向证人发问。

审判人员认为必要时，可以询问证人。法庭依职权通知证人出庭的情形，审判人员应当主导对证人的询问。经审判长准许，被告人可以向证人发问。

第20条　向证人发问应当遵循以下规则：（一）发问内容应当与案件事实有关；（二）不得采用诱导方式发问；（三）不得威胁或者误导证人；（四）不得损害证人人格尊严；（五）不得泄露证人个人隐私。

第21条　控辩一方发问方式不当或者内容与案件事实无关，违反有关发问规则的，对方可以提出异议。对方当庭提出异议的，发问方应当说明发问理由，审判长判明情况予以支持或者驳回；对方未当庭提出异议的，审判长也可以根据情况予以制止。

第22条　审判长认为证人当庭陈述的内容与案件事实无关或者明显重复的，可以进行必要的提示。

第23条（第1款）　有多名证人出庭作证的案件，向证人发问应当分别进行。

第27条　对被害人、鉴定人、侦查人员、有专门知识的人的发问，参照适用证人的有关规定。

同一鉴定意见由多名鉴定人作出，有关鉴定人以及对该鉴定意见进行质证的有专门知识的人，可以同时出庭，不受分别发问规则的限制。

【高检发诉字〔2018〕8号】　人民检察院公诉人出庭举证质证工作指引（2018年5月2日最高检第13届检委会第1次会议通过，2018年7月3日印发施行）

第31条　询问出庭作证的证人，应当遵循以下规则：（一）发问应当单独进行；（二）发问应当简洁、清楚；（三）发问应当采取一问一答形式，不宜同时发问多个内容不同的问题；（四）发问的内容应当着重围绕与定罪、量刑紧密相关的事实进行；（五）不得以诱导方式发问；（六）不得威胁或误导证人；（七）不得损害证人的人格尊严；（八）不得泄露证人个人隐私；（九）询问未成年人，应当结合未成年人的身心特点进行。

第32条　证人出庭的，公诉人可以要求证人就其了解的与案件有关的事实进行陈述，也可以直接发问。对于证人采取猜测性、评论性、推断性语言作证的，公诉人应当提醒其客观表述所知悉的案件事实。

公诉人认为证人作出的回答对案件事实和情节的认定有决定性或者重大影响，可以提请法庭注意。

证人出庭作证的证言与庭前提供的证言相互矛盾的，公诉人应当问明理由，并对该证人进行询问，澄清事实。认为理由不成立的，可以宣读证人在改变证言前的笔录内容，并结合相关证据予以反驳。

对未到庭证人的证言笔录，应当当庭宣读。宣读前，应当说明证人和本案的关系。对证人证言笔录存在疑问、确实需要证人出庭陈述或者有新的证人的，公诉人可以要求延期审理，由人民法院通知证人到庭提供证言和接受质证。

根据案件情况，公诉人可以申请实行证人远程视频作证。

控辩双方对证人证言无异议，证人不需要出庭的，或者证人因客观原因无法出庭且无法通过视频等方式作证的，公诉人可以出示、宣读庭前收集的书面证据材料或者作证过程录音、录像。

第33条 公诉人申请出庭的证人当庭改变证言、被害人改变其庭前的陈述，公诉人可以询问其言词发生变化的理由，认为理由不成立的，可以择机有针对性地宣读其在侦查、审查起诉阶段的证言、陈述，或者出示、宣读其他证据，对证人、被害人进行询问，予以反驳。

第34条 对被害人、鉴定人、侦查人员、有专门知识的人的询问，参照适用询问证人的规定。

【高检发释字〔2019〕4号】 人民检察院刑事诉讼规则（2019年12月2日最高检第13届检委会第28次会议通过，2019年12月30日公布施行；高检发释字〔2012〕2号《规则（试行）》同时废止）

第406条 证人在法庭上提供证言，公诉人应当按照审判长确定的顺序向证人发问。公诉人可以要求证人就其所了解的与案件有关的事实进行陈述，也可以直接发问。

证人不能连贯陈述的，公诉人可以直接发问。

向证人发问，应当针对证言中有遗漏、矛盾、模糊不清和有争议的内容，并着重围绕与定罪量刑紧密相关的事实进行。

发问采取一问一答形式，提问应当简洁、清楚。

证人进行虚假陈述的，应当通过发问澄清事实，必要时可以还应当宣读证人在侦查、审查起诉阶段制作提供的该证人的证言笔录或者出示、宣读其他证据对证人进行询问。

当事人和辩护人、诉讼代理人向证人发问后，公诉人可以根据证人回答的情况，经审判长许可，再次向证人发问。

询问鉴定人、有专门知识的人参照上述规定进行。

【法释〔2021〕1号】 最高人民法院关于适用《中华人民共和国刑事诉讼法》的解释（2020年12月7日最高法审委会〔1820次〕修订，2021年1月26日公布，2021年3月1日施行；2013年1月1日施行的"法释〔2012〕21号"《解释》同时废止）

第259条 证人出庭后，一般先向法庭陈述证言；其后，经审判长许可，由申请通知证人出庭的一方发问，发问完毕后，对方也可以发问。①

（新增）法庭依职权通知证人出庭的，发问顺序由审判长根据案件情况确定。

第260条 鉴定人、有专门知识的人、调查人员、侦查人员或者其他人员出庭的，参照适用前两条规定。

第261条 向证人发问应当遵循以下规则：（一）发问的内容应当与本案事实有关；（二）不得以诱导方式发问；（三）不得威胁证人；（四）不得损害证人的人格尊严。

对被告人、被害人、附带民事诉讼当事人、鉴定人、有专门知识的人、调查人员、侦查

---

① 本款内容2012年规定为："向证人、鉴定人发问，应当先由提请通知的一方进行；发问完毕后，经审判长准许，对方也可以发问。"

人员或者其他人员的讯问、发问，适用前款规定。

第262条　控辩双方的讯问、发问方式不当或者内容与本案无关的，对方可以提出异议，申请审判长制止，审判长应当判明情况予以支持或者驳回；对方未提出异议的，审判长也可以根据情况予以制止。

第263条　审判人员认为必要时，可以询问证人、鉴定人、有专门知识的人、调查人员、侦查人员或者其他人员。

第264条　向证人、鉴定人、有专门知识的人、调查人员、侦查人员发问应当分别进行。

第265条　证人、鉴定人、有专门知识的人、调查人员、侦查人员或者其他人员不得旁听对本案的审理。有关人员作证或者发表意见后①，审判长应当告知其退庭。

第195条②　【法庭调查、质证】 公诉人、辩护人应当向法庭出示物证，让当事人辨认，对未到庭的证人的证言笔录、鉴定人的鉴定意见③、勘验笔录和其他作为证据的文书，应当当庭宣读。审判人员应当听取公诉人、当事人和辩护人、诉讼代理人的意见。

第196条④　【休庭核实证据】 法庭审理过程中，合议庭对证据有疑问的，可以宣布休庭，对证据进行调查核实。

【核实证据的措施】 人民法院调查核实证据，可以进行勘验、检查、查封、⑤扣押、鉴定和查询、冻结。

● **相关规定**　【法发〔1999〕3号】　最高人民法院关于严格执行公开审判制度的若干规定（1999年3月8日）

五、依法公开审理案件，案件事实未经法庭公开调查不能认定。

证明案件事实的证据未在法庭公开举证、质证，不能进行认证，但无需举证的事实除外。缺席审理的案件，法庭可以结合其他事实和证据进行认证。

法庭能够当庭认证的，应当当庭认证。

【法发〔2007〕11号】　最高人民法院、最高人民检察院、公安部、司法部关于进一步严格依法办案确保办理死刑案件质量的意见（2007年3月9日）

33. 人民法院审理案件，应当注重审查证据的合法性。对有线索或者证据表明可能存在刑讯逼供或者其他非法取证行为的，应当认真审查。人民法院向人民检察院调取相关证据时，人民检察院应当在3日以内提交。人民检察院如果没有相关材料，应当向人民法院说明情况。

---

① 本部分内容2012年规定为"经控辩双方发问或者审判人员询问后"。
② 本条规定由1996年3月17日第8届全国人民代表大会第4次会议修改，1997年1月1日施行。原规定为："审判人员应当被告人出示物证，让他辨认；对未到庭的证人的证言笔录、鉴定人的鉴定结论、勘验笔录和其他作为证据的文书，应当当庭宣读，并且听取当事人和辩护人的意见。"
③ 本部分内容由2012年3月14日第11届全国人大常委会第5次会议修改，2013年1月1日施行。原规定为"鉴定结论"。
④ 本条规定由1996年3月17日第8届全国人民代表大会第4次会议增设，1997年1月1日施行。
⑤ 本部分内容由2012年3月14日第11届全国人大常委会第5次会议增设，2013年1月1日施行。

【高检诉发〔2010〕21号】　人民检察院开展量刑建议工作的指导意见（试行）（最高检公诉厅2010年2月23日印发试行）

第12条　在法庭调查中，公诉人可以根据案件的不同种类、特点和庭审的实际情况，合理安排和调整举证顺序。定罪证据和量刑证据可以分开出示的，应当先出示定罪证据，后出示量刑证据。

对于有数起犯罪事实的案件，其中涉及每起犯罪中量刑情节的证据，应当在对该起犯罪事实举证时出示；涉及全案综合量刑情节的证据，应当在举证阶段的最后出示。

第13条　对于辩护方提出的量刑证据，公诉人应当进行质证。辩护方对公诉人出示的量刑证据质证的，公诉人应当答辩。公诉人质证应紧紧围绕案件事实、证据进行，质证应做到目的明确，重点突出，逻辑清晰，如有必要，可以简要概述已经法庭质证的其他证据，用以反驳辩护方的质疑。

【六部委〔2012〕规定】　最高人民法院、最高人民检察院、公安部、国家安全部、司法部、全国人大常委会法制工作委员会关于实施刑事诉讼法若干问题的规定（2012年12月26日印发，2013年1月1日施行）

27. 刑事诉讼法第39条规定："辩护人认为在侦查、审查起诉期间公安机关、人民检察院收集的证明犯罪嫌疑人、被告人无罪或者罪轻的证据材料未提交的，有权申请人民检察院、人民法院调取。"第191条第1款规定："法庭审理过程中，合议庭对证据有疑问的，可以宣布休庭，对证据进行调查核实。"第192条第1款规定："法庭审理过程中，当事人和辩护人、诉讼代理人有权申请通知新的证人到庭，调取新的物证，申请重新鉴定或者勘验。"根据上述规定，自案件移送审查起诉之日起，人民检察院可以根据辩护人的申请，向公安机关调取未提交的证明犯罪嫌疑人、被告人无罪或者罪轻的证据材料。在法庭审理过程中，人民法院可以根据辩护人的申请，向人民检察院调取未提交的证明被告人无罪或者罪轻的证据材料，也可以向人民检察院调取需要调查核实的证据材料。公安机关、人民检察院应当自收到要求调取证据材料决定书后3日内移交。

【法发〔2013〕11号】　最高人民法院关于建立健全防范刑事冤假错案工作机制的意见（2013年10月9日印发）

9. 现场遗留的可能与犯罪有关的指纹、血迹、精斑、毛发等证据，未通过指纹鉴定、DNA鉴定等方式与被告人、被害人的相应样本作同一认定的，不得作为定案的根据。涉案物品、作案工具等未通过辨认、鉴定等方式确定来源的，不得作为定案的根据。

对于命案，应当审查是否通过被害人近亲属辨认、指纹鉴定、DNA鉴定等方式确定被害人身份。

12. （第1款）　证据未经当庭出示、辨认、质证等法庭调查程序查证属实，不得作为定案的根据。

15. 定罪证据存疑的，应当书面建议人民检察院补充调查。人民检察院在2个月内未提交书面材料的，应当根据在案证据依法作出裁判。

【司发〔2015〕14号】　最高人民法院、最高人民检察院、公安部、国家安全部、司法部关于依法保障律师执业权利的规定（2015年9月16日）

第29条　法庭审理过程中，律师可以就证据的真实性、合法性、关联性，从证明目的、证明效果、证明标准、证明过程等方面，进行法庭质证和相关辩论。

第30条 法庭审理过程中，律师可以就案件事实、证据和适用法律等问题，进行法庭辩论。

第31条 法庭审理过程中，法官应当注重诉讼权利平等和控辩平衡。对于律师发问、质证、辩论的内容、方式、时间等，法庭应当依法公正保障，以便律师充分发表意见，查清案件事实。

法庭审理过程中，法官可以对律师的发问、辩论进行引导，除发言过于重复、相关问题已在庭前会议达成一致、与案件无关或者侮辱、诽谤、威胁他人，故意扰乱法庭秩序的情况外，法官不得随意打断或者制止律师按程序进行的发言。

第34条 法庭审理过程中，有下列情形之一的，律师可以向法庭申请休庭：……（三）需要对新的证据作辩护准备的；（四）其他严重影响庭审正常进行的情形。

第38条 法庭审理过程中，律师就回避、案件管辖、非法证据排除、申请通知证人、鉴定人、有专门知识的人出庭，申请通知新的证人到庭，调取新的证据，申请重新鉴定、勘验等问题当庭提出申请，或者对法庭审理程序提出异议的，法庭原则上应当休庭进行审查，依照法定程序作出决定。其他律师有相同异议的，应一并提出，法庭一并休庭审查。法庭决定驳回申请或者异议的，律师可当庭提出复议。经复议后，律师应当尊重法庭的决定，服从法庭的安排。

律师不服法庭决定保留意见的内容应当详细记入法庭笔录，可以作为上诉理由，或者向同级或者上一级人民检察院申诉、控告。

【法发〔2016〕18号】 最高人民法院、最高人民检察院、公安部、国家安全部、司法部关于推进以审判为中心的刑事诉讼制度改革的意见（2016年7月20日）

十一、规范法庭调查程序，确保诉讼证据出示在法庭、案件事实查明在法庭。证明被告人有罪或者无罪、罪轻或者罪重的证据，都应当在法庭上出示，依法保障控辩双方的质证权利。对定罪量刑的证据，控辩双方存在争议的，应当单独质证；对庭前会议中控辩双方没有异议的证据，可以简化举示、质证。

【律发通〔2017〕51号】 律师办理刑事案件规范（2017年8月27日第9届全国律协常务理事会第8次会议通过、即日施行，中华全国律师协会2017年9月20日）

第95条 辩护律师可以就举证质证方式与公诉人、审判人员进行协商，根据案件不同情况既可以对单个证据发表质证意见，也可以就一组证据、一类证据，或涉及某一待证事实的多份证据发表综合质证意见。

辩护律师应当围绕证据的真实性、合法性、关联性，就证据资格、证明力以及证明目的、证明标准、证明体系等发表质证意见。

对公诉人及其他诉讼参与人发表的不同的质证意见，辩护律师可以进行辩论。

第96条 辩护律师认为可能存在以非法方法收集证据情形的，应当申请排除非法证据。

辩护律师申请排除非法证据的，可以在开庭审理前提出；在庭审期间发现相关线索或者材料的，可以在开庭审理过程中提出。

被告人申请排除非法证据的，辩护律师应当向被告人了解涉嫌非法取证的人员、时间、地点、方式、内容等相关线索或者材料。

申请排除非法证据的，可以申请法庭通知侦查人员出庭说明情况，调取、播放侦查讯问录音、录像以及调取其他相关证据。

第97条 对证人证言，应当重点从以下方面进行质证：（一）证人证言与待证事实的关系；（二）证人与案件当事人、案件处理结果有无利害关系；（三）证人证言之间以及与其他证据之间能否相互印证，有无矛盾；（四）证人证言内容是否为证人直接感知；（五）证人感知案件事实时的环境、条件和精神状态；（六）证人的感知力、记忆力和表达力；（七）证人作证是否受到外界的干扰或影响；（八）证人的年龄以及生理上、精神上是否有缺陷；（九）证人证言是否前后矛盾；（十）证人证言是否以暴力、威胁等非法方法收集；（十一）证人证言的取得程序、方式是否符合法律及有关规定；（十二）证人不能出庭作证的原因及对本案的影响；（十三）需要质证的其他情形。

第99条 对被害人陈述的质证，适用对证人证言质证的有关规范。

第100条 对被告人供述和辩解，应当重点从以下方面质证：（一）讯问的时间、地点和讯问人的身份等是否符合法律、司法解释及有关规定；（二）讯问笔录的制作、修改是否符合法律、司法解释及有关规定；（三）被告人的供述有无以刑讯逼供等非法手段获取的情形；（四）被告人的所有供述和辩解是否均已随案移送，供述是否前后一致；（五）被告人的供述和辩解是否符合常理，有无矛盾；（六）被告人的供述和辩解与同案被告人的供述和辩解以及其他证据能否相互印证，有无矛盾；（七）有同步录音录像资料的，可以结合相关录音录像资料进行质证；（八）需要质证的其他情形。

第101条（第2款） 对鉴定意见，应当重点从以下方面质证：（一）鉴定人与案件有无利害关系；（二）鉴定人与被告人、被害人有无利害关系；（三）鉴定机构和鉴定人有无合法资质；（四）鉴定程序、过程、方法是否符合法律、法规的规定以及专业规范要求；（五）检材的来源、取得、保管、送检是否符合法律及有关规定；（六）鉴定意见是否明确，形式要件是否完备；（七）鉴定意见与案件待证事实有无关联；（八）鉴定意见与其他证据之间有无矛盾；（九）需要质证的其他情形。

第103条 对物证，应当重点从以下方面质证：（一）物证是否为原物；（二）物证与待证事实的关系；（三）物证与其他证据之间能否相互印证，有无矛盾；（四）物证的来源、收集程序、方式是否合法；（五）物证是否受到破坏或者改变；（六）物证收集是否完整全面；（七）物证的照片、录像、复制品是否能反映原物的外形和特征；（八）勘验、检查、搜查、扣押的物证是否附有相关笔录清单，是否经侦查人员、持有人、见证人签名，物品的名称、特征、数量、质量等是否注明清楚；（九）需要质证的其他情形。

第104条 对于书证，应当重点从以下方面质证：（一）书证是否为原件；（二）书证是否有更改或更改的迹象；（三）书证与待证事实的关系；（四）书证与其他证据之间能否相互印证，有无矛盾；（五）书证的副本、复制件是否与原件核对无误，或经鉴定为真实或者以其他方式确定为真实；（六）书证的来源、收集程序、方式是否合法；（七）书证是否受到破坏或者改变；（八）与案件事实有关联的书证是否全部收集；（九）勘验、检查、搜查提取的书证是否附有相关笔录，是否经侦查人员、持有人、见证人签名；（十）需要质证的其他情形。

第105条 对勘验、检查笔录，应当重点从以下方面质证：（一）勘验、检查是否依法进行，笔录的制作是否符合法律及有关规定的要求；（二）勘验、检查笔录的内容是否全面、详细、准确、规范；（三）固定证据的形式、方法是否科学、规范；（四）补充勘验、检查是否说明理由，前后有无矛盾；（五）勘验、检查笔录中记载的情况与其他证据能否印证，有无矛盾；（六）勘验、检查笔录是否经勘验、检查人员和见证人签名或盖章；（七）需要质证的其他情形。

第106条　对辨认笔录，应当重点从以下方面质证：（一）辨认是否在侦查人员主持下进行；（二）辨认人有无在辨认前见到辨认对象或详细询问辨认对象的具体特征；（三）辨认活动是否单独进行；（四）辨认对象或对象数量是否符合规定；（五）有无给辨认人暗示或指认的情形；（六）有无制作规范的辨认笔录；（七）需要质证的其他情形。

第107条　对侦查实验笔录，应当重点从以下方面质证：（一）实验的过程、方法、笔录的制作是否符合有关规定；（二）侦查实验的条件与事件发生时的条件有无明显差异；（三）是否存在影响实验科学结论的其他情形。

第108条　对视听资料，应当重点从以下方面质证：（一）视听资料的形成及时间、地点和周围的环境；（二）视听资料的来源及提取过程是否合法，制作过程中当事人有无受到威胁、引诱等违反法律及有关规定的情形；（三）是否为原件，制作人、原视听资料持有人是否签字或盖章；（四）内容和制作过程是否真实、完整，有无伪造、变造、剪辑、增减等；（五）内容与待证事实的关系；（六）播放视听资料的设备是否影响播放效果等；（七）视听资料为复制件的，是否附有无法调取原件的原因、复制件制作过程和原件存放地点的说明；（八）需要质证的其他情形。

第109条　对电子证据，应当重点从以下方面质证：（一）原始存储介质是否随案移送；（二）制作、储存、传递、获得、收集、出示等程序和环节是否符合技术规范、是否合法；（三）内容是否真实、有无变造、伪造、删除、修改、增减等情形；（四）电子证据与案件事实有无关联；（五）与案件事实有关联的电子数据是否全面依法收集；（六）需要质证的其他情形。

第110条　对勘验、检查笔录、辨认笔录、侦查实验笔录、视听资料及电子证据有疑问的，辩护律师可以申请人民法院通知勘验、检查等相关人员出庭作证。

第111条　公诉人出示庭前未提交证据的，辩护律师可以申请法庭休庭或延期审理。

第112条　法庭进行庭外调查并通知控辩双方到场的，辩护律师应当到场。

第113条　在公诉人举证完毕后，辩护律师有权向法庭举证，也可以申请法庭通知证人出庭作证。辩护律师向法庭出示的证据，可以是自行依法收集的证据，也可以是检察机关向法院移送但没有在法庭上出示的证据。

第114条　辩护律师举证时，应当向法庭说明证据的名称、内容、来源以及拟证明的事实。非言词证据应当出示原件、原物，不能出示原件、原物的应当说明理由。

【法发〔2017〕20号】　最高人民法院司法责任制实施意见（试行）（2017年7月25日印发，2017年8月1日试行）

36.经庭前会议已确认无争议的事实和证据，合议庭在庭审中作出说明后，可以简化庭审举证和质证。

58.办理死刑复核案件，刑事大要案请示案件，涉外、涉侨、涉港澳台刑事请示案件，法定刑以下判处刑罚核准案件，分案、阅卷、提讯、听证、评议及制作、审核、签署、送达、公开裁判文书等工作，按照有关规定执行。

除前款规定之外的其他刑事案件，按照本意见执行。

【法发〔2017〕31号】　人民法院办理刑事案件第一审普通程序法庭调查规程（试行）（2017年11月27日最高法印发"三项规程"，2018年1月1日试行）

第24条　证人证言之间存在实质性差异的，法庭可以传唤有关证人到庭对质。

审判长可以分别询问证人，就证言的实质性差异进行调查核实。经审判长准许，控辩双方可以向证人发问。审判长认为有必要的，可以准许证人之间相互发问。

第25条（第2款）　为核实证据来源、证据真实性等问题，或者帮助证人回忆，经审判长准许，控辩双方可以在询问证人时向其出示物证、书证等证据。

第28条　开庭讯问、发问结束后，公诉人先行举证。公诉人举证完毕后，被告人及其辩护人举证。

公诉人出示证据后，经审判长准许，被告人及其辩护人可以有针对性地出示证据予以反驳。

控辩一方举证后，对方可以发表质证意见。必要时，控辩双方可以对争议证据进行多轮质证。

被告人及其辩护人认为公诉人出示的有关证据对本方诉讼主张有利的，可以在发表质证意见时予以认可，或者在发表辩护意见时直接援引有关证据。

第29条　控辩双方随案移送或者庭前提交，但没有当庭出示的证据，审判长可以进行必要的提示；对于其中可能影响定罪量刑的关键证据，审判长应当提示控辩双方出示。

对于案件中可能影响定罪量刑的事实、证据存在疑问，控辩双方没有提及的，审判长应当引导控辩双方发表质证意见，并依法调查核实。

第30条　法庭应当重视对证据收集合法性的审查，对证据收集的合法性有疑问的，应当调查核实证明取证合法性的证据材料。

对于被告人及其辩护人申请排除非法证据，依法提供相关线索或者材料，法庭对证据收集的合法性有疑问，决定进行调查的，一般应当先行当庭调查。

第31条　对于可能影响定罪量刑的关键证据和控辩双方存在争议的证据，一般应当单独举证、质证，充分听取质证意见。

对于控辩双方无异议的非关键性证据，举证方可以仅就证据的名称及其证明的事项作出说明，对方可以发表质证意见。

召开庭前会议的案件，举证、质证可以按照庭前会议确定的方式进行。根据案件审理需要，法庭可以对控辩双方的举证、质证方式进行必要的提示。

第32条　物证、书证、视听资料、电子数据等证据，应当出示原物、原件。取得原物、原件确有困难的，可以出示照片、录像、副本、复制件等足以反映原物、原件外形和特征以及真实内容的材料，并说明理由。

对于鉴定意见和勘验、检查、辨认、侦查实验等笔录，应当出示原件。

第33条　控辩双方出示证据，应当重点围绕与案件事实相关的内容或者控辩双方存在争议的内容进行。

出示证据时，可以借助多媒体设备等方式出示、播放或者演示证据内容。

第34条　控辩双方对证人证言、被害人陈述、鉴定意见无异议，有关人员不需要出庭的，或者有关人员因客观原因无法出庭且无法通过视频等方式作证的，可以出示、宣读庭前收集的书面证据材料或者作证过程录音录像。

被告人当庭供述与庭前供述的实质性内容一致的，可以不再出示庭前供述；当庭供述与庭前供述存在实质性差异的，可以出示、宣读庭前供述中存在实质性差异的内容。

第35条　采用技术侦查措施收集的证据，应当当庭出示。当庭出示、辨认、质证可能危及有关人员的人身安全，或者可能产生其他严重后果的，应当采取不暴露有关人员身份、不公开技术侦查措施和方法等保护措施。

法庭决定在庭外对技术侦查证据进行核实的,可以召集公诉人和辩护律师到场。在场人员应当履行保密义务。

第36条　法庭对证据有疑问的,可以告知控辩双方补充证据或者作出说明;必要时,可以在其他证据调查完毕后宣布休庭,对证据进行调查核实。法庭调查核实证据,可以通知控辩双方到场,并将核实过程记录在案。

对于控辩双方补充的和法庭庭外调查核实取得的证据,应当经过庭审质证才能作为定案的根据。但是,对于不影响定罪量刑的非关键性证据和有利于被告人的量刑证据,经庭外征求意见,控辩双方没有异议的除外。

第39条　公开审理案件时,控辩双方提出涉及国家秘密、商业秘密或者个人隐私的证据的,法庭应当制止。有关证据确与本案有关的,可以根据具体情况,决定将案件转为不公开审理,或者对相关证据的法庭调查不公开进行。

第41条　人民法院向人民检察院调取需要调查核实的证据材料,或者根据被告人及其辩护人的申请,向人民检察院调取在侦查、审查起诉期间收集的有关被告人无罪或者罪轻的证据材料,应当通知人民检察院在收到调取证据材料决定书后3日内移交。

【高检发诉字〔2018〕8号】　人民检察院公诉人出庭举证质证工作指引(2018年5月2日最高检第13届检委会第1次会议通过,2018年7月3日印发施行)

第19条　举证一般应当一罪名一举证、一事实一举证,做到条理清楚、层次分明。

第20条　举证顺序应当以有利于证明公诉主张为目的,公诉人可以根据案件的不同种类、特点和庭审实际情况,合理安排和调整举证顺序。一般先出示定罪证据,后出示量刑证据;先出示主要证据,后出示次要证据。

公诉人可以按照与辩护方协商并经法庭许可确定的举证顺序进行举证。

第21条　根据案件的具体情况和证据状况,结合被告人的认罪态度,举证可以采用分组举证或者逐一举证的方式。

案情复杂、同案被告人多、证据数量较多的案件,一般采用分组举证为主、逐一举证为辅的方式。

对证据进行分组时,应当遵循证据之间的内在逻辑关系,可以将证明方向一致或者证明内容相近的证据归为1组;也可以按照证据种类进行分组,并注意各组证据在证明内容上的层次和递进关系。

第22条　对于可能影响定罪量刑的关键证据和控辩双方存在争议的证据,应当单独举证。

被告人认罪的案件,对控辩双方无异议的定罪证据,可以简化出示,主要围绕量刑和其他有争议的问题出示证据。

第23条　对于被告人不认罪案件,应当立足于证明公诉主张,通过合理举证构建证据体系,反驳被告人的辩解,从正反两个方面予以证明。重点一般放在能够有力证明指控犯罪事实系被告人所为的证据和能够证明被告人无罪辩解不成立的证据上,可以将指控证据和反驳证据同时出示。

对于被告人翻供的,应当综合运用证据,阐明被告人翻供的时机、原因、规律,指出翻供的不合理、不客观、有矛盾之处。

第24条 "零口供"案件的举证,可以采用关键证据优先法。公诉人根据案件证据情况,优先出示定案的关键证据,重点出示物证、书证、现场勘查笔录等客观性证据,直接将被告人与案件建立客观联系,在此基础上构建全案证据体系。

辩点较多案件的举证,可以采用先易后难法。公诉人根据案件证据情况和庭前会议了解的被告人及辩护人的质证观点,先出示被告人及辩护人没有异议的证据或者分歧较小的证据,后出示控辩双方分歧较大的证据,使举证顺利推进,为集中精力对分歧证据进行质证作准备。

依靠间接证据定案的不认罪案件的举证,可以采用层层递进法。公诉人应当充分运用逻辑推理,合理安排举证顺序,出示的后一份(组)证据与前一份(组)证据要紧密关联,环环相扣,层层递进,通过逻辑分析揭示各个证据之间的内在联系,综合证明案件已经排除合理怀疑。

第25条 对于一名被告人有1起犯罪事实或者案情比较简单的案件,可以根据案件证据情况按照法律规定的证据种类举证。

第26条 对于一名被告人有数起犯罪事实的案件,可以以每一起犯罪事实为单元,将证明犯罪事实成立的证据分组举证或者逐一举证。其中,涉及每起犯罪事实中量刑情节的证据,应当在对该起犯罪事实举证中出示;涉及全案综合量刑情节的证据,应当在全案的最后出示。

第27条 对于数名被告人有1起犯罪事实的案件,根据各被告人在共同犯罪中的地位、作用及情节,一般先出示证明主犯犯罪事实的证据,再出示证明从犯犯罪事实的证据。

第28条 对于数名被告人有数起犯罪事实的案件,可以采用不同的分组方法和举证顺序,或者按照作案时间的先后顺序,或者以主犯参与的犯罪事实为主线,或者以参与人数的多少为标准,并注意区分犯罪集团的犯罪行为、一般共同犯罪行为和个别成员的犯罪行为,分别进行举证。

第29条 对于单位犯罪案件,应当先出示证明单位构成犯罪的证据,再出示对其负责的单位主管人员或者其他直接责任人员构成犯罪的证据。对于指控被告单位犯罪与指控单位主管人员或者其他直接责任人员犯罪的同一份证据可以重复出示,但重复出示时仅予以说明即可。

第30条 出示的物证一般应当是原物。原物不易搬运、不易保存或者已返还被害人的,可以出示反映原物外形和特征的照片、录像、复制品,并向法庭说明情况及与原物的同一性。

出示的书证一般应当是原件,获取书证原件确有困难的,可以出示书证副本或者复制件,并向法庭说明情况及与原件的同一性。

出示物证、书证时,应当对物证、书证所要证明的内容、收集情况作概括说明,可以提请法庭让当事人、证人等诉讼参与人辨认。物证、书证经过技术鉴定的,可以宣读鉴定意见。

第40条 公诉人质证应当根据辩护方所出示证据的内容以及对公诉方证据提出的质疑,围绕案件事实、证据和适用法律进行。

质证应当一证一质一辩。质证阶段的辩论,一般应当围绕证据本身的真实性、关联性、合法性,针对证据能力有无以及证明力大小进行。对于证据与证据之间的关联性、证据的综合证明作用问题,一般在法庭辩论阶段予以答辩。

第41条 对影响定罪量刑的关键证据和控辩双方存在争议的证据,一般应当单独质证。

对控辩双方没有争议的证据，可以在庭审中简化质证。

对于被告人认罪案件，主要围绕量刑和其他有争议的问题质证，对控辩双方无异议的定罪证据，可以不再质证。

第42条 公诉人可以根据需要将举证质证、讯问询问结合起来，在质证阶段对辩护方观点予以适当辩驳，但应当区分质证与辩论之间的界限，重点针对证据本身的真实性、关联性、合法性进行辩驳。

第43条 在每一份（组）证据或者全部证据质证完毕后，公诉人可以根据具体案件情况，提请法庭对证据进行确认。

第44条 辩护方对公诉方当庭出示、宣读、播放的证据的真实性、关联性、合法性提出的质证意见，公诉人应当进行全面、及时和有针对性地答辩。

辩护方提出的与证据的证据能力或者证明力无关、与公诉主张无关的质证意见，公诉人可以说明理由不予答辩，并提请法庭不予采纳。

公诉人答辩一般应当在辩护方提出质证意见后立即进行。在不影响庭审效果的情况下，也可以根据需要在法庭辩论阶段结合其他证据综合发表意见，但应当向法庭说明。

第45条 对辩护方符合事实和法律的质证，公诉人应当实事求是、客观公正地发表意见。

辩护方因对证据内容理解有误而质证的，公诉人可以对证据情况进行简要说明。

第46条 公诉人对辩护方质证的答辩，应当重点针对可能动摇或者削弱证据能力、证明力的质证观点进行答辩，对于不影响证据能力、证明力的质证观点可以不予答辩或者简要答辩。

第47条 辩护方质疑言词证据之间存在矛盾的，公诉人可以综合全案证据，立足证据证明体系，从认知能力、与当事人的关系、客观环境等角度，进行重点答辩，合理解释证据之间的矛盾。

第48条 辩护人询问证人或者被害人有下列情形之一的，公诉人应当及时提请审判长制止，必要时应当提请法庭对该项陈述或者证言不予采信：（一）以诱导方式发问的；（二）威胁或者误导证人的；（三）使被害人、证人以推测性、评论性、推断性意见作为陈述或者证言的；（四）发问内容与本案事实无关的；（五）对被害人、证人带有侮辱性发问的；（六）其他违反法律规定的情形。

对辩护人询问侦查人员、鉴定人和有专门知识的人的质证，参照前款规定。

第49条 辩护方质疑证人当庭证言与庭前证言存在矛盾的，公诉人可以有针对性地对证人进行发问，也可以提请法庭决定就有异议的内容由被告人与证人进行对质诘问，在发问或对质诘问过程中，对前后矛盾或者疏漏之处作出合理解释。

第50条 辩护方质疑被告人庭前供述系非法取得的，公诉人可以综合采取以下方式证明取证的合法性：（一）宣读被告人在审查（决定）逮捕、审查起诉阶段的讯问笔录，证实其未曾供述过在侦查阶段受到刑讯逼供，或者证实其在侦查机关更换侦查人员且再次讯问时告知诉讼权利和认罪的法律后果后仍自愿供述，或者证实其在检察人员讯问并告知诉讼权利和认罪的法律后果后仍自愿供述；（二）出示被告人的羁押记录，证实其接受讯问的时间、地点、次数等符合法律规定；（三）出示被告人出入看守所的健康检查记录、医院病历，证实其体表和健康情况；（四）出示看守管教人员的谈话记录；（五）出示与被告人同监舍人员的证言材料；（六）当庭播放或者庭外核实讯问被告人的录音、录像；（七）宣读重大案件侦查终结前讯问合法性核查笔录，当庭播放或者庭外核实对讯问合法性进行核查时的录音、录像；（八）申请侦查人员出庭说明办案情况。

公诉人当庭不能证明证据收集的合法性，需要调查核实的，可以建议法庭休庭或者延期审理。

第51条　辩护人质疑收集被告人供述存在程序瑕疵申请排除证据的，公诉人可以宣读侦查机关的补正说明。没有补正说明的，也可以从讯问的时间地点符合法律规定、已进行权利告知，不存在威胁、引诱、欺骗等情形，被告人多份供述内容一致，全案证据能够互相印证，被告人供述自愿性未受影响，程序瑕疵没有严重影响司法公正等方面作出合理解释。必要时，可以提请法庭播放同步录音录像，从被告人供述时情绪正常、表达流畅、能够趋利避害等方面证明庭前供述自愿性，对瑕疵证据作出合理解释。

第52条　辩护方质疑物证、书证的，公诉人可以宣读侦查机关收集物证、书证的补正说明，从此类证据客观、稳定、不易失真以及取证主体、程序、手段合法等方面有针对性地予以答辩。

第53条　辩护方质疑鉴定意见的，公诉人可以从鉴定机构和鉴定人的法定资质、检材来源、鉴定程序、鉴定意见形式要件符合法律规定等方面，有针对性地予以答辩。

第54条　辩护方质疑不同鉴定意见存在矛盾的，公诉人可以阐释不同鉴定意见对同一问题得出不同结论的原因，阐明检察机关综合全案情况，结合案件其他证据，采信其中一份鉴定意见的理由。必要时，可以申请鉴定人、有专门知识的人出庭。控辩双方仍存在重大分歧，且辩护方质疑有合理依据，对案件有实质性影响的，可以建议法庭休庭或者延期审理。

第55条　辩护方质疑勘验、检查、搜查笔录的，公诉人可以从勘验、检查、搜查系依法进行，笔录的制作符合法律规定，勘验、检查、搜查人员和见证人有签名或者盖章等方面，有针对性地予以答辩。

第56条　辩护方质疑辨认笔录的，公诉人可以从辨认的过程、方法，以及辨认笔录的制作符合有关规定等方面，有针对性地予以答辩。

第57条　辩护方质疑侦查实验笔录的，公诉人可以从侦查实验的审批、过程、方法、法律依据、技术规范或者标准、侦查实验的环境条件与原案接近程度、结论的科学性等方面，有针对性地予以答辩。

第58条　辩护方质疑视听资料的，公诉人可以从此类证据具有不可增添性、真实性强，内容连续完整，所反映的行为人的言语动作连贯自然，提取、复制、制作过程合法，内容与案件事实关联程度等方面，有针对性地予以答辩。

第59条　辩护方质疑电子数据的，公诉人可以从此类证据提取、复制、制作过程、内容与案件事实关联程度等方面，有针对性地予以答辩。

第60条　辩护方质疑采取技术侦查措施获取的证据材料合法性的，公诉人可以通过说明采取技术侦查措施的法律规定、出示批准采取技术侦查措施的法律文书等方式，有针对性地予以答辩。

第61条　辩护方在庭前提出排除非法证据申请，经审查被驳回后，在庭审中再次提出排除申请的，或者辩护方撤回申请后再次对有关证据提出排除申请的，公诉人应当审查辩护方是否提出新的线索或者材料。没有新的线索或者材料表明可能存在非法取证的，公诉人可以建议法庭予以驳回。

第62条 辩护人仅采用部分证据或者证据的部分内容，对证据证明的事项发表不同意见的，公诉人可以立足证据认定的全面性、同一性原则，综合全案证据予以答辩。必要时，可以扼要概述已经法庭质证过的其他证据，用以反驳辩护方的质疑。

第63条 对单个证据质证的同时，公诉人可以简单点明该证据与其他证据的印证情况，以及在整个证据链条中的作用，通过边质证边论证的方式，使案件事实逐渐清晰，减轻辩论环节综合分析论证的任务。

第64条 公诉人应当认真审查辩护方向法庭提交的证据。对于开庭5日前未提交给法庭的，可以当庭指出，并根据情况，决定是否要查阅该证据或者建议休庭；属于下列情况的，可以提请法庭不予采信：（一）不符合证据的真实性、关联性、合法性要求的证据；（二）辩护人提供的证据明显有悖常理的；（三）其他需要提请法庭不予采信的情况。

对辩护方提出的无罪证据，公诉人应当本着实事求是、客观公正的原则进行质证。对于与案件事实不符的证据，公诉人应当针对辩护方证据的真实性、关联性、合法性提出质疑，否定证据的证明力。

对被告人的定罪、量刑有重大影响的证据，当庭难以判断的，公诉人可以建议法庭休庭或者延期审理。

第65条 对辩护方提请出庭的证人，公诉人可以从以下方面进行质证：（一）证人与案件当事人、案件处理结果有无利害关系；（二）证人的年龄、认知、记忆和表达能力、生理和精神状态是否影响作证；（三）证言的内容及其来源；（四）证言的内容是否为证人直接感知，证人感知案件事实时的环境、条件和精神状态；（五）证人作证是否受到外界的干扰或者影响；（六）证人与案件事实的关系；（七）证言前后是否矛盾；（八）证言之间以及与其他证据之间能否相互印证，有无矛盾。

第66条 辩护方证人未出庭的，公诉人认为其证言对案件的定罪量刑有重大影响的，可以提请法庭通知其出庭。

对辩护方证人不出庭的，公诉人可以从取证主体合法性、取证是否征得证人同意、是否告知证人权利义务、询问未成年人时其法定代理人或者有关人员是否到场、是否单独询问证人等方面质证。质证中可以将证言与已经出示的证据材料进行对比分析，发现并反驳前后矛盾且不能作出合理解释的证人证言。证人证言前后矛盾或者与案件事实无关的，应当提请法庭注意。

第67条 对辩护方出示的鉴定意见和提请出庭的鉴定人，公诉人可以从以下方面进行质证：（一）鉴定机构和鉴定人是否具有法定资质；（二）鉴定人是否存在应当回避的情形；（三）检材的来源、取得、保管、送检是否符合法律和有关规定，与相关提取笔录、扣押物品清单等记载的内容是否相符，检材是否充足、可靠；（四）鉴定意见的形式要件是否完备，是否注明提起鉴定的事由、鉴定委托人、鉴定机构、鉴定要求、鉴定过程、鉴定方法、鉴定日期等相关内容，是否由鉴定机构加盖司法鉴定专用章并由鉴定人签名、盖章；（五）鉴定程序是否符合法律和有关规定；（六）鉴定的过程和方法是否符合相关专业的规范要求；（七）鉴定意见是否明确；（八）鉴定意见与案件待证事实有无关联；（九）鉴定意见与勘验、检查笔录及相关照片等其他证据是否矛盾；（十）鉴定意见是否依法及时告知相关人员，当事人对鉴定意见有无异议。

必要时，公诉人可以申请法庭通知有专门知识的人出庭，对辩护方出示的鉴定意见进行必要的解释说明。

第68条　对辩护方出示的物证、书证，公诉人可以从以下方面进行质证：（一）物证、书证是否为原物、原件；（二）物证的照片、录像、复制品，是否与原物核对无误；（三）书证的副本、复制件，是否与原件核对无误；（四）物证、书证的收集程序、方式是否符合法律和有关规定；（五）物证、书证在收集、保管、鉴定过程中是否受损或者改变；（六）物证、书证与案件事实有无关联。

第69条　对辩护方出示的视听资料，公诉人可以从以下方面进行质证：（一）收集过程是否合法，来源及制作目的是否清楚；（二）是否为原件，是复制件的，是否有复制说明；（三）制作过程中是否存在威胁、引诱当事人等违反法律、相关规定的情形；（四）内容和制作过程是否真实，有无剪辑、增加、删改等情形；（五）内容与案件事实有无关联。

第70条　对辩护方出示的电子数据，公诉人可以从以下方面进行质证：（一）是否随原始存储介质移送，在原始存储介质无法封存、不便移动等情形时，是否有提取、复制过程的说明；（二）收集程序、方式是否符合法律及有关技术规范；（三）电子数据内容是否真实，有无删除、修改、增加等情形；（四）电子数据制作过程中是否受到暴力胁迫或者引诱因素的影响；（五）电子数据与案件事实有无关联。

第71条　对于因专门性问题不能对有关证据发表质证意见的，可以建议休庭，向有专门知识的人咨询意见。必要时，可以建议延期审理，进行鉴定或者重新鉴定。

第72条　控辩双方针对同一事实出示的证据出现矛盾的，公诉人可以提请法庭通知相关人员到庭对质。

第73条　被告人、证人对同一事实的陈述存在矛盾需要对质的，公诉人可以建议法庭传唤有关被告人、证人同时到庭对质。

各被告人之间对同一事实的供述存在矛盾需要对质的，公诉人可以在被告人全部陈述完毕后，建议法庭当庭进行对质。

第74条　辩护方质疑物证、书证、鉴定意见、勘验、检查、搜查、辨认、侦查实验等笔录、视听资料、电子数据的，必要时，公诉人可以提请法庭通知鉴定人、有专门知识的人、侦查人员、见证人等出庭。

辩护方质疑采取技术侦查措施获取的证据材料合法性的，必要时，公诉人可以建议法庭采取不暴露有关人员身份、不公开技术侦查措施和方法等保护措施，在庭外对证据进行核实，并要求在场人员履行保密义务。

对辩护方出示的鉴定意见等技术性证据和提请出庭的鉴定人，必要时，公诉人可以提请法庭通知有专门知识的人出庭，与辩护方提请出庭的鉴定人对质。

第75条　在对质过程中，公诉人应当重点就证据之间的矛盾点进行发问，并适时运用其他证据指出不真实、不客观、有矛盾的证据材料。

第76条　本指引主要适用于人民检察院派员出庭支持公诉的第一审非速裁程序案件。对于派员出席第二审、再审案件法庭的举证、质证工作，可以参考本指引。

【高检发释字〔2019〕4号】　人民检察院刑事诉讼规则（2019年12月2日最高检第13届检委会第28次会议通过，2019年12月30日公布施行；高检发释字〔2012〕2号《规则（试行）》同时废止）

第408条 对于鉴定意见、勘验、检查、辨认、侦查实验等笔录和其他作为证据的文书以及经人民法院通知而未到庭的被害人的陈述笔录,公诉人应当当庭宣读。

第409条 (新增)公诉人向法庭出示物证,一般应当出示原物,原物不易搬运、不易保存或者已返还被害人的,可以出示反映原物外形和特征的照片、录像、复制品,并向法庭说明情况及与原物的同一性。

(新增)公诉人向法庭出示书证,一般应当出示原件。获取书证原件确有困难的,可以出示书证副本或者复制件,并向法庭说明情况及与原件的同一性。

公诉人向法庭出示物证、书证,应当对该物证、书证所要证明的内容、获取情况作出说明,并向当事人、证人等问明物证的主要特征,让其辨认。对该物证、书证进行鉴定的,应当宣读鉴定意见。

第410条 在法庭审理过程中,被告人及其辩护人提出被告人庭前供述系非法取得,审判人员认为需要进行法庭调查的,公诉人可以通过出示讯问笔录、提讯登记、体检记录、采取强制措施或者侦查措施的法律文书、侦查终结前对讯问合法性进行核查的材料等证据材料,有针对性地播放讯问录音、录像,提请法庭通知调查人员、侦查人员或者其他人员出庭说明情况等方式,对证据收集的合法性加以证明。①

审判人员认为可能存在刑事诉讼法第56条规定的以非法方法收集其他证据的情形,需要进行法庭调查的,公诉人可以参照前款规定对证据收集的合法性进行证明。

公诉人不能当庭证明证据收集的合法性,需要调查核实的,可以建议法庭休庭或者延期审理。

在法庭审理期间,人民检察院可以要求监察机关或者公安机关侦查机关对证据收集的合法性进行说明或者提供相关证明材料。必要时,可以自行调查核实。

第411条 公诉人对证据收集的合法性进行证明后,法庭仍有疑问的,可以建议法庭休庭,由人民法院对相关证据进行调查核实。人民法院调查核实证据,通知人民检察院派员到场的,人民检察院可以派员到场。

第412条 在法庭审理过程中,对证据合法性以外的其他程序事实存在争议的,公诉人应当出示、宣读有关诉讼文书、侦查或者审查起诉活动笔录。

第414条 在法庭审理过程中,合议庭对证据有疑问或者人民法院根据辩护人、被告人的申请,向人民检察院调取在侦查、审查起诉中收集的有关被告人无罪或者罪轻的证据材料的,人民检察院应当自收到人民法院要求调取证据材料决定书后3日以内移交。没有上述材料的,应当向人民法院说明情况。

第415条 在法庭审理过程中,合议庭对证据有疑问并在休庭后进行勘验、检查、查封、扣押、鉴定和查询、冻结的,人民检察院应当依法进行监督,发现上述活动有违法情况的,应当提出纠正意见。

第416条 人民法院根据申请收集、调取的证据或者在合议庭休庭后自行调查取得的证据,应当经过庭审出示、质证才能决定是否作为判决的依据。未经庭审出示、质证直接采纳

---

① 本款原规定为:"在法庭审理过程中,被告人及其辩护人提出被告人庭前供述系非法取得,审判人员认为需要进行法庭调查的,公诉人可以根据讯问笔录、羁押记录、出入看守所的健康检查记录、看守管教人员的谈话记录以及侦查机关对讯问过程合法性的说明等,对庭前讯问被告人的合法性进行证明,可以要求法庭播放讯问录音、录像,必要时可以申请法庭通知侦查人员或者其他人员出庭说明情况。"

为判决依据的，人民检察院应当提出纠正意见，作出的判决确有错误的，应当依法提出抗诉。

第419条 适用普通程序审理的认罪认罚案件，公诉人可以建议适当简化法庭调查、辩论程序。

【公安部令〔2020〕159号】 公安机关办理刑事案件程序规定（2020年7月4日第3次部务会议修订，2020年7月20日公布，2020年9月1日施行）

第72条（第1款） 人民法院认为现有证据材料不能证明证据收集的合法性，通知有关侦查人员或者公安机关其他人员出庭说明情况的，有关侦查人员或者其他人员应当出庭。必要时，有关侦查人员或者其他人员也可以要求出庭说明情况。侦查人员或者其他人员出庭，应当向法庭说明证据收集过程，并就相关情况接受发问。

【法发〔2020〕38号】 最高人民法院、最高人民检察院、公安部、国家安全部、司法部关于规范量刑程序若干问题的意见（2020年11月5日印发，2020年11月6日施行；法发〔2010〕35号同名《意见（试行）》同时废止）

第15条（第1款） 对于被告人不认罪或者辩护人做无罪辩护的案件，法庭调查和法庭辩论分别进行。

（第2款） 在法庭调查阶段，应当在查明定罪事实的基础上，查明有关量刑事实，被告人及其辩护人可以出示证明被告人无罪或者罪轻的证据，当庭发表质证意见。

第16条 在法庭调查中，公诉人可以根据案件的不同种类、特点和庭审的实际情况，合理安排和调整举证顺序。定罪证据和量刑证据分开出示的，应当先出示定罪证据，后出示量刑证据。

对于有数起犯罪事实的案件的量刑证据，可以在对每起犯罪事实举证时分别出示，也可以对同类犯罪事实一并出示；涉及全案综合量刑情节的证据，一般应当在举证阶段最后出示。

第17条 在法庭调查中，人民法院应当查明对被告人适用具体法定刑幅度的犯罪事实以及法定或者酌定量刑情节。

第18条 人民法院、人民检察院、侦查机关或者辩护人委托有关方面制作涉及未成年人的社会调查报告的，调查报告应当在法庭上宣读，并进行质证。

第19条 在法庭审理中，审判人员对量刑证据有疑问的，可以宣布休庭，对证据进行调查核实，必要时也可以要求人民检察院补充调查核实。人民检察院补充调查核实有关证据，必要时可以要求侦查机关提供协助。

对于控辩双方补充的证据，应当经过庭审质证才能作为定案的根据。但是，对于有利于被告人的量刑证据，经庭外征求意见，控辩双方没有异议的除外。

【湘高法〔2020〕21号】 湖南省高级人民法院关于贪污贿赂案件审判适用法律若干问题的解答（2020年9月15日公布）

问题33：贪污贿赂案件审理过程中，需要补充定罪量刑所必需证据的，如何处理？

答：可以通知人民检察院补充提供或补充说明，必要时通知人民检察院补充侦查。取得的证据，应当经过当庭质证才能作为定案的根据。但是，经庭外征求意见，控辩双方没有异议的除外。

【高检发办字〔2021〕3 号】 人民检察院办理网络犯罪案件规定（2020 年 12 月 14 日最高检第 13 届检委会第 57 次会议通过，2021 年 1 月 22 日印发）

第 47 条　人民法院开庭审理网络犯罪案件，公诉人出示证据可以借助多媒体示证、动态演示等方式进行。必要时，可以向法庭申请指派检察技术人员或者聘请其他有专门知识的人进行相关技术操作，并就专门性问题发表意见。

公诉人在出示电子数据时，应当从以下方面进行说明：（一）电子数据的来源、形成过程；（二）电子数据所反映的犯罪手段、人员关系、资金流向、行为轨迹等案件事实；（三）电子数据与被告人供述、被害人陈述、证人证言、物证、书证等的相互印证情况；（四）其他应当说明的内容。

第 48 条　在法庭审理过程中，被告人及其辩护人针对电子数据的客观性、合法性、关联性提出辩解或者辩护意见的，公诉人可以围绕争议点从证据来源是否合法，提取、复制、制作过程是否规范，内容是否真实完整，与案件事实有无关联等方面，有针对性地予以答辩。

第 61 条　人民检察院办理网络犯罪案件适用本规定，本规定没有规定的，适用其他相关规定。

第 63 条　人民检察院办理国家安全机关、海警机关、监狱等移送的网络犯罪案件，适用本规定和其他相关规定。

【法释〔2021〕1 号】 最高人民法院关于适用《中华人民共和国刑事诉讼法》的解释（2020 年 12 月 7 日最高法审委会〔1820 次〕修订，2021 年 1 月 26 日公布，2021 年 3 月 1 日施行；2013 年 1 月 1 日施行的"法释〔2012〕21 号"《解释》同时废止）

第 79 条　人民法院依照刑事诉讼法第 196 条的规定调查核实证据，必要时，可以通知检察人员、辩护人、自诉人及其法定代理人到场。上述人员未到场的，应当记录在案。

人民法院调查核实证据时，发现对定罪量刑有重大影响的新的证据材料的，应当告知检察人员、辩护人、自诉人及其法定代理人。必要时，也可以直接提取，并及时通知检察人员、辩护人、自诉人及其法定代理人查阅、摘抄、复制。

第 248 条　已经移送人民法院的案卷和证据材料，控辩双方需要出示的，可以向法庭提出申请，法庭可以准许。案卷和证据材料应当在质证后当庭归还。

需要播放录音录像或者需要将证据材料交由法庭、公诉人或者诉讼参与人查看的，法庭可以指令值庭法警或者相关人员予以协助。①

第 267 条　举证方当庭出示证据后，由对方发表质证意见②。

第 268 条　对可能影响定罪量刑的关键证据和控辩双方存在争议的证据，一般应当单独举证、质证，充分听取质证意见。

对控辩双方无异议的非关键证据，举证方可以仅就证据的名称及拟证明的事实作出说明。

召开庭前会议的案件，举证、质证可以按照庭前会议确定的方式进行。

根据案件和庭审情况，法庭可以对控辩双方的举证、质证方式进行必要的指引。

---

① 注：本款内容 2012 年《解释》（2013 年 1 月 1 日施行）规定为："法庭同意的，应当指令值庭法警出示、播放；需要宣读的，由值庭法警交由申请人宣读。"

② 本部分内容 2012 年规定为"由对方进行辨认并发表意见。控辩双方可以互相质问、辩论"。

<u>第 269 条</u>　审理过程中，法庭认为有必要的，可以传唤同案被告人、分案审理的共同犯罪或者关联犯罪案件的被告人等到庭对质。

第 270 条　当庭出示的证据，尚未移送人民法院的，应当在质证后<u>当庭移交法庭</u>。

第 271 条　法庭对证据有疑问的，可以告知公诉人、当事人及其法定代理人、辩护人、诉讼代理人补充证据或者作出说明；必要时，可以宣布休庭，对证据进行调查核实。

对公诉人、当事人及其法定代理人、辩护人、诉讼代理人补充的和<u>审判人员法庭外调查核实取得的证据，应当经过当庭质证才能作为定案的根据。但是，对不影响定罪量刑的非关键证据、有利于被告人的量刑证据以及认定被告人有犯罪前科的裁判文书等证据</u>，经庭外征求意见，控辩双方没有异议的除外。

有关情况，应当记录在案。

第 272 条　公诉人申请出示开庭前未移送或者提交人民法院的证据，辩护方提出异议的，审判长应当要求公诉人说明理由；理由成立并确有出示必要的，应当准许。

辩护方提出需要对新的证据作辩护准备的，法庭可以宣布休庭，并确定准备辩护的时间。

辩护方申请出示开庭前未提交的证据，参照适用前两款规定。

第 276 条　法庭审理过程中，对与量刑有关的事实、证据，应当进行调查。

人民法院除应当审查被告人是否具有法定量刑情节外，还应当根据案件情况审查以下影响量刑的情节：（一）案件起因；（二）被害人有无过错及过错程度，是否对矛盾激化负有责任及责任大小；（三）被告人的近亲属是否协助抓获被告人；（四）被告人平时表现，有无悔罪态度；（五）退赃、退赔及赔偿情况；（六）被告人是否取得被害人或者其近亲属谅解；（七）影响量刑的其他情节。

第 278 条　对被告人认罪的案件，在确认被告人了解起诉书指控的犯罪事实和罪名，自愿认罪且知悉认罪的法律后果后，法庭调查可以主要围绕量刑和其他有争议的问题进行。

对被告人不认罪或者辩护人作无罪辩护的案件，法庭调查应当在查明定罪事实的基础上，查明有关量刑事实。

【国监委公告〔2021〕1 号】　监察法实施条例（2021 年 7 月 20 日国家监委全体会议决定，2021 年 9 月 20 日公布施行）

第 56 条（第 2 款）　人民检察院、人民法院需要调取同步录音录像的，监察机关应当予以配合，经审批依法予以提供。

【法释〔2021〕12 号】　人民法院在线诉讼规则（2021 年 5 月 18 日最高法审委会第 1838 次会议通过，2021 年 6 月 16 日公布，2021 年 8 月 1 日施行）

第 11 条　当事人可以在诉讼平台直接填写录入起诉状、答辩状、反诉状、代理意见等诉讼文书材料。

当事人可以通过扫描、翻拍、转录等方式，将线下的诉讼文书材料或者证据材料作电子化处理后上传至诉讼平台。诉讼材料为电子数据，且诉讼平台与存储该电子数据的平台已实现对接的，当事人可以将电子数据直接提交至诉讼平台。

当事人提交电子化材料确有困难的，人民法院可以辅助当事人将线下材料作电子化处理后导入诉讼平台。

第 12 条　当事人提交的电子化材料，经人民法院审核通过后，可以直接在诉讼中使用。诉讼中存在下列情形之一的，人民法院应当要求当事人提供原件、原物：（一）对方当事人认为电子化材料与原件、原物不一致，并提出合理理由和依据的；（二）电子化材料呈现不完整、内容不清晰、格式不规范的；（三）人民法院卷宗、档案管理相关规定要求提供原件、原物的；（四）人民法院认为有必要提交原件、原物的。

第13条　当事人提交的电子化材料，符合下列情形之一的，人民法院可以认定符合原件、原物形式要求：（一）对方当事人对电子化材料与原件、原物的一致性未提出异议的；（二）电子化材料形成过程已经过公证机构公证的；（三）电子化材料已在之前诉讼中提交并经人民法院确认的；（四）电子化材料已通过在线或者线下方式与原件、原物比对一致的；（五）有其他证据证明电子化材料与原件、原物一致的。

第14条　人民法院根据当事人选择和案件情况，可以组织当事人开展在线证据交换，通过同步或者非同步方式在线举证、质证。

各方当事人选择同步在线交换证据的，应当在人民法院指定的时间登录诉讼平台，通过在线视频或者其他方式，对已经导入诉讼平台的证据材料或者线下送达的证据材料副本，集中发表质证意见。

各方当事人选择非同步在线交换证据的，应当在人民法院确定的合理期限内，分别登录诉讼平台，查看已经导入诉讼平台的证据材料，并发表质证意见。

各方当事人均同意在线证据交换，但对具体方式无法达成一致意见的，适用同步在线证据交换。

第15条　当事人作为证据提交的电子化材料和电子数据，人民法院应当按照法律和司法解释的相关规定，经当事人举证质证后，依法认定其真实性、合法性和关联性。未经人民法院查证属实的证据，不得作为认定案件事实的根据。

第16条　当事人作为证据提交的电子数据系通过区块链技术存储，并经技术核验一致的，人民法院可以认定该电子数据上链后未经篡改，但有相反证据足以推翻的除外。

第17条　当事人对区块链技术存储的电子数据上链后的真实性提出异议，并有合理理由的，人民法院应当结合下列因素作出判断：（一）存证平台是否符合国家有关部门关于提供区块链存证服务的相关规定；（二）当事人与存证平台是否存在利害关系，并利用技术手段不当干预取证、存证过程；（三）存证平台的信息系统是否符合清洁性、安全性、可靠性、可用性的国家标准或者行业标准；（四）存证技术和过程是否符合相关国家标准或者行业标准中关于系统环境、技术安全、加密方式、数据传输、信息验证等方面的要求。

第18条　当事人提出电子数据上链存储前已不具备真实性，并提供证据证明或者说明理由的，人民法院应当予以审查。

人民法院根据案件情况，可以要求提交区块链技术存储电子数据的一方当事人，提供证据证明上链存储前数据的真实性，并结合上链存储前数据的具体来源、生成机制、存储过程、公证机构公证、第三方见证、关联印证数据等情况作出综合判断。当事人不能提供证据证明或者作出合理说明，该电子数据也无法与其他证据相互印证的，人民法院不予确认其真实性。

第19条　当事人可以申请具有专门知识的人就区块链技术存储电子数据相关技术问题提出意见。人民法院可以根据当事人申请或者依职权，委托鉴定区块链技术存储电子数据的真实性，或者调取其他相关证据进行核对。

第20条（第1款）　经各方当事人同意，人民法院可以指定当事人在一定期限内，分别登录诉讼平台，以非同步的方式开展调解、证据交换、调查询问、庭审等诉讼活动。

第 197 条 （见第 193 条）

第 198 条 【法庭辩论】法庭审理过程中，对与定罪、量刑有关的事实、证据都应当进行调查、辩论。①

经审判长许可，公诉人、当事人和辩护人、诉讼代理人可以对证据和案件情况发表意见并且可以互相辩论。②

【被告人最后陈述】审判长在宣布辩论终结后，被告人有最后陈述的权利。

● **相关规定**　【法发〔2008〕14 号】　最高人民法院、司法部关于充分保障律师依法履行辩护职责确保死刑案件办理质量的若干规定（2008 年 5 月 21 日）

十三、法庭审理中，人民法院应当如实、详细地记录律师意见。法庭审理结束后，律师应当在闭庭 3 日以内向人民法院提交书面辩护意见。

【高检诉发〔2010〕21 号】　人民检察院开展量刑建议工作的指导意见（试行）（最高检公诉厅 2010 年 2 月 23 日印发试行）

第 14 条　公诉人应当在法庭辩论阶段提出量刑建议。根据法庭的安排，可以先对定性问题发表意见，后对量刑问题发表意见，也可以对定性与量刑问题一并发表意见。

对于检察机关未提出明确的量刑建议而辩护方提出量刑意见的，公诉人应当提出答辩意见。

第 15 条　对于公诉人出庭的简易程序案件和普通程序审理的被告人认罪案件，参照相关司法解释和规范性文件的规定开展法庭调查，可以主要围绕量刑的事实、情节、法律适用进行辩论。

第 16 条　在进行量刑辩论过程中，为查明与量刑有关的重要事实和情节，公诉人可以依法申请恢复法庭调查。

【法发〔2013〕11 号】　最高人民法院关于建立健全防范刑事冤假错案工作机制的意见（2013 年 10 月 9 日印发）

14. 保障被告人及其辩护人在庭审中的发问、质证、辩论等诉讼权利。对于被告人及其辩护人提出的辩解理由、辩护意见和提交的证据材料，应当当庭或者在裁判文书中说明采纳与否及理由。

【司发〔2015〕14 号】　最高人民法院、最高人民检察院、公安部、国家安全部、司法部关于依法保障律师执业权利的规定（2015 年 9 月 16 日）

第 35 条　辩护律师作无罪辩护的，可以当庭就量刑问题发表辩护意见，也可以庭后提交量刑辩护意见。

---

① 本款规定由 2012 年 3 月 14 日第 11 届全国人大常委会第 5 次会议增设，2013 年 1 月 1 日施行。

② 本款规定由 1996 年 3 月 17 日第 8 届全国人民代表大会第 4 次会议修改，1997 年 1 月 1 日施行。原规定为："法庭调查后，应当由公诉人发言，被害人发言，然后由被告人陈述和辩护，辩护人进行辩护，并且可以互相辩论。"

【法发〔2015〕16号】　最高人民法院关于依法切实保障律师诉讼权利的规定（2015年12月29日）

四、依法保障律师辩论、辩护权。法官在庭审过程中应合理分配诉讼各方发问、质证、陈述和辩论、辩护的时间，充分听取律师意见。除律师发言过于重复、与案件无关或者相关问题已在庭前达成一致等情况外，不应打断律师发言。

【法发〔2016〕18号】　最高人民法院、最高人民检察院、公安部、国家安全部、司法部关于推进以审判为中心的刑事诉讼制度改革的意见（2016年7月20日）

十三、完善法庭辩论规则，确保控辩意见发表在法庭。法庭辩论应当围绕定罪、量刑分别进行，对被告人认罪的案件，主要围绕量刑进行。法庭应当充分听取控辩双方意见，依法保障被告人及其辩护人的辩论辩护权。

【律发通〔2017〕51号】　律师办理刑事案件规范（2017年8月27日第9届全国律协常务理事会第8次会议通过、即日施行，中华全国律师协会2017年9月20日）

第115条　辩护律师应当根据法庭对案件事实调查的情况，针对公诉人及其他诉讼参与人发表的辩论意见，结合案件争议焦点事实、证据、程序及法律适用问题，充分发表辩论意见。

第116条　辩护律师对于起诉书指控犯罪持有异议，提出无罪辩护或者依法不应当追究刑事责任的辩护，可以从以下方面发表辩论意见：（一）被告人没有犯罪事实的意见；（二）指控的事实不清，证据不足的意见；（三）指控被告人的行为依法不构成犯罪的意见；（四）被告人未达到法定刑事责任年龄的意见；（五）被告人属于依法不负刑事责任的精神病人的意见；（六）具有《刑事诉讼法》第15条规定的情形，不应当追究刑事责任的意见；情节显著轻微、危害不大，不认为是犯罪的；犯罪已过追诉时效期限的；经特赦令免除刑罚的；依照刑法告诉才处理的犯罪，没有告诉或者撤回告诉的；犯罪嫌疑人、被告人死亡的；其他法律规定免予追究刑事责任的。

第117条　辩护律师对于起诉书指控的罪名不持异议，可以从量刑方面发表辩论意见，包括针对检察机关提出的量刑建议及其理由发表意见。

第118条　辩护律师做无罪辩护的案件，法庭辩论时，辩护律师可以先就定罪问题发表辩论意见，然后就量刑问题发表意见。

第119条　辩护律师认为起诉书指控的犯罪罪名不成立，但指控的犯罪事实构成其他处罚较轻的罪名，在事先征得被告人同意的情况下，可以提出改变罪名的辩护意见。

第120条　辩护律师认为案件诉讼程序存在违法情形对定罪量刑有影响或具有依法应当排除的非法证据，可以在法庭辩论时发表意见。

第121条　辩护律师发表辩护意见所依据的证据、引用的法律要清楚、准确。

第122条　辩护律师的辩护意见应当观点明确，重点突出，论据充分，论证有力，逻辑严谨，用词准确，语言简洁。

第123条　辩护律师在与公诉人相互辩论中，重点针对控诉方的新问题、新观点，结合案件争议焦点发表意见。

第124条　一审宣判前，辩护律师发现有新的或遗漏的事实、证据需要查证的，可以申请恢复法庭调查。

第125条　在法庭审理过程中，被告人当庭拒绝辩护或提出更换律师，辩护律师应当建议休庭，与当事人协商妥善处理。

在法庭审理过程中，出现本规范第12条第2款事由的，辩护律师可以请求法庭休庭，与当事人协商妥善处理。（详见刑事诉讼法第34条的相关规定）

第126条　休庭后，辩护律师应当就当庭出示、宣读的证据及时与法庭办理交接手续；及时阅读庭审笔录，认为记录有遗漏或差错的，应当要求书记员补充或者改正，确认无误后签名。

第127条　休庭后，辩护律师应当尽快整理书面辩护意见，提交法庭。

【鲁高法〔2019〕27号】　山东省高级人民法院关于黑恶势力刑事案件审理的工作规范（山东高院审委会〔2019年第11次〕通过，2019年5月30日印发施行）

第9条　认真组织法庭辩论。法庭调查结束后，审判长应当组织控辩双方就定罪、量刑的事实、证据和法律适用等问题进行辩论。法庭辩论中，应当组织控辩双方就涉案财产处置进行专门辩论。恶势力刑事案件的被告人及其辩护人对是否构成恶势力提出异议的，可以组织控辩双方进行专门辩论。

【高检发释字〔2019〕4号】　人民检察院刑事诉讼规则（2019年12月2日最高检第13届检委会第28次会议通过，2019年12月30日公布施行；高检发释字〔2012〕2号《规则（试行）》同时废止）

第417条　在法庭审理过程中，经审判长许可，公诉人可以逐一对正在调查的证据和案件情况发表意见，并同被告人、辩护人进行辩论。证据调查结束时，公诉人应当发表总结性意见。

在法庭辩论中，公诉人与被害人、诉讼代理人意见不一致的，公诉人应当认真听取被害人、诉讼代理人的意见，阐明自己的意见和理由。

第418条（第1款）　人民检察院向人民法院提出量刑建议的，公诉人应当在发表公诉意见时提出。

【法发〔2020〕38号】　最高人民法院、最高人民检察院、公安部、国家安全部、司法部关于规范量刑程序若干问题的意见（2020年11月5日印发，2020年11月6日施行；法发〔2010〕35号同名《意见（试行）》同时废止）

第14条　适用普通程序审判的被告人认罪案件，在确认被告人了解起诉书指控的犯罪事实和罪名，自愿认罪且知悉认罪的法律后果后，法庭审理主要围绕量刑和其他有争议的问题进行，可以适当简化法庭调查、法庭辩论程序。

第15条（第1款）　对于被告人不认罪或者辩护人做无罪辩护的案件，法庭调查和法庭辩论分别进行。

（第3款）　在法庭辩论阶段，审判人员引导控辩双方先辩论定罪问题。在定罪辩论结束后，审判人员告知控辩双方可以围绕量刑问题进行辩论，发表量刑建议或者意见，并说明依据和理由。被告人及其辩护人参加量刑问题的调查的，不影响作无罪辩解或者辩护。

第21条　在法庭辩论中，量刑辩论按照以下顺序进行：

（一）公诉人发表量刑建议，或者自诉人及其诉讼代理人发表量刑意见；

（二）被害人及其诉讼代理人发表量刑意见；

（三）被告人及其辩护人发表量刑意见。

第22条　在法庭辩论中，出现新的量刑事实，需要进一步调查的，应当恢复法庭调查，待事实查清后继续法庭辩论。

【湘高法〔2020〕21号】　湖南省高级人民法院关于贪污贿赂案件审判适用法律若干问题的解答（2020年9月15日公布）

问题35：贪污贿赂案件中，对未作为单位犯罪起诉的单位犯罪案件以及以单位犯罪起诉的自然人犯罪案件如何处理？

答：对于应当认定为单位犯罪的案件，检察机关只作为自然人犯罪案件起诉的，人民法院应及时与检察机关协商，建议检察机关对犯罪单位补充起诉。如检察机关不补充起诉的，人民法院仍应依法审理，对被起诉的自然人根据指控的犯罪事实、证据及庭审查明的事实，依法按单位犯罪中的直接负责的主管人员或者其他直接责任人员追究刑事责任，并应引用刑法分则关于单位犯罪追究直接负责的主管人员和其他直接责任人员刑事责任的有关条款。对于应当认定为自然人犯罪的案件，检察机关作为单位犯罪起诉的，因单位被列为被告人的同时自然人也被列为被告人，以及人民法院作出判决所依据的事实能够被检察机关起诉书载明的事实涵盖，应当按照自然人犯罪作出判决，但在判决前应听取控辩双方的意见，保障被告人、辩护人充分行使辩护权。必要时，可以重新开庭，组织控辩双方进行辩论。

【法释〔2021〕1号】　最高人民法院关于适用《中华人民共和国刑事诉讼法》的解释（2020年12月7日最高法审委会〔1820次〕修订，2021年1月26日公布，2021年3月1日施行；2013年1月1日施行的"法释〔2012〕21号"《解释》同时废止）

第280条　合议庭认为案件事实已经调查清楚的，应当由审判长宣布法庭调查结束，开始就定罪、量刑、涉案财物处理的事实、证据、适用法律等问题进行法庭辩论。

第281条　法庭辩论应当在审判长的主持下，按照下列顺序进行：（一）公诉人发言；（二）被害人及其诉讼代理人发言；（三）被告人自行辩护；（四）辩护人辩护；（五）控辩双方进行辩论。

第282条　人民检察院可以提出量刑建议并说明理由，量刑建议一般应当具有一定的幅度；建议判处管制、宣告缓刑的，一般应当附有调查评估报告，或者附有委托调查函。

当事人及其辩护人、诉讼代理人可以对量刑提出意见并说明理由。

第283条　对被告人认罪的案件，法庭辩论时，可以引导应当指引控辩双方主要围绕量刑和其他有争议的问题进行。

对被告人不认罪或者辩护人作无罪辩护的案件，法庭辩论时，可以引导指引控辩双方先辩论定罪问题，后辩论量刑和其他问题。

第284条　附带民事部分的辩论应当在刑事部分的辩论结束后进行，先由附带民事诉讼原告人及其诉讼代理人发言，后由附带民事诉讼被告人及其诉讼代理人答辩。

第285条　法庭辩论过程中，审判长应当充分听取控辩双方的意见，对控辩双方与案件无关、重复或者指责对方的发言应当提醒、制止。

第286条　法庭辩论过程中，合议庭发现与定罪、量刑有关的新的事实，有必要调查的，审判长可以宣布暂停辩论，恢复法庭调查，在对新的事实调查后，继续法庭辩论。

第287条　审判长宣布法庭辩论终结后，合议庭应当保证被告人充分行使最后陈述的权利。

被告人在最后陈述中多次重复自己的意见，法庭审判长可以制止；陈述内容蔑视法庭、公诉人，损害他人及社会公共利益，或者与本案无关的，应当制止。

在公开审理的案件中，被告人最后陈述的内容涉及国家秘密、个人隐私或者商业秘密的，应当制止。

第288条 被告人在最后陈述中提出新的事实、证据，合议庭认为可能影响正确裁判的，应当恢复法庭调查；被告人提出新的辩解理由，合议庭认为可能影响正确裁判的，应当恢复法庭辩论。

第289条（第1款） 公诉人当庭发表与起诉书不同的意见，属于变更、追加、补充或者撤回起诉的，人民法院应当要求人民检察院在指定时间内以书面方式提出；必要时，可以宣布休庭。人民检察院在指定时间内未提出的，人民法院应当根据法庭审理情况，就起诉书指控的犯罪事实依法作出判决、裁定。

第290条 辩护人应当及时将书面辩护意见提交人民法院。

第291条 被告人最后陈述后，审判长应当宣布休庭，由合议庭进行评议。

第199条① 【违反法庭秩序】在法庭审判过程中，如果诉讼参与人或者旁听人员违反法庭秩序，审判长应当警告制止。对不听制止的，可以强行带出法庭；情节严重的，处以1000元以下的罚款或者15日以下的拘留。罚款、拘留必须经院长批准。被处罚人对罚款、拘留的决定不服的，可以向上一级人民法院申请复议。复议期间不停止执行。

对聚众哄闹、冲击法庭或者侮辱、诽谤、威胁、殴打司法工作人员或者诉讼参与人，严重扰乱法庭秩序，构成犯罪的，依法追究刑事责任。

● **相关规定** 【法发（研）〔1981〕号** 最高人民法院关于执行刑事诉讼法中若干问题的初步经验总结（1981年11月印发）②

八、关于法庭审判的问题

（一）审判长负责主持法庭审判活动

依照刑事诉讼法第113条至120条和《中华人民共和国人民法院法庭试行规则》的规定，合议庭开庭审判案件，由审判长负责主持法庭的审判活动。公诉人、当事人和其他诉讼参与人的讯问、询问、发问、发言和辩论，都须按审判程序并经审判长许可。与案件无关的发言，审判长应当制止。合议庭对控诉与辩护双方提出的要求或申请，都要依法作出决定。

审判长负责指挥值庭人员和司法警察维持法庭秩序。

（二）对违反法庭秩序者的处理

依照刑事诉讼法第119条的规定，在开庭审判过程中，如果诉讼参与人或旁听群众违反法庭秩序，审判长应当警告制止，情节严重的，可以责令退出法庭，构成犯罪的，应当依法追究刑事责任。

---

① 本条规定由1996年3月17日第8届全国人民代表大会第4次会议修改，1997年1月1日施行。原规定为："在法庭审判过程中，如果诉讼参与人违反法庭秩序，审判长应当警告制止；情节严重的，可以责令退出法庭或者依法追究刑事责任。"

② 注：该《经验总结》一直没有被废止，部分内容可作参考。

当事人被责令退出法庭后，合议庭应当休庭对其进行教育，并告知其缺席审判将无法行使某些诉讼权利。如其仍然拒绝遵守法庭秩序，也可以缺席继续审理，但宣告判决应有该当事人在场。在宣判时，当事人严重违反法庭秩序，经警告制止无效，而又影响宣判的，也可以责令退出法庭，进行缺席宣判，宣判后，应告知其宣判内容。此种情形，如果发生在定期宣告判决时，应在宣判后，立即将判决书送达该当事人。其他诉讼参与人被责令退出法庭时，如不影响审判的进行，可以继续审判。

被告人在法庭上严重违反法庭秩序，触犯刑法，构成犯罪，必须追究刑事责任的，如本案是第一审案件，应同本案合并审理；如本案是第二审案件，应提请人民检察院另案起诉。其他诉讼参与人严重违反法庭秩序，构成犯罪，必须追究刑事责任的，应提请人民检察院另案起诉。

【法发〔2002〕1号】　人民法院法槌使用规定（试行）（2001年12月24日最高法审委会第1201次会议通过，2002年1月8日印发，2002年6月1日试行）

第1条　人民法院审判人员在审判法庭开庭审理案件时使用法槌。

适用普通程序审理案件时，由审判长使用法槌；适用简易程序审理案件时，由独任审判员使用法槌。

第2条　有下列情形之一的，应当使用法槌：（一）宣布开庭、继续开庭；（二）宣布休庭、闭庭；（三）宣布判决、裁定。

第3条　有下列情形之一的，可以使用法槌：（一）诉讼参与人、旁听人员违反《中华人民共和国人民法院法庭规则》，妨害审判活动，扰乱法庭秩序的；（二）诉讼参与人的陈述与本案无关或者重复陈述的；（三）审判长或者独任审判员认为有必要使用法槌的其他情形。

第4条　法槌应当放置在审判长或者独任审判员的法台前方。

第5条　审判长、独任审判员使用法槌的程序如下：

（一）宣布开庭、继续开庭时，先敲击法槌，后宣布开庭、继续开庭；

（二）宣布休庭、闭庭时，先宣布休庭、闭庭，后敲击法槌；

（三）宣布判决、裁定时，先宣布判决、裁定，后敲击法槌；

（四）其他情形使用法槌时，应当先敲击法槌，后对庭审进程作出指令。

审判长、独任审判员在使用法槌时，一般敲击1次。

第6条　诉讼参与人、旁听人员在听到槌声后，应当立即停止发言和违反法庭规则的行为；仍继续其行为的，审判长、独任审判员可以分别情形，依照《中华人民共和国人民法院法庭规则》的有关规定予以处理。

第7条　法槌由最高人民法院监制。

【法发〔2003〕13号】　人民法院司法警察值庭规则（最高法2003年7月16日印发施行）

第2条　值庭是人民法院司法警察在法庭审判活动中，为维护法庭秩序，保证参与审判活动人员的安全，保证审判活动顺利进行所实施的职务行为。

第3条　值庭的司法警察在法庭审判活动中，根据审判长、独任审判员的指令，依法履行职责。

第4条　值庭前的准备工作由司法警察部门组织落实：（一）根据庭审活动的时间、规模、类型、诉讼参与人的数量、场地条件等情况，选派司法警察值庭；（二）制定实施方案和处置突发事件的应急措施；（三）与相关部门联系，交换意见，明确任务。

第5条　司法警察值庭的职责：（一）警卫法庭，维护法庭秩序；（二）保障参与审判活动人员的安全；（三）传唤证人、鉴定人；（四）传递、展示证据；（五）制止妨害审判活动的行为。

第6条　司法警察值庭时，应当按照规定着警服、佩戴警衔专用标志，警容严整。女司法警察不得浓妆、披发、戴饰物。

第7条　值庭的司法警察，应当依照《人民警察使用警械和武器条例》的规定，配备、使用警械和武器。

第8条　对旁听人员，值庭的司法警察应当进行安全检查。发现未成年人、精神病人、醉酒的人和其他不宜旁听的人员，应当阻止或者劝其退出审判法庭。

第9条　司法警察值庭时，应当站立于审判台侧面，背向审判台，面向旁听席。根据需要采取立正、跨立姿势或坐姿。法庭宣判时采取立正姿势；法庭调查开始后采取坐姿。值庭时间超过1小时可替换。出入法庭时应以齐步动作行进。

第10条　值庭的司法警察接取、传递、展示证据时，应注意安全。

第11条　值庭的司法警察传唤证人时，应当打开通道门，引导证人到达指定位置。

第12条　对旁听人员违反下列法庭纪律的，值庭的司法警察应当予以劝阻、制止：（一）未经允许录音、摄影和录像；（二）随意走动或擅自进入审判区；（三）鼓掌、喧哗哄闹；（四）擅自发言、提问；（五）吸烟或随地吐痰；（六）使用通讯工具；（七）其他违反法庭纪律的行为。

第13条　对下列行为，值庭的司法警察可以依法采取强制措施：
（一）未经许可进入审判区，经劝阻、制止无效或者有违法犯罪嫌疑的；
（二）严重违反法庭纪律，经劝阻、制止无效的；
（三）哄闹、冲击法庭，侮辱、威胁、殴打参与审判活动人员等严重扰乱法庭秩序的。

第14条　司法警察值庭时可以采取的强制措施包括：责令退出、强制带离、强行扣押、收缴、检查等。

第15条　司法警察值庭时应提高警惕，防止当事人自伤、自杀、行凶、脱逃等行为的发生。遇有突发事件，应全力以赴，沉着应对，果断处置。

第16条　司法警察值庭时，应当遵守法庭纪律，精神集中，举止端庄，行为文明，态度严肃。不得擅离岗位，不得让无关人员接触当事人，不得侮辱或变相体罚当事人以及实施其他妨害审判活动的行为。

第17条　司法警察值庭时违反本规则的，依据《中华人民共和国人民警察法》处理。

【法发〔2015〕16号】　最高人民法院关于依法切实保障律师诉讼权利的规定（2015年12月29日）

七、依法保障律师的人身安全。案件审理过程中出现当事人矛盾激化，可能危及律师人身安全情形的，应当及时采取必要措施。对在法庭上发生的殴打、威胁、侮辱、诽谤律师等行为，法官应当及时制止，依法处置。

【法发〔2016〕18号】　最高人民法院、最高人民检察院、公安部、国家安全部、司法部关于推进以审判为中心的刑事诉讼制度改革的意见（2016年7月20日）

十九、当事人、诉讼参与人和旁听人员在庭审活动中应当服从审判长或独任审判员的指挥，遵守法庭纪律。对扰乱法庭秩序、危及法庭安全等违法行为，应当依法处理；构成犯罪的，依法追究刑事责任。

【法释〔2016〕7号】　人民法院法庭规则（2015年12月21日最高法审委会第1673次会议修改，2016年4月13日公布，2016年5月1日施行）

第16条　人民法院开庭审判案件应当严格按照法律规定的诉讼程序进行。

审判人员在庭审活动中应当平等对待诉讼各方。

第17条　全体人员在庭审活动中应当服从审判长或独任审判员的指挥，尊重司法礼仪，遵守法庭纪律，不得实施下列行为：（一）鼓掌、喧哗；（二）吸烟、进食；（三）拨打或接听电话；（四）对庭审活动进行录音、录像、拍照或使用移动通信工具等传播庭审活动；（五）其他危害法庭安全或妨害法庭秩序的行为。

检察人员、诉讼参与人发言或提问，应当经审判长或独任审判员许可。

旁听人员不得进入审判活动区，不得随意站立、走动，不得发言和提问。

媒体记者经许可实施第1款第四项规定的行为，应当在指定的时间及区域进行，不得影响或干扰庭审活动。

第18条　审判长或独任审判员主持庭审活动时，依照规定使用法槌。

第19条　审判长或独任审判员对违反法庭纪律的人员应当予以警告；对不听警告的，予以训诫；对训诫无效的，责令其退出法庭；对拒不退出法庭的，指令司法警察将其强行带出法庭。

行为人违反本规则第17条第1款第四项规定的，人民法院可以暂扣其使用的设备及存储介质，删除相关内容。

第20条　行为人实施下列行为之一，危及法庭安全或扰乱法庭秩序的，根据相关法律规定，予以罚款、拘留；构成犯罪的，依法追究其刑事责任：（一）非法携带枪支、弹药、管制刀具或者爆炸性、易燃性、放射性、毒害性、腐蚀性物品以及传染病病原体进入法庭；（二）哄闹、冲击法庭；（三）侮辱、诽谤、威胁、殴打司法工作人员或诉讼参与人；（四）毁坏法庭设施，抢夺、损毁诉讼文书、证据；（五）其他危害法庭安全或扰乱法庭秩序的行为。

第21条　司法警察依照审判长或独任审判员的指令维持法庭秩序。

出现危及法庭内人员人身安全或者严重扰乱法庭秩序等紧急情况时，司法警察可以直接采取必要的处置措施。

人民法院依法对违反法庭纪律的人采取的扣押物品、强行带出法庭以及罚款、拘留等强制措施，由司法警察执行。

第22条　人民检察院认为审判人员违反本规则的，可以在庭审活动结束后向人民法院提出处理建议。

诉讼参与人、旁听人员认为审判人员、书记员、司法警察违反本规则的，可以在庭审活动结束后向人民法院反映。

第23条　检察人员违反本规则的，人民法院可以向人民检察院通报情况并提出处理建议。

第24条　律师违反本规则的，人民法院可以向司法行政机关及律师协会通报情况并提出处理建议。

【法释〔2020〕4号】　最高人民法院关于人民法院司法警察依法履行职权的规定（2020年6月22日最高法审委会第1805次会议通过，2020年6月28日公布，2021年1月1日施行）

第1条　人民法院司法警察的职责：（一）维护审判执行秩序，预防、制止、处置妨害审判执行秩序的行为；（二）在刑事审判中，押解、看管被告人或者罪犯，传带证人、鉴定人、有专门知识的人或者其他诉讼参与人，传递、展示证据，执行强制证人出庭令；（三）在民事、行政审判中，押解、看管被羁押或者正在服刑的当事人；（四）在强制执行中，配合实施被执行人身份、财产、处所的调查、搜查、查封、冻结、扣押、划拨、强制迁出等执行措施；（五）执行死刑；（六）执行扣押物品、责令退出法庭、强行带出法庭、拘传、罚款、拘留等强制措施；（七）查验进入审判区域人员的身份证件，对其人身及携带物品进行安全检查；（八）协助人民法院机关安全和涉诉信访应急处置工作；（九）保护正在履行审判执行职务的司法工作人员人身安全；（十）法律、法规规定的其他职责。

第2条　对违反法庭纪律的行为人，人民法院司法警察应当依照审判长或者独任法官的指令，予以劝阻、制止、控制，执行扣押物品、责令退出法庭、强行带出法庭、罚款、拘留等强制措施。

出现危及法庭内人员人身安全，严重扰乱法庭秩序，被告人、罪犯、被羁押或者正在服刑的当事人自杀、自伤、脱逃等紧急情况时，人民法院司法警察可以直接采取必要的处置措施。

第3条　对以暴力、威胁或者其他方法阻碍司法工作人员执行职务和在人民法院内侮辱、殴打或者打击报复司法工作人员的行为人，人民法院司法警察可以采取制止、控制、带离等强制手段，根据需要进行询问，提取、固定、保存相关证据，依法提请人民法院处以罚款、拘留等强制措施。

对由公安机关管辖的违法犯罪案件，人民法院司法警察可以根据需要协助公安机关进行先期询问，提取、固定、保存相关证据，及时移送公安机关。

第4条　对强行进入审判区域的行为人，人民法院司法警察可以采取制止、控制、带离等强制手段，根据需要进行询问，提取、固定、保存相关证据，依法提请人民法院处以罚款、拘留等强制措施。

对由公安机关管辖的违法犯罪案件，及时移送公安机关。

第5条　人民法院司法警察协助相关部门开展机关安全和涉诉信访应急处置工作时，对扰乱人民法院工作秩序、危害他人人身安全以及人民法院财产安全的行为人，可以采取制止、控制等处置措施，保存相关证据，对涉嫌违法犯罪的，及时移送公安机关。

第6条　人民法院司法警察在执行职务过程中，遇当事人或者其他人员实施自杀、自伤等行为时，应当采取措施予以制止、协助救治，对无法制止或有其他暴力行为的，可以采取保护性约束措施，并视情节移送公安机关。

【法发〔2020〕29号】　《中华人民共和国人民陪审员法》实施中若干问题的答复（最高法、司法部2020年8月11日）

19.人民陪审员在参加庭审等履职过程中，着装有何要求？

答：人民陪审员在参加庭审等履职过程中，着装应当端庄、得体，但不得配发、穿着统一制服。

【法释〔2021〕1号】　最高人民法院关于适用《中华人民共和国刑事诉讼法》的解释
(2020年12月7日最高法审委会［1820次］修订，2021年1月26日公布，2021年3月1日施行；2013年1月1日施行的"法释〔2012〕21号"《解释》同时废止)

第305条　在押被告人出庭受审时，不着监管机构的识别服。

庭审期间不得对被告人使用戒具，但法庭认为其人身危险性大，可能危害法庭安全的除外。

第306条①　庭审期间，全体人员应当服从法庭指挥，遵守法庭纪律，尊重司法礼仪，不得实施下列行为：（一）鼓掌、喧哗、随意走动；（二）吸烟、进食；（三）拨打、接听电话，或者使用即时通讯工具；（四）对庭审活动进行录音、录像、拍照或者使用即时通讯工具等传播庭审活动；（五）其他危害法庭安全或者扰乱法庭秩序的行为。

旁听人员不得进入审判活动区，不得随意站立、走动，不得发言和提问。

记者经许可可实施第1款第四项规定的行为，应当在指定的时间及区域进行，不得干扰庭审活动。

第307条　法庭审理过程中，有关人员诉讼参与人、旁听人员危害法庭安全或者扰乱法庭秩序的，审判长应当按照下列情形分别处理：

（一）情节较轻的，应当警告制止；根据具体情况，也可以进行训诫并进行训诫；

（二）训诫无效，责令退出法庭；拒不退出的不听制止的，指令法警强行带出法庭；

（三）情节严重的，报经院长批准后，可以对行为人处1000元以下的罚款或者15日以下的拘留。

未经许可对庭审活动进行录音、录像、拍照或者使用即时通讯工具等传播庭审活动的，可以暂扣相关设备及存储介质，删除相关内容。②

有关人员诉讼参与人、旁听人员对罚款、拘留的决定不服，可以直接向上一级人民法院申请复议，也可以通过决定罚款、拘留的人民法院向上一级人民法院申请复议。通过决定罚款、拘留的人民法院申请复议的，该人民法院应当自收到复议申请之日起3日以内，将复议申请、罚款或者拘留决定书和有关事实、证据材料一并报上一级人民法院复议。复议期间，不停止决定的执行。

第308条　担任辩护人、诉讼代理人的律师严重扰乱法庭秩序，被强行带出法庭或者被处以罚款、拘留的，人民法院应当通报司法行政机关，并可以建议依法给予相应处罚。

第309条③　实施下列行为之一，危害法庭安全或者扰乱法庭秩序，构成犯罪的，依法追究刑事责任：（一）非法携带枪支、弹药、管制刀具或者爆炸性、易燃性、毒害性、放射性以及传染病病原体等危险物质进入法庭；（二）哄闹、冲击法庭；（三）侮辱、诽谤、威胁、殴打司法工作人员或者诉讼参与人；（四）毁坏法庭设施，抢夺、损毁诉讼文书、证据；

---

① 本条内容2012年规定为："法庭审理过程中，诉讼参与人、旁听人员应当遵守下列纪律：（一）服从法庭指挥，遵守法庭礼仪；（二）不得鼓掌、喧哗、哄闹、随意走动；（三）不得对庭审活动进行录音、录像、摄影，或者通过发送邮件、博客、微博客等方式传播庭审情况，但经人民法院许可的新闻记者除外；（四）旁听人员不得发言、提问；（五）不得实施其他扰乱法庭秩序的行为。"

② 本款内容2012年规定为："未经许可录音、录像、摄影或者通过邮件、博客、微博客等方式传播庭审情况的，可以暂扣存储介质或者相关设备。"

③ 本条内容2012年规定为："聚众哄闹、冲击法庭或者侮辱、诽谤、威胁、殴打司法工作人员或者诉讼参与人，严重扰乱法庭秩序，构成犯罪的，应当依法追究刑事责任。"

（五）其他危害法庭安全或者扰乱法庭秩序的行为。

第310条　辩护人严重扰乱法庭秩序，被<u>责令退出法庭</u>、强行带出法庭或者被处以罚款、拘留，被告人自行辩护的，庭审继续进行；被告人要求另行委托辩护人，或者被告人属于应当提供法律援助情形的，应当宣布休庭。

（新增）辩护人、诉讼代理人被责令退出法庭、强行带出法庭或者被处以罚款后，具结保证书，保证服从法庭指挥、不再扰乱法庭秩序的，经法庭许可，可以继续担任辩护人、诉讼代理人。

（新增）辩护人、诉讼代理人具有下列情形之一的，不得继续担任同一案件的辩护人、诉讼代理人：（一）擅自退庭的；（二）无正当理由不出庭或者不按时出庭，严重影响审判顺利进行的；（三）被拘留或者具结保证书后再次被责令退出法庭、强行带出法庭的。

【法释〔2021〕12号】　人民法院在线诉讼规则（2021年5月18日最高法审委会第1838次会议通过，2021年6月16日公布，2021年8月1日施行）

第24条　在线开展庭审活动，人民法院应当设置环境要素齐全的在线法庭。在线法庭应当保持国徽在显著位置，审判人员及席位名称等在视频画面合理区域。因存在特殊情形，确需在在线法庭之外的其他场所组织在线审的，应当报请本院院长同意。

出庭人员参加在线庭审，应当选择安静、无干扰、光线适宜、网络信号良好、相对封闭的场所，不得在可能影响庭审音频视频效果或者有损庭审严肃性的场所参加庭审。必要时，人民法院可以要求出庭人员到指定场所参加在线审。

第25条　出庭人员参加在线审应当尊重司法礼仪，遵守法庭纪律。人民法院根据在线庭审的特点，适用《中华人民共和国人民法院法庭规则》相关规定。

除确属网络故障、设备损坏、电力中断或者不可抗力等原因外，当事人无正当理由不参加在线审，视为"拒不到庭"；在庭审中擅自退出，经提示、警告后仍不改正的，视为"中途退庭"，分别按照相关法律和司法解释的规定处理。

第28条　在线诉讼参与人故意违反本规则第8条、第24条、第25条、第26条、第27条的规定，实施妨害在线诉讼秩序行为的，人民法院可以根据法律和司法解释关于妨害诉讼的相关规定作出处理。

第200条[①] 　**【合议庭评议、法庭判决】**在被告人最后陈述后，审判长宣布休庭，合议庭进行评议，根据已经查明的事实、证据和有关的法律规定，分别作出以下判决：

（一）案件事实清楚，证据确实、充分，依据法律认定被告人有罪的，应当作出有罪判决；

（二）依据法律认定被告人无罪的，应当作出无罪判决；

（三）证据不足，不能认定被告人有罪的，应当作出证据不足、指控的犯

[①] 本条规定由1996年3月17日第8届全国人民代表大会第4次会议修改，1997年1月1日施行。原规定为："在被告人最后陈述后，审判长宣布休庭，合议庭进行评议，根据已经查明的事实、证据和有关的法律规定，作出被告人有罪或者无罪、犯的什么罪、适用什么刑罚或者免除刑罚的判决。"

罪不能成立的无罪判决。

（插）**第 184 条** 【合议庭评议笔录】合议庭进行评议的时候，如果意见分歧，**应当按多数人的意见作出决定**①，但是少数人的意见应当写入笔录。评议笔录由合议庭的组成人员签名。

（插）**第 185 条**② 【审委会决定】合议庭开庭审理并且评议后，应当作出判决。对于疑难、复杂、重大的案件，合议庭认为难以作出决定的，由合议庭提请院长决定提交审判委员会讨论决定。审判委员会的决定，合议庭应当执行。

● **相关规定** 【法发（研）〔1981〕号】 最高人民法院关于执行刑事诉讼法中若干问题的初步经验总结（1981年11月印发）③

（二）合议庭审判

（第 3 款） 合议庭的成员，在依法审判案件时，有同等的权利；在评议时，按民主集中制原则作出决定。合议庭意见分歧，不能形成多数意见作出决定的，应报请庭长、院长审议或由院长提交审判委员会决定。评议记录应如实反映评议情况。

（第 4 款） 法院以外的人员不能列席合议庭的评议，也不能阅读评议记录。评议记录，除公开宣判的结论外，对外保密。

（三）审判委员会

（第 3 款） 审判委员会讨论案件，应当在合议庭审理的基础上进行，并应充分听取合议庭成员关于审理和评议情况的说明，按照民主集中制的原则作出决定。审判委员会如果改变了合议庭原来的评议决定，合议庭应当执行，在宣判前，由审判长告知合议庭其他成员。经审判委员会讨论决定的案件，可以在判决书、裁定书上写明，但判决书、裁定书仍由审判该案件的合议庭成员署名。

（第 4 款） 审判委员会讨论案件时，人民检察院检察长可以列席，院外其他人员不得列席，也不能阅读讨论记录。讨论记录，除公开宣判的结论外，对外保密。

（四）院长、庭长与合议庭的关系

……合议庭制作的判决书、裁定书，是以人民法院的名义宣告发出的，必须经院长、庭长审核签发。院长、庭长在审核时，如果不同意合议庭的决定，可交合议庭复议，也可以依照刑事诉讼法第107条的规定，由院长提交审判委员会讨论决定。审判委员会的决定，合议庭应当执行。

---

① 本部分内容由1996年3月17日第8届全国人民代表大会第4次会议修改，1997年1月1日施行。原规定为"应当少数服从多数"。

② 本条规定由1996年3月17日第8届全国人民代表大会第4次会议修改，1997年1月1日施行。原规定为："凡是重大的或者疑难的案件，院长认为需要提交审判委员会讨论的，由院长提交审判委员会讨论决定。审判委员会的决定，合议庭应当执行。"

③ 注：该《经验总结》一直没有被废止，部分内容可作参考。

【法释〔2002〕25号】 最高人民法院关于人民法院合议庭工作的若干规定（2002年7月30日最高法审委会第1234次会议通过，2002年8月12日发布，2002年8月17日施行）

第9条 合议庭评议案件应当在庭审结束后5个工作日内进行。

第10条 合议庭评议案件时，先由承办法官对认定案件事实、证据是否确实、充分以及适用法律等发表意见，审判长最后发表意见；审判长作为承办法官的，由审判长最后发表意见。对案件的裁判结果进行评议时，由审判长最后发表意见。审判长应当根据评议情况总结合议庭评议的结论性意见。

合议庭成员进行评议的时候，应当认真负责，充分陈述意见，独立行使表决权，不得拒绝陈述意见或者仅作同意与否的简单表态。同意他人意见的，也应当提出事实根据和法律依据，进行分析论证。

合议庭成员对评议结果的表决，以口头表决的形式进行。

第11条 合议庭进行评议的时候，如果意见分歧，应当按多数人的意见作出决定，但是少数人的意见应当写入笔录。

评议笔录由书记员制作，由合议庭的组成人员签名。

第12条 合议庭应当依照规定的权限，及时对评议意见一致或者形成多数意见的案件直接作出判决或者裁定。但是对于下列案件，合议庭应当提请院长决定提交审判委员会讨论决定：（一）拟judicial处死刑的；（二）疑难、复杂、重大或者新类型的案件，合议庭认为有必要提交审判委员会讨论决定的；（三）合议庭在适用法律方面有重大意见分歧的；（四）合议庭认为需要提请审判委员会讨论决定的其他案件，或者本院审判委员会确定的应当由审判委员会讨论决定的案件。

第13条 合议庭对审判委员会的决定有异议，可以提请院长决定提交审判委员会复议1次。

第16条 院长、庭长可以对合议庭的评议意见和制作的裁判文书进行审核，但是不得改变合议庭的评议结论。

第17条 院长、庭长在审核合议庭的评议意见和裁判文书过程中，对评议结论有异议的，可以建议合议庭复议，同时应当对要求复议的问题及理由提出书面意见。

合议庭复议后，庭长仍有异议的，可以将案件提请院长审核，院长可以提交审判委员会讨论决定。

【法〔2003〕163号】 最高人民法院、最高人民检察院、公安部关于严格执行刑事诉讼法，切实纠防超期羁押的通知（2003年11月12日）

四、坚持依法办案，正确适用法律，有罪依法追究，无罪坚决放人，人民法院、人民检察院和公安机关在刑事诉讼过程中，要分工负责，互相配合，互相制约，依法进行，避免超期羁押现象的发生。……人民法院对于人民检察院提起公诉的案件，经过审理，认为证据不足，不能认定被告人有罪的，要依法作出证据不足、指控的犯罪不能成立的无罪判决。……

【法发〔2003〕22号】 最高人民法院关于推行十项制度切实防止产生新的超期羁押的通知（2003年11月30日）

六、坚持依法办案，有罪依法追究，无罪坚决放人。人民法院审理刑事案件，依法惩罚犯罪、保障人权，有罪依法追究，无罪坚决放人。经过审理，对于案件事实清楚，证据确实、充分，依据法律认定被告人有罪的，应当作出有罪判决；对于经过审理，只有部分犯罪事实清楚、证据确实、充分的案件，只就该部分事实和证据进行认定和判决；对于审理后，仍然证据不足，在法律规定的审限内无法收集充分的证据，不能认定被告人有罪的案件，应当坚决依法作出证据不足、指控的犯罪不能成立的无罪判决，绝不能搞悬案、疑案，拖延不决，迟迟不判。

【法发〔2007〕11号】　最高人民法院、最高人民检察院、公安部、司法部关于进一步严格依法办案确保办理死刑案件质量的意见（2007年3月9日）

34. 第一审人民法院和第二审人民法院审理死刑案件，合议庭应当提请院长决定提交审判委员会讨论。最高人民法院复核死刑案件，高级人民法院复核死刑缓期2年执行的案件，对于疑难、复杂的案件，合议庭认为难以作出决定的，应当提请院长决定提交审判委员会讨论决定。审判委员会讨论案件，同级人民检察院检察长、受检察长委托的副检察长均可列席会议。

35. 人民法院应当根据已经审理查明的事实、证据和有关的法律规定，依法作出裁判。对案件事实清楚，证据确实、充分，依据法律认定被告人有罪的，应当作出有罪判决；对依据法律认定被告人无罪的，应当作出无罪判决；证据不足，不能认定被告人有罪的，应当作出证据不足、指控的犯罪不能成立的无罪判决；定罪的证据确实，但影响量刑的证据存有疑点，处刑时应当留有余地。

【法释〔2010〕1号】　最高人民法院关于进一步加强合议庭职责的若干规定（2009年12月14日最高法审委会第1479次会议通过，2010年1月11日公布，2010年2月1日施行）

第4条　依法不开庭审理的案件，合议庭全体成员均应当阅卷，必要时提交书面阅卷意见。

第5条　开庭审理时，合议庭全体成员应当共同参加，不得缺席、中途退庭或者从事与该庭审无关的活动。合议成员未参加庭审、中途退庭或者从事与该庭审无关的活动，当事人提出异议的，应当纠正。合议庭仍不纠正的，当事人可以要求休庭，并将有关情况记入庭审笔录。

第6条　合议庭全体成员均应当参加案件评议。评议案件时，合议庭成员应当针对案件的证据采信、事实认定、法律适用、裁判结果以及诉讼程序等问题充分发表意见。必要时，合议庭成员还可提交书面评议意见。

合议庭成员评议时发表意见不受追究。

第7条　除提交审判委员会讨论的案件外，合议庭对评议意见一致或者形成多数意见的案件，依法作出判决或者裁定。下列案件可以由审判长提请院长或者庭长决定组织相关审判人员共同讨论，合议庭成员应当参加：（一）重大、疑难、复杂或者新类型的案件；（二）合议庭在事实认定或法律适用上有重大分歧的案件；（三）合议庭意见与本院或上级法院以往同类型案件的裁判有可能不一致的案件；（四）当事人反映强烈的群体性纠纷案件；（五）经审判长提请且院长或者庭长认为确有必要讨论的其他案件。

上述案件的讨论意见供合议庭参考，不影响合议庭依法作出裁判。

【法发〔2010〕9号】　最高人民法院关于贯彻宽严相济刑事政策的若干意见（2010年2月8日）

二、准确把握和正确适用依法从"严"的政策要求

6. 宽严相济刑事政策中的从"严"，主要是指对于罪行十分严重、社会危害性极大，依

法应当判处重刑或死刑的，要坚决地判处重刑或死刑；对于社会危害大或者具有法定、酌定从重处罚情节，以及主观恶性深、人身危险性大的被告人，要依法从严惩处。在审判活动中通过体现依法从"严"的政策要求，有效震慑犯罪分子和社会不稳定分子，达到有效遏制犯罪、预防犯罪的目的。

7. 贯彻宽严相济刑事政策，必须毫不动摇地坚持依法严惩严重刑事犯罪的方针。对于危害国家安全犯罪、恐怖组织犯罪、邪教组织犯罪、黑社会性质组织犯罪、恶势力犯罪、故意危害公共安全犯罪等严重危害国家政权稳固和社会治安的犯罪，故意杀人、故意伤害致人死亡、强奸、绑架、拐卖妇女儿童、抢劫、重大抢夺、重大盗窃等严重暴力犯罪和严重影响人民群众安全感的犯罪，走私、贩卖、运输、制造毒品等毒害人民健康的犯罪，要作为严惩的重点，依法从重处罚。尤其对于极端仇视国家和社会，以不特定人为侵害对象，所犯罪行特别严重的犯罪分子，该重判的要坚决依法重判，该判处死刑的要坚决依法判处死刑。

8. 对于国家工作人员贪污贿赂、滥用职权、失职渎职的严重犯罪，黑恶势力犯罪、重大安全责任事故、制售伪劣食品药品所涉及的国家工作人员职务犯罪，发生在社会保障、征地拆迁、灾后重建、企业改制、医疗、教育、就业等领域严重损害群众利益、社会影响恶劣、群众反映强烈的国家工作人员职务犯罪，发生在经济社会建设重点领域、重点行业的严重商业贿赂犯罪等，要依法从严惩处。

对于国家工作人员职务犯罪和商业贿赂犯罪中性质恶劣、情节严重、涉案范围广、影响面大的，或者案发后隐瞒犯罪事实、毁灭证据、订立攻守同盟、负案潜逃等拒不认罪悔罪的，要坚决依法从严惩处。

对于被告人犯罪所得数额不大，但对国家财产和人民群众利益造成重大损失、社会影响极其恶劣的职务犯罪和商业贿赂犯罪案件，也应依法从严惩处。

要严格掌握职务犯罪法定减轻处罚情节的认定标准与减轻处罚的幅度，严格控制依法减轻处罚后判处3年以下有期徒刑适用缓刑的范围，切实规范职务犯罪缓刑、免予刑事处罚的适用。

9. 当前和今后一段时期，对于集资诈骗、贷款诈骗、制贩假币以及扰乱、操纵证券、期货市场等严重危害金融秩序的犯罪，生产、销售假药、劣药、有毒有害食品等严重危害食品药品安全的犯罪，走私等严重侵害国家经济利益的犯罪，造成严重后果的重大安全责任事故犯罪，重大环境污染、非法采矿、盗伐林木等各种严重破坏环境资源的犯罪等，要依法从严惩处，维护国家的经济秩序，保护广大人民群众的生命健康安全。

10. 严惩严重刑事犯罪，必须充分考虑被告人的主观恶性和人身危险性。对于事先精心预谋、策划犯罪的被告人，具有惯犯、职业犯等情节的被告人，或者因故意犯罪受过刑事处罚、在缓刑、假释考验期内又犯罪的被告人，要依法严惩，以实现刑罚特殊预防的功能。

11. 要依法从严惩处累犯和毒品再犯。凡是依法构成累犯和毒品再犯的，即使犯罪情节较轻，也要体现从严惩处的精神。尤其是对于前罪为暴力犯罪或被判处重刑的累犯，更要依法从严惩处。

12. 要注重综合运用多种刑罚手段，特别是要重视依法适用财产刑，有效惩治犯罪。对于法律规定有附加财产刑的，要依法适用。对于侵财型和贪利型犯罪，更要注重通过依法适用财产刑使犯罪分子受到经济上的惩罚，剥夺其重新犯罪的能力和条件。要切实加大财产刑的执行力度，确保刑罚的严厉性和惩罚功能得以实现。被告人非法占有、处置被害人财产不能退赃的，在决定刑罚时，应作为重要情节予以考虑，体现从严处罚的精神。

13. 对于刑事案件被告人，要严格依法追究刑事责任，切实做到不枉不纵。要在确保司法公正的前提下，努力提高司法效率。特别是对于那些严重危害社会治安、引起社会关注的刑事案件，要在确保案件质量的前提下，抓紧审理，及时宣判。

三、准确把握和正确适用依法从"宽"的政策要求

14. 宽严相济刑事政策中的从"宽"，主要是指对于情节较轻、社会危害性较小的犯罪，或者罪行虽然严重，但具有法定、酌定从宽处罚情节，以及主观恶性相对较小、人身危险性不大的被告人，可以依法从轻、减轻或者免除处罚；对于具有一定社会危害性，但情节显著轻微危害不大的行为，不作为犯罪处理；对于依法可不监禁的，尽量适用缓刑或者判处管制、单处罚金等非监禁刑。

15. 被告人的行为已经构成犯罪，但犯罪情节轻微，或者未成年人、在校学生实施的较轻犯罪，或者被告人具有犯罪预备、犯罪中止、从犯、胁从犯、防卫过当、避险过当等情节，依法不需要判处刑罚的，可以免予刑事处罚。对免予刑事处罚的，应当根据刑法第37条规定，做好善后、帮教工作或者交由有关部门进行处理，争取更好的社会效果。

16. 对于所犯罪行不重、主观恶性不深、人身危险性较小、有悔改表现、不致再危害社会的犯罪分子，要依法从宽处理。对于其中具备条件的，应当依法适用缓刑或者管制、单处罚金等非监禁刑。同时配合做好社区矫正，加强教育、感化、帮教、挽救工作。

17. 对于自首的被告人，除了罪行极其严重、主观恶性极深、人身危险性极大，或者恶意地利用自首规避法律制裁者以外，一般均应当依法从宽处理。

对于亲属以不同形式送被告人归案或协助司法机关抓获被告人而认定为自首的，原则上都应当依法从宽处理；有的虽然不能认定为自首，但考虑到被告人亲属支持司法机关工作，促使被告人到案、认罪、悔罪，在决定对被告人具体处罚时，也应当予以充分考虑。

18. 对于被告人检举揭发他人犯罪构成立功的，一般均应当依法从宽处理。对于犯罪情节不是十分恶劣，犯罪后果不是十分严重的被告人立功的，从宽处罚的幅度应当更大。

19. 对于较轻犯罪的初犯、偶犯，应当综合考虑其犯罪的动机、手段、情节、后果和犯罪时的主观状态，酌情予以从宽处罚。对于犯罪情节轻微的初犯、偶犯，可以免予刑事处罚；依法应当予以刑事处罚的，也应当尽量适用缓刑或者判处管制、单处罚金等非监禁刑。

20. 对于未成年人犯罪，在具体考虑其实施犯罪的动机和目的、犯罪性质、情节和社会危害程度的同时，还要充分考虑其是否属于初犯，归案后是否悔罪，以及个人成长经历和一贯表现等因素，坚持"教育为主、惩罚为辅"的原则和"教育、感化、挽救"的方针进行处理。对于偶尔盗窃、抢夺、诈骗，数额刚达到较大的标准，案发后能如实交代并积极退赃的，可以认定为情节显著轻微，不作为犯罪处理。对于罪行较轻的，可以依法适当多适用缓刑或者判处管制、单处罚金等非监禁刑；依法可免予刑事处罚的，应当免予刑事处罚。对于犯罪情节严重的未成年人，也应当依照刑法第17条第3款的规定予以从轻或者减轻处罚。对于已满14周岁不满16周岁的未成年犯罪人，一般不判处无期徒刑。

21. 对于老年人犯罪，要充分考虑其犯罪的动机、目的、情节、后果以及悔罪表现等，并结合其人身危险性和再犯可能性，酌情予以从宽处罚。

22. 对于因恋爱、婚姻、家庭、邻里纠纷等民间矛盾激化引发的犯罪，因劳动纠纷、管理失当等原因引发、犯罪动机不属恶劣的犯罪，因被害方过错或者基于义愤引发的或者具有

防卫因素的突发性犯罪，应酌情从宽处罚。

23. 被告人案发后对被害人积极进行赔偿，并认罪、悔罪的，依法可以作为酌定量刑情节予以考虑。因婚姻家庭等民间纠纷激化引发的犯罪，被害人及其家属对被告人表示谅解的，应当作为酌定量刑情节予以考虑。犯罪情节轻微，取得被害人谅解的，可以依法从宽处理，不需判处刑罚的，可以免予刑事处罚。

24. 对于刑事被告人，如果采取取保候审、监视居住等非羁押性强制措施足以防止发生社会危险性，且不影响刑事诉讼正常进行的，一般可不采取羁押措施。对人民检察院提起公诉而被告人未被采取逮捕措施的，除存在被告人逃跑、串供、重新犯罪等具有人身危险性或者可能影响刑事诉讼正常进行的情形外，人民法院一般可不决定逮捕被告人。

四、准确把握和正确适用宽严"相济"的政策要求

25. 宽严相济刑事政策中的"相济"，主要是指在对各类犯罪依法处罚时，要善于综合运用宽和严两种手段，对不同的犯罪和犯罪分子区别对待，做到严中有宽、宽以济严；宽中有严、严以济宽。

26. 在对严重刑事犯罪依法从严惩处的同时，对被告人具有自首、立功、从犯等法定或酌定从宽处罚情节的，还要注意宽以济严，根据犯罪的具体情况，依法应当或可以从宽的，都应当在量刑上予以充分考虑。

27. 在对较轻刑事犯罪依法从轻处罚的同时，要注意严以济宽，充分考虑被告人是否具有屡教不改、严重滋扰社会、群众反映强烈等酌定从严处罚的情况，对于不从严不足以有效惩戒者，也应当在量刑上有所体现，做到济之以严，使犯罪分子受到应有处罚，切实增强改造效果。

28. 对于被告人同时具有法定、酌定从严和法定、酌定从宽处罚情节的案件，要在全面考察犯罪的事实、性质、情节和对社会危害程度的基础上，结合被告人的主观恶性、人身危险性、社会治安状况等因素，综合作出分析判断，总体从严，或者总体从宽。

29. 要准确理解和严格执行"保留死刑，严格控制和慎重适用死刑"的政策。对于罪行极其严重的犯罪分子，论罪应当判处死刑的，要坚决依法判处死刑。要依法严格控制死刑的适用，统一死刑案件的裁判标准，确保死刑只适用于极少数罪行极其严重的犯罪分子。拟判处死刑的具体案件定罪或者量刑的证据必须确实、充分，得出唯一结论。对于罪行极其严重，但只要是依法可不立即执行的，就不应当判处死刑立即执行。

30. 对于恐怖组织犯罪、邪教组织犯罪、黑社会性质组织犯罪和进行走私、诈骗、贩毒等犯罪活动的犯罪集团，在处理时要分别情况，区别对待：对犯罪组织或集团中的为首组织、指挥、策划者和骨干分子，要依法从严惩处，该判处重刑或死刑的要坚决判处重刑或死刑；对受欺骗、胁迫参加犯罪组织、犯罪集团或只是一般参加者，在犯罪中起次要、辅助作用的从犯，依法应当从轻或减轻处罚，符合缓刑条件的，可以适用缓刑。

对于群体性事件中发生的杀人、放火、抢劫、伤害等犯罪案件，要注意重点打击其中的组织、指挥、策划者和直接实施犯罪行为的积极参与者；对因被煽动、欺骗、裹胁而参加，情节较轻，经教育确有悔改表现的，应当依法从宽处理。

31. 对于一般共同犯罪案件，应当充分考虑各被告人在共同犯罪中的地位和作用，以及在主观恶性和人身危险性方面的不同，根据事实和证据能分清主从犯的，都应当认定主从犯。有多名主犯的，应在主犯中进一步区分出罪行最为严重者。对于多名被告人共同致死一

名被害人的案件，要进一步分清各被告人的作用，准确确定各被告人的罪责，以做到区别对待；不能以分不清主次为由，简单地一律判处重刑。

32. 对于过失犯罪，如安全责任事故犯罪等，主要应当根据犯罪造成危害后果的严重程度、被告人主观罪过的大小以及被告人案发后的表现等，综合掌握处刑的宽严尺度。对于过失犯罪后积极抢救、挽回损失或者有效防止损失进一步扩大的，要依法从宽。对于造成的危害后果虽然不是特别严重，但情节特别恶劣或案发后故意隐瞒案情，甚至逃逸，给及时查明事故原因和迅速组织抢救造成贻误的，则要依法从重处罚。

33. 在共同犯罪案件中，对于主犯或首要分子检举、揭发同案地位、作用较次犯罪分子构成立功的，从轻或者减轻处罚应当从严掌握，如果从轻处罚可能导致全案量刑失衡的，一般不予从轻处罚；如果检举、揭发的是其他犯罪案件中罪行同样严重的犯罪分子，或者协助抓获的是同案中的其他主犯、首要分子的，原则上应予依法从轻或者减轻处罚。对于从犯或犯罪集团中的一般成员立功，特别是协助抓获主犯、首要分子的，应当充分体现政策，依法从轻、减轻或者免除处罚。

34. 对于危害国家安全犯罪、故意危害公共安全犯罪、严重暴力犯罪、涉众型经济犯罪等严重犯罪；恐怖组织犯罪、邪教组织犯罪、黑恶势力犯罪等有组织犯罪的领导者、组织者和骨干分子；毒品犯罪再犯的严重犯罪者；确有执行能力而拒不依法积极主动缴付财产执行财产刑或确有履行能力而不积极主动履行附带民事赔偿责任的，在依法减刑、假释时，应当从严掌握。对累犯减刑时，应当从严掌握。拒不交代真实身份或对减刑、假释材料弄虚作假，不符合减刑、假释条件的，不得减刑、假释。

对于因犯故意杀人、爆炸、抢劫、强奸、绑架等暴力犯罪，致人死亡或严重残疾而被判处死刑缓期2年执行或无期徒刑的罪犯，要严格控制减刑的频度和每次减刑的幅度，要保证其相对较长的实际服刑期限，维护公平正义，确保改造效果。

对于未成年犯、老年犯、残疾罪犯、过失犯、中止犯、胁从犯、积极主动缴付财产执行财产刑或履行民事赔偿责任的罪犯、因防卫过当或避险过当而判处徒刑的罪犯以及其他主观恶性不深、人身危险性不大的罪犯，在依法减刑、假释时，应当根据悔改表现予以从宽掌握。对认罪服法，遵守监规，积极参加学习、劳动，确有悔改表现的，依法予以减刑，减刑的幅度可以适当放宽，间隔的时间可以相应缩短。符合刑法第81条第1款规定的假释条件的，应当依法多适用假释。

【法发〔2012〕7号】　最高人民法院关于在审判执行工作中切实规范自由裁量权行使保障法律统一适用的指导意见（2012年2月28日）

一、正确认识自由裁量权。自由裁量权是人民法院在审理案件过程中，根据法律规定和立法精神，秉持正确司法理念，运用科学方法，对案件事实认定、法律适用以及程序处理等问题进行分析和判断，并最终作出依法有据、公平公正、合情合理裁判的权力。

二、自由裁量权的行使条件。人民法院在审理案件过程中，对下列情形依法行使自由裁量权：（一）法律规定由人民法院根据案件具体情况进行裁量的；（二）法律规定由人民法院从几种法定情形中选择其一进行裁量，或者在法定的范围、幅度内进行裁量的；（三）根据案件具体情况需要对法律精神、规则或者条文进行阐释的；（四）根据案件具体情况需要对证据规则进行阐释或者对案件涉及的争议事实进行裁量认定的；（五）根据案件具体情况需要行使自由裁量权的其他情形。

三、自由裁量权的行使原则。（一）合法原则。要严格依据法律规定，遵循法定程序和正确裁判方法，符合法律、法规和司法解释的精神以及基本法理的要求，行使自由裁量权。不能违反法律明确、具体的规定。（二）合理原则。要从维护社会公平正义的价值观出发，充分考虑公共政策、社会主流价值观念、社会发展的阶段性、社会公众的认同度等因素，坚持正确的裁判理念，努力增强行使自由裁量权的确定性和可预测性，确保裁判结果符合社会发展方向。（三）公正原则。要秉持司法良知，恪守职业道德，坚持实体公正与程序公正并重。坚持法律面前人人平等，排除干扰，保持中立，避免偏颇。注重裁量结果与社会公众对公平正义普遍理解的契合性，确保裁判结果符合司法公平正义的要求。（四）审慎原则。要严把案件事实关、程序关和法律适用关，在充分理解法律精神、依法认定案件事实的基础上，审慎衡量、仔细求证，同时注意司法行为的适当性和必要性，努力实现办案的法律效果和社会效果的有机统一。

四、正确运用证据规则。行使自由裁量权，要正确运用证据规则，从保护当事人合法权益、有利查明事实和程序正当的角度，合理分配举证责任，全面、客观、准确认定证据的证明力，严格依证据认定案件事实，努力实现法律事实与客观事实的统一。

五、正确运用法律适用方法。行使自由裁量权，要处理好上位法与下位法、新法与旧法、特别法与一般法的关系，正确选择所应适用的法律；难以确定如何适用法律的，应按照立法法的规定报请有关机关决定，以维护社会主义法制的统一。对同一事项同一法律存在一般规定和特别规定的，应优先适用特别规定。要正确把握法律、法规和司法解释中除明确列举之外的概括性条款规定，确保适用结果符合立法原意。

六、正确运用法律解释方法。行使自由裁量权，要结合立法宗旨和立法原意、法律原则、国家政策、司法政策等因素，综合运用各种解释方法，对法律条文作出最能实现社会公平正义、最具现实合理性的解释。

七、正确运用利益衡量方法。行使自由裁量权，要综合考量案件所涉各种利益关系，对相互冲突的权利或利益进行权衡与取舍，正确处理好公共利益与个人利益、人身利益与财产利益、生存利益与商业利益的关系，保护合法利益，抑制非法利益，努力实现利益最大化、损害最小化。

八、强化诉讼程序规范。行使自由裁量权，要严格依照程序法的规定，充分保障各方当事人的诉讼权利。要充分尊重当事人的处分权，依法保障当事人的辩论权，对可能影响当事人实体性权利或程序性权利的自由裁量事项，应将其作为案件争议焦点，充分听取当事人的意见；要完善相对独立的量刑程序，将量刑纳入庭审过程；要充分保障当事人的知情权，并根据当事人的要求，向当事人释明行使自由裁量权的依据、考量因素等事项。

九、强化审判组织规范。要进一步强化合议庭审判职责，确保全体成员对案件审理、评议、裁判过程的平等参与，充分发挥自由裁量权行使的集体把关机制。自由裁量权的行使涉及对法律条文的阐释、对不确定概念的理解、对证据规则的把握以及其他可能影响当事人重大实体性权利或程序性权利事项，且有重大争议的，可报请审判委员会讨论决定，确保法律适用的统一。

十、强化裁判文书规范。要加强裁判文书中对案件事实认定理由的论证，使当事人和社会公众知悉法院对证据材料的认定及采信理由。要公开援引和适用的法律条文，并结合案件事实阐明法律适用的理由，充分论述自由裁量结果的正当性和合理性，提高司法裁判的公信力和权威性。

十一、强化审判管理。要加强院长、庭长对审判活动的管理。要将自由裁量权的行使纳入案件质量评查范围，建立健全长效机制，完善评查标准。对自由裁量内容不合法、违反法定程序、结果显失公正以及其他不当行使自由裁量权的情形，要结合审判质量考核的相关规定予以处理；裁判确有错误，符合再审条件的，要按照审判监督程序进行再审。

十二、合理规范审级监督。要正确处理依法改判与维护司法裁判稳定性的关系，不断总结和规范二审、再审纠错原则，努力实现裁判标准的统一。下级人民法院依法正当行使自由裁量权作出的裁判结果，上级人民法院应当依法予以维持；下级人民法院行使自由裁量权明显不当的，上级人民法院可以予以撤销或变更；原审人民法院行使自由裁量权显著不当的，要按照审判监督程序予以撤销或变更。

十三、加强司法解释。最高人民法院要针对审判实践中的新情况、新问题，及时开展有针对性的司法调研。通过司法解释或司法政策，细化立法中的原则性条款和幅度过宽条款，规范选择性条款和授权条款，统一法律适用标准。要进一步提高司法解释和司法政策的质量，及时清理已过时或与新法产生冲突的司法解释，避免引起歧义或规则冲突。

十四、加强案例指导。各级人民法院要及时收集、整理涉及自由裁量权行使的典型案例，逐级上报最高人民法院。最高人民法院在公布的指导性案例中，要有针对性地筛选出在诉讼程序展开、案件事实认定和法律适用中涉及自由裁量事项的案例，对考量因素和裁量标准进行类型化。上级人民法院要及时掌握辖区内自由裁量权的行使情况，不断总结审判经验，提高自由裁量权行使的质量。

十五、不断统一裁判标准。各级人民法院内部对同一类型案件行使自由裁量权的，要严格、准确适用法律、司法解释，参照指导性案例，努力做到类似案件类似处理。下级人民法院对所审理的案件，认为存在需要统一裁量标准的，要书面报告上级人民法院。在案件审理中，发现不同人民法院对同类案件的处理存在明显不同裁量标准的，要及时将情况逐级上报共同的上级人民法院予以协调解决。自由裁量权的行使涉及具有普遍法律适用意义的新型、疑难问题的，要逐级书面报告最高人民法院。

十六、加强法官职业保障。要严格执行宪法、法官法的规定，增强法官职业荣誉感，保障法官正当行使自由裁量权。要大力建设学习型法院，全面提升司法能力。要加强法制宣传，引导社会和公众正确认识自由裁量权在司法审判中的必要性、正当性，不断提高社会公众对依法行使自由裁量权的认同程度。

十七、防止权力滥用。要进一步拓展司法公开的广度和深度，自觉接受人大、政协、检察机关和社会各界的监督。要深入开展廉洁司法教育，建立健全执法过错责任追究和防止利益冲突等制度规定，积极推进人民法院廉政风险防控机制建设，切实加强对自由裁量权行使的监督，对滥用自由裁量权并构成违纪违法的人员，要依据有关法律法规及纪律规定进行严肃处理。

【法发〔2013〕11号】　最高人民法院关于建立健全防范刑事冤假错案工作机制的意见
（2013年10月9日印发）

6. 定罪证据不足的案件，应当坚持疑罪从无原则，依法宣告被告人无罪，不得降格作出"留有余地"的判决。

定罪证据确实、充分，但影响量刑的证据存疑的，应当在量刑时作出有利于被告人的处理。

死刑案件，认定对被告人适用死刑的事实证据不足的，不得判处死刑。

7. 重证据，重调查研究，切实改变"口供至上"的观念和做法，注重实物证据的审查和运用。只有被告人供述，没有其他证据的，不能认定被告人有罪。

8. 采用刑讯逼供或者冻、饿、晒、烤、疲劳审讯等非法方法收集的被告人供述，应当排除。

除情况紧急必须现场讯问以外，在规定的办案场所外讯问取得的供述，未依法对讯问进行全程录音录像取得的供述，以及不能排除以非法方法取得的供述，应当排除。

9. 现场遗留的可能与犯罪有关的指纹、血迹、精斑、毛发等证据，未通过指纹鉴定、DNA鉴定等方式与被告人、被害人的相应样本作同一认定的，不得作为定案的根据。涉案物品、作案工具等未通过辨认、鉴定等方式确定来源的，不得作为定案的根据。

对于命案，应当审查是否通过被害人近亲属辨认、指纹鉴定、DNA鉴定等方式确定被害人身份。

11. 审判案件应当以庭审为中心。事实证据调查在法庭，定罪量刑辩论在法庭，裁判结果形成于法庭。

15. 定罪证据存疑的，应当书面建议人民检察院补充调查。人民检察院在2个月内未提交书面材料的，应当根据在案证据依法作出裁判。

22. 建立科学的办案绩效考核指标体系，不得以上诉率、改判率、发回重审率等单项考核指标评价办案质量和效果。

【高检会〔2015〕10号】 最高人民法院、最高人民检察院、公安部、国家安全部关于机关事业单位工作人员被采取刑事强制措施和受刑事处罚实行向所在单位告知制度的通知（最高检办公厅2015年11月6日印发施行；详见《刑事诉讼法》第66条）

3. （第3款） 人民法院作出有罪、无罪或者终止审理判决、裁定的，应当在判决、裁定生效后15日以内，告知机关事业单位工作人员所在单位。

【司发〔2015〕14号】 最高人民法院、最高人民检察院、公安部、国家安全部、司法部关于依法保障律师执业权利的规定（2015年9月16日）

第36条 人民法院适用普通程序审理案件，应当在裁判文书中写明律师依法提出的辩护、代理意见，以及是否采纳的情况，并说明理由。

【法发〔2015〕13号】 最高人民法院关于完善人民法院司法责任制的若干意见（2015年9月21日）

二、改革审判权力运行机制

10. （第1款） 合议庭认为案件需要提交审判委员会讨论决定的，应当提出并列明需要审判委员会讨论决定的法律适用问题，并归纳不同的意见和理由。

24. 对于有下列情形之一的案件，院长、副院长、庭长有权要求独任法官或者合议庭报告案件进展和评议结果：(1) 涉及群体性纠纷，可能影响社会稳定的；(2) 疑难、复杂且在社会上有重大影响的；(3) 与本院或者上级法院的类案判决可能发生冲突的；(4) 有关单位或者个人反映法官有违法审判行为的。

院长、副院长、庭长对上述案件的审理过程或者评议结果有异议的，不得直接改变合议庭的意见，但可以决定将案件提交专业法官会议、审判委员会进行讨论。院长、副院长、庭长针对上述案件监督建议的时间、内容、处理结果等应当在案卷和办公平台上全程留痕。

【法〔2015〕382号】 最高人民法院、最高人民检察院、公安部、司法部刑事案件速裁程序试点工作座谈会议纪要（二）（2015年11月20日在北京召开，2015年12月22日印发）

9. 改革案件审批和文件签发制度。适用速裁程序的案件，包括可能宣告缓刑、判处管制、免予刑事处罚的案件，一般不提交审判委员会、检察委员会讨论决定。刑事判决书一般由独任法官直接签署，当庭宣判并送达。试点期间，可指定有丰富办案经验的法官、检察官承办速裁案件，以便及时有效总结经验，确保试点依法规范运行，为今后完善刑事诉讼法提供实证依据。

【法发〔2016〕18号】 最高人民法院、最高人民检察院、公安部、国家安全部、司法部关于推进以审判为中心的刑事诉讼制度改革的意见（2016年7月20日）

二、（第3款） 人民法院作出有罪判决，对于证明犯罪构成要件的事实，应当综合全案证据排除合理怀疑，对于量刑证据存疑的，应当作出有利于被告人的认定。

十五、严格依法裁判。人民法院经审理，对案件事实清楚、证据确实、充分，依据法律认定被告人有罪的，应当作出有罪判决。依据法律规定认定被告人无罪的，应当作出无罪判决。证据不足，不能认定被告人有罪的，应当按照疑罪从无原则，依法作出无罪判决。

【法发〔2017〕5号】 最高人民法院关于全面推进以审判为中心的刑事诉讼制度改革的实施意见（2017年2月17日印发）

四、完善证据认定规则，切实防范冤假错案

30. 人民法院作出有罪判决，对于定罪事实应当综合全案证据排除合理怀疑。

定罪证据不足的案件，不能认定被告人有罪，应当作出证据不足、指控的犯罪不能成立的无罪判决。定罪证据确实、充分，量刑证据存疑的，应当作出有利于被告人的认定。

【法发〔2017〕11号】 最高人民法院关于落实司法责任制完善审判监督管理机制的意见（试行）（2017年4月12日印发，2017年5月1日试行）

五、（第1款） 对于符合《最高人民法院关于完善人民法院司法责任制的若干意见》第24条规定情形之一的案件，院庭长有权要求独任法官或者合议庭报告案件进展和评议结果。院庭长对相关案件审理过程或者评议结果有异议的，不得直接改变合议庭的意见，可以决定将案件提请专业法官会议、审判委员会进行讨论。

【法发〔2017〕31号】 人民法院办理刑事案件第一审普通程序法庭调查规程（试行）（2017年11月27日最高法印发"三项规程"，2018年1月1日试行）

第42条 法庭除应当审查被告人是否具有法定量刑情节外，还应当根据案件情况审查以下影响量刑的情节：（一）案件起因；（二）被害人有无过错及过错程度，是否对矛盾激化负有责任及责任大小；（三）被告人的近亲属是否协助抓获被告人；（四）被告人平时表现，有无悔罪态度；（五）退赃、退赔及赔偿情况；（六）被告人是否取得被害人或者其近亲属谅解；（七）影响量刑的其他情节。

第43条 审判期间，被告人及其辩护人提出有自首、坦白、立功等法定量刑情节，或者人民法院发现被告人可能有上述法定量刑情节，而人民检察院移送的案卷中没有相关证据材料的，应当通知人民检察院移送。

审判期间，被告人及其辩护人提出新的立功情节，并提供相关线索或者材料的，人民法院可以建议人民检察院补充侦查。

第44条　被告人当庭不认罪或者辩护人作无罪辩护的，法庭对定罪事实进行调查后，可以对与量刑有关的事实、证据进行调查。被告人及其辩护人可以当庭发表质证意见，出示证明被告人罪轻或者无罪的证据。被告人及其辩护人参加量刑事实、证据的调查，不影响无罪辩解或者辩护。

第45条　经过控辩双方质证的证据，法庭应当结合控辩双方质证意见，从证据与待证事实的关联程度、证据之间的印证联系、证据自身的真实性程度等方面，综合判断证据能否作为定案的根据。

证据与待证事实没有关联，或者证据自身存在无法解释的疑问，或者证据与待证事实以及其他证据存在无法排除的矛盾的，不得作为定案的根据。

第46条　通过勘验、检查、搜查等方式收集的物证、书证等证据，未通过辨认、鉴定等方式确定其与案件事实的关联的，不得作为定案的根据。

法庭对鉴定意见有疑问的，可以重新鉴定。

第47条　收集证据的程序、方式不符合法律规定，严重影响证据真实性的，人民法院应当建议人民检察院予以补正或者作出合理解释；不能补正或者作出合理解释的，有关证据不得作为定案的根据。

第48条　证人没有出庭作证，其庭前证言真实性无法确认的，不得作为定案的根据。

证人当庭作出的证言与其庭前证言矛盾，证人能够作出合理解释，并与相关证据印证的，应当采信其庭审证言；不能作出合理解释，而其庭前证言与相关证据印证的，可以采信其庭前证言。

第49条　经人民法院通知，鉴定人拒不出庭作证的，鉴定意见不得作为定案的根据。

有专门知识的人当庭对鉴定意见提出质疑，鉴定人能够作出合理解释，并与相关证据印证的，应当采信鉴定意见；不能作出合理解释，无法确认鉴定意见可靠性的，有关鉴定意见不能作为定案的根据。

第50条　被告人的当庭供述与庭前供述、自书材料存在矛盾，被告人能够作出合理解释，并与相关证据印证的，应当采信其当庭供述；不能作出合理解释，而其庭前供述、自书材料与相关证据印证的，可以采信其庭前供述、自书材料。

法庭应当结合讯问录音录像对讯问笔录进行全面审查。讯问笔录记载的内容与讯问录音录像存在实质性差异的，以讯问录音录像为准。

第51条　对于控辩双方提出的事实证据争议，法庭应当当庭进行审查，经审查后作出处理的，应当庭说明理由，并在裁判文书中写明；需要庭后评议作出处理的，应当在裁判文书中说明理由。

第52条　法庭认定被告人有罪，必须达到犯罪事实清楚，证据确实、充分，对于定罪事实应当综合全案证据排除合理怀疑。定罪证据不足的案件，不能认定被告人有罪，应当作出证据不足、指控的犯罪不能成立的无罪判决。定罪证据确实、充分，量刑证据存疑的，应当作出有利于被告人的认定。

【鲁高法〔2019〕27号】　山东省高级人民法院关于黑恶势力刑事案件审理的工作规范
（山东高院审委会〔2019年第11次〕通过，2019年5月30日印发施行）

第10条　认真组织案件讨论研究。庭审结束后，合议庭及时进行认真评议，提出案件处理意见。黑社会性质组织和重大恶势力集团刑事案件，合议庭提出处理意见后，应当组织刑事专业法官会议进行讨论，并提交审判委员会讨论决定，形成案件处理意见，并层报省法院。

第11条　稳妥组织案件宣判。黑社会性质组织和重大恶势力集团刑事案件，宣判前应当制定"三同步"方案，报同级扫黑办，并层报省法院。

【法发〔2019〕10号】　最高人民法院、最高人民检察院、公安部、司法部关于办理恶势力刑事案件若干问题的意见（2019年4月9日印发施行）

18.（第2款）　对于人民检察院未在起诉书中明确认定，人民法院在审判期间发现构成恶势力或恶势力犯罪集团的，可以建议人民检察院补充或者变更起诉；人民检察院不同意或者在7日内未回复意见的，人民法院不应主动认定，可仅就起诉指控的犯罪事实依照相关规定作出判决、裁定。

【高检发释字〔2019〕4号】　人民检察院刑事诉讼规则（2019年12月2日最高检第13届检委会第28次会议通过，2019年12月30日公布施行；高检发释字〔2012〕2号《规则（试行）》同时废止）

第425条　在法庭审理过程中，人民法院建议人民检察院补充侦查、补充起诉、追加起诉或者变更起诉的，人民检察院应当审查有关理由，并作出是否补充侦查、补充起诉、追加起诉或者变更起诉的决定。人民检察院不同意的，可以要求人民法院就起诉指控的犯罪事实依法作出裁判。

【湘高法〔2020〕21号】　湖南省高级人民法院关于贪污贿赂案件审判适用法律若干问题的解答（2020年9月15日公布）

问题34：贪污贿赂犯罪中，人民法院拟认定的罪名、拟判处的刑罚与检察机关指控罪名、量刑建议不一致的，如何处理？

答：人民法院拟认定的罪名与检察机关指控罪名不一致的，人民法院应就检察机关起诉书载明的事实作出裁判，即人民法院拟认定的罪名所依据的事实与检察机关起诉书载明的事实大体一致或者前者能被后者所涵盖的，应当按照审理认定的罪名作出有罪判决，但在判决前听取控辩双方的意见，保障被告人、辩护人充分行使辩护权。必要时，可以重新开庭，组织控辩双方围绕被告人的行为构成何罪进行辩论。人民法院拟判处的刑罚与人民检察院量刑建议差别不大的，可以依法作出判决。拟判处的刑罚与量刑建议明显不一致的，可以在建议人民检察院调整量刑建议后，依法作出判决。如果人民法院在审理过程中发现被告人还有其他犯罪事实或者检察机关还有未指控的犯罪嫌疑人的，可以建议检察机关补充或者变更起诉，而不能直接改变起诉内容进行审理。

问题35：贪污贿赂案件中，对未作为单位犯罪起诉的单位犯罪案件以及以单位犯罪起诉的自然人犯罪案件如何处理？

答：对于应当认定为单位犯罪的案件，检察机关只作为自然人犯罪案件起诉的，人民法院应及时与检察机关协商，建议检察机关对犯罪单位补充起诉。如检察机关不补充起诉的，人民法院仍应依法审理，对被起诉的自然人根据指控的犯罪事实、证据及庭审查明的事实，依法按单位犯罪中的直接负责的主管人员或者其他直接责任人员追究刑事责任，并应引用刑法分则关于单位犯罪追究直接负责的主管人员和其他直接责任人员刑事责任的有关条款。对于应当认定为自然人犯罪的案件，检察机关作为单位犯罪起诉的，因单位被列为被告人的同时自然人也被列为被告人，以及人民法院作出判决所依据的事实能够被检察机关起诉书载明的事实涵盖，应当按照自然人犯罪作出判决，但在判决前应听取控辩双方的意见，保障被告人、辩护人充分行使辩护权。必要时，可以重新开庭，组织控辩双方进行辩论。

【法释〔2021〕1号】 最高人民法院关于适用《中华人民共和国刑事诉讼法》的解释（2020年12月7日最高法审委会［1820次］修订，2021年1月26日公布，2021年3月1日施行；2013年1月1日施行的"法释〔2012〕21号"《解释》同时废止）

第214条 开庭审理和评议案件，应当由同一合议庭进行。合议庭成员在评议案件时，应当独立发表意见并说明理由。意见分歧的，应当按多数意见作出决定，但少数意见应当记入笔录。评议笔录由合议庭的组成人员在审阅确认无误后签名。评议情况应当保密。

第216条 合议庭审理、评议后，应当及时作出判决、裁定。

对下列案件，合议庭应当提请院长决定提交审判委员会讨论决定：（一）高级人民法院、中级人民法院拟判处死刑立即执行的案件，以及中级人民法院拟判处死刑缓期执行的案件；（二）本院已经发生法律效力的判决、裁定确有错误需要再审的案件；（三）人民检察院依照审判监督程序提出抗诉的案件。①

对合议庭成员意见有重大分歧的案件、新类型案件、社会影响重大的案件以及其他疑难、复杂、重大的案件，合议庭认为难以作出决定的，可以提请院长决定提交审判委员会讨论决定。

人民陪审员可以要求合议庭将案件提请院长决定是否提交审判委员会讨论决定。

对提请院长决定提交审判委员会讨论决定的案件，院长认为不必要的，可以建议合议庭复议1次。

独任审判的案件，审判员认为有必要的，也可以提请院长决定提交审判委员会讨论决定。

第217条 审判委员会的决定，合议庭、独任审判员应当执行；有不同意见的，可以建议院长提交审判委员会复议。

第294条 合议庭评议案件，应当根据已经查明的事实、证据和有关法律规定，在充分考虑控辩双方意见的基础上，确定被告人是否有罪、构成何罪，有无从重、从轻、减轻或者免除处罚情节，应否处以刑罚、判处何种刑罚，附带民事诉讼如何解决，查封、扣押、冻结的财物及其孳息如何处理等，并依法作出判决、裁定。

第295条 对第一审公诉案件，人民法院审理后，应当按照下列情形分别作出判决、裁定：

（一）起诉指控的事实清楚，证据确实、充分，依据法律认定指控被告人的罪名成立的，应当作出有罪判决；

（二）起诉指控的事实清楚，证据确实、充分，但指控的罪名不当与审理认定的罪名不一致的，应当依据法律和审理认定的事实按照审理认定的罪名作出有罪判决；

（三）案件事实清楚，证据确实、充分，依据法律认定被告人无罪的，应当判决宣告被告人无罪；

（四）证据不足，不能认定被告人有罪的，应当以证据不足、指控的犯罪不能成立，判

---

① 本款2012年《解释》规定为："拟判处死刑的案件、人民检察院抗诉的案件，合议庭应当提请院长决定提交审判委员会讨论决定。"

决宣告被告人无罪；

（五）案件部分事实清楚，证据确实、充分的，应当作出有罪或者无罪的判决；对事实不清、证据不足部分，不予认定；

（六）被告人因未达到刑事责任年龄不满16周岁，不予刑事处罚，应当判决宣告被告人不负刑事责任；

（七）被告人是精神病人，在不能辨认或者不能控制自己行为时造成危害结果，不予刑事处罚的，应当判决宣告被告人不负刑事责任；被告人符合强制医疗条件的，应当依照本解释第26章的规定进行审理并作出判决；

（八）犯罪已过追诉时效期限且不是必须追诉，或者经特赦令免除刑罚的，应当裁定终止审理；

（九）属于告诉才处理的案件，应当裁定终止审理，并告知被害人有权提起自诉；（本项新增）

（十）被告人死亡的，应当裁定终止审理；但有证据证明被告人无罪，经缺席审理确认无罪①的，应当判决宣告被告人无罪。

（新增）对涉案财物，人民法院应当根据审理查明的情况，依照本解释第18章的规定作出处理。（详见《刑事诉讼法》第245条）

具有第1款第2项规定情形的，人民法院应当在判决前听取控辩双方的意见，保障被告人、辩护人充分行使辩护权。必要时，可以重新再次开庭，组织控辩双方围绕被告人的行为构成何罪及如何量刑进行辩论。

第296条　在开庭后、宣告判决前，人民检察院要求撤回起诉的，人民法院应当审查撤回起诉的理由，作出是否准许的裁定。

第297条　审判期间，人民法院发现新的事实，可能影响定罪量刑，或者需要补查补证的，应当通知人民检察院，由其决定是否补充、变更、追加起诉或者补充侦查②。

人民检察院不同意或者在指定时间7日内未回复书面意见的，人民法院应当就起诉指控的事实，依照本解释第295条的规定作出判决、裁定。

第298条　对依照本解释第219条第1款第5项规定受理的案件，人民法院应当在判决中写明被告人曾被人民检察院提起公诉，因证据不足，指控的犯罪不能成立，被人民法院依法判决宣告无罪的情况；前案依照刑事诉讼法第200条第3项规定作出的判决不予撤销。

第301条（第1款）　庭审结束后、评议前，部分合议庭成员不能继续履行审判职责的，人民法院应当依法更换合议庭组成人员，重新开庭审理。

【法发〔2019〕10号】　最高人民法院、最高人民检察院、公安部、司法部关于办理恶势力刑事案件若干问题的意见（2019年4月9日印发施行）

18.（第2款）　对于人民检察院未在起诉书中明确认定，人民法院在审判期间发现构成恶势力或恶势力犯罪集团的，可以建议人民检察院补充或者变更起诉；人民检察院不同意或者在7日内未回复意见的，人民法院不应主动认定，可仅就起诉指控的犯罪事实依照相关规定作出判决、裁定。

---

① 本部分内容2012年规定为"根据已查明的案件事实和认定的证据，能够确认无罪"。

② 本部分内容2012年规定为"可以建议人民检察院补充或者变更起诉"。

第201条① 【认罪认罚判决】对于认罪认罚案件,人民法院依法作出判决时,一般应当采纳人民检察院指控的罪名和量刑建议,但有下列情形的除外:

(一) 被告人的行为不构成犯罪或者不应当追究其刑事责任的;
(二) 被告人违背意愿认罪认罚的;
(三) 被告人否认指控的犯罪事实的;
(四) 起诉指控的罪名与审理认定的罪名不一致的;
(五) 其他可能影响公正审判的情形。

【量刑建议调整】人民法院经审理认为量刑建议明显不当,或者被告人、辩护人对量刑建议提出异议的,人民检察院可以调整量刑建议。人民检察院不调整量刑建议或者调整量刑建议后仍然明显不当的,人民法院应当依法作出判决。

● **相关规定**　【高检诉发〔2010〕21号】　人民检察院开展量刑建议工作的指导意见(试行)(最高检公诉厅2010年2月23日印发试行)

第17条　在庭审过程中,公诉人发现拟定的量刑建议不当需要调整的,可以根据授权作出调整;需要报检察长决定调整的,应当依法建议法庭休庭后报检察长决定。出现新的事实、证据导致拟定的量刑建议不当需要调整的,可以依法建议法庭延期审理。

第18条　对于人民检察院派员出席法庭的案件,一般应将量刑建议书与起诉书一并送达人民法院;对庭审中调整量刑建议的,可以在庭审后将修正后的量刑建议书向人民法院提交。

对于人民检察院不派员出席法庭的简易程序案件,应当将量刑建议书与起诉书一并送达人民法院。

【法发〔2010〕47号】　最高人民法院、最高人民检察院、公安部、国家安全部、司法部关于加强协调配合积极推进量刑规范化改革的通知(2010年11月6日)

二、更新执法理念,加强协作配合,深入推进量刑规范化改革

3. 要高度重视调查取证工作。侦查机关、检察机关不但要注重收集各种证明犯罪嫌疑人、被告人有罪、罪重的证据,而且要注重收集各种证明犯罪嫌疑人、被告人无罪、罪轻的证据;不但要注重收集各种法定量刑情节,而且要注重查明各种酌定量刑情节,比如案件起因、被害人过错、退赃退赔、民事赔偿、犯罪嫌疑人、被告人一贯表现等,确保定罪量刑事实清楚,证据确实充分。为量刑规范化和公正量刑,以及做好调解工作、化解社会矛盾奠定基础。

4. 要进一步强化审查起诉工作。人民检察院审查案件,要客观全面审查案件证据,既要注重审查定罪证据,也要注重审查量刑证据;既要注重审查法定量刑情节,也要注重审查酌定量刑情节;既要注重审查从重量刑情节,也要注重审查从轻、减轻、免除处罚量刑情节。

---

① 本条规定由2018年10月26日第13届全国人大常委会第6次会议增设,同日公布施行。

在审查案件过程中，可以要求侦查机关提供法庭审判所必需的与量刑有关的各种证据材料。对于量刑证据材料的移送，依照有关规定进行。

5. 要全面执行刑事诉讼法规定的各种强制措施。在侦查活动中，对于罪行较轻、社会危害性较小的犯罪嫌疑人，如果符合取保候审、监视居住条件，要尽量适用取保候审、监视居住等强制措施，减少羁押性强制措施的适用；人民检察院、人民法院在审查起诉、审判过程中，发现羁押期限可能超过所应判处刑罚的，可以根据案件情况变更强制措施，避免羁押期超过判处的刑期，切实保障被告人的合法权益。

6. 要继续完善量刑建议制度。检察机关要坚持积极、慎重、稳妥的原则，由易到难、边实践边总结，逐步扩大案件适用范围。要依法规范提出量刑建议，注重量刑建议的质量和效果。提出量刑建议，一般应当制作量刑建议书。对于人民检察院不派员出席法庭的简易程序案件，应当制作量刑建议书。量刑建议一般应当具有一定的幅度，但对于敏感复杂的案件、社会关注的案件、涉及国家安全和严重影响局部地区稳定的案件等，可以不提出具体的量刑建议，而仅提出依法从重、从轻、减轻处罚等概括性建议。

7. 要加强律师辩护工作指导，加大法律援助工作力度。各级司法行政机关、律师协会要加强对律师辩护工作的指导，完善律师办理刑事案件业务规则，规范律师执业行为。律师办理刑事案件，要依法履行辩护职责，切实维护犯罪嫌疑人、被告人的合法权益。司法机关应当充分保障律师执业权利，重视辩护律师提出的量刑证据和量刑意见。司法行政机关要进一步扩大法律援助范围，加大法律援助投入，壮大法律援助队伍，尽可能地为那些不认罪或者对量刑建议有争议、因经济困难或者其他原因没有委托辩护人的被告人提供法律援助，更好地保护被告人的辩护权。

8. 要进一步提高法庭审理的质量和水平。在法庭审理中，应当保障量刑程序的相对独立性，要合理安排定罪量刑事实调查顺序和辩论重点，对于被告人对指控的犯罪事实和罪名没有异议的案件，可以主要围绕量刑和其他有争议的问题进行调查和辩论；对于被告人不认罪或者辩护人作无罪辩护的案件，应当先查明定罪事实和量刑事实，再围绕定罪和量刑问题进行辩论。公诉人、辩护人要积极参与法庭调查和法庭辩论。审判人员对量刑证据有疑问的，可以对证据进行调查核实，必要时也可以要求人民检察院补充调查核实。人民检察院应当补充调查核实有关证据，必要时可以要求侦查机关提供协助。

【高检发〔2019〕13号】 最高人民法院、最高人民检察院、公安部、国家安全部、司法部关于适用认罪认罚从宽制度的指导意见（2019年10月11日印发施行）

32. 提起公诉。人民检察院向人民法院提起公诉的，应当在起诉书中写明被告人认罪认罚情况，提出量刑建议，并移送认罪认罚具结书等材料。量刑建议书可以另行制作，也可以在起诉书中写明。

33. 量刑建议的提出。犯罪嫌疑人认罪认罚的，人民检察院应当就主刑、附加刑、是否适用缓刑等提出量刑建议。人民检察院提出量刑建议前，应当充分听取犯罪嫌疑人、辩护人或者值班律师的意见，尽量协商一致。

办理认罪认罚案件，人民检察院一般应当提出确定刑量刑建议。对新类型、不常见犯罪案件，量刑情节复杂的重罪案件等，也可以提出幅度刑量刑建议。提出量刑建议，应当说明理由和依据。

犯罪嫌疑人认罪认罚没有其他法定量刑情节的，人民检察院可以根据犯罪的事实、性质等，在基准刑基础上适当减让提出确定刑量刑建议。有其他法定量刑情节的，人民检察院应当综合认罪认罚和其他法定量刑情节，参照相关量刑规范提出确定刑量刑建议。

犯罪嫌疑人在侦查阶段认罪认罚的，主刑从宽的幅度可以在前款基础上适当放宽；被告人在审判阶段认罪认罚的，在前款基础上可以适当缩减。建议判处罚金刑的，参照主刑的从宽幅度提出确定的数额。

40. 量刑建议的采纳。对于人民检察院提出的量刑建议，人民法院应当依法进行审查。对于事实清楚，证据确实、充分，指控的罪名准确，量刑建议适当的，人民法院应当采纳。具有下列情形之一的，不予采纳：（一）被告人的行为不构成犯罪或者不应当追究刑事责任的；（二）被告人违背意愿认罪认罚的；（三）被告人否认指控的犯罪事实的；（四）起诉指控的罪名与审理认定的罪名不一致的；（五）其他可能影响公正审判的情形。

对于人民检察院起诉指控的事实清楚，量刑建议适当，但指控的罪名与审理认定的罪名不一致的，人民法院可以听取人民检察院、被告人及其辩护人对审理认定罪名的意见，依法作出裁判。

人民法院不采纳人民检察院量刑建议的，应当说明理由和依据。

41. 量刑建议的调整。人民法院经审理，认为量刑建议明显不当，或者被告人、辩护人对量刑建议有异议且有理有据的，人民法院应当告知人民检察院，人民检察院可以调整量刑建议。人民法院认为调整后的量刑建议适当的，应当予以采纳；人民检察院不调整量刑建议或者调整后仍然明显不当的，人民法院应当依法作出判决。

49. 被告人当庭认罪认罚案件的处理。被告人在侦查、审查起诉阶段没有认罪认罚，但当庭认罪，愿意接受处罚的，人民法院应当根据审理查明的事实，就定罪和量刑听取控辩双方意见，依法作出裁判。

50. 第二审程序中被告人认罪认罚案件的处理。被告人在第一审程序中未认罪认罚，在第二审程序中认罪认罚的，审理程序依照刑事诉讼法规定的第二审程序进行。第二审人民法院应当根据其认罪认罚的价值、作用决定是否从宽，并依法作出裁判。确定从宽幅度时应当与第一审程序认罪认罚有所区别。

【高检发释字〔2019〕4号】 人民检察院刑事诉讼规则（2019年12月2日最高检第13届检委会第28次会议通过，2019年12月30日公布施行；高检发释字〔2012〕2号《规则（试行）》同时废止）

第274条 认罪认罚案件，人民检察院向人民法院提起公诉的，应当提出量刑建议，在起诉书中写明被告人认罪认罚情况，并移送认罪认罚具结书等材料。量刑建议可以另行制作文书，也可以在起诉书中写明。

第275条 犯罪嫌疑人认罪认罚的，人民检察院应当就主刑、附加刑、是否适用缓刑等提出量刑建议。量刑建议一般应当为确定刑。对新类型、不常见犯罪案件，量刑情节复杂的重罪案件等，也可以提出幅度刑量刑建议。

第418条（第2款） 对认罪认罚案件，人民法院经审理认为人民检察院的量刑建议明显不当向人民检察院提出的，或者被告人、辩护人对量刑建议提出异议的，人民检察院可以调整量刑建议。

【高检发办字〔2020〕35号】　人民检察院办理认罪认罚案件监督管理办法（2020年4月3日最高检第13届检委会第36次会议通过，2020年5月11日印发）

第5条　办理认罪认罚案件，检察官应当依法在权限范围内提出量刑建议。在确定和提出量刑建议前，应当充分听取犯罪嫌疑人、被告人、辩护人或者值班律师的意见，切实开展量刑协商工作，保证量刑建议依法体现从宽、适当，并在协商一致后由犯罪嫌疑人签署认罪认罚具结书。

第6条　检察官提出量刑建议，应当与审判机关对同一类型、情节相当案件的判罚尺度保持基本均衡。在起诉文书中，应当对量刑建议说明理由和依据，其中拟以速裁程序审理的案件可以在起诉书中概括说明，拟以简易程序、普通程序审理的案件应当在起诉书或者量刑建议书中充分叙明。

第7条　案件提起公诉后，出现新的量刑情节，或者法官经审理认为量刑建议明显不当建议检察官作出调整的，或者被告人、辩护人对量刑建议提出异议的，检察官可以视情作出调整。若原量刑建议由检察官提出的，检察官调整量刑建议后应当向部门负责人报告备案；若原量刑建议由检察长（分管副检察长）决定的，由检察官报请检察长（分管副检察长）决定。

第8条　办理认罪认罚案件，出现以下情形的，检察官应当向部门负责人报告：（一）案件处理结果可能与同类案件或者关联案件处理结果明显不一致的；（二）案件处理与监察机关、侦查机关、人民法院存在重大意见分歧的；（三）犯罪嫌疑人、被告人签署认罪认罚具结书后拟调整量刑建议的；（四）因案件存在特殊情形，提出的量刑建议与同类案件相比明显失衡的；（五）变更、补充起诉的；（六）犯罪嫌疑人、被告人自愿认罪认罚，拟不适用认罪认罚从宽制度办理的；（七）法院建议调整量刑建议，或者判决未采纳量刑建议的；（八）被告人、辩护人、值班律师对事实认定、案件定性、量刑建议存在重大意见分歧的；（九）一审判决后被告人决定上诉的；（十）其他应当报告的情形。

部门负责人、分管副检察长承办案件遇有以上情形的，应当向上一级领导报告。

【法发〔2020〕38号】　最高人民法院、最高人民检察院、公安部、国家安全部、司法部关于规范量刑程序若干问题的意见（2020年11月5日印发，2020年11月6日施行；法发〔2010〕35号同名《意见（试行）》同时废止）

第1条　人民法院审理刑事案件，在法庭审理中应当保障量刑程序的相对独立性。

人民检察院在审查起诉中应当规范量刑建议。

第23条　对于人民检察院提出的量刑建议，人民法院应当依法审查。对于事实清楚，证据确实、充分，指控的罪名准确，量刑建议适当的，人民法院应当采纳。

人民法院经审理认为，人民检察院的量刑建议不当的，可以告知人民检察院。人民检察院调整量刑建议的，应当在法庭审理结束前提出。人民法院认为人民检察院调整后的量刑建议适当的，应当予以采纳；人民检察院不调整量刑建议或者调整量刑建议后仍不当的，人民法院应当依法作出判决。

第24条　有下列情形之一，被告人当庭认罪，愿意接受处罚的，人民法院应当根据审理查明的事实，就定罪和量刑听取控辩双方意见，依法作出裁判：

（一）被告人在侦查、审查起诉阶段认罪认罚，但人民检察院没有提出量刑建议的；

（二）被告人在侦查、审查起诉阶段没有认罪认罚的；

（三）被告人在第一审程序中没有认罪认罚，在第二审程序中认罪认罚的；

（四）被告人在庭审过程中不同意量刑建议的。

第 25 条　人民法院应当在刑事裁判文书中说明量刑理由。量刑说理主要包括：（一）已经查明的量刑事实及其对量刑的影响；（二）是否采纳公诉人、自诉人、被告人及其辩护人、被害人及其诉讼代理人发表的量刑建议、意见及理由；（三）人民法院判处刑罚的理由和法律依据。

对于适用速裁程序审理的案件，可以简化量刑说理。

第 27 条　对于认罪认罚案件量刑建议的提出、采纳与调整等，适用最高人民法院、最高人民检察院、公安部、国家安全部、司法部《关于适用认罪认罚从宽制度的指导意见》的有关规定。

【高检发〔2020〕号】　最高人民检察院关于认真学习贯彻十三届全国人大常委会第二十二次会议对《最高人民检察院关于人民检察院适用认罪认罚从宽制度情况的报告》的审议意见的通知（2020 年 12 月 1 日）

七、着力在精准量刑建议上下功夫，提升量刑规范化水平。经过两年的努力，量刑建议采纳率和确定刑量刑建议的提出率逐步提高，但也存在少数量刑建议不准确，幅度刑区间过大，量刑建议决策程序不完善等问题。各地要认真组织学习"两高三部"联合印发的《关于规范量刑程序若干问题的意见》和"两高"《关于常见犯罪的量刑指导意见（试行）》，不断规范量刑建议工作。

16. 加强与法院沟通协调，在"两高三部"文件的基础上，制定符合本地区实际的量刑实施细则，细化常见罪名量刑标准，统一量刑方法与裁量幅度，形成共同遵循的量刑规则。鼓励探索新类型、不常见犯罪的量刑规则，逐步提升 3 年有期徒刑以上案件以及不常见、新型、疑难、复杂案件确定刑量刑建议提出率，对幅度刑量刑建议也要尽量缩小幅度范围，提升量刑结果的可预期性。

17. 健全量刑建议程序规范，根据上级规定和本地实际情况完善量刑建议决策程序。区分案件类型，设置不同的量刑程序提出、研究、审核、把关规则，明确不同决策主体的分工和责任，既保障检察官依法履行办案主体责任，又注重发挥检察官联席会的会商咨询和部门负责人、检察长的把关作用，确保量刑建议尺度的统一、规范、透明，实现量刑均衡、同案同判。

18. 加强量刑建议说理。根据不同案件情况，在起诉书、具结书、量刑建议书等文书中加强量刑建议说理，体现认定的犯罪事实、罪名，量刑的依据、理由，主要的量刑情节及其对应从宽幅度等内容。要考虑全部量刑情节，综合判断法定、酌定和可能影响量刑的其他事实情节。另行制定"量刑说理书"等量刑说理材料的，一并移送法院。

19. 探索优化具结书和量刑建议书。实践中，量刑建议调整较多的一个主要原因是，量刑情节在具结书签署后发生变化。各地可根据案件实际情况和能够预期的量刑情节变化，探索在具结书和量刑建议书中提出多项或附条件的量刑建议，供法庭在审判环节根据情节变化选择采纳。

八、着力在加强协作配合上下功夫，共同推动制度深入适用。针对实践中存在的认识不够统一、协作不顺畅等协调配合方面的突出问题，要加强与有关部门的沟通协调，积极推动解决。

22. 加强与法院沟通协调，进一步明确"从宽"的具体标准和不同阶段认罪认罚从宽的差异，统一司法尺度，减少量刑分歧。会同法院严格落实刑事诉讼法第201条和"两高三部"《关于适用认罪认罚从宽制度的指导意见》关于量刑建议调整的规定，完善量刑建议调整机制。对法院认为量刑建议明显不当要求检察机关调整的，要认真对待。认为法院意见正确的，听取被告人及其辩护人意见后，依法进行调整；认为量刑建议并无明显不当的，也要加强与法院沟通，争取法官认同和支持。对法院违反刑事诉讼法及相关规定精神，未告知检察机关调整量刑建议而迳行判决的，依法进行监督。

【法释〔2021〕1号】 最高人民法院关于适用《中华人民共和国刑事诉讼法》的解释（2020年12月7日最高法审委会〔1820次〕修订，2021年1月26日公布，2021年3月1日施行；2013年1月1日施行的"法释〔2012〕21号"《解释》同时废止）

第352条 对认罪认罚案件，人民检察院起诉指控的事实清楚，但指控的罪名与审理认定的罪名不一致的，人民法院应当听取人民检察院、被告人及其辩护人对审理认定罪名的意见，依法作出判决。

第353条 对认罪认罚案件，人民法院经审理认为量刑建议明显不当，或者被告人、辩护人对量刑建议提出异议的，人民检察院可以调整量刑建议。人民检察院不调整或者调整后仍然明显不当的，人民法院应当依法作出判决。

适用速裁程序审理认罪认罚案件，需要调整量刑建议的，应当在庭前或者当庭作出调整；调整量刑建议后，仍然符合速裁程序适用条件的，继续适用速裁程序审理。

第354条 对量刑建议是否明显不当，应当根据审理认定的犯罪事实、认罪认罚的具体情况，结合相关犯罪的法定刑、类似案件的刑罚适用等作出审查判断。

第355条 对认罪认罚案件，人民法院一般应当对被告人从轻处罚；符合非监禁刑适用条件的，应当适用非监禁刑；具有法定减轻处罚情节的，可以减轻处罚。

对认罪认罚案件，应当根据被告人认罪认罚的阶段早晚以及认罪认罚的主动性、稳定性、彻底性等，在从宽幅度上体现差异。

共同犯罪案件，部分被告人认罪认罚的，可以依法对该部分被告人从宽处罚，但应当注意全案的量刑平衡。

第356条 被告人在人民检察院提起公诉前未认罪认罚，在审判阶段认罪认罚的，人民法院可以不再通知人民检察院提出或者调整量刑建议。

对前款规定的案件，人民法院应当就定罪量刑听取控辩双方意见，根据刑事诉讼法第15条和本解释第355条的规定作出判决。

第357条 对被告人在第一审程序中未认罪认罚，在第二审程序中认罪认罚的案件，应当根据其认罪认罚的具体情况决定是否从宽，并依法作出裁判。确定从宽幅度时应当与第一审程序认罪认罚有所区别。

第358条 案件审理过程中，被告人不再认罪认罚的，人民法院应当根据审理查明的事实，依法作出裁判。需要转换程序的，依照本解释的相关规定处理。

【高检发办字〔2021〕120号】 人民检察院办理认罪认罚案件开展量刑建议工作的指导意见（2021年11月15日最高检第13届检委会第78次会议通过，2021年12月3日印发施行）

第32条 人民法院经审理，认为量刑建议明显不当或者认为被告人、辩护人对量刑建议的异议合理，建议人民检察院调整量刑建议的，人民检察院应当认真审查，认为人民法院建议合理的，应当调整量刑建议，认为人民法院建议不当的，应当说明理由和依据。

人民检察院调整量刑建议，可以制作量刑建议调整书移送人民法院。

第33条 开庭审理前或者休庭期间调整量刑建议的，应当重新听取被告人及其辩护人或者值班律师的意见。

庭审中调整量刑建议，被告人及其辩护人没有异议的，人民检察院可以当庭调整量刑建议并记录在案。当庭无法达成一致或者调整量刑建议需要履行相应报告、决定程序的，可以建议法庭休庭，按照本意见第24条、第25条的规定组织听取意见，履行相应程序后决定是否调整。

适用速裁程序审理认罪认罚案件，需要调整量刑建议的，应当在庭前或者当庭作出调整。

第34条 被告人签署认罪认罚具结书后，庭审中反悔不再认罪认罚的，人民检察院应当了解反悔的原因，被告人明确不再认罪认罚的，人民检察院应当建议人民法院不再适用认罪认罚从宽制度，撤回从宽量刑建议，并建议法院在量刑时考虑相应情况。依法需要转为普通程序或者简易程序审理的，人民检察院应当向人民法院提出建议。

第35条 被告人认罪认罚而庭审中辩护人作无罪辩护的，人民检察院应当核实被告人认罪认罚的真实性、自愿性。被告人仍然认罪认罚的，可以继续适用认罪认罚从宽制度，被告人反悔不再认罪认罚的，按照本意见第34条的规定处理。

第36条 检察官应当在职责权限范围内调整量刑建议。根据本意见第21条规定（详见《刑事诉讼法》第176条第2款），属于检察官职责权限范围内的，可以由检察官调整量刑建议并向部门负责人报告备案；属于检察长或者检察委员会职责权限范围内的，应当由检察长或者检察委员会决定调整。

第37条 人民法院违反刑事诉讼法第201第2款规定，未告知人民检察院调整量刑建议而直接作出判决的，人民检察院一般应当以违反法定程序为由依法提出抗诉。

● 指导案例 【高检发办字〔2020〕64号】 最高人民检察院第22批指导性案例（2020年9月28日最高检第13届检委会第52次会议通过，2020年11月24日印发）

（检例第83号） 琚某忠盗窃案[①]

要旨：对于犯罪事实清楚，证据确实、充分，被告人自愿认罪认罚，一审法院采纳从宽量刑建议判决的案件，因被告人无正当理由上诉而不再具有认罪认罚从宽的条件，检察机关可以依法提出抗诉，建议法院取消因认罪认罚给予被告人的从宽量刑。

[①] 本案指导意义：被告人通过认罪认罚获得量刑从宽后，在没有新事实、新证据的情况下，违背具结承诺以量刑过重为由提出上诉，无正当理由引起二审程序，消耗国家司法资源，检察机关可以依法提出抗诉。检察机关提出抗诉时，应当建议法院取消基于认罪认罚给予被告人的从宽量刑，但不能因被告人反悔行为对其加重处罚。

第 202 条　【公开宣判】宣告判决，一律公开进行。

【判决书送达】当庭宣告判决的，应当在 5 日以内将判决书送达当事人和提起公诉的人民检察院；定期宣告判决的，应当在宣告后立即将判决书送达当事人和提起公诉的人民检察院。判决书应当同时送达辩护人、诉讼代理人①。

第 203 条　【判决书署名、上诉告知】判决书应当由审判人员②和书记员署名，并且写明上诉的期限和上诉的法院。

● **相关规定**　【法研字〔57〕3417 号】　最高人民法院关于定期宣判的案件人民陪审员因故不能参加宣判时，审判员可否独自开庭和审判员调动工作时，对其承办的已经审理终结而尚未制作判决书也未开庭宣判的案件应如何处理两问题的批复（1957 年 2 月 15 日答复上海铁路运输法院"〔57〕上铁法行字第 17 号"请示）③

（一）定期宣判的案件，人民陪审员因故不能参加宣判，在不改变原来评议时所作的决定的情况下，可以由原来审判本案的审判员独自开庭宣判；判决书上仍应署审判本案的审判员和人民陪审员的姓名。

（二）人民法院的审判员需调动工作时，应当把自己承办的未结案件加以清理。你院南京派出庭所提出的案件已经审理终结，在尚未制作判决书也未开庭宣判以前，原来承办本案的审判员被调离法院到其他部门工作的情况，是不正常的。在上述情况下，应由谁制作判决书并开庭宣判问题，我们认为，如果不改变原来评议时所作的决定，可以由院长或庭长另行指定审判员代为制作判决书，由该审判员与原来参加审判本案的人民陪审员共同开庭宣判；或者由原来参加审判本案的人民陪审员开庭宣判；在宣判时可向当事人说明不由原来审判员宣判的原因，判决书上仍署审判本案的审判员和人民陪审员的姓名。

【法研字〔1981〕23 号】　最高人民法院关于定期宣判的案件人民陪审员因故不能参加宣判时可否由审判员开庭宣判问题的批复（1981 年 8 月 4 日答复山东高院"〔81〕鲁法研字第 10 号"请示）④

关于定期宣判的案件人民陪审员因故不能参加宣判可否由审判员开庭宣判的问题，本院 1957 年 2 月 15 日法研字第 3417 号批复曾规定："定期宣判的案件，人民陪审员因故不能参加宣判，在不改变原来评议时所作的决定的情况下，可以由原来审判本案的审判员独自开庭宣判；判决书上仍应署审判本案的审判员和人民陪审员的姓名。"我们认为，现在仍可按照这一规定办理，即：当合议庭组成人员中某一人民陪审员因故不能参加宣判时，可由审判员和其他人民陪审员开庭宣判；人民陪审员都因故不能参加宣判时，可由审判员独自开庭宣判。判决书仍应由合议庭全体组成人员署名。

---

① 本部分内容由 2012 年 3 月 14 日第 11 届全国人大常委会第 5 次会议增加，2013 年 1 月 1 日施行。
② 本部分内容由 2012 年 3 月 14 日第 11 届全国人大常委会第 5 次会议修改，2013 年 1 月 1 日施行。原规定为"合议庭的组成人员"。
③ 注：该《批复》一直未被废止。
④ 注：该《批复》一直未被废止。

【法发（研）〔1981〕号】 最高人民法院关于执行刑事诉讼法中若干问题的初步经验总结（1981年11月印发）①

八、关于法庭审判的问题

（六）判决应由合议庭公开宣告

依照刑事诉讼法第121条的规定的精神，判决应由合议庭公开宣告。如果有的人民陪审员因故不能参加宣判时，按照1981年8月4日最高人民法院《关于定期宣判的案件人民陪审员因故不能参加宣判时能可否由审判员开庭宣判问题的批复》的规定办理，但判决书仍应由合议庭全体成员署名。

【法发〔1999〕3号】 最高人民法院关于严格执行公开审判制度的若干规定（1999年3月8日）

六、人民法院审理的所有案件应当一律公开宣告判决。

宣告判决，应当对案件事实和证据进行认定，并在此基础上正确适用法律。

【法办发〔2000〕4号】 最高人民法院裁判文书公布管理办法（2000年6月15日印发施行）

一、公布的裁判文书是指本院各审判庭审理案件所作出的判决书、裁定书。

二、裁判文书的公布主要通过以下5种渠道：

1. 对有重大影响的案件的裁判文书，商请人民日报、法制日报等报刊予以公布。

2. 对具有典型意义、有一定指导作用的案件的裁判文书，不定期地在人民法院报、公报上公布。

3. 日常的裁判文书可随时在人民法院报网和我院开通的政府网上公布。这是公布裁判文书的一种主要形式。

4. 所有公布的裁判文书可装订成册，放在指定部门供各届人士②查阅。目前先考虑放在出版社的读者服务部，同时设置一部触摸式电脑将公布的裁判文书输入，供查阅。如当事人需要索取的，可收取成本费。

5. 每年将所公布的裁判文书汇集成册，由出版社出版发行。

三、公布程序：

1. 本院的裁判文书公布工作由办公厅负责统一协调。

2. 各审判庭负责提供各类裁判文书的正本。

3. 办公厅总值班室对各审判庭的裁判文书加盖院印时留存3份，1份供筛选公布，1份供装订成册，1份备查。

4. 公报编辑部负责对裁判文书进行初选，并将拟公布的裁判文书冠一个案号，商有关审判庭提出公布的意见后，送办公厅。

5. 办公厅对拟公布的裁判文书进行审核。必要时，报主管院领导审核。

6. 办公厅宣传处负责对经领导审核后可予以公布的裁判文书进行编号，对外提供。

7. 公布时间一般以裁判文书盖章后1个月之后。对送达有特殊情形需要延长裁判文书公布时间的，有关审判庭应及时通知公报编辑部。特殊案件的裁判文书协调好时间后即可

---

① 注：该《经验总结》一直没有被废止，部分内容可作参考。
② 注：此处为最高人民法院文字纰误。应当是"各界人士"。

公布。

四、不宜公布的几种情况：

1. 裁判文书中涉及国家政治生活，公布后可能产生不良影响的；
2. 案件涉及国家秘密、商业秘密，未成年人犯罪和个人隐私情况的；
3. 裁判文书比较集中反映死刑数字的；
4. 裁判文书中过多涉及其他人和事，因可能会给他人造成精神压力或给法院工作带来不利影响而无必要公布的；
5. 裁判文书中的理由部分说理不透彻，不足以印证裁判主文的；
6. 裁判文书文字表达存在缺陷、错误的；
7. 其他不宜公布的裁判文书。

五、对违反本办法擅自对外公布裁判文书造成重大恶劣影响的，按照有关规定追究有关人员的责任。

【法释〔2002〕25号】　最高人民法院关于人民法院合议庭工作的若干规定（2002年7月30日最高法审委会第1234次会议通过，2002年8月12日公布，2002年8月17日施行）

第14条　合议庭一般应当在作出评议结论或者审判委员会作出决定后的5个工作日内制作出裁判文书。

第15条　裁判文书一般由审判长或者承办法官制作。但是审判长或者承办法官的评议意见与合议庭评议结论或者审判委员会的决定有明显分歧的，也可以由其他合议庭成员制作裁判文书。

对制作的裁判文书，合议庭成员应当共同审核，确认无误后签名。

第16条　院长、庭长可以对合议庭的评议意见和制作的裁判文书进行审核，但是不得改变合议庭的评议结论。

第17条　院长、庭长在审核合议庭的评议意见和裁判文书过程中，对评议结论有异议的，可以建议合议庭复议，同时应当对要求复议的问题及理由提出书面意见。

合议庭复议后，庭长仍有异议的，可以将案件提请院长审核，院长可以提交审判委员会讨论决定。

【法发〔2007〕11号】　最高人民法院、最高人民检察院、公安部、司法部关于进一步严格依法办案确保办理死刑案件质量的意见（2007年3月9日）

38. 第二审人民法院作出判决、裁定后，当庭宣告的，应当在5日以内将判决书或者裁定书送达当事人、辩护人和同级人民检察院；定期宣告的，应当在宣告后立即送达。

【法释〔2011〕23号】　最高人民法院关于审理人民检察院按照审判监督程序提出的刑事抗诉案件若干问题的规定（2011年4月18日最高法审委会第1518次会议通过，2011年10月14日公布，2012年1月1日施行）

第9条　人民法院作出裁判后，当庭宣告判决的，应当在5日内将裁判文书送达当事人、法定代理人、诉讼代理人、提出抗诉的人民检察院、辩护人和原审被告人的近亲属；定期宣告判决的，应当在判决宣告后立即将裁判文书送达当事人、法定代理人、诉讼代理人、提出抗诉的人民检察院、辩护人和原审被告人的近亲属。

第10条　以前发布的有关规定与本规定不一致的，以本规定为准。

【司发〔2015〕14号】　最高人民法院、最高人民检察院、公安部、国家安全部、司法部关于依法保障律师执业权利的规定（2015年9月16日）

第37条　对于诉讼中的重大程序信息和送达当事人的诉讼文书，办案机关应当通知辩护、代理律师。

【法发〔2015〕13号】　最高人民法院关于完善人民法院司法责任制的若干意见（2015年9月21日）

二、改革审判权力运行机制

6.（第1款）　独任法官审理案件形成的裁判文书，由独任法官直接签署。合议庭审理案件形成的裁判文书，由承办法官、合议庭其他成员、审判长依次签署；审判长作为承办法官的，由审判长最后签署。审判组织的法官依次签署完毕后，裁判文书即可印发。除审判委员会讨论决定的案件以外，院长、副院长、庭长对其未直接参加审理案件的裁判文书不再进行审核签发。

【法发〔2016〕18号】　最高人民法院、最高人民检察院、公安部、国家安全部、司法部关于推进以审判为中心的刑事诉讼制度改革的意见（2016年7月20日）

十四、完善当庭宣判制度，确保裁判结果形成在法庭。适用速裁程序审理的案件，除附带民事诉讼的案件以外，一律当庭宣判；适用简易程序审理的案件一般应当当庭宣判；适用普通程序审理的案件逐步提高当庭宣判率。规范定期宣判制度。

【法释〔2016〕19号】　最高人民法院关于人民法院在互联网公布裁判文书的规定（2016年7月25日最高法审委会〔1689次〕通过，2016年8月29日公布，2016年10月1日起施行；以本规为准）[1]

第1条　人民法院在互联网公布裁判文书，应当依法、全面、及时、规范。

第2条　中国裁判文书网是全国法院公布裁判文书的统一平台。各级人民法院在本院政务网站及司法公开平台设置中国裁判文书网的链接。

第3条　人民法院作出的下列裁判文书应当在互联网公布：（一）刑事、民事、行政判决书；（二）刑事、民事、行政、执行裁定书；（三）支付令；（四）刑事、民事、行政、执行驳回申诉通知书；（五）国家赔偿决定书；（六）强制医疗决定书或者驳回强制医疗申请的决定书；（七）刑罚执行与变更决定书；（八）对妨害诉讼行为、执行行为作出的拘留、罚款决定书，提前解除拘留决定书，对不服拘留、罚款等制裁决定申请复议而作出的复议决定书；（九）行政调解书、民事公益诉讼调解书；（十）其他有中止、终结诉讼程序作用或者对当事人实体权益有影响、对当事人程序权益有重大影响的裁判文书。

第4条　人民法院作出的裁判文书有下列情形之一的，不在互联网公布：（一）涉及国家秘密的；（二）未成年人犯罪的；（三）以调解方式结案或者确认人民调解协议效力的，但为保护国家利益、社会公共利益、他人合法权益确有必要公开的除外；（四）离婚诉讼或者涉及未成年子女抚养、监护的；（五）人民法院认为不宜在互联网公布的其他情形。

第5条　人民法院应当在受理案件通知书、应诉通知书中告知当事人在互联网公布裁判

---

[1]　注：在本《规定》之前，最高法还公布过2个同名《规定》：2010年11月8日起施行的"法发〔2010〕48号"《规定》和2014年1月1日起施行的"法释〔2013〕26号"《规定》。均已被废止。

文书的范围，并通过政务网站、电子触摸屏、诉讼指南等多种方式，向公众告知人民法院在互联网公布裁判文书的相关规定。

第 6 条　不在互联网公布的裁判文书，应当公布案号、审理法院、裁判日期及不公开理由，但公布上述信息可能泄露国家秘密的除外。

第 7 条　发生法律效力的裁判文书，应当在裁判文书生效之日起 7 个工作日内在互联网公布。依法提起抗诉或者上诉的一审判决书、裁定书，应当在二审裁判生效后 7 个工作日内在互联网公布。

第 8 条　人民法院在互联网公布裁判文书时，应当对下列人员的姓名进行隐名处理：（一）婚姻家庭、继承纠纷案件中的当事人及其法定代理人；（二）刑事案件被害人及其法定代理人、附带民事诉讼原告人及其法定代理人、证人、鉴定人；（三）未成年人及其法定代理人。

第 9 条　根据本规定第 8 条进行隐名处理时，应当按以下情形处理：（一）保留姓氏，名字以"某"替代；（二）对于少数民族姓名，保留第一个字，其余内容以"某"替代；（三）对于外国人、无国籍人姓名的中文译文，保留第一个字，其余内容以"某"替代；对于外国人、无国籍人的英文姓名，保留第一个英文字母，删除其他内容。

对不同姓名隐名处理后发生重复的，通过在姓名后增加阿拉伯数字进行区分。

第 10 条　人民法院在互联网公布裁判文书时，应当删除下列信息：（一）自然人的家庭住址、通讯方式、身份证号码、银行账号、健康状况、车牌号码、动产或不动产权属证书编号等个人信息；（二）法人以及其他组织的银行账号、车牌号码、动产或不动产权属证书编号等信息；（三）涉及商业秘密的信息；（四）家事、人格权益等纠纷中涉及个人隐私的信息；（五）涉及技术侦查措施的信息；（六）人民法院认为不宜公开的其他信息。

按照本条第 1 款删除信息影响对裁判文书正确理解的，用符号"×"作部分替代。

第 11 条　人民法院在互联网公布裁判文书，应当保留当事人、法定代理人、委托代理人、辩护人的下列信息：（一）除根据本规定第 8 条进行隐名处理的以外，当事人及其法定代理人是自然人的，保留姓名、出生日期、性别、住所地所属县、区；当事人及其法定代理人是法人或其他组织的，保留名称、住所地、组织机构代码，以及法定代表人或主要负责人的姓名、职务；（二）委托代理人、辩护人是律师或者基层法律服务工作者的，保留姓名、执业证号和律师事务所、基层法律服务机构名称；委托代理人、辩护人是其他人员的，保留姓名、出生日期、性别、住所地所属县、区，以及与当事人的关系。

第 12 条　办案法官认为裁判文书具有本规定第 4 条第五项不宜在互联网公布情形的，应当提出书面意见及理由，由部门负责人审查后报主管副院长审定。

第 13 条　最高人民法院监督指导全国法院在互联网公布裁判文书的工作。高级、中级人民法院监督指导辖区法院在互联网公布裁判文书的工作。

各级人民法院审判管理办公室或者承担审判管理职能的其他机构负责本院在互联网公布裁判文书的管理工作，履行以下职责：（一）组织、指导在互联网公布裁判文书；（二）监督、考核在互联网公布裁判文书的工作；（三）协调处理社会公众对裁判文书公开的投诉和意见；（四）协调技术部门做好技术支持和保障；（五）其他相关管理工作。

第 14 条　各级人民法院应当依托信息技术将裁判文书公开纳入审判流程管理，减轻裁判文书公开的工作量，实现裁判文书及时、全面、便捷公布。

第15条　在互联网公布的裁判文书，除依照本规定要求进行技术处理的以外，应当与裁判文书的原本一致。①

人民法院对裁判文书中的笔误进行补正的，应当及时在互联网公布补正笔误的裁定书。

办案法官对在互联网公布的裁判文书与裁判文书原本的一致性，以及技术处理的规范性负责。

第16条　在互联网公布的裁判文书与裁判文书原本不一致或者技术处理不当的，应当及时撤回并在纠正后重新公布。

在互联网公布的裁判文书，经审查存在本规定第4条列明情形的，应当及时撤回，并按照本规定第6条处理。

第17条　人民法院信息技术服务中心负责中国裁判文书网的运行维护和升级完善，为社会各界合法利用在该网站公开的裁判文书提供便利。

中国裁判文书网根据案件适用不同审判程序的案号，实现裁判文书的相互关联。

第18条　本规定自2016年10月1日施行。最高人民法院以前发布的司法解释和规范性文件与本规定不一致的，以本规定为准。

【律发通〔2017〕51号】　律师办理刑事案件规范（2017年8月27日第9届全国律协常务理事会第8次会议通过、即日施行，中华全国律师协会2017年9月20日）

第128条　人民法院宣告判决后，辩护律师应当及时收取判决书。

在上诉期间，一审辩护律师、拟担任二审辩护人的律师可以会见被告人，听取其对判决书的意见及是否上诉的意见并提出建议。

【主席令〔2018〕11号】　中华人民共和国人民法院组织法（2018年10月26日第13届全国人大常委会第6次会议修订，2019年1月1日施行）

第39条（第3款）　审判委员会讨论案件的决定及其理由应当在裁判文书中公开，法律规定不公开的除外。

【法发〔2019〕20号】　最高人民法院关于健全完善人民法院审判委员会工作机制的意见（2019年8月2日）

24.审判委员会讨论案件的决定及其理由应当在裁判文书中公开，法律规定不公开的除外。

【法释〔2019〕12号】　最高人民法院关于死刑复核及执行程序中保障当事人合法权益的若干规定（2019年4月29日最高法审委会第1767次会议通过，2019年8月8日公布，2019年9月1日施行）

第5条　最高人民法院复核裁定下发后，受委托进行宣判的人民法院应当在宣判后5日内将裁判文书送达辩护律师。

对被害人死亡的案件，被害人近亲属申请获取裁判文书的，受委托进行宣判的人民法院应当提供。

---

① 《最高人民法院关于判决书的原本、正本、抄本如何区别问题的批复》（法研字第19526号，1957年9月13日答江苏高院请示，已失效）：我们基本上同意你院的意见，所拟判决书经签字定稿的是原本，加盖人民法院印章送达当事人、诉讼关系人或有关机关的是正本，事后抄录不加人民法院印章的是抄本。以上意见供你院答复时参考。

【法释〔2019〕5号】 最高人民法院关于适用《中华人民共和国人民陪审员法》若干问题的解释（2019年2月18日最高法审委会第1761次会议通过，2019年4月24日公布，2019年5月1日施行；法释〔2010〕2号《最高人民法院关于人民陪审员参加审判活动若干问题的规定》同时废止）

第14条 人民陪审员应当认真阅读评议笔录，确认无误后签名。

第16条 案件审结后，人民法院应将裁判文书副本及时送交参加该案审判的人民陪审员。

【法发〔2020〕29号】 《中华人民共和国人民陪审员法》实施中若干问题的答复（最高法、司法部2020年8月11日）

15. 案件审结后，人民法院将裁判文书副本送交参加该案审判的人民陪审员时，能否要求人民陪审员在送达回证上签字？

答：人民陪审员不是受送达对象，不能要求人民陪审员在送达回证上签字。人民法院将裁判文书副本送交人民陪审员时，可以适当方式请人民陪审员签收后存档。

【法释〔2021〕1号】 最高人民法院关于适用《中华人民共和国刑事诉讼法》的解释（2020年12月7日最高法审委会［1820次］修订，2021年1月26日公布，2021年3月1日施行；2013年1月1日施行的"法释〔2012〕21号"《解释》同时废止）

第299条 合议庭成员、法官助理、书记员应当在评议笔录上签名，在判决书、裁定书等法律文书上署名。

第301条 庭审结束后、评议前，部分合议庭成员不能继续履行审判职责的，人民法院应当依法更换合议庭组成人员，重新开庭审理。

评议后、宣判前，部分合议庭成员因调动、退休等正常原因不能参加宣判，在不改变原评议结论的情况下，可以由审判本案的其他审判员宣判，裁判文书上仍署审判本案的合议庭成员的姓名。

第302条 当庭宣告判决的，应当在5日以内送达判决书。定期宣告判决的，应当在宣判前，先期公告宣判的时间和地点，传唤当事人并通知公诉人、法定代理人、辩护人和诉讼代理人；判决宣告后，应当立即送达判决书。

第303条 判决书应当送达人民检察院、当事人、法定代理人、辩护人、诉讼代理人，并可以送达被告人的近亲属。被害人死亡，其近亲属申请领取判决书的，人民法院应当及时提供。

判决生效后，还应当送达被告人的所在单位或者户籍地的公安派出所，或者被告单位的注册登记机关。被告人系外国人，且在境内有居住地的，应当送达居住地的公安派出所。

第304条 宣告判决，一律公开进行。宣告判决结果时，法庭内全体人员应当起立。

公诉人、辩护人、诉讼代理人、被害人、自诉人或者附带民事诉讼原告人未到庭的，不影响宣判的进行。

第413条 第二人民法院可以委托第一审人民法院代为宣判，并向当事人送达第二审判决书、裁定书。第一审人民法院应当在代为宣判后5日以内将宣判笔录送交第二审人民法院，并在送达完毕后及时将送达回证送交第二审人民法院。

委托宣判的，第二审人民法院应当直接向同级人民检察院送达第二审判决书、裁定书。

第二审判决、裁定是终审的判决、裁定的，自宣告之日起发生法律效力。

第489条　涉外刑事案件宣判后，外国籍当事人国籍国驻华使领馆要求提供裁判文书的，可以向受理案件的人民法院所在地的高级人民法院提出，人民法院可以提供。

第578条　对未成年人刑事案件，宣告判决应当公开进行，但不得采取召开大会等形式。
对依法应当封存犯罪记录的案件，宣判时，不得组织人员旁听；有旁听人员的，应当告知其不得传播案件信息。

第579条　定期宣告判决的未成年人刑事案件，未成年被告人的法定代理人无法通知、不能到场或者是共犯的，法庭可以通知合适《刑事诉讼法》第270条第1款规定的其他成年亲属、代表成年人到庭，并在宣判后向未成年被告人的成年亲属送达判决书。

第650条　人民法院讯问被告人，宣告判决，审理减刑、假释案件等，可以根据情况采取视频方式根据案件情况，可以采取视频方式进行。

第652条　诉讼期间制作、形成的工作记录，告知笔录等材料，应当由制作人员和其他有关人员签名、盖章。宣告或者送达裁判文书判决书、裁定书、决定书、通知书等诉讼文书的，应当由接受宣告或者送达的人在诉讼文书、送达回证上签名、盖章。
诉讼参与人未签名、盖章的，应当捺指印；刑事被告人除签名、盖章外，还应当捺指印。
当事人拒绝签名、盖章、捺指印的，办案人员应当在诉讼文书或者笔录材料中注明情况，有相关见证人见证或者有录音录像证明的，不影响相关诉讼文书或者笔录材料的效力。

【法〔2021〕348号】　最高人民法院、司法部关于为死刑复核案件被告人依法提供法律援助的规定（2021年12月30日印发，2022年1月1日试行）

第11条　……受委托宣判的人民法院应当在宣判后5日内将最高人民法院生效裁判文书送达辩护律师。

（本书汇）【裁判文书要求】[①]

● **相关规定**　**【法办〔2001〕155号】**　最高人民法院办公厅关于实施《法院刑事诉讼文书样式》若干问题的解答（2001年6月15日）

一、第一审刑事裁判文书
（一）首部
1. 问：对于当事人基本情况中的"出生年月日"与"出生地"，可否表述为"×年×月×日出生于×××（地名）"？
答：为行文简洁，也可以采用这种合并的写法。
2. 问：对不愿供述或者无法确定其真实姓名、出生地等基本情况的被告人，如何表述？
答：参照刑事诉讼法第128条第2款关于"对于犯罪事实清楚，证据确实、充分的，也可以按其自报的姓名移送人民检察院审查起诉"的规定，可以按照被告人自报的姓名和出生地等情况表述，并用括号注明"自报"。
3. 问：被告人所受强制措施的情况，有的表述为"因本案于×年×月×日被羁押"；有的表述为"因涉嫌……犯罪于×年×月×日被羁押"；有的表述为"因涉嫌……于×年×月×日被

[①] 注：除署名要求外，《刑事诉讼法》没有关于裁判文书的其他规定，本书将其汇集于此。

羁押"；还有的表述为："因涉嫌犯××罪于×年×月×日被羁押"，哪一种表述正确？

答：可以按最后一种方式表述，即"因涉嫌犯××罪于×年×月×日被刑事拘留、逮捕（或者被采取其他羁押措施）"。

4. 问：根据最高人民法院《关于严格执行审理期限制度的若干规定》，是否应当在案件由来和审理经过段，写明人民法院审查起诉后的立案日期和延期审理的情况？

答：为了客观反映公诉机关（或者自诉人）的起诉日期和人民法院审查起诉后的立案日期，便于当事人和有关部门监督、检查人民法院对案件审理期限制度的执行情况，体现审理案件的公开性和透明度，提高办案效率，应当在裁判文书中写明审理案件的起始日，即立案的日期。如公诉案件，可以在"××人民检察院……于×年×月×日向本院提起公诉"之后，续写："本院于×年×月×日立案，并依法组成合议庭………"。需要延长审限的，属于附带民事诉讼案件，应当写明："经本院院长批准，延长审限2个月"；有刑事诉讼法第126条规定的情形之一的，则应当写明："经××高级人民法院批准（或者决定），再延长审限1个月"。

5. 问：依法不公开审理的案件，应否在审理经过段写明不公开审理的理由？

答：为了体现审理程序的合法性，应当写明不公开审理的理由。可表述为："本院依法组成合议庭，因本案涉及国家秘密（或者个人隐私，或者被告人系未成年人），不公开开庭审理了本案"。

6. 问：在案件由来和审理经过段，对指定管辖或者延期审理、简易程序转入普通程序等情形，应否具体表述？

答：应当具体表述，以客观反映案件的审理过程。

7. 问：刑法第98条规定的"告诉才处理"的案件，如果被害人因受强制、威胁无法告诉而由人民检察院起诉或者由被害人的近亲属代为告诉的，对"控方"的称谓应当如何表述？

答：由人民检察院直接起诉的，表述为"公诉机关"；由被害人的近亲属代为告诉的，表述为"自诉人"，但应当注明与被害人的关系。

8. 问：未成年人犯罪的案件，其法定代理人没有出庭的，是否还应当在首部当事人基本情况中列写"法定代理人"项？

答：应当列写。但在审理经过段出庭人员中，无须表述法定代理人未出庭的内容。

（二）事实和证据

9. 问：在表述控辩双方的意见和经审理查明的"事实和证据"部分时，如何做到"繁简适当"？

答：应当因案而异。原则上可以控辩双方有无争议为标准。即：控辩双方没有争议的事实，可以扼要概括，检察机关指控的证据可用"检察机关提供了相应的证据"一句来概括。在"经审理查明"的事实和证据部分，则应当具体写明经法庭审理认定的事实和证据。在证据的表述上可以首先写明："上述事实，有检察机关提交，并经法庭质证、认证的下列证据予以证明。"

控辩双方有争议的事实，则无论是"控辩意见"还是"经审理查明"的事实部分，都应当详细叙述，并对有争议的事实、证据进行具体的分析、认证，写明采信证据的理由。

10. 问：对被告人1人或者多人多次犯同种罪的，事实和证据可否归纳表述？

答：控辩双方没有争议并且经庭审查证属实的同种数罪，事实和证据部分可以按犯罪的时间、地点、手段、对象等归纳表述。

11. 问：修订样式要求在裁判文书中写明的"证据来源"的含意是什么？

答：主要指证据是由控辩双方的哪一方提供的。

12. 问：在表述证据时，对被告人供述、被害人陈述、证人证言等言词证据应当用第一人称还是第三人称？

答：原则上应当用第三人称，涉及到证明案件事实的关键言词，也可以使用第一人称。

13. 问：对隐私案件的被害人或者其他案件中不愿在裁判文书中透露真实姓名的证人，为保护其名誉和安全，可否只写姓不写名？

答：为了维护裁判文书的真实性和严肃性，在裁判文书中，应当写明证人的真实姓名；为了保护被害人的名誉，根据被害人的请求或者案件的具体情况，在裁判文书中，也可以只写姓、不写名，具体可以表述为"张某某"、"王某某"，但不宜表述为"张××"、"王××"。

14. 问：对自首或者立功或者累犯等情节，在裁判文书中应当如何表述？

答：按照修订样式的要求，对自首、立功等情节的认定应当写在事实部分，并写明确认自首、立功等情节成立的证据；对具有自首、立功等情节的被告人如何处罚的论述，则应当在理由部分进行表述。

对涉及累犯的情形，则应当在首部被告人的基本情况中写明其原判刑罚的情况和刑满释放的日期。

15. 问：对经审理确认指控的事实不清、证据不足而宣告无罪的案件，事实和证据部分应当如何表述？可否省略该部分而直接写"本院认为"？

答：不可以。对这类因证据不足不能认定被告人有罪的案件，应当在"经审理查明"的事实部分，针对指控的犯罪事实，通过对证据的具体分析、认证，写明"事实不清、证据不足"的具体内容，为判决理由作好铺垫。

16. 问：对检察机关指控被告人犯数罪，经法庭审理后认为被告人只构成一罪时，在事实和理由部分应当如何表述？

答：在控辩意见部分，对检察机关指控的数罪仍应当客观概述；在经审理查明的事实和证据部分，则应当因案而异进行表述。经法庭审理查明检察机关指控的犯罪事实成立，但只构成一罪的，或者按照法律规定指控的"数罪"本属一罪的（如惯犯、结合犯、牵连犯、连续犯等），不构成数罪的理由宜在"本院认为"中表述；如果经庭审查明，指控的"数罪"中，有的指控的犯罪成立，有的因证据不足，指控的犯罪不能成立，只构成一罪的，则指控的犯罪不成立的证据的分析，宜在"事实和证据"部分予以表述，并在理由部分加以论证。

17. 问：法庭经审理确认指控的犯罪事实成立，但控辩双方对犯罪性质的指控和辩护均不成立，被告人的行为构成他罪的，事实部分应当如何表述？

答：在指控的"犯罪事实"成立，只是指控的"犯罪性质"不当的情况下，应当据实表述经审理查明的事实和证据；在理由部分写明依法应当认定被告人的行为触犯了何种罪名的理由，以及控辩双方主张的罪名均不成立的理由。

（三）理由

18. 问：对检察机关在法院宣告判决前要求撤回起诉并经法院准许的，在刑事裁定书上应当如何引用法律依据？

答：应当引用最高人民法院《关于执行〈中华人民共和国刑事诉讼法〉若干问题的解释》第 177 条作为裁定的依据。

19. 问：一份裁判文书涉及对多个被告人定罪处刑的法律条款，其中，既有相同的，又有不同的，在制作裁判文书时，应当分别引用对每个被告人适用的法律条款，还是应当综合引用对整个案件都适用的法律条款？

答：为了充分体现对被告人适用法律条文的准确性和增强援引法律条文的针对性，在共同犯罪案件中，对共同犯罪的各被告人所适用的法律条款，应当逐人分别引用。

（四）判决结果

20. 问：检察机关指控被告人犯数罪，经审理确认其中一罪因证据不足、指控犯罪不能成立的，判决结果部分是否予以表述？

答：只需在判决理由部分就证据不足、指控的犯罪不能成立予以充分论证即可，在判决结果中不再表述。

21. 问：对同一被告人既判处有期徒刑又并处罚金刑的，其刑期起止日期和缴纳罚金的期限应当如何表述？

答：对同一被告人既被判处有期徒刑又并处罚金的，应当在判处的有期徒刑和罚金刑之后，分别用括号注明有期徒刑刑期起止的日期和缴纳罚金的期限。

22. 问：适用数罪并罚"先减后并"的案件，对前罪"余刑"从何日起算？在裁判文书中如何表述？

答：前罪"余刑"的起算日期，可以从犯新罪之日起算。判决结果的刑期起止日期可表述为："刑期从判决执行之日起计算。判决执行以前先行羁押的，羁押 1 日折抵刑期 1 日，即自×年×月×日（犯新罪之日）起至×年×月×日止。"

（五）尾部

23. 问：刑事自诉案件准许撤诉的，刑事裁定书尾部是否可以不写明"如不服本裁定，可在接到裁定书的第二日起 5 日内，通过本院或者直接向××人民法院提出上诉。书面上诉的，应提交上诉状正本 1 份，副本×份"的内容？

答：应当写明。虽然自诉人提出撤诉，人民法院裁定准许撤诉后，自诉人也可能不上诉，但是法律赋予当事人的诉讼权利应当依法保护，并应当在裁定书中予以明示。

二、第一审单位犯罪刑事判决书

24. 问：单位犯罪案件，检察机关起诉到法院后，单位被注销或者被宣告破产的，在裁判文书中如何表述？

答：在首部应当列被告单位的名称，并用括号注明单位已被有关部门注销或者被人民法院宣告破产；在事实部分应当简要写明单位被注销或者被宣告破产的情况；在理由部分应当阐明对被告单位终止审理的理由；在判决结果的第一项先写："对被告单位××××终止审理"；第二项再写对被告人（即直接负责的主管人员和其他直接责任人员）作出的判决。

25. 问：被告单位犯罪后变更名称的，被告单位如何列，判决结果如何表述？

答：一般应当列变更后的单位名称，但需括注单位的原名称。在判决结果中，应当根据庭审查明的事实和法律的有关规定，对变更后的单位定罪判刑（判处罚金），或者宣告无罪。

十、其他

56. 问：对涉外刑事案件的被告人，人民法院决定限制其出境的，应当制作何种诉讼文书？

答：根据最高人民法院《关于执行〈中华人民共和国刑事诉讼法〉若干问题的解释》第322条、第323条的规定，对涉外刑事案件的被告人，人民法院决定限制其出境的，应当制作限制出境决定书。此决定书适用于人民法院认定的其他相关犯罪嫌疑人，并应另行具函，通报同级公安机关或者国家安全机关（参见补充样式4）。

57. 问：对出庭的检察人员，有的表述为"出庭支持公诉"，有的表述为"出庭履行职务"，还有的表述为"出庭参加诉讼"，哪一种表述正确？

答：根据最高人民法院《关于执行〈中华人民共和国刑事诉讼法〉若干问题的解释》第129条和修订样式的规定，对出庭的检察人员，在第一审程序中，应当表述为"出庭支持公诉"；在第二审程序中，应当表述为"出庭履行职务"或者"出庭支持抗诉"；在再审程序中，应当根据适用的程序不同，按照前述规定分别表述。

58. 问：对判处死刑的被告人，第一审宣判后、上诉期届满前死亡的，根据刑事诉讼法第15条的规定，应当裁定终止审理。但此时一审已结束，二审和死刑复核程序还未启动，终止审理的裁定书应当由谁制作，应如何表述？

答：由于一审判决已经宣告，即一审程序已经结束，因此，终止审理的裁定书应当由上一级人民法院制作；上一级人民法院可以参照修订样式41的样式制作刑事裁定书，并对有关部分作相应的改动。

59. 问：人民法院同意人民检察院的建议决定延期审理的，应当采用什么形式？

答：根据最高人民法院《关于执行〈中华人民共和国刑事诉讼法〉若干问题的解释》第157条的规定，人民法院应当制作延期审理决定书。

60. 问：修订样式规定了裁判文书的字体、字号，而现在使用的微机字体有的与样式的规定不符，怎样处理？

答：字号大小应严格执行修订样式的规定。但由于不同微机（软件）对字体的设定不完全统一，因此，可以将文书的字体作适当变通，但务必做到庄重、美观、清晰。

【法释〔2000〕7号】　最高人民法院关于刑事裁判文书中刑期起止日期如何表述问题的批复（2000年2月13日最高法审委会第1099次会议通过，2000年2月29日公布，答复江西高院"赣高法〔1999〕151号"请示，2000年3月4日施行）

根据刑法第41条、第44条、第47条和《法院刑事诉讼文书样式》（样本）的规定，判处管制、拘役、有期徒刑的，应当在刑事裁判文书中写明刑种、刑期和主刑刑期的起止日期及折抵办法。刑期从判决执行之日起计算。判决执行以前先行羁押的，羁押1日折抵刑期1日（判处管制刑的，羁押1日折抵刑期2日），即自×年×月×日（羁押之日）起至×年×月×日止。羁押期间取保候审的，刑期的终止日顺延。

【法释〔2009〕14号】　最高人民法院关于裁判文书引用法律、法规等规范性法律文件的规定（2009年7月13日最高法审委会第1470次会议通过，2009年10月26日公布，2009年11月4日施行）

第1条　人民法院的裁判文书应当依法引用相关法律、法规等规范性法律文件作为裁判依据。引用时应当准确完整写明规范性法律文件的名称、条款序号，需要引用具体条文的，应当整条引用。①

第2条　并列引用多个规范性法律文件的，引用顺序如下：法律及法律解释、行政法规、地方性法规、自治条例或者单行条例、司法解释。同时引用2部以上法律的，应当先引用基本法律，后引用其他法律。引用包括实体法和程序法的，先引用实体法，后引用程序法。

第3条　刑事裁判文书应当引用法律、法律解释或者司法解释。刑事附带民事诉讼裁判文书引用规范性法律文件，同时适用本规定第4条规定。

第4条　民事裁判文书应当引用法律、法律解释或者司法解释。对于应当适用的行政法规、地方性法规或者自治条例和单行条例，可以直接引用。

第5条　行政裁判文书应当引用法律、法律解释、行政法规或司法解释。对于应当适用的地方性法规、自治条例和单行条例、国务院或者国务院授权的部门公布的行政法规解释或者行政规章，可以直接引用。

第6条　对于本规定第3条、第4条、第5条规定之外的规范性文件，根据审理案件的需要，经审查认定为合法有效的，可以作为裁判说理的依据。

第7条　人民法院制作裁判文书确需引用的规范性法律文件之间存在冲突，根据立法法等有关法律规定无法选择适用的，应当依法提请有决定权的机关做出裁决，不得自行在裁判文书中认定相关规范性法律文件的效力。

第8条　本院以前发布的司法解释与本规定不一致的，以本规定为准。

【法释〔2011〕8号】　最高人民法院关于死刑缓期执行限制减刑案件审理程序若干问题的规定（2011年4月20日最高法审委会第1519次会议通过，2011年4月25日公布，2011年5月1日施行）

第7条　人民法院对被判处死刑缓期执行的被告人所作的限制减刑决定，应当在判决书主文部分单独作为一项予以宣告。

【法发〔2011〕9号】　最高人民法院、最高人民检察院、公安部、司法部关于对判处管制、宣告缓刑的犯罪分子适用禁止令有关问题的规定（试行）（2011年4月28日印发试行）

第8条　人民法院对判处管制、宣告缓刑的被告人宣告禁止令的，应当在裁判文书主文部分单独作为一项予以宣告。

【法刊文摘】　正确适用禁止令相关规定　确保非监禁刑执行效果（2011年5月3日最高法、最高检、公安部、司法部有关负责人就《关于对判处管制、宣告缓刑的犯罪分子适用禁止令有关问题的规定（试行）》答记者问②）

问：如何把握适用禁止令的裁判文书格式？

答：考虑到禁止令在性质上属于管制、缓刑的执行监管措施，《规定》第8条明确规定，宣告禁止令的，应当在裁判文书主文部分单独作为一项予以宣告。对此，要注意把握如下几

---

① 注：《人民法院民事裁判文书制作规范》（法〔2016〕221号，最高法2016年6月28日发布）"裁判依据"第4条规定：裁判文书不得引用宪法和各级人民法院关于审判工作的指导性文件、会议纪要、各审判业务庭的答复意见以及人民法院与有关部门联合下发的文件作为裁判依据，但其体现的原则和精神可以在说理部分予以阐述。

② 刊于《人民法院报》2011年5月4日第3版。

点：一是宣告禁止令的，不能在裁判文书之外另行制作禁止令文书，而是应当作为裁判文书主文部分的单独一项内容，具体表述应采取以下方式：

"一、被告人×××犯××罪，判处……（写明主刑、附加刑）。（刑期从判决执行之日起计算。判决以前先行羁押的，羁押1日折抵刑期1日，即自×年×月×日起至×年×月×日止）。"

"二、禁止被告人×××在×个月内……（写明禁止从事的活动，进入的区域、场所，接触的人）（禁止令期限从判决生效之日起计算）。"

二是宣告禁止令的，裁判文书应当援引相关法律和司法解释条文，并说明理由。

【法释〔2012〕7号】 **最高人民法院关于在裁判文书中如何表述修正前后刑法条文的批复**（2012年2月20日最高法审委会第1542次会议通过，2012年5月15日公布，2012年6月1日施行）

一、根据案件情况，裁判文书引用1997年3月14日第8届全国人民代表大会第5次会议修订的刑法条文，应当根据具体情况分别表述：

（一）有关刑法条文在修订的刑法施行后未经修正，或者经过修正，但引用的是现行有效条文，表述为"《中华人民共和国刑法》第××条"。

（二）有关刑法条文经过修正，引用修正前的条文，表述为"1997年修订的《中华人民共和国刑法》第××条"。

（三）有关刑法条文经2次以上修正，引用经修正、且为最后一次修正前的条文，表述为"经××××年《中华人民共和国刑法修正案（×）》修正的《中华人民共和国刑法》第××条"。

二、根据案件情况，裁判文书引用1997年3月14日第8届全国人民代表大会第5次会议修订前的刑法条文，应当表述为"1979年《中华人民共和国刑法》第××条"。

三、根据案件情况，裁判文书引用有关单行刑法条文，应当直接引用相应该条例、补充规定或者决定的具体条款。

四、《最高人民法院关于在裁判文书中如何引用修订前、后刑法名称的通知》（法〔1997〕192号）、《最高人民法院关于在裁判文书中如何引用刑法修正案的批复》（法释〔2007〕7号）不再适用。

【司发通〔2013〕18号】 **最高人民法院、最高人民检察院、公安部、司法部关于刑事诉讼法律援助工作的规定**（2013年2月4日印发，2013年3月1日施行；司发通〔2005〕78号同名《规定》同时废止）

第21条（第2款） 公安机关的起诉意见书，人民检察院的起诉书、不起诉决定书，人民法院的判决书、裁定书等法律文书，应当载明作出指派的法律援助机构名称、承办律师姓名以及所属单位等情况。

【法〔2015〕137号】 **最高人民法院关于人民法院案件案号的若干规定**（最高法审委会〔第1645次〕通过，2015年5月13日印发，2016年1月1日起施行；2018年12月7日法〔2018〕335号修改，2019年1月1日起施行）

第2条 案号的基本要素为收案年度、法院代字、专门审判代字、类型代字、案件编号。

收案年度是收案的公历自然年，用阿拉伯数字表示。

法院代字是案件承办法院的简化标识，用中文汉字、阿拉伯数字表示。

专门审判代字是最高人民法院确定的专门审判类别简称，用1个中文汉字表示。

类型代字是案件类型的简称，用中文汉字表示。

案件编号是收案的次序号，用阿拉伯数字表示。

第3条　案号各基本要素的编排规格为："（"+收案年度+"）"+法院代字+专门审判代字+类型代字+案件编号+"号"。

每个案件编定的案号均应具有唯一性。

第4条　最高人民法院的法院代字为"最高法"。

各省、自治区、直辖市高级人民法院的法院代字与其所在省、自治区、直辖市行政区划简称一致，但第3款规定情形除外。

内蒙古自治区高级人民法院、中国人民解放军军事法院、新疆维吾尔自治区高级人民法院生产建设兵团分院的法院代字分别为"内"、"军"、"兵"。

第5条　中级、基层法院的法院代字，分别由所属高院的法院代字与其数字代码组合而成。

中级、基层法院的数字代码，分别由2位、4位阿拉伯数字表示，并按下列规则确定：

（一）各省、自治区按地级市、地区、自治州、盟等地级行政区划设置的中级法院和按县、自治县、县级市、旗、自治旗、市辖区、林区、特区等县级行政区划设置的基层法院，数字代码分别与其相应行政区划代码（即三层6位层次码）的中间2位、后4位数字一致；

（二）直辖市、中国人民解放军军事法院、新疆维吾尔自治区高级人民法院生产建设兵团分院所辖的中级法院，数字代码均按01-20确定；

（三）省、自治区、直辖市高级人民法院所辖的铁路、海事、知识产权、油田、林业、农垦专门中级法院，各省、自治区高级人民法院所辖的跨行政区划中级法院以及为省（自治区）内部分县级行政区划人民法院对应设立的中级法院，数字代码分别按71、72、73、74、75-80、81-85、87-95以及96-99确定；

（四）中国人民解放军军事法院和新疆维吾尔自治区高级人民法院生产建设兵团分院所辖的基层法院，以及在同一高院辖区内铁路、油田、林业、农垦专门中级法院所辖的铁路、油田、林业、农垦基层法院，数字代码的前2位与其中院数字代码一致，后2位均按01-40确定；

（五）地级市未设县级行政区划单位时，该市中级法院所辖基层法院的数字代码，前2位与该中院数字代码一致，后2位按71-80确定；

（六）在同一高院辖区内无铁路专门中院的铁路基层法院，其数字代码前2位为86，后2位按01-20确定；

（七）非林业、农垦专门中院所辖的林业、农垦基层法院及为非行政区划建制的开发区、新区、园区、库区、矿区等特别设立的基层法院，数字代码的前2位与其所属中院数字代码一致，后2位在91-99范围内确定。

前款第（二）项至第（七）项所列中级、基层法院，分别同属一个高院、中院的，综合设立先后、建制等因素编制数字代码顺序。

第6条　确定中级、基层法院的所属各省、自治区、直辖市高院，以人、财、物统一管理为标准。

本规定第5条第2款第（七）项所列基层法院的所属中院是指在同一高院辖区内主要承担该基层法院案件二审职权的中级法院。

第7条 确定案件的类型代字，应结合案件所涉事项的法律关系性质与适用程序的特点。

类型代字应简练、贴切反映该类型案件的核心特征，用3个以内中文汉字表示。

每一类型案件的类型代字均应具有唯一性。

第8条 案件合并审理或并用多个程序办理时，以必须先决的事项及所适用程序作为确定类型代字的依据。

第9条 不同法院承办或同一法院承办不同类型代字的案件，其编号均应单独编制。

第10条 相同专门审判和类型代字的案件编号，按照案件在同一收案年度内的收案顺序，以顺位自然数排编，但第2款规定情形除外。

刑事复核案件的编号以8位自然数为固定长度，由承办法院随机确定，且不得依序编制。

第13条 行政区划发生变更但对应的中级、基层法院未作相应调整前，法院代字按原行政区划代码编制。

中级、基层法院因其原适用的第5条第2款所列规则情形发生变化的，法院代字按变化后情形应适用的编码规则编制。

第15条 法律、行政法规的制定、修改、废止致使案件类型发生变化的，最高人民法院应及时调整案件类型及其代字标准。

最高人民法院制定、修改、废止司法解释或规范性文件将导致案件类型发生变化的，应同步调整案件类型及其代字标准。

附件1：人民法院案件类型及其代字标准

案件类型	类型代字
一、管辖案件	
（一）刑事管辖案件	
01. 刑事提级管辖案件 02. 刑事指定管辖案件	刑辖①
二、刑事案件	
（一）刑事一审案件	刑初
（二）刑事二审案件	刑终
（三）刑事审判监督案件	
01. 刑事依职权再审审查案件	刑监
02. 刑事申诉再审审查案件	刑申

---

① 法〔2015〕137号《规定》施行之后，最高法仍在《指定管辖决定书》上使用"刑他"类型代字，如：（2016）最高法刑他1号（2016年1月11日指定山东省临沂市中院管辖李某贤诈骗案）、（2016）最高法刑他133号（2016年3月18日指定河北廊坊中院管辖许某顺、韩某军诈骗案）。同样，2020年6月23日内蒙古自治区高院指定兴安盟扎赉特旗法院管辖夏某义脱逃案，使用"（2020）内刑他110号"案号，等等。

续表

案件类型	类型代字
03. 刑事抗诉再审审查案件	刑抗
04. 刑事再审案件	刑再
（四）申请没收违法所得案件	刑没
（五）刑事复核案件	
01. 死刑复核案件 02. 法定刑以下判处刑罚复核案件 03. 特殊假释复核案件	刑核
（六）强制医疗案件	
01. 申请强制医疗审查案件	刑医
02. 解除强制医疗审查案件	刑医解
03. 强制医疗复议案件	刑医复
04. 强制医疗监督案件	刑医监
（七）停止执行死刑案件	
01. 停止执行死刑请求审查案件 02. 依职权停止执行死刑案件	刑止
03. 停止执行死刑调查案件	刑止调
04. 停止执行死刑调查审核案件	刑止核
（八）刑罚与执行变更案件	
01. 刑罚与执行变更审查案件	刑更
02. 刑罚与执行变更监督案件	刑更监
03. 刑罚与执行变更备案案件	刑更备
（九）其他刑事案件	刑他①
（十）安置教育案件②	
01. 申请安置教育审查案件	刑教
02. 解除安置教育审查案件	刑教解

① 本类型代字多见于《批准延长审理期限决定书》。但自 2020 年 2 月起，最高法在《批准延长审理期限决定书》中开始使用"刑延"类型代字（本书并未查得该类型代字的文件依据）。

② 本类型案件由《最高人民法院关于确定安置教育案件及其类型代字的通知》（法〔2016〕199 号，2016 年 6 月 13 日发布施行）结合《反恐怖主义法》第 30 条之规定而增设。

续表

案件类型	类型代字
03. 安置教育复议案件	刑教复
04. 安置教育监督案件	刑教监
（十一）知识产权刑事案件①	知刑
六、区际司法协助案件	
（四）被判刑人移管案件	
01. 接收在台湾地区被判刑人案件	请移管
02. 向台湾地区移管被判刑人案件	助移管
（五）罪赃移交案件	
01. 接收台湾地区移交罪赃案件	请移赃
02. 向台湾地区移交罪赃案件	助移赃
七、国际司法协助案件	
（四）被判刑人移管案件	
01. 接收在外国被判刑人案件	请外移
02. 向外国移管被判刑人案件	协外移
（五）引渡案件	
01. 请求外国引渡案件	请外引
02. 协助外国引渡案件	协外引
八、司法制裁案件	
（一）司法制裁审查案件	
01. 司法拘留案件 02. 司法罚款案件	司惩
（二）司法制裁复议案件	司惩复
十、执行类案件	
（一）执行实施类案件	
01. 首次执行案件	执
02. 恢复执行案件	执恢

---

① 根据2016年7月5日《最高人民法院关于在全国法院推进知识产权民事、行政和刑事案件审判"三合一"工作的意见》（法发〔2016〕17号）第9条增设。

案件类型	类型代字
03. 财产保全执行案件	执保
（三）其他执行案件	执他

附件2：各级法院代字表（略）

附件3：人民法院案件收、立案信息登记表（略）

【法〔2016〕27号】　最高人民法院关于在同一案件多个裁判文书上规范使用案号有关事项的通知（2016年2月1日，本书略有调整）

一、同一案件的案号具有唯一性，各级法院应规范案号在案件裁判文书上的使用。对同一案件出现的多个同类裁判文书，首份裁判文书直接使用案号，第二份开始可在案号后缀"之一""之二"……，以示区别。（示例：）

1. 某法院执行案件第1份裁定：××××××中级人民法院执行裁定书（201×）×01执8号
2. 某法院执行案件第2份裁定：××××××中级人民法院执行裁定书（201×）×01执8号之一
3. 某法院执行案件第3份裁定：××××××中级人民法院执行裁定书（201×）×01执8号之二

二、在同一案件的多个不同类型裁判文书之间，无需通过上述案号后缀方法进行区分。（示例：）

1. 某法院一审案件管辖权异议裁定：××××××中级人民法院民事裁定书（201×）×01民初9号
2. 某法院一审案件判决：××××××中级人民法院民事判决书（201×）×01民初9号

三、同一案件不同类型的裁判文书均出现2个以上时，每一类型裁判文书从其第2份开始均可采用上述案号后缀方法加以区分。

1. 某法院一审案件管辖权异议裁定：××××××中级人民法院民事裁定书（201×）×01民初10号
2. 某法院一审案件先予执行裁定：××××××中级人民法院民事裁定书（201×）×01民初10号之一
3. 某法院一审案件中间判决：××××××中级人民法院民事判决书（201×）×01民初10号
4. 某法院一审案件最终判决：××××××中级人民法院民事判决书（201×）×01民初10号之一

四、上述所称裁判文书的类型包括判决书、裁定书、调解书、决定书以及通知书等。

【法〔2016〕142号】　最高人民法院关于重新编制发布军事法院代字的通知（2016年4月28日）

中国人民解放军军事法院：

你院上报《军事法院建制及名称》收悉。根据《最高人民法院关于人民法院案件案号的若干规定》（法〔2015〕137号）第4条、第5条、第12条、第13条规定，现就军事法院的代字予以重新编制发布，以前发布的军事法院代字不再使用。

军事法院代字表

法院名称	法院层级	法院代字	法院名称	法院层级	法院代字
中国人民解放军军事法院	高级	军	西部战区第二军事法院①	中级	军04
东部战区军事法院	中级	军01	兰州军事法院	基层	军0401
上海军事法院	基层	军0101	西宁军事法院	基层	军0402
南京军事法院	基层	军0102	乌鲁木齐军事法院	基层	军0403
杭州军事法院	基层	军0103	北部战区军事法院	中级	军05
合肥军事法院	基层	军0104	呼和浩特军事法院	基层	军0501
福州军事法院	基层	军0105	沈阳军事法院	基层	军0502
南部战区军事法院	中级	军02	哈尔滨军事法院	基层	军0503
长沙军事法院	基层	军0201	济南军事法院	基层	军0504
广州军事法院	基层	军0202	中部战区军事法院	中级	军06
南宁军事法院	基层	军0203	北京军事法院	基层	军0601
海口军事法院	基层	军0204	石家庄军事法院	基层	军0602
昆明军事法院	基层	军0205	郑州军事法院	基层	军0603
驻香港部队军事法院	基层	军0206	武汉军事法院	基层	军0604
西部战区第一军事法院	中级	军03	西安军事法院	基层	军0605
成都军事法院	基层	军0301	总直属军事法院	中级	军07
拉萨军事法院	基层	军0302	直属军事法院	基层	军0701

【法发〔2018〕10号】 最高人民法院关于加强和规范裁判文书释法说理的指导意见
(2018年6月1日印发,2018年6月13日施行)

一、裁判文书释法说理的目的是通过阐明裁判结论的形成过程和正当性理由,提高裁判的可接受性,实现法律效果和社会效果的有机统一;其主要价值体现在增强裁判行为公正度、透明度,规范审判权行使,提升司法公信力和司法权威,发挥裁判的定分止争和价值引领作用,弘扬社会主义核心价值观,努力让人民群众在每一个司法案件中感受到公平正义,切实维护诉讼当事人合法权益,促进社会和谐稳定。

二、裁判文书释法说理,要阐明事理,说明裁判所认定的案件事实及其根据和理由,展示案件事实认定的客观性、公正性和准确性;要释明法理,说明裁判所依据的法律规范以及适用法律规范的理由;要讲明情理,体现法理情相协调,符合社会主流价值观;要讲究文

---

① 本表格中法院名称前省略"中国人民解放军"字样。

理、语言规范、表达准确、逻辑清晰、合理运用说理技巧，增强说理效果。

三、裁判文书释法说理，要立场正确、内容合法、程序正当，符合社会主义核心价值观的精神和要求；要围绕证据审查判断、事实认定、法律适用进行说理，反映推理过程，做到层次分明；要针对诉讼主张和诉讼争点、结合庭审情况进行说理，做到有的放矢；要根据案件社会影响、审判程序、诉讼阶段等不同情况进行繁简适度的说理，简案略说，繁案精说，力求恰到好处。

四、裁判文书中对证据的认定，应当结合诉讼各方举证质证以及法庭调查核实证据等情况，根据证据规则，运用逻辑推理和经验法则，必要时使用推定和司法认知等方法，围绕证据的关联性、合法性和真实性进行全面、客观、公正的审查判断，阐明证据采纳和采信的理由。

五、刑事被告人及其辩护人提出排除非法证据申请的，裁判文书应当说明是否对证据收集的合法性进行调查、证据是否排除及其理由。民事、行政案件涉及举证责任分配或者证明标准争议的，裁判文书应当说明理由。

六、裁判文书应当结合庭审举证、质证、法庭辩论以及法庭调查核实证据等情况，重点针对裁判认定的事实或者事实争点进行释法说理。依据间接证据认定事实时，应当围绕间接证据之间是否存在印证关系、是否能够形成完整的证明体系等进行说理。采用推定方法认定事实时，应当说明推定启动的原因、反驳的事实和理由，阐释裁断的形成过程。

七、诉讼各方对案件法律适用无争议且法律含义不需要阐明的，裁判文书应当集中围绕裁判内容和尺度进行释法说理。诉讼各方对案件法律适用存有争议或者法律含义需要阐明的，法官应当逐项回应法律争议焦点并说明理由。法律适用存在法律规范竞合或者冲突的，裁判文书应当说明选择的理由。民事案件没有明确的法律规定作为裁判直接依据的，法官应当首先寻找最相类似的法律规定作出裁判；如果没有最相类似的法律规定，法官可以依据习惯、法律原则、立法目的等作出裁判，并合理运用法律方法对裁判依据进行充分论证和说理。法官行使自由裁量权处理案件时，应当坚持合法、合理、公正和审慎的原则，充分论证运用自由裁量权的依据，并阐明自由裁量所考虑的相关因素。

八、下列案件裁判文书，应当强化释法说理：疑难、复杂案件；诉讼各方争议较大的案件；社会关注度较高、影响较大的案件；宣告无罪、判处法定刑以下刑罚、判处死刑的案件；行政诉讼中对被诉行政行为所依据的规范性文件一并进行审查的案件；判决变更行政行为的案件；新类型或者可能成为指导性案例的案件；抗诉案件；二审改判或者发回重审的案件；重审案件；再审案件；其他需要强化说理的案件。

九、下列案件裁判文书，可以简化释法说理：适用民事简易程序、小额诉讼程序审理的案件；适用民事特别程序、督促程序及公示催告程序审理的案件；适用刑事速裁程序、简易程序审理的案件；当事人达成和解协议的轻微刑事案件；适用行政简易程序审理的案件；适用普通程序审理但是诉讼各方争议不大的案件；其他适宜简化说理的案件。

十、二审或者再审裁判文书应当针对上诉、抗诉、申请再审的主张和理由强化释法说理。二审或者再审裁判文书认定的事实与一审或者原审不同的，或者认为一审、原审认定事实不清、适用法律错误的，应当在查清事实、纠正法律适用错误的基础上进行有针对性的说理；针对一审或者原审已经详尽阐述理由且诉讼各方无争议或者无新证据、新理由的事项，可以简化释法说理。

十一、制作裁判文书应当遵循《人民法院民事裁判文书制作规范》《民事申请再审诉讼文书样式》《涉外商事海事裁判文书写作规范》《人民法院破产程序法律文书样式（试行）》《民事简易程序诉讼文书样式（试行）》《人民法院刑事诉讼文书样式》《行政诉讼文书样式（试行）》《人民法院国家赔偿案件文书样式》等规定的技术规范标准，但是可以根据案件情况合理调整事实认定和说理部分的体例结构。

十二、裁判文书引用规范性法律文件进行释法说理，应当适用《最高人民法院关于裁判文书引用法律、法规等规范性法律文件的规定》等相关规定，准确、完整地写明规范性法律文件的名称、条款项号；需要加注引号引用条文内容的，应当表述准确和完整。

十三、除依据法律法规、司法解释的规定外，法官可以运用下列论据论证裁判理由，以提高裁判结论的正当性和可接受性：最高人民法院发布的指导性案例；最高人民法院发布的非司法解释类审判业务规范性文件；公理、情理、经验法则、交易惯例、民间规约、职业伦理；立法说明等立法材料；采取历史、体系、比较等法律解释方法时使用的材料；法理及通行学术观点；与法律、司法解释等规范性法律文件不相冲突的其他论据。

十四、为便于释法说理，裁判文书可以选择采用下列适当的表达方式：案情复杂的，采用列明裁判要点的方式；案件事实或数额计算复杂的，采用附表的方式；裁判内容用附图的方式更容易表达清楚的，采用附图的方式；证据过多的，采用附录的方式呈现构成证据链的全案证据或证据目录；采用其他附件方式。

十五、裁判文书行文应当规范、准确、清楚、朴实、庄重、凝炼，一般不得使用方言、俚语、土语、生僻词语、古旧词语、外语；特殊情形必须使用的，应当注明实际含义。裁判文书释法说理应当避免使用主观臆断的表达方式，不恰当的修辞方法和学术化的写作风格，不得使用贬损人格尊严、具有强烈感情色彩、明显有违常识常理常情的用语，不能未经分析论证而直接使用"没有事实及法律依据，本院不予支持"之类的表述作为结论性论断。

【打假办发〔2020〕3号】 全国打击侵犯知识产权和制售假冒伪劣商品工作领导小组办公室、中央宣传部、最高人民法院、最高人民检察院、公安部、生态环境部、文化和旅游部、海关总署、国家市场监督管理总局关于加强侵权假冒商品销毁工作的意见（2020年8月13日）

二、主要内容

（二）销毁时限。

……侵犯知识产权刑事案件中，审判机关判决有罪的，除特殊情况外，应当对销毁事项作出判决。……

【法〔2021〕21号】 最高人民法院关于深入推进社会主义核心价值观融入裁判文书释法说理的指导意见（2021年1月19日印发，2021年3月1日施行）

四、下列案件的裁判文书，应当强化运用社会主义核心价值观释法说理：

（一）涉及国家利益、重大公共利益，社会广泛关注的案件；

（二）涉及疫情防控、抢险救灾、英烈保护、见义勇为、正当防卫、紧急避险、助人为乐等，可能引发社会道德评价的案件；

（三）涉及老年人、妇女、儿童、残疾人等弱势群体以及特殊群体保护，诉讼各方存在较大争议且可能引发社会广泛关注的案件；

（四）涉及公序良俗、风俗习惯、权利平等、民族宗教等，诉讼各方存在较大争议且可能引发社会广泛关注的案件；

（五）涉及新情况、新问题，需要对法律规定、司法政策等进行深入阐释，引领社会风尚、树立价值导向的案件；

（六）其他应当强化运用社会主义核心价值观释法说理的案件。

五、有规范性法律文件作为裁判依据的，法官应当结合案情，先行释明规范性法律文件的相关规定，再结合法律原意，运用社会主义核心价值观进一步明晰法律内涵、阐明立法目的、论述裁判理由。

八、刑事诉讼中的公诉人、当事人、辩护人、诉讼代理人和民事、行政诉讼中的当事人、诉讼代理人等在诉讼文书中或在庭审中援引社会主义核心价值观作为诉辩理由的，人民法院一般应当采用口头反馈、庭审释明等方式予以回应；属于本意见第4条规定的案件的，人民法院应当在裁判文书中明确予以回应。

九、深入推进社会主义核心价值观融入裁判文书释法说理应当正确运用解释方法：

（一）运用文义解释的方法，准确解读法律规定所蕴含的社会主义核心价值观的精神内涵，充分说明社会主义核心价值观在个案中的内在要求和具体语境。

（二）运用体系解释的方法，将法律规定与中国特色社会主义法律体系、社会主义核心价值体系联系起来，全面系统分析法律规定的内涵，正确理解和适用法律。

（三）运用目的解释的方法，以社会发展方向及立法目的为出发点，发挥目的解释的价值作用，使释法说理与立法目的、法律精神保持一致。

（四）运用历史解释的方法，结合现阶段社会发展水平，合理判断、有效平衡司法裁判的政治效果、法律效果和社会效果，推动社会稳定、可持续发展。

十三、对于本意见第4条规定的案件，根据审判管理相关规定，需要提交专业法官会议或审判委员会讨论的，法官应当重点说明运用社会主义核心价值观释法说理的意见。

十八、各高级人民法院可以根据本意见，结合工作实际，制定刑事、民事、行政、国家赔偿、执行等裁判文书释法说理的实施细则，报最高人民法院备案。

【法释〔2021〕1号】　最高人民法院关于适用《中华人民共和国刑事诉讼法》的解释（2020年12月7日最高法审委会［1820次］修订，2021年1月26日公布，2021年3月1日施行；2013年1月1日施行的"法释〔2012〕21号"《解释》同时废止）

第300条　裁判文书应当写明裁判依据，阐释裁判理由，反映控辩双方的意见并说明采纳或者不予采纳的理由。

（新增）适用普通程序审理的被告人认罪的案件，裁判文书可以适当简化。

【法〔2021〕348号】　最高人民法院、司法部关于为死刑复核案件被告人依法提供法律援助的规定（2021年12月30日印发，2022年1月1日试行）

第11条　死刑复核案件裁判文书应当写明辩护律师姓名及所属律师事务所，并表述辩护律师的辩护意见。……

【法〔2024〕92号】　人民法院案例库建设运行工作规程（2024年5月7日公布，次日2024年5月8日起施行；以本规为准）

第21条　各级人民法院审理案件时参考入库类似案例的，可以将类似案例的裁判理由、裁判要旨作为本案裁判考量、理由参引，但不作为裁判依据。公诉机关、当事人及其辩护人、诉讼代理人等提交入库案例作为控（诉）辩理由的，人民法院应当在裁判文书说理中予以回应。

第22条 各级人民法院应当将参考入库案例作出裁判的情况作为案件质量评查内容。

第204条 【延期审理】 在法庭审判过程中，遇有下列情形之一，影响审判进行的，可以延期审理：

（一）需要通知新的证人到庭，调取新的物证，重新鉴定或者勘验的；

（二）检察人员发现提起公诉的案件需要补充侦查，提出建议的；

~~（三）合议庭认为案件证据不充分，或者发现新的事实，需要退回人民检察院补充侦查或者自行调查的；~~ [①]

（三）由于当事人[②]申请回避而不能进行审判的。

第205条[③] **【延期审理补充侦查期限】** 依照本法第204条第2项的规定延期审理的案件，人民检察院应当在1个月以内补充侦查完毕。

● **相关规定** 【法发〔2007〕11号】 **最高人民法院、最高人民检察院、公安部、司法部关于进一步严格依法办案确保办理死刑案件质量的意见**（2007年3月9日）

51. 在审判过程中，发现被告人可能有自首、立功等法定量刑情节，需要补充证据或者补充侦查的，人民检察院应当建议延期审理。延期审理的时间不能超过1个月。查证被告人揭发他人犯罪行为，人民检察院根据犯罪性质，可以依法自行查证，属于公安机关管辖的，可以交由公安机关查证。人民检察院应当将查证的情况在法律规定的期限内及时提交人民法院。

【法发〔2017〕31号】 **人民法院办理刑事案件第一审普通程序法庭调查规程（试行）**（2017年11月27日最高法印发"三项规程"，2018年1月1日试行）

第40条 审判期间，公诉人发现案件需要补充侦查，建议延期审理的，法庭可以同意，但建议延期审理不得超过2次。

人民检察院将补充收集的证据移送人民法院的，人民法院应当通知辩护人、诉讼代理人查阅、摘抄、复制。辩护方提出需要对补充收集的证据作辩护准备的，法庭可以宣布休庭，并确定准备的时间。

补充侦查期限届满后，经人民法院通知，人民检察院未建议案件恢复审理，且未说明原因，人民法院可以决定按人民检察院撤诉处理。

【高检发释字〔2019〕4号】 **人民检察院刑事诉讼规则**（2019年12月2日最高检第13届检委会第28次会议通过，2019年12月30日公布施行；高检发释字〔2012〕2号《规则（试行）》同时废止）

第410条（第3款） 公诉人不能当庭证明证据收集的合法性，需要调查核实的，可以

---

① 本项规定被1996年3月17日第8届全国人民代表大会第4次会议删除，1997年1月1日施行。
② 本部分内容被2012年3月14日第11届全国人大常委会第5次会议删除，2013年1月1日施行。
③ 本条规定由1996年3月17日第8届全国人民代表大会第4次会议增处，1997年1月1日施行。

建议法庭休庭或者延期审理。

第420条 在法庭审判过程中,遇有下列情形之一的,公诉人可以建议法庭延期审理:(一)发现事实不清、证据不足,或者遗漏罪行、遗漏同案犯罪嫌疑人,需要补充侦查或者补充提供证据的;(二)被告人揭发他人犯罪行为或者提供重要线索,需要补充侦查进行查证的;(三)发现遗漏罪行或者遗漏同案犯罪嫌疑人,虽不需要补充侦查和补充提供证据,但需要补充、追加起诉的;(四)申请人民法院通知证人、鉴定人出庭作证或者有专门知识的人出庭提出意见的;(五)需要调取新的证据,重新鉴定或者勘验的;(六)公诉人出示、宣读开庭前移送人民法院的证据以外的证据,或者补充、追加、变更起诉,需要给予被告人、辩护人必要时间进行辩护准备的;(七)被告人、辩护人向法庭出示公诉人不掌握的与定罪量刑有关的证据,需要调查核实的;(八)公诉人对证据收集的合法性进行证明,需要调查核实的。

在人民法院开庭审理前发现具有前款情形之一的,人民检察院可以建议人民法院延期审理。

第421条 法庭宣布延期审理后,人民检察院应当在补充侦查期限内提请人民法院恢复法庭审理或者撤回起诉。

公诉人在法庭审理过程中建议延期审理的次数不得超过2次,每次不得超过1个月。

第422条 在审判过程中,对于需要补充提供法庭审判所必需的证据或者补充侦查的,人民检察院应当自行收集证据和进行侦查,必要时可以要求监察机关或者公安机关提供协助;也可以书面要求监察机关或者公安机关补充提供证据。

人民检察院补充侦查,适用本规则第六章、第九章、第十章的规定。(即强制措施和侦查相关规定)

补充侦查不得超过1个月。

第447条 (第2款) 人民检察院在接到第二审人民法院决定开庭、查阅案卷通知后,可以查阅或者调阅案卷材料。查阅或者调阅案卷材料应当在接到人民法院的通知之日起1个月以内完成。在1个月以内无法完成的,可以商请人民法院延期审理。

【法释〔2021〕1号】 最高人民法院关于适用《中华人民共和国刑事诉讼法》的解释(2020年12月7日最高法审委会〔1820次〕修订,2021年1月26日公布,2021年3月1日施行;2013年1月1日施行的"法释〔2012〕21号"《解释》同时废止)

第273条 法庭审理过程中,控辩双方当事人及其辩护人、诉讼代理人申请通知新的证人到庭,调取新的证据,申请重新鉴定或者勘验的,应当提供证人的基本信息姓名、证据的存放地点,说明拟证明的事项,申请要求重新鉴定或者勘验的理由。法庭认为有必要的,应当同意,并宣布休庭;根据案件情况,可以决定延期审理。不同意的,应当说明理由并继续审理。

延期审理的案件,符合刑事诉讼法第202条第1款规定的,可以报请上级人民法院批准延长审理期限。

人民法院决定重新鉴定同意重新鉴定申请的,应当及时委托鉴定,并将鉴定意见告知人民检察院、当事人及其辩护人、诉讼代理人。

第274条 审判期间,公诉人发现案件需要补充侦查,建议延期审理的,合议庭可以应当同意,但建议延期审理不得超过2次。

人民检察院将补充收集的证据移送人民法院的，人民法院应当通知辩护人、诉讼代理人查阅、摘抄、复制。

补充侦查期限届满后，~~经法庭通知，~~人民检察院未将补充的证据材料 案件移送人民法院~~，且未说明原因~~的，人民法院可以 根据在案证据作出判决、裁定 决定按人民检察院撤诉处理。

【法发〔2022〕23号】 最高人民法院、最高人民检察院、公安部关于办理信息网络犯罪案件适用刑事诉讼程序若干问题的意见（2022年8月26日印发，2022年9月1日起施行；2014年5月4日公通字〔2014〕10号《意见》同时废止）

10.（第3款）人民法院对于提起公诉的案件，发现被告人还有其他犯罪被审查起诉、立案侦查的，可以协商人民检察院、公安机关并案处理，但可能造成审判过分迟延的除外。决定对有关犯罪并案处理，符合《中华人民共和国刑事诉讼法》第204条规定的，人民检察院可以建议人民法院延期审理。

> **第206条**[①] **【中止审理】** 在审判过程中，有下列情形之一，致使案件在较长时间内无法继续审理的，可以中止审理：
> （一）被告人患有严重疾病，无法出庭的；
> （二）被告人脱逃的；
> （三）自诉人患有严重疾病，无法出庭，未委托诉讼代理人出庭的；
> （四）由于不能抗拒的原因。
> 中止审理的原因消失后，应当恢复审理。中止审理的期间不计入审理期限。

● **相关规定** **【法研（复）〔1989〕号】** 最高人民法院研究室关于重婚案件的被告人长期外逃法院能否中止审理和是否受追诉时效限制问题的电话答复（1989年8月16日答复陕西高院"陕高法研〔1989〕35号"请示）[②]

同意你院意见，即胡应亭诉焦有枝、赵炳信重婚一案，在人民法院对焦有枝采取取保候审的强制措施后，焦有枝潜逃并和赵炳信一直在外流窜，下落不明的情况下，可参照最高人民法院法（研）复〔1988〕29号《关于刑事案件取保候审的被告人在法院审理期间潜逃应宣告中止审理的批复》的规定，中止审理，俟被告人追捕归案后，再恢复审理。……

【高检诉发〔2007〕18号】 最高人民检察院关于公诉案件撤回起诉若干问题的指导意见（最高检公诉厅2007年2月2日印发施行）

第5条 案件提起公诉后出现如下情况的，不得撤回起诉，应当依照有关规定分别作出处理：

[①] 本条规定由2012年3月14日第11届全国人大常委会第5次会议增设，2013年1月1日施行。

[②] 该《电话答复》一直未被废止。文中《最高人民法院关于刑事案件取保候审的被告人在法院审理期间潜逃应宣告中止审理的批复》（法（研）复〔1988〕29号）已经被《最高人民法院关于废止1979年至1989年间发布的部分司法解释的通知》（法发〔1996〕34号，1996年12月31日公布施行）宣布废止。

（五）因被告人患精神病或者其他严重疾病以及被告人脱逃，致使案件在较长时间内无法继续审理的，由人民法院裁定中止审理；

（六）对于犯罪已过追诉时效期限并且不是必须追诉的，经特赦令免除刑罚的，依照刑法告诉才处理的犯罪没有告诉或者撤回告诉的，或者被告人在宣告判决前死亡的，由人民法院裁定终止审理。

【法释〔2011〕23号】　最高人民法院关于审理人民检察院按照审判监督程序提出的刑事抗诉案件若干问题的规定（2011年4月18日最高法审委会第1518次会议通过，2011年10月14日公布，2012年1月1日施行）

第7条　在送达抗诉书后被提出抗诉的原审被告人未到案的，人民法院应当裁定中止审理；原审被告人到案后，恢复审理。

【高检发释字〔2019〕4号】　人民检察院刑事诉讼规则（2019年12月2日最高检第13届检委会第28次会议通过，2019年12月30日公布施行；高检发释字〔2012〕2号《规则（试行）》同时废止）

第614条　人民检察院在办理案件过程中，犯罪嫌疑人、被告人被羁押，具有下列情形之一的，办案部门应当在作出决定或者收到决定书、裁定书后10日以内通知本院负有监督职责的人民检察院监所检察部门或者案件管理部门以及看守所：……（七）人民法院改变管辖，决定延期审理、中止审理，或者同意人民检察院撤回起诉的。

第617条　人民检察院发现人民法院的审理期限执行情况具有下列情形之一的，应当依法提出纠正意见：……（二）违反刑事诉讼法的规定重新计算审理期限、批准延长审理期限、改变管辖、延期审理、中止审理或者发回重审的；（三）决定重新计算审理期限、批准延长审理期限、改变管辖、延期审理、中止审理、对被告人进行精神病鉴定，没有书面通知人民检察院和看守所的；……

【法发〔2021〕10号】　最高人民法院、最高人民检察院、公安部、司法部关于进一步加强虚假诉讼犯罪惩治工作的意见（2021年3月4日印发，2021年3月10日施行）

第14条　人民法院向公安机关移送涉嫌虚假诉讼犯罪案件，民事案件必须以相关刑事案件的审理结果为依据的，应当依照民事诉讼法第150条第1款第五项的规定裁定中止诉讼。刑事案件的审理结果不影响民事诉讼程序正常进行的，民事案件应当继续审理。

【法释〔2021〕1号】　最高人民法院关于适用《中华人民共和国刑事诉讼法》的解释（2020年12月7日最高法审委会〔1820次〕修订，2021年1月26日公布，2021年3月1日施行；2013年1月1日施行的"法释〔2012〕21号"《解释》同时废止）

第314条　有多名被告人的案件，部分被告人具有刑事诉讼法第206条第1款规定情形的，人民法院可以对全案中止审理；根据案件情况，也可以对该部分被告人中止审理，对其他被告人继续审理。

对中止审理的部分被告人，可以根据案件情况另案处理。

【法发〔2022〕2号】　最高人民法院关于充分发挥司法职能作用助力中小微企业发展的指导意见（2022年1月13日）

8.……除法律、司法解释另有规定外，对中小微企业等市场主体与刑事案件犯罪嫌疑人或者被告人产生的民事纠纷，如果民事案件不是必须以刑事案件的审理结果为依据，则不得以刑事案件正在侦查或者尚未审结为由对民事案件不予受理或者中止审理,切实避免因刑事案件影响中小微企业等市场主体通过民事诉讼及时维护其合法权益……

> **第 207 条　【法庭笔录】** 法庭审判的全部活动,应当由书记员写成笔录,经审判长审阅后,由审判长和书记员签名。
>
> 　　法庭笔录中的证人证言部分,应当当庭宣读或者交给证人阅读。证人在承认没有错误后,应当签名或者盖章。
>
> 　　法庭笔录应当交给当事人阅读或者向他宣读。当事人认为记载有遗漏或者差错的,可以请求补充或者改正。当事人承认没有错误后,应当签名或者盖章。

● **相关规定**　【高检发释字〔2019〕4 号】　**人民检察院刑事诉讼规则**（2019 年 12 月 2 日最高检第 13 届检委会第 28 次会议通过,2019 年 12 月 30 日公布施行;高检发释字〔2012〕2 号《规则（试行）》同时废止）

　　第 427 条　出庭的书记员应当制作出庭笔录,详细记载庭审的时间、地点、参加人员、公诉人出庭执行任务情况和法庭调查、法庭辩论的主要内容以及法庭判决结果,由公诉人和书记员签名。

【法释〔2021〕1 号】　**最高人民法院关于适用《中华人民共和国刑事诉讼法》的解释**（2020 年 12 月 7 日最高法审委会〔1820 次〕修订,2021 年 1 月 26 日公布,2021 年 3 月 1 日施行;2013 年 1 月 1 日施行的"法释〔2012〕21 号"《解释》同时废止）

　　第 292 条　开庭审理的全部活动,应当由书记员制作笔录;笔录经审判长审阅后,分别由审判长和书记员签名。

　　第 293 条　法庭笔录应当在庭审后交由当事人、法定代理人、辩护人、诉讼代理人阅读或者向其宣读。

　　法庭笔录中的出庭证人、鉴定人、有专门知识的人、调查人员、侦查人员或者其他人员的证言、意见部分,应当在庭审后分别交由有关人员阅读或者向其宣读。

　　前两款所列人员认为记录有遗漏或者差错的,可以请求补充或者改正;确认无误后,应当签名;拒绝签名的,应当记录在案;要求改变庭审中陈述的,不予准许。

　　第 652 条　诉讼期间制作、形成的工作记录、告知笔录等材料,应当由制作人员和其他有关人员签名、盖章。宣告或者送达裁判文书、通知书等诉讼文书的,应当由接受宣告或者送达的人在诉讼文书、送达回证上签名、盖章。

　　诉讼参与人未签名、盖章的,应当捺指印;刑事被告人除签名、盖章外,还应当捺指印。

　　当事人拒绝签名、盖章、捺指印的,办案人员应当在诉讼文书或者笔录材料中注明情况,有相关见证人见证或者有录音录像证明的,不影响相关诉讼文书或者笔录材料的效力。

【法释〔2021〕12 号】　**人民法院在线诉讼规则**（2021 年 5 月 18 日最高法审委会第 1838 次会议通过,2021 年 6 月 16 日公布,2021 年 8 月 1 日施行）

　　第 34 条　适用在线诉讼的案件,人民法院应当在调解、证据交换、庭审、合议等诉讼环节同步形成电子笔录。电子笔录以在线方式核对确认后,与书面笔录具有同等法律效力。

第208条① 【审理期限】② 人民法院审理公诉案件，应当在受理后2个月以内宣判，至迟不得超过3个月。对于可能判处死刑的案件或者附带民事诉讼的案件，以及有本法第158条规定情形之一的，经上一级人民法院批准，可以延长3个月；因特殊情况还需要延长的，报请最高人民法院批准。

【改变管辖审限起算】人民法院改变管辖的案件，从改变后的人民法院收到案件之日起计算审理期限。

【补充侦查审限重算】人民检察院补充侦查的案件，补充侦查完毕移送人民法院后，人民法院重新计算审理期限。

● **相关规定**　【法释〔2000〕29号】　最高人民法院关于严格执行案件审理期限制度的若干规定（2000年9月14日最高法审委会第1130次会议通过，2000年9月22日公布，2000年9月28日施行，根据2008年12月16日发布的《最高人民法院关于调整司法解释等文件中引用〈中华人民共和国民事诉讼法〉条文序号的决定》调整）

第1条　适用普通程序审理的第一审刑事公诉案件、被告人被羁押的第一审刑事自诉案件和第二审刑事公诉、刑事自诉案件的期限为1个月，至迟不得超过1个半月；附带民事诉讼案件的审理期限，经本院院长批准，可以延长2个月。有刑事诉讼法第126条规定情形之一的，经省、自治区、直辖市高级人民法院批准或者决定，审理期限可以再延长1个月……

适用普通程序审理的被告人未被羁押的第一审刑事自诉案件，期限为6个月；有特殊情况需要延长的，经本院院长批准，可以延长3个月。

适用简易程序审理的刑事案件，审理期限为20日。

第8条　案件的审理期限从立案次日起计算。

由简易程序转为普通程序审理的第一审刑事案件的期限，从决定转为普通程序次日起计算；由简易程序转为普通程序审理的第一审民事案件的期限，从立案次日起连续计算。

第9条　下列期间不计入审、执行限：

（一）刑事案件对被告人作精神病鉴定的期间；

（二）刑事案件因另行委托、指定辩护人，法院决定延期审理的，自案件宣布延期审理之日起至第10日止准备辩护的时间；

（三）公诉人发现案件需要补充侦查，提出延期审理建议后，合议庭同意延期审理的期间；

---

① 本条规定先后2次修改。原规定（1980年1月1日施行）只有一款，为："人民法院审理公诉案件，应当在受理后1个月内宣判，至迟不得超过1个半月。"1996年3月17日第8届全国人民代表大会第4次会议对第1款增加规定："有本法第126条规定情形之一的，经省、自治区、直辖市高级人民法院批准或者决定，可以再延长1个月。"并增设了第2款、第3款。2012年3月14日第11届全国人大常委会第5次会议将第1款修改为现规定，2013年1月1日施行。

② 注：本条规定的"审理期限"应当是针对被告人被羁押的案件。《刑事诉讼法》第98条规定，被告人被羁押的案件，不能在本法规定的一审期限内办结的，对被告人应当予以释放；需要继续审理的，对被告人可以取保候审或者监视居住。另外，《刑事诉讼法》第67条规定，羁押期限届满，案件尚未办结的，可以取保候审；《刑事诉讼法》第74条规定，符合逮捕条件，羁押期限届满，案件尚未办结的，可以监视居住。因此，对已经采取取保候审/监视居住措施的非羁押案件，在"审理期限"尚未办结时，可以继续审理。此时的办案期限应当适用《刑事诉讼法》第79条的规定，取保候审最长不得超过12个月，监视居住最长不得超过6个月。

……

（五）因当事人、诉讼代理人、辩护人申请通知新的证人到庭、调取新的证据、申请重新鉴定或者勘验，法院决定延期审理1个月之内的期间；

……

（七）审理当事人提出的管辖权异议和处理法院之间的管辖争议的期间；

……

（九）中止诉讼（审理）或执行至恢复诉讼（审理）或执行的期间；

……

第11条　刑事公诉案件、被告人被羁押的自诉案件，需要延长审理期限的，应当在审理期限届满7日以前，向高级人民法院提出申请；被告人未被羁押的刑事自诉案件，需要延长审理期限的，应当在审理期限届满10日前向本院院长提出申请。

第14条　对于下级人民法院申请延长办案期限的报告，上级人民法院应当在审理期限届满3日前作出决定，并通知提出申请延长审理期限的人民法院。

需要本院院长批准延长办案期限的，院长应当在审限届满前批准或者决定。

【法〔2001〕164号】　最高人民法院案件审限管理规定（2001年10月16日最高法审委会第1195次会议通过，2001年11月5日印发，2002年1月1日施行）

第15条　案件的审理期限从立案次日起计算。

申诉或申请再审的审查期限从收到申诉或申请再审材料并经立案后的次日起计算。

涉外、涉港、澳、台民事案件的结案期限从最后一次庭审结束后的次日起计算。

第16条　不计入审理期限的期间依照本院《关于严格执行案件审理期限制度的若干规定》（下称《若干规定》）第9条执行。案情重大、疑难，需由审判委员会作出决定的案件，自提交审判委员会之日起至审判委员会作出决定之日止的期间，不计入审理期限。需要向有关部门征求意见的案件，征求意见的期间不计入审理期限，参照《若干规定》第9条第八项的规定办理。

要求下级人民法院查报的案件，下级人民法院复查的期间不计入审理期限。

第17条　结案时间除按《若干规定》第10条执行外，请示案件的结案时间以批复、复函签发日期为准，审查申诉的结案时间以作出决定或裁定的日期为准，执行协调案件以批准协调方案日期为准。

第18条　刑事案件需要延长审理期限的，应当在审理期限届满7日以前，向院长提出申请。

第20条　需要院长批准延长审理期限的，院长应当在审限届满以前作出决定。

第21条　凡变动案件审理期限的，有关合议庭应当及时向立案庭备案。

第22条　本院各类案件审理期限的监督、管理工作由立案庭负责。

距案件审限届满前10日，立案庭应当向有关审判庭发出提示。

对超过审限的案件实行按月通报制度。

第23条　审判人员故意拖延办案，或者因过失延误办案，造成严重后果的，依照《人民法院审判纪律处分办法（试行）》第59条的规定予以处分。

【六部委〔2012〕规定】　最高人民法院、最高人民检察院、公安部、国家安全部、司法部、全国人大常委会法制工作委员会关于实施刑事诉讼法若干问题的规定（2012年12月26日印发，2013年1月1日施行）

25.（第2款）　人民法院对提起公诉的案件进行审查的期限计入人民法院的审理期限。

【法释〔2021〕1号】　最高人民法院关于适用《中华人民共和国刑事诉讼法》的解释
（2020年12月7日最高法审委会［1820次］修订，2021年1月26日公布，2021年3月1日施行；2013年1月1日施行的"法释〔2012〕21号"《解释》同时废止）

第209条　指定管辖案件的审理期限，自被指定管辖的人民法院收到指定管辖决定书和有关案卷、证据材料之日起计算。

第210条　（新增）对可能判处死刑的案件或者附带民事诉讼的案件，以及有刑事诉讼法第158条规定情形之一的案件，上一级人民法院可以批准延长审理期限1次，期限为3个月。因特殊情况还需要延长的，应当报最高人民法院批准。

申请上级人民法院批准延长审理期限的，应当在期限届满15日以前层报。有权决定的人民法院不同意的，应当在审理期限届满5日以前作出决定。

因特殊情况报请最高人民法院批准延长审理期限，最高人民法院经审查，予以批准的，可以延长审理期限1至3个月。期限届满案件仍然不能审结的，可以再次提出申请。

第488条　涉外刑事案件，符合刑事诉讼法第208条第1款、第243条规定的，经有关人民法院批准或者决定，可以延长审理期限。

第209条[①]　【审理活动监督】人民检察院发现人民法院审理案件违反法律规定的诉讼程序，有权向人民法院提出纠正意见。

● **相关规定**　**【高检发〔2009〕30号】　最高人民检察院关于进一步加强对诉讼活动法律监督工作的意见**（2009年2月18日最高检第11届检委会第9次会议通过，2009年12月29日印发施行）

二、突出重点，加强对诉讼活动的法律监督

（三）刑事审判监督

10.加强对审判程序违法的监督。在法庭审理中发现人民法院审判活动违反法律规定的程序或者剥夺、限制诉讼参与人诉讼权利的，应当记录在案，并在庭审后依法提出监督意见。

11.加大对审判监督薄弱环节的监督力度。加大对死刑立即执行改判缓期2年执行案件、二审不开庭审理后改变一审判决案件、人民法院自行提起再审案件、变更强制措施不当案件的监督，发现违法情形的，及时提出纠正意见或者提出抗诉。

12.突出抗诉重点，加大抗诉力度。加强对不服人民法院生效裁判申诉案件的办理力度，完善检察机关办理刑事申诉案件的程序和机制。加强对有罪判无罪、无罪判有罪、量刑畸轻畸重和职务犯罪案件、经济犯罪案件量刑失衡的监督，经审查认为判决、裁定在事实认定、证据采信、法律适用方面确有错误、量刑明显不当或者审判活动严重违反法定程序、审判人员有贪污受贿、徇私舞弊、枉法裁判情形的，应当及时提出抗诉。上级人民检察院要加强对刑事抗诉案件的审查，对下级人民检察院办理的重大、复杂、疑难或者有阻力的抗诉案件，要及时进行督办。协同有关部门研究检察机关按照审判监督程序提出抗诉的案件，除涉及新的事实、证据外，由受理抗诉的人民法院直接审理的程序，明确"新的事实和证据"的

[①] 本条规定由1996年3月17日第8届全国人民代表大会第4次会议增设，1997年1月1日施行。

范围。

13. 完善对死刑案件审判活动的监督机制。积极做好死刑第一、二审案件的审查和出庭工作，认真审查死刑上诉和抗诉案件，探索有效开展死刑复核监督的措施，建立对死刑复核案件申诉的受理、备案、审查和办理制度。建立最高人民检察院对最高人民法院不予核准或者长期不能核准的死刑案件发表监督意见的制度。省级人民检察院要依法加强对判处死刑缓期2年执行案件复核的监督。

【六部委〔2012〕规定】 最高人民法院、最高人民检察院、公安部、国家安全部、司法部、全国人大常委会法制工作委员会关于实施刑事诉讼法若干问题的规定（2012年12月26日印发，2013年1月1日施行）

32. 刑事诉讼法第203条规定："人民检察院发现人民法院审理案件违反法律规定的诉讼程序，有权向人民法院提出纠正意见。"人民检察院对违反法定程序的庭审活动提出纠正意见，应当由人民检察院在庭审后提出。

【高检发诉二字〔2018〕1号】 人民检察院办理死刑第二审案件和复核监督工作指引（试行）（2018年1月11日最高检第12届检委会第72次会议通过，2018年3月31日印发）

第69条 **【侦查活动监督】** 对于侦查活动中的违法情形，由检察人员依法提出纠正意见。对于情节较重的违法情形，应当报请检察长或者检察委员会决定后，发出纠正违法通知书。

第70条 **【审判活动监督】** 人民检察院在审判活动监督中，如果发现人民法院或者审判人员审理案件违反法律规定的诉讼程序的，应当向人民法院提出纠正意见。

出席法庭的检察人员发现法庭审判违反法律规定的诉讼程序的，应当在休庭后及时向检察长报告。需要提出纠正意见的，应当在法庭审理后提出。

第71条 **【监督意见落实】** 检察人员对于提出的监督意见，应当逐件跟踪，督促纠正。对于侦查、审判活动中普遍存在的问题，应当归纳、分析并及时提出监督意见。

对于经督促仍不纠正的，可以通过上级人民检察院向被监督单位的上级机关通报，必要时可以向同级人民代表大会常务委员会报告。

第72条 **【列席审判委员会会议】** 对于可能判处被告人死刑立即执行或者可能改判无罪的案件以及人民检察院提出抗诉的案件，检察长或者受检察长委托的副检察长可以列席同级人民法院审判委员会会议，发表监督意见。

第73条 **【对第二审裁判文书的审查】** 检察人员应当及时了解第二审裁判的情况，督促人民法院依法送达裁判文书。

检察人员应当在收到死刑第二审裁判文书后及时进行审查，对第二审裁判认定事实、适用法律和量刑等提出明确审查意见，并填制二审判决、裁定审查表；省级人民检察院对确有错误的判决、裁定，应当依法及时提请最高人民检察院抗诉或者监督。

审查完毕后，检察人员应当及时在统一业务应用系统点击"流程结束"，以便死刑复核监督阶段查阅。

第74条 **【对司法工作人员违法犯罪的监督】** 人民检察院公诉部门在诉讼监督活动中，应当注意发现可能影响案件公正处理的司法工作人员违法犯罪问题，加强与相关部门的沟通配合与衔接，形成监督合力。

【高检发释字〔2019〕4号】 人民检察院刑事诉讼规则（2019年12月2日最高检第13届检委会第28次会议通过，2019年12月30日公布施行；高检发释字〔2012〕2号《规则（试行）》同时废止）

第570条 人民检察院应当对审判活动中是否存在以下违法行为进行监督审判活动监督主要发现和纠正以下违法行为：（一）人民法院对刑事案件的受理违反管辖规定的；（二）人民法院审理案件违反法定审理和送达期限的；（三）法庭组成人员不符合法律规定，或者依照违反规定应当回避而不回避的；（四）法庭审理案件违反法定程序的；（五）侵犯当事人、其他诉讼参与人的诉讼权利和其他合法权利的；（六）法庭审理时对有关程序问题所作的决定违反法律规定的；（七）二审法院违反法律规定裁定发回重审的；（八）故意毁弃、隐匿、伪造、偷换证据或者其他诉讼材料，或者依据未经法定程序调查、质证的证据定案的；（九）依法应当调查收集相关证据而不收集的；（十）徇私枉法，故意违背事实和法律作枉法裁判的；（十一）收受、索取当事人及其近亲属或者其委托的律师等人财物或者其他利益的；（十二）违反法律规定采取强制措施或者采取强制措施法定期限届满，不予释放、解除或者变更的；（十三）应当退还取保候审保证金不退还的；（十四）对与案件无关的财物采取查封、扣押、冻结措施，或者应当解除查封、扣押、冻结而不解除的；（十五）贪污、挪用、私分、调换、违反规定使用查封、扣押、冻结的财物及其孳息的；（十六）其他违反法律规定的审理程序的行为。

第571条 人民检察院检察长或者检察长委托的副检察长，可以列席同级人民法院审判委员会会议，依法履行法律监督职责。

第572条 人民检察院在审判活动监督中，如果发现人民法院或者审判人员审理案件违反法律规定的诉讼程序，应当向人民法院提出纠正意见。

人民检察院对违反程序的庭审活动提出纠正意见，应当由人民检察院在庭审后提出。出席法庭的检察人员发现法庭审判违反法律规定的诉讼程序，应当在休庭后及时向检察长报告。

第614条 人民检察院在办理案件过程中，犯罪嫌疑人、被告人被羁押，具有下列情形之一的，办案部门应当在作出决定或者收到决定书、裁定书后10日以内通知本院负有监督职责的人民检察院监所检察部门或者案件管理部门以及看守所：……（七）人民法院改变管辖，决定延期审理、中止审理，或者同意人民检察院撤回起诉的。

第617条 人民检察院发现人民法院的审理期限执行情况具有下列情形之一的，应当依法提出纠正意见：（一）在一审、二审和死刑复核阶段未按规定办理换押手续的；（二）违反刑事诉讼法的规定重新计算审理期限、批准延长审理期限、改变管辖、延期审理、中止审理或者发回重审的；（三）决定重新计算审理期限、批准延长审理期限、改变管辖、延期审理、中止审理，对被告人进行精神病鉴定，没有书面通知人民检察院和看守所的；（四）其他违法情形。

第618条 人民检察院发现同级或者下级公安机关、人民法院超期羁押的，应当报经本院检察长批准，向该办案机关发出纠正违法通知书。

发现上级公安机关、人民法院超期羁押的，应当及时层报办案机关的同级人民检察院，由同级人民检察院向该办案机关发出纠正违法通知书。

对异地羁押的案件，发现办案机关超期羁押的，应当通报该办案机关的同级人民检察院，由其依法向办案机关发出纠正违法通知书。

第619条　人民检察院发出纠正违法通知书后，有关办案机关未回复意见或者继续超期羁押的，应当及时报告上一级人民检察院处理。

对于造成超期羁押的直接责任人员，可以书面建议其所在单位或者有关主管机关依照法律或者有关规定予以处分；对于造成超期羁押情节严重，涉嫌犯罪的，应当依法追究其刑事责任。

【法释〔2021〕1号】　最高人民法院关于适用《中华人民共和国刑事诉讼法》的解释（2020年12月7日最高法审委会〔1820次〕修订，2021年1月26日公布，2021年3月1日施行；2013年1月1日施行的"法释〔2012〕21号"《解释》同时废止）

第315条　人民检察院认为人民法院审理案件违反法定程序，在庭审后提出书面纠正意见，人民法院认为正确的，应当采纳。

中共中央关于加强新时代检察机关法律监督工作的意见（2021年6月15日）

6.……落实以审判为中心的诉讼制度改革要求，秉持客观公正立场，强化证据审查，严格落实非法证据排除规则，坚持疑罪从无，依法及时有效履行审查逮捕、审查起诉和指控证明犯罪等职责。……综合运用抗诉、纠正意见、检察建议等监督手段，及时纠正定罪量刑明显不当、审判程序严重违法等问题。……

12. 完善审判监督工作机制。加强对审判工作中自由裁量权行使的监督。完善对人民法院巡回法庭和跨行政区划审判机构等审判活动的监督机制，确保法律监督不留死角。

第二节　自诉案件

第210条①　【自诉案件范围】自诉案件包括下列案件：

（一）告诉才处理的案件；

（二）被害人有证据证明的轻微刑事案件；

（三）被害人有证据证明对被告人侵犯自己人身、财产权利的行为应当依法追究刑事责任，而公安机关或者人民检察院不予追究被告人刑事责任的案件。

第211条②　【自诉案件审查】人民法院对于自诉案件进行审查后，按照下列情形分别处理：

（一）犯罪事实清楚，有足够证据的案件，应当开庭审判；

（二）缺乏罪证的自诉案件，如果自诉人提不出补充证据，应当说服自诉人撤回自诉，或者裁定驳回。

---

① 本条规定由1996年3月17日第8届全国人民代表大会第4次会议增设，1997年1月1日施行。

② 本条规定由1996年3月17日第8届全国人民代表大会第4次会议修改，1997年1月1日施行。原规定为："人民法院对于自诉案件进行审查后，可以按照下列情形分别处理：（一）犯罪事实清楚，有足够证据的案件，应当开庭审判；（二）必须由人民检察院提起公诉的案件，应当移送人民检察院；（三）缺乏罪证的自诉案件，如果自诉人提不出补充证据，经人民法院调查又未能收集到必要的证据，应当说服自诉人撤回自诉，或者裁定驳回；（四）被告人的行为不构成犯罪的案件，应当说服自诉人撤回自诉，或者裁定驳回。"

【自诉人拒不到庭或擅自退庭】自诉人经2次依法传唤，无正当理由拒不到庭的，或者未经法庭许可中途退庭的，按撤诉处理。

【自诉案件证据核实】法庭审理过程中，审判人员对证据有疑问，需要调查核实的，适用本法第196条的规定。

第212条 【自诉案件调解、和解和撤诉】人民法院对自诉案件，可以进行调解；自诉人在宣告判决前，可以同被告人自行和解或者撤回自诉。本法第210条第3项规定的案件不适用调解①。

【自诉案件审理期限】人民法院审理自诉案件的期限，被告人被羁押的，适用本法第208条第1款、第2款的规定；未被羁押的，应当在受理后6个月以内宣判。②

第213条 【反诉】自诉案件的被告人在诉讼过程中，可以对自诉人提起反诉。反诉适用自诉的规定。

● **相关规定** 【法发（研）〔1981〕号】 最高人民法院关于执行刑事诉讼法中若干问题的初步经验总结（1981年11月印发）③

九、关于自诉程序的问题

（一）对于自诉案件的审查

人民法院收到自诉状后，应由庭长或院长指定审判员，依照刑事诉讼法第126条的规定，进行审查，分别作如下处理：对于控告的犯罪事实清楚，有足够证据的，应当决定受理并开庭审判；对于不属本法院管辖的，应通知自诉人向有权管辖的人民法院告诉；对于不属自诉范围的，或者必须通过侦查手段才能查清犯罪事实的，应当移送公安机关或人民检察院处理；对于缺乏证据，自诉人又提不出补充证据，经人民法院调查也未能收集到必要的证据的，或者被告人的行为不构成犯罪的，以及依法不应追究刑事责任的，应当说服自诉人撤回自诉，或者裁定驳回。

（二）自诉案件的审判程序

审判自诉案件的程序，应参照审判公诉案件的程序进行。依照刑事诉讼法第127条、第128条的规定，在审判实践中，处理自诉案件与处理公诉案件的区别大致如下：

1. 对自诉案件可以进行调解，调解达成协议后，即发生法律效力。如果附带有经济赔偿等执行问题的，应当制作调解书，5日内送达双方当事人。如果一方或双方反悔，人民法院可以视情况再行调解，或者开庭审判，或者强制执行。

2. 在案件宣判以前，自诉人可以同被告人自行和解，或者撤回自诉，对此，人民法院应当准予撤诉。

3. 在诉讼过程中，被告人可以提起反诉。反诉的对象必须是同案的自诉人；反诉的内容必须是与自诉案件有关的犯罪行为；反诉案件必须是法院可以直接受理范围内的。不符合这

---

① 本部分内容由1996年3月17日第8届全国人民代表大会第4次会议增加，1997年1月1日施行。
② 本款规定由2012年3月14日第11届全国人大常委会第5次会议增设，2013年1月1日施行。
③ 注：该《经验总结》一直没有被废止，部分内容可作参考。

些条件的，不能作为反诉案件提起。

（三）对被告人的强制措施

在审理自诉案件过程中，依照刑事诉讼法第38条的规定，对被告人可采用拘传、取保候审或者监视居住等强制措施，如果具有刑事诉讼法第40条规定的情况，经院长批准也可以逮捕，但应严格控制。

【法研复（电）〔1986〕号】 最高人民法院研究室关于第二审以调解方式结案的自诉刑事案件应采用何种法律文书撤销原审判决问题的电话答复（1986年9月25日答复辽宁高院研究室请示）

对于以调解方式结案的刑事自诉第二审案件，可以制作调解书。调解书送达后，原审人民法院的判决即视为撤销。

【法释〔2000〕29号】 最高人民法院关于严格执行案件审理期限制度的若干规定（2000年9月14日最高法审委会第1130次会议通过，2000年9月22日公布，2000年9月28日施行，根据2008年12月16日发布的《最高人民法院关于调整司法解释等文件中引用〈中华人民共和国民事诉讼法〉条文序号的决定》调整）

第1条　适用普通程序审理的第一审刑事公诉案件、被告人被羁押的第一审刑事自诉案件和第二审刑事公诉、刑事自诉案件的期限为1个月，至迟不得超过1个半月；附带民事诉讼案件的审理期限，经本院院长批准，可以延长2个月。有刑事诉讼法第126条规定情形之一的，经省、自治区、直辖市高级人民法院批准或者决定，审理期限可以再延长1个月……

适用普通程序审理的被告人未被羁押的第一审刑事自诉案件，期限为6个月；有特殊情况需要延长的，经本院院长批准，可以延长3个月。

适用简易程序审理的刑事案件，审理期限为20日。

第6条（第1款）　……收到自诉人自诉状或者口头告诉的，经审查认为符合自诉案件受理条件的应当在15日内立案。

第7条　立案机构应当在决定立案的3日内将案卷材料移送审判庭。

第8条（第1款）　案件的审理期限从立案次日起计算。

第11条　刑事公诉案件、被告人被羁押的自诉案件，需要延长审理期限的，应当在审理期限届满7日以前，向高级人民法院提出申请；被告人未被羁押的刑事自诉案件，需要延长审理期限的，应当在审理期限届满10日前向本院院长提出申请。

【律发通〔2017〕51号】 律师办理刑事案件规范（2017年8月27日第9届全国律协常务理事会第8次会议通过、即日施行，中华全国律师协会2017年9月20日）

第147条　律师可以接受自诉人及其法定代理人的委托，担任其诉讼代理人。接受委托前，律师应当审查案件是否符合法定自诉案件范围和立案条件。

第148条　代理律师应当帮助自诉人分析案情，确定被告人和管辖法院，调查、了解有关事实和证据，代写刑事自诉状。自诉状应当包括以下内容：（一）自诉人和被告人的姓名、年龄、民族、籍贯、出生地、文化程度、职业、工作单位、住址等自然情况；（二）被告人的犯罪事实，包括时间、地点、手段、危害后果等；（三）被告人行为所触犯的罪名；（四）具体的诉讼请求；（五）致送人民法院的名称和具状时间；（六）证人的姓名、住址；（七）证据的名称、件数、来源等。

被告人是 2 人以上的，应当按被告人的人数提供自诉状的副本。

第 149 条　自诉人同时要求民事赔偿的，代理律师可以协助其制作刑事附带民事起诉状，写明被告人犯罪行为所造成的损害、具体赔偿请求及计算依据。

第 150 条　律师代理提起自诉时，应当准备下列材料和文件：（一）自诉人身份证明文件；（二）刑事自诉状；（三）证据材料及目录；（四）委托书；（五）律师事务所证明；（六）律师执业证书等。

同时提起刑事附带民事诉讼的，应当提交刑事附带民事起诉状。

第 151 条　人民法院对自诉案件进行审查后，要求自诉人补充证据或撤回自诉的，代理律师应当协助自诉人作好补充证据工作或与自诉人协商是否撤回自诉。

对于有共同侵害人，但自诉人只对部分侵害人起诉的，以及有共同被害人，只有部分自诉人提起诉讼的，应当向自诉人提供法律咨询、解释法律规定，告知法律风险及后果。

第 152 条　对于人民法院作出的不予受理或者驳回起诉的裁定不服的，协助自诉人提起上诉。

第 153 条　人民法院决定开庭前，代理律师应当作好开庭前准备工作。对于无法取得的证据，可以申请人民法院依法调查取证。

第 154 条　刑事自诉案件，被告人提起反诉的，代理律师可以接受反诉被告人的委托，可以同时担任其辩护律师。

第 155 条　代理律师应当向自诉人告知有关自诉案件开庭的法律规定，避免因自诉人拒不到庭或擅自中途退庭导致人民法院按自动撤诉处理的法律后果。自诉人不到庭的，代理律师仍应按时出庭履行职责。

第 156 条　自诉案件开庭审理时，代理律师应当协助自诉人充分行使控诉职能，运用证据证明自诉人的指控成立。

第 157 条　自诉案件依法可以适用简易程序的，代理律师可以代理自诉人要求人民法院适用简易程序。自诉案件依法不应当适用简易程序的，代理律师可以代理自诉人对于法院适用简易程序的决定提出异议。

第 158 条　自诉案件法庭辩论结束后，代理律师可以根据委托人授权参加法庭调解。

第 159 条　代理律师应当协助自诉人在法院宣告判决前决定是否与被告人和解或者撤回自诉。

第 160 条　律师可以接受自诉案件被告人及其法定代理人或者近亲属的委托担任被告人的辩护律师。

第 161 条　担任自诉案件被告人的辩护律师，应当适用公诉案件辩护律师的工作规范，并注意以下事项：（一）自诉案件被告人有权提起反诉；（二）自诉人经 2 次合法传唤无正当理由不到庭或者未经法庭许可中途退庭的，按撤诉处理；（三）自诉案件可以调解；（四）自诉人可以同被告人自行和解，或者撤回自诉。

第 162 条　对于被羁押的自诉案件被告人，辩护律师应当会见，并为其申请变更强制措施。

【司公通〔2020〕12 号】　未成年人法律援助服务指引（试行）（司法部公共法律服务管理局、中华全国律师协会 2020 年 9 月 16 日印发试行）

第 27 条　监护人侵害未成年人权益案件，是指父母或者其他监护人（以下简称监护人）性侵害、出卖、遗弃、虐待、暴力伤害未成年人，教唆、利用未成年人实施违法犯罪行为，胁迫、诱骗、利用未成年人乞讨，以及不履行监护职责严重危害未成年人身心健康等行为。

第28条 法律援助承办人员发现监护侵害行为可能构成虐待罪、遗弃罪的，应当告知未成年人及其他监护人、近亲属或村（居）民委员会等有关组织有权告诉或代为告诉。

未成年被害人没有能力告诉，或者因受到强制、威吓无法告诉的，法律援助承办人员应当告知其近亲属或村（居）委员会等有关组织代为告诉或向公安机关报案。

第29条 法律援助承办人员发现公安机关处理监护侵害案件应当立案而不立案的，可以协助当事人向人民检察院申请立案监督或协助向人民法院提起自诉。

第30条 办案过程中，法律援助承办人员发现未成年人身体受到严重伤害、面临严重人身安全威胁或者处于无人照料等危险状态的，应当建议公安机关将其带离实施监护侵害行为的监护人，就近护送至其他监护人、亲属、村（居）民委员会或者未成年人救助保护机构。

第31条 监护侵害行为情节较轻，依法不给予治安管理处罚的，法律援助承办人员可以协助未成年人的其他监护人、近亲属要求公安机关对加害人给予批评教育或者出具告诫书。

第32条 公安机关将告诫书送交加害人、未成年受害人，以及通知村（居）民委员会后，法律援助承办人员应当建议村（居）民委员会、公安派出所对收到告诫书的加害人、未成年受害人进行查访、监督加害人不再实施家庭暴力。

第33条 未成年人遭受监护侵害行为或者面临监护侵害行为的现实危险，法律援助承办人员应当协助其他监护人、近亲属，向未成年人住所地、监护人住所地或者侵害行为地基层人民法院，申请人身安全保护令。

第34条 法律援助承办人员应当协助受侵害未成年人搜集公安机关出警记录、告诫书、伤情鉴定意见等证据。

第35条 法律援助承办人员代理申请人身安全保护令时，可依法提出如下请求：（一）禁止被申请人实施家庭暴力；（二）禁止被申请人骚扰、跟踪、接触申请人及其相关近亲属；（三）责令被申请人迁出申请人住所；（四）保护申请人人身安全的其他措施。

第36条 人身安全保护令失效前，法律援助承办人员可以根据申请人要求，代理其向人民法院申请撤销、变更或者延长。

【法发〔2020〕8号】 最高人民法院关于人民法院深化"分调裁审"机制改革的意见
（2020年2月10日印发试行）

7.……对刑事自诉案件，在自愿合法基础上，鼓励自行和解或者开展第三方调解。

8.……逐步将人民法院调解平台调解事项从民事纠纷扩展到行政纠纷、刑事自诉和执行案件，实现委派调解或者立案后委托调解工作均在人民法院调解平台上开展。

11.……在人民法院调解平台上开展诉前调解的民事、行政、执行、刑事自诉案件，以"收案年度+法院代字+案件类型+诉前调+案件编号"编立案号，当事人申请鉴定评估的，人民法院以上述案号出具相关手续。委托调解的，以"收案年度+法院代字+案件类型+委调+案件编号"编立案号。

【法释〔2021〕1号】 最高人民法院关于适用《中华人民共和国刑事诉讼法》的解释
（2020年12月7日最高法审委会〔1820次〕修订，2021年1月26日公布，2021年3月1日施行；2013年1月1日施行的"法释〔2012〕21号"《解释》同时废止）

第316条 人民法院受理自诉案件必须符合下列条件：（一）符合刑事诉讼法第210条、本解释第1条的规定；（二）属于本院管辖；（三）被害人告诉；（四）有明确的被告人、具体的诉讼请求和证明被告人犯罪事实的证据。

第317条 本解释第1条规定的案件，如果被害人死亡、丧失行为能力或者因受强制、威吓等无法告诉的，或者是限制行为能力人以及因年老、患病、盲、聋、哑等不能亲自告诉，其法定代理人、近亲属告诉或者代为告诉的，人民法院应当依法受理。

被害人的法定代理人、近亲属告诉或者代为告诉的，应当提供与被害人关系的证明和被害人不能亲自告诉的原因的证明。

第318条 提起自诉应当提交刑事自诉状；同时提起附带民事诉讼的，应当提交刑事附带民事自诉状。

第319条 自诉状一般应当包括以下内容：（一）自诉人（代为告诉人）、被告人的姓名、性别、年龄、民族、出生地、文化程度、职业、工作单位、住址、联系方式；（二）被告人实施犯罪的时间、地点、手段、情节和危害后果等；（三）具体的诉讼请求；（四）致送的人民法院和具状时间；（五）证据的名称、来源等；（六）证人的姓名、住址、联系方式等。

对2名以上被告人提出告诉的，应当按照被告人的人数提供自诉状副本。

第320条 对自诉案件，人民法院应当在15日以内审查完毕。经审查，符合受理条件的，应当决定立案，并书面通知自诉人或者代为告诉人。

具有下列情形之一的，应当说服自诉人撤回起诉；自诉人不撤回起诉的，裁定不予受理：（一）不属于本解释第1条规定的案件的；（二）缺乏罪证的；（三）犯罪已过追诉时效期限的；（四）被告人死亡的；（五）被告人下落不明的；（六）除因证据不足而撤诉的以外，自诉人撤诉后，就同一事实又告诉的；（七）经人民法院调解结案后，自诉人反悔，就同一事实再行告诉的；（八）属于本解释第1条第二项规定的案件，公安机关正在立案侦查或者人民检察院正在审查起诉的；（九）不服人民检察院对未成年犯罪嫌疑人作出的附条件不起诉决定或者附条件不起诉考验期满后作出的不起诉决定，向人民法院起诉的。

第321条 对已经立案，经审查缺乏罪证的自诉案件，自诉人提不出补充证据的，人民法院应当说服其撤回起诉或者裁定驳回起诉；自诉人撤回起诉或者被驳回起诉后，又提出了新的足以证明被告人有罪的证据，再次提起自诉的，人民法院应当受理。

第322条 自诉人对不予受理或者驳回起诉的裁定不服的，可以提起上诉。

第二审人民法院查明第一审人民法院作出的不予受理裁定有错误的，应当在撤销原裁定的同时，指令第一审人民法院立案受理；查明第一审人民法院驳回起诉裁定有错误的，应当在撤销原裁定的同时，指令第一审人民法院进行审理。

第323条 自诉人明知有其他共同侵害人，但只对部分侵害人提起自诉的，人民法院应当受理，并告知其放弃告诉的法律后果；自诉人放弃告诉，判决宣告后又对其他共同侵害人就同一事实提起自诉的，人民法院不予受理。

共同被害人中只有部分人告诉的，人民法院应当通知其他被害人参加诉讼，并告知其不参加诉讼的法律后果。被通知人接到通知后表示不参加诉讼或者不出庭的，视为放弃告诉。第一审宣判后，被通知人就同一事实又提起自诉的，人民法院不予受理。但是，当事人另行提起民事诉讼的，不受本解释限制。

第324条 被告人实施2个以上犯罪行为，分别属于公诉案件和自诉案件，人民法院可以一并审理。对自诉部分的审理，适用本章的规定。

第325条 自诉案件当事人因客观原因不能取得的证据，申请人民法院调取的，应当说明理由，并提供相关线索或者材料。人民法院认为有必要的，应当及时调取。

（新增）对通过信息网络实施的侮辱、诽谤行为，被害人向人民法院告诉，但提供证据确有困难的，人民法院可以要求公安机关提供协助。

第326条　对犯罪事实清楚、有足够证据的自诉案件，应当开庭审理。

第327条　自诉案件符合简易程序适用条件的，可以适用简易程序审理。

不适用简易程序审理的自诉案件，参照适用公诉案件第一审普通程序的有关规定。

第328条　人民法院审理自诉案件，可以在查明事实、分清是非的基础上，根据自愿、合法的原则进行调解。调解达成协议的，应当制作刑事调解书，由审判人员、法官助理、书记员署名，并加盖人民法院印章。调解书经双方当事人签收后，即具有法律效力。调解没有达成协议，或者调解书签收前当事人反悔的，应当及时作出判决。

刑事诉讼法第210条第三项规定的案件不适用调解。

第329条　判决宣告前，自诉案件的当事人可以自行和解，自诉人可以撤回自诉。

人民法院经审查，认为和解、撤回自诉确属自愿的，应当裁定准许；认为系被强迫、威吓等，并非自愿的，不予准许。

第330条　裁定准许撤诉或者当事人自行和解的自诉案件，被告人被采取强制措施的，人民法院应当立即解除。

第331条　自诉人经2次传唤，无正当理由拒不到庭，或者未经法庭准许中途退庭的，人民法院应当裁定按撤诉处理。

部分自诉人撤诉或者被裁定按撤诉处理的，不影响案件的继续审理。

第332条　被告人在自诉案件审理期间下落不明的，人民法院可以应当裁定中止审理；符合条件的，可以对被告人依法决定逮捕①。

第333条　对自诉案件，应当参照刑事诉讼法第200条和本解释第295条的有关规定作出判决。对依法宣告无罪的案件，有附带民事诉讼的，其附带民事部分可以应当依法进行调解或者一并作出判决，也可以告知附带民事诉讼原告人另行提起民事诉讼。

第334条　告诉才处理和被害人有证据证明的轻微刑事案件的被告人或者其法定代理人在诉讼过程中，可以对自诉人提起反诉。反诉必须符合下列条件：（一）反诉的对象必须是本案自诉人；（二）反诉的内容必须是与本案有关的行为；（三）反诉的案件必须符合本解释第1条第一项、第二项的规定。

反诉案件适用自诉案件的规定，应当与自诉案件一并审理。自诉人撤诉的，不影响反诉案件的继续审理。

第411条　对第二审自诉案件，必要时可以调解，当事人也可以自行和解。调解结案的，应当制作调解书，第一审判决、裁定视为自动撤销。当事人自行和解的，依照本解释第329条的规定处理；应当裁定准许撤回自诉的，并应当撤销第一审判决、裁定。

第412条　第二审期间，自诉案件的当事人提出反诉的，应当告知其另行起诉。

第651条　向人民法院提出自诉、上诉、申诉、申请等的，应当以书面形式提出。书写有困难的，除另有规定的以外，可以口头提出，由人民法院工作人员制作笔录或者记录在案，并向口述人宣读或者交其阅读。

---

① 本部分内容2012年规定为"被告人到案后，应当恢复审理，必要时应当对被告人依法采取强制措施"。

【海警局令〔2023〕1号】　海警机构办理刑事案件程序规定（2023年5月15日审议通过，2023年6月15日起施行）（余文见本书第308条）

第170条　经过审查，对告诉才处理的案件，海警机构应当告知当事人向人民法院起诉。

对被害人有证据证明的轻微刑事案件，海警机构应当告知被害人可以向人民法院起诉；被害人要求海警机构处理的，海警机构应当依法受理。

人民法院审理自诉案件，依法调取海警机构已经收集的案件材料和有关证据的，海警机构应当及时移交。

第三节　简易程序[①]

第214条[②]　【简易程序适用范围】 基层人民法院管辖的案件，符合下列条件的，可以适用简易程序审判：

（一）案件事实清楚、证据充分的；

（二）被告人承认自己所犯罪行，对指控的犯罪事实没有异议的；

（三）被告人对适用简易程序没有异议的。

人民检察院在提起公诉的时候，可以建议人民法院适用简易程序。

第215条[③]　【简易程序禁用范围】 有下列情形之一的，不适用简易程序：

（一）被告人是盲、聋、哑人，或者是尚未完全丧失辨认或者控制自己行为能力的精神病人的；

（二）有重大社会影响的；

（三）共同犯罪案件中部分被告人不认罪或者对适用简易程序有异议的；

（四）其他不宜适用简易程序审理的。

第216条[④]　【简易程序合议庭】 适用简易程序审理案件，对可能判处3年有期徒刑以下刑罚的，可以组成合议庭进行审判，也可以由审判员1人独任审判；对可能判处的有期徒刑超过3年的，应当组成合议庭进行审判。

【简易程序检察院出庭】 适用简易程序审理公诉案件，人民检察院应当派员出席法庭。

[①] 本节规定由1996年3月17日第8届全国人民代表大会第4次会议增加，1997年1月1日施行。

[②] 本条规定由2012年3月14日第11届全国人大常委会第5次会议修改，2013年1月1日施行。原规定为："人民法院对于下列案件，可以适用简易程序，由审判员1人独任审判：（一）对依法可能判处3年以下有期徒刑、拘役、管制、单处罚金的公诉案件，事实清楚、证据充分，人民检察院建议或者同意适用简易程序的；（二）告诉才处理的案件；（三）被害人起诉的有证据证明的轻微刑事案件。"

[③] 本条规定由2012年3月14日第11届全国人大常委会第5次会议增设，2013年1月1日施行。

[④] 本条规定由2012年3月14日第11届全国人大常委会第5次会议修改，2013年1月1日施行。原规定为："适用简易程序审理公诉案件，人民检察院可以不派员出席法庭。被告人可以就起诉书指控的犯罪进行陈述和辩护。人民检察院派员出席法庭的，经审判人员许可，被告人及其辩护人可以同公诉人互相辩论。"

第 217 条① 　【简易程序询问被告人意见】适用简易程序审理案件，审判人员应当询问被告人对指控的犯罪事实的意见，告知被告人适用简易程序审理的法律规定，确认被告人是否同意适用简易程序审理。

第 218 条② 　【简易程序法庭辩论】适用简易程序审理案件，经审判人员许可，被告人及其辩护人可以同公诉人、自诉人及其诉讼代理人互相辩论。

第 219 条　【简易程序审理程序】适用简易程序审理案件，不受本章第 1 节关于送达期限③、讯问被告人、询问证人、鉴定人、出示证据、法庭辩论程序规定的限制。但在判决宣告前应当听取被告人的最后陈述意见。

第 220 条　【简易程序审理期限】适用简易程序审理案件，人民法院应当在受理后 20 日以内审结；对可能判处的有期徒刑超过 3 年的，可以延长至一个半月④。

第 221 条　【简易程序纠正】人民法院在审理过程中，发现不宜适用简易程序的，应当按照本章第 1 节或者第 2 节的规定重新审理。

● **相关规定**　【法发〔2016〕18 号】　**最高人民法院、最高人民检察院、公安部、国家安全部、司法部关于推进以审判为中心的刑事诉讼制度改革的意见**（2016 年 7 月 20 日）

十四、完善当庭宣判制度，确保裁判结果形成在法庭。……适用简易程序审理的案件一般应当当庭宣判；……规范定期宣判制度。

【高检发未检字〔2017〕1 号】　**未成年人刑事检察工作指引（试行）**（最高检 2017 年 3 月 2 日印发试行）

第 213 条　【简易程序】人民检察院对于符合下列条件的未成年人刑事案件，应当建议人民法院适用简易程序审理：
（一）案件事实清楚，证据确实、充分的；
（二）犯罪嫌疑人承认自己所犯罪行，对被指控的犯罪事实没有异议的；
（三）犯罪嫌疑人及其法定代理人或者合适成年人、辩护人对适用简易程序没有异议的。

【律发通〔2017〕51 号】　**律师办理刑事案件规范**（2017 年 8 月 27 日第 9 届全国律协常务理事会第 8 次会议通过、即日施行，中华全国律师协会 2017 年 9 月 20 日）

第 177 条　律师可以接受当事人、近亲属或其法定代理人的委托，担任辩护人，参与人民法院适用简易程序审理的案件。

第 178 条　辩护律师应当及时向被告人释明关于适用简易程序的法律规定及法律后果。

第 179 条　辩护律师应当依据《刑事诉讼法》第 208 条的规定，审查适用简易程序是否

---

① 本条规定由 2012 年 3 月 14 日第 11 届全国人大常委会第 5 次会议增设，2013 年 1 月 1 日施行。
② 本条规定由 2012 年 3 月 14 日第 11 届全国人大常委会第 5 次会议修改，2013 年 1 月 1 日施行。原规定为："适用简易程序审理自诉案件，宣读起诉书后，经审判人员许可，被告人及其辩护人可以同自诉人及其诉讼代理人互相辩论。"
③ 本部分内容由 2012 年 3 月 14 日第 11 届全国人大常委会第 5 次会议增设，2013 年 1 月 1 日施行。
④ 本部分内容由 2012 年 3 月 14 日第 11 届全国人大常委会第 5 次会议增设，2013 年 1 月 1 日施行。

符合法律规定。认为不应当适用简易程序的，应当及时提出异议，请求人民法院依法适用普通程序。

第180条　辩护律师办理适用简易程序审理的案件，在审判期间发现以下情形时，应当建议法庭转为普通程序审理：（一）被告人对适用简易程序有异议的；（二）被告人的行为可能不构成犯罪的；（三）案件事实不清、证据不足的；（四）被告人可能不负刑事责任的；（五）被告人是盲、聋、哑人，或者是尚未完全丧失辨认或者控制自己行为能力的精神病人的；（六）被告人当庭对起诉书指控的犯罪事实予以否认的；（七）共同犯罪案件中部分被告人不认罪的；（八）有重大社会影响的；（九）其他不应当适用简易程序的。

第181条　适用简易程序审理的公诉案件，辩护律师可以对有异议的证据进行质证；经审判人员许可，辩护律师可以同公诉人、诉讼代理人互相辩论。

【高检发〔2019〕13号】　最高人民法院、最高人民检察院、公安部、国家安全部、司法部关于适用认罪认罚从宽制度的指导意见（2019年10月11日印发施行）

46. 简易程序的适用。基层人民法院管辖的被告人认罪认罚案件，事实清楚、证据充分，被告人对适用简易程序没有异议的，可以适用简易程序审判。

适用简易程序审理认罪认罚案件，公诉人可以简要宣读起诉书，审判人员当庭询问被告人对指控的犯罪事实、证据、量刑建议及适用简易程序的意见，核实具结书签署的自愿性、真实性、合法性。法庭调查可以简化，但对有争议的事实和证据应当进行调查、质证，法庭辩论可以仅围绕有争议的问题进行。裁判文书可以简化。

48.（第2款）　发现有不宜适用简易程序审理情形的，应当转为普通程序审理。

（第3款）　人民检察院在人民法院适用速裁程序审理案件过程中，发现有不宜适用速裁程序审理情形的，应当建议人民法院转为普通程序或者简易程序重新审理；发现有不宜适用简易程序审理情形的，应当建议人民法院转为普通程序重新审理。

【高检发释字〔2019〕4号】　人民检察院刑事诉讼规则（2019年12月2日最高检第13届检委会第28次会议通过，2019年12月30日公布施行；高检发释字〔2012〕2号《规则（试行）》同时废止）

第431条　具有下列情形之一的，人民检察院不得不应当建议人民法院适用简易程序：①……（四）比较复杂的共同犯罪案件的；（五）辩护人作无罪辩护或者对主要犯罪事实有异议的；（六）其他不宜适用简易程序的。

人民法院决定适用简易程序审理的案件，人民检察院认为具有刑事诉讼法第215条规定情形之一的，应当向人民法院提出纠正意见；具有其他不宜适用简易程序情形的，人民检察院可以建议人民法院不适用简易程序。

第432条　基层人民检察院审查案件，认为案件事实清楚、证据充分的，应当在讯问犯罪嫌疑人时，了解其是否承认自己所犯罪行，对指控的犯罪事实有无异议，告知其适用简易程序的法律规定，确认其是否同意适用简易程序。

第434条　公诉人出席简易程序法庭时，应当主要围绕量刑以及其他有争议的问题进行法庭调查和法庭辩论。在确认被告人庭前收到起诉书并对起诉书指控的犯罪事实没有异议

---

① 注：第（一）至（三）项内容同《刑事诉讼法》第215条第（一）至（三）项，略。

后，可以简化宣读起诉书，根据案件情况决定是否讯问被告人、询问证人、鉴定人和出示证据。

根据案件情况，公诉人可以建议法庭简化法庭调查和法庭辩论程序。

第435条 适用简易程序审理的公诉案件，公诉人发现不宜适用简易程序审理的，应当建议法庭按照第一审普通程序重新审理。

第436条 转为普通程序审理的案件，公诉人需要出席法庭进行准备的，可以建议人民法院延期审理。

第614条 人民检察院在办理案件过程中，犯罪嫌疑人、被告人被羁押，具有下列情形之一的，办案部门应当在作出决定或者收到决定书、裁定书后10日以内通知本院负有监督职责的人民检察院监所检察部门或者案件管理部门以及看守所：……（六）人民法院决定适用简易程序、速裁程序审理第一审案件，或者将案件由简易程序转为普通程序、由速裁程序转为简易程序、普通程序重新审理的；……

【法发〔2020〕8号】 最高人民法院关于人民法院深化"分调裁审"机制改革的意见（2020年2月10日印发试行）

14.刑事案件繁简分流标准。基层人民法院对于符合《中华人民共和国刑事诉讼法》第214条和第222条规定的刑事简易程序和速裁程序适用条件的一审刑事案件，一般应当作为简单案件分流。

【法发〔2020〕38号】 最高人民法院、最高人民检察院、公安部、国家安全部、司法部关于规范量刑程序若干问题的意见（2020年11月5日印发，2020年11月6日施行；法发〔2010〕35号同名《意见（试行）》同时废止）

第13条 适用简易程序审理的案件，在确认被告人对起诉书指控的犯罪事实和罪名没有异议，自愿认罪且知悉认罪的法律后果后，法庭审理可以直接围绕量刑进行，不再区分法庭调查、法庭辩论，但在判决宣告前应当听取被告人的最后陈述意见。

适用简易程序审理的案件，一般应当当庭宣判。

【法释〔2021〕1号】 最高人民法院关于适用《中华人民共和国刑事诉讼法》的解释（2020年12月7日最高法审委会〔1820次〕修订，2021年1月26日公布，2021年3月1日施行；2013年1月1日施行的"法释〔2012〕21号"《解释》同时废止）

第359条 基层人民法院受理公诉案件后，经审查认为案件事实清楚、证据充分的，在将起诉书副本送达被告人时，应当询问被告人对指控的犯罪事实的意见，告知其适用简易程序的法律规定。被告人对指控的犯罪事实没有异议并同意适用简易程序的，可以决定适用简易程序，并在开庭前通知人民检察院和辩护人。

对人民检察院建议或者被告人及其辩护人申请适用简易程序审理的案件，依照前款规定处理；不符合简易程序适用条件的，应当通知人民检察院或者被告人及其辩护人。

第360条 具有下列情形之一的，不适用简易程序：（一）被告人是盲、聋、哑人的；（二）被告人是尚未完全丧失辨认或者控制自己行为能力的精神病人的；（三）案件有重大社会影响的；（四）共同犯罪案件中部分被告人不认罪或者对适用简易程序有异议的；（五）辩护人作无罪辩护的；（六）被告人认罪但经审查认为可能不构成犯罪的；（七）不宜适用简易程序审理的其他情形。

第361条 适用简易程序审理的案件，符合刑事诉讼法第35条第1款规定的，人民法院应当告知被告人及其近亲属可以申请法律援助。

第362条 适用简易程序审理案件，人民法院应当在开庭 ~~3日~~ 前将开庭的时间、地点通知人民检察院、自诉人、被告人、辩护人，也可以通知其他诉讼参与人。

通知可以采用简便方式，但应当记录在案。

第363条 适用简易程序审理案件，被告人有辩护人的，应当通知其出庭。

第364条 适用简易程序审理案件，审判长或者独任审判员应当当庭询问被告人对指控的犯罪事实的意见，告知被告人适用简易程序审理的法律规定，确认被告人是否同意适用简易程序。

第365条 适用简易程序审理案件，可以对庭审作如下简化：（一）公诉人可以摘要宣读起诉书；（二）公诉人、辩护人、审判人员对被告人的讯问、发问可以简化或者省略；（三）对控辩双方无异议的证据，可以仅就证据的名称及所证明的事项作出说明；对控辩双方有异议或者法庭认为有必要调查核实的证据，应当出示，并进行质证；（四）控辩双方对与定罪量刑有关的事实、证据没有异议的，法庭审理可以直接围绕罪名确定和量刑问题进行。

适用简易程序审理案件，判决宣告前应当听取被告人的最后陈述。

第366条 适用简易程序独任审判过程中，发现对被告人可能判处的有期徒刑超过3年的，应当转由合议庭审理。

第367条（新增）<u>适用简易程序审理案件，裁判文书可以简化。</u>

适用简易程序审理案件，一般应当当庭宣判。

第368条 适用简易程序审理案件，在法庭审理过程中，具有下列情形之一的，应当转为普通程序审理：（一）被告人的行为可能不构成犯罪的；（二）被告人可能不负刑事责任的；（三）被告人当庭对起诉指控的犯罪事实予以否认的；（四）案件事实不清、证据不足的；（五）不应当或者不宜适用简易程序的其他情形。

决定转为普通程序审理的案件，审理期限应当从<u>作出决定转为普通程序</u>之日起计算。

第566条 对未成年人刑事案件，人民法院决定适用简易程序审理的，应当征求未成年被告人及其法定代理人、辩护人的意见。上述人员提出异议的，不适用简易程序。

【法刊文摘】　检答网集萃96：被告人认罪不认罚是否可以建议法院适用简易程序（检察日报2022年9月5日）

咨询内容（江苏如皋吴洁）：司法实践中，被告人认罪不认罚，是否可以建议法院适用简易程序？

解答摘要（张傲冬）：根据刑事诉讼法，适用简易程序，对被告人有认罪要求而没有认罚要求。只有适用速裁程序的案件，才明确要求被告人认罪认罚。被告人认罪不认罚，仍可以建议法院适用简易程序。

第四节 速裁程序[①]

第 222 条 【速裁程序适用范围】 基层人民法院管辖的可能判处 3 年有期徒刑以下刑罚的案件，案件事实清楚、证据确实、充分，被告人认罪认罚并同意适用速裁程序的，可以适用速裁程序，由审判员 1 人独任审判。

人民检察院在提起公诉的时候，可以建议人民法院适用速裁程序。

第 223 条 【速裁程序禁用范围】 有下列情形之一的，不适用速裁程序：

（一）被告人是盲、聋、哑人，或者是尚未完全丧失辨认或者控制自己行为能力的精神病人的；

（二）被告人是未成年人的；

（三）案件有重大社会影响的；

（四）共同犯罪案件中部分被告人对指控的犯罪事实、罪名、量刑建议或者适用速裁程序有异议的；

（五）被告人与被害人或者其法定代理人没有就附带民事诉讼赔偿等事项达成调解或者和解协议的；

（六）其他不宜适用速裁程序审理的。

第 224 条 【速裁程序审理程序】 适用速裁程序审理案件，不受本章第 1 节规定的送达期限的限制，一般不进行法庭调查、法庭辩论，但在判决宣告前应当听取辩护人的意见和被告人的最后陈述意见。

适用速裁程序审理案件，应当当庭宣判。

第 225 条 【速裁程序审理期限】 适用速裁程序审理案件，人民法院应当在受理后 10 日以内审结；对可能判处的有期徒刑超过 1 年的，可以延长至 15 日。

第 226 条 【速裁程序纠正】 人民法院在审理过程中，发现有被告人的行为不构成犯罪或者不应当追究其刑事责任、被告人违背意愿认罪认罚、被告人否认指控的犯罪事实或者其他不宜适用速裁程序审理的情形的，应当按照本章第 1 节或者第 3 节的规定重新审理。

● **相关规定** 【司发通〔2014〕111 号】 司法部关于切实发挥职能作用做好刑事案件速裁程序试点相关工作的通知（2014 年 10 月 9 日印发京津沪渝辽苏浙闽鲁豫鄂湘粤陕等 14 省市司法厅）

一、切实发挥法律援助值班律师职能作用。（详见刑事诉讼法第 36 条）

二、切实做好律师刑事辩护工作。试点地方的司法行政机关、律师协会要加强对刑事辩

[①] 本节规定由 2018 年 10 月 26 日第 13 届全国人大常委会第 6 次会议增设，同日公布施行。

护律师的业务指导，开展刑事案件速裁程序培训工作，组织刑事辩护律师认真学习《办法》，准确把握刑事案件速裁程序的适用条件、审理程序、审限要求和犯罪嫌疑人、被告人的权利义务等，依法维护犯罪嫌疑人、被告人的合法权益。在办理刑事案件工作中，辩护律师认为案件符合速裁程序适用条件的，应当告知犯罪嫌疑人并征求其意见，犯罪嫌疑人要求适用速裁程序的，辩护律师应当建议人民检察院按速裁程序办理；犯罪嫌疑人不同意适用速裁程序的，辩护律师不得建议人民检察院按速裁程序办理。

三、切实做好对犯罪嫌疑人的调查评估工作。（详见刑事诉讼法第269条）

试点地方的司法行政机关要积极争取党委政法委协调解决法律援助机构人员紧缺、经费保障等问题，将值班律师补贴纳入法律援助业务经费开支范围并合理确定补贴标准。要加强与人民法院、人民检察院、公安机关的联系与沟通，及时协调解决试点中出现的问题。各级司法行政机关应当加强对试点工作的监督指导，及时总结试点经验，确保试点工作扎实开展。试点工作情况每半年报部1次。

【法〔2015〕382号】　最高人民法院、最高人民检察院、公安部、司法部刑事案件速裁程序试点工作座谈会纪要（二）（2015年11月20日在北京召开，2015年12月22日印发）

2. 充分保障被告人行使程序选择权。人民法院、人民检察院、公安机关受理案件后，应当及时告知犯罪嫌疑人、被告人适用速裁程序的有关规定，确保其在充分知悉法律后果的前提下，自愿认罪并同意适用速裁程序。看守所要做好相关法制宣传工作，在押的犯罪嫌疑人、被告人提出适用速裁程序要求的，看守所应当及时将其请求转达给办案部门。

3. 充分发挥法律援助值班律师作用。（详见刑事诉讼法第36条）

4. 优先适用非羁押强制措施。（详见刑事诉讼法第95条）

5. 充分体现量刑激励。要结合量刑规范化改革，推进速裁案件量刑规范化。被告人同意适用速裁程序的，在确保法律效果的前提下，可以减少基准刑的10~30%。各地可以结合当地实际，细化完善速裁案件量刑规则，确保轻罪轻刑、量刑公正。

6. 依法保障缓刑适用。（详见刑事诉讼法第269条）

7. 准确把握证据标准。被告人自愿认罪，有关键证据证明被告人实施了指控的犯罪行为的，可以认定被告人有罪。对于量刑事实的认定，采取有利于被告人原则。

8. 适当简化取证规程。（详见刑事诉讼法第50条）

9. 改革案件审批和文件签发制度。（详见刑事诉讼法第200条）

10. 建立健全科学绩效考评机制。充分调动办案人员积极性，鼓励办案人员多办、快办速裁案件。对承担试点任务的工作人员，要根据任务完成情况，给予适当的绩效奖惩。《关于在部分地区开展刑事案件速裁程序试点工作的办法》（以下简称《试点办法》）规定的办案期限，是分析司法运行态势和试点改革成效的参考性指标，不得将超出《试点办法》规定期限结案作为负面评价指标。

11. 加强试点工作信息化建设。完善案件管理系统和专项统计平台建设，确保信息顺畅对接。要因地制宜地推行网上立案、网上办案、网上评估、电话咨询、电子送达、视频提讯、远程开庭等措施，充分利用信息技术推进试点各项工作。

12. 加强宣传报道工作。（略）

【法发〔2016〕18号】　最高人民法院、最高人民检察院、公安部、国家安全部、司法部关于推进以审判为中心的刑事诉讼制度改革的意见（2016年7月20日）

十四、完善当庭宣判制度,确保裁判结果形成在法庭。适用速裁程序审理的案件,除附带民事诉讼的案件以外,一律当庭宣判;……规范定期宣判制度。

【律发通〔2017〕51号】 **律师办理刑事案件规范**(2017年8月27日第9届全国律协常务理事会第8次会议通过、即日施行,中华全国律师协会2017年9月20日)

第182条 适用刑事速裁程序的案件,辩护律师应当在接受委托或指派之日起3个工作日内会见犯罪嫌疑人、被告人;审查起诉、审判期间,辩护律师应当在接受委托或指派之日起3个工作日内完成阅卷。

第183条 辩护律师认为案件符合刑事速裁适用条件时,经犯罪嫌疑人同意,可以主动建议人民检察院按刑事速裁程序办理。

第184条 辩护律师在会见犯罪嫌疑人、被告人时,应当向犯罪嫌疑人、被告人详细解释刑事速裁程序的内容和要求,告知选择刑事速裁程序对其诉讼权利及实体权益带来的后果,包括承认指控的犯罪事实、同意人民检察院的量刑建议、签署具结书、起诉书简化、由审判员一人独任审判、开庭时不进行法庭调查和法庭辩论、审理期限及送达期限等缩短、开庭时被告人有最后陈述的权利等。

辩护律师应当全面了解犯罪嫌疑人、被告人的意愿,确保其真实、自愿认罪。

第185条 犯罪嫌疑人、被告人自愿认罪,同意适用刑事速裁程序,且辩护律师经全面审查后也同意适用刑事速裁程序时,辩护律师则不再做无罪辩护。

辩护律师认为犯罪嫌疑人、被告人无罪或犯罪嫌疑人、被告人认罪是因受威胁、引诱、欺骗或刑讯逼供等非法方式形成时,应当对刑事速裁程序提出异议,提交书面意见和相关的证据材料。

第186条 辩护律师发现案件有不宜适用速裁程序情形的,应当及时向办案机关提出,要求变更程序。

第187条 辩护律师办理适用刑事速裁程序案件时,应当积极为犯罪嫌疑人、被告人申请取保候审、监视居住,参与犯罪嫌疑人签署具结书的过程,参与同被害人及其亲属的和解过程。

第188条 在审查起诉期间,辩护律师在与犯罪嫌疑人、被告人充分沟通后,经犯罪嫌疑人、被告人同意,可以向检察机关提出量刑意见。

在审判阶段,辩护律师可以主要围绕量刑问题发表辩护意见。

第189条 辩护律师应当向犯罪嫌疑人、被告人具体介绍认罪认罚从宽制度,重点包括以下内容:(一)适用认罪认罚从宽制度犯罪嫌疑人、被告人必须自愿认罪,同意被指控的犯罪事实和量刑建议,签署具结书;(二)认罪认罚从宽制度适用于刑事速裁程序、简易程序及普通程序;(三)犯罪嫌疑人、被告人有程序选择权及选择不同程序相应的法律权利及后果;(四)犯罪嫌疑人、被告人依法享有辩护权和其他诉讼权利,有权获得有效法律帮助;(五)犯罪嫌疑人自愿如实供述涉嫌犯罪的事实,有重大立功或者案件涉及国家重大利益的,经层报公安部提请最高人民检察院批准,侦查机关可以撤销案件;在审查起诉期间,报经最高人民检察院批准,人民检察院可以作出不起诉决定;(六)法律规定不适用认罪认罚从宽制度的情形。

第190条 适用认罪认罚从宽制度的案件,辩护律师应当全面阅卷,了解案情,认真审核犯罪嫌疑人、被告人被指控的事实是否构成犯罪以及犯罪嫌疑人、被告人认罪认罚是否出于自愿，有无受到暴力、威胁、引诱等非法取证等情况，及时为犯罪嫌疑人、被告人提供法律咨询和建议。

第191条 在侦查过程中，辩护律师可以与侦查机关商讨犯罪嫌疑人认罪认罚问题。犯罪嫌疑人自愿认罪认罚的，辩护律师应当及时告知侦查机关。辩护律师应当提示侦查机关在移送审查起诉意见书中写明犯罪嫌疑人自愿认罪认罚的情况。

第192条 在审查起诉过程中，辩护律师应当积极参与犯罪嫌疑人与检察机关的认罪认罚协商、诉讼程序的选择、量刑建议以及具结书的签署等活动，提示检察机关在起诉书中写明被告人认罪认罚的情况、量刑建议，并移送具结书等相关材料。

第193条 在审判期间，辩护律师应当重点开展以下辩护工作：（一）核实被告人认罪认罚的自愿性和认罪认罚具结书的合法性，并向人民法院提出意见；（二）审核案件是否依法应当适用速裁程序或简易程序，并提出意见；对于不应当适用速裁程序或简易程序审理的，应及时向人民法院提出变更程序；（三）向人民法院提出量刑建议或者对人民检察院的量刑建议发表同意或不同意的意见，最大限度地为被告人争取减轻、从轻处罚，包括主刑和附加刑；（四）参加二审辩护工作。

第194条 在办理认罪认罚案件中，辩护律师如发现存在刑讯逼供、暴力取证或者徇私枉法等情况的，应当及时告知办案机关，终止认罪认罚程序。

第195条 在认罪认罚案件中，辩护律师应当特别重视关于强制措施的辩护工作。在侦查期间、审查起诉期间、审判期间，均应当积极提出犯罪嫌疑人、被告人没有社会危险性，应当准予取保候审或者监视居住的意见。

第196条 在办理认罪认罚从宽制度的案件中，辩护律师应当积极建议和参与同被害人及其家属的和解协商，争取被害人方面的谅解。

第197条 在办理认罪认罚从宽制度的案件中，辩护律师应当关注犯罪嫌疑人、被告人财产被查封、扣押、冻结的情况。对于查封、扣押、冻结措施不当的，应当及时向办案机关提出，要求纠正。

第198条 犯罪嫌疑人、被告人认罪认罚后又表示反悔的，辩护律师应当及时了解情况并告知办案机关。

【高检发〔2019〕13号】 最高人民法院、最高人民检察院、公安部、国家安全部、司法部关于适用认罪认罚从宽制度的指导意见（2019年10月11日印发施行）

25. 执法办案管理中心建设。加快推进公安机关执法办案管理中心建设，探索在执法办案管理中心设置速裁法庭，对适用速裁程序的案件进行快速办理。

34. 速裁程序的办案期限。犯罪嫌疑人认罪认罚，人民检察院经审查，认为符合速裁程序适用条件的，应当在10日以内作出是否提起公诉的决定。对可能判处的有期徒刑超过1年的，可以在15日以内作出是否提起公诉的决定。

41. （第2款） 适用速裁程序审理的，人民检察院调整量刑建议应当在庭前或者当庭提出。调整量刑建议后，被告人同意继续适用速裁程序的，不需要转换程序处理。

42. 速裁程序的适用条件。基层人民法院管辖的可能判处3年有期徒刑以下刑罚的案件，案件事实清楚，证据确实、充分，被告人认罪认罚并同意适用速裁程序的，可以适用速裁程序，由审判员1人独任审判。人民检察院提起公诉时，可以建议人民法院适用速裁程序。

有下列情形之一的，不适用速裁程序办理：（一）被告人是盲、聋、哑人，或者是尚未完全丧失辨认或者控制自己行为能力的精神病人的；（二）被告人是未成年人的；（三）案件有重大社会影响的；（四）共同犯罪案件中部分被告人对指控的犯罪事实、罪名、量刑建议或者适用速裁程序有异议的；（五）被告人与被害人或者其法定代理人没有就附带民事诉讼赔偿等事项达成调解或者和解协议的；（六）其他不宜适用速裁程序办理的案件。

43. 速裁程序的审理期限。适用速裁程序审理案件，人民法院应当在受理后10日以内审结；对可能判处的有期徒刑超过1年的，应当在15日以内审结。

44. 速裁案件的审理程序。适用速裁程序审理案件，不受刑事诉讼法规定的送达期限的限制，一般不进行法庭调查、法庭辩论，但在判决宣告前应当听取辩护人的意见和被告人的最后陈述意见。

人民法院适用速裁程序审理案件，可以在向被告人送达起诉书时一并送达权利义务告知书、开庭传票，并核实被告人自然信息等情况。根据需要，可以集中送达。

人民法院适用速裁程序审理案件，可以集中开庭，逐案审理。人民检察院可以指派公诉人集中出庭支持公诉。公诉人简要宣读起诉书后，审判人员应当当庭询问被告人对指控事实、证据、量刑建议以及适用速裁程序的意见，核实具结书签署的自愿性、真实性、合法性，并核实附带民事诉讼赔偿等情况。

适用速裁程序审理案件，应当当庭宣判。集中审理的，可以集中当庭宣判。宣判时，根据案件需要，可以由审判员进行法庭教育。裁判文书可以简化。

45. 速裁案件的二审程序。被告人不服适用速裁程序作出的第一审判决提出上诉的案件，可以不开庭审理。第二审人民法院审查后，按照下列情形分别处理：（一）发现被告人以事实不清、证据不足为由提出上诉的，应当裁定撤销原判，发回原审人民法院适用普通程序重新审理，不再按认罪认罚案件从宽处理；（二）发现被告人以量刑不当为由提出上诉的，原判量刑适当的，应当裁定驳回上诉，维持原判；原判量刑不当的，经审理后依法改判。

48. （第1款） 程序转换。人民法院在适用速裁程序审理过程中，发现有被告人的行为不构成犯罪或者不应当追究刑事责任、被告人违背意愿认罪认罚、被告人否认指控的犯罪事实情形的，应当转为普通程序审理。发现其他不宜适用速裁程序但符合简易程序适用条件的，应当转为简易程序重新审理。

（第3款） 人民检察院在人民法院适用速裁程序审理案件过程中，发现有不宜适用速裁程序审理情形的，应当建议人民法院转为普通程序或者简易程序重新审理；发现有不宜适用简易程序审理情形的，应当建议人民法院转为普通程序重新审理。

57. 程序适用。未成年人认罪认罚案件，不适用速裁程序，但应当贯彻教育、感化、挽救的方针，坚持从快从宽原则，确保案件及时办理，最大限度保护未成年人合法权益。

【高检发释字〔2019〕4号】 人民检察院刑事诉讼规则（2019年12月2日最高检第13届检委会第28次会议通过，2019年12月30日公布施行；高检发释字〔2012〕2号《规则（试行）》同时废止）

第273条 犯罪嫌疑人认罪认罚，人民检察院经审查，认为符合速裁程序适用条件的，应当在10日以内作出是否提起公诉的决定，对可能判处的有期徒刑超过1年的，可以延长至15日；认为不符合速裁程序适用条件的，应当在本规则第351条规定的期限以内作出是否提起公诉的决定。

对于公安机关建议适用速裁程序办理的案件，人民检察院负责案件管理的部门应当在受理案件的当日将案件移送负责捕诉的部门。

第439条 公安机关、犯罪嫌疑人及其辩护人建议适用速裁程序，人民检察院经审查认为符合条件的，可以建议人民法院适用速裁程序审理。

公安机关、辩护人未建议适用速裁程序，人民检察院经审查认为符合速裁程序适用条件，且犯罪嫌疑人同意适用的，可以建议人民法院适用速裁程序审理。

第440条 人民检察院建议人民法院适用速裁程序的案件，起诉书内容可以适当简化，重点写明指控的事实和适用的法律。

第441条 人民法院适用速裁程序审理的案件，人民检察院应当派员出席法庭。

第442条 公诉人出席速裁程序法庭时，可以简要宣读起诉书指控的犯罪事实、证据、适用法律及量刑建议，一般不再讯问被告人。

第443条 适用速裁程序审理的案件，人民检察院发现有不宜适用速裁程序审理情形的，应当建议人民法院转为普通程序或者简易程序重新审理。

第444条 转为普通程序审理的案件，公诉人需要为出席法庭进行准备的，可以建议人民法院延期审理。

第614条 人民检察院在办理案件过程中，犯罪嫌疑人、被告人被羁押，具有下列情形之一的，办案部门应当在作出决定或者收到决定书、裁定书后10日以内通知本院负有监督职责的部门：……（六）人民法院决定适用简易程序、速裁程序审理第一审案件，或者将案件由简易程序转为普通程序，由速裁程序转为简易程序、普通程序重新审理的；……

【法发〔2020〕8号】 最高人民法院关于人民法院深化"分调裁审"机制改革的意见（2020年2月10日印发试行）

14. 刑事案件繁简分流标准。基层人民法院对于符合《中华人民共和国刑事诉讼法》第214条和第222条规定的刑事简易程序和速裁程序适用条件的一审刑事案件，一般应当作为简单案件分流。

17. ……推动建立刑事速裁、快审团队，在看守所、诉讼服务中心等地设立刑事速裁区或者速裁法庭，开展刑事速裁、简案快审工作。探索建立快执团队，促进简案快执。

19. 推动速裁快审快执案件诉讼程序简捷化。对符合小额诉讼程序、刑事速裁程序适用条件的案件，一律自动适用小额诉讼或者刑事速裁程序。……对简单案件可以集中立案、开庭、宣判，由同一审判团队在同一时间段对多个案件连续审理。在依法保障当事人诉讼权利情况下，进一步简化审理程序。……

【法发〔2020〕38号】 最高人民法院、最高人民检察院、公安部、国家安全部、司法部关于规范量刑程序若干问题的意见（2020年11月5日印发，2020年11月6日施行；法发〔2010〕35号同名《意见（试行）》同时废止）

第12条 适用速裁程序审理的案件，在确认被告人认罪认罚的自愿性和认罪认罚具结书内容的真实性、合法性后，一般不再进行法庭调查、法庭辩论，但在判决宣告前应当听取辩护人的意见和被告人的最后陈述意见。

适用速裁程序审理的案件，应当当庭宣判。

第25条（第2款） 对于适用速裁程序审理的案件，可以简化量刑说理。

【法释〔2021〕1号】　最高人民法院关于适用《中华人民共和国刑事诉讼法》的解释（2020年12月7日最高法审委会［1820次］修订，2021年1月26日公布，2021年3月1日施行；2013年1月1日施行的"法释〔2012〕21号"《解释》同时废止）

第369条　对人民检察院在提起公诉时建议适用速裁程序的案件，基层人民法院经审查认为案件事实清楚，证据确实、充分，可能判处3年有期徒刑以下刑罚的，在将起诉书副本送达被告人时，应当告知被告人适用速裁程序的法律规定，询问其是否同意适用速裁程序。被告人同意适用速裁程序的，可以决定适用速裁程序，并在开庭前通知人民检察院和辩护人。

对人民检察院未建议适用速裁程序的案件，人民法院经审查认为符合速裁程序适用条件的，可以决定适用速裁程序，并在开庭前通知人民检察院和辩护人。

被告人及其辩护人可以向人民法院提出适用速裁程序的申请。

第370条　具有下列情形之一的，不适用速裁程序：（一）被告人是盲、聋、哑人的；（二）被告人是尚未完全丧失辨认或者控制自己行为能力的精神病人的；（三）被告人是未成年人的；（四）案件有重大社会影响的；（五）共同犯罪案件中部分被告人对指控的犯罪事实、罪名、量刑建议或者适用速裁程序有异议的；（六）被告人与被害人或者其法定代理人没有就附带民事诉讼赔偿等事项达成调解、和解协议的；（七）辩护人作无罪辩护的；（八）其他不宜适用速裁程序的情形。

第371条　适用速裁程序审理案件，人民法院应当在开庭前将开庭的时间、地点通知人民检察院、被告人、辩护人，也可以通知其他诉讼参与人。

通知可以采用简便方式，但应当记录在案。

第372条　适用速裁程序审理案件，可以集中开庭，逐案审理。公诉人简要宣读起诉书后，审判人员应当当庭询问被告人对指控事实、证据、量刑建议以及适用速裁程序的意见，核实具结书签署的自愿性、真实性、合法性，并核实附带民事诉讼赔偿等情况。

第373条　适用速裁程序审理案件，一般不进行法庭调查、法庭辩论，但在判决宣告前应当听取辩护人的意见和被告人的最后陈述。

第374条　适用速裁程序审理案件，裁判文书可以简化。

适用速裁程序审理案件，应当当庭宣判。

第375条　适用速裁程序审理案件，在法庭审理过程中，具有下列情形之一的，应当转为普通程序或者简易程序审理：（一）被告人的行为可能不构成犯罪或者不应当追究刑事责任的；（二）被告人违背自愿认罪认罚的；（三）被告人否认指控的犯罪事实的；（四）案件疑难、复杂或者对适用法律有重大争议的；（五）其他不宜适用速裁程序的情形。

第376条　决定转为普通程序或者简易程序审理的案件，审理期限应当从作出决定之日起计算。

第377条　适用速裁程序审理的案件，第二审人民法院依照刑事诉讼法第236条第1款第三项的规定发回原审人民法院重新审判的，原审人民法院应当适用第一审普通程序重新审判。

【高检发办字〔2023〕187号】　最高人民法院、最高人民检察院、公安部、司法部关于办理醉酒危险驾驶刑事案件的意见（2023年12月13日印发，2023年12月28日起施行；法发〔2013〕15号《最高人民法院、最高人民检察院、公安部关于办理醉酒驾驶机动车刑事案件适用法律若干问题的意见》同时废止）**（详见《刑法全厚细》第133条之一）**

第21条　人民法院、人民检察院、公安机关和司法行政机关应当加强协作配合，在遵循法定程序、保障当事人权利的前提下，因地制宜建立健全醉驾案件快速办理机制，简化办案流程，缩短办案期限，实现醉驾案件优质高效办理。

第 22 条　符合下列条件的醉驾案件，一般应当适用快速办理机制：（一）现场查获，未造成交通事故的；（二）事实清楚，证据确实、充分，法律适用没有争议的；（三）犯罪嫌疑人、被告人自愿认罪认罚的；（四）不具有刑事诉讼法第 223 条规定情形的。

第 23 条　适用快速办理机制办理的醉驾案件，人民法院、人民检察院、公安机关一般应当在立案侦查之日起 30 日内完成侦查、起诉、审判工作。

第 24 条　在侦查或者审查起诉阶段采取取保候审措施的，案件移送至审查起诉或者审判阶段时，取保候审期限尚未届满且符合取保候审条件的，受案机关可以不再重新作出取保候审决定，由公安机关继续执行原取保候审措施。

第 25 条　对醉驾被告人拟提出缓刑量刑建议或者宣告缓刑的，一般可以不进行调查评估。确有必要的，应当及时委托社区矫正机构或者有关社会组织进行调查评估。受委托方应当及时向委托机关提供调查评估结果。

第 26 条　适用简易程序、速裁程序的醉驾案件，人民法院、人民检察院、公安机关和司法行政机关可以采取合并式、要素式、表格式等方式简化文书。

具备条件的地区，可以通过一体化的网上办案平台流转、送达电子卷宗、法律文书等，实现案件线上办理。

第三章　第二审程序

第 227 条　【上诉权】 被告人、自诉人和他们的法定代理人①，不服地方各级人民法院第一审的判决、裁定，有权用书状或者口头向上一级人民法院上诉。被告人的辩护人和近亲属，经被告人同意，可以提出上诉。

附带民事诉讼的当事人和他们的法定代理人，可以对地方各级人民法院第一审的判决、裁定中的附带民事诉讼部分，提出上诉。

对被告人的上诉权，不得以任何借口加以剥夺。

第 228 条　【抗诉权】 地方各级人民检察院认为本级人民法院第一审的判决、裁定确有错误②的时候，应当向上一级人民法院提出抗诉。

第 229 条③　【被害人请求抗诉】 被害人及其法定代理人不服地方各级人民法院第一审的判决的，自收到判决书后 5 日以内，有权请求人民检察院

---

① 本部分内容由 1996 年 3 月 17 日第 8 届全国人民代表大会第 4 次会议修改，1997 年 1 月 1 日施行。原规定为"当事人或者他们的法定代理人"。

② 本书注：对于发回重审的抗诉，应当评价"重一审"的判决、裁定是否"确有错误"，而不是评价"原一审"。对于原一审没有抗诉的，重审时如果没补充起诉新的犯罪事实，则不能加重刑罚；此时即使认为原判畸轻，也不能对重审的"未加重"提起抗诉，因为此时"重一审"（未加重刑罚）没有错误。但如果"重一审"降低了"原一审"的刑罚，而检方认为该判决畸轻的话，则可以就此提出抗诉，"重二审"可以在"原一审"的刑罚之内加重刑罚。

③ 本条规定由 1996 年 3 月 17 日第 8 届全国人民代表大会第 4 次会议增设，1997 年 1 月 1 日施行。

提出抗诉。人民检察院自收到被害人及其法定代理人的请求后5日以内，应当作出是否抗诉的决定并且答复请求人。

第230条　【上诉、抗诉期限】 不服判决的上诉和抗诉的期限为10日，不服裁定的上诉和抗诉的期限为5日，从接到判决书、裁定书的第2日起算。

● **相关规定**　**【法发（研）〔1981〕号】**　最高人民法院关于执行刑事诉讼法中若干问题的初步经验总结（1981年11月印发）①

十、关于第二审程序的问题

（一）被告人的近亲属要求上诉的问题

依照刑事诉讼法第129条第1款的规定，如果被告人的近亲属同时具有法定代理人身份的，不需要经过被告人同意，就可以提出上诉。被告人的近亲属不是法定代理人的，如果要求上诉，应允许其与被告人见面，经被告人同意的，可以上诉；被告人不同意的，不能上诉。

依照刑事诉讼法第10条第2款、第58条第（三）项的规定，被告人是不满18周岁的未成年人的，应当有法定代理人。

被告人有法定代理人的，人民法院应将判决书、裁定书送达法定代理人。

【高检发诉字〔2001〕7号】　最高人民检察院关于刑事抗诉工作的若干意见（2001年3月2日）

一、刑事抗诉工作的原则

刑事抗诉工作应当遵循以下原则：（一）坚持依法履行审判监督职能与诉讼经济相结合；（二）贯彻国家的刑事政策；（三）坚持法律效果与社会效果的统一；（四）贯彻"慎重、准确、及时"的抗诉方针。

二、刑事抗诉的范围

（一）人民法院刑事判决或裁定在认定事实、采信证据方面确有下列错误的，人民检察院应当提出抗诉和支持抗诉：

1. 刑事判决或裁定认定事实有错误，导致定性或者量刑明显不当的。主要包括：刑事判决或裁定认定的事实与证据不一致；认定的事实与裁判结论有重大矛盾；有新的证据证明刑事判决或裁定认定事实确有错误。

2. 刑事判决或裁定采信证据有错误，导致定性或者量刑明显不当的。主要包括：刑事判决或裁定据以认定案件事实的证据不确实；据以定案的证据不足以认定案件事实，或者所证明的案件事实与裁判结论之间缺乏必然联系；据以定案的证据之间存在矛盾；经审查犯罪事实清楚、证据确实充分，人民法院以证据不足为由判决无罪错误的。

（二）人民法院刑事判决或裁定在适用法律方面确有下列错误的，人民检察院应当提出抗诉和支持抗诉：

1. 定性错误，即对案件进行实体评判时发生错误，导致有罪判无罪，无罪判有罪，或者混淆此罪与彼罪、一罪与数罪的界限，造成适用法律错误，罪刑不相适应的。

---

① 注：该《经验总结》一直没有被废止，部分内容可作参考。

2. 量刑错误，即重罪轻判或者轻罪重判，量刑明显不当的。主要包括：未认定有法定量刑情节而超出法定刑幅度量刑；认定法定量刑情节错误，导致未在法定刑幅度内量刑或者量刑明显不当；适用主刑刑种错误；应当判处死刑立即执行而未判处，或者不应当判处死刑立即执行而判处；应当并处附加刑而没有并处，或者不应当并处附加刑而并处；不具备法定的缓刑或免予刑事处分条件，而错误适用缓刑或判处免予刑事处分。

3. 对人民检察院提出的附带民事诉讼部分所作判决、裁定明显不当的。

（三）人民法院在审判过程中严重违反法定诉讼程序，有下列情形之一，影响公正判决或裁定的，人民检察院应当提出抗诉和支持抗诉：

1. 违反有关回避规定的；

2. 审判组织的组成严重不合法的；

3. 除另有规定的以外，证人证言未经庭审质证直接作为定案根据，或者人民法院根据律师申请收集、调取的证据材料和合议庭休庭后自行调查取得的证据材料没有经过庭审辨认、质证直接采纳为定案根据的；

4. 剥夺或者限制当事人法定诉讼权利的；

5. 具备应当中止审理的情形而作出有罪判决的；

6. 当庭宣判的案件，合议庭不经过评议直接宣判的；

7. 其他严重违反法律规定的诉讼程序，影响公正判决或裁定的。

（四）审判人员在案件审理期间，有贪污受贿、徇私舞弊、枉法裁判行为，影响公正判决或裁定，造成上述第（一）、（二）、（三）项规定的情形的，人民检察院应当提出抗诉和支持抗诉。

三、不宜抗诉的情形

（一）原审刑事判决或裁定认定事实、采信证据有下列情形之一的，一般不宜提出抗诉：

1. 判决或裁定采信的证据不确实、不充分，或者证据之间存有矛盾，但是支持抗诉主张的证据也不确实、不充分，或者不能合理排除证据之间的矛盾的；

2. 被告人提出罪轻、无罪辩解或者翻供后，有罪证据之间的矛盾无法排除，导致起诉书、判决书对事实的认定分歧较大的；

3. 人民法院以证据不足、指控的犯罪不能成立为由，宣告被告人无罪的案件，人民检察院如果发现新的证据材料证明被告人有罪，应当重新起诉，不能提出抗诉；

4. 刑事判决改变起诉定性，导致量刑差异较大，但没有足够证据证明人民法院改变定性错误的；

5. 案件基本事实清楚，因有关量刑情节难以查清，人民法院从轻处罚的。

（二）原审刑事判决或裁定在适用法律方面有下列情形之一的，一般不宜提出抗诉：

1. 法律规定不明确、存在争议，抗诉的法律依据不充分的；

2. 刑事判决或裁定认定罪名不当，但量刑基本适当的；

3. 具有法定从轻或者减轻处罚情节，量刑偏轻的；

4. 未成年人犯罪案件量刑偏轻的；

5. 被告人积极赔偿损失，人民法院适当从轻处罚的。

（三）人民法院审判活动违反法定诉讼程序，但是未达到严重程度，不足以影响公正裁判，或者判决书、裁定书存在某些技术性差错，不影响案件实质性结论的，一般不宜提出抗诉。必要时可以以检察建议书等形式，要求人民法院纠正审判活动中的违法情形，或者建议人民法院更正法律文书中的差错。

（四）认为应当判处死刑立即执行而人民法院判处被告人死刑缓期2年执行的案件，具有下列情形之一的，除原判认定事实、适用法律有严重错误或者罪行极其严重、必须判处死刑立即执行，而判处死刑缓期2年执行明显不当的以外，一般不宜按照审判监督程序提出抗诉：

1. 因被告人有自首、立功等法定从轻、减轻处罚情节而判处其死刑缓期2年执行的；

2. 因婚姻家庭、邻里纠纷等民间矛盾激化引发的故意杀人案件，由于被害人一方有明显过错或者对矛盾激化负有直接责任，人民法院根据案件具体情况，判处被告人死刑缓期2年执行的；

3. 被判处死刑缓期2年执行的罪犯入监劳动改造后，考验期将满，认罪服法，狱中表现较好的。

四、刑事抗诉案件的审查

（一）对刑事抗诉案件的事实，应当重点从以下几个方面进行审查：（1）犯罪的动机、目的是否明确；（2）犯罪的手段是否清楚；（3）与定罪量刑有关的情节是否具备；（4）犯罪的危害后果是否查明；（5）行为和结果之间是否存在刑法上的因果关系。

（二）对刑事抗诉案件的证据，应当重点从以下几个方面进行审查：（1）认定主体的证据是否确实充分；（2）认定犯罪行为和证明犯罪要素的证据是否确实充分；（3）涉及犯罪性质、决定罪名的证据是否确实充分；（4）涉及量刑情节的相关证据是否确实充分；（5）提出抗诉的刑事案件，支持抗诉主张的证据是否具备合法性、客观性和关联性；抗诉主张的每一环节是否均有相应的证据予以证实；抗诉主张与抗诉证据之间、抗诉证据与抗诉证据之间是否不存在矛盾；支持抗诉主张的证据是否形成完整的锁链。

（三）对刑事抗诉案件的适用法律，应当重点从以下几个方面进行审查：（1）适用的法律和法律条文是否正确；（2）罪与非罪、此罪与彼罪、一罪与数罪的认定是否正确；（3）具有法定从轻、减轻、从重、免除处罚情节的，适用法律是否正确；（4）适用刑种和量刑幅度是否正确；（5）对人民检察院提出的附带民事诉讼部分的判决或裁定是否符合法律规定。

（四）办理刑事抗诉案件时，应当审查人民法院在案件审理过程中是否存在严重违反法定诉讼程序，影响公正审判的情形。

人民检察院在收到人民法院第一审刑事判决书或者裁定书后，应当指定专人立即进行审查。对确有错误的判决或者裁定，应当及时在法定期限内按照第二审程序依法提出抗诉。

人民检察院对被害人及其法定代理人提出的抗诉请求，应当在法定期限内审查答复；抗诉请求的理由成立的，应当依法及时提出抗诉。

……

五、刑事抗诉工作制度

（一）刑事抗诉案件必须经检察委员会讨论决定。

（二）按照第二审程序提出抗诉的人民检察院，应当及时将检察内卷报送上一级人民检察院。提请上级人民检察院按照审判监督程序抗诉的人民检察院，应当及时将侦查卷、检察卷、检察内卷和人民法院审判卷以及提请抗诉报告书一式20份报送上级人民检察院。

（三）刑事抗诉书和提请抗诉报告书应当重点阐述抗诉理由，增强说理性。

（四）上级人民检察院对下级人民检察院按照第二审程序提出抗诉的案件，如果是支持或者部分支持抗诉，应当写出支持抗诉的意见和理由。

（五）办理刑事抗诉案件的检察人员应当制作出庭预案和庭审答辩提纲，做好出庭前的准备。

（六）刑事抗诉案件庭审中的示证和答辩，应当针对原审法院判决、裁定中的错误进行重点阐述和论证。

（七）人民法院审判委员会讨论刑事抗诉案件，同级人民检察院检察长依法应当列席。

【高检发〔2005〕9号】　最高人民检察院关于进一步加强公诉工作强化法律监督的意见（2005年6月10日）

三、强化诉讼监督，维护司法公正

（三）加强抗诉工作，强化对刑事审判活动的监督。要依法运用抗诉手段，加大刑事审判监督力度。认真执行《人民检察院刑事诉讼规则》以及其他关于刑事抗诉工作的规定，符合抗诉条件的应当坚决依法提出抗诉。根据当前抗诉实践，对于具有以下情形之一的，应当认为有抗诉必要，依法提出抗诉：（1）人民法院采信自行收集的证据，未经庭审质证即作为裁判的根据，导致裁判错误的；（2）人民法院不采纳公诉人庭前收集并经庭审质证的有效证据，仅因被告人翻供而判决无罪或改变事实认定，造成错误裁判的；（3）人民法院审判活动严重违反法定诉讼程序，或者审判人员在审理案件过程中有贪污受贿、徇私舞弊等行为，影响公正裁判的；（4）判决、裁定认定事实或者适用法律错误，量刑虽然未致畸轻畸重，但社会影响恶劣的；（5）因重要事实、法定情节认定错误而导致错误裁判，或者因判决、裁定认定犯罪性质错误，可能对司法实践产生不良效应的。上级检察机关要支持下级检察机关依法开展抗诉工作，对下级人民检察院抗诉或者请求抗诉的案件，上级人民检察院应当提讯原审被告人、复核主要证据，符合抗诉条件的，应当依法支持抗诉或者向同级人民法院提出抗诉。检察机关提出抗诉的案件，要按照规定报同级人大常委会备案。对于人民法院正确的判决、裁定，应当做好当事人的息诉工作，维护审判权威。

【高检发释字〔2006〕1号】　最高人民检察院关于新疆生产建设兵团人民检察院对新疆维吾尔自治区高级人民法院生产建设兵团分院审理的案件实施法律监督有关问题的批复（2006年6月7日最高检第10届检委会第55次会议通过，2006年6月14日公布施行，答复新疆生产建设兵团检察院"新兵检发〔2005〕23号"请示）

（第1款）　新疆生产建设兵团人民检察院认为新疆维吾尔自治区高级人民法院生产建设兵团分院刑事第一审的判决、裁定确有错误的时候，应当向最高人民法院提出抗诉。

【高检诉发〔2010〕21号】　人民检察院开展量刑建议工作的指导意见（试行）（最高检公诉厅2010年2月23日印发试行）

第19条　人民检察院收到人民法院的判决、裁定后，应当对判决、裁定是否采纳检察机关的量刑建议以及量刑理由、依据进行审查，认为判决、裁定量刑确有错误、符合抗诉条件的，经检察委员会讨论决定，依法向人民法院提出抗诉。

人民检察院不能单纯以量刑建议未被采纳作为提出抗诉的理由。人民法院未采纳人民检察院的量刑建议并无不当的，人民检察院在必要时可以向有关当事人解释说明。

第20条　人民检察院办理刑事二审再审案件，可以参照本意见提出量刑建议。（见刑事

诉讼法第 176 条）

第 21 条　对于二审或者再审案件，检察机关认为应当维持原审裁判量刑的，可以在出席法庭时直接提出维持意见；认为应当改变原审裁判量刑的，可以另行制作量刑建议书提交法庭审理。

【法释〔2011〕23 号】　最高人民法院关于审理人民检察院按照审判监督程序提出的刑事抗诉案件若干问题的规定（2011 年 4 月 18 日最高法审委会第 1518 次会议通过，2011 年 10 月 14 日公布，2012 年 1 月 1 日施行）

第 6 条　在开庭审理前，人民检察院撤回抗诉的，人民法院应当裁定准许。

第 10 条　以前发布的有关规定与本规定不一致的，以本规定为准。

【高检发诉字〔2014〕29 号】　最高人民检察院关于加强和改进刑事抗诉工作的意见（2014 年 11 月 19 日最高检第 12 届检委会第 29 次会议通过，2014 年 11 月 26 日印发）

二、刑事抗诉的情形

3. 人民法院刑事判决、裁定在认定事实方面确有下列错误，导致定罪或者量刑明显不当的，人民检察院应当提出抗诉和支持抗诉：（1）刑事判决、裁定认定的事实与证据证明的事实不一致的；（2）认定的事实与裁判结论有矛盾的；（3）有新的证据证明原判决、裁定认定的事实确有错误的。

4. 人民法院刑事判决、裁定在采信证据方面确有下列错误，导致定罪或者量刑明显不当的，人民检察院应当提出抗诉和支持抗诉：（1）刑事判决、裁定据以认定案件事实的证据不确实的；（2）据以定案的证据不足以认定案件事实，或者所证明的案件事实与裁判结论之间缺乏必然联系的；（3）据以定案的证据依法应当予以排除而未被排除的；（4）不应当排除的证据作为非法证据被排除或者不予采信的；（5）据以定案的主要证据之间存在矛盾，无法排除合理怀疑的；（6）因被告人翻供、证人改变证言而不采纳依法收集并经庭审质证为合法、有效的其他证据，判决无罪或者改变事实认定的；（7）经审查犯罪事实清楚，证据确实、充分，人民法院以证据不足为由判决无罪或者改变事实认定的。

5. 人民法院刑事判决、裁定在适用法律方面确有下列错误的，人民检察院应当提出抗诉和支持抗诉：

（1）定罪错误，即对案件事实进行评判时发生错误。主要包括：有罪判无罪，无罪判有罪；混淆此罪与彼罪、一罪与数罪的界限，造成罪刑不相适应，或者在司法实践中产生重大不良影响的；

（2）量刑错误，即适用刑罚与犯罪的事实、性质、情节和社会危害程度不相适应，重罪轻判或者轻罪重判，导致量刑明显不当。主要包括：不具有法定量刑情节而超出法定刑幅度量刑；认定或者适用法定量刑情节错误，导致未在法定刑幅度内量刑或者量刑明显不当；共同犯罪案件中各被告人量刑与其在共同犯罪中的地位、作用明显不相适应或者不均衡；适用主刑刑种错误；适用附加刑错误；适用免予刑事处罚、缓刑错误；适用刑事禁止令、限制减刑错误的。

6. 人民法院在审判过程中有下列严重违反法定诉讼程序情形之一，可能影响公正裁判的，人民检察院应当提出抗诉和支持抗诉：（1）违反有关公开审判规定的；（2）违反有关回避规定的；（3）剥夺或者限制当事人法定诉讼权利的；（4）审判组织的组成不合法的；（5）除另有规定的以外，证据材料未经庭审质证直接采纳作为定案根据，或者人民法院依申请收集、调取的证据材料和合议庭休庭后自行调查取得的证据材料没有经过庭审质证而直接采纳作为定案根据的；(6) 由合议庭进行审判的案件未经过合议庭评议直接宣判的；(7) 其他严重违反法定诉讼程序情形的。

7. 对人民检察院提出的刑事附带民事诉讼部分所作判决、裁定明显不当的，或者当事人提出申诉的已生效刑事附带民事诉讼部分判决、裁定明显不当的，人民检察院应当提出抗诉和支持抗诉。

8. 人民法院适用犯罪嫌疑人、被告人逃匿、死亡案件违法所得的没收程序所作的裁定确有错误的，人民检察院应当提出抗诉和支持抗诉。

9. 审判人员在审理案件的时候，有贪污受贿、徇私舞弊或者枉法裁判行为，影响公正审判的，人民检察院应当提出抗诉和支持抗诉。

10. 人民法院刑事判决、裁定认定事实、采信证据有下列情形之一的，一般不应当提出抗诉：(1) 被告人提出罪轻、无罪辩解或者翻供后，认定犯罪性质、情节或者有罪的证据之间的矛盾无法排除，导致判决书未认定起诉指控罪名或者相关犯罪事实的；(2) 刑事判决改变起诉指控罪名，导致量刑差异较大，但没有足够证据或者法律依据证明人民法院改变罪名错误的；(3) 案件定罪事实清楚，因有关量刑情节难以查清，人民法院在法定刑幅度内从轻处罚的；(4) 依法排除非法证据后，证明部分或者全部案件事实的证据达不到确实、充分的标准，人民法院不予认定该部分案件事实或者判决无罪的。

11. 人民法院刑事判决、裁定在适用法律方面有下列情形之一的，一般不应当提出抗诉：(1) 法律规定不明确、存有争议，抗诉的法律依据不充分的；(2) 具有法定从轻或者减轻处罚情节，量刑偏轻的；(3) 被告人系患有严重疾病、生活不能自理的人，怀孕或者正在哺乳自己婴儿的妇女，生活不能自理的人的唯一扶养人，量刑偏轻的；(4) 被告人认罪并积极赔偿损失，取得被害方谅解，量刑偏轻的。

12. 人民法院审判活动违反法定诉讼程序，其严重程度不足以影响公正裁判，或者判决书、裁定书存在技术性差错，不影响案件实质性结论的，一般不应当提出抗诉。必要时以纠正审理违法意见书监督人民法院纠正审判活动中的违法情形或者以检察建议书等形式要求人民法院更正法律文书中的差错。

13. 人民法院判处被告人死刑缓期 2 年执行的案件，具有下列情形之一，除原判决认定事实、适用法律有严重错误或者社会反响强烈的以外，一般不应当提出判处死刑立即执行的抗诉：(1) 被告人有自首、立功等法定从轻、减轻处罚情节的；(2) 定罪的证据确实、充分，但影响量刑的主要证据存有疑问的；(3) 因婚姻家庭、邻里纠纷等民间矛盾激化引发的案件，因被害方的过错行为引起的案件，案发后被告人真诚悔罪、积极赔偿被害方经济损失并取得被害方谅解的；(4) 罪犯被送交监狱执行刑罚后，认罪服法，狱中表现较好，且死缓考验期限将满的。

三、刑事抗诉案件的审查

15. 对刑事抗诉案件的事实，应当重点从以下几个方面进行审查：犯罪动机、目的是否明确；犯罪手段是否清楚；与定罪量刑有关的事实、情节是否查明；犯罪的危害后果是否查明；行为和结果之间是否存在刑法上的因果关系。

16. 对刑事抗诉案件的证据，应当重点从以下几个方面进行审查：认定犯罪主体的证据是否确实、充分；认定犯罪事实的证据是否确实、充分；涉及犯罪性质、决定罪名的证据是否确实、充分；涉及量刑情节的证据是否确实、充分；提出抗诉的刑事案件，支持抗诉意见的证据是否具备合法性、客观性和关联性；抗诉证据之间、抗诉意见与抗诉证据之间是否存在矛盾；支持抗诉意见的证据是否确实、充分。

17. 办理刑事抗诉案件，应当讯问原审被告人，并可根据案情需要复核或者补充相关证据。

18. 对刑事抗诉案件的法律适用，应当重点从以下几个方面进行审查：适用的法律和法律条文是否正确；罪与非罪、此罪与彼罪、一罪与数罪的认定是否正确；具有法定从重、从轻、减轻或者免除处罚情节的，适用法律是否正确；适用刑种和量刑幅度是否正确；刑事附带民事诉讼，以及犯罪嫌疑人、被告人逃匿、死亡案件违法所得的没收程序的判决、裁定是否符合法律规定。

【苏司通〔2014〕112号】 江苏省高级人民法院、江苏省人民检察院、江苏省公安厅、江苏省司法厅关于律师刑事辩护若干问题的会议纪要（2014年7月29日）

15. 一审辩护律师在上诉期间内（自被告人接到判决书的第二日起10日内或者自接到裁定书的第二日起5日内），有权会见被告人。被委托为二审辩护人的律师在上诉期内以及上诉期限届满以后，有权会见被告人。

【律发通〔2017〕51号】 律师办理刑事案件规范（2017年8月27日第9届全国律协常务理事会第8次会议通过、即日施行，中华全国律师协会2017年9月20日）

第129条 一审辩护律师在上诉期内受被告人、被告人的法定代理人的委托担任二审辩护人的，应当协助被告人提出上诉，包括协助确定上诉的请求和理由，代写上诉状等。

一审辩护律师经被告人同意，在法定上诉期内可以提出上诉。

受委托担任二审辩护人的律师，应当及时与二审人民法院取得联系，提交委托手续，及时参与二审诉讼活动。

【高检发诉字〔2018〕2号】 人民检察院刑事抗诉工作指引（2017年7月4日最高检第12届检委会第66次会议通过，2018年2月14日印发施行）

第6条 人民检察院可以通过以下途径发现尚未生效判决、裁定的错误：

（一）收到人民法院第一审判决书、裁定书后，人民检察院通过指定专人审查发现错误；

（二）被害人及其法定代理人不服人民法院第一审判决，在收到判决书后5日以内请求人民检察院提出抗诉的，人民检察院应当立即进行审查，在法定抗诉期限内提出是否抗诉的意见；

（三）职务犯罪案件第一审判决，由上下两级人民检察院同步审查。作出一审判决人民法院的同级人民检察院是同步审查的主要责任主体，上一级人民检察院负督促和制约的责任；

（四）其他途径。

第7条 上一级人民检察院在抗诉期限内，发现下级人民检察院应当提出抗诉而没有提出抗诉的案件，可以指令下级人民检察院依法提出抗诉。下级人民检察院在抗诉期限内未能及时提出抗诉的，应当在判决、裁定生效后请上一级人民检察院按照审判监督程序提出抗诉。

第9条 人民法院的判决、裁定有下列情形之一的，应当提出抗诉：

（一）原审判决或裁定认定事实确有错误，导致定罪或者量刑明显不当的：(1) 刑事判决、裁定认定的事实与证据证明的事实不一致的；（2）认定的事实与裁判结论有矛盾的；（3）有新的证据证明原判决、裁定认定的事实确有错误的。

（二）原审判决或裁定采信证据确有错误，导致定罪或者量刑明显不当的：（1）刑事判决、裁定据以认定案件事实的证据不确实的；（2）据以定案的证据不足以认定案件事实，或者所证明的案件事实与裁判结论之间缺乏必然联系的；（3）据以定案的证据依法应当作为非法证据予以排除而未被排除的；（4）不应当排除的证据作为非法证据被排除或者不予采信的；（5）据以定案的主要证据之间存在矛盾，无法排除合理怀疑的；（6）因被告人翻供、证人改变证言而不采纳依法收集并经庭审质证为合法、有效的其他证据，判决无罪或者改变事实认定的；（7）犯罪事实清楚，证据确实、充分，但人民法院以证据不足为由判决无罪或者改变事实认定的。

（三）原审判决或裁定适用法律确有错误的：

1. 定罪错误，即对案件事实进行评判时发生错误：（1）有罪判无罪，无罪判有罪的；（2）混淆此罪与彼罪、一罪与数罪的界限，造成罪刑不相适应，或者在司法实践中产生重大不良影响的。

2. 量刑错误，即适用刑罚与犯罪的事实、性质、情节和社会危害程度不相适应，重罪轻判或者轻罪重判，导致量刑明显不当：（1）不具有法定量刑情节而超出法定刑幅度量刑的；（2）认定或者适用法定量刑情节错误，导致未在法定刑幅度内量刑或者量刑明显不当的；（3）共同犯罪案件中各被告人量刑与其在共同犯罪中的地位、作用明显不相适应或者不均衡的；（4）适用主刑刑种错误的；（5）适用附加刑错误的；（6）适用免予刑事处罚、缓刑错误的；（7）适用刑事禁止令、限制减刑错误的。

（四）人民法院在审判过程中有下列严重违反法定诉讼程序情形之一，可能影响公正裁判的：（1）违反有关公开审判规定的；（2）违反有关回避规定的；（3）剥夺或者限制当事人法定诉讼权利的；（4）审判组织的组成不合法的；（5）除另有规定的以外，证据材料未经庭审质证直接采纳作为定案根据，或者人民法院依申请收集、调取的证据材料和合议庭休庭后自行调查取得的证据材料没有经过庭审质证而直接采纳作为定案根据的；（6）由合议庭进行审判的案件未经过合议庭评议直接宣判的；（7）违反审判管辖规定的；（8）其他严重违反法定诉讼程序情形的。

（五）刑事附带民事诉讼部分所作判决、裁定明显不当的。

（六）人民法院适用犯罪嫌疑人、被告人逃匿、死亡案件违法所得的没收程序所作的裁定确有错误的。

（七）审判人员在审理案件的时候，有贪污受贿、徇私舞弊或者枉法裁判行为，影响公正审判的。

第10条 下列案件一般不提出抗诉：

（一）原审判决或裁定认定事实、采信证据有下列情形之一的：

1. 被告人提出罪轻、无罪辩解或者翻供后，认定犯罪性质、情节或者有罪的证据之间的矛盾无法排除，导致人民法院未认定起诉指控罪名或者相关犯罪事实的；

2. 刑事判决改变起诉指控罪名，导致量刑差异较大，但没有足够证据或者法律依据证明人民法院改变罪名错误的；

3. 案件定罪事实清楚，因有关量刑情节难以查清，人民法院在法定刑幅度内从轻处罚的；

4. 依法排除非法证据后，证明部分或者全部案件事实的证据达不到确实、充分的标准，人民法院不予认定该部分案件事实或者判决无罪的。

（二）原审判决或裁定适用法律有下列情形之一的：

1. 法律规定不明确、存在争议，抗诉的法律依据不充分的；

2. 具有法定从轻或者减轻处罚情节，量刑偏轻的；

3. 被告人系患有严重疾病、生活不能自理的人，怀孕或者正在哺乳自己婴儿的妇女，生活不能自理的人的唯一扶养人，量刑偏轻的；

4. 被告人认罪并积极赔偿损失，取得被害方谅解，量刑偏轻的。

（三）人民法院审判活动违反法定诉讼程序，其严重程度不足以影响公正裁判，或者判决书、裁定书存在技术性差错，不影响案件实质性结论的，一般不提出抗诉。必要时以纠正审理违法意见书形式监督人民法院纠正审判活动中的违法情形，或者以检察建议书等形式要求人民法院更正法律文书中的差错。

（四）人民法院判处被告人死刑缓期2年执行的案件，具有下列情形之一，除原判决认定事实、适用法律有严重错误或者社会反响强烈的以外，一般不提出判处死刑立即执行的抗诉：

1. 被告人有自首、立功等法定从轻、减轻处罚情节的；

2. 定罪的证据确实、充分，但影响量刑的主要证据存有疑问的；

3. 因婚姻家庭、邻里纠纷等民间矛盾激化引发的案件，因被害方的过错行为引起的案件，案发后被告人真诚悔罪、积极赔偿被害方经济损失并取得被害方谅解的；

4. 罪犯被送交监狱执行刑罚后，认罪服法，狱中表现较好，且死缓考验期限将满的。

（五）原审判决或裁定适用的刑罚虽与法律规定有偏差，但符合罪刑相适应原则和社会认同的。

（六）未成年人轻微刑事犯罪案件量刑偏轻的。

第12条 办理刑事抗诉案件，应当严格按照刑法、刑事诉讼法、相关司法解释和规范性文件的要求，全面、细致地审查案件事实、证据、法律适用以及诉讼程序，综合考虑犯罪性质、情节和社会危害程度等因素，准确分析认定人民法院原审裁判是否确有错误，根据错误的性质和程度，决定是否提出（请）抗诉。

（一）对刑事抗诉案件的事实，应当重点审查以下内容：（1）犯罪动机、目的是否明确；（2）犯罪手段是否清楚；（3）与定罪量刑有关的事实、情节是否查明；（4）犯罪的危害后果是否查明；（5）行为和结果之间是否存在刑法上的因果关系。

（二）对刑事抗诉案件的证据，应当重点审查以下内容：（1）认定犯罪主体的证据是否确实、充分；（2）认定犯罪事实的证据是否确实、充分；（3）涉及犯罪性质、认定罪名的证据是否确实、充分；（4）涉及量刑情节的证据是否确实、充分；（5）提出抗诉的刑事案件，支持抗诉意见的证据是否具备合法性、客观性和关联性；（6）抗诉证据之间、抗诉意见与抗诉证据之间是否存在矛盾；（7）抗诉证据是否确实、充分。

（三）对刑事抗诉案件的法律适用，应当重点审查以下内容：（1）适用法律和引用法律条文是否正确；（2）罪与非罪、此罪与彼罪、一罪与数罪的认定是否正确；（3）具有法定从重、从轻、减轻或者免除处罚情节的，适用法律是否正确；（4）适用刑种和量刑幅度是否正确；(5) 刑事附带民事诉讼判决、裁定，犯罪嫌疑人、被告人逃匿、死亡案件违法所得没收程序的裁定是否符合法律规定。

第13条　审查抗诉案件一般按照下列步骤进行：

（一）认真研究抗诉书或提请抗诉报告书，熟悉案件的基本情况、重点了解不同诉讼阶段认定案件事实的差异，公诉意见、历次判决或裁定结论有何差异，将判决或裁定理由与抗诉理由或提请抗诉的理由进行对比，初步分析案件分歧的焦点所在；

（二）审阅起诉书、判决书或裁定书，核对抗诉书或提请抗诉报告书所列举的公诉意见、判决或裁定结论、判决或裁定理由等内容是否存在错误；

（三）审阅卷中证据材料。在全面审阅的基础上，重点审查判决、裁定认定案件事实所采信的证据，下一级人民检察院提出抗诉或提请抗诉所认定的证据，特别是对认定事实有分歧的，应当仔细审查各分歧意见所认定、采信的证据；

（四）根据卷中证据情况，提出对案件事实的初步认定意见，注意与判决、裁定的认定意见有无不同；

（五）初步列出案件分歧的焦点问题，包括事实认定、证据采信以及法律适用方面的分歧意见等；

（六）分析判决、裁定是否存在错误，提出抗诉或提请抗诉的理由是否成立以及是否存在疏漏，研判是否支持抗诉或决定抗诉；

（七）根据案件具体情况，必要时可以到案发地复核主要证据，对尚不清楚的事实和情节提取新的证据；

（八）根据复核证据的情况，进一步提出认定事实、采信证据和适用法律的意见，分析判决、裁定是否确有错误，抗诉理由是否充分，最后提出是否支持抗诉或者决定抗诉的审查意见。

第14条　办理刑事抗诉案件，应当讯问原审被告人，并根据案件需要复核或者补充相关证据。

需要原侦查机关补充收集证据的，可以要求原侦查机关补充收集。被告人、辩护人提出自首、立功等可能影响定罪量刑的材料和线索，人民检察院可以依照管辖规定交侦查机关调查核实，也可以自行调查核实。发现遗漏罪行或者同案犯罪嫌疑人的，应当建议侦查机关侦查。

根据案件具体情况，可以向侦查人员调查了解原案的发破案、侦查取证活动等情况。

在对涉及专门技术问题的证据材料进行审查时，可以委托检察技术人员或者其他具有专门知识的人员进行文证审查，或者请其提供咨询意见。检察技术人员、具有专门知识的人员出具的审查意见或者咨询意见应当附卷，并在案件审查报告中说明。

第15条　人民检察院办理死刑抗诉案件，除依照本指引第13条、第14条规定审查外，还应当重点开展下列工作：（一）讯问原审被告人，听取原审被告人的辩解；（二）必要时听取辩护人的意见；（三）复核主要证据，必要时问证人；（四）必要时补充收集证据；（五）对鉴定意见有疑问的，可以重新鉴定或者补充鉴定；（六）根据案件情况，可以听取被害人的意见。

第16条　人民检察院在办理刑事抗诉案件过程中发现职务犯罪线索的，应当对案件线索逐件登记、审查，经检察长批准，及时移送有管辖权的单位办理。

第19条　人民检察院对同级人民法院第一审判决的抗诉，应当在接到判决书的第二日起10日以内提出；对裁定的抗诉，应当在接到裁定书后的第二日起5日以内提出。提出抗诉应当以抗诉书送达同级人民法院为准，不得采取口头通知抗诉的方式。

第20条　被害人及其法定代理人不服人民法院第一审判决，在收到判决书后5日以内请求人民检察院提出抗诉的，人民检察院应当立即进行审查，作出是否抗诉的决定，并制作抗诉请求答复书，在收到请求后5日以内答复请求人。

被害人及其法定代理人在收到人民法院判决书5日以后请求人民检察院提出抗诉的，由人民检察院决定是否受理。

第21条　办理职务犯罪抗诉案件，应当认真落实最高人民检察院公诉厅《关于加强对职务犯罪案件第一审判决法律监督的若干规定（试行）》和《关于对职务犯罪案件第一审判决进一步加强同步审查监督工作的通知》等要求，重点解决职务犯罪案件重罪轻判问题。

下级人民检察院审查职务犯罪案件第一审判决，认为应当抗诉的，应当在法定时限内依法提出抗诉，并且报告上一级人民检察院。

下级人民检察院收到人民法院第一审判决书后，应当在2日以内报送上一级人民检察院。上一级人民检察院认为应当抗诉的，应当及时通知下级人民检察院。下级人民检察院审查后认为不应当抗诉的，应当将不抗诉的意见报上一级人民检察院公诉部门。上一级人民检察院公诉部门不同意下级人民检察院不抗诉意见的，应当根据案件情况决定是否调卷审查。上一级人民检察院公诉部门经调卷审查认为确有抗诉必要的，应当报检察长决定或者检察委员会讨论决定。上一级人民检察院作出的抗诉决定，下级人民检察院应当执行。

上下两级人民检察院对人民法院作出的职务犯罪案件第一审判决已经同步审查的，上一级人民法院针对同一案件作出的第二审裁判，收到第二审裁判书的同级人民检察院依法按照审判监督程序及时审查，一般不再报其上一级人民检察院同步审查。

第51条　下级人民检察院对于拟抗诉的重大案件，应当在决定抗诉前向上级人民检察院汇报。上级人民检察院要结合本地区工作实际，组织开展工作情况通报、工作经验推广、案件剖析评查、优秀案件评选、典型案例评析、业务研讨培训、庭审观摩交流等活动，推动刑事抗诉工作发展。

第52条　上级人民检察院要加强刑事抗诉个案和类案专项指导，主动帮助下级人民检察院解决办案中遇到的问题，排除阻力和干扰。对于重大普通刑事案件、重大职务犯罪案件、疑难复杂案件、人民群众对司法不公反映强烈的案件以及其他有重大影响的重要抗诉案件，上级人民检察院要加强抗诉前工作指导，必要时可以同步审查，确保抗诉质量。

【高检发诉二字〔2018〕1号】　人民检察院办理死刑第二审案件和复核监督工作指引（试行）（2018年1月11日最高检第12届检委会第72次会议通过，2018年3月31日印发）

第2条（第1款）　【案件与工作范围】本指引所称死刑第二审案件，是指因上诉或者抗诉而进入第二审程序的下列案件：（一）第一审被告人被判处死刑立即执行的；（二）第一审被告人被判处死刑缓期2年执行，人民法院决定开庭审理的；（三）人民检察院认为第一审被告人应当被判处死刑立即执行或者死刑缓期二年执行而提出抗诉的。

第8条　【审查的主要内容】检察人员应当客观全面审查在案证据材料，并重点审查以下内容：（一）第一审判决认定事实是否清楚，证据是否确实、充分；（二）适用法律是否正确，对有关量刑情节的认定是否准确，量刑是否适当；（三）被判处死刑的被告人是否罪行极其严重，是否必须立即执行；（四）被告人被判处死刑缓期2年执行，决定限制减刑或者终身监禁是否适当；（五）抗诉、上诉意见与第一审判决存在的分歧，抗诉、上诉理由是否正确、充分；（六）抗诉、上诉中是否提出或者第一审判决后是否出现了可能影响定罪量刑的新事实、新证据；（七）有无遗漏罪行或者其他应当追究刑事责任的人；（八）涉案财物处理是否妥当；（九）诉讼活动是否存在影响公正判决的违法情形；（十）被告方与被害方是否达成赔偿谅解；（十一）是否有涉检信访或者重大舆情等风险；（十二）其他可能影响定罪量刑的内容。

　　第9条　【审查方式】检察人员审查案件，应当就第一审判决认定的案件事实和适用法律进行全面审查，重点围绕抗诉、上诉理由开展下列工作：（一）复核主要证据，必要时到案发现场调查；（二）讯问被告人，听取被告人的上诉理由或者辩解；（三）必要时听取辩护人、被害人及其法定代理人或者近亲属的意见；（四）必要时询问证人；（五）对证据合法性有疑问的，应当进行调查核实；（六）对鉴定意见有疑问的，可以重新鉴定或者补充鉴定；（七）需要侦查机关补充调取和完善的证据，可以要求侦查机关提供，必要时可以自行调查核实，补充收集相关证据；（八）应当开展的其他工作。

　　第27条　【审查报告的内容】死刑第二审案件审查报告一般包括：（一）被告人及被害人基本情况；（二）案件诉讼经过；（三）第一审判决认定的事实及裁判结果、理由；（四）抗诉或者上诉理由；（五）辩护人的意见；（六）审查认定的事实及对证据的综合分析；（七）对上诉、抗诉理由的分析与意见；（八）需要说明的问题；（九）审查意见和理由。

　　第28条　【上诉案件的处理意见】对于上诉案件，审查后视情形提出以下处理意见：

　　（一）原判决认定事实清楚，证据确实、充分，适用法律正确，量刑适当，审判程序合法的，应当提出建议维持原判的意见；

　　（二）原判决在事实认定、证据采信、综合评判等方面存在不当之处，但不影响定罪量刑的，可以建议第二审人民法院在依法纠正后维持原判；

　　（三）原判决认定事实没有错误，但适用法律错误，导致定罪错误或者量刑不当的，应当提出建议改判的意见，但不得违反上诉不加刑原则；

　　（四）原判决认定事实不清或者证据不足的，可以在查清事实后提出建议改判的意见，也可以提出建议发回重审的意见；

　　（五）第一审人民法院违反法律规定的诉讼程序，可能影响公正审判的，应当提出建议发回重审的意见。

　　第29条　【抗诉案件的处理意见】对于抗诉案件，审查后视情形提出以下处理意见：

　　（一）具有《人民检察院刑事诉讼规则（试行）》第584条规定的情形，原判决确有错误，抗诉意见正确的，应当提出支持抗诉的意见；

　　（二）原判决确有错误，抗诉意见部分正确的，可以变更、补充抗诉理由，提出部分支持抗诉的意见；

　　（三）原判决并无不当，抗诉意见不当的，应当提出撤回抗诉的意见。

　　第31条　【提请检察官联席会议或者检察委员会讨论的情形】检察人员可以对下列死刑案件提请公诉部门负责人召集检察官联席会议进行讨论，为案件处理提供参考意见。需要提请检察委员会讨论的，应当报检察长决定：（一）抗诉案件；（二）在事实认定、证据采信、法律适用等方面存在较大分歧的；（三）在全国或者当地有重大社会影响的；（四）当事人或者其近亲属反应强烈，可能引发社会矛盾的；（五）其他重大、疑难、复杂的死刑案件。

第32条 【案件决定】检察长不同意检察人员处理意见，可以要求检察人员复核或者提请检察委员会讨论决定，也可以直接作出决定。要求复核的意见、决定，应当以书面形式作出，并归入案件卷宗。

第33条 【检察人员意见与决定不一致的处理】检察人员执行检察长决定时，认为决定错误的，可以提出异议；检察长不改变该决定，或者要求立即执行的，检察人员应当执行。

【高检〔2021〕号】 张军在最高检调研组认罪认罚从宽制度座谈会上的答话（2021年1月13日，郑州）①

问：认罪认罚只是对罪名和量刑表示认可，但是犯罪嫌疑人或被告人对于事实部分有没有辩解的权利？认罪认罚后有的是"假上诉"，为了避免送监执行，利用判决不能立即生效的时间差进行上诉，使自己可以留在看守所执行剩余刑罚，对这类上诉，是否应当抗诉？

答：第一种情形，被告人因对犯罪事实证据反悔，提出不同意见或提出辩解意见而被从重处罚的上诉，是被告人的正当权利，检察官应当尊重，不应当予以抗诉。

第二种情形，被告人认罪认罚，法官在幅度刑的高线量刑，或没有采纳检察官的量刑建议，对被告人给予更重量刑引发的上诉，同样是被告人的权利，应当尊重，检察机关不应当抗诉。此外，被告人在庭上认罪认罚，但是对于罪行作了审查起诉阶段没有做过的辩解，认为自己犯罪主观恶性或者客观危害性较轻，对指控犯罪的证据有予以否认，但最终亦认罚的，检察官原则上不应当抗诉。被告人辩解或律师辩护、被告人予以配合认同，均是被告人的权利，只要起诉指控的事实证据法庭总体予以采纳，没有因无事实、证据依据的辩解影响定罪量刑的，也不应当抗诉。对此类情形，检察官要从自身指控证明犯罪能力和做认罪认罚从宽审查起诉阶段的工作质量上找问题、补短板。

第三种情形，被告人认罪认罚，庭审采纳了确定刑量刑建议或者幅度刑的中线、低线量刑建议，被告人为了缩短实际服刑期，"制造二审"、延长庭审期限而不再移送监狱服剩余的几个月刑罚，以上诉延长实际羁押期的，检察机关原则上应当予以抗诉，法院亦多支持抗诉并对被告人予以从重处罚。主要考虑，一是认罪认罚案件中轻判处罚较多，罪犯在看守所"交流"获得此类"经验"，如果没有抗诉，哪怕是几个月的从重处罚，则这一制度的节省司法资源、促进认罪服法的初衷便不能实现，反而增加了新的上诉。凡是作了这样抗诉的，各地检察机关均要用好这一类案例——即利用时间差"假上诉"，为了"留"在看守所服剩余的刑期，反倒增加了刑期，最终被从重判刑，还会被移送监狱，警示那些被误导的犯罪嫌疑人、被告人。此类抗诉的目的恰恰是不再做此类抗诉，减少杜绝此类被告人的"技术性上诉"。抗是为了不抗，抗一案警示一片，关键是后来办理类似情况案件时，要充分用好这样的抗诉案例。

【法释〔2021〕1号】 最高人民法院关于适用《中华人民共和国刑事诉讼法》的解释（2020年12月7日最高法审委会〔1820次〕修订，2021年1月26日公布，2021年3月1日施行；2013年1月1日施行的"法释〔2012〕21号"《解释》同时废止）

第378条 地方各级人民法院在宣告第一审判决、裁定时，应当告知被告人、自诉人及其法定代理人不服判决和准许撤回起诉、终止审理等裁定的，有权在法定期限内以书面或者

---

① https://www.spp.gov.cn/tt/202102/t20210221_509442.shtml，最后访问日期：2021年7月1日。

口头形式，通过本院或者直接向上一级人民法院提出上诉；被告人的辩护人、近亲属经被告人同意，也可以提出上诉；附带民事诉讼当事人及其法定代理人，可以对判决、裁定中的附带民事部分提出上诉。

被告人、自诉人、附带民事诉讼当事人及其法定代理人是否提出上诉，以其在上诉期满前最后一次的意思表示为准。

第379条 人民法院受理的上诉案件，一般应当有上诉状正本及副本。

上诉状内容一般应当包括：第一审判决书、裁定书的文号和上诉人收到的时间，第一审人民法院的名称，上诉的请求和理由，提出上诉的时间。被告人的辩护人、近亲属经被告人同意提出上诉的，还应当写明其与被告人的关系，并应当以被告人作为上诉人。

第380条 上诉、抗诉必须在法定期限内提出。不服判决的上诉、抗诉的期限为10日；不服裁定的上诉、抗诉的期限为5日。上诉、抗诉的期限，从接到判决书、裁定书的第2日起计算。

对附带民事判决、裁定的上诉、抗诉期限，应当按照刑事部分的上诉、抗诉期限确定。附带民事部分另行审判的，上诉期限也应当按照刑事诉讼法规定的期限确定。

第651条 向人民法院提出自诉、上诉、申诉、申请等的，应当以书面形式提出。书写有困难的，除另有规定的以外，可以口头提出，由人民法院工作人员制作笔录或者记录在案，并向口述人宣读或者交其阅读。

【高检发办字〔2021〕120号】 人民检察院办理认罪认罚案件开展量刑建议工作的指导意见（2021年11月15日最高检第13届检委会第78次会议通过，2021年12月3日印发施行）

第37条 人民法院违反刑事诉讼法第201第2款规定，未告知人民检察院调整量刑建议而直接作出判决的，人民检察院一般应当以违反法定程序为由依法提出抗诉。

第38条 认罪认罚案件审理中，人民法院认为量刑建议明显不当建议人民检察院调整，人民检察院不予调整或者调整后人民法院不予采纳，人民检察院认为判决、裁定量刑确有错误的，应当依法提出抗诉，或者根据案件情况，通过提出检察建议或者发出纠正违法通知书等进行监督。

第39条 认罪认罚案件中，人民法院采纳人民检察院提出的量刑建议作出判决、裁定，被告人仅以量刑过重为由提出上诉，因被告人反悔不再认罪认罚致从宽量刑明显不当的，人民检察院应当依法提出抗诉。

第40条 人民检察院办理认罪认罚二审、再审案件，参照本意见提出量刑建议。（详见《刑事诉讼法》第171条、第174条、第176条第2款、第201条）

● **指导案例** 【高检发办字〔2023〕92号】 最高人民检察院第45批指导性案例（2023年5月26日最高检检委会〔14届5次〕通过，2023年6月25日印发）

（检例第178号） 王某等人故意伤害等犯罪二审抗诉案

要旨：检察机关在办案中要加强对未成年人的特殊、优先保护，对于侵害未成年人犯罪手段残忍、情节恶劣、后果严重的，应当依法从严惩处。胁迫未成年人实施毒品犯罪、参加恶势力犯罪集团，采用暴力手段殴打致该未成年人死亡的，属于"罪行极其严重"，应当依法适用死刑。对于人民法院以被告方与被害方达成赔偿谅解协议为由，从轻判决处的，人民检察院应当对赔偿谅解协议进行实质性审查，全面、准确分析从宽处罚是否合适。虽达成赔偿谅解但并不足以从宽处罚的，人民检察院应当依法提出抗诉，监督纠正确有错误的判决，贯彻罪责刑相适应原则，维护公平正义。

（检例第179号） 刘某某贩卖毒品二审抗诉案

要旨： 对于人民法院以存在"合理怀疑"为由宣告被告人无罪的案件，人民检察院认为在案证据能够形成完整的证据链，且被告人的无罪辩解没有证据证实的，应当提出抗诉。同时，对于确有必要的，要补充完善证据，对人民法院认为存在的"合理怀疑"作出解释，以准确排除"合理怀疑"，充分支持抗诉意见和理由。对于查清事实后足以定罪量刑的抗诉案件，如未超出起诉指控范围，人民检察院可以建议人民法院依法直接改判。

（检例第180号） 李某抢劫、强奸、强制猥亵二审抗诉案

要旨： 对于认定事实、适用法律存在争议的抗诉案件，人民检察院要全面收集、审查判断和综合运用证据，充分利用技术手段收集电子数据，注重运用间接证据完善证据链条，确保准确认定犯罪事实和适用法律。如果在二审抗诉案件办理过程中，发现漏罪线索，应当及时移送公安机关侦查，经查属实的，建议人民法院发回重审，由人民检察院对新的犯罪事实补充起诉，依法保障被告人的上诉权。人民检察院要加强反向审视，通过办理抗诉案件，发现和改进审查逮捕、审查起诉工作中存在的问题和不足。

第231条① 【上诉状送交】被告人、自诉人、附带民事诉讼的原告人和被告人通过原审人民法院提出上诉的，原审人民法院应当在3日以内将上诉状连同案卷、证据移送上一级人民法院，同时将上诉状副本送交同级人民检察院和对方当事人。

被告人、自诉人、附带民事诉讼的原告人和被告人直接向第二审人民法院提出上诉的，第二审人民法院应当在3日以内将上诉状交原审人民法院送交同级人民检察院和对方当事人。

第232条 【抗诉书送交】地方各级人民检察院对同级人民法院第一审判决、裁定的抗诉，应当通过原审人民法院提出抗诉书，并且将抗诉书抄送上一级人民检察院。原审人民法院应当将抗诉书连同案卷、证据移送上一级人民法院，并且将抗诉书副本送交当事人。

【撤回抗诉】上级人民检察院如果认为抗诉不当，可以向同级人民法院撤回抗诉，并且通知下级人民检察院。

● **相关规定** 【刑监他字〔2001〕1号】 最高人民法院关于人民法院对原审被告人宣告无罪后人民检察院抗诉的案件由谁决定对原审被告人采取强制措施并通知其出庭等问题的复函（2001年1月2日答复西藏自治区高院请示）

一、如果人民检察院提供的原审被告人住址准确，应当参照《刑事诉讼法》第151条的

---

① 本条下划线部分由1996年3月17日第8届全国人民代表大会第4次会议修改，1997年1月1日施行。原规定2处均为"当事人"。

规定，由人民法院按照人民检察院提供的地址，向原审被告人送达抗诉书并通知其出庭；如果人民检察院提供的原审被告人住址不明确，应当参照《最高人民法院关于执行〈中华人民共和国刑事诉讼法〉若干问题的解释》第117条第（一）、（二）项的规定，由人民法院通知人民检察院在3日内补充提供；如果确实无法提供或者按照人民检察院提供的原审被告人住址确实无法找到原审被告人的，应当认定原审被告人不在案，由人民法院作出不予受理的决定，将该案退回人民检察院。

二、由于人民法院已依法对原审被告人宣告无罪并予释放，因此不宜由人民法院采取强制措施；人民检察院认为其有罪并提出抗诉的，应当由提出抗诉的检察机关决定是否采取强制措施。

【法研〔2009〕226号】 最高人民法院研究室关于上级人民检察院向同级人民法院撤回抗诉后又决定支持抗诉的效力问题的答复（2009年12月23日答复湖北高院"鄂高法〔2009〕282号"请示）

抗诉期满后第二审人民法院宣告裁判前，上级人民检察院认为下级人民检察院的抗诉不当，向同级人民法院撤回抗诉，而后又重新支持抗诉的，应区分不同情况处理：如果人民法院未裁定准许人民检察院撤回抗诉的，原抗诉仍然有效；如果人民法院已裁定准许撤回抗诉的，对同级人民检察院重新支持抗诉不予准许。

【法释〔2010〕10号】 最高人民法院、最高人民检察院关于对死刑判决提出上诉的被告人在上诉期满后宣判前提出撤回上诉人民法院是否准许的批复（2010年7月6日最高法审委会第1488次会议、2010年6月4日最高检第11届检委会第37次会议通过，2010年8月6日公布，2010年9月1日施行）

第一审被判处死刑立即执行的被告人提出上诉，在上诉期满后第二审开庭以前申请撤回上诉的，依照《最高人民法院、最高人民检察院关于死刑第二审案件开庭审理程序若干问题的规定（试行）》①第4条的规定处理。在第二审开庭以后宣告裁判前申请撤回上诉的，第二审人民法院应当不准许撤回上诉，继续按照上诉程序审理。

最高人民法院、最高人民检察院以前发布的司法解释、规范性文件与本批复不一致的，以本批复为准。

【高检发诉字〔2014〕29号】 最高人民检察院关于加强和改进刑事抗诉工作的意见（2014年11月19日最高检第12届检委会第29次会议通过，2014年11月26日印发）

三、刑事抗诉案件的审查

20. 按照第二审程序提出抗诉的人民检察院，应当及时将刑事抗诉书和检察卷报送上一级人民检察院。提请上一级人民检察院按照审判监督程序抗诉的人民检察院，应当及时将提请抗诉报告书（一式10份）和侦查卷、检察卷、人民法院审判卷报送上一级人民检察院。经本院检察委员会讨论决定的，应当一并报送本院检察委员会会议纪要。刑事抗诉书和提请抗诉报告书应当充分阐述抗诉理由。

---

① 注：该《规定》已于2013年4月8日被《最高人民法院、最高人民检察院关于废止1997年7月1日至2011年12月31日期间制定的部分司法解释和司法解释性质文件的决定》（法释〔2013〕6号）宣布废止，废止理由为该规定的内容已被刑事诉讼法及相关司法解释取代。但"法释〔2010〕10号"《批复》一直未被明确宣布废止。

21. 上一级人民检察院对下级人民检察院按照第二审程序提出抗诉的案件，支持或者部分支持抗诉意见的，可以变更、补充抗诉理由，及时制作支持刑事抗诉意见书，阐明支持或者部分支持抗诉的意见和理由，送达同级人民法院，同时通知提出抗诉的人民检察院；不支持抗诉的，应当制作撤回抗诉决定书，送达同级人民法院，同时通知提出抗诉的人民检察院，并向提出抗诉的人民检察院书面说明撤回抗诉理由。

上一级人民检察院在抗诉期限内，发现下级人民检察院应当提出抗诉而没有提出抗诉的，可以指令下级人民检察院依法提出抗诉。

【高检发诉字〔2018〕2号】 人民检察院刑事抗诉工作指引（2017年7月4日最高检第12届检委会第66次会议通过，2018年2月14日印发施行）

第22条　决定抗诉的案件应当制作刑事抗诉书。刑事抗诉书应当包括下列内容：（一）原判决、裁定情况；（二）审查意见；（三）抗诉理由。

刑事抗诉书应当充分阐述抗诉理由。

第23条　按照第二审程序提出抗诉的人民检察院，应当及时将刑事抗诉书和检察卷报送上一级人民检察院。经本院检察委员会讨论决定的，应当一并报送本院检察委员会会议纪要。

第24条　上一级人民检察院支持或者部分支持抗诉意见的，可以变更、补充抗诉理由，及时制作支持刑事抗诉意见书，阐明支持或者部分支持抗诉的意见和理由，在同级人民法院开庭之前送达人民法院，同时通知提出抗诉的人民检察院。

第25条　上一级人民检察院不支持抗诉的，承办部门应当制作撤回抗诉决定书，在同级人民法院开庭之前送达人民法院，同时通知提出抗诉的人民检察院，并向提出抗诉的人民检察院书面说明撤回抗诉理由。

第26条　下级人民检察院如果认为上一级人民检察院撤回抗诉不当的，可以提请复议。上一级人民检察院应当复议，并另行指派专人进行审查，提出意见报告检察长或者检察委员会同意后，将复议结果书面通知下级人民检察院。

第27条　第二审人民法院发回原审人民法院重新按照第一审程序审判的案件，如果人民检察院认为重新审判的判决、裁定确有错误的，可以按照第二审程序提出抗诉。

【高检发诉二字〔2018〕1号】 人民检察院办理死刑第二审案件和复核监督工作指引（试行）（2018年1月11日最高检第12届检委会第72次会议通过，2018年3月31日印发）

第48条　**【对开庭后宣告裁判前申请撤回上诉的处理】** 被判处死刑立即执行的上诉人，在第二审开庭后宣告裁判前申请撤回上诉的，检察人员应当建议人民法院不予准许撤回上诉，继续按照上诉案件审理。

【法释〔2021〕1号】 最高人民法院关于适用《中华人民共和国刑事诉讼法》的解释（2020年12月7日最高法审委会〔1820次〕修订，2021年1月26日公布，2021年3月1日施行；2013年1月1日施行的"法释〔2012〕21号"《解释》同时废止）

第381条　上诉人通过第一审人民法院提出上诉的，第一审人民法院应当审查。上诉符合法律规定的，应当在上诉期满后3日以内将上诉状连同案卷、证据移送上一级人民法院，并将上诉状副本送交同级人民检察院和对方当事人。

第382条　上诉人直接向第二审人民法院提出上诉的，第二审人民法院应当在收到上诉状后3日以内将上诉状交第一审人民法院。第一审人民法院应当审查上诉是否符合法律规定。符合法律规定的，应当在接到上诉状后 3 日以内将上诉状连同案卷、证据移送上一级人民法院，并将上诉状副本送交同级人民检察院和对方当事人。

第 383 条　上诉人在上诉期限内要求撤回上诉的，人民法院应当准许。

上诉人在上诉期满后要求撤回上诉的，第二审人民法院应当审查。经审查，认为原判认定事实和适用法律正确，量刑适当的，应当裁定准许撤回上诉；认为原判确有错误事实不清、证据不足或者将无罪判为有罪、轻罪重判等的，应当不予准许，继续按照上诉案件审理。

被判处死刑立即执行的被告人提出上诉，在第二审开庭后宣告裁判前申请撤回上诉的，应当不予准许，继续按照上诉案件审理。

第 384 条　地方各级人民检察院对同级人民法院第一审判决、裁定的抗诉，应当通过第一审人民法院提交抗诉书。第一审人民法院应当在抗诉期满后 3 日以内将抗诉书连同案卷、证据移送上一级人民法院，并将抗诉书副本送交当事人。

第 385 条　人民检察院在抗诉期限内要求撤回抗诉的，人民法院应当准许①。

人民检察院在抗诉期满后第二审人民法院宣告裁判前要求撤回抗诉的，第二审人民法院可以裁定准许，并通知第一审人民法院和当事人。但是认为原判存在将无罪判为有罪、轻罪重判等情形的，应当不予准许，继续审理。

（新增）上级人民检察院认为下级人民检察院抗诉不当，向第二审人民法院要求撤回抗诉的，适用前两款规定。

第 386 条　在上诉、抗诉期满前撤回上诉、抗诉的，第一审判决、裁定在上诉、抗诉期满之日起生效。在上诉、抗诉期满后要求撤回上诉、抗诉，第二审人民法院裁定准许的，第一审判决、裁定应当自第二审裁定书送达上诉人或者抗诉机关之日起生效。

● 入库案例　【2023-03-1-402-004】　肇某、金某贪污、滥用职权案（沈阳中院/2019.09.19/［2019］辽 01 刑终 315 号）

裁判要旨：……2. 支持抗诉意见书改变起诉指控罪名和抗诉意见范围，有违程序公正原则，有损当事人实体权利，不应获得支持。

第 233 条　【二审全面审查】 第二审人民法院应当就第一审判决认定的事实和适用法律进行全面审查，不受上诉或者抗诉范围的限制。

共同犯罪的案件只有部分被告人上诉的，应当对全案进行审查，一并处理。

第 234 条②　【二审开庭审理】 第二审人民法院对于下列案件，应当组成合议庭，开庭审理：

---

① 本部分内容 2012 年规定为"第一审人民法院不再向上一级人民法院移送案件"。

② 本条规定由 1996 年 3 月 17 日第 8 届全国人民代表大会第 4 次会议增订，1997 年 1 月 1 日施行。原第 1 款规定为："第二审人民法院对上诉案件，应当组成合议庭，开庭审理。合议庭经过阅卷，讯问被告人、听取其他当事人、辩护人、诉讼代理人的意见，对事实清楚的，可以不开庭审理。对人民检察院抗诉的案件，第二审人民法院应当开庭审理。" 2012 年 3 月 14 日第 11 届全国人大常委会第 5 次会议将其修改（分设）为现第 1 款、第 2 款，2013 年 1 月 1 日施行。

（一）被告人、自诉人及其法定代理人对第一审认定的事实、证据提出异议，可能影响定罪量刑的上诉案件；
（二）被告人被判处死刑的上诉案件；
（三）人民检察院抗诉的案件；
（四）其他应当开庭审理的案件。

【二审不开庭审理】 第二审人民法院决定不开庭审理的，应当讯问被告人，听取其他当事人、辩护人、诉讼代理人的意见。

【二审开庭地点】 第二审人民法院开庭审理上诉、抗诉案件，可以到案件发生地或者原审人民法院所在地进行。

● 相关规定　【法发〔1999〕3号】　最高人民法院关于严格执行公开审判制度的若干规定（1999年3月8日）

三、下列第二审案件应当公开审理：（一）当事人对不服公开审理的第一审案件的判决、裁定提起上诉的，但因违反法定程序发回重审的和事实清楚依法径行判决、裁定的除外。（二）人民检察院对公开审理的案件的判决、裁定提起抗诉的，但需发回重审的除外。

【法发〔2007〕11号】　最高人民法院、最高人民检察院、公安部、司法部关于进一步严格依法办案确保办理死刑案件质量的意见（2007年3月9日）

36. 第二审人民法院应当及时查明被判处死刑立即执行的被告人是否委托了辩护人。没有委托辩护人的，应当告知被告人可以自行委托辩护人或者通知法律援助机构指定承担法律援助义务的律师为其提供辩护。人民法院应当通知人民检察院、被告人及其辩护人在开庭5日以前提供出庭作证的证人、鉴定人名单，在开庭3日以前送达传唤当事人的传票和通知辩护人、证人、鉴定人、翻译人员的通知书。

【法释〔2010〕6号】　最高人民法院关于对被判处死刑的被告人未提出上诉、共同犯罪的部分被告人或者附带民事诉讼原告人提出上诉的案件应适用何种程序审理的批复（2010年3月1日最高法审委会第1485次会议通过，2010年3月17日印发省级法院和军事法院、新疆生产建设兵团分院，2010年4月1日施行）

根据《中华人民共和国刑事诉讼法》第186条的规定，中级人民法院一审判处死刑的案件，被判处死刑的被告人未提出上诉，共同犯罪的其他被告人提出上诉的，高级人民法院应当适用第二审程序对全案进行审查，并对涉及死刑之罪的事实和适用法律依法开庭审理，一并处理。

根据《中华人民共和国刑事诉讼法》第200条第1款的规定，中级人民法院一审判处死刑的案件，被判处死刑的被告人未提出上诉，仅附带民事诉讼原告人提出上诉的，高级人民法院应当适用第二审程序对附带民事诉讼依法审理，并由同一审判组织对未提出上诉的被告人的死刑判决进行复核，作出是否同意判处死刑的裁判。

【司发通〔2013〕18号】　最高人民法院、最高人民检察院、公安部、司法部关于刑事诉讼法律援助工作的规定（2013年2月4日印发，2013年3月1日施行；司发通〔2005〕78号同名《规定》同时废止）

第19条　人民法院决定不开庭审理的案件，承办律师应当在接到人民法院不开庭通知之日起10日内向人民法院提交书面辩护意见。

【律发通〔2017〕51号】　律师办理刑事案件规范（2017年8月27日第9届全国律协常务理事会第8次会议通过、即日施行，中华全国律师协会2017年9月20日）

第130条　二审程序启动后，辩护律师应当及时到法院查阅案卷材料，会见上诉人、原审被告人，必要时调查收集相关证据材料。

第131条　经过阅卷、会见上诉人、调查收集相关证据材料，二审案件具有下列情形之一的，辩护律师应当以书面形式向人民法院提出开庭审理的意见并说明具体理由：（一）上诉人、上诉人的法定代理人对一审认定的事实、证据提出异议，可能影响定罪量刑的；（二）辩护律师认为一审认定的事实、证据存在错误，可能影响定罪量刑的；（三）人民检察院或者上诉人及其辩护律师提交新证据的；（四）其他应当开庭审理的情形。

第132条　人民法院决定开庭审理的二审案件，包括一般上诉案件，被告人被判处死刑的上诉案件，人民检察院抗诉的案件以及其他法院决定开庭的案件，辩护律师应当在开庭前认真做好相关准备工作。

第133条　辩护律师出席二审案件开庭审理活动，应当根据引起二审程序的诉由确定辩护思路和重点，展开辩护。

（一）对上诉案件，应当重点围绕上诉所涉及的事实、证据及法律适用问题展开辩护活动，请求二审人民法院撤销原判，进行改判；对于事实不清、证据不足的，可以请求二审人民法院发回原审法院重新审判；已经发回重审过一次的案件应当直接要求人民法院按疑罪从无原则宣告被告人无罪；

（二）对抗诉案件，应当根据抗诉对原审被告人产生的影响确定辩护思路和意见。对不利原审被告人的抗诉，应当维持原审判决，请求二审人民法院驳回抗诉，维持原判；对有利原审被告人的抗诉，应当支持抗诉，以期二审人民法院撤销原判，作出对被告人有利的改判；

（三）对既有上诉又有抗诉的案件，应当重点围绕上诉请求和理由展开辩护活动，同时兼顾抗诉请求和理由，分别不同情况，支持有利上诉人、原审被告人的抗诉，反对不利上诉人、原审被告人的抗诉。

第134条　人民法院决定不开庭审理的二审案件，辩护律师应当及时向人民法院提交书面辩护意见。必要时可以提出向办案法官当面陈述辩护意见的要求。

第135条　在二审程序中，辩护律师发现一审人民法院的审理存在下列违反法定诉讼程序的情形之一，并且经上诉人、原审被告人同意，可以向二审人民法院提出撤销原判，发回重审的意见：（一）违反《刑事诉讼法》有关公开审判的规定的；（二）违反回避制度的；（三）剥夺或限制当事人的法定诉讼权利，可能影响公正审判的；（四）审判组织的组成不合法的；（五）其他违反法定诉讼程序，可能影响公正审判的。

被告人不同意发回重审的，辩护律师可以发表辩护意见。

【法发〔2020〕38号】　最高人民法院、最高人民检察院、公安部、国家安全部、司法部关于规范量刑程序若干问题的意见（2020年11月5日印发，2020年11月6日施行；法发〔2010〕35号同名《意见（试行）》同时废止）

第26条　开庭审理的二审、再审案件的量刑程序，依照有关法律规定进行。法律没有规定的，参照本意见进行①。

对于不开庭审理的二审、再审案件，审判人员在阅卷、讯问被告人、听取自诉人、辩护人、被害人及其诉讼代理人的意见时，应当注意审查量刑事实和证据。

【法释〔2021〕1号】 最高人民法院关于适用《中华人民共和国刑事诉讼法》的解释
(2020年12月7日最高法审委会〔1820次〕修订，2021年1月26日公布，2021年3月1日施行；2013年1月1日施行的"法释〔2012〕21号"《解释》同时废止)

第387条 第二审人民法院对第一审人民法院移送的上诉、抗诉案卷、证据，应当审查是否包括下列内容：(一)移送上诉、抗诉案件函；(二)上诉状或者抗诉书；(三)第一审判决书、裁定书8份(每增加1名被告人增加1份)及其电子文本；(四)全部案卷、证据，包括案件审理报告和其他应当移送的材料。

前款所列材料齐全的，第二审人民法院应当收案；材料不全的，应当通知第一审人民法院及时补送。

第388条 第二审人民法院审理上诉、抗诉案件，应当就第一审判决、裁定认定的事实和适用法律进行全面审查，不受上诉、抗诉范围的限制。

第389条 共同犯罪案件，只有部分被告人提出上诉，或者自诉人只对部分被告人的判决提出上诉，或者人民检察院只对部分被告人的判决提出抗诉的，第二审人民法院应当对全案进行审查，并处理。

第390条 共同犯罪案件，上诉的被告人死亡，其他被告人未上诉的，<u>第二审人民法院应当对死亡的被告人终止审理；但有证据证明被告人无罪，经缺席审理确认无罪的，应当判决宣告被告人无罪</u>②。

具有前款规定的情形，第二审人民法院仍应对全案进行审查，对其他同案被告人作出判决、裁定。

第391条 对上诉、抗诉案件，应当着重审查下列内容：(一)第一审判决认定的事实是否清楚，证据是否确实、充分；(二)第一审判决适用法律是否正确，量刑是否适当；(三)<u>在调查</u>、侦查、审查起诉、第一审程序中，有无违反法定程序的情形；(四)上诉、抗诉是否提出新的事实、证据；(五)被告人的供述和辩解情况；(六)辩护人的辩护意见及采纳情况；(七)附带民事部分的判决、裁定是否合法、适当；(八)<u>对涉案财物的处理是否正确</u>；(九)第一审人民法院合议庭、审判委员会讨论的意见。

第392条 第二审期间，被告人除自行辩护外，还可以继续委托第一审辩护人或者另行委托辩护人辩护。

共同犯罪案件，只有部分被告人提出上诉，或者自诉人只对部分被告人的判决提出上诉，或者人民检察院只对部分被告人的判决提出抗诉的，其他同案被告人也可以委托辩护人辩护。

第393条 下列案件，根据刑事诉讼法第234条的规定，应当开庭审理：(一)被告人、自诉人及其法定代理人对第一审认定的事实、证据提出异议，可能影响定罪量刑的上诉案

---

① 详见《刑事诉讼法》第195~201条的本《意见》相应规定。
② 本部分内容2012年规定为"经审查，死亡的被告人不构成犯罪的，应当宣告无罪；构成犯罪的，应当终止审理"。

件；（二）被告人被判处死刑立即执行的上诉案件；（三）人民检察院抗诉的案件；（四）应当开庭审理的其他案件。

被判处死刑立即执行的被告人没有上诉，同案的其他被告人上诉的案件，第二审人民法院应当开庭审理。

被告人被判处死刑缓期执行的上诉案件，虽不属于第1款第一项规定的情形，有条件的，也应当开庭审理。

第394条 对上诉、抗诉案件，第二审人民法院经审查，认为原判事实不清、证据不足，或者具有刑事诉讼法第238条规定的违反法定诉讼程序情形，需要发回重新审判的，可以不开庭审理。①

第235条② 【二审检察出庭、阅卷】人民检察院提出抗诉的案件或者第二审人民法院开庭审理的公诉案件，同级人民检察院都应当派员出席法庭。第二审人民法院应当在决定开庭审理后及时通知人民检察院查阅案卷。人民检察院应当在1个月以内查阅完毕。人民检察院查阅案卷的时间不计入审理期限。

● **相关规定**　【法明传〔1995〕16号】　最高人民法院研究室关于上级人民检察院能否调阅下级人民法院审判卷宗问题的答复（1995年1月17日答复四川高院"川高法〔1994〕167号"请示）

根据刑事诉讼法有关规定的精神，上级人民检察院或者同级人民检察院在办理刑事案件过程中，可以查阅同级人民法院的有关案卷材料或者通过同级人民法院查阅下级人民法院的有关案卷材料，但是不应直接调阅下级人民法院的有关案卷材料。可以查阅的案卷不包括合议庭评议记录、审判委员会讨论记录等法院内部对案件研究处理的意见材料。

【法发〔2007〕11号】　最高人民法院、最高人民检察院、公安部、司法部关于进一步严格依法办案确保办理死刑案件质量的意见（2007年3月9日）

37. 审理死刑第二审案件，应当依照法律和有关规定实行开庭审理。人民法院必须在开庭10日以前通知人民检察院查阅案卷。同级人民检察院应当按照人民法院通知的时间派员出庭。

【法办〔2010〕255号】　最高人民法院办公厅、最高人民检察院办公厅关于调阅诉讼卷宗有关问题的通知（2010年6月11日印发施行）

一、人民检察院在办理法官涉嫌犯罪案件、抗诉案件、申诉案件过程中，可以调阅人民法院的诉讼卷宗。③

---

① 注：本条规定了抗诉案件的不开庭情形，有一定合理性，但与刑诉法第234条的规定存在冲突。

② 本条规定先后2次修改。原规定（1980年1月1日施行）为："人民检察院提出抗诉的案件或者第二审人民法院要求人民检察院派员出庭的案件，同级人民检察院都应当派员出庭。第二审人民法院必须在开庭10日以前通知人民检察院查阅案卷。"1996年3月17日第8届全国人民代表大会第4次会议修改为（1997年1月1日施行）："人民检察院提出抗诉的案件或者第二审人民法院开庭审理的公诉案件，同级人民检察院都应当派员出庭。……"2012年3月14日第11届全国人大常委会第5次会议修改为现规定，2013年1月1日施行。

③ 注：本条规定并没有限制阅卷的范围。《人民法院诉讼文书材料立卷规范》规定，诉讼文书按照保密、方便利用的原则分立正卷和副卷。详见《刑事诉讼法》第40条（辩护人阅卷）的相关规定。

二、凡是通过查阅、拷贝电子卷、复制、摘录等方式能够满足办案需要的，不再调阅诉讼卷宗。

三、人民法院、人民检察院调阅诉讼卷宗应严格手续，经院领导批准，填写《人民法院调阅卷宗单》、《人民检察院调阅卷宗单》，加盖院印或办公厅（室）印章，由相关部门确定专人负责办理。

四、人民法院、人民检察院调阅诉讼卷宗的时间为3个月。特殊情况应重新办理调阅手续，连续调阅期限不超过6个月。

五、人民法院、人民检察院在调阅诉讼卷宗期间，有关单位、当事人和诉讼代理人等需要查阅诉讼卷宗的，应按照《档案法》和人民法院、人民检察院关于利用诉讼卷宗的规定，严格手续，提供查阅，但不得向外转借。

六、人民法院、人民检察院在使用诉讼卷宗过程中，严格执行谁批准谁负责、谁使用谁负责的制度，做好保密工作，确保诉讼卷宗安全。对于违反保密规定，泄露审判、检察秘密的，或者篡改、损毁、丢失卷宗的，应依法依纪追究相关人员的责任。

七、人民法院、人民检察院之间调阅诉讼卷宗的，由同级人民法院、人民检察院负责办理。

八、调阅卷宗的具体事宜，由各省、自治区、直辖市高级人民法院、人民检察院制定意见。

【高检诉发〔2001〕11号】　刑事抗诉案件出庭规则（试行）（最高检公诉厅2001年3月5日印发试行）

第3条　检察人员出席刑事抗诉案件法庭的任务是：（一）支持抗诉；（二）维护诉讼参与人的合法权利；（三）代表人民检察院对法庭审判活动是否合法进行监督。

第4条　收到刑事抗诉案件开庭通知书后，出席法庭的检察人员应当做好如下准备工作：（一）熟悉案情和证据情况，了解证人证言、被告人供述等证据材料是否发生变化；（二）深入研究与本案有关的法律、政策问题，充实相关的专业知识；（三）拟定出席抗诉法庭提纲；（四）上级人民检察院对下级人民检察院按照第二审程序提出抗诉的案件决定支持抗诉的，应当制作支持抗诉意见书，并在开庭前送达同级人民法院。

第5条　出席抗诉法庭提纲一般应当包括：（一）讯问原审被告人提纲；（二）询问证人、被害人、鉴定人提纲；（三）出示物证，宣读书证、证人证言、被害人陈述、被告人供述、勘验检查笔录，播放视听资料的举证和质证方案；（四）支持抗诉的事实、证据和法律意见；（五）对原审被告人、辩护人辩护内容的预测和答辩要点；（六）对庭审中可能出现的其他情况的预测和相应的对策。

第6条　上级人民检察院支持下级人民检察院提出的抗诉意见和理由的，支持抗诉意见书应当叙述支持的意见和理由；部分支持的，叙述部分支持的意见和理由，不予支持部分的意见应当说明。

上级人民检察院不支持下级人民检察院提出的抗诉意见和理由，但认为原审判决、裁定确有其他错误的，应当在支持抗诉意见书中表明不同意刑事抗诉书的抗诉意见和理由，并且提出新的抗诉意见和理由。

第7条　庭审开始前，出席法庭的检察人员应当做好如下预备工作：

（一）核对被告人及其辩护人、附带民事诉讼的原告人及其诉讼代理人，以及其他应当到庭的诉讼参与人是否已经到庭；

（二）审查合议庭的组成是否合法；刑事抗诉书副本等诉讼文书的送达期限是否符合法律规定；被告人是盲、聋、哑、未成年人或者可能被判处死刑而没有委托辩护人的，人民法院是否指定律师为其提供辩护；

（三）审查到庭被告人的身份材料与刑事抗诉书中原审被告人的情况是否相符；审判长告知诉讼参与人的诉讼权利是否清楚、完整；审判长对回避申请的处理是否正确、合法。法庭准备工作结束，审判长征求检察人员对法庭准备工作有无意见时，出庭的检察人员应当就存在的问题提出意见，请审判长予以纠正，或者表明没有意见。

第8条　审判长或者审判员宣读原审判决书或者裁定书后，由检察人员宣读刑事抗诉书。宣读刑事抗诉书时应当起立，文号及正文括号内的内容不宣读，结尾读至"此致某某人民法院"止。

按照第二审程序提出抗诉的案件，出庭的检察人员应当在宣读刑事抗诉书后接着宣读支持抗诉意见书，引导法庭调查围绕抗诉重点进行。

第9条　检察人员应当根据抗诉案件的不同情况分别采取以下举证方式：

（一）对于事实清楚，证据确实、充分，只是由于原审判决、裁定定性不准、适用法律错误导致量刑明显不当，或者因人民法院审判活动严重违反法定诉讼程序而提起抗诉的案件，如果原审事实、证据没有变化，在宣读支持抗诉意见书后，由检察人员提请，并经审判长许可和辩护方同意，除了对新的辩论观点所依据的证据进行举证、质证以外，可以直接进入法庭辩论。

（二）对于因原审判决、裁定认定部分事实不清、运用部分证据错误，导致定性不准、量刑明显不当而抗诉的案件，出庭的检察人员对经过原审举证、质证并成为判决、裁定依据，且诉讼双方没有异议的证据，不必逐一举证、质证，应当将法庭调查、辩论的焦点放在检察机关认为原审判决、裁定认定错误的事实和运用错误的证据上，并就有关事实和证据进行详细调查、举证和论证，对原审未质证清楚，二审、再审对犯罪事实又有争议的证据，或者在二审、再审期间收集的新的证据，应当进行举证、质证。

（三）对于因原审判决、裁定认定事实不清、证据不足，导致定性不准、量刑明显不当而抗诉的案件，出庭的检察人员应当对案件的事实、证据、定罪、量刑等方面的问题进行全面举证。庭审中应当注意围绕抗诉重点举证、质证、答辩，充分阐明抗诉观点，详实、透彻地论证抗诉理由及其法律依据。

第10条　检察人员在审判长的主持下讯问被告人，讯问应当围绕抗诉理由以及对原审判决、裁定认定事实有争议的部分进行，对没有异议的事实不再全面讯问。

讯问前应当先就原审被告人过去所作的供述是否属实进行讯问。如果被告人回答不属实，应当讯问哪些不属实。针对翻供，可以进行政策攻心和法制教育，或者利用被告人供述的前后矛盾进行讯问，或者适时举出相关证据予以反驳。

讯问时应当注意方式、方法，讲究技巧和策略。对被告人供述不清、不全、前后矛盾，或者供述明显不合情理，或者供述与已查证属实的证据相矛盾的问题，应当讯问。与案件无关、被告人已经供述清楚或者无争议的问题，不应当讯问。

讯问被告人应当有针对性，语言准确、简练、严密。

对辩护人已经提问而被告人作出客观回答的问题，一般不进行重复讯问。辩护人提问后，被告人翻供或者回答含糊不清的，如果涉及案件事实、性质的认定或影响量刑的，检察人员必须有针对性地重复讯问。辩护人提问的内容与案件无关，或者采取不适当的发问语言和态度的，检察人员应当及时请求合议庭予以制止。

在法庭调查结束前，检察人员可以根据辩护人、诉讼代理人、审判长（审判员）发问的情况，进行补充讯问。

第11条 证人、鉴定人应当由人民法院通知并负责安排出庭作证。对证人的询问，应当按照刑事诉讼法第156条规定的顺序进行，但对辩方提供的证人，公诉人认为由辩护人先行发问更为适当的，可以由辩护人先行发问。

检察人员对证人发问，应当针对证言中有遗漏、矛盾、模糊不清和有争议的内容，并着重围绕与定罪量刑紧密相关的事实进行。发问应当采取一问一答的形式，做到简洁、清楚。

证人进行虚假陈述的，应当通过发问澄清事实，必要时还应当出示、宣读证据配合发问。

第12条 询问鉴定人参照第11条的规定进行。

第13条 检察人员应当在提请合议庭同意宣读有关证言、书证或者出示物证时，说明该证据的证明对象。合议庭同意后，在举证前，检察人员应当说明取证主体、取证对象以及取证时间和地点，说明取证程序合法。

对检察人员收集的新证据，向法庭出示时也应当说明证据的来源和证明作用以及证人的有关情况，提请法庭质证。

第14条 二审期间审判人员通过调查核实取得的新证据，应当由审判人员在法庭出示，检察人员应当进行质证。

第15条 检察人员对辩护人在法庭上出示的证据材料，无论是新的证据材料还是原审庭审时已经举证、质证的证据材料，均应积极参与质证。既要对辩护人所出示证据材料的真实性发表意见，也要注意辩护人的举证意图。如果辩护人运用该证据材料所说明的观点不能成立，应当及时予以反驳。对辩护人、当事人、原审被告人出示的新的证据材料，检察人员认为必要时，可以进行讯问、质证，并就该证据材料的合法性、证明力提出意见。

第16条 法庭审理过程中，对证据有疑问或者需要补充新的证据、重新鉴定或勘验现场等，检察人员可以向审判长提出休庭或延期审理的建议。

第17条 审判长宣布法庭调查结束，开始进行法庭辩论时，检察人员应当发表支持抗诉的意见。

出庭支持抗诉的意见包括以下内容：（一）对原审判决、裁定认定的事实、证据及当庭质证情况进行概括，论证原审判决认定的事实是否清楚，证据是否确实充分；（二）论证原审判决、裁定定罪量刑、适用法律的错误之处，阐述正确观点，明确表明支持抗诉的意见；（三）揭露被告人犯罪行为的性质和危害程度。

第18条 检察人员对原审被告人、辩护人提出的观点，认为需要答辩的，应当在法庭上进行答辩。答辩应当抓住重点，主次分明。对与案件无关或者已经辩论过的观点和内容，不再答辩。

第19条 法庭辩论结束后，检察人员应当认真听取原审被告人的最后陈述。

第20条 书记员应当认真记录庭审情况。庭审笔录应当入卷。

第21条 检察人员发现人民法院审理案件违反法定诉讼程序的，应当在开庭审理结束后报经检察长同意，以人民检察院的名义，向人民法院提出书面纠正意见。

【高检发诉字〔2018〕2号】 人民检察院刑事抗诉工作指引（2017年7月4日最高检第12届检委会第66次会议通过，2018年2月14日印发施行）

第37条 对提出抗诉的案件，同级人民检察院应当派员出席法庭。人民法院决定召开庭前会议的，同级人民检察院应当派员参加，依法履行职责。

第38条 检察员出席刑事抗诉法庭的任务是：（一）支持抗诉，对原审人民法院作出的错误判决或者裁定提出纠正意见；（二）维护诉讼参与人的合法权利；（三）对法庭审理案件有无违反法律规定的诉讼程序的情况进行监督；（四）依法从事其他诉讼活动。

第39条 收到刑事抗诉案件开庭通知书后，出席法庭的检察员应当做好以下准备工作：（一）熟悉案情和证据情况，了解证人证言、被告人供述等证据材料是否发生变化；（二）深入研究与本案有关的法律、政策问题，掌握相关的专业知识；（三）制作出庭预案；（四）上级人民检察院对下级人民检察院按照第二审程序提出抗诉的案件决定支持抗诉的，应当制作支持抗诉意见书，并在开庭前送达同级人民法院。

第40条 出庭预案一般应当包括：（一）讯问原审被告人提纲；（二）询问证人、被害人、鉴定人、有专门知识的人、侦查人员提纲；（三）出示物证，宣读书证、证人证言、被害人陈述、被告人供述、勘验检查笔录、辨认笔录、侦查实验笔录，播放视听资料、电子数据的举证和质证方案；（四）支持抗诉的事实、证据和法律意见；（五）对原审被告人、辩护人辩护内容的预测和答辩要点；（六）对庭审中可能出现的其他情况的预测和相应的对策。

第41条 庭审开始前，出席法庭的检察员应当做好以下预备工作：（一）了解被告人及其辩护人，附带民事诉讼的原告人及其诉讼代理人，以及其他应当到庭的诉讼参与人是否已经到庭；（二）审查合议庭的组成是否合法；刑事抗诉书副本等诉讼文书的送达期限是否符合法律规定；被告人是盲、聋、哑、未成年人或者可能被判处死刑而没有委托辩护人的，人民法院是否指定律师为其提供辩护；（三）审查到庭被告人的身份材料与刑事抗诉书中原审被告人的情况是否相符；审判长告知诉讼参与人的诉讼权利是否清楚、完整；审判长对回避申请的处理是否正确、合法。法庭准备工作结束，审判长征求检察员对法庭准备工作有无意见时，出庭的检察员应当就存在的问题提出意见，请审判长予以纠正，或者表明没有意见。

第42条 审判长或者审判员宣读原审判决书或者裁定书后，由检察员宣读刑事抗诉书。宣读刑事抗诉书时应当起立，文号及正文括号内的内容不宣读，结尾读至"此致某某人民法院"止。

按照第二审程序提出抗诉的案件，出庭检察员应当在宣读刑事抗诉书后宣读支持抗诉意见书，引导法庭调查围绕抗诉重点进行。

第43条 检察员在审判长的主持下讯问被告人。讯问应当围绕抗诉理由以及对原审判决、裁定认定事实有争议的部分进行，对没有异议的事实不再全面讯问。

讯问时应当先就原审被告人过去所作的供述和辩解是否属实进行讯问。如果被告人回答不属实，应当讯问哪些不属实。针对翻供，可以讯问翻供理由，利用被告人供述的前后矛盾进行讯问，或者适时举出相关证据予以反驳。

讯问时应当注意方式、方法，讲究技巧和策略。对被告人供述和辩解不清、不全、前后矛盾，或者供述和辩解明显不合情理，或者供述和辩解与已查证属实的证据相矛盾的问题，应当讯问。与案件无关、被告人已经供述清楚或者无争议的问题，不再讯问。

讯问被告人应当有针对性，语言准确、简练、严密。

对辩护人已经发问而被告人作出客观回答的问题，一般不进行重复讯问。辩护人发问后，被告人翻供或者回答含糊不清的，如果涉及案件事实、性质的认定或者影响量刑的，检察员必须有针对性再讯问。辩护人发问的内容与案件无关，或者采取不适当的发问语言和态度的，检察员应当及时请求合议庭予以制止。

在法庭调查结束前，检察员可以根据辩护人、诉讼代理人、审判长（审判员）发问的情况，进行补充讯问。

第44条　证人、鉴定人、有专门知识的人需要出庭的，人民检察院应当申请人民法院通知并安排出庭作证。

对于经人民法院通知而未到庭的证人或者出庭后拒绝作证的证人的证言笔录，检察员应当当庭宣读。对于经人民法院通知而未到庭的证人的证言笔录存在疑问、确实需要证人出庭作证，且可以强制其到庭的，检察员应当建议人民法院强制证人到庭作证和接受质证。

向证人发问，应当先由提请通知的一方进行；发问时可以要求证人就其所了解的与案件有关的事实进行陈述，也可以直接发问。发问完毕后，经审判长准许，对方也可以发问。

检察员对证人发问，应当针对证言中有遗漏、矛盾、模糊不清和有争议的内容，并着重围绕与定罪量刑紧密相关的事实进行。发问应当采取一问一答的形式，做到简洁清楚。

证人进行虚假陈述的，应当通过发问澄清事实，必要时还应当出示、宣读证据配合发问。

询问鉴定人、有专门知识的人参照询问证人的规定进行。

第45条　需要出示、宣读、播放原审期间已移交人民法院的证据的，出庭的检察员可以申请法庭出示、宣读、播放。

需要移送证据材料的，在审判长宣布休庭后，检察员应当与审判人员办理交接手续。无法当庭移交的，应当在休庭后3日以内移交。

第46条　审判人员通过调查核实取得并当庭出示的新证据，检察员应当进行质证。

第47条　检察员对辩护人在法庭上出示的证据材料，应当积极参与质证。质证时既要对辩护人所出示证据材料的真实性发表意见，也要注意辩护人的举证意图。如果辩护人运用该证据材料所说明的观点不能成立，应当及时予以反驳。对辩护人、当事人、原审被告人出示的新的证据材料，检察员认为必要时，可以进行讯问、质证，并就该证据材料的合法性、证明力提出意见。

第48条　审判长宣布法庭调查结束，开始进行法庭辩论时，检察员应当发表抗诉案件出庭检察员意见书，主要包括以下内容：（一）论证本案犯罪事实清楚，证据确实充分，或者原审人民法院认定事实、证据错误之处；（二）指明被告人犯罪行为性质、严重程度，评析抗诉理由；（三）论证原审判决书适用法律、定罪量刑是否正确，有误的，应提出改判的建议。

第49条　检察员对原审被告人、辩护人提出的观点，认为需要答辩的，应当在法庭上进行答辩。答辩应当抓住重点，主次分明。与案件无关或者已经辩论过的观点和内容，不再答辩。

第50条　对按照审判监督程序提出抗诉的案件，人民检察院认为人民法院作出的判决、裁定仍然确有错误的，如果案件是依照第一审程序审判的，同级人民检察院应当向上一级人民法院提出抗诉；如果案件是依照第二审程序审判的，上一级人民检察院应当按照审判监督程序向同级人民法院提出抗诉。

对按照审判监督程序提出抗诉的申诉案件，人民检察院认为人民法院作出的判决、裁定仍然确有错误的，由派员出席法庭的人民检察院刑事申诉检察部门适用本条第1款的规定办理。

【高检发诉二字〔2018〕1号】　人民检察院办理死刑第二审案件和复核监督工作指引(试行)（2018年1月11日最高检第12届检委会第72次会议通过，2018年3月31日印发）

第30条　【阅卷时间】人民检察院应当在接到人民法院决定开庭、查阅案卷通知之日起1个月以内阅卷完毕。在1个月以内无法完成的，可以商请人民法院延期审理。

第45条　【主要任务】检察人员出席死刑第二审法庭的主要任务是：（一）支持抗诉或者听取上诉意见，对原审人民法院作出的错误判决或者裁定提出纠正意见；（二）维护原审人民法院正确的判决或者裁定，建议法庭维持原判；（三）维护诉讼参与人的合法权利；（四）对法庭审判活动是否合法进行监督；（五）依法从事其他诉讼活动。

第46条　【对法庭准备工作的监督】在法庭审理开始前，检察人员应当注意发现和纠正以下违法行为：（1）不公开审理的案件允许旁听；（2）辩护人没有到庭；（3）应当配备翻译人员没有配备；（4）证人、鉴定人、有专门知识的人在旁听席就坐等情形。

检察人员在审判长征求对法庭准备工作的意见时应当表明意见。

第47条　【对申请检察人员回避的处理】当事人及其法定代理人、辩护人、诉讼代理人申请检察人员回避的，对符合刑事诉讼法第28条、第29条规定情形的回避申请，应当在人民法院决定休庭后，由人民检察院作出是否回避的决定。对不符合刑事诉讼法第28条、第29条规定情形的回避申请，检察人员应当建议法庭继续开庭审理。

第48条　【对开庭后宣告裁判前申请撤回上诉的处理】被判处死刑立即执行的上诉人，在第二审开庭后宣告裁判前申请撤回上诉的，检察人员应当建议人民法院不予准许撤回上诉，继续按照上诉案件审理。

第49条　【对审判长概括内容的意见】审判长就抗诉、上诉未涉及的事实归纳总结后，检察人员认为该部分事实清楚、证据确实充分的，应当表示无异议，当庭予以确认；认为有异议的，应当指出，并提请法庭进行调查。

对于审判长概括的审理重点和焦点问题，检察人员认为需要补充的，应当及时提出。

第50条　【对已认定为非法证据的处理】人民检察院认定的非法证据，应当予以排除。被排除的非法证据应当随案移送，并写明为依法排除的证据。

第51条　【对当事人在法庭审理中申请排除非法证据的处理】被告人及其辩护人在开庭审理前未申请排除非法证据，在法庭审理过程中提出申请的，检察人员应当建议法庭要求其说明理由。

第52条　【建议驳回排除非法证据申请的情形】对于被告人及其辩护人法庭审理中申请排除非法证据，但没有提供相关线索或者材料的，或者申请排除的理由明显不符合法律规定的，检察人员可以建议法庭当庭驳回申请。

第53条　【建议对排除非法证据申请进行审查的情形】被告人及其辩护人在法庭审理期间发现相关线索或者材料，在法庭审理中申请排除非法证据的，检察人员可以建议合议庭对相关证据的合法性进行审查。

第54条　【检察人员对证据合法性的证明方式】对于被告人及其辩护人在法庭审理期间申请排除非法证据，法庭决定进行调查的，检察人员可以出示讯问笔录、提讯登记、体检记录、采取强制措施或者侦查措施的法律文书、侦查终结前对讯问合法性的核查材料等证据材料，有针对性地播放讯问录音录像，提请法庭通知侦查人员或者其他人员出席法庭说明情况。

第55条　【法庭审理阶段讯问被告人】检察人员讯问被告人应当根据法庭确定的审

重点和焦点问题，围绕抗诉、上诉理由以及对原审判决、裁定认定事实有争议的部分进行，对没有异议的事实不再全面讯问。上诉案件先由辩护人发问，抗诉案件以及既有上诉又有抗诉的案件先由检察人员讯问。讯问应当注意以下方面：

（一）被告人当庭辩解之前所作的供述不属实的，应当就其提出的不属实部分和翻供理由，进行有针对性的讯问，翻供理由不成立的，应当结合相关证据当庭指出；

（二）被告人供述不清楚、不全面、不合理，或者与案件第一审判决查证属实的证据相矛盾的，应当进行讯问，与案件抗诉、上诉部分的犯罪事实无关的问题可以不讯问；

（三）对于辩护人已经发问而被告人作出客观回答的问题，不进行重复讯问，但是被告人供述矛盾、含糊不清或者翻供，影响对案件事实、性质的认定或者量刑的，应当有针对性地进行讯问；

（四）在法庭调查结束前，可以根据辩护人或者诉讼代理人发问、审判长（审判员）讯问的情况，进行补充讯问。

讯问共同犯罪案件的被告人应当个别进行，讯问中应当注意讯问被告人在共同犯罪中的地位、作用。被告人对同一事实的供述存在矛盾的，检察人员可以建议法庭传唤有关被告人到庭对质。

第56条　【禁止诱导性及不当的讯问、发问】检察人员讯问被告人，应当避免可能影响陈述客观真实的诱导性讯问或者其他不当讯问。

辩护人采用诱导性发问或者其他不当发问可能影响陈述的客观真实的，检察人员应当提请审判长予以制止或者要求对该项发问所获得的当庭供述不予采信。

第57条　【举证质证的一般规定】检察人员举证质证应当围绕对抗诉、上诉意见及理由具有重要影响的关键事实和证据进行。上诉案件先由被告人及其辩护人举证；抗诉案件以及既有上诉又有抗诉的案件，先由检察人员举证。

第58条　【举证】检察人员举证应当注意以下方面：

（一）对于原判决已经确认的证据，如果检察人员、被告人及其辩护人均无异议，可以概括说明证据的名称和证明事项；

（二）对于有争议且影响定罪量刑的证据，应当重新举证；

（三）对于新收集的与定罪量刑有关的证据，应当当庭举证。

第59条　【质证】检察人员质证应当注意以下方面：

（一）对于诉讼参与人提交的新证据和原审法院未经质证而采信的证据，应当要求当庭质证；

（二）发表质证意见、答辩意见应当简洁、精练，一般应当围绕证据的合法性、客观性、关联性进行；

（三）对于被告人及其辩护人提出的与证据证明无关的质证意见，可以说明理由不予答辩，并提请法庭不予采纳；

（四）被告人及其辩护人对证人证言、被害人陈述提出质疑的，应当根据证言、陈述情况，针对证言、陈述中有争议的内容重点答辩；

（五）被告人及其辩护人对物证、书证、勘验检查笔录、鉴定意见提出质疑的，应当从证据是否客观、取证程序是否合法等方面有针对性地予以答辩。

第60条　【举证质证应当采取保护措施的情形】采取技术侦查措施收集的物证、书证及其他证据材料,如果可能危及特定人员的人身安全、涉及国家秘密,或者公开后可能暴露侦查秘密或者严重损害商业秘密、个人隐私的,检察人员应当采取或者建议法庭采取避免暴露有关人员身份、技术方法等保护措施。在必要的时候,可以建议不在法庭上质证,由审判人员在庭外对证据进行核实。

第61条 【询问证人】检察人员应当按照审判长确定的顺序询问证人。询问时应当围绕与定罪量刑紧密相关的事实进行,对证人证言中有虚假、遗漏、矛盾、模糊不清、有争议的内容,应当重点询问,必要时宣读证人在侦查、审查起诉阶段提供的证言笔录或者出示、宣读其他证据。

询问证人应当避免可能影响证言客观真实的诱导性询问以及其他不当询问。

第62条 【侦查人员出庭作证】对于侦查人员就其执行职务过程中目击的犯罪情况出庭作证的,检察人员可以参照证人出庭有关规定进行询问;侦查人员为证明证据收集的合法性出庭作证的,检察人员应当主要围绕证人证言、被告人供述、被害人陈述的取得,物证、书证的收集、保管及送检等程序、方式是否符合法律及有关规定进行询问。

第63条 【鉴定人出庭作证】对于鉴定人出庭作证的,检察人员应当重点围绕下列问题发问:(1)鉴定人所属鉴定机构的资质情况,包括核准机关、业务范围、有效期限等;(2)鉴定人的资质情况,包括执业范围、执业证使用期限、专业技术职称、执业经历等;(3)委托鉴定的机关、时间以及事项,鉴定对象的基本情况,鉴定时间,鉴定程序等;(4)鉴定意见及依据。

第64条 【有专门知识的人出庭作证】有专门知识的人出庭对鉴定意见发表意见的,检察人员应当重点询问鉴定的程序、方法、分析过程是否符合本专业的检验鉴定规程和技术方法要求,鉴定意见是否科学等内容。

第65条 【法庭辩论】法庭辩论阶段,检察人员应当在法庭调查的基础上,围绕控辩双方在案件事实、证据、法律适用和量刑方面的争议焦点,依据事实和法律,客观公正地发表出庭意见。

第66条 【答辩】对于被告人、辩护人提出的意见可能影响被告人的定罪或者量刑的,检察人员应当答辩。答辩应当观点明确、重点突出、主次分明、有理有据。对于与案件无关或者已经发表意见的问题,可以不再答辩。

第67条 【建议延期审理的情形】法庭审理过程中遇有下列情形之一的,检察人员可以建议法庭延期审理:(一)发现事实不清、证据不足,或者遗漏罪行、遗漏同案犯罪嫌疑人,需要补充侦查或者补充提供证据的;(二)被告人揭发他人犯罪行为或者提供重要线索,需要查证的;(三)需要申请人民法院通知证人、鉴定人出庭作证或者有专门知识的人出庭提出意见的;(四)需要调取新的证据,重新鉴定或者勘验的;(五)被告人、辩护人向法庭出示检察人员还未掌握的与定罪量刑有关的证据,需要调查核实的;(六)不能当庭证明证据收集的合法性,需要调查核实的。

第68条 【开庭后证据出现新情况的处理】第二审开庭后宣告裁判前,检察人员发现被告人有立功情节、与被害方达成赔偿协议、取得谅解等情形,或者案件证据发生重大变化的,应当及时调查核实,并将有关材料移送人民法院。

上述情形经查证,可能对被告人定罪量刑有影响,可以补充举证质证;也可以变更处理意见,报请检察长审批后,书面送达人民法院。

【高检发释字〔2019〕4号】 人民检察院刑事诉讼规则（2019年12月2日最高检第13届检委会第28次会议通过，2019年12月30日公布施行；高检发释字〔2012〕2号《规则（试行）》同时废止）

第9条（第2款） 上级人民检察院可以依法统一调用辖区的检察人员办理案件，调用的决定应当以书面形式作出。被调用的检察官可以代表办理案件的人民检察院履行出庭支持公诉等各项检察职责。

第445条 对提出抗诉的案件或者公诉案件中人民法院决定开庭审理的上诉案件，同级人民检察院应当指派检察官派员出席第二审法庭。检察官助理可以协助检察官出庭。根据需要可以配备书记员担任记录。

第446条 检察官检察人员出席第二审法庭的任务是：（一）支持抗诉或者听取上诉意见，对原审人民法院作出的错误判决或者裁定提出纠正意见；（二）维护原审人民法院正确的判决或者裁定，建议法庭维持原判；（三）维护诉讼参与人的合法权利；（四）对法庭审理案件有无违反法律规定诉讼程序的情况记明制作笔录；（五）依法从事其他诉讼活动。

第447条 对抗诉和上诉案件，第二审人民法院的同级人民检察院可以调取下级人民检察院与案件有关的材料。

人民检察院在接到第二审人民法院决定开庭、查阅案卷通知后，可以查阅或者调阅案卷材料。查阅或者调阅案卷材料应当在接到人民法院的通知之日起1个月以内完成。在1个月以内无法完成的，可以商请人民法院延期审理。

第448条 检察人员应当客观全面地审查原审案卷材料，不受上诉或者抗诉范围的限制。应当审查原审判决认定案件事实、适用法律是否正确，证据是否确实、充分，量刑是否适当，审判活动是否合法，并应当审查下级人民检察院的抗诉书或者上诉人的上诉状上诉书，了解抗诉或者上诉的理由是否正确、充分，重点审查有争议的案件事实、证据和法律适用问题，有针对性地做好庭审准备工作。

第449条 检察人员在审查第一审案卷材料时，应当复核主要证据，可以讯问原审被告人。必要时，可以补充收集证据、重新鉴定或者补充鉴定。需要原侦查案件的公安机关补充收集证据的，可以要求其补充收集。

被告人、辩护人提出被告人自首、立功等可能影响定罪量刑的材料和线索的，可以移交公安机关侦查机关调查核实，也可以自行调查核实。发现遗漏罪行或者同案犯罪嫌疑人的，应当建议公安机关侦查机关侦查。

对于下列原审被告人，应当进行讯问：（一）提出上诉的；（二）人民检察院提出抗诉的；（三）被判处无期徒刑以上刑罚的。

第450条 人民检察院办理死刑上诉、抗诉案件，应当进行下列工作：（一）讯问原审被告人，听取原审被告人的上诉理由或者辩解；（二）必要时听取辩护人的意见；（三）复核主要证据，必要时询问证人；（四）必要时补充收集证据；（五）对鉴定意见有疑问的，可以重新鉴定或者补充鉴定；（六）根据案件情况，可以听取被害人的意见。

第451条 出席第二审法庭前，检察人员应当制作讯问原审被告人、询问被害人、证人、鉴定人和出示、宣读、播放证据计划，拟写答辩提纲，并制作出庭意见。

第452条 在法庭审理中，检察官检察人员应当针对原审判决或者裁定认定事实或适用法律、量刑等方面的问题，围绕抗诉或者上诉理由以及辩护人的辩护意见，讯问原审被告人，询问被害人、证人、鉴定人，出示和宣读证据，并提出意见和进行辩论。

第453条 需要出示、宣读、播放第一审期间已移交人民法院的证据的，出庭的<u>检察官</u><s>检察人员</s>可以申请法庭出示、宣读、播放。

在第二审法庭中宣布休庭后需要<s>移交</s>移送证据材料的，参照本规则第428条的规定办理。

【法释〔2021〕1号】 最高人民法院关于适用《中华人民共和国刑事诉讼法》的解释（2020年12月7日最高法审委会〔1820次〕修订，2021年1月26日公布，2021年3月1日施行；2013年1月1日施行的"法释〔2012〕21号"《解释》同时废止）

第395条 第二审期间，人民检察院或者被告人及其辩护人提交新证据的，人民法院应当及时通知对方查阅、摘抄或者复制。

第396条 开庭审理第二审公诉案件，应当在决定开庭审理后及时通知人民检察院查阅案卷。自通知后的第2日起，人民检察院查阅案卷的时间不计入审理期限。

第397条 开庭审理上诉、抗诉的公诉案件，应当通知同级人民检察院派员出庭。

抗诉案件，人民检察院接到开庭通知后不派员出庭，且未说明原因的，人民法院可以裁定按人民检察院撤回抗诉处理，<s>并通知第一审人民法院和当事人</s>。

【高检发办字〔2023〕133号】 最高人民检察院关于上级人民检察院统一调用辖区的检察人员办理案件若干问题的规定（经全国人大常委会法工委同意，2023年9月5日印发施行）(详见本书第1章"检察工作制度"专辑)

第7条 被调用检察人员以检察官身份代表办理案件的人民检察院履行出庭支持公诉等职责的，应当由办理案件的人民检察院检察长依法提请本级人民代表大会常务委员会按照法定程序任命为本院的检察员。案件办结或者上级人民检察院作出终止调用决定的，按照法定程序免去其前述检察员职务。

人民代表大会常务委员会作出任命前，被调用检察官可以以检察官助理身份协助办理案件。

第8条 上级人民检察院统一调用辖区的检察人员以检察官身份办理案件，具有下列情形之一的，可以不履行检察官任免程序：（一）上级人民检察院的检察官被调用至辖区的下级人民检察院的；（二）上级人民检察院调用本院的分院、派出检察院的检察官至本院或者本院的其他分院、派出检察院的；（三）依照法律规定不需要经人民代表大会常务委员会任免检察官的。

【法发〔2023〕号】 最高人民法院、最高人民检察院关于上级人民检察院统一调用辖区的检察人员办理案件有关问题的通知（2023年9月15日）(详见本书第253条)

三、《规定》(高检发办字〔2023〕133号)施行以前上级人民检察院已经作出调用决定的案件，被调用的检察官可以继续代表办理案件的人民检察院履行出庭支持公诉等相关职责至案件审结。

第236条 【二审判决、裁定】第二审人民法院对不服第一审判决的上诉、抗诉案件，经过审理后，应当按照下列情形分别处理：

（一）原判决认定事实和适用法律正确、量刑适当的，应当裁定驳回上诉或者抗诉，维持原判；

（二）原判决认定事实没有错误，但适用法律有错误，或者量刑不当的，应当改判；

（三）原判决事实不清楚或者证据不足的，可以在查清事实后改判；也可以裁定撤销原判，发回原审人民法院重新审判。

【重审二审不得发回】 原审人民法院对于依照前款第3项规定发回重新审判的案件作出判决后，被告人提出上诉或者人民检察院提出抗诉的，第二审人民法院应当依法作出判决或者裁定，不得再发回原审人民法院重新审判。①

● **相关规定** 　**【法发（研）〔1981〕号】**　最高人民法院关于执行刑事诉讼法中若干问题的初步经验总结（1981年11月印发）②

十四、关于判决、裁定和庭审中的决定的问题

（一）判决、裁定、庭审中的决定的区别和效力

人民法院审判案件，处理实体问题，一般使用判决书；处理程序问题或部分实体问题，一般使用裁定书；庭审中的决定，一般用于处理程序问题，其效力基本上相当于裁定，但不允许、上诉和抗诉。

（二）裁定

凡属第一审程序性问题的裁定，依法允许上诉和抗诉。

对于已经生效的判决，在执行中作出的裁定，如：刑事诉讼法第153条、第160条、第162条规定的关于减刑、假释、减免罚金的裁定，不属于第一审的裁定，不允许、上诉。

依照刑事诉讼法第56条的规定，当事人由于不能抗拒的原因或者有其他正当理由，在上诉期满以后提出上诉的，应由原审人民法院的上一级人民法院作出是否准许的裁定。此项裁定，属于终审裁定，不允许上诉。

对第一审裁定不服而提起上诉或抗诉的，第二审人民法院不需要开庭审理，可依刑事诉讼法第140条规定的精神，经审查后作出裁定。

（三）庭审中的决定

人民法院在庭审中处理诉讼程序性问题，可以使用决定。属于刑事诉讼法第24条、第117条规定的情况，均应当使用决定。对于庭审中需要延期审理的案件，也应作出决定。庭审中的决定一经作出，除刑事诉讼法第24条第3款规定对驳回申请回避的决定，当事人可以申请复议1次外，均立即生效，不允许上诉和抗诉。庭审中决定可以是口头的，也可以是书面的，口头决定应记录在卷，书面决定应制作决定书。

【法发（研）〔1987〕号】　最高人民法院关于再审改判案件几个问题的通知（1987年12月23日）③

最近，我院发现有些再审、改判案件，由于判决书写得不够清楚，又没有做好当事人和有关方面的工作，引起当事人对判决不服，到处申诉，影响不好。为此，特请注意：

---

① 本款规定由2012年3月14日第11届全国人大常委第5次会议增设，2013年1月1日施行。
② 注：该《经验总结》一直没有被废止，部分内容可作参考。
③ 注：该《通知》一直没有被废止，部分内容可作参考。

一、在改判判决书中，应当写明案件事实和改判的理由，使当事人和有关人员能够了解法院改判的事实、法律根据。

二、案件改判后，要认真做好双方当事人的思想工作，进行法制教育。对不构成犯罪但确有一般违法行为和严重错误的，要严肃指出其错误的性质和危害，以防止其改判后翘尾巴。

三、在案件改判前后，要加强同有关单位联系，请他们协助做好双方当事人的工作。对宣告无罪但有一般违法行为或严重错误，需要给予党纪、政纪处分的，可建议有关党委和行政部门研究处理。

【法发〔1999〕3号】　最高人民法院关于严格执行公开审判制度的若干规定（1999年3月8日）

七、凡应当依法公开审理的案件没有公开审理的，应当按下列规定处理：

（一）当事人提起上诉或者人民检察院对刑事案件的判决、裁定提起抗诉的，第二审人民法院应当裁定撤销原判决，发回重审；……

【法〔2003〕163号】　最高人民法院、最高人民检察院、公安部关于严格执行刑事诉讼法，切实纠防超期羁押的通知（2003年11月12日）

四、坚持依法办案，正确适用法律，有罪依法追究，无罪坚决放人，人民法院、人民检察院和公安机关在刑事诉讼过程中，要分工负责，互相配合，互相制约，依法进行，避免超期羁押现象的发生。……第二审人民法院经过审理，对于事实不清或者证据不足的案件，只能一次裁定撤销原判、发回原审人民法院重新审判；对于经过查证，只有部分犯罪事实清楚、证据充分的案件，只就该部分罪行进行认定和宣判；对于查证以后，仍然事实不清或者证据不足的案件，要依法作出证据不足、指控的犯罪不能成立的无罪判决，不得拖延不决，迟判不判。

【法发〔2010〕61号】　最高人民法院关于规范上下级人民法院审判业务关系的若干意见（最高法审委会〔1493次〕通过，2010年12月28日印发）

第6条　第一审人民法院已经查清事实的案件，第二人民法院原则上不得以事实不清、证据不足为由发回重审。

第二审人民法院作出发回重审裁定时，应当在裁定书中详细阐明发回重审的理由及法律依据。

第7条　第二审人民法院因原审判决事实不清、证据不足将案件发回重审的，原则上只能发回重审1次。

【法研〔2010〕207号】　最高人民法院研究室关于二审开庭审理过程中检察员当庭提出发回重审建议后人民法院能否对案件继续审理问题的答复（2010年11月30日答复青海高院"青刑他字〔2010〕1号"请示）

人民法院在第二审刑事案件开庭审理过程中，检察员当庭提出原判事实不清，建议发回原审人民法院重新审判的，应当继续审理并对检察员提出的有关事实不清、证据不足的问题进行重点审查，之后根据刑事诉讼法第189条的规定，依法作出裁判。

【法释〔2016〕13号】　最高人民法院关于适用刑事诉讼法第二百二十五条第二款有关问题的批复（2016年6月6日最高法审委会第1686次会议通过，2016年6月23日公布、答复河南高院请示，2016年6月24日施行）

一、对于最高人民法院依据《中华人民共和国刑事诉讼法》第239条和《最高人民法院关于适用〈中华人民共和国刑事诉讼法〉的解释》第353条裁定不予核准死刑，发回第二审人民法院重新审判的案件，无论此前第二审人民法院是否曾以原判决事实不清楚或者证据不足为由发回重新审判，原则上不得再发回第一审人民法院重新审判；有特殊情况确需发回第一审人民法院重新审判的，需报请最高人民法院批准。

二、对于最高人民法院裁定不予核准死刑，发回第二审人民法院重新审判的案件，第二审人民法院根据案件特殊情况，又发回第一审人民法院重新审判的，第一审人民法院作出判决后，被告人提出上诉或者人民检察院提出抗诉的，第二审人民法院应当依法作出判决或者裁定，不得再发回重新审判。

【法发〔2018〕10号】 最高人民法院关于加强和规范裁判文书释法说理的指导意见
（2018年6月1日印发，2018年6月13日施行）

八、下列案件裁判文书，应当强化释法说理：疑难、复杂案件；诉讼各方争议较大的案件；社会关注度较高、影响较大的案件；宣告无罪、判处法定刑以下刑罚、判处死刑的案件；行政诉讼中对被诉行政行为所依据的规范性文件一并进行审查的案件；判决变更行政行为的案件；新类型或者可能成为指导性案例的案件；抗诉案件；二审改判或者发回重审的案件；重审案件；再审案件；其他需要强化说理的案件。

十、二审或者再审裁判文书应当针对上诉、抗诉、申请再审的主张和理由强化释法说理。二审或者再审裁判文书认定的事实与一审或者原审不同的，或者认为一审、原审认定事实不清、适用法律错误的，应当在查清事实、纠正法律适用错误的基础上进行有针对性的说理；针对一审或者原审已经详尽阐述理由且诉讼各方无争议或者无新证据、新理由的事项，可以简化释法说理。

【法释〔2021〕1号】 最高人民法院关于适用《中华人民共和国刑事诉讼法》的解释
（2020年12月7日最高法审委会〔1820次〕修订，2021年1月26日公布，2021年3月1日施行；2013年1月1日施行的"法释〔2012〕21号"《解释》同时废止）

第391条 对上诉、抗诉案件，应当着重审查下列内容：（一）第一审判决认定的事实是否清楚，证据是否确实、充分；（二）第一审判决适用法律是否正确，量刑是否适当；（三）<u>在调查</u>、侦查、审查起诉、第一审程序中，有无违反法定程序的情形；（四）上诉、抗诉是否提出新的事实、证据；（五）被告人的供述和辩解情况；（六）辩护人的辩护意见及采纳情况；（七）附带民事部分的判决、裁定是否合法、适当；（八）<u>对涉案财物的处理是否正确</u>；（九）第一审人民法院合议庭、审判委员会讨论的意见。

<u>第404条</u> 第二审人民法院认为第一审判决事实不清、证据不足的，可以在查清事实后改判，也可以裁定撤销原判，发回原审人民法院重新审判。

有多名被告人的案件，部分被告人的犯罪事实不清、证据不足或者有新的犯罪事实需要追诉，且有关犯罪与其他同案被告人没有关联的，第二审人民法院根据案件情况，可以对该部分被告人分案处理，将该部分被告人发回原审人民法院重新审判。原审人民法院重新作出判决后，被告人上诉或者人民检察院抗诉，其他被告人的案件尚未作出第二审判决、裁定的，第二审人民法院可以并案审理。

第405条 原判事实不清、证据不足，第二审人民法院发回重新审判的案件，原审人民法院重新作出判决后，被告人上诉或者人民检察院抗诉的，第二审人民法院应当依法作出判决、裁定，不得再发回重新审判。

第407条 第二审人民法院审理对刑事部分提出上诉、抗诉，附带民事部分已经发生法律效力的案件，发现第一审判决、裁定中的附带民事部分确有错误的，应当依照审判监督程序对附带民事部分予以纠正。

第 409 条 第二审人民法院审理对附带民事部分提出上诉，刑事部分已经发生法律效力的案件，<u>应当对全案进行审查</u>，并按照下列情形分别处理：

（一）第一审判决的刑事部分并无不当的，只需就附带民事部分作出处理；（本项新增）

（二）第一审判决的刑事部分确有错误的，依照审判监督程序对刑事部分进行再审，并将附带民事部分与刑事部分一并审理。

● **指导案例** 【高检发办字〔2023〕92 号】 最高人民检察院第 45 批指导性案例（2023 年 5 月 26 日最高检检委会〔14 届 5 次〕通过，2023 年 6 月 25 日印发）

（检例第 179 号） 刘某某贩卖毒品二审抗诉案①

要旨：对于确有必要的，要补充完善证据，对人民法院认为存在的"合理怀疑"作出解释，以准确排除"合理怀疑"，充分支持抗诉意见和理由。对于查清事实后足以定罪量刑的抗诉案件，如未超出起诉指控范围，人民检察院可以建议人民法院依法直接改判。

● **入库案例** 【2023-16-1-182-001】 陈某某强奸案（江西高院/1995.08.16/〔1995〕赣高法刑监字第 61 号/再审）

裁判要旨：在再审中对于发现的新证据或者原判认定事实的某一证据发生变化，应在查证其是否属实的基础上，再将案件的全部证据联系起来进行审查，综合分析判断，避免错误改判。原判认定事实的某一证据发生变化后，应当判断该证据是否在认定案件事实的所有证据中属于关键证据。在对其他未发生变化的大量证据进行再审查、质证后，仍能形成证据锁链得出唯一结论的，不应改判。

（本书汇）【法定刑以下刑罚】②

● **相关规定** 【主席令〔1997〕83 号】 中华人民共和国刑法（1979 年 7 月 1 日第五届全国人民代表大会第二次会议通过 1997 年 3 月 14 日第八届全国人民代表大会第五次会议修订）③

第 63 条（第 2 款） 犯罪分子虽然不具有本法规定的减轻处罚情节，但是根据案件的特殊情况，经最高人民法院核准，也可以在法定刑以下判处刑罚。④

【法释〔2021〕1 号】 最高人民法院关于适用《中华人民共和国刑事诉讼法》的解释（2020 年 12 月 7 日最高法审委会〔1820 次〕修订，2021 年 1 月 26 日公布，2021 年 3 月 1 日

---

① 本案指导意义：司法实践中，对于人民检察院提出抗诉后补充的证据，如果该证据属于补强证据，认定的案件事实没有超出起诉指控的范围，且案件已经多次开庭审理，应当综合考虑诉讼经济原则和人权保障的关系，建议人民法院在查明案件事实后依法改判。

② 注：《刑事诉讼法》没有关于在法定刑以下判处刑罚的专门规定，本书将其汇集于此。

③ 《刑法》共经过 11 次修正，见第 1011 页关于刑法的脚注。

④ 按照第 63 条第 2 款规定的表述，地方各级法院在适用本款规定时，应该先报最高人民法院核准，然后才能"在法定刑以下判处刑罚"。这样实际上相当于是最高人民法院直接判处刑罚。因此，本书认为这句话应该表述为："……但是根据案件的特殊情况，也可以在法定刑以下判处刑罚，该判决经最高人民法院核准后生效。"

施行；2013年1月1日施行的"法释〔2012〕21号"《解释》同时废止）

第414条　报请最高人民法院核准在法定刑以下判处刑罚的案件，应当按照下列情形分别处理：

（一）被告人未上诉、人民检察院未抗诉的，在上诉、抗诉期满后3日以内报请上一级人民法院复核。上级人民法院同意原判的，应当书面层报最高人民法院核准；不同意的，应当裁定发回重新审判，或者按照第二审程序提审①。

（二）被告人上诉或者人民检察院抗诉的，应当依照第二审程序审理。上一级人民法院维持原判，或者改判后仍在法定刑以下判处刑罚的，应当依照前项规定层报最高人民法院核准。

第415条　对符合刑法第63条第2款规定的案件，第一审人民法院未在法定刑以下判处刑罚的，第二审人民法院可以在法定刑以下判处刑罚，并层报最高人民法院核准。

第416条　报请最高人民法院核准在法定刑以下判处刑罚的案件，应当报送判决书、报请核准的报告各五份，以及全部案卷、证据。

第417条　对在法定刑以下判处刑罚的案件，最高人民法院予以核准的，应当作出核准裁定书；不予核准的，应当作出不核准裁定书，并撤销原判决、裁定，发回原审人民法院重新审判或者指定其他下级人民法院重新审判。

第418条　依照本解释第414条、第417条规定发回第二审人民法院重新审判的案件，第二审人民法院可以直接改判；必须通过开庭查清事实、核实证据或者纠正原审程序违法的，应当开庭审理。

第419条　最高人民法院和上级人民法院复核在法定刑以下判处刑罚案件的审理期限，参照适用刑事诉讼法第243条的规定。

第237条　【上诉不加刑及其例外】 第二审人民法院审理被告人或者他的法定代理人、辩护人、近亲属上诉的案件，不得加重被告人的刑罚。第二审人民法院发回原审人民法院重新审判的案件，除有新的犯罪事实，人民检察院补充起诉②的以外，原审人民法院也不得加重被告人的刑罚。③

人民检察院提出抗诉④或者自诉人提出上诉的，不受前款规定的限制。

● **相关规定**　【法发（研）〔1981〕号】　**最高人民法院关于执行刑事诉讼法中若干问题的初步经验总结**（1981年11月印发）⑤

十、关于第二审程序的问题

---

① 本部分内容2012年规定为"或者改变管辖按照第一审程序重新审理。原判是基层人民法院作出的，高级人民法院可以指定中级人民法院按照第一审程序重新审理"。

② 注："补充起诉"是指补充起诉新的犯罪事实（同种罪或不同种罪），而不是只对原犯罪事实补充新的证据。

③ 下划线部分由2012年3月14日第11届全国人大常委会第5次会议增加，2013年1月1日施行。

④ 注：人民检察院认为第一审判决确有错误，处刑过重而提出抗诉的，第二审人民法院经过审理也不应当加重被告人的刑罚。本条规定的"刑罚"，是指主刑和附加刑，不包括罪名。（见中国人大网-法律释义与问答-刑事诉讼法释义，http://www.npc.gov.cn/zgrdw/npc/flsyywd/xingfa/2014-02/10/content_1825870.htm）

⑤ 注：该《经验总结》一直没有被废止，部分内容可作参考。

（二）被告人一方上诉不加刑的问题

刑事诉讼法第137条第1款规定："第二审人民法院审判被告人或者他的法定代理人、辩护人、近亲属上诉的案件，不得加重被告人的刑罚。"第二审人民法院审判被告人一方上诉的案件，如果按照刑事诉讼法第136条第（二）、第（三）两项的规定，予以直接改判时，应当执行第137条第1款的规定，不得加重被告人的刑罚。

对于被告人一方上诉的案件，依照刑事诉讼法第136条第（三）项和第138条的规定，只有对原判事实确实不清、证据确实不足，以及第一审人民法院违反了法定的诉讼程序，可能影响正确判决的，第二审人民法院才能作出撤销原判，发回原审人民法院重新审判的裁定。不得将认为原判量刑轻的案件，以事实不清、证据不足为名，撤销原判、发回重新审判，指令第一审人民法院加重被告人的刑罚。

对于原判量刑偏轻的，上诉案件，第二审人民法院不要改动，可以通过总结经验教训，改进工作。原判量刑确属畸轻的，如果人民检察院没有提出抗诉，第二审人民法院也不能改判加重，可以通过审判监督程序解决。

人民检察院和上诉人同时抗诉和上诉的案件，不属于被告人一方上诉的案件，不受刑事诉讼法第137条第1款规定的限制，应按抗诉案件程序审理。

【法研（复）〔1990〕号】　最高人民法院研究室关于对第二审终审的刑事案件第二审法院进行再审时可否加重刑罚不给上诉权问题的电话答复（1990年8月16日答复湖北高院研究室"鄂法研〔1990〕6号"请示）①

"请示报告"所述：被告人李某某因故意伤害罪被判处有期徒刑12年，上诉后中级人民法院维持原判。被告人亲属不服提出申诉。中级人民法院经审查认为原判量刑不当，需要改判加重刑罚。对于这种案件，我们认为，如果是需将原判有期徒刑12年改判加重刑罚二、三年（最多只能加重到15年），这说明原判量刑偏轻，而不是畸轻，因此可不必再审改判；如果确需将原判改为无期徒刑或者死刑，则中级人民法院应撤销原第一、二审判决、裁定，并根据刑事诉讼法第15条的规定，由中级人民法院作为第一审，重新审判。对于重新审判后的判决，当事人可以上诉，同级人民检察院可以抗诉。

【法释〔2001〕31号】　最高人民法院关于刑事再审案件开庭审理程序的具体规定（试行）（2001年10月18日最高法审委会〔1196次〕通过，2001年12月26日公布，2002年1月1日起施行）

第8条　除人民检察院抗诉的以外，再审一般不得加重原审被告人（原审上诉人）的刑罚。

……不具备开庭条件可以不开庭审理的，或者可以不出庭参加诉讼的，不得加重未出庭原审被告人（原审上诉人）、同案原审被告人（同案原审上诉人）的刑罚。

【法释〔2011〕8号】　最高人民法院关于死刑缓期执行限制减刑案件审理程序若干问题的规定（2011年4月20日最高法审委会第1519次会议通过，2011年4月25日公布，2011年5月1日施行）

第4条　高级人民法院审理判处死刑缓期执行没有限制减刑的上诉案件，认为原判事实

---

① 注：该《答复》一直未被废止。

清楚、证据充分，但应当限制减刑的，不得直接改判，也不得发回重新审判。确有必要限制减刑的，应当在第二审判决、裁定生效后，按照审判监督程序重新审判。

高级人民法院复核判处死刑缓期执行没有限制减刑的案件，认为应当限制减刑的，不得以提高审级等方式对被告人限制减刑。

第5条 高级人民法院审理判处死刑的第二审案件，对被告人改判死刑缓期执行的，如果符合刑法第50条第2款的规定，可以同时决定对其限制减刑。

高级人民法院复核判处死刑后没有上诉、抗诉的案件，认为应当改判死刑缓期执行并限制减刑的，可以提审或者发回重新审判。

【法研〔2014〕26号】 最高人民法院研究室关于上诉发回重审案件重审判决后确需改判的应当通过何种程序进行的答复（2014年1月28日最高法院刑事审判专委会第211次会议审议通过，2014年2月24日答复上海高院"沪高法〔2013〕279号"请示）

根据刑事诉讼法第226条第1款规定，对被告人上诉、人民检察院未提出抗诉的案件，第二审人民法院发回原审人民法院重新审判的，只要人民检察院没有补充起诉新的犯罪事实，原审人民法院不得加重被告人的刑罚。原审人民法院对上诉发回重新审判的案件依法作出维持原判的判决后，人民检察院抗诉的①，第二审人民法院也不得改判加重被告人的刑罚。

【法发〔2019〕10号】 最高人民法院、最高人民检察院、公安部、司法部关于办理恶势力刑事案件若干问题的意见（2019年4月9日印发施行）

四、办理恶势力刑事案件的其他问题

18.（第3款）审理被告人或者被告人的法定代理人、辩护人、近亲属上诉的案件时，一审判决认定黑社会性质组织有误的，二审法院应当纠正，符合恶势力、恶势力犯罪集团认定标准，应当作出相应认定；一审判决认定恶势力或恶势力犯罪集团有误的，应当纠正，但不得升格认定；一审判决未认定恶势力或恶势力犯罪集团的，不得增加认定。

【法释〔2021〕1号】 最高人民法院关于适用《中华人民共和国刑事诉讼法》的解释（2020年12月7日最高法审委会〔1820次〕修订，2021年1月26日公布，2021年3月1日施行；2013年1月1日施行的"法释〔2012〕21号"《解释》同时废止）

第401条 审理被告人或者其法定代理人、辩护人、近亲属提出上诉的案件，不得对被告人的刑罚作出实质不利的改判加重被告人的刑罚，并应当执行下列规定：

（一）同案审理的案件，只有部分被告人上诉的，既不得加重上诉人的刑罚，也不得加重其他同案被告人的刑罚；

（二）原判事实清楚、证据确实、充分，只是认定的罪名不当的，可以改变罪名，但不得加重刑罚或者对刑罚执行产生不利影响；

（三）原判认定的罪数不当的，可以改变罪数，并调整刑罚，但不得加重决定执行的刑罚或者对刑罚执行产生不利影响；②

---

① 注：这种情形属于不当抗诉。因为此时应当评价"重一审"的判决、裁定是否"确有错误"，而不是评价"原一审"；而"重一审"的维持原判并没有错误。但如果"重一审"降低了"原一审"的刑罚，而检方认为该判决畸轻的话，则可以就此提出抗诉；"重二审"可以在"原一审"的刑罚之内加重刑罚。

② 本项2012年规定为"原判对被告人实行数罪并罚的，不得加重决定执行的刑罚，也不得加重数罪中某罪的刑罚"。

（四）原判对被告人宣告缓刑的，不得撤销缓刑或者延长缓刑考验期；

（五）原判没有宣告职业禁止、禁止令的，不得增加宣告；原判宣告职业禁止、禁止令的，不得增加内容、延长期限；

（六）原判对被告人判处死刑缓期执行没有限制减刑、决定终身监禁的，不得限制减刑、决定终身监禁；

（七）原判事实清楚，证据确实、充分，但判处的刑罚不当畸轻、应当适用附加刑而没有适用的，不得直接加重刑罚、适用附加刑，也不得以事实不清、证据不足为由发回第一审人民法院重新审判。原判判处的刑罚畸轻，必须依法改判的，应当在第二审判决、裁定生效后，依照审判监督程序重新审判。

人民检察院抗诉或者自诉人上诉的案件，不受前款规定的限制。

第402条　人民检察院只对部分被告人的判决提出抗诉，或者自诉人只对部分被告人的判决提出上诉的，第二审人民法院不得对其他同案被告人加重刑罚。

第403条　被告人或者其法定代理人、辩护人、近亲属提出上诉，人民检察院未提出抗诉的案件，第二审人民法院发回重新审判后，除有新的犯罪事实且人民检察院补充起诉的以外，原审人民法院不得加重被告人的刑罚。

（新增）对前款规定的案件，原审人民法院对上诉发回重新审判的案件依法作出判决后，人民检察院抗诉的，第二审人民法院不得改判为重于原审人民法院第一次判处的刑罚。

第428条（第2款）　高级人民法院①复核死刑缓期执行案件，不得加重被告人的刑罚。

第469条　除人民检察院抗诉的以外，再审一般不得加重原审被告人的刑罚。再审决定书或者抗诉书只针对部分原审被告人的，不得加重其他同案原审被告人的刑罚。

【法刊文摘】　钟某桂、伍某云等故意伤害案（《刑事审判参考》总第100集，最高法刑1-5庭主编，法律出版社2015年7月出版）

发回重审案件，除有新的犯罪事实，人民检察院补充起诉的以外，重审不得加重被告人的刑罚。结合法条上下文，新的犯罪事实应当是指原没有指控的犯罪事实，既包括定罪事实，也包括量刑情节的事实；还必须是人民检察院补充起诉的新的事实。对于原判决中认定数额有误、自首、立功、主从犯、既未遂等量刑情节不当的情况，均不属于发现了"新的犯罪事实"，一律不得加重刑罚。但从实体公正方面考虑，因被告人不具有自首、立功等法定减轻处罚情节，重审后可能出现的量刑偏轻的情况，对此是否需要启动审判监督程序予以纠正，可由相关法院自行决定。

第238条②　【一审违规须发回重审】第二审人民法院发现第一审人民法院的审理有下列违反法律规定的诉讼程序的情形之一的，应当裁定撤销原判，发回原审人民法院重新审判：

---

① 注：删除本部分主体限制内容后，意味着最高人民法院也不能例外。

② 本条规定由1996年3月17日第8届全国人民代表大会第4次会议修改，1997年1月1日施行。原规定为："第二审人民法院发现第一审人民法院违反法律规定的诉讼程序，可能影响正确判决的时候，应当撤销原判，发回原审人民法院重新审判。"

（一）违反本法有关公开审判的规定的；
（二）违反回避制度的；
（三）剥夺或者限制了当事人的法定诉讼权利，可能影响公正审判的；
（四）审判组织的组成不合法的；
（五）其他违反法律规定的诉讼程序，可能影响公正审判的。

第 239 条[①] 【一审重审程序】原审人民法院对于发回重新审判的案件，应当另行组成合议庭，依照第一审程序进行审判。对于重新审判后的判决，依照本法第 227 条、第 228 条、第 229 条的规定可以上诉、抗诉。

第 240 条 【对裁定的二审】第二审人民法院对不服第一审裁定的上诉或者抗诉，经过审查后，应当参照本法第 236 条、第 238 条和第 239 条的规定，分别情形用裁定驳回上诉、抗诉，或者撤销、变更原裁定。

第 241 条[②] 【重审期限重新计算】第二审人民法院发回原审人民法院重新审判的案件，原审人民法院从收到发回的案件之日起，重新计算审理期限。

● **相关规定**　【法释〔2021〕1 号】　最高人民法院关于适用《中华人民共和国刑事诉讼法》的解释（2020 年 12 月 7 日最高法审委会〔1820 次〕修订，2021 年 1 月 26 日公布，2021 年 3 月 1 日施行；2013 年 1 月 1 日施行的"法释〔2012〕21 号"《解释》同时废止）

第 406 条　第二审人民法院发现原审人民法院在重新审判过程中，有刑事诉讼法第 238 条规定的情形之一，或者违反第 239 条规定的，应当裁定撤销原判，发回重新审判。

【法发〔2023〕号】　最高人民法院、最高人民检察院关于上级人民检察院统一调用辖区的检察人员办理案件有关问题的通知（2023 年 9 月 15 日）（详见本书第 253 条）

二、案件已经进入第二审程序的，第二审人民法院不能以被调用出席第一审法庭的公诉人未经本级人大常委会任命为由认为符合《中华人民共和国刑事诉讼法》第 238 条第 5 项规定的情形，裁定撤销原判，发回原审人民法院重新审判。

● **入库案例**　【2023-16-1-402-001】　**王某贪污案**（新疆高院兵团分院/2008.02.04/〔2007〕新兵刑再字第 2 号）

裁判要旨：公诉机关撤回起诉后没有新的事实、证据再行起诉，人民法院不应受理，更不应进入审判程序并作出有罪的实体判决。法院受理后作出判决的，属于《刑事诉讼法》第 191 条（现第 238 条）第 5 项规定的"其他违反法律规定的诉讼程序，可能影响公正审判的"的情形。

---

① 本条规定由 1996 年 3 月 17 日第 8 届全国人民代表大会第 4 次会议修改，1997 年 1 月 1 日施行。原规定为："原审人民法院对于发回重新审判的案件，应当依照第一审程序进行审判。对于重新审判后的判决，当事人可以上诉，同级人民检察院可以抗诉。"

② 本条规定由 1996 年 3 月 17 日第 8 届全国人民代表大会第 4 次会议增设，1997 年 1 月 1 日施行。

第242条 【二审程序】 第二审人民法院审判上诉或者抗诉案件的程序，除本章已有规定的以外，参照第一审程序的规定进行。

第243条①【二审期限】② 第二审人民法院受理上诉、抗诉案件，应当在2个月以内审结。对于可能判处死刑的案件或者附带民事诉讼的案件，以及有本法第158条规定情形之一的，经省、自治区、直辖市高级人民法院批准或者决定，可以延长2个月；因特殊情况还需要延长的，报请最高人民法院批准。

最高人民法院受理上诉、抗诉案件的审理期限，由最高人民法院决定。

第244条 【终审裁判】 第二审的判决、裁定和最高人民法院的判决、裁定，都是终审的判决、裁定。

● **相关规定** 【法（研）复〔1956〕号】 最高人民法院关于基层法院报请高级法院核准的死刑案件经高级法院改判或发回更审后应否准许再申请复核或上诉的批复（1956年1月11日答复河北高院"刑一字第1526号"请示）③

基层人民法院对于死刑案件的判决，如果当事人不上诉、不申请复核，应当报请高级人民法院核准后执行。如果高级人民法院在审核后认为原判决处刑过重而依法应予减轻时，可用判决自行改判；这种判决就是发生法律效力的判决。高级人民法院如认为原判决处刑过轻，依法确有应予加重之必要时（例如将死刑缓期2年执行改为死刑立即执行），可撤销原判决，发回基层人民法院更审。发回更审的死刑案件，经基层人民法院判决后，如果当事人不服，可以按照人民法院组织法第11条第2款的规定，提起上诉。

【法发（研）〔1981〕号】 最高人民法院关于执行刑事诉讼法中若干问题的初步经验总结（1981年11月印发）④

十、关于第二审程序的问题
（三）审判时限和委托宣判问题

人民法院在审理第二审案件时，检察人员的阅卷时间，不应计算在人民法院的审判时限内。

第二审人民法院可以委托下级人民法院代为公开宣告二审判决或裁定。

---

① 本条规定先后2次修改。原规定（1980年1月1日施行）为："第二审人民法院受理上诉、抗诉案件后，应当在1个月以内审结，至迟不得超过1个半月。" 1996年3月17日第8届全国人民代表大会第4次会议修改为（1997年1月1日施行）："第二审人民法院受理上诉、抗诉案件，应当在1个月以内审结，至迟不得超过1个半月。有本法第126条规定情形之一的，经省、自治区、直辖市高级人民法院批准或者决定，可以再延长1个月，但是最高人民法院受理的上诉、抗诉案件，由最高人民法院决定。" 2012年3月14日第11届全国人大常委会第5次会议修改为现规定，2013年1月1日施行。

② 注：本条规定的"审理期限"应当是针对被告人被羁押的案件。《刑事诉讼法》第98条规定，被告人被羁押的案件，不能在本法规定的二审期限内办结的，对被告人应当予以释放；需要继续审理的，对被告人可以取保候审或者监视居住。另外，《刑事诉讼法》第67条规定，羁押期限届满，案件尚未办结的，可以取保候审。《刑事诉讼法》第74条规定，符合逮捕条件，羁押期限届满，案件尚未办结的，可以监视居住。因此，对已经采取取保候审/监视居住措施的非羁押案件，在"审理期限"尚未办结的，可以继续审理。此时的办案期限应当适用《刑事诉讼法》第79条的规定，取保候审最长不得超过12个月，监视居住最长不得超过6个月。

③ 注：该《批复》已经明显失效，但在最高法历次司法解释清理中，一直未被废止。本书收录备考。

④ 注：该《经验总结》一直没有被废止，部分内容可作参考。

【法释〔2000〕29 号】 最高人民法院关于严格执行案件审理期限制度的若干规定
（2000 年 9 月 14 日最高法审委会第 1130 次会议通过，2000 年 9 月 22 日公布，2000 年 9 月 28 日施行，根据 2008 年 12 月 16 日发布的《最高人民法院关于调整司法解释等文件中引用〈中华人民共和国民事诉讼法〉条文序号的决定》调整）

第 1 条（第 1 款） 适用普通程序审理的第一审刑事公诉案件、被告人被羁押的第一审刑事自诉案件和第二审刑事公诉、刑事自诉案件的期限为 1 个月，至迟不得超过 1 个半月；附带民事诉讼案件的审理期限，经本院院长批准，可以延长 2 个月。有刑事诉讼法第 126 条规定情形之一的，经省、自治区、直辖市高级人民法院批准或者决定，审理期限可以再延长 1 个月；最高人民法院受理的刑事上诉、刑事抗诉案件，经最高人民法院决定，审理期限可以再延长 1 个月。

第 6 条（第 3 款） 第二审人民法院应当在收到第一审人民法院移送的上（抗）诉材料及案卷材料后的 5 日内立案。

第 8 条（第 1 款） 案件的审理期限从立案次日起计算。

第 9 条 下列期间不计入审理、执行期限：

（一）刑事案件对被告人作精神病鉴定的期间；

（二）刑事案件因另行委托、指定辩护人，法院决定延期审理的，自案件宣布延期审理之日起至第 10 日止准备辩护的时间；

（三）公诉人发现案件需要补充侦查，提出延期审理建议后，合议庭同意延期审理的期间；

（四）刑事案件二审期间，检察院查阅案卷超过 7 日后的时间；

（五）因当事人、诉讼代理人、辩护人申请通知新的证人到庭、调取新的证据、申请重新鉴定或者勘验，法院决定延期审理 1 个月之内的期间；

……

（七）审理当事人提出的管辖权异议和处理法院之间的管辖争议的期间；

……

（九）中止诉讼（审理）或执行至恢复诉讼（审理）或执行的期间；

……

第 14 条 对于下级人民法院申请延长办案期限的报告，上级人民法院应当在审理期限届满 3 日前作出决定，并通知提出申请延长审理期限的人民法院。

需要本院院长批准延长办案期限的，院长应当在审限届满前批准或者决定。

第 15 条 被告人、自诉人、附带民事诉讼的原告人和被告人通过第一审人民法院提出上诉的刑事案件，第一审人民法院应当在上诉期限届满后 3 日内将上诉状连同案卷、证据移送第二审人民法院。被告人、自诉人、附带民事诉讼的原告人和被告人直接向上级人民法院提出上诉的刑事案件，第一审人民法院应当在接到第二审人民法院移交的上诉状后 3 日内将案卷、证据移送上一级人民法院。

第 16 条 人民检察院抗诉的刑事二审案件，第一审人民法院应当在上诉、抗诉期限届满后 3 日内将抗诉书连同案卷、证据移送第二审人民法院。

第 18 条 第二审人民法院立案时发现上诉案件材料不齐全的，应当在 2 日内通知第一审人民法院。第一审人民法院应当在接到第二审人民法院的通知后 5 日内补齐。

第 19 条 下级人民法院接到上级人民法院调卷通知后，应当在 5 日内将全部案卷和证据移送，至迟不超过 10 日。

【法〔2001〕164号】　最高人民法院案件审限管理规定（2001年10月16日最高法审委会第1195次会议通过，2001年11月5日印发，2002年1月1日施行）

第1条　审理刑事上诉、抗诉案件的期限为1个月，至迟不得超过1个半月；有刑事诉讼法第126条规定情形之一的，经院长批准，可以延长1个月。①

第13条　二审案件应当在收到上（抗）诉书及案卷材料后的5日内立案。按照审判监督程序重新审判的案件，应当在作出提审、再审裁定或决定的次日立案。刑事复核案件、适用法律的特殊请示案件、管辖争议案件、执行协调案件应当在收到高级人民法院报送的案卷材料后3日内立案。

第15条　案件的审理期限从立案次日起计算。申诉或申请再审的审查期限从收到申诉或申请再审材料并经立案后的次日起计算。涉外、涉港、澳、台民事案件的结案期限从最后一次庭审结束后的次日起计算。

第16条　不计入审理期限的期间依照本院《关于严格执行案件审理期限制度的若干规定》（下称《若干规定》）第9条执行。案情重大、疑难，需由审判委员会作出决定的案件，自提交审判委员会之日起至审判委员会作出决定之日止的期间，不计入审理期限。需要向有关部门征求意见的案件，征求意见的期间不计入审理期限，参照《若干规定》第9条第八项的规定办理。要求下级人民法院查报的案件，下级人民法院复查的期间不计入审理期限。

第17条　结案时间除按《若干规定》第10条执行外，请示案件的结案时间以批复、复函签发日期为准，审查申诉的结案时间以作出决定或裁定的日期为准，执行协调案件以批准协调方案日期为准。

第18条　刑事案件需要延长审理期限的，应当在审理期限届满7日以前，向院长提出申请。

第20条　需要院长批准延长审理期限的，院长应当在审限届满以前作出决定。

【法释〔2021〕1号】　最高人民法院关于适用《中华人民共和国刑事诉讼法》的解释（2020年12月7日最高法审委会［1820次］修订，2021年1月26日公布，2021年3月1日施行；2013年1月1日施行的"法释〔2012〕21号"《解释》同时废止）

第398条　开庭审理上诉、抗诉案件，除参照适用第一审程序的有关规定外，应当按照下列规定进行：

（一）法庭调查阶段，审判人员宣读第一审判决书、裁定书后，上诉案件由上诉人或者辩护人先宣读上诉状或者陈述上诉理由，抗诉案件由检察员先宣读抗诉书；既有上诉又有抗诉的案件，先由检察员宣读抗诉书，再由上诉人或者辩护人宣读上诉状或者陈述上诉理由；

（二）法庭辩论阶段，上诉案件，先由上诉人、辩护人发言，后由检察、诉讼代理人发言；抗诉案件，先由检察员、诉讼代理人发言，后由被告人、辩护人发言；既有上诉又有抗诉的案件，先由检察员、诉讼代理人发言，后由上诉人、辩护人发言。

第399条　开庭审理上诉、抗诉案件，可以重点围绕对第一审判决、裁定有争议的问题或者有疑问的部分进行。根据案件情况，可以按照下列方式审理：

（一）宣读第一审判决书，可以只宣读案由、主要事实、证据名称和判决主文等；

---

① 注：刑事诉讼法修改后，本条规定已经实际失效。

（二）法庭调查应当重点围绕对第一审判决提出异议的事实、证据以及新的证据等进行；对没有异议的事实、证据和情节，可以直接确认；

（三）对同案审理案件中未上诉的被告人，未被申请出庭或者人民法院认为没有必要到庭的，可以不再传唤到庭；

（四）被告人犯有数罪的案件，对其中事实清楚且无异议的犯罪，可以不在庭审时审理。

同案审理的案件，未提出上诉、人民检察院也未对其判决提出抗诉的被告人要求出庭的，应当准许。出庭的被告人可以参加法庭调查和辩论。

第 400 条　第二审案件依法不开庭审理的，应当讯问被告人，听取其他当事人、辩护人、诉讼代理人的意见。合议庭全体成员应当阅卷，必要时应当提交书面阅卷意见。

第 413 条　第二审人民法院可以委托第一审人民法院代为宣判，并向当事人送达第二审判决书、裁定书。第一审人民法院应当在代为宣判后 5 日以内将宣判笔录送交第二审人民法院，并在送达完毕后及时将送达回证送交第二审人民法院。

委托宣判的，第二审人民法院应当直接向同级人民检察院送达第二审判决书、裁定书。

（新增）第二审判决、裁定是终审的判决、裁定的，自宣告之日起发生法律效力。

第 419 条　最高人民法院和上级人民法院复核在法定刑以下判处刑罚案件的审理期限，参照适用刑事诉讼法第 243 条的规定。

第 488 条　涉外刑事案件，符合刑事诉讼法第 208 条第 1 款、第 243 条规定的，经有关人民法院批准或者决定，可以延长审理期限。

第 245 条（见第 145 条）

第四章　死刑复核程序

第 246 条　【死刑核准权】死刑由最高人民法院核准。①

第 247 条　【死刑核准程序】中级人民法院判处死刑的第一审案件，被告人不上诉的，应当由高级人民法院复核后，报请最高人民法院核准。高级人民法院不同意判处死刑的，可以提审或者发回重新审判。

---

① 注：《刑事诉讼法》并未对死刑核准期限作出明确规定。在实际案例中，死刑核准时间长度不一。若按主流观点，认为死刑判决在最高法核准后才生效，则相当于对死刑判决设置了"第三审"，这与刑事诉讼法第 10 条规定刑事审判"实行两审终审制"、第 244 条规定第二审判决、裁定"是终审的判决、裁定"以及法释〔2021〕1 号《解释》第 413 条规定终审判决、裁定"自宣告之日起发生法律效力"不相符，并且意味着死刑判决将在较长时间内处于未生效的不稳定状态，影响司法判决的严肃性。特别是在有同案未被判处死刑的情况下，判决未生效会影响非死刑同案犯的交付执行。因此，本书认为，鉴于上述理论悖论及实务矛盾，应当将其理解为死刑执行的特殊前置复核程序。也即，死刑判决本身在终审宣判时已经生效；但出于对剥夺生命的谨慎，法律在执行死刑之前多设置了一道复核程序，并且规定必须由最高法院院长签发死刑执行命令后，才能将死刑交付执行。借此机会，本书也建议对死刑复核进行"第三审"诉讼程序改造，明确复核的启动与运行程序、建立证据审核与诉辩当庭质证机制，统一复核标准。

高级人民法院判处死刑的第一审案件被告人不上诉的，和判处死刑的第二审案件，都应当报请最高人民法院核准。

第 248 条　【死缓核准权】 中级人民法院判处死刑缓期 2 年执行的案件，由高级人民法院核准。

● **相关规定**　【人大〔1981〕19 次】　**全国人民代表大会常务委员会关于死刑案件核准问题的决定**（1981 年 6 月 10 日第 5 届全国人大常委会第 19 次会议通过）[①]

为了及时打击现行的杀人、抢劫、强奸、爆炸、放火等严重破坏社会治安的犯罪分子，现对死刑案件核准问题，作如下决定：

一、在 1981 年至 1983 年内，对犯有杀人、抢劫、强奸、爆炸、放火、投毒、决水和破坏交通、电力等设备的罪行，由省、自治区、直辖市高级人民法院终审判决死刑的，或者中级人民法院一审判决死刑，被告人不上诉，经高级人民法院核准的，以及高级人民法院一审判决死刑，被告人不上诉的，都不必报最高人民法院核准。

二、对反革命犯和贪污犯等判处死刑，仍然按照"刑事诉讼法"关于"死刑复核程序"的规定，由最高人民法院核准。

【法发（研）〔1981〕号】　**最高人民法院关于执行刑事诉讼法中若干问题的初步经验总结**（1981 年 11 月印发）[②]

十一、关于死刑复核程序的问题

（一）复核死刑案件的法律手续

依照刑事诉讼法第 145 条的规定，中级人民法院判处死刑的第一审案件，被告人上诉，经高级人民法院第二审判决维持原判的，应在宣判后，报送最高人民法院核准；被告人不上诉，高级人民法院复核后，不同意判处死刑的，可以提审改判，或者裁定撤销原判，发回原审人民法院重新审判，并应制发判决书或者裁定书。高级人民法院复核同意判处死刑的，只需备文报送最高人民法院核准，不必另行制发法律文书。

判处死刑立即执行的布告由原审人民法院发布。在布告中应当写明是经最高人民法院核准的还是经高级人民法院核准的。

（二）高级人民法院复核死缓案件的程序

依照刑事诉讼法第 146 条的规定，中级人民法院判处死缓的案件，被告人不上诉，人民检察院不抗诉的，应报送高级人民法院核准。对此，参照刑事诉讼法第 136 条、第 137 条、第 145 条的规定，结合审判实践经验，高级人民法院复核后，认为原判正确的，应以裁定核准；认为原判事实不清、证据不足的，应以裁定撤销原判，发回原审人民法院重新审判；认为原判认定事实没有错误，但适用法律不当，可以裁定撤销原判，发回原审人民法院重新审判，也可以改判，其中，论罪应判死刑立即执行的，参照刑事诉讼法第 18 条规定的精神，可以裁定提审，按照第一审程序审判。

[①] 注：本《决定》一直未见被废止，但 2006 年 10 月 31 日第 10 届全国人大常委会第 24 次会议修改了《人民法院组织法》（主席令第 59 号公布，2007 年 1 月 1 日施行），本《决定》已经明显失效。

[②] 注：该《经验总结》一直没有被废止，部分内容可作参考。

【法〔2004〕115号】 最高人民法院关于报送复核被告人在死缓考验期内故意犯罪应当执行死刑案件时应当一并报送原审判处和核准被告人死缓案卷的通知（2004年6月15日；详见《刑事诉讼法》第261条相关规定）

【法释〔2006〕12号】 最高人民法院关于统一行使死刑案件核准权有关问题的决定（2006年12月13日最高法审委会第1409次会议通过，2006年12月28日公布，2007年1月1日施行）

第10届全国人大常委会第24次会议通过了《关于修改〈中华人民共和国人民法院组织法〉的决定》，将人民法院组织法原第13条①修改为第12条："死刑除依法由最高人民法院判决的以外，应当报请最高人民法院核准。"修改人民法院组织法的决定自2007年1月1日施行。根据修改后的人民法院组织法第12条的规定，现就有关问题决定如下：

（一）自2007年1月1日起，最高人民法院根据全国人民代表大会常务委员会有关决定和人民法院组织法原第13条的规定发布的关于授权高级人民法院和解放军军事法院核准部分死刑案件的通知（见附件），一律予以废止。

（二）自2007年1月1日起，死刑除依法由最高人民法院判决的以外，各高级人民法院和解放军军事法院依法判决和裁定的，应当报请最高人民法院核准。

（三）2006年12月31日以前，各高级人民法院和解放军军事法院已经核准的死刑立即执行的判决、裁定，依法仍由各高级人民法院、解放军军事法院院长签发执行死刑的命令。

附件：

最高人民法院发布的下列关于授权高级人民法院核准部分死刑案件自本通知施行之日起予以废止：

一、《最高人民法院关于对几类现行犯授权高级人民法院核准死刑的若干具体规定的通知》（发布日期：1980年3月18日）

二、《最高人民法院关于执行全国人民代表大会常务委员会〈关于死刑案件核准问题的决定〉的几项通知》（发布日期：1981年6月11日）

三、《最高人民法院关于授权高级人民法院核准部分死刑案件的通知》（发布日期：1983年9月7日）

四、《最高人民法院关于授权云南省高级人民法院核准部分毒品犯罪死刑案件的通知》（发布日期：1991年6月6日）

五、《最高人民法院关于授权广东省高级人民法院核准部分毒品犯罪死刑案件的通知》（发布日期：1993年8月18日）

六、《最高人民法院关于授权广西壮族自治区、四川省、甘肃省高级人民法院核准部分毒品犯罪死刑案件的通知》（发布日期：1996年3月19日）

---

① 注：1979年7月1日第5届全国人民代表大会第2次会议通过，1979年7月5日全国人大常委会委员长令第3号公布、1980年1月1日起施行的《人民法院组织法》第13条内容原为："死刑案件由最高人民法院判决或者核准。死刑案件的复核程序按照中华人民共和国刑事诉讼法第三编第四章的规定办理。"

1983年9月2日第6届全国人大常委会第2次会议将其修改为（主席令第5号公布）："死刑案件除由最高人民法院判决的以外，应当报请最高人民法院核准。杀人、强奸、抢劫、爆炸以及其他严重危害公共安全和社会治安判处死刑的案件的核准权，最高人民法院在必要的时候，得授权省、自治区、直辖市的高级人民法院行使。"

七、《最高人民法院关于授权贵州省高级人民法院核准部分毒品犯罪死刑案件的通知》（发布日期：1997年6月23日）

八、《最高人民法院关于授权高级人民法院和解放军军事法院核准部分死刑案件的通知》（发布日期：1997年9月26日）

【法发〔2007〕11号】　最高人民法院、最高人民检察院、公安部、司法部关于进一步严格依法办案确保办理死刑案件质量的意见（2007年3月9日）

4."保留死刑，严格控制死刑"是我国的基本死刑政策。实践证明，这一政策是完全正确的，必须继续贯彻执行。要完整、准确地理解和执行"严打"方针，依法严厉打击严重刑事犯罪，对极少数罪行极其严重的犯罪分子，坚决依法判处死刑。我国现在还不能废除死刑，但应逐步减少适用，凡是可杀可不杀的，一律不杀。办理死刑案件，必须根据构建社会主义和谐社会和维护社会稳定的要求，严谨审慎，既要保证根据证据正确认定案件事实，杜绝冤错案件的发生，又要保证定罪准确，量刑适当，做到少杀、慎杀。

6.办理死刑案件，要坚持重证据、不轻信口供的原则。只有被告人供述，没有其他证据的，不能认定被告人有罪；没有被告人供述，其他证据确实充分的，可以认定被告人有罪。对刑讯逼供取得的犯罪嫌疑人供述、被告人供述和以暴力、威胁等非法方法收集的被害人陈述、证人证言，不能作为定案的根据。对被告人作出有罪判决的案件，必须严格按照刑事诉讼法第162条的规定，做到"事实清楚，证据确实、充分"。证据不足，不能认定被告人有罪的，应当作出证据不足、指控的犯罪不能成立的无罪判决。

7.对死刑案件适用刑罚时，既要防止重罪轻判，也要防止轻罪重判，做到罪刑相当，罚当其罪，重罪重判，轻罪轻判，无罪不罚。对罪行极其严重的被告人必须依法惩处，严厉打击；对具有法律规定"应当"从轻、减轻或者免除处罚情节的被告人，依法从宽处理；对具有法律规定"可以"从轻、减轻或者免除处罚情节的被告人，如果没有其他特殊情节，原则上依法从宽处理；对具有酌定从宽处罚情节的也依法予以考虑。

24.人民检察院对案件进行审查后，认为犯罪嫌疑人的犯罪事实已经查清，证据确实、充分，依法应当追究刑事责任的，应当作出起诉决定。具有下列情形之一的，可以确认犯罪事实已经查清：（1）属于单一罪行的案件，查清的事实足以定罪量刑或者与定罪量刑有关的事实已经查清，不影响定罪量刑的事实无法查清的；（2）属于数个罪行的案件，部分罪行已经查清并符合起诉条件，其他罪行无法查清的；（3）作案工具无法起获或者赃物去向不明，但有其他证据足以对犯罪嫌疑人定罪量刑的；（4）证人证言、犯罪嫌疑人的供述和辩解、被害人陈述的内容中主要情节一致，只有个别情节不一致且不影响定罪的。对于符合第（2）项情形的，应当以已经查清的罪行起诉。

25.人民检察院对于退回补充侦查的案件，经审查仍然认为不符合起诉条件的，可以作出不起诉决定。具有下列情形之一，不能确定犯罪嫌疑人构成犯罪和需要追究刑事责任的，属于证据不足，不符合起诉条件：（1）据以定罪的证据存在疑问，无法查证属实的；（2）犯罪构成要件事实缺乏必要的证据予以证明的；（3）据以定罪的证据之间的矛盾不能合理排除的；（4）根据证据得出的结论具有其他可能性的。

42.高级人民法院复核死刑案件，应当讯问被告人。最高人民法院复核死刑案件，原则上应当讯问被告人。

【法发〔2007〕28号】 最高人民法院关于进一步加强刑事审判工作的决定（2007年8月28日）

六、严格控制和慎重适用死刑

43. 必须高度重视死刑案件的审判。死刑是剥夺犯罪分子生命的最严厉的刑罚。必须严格执行法律，准确惩治犯罪，慎重适用死刑，统一死刑适用标准，确保死刑案件审判质量，维护社会稳定，促进社会和谐。

44. 坚持死刑只适用于罪行极其严重的犯罪分子。正确处理严格控制和慎重适用死刑与依法严厉惩罚严重刑事犯罪的关系。充分考虑维护社会稳定的实际需要，充分考虑社会和公众的接受程度，对那些罪行极其严重，性质极其恶劣，社会危害极大，罪证确实充分，必须依法判处死刑立即执行的，坚决依法判处死刑立即执行。

45. 贯彻执行"保留死刑，严格控制死刑"的刑事政策。对于具有法定从轻、减轻情节的，依法从轻或者减轻处罚，一般不判处死刑立即执行。对于因婚姻家庭、邻里纠纷等民间矛盾激化引发的案件，因被害方的过错行为引起的案件，案发后真诚悔罪积极赔偿被害人经济损失的案件等具有酌定从轻情节的，应慎用死刑立即执行。注重发挥死缓制度既能够依法严惩犯罪又能够有效减少死刑执行的作用，凡是判处死刑可不立即执行的，一律判处死刑缓期2年执行。

46. 严格按照法律程序审理死刑案件。提高死刑案件第一审、第二审的质量，切实把基础工作做好。

——第一审人民法院开庭审理死刑案件，应当切实做到所有事实、证据的认定都必须经过庭审质证、认证，切实保证查清案件事实，准确适用法律，科学裁量刑罚。

——第二审人民法院认真执行最高人民法院、最高人民检察院《关于死刑第二审案件开庭审理程序若干问题的规定（试行）》，所有被判处死刑立即执行的案件都必须经过开庭审理，针对抗诉、上诉的理由，突出重点，确保取得预期的效果。严格执行死刑二审案件开庭审理全程录音录像的工作要求。

——第一审人民法院和第二审人民法院审理死刑案件，合议庭应当提请院长提交审判委员会审理决定。最高人民法院复核死刑案件，高级人民法院复核死刑缓期二年执行的案件，对于疑难、复杂的案件，合议庭认为难以作出决定的，应当提请院长提交审判委员会审理决定。

47. 严格依法复核死刑案件。高级人民法院和最高人民法院复核死刑案件，应当对原审裁判的事实认定、法律适用和诉讼程序进行全面审查。合议庭成员应当阅卷，并提出书面审查意见。对证据有疑问的，应当进行调查核实，必要时到案发现场调查。认真听取被告人委托的辩护人提出的意见，辩护人提出书面意见的应当附卷。高级人民法院复核死刑案件，应当讯问被告人；最高人民法院复核死刑案件，原则上要讯问被告人，切实保证死刑复核案件质量。

48. 公正、及时地审判死刑案件。切实把好死刑案件的事实关、证据关、程序关、适用法律关，把每一起死刑案件都办成铁案，经得起历史检验。定罪的证据确实，但影响量刑的证据存有疑点的刑事案件，处刑时应该予以考虑。在确保办案质量的前提下，努力提高审理死刑案件的效率。

49. 切实做好社会稳定工作。对于因判处死刑或者不判处死刑而引发的缠诉、上访和群体性过激事件，要紧紧依靠党委，积极争取政府和有关部门的支持，认真听取来访人的诉求，及时做好疏导、安抚、制止行动，防止事态扩大。建立死刑案件上访闹访应急处置工作机制，上下级法院要及时通报情况，努力把问题解决在当地，切实维护司法权威，确保社会稳定。

【法发〔2010〕3号】 最高人民法院关于改革和完善人民法院审判委员会制度的实施意见（2010年1月11日）

九、高级人民法院和中级人民法院审理的下列案件应当提交审判委员会讨论决定：……（三）拟判处死刑立即执行的案件；……

十、基层人民法院审理的下列案件应当提交审判委员会讨论决定：……（五）认为应当判处无期徒刑、死刑，需要报请移送中级人民法院审理的刑事案件；……

【法发〔2010〕9号】 最高人民法院关于贯彻宽严相济刑事政策的若干意见（2010年2月8日）

四、准确把握和正确适用宽严"相济"的政策要求

29. 要准确理解和严格执行"保留死刑，严格控制和慎重适用死刑"的政策。对于罪行极其严重的犯罪分子，论罪应当判处死刑的，要坚决依法判处死刑。要依法严格控制死刑的适用，统一死刑案件的裁判标准，确保死刑只适用于极少数罪行极其严重的犯罪分子。拟判处死刑的具体案件定罪或者量刑的证据必须确实、充分，得出唯一结论。对于罪行极其严重，但只要是依法可不立即执行的，就不应当判处死刑立即执行。

【法释〔2010〕6号】 最高人民法院关于对被判处死刑的被告人未提出上诉、共同犯罪的部分被告人或者附带民事诉讼原告人提出上诉的案件应适用何种程序审理的批复（2010年3月1日最高法审委会第1485次会议通过，2010年3月17日印发各省级法院和军事法院、新疆生产建设兵团分院，2010年4月1日施行）

根据《中华人民共和国刑事诉讼法》第186条的规定，中级人民法院一审判处死刑的案件，被判处死刑的被告人未提出上诉，共同犯罪的其他被告人提出上诉的，高级人民法院应当适用第二审程序对全案进行审查，并对涉及死刑之罪的事实和适用法律依法开庭审理，一并处理。

根据《中华人民共和国刑事诉讼法》第200条第1款的规定，中级人民法院一审判处死刑的案件，被判处死刑的被告人未提出上诉，仅附带民事诉讼原告人提出上诉的，高级人民法院应当适用第二审程序对附带民事诉讼依法审理，并由同一审判组织对未提出上诉的被告人的死刑判决进行复核，作出是否同意判处死刑的裁判。

【法释〔2021〕1号】 最高人民法院关于适用《中华人民共和国刑事诉讼法》的解释（2020年12月7日最高法审委会〔1820次〕修订，2021年1月26日公布，2021年3月1日施行；2013年1月1日施行的"法释〔2012〕21号"《解释》同时废止）

第423条（第1款） 报请最高人民法院核准死刑的案件，应当按照下列情形分别处理：

（一）中级人民法院判处死刑的第一审案件，被告人未上诉、人民检察院未抗诉的，在上诉、抗诉期满后10日以内报请高级人民法院复核。高级人民法院同意判处死刑的，应当在作出裁定后10日以内报请最高人民法院核准；认为原判认定的某一具体事实或者引用的法律条款等存在瑕疵，但判处被告人死刑并无不当的，可以在纠正后作出核准的判决、裁

定；不同意判处死刑的，应当依照第二审程序提审或者发回重新审判；

（二）中级人民法院判处死刑的第一审案件，被告人上诉或者人民检察院抗诉，高级人民法院裁定维持的，应当在作出裁定后10日以内报请最高人民法院核准；

（三）高级人民法院判处死刑的第一审案件，被告人未上诉、人民检察院未抗诉的，应当在上诉、抗诉期满后10日以内报请最高人民法院核准。

第424条（第1款） 中级人民法院判处死刑缓期执行的第一审案件，被告人未上诉、人民检察院未抗诉的，应当报请高级人民法院核准。

第425条 报请复核的死刑、死刑缓期执行案件，应当一案一报。报送的材料包括报请复核的报告，第一、二审裁判文书，<u>死刑</u>案件综合报告各5份以及全部案卷、证据。<u>死刑</u>案件综合报告，第一、二审裁判文书和审理报告应当附送电子文本。

同案审理的案件应当报送全案案卷、证据。

曾经发回重新审判的案件，原第一、二审案卷应当一并报送。

第426条 报请复核<u>死刑、死刑缓期执行</u>的报告，应当写明案由、简要案情、审理过程和判决结果。

<u>死刑</u>案件综合报告应当包括以下内容：（一）被告人、被害人的基本情况。被告人有前科或者曾受过行政处罚、<u>处分</u>的，应当写明；（二）案件的由来和审理经过。案件曾经发回重新审判的，应当写明发回重新审判的原因、时间、案号等；（三）案件侦破情况。通过<u>技术调查</u>、侦查措施抓获被告人、侦破案件，以及与自首、立功认定有关的情况，应当写明；（四）第一审审理情况。包括控辩双方意见，第一审认定的犯罪事实，合议庭和审判委员会意见；（五）第二审审理或者高级人民法院复核情况。包括上诉理由、<u>人民检察院</u><u>检察机关</u>的意见，第二审审理或者高级人民法院复核认定的事实，证据采信情况及理由，控辩双方意见及采纳情况；（六）需要说明的问题。包括共同犯罪案件中另案处理的同案犯的<u>处理情况</u><u>定罪量刑</u>情况，案件有无重大社会影响，以及当事人的反应等情况；（七）处理意见。写明合议庭和审判委员会的意见。

第249条 【死刑复核的合议庭】最高人民法院复核死刑案件，高级人民法院复核死刑缓期执行的案件，应当由审判员3人组成合议庭进行。

第250条① 【死刑复核的结果】最高人民法院复核死刑案件，应当作出核准或者不核准死刑的裁定。对于不核准死刑的，最高人民法院可以发回重新审判或者予以改判。

● **相关规定** 【法〔2001〕164号】 **最高人民法院案件审限管理规定**（2001年10月16日最高法审委会第1195次会议通过，2001年11月5日印发，2002年1月1日施行）

第6条 办理刑事复核案件的期限为2个月；有特殊情况需要延长的，由院长批准。

办理再审刑事复核案件的期限为4个月；有特殊情况需要延长的，由院长批准。

第13条 ……刑事复核案件、适用法律的特殊请示案件、管辖争议案件、执行协调案件应当在收到高级人民法院报送的案卷材料后3日内立案。

---

① 本条规定由2012年3月14日第11届全国人大常委会第5次会议增设，2013年1月1日施行。

第18条　刑事案件需要延长审理期限的，应当在审理期限届满7日以前，向院长提出申请。

第20条　需要院长批准延长审理期限的，院长应当在审限届满以前作出决定。

【法发〔2007〕11号】　最高人民法院、最高人民检察院、公安部、司法部关于进一步严格依法办案确保办理死刑案件质量的意见（2007年3月9日）

41.复核死刑案件，合议庭成员应当阅卷，并提出书面意见存查。对证据有疑问的，应当对证据进行调查核实，必要时到案发现场调查。

【法释〔2021〕1号】　最高人民法院关于适用《中华人民共和国刑事诉讼法》的解释（2020年12月7日最高法审委会〔1820次〕修订，2021年1月26日公布，2021年3月1日施行；2013年1月1日施行的"法释〔2012〕21号"《解释》同时废止）

第427条　复核死刑、死刑缓期执行案件，应当全面审查以下内容：（一）被告人的年龄，被告人有无刑事责任能力、是否系怀孕的妇女；（二）原判认定的事实是否清楚，证据是否确实、充分；（三）犯罪情节、后果及危害程度；（四）原判适用法律是否正确，是否必须判处死刑，是否必须立即执行；（五）有无法定、酌定从重、从轻或者减轻处罚情节；（六）诉讼程序是否合法；（七）应当审查的其他情况。

复核死刑、死刑缓期执行案件，应当重视审查被告人及其辩护人的辩解、辩护意见。

第428条　高级人民法院复核死刑缓期执行案件，应当按照下列情形分别处理：

（一）原判认定事实和适用法律正确、量刑适当、诉讼程序合法的，应当裁定核准；

（二）原判认定的某一具体事实或者引用的法律条款等存在瑕疵，但判处被告人死刑缓期执行并无不当的，可以在纠正后作出核准的判决、裁定；

（三）原判认定事实正确，但适用法律有错误，或者量刑过重的，应当改判；

（四）原判事实不清、证据不足的，可以裁定不予核准，并撤销原判，发回重新审判，或者依法改判；

（五）复核期间出现新的影响定罪量刑的事实、证据的，可以裁定不予核准，并撤销原判，发回重新审判，或者依照本解释第271条的规定审理后依法改判；

（六）原审违反法定诉讼程序，可能影响公正审判的，应当裁定不予核准，并撤销原判，发回重新审判。

高级人民法院复核死刑缓期执行案件，不得加重被告人的刑罚。

第429条　最高人民法院复核死刑案件，应当按照下列情形分别处理：

（一）原判认定事实和适用法律正确、量刑适当、诉讼程序合法的，应当裁定核准；

（二）原判认定的某一具体事实或者引用的法律条款等存在瑕疵，但判处被告人死刑并无不当的，可以在纠正后作出核准的判决、裁定；

（三）原判事实不清、证据不足的，应当裁定不予核准，并撤销原判，发回重新审判；

（四）复核期间出现新的影响定罪量刑的事实、证据的，应当裁定不予核准，并撤销原判，发回重新审判；

（五）原判认定事实正确、证据充分，但依法不应当判处死刑的，应当裁定不予核准，并撤销原判，发回重新审判；根据案件情况，必要时，也可以依法改判；

（六）原审违反法定诉讼程序，可能影响公正审判的，应当裁定不予核准，并撤销原判，发回重新审判。

原第351条　对一人有2罪以上被判处死刑的数罪并罚案件，最高人民法院复核后，认为其中部分犯罪的死刑判决、裁定事实不清、证据不足的，应当对全案裁定不予核准，并撤销原判，发回重新审判；认为其中部分犯罪的死刑判决、裁定认定事实正确，但依法不应当判处死刑的，可以改判，并对其他应当判处死刑的犯罪作出核准死刑的判决。

原第352条　对有2名以上被告人被判处死刑的案件，最高人民法院复核后，认为其中部分被告人的死刑判决、裁定事实不清、证据不足的，应当对全案裁定不予核准，并撤销原判，发回重新审判；认为其中部分被告人的死刑判决、裁定认定事实正确，但依法不应当判处死刑的，可以改判，并对其他应当判处死刑的被告人作出核准死刑的判决。

第430条　最高人民法院裁定不予核准死刑的，根据案件情况，可以发回第二审人民法院或者第一审人民法院重新审判。

（新增）对最高人民法院发回第二审人民法院重新审判的案件，第二审人民法院一般不得发回第一审人民法院重新审判。

第一审人民法院重新审判的，应当开庭审理。第二审人民法院重新审判的，可以直接改判；必须通过开庭查清事实、核实证据或者纠正原审程序违法的，应当开庭审理。

第431条　高级人民法院依照复核程序审理后报请最高人民法院核准死刑，最高人民法院裁定不予核准，发回高级人民法院重新审判的，高级人民法院可以依照第二审程序提审或者发回重新审判。

第432条　最高人民法院裁定不予核准死刑，发回重新审判的案件，原审人民法院应当另行组成合议庭审理，但本解释第429条第四项、第五项规定的案件除外。

<u>第433条</u>　依照本解释第430条、第431条发回重新审判的案件，第一审人民法院判处死刑、死刑缓期执行的，上一级人民法院依照第二审程序或者复核程序审理后，应当依法作出判决或者裁定，不得再发回重新审判。但是，第一审人民法院有刑事诉讼法第238条规定的情形或者违反刑事诉讼法第239条规定的除外。

● **入库案例**　【2023-02-1-182-010】　**杨某某强奸案**（重庆高院/2013.05.09/［2013］渝高法刑复字第00047号）

裁判要旨：1.在奸淫幼女犯罪中，如果单一具备法定加重情节或加重结果出现时，在选择起刑点时首先应当考虑较轻刑罚即有期徒刑，一般不会首先考虑适用死刑。2.判断强奸犯罪是否应适用死刑时，强奸犯罪的暴力程度、造成的直接人身伤害后果，通常起重要作用。除此之外，还应当全面考虑犯罪的动机、手段、被告人的一贯表现、犯罪后的态度、被害人的情况以及犯罪时的环境和条件，加以综合分析判断，做到罪责刑相适应。3.对奸淫幼女犯罪中限制减刑的适用，不仅要考虑被告人犯罪行为的性质、造成的实际危害后果、犯罪手段等决定犯罪行为社会危害性程度的客观情节，还要考量被告人的前科、一贯表现、犯罪动机、判决时的年龄、犯罪后的悔罪表现等决定其人身危险性程度的情节。

第 251 条① 　**【死刑复核时的讯问和听取意见】** 最高人民法院复核死刑案件，应当讯问被告人，辩护律师提出要求的，应当听取辩护律师的意见。
　　【死刑复核的检察监督】 在复核死刑案件过程中，最高人民检察院可以向最高人民法院提出意见。最高人民法院应当将死刑复核结果通报最高人民检察院。

● **相关规定**　　**【法发〔2007〕11 号】**　　最高人民法院、最高人民检察院、公安部、司法部关于进一步严格依法办案确保办理死刑案件质量的意见（2007 年 3 月 9 日）
　　40. 死刑案件复核期间，被告人委托的辩护人提出听取意见要求的，应当听取辩护人的意见，并制作笔录附卷。辩护人提出书面意见的，应当附卷。
　　42. 高级人民法院复核死刑案件，应当讯问被告人。最高人民法院复核死刑案件，原则上应当讯问被告人。

　　【法发〔2008〕14 号】　　最高人民法院、司法部关于充分保障律师依法履行辩护职责确保死刑案件办理质量的若干规定（2008 年 5 月 21 日）
　　十七、死刑案件复核期间，被告人的律师提出当面反映意见要求或者提交证据材料的，人民法院有关合议庭应当在工作时间和办公场所接待，并制作笔录附卷。律师提出的书面意见，应当附卷。

　　【法〔2014〕346 号】　　最高人民法院关于办理死刑复核案件听取辩护律师意见的办法（2014 年 12 月 29 日印发，2015 年 2 月 1 日施行）
　　第 1 条　死刑复核案件的辩护律师可以向最高人民法院立案庭查询立案信息。辩护律师查询时，应当提供本人姓名、律师事务所名称、被告人姓名、案由，以及报请复核的高级人民法院的名称及案号。
　　最高人民法院立案庭能够立即答复的，应当立即答复，不能立即答复的，应当在 2 个工作日内答复，答复内容为案件是否立案及承办案件的审判庭。
　　第 2 条　律师接受被告人、被告人近亲属的委托或者法律援助机构的指派，担任死刑复核案件辩护律师的，应当在接受委托或者指派之日起 3 个工作日内向最高人民法院相关审判庭提交有关手续。
　　辩护律师应当在接受委托或者指派之日起 1 个半月内提交辩护意见。
　　第 3 条　辩护律师提交委托手续、法律援助手续及辩护意见、证据等书面材料的，可以经高级人民法院同意后代收并随案移送，也可以寄送至最高人民法院承办案件的审判庭或者在当面反映意见时提交；对尚未立案的案件，辩护律师可以寄送至最高人民法院立案庭，由立案庭在立案后随案移送。
　　第 4 条　辩护律师可以到最高人民法院办公场所查阅、摘抄、复制案卷材料。但依法不公开的材料不得查阅、摘抄、复制。
　　第 5 条　辩护律师要求当面反映意见的，案件承办法官应当及时安排。
　　一般由案件承办法官与书记员当面听取辩护律师意见，也可以由合议庭其他成员或者全

---

① 本条规定由 2012 年 3 月 14 日第 11 届全国人大常委会第 5 次会议增设，2013 年 1 月 1 日施行。

体成员与书记员当面听取。

第6条　当面听取辩护律师意见，应当在最高人民法院或者地方人民法院办公场所进行。辩护律师可以携律师助理参加。当面听取意见的人员应当核实辩护律师和律师助理的身份。

第7条　当面听取辩护律师意见时，应当制作笔录，由辩护律师签名后附卷。辩护律师提交相关材料的，应当接收并开列收取清单一式2份，1份交给辩护律师，另1份附卷。

第8条　当面听取辩护律师意见时，具备条件的人民法院应当指派工作人员全程录音、录像。其他在场人员不得自行录音、录像、拍照。

第9条　复核终结后，受委托进行宣判的人民法院应当在宣判后5个工作日内将最高人民法院裁判文书送达辩护律师。

【律发通〔2017〕51号】　**律师办理刑事案件规范**（2017年8月27日第9届全国律协常务理事会第8次会议通过、即日施行，中华全国律师协会2017年9月20日）

第199条　律师可以接受案件当事人及其近亲属的委托、法律援助机构的指派，担任死刑立即执行案件和死刑缓期执行案件的被告人的辩护人。

第200条　辩护律师办理死刑复核案件，可以约见被告人的近亲属及其他人了解案件情况，可以要求被告人的近亲属提供相关的案件材料，可以到人民法院复制案卷材料，也可以向原承办律师请求提供案卷材料等，案件原承办律师应当给予工作上的便利和必要的协助。

第201条　辩护律师办理死刑复核案件，应当按照下列情形分别开展工作：

（一）中级人民法院判处死刑缓期执行的第一审案件，被告人未上诉、人民检察院未抗诉的，辩护律师应当在上诉、抗诉期满后，高级人民法院核准期间内，向高级人民法院提交委托手续和书面辩护意见。

（二）中级人民法院判处死刑立即执行的第一审案件，被告人未上诉、人民检察院未抗诉的，辩护律师应当在上诉、抗诉期满后，高级人民法院复核期间内，向高级人民法院提交委托手续和书面辩护意见。高级人民法院同意判处死刑立即执行的，辩护律师应当在其作出裁定后，最高人民法院复核期间内，向最高人民法院提交委托手续和书面辩护意见；

（三）中级人民法院判处死刑立即执行的第一审案件，被告人上诉或者人民检察院抗诉，高级人民法院裁定维持的，辩护律师应当在收到裁定后，最高人民法院复核期间内，向最高人民法院提交委托手续和书面辩护意见；

（四）高级人民法院判处死刑立即执行的第一审案件，被告人未上诉、人民检察院未抗诉的，辩护律师应当在上诉、抗诉期满后向最高人民法院提交委托手续和书面辩护意见。

第202条　辩护律师办理死刑复核案件，应当认真查阅案卷材料，重点审查以下内容并提出相应的辩护意见：（一）被告人涉嫌犯罪时的年龄、被告人有无刑事责任能力、审判时是否系怀孕的妇女、审判时是否年满75周岁；（二）原判认定的事实是否清楚，证据是否确实、充分，是否已经排除合理怀疑；（三）犯罪情节、后果及危害程度；（四）原判适用法律是否正确，是否必须判处死刑立即执行；（五）有无法定、酌定从轻或者减轻处罚的情节，包括自首、立功、被害人有无过错、是否赔偿被害人、被害人是否表示谅解等；（六）诉讼程序是否合法；（七）其他应当审查的情况。

第203条　在死刑复核期间，辩护律师除应当向合议庭提交书面辩护意见外，还可以依法约见合议庭成员当面陈述辩护意见。

第204条　在死刑复核期间，辩护律师会见被告人时，除与被告人核实相关事实、证据外，还应当告知其如有检举、揭发重大案件等立功表现的，可以从轻或减轻处罚；辩护律师知悉被告人有检举、揭发的情形，应当及时形成书面材料，报请原审人民法院或复核人民法院调查核实。

第205条　在死刑复核期间，辩护律师发现新的或者遗漏可能导致无罪、罪轻、从轻、减轻、免除处罚的事实或证据，应当及时形成书面材料，连同该证据向原审人民法院或复核人民法院提供并请求调查核实。

【高检发诉二字〔2018〕1号】　人民检察院办理死刑第二审案件和复核监督工作指引（试行）（2018年1月11日最高检第12届检委会第72次会议通过，2018年3月31日印发）

第2条（第2款）　本指引所称死刑复核监督工作，是指下列工作：（一）最高人民检察院对最高人民法院复核死刑案件的监督；（二）省级人民检察院对高级人民法院复核未上诉且未抗诉的死刑立即执行案件的监督；（三）省级人民检察院对高级人民法院复核死刑缓期2年执行案件的监督。

第75条　【死刑复核监督案件范围】人民检察院承办下列死刑复核监督案件：（一）人民法院通报的死刑复核案件；（二）死刑复核期间下级人民检察院提请监督或者报告重大情况的案件；（三）死刑复核期间当事人及其近亲属或者受委托的律师向人民检察院申请监督的案件；（四）人民检察院认为应当监督的其他死刑复核案件。

第76条　【死刑复核监督的主要任务】人民检察院办理死刑复核监督案件的主要任务是：（一）审查人民法院的死刑适用是否适当，根据案件事实、法律及刑事政策提出监督意见；（二）审查下级人民检察院的监督意见和重大情况报告，以及当事人及其近亲属或者受委托的律师申请监督的理由；（三）对人民法院死刑复核活动是否合法进行监督；（四）发现和纠正侦查、审查起诉和第一审、第二审审判活动中的违法行为；（五）维护诉讼参与人的合法权益，依法保障人权。

第77条　【最高人民法院通报案件受理和审查】最高人民法院向最高人民检察院通报的死刑复核案件，由办理死刑复核案件的公诉部门直接受理、审查。

第78条　【提请抗诉与监督】对于高级人民法院第二审判处被告人死刑缓期2年执行的案件，省级人民检察院审查后认为被告人罪行极其严重，应当判处死刑立即执行或者第二审裁判认定事实、适用法律严重错误，应当及时向最高人民检察院提请抗诉。

对于高级人民法院第二审判处死刑立即执行或者维持死刑立即执行判决，且已报最高人民法院复核的案件，省级人民检察院审查后认为不应处死刑立即执行的，应当及时向最高人民检察院提请监督。

第79条　【提请监督、报告重大情况的受理和审查】省级人民检察院对死刑复核案件提请监督或者报告重大情况，由本院案件管理部门报送。最高人民检察院案件管理部门经审查认为案件材料齐全的，移送办理死刑复核案件的公诉部门审查。

第80条　【申请监督案件的受理和审查】当事人及其近亲属或者受委托的律师向最高人民检察院申请监督的死刑复核案件，由最高人民检察院控告检察部门受理。对于有明确请求和具体理由的，移送办理死刑复核案件的公诉部门审查。

第81条　【提请监督的情形】省级人民检察院对高级人民法院死刑第二审裁判进行审查后，发现有下列情形之一的，应当及时向最高人民检察院提请监督：（一）案件事实不清、证据不足，依法应当发回重新审判或者改判，高级人民法院第二审判处死刑或者维持死刑判决的；（二）被告人具有从宽处罚情节，依法不应当判处死刑，高级人民法院第二审判处死刑或者维持死刑判决的；（三）适用法律错误，高级人民法院第二审判处死刑或者维持死刑判决的；（四）违反法律规定的诉讼程序，可能影响公正审判的；（五）其他应当提请监督的情形。

第82条 【报告重大情况的情形】省级人民检察院发现进入死刑复核程序的被告人有立功、怀孕或者达成赔偿协议、被害方谅解等新的重大情况，可能影响死刑适用的，应当及时向最高人民检察院报告。

第83条 【提请监督、报告重大情况的要求】省级人民检察院提请监督或者报告重大情况，应当制作死刑复核案件提请监督意见书或者重大情况报告，加盖印章，连同该案第一审和第二审裁判文书，第二审案件审查报告及新的证据材料等报送最高人民检察院。

第84条 【报送备案的要求】对于适用死刑存在较大分歧或者在全国有重大影响的死刑第二审案件，省级人民检察院公诉部门在收到第二审裁判文书后，应当制作死刑复核案件备案函，说明备案理由，加盖印章，连同起诉书、上诉状、抗诉书、第一审和第二审裁判文书、第二审案件审查报告等及时报最高人民检察院公诉部门备案。

第85条 【分、州、市级院向省级院提请监督、报告重大情况、备案的程序】在高级人民法院死刑复核期间，分、州、市人民检察院向省级人民检察院提请监督、报告重大情况、备案等程序，参照本指引第79条至第84条的相关规定办理。

第86条 【死刑复核监督案件的审查内容】办理死刑复核监督案件，应当重点审查以下内容：（1）据以定罪量刑的事实是否清楚，证据是否确实、充分；（2）人民法院适用死刑的理由、下级人民检察院提请监督的理由、当事人及其近亲属或者受委托的律师申请监督的理由是否正确、充分；（3）适用法律是否正确；（4）是否必须判处死刑；（5）程序是否合法；（6）其他应当审查的内容。

第87条 【死刑复核监督案件的审查方式】对死刑复核监督案件可以采取以下方式进行审查：（1）书面审查人民法院移送的材料、下级人民检察院报送的相关案件材料、当事人及其近亲属或者受委托的律师提交的申诉材料；（2）向下级人民检察院调取案件审查报告、出庭检察员意见书等材料，了解案件相关情况；（3）向人民法院调阅或者查阅案件材料；（4）核实或者委托核实主要证据，就有关技术性问题向专门机构或者专家咨询，或者委托其进行证据审查；（5）讯问被告人或者听取受委托的律师的意见；（6）需要采取的其他方式。

第88条 【听取下级院意见的情形】审查死刑复核监督案件，具有下列情形之一的，应当听取下级人民检察院的意见：（1）对案件主要事实、证据有疑问的；（2）对适用死刑存在较大争议的；（3）可能引起司法办案重大风险的；（4）其他应当听取意见的情形。

第89条 【死刑复核监督案件审查报告的内容】死刑复核监督案件审查报告，应当重点对案件焦点问题进行分析，提出明确的处理意见，并阐明理由和依据。

第90条 【提交检察官联席会议讨论的情形】下列死刑复核监督案件应当提交检察官联席会议讨论：（1）在全国或者当地有重大社会影响的；（2）案件重大、疑难、复杂，存在较大争议的；（3）拟向人民法院提出检察意见的；（4）其他应当讨论的情形。

讨论死刑复核监督案件，可以通知有关下级人民检察院公诉部门派员参加。

第91条 【提出检察意见的情形】死刑复核监督案件具有下列情形之一的，人民检察院应当向人民法院提出检察意见：（1）认为死刑适用确有错误的；（2）发现新情况、新证据，可能影响被告人定罪量刑的；（3）严重违反法律规定的诉讼程序，可能影响公正审判的；（4）司法工作人员在办理案件中，有贪污受贿、徇私舞弊、枉法裁判等行为的；（5）其他应当提出意见的情形。

第92条 【提出检察意见的程序】拟对死刑复核监督案件提出检察意见的，应当提请检察长或者检察委员会决定。

【法释〔2019〕12号】 最高人民法院关于死刑复核及执行程序中保障当事人合法权益的若干规定（2019年4月29日最高法审委会第1767次会议通过，2019年8月8日公布，2019年9月1日施行）

第1条 高级人民法院在向被告人送达依法作出的死刑裁判文书时，应当告知其在最高人民法院复核死刑阶段有权委托辩护律师，并将告知情况记入宣判笔录；被告人提出由其近亲属代为委托辩护律师的，除因客观原因无法通知的以外，高级人民法院应当及时通知其近亲属，并将通知情况记录在案。

第2条 最高人民法院复核死刑案件，辩护律师应当自接受委托或者受指派之日起10日内向最高人民法院提交有关手续，并自接受委托或者指派之日起1个半月内提交辩护意见。

第3条 辩护律师提交相关手续、辩护意见及证据等材料的，可以经高级人民法院代收并随案移送，也可以寄送至最高人民法院。

第4条 最高人民法院复核裁定作出后，律师提交辩护意见及证据材料的，应当接收并出具接收清单；经审查，相关意见及证据材料可能影响死刑复核结果的，应当暂停交付执行或者停止执行，但不再办理接收委托辩护手续。

第5条 最高人民法院复核裁定下发后，受委托进行宣判的人民法院应当在宣判后5日内将裁判文书送达辩护律师。

对被害人死亡的案件，被害人近亲属申请获取裁判文书的，受委托进行宣判的人民法院应当提供。

【高检发释字〔2019〕4号】 人民检察院刑事诉讼规则（2019年12月2日最高检第13届检委会第28次会议通过，2019年12月30日公布施行；高检发释字〔2012〕2号《规则（试行）》同时废止）

第602条 最高人民检察院依法对最高人民法院的死刑复核活动实行法律监督。

（新增）省级人民检察院依法对高级人民法院复核未上诉且未抗诉死刑立即执行案件和死刑缓期2年执行案件的活动实行法律监督。

第603条 最高人民检察院、省级人民检察院通过办理下列案件对死刑复核活动实行法律监督：（一）人民法院向人民检察院通报的死刑复核案件；（二）下级人民检察院提请监督或者报告重大情况的死刑复核案件；（三）当事人及其近亲属或者受委托的律师向人民检察院申请监督的死刑复核案件；（四）认为应当监督的其他死刑复核案件。

第604条 省级人民检察院对于进入最高人民法院死刑复核程序的案件，发现具有下列情形之一的，应当及时向最高人民检察院提请监督①：（一）案件事实不清、证据不足，依法应当发回重新审判或者改判，高级人民法院二审裁定维持死刑立即执行确有错误的；（二）被

---

① 本部分内容原为"制作提请监督报告并连同案件有关材料及时报送最高人民检察院"。

告人具有从宽从轻、减轻处罚情节，依法不应当判处死刑，高级人民法院二审裁定维持死刑立即执行确有错误的；（三）适用法律错误的；（四）严重违反法律规定的诉讼程序，可能影响公正审判的；（四）最高人民法院受理案件后1年以内未能审结的；（五）最高人民法院不核准死刑发回重审不当的；（五）其他应当提请需要监督的情形。

第605条　省级人民检察院发现死刑复核案件被告人有自首、立功、怀孕或者被告人家属与被害人家属达成赔偿谅解协议取得被害方谅解等新的重大证据材料和有关情况，影响死刑适用的，应当及时向最高人民检察院报告。

第606条　死刑复核期间当事人及其近亲属或者受委托的律师向最高人民检察院提出不服死刑裁判的申诉，由负责死刑复核监督的部门审查由最高人民检察院死刑复核检察部门审查。

第607条　对于适用死刑存在较大分歧或者在全国有重大影响的死刑第二审案件，省级人民检察院应当及时报最高人民检察院备案。

第608条　高级人民法院死刑复核期间，设区的市级人民检察院向省级人民检察院报告重大情况、备案等程序，参照本规则第605条、第607条规定办理。

第609条　最高人民检察院死刑复核检察部门对死刑复核监督案件的审查可以采取下列方式：（一）书面审查最高人民法院移送的材料、下级省级人民检察院报送的相关案卷材料、当事人及其近亲属或者受委托的律师提交的申诉材料；（二）向下级人民检察院调取案件审查报告、公诉意见书、出庭意见书等，了解案件相关情况①；（三）向人民法院调阅或者查阅案卷材料；（四）核实或者委托核实主要证据；（五）讯问被告人、听取受委托的律师的意见；（六）就有关技术性问题向专门机构或者有专门知识的人咨询，或者委托进行证据审查；（七）需要采取的其他方式。②

第610条　审查死刑复核监督案件，具有下列情形之一的，应当听取下级人民检察院的意见：（一）对案件主要事实、证据有疑问的；（二）对适用死刑存在较大争议的；（三）可能引起司法办案重大风险的；（四）其他应当听取意见的情形。

第611条　最高人民检察院经审查发现死刑复核案件具有下列情形之一的，应当经检察长决定报请检察长或者检察委员会决定，依法向最高人民法院提出检察意见：（一）认为适用死刑不当，或者案件事实不清、证据不足死刑二审裁判确有错误的，依法不应当核准死刑的；（二）认为不予核准死刑的理由不成立，依法应当核准死刑的；（三）发现新的事实新情况和证据，可能影响被告人定罪量刑的；（四）严重违反法律规定的诉讼程序，可能影响公正审判的；（五）司法工作人员在办理案件时，有贪污受贿、徇私舞弊、枉法裁判等行为的；（六）其他需要提出检察意见的情形。

检察委员会讨论死刑复核案件，可以通知原承办案件的省级人民检察院有关检察人员列席。

（新增）同意最高人民法院核准或者不核准意见的，应当经检察长批准，书面回复最高人民法院。

（新增）对于省级人民检察院提请监督、报告重大情况的案件，最高人民检察院认为具有影响死刑适用情形的，应当及时将有关材料转送最高人民法院。

---

① 本项原为"听取原承办案件的省级人民检察院的意见，也可以要求省级人民检察院报送相关案件材料"。
② 本条第（三）至（七）项内容为新增，原规定为"必要时可以审阅案卷、讯问被告人、复核主要证据"。

【法释〔2021〕1号】　最高人民法院关于适用《中华人民共和国刑事诉讼法》的解释（2020年12月7日最高法审委会［1820次］修订，2021年1月26日公布，2021年3月1日施行；2013年1月1日施行的"法释〔2012〕21号"《解释》同时废止）

第423条（第2款）　高级人民法院复核死刑案件，应当讯问被告人。

第424条（第2款）　高级人民法院复核死刑缓期执行案件，应当讯问被告人。

第434条　死刑复核期间，辩护律师要求当面反映意见的，最高人民法院有关合议庭应当在办公场所听取其意见，并制作笔录；辩护律师提出书面意见的，应当附卷。

第435条　死刑复核期间，最高人民检察院提出意见的，最高人民法院应当审查，并将采纳情况及理由反馈最高人民检察院。

第436条　最高人民法院应当根据有关规定向最高人民检察院通报死刑案件复核结果。

中共中央关于加强新时代检察机关法律监督工作的意见（2021年6月15日）

6.……进一步加强死刑复核法律监督工作。

【法〔2021〕348号】　最高人民法院、司法部关于为死刑复核案件被告人依法提供法律援助的规定（2021年12月30日印发，2022年1月1日试行）

第10条　辩护律师应当在接受指派之日起一个半月内提交书面辩护意见或者当面反映辩护意见。辩护律师要求当面反映意见的，最高人民法院应当听取辩护律师的意见。

第五章　审判监督程序

第252条　【生效裁判申诉】 当事人及其法定代理人、近亲属[1]，对已经发生法律效力的判决、裁定，可以向人民法院或者人民检察院提出申诉，但是不能停止判决、裁定的执行。

第253条[2]　【申诉再审条件】 当事人及其法定代理人、近亲属的申诉符合下列情形之一的，人民法院应当重新审判：

（一）有新的证据证明原判决、裁定认定的事实确有错误，可能影响定罪量刑的；

（二）据以定罪量刑的证据不确实、不充分、依法应当予以排除，或者证明案件事实的主要证据之间存在矛盾的；

（三）原判决、裁定适用法律确有错误的；

（四）违反法律规定的诉讼程序，可能影响公正审判的；

（五）审判人员在审理该案件的时候，有贪污受贿，徇私舞弊，枉法裁判行为的。

---

[1] 本部分内容由1996年3月17日第8届全国人民代表大会第4次会议修改，1997年1月1日施行。原规定为"当事人、被害人及其家属或者其他公民"。

[2] 本条规定由1996年3月17日第8届全国人民代表大会第4次会议增设，1997年1月1日施行。其中下划线部分由2012年3月14日第11届全国人大常委会第5次会议增加，2013年1月1日施行。

● **相关规定**　【法研字〔1980〕7号】　最高人民法院关于对"文化大革命"前判处的刑事案件提出的申诉应如何处理的通知（1980年2月15日）[①]

在复查纠正"文化大革命"期间的冤假错案过程中，各地人民法院也处理了一部分对"文化大革命"以前判处的刑事案件提出的申诉。从各地处理的情况看，"文化大革命"以前判处的刑事案件，大部分是正确的。但在某些时候，由于种种原因，确实也判错了一些案件。对此，要遵照"有反必肃、有错必纠"的方针，和中共中央1979年第96号文件规定的"对'文化大革命'前判处的刑事案件提出申诉的，可作为人民法院的经常工作，认真负责地予以处理"的精神，对确属错判案件，虽时过境迁与情况复杂，仍要不怕麻烦，慎重处理。同时，也要教育申诉当事人向前看，主要是政治上纠正平反，不要纠缠于其他问题。现提出如下几点，希各地人民法院遵照执行。

一、对"文化大革命"前判处的刑事案件当事人提出申诉的，或者有关单位提出要复查的，或者司法人员自己发现可能判错提出复查的，由人民法院作为一项经常工作，认真负责地审查处理。但对"文化大革命"前判处的刑事案件不进行全面复查。

二、处理对"文化大革命"前判处的刑事案件提出的申诉，除了党的十一届一中全会以来，中央对解决历史遗留问题有专门规定的，应按规定复查纠正外，对其他申诉案件，要根据判决时中央的政策和国家法律来衡量原判是否适当，不能以现在的政策和法律去处理过去判处的案件。

三、对于具体的案件，主要事实或者基本性质认定错了，或者按照当时中央的政策和国家法律不构成犯罪、不该判刑而定罪判刑的，要改判纠正。对于主要事实或者基本性质不错的，一般可不改判。对量刑畸重，仍在服刑的，可酌情改判；如已刑满释放，一般可不再改判。

四、向原审人民法院提出申诉的，由原审人民法院处理；向上级人民法院提出申诉的，一般也可转交原审人民法院处理。重大的、疑难的，或者多次申诉又确有理由而未得到妥善处理的，可由上一级人民法院或高级人民法院处理。

对最高人民法院前各大区分院判处的案件提出申诉，委托有关地区高级人民法院查清事实，提出处理意见后，由最高人民法院处理。

五、对于错判案件改判后的善后工作，可参照中共中央1979年第96号文件的规定办理。改判纠正后善后工作的实际问题，要着重解决在基层，上级人民法院改判的案件，可委托当事人所在地的人民法院或有关的人民法院协助办理。

处理"文化大革命"前判处的刑事案件的申诉，要持慎重态度。遇有重大问题和其他难以解决的问题时，应请示党委解决。

【高检发〔1998〕29号】　最高人民检察院关于在全国检察机关实行"检务公开"的决定（十条）（1998年10月27日）

十、申诉须知

（一）受理申诉的范围

人民检察院管辖的申诉包括对人民检察院诉讼终结的刑事处理决定以及对人民法院已经发生法律效力的刑事、民事、行政判决及裁定不服的申诉。

[①] 该《通知》一直没有被废止，本书收录供参阅。

（二）人民检察院管辖申诉案件的具体范围

县级人民检察院管辖下列申诉：1. 不服本院决定的申诉（另有规定的除外）；2. 不服同级人民法院已经发生法律效力的刑事、民事、行政判决、裁定的申诉。

县级人民检察院以外的人民检察院管辖下列申诉：1. 不服本院决定的申诉（另有规定的除外）；2. 被害人不服下一级人民检察院不起诉决定，在7日内提出的申诉；3. 不服下一级人民检察院复查决定的申诉；4. 不服同级和下级人民法院已经发生法律效力的刑事、民事、行政判决、裁定的申诉。

【法〔2001〕164号】　最高人民法院案件审限管理规定（2001年10月16日最高法审委会第1195次会议通过，2001年11月5日印发，2002年1月1日施行）

第7条　对不服本院生效裁判或不服高级人民法院复查驳回、再审改判的各类申诉或申请再审案件，应当在3个月内审查完毕，作出决定或裁定，至迟不得超过6个月。

【法发〔2001〕20号】　最高人民法院关于办理不服本院生效裁判案件的若干规定（2001年10月16日最高法审委会第1195次会议通过，2001年10月29日）

一、立案庭对不服本院生效裁判案件经审查认为可能有错误，决定再审立案或者登记立案并移送审判监督庭后，审判监督庭应及时审理。

二、经立案庭审查立案的不服本院生效裁判案件，立案庭应将本案全部卷宗材料调齐，一并移送审判监督庭。经立案庭登记立案、尚未归档的不服本院生效裁判案件，审判监督庭需要调阅有关案卷材料的，应向相关业务庭发出调卷通知。有关业务庭应在收到调卷通知10日内，将有关案件卷宗按规定装订整齐，移送审判监督庭。

三、在办理不服本院生效裁判案件过程中，经庭领导同意，承办人可以就案件有关情况与原承办人或原合议庭交换意见；未经同意，承办人不得擅自与原承办人或原合议庭交换意见。

四、对立案庭登记立案的不服本院生效裁判案件，合议庭在审查过程中，认为对案件有关情况需要听取双方当事人陈述的，应报庭领导决定。

五、对本院生效裁判案件经审查认为应当再审的，或者已经进入再审程序、经审理认为应当改判的，由院长提交审判委员会讨论决定。

提交审判委员会讨论的案件审理报告应注明原承办人和原合议庭成员的姓名，并可附原合议庭对审判监督庭再审审查结论的书面意见。

六、审判监督庭经审查驳回当事人申请再审的，或者经过再审程序审理结案的，应及时向本院有关部门通报案件处理结果。

七、审判监督庭在审理案件中，发现原办案人员有《人民法院审判人员违法审判责任追究办法（试行）》、《人民法院审判纪律处分办法（试行）》规定的违法违纪情况的，应移送纪检组（监察室）处理。

当事人在案件审查或审理过程中反映原办案人员有违法违纪问题或提交有关举报材料的，应告知其向本院纪检组（监察室）反映或提交；已收举报材料的，审判监督庭应及时移送纪检组（监察室）。

八、对不服本院执行工作办公室、赔偿委员会办公室办理的有关案件，按照本规定执行。

九、审判监督庭负责本院国家赔偿的确认工作，办理高级人民法院国家赔偿确认工作的请示，负责对全国法院赔偿确认工作的监督与指导。

十、地方各级人民法院、专门人民法院可根据本规定精神，制定具体规定。

【法发〔2002〕13号】 最高人民法院关于规范人民法院再审立案的若干意见（试行）
（2002年9月10日印发，2002年11月1日试行）

第7条 对终审刑事裁判的申诉，具备下列情形之一的，人民法院应当决定再审：（一）有审判时未收集到的或者未被采信的证据，可能推翻原定罪量刑的；（二）主要证据不充分或者不具有证明力的；（三）原裁判的主要事实依据被依法变更或撤销的；（四）据以定罪量刑的主要证据自相矛盾的；（五）引用法律条文错误或者违反刑法第12条的规定适用失效法律的；（六）违反法律关于溯及力规定的；（七）量刑明显不当的；（八）审判程序不合法，影响案件公正裁判的；（九）审判人员在审理案件时索贿受贿、徇私舞弊并导致枉法裁判的。

第8条 对终审民事裁判、调解的再审申请……

第9条 对终审行政裁判的申诉……

第10条 人民法院对刑事案件的申诉人在刑罚执行完毕后2年内提出的申诉，应当受理；超过2年提出申诉，具有下列情形之一的，应当受理：（一）可能对原审被告人宣告无罪的；（二）原审被告人在本条规定的期限内向人民法院提出申诉，人民法院未受理的；（三）属于疑难、复杂、重大案件的。

不符合前款规定的，人民法院不予受理。

第11条 人民法院对刑事附带民事案件中仅就民事部分提出申诉的，一般不予再审立案。但有证据证明民事部分明显失当且原审被告人有赔偿能力的除外。

第13条 人民法院对不符合法定主体资格的再审申请或申诉，不予受理。

第15条 上级人民法院对经终审法院的上一级人民法院依照审判监督程序审理后维持原判或者经两级人民法院依照审判监督程序复查均驳回的申请再审或申诉案件，一般不予受理。

但再审申请人或申诉人提出新的理由，且符合《中华人民共和国刑事诉讼法》第204条、《中华人民共和国民事诉讼法》第179条、《中华人民共和国行政诉讼法》第62条及本规定第7、8、9条规定条件的，以及刑事案件的原审被告人可能被宣告无罪的除外。

第16条 最高人民法院再审裁判或者复查驳回的案件，再审申请人或申诉人仍不服提出再审申请或申诉的，不予受理。

【高检发〔2002〕18号】 最高人民检察院关于加强和改进控告申诉检察工作的决定
（第9届检委会第113次会议通过，2002年11月5日印发施行）

四、强化法律监督，加大办理控告申诉案件力度

14.……地方各级检察院特别是基层检察院，要重视对不服同级人民法院生效刑事判决、裁定申诉的审查处理工作，对确有错误的，及时提请上级检察院抗诉。……

15.……要将息诉工作贯穿于办理刑事申诉案件的始终，坚持与申诉人"两见面"制度，即立案复查案件时与申诉人见面，耐心听取申诉理由；作出复查决定，送达决定书时与申诉人见面，依据事实和法律说明理由，做好息诉工作。……

16.……对交办案件，应当在3个月内办结，以院名义报送上级人民检察院控告申诉检察部门；逾期未办结的，应说明原因。控告申诉检察部门对交办或者移送的控告、申诉和举报案件，要加强催办工作；对重大案件，上级检察院要挂牌督办或派人参与办理，并适时汇总办理情况报检察长。

【法审〔2003〕10号】　最高人民法院审判监督庭关于刑事再审工作几个具体程序问题的意见（2003年10月15日）

一、对生效裁判再审发回重审的，应由哪一个庭重审，文书如何编号。

此类案件应由审监庭重新审理，编立刑再字号。主要理由是，此类案件在性质上属于再审案件，依法应按审判监督程序审理；由下级法院审监庭审理，便于上一级法院审监庭进行指导、监督。

二、刑事附带民事诉讼案件，原审民事部分已调解结案，刑事部分提起再审后，附带民事诉讼原告人对调解反悔，要求对民事部分也进行再审，如何处理。

调解书生效后，一般不再审，但根据《中华人民共和国民事诉讼法》第180条的规定，当事人对已发生法律效力的调解书，提出证据足以证明调解违反自愿原则，或者调解协议的内容违反法律规定，经人民法院审查属实的，应当再审。

原刑事部分判决以民事调解为基础，刑事部分再审结果可能对原民事部分处理有影响的，附带民事诉讼原告人要求重新对民事部分进行审理，可以在再审时一并重新审理。

【高检发刑申字〔2003〕1号】　最高人民检察院关于调整服刑人员刑事申诉案件管辖的通知（2003年4月11日）

一、原由检察机关监所检察部门负责办理的服刑人员及其法定代理人、近亲属的刑事申诉案件，划归刑事申诉检察部门办理（未单设刑事申诉检察部门的，由控告申诉检察部门负责办理）。

二、派驻监管单位的检察人员接到服刑人员及其法定代理人、近亲属向人民检察院提出的刑事申诉案件后，移送本院控告申诉检察部门统一受理，由该部门转原审人民法院所在地的人民检察院刑事申诉检察部门办理。

三、各级人民检察院应根据刑事申诉检察部门刑事申诉案件管辖范围扩大、业务量增加的实际情况，合理调配编制，以适应工作需要。

四、派出检察院仍负责办理其管辖内监狱服刑人员及其法定代理人、近亲属的刑事申诉案件。

五、对本《通知》下发前监所检察部门正在办理的服刑人员刑事申诉案件，可由监所检察部门继续办结。

【高检发办字〔2003〕13号】　最高人民检察院关于进一步做好服刑人员申诉办理工作的通知（2003年8月20日）

……从各地报送的服刑人员申诉清理情况和反映的问题来看，在办理不服人民法院生效刑事裁判申诉方面，目前依然存在着一些亟待解决的问题。一是重视不够，监督意识薄弱。申诉受理多、立案复查少、抗诉更少，甚至只转不办的状况仍然存在，有的地方不愿意监督、不善于监督，甚至放弃监督。二是法律监督的方式单一，监督效果不够明显。一些地方在抗诉工作中存在着以法院能否改判作为标准的倾向；注重案件实体方面的事实、证据及定罪量刑问题，忽视对法院审判程序是否合法的监督；重视对重罪轻判、有罪判无罪的案件进行监督，对于轻罪重判、无罪判有罪的案件往往不予重视，对待被害人的申诉和被告人的申诉不能做到一视同仁。此外，一些检察院对办理不服法院生效刑事裁判申诉的业务部门办案人员配备不足，制约了监督作用的有效发挥。

为了进一步做好服刑人员申诉专项清理工作，现将有关事项通知如下：

二、突出重点，注重实效。根据高检院《通知》的要求，本次清理服刑人员申诉工作的办理重点是久诉不息和涉嫌司法腐败的案件。结合目前各地清理的情况，各级检察院要把经审查确有冤错可能的服刑人员申诉案件一并作为办理重点，对符合条件的一律立案复查，在"办"上下功夫。……

三、注意发现处原案办理过程中存在的涉嫌司法腐败问题。在专项清理工作中，各级人民检察院不能就案办案，要注意发现服刑人员申诉案件中存在的司法工作人员贪污受贿、徇私舞弊、枉法裁判，刑讯逼供以及其他严重违反诉讼程序等涉嫌司法腐败的问题和线索，并将其作为复查的重点，积极开展调查活动。对于经调查涉嫌犯罪的，要依法立案侦查，构成犯罪的，坚决依法追究刑事责任；尚不构成犯罪的，要向有关部门发出检察建议，追究有关责任人的党政纪责任。同时，要注意分析和研究久诉不息和造成错案的原因，及时发现法律监督方面存在的漏洞和薄弱环节，提出加强监督制约的对策和措施。

四、不断完善和丰富对法院生效刑事裁判进行法律监督的方式，提高监督水平。在专项清理工作中，各级人民检察院要加大对不服法院生效刑事判决、裁定申诉的审查力度，保证每一个符合抗诉标准的案件都能够提出抗诉。同时，要不断探索和完善采用纠正违法通知、检察意见或再审建议等对生效刑事裁判进行监督的方式，保证对人民法院审判活动中存在的各种违法问题全面实行法律监督。在监督范围方面，既要对案件的事实、证据、定罪量刑及适用法律等实体性问题进行审查，也要重视对原案办理、审判程序是否合法进行监督，做到实体和程序并重；既要对重罪轻判、有罪判无罪的情况进行监督，也要对轻罪重判、无罪判有罪的情况进行监督，使被害人和被告人的合法权益得到同等的保护，维护社会公平和正义。

五、在专项清理工作中贯彻落实首办责任制。《人民检察院控告、申诉首办责任制实施办法（试行）》已经下发执行，各级人民检察院要把对服刑人员申诉的办理工作作为今年各级检察院实行首办责任制的有效措施，以此推动和检验首办责任制的实际效果。……

【高检发刑申字〔2007〕3号】　最高人民检察院关于办理服刑人员刑事申诉案件有关问题的通知（2007年9月5日）

一、人民检察院监所检察部门及派出检察院接到服刑人员及其法定代理人、近亲属提出的刑事申诉后，应当认真审查，提出审查意见，并分别情况予以处理：

（一）原审判决或者裁定正确，申诉理由不成立的，应当将审查结果答复申诉人，并做好息诉工作；

（二）原审判决或者裁定有错误可能，需要人民检察院立案复查的，应当将申诉材料及审查意见一并移送作出原生效判决或者裁定的人民法院的同级人民检察院，由刑事申诉检察部门办理；

（三）对于反映违法扣押当事人款物不还、刑期折抵有误以及不服刑罚执行变更决定的申诉，由监所检察部门依法处理。

二、接受移送的人民检察院刑事申诉检察部门对于本院管辖的服刑人员申诉，应当受理和办理，并在结案后十日内将审查或者复查结果通知移送的人民检察院，因案情复杂，在3个月内未办结的，应将审查或者复查情况通知移送的人民检察院。

在申诉案件办理过程中，接受移送的人民检察院刑事申诉检察部门需要进行提审服刑人员等调查活动的，移送的人民检察院应当予以协助配合。

三、移送的人民检察院收到审查或者复查结果后，应当及时答复申诉人。

【法刊文摘】 再审法院对生效判决的效力处置方式可以选择（摘于最高法审判监督庭编撰的《审判监督指导》2006年第1辑，总第19辑，人民法院出版社2007年1月出版；本文为针对《最高人民法院关于徐凌秀诈骗一案的请示的答复》的解读）

依据《刑事诉讼法》及有关司法解释的规定，处于申诉阶段的生效裁判，除个别特殊情形的生效裁判可以在再审时裁定停止原裁判的执行外，一般不停止原裁判的执行。因此，对于上级人民法院指令再审的生效裁判的裁判效力如何处置成了再审法院必须要考虑解决的问题。就本案而言，济南市中级人民法院作出了撤销济南市槐荫区人民法院〔2000〕槐刑初字第81号刑事判决，由该院依照第一审程序进行审判的刑事裁定。应当说，该裁定为对原审被告人变更强制措施，以及一审诉讼的顺利进行提供了方便。但是不是所有的类似再审案件都必须这样处理呢，我们认为这仅是再审法院对生效裁判的法律效力的一种处置方式。

采取这种方式有其好处，但弊端是案件尚未审理，就裁定撤销生效裁判，存有先定后审之嫌；且在庭审的工作中很可能因一方认识上的原因，导致庭审进展缓慢。所以利弊相权，原则上不宜采用这种方式。但仍然有2种可供选择的方式进行处置：

一是裁定中止原裁决。即接受指定管辖的人民法院，对上级人民法院指令再审的案件经庭前审查，认为原判确有依法必须改判的错误情形时，尤其是在发现或者出现的证据直接关系到原审被告人人身自由权利的合法保障的情形下，尤显必要。例如，有可靠证据充分证明，正在执行刑罚的原审被告人可能依法应当改判无罪的；或者已经原审宣告无罪的被告人，不变更强制措施有可能逃匿甚至自残等可能的。即可根据最高人民法院《关于刑事再审案件开庭审理的具体规定（试行）》第11条第2款、第3款的规定，作出中止原裁决的裁定。这种处置方式，既解决了此后再审诉讼中的操作问题，又避免了先定后审之嫌。但在目前的实践中，应当严格按照上述规定的要求慎重适用。

二是直接进行重新审理。即接受指令再审的人民法院，根据上级人民法院指定管辖和令再审的决定，直接进行审理。在具体操作上，将上级法院指令再审的决定书，送达原审法院，指令将原审案卷全部移送本院；送达同级公诉机关，通知其出席再审法庭；送达原审被告人，告知其再审诉讼权利和义务、传唤其到庭的具体时间和地点等。审理后依法改判或者维持。接受指令再审的人民法院采用这种方式，无需再决定提审，因为对于本案的再审已经由上级人民法院依法启动，自己再去启动则无据可依；也无需再制作裁定撤销原审判决，尚未再审何以确认原判确有错误；直接再审可以保持再审的客体不变，避免因在控方出庭等问题上的认识分歧，而影响再审的效率。我们认为这种方式合法、简约，应为首选。

【高检发〔2012〕1号】 最高人民检察院关于办理不服人民法院生效刑事裁判申诉案件若干问题的规定（2012年1月18日最高检第11届检委会第70次会议通过，2012年1月19日印发施行）

第1条 当事人及其法定代理人、近亲属认为人民法院已经发生法律效力的刑事判决、裁定确有错误，向人民检察院申诉的，由作出生效判决、裁定的人民法院的同级人民检察院刑事申诉检察部门受理，并依法办理。

当事人及其法定代理人、近亲属直接向上级人民检察院申诉的，上级人民检察院可以交由作出生效判决、裁定的人民法院的同级人民检察院受理；案情重大、疑难、复杂的，上级人民检察院可以直接受理。

第2条 当事人及其法定代理人、近亲属对人民法院已经发生法律效力的判决、裁定的申诉，经人民检察院复查决定不予抗诉后继续提出申诉的，上一级人民检察院应当受理。

第3条 对不服人民法院已经发生法律效力的刑事判决、裁定的申诉，经两级人民检察院办理且省级人民检察院已经复查的，如果没有新的事实和理由，人民检察院不再立案复查。但原审被告人可能被宣告无罪的除外。

第4条 人民检察院刑事申诉检察部门对已经发生法律效力的刑事判决、裁定的申诉复查后，认为需要提出抗诉的，报请检察长提交检察委员会讨论决定。

第5条 地方各级人民检察院对同级人民法院已经发生法律效力的刑事判决、裁定的申诉复查后，认为需要提出抗诉的，经检察委员会讨论决定，应当提请上一级人民检察院抗诉。

上级人民检察院刑事申诉检察部门对下一级人民检察院提请抗诉的申诉案件审查后，认为需要提出抗诉的，报请检察长提交检察委员会讨论决定。

第6条 最高人民检察院对不服各级人民法院已经发生法律效力的刑事判决、裁定的申诉，上级人民检察院对不服下级人民法院已经发生法律效力的刑事判决、裁定的申诉，经复查决定抗诉的，应当制作《刑事抗诉书》，按照审判监督程序向同级人民法院提出抗诉。人民法院开庭审理时，由同级人民检察院刑事申诉检察部门派员出庭支持抗诉。

第7条 对不服人民法院已经发生法律效力的刑事判决、裁定的申诉复查终结后，应当制作《刑事申诉复查通知书》，并在10日内送达申诉人。

【高检发刑申字〔2012〕1号】 人民检察院刑事申诉案件公开审查程序规定（2011年12月29日最高检第11届检委会第69次会议通过，2012年1月11日印发施行）

第2条 本规定所称公开审查是人民检察院在办理不服检察机关处理决定的刑事申诉案件过程中，根据办案工作需要，采取公开听证以及其他公开形式，依法公正处理案件的活动。

第4条 人民检察院公开审查刑事申诉案件包括公开听证、公开示证、公开论证和公开答复等形式。

同一案件可以采用一种公开形式，也可以多种公开形式并用。

第5条 对于案件事实、适用法律存在较大争议，或者有较大社会影响等刑事申诉案件，人民检察院可以适用公开审查程序，但下列情形除外：（一）案件涉及国家秘密、商业秘密或者个人隐私的；（二）申诉人不愿意进行公开审查的；（三）未成年人犯罪的；（四）具有其他不适合进行公开审查情形的。

第6条 刑事申诉案件公开审查程序应当公开进行，但应当为举报人保密。

第7条 公开审查活动由承办案件的人民检察院组织并指定主持人。

第8条 人民检察院进行公开审查活动应当根据案件具体情况，邀请与案件没有利害关系的人大代表、政协委员、人民监督员、特约检察员、专家咨询委员、人民调解员或者申诉人所在单位、居住地的居民委员会、村民委员会人员以及专家、学者等其他社会人士参加。

接受人民检察院邀请参加公开审查活动的人员称为受邀人员，参加听证会的受邀人员称为听证员。

第9条 参加公开审查活动的人员包括：案件承办人、书记员、受邀人员、申诉人及其委托代理人、原案其他当事人及其委托代理人。

经人民检察院许可的其他人员，也可以参加公开审查活动。

第10条　原案承办人或者原复查案件承办人负责阐明原处理决定或者原复查决定认定的事实、证据和法律依据。

复查案件承办人负责阐明复查认定的事实和证据，并对相关问题进行解释和说明。

书记员负责记录公开审查的全部活动。

根据案件需要可以录音录像。

第11条　申诉人、原案其他当事人及其委托代理人认为受邀人员与案件有利害关系，可能影响公正处理的，有权申请回避。申请回避的应当说明理由。

受邀人员的回避由分管检察长决定。

第12条　申诉人、原案其他当事人及其委托代理人可以对原处理决定提出质疑或者维持的意见，可以陈述事实、理由和依据；经主持人许可，可以向案件承办人提问。

第13条　受邀人员可以向参加公开审查活动的相关人员提问，对案件事实、证据、适用法律及处理发表意见。受邀人员参加公开审查活动应当客观公正。

第14条　人民检察院征得申诉人同意，可以主动提起公开审查，也可以根据申诉人及其委托代理人的申请，决定进行公开审查。

第15条　人民检察院拟进行公开审查的，复查案件承办人应当填写《提请公开审查审批表》，经部门负责人审核，报分管检察长批准。

第16条　公开审查活动应当在人民检察院进行。为了方便申诉人及其他参加人，也可以在人民检察院指定的场所进行。

第17条　进行公开审查活动前，应当做好下列准备工作：（一）确定参加公开审查活动的受邀人员，将公开审查举行的时间、地点以及案件基本情况，在活动举行7日之前告知受邀人员，并为其熟悉案情提供便利。（二）将公开审查举行的时间、地点和受邀人员在活动举行7日之前通知申诉人及其他参加人。对未委托代理人的申诉人，告知其可以委托代理人。（三）通知原案承办人或者原复查案件承办人，并为其重新熟悉案情提供便利。（四）制定公开审查方案。

第18条　人民检察院对于下列刑事申诉案件可以召开听证会，对涉案事实和证据进行公开陈述、示证和辩论，充分听取听证员的意见，依法公正处理案件：（一）案情重大复杂疑难的；（二）采用其他公开审查形式难以解决的；（三）其他有必要召开听证会的。

第19条　听证会应当在刑事申诉案件立案后、复查决定作出前举行。

第20条　听证会应当邀请听证员，参加听证会的听证员为3人以上的单数。

第21条　听证会应当按照下列程序举行：（一）主持人宣布听证会开始；宣布听证员和其他参加人员名单、申诉人及其委托代理人享有的权利和承担的义务、听证会纪律。（二）主持人介绍案件基本情况以及听证会的议题。（三）申诉人、原案其他当事人及其委托代理人陈述事实、理由和依据。（四）原案承办人、原复查案件承办人阐述原处理决定、原复查决定认定的事实和法律依据，并出示相关证据。复查案件承办人出示补充调查获取的相关证据。（五）申诉人、原案其他当事人及其委托代理人与案件承办人经主持人许可，可以相互发问或者作补充发言。对有争议的问题，可以进行辩论。（六）听证员可以向案件承办人、申诉人、原案其他当事人提问，就案件的事实和证据发表意见。（七）主持人宣布休会，听证员对案件进行评议。听证员根据听证的事实、证据，发表对案件的处理意见并进行表决，形成听证评议意见。听证评议意见应当是听证员多数人的意见。（八）由听证员代表宣布听证评议意见。(九) 申诉人、原案其他当事人及其委托代理人最后陈述意见。(十) 主持人宣布听证会结束。

第22条　听证记录经参加听证会的人员审阅后分别签名或者盖章。听证记录应当附卷。

第23条　复查案件承办人应当根据已经查明的案件事实和证据，结合听证评议意见，依法提出对案件的处理意见。经部门集体讨论，负责人审核后，报分管检察长决定。案件的处理意见与听证评议意见不一致时，应当提交检察委员会讨论。

第24条　人民检察院采取除公开听证以外的公开示证、公开论证和公开答复等形式公开审查刑事申诉案件的，可以参照公开听证的程序进行。

采取其他形式公开审查刑事申诉案件的，可以根据案件具体情况，简化程序，注重实效。

第25条　申诉人对案件事实和证据存在重大误解的刑事申诉案件，人民检察院可以进行公开示证，通过展示相关证据，消除申诉人的疑虑。

第26条　适用法律有争议的疑难刑事申诉案件，人民检察院可以进行公开论证，解决相关争议，以正确适用法律。

第27条　刑事申诉案件作出决定后，人民检察院可以进行公开答复，做好解释、说明和教育工作，预防和化解社会矛盾。

第28条　公开审查刑事申诉案件应当在规定的办案期限内进行。

第29条　在公开审查刑事申诉案件过程中，出现致使公开审查无法进行的情形的，可以中止公开审查。

中止公开审查的原因消失后，人民检察院可以根据案件情况决定是否恢复公开审查活动。

第30条　根据《人民检察院办理不起诉案件公开审查规则》举行过公开审查的，同一案件复查申诉时可以不再举行公开听证。

第31条　根据《人民检察院信访工作规定》举行过信访听证的，同一案件复查申诉时可以不再举行公开听证。

第32条　本规定下列用语的含意是：

（一）申诉人，是指当事人及其法定代理人、近亲属中提出申诉的人。

（二）原案其他当事人，是指原案中除申诉人以外的其他当事人。

（三）案件承办人包括原案承办人、原复查案件承办人和复查案件承办人。原案承办人，是指作出诉讼终结决定的案件承办人；原复查案件承办人，是指作出原复查决定的案件承办人；复查案件承办人，是指正在复查的案件承办人。

【高检发办字〔2014〕78号】　人民检察院受理控告申诉依法导入法律程序实施办法
（2014年8月28日最高检第12届检委会第26次会议通过，2014年11月7日印发施行）

第18条　对要求人民检察院实行刑事审判活动监督，刑事判决、裁定监督，死刑复核法律监督，羁押和办案期限监督，看守所执法活动监督，刑事判决、裁定执行监督，强制医疗执行监督的控告或者申诉，不服人民检察院诉讼终结的刑事处理决定的申诉，以及请求国家赔偿或者赔偿监督等，控告检察部门应当在7日以内按照首办责任制的要求移送有关业务部门办理，法律和相关规定有特别规定的，从其规定。首办责任部门应当在收到控告、申诉材料之日起1个月以内将办理进度情况书面告知控告检察部门，3个月以内或者立案后3个月以内书面回复办理结果。

【法发〔2015〕16号】　最高人民法院关于依法切实保障律师诉讼权利的规定（2015年12月29日）

八、依法保障律师代理申诉的权利。对律师代理当事人对案件提出申诉的，要依照法律规定的程序认真处理。认为原案件处理正确的，要支持律师向申诉人做好释法析理、息诉息访工作。

【法（研）复〔1987〕号】　最高人民法院研究室关于工龄计算问题的电话答复（1987年10月31日答复江苏高院"苏法研〔1987〕117号"请示）

经与劳动人事部联系，他们的意见是，对原无工作，被错判刑，刑满后留劳改场所就业，经复查改判无罪后，其服刑期间，可计算为工龄。具体做法可参照劳动人事部编辑的《工龄计算选编》（85年版）中（82）侨政政字第181号文件精神办理。经我们研究，同意劳动人事部的意见，鉴于工龄问题不属于法院审判工作的管辖范围，因此，请你们向主管部门提出建议，请其妥善解决。

【律发通〔2017〕51号】　律师办理刑事案件规范（2017年8月27日第9届全国律协常务理事会第8次会议通过、即日施行，中华全国律师协会2017年9月20日）

第236条　当事人及其法定代理人、近亲属对已经发生法律效力的判决、裁定不服的，律师可以接受委托代理其向人民法院或者人民检察院提出申诉。

第237条　律师认为申诉符合下列情形之一的，可以申请人民法院提起再审程序，也可以提请人民检察院抗诉：（一）有新的证据证明原判决、裁定认定的事实确有错误，可能影响定罪量刑的；（二）据以定罪量刑的证据不确实、不充分、依法应当排除的；（三）证明案件事实的主要证据之间存在矛盾的；（四）主要事实依据被依法变更或者撤销的；（五）认定罪名错误的；（六）量刑明显不当的；（七）违反法律关于溯及力规定及其他适用法律错误的；（八）违反法律规定的诉讼程序，可能影响公正裁判的；（九）审判人员在审理该案件时有贪污受贿、徇私舞弊、枉法裁判行为的。

第238条　律师代理申诉案件，应当向原审终审人民法院提出申诉；
案件疑难、复杂、重大的，可以向终审人民法院的上一级人民法院提出申诉。

第239条　人民法院决定再审复查的，律师可以申请异地复查、查阅案卷、召开听证会，及时提出律师意见。

第240条　律师办理再审案件，应当按照本规范相关程序的规定进行辩护或代理，但应当另行办理委托手续。

【法发〔2017〕8号】　最高人民法院、最高人民检察院、司法部关于逐步实行律师代理申诉制度的意见（2017年4月1日）

一、坚持平等、自愿原则。当事人对人民法院、人民检察院作出的生效裁判、决定不服的，提出申诉的，可以自行委托律师；人民法院、人民检察院，可以引导申诉人、被申诉人委托律师代为进行。

申诉人因经济困难没有委托律师的，可以向法律援助机构提出申请。

五、规范律师代理申诉法律援助程序。申诉人申请法律援助，应当向作出生效裁判、决定的人民法院所在地同级司法行政机关所属法律援助机构提出，或者向作出人民检察院诉讼终结的刑事处理决定的人民检察院所在地同级司法行政机关所属法律援助机构提出。申诉已经人民法院或者人民检察院受理的,应当向该人民法院或者人民检察院所在地同级司法行政机关所属法律援助机构提出。

法律援助机构经审查认为符合法律援助条件的,为申诉人指派律师,并将律师名单函告人民法院或者人民检察院。

六、扩大律师服务范围。律师在代理申诉过程中,可以开展以下工作:听取申诉人诉求,询问案件情况,提供法律咨询;对经审查认为不符合人民法院或者人民检察院申诉立案条件的,做好法律释明工作;对经审查符合人民法院或者人民检察院申诉立案条件的,为申诉人代写法律文书,接受委托代为申诉;经审查认为可能符合法律援助条件的,协助申请法律援助;接受委托后,代为提交申诉材料,接收法律文书,代理参加听证、询证、讯问和开庭等。

七、完善申诉立案审查程序。律师接受申诉人委托,可以到人民法院、人民检察院申诉接待场所或者通过来信、网上申诉平台、远程视频接访系统、律师服务平台等提交申诉材料。

提交的材料不符合要求的,人民法院或人民检察院可以通知其限期补充或者补正,并一次性告知应当补充或者补正的全部材料。未在通知期限内提交的,人民法院或者人民检察院不予受理。

对符合法律规定条件的申诉,人民法院、人民检察院应当接收材料,依法立案审查。经审查认为不符合立案条件的,应当以书面形式通知申诉人及代理律师。

【高检发释字〔2019〕4号】 人民检察院刑事诉讼规则(2019年12月2日最高检第13届检委会第28次会议通过,2019年12月30日公布施行;高检发释字〔2012〕2号《规则(试行)》同时废止)

第593条 当事人及其法定代理人、近亲属认为人民法院已经发生法律效力的~~刑事~~判决、裁定确有错误,向人民检察院申诉的,由作出生效判决、裁定的人民法院的同级人民检察院~~刑事申诉检察部门~~依法办理。

当事人及其法定代理人、近亲属直接向上级人民检察院申诉的,上级人民检察院可以交由作出生效判决、裁定的人民法院的同级人民检察院受理;案情重大、疑难、复杂的,上级人民检察院可以直接受理。

当事人及其法定代理人、近亲属对人民法院已经发生法律效力的判决、裁定提出申诉,经人民检察院复查决定不予抗诉后继续提出申诉的,上一级人民检察院应当受理。

~~不服人民法院死刑终审判决、裁定尚未执行的申诉,由监所检察部门办理。~~

第594条 对不服人民法院已经发生法律效力的~~刑事~~判决、裁定的申诉,经两级人民检察院办理且省级人民检察院已经复查的,如果没有新的<u>证据</u>~~事实和理由~~,人民检察院不再~~立案~~复查,但原审被告人可能被宣告无罪或者判决、裁定有其他重大错误可能的除外。

第595条 人民检察院~~刑事申诉检察部门~~对已经发生法律效力的判决、裁定的申诉复查后,认为需要提请<u>或者</u>提出抗诉的,报请检察长<u>或者</u>检察委员会讨论决定。

地方各级人民检察院~~刑事申诉检察部门~~对不服同级人民法院已经发生法律效力的判决、裁定的申诉复查后,~~认为需要提出抗诉的,报请检察长或者检察委员会讨论决定。~~认为需要提出抗诉的,应当提请上一级人民检察院抗诉。

上级人民检察院对下一级人民检察院提请抗诉的申诉案件进行审查后,认为需要提出抗诉的,应当向同级人民法院提出抗诉报请检察长或者检察委员会决定。

人民法院开庭审理时,同级人民检察院刑事申诉检察部门应当派员出席法庭。

第596条　人民检察院对不服人民法院已经发生法律效力的刑事判决、裁定的申诉案件复查终结后,应当制作刑事申诉复查通知书,在10日以内通知申诉人。

经复查向上一级人民检察院提请抗诉的,应当在上一级人民检察院作出是否抗诉的决定后制作刑事申诉复查通知书。

【高检发办字〔2020〕55号】　人民检察院办理刑事申诉案件规定（2020年5月19日最高检第13届检委会第38次会议通过,2020年9月22日印发;高检发〔2014〕18号《人民检察院复查刑事申诉案件规定》同时废止）

第8条　人民检察院管辖的下列刑事申诉,按照本规定办理:……(五)不服人民法院已经发生法律效力的刑事判决、裁定的申诉。

上述情形之外的其他与人民检察院办理案件有关的申诉,不适用本规定,按照《人民检察院刑事诉讼规则》等规定办理。

第9条(第2款)　不服人民法院已经发生法律效力的刑事判决、裁定的申诉,由作出生效判决、裁定的人民法院的同级人民检察院管辖。

第11条　上级人民检察院在必要时,可以将本院管辖的刑事申诉案件交下级人民检察院办理,也可以直接办理由下级人民检察院管辖的刑事申诉案件。

第13条　申诉人向人民检察院提出申诉时,应当递交申诉书、身份证明、相关法律文书及证据材料或者证据线索。

身份证明是指自然人的居民身份证、军官证、士兵证、护照等能够证明本人身份的有效证件;法人或者其他组织的营业执照副本和法定代表人或者主要负责人的身份证明等有效证件。申诉人系正在服刑的罪犯,有效证件由刑罚执行机关保存的,可以提供能够证明本人身份的有效证件的复印件。对身份证明,人民检察院经核对无误留存复印件。

相关法律文书是指人民检察院作出的决定书、刑事申诉审查、复查结论文书,或者人民法院作出的刑事判决书、裁定书等法律文书。

第14条　申诉人递交的申诉书应当写明下列事项:(一)申诉人的姓名、性别、出生日期、工作单位、住址、有效联系方式,法人或者其他组织的名称、所在地址和法定代表人或者主要负责人的姓名、职务、有效联系方式;(二)申诉请求和所依据的事实与理由;(三)申诉人签名、盖章或者捺指印及申诉时间。

申诉人不具备书写能力口头提出申诉的,应当制作笔录,并由申诉人签名或者捺指印。

第15条　自诉案件当事人及其法定代理人、近亲属对人民法院已经发生法律效力的刑事判决、裁定不服提出的申诉,刑事附带民事诉讼当事人及其法定代理人、近亲属对人民法院已经发生法律效力的刑事附带民事判决、裁定不服提出的申诉,人民检察院应当受理,但是申诉人对人民法院因原案当事人及其法定代理人自愿放弃诉讼权利或者没有履行相应诉讼义务而作出的判决、裁定不服的申诉除外。

第16条　刑事申诉由控告申诉检察部门统一接收。控告申诉检察部门对接收的刑事申诉应当在7个工作日以内分别情况予以处理并告知申诉人:

(一)属于本院管辖并符合受理条件的,予以受理;

(二)属于本院管辖的不服生效刑事判决、裁定的申诉,申诉人已向人民法院提出申诉,人民法院已经受理且正在办理程序中的，告知待人民法院处理完毕后如不服再提出申诉；

（三）属于人民检察院管辖但是不属于本院管辖的，移送有管辖权的人民检察院处理；

（四）不属于人民检察院管辖的，移送其他机关处理。

第四章 审 查

第17条 对受理的刑事申诉案件，控告申诉检察部门应当进行审查。

审查刑事申诉案件，应当审查申诉材料、原案法律文书，可以调取相关人民检察院审查报告、案件讨论记录等材料，可以听取申诉人、原案承办人员意见。

对于首次向人民检察院提出的刑事申诉案件，应当调阅原案卷宗进行审查，并听取申诉人或者其委托代理律师意见。必要时可以采用公开听证方式进行审查。

第18条 经审查，具有下列情形之一的，应当审查结案：（一）原判决、裁定或者处理决定认定事实清楚，证据确实充分，处理适当的；（二）原案虽有瑕疵，但不足以影响原判决、裁定或者处理决定结论的；（三）其他经审查认为原判决、裁定或者处理决定正确的。

对已经两级人民检察院审查或者复查，作出的结论正确，且已对申诉人提出的申诉理由作出合法合理答复，申诉人未提出新的理由的刑事申诉案件，可以审查结案。

第19条 控告申诉检察部门经审查，具有下列情形之一的，应当移送刑事检察部门办理：（一）原判决、裁定或者处理决定存在错误可能的；……

第20条 原判决、裁定或者处理决定是否存在错误可能，应当从以下方面进行审查：（一）原判决、裁定或者处理决定认定事实是否清楚、适用法律是否正确；（二）据以定案的证据是否确实、充分，是否存在矛盾或者可能是非法证据；（三）处理结论是否适当；（四）是否存在严重违反诉讼程序的情形；（五）申诉人是否提出了可能改变原处理结论的新的证据；（六）办案人员在办理该案件过程中是否存在贪污受贿、徇私舞弊、枉法裁判行为。

第21条 对决定移送的刑事申诉案件，应当制作刑事申诉案件移送函，连同申诉书、原判决、裁定、处理决定、人民检察院审查、复查文书等申诉材料移送刑事检察部门。

刑事申诉案件移送函应当载明案件来源、受理时间、申诉理由、审查情况、移送理由等内容。

对决定移送的刑事申诉案件，控告申诉检察部门应当调取原案卷宗，一并移送刑事检察部门。

第22条（第1款） 对移送的刑事申诉案件，刑事检察部门应当对原案卷宗进行审查。经审查，认为原判决、裁定或者处理决定正确的，经检察官联席会议讨论后决定审查结案；认为原判决、裁定或者处理决定存在错误可能的，决定进行复查。

第23条 控告申诉检察部门审查刑事申诉案件，应当自受理之日起3个月以内作出审查结案或者移送刑事检察部门办理的决定，并告知申诉人。

刑事检察部门对移送的刑事申诉案件，应当自收到案件之日起3个月以内作出审查结案或者进行复查的决定，并告知申诉人。

重大、疑难、复杂案件，报检察长决定，可以适当延长办理期限。

调取卷宗期间不计入办案期限。

第24条 经审查，具有下列情形之一的，上级人民检察院可以交由下级人民检察院重新办理：（一）首次办理刑事申诉的人民检察院应当调卷审查而未调卷的，或者应当进行复查而未复查的；(二) 对申诉人提出的申诉理由未进行审查，或者未作出合法合理答复的；(三) 其他办案质量不高，认为应当重新办理的。

接受交办的人民检察院应当将重新办理结果向交办的上级人民检察院报告。

第25条　审查刑事申诉案件应当制作刑事申诉审查报告。听取意见、释法说理、公开听证等活动应当制作笔录。

第五章　复　查

第26条　复查刑事申诉案件应当由检察官或者检察官办案组办理，原案承办人员和原申诉案件承办人员不应参与办理。

第27条　复查刑事申诉案件应当全面审查申诉材料和全部案卷。

第28条　经审查，具有下列情形之一，认为需要调查核实的，应当拟定调查提纲进行调查：(一) 原案事实不清、证据不足的；(二) 申诉人提供了新的事实、证据或者证据线索的；(三) 有其他问题需要调查核实的。

第29条　对与案件有关的勘验、检查、辨认、侦查实验等笔录和鉴定意见，认为需要复核的，可以进行复核，也可以对专门问题进行鉴定或者补充鉴定。

第30条　复查刑事申诉案件可以询问原案当事人、证人和其他有关人员。

对原判决、裁定确有错误，认为需要提请抗诉、提出抗诉或者提出再审检察建议的，应当询问或者讯问原审被告人。

第31条　复查刑事申诉案件应当听取申诉人及其委托代理律师意见，核实相关问题。

第32条　复查刑事申诉案件可以听取原申诉案件办理部门或者原案承办人员、原案承办部门意见，全面了解案件办理情况。

第33条　复查刑事申诉案件过程中进行的询问、讯问等调查活动，应当制作调查笔录。调查笔录应当经被调查人确认无误后签名或者捺指印。

第34条　刑事申诉案件经复查，案件事实、证据、适用法律和诉讼程序以及其他可能影响案件公正处理的情形已经审查清楚，能够得出明确复查结论的，应当复查终结。

第35条　复查终结刑事申诉案件，承办检察官应当制作刑事申诉复查终结报告，在规定的职权范围作出决定；重大、疑难、复杂案件，报检察长或者检察委员会决定。

经检察委员会决定的案件，应当将检察委员会决定事项通知书及讨论记录附卷。

第36条　复查刑事申诉案件，应当自决定复查之日起3个月以内办结。3个月以内不能办结的，报检察长决定，可以延长3个月，并告知申诉人。

重大、疑难、复杂案件，在前款规定期限内仍不能办结，确需延长办理期限的，报检察长决定延长办理期限。

第37条　接受交办的人民检察院对上级人民检察院交办的刑事申诉案件应当依法办理并报告结果。对属于本院管辖的刑事申诉案件应当进行复查。

对交办的刑事申诉案件，应当自收到交办文书之日起3个月以内办结。确需延长办理期限的，应当报检察长决定，延长期限不得超过3个月。延期办理的，应当向交办的上级人民检察院书面说明情况。

第44条　最高人民检察院对不服各级人民法院已经发生法律效力的刑事判决、裁定的申诉，上级人民检察院对不服下级人民法院已经发生法律效力的刑事判决、裁定的申诉，经复查决定提出抗诉的，应当按照审判监督程序向同级人民法院提出抗诉，或者指令作出生效判决、裁定的人民法院的上一级人民检察院向同级人民法院提出抗诉。

第45条 经复查认为人民法院已经发生法律效力的刑事判决、裁定确有错误，具有下列情形之一的，应当按照审判监督程序向人民法院提出抗诉：（一）原判决、裁定认定事实、适用法律确有错误致裁判不公或者原判决、裁定的主要事实依据被依法变更或者撤销的；（二）认定罪名错误且明显影响量刑的；（三）量刑明显不当的；（四）据以定罪量刑的证据不确实、不充分，或者主要证据之间存在矛盾，或者依法应当予以排除的；（五）有新的证据证明原判决、裁定认定的事实确有错误，可能影响定罪量刑的；（六）违反法律关于追诉时效期限的规定的；（七）违反法律规定的诉讼程序，可能影响公正审判的；（八）审判人员在审理案件的时候有贪污受贿、徇私舞弊、枉法裁判行为的。

经复查认为人民法院已经发生法律效力的刑事判决、裁定，符合前款规定情形之一，经检察长决定，可以向人民法院提出再审检察建议。再审检察建议未被人民法院采纳的，可以提请上一级人民检察院抗诉。

第46条 经复查认为需要向同级人民法院提出抗诉或者提出再审检察建议的，承办检察官应当提出意见，报检察长决定。

第47条 地方各级人民检察院对不服同级人民法院已经发生法律效力的刑事判决、裁定的申诉案件复查后，认为需要提出抗诉的，承办检察官应当提出意见，报检察长决定后，提请上一级人民检察院抗诉。提请抗诉的案件，应当制作提请抗诉报告书，连同案卷报送上一级人民检察院。

上一级人民检察院对提请抗诉的案件审查后，承办检察官应当制作审查提请抗诉案件报告，提出处理意见，报检察长决定。对提请抗诉的案件作出决定后，承办检察官应当制作审查提请抗诉通知书，将审查结果通知提请抗诉的人民检察院。

第48条 人民检察院决定抗诉后，承办检察官应当制作刑事抗诉书，向同级人民法院提出抗诉。

以有新的证据证明原判决、裁定认定事实确有错误提出抗诉的，提出抗诉时应当随附相关证据材料。

第49条 上级人民检察院审查提请抗诉的案件，应当自收案之日起3个月以内作出决定。

对事实、证据有重大变化或者特别复杂的刑事申诉案件，可以不受前款规定期限限制。

对不服人民法院已经发生法律效力的死刑缓期2年执行判决、裁定的申诉案件，需要加重原审被告人刑罚的，一般应当在死刑缓期执行期限届满前作出决定。

第50条 地方各级人民检察院经复查提请抗诉的案件，上级人民检察院审查提请抗诉案件的期限不计入提请抗诉的人民检察院的复查期限。

第51条 人民检察院办理按照审判监督程序抗诉的案件，认为需要对原审被告人采取强制措施的，按照《人民检察院刑事诉讼规则》相关规定办理。

第52条 对按照审判监督程序提出抗诉的刑事申诉案件，或者人民法院依据人民检察院再审检察建议决定再审的刑事申诉案件，人民法院开庭审理时，由同级人民检察院刑事检察部门派员出席法庭，并对人民法院再审活动实行法律监督。

第53条 对按照审判监督程序提出抗诉的刑事申诉案件，或者人民法院依据人民检察院再审检察建议决定再审的刑事申诉案件，人民法院经重新审理作出的判决、裁定，由派员出席法庭的人民检察院刑事检察部门审查并提出意见。

经审查认为人民法院作出的判决、裁定仍然确有错误，需要提出抗诉的，报检察长决定。如果案件是依照第一审程序审判的，同级人民检察院应当按照第二审程序向上一级人民法院提出抗诉；如果案件是依照第二审程序审判的，应当提请上一级人民检察院按照审判监督程序提出抗诉。

第六章 其他规定

第54条 人民检察院审查结案和复查终结的刑事申诉案件，应当制作刑事申诉结果通知书，于10日以内送达申诉人，并做好释法说理工作。

下级人民检察院应当协助上级人民检察院做好释法说理、息诉息访工作。

对移送的刑事申诉案件，刑事检察部门应当将刑事申诉结果通知书抄送控告申诉检察部门。

第55条 对提请抗诉的案件，提请抗诉的人民检察院应当在上一级人民检察院作出是否抗诉的决定后制作刑事申诉结果通知书。

第57条 对重大、疑难、复杂的刑事申诉案件，人民检察院可以进行公开听证，对涉案事实、证据、法律适用等有争议问题进行公开陈述、示证、论证和辩论，充分听取各方意见，依法公正处理案件。

第58条 申诉人对处理结论有异议的刑事申诉案件，人民检察院可以进行公开答复，做好解释、说明和教育工作，预防和化解社会矛盾。

第59条 人民检察院对具有下列情形之一的刑事申诉案件，可以中止办理：（一）人民法院对原判决、裁定正在审查的；（二）无法与申诉人及其代理人取得联系的；（三）申诉的自然人死亡，需要等待其他申诉权利人表明是否继续申诉的；（四）申诉的法人或者其他组织终止，尚未确定权利义务承继人的；（五）由于其他原因，致使案件在较长时间内无法继续办理的。

决定中止办理的案件，应当制作刑事申诉中止办理通知书，通知申诉人；确实无法通知的，应当记录在案。

中止办理的事由消除后，应当立即恢复办理。中止办理的期间不计入办案期限。

第60条 人民检察院对具有下列情形之一的刑事申诉案件，经检察长决定，应当终止办理：……（三）人民法院决定再审的；（四）申诉人自愿撤回申诉，且不损害国家利益、社会公共利益或者他人合法权益的；（五）申诉的自然人死亡，没有其他申诉权利人或者申诉权利人明确表示放弃申诉的，但是有证据证明原案被告人是无罪的除外；（六）申诉的法人或者其他组织终止，没有权利义务承继人或者权利义务承继人明确表示放弃申诉的，但是有证据证明原案被告人是无罪的除外；（七）其他应当终止办理的情形。

决定终止办理的案件，应当制作刑事申诉终止办理通知书，通知申诉人；确实无法通知的，应当记录在案。

终止办理的事由消除后，申诉人再次提出申诉，符合刑事申诉受理条件的，应当予以受理。

第61条 办理刑事申诉案件中发现原案存在执法司法瑕疵等问题的，可以依照相关规定向原办案单位提出检察建议或者纠正意见。

第62条 办理刑事申诉案件中发现原案办理过程中有贪污贿赂、渎职等违法违纪行为的，应当移送有关机关处理。

第63条　办理刑事申诉案件中发现原案遗漏罪行或者同案犯罪嫌疑人的，应当移送有关机关处理。

第64条　刑事申诉案件相关法律文书应当在统一业务应用系统内制作。

【法释〔2021〕1号】　最高人民法院关于适用《中华人民共和国刑事诉讼法》的解释（2020年12月7日最高法审委会〔1820次〕修订，2021年1月26日公布，2021年3月1日施行；2013年1月1日施行的"法释〔2012〕21号"《解释》同时废止）

第407条　第二审人民法院审理对刑事部分提出上诉、抗诉，附带民事部分已经发生法律效力的案件，发现第一审判决、裁定中的附带民事部分确有错误的，应当依照审判监督程序对附带民事部分予以纠正。

第409条　第二审人民法院审理对附带民事部分提出上诉，刑事部分已经发生法律效力的案件，应当对全案进行审查，并按照下列情形分别处理：

（一）第一审判决的刑事部分并无不当的，只需就附带民事部分作出处理；（本项新增）

（二）第一审判决的刑事部分确有错误的，依照审判监督程序对刑事部分进行再审，并将附带民事部分与刑事部分一并审理。

第451条　当事人及其法定代理人、近亲属对已经发生法律效力的判决、裁定提出申诉的，人民法院应当审查处理。

案外人认为已经发生法律效力的判决、裁定侵害其合法权益，提出申诉的，人民法院应当审查处理。

申诉可以委托律师代为进行。

第452条　向人民法院申诉，应当提交以下材料：（一）申诉状。应当写明当事人的基本情况、联系方式以及申诉的事实与理由；（二）原一、二审判决书、裁定书等法律文书。经过人民法院复查或者再审的，应当附有驳回申诉通知书、再审决定书、再审判决书、裁定书；（三）其他相关材料。以有新的证据证明原判决、裁定认定的事实确有错误为由申诉的，应当同时附有相关证据材料；申请人民法院调查取证的，应当附有相关线索或者材料。

申诉符合前款规定的，人民法院应当出具收到申诉材料的回执。申诉不符合前款规定的，人民法院应当告知申诉人补充材料；申诉人拒绝补充必要材料且无正当理由的，不予审查。

第453条　申诉由终审人民法院审查处理。但是，第二审人民法院裁定准许撤回上诉的案件，申诉人对第一审判决提出申诉的，可以由第一人民法院审查处理。

上一级人民法院对未经终审人民法院审查处理的申诉，可以告知申诉人向终审人民法院提出申诉，或者直接交终审人民法院审查处理，并告知申诉人；案件疑难、复杂、重大的，也可以直接审查处理。

对未经终审人民法院及其上一级人民法院审查处理，直接向上级人民法院申诉的，上级人民法院应当可以告知申诉人向下级人民法院提出。

第454条　最高人民法院或者上级人民法院可以指定终审人民法院以外的人民法院对申诉进行审查。被指定的人民法院审查后，应当制作审查报告，提出处理意见，层报最高人民法院或者上级人民法院审查处理。

第455条　对死刑案件的申诉，可以由原核准的人民法院直接审查处理，也可以交由原审人民法院审查。原审人民法院应当制作出审查报告，提出处理意见，层报原核准的人民法院审查处理。

第456条 对立案审查的申诉案件,人民法院可以听取当事人和原办案单位的意见,也可以对原判据以定罪量刑的证据和新的证据进行核实。必要时,可以进行听证。

第457条 对立案审查的申诉案件,应当在3个月以内作出决定,至迟不得超过6个月。因案件疑难、复杂、重大或者其他特殊原因需要延长审查期限的,参照本解释第210条的规定处理。

经审查,具有下列情形之一的,应当根据刑事诉讼法第253条的规定,决定重新审判:(一) 有新的证据证明原判决、裁定认定的事实确有错误,可能影响定罪量刑的;(二) 据以定罪量刑的证据不确实、不充分、依法应当排除的;(三) 证明案件事实的主要证据之间存在矛盾的;(四) 主要事实依据被依法变更或者撤销的;(五) 认定罪名错误的;(六) 量刑明显不当的;(七) 对违法所得或者其他涉案财物的处理确有明显错误的;(八) 违反法律关于溯及力规定的;(九) 违反法定诉讼程序①,可能影响公正裁判的;(十) 审判人员在审理该案件时有贪污受贿、徇私舞弊、枉法裁判行为的。

申诉不具有上述情形的,应当说服申诉人撤回申诉;对仍然坚持申诉的,应当书面通知驳回。

第458条 具有下列情形之一,可能改变原判决、裁定据以定罪量刑的事实的证据,应当认定为刑事诉讼法第253条第一项规定的"新的证据":(一) 原判决、裁定生效后新发现的证据;(二) 原判决、裁定生效前已经发现,但未予收集的证据;(三) 原判决、裁定生效前已经收集,但未经质证的证据;(四) 原判决、裁定所依据的鉴定意见,勘验、检查等笔录或者其他证据被改变或者否定的;(五) 原判决、裁定所依据的被告人供述、证人证言等证据发生变化,影响定罪量刑,且有合理理由的。

第459条 申诉人对驳回申诉不服的,可以向上一级人民法院申诉。上一级人民法院经审查认为申诉不符合刑事诉讼法第253条和本解释第457条第2款规定的,应当说服申诉人撤回申诉;对仍然坚持申诉的,应当驳回或者通知不予重新审判。

第470条(第2款) 人民法院审理申诉人申诉的再审案件,申诉人在再审期间撤回申诉的,可以应当裁定准许;但认为原判确有错误的,应当不予准许,继续按照再审案件审理。申诉人经依法通知无正当理由拒不到庭,或者未经法庭许可中途退庭的,可以应当裁定按撤回申诉处理,但申诉人不是原审当事人的除外。

第651条 向人民法院提出自诉、上诉、申诉、申请等的,应当以书面形式提出。书写有困难的,除另有规定的以外,可以口头提出,由人民法院工作人员制作笔录或者记录在案,并向口述人宣读或者交其阅读。

【法发〔2023〕号】 最高人民法院、最高人民检察院关于上级人民检察院统一调用辖区的检察人员办理案件有关问题的通知(2023年9月15日)②(余见本书第238条、第256条)

人民检察院组织法修订实施以来,对于上级人民检察院统一调用辖区的检察人员办理案件,被调用检察人员以检察官身份代表办理案件的人民检察院履行出庭支持公诉等检察职责,是否需要经办理案件的人民检察院本级人大常委会作出相关任职决定,各地在实践探索

---

① 本部分内容2012年规定为"法律规定的诉讼程序"。修改后意味着扩大了范围。
② 刊于《检察日报》2023年9月28日第2版。

中有不同认识和做法，涉及对人民检察院组织法有关规定的不同理解。全国人大常委会法制工作委员会《关于13届全国人大以来暨2022年备案审查工作情况的报告》认为，被调用检察人员代表办理案件的人民检察院履行出庭支持公诉等检察职责，须经本级人大常委会作出相关任职决定。最高人民检察院会同有关方面深入调研，为进一步规范提请人大常委会任命程序，制定了《最高人民检察院关于上级人民检察院统一调用辖区的检察人员办理案件若干问题的规定》（高检发办字〔2023〕133号，以下简称《规定》），自2023年9月5日起施行。对于《规定》施行以前上级人民检察院统一调用辖区的检察官办理案件涉及的相关问题如何处理，最高人民法院、最高人民检察院经研究，现通知如下：

一、对人民法院已经发生法律效力的判决、裁定，当事人及其法定代理人、近亲属提出申诉要求重新审判的，人民法院应当审查并结合案件情况依法处理。经审查，申诉符合《中华人民共和国刑事诉讼法》第253条规定情形之一的，应当决定重新审判。对于申诉人以被调用出席原审法庭的检察官未经本级人大常委会任命为由提出申诉，不符合《中华人民共和国刑事诉讼法》第253条规定情形的，应当说服申诉人撤回申诉；对仍然坚持申诉的，应当书面通知驳回。申诉人对驳回申诉不服，向上一级人民法院申诉的，上一级人民法院应当说服申诉人撤回申诉；仍然坚持申诉的，应当驳回或者通知不予重新审判。

【法刊文摘】 检答网集萃114：裁定准许撤回上诉的案件当事人对一审判决不服的申诉由哪级人民检察院管辖（检察日报2024年3月27日）

咨询内容（北京门头沟谢军）：刑事案件被告人一审后上诉，上诉期满后上诉人撤回上诉，二审法院裁定准许撤回，一审判决生效，案件当事人不服一审判决提出申诉，由哪级检察院管辖？是一审法院对应的检察院，还是二审法院对应的检察院？

解答摘要（王志坤）：二审法院裁定准许撤回上诉的案件，申诉人对一审判决提出申诉的，人民法院通常做法是由作出生效判决的一审法院受理，因为在这种情形下，二审并未实际审理，由一审法院受理申诉，更加切合实际，符合效率要求。那么，当事人及其法定代理人、近亲属向检察机关提出申诉的，应当由该一审法院的同级人民检察院受理。

第254条 **【院长启动再审程序】** 各级人民法院院长对本院已经发生法律效力的判决和裁定，如果发现在认定事实上或者在适用法律上确有错误，必须提交审判委员会处理。

【提审、指令再审】 最高人民法院对各级人民法院已经发生法律效力的判决和裁定，上级人民法院对下级人民法院已经发生法律效力的判决和裁定，如果发现确有错误，有权提审或者指令下级人民法院再审。

【审判监督的抗诉】 最高人民检察院对各级人民法院已经发生法律效力的判决和裁定，上级人民检察院对下级人民法院已经发生法律效力的判决和裁定，如果发现确有错误，有权按照审判监督程序向同级人民法院①提出抗诉。

---

① 本部分内容由1996年3月17日第8届全国人民代表大会第4次会议增加，1997年1月1日施行。

【对抗诉的重审、指令再审】人民检察院抗诉的案件，接受抗诉的人民法院应当组成合议庭重新审理，对于原判决事实不清楚或者证据不足的，可以指令下级人民法院再审。①

● **相关规定**　【法研（复）〔1991〕号】　最高人民法院研究室关于高级人民法院第二审判处无期徒刑的案件发现原判量刑不当需改判死刑应如何适用程序问题的电话答复（1991年7月1日答复江西高院请示）

中级人民法院判处无期徒刑的第一审案件，被告人上诉，经高级人民法院第二审后，裁定维持原判，裁定即已发生法律效力。现高级人民法院发现原判在适用法律上确有错误，拟按审判监督程序改判死刑，应当按照刑事诉讼法第150条的规定，原来是第二审案件，仍应依照第二审程序进行审理。审理后，如果认为应当判处被告人死刑的，可参照刑事诉讼法第149条第1款的规定，由审判委员会决定，撤销原第一、二审判决、裁定，发回原第一审法院重新审判。

【高检发〔1995〕15号】　最高人民检察院关于抗诉案件向同级人大常委会报告的通知②

【法复〔1957〕号】　最高人民法院关于改判已经撤销的高级人民法院的终审判决程序问题的批复（1957年4月13日答复内蒙古自治区高院"〔57〕法刑字第397号"请示）③

关于原属热河省管辖现在划入你区管辖的喀喇沁旗人民法院判处的王振江盗窃案，经原热河省人民法院终审判决，现在发现原终审判决不当，应由哪级人民法院改判的问题，本院同意你院的第二种意见，可由你院按照审判监督程序改判。

【高检发诉字〔2001〕7号】　最高人民检察院关于刑事抗诉工作的若干意见（2001年3月2日）

四、刑事抗诉案件的审查

……

当事人及其法定代理人、近亲属认为人民法院已经发生法律效力的刑事判决、裁定确有错误，向人民检察院申诉的，人民检察院应当依法办理。

人民检察院按照审判监督程序提出抗诉的案件，应当比照第二审程序抗诉案件的标准从严掌握。

提请抗诉的人民检察院应当讯问原审被告人，复核主要证据，必要时上级人民检察院可以到案发地复核主要证据。

人民检察院审查适用审判监督程序的抗诉案件，应当在6个月以内审结；重大、复杂的案件，应当在10个月以内审结。④

对终审判处被告人死刑、缓期2年执行的案件，省级人民检察院认为应当判处死刑立即执行的，应当在收到终审判决书后3个月内提请最高人民检察院审查。

---

① 本款规定由1996年3月17日第8届全国人民代表大会第4次会议增设，1997年1月1日施行。
② 注：本《通知》内容详见《刑事诉讼法》第8条之后的"人大法律监督"专辑。
③ 注：本批复一直未被废止，对于人民法院合并与分设情形下的重审管辖问题仍具有参照作用。
④ 注：该办案期限已被"高检发诉字〔2011〕34号"《通知》调整。

【法〔2001〕161号】　全国审判监督工作座谈会关于当前审判监督工作若干问题的纪要（2001年9月21-24日在重庆召开，2001年11月1日印发）*（余文见《民事诉讼法全厚细》第16章）*

1. 符合下列情形之一的，应裁定撤销原裁定：……（3）原管辖权异议裁定错误，且案件尚未作出生效判决的，应予撤销并将案件移送有管辖权的人民法院。

2. 刑事再审案件符合下列情形之一的，上级法院可以裁定撤销原判，发回原审人民法院重审：（1）按照第二审程序再审的案件，原判决认定事实不清或者证据不足的；（2）其他发回重审的情形。

5. 上一级人民法院认为下级人民法院已经再审但确有必须改判的错误的，应当裁定提审，改判后应在一定范围内通报。

下级人民法院以驳回通知书复查结案的，或者以驳回起诉再审结案的，上级人民法院可以裁定指令再审。

6. 符合下列情形的，应予改判：（1）原判定性明显错误的：刑事案件罪与非罪认定明显错误导致错判的；刑事案件此罪与彼罪认定明显错误，导致量刑过重的；……（3）原判主文在数量方面确有错误且不属裁定补救范围的：刑事案件刑期或财产数额错误的；……（4）调解案件严重违反自愿原则或者法律规定的：刑事自诉案件、民事案件、行政附带民事案件、行政赔偿案件的调解协议严重违反自愿原则或者违反法律。（5）其他应当改判的情形。

7. 符合下列情形的，一般不予改判：（1）原判文书在事实认定、理由阐述、适用法律方面存在错误、疏漏，但原判文书主文正确或者基本正确的；（2）原判结果的误差在法官自由裁量幅度范围内的；（3）原判定性有部分错误，但即使定性问题纠正后，原判结果仍在可以维持范围内的；（4）原判有漏证或错引、漏引法条情况，但原判结果仍在可以维持范围内的；（5）原判应一并审理，但未审理部分可以另案解决的；（6）原判有错误，但可以用其他方法补救，而不必进行再审改判的。

23. 关于制作"驳回申请再审（申诉）通知书"

"驳回申请再审（申诉）通知书"是审判监督程序复查阶段的结果，是对申请再审人提出申请再审进行复查后，认为理由不成立的书面答复。复查通知书与再审判决书不同，因此，不能用进入再审程序后制作判决书的标准来要求，但也不能过于简单，更不能采取格式化的方式答复。总的要求是针对再审申请人的主要理由进行批驳，正确适用有关法律规定，作出明确的答复。

【高检发诉字〔2002〕17号】　最高人民检察院关于进一步加强公诉工作的决定（2002年9月12日）

14. 强化审判监督意识，加强刑事审判监督。按照"慎重、准确、及时"的原则，对判决、裁定确有错误的严重刑事犯罪案件、重大职务犯罪案件，以及人民群众对司法不公反映强烈的案件，坚决依法提出抗诉。严格掌握抗诉标准，提高刑事抗诉案件的办案质量，保证刑事抗诉的准确性；既要重视对有罪未判的案件提出抗诉，也要重视对重罪轻判案件提出抗诉，还要重视对轻罪重判案件提出抗诉，保证刑事抗诉的全面性。对刑事审判活动中违反法律规定的行为，依法提出纠正意见。

【民立他字〔2004〕59号】　最高人民法院关于裁定准许撤回上诉后，第二审人民法院的同级人民检察院能否对一审判决提出抗诉问题的复函（2004年12月22日答复湖北高院"鄂高法〔2004〕474号"请示）

武汉市中级人民法院裁定准许撤回上诉后，武汉市洪山区人民法院作出的第一审判决即发生法律效力。根据《中华人民共和国民事诉讼法》第185条的规定，武汉市人民检察院对武汉市洪山区人民法院已经发生法律效力的判决，发现有法律规定的情形的，有权按照审判监督程序提出抗诉。

【高检发释字〔2006〕1号】　最高人民检察院关于新疆生产建设兵团人民检察院对新疆维吾尔自治区高级人民法院生产建设兵团分院审理的案件实施法律监督有关问题的批复（2006年6月7日最高检第10届检委会第55次会议通过，2006年6月14日公布施行，答复新疆生产建设兵团检察院"新兵检发〔2005〕23号"请示）

（第2款）　新疆生产建设兵团人民检察院如果发现新疆维吾尔自治区高级人民法院生产建设兵团分院已经发生法律效力的判决和裁定确有错误，可以向最高人民检察院提请抗诉。

【高检发研字〔2007〕2号】　最高人民检察院关于在检察工作中贯彻宽严相济刑事司法政策的若干意见（2006年12月28日最高检第10届检委会第68次会议通过，2007年1月15日印发）

二、在履行法律监督职能中全面贯彻宽严相济刑事司法政策

10. 在抗诉工作中正确贯彻宽严相济的刑事司法政策。既要重视对有罪判无罪、量刑畸轻的案件及时提出抗诉，又要重视对无罪判有罪、量刑畸重的案件及时提出抗诉。对于被告人认罪并积极赔偿损失、被害人谅解的案件，未成年人犯罪案件以及具有法定从轻、减轻情节的案件，人民法院处罚偏轻的，一般不提出抗诉。对第一审宣判后人民检察院在法定期限内未提出抗诉，或者判决、裁定发生法律效力后6个月内未提出抗诉的案件，没有发现新的事实或者证据的，一般也不得为加重被告人刑罚而依照审判监督程序提出抗诉。

【法释〔2011〕23号】　最高人民法院关于审理人民检察院按照审判监督程序提出的刑事抗诉案件若干问题的规定（2011年4月18日最高法审委会第1518次会议通过，2011年10月14日公布，2012年1月1日施行）

第1条　人民法院收到人民检察院的抗诉书后，应在1个月内立案。经审查，具有下列情形之一的，应当决定退回人民检察院：（一）不属于本院管辖的；（二）按照抗诉书提供的住址无法向被提出抗诉的原审被告人送达抗诉书的；（三）以有新证据为由提出抗诉，抗诉书未附有新的证据目录、证人名单和主要证据复印件或者照片的；（四）以有新证据为由提出抗诉，但该证据并不是指向原起诉事实的。

人民法院决定退回的刑事抗诉案件，人民检察院经补充相关材料后再次提出抗诉，经审查符合受理条件的，人民法院应当予以受理。

第2条　人民检察院按照审判监督程序提出的刑事抗诉案件，接受抗诉的人民法院应当组成合议庭进行审理。涉及新证据需要指令下级人民法院再审的，接受抗诉的人民法院应当在接受抗诉之日起1个月以内作出决定，并将指令再审决定书送达提出抗诉的人民检察院。

第3条　本规定所指的新证据，是指具有下列情形之一，指向原起诉事实并可能改变原判决、裁定据以定罪量刑的事实的证据：（一）原判决、裁定生效后新发现的证据；（二）原

判决、裁定生效前已经发现，但由于客观原因未予收集的证据；（三）原判决、裁定生效前已经收集，但庭审中未予质证、认证的证据；（四）原生效判决、裁定所依据的鉴定结论、勘验、检查笔录或其他证据被改变或者否定的。

第4条 对于原判决、裁定事实不清或者证据不足的案件，接受抗诉的人民法院进行重新审理后，应当按照下列情形分别处理：（一）经审理能够查清事实的，应当在查清事实后依法裁判；（二）经审理仍无法查清事实，证据不足，不能认定原审被告人有罪的，应当判决宣告原审被告人无罪；（三）经审理发现有新证据且超过刑事诉讼法规定的指令再审期限的，可以裁定撤销原判，发回原审人民法院重新审判。

第10条 以前发布的有关规定与本规定不一致的，以本规定为准。

【高检发诉字〔2014〕29号】 最高人民检察院关于加强和改进刑事抗诉工作的意见（2014年11月19日最高检第12届检委会第29次会议通过，2014年11月26日印发）

三、刑事抗诉案件的审查

19. 人民检察院依照刑事审判监督程序提出抗诉的案件，需要对原审被告人采取强制措施的，由人民检察院依法决定。

【刑监他字〔2001〕1号】 最高人民法院关于人民法院对原审被告人宣告无罪后人民检察院抗诉的案件由谁决定对原审被告人采取强制措施并通知其出庭等问题的复函（2001年1月2日答复西藏自治区高院请示）

二、由于人民法院已依法对原审被告人宣告无罪并予释放，因此不宜由人民法院采取强制措施；人民检察院认为其有罪并提出抗诉的，应当由提出抗诉的检察机关决定是否采取强制措施。

【法发〔2002〕13号】 最高人民法院关于规范人民法院再审立案的若干意见（试行）（2002年9月10日印发，2002年11月1日试行）

第1条 各级人民法院、专门人民法院对本院或者上级人民法院对下级人民法院作出的终审裁判，经复查认为符合再审立案条件的，应当决定或裁定再审。

人民检察院依照法律规定对人民法院作出的终审裁判提出抗诉的，应当再审立案。

【法审〔2003〕10号】 最高人民法院审判监督庭关于刑事再审工作几个具体程序问题的意见（2003年10月15日）

三、对可能改判死刑的再审案件，应由哪一部门负责羁押原审被告人。

此类案件的原审被告人应由看守所负责羁押。这样规定的考虑是：监狱一般不具备关押这类原审被告人的条件，而且关押在监狱不但不便于法院开庭审理，也很可能影响到其他服刑人员的改造，不利于监管秩序的稳定。

四、基层人民法院一审作出的判决生效后，检察院以量刑畸轻为由提出抗诉，上级法院受理后审查认为，原判确有错误，应启动再审程序对原审被告人判处无期徒刑以上刑罚。此类案件如果提审则会剥夺原审被告人的上诉权，发回重判则有审级管辖问题，应如何解决。

对于此类案件，可以由中级人民法院撤销原判后，重新按照第一审程序进行审理，作出的判决、裁定，可以上诉、抗诉。这样做符合《中华人民共和国刑事诉讼法》对于可能判处无期徒刑以上刑罚的普通刑事案件，应由中级人民法院按照第一审程序审理的规定，同时也能够保证原审被告人依法行使上诉权。

对于再审改判为死刑立即执行的案件，今后，应一律报请最高人民法院核准。具体复核工作由最高人民法院审监庭负责。

五、经上级法院立案庭指令下级法院再审的刑事案件，下级法院审监庭在审理中遇有适用法律等问题需向上级法院请示的，应由上级法院哪一个庭负责办理。

上级法院立案庭指令下级法院再审后，案件已进入再审程序，立案庭的审查立案工作已经完结。按照立审分离的原则，上级法院立案庭不再对已进入再审程序案件的实体审理进行指导。进入再审程序的案件，下级法院审监庭在审理中对适用法律等问题确需向上级法院请示的，应由上级法院审监庭负责办理。

上列第1、5条规定的原则，民事再审案件可以参照执行。

【法发〔2010〕3号】 最高人民法院关于改革和完善人民法院审判委员会制度的实施意见（2010年1月11日）

八、最高人民法院审理的下列案件应当提交审判委员会讨论决定：（一）本院已经发生法律效力的判决、裁定确有错误需要再审的案件；（二）最高人民检察院依照审判监督程序提出抗诉的刑事案件。

九、高级人民法院和中级人民法院审理的下列案件应当提交审判委员会讨论决定：（一）本院已经发生法律效力的判决、裁定确有错误需要再审的案件；（二）同级人民检察院依照审判监督程序提出抗诉的刑事案件；……

十、基层人民法院审理的下列案件应当提交审判委员会讨论决定：（一）本院已经发生法律效力的判决、裁定确有错误需要再审的案件；……

十三、审判委员会讨论案件时，合议庭全体成员及审判业务部门负责人应当列席会议。对本院审结的已发生法律效力的案件提起再审的，原审合议庭成员及审判业务部门负责人也应当列席会议。院长或者受院长委托主持会议的副院长可以决定其他有必要列席的人员。

【高检发刑申字〔2017〕号】 人民检察院刑事申诉案件异地审查规定（试行）（2017年10月10日最高检第12届检委会第70次会议通过）

第2条 最高人民检察院发现省级人民检察院管辖的刑事申诉案件原处理决定、判决、裁定有错误可能，且具有下列情形之一的，经检察长或者检察委员会决定，可以指令由其他省级人民检察院进行审查：（一）应当受理不予受理或者受理后经督促仍拖延办理的；（二）办案中遇到较大阻力，可能影响案件公正处理的；（三）因存在回避等法定事由，当事人认为管辖地省级人民检察院不能依法公正办理的；（四）申诉人长期申诉上访，可能影响案件公正处理的；（五）其他不宜由管辖地省级人民检察院办理的情形。

第3条 省级人民检察院认为所办理的刑事申诉案件需要异地审查的，可以提请最高人民检察院指令异地审查。

第4条 申诉人可以向省级人民检察院或者最高人民检察院申请异地审查。

第5条 省级人民检察院拟提请或者最高人民检察院拟决定刑事申诉案件异地审查，申诉人未提出申请的，应当征得申诉人同意。

第6条 省级人民检察院决定提请最高人民检察院指令刑事申诉案件异地审查的，应当向最高人民检察院书面报告，阐明理由并附相关材料。

最高人民检察院经审查决定刑事申诉案件异地审查的，应当在15日以内将案件指令其他省级人民检察院办理，同时通知管辖地省级人民检察院；决定不予异地审查的，应当在10

日以内通知管辖地省级人民检察院继续办理。

第7条　最高人民检察院决定刑事申诉案件异地审查的，异地审查的省级人民检察院应当在收到异地审查指令后7日以内通知申诉人。

申诉人向省级人民检察院申请异地审查，省级人民检察院经审查决定不予提请，或者提请后最高人民检察院决定不予异地审查的，应当在作出不予提请决定或者收到不予异地审查的通知后5日以内通知申诉人。

申诉人向最高人民检察院申请异地审查，最高人民检察院经审查决定不予异地审查的，应当在作出决定后15日以内通知申诉人。

第8条　异地审查的省级人民检察院应当依照《人民检察院复查刑事申诉案件规定》[①]立案复查。审查期限自收到异地审查指令之日起重新计算。

第9条　对不服人民检察院诉讼终结刑事处理决定的申诉案件，异地审查的省级人民检察院复查终结后应当提出复查处理意见，经检察委员会审议决定后，报最高人民检察院审查。

第10条　最高人民检察院对异地审查的省级人民检察院依据本规定第九条提出的复查意见，分别以下情况作出处理：

（一）同意维持人民检察院原处理决定的，指令管辖地省级人民检察院作出维持的处理决定；

（二）同意撤销或者变更人民检察院原处理决定的，指令管辖地省级人民检察院作出撤销或者变更的决定，也可以直接作出撤销或者变更的处理决定；

（三）不同意复查处理意见的，应当立案复查并书面通知申诉人、管辖地省级人民检察院和异地审查的省级人民检察院；

（四）认为复查意见认定事实不清或者意见不明确、理由不充分的，可以发回异地审查的省级人民检察院重新审查，也可以直接立案复查。

第11条　对不服人民法院生效刑事判决、裁定的申诉案件，异地审查的省级人民检察院复查终结后，分别以下情况作出处理：

（一）认为需要提出抗诉的，应当经检察委员会审议决定后提请最高人民检察院抗诉，在最高人民检察院作出是否抗诉的决定后制作刑事申诉复查通知书，并在10日以内送达申诉人，同时抄送管辖地省级人民检察院；

（二）认为不需要提出抗诉的，应当经检察委员会审议决定后制作刑事申诉复查通知书，在10日以内送达申诉人，同时抄送管辖地省级人民检察院，并报最高人民检察院。

第12条　异地审查的省级人民检察院需要调阅案卷材料、补充调查或者送达法律文书的，管辖地省级人民检察院应当予以协助。

第13条　异地审查的省级人民检察院刑事申诉检察部门应当在结案后10日以内，将刑事申诉复查终结报告、讨论案件记录等材料的复印件或者电子文档以及相关法律文书，报最高人民检察院刑事申诉检察厅备案。

第14条　被害人不服地市级人民检察院作出的不起诉决定，在收到不起诉决定书后7日以内提出的申诉，依据刑事诉讼法及相关规定办理，不适用本规定。

[①] 注：该《规定》已被2020年9月22日高检发办字〔2020〕55号《人民检察院办理刑事申诉案件规定》替代、废止。

【高检会〔2017〕3号】　最高人民法院、最高人民检察院、公安部、司法部关于依法处理涉法涉诉信访工作衔接配合的规定（2017年11月24日）

第5条　申诉人不服生效刑事判决、裁定，既向人民法院提出刑事申诉，又向人民检察院申诉，人民法院或者人民检察院一方已经受理且正在审查程序当中的，未受理机关暂缓受理，并告知申诉人待已经受理的机关处理完毕后如不服再提出申诉。

第6条　当事人根据民事诉讼法第209条第1款规定，向人民检察院申请检察建议或者抗诉的，由作出生效民事判决、裁定、调解书的人民法院所在地的同级人民检察院依法受理。人民检察院不得以超过申请监督期限为由不予受理。

【高检发诉字〔2018〕2号】　人民检察院刑事抗诉工作指引（2017年7月4日最高检第12届检委会第66次会议通过，2018年2月14日印发施行）

第8条　人民检察院可以通过以下途径发现生效判决、裁定的错误：

（一）收到人民法院生效判决书、裁定书后，人民检察院通过指定专人审查发现错误；

（二）当事人及其法定代理人、近亲属不服人民法院生效刑事判决、裁定提出申诉，刑事申诉检察部门经复查发现错误；

（三）根据社会各界和有关部门转送的材料和反映的意见，对人民法院已生效判决、裁定审查后发现错误；

（四）在办案质量检查和案件复查等工作中，发现人民法院已生效判决、裁定确有错误；

（五）出现新的证据，发现人民法院已生效判决、裁定错误；

（六）办理案件过程中发现其他案件已生效判决、裁定确有错误；

（七）其他途径。

人民检察院对同级人民法院已经发生法律效力的刑事判决、裁定，发现确有错误的，应当提请上一级人民检察院抗诉。上级人民检察院发现下级人民法院已经发生法律效力的判决或裁定确有错误的，可以直接向同级人民法院提出抗诉，或者指令作出生效判决、裁定人民法院的上一级人民检察院向同级人民法院提出抗诉。

第28条　按照审判监督程序重新审判的案件，适用行为时的法律。

第29条　人民法院已经发生法律效力的刑事判决和裁定包括：（一）已过法定期限没有上诉、抗诉的判决和裁定；（二）终审的判决和裁定；（三）最高人民法院核准的死刑的判决和高级人民法院核准的死刑缓期2年执行的判决。

第30条　提请上级人民检察院按照审判监督程序抗诉的案件，原则上应当自人民法院作出裁判之日起2个月以内作出决定；需要复核主要证据的，可以延长1个月。属于冤错可能等事实证据有重大变化的案件，可以不受上述期限限制。

对于高级人民法院判处死刑缓期2年执行的案件，省级人民检察院认为确有错误提请抗诉的，一般应当在收到生效判决、裁定后3个月以内提出，至迟不得超过6个月。

对于人民法院第一审宣判后人民检察院在法定期限内未提出抗诉，或者判决、裁定发生法律效力后6个月内未提出抗诉的案件，没有发现新的事实或者证据的，一般不得为加重被告人刑罚而依照审判监督程序提出抗诉，但被害人提出申诉或上级人民检察院指令抗诉的除外。

第31条　提请上一级人民检察院按照审判监督程序抗诉的案件，应当制作提请抗诉报告书。提请抗诉报告书应当依次写明原审被告人基本情况，诉讼经过，审查认定后的犯罪事实,一审人民法院、二审人民法院的审判情况,判决、裁定错误之处,提请抗诉的理由和法律依据,本院检察委员会讨论情况等。

第32条 提请抗诉的人民检察院应当及时将提请抗诉报告书一式10份和侦查卷、检察卷、人民法院审判卷报送上一级人民检察院。经本院检察委员会讨论决定的,应当一并报送本院检察委员会会议纪要。

调阅人民法院的案卷,依据《最高人民法院办公厅、最高人民检察院办公厅关于调阅诉讼卷宗有关问题的通知》有关规定执行。

第33条 上级人民检察院审查审判监督程序抗诉案件,原则上应当自收案之日起1个半月以内作出决定;需要复核主要证据或者侦查卷宗在15册以上的,可以延长1个月;需要征求其他单位意见或者召开专家论证会的,可以再延长半个月。

上级人民检察院审查下一级人民检察院提请抗诉的刑事申诉案件,应当自收案之日起3个月以内作出决定。

属于冤错可能等事实证据有重大变化的案件,可以不受上述期限限制。

有条件的地方,应当再自行缩短办案期限;对原判死缓而抗诉要求改判死刑立即执行的案件,原则上不得延长期限。

第34条 上一级人民检察院决定抗诉后,应当制作刑事抗诉书,向同级人民法院提出抗诉。以有新的证据证明原判决、裁定认定事实确有错误为由提出的抗诉,提出抗诉时应向人民法院移送新证据。

人民检察院按照审判监督程序向人民法院提出抗诉的,应当将抗诉书副本报送上一级人民检察院。

第35条 人民检察院依照刑事审判监督程序提出抗诉的案件,需要对原审被告人采取强制措施的,由人民检察院依法决定。

第36条 上级人民检察院决定不抗诉的,应当向提请抗诉的人民检察院做好不抗诉理由的解释说明工作,一般采用书面方式。

上级人民检察院对下一级人民检察院提请抗诉的刑事申诉案件作出决定后,应当制作审查提请抗诉通知书,通知提请抗诉的人民检察院。

【高检发释字〔2019〕4号】 人民检察院刑事诉讼规则(2019年12月2日最高检第13届检委会第28次会议通过,2019年12月30日公布施行;高检发释字〔2012〕2号《规则(试行)》同时废止)

第583条 人民检察院依法对人民法院的判决、裁定是否正确实行法律监督,对人民法院确有错误的判决、裁定,应当依法提出抗诉。

第584条 人民检察院认为同级人民法院第一审判决、裁定具有下列情形之一的,应当提出抗诉:(一)认定的事实确有错误或者据以定罪量刑的证据不确实、不充分的认定事实不清、证据不足的;(二)有确实、充分证据证明有罪判无罪,或者无罪判有罪的;(三)重罪轻判,轻罪重判,适用刑罚明显不当的;(四)认定罪名不正确,一罪判数罪、数罪判一罪,影响量刑或者造成严重社会影响的;(五)免除刑事处罚或者适用缓刑、禁止令、限制减刑等错误的;(六)人民法院在审理过程中严重违反法律规定的诉讼程序的。

第585条 人民检察院在收到人民法院第一审判决书或者裁定书后,应当及时审查,承办人员应当填写刑事判决、裁定审查表,提出处理意见,报公诉部门负责人审核。对于需要提出抗诉的案件，应当报请检察长决定。

第586条　人民检察院对同级人民法院第一审判决的抗诉，应当在接到判决书后第2日起10日以内提出；对第一审裁定的抗诉，应当在接到裁定书后第2日起5日以内提出。

第587条　人民检察院对同级人民法院第一审判决、裁定的抗诉，应当制作抗诉书，通过原审人民法院向上一级人民法院提出，并将抗诉书副本连同案卷材料报送上一级人民检察院。

第588条　被害人及其法定代理人不服地方各级人民法院第一审的判决，在收到判决书后5日以内请求人民检察院提出抗诉的，人民检察院应当立即进行审查，在收到被害人及其法定代理人的请求后5日以内作出是否抗诉的决定，并且答复请求人。经审查认为应当抗诉的，适用本规则第584条至第587条的规定办理。

被害人及其法定代理人在收到判决书5日以后请求人民检察院提出抗诉的，由人民检察院决定是否受理。

第589条　上一级人民检察院对下级人民检察院按照第二审程序提出抗诉的案件，认为抗诉正确的，应当支持抗诉。

上一级人民检察院认为抗诉不当的，应当听取下级人民检察院的意见。听取意见后，仍然认为抗诉不当的，应当向同级人民法院撤回抗诉，并且通知下级人民检察院。~~下级人民检察院如果认为上一级人民检察院撤回抗诉不当的，可以请复议。上一级人民检察院应当复议，并将复议结果通知下级人民检察院。~~

上一级人民检察院在上诉、抗诉期限内，发现下级人民检察院应当提出抗诉而没有提出抗诉的案件，可以指令下级人民检察院依法提出抗诉。

（新增）上一级人民检察院支持或者部分支持抗诉意见的，可以变更、补充抗诉理由，及时制作支持抗诉意见书，并通知提出抗诉的人民检察院。

第590条　第二审人民法院发回原审人民法院~~重新~~按照第一审程序~~重新~~审判的案件，如果人民检察院认为重新审判的判决、裁定确有错误，可以按照第二审程序提出抗诉。

第591条　人民检察院认为人民法院已经发生法律效力的判决、裁定确有错误，具有下列情形之一的，应当按照审判监督程序向人民法院提出抗诉：（一）有新的证据证明原判决、裁定认定的事实确有错误，可能影响定罪量刑的；（二）据以定罪量刑的证据不确实、不充分的；（三）据以定罪量刑的证据依法应当予以排除的；（四）据以定罪量刑的主要证据之间存在矛盾的；（五）原判决、裁定的主要事实依据被依法变更或者撤销的；（六）认定罪名错误且明显影响量刑的；（七）违反法律关于追诉时效期限的规定的；（八）量刑明显不当的；（九）违反法律规定的诉讼程序，可能影响公正审判的；（十）审判人员在审理案件的时候有贪污受贿，徇私舞弊，枉法裁判行为的。

（新增）对于同级人民法院已经发生法律效力的判决、裁定，人民检察院认为可能有错误的，应当另行指派检察官或者检察官办案组进行审查。经审查，认为有前款规定情形之一的，应当提请上一级人民检察院提出抗诉。

对已经发生法律效力的判决、裁定的审查，参照本规则第585条的规定办理。

第592条　对于高级人民法院判处死刑缓期2年执行的案件，省级人民检察院认为确有错误提请抗诉的，一般应当在收到生效判决、裁定后3个月以内提出，至迟不得超过6个月。

第597条　最高人民检察院发现各级人民法院已经发生法律效力的判决或者裁定，上级人民检察院发现下级人民法院已经发生法律效力的判决或者裁定确有错误时，可以直接向同级人民法院提出抗诉，或者指令作出生效判决、裁定人民法院的上一级人民检察院向同级人民法院提出抗诉。

第598条　人民检察院按照审判监督程序向人民法院提出抗诉的，应当将抗诉书副本报送上一级人民检察院。

第599条　对按照审判监督程序提出抗诉的案件，人民检察院认为人民法院再审作出的判决、裁定仍然确有错误的，如果案件是依照第一审程序审判的，同级人民检察院应当按照第二审程序向上一级人民法院提出抗诉；如果案件是依照第二审程序审判的，上一级人民检察院应当按照审判监督程序向同级人民法院提出抗诉。

第600条　人民检察院办理按照第二审程序、审判监督程序抗诉的案件，认为需要对被告人采取强制措施的，参照本规则相关规定。决定采取强制措施应当经检察长批准。

第601条　人民检察院对自诉案件的判决、裁定的监督，适用本节的规定。

【法释〔2021〕1号】　最高人民法院关于适用《中华人民共和国刑事诉讼法》的解释（2020年12月7日最高法审委会〔1820次〕修订，2021年1月26日公布，2021年3月1日施行；2013年1月1日施行的"法释〔2012〕21号"《解释》同时废止）

第460条　各级人民法院院长发现本院已经发生法律效力的判决、裁定确有错误的，应当提交审判委员会讨论决定是否再审。

第461条　上级人民法院发现下级人民法院已经发生法律效力的判决、裁定确有错误的，可以指令下级人民法院再审；原判决、裁定认定事实正确但适用法律错误，或者案件疑难、复杂、重大，或者有不宜由原审人民法院审理情形的，也可以提审。

上级人民法院指令下级人民法院再审的，一般应当指令原审人民法院以外的下级人民法院审理；由原审人民法院审理更有利于查明案件事实、纠正裁判错误的，可以指令原审人民法院审理。

第462条　对人民检察院依照审判监督程序提出抗诉的案件，人民法院应当在收到抗诉书后1个月以内立案。但是，有下列情形之一的，应当区别情况予以处理：

（一）不属于本院管辖的，应当将案件退回人民检察院；

（二）按照抗诉书提供的住址无法向被抗诉的原审被告人送达抗诉书的，应当通知人民检察院在3日以内重新提供原审被告人的住址；逾期未提供的，将案件退回人民检察院；

（三）以有新的证据为由提出抗诉，但未附相关证据材料或者有关证据不是指向原起诉事实的，应当通知人民检察院在3日以内补送相关材料；逾期未补送的，将案件退回人民检察院。

决定退回的抗诉案件，人民检察院经补充相关材料后再次抗诉，经审查符合受理条件的，人民法院应当受理。

第463条　对人民检察院依照审判监督程序提出抗诉的案件，接受抗诉的人民法院应当组成合议庭审理。对原审事实不清、证据不足，包括有新的证据证明原判可能有错误，需要指令下级人民法院再审的，应当在立案之日起1个月以内作出决定，并将指令再审决定书送达抗诉的人民检察院。

第464条　对决定依照审判监督程序重新审判的案件，除人民检察院抗诉的以外，

（2021年删除）人民法院应当制作再审决定书。再审期间不停止原判决、裁定的执行，但被告人可能经再审改判无罪，或者可能经再审减轻原判刑罚而致刑期届满的，可以决定中止原判决、裁定的执行，必要时，可以对被告人采取取保候审、监视居住措施。

第470条（第1款） 人民法院审理人民检察院抗诉的再审案件，人民检察院在开庭审理前撤回抗诉的，应当裁定准许；人民检察院接到出庭通知后不派员出庭，且未说明原因的，可以裁定按撤回抗诉处理，并通知诉讼参与人。

【高检发办字〔2021〕11号】 最高人民检察院关于进一步做好刑事错案的依法纠正、责任追究和善后工作的意见（2021年1月18日最高检第13届检委会第59次会议通过，2021年2月10日印发）

二、进一步完善刑事错案纠正工作机制

各级人民检察院要秉持客观公正立场，贯彻"疑罪从无"原则，依法履行法律监督职责，进一步完善刑事错案发现、纠正机制，坚持有错必纠，对刑事错案发现一起、坚决依法纠正一起。

（一）高度重视刑事错案线索。高度重视人大代表、政协委员、新闻媒体、网络舆情等反映案件可能存在错误的情况，注意从中发现刑事错案线索。高度重视服刑人员的申诉，对具有长期申诉、拒绝减刑或者因对裁判不服而自杀、自残等情形的，应当及时向检察长报告。收到犯罪嫌疑人、服刑人员自首、坦白或者检举揭发他人犯罪事实，相关线索和材料表明犯罪可能不是被交付执行刑罚的人实施的，应当及时向检察长报告。

（二）认真落实刑事申诉案件审查工作制度。落实公开听证制度，人民检察院办理刑事申诉案件，在事实认定、法律适用、案件处理等方面存在较大争议，或者有重大社会影响的，可以召开听证会，充分听取听证员和其他参加人员的意见。落实提级审查制度，上级人民检察院对于重大、疑难、复杂和社会高度关注的刑事申诉案件应当及时介入、督办，必要时可以直接办理下级人民检察院管辖的刑事申诉案件。落实异地审查制度，最高人民检察院发现省级人民检察院管辖的刑事申诉案件原处理决定、判决、裁定可能有错误，并且在办理中遇到较大阻力，可能影响案件公正处理，或者因存在回避等法定事由，当事人认为管辖地省级人民检察院不能依法公正办理等情形的，可以指令其他省级人民检察院进行审查。

（三）切实履行对生效刑事判决、裁定的监督职责。最高人民检察院对各级人民法院已经发生法律效力的判决、裁定，上级人民检察院对下级人民法院已经发生法律效力的判决、裁定，发现确有错误的，应当向同级人民法院提出抗诉；人民检察院对同级人民法院已经发生法律效力的刑事判决、裁定，发现确有错误的，应当提请上一级人民检察院抗诉；根据案件的具体情况，也可以向同级人民法院提出再审检察建议，再审检察建议未被人民法院采纳的，应当提请上一级人民检察院抗诉。对于人民法院按照审判监督程序重新审判的案件，人民检察院应当对原判决、裁定认定的事实、证据、适用法律进行全面审查，重点审查有争议的案件事实、证据和法律适用问题，认为原判决、裁定确有错误的，应当提出依法改判的意见。

四、认真做好刑事错案的善后工作

……刑事错案被依法纠正后，真正实施犯罪的人尚未归案的，人民检察院应当督促公安机关继续侦查。

【法发〔2021〕10号】 最高人民法院、最高人民检察院、公安部、司法部关于进一步加强虚假诉讼犯罪惩治工作的意见（2021年3月4日印发，2021年3月10日施行）

第15条 刑事案件裁判认定民事诉讼当事人的行为构成虚假诉讼犯罪，相关民事案件尚在审理或者执行过程中的，作出刑事裁判的人民法院应当及时函告审理或者执行该民事案件的人民法院。

人民法院对于与虚假诉讼刑事案件的裁判存在冲突的已经发生法律效力的民事判决、裁定、调解书，应当及时依法启动审判监督程序予以纠正。

第18条 人民检察院发现已经发生法律效力的判决、裁定、调解书系民事诉讼当事人通过虚假诉讼获得的，应当依照民事诉讼法第208条第1款、第2款等法律和相关司法解释的规定，向人民法院提出再审检察建议或者抗诉。

【法发〔2021〕30号】 最高人民法院关于进一步完善"四类案件"监督管理工作机制的指导意见（2021年11月4日印发，2021年11月5日施行。详见《刑事诉讼法》第183条）

七、各级人民法院可以结合本院工作实际，对下列案件适用"四类案件"的监督管理措施：本院已经发生法律效力的判决、裁定、调解书等确有错误需要再审的；人民检察院提出抗诉的；拟判处死刑（包括死刑缓期2年执行）的；拟宣告被告人无罪或者拟在法定刑以下判处刑罚、免予刑事处罚的；指令再审或者发回重审的；诉讼标的额特别巨大的；其他有必要适用"四类案件"监督管理措施的。

● **指导案例** 【高检办发〔2023〕1号】 中共中央纪委办公厅、国家监察委员会办公厅、最高人民检察院办公厅关于印发行贿犯罪典型案例（第2批）的通知（2023年3月12日）①

（案例5） 陆某某受贿、行贿案

要旨：……对以行贿手段获取立功线索导致原生效裁判错误的，要按照审判监督程序提出抗诉。……

【高检发办字〔2023〕92号】 最高人民检察院第45批指导性案例（2023年5月26日最高检检委会〔14届5次〕通过，2023年6月25日印发）

（检例第181号） 孟某某等人组织、领导、参加黑社会性质组织、寻衅滋事等犯罪再审抗诉案

要旨：被告人不服第一审判决，上诉后又在上诉期满后申请撤回上诉、人民法院裁定准许的，如果人民检察院认为该一审判决确有错误，作出准许撤回上诉裁定人民法院的同级人民检察院有权依照审判监督程序提出抗诉。抗诉后人民法院指令按照第一审程序审理的案件，人民检察院发现原案遗漏犯罪事实的，应当补充起诉；发现遗漏同案犯罪嫌疑人的，应当追加起诉，并建议人民法院对指令再审的案件与补充、追加起诉的案件并案审理，数罪并罚。人民检察院在办案中应当强化监督，充分运用自行侦查与侦查机关（部门）补充侦查相结合的方式，加强侦监衔接，深挖漏罪漏犯，推进诉源治理，把监督办案持续做深做实。

---

① 本通知印发的案例，名为"典型案例"，但形式、体例均与"指导性案例"相同。

第 255 条　【指令再审管辖】上级人民法院指令下级人民法院再审的，应当指令原审人民法院以外的下级人民法院审理；由原审人民法院审理更为适宜的，也可以指令原审人民法院审理。

第 256 条　【再审的审级与效力】人民法院按照审判监督程序重新审判的案件，由原审人民法院审理的[2]，应当另行组成合议庭进行。如果原来是第一审案件，应当依照第一审程序进行审判，所作的判决、裁定，可以上诉、抗诉；如果原来是第二审案件，或者是上级人民法院提审的案件，应当依照第二审程序进行审判，所作的判决、裁定，是终审的判决、裁定。

【再审检察出庭】人民法院开庭审理的再审案件，同级人民检察院应当派员出席法庭。[3]

● **相关规定**　【法发（研）〔1981〕号】最高人民法院关于执行刑事诉讼法中若干问题的初步经验总结（1981 年 11 月印发）[4]

十二、关于审判监督程序的问题

（三）按照审级处理就地解决

依照刑事诉讼法规定的审判监督程序和 1979 年 9 月 29 日最高人民法院《关于来信来访中不服人民法院判决的申诉应按审级处理的通知》，对刑事诉讼法第 148 条规定的申诉，主要应由原第一人民法院负责审查处理。坚持就地解决，但原经二审人民法院判决或裁定的，应将审查结果和意见，报请二审人民法院核定，需要改判的，由二审人民法院办理法律手续。少数经原第一审人民法院审查驳回或部分改判仍继续申诉的、特别重大、疑难的以及多次申诉，确实有理有据，而未得到妥善处理的，可由上一级人民法院审查处理。已经两级人民法院处理，再次提出申诉而无充分理由的，一般不再处理；如有充分理由和证据，能够说明虽经两级人民法院处理，仍存在涉及正确实施法律的重大问题需要解决的，可由高一级的人民法院负责审查处理。

对申诉无理、应当驳回的，一般可以口头或者用通知书告知申诉人，不要用裁定驳回。

【法研（复）〔1958〕号】最高人民法院关于只改判刑期的再审案件可以不再开庭审理的复函（1958 年 6 月 14 日答复司法部转黑龙江省司法厅"司行字第 40 号"请示）[5]

对本法院已经发生法律效力的判决，如果发现只须改判刑期（在认定事实上并无问题），经审判委员会讨论决定再审时，我们同意你厅意见，即如无传唤当事人开庭审理的必要，可以不再开庭审理，由合议庭作出判决送达当事人即可。

---

① 本条规定由 2012 年 3 月 14 日第 11 届全国人大常委会第 5 次会议增设，2013 年 1 月 1 日施行。
② 本部分内容由 2012 年 3 月 14 日第 11 届全国人大常委会第 5 次会议增加，2013 年 1 月 1 日施行。
③ 本款规定由 2012 年 3 月 14 日第 11 届全国人大常委会第 5 次会议增设，2013 年 1 月 1 日施行。
④ 注：该《经验总结》一直没有被废止，部分内容可作参考。
⑤ 注：该《复函》一直未被废止。

最高人民法院研究室关于对第二审终审的刑事案件第二审法院进行再审时可否加重刑罚不给上诉权问题的电话答复（1990年8月16日答复湖北高院研究室"鄂法研〔1990〕6号"请示）[①]

"请示报告"所述：被告人李某某因故意伤害罪被判处有期徒刑12年，上诉后中级人民法院维持原判。被告人亲属不服提出申诉。中级人民法院经审查认为原判量刑不当，需要改判加重刑罚。对于这种案件，我们认为，如果是需将原判有期徒刑12年改判加重刑罚二、三年（最多只能加重到15年），这说明原判量刑偏轻，而不是畸轻，因此可不必再审改判；如果确需将原判改为无期徒刑或者死刑，则中级人民法院应撤销原第一、二审判决、裁定，并根据刑事诉讼法第15条的规定，由中级人民法院作为第一审，重新审判。对于重新审判后的判决，当事人可以上诉，同级人民检察院可以抗诉。

【法释〔2001〕31号】 最高人民法院关于刑事再审案件开庭审理程序的具体规定（试行）（2001年10月18日最高法审委会〔1196次〕通过，2001年12月26日公布，2002年1月1日起施行）

第1条 本规定适用依照第一审程序或第二审程序开庭审理的刑事再审案件。

第2条 人民法院在收到人民检察院按照审判监督程序提出抗诉的刑事抗诉书后，应当根据不同情况，分别处理：

（一）不属于本院管辖的，决定退回人民检察院；

（二）按照抗诉书提供的原审被告人（原审上诉人）住址无法找到原审被告人（原审上诉人）的，人民法院应当要求提出抗诉的人民检察院协助查找；经协助查找仍无法找到的，决定退回人民检察院；

（三）抗诉书没有写明原审被告人（原审上诉人）准确住址，应当要求人民检察院在7日内补充；经补充后仍不明确或逾期不补的，裁定维持原判。

（四）以有新的证据证明原判决、裁定认定的事实确有错误为由提出抗诉，但抗诉书未附有新的证据目录、证人名单和主要证据复印件或者照片的，人民检察院应当在7日内补充；经补充后仍不完备或逾期不补的，裁定维持原判。

第3条 以有新的证据证明原判决、裁定认定的事实确有错误为由提出申诉的，应当同时附有新的证据目录、证人名单和主要证据复印件或者照片。需要申请人民法院调取证据的，应当附有证据线索。未附有的，应当在7日内补充；经补充后仍不完备或逾期不补的，应当决定不予受理。

第4条 参与过本案第一审、第二审、复核程序审判的合议庭组成人员，不得参与本案的再审程序的审判。

第5条 人民法院审理下列再审案件，应当依法开庭审理：（一）依照第一审程序审理的；（二）依照第二审程序需要对事实或者证据进行审理的；（三）人民检察院按照审判监督程序提出抗诉的；（四）可能对原审被告人（原审上诉人）加重刑罚的；（五）有其他应当开庭审理情形的。

第6条 下列再审案件可以不开庭审理：（一）原判决、裁定认定事实清楚，证据确实、充分，但适用法律错误，量刑畸重的；（二）1979年《中华人民共和国刑事诉讼法》施行以

[①] 注：该《答复》一直未被废止。

前裁判的；（三）原审被告人（原审上诉人）、原审自诉人已经死亡、或者丧失刑事责任能力的；（四）原审被告人（原审上诉人）在交通十分不便的边远地区监狱服刑，提押到庭确有困难的；但人民检察院提出抗诉的，人民法院应征得人民检察院的同意；（五）人民法院按照审判监督程序决定再审，按本规定第9条第（五）项规定，经2次通知，人民检察院不派员出庭的。

第7条　人民法院审理共同犯罪再审案件，如果人民法院再审决定书或者人民检察院抗诉书只对部分同案原审被告人（同案原审上诉人）提起再审，其他未涉及的同案原审被告人（同案原审上诉人）不出庭不影响案件审理的，可以不出庭参与诉讼；

部分同案原审被告人（同案原审上诉人）具有本规定第6条第（三）、（四）项规定情形不能出庭的，不影响案件的开庭审理。

第8条　除人民检察院抗诉的以外，再审一般不得加重原审被告人（原审上诉人）的刑罚。

根据本规定第6条第（二）、（三）、（四）、（五）项、第7条的规定，不具备开庭条件可以不开庭审理的，或者可以不出庭参加诉讼的，不得加重未出庭原审被告人（原审上诉人）、同案原审被告人（同案原审上诉人）的刑罚。

第9条　人民法院在开庭审理前，应当进行下列工作：

（一）确定合议庭的组成人员；

（二）将再审决定书、申诉书副本至迟在开庭30日前，重大、疑难案件至迟在开庭60日前送达同级人民检察院，并通知其查阅案卷和准备出庭；

（三）将再审决定书或抗诉书副本至迟在开庭30日以前送达原审被告人（原审上诉人），告知其可以委托辩护人，或者依法为其指定承担法律援助义务的律师担任辩护人；

（四）至迟在开庭15日前，重大、疑难案件至迟在开庭60日前，通知辩护人查阅案卷和准备出庭；

（五）将开庭的时间、地点在开庭7日以前通知人民检察院；

（六）传唤当事人，通知辩护人、诉讼代理人、证人、鉴定人和翻译人员，传票和通知书至迟在开庭7日以前送达；

（七）公开审判的案件，在开庭7日以前先期公布案由、原审被告人（原审上诉人）姓名、开庭时间和地点。

第10条　人民法院审理人民检察院提出抗诉的再审案件，对人民检察院接到出庭通知后未出庭的，应当裁定按人民检察院撤回抗诉处理，并通知诉讼参与人。

第11条　人民法院决定再审或者受理抗诉书后，原审被告人（原审上诉人）正在服刑的，人民法院依据再审决定书或者抗诉书及提押票等文书办理提押；原审被告人（原审上诉人）在押，再审可能改判宣告无罪的，人民法院裁定中止执行原裁决后，可以取保候审；原审被告人（原审上诉人）不在押，确有必要采取强制措施并符合法律规定采取强制措施条件的，人民法院裁定中止执行原裁决后，依法采取强制措施。

第12条　原审被告人（原审上诉人）收到再审决定书或者抗诉书后下落不明或者收到抗诉书后未到庭的，人民法院应当中止审理；原审被告人（原审上诉人）到案后，恢复审理；如果超过2年仍查无下落的，应当裁定终止审理。

第13条　人民法院应当在开庭30日前通知人民检察院、当事人或者辩护人查阅、复制双方提交的新证据目录及新证据复印件、照片。

人民法院应当在开庭15日前通知控辩双方查阅、复制人民法院调取的新证据目录及新证据复印件、照片等证据。

第14条　控辩双方收到再审决定书或抗诉书后，人民法院通知开庭之日前，可以提交新的证据。开庭后，除对原审被告人（原审上诉人）有利的外，人民法院不再接纳新证据。

第15条　开庭审理前，合议庭应当核实原审被告人（原审上诉人）何时因何案被人民法院依法判裁，在服刑中有无重新犯罪，有无减刑、假释，何时刑满释放等情形。

第16条　开庭审理前，原审被告人（原审上诉人）到达开庭地点后，合议庭应当查明原审被告人（原审上诉人）基本情况，告知原审被告人（原审上诉人）享有辩护权和最后陈述权，制作笔录后，分别由该合议庭成员和书记员签名。

第17条　开庭审理时，审判长宣布合议庭组成人员及书记员，公诉人、辩护人、鉴定人和翻译人员的名单，并告知当事人、法定代理人享有申请回避的权利。

第18条　人民法院决定再审的，由合议庭组成人员宣读再审决定书。

根据人民检察院提出抗诉进行再审的，由公诉人宣读抗诉书。

当事人及其法定代理人、近亲属提出申诉的，由原审被告人（原审上诉人）及其辩护人陈述申诉理由。

第19条　在审判长主持下，控辩双方应就案件的事实、证据和适用法律等问题分别进行陈述。合议庭对控辩双方无争议和有争议的事实、证据及适用法律问题进行归纳，予以确认。

第20条　在审判长主持下，就控辩双方有争议的问题，进行法庭调查和辩论。

第21条　在审判长主持下，控辩双方对提出的新证据或者有异议的原审据以定罪量刑的证据进行质证。

第22条　进入辩论阶段，原审被告人（原审上诉人）及其法定代理人、近亲属提出申诉的，先由原审被告人（原审上诉人）及其辩护人发表辩护意见，然后由公诉人发言，被害人及其代理人发言。

被害人及其法定代理人、近亲属提出申诉的，先由被害人及其代理人发言，公诉人发言，然后由原审被告人（原审上诉人）及其辩护人发表辩护意见。

人民检察院提出抗诉的，先由公诉人发言，被害人及其代理人发言，然后由原审被告人（原审上诉人）及其辩护人发表辩护意见。

既有申诉又有抗诉的，先由公诉人发言，后由申诉方当事人及其代理人或者辩护人发言或发表辩护意见，然后由对方当事人及其代理人或辩护人发言或者发表辩护意见。

公诉人、当事人和辩护人、诉讼代理人经审判长许可，可以互相辩论。

第23条　合议庭根据控辩双方举证、质证和辩论情况，可以当庭宣布认证结果。

第24条　再审改判宣告无罪并依法享有申请国家赔偿权利的当事人，宣判时合议庭应当告知其该判决发生法律效力后即申请国家赔偿的权利。

第26条　依照第一、二审程序审理的刑事自诉再审案件开庭审理程序，参照本规定执行。

【刑监他字〔2005〕9号】　最高人民法院关于徐凌秀诈骗一案的请示与答复（2005年12月6日答复山东高院请示）

经查，济南市中级人民法院已裁定撤销济南市槐荫区人民法院〔2000〕槐刑初字第81

号刑事判决,由济南市中级人民法院依照第一审程序进行审理。济南市中级人民法院改变管辖级别后,并没有改变原审适用的第一审审理程序,且同级公诉机关也没有对原起诉作出其他相应处理,故应当依法对原起诉重新进行审理。因此,可不要求同级公诉机关重新制作起诉书,但应当由同级公诉机关在再审法庭上重新宣读原起诉书、支持公诉。

【法刊文摘】 **决定指令再审的同时可以改变再审管辖**(摘于最高法审判监督庭编撰的《审判监督指导》2006年第1辑,总第19辑,人民法院出版社2007年1月出版;本文为针对《最高人民法院关于徐凌秀诈骗一案的请示的答复》的解读)

最高人民法院于2004年10月29日作出的〔2001〕刑监字第182-1再审决定,指令山东省济南市中级人民法院依照第一审程序进行再审。该再审决定一是改变了审级管辖,即将原审的济南市槐荫区人民法院指令为济南市中级人民法院审判;二是再审应当适用的审判程序,即依照刑事第一审程序审理本案。

对此,一种意见认为,再审案件不存在改变管辖的问题,因为,《刑事诉讼法》第26条关于管辖的规定只适用于一审案件,而第206条规定了再审程序,且上级人民法院可以提审,所以再审不适用管辖规定。另一种意见认为,改变审级的再审,应当裁定撤销原生效的一审判决,再指定管辖。否则,在生效判决尚未撤销的情形下,指令原审法院的上一级法院再审,实际属于提审,理应适用第二审程序。如果按照一审程序审理,那么出席再审法庭的是原公诉机关,还是与再审法院同级的公诉机关,实践中难以操作。我们认为要正确认识这种指令再审的决定性,必须厘清以下问题:

根据《刑事诉讼法》的规定,一审法院的上一级人民法院即为二审法院,其管辖范围十分明确。所以只要确定了一审案件的管辖,也就确定了二审案件的管辖,同时确定了人民检察院的起诉管辖。

《刑事诉讼法》第206条的规定,就其法条内容分析,主要解决的是再审应当适用的是一审还是二审程序问题,并没对作为原审的上一级人民法院依照第一审程序审理的审判管辖问题作出说明。不管按照一审还是按照二审程序审理再审案件均存在管辖的适用问题。最高人民法院《关于执行〈中华人民共和国刑事诉讼法〉若干问题的解释》(简称《若干问题的解释》)第22条关于"上级人民法院在必要的时候,可以将下级人民法院管辖的案件指定其他下级人民法院管辖"的规定,同样也适用于再审案件。最高人民法院审判监督庭《关于刑事再审工作几个具体程序问题的意见》(简称《意见》)第4条就对基层人民法院一审作出的判决生效后,检察院以量刑畸轻为由提出抗诉,上级人民法院受理后认为,原判确有错误,应启动再审程序对原审被告人判处无期徒刑以上刑罚的案件,如果提审则会剥夺原审被告人的上诉权,发回重审则有审级管辖问题的情形,规定为:"对于此类案件,可以由中级人民法院撤销原判后,重新按照第一审程序进行审理,作出的判决、裁定,可以上诉、抗诉。这样做符合《刑事诉讼法》对于可能判处无期徒刑以上刑罚的普通刑事案件,应由中级人民法院按照第一审程序的规定,同时也能够保证原审被告人依法行使上诉权。"虽然这是纠正原审管辖错误的情形,但上级人民法院在审查并对生效裁判启动再审时,对于原审人民法院虽有管辖权,但由于客观上存在该法院不能履行职责的原因,或者其一旦实际行使管辖权就会影响裁判的公正与公信等特殊原因的;或者上级人民法院认为由其他人民法院审判更为有利于公正、及时处理等情形的都可以依法改变审判管辖。

至于改变管辖后的再审诉讼如何进行操作的问题,并不复杂,即由再审法院依照《刑事诉讼法》第一审程序和最高人民法院《关于刑事再审案件开庭审理的具体规定（试行）》进行重新审理；同级公诉机关依照《刑事诉讼法》关于第一审程序和《人民检察院刑事诉讼规则》（以下简称《刑事诉讼规则》）第368条关于"人民检察院派员出席再审法庭，应当与人民法院的审级相适应"的规定出席再审法庭。就本案而言，济南市中级人民法院根据最高人民法院指令再审的决定，按照第一审程序重新审理，同级的人民检察院则依法派员出庭支持起诉。这并不发生违反法律规定或者理论上冲突的现象。

第二，启动再审的提审与指令再审必须选择适用。人民法院依职权提审或者指令再审，都属于上级人民法院对下级人民法院作出的生效裁判启动再审的法定方式。虽然提审及指令再审，在启动再审的主体上都是上级人民法院，其法定功能都是开启再审程序；但是提审与指令再审还是有所不同的。根据《刑事诉讼法》第206条的规定，重新审理的主体不同。提审，是上级人民法院将本应由下级人民法院再审的案件，提高审判级别即提归自己进行审理；而指令再审，则是由作出生效裁判的人民法院重新审理，或者由作出生效裁判的人民法院的其他同级人民法院审理，此为其一。其二，重新审理所适用的程序不同。提审的再审案件，应当适用第二审程序重新审理，作出的判决、裁定是一审程序重新审理，如果原审是二审终审的，则应依照第二审程序重新审理。这种区别就决定了上级人民法院在启动再审时，只能选择提审或者指令再审的一种方式而不能并用。只有当上级人民法院提审后，经审理发现原审认定事实不清或者证据不足，或者依法必须改变原审判管辖等情形时，方能裁定撤销生效的裁判，发回原审法院重新审理，或者指定与原审法院同级的其他法院进行审理。正是基于此，最高人民法院在审查原审被告人徐凌秀诈骗申诉一案后，作出了指定济南市中级人民法院对徐凌秀诈骗一案进行审理的再审决定。

第三，指定管辖的再审案件在审判程序的适用上是能改变的。再审案件在不改变审判管辖的情况下，必须依照原作出生效裁判的审判程序进行再审。但是，当生效裁判的案件发生了管辖错误或者具有特殊原因，必须通过指定管辖来确定管辖再审的人民法院时，再审时所适用的程序是不是就发生变化了吗？尤其是作为原审法院的上一级人民法院被其上级人民法院指定再审时，适用的审理程序是不是因为其是原审法院的上一级法院，就当然可以适用第二审程序？我们认为指定管辖的再审案件原则上并不导致再审法院对审判程序适用上的改变。这是因为在审判管辖中无论是级别管辖、地区管辖、专门管辖还是指定管辖，其实质都是首先解决案件由哪一区域的哪一级法院中的哪一个人民法院依照第一审程序审判。所以案件一旦指定哪一级法院中的哪一个人民法院审判，接受指令的人民法院就应当依照第一审程序进行审判。

【法释〔2011〕23号】 最高人民法院关于审理人民检察院按照审判监督程序提出的刑事抗诉案件若干问题的规定（2011年4月18日最高法审委会第1518次会议通过，2011年10月14日公布，2012年1月1日施行）

第5条　对于指令再审的案件，如果原来是第一审案件，接受抗诉的人民法院应当指令第一审人民法院依照第一审程序进行审判，所作的判决、裁定，可以上诉、抗诉；如果原来是第二审案件，接受抗诉的人民法院应当指令第二审人民法院依照第二审程序进行审判，所作的判决、裁定，是终审的判决、裁定。

第6条　在开庭审理前，人民检察院撤回抗诉的，人民法院应当裁定准许。

第10条　以前发布的有关规定与本规定不一致的，以本规定为准。

【高检发释字〔2019〕4 号】 人民检察院刑事诉讼规则（2019 年 12 月 2 日最高检第 13 届检委会第 28 次会议通过，2019 年 12 月 30 日公布施行；高检发释字〔2012〕2 号《规则（试行）》同时废止）

<u>第 9 条（第 2 款）</u> 上级人民检察院可以依法统一调用辖区的检察人员办理案件，调用的决定应当以书面形式作出。被调用的检察官可以代表办理案件的人民检察院履行出庭支持公诉等各项检察职责。

第 454 条 人民法院开庭审理再审案件，同级人民检察院应当派员出席法庭。

第 455 条 人民检察院对于人民法院按照审判监督程序重新审判的案件，应当对原判决、裁定认定的事实、证据、适用法律进行全面审查，重点审查有争议的案件事实、证据和法律适用问题。

【法释〔2021〕1 号】 最高人民法院关于适用《中华人民共和国刑事诉讼法》的解释（2020 年 12 月 7 日最高法审委会〔1820 次〕修订，2021 年 1 月 26 日公布，2021 年 3 月 1 日施行；2013 年 1 月 1 日施行的"法释〔2012〕21 号"《解释》同时废止）

第 461 条（第 2 款） 上级人民法院指令下级人民法院再审的，一般应当指令原审人民法院以外的下级人民法院审理；由原审人民法院审理更有利于查明案件事实、纠正裁判错误的，可以指令原审人民法院审理。

第 465 条 依照审判监督程序重新审判的案件，人民法院应当重点针对申诉、抗诉和决定再审的理由进行审理。必要时，应当对原判决、裁定认定的事实、证据和适用法律进行全面审查。

第 466 条 原审人民法院审理依照审判监督程序重新审判的案件，应当另行组成合议庭。

原来是第一审案件，应当依照第一审程序进行审判，所作的判决、裁定可以上诉、抗诉；原来是第二审案件，或者是上级人民法院提审的案件，应当依照第二审程序进行审判，所作的判决、裁定是终审的判决、裁定。

符合刑事诉讼法第 296 条、第 297 条规定的，可以<u>缺席审理</u>。①

第 468 条 开庭审理再审案件，再审决定书或者抗诉书只针对部分原审被告人，其他同案原审被告人不出庭不影响审理的，可以不出庭参加诉讼。

第 470 条 人民法院审理人民检察院抗诉的再审案件，人民检察院在开庭审理前撤回抗诉的，应当裁定准许；人民检察院接到出庭通知后不派员出庭，且未说明原因的，可以裁定按撤回抗诉处理，并通知诉讼参与人。

人民法院审理申诉人申诉的再审案件，申诉人在再审期间撤回申诉的，<u>可以应当裁定准许；但认为原判确有错误的，应当不予准许，继续按再审案件审理</u>。申诉人经依法通知无正当理由拒不到庭，或者未经法庭许可中途退庭的，<u>可以应当</u>裁定按撤回申诉处理，但申诉人不是原审当事人的除外。

第 471 条 开庭审理的再审案件，系人民法院决定再审的，由合议庭组成人员宣读再审决定书；系人民检察院抗诉的，由检察员宣读抗诉书；系申诉人申诉的，由申诉人或者其辩护人、诉讼代理人陈述申诉理由。

---

① 本款 2012 年规定为："对原审被告人、原审自诉人已经死亡或者丧失行为能力的再审案件，可以不开庭审理。"

第472条 再审案件经过重新审理后，应当按照下列情形分别处理：

（一）原判决、裁定认定事实和适用法律正确、量刑适当的，应当裁定驳回申诉或者抗诉，维持原判决、裁定；

（二）原判决、裁定定罪准确、量刑适当，但在认定事实、适用法律等方面有瑕疵的，应当裁定纠正并维持原判决、裁定；

（三）原判决、裁定认定事实没有错误，但适用法律错误或者量刑不当的，应当撤销原判决、裁定，依法改判；

（四）依照第二审程序审理的案件，原判决、裁定事实不清、证据不足的，可以在查清事实后改判，也可以裁定撤销原判，发回原审人民法院重新审判。

原判决、裁定事实不清或者证据不足，经审理事实已经查清的，应当根据查清的事实依法裁判；事实仍无法查清，证据不足，不能认定被告人有罪的，应当撤销原判决、裁定，判决宣告被告人无罪。

第473条 原判决、裁定认定被告人姓名等身份信息有误，但认定事实和适用法律正确、量刑适当的，作出生效判决、裁定的人民法院可以通过裁定对有关信息予以更正。

【高检发办字〔2023〕133号】 最高人民检察院关于上级人民检察院统一调用辖区的检察人员办理案件若干问题的规定（经全国人大常委会法工委同意，2023年9月5日印发施行）(详见本书第1章"检察工作制度"专辑)

第7条 被调用检察人员以检察官身份代表办理案件的人民检察院履行出庭支持公诉等职责的，应当由办理案件的人民检察院检察长依法提请本级人民代表大会常务委员会按照法定程序任命为本院的检察员。案件办结或者上级人民检察院作出终止调用决定的，按照法定程序免去其前述检察员职务。

人民代表大会常务委员会作出任命前，被调用检察官可以以检察官助理身份协助办理案件。

第8条 上级人民检察院统一调用辖区的检察人员以检察官身份办理案件，具有下列情形之一的，可以不履行检察官任免程序：（一）上级人民检察院的检察官被调用至辖区的下级人民检察院的；（二）上级人民检察院调用本院的分院、派出检察院的检察官至本院或者本院的其他分院、派出检察院的；（三）依照法律规定不需要经人民代表大会常务委员会任免检察官的。

【法发〔2023〕号】 最高人民法院、最高人民检察院关于上级人民检察院统一调用辖区的检察人员办理案件有关问题的通知（2023年9月15日）(详见本书第253条)

三、《规定》(高检发办字〔2023〕133号)施行以前上级人民检察院已经作出调用决定的案件，被调用的检察官可以继续代表办理案件的人民检察院履行出庭支持公诉等相关职责至案件审结。

第257条[①] 【再审强制措施】人民法院决定再审的案件，需要对被告人采取强制措施的，由人民法院依法决定；人民检察院提出抗诉的再审案件，需要对被告人采取强制措施的，由人民检察院依法决定。

[①] 本条规定由2012年3月14日第11届全国人大常委会第5次会议增设，2013年1月1日施行。

【原裁判中止执行】人民法院按照审判监督程序审判的案件，可以决定中止原判决、裁定的执行。

第258条① 【再审期限】人民法院按照审判监督程序重新审判的案件，应当在作出提审、再审决定之日起3个月以内审结，需要延长期限的，不得超过6个月。

接受抗诉的人民法院按照审判监督程序审判抗诉的案件，审理期限适用前款规定；对需要指令下级人民法院再审的，应当自接受抗诉之日起1个月以内作出决定，下级人民法院审理案件的期限适用前款规定。

● 相关规定　【法释〔2000〕29号】　最高人民法院关于严格执行案件审理期限制度的若干规定（2000年9月14日最高法审委会第1130次会议通过，2000年9月22日公布，2000年9月28日施行，根据2008年12月16日发布的《最高人民法院关于调整司法解释等文件中引用〈中华人民共和国民事诉讼法〉条文序号的决定》调整）

第4条（第1款）　按照审判监督程序重新审理的刑事案件的期限为3个月；需要延长期限的，经本院院长批准，可以延长3个月。

第6条（第4款）　发回重审或指令再审的案件，应当在收到发回重审或指令再审裁定及案卷材料后的次日内立案。

（第5款）　按照审判监督程序重新审判的案件，应当在作出提审、再审裁定（决定）的次日立案。

第7条　立案机构应当在决定立案的3日内将案卷材料移送审判庭。

第8条（第1款）　案件的审理期限从立案次日起计算。

第9条　下列期间不计入审理、执行期限：

（一）刑事案件对被告人作精神病鉴定的期间；

（二）刑事案件因另行委托、指定辩护人，法院决定延期审理的，自案件宣布延期审理之日起至第10日止准备辩护的时间；

（三）公诉人发现案件需要补充侦查，提出延期审理建议后，合议庭同意延期审理的期间；

（四）刑事案件二审期间，检察院查阅案卷超过7日后的时间；

（五）因当事人、诉讼代理人、辩护人申请通知新的证人到庭、调取新的证据、申请重新鉴定或者勘验，法院决定延期审理1个月之内的期间；

……

（七）审理当事人提出的管辖权异议和处理法院之间的管辖争议的期间；

……

（九）中止诉讼（审理）或执行至恢复诉讼（审理）或执行的期间；

……

---

① 本条规定由1996年3月17日第8届全国人民代表大会第4次会议增设，1997年1月1日施行。

【法释〔2001〕31号】　最高人民法院关于刑事再审案件开庭审理程序的具体规定（试行）(2001年10月18日最高法审委会〔1196〕次通过，2001年12月26日公布，2002年1月1日起施行)

第1条　本规定适用依照第一审程序或第二审程序开庭审理的刑事再审案件。

第25条　人民法院审理再审案件，应当在作出再审决定之日起3个月内审结。需要延长期限的，经本院院长批准，可以延长3个月。

自接到阅卷通知后的第2日起，人民检察院查阅案卷超过7日后的期限，不计入再审审理期限。

第26条　依照第一、二审程序审理的刑事自诉再审案件开庭审理程序，参照本规定执行。

【法〔2001〕164号】　最高人民法院案件审限管理规定（2001年10月16日最高法审委会第1195次会议通过，2001年11月5日印发，2002年1月1日施行）

第8条　按照审判监督程序重新审理的刑事案件的审理期限为3个月；有特殊情况需要延长的，经院长批准，可以延长3个月。裁定再审的民事、行政案件，根据再审适用的不同程序，分别执行第一审或第二审审理期限的规定。

第13条（第2款）　……按照审判监督程序重新审判的案件，应当在作出提审、再审裁定或决定的次日立案。

第18条　刑事案件需要延长审理期限的，应当在审理期限届满7日以前，向院长提出申请。

第20条　需要院长批准延长审理期限的，院长应当在审限届满以前作出决定。

【法释〔2021〕1号】　最高人民法院关于适用《中华人民共和国刑事诉讼法》的解释（2020年12月7日最高法审委会〔1820次〕修订，2021年1月26日公布，2021年3月1日施行；2013年1月1日施行的"法释〔2012〕21号"《解释》同时废止）

第464条　对决定依照审判监督程序重新审判的案件，除人民检察院抗诉的以外，人民法院应当制作再审决定书。再审期间不停止原判决、裁定的执行，但被告人可能经再审改判无罪，或者可能经再审减轻原判刑罚而致刑期届满的，可以决定中止原判决、裁定的执行，必要时，可以对被告人采取取保候审、监视居住措施。

（本书汇）【刑事赔偿】[①]

● 相关规定　【主席令〔2012〕68号】　中华人民共和国国家赔偿法（1994年5月12日主席令第23号公布，1995年1月1日起施行；2012年10月26日全国人大常委会〔11届29次〕最新修正，2013年1月1日起施行）

第17条　行使侦查、检察、审判职权的机关以及看守所、监狱管理机关及其工作人员在行使职权时有下列侵犯人身权情形之一的，受害人有取得赔偿的权利：（一）违反刑事诉讼法的规定对公民采取拘留措施的，或者依照刑事诉讼法规定的条件和程序对公民采取拘留

[①]　注：《刑事诉讼法》除第301条第2款规定"没收犯罪嫌疑人、被告人财产确有错误的，应当予以返还、赔偿"之外，没有其他关于刑事赔偿的规定。本书将相关规定汇集于此。

措施，但是拘留时间超过刑事诉讼法规定的时限，其后决定撤销案件、不起诉或者判决宣告无罪终止追究刑事责任的；（二）对公民采取逮捕措施后，决定撤销案件、不起诉或者判决宣告无罪终止追究刑事责任的；（三）依照审判监督程序再审改判无罪，原判刑罚已经执行的；（四）刑讯逼供或者以殴打、虐待等行为或者唆使、放纵他人以殴打、虐待等行为造成公民身体伤害或者死亡的；（五）违法使用武器、警械造成公民身体伤害或者死亡的。

第18条　行使侦查、检察、审判职权的机关以及看守所、监狱管理机关及其工作人员在行使职权时有下列侵犯财产权情形之一的，受害人有取得赔偿的权利：（一）违法对财产采取查封、扣押、冻结、追缴等措施的；（二）依照审判监督程序再审改判无罪，原判罚金、没收财产已经执行的。

第19条　属于下列情形之一的，国家不承担赔偿责任：（一）因公民自己故意作虚伪供述，或者伪造其他有罪证据被羁押或者被判处刑罚的；（二）依照刑法第17条、第18条规定不负刑事责任的人被羁押的；（三）依照刑事诉讼法第15条、第173条第2款、第273条第2款、第279条规定不追究刑事责任的人被羁押的；（四）行使侦查、检察、审判职权的机关以及看守所、监狱管理机关的工作人员与行使职权无关的个人行为的；（五）因公民自伤、自残等故意行为致使损害发生的；（六）法律规定的其他情形。

第21条　行使侦查、检察、审判职权的机关以及看守所、监狱管理机关及其工作人员在行使职权时侵犯公民、法人和其他组织的合法权益造成损害的，该机关为赔偿义务机关。

对公民采取拘留措施，依照本法的规定应当给予国家赔偿的，作出拘留决定的机关为赔偿义务机关。

对公民采取逮捕措施后决定撤销案件、不起诉或者判决宣告无罪的，作出逮捕决定的机关为赔偿义务机关。

再审改判无罪的，作出原生效判决的人民法院为赔偿义务机关。二审改判无罪，以及二审发回重审后作无罪处理的，作出一审有罪判决的人民法院为赔偿义务机关。

第23条　赔偿义务机关应当自收到申请之日起2个月内，作出是否赔偿的决定。……

赔偿义务机关决定赔偿的，应当制作赔偿决定书，并自作出决定之日起10日内送达赔偿请求人。

赔偿义务机关决定不予赔偿的，应当自作出决定之日起10日内书面通知赔偿请求人，并说明不予赔偿的理由。

第24条　赔偿义务机关在规定期限内未作出是否赔偿的决定，赔偿请求人可以自期限届满之日起30日内向赔偿义务机关的上一级机关申请复议。

赔偿请求人对赔偿的方式、项目、数额有异议的，或者赔偿义务机关作出不予赔偿决定的，赔偿请求人可以自赔偿义务机关作出赔偿或者不予赔偿决定之日起30日内，向赔偿义务机关的上一级机关申请复议。

赔偿义务机关是人民法院的，赔偿请求人可以依照本条规定向其上一级人民法院赔偿委员会申请作出赔偿决定。

第25条　复议机关应当自收到申请之日起2个月内作出决定。

赔偿请求人不服复议决定的，可以在收到复议决定之日起30日内向复议机关所在地的同级人民法院赔偿委员会申请作出赔偿决定；复议机关逾期不作决定的，赔偿请求人可以自期限届满之日起30日内向复议机关所在地的同级人民法院赔偿委员会申请作出赔偿决定。

第 26 条　人民法院赔偿委员会处理赔偿请求，赔偿请求人和赔偿义务机关对自己提出的主张，应当提供证据。

被羁押人在羁押期间死亡或者丧失行为能力的，赔偿义务机关的行为与被羁押人的死亡或者丧失行为能力是否存在因果关系，赔偿义务机关应当提供证据。

第 28 条　人民法院赔偿委员会应当自收到赔偿申请之日起 3 个月内作出决定；属于疑难、复杂、重大案件的，经本院院长批准，可以延长 3 个月。

第 30 条　赔偿请求人或者赔偿义务机关对赔偿委员会作出的决定，认为确有错误的，可以向上一级人民法院赔偿委员会提出申诉。

赔偿委员会作出的赔偿决定生效后，如发现赔偿决定违反本法规定的，经本院院长决定或者上级人民法院指令，赔偿委员会应当在 2 个月内重新审查并依法作出决定，上一级人民法院赔偿委员会也可以直接审查并作出决定。

最高人民检察院对各级人民法院赔偿委员会作出的决定，上级人民检察院对下级人民法院赔偿委员会作出的决定，发现违反本法规定的，应当向同级人民法院赔偿委员会提出意见，同级人民法院赔偿委员会应当在 2 个月内重新审查并依法作出决定。

第 31 条　赔偿义务机关赔偿后，应当向有下列情形之一的工作人员追偿部分或者全部赔偿费用：（一）有本法第 17 条第 4 项、第 5 项规定情形的；（二）在处理案件中有贪污受贿，徇私舞弊，枉法裁判行为的。

对有前款规定情形的责任人员，有关机关应当依法给予处分；构成犯罪的，应当依法追究刑事责任。

第 32 条　国家赔偿以支付赔偿金为主要方式。

能够返还财产或者恢复原状的，予以返还财产或者恢复原状。

第 33 条　侵犯公民人身自由的，每日赔偿金按照国家上年度职工日平均工资计算。

第 34 条　侵犯公民生命健康权的，赔偿金按照下列规定计算：

（一）造成身体伤害的，应当支付医疗费、护理费，以及赔偿因误工减少的收入。减少的收入每日的赔偿金按照国家上年度职工日平均工资计算，最高额为国家上年度职工年平均工资的 5 倍；

（二）造成部分或者全部丧失劳动能力的，应当支付医疗费、护理费、残疾生活辅助具费、康复费等因残疾而增加的必要支出和继续治疗所必需的费用，以及残疾赔偿金。残疾赔偿金根据丧失劳动能力的程度，按照国家规定的伤残等级确定，最高不超过国家上年度职工年平均工资的 20 倍。造成全部丧失劳动能力的，对其扶养的无劳动能力的人，还应当支付生活费；

（三）造成死亡的，应当支付死亡赔偿金、丧葬费，总额为国家上年度职工年平均工资的 20 倍。对死者生前扶养的无劳动能力的人，还应当支付生活费。

前款第二项、第三项规定的生活费的发放标准，参照当地最低生活保障标准执行。被扶养的人是未成年人的，生活费给付至 18 周岁止；其他无劳动能力的人，生活费给付至死亡时止。

第 35 条　有本法第 3 条或者第 17 条规定情形之一，致人精神损害的，应当在侵权行为影响的范围内，为受害人消除影响，恢复名誉，赔礼道歉；造成严重后果的，应当支付相应的精神损害抚慰金。

第36条　侵犯公民、法人和其他组织的财产权造成损害的，按照下列规定处理：

（一）处罚款、罚金、追缴、没收财产或者违法征收、征用财产的，返还财产；

（二）查封、扣押、冻结财产的，解除对财产的查封、扣押、冻结，造成财产损坏或者灭失的，依照本条第三项、第四项的规定赔偿；

（三）应当返还的财产损坏的，能够恢复原状的恢复原状，不能恢复原状的，按照损害程度给付相应的赔偿金；

（四）应当返还的财产灭失的，给付相应的赔偿金；

（五）财产已经拍卖或者变卖的，给付拍卖或者变卖所得的价款；变卖的价款明显低于财产价值的，应当支付相应的赔偿金；

（六）吊销许可证和执照、责令停产停业的，赔偿停产停业期间必要的经常性费用开支；

（七）返还执行的罚款或者罚金、追缴或者没收的金钱，解除冻结的存款或者汇款的，应当支付银行同期存款利息；

（八）对财产权造成其他损害的，按照直接损失给予赔偿。

第37条　赔偿费用列入各级财政预算。

赔偿请求人凭生效的判决书、复议决定书、赔偿决定书或者调解书，向赔偿义务机关申请支付赔偿金。

赔偿义务机关应当自收到支付赔偿金申请之日起7日内，依照预算管理权限向有关的财政部门提出支付申请。财政部门应当自收到支付申请之日起15日内支付赔偿金。

赔偿费用预算与支付管理的具体办法由国务院规定。

第39条　赔偿请求人请求国家赔偿的时效为2年，自其知道或者应当知道国家机关及其工作人员行使职权时的行为侵犯其人身权、财产权之日起计算，但被羁押等限制人身自由期间不计算在内。在申请行政复议或者提起行政诉讼时一并提出赔偿请求的，适用行政复议法、行政诉讼法有关时效的规定。

赔偿请求人在赔偿请求时效的最后6个月内，因不可抗力或者其他障碍不能行使请求权的，时效中止。从中止时效的原因消除之日起，赔偿请求时效期间继续计算。

【法办〔2013〕68号】　最高人民法院办公厅关于在文书中如何引用国家赔偿法名称的通知（2013年6月3日）

自收到本通知之日起，在文书中引用2010年4月29日修正以前的国家赔偿法，一律称"1994年《中华人民共和国国家赔偿法》"；引用2010年4月29日修正的国家赔偿法，一律称"2010年《中华人民共和国国家赔偿法》"；引用2012年10月26日修正的国家赔偿法，一律称"《中华人民共和国国家赔偿法》"。以前发布的通知与本通知不一致的，以本通知为准。[1]

【法复〔1995〕1号】　最高人民法院关于《中华人民共和国国家赔偿法》溯及力和人民法院赔偿委员会受案范围问题的批复（1995年1月29日发布答复各高院和军事法院）

一、根据《国家赔偿法》第35条规定，《国家赔偿法》1995年1月1日起施行。《国家赔偿法》不溯及既往。即：国家机关及其工作人员行使职权时侵犯公民、法人和其他组织合

---

[1] 本规定替代了"法办〔2011〕35号"《最高人民法院办公厅关于在文书中如何引用修正前、后国家赔偿法名称的通知》。

法权益的行为，发生在1994年12月31日以前的，依照以前的有关规定处理。发生在1995年1月1日以后并经依法确认的，适用《国家赔偿法》予以赔偿。发生在1994年12月31日以前，但持续至1995年1月1日以后，并经依法确认的，属于1995年1月1日以后应予赔偿的部分，适用《国家赔偿法》予以赔偿；属于1994年12月31日以前应予赔偿的部分，适用当时的规定予以赔偿；当时没有规定的，参照《国家赔偿法》的规定予以赔偿。

二、依照《国家赔偿法》的有关规定，人民法院赔偿委员会受理下列案件：

1. 行使侦查、检察、监狱管理职权的机关及其工作人员在行使职权时侵犯公民、法人和其他组织的人身权、财产权，造成损害，经依法确认应予赔偿，赔偿请求人经依法申请赔偿和申请复议，因对复议决定不服或者复议机关逾期不作决定，在法定期间内向复议机关所在地的同级人民法院赔偿委员会申请作出赔偿决定的；

2. 人民法院是赔偿义务机关，赔偿请求人经申请赔偿，因赔偿义务机关逾期不予赔偿或者赔偿请求人对赔偿数额有异议，在法定期间内向赔偿义务机关的上一级人民法院赔偿委员会申请作出赔偿决定的。

【公通字〔2010〕47号】　公安部关于贯彻执行国家赔偿法有关问题的通知（2010年9月18日）

一、积极做好实施准备工作，严格执行国家赔偿法。各级公安机关领导，要带头学习国家赔偿法，并组织执法民警专题培训，准确把握修改内容，认真研究评估对公安执法工作的影响，全面清理国家赔偿积案，抓紧修改完善相关工作制度和机制，积极做好实施前的各项准备工作；要严格贯彻执行国家赔偿法各项规定，对赔偿请求人的赔偿申请，依法作出是否赔偿决定，杜绝以补偿或"私了"方式替代国家赔偿，或滥用免责条款规避国家赔偿，切实做到该赔则赔；要准确适用精神损害赔偿规定，在新的规定出台前，精神损害抚慰金可参照最高人民法院《关于确定民事侵权精神损害赔偿责任若干问题的解释》的相关规定，综合考虑赔偿义务机关违法程度、侵害情节和后果等因素确定；对因执法人员故意或重大过失导致国家赔偿的，要严格依照国家赔偿法第16条和第31条的规定，予以追偿或追究相关责任。

二、严格依法采取刑事拘留措施，准确把握刑事拘留国家赔偿范围。各级公安机关要严格依照刑事诉讼法规定的条件、程序和期限采取拘留措施。延长刑事拘留期限的，要严格执行刑事诉讼法第69条（现第91条）第2款和《公安机关办理刑事案件程序规定》第110条（现第129条）的规定，严禁扩大"流窜作案"、"多次作案"和"结伙作案"的适用范围。对属于国家赔偿法第17条第1项规定，违法采取拘留措施，或拘留时间超过法定时限，其后决定撤销案件、不起诉或判决宣告无罪终止追究刑事责任的，应依法予以国家赔偿，对属于国家赔偿法第19条规定情形之一的，不承担国家赔偿责任。公安机关采取刑事拘留措施后，检察机关作出逮捕决定发生国家赔偿的，公安机关应当积极配合检察机关做好国家赔偿案件的处理工作。

三、切实加强执法安全管理，依法履行国家赔偿举证质证职责。各级公安机关要按照执法规范化建设的要求，进一步完善执法场所功能分区、设置和安全防范设施，规范讯（询）问同步录音录像和现场记录，严禁刑讯逼供、殴打、虐待或唆使、放纵他人殴打、虐待被限制人身自由人员或被羁押人员；严禁办案单位将被监管人员带离看守所进行讯问，切实加强执法安全监督管理。因看守所未履行法定职责导致国家赔偿的，主管公安机关为赔偿义务机关。要严格执行国家赔偿法第15条、第26条、第27条的规定，依法履行提交证据、质证职责；严密相关执法数据资料的保存和管理，提高举证和质证能力，避免因举证、质证不力承担国家赔偿不利后果。

四、明确职责和加强协作，共同做好公安机关国家赔偿工作。各级公安机关要严格执行办理赔偿案件的相关程序规定，建立完善办理国家赔偿案件内部工作机制。法制部门要认真做好受理国家赔偿申请、提出国家赔偿意见、制作和送达国家赔偿法律文书、向财政部门提出赔偿金支付申请等工作，按照要求制作和报送公安机关赔偿案件统计季报表；要进一步加强国家赔偿执法监督和执法指导，将国家赔偿纳入执法质量考评范围，对执法办案中发现的苗头性、倾向性问题，会同有关办案部门及时分析总结，提出解决改进意见和措施。办案部门对涉及本部门的国家赔偿案件，要及时提供相关证据等材料，与法制部门共同研究案情、共同出庭应诉。

【国务院令〔2011〕589号】　国家赔偿费用管理条例（2010年12月29日国务院第138次常务会议通过，2011年1月17日公布施行；1995年1月25日国务院令第171号《国家赔偿费用管理办法》同时废止）

第2条　本条例所称国家赔偿费用，是指依照国家赔偿法的规定，应当向赔偿请求人赔偿的费用。

第5条　赔偿请求人申请支付国家赔偿费用的，应当向赔偿义务机关提出书面申请，并提交与申请有关的生效判决书、复议决定书、赔偿决定书或者调解书以及赔偿请求人的身份证明。

赔偿请求人书写申请书确有困难的，可以委托他人代书；也可以口头申请，由赔偿义务机关如实记录，交赔偿请求人核对或者向赔偿请求人宣读，并由赔偿请求人签字确认。

第6条　申请材料真实、有效、完整的，赔偿义务机关收到申请材料即为受理。赔偿义务机关受理申请的，应当书面通知赔偿请求人。

申请材料不完整的，赔偿义务机关应当当场或者在3个工作日内一次告知赔偿请求人需要补正的全部材料。赔偿请求人按照赔偿义务机关的要求提交补正材料的，赔偿义务机关收到补正材料即为受理。未告知需要补正材料的，赔偿义务机关收到申请材料即为受理。

申请材料虚假、无效，赔偿义务机关决定不予受理的，应当书面通知赔偿请求人并说明理由。

第7条　赔偿请求人对赔偿义务机关不予受理决定有异议的，可以自收到书面通知之日起10日内向赔偿义务机关的上一级机关申请复核。上一级机关应当自收到复核申请之日起5个工作日内依法作出决定。

上一级机关认为不予受理决定错误的，应当自作出复核决定之日起3个工作日内通知赔偿义务机关受理，并告知赔偿请求人。赔偿义务机关应当在收到通知后立即受理。

上一级机关维持不予受理决定的，应当自作出复核决定之日起3个工作日内书面通知赔偿请求人并说明理由。

第8条　赔偿义务机关应当自受理赔偿请求人支付申请之日起7日内，依照预算管理权限向有关财政部门提出书面支付申请，并提交下列材料：（一）赔偿请求人请求支付国家赔偿费用的申请；（二）生效的判决书、复议决定书、赔偿决定书或者调解书；（三）赔偿请求人的身份证明。

第9条　财政部门收到赔偿义务机关申请材料后，应当根据下列情况分别作出处理：

（一）申请的国家赔偿费用依照预算管理权限不属于本财政部门支付的，应当在3个工作日内退回申请材料并书面通知赔偿义务机关向有管理权限的财政部门申请；

（二）申请材料符合要求的，收到申请即为受理，并书面通知赔偿义务机关；

（三）申请材料不符合要求的，应当在3个工作日内一次告知赔偿义务机关需要补正的全部材料。赔偿义务机关应当在5个工作日内按照要求提交全部补正材料，财政部门收到补正材料即为受理。

第10条　财政部门应当自受理申请之日起15日内，按照预算和财政国库管理的有关规定支付国家赔偿费用。

财政部门发现赔偿项目、计算标准违反国家赔偿法规定的，应当提交作出赔偿决定的机关或者其上级机关依法处理、追究有关人员的责任。

第11条　财政部门自支付国家赔偿费用之日起3个工作日内告知赔偿义务机关、赔偿请求人。

第12条　赔偿义务机关应当依照国家赔偿法第16条、第31条的规定，责令有关工作人员、受委托的组织或者个人承担或者向有关工作人员追偿部分或者全部国家赔偿费用。

赔偿义务机关依照前款规定作出决定后，应当书面通知有关财政部门。

有关工作人员、受委托的组织或者个人应当依照财政收入收缴的规定上缴应当承担或者被追偿的国家赔偿费用。

第13条　赔偿义务机关、财政部门及其工作人员有下列行为之一，根据《财政违法行为处罚处分条例》的规定处理、处分；构成犯罪的，依法追究刑事责任：（一）以虚报、冒领等手段骗取国家赔偿费用的；（二）违反国家赔偿法规定的范围和计算标准实施国家赔偿造成财政资金损失的；（三）不依法支付国家赔偿费用的；（四）截留、滞留、挪用、侵占国家赔偿费用的；（五）未依照规定责令有关工作人员、受委托的组织或者个人承担国家赔偿费用或者向有关工作人员追偿国家赔偿费用的；（六）未依照规定将应当承担或者被追偿的国家赔偿费用及时上缴财政的。

【司法部令〔1995〕40号】 　**司法行政机关行政赔偿、刑事赔偿办法**（司法部1995年9月8日发布施行）

第2条　司法行政机关及其工作人员违法行使职权侵犯公民、法人和其他组织的合法权益造成损害的，应依照国家有关规定给予受害人行政赔偿或者刑事赔偿。

第5条　司法行政机关的监狱部门及其工作人员在行使职权时，有下列侵犯人身权情形之一的，应当予以刑事赔偿：（一）刑讯逼供或者体罚、虐待服刑人员，造成身体伤害或死亡的；（二）殴打或者唆使、纵容他人殴打服刑人员，造成严重后果的；（三）侮辱服刑人员造成严重后果的；（四）对服刑期满的服刑人员无正当理由不予释放的；（五）违法使用武器、警械、戒具造成公民身体伤害、死亡的；（六）其他违法行为造成服刑人员身体伤害或者死亡的。

第8条　属于下列情形之一的，司法行政机关不予赔偿：（一）与行使司法行政机关管理职权无关的机关工作人员的个人行为的；（二）服刑人员、被劳动教养人员自伤自残的行为的；（三）因公民、法人和其他组织自己的行为致使损害发生的；（四）法律规定的其他情形。

第11条　受理赔偿申请应当查明下述情况：（一）是否属于本办法第5条、第6条、第

7条规定的赔偿范围；（二）有无本办法第8条规定的不承担赔偿责任的情形；（三）请求人是否符合国家赔偿法第6条规定的条件；（四）是否应由本机关予以赔偿；（五）赔偿请求是否已过时效；（六）请求赔偿的有关材料是否齐全。

第13条　承办部门应在1个月内对赔偿请求提出予以赔偿或不予赔偿的意见，连同有关材料报送法制工作部门审核。

承办部门确认应由本机关负赔偿责任的案件，应当提出赔偿数额、赔偿方式。

第14条　法制工作部门对承办部门的意见应在10日内进行审核，并报本机关负责人批准。

第16条　对本机关不负有赔偿义务的申请，应通知赔偿请求人向有赔偿义务的机关提出。

赔偿义务人是其他司法行政机关的，也可以根据申请人的请求，收案后移送有赔偿义务的司法行政机关。

第17条　司法行政机关对赔偿请求人的申请不予确认的，赔偿请求人有权向上一级司法行政机关提出申诉。

上一级司法行政机关对于下级司法行政机关不予确认的赔偿请求，可以自行确认，也可以责成下级司法行政机关予以确认。

第18条　赔偿请求人对赔偿义务机关的决定持有异议的，可以向上一级司法行政机关提出复议，复议申请可以直接向上一级司法行政机关提出，也可以通过原承办案件的司法行政机关转交。

第19条　对监狱、劳动教养管理所作出的决定不服的复议申请，分别由监狱、劳动教养管理所所属的省一级或地区一级司法行政机关负责。

第20条　负责复议的司法行政机关收到复议申请后，应及时调取案卷和有关材料进行审查。对事实不清的，可以要求原承办案件的司法行政机关补充调查，也可以自行调查。

第23条　复议决定书可直接送达，也可以委托赔偿请求人所在地的司法行政机关送达。

第26条　负有赔偿义务的司法行政机关应在自收到赔偿申请的2个月以内执行赔偿。

赔偿请求人向上一级司法行政机关申请复议或向人民法院赔偿委员会申请赔偿的，在收到复议决定书或人民法院赔偿委员会作出的赔偿决定书后即应执行。

第27条　负有赔偿义务的司法行政机关对造成受害人名誉权、荣誉权损害的，应当在侵权行为影响的范围内，为受害人消除影响，恢复名誉，赔礼道歉。

第28条　负有赔偿义务的司法行政机关能够通过返还财产或者恢复原状方式赔偿的，应以返还财产或者恢复原状的方式赔偿。

不能通过返还财产或者恢复原状方式赔偿的，主要以支付赔偿金方式赔偿。

第31条　经过行政复议的案件，最初造成侵权行为的司法行政机关和作出复议加重权的上级司法行政机关同时是赔偿义务机关的，由最初造成侵权行为的司法行政机关向受害人支付全部赔偿金后，再与上级司法行政机关结算各自应承担费用。

第32条　司法行政机关在行政赔偿中其工作人员有故意或重大过失，在刑事赔偿中工作人员有国家赔偿法第24条规定情形之一的，工作人员应承担全部或部分赔偿费用。追偿办法另行规定。

【司复〔2001〕13号】　司法部关于《对"纵容他人殴打服刑人员"如何理解的请示》的批复（2001年8月14日答复湖南省司法厅"湘司发请〔2001〕28号"请示）

《司法行政机关行政赔偿、刑事赔偿办法》第5条第2款有关："殴打或者唆使、纵容他人殴打服刑人员，造成严重后果的"的规定中，"纵容"的行为系指："负有直接监管责任的干警处于监管现场，明知他人殴打服刑人员，应当制止而不予制止的行为"；"造成严重后果的"系指"造成公民身体伤害或者死亡的"。

【法赔复〔1996〕1号】　最高人民法院赔偿委员会关于原判数罪再审个罪改判无罪且已执行属于国家赔偿范围的批复（1996年8月1日答复福建高院赔偿委会"闽赔字〔1995〕1号"请示）

一、你院1995年3月15日〔1995〕闽刑再终字第5号刑事判决，维持了对郑传振投机倒把罪判处有期徒刑1年的部分，撤销了对郑传振盗窃罪判处有期徒刑7年的部分。虽不属于全案宣告无罪，但再审撤销盗窃罪不是因为情节显著轻微，而是因为事实不清、证据不足，盗窃罪不能成立，不属于《国家赔偿法》第17条规定的国家免责情形。《国家赔偿法》第15条第（三）项的规定：依照审判监督程序再审改判无罪，原判刑罚已经执行的，受害人有取得赔偿的权利。这一规定应理解为是针对具体个罪而言的。郑传振盗窃罪被撤销，其盗窃罪已执行的刑罚，依法有取得国家赔偿的权利。因此，本案属于国家赔偿的范围。

二、郑传振因盗窃罪被错判，羁押至1995年4月24日，应视为侵权行为持续至1995年1月1日以后。根据最高人民法院法复〔1995〕1号《关于〈中华人民共和国国家赔偿法〉溯及力和人民法院赔偿委员会受案范围问题的批复》的规定，对1995年1月1日以后羁押的部分按《国家赔偿法》的规定予以赔偿；对《国家赔偿法》实施之前羁押的部分，适用当时的规定予以赔偿，当时没有规定的，参照《国家赔偿法》的规定予以赔偿。

【法赔他字〔1996〕3号】　最高人民法院赔偿委员会关于法院工作人员在执行公务中造成他人身体伤害国家应当承担赔偿责任的批复（1996年8月1日答复海南高院请示）

王栋作为人民法院工作人员在执行公务时违法使用暴力造成他人身体伤害，依照《中华人民共和国国家赔偿法》第15条第（四）项和第24条的规定，由国家承担赔偿责任。作为赔偿义务机关的人民法院在赔偿损失后，应当根据具体情况向王栋追偿赔偿费用。

【法赔他字〔1996〕6号】　最高人民法院赔偿委员会关于张秀英等四人申请国家赔偿一案请示的批复（经最高法赔委会〔第4次〕研究，1997年8月4日答复云南高院请示）

张秀英等4人殴打他人致轻微伤，其行为不构成犯罪。弥勒县人民检察院批准对张秀英等4人逮捕，属于《国家赔偿法》第15条第（二）项规定的情形，对张秀英等4人依法应当予以赔偿。

【赔他字〔1996〕4号】　最高人民法院赔偿委员会关于检察机关违法扣押财产持续至1995年1月1日以后应当适用《国家赔偿法》的批复（1998年3月11日答复浙江高院请示）

赔偿请求人邱路光被侵犯人身权的行为发生在1994年12月31日以前，根据《国家赔偿法》的有关规定，不适用《国家赔偿法》。被侵犯财产权的行为虽发生在1994年12月31日以前，但检察机关扣押、缴销其财产持续至1995年1月1日以后，是侵权行为的持续，应当适用《国家赔偿法》。……

【法发〔1996〕15号】　最高人民法院关于人民法院执行《中华人民共和国国家赔偿法》几个问题的解释（1996年5月6日）

一、根据《中华人民共和国国家赔偿法》（以下简称赔偿法）第17条第（二）项、第（三）项的规定，依照刑法第14条、第15条规定不负刑事责任的人和依照刑事诉讼法第15条规定不追究刑事责任的人被羁押，国家不承担赔偿责任。但是对起诉后经人民法院判处拘役、有期徒刑、无期徒刑和死刑并已执行的上列人员，有权依法取得赔偿。判决确定前被羁押的日期依法不予赔偿。

二、依照赔偿法第31条的规定，人民法院在民事诉讼、行政诉讼过程中，违法采取对妨害诉讼的强制措施、保全措施或者对判决、裁定及其他生效法律文书执行错误，造成损害，具有以下情形之一的，适用刑事赔偿程序予以赔偿：（一）错误实施司法拘留、罚款的；（二）实施赔偿法第15条第（四）项、（五）项规定行为的；（三）实施赔偿法第16条第（一）项规定行为的。

人民法院审理的民事、经济、行政案件发生错判并已执行，依法应当执行回转的，或者当事人申请财产保全、先予执行，申请有错误造成财产损失依法应由申请人赔偿的，国家不承担赔偿责任。

三、公民、法人和其他组织申请人民法院依照赔偿法规定予以赔偿的案件，应当经过依法确认。未经依法确认的，赔偿请求人应当要求有关人民法院予以确认。被要求的人民法院由有关审判庭负责办理依法确认事宜，并应以人民法院的名义答复赔偿请求人。被要求的人民法院不予确认的，赔偿请求人有权申诉。

四、根据赔偿法第26条、第27条的规定，人民法院判处管制、有期徒刑缓刑、剥夺政治权利等刑罚的人被依法改判无罪，国家不承担赔偿责任，但是，赔偿请求人在判决生效前被羁押的，依法有权取得赔偿。

五、根据赔偿法第19条第4款"再审改判无罪的，作出原生效判决的人民法院为赔偿义务机关"的规定，原一审人民法院作出判决后，被告人没有上诉，人民检察院没有抗诉，判决发生法律效力的，原一审人民法院为赔偿义务机关；被告人上诉或者人民检察院抗诉，原二审人民法院维持一审判决或者对一审人民法院判决予以改判的，原二审人民法院为赔偿义务机关。

六、赔偿法第26条关于"侵犯公民人身自由的，每日的赔偿金按照国家上年度职工日平均工资计算"中规定的上年度，应为赔偿义务机关、复议机关或者人民法院赔偿委员会作出赔偿决定时的上年度；复议机关或者人民法院赔偿委员会决定维持原赔偿决定的，按作出原赔偿决定时的上年度执行。

国家上年度职工日平均工资数额，应当以职工年平均工资除以全年法定工作日数的方法计算。年平均工资以国家统计局公布的数字为准。

【赔他字〔1997〕10号】　最高人民法院赔偿委员会关于保外就医期间国家不承担赔偿责任的批复（1998年3月11日答复广东高院"粤法赔字〔1997〕1号"请示）

被判处有期徒刑、无期徒刑的犯罪分子，在刑罚执行中保外就医期间，虽然人身自由受到一定限制，但实际上未被羁押。因此，对赔偿请求人朱海在保外就医期间国家不承担赔偿责任。

【赔他字〔1997〕14号】　最高人民法院赔偿委员会关于在假释期间国家不承担赔偿责任的批复（1998年3月11日答复陕西高院"法赔字〔1997〕08号"请示）

对被判处有期徒刑、无期徒刑的被告人依法予以释放，属于附条件的提前释放，虽然人身自由受到一定限制，但实际未被羁押。因此，对孙赤兵在假释期间，国家不承担赔偿责任。

【赔他字〔1998〕15号】　最高人民法院赔偿委员会关于人民法院在赔偿案件审理中检察机关又变更了原撤销案件决定应当终止审理的批复（1999年5月20日答复福建高院"闽刑赔字〔1998〕1号"请示）

赔偿请求人黄肇英根据延平区人民检察院撤销案件决定书申请赔偿符合法律规定。南平市中级人民法院在赔偿义务机关、复议机关作出不予赔偿决定的情况下立案审理亦符合《国家赔偿法》的规定。在赔偿案件审理过程中延平区人民检察院撤销原决定，致使原无罪确认失效，人民法院赔偿委员会失去了继续审理的前提和法律依据。故此案应宣告终止审理。

【赔他字〔1998〕17号】　最高人民法院赔偿委员会关于公安机关以证据不足予以释放当事人申请国家赔偿人民法院赔偿委员会应当受理的复函（1999年3月10日答复浙江高院赔委会"浙法委赔他字〔1998〕2号"请示）

一、根据刑事诉讼法第65条规定，公安机关对重大犯罪嫌疑人因证据不足，应在24小时内予以释放，或者变更强制措施。该案对孙胜阳关押23天，因证据不足予以释放，应属违法羁押。

二、公安机关对孙胜阳的释放证明书中明确载明"证据不足予以释放"，该行为符合国家赔偿法第15条第（一）项规定，即对没有事实证明有犯罪重大嫌疑的人错误拘留。

三、本案复议机关已给申请人诉权，绍兴市中级人民法院赔偿委员会应当受理，并依法作出赔偿决定。

【赔他字〔1999〕2号】　最高人民法院赔偿委员会关于公安机关造成伤害或者死亡后果应当承担国家赔偿责任的批复（1999年8月25日答复广东高院"粤法赔复字〔1998〕4号"请示）

《国家赔偿法》第15条第（四）项以及第27条的规定中使用的是"造成"身体伤害或者死亡的表述方法，这与致人伤害或死亡是有区别的。"造成"应当理解为只要实施了法律规定的违法侵权行为，并产生了"伤害或者死亡"的后果，就应当适用《国家赔偿法》第15条第（四）项的规定。本案应由广东省连平县公安局依照《国家赔偿法》第15条第（四）项、第27条第1款第（三）项的规定，履行对造成韦月新死亡后果的赔偿义务。

【赔他字〔1999〕3号】　最高人民法院赔偿委员会关于赔偿义务机关应当为受害人消除影响恢复名誉赔礼道歉的批复（1999年6月1日答复北京高院"京高法赔〔1999〕1号"请示）

根据《国家赔偿法》第30条规定：赔偿义务机关对依法确认有本法第15条第（一）、（二）、（三）项规定的情形之一，并造成受害人名誉权、荣誉权损害的，应当在侵权行为影响的范围内，为受害人消除影响，恢复名誉、赔礼道歉。北京市通州区人民法院对孙连贵以事实不清，证据不足，宣告孙连贵无罪。通州区人民检察院已经依法确认具有《国家赔偿法》第15条第（二）项规定情形，通州区人民检察院依法应为孙连贵恢复名誉，赔礼道歉。赔礼道歉不宜作为决定书中的主文内容，但应在决定书的理由部分加以表述。

【赔他字〔1999〕4号】　　最高人民法院赔偿委员会关于法律监督机关的复查意见可视为确认的批复（1999年8月27日答复湖南高院"湘高法赔请字〔1998〕7号"请示）

湘潭县公安局民警违法使用武器，湘潭市人民检察院已于1997年3月12日作出了《关于黄光辉中弹身亡事件的复查意见》，该文件的结论意见是对该案的确认。公安系统内部的批复不能推翻或者撤销法律监督机关已作出的确认决定。故同意你院赔偿委员会的意见，即湘潭市中级人民法院赔偿委员会应依法审理，作出赔偿决定。

【赔他字〔1999〕8号】　　最高人民法院赔偿委员会关于错误逮捕检察机关应当承担国家赔偿责任的批复（1999年12月1日答复天津高院"津高法〔1999〕48号"请示）

经研究，同意你院审判委员会的一致意见，即《刑事诉讼法》第29条是对司法机关工作人员回避的有关规定，不能作为《国家赔偿法》第17条第（六）项规定的国家免除赔偿责任的其他情形。王晋英虽有接受宴请、收受礼品的违纪行为，但认定其构成徇私舞弊罪的证据不足。宝坻县人民检察院对王晋英的逮捕属于对没有犯罪事实或没有证据证明有犯罪事实的人的错误逮捕。根据《国家赔偿法》第15条第（二）项的规定，宝坻县人民检察院应当承担赔偿义务。

【赔他字〔1999〕17号】　　最高人民法院赔偿委员会关于造成受害人死亡赔偿范围的批复（1999年12月27日答复陕西高院"陕高法委赔字〔1999〕02号"请示）

受害人赵军生前虽患冠心病，但看守所民警对其实施体罚是造成其死亡的直接原因，根据《国家赔偿法》第15条第（四）项和第27条第（三）项的规定，赔偿义务机关潼关县公安局应承担全部赔偿责任。对姚兰英生活费的赔偿，应是在赵英武、姚兰英夫妻双方收入低于当地最低生活标准的差额部分中考虑，差额部分应由姚兰英子女共同负担，受害人赵军按比例负担的生活费，由赔偿义务机关潼关县公安局承担赔偿责任。受害人赵军之妻及其3个未成年子女依法享有赔偿主体资格，在作出赔偿决定前，应告知赵军之妻及3个子女有获得赔偿和未成年人生活费的权利。

【赔他字〔1999〕20号】　　最高人民法院赔偿委员会关于补发工资后仍需进行国家赔偿的批复（2000年1月10日答复陕西高院"陕高法委赔字〔1999〕6号"请示）

根据《中华人民共和国国家赔偿法》的规定，公民因被侦查、检察、审判机关错拘、错捕、错判而错误限制人身自由的，该公民有权申请并依照法律规定获得赔偿。国家赔偿与单位补发工资性质不同，不能相互混淆。不能基于单位已经补发工资就剥夺该公民依法获得的申请并取得国家赔偿的权利。本案王至诚于1995年1月1日以前被错误羁押的部分，根据以前的规定已经补发工资，国家不承担赔偿义务；其于1995年1月1日以后被错误羁押的部分虽也已补发了工资，但不影响其申请并依照法律规定获得国家赔偿。

【赔他字〔1999〕21号】　　最高人民法院赔偿委员会关于被限制人身自由期间的工资已由单位补发国家是否还应支付被限制人身自由的赔偿金的批复（2000年1月26日答复辽宁高院"辽法委赔疑字〔1999〕1号"请示）

国家赔偿是国家机关或国家机关工作人员违法行使职权侵犯公民、法人和其他组织的合法权益造成的损害进行的赔偿。国家赔偿与企业补偿是两种不同性质的补偿方式，不应混淆。根据国家赔偿法第15条第（二）项规定，赔偿义务机关应作出赔偿决定。

【赔他字〔1999〕23号】　最高人民法院赔偿委员会关于国家赔偿不应扣除已补发工资的批复（1999年1月10日答复宁夏高院"宁高法赔他字〔1999〕3号"请示）

国家赔偿与单位补发工资性质不同，前者是法律赋予公民的权利，后者是一种善后工作，不能相互混淆。根据《中华人民共和国国家赔偿法》的规定，公民因被侦查、检察、审判机关错拘、错捕、错判而限制人身自由的，无论其所在单位补发工资与否，该公民有权申请并依照法律规定获得国家赔偿。本案固原县人民法院、固原县人民检察院应当承担全部共同赔偿义务，蒋广秀补发的工资不应扣除。

【赔他字〔1999〕30号】　最高人民法院赔偿委员会关于李勇申请国家赔偿一案的批复（1999年1月10日答复黑龙江高院"黑法委赔批字〔1999〕4号"请示）

同意你院对李勇申请国家赔偿一案请示中第一种意见，即赔偿请求人被侵犯人身自由权的事实发生在1995年1月1日《国家赔偿法》实施之前的，不适用《国家赔偿法》。赔偿请求人李勇1995年7月13日至1996年2月14日被限制人身自由权的部分，应按照《国家赔偿法》的规定，由作出错误逮捕决定的机关履行赔偿义务。原单位已补发工资与国家予以赔偿是两种不同性质的补偿方式，两者不能混淆，更不能替代。

【赔他字〔1999〕34号】　最高人民法院赔偿委员会关于《国家赔偿法》不溯及既往的批复（1999年12月13日答复吉林高院请示）

钟国光被错误限制人身自由的行为，于1993年经吉林省高级人民法院再审刑事判决予以纠正，二道区人民检察院对钟国光财产的扣押行为，也已于1987年12月10日宣布解除。根据《国家赔偿法》第35条、最高人民法院《关于〈中华人民共和国国家赔偿法〉溯及力和人民法院赔偿委员会受案范围问题的批复》的规定，本案不适用《国家赔偿法》，应由《国家赔偿法》规定以前的有关法律法规予以调整。

【赔他字〔1999〕43号】　最高人民法院赔偿委员会关于检察机关提起公诉但未采取逮捕措施不承担国家赔偿责任的批复（2000年4月29日答复辽宁高院"辽法委赔疑字〔1999〕2号"请示）

同意你院请示报告中的第一种意见。盖州市人民检察院虽然对陶玉艳提起公诉，但未采取逮捕措施，亦未对其人身自由进行限制，根据《国家赔偿法》第15条第1项、第2项，第19条第2、3款的规定，盖州市人民检察院不应承担赔偿责任。本案应由盖州市公安局就错误拘留承担赔偿责任。

【赔他字〔2001〕7号】　最高人民法院赔偿委员会关于自诉人撤诉决定逮捕的人民法院应当承担国家赔偿责任的批复（2001年9月29日答复河南高院"豫法委赔监字〔2001〕03号"请示）

正阳县人民法院审理刑事自诉人易春香诉高山、赵小霞、刘玉英等人犯侮辱罪一案时，在证据不充分的情况下，即决定对被告人逮捕并作出了有罪判决。二审以事实不清，证据不足为由，撤销原判，发回重审。正阳县人民法院在重新审理时，裁定准许自诉人撤诉。该裁定应视为是对没有犯罪事实的人错误逮捕的依法确认。根据《中华人民共和国国家赔偿法》第15条第（二）项和第19条第3款的规定，正阳县人民法院对高山、赵小霞、刘玉英错误逮捕应当承担赔偿责任。

【赔他字〔2001〕8号】　最高人民法院赔偿委员会关于复议机关未尽告知义务致使赔偿请求人逾期申请人民法院赔偿委员会应当受理的批复（2001年9月4日答复辽宁高院"辽法委赔疑字〔2001〕4号"请示）

同意你院请示报告中的第二种意见。《国家赔偿法》第22条第2款的规定，是法律赋予当事人的一种选择权，体现方便当事人和有利于及时赔偿的原则，而不是对当事人设定的义务或者对当事人权利的一种限制。复议机关受理案件后，逾期不作决定，也未告知赔偿请求人逾期可以向复议机关所在地的同级人民法院赔偿委员会申请作出赔偿决定的诉权，造成赔偿请求人逾期申请赔偿的过错在复议机关，不能因为复议机关的过错而剥夺赔偿请求人的诉权。根据《国家赔偿法》第32条的规定，赔偿请求人请求国家赔偿的时效为2年，赔偿请求人逾期后在法定时效2年内向人民法院赔偿委员会申请作出决定的，人民法院赔偿委员会应当受理。

【赔他字〔2001〕11号】　最高人民法院赔偿委员会关于赔偿义务机关未经确认所作的赔偿决定应予撤销的批复（2001年9月20日答复河南高院"豫法委赔监字〔2001〕04号"请示）

一、孟州市人民法院对王来运的逮捕，属于《国家赔偿法》第15条第（二）项规定的对没有犯罪事实的人错误逮捕的情形，由此造成的损失属于国家赔偿的范围。

二、《国家赔偿法》第17条第（三）项规定的国家免责情形是指已构成犯罪，且事实清楚，证据充分，当事人没有告诉或者撤诉的情形，而王来运不属此种情形。

三、孟州市人民法院在刑事自诉案件审理过程中，宏锋高档家具公司申请撤回刑事自诉，法院口头裁定准予撤诉，是极不严肃的。且对王来运并未作出追究刑事责任的结论，但在〔1999〕孟法赔字第1号赔偿决定中却认定王来运构成职务侵占罪，本案属于未经确认即进入国家赔偿程序的情形，孟州市人民法院的赔偿决定应当予以撤销。

四、王来运支付给宏峰高档家具公司6000元人民币所造成的损失，不是人民法院的审判行为所造成的，故不应当由国家承担赔偿责任。

【赔他字〔2001〕12号】　最高人民法院赔偿委员会关于人民法院作为赔偿义务机关与赔偿请求人就赔偿事项达成协议是否应制作赔偿决定书及是否需要交待诉权问题的批复（2002年7月18日答复广西高院"桂请字〔2001〕81号"请示）

赔偿义务机关违法行使职权，造成的损害事实存在，但损害的程度一时难以查清时，赔偿义务机关与赔偿请求人可就损害程度进行协商。协商达成协议后，经审查符合《中华人民共和国国家赔偿法》规定的，应当予以确认。赔偿义务机关仍需制作赔偿决定书，并且在赔偿决定书中向赔偿请求人交待诉权。

【法释〔2001〕31号】　最高人民法院关于刑事再审案件开庭审理程序的具体规定（试行）（2001年10月18日最高法审委会〔1196次〕通过，2001年12月26日公布，2002年1月1日起施行）

第24条　再审改判宣告无罪并依法享有申请国家赔偿权利的当事人，宣判时合议庭应当告知其该判决发生法律效力后即有申请国家赔偿的权利。

【法释〔2002〕28号】 最高人民法院关于行政机关工作人员执行职务致人伤亡构成犯罪的赔偿诉讼程序问题的批复（2002年8月5日最高法审委会〔1236次〕通过，2002年8月23日公布，答复山东高院"鲁高法函〔1998〕132号"请示，2002年8月30日起施行）

一、行政机关工作人员在执行职务中致人伤、亡已构成犯罪，受害人或其亲属提起刑事附带民事赔偿诉讼的，人民法院对民事赔偿诉讼请求不予受理。但应当告知其可以依据《中华人民共和国国家赔偿法》的有关规定向人民法院提起行政赔偿诉讼。

二、本批复公布以前发生的此类案件，人民法院已作刑事附带民事赔偿处理，受害人或其亲属再提起行政赔偿诉讼的，人民法院不予受理。

【公安部令〔2004〕75号】 公安机关适用继续盘问规定（2004年6月7日公安部部长办公会议通过，2004年7月12日发布，2004年10月1日起施行；2020年8月6日公安部令第160号修正）①

第40条 被盘问人认为公安机关及其人民警察违法实施继续盘问侵犯其合法权益造成损害，依法向公安机关申请国家赔偿的，公安机关应当依照国家赔偿法的规定办理。

公安机关依法赔偿损失后，应当责令有故意或者重大过失的人民警察承担部分或者全部赔偿费用，并对有故意或者重大过失的责任人员，按照本规定第39条追究其相应的责任。

【高检发〔2010〕29号】 人民检察院国家赔偿工作规定（2010年11月11日最高检检委会〔11届46次〕通过，2010年11月22日印发，2010年12月1日起施行；高检发刑申字〔2000〕1号《人民检察院刑事赔偿工作规定》同时废止）②

【法释〔2011〕4号】 最高人民法院关于适用《中华人民共和国国家赔偿法》若干问题的解释（一）（2011年2月14日最高法审委会〔1511次〕通过，2011年2月28日公布，2011年3月18日起施行）

第1条 国家机关及其工作人员行使职权侵犯公民、法人和其他组织合法权益的行为发生在2010年12月1日以后，或者发生在2010年12月1日以前、持续至2010年12月1日以后的，适用修正的国家赔偿法。

第2条 国家机关及其工作人员行使职权侵犯公民、法人和其他组织合法权益的行为发生在2010年12月1日以前的，适用修正前的国家赔偿法，但有下列情形之一的，适用修正的国家赔偿法：

（一）2010年12月1日以前已经受理赔偿请求人的赔偿请求但尚未作出生效赔偿决定的；

（二）赔偿请求人在2010年12月1日以后提出赔偿请求的。

第3条 人民法院对2010年12月1日以前已经受理但尚未审结的国家赔偿确认案件，应当继续审理。

---

① 注："继续盘问"原称"留置"，用于审查有违法犯罪嫌疑的人员。在执法办案中，要正确区分并依法适用治安传唤、刑事传唤、继续盘问、拘传、刑事拘留、逮捕、取保候审、监视居住等措施，不要将继续盘问作为办理治安案件和刑事案件的必经程序。《继续盘问规定》施行后，公安部以前制定的关于留置的规定，凡规定不一致的同时废止。

② 注：本《规定》内容已被《检察机关执法工作基本规范（2013年版）》（高检发〔2013〕3号）吸收。

第 4 条 公民、法人和其他组织对行使侦查、检察、审判职权的机关以及看守所、监狱管理机关在 2010 年 12 月 1 日以前作出并已发生法律效力的不予确认职务行为违法的法律文书不服，未依据修正前的国家赔偿法规定提出申诉并经有权机关作出侵权确认结论，直接向人民法院赔偿委员会申请赔偿的，不予受理。

第 5 条 公民、法人和其他组织对在 2010 年 12 月 1 日以前发生法律效力的赔偿决定不服提出申诉的，人民法院审查处理时适用修正前的国家赔偿法；但是仅就修正的国家赔偿法增加的赔偿项目及标准提出申诉的，人民法院不予受理。

第 6 条 人民法院审查发现 2010 年 12 月 1 日以前发生法律效力的确认裁定、赔偿决定确有错误应当重新审查处理的，适用修正前的国家赔偿法。

第 7 条 赔偿请求人认为行使侦查、检察、审判职权的机关以及看守所、监狱管理机关及其工作人员在行使职权时有修正的国家赔偿法第 17 条第（一）、（二）、（三）项、第 18 条规定情形的，应当在刑事诉讼程序终结后提出赔偿请求，但下列情形除外：

（一）赔偿请求人有证据证明其与尚未终结的刑事案件无关的；

（二）刑事案件被害人依据刑事诉讼法第 198 条的规定，以财产未返还或者认为返还的财产受到损害而要求赔偿的。

第 8 条 赔偿请求人认为人民法院有修正的国家赔偿法第 38 条规定情形的，应当在民事、行政诉讼程序或者执行程序终结后提出赔偿请求，但人民法院已依法撤销对妨害诉讼采取的强制措施的情形除外。

第 9 条 赔偿请求人或者赔偿义务机关认为人民法院赔偿委员会作出的赔偿决定存在错误，依法向上一级人民法院赔偿委员会提出申诉的，不停止赔偿决定的执行；但人民法院赔偿委员会依据修正的国家赔偿法第 30 条的规定决定重新审查的，可以决定中止原赔偿决定的执行。

第 10 条 人民检察院依据修正的国家赔偿法第 30 条第 3 款的规定，对人民法院赔偿委员会在 2010 年 12 月 1 日以后作出的赔偿决定提出意见的，同级人民法院赔偿委员会应当决定重新审查，并可以决定中止原赔偿决定的执行。

第 11 条 本解释自公布之日起施行。①

【法释〔2011〕6 号】　最高人民法院关于人民法院赔偿委员会审理国家赔偿案件程序的规定（2011 年 2 月 28 日最高法审委会〔1513 次〕通过，2011 年 3 月 17 日公布，2011 年 3 月 22 日起施行；法发〔1996〕14 号《人民法院赔偿委员会审理赔偿案件程序的暂行规定》同时废止）

第 1 条 赔偿请求人向赔偿委员会申请作出赔偿决定，应当递交赔偿申请书一式 4 份。赔偿请求人书写申请书确有困难的，可以口头申请。口头提出申请的，人民法院应当填写《申请赔偿登记表》，由赔偿请求人签名或者盖章。

第 2 条 赔偿请求人向赔偿委员会申请作出赔偿决定，应当提供以下法律文书和证明材料：（一）赔偿义务机关作出的决定书；（二）复议机关作出的复议决定书，但赔偿义务机关是人民法院的除外；（三）赔偿义务机关或者复议机关逾期未作出决定的，应当提供赔偿

---

① 注：最高法发布的《公告》显示，本《解释》于 2011 年 3 月 17 日公布，自 2011 年 3 月 22 日起施行；本条却规定"自公布之日起施行"。可见最高法在司法文件施行日期方面的某些不规范。

义务机关对赔偿申请的收讫凭证等相关证明材料；（四）行使侦查、检察、审判职权的机关在赔偿申请所涉案件的刑事诉讼程序、民事诉讼程序、行政诉讼程序、执行程序中作出的法律文书；（五）赔偿义务机关职权行为侵犯赔偿请求人合法权益造成损害的证明材料；（六）证明赔偿申请符合申请条件的其他材料。

第3条　赔偿委员会收到赔偿申请，经审查认为符合申请条件的，应当在7日内立案，并通知赔偿请求人、赔偿义务机关和复议机关；认为不符合申请条件的，应当在7日内决定不予受理；立案后发现不符合申请条件的，决定驳回申请。

前款规定的期限，自赔偿委员会收到赔偿申请之日起计算。申请材料不齐全的，赔偿委员会应当在5日内一次性告知赔偿请求人需要补正的全部内容，收到赔偿申请的时间应当自赔偿委员会收到补正材料之日起计算。

第4条　赔偿委员会应当在立案之日起5日内将赔偿申请书副本或者《申请赔偿登记表》副本送达赔偿义务机关和复议机关。

第5条　赔偿请求人可以委托1至2人作为代理人。律师、提出申请的公民的近亲属、有关的社会团体或者所在单位推荐的人、经赔偿委员会许可的其他公民，都可以被委托为代理人。

赔偿义务机关、复议机关可以委托本机关工作人员1至2人作为代理人。

第6条　赔偿请求人、赔偿义务机关、复议机关委托他人代理，应当向赔偿委员会提交由委托人签名或者盖章的授权委托书。

授权委托书应当载明委托事项和权限。代理人代为承认、放弃、变更赔偿请求，应当有委托人的特别授权。

第7条　赔偿委员会审理赔偿案件，应当指定一名审判员负责具体承办。

负责具体承办赔偿案件的审判员应当查清事实并写出审理报告，提请赔偿委员会讨论决定。

赔偿委员会作赔偿决定，必须有3名以上审判员参加，按照少数服从多数的原则作出决定。

第8条　审判人员有下列情形之一的，应当回避，赔偿请求人和赔偿义务机关有权以书面或者口头方式申请其回避：（一）是本案赔偿请求人的近亲属；（二）是本案代理人的近亲属；（三）与本案有利害关系；（四）与本案有其他关系，可能影响对案件公正审理的。

前款规定，适用于书记员、翻译人员、鉴定人、勘验人。

第9条　赔偿委员会审理赔偿案件，可以组织赔偿义务机关与赔偿请求人就赔偿方式、赔偿项目和赔偿数额依照国家赔偿法第四章的规定进行协商。

第10条　组织协商应当遵循自愿和合法的原则。赔偿请求人、赔偿义务机关一方或者双方不愿协商，或者协商不成的，赔偿委员会应当及时作出决定。

第11条　赔偿请求人和赔偿义务机关经协商达成协议的，赔偿委员会审查确认后应当制作国家赔偿决定书。

第12条　赔偿请求人、赔偿义务机关对自己提出的主张或者反驳对方主张所依据的事实有责任提供证据加以证明。有国家赔偿法第26条第2款规定情形的，应当由赔偿义务机关提供证据。

没有证据或者证据不足以证明其事实主张的，由负有举证责任的一方承担不利后果。

第13条　赔偿义务机关对其职权行为的合法性负有举证责任。

赔偿请求人可以提供证明职权行为违法的证据，但不因此免除赔偿义务机关对其职权行为合法性的举证责任。

第14条　有下列情形之一的，赔偿委员会可以组织赔偿请求人和赔偿义务机关进行质证：（一）对侵权事实、损害后果及因果关系争议较大的；（二）对是否属于国家赔偿法第19条规定的国家不承担赔偿责任的情形争议较大的；（三）对赔偿方式、赔偿项目或者赔偿数额争议较大的；（四）赔偿委员会认为应当质证的其他情形。

第15条　赔偿委员会认为重大、疑难的案件，应报请院长提交审判委员会讨论决定。审判委员会的决定，赔偿委员会应当执行。

第16条　赔偿委员会作出决定前，赔偿请求人撤回赔偿申请的，赔偿委员会应当依法审查并作出是否准许的决定。

第17条　有下列情形之一的，赔偿委员会应当决定中止审理：（一）赔偿请求人死亡，需要等待其继承人和其他有扶养关系的亲属表明是否参加赔偿案件处理的；（二）赔偿请求人丧失行为能力，尚未确定法定代理人的；（三）作为赔偿请求人的法人或者其他组织终止，尚未确定权利义务承受人的；（四）赔偿请求人因不可抗拒的事由，在法定审限内不能参加赔偿案件处理的；（五）宣告无罪的案件，人民法院决定再审或者人民检察院按照审判监督程序提出抗诉的；（六）应当中止审理的其他情形。

中止审理的原因消除后，赔偿委员会应当及时恢复审理，并通知赔偿请求人、赔偿义务机关和复议机关。

第18条　有下列情形之一的，赔偿委员会应当决定终结审理：（一）赔偿请求人死亡，没有继承人和其他有扶养关系的亲属或者赔偿请求人的继承人和其他有扶养关系的亲属放弃要求赔偿权利的；（二）作为赔偿请求人的法人或者其他组织终止后，其权利义务承受人放弃要求赔偿权利的；（三）赔偿请求人据以申请赔偿的撤销案件决定、不起诉决定或者无罪判决被撤销的；（四）应当终结审理的其他情形。

第19条　赔偿委员会审理赔偿案件应当按照下列情形，分别作出决定：

（一）赔偿义务机关的决定或者复议机关的复议决定认定事实清楚，适用法律正确的，依法予以维持；

（二）赔偿义务机关的决定、复议机关的复议决定认定事实清楚，但适用法律错误的，依法重新决定；

（三）赔偿义务机关的决定、复议机关的复议决定认定事实不清、证据不足的，查清事实后依法重新决定；

（四）赔偿义务机关、复议机关逾期未作决定的，查清事实后依法作出决定。

第20条　赔偿委员会审理赔偿案件作出决定，应当制作国家赔偿决定书，加盖人民法院印章。

第21条　国家赔偿决定书应当载明以下事项：（一）赔偿请求人的基本情况，赔偿义务机关、复议机关的名称及其法定代表人；（二）赔偿请求人申请事项及理由，赔偿义务机关的决定、复议机关的复议决定情况；（三）赔偿委员会认定的事实及依据；（四）决定的理由及法律依据；（五）决定内容。

第22条　赔偿委员会作出的决定应当分别送达赔偿请求人、赔偿义务机关和复议机关。

第 23 条　人民法院办理本院为赔偿义务机关的国家赔偿案件参照本规定。

第 24 条　自本规定公布之日起①，《人民法院赔偿委员会审理赔偿案件程序的暂行规定》即行废止；本规定施行前本院发布的司法解释与本规定不一致的，以本规定为准。

【高检发刑申字〔2011〕3 号】　最高人民检察院关于适用修改后《中华人民共和国国家赔偿法》若干问题的意见（2011 年 4 月 22 日最高检检委会［11 届 61 次］通过，2011 年 4 月 25 日公布施行）

一、人民检察院和人民检察院工作人员行使职权侵犯公民、法人和其他组织合法权益的行为发生在 2010 年 12 月 1 日以后的，适用修改后国家赔偿法的规定。

人民检察院和人民检察院工作人员行使职权侵犯公民、法人和其他组织合法权益的行为发生在 2010 年 12 月 1 日以前的，适用修改前国家赔偿法的规定，但在 2010 年 12 月 1 日以后提出赔偿请求的，或者在 2010 年 12 月 1 日以前提出赔偿请求但尚未作出生效赔偿决定的，适用修改后国家赔偿法的规定。

人民检察院和人民检察院工作人员行使职权侵犯公民、法人和其他组织合法权益的行为发生在 2010 年 12 月 1 日以前、持续至 2010 年 12 月 1 日以后的，适用修改后国家赔偿法的规定。

二、人民检察院在 2010 年 12 月 1 日以前受理但尚未办结的刑事赔偿确认案件，继续办理。办结后，对予以确认的，依法进入赔偿程序，适用修改后国家赔偿法的规定办理；对不服不予确认申诉的，适用修改前国家赔偿法的规定处理。

人民检察院在 2010 年 12 月 1 日以前已经作出决定并发生法律效力的刑事赔偿确认案件，赔偿请求人申诉或者原决定确有错误需要纠正的，适用修改前国家赔偿法的规定处理。

三、赔偿请求人不服人民检察院在 2010 年 12 月 1 日以前已经生效的刑事赔偿决定，向人民检察院申诉的，人民检察院适用修改前国家赔偿法的规定办理；赔偿请求人仅就修改后国家赔偿法增加的赔偿项目及标准提出申诉的，人民检察院不予受理。

四、赔偿请求人或者赔偿义务机关不服人民法院赔偿委员会在 2010 年 12 月 1 日以后作出的赔偿决定，向人民检察院申诉的，人民检察院应当依法受理，照修改后国家赔偿法第 30 条第 3 款的规定办理。

赔偿请求人或者赔偿义务机关不服人民法院赔偿委员会在 2010 年 12 月 1 日以前作出的赔偿决定，向人民检察院申诉的，不适用修改后国家赔偿法第 30 条第 3 款的规定，人民检察院应当告知其依照法律规定向人民法院提出申诉。

五、人民检察院控告申诉检察部门、民事行政检察部门在 2010 年 12 月 1 日以后接到不服人民法院行政赔偿判决、裁定的申诉案件，以及不服人民法院赔偿委员会决定的申诉案件，应当移送本院国家赔偿工作办公室办理。

人民检察院民事行政检察部门在 2010 年 12 月 1 日以前已经受理，尚未办结的不服人民法院行政赔偿判决、裁定申诉案件，仍由民事行政检察部门办理。

---

① 注：最高法《公告》显示，本《规定》于 2011 年 3 月 17 日公布，自 2011 年 3 月 22 日起施行；本条却规定"自公布之日起施行"。可见最高法在制定、公布文件方面的某些混乱。

【赔他字〔2011〕10号】　最高人民法院关于熊仲祥申请国家赔偿一案的答复函（2011年12月1日答复四川高院请示）①

乐山市中级人民法院在审理四川省高级人民法院二审发回重审的熊仲祥一案过程中，乐山市人民检察院以"事实、证据有变化"为由撤回起诉。乐山市中级人民法院裁定准许乐山市人民检察院撤回起诉后，乐山市人民检察院将案件退回乐山市金口河区公安分局补充侦查。而乐山市金口河区公安分局未在法定期限内侦查完毕移送起诉，乐山市人民检察院亦未对该案重新起诉或者作出不起诉决定。根据《中华人民共和国刑事诉讼法》第140条和《最高人民法院关于执行〈中华人民共和国刑事诉讼法〉若干问题的解释》第117条第（四）项的规定，结合本案具体情况，乐山市中级人民法院准许乐山市人民检察院撤回起诉的裁定，可视为本案刑事诉讼程序已经终结。本案可进入国家赔偿程序。

【法释〔2012〕1号】　最高人民法院关于国家赔偿案件立案工作的规定（2011年12月26日最高法审委会〔1537次〕通过，2012年1月13日公布，2012年2月15日起施行；法发〔2000〕2号《最高人民法院关于刑事赔偿和非刑事司法赔偿案件立案工作的暂行规定（试行）》同时废止）

第1条　本规定所称国家赔偿案件，是指国家赔偿法第17条、第18条、第21条、第38条规定的下列案件：（一）违反刑事诉讼法的规定对公民采取拘留措施的，或者依照刑事诉讼法规定的条件和程序对公民采取拘留措施，但是拘留时间超过刑事诉讼法规定的时限，其后决定撤销案件、不起诉或者判决宣告无罪终止追究刑事责任的；（二）对公民采取逮捕措施后，决定撤销案件、不起诉或者判决宣告无罪终止追究刑事责任的；（三）二审改判无罪，以及二审发回重审后作无罪处理的；（四）依照审判监督程序再审改判无罪，原判刑罚已经执行的；（五）刑讯逼供或者以殴打、虐待等行为或者唆使、放纵他人以殴打、虐待等行为造成公民身体伤害或者死亡的；（六）违法使用武器、警械造成公民身体伤害或者死亡的；（七）在刑事诉讼过程中违法对财产采取查封、扣押、冻结、追缴等措施的；（八）依照审判监督程序再审改判无罪，原判罚金、没收财产已经执行的；（九）在民事诉讼、行政诉讼过程中，违法采取对妨害诉讼的强制措施、保全措施或者对判决、裁定及其他生效法律文书执行错误，造成损害的。

第2条　赔偿请求人向作为赔偿义务机关的人民法院提出赔偿申请，或者依照国家赔偿法第24条、第25条的规定向人民法院赔偿委员会提出赔偿申请，收到申请的人民法院根据本规定予以审查立案。

第3条　赔偿请求人当面递交赔偿申请的，收到申请的人民法院应当依照国家赔偿法第12条的规定，当场出具加盖本院专用印章并注明收讫日期的书面凭证。

赔偿请求人以邮寄等形式提出赔偿申请的，收到申请的人民法院应当及时登记审查。

申请材料不齐全的，收到申请的人民法院应当在5日内一次性告知赔偿请求人需要补正的全部内容。收到申请的时间自人民法院收到补正材料之日起计算。

第4条　赔偿请求人向作为赔偿义务机关的人民法院提出赔偿申请，收到申请的人民法院经审查认为其申请符合下列条件的，应予立案：（一）赔偿请求人具备法律规定的主体资

---

① 注：本案是公安机关以继续侦查为由拒不撤销案件情形下的国家赔偿典型案例，被《最高人民法院办公厅关于印发国家赔偿典型案例的通知》（法办〔2012〕481号）选录。

格；（二）本院是赔偿义务机关；（三）有具体的申请事项和理由；（四）属于本规定第1条规定的情形。

第5条　赔偿请求人对作为赔偿义务机关的人民法院作出的是否赔偿的决定不服，依照国家赔偿法第24条的规定向其上一级人民法院赔偿委员会提出赔偿申请，收到申请的人民法院经审查认为其申请符合下列条件的，应予立案：（一）有赔偿义务机关作出的是否赔偿的决定书；（二）符合法律规定的请求期间，因不可抗力或者其他障碍未能在法定期间行使请求权的情形除外。

第6条　作为赔偿义务机关的人民法院逾期未作出是否赔偿的决定，赔偿请求人依照国家赔偿法第24条的规定向其上一级人民法院赔偿委员会提出赔偿申请，收到申请的人民法院经审查认为其申请符合下列条件的，应予立案：（一）赔偿请求人具备法律规定的主体资格；（二）被申请的赔偿义务机关是法律规定的赔偿义务机关；（三）有具体的申请事项和理由；（四）属于本规定第1条规定的情形；（五）有赔偿义务机关已经收到赔偿申请的收讫凭证或者相应证据；（六）符合法律规定的请求期间，因不可抗力或者其他障碍未能在法定期间行使请求权的情形除外。

第7条　赔偿请求人对行使侦查、检察职权的机关以及看守所、监狱管理机关作出的决定不服，经向其上一级机关申请复议，对复议机关的复议决定仍不服，依照国家赔偿法第25条的规定向复议机关所在地的同级人民法院赔偿委员会提出赔偿申请，收到申请的人民法院经审查认为其申请符合下列条件的，应予立案：（一）有复议机关的复议决定书；（二）符合法律规定的请求期间，因不可抗力或者其他障碍未能在法定期间行使请求权的情形除外。

第8条　复议机关逾期未作出复议决定，赔偿请求人依照国家赔偿法第25条的规定向复议机关所在地的同级人民法院赔偿委员会提出赔偿申请，收到申请的人民法院经审查认为其申请符合下列条件的，应予立案：（一）赔偿请求人具备法律规定的主体资格；（二）被申请的赔偿义务机关、复议机关是法律规定的赔偿义务机关、复议机关；（三）有具体的申请事项和理由；（四）属于本规定第1条规定的情形；（五）有赔偿义务机关、复议机关已经收到赔偿申请的收讫凭证或者相应证据；（六）符合法律规定的请求期间，因不可抗力或者其他障碍未能在法定期间行使请求权的情形除外。

第9条　人民法院应当在收到申请之日起7日内决定是否立案。

决定立案的，人民法院应当在立案之日起5日内向赔偿请求人送达受理案件通知书。属于人民法院赔偿委员会审理的国家赔偿案件，还应当同时向赔偿义务机关、复议机关送达受理案件通知书、国家赔偿申请书或者《申请赔偿登记表》副本。

经审查不符合立案条件的，人民法院应当在7日内作出不予受理决定，并应当在作出决定之日起10日内送达赔偿请求人。

第10条　赔偿请求人对复议机关或者作为赔偿义务机关的人民法院作出的决定不予受理的文书不服，依照国家赔偿法第24条、第25条的规定向人民法院赔偿委员会提出赔偿申请，收到申请的人民法院可以依照本规定第6条、第8条予以审查立案。

经审查认为原不予受理错误的，人民法院赔偿委员会可以直接审查并作出决定，必要时也可以交由复议机关或者作为赔偿义务机关的人民法院作出决定。

【主席令〔2012〕63号】　中华人民共和国监狱法（1994年12月29日全国人大常委会〔8届11次〕通过；2012年10月26日全国人大常委会〔11届29次〕修正，2013年1月1

日起施行）

第 73 条　罪犯在劳动中致伤、致残或者死亡的，由监狱参照国家劳动保险的有关规定处理。

【法办〔2012〕490 号】　最高人民法院办公厅关于国家赔偿法实施中若干问题的座谈会纪要（2012 年 10 月 17 日在贵阳召开，2012 年 12 月 25 日印发）

一、人民法院办理自赔案件，决定准予赔偿请求人撤回赔偿申请，赔偿请求人收到该决定书后，在国家赔偿法第 39 条规定的时效内又向作为赔偿义务机关的人民法院提出赔偿申请，且有证据证明其撤回赔偿的申请确属违背真实意思表示或者有其他正当理由的，人民法院应予受理。

二、人民法院赔偿委员会审理国家赔偿案件，决定准予赔偿请求人撤回赔偿申请，赔偿请求人收到该决定书后又向人民法院赔偿委员会申请作出赔偿决定的，收到申请的人民法院应当依照国家赔偿法第 30 条的规定审查处理。

三、赔偿请求人在刑事诉讼程序结束前书面承诺放弃请求国家赔偿的权利，其后在国家赔偿法第 39 条规定的时效内又向作为赔偿义务机关的人民法院提出赔偿申请，收到申请的人民法院应当依照《最高人民法院关于国家赔偿案件立案工作的规定》（以下简称《赔偿立案规定》）予以审查立案。

四、人民法院办理自赔案件，与赔偿请求人达成协议并作出国家赔偿决定书后，赔偿请求人反悔并依照国家赔偿法第 24 条的规定向上一级人民法院赔偿委员会提出赔偿申请，收到申请的人民法院应当依照《赔偿立案规定》予以审查立案。

人民法院办理自赔案件，与赔偿请求人达成协议，但未在规定期限内作出国家赔偿决定书，赔偿请求人依照国家赔偿法第 24 条的规定向上一级人民法院赔偿委员会提出赔偿申请，收到申请的人民法院应当依照《赔偿立案规定》予以审查立案。

五、人民法院或人民法院赔偿委员会受理国家赔偿案件后，经审查，赔偿义务机关已履行赔偿协议，且给付的金额能够填平补齐赔偿请求人实际损失的，应当决定驳回赔偿请求人提出的赔偿申请。

六、赔偿请求人以赔偿义务机关及其工作人员行使职权侵犯其财产权为由提出赔偿申请，人民法院经审查发现该财产权属尚存在争议的，应当决定不予受理。

已经受理案件的，人民法院或人民法院赔偿委员会应当决定驳回赔偿请求人提出的赔偿申请，并告知其经民事诉讼程序确认财产权属后再行申请赔偿。

七、在涉及普通合伙、合伙企业债权债务清算的民事案件中，部分合伙人以民事诉讼保全措施侵犯其财产权为由提出赔偿申请，人民法院经审查发现该民事案件尚在审理中的，应当决定不予受理。

已经受理案件的，人民法院或人民法院赔偿委员会应当决定驳回赔偿请求人提出的赔偿申请，并告知其在有关债权债务清算案件审理终结并最终确认权利义务关系后再行申请赔偿。

八、赔偿请求人认为人民法院有国家赔偿法第 38 条规定情形的，应当在民事诉讼、行政诉讼程序或者执行程序终结后提出赔偿申请。有下列情形之一的，人民法院应当依照《最高人民法院关于适用〈中华人民共和国国家赔偿法〉若干问题的解释（一）》第 8 条的解释精神，予以审查立案：（一）不属于被执行人的财产，且经民事诉讼程序确认权属的；

（二）人民法院生效法律文书已确认相关行为违法的；（三）赔偿请求人有证据证明其与民事诉讼、行政诉讼程序或者执行程序无关的。

九、人民法院办理自赔案件，应当充分听取赔偿请求人的意见。案件争议较大或者案情疑难、复杂的，人民法院可以组织赔偿请求人、原案件承办人以及其他相关人员进行听证。

人民法院赔偿委员会审理国家赔偿案件，对符合《最高人民法院关于人民法院赔偿委员会审理国家赔偿案件程序的规定》第14条规定情形的，可以组织赔偿请求人和赔偿义务机关进行质证。

人民法院或人民法院赔偿委员会进行听证、质证的，应当对听证、质证的情况制作笔录。

十、人民法院赔偿委员会审理国家赔偿案件，赔偿请求人和赔偿义务机关应当依照国家赔偿法第26条的规定，对自己提出的主张承担举证责任。

赔偿义务机关主张其行为合法的，应当就其合法性承担举证责任。

被羁押人在羁押期间死亡或丧失行为能力的，赔偿义务机关应当对其行为与被羁押人死亡或者丧失行为能力是否存在因果关系承担举证责任。

十一、批准逮捕与提起公诉不是同一人民检察院的，由作出逮捕决定的人民检察院作为赔偿义务机关。

十二、在行政非诉强制执行中，由人民法院进行合法性审查，行政机关组织具体实施的案件，赔偿请求人仅就具体实施行为申请赔偿的，人民法院应告知其向作出具体实施行为的行政机关提出赔偿申请。

十三、第一审人民法院判处被告人成立数罪，第二审人民法院撤销其中部分罪名，实际羁押期限超出生效刑事判决确定刑期的，国家不承担赔偿责任。①

第一审人民法院判处被告人成立2罪，第二审人民法院撤销其中1罪，并依照刑事诉讼法第15条的规定，对另一罪不追究刑事责任的，国家不承担赔偿责任。

十四、依照国家赔偿法第17条第（四）项的规定，行使侦查、检察、审判职权的机关以及看守所、监狱管理机关及其工作人员，有放纵他人虐待、违法不履行或怠于履行法定职责等不作为情形，且与公民在羁押期间死亡或者受到伤害存在因果关系的，受害人有取得赔偿的权利。

人民法院赔偿委员会应当根据赔偿义务机关就前款所述不作为情形对于造成损害结果所起的作用，决定其应当承担赔偿责任的比例和份额。

十五、国家赔偿法第19条第（一）项规定的"公民自己故意作虚伪供述"，是指非因他人强迫或胁迫，赔偿请求人本人故意作出虚伪供述，导致其被羁押或被刑罚处罚的情形。

十六、修正后的国家赔偿法实施前，人民法院已将错判的罚金返还给赔偿请求人，赔偿请求人依照修正后的国家赔偿法向人民法院再行主张支付利息的，人民法院不予支持。

十七、人民法院或人民法院赔偿委员会审查处理国家赔偿案件并决定赔偿的，不得以赔偿请求人已获得原单位补发工资、奖金、津贴和补贴为由，拒绝赔偿或者在决定中扣除其依

---

① 注："法释〔2015〕24号"《解释》第6条规定，对于"再审"改判的此类情形，应当予以赔偿。

法应当获得的赔偿金。

十八、行使侦查职权的机关违反刑事诉讼法的规定延长拘留时限，其后决定撤销案件、不起诉或者判决宣告无罪终止追究刑事责任的，侵犯人身自由的赔偿金应自拘留之日起计算。

十九、人民法院作出民事判决认定民事诉讼强制措施或保全措施合法，当事人不服，经第二审程序或审判监督程序作出生效民事判决撤销该认定的，当事人可以依照国家赔偿法的规定向作为赔偿义务机关的人民法院提出赔偿申请。

二十、赔偿请求人依照《最高人民法院关于适用〈中华人民共和国国家赔偿法〉若干问题的解释（一）》第7条、第8条规定，在刑事、民事、行政诉讼或者执行程序终结后提出赔偿申请，相关诉讼、执行程序期间不计入赔偿请求时效。

二十一、人民法院赔偿委员会审理国家赔偿案件期间，赔偿请求人与赔偿义务机关达成赔偿协议，人民法院赔偿委员会经审查认为该协议不违反法律规定，应当根据协议内容制作国家赔偿决定书，并撤销原赔偿决定、复议决定。

二十二、人民法院赔偿委员会依照《最高人民法院关于人民法院赔偿委员会审理国家赔偿案件程序的规定》第19条第2项、第3项规定依法重新作出决定的，应当撤销原赔偿决定、复议决定。

二十三、人民法院或人民法院赔偿委员会依照国家赔偿法第35条规定，决定为受害人消除影响，恢复名誉，赔礼道歉的，应写入国家赔偿决定书的决定主文。

【赔他字〔2012〕3号】　最高人民法院关于监狱管理机关怠于行使法定职责是否承担刑事赔偿责任的答复（2012年10月16日答复安徽高院请示）

巢湖监狱怠于履行职责，未尽到及时转院救治义务，与解永明患病死亡之间存在一定联系，应当承担相应的赔偿责任。根据《国家赔偿法》第17条第（四）项之规定，处理本案应综合考虑该怠于履行职责的行为在损害发生过程和结果中所起的作用等因素，适当确定赔偿比例和数额。

【高检发研字〔2013〕7号】　人民检察院办理未成年人刑事案件的规定（2002年3月25日最高检检委会〔9届105次〕通过；2006年12月28日最高检检委会〔10届68次〕第1次修订；2013年12月19日最高检检委会〔12届14次〕第2次修订，2013年12月27日印发）

第75条　人民检察院依法受理未成年人及其法定代理人提出的刑事申诉案件和国家赔偿案件。

人民检察院对未成年人刑事申诉案件和国家赔偿案件，应当指定专人及时办理。

第78条　人民检察院办理未成年人国家赔偿案件，应当充分听取未成年人及其法定代理人的意见，对于依法应当赔偿的案件，应当及时作出和执行赔偿决定。

【法释〔2013〕19号】　最高人民法院关于人民法院办理自赔案件程序的规定（2013年4月1日最高法审委会〔1573次〕通过，2013年7月26日公布，2013年9月1日起施行）

第1条　本规定所称自赔案件，是指人民法院办理的本院作为赔偿义务机关的国家赔偿案件。

第2条　基层人民法院国家赔偿小组、中级以上人民法院赔偿委员会负责办理本院的自赔案件。

第 3 条　人民法院对赔偿请求人提出的赔偿申请，根据《最高人民法院关于国家赔偿案件立案工作的规定》予以审查立案。

第 4 条　人民法院办理自赔案件，应当指定 1 名审判员承办。

负责承办的审判员应当查清事实并提出处理意见，经国家赔偿小组或者赔偿委员会讨论后，报请院长决定。重大、疑难案件由院长提交院长办公会议讨论决定。

第 5 条　参与办理自赔案件的审判人员是赔偿请求人或其代理人的近亲属，与本案有利害关系，或者有其他关系，可能影响案件公正办理的，应当主动回避。

赔偿请求人认为参与办理自赔案件的审判人员有前款规定情形的，有权以书面或者口头方式申请其回避。

以上规定，适用于书记员、翻译人员、鉴定人、勘验人。

第 6 条　赔偿请求人申请回避，应当在人民法院作出赔偿决定前提出。

人民法院应当自赔偿请求人申请回避之日起 3 日内作出书面决定。赔偿请求人对决定不服的，可以申请复议一次。人民法院对复议申请，应当在 3 日内做出复议决定，并通知复议申请人。复议期间，被申请回避的人员不停止案件办理工作。

审判人员的回避，由院长决定；其他人员的回避，由国家赔偿小组负责人或者赔偿委员会主任决定。

第 8 条　人民法院可以与赔偿请求人就赔偿方式、赔偿项目和赔偿数额在法律规定的范围内进行协商。协商应当遵循自愿、合法的原则。协商情况应当制作笔录。

经协商达成协议的，人民法院应当制作国家赔偿决定书。协商不成的，人民法院应当依法及时作出决定。

第 9 条　人民法院作出决定前，赔偿请求人撤回赔偿申请的，人民法院应当准许。

赔偿请求人撤回赔偿申请后，在国家赔偿法第 39 条规定的时效内又申请赔偿，并有证据证明其撤回申请确属违背真实意思表示或者有其他正当理由的，人民法院应予受理。

第 10 条　有下列情形之一的，人民法院应当决定中止办理：（一）作为赔偿请求人的公民死亡，需要等待其继承人和其他有扶养关系的亲属表明是否参加赔偿案件处理的；（二）作为赔偿请求人的公民丧失行为能力，尚未确定法定代理人的；（三）作为赔偿请求人的法人或者其他组织终止，尚未确定权利承受人的；（四）赔偿请求人因不可抗力或者其他障碍，在法定期限内不能参加赔偿案件处理的；（五）宣告无罪的案件，人民法院决定再审或者人民检察院按照审判监督程序提出抗诉的。

中止办理的原因消除后，人民法院应当及时恢复办理，并通知赔偿请求人。

第 11 条　有下列情形之一的，人民法院应当决定终结办理：（一）作为赔偿请求人的公民死亡，没有继承人和其他有扶养关系的亲属，或者其继承人和其他有扶养关系的亲属放弃要求赔偿权利的；（二）作为赔偿请求人的法人或者其他组织终止后，其权利承受人放弃要求赔偿权利的；（三）赔偿请求人据以申请赔偿的撤销案件决定、不起诉决定或者宣告无罪的判决被撤销的。

第 12 条　人民法院应当自收到赔偿申请之日起 2 个月内作出是否赔偿的决定，并制作国家赔偿决定书。

申请人向人民法院申请委托鉴定、评估的，鉴定、评估期间不计入办理期限。

第 13 条　国家赔偿决定书应当载明以下事项：（一）赔偿请求人的基本情况；（二）申

请事项及理由；（三）决定的事实理由及法律依据；（四）决定内容；（五）申请上一级人民法院赔偿委员会作出赔偿决定的期间和上一级人民法院名称。

第14条　人民法院决定赔偿或不予赔偿的，应当自作出决定之日起10日内将国家赔偿决定书送达赔偿请求人。

第15条　赔偿请求人依据国家赔偿法第37条第2款的规定向人民法院申请支付赔偿金的，应当递交申请书，并提交以下材料：（一）赔偿请求人的身份证明；（二）生效的国家赔偿决定书。

赔偿请求人当面递交申请支付材料的，人民法院应当出具收讫凭证。赔偿请求人书写申请书确有困难的，可以口头申请，人民法院应当记入笔录，由赔偿请求人签名、捺印或者盖章。

第16条　申请支付材料真实、有效、完整的，人民法院应当受理，并书面通知赔偿请求人。人民法院受理后，应当自收到支付申请之日起7日内，依照预算管理权限向有关财政部门提出支付申请。

申请支付材料不完整的，人民法院应当当场或者在3个工作日内一次性告知赔偿请求人需要补正的全部材料。收到支付申请的时间自人民法院收到补正材料之日起计算。

申请支付材料虚假、无效，人民法院决定不予受理的，应当在3个工作日内书面通知赔偿请求人并说明理由。

第17条　赔偿请求人对人民法院不予受理申请支付的通知有异议的，可以自收到通知之日起10日内向上一级人民法院申请复核。上一级人民法院应当自收到复核申请之日起5个工作日内作出复核决定，并在作出复核决定之日起3个工作日内送达赔偿请求人。

第18条　财政部门告知人民法院申请支付材料不符合要求的，人民法院应当自接到通知之日起5个工作日内按照要求提交补正材料。

需要赔偿请求人补正材料的，人民法院应当及时通知赔偿请求人。

第19条　财政部门告知人民法院已支付国家赔偿费用的，人民法院应当及时通知赔偿请求人。

第20条　本规定自2013年9月1日起施行。

本规定施行前本院发布的司法解释，与本规定不一致的，以本规定为准。

【法释〔2013〕27号】　最高人民法院关于人民法院赔偿委员会适用质证程序审理国家赔偿案件的规定（2013年12月16日最高法审委会［1600次］通过，2013年12月19日公布，2014年3月1日起施行）

第1条　赔偿委员会根据国家赔偿法第27条的规定，听取赔偿请求人、赔偿义务机关的陈述和申辩，进行质证的，适用本规定。

第2条　有下列情形之一，经书面审理不能解决的，赔偿委员会可以组织赔偿请求人和赔偿义务机关进行质证：（一）对侵权事实、损害后果及因果关系有争议的；（二）对是否属于国家赔偿法第19条规定的国家不承担赔偿责任的情形有争议的；（三）对赔偿方式、赔偿项目或者赔偿数额有争议的；（四）赔偿委员会认为应当质证的其他情形。

第3条　除涉及国家秘密、个人隐私或者法律另有规定的以外，质证应当公开进行。

赔偿请求人或者赔偿义务机关申请不公开质证，对方同意的，赔偿委员会可以不公开质证。

第4条　赔偿请求人和赔偿义务机关在质证活动中的法律地位平等，有权委托代理人，提出回避申请，提供证据，申请查阅、复制本案质证材料，进行陈述、质询、申辩，并应当依法行使质证权利，遵守质证秩序。

第5条　赔偿请求人、赔偿义务机关对其主张的有利于自己的事实负举证责任，但法律、司法解释另有规定的除外。

没有证据或者证据不足以证明其事实主张的，由负有举证责任的一方承担不利后果。

第6条　下列事实需要证明的，由赔偿义务机关负举证责任：（一）赔偿义务机关行为的合法性；（二）赔偿义务机关无过错；（三）因赔偿义务机关过错致使赔偿请求人不能证明的待证事实；（四）赔偿义务机关行为与被羁押人在羁押期间死亡或者丧失行为能力不存在因果关系。

第7条　下列情形，由赔偿义务机关负举证责任：（一）属于法定免责情形；（二）赔偿请求超过法定时效；（三）具有其他抗辩事由。

第8条　赔偿委员会认为必要时，可以通知复议机关参加质证，由复议机关对其作出复议决定的事实和法律依据进行说明。

第9条　赔偿请求人可以在举证期限内申请赔偿委员会调取下列证据：（一）由国家有关部门保存，赔偿请求人及其委托代理人无权查阅调取的证据；（二）涉及国家秘密、商业秘密、个人隐私的证据；（三）赔偿请求人及其委托代理人因客观原因不能自行收集的其他证据。

赔偿请求人申请赔偿委员会调取证据，应当提供具体线索。

第10条　赔偿委员会有权要求赔偿请求人、赔偿义务机关提供或者补充证据。

涉及国家利益、社会公共利益或者他人合法权益的事实，或者涉及依职权追加质证参加人、中止审理、终结审理、回避等程序性事项，赔偿委员会可以向有关单位和人员调查情况、收集证据。

第11条　赔偿请求人、赔偿义务机关应当在收到受理案件通知书之日起10日内提供证据。赔偿请求人、赔偿义务机关确因客观事由不能在该期限内提供证据的，赔偿委员会可以根据其申请适当延长举证期限。

赔偿请求人、赔偿义务机关无正当理由逾期提供证据的，应当承担相应的不利后果。

第12条　对于证据较多或者疑难复杂的案件，赔偿委员会可以组织赔偿请求人、赔偿义务机关在质证前交换证据，明确争议焦点，并将交换证据的情况记录在卷。

赔偿请求人、赔偿义务机关在证据交换过程中没有争议并记录在卷的证据，经审判员在质证中说明后，可以作为认定案件事实的依据。

第13条　赔偿委员会应当指定审判员组织质证，并在质证3日前通知赔偿请求人、赔偿义务机关和其他质证参与人。必要时，赔偿委员会可以通知赔偿义务机关实施原职权行为的工作人员或者其他利害关系人到场接受询问。

赔偿委员会决定公开质证的，应当在质证3日前公告案由、赔偿请求人和赔偿义务机关的名称，以及质证的时间、地点。

第14条　适用质证程序审理国家赔偿案件，未经质证的证据不得作为认定案件事实的依据，但法律、司法解释另有规定的除外。

第15条　赔偿请求人、赔偿义务机关应围绕证据的关联性、真实性、合法性，针对证据有无证明力以及证明力大小，进行质证。

第16条　质证开始前，由书记员查明质证参与人是否到场，宣布质证纪律。

质证开始时，由主持质证的审判员核对赔偿请求人、赔偿义务机关，宣布案由，宣布审判员、书记员名单，向赔偿请求人、赔偿义务机关告知质证权利义务以及询问是否申请回避。

第17条　质证一般按照下列顺序进行：

（一）赔偿请求人、赔偿义务机关分别陈述，复议机关进行说明；

（二）审判员归纳争议焦点；

（三）赔偿请求人、赔偿义务机关分别出示证据，发表意见；

（四）询问参加质证的证人、鉴定人、勘验人；

（五）赔偿请求人、赔偿义务机关就争议的事项进行质询和辩论；

（六）审判员宣布赔偿请求人、赔偿义务机关认识一致的事实和证据；

（七）赔偿请求人、赔偿义务机关最后陈述意见。

第18条　赔偿委员会根据赔偿请求人申请调取的证据，作为赔偿请求人提供的证据进行质证。

赔偿委员会依照职权调取的证据应当在质证时出示，并就调取该证据的情况予以说明，听取赔偿请求人、赔偿义务机关的意见。

第19条　赔偿请求人或者赔偿义务机关对对方主张的不利于自己的事实，在质证中明确表示承认的，对方无需举证；既未表示承认也未否认，经审判员询问并释明法律后果后，其仍不作明确表示的，视为对该项事实的承认。

赔偿请求人、赔偿义务机关委托代理人参加质证的，代理人在代理权限范围内的承认视为被代理人的承认，但参加质证的赔偿请求人、赔偿义务机关当场明确表示反对的除外；代理人超出代理权限范围的承认，参加质证的赔偿请求人、赔偿义务机关当场不作否认表示的，视为被代理人的承认。

上述承认违反法律禁止性规定，或者损害国家利益、社会公共利益、他人合法权益的，不发生自认的效力。

第20条　下列事实无需举证证明：（一）自然规律以及定理、定律；（二）众所周知的事实；（三）根据法律规定推定的事实；（四）已经依法证明的事实；（五）根据日常生活经验法则推定的事实。

前款（二）、（三）、（四）、（五）项，赔偿请求人、赔偿义务机关有相反证据否定其真实性的除外。

第21条　有证据证明赔偿义务机关持有证据无正当理由拒不提供的，赔偿委员会可以就待证事实作出有利于赔偿请求人的推定。

第22条　赔偿委员会应当依据法律规定，遵照法定程序，全面客观地审核证据，运用逻辑推理和日常生活经验，对证据的证明力进行独立、综合的审查判断。

第23条　书记员应当将质证的全部活动记入笔录。质证笔录由赔偿请求人、赔偿义务机关和其他质证参与人核对无误或者补正后签名或者盖章。拒绝签名或者盖章的，应当记明情况附卷，由审判员和书记员签名。

具备条件的，赔偿委员会可以对质证活动进行全程同步录音录像。

第24条　赔偿请求人、赔偿义务机关经通知无正当理由拒不参加质证或者未经许可中途退出质证的，视为放弃质证，赔偿委员会可以综合全案情况和对方意见认定案件事实。

第25条　有下列情形之一的，可以延期质证：（一）赔偿请求人、赔偿义务机关因不可抗拒的事由不能参加质证的；（二）赔偿请求人、赔偿义务机关临时提出回避申请，是否回避的决定不能在短时间内作出的；（三）需要通知新的证人到场，调取新的证据，重新鉴定、勘验，或者补充调查的；（四）其他应当延期的情形。

【公通字〔2013〕30号】　公安机关办理刑事案件适用查封、冻结措施有关规定[①]（最高法、最高检、公安部、国家安全部、司法部、国土资源部、住房城乡建设部、交通运输部、农业部、人民银行、林业局、银监会、证监会、保监会、民航局2013年9月1日成文，公安部办公厅2013年9月4日印发）

第52条　公安机关办理刑事案件适用查封、冻结措施，因违反有关规定导致国家赔偿的，应当承担相应的赔偿责任，并依照《国家赔偿法》的规定向有关责任人员追偿部分或者全部赔偿费用，协助执行的部门和单位不承担赔偿责任。

【法释〔2014〕7号】　最高人民法院关于人民法院赔偿委员会依照《中华人民共和国国家赔偿法》第三十条规定纠正原生效的赔偿委员会决定应如何适用人身自由赔偿标准问题的批复（2014年6月23日最高法审委会〔1621〕次通过，2014年6月30日公布，答复吉林、山东、河南高院，2014年8月1日起施行）

人民法院赔偿委员会依照《中华人民共和国国家赔偿法》第30条规定纠正原生效的赔偿委员会决定时，原决定的错误系漏算部分侵犯人身自由天数的，应在维持原决定支付的人身自由赔偿金的同时，就漏算天数按照重新审查或者直接审查后作出决定时的上年度国家职工日平均工资标准计算相应的人身自由赔偿金；原决定的错误系未支持人身自由赔偿请求的，按照重新审查或者直接审查后作出决定时的上年度国家职工日平均工资标准计算人身自由赔偿金。

【法释〔2014〕13号】　最高人民法院关于刑事裁判涉财产部分执行的若干规定（2014年9月1日最高法审委会〔1625〕次通过，2014年10月30日公布，2014年11月6日起施行；代替法释〔2010〕4号《最高人民法院关于财产刑执行问题的若干规定》）

第10条（第4款）　对于被害人的损失，应当按照刑事裁判认定的实际损失予以发还或者赔偿。

【法发〔2014〕14号】　最高人民法院关于人民法院赔偿委员会审理国家赔偿案件适用精神损害赔偿若干问题的意见（2014年7月29日）

2010年4月29日第11届全国人大常委会〔第14次〕审议通过的《全国人民代表大会常务委员会关于修改〈中华人民共和国国家赔偿法〉的决定》，扩大了消除影响、恢复名誉、赔礼道歉的适用范围，增加了有关精神损害抚慰金的规定，实现了国家赔偿中精神损害赔偿制度的重大发展。国家赔偿法第35条规定："有本法第3条或者第17条规定情形之一，致人精神损害的，应当在侵权行为影响的范围内，为受害人消除影响，恢复名誉，赔礼道歉；造成严重后果的，应当支付相应的精神损害抚慰金。"为依法充分保障公民权益，妥善处理国家赔偿纠纷，现就人民法院赔偿委员会审理国家赔偿案件适用精神损害赔偿若干问题，提出以下意见：

[①] 注：经核阅原始纸质文件，本《规定》的文件名确实为"有关规定"，而非"相关规定"。

一、充分认识精神损害赔偿的重要意义

现行国家赔偿法与 1994 年国家赔偿法相比，吸收了多年来理论及实践探索与发展的成果，在责任范围和责任方式等方面对精神损害赔偿进行了完善和发展，有效提升了对公民人身权益的保护水平。人民法院赔偿委员会要充分认识国家赔偿中的精神损害赔偿制度的重要意义，将贯彻落实该项制度作为"完善人权司法保障制度"的重要内容，正确适用国家赔偿法第 35 条等相关法律规定，依法处理赔偿请求人提出的精神损害赔偿申请，妥善化解国家赔偿纠纷，切实尊重和保障人权。

二、严格遵循精神损害赔偿的适用原则

人民法院赔偿委员会适用精神损害赔偿条款，应当严格遵循以下原则：一是依法赔偿原则。严格依照国家赔偿法的规定，不得扩大或者缩小精神损害赔偿的适用范围，不得增加或者减少其适用条件。二是综合裁量原则。综合考虑个案中侵权行为的致害情况，侵权机关及其工作人员的违法、过错程度等相关因素，准确认定精神损害赔偿责任。三是合理平衡原则。坚持同等情况同等对待，不同情况区别处理，适当考虑个案及地区差异，兼顾社会发展整体水平和当地居民生活水平。

三、准确把握精神损害赔偿的前提条件和构成要件

人民法院赔偿委员会适用精神损害赔偿条款，应当以公民的人身权益遭受侵犯为前提条件，并审查是否满足以下责任构成要件：行使侦查、检察、审判职权的机关以及看守所、监狱管理机关及其工作人员在行使职权时有国家赔偿法第 17 条规定的侵权行为；致人精神损害；侵权行为与精神损害事实及后果之间存在因果关系。

四、依法认定"致人精神损害"和"造成严重后果"

人民法院赔偿委员会适用精神损害赔偿条款，应当严格依法认定侵权行为是否"致人精神损害"以及是否"造成严重后果"。一般情形下，人民法院赔偿委员会应当综合考虑受害人人身自由、生命健康受到侵害的情况，精神受损情况，日常生活、工作学习、家庭关系、社会评价受到影响的情况，并考量社会伦理道德、日常生活经验等因素，依法认定侵权行为是否致人精神损害以及是否造成严重后果。

受害人因侵权行为而死亡、残疾（含精神残疾）或者所受伤害经有合法资质的机构鉴定为重伤或者诊断、鉴定为严重精神障碍的，人民法院赔偿委员会应当认定侵权行为致人精神损害并且造成严重后果。[①]

五、妥善处理两种责任方式的内在关系

人民法院赔偿委员会适用精神损害赔偿条款，应当妥善处理"消除影响，恢复名誉，赔礼道歉"与"支付相应的精神损害抚慰金"两种责任方式的内在关系。

侵权行为致人精神损害但未造成严重后果的，人民法院赔偿委员会应当根据案件具体情况决定由赔偿义务机关为受害人消除影响、恢复名誉或者向其赔礼道歉。

侵权行为致人精神损害且造成严重后果的，人民法院赔偿委员会除依照前述规定决定由赔偿义务机关为受害人消除影响、恢复名誉或者向其赔礼道歉外，还应当决定由赔偿义务机关支付相应的精神损害抚慰金。

[①] 注：《最高人民法院关于审理国家赔偿案件确定精神损害赔偿责任适用法律若干问题的解释》（法释〔2021〕3 号，2021 年 4 月 1 日起施行）扩大了精神损害赔偿范围。

六、正确适用"消除影响，恢复名誉，赔礼道歉"责任方式人民法院赔偿委员会适用精神损害赔偿条款，要注意"消除影响、恢复名誉"与"赔礼道歉"作为非财产责任方式，既可以单独适用，也可以合并适用。其中，消除影响、恢复名誉应当公开进行。人民法院赔偿委员会可以根据赔偿义务机关与赔偿请求人协商的情况，或者根据侵权行为直接影响所及、受害人住所地、经常居住地等因素确定履行范围，决定由赔偿义务机关以适当方式公开为受害人消除影响、恢复名誉。人民法院赔偿委员会决定由赔偿义务机关公开赔礼道歉的，参照前述规定执行。

赔偿义务机关在案件审理终结前已经履行消除影响、恢复名誉或者赔礼道歉义务，人民法院赔偿委员会可以在国家赔偿决定书中予以说明，不再写入决定主文。人民法院赔偿委员会决定由赔偿义务机关为受害人消除影响、恢复名誉或者向其赔礼道歉的，赔偿义务机关应当自收到人民法院赔偿委员会国家赔偿决定书之日起30日内主动履行消除影响、恢复名誉或者赔礼道歉义务。

赔偿义务机关逾期未履行的，赔偿请求人可以向作出生效国家赔偿决定的赔偿委员会所在法院申请强制执行。强制执行产生的费用由赔偿义务机关负担。

七、综合酌定"精神损害抚慰金"的具体数额

人民法院赔偿委员会适用精神损害赔偿条款，决定采用"支付相应的精神损害抚慰金"方式的，应当综合考虑以下因素确定精神损害抚慰金的具体数额：精神损害事实和严重后果的具体情况；侵权机关及其工作人员的违法、过错程度；侵权的手段、方式等具体情节；罪名、刑罚的轻重；纠错的环节及过程；赔偿请求人住所地或者经常居住地平均生活水平；赔偿义务机关所在地平均生活水平；其他应当考虑的因素。

人民法院赔偿委员会确定精神损害抚慰金的具体数额，还应当注意体现法律规定的"抚慰"性质，原则上不超过依照国家赔偿法第33条、第34条所确定的人身自由赔偿金、生命健康赔偿金总额的35%①，最低不少于1千元。

受害人对精神损害事实和严重后果的产生或者扩大有过错的，可以根据其过错程度减少或者不予支付精神损害抚慰金。

八、认真做好法律释明工作

人民法院赔偿委员会发现赔偿请求人在申请国家赔偿时仅就人身自由或者生命健康所受侵害提出赔偿申请，没有同时就精神损害提出赔偿申请的，应当向其释明国家赔偿法第35条的内容，并将相关情况记录在案。在案件终结后，赔偿请求人基于同一事实、理由，就同一赔偿义务机关另行提出精神损害赔偿申请的，人民法院一般不予受理。

九、其他国家赔偿案件的参照适用

人民法院审理国家赔偿法第3条、第38条规定的涉及侵犯人身权的国家赔偿案件，以及人民法院办理涉及侵犯人身权的自赔案件，需要适用精神损害赔偿条款的，参照本意见处理。

【法〔2015〕12号】　最高人民法院关于进一步加强刑事冤错案件国家赔偿工作的意见
(2015年1月12日)

四、提升执法办案的规范性和透明度。各级人民法院要严格执行国家赔偿法和相关司法

---

① 注：《最高人民法院关于审理国家赔偿案件确定精神损害赔偿责任适用法律若干问题的解释》（法释〔2021〕3号，2021年4月1日起施行）将该额度提升至50%。

解释的规定，确保程序合法公正。要不断创新和完善工作机制，加强审判管理，进一步提升立案、审理、决定、执行等各环节的规范化水平。要针对国家赔偿案件的特点，创新司法公开的形式，拓展司法公开的广度和深度，自觉接受人大、政协、检察机关和社会各界的监督。要加强直接、实时监督，对于重大、疑难、复杂案件决定组织听证或者质证的，可以邀请人大代表、政协委员、检察机关代表、律师代表、群众代表等参与旁听，也可以通过其他适当方式公开听证或者质证的过程，进一步提升刑事冤错案件国家赔偿工作的透明度。

五、严格依法开展协商和作出决定。各级人民法院要充分运用国家赔偿法规定的协商机制，与赔偿请求人就赔偿方式、赔偿项目和赔偿数额进行协商。经协商达成协议的，依法制作国家赔偿决定书确认协议内容；协商不成的，依法作出国家赔偿决定。针对具体赔偿项目，有明确赔偿标准的，严格执行法定赔偿标准；涉及精神损害赔偿的，按照《最高人民法院关于人民法院赔偿委员会审理国家赔偿案件适用精神损害赔偿若干问题的意见》办理。要注意加强文书说理，充分说明认定的案件事实和依据，准确援引法律和司法解释规定，确保说理全面、透彻、准确，语言通俗易懂，增强人民群众对国家赔偿决定的认同感。

六、加强国家赔偿决定执行工作。各级人民法院要积极协调、督促财政部门等做好生效国家赔偿决定的执行工作，共同维护生效法律文书的法律权威。赔偿请求人向作为赔偿义务机关的人民法院申请支付赔偿金的，被申请法院要依法审查并及时将审查结果通知赔偿请求人。人民法院受理赔偿请求人的支付申请后，要严格依照预算管理权限在7日内向财政部门提出支付申请。财政部门受理后超过法定期限未拨付赔偿金的，人民法院要积极协调催办并将进展情况及时反馈给赔偿请求人。赔偿请求人就决定执行、赔偿金支付等事宜进行咨询的，人民法院要及时予以回应。

【法释〔2015〕24号】　最高人民法院、最高人民检察院关于办理刑事赔偿案件适用法律若干问题的解释（2015年12月14日最高法审委会〔1671次〕、2015年12月21日最高检检委会〔12届46次〕通过，2015年12月28日公布，2016年1月1日起施行；以本规为准）

第2条　解除、撤销拘留或者逮捕措施后虽尚未撤销案件、作出不起诉决定或者判决宣告无罪，但是符合下列情形之一的，属于国家赔偿法第17条第一项、第二项规定的终止追究刑事责任：（一）办案机关决定对犯罪嫌疑人终止侦查的；（二）解除、撤销取保候审、监视居住、拘留、逮捕措施后，办案机关超过1年未移送起诉、作出不起诉决定或者撤销案件的；（三）取保候审、监视居住法定期限届满后，办案机关超过1年未移送起诉、作出不起诉决定或者撤销案件的；（四）人民检察院撤回起诉超过30日未作出不起诉决定的；（五）人民法院决定按撤诉处理后超过30日，人民检察院未作出不起诉决定的；（六）人民法院准许刑事自诉案件自诉人撤诉的，或者人民法院决定对刑事自诉案件按撤诉处理的。

赔偿义务机关有证据证明尚未终止追究刑事责任，且经人民法院赔偿委员会审查属实的，应当决定驳回赔偿请求人的赔偿申请。

第3条　对财产采取查封、扣押、冻结、追缴等措施后，有下列情形之一，且办案机关未依法解除查封、扣押、冻结等措施或者返还财产的，属于国家赔偿法第18条规定的侵犯财产权：（一）赔偿请求人有证据证明财产与尚未终结的刑事案件无关，经审查属实的；（二）终止侦查、撤销案件、不起诉、判决宣告无罪终止追究刑事责任的；（三）采取取保候审、监视居住、拘留或者逮捕措施，在解除、撤销强制措施或者强制措施法定期限届满后超过1年未移送起诉、作出不起诉决定或者撤销案件的；（四）未采取取保候审、监视居住、拘留或者逮捕措施，立案后超过2年未移送起诉、作出不起诉决定或者撤销案件的；（五）人民检察院撤回起诉超过30日未作出不起诉决定的；（六）人民法院决定按撤诉处理后超过30日，人民检察院未作出不起诉决定的；（七）对生效裁决没有处理的财产或者对该财产违法进行其他处理的。

有前款第三项至六项规定情形之一，赔偿义务机关有证据证明尚未终止追究刑事责任，且经人民法院赔偿委员会审查属实的，应当决定驳回赔偿请求人的赔偿申请。

第4条　赔偿义务机关作出赔偿决定，应当依法告知赔偿请求人有权在30日内向赔偿义务机关的上一级机关申请复议。赔偿义务机关未依法告知，赔偿请求人收到赔偿决定之日起2年内提出复议申请的，复议机关应当受理。

人民法院赔偿委员会处理赔偿申请，适用前款规定。

第5条　对公民采取刑事拘留措施后终止追究刑事责任，具有下列情形之一的，属于国家赔偿法第17条第一项规定的违法刑事拘留：（一）违反刑事诉讼法规定的条件采取拘留措施的；（二）违反刑事诉讼法规定的程序采取拘留措施的；（三）依照刑事诉讼法规定的条件和程序对公民采取拘留措施，但是拘留时间超过刑事诉讼法规定的时限。

违法刑事拘留的人身自由赔偿金自拘留之日起计算。

第6条　数罪并罚的案件经再审改判部分罪名不成立，监禁期限超出再审判决确定的刑期，公民对超期监禁申请国家赔偿的，应当决定予以赔偿。①

第7条　根据国家赔偿法第19条第2项、第3项的规定，依照刑法第17条、第18条规定不负刑事责任的人和依照刑事诉讼法第15条、第173条第2款规定②不追究刑事责任的人被羁押，国家不承担赔偿责任。但是，对起诉后经人民法院错判拘役、有期徒刑、无期徒刑并已执行的，人民法院应当对该判决确定后继续监禁期间侵犯公民人身自由权的情形予以赔偿。

第8条　赔偿义务机关主张依据国家赔偿法第19条第1项、第5项规定的情形免除赔偿责任的，应当就该免责事由的成立承担举证责任。

第9条　受害的公民死亡，其继承人和其他有扶养关系的亲属有权申请国家赔偿。

依法享有继承权的同一顺序继承人有数人时，其中一人或者部分人作为赔偿请求人申请国家赔偿的，申请效力及于全体。

赔偿请求人为数人时，其中一人或者部分赔偿请求人非经全体同意，申请撤回或者放弃赔偿请求，效力不及于未明确表示撤回申请或者放弃赔偿请求的其他赔偿请求人。

第10条　看守所及其工作人员在行使职权时侵犯公民合法权益造成损害的，看守所的主管机关为赔偿义务机关。

第11条　对公民采取拘留措施后又采取逮捕措施，国家承担赔偿责任的，作出逮捕决定的机关为赔偿义务机关。

第12条　一审判决有罪，二审发回重审后具有下列情形之一的，属于国家赔偿法第21条第4款规定的重审无罪赔偿，作出一审有罪判决的人民法院为赔偿义务机关：（一）原审

---

① 注：“法办〔2012〕490号”《纪要》第13条规定，对于"二审"改判的此类情形，不承担国家赔偿责任。

② 注：该条、款规定的内容分别对应现《刑事诉讼法》（2018年版）第16条、第177条第2款。

人民法院改判无罪并已发生法律效力的；（二）重审期间人民检察院作出不起诉决定的；（三）人民检察院在重审期间撤回起诉超过30日或者人民法院决定按撤诉处理超过30日未作出不起诉决定的。

依照审判监督程序再审后作无罪处理的，作出原生效判决的人民法院为赔偿义务机关。

第13条 医疗费赔偿根据医疗机构出具的医药费、治疗费、住院费等收款凭证，结合病历和诊断证明等相关证据确定。赔偿义务机关对治疗的必要性和合理性提出异议的，应当承担举证责任。

第14条 护理费赔偿参照当地护工从事同等级别护理的劳务报酬标准计算，原则上按照1名护理人员的标准计算护理费；但医疗机构或者司法鉴定人有明确意见的，可以参照确定护理人数并赔偿相应的护理费。

护理期限应当计算至公民恢复生活自理能力时止。公民因残疾不能恢复生活自理能力的，可以根据其年龄、健康状况等因素确定合理的护理期限，一般不超过20年。

第15条 残疾生活辅助器具费赔偿按照普通适用器具的合理费用标准计算。伤情有特殊需要的，可以参照辅助器具配制机构的意见确定。

辅助器具的更换周期和赔偿期限参照配制机构的意见确定。

第16条 误工减少收入的赔偿根据受害公民的误工时间和国家上年度职工日平均工资确定，最高为国家上年度职工年平均工资的5倍。

误工时间根据公民接受治疗的医疗机构出具的证明确定。公民因伤致残持续误工的，误工时间可以计算至作为赔偿依据的伤残等级鉴定确定前一日。

第17条 造成公民身体伤残的赔偿，应当根据司法鉴定人的伤残等级鉴定确定公民丧失劳动能力的程度，并参照以下标准确定残疾赔偿金：

（一）按照国家规定的伤残等级确定公民为一级至四级伤残的，视为全部丧失劳动能力，残疾赔偿金幅度为国家上年度职工年平均工资的10倍至20倍；

（二）按照国家规定的伤残等级确定公民为五级至十级伤残的，视为部分丧失劳动能力。五至六级的，残疾赔偿金幅度为国家上年度职工年平均工资的5倍至10倍；七至十级的，残疾赔偿金幅度为国家上年度职工年平均工资的5倍以下。

有扶养义务的公民部分丧失劳动能力的，残疾赔偿金可以根据伤残等级并参考被扶养人生活来源丧失的情况进行确定，最高不超过国家上年度职工年平均工资的20倍。

第18条 受害的公民全部丧失劳动能力的，对其扶养的无劳动能力人的生活费发放标准，参照作出赔偿决定时被扶养人住所地所属省级人民政府确定的最低生活保障标准执行。

能够确定扶养年限的，生活费可协商确定并一次性支付。不能确定扶养年限的，可按照20年上限确定扶养年限并一次性支付生活费，被扶养人超过60周岁的，年龄每增加1岁，扶养年限减少1年；被扶养人年龄超过确定扶养年限的，被扶养人可逐年领取生活费至死亡时止。

第19条 侵犯公民、法人和其他组织的财产权造成损害的，应当依照国家赔偿法第36条的规定承担赔偿责任。

财产不能恢复原状或者灭失的，财产损失按照损失发生时的市场价格或者其他合理方式计算。

第20条 返还执行的罚款或者罚金、追缴或者没收的金钱，解除冻结的汇款的，应当支付银行同期存款利息，利率参照赔偿义务机关作出赔偿决定时中国人民银行公布的人民币整存整取定期存款一年期基准利率确定，不计算复利。

复议机关或者人民法院赔偿委员会改变原赔偿决定，利率参照新作出决定时中国人民银行公布的人民币整存整取定期存款一年期基准利率确定。

计息期间自侵权行为发生时起算，至作出生效赔偿决定时止；但在生效赔偿决定作出前侵权行为停止的，计算至侵权行为停止时止。

被罚没、追缴的资金属于赔偿请求人在金融机构合法存款的，在存款合同存续期间，按照合同约定的利率计算利息。

第21条 国家赔偿法第33条、第34条规定的上年度，是指赔偿义务机关作出赔偿决定时的上一年度；复议机关或者人民法院赔偿委员会改变原赔偿决定，按照新作出决定时的上一年度国家职工平均工资标准计算人身自由赔偿金。

作出赔偿决定、复议决定时国家上一年度职工平均工资尚未公布的，以已经公布的最近年度职工平均工资为准。

第22条 下列赔偿决定、复议决定是发生法律效力的决定：

（一）超过国家赔偿法第24条规定的期限没有申请复议或者向上一级人民法院赔偿委员会申请国家赔偿的赔偿义务机关的决定；

（二）超过国家赔偿法第25条规定的期限没有向人民法院赔偿委员会申请国家赔偿的复议决定；

（三）人民法院赔偿委员会作出的赔偿决定。

发生法律效力的赔偿义务机关的决定和复议决定，与发生法律效力的赔偿委员会的赔偿决定具有同等法律效力，依法必须执行。

【法刊文摘】 检答网集萃51：检察机关作出存疑不诉前，公安机关对赔偿请求人行政拘留的，行政拘留期间应当计算在赔偿范围内吗（检察日报2021年7月21日）

咨询内容（安徽太和丁振华）：《最高人民法院、最高人民检察院关于办理刑事赔偿案件适用法律若干问题的解释》第11条规定的拘留，包括行政拘留吗？

解答摘要（张红萍）：行政拘留与刑事拘留引发国家赔偿的，其赔偿义务机关可能相同，但两者在法律适用上有着本质的区别，一个是行政赔偿程序，一个是刑事赔偿程序。《最高人民法院、最高人民检察院关于办理刑事赔偿案件适用法律若干问题的解释》针对的仅是刑事赔偿，不适用于行政赔偿。

【公安部令〔2014〕133号】 公安机关办理刑事复议复核案件程序规定（2014年9月4日公安部部长办公会议通过，2014年9月13日发布，2014年11月1日起施行）

第17条 申请人申请刑事复议、复核时一并提起国家赔偿申请的，刑事复议、复核机构应当告知申请人另行提起国家赔偿申请。

【公通字〔2015〕21号】 公安机关涉案财物管理若干规定（公安部2015年7月22日印发，2015年9月1日起施行；"公通字〔2010〕57号"同名《规定》同时废止）

第29条 公安机关及其工作人员违反涉案财物管理规定，给当事人造成损失的，公安机关应当依法予以赔偿，并责令有故意或者重大过失的有关领导和直接责任人员承担部分或者全部赔偿费用。

【公通字〔2017〕25号】　最高人民检察院、公安部关于公安机关办理经济犯罪案件的若干规定（最高检、公安部2017年11月24日印发，2018年1月1日施行；2005年12月31日"公通字〔2005〕101号"《规定》同时废止）

第73条（第2款）　对于导致国家赔偿的责任人员，应当依据《中华人民共和国国家赔偿法》的有关规定，追偿其部分或者全部赔偿费用。

【法释〔2017〕9号】　最高人民法院关于国家赔偿监督程序若干问题的规定（2017年2月27日最高法审委会［1711次］通过，2017年4月20日公布，2017年5月1日起施行）

第1条　依照国家赔偿法第30条的规定，有下列情形之一的，适用本规定予以处理：（一）赔偿请求人或者赔偿义务机关认为赔偿委员会生效决定确有错误，向上一级人民法院赔偿委员会提出申诉的；（二）赔偿委员会生效决定违反国家赔偿法规定，经本院院长决定或者上级人民法院指令重新审理，以及上级人民法院决定直接审理的；（三）最高人民检察院对各级人民法院赔偿委员会生效决定，上级人民检察院对下级人民法院赔偿委员会生效决定，发现违反国家赔偿法规定，向同级人民法院赔偿委员会提出重新审查意见的。

行政赔偿案件的审判监督依照行政诉讼法的相关规定执行。

第2条　赔偿请求人或者赔偿义务机关对赔偿委员会生效决定，认为确有错误的，可以向上一级人民法院赔偿委员会提出申诉。申诉审查期间，不停止生效决定的执行。

第3条　赔偿委员会决定生效后，赔偿请求人死亡或者其主体资格终止的，其权利义务承继者可以依法提出申诉。

赔偿请求人死亡，依法享有继承权的同一顺序继承人有数人时，其中一人或者部分人申诉的，申诉效力及于全体；但是申请撤回申诉或者放弃赔偿请求的，效力不及于未明确表示撤回申诉或者放弃赔偿请求的其他继承人。

赔偿义务机关被撤销或者职权变更的，继续行使其职权的机关可以依法提出申诉。

第4条　赔偿请求人、法定代理人可以委托1至2人作为代理人代为申诉。申诉代理人的范围包括：（一）律师、基层法律服务工作者；（二）赔偿请求人的近亲属或者工作人员；（三）赔偿请求人所在社区、单位以及有关社会团体推荐的公民。

赔偿义务机关可以委托本机关工作人员、法律顾问、律师1至2人代为申诉。

第5条　赔偿请求人或者赔偿义务机关申诉，应当提交以下材料：（一）申诉状。申诉状应当写明申诉人和被申诉人的基本信息，申诉的法定事由，以及具体的请求、事实和理由；书写申诉状确有困难的，可以口头申诉，由人民法院记入笔录。（二）身份证明及授权文书。赔偿请求人申诉的，自然人应当提交身份证明，法人或者其他组织应当提交营业执照、组织机构代码证书、法定代表人或者主要负责人身份证明；赔偿义务机关申诉的，应当提交法定代表人或者主要负责人身份证明；委托他人申诉的，应当提交授权委托书和代理人身份证明。（三）法律文书。即赔偿义务机关、复议机关及赔偿委员会作出的决定书等法律文书。（四）其他相关材料。以有新的证据证明原决定认定的事实确有错误为由提出申诉的，应当同时提交相关证据材料。

申诉材料不符合前款规定的，人民法院应当一次性告知申诉人需要补正的全部内容及补正期限。补正期限一般为15日，最长不超过1个月。申诉人对必要材料拒绝补正或者未能在规定期限内补正的，不予审查。收到申诉材料的时间自人民法院收到补正后的材料之日起计算。

第6条　申诉符合下列条件的，人民法院应当在收到申诉材料之日起7日内予以立案：（一）申诉人具备本规定的主体资格；（二）受理申诉的人民法院是作出生效决定的人民法院的上一级人民法院；（三）提交的材料符合本规定第5条的要求。

申诉不符合上述规定的，人民法院不予受理并应当及时告知申诉人。

第7条　赔偿请求人或者赔偿义务机关申诉，有下列情形之一的，人民法院不予受理：（一）赔偿委员会驳回申诉后，申诉人再次提出申诉的；（二）赔偿请求人对作为赔偿义务机关的人民法院作出的决定不服，未在法定期限内向其上一级人民法院赔偿委员会申请作出赔偿决定，在赔偿义务机关的决定发生法律效力后直接向人民法院赔偿委员会提出申诉的；（三）赔偿请求人、赔偿义务机关对最高人民法院赔偿委员会作出的决定不服提出申诉的；（四）赔偿请求人对行使侦查、检察职权的机关以及看守所主管机关、监狱管理机关作出的决定，未在法定期限内向其上一级机关申请复议，或者申请复议后复议机关逾期未作出决定或者复议机关已作出复议决定，但赔偿请求人未在法定期限内向复议机关所在地的同级人民法院赔偿委员会申请作出赔偿决定，在赔偿义务机关、复议机关的相关决定生效后直接向人民法院赔偿委员会申诉的。

第8条　赔偿委员会对于立案受理的申诉案件，应当着重围绕申诉人的申诉事由进行审查。必要时，应当对原决定认定的事实、证据和适用法律进行全面审查。

第9条　赔偿委员会审查申诉案件采取书面审查的方式，根据需要可以听取申诉人和被申诉人的陈述和申辩。

第10条　赔偿委员会审查申诉案件，一般应当在3个月内作出处理，至迟不得超过6个月。有特殊情况需要延长的，由本院院长批准。

第11条　有下列情形之一的，应当决定重新审理：（一）有新的证据，足以推翻原决定的；（二）原决定认定的基本事实缺乏证据证明的；（三）原决定认定事实的主要证据是伪造的；（四）原决定适用法律确有错误的；（五）原决定遗漏赔偿请求，且确实违反国家赔偿法规定的；（六）据以作出原决定的法律文书被撤销或者变更的；（七）审判人员在审理该案时有贪污受贿、徇私舞弊、枉法裁判行为的；（八）原审理程序违反法律规定，可能影响公正审理的。

第12条　申诉人在申诉阶段提供新的证据，应当说明逾期提供的理由。

申诉人提供的新的证据，能够证明原决定认定的基本事实或者处理结果错误的，应当认定为本规定第11条第一项规定的情形。

第13条　赔偿委员会经审查，对申诉人的申诉按照下列情形分别处理：

（一）申诉人主张的重新审理事由成立，且符合国家赔偿法和本规定的申诉条件的，决定重新审理。重新审理包括上级人民法院赔偿委员会直接审理或者指令原审人民法院赔偿委员会重新审理。

（二）申诉人主张的重新审理事由不成立，或者不符合国家赔偿法和本规定的申诉条件的，书面驳回申诉。

（三）原决定不予受理或者驳回赔偿申请错误的，撤销原决定，指令原审人民法院赔偿委员会依法审理。

第14条　人民法院院长发现本院赔偿委员会生效决定违反国家赔偿法规定，认为需要重新审理的，应当提交审判委员会讨论决定。

最高人民法院对各级人民法院赔偿委员会生效决定，上级人民法院对下级人民法院赔偿委员会生效决定，发现违反国家赔偿法规定的，有权决定直接审理或者指令下级人民法院赔偿委员会重新审理。

第15条　最高人民检察院对各级人民法院赔偿委员会生效决定，上级人民检察院对下级人民法院赔偿委员会生效决定，向同级人民法院赔偿委员会提出重新审查意见的，同级人民法院赔偿委员会应当决定直接审理，并将决定书送达提出意见的人民检察院。

第16条　赔偿委员会重新审理案件，适用国家赔偿法和相关司法解释关于赔偿委员会审理程序的规定；本规定依据国家赔偿法和相关法律对重新审理程序有特别规定的，适用本规定。

原审人民法院赔偿委员会重新审理案件，应当另行指定审判人员。

第17条　决定重新审理的案件，可以根据案件情形中止原决定的执行。

第18条　赔偿委员会重新审理案件，采取书面审理的方式，必要时可以向有关单位和人员调查情况、收集证据，听取申诉人、被申诉人或者赔偿请求人、赔偿义务机关的陈述和申辩。有本规定第11条第一项、第三项情形，或者赔偿委员会认为确有必要的，可以组织申诉人、被申诉人或者赔偿请求人、赔偿义务机关公开质证。

对于人民检察院提出意见的案件，赔偿委员会组织质证时应当通知提出意见的人民检察院派员出席。

第19条　赔偿委员会重新审理案件，应当对原决定认定的事实、证据和适用法律进行全面审理。

第20条　赔偿委员会重新审理的案件，应当在两个月内依法作出决定。

第21条　案件经重新审理后，应当根据下列情形分别处理：

（一）原决定认定事实清楚、适用法律正确的，应当维持原决定；

（二）原决定认定事实、适用法律虽有瑕疵，但决定结果正确的，应当在决定中纠正瑕疵后予以维持；

（三）原决定认定事实、适用法律错误，导致决定结果错误的，应当撤销、变更、重新作出决定；

（四）原决定违反国家赔偿法规定，对不符合案件受理条件的赔偿申请进行实体处理的，应当撤销原决定，驳回赔偿申请；

（五）申诉人、被申诉人或者赔偿请求人、赔偿义务机关经协商达成协议的，赔偿委员会依法审查并确认后，应当撤销原决定，根据协议作出新决定。

第22条　赔偿委员会重新审理后作出的决定，应当及时送达申诉人、被申诉人或者赔偿请求人、赔偿义务机关和提出意见的人民检察院。

第23条　在申诉审查或者重新审理期间，有下列情形之一的，赔偿委员会应当决定中止审查或者审理：（一）申诉人、被申诉人或者原赔偿请求人、原赔偿义务机关死亡或者终止，尚未确定权利义务承继者的；（二）申诉人、被申诉人或者赔偿请求人丧失行为能力，尚未确定法定代理人的；（三）宣告无罪的案件，人民法院决定再审或者人民检察院按照审判监督程序提出抗诉的；（四）申诉人、被申诉人或者赔偿请求人、赔偿义务机关因不可抗拒的事由，在法定审限内不能参加案件处理的；（五）其他应当中止的情形。

中止的原因消除后，赔偿委员会应当及时恢复审查或者审理，并通知申诉人、被申诉人或者赔偿请求人、赔偿义务机关和提出意见的人民检察院。

第24条 在申诉审查期间,有下列情形之一的,赔偿委员会应当决定终结审查:(一)申诉人死亡或者终止,无权利义务承继者或者权利义务承继者声明放弃申诉的;(二)据以申请赔偿的撤销案件决定、不起诉决定或者无罪判决被撤销的;(三)其他应当终结的情形。

在重新审理期间,有上述情形或者人民检察院撤回意见的,赔偿委员会应当决定终结审理。

第25条 申诉人在申诉审查或者重新审理期间申请撤回申诉的,赔偿委员会应当依法审查并作出是否准许的决定。

赔偿委员会准许撤回申诉后,申诉人又重复申诉的,不予受理,但有本规定第11条第一项、第三项、第六项、第七项规定情形,自知道或者应当知道该情形之日起6个月内提出的除外。

第26条 赔偿请求人在重新审理期间申请撤回赔偿申请的,赔偿委员会应当依法审查并作出是否准许的决定。准许撤回赔偿申请的,应当一并撤销原决定。

赔偿委员会准许撤回赔偿申请的决定送达后,赔偿请求人又重复申请国家赔偿的,不予受理。

第27条 本规定自2017年5月1日起施行。最高人民法院以前发布的司法解释和规范性文件,与本规定不一致的,以本规定为准。

【法释〔2018〕7号】 最高人民法院关于人民法院通过互联网公开审判流程信息的规定(2018年2月12日最高法审委会〔1733次〕通过,2018年3月4日公布,2018年9月1日起施行)

第1条(第1款) 人民法院审判刑事、民事、行政、国家赔偿案件的流程信息,应当通过互联网向参加诉讼的当事人及其法定代理人、诉讼代理人、辩护人公开。

【公通字〔2018〕26号】 公安机关执法公开规定(公安部2018年8月23日印发,2018年12月1日起施行;替代"公通字〔2012〕38号"《规定》)

第21条 公安机关办理刑事、行政、行政复议、国家赔偿等案件,或者开展行政管理活动,法律、法规、规章和其他规范性文件规定向特定对象告知执法信息的,应当依照有关规定执行。

【公安部令〔2018〕150号】 公安机关办理国家赔偿案件程序规定(2018年8月17日公安部部长办公会议修订,2018年9月1日发布,2018年10月1日起施行;替代2014年6月1日起施行的公安部令第130号《规定》)

第1章 总则

第4条 公安机关法制部门是办理国家赔偿案件的主管部门,依法履行下列职责:(一)接收赔偿申请,审查赔偿请求和事实理由,履行相关法律手续;(二)接收刑事赔偿复议申请,审查复议请求和事实理由,履行相关法律手续;(三)接收并审查支付赔偿费用申请,接收并审查对支付赔偿费用申请不予受理决定的复核申请;(四)参加人民法院审理赔偿案件活动;(五)提出追偿赔偿费用意见,接收并审查对追偿赔偿费用不服的申诉;(六)其他应当履行的职责。

第5条(第3款) 装备财务(警务保障)部门负责向财政部门申请支付赔偿费用,向赔偿请求人支付赔偿费用，将追偿的赔偿费用上缴财政部门。

第2章　行政赔偿和刑事赔偿

第1节　申请和受理

第6条　赔偿请求人申请赔偿，应当向赔偿义务机关提出。

公安机关及其工作人员行使职权侵犯公民、法人或者其他组织合法权益，造成损害的，该公安机关为赔偿义务机关。

公安机关内设机构和派出机构及其工作人员有前款情形的，所属公安机关为赔偿义务机关。

看守所、拘留所、强制隔离戒毒所等羁押监管场所及其工作人员有第2款情形的，主管公安机关为赔偿义务机关。

第7条　申请赔偿应当提交赔偿申请书，载明受害人的基本情况、赔偿请求、事实根据和理由、申请日期，并由赔偿请求人签名、盖章或者捺指印。

赔偿请求人书写确有困难的，可以口头申请。赔偿义务机关法制部门应当制作笔录，经赔偿请求人确认无误后签名、盖章或者捺指印。

第8条　申请赔偿除提交赔偿申请书外，还应当提交下列材料：（一）赔偿请求人的身份证明材料。赔偿请求人不是受害人本人的，提供与受害人关系的证明。赔偿请求人委托他人代理赔偿请求事项的，提交授权委托书，以及代理人的身份证明；代理人为律师的，同时提交律师执业证明及律师事务所证明。（二）赔偿请求所涉职权行为的法律文书或者其他证明材料。（三）赔偿请求所涉职权行为造成损害及其程度的证明材料。

不能提交前款第二项、第三项所列材料的，赔偿请求人应当书面说明情况和理由。

第9条　赔偿义务机关法制部门收到当面递交赔偿申请的，应当当场出具接收凭证。

赔偿义务机关其他部门遇有赔偿请求人当面递交或者口头提出赔偿申请的，应当当场联系法制部门接收；收到以邮寄或者其他方式递交的赔偿申请，应当自收到之日起2个工作日内转送法制部门。

第10条　赔偿义务机关法制部门收到赔偿申请后，应当在5个工作日内予以审查，并分别作出下列处理：

（一）申请材料不齐全或者表述不清楚的，经本部门负责人批准，一次性书面告知赔偿请求人需要补正的全部事项和合理的补正期限；

（二）不符合申请条件的，经机关负责人批准，决定不予受理并书面告知赔偿请求人；

（三）除第一项、第二项情形外，自赔偿义务机关法制部门收到申请之日起即为受理。

第11条　有下列情形之一的，赔偿申请不符合申请条件：（一）本机关不是赔偿义务机关的；（二）赔偿请求人不适格的；（三）赔偿请求事项不属于国家赔偿范围的；（四）超过请求时效且无正当理由的；（五）基于同一事实的赔偿请求已经通过申请行政复议或者提起行政诉讼提出，正在审理或者已经作出予以赔偿、不予赔偿结论的；（六）赔偿申请应当在终止追究刑事责任后提出，有证据证明尚未终止追究刑事责任的。

赔偿申请受理后，发现有前款情形之一的，赔偿义务机关应当在受理之日起2个月内，经本机关负责人批准，驳回赔偿申请。

对于第1款第六项情形，决定不予受理或者驳回申请的，同时告知赔偿请求人在终止追究刑事责任后重新申请。

第12条　赔偿请求人在补正期限内对赔偿申请予以补正的，赔偿义务机关法制部门应当自收到之日起5个工作日内予以审查。不符合申请条件的，经本机关负责人批准，决定不予受理并书面告知赔偿请求人。未书面告知不予受理的，自赔偿义务机关法制部门收到补正材料之日起即为受理。

赔偿义务机关法制部门在补正期限届满后第10个工作日仍未收到补正材料的，应当自该日起5个工作日内，对已经提交的赔偿申请予以审查。不符合申请条件的，经本机关负责人批准，决定不予受理并书面告知赔偿请求人。未书面告知不予受理的，自补正期限届满后第10个工作日起即为受理。

第13条　赔偿义务机关对赔偿请求已作出处理，赔偿请求人无正当理由基于同一事实再次申请赔偿的，不再处理。

第2节　审查

第14条　赔偿义务机关法制部门应当自赔偿申请受理之日起5个工作日内，将申请材料副本送赔偿请求所涉执法办案部门。执法办案部门应当自收到之日起10个工作日内向法制部门作出书面答复，并提供赔偿请求所涉职权行为的证据、依据和其他材料。

第15条　赔偿义务机关应当全面审查赔偿请求的事实、证据和理由。重点查明下列事项：（一）赔偿请求所涉职权行为的合法性；（二）侵害事实、损害后果及因果关系；（三）是否具有国家不承担赔偿责任的法定情形。

除前款所列查明事项外，赔偿义务机关还应当按照本规定第16条至第19条的规定，分别重点审查有关事项。

第16条　赔偿请求人主张人身自由权赔偿的，重点审查赔偿请求所涉限制人身自由的起止时间。

第17条　赔偿请求人主张生命健康权赔偿的，重点审查下列事项：（一）诊断证明、医疗费用凭据，以及护理、康复、后续治疗的证明；（二）死亡证明书，伤残、部分或者全部丧失劳动能力的鉴定意见。

赔偿请求提出因误工减少收入的，还应当审查收入证明、误工证明等。受害人死亡或者全部丧失劳动能力的，还应当审查其是否扶养未成年人或者其他无劳动能力人，以及所承担的扶养义务。

第18条　赔偿请求人主张财产权赔偿的，重点审查下列事项：（一）查封、扣押、冻结、收缴、追缴、没收的财物不能恢复原状或者灭失的，财物损失发生时的市场价格；查封、扣押、冻结、收缴、追缴、没收的财物被拍卖或者变卖的，拍卖或者变卖及其价格的证明材料，以及变卖时的市场价格。（二）停产停业期间必要经常性开支的证明材料。

第19条　赔偿请求人主张精神损害赔偿的，重点审查下列事项：（一）是否存在《国家赔偿法》第3条或者第17条规定的侵犯人身权行为；（二）精神损害事实及后果；（三）侵犯人身权行为与精神损害事实及后果的因果关系。

第20条　赔偿审查期间，赔偿请求人可以变更赔偿请求。赔偿义务机关认为赔偿请求人提出的赔偿请求事项不全或者不准确的，可以告知赔偿请求人在审查期限届满前变更赔偿请求。

第21条　赔偿审查期间，赔偿义务机关法制部门可以调查核实情况，收集有关证据。有关单位和人员应当予以配合。

第22条 对赔偿请求所涉职权行为，有权机关已经作出生效法律结论，该结论所采信的证据可以作为赔偿审查的证据。

第23条 赔偿审查期间，有下列情形之一的，经赔偿义务机关负责人批准，中止审查并书面告知有关当事人：（一）作为赔偿请求人的公民丧失行为能力，尚未确定法定代理人的；（二）作为赔偿请求人的公民下落不明或者被宣告失踪的；（三）作为赔偿请求人的公民死亡，其继承人和其他有扶养关系的亲属尚未确定是否参加赔偿审查的；（四）作为赔偿请求人的法人或者其他组织终止，尚未确定权利义务承受人，或者权利义务承受人尚未确定是否参加赔偿审查的；（五）赔偿请求人因不可抗力不能参加赔偿审查的；（六）赔偿审查涉及法律适用问题，需要有权机关作出解释或者确认的；（七）赔偿审查需要以其他尚未办结案件的结果为依据的；（八）其他需要中止审查的情形。

中止审查的情形消除后，应当在2个工作日内恢复审查，并书面告知有关当事人。

中止审查不符合第1款规定的，应当立即恢复审查。不恢复审查的，上一级公安机关应当责令恢复审查。

第24条 赔偿审查期间，有下列情形之一的，经赔偿义务机关负责人批准，终结审查并书面告知有关当事人：（一）作为赔偿请求人的公民死亡，没有继承人和其他有扶养关系的亲属，或者继承人和其他有扶养关系的亲属放弃要求赔偿权利的；（二）作为赔偿请求人的法人或者其他组织终止，没有权利义务承受人，或者权利义务承受人放弃要求赔偿权利的；（三）赔偿请求人自愿撤回赔偿申请的。

前款第一项中的继承人和其他有扶养关系的亲属、第二项中的权利义务承受人、第三项中的赔偿请求人为数人，非经全体同意放弃要求赔偿权利或者撤回赔偿申请的，不得终结审查。

第3节 决定

第25条 对受理的赔偿申请，赔偿义务机关应当自受理之日起2个月内，经本机关负责人批准，分别作出下列决定：

（一）违法行使职权造成侵权的事实清楚，应当予以赔偿的，作出予以赔偿的决定，并载明赔偿方式、项目和数额；

（二）违法行使职权造成侵权的事实不成立，或者具有国家不承担赔偿责任法定情形的，作出不予赔偿的决定。

按照前款第一项作出决定，不限于赔偿请求人主张的赔偿方式、项目和数额。

第26条 在查清事实的基础上，对应当予以赔偿的，赔偿义务机关应当充分听取赔偿请求人的意见，可以就赔偿方式、项目和数额在法定范围内进行协商。

协商应当遵循自愿、合法原则。协商达成一致的，赔偿义务机关应当按照协商结果作出赔偿决定；赔偿请求人不同意协商，或者协商未达成一致，或者赔偿请求人在赔偿决定作出前反悔的，赔偿义务机关应当依法作出赔偿决定。

第27条 侵犯公民人身自由的每日赔偿金，按照作出决定时的国家上年度职工日平均工资计算。

作出决定时国家上年度职工日平均工资尚未公布的，以公布的最近年度职工日平均工资为准。

第28条 执行行政拘留或者采取刑事拘留措施被决定赔偿的，计算赔偿金的天数按照实际羁押的天数计算。羁押时间不足1日的，按照1日计算。

第29条　依法应当予以赔偿但赔偿请求人所受损害的程度因客观原因无法确定的，赔偿数额应当结合赔偿请求人的主张和在案证据，运用逻辑推理和生活经验、生活常识等酌情确定。

第30条　赔偿请求人主张精神损害赔偿的，作出决定应当载明是否存在精神损害并承担赔偿责任。承担精神损害赔偿责任的，应当载明消除影响、恢复名誉、赔礼道歉等承担方式；支付精神损害抚慰金的，应当载明具体数额。

精神损害抚慰金数额的确定，可以参照人民法院审理国家赔偿案件适用精神损害赔偿的规定，综合考虑精神损害事实和严重后果、侵权手段、方式等具体情节、纠错环节及过程、赔偿请求人住所地或者经常居住地平均生活水平、赔偿义务机关所在地平均生活水平等因素。法律法规对精神损害抚慰金的数额作出规定的，从其规定。

第31条　赔偿义务机关对行政赔偿请求作出不予受理、驳回申请、终结审查、予以赔偿、不予赔偿决定，或者逾期未作决定，赔偿请求人不服的，可以依照《国家赔偿法》第14条规定提起行政赔偿诉讼。

赔偿义务机关对刑事赔偿请求作出不予受理、驳回申请、终结审查、予以赔偿、不予赔偿决定，或者逾期未作决定，赔偿请求人不服的，可以依照《国家赔偿法》第24条规定申请刑事赔偿复议。

第3章　刑事赔偿复议

第1节　申请和受理

第32条　赔偿请求人申请刑事赔偿复议，应当向赔偿义务机关的上一级公安机关提出。赔偿义务机关是公安部的，向公安部提出。

第33条　申请刑事赔偿复议应当提交复议申请书，载明受害人的基本情况、复议请求、事实根据和理由、申请日期，并由赔偿请求人签名、盖章或者捺指印。

赔偿请求人书写确有困难的，可以口头申请。复议机关法制部门应当制作笔录，经赔偿请求人确认无误后签名、盖章或者捺指印。

第34条　申请刑事赔偿复议除提交复议申请书外，还应当提交下列材料：（一）赔偿请求人的身份证明材料。赔偿请求人不是受害人本人的，提供与受害人关系的证明。赔偿请求人委托他人代理复议事项的，提交授权委托书，以及代理人的身份证明。代理人为律师的，同时提交律师执业证明及律师事务所证明。（二）向赔偿义务机关提交的赔偿申请材料及申请赔偿的证明材料。（三）赔偿义务机关就赔偿申请作出的决定书。赔偿义务机关逾期未作决定的除外。

第35条　复议机关法制部门收到当面递交复议申请的，应当当场出具接收凭证。

复议机关其他部门遇有赔偿请求人当面递交或者口头提出复议申请的，应当当场联系法制部门接收；收到以其他方式递交复议申请的，应当自收到之日起2个工作日内转送法制部门。

第36条　复议机关法制部门收到复议申请后，应当在5个工作日内予以审查，并分别作出下列处理：

（一）申请材料不齐全或者表述不清楚的，经本部门负责人批准，一次性书面告知赔偿请求人需要补正的全部事项和合理的补正期限；

（二）不符合申请条件的，经本机关负责人批准，决定不予受理并书面告知赔偿请求人；

（三）除第一项、第二项情形外，自复议机关法制部门收到申请之日即为受理。

第37条　有下列情形之一的，复议申请不符合申请条件：（一）本机关不是复议机关的；（二）赔偿请求人申请复议不适格的；（三）不属于复议范围的；（四）超过申请复议法定期限且无正当理由的；（五）申请复议前未向赔偿义务机关申请赔偿的；（六）赔偿义务机关对赔偿申请未作出决定但审查期限尚未届满的。

复议申请受理后，发现有前款情形之一的，复议机关应当在受理之日起2个月内，经本机关负责人批准，驳回复议申请。

第38条　赔偿请求人在补正期限内对复议申请予以补正的，复议机关法制部门应当自收到之日起5个工作日内予以审查。不符合申请条件的，经本机关负责人批准，决定不予受理并书面告知赔偿请求人。未书面告知不予受理的，自复议机关法制部门收到补正材料之日起即为受理。

复议机关法制部门在补正期限届满后第10个工作日仍未收到补正材料的，应当自该日起5个工作日内，对已经提交的复议申请予以审查。不符合申请条件的，经本机关负责人批准，决定不予受理并书面告知赔偿请求人。未书面告知不予受理的，自补正期限届满后第10个工作日之日起即为受理。

第39条　复议机关对复议申请已作出处理，赔偿请求人无正当理由基于同一事实再次申请复议的，不再处理。

第2节　审查

第40条　复议机关法制部门应当自复议申请受理之日起5个工作日内，将申请材料副本送赔偿义务机关。赔偿义务机关应当自收到之日起10个工作日内向复议机关作出书面答复，并提供相关证据、依据和其他材料。

第41条　复议机关应当全面审查赔偿义务机关是否按照本规定第2章的规定对赔偿申请作出处理。

第42条　赔偿请求人申请复议时变更向赔偿义务机关提出的赔偿请求，或者在复议审查期间变更复议请求的，复议机关应当予以审查。

复议机关认为赔偿请求人提出的复议请求事项不全或者不准确的，可以告知赔偿请求人在审查期限届满前变更复议请求。

第43条　赔偿请求人和赔偿义务机关对自己的主张负有举证责任。没有证据或者证据不足以证明事实主张的，由负有举证责任的一方承担不利后果。

赔偿义务机关对其职权行为的合法性，以及《国家赔偿法》第26条第2款规定的情形负有举证责任。赔偿请求人可以提供证明赔偿义务机关职权行为违法的证据，但不因此免除赔偿义务机关的举证责任。

第44条　复议审查期间，复议机关法制部门可以调查核实情况，收集有关证据。有关单位和人员应当予以配合。

第45条　复议审查期间，有下列情形之一的，经复议机关负责人批准，中止审查并书面告知有关当事人：（一）作为赔偿请求人的公民丧失行为能力，尚未确定法定代理人的；（二）作为赔偿请求人的公民下落不明或者被宣告失踪的；（三）作为赔偿请求人的公民死亡，其继承人和其他有扶养关系的亲属尚未确定是否参加复议审查的；（四）作为赔偿请求人的法人或者其他组织终止，尚未确定权利义务承受人，或者权利义务承受人尚未确定是否参加复议审查的；（五）赔偿请求人因不可抗力不能参加复议审查的；（六）复议审查涉及法律适用问题，需要有权机关作出解释或者确认的；（七）复议审查需要以其他尚未办结案件的结果为依据的；（八）其他需要中止审查的情形。

中止审查的情形消除后，应当在2个工作日内恢复审查，并书面告知有关当事人。

中止审查不符合第一款规定的，应当立即恢复审查。不恢复审查的，上一级公安机关应当责令恢复审查。

第46条　复议审查期间，有下列情形之一的，经复议机关负责人批准，终结审查并书面告知有关当事人：

（一）作为赔偿请求人的公民死亡，没有继承人和其他有扶养关系的亲属，或者继承人和其他有扶养关系的亲属放弃复议权利的；

（二）作为赔偿请求人的法人或者其他组织终止，没有权利义务承受人，或者权利义务承受人放弃复议权利的；

（三）赔偿请求人自愿撤回复议申请的。

前款第一项中的继承人和其他有扶养关系的亲属、第二项中的权利义务承受人、第三项中的赔偿请求人为数人，非经全体同意放弃复议权利或者撤回复议申请的，不得终结审查。

第3节　决定

第47条　对受理的复议申请，复议机关应当自受理之日起2个月内，经本机关负责人批准作出决定。

第48条　复议机关可以组织赔偿义务机关与赔偿请求人就赔偿方式、项目和数额在法定范围内进行调解。

调解应当遵循自愿、合法的原则。经调解达成一致的，复议机关应当按照调解结果作出复议决定。赔偿请求人或者赔偿义务机关不同意调解，或者调解未达成一致，或者一方在复议决定作出前反悔，复议机关应当依法作出复议决定。

第49条　对赔偿义务机关作出的予以赔偿或者不予赔偿决定，分别作出下列决定：

（一）认定事实清楚，适用法律正确，符合法定程序的，予以维持；

（二）认定事实清楚，适用法律正确，但违反法定程序的，维持决定结论并确认程序违法；

（三）认定事实不清、适用法律错误或者据以作出决定的法定事由发生变化的，依法重新作出决定或者责令限期重作。

第50条　对赔偿义务机关作出的不予受理、驳回申请、终结审查决定，分别作出下列决定：

（一）符合规定情形和程序的，予以维持；

（二）符合规定情形，但违反规定程序的，维持决定结论并确认程序违法；

（三）不符合规定情形，或者据以作出决定的法定事由发生变化的，责令继续审查或者依法重新作出决定。

第51条　赔偿义务机关逾期未作出决定的，责令限期作出决定或者依法作出决定。

第52条　复议机关作出不予受理、驳回申请、终结审查、复议决定，或者逾期未作决定，赔偿请求人不服的，可以依照《国家赔偿法》第25条规定，向复议机关所在地的同级人民法院赔偿委员会申请作出赔偿决定。

第 4 章　执行

第 53 条　赔偿义务机关必须执行生效赔偿决定、复议决定、判决和调解。

第 54 条　生效赔偿决定、复议决定、判决和调解按照下列方式执行：

（一）要求返还财物或者恢复原状的，赔偿请求所涉赔偿义务机关执法办案部门应当在 30 日内办结。情况复杂的，经本机关负责人批准，可以延长 30 日。

（二）要求支付赔偿金的，赔偿义务机关法制部门应当依照《国家赔偿费用管理条例》的规定，将生效的赔偿决定书、复议决定书、判决书和调解书等有关材料提供给装备财务（警务保障）部门，装备财务（警务保障）部门报经本机关负责人批准后，依照预算管理权限向财政部门提出书面支付申请并提供有关材料。

（三）要求为赔偿请求人消除影响、恢复名誉、赔礼道歉的，赔偿义务机关或者其负责人应当及时执行。

第 55 条　财政部门告知赔偿义务机关补正申请材料的，赔偿义务机关装备财务（警务保障）部门应当会同法制部门自收到告知之日起 5 个工作日内按照要求补正材料并提交财政部门。

第 56 条　财政部门向赔偿义务机关支付赔偿金的，赔偿义务机关装备财务（警务保障）部门应当及时向赔偿请求人足额支付赔偿金，不得拖延、截留。

第 57 条　赔偿义务机关支付赔偿金后，应当依照《国家赔偿法》第 16 条第 1 款、第 31 条第 1 款的规定，向责任人员追偿部分或者全部赔偿费用。

第 58 条　追偿赔偿费用由赔偿义务机关法制部门会同赔偿请求所涉执法办案部门等有关部门提出追偿意见，经本机关主要负责人批准，由装备财务（警务保障）部门书面通知有预算管理权限的财政部门，并责令被追偿人缴纳追偿赔偿费用。

追偿数额的确定，应当综合考虑赔偿数额，以及被追偿人过错程度、损害后果等因素确定，并为被追偿人及其扶养的家属保留必需的生活费用。

第 59 条　被追偿人对追偿赔偿费用不服的，可以向赔偿义务机关或者其上一级公安机关申诉。

第 60 条　赔偿义务机关装备财务（警务保障）部门应当依照相关规定，将追偿的赔偿费用上缴有预算管理权限的财政部门。

第 5 章　责任追究

第 61 条　有下列情形之一的，对直接负责的主管人员或者其他直接责任人员，依照有关规定给予行政纪律处分或者作出其他处理：（一）未按照本规定对赔偿申请、复议申请作出处理的；（二）不配合或者阻挠国家赔偿办案人员调查取证，不提供有关情况和证明材料，或者提供虚假材料的；（三）未按照本规定执行生效赔偿决定、复议决定、判决和调解的；（四）未按照本规定上缴追偿赔偿费用的；（五）办理国家赔偿案件的其他渎职、失职行为。

第 62 条　公安机关工作人员在办理国家赔偿案件中，徇私舞弊，打击报复赔偿请求人的，依照有关规定给予行政纪律处分；构成犯罪的，依法追究刑事责任。

第 6 章　附则

第 63 条　下列情形所需时间，不计入国家赔偿审查期限：（一）向赔偿请求人调取证据材料的；（二）涉及专门事项委托鉴定、评估的。

赔偿请求人在国家赔偿审查期间变更请求的，审查期限从公安机关收到之日起重新计算。

第 64 条　公安机关按照本规定制作的法律文书，应当加盖本机关印章或者国家赔偿专用章。中止审查、终结审查、驳回申请、赔偿决定、复议决定的法律文书，应当自作出之日起 10 日内送达。

【法〔2019〕290 号】　最高人民法院、司法部关于监狱作为赔偿义务机关的刑事赔偿有关问题的调研会议纪要（2019 年 12 月 13 日）

一、各级监狱、监狱管理机关要坚持依法赔偿，对于赔偿请求人以监狱及其工作人员违法行使职权为由提出的赔偿申请，应当依照《中华人民共和国国家赔偿法》的规定予以审查，对于符合受理条件的应当依法受理并制作赔偿、复议决定书，防止以法定程序外的形式处理和解决所涉国家赔偿纠纷。

对于罪犯或者其亲属以监狱及其工作人员违法行使职权为由提出的善后、补偿、救助申请，经审查符合国家赔偿法规定情形的，各级监狱、监狱管理机关应当进行法律释明并引导其提出国家赔偿申请。

二、赔偿请求人以监狱及其工作人员在对罪犯改造中具有《中华人民共和国国家赔偿法》第 17 条第 4、5 项规定情形，或者存在怠于履行监管职责等情形为由提出的赔偿申请，属于《中华人民共和国国家赔偿法》规定的刑事赔偿范围。

罪犯或者其亲属以罪犯在监狱劳动过程中因劳动致伤亡为由提出的赔偿、补偿申请，不属于《中华人民共和国国家赔偿法》规定的刑事赔偿范围。①

三、各级监狱、监狱管理机关、人民法院赔偿委员会在审查处理监狱作为赔偿义务机关的国家赔偿案件时，应当以合法性作为实体判断标准，结合赔偿案件的具体情况，并参考以下情形综合考量后依法作出决定。

（一）根据《中华人民共和国国家赔偿法》第 17 条第 4、5 项之规定，监狱及其工作人员有刑讯逼供，违法使用武器、警械，以殴打、虐待等行为，唆使、放纵他人以殴打、虐待等行为，造成公民身体伤害或者死亡的，由国家承担赔偿责任。

（二）监狱及其工作人员在具有制止殴打、虐待等行为条件的情况下，明知殴打、虐待等行为已经发生，但不予理睬、听之任之，严重不负责任，放任甚至追求损害后果发生或者加重的，属于前款规定的放纵情形，由国家承担赔偿责任。

（三）监狱及其工作人员在罪犯之间殴打、虐待等行为发生时，存在人员脱岗、工具失管等怠于履行职责情形，或者监狱及其工作人员在日常监管过程中存在其他怠于履行监管职责的情形，且以上情形与损害结果的发生或者加重具有一定关联的，应当综合考虑该情形在损害发生过程和结果中所起的作用等因素，适当确定国家赔偿的比例和数额。

（四）对于服刑期间发生的突发、意外情形，经审查监狱对罪犯的监管、处置、救治等行为符合法律、法规及相关规范性文件的规定，或者已尽到正常认知范围内的合理、及时注

---

① 注：《最高人民法院行政审判庭关于罪犯在监狱劳动中致伤、致残所引起的国家赔偿如何救济问题的答复》（行他字〔2004〕15 号，2005 年 3 月 10 日答复陕西高院）规定：罪犯在监狱劳动中致伤、致残所引起的国家赔偿，应当按照《国家赔偿法》规定的（行政赔偿）程序处理。《最高人民法院研究室关于犯罪嫌疑人在看守所羁押期间患病未得到及时治疗而死亡所引起的国家赔偿应如何处理问题的答复》（法研〔2005〕67 号，2005 年 5 月 8 日答复四川高院）规定：犯罪嫌疑人在看守所羁押期间患病未得到及时治疗而死亡所引起的国家赔偿，应当按照《国家赔偿法》规定的行政赔偿程序处理。但上述规定被最高法判例〔2017〕最高法申 1468 号否决。

意义务的，应当认定为依法、正当履职，国家不承担赔偿责任，不得仅以是否造成损害结果作为判断应否赔偿的标准。

四、根据《中华人民共和国国家赔偿法》第26条的规定，罪犯在服刑期间死亡或者丧失行为能力的，监狱应就其履职行为与罪犯的死亡或者丧失行为能力之间是否存在因果关系提供证据。罪犯在服刑期间造成身体伤害的，负责监管的监狱应当调取、收集其在羁押期间形成的相关影像、日常监管材料等，协助、配合审查处理国家赔偿案件的各级监狱、监狱管理机关、人民法院赔偿委员会调查了解案件的基本情况。

五、依照《中华人民共和国监狱法》等法律、法规规定，人民检察院在依法对监狱执行刑罚、日常监管等行使监督职权过程中作出的相关文书或者结论性意见，应作为各级监狱、监狱管理机关、人民法院赔偿委员会审查、认定国家赔偿案件的依据。

六、对于具有《中华人民共和国国家赔偿法》第17条第4、5项规定情形的，监狱赔偿后，可依照《中华人民共和国国家赔偿法》第31条之规定向直接责任人员追偿部分或者全部赔偿费用。

【高检发释字〔2019〕4号】 人民检察院刑事诉讼规则（2019年12月2日最高检第13届检委会第28次会议通过，2019年12月30日公布施行；高检发释字〔2012〕2号《规则（试行）》同时废止）

第645条（第1款） 人民检察院发现人民法院执行刑事裁判涉财产部分具有下列情形之一的，应当依法提出纠正意见：（六）刑事裁判全部或者部分被撤销后未依法返还或者赔偿的……

【高检发〔2020〕12号】 最高人民法院、最高人民检察院、公安部关于刑事案件涉扶贫领域财物依法快速返还的若干规定（2020年7月24日）

第11条 发现快速返还存在错误的，应当由决定快速返还的机关及时纠正，依法追回返还财物；侵犯财产权的，依据《中华人民共和国国家赔偿法》第18条及有关规定处理。

【法释〔2021〕1号】 最高人民法院关于适用《中华人民共和国刑事诉讼法》的解释（2020年12月7日最高法审委会〔1820次〕修订，2021年1月26日公布，2021年3月1日施行；2013年1月1日施行的"法释〔2012〕21号"《解释》同时废止）

第474条 对再审改判宣告无罪并依法享有申请国家赔偿权利的当事人，人民法院宣判时，应当告知其在判决发生法律效力后可以依法申请国家赔偿。

【法释〔2021〕3号】 最高人民法院关于审理国家赔偿案件确定精神损害赔偿责任适用法律若干问题的解释（2021年2月7日最高法审委会〔1831次〕通过，2021年3月24日公布，2021年4月1日起施行）

第1条 公民以人身权受到侵犯为由提出国家赔偿申请，依照国家赔偿法第35条的规定请求精神损害赔偿的，适用本解释。

法人或者非法人组织请求精神损害赔偿的，人民法院不予受理。

第2条 公民以人身权受到侵犯为由提出国家赔偿申请，未请求精神损害赔偿，或者未同时请求消除影响、恢复名誉、赔礼道歉以及精神损害抚慰金的，人民法院应当向其释明。经释明后不变更请求，案件审结后又基于同一侵权事实另行提出申请的，人民法院不予受理。

第3条 赔偿义务机关有国家赔偿法第3条、第17条规定情形之一，依法应当承担国家赔偿责任的，可以同时认定该侵权行为致人精神损害。但是赔偿义务机关有证据证明该公民不存在精神损害，或者认定精神损害违背公序良俗的除外。

第4条　侵权行为致人精神损害，应当为受害人消除影响、恢复名誉或者赔礼道歉；侵权行为致人精神损害并造成严重后果，应当在支付精神损害抚慰金的同时，视案件具体情形，为受害人消除影响、恢复名誉或者赔礼道歉。

消除影响、恢复名誉与赔礼道歉，可以单独适用，也可以合并适用，并应当与侵权行为的具体方式和造成的影响范围相当。

第7条　有下列情形之一的，可以认定为国家赔偿法第35条规定的"造成严重后果"：（一）无罪或者终止追究刑事责任的人被羁押6个月以上；（二）受害人经鉴定为轻伤以上或者残疾；（三）受害人经诊断、鉴定为精神障碍或者精神残疾，且与侵权行为存在关联；（四）受害人名誉、荣誉、家庭、职业、教育等方面遭受严重损害，且与侵权行为存在关联。

受害人无罪被羁押10年以上；受害人死亡；受害人经鉴定为重伤或者残疾一至四级，且生活不能自理；受害人经诊断、鉴定为严重精神障碍或者精神残疾一至二级，生活不能自理，且与侵权行为存在关联的，可以认定为后果特别严重。

第8条　致人精神损害，造成严重后果的，精神损害抚慰金一般应当在国家赔偿法第33条、第34条规定的人身自由赔偿金、生命健康赔偿金总额的50%以下（包括本数）酌定；后果特别严重，或者虽然不具有本解释第7条第2款规定情形，但是确有证据证明前述标准不足以抚慰的，可以在50%以上酌定。

第10条　精神损害抚慰金的数额一般不少于1千元；数额在1千元以上的，以千为计数单位。

赔偿请求人请求的精神损害抚慰金少于1千元，且其请求事由符合本解释规定的造成严重后果情形，经释明不予变更的，按照其请求数额支付。

第13条　人民法院审理国家赔偿法第38条所涉侵犯公民人身权的国家赔偿案件，以及作为赔偿义务机关审查处理国家赔偿案件，涉及精神损害赔偿的，参照本解释规定。

【高检发办字〔2021〕11号】　最高人民检察院关于进一步做好刑事错案的依法纠正、责任追究和善后工作的意见（2021年1月18日最高检检委会〔13届59次〕通过，2021年2月10日印发）

三、依法依规依纪追究有关人员的错案责任

（六）落实国家赔偿费用追偿制度。作为赔偿义务机关的人民检察院依法赔偿后，对于具有国家赔偿法第31条规定情形的检察人员，应当作出向其追偿部分或者全部赔偿费用的决定。作出追偿决定前，应当听取被追偿人员的陈述和申辩。追偿国家赔偿费用应当根据违法性质、损害后果、过错程度等因素确定。涉及2个以上责任人的，分别确定追偿比例和追偿金额，合计追偿总额不得超过实际发生的国家赔偿费用。所在省、自治区、直辖市对于追偿额度、缴纳期限以及缴纳方式等有明确规定的，依照有关规定执行。

四、认真做好刑事错案的善后工作

（一）切实维护刑事错案受害人的合法权益。对公民采取逮捕措施后决定撤销案件、不起诉或者生效判决宣告其无罪，当事人要求国家赔偿的，作出逮捕决定的人民检察院应当依法承担赔偿责任，但是有国家赔偿法第19条规定情形的除外。

对有国家赔偿法第17条规定的情形之一，致人精神损害的，负有赔偿义务的人民检察院应当在侵权行为影响的范围内，为受害人消除影响，恢复名誉，赔礼道歉；造成严重后果的，应当支付相应的精神损害抚慰金。精神损害抚慰金应当综合考虑受害人人身自由、生命健康受到侵害的情况，遭受的精神痛苦，日常生活、工作学习、家庭关系、社会评价受到的影响等情况确定。

【公法制〔2021〕1757号】　公安机关国家赔偿案由规定（2021年9月29日）
二、刑事赔偿案由
（一）侵犯人身权
18. 违法刑事拘留赔偿（国家赔偿法第17条第1项）。违反法定条件、程序和时限采取刑事拘留措施，其后终止追究刑事责任的刑事赔偿案件。
19. 违法使用武器、警械致伤、致死刑事赔偿（国家赔偿法第17条第5项）。违法使用武器、警械造成人身伤害、死亡的刑事赔偿案件。
20. 违法制止、抓捕、带离、拘传致伤、致死刑事赔偿（国家赔偿法第17条第4项）。违法制止、抓捕、带离、拘传造成人身伤害、死亡的刑事赔偿案件。
21. 刑讯逼供、暴力取证致伤、致死赔偿（国家赔偿法第17条第4项）。刑讯逼供、暴力取证造成人身伤害、死亡的刑事赔偿案件。
22. 殴打、虐待、唆使、放纵他人殴打、虐待致伤、致死刑事赔偿（国家赔偿法第17条第4项）。殴打、虐待造成人身伤害、死亡，唆使、放纵他人殴打、虐待造成第三人人身伤害、死亡的刑事赔偿案件。
23. 未依法救治致伤、致死刑事赔偿（国家赔偿法第17条第4项）。未依法救治受伤或者患病的在押人员、涉案人员造成人身伤害、死亡的刑事赔偿案件。
24. 违法造成人身伤害、死亡刑事赔偿（国家赔偿法第17条第4项）。其他侵犯人身权造成人身伤害、死亡的刑事赔偿案件。
（二）侵犯财产权
25. 违法查封、扣押、冻结刑事赔偿（国家赔偿法第18条第1项）。违法采取查封、扣押、冻结措施造成财产损害的刑事赔偿案件。
26. 违法没收保证金、对保证人罚款刑事赔偿（国家赔偿法第18条第1项）。违法没收被取保候审人的保证金或者对取保候审保证人予以罚款的刑事赔偿案件。
27. 违法侵犯财产权刑事赔偿（国家赔偿法第18条第1项）。其他侵犯财产权造成财产损害的刑事赔偿案件。

【法刊文摘】　检答网集萃55：审查批捕时是甲罪，经审查以乙罪起诉至法院，后法院判处无罪，是否应当赔偿（检察日报2021年8月16日）
咨询内容（江西上饶严小霞）：赔偿请求人被基层检察院以挪用资金罪批准逮捕，公安机关以挪用资金罪、合同诈骗罪、非法吸收公众存款罪移送审查起诉，后改变管辖由市级检察院审查起诉，市级检察机关审查后，以合同诈骗罪起诉至法院，法院审理后判决无罪。赔偿请求人向检察机关申请国家赔偿，是否应当赔偿？
解答摘要（王全平）：此种情形应予赔偿。国家赔偿法第17条对受害人取得赔偿的权利并没有要求拘留、逮捕、起诉的罪名需一致，只要采取逮捕措施，之后又决定撤销案件、不起诉或者判决宣告无罪终止追究刑事责任均应进行刑事赔偿，符合国家赔偿法第19条国家不承担赔偿责任的情形除外。该案的赔偿义务机关应为作出批准逮捕决定的基层检察院。

【主席令〔2018〕3号】　中华人民共和国监察法（2018年3月20日全国人大〔13届1次〕通过、施行；《行政监察法》同时废止）

第67条　监察机关及其工作人员行使职权，侵犯公民、法人和其他组织的合法权益造成损害的，依法给予国家赔偿。

【国监委公告〔2021〕1号】　监察法实施条例（2021年7月20日国家监委全体会议决定，2021年9月20日公布施行）

第280条　监察机关及其工作人员在行使职权时，有下列情形之一的，受害人可以申请国家赔偿：（一）采取留置措施后，决定撤销案件的；（二）违法没收、追缴或者违法查封、扣押、冻结财物造成损害的；（三）违法行使职权，造成被调查人、涉案人员或者证人身体伤害或者死亡的；（四）非法剥夺他人人身自由的；（五）其他侵犯公民、法人和其他组织合法权益造成损害的。

受害人死亡的，其继承人和其他有扶养关系的亲属有权要求赔偿；受害的法人或者其他组织终止的，其权利承受人有权要求赔偿。

第281条　监察机关及其工作人员违法行使职权侵犯公民、法人和其他组织的合法权益造成损害的，该机关为赔偿义务机关。申请赔偿应当向赔偿义务机关提出，由该机关负责复审复核工作的部门受理。

赔偿以支付赔偿金为主要方式。能够返还财产或者恢复原状的，予以返还财产或者恢复原状。

【法释〔2022〕3号】　最高人民法院关于审理涉执行司法赔偿案件适用法律若干问题的解释（2021年12月20日最高法审委会〔1857次〕通过，2022年2月8日公布，2022年3月1日起施行）

第1条　人民法院在执行判决、裁定及其他生效法律文书过程中，错误采取财产调查、控制、处置、交付、分配等执行措施或者罚款、拘留等强制措施，侵犯公民、法人和其他组织合法权益并造成损害，受害人依照国家赔偿法第38条规定申请赔偿的，适用本解释。

第2条　公民、法人和其他组织认为有下列错误执行行为造成损害申请赔偿的，人民法院应当依法受理：（一）执行未生效法律文书，或者明显超出生效法律文书确定的数额和范围执行的；（二）发现被执行人有可供执行的财产，但故意拖延执行、不执行，或者应当依法恢复执行而不恢复的；（三）违法执行案外人财产，或者违法将案件执行款物交付给其他当事人、案外人的；（四）对抵押、质押、留置、保留所有权等财产采取执行措施，未依法保护上述权利人优先受偿权等合法权益的；（五）对其他人民法院已经依法采取保全或者执行措施的财产违法执行的；（六）对执行中查封、扣押、冻结的财产故意不履行或者怠于履行监管职责的；（七）对不宜长期保存或者易贬值的财产采取执行措施，未及时处理或者违法处理的；（八）违法拍卖、变卖、以物抵债，或者依法应当评估而未评估，依法应当拍卖而未拍卖的；（九）违法撤销拍卖、变卖或者以物抵债的；（十）违法采取纳入失信被执行人名单、限制消费、限制出境等措施的；（十一）因违法或者过错采取执行措施或者强制措施的其他行为。

第3条　原债权人转让债权的，其基于债权申请国家赔偿的权利随之转移，但根据债权性质、当事人约定或者法律规定不得转让的除外。

第4条　人民法院将查封、扣押、冻结等事项委托其他人民法院执行的，公民、法人和其他组织认为错误执行行为造成损害申请赔偿的，委托法院为赔偿义务机关。

第5条 公民、法人和其他组织申请错误执行赔偿，应当在执行程序终结后提出，终结前提出的不予受理。但有下列情形之一，且无法在相关诉讼或者执行程序中予以补救的除外：（一）罚款、拘留等强制措施已被依法撤销，或者实施过程中造成人身损害的；（二）被执行的财产经诉讼程序依法确认不属于被执行人，或者人民法院生效法律文书已确认执行行为违法的；（三）自立案执行之日起超过5年，且已裁定终结本次执行程序，被执行人已无可供执行财产的；（四）在执行程序终结前可以申请赔偿的其他情形。

赔偿请求人依据前款规定，在执行程序终结后申请赔偿的，该执行程序期间不计入赔偿请求时效。

第6条 公民、法人和其他组织在执行异议、复议或者执行监督程序审查期间，就相关执行措施或者强制措施申请赔偿的，人民法院不予受理，已经受理的予以驳回，并告知其上述程序终结后可以依照本解释第5条的规定依法提出赔偿申请。

公民、法人和其他组织在执行程序中未就相关执行措施、强制措施提出异议、申请复议或者申请执行监督，不影响其依法申请赔偿的权利。

第7条 经执行异议、复议或者执行监督程序作出的生效法律文书，对执行行为是否合法已有认定的，该生效法律文书可以作为人民法院赔偿委员会认定执行行为合法性的根据。

赔偿请求人对执行行为的合法性提出相反主张，且提供相应证据予以证明的，人民法院赔偿委员会应当对执行行为进行合法性审查并作出认定。

第8条 根据当时有效的执行依据或者依法认定的基本事实作出的执行行为，不因下列情形而认定为错误执行：（一）采取执行措施或者强制措施后，据以执行的判决、裁定及其他生效法律文书被撤销或者变更的；（二）被执行人足以对抗执行的实体事由，系在执行措施完成后发生或者被依法确认的；（三）案外人对执行标的享有足以排除执行的实体权利，系在执行措施完成后经法定程序确认的；（四）人民法院作出准予执行行政行为的裁定并实施后，该行政行为被依法变更、撤销、确认违法或者确认无效的；（五）根据财产登记采取执行措施后，该登记被依法确认错误的；（六）执行依据或者基本事实嗣后改变的其他情形。

第9条 赔偿请求人应当对其主张的损害负举证责任。但因人民法院未列清单、列举不详等过错致使赔偿请求人无法就损害举证的，应当由人民法院对上述事实承担举证责任。双方主张损害的价值无法认定的，应当由负有举证责任的一方申请鉴定。负有举证责任的一方拒绝申请鉴定的，由其承担不利的法律后果；无法鉴定的，人民法院赔偿委员会应当结合双方的主张和在案证据，运用逻辑推理、日常生活经验等进行判断。

第10条 被执行人因财产权被侵犯依照本解释第五条第一款规定申请赔偿，其债务尚未清偿，获得的赔偿金应当首先用于清偿其债务。

第11条 因错误执行取得不当利益且无法返还，人民法院承担赔偿责任后，可以依据赔偿决定向取得不当利益的人追偿。

因错误执行致使生效法律文书无法执行，申请执行人获得国家赔偿后申请继续执行的，不予支持。人民法院承担赔偿责任后，可以依据赔偿决定向被执行人追偿。

第12条 在执行过程中，因保管人或者第三人的行为侵犯公民、法人和其他组织合法权益并造成损害的，应当由保管人或者第三人承担责任。但人民法院未尽监管职责的，应当在其能够防止或者制止损害发生、扩大的范围内承担相应的赔偿责任，并可以依据赔偿决定向保管人或者第三人追偿。

第13条　属于下列情形之一的，人民法院不承担赔偿责任：（一）申请执行人提供财产线索错误的；（二）执行措施系根据依法提供的担保而采取或者解除的；（三）人民法院工作人员实施与行使职权无关的个人行为的；（四）评估或者拍卖机构实施违法行为造成损害的；（五）因不可抗力、正当防卫或者紧急避险造成损害的；（六）依法不应由人民法院承担赔偿责任的其他情形。

前款情形中，人民法院有错误执行行为的，应当根据其在损害发生过程和结果中所起的作用承担相应的赔偿责任。

第14条　错误执行造成公民、法人和其他组织利息、租金等实际损失的，适用国家赔偿法第36条第8项的规定予以赔偿。

第15条　侵犯公民、法人和其他组织的财产权，按照错误执行行为发生时的市场价格不足以弥补受害人损失或者该价格无法确定的，可以采用下列方式计算损失：

（一）按照错误执行行为发生时的市场价格计算财产损失并支付利息，利息计算期间从错误执行行为实施之日起至赔偿决定作出之日止；

（二）错误执行行为发生时的市场价格无法确定，或者因时间跨度长、市场价格波动大等因素按照错误执行行为发生时的市场价格计算显失公平的，可以参照赔偿决定作出时同类财产市场价格计算；

（三）其他合理方式。

第16条　错误执行造成受害人停产停业的，下列损失属于停产停业期间必要的经常性费用开支：（一）必要留守职工工资；（二）必须缴纳的税款、社会保险费；（三）应当缴纳的水电费、保管费、仓储费、承包费；（四）合理的房屋场地租金、设备租金、设备折旧费；（五）维系停产停业期间运营所需的其他基本开支。

错误执行生产设备、用于营运的运输工具，致使受害人丧失唯一生活来源的，按照其实际损失予以赔偿。

第17条　错误执行侵犯债权的，赔偿范围一般应当以债权标的额为限。债权受让人申请赔偿的，赔偿范围以其受让债权时支付的对价为限。

第18条　违法采取保全措施的案件进入执行程序后，公民、法人和其他组织申请赔偿的，应当作为错误执行案件予以立案审查。

第19条　审理违法采取妨害诉讼的强制措施、保全、先予执行赔偿案件，可以参照适用本解释。

第20条　本解释自2022年3月1日起施行。施行前本院公布的司法解释与本解释不一致的，以本解释为准。

【法刊文摘】　检答网集萃76：撤销国家赔偿决定是否必须基于同一案件（检察日报2022年3月28日）

咨询内容（辽宁清原袁媛）：公安机关以被告人涉嫌甲罪提请逮捕，检察机关以乙罪批捕，后以乙罪起诉，一审法院宣告无罪，检察机关抗诉，二审发回重审，检察机关撤回起诉。被告人据此申请国家赔偿，检察机关决定赔偿。后公安机关再次以被告人涉嫌甲罪及丙罪提请逮捕，检察机关以丙罪批捕，后以丙罪起诉，人民法院判决被告人犯丙罪，判处有期徒刑。此种情况下，是否依据《人民检察院国家赔偿工作规定》第46条规定，撤销原赔偿

决定？（甲罪：诈骗，乙罪：虚假诉讼，丙罪：妨害作证）

解答摘要（王志强）：公安机关以诈骗罪报捕，检察机关以虚假诉讼罪批捕、起诉，后因撤回起诉作出赔偿决定，符合《国家赔偿法》第17条的规定；后公安机关以涉嫌妨害作证罪另立新案，和原诈骗案合并为一案依法提请逮捕，检察机关以妨害作证罪批捕、起诉，最终被告人被判决有罪。以上为2个案件，罪名不同，因虚假诉讼罪逮捕后终止追究刑事责任，并没有出现重新立案侦查、提起公诉，人民法院终审判决有罪的情形，引发赔偿的事实基础没有改变，不符合《人民检察院国家赔偿工作规定》第46条规定的条件，因此不适用该条规定。

【法刊文摘】　　检答网集萃79：因构成正当防卫被不起诉，行为人是否有权申请国家赔偿（检察日报2022年4月18日）

咨询内容（河南开封田露）：行为人构成正当防卫，前期被逮捕羁押，后依法作出不起诉决定，行为人是否有权申请国家赔偿？经查询检答网有不同的意见：一种意见是应当赔偿，理由是行为构成正当防卫即行为人的行为不构成犯罪，且不属于国家赔偿法第19条规定国家免责的情形，所以无罪应当赔偿；第二种意见是不应当赔偿，理由是在审查起诉环节如是正当防卫，则应属于法定不起诉，但国家赔偿法第19条规定法定不起诉属于不赔偿的范围。行为人不是没有行为，只是这种行为法律规定不让其承担刑事责任。

解答摘要（刘洁）：因行为人构成正当防卫作出的不起诉决定，属于行为人没有犯罪事实，并非依照刑事诉讼法第16条；而国家赔偿法规定的检察机关作出法定不起诉情形下免责范围仅指向依照刑事诉讼法第16条规定的6种情形。因此，行为人构成正当防卫作出的法定不起诉，不属于国家赔偿免责范围。

【法刊文摘】　　检答网集萃84：刑事赔偿案件中，精神损害抚慰金计算的法律依据是什么（检察日报2022年5月30日）

咨询内容（河南平顶山王盛文）：精神损害抚慰金数额计算的法律依据，目前仅有最高人民法院制定的《最高人民法院关于审理国家赔偿案件确定精神损害赔偿责任适用法律若干问题的解释》。检察机关办理刑事赔偿案件，计算精神损害抚慰金是否应以《解释》作为依据？

解答摘要（刘洁）：该司法解释对精神损害赔偿的范围、标准等都作出了详细规定，具有普遍的约束力，检察机关办理国家赔偿案件确定有关精神损害赔偿责任时，应将其作为依据。

【法刊文摘】　　检答网集萃95：办理刑事赔偿案件终止审查时如何适用法律（检察日报2022年8月29日）

咨询内容：《人民检察院国家赔偿工作规定》第46条规定了刑事赔偿案件中止办理情形，但未对终止办理情形作规定。立案审查后，刑事赔偿请求人撤回刑事赔偿申请的，终止办理时如何适用法律？

解答摘要（最高检专家组）：经研究认为，检察机关办理刑事赔偿案件期间，赔偿请求人可以要求撤回赔偿申请。检察机关处理赔偿请求人撤回赔偿申请，先后使用过《同意撤回赔偿申请（复议申请）决定书》《刑事赔偿案件终结审查决定书》等文书，目前检察业务应用系统中配置了《赔偿案件终止审查决定书》，文书中列明载明撤回申请时间、原因、审查情况和决定终止审查等内容即可。如果赔偿请求人在国家赔偿法第39条规定的时效内再次申请赔偿的，除非其在原撤回申请中已经以真实意思明确表示放弃权利，检察机关原则上应予受理。

【法〔2023〕68号】 最高人民法院关于司法赔偿案件案由的规定（2023年4月3日最高法审委会［1883次］通过，2023年4月19日印发，2023年6月1日起施行；法〔2012〕32号《关于国家赔偿案件案由的规定》同时废止）

一、刑事赔偿 适用于赔偿请求人主张赔偿义务机关在行使刑事司法职权时侵犯人身权或者财产权的赔偿案件。

（一）人身自由损害刑事赔偿 适用于赔偿请求人主张赔偿义务机关在行使刑事司法职权时侵犯人身自由的赔偿案件。

1. 违法刑事拘留赔偿 适用于赔偿请求人主张赔偿义务机关违反刑事诉讼法规定的条件、程序或者时限采取拘留措施的赔偿案件。

2. 变相羁押赔偿 适用于赔偿请求人主张赔偿义务机关违反刑事诉讼法的规定指定居所监视居住或者超出法定时限连续传唤、拘传，实际已达到刑事拘留效果的赔偿案件。

3. 无罪逮捕赔偿 适用于赔偿请求人主张赔偿义务机关采取逮捕措施错误的赔偿案件。

4. 二审无罪赔偿 适用于赔偿请求人主张二审已改判无罪，赔偿义务机关此前作出一审有罪错判的赔偿案件。

5. 重审无罪赔偿 适用于赔偿请求人主张二审发回重审后已作无罪处理，赔偿义务机关此前作出一审有罪错判的赔偿案件。

6. 再审无罪赔偿 适用于赔偿请求人主张依照审判监督程序已再审改判无罪或者改判部分无罪，赔偿义务机关此前作出原生效有罪错判的赔偿案件。

（二）生命健康损害刑事赔偿 适用于赔偿请求人主张赔偿义务机关在行使刑事司法职权时侵犯生命健康的赔偿案件。

1. 刑讯逼供致伤、致死赔偿 适用于赔偿请求人主张赔偿义务机关刑讯逼供造成身体伤害或者死亡的赔偿案件。

2. 殴打、虐待致伤、致死赔偿 适用于赔偿请求人主张赔偿义务机关以殴打、虐待行为或者唆使、放纵他人以殴打、虐待行为造成身体伤害或者死亡的赔偿案件。

3. 怠于履行监管职责致伤、致死赔偿 适用于赔偿请求人主张赔偿义务机关未尽法定监管、救治职责，造成被羁押人身体伤害或者死亡的赔偿案件。

4. 违法使用武器、警械致伤、致死赔偿 适用于赔偿请求人主张赔偿义务机关违法使用武器、警械造成身体伤害或者死亡的赔偿案件。

（三）财产损害刑事赔偿 适用于赔偿请求人主张赔偿义务机关在行使刑事司法职权时侵犯财产权益的赔偿案件。

1. 刑事违法查封、扣押、冻结、追缴赔偿 适用于赔偿请求人主张赔偿义务机关在刑事诉讼过程中，违法对财产采取查封、扣押、冻结、追缴措施的赔偿案件。

2. 违法没收、拒不退还取保候审保证金赔偿 适用于赔偿请求人主张赔偿义务机关违法没收取保候审保证金、无正当理由对应当退还的取保候审保证金不予退还的赔偿案件。

3. 错判罚金、没收财产赔偿 适用于赔偿请求人主张原判罚金、没收财产执行后，依照审判监督程序已再审改判财产刑的赔偿案件。

【法释〔2023〕2号】　　最高人民法院关于审理司法赔偿案件适用请求时效制度若干问题的解释（2023年4月3日最高法审委会［1883］次）通过，2023年5月23日印发，2023年6月1日起施行；以本规为准）

第1条　赔偿请求人向赔偿义务机关提出赔偿请求的时效期间为2年，自其知道或者应当知道国家机关及其工作人员行使职权时的行为侵犯其人身权、财产权之日起计算。

赔偿请求人知道上述侵权行为时，相关诉讼程序或者执行程序尚未终结的，请求时效期间自该诉讼程序或者执行程序终结之日起计算，但是本解释有特别规定的除外。

第2条　赔偿请求人以人身权受到侵犯为由，依照国家赔偿法第17条第1项、第2项、第3项规定申请赔偿的，请求时效期间自其收到决定撤销案件、终止侦查、不起诉或者判决宣告无罪等终止追究刑事责任或者再审改判无罪的法律文书之日起计算。

办案机关未作出终止追究刑事责任的法律文书，但是符合《最高人民法院、最高人民检察院关于办理刑事赔偿案件适用法律若干问题的解释》第2条规定情形，赔偿请求人申请赔偿的，依法应当受理。

第3条　赔偿请求人以人身权受到侵犯为由，依照国家赔偿法第17条第4项、第5项规定申请赔偿的，请求时效期间自其知道或者应当知道损害结果之日起计算；损害结果当时不能确定的，自损害结果确定之日起计算。

第4条　赔偿请求人以财产权受到侵犯为由，依照国家赔偿法第18条第1项规定申请赔偿的，请求时效期间自其收到刑事诉讼程序或者执行程序终结的法律文书之日起计算，但是刑事诉讼程序或者执行程序终结之后办案机关对涉案财物尚未处理完毕的，请求时效期间自赔偿请求人知道或者应当知道其财产权受到侵犯之日起计算。

办案机关未作出刑事诉讼程序或者执行程序终结的法律文书，但是符合《最高人民法院、最高人民检察院关于办理刑事赔偿案件适用法律若干问题的解释》第3条规定情形，赔偿请求人申请赔偿的，依法应当受理。

赔偿请求人以财产权受到侵犯为由，依照国家赔偿法第18条第2项规定申请赔偿的，请求时效期间自赔偿请求人收到生效再审刑事裁判文书之日起计算。

第5条　**（见《民事诉讼法全厚细》第19章"司法赔偿"专辑）**

第6条　依照国家赔偿法第39条第1款规定，赔偿请求人被羁押等限制人身自由的期间，不计算在请求时效期间内。

赔偿请求人依照法律法规规定的程序向相关机关申请确认职权行为违法或者寻求救济的期间，不计算在请求时效期间内，但是相关机关已经明确告知赔偿请求人应当依法申请国家赔偿的除外。

第7条　依照国家赔偿法第39条第2款规定，在请求时效期间的最后6个月内，赔偿请求人因下列障碍之一，不能行使请求权的，请求时效中止：（一）不可抗力；（二）无民事行为能力人或者限制民事行为能力人没有法定代理人，或者法定代理人死亡、丧失民事行为能力、丧失代理权；（三）其他导致不能行使请求权的障碍。

自中止时效的原因消除之日起满6个月，请求时效期间届满。

第8条　请求时效期间届满的，赔偿义务机关可以提出不予赔偿的抗辩。

请求时效期间届满，赔偿义务机关同意赔偿或者予以赔偿后，又以请求时效期间届满为由提出抗辩或者要求赔偿请求人返还赔偿金的，人民法院赔偿委员会不予支持。

第9条　赔偿义务机关以请求时效期间届满为由抗辩，应当在人民法院赔偿委员会作出国家赔偿决定前提出。

赔偿义务机关未按前款规定提出抗辩，又以请求时效期间届满为由申诉的，人民法院赔偿委员会不予支持。

第10条　人民法院赔偿委员会审理国家赔偿案件，不得主动适用请求时效的规定。

第11条　请求时效期间起算的当日不计入，自下一日开始计算。

请求时效期间按照年、月计算，到期月的对应日为期间的最后一日；没有对应日的，月末日为期间的最后一日。

请求时效期间的最后一日是法定休假日的，以法定休假日结束的次日为期间的最后一日。

第12条　本解释自2023年6月1日起施行。本解释施行后，案件尚在审理的，适用本解释；对本解释施行前已经作出生效赔偿决定的案件进行再审，不适用本解释。

● 指导案例　【法〔2014〕337号】　最高人民法院第9批指导性案例（2014年12月24日）

（指导案例42号）　朱红蔚申请无罪逮捕赔偿案

裁判要点：1. 国家机关及其工作人员行使职权时侵犯公民人身自由权，严重影响受害人正常的工作、生活，导致其精神极度痛苦，属于造成精神损害严重后果。

2. 赔偿义务机关支付精神损害抚慰金的数额，应当根据侵权行为的手段、场合、方式等具体情节，侵权行为造成的影响、后果，以及当地平均生活水平等综合因素确定。

（指导案例44号）　卜新光申请刑事违法追缴赔偿案

裁判要点：公安机关根据人民法院生效刑事判决将判令追缴的赃物发还被害单位，并未侵犯赔偿请求人的合法权益，不属于《中华人民共和国国家赔偿法》第18条第一项规定的情形，不应承担国家赔偿责任。

● 入库案例　【2023-15-4-115-002】　刘某某申请某法院重审无罪国家赔偿案（辽宁高院/2021.12.27/〔2021〕辽委赔提5号）

裁判要旨：在刑事诉讼过程中，审判人员、检察人员、侦查人员应当依照法定程序，收集能够证实犯罪嫌疑人、被告人有罪或者无罪、犯罪情节轻重的各种证据。被告人为自证清白申请鉴定且因该鉴定结论而被改判无罪或作无罪处理的，因此发生的鉴定费用属于国家赔偿范围。

第四编　执　行

> **第 259 条**　【裁判执行时间】判决和裁定在发生法律效力后执行。
> 【裁判生效情形】下列判决和裁定是发生法律效力的判决和裁定：
> （一）已过法定期限没有上诉、抗诉的判决和裁定；
> （二）终审的判决和裁定；
> （三）最高人民法院核准的死刑的判决和高级人民法院核准的死刑缓期 2 年执行的判决。

● **相关规定**　**【法释〔2004〕7 号】**　**最高人民法院关于刑事案件终审判决和裁定何时发生法律效力问题的批复**（2004 年 7 月 20 日最高法审委会第 1320 次会议通过，2004 年 7 月 26 日公布，2004 年 7 月 29 日施行）

根据《中华人民共和国刑事诉讼法》第 163 条、第 195 条和第 208 条①规定的精神，终审的判决和裁定自宣告之日起发生法律效力。②

【主席令〔2018〕13 号】　**中华人民共和国国际刑事司法协助法**（2018 年 10 月 26 日第 13 届全国人大常委会第 6 次会议通过，主席令第 13 号公布施行）

第 56 条　向外国移管被判刑人应当符合下列条件：（一）被判刑人是该国国民；（二）对被判刑人判处刑罚所针对的行为根据该国法律也构成犯罪；（三）对被判刑人判处刑罚的判决已经发生法律效力；（四）被判刑人书面同意移管，或者因被判刑人年龄、身体、精神等状况确有必要，经其代理人书面同意移管；（五）中华人民共和国和该国均同意移管。

有下列情形之一的，可以拒绝移管：（一）被判刑人被判处死刑缓期执行或者无期徒刑，但请求移管时已减为有期徒刑的除外；（二）在请求移管时，被判刑人剩余刑期不足 1 年；

---

① 注：该条内容分别对应现《刑事诉讼法》（2018 年版）第 202 条、第 242 条和第 259 条。
② 注：事实上，有的最高法的裁判文书中标明的发生法律效力的时间并不是自宣告之日起。如：

2005 年 4 月 25 日最高法（2005）刑复字第 35 号刑事判决书撤销了河北高院 2004 年 12 月 24 日（2004）冀刑一终字第 658 号刑事附带民事判决中对被告人陈某兵的死刑判决，改判为死缓；并在判决书末尾注明"本判决送达后即发生法律效力"。

相同的情形还有河北邢台路某平故意杀人被判死刑案：2002 年 6 月 22 日河北省邢台市中级人民法院以（2002）邢刑初字第 54 号刑事附带民事判决，认定被告人路某平犯故意杀人罪，判处死刑，缓期 2 年执行，剥夺政治权利终身。宣判后，经邢台市人民检察院提出抗诉，河北省高级人民法院于 2002 年 12 月 11 日以（2002）冀刑一终字第 766 号刑事附带民事判决，撤销一审刑事附带民事判决中对被告人路某平的量刑部分，认定路某平犯故意杀人罪，判处死刑，剥夺政治权利终身，并依法报请最高人民法院核准。最高人民法院于 2003 年 5 月 13 日以（2003）刑复字第 19 号刑事裁定，撤销河北省高级人民法院终审判决，发回河北省高级人民法院重新审判。河北省高级人民法院重审后，于 2004 年 3 月 24 日再次作出相同刑罚的（2003）冀刑一终字第 704 号刑事附带民事判决，并再次依法报请最高人民法院核准。最高人民法院于 2004 年 7 月 21 日（法释〔2004〕7 号《批复》通过的次日）作出（2004）刑复字第 160 号刑事判决书，撤销河北省高级人民法院（2003）冀刑一终字第 704 号刑事附带民事判决中对被告人路某平的量刑部分；判处被告人路某平犯故意杀人罪，判处死刑，缓期 2 年执行，剥夺政治权利终身。并在判决书末尾注明"本判决送达后即发生法律效力"。

(三) 被判刑人在中华人民共和国境内尚有尚未了结的诉讼；(四) 其他不宜移管的情形。

第60条 移管被判刑人由主管机关指定刑罚执行机关执行。移交被判刑人的时间、地点、方式等执行事项，由主管机关与外国协商确定。

第61条 被判刑人移管后对原生效判决提出申诉的，应当向中华人民共和国有管辖权的人民法院提出。

人民法院变更或者撤销原生效判决的，应当及时通知外国。

第63条 被判刑人移管回国后，由主管机关指定刑罚执行机关先行关押。

第64条 人民检察院应当制作刑罚转换申请书并附相关材料，提请刑罚执行机关所在地的中级人民法院作出刑罚转换裁定。

人民法院应当依据外国法院判决认定的事实，根据刑法规定，作出刑罚转换裁定。对于外国法院判处的刑罚性质和期限符合中华人民共和国法律规定的，按照其判处的刑罚和期限予以转换；对于外国法院判处的刑罚性质和期限不符合中华人民共和国法律规定的，按照下列原则确定刑种、刑期：(一) 转换后的刑罚应当尽可能与外国法院判处的刑罚相一致；(二) 转换后的刑罚在性质上或者刑期上不得重于外国法院判处的刑罚，也不得超过中华人民共和国刑法对同类犯罪所规定的最高刑期；(三) 不得将剥夺自由的刑罚转换为财产刑；(四) 转换后的刑罚不受中华人民共和国刑法对同类犯罪所规定的最低刑期的约束。

被判刑人回国服刑前被羁押的，羁押1日折抵转换后的刑期1日。

人民法院作出的刑罚转换裁定，是终审裁定。

第65条 刑罚执行机关根据刑罚转换裁定将移管回国的被判刑人收监执行刑罚。刑罚执行以及减刑、假释、暂予监外执行等，依照中华人民共和国法律办理。

第66条 被判刑人移管回国后对外国法院判决的申诉，应当向外国有管辖权的法院提出。

【法释〔2021〕1号】 最高人民法院关于适用《中华人民共和国刑事诉讼法》的解释 (2020年12月7日最高法审委会〔1820次〕修订，2021年1月26日公布，2021年3月1日施行；2013年1月1日施行的"法释〔2012〕21号"《解释》同时废止)

第408条 刑事附带民事诉讼案件，只有附带民事诉讼当事人及其法定代理人上诉的，第一审刑事部分的判决在上诉期满后即发生法律效力。

应当送监执行的第一审刑事被告人是第二审附带民事诉讼被告人的，在第二审附带民事诉讼案件审结前，可以暂缓送监执行。

第580条 将未成年罪犯送监执行刑罚或者送交社区矫正时，人民法院应当将有关未成年罪犯的调查报告及其在案件审理中的表现材料，连同有关法律文书，一并送达执行机关。

第260条 【无罪释放、免刑释放】 第一审人民法院判决被告人无罪、免除刑事处罚的，如果被告人在押，在宣判后应当立即释放。

● **相关规定** 【公安部令〔2020〕159号】 **公安机关办理刑事案件程序规定**（2020年7月4日第3次部务会议修订，2020年7月20日公布，2020年9月1日施行）

第298条（第2款） 对人民法院作出无罪或者免除刑事处罚的判决，如果被告人在押，公安机关在收到相应的法律文书后应当立即办理释放手续；对人民法院建议给予行政处理的，应当依照有关规定处理或者移送有关部门。

【海警局令〔2023〕1号】 海警机构办理刑事案件程序规定（2023年5月15日审议通过，2023年6月15日起施行） (主文见本书第308条)

第284条（第1款） 人民检察院决定不起诉的，如果被不起诉人在押，海警机构应当立即办理释放手续。除依法转为行政案件办理外，应当根据人民检察院解除查封、扣押、冻结财物的书面通知，及时解除查封、扣押、冻结。

【国安部令〔2024〕4号】 国家安全机关办理刑事案件程序规定（2024年4月26日公布，2024年7月1日起施行）

第321条 对于人民法院作出的无罪或者免除刑事处罚的判决，如果被告人在押的，国家安全机关在收到相应的法律文书后，应当立即办理释放手续；对人民法院建议给予行政处理的，应当依照有关法律和规定处理或者移送有关部门。

第261条 【死刑执行命令】最高人民法院判处和核准的死刑立即执行的判决，应当由最高人民法院院长签发执行死刑的命令。

【死缓执行规则】被判处死刑缓期2年执行的罪犯，在死刑缓期执行期间，如果没有故意犯罪，死刑缓期执行期满，应当予以减刑的，由执行机关提出书面意见，报请高级人民法院裁定；如果故意犯罪，情节恶劣，查证属实，应当执行死刑的，由高级人民法院报请最高人民法院核准；对于故意犯罪未执行死刑的，死刑缓期执行的期间重新计算，并报最高人民法院备案。①

第262条 【死刑执行与停止执行】下级人民法院接到最高人民法院执行死刑的命令后，应当在7日以内交付执行。但是发现有下列情形之一的，应当停止执行，并且立即报告最高人民法院，由最高人民法院作出裁定：

（一）在执行前发现判决可能有错误的；

（二）在执行前罪犯揭发重大犯罪事实或者有其他重大立功表现，可能需要改判的；②

（三）罪犯正在怀孕。

【死刑再执行与改判】前款第1项、第2项③停止执行的原因消失后，必须报请最高人民法院院长再签发执行死刑的命令才能执行；由于前款第3项原因停止执行的，应当报请最高人民法院依法改判。

---

① 本款规定先后2次修改。原规定（1980年1月1日施行）为："被判处死刑缓期2年执行的罪犯，在死刑缓期执行期间，如果确有悔改或者有立功表现应当依法予以减刑的，由执行机关提出书面意见，报请当地高级人民法院裁定；如果抗拒改造情节恶劣、查证属实，应当执行死刑的，高级人民法院必须报请最高人民法院核准。"1996年3月17日第8届全国人民代表大会第4次会议修改为（1997年1月1日施行）："被判处死刑缓期2年执行的罪犯，在死刑缓期执行期间，如果没有故意犯罪，死刑缓期执行期满，应当予以减刑，由执行机关提出书面意见，报请高级人民法院裁定；如果故意犯罪，查证属实，应当执行死刑，由高级人民法院报请最高人民法院核准。"2018年10月26日第13届全国人大常委会第6次会议修改为现规定，同日公布施行。

② 本项规定由1996年3月17日第8届全国人民代表大会第4次会议增设，1997年1月1日施行。

③ 本部分内容由1996年3月17日第8届全国人民代表大会第4次会议增加，1997年1月1日施行。

> **第263条**① 【死刑执行监督】人民法院在交付执行死刑前,应当通知同级人民检察院派员临场监督。
> 【死刑执行方式】死刑采用枪决或者注射等方法执行。
> 【死刑执行场所】死刑可以在刑场或者指定的羁押场所内执行。
> 【死刑执行程序】指挥执行的审判人员,对罪犯应当验明正身,讯问有无遗言、信札,然后交付执行人员执行死刑。在执行前,如果发现可能有错误,应当暂停执行,报请最高人民法院裁定。
> 【死刑执行公布】执行死刑应当公布,不应示众。
> 【死刑执行报告】执行死刑后,在场书记员应当写成笔录。交付执行的人民法院应当将执行死刑情况报告最高人民法院。
> 【死刑执行通知家属】执行死刑后,交付执行的人民法院应当通知罪犯家属。

● **相关规定** 【法发(研)〔1981〕号】 **最高人民法院关于执行刑事诉讼法中若干问题的初步经验总结**(1981年11月印发)②

十三、关于执行程序的问题

(三)死缓罪犯抗拒改造的处理程序

对于根据刑事诉讼法第153条的规定,被判处死刑缓期2年执行的罪犯,在死刑缓期执行期间,抗拒改造情节恶劣、查证属实、应当执行死刑的。参照1980年12月26日最高人民法院、最高人民检察院、司法部、公安部《关于罪犯减刑、假释和又犯罪等案件的管辖和处理程序问题的通知》第2条的规定办理。高级人民法院经提审罪犯、宣告判决后,报送最高人民法院核准,下达执行死刑命令。如果罪犯对高级人民法院的判决不服,可以记入宣判笔录,并允许他在10天内写出书面材料,随案上报。高级人民法院还应将判决书副本,送达同级人民检察院。高级人民法院不同意执行死刑的,可以商请公安机关撤回。

根据1981年6月10日第五届全国人民代表大会常务委员会第19次会议通过的《关于死刑案件核准问题的决定》,在1983年以前,对于死缓罪犯应当执行死刑的,按照全国人民代表大会常务委员会办公厅(81)常办秘字第131号复函的规定,"属于《决定》第一项所列举的罪犯,应由省、自治区、直辖市高级人民法院核准;属于反革命犯和贪污犯等,应由最高人民法院核准。"其中,应由高级人民法院核准的,如果罪犯对高级人民法院判处其执行死刑的判决不服,提出申诉,高级人民法院审判委员会应复议1次。

(四)死刑罪犯的执行问题

根据审判实践经验,对于判处死刑的罪犯。经核准死刑后,执行死刑前,如果罪犯或其家属提出要求,在条件许可的情况下,经院长批准,可以准许罪犯会见其近亲属1、2人,但绝不允许透露执行日期,并要做好必要的思想工作与警戒工作,派人在场监视。

---

① 本条第2款、第3款规定由1996年3月17日第8届全国人民代表大会第4次会议增设,1997年1月1日施行。

② 注:该《经验总结》一直没有被废止,部分内容可作参考。

依照刑事诉讼法第 155 条第 5 款的规定，执行死刑后，应当通知罪犯家属，可以允许罪犯家属在限期内领取骨灰或尸体。罪犯家属表示不领取骨灰或尸体的，应记录在卷。

依照刑事诉讼法第 155 条第 4 款的规定，交付执行的人民法院，应当将执行死刑情况报告最高人民法院。属于最高人民法院核准死刑的，可迳报最高人民法院，抄报高级人民法院；属于高级人民法院核准死刑的，可只报告高级人民法院。高级人民法院按照 1981 年 6 月 11 日最高人民法院《关于执行全国人民代表大会常务委员会〈关于死刑案件核准问题的决定〉的几项通知》的第 3 条规定，随时向最高人民法院备案。

（五）对于生效的死刑判决的理解问题

刑事诉讼法第 151 条第 2 款第（三）项和第 153 条第 1 款中讲的"死刑的判决"，是指经最高人民法院核准后生效的中级人民法院或高级人民法院判处死刑的判决。刑事诉讼法第 151 条第 2 款第（三）项中讲的死缓的判决，同样是指经高级人民法院核准后生效的中级人民法院判处死缓的判决。

【法办〔2003〕65 号】　最高人民法院办公厅关于执行死刑命令盖院印问题的电话请示的复函（2003 年 4 月 14 日答复四川高院电话请示）①

根据 1999 年最高人民法院下发的《法院刑事诉讼文书样式 65》规定，执行死刑命令的院印应在院长签名以下，压盖在日期之上，但不得压盖院长签名。

【法〔2004〕115 号】　最高人民法院关于报送复核被告人在死缓考验期内故意犯罪应当执行死刑案件时应当一并报送原审判处和核准被告人死缓案卷的通知（2004 年 6 月 15 日）

一、各高级人民法院在审核下级人民法院报送复核被告人在死缓考验期限内故意犯罪，应当执行死刑案件时，应当对原审判处和核准该被告人死刑缓期 2 年执行是否正确一并进行审查，并在报送我院的复核报告中写明结论。

二、各高级人民法院报请核准被告人在死缓考验期限内故意犯罪，应当执行死刑的案件，应当一案一报。报送的材料应当包括：报请核准执行死刑的报告，在死缓考验期限内故意犯罪应当执行死刑的综合报告和判决书各 15 份；全部诉讼案卷和证据；原审判处和核准被告人死刑缓期 2 年执行，剥夺政治权利终身的全部诉讼案卷和证据。

【法发〔2007〕11 号】　最高人民法院、最高人民检察院、公安部、司法部关于进一步严格依法办案确保办理死刑案件质量的意见（2007 年 3 月 9 日）

45. 人民法院向罪犯送达核准死刑的裁判文书时，应当告知罪犯有权申请会见其近亲属。罪犯提出会见申请并提供具体地址和联系方式的，人民法院应当准许；原审人民法院应当通知罪犯的近亲属。罪犯近亲属提出会见申请的，人民法院应当准许，并及时安排会见。

46. 第一审人民法院将罪犯交付执行死刑前，应当将核准死刑的裁判文书送同级人民检察院，并在交付执行 3 日以前通知同级人民检察院派员临场监督。

47. 第一审人民法院在执行死刑前，发现有刑事诉讼法第 211 条规定的情形的，应当停止执行，并且立即报告最高人民法院，由最高人民法院作出裁定。临场监督执行死刑的检察人员在执行死刑前，发现有刑事诉讼法第 211 条规定的情形的，应当建议人民法院停止执行。

---

① 注：根据"法释〔2006〕12 号"《决定》，死刑核准权自 2007 年 1 月 1 日起由最高人民法院统一行使。因此，本《复函》已经实际失效，但一直未被明确宣布废止。

48. 执行死刑应当公布。禁止游街示众或者其他有辱被执行人人格的行为。禁止侮辱尸体。

【高检发政字〔2015〕号】　人民检察院司法警察执行职务规则（2015年6月1日最高检第12届检委会第36次会议通过，2015年6月12日印发）

第19条　人民检察院司法警察执行保护出席法庭、临场监督执行死刑检察人员安全的任务，应当做到：

（一）提前与公诉部门或者刑事执行检察部门沟通，了解案件性质、涉案人数、出席法庭、临场监督执行死刑检察人员人数等情况，制定安全处置预案；

（二）依照有关规定携带警械具，重点保护好往返法庭、开庭期间、执行死刑过程中检察人员的人身安全；

（三）对于重大、敏感等案件，执行职务前应当与法院、公安机关沟通协调，共同做好防范工作；

（四）遇有聚众围攻、殴打出庭公诉、临场监督执行死刑检察人员的，应当采取适当的保护措施并及时与公安机关联系，保护检察人员人身安全。

【法〔2016〕318号】　最高人民法院关于对死刑缓期执行期间故意犯罪未执行死刑案件进行备案的通知（2016年9月26日）

一、高级人民法院判决、裁定对死刑缓期执行期间故意犯罪不执行死刑的，应当在裁判文书生效后20日内报我院备案。备案材料报送我院审判监督庭，具体包括：1. 关于被告人死刑缓期执行期间故意犯罪未执行死刑一案的报备报告；2. 第一、二审（复核审）裁判文书、审理报告；3. 被告人被判处死刑缓期执行的原第一、二审（复核审）裁判文书、审理报告。

二、中级人民法院判决对死刑缓期执行期间故意犯罪不执行死刑的，不需要再报高级人民法院核准，应当在判决书生效后20日内报高级人民法院备案。高级人民法院应当依法组成合议庭进行审查。高级人民法院同意不执行死刑的，再报我院备案。报送材料包括：1. 关于被告人死刑缓期执行期间故意犯罪未执行死刑案的报备报告；2. 第一审判决书、审理报告，高级人民法院审查报告；3. 被告人被判处死刑缓期执行的原第一、二审（复核审）裁判文书、审理报告。

三、高级人民法院、中级人民法院判决、裁定对死刑缓期执行期间故意犯罪不执行死刑的，应当及时宣判并交付执行。报备工作不影响上述判决、裁定的生效和执行。对于高级人民法院报我院备案的死刑缓期执行期间故意犯罪未执行死刑案件，我院将对报送材料予以登记存案，以备查审。经审查认为原生效裁判确有错误的，将按照审判监督程序依法予以纠正。

【高检发释字〔2019〕4号】　人民检察院刑事诉讼规则（2019年12月2日最高检第13届检委会第28次会议通过，2019年12月30日公布施行；高检发释字〔2012〕2号《规则（试行）》同时废止）

第647条　被判处死刑立即执行的罪犯在被执行死刑时，人民检察院应当指派检察官派员临场监督。并配备书记员担任记录。

死刑执行临场监督由人民检察院负责刑事执行检察的部门监所检察部门承担。人民检察院派驻看守所、监狱的检察人员应当予以协助，负责捕诉的公诉部门应当提供有关情况。

执行死刑过程中，人民检察院临场监督人员根据需要可以进行拍照、录像。执行死刑后，人民检察院临场监督人员应当检查罪犯是否确已死亡，并填写死刑执行临场监督笔录，签名后入卷归档。

第648条 （新增）省级人民检察院负责案件管理的部门收到高级人民法院报请最高人民法院复核的死刑判决书、裁定书副本后，应当在3日以内将判决书、裁定书副本移送本院负责刑事执行检察的部门。

（新增）判处死刑的案件一审是由中级人民法院审理的，省级人民检察院应当及时将死刑判决书、裁定书副本移送中级人民法院的同级人民检察院负责刑事执行检察的部门。

人民检察院收到同级人民法院执行死刑临场监督通知后，应当查明同级人民法院是否收到最高人民法院核准死刑的裁定或者作出的死刑判决、裁定和执行死刑的命令。

第649条 临场监督执行死刑的检察人员应当依法监督执行死刑的场所、方法和执行死刑的活动是否合法。执行死刑前，人民检察院发现具有下列情形之一的，应当建议人民法院立即停止执行，并层报最高人民检察院负责死刑复核监督的部门：（一）被执行人并非应当执行死刑的罪犯的；（二）罪犯犯罪时不满18周岁，或者审判的时候已满75周岁，依法不应当适用死刑的；（三）罪犯正在怀孕的；（四）共同犯罪的其他犯罪嫌疑人到案，共同犯罪的其他罪犯被暂停或者停止执行死刑，可能影响罪犯量刑的；（五）罪犯可能有其他犯罪的；（六）罪犯揭发他人重大犯罪事实行为或者有其他重大立功表现，可能需要改判的；（七）判决、裁定可能有影响定罪量刑的其他错误的。

在执行死刑活动中，发现人民法院有侵犯被执行死刑罪犯的人身权、财产权或者其近亲属、继承人合法权利等违法情形的，人民检察院应当依法提出纠正意见。

【公安部令〔2020〕159号】　公安机关办理刑事案件程序规定（2020年7月4日第3次部务会议修订，2020年7月20日公布，2020年9月1日施行）

第299条 对被判处死刑的罪犯，公安机关应当依据人民法院执行死刑的命令，将罪犯交由人民法院执行。

【法释〔2021〕1号】　最高人民法院关于适用《中华人民共和国刑事诉讼法》的解释（2020年12月7日最高法审委会〔1820次〕修订，2021年1月26日公布，2021年3月1日施行；2013年1月1日施行的"法释〔2012〕21号"《解释》同时废止）

第479条（第3款） 对外国籍被告人执行死刑的，死刑裁决下达后执行前，应当通知其国籍国驻华使领馆。

第497条 被判处死刑缓期执行的罪犯，在死刑缓期执行期间故意犯罪的，应当由罪犯服刑地的中级人民法院依法审判，所作的判决可以上诉、抗诉。

认定构成故意犯罪，情节恶劣，应当执行死刑的，在判决、裁定发生法律效力后，应当层报最高人民法院核准死刑。

（新增）对故意犯罪未执行死刑的，不再报高级人民法院核准，死刑缓期执行的期间重新计算，并层报最高人民法院备案。备案不影响判决、裁定的生效和执行。

（新增）最高人民法院经备案审查，认为原判不予执行死刑错误，确需改判的，应当依照审判监督程序予以纠正。

第498条 死刑缓期执行的期间，从判决或者裁定核准死刑缓期执行的法律文书宣告或者送达之日起计算。

死刑缓期执行期满，依法应当减刑的，人民法院应当及时减刑。死刑缓期执行期满减为无期徒刑、有期徒刑的，刑期自死刑缓期执行期满之日起计算。

第499条　最高人民法院的执行死刑命令，由高级人民法院交付第一审人民法院执行。第一审人民法院接到执行死刑命令后，应当在7日以内执行。

在死刑缓期执行期间故意犯罪，最高人民法院核准执行死刑的，由罪犯服刑地的中级人民法院执行。

第500条　<u>下级人民法院</u>第一审人民法院在接到执行死刑命令后、执行前，发现有下列情形之一的，应当暂停执行，并立即将请求停止执行死刑的报告和相关材料层报最高人民法院：（一）罪犯可能有其他犯罪的；（二）共同犯罪的其他犯罪嫌疑人到案，可能影响罪犯量刑的；（三）共同犯罪的其他罪犯被暂停或者停止执行死刑，可能影响罪犯量刑的；（四）罪犯揭发重大犯罪事实或者有其他重大立功表现，可能需要改判的；（五）罪犯怀孕的；（六）判决、裁定可能有影响定罪量刑的其他错误的。

最高人民法院经审查，认为可能影响罪犯定罪量刑的，应当裁定停止执行死刑；认为不影响的，应当决定继续执行死刑。

第501条　最高人民法院在执行死刑命令签发后、执行前，发现有前条第1款规定情形的，应当立即裁定停止执行死刑，并将有关材料移交下级人民法院。

第502条　下级人民法院接到最高人民法院停止执行死刑的裁定后，应当会同有关部门调查核实停止执行死刑的事由，并及时将调查结果和意见层报最高人民法院审核。

第503条　对下级人民法院报送的停止执行死刑的调查结果和意见，由最高人民法院原作出核准死刑判决、裁定的合议庭负责审查；必要时，另行组成合议庭进行审查。

第504条　最高人民法院对停止执行死刑的案件，应当按照下列情形分别处理：

（一）确认罪犯怀孕的，应当改判；

（二）确认罪犯有其他犯罪，依法应当追诉的，应当裁定不予核准死刑，撤销原判，发回重新审判；

（三）确认原判决、裁定有错误或者罪犯有重大立功表现，需要改判的，应当裁定不予核准死刑，撤销原判，发回重新审判；

（四）确认原判决、裁定没有错误，罪犯没有重大立功表现，或者重大立功表现不影响原判决、裁定执行的，应当裁定继续执行死刑，并由院长重新签发执行死刑的命令。

第505条　第一审人民法院在执行死刑前，应当告知罪犯有权会见其近亲属。罪犯申请会见并提供具体联系方式的，人民法院应当通知其近亲属。<u>确实无法与罪犯近亲属取得联系，或者其近亲属拒绝会见的，应当告知罪犯</u>。罪犯申请通过录音录像等方式留下遗言的，<u>人民法院可以准许</u>。

罪犯近亲属申请会见的，人民法院应当准许并及时安排，<u>但罪犯拒绝会见的除外</u>。罪犯拒绝会见的，应当记录在案并及时告知其近亲属；必要时，<u>应当录音录像</u>。

（新增）罪犯申请会见近亲属以外的亲友，经人民法院审查，确有正当理由的，在确保安全的情况下可以准许。

（新增）罪犯申请会见未成年子女的，应当经未成年子女的监护人同意；会见可能影响未成年人身心健康的，人民法院可以通过视频方式安排会见，会见时监护人应当在场。

（新增）会见一般在罪犯羁押场所进行。

（新增）会见情况应当记录在案，附卷存档。

第506条　第一审人民法院在执行死刑3日以前，应当通知同级人民检察院派员临场监督。

第507条　死刑采用枪决或者注射等方法执行。

采用注射方法执行死刑的，应当在指定的刑场或者羁押场所内执行。

采用枪决、注射以外的其他方法执行死刑的，应当事先层报最高人民法院批准。

第508条　执行死刑前，指挥执行的审判人员应当对罪犯验明正身，讯问有无遗言、信札，并制作笔录，再交执行人员执行死刑。

执行死刑应当公布，禁止游街示众或者其他有辱罪犯人格的行为。

第509条　执行死刑后，应当由法医验明罪犯确实死亡，在场书记员制作笔录。负责执行的人民法院应当在执行死刑后15日以内将执行情况，包括罪犯被执行死刑前后的照片，上报最高人民法院。

第510条　执行死刑后，负责执行的人民法院应当办理以下事项：

（一）对罪犯的遗书、遗言笔录，应当及时审查；涉及财产继承、债务清偿、家事嘱托等内容的，将遗书、遗言笔录交给家属，同时复制附卷备查；涉及案件线索等问题的，抄送有关机关；

（二）通知罪犯家属在限期内领取罪犯骨灰；没有火化条件或者因民族、宗教等原因不宜火化的，通知领取尸体；过期不领取的，由人民法院通知有关单位处理，并要求有关单位出具处理情况的说明；对罪犯骨灰或者尸体的处理情况，应当记录在案；

（三）对外国籍罪犯执行死刑后，通知外国驻华使领馆的程序和时限，根据有关规定办理。

第511条　被判处死刑缓期执行、无期徒刑、有期徒刑、拘役的罪犯，交付执行时在押的，第一审人民法院应当在判决、裁定生效后10日以内，将判决书、裁定书、起诉书副本、自诉状复印件、执行通知书、结案登记表送达公安机关、监狱或者其他执行机关送达看守所，由公安机关将罪犯交付执行。

罪犯需要收押执行刑罚的，而判决、裁定生效前未被羁押的，人民法院应当根据生效的判决书、裁定书将罪犯送交看守所羁押，并依照前款的规定办理执行手续。

第512条　同案审理的案件中，部分被告人被判处死刑，对未被判处死刑的同案被告人需要羁押执行刑罚的，应当根据前条规定及时交付执行在其判决、裁定生效后10日内交付执行。但是，该同案被告人参与实施有关死刑之罪的，应当在最高人民法院复核讯问被判处死刑的被告人后交付执行。

第533条　被判处死刑缓期执行的罪犯，在死刑缓期执行期间，没有故意犯罪的，死刑缓期执行期满后，应当裁定减刑；死刑缓期执行期满后，尚未裁定减刑前又犯罪的，应当在依法减刑后，对其所犯新罪另行审判。

【国安部令〔2024〕4号】　国家安全机关办理刑事案件程序规定（2024年4月26日公布，2024年7月1日起施行）

第323条　对于被判处死刑的罪犯，国家安全机关应当依据人民法院执行死刑的命令，将罪犯交由人民法院执行。

第264条（第1款）① 【刑罚文书送达】罪犯被交付执行刑罚的时候，应当由交付执行的人民法院在判决生效10日以内将有关的法律文书送达公安机关、监狱或者其他执行机关。②

（第2款） 【监禁刑的执行】③对于被判处死刑缓期2年执行、无期徒刑、有期徒刑的罪犯，由公安机关依法将该罪犯送交监狱执行刑罚。对于被判处有期徒刑的罪犯④，在被交付执行刑罚前，剩余刑期在3个月⑤以下的，由看守所代为执行。对于被判处拘役的罪犯，由公安机关执行。⑥

（第3款） 【未成年犯的执行】对未成年犯应当在未成年管教所执行刑罚。

（第4款） 【收押】执行机关应当将罪犯及时收押，并且通知罪犯家属。

（第5款） （另立，见后）

● **相关规定** 【法发（研）〔1981〕号】 最高人民法院关于执行刑事诉讼法中若干问题的初步经验总结（1981年11月印发）⑦

十三、关于执行程序的问题

（一）判处徒刑缓刑、拘役缓刑、拘役和管制案件的执行手续

对于判处有期徒刑缓刑、拘役缓刑和管制的案件，根据刑法关于缓刑与管制两节和刑事诉讼法第158条第1款、第159条规定的精神，如果罪犯在押，宣判后，应由人民法院决定变更强制措施，并通知公安机关执行；如果罪犯未在押，应待判决发生法律效力后。通知公安机关执行判决。

对于判处有期徒刑、拘役的案件，根据刑法关于拘役一节和刑事诉讼法第156条规定的精神，并参照1980年12月11日最高人民法院、最高人民检察院、公安部《对于未逮捕的罪犯可根据判决书等文书收监执行的批复》，如果罪犯未在押，应待判决发生法律效力后，将执行通知书和判决书，送交公安机关，由公安机关收押执行。为防发生意外，必要时，可以在宣告判决的同时，由人民法院决定对罪犯采取监视居住等强制措施。

【铁办字〔1982〕1214号】 最高人民法院、最高人民检察院、公安部、司法部、铁道部关于铁路运输法院、检察院办案中有关问题的联合通知（1982年7月9日）⑧

---

① 本条规定由1996年3月17日第8届全国人民代表大会第4次会议修改，1997年1月1日施行。原规定为："对于被判处死刑缓期2年执行、无期徒刑、有期徒刑或者拘役的罪犯，应当由交付执行的人民法院将执行通知书、判决书送达监狱或者其他劳动改造场所执行，并由执行机关通知罪犯家属。""判处有期徒刑、拘役的罪犯，执行期满，应当由执行机关发给刑满释放证。"

② 本款下划线部分由2012年3月14日第11届全国人大常委会第5次会议增加，2013年1月1日施行。

③ 本款规定中的3处"对"原为"对于"，由2012年3月14日第11届全国人大常委会第5次会议修改，2013年1月1日施行。

④ 注：这里的"被判处有期徒刑的罪犯"包括由死刑缓期2年执行、无期徒刑减为有期徒刑的罪犯。

⑤ 本部分内容由2012年3月14日第11届全国人大常委会第5次会议修改，2013年1月1日施行。原规定为"1年"。

⑥ 本款删除线部分由2012年3月14日第11届全国人大常委会第5次会议删除，2013年1月1日施行。

⑦ 注：该《经验总结》一直没有被废止，部分内容可作参考。

⑧ 注：本《联合通知》一直未被废止，但许多内容已明显失效。

（三）案犯的羁押与执行。铁路运输法院审理的未决犯，由铁路公安机关羁押，也可由沿线就近的地方公安机关所属的看守所羁押；对判处1年以上（含1年）有期徒刑、无期徒刑、死刑缓期2年执行的罪犯，送所在省、市、自治区公安机关所属就近监狱、劳改队执行。对于判处1年以下有期徒刑的罪犯和判处拘役、管制的罪犯，可由铁路公安机关就地执行。判处死刑立即执行的罪犯，暂由铁路公安机关的警察执行。

【国务院令〔1990〕52号】 **看守所条例**（1990年3月17日公布施行）

第9条 看守所收押人犯，须凭送押机关持有的县级以上公安机关、国家安全机关签发的逮捕证、刑事拘留证或者县级以上公安机关、国家安全机关、监狱、劳动改造机关，人民法院、人民检察院追捕、押解人犯临时寄押的证明文书。没有上述凭证，或者凭证的记载与实际情况不符的，不予收押。

第10条 看守所收押人犯，应当进行健康检查，有下列情形之一的，不予收押：（一）患有精神病或者急性传染病的；（二）患有其他严重疾病，在羁押中可能发生生命危险或者生活不能自理的，但是罪大恶极不羁押对社会有危险性的除外；（三）怀孕或者哺乳自己不满1周岁的婴儿的妇女。

【司发通〔1998〕136号】 司法部、公安部关于将在北京违法犯罪的外省籍罪犯和劳教人员遣送原籍执行的通知（1998年10月30日印发施行）

一、北京市公安机关向北京市外地罪犯（劳教人员）遣送处移交罪犯、劳教人员时，应准确提供罪犯、劳教人员的户口所在地。

二、北京市外地罪犯（劳教人员）遣送处在执行遣送任务前，应事先与罪犯和劳教人员原籍的省、自治区、直辖市监狱、劳教管理机关联系，通报被遣送人员的情况，商定遣送的时间以及有关事宜；在遣送时，按有关法律规定同时送达刑事判决书（劳动教养决定书）、起诉书副本、执行通知书（劳动教养通知书）、结案登记表等法律文书；罪犯和劳教人员的随季被服和其他财物，应一并携带。各地监狱、劳教管理机关应予积极配合。

三、为确保集中遣送罪犯和劳教人员工作的安全，各地监狱、劳教管理机关应在交通便利的城市指定一、两所监狱、劳教所，分别接收被遣送的男犯、女犯、未成年犯和男、女劳教人员及少教人员。

四、对接收罪犯和劳教人员的省、自治区、直辖市监狱、劳教管理机关，北京市外地罪犯（劳教人员）遣送处应按北京市当年所确定的罪犯、劳教人员生活费标准一次性支付所送罪犯、劳教人员当年剩余月份的生活费用。

五、各地监狱、劳教管理机关对北京市遣送的有期徒刑、无期徒刑、死刑缓期2年执行的罪犯和劳教人员，应一律予以接收。

六、对被遣送的判处有期徒刑的罪犯和劳教人员中，属于保外就医范围的病、残犯和予所外就医的劳教人员，可由接收省、自治区、直辖市监狱、劳教管理机关在接收后依法办理暂予监（所）外执行。对这类病、残罪犯（劳教人员），北京市外地罪犯（劳教人员）遣送处应向接收省、自治区、直辖市按每人500元标准支付医疗费用。

七、各地监狱、劳教管理机关接收被遣送的罪犯和劳教人员时，应当严格依法办事，不得附加其他条件。

八、在执行遣送任务中，北京市公安机关及沿途公安机关与铁路公安机关应积极配合，确保遣送工作的安全。

【主席令〔2012〕63号】　中华人民共和国监狱法（2012年10月26日第11届全国人大常委会第29次会议修正，主席令第63号公布，2013年1月1日施行）

第15条　人民法院对被判处死刑缓期2年执行、无期徒刑、有期徒刑的罪犯，应当将执行通知书、判决书送达羁押该罪犯的公安机关，公安机关应当自收到执行通知书、判决书之日起1个月内将该罪犯送交监狱执行刑罚。

罪犯在被交付执行刑罚前，剩余刑期在3个月以下的，由看守所代为执行。

第16条　罪犯被交付执行刑罚时，交付执行的人民法院应当将人民检察院的起诉书副本、人民法院的判决书、执行通知书、结案登记表同时送达监狱。监狱没有收到上述文件的，不得收监；上述文件不齐全或者记载有误的，作出生效判决的人民法院应当及时补充齐全或者作出更正；对其中可能导致错误收监的，不予收监。

第17条　罪犯被交付执行刑罚，符合本法第16条规定的，应当予以收监。罪犯收监后，监狱应当对其进行身体检查。经检查，对于具有暂予监外执行情形的，监狱可以提出书面意见，报省级以上监狱管理机关批准。

第18条　罪犯收监，应当严格检查其人身和所携带的物品。非生活必需品，由监狱代为保管或者征得罪犯同意退回其家属，违禁品予以没收。

女犯由女性人民警察检查。

第19条　罪犯不得携带子女在监内服刑。

第20条　罪犯收监后，监狱应当通知罪犯家属。通知书应当自收监之日起5日内发出。

第74条　对未成年犯应当在未成年犯管教所执行刑罚。

第76条　未成年犯年满18周岁时，剩余刑期不超过2年的，仍可以留在未成年犯管教所执行剩余刑期。

【公安部令〔2013〕128号】　看守所留所执行刑罚罪犯管理办法（2013年8月20日公安部部长办公会议通过，2013年10月23日发布，2013年11月23日施行）

第2条　被判处有期徒刑的成年和未成年罪犯，在被交付执行前，剩余刑期在3个月以下的，由看守所代为执行刑罚。

被判处拘役的成年和未成年罪犯，由看守所执行刑罚。

第9条　看守所在收到交付执行的人民法院送达的人民检察院起诉书副本和人民法院判决书、裁定书、执行通知书、结案登记表的当日，应当办理罪犯收押手续，填写收押登记表，载明罪犯基本情况、收押日期等，并由民警签字后，将罪犯转入罪犯监区或者监室。

第13条　收押罪犯后，看守所应当在5日内向罪犯家属或者监护人发出罪犯执行刑罚地点通知书。对收押的外国籍罪犯，应当在24小时内报告所属公安机关。

【公安部令〔2020〕159号】　公安机关办理刑事案件程序规定（2020年7月4日第3次部务会议修订，2020年7月20日公布，2020年9月1日施行）

第298条（第1款）　对被依法判处刑罚的罪犯，如果罪犯已被采取强制措施的，公安机关应当依据人民法院生效的判决书、裁定书以及执行通知书，将罪犯交付执行。

第300条（第1款）　公安机关接到人民法院生效的判处死刑缓期2年执行、无期徒刑、有期徒刑的判决书、裁定书以及执行通知书后，应当在1个月以内将罪犯送交监狱执行。

第301条（第2款）　对被判处拘役的罪犯，由看守所执行。

【法释〔2021〕1号】　最高人民法院关于适用《中华人民共和国刑事诉讼法》的解释（2020年12月7日最高法审委会［1820次］修订，2021年1月26日公布，2021年3月1日施行；2013年1月1日施行的"法释〔2012〕21号"《解释》同时废止）

第511条　被判处死刑缓期执行、无期徒刑、有期徒刑、拘役的罪犯，~~交付执行时在押的，~~第一审人民法院应当在判决、裁定生效后10日以内，将判决书、裁定书、起诉书副本、自诉状复印件、执行通知书、结案登记表送达公安机关、监狱或者其他执行机关~~送达看守所，由公安机关将罪犯交付执行。~~

~~罪犯需要收押执行刑罚，而判决、裁定生效前未被羁押的，人民法院应当根据生效的判决书、裁定书将罪犯送交看守所羁押，并依照前款的规定办理执行手续。~~

第512条　同案审理的案件中，部分被告人被判处死刑，对未判处死刑的同案被告人需要羁押执行刑罚的，应当根据前条规定及时交付执行~~在其判决、裁定生效后10日内交付执行~~。但是，该同案被告人参与实施有关死刑之罪的，应当在最高人民法院复核讯问被判处死刑的被告人后交付执行。

第513条　执行通知书回执经看守所盖章后，应当附卷备查。

【主席令〔2021〕101号】　中华人民共和国反有组织犯罪法（2021年12月24日第13届全国人大常委会第32次会议通过，主席令第101号公布，2022年5月1日施行）

第35条　对有组织犯罪的罪犯，执行机关应当依法从严管理。

黑社会性质组织的组织者、领导者或者恶势力组织的首要分子被判处10年以上有期徒刑、无期徒刑、死刑缓期2年执行的，应当跨省、自治区、直辖市异地执行刑罚。

【国安部令〔2024〕4号】　国家安全机关办理刑事案件程序规定（2024年4月26日公布，2024年7月1日起施行）

第320条　对于被人民法院依法判处刑罚的罪犯，如果罪犯已被采取强制措施的，国家安全机关应当依据人民法院生效的判决书、裁定书、执行通知书，将罪犯交付执行。

第322条　国家安全机关在收到人民法院生效的判处死刑缓期2年执行、无期徒刑、有期徒刑的判决书、裁定书、执行通知书后，应当在1个月以内将罪犯送交监狱执行刑罚。

未成年犯应当送交未成年犯管教所执行刑罚。

第324条　对于被判处有期徒刑的罪犯，在被交付执行刑罚前，剩余刑期在3个月以下的，由看守所根据人民法院的判决代为执行。

【主席令〔1996〕80号】　中华人民共和国香港特别行政区驻军法（1996年12月30日全国人大常委会［8届23次］通过，1997年7月1日起施行）

第22条　香港驻军人员被香港特别行政区法院判处剥夺或者限制人身自由的刑罚的，依照香港特别行政区的法律规定送交执行；但是，香港特别行政区有关执法机关与军事司法机关对执行的地点另行协商确定的除外。

【主席令〔1999〕18号】　中华人民共和国澳门特别行政区驻军法（1999年6月28日全国人大常委会［9届10次］通过，1999年12月20日起施行）

第22条　澳门驻军人员被澳门特别行政区法院判处剥夺或者限制人身自由的刑罚或者保安处分的，依照澳门特别行政区的法律规定送交执行；但是，澳门特别行政区有关执法机关与军事司法机关对执行的地点另行协商确定的除外。

（本书汇）【监所管理，罪犯会见和通信】①

● **相关规定** 　【国务院令〔1990〕52号】　**看守所条例**（1990年3月17日公布施行）

第10条　看守所收押人犯，应当进行健康检查，有下列情形之一的，不予收押：（一）患有精神病或者急性传染病的；（二）患有其他严重疾病，在羁押中可能发生生命危险或者生活不能自理的，但是罪大恶极不羁押对社会有危险性的除外；（三）怀孕或者哺乳自己不满1周岁的婴儿的妇女。

第11条　看守所收押人犯，应当对其人身和携带的物品进行严格检查。非日常用品应当登记，代为保管，出所时核对发还或者转监狱、劳动改造机关。违禁物品予以没收。发现犯罪证据和可疑物品，要当场制作记录，由人犯签字捺指印后，送案件主管机关处理。

对女性人犯的人身检查，由女工作人员进行。

第17条　对已被判处死刑、尚未执行的犯人，必须加戴械具。

对有事实表明可能行凶、暴动、脱逃、自杀的人犯，经看守所所长批准，可以使用械具。在紧急情况下，可以先行使用，然后报告看守所所长。上述情形消除后，应当予以解除。

第18条　看守人员和武警遇有下列情形之一，采取其他措施不能制止时，可以按照有关规定开枪射击：（一）人犯越狱或者暴动的；（二）人犯脱逃不听制止，或者在追捕中抗拒逮捕的；（三）劫持人犯的；（四）人犯持有管制刀具或者其他危险物，正在行凶或者破坏的；（五）人犯暴力威胁看守人员、武警的生命安全的。

需要开枪射击时，除遇到特别紧迫的情况外，应当先鸣枪警告，人犯有畏服表示，应当立即停止射击。开枪射击后，应当保护现场，并立即报告主管公安机关和人民检察院。

第19条　公安机关、国家安全机关、人民检察院、人民法院提讯人犯时，必须持有提讯证或者提票。提讯人员不得少于2人。

不符合前款规定的，看守所应当拒绝提讯。

第20条　提讯人员讯问人犯完毕，应当立即将人犯交给值班看守人员收押，并收回提讯证或者提票。

第21条　押解人员在押解人犯途中，必须严密看管，防止发生意外。对被押解的人犯，可以使用械具。

押解女性人犯，应当有女工作人员负责途中的生活管理。

第28条　人犯在羁押期间，经办案机关同意，并经公安机关批准，可以与近亲属通信、会见。

第29条　人犯的近亲属病重或者死亡时，应当及时通知人犯。

人犯的配偶、父母或者子女病危时，除案情重大的以外，经办案机关同意，并经公安机关批准，在严格监护的条件下，允许人犯回家探视。

第30条　人犯近亲属给人犯的物品，须经看守人员检查。

第31条　看守所接受办案机关的委托，对人犯发收的信件可以进行检查。如果发现有碍侦查、起诉、审判的，可以扣留，并移送办案机关处理。

---

① 注：《刑事诉讼法》没有关于监所管理的专门规定，本书将其汇集于此。

第32条 人民检察院已经决定提起公诉的案件，被羁押的人犯在接到起诉书副本后，可以与本人委托的辩护人或者由人民法院指定的辩护人会见、通信。

第38条 对于被判处死刑缓期2年执行、无期徒刑、有期徒刑、拘役或者管制的罪犯，看守所根据人民法院的执行通知书、判决书办理出所手续。

【司法部令〔1999〕56号】 **未成年犯管教所管理规定**（1999年5月6日司法部部长办公会议通过，1999年12月18日发布施行；1986年《少年管教所暂行管理办法（试行）》同时废止）

第21条 经批准，未成年犯可以与其亲属或者其他监护人通电话，必要时由人民警察监听。

第22条 未成年犯会见的时间和次数，可以比照成年犯适当放宽。对改造表现突出的，可准许其与亲属一同用餐或者延长会见时间，最长不超过24小时。

第23条 未成年犯遇有直系亲属病重、死亡以及家庭发生其他重大变故时，经所长批准，可以准许其回家探望及处理，在家期限最多不超过7天，必要时由人民警察护送。

【公监管〔2010〕214号】 **公安部关于规范和加强看守所管理确保在押人员身体健康的通知**（2010年5月10日）

一、加强在押人员入所健康检查

（一）看守所收押犯罪嫌疑人、被告人，必须由医生进行健康检查，看守所不具备健康检查条件的，由公安机关送当地县级以上医院进行健康检查。健康检查所需经费由各地公安机关保障。

（二）健康检查的项目为：血压、血常规、心电图、B超、胸片等；问诊的项目为：目前身体状况、以往病史、药物过敏史、家族病史等。检查结果必须由医生签名或者医院盖章。

（三）看守所发现具有以下情形的，可以不予收押：患有精神病或者急性传染病的；怀孕或者哺乳自己不满1周岁的婴儿的妇女；具有《保外就医疾病伤残范围》所列疾病或者有严重外伤，在羁押中可能发生生命危险或者生活不能自理的，以及70岁以上的老年人。其中，因涉黑、涉恶、涉及暴力犯罪等不羁押对社会有危险性而必须羁押的，应当由看守所所属公安机关主要领导书面批准。

二、加强在押人员的日常医疗

（一）看守所应当为在押人员逐人建立医疗档案，详细记载其病史、入所健康检查情况、在所期间每次健康检查情况、患病情况、每次服药情况、在所和出所治疗情况、与家属联系情况以及提请办案机关变更强制措施情况等。

（二）看守所医生应当每日上、下午各巡诊1次，逐监室了解在押人员身体健康状况。看守所应当加强对民警基本医疗知识的培训，使民警懂得常见病的识别和预防，将疾病预防纳入谈话教育和巡视监控等日常管理工作中。

（三）在押人员每羁押超过6个月后，看守所应当按照入所健康检查的标准对其进行1次健康检查。

（四）看守所应当对患病、有伤的在押人员及时给予治疗，病情严重的应当及时送医院治疗。

（五）在押人员因病或因伤不适宜继续羁押的，看守所应当及时提请办案机关依法变更强制措施，或者依法办理保外就医。公安机关承办的案件不予变更强制措施的，必须经公安机关主要领导批准。人民检察院、人民法院承办的案件不予变更强制措施的，看守所所属公安机关应当报告当地党委政法委协调解决。

三、搞好在押人员个人和监室卫生

（一）看守所应当督促在押人员保持好个人卫生，并为在押人员搞好个人卫生提供方便条件。对于经济困难的在押人员，看守所应当向其发放毛巾、肥皂、牙膏、牙刷、内衣等基本生活用品。

（二）看守所为新入所人员办理完收押手续后，应当安排其洗澡，并根据个人情况为其理发等，待做好个人卫生后方可安排进入监室。

（三）看守所应当保证在押人员洗热水澡，其中夏季每周至少1次，其余季节每15天至少1次；应当及时为在押人员理发。

（四）看守所应当督促在押人员每15天至少换洗1次衣服，每月至少晒1次被褥，每季度至少拆洗一次被褥。有条件的看守所应当定期集中为在押人员洗涤衣服和被褥。

（五）看守所应当保持监室内外的清洁卫生，每天打扫监室，每周至少消毒1次。看守所应当做好监室的夏季防暑降温、冬季防寒保暖工作，保持监室空气流通。

四、调剂好在押人员伙食

（一）看守所应当严格按照本地区财政部门核定的在押人员伙食实物量标准，保证在押人员吃足定量，严禁克扣。

（二）看守所应当适时调剂在押人员伙食，保证在押人员营养。

（三）看守所应当保证在押人员食品新鲜、安全，保证在押人员厨房和食品加工环节的清洁卫生，保证在押人员吃熟、吃热。

（四）看守所应当向在押人员提供充分的饮用开水。

（五）看守所应当将本地区财政部门核定的在押人员伙食标准和每周食谱在监室内张贴公示；应当每月结算一次伙食账目并向在押人员公布，接受在押人员的监督。

五、合理安排在押人员一日生活

（一）看守所应当科学安排在押人员的一日生活，丰富在押人员一日生活内容，在保证必要的学习、教育活动基础上，保证在押人员的一定自由活动时间，保持在押人员体质。

（二）在天气状况允许的情况下，看守所应当保证在押人员每日上、下午各1小时的室外活动时间，其中，集体组织做操或者训练的时间应当不少于20分钟。

（三）看守所应当保证在押人员每天不少于8个小时的睡眠时间。

（四）看守所不得因为组织在押人员劳动而侵占在押人员自由活动、室外活动和睡眠时间。

六、对老弱病残在押人员给予特殊照顾

（一）看守所应当设立老弱病残监室，专门关押年老、体弱、生病、残疾的在押人员。

（二）看守所对于年老、体弱、生病、残疾在押人员，应当给予特殊照顾，以有利于其身体健康为原则，在日常医疗、伙食、一日生活等方面予以特殊安排。

【公通字〔2011〕56号】 看守所在押人员死亡处理规定（最高检、公安部、民政部2011年12月29日）

第2条 在押人员死亡分为正常死亡和非正常死亡。

正常死亡是指因人体衰老或者疾病等原因导致的自然死亡。

非正常死亡是指自杀死亡，或者由于自然灾害、意外事故、他杀、体罚虐待、击毙等外部原因作用于人体造成的死亡。

第5条 在押人员死亡后，看守所应当立即通知死亡在押人员的近亲属，报告所属公安机关和人民检察院，通报办案机关或者原审人民法院。

死亡的在押人员无近亲属或者无法通知其近亲属的，看守所应当通知死亡在押人员户籍所在地或者居住地的村（居）民委员会或者公安派出所。

第7条 在押人员死亡后，对初步认定为正常死亡的，公安机关应当立即开展以下调查工作：（一）封存、查看在押人员死亡前15日内原始监控录像，对死亡现场进行保护、勘验并拍照、录像；（二）必要时，分散或者异地分散关押同监室在押人员并进行询问；（三）对收押、巡视、监控、管教等岗位可能了解死亡在押人员相关情况的民警以及医生等进行询问调查；（四）封存、查阅收押登记、入所健康和体表检查登记、管教民警谈话教育记录、禁闭或者械具使用审批表、就医记录等可能与死亡有关的台账、记录等；（五）登记、封存死亡在押人员的遗物；（六）查验尸表，对尸体进行拍照并录像；（七）组织进行死亡原因鉴定。

第8条 公安机关调查工作结束后，应当作出调查结论，报告同级人民检察院，并通知死亡在押人员的近亲属。

人民检察院应当对公安机关的调查结论进行审查，并将审查结果通知公安机关。

第9条 人民检察院接到看守所在押人员死亡报告后，应当立即派员赶赴现场，开展相关工作。具有下列情形之一的，由人民检察院进行调查：（一）在押人员非正常死亡的；（二）死亡在押人员的近亲属对公安机关的调查结论有疑义，向人民检察院提出，人民检察院审查后认为需要调查的；（三）人民检察院对公安机关的调查结论有异议的；（四）其他需要由人民检察院调查的。

第11条 人民检察院调查结束后，应当将调查结论书面通知公安机关和死亡在押人员的近亲属。

第12条 公安机关或者人民检察院组织进行尸检的，应当通知死亡在押人员的近亲属到场，并让其在《解剖尸体通知书》上签名或者盖章。对死亡在押人员无近亲属或者无法通知其近亲属，以及死亡在押人员的近亲属无正当理由拒不到场或者拒绝签名或者盖章的，不影响尸检，但是公安机关或者人民检察院应当在《解剖尸体通知书》上注明，并对尸体解剖过程进行全程录像，并邀请与案件无关的人员或者死者近亲属聘请的律师到场见证。

第13条 公安机关、人民检察院委托其他具有司法鉴定资质的机构进行尸检的，应当征求死亡在押人员的近亲属的意见；死亡在押人员的近亲属提出另行委托具有司法鉴定资质的机构进行尸检的，公安机关、人民检察院应当允许。

第14条 公安机关或者死亡在押人员的近亲属对人民检察院作出的调查结论有异议、疑义的，可以在接到通知后3日内书面要求作出调查结论的人民检察院进行复议。公安机关或者死亡在押人员的近亲属对人民检察院的复议结论有异议、疑义的，可以向上一级人民检察院提请复核。

人民检察院应当及时将复议、复核结论通知公安机关和死亡在押人员的近亲属。

第15条 鉴定费用由组织鉴定的公安机关或者人民检察院承担。死亡在押人员的近亲属要求重新鉴定且重新鉴定意见与原鉴定意见一致的，重新鉴定费用由死亡在押人员的近亲属承担。

第17条 人民检察院、死亡在押人员的近亲属对公安机关的调查结论无异议、疑义的，公安机关应当及时火化尸体。

公安机关、死亡在押人员的近亲属对人民检察院调查结论或者复议、复核结论无异议、疑义的，公安机关应当及时火化尸体。对经上一级人民检察院复核后，死亡在押人员的近亲属仍不同意火化尸体的，公安机关可以按照规定火化尸体。

第18条　除法律、法规另有特别规定外，在押人员尸体交由就近的殡仪馆火化处理。

公安机关负责办理在押人员尸体火化的相关手续。殡仪馆应当凭公安机关出具的《死亡证明》和《火化通知书》火化尸体，并将《死亡证明》和《火化通知书》存档。

第19条　尸体火化自死亡原因确定之日起15日内进行。

死亡在押人员的近亲属要求延期火化的，应当向公安机关提出申请。公安机关根据实际情况决定是否延期。尸体延长保存期限不得超过10日。

第20条　尸体火化前，公安机关应当将火化时间、地点通知死亡在押人员的近亲属，并允许死亡在押人员的近亲属探视。死亡在押人员的近亲属拒绝到场的，不影响尸体火化。

尸体火化时，公安机关应当到场监督，并固定相关证据。

第21条　尸体火化后，骨灰由死亡在押人员的近亲属在骨灰领取文书上签字后领回。对尸体火化时死亡在押人员的近亲属不在场的，公安机关应当通知其领回骨灰；逾期6个月不领回的，由公安机关按照规定处理。

第22条　死亡在押人员的近亲属无法参与在押人员死亡处理活动的，可以书面委托律师或者其他公民代为参与。

第23条　死亡在押人员尸体接运、存放、火化和骨灰寄存等殡葬费用由公安机关支付，与殡仪馆直接结算。

第24条　死亡在押人员系少数民族的，尸体处理应当尊重其民族习惯，按照有关规定妥善处置。

死亡在押人员系港澳台居民、外国籍或无国籍人的，尸体处理按照国家有关法律、法规的规定执行。

第25条　死亡在押人员的遗物由其近亲属领回或者由看守所寄回。死亡在押人员的近亲属接通知后12个月内不领取或者无法投寄的，按照规定处理。

第28条　看守所及其工作人员在行使职权时，违法使用武器、警械，殴打、虐待在押人员，或者唆使、放纵他人以殴打、虐待等行为造成在押人员死亡的，依法依纪给予处分；构成犯罪的，依法追究刑事责任，并由公安机关按照《中华人民共和国国家赔偿法》的规定予以赔偿。

对不属于赔偿范围但死亡在押人员家庭确实困难、符合相关救助条件的，死亡在押人员的近亲属可以按照规定向民政部门申请救助。

第29条　死亡在押人员的近亲属及相关人员因在押人员死亡无理纠缠、聚众闹事，影响看守所正常工作秩序和社会稳定的，公安机关应当依法予以处置；构成犯罪的，依法追究刑事责任。

【主席令〔2012〕63号】　中华人民共和国监狱法（2012年10月26日第11届全国人大常委会第29次会议修正，主席令第63号公布，2013年1月1日施行）

第39条　监狱对成年男犯、女犯和未成年犯实行分开关押和管理，对未成年犯和女犯的改造，应当照顾其生理、心理特点。

监狱根据罪犯的犯罪类型、刑罚种类、刑期、改造表现等情况，对罪犯实行分别关押，采取不同方式管理。

第40条　女犯由女性人民警察直接管理。

第47条　罪犯在服刑期间可以与他人通信，但是来往信件应当经过监狱检查。监狱发现有碍罪犯改造内容的信件，可以扣留。罪犯写给监狱的上级机关和司法机关的信件，不受检查。

第48条 罪犯在监狱服刑期间，按照规定，可以会见亲属、监护人。

第49条 罪犯收受物品和钱款，应当经监狱批准、检查。

第50条 罪犯的生活标准按实物量计算，由国家规定。

第51条 罪犯的被服由监狱统一配发。

第52条 对少数民族罪犯的特殊生活习惯，应当予以照顾。

第55条 罪犯在服刑期间死亡的，监狱应当立即通知罪犯家属和人民检察院、人民法院。罪犯因病死亡的，由监狱作出医疗鉴定。人民检察院对监狱的医疗鉴定有疑义的，可以重新对死亡原因作出鉴定。罪犯家属有疑义的，可以向人民检察院提出。罪犯非正常死亡的，人民检察院应当立即检验，对死亡原因作出鉴定。

第57条 罪犯有下列情形之一的，监狱可以给予表扬、物质奖励或者记功：（一）遵守监规纪律，努力学习，积极劳动，有认罪服法表现的；（二）阻止违法犯罪活动的；（三）超额完成生产任务的；（四）节约原材料或者爱护公物，有成绩的；（五）进行技术革新或者传授生产技术，有一定成效的；（六）在防止或者消除灾害事故中作出一定贡献的；（七）对国家和社会有其他贡献的。

被判处有期徒刑的罪犯有前款所列情形之一，执行原判刑期二分之一以上，在服刑期间一贯表现好，离开监狱不致再危害社会的，监狱可以根据情况准其离监探亲。

第71条 监狱对罪犯的劳动时间，参照国家有关劳动工时的规定执行；在季节性生产等特殊情况下，可以调整劳动时间。

罪犯有在法定节日和休息日休息的权利。

第72条 监狱对参加劳动的罪犯，应当按照有关规定给予报酬并执行国家有关劳动保护的规定。

第73条 罪犯在劳动中致伤、致残或者死亡的，由监狱参照国家劳动保险的有关规定处理。

【公安部令〔2013〕128号】　看守所留所执行刑罚罪犯管理办法（2013年8月20日公安部部长办公会议通过，2013年10月23日发布，2013年11月23日施行）

第9条 看守所在收到交付执行的人民法院送达的人民检察院起诉书副本和人民法院判决书、裁定书、执行通知书、结案登记表的当日，应当办理罪犯收押手续，填写收押登记表，载明罪犯基本情况、收押日期等，并由民警签字后，将罪犯转入罪犯监区或者监室。

第10条 对于判决前未被羁押，判决后需要羁押执行刑罚的罪犯，看守所应当凭本办法第9条所列文书收押，并采集罪犯十指指纹信息。

第11条 按照本办法第10条收押罪犯时，看守所应当进行健康和人身、物品安全检查。对罪犯的非生活必需品，应当登记，通知其家属领回或者由看守所代为保管；对违禁品，应当予以没收。

对女性罪犯的人身检查，由女性人民警察进行。

第12条 办理罪犯收押手续时应当建立罪犯档案。羁押服刑过程中的法律文书和管理材料存入档案。罪犯档案1人1档，分为正档和副档。正档包括收押凭证、暂予监外执行决定书、减刑、假释裁定书、释放证明书等法律文书；副档包括收押登记、谈话教育、罪犯考核、奖惩、疾病治疗、财物保管登记等管理记录。

第40条　看守所应当在罪犯服刑期满前1个月内，将其在所内表现、综合评估意见、帮教建议等送至其户籍所在地县级公安机关和司法行政机关（安置帮教工作协调小组办公室）。

第45条　罪犯可以与其亲属或者监护人每月会见1至2次，每次不超过1小时。每次前来会见罪犯的人员不超过3人。因特殊情况需要延长会见时间，增加会见人数，或者其亲属、监护人以外的人要求会见的，应当经看守所领导批准。

第46条　罪犯与受委托的律师会见，由律师向看守所提出申请，看守所应当查验授权委托书、律师事务所介绍信和律师执业证，并在48小时内予以安排。

第47条　依据我国参加的国际公约和缔结的领事条约的有关规定，外国驻华使（领）馆官员要求探视其本国籍罪犯，或者外国籍罪犯亲属、监护人首次要求会见的，应当向省级公安机关提出书面申请。看守所根据省级公安机关的书面通知予以安排。外国籍罪犯亲属或者监护人再次要求会见的，可以直接向看守所提出申请。

外国籍罪犯拒绝其所属国驻华使（领）馆官员或者其亲属、监护人探视的，看守所不予安排，但罪犯应当出具本人签名的书面声明。

第48条　经看守所领导批准，罪犯可以用指定的固定电话与其亲友、监护人通话；外国籍罪犯还可以与其所属国驻华使（领）馆通话。通话费用由罪犯本人承担。

第49条　少数民族罪犯可以使用其本民族语言文字会见、通讯；外国籍罪犯可以使用其本国语言文字会见、通讯。

第50条　会见应当在看守所会见室进行。

罪犯近亲属、监护人不便到看守所会见，经其申请，看守所可以安排视频会见。

会见、通讯应当遵守看守所的有关规定。对违反规定的，看守所可以中止本次会见、通讯。

第51条　罪犯可以与其亲友或者监护人通信。看守所应当对罪犯的来往信件进行检查，发现有碍罪犯改造内容的信件可以扣留。

罪犯写给看守所的上级机关和司法机关的信件，不受检查。

第52条　办案机关因办案需要向罪犯了解有关情况的，应当出具办案机关证明和办案人员工作证，并经看守所领导批准后在看守所内进行。

第53条　因起赃、辨认、出庭作证、接受审判等需要将罪犯提出看守所的，办案机关应当出具公函，经看守所领导批准后提出，并当日送回。

侦查机关因办理其他案件需要将罪犯临时寄押到异地看守所取证，并持有侦查机关所在的设区的市一级以上公安机关公函的，看守所应当允许提出，并办理相关手续。

人民法院因再审开庭需要将罪犯提出看守所，并持有人民法院刑事再审决定书或者刑事裁定书，或者人民检察院抗诉书的，看守所应当允许提出，并办理相关手续。

第54条　被判处拘役的罪犯每月可以回家1至2日，由罪犯本人提出申请，管教民警签署意见，经看守所所长审核后，报所属公安机关批准。

第55条　被判处拘役的外国籍罪犯提出探亲申请的，看守所应当报设区的市一级以上公安机关审批。设区的市一级以上公安机关作出批准决定的，应当报上一级公安机关备案。

被判处拘役的外国籍罪犯探亲时，不得出境。

第56条　对于准许回家的拘役罪犯，看守所应当发给回家证明，并告知应当遵守的相关规定。

罪犯回家时间不能集中使用，不得将刑期末期作为回家时间，变相提前释放罪犯。

第57条　罪犯需要办理婚姻登记等必须由本人实施的民事法律行为的，应当向看守所提出书面申请，经看守所领导批准后出所办理，由2名以上民警押解，并于当日返回。

第58条　罪犯进行民事诉讼需要出庭时，应当委托诉讼代理人代为出庭。对于涉及人身关系的诉讼等必须由罪犯本人出庭的，凭人民法院出庭通知书办理临时离所手续，由人民法院司法警察负责押解看管，并于当日返回。

罪犯因特殊情况不宜离所出庭的，看守所可以与人民法院协商，根据《中华人民共和国民事诉讼法》第121条的规定，由人民法院到看守所开庭审理。

第59条　罪犯遇有配偶、父母、子女病危或者死亡，确需本人回家处理的，由当地公安派出所出具证明，经看守所所属公安机关领导批准，可以暂时离所，由2名以上民警押解，并于当日返回。

第68条　罪犯申请离所探亲的，应当由其家属担保，经看守所所务会研究同意后，报所属公安机关领导批准。探亲时间不含路途时间，为3至7日。罪犯在探亲期间不得离开其亲属居住地，不得出境。

看守所所务会应当有书面记录，并由与会人员签名。

不得将罪犯离所探亲时间安排在罪犯刑期末期，变相提前释放罪犯。

第69条　对离所探亲的罪犯，看守所应当发给离所探亲证明书。罪犯应当在抵家的当日携带离所探亲证明书到当地公安派出所报到。返回看守所时，由该公安派出所将其离所探亲期间的表现在离所探亲证明书上注明。

第70条　罪犯有下列破坏监管秩序情形之一，情节较轻的，予以警告；情节较重的，予以记过；情节严重的，予以禁闭；构成犯罪的，依法追究刑事责任：（一）聚众哄闹，扰乱正常监管秩序的；（二）辱骂或者殴打民警的；（三）欺压其他罪犯的；（四）盗窃、赌博、打架斗殴、寻衅滋事的；（五）有劳动能力拒不参加劳动或者消极怠工，经教育不改的；（六）以自伤、自残手段逃避劳动的；（七）在生产劳动中故意违反操作规程，或者有意损坏生产工具的；（八）有违反看守所管理规定的其他行为的。

对罪犯的记过、禁闭由管教民警提出意见，报看守所领导批准。禁闭时间为5至10日，禁闭期间暂停会见、通讯。

【公安部令〔2020〕159号】　公安机关办理刑事案件程序规定（2020年7月4日第3次部务会议修订，2020年7月20日公布，2020年9月1日施行）

第153条　看守所应当凭公安机关签发的拘留证、逮捕证收押被拘留、逮捕的犯罪嫌疑人、被告人。犯罪嫌疑人、被告人被送至看守所羁押时，看守所应当在拘留证、逮捕证上注明犯罪嫌疑人、被告人到达看守所的时间。

查获被通缉、脱逃的犯罪嫌疑人以及执行追捕、押解任务需要临时寄押的，应当持通缉令或者其他有关法律文书并经寄押地县级以上公安机关负责人批准，送看守所寄押。

临时寄押的犯罪嫌疑人出所时，看守所应当出具羁押该犯罪嫌疑人的证明，载明该犯罪嫌疑人基本情况、羁押原因、入所和出所时间。

第154条　看守所收押犯罪嫌疑人、被告人和罪犯，应当进行健康和体表检查，并予以记录。

第155条　看守所收押犯罪嫌疑人、被告人和罪犯，应当对其人身和携带的物品进行安全检查。发现违禁物品、犯罪证据和可疑物品，应当制作笔录，由被羁押人签名、捺指印后，送办案机关处理。

对女性的人身检查，应当由女工作人员进行。

司发通〔2016〕118号 　　**罪犯会见通信规定**（2016年11月16日司法部部长办公会议通过，2016年12月5日印发施行）

第2条　本规定所称会见，是指罪犯与会见人会面交谈，会见方式包括隔透明装置电话会见、面对面会见、视频会见等。所称通信，是指罪犯收寄信件、通话等。

第5条　监狱应当自收监之日起5个工作日内通知罪犯亲属、监护人会见，通知应当包括会见人范围、会见时间安排、会见办理流程、所需相关证件等内容。

罪犯亲属、监护人，可以向监狱提出会见申请。

第6条　罪犯亲属、监护人首次会见的，凭本人居民身份证、户口簿等能证明本人身份和与罪犯关系的有效证件、证明办理会见手续。非首次会见的，凭本人居民身份证会见，未成年人可以凭户口簿会见。

第7条　视频会见的，罪犯可以向监狱提出申请，监狱准予会见的，应当确定会见时间，通知亲属、监护人居住地县级司法行政机关，司法行政机关应当及时通知亲属、监护人。

亲属、监护人可以就近向居住地县级司法行政机关或者司法所提出申请，司法行政机关应当审核其身份，符合会见条件的，通知罪犯所在监狱。监狱准予会见的，司法行政机关应当及时通知罪犯亲属、监护人。

亲属、监护人应当在监狱确定的会见时间到司法行政机关办公场所与罪犯视频会见。

第8条　会见一般每月1次，每次会见时间一般不超过30分钟，每次会见人数一般不超过3人。未成年罪犯会见的次数和时间，可以适当放宽。

因罪犯家庭出现变故等原因需要延长会见时间或者在非规定时间会见的，应当经监狱长批准。

第9条　监狱应当查验会见人的有效证件和相关证明，对进入会见场所的会见人进行安全检查。会见人应当遵守监狱会见管理规定，违反规定的，不得进行会见。

第10条　会见应当在监狱会见室进行。罪犯因患精神病、严重传染病或者病重不适宜在会见室会见的，监狱安排在指定的安全场所会见。

第12条　有下列情形之一的，监狱可以暂停会见：（一）罪犯被立案侦查、起诉、审判期间；（二）罪犯被禁闭期间；（三）其他影响监狱安全或者有碍罪犯改造的情形。

第13条　罪犯会见时，监狱应当实时监视、全程录音。

根据监管改造需要可以实时监听，没在实时监听的，应当在2天内复听录音。视频会见的，监狱应当实时监视、监听。

第14条　会见过程中有下列情形之一的，监狱应当中止会见，并视情节在1至3个月内暂停会见：（一）传递违禁物品的；（二）扰乱会见场所秩序的；（三）使用隐语、暗语或者非规定语种交谈，不听劝阻的；（四）携带或者使用手机、录音、摄影（像）设备的；（五）其他违反监狱会见管理规定的情形。

第15条　罪犯在监狱服刑期间，可以收寄信件，与亲属、监护人通话。

第16条　监狱对罪犯拟邮寄的信件经检查后寄出，对收到的信件应当及时登记，经检查后转交给罪犯。罪犯写给监狱的上级机关和司法机关的信件，不受检查。

第17条　对夹带违禁物品、不利于罪犯改造或者影响监狱安全的信件，监狱应当扣留，监狱对扣留的罪犯信件,应当登记、存档,对违禁物品按照有关规定予以没收或者移交有关部门处理。

第18条 罪犯通话一般每月不超过1次,每次通话时间一般不超过10分钟。未成年罪犯通话的次数,可以适当放宽。

第19条 因罪犯家庭出现变故等原因需要增加通话次数、延长通话时间或者与其他人员通话的,应当经监狱长批准。

第20条 罪犯通话应当使用监狱指定的通话设施,通话号码限于已在监狱登记备案的亲属、监护人的电话号码。

第21条 有下列情形之一的,监狱可以暂停通话:(一)罪犯被立案侦查、起诉、审判期间;(二)罪犯被禁闭期间;(三)其他影响监狱安全或者有碍罪犯改造的情形。

第22条 罪犯通话时,监狱应当监听。通话过程中有下列情形之一的,监狱应当中止通话,并视情节在1至3个月内暂停通话:(一)使用隐语、暗语或者非规定语种交谈,不听劝阻的;(二)通话内容不利于罪犯改造的;(三)通话内容违反法律法规或者影响监狱安全的。

第23条 外国籍罪犯的会见通信,按照司法部《外国籍罪犯会见通讯规定》(2003年司法部令第76号)执行。律师会见罪犯,按照司法部《律师会见监狱在押罪犯暂行规定》(司发通〔2004〕31号)执行。①

第24条 本规定所称亲属是指婚姻、血缘、法律拟制与罪犯形成的社会关系,包括配偶、父母、子女、兄弟姐妹等。

第25条 各省、自治区、直辖市司法厅(局)可以根据本规定,结合本地区情况,制定实施细则。

【司发通〔2019〕46号】《罪犯会见通信规定》的补充规定(司法部2019年4月2日印发施行)

第1条 视频会见是指罪犯在监狱内通过现代信息技术手段与其亲属、监护人进行可视化会面交谈。罪犯亲属、监护人原则上在居住地县级司法行政机关指定的地点与罪犯视频会见。

第2条 罪犯可以向服刑监狱,罪犯亲属、监护人可以向居住地县级司法行政机关提出视频会见申请,经批准进行视频会见。视频会见,监狱和各级司法行政机关不得向罪犯及其亲属、监护人收取任何费用。

第3条 罪犯向监狱提出视频会见申请,应当说明拟会见的亲属、监护人的姓名以及与本人的关系。

监狱应当对罪犯申请进行审批,作出是否批准会见的决定。批准会见的,应当将会见时间、会见人员,及时通知罪犯亲属、监护人居住地县级司法行政机关;不批准会见的,应当告知理由。

县级司法行政机关应当及时将会见时间、会见地点通知亲属、监护人,并将亲属、监护人是否同意会见的信息及时反馈监狱。

第4条 亲属、监护人向居住地县级司法行政机关首次提出视频会见申请的,应当说明罪犯服刑监狱名称,并持本人居民身份证、户口簿等能证明本人身份和与罪犯关系的有效证

---

① 注:司发通〔2004〕31号《暂行规定》已被2017年11月27日印发施行的《律师会见监狱在押罪犯规定》(司发通〔2017〕124号,详见《刑事诉讼法》第39条相关内容)替代、废止。

件、证明，进行实人认证后办理申请手续；非首次申请的，持本人居民身份证（未成年人凭户口簿）在县级司法行政机关办理申请手续，也可以进行网上申请。

县级司法行政机关应当按照《罪犯会见通信规定》，对提出会见申请的亲属、监护人是否符合会见条件进行审核。对符合条件的，应当将申请通知罪犯服刑监狱；对不符合条件的，应当及时告知理由。

监狱收到县级司法行政机关转来的会见申请后，应当及时审批。批准会见的，应当确定会见时间，及时通知县级司法行政机关；不批准会见的，也应当告知不批准的理由。

县级司法行政机关收到监狱审批结果后，应当及时通知罪犯亲属、监护人，并将亲属、监护人是否同意会见的信息及时反馈监狱。

第5条　亲属、监护人应当持本人居民身份证（未成年人凭户口簿），在监狱确定的视频会见时间前，到达县级司法行政机关指定的会见场所，办理会见手续。逾期不到的，视为放弃本次会见。

罪犯提出视频会见申请，其亲属、监护人与罪犯关系未经县级司法行政机关审核的，亲属、监护人办理会见手续时，还应当提供能够证明与罪犯关系的有效证件、证明。

第6条　视频会见前，县级司法行政机关应当查验、核实亲属、监护人身份证件，进行安全检查，告知其应当遵守监狱和县级司法行政机关会见管理规定，组织有序会见。

第7条　亲属、监护人和罪犯分别在县级司法行政机关和监狱设定的会见场所进行视频会见。视频会见时，监狱和县级司法行政机关应当实时监视监听，全程录音录像。

第8条　视频会见过程中，有下列情形之一的，监狱或县级司法行政机关应当立即中止会见，监狱可以视情节在1至3个月内暂停会见：（一）扰乱会见场所秩序的；（二）使用隐语、暗语或者非规定语种交谈，不听劝阻的；（三）携带或使用手机、录音、摄影（像）设备的；（四）其他违反会见管理规定的情形。

第9条　省、自治区、直辖市司法厅（局）应当在监狱和县级司法行政机关设置专门的视频会见场所，按照司法部统一标准建设省级视频会见系统，落实安保措施。跨省（区、市）视频会见平台由司法部负责建设、管理。

【法释〔2019〕12号】　最高人民法院关于死刑复核及执行程序中保障当事人合法权益的若干规定（2019年4月29日最高法审委会第1767次会议通过，2019年8月8日公布，2019年9月1日施行）

第6条　第一审人民法院在执行死刑前，应当告知罪犯可以申请会见其近亲属。

罪犯申请会见并提供具体联系方式的，人民法院应当通知其近亲属。对经查找确实无法与罪犯近亲属取得联系的，或者其近亲属拒绝会见的，应当告知罪犯。罪犯提出通过录音录像等方式留下遗言的，人民法院可以准许。

通知会见的相关情况，应当记录在案。

第7条　罪犯近亲属申请会见的，人民法院应当准许，并在执行死刑前及时安排，但罪犯拒绝会见的除外。

罪犯拒绝会见的情况，应当记录在案并及时告知其近亲属，必要时应当进行录音录像。

第8条　罪犯提出会见近亲属以外的亲友，经人民法院审查，确有正当理由的，可以在确保会见安全的情况下予以准许。

第9条　罪犯申请会见未成年子女的，应当经未成年子女的监护人同意；会见可能影响未成年人身心健康的，人民法院可以采取视频通话等适当方式安排会见，且监护人应当在场。

第10条　会见由人民法院负责安排，一般在罪犯羁押场所进行。

第11条　会见罪犯的人员应当遵守羁押场所的规定。违反规定的，应当予以警告；不听警告的，人民法院可以终止会见。

实施威胁、侮辱司法工作人员，或者故意扰乱羁押场所秩序，妨碍执行公务等行为，情节严重的，依法追究法律责任。

第12条　会见情况应当记录在案，附卷存档。

【司法部令〔2002〕76号】　外国籍罪犯会见通讯规定（2002年11月26日司法部部长办公会议通过，2003年1月1日发布施行）

第2条　本规定所称外国籍罪犯，是指经我国人民法院依法判处刑罚，在我国监狱内服刑的外国公民。

在监狱内服刑的无国籍罪犯，比照外国籍罪犯执行。

第3条　外国籍罪犯经批准可以与所属国驻华使、领馆外交、领事官员，亲属或者监护人会见、通讯。

第4条　办理外交、领事官员与本国籍罪犯的会见、通讯，应当遵照以下原则：与我国缔结领事条约的，按照条约并结合本规定办理；未与我国缔结领事条约但参加《维也纳领事关系公约》的，按照《维也纳领事关系公约》并结合本规定办理；未与我国缔结领事条约，也未参加《维也纳领事关系公约》，但与我国有外交关系的，应当按照互惠对等原则，根据本规定并参照国际惯例办理。

第6条　外交、领事官员要求会见正在服刑的本国公民，应当向省、自治区、直辖市监狱管理局提出书面申请。申请应当说明：驻华使、领馆名称，参与会见的人数、姓名及职务，会见人的证件名称、证件号码，被会见人的姓名、罪名、刑期、服刑地点，申请会见的日期，会见所用语言。

第7条　外国籍罪犯的非中国籍亲属或者监护人首次要求会见的，应当通过驻华使、领馆向省、自治区、直辖市监狱管理局提出书面申请。申请应当说明：亲属或者监护人的姓名和身份证件名称、证件号码，与被会见人的关系，被会见人的姓名、罪名、刑期、服刑地点，申请会见的日期，会见所用语言，并应同时提交与被会见人关系的证明材料。

第8条　外国籍罪犯的中国籍亲属或者监护人首次要求会见的，应当向省、自治区、直辖市监狱管理局提出书面申请，同时提交本人身份和与被会见人关系的证明材料。

第9条　外国籍罪犯的亲属或者监护人再次要求会见的，可以直接向监狱提出申请。

第10条　省、自治区、直辖市监狱管理局收到外交、领事官员要求会见的书面申请后，应当在5个工作日内作出准予或者不准予会见的决定，并书面答复。准予会见的，应当在答复中确认：收到申请的时间，被会见人的姓名、服刑地点，会见人的人数及其姓名，会见的时间、地点安排，并告知应当携带的证件。

外国籍罪犯拒绝与外交、领事官员会见的，应当由本人写出书面声明，由省、自治区、直辖市监狱管理局通知驻华使、领馆，并附书面声明复印件。通知及附件同时抄送地方外事办公室备案。

第11条　省、自治区、直辖市监狱管理局收到外国籍罪犯的亲属或者监护人首次要求会见的书面申请后，应当在5个工作日内作出准予或者不准予会见的决定，并书面答复。准予会见的，应当在答复中确认：会见人和被会见人的姓名，会见的时间、地点安排，并告知应当携带的证件。

外国籍罪犯的亲属或者监护人再次要求会见，直接向监狱提出申请的，监狱应当在2个工作日内予以答复。

第12条　外交、领事官员会见正在服刑的本国公民，一般每月可以安排1至2次，每次前来会见的人员一般不超过3人。要求增加会见次数或者人数的，应当提出书面申请，省、自治区、直辖市监狱管理局可以酌情安排。

亲属或者监护人会见外国籍罪犯，一般每月可以安排1至2次，每次前来会见的人员一般不超过3人。要求增加会见次数或者人数的，监狱可以酌情安排。

第13条　每次会见的时间不超过1小时。要求延时的，经监狱批准，可以适当延长。

第14条　会见一般安排在监狱会见室。

第16条　会见时应当遵守中国籍罪犯会见的有关规定。

第17条　会见开始前，监狱警察应当向会见人通报被会见人近期的服刑情况和健康状况，告知会见有关事项。

第18条　会见可以使用本国语言，也可以使用中国语言。

第19条　会见人和被会见人需要相互转交信件、物品，应当提前向监狱申明，并按规定将信件、物品提交检查，经批准后方可交会见人或者被会见人。

第20条　会见人向被会见人提供药品，应当同时提供中文或者英文药品使用说明，经审查后，由监狱转交被会见人。

第21条　会见人或者被会见人违反会见规定，经警告无效的，监狱可以中止会见。

第22条　监狱应当安排监狱警察陪同会见。

第23条　监狱对外国籍罪犯与所属国驻华使、领馆外交、领事官员的往来信件，应当按照《维也纳领事关系公约》以及我国缔结的双边领事条约的规定，及时转交。

监狱对外国籍罪犯与亲属或者监护人的往来信件要进行检查。对正常的往来信件，应当及时邮寄转交；对有违反监狱管理规定内容的信件，可以将其退回，同时应当书面或者口头说明理由，并记录备案。

第24条　外国籍罪犯的申诉、控告、检举信以及写给监狱的上级机关和司法机关的信件，不受监狱检查。监狱应当及时转交。

第25条　经监狱批准，外国籍罪犯可以与所属国驻华使、领馆外交、领事官员或者亲属、监护人拨打电话。通话时应当遵守中国籍罪犯通话的有关规定。通话费用由本人承担。

【司发通〔2001〕094号】　　罪犯离监探亲和特许离监规定（2001年9月4日印发施行）[1]

第2条　对具有《中华人民共和国监狱法》第57条第1款规定的情形之一，同时具备下列条件的罪犯，可以批准其离监探亲：（一）原判有期徒刑以及原判死刑缓期2年执行、无期徒刑减为有期徒刑，执行有期徒刑二分之一以上；（二）宽管级处遇；（三）服刑期间一贯表现好，离监后不致再危害社会；（四）探亲对象的常住地在监狱所在的省（区、市）行政区域范围内。

第3条　离监探亲的对象限于父母、子女、配偶。

---

[1] 该《规定》被2020年12月30日司法部公告第12号确认有效。

第4条 符合条件的罪犯每年只准离监探亲1次，时间为3至7天（不含路途时间）。

第5条 监狱每年可分批准予罪犯离监探亲。每年离监探亲罪犯的比例不得超过监狱押犯总数的2%。女子监狱和未成年犯监狱的离监探亲比例可以适当提高。

第6条 批准罪犯离监探亲，应当按照以下程序进行：

（一）监区根据离监探亲的条件组织罪犯按条件申请或推荐。

（二）监区对申请或推荐出的罪犯进行认真审查，对符合条件的，填写《罪犯离监探亲审批表》，经狱政科审核报主管监狱长批准。

（三）对列为重点管理的罪犯离监探亲，须报经省（区、市）监狱管理局批准。

第7条 监狱必须对被批准离监探亲的罪犯开展一次集中教育，并进行个别谈话，明确其离监探亲期间应当遵守的纪律，强化其守法意识。

第8条 罪犯回到探亲地后，必须持《罪犯离监探亲证明》及时向当地公安派出所报到，主动接受公安机关的监督。

罪犯离监探亲期间，必须严格遵守国家法律法规和探亲纪律，不得参与和离监探亲无关的活动。

第9条 离监探亲的费用由罪犯自理。

第10条 对逾期不归的罪犯，以脱逃论处，但因不可抗拒的原因未能按期归监的除外。

第11条 对于同时具有下列情形的罪犯，可以特许其离监回家看望或处理：（一）剩余刑期10年以下，改造表现较好的；（二）配偶、直系亲属或监护人病危、死亡，或家中发生重大变故、确需本人回去处理的；（三）有县级以上医院出具的病危或死亡证明，及当地村民（居民）委员会和派出所签署的意见；（四）特许离监的去处在监狱所在的省（区、市）行政区域范围内。

罪犯特许离监的时间为1天。

办理特许离监，应由罪犯本人或其亲属提出申请，监狱依照本办法第6条规定的罪犯离监探亲审批程序批准。

对特许离监的罪犯，监狱必须派干警押解并予以严密监管。当晚不能返回监狱的，必须羁押于当地监狱或看守所。

监狱计分考核罪犯工作规定（司法部网站2021年9月30日公布，2021年10月1日施行；司发通〔2016〕68号《关于计分考核罪犯的规定》同时废止）

第2章 日常计分的内容和标准

第9条 日常计分是对罪犯日常改造表现的定量评价，由基础分值、日常加扣分和专项加分3个部分组成，依据计分的内容和标准，对达到标准的给予基础分，达不到标准或者违反规定的在基础分基础上给予扣分，表现突出的给予加分，符合专项加分情形的给予专项加分，计分总和为罪犯当月考核分。

第10条 日常计分内容分为监管改造、教育和文化改造、劳动改造3个部分，每月基础总分为100分，每月各部分日常加分分值不得超过其基础分的50%，且各部分得分之间不得相互替补。

第11条 罪犯监管改造表现达到以下标准的，当月给予基础分35分：（一）遵守法律法规、监规纪律和行为规范；（二）服从监狱人民警察管理，如实汇报改造情况；（三）树立正确的服刑意识和身份意识，改造态度端正；（四）爱护公共财物和公共卫生，讲究个人卫生和文明礼貌；（五）厉行节约，反对浪费，养成节约用水、节约粮食等良好习惯；（六）其他遵守监规纪律的情形。

第12条 罪犯教育和文化改造表现达到以下标准的，当月给予基础分35分：（一）服从法院判决，认罪悔罪；（二）接受思想政治教育和法治教育，认识犯罪危害；（三）接受社会主义核心价值观和中华优秀传统文化教育；（四）参加文化、职业技术学习，考核成绩合格；（五）接受心理健康教育，配合心理测试；（六）参加监狱组织的亲情帮教、警示教育等社会化活动；（七）参加文体活动，树立积极改造心态；（八）其他积极接受教育和文化改造的情形。

第13条 罪犯劳动改造表现达到以下标准的，当月给予基础分30分：（一）接受劳动教育，掌握劳动技能，自觉树立正确劳动观念；（二）服从劳动岗位分配，按时参加劳动；（三）认真履行劳动岗位职责，按时完成劳动任务，达到劳动质量要求；（四）遵守劳动纪律、操作规程和安全生产规定；（五）爱护劳动工具和产品，节约原材料；（六）其他积极接受劳动改造的情形。

第14条 罪犯有下列情形之一，经查证属实且尚不足认定为立功、重大立功的，应当给予专项加分：（一）检举、揭发他人违法犯罪行为或者提供有价值破案线索的；（二）及时报告或者当场制止罪犯实施违法犯罪行为的；（三）检举、揭发、制止罪犯自伤自残、自杀或者预谋脱逃、行凶等行为的；（四）检举、揭发罪犯私藏或者使用违禁品的；（五）及时发现和报告重大安全隐患，避免安全事故的；（六）在抗御自然灾害或者处置安全事故中表现积极的；（七）进行技术革新或者传授劳动生产技术成绩突出的；（八）省、自治区、直辖市监狱管理局认定具有其他突出改造行为的。

罪犯每年度专项加分总量原则上不得超过300分，单次加分不得超过100分，有上述第一至五项情形的不受年度加分总量限制。

第15条 罪犯受到警告、记过、禁闭处罚的，分别扣减考核分100分、200分、400分，扣减后考核积分为负分的，保留负分。受到禁闭处罚的，禁闭期间考核基础分记0分。

第16条 对因不可抗力等被暂停劳动的罪犯，监狱应当根据实际情况并结合其暂停前的劳动改造表现给予劳动改造分。

第17条 对有劳动能力但因住院治疗和康复等无法参加劳动的罪犯，住院治疗和康复期间的劳动改造分记0分，但罪犯因舍己救人或者保护国家和公共财产等情况受伤无法参加劳动的，监狱应当按照其受伤前3个月的劳动改造平均分给予劳动改造分，受伤之前考核不满3个月的按照日平均分计算。

第18条 罪犯入监教育期间不给予基础分，但有加分、扣分情形的应当如实记录，相应分值计入第1个考核周期。

监狱应当根据看守所提供的鉴定，将罪犯在看守所羁押期间的表现纳入入监教育期间的加分、扣分，并计入第1个考核周期。

第19条 对下列罪犯应当从严计分，严格限制加分项目，严格控制加分总量：（一）职务犯罪罪犯；（二）破坏金融管理秩序和金融诈骗犯罪罪犯；（三）组织、领导、参加、包庇、纵容黑社会性质组织犯罪罪犯；（四）危害国家安全犯罪罪犯；（五）恐怖活动犯罪罪犯；（六）毒品犯罪集团的首要分子及毒品再犯；（七）累犯；（八）因故意杀人、强奸、抢劫、绑架、放火、爆炸、投放危险物质或者有组织的暴力犯罪被判处10年以上有期徒刑、无期徒刑以及死刑缓期执行的罪犯；（九）法律法规规定应当从严的罪犯。

第20条 对老年、身体残疾、患严重疾病等经鉴定丧失劳动能力的罪犯，不考核劳动改造表现，每月基础总分为100分，其中监管改造基础分50分，教育和文化改造基础分50分。

第3章 等级评定

第21条 等级评定是监狱在日常计分基础上对罪犯1个考核周期内改造表现的综合评价，分为积极、合格、不合格3个等级。

等级评定结果由计分考核工作小组研究意见，报计分考核工作组审批，其中积极等级的比例由计分考核工作组确定，不得超过监狱本期参加等级评定罪犯总人数的15%。

第22条 罪犯在1个考核周期内，有下列情形之一的，不得评为积极等级：（一）因违规违纪行为单次被扣10分以上的；（二）任何一部分单月考核得分低于其基础分的；（三）上一个考核周期等级评定为不合格的；（四）确有履行能力而不履行或者不全部履行生效裁判中财产性判项的；（五）省、自治区、直辖市监狱管理局明确不得评为积极等级的情形。

第23条 罪犯在1个考核周期内，有下列情形之一的，应当评为不合格等级：（一）有违背宪法关于中国共产党领导、中国特色社会主义制度言行的；（二）有危害民族团结或者国家统一言行的；（三）有歪曲、抹黑中华优秀传统文化、革命文化和社会主义先进文化言行的；（四）有鼓吹暴力恐怖活动或者宗教极端思想言行的；（五）宣传、习练法轮功等邪教的；（六）以辱骂、威胁、自伤自残等方式对抗监狱人民警察管理，经警告无效的；（七）受到2次以上警告或者记过处罚的；（八）受到禁闭处罚的；（九）有3次以上单月考核分低于60分的；（十）省、自治区、直辖市监狱管理局明确应当评为不合格等级的情形。

第24条 对本规定第19条所列罪犯，在积极等级评定上应当从严掌握。

第4章 考核程序及规则

第25条 计分考核工作组、计分考核工作小组研究考核事项时，作出的决定应当经2/3以上组成人员同意后通过。

对不同意见，应当如实记录在案，并由本人签字确认。

第26条 日常计分实行"日记载、周评议、月汇总"。监区管教民警每日记载罪犯改造行为加分、扣分情况，计分考核工作小组每周评议罪犯改造表现和考核情况，每月汇总考核分，不足月的按日计算。

第27条 对罪犯加分、扣分，监区管教民警应当以事实为依据，依法依规提出建议，报计分考核工作小组研究决定。

对罪犯违规违纪行为事实清楚、证据确凿，且单次适用分值2分以下的扣分，监区管教民警可以当场作出决定，并报计分考核工作小组备案。

对单次适用分值5分以上的加分、10分以上的扣分和专项加分，由计分考核工作小组报计分考核工作组审批。

第28条 罪犯同一情形符合多项加分、扣分情形的，应当按照最高分值给予加分、扣分，不得重复加分、扣分。

第29条 罪犯通过利用个人影响力和社会关系、提供虚假证明材料、贿赂等不正当手段获得考核分的，应当取消该项得分，并根据情节轻重给予扣分或者处罚。

第30条 罪犯在监狱服刑期间又犯罪的，取消已有的考核积分和奖励，自判决生效或者收监之日起重新考核；考核积分为负分的，保留负分，自判决生效或者收监之日起继续考核。

第31条　罪犯暂予监外执行期间暂停计分考核，自收监之日起继续考核，原有的考核积分和奖励有效。因违反暂予监外执行监督管理规定被收监执行的，取消已有的考核积分和奖励，自收监之日起重新考核；考核积分为负分的，保留负分，自收监之日起继续考核。

第32条　罪犯在假释期间因违反监督管理规定被收监的，取消已有的考核积分和奖励，自收监之日起重新考核。

第33条　罪犯因涉嫌犯罪被立案侦查的，侦查期间暂停计分考核。经查证有违法犯罪行为的，侦查期间的考核基础分记0分；经查证无犯罪行为的，按照罪犯立案前3个月考核平均分并结合侦查期间的表现计算其侦查期间的考核分；立案前考核不满3个月的按照日平均分计算。

罪犯因涉嫌违规违纪被隔离调查的，参照执行。

第34条　罪犯因办案机关办理案件需要被解回侦查、起诉或者审判，经人民法院审理认定构成犯罪的，取消已有的考核积分和奖励，自收监之日起重新考核；考核积分为负分的，保留负分。但罪犯主动交代漏罪、人民检察院因人民法院量刑不当提出抗诉或者因入监前未结案件被解回的，保留已有的考核积分和奖励，自收监之日起继续考核。

办案机关或者人民法院认定不构成犯罪、经再审改判为较轻刑罚或者因作证等原因被办案机关解回的，保留已有的考核积分和奖励，并按照解回前3个月考核平均分计算其解回期间的考核分；解回前考核不满3个月的按照日平均分计算。

第35条　除检举违法违纪行为、提供有价值破案线索等不宜公示的情形外，罪犯加分、扣分、每月得分和等级评定结果应当及时在监区内公示，公示时间不少于3个工作日。

第36条　罪犯对加分、扣分、每月得分和等级评定结果有异议的，可以自监区管教民警作出决定或者公示之日起3个工作日内向计分考核工作小组提出书面复查申请；本人书写确有困难的，可由他人代为书写，本人签名、按捺手印予以确认。计分考核工作小组应当进行复查，于5个工作日内作出书面复查意见，并抄报计分考核工作组。

罪犯对计分考核工作小组的复查意见有异议的，可以自收到复查意见之日起3个工作日内向计分考核工作组提出书面复核申请；计分考核工作组应当进行复核，于5个工作日内作出书面复核意见，并及时抄送人民检察院。计分考核工作组的复核意见为最终决定。

第37条　罪犯转押的，转出监狱应当同时将计分考核相关材料移交收押监狱，由收押监狱继续计分考核。

第5章　考核结果运用

第38条　1个考核周期结束，计分考核工作小组应当根据计分考核结果，按照以下原则报计分考核工作组审批：

（一）被评为积极等级的，给予表扬，可以同时给予物质奖励；

（二）被评为合格且每月考核分均不低于基础分的，给予表扬；

（三）被评为合格等级但有任何一个月考核分低于基础分的，给予物质奖励；

（四）被评为不合格等级的，不予奖励并应当给予批评教育。

一个考核周期结束，从考核积分中扣除600分，剩余考核积分转入下一个考核周期。

第39条　监狱决定给予罪犯表扬、物质奖励、不予奖励或者取消考核积分和奖励的，应当及时在监区内公示，公示时间不得少于3个工作日，同时应当及时将审批决定抄送人民检察院。

第 40 条　监狱根据计分考核结果除给予罪犯奖励或者不予奖励外，可以依照有关规定在活动范围、会见通信、生活待遇、文体活动等方面给予罪犯不同的处遇。

第 41 条　监狱对罪犯的计分考核结果和相应表扬决定及有关证据材料，在依法提请减刑、假释时提交人民法院和人民检察院。

【主席令〔2018〕13 号】　中华人民共和国国际刑事司法协助法（2018 年 10 月 26 日第 13 届全国人大常委会第 6 次会议通过，主席令第 13 号公布施行）

第 38 条　外国请求移交在押人员出国作证或者协助调查，并保证在作证或者协助调查结束后及时将在押人员送回的，对外联系机关应当征求主管机关和在押人员的意见。主管机关和在押人员均同意出国作证或者协助调查的，由对外联系机关会同主管机关与请求国就移交在押人员的相关事项事先达成协议。

在押人员在外国被羁押的期限，应当折抵其在中华人民共和国被判处的刑期。

第 264 条（第 5 款）　【刑满释放】 判处有期徒刑、拘役的罪犯，执行期满，应当由执行机关发给释放证明书。

● **相关规定**　【国务院令〔1990〕52 号】　看守所条例（1990 年 3 月 17 日公布施行）

第 39 条　对于依法释放的人，看守所根据人民法院、人民检察院、公安机关或者国家安全机关的释放通知文书，办理释放手续。

释放被羁押人，发给释放证明书。

【司法部令〔1999〕56 号】　未成年犯管教所管理规定（1999 年 5 月 6 日司法部部长办公会议通过，1999 年 12 月 18 日发布施行；1986 年《少年管教所暂行管理办法（试行）》同时废止）

第 26 条　未成年犯服刑期满，未成年犯管教所应当按期释放，发给释放证明书及路费，通知其亲属接回或者由人民警察送回。

第 27 条　刑满释放的未成年人具备复学、就业条件的，未成年犯管教所应当积极向有关部门介绍情况，提出建议。

【主席令〔2012〕63 号】　中华人民共和国监狱法（2012 年 10 月 26 日第 11 届全国人大常委会第 29 次会议修正，主席令第 63 号公布，2013 年 1 月 1 日施行）

第 35 条　罪犯服刑期满，监狱应当按期释放并发给释放证明书。

第 36 条　罪犯释放后，公安机关凭释放证明书办理户籍登记。

第 37 条　对刑满释放人员，当地人民政府帮助其安置生活。

刑满释放人员丧失劳动能力又无法定赡养人、扶养人和基本生活来源的，由当地人民政府予以救济。

第 38 条　刑满释放人员依法享有与其他公民平等的权利。

【公安部令〔2013〕128 号】　看守所留所执行刑罚罪犯管理办法（2013 年 8 月 20 日公安部部长办公会议通过，2013 年 10 月 23 日发布，2013 年 11 月 23 日施行）

第 41 条　罪犯服刑期满，看守所应当按期释放，发给刑满释放证明书，并告知其在规定期限内，持刑满释放证明书到原户籍所在地的公安派出所办理户籍登记手续；有代管钱物的，看守所应当如数发还。

刑满释放人员患有重病的，看守所应当通知其家属接回。

第 42 条 外国籍罪犯被判处附加驱逐出境的，看守所应当在罪犯服刑期满前10日通知所属公安机关出入境管理部门。

【主席令〔2015〕36号】 **中华人民共和国反恐怖主义法**（2015年12月27日第12届全国人大常委会第18次会议通过，主席令第36号公布，2016年1月1日施行；2011年10月29日《全国人民代表大会常务委员会关于加强反恐怖工作有关问题的决定》同时废止；2018年4月27日第13届全国人大常委会第2次会议修正，主席令第6号公布施行）

第 30 条 对恐怖活动罪犯和极端主义罪犯被判处徒刑以上刑罚的，监狱、看守所应当在刑满释放前根据其犯罪性质、情节和社会危害程度，服刑期间的表现，释放后对所居住社区的影响等进行社会危险性评估。进行社会危险性评估，应当听取有关基层组织和原办案机关的意见。经评估具有社会危险性的，监狱、看守所应当向罪犯服刑地的中级人民法院提出安置教育建议，并将建议书副本抄送同级人民检察院。

罪犯服刑地的中级人民法院对于确有社会危险性的，应当在罪犯刑满释放前作出责令其在刑满释放后接受安置教育的决定。决定书副本应当抄送同级人民检察院。被决定安置教育的人员对决定不服的，可以向上一级人民法院申请复议。

安置教育由省级人民政府组织实施。安置教育机构应当每年对被安置教育人员进行评估，对于确有悔改表现，不致再危害社会的，应当及时提出解除安置教育的意见，报决定安置教育的中级人民法院作出决定。被安置教育人员有权申请解除安置教育。

人民检察院对安置教育的决定和执行实行监督。

【公安部令〔2020〕159号】 **公安机关办理刑事案件程序规定**（2020年7月4日第3次部务会议修订，2020年7月20日公布，2020年9月1日施行）

第 303 条 对被判处有期徒刑在看守所代为执行和被判处拘役的罪犯，执行期间如果没有再犯新罪，执行期满，看守所应当发给刑满释放证明书。

【主席令〔2020〕64号】 **中华人民共和国预防未成年人犯罪法**（2020年12月26日第13届全国人大常委会第24次会议修订，2021年6月1日施行）

第 56 条 对刑满释放的未成年人[1]，未成年犯管教所应当提前通知其父母或者其他监护人按时接回，并协助落实安置帮教措施。没有父母或者其他监护人、无法查明其父母或者其他监护人的，未成年犯管教所应当提前通知未成年人原户籍所在地或者居住地的司法行政部门安排人员按时接回，由民政部门或者居民委员会、村民委员会依法对其进行监护。

第 57 条 未成年人的父母或者其他监护人和学校、居民委员会、村民委员会对接受社区矫正、刑满释放的未成年人，应当采取有效的帮教措施，协助司法机关以及有关部门做好安置帮教工作。

居民委员会、村民委员会可以聘请思想品德优秀，作风正派，热心未成年人工作的离退休人员、志愿者或其他人员协助做好前款规定的安置帮教工作。

---

[1] 本书注：这里的"未成年人"是指在刑满释放之日尚未成年的人。

第58条　刑满释放和接受社区矫正的未成年人，在复学、升学、就业等方面依法享有与其他未成年人同等的权利，任何单位和个人不得歧视。

【主席令〔2021〕101号】　中华人民共和国反有组织犯罪法（2021年12月24日第13届全国人大常委会第32次会议通过，主席令第101号公布，2022年5月1日施行）

第18条（第2款）　有组织犯罪的罪犯刑满释放后，司法行政机关应当会同有关部门落实安置帮教等必要措施，促进其顺利融入社会。

【国安部令〔2024〕4号】　国家安全机关办理刑事案件程序规定（2024年4月26日公布，2024年7月1日起施行）

第326条　对于被判处有期徒刑由看守所代为执行的罪犯，执行期满，看守所应当发给释放证明书。

第265条① **【监外执行】**对被判处有期徒刑或者拘役的罪犯，有下列情形之一的，可以暂予监外执行：

（一）有严重疾病需要保外就医的；

（二）怀孕或者正在哺乳自己婴儿的妇女；

（三）生活不能自理，适用暂予监外执行不致危害社会的。

对被判处无期徒刑的罪犯，有前款第2项规定情形的，可以暂予监外执行。

【保外就医禁止】对适用保外就医可能有社会危险性的罪犯，或者自伤自残的罪犯，不得保外就医。②

【保外就医诊断】对罪犯确有严重疾病，必须保外就医的，由省级人民政府指定的医院诊断并开具证明文件。

【监外执行批准】在交付执行前，暂予监外执行由交付执行的人民法院决定；在交付执行后，暂予监外执行由监狱或者看守所提出书面意见，报省级以上监狱管理机关或者设区的市一级以上公安机关批准。

---

① 本条规定先后2次修改。原规定（1980年1月1日施行）为："对于被判处无期徒刑、有期徒刑或者拘役的罪犯，有下列情形之一的，可以暂予监外执行：（一）有严重疾病需要保外就医的；（二）怀孕或者正在哺乳自己婴儿的妇女。""对于监外执行的罪犯，可以由公安机关委托罪犯原居住地的公安派出所执行，基层组织或者原所在单位协助进行监督。"1996年3月17日第8届全国人民代表大会第4次会议修改为（1997年1月1日施行）："对于被判处有期徒刑或者拘役的罪犯……""对于适用保外就医可能有社会危险性的罪犯，或者自伤自残的罪犯，不得保外就医。""对于罪犯确有严重疾病，必须保外就医的，由省级人民政府指定的医院开具证明文件，依照法律规定的程序审批。""发现被保外就医的罪犯不符合保外就医条件的，或者严重违反有关保外就医的规定的，应当及时收监。""对于被判处有期徒刑、拘役，生活不能自理，适用暂予监外执行不致危害社会的罪犯，可以暂予监外执行。""对于暂予监外执行的罪犯，由居住地公安机关执行，执行机关应当对其严格管理监督，基层组织或者罪犯的原所在单位协助进行监督。"2012年3月14日第11届全国人大常委会第5次会议修改为现规定，2013年1月1日施行。

② 注：在实务中，对于原本处于非羁押状态的案犯，如果判决生效后不适宜收押又无法暂予监外执行（如吞食异物等），应当由人民法院制作刑罚执行通知书或收监决定书，根据《监狱法》第17条的规定，交付监狱予以收监。

第 266 条① 【监外执行意见的检察监督】 监狱、看守所提出暂予监外执行的书面意见的，应当将书面意见的副本抄送人民检察院。人民检察院可以向决定或者批准机关提出书面意见。

第 267 条② 【监外执行决定的检察监督】 决定或者批准暂予监外执行的机关应当将暂予监外执行决定抄送人民检察院。人民检察院认为暂予监外执行不当的，应当自接到通知之日起1个月以内将书面意见送交决定或者批准暂予监外执行的机关，决定或者批准暂予监外执行的机关接到人民检察院的书面意见后，应当立即对该决定进行重新核查。

第 268 条③ 【监外执行后的收监】 对暂予监外执行的罪犯，有下列情形之一的，应当及时收监：

（一）发现不符合暂予监外执行条件的；
（二）严重违反有关暂予监外执行监督管理规定的；
（三）暂予监外执行的情形消失后，罪犯刑期未满的。

【监外执行后收监的程序】 对于人民法院决定暂予监外执行的罪犯应当予以收监的，由人民法院作出决定，将有关的法律文书送达公安机关、监狱或者其他执行机关。

【监外执行的刑期除算】 不符合暂予监外执行条件的罪犯通过贿赂等非法手段被暂予监外执行的，在监外执行的期间不计入执行刑期。罪犯在暂予监外执行期间脱逃的，脱逃的期间不计入执行刑期。

【监外执行期间死亡】 罪犯在暂予监外执行期间死亡的，执行机关应当及时通知监狱或者看守所。

● 相关规定 【立法解释】 全国人民代表大会常务委员会关于《中华人民共和国刑事诉讼法》第二百五十四条第五款、第二百五十七条第二款的解释（2014年4月24日第12届全国人大常委会第8次会议通过）

罪犯在被交付执行前，因有严重疾病、怀孕或者正在哺乳自己婴儿的妇女、生活不能自理的原因，依法提出暂予监外执行的申请的，有关病情诊断、妊娠检查和生活不能自理的鉴别，由人民法院负责组织进行。

---

① 本条规定由2012年3月14日第11届全国人大常委会第5次会议增设，2013年1月1日施行。
② 本条规定由1996年3月17日第8届全国人民代表大会第4次会议增设，1997年1月1日施行。原规定为："批准暂予监外执行的机关应当将批准的决定抄送人民检察院。人民检察院认为暂予监外执行不当的，应当自接到通知之日起1个月以内将书面意见送交批准暂予监外执行的机关，批准暂予监外执行的机关接到人民检察院的书面意见后，应当立即对该决定进行重新核查。"2012年3月14日第11届全国人大常委会第5次会议修改为现规定，2013年1月1日施行。
③ 本条规定由1996年3月17日第8届全国人民代表大会第4次会议增设，1997年1月1日施行。原规定为："暂予监外执行的情形消失后，罪犯刑期未满的，应当及时收监。""罪犯在暂予监外执行期间死亡的，应当及时通知监狱。"2012年3月14日第11届全国人大常委会第5次会议修改为现规定，2013年1月1日施行。

根据刑事诉讼法第257条第2款的规定，对人民法院决定暂予监外执行的罪犯，有刑事诉讼法第257条第1款规定的情形，依法应当予以收监的，在人民法院作出决定后，由公安机关依照刑事诉讼法第253条第2款的规定送交执行刑罚。

【法发（研）〔1981〕号】　最高人民法院关于执行刑事诉讼法中若干问题的初步经验总结（1981年11月印发）①

十三、关于执行程序的问题

（二）监外执行的范围和手续

依照刑事诉讼法第157条的规定，可以暂予监外执行的罪犯，仅限于有严重疾病需要保外就医的，和怀孕或者正在哺乳自己婴儿的妇女。

人民法院决定暂予监外执行的，可以将监外执行的时间在执行通知书上写明。在监外执行的条件消失或者时间届满后，即应由公安机关收监执行其余刑。

妇女哺乳自己婴儿的哺乳期，考虑到实际情况，以从妇女分娩之日起，按满1年计算为宜。

最高人民法院研究室关于第一审判处被告人有期徒刑后第二审法院发现被告人已怀孕应如何处理问题的电话答复（1989年2月15日答复云南高院电话请示）

……在被告人王××上诉审期间（第二审法院发现被告人已怀孕），可对被告人采取取保候审的措施。如果终审判决仍判处被告人有期徒刑以上刑罚，可根据刑事诉讼法第157条第二项②的规定，暂予监外执行，待监外执行的条件消除后再行收监执行。

【高检发释字〔1998〕5号】　最高人民检察院关于对服刑罪犯暂予监外执行期间在异地又犯罪应由何地检察院受理审查起诉问题的批复（1998年11月26日答复四川省检"川检发研〔1998〕12号"请示）

对罪犯在暂予监外执行期间在异地犯罪，如果罪行是在犯罪地被发现、罪犯是在犯罪地被捕获的，由犯罪地人民检察院审查起诉；如果案件由罪犯暂予监外执行地人民法院审判更为适宜的，也可以由犯罪暂予监外执行地的人民检察院审查起诉；如果罪行是在暂予监外执行的情况消失，罪犯被继续收监执行剩余刑期期间发现的，由罪犯服刑地的人民检察院审查起诉。

【高检发监字〔2007〕3号】　最高人民检察院关于加强对监外执行罪犯脱管、漏管检察监督的意见（2007年3月26日最高检第10届检委会第74次会议通过，2007年8月3日印发）

二、建立健全监外执行罪犯脱管、漏管问题的发现机制

人民检察院要通过开展举报宣传、公布举报电话、设置网上举报信箱、落实"检察官接待日"制度等，认真受理对监外执行罪犯脱管、漏管的举报，并在接到举报30日内进行调查核实，作出处理。对于实名举报的，应当向举报人反馈核实处理的情况。

坚持定期检查与随时检查、全面检查与重点检查、单独检查与联合检查相结合，及时发现监外执行罪犯脱管、漏管的问题。县（市、区）人民检察院每年至少集中开展2次监外执行定期检察活动。定期检察中，要与人民法院、公安机关以及社区矫正工作机构核实本辖区监外执行罪犯的人数，审查与监外执行罪犯相关的法律文书、档案资料、统计报表，了解重

---

① 注：本《经验总结》一直没有被废止，部分内容可作参考。
② 注：该项内容对应现《刑事诉讼法》（2018年版）第265条第（二）项。

点罪犯刑罚执行的情况。加强对容易发生脱管、漏管问题的交付执行环节和监督管理活动的重点核查,加强对严重刑事犯罪罪犯、职务犯罪罪犯脱管、漏管的重点核查。

对于关押在监管场所的罪犯变更为监外执行的,派驻检察机构要及时掌握情况,并于该罪犯变更为监外执行后7日内将相关法律文书的复印件,寄送监外执行地的人民检察院监所检察部门。监外执行地的人民检察院监所检察部门接到相关法律文书后,要及时与公安机关取得联系,防止出现脱管、漏管问题。

三、建立健全监外执行罪犯脱管、漏管问题的纠正机制

人民检察院发现人民法院没有按照规定将法律文书送达有关机关的,或者监狱、看守所没有按照规定将罪犯和有关法律文书交付执行机关的,或者公安机关没有按照规定对监外执行罪犯落实监管措施的,以及其它原因导致罪犯脱管、漏管的,应当及时向有关责任机关提出纠正意见;对于擅自长期离开执行地脱管、漏管的罪犯,应当建议执行机关依法收监执行;对于监外执行罪犯脱管、漏管问题突出的地方,应当及时向有关主管部门提出改进监督管理工作的检察建议。对脱管、漏管的重点环节和重点对象要进行重点纠正。

人民检察院提出纠正意见或者检察建议后,要及时掌握纠正情况,注意督促落实。对于提出纠正意见或者检察建议后,有关机关不予采纳的,应当报告上一级人民检察院。上一级人民检察院进行审查后,认为纠正意见或者检察建议正确的,应当向同级有关机关提出纠正意见。

四、建立健全纠防监外执行罪犯脱管、漏管的协作机制

人民检察院要加强与人民法院、公安机关、司法行政机关的联系,建立监外执行工作的联席会议制度和信息通报制度。对于发现的可能导致监外执行罪犯脱管、漏管的重要情况,应当及时向有关人民法院、公安机关、司法行政机关通报,监督相关机关落实监外执行的工作措施。必要时,每年可进行一次联合检查活动,及时研究监外执行工作的突出问题。

人民检察院要建立防止和纠正监外执行罪犯脱管、漏管问题的内部协调制度。公诉部门收到人民法院送达的管制、剥夺政治权利、缓刑和暂予监外执行的法律文书后,应当在3日内将法律文书复印件送监所检察部门。执行地的人民检察院发现罪犯监外执行条件消失或者存在脱管、漏管情况,需要原判决、裁定或者决定机关作出收监执行决定的,应当及时将有关情况书面通知原判决、裁定或者决定机关所在地的人民检察院,由该人民检察院督促有关机关解决。

【高检发监字〔2008〕1号】　人民检察院监狱检察办法(2008年2月22日最高检第10届检委会第94次会议通过,2008年3月23日印发"4个检察办法")①

第21条　对监狱呈报暂予监外执行活动检察的内容:(一)呈报暂予监外执行罪犯是否符合法律规定条件;(二)呈报暂予监外执行的程序是否符合法律和有关规定。

第22条　对监狱呈报暂予监外执行活动检察的方法:(一)审查被呈报暂予监外执行罪犯的病残鉴定和病历资料;(二)列席监狱审核拟呈报罪犯暂予监外执行的会议;(三)向有关人员了解被呈报暂予监外执行罪犯的患病及表现等情况。

第23条　发现监狱在呈报暂予监外执行活动中有下列情形的,应当及时提出纠正意见:(一)呈报保外就医罪犯所患疾病不属于《罪犯保外就医疾病伤残范围》的;(二)呈报保外就医罪犯属于因患严重慢性疾病长期医治无效情形,执行原判刑期未达1/3以上的;

---

① 注:本《办法》的部分规定与2021年12月8日《人民检察院巡回检察工作规定》不一致,以后者为准。

（三）呈报保外就医罪犯属于自伤自残的；（四）呈报保外就医罪犯没有省级人民政府指定医院开具的相关证明文件的；（五）对适用暂予监外执行可能有社会危险性的罪犯呈报暂予监外执行的；（六）对罪犯呈报暂予监外执行没有完备的合法手续的；（七）其他违反暂予监外执行规定的。

第24条　派驻检察机构收到监狱抄送的呈报罪犯暂予监外执行的材料后，应当及时审查并签署意见。认为呈报暂予监外执行不当的，应当提出纠正意见。审查情况应当填入《监狱呈报暂予监外执行情况登记表》，层报省级人民检察院监所检察部门。

省级人民检察院监所检察部门审查认为监狱呈报暂予监外执行不当的，应当及时将审查意见告知省级监狱管理机关。

第25条　省级人民检察院收到省级监狱管理机关批准暂予监外执行的通知后，应当及时审查。认为暂予监外执行不当的，应当自接到通知之日起1个月内向省级监狱管理机关提出书面纠正意见。

省级人民检察院应当监督省级监狱管理机关是否在收到书面纠正意见后1个月内进行重新核查和核查决定是否符合法律规定。

第26条　下级人民检察院发现暂予监外执行不当的，应当立即层报省级人民检察院。

【高检发监字〔2008〕1号】　人民检察院监外执行检察办法（2008年2月22日最高检第10届检委会第94次会议通过，2008年3月23日印发"4个检察办法"）

第3条　人民检察院监外执行检察的职责是：（一）对人民法院、监狱、看守所交付执行活动是否合法实行监督；（二）对公安机关监督管理监外执行罪犯活动是否合法实行监督；（三）对公安机关、人民法院、监狱、看守所变更执行活动是否合法实行监督；（四）对监外执行活动中发生的职务犯罪案件进行侦查，开展职务犯罪预防工作；（五）其他依法应当行使的监督职责。

第5条　交付执行检察的内容：（一）人民法院、监狱、看守所交付执行活动是否符合有关法律规定；（二）人民法院、监狱、看守所交付执行的相关法律手续是否完备；（三）人民法院、监狱、看守所交付执行是否及时。

第6条　交付执行检察的方法：

（一）监所检察部门收到本院公诉部门移送的人民法院判处管制、独立适用剥夺政治权利、宣告缓刑、决定暂予监外执行的法律文书后，应当认真审查并登记，掌握人民法院交付执行的情况；

（二）通过对人民检察院派驻监狱、看守所检察机构的《监外执行罪犯出监（所）告知表》内容进行登记，掌握监狱、看守所向执行地公安机关交付执行被裁定假释、批准暂予监外执行以及刑满释放仍需执行附加剥夺政治权利的罪犯情况；

（三）向执行地公安机关了解核查监外执行罪犯的有关法律文书送达以及监外执行罪犯报到等情况。

第7条　发现在交付执行活动中有下列情形的，应当及时提出纠正意见：（一）人民法院、监狱、看守所没有向执行地公安机关送达监外执行罪犯有关法律文书或者送达的法律文书不齐全的；（二）监狱没有派员将暂予监外执行罪犯押送至执行地公安机关的；（三）人民法院、监狱、看守所没有将监外执行罪犯的有关法律文书抄送人民检察院的；（四）人民法院、监狱、看守所因交付执行不及时等原因造成监外执行罪犯漏管的；（五）其他违反交付执行规定的。

第 8 条　县、市、区人民检察院对辖区内的监外执行罪犯，应当逐一填写《罪犯监外执行情况检察台账》，并记录有关检察情况。

第 9 条　监管活动检察的内容：（一）公安机关监督管理监外执行罪犯活动是否符合有关法律规定；（二）监外执行罪犯是否发生脱管现象；（三）监外执行罪犯的合法权益是否得到保障。

第 10 条　监管活动检察的方法：（一）查阅公安机关监外执行罪犯监督管理档案；（二）向协助公安机关监督考察监外执行罪犯的单位和基层组织了解、核实有关情况；（三）与监外执行罪犯及其亲属谈话，了解情况，听取意见。

第 11 条　发现公安机关在监管活动中有下列情形的，应当及时提出纠正意见：（一）没有建立监外执行罪犯监管档案和组织的；（二）没有向监外执行罪犯告知应当遵守的各项规定的；（三）监外执行罪犯迁居，迁出地公安机关没有移送监督考察档案，迁入地公安机关没有接续监管的；（四）对监外执行罪犯违法或者重新犯罪，没有依法予以治安处罚或者追究刑事责任的；（五）公安民警对监外执行罪犯有打骂体罚、侮辱人格等侵害合法权益行为的；（六）公安机关没有及时向人民检察院通报对监外执行罪犯的监督管理情况的；（七）其他违反监督管理规定的。

第 12 条　人民检察院监所检察部门应当与公安机关、人民法院的有关部门建立联席会议制度，及时通报有关情况，分析交付执行、监督管理活动和检察监督中存在的问题，研究改进工作的措施。联席会议可每半年召开 1 次，必要时可以随时召开。

第 13 条　收监执行检察的内容：（一）公安机关撤销缓刑、假释的建议和对暂予监外执行罪犯的收监执行是否符合有关法律规定；（二）人民法院撤销缓刑、假释裁定是否符合有关法律规定；（三）监狱、看守所收监执行活动是否符合有关法律规定。

第 14 条　收监执行检察的方法：（一）查阅公安机关记录缓刑、假释、暂予监外执行罪犯违法违规情况的相关材料；（二）向与缓刑、假释、暂予监外执行罪犯监管有关的单位、基层组织了解有关情况；（三）必要时可以与违法违规的缓刑、假释、暂予监外执行罪犯谈话，了解情况。

第 15 条　发现在收监执行活动中有下列情形的，应当及时提出纠正意见：（一）公安机关对缓刑罪犯在考验期内违反法律、行政法规或者公安部门监督管理规定，情节严重，没有及时向人民法院提出撤销缓刑建议的；（二）公安机关对假释罪犯在考验期内违反法律、行政法规或者公安部门监督管理规定，尚未构成新的犯罪，没有及时向人民法院提出撤销假释建议的；（三）原作出缓刑、假释裁判的人民法院收到公安机关提出的撤销缓刑、假释的建议书后没有依法作出裁定的；（四）公安机关对人民法院裁定撤销缓刑、假释的罪犯，没有及时送交监狱或者看守所收监执行的；（五）公安机关对具有下列情形之一的暂予监外执行罪犯，没有及时通知监狱、看守所收监执行的：（1）未经公安机关批准擅自外出，应当收监执行的；（2）骗取保外就医的；（3）以自伤、自残、欺骗等手段故意拖延保外就医时间的；（4）办理保外就医后无故不就医的；（5）违反监督管理规定经教育不改的；（6）暂予监外执行条件消失且刑期未满的。（六）监狱、看守所收到公安机关对暂予监外执行罪犯的收监执行通知后，没有及时收监执行的；（七）不应当收监执行而收监执行的；（八）其他违反收监执行规定的。

第20条　终止执行检察的内容：（一）终止执行的罪犯是否符合法律规定条件；（二）终止执行的程序是否合法，是否具备相关手续。

第21条　终止执行检察的方法：（一）查阅刑事判决（裁定）书等法律文书中所确定的监外执行罪犯的刑期、考验期；（二）了解公安机关对终止执行罪犯的释放、解除等情况；（三）与刑期、考验期届满的罪犯谈话，了解情况，听取意见。

第22条　发现在终止执行活动中有下列情形的，应当及时提出纠正意见：（一）公安机关对执行期满的管制罪犯，没有按期宣布解除并发给《解除管制通知书》的；（二）公安机关对执行期满的剥夺政治权利罪犯，没有按期向其本人和所在单位、居住地群众宣布恢复其政治权利的；（三）公安机关对考验期满的缓刑、假释罪犯没有按期予以公开宣告的；（四）公安机关对刑期届满的暂予监外执行罪犯没有通报监狱的；监狱对刑期届满的暂予监外执行罪犯没有办理释放手续的；（五）公安机关对死亡的监外执行罪犯，没有及时向原判人民法院或者原关押监狱、看守所通报的；（六）公安机关、人民法院、监狱、看守所对刑期、考验期限未满的罪犯提前释放、解除、宣告的；（七）其他违反终止执行规定的。

【高检会〔2009〕3号】　中央社会治安综合治理委员会办公室、最高人民法院、最高人民检察院、公安部、司法部关于加强和规范监外执行工作的意见（2009年6月25日）

一、加强和规范监外执行的交付执行

1. 人民法院对罪犯判处管制、单处剥夺政治权利、宣告缓刑的，应当在判决、裁定生效后5个工作日内，核实罪犯居住地后将判决书、裁定书、执行通知书送达罪犯居住地县级公安机关主管部门，并抄送罪犯居住地县级人民检察院监所检察部门。

2. 监狱管理机关、公安机关决定罪犯暂予监外执行的，交付执行的监狱、看守所应当将罪犯押送至居住地，与罪犯居住地县级公安机关办理移交手续，并将暂予监外执行决定书等法律文书抄送罪犯居住地县级公安机关主管部门、县级人民检察院监所检察部门。

3. 罪犯服刑地与居住地不在同一省、自治区、直辖市，需要回居住地暂予监外执行的，服刑地的省级监狱管理机关、公安机关监所管理部门应当书面通知罪犯居住地的同级监狱管理机关、公安机关监所管理部门，由其指定一所监狱、看守所接收罪犯档案，负责办理该罪犯暂予监外执行情形消失后的收监、刑满释放等手续，并通知罪犯居住地县级公安机关主管部门、县级人民检察院监所检察部门。

4. 人民法院决定暂予监外执行的罪犯，判决、裁定生效前已被羁押的，由公安机关依照有关规定办理移交。判决、裁定生效前未被羁押的，由人民法院通知罪犯居住地的县级公安机关执行。人民法院应当在作出暂予监外执行决定后5个工作日内，将暂予监外执行决定书和判决书、裁定书、执行通知书送达罪犯居住地县级公安机关主管部门，并抄送罪犯居住地县级人民检察院监所检察部门。

5. 对于裁定假释的，人民法院应当将假释裁定书送达提请假释的执行机关和承担监所检察任务的人民检察院。监狱、看守所应当核实罪犯居住地，并在释放罪犯后5个工作日内将假释证明书副本、判决书、裁定书等法律文书送达罪犯居住地县级公安机关主管部门，抄送罪犯居住地县级人民检察院监所检察部门。对主刑执行完毕附加执行剥夺政治权利的罪犯，监狱、看守所应当核实罪犯居住地，并在释放罪犯前1个月将刑满释放通知书、执行剥夺政治权利附加刑所依据的判决书、裁定书等法律文书送达罪犯居住地县级公安机关主管部门，抄送罪犯居住地县级人民检察院监所检察部门。

6. 被判处管制、剥夺政治权利、缓刑罪犯的判决、裁定作出后，以及被假释罪犯、主刑执行完毕后附加执行剥夺政治权利罪犯出监时，人民法院、监狱、看守所应当书面告知其必须按时到居住地公安派出所报到，以及不按时报到应承担的法律责任，并由罪犯本人在告知书上签字。自人民法院判决、裁定生效之日起或者监狱、看守所释放罪犯之日起，在本省、自治区、直辖市裁判或者服刑、羁押的应当在10日内报到，在外省、自治区、直辖市裁判或者服刑、羁押的应当在20日内报到。告知书一式3份，1份交监外执行罪犯本人，1份送达执行地县级公安机关，1份由告知机关存档。

7. 执行地公安机关收到人民法院、监狱、看守所送达的法律文书后，应当在5个工作日内送达回执。

二、加强和规范监外执行罪犯的监督管理

8. 监外执行罪犯未在规定时间内报到的，公安派出所应当上报县级公安机关主管部门，由县级公安机关通报作出判决、裁定或者决定的机关。

9. 执行地公安机关认为罪犯暂予监外执行条件消失的，应当及时书面建议批准、决定暂予监外执行的机关或者接收该罪犯档案的监狱的上级主管机关收监执行。批准、决定机关或者接收该罪犯档案的监狱的上级主管机关审查后认为需要收监执行的，应当制作收监执行决定书，分别送达执行地公安机关和负责收监执行的监狱。执行地公安机关收到收监执行决定书后，应当立即将罪犯收押，并通知监狱到羁押地将罪犯收监执行。

对于公安机关批准的暂予监外执行罪犯，暂予监外执行条件消失的，执行地公安机关应当及时制作收监执行通知书，通知负责收监执行的看守所立即将罪犯收监执行。

10. 公安机关对暂予监外执行罪犯未经批准擅自离开所居住的市、县，经警告拒不改正，或者拒不报告行踪、下落不明的，可以按照有关程序上网追逃。

11. 人民法院决定暂予监外执行罪犯收监执行的，由罪犯居住地公安机关根据人民法院的决定，剩余刑期在1年以上的送交暂予监外执行地就近监狱执行，剩余刑期在1年以下的送交暂予监外执行地看守所代为执行。

12. 暂予监外执行罪犯未经批准擅自离开所居住的市、县，经警告拒不改正的，或者拒不报告行踪、下落不明的，或者采取自伤、自残、欺骗、贿赂等手段骗取、拖延暂予监外执行的，或者2次以上无正当理由不按时提交医疗、诊断病历材料的，批准、决定机关应当根据执行地公安机关建议，及时作出对其收监执行的决定。

对公安机关批准的暂予监外执行罪犯发生上述情形的，执行地公安机关应当及时作出对其收监执行的决定。

13. 公安机关应当建立对监外执行罪犯的考核奖惩制度，根据考核结果，对表现良好的应当给予表扬奖励；对符合法定减刑条件的，应当依法提出减刑建议，人民法院应当依法裁定。执行机关减刑建议书副本和人民法院减刑裁定书副本应当抄送同级人民检察院监所检察部门。

14. 监外执行罪犯在执行期、考验期内，违反法律、行政法规或者国务院公安部门有关监督管理规定的，由公安机关依照《中华人民共和国治安管理处罚法》第60条的规定给予治安管理处罚。

15. 被宣告缓刑、假释的罪犯在缓刑、假释考验期间有下列情形之一的，由与原裁判人民法院同级的执行地公安机关提出撤销缓刑、假释的建议：(1) 人民法院、监狱、看守所已书面告知罪犯应当按时到执行地公安机关报到,罪犯未在规定的时间内报到,脱离监管3个月以上的;(2)未经执行地公安机关批准擅自离开所居住的市、县或者迁居,脱离监管3个月以上的;(3)未按照执行地公安机关的规定报告自己的活动情况或者不遵守执行机关关于会客等规定,经过3次教育仍然拒不改正的;(4)有其他违反法律、行政法规或者国务院公安部门有关缓刑、假释的监督管理规定行为,情节严重的。

16. 人民法院裁定撤销缓刑、假释后,执行地公安机关应当及时将罪犯送交监狱或者看守所收监执行。被撤销缓刑、假释并决定收监执行的罪犯下落不明的,公安机关可以按照有关程序上网追逃。

公安机关撤销缓刑、假释的建议书副本和人民法院撤销缓刑、假释的裁定书副本应当抄送罪犯居住地人民检察院监所检察部门。

17. 监外执行罪犯在缓刑、假释、暂予监外执行、管制或者剥夺政治权利期间死亡的,公安机关应当核实情况后通报原作出判决、裁定的人民法院和原关押监狱、看守所,或者接收该罪犯档案的监狱、看守所,以及执行地县级人民检察院监所检察部门。

18. 被判处管制、剥夺政治权利的罪犯执行期满的,公安机关应当通知本人,并向其所在单位或者居住地群众公开宣布解除管制或者恢复政治权利;被宣告缓刑的罪犯缓刑考验期满,原判刑罚不再执行的,公安机关应当向本人和所在单位或者居住地群众宣布,并通报原判决的人民法院;被裁定假释的罪犯假释考验期满,原判刑罚执行完毕的,公安机关应当向其本人和所在单位或者居住地群众宣布,并通报原裁定的人民法院和原执行的监狱、看守所。

19. 暂予监外执行的罪犯刑期届满的,执行地公安机关应当及时通报原关押监狱、看守所或者接收该罪犯档案的监狱、看守所,按期办理释放手续。人民法院决定暂予监外执行的罪犯刑期届满的,由执行地公安机关向原判决人民法院和执行地县级人民检察院通报,并按期办理释放手续。

三、加强和规范监外执行的检察监督

20. 人民检察院对人民法院、公安机关、监狱、看守所交付监外执行活动和监督管理监外执行罪犯活动实行法律监督,发现违法违规行为的,应当及时提出纠正意见。

21. 县级人民检察院对人民法院、监狱、看守所交付本县(市、区、旗)辖区执行监外执行的罪犯应当逐一登记,建立罪犯监外执行情况检察台账。

22. 人民检察院在监外执行检察中,应当依照有关规定认真受理监外执行罪犯的申诉、控告,妥善处理他们反映的问题,依法维护其合法权益。

23. 人民检察院应当采取定期和不定期相结合的方法进行监外执行检察,并针对存在的问题,区别不同情况,发出纠正违法通知书、检察建议书或者提出口头纠正意见。交付执行机关和执行机关对人民检察院提出的纠正意见、检察建议无异议的,应当在15日内纠正并告知纠正结果;对纠正意见、检察建议有异议的,应当在接到人民检察院纠正意见、检察建议后7日内向人民检察院提出,人民检察院应当复议,并在7日内作出复议决定;对复议结论仍然提出异议的,应当提请上一级人民检察院复核,上一级人民检察院应当在7日内作出复核决定。

24. 人民检察院发现有下列情形的,应当提出纠正意见:(1)人民法院、监狱、看守所没有依法送达监外执行法律文书,没有依法将罪犯交付执行,没有依法告知罪犯权利义务的；……(3)公安机关没有及时接收监外执行罪犯，对监外执行罪犯没有落实监管责任、监管措施的；(4)公安机关对违法的监外执行罪犯依法应当给予处罚而没有依法作出处罚或者建议处罚的；……(9)监外执行罪犯刑期或者考验期满，公安机关、监狱、看守所未及时办理相关手续和履行相关程序的；(10)人民法院、公安机关、监狱、看守所在监外执行罪犯交付执行、监督管理过程中侵犯罪犯合法权益的；(11)监外执行罪犯出现脱管、漏管情况的；(12)其他依法应当提出纠正意见的情形。

25. 监外执行罪犯在监外执行期间涉嫌犯罪，公安机关依法应当立案而不立案的，人民检察院应当按照《中华人民共和国刑事诉讼法》第87条①的规定办理。

【主席令〔2012〕63号】 中华人民共和国监狱法（2012年10月26日第11届全国人大常委会第29次会议修正，主席令第63号公布，2013年1月1日施行）

第25条 对于被判处无期徒刑、有期徒刑在监内服刑的罪犯，符合刑事诉讼法规定的监外执行条件的，可以暂予监外执行。

第26条 暂予监外执行，由监狱提出书面意见，报省、自治区、直辖市监狱管理机关批准。批准机关应当将批准的暂予监外执行决定通知公安机关和原判人民法院，并抄送人民检察院。

人民检察院认为对罪犯适用暂予监外执行不当的，应当自接到通知之日起1个月内将书面意见送交批准暂予监外执行的机关，批准暂予监外执行的机关接到人民检察院的书面意见后，应当立即对该决定进行重新核查。

第27条 对暂予监外执行的罪犯，依法实行社区矫正，由社区矫正机构负责执行。原关押监狱应当及时将罪犯在监内改造情况通报负责执行的社区矫正机构。

第28条 暂予监外执行的罪犯具有刑事诉讼法规定的应当收监的情形的，社区矫正机构应当及时通知监狱收监；刑期届满的，由原关押监狱办理释放手续。罪犯在暂予监外执行期间死亡的，社区矫正机构应当及时通知原关押监狱。

【六部委〔2012〕规定】 最高人民法院、最高人民检察院、公安部、国家安全部、司法部、全国人大常委会法制工作委员会关于实施刑事诉讼法若干问题的规定（2012年12月26日印发，2013年1月1日施行）

33. 刑事诉讼法第254条第5款中规定："在交付执行前，暂予监外执行由交付执行的人民法院决定"。对于被告人可能被判处拘役、有期徒刑、无期徒刑，符合暂予监外执行条件的，被告人及其辩护人有权向人民法院提出暂予监外执行的申请，看守所可以将有关情况通报人民法院。人民法院应当进行审查，并在交付执行前作出是否暂予监外执行的决定。

34. 刑事诉讼法第257条第3款规定："不符合暂予监外执行条件的罪犯通过贿赂等非法手段被暂予监外执行的，在监外执行的期间不计入执行刑期。罪犯在暂予监外执行期间脱逃的，脱逃的期间不计入执行刑期。"对于人民法院决定暂予监外执行的罪犯具有上述情形的，人民法院在决定予以收监的同时，应当确定不计入刑期的期间。对于监狱管理机关或者公安机关决定暂予监外执行的罪犯具有上述情形的，罪犯被收监后，所在监狱或者看守所应当及时向所在地的中级人民法院提出不计入执行刑期的建议书，由人民法院审核裁定。

---

① 注：该条内容对应现《刑事诉讼法》（2018年版）第113条。

【公安部令〔2013〕128号〕 看守所留所执行刑罚罪犯管理办法（2013年8月20日公安部部长办公会议通过，2013年10月23日发布，2013年11月23日施行）

第18条　罪犯符合《中华人民共和国刑事诉讼法》规定的暂予监外执行条件的，本人及其法定代理人、近亲属可以向看守所提出书面申请，管教民警或者看守所医生也可以提出书面意见。

第19条　看守所接到暂予监外执行申请或者意见后，应当召开所务会研究，初审同意后根据不同情形对罪犯进行病情鉴定、生活不能自理鉴定或者妊娠检查，未通过初审的，应当向提出书面申请或者书面意见的人员告知原因。

所务会应当有书面记录，并由与会人员签名。

第20条　对暂予监外执行罪犯的病情鉴定，应当到省级人民政府指定的医院进行；妊娠检查，应当到医院进行；生活不能自理鉴定，由看守所分管所领导、管教民警、看守所医生、驻所检察人员等组成鉴定小组进行；对正在哺乳自己婴儿的妇女，看守所应当通知罪犯户籍所在地或者居住地的公安机关出具相关证明。

生活不能自理，是指因病、伤残或者年老体弱致使日常生活中起床、用餐、行走、如厕等不能自行进行，必须在他人协助下才能完成。

对适用保外就医可能有社会危险性的罪犯，或者自伤自残的罪犯，不得保外就医。

第21条　罪犯需要保外就医的，应当由罪犯或者罪犯家属提出保证人。保证人由看守所审查确定。

第22条　保证人应当具备下列条件：（一）愿意承担保证人义务，具有完全民事行为能力；（二）人身自由未受到限制，享有政治权利；（三）有固定的住所和收入，有条件履行保证人义务；（四）与被保证人共同居住或者居住在同一县级公安机关辖区。

第23条　保证人应当签署保外就医保证书。

第24条　罪犯保外就医期间，保证人应当履行下列义务：（一）协助社区矫正机构监督被保证人遵守法律和有关规定；（二）发现被保证人擅自离开居住的市、县，变更居住地，有违法犯罪行为，保外就医情形消失，或者被保证人死亡的，立即向社区矫正机构报告；（三）为被保证人的治疗、护理、复查以及正常生活提供帮助；（四）督促和协助被保证人按照规定定期复查病情和向执行机关报告。

第25条　对需要暂予监外执行的罪犯，看守所应当填写暂予监外执行审批表，并附病情鉴定、妊娠检查证明、生活不能自理鉴定，或者哺乳自己婴儿证明；需要保外就医的，应当同时附保外就医保证书。县级看守所应当将有关材料报经所属公安机关审核同意后，报设区的市一级以上公安机关批准；设区的市一级以上看守所应当将有关材料报所属公安机关审批。

看守所在报送审批材料的同时，应当将暂予监外执行审批表副本、病情鉴定或者妊娠检查诊断证明、生活不能自理鉴定、哺乳自己婴儿证明、保外就医保证书等有关材料的复印件抄送人民检察院驻所检察室。

批准暂予监外执行的公安机关接到人民检察院认为暂予监外执行不当的意见后，应当对暂予监外执行的决定进行重新核查。

第26条　看守所收到批准、决定机关暂予监外执行决定书后，应当办理罪犯出所手续，发给暂予监外执行决定书，并告知罪犯应当遵守的规定。

第27条 暂予监外执行罪犯服刑地和居住地不在同一省级或者设区的市一级以上公安机关辖区，需要回居住地暂予监外执行的，服刑地的省级公安机关监管部门或者设区的市一级以上公安机关监管部门应当书面通知居住地的同级公安机关监管部门，由居住地的公安机关监管部门指定看守所接收罪犯档案、负责办理收监或者刑满释放等手续。

第28条 看守所应当将暂予监外执行罪犯送交罪犯居住地，与县级司法行政机关办理交接手续。

第29条 公安机关对暂予监外执行罪犯决定收监执行的，由罪犯居住地看守所将罪犯收监执行。

看守所对人民法院决定暂予监外执行罪犯收监执行的，应当是交付执行刑罚前剩余刑期在3个月以下的罪犯。

第30条 罪犯在暂予监外执行期间刑期届满的，看守所应当为其办理刑满释放手续。

第31条 罪犯暂予监外执行期间死亡的，看守所应当将执行机关的书面通知归入罪犯档案，并在登记表中注明。

中共中央政法委关于严格规范减刑、假释、暂予监外执行，切实防止司法腐败的意见
（2014年1月21日）

一、从严把握减刑、假释、暂予监外执行的实体条件

1. 对职务犯罪、破坏金融管理秩序和金融诈骗犯罪、组织（领导、参加、包庇、纵容）黑社会性质组织犯罪等罪犯（以下简称三类罪犯）减刑、假释，必须从严把握法律规定的"确有悔改表现"、"立功表现"、"重大立功表现"的标准。

对三类罪犯"确有悔改表现"的认定，不仅应当考察其是否认罪悔罪，认真遵守法律法规及监规、接受教育改造，积极参加思想、文化、职业技术教育，积极参加劳动、努力完成劳动任务，而且应当考察其是否通过主动退赃、积极协助追缴境外赃款赃物、主动赔偿损失等方式，积极消除犯罪行为所产生的社会影响。对服刑期间利用个人影响力和社会关系等不正当手段企图获得减刑、假释机会的，不认定其"确有悔改表现"。

对三类罪犯拟按法律规定的"在生产、科研中进行技术革新，成绩突出"或者"对国家和社会有其他贡献"认定为"立功表现"的，该技术革新或者其他贡献必须是该罪犯在服刑期间独立完成，并经省级主管部门确认。

对三类罪犯拟按法律规定的"有发明创造或者重大技术革新"认定为"重大立功表现"的，该发明创造或者重大技术革新必须是该罪犯在服刑期间独立完成并经国家主管部门确认的发明专利，且不包括实用新型专利和外观设计专利；拟按法律规定的"对国家和社会有其他重大贡献"认定为"重大立功表现"的，该重大贡献必须是该罪犯在服刑期间独立完成并经国家主管部门确认的劳动成果。

4. 对三类罪犯适用保外就医，必须从严把握严重疾病范围和条件。虽然患有高血压、糖尿病、心脏病等疾病，但经诊断在短期内不致危及生命的，或者不积极配合刑罚执行机关安排的治疗的，或者适用保外就医可能有社会危险性的，或者自伤自残的，一律不得保外就医。

二、完善减刑、假释、暂予监外执行的程序规定

6. 对三类罪犯的计分考核、行政奖励、立功表现等信息，应当在罪犯服刑场所及时公开；拟提请减刑、假释的，一律提前予以公示。拟提请暂予监外执行的，除病情严重必须立即保外就医的，应当提前予以公示。减刑、假释裁定书及暂予监外执行决定书，一律上网公开。

7. 对三类罪犯中因重大立功而提请减刑、假释的案件，原县处级以上职务犯罪罪犯的减刑、假释案件，组织（领导、包庇、纵容）黑社会性质组织罪犯的减刑、假释案件，原判死刑缓期执行、无期徒刑的破坏金融管理秩序和金融诈骗犯罪犯的减刑、假释案件，一律开庭审理。

【高检发监字〔2014〕5号】　最高人民检察院关于对职务犯罪罪犯减刑、假释、暂予监外执行案件实行备案审查的规定（2014年6月23日印发施行）

第2条　人民检察院对职务犯罪罪犯减刑、假释、暂予监外执行案件实行备案审查，按照下列情形分别处理：

（一）对原厅局级以上职务犯罪罪犯减刑、假释、暂予监外执行的案件，人民检察院应当在收到减刑、假释裁定书或者暂予监外执行决定书后10日以内，逐案层报最高人民检察院备案审查；

（二）对原县处级职务犯罪罪犯减刑、假释、暂予监外执行的案件，人民检察院应当在收到减刑、假释裁定书或者暂予监外执行决定书后10日以内，逐案层报省级人民检察院备案审查。

第4条　人民检察院报请备案审查暂予监外执行案件，应当填写备案审查登记表，并附下列材料的复印件：（一）刑罚执行机关提请暂予监外执行意见书或者审批表；（二）决定或者批准机关暂予监外执行决定书；（三）人民检察院向刑罚执行机关、暂予监外执行决定或者批准机关提出的书面意见；（四）罪犯的病情诊断、鉴定意见以及相关证明材料。

第11条　本规定中的职务犯罪，是指贪污贿赂犯罪，国家工作人员的渎职犯罪，国家机关工作人员利用职权实施的非法拘禁、非法搜查、刑讯逼供、暴力取证、虐待被监管人、报复陷害、破坏选举的侵犯公民人身权利、公民民主权利的犯罪。

【法〔2014〕319号】　最高人民法院关于罪犯交付执行前暂予监外执行组织诊断工作有关问题的通知（2014年12月11日）

一、要规范工作内容。罪犯交付执行前暂予监外执行组织诊断工作，包括对罪犯的病情诊断、妊娠检查和生活不能处理的鉴别。

二、要落实工作责任。中级人民法院司法技术部门负责本辖区罪犯交付执行前暂予监外执行组织诊断工作。高级人民法院司法技术部门负责本辖区罪犯交付执行前暂予监外执行组织诊断工作的监督指导和组织复核诊断工作。最高人民法院司法技术部门监督指导地方各级人民法院罪犯交付执行前暂予监外执行组织诊断工作。

三、要严格工作程序。罪犯交付执行前暂予监外执行组织诊断工作应当由法医人员进行或组织相关专业的临床医学人员和法医人员共同进行，临床医学人员应当具有副主任医师以上职称，法医人员应当具有副主任法医师以上职称。相关医学检查应当在省级人民政府指定的医院进行。

四、要加强工作监督。组织诊断应当采用合议的形式进行，按照少数服从多数的原则出具诊断意见。罪犯或利害关系人对诊断意见有异议的，可在接到诊断意见之日起10日内向本地高级人民法院申请复核诊断，高级人民法院复核诊断意见为最终意见。地方各级人民法院要加强调查研究，对工作中遇到的问题，应当逐级报最高人民法院，上级法院要加强工作的监督指导。

五、高级人民法院应当结合工作实际，制定具体实施细则，并报最高人民法院备案。

【司发通〔2014〕112号】　暂予监外执行规定（最高法、最高检、公安部、司法部、国家卫计委2014年10月24日印发，2014年12月1日施行；最高检、公安部、司法部1990年12月31日《罪犯保外就医执行办法》同时废止[①]）

第2条（第2款）　对有关职务犯罪罪犯适用暂予监外执行，还应当依照有关规定逐案报请备案审查。

第4条　罪犯在暂予监外执行期间的生活、医疗和护理等费用自理。

罪犯在监狱、看守所服刑期间因参加劳动致伤、致残被暂予监外执行的，其出监、出所后的医疗补助、生活困难补助等费用，由其服刑所在的监狱、看守所按照国家有关规定办理。

第6条　对需要保外就医或者属于生活不能自理，但适用暂予监外执行可能有社会危险性，或者自伤自残，或者不配合治疗的罪犯，不得暂予监外执行。

对职务犯罪、破坏金融管理秩序和金融诈骗犯罪、组织（领导、参加、包庇、纵容）黑社会性质组织犯罪的罪犯适用保外就医应当从严审批，对患有高血压、糖尿病、心脏病等严重疾病，但经诊断短期内没有生命危险的，不得暂予监外执行。

对在暂予监外执行期间因违法违规被收监执行或者因重新犯罪被判刑的罪犯，需要再次适用暂予监外执行的，应当从严审批。

第7条　对需要保外就医或者属于生活不能自理的累犯以及故意杀人、强奸、抢劫、绑架、放火、爆炸、投放危险物质或者有组织的暴力性犯罪的罪犯，原被判处死刑缓期2年执行或者无期徒刑的，应当在减为有期徒刑后执行有期徒刑7年以上方可适用暂予监外执行；原被判处10年以上有期徒刑的，应当执行原判刑期1/3以上方可适用暂予监外执行。

对未成年罪犯、65周岁以上的罪犯、残疾人罪犯，适用前款规定可以适度从宽。

对患有本规定所附《保外就医严重疾病范围》的严重疾病，短期内有生命危险的罪犯，可以不受本条第1款规定关于执行刑期的限制。

第8条　对在监狱、看守所服刑的罪犯需要暂予监外执行的，监狱、看守所应当组织对罪犯进行病情诊断、妊娠检查或者生活不能自理的鉴别。罪犯本人或者其亲属、监护人也可以向监狱、看守所提出书面申请。

监狱、看守所对拟提请暂予监外执行的罪犯，应当核实其居住地。需要调查其对所居住社区影响的，可以委托居住地县级司法行政机关进行调查。

监狱、看守所应当向人民检察院通报有关情况。人民检察院可以派员监督有关诊断、检查和鉴别活动。

第9条　对罪犯的病情诊断或者妊娠检查，应当委托省级人民政府指定的医院进行。医院出具的病情诊断或者检查证明文件，应当由2名具有副高以上专业技术职称的医师共同签出，经主管业务院长审核签名，加盖公章，并附化验单、影像学资料和病历等有关医疗文书复印件。

对罪犯生活不能自理情况的鉴别，由监狱、看守所组织有医疗专业人员参加的鉴别小组进行。鉴别意见由组织鉴别的监狱、看守所出具，参与鉴别的人员应当签名，监狱、看守所的负责人应当签名并加盖公章。

对罪犯进行病情诊断、妊娠检查或者生活不能自理的鉴别，与罪犯有亲属关系或者其他

[①]　《罪犯保外就医执行办法》（司发〔1990〕247号）的附件《罪犯保外就医疾病伤残范围》也随之失效。

利害关系的医师、人员应当回避。

第 10 条 罪犯需要保外就医的,应当由罪犯本人或者其亲属、监护人提出保证人,保证人由监狱、看守所审查确定。

罪犯没有亲属、监护人的,可以由其居住地的村(居)民委员会、原所在单位或者社区矫正机构推荐保证人。

保证人应当向监狱、看守所提交保证书。

第 11 条 保证人应当同时具备下列条件:(一)具有完全民事行为能力,愿意承担保证人义务;(二)人身自由未受到限制;(三)有固定的住处和收入;(四)能够与被保证人共同居住或者居住在同一市、县。

第 12 条 罪犯在暂予监外执行期间,保证人应当履行下列义务:(一)协助社区矫正机构监督被保证人遵守法律和有关规定;(二)发现被保证人擅自离开居住的市、县或者变更居住地,或者有违法犯罪行为,或者需要保外就医情形消失,或者被保证人死亡的,立即向社区矫正机构报告;(三)为被保证人的治疗、护理、复查以及正常生活提供帮助;(四)督促和协助被保证人按照规定履行定期复查病情和向社区矫正机构报告的义务。

第 13 条 监狱、看守所应当就是否对罪犯提请暂予监外执行进行审议。经审议决定对罪犯提请暂予监外执行的,应当在监狱、看守所内进行公示。对病情严重必须立即保外就医的,可以不公示,但应当在保外就医后 3 个工作日以内在监狱、看守所内公告。

公示无异议或者经审查异议不成立的,监狱、看守所应当填写暂予监外执行审批表,连同有关诊断、检查、鉴别材料、保证人的保证书,提请省级以上监狱管理机关或者设区的市一级以上公安机关批准。已委托进行核实、调查的,还应当附县级司法行政机关出具的调查评估意见书。

监狱、看守所审议暂予监外执行前,应当将相关材料抄送人民检察院。决定提请暂予监外执行的,监狱、看守所应当将提请暂予监外执行书面意见的副本和相关材料抄送人民检察院。人民检察院可以向决定或者批准暂予监外执行的机关提出书面意见。

第 14 条 批准机关应当自收到监狱、看守所提请暂予监外执行材料之日起 15 个工作日以内作出决定。批准暂予监外执行的,应当在 5 个工作日以内将暂予监外执行决定书送达监狱、看守所,同时抄送同级人民检察院、原判人民法院和罪犯居住地社区矫正机构。暂予监外执行决定书应当上网公开。不予批准暂予监外执行的,应当在 5 个工作日以内将不予批准暂予监外执行决定书送达监狱、看守所。

第 15 条(第 1 款) 监狱、看守所应当向罪犯发放暂予监外执行决定书,及时为罪犯办理出监、出所相关手续。

第 17 条 对符合暂予监外执行条件的,被告人及其辩护人有权向人民法院提出暂予监外执行的申请,看守所可以将有关情况通报人民法院。对被告人、罪犯的病情诊断、妊娠检查或者生活不能自理的鉴别,由人民法院依照本规定程序组织进行。

第 18 条 人民法院应当在执行刑罚的有关法律文书依法送达前,作出是否暂予监外执行的决定。

人民法院决定暂予监外执行的,应当制作暂予监外执行决定书,写明罪犯基本情况、判决确定的罪名和刑罚、决定暂予监外执行的原因、依据等,在判决生效后 7 日以内将暂予监外执行决定书送达看守所或者执行取保候审、监视居住的公安机关和罪犯居住地社区矫正机构，并抄送同级人民检察院。

人民法院决定不予暂予监外执行的，应当在执行刑罚的有关法律文书依法送达前，通知看守所或者执行取保候审、监视居住的公安机关，并告知同级人民检察院。监狱、看守所应当依法接收罪犯，执行刑罚。

人民法院在作出暂予监外执行决定前，应当征求人民检察院的意见。

第20条　罪犯原服刑地与居住地不在同一省、自治区、直辖市，需要回居住地暂予监外执行的，原服刑地的省级以上监狱管理机关或者设区的市一级以上公安机关监所管理部门应当书面通知罪犯居住地的监狱管理机关、公安机关监所管理部门，由其指定一所监狱、看守所接收罪犯档案，负责办理罪犯收监、刑满释放等手续，并及时书面通知罪犯居住地社区矫正机构。

第22条　罪犯在暂予监外执行期间因犯新罪或者发现判决宣告以前还有其他罪没有判决的，侦查机关应当在对罪犯采取强制措施后24小时以内，将有关情况通知罪犯居住地社区矫正机构；人民法院应当在判决、裁定生效后，及时将判决、裁定的结果通知罪犯居住地社区矫正机构和罪犯原服刑或者接收其档案的监狱、看守所。

罪犯按前款规定被判处监禁刑罚后，应当由原服刑的监狱、看守所收监执行；原服刑的监狱、看守所与接收其档案的看守所不一致的，应当由接收其档案的监狱、看守所收监执行。

第23条（第2款）　人民检察院发现暂予监外执行罪犯依法应予收监执行而未收监执行的，由决定或者批准机关同级的人民检察院向决定或者批准机关提出收监执行的检察建议。

第24条　人民法院对暂予监外执行罪犯决定收监执行的，决定暂予监外执行时剩余刑期在3个月以下的，由居住地公安机关送交看守所收监执行；决定暂予监外执行时剩余刑期在3个月以上的，由居住地公安机关送交监狱收监执行。

监狱管理机关对暂予监外执行罪犯决定收监执行的，原服刑或者接收其档案的监狱应当立即赴羁押地将罪犯收监执行。

公安机关对暂予监外执行罪犯决定收监执行的，由罪犯居住地看守所将罪犯收监执行。

监狱、看守所将罪犯收监执行后，应当将收监执行的情况报告决定或者批准机关，并告知罪犯居住地县级人民检察院和原判人民法院。

第25条　被决定收监执行的罪犯在逃的，由罪犯居住地县级公安机关负责追捕。公安机关将罪犯抓捕后，依法送交监狱、看守所执行刑罚。

第26条　被收监执行的罪犯有法律规定的不计入执行刑期情形的，社区矫正机构应当在收监执行建议书中说明情况，并附有关证明材料。批准机关进行审核后，应当及时通知监狱、看守所向所在地的中级人民法院提出不计入执行刑期的建议书。人民法院应当自收到建议书之日起1个月以内依法对罪犯的刑期重新计算作出裁定。

人民法院决定暂予监外执行的，在决定收监执行的同时应当确定不计入刑期的期间。

人民法院应当将有关的法律文书送达监狱、看守所，同时抄送同级人民检察院。

第28条　罪犯在暂予监外执行期间死亡的，社区矫正机构应当自发现之日起5日以内，书面通知决定或者批准机关，并将有关死亡证明材料送达罪犯原服刑或者接收其档案的监狱、看守所，同时抄送罪犯居住地同级人民检察院。

第29条　人民检察院发现暂予监外执行的决定或者批准机关、监狱、看守所、社区矫正机构有违法情形的，应当依法提出纠正意见。

第 30 条　人民检察院认为暂予监外执行不当的，应当自接到决定书之日起 1 个月以内将书面意见送交决定或者批准暂予监外执行的机关，决定或者批准暂予监外执行的机关接到人民检察院的书面意见后，应当立即对该决定进行重新核查。

第 31 条　人民检察院可以向有关机关、单位调阅有关材料、档案，可以调查、核实有关情况，有关机关、单位和人员应当予以配合。

人民检察院认为必要时，可以自行组织或者要求人民法院、监狱、看守所对罪犯重新组织进行诊断、检查或者鉴别。

第 32 条　在暂予监外执行执法工作中，司法工作人员或者从事诊断、检查、鉴别等工作的相关人员有玩忽职守、徇私舞弊、滥用职权等违法违纪行为的，依法给予相应的处分；构成犯罪的，依法追究刑事责任。

第 33 条　本规定所称生活不能自理，是指罪犯因患病、身体残疾或者年老体弱，日常生活行为需要他人协助才能完成的情形。

生活不能自理的鉴别参照《劳动能力鉴定——职工工伤与职业病致残等级分级》（GB/T16180-2006）[①]执行。进食、翻身、大小便、穿衣洗漱、自主行动等 5 项日常生活行为中有 3 项需要他人协助才能完成，且经过 6 个月以上治疗、护理和观察，自理能力不能恢复的，可以认定为生活不能自理。65 周岁以上的罪犯，上述 5 项日常生活行为有 1 项需要他人协助才能完成即可视为生活不能自理。

附件：保外就医严重疾病范围

罪犯有下列严重疾病之一，久治不愈，严重影响其身心健康的，属于适用保外就医的疾病范围：

一、严重传染病

1. 肺结核伴空洞并反复咯血；肺结核合并多脏器并发症；结核性脑膜炎。
2. 急性、亚急性或慢性重型病毒性肝炎。
3. 艾滋病病毒感染者和病人伴有需要住院治疗的机会性感染。
4. 其他传染病，如Ⅲ期梅毒并发主要脏器病变的，流行性出血热，狂犬病，流行性脑脊髓膜炎及新发传染病等监狱医院不具备治疗条件的。

二、反复发作的，无服刑能力的各种精神病，如脑器质性精神障碍、精神分裂症、心境障碍、偏执性精神障碍等，但有严重暴力行为或倾向，对社会安全构成潜在威胁的除外。

三、严重器质性心血管疾病

1. 心脏功能不全：心脏功能在 NYHA 三级以上，经规范治疗未见好转。（可由冠状动脉粥样硬化性心脏病、高血压性心脏病、风湿性心脏病、肺源性心脏病、先天性心脏病、心肌病、重度心肌炎、心包炎等引起。）
2. 严重心律失常：如频发多源室性期前收缩或有 R on T 表现、导致血流动力学改变的心房纤颤、二度以上房室传导阻滞、阵发性室性心动过速、病态窦房结综合征等。
3. 急性冠状动脉综合征（急性心肌梗死及重度不稳定型心绞痛），冠状动脉粥样硬化性

[①]　注：《劳动能力鉴定——职工工伤与职业病致残等级分级》目前最新的版本为 GB/T16180-2014（2014 年 9 月 3 日发布，2015 年 1 月 1 日实施）。

心脏病有严重心绞痛反复发作，经规范治疗仍有严重冠状动脉供血不足表现。

4. 高血压病达到很高危程度的，合并靶器官受损。具体参见注释中靶器官受损相应条款。

5. 主动脉瘤、主动脉夹层动脉瘤等需要手术的心血管动脉瘤和粘液瘤等需要手术的心脏肿瘤；或者不需要、难以手术治疗，但病情严重危及生命或者存在严重并发症，且监狱医院不具备治疗条件的心血管疾病。

6. 急性肺栓塞。

四、严重呼吸系统疾病

1. 严重呼吸功能障碍：由支气管、肺、胸膜疾病引起的中度以上呼吸功能障碍，经规范治疗未见好转。

2. 支气管扩张反复咯血，经规范治疗未见好转。

3. 支气管哮喘持续状态，反复发作，动脉血氧分压低于60mmHg，经规范治疗未见好转。

五、严重消化系统疾病

1. 肝硬化失代偿期（肝硬化合并上消化道出血、腹水、肝性脑病、肝肾综合征等）。

2. 急性出血性坏死性胰腺炎。

3. 急性及亚急性肝衰竭、慢性肝衰竭加急性发作或慢性肝衰竭。

4. 消化道反复出血，经规范治疗未见好转且持续重度贫血。

5. 急性梗阻性化脓性胆管炎，经规范治疗未见好转。

6. 肠道疾病：如克隆病、肠伤寒合并肠穿孔、出血坏死性小肠炎、全结肠切除、小肠切除3/4等危及生命的。

六、各种急、慢性肾脏疾病引起的肾功能不全代偿期，如急性肾衰竭、慢性肾小球肾炎、慢性肾盂肾炎、肾结核、肾小动脉硬化、免疫性肾病等。

七、严重神经系统疾病及损伤

1. 严重脑血管疾病、颅内器质性疾病并有昏睡以上意识障碍、肢体瘫痪、视力障碍等经规范治疗未见好转。如脑出血、蛛网膜下腔出血、脑血栓形成、脑栓塞、脑脓肿、乙型脑炎、结核性脑膜炎、化脓性脑膜炎及严重的脑外伤等。

2. 各种脊髓疾病及周围神经疾病与损伤所致的肢体瘫痪、大小便失禁经规范治疗未见好转，生活难以自理。如脊髓炎、高位脊髓空洞症、脊髓压迫症、运动神经元疾病（包括肌萎缩侧索硬化、进行性脊肌萎缩症、原发性侧索硬化和进行性延髓麻痹）等；周围神经疾病，如多发性神经炎、周围神经损伤等；急性炎症性脱髓鞘性多发性神经病；慢性炎症性脱髓鞘性多发性神经病。

3. 癫痫大发作，经规范治疗未见好转，每月发作仍多于2次。

4. 重症肌无力或进行性肌营养不良等疾病，严重影响呼吸和吞咽功能。

5. 锥体外系疾病所致的肌张力障碍（肌张力过高或过低）和运动障碍（包括震颤、手足徐动、舞蹈样动作、扭转痉挛等出现生活难以自理）。如帕金森病及各类帕金森综合症、小舞蹈病、慢性进行性舞蹈病、肌紧张异常、秽语抽动综合症、迟发性运动障碍、投掷样舞动、阵发性手足徐动症、阵发性运动源性舞蹈手足徐动症、扭转痉挛等。

八、严重内分泌代谢性疾病合并重要脏器功能障碍，经规范治疗未见好转。如脑垂体瘤需要手术治疗、肢端肥大症、尿崩症、柯兴氏综合征、原发性醛固酮增多症、嗜铬细胞瘤、甲状腺机能亢进危象、甲状腺机能减退症出现严重心脏损害或出现粘液性水肿昏迷、甲状旁腺机能亢进及甲状旁腺机能减退症出现高钙危象或低钙血症。

糖尿病合并严重并发症：糖尿病并发心、脑、肾、眼等严重并发症或伴发症，或合并难以控制的严重继发感染、严重酮症酸中毒或高渗性昏迷，经规范治疗未见好转。

心：诊断明确的冠状动脉粥样硬化性心脏，并出现以下情形之一的：1. 有心绞痛反复发作，经规范治疗未见好转仍有明显的冠状动脉供血不足的表现；2. 心功能三级；3. 心律失常（频发或多型性室早、新发束支传导阻滞、交界性心动过速、心房纤颤、心房扑动、二度及以上房室传导阻滞、阵发性室性心动过速、窦性停搏等）。

脑：诊断明确的脑血管疾病，出现痴呆、失语、肢体肌力达IV级以下。

肾：诊断明确的糖尿病肾病，肌酐达到177mmol/L以上水平。

眼：诊断明确的糖尿病视网膜病变，达到增殖以上。

九、严重血液系统疾病

1. 再生障碍性贫血。
2. 严重贫血并有贫血性心脏病、溶血危象、脾功能亢进其中1项，经规范治疗未见好转。
3. 白血病、骨髓增生异常综合征。
4. 恶性组织细胞病、嗜血细胞综合征。
5. 淋巴瘤、多发性骨髓瘤。
6. 严重出血性疾病，有重要器官、体腔出血的，如原发性血小板减少性紫癜、血友病等，经规范治疗未见好转。

十、严重脏器损伤和术后并发症，遗有严重功能障碍，经规范治疗未见好转。

1. 脑、脊髓损伤治疗后遗有中度以上智能障碍，截瘫或偏瘫，大小便失禁，功能难以恢复。
2. 胸、腹腔重要脏器及气管损伤或手术后，遗有严重功能障碍，胸腹腔内慢性感染、重度粘连性梗阻，肠瘘、胰瘘、胆瘘、肛瘘等内外瘘形成反复发作；严重循环或呼吸功能障碍，如外伤性湿肺不易控制。
3. 肺、肾、肾上腺等器官一侧切除，对侧仍有病变或有明显功能障碍。

十一、各种严重骨、关节疾病及损伤

1. 双上肢，双下肢，一侧上肢和一侧下肢因伤、病在腕或踝关节以上截肢或失去功能不能恢复。双手完全失去功能或伤、病致手指缺损6个以上，且6个缺损的手指中有半数以上在掌指关节处离断，且必须包括2个拇指缺失。
2. 脊柱并1个主要关节或2个以上主要关节（肩、膝、髋、肘）因伤、病发生强直畸形，经规范治疗未见好转，脊柱伸屈功能完全丧失。
3. 严重骨盆骨折合并尿道损伤，经治疗后遗有运动功能障碍或遗有尿道狭窄、闭塞或感染，经规范治疗未见好转。
4. 主要长骨的慢性化脓性骨髓炎，反复急性发作，病灶内出现大块死骨或合并病理性骨折，经规范治疗未见好转。

十二、五官伤、病后，出现严重的功能障碍，经规范治疗未见好转

1. 伤、病后双眼矫正视力<0.1，经影像检查证实患有白内障、眼外伤、视网膜剥离等需要手术治疗。内耳伤、病所致的严重前庭功能障碍、平衡失调，经规范治疗未见好转。
2. 咽、喉损伤后遗有严重疤痕挛缩，造成呼吸道梗阻受阻，严重影响呼吸功能和吞咽功能。

3. 上下颌伤、病经治疗后二度张口困难、严重咀嚼功能障碍。

十三、周围血管病经规范治疗未见好转，患肢有严重肌肉萎缩或干、湿性坏疽，如进展性脉管炎，高位深静脉栓塞等。

十四、非临床治愈期的各种恶性肿瘤。

十五、暂时难以确定性质的肿瘤，有下列情形之一的：

1. 严重影响机体功能而不能进行彻底治疗。

2. 身体状况进行性恶化。

3. 有严重后遗症，如偏瘫、截瘫、胃瘘、支气管食管瘘等。

十六、结缔组织疾病及其他风湿性疾病造成2个以上脏器严重功能障碍或单个脏器功能障碍失代偿，经规范治疗未见好转，如系统性红斑狼疮、硬皮病、皮肌炎、结节性多动脉炎等。

十七、寄生虫侵犯脑、肝、肺等重要器官或组织，造成继发性损害，伴有严重功能障碍者，经规范治疗未见好转。

十八、经职业病诊断机构确诊的以下职业病：

1. 尘肺病伴严重呼吸功能障碍，经规范治疗未见好转。

2. 职业中毒，伴有重要脏器功能障碍，经规范治疗未见好转。

3. 其他职业病并有瘫痪、中度智能障碍、双眼矫正视力<0.1、严重血液系统疾病、严重精神障碍等其中一项，经规范治疗未见好转。

十九、年龄在65周岁以上同时患有2种以上严重疾病，其中1种病情必须接近上述1项或几项疾病程度。

注释：

1. 本范围所列严重疾病诊断标准应符合省级以上卫生行政部门、中华医学会制定并下发的医学诊疗常规、诊断标准、规范和指南。

2. 凡是确定诊断和确定脏器、肢体功能障碍必须具有诊疗常规所明确规定的相应临床症状、体征和客观医技检查依据。

3. 本范围所称"经规范治疗未见好转"，是指临床上经常规治疗至少半年后病情恶化或未见好转。

4. 本范围所称"反复发作"，是指发作间隔时间小于1个月，且至少发作3次及以上。

5. 本范围所称"严重心律失常"，是指临床上可引起严重血流动力学障碍，预示危及生命的心律失常。一般出现成对室性期前收缩、多形性室性期前收缩、阵发性室性心动过速、室性期前收缩有R on T现象、病态窦房结综合征、心室扑动或心室颤动等。

6. 本范围所称"意识障碍"，是指各种原因导致的迁延性昏迷1个月以上和植物人状态。

7. 本范围所称"视力障碍"，是指各种原因导致的患眼低视力2级。

8. 艾滋病和艾滋病机会性感染诊断依据应符合《艾滋病和艾滋病病毒感染诊断标准》（WS293-2008）、《艾滋病诊疗指南》（中华医学会感染病分会，2011年）等技术规范。其中，艾滋病合并肺孢子菌肺炎、活动性结核病、巨细胞病毒视网膜炎、马尼菲青霉菌病、细菌性肺炎、新型隐球菌脑膜炎等6种艾滋病机会性感染的住院标准应符合《卫生部办公厅关于印发艾滋病合并肺孢子菌肺炎等6个艾滋病机会感染病种临床路径的通知》（卫办医政发〔2012〕107号）。上述6种以外的艾滋病机会性感染住院标准可参考《艾滋病诊疗指南》

（中华医学会感染病分会，2011年）及《实用内科学》（第13版）等。

9. 精神病的危险性按照《卫生部关于印发〈重性精神疾病管理治疗工作规范（2012年版）〉的通知》（卫疾控发〔2012〕20号）进行评估。

10. 心功能判定：心功能不全，表现出心悸、心律失常、低血压、休克，甚至发生心搏骤停。按发生部位和发病过程分为左侧心功能不全（急性、慢性）、右侧心功能不全（急性、慢性）和全心功能不全（急性、慢性）。出现心功能不全症状后，其心功能可分为四级。

Ⅰ级：体力活动不受限制。

Ⅱ级：静息时无不适，但稍重于日常生活活动量即致乏力、心悸、气促或者心绞痛。

Ⅲ级：体力活动明显受限，静息时无不适，但低于日常活动量即致乏力、心悸、气促或心绞痛。

Ⅳ级：任何体力活动均引起症状，静息时亦可有心力衰竭或者心绞痛。

11. 高血压判定：按照《中国高血压防治指南2010》执行。

血压水平分类和定义（mmHg）

分级	收缩压（SBP）		舒张压（DBP）
正常血压	<120	和	<80
正常高值血压	120~139	和/或	80~89
高血压1级（轻度）	140~159	和/或	90~99
高血压2级（中度）	160~179	和/或	100~109
高血压3级（重度）	≥180	和/或	≥110
单纯性收缩期高血压	≥140	和	<90

高血压危险分层

其他危险因素和病史	血压（mmHg）		
	1级 SBP140-159 或 DBP90-99	2级 SBP160-179 或 DBP100-109	3级 SBP≥180 或 DBP≥110
无其他CVD危险因素	低危	中危	高危
1-2个CVD危险因素	中危	中危	很高危
≥3个CVD危险因素或靶器官损伤	高危	高危	很高危
临床并发症或合并糖尿病	很高危	很高危	很高危

注：＊CVD为心血管危险因素

影响高血压患者心血管预后的重要因素

心血管危险因素	靶器官损害	伴临床疾患
·高血压（1-3级） ·男性>55岁；女性>65岁 ·吸烟 ·糖耐量受损（餐后2h血糖7.8-11.0mmol/L）和（或）空腹糖受损（6.1-6.9mmol/L） ·血脂异常 TC≥5.7mmol/L（220mg/dl）或 LDL_C＞3.3mmol/L（130mg/dl）或 HDL_C<1.0mmol/L（4.mg/dl） ·早发心血管病家族史（一般亲属发病年龄男性<55岁；女性<65岁） ·腹型肥胖（腰围：男性≥90cm，女性≥85cm）或肥胖（BMI≥28kg/m²） ·血同型半胱氨酸升高（≥10μmol/L）	·左心室肥厚 心电图：Sokolow_Lyon＞38mm 或 Cornell＞2440mm·ms；超声心动图 LVMI：男≥125g/m²，女≥120g/m² ·颈动脉超声 IMT≥0.9mm 或动脉粥样斑块 ·颈-股动脉脉搏波速度≥12m/s ·踝/臂血压指数<0.9 ·eGFR 降低（eGFR<60ml·min⁻¹·1.73m⁻²）或血清肌酐轻度升高：男性 115-133μmol/L（1.3-1.5 mg/dl），女性 107-124μmol/L（1.2-1.4mg/dl） ·微量白蛋白尿：30-300mg/24h 或白蛋白/肌酐比：≥30mg/g（3.5 mg/mmol）	·脑血管病：脑出血，缺血性脑卒中短暂性脑缺血发作 ·心脏疾病：心肌梗死史，心绞痛，冠状动脉血动重建史，慢性心力衰竭 ·肾脏疾病：糖尿病肾病，肾功能受损，血肌酐：男性133μmol/L（1.5 mg/dl），女性≥124μmol/L（1.4mg/dl），蛋白尿（≥300mg/24h） ·外周血管疾病 ·视网膜病变：出血或渗出，视乳头水肿 ·糖尿病：空腹血糖≥7.0mmol/L（126mg/dl），餐后2h血糖≥11.1 mmol/L（200mg/dl），糖化血红蛋白≥6.5%

注：TC：总胆固醇；LDL_C：低密度脂蛋白胆固醇；HDL_C：高密度脂蛋白胆固醇；BMI：体质指数；LVMI：左心室质量指数；IMT：颈动脉内中膜厚度；eGFR：估算的肾小球滤过率

12. 呼吸功能障碍判定：参照《道路交通事故受伤人员伤残评定》（GB 18667-2002）[①]和《劳动能力鉴定——职工工伤与职业病致残程度鉴定标准》（GBT16180-2006）[②]，结合医学实践执行。症状：自觉气短、胸闷不适、呼吸费力。体征：呼吸频率增快，幅度加深或者变浅，或者伴周期节律异常，鼻翼扇动，紫绀等。实验室检查提示肺功能损害。在保外就医诊断实践中，判定呼吸功能障碍必须综合产生呼吸功能障碍的病理基础、临床表现和相关医技检查结果如血气分析，全面分析。

呼吸困难分级

Ⅰ级（轻度）：平路快步行走、登山或上楼梯时气短明显。
Ⅱ级（中度）：一般速度平路步行100米即有气短，体力活动大部分受限。
Ⅲ级（重度）：稍活动如穿衣、谈话即有气短，体力活动完全受限。
Ⅳ级（极重度）：静息时亦有气短。

[①]《道路交通事故受伤人员伤残评定》（GB/T 18667-2002）为强制性标准，由公安部提出，重庆市公安局交通管理局起草，在公共安全行业标准《道路交通事故受伤人员伤残评定》（GA35-1992，公安部发布）的基础上修订而成，于2002年3月11日由国家质量监督检验检疫总局批准发布，2002年12月1日实施。

[②] 注：《劳动能力鉴定——职工工伤与职业病致残等级分级》目前最新的版本为GB/T16180-2014（2014年9月3日发布，2015年1月1日实施）。

肺功能损伤分级

	FVC	FEV1	MVV	FEV1/FVC	RV/TLC	DLco
正常	>80	>80	>80	>70	<35	>80%
轻度损伤	60-79	60-79	60-79	55-69	36-45	60-79
中度损伤	40-59	40-59	40-59	35-54	46-55	45-59
重度损伤	<40	<40	<40	<35	>55	<45

注：FVC、FEV1、MVV、DLco 均为占预计值百分数，单位为%。

FVC：用力肺活量；FEV1：1秒钟用力呼气容积；MVV：分钟最大通气量；RV/TLC：残气量/肺总量；DLco：一氧化碳弥散量。

低氧血症分级

正常：Po2 为 13.3kPa~10.6kPa（100 mmHg~80 mmHg）；

轻度：Po2 为 10.5kPa~8.0kPa（79 mmHg~60 mmHg）；

中度：Po2 为 7.9kPa~5.3kPa（59 mmHg~40 mmHg）；

重度：Po2<5.3kPa（<40 mmHg）。

13. 肝功能损害程度判定

A. 肝功能损害分度

分度	中毒症状	血浆白蛋白	血内胆红质	腹水	脑症	凝血酶原时间	谷丙转氨酶
重度	重度	<2.5g%	>10mg%	顽固性	明显	明显延长	供参考
中度	中度	2.5-3.0g%	5-10mg%	无或者少量，治疗后消失	无或者轻度	延长	供参考
轻度	轻度	3.0-3.5g%	1.5-5mg%	无	无	稍延长（较对照组>3s）	供参考

B. 肝衰竭：肝衰竭的临床诊断需要依据病史、临床表现和辅助检查等综合分析而确定，参照中华医学会《肝衰竭诊治指南（2012年版）》执行。

（1）急性肝衰竭（急性重型肝炎）：急性起病，2周内出现Ⅱ度及以上肝性脑病并有以下表现：①极度乏力，并有明显厌食、腹胀、恶心、呕吐等严重消化道症状。②短期内黄疸进行性加深。③出血倾向明显，PTA≤40%，且排除其他原因。④肝脏进行性缩小。

（2）亚急性肝衰竭（亚急性重型肝炎）：起病较急，15天~26周出现以下表现者：①极度乏力，有明显的消化道症状。②黄疸迅速加深，血清总胆红素大于正常值上限10倍或每日上升≥17.1μmol/L。③凝血酶原时间明显延长，PTA≤40%并排除其他原因者。

（3）慢加急性（亚急性）肝衰竭（慢性重型肝炎）：在慢性肝病基础上，短期内发生急性肝功能失代偿的主要临床表现。

（4）慢性肝衰竭：在肝硬化基础上，肝功能进行性减退和失代偿。诊断要点为：①有腹水或其他门静脉高压表现。②可有肝性脑病。③血清总胆红素升高，白蛋白明显降低。④有凝血功能障碍，PTA≤40%。

C. 肝性脑病

肝性脑病 West-Haven 分级标准

肝性脑病分级	临床要点
0 级	没有能觉察的人格或行为变化
	无扑翼样震颤
1 级（Ⅰ度）	轻度认知障碍
	欣快或抑郁
	注意时间缩短
	加法计算能力降低
	可引出扑翼样震颤
2 级（Ⅱ度）	倦怠或淡漠
	轻度定向异常（时间和空间定向）
	轻微人格改变
	行为错乱，语言不清
	减法计算能力异常
	容易引出扑翼样震颤
3 级（Ⅲ度）	嗜睡到半昏迷*，但是对语言刺激有反应
	意识模糊
	明显的定向障碍
	扑翼样震颤可能无法引出
4 级（Ⅳ度）	昏迷**（对语言和强刺激无反应）

注：按照意识障碍以觉醒度改变为主分类，*半昏迷即中度昏迷，**昏迷即深昏迷。

14. 急、慢性肾功能损害程度判定：参照《实用内科学》(第十三版)和《内科学》(第七版)进行综合判定。急性肾损伤的原因有肾前性、肾实质性及肾后性三类。每类又有少尿型和非少尿型两种。慢性肾脏病患者肾功能损害分期与病因、病变进展程度、部位、转归以及诊断时间有关。分期：

慢性肾脏病肾功能损害程度分期

CKD 分期	肾小球滤过率（GFR）或 eGFR	主要临床症状
Ⅰ期	≥90 毫升/分	无症状
Ⅱ期	60—89 毫升/分	基本无症状
Ⅲ期	30—59 毫升/分	乏力；轻度贫血；食欲减退
Ⅳ期	15—29 毫升/分	贫血；代谢性酸中毒；水电解质紊乱
Ⅴ期	<15 毫升/分	严重酸中毒和全身各系统症状

注：eGFR：基于血肌酐估计的肾小球滤过率。

15. 肢体瘫痪的判定：参照《神经病学》（第2版）判定。肢体瘫，以肌力测定判断肢体瘫痪程度。在保外就医诊断实践中，判定肢体瘫痪须具备疾病的解剖（病理）基础，0级、1级、2级肌力可认定为肢体瘫痪。

0%；0级：肌肉完全瘫痪，毫无收缩。

10%；1级：可看到或者触及肌肉轻微收缩，但不能产生动作。

25%；2级：肌肉在不受重力影响下，可进行运动，即肢体能在床面上移动，但不能抬高。

50%；3级：在和地心引力相反的方向中尚能完成其动作，但不能对抗外加的阻力。

75%；4级：能对抗一定的阻力，但较正常人为低。

100%；5级：正常肌力。

16. 生活难以自理的判定：参照《劳动能力鉴定——职工工伤与职业病致残程度鉴定标准》（GBT 16180-2006），结合医学实践执行。

17. 视力障碍判定：眼伤残鉴定依据为眼球或视神经器质性损伤所致的视力、视野、立体视功能障碍及其他解剖结构和功能的损伤或破坏。

（1）主观检查：凡损伤眼裸视或者加用矫正镜片（包括接触镜、针孔镜等）远视力<0.3为视力障碍。

（2）客观检查：眼底照相、视觉电生理、眼底血管造影，眼科影像学检查如相干光断层成像（OCT）等以明确视力残疾实际情况，并确定对应的具体疾病状态。

视力障碍标准：

低视力：1级：矫正视力<0.3；2级：矫正视力<0.1。

盲：矫正视力<0.05。

【司发通〔2016〕78号】 监狱暂予监外执行程序规定（2016年8月18日司法部部长办公会议通过，2016年8月22日印发，2016年10月1日施行）

第3条 省、自治区、直辖市监狱管理局和监狱分别成立暂予监外执行评审委员会，由局长和监狱长任主任，分管暂予监外执行工作的副局长和副监狱长任副主任，刑罚执行、狱政管理、教育改造、狱内侦查、生活卫生、劳动改造等有关部门负责人为成员，监狱管理局、监狱暂予监外执行评审委员会成员不得少于9人。

监狱成立罪犯生活不能自理鉴别小组，由监狱长任组长，分管暂予监外执行工作的副监狱长任副组长，刑罚执行、狱政管理、生活卫生等部门负责人及2名以上医疗专业人员为成员，对因生活不能自理需要办理暂予监外执行的罪犯进行鉴别，鉴别小组成员不得少于7人。

第7条 监狱组织诊断、检查或者鉴别，应当由监区提出意见，经监狱刑罚执行部门审查，报分管副监狱长批准后进行诊断、检查或者鉴别。

对于患有严重疾病或者怀孕需要暂予监外执行的罪犯，委托省级人民政府指定的医院进行病情诊断或者妊娠检查。

对于生活不能自理需要暂予监外执行的罪犯，由监狱罪犯生活不能自理鉴别小组进行鉴别。

第8条 对罪犯的病情诊断或妊娠检查证明文件，应当由2名具有副高以上专业技术职称的医师共同作出，经主管业务院长审核签名，加盖公章，并附化验单、影像学资料和病历等有关医疗文书复印件。

第9条　对于生活不能自理的鉴别，应当由监狱罪犯生活不能自理鉴别小组审查下列事项：（一）调取并核查罪犯经6个月以上治疗、护理和观察，生活自理能力仍不能恢复的材料；（二）查阅罪犯健康档案及相关材料；（三）询问主管人民警察，并形成书面材料；（四）询问护理人员及其同一监区2名以上罪犯，并形成询问笔录；（五）对罪犯进行现场考察，观察其日常生活行为，并形成现场考察书面材料；（六）其他能够证明罪犯生活不能自理的相关材料。

审查结束后，鉴别小组应当及时出具意见并填写《罪犯生活不能自理鉴别书》，经鉴别小组成员签名以后，报监狱长审核签名，加盖监狱公章。

第10条　监狱应当向人民检察院通报对罪犯进行病情诊断、妊娠检查和生活不能自理鉴别工作情况。人民检察院可以派员监督。

第11条　罪犯需要保外就医的，应当由罪犯本人或其亲属、监护人提出保证人。无亲属、监护人的，可以由罪犯居住地的村（居）委会、原所在单位或者县级司法行政机关社区矫正机构推荐保证人。监狱刑罚执行部门对保证人的资格进行审查，填写《保证人资格审查表》，并告知保证人在罪犯暂予监外执行期间应当履行的义务，由保证人签署《暂予监外执行保证书》。

第12条　对符合办理暂予监外执行条件的罪犯，监区人民警察应当集体研究，提出提请暂予监外执行建议，经监区长办公会议审核同意后，报送监狱刑罚执行部门审查。

第13条　监区提出提请暂予监外执行建议的，应当报送下列材料：（一）《暂予监外执行审批表》；（二）终审法院裁判文书、执行通知书、历次刑罚变更执行法律文书；（三）《罪犯病情诊断书》、《罪犯妊娠检查书》及相关诊断、检查的医疗文书复印件，《罪犯生活不能自理鉴别书》及有关证明罪犯生活不能自理的治疗、护理和现场考察、询问笔录等材料；（四）监区长办公会议记录；（五）《保证人资格审查表》、《暂予监外执行保证书》及相关材料。

第14条　监狱刑罚执行部门收到监区对罪犯提请暂予监外执行的材料后，应当就下列事项进行审查：（一）提交的材料是否齐全、完备、规范；（二）罪犯是否符合法定暂予监外执行的条件；（三）提请暂予监外执行的程序是否符合规定。

经审查，对材料不齐全或者不符合提请条件的，应当通知监区补充有关材料或者退回；对相关材料有疑义的，应当进行核查。对材料齐全、符合提请条件的，应当出具审查意见，由科室负责人在《暂予监外执行审批表》上签署意见，连同监区报送的材料一并提交监狱暂予监外执行评审委员会评审。

第15条　监狱刑罚执行部门应当核实暂予监外执行罪犯拟居住地，对需要调查评估其对所居住社区影响或核实保证人具保条件的，填写《拟暂予监外执行罪犯调查评估委托函》，附带原刑事判决书、减刑裁定书复印件以及罪犯在服刑期间表现情况材料，委托居住地县级司法行政机关进行调查，并出具调查评估意见书。

第16条　监狱暂予监外执行评审委员会应当召开会议，对刑罚执行部门审查提交的提请暂予监外执行意见进行评审，提出评审意见。

监狱可以邀请人民检察院派员列席监狱暂予监外执行评审委员会会议。

第17条　监狱暂予监外执行评审委员会评审后同意对罪犯提请暂予监外执行的，应当在监狱内进行公示。公示内容应当包括罪犯的姓名、原判罪名及刑期、暂予监外执行依据等。

公示期限为3个工作日。公示期内，罪犯对公示内容提出异议的，监狱暂予监外执行评审委员会应当进行复核，并告知其复核结果。

对病情严重必须立即保外就医的，可以不公示，但应当在保外就医后3个工作日内在监狱公告。

第18条　公示无异议或者经复核异议不成立的，监狱应当将提请暂予监外执行相关材料送人民检察院征求意见。

征求意见后，监狱刑罚执行部门应当将监狱暂予监外执行评审委员会暂予监外执行建议和评审意见连同人民检察院意见，一并报请监狱长办公会议审议。

监狱对人民检察院意见未予采纳的，应当予以回复，并说明理由。

第19条　监狱长办公会议决定提请暂予监外执行的，由监狱长在《暂予监外执行审批表》上签署意见，加盖监狱公章，并将有关材料报送省、自治区、直辖市监狱管理局。

人民检察院对提请暂予监外执行提出的检察意见，监狱应当一并移送办理暂予监外执行的省、自治区、直辖市监狱管理局。

决定提请暂予监外执行的，监狱应当将提请暂予监外执行书面意见的副本和相关材料抄送人民检察院。

第20条　监狱决定提请暂予监外执行的，应当向省、自治区、直辖市监狱管理局提交提请暂予监外执行书面意见及下列材料：（一）《暂予监外执行审批表》；（二）终审法院裁判文书、执行通知书、历次刑罚变更执行法律文书；（三）《罪犯病情诊断书》、《罪犯妊娠检查书》及相关诊断、检查的医疗文书复印件，《罪犯生活不能自理鉴别书》及有关证明罪犯生活不能自理的治疗、护理和现场考察、询问笔录等材料；（四）监区长办公会议、监狱评审委员会会议、监狱长办公会议记录；（五）《保证人资格审查表》、《暂予监外执行保证书》及相关材料；（六）公示情况；（七）根据案件情况需要提交的其他材料。

已委托县级司法行政机关进行核实、调查的，应当将调查评估意见书一并报送。

第21条　省、自治区、直辖市监狱管理局收到监狱报送的提请暂予监外执行的材料后，应当进行审查。

对病情诊断、妊娠检查或者生活不能自理情况的鉴别是否符合暂予监外执行条件，由生活卫生部门进行审查；对上报材料是否符合法定条件、法定程序及材料的完整性等，由刑罚执行部门进行审查。

审查中发现监狱报送的材料不齐全或者有疑义的，刑罚执行部门应当通知监狱补交有关材料或者作出说明，必要时可派员进行核实；对诊断、检查、鉴别有疑议的，生活卫生部门应当组织进行补充鉴定或者重新鉴定。

审查无误后，应当由刑罚执行部门出具审查意见，报请局长召集评审委员会进行审核。

第22条　监狱管理局局长认为案件重大或者有其他特殊情况的，可以召开局长办公会议审议决定。

监狱管理局对罪犯办理暂予监外执行作出决定的，由局长在《暂予监外执行审批表》上签署意见，加盖监狱管理局公章。

第23条　对于病情严重需要立即保外就医的，省、自治区、直辖市监狱管理局收到监狱报送的提请暂予监外执行材料后，应当由刑罚执行部门、生活卫生部门审查，报经分管副局长审核后报局长决定，并在罪犯保外就医后3日内召开暂予监外执行评审委员会予以确认。

第 24 条　监狱管理局应当自收到监狱提请暂予监外执行材料之日起 15 个工作日内作出决定。

批准暂予监外执行的，应当在 5 个工作日内，将《暂予监外执行决定书》送达监狱，同时抄送同级人民检察院、原判人民法院和罪犯居住地县级司法行政机关社区矫正机构。

不予批准暂予监外执行的，应当在 5 个工作日内将《不予批准暂予监外执行决定书》送达监狱。

人民检察院认为暂予监外执行不当提出书面意见的，监狱管理局应当在接到书面意见后 15 日内对决定进行重新核查，并将核查结果书面回复人民检察院。

第 25 条　监狱管理局批准暂予监外执行的，应当在 10 个工作日内，将暂予监外执行决定上网公开。

第 29 条　对经县级司法行政机关审核同意的社区矫正机构提出的收监建议，批准暂予监外执行的监狱管理局应当进行审查。

决定收监执行的，将《暂予监外执行收监决定书》送达罪犯居住地县级司法行政机关和原服刑或接收其档案的监狱，并抄送同级人民检察院、公安机关和原判人民法院。

第 30 条　监狱收到《暂予监外执行收监决定书》后，应当立即赴羁押地将罪犯收监执行，并将《暂予监外执行收监决定书》交予罪犯本人。

罪犯收监后，监狱应当将收监执行的情况报告批准收监执行的监狱管理局，并告知罪犯居住地县级人民检察院和原判人民法院。

被决定收监执行的罪犯在逃的，由罪犯居住地县级司法行政机关通知罪犯居住地县级公安机关负责追捕。

第 31 条　被收监执行的罪犯有法律规定的不计入执行刑期情形的，县级司法行政机关社区矫正机构应当在收监执行建议书中说明情况，并附有关证明材料。

监狱管理局应当对前款材料进行审核，对材料不齐全的，应当通知县级司法行政机关社区矫正机构在 5 个工作日内补送；对不符合法律规定的不计入执行刑期情形的或者逾期未补送材料的，应当将结果告知县级司法行政机关社区矫正机构；对材料齐全、符合法律规定的不计入执行刑期情形的，应当通知监狱向所在地中级人民法院提出不计入刑期的建议书。

第 33 条　罪犯在暂予监外执行期间死亡的，县级司法行政机关社区矫正机构应当自发现其死亡之日起 5 日以内，书面通知批准暂予监外执行的监狱管理局，并将有关死亡证明材料送达该罪犯原服刑或者接收其档案的监狱，同时抄送罪犯居住地同级人民检察院。

第 34 条　监区人民警察集体研究会议、监区长办公会议、监狱暂予监外执行评审委员会会议、监狱长办公会议、监狱管理局暂予监外执行评审委员会会议、监狱管理局局长办公会议的记录和本规定第 20 条规定的材料，应当存入档案并永久保存。会议记录应当载明不同意见，并由与会人员签名。

第 35 条　监狱办理职务犯罪罪犯暂予监外执行案件，应当按照有关规定报请备案审查。

第 36 条　司法部直属监狱办理暂予监外执行工作程序，参照本规定办理。

【司发通〔2016〕88 号】　最高人民法院、最高人民检察院、公安部、司法部关于进一步加强社区矫正工作衔接配合管理的意见（2016 年 8 月 30 日）

四、加强对社区服刑人员收监执行的衔接配合管理

16. 社区服刑人员符合收监执行条件的，居住地社区矫正机构应当及时按照规定，向原

裁判人民法院或者公安机关、监狱管理机关送达撤销缓刑、撤销假释建议书或者对暂予监外执行的收监执行建议书并附相关证明材料。人民法院、公安机关、监狱管理机关应当在规定期限内依法作出裁定或者决定，并将法律文书送达居住地县司法行政机关，同时抄送居住地县级人民检察院、公安机关。

17. 社区服刑人员因违反监督管理规定被依法撤销缓刑、撤销假释或者暂予监外执行被决定收监执行的，应当本着就近、便利、安全的原则，送交其居住地所属的省（区、市）的看守所、监狱执行刑罚。

18. 社区服刑人员被裁定撤销缓刑的，居住地社区矫正机构应当向看守所、监狱移交撤销缓刑裁定书和执行通知书、撤销缓刑建议书以及原判决书、裁定书和执行通知书、起诉书副本、结案登记表以及社区矫正期间表现情况等文书材料。

社区服刑人员被裁定撤销假释的，居住地社区矫正机构应当向看守所、监狱移交撤销假释裁定书和执行通知书、撤销假释建议书、社区矫正期间表现情况材料、原判决书、裁定书和执行通知书、起诉书副本、结案登记表复印件等文书材料。罪犯收监后，居住地社区矫正机构通知罪犯原服刑看守所、监狱将罪犯假释前的档案材料移交撤销假释后的服刑看守所、监狱。

暂予监外执行社区服刑人员被人民法院决定收监执行的，居住地社区矫正机构应当向看守所、监狱移交收监执行决定书和执行通知书以及原判决书、裁定书和执行通知书、起诉书副本、结案登记表、社区矫正期间表现等文书材料。

暂予监外执行社区服刑人员被公安机关、监狱管理机关决定收监执行的，居住地社区矫正机构应当向看守所、监狱移交社区服刑人员在接受矫正期间的表现情况等文书材料。

19. 撤销缓刑、撤销假释裁定书或者对暂予监外执行罪犯收监执行决定书应当在居住地社区矫正机构教育场所公示。属于未成年或者犯罪的时候不满18周岁被判处5年有期徒刑以下刑罚的社区服刑人员除外。

20. 被裁定、决定收监执行的社区服刑人员在逃的，居住地社区矫正机构应当在收到人民法院、公安机关、监狱管理机关的裁定、决定后，立即通知居住地县级公安机关，由其负责实施追捕。

撤销缓刑、撤销假释裁定书和对暂予监外执行罪犯收监执行决定书，可以作为公安机关网上追逃依据。公安机关根据案情决定是否实施网上追逃。

21. 社区服刑人员被行政拘留、司法拘留、收容教育、强制隔离戒毒等行政处罚或者强制措施期间，人民法院、公安机关、监狱管理机关依法作出对其撤销缓刑、撤销假释的裁定或者收监执行决定的，居住地社区矫正机构应当将人民法院、公安机关、监狱管理机关的裁定书、决定书送交作出上述决定的机关，由有关部门依法收监执行刑罚。

22. 人民检察院应当加强对社区矫正收监执行活动的监督，发现有下列情形之一的，依法提出纠正意见：

（1）居住地县级司法行政机关未依法向人民法院、公安机关、监狱管理机关提出撤销缓刑、撤销假释建议或者对暂予监外执行的收监执行建议的；

（2）人民法院、公安机关、监狱管理机关未依法作出裁定、决定，或者未依法送达；

（3）居住地县级司法行政机关、公安机关未依法将罪犯送交看守所、监狱，或者未依法移交被收监执行罪犯的文书材料的；

(4) 看守所、监狱未依法收监执行；

(5) 公安机关未依法协助送交收监执行罪犯，或者未依法对在逃的收监执行罪犯实施追捕；

(6) 其他违反收监执行规定的情形。

【法〔2016〕305号】　　罪犯生活不能自理鉴别标准（最高人民法院2016年7月26日发布）

3.2　生活自理范围主要包括下列4项：

1) 进食：拿取食物，放入口中，咀嚼，咽下。

2) 大、小便：到规定的地方，解系裤带，完成排便、排尿。用厕包括：a) 蹲（坐）起；b) 拭净；c) 冲洗（倒掉）；d) 整理衣裤。

3) 穿衣：a) 穿脱上身衣服；b) 穿脱下身衣服。

洗漱：a) 洗（擦）脸；b) 刷牙；c) 梳头；d) 剃须。以上4项指使用放在身边的洗漱用具。e) 洗澡 进入浴室，完成洗澡。

4) 行动：包括翻身和自主行动。a) 床上翻身；b) 平地行走；c) 上楼梯；d) 下楼梯。

4　生活不能自理鉴别条款：4.1　智力残疾二级以上；4.2　精神残疾二级以上；4.3　完全感觉性或混合性失语，完全性失用或失认；4.4　不完全失写、失读、失认、失用具有3项以上者；4.5　偏瘫或截瘫肌力≤3级；4.6　双手全肌瘫肌力≤3级；4.7　双手大部分肌瘫肌力≤2级（拇指均受累）；4.8　双足全肌瘫肌力≤2级；4.9　中度运动障碍（非肢体瘫）；4.10　脊柱并2个以上主要关节（肩、肘、髋、膝）强直畸形，功能丧失；4.11　手或足部分缺失及关节功能障碍累积分值>150；4.12　双手部分缺失以及关节功能障碍累积分值均>40并伴双前足以上缺失；4.13　一手或一足缺失，另一肢体2个以上大关节功能完全丧失或达不到功能位；4.14　双手功能完全丧失；4.15　肩、肘、髋、膝关节之一对称性非功能位僵直；4.16　肩、肘、髋、膝中有3个关节功能丧失或达不到功能位；4.17　双侧前庭功能丧失，不能并足站立，睁眼行走困难；4.18　张口困难Ⅱ度以上；4.19　无吞咽功能；4.20　双侧上或下颌骨完全缺失；4.21　一侧上颌骨及对侧下颌骨完全缺失；4.22　一侧上或下颌骨缺失，伴对侧颌面部软组织缺损>30平方厘米；4.23　咽喉损伤、食管闭锁或者切除术后，摄食依赖胃造口或者空肠造口；4.24　食管重建术吻合口狭窄，仅能进流食者；4.25　消化吸收功能丧失，完全依赖肠外营养；4.26　肺功能中度损伤或中度低氧血症；4.27　心功能三级以上；4.28　大、小便失禁；4.29　年老体弱生活不能自理；4.30　上述条款未涉及的残疾，影响进食、大小便、穿衣洗漱、行动（翻身、自主行动）4项内容，其中1项完全不能自主完成或者3项以上大部分不能自主完成的可以认定为生活不能自理。

5　附录A：生活不能自理程度鉴别技术基准和方法

A.1　智力残疾

智力显著低于一般人水平，并伴有适应行为的障碍。此类残疾是由于神经系统结构、功能障碍，使个体活动和参与受到限制，需要环境提供全面、广泛、有限和间歇的支持。

智力残疾包括在智力发育期间（18岁之前），由于各种有害因素导致的精神发育不全或智力迟滞；或者智力发育成熟以后，由于各种有害因素导致智力损害或智力明显衰退。

A.1.1　智力残疾分级

按0~6岁和7岁以上两个年龄段发育商、智商和适应行为分级。0~6岁儿童发育商小于72的直接按发育商分级，发育商在72~75之间的按适应行为分级。7岁及以上按智商、适应行为分级；当两者的分值不在同一级时，按适应行为分级。WHO-DAS Ⅱ 分值反映的是 18 岁及以上各级智力残疾的活动与参与情况。智力残疾分级见下表。

智力残疾分级

级别	智力发育水平		社会适应能力	
	发育商（DQ）0~6岁	智商（IQ）7岁及以上	适应行为（AB）	WHO-DAS Ⅱ 分值18岁及以上
一级	≤25	<20	极重度	≥116 分
二级	26~39	20~34	重度	106~115 分
三级	40~54	35~49	中度	96~105 分
四级	55~75	50~69	轻度	52~95 分

适应行为表现：
极重度——不能与人交流、不能自理、不能参与任何活动、身体移动能力很差，需要环境提供全面的支持，全部生活由他人照料。
重度——与人交往能力差、生活方面很难达到自理、运动能力发展较差，需要环境提供广泛的支持，大部分生活由他人照料。
中度——能以简单的方式与人交流、生活能部分自理、能做简单的家务劳动、能参与一些简单的社会活动；需要环境提供有限的支持，部分生活由他人照料。
轻度——能生活自理、能承担一般的家务劳动或工作，对周围环境有较好的辨别能力、能与人交流和交往、能比较正常地参与社会活动；需要环境提供间歇的支持，一般情况下生活不需要由他人照料。

A.2 精神残疾分级

18 岁及以上的精神障碍患者依据 WHO-DAS Ⅱ 分值和适应行为表现分级，18 岁以下精神障碍患者依据适应行为的表现分级。

A.2.1 精神残疾一级

WHO-DAS Ⅱ 值大于等于 116 分，适应行为极重度障碍；生活完全不能自理，忽视自己的生理、心理的基本要求。不与人交往，无法从事工作，不能学习新事物。需要环境提供全面、广泛的支持，生活长期、全部需他人监护。

A.2.2 精神残疾二级

WHO-DAS Ⅱ 值在 106~115 分之间，适应行为重度障碍；生活大部分不能自理，基本不与人交往，只与照顾者简单交往，能理解照顾者的简单指令，有一定学习能力。监护下能从事简单劳动。能表达自己的基本需求，偶尔被动参与社交活动。需要环境提供广泛的支持，大部分生活仍需他人照料。

A.2.3 精神残疾三级

WHO-DAS Ⅱ 值在 96~105 分之间，适应行为中度障碍；生活上不能完全自理，可以与人进行简单交流，能表达自己的情感。能独立从事简单劳动，能学习新事物，但学习能力明显比一般人差。被动参与社交活动，偶尔能主动参与社交活动。需要环境提供部分的支持，即所需要的支持服务是经常性的、短时间的需求，部分生活需由他人照料。

A.2.4　精神残疾四级

WHO-DASⅡ值在52~95分之间，适应行为轻度障碍；生活上基本自理，但自理能力比一般人差，有时忽略个人卫生。能与人交往，能表达自己的情感，体会他人情感的能力较差，能从事一般的工作，学习新事物的能力比一般人稍差。偶尔需要环境提供支持，一般情况下生活不需要由他人照料。

A.3　失语、失用、失写、失读、失认

指局灶性皮层功能障碍，内容包括失语、失用、失写、失读、失认等，前三者即在没有精神障碍、感觉缺失和肌肉瘫痪的条件下，患者失去用言语或文字去理解或表达思想的能力（失语），或失去按意图利用物体来完成有意义的动作的能力（失用），或失去书写文字的能力（失写）。失读指患者看见文字符号的形象，读不出字音，不了解意义，就像文盲一样。失认指某一种特殊感觉的认知障碍，如视觉失认就是失读。

A.3.1　语言运动中枢

位于大脑主侧半球的额下回后部。这个中枢支配着人的说话，如果这个中枢损伤，会使患者丧失说话能力，不会说话。但能理解别人说话的意思，常用手势或点头来回答问题。根据病变的范围，可表现为完全性不能说话，称完全性失语。或只能讲单字、单词，说话不流利，称为不完全性失语。这种情况叫做运动性失语。

A.3.2　语言感觉中枢

位于大脑主侧半球颞上回后部，此中枢可以使人能够领悟别人说话的意思。如果这个中枢受损，则引起患者听不懂别人说话的内容，不理解问话。但这种人语言运动中枢完好，仍会说话，而且有时说起话来快而流利，但所答非所问，这种情况叫感觉性失语。

A.4　运动障碍

A.4.1　肢体瘫

以肌力作为分级标准。为判断肢体瘫痪程度，将肌力分级划分为0~5级。

0级：肌肉完全瘫痪，毫无收缩。

1级：可看到或触及肌肉轻微收缩，但不能产生动作。

2级：肌肉在不受重力影响下，可进行运动，即肢体能在床面上移动，但不能抬高。

3级：在和地心引力相反的方向中尚能完成其动作，但不能对抗外加的阻力。

4级：能对抗一定的阻力，但较正常人为低。

5级：正常肌力。

A.4.2　非肢体瘫的运动障碍包括肌张力增高、深感觉障碍和（或）小脑性共济失调、不自主运动或震颤等。根据其对生活自理的影响程度划分为轻、中、重三度。

a）重度：不能自行进食，大小便、洗漱和穿衣、行动。

b）中度：完成上述动作困难，但在他人帮助下可以完成。

c）轻度：完成上述动作虽有一些困难，但基本可以自理。

A.5　关节功能障碍

a）关节功能完全丧失

非功能位关节僵直、固定或关节周围其他原因导致关节连枷状或严重不稳，以致无法完成其功能活动。

b）关节功能重度障碍

关节僵直于功能位，或残留关节活动范围约占正常的三分之一，较难完成原有的活动并对日常生活有明显影响。

　　c）关节功能中度障碍

　　残留关节活动范围约占正常的三分之二，能基本完成原有的活动，对日常生活有一定影响。

　　d）关节功能轻度障碍

　　残留关节活动范围约占正常的三分之二以上，对日常生活无明显影响。

A.6　手、足功能丧失程度评定

A.6.1　手、足功能量化评分示意图（见图1、图2）

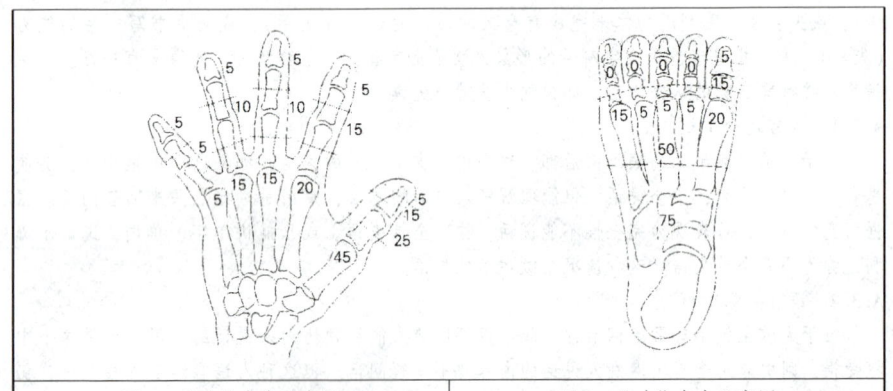

图1、手功能丧失示意图
图中数字示各手指缺失平面手功能丧失分值

图2、足功能丧失示意图
图中数字示足缺失平面足功能丧失分值

A.6.2　指、趾关节功能障碍评定（见表）

表：指关节功能丧失值评定

		手功能丧失值（%）		
		僵直于非功能位	僵直于功能位或<1/2关节活动度	轻度功能障碍或>1/2关节活动度
拇指	第一掌腕/掌指/指间关节均受累	40	25	15
	掌指、指间关节均受累	30	20	10
	掌指、指间单一关节受累	20	15	5
食指	掌指、指间关节均受累	20	15	5
	掌指或近侧指间关节受累	15	10	0
	远侧指间关节均受累	5	5	0
中指	掌指、指间关节均受累	15	5	5
	掌指或近侧指间关节受累	10	5	0
	远侧指间关节均受累	5	0	0

续表

		手功能丧失值（%）		
		僵直于非功能位	僵直于功能位或<1/2关节活动度	轻度功能障碍或>1/2关节活动度
环指	掌指、指间关节均受累	10	5	5
	掌指或近侧指间关节受累	5	5	0
	远侧指间关节均受累	5	0	0
小指	掌指、指间关节均受累	5	5	0
	掌指或近侧指间关节受累	5	5	0
	远侧指间关节均受累	0	0	0
腕关节	手功能大部分丧失时的腕关节受累	10	5	0
	单纯腕关节受累	40	30	20

注1：单手、单足部分缺失及关节功能障碍评定说明：只有在现有条文未能列举的致残程度情形的情况下，可以参照本图表量化评估确定。(1) A.6.1 图 1 中将每一手指划分为远、中、近三个区域，依据各部位功能重要性赋予不同分值。手部分缺失离断的各种情形可按不同区域分值累计相加。图2使用同图1。(2) A.6.2 表中将手指各关节及腕关节功能障碍的不同程度分别给予不同占比分值，各种手功能障碍的情形或合并手部分缺失的致残程度情形均可按对应分值累计相加。

注2：双手部分缺失及功能障碍评定说明：双手功能损伤，按双手分值加权累计确定。设一手功能为100分，双手总分为200分。设分值较高一手分值为A，分值较低一手的分值为B，最终双手计分为：A+B×(200-A)/200。

注3：双足部分缺失及功能障碍评定说明：双足功能损伤，按双足分值加权累计确定。设一足功能为75分，双足总分为150分。设分值较高一足分值为A，分值较低一足的分值为B，最终双足计分为：A+B×(150-A)/150。

A.7 前庭功能检查

内耳前庭器损害导致人体平衡功能障碍。根据眩晕、平衡功能障碍症状，结合神经系统检查及影像学检查予以确定。常见的前庭功能检查有平衡检查、旋转试验、冷热水试验。

A.8 张口度的判定和测量方法

张口度判定及测量方法以被检测者自身的食指、中指、无名指并列垂直置入上、下切牙切缘间测量。

a) 正常张口度：张口时上述三指可垂直置入上、下切牙切缘间（相当于4.5 cm左右）。
b) 张口困难Ⅰ度：大张口时，只能垂直置入食指和中指（相当于3 cm左右）。
c) 张口困难Ⅱ度：大张口时，只能垂直置入食指（相当于1.7 cm左右）。
d) 张口困难Ⅲ度：大张口时，上、下切牙间距小于食指之横径。
e) 完全不能张口。

A.9 呼吸困难及呼吸功能损害

A.9.1 呼吸困难分级

Ⅰ级：与同龄健康者在平地一同步行无气短，但登山或上楼时呈现气短。

Ⅱ级：平路步行1000 m无气短，但不能与同龄健康者保持同样速度，平路快步行走呈现气短，登山或上楼时气短明显。

Ⅲ级：平路步行100 m即有气短。

Ⅳ级：稍活动（如穿衣、谈话）即气短。

A.9.2　肺功能损伤分级

损伤级别	FVC	FEV_1	MVV	FEV_1/FVC	RV/TLC	DLco
正常	>80	>80	>80	>70	<35	>80
轻度损伤	60-79	60-79	60-79	55-69	36-45	60-79
中度损伤	40-59	40-59	40-59	35-54	46-55	45-59
重度损伤	<40	<40	<40	<35	>55	<45

注：FVC、FEV_1、MVV、DLco为占预计值百分数，单位为%

FVC：用力肺活量；FEV1：1秒钟用力呼气容积；MVV：分钟最大通气量；RV/TLC：残气量/肺总量；DLco：一氧化碳弥散量。

A.9.3　低氧血症分级

a) 正常：PO2为13.3 kPa~10.6 kPa（100 mmHg~80 mmHg）；

b) 轻度：PO2为10.5 kPa~8.0 kPa（79 mmHg~60 mmHg）；

c) 中度：PO2为7.9 kPa~5.3 kPa（59 mmHg~40 mmHg）；

d) 重度：PO2<5.3 kPa（~40 mmHg）。

A.10　心功能分级

Ⅰ级：体力活动不受限，日常活动不引起过度的乏力、呼吸困难或者心悸。即心功能代偿期。超声心动图检查示左心室EF值大于50%以上。

Ⅱ级：体力活动轻度受限，休息时无症状，日常活动即可引起乏力、心悸、呼吸困难或者心绞痛。亦称Ⅰ度或者轻度心衰。超声心动图检查示左心室EF值41%~50%。

Ⅲ级：体力活动明显受限，休息时无症状，轻于日常的活动即可引起上述症状。亦称Ⅱ度或者中度心衰。超声心动图检查示左心室EF值31%~40%。

Ⅳ级：不能从事任何体力活动，休息时亦有充血性心衰或心绞痛症状，任何体力活动后加重。亦称Ⅲ度或者重度心衰。超声心动图检查示左心室EF值小于30%以上。

A.11　肛门失禁（大便失禁）

A.11.1　重度

a) 大便不能控制；

b) 肛门括约肌收缩力很弱或丧失；

c) 肛门括约肌收缩反射很弱或消失；

d) 直肠内压测定：采用肛门注水法测定时直肠内压应小于1961Pa（20 cm H_2O）。

A.11.2　轻度

a) 稀便不能控制；

b) 肛门括约肌收缩力较弱；

c) 肛门括约肌收缩反射较弱;

d) 直肠内压测定:采用肛门注水法测定时直肠内压应为 1961Pa~2942 Pa (20~30 cm H_2O)。

A.12 小便失禁

无法用意志去控制排尿（小便），尿液不由自主地从尿道流出。

A.13 年老体弱生活不能自理

年龄 65 周岁以上的罪犯，在进食、大小便、穿衣洗漱、行动（翻身、自主行动）四项中，有一项大部分不能自主完成。

附录 B

生活不能自理程度对照表

序号	条款	进食 部分影响	进食 大部分影响	进食 完全影响	大、小便 部分影响	大、小便 大部分影响	大、小便 完全影响	穿衣、洗漱 部分影响	穿衣、洗漱 大部分影响	穿衣、洗漱 完全影响	行动 部分影响	行动 大部分影响	行动 完全影响
01	智力残疾二级以上		√			√			√			√	
02	精神残疾二级以上		√			√			√			√	
03	完全感觉性或混合性失语，完全性失用或失认		√			√			√			√	
04	不完全失用、失写、失读、失认等具有三项以上者		√			√			√			√	
05	截瘫肌力≤3 级					√							√
06	偏瘫肌力≤3 级					√							
07	双手全肌瘫肌力≤3 级		√										
08	双手大部分肌瘫肌力≤2 级（拇指均受累）												
09	双足全肌瘫肌力≤2 级					√	√						√
10	中度运动障碍（非肢体瘫）												
11	脊柱并两个以上主要关节（肩、肘、髋、膝）强直畸形，功能丧失												
12	手或足部分缺失及关节功能障碍累积分值>150		或√			或√			或√			或√	
13	双手部分缺失以及关节功能障碍累积分值均>40 并伴双前足以上缺失												
14	一手或一足缺失，另一肢体两个以上大关节功能完全丧失或达不到功能位		或√			或√			或√			或√	
15	双手功能完全丧失	√						√					
16	肩、肘、髋、膝关节之一对称性非功能位僵直		或√			或√			或√			或√	
17	肩、肘、髋、膝中有三个关节功能丧失或达不到功能位		或√			或√			或√			或√	

续表

序号	条款	进食 部分影响	进食 大部分影响	进食 完全影响	大、小便 部分影响	大、小便 大部分影响	大、小便 完全影响	穿衣、洗漱 部分影响	穿衣、洗漱 大部分影响	穿衣、洗漱 完全影响	行动 部分影响	行动 大部分影响	行动 完全影响
18	双侧前庭功能丧失，不能并足站立，睁眼行走困难；					√			√				
19	张口困难Ⅱ度以上			√									
20	无吞咽功能			√									
21	双侧上或下颌骨完全缺失			√									
22	一侧上颌骨及对侧下颌骨完全缺失			√									
23	一侧上或下颌骨缺失，伴对侧颌面部软组织缺损≥30平方厘米			√									
24	咽喉损伤、食管闭锁或者切除术后，摄食依赖胃造口或者空肠造口			√									
25	食管重建术吻合口狭窄，仅能进流食者			√									
26	消化吸收功能丧失，完全依赖肠外营养			√									
27	肺功能中度损伤或中度低氧血症	√			√			√			√		
28	心功能三级以上	√			√			√			√		
29	大、小便失禁						√						
30	年老体弱生活不能自理	或√			或√			或√			或√		

【高检发释字〔2019〕4号】 人民检察院刑事诉讼规则（2019年12月2日最高检第13届检委会第28次会议通过，2019年12月30日公布施行；高检发释字〔2012〕2号《规则（试行）》同时废止）

第625条 人民检察院发现人民法院、公安机关、看守所等机关的交付执行活动具有下列情形之一的，应当依法提出纠正意见：……（五）对被判处管制、宣告缓刑或者人民法院决定暂予监外执行的罪犯，在判决、裁定生效后或者收到人民法院暂予监外执行决定后，未依法交付罪犯居住地社区矫正机构执行……

第629条 人民检察院发现人民法院、监狱、看守所、公安机关暂予监外执行的执法活动具有下列情形之一的，应当依法提出纠正意见：（一）将不符合法定条件的罪犯提请、决定暂予监外执行的；（二）提请、决定暂予监外执行的程序违反法律规定或者没有完备的合法手续，或者对于需要保外就医的罪犯没有省级人民政府指定医院的诊断证明和开具的证明文件的；（三）监狱、看守所提出暂予监外执行书面意见，没有同时将书面意见副本抄送人民检察院的；（四）罪犯被决定或者批准暂予监外执行后，未依法交付罪犯居住地社区矫正机构实行社区矫正的；（五）对符合暂予监外执行条件的罪犯没有依法提请暂予监外执行的；（六）人民法院在作出暂予监外执行决定前，没有依法征求人民检察院意见的；（七）发现罪犯不符合暂予监外执行条件，在暂予监外执行期间严重违反暂予监外执行监督管理规定，或者暂予监外执行的条件消失且刑期未满，应当收监执行而未及时收监执行或者未提出收监执行建议的；（八）人民法院决定将暂予监外执行的罪犯收监执行，并将有关法律文书送达公安机关、监狱、看守所后，监狱、看守所未及时收监执行的；（九）对不符合暂予监外执行条件的罪犯通过贿赂、欺骗等非法手段被暂予监外执行以及在暂予监外执行期间脱逃的罪犯，监狱、看守所未建议人民法院将其监外执行期间、脱逃期间不计入执行刑期或者对罪犯执行刑期计算的建议违法、不当的；（十）暂予监外执行的罪犯刑期届满，未及时办理释放手续的；（十一）其他违法情形。

第630条　人民检察院收到监狱、看守所抄送的暂予监外执行书面意见副本后，应当逐案进行审查，发现罪犯不符合暂予监外执行法定条件或者提请暂予监外执行违反法定程序的，应当在10日以内报经检察长批准，向决定或者批准机关提出书面检察意见，同时抄送执行机关也可以向监狱、看守所提出书面纠正意见。

第631条　人民检察院接到决定或者批准机关抄送的暂予监外执行决定书后，应当及时审查下列内容进行审查。审查的内容包括：（一）是否属于被判处有期徒刑或者拘役的罪犯；（二）是否属于有严重疾病需要保外就医的罪犯；（三）是否属于怀孕或者正在哺乳自己婴儿的妇女；（四）是否属于生活不能自理，适用暂予监外执行不致危害社会的罪犯；（五）是否属于适用保外就医可能有社会危险性的罪犯，或者自伤自残的罪犯；（六）决定或者批准机关是否符合刑事诉讼法第265条第5款的规定；（七）办理暂予监外执行是否符合法定程序。

检察人员审查暂予监外执行决定，可以向罪犯所在单位和有关人员调查，向有关机关调阅有关材料。

第632条　人民检察院经审查认为暂予监外执行不当的，应当自接到通知之日起1个月以内，报经检察长批准，向决定或者批准暂予监外执行的机关提出书面纠正意见。下级人民检察院认为暂予监外执行不当的，应当立即层报决定或者批准暂予监外执行的机关的同级人民检察院，由其决定是否向决定或者批准暂予监外执行的机关提出书面纠正意见。

第633条　人民检察院向决定或者批准暂予监外执行的机关提出不同意暂予监外执行的书面意见后，应当监督其对决定或者批准暂予监外执行的结果进行重新核查，并监督重新核查的结果是否符合法律规定。对核查不符合法律规定的，应当依法提出纠正意见，并向上一级人民检察院报告。

第634条　对于暂予监外执行的罪犯，人民检察院发现罪犯不符合暂予监外执行条件、严重违反有关暂予监外执行的监督管理规定或者暂予监外执行的情形消失而罪犯刑期未满的，应当通知执行机关收监执行，或者建议决定或者批准暂予监外执行的机关作出收监执行决定。

【主席令〔2019〕40号】　**中华人民共和国社区矫正法**（2019年12月28日第13届全国人大常委会第15次会议通过，主席令第40号公布，2020年7月1日施行）

第49条　暂予监外执行的社区矫正对象具有刑事诉讼法规定的应当予以收监情形的，社区矫正机构应当向执行地或者原社区矫正决定机关提出收监执行建议，并将建议书抄送人民检察院。

社区矫正决定机关应当在收到建议书后30日内作出决定，将决定书送达社区矫正机构和公安机关，并抄送人民检察院。

人民法院、公安机关对暂予监外执行的社区矫正对象决定收监执行的，由公安机关立即将社区矫正对象送交监狱或者看守所收监执行。

监狱管理机关对暂予监外执行的社区矫正对象决定收监执行的,监狱应当立即将社区矫正对象收监执行。

【司发通〔2020〕59号】 社区矫正法实施办法(2020年6月18日最高法、最高检、公安部、司法部印发,2020年7月1日施行;2012年1月10日"两院两部"司发通〔2012〕12号《社区矫正实施办法》同时废止)

第38条 发现社区矫正对象失去联系的,社区矫正机构应当立即组织查找……社区矫正机构应当及时将组织查找的情况通报人民检察院。

查找到社区矫正对象后,社区矫正机构应当根据其脱离监管的情形,给予相应处置。虽能查找到社区矫正对象下落但其拒绝接受监督管理的,社区矫正机构应当视情节依法提请公安机关予以治安管理处罚,或者依法提请撤销缓刑、撤销假释、对暂予监外执行的收监执行。

第40条 发现社区矫正对象有违反监督管理规定或者人民法院禁止令等违法情形的,执行地县级社区矫正机构应当调查核实情况,收集有关证据材料,提出处理意见。

社区矫正机构发现社区矫正对象有撤销缓刑、撤销假释或者暂予监外执行收监执行的法定情形的,应当组织开展调查取证工作,依法向社区矫正决定机关提出撤销缓刑、撤销假释或者暂予监外执行收监执行建议,并将建议书抄送同级人民检察院。

第49条 暂予监外执行的社区矫正对象有下列情形之一的,由执行地县级社区矫正机构提出收监执行建议:(一)不符合暂予监外执行条件的;(二)未经社区矫正机构批准擅自离开居住的市、县,经警告拒不改正,或者拒不报告行踪,脱离监管的;(三)因违反监督管理规定受到治安管理处罚,仍不改正的;(四)受到社区矫正机构两次警告的;(五)保外就医期间不按规定提交病情复查情况,经警告拒不改正的;(六)暂予监外执行的情形消失后,刑期未满的;(七)保证人丧失保证条件或者因不履行义务被取消保证人资格,不能在规定期限内提出新的保证人的;(八)其他违反有关法律、行政法规和监督管理规定,情节严重的情形。

社区矫正机构一般向执行地社区矫正决定机关提出收监执行建议。如果原社区矫正决定机关与执行地县级社区矫正机构在同一省、自治区、直辖市的,可以向原社区矫正决定机关提出建议。

社区矫正机构的收监执行建议书和决定机关的决定书,应当同时抄送执行地县级人民检察院。

第50条 人民法院裁定撤销缓刑、撤销假释或者决定暂予监外执行收监执行的,由执行地县级公安机关本着就近、便利、安全的原则,送交社区矫正对象执行地所属的省、自治区、直辖市管辖范围内的看守所或者监狱执行刑罚。

公安机关决定暂予监外执行收监执行的,由执行地县级公安机关送交存放或者接收罪犯档案的看守所收监执行。

监狱管理机关决定暂予监外执行收监执行的,由存放或者接收罪犯档案的监狱收监执行。

第51条 撤销缓刑、撤销假释的裁定和收监执行的决定生效后,社区矫正对象下落不明的,应当认定为在逃。

被裁定撤销缓刑、撤销假释和被决定收监执行的社区矫正对象在逃的,由执行地县级公安机关负责追捕。撤销缓刑、撤销假释裁定书和对暂予监外执行罪犯收监执行决定书,可以作为公安机关追逃依据。

【公安部令〔2020〕159号】 公安机关办理刑事案件程序规定（2020年7月4日第3次部务会议修订，2020年7月20日公布，2020年9月1日施行）

第307条（第2款） 对罪犯暂予监外执行的，看守所应当提出书面意见，报设区的市一级以上公安机关批准，同时将书面意见抄送同级人民检察院。

第308条 公安机关决定对罪犯暂予监外执行的，应当将暂予监外执行决定书交被暂予监外执行的罪犯和负责监外执行的社区矫正机构，同时抄送同级人民检察院。

第310条（第2款） 对暂予监外执行的罪犯决定收监执行的，由暂予监外执行地看守所将罪犯收监执行。

（第3款） 不符合暂予监外执行条件的罪犯通过贿赂等非法手段被暂予监外执行的，或者罪犯在暂予监外执行期间脱逃的，罪犯被收监执行后，所在看守所应当提出不计入执行刑期的建议，经设区的市一级以上公安机关审查同意后，报请所在地中级以上人民法院审核裁定。

【法释〔2021〕1号】 最高人民法院关于适用《中华人民共和国刑事诉讼法》的解释（2020年12月7日最高法审委会〔1820次〕修订，2021年1月26日公布，2021年3月1日施行；2013年1月1日施行的"法释〔2012〕21号"《解释》同时废止）

第514条 罪犯在被交付执行前，因有严重疾病、怀孕或者正在哺乳自己婴儿的妇女、生活不能自理的原因，依法提出暂予监外执行的申请的，有关病情诊断、妊娠检查和生活不能自理的鉴别，由人民法院负责组织进行。

第515条 被判处无期徒刑、有期徒刑或者拘役的罪犯，符合刑事诉讼法第265条第1款、第2款的规定，人民法院决定暂予监外执行的，应当制作暂予监外执行决定书，写明罪犯基本情况、判决确定的罪名和刑罚、决定暂予监外执行的原因、依据等，通知罪犯居住地的县级司法行政机关派员办理交接手续，并将暂予监外执行决定书抄送罪犯居住地的县级人民检察院和公安机关。

（新增）人民法院在作出暂予监外执行决定前，应当征求人民检察院的意见。

人民检察院认为人民法院的暂予监外执行决定不当，在法定期限内提出书面意见的，人民法院应当立即对该决定重新核查，并在1个月以内作出决定。

对暂予监外执行的罪犯，适用本解释第519条的有关规定，依法实行社区矫正。

（新增）人民法院决定暂予监外执行的，由看守所或者执行取保候审、监视居住的公安机关自收到决定之日起10日以内将罪犯移送社区矫正机构。

第516条 人民法院收到社区矫正机构的收监执行建议书后，经审查，确认暂予监外执行的罪犯具有下列情形之一的，应当作出收监执行的决定①：（一）不符合暂予监外执行条件的；（二）未经批准离开所居住的市、县，经警告拒不改正，或者拒不报告行踪，脱离监管的；（三）因违反监督管理规定受到治安管理处罚，仍不改正的；（四）受到执行机关2次警告，仍不改正的；（五）保外就医期间不按规定提交病情复查情况，经警告拒不改正的；（六）暂予监外执行的情形消失后，刑期未满的；（七）保证人丧失保证条件或者因不履行义务被取消保证人资格，不能在规定期限内提出新的保证人的；（八）违反法律、行政法规

---

① 本部分内容2012年规定为"暂予监外执行的罪犯具有下列情形之一的，原作出暂予监外执行决定的人民法院，应当在收到执行机关的收监执行建议书后15日内，作出收监执行的决定。"

和监督管理规定,情节严重的其他情形。

第 517 条　人民法院应当在收到社区矫正机构的收监执行建议书后 30 日以内作出决定。收监执行决定书一经作出,立即生效。

人民法院应当将收监执行决定书送达社区矫正机构和公安机关,并抄送人民检察院,由公安机关将罪犯交付执行。①

第 518 条　被收监执行的罪犯有不计入执行刑期情形的,人民法院应当在作出收监决定时,确定不计入执行刑期的具体时间。

【法刊文摘】　检答网集萃99:对暂予监外执行中的哺乳期作何理解(检察日报 2022 年 11 月 30 日)

咨询内容(重庆沙坪坝朱建辉):"哺乳自己婴儿的妇女"是否应理解为需要母乳喂养自己婴儿的妇女?哺乳期限多久,是否可以延长?

解答摘要(程万吓):个人认为,"哺乳自己婴儿的妇女"应指亲身在哺育和照顾自己婴儿的妇女,不仅指以母乳喂养自己婴儿的妇女。哺乳期限为 1 年,自出生之日起至次年生日止,且不可以延长。从儿童利益最大化原则出发,无论是否母乳喂养,只要是亲身在哺育和照顾自己婴儿的,都应视为"哺乳"。

【司发通〔2023〕24 号】　最高人民法院、最高人民检察院、公安部、国家安全部、司法部、国家卫生健康委关于进一步规范暂予监外执行工作的意见(2023 年 5 月 28 日印发,2023 年 7 月 1 日起施行;以本规为准)

一、进一步准确把握相关诊断检查鉴别标准

1.《暂予监外执行规定》中的"短期内有生命危险",是指罪犯所患疾病病情危重,有临床生命体征改变,并经临床诊断和评估后确有短期内发生死亡可能的情形。诊断医院在《罪犯病情诊断书》注明"短期内有死亡风险"或者明确出具病危通知书,视为"短期内有生命危险"。临床上把某种疾病评估为"具有发生猝死的可能"一般不作为"短期内有生命危险"的情形加以使用。

罪犯就诊的医疗机构 7 日内出具的病危通知书可以作为诊断医院出具《罪犯病情诊断书》的依据。

2.《保外就医严重疾病范围》中的"久治不愈"是指所有范围内疾病均应有规范治疗过程,仍然不能治愈或好转者,才符合《保外就医严重疾病范围》医学条件。除《保外就医严重疾病范围》明确规定需经规范治疗的情形外,"久治不愈"是指经门诊治疗和/或住院治疗并经临床评估后仍病情恶化或未见好转的情形。在诊断过程中,经评估确认短期内有生命危险,即符合保外就医医学条件。

3.《保外就医严重疾病范围》关于"严重功能障碍"中的"严重",一般对应临床上实质脏器(心、肺、肝、肾、脑、胰腺等)功能障碍"中度及以上的"的分级标准。

4.《保外就医严重疾病范围》关于患精神疾病罪犯"无服刑能力"的评估,应当以法医精神病司法鉴定意见为依据。精神疾病的发作和控制、是否为反复发作,应当以省级人民政府指定医院的诊断结果为依据。

---

① 本款 2012 年规定为:"人民法院应当将收监执行决定书送交罪犯居住地的县级司法行政机关,由其根据有关规定将罪犯交付执行。收监执行决定书应当同时抄送罪犯居住地的同级人民检察院和公安机关。"

5.《暂予监外执行规定》中"生活不能自理"的鉴别参照《劳动能力鉴定 职工工伤与职业病致残等级（GB/T 16180-2014）》执行。进食、翻身、大小便、穿衣洗漱、自主行动等5项日常生活行为中有3项需要他人协助才能完成，且经过6个月以上治疗、护理和观察，自理能力不能恢复的，可以认定为生活不能自理。65周岁以上的罪犯，上述5项日常生活行为有一项需要他人协助才能完成即可视为生活不能自理。

二、进一步规范病情诊断和妊娠检查

6. 暂予监外执行病情诊断和妊娠检查应当在省级人民政府指定的医院进行，病情诊断由2名具有副高以上专业技术职称的医师负责，妊娠检查由2名具有中级以上专业技术职称的医师负责。

罪犯被送交监狱执行刑罚前，人民法院决定暂予监外执行的，组织诊断工作由人民法院负责。

7. 医院应当在收到人民法院、公安机关、监狱管理机关、监狱委托书后5个工作日内组织医师进行诊断检查，并在20个工作日内完成并出具《罪犯病情诊断书》。对于罪犯病情严重必须立即保外就医的，受委托医院应当在3日内完成诊断并出具《罪犯病情诊断书》。

8. 医师应当认真查看医疗文件，亲自诊查病人，进行合议并出具意见，填写《罪犯病情诊断书》或《罪犯妊娠检查书》，并附3个月内的客观诊断依据。《罪犯病情诊断书》《罪犯妊娠检查书》由2名负责诊断检查的医师签名，并经主管业务院长审核签名后，加盖诊断医院公章。

《罪犯病情诊断书》或《罪犯妊娠检查书》应当包括罪犯基本情况、医学检查情况、诊断检查意见等内容，诊断依据应当包括疾病诊断结果、疾病严重程度评估等。罪犯病情诊断意见关于病情的表述应当符合《保外就医严重疾病范围》相应条款。

《罪犯病情诊断书》自出具之日起3个月内可以作为人民法院、公安机关、监狱管理机关决定或批准暂予监外执行的依据。超过3个月的，人民法院、公安机关、监狱应当委托医院重新进行病情诊断，并出具《罪犯病情诊断书》。

9. 医师对诊断检查意见有分歧的，应当在《罪犯病情诊断书》或《罪犯妊娠检查书》中写明分歧内容和理由，分别签名或者盖章。因意见分歧无法作出一致结论的，人民法院、公安机关、监狱应当委托其他同等级或者以上等级的省级人民政府指定的医院重新组织诊断检查。

10. 在暂予监外执行工作中，司法工作人员或者参与诊断检查的医师与罪犯有近亲属关系或者其他利害关系的应当回避。

三、进一步严格决定批准审查和收监执行审查

11. 人民法院、公安机关、监狱管理机关决定或批准暂予监外执行时，采取书面审查方式进行。审查过程中，遇到涉及病情诊断、妊娠检查或生活不能自理鉴别意见专业疑难问题时，可以委托法医技术人员或省级人民政府指定医院具有副高以上职称的医师审核并出具意见，审核意见作为是否暂予监外执行的参考。

12. 对于病情严重适用立即保外就医程序的，公安机关、监狱管理机关应当在罪犯保外就医后3个工作日内召开暂予监外执行评审委员会予以确认。

13. 对在公示期间收到不同意见，或者在社会上有重大影响、社会关注度高的罪犯，或者其他有听证审查必要的，监狱、看守所提请暂予监外执行，人民法院、公安机关、监狱管

理机关决定或批准暂予监外执行，可以组织听证。听证意见作为是否提请或批准、决定暂予监外执行的参考。

听证时，应当通知罪犯、其他申请人、公示期间提出不同意见的人等有关人员参加。人民法院、公安机关、监狱管理机关、监狱或者看守所组织听证，还应当通知同级人民检察院派员参加。

人民检察院经审查认为需要以听证方式办理暂予监外执行案件和收监执行监督案件的，人民法院、公安机关、监狱管理机关、监狱或者看守所应当予以协同配合提供支持。

14. 人民法院、人民检察院、公安机关、监狱管理机关审查社区矫正机构收监执行的建议，一般采取书面审查方式，根据工作需要也可以组织核查。社区矫正机构应当同时提交罪犯符合收监情形、有不计入执行刑期情形等相关证明材料，在《收监执行建议书》中注明并提出明确意见。人民法院、公安机关、监狱管理机关经审查认为符合收监情形的，应当出具收监执行决定书，送社区矫正机构并抄送同级人民检察院；不符合收监情形的，应当作出不予收监执行决定书并抄送同级人民检察院。公安机关、监狱应当在收到收监执行决定书之日起3日内将罪犯收监执行。

对于人民法院、公安机关、监狱管理机关经审查认为需要补充材料并向社区矫正机构提出的，社区矫正机构应当在15个工作日内补充完成。

15. 对暂予监外执行期间因犯新罪或者发现判决宣告以前还有其他罪没有判决，被侦查机关采取强制措施的罪犯，社区矫正机构接到侦查机关通知后，应当通知罪犯原服刑或接收其档案的监狱、看守所。对被判处监禁刑罚的，应当由原服刑的监狱、看守所收监执行；原服刑的监狱、看守所与接收其档案的监狱、看守所不一致的，应当由接收其档案的监狱、看守所收监执行。对没有被判处监禁刑罚，社区矫正机构认为符合收监情形的，应当提出收监执行建议，并抄送执行地县级人民检察院。

16. 对不符合暂予监外执行条件的罪犯通过贿赂等非法手段被暂予监外执行的，应当由原暂予监外执行决定或批准机关作出收监执行的决定并抄送同级人民检察院，将罪犯收监执行。罪犯收监执行后，监狱或者看守所应当向所在地中级人民法院提出不计入执行刑期的建议书。人民法院应当自收到建议书之日起1个月内依法对罪犯的刑期重新计算作出裁定。

人民检察院发现不符合暂予监外执行条件的罪犯通过贿赂等非法手段被暂予监外执行的，应当向原暂予监外执行决定或批准机关提出纠正意见并附相关材料。原暂予监外执行决定或批准机关应当重新进行核查，并将相关情况反馈人民检察院。

原暂予监外执行决定或批准机关作出收监执行的决定后，对刑期已经届满的，罪犯原服刑或接收其档案的监狱或者看守所应当向所在地中级人民法院提出不计入执行刑期的建议书，人民法院审核裁定后，应当将罪犯收监执行。人民法院决定收监执行的，应当一并作出重新计算刑期的裁定，通知执行地公安机关将罪犯送交原服刑或接收其档案的监狱或者看守所收监执行。罪犯收监执行后应当继续执行的刑期自收监之日起计算。

被决定收监执行的罪犯在逃的，由罪犯社区矫正执行地县级公安机关负责追捕。原暂予监外执行决定或批准机关作出的收监执行决定可以作为公安机关追逃依据。

四、进一步强化全过程监督制约

17. 人民检察院应当对暂予监外执行进行全程法律监督。罪犯病情诊断、妊娠检查前，人民法院、监狱、看守所应当将罪犯信息、时间和地点至少提前1个工作日向人民检察院通报。对具有"短期内有生命危险"情形的应当立即通报。人民检察院可以派员现场监督诊断检查活动。

人民法院、公安机关、监狱应当在收到病情诊断意见、妊娠检查结果后3个工作日内将《罪犯病情诊断书》或者《罪犯妊娠检查书》及诊断检查依据抄送人民检察院。

人民检察院可以依法向有关单位和人员调查核实情况，调阅复制案卷材料，并可以参照本意见第6至11条重新组织对被告人、罪犯进行诊断、检查或者鉴别等。

18. 人民法院、公安机关、监狱管理机关、监狱、看守所、社区矫正机构要依法接受检察机关的法律监督，认真听取检察机关的意见、建议。

19. 人民法院、人民检察院、公安机关、监狱管理机关、监狱、看守所应当邀请人大代表、政协委员或者有关方面代表作为监督员对暂予监外执行工作进行监督。

20. 人民法院、公安机关、监狱管理机关办理暂予监外执行案件，除病情严重必须立即保外就医的，应当在立案或收到监狱、看守所提请暂予监外执行建议后5个工作日内将罪犯基本情况、原判认定的罪名和刑期、申请或者启动暂予监外执行的事由，以及病情诊断、妊娠检查、生活不能自理鉴别的结果向社会公示。依法不予公开的案件除外。

公示应当载明提出意见的方式，期限为3日。对提出异议的，人民法院、公安机关、监狱管理机关应当在调查核实后5个工作日内予以回复。

21. 人民法院、公安机关、监狱管理机关应当在决定或批准之日起10个工作日内，将暂予监外执行决定书在互联网公开。对在看守所、监狱羁押或服刑的罪犯，因病情严重适用立即保外就医程序的，应当在批准之日起3个工作日内在看守所、监狱进行为期5日的公告。

22. 各省、自治区、直辖市高级人民法院、人民检察院、公安厅（局）、司法厅（局）、卫生健康委应当共同建立暂予监外执行诊断检查医院名录，并在省级人民政府指定的医院相关文件中及时向社会公布并定期更新。

23. 罪犯暂予监外执行决定书有下列情形之一的，不予公开：（一）涉及国家秘密的；（二）未成年人犯罪的；（三）人民法院、公安机关、监狱管理机关认为不宜公开的其他情形。

人民法院、公安机关、监狱管理机关、监狱应当对拟公开的暂予监外执行决定书中涉及罪犯家庭住址、身份证号码等个人隐私的信息作技术处理，但应当载明暂予监外执行的情形。

五、进一步加强社区矫正衔接配合和监督管理

24. 社区矫正机构应当加强与人民法院、人民检察院、公安机关、监狱管理机关以及存放或者接收罪犯档案的监狱、看守所的衔接配合，建立完善常态化联系机制。需要对社区矫正对象采取限制出境措施的，应当按有关规定办理。

25. 社区矫正机构应当加强暂予监外执行罪犯定期身体情况报告监督和记录，对保外就医的，每3个月审查病情复查情况，并根据需要向人民法院、人民检察院、公安机关、监狱管理机关，存放或者接收罪犯档案的监狱、看守所反馈。对属于患严重疾病、久治不愈的，社区矫正机构可以结合具体情况、家庭状况、经济条件等，延长罪犯复查期限，并通报执行地县级人民检察院。

26. 社区矫正机构根据工作需要，组织病情诊断、妊娠检查或者生活不能自理的鉴别，应当通报执行地县级人民检察院，并可以邀请人民法院、人民检察院、公安机关、监狱管理机关、监狱、看守所参加。人民法院、人民检察院、公安机关、监狱管理机关、监狱、看守

所依法配合社区矫正工作。

27. 社区矫正工作中，对暂予监外执行罪犯组织病情诊断、妊娠检查或者生活不能自理的鉴别应当参照本意见第 6 至 11 条执行。

六、进一步严格工作责任

28. 暂予监外执行组织诊断检查、决定批准和执行工作，实行"谁承办谁负责、谁主管谁负责、谁签字谁负责"的办案责任制。

29. 在暂予监外执行工作中，司法工作人员或者从事病情诊断检查等工作的相关人员有玩忽职守、徇私舞弊等行为的，一律依法依纪追究责任；构成犯罪的，依法追究刑事责任。在案件办理中，发现司法工作人员相关职务犯罪线索的，及时移送检察机关。

30. 在暂予监外执行工作中，司法工作人员或者从事病情诊断检查等工作的相关人员依法履行职责，没有故意或重大过失，不能仅以罪犯死亡、丧失暂予监外执行条件、违反监督管理规定或者重新犯罪而被追究责任。

31. 国家安全机关办理危害国家安全的刑事案件，涉及暂予监外执行工作的，适用本意见。

32. 本意见自 2023 年 7 月 1 日起施行。此前有关规定与本意见不一致的，以本意见为准。

【国安部令〔2024〕4 号】 国家安全机关办理刑事案件程序规定（2024 年 4 月 26 日公布，2024 年 7 月 1 日起施行）

第 328 条　对于依法留所服刑的罪犯，有下列情形之一的，可以暂予监外执行：（一）有严重疾病需要保外就医的；（二）怀孕或者正在哺乳自己婴儿的妇女；（三）生活不能自理，适用暂予监外执行不致危害社会的。

第 329 条　看守所对留所服刑的罪犯符合暂予监外执行条件的，应当提出书面意见，报设区的市级以上国家安全机关批准，并将书面意见的副本抄送同级人民检察院。

对于适用保外就医可能有社会危险性的罪犯，或者自伤自残的罪犯，不得保外就医。

对于罪犯确有严重疾病，必须保外就医的，由省级人民政府指定的医院诊断并开具证明文件。

第 330 条　国家安全机关应当自暂予监外执行的决定生效之日起 5 日内通知执行地社区矫正机构，并在 10 日内将暂予监外执行决定书送达执行地社区矫正机构，同时抄送同级人民检察院和执行地公安机关。

第 331 条　批准暂予监外执行的国家安全机关收到人民检察院认为暂予监外执行不当的意见后，应当立即对暂予监外执行的决定进行重新核查，并将有关情况回复人民检察院。

第 332 条　对于暂予监外执行的罪犯，有下列情形之一的，执行地国家安全机关或原批准暂予监外执行的国家安全机关应当及时作出收监执行决定：（一）发现不符合暂予监外执行条件的；（二）严重违反有关暂予监外执行监督管理规定的；（三）暂予监外执行的情形消失后，罪犯刑期未满的。

对于暂予监外执行的罪犯决定收监执行的，由罪犯执行地看守所将罪犯收监执行。

第 333 条　对于不符合暂予监外执行条件的罪犯通过贿赂等非法手段被暂予监外执行的，或者罪犯在暂予监外执行期间脱逃的，罪犯被收监执行后，所在看守所应当提出不计入执行刑期的建议，经设区的市级以上国家安全机关审查同意后，报请所在地中级以上人民法院审核裁定。

第335条　对于留所服刑的罪犯，在暂予监外执行期间又犯新罪，属于国家安全机关管辖的，由犯罪地国家安全机关立案侦查，并通知批准机关。批准机关作出收监执行决定后，应当根据侦查、审判需要，由犯罪地看守所或者暂予监外执行地看守所收监执行。

● **指导案例**　【高检发办字〔2020〕24号】　**最高人民检察院第19批指导性案例**（2019年12月31日最高检第13届检委会第30次会议通过，2020年2月28日印发，2020年6月3日公布）

（检例第72号）　**罪犯王某某暂予监外执行监督案**[①]

要旨：人民检察院对违法暂予监外执行进行法律监督时，应当注意发现和查办背后的相关司法工作人员职务犯罪。对司法鉴定意见、病情诊断意见的审查，应当注重对其及所依据的原始资料进行重点审查。发现不符合暂予监外执行条件的罪犯通过非法手段暂予监外执行的，应当依法监督纠正。办理暂予监外执行案件时，应当加强对鉴定意见等技术性证据的联合审查。

【高检发办字〔2022〕18号】　**最高人民检察院第33批指导性案例**（2021年12月29日最高检第13届检委会第84次会议通过，2022年1月30日印发）

（检例第132号）　**社区矫正对象崔某某暂予监外执行收监执行监督案**[②]

要旨：人民检察院开展社区矫正法律监督工作，应当加强对因患严重疾病被暂予监外执

[①] 本案指导意义：1.……实践中，违法暂予监外执行案件背后往往隐藏着司法腐败。因此，检察机关在监督纠正违法暂予监外执行的同时，应当注意发现和查办违法监外执行背后存在的相关司法工作人员职务犯罪案件，把刑罚变更执行法律监督与职务犯罪侦查工作相结合，以监督促侦查、以侦查促监督，不断提升司法监督质效。在违法暂予监外执行案件中，一些罪犯亲友往往通过贿赂相关司法工作人员等手段，帮助罪犯违法暂予监外执行，这是违法暂予监外执行中较为常见的一种现象，对于情节严重的，应当依法追究其刑事责任。2.……检察人员办理暂予监外执行监督案件时，应当在审查鉴定意见、病情诊断的基础上，对鉴定意见、病情诊断所依据的原始资料进行重点审查，包括罪犯以往就医病历资料、病情诊断所依据的体检记录、住院病案、影像学报告、检查报告单等，判明原始资料以及鉴定意见和病情诊断的真伪、资料的证明力、鉴定人员的资质、产生资料的程序等问题，以及是否能够据此得出鉴定意见、病情诊断所阐述的结论性意见，相关鉴定部门及鉴定人的鉴定行为是否合法有效等。经审查发现疑点的应进行调查核实，可以邀请有专门知识的人参加。同时，也可以视情况要求有关部门重新组织或者自行组织诊断、检查或者鉴别。3.……司法实践中，负责直接办理监外执行监督案件的刑事执行检察人员一般缺乏专业性的医学知识，为确保检察意见的准确性，刑事执行检察人员在办理暂予监外执行监督案件时，应当委托检察技术人员对鉴定意见等技术性证据进行审查，检察技术人员应当协助刑事执行检察人员审查或者组织审查案件中涉及的鉴定意见等技术性证据。刑事执行检察人员可以将技术性证据审查意见作为审查判断证据的参考，也可以作为决定重新鉴定、补充鉴定或提出检察建议的依据。

[②] 本案指导意义：1.……对于保外就医的职务犯罪、破坏金融管理秩序和金融诈骗犯罪、黑社会性质组织犯罪等社区矫正对象，特别是在监内服刑时间较短、剩余刑期较长的人员，应当以重点审查。……必要时，人民检察院可以自行组织或者要求社区矫正机构对社区矫正对象重新组织诊断、检查或者鉴别。诊断、检查的医疗机构应当与暂予监外执行社区矫正对象日常就诊的医疗机构不同且不存在利益相关。……2.……人民检察院在甄别病情是否发生重大变化、保外就医情形是否消失时，可以邀请有专门知识的人参与，辅助对病情复查诊断书及相关化验单、影像学资料、病历、鉴定意见等材料进行审查，并充分考虑专家意见后进行综合判断。3.……人民检察院应当加强对变更社区矫正执行地等情形的法律监督，重点审查变更理由是否合理、相关证明材料是否充分、变更审批手续、交付接收程序等是否合法规范，同时应当监督变更执行地后的社区矫正机构加强对社区矫正对象的监督管理。

行以及变更执行地等社区矫正对象的监督管理活动的监督。人民检察院在监督工作中应当准确把握暂予监外执行适用条件，必要时聘请有专门知识的人辅助审查。发现社区矫正对象暂予监外执行情形消失且刑期未满的，应当依法提出收监执行的检察建议，维护刑罚执行公平公正。

第269条[1] 【社区矫正】对被判处管制、宣告缓刑、假释或者暂予监外执行的罪犯，依法实行社区矫正，由社区矫正机构负责执行。

● 相关规定　【法发〔2011〕9号】　最高人民法院、最高人民检察院、公安部、司法部关于对判处管制、宣告缓刑的犯罪分子适用禁止令有关问题的规定（试行）（2011年4月28日印发试行）

第1条　对判处管制、宣告缓刑的犯罪分子，人民法院根据犯罪情况，认为从促进犯罪分子教育矫正、有效维护社会秩序的需要出发，确有必要禁止其在管制执行期间、缓刑考验期限内从事特定活动，进入特定区域、场所，接触特定人的，可以根据刑法第38条第2款、第72条第2款的规定，同时宣告禁止令。

第2条　人民法院宣告禁止令，应当根据犯罪分子的犯罪原因、犯罪性质、犯罪手段、犯罪后的悔罪表现、个人一贯表现等情况，充分考虑与犯罪分子所犯罪行的关联程度，有针对性地决定禁止其在管制执行期间、缓刑考验期限内"从事特定活动，进入特定区域、场所，接触特定的人"的一项或者几项内容。

第3条　人民法院可以根据犯罪情况，禁止判处管制、宣告缓刑的犯罪分子在管制执行期间、缓刑考验期限内从事以下一项或者几项活动：（一）个人为进行违法犯罪活动而设立公司、企业、事业单位或者在设立公司、企业、事业单位后以实施犯罪为主要活动的，禁止设立公司、企业、事业单位；（二）实施证券犯罪、贷款犯罪、票据犯罪、信用卡犯罪等金融犯罪的，禁止从事证券交易、申领贷款、使用票据或者申领、使用信用卡等金融活动；（三）利用从事特定生产经营活动实施犯罪的，禁止从事相关生产经营活动；（四）附带民事赔偿义务未履行完毕，违法所得未追缴、退赔到位，或者罚金尚未足额缴纳的，禁止从事高消费活动；（五）其他确有必要禁止从事的活动。

第4条　人民法院可以根据犯罪情况，禁止判处管制、宣告缓刑的犯罪分子在管制执行期间、缓刑考验期限内进入以下一类或者几类区域、场所：（一）禁止进入夜总会、酒吧、迪厅、网吧等娱乐场所；（二）未经执行机关批准，禁止进入举办大型群众性活动的场所；（三）禁止进入中小学校区、幼儿园园区及周边地区，确因本人就学、居住等原因，经执行机关批准的除外；（四）其他确有必要禁止进入的区域、场所。

第5条　人民法院可以根据犯罪情况，禁止判处管制、宣告缓刑的犯罪分子在管制执行期间、缓刑考验期限内接触以下一类或者几类人员：（一）未经对方同意，禁止接触被害人及其法定代理人、近亲属；（二）未经对方同意，禁止接触证人及其法定代理人、近亲属；

---

[1] 本条规定由2012年3月14日第11届全国人大常委会第5次会议修改，2013年1月1日施行。原规定为："对于被判处徒刑缓刑的罪犯，由公安机关交所在单位或者基层组织予以考察。""对于被假释的罪犯，在假释考验期限内，由公安机关予以监督。"

（三）未经对方同意，禁止接触控告人、批评人、举报人及其法定代理人、近亲属；（四）禁止接触同案犯；（五）禁止接触其他可能遭受其侵害、滋扰的人或者可能诱发其再次危害社会的人。

第9条　禁止令由司法行政机关指导管理的社区矫正机构负责执行。

【司发通〔2011〕98号】　司法部关于贯彻最高人民法院、最高人民检察院、公安部、司法部《关于对判处管制、宣告缓刑的犯罪分子适用禁止令有关问题的规定（试行）》做好禁止令执行工作的通知（2011年5月23日印发）

二、严格依法做好禁止令执行工作

……在执行过程中，应当严格执行人民法院的判决，不得扩大禁止事项的范围，不得缩减或延长禁止令的执行期限。

……对于被适用禁止令的社区服刑人员，司法所在接收宣告时，应当视情况通知其家庭成员、监护人、保证人、有关部门、基层组织、所在单位等到场，明确宣告被禁止的事项和期限以及违反禁止令的法律后果，提高社区服刑人员遵守禁止令的自觉性，增强相关人员落实监督措施的主动性。禁止令执行完毕，司法所要组织公开宣告，并由县级司法行政机关通知同级人民检察院。

……禁止令执行期间，社区服刑人员申请外出离开所居住市、县的，要严格控制，防止脱管失控。经批准外出的，司法所要对其进行有针对性的教育，防止发生违反禁止令的行为。社区服刑人员确需进入人民法院禁止令确定、需经批准才能进入的特定区域、场所的，应当经县级司法行政机关批准。

要依法及时处罚违反禁止令的行为。司法行政机关接到报告、举报或者发现社区服刑人员违反禁止令的，应当组织2名以上执法人员，及时进行调查核实，并形成相关证据材料。判处管制的社区服刑人员违反禁止令，或者被宣告缓刑的社区服刑人员违反禁止令尚不属情节严重的，经查证，违法事实清楚，证据确实充分的，由执行地县级司法行政机关给予警告，并提请同级公安机关给予治安管理处罚。被宣告缓刑的社区服刑人员违反禁止令，情节严重的，执行地司法行政机关要及时向原判人民法院提请撤销缓刑、执行原判刑罚，并附相关证据材料。

【六部委〔2012〕规定】　最高人民法院、最高人民检察院、公安部、国家安全部、司法部、全国人大常委会法制工作委员会关于实施刑事诉讼法若干问题的规定（2012年12月26日印发，2013年1月1日施行）

35. 被决定收监执行的社区矫正人员在逃的，社区矫正机构应当立即通知公安机关，由公安机关负责追捕。

【高检发研字〔2013〕7号】　人民检察院办理未成年人刑事案件的规定（2002年3月25日最高检第9届检委会第105次会议通过；2006年12月28日最高检第10届检委会第68次会议第1次修订；2013年12月19日最高检第12届检委会第14次会议第2次修订，2013年12月27日印发）

第73条　人民检察院依法对未成年人的社区矫正进行监督，发现有下列情形之一的，应当依法向公安机关、人民法院、监狱、社区矫正机构等有关部门提出纠正意见：（一）没有将未成年人的社区矫正与成年人分开进行的；（二）对实行社区矫正的未成年人脱管、漏管或者没有落实帮教措施的;(三)没有对未成年社区矫正人员给予身份保护,其矫正宣告公开进行,矫正档案未进行保密,公开或者传播其姓名、住所、照片等可能推断出该未成年人的其他资料以及矫正资料等情形的;(四)未成年社区矫正人员的矫正小组没有熟悉青少年成长特点的人员参加的;(五)没有针对未成年人的年龄、心理特点和身心发育需要等特殊情况采取相应的监督管理和教育矫正措施的;(六)其他违法情形。

【司发通〔2014〕111号】 司法部关于切实发挥职能作用做好刑事案件速裁程序试点相关工作的通知(2014年10月9日印发京津沪渝辽苏浙闽鲁豫鄂湘粤陕等14省市司法厅)

三、切实做好犯罪嫌疑人的调查评估工作。对于可能宣告缓刑或者判处管制的犯罪嫌疑人,人民检察院委托其居住地县级司法行政机关进行调查评估的,司法行政机关应当按照要求认真调查,确保在收到人民检察院委托书后5个工作日内完成调查评估。调查评估应当由2名以上工作人员进行,其中至少有1名是社区矫正执法人员。调查人员可以采取走访、谈话、查阅资料等方式,向犯罪嫌疑人的家庭成员、工作单位、就读学校、所在社区居民、村(居)民委员会、公安派出所、被害人等进行调查,重点了解犯罪嫌疑人是否有固定住所、家庭和社会关系、一贯表现、犯罪原因、悔罪态度、犯罪行为的影响等情况。对于调查掌握的情况,要认真梳理分析,客观做出判断,依法公正地提出犯罪嫌疑人是否可以适用社区矫正的评估意见,制作《调查评估意见书》,连同调查材料一并提交委托的人民检察院,抄送受理案件的人民法院。

【司发通〔2014〕112号】 暂予监外执行规定(最高法、最高检、公安部、司法部、国家卫计委2014年10月24日印发,2014年12月1日施行;最高检、公安部、司法部1990年12月31日《罪犯保外就医执行办法》同时废止)

第3条 对暂予监外执行的罪犯,依法实行社区矫正,由其居住地的社区矫正机构负责执行。

第15条(第2款) 在罪犯离开监狱、看守所之前,监狱、看守所应当核实其居住地,书面通知其居住地社区矫正机构,并对其进行出监、出所教育,书面告知其在暂予监外执行期间应当遵守的法律和有关监督管理规定。罪犯应当在告知书上签名。

第16条 监狱、看守所应当派员持暂予监外执行决定书及有关文书材料,将罪犯押送至居住地,与社区矫正机构办理交接手续。监狱、看守所应当及时将罪犯交接情况通报人民检察院。

第18条(第2款) 人民法院决定暂予监外执行的,应当制作暂予监外执行决定书,写明罪犯基本情况、判决确定的罪名和刑罚、决定暂予监外执行的原因、依据等,在判决生效后7日以内将暂予监外执行决定书送达看守所或者执行取保候审、监视居住的公安机关和罪犯居住地社区矫正机构,并抄送同级人民检察院。

第19条 人民法院决定暂予监外执行,罪犯被羁押的,应当通知罪犯居住地社区矫正机构,社区矫正机构应当派员持暂予监外执行决定书及时与看守所办理交接手续,接收罪犯档案;罪犯被取保候审、监视居住的,由社区矫正机构与执行取保候审、监视居住的公安机关办理交接手续。

第20条 罪犯原服刑地与居住地不在同一省、自治区、直辖市,需要回居住地暂予监外执行的,原服刑地的省级以上监狱管理机关或者设区的市一级以上公安机关监所管理部门应当书面通知罪犯居住地的监狱管理机关、公安机关监所管理部门,由其指定一所监狱、看守所接收罪犯档案，负责办理罪犯收监、刑满释放等手续，并及时书面通知罪犯居住地社区矫正机构。

第21条　社区矫正机构应当及时掌握暂予监外执行罪犯的身体状况以及疾病治疗等情况，每3个月审查保外就医罪犯的病情复查情况，并根据需要向批准、决定机关或者有关监狱、看守所反馈情况。

第22条（第1款）　罪犯在暂予监外执行期间因犯新罪或者发现判决宣告以前还有其他罪没有判决的，侦查机关应当在对罪犯采取强制措施后24小时以内，将有关情况通知罪犯居住地社区矫正机构；人民法院应当在判决、裁定生效后，及时将判决、裁定的结果通知罪犯居住地社区矫正机构和罪犯原服刑或者接收其档案的监狱、看守所。

第23条（第1款）　社区矫正机构发现暂予监外执行罪犯依法应予收监执行的，应当提出收监执行的建议，经县级司法行政机关审核同意后，报决定或者批准机关。决定或者批准机关应当进行审查，作出收监执行决定的，将有关的法律文书送达罪犯居住地县级司法行政机关和原服刑或者接收其档案的监狱、看守所，并抄送同级人民检察院、公安机关和原判人民法院。

第27条　罪犯暂予监外执行后，刑期即将届满的，社区矫正机构应当在罪犯刑期届满前1个月以内，书面通知罪犯原服刑或者接收其档案的监狱、看守所按期办理刑满释放手续。

人民法院决定暂予监外执行罪犯刑期届满的，社区矫正机构应当及时解除社区矫正，向其发放解除社区矫正证明书，并将有关情况通报原判人民法院。

【法〔2015〕382号】　最高人民法院、最高人民检察院、公安部、司法部刑事案件速裁程序试点工作座谈会纪要（二）（2015年11月20日在北京召开，2015年12月22日印发）

6. 依法保障缓刑适用。被告人符合缓刑条件的，应当依法宣告缓刑。需要委托司法行政机关调查评估的，可以通过有关办案协作平台进行，提高工作效率。犯罪嫌疑人、被告人户籍地与居住地不一致的，如在居住地有合法固定住所、合法稳定经济来源，其亲友或其他人员愿意协助社区矫正机构落实监督措施的，宣告缓刑后可由居住地县级司法行政机关执行社区矫正，不得仅因罪犯系外地户籍而拒绝接收。

【司发通〔2016〕78号】　监狱暂予监外执行程序规定（2016年8月18日司法部部长办公会议通过，2016年8月22日印发，2016年10月1日施行）

第26条　省、自治区、直辖市监狱管理局批准暂予监外执行后，监狱应当核实罪犯居住地，书面通知罪犯居住地县级司法行政机关社区矫正机构并协商确定交付时间，对罪犯进行出监教育，书面告知罪犯在暂予监外执行期间应当遵守的法律和有关监督管理规定。

罪犯应当在《暂予监外执行告知书》上签名，如果因特殊原因无法签名的，可由其保证人代为签名。

监狱将《暂予监外执行告知书》连同《暂予监外执行决定书》交予罪犯本人或保证人。

第27条　监狱应当派员持《暂予监外执行决定书》及有关文书材料，将罪犯押送至居住地，与县级司法行政机关社区矫正机构办理交接手续。

罪犯因病情严重需要送入居住地的医院救治的，监狱可与居住地县级司法行政机关协商确定在居住地的医院交付并办理交接手续，暂予监外执行罪犯的保证人应当到场。

罪犯交付执行后，监狱应当在5个工作日内将罪犯交接情况通报人民检察院。

第 28 条 罪犯原服刑地与居住地不在同一省、自治区、直辖市，需要回居住地暂予监外执行的，监狱应当及时办理出监手续并将交接情况通报罪犯居住地的监狱管理局，原服刑地的监狱管理局应当自批准暂予监外执行 3 个工作日内将《罪犯档案转递函》《暂予监外执行决定书》以及罪犯档案等材料送达罪犯居住地的监狱管理局。

罪犯居住地的监狱管理局应当在 10 个工作日内指定一所监狱接收罪犯档案，负责办理该罪犯的收监、刑满释放等手续，并书面通知罪犯居住地县级司法行政机关社区矫正机构。

第 32 条 暂予监外执行罪犯刑期即将届满的，监狱收到县级司法行政机关社区矫正机构书面通知后，应当按期办理刑满释放手续。

【司发通〔2016〕88 号】 最高人民法院、最高人民检察院、公安部、司法部关于进一步加强社区矫正工作衔接配合管理的意见（2016 年 8 月 30 日）

一、加强社区矫正适用前的衔接配合管理

1. 人民法院、人民检察院、公安机关、监狱对拟适用或者提请适用社区矫正的被告人、犯罪嫌疑人或者罪犯，需要调查其对所居住社区影响的，可以委托其居住地县级司法行政机关调查评估。对罪犯提请假释的，应当委托其居住地县级司法行政机关调查评估。对拟适用社区矫正的被告人或者罪犯，裁定或者决定机关应当核实其居住地。

委托调查评估时，委托机关应当发出调查评估委托函，并附下列材料：（1）人民法院委托时，应当附带起诉书或者自诉状；（2）人民检察院委托时，应当附带起诉意见书；（3）看守所、监狱委托时，应当附带判决书、裁定书、执行通知书、减刑裁定书复印件以及罪犯在服刑期间表现情况材料。

2. 调查评估委托函应当包括犯罪嫌疑人、被告人、罪犯及其家属等有关人员的姓名、住址、联系方式、案由以及委托机关的联系人、联系方式等内容。

调查评估委托函不得通过案件当事人、法定代理人、诉讼代理人或者其他利害关系人转交居住地县级司法行政机关。

3. 居住地县级司法行政机关应当自收到调查评估委托函及所附材料之日起 10 个工作日内完成调查评估，提交评估意见。对于适用刑事案件速裁程序的，居住地县级司法行政机关应当在 5 个工作日内完成调查评估，提交评估意见。评估意见同时抄送居住地县级人民检察院。

需要延长调查评估时限的，居住地县级司法行政机关应当与委托机关协商，并在协商确定的期限内完成调查评估。

调查评估意见应当客观公正反映被告人、犯罪嫌疑人、罪犯适用社区矫正对其所居住社区的影响。委托机关应当认真审查调查评估意见，作为依法适用或者提请适用社区矫正的参考。

4. 人民法院在作出暂予监外执行决定前征求人民检察院意见时，应当附罪犯的病情诊断、妊娠检查或者生活不能自理的鉴别意见等有关材料。

二、加强对社区服刑人员交付接收的衔接配合管理

5. 对于被判处管制、宣告缓刑、假释的罪犯，人民法院、看守所、监狱应当书面告知其到居住地县级司法行政机关报到的时间期限以及逾期报到的后果，并在规定期限内将有关法律文书送达居住地县级司法行政机关，同时抄送居住地县级人民检察院和公安机关。

社区服刑人员前来报到时，居住地县级司法行政机关未收到法律文书或者法律文书不齐

全，可以先记录在案，并通知人民法院、监狱或者看守所在5日内送达或者补齐法律文书。

6. 人民法院决定暂予监外执行或者公安机关、监狱管理机关批准暂予监外执行的，交付时应当将罪犯的病情诊断、妊娠检查或者生活不能自理的鉴别意见等有关材料复印件一并送达居住地县级司法行政机关。

7. 人民法院、公安机关、司法行政机关在社区服刑人员交付接收工作中衔接脱节，或者社区服刑人员逃避监管、未按规定时间期限报到，造成没有及时执行社区矫正的，属于漏管。

8. 居住地社区矫正机构发现社区服刑人员漏管，应当及时组织查找，并由居住地县级司法行政机关通知有关人民法院、公安机关、监狱、居住地县级人民检察院。

社区服刑人员逃避监管、不按规定时间期限报到导致漏管的，居住地县级司法行政机关应当给予警告；符合收监执行条件的，依法提出撤销缓刑、撤销假释或者对暂予监外执行收监执行的建议。

9. 人民检察院应当加强对社区矫正交付接收中有关机关履职情况的监督，发现有下列情形之一的，依法提出纠正意见：(1) 人民法院、公安机关、监狱未依法送达交付执行法律文书，或者未向社区服刑人员履行法定告知义务；(2) 居住地县级司法行政机关依法应当接收社区服刑人员而未接收；(3) 社区服刑人员未在规定时间期限报到，居住地社区矫正机构未及时组织查找；(4) 人民法院决定暂予监外执行，未通知居住地社区矫正机构与有关公安机关，致使未办理交接手续；(5) 公安机关、监狱管理机关批准罪犯暂予监外执行，罪犯服刑的看守所、监狱未按规定与居住地社区矫正机构办理交接手续；(6) 其他未履行法定交付接收职责的情形。

三、加强对社区服刑人员监督管理的衔接配合

10. 社区服刑人员在社区矫正期间脱离居住地社区矫正机构的监督管理下落不明，或者虽能查找到其下落但拒绝接受监督管理的，属于脱管。

11. 居住地社区矫正机构发现社区服刑人员脱管，应当及时采取联系本人、其家属亲友，走访有关单位和人员等方式组织追查，做好记录，并由县级司法行政机关视情形依法给予警告、提请治安管理处罚、提请撤销缓刑、撤销假释或者对暂予监外执行的提请收监执行。

12. 人民检察院应当加强对社区矫正监督管理活动的监督，发现有下列情形之一的，依法提出纠正意见：(1) 社区服刑人员报到后，居住地县级司法行政机关未向社区服刑人员履行法定告知义务，致使其未按照有关规定接受监督管理；(2) 居住地社区矫正机构违反规定批准社区服刑人员离开所居住的市、县，或者违反人民法院禁止令的内容批准社区服刑人员进入特定区域或者场所；(3) 居住地县级司法行政机关对违反社区矫正规定的社区服刑人员，未依法给予警告、提请治安管理处罚；(4) 其他未履行法定监督管理职责的情形。

13. 司法行政机关应当会同人民法院、人民检察院、公安机关健全完善联席会议制度、情况通报制度，每月通报核对社区服刑人员人数变动、漏管脱管等数据信息，及时协调解决工作中出现的问题。

14. 司法行政机关应当建立完善社区服刑人员的信息交换平台，推动与人民法院、人民检察院、公安机关互联互通，利用网络及时准确传输交换有关法律文书，根据需要查询社区服刑人员脱管漏管、被治安管理处罚、犯罪等情况，共享社区矫正工作动态信息，实现网上办案、网上监管、网上监督。对社区服刑人员采用电子定位方式实施监督，应当采用相应技

术，防止发生人机分离，提高监督管理的有效性和安全性。

15. 社区服刑人员被依法决定行政拘留、司法拘留、收容教育、强制隔离戒毒等或者因涉嫌犯新罪、发现判决宣告前还有其他罪没有判决被采取强制措施的，决定机关应当自作出决定之日起3日内将有关情况通知居住地县级司法行政机关和居住地县级人民检察院。

【法发〔2016〕33号】 最高人民法院、最高人民检察院、公安部、司法部关于对因犯罪在大陆受审的台湾居民依法适用缓刑实行社区矫正有关问题的意见（2016年7月26日印发，2017年1月1日施行）

第1条 对因犯罪被判处拘役、3年以下有期徒刑的台湾居民，如果其犯罪情节较轻、有悔罪表现、没有再犯罪的危险且宣告缓刑对所居住社区没有重大不良影响的，人民法院可以宣告缓刑，对其中不满18周岁的人、怀孕的妇女和已满75周岁的人，应当宣告缓刑。

第2条 人民检察院建议对被告人宣告缓刑的，应当说明依据和理由。

被告人及其法定代理人、辩护人提出宣告缓刑的请求，应当说明理由，必要时需提交经过台湾地区公证机关公证的被告人在台湾地区无犯罪记录证明等相关材料。

第3条 公安机关、人民检察院、人民法院需要委托司法行政机关调查评估宣告缓刑对社区影响的，可以委托犯罪嫌疑人、被告人在大陆居住地的县级司法行政机关，也可以委托适合协助社区矫正的下列单位或者人员所在地的县级司法行政机关：（一）犯罪嫌疑人、被告人在大陆的工作单位或者就读学校；（二）台湾同胞投资企业协会、台湾同胞投资企业；（三）其他愿意且有能力协助社区矫正的单位或者人员。

已经建立涉台社区矫正专门机构的地方，可以委托该机构所在地的县级司法行政机关调查评估。

根据前两款规定仍无法确定接受委托的调查评估机关的，可以委托办理案件的公安机关、人民检察院、人民法院所在地的县级司法行政机关。

第4条 司法行政机关收到委托后，一般应当在10个工作日内向委托机关提交调查评估报告；对提交调查评估报告的时间另有规定的，从其规定。

司法行政机关开展调查评估，可以请当地台湾同胞投资企业协会、台湾同胞投资企业以及犯罪嫌疑人、被告人在大陆的监护人、亲友等协助提供有关材料。

第5条 人民法院对被告人宣告缓刑时，应当核实其居住地或者本意见第3条规定的有关单位、人员所在地，书面告知被告人应当自判决、裁定生效后10日内到社区矫正执行地的县级司法行政机关报到，以及逾期报到的法律后果。

缓刑判决、裁定生效后，人民法院应当在10日内将判决书、裁定书、执行通知书等法律文书送达社区矫正执行地的县级司法行政机关，同时抄送该地县级人民检察院和公安机关。

第6条 对被告人宣告缓刑的，人民法院应当及时作出不准出境决定书，同时依照有关规定办理边控手续。

实施边控的期限为缓刑考验期。

第7条 对缓刑犯的社区矫正，由其在大陆居住地的司法行政机关负责指导管理、组织实施；在大陆没有居住地的，由本意见第3条规定的有关司法行政机关负责。

第8条 为缓刑犯确定的社区矫正小组可以吸收下列人员参与：（一）当地台湾同胞投资企业协会、台湾同胞投资企业的代表；（二）在大陆居住或者工作的台湾同胞；（三）缓刑犯在大陆的亲友；（四）其他愿意且有能力参与社区矫正工作的人员。

第9条　根据社区矫正需要，司法行政机关可以会同相关部门，协调台湾同胞投资企业协会、台湾同胞投资企业等，为缓刑犯提供工作岗位、技能培训等帮助。

第10条　对于符合条件的缓刑犯，可以依据《海峡两岸共同打击犯罪及司法互助协议》①，移交台湾地区执行。

第11条　对因犯罪在大陆受审、执行刑罚的台湾居民判处管制、裁定假释、决定或者批准暂予监外执行，实行社区矫正的，可以参照适用本意见的有关规定。

【高检发〔2019〕13号】　最高人民法院、最高人民检察院、公安部、国家安全部、司法部关于适用认罪认罚从宽制度的指导意见（2019年10月11日印发施行）

九、社会调查评估

35. 侦查阶段的社会调查。犯罪嫌疑人认罪认罚，可能判处管制、宣告缓刑的，公安机关可以委托犯罪嫌疑人居住地的社区矫正机构进行调查评估。

公安机关在侦查阶段委托社区矫正机构进行调查评估，社区矫正机构在公安机关移送审查起诉后完成调查评估的，应当及时将评估意见提交受理案件的人民检察院或者人民法院，并抄送公安机关。

36. 审查起诉阶段的社会调查。犯罪嫌疑人认罪认罚，人民检察院拟提出缓刑或者管制量刑建议的，可以及时委托犯罪嫌疑人居住地的社区矫正机构进行调查评估，也可以自行调查评估。人民检察院提起公诉时，已收到调查材料的，应当将材料一并移送，未收到调查材料的，应当将委托文书随案移送；在提起公诉后收到调查材料的，应当及时移送人民法院。

37. 审判阶段的社会调查。被告人认罪认罚，人民法院拟判处管制或者宣告缓刑的，可以及时委托被告人居住地的社区矫正机构进行调查评估，也可以自行调查评估。

社区矫正机构出具的调查评估意见，是人民法院判处管制、宣告缓刑的重要参考。对没有委托社区矫正机构进行调查评估或者判决前未收到社区矫正机构调查评估报告的认罪认罚案件，人民法院经审理认为被告人符合管制、缓刑适用条件的，可以判处管制、宣告缓刑。

38. 司法行政机关的职责。受委托的社区矫正机构应当根据委托机关的要求，对犯罪嫌疑人、被告人的居所情况、家庭和社会关系、一贯表现、犯罪行为的后果和影响、居住地村（居）民委员会和被害人意见、拟禁止的事项等进行调查了解，形成评估意见，及时提交委托机关。

【高检发释字〔2019〕4号】　人民检察院刑事诉讼规则（2019年12月2日最高检第13届检委会第28次会议通过，2019年12月30日公布施行；高检发释字〔2012〕2号《规则（试行）》同时废止）

第625条　人民检察院发现人民法院、公安机关、看守所等机关的交付执行活动具有下列情形之一的，应当依法提出纠正意见：（一）交付执行的第一审人民法院没有在法定期间内判决、裁定生效10日以内将判决书、裁定书、人民检察院的起诉书副本、自诉状复印件、

---

① 注：《海峡两岸共同打击犯罪及司法互助协议》由海峡两岸关系协会（时任会长陈云林）与财团法人海峡交流基金会（时任董事长江丙坤）于2009年4月26日签署。为落实《海峡两岸共同打击犯罪及司法互助协议》，最高人民法院于2011年6月14日公布了《关于人民法院办理海峡两岸送达文书和调查取证司法互助案件的规定》（法释〔2011〕15号，2010年12月16日最高法审委会第1506次会议通过，2011年6月14日施行），适用于海峡两岸民事、刑事、行政诉讼案件中的送达文书和调查取证司法互助业务的办理。

执行通知书、结案登记表等法律文书送达公安机关、监狱、社区矫正机构等执行机关的；……（五）对被判处管制、宣告缓刑或者人民法院决定暂予监外执行的罪犯，在判决、裁定生效后或者收到人民法院暂予监外执行决定后，未依法交付罪犯居住地社区矫正机构执行，或者对被单处剥夺政治权利的罪犯，在判决、裁定生效后，未依法交付罪犯居住地公安机关执行的，或者人民法院依法交付执行，社区矫正机构或者公安机关应当接收而拒绝接收的；……

第626条 人民法院判决被告人无罪、免予刑事处罚、判处管制、宣告缓刑、单处罚金或者剥夺政治权利，被告人被羁押的，人民检察院应当监督被告人是否被立即释放。发现被告人没有被立即释放的，应当立即向人民法院或者看守所提出纠正意见。

第628条 人民检察院发现监狱、看守所……对被裁定假释的罪犯依法应当交付罪犯居住地社区矫正机构实行社区矫正而不交付……的，应当依法提出纠正意见。

第642条 人民检察院发现社区矫正决定机关、看守所、监狱、社区矫正机构在交付、接收社区矫正对象活动中违反有关规定的，应当依法提出纠正意见。

第643条 人民检察院发现社区矫正执法活动具有下列情形之一的，应当依法提出纠正意见：（一）没有依法接收交付执行的社区矫正人员的；（一）社区矫正对象报到后，社区矫正机构未履行法定告知义务，致使其未按照有关规定接受监督管理的；（二）违反法律规定批准社区矫正对象离开所居住的市、县，或者违反人民法院禁止令的内容批准社区矫正对象进入特定区域或者场所的；（三）没有依法监督管理而导致社区矫正对象脱管的；（四）社区矫正对象违反监督管理规定或者人民法院的禁止令，未依法予以警告、未及时提请公安机关给予治安管理处罚的；（五）缓刑、假释罪犯在考验期内违反法律、行政法规或者有关缓刑、假释的监督管理规定，或者违反人民法院的禁止令，依法应当撤销缓刑、假释，没有及时向人民法院提出撤销缓刑、假释建议的；（五）对社区矫正对象有殴打、体罚、虐待、侮辱人格、强迫其参加超时间或者超体力社区服务等侵犯其合法权利行为的；（六）未依法办理解除、终止社区矫正的；（七）对符合法定减刑条件的社区矫正人员，没有依法及时向人民法院提出减刑建议的；（七）其他违法情形。

第644条 人民检察院发现对社区矫正对象的刑罚变更执行活动具有下列情形之一的，应当依法提出纠正意见：（一）社区矫正机构未依法向人民法院、公安机关、监狱管理机关提出撤销缓刑、撤销假释建议或者对暂予监外执行的收监执行建议，或者未依法向人民法院提出减刑建议的；（二）人民法院、公安机关、监狱管理机关未依法作出裁定、决定，或者未依法送达的；（三）公安机关未依法将罪犯送交看守所、监狱，或者看守所、监狱未依法收监执行的；（四）公安机关未依法对在逃的罪犯实施追捕的；（五）其他违法情形。

【主席令〔2019〕40号】　中华人民共和国社区矫正法（2019年12月28日第13届全国人大常委会第15次会议通过，主席令第40号公布，2020年7月1日施行）

第17条　社区矫正决定机关判处管制、宣告缓刑、裁定假释、决定或者批准暂予监外执行时应当确定社区矫正执行地。

社区矫正执行地为社区矫正对象的居住地。社区矫正对象在多个地方居住的，可以确定经常居住地为执行地。

社区矫正对象的居住地、经常居住地无法确定或者不适宜执行社区矫正的，社区矫正决定机关应当根据有利于社区矫正对象接受矫正、更好地融入社会的原则，确定执行地。

本法所称社区矫正决定机关，是指依法判处管制、宣告缓刑、裁定假释、决定暂予监外执行的人民法院和依法批准暂予监外执行的监狱管理机关、公安机关。

第 20 条　社区矫正决定机关应当自判决、裁定或者决定生效之日起 5 日内通知执行地社区矫正机构，并在 10 日内送达有关法律文书，同时抄送人民检察院和执行地公安机关。社区矫正决定地与执行地不在同一地方的，由执行地社区矫正机构将法律文书转送所在地的人民检察院、公安机关。

第 21 条　人民法院判处管制、宣告缓刑、裁定假释的社区矫正对象，应当自判决、裁定生效之日起 10 日内到执行地社区矫正机构报到。

人民法院决定暂予监外执行的社区矫正对象，由看守所或者执行取保候审、监视居住的公安机关自收到决定之日起 10 日内将社区矫正对象移送社区矫正机构。

监狱管理机关、公安机关批准暂予监外执行的社区矫正对象，由监狱或者看守所自收到批准决定之日起 10 日内将社区矫正对象移送社区矫正机构。

第 25 条　社区矫正机构应当根据社区矫正对象的情况，为其确定矫正小组，负责落实相应的矫正方案。

根据需要，矫正小组可以由司法所、居民委员会、村民委员会的人员，社区矫正对象的监护人、家庭成员，所在单位或者就读学校的人员以及社会工作者、志愿者等组成。社区矫正对象为女性的，矫正小组中应有女性成员。

第 27 条　社区矫正对象离开所居住的市、县或者迁居，应当报经社区矫正机构批准。社区矫正机构对于有正当理由的，应当批准；对于因正常工作和生活需要经常性跨市、县活动的，可以根据情况，简化批准程序和方式。

因社区矫正对象迁居等原因需要变更执行地的，社区矫正机构应当按照有关规定作出变更决定。社区矫正机构作出变更决定后，应当通知社区矫正决定机关和变更后的社区矫正机构，并将有关法律文书抄送变更后的社区矫正机构。变更后的社区矫正机构应当将法律文书转送所在地的人民检察院、公安机关。

第 29 条　社区矫正对象有下列情形之一的，经县级司法行政部门负责人批准，可以使用电子定位装置，加强监督管理：（一）违反人民法院禁止令的；（二）无正当理由，未经批准离开所居住的市、县的；（三）拒不按照规定报告自己的活动情况，被给予警告的；（四）违反监督管理规定，被给予治安管理处罚的；（五）拟提请撤销缓刑、假释或者暂予监外执行收监执行的。

前款规定的使用电子定位装置的期限不得超过 3 个月。对于不需要继续使用的，应当及时解除；对于期限届满后，经评估仍有必要继续使用的，经过批准，期限可以延长，每次不得超过 3 个月。

社区矫正机构对通过电子定位装置获得的信息应当严格保密，有关信息只能用于社区矫正工作，不得用于其他用途。

【司发通〔2020〕59 号】　**社区矫正法实施办法**（2020 年 6 月 18 日最高法、最高检、公安部、司法部印发，2020 年 7 月 1 日施行；2012 年 1 月 10 日"两院两部"司发通〔2012〕12 号《社区矫正实施办法》同时废止）①

---

① 注："两院两部"司发〔2014〕13 号《关于全面推进社区矫正工作的意见》（2014 年 8 月 28 日）有些内容与本《实施办法》不相符，应当视为已经失效。

第 4 条　司法行政机关依法履行以下职责：（一）主管本行政区域内社区矫正工作；（二）对本行政区域内设置和撤销社区矫正机构提出意见；（三）拟定社区矫正工作发展规划和管理制度，监督检查社区矫正法律法规和政策的执行情况；（四）推动社会力量参与社区矫正工作；（五）指导支持社区矫正机构提高信息化水平；（六）对在社区矫正工作中作出突出贡献的组织、个人，按照国家有关规定给予表彰、奖励；（七）协调推进高素质社区矫正工作队伍建设；（八）其他依法应当履行的职责。

第 5 条　人民法院依法履行以下职责：（一）拟判处管制、宣告缓刑、决定暂予监外执行的，可以委托社区矫正机构或者有关社会组织对被告人或者罪犯的社会危险性和对所居住社区的影响，进行调查评估，提出意见，供决定社区矫正时参考；（二）对执行机关报请假释的，审查执行机关移送的罪犯假释后对所居住社区影响的调查评估意见；（三）核实并确定社区矫正执行地；（四）对被告人或者罪犯依法判处管制、宣告缓刑、裁定假释、决定暂予监外执行；（五）对社区矫正对象进行教育，及时通知并送达法律文书；（六）对符合撤销缓刑、撤销假释或者暂予监外执行收监执行条件的社区矫正对象，作出判决、裁定和决定；（七）对社区矫正机构提请逮捕的，及时作出是否逮捕的决定；（八）根据社区矫正机构提出的减刑建议作出裁定；（九）其他依法应当履行的职责。

第 6 条　人民检察院依法履行以下职责：（一）对社区矫正决定机关、社区矫正机构或者有关社会组织的调查评估活动实行法律监督；（二）对社区矫正决定机关判处管制、宣告缓刑、裁定假释、决定或者批准暂予监外执行活动实行法律监督；（三）对社区矫正法律文书及社区矫正对象交付执行活动实行法律监督；（四）对监督管理、教育帮扶社区矫正对象的活动实行法律监督；（五）对变更刑事执行、解除矫正和终止矫正的活动实行法律监督；（六）受理申诉、控告和举报，维护社区矫正对象的合法权益；（七）按照刑事诉讼法的规定，在对社区矫正实行法律监督中发现司法工作人员相关职务犯罪，可以立案侦查直接受理的案件；（八）其他依法应当履行的职责。

第 7 条　公安机关依法履行以下职责：（一）对看守所留所服刑罪犯拟暂予监外执行的，可以委托开展调查评估；（二）对看守所留所服刑罪犯拟暂予监外执行的，核实并确定社区矫正执行地；对符合暂予监外执行条件的，批准暂予监外执行；对符合收监执行条件的，作出收监执行的决定；（三）对看守所留所服刑罪犯批准暂予监外执行的，进行教育，及时通知并送达法律文书；依法将社区矫正对象交付执行；（四）对社区矫正对象予以治安管理处罚；到场处置经社区矫正机构制止无效，正在实施违反监督管理规定或者违反人民法院禁止令等违法行为的社区矫正对象；协助社区矫正机构处置突发事件；（五）协助社区矫正机构查找失去联系的社区矫正对象；执行人民法院作出的逮捕决定；被裁定撤销缓刑、撤销假释和被决定收监执行的社区矫正对象逃跑的，予以追捕；（六）对裁定撤销缓刑、撤销假释，或者对人民法院、公安机关决定暂予监外执行收监的社区矫正对象，送交看守所或者监狱执行；（七）执行限制社区矫正对象出境的措施；（八）其他依法应当履行的职责。

第 8 条　监狱管理机关以及监狱依法履行以下职责：（一）对监狱关押罪犯拟提请假释的，应当委托进行调查评估；对监狱关押罪犯拟暂予监外执行的，可以委托进行调查评估；（二）对监狱关押罪犯拟暂予监外执行的，依法核实并确定社区矫正执行地；对符合暂予监外执行条件的，监狱管理机关作出暂予监外执行决定；（三）对监狱关押罪犯批准暂予监外执行的，进行教育，及时通知并送达法律文书；依法将社区矫正对象交付执行；（四）监狱管理机关对暂予监外执行罪犯决定收监执行的，原服刑或者接收其档案的监狱应当立即将罪犯收监执行；（五）其他依法应当履行的职责。

第9条 社区矫正机构是县级以上地方人民政府根据需要设置的，负责社区矫正工作具体实施的执行机关。社区矫正机构依法履行以下职责：（一）接受委托进行调查评估，提出评估意见；（二）接收社区矫正对象，核对法律文书、核实身份、办理接收登记，建立档案；（三）组织入矫和解矫宣告，办理入矫和解矫手续；（四）建立矫正小组、组织矫正小组开展工作，制定和落实矫正方案；（五）对社区矫正对象进行监督管理，实施考核奖惩；审批会客、外出、变更执行地等事项；了解掌握社区矫正对象的活动情况和行为表现；组织查找失去联系的社区矫正对象，查找后依情形作出处理；（六）提出治安管理处罚建议，提出减刑、撤销缓刑、撤销假释、收监执行等变更刑事执行建议，依法提请逮捕；（七）对社区矫正对象进行教育帮扶，开展法治道德等教育，协调有关方面开展职业技能培训、就业指导，组织公益活动等事项；（八）向有关机关通报社区矫正对象情况，送达法律文书；（九）对社区矫正工作人员开展管理、监督、培训，落实职业保障；（十）其他依法应当履行的职责。

设置和撤销社区矫正机构，由县级以上地方人民政府司法行政部门提出意见，按照规定的权限和程序审批。社区矫正日常工作由县级社区矫正机构具体承担；未设置县级社区矫正机构的，由上一级社区矫正机构具体承担。省、市两级社区矫正机构主要负责监督指导、跨区域执法的组织协调、与同级社区矫正决定机关对接的案件办理工作。

第10条 司法所根据社区矫正机构的委托，承担社区矫正相关工作。

第12条 对拟适用社区矫正的，社区矫正决定机关应当核实社区矫正对象的居住地。社区矫正对象在多个地方居住的，可以确定经常居住地为执行地。没有居住地，居住地、经常居住地无法确定或者不适宜执行社区矫正的，应当根据有利于社区矫正对象接受矫正、更好地融入社会的原则，确定社区矫正执行地。被确定为执行地的社区矫正机构应当及时接收。

社区矫正对象的居住地是指其实际居住的县（市、区）。社区矫正对象的经常居住地是指其经常居住的，有固定住所、固定生活来源的县（市、区）。

社区矫正对象应如实提供其居住、户籍等情况，并提供必要的证明材料。

第13条 社区矫正决定机关对拟适用社区矫正的被告人、罪犯，需要调查其社会危险性和对所居住社区影响的，可以委托拟确定为执行地的社区矫正机构或者有关社会组织进行调查评估。社区矫正机构或者有关社会组织收到委托文书后应当及时通知执行地县级人民检察院。

第14条 社区矫正机构、有关社会组织接受委托后，应当对被告人或者罪犯的居所情况、家庭和社会关系、犯罪行为的后果和影响、居住地村（居）民委员会和被害人意见、拟禁止的事项、社会危险性、对所居住社区的影响等情况进行调查了解，形成调查评估意见，与相关材料一起提交委托机关。调查评估时，相关单位、部门、村（居）民委员会等组织、个人应当依法为调查评估提供必要的协助。

社区矫正机构、有关社会组织应当自收到调查评估委托函及所附材料之日起10个工作日内完成调查评估，提交评估意见。对于适用刑事案件速裁程序的，应当在5个工作日内完成调查评估，提交评估意见。评估意见同时抄送执行地县级人民检察院。需要延长调查评估时限的，社区矫正机构、有关社会组织应当与委托机关协商，并在协商确定的期限内完成调查评估。因被告人或者罪犯的姓名、居住地不真实、身份不明等原因，社区矫正机构、有关社会组织无法进行调查评估的，应当及时向委托机关说明情况。社区矫正决定机关对调查评估意见的采信情况，应当在相关法律文书中说明。

对调查评估意见以及调查中涉及的国家秘密、商业秘密、个人隐私等信息，应当保密，不得泄露。

第16条　社区矫正决定机关应当自判决、裁定或者决定生效之日起5日内通知执行地县级社区矫正机构，并在10日内将判决书、裁定书、决定书、执行通知书等法律文书送达执行地县级社区矫正机构，同时抄送人民检察院。收到法律文书后，社区矫正机构应当在5日内送达回执。

社区矫正对象前来报到时，执行地县级社区矫正机构未收到法律文书或者法律文书不齐全，应当先记录在案，为其办理登记接收手续，并通知社区矫正决定机关在5日内送达或者补齐法律文书。

第17条　被判处管制、宣告缓刑、裁定假释的社区矫正对象到执行地县级社区矫正机构报到时，社区矫正机构应当核对法律文书、核实身份，办理登记接收手续。对社区矫正对象存在因行动不便、自行报到确有困难等特殊情况的，社区矫正机构可以派员到其居住地等场所办理登记接收手续。

暂予监外执行的社区矫正对象，由公安机关、监狱或者看守所依法移送至执行地县级社区矫正机构，办理交付接收手续。罪犯原服刑地与居住地不在同一省、自治区、直辖市，需要回居住地暂予监外执行的，原服刑地的省级以上监狱管理机关或者设区的市一级以上公安机关应当书面通知罪犯居住地的监狱管理机关、公安机关，由其指定一所监狱、看守所接收社区矫正对象档案，负责办理其收监、刑满释放等手续。对看守所留所服刑罪犯暂予监外执行，原服刑地与居住地在同一省、自治区、直辖市的，可以不移交档案。

第18条　执行地县级社区矫正机构接收社区矫正对象后，应当建立社区矫正档案，包括以下内容：（一）适用社区矫正的法律文书；（二）接收、监管审批、奖惩、收监执行、解除矫正、终止矫正等有关社区矫正执行活动的法律文书；（三）进行社区矫正的工作记录；（四）社区矫正对象接受社区矫正的其他相关材料。

接受委托对社区矫正对象进行日常管理的司法所应当建立工作档案。

第19条　执行地县级社区矫正机构、受委托的司法所应当为社区矫正对象确定矫正小组，与矫正小组签订矫正责任书，明确矫正小组成员的责任和义务，负责落实矫正方案。

矫正小组主要开展下列工作：（一）按照矫正方案，开展个案矫正工作；（二）督促社区矫正对象遵纪守法，遵守社区矫正规定；（三）参与对社区矫正对象的考核评议和教育活动；（四）对社区矫正对象走访谈话，了解其思想、工作和生活情况，及时向社区矫正机构或者司法所报告；（五）协助对社区矫正对象进行监督管理和教育帮扶；（六）协助社区矫正机构或者司法所开展其他工作。

第20条　执行地县级社区矫正机构接收社区矫正对象后，应当组织或者委托司法所组织入矫宣告。

入矫宣告包括以下内容：（一）判决书、裁定书、决定书、执行通知书等有关法律文书的主要内容；（二）社区矫正期限；（三）社区矫正对象应当遵守的规定、被剥夺或者限制行使的权利、被禁止的事项以及违反规定的法律后果；（四）社区矫正对象依法享有的权利；

（五）矫正小组人员组成及职责；（六）其他有关事项。

宣告由社区矫正机构或者司法所的工作人员主持，矫正小组成员及其他相关人员到场，按照规定程序进行。宣告后，社区矫正对象应当在书面材料上签字，确认已经了解所宣告的内容。

第24条　社区矫正对象应当按照有关规定和社区矫正机构的要求，定期报告遵纪守法、接受监督管理、参加教育学习、公益活动和社会活动等情况。发生居所变化、工作变动、家庭重大变故以及接触对其矫正可能产生不利影响人员等情况时，应当及时报告。被宣告禁止令的社区矫正对象应当定期报告遵守禁止令的情况。

暂予监外执行的社区矫正对象应当每个月报告本人身体情况。保外就医的，应当到省级人民政府指定的医院检查，每3个月向执行地县级社区矫正机构、受委托的司法所提交病情复查情况。执行地县级社区矫正机构根据社区矫正对象的病情及保证人等情况，可以调整报告身体情况和提交复查情况的期限。延长1个月至3个月以下的，报上一级社区矫正机构批准；延长3个月以上的，层报省级社区矫正机构批准。批准延长的，执行地县级社区矫正机构应当及时通报同级人民检察院。

社区矫正机构根据工作需要，可以协调对暂予监外执行的社区矫正对象进行病情诊断、妊娠检查或者生活不能自理的鉴别。

第25条　未经执行地县级社区矫正机构批准，社区矫正对象不得接触其犯罪案件中的被害人、控告人、举报人，不得接触同案犯等可能诱发其再犯罪的人。

第26条　社区矫正对象未经批准不得离开所居住市、县。确有正当理由需要离开的，应当经执行地县级社区矫正机构或者受委托的司法所批准。

社区矫正对象外出的正当理由是指就医、就学、参与诉讼、处理家庭或者工作重要事务等。

前款规定的市是指直辖市的城市市区、设区的市的城市市区和县级市的辖区。在设区的同一市内跨区活动的，不属于离开所居住的市、县。

第27条　社区矫正对象确需离开所居住的市、县的，一般应当提前3日提交书面申请，并如实提供诊断证明、单位证明、入学证明、法律文书等材料。

申请外出时间在7日内的，经执行地县级社区矫正机构委托，可以由司法所批准，并报执行地县级社区矫正机构备案；超过7日的，由执行地县级社区矫正机构批准。执行地县级社区矫正机构每次批准外出的时间不超过30日。

因特殊情况确需外出超过30日的，或者2个月内外出时间累计超过30日的，应报上一级社区矫正机构审批。上一级社区矫正机构批准社区矫正对象外出的，执行地县级社区矫正机构应当及时通报同级人民检察院。

第28条　在社区矫正对象外出期间，执行地县级社区矫正机构、受委托的司法所应当通过电话通讯、实时视频等方式实施监督管理。

执行地县级社区矫正机构根据需要，可以协商外出目的地社区矫正机构协助监督管理，并要求社区矫正对象在到达和离开时向当地社区矫正机构报告，接受监督管理。外出目的地社区矫正机构在社区矫正对象报告后，可以通过电话通讯、实地查访等方式协助监督管理。

社区矫正对象应在外出期限届满前返回居住地，并向执行地县级社区矫正机构或者司法所报告，办理手续。因特殊原因无法按期返回的，应及时向社区矫正机构或者司法所报告情况。发现社区矫正对象违反外出管理规定的,社区矫正机构应当责令其立即返回,并视情节依法予以处理。

第29条 社区矫正对象确因正常工作和生活需要经常性跨市、县活动的,应当由本人提出书面申请,写明理由、经常性去往市县名称、时间、频次等,同时提供相应证明,由执行地县级社区矫正机构批准,批准一次的有效期为6个月。在批准的期限内,社区矫正对象到批准市、县活动的,可以通过电话、微信等方式报告活动情况。到期后,社区矫正对象仍需要经常性跨市、县活动的,应当重新提出申请。

第30条 社区矫正对象因工作、居所变化等原因需要变更执行地的,一般应当提前1个月提出书面申请,并提供相应证明材料,由受委托的司法所签署意见后报执行地县级社区矫正机构审批。

执行地县级社区矫正机构收到申请后,应当在5日内书面征求新执行地县级社区矫正机构的意见。新执行地县级社区矫正机构接到征求意见函后,应当在5日内核实有关情况,作出是否同意接收的意见并书面回复。执行地县级社区矫正机构根据回复意见,作出决定。执行地县级社区矫正机构对新执行地县级社区矫正机构的回复意见有异议的,可以报上一级社区矫正机构协调解决。

经审核,执行地县级社区矫正机构不同意变更执行地的,应在决定作出之日起5日内告知社区矫正对象。同意变更执行地的,应对社区矫正对象进行教育,书面告知其到新执行地县级社区矫正机构报到的时间期限以及逾期报到或者未报到的后果,责令其按时报到。

第31条 同意变更执行地的,原执行地县级社区矫正机构应当在作出决定之日起5日内,将有关法律文书和档案材料移交新执行地县级社区矫正机构,并将有关法律文书抄送社区矫正决定机关和原执行地县级人民检察院、公安机关。新执行地县级社区矫正机构收到法律文书和档案材料后,在5日内送达回执,并将有关法律文书抄送所在地县级人民检察院、公安机关。

同意变更执行地的,社区矫正对象应当自收到变更执行地决定之日起7日内,到新执行地县级社区矫正机构报到。新执行地县级社区矫正机构应当核实身份、办理登记接收手续。发现社区矫正对象未按规定时间报到的,新执行地县级社区矫正机构应当立即通知原执行地县级社区矫正机构,由原执行地县级社区矫正机构组织查找。未及时办理交付接收,造成社区矫正对象脱管漏管的,原执行地社区矫正机构会同新执行地社区矫正机构妥善处置。

对公安机关、监狱管理机关批准暂予监外执行的社区矫正对象变更执行地的,公安机关、监狱管理机关在收到社区矫正机构送达的法律文书后,应与新执行地同级公安机关、监狱管理机关办理交接。新执行地的公安机关、监狱管理机关应指定一所看守所、监狱接收社区矫正对象档案,负责办理其收监、刑满释放等手续。看守所、监狱在接收档案之日起5日内,应当将有关情况通报新执行地县级社区矫正机构。对公安机关批准暂予监外执行的社区矫正对象在同一省、自治区、直辖市变更执行地的,可以不移交档案。

第32条 社区矫正机构应当根据有关法律法规、部门规章和其他规范性文件,建立内容全面、程序合理、易于操作的社区矫正对象考核奖惩制度。

社区矫正机构、受委托的司法所应当根据社区矫正对象认罪悔罪、遵守有关规定、服从监督管理、接受教育等情况,定期对其考核。对于符合表扬条件、具备训诫、警告情形的社区矫正对象,经执行地县级社区矫正机构决定,可以给予其相应奖励或者处罚,作出书面决定。对于涉嫌违反治安管理行为的社区矫正对象，执行地县级社区矫正机构可以向同级公安机关提出建议。社区矫正机构奖励或者处罚的书面决定应当抄送人民检察院。

社区矫正对象的考核结果与奖惩应当书面通知其本人，定期公示，记入档案，做到准确及时、公开公平。社区矫正对象对考核奖惩提出异议的，执行地县级社区矫正机构应当及时处理，并将处理结果告知社区矫正对象。社区矫正对象对处理结果仍有异议的，可以向人民检察院提出。

第33条 社区矫正对象认罪悔罪、遵守法律法规、服从监督管理、接受教育表现突出的，应当给予表扬。

社区矫正对象接受社区矫正6个月以上并且同时符合下列条件的，执行地县级社区矫正机构可以给予表扬：（一）服从人民法院判决，认罪悔罪；（二）遵守法律法规；（三）遵守关于报告、会客、外出、迁居等规定，服从社区矫正机构的管理；（四）积极参加教育学习等活动，接受教育矫正的。

社区矫正对象接受社区矫正期间，有见义勇为、抢险救灾等突出表现，或者帮助他人、服务社会等突出事迹的，执行地县级社区矫正机构可以给予表扬。对于符合法定减刑条件的，由执行地县级社区矫正机构依照本办法第42条的规定，提出减刑建议。

第34条 社区矫正对象具有下列情形之一的，执行地县级社区矫正机构应当给予训诫：（一）不按规定时间报到或者接受社区矫正期间脱离监管，未超过10日的；（二）违反关于报告、会客、外出、迁居等规定，情节轻微的；（三）不按规定参加教育学习等活动，经教育仍不改正的；（四）其他违反监督管理规定，情节轻微的。

第35条 社区矫正对象具有下列情形之一的，执行地县级社区矫正机构应当给予警告：（一）违反人民法院禁止令，情节轻微的；（二）不按规定时间报到或者接受社区矫正期间脱离监管，超过10日的；（三）违反关于报告、会客、外出、迁居等规定，情节较重的；（四）保外就医的社区矫正对象无正当理由不按时提交病情复查情况，经教育仍不改正的；（五）受到社区矫正机构两次训诫，仍不改正的；（六）其他违反监督管理规定，情节较重的。

第36条 社区矫正对象违反监督管理规定或者人民法院禁止令，依法应予治安管理处罚的，执行地县级社区矫正机构应当及时提请同级公安机关依法给予处罚，并向执行地同级人民检察院抄送治安管理处罚建议书副本，及时通知处理结果。

第37条 电子定位装置是指运用卫星等定位技术，能对社区矫正对象进行定位等监管，并具有防拆、防爆、防水等性能的专门的电子设备，如电子定位腕带等，但不包括手机等设备。[1]

对社区矫正对象采取电子定位装置进行监督管理的，应当告知社区矫正对象监管的期限、要求以及违反监管规定的后果。

第38条 发现社区矫正对象失去联系的，社区矫正机构应当立即组织查找，可以采取通信联络、信息化核查、实地查访等方式查找，查找时要做好记录，固定证据。查找不到的，社区矫正机构应当及时通知公安机关，公安机关应当协助查找。社区矫正机构应当及时将组织查找的情况通报人民检察院。

---

[1] 注："两院两部"2014年8月28日印发的《关于全面推进社区矫正工作的意见》（司发〔2014〕13号）曾规定："大力创新管理方式，充分发挥矫正小组的作用，充分利用现代科技手段，进一步推广手机定位、电子腕带等信息技术在监管中的应用，提高监管的可靠性和有效性。"该内容与本《实施办法》不相符，应当视为已经失效。

查找到社区矫正对象后，社区矫正机构应当根据其脱离监管的情形，给予相应处置。虽能查找到社区矫正对象下落但其拒绝接受监督管理的，社区矫正机构应当视情节依法提请公安机关予以治安管理处罚，或者依法提请撤销缓刑、撤销假释、对暂予监外执行的收监执行。

第39条　社区矫正机构根据执行禁止令的需要，可以协调有关的部门、单位、场所、个人协助配合执行禁止令。

对禁止令确定需经批准才能进入的特定区域或者场所，社区矫正对象确需进入的，应当经执行地县级社区矫正机构批准，并通知原审人民法院和执行地县级人民检察院。

第40条　发现社区矫正对象有违反监督管理规定或者人民法院禁止令等违法情形的，执行地县级社区矫正机构应当调查核实情况，收集有关证据材料，提出处理意见。

社区矫正机构发现社区矫正对象有撤销缓刑、撤销假释或者暂予监外执行收监执行的法定情形的，应当组织开展调查取证工作，依法向社区矫正决定机关提出撤销缓刑、撤销假释或者暂予监外执行收监执行建议，并将建议书抄送同级人民检察院。

第41条　社区矫正对象被依法决定行政拘留、司法拘留、强制隔离戒毒等或者因涉嫌犯新罪、发现判决宣告前还有其他罪没有判决被采取强制措施的，决定机关应当自作出决定之日起3日内将有关情况通知执行地县级社区矫正机构和执行地县级人民检察院。

第42条　社区矫正对象符合法定减刑条件的，由执行地县级社区矫正机构提出减刑建议书并附相关证据材料，报经地（市）社区矫正机构审核同意后，由地（市）社区矫正机构提请执行地的中级人民法院裁定。

依法应由高级人民法院裁定的减刑案件，由执行地县级社区矫正机构提出减刑建议书并附相关证据材料，逐级上报省级社区矫正机构审核同意后，由省级社区矫正机构提请执行地的高级人民法院裁定。

人民法院应当自收到减刑建议书和相关证据材料之日起30日内依法裁定。

社区矫正机构减刑建议书和人民法院减刑裁定书副本，应当同时抄送社区矫正执行地同级人民检察院、公安机关与罪犯原服刑或者接收其档案的监狱。

第46条　社区矫正对象在缓刑考验期内，有下列情形之一的，由执行地同级社区矫正机构提出撤销缓刑建议：（一）违反禁止令，情节严重的；（二）无正当理由不按规定时间报到或者接受社区矫正期间脱离监管，超过1个月的；（三）因违反监督管理规定受到治安管理处罚，仍不改正的；（四）受到社区矫正机构两次警告，仍不改正的；（五）其他违反有关法律、行政法规和监督管理规定，情节严重的情形。

社区矫正机构一般向原审人民法院提出撤销缓刑建议。如果原审人民法院与执行地同级社区矫正机构不在同一省、自治区、直辖市的，可以向执行地人民法院提出建议，执行地人民法院作出裁定的，裁定书同时抄送原审人民法院。

社区矫正机构撤销缓刑建议书和人民法院的裁定书副本同时抄送社区矫正执行地同级人民检察院。

第47条　社区矫正对象在假释考验期内，有下列情形之一的，由执行地同级社区矫正机构提出撤销假释建议：（一）无正当理由不按规定时间报到或者接受社区矫正期间脱离监管，超过1个月的；（二）受到社区矫正机构两次警告，仍不改正的；（三）其他违反有关法律、行政法规和监督管理规定，尚未构成新的犯罪的。

社区矫正机构一般向原审人民法院提出撤销假释建议。如果原审人民法院与执行地同级社区矫正机构不在同一省、自治区、直辖市的，可以向执行地人民法院提出建议，执行地人民法院作出裁定的，裁定书同时抄送原审人民法院。

社区矫正机构撤销假释的建议书和人民法院的裁定书副本同时抄送社区矫正执行地同级人民检察院、公安机关、罪犯原服刑或者接收其档案的监狱。

第48条 被提请撤销缓刑、撤销假释的社区矫正对象具备下列情形之一的，社区矫正机构在提出撤销缓刑、撤销假释建议书的同时，提请人民法院决定对其予以逮捕：（一）可能逃跑的；（二）具有危害国家安全、公共安全、社会秩序或者他人人身安全现实危险的；（三）可能对被害人、举报人、控告人或者社区矫正机构工作人员等实施报复行为的；（四）可能实施新的犯罪的。

社区矫正机构提请人民法院决定逮捕社区矫正对象时，应当提供相应证据，移送人民法院审查决定。

社区矫正机构提请逮捕、人民法院作出是否逮捕决定的法律文书，应当同时抄送执行地县级人民检察院。

第53条 社区矫正对象矫正期限届满，且在社区矫正期间没有应当撤销缓刑、撤销假释或者暂予监外执行收监执行情形的，社区矫正机构依法办理解除矫正手续。

社区矫正对象一般应当在社区矫正期满30日前，作出个人总结，执行地县级社区矫正机构应当根据其在接受社区矫正期间的表现等情况作出书面鉴定，与安置帮教工作部门做好衔接工作。

执行地县级社区矫正机构应当向社区矫正对象发放解除社区矫正证明书，并书面通知社区矫正决定机关，同时抄送执行地县级人民检察院和公安机关。

公安机关、监狱管理机关决定暂予监外执行的社区矫正对象刑期届满的，由看守所、监狱依法为其办理刑满释放手续。

社区矫正对象被赦免的，社区矫正机构应当向社区矫正对象发放解除社区矫正证明书，依法办理解除矫正手续。

第54条 社区矫正对象矫正期满，执行地县级社区矫正机构或者受委托的司法所可以组织解除矫正宣告。

解矫宣告包括以下内容：（一）宣读对社区矫正对象的鉴定意见；（二）宣布社区矫正期限届满，依法解除社区矫正；（三）对判处管制的，宣布执行期满，解除管制；对宣告缓刑的，宣布缓刑考验期满，原判刑罚不再执行；对裁定假释的，宣布考验期满，原判刑罚执行完毕。

宣告由社区矫正机构或者司法所工作人员主持，矫正小组成员及其他相关人员到场，按照规定程序进行。

第58条 本办法所称"以上""内"，包括本数；"以下""超过"不包括本数。

【法刊文摘】 检答网集萃83：如何理解社区矫正取消"两个8小时"的规定（检察日报2022年5月23日）

咨询内容（贵州台江杨林）：社区矫正法取消了"两个8小时"的规定，即社区矫正对象每月参加教育学习和社区服务时间分别不少于8小时，新增了参加公益活动，符合条件对社区矫正对象给予表扬等规定。请问如何理解这些规定？

解答摘要（徐丹）：一是为了解决实践中各地在执行8小时教育学习的要求时，易出现影响社区矫正对象矫正效果的问题。有的地方一刀切地安排了8小时学习甚至更多的学习时间，但是并没有充分根据社区矫正对象的个体情况和需要因人施教。有的社区矫正对象因被要求参加集体学习而影响工作，甚至丢了工作，失去生活来源，形成再犯罪风险。二是取消学习时间规定，可以减少机械地开展学习教育，更有利于落实个别化矫正，提升教育质量和教育效果。

【法发〔2020〕38号】 最高人民法院、最高人民检察院、公安部、国家安全部、司法部关于规范量刑程序若干问题的意见（2020年11月5日印发，2020年11月6日施行；法发〔2010〕35号同名《意见（试行）》同时废止）

第3条 对于可能判处管制、缓刑的案件，侦查机关、人民检察院、人民法院可以委托社区矫正机构或者有关社会组织进行调查评估，提出意见，供判处管制、缓刑时参考。

社区矫正机构或者有关社会组织收到侦查机关、人民检察院或人民法院调查评估的委托后，应当根据委托机关的要求依法进行调查，形成评估意见，并及时提交委托机关。

对于没有委托进行调查评估或者判决前没有收到调查评估报告的，人民法院经审理认为被告人符合管制、缓刑适用条件的，可以依法判处管制、宣告缓刑。

【高检发〔2020〕号】 最高人民检察院关于认真学习贯彻十三届全国人大常委会第二十二次会议对《最高人民检察院关于人民检察院适用认罪认罚从宽制度情况的报告》的审议意见的通知（2020年12月1日）

23. 加强与司法行政部门沟通协调，推动解决值班律师资源短缺和经费保障不足等问题。针对社区矫正法未明确检察机关可以向社区矫正机构发出委托调查函，导致一些检察机关委托调查不顺畅，影响缓刑、管制量刑建议提出的问题，"两高三部"《关于规范量刑程序若干问题的意见》明确规定："对于可能判处管制、缓刑的案件，侦查机关、人民检察院、人民法院可以委托社区矫正机构或者有关社会组织进行调查评估，提出意见，供判处管制、缓刑时参考。社区矫正机构或者有关社会组织收到侦查机关、人民检察院或者人民法院调查评估的委托后，应当根据委托机关的要求依法进行调查，形成评估意见，并及时提交委托机关"。各地要加强与司法行政机关的沟通协调，落实上述规定，完善工作机制，确保委托社会调查活动顺畅进行。

【主席令〔2020〕64号】 中华人民共和国预防未成年人犯罪法（2020年12月26日第13届全国人大常委会第24次会议修订，2021年6月1日施行）

第53条 ……对未成年人的社区矫正，应当与成年人分别进行。

对有上述情形且没有完成义务教育的未成年人，公安机关、人民检察院、人民法院、司法行政部门应当与教育行政部门相互配合，保证其继续接受义务教育。

第54条 未成年犯管教所、社区矫正机构应当对未成年犯、未成年社区矫正对象加强法治教育，并根据实际情况对其进行职业教育。

第55条 社区矫正机构应当告知未成年社区矫正对象安置帮教的有关规定，并配合安置帮教工作部门落实或者解决未成年社区矫正对象的就学、就业等问题。

第57条 未成年人的父母或者其他监护人和学校、居民委员会、村民委员会对接受社区矫正、刑满释放的未成年人，应当采取有效的帮教措施，协助司法机关以及有关部门做好安置帮教工作。

居民委员会、村民委员会可以聘请思想品德优秀、作风正派、热心未成年人工作的离退休人员、志愿者或其他人员协助做好前款规定的安置帮教工作。

第58条 刑满释放和接受社区矫正的未成年人，在复学、升学、就业等方面依法享有与其他未成年人同等的权利，任何单位和个人不得歧视。

【法释〔2021〕1号】 最高人民法院关于适用《中华人民共和国刑事诉讼法》的解释（2020年12月7日最高法审委会［1820次］修订，2021年1月26日公布，2021年3月1日施行；2013年1月1日施行的"法释〔2012〕21号"《解释》同时废止）

第514条 罪犯在被交付执行前，因有严重疾病、怀孕或者正在哺乳自己婴儿的妇女、生活不能自理的原因，依法提出暂予监外执行的申请的，有关病情诊断、妊娠检查和生活不能自理的鉴别，由人民法院负责组织进行。

第519条① 对被判处管制、宣告缓刑的罪犯，人民法院应当依法确定社区矫正执行地。社区矫正执行地为罪犯的居住地；罪犯在多个地方居住的，可以确定其经常居住地为执行地；罪犯的居住地、经常居住地无法确定或者不适宜执行社区矫正的，应当根据有利于罪犯接受矫正、更好地融入社会的原则，确定执行地。

宣判时，应当告知罪犯自判决、裁定生效之日起10日以内到执行地社区矫正机构报到，以及不按期报到的后果。

人民法院应当自判决、裁定生效之日起5日以内通知执行地社区矫正机构，并在10日以内将判决书、裁定书、执行通知书等法律文书送达执行地社区矫正机构，同时抄送人民检察院和执行地公安机关。人民法院与社区矫正执行地不在同一地方的，由执行地社区矫正机构将法律文书转送所在地的人民检察院和公安机关。

第542条 罪犯在缓刑、假释考验期限内犯新罪或者被发现在判决宣告前还有其他罪没有判决，应当撤销缓刑、假释的，由审判新罪的人民法院撤销原判决、裁定宣告的缓刑、假释，并书面通知原审人民法院和执行机关。

第543条 人民法院收到社区矫正机构的撤销缓刑建议书后，经审查，确认罪犯在缓刑考验期限内具有下列情形之一的，应当作出撤销缓刑的裁定：（一）违反禁止令，情节严重的；（二）无正当理由不按规定时间报到或者接受社区矫正期间脱离监管，超过1个月的；（三）因违反监督管理规定受到治安管理处罚，仍不改正的；（四）受到执行机关2次警告，仍不改正的；（五）违反有关法律、行政法规和监督管理规定，情节严重的其他情形。

（新增） 人民法院收到社区矫正机构的撤销假释建议书后，经审查，确认罪犯在假释考验期限内具有前款第二项、第四项规定情形之一，或者有其他违反监督管理规定的行为，尚未构成新的犯罪的，应当作出撤销假释的裁定。

第544条 被提请撤销缓刑、假释的罪犯可能逃跑或者可能发生社会危险，社区矫正机构在提出撤销缓刑、假释建议的同时，提请人民法院决定对其予以逮捕的，人民法院应当在48小时以内作出是否逮捕的决定。决定逮捕的，由公安机关执行。逮捕后的羁押期限不得超

---

① 2012年《解释》第436条规定为："对被判处管制、宣告缓刑的罪犯，人民法院应当核实其居住地。宣判时，应当书面告知罪犯到居住地县级司法行政机关报到的期限和不按期报到的后果。判决、裁定生效后10日内，应当将判决书、裁定书、执行通知书等法律文书送达罪犯居住地的县级司法行政机关，同时抄送罪犯居住地的县级人民检察院。"

过 30 日。

第 545 条 人民法院应当在收到社区矫正机构的撤销缓刑、假释建议书后 30 日以内作出裁定。撤销缓刑、假释的裁定一经作出，立即生效。

人民法院应当将撤销缓刑、假释裁定书送达社区矫正机构和公安机关，并抄送人民检察院，由公安机关将罪犯送交执行①。执行以前被逮捕的，羁押 1 日折抵刑期 1 日。

第 580 条 将未成年罪犯送监执行刑罚或者送交社区矫正时，人民法院应当将有关未成年罪犯的调查报告及其在案件审理中的表现材料，连同有关法律文书，一并送达执行机关。

第 584 条 对被判处管制、宣告缓刑、裁定假释、决定暂予监外执行的未成年罪犯，人民法院可以协助社区矫正机构制定帮教措施。

【高检发办字〔2021〕120 号】 人民检察院办理认罪认罚案件开展量刑建议工作的指导意见（2021 年 11 月 15 日最高检第 13 届检委会第 78 次会议通过，2021 年 12 月 3 日印发施行）

第 10 条 人民检察院应当认真审查侦查机关移送的关于犯罪嫌疑人社会危险性和案件对所居住社区影响的调查评估意见。侦查机关未委托调查评估，人民检察院拟提出判处管制、缓刑量刑建议的，一般应当委托犯罪嫌疑人居住地的社区矫正机构或者有关组织进行调查评估，必要时，也可以自行调查评估。

调查评估意见是人民检察院提出判处管制、缓刑量刑建议的重要参考。人民检察院提起公诉时，已收到调查评估材料的，应当一并移送人民法院，已经委托调查评估但尚未收到调查评估材料的，人民检察院经审查全案情况认为犯罪嫌疑人符合管制、缓刑适用条件的，可以提出判处管制、缓刑的量刑建议，同时将委托文书随案移送人民法院。

【法刊文摘】 检答网集萃 81：对法院撤销缓刑裁定不服提出申诉应当由哪个部门办理（检察日报 2022 年 5 月 9 日）

咨询内容（河南新郑杨丽）：不服法院撤销缓刑裁定向控告申诉检察部门提出刑事申诉，是否应当受理，受理后应当由哪个部门进行审查？

解答摘要（王念峰）：根据《人民检察院刑事诉讼规则》第 644 条的规定，法院撤销缓刑裁定属于刑罚执行环节，不属于刑事申诉案件的范围。《人民检察院办理刑事申诉案件规定》第 8 条情形之外的其他与人民检察院办理案件有关的申诉，不适用该规定，应当按照《人民检察院刑事诉讼规则》等规定办理。因此，对于当事人不服法院撤销缓刑裁定向检察院申请监督的，控告申诉检察部门不能作为刑事申诉案件受理，应当接收材料后移送刑事执行检察部门审查办理。

【国安部令〔2024〕4 号】 国家安全机关办理刑事案件程序规定（2024 年 4 月 26 日公布，2024 年 7 月 1 日起施行）

第 325 条 对于被判处管制、宣告缓刑、假释或者暂予监外执行的罪犯，已被羁押的，由看守所依法及时将其交付社区矫正机构执行。被执行取保候审、监视居住的，由国家安全机关依法按时将其移交社区矫正机构。

---

① 本部分内容 2012 年规定为"送交罪犯居住地的县级司法行政机关，由其根据有关规定将罪犯交付执行。撤销缓刑、假释裁定书应当同时抄送罪犯居住地的同级人民检察院和公安机关"。

● 指导案例　　【高检发办字〔2022〕18号】　最高人民检察院第33批指导性案例（2021年12月29日最高检第13届检委会第84次会议通过，2022年1月30日印发）

（检例第131号）　社区矫正对象孙某某撤销缓刑监督案

要旨：……人民检察院开展社区矫正法律监督，应当综合运用查阅档案、调查询问、信息核查等多种方式，查明社区矫正中是否存在违法情形，精准提出监督意见。对宣告缓刑的社区矫正对象违反法律、行政法规和监督管理规定的，应当结合违法违规的客观事实和主观情节，准确认定是否属于"情节严重"应予撤销缓刑情形。对符合撤销缓刑情形但社区矫正机构未依法向人民法院提出撤销缓刑建议的，人民检察院应当向社区矫正机构提出纠正意见；对社区矫正工作中存在普遍性、倾向性违法问题或者有重大隐患的，人民检察院应当提出检察建议。

（检例第134号）　社区矫正对象管某某申请外出监督案①

要旨：人民检察院开展社区矫正法律监督工作，应当监督社区矫正机构依法履行社区矫正对象申请外出的审批职责。社区矫正对象因生产经营需要等正当理由申请外出，社区矫正机构未予批准，申请人民检察院监督的，人民检察院应当在调查核实后依法监督社区矫正机构批准。社区矫正机构批准外出的，人民检察院应当监督社区矫正机构加强对社区矫正对象外出期间的动态监督管理，确保社区矫正对象"放得出""管得住"。

（检例第135号）　社区矫正对象贾某某申请经常性跨市县活动监督案②

要旨：人民检察院开展社区矫正法律监督工作，应当切实加强社区矫正对象合法权益保障，着力解决人民群众"急难愁盼"问题。对于社区矫正对象因正常工作、生活需要申请经常性跨市县（包含跨不同省份之间的市、县）活动的，人民检察院应当监督社区矫正机构依法予以批准，并简化批准程序和方式。

第270条③　【剥夺政治权利执行】对被判处剥夺政治权利的罪犯，由公安机关执行。执行期满，应当由执行机关书面通知本人及其所在单位、居住地基层组织。

● 相关规定　　【公安部令〔2020〕159号】　公安机关办理刑事案件程序规定（2020年7月4日第3次部务会议修订，2020年7月20日公布，2020年9月1日施行）

第302条（第2款）　对被判处剥夺政治权利的罪犯，由罪犯居住地的派出所负责

---

① 本案指导意义：……对于社区矫正对象确因生产经营、就医、就学等正当理由申请外出且无社会危险性的，应认定为符合《社区矫正法》第27条第1款规定，建议社区矫正机构依法予以批准。……

② 本案指导意义：……应当经常性跨市、县活动所指的"市、县"理解为，既包括本省域内的市、县，也包括不同省份之间的市、县。对因正常工作和生活需要，以相对固定时间、频次经常性跨市、县活动的长途货运司机、物流押送员、销售员等特定社区矫正对象，人民检察院应当监督社区矫正机构依法履职，简化批准程序和方式，批准社区矫正对象经常性跨市、县活动的申请。

③ 本条规定由2012年3月14日第11届全国人大常委会第5次会议修改，2013年1月1日施行。原规定为："对于被判处管制、剥夺政治权利的罪犯，由公安机关执行。执行期满，应当由执行机关通知本人，并向有关群众公开宣布解除管制或者恢复政治权利。"

执行。

第311条　负责执行剥夺政治权利的派出所应当按照人民法院的判决，向罪犯及其所在单位、居住地基层组织宣布其犯罪事实、被剥夺政治权利的期限，以及罪犯在执行期间应当遵守的规定。

第312条　被剥夺政治权利的罪犯在执行期间应当遵守下列规定：（一）遵守国家法律、行政法规和公安部制定的有关规定，服从监督管理；（二）不得享有选举权和被选举权；（三）不得组织或者参加集会、游行、示威、结社活动；（四）不得出版、制作、发行书籍、音像制品；（五）不得接受采访、发表演说；（六）不得在境内外发表有损国家荣誉、利益或者其他具有社会危害性的言论；（七）不得担任国家机关职务；（八）不得担任国有公司、企业、事业单位和人民团体的领导职务。

第313条　被剥夺政治权利的罪犯违反本规定第312条的规定，尚未构成新的犯罪的，公安机关依法可以给予治安管理处罚。

【法释〔2021〕1号】　最高人民法院关于适用《中华人民共和国刑事诉讼法》的解释（2020年12月7日最高法审委会〔1820次〕修订，2021年1月26日公布，2021年3月1日施行；2013年1月1日施行的"法释〔2012〕21号"《解释》同时废止）

第520条　对单处剥夺政治权利的罪犯，人民法院应当在判决、裁定生效后10日以内，将判决书、裁定书、执行通知书等法律文书送达罪犯居住地的县级公安机关，并抄送罪犯居住地的县级人民检察院。

第271条①　【罚金执行】被判处罚金的罪犯，期满不缴纳的，人民法院应当强制缴纳；如果由于遭遇不能抗拒的灾祸等原因缴纳确实有困难的，经人民法院裁定，可以延期缴纳、酌情减少或者免除。

第272条　【没收财产执行】没收财产的判决，无论附加适用或者独立适用，都由人民法院执行；在必要的时候，可以会同公安机关执行。

● 相关规定　【财预字〔85〕47号】　财政部关于重申国家罚没收入一律上缴国库的通知（1985年4月3日印发；1985年4月13日最高法"法（司）发〔1985〕9号"《通知》转发）

一、认真整顿和清理查处经济案件的罚款和没收的财物。

中央纪委1982年7月14日中纪〔1982〕31号《关于纠正当前处理经济犯罪案件中存在的"重罚轻刑"现象通知》中规定："各地区、各部门自收到本通知之日起，应责成有关单位对尚未处理的罚款和没收的财物要立即进行彻底清点、造册登记，依照规定变价后如数上缴国库。任何部门单位和个人一律不得自行提成和留用。"各级财政部门要在政府统一领导下，会同审计机关再次认真督促检查，彻底整顿和清理罚款和没收的财物，对应交未交的罚没收入，应及时足额地收缴入库；已经挪用的，原则上要如数追回，"贪赃枉法"的，要报告领导机关依法严肃处理。

---

① 本条规定由2018年10月26日第13届全国人大常委会第6次会议修改，同日公布施行。原规定为："被判处罚金的罪犯，期满不缴纳的，人民法院应当强制缴纳；如果由于遭遇不能抗拒的灾祸缴纳确实有困难的，可以裁定减少或者免除。"

二、各项罚没收入，一律上缴国库，任何地区、部门和单位都不得坐支截留。1982年7月国务院常务会议原则同意的东南沿海三省第三次打击走私工作会议情况汇报中指出：现行的对走私、投机倒把案件的罚没收入提成和奖励办法，执行中弊病很多，使一些单位滋长了本位主义"向钱看"的倾向，有的对应该法办的"以罚代刑"，有的滥发奖金和私分赃物，使一些干部职工受到腐蚀。为了杜绝这些流弊，各项罚没收入一律上缴财政，办案部门不得自行提成和坐支截留，其所需的办案费用，由财政部门另行专项拨付（见国务院办公厅〔1982〕第10号参阅文件）。各地区、各部门、各单位都要认真贯彻执行国务院上述指示，和随后经国务院批准由财政部制发的《关于罚没财物管理办法》的具体规定。重申，各级公安、检察、法院等政法机关和海关、工商管理、物价、交通等行政执法机关依法处理走私贩私、投机倒把、违反物价管理、治安管理、交通管理等案件，依法收缴的罚没款和罚没物资变价款，都必须作为罚没收入及时足额地上缴国库，各有关部门和单位，都不得自行提成、截留或坐支（海关总署按国务院国发〔1984〕167号文件办理，下同）。依法追回贪污盗窃等案件的赃款和赃物变价款，除依法归还原主部分外，也都要如数上缴国库。对于屡催不缴的，各级财政部门除报告领导机关严肃处理外，有权从其行政事业经费中扣缴。

三、依法没收的各种物资，任何部门、任何人都不得私自动用。各级政法机关和行政执法机关对于依法收缴保管的各种物资，必须严格按照财政部《关于罚没财物管理办法》有关罚没财物的处理原则的规定进行处理。即属于商业部门经营范围的商品，一律交由指定的国营商业单位负责变价处理，不得内部处理。商业部门对经销的罚没物资，也必须纳入正常销售渠道投入市场，不准内部处理；属于金银、有价证券、文物、毒品等物资，应及时交由专管机构或专营企业收兑或收购。凡是乱拿、乱借或低价私分罚没物资的，应以"贪赃枉法"论，必须依法追究责任，进行严肃处理。

四、因办案需要增加的费用，应由财政机关核实退库，不得自行坐支留用。打击经济领域和其他领域犯罪活动，是各级政法机关和行政执法机关的职能和任务，其办案所需用，包括正常的办案费用，国家预算都已有安排。有的执法机关，如海关、工商行政管理机关，由于侦擦调查任务较重，还要支付告发检举人奖金等，因此，除正常行政事业经费外，财政部《关于罚没财物管理办法》规定：因办案需要增加的费用，由案件主办单位定期编报用款计划，由财政机关核准后，在入库的罚没收入的20%至30%以内掌握退库，统一安排使用，以弥补正常经费的不足。但是，办案费用，必须由财政机关统一掌握退库核拨，不得从罚没收入中自行坐支留用。否则，不仅造成预算执行的紊乱，而且脱离财政监督和制约，容易产生流弊。各地如有自行坐支留用的，应即按国家统一规定改过来。坚持"收支两条线"的原则。至于公安等机关因参加查缉走私等案件需要增加的办案费用补助，由案件主办单位（海关或工商管理等部门）从财政机关核拨的办案费用中酌情分拨。公安等联合办案单位，不与财政机关直接发生办案费用的领拨关系。

各级政法机关和行政执法机关的罚没收入按规定全部上缴国库后，各级财政机关对于不另外领取办案费用的执法机关，应在贯彻国务院关于节俭压缩行政经费的原则下，在安排经费支出预算时，要考虑这些执法机关的业务特点，对其办案所需的、必不可少的经费予以妥善安排。

【法释〔2000〕29号】　最高人民法院关于严格执行案件审理期限制度的若干规定（2000年9月14日最高法审委会第1130次会议通过，2000年9月22日公布，2000年9月28日施行，根据2008年12月16日发布的《最高人民法院关于调整司法解释等文件中引用〈中华人民共和国民事诉讼法〉条文序号的决定》调整）

第5条（第3款）　刑事案件没收财产刑应当即时执行。

（第4款）　刑事案件罚金刑，应当在判决、裁定发生法律效力后3个月内执行完毕，至迟不超过6个月。

第9条　下列期间不计入审理、执行期限：

……

（九）中止诉讼（审理）或执行至恢复诉讼（审理）或执行的期间；

……

（十一）上级人民法院通知暂缓执行的期间；

（十二）执行中拍卖、变卖被查封、扣押财产的期间。

【六部委〔2012〕规定】　最高人民法院、最高人民检察院、公安部、国家安全部、司法部、全国人大常委会法制工作委员会关于实施刑事诉讼法若干问题的规定（2012年12月26日印发，2013年1月1日施行）

36.（第1款）对于依照刑法规定应当追缴的违法所得及其他涉案财产，除依法返还被害人的财物以及依法销毁的违禁品外，必须一律上缴国库。查封、扣押的涉案财产，依法不移送的，待人民法院作出生效判决、裁定后，由人民法院通知查封、扣押机关上缴国库，查封、扣押机关应当向人民法院送交执行回单；冻结在金融机构的违法所得及其他涉案财产，待人民法院作出生效判决、裁定后，由人民法院通知有关金融机构上缴国库，有关金融机构应当向人民法院送交执行回单。

最高人民法院研究室关于如何执行没收个人全部财产问题的研究意见[①]

作为附加刑的没收个人全部财产，应当是没收犯罪分子个人合法所有的全部财产。如相关财产属于违法所得，应通过追缴、退赔程序予以追回；如相关财产确属犯罪分子家属所有或者应有的财产，也不得作为没收对象。在没收财产前，如犯罪分子的财产与其他家庭成员的财产处于共有状态，应当从中分割出属于犯罪分子个人所有的财产后予以没收。

对于能够认定为违法所得的，应当根据刑法第64条的规定裁定予以追缴；对于有证据证明确系国家工作人员来源不明的巨额财产，而没有依法追诉和判决的，应当建议检察机关依法追诉，人民法院依法作出判决后根据刑法第395条的规定予以追缴。

【法释〔2014〕13号】　最高人民法院关于刑事裁判涉财产部分执行的若干规定（2014年9月1日最高法审委会第1625次会议通过，2014年10月30日公布，2014年11月6日施行；代替法释〔2010〕4号《最高人民法院关于财产刑执行问题的若干规定》）

第1条　本规定所称刑事裁判涉财产部分的执行，是指发生法律效力的刑事裁判主文确定的下列事项的执行：（一）罚金、没收财产；（二）责令退赔；（三）处置随案移送的赃款赃物；（四）没收随案移送的供犯罪所用本人财物；（五）其他应当由人民法院执行的相关

[①] 见最高法研究室编撰的《司法研究与指导》（总第1辑，人民法院出版社2012年5月出版）第170页。

事项。

刑事附带民事裁判的执行，适用民事执行的有关规定。

第2条　刑事裁判涉财产部分，由第一审人民法院执行。第一审人民法院可以委托财产所在地的同级人民法院执行。

第3条　人民法院办理刑事裁判涉财产部分执行案件的期限为6个月。有特殊情况需要延长的，经本院院长批准，可以延长。

第4条　人民法院刑事审判中可能判处被告人财产刑、责令退赔的，刑事审判部门应当依法对被告人的财产状况进行调查；发现可能隐匿、转移财产的，应当及时查封、扣押、冻结其相应财产。

第5条　刑事审判或者执行中，对于侦查机关已经采取的查封、扣押、冻结，人民法院应当在期限届满前及时续行查封、扣押、冻结。人民法院续行查封、扣押、冻结的顺位与侦查机关查封、扣押、冻结的顺位相同。

对侦查机关查封、扣押、冻结的财产，人民法院执行中可以直接裁定处置，无需侦查机关出具解除手续，但裁定中应当指明侦查机关查封、扣押、冻结的事实。[①]

第6条　刑事裁判涉财产部分的裁判内容，应当明确、具体。涉案财物或者被害人人数较多，不宜在判决主文中详细列明的，可以概括叙明并另附清单。

判处没收部分财产的，应当明确没收的具体财物或者金额。

判处追缴或者责令退赔的，应当明确追缴或者退赔的金额或财物的名称、数量等相关情况。

第7条　由人民法院执行机构负责执行的刑事裁判涉财产部分，刑事审判部门应当及时移送立案部门审查立案。

移送立案应当提交生效裁判文书及其附件和其他相关材料，并填写《移送执行表》。《移送执行表》应当载明以下内容：（一）被执行人、被害人的基本信息；（二）已查明的财产状况或者财产线索；（三）随案移送的财产和已经处置财产的情况；（四）查封、扣押、冻结财产的情况；（五）移送执行的时间；（六）其他需要说明的情况。

人民法院立案部门经审查，认为属于移送范围且移送材料齐全的，应当在7日内立案，并移送执行机构。

第8条　人民法院可以向刑罚执行机关、社区矫正机构等有关单位调查被执行人的财产状况，并可以根据不同情形要求有关单位协助采取查封、扣押、冻结、划拨等执行措施。

第9条　判处没收财产的，应当执行刑事裁判生效时被执行人合法所有的财产。

执行没收财产或罚金刑，应当参照被扶养人住所地政府公布的上年度当地居民最低生活费标准，保留被执行人及其所扶养家属的生活必需费用。

第10条　对赃款赃物及其收益，人民法院应当一并追缴。

[①] 注：在以往的司法实践中，金融机构或者房地产管理部门等协助执行单位，往往将公、检、法不同司法机关对同一刑事案件涉案财产的查封、续行查封，视为轮候查封或者重新查封；在侦查机关查封、扣押、冻结期限届满前，对于人民法院在案件执行中直接处置侦查机关查封的财产，有关单位往往不予协助执行，而是要求出具侦查机关解除查封的相关手续。为解决上述问题，法释〔2014〕13号《规定》明确了人民法院执行中可以直接裁定处置侦查机关查封的财产，无需侦查机关出具解除手续；执行中案外人对侦查机关的查封、扣押、冻结提出异议的，应当由执行机构审查处理。

被执行人将赃款赃物投资或者置业，对因此形成的财产及其收益，人民法院应予追缴。

被执行人将赃款赃物与其他合法财产共同投资或者置业，对因此形成的财产中与赃款赃物对应的份额及其收益，人民法院应予追缴。

对于被害人的损失，应当按照刑事裁判认定的实际损失予以发还或者赔偿。

第11条 被执行人将刑事裁判认定为赃款赃物的涉案财物用于清偿债务、转让或者设置其他权利负担，具有下列情形之一的，人民法院应予追缴：（一）第三人明知是涉案财物而接受的；（二）第三人无偿或者以明显低于市场的价格取得涉案财物的；（三）第三人通过非法债务清偿或者违法犯罪活动取得涉案财物的；（四）第三人通过其他恶意方式取得涉案财物的。

第三人善意取得涉案财物的，执行程序中不予追缴。作为原所有人的被害人对该涉案财物主张权利的，人民法院应当告知其通过诉讼程序处理。

第12条 被执行财产需要变价的，人民法院执行机构应当依法采取拍卖、变卖等变价措施。

涉案财物最后一次拍卖未能成交，需要上缴国库的，人民法院应当通知有关财政机关如该次拍卖保留价予以接收；有关财政机关要求继续变价的，可以进行无保留价拍卖。需要退赔被害人的，以该次拍卖保留价以物退赔；被害人不同意以物退赔的，可以进行无保留价拍卖。

第13条 被执行人在执行中同时承担刑事责任、民事责任，其财产不足以支付的，按照下列顺序执行：（一）人身损害赔偿中的医疗费用；（二）退赔被害人的损失；（三）其他民事债务；（四）罚金；（五）没收财产。

债权人对执行标的依法享有优先受偿权，其主张优先受偿的，人民法院应当在前款第（一）项规定的医疗费用受偿后，予以支持。

第14条 执行过程中，当事人、利害关系人认为执行行为违反法律规定，或者案外人对执行标的主张足以阻止执行的实体权利，向执行法院提出书面异议的，执行法院应当依照民事诉讼法第225条的规定处理。

人民法院审查案外人异议、复议，应当公开听证。

第15条 执行过程中，案外人或被害人认为刑事裁判中对涉案财物是否属于赃款赃物认定错误或者应予认定而未认定，向执行法院提出书面异议，可以通过裁定补正的，执行机构应当将异议材料移送刑事审判部门处理；无法通过裁定补正的，应当告知异议人通过审判监督程序处理。

第16条 人民法院办理刑事裁判涉财产部分执行案件，刑法、刑事诉讼法及有关司法解释没有相应规定的，参照适用民事执行的有关规定。

第17条 最高人民法院此前发布的司法解释与本规定不一致的，以本规定为准。

【法发〔2016〕27号】 最高人民法院关于充分发挥审判职能作用切实加强产权司法保护的意见（2016年11月28日）

8. 严格规范涉案财产的处置，依法维护涉案企业和人员的合法权益。严格区分违法所得和合法财产，对于经过审理不能确认为违法所得的，不得判决追缴或者责令退赔。严格区分个人财产和企业法人财产，处理股东、企业经营管理者等自然人犯罪不得任意牵连企业法人财产，处理企业犯罪不得任意牵连股东、企业经营管理者个人合法财产。严格区分涉案人员个人财产和家庭成员财产，处理涉案人员犯罪不得牵连其家庭成员合法财产……

【法〔2016〕401号】　最高人民法院关于在执行工作中规范执行行为切实保护各方当事人财产权益的通知（2016年11月22日）

二、依法准确甄别被执行人财产。只能执行被执行人的财产，是法院强制执行的基本法律原则。各级人民法院在执行过程中，要依法准确甄别被执行人财产，加强对财产登记、权属证书、证明及有关信息的审查，加强与有关财产权属登记部门的沟通合作，推进信息化执行查询机制建设，准确、及时地甄别被执行人财产，避免对案外人等非被执行人的合法财产采取强制执行措施。……

在财产刑案件执行中，要依法严格区分违法所得和合法财产，对于经过审理不能确认为违法所得的，不得判决追缴或者责令退赔；严格区分个人财产和企业法人财产，处理股东、企业经营管理者等自然人犯罪不得任意牵连企业法人财产，处理企业犯罪不得任意牵连股东、企业经营管理者个人合法财产；严格区分涉案人员个人财产和家庭成员财产，处理涉案人员犯罪不得牵连其家庭成员合法财产。

在执行程序中直接变更、追加被执行人的，应严格限定于法律、司法解释明确规定的情形。各级人民法院应严格依照即将施行的《最高人民法院关于民事执行中变更、追加当事人若干问题的规定》，避免随意扩大变更、追加范围。

【法办函〔2017〕19号】　最高人民法院办公厅关于刑事裁判涉财产部分执行可否收取诉讼费意见的复函（2017年1月11日答复发展改革委办公厅《关于商请人民法院可否收取刑事案件涉财产执行诉讼费有关问题的函》）

刑事裁判涉财产部分执行不同于民事执行，人民法院办理刑事涉财产部分执行案件，不应收取诉讼费。

【主席令〔2018〕13号】　中华人民共和国国际刑事司法协助法（2018年10月26日第13届全国人大常委会第6次会议通过，主席令第13号公布施行）

第47条　办案机关需要外国协助没收违法所得及其他涉案财物的，应当制作刑事司法协助请求书并附相关材料，经所属主管机关审核同意后，由对外联系机关及时向外国提出请求。

请求外国将违法所得及其他涉案财物返还中华人民共和国或者返还被害人的，可以在向外国提出没收请求时一并提出，也可以单独提出。

外国对于返还被查封、扣押、冻结的违法所得及其他涉案财物有特殊要求的，在不违反中华人民共和国法律的基本原则的情况下，可以同意。需要由司法机关作出决定的，由人民法院作出决定。

第48条　向外国请求没收、返还违法所得及其他涉案财物的，请求书及所附材料应当根据需要载明下列事项：（一）需要没收、返还的违法所得及其他涉案财物的名称、特性、外形和数量等；（二）需要没收、返还的违法所得及其他涉案财物的地点。资金或者其他金融资产存放在金融机构中的，应当载明金融机构的名称、地址和账户信息；（三）没收、返还的理由和相关权属证明；（四）相关法律文书的副本；（五）有关没收、返还以及利害关系人权利保障的法律规定；（六）有助于执行请求的其他材料。

第49条　外国协助没收、返还违法所得及其他涉案财物的，由对外联系机关会同主管机关就有关财物的移交问题与外国进行协商。

对于请求外国协助没收、返还违法所得及其他涉案财物，外国提出分享请求的，分享的数额或者比例，由对外联系机关会同主管机关与外国协商确定。

第 50 条（第 2 款）　外国向中华人民共和国请求协助没收、返还违法所得及其他涉案财物，请求书及所附材料应当根据需要载明本法第 48 条规定的事项。

第 51 条　主管机关经审查认为符合下列条件的，可以同意协助没收违法所得及其他涉案财物，并安排有关办案机关执行：（一）没收违法所得及其他涉案财物符合中华人民共和国法律规定的条件；（二）外国充分保障了利害关系人的相关权利；（三）在中华人民共和国有可供执行的财物；（四）请求书及所附材料详细描述了请求针对的财物的权属、名称、特征、外形和数量等信息；（五）没收在请求国不能执行或者不能完全执行；（六）主管机关认为应当满足的其他条件。

第 52 条　外国请求协助没收违法所得及其他涉案财物，有下列情形之一的，可以拒绝提供协助，并说明理由：（一）中华人民共和国或者第三国司法机关已经对请求针对的财物作出生效裁判，并且已经执行完毕或者正在执行；（二）请求针对的财物不存在，已经毁损、灭失、变卖或者已经转移导致无法执行，但请求没收变卖物或者转移后的财物的除外；（三）请求针对的人员在中华人民共和国境内有尚未清偿的债务或者尚未了结的诉讼；（四）其他可以拒绝的情形。

第 53 条　外国请求返还违法所得及其他涉案财物，能够提供确实、充分的证据证明，主管机关经审查认为符合中华人民共和国法律规定的条件的，可以同意并安排有关办案机关执行。返还前，办案机关可以扣除执行请求产生的合理费用。

第 54 条　对于外国请求协助没收、返还违法所得及其他涉案财物的，可以由对外联系机关会同主管机关提出分享的请求。分享的数额或者比例，由对外联系机关会同主管机关与外国协商确定。

【法（纪）〔2019〕号】　刑事追赃与民事责任的协调与衔接（最高法二巡庭 2019 年第 17 次法官会议纪要）[①]

刑事诉讼中的追赃和责令退赔程序仅解决受害人与被告人之间的财产返还和赔偿问题，并不影响受害人通过民事诉讼程序向被告人之外的其他民事主体主张民事权利。如被告人在实施犯罪行为过程中以其他法人名义所实施的民事行为构成表见代理或表见代表，在民事诉讼中，被告人行为的法律后果应当由被代表法人承担。若刑事判决所认定被害人暨出借人的损失范围未包括利息等其他费用，民事案件的审理仍应按照借款合同的履行情况确定还款责任范围。为避免被害人获得双重赔偿，在相关民事判决执行程序中应当查明刑事判决所确定的退赔义务是否已执行到位，并抵扣相应金额。

【高检发释字〔2019〕4 号】　人民检察院刑事诉讼规则（2019 年 12 月 2 日最高检第 13 届检委会第 28 次会议通过，2019 年 12 月 30 日公布施行；高检发释字〔2012〕2 号《规则（试行）》同时废止）

第 645 条　人民检察院发现人民法院执行刑事裁判涉财产部分具有下列情形之一的，应当依法提出纠正意见：（一）执行立案活动违法的；（二）延期缴纳、酌情减少或者免除罚金违法的；（三）中止执行或者终结执行违法的；（四）被执行人有履行能力，应当执行而不执行的；（五）损害被执行人、被害人、利害关系人或者案外人合法权益的；（六）刑事裁判全部或者部分被撤销后未依法返还或者赔偿的；（七）执行的财产未依法上缴国库的；

[①] 参见参见贺小荣主编：《最高人民法院第二巡回法庭法官会议纪要》（第一辑），人民法院出版社 2019 年版。

(八) 其他违法情形。

人民检察院对人民法院执行刑事裁判涉财产部分进行监督，可以对公安机关查封、扣押、冻结涉案财物的情况，人民法院审判部门、立案部门、执行部门移送、立案、执行情况，被执行人的履行能力等情况向有关单位和个人进行调查核实。

第646条　人民检察院发现被执行人或者其他人员有隐匿、转移、变卖财产等妨碍执行情形的，可以建议人民法院及时查封、扣押、冻结。

公安机关不依法向人民法院移送涉案财物、相关清单、照片和其他证明文件，或者对涉案财物的查封、扣押、冻结、返还、处置等活动存在违法情形的，人民检察院应当依法提出纠正意见。

【法释〔2021〕1号】　最高人民法院关于适用《中华人民共和国刑事诉讼法》的解释（2020年12月7日最高法审委会〔1820次〕修订，2021年1月26日公布，2021年3月1日施行；2013年1月1日施行的"法释〔2012〕21号"《解释》同时废止）

第521条　刑事裁判涉财产部分的执行，是指发生法律效力的刑事裁判中下列判项的执行：（一）罚金、没收财产；（二）追缴、责令退赔违法所得；（三）处置随案移送的赃款赃物；（四）没收随案移送的供犯罪所用本人财物；（五）其他应当由人民法院执行的相关涉财产的判项。

第522条　刑事裁判涉财产部分财产刑和附带民事裁判应当由人民法院执行的，由第一审人民法院负责裁判执行的机构执行。

第523条　罚金在判决规定的期限内1次或者分期缴纳。期满无故不缴纳或者未足额缴纳的，人民法院应当强制缴纳。经强制缴纳仍不能全部缴纳的，在任何时候，包括主刑执行完毕后，发现被执行人有可供执行的财产的，应当追缴。

行政机关对被告人就同一事实已经处以罚款的，人民法院判处罚金时应当折抵，扣除行政处罚已执行的部分。

第524条　因遭遇不能抗拒的灾祸等原因缴纳罚金确有困难，被执行人申请延期缴纳、酌情减少或者免除罚金的，应当提交相关证明材料。人民法院应当在收到申请后1个月以内作出裁定。符合法定减免条件的，应当准许；不符合条件的，驳回申请。

第525条　判处没收财产的，判决生效后，应当立即执行。

第526条　执行财产刑，应当参照被扶养人住所地政府公布的上年度当地居民最低生活费标准，保留被执行人及其所扶养人的生活必需费用。

第527条　被判处财产刑，同时又承担附带民事赔偿责任的被执行人，应当先履行民事赔偿责任。

判处财产刑之前被执行人所负正当债务，需要以被执行的财产偿还的，经债权人请求，应当偿还。

第528条　执行刑事裁判涉财产部分、附带民事裁判过程中，当事人、利害关系人认为执行行为违反法律规定，或者案外人对执行标的书面提出异议的，人民法院应当参照民事诉讼法的有关规定处理。[①]

[①] 2012年《解释》第440条规定为："执行财产刑和附带民事裁判过程中，案外人对执行财产提出权属异议的，人民法院应当参照民事诉讼有关执行异议的规定进行审查并作出处理。"

原第443条　执行财产刑过程中，具有下列情形之一的，人民法院应当裁定中止执行：(一) 执行标的物系人民法院或者仲裁机构正在审理案件的争议标的物，需等待该案件审理完毕确定权属的；(二) 案外人对执行标的物提出异议的；(三) 应当中止执行的其他情形。

中止执行的原因消除后，应当恢复执行。

第529条　执行刑事裁判涉财产部分、附带民事裁判财产刑过程中，具有下列情形之一的，人民法院应当裁定终结执行：(一) 据以执行的判决、裁定被撤销的；(二) 被执行人死亡或者被执行死刑，且无财产可供执行的；(三) 被判处罚金的单位终止，且无财产可供执行的；(四) 依照刑法第53条规定免除罚金的；(五) 应当终结执行的其他情形。

裁定终结执行后，发现被执行人的财产有被隐匿、转移等情形的，应当追缴。

第530条　被执行人或者被执行财产在外地的，第一审人民法院可以委托财产所在地的同级人民法院当地人民法院执行。

受托法院在执行财产刑后，应当及时将执行的财产上缴国库。

第531条　刑事裁判涉财产部分、附带民事裁判财产刑全部或者部分被撤销的，已经执行的财产应当全部或者部分返还被执行人；无法返还的，应当依法赔偿。

第532条　刑事裁判涉财产部分、附带民事裁判的执行，刑事诉讼法及有关刑事司法解释没有规定的，参照适用民事执行的有关规定。①

【法发〔2022〕2号】　最高人民法院关于充分发挥司法职能作用助力中小微企业发展的指导意见（2022年1月13日）

8.……在刑事裁判涉财产部分执行过程中，中小微企业等市场主体作为案外人对执行标的提出异议的，严格依照相关规定妥善处理，依法保护其合法财产权益。……

【国安部令〔2024〕4号】　国家安全机关办理刑事案件程序规定（2024年4月26日公布，2024年7月1日起施行）

第337条　对审判时尚未追缴到案或者尚未足额退赔的违法所得，人民法院判决继续追缴或者责令退赔的，国家安全机关应当配合人民法院执行。

【法刊文摘】　法答网精选答问（第3批）（人民法院报2024年3月21日第7版）

问题5：罚金刑的刑事执行案件中对于被执行人名下的唯一住房是否可以执行？

答疑摘要：对于罚金刑的刑事执行案件中被执行人名下唯一住房执行问题，可参照适用民事执行中的相关规定办理。需要注意的是，被执行人及其所扶养家属的"唯一住房"和"生活必需住房"两个概念并不完全相同。被执行人及其所扶养家属唯一的住房，并非完全不能作为强制执行的标的物，如果能够保障被执行人及其所扶养家属维持生活必需的居住条件，可采取相应的方式予以执行。

【主席令〔1996〕80号】　中华人民共和国香港特别行政区驻军法（1996年12月30日全国人大常委会〔8届23次〕通过，1997年7月1日起施行）

第27条　香港特别行政区法院作出的判决、裁定涉及香港驻军的机关或者单位的财产

---

① 2012年《解释》第447条规定为："财产刑和附带民事裁判的执行，本解释没有规定的，参照适用民事执行的有关规定。"

执行的，香港驻军的机关或者单位必须履行；但是，香港特别行政区法院不得对香港驻军的武器装备、物资和其他财产实施强制执行。

【主席令〔1999〕18号】 中华人民共和国澳门特别行政区驻军法（1999年6月28日全国人大常委会〔9届10次〕通过，1999年12月20日起施行）

第27条 澳门特别行政区法院作出的判决、裁定涉及澳门驻军的机关或者单位的财产执行的，澳门驻军的机关或者单位必须履行；但是，澳门特别行政区法院不得对澳门驻军的武器装备、物资和其他财产实施强制执行。

● 入库案例 【2023-17-5-203-041】 付某某执行监督案（最高法/2023.12.18/〔2023〕最高法执监286号）

裁判要旨：刑事裁判涉财产部分执行中，在执行没收个人全部财产判项时，人民法院应当执行刑事裁判生效时被执行人合法所有的全部财产，包括夫妻共同财产中属于被执行人所有的部分。被执行人配偶以财产系其个人财产为由主张实体权利的，应当提供充分证据证明，由执行法院通过执行异议和复议程序审查。

【2023-17-5-203-042】 李某某执行监督案（最高法/2021.09.29/〔2021〕最高法执监10号）

裁判要旨：刑事裁判涉财产部分的裁判内容，应当明确、具体。刑事裁判未明确随案移送的他人名下财物属于赃物并应予追缴，或者未明确应予追缴的权属比例或者具体金额的，应当依照执行依据不明的相关规定处理。

第273条（第1款） 【新罪、漏罪处理】 罪犯在服刑期间又犯罪的，或者发现了判决的时候所没有发现的罪行，由执行机关移送人民检察院处理。①

● 相关规定 【高检发监字〔2008〕1号】 人民检察院监狱检察办法（2008年2月22日最高检第10届检委会第94次会议通过，2008年3月23日印发"4个检察办法"）②

第40条 人民检察院监所检察部门负责监狱侦查的罪犯又犯罪案件的审查逮捕、审查起诉和出庭支持公诉，以及立案监督、侦查监督、审判监督、死刑临场监督等工作。

第41条 办理罪犯又犯罪案件期间该罪犯原判刑期届满的，在侦查阶段由监狱提请人民检察院审查批准逮捕，在审查起诉阶段由人民检察院决定逮捕。

第42条 发现罪犯在判决宣告前还有其他罪行没有判决的，应当分别情形作出处理：
（一）适宜于服刑地人民法院审理的，依照本办法第40条、第41条的规定办理；
（二）适宜于原审地或者犯罪地人民法院审理的，转交当地人民检察院办理；
（三）属于职务犯罪的，交由原提起公诉的人民检察院办理。

---

① 本款规定由1996年3月17日第8届全国人民代表大会第4次会议修改，1997年1月1日施行。原规定为："罪犯在服刑期间又犯罪的，或者发现了判决时所没有发现的罪行，监狱和劳动改造机关应当移送人民检察院处理。"

② 注：本《办法》的部分规定与2021年12月8日《人民检察院巡回检察工作规定》不一致，以后者为准。

【公安部令〔2020〕159号】 公安机关办理刑事案件程序规定（2020年7月4日第3次部务会议修订，2020年7月20日公布，2020年9月1日施行）

第315条 对留看守所执行刑罚的罪犯，在暂予监外执行期间又犯新罪的，由犯罪地公安机关立案侦查，并通知批准机关。批准机关作出收监执行决定后，应当根据侦查、审判需要，由犯罪地看守所或者暂予监外执行地看守所收监执行。

第316条 被剥夺政治权利、管制、宣告缓刑和假释的罪犯在执行期间又犯新罪的，由犯罪地公安机关立案侦查。

对留看守所执行刑罚的罪犯，因犯新罪被撤销假释的，应当根据侦查、审判需要，由犯罪地看守所或者原执行看守所收监执行。

【国安部令〔2024〕4号】 国家安全机关办理刑事案件程序规定（2024年4月26日公布，2024年7月1日起施行）

第336条 被剥夺政治权利、管制、宣告缓刑和假释的罪犯在执行期间又犯新罪，属于国家安全机关管辖的，由犯罪地国家安全机关立案侦查。

对于留所服刑的罪犯，因犯新罪被撤销假释的，应当根据侦查、审判需要，由犯罪地看守所或者原执行地看守所收监执行。

第273条（第2款） 【减刑、假释报请】被判处管制、拘役、有期徒刑或者无期徒刑的罪犯，在执行期间确有悔改或者立功表现，应当依法予以减刑、假释的时候，由执行机关提出建议书，报请人民法院审核裁定，并将建议书副本抄送人民检察院。人民检察院可以向人民法院提出书面意见[①]。

第274条[②] 【减刑、假释检察监督】人民检察院认为人民法院减刑、假释的裁定不当，应当在收到裁定书副本后20日以内，向人民法院提出书面纠正意见。人民法院应当在收到纠正意见后1个月以内重新组成合议庭进行审理，作出最终裁定。

● **相关规定** 【司法部令〔1999〕56号】 未成年犯管教所管理规定（1999年5月6日司法部部长办公会议通过，1999年12月18日发布施行；1986年《少年管教所暂行管理办法（试行）》同时废止）

第57条 对未成年犯的减刑、假释，可以比照成年犯依法适度放宽。

对被判处无期徒刑确有悔改表现的未成年犯，一般在执行1年6个月以上即可提出减刑建议。

对被判处有期徒刑确有悔改表现的未成年犯，一般在执行1年以上即可提出减刑建议。

未成年犯2次减刑的间隔时间应在6个月以上。

对未成年犯有《监狱法》第29条规定的重大立功表现情形之一的，可以不受前3款所述时间的限制，及时提出减刑建议。

[①] 本部分内容由2012年3月14日第11届全国人大常委会第5次会议增加，2013年1月1日施行。

[②] 本条规定由1996年3月17日第8届全国人民代表大会第4次会议增设，1997年1月1日施行。

【高检发〔2007〕6号】 最高人民检察院关于减刑、假释法律监督工作的程序规定
（2007年3月2日最高检第10届检委会第73次会议通过）

第5条 人民检察院在减刑、假释法律监督工作中，应当重点监督以下罪犯的减刑、假释情况：（一）职务犯罪的罪犯；（二）涉黑涉恶涉毒犯罪的罪犯；（三）破坏社会主义市场经济秩序的侵财性犯罪的罪犯；（四）服刑中的顽固型罪犯和危险型罪犯；（五）从事事务性活动的罪犯；（六）多次获得减刑的罪犯；（七）在看守所留所服刑的罪犯；（八）调换监管场所服刑的罪犯；（九）其他需要重点监督的罪犯。

第6条 人民检察院应当及时对监狱提请减刑、假释罪犯的计分考核情况进行监督。

人民检察院应当对监狱送交的提请减刑、假释书面材料认真审查，派员列席监狱提请减刑、假释会议，并发表检察意见。

第7条 人民检察院收到监狱提请减刑、假释的材料后，应当重点对以下内容进行审查：（一）提请减刑、假释的罪犯是否符合法律规定的条件；（二）提请减刑、假释的程序是否符合规定；（三）提请减刑、假释的材料是否真实、齐全。

第8条 人民检察院应当在收到监狱提请减刑、假释的材料后10个工作日内审查完毕并提出意见。

人民检察院认为提请减刑不当的，应当提出纠正意见并填写《监狱提请减刑不当情况登记表》。所提意见未被采纳的应当及时报告上一级人民检察院。

人民检察院收到提请假释的材料后，应当填写《监狱提请假释情况登记表》，报有权作出假释裁定的人民法院的同级人民检察院。认为提请假释不当的，应当提出纠正意见，将意见以及监狱采纳情况一并填入《监狱提请假释情况登记表》。

监狱对于纠正意见有异议的，可以向人民检察院提出复议；对于复议结论仍有异议的，可以向上一级人民检察院提请复核。

第9条 人民检察院发现罪犯符合减刑、假释情形，监狱未提请减刑、假释的，应当及时提出提请减刑、假释的检察建议。

第10条 对人民法院采取听证或者庭审方式审理减刑、假释案件的，同级人民检察院应当派员参加，发表检察意见并对听证或者庭审过程是否合法进行监督。

第11条 人民检察院收到同级人民法院减刑、假释的裁定书副本后，应当及时进行审查，认为裁定不当的，应当在收到裁定书副本后20日以内，向作出裁定的人民法院提出书面纠正意见，并监督人民法院在收到书面纠正意见后1个月内是否重新组成合议庭进行审理，以及所作的再次裁定是否符合法律规定。

超过20日发现人民法院裁定减刑、假释不当的，或者认为再次裁定减刑、假释仍然不当的，应当报经检察长批准或者检察委员会决定，向作出减刑、假释裁定或者再次裁定的人民法院提出纠正意见，提请人民法院另行组成合议庭重新审理。

第12条 对人民法院减刑、假释裁定的纠正意见，由作出减刑、假释裁定的人民法院的同级人民检察院书面提出。下级人民检察院发现减刑、假释裁定不当的，应当及时向作出减刑、假释的人民法院的同级人民检察院报告。

第13条 人民检察院对人民法院裁定假释的罪犯是否依法交付执行实行监督，发现监狱对被裁定假释的罪犯应当交付监外执行而不交付监外执行的，应当提出纠正意见。

第14条 人民检察院在法律监督工作中发现司法工作人员利用职务之便，徇私舞弊违

法办理减刑、假释案件的，应当依法向刑罚执行机关及人民法院发出《纠正违法通知书》；构成犯罪的，依法追究有关人员的刑事责任。

第15条　人民检察院对看守所提请减刑、假释的监督以及对监外执行罪犯提请减刑的监督工作，参照本规定执行。

【高检发监字〔2008〕1号】　人民检察院监狱检察办法（2008年2月22日最高检第10届检委会第94次会议通过，2008年3月23日印发"4个检察办法"）

第12条　对监狱提请减刑、假释活动检察的内容：（一）提请减刑、假释罪犯是否符合法律规定条件；（二）提请减刑、假释的程序是否符合法律和有关规定；（三）对依法应当减刑、假释的罪犯，监狱是否提请减刑、假释。

第13条　对监狱提请减刑、假释活动检察的方法：（一）查阅被提请减刑、假释罪犯的案卷材料；（二）查阅监区集体评议减刑、假释会议记录，罪犯计分考核原始凭证，刑罚执行（狱政管理）部门审查意见；（三）列席监狱审核拟提请罪犯减刑、假释的会议；（四）向有关人员了解被提请减刑、假释罪犯的表现等情况。

第14条　发现监狱在提请减刑、假释活动中有下列情形的，应当及时提出纠正意见：（一）对没有悔改表现或者立功表现的罪犯，提请减刑的；（二）对没有悔改表现，假释后可能再危害社会的罪犯，提请假释的；（三）对累犯以及因杀人、爆炸、抢劫、强奸、绑架等暴力性犯罪被判处10年以上有期徒刑、无期徒刑的罪犯，提请假释的；（四）对依法应当减刑、假释的罪犯没有提请减刑、假释的；（五）提请对罪犯减刑的起始时间、间隔时间和减刑后又假释的间隔时间不符合有关规定的；（六）被提请减刑、假释的罪犯被减刑后实际执行的刑期或者假释考验期不符合有关规定的；（七）提请减刑、假释没有完备的合法手续的；（八）其他违反提请减刑、假释规定的。

第15条　派驻检察机构收到监狱移送的提请减刑材料的，应当及时审查并签署意见。认为提请减刑不当的，应当提出纠正意见，填写《监狱提请减刑不当情况登记表》。所提纠正意见未被采纳的，可以报经本院检察长批准，向受理本案的人民法院的同级人民检察院报送。

第16条　派驻检察机构收到监狱移送的提请假释材料的，应当及时审查并签署意见，填写《监狱提请假释情况登记表》，向受理本案的人民法院的同级人民检察院报送。认为提请假释不当的，应当提出纠正意见，将意见以及监狱采纳情况一并填入《监狱提请假释情况登记表》。

第17条　人民检察院收到人民法院减刑、假释裁定书副本后，应当及时审查。认为减刑、假释裁定不当的，应当在收到裁定书副本后20日内，向作出减刑、假释裁定的人民法院提出书面纠正意见。

第18条　人民检察院对人民法院减刑、假释的裁定提出纠正意见后，应当监督人民法院是否在收到纠正意见后1个月内重新组成合议庭进行审理。

第19条　对人民法院减刑、假释裁定的纠正意见，由作出减刑、假释裁定的人民法院的同级人民检察院书面提出。

下级人民检察院发现人民法院减刑、假释裁定不当的，应当立即向作出减刑、假释裁定的人民法院的同级人民检察院报告。

第20条　对人民法院采取听证或者庭审方式审理减刑、假释案件的，同级人民检察院应当派员参加，发表检察意见并对听证或者庭审过程是否合法进行监督。

【高检发监字〔2008〕1号】 人民检察院监外执行检察办法（2008年2月22日最高检第10届检委会第94次会议通过，2008年3月23日印发"4个检察办法"）

第16条 减刑检察的内容：（一）提请、裁定减刑罪犯是否符合法律规定条件；（二）提请、裁定减刑的程序是否符合法律和有关规定；（三）对依法应当减刑的罪犯是否提请、裁定减刑。

第17条 减刑检察的方法：（一）查阅被提请减刑罪犯的案卷材料；（二）向有关人员了解被提请减刑罪犯的表现等情况；（三）必要时向提请、裁定减刑的机关了解有关情况。

【综治委预青领联字〔2010〕1号】 中央综治委预防青少年违法犯罪工作领导小组、最高人民法院、最高人民检察院、公安部、司法部、共青团中央关于进一步建立和完善办理未成年人刑事案件配套工作体系的若干意见（2010年8月28日）

二、进一步加强对涉案未成年人合法权益的保护

（一）对未成年犯罪嫌疑人、被告人、罪犯合法权益的保护

11. 看守所、未成年犯管教所和司法行政机关社区矫正工作部门应当了解服刑未成年人的身心特点，加强心理辅导，开展有益未成年人身心健康的活动，进行个别化教育矫治，比照成年人适当放宽报请减刑、假释等条件。

【主席令〔2012〕63号】 中华人民共和国监狱法（2012年10月26日第11届全国人大常委会第29次会议修正，主席令第63号公布，2013年1月1日施行）

第29条 被判处无期徒刑、有期徒刑的罪犯，在服刑期间确有悔改或者立功表现的，根据监狱考核的结果，可以减刑。有下列重大立功表现之一的，应当减刑：（一）阻止他人重大犯罪活动的；（二）检举监狱内外重大犯罪活动，经查证属实的；（三）有发明创造或者重大技术革新的；（四）在日常生产、生活中舍己救人的；（五）在抗御自然灾害或者排除重大事故中，有突出表现的；（六）对国家和社会有其他重大贡献的。

第30条 减刑建议由监狱向人民法院提出，人民法院应当自收到减刑建议书之日起1个月内予以审核裁定；案情复杂或者情况特殊的，可以延长1个月。减刑裁定的副本应当抄送人民检察院。

第31条 被判处死刑缓期2年执行的罪犯，在死刑缓期执行期间，符合法律规定的减为无期徒刑、有期徒刑条件的，2年期满时，所在监狱应当及时提出减刑建议，报经省、自治区、直辖市监狱管理机关审核后，提请高级人民法院裁定。

第32条 被判处无期徒刑、有期徒刑的罪犯，符合法律规定的假释条件的，由监狱根据考核结果向人民法院提出假释建议，人民法院应当自收到假释建议书之日起1个月内予以审核裁定；案情复杂或者情况特殊的，可以延长1个月。假释裁定的副本应当抄送人民检察院。

第33条 人民法院裁定假释的，监狱应当按期假释并发给假释证明书。

对被假释的罪犯，依法实行社区矫正，由社区矫正机构负责执行。被假释的罪犯，在假释考验期限内有违反法律、行政法规或者国务院有关部门关于假释的监督管理规定的行为，尚未构成新的犯罪的，社区矫正机构应当向人民法院提出撤销假释的建议，人民法院应当自收到撤销假释建议书之日起1个月内予以审核裁定。人民法院裁定撤销假释的，由公安机关将罪犯送交监狱收监。

第34条 对不符合法律规定的减刑、假释条件的罪犯，不得以任何理由将其减刑、假释。

人民检察院认为人民法院减刑、假释的裁定不当，应当依照刑事诉讼法规定的期间向人

民法院提出书面纠正意见。对于人民检察院提出书面纠正意见的案件，人民法院应当重新审理。

【公安部令〔2013〕128号】 看守所留所执行刑罚罪犯管理办法（2013年8月20日公安部部长办公会议通过，2013年10月23日发布，2013年11月23日施行）

第32条 罪犯符合减刑、假释条件的，由管教民警提出建议，报看守所所务会研究决定。所务会应当有书面记录，并由与会人员签名。

第33条 看守所所务会研究同意后，应当将拟提请减刑、假释的罪犯名单以及减刑、假释意见在看守所内公示。公示期限为3个工作日。公示期内，如有民警或者罪犯对公示内容提出异议，看守所应当重新召开所务会复核，并告知复核结果。

第34条 公示完毕，看守所所长应当在罪犯减刑、假释审批表上签署意见，加盖看守所公章，制作提请减刑、假释建议书，经设区的市一级以上公安机关审查同意后，连同有关材料一起提请所在地中级以上人民法院裁定，并将建议书副本和相关材料抄送人民检察院。

第35条 看守所提请人民法院审理减刑、假释案件时，应当送交下列材料：（一）提请减刑、假释建议书；（二）终审人民法院的裁判文书、执行通知书、历次减刑裁定书的复制件；（三）证明罪犯确有悔改、立功或者重大立功表现具体事实的书面材料；（四）罪犯评审鉴定表、奖惩审批表等有关材料；（五）根据案件情况需要移送的其他材料。

第36条 在人民法院作出减刑、假释裁定前，看守所发现罪犯不符合减刑、假释条件的，应当书面撤回提请减刑、假释建议书；在减刑、假释裁定生效后，看守所发现罪犯不符合减刑、假释条件的，应当书面向作出裁定的人民法院提出撤销裁定建议。

第37条 看守所收到人民法院假释裁定书后，应当办理罪犯出所手续，发给假释证明书，并于3日内将罪犯的有关材料寄送罪犯居住地的县级司法行政机关。

第38条 被假释的罪犯被人民法院裁定撤销假释的，看守所应当在收到撤销假释裁定后将罪犯收监。

第39条 罪犯在假释期间死亡的，看守所应当将执行机关的书面通知归入罪犯档案，并在登记表中注明。

【高检发研字〔2013〕7号】 人民检察院办理未成年人刑事案件的规定（2002年3月25日最高检第9届检委会第105次会议通过；2006年12月28日最高检第10届检委会第68次会议第1次修订；2013年12月19日最高检第12届检委会第14次会议第2次修订，2013年12月27日印发）

第74条 人民检察院依法对未成年犯的减刑、假释、暂予监外执行等活动实行监督。对符合减刑、假释、暂予监外执行法定条件的，应当建议执行机关向人民法院、监狱管理机关或者公安机关提请；发现提请或者裁定、决定不当的，应当依法提出纠正意见；对徇私舞弊减刑、假释、暂予监外执行等构成犯罪的，依法追究刑事责任。

中共中央政法委关于严格规范减刑、假释、暂予监外执行，切实防止司法腐败的意见（2014年1月21日）

一、从严把握减刑、假释、暂予监外执行的实体条件

1. 对职务犯罪、破坏金融管理秩序和金融诈骗犯罪、组织（领导、参加、包庇、纵容）黑社会性质组织犯罪等罪犯（以下简称三类罪犯）减刑、假释，必须从严把握法律规定的

"确有悔改表现"、"立功表现"、"重大立功表现"的标准。

对三类罪犯"确有悔改表现"的认定,不仅应当考察其是否认罪悔罪,认真遵守法律法规及监规、接受教育改造,积极参加思想、文化、职业技术教育,积极参加劳动、努力完成劳动任务,而且应当考察其是否通过主动退赃、积极协助追缴境外赃款赃物、主动赔偿损失等方式,积极消除犯罪行为所产生的社会影响。对服刑期间利用个人影响力和社会关系等不正当手段企图获得减刑、假释机会的,不认定其"确有悔改表现"。

对三类罪犯拟按法律规定的"在生产、科研中进行技术革新,成绩突出"或者"对国家和社会有其他贡献"认定为"立功表现"的,该技术革新或者其他贡献必须是该罪犯在服刑期间独立完成,并经省级主管部门确认。

对三类罪犯拟按法律规定的"有发明创造或者重大技术革新"认定为"重大立功表现"的,该发明创造或者重大技术革新必须是该罪犯在服刑期间独立完成并经国家主管部门确认的发明专利,且不包括实用新型专利和外观设计专利;拟按法律规定的"对国家和社会有其他重大贡献"认定为"重大立功表现"的,该重大贡献必须是该罪犯在服刑期间独立完成并经国家主管部门确认的劳动成果。

3. 对依法可以减刑的三类罪犯,必须从严把握减刑的起始时间、间隔时间和幅度。被判处10年以下有期徒刑的,执行2年以上方可减刑,一次减刑不超过1年有期徒刑,2次减刑之间应当间隔1年以上。被判处10年以上有期徒刑的,执行2年以上方可减刑,一次减刑不超过1年有期徒刑,2次减刑之间应当间隔1年6个月以上。被判处无期徒刑的,执行3年以上方可减刑,可以减为20年以上22年以下有期徒刑;减为有期徒刑后,一次减刑不超过1年有期徒刑,2次减刑之间应当间隔2年以上。死刑缓期执行罪犯减为无期徒刑后,执行3年以上方可减刑,可以减为25年有期徒刑;减为有期徒刑后,一次减刑不超过1年有期徒刑,2次减刑之间应当间隔2年以上。

确有阻止或检举他人重大犯罪活动、舍己救人、发明创造或者重大技术革新、在抗御自然灾害或者排除重大事故中表现突出等重大立功表现的,可以不受上述减刑起始时间和间隔时间的限制。

二、完善减刑、假释、暂予监外执行的程序规定

6. 对三类罪犯的计分考核、行政奖励、立功表现等信息,应当在罪犯服刑场所及时公开;拟提请减刑、假释的,一律提前予以公示。拟提请暂予监外执行的,除病情严重必须立即保外就医的,应当提前予以公示。减刑、假释裁定书及暂予监外执行决定书,一律上网公开。

7. 对三类罪犯中因重大立功而提请减刑、假释的案件,原县处级以上职务犯罪罪犯的减刑、假释案件,组织(领导、包庇、纵容)黑社会性质组织罪犯的减刑、假释案件,原判死刑缓期执行、无期徒刑的破坏金融管理秩序和金融诈骗犯罪罪犯的减刑、假释案件,一律开庭审理。

【法释〔2014〕5号】 最高人民法院关于减刑、假释案件审理程序的规定(2014年4月10日最高法审委会第1611次会议通过,2014年4月23日公布,2014年6月1日施行)

第1条 对减刑、假释案件,应当按照下列情形分别处理:(一)对被判处死刑缓期执行的罪犯的减刑,由罪犯服刑地的高级人民法院在收到同级监狱管理机关审核同意的减刑建议书后1个月内作出裁定;(二)对被判处无期徒刑的罪犯的减刑、假释,由罪犯服刑地的

高级人民法院在收到同级监狱管理机关审核同意的减刑、假释建议书后1个月内作出裁定，案情复杂或者情况特殊的，可以延长1个月；（三）对被判处有期徒刑和被减为有期徒刑的罪犯的减刑、假释，由罪犯服刑地的中级人民法院在收到执行机关提出的减刑、假释建议书后1个月内作出裁定，案情复杂或者情况特殊的，可以延长1个月；（四）对被判处拘役、管制的罪犯的减刑，由罪犯服刑地中级人民法院在收到同级执行机关审核同意的减刑、假释建议书后1个月内作出裁定。

对暂予监外执行罪犯的减刑，应当根据情况，分别适用前款的有关规定。

第2条　人民法院受理减刑、假释案件，应当审查执行机关移送的下列材料：（一）减刑或者假释建议书；（二）终审法院裁判文书、执行通知书、历次减刑裁定书的复印件；（三）罪犯确有悔改或者立功、重大立功表现的具体事实的书面证明材料；（四）罪犯评审鉴定表、奖惩审批表等；（五）其他根据案件审理需要应予移送的材料。

报请假释的，应当附有社区矫正机构或者基层组织关于罪犯假释后对所居住社区影响的调查评估报告。

人民检察院对报请减刑、假释案件提出检察意见的，执行机关应当一并移送受理减刑、假释案件的人民法院。

经审查，材料齐备的，应当立案；材料不齐的，应当通知执行机关在3日内补送，逾期未补送的，不予立案。

第3条　人民法院审理减刑、假释案件，应当在立案后5日内将执行机关报请减刑、假释的建议书等材料依法向社会公示。

公示内容应当包括罪犯的个人情况、原判认定的罪名和刑期、罪犯历次减刑情况、执行机关的建议及依据。

公示应当写明公示期限和提出意见的方式。公示期限为5日。

第4条　人民法院审理减刑、假释案件，应当依法由审判员或者由审判员和人民陪审员组成合议庭进行。

第5条　人民法院审理减刑、假释案件，除应当审查罪犯在执行期间的一贯表现外，还应当综合考虑犯罪的具体情节、原判刑罚情况、财产刑执行情况、附带民事裁判履行情况、罪犯退赃退赔等情况。

人民法院审理假释案件，除应当审查第1款所列情形外，还应当综合考虑罪犯的年龄、身体状况、性格特征、假释后生活来源以及监管条件等影响再犯罪的因素。

执行机关以罪犯有立功表现或重大立功表现为由提出减刑的，应当审查立功或重大立功表现是否属实。涉及发明创造、技术革新或者其他贡献的，应当审查该成果是否系罪犯在执行期间独立完成，并经有关主管机关确认。

第6条　人民法院审理减刑、假释案件，可以采取开庭审理或者书面审理的方式。但下列减刑、假释案件，应当开庭审理：（一）因罪犯有重大立功表现报请减刑的；（二）报请减刑的起始时间、间隔时间或者减刑幅度不符合司法解释一般规定的；（三）公示期间收到不同意见的；（四）人民检察院有异议的；（五）被报请减刑、假释罪犯系职务犯罪罪犯，组织（领导、参加、包庇、纵容）黑社会性质组织犯罪罪犯，破坏金融管理秩序和金融诈骗犯罪罪犯及其他在社会上有重大影响或社会关注度高的；（六）人民法院认为其他应当开庭审理的。

第7条　人民法院开庭审理减刑、假释案件，应当通知人民检察院、执行机关及被报请减刑、假释罪犯参加庭审。

人民法院根据需要，可以通知证明罪犯确有悔改表现或者立功、重大立功表现的证人、公示期间提出不同意见的人，以及鉴定人、翻译人员等其他人员参加庭审。

第 8 条　开庭审理应当在罪犯刑罚执行场所或者人民法院确定的场所进行。有条件的人民法院可以采取视频开庭的方式进行。

在社区执行刑罚的罪犯因重大立功被报请减刑的，可以在罪犯服刑地或者居住地开庭审理。

第 9 条　人民法院对于决定开庭审理的减刑、假释案件，应当在开庭 3 日前将开庭的时间、地点通知人民检察院、执行机关、被报请减刑、假释罪犯和有必要参加庭审的其他人员，并于开庭 3 日前进行公告。

第 10 条　减刑、假释案件的开庭审理由审判长主持，应当按照以下程序进行：（一）审判长宣布开庭，核实被报请减刑、假释罪犯的基本情况；（二）审判长宣布合议庭组成人员、检察人员、执行机关代表及其他庭审参加人；（三）执行机关代表宣读减刑、假释建议书，并说明主要理由；（四）检察人员发表检察意见；（五）法庭对被报请减刑、假释罪犯确有悔改表现或立功表现、重大立功表现的事实以及其他影响减刑、假释的情况进行调查核实；（六）被报请减刑、假释罪犯作最后陈述；（七）审判长对庭审情况进行总结并宣布休庭评议。

第 11 条　庭审过程中，合议庭人员对报请理由有疑问的，可以向被报请减刑、假释罪犯、证人、执行机关代表、检察人员提问。

庭审过程中，检察人员对报请理由有疑问的，在经审判长许可后，可以出示证据，申请证人到庭，向被报请减刑、假释罪犯及证人提问并发表意见。被报请减刑、假释罪犯对报请理由有疑问的，在经审判长许可后，可以出示证据，申请证人到庭，向证人提问并发表意见。

第 12 条　庭审过程中，合议庭对证据有疑问需要进行调查核实，或者检察人员、执行机关代表提出申请的，可以宣布休庭。

第 13 条　人民法院开庭审理减刑、假释案件，能够当庭宣判的应当当庭宣判；不能当庭宣判的，可以择期宣判。

第 14 条　人民法院书面审理减刑、假释案件，可以就被报请减刑、假释罪犯是否符合减刑、假释条件进行调查核实或听取有关方面意见。

第 15 条　人民法院书面审理减刑案件，可以提讯被报请减刑罪犯；书面审理假释案件，应当提讯被报请假释罪犯。

第 16 条　人民法院审理减刑、假释案件，应当按照下列情形分别处理：（一）被报请减刑、假释罪犯符合法律规定的减刑、假释条件的，作出予以减刑、假释的裁定；（二）被报请减刑的罪犯符合法律规定的减刑条件，但执行机关报请的减刑幅度不适当的，对减刑幅度作出相应调整后作出予以减刑的裁定；（三）被报请减刑、假释罪犯不符合法律规定的减刑、假释条件的，作出不予减刑、假释的裁定。

在人民法院作出减刑、假释裁定前，执行机关书面申请撤回减刑、假释建议的，是否准许，由人民法院决定。

第 17 条　减刑、假释裁定书应当写明罪犯原判和历次减刑情况，确有悔改表现或者立功、重大立功表现的事实和理由，以及减刑、假释的法律依据。

裁定减刑的，应当注明刑期的起止时间；裁定假释的，应当注明假释考验期的起止时间。

裁定调整减刑幅度或者不予减刑、假释的，应当在裁定书中说明理由。

第18条 人民法院作出减刑、假释裁定后，应当在7日内送达报请减刑、假释的执行机关、同级人民检察院以及罪犯本人。作出假释裁定的，还应当送达社区矫正机构或者基层组织。

第19条 减刑、假释裁定书应当通过互联网依法向社会公布。

第20条 人民检察院认为人民法院减刑、假释裁定不当，在法定期限内提出书面纠正意见的，人民法院应当在收到纠正意见后另行组成合议庭审理，并在1个月内作出裁定。

第21条 人民法院发现本院已经生效的减刑、假释裁定确有错误的，应当依法重新组成合议庭进行审理并作出裁定；上级人民法院发现下级人民法院已经生效的减刑、假释裁定确有错误的，应当指令下级人民法院另行组成合议庭审理，也可以自行依法组成合议庭进行审理并作出裁定。

第22条 最高人民法院以前发布的司法解释和规范性文件，与本规定不一致的，以本规定为准。

【司法部令〔2014〕130号】 监狱提请减刑假释工作程序规定（2003年4月2日司法部令第77号发布；2014年10月10日司法部部务会议修订，2014年10月11日发布，2014年12月1日施行）

第3条 被判处有期徒刑和被减刑为有期徒刑的罪犯的减刑、假释，由监狱提出建议，提请罪犯服刑地的中级人民法院裁定。

第4条 被判处死刑缓期2年执行的罪犯的减刑，被判处无期徒刑的罪犯的减刑、假释，由监狱提出建议，经省、自治区、直辖市监狱管理局审核同意后，提请罪犯服刑地的高级人民法院裁定。

第5条 省、自治区、直辖市监狱管理局和监狱分别成立减刑假释评审委员会，由分管领导及刑罚执行、狱政管理、教育改造、狱内侦查、生活卫生、劳动改造、政工、监察等有关部门负责人组成，分管领导任主任。监狱管理局、监狱减刑假释评审委员会成员不得少于9人。

第7条 提请减刑、假释，应当根据法律规定的条件，结合罪犯服刑表现，由分监区人民警察集体研究，提出提请减刑、假释建议，报经监区长办公会议审核同意后，由监区报送监狱刑罚执行部门审查。

直属分监区或者未设分监区的监区，由直属分监区或者监区人民警察集体研究，提出提请减刑、假释建议，报送监狱刑罚执行部门审查。

分监区、直属分监区或者未设分监区的监区人民警察集体研究以及监区长办公会议审核情况，应当有书面记录，并由与会人员签名。

第8条 监区或者直属分监区提请减刑、假释，应当报送下列材料：（一）《罪犯减刑（假释）审核表》；（二）监区长办公会议或者直属分监区、监区人民警察集体研究会议的记录；（三）终审法院裁判文书、执行通知书、历次减刑裁定书的复印件；（四）罪犯计分考核明细表、罪犯评审鉴定表、奖惩审批表和其他有关证明材料；（五）罪犯确有悔改表现或者立功、重大立功表现的具体事实的书面证明材料。

第9条 监狱刑罚执行部门收到监区或者直属分监区对罪犯提请减刑、假释的材料后，应当就下列事项进行审查：（一）需提交的材料是否齐全、完备、规范；（二）罪犯确有悔改或者立功、重大立功表现的具体事实的书面证明材料是否来源合法；（三）罪犯是否符合法定减刑、假释的条件；（四）提请减刑、假释的建议是否适当。

经审查，对材料不齐全或者不符合提请条件的，应当通知监区或者直属分监区补充有关材料或者退回；对相关材料有疑义的，应当提讯罪犯进行核查；对材料齐全、符合提请条件的，应当出具审查意见，连同监区或者直属分监区报送的材料一并提交监狱减刑假释评审委员会评审。提请罪犯假释的，还应当委托县级司法行政机关对罪犯假释后对所居住社区影响进行调查评估，并将调查评估报告一并提交。

第10条　监狱减刑假释评审委员会应当召开会议，对刑罚执行部门审查提交的提请减刑、假释建议进行评审，提出评审意见。会议应当有书面记录，并由与会人员签名。

监狱可以邀请人民检察院派员列席减刑假释评审委员会会议。

第11条　监狱减刑假释评审委员会经评审后，应当将提请减刑、假释的罪犯名单以及减刑、假释意见在监狱内公示。公示内容应当包括罪犯的个人情况、原判罪名及刑期、历次减刑情况、提请减刑假释的建议及依据等。公示期限为5个工作日。公示期内，如有监狱人民警察或者罪犯对公示内容提出异议，监狱减刑假释评审委员会应当进行复核，并告知复核结果。

第12条　监狱应当在减刑假释评审委员会完成评审和公示程序后，将提请减刑、假释建议送人民检察院征求意见。征求意见后，监狱减刑假释评审委员会应当将提请减刑、假释建议和评审意见连同人民检察院意见，一并报请监狱长办公会议审议决定。监狱对人民检察院意见未予采纳的，应当予以回复，并说明理由。

第13条　监狱长办公会议决定提请减刑、假释的，由监狱长在《罪犯减刑（假释）审核表》上签署意见，加盖监狱公章，并由监狱刑罚执行部门根据法律规定制作《提请减刑建议书》或者《提请假释建议书》，连同有关材料一并提请人民法院裁定。人民检察院对提请减刑、假释提出的检察意见，应当一并移送受理减刑、假释案件的人民法院。

对本规定第4条所列罪犯决定提请减刑、假释的，监狱应当将《罪犯减刑（假释）审核表》连同有关材料报送省、自治区、直辖市监狱管理局审核。

第14条　监狱在向人民法院提请减刑、假释的同时，应当将提请减刑、假释的建议书副本抄送人民检察院。

第15条　监狱提请人民法院裁定减刑、假释，应当提交下列材料：（一）《提请减刑建议书》或者《提请假释建议书》；（二）终审法院裁判文书、执行通知书、历次减刑裁定书的复印件；（三）罪犯计分考核明细表、评审鉴定表、奖惩审批表；（四）罪犯确有悔改或者立功、重大立功表现的具体事实的书面证明材料；（五）提请假释的，应当附有县级司法行政机关关于罪犯假释后对所居住社区影响的调查评估报告；（六）根据案件情况需要提交的其他材料。

对本规定第4条所列罪犯提请减刑、假释的，应当同时提交省、自治区、直辖市监狱管理局签署意见的《罪犯减刑（假释）审核表》。

第16条　省、自治区、直辖市监狱管理局刑罚执行部门收到监狱报送的提请减刑、假释建议的材料后，应当进行审查。审查中发现监狱报送的材料不齐全或者有疑义的，应当通知监狱补充有关材料或者作出说明。审查无误后，应当出具审查意见，报请分管副局长召集评审委员会进行审核。

第17条　监狱管理局分管副局长主持完成审核后，应当将审核意见报请局长审定；分管副局长认为案件重大或者有其他特殊情况的，可以建议召开局长办公会议审议决定。

监狱管理局审核同意对罪犯提请减刑、假释的，由局长在《罪犯减刑（假释）审核表》上签署意见，加盖监狱管理局公章。

第18条　人民法院开庭审理减刑、假释案件的，监狱应当派员参加庭审，宣读提请减刑、假释建议书并说明理由，配合法庭核实相关情况。

第19条　分监区、直属分监区或者未设分监区的监区人民警察集体研究会议、监区长办公会议、监狱评审委员会会议、监狱长办公会议、监狱管理局评审委员会会议、监狱管理局局长办公会议的记录和本规定第15条所列的材料，应当存入档案并永久保存。

【高检发监字〔2014〕5号】　最高人民检察院关于对职务犯罪罪犯减刑、假释、暂予监外执行案件实行备案审查的规定（2014年6月23日印发施行）

第2条　人民检察院对职务犯罪罪犯减刑、假释、暂予监外执行案件实行备案审查，按照下列情形分别处理：

（一）对原厅局级以上职务犯罪罪犯减刑、假释、暂予监外执行的案件，人民检察院应当在收到减刑、假释裁定书或者暂予监外执行决定书后10日以内，逐案层报最高人民检察院备案审查；

（二）对原县处级职务犯罪罪犯减刑、假释、暂予监外执行的案件，人民检察院应当在收到减刑、假释裁定书或者暂予监外执行决定书后10日以内，逐案层报省级人民检察院备案审查。

第3条　人民检察院报请备案审查减刑、假释案件，应当填写备案审查登记表，并附下列材料的复印件：（一）刑罚执行机关提请减刑、假释建议书；（二）人民法院减刑、假释裁定书；（三）人民检察院向刑罚执行机关、人民法院提出的书面意见。

罪犯有重大立功表现裁定减刑、假释的案件，还应当附重大立功表现相关证明材料的复印件。

第5条　上级人民检察院认为有必要的，可以要求下级人民检察院补报相关材料。下级人民检察院应当在收到通知后3日以内，按照要求报送。

第6条　最高人民检察院和省级人民检察院收到备案审查材料后，应当指定专人进行登记和审查，并在收到材料后10日以内，分别作出以下处理：

（一）对于职务犯罪罪犯减刑、假释、暂予监外执行不当的，应当通知下级人民检察院依法向有关单位提出纠正意见。其中，省级人民检察院认为高级人民法院作出的减刑、假释裁定或省级监狱管理局、省级公安厅（局）作出的暂予监外执行决定不当的，应当依法提出纠正意见；

（二）对于职务犯罪罪犯减刑、假释、暂予监外执行存在疑点或者可能存在违法违规问题的，应当通知下级人民检察院依法进行调查核实。

第7条　下级人民检察院收到上级人民检察院对备案审查材料处理意见的通知后，应当立即执行，并在收到通知后30日以内，报告执行情况。

第8条　省级人民检察院应当将本年度原县处级以上职务犯罪罪犯减刑、假释、暂予监外执行的名单，以及本年度职务犯罪罪犯减刑、假释、暂予监外执行的数量和比例对比情况，与人民法院、公安机关、监狱管理机关等有关单位核对后，于次年一月底前，报送最高人民检察院。

第 11 条　本规定中的职务犯罪，是指贪污贿赂犯罪，国家工作人员的渎职犯罪，国家机关工作人员利用职权实施的非法拘禁、非法搜查、刑讯逼供、暴力取证、虐待被监管人、报复陷害、破坏选举的侵犯公民人身权利、公民民主权利的犯罪。

【高检发监字〔2014〕8号】　人民检察院办理减刑、假释案件规定（2014年7月21日最高检第12届检委会第25次会议通过，2014年8月1日印发施行）

第 3 条　人民检察院办理减刑、假释案件，应当按照下列情形分别处理：

（一）对减刑、假释案件提请活动的监督，由对执行机关承担检察职责的人民检察院负责；

（二）对减刑、假释案件审理、裁定活动的监督，由人民法院的同级人民检察院负责；同级人民检察院对执行机关不承担检察职责的，可以根据需要指定对执行机关承担检察职责的人民检察院派员出席法庭；下级人民检察院发现减刑、假释裁定不当的，应当及时向作出减刑、假释裁定的人民法院的同级人民检察院报告。

第 5 条　人民检察院收到执行机关移送的下列减刑、假释案件材料后，应当及时进行审查：（一）执行机关拟提请减刑、假释意见；（二）终审法院裁判文书、执行通知书、历次减刑裁定书；（三）罪犯确有悔改表现、立功表现或者重大立功表现的证明材料；（四）罪犯评审鉴定表、奖惩审批表；（五）其他应当审查的案件材料。

对拟提请假释案件，还应当审查社区矫正机构或者基层组织关于罪犯假释后对所居住社区影响的调查评估报告。

第 6 条　具有下列情形之一的，人民检察院应当进行调查核实：（一）拟提请减刑、假释罪犯系职务犯罪罪犯，破坏金融管理秩序和金融诈骗犯罪罪犯，黑社会性质组织犯罪罪犯，严重暴力恐怖犯罪罪犯，或者其他在社会上有重大影响、社会关注度高的罪犯；（二）因罪犯有立功表现或者重大立功表现拟提请减刑的；（三）拟提请减刑、假释罪犯的减刑幅度大、假释考验期长、起始时间早、间隔时间短或者实际执行刑期短的；（四）拟提请减刑、假释罪犯的考核计分高、专项奖励多或者鉴定材料、奖惩记录有疑点的；（五）收到控告、举报的；（六）其他应当进行调查核实的。

第 7 条　人民检察院可以采取调阅复制有关材料、重新组织诊断鉴别、进行文证鉴定、召开座谈会、个别询问等方式，对下列情况进行调查核实：（一）拟提请减刑、假释罪犯在服刑期间的表现情况；（二）拟提请减刑、假释罪犯的财产刑执行、附带民事裁判履行、退赃退赔等情况；（三）拟提请减刑罪犯的立功表现、重大立功表现是否属实，发明创造、技术革新是否系罪犯在服刑期间独立完成并经有关主管机关确认；（四）拟提请假释罪犯的身体状况、性格特征、假释后生活来源和监管条件等影响再犯罪的因素；（五）其他应当进行调查核实的情况。

第 8 条　人民检察院可以派员列席执行机关提请减刑、假释评审会议，了解案件有关情况，根据需要发表意见。

第 9 条　人民检察院发现罪犯符合减刑、假释条件，但是执行机关未提请减刑、假释的，可以建议执行机关提请减刑、假释。

第 10 条　人民检察院收到执行机关抄送的减刑、假释建议书副本后，应当逐案进行审查，可以向人民法院提出书面意见。发现减刑、假释建议不当或者提请减刑、假释违反法定程序的，应当在收到建议书副本后10日以内，依法向审理减刑、假释案件的人民法院提出书面意见，同时将检察意见书副本抄送执行机关。案情复杂或者情况特殊的，可以延长10日。

第11条　人民法院开庭审理减刑、假释案件的，人民检察院应当指派检察人员出席法庭，发表检察意见，并对法庭审理活动是否合法进行监督。

第12条　出席法庭的检察人员不得少于2人，其中至少1人具有检察官职务。

第13条　检察人员应当在庭审前做好下列准备工作：（一）全面熟悉案情，掌握证据情况，拟定法庭调查提纲和出庭意见；（二）对执行机关提请减刑、假释有异议的案件，应当收集相关证据，可以建议人民法院通知相关证人出庭作证。

第14条　庭审开始后，在执行机关代表宣读减刑、假释建议书并说明理由之后，检察人员应当发表检察意见。

第15条　庭审过程中，检察人员对执行机关提请减刑、假释有疑问的，经审判长许可，可以出示证据，申请证人出庭作证，要求执行机关代表出示证据或者作出说明，向被提请减刑、假释的罪犯及证人提问并发表意见。

第16条　法庭调查结束时，在被提请减刑、假释罪犯作最后陈述之前，经审判长许可，检察人员可以发表总结性意见。

第17条　庭审过程中，检察人员认为需要进一步调查核实案件事实、证据，需要补充鉴定或者重新鉴定，或者需要通知新的证人到庭的，应当建议休庭。

第18条　检察人员发现法庭审理活动违反法律规定的，应当在庭审后及时向本院检察长报告，依法向人民法院提出纠正意见。

第19条　人民检察院收到人民法院减刑、假释裁定书副本后，应当及时审查下列内容：（一）人民法院对罪犯裁定予以减刑、假释，以及起始时间、间隔时间、实际执行刑期、减刑幅度或者假释考验期是否符合有关规定；（二）人民法院对罪犯裁定不予减刑、假释是否符合有关规定；（三）人民法院审理、裁定减刑、假释的程序是否合法；（四）按照有关规定应当开庭审理的减刑、假释案件，人民法院是否开庭审理；（五）人民法院减刑、假释裁定书是否依法送达执行并向社会公布。

第20条　人民检察院经审查认为人民法院减刑、假释裁定不当的，应当在收到裁定书副本后20日以内，依法向作出减刑、假释裁定的人民法院提出书面纠正意见。

第21条　人民检察院对人民法院减刑、假释裁定提出纠正意见的，应当监督人民法院在收到纠正意见后1个月以内重新组成合议庭进行审理并作出最终裁定。

第22条　人民检察院发现人民法院已经生效的减刑、假释裁定确有错误的，应当向人民法院提出书面纠正意见，提请人民法院按照审判监督程序依法另行组成合议庭重新审理并作出裁定。

第23条　人民检察院收到控告、举报或者发现司法工作人员在办理减刑、假释案件中涉嫌违法的，应当依法进行调查，并根据情况，向有关单位提出纠正违法意见，建议更换办案人，或者建议予以纪律处分；构成犯罪的，依法追究刑事责任。

【司发通〔2017〕16号】　最高人民法院、最高人民检察院、公安部、司法部关于进一步严格规范贪污贿赂罪犯减刑假释工作的通知（2017年3月1日印发；本通知无实质性内容，本书存目备查）

【法刊文摘】 检答网集萃 11：罪犯是否可以主动选择减刑或假释（检察日报 2019 年 7 月 27 日）

咨询内容（山东潍坊张治平）：在办理减刑假释案件过程中，罪犯在符合减刑条件时，主动不要求减刑，而是想通过更长时间服刑和更加积极的表现，达到假释目的；但是后来《最高人民法院关于办理减刑、假释案件具体应用法律的规定》等司法解释出台后，有的地方出台实施细则，规定财产刑判项中"有能力履行而未履行"的罪犯不得假释。实际上，有的刑罚执行机关在实施过程中，按照新法不予假释，从而影响罪犯减刑。请问：上述情形，该如何认定？在对待减刑假释上，罪犯是否可以自由选择？

解答摘要（冯知良）：1. 减刑、假释不是罪犯的当然权利，而是激励罪犯改造、最大限度实现刑罚目的的一种手段和方法。2. 对罪犯提请减刑、假释的权力属于刑罚执行机关，没有规定罪犯在减刑、假释程序中可以自由选择。3. 对罪犯是否符合"可以减刑、假释"的条件，应当综合考察，可以优先适用假释。4. 对生效裁判中的财产刑判项，罪犯确有履行能力而不履行或者不全部履行的，不仅不得假释，也是影响其是否符合"可以减刑"条件的重要因素，在决定是否对其减刑时应当重点考察并从严把握，特别是"三类罪犯"不积极退赃、协助追缴赃款赃物、赔偿损失的，不能认定其"确有悔改表现"。5. 在减刑、假释案件办理中，对财产刑判项履行情况的考察不适用"从旧兼从轻"的原则。

【高检发释字〔2019〕4 号】 人民检察院刑事诉讼规则（2019 年 12 月 2 日最高检第 13 届检委会第 28 次会议通过，2019 年 12 月 30 日公布施行；高检发释字〔2012〕2 号《规则（试行）》同时废止）

第 635 条 人民检察院收到执行机关抄送的减刑、假释建议书副本后，应当逐案进行审查。发现减刑、假释建议不当或者提请减刑、假释违反法定程序的，应当在 10 日以内报经检察长批准，向审理减刑、假释案件的人民法院提出书面检察意见，同时也可以向执行机关提出书面纠正意见。案情复杂或者情况特殊的，可以延长 10 日。

第 636 条 人民检察院发现监狱等执行机关提请人民法院裁定减刑、假释的活动具有下列情形之一的，应当依法提出纠正意见：（一）将不符合减刑、假释法定条件的罪犯，提请人民法院裁定减刑、假释的；（二）对依法应当减刑、假释的罪犯，不提请人民法院裁定减刑、假释的；（三）提请对罪犯减刑、假释违反法定程序，或者没有完备的合法手续的；（四）提请对罪犯减刑的减刑幅度、起始时间、间隔时间或者减刑后又假释的间隔时间不符合有关规定的；（五）被提请减刑、假释的罪犯被减刑后实际执行的刑期或者假释考验期不符合有关法律规定的；（六）其他违法情形。

第 637 条 人民法院开庭审理减刑、假释案件，人民检察院应当指派检察人员出席法庭，发表意见。

第 638 条 人民检察院收到人民法院减刑、假释的裁定书副本后，应当及时审查下列内容：（一）被减刑、假释的罪犯是否符合法定条件，对罪犯减刑的减刑幅度、起始时间、间隔时间或者减刑后又假释的间隔时间，罪犯被减刑后实际执行的刑期或者假释考验期是否符合有关规定；（二）执行机关提请减刑、假释的程序是否合法；（三）人民法院审理、裁定减刑、假释的程序是否合法；（四）按照有关规定应当开庭审理的减刑、假释案件，人民法院是否开庭审理；（四）人民法院对罪犯裁定不予减刑、假释是否符合有关规定；（五）人民法院减刑、假释裁定书是否依法送达执行并向社会公布。

检察人员审查人民法院减刑、假释裁定，可以向罪犯所在单位和有关人员进行调查，可以向有关机关调阅有关材料。

第639条 人民检察院经审查认为人民法院减刑、假释的裁定不当，应当在收到裁定书副本后20日以内，报经检察长批准，向作出减刑、假释裁定的人民法院提出书面纠正意见。

第640条 对人民法院减刑、假释裁定的纠正意见，由作出减刑、假释裁定的人民法院的同级人民检察院书面提出。

下级人民检察院发现人民法院减刑、假释裁定不当的，应当向作出减刑、假释裁定的人民法院的同级人民检察院报告。

第641条 人民检察院对人民法院减刑、假释的裁定提出纠正意见后，应当监督人民法院是否在收到纠正意见后1个月以内重新组成合议庭进行审理，并监督重新作出的裁定是否符合法律规定。对最终裁定不符合法律规定的，应当向同级人民法院提出纠正意见。

【高检发〔2020〕10号】 最高人民检察院关于充分发挥检察职能服务保障"六稳""六保"的意见（2020年7月21日第13届最高检党组第119次会议通过，2020年7月22日）

10. 依法合理采取更加灵活务实的司法措施。立足当前经济社会发展需求，充分考虑涉案企业经营发展，在办案中依法采取更加灵活务实、及时高效的司法措施。……二是优化刑罚执行环节司法措施。扩大涉企服刑人员假释的适用，对于同时符合减刑和假释条件的，依法建议适用假释。会同司法行政机关研究具体措施，为接受社区矫正的民营企业人员从事相关生产经营活动提供必要便利，简化批准流程。……

【公安部令〔2020〕159号】 公安机关办理刑事案件程序规定（2020年7月4日第3次部务会议修订，2020年7月20日公布，2020年9月1日施行）

第305条 对依法留看守所执行刑罚的罪犯，符合减刑条件的，由看守所制作减刑建议书，经设区的市一级以上公安机关审查同意后，报请所在地中级以上人民法院审核裁定。

第306条 对依法留看守所执行刑罚的罪犯，符合假释条件的，由看守所制作假释建议书，经设区的市一级以上公安机关审查同意后，报请所在地中级以上人民法院审核裁定。

【主席令〔2019〕40号】 中华人民共和国社区矫正法（2019年12月28日第13届全国人大常委会第15次会议通过，主席令第40号公布，2020年7月1日施行）

第33条 社区矫正对象符合刑法规定的减刑条件的，社区矫正机构应当向社区矫正执行地的中级以上人民法院提出减刑建议，并将减刑建议书抄送同级人民检察院。

人民法院应当在收到社区矫正机构的减刑建议书后30日内作出裁定，并将裁定书送达社区矫正机构，同时抄送人民检察院、公安机关。

第46条 社区矫正对象具有刑法规定的撤销缓刑、假释情形的，应当由人民法院撤销缓刑、假释。

对于在考验期限内犯新罪或者发现判决宣告以前还有其他罪没有判决的，应当由审理该案件的人民法院撤销缓刑、假释，并书面通知原人民法院和执行地社区矫正机构。

对于有第2款规定以外的其他需要撤销缓刑、假释情形的，社区矫正机构应当向原审人民法院或者执行地人民法院提出撤销缓刑、假释建议，并将建议书抄送人民检察院。社区矫正机构提出撤销缓刑、假释建议时，应当说明理由，并提供有关证据材料。

第47条（第1款） 被提请撤销缓刑、假释的社区矫正对象可能逃跑或者可能发生社会危险的，社区矫正机构可以在提出撤销缓刑、假释建议的同时，提请人民法院决定对其予以逮捕。

第48条 人民法院应当在收到社区矫正机构撤销缓刑、假释建议书后30日内作出裁定，将裁定书送达社区矫正机构和公安机关，并抄送人民检察院。

人民法院拟撤销缓刑、假释的，应当听取社区矫正对象的申辩及其委托的律师的意见。

人民法院裁定撤销缓刑、假释的，公安机关应当及时将社区矫正对象送交监狱或者看守所执行。执行以前被逮捕的，羁押1日折抵刑期1日。

人民法院裁定不予撤销缓刑、假释的，对被逮捕的社区矫正对象，公安机关应当立即予以释放。

【法释〔2021〕1号】 最高人民法院关于适用《中华人民共和国刑事诉讼法》的解释（2020年12月7日最高法审委会［1820次］修订，2021年1月26日公布，2021年3月1日施行；2013年1月1日施行的"法释〔2012〕21号"《解释》同时废止）

第420条 报请最高人民法院核准因罪犯具有特殊情况，不受执行刑期限制的假释案件，应当按照下列情形分别处理：

（一）中级人民法院依法作出假释裁定后，应当报请高级人民法院复核。高级人民法院同意的，应当书面报请最高人民法院核准；不同意的，应当裁定撤销中级人民法院的假释裁定；

（二）高级人民法院依法作出假释裁定的，应当报请最高人民法院核准。

第421条 报请最高人民法院核准因罪犯具有特殊情况，不受执行刑期限制的假释案件，应当报送报请核准的报告、罪犯具有特殊情况的报告、假释裁定书各5份，以及全部案卷。

第422条 对因罪犯具有特殊情况，不受执行刑期限制的假释案件，最高人民法院予以核准的，应当作出核准裁定书；不予核准的，应当作出不核准裁定书，并撤销原裁定。

第533条 判处死刑缓期执行的罪犯，在死刑缓期执行期间，没有故意犯罪，死刑缓期执行期满后，应当裁定减刑；死刑缓期执行期满后，尚未裁定减刑前又犯罪的，应当依法减刑后，对其所犯新罪另行审判。

第534条 对减刑、假释案件，应当按照下列情形分别处理：

（一）对被判处死刑缓期执行的罪犯的减刑，由罪犯服刑地的高级人民法院在收到根据同级监狱管理机关审核同意的减刑建议书后1个月以内作出裁定；

（二）对被判处无期徒刑的罪犯的减刑、假释，由罪犯服刑地的高级人民法院在收到同级监狱管理机关审核同意的减刑、假释建议书后1个月以内作出裁定，案情复杂或者情况特殊的，可以延长1个月；

（三）对被判处有期徒刑和被减为有期徒刑的罪犯的减刑、假释，由罪犯服刑地的中级人民法院在收到执行机关提出的减刑、假释建议书后1个月以内作出裁定，案情复杂或者情况特殊的，可以延长1个月；

（四）对被判处管制、拘役的罪犯的减刑，由罪犯服刑地的中级人民法院在收到同级执行机关审核同意的减刑、假释建议书后 1 个月以内作出裁定。

对社区矫正对象的减刑，由社区矫正执行地的中级以上人民法院在收到社区矫正机构减刑建议书后 30 日以内作出裁定。①

第 535 条 受理减刑、假释案件，应当审查执行机关移送的材料是否包括下列内容：（一）减刑、假释建议书；（二）原审法院终审法院的裁判文书、执行通知书、历次减刑裁定书的复制件；（三）证明罪犯确有悔改、立功或者重大立功表现具体事实的书面材料；（四）罪犯评审鉴定表、奖惩审批表等；（五）罪犯假释后对所居住社区影响的调查评估报告；（六）刑事裁判涉财产部分、附带民事裁判的执行、履行情况；（七）根据案件情况需要移送的其他材料。

（新增）人民检察院对报请减刑、假释案件提出意见的，执行机关应当一并移送受理减刑、假释案件的人民法院。

经审查，材料不全的，应当通知提请减刑、假释的执行机关在 3 日以内补送；逾期未补送的，不予立案。

第 536 条 审理减刑、假释案件，对罪犯积极履行刑事裁判涉财产部分、附带民事裁判确定的义务的②，可以认定有悔改表现，在减刑、假释时从宽掌握；对确有履行能力而不履行或者不全部履行的，在减刑、假释时从严掌握。

第 537 条 审理减刑、假释案件，应当在立案后 5 日以内对下列事项予以公示：（一）罪犯的姓名、年龄等个人基本情况；（二）原判认定的罪名和刑期；（三）罪犯历次减刑情况；（四）执行机关的减刑、假释建议和依据。

公示应当写明公示期限和提出意见的方式。公示地点为罪犯服刑场所的公共区域；有条件的地方，可以面向社会公示。

第 538 条 审理减刑、假释案件，应当组成合议庭，可以采用书面审理的方式，但下列案件应当开庭审理：（一）因罪犯有重大立功表现提请减刑的；（二）提请减刑的起始时间、间隔时间或者减刑幅度不符合一般规定的；（三）被提请减刑、假释罪犯系职务犯罪罪犯、组织、领导、参加、包庇、纵容黑社会性质组织罪犯，破坏金融管理秩序罪犯或者金融诈骗罪犯的；（四）社会影响重大或者社会关注度高的；（五）公示期间收到不同意见投诉意见的；（六）人民检察院提出有异议的；（七）有必要开庭审理的其他案件。

第 539 条 人民法院作出减刑、假释裁定后，应当在 7 日以内送达提请减刑、假释的执行机关、同级人民检察院以及罪犯本人。人民检察院认为减刑、假释裁定不当，在法定期限内提出书面纠正意见的，人民法院应当在收到意见后另行组成合议庭审理，并在 1 个月以内作出裁定。

（新增）对假释的罪犯，适用本解释第 519 条的有关规定，依法实行社区矫正。

第 540 条 减刑、假释裁定作出前，执行机关书面提请撤回减刑、假释建议的，人民法院可以决定是否准许是否准许，由人民法院决定。

第 541 条 人民法院发现本院已经生效的减刑、假释裁定确有错误的，应当另行组成合

---

① 本款 2012 年规定为："对暂予监外执行罪犯的减刑，应当根据情况，分别适用前款的有关规定。"
② 本部分内容 2012 年规定为："应当审查财产刑和附带民事裁判的执行情况，以及罪犯退赃、退赔情况。罪犯积极履行判决确定的义务的。"

议庭审理；发现下级人民法院已经生效的减刑、假释裁定确有错误的，可以指令下级人民法院另行组成合议庭审理，<u>也可以自行组成合议庭审理</u>。

监狱计分考核罪犯工作规定（司法部网站2021年9月30日公布，2021年10月1日施行；司发通〔2016〕68号《关于计分考核罪犯的规定》同时废止）

第41条　监狱对罪犯的计分考核结果和相应表扬决定及有关证据材料，在依法提请减刑、假释时提交人民法院和人民检察院。

【法发〔2021〕31号】　最高人民法院、最高人民检察院、公安部、司法部关于加强减刑、假释案件实质化审理的意见（2021年12月1日）

二、严格审查减刑、假释案件的实体条件

5. 严格审查罪犯服刑期间改造表现的考核材料。对于罪犯的计分考核材料，应当认真审查考核分数的来源及其合理性等，如果存在考核分数与考核期不对应、加扣分与奖惩不对应、奖惩缺少相应事实和依据等情况，应当要求刑罚执行机关在规定期限内作出说明或者补充。对于在规定期限内不能作出合理解释的考核材料，不作为认定罪犯确有悔改表现的依据。

对于罪犯的认罪悔罪书、自我鉴定等自书材料，要结合罪犯的文化程度认真进行审查，对于无特殊原因非本人书写或者自书材料内容虚假的，不认定罪犯确有悔改表现。

对于罪犯存在违反监规纪律行为的，应当根据行为性质、情节等具体情况，综合分析判断罪犯的改造表现。罪犯服刑期间因违反监规纪律被处以警告、记过或者禁闭处罚的，可以根据案件具体情况，认定罪犯是否确有悔改表现。

6. 严格审查罪犯立功、重大立功的证据材料，准确把握认定条件。对于检举、揭发监狱内外犯罪活动，或者提供重要破案线索的，应当注重审查线索的来源。对于揭发线索来源存疑的，应当进一步核查，如果查明线索系通过贿买、暴力、威胁或者违反监规等非法手段获取的，不认定罪犯具有立功或者重大立功表现。

对于技术革新、发明创造，应当注重审查罪犯是否具备该技术革新、发明创造的专业能力和条件，对于罪犯明显不具备相应专业能力及条件、不能说明技术革新或者发明创造原理及过程的，不认定罪犯具有立功或者重大立功表现。

对于阻止他人实施犯罪活动，协助司法机关抓捕其他犯罪嫌疑人，在日常生产、生活中舍己救人，在抗御自然灾害或者排除重大事故中有积极或者突出表现的，除应审查有关部门出具的证明材料外，还应当注重审查能够证明上述行为的其他证据材料，对于罪犯明显不具备实施上述行为能力和条件的，不认定罪犯具有立功或者重大立功表现。

严格把握"较大贡献"或者"重大贡献"的认定条件。该"较大贡献"或者"重大贡献"，是指对国家、社会具有积极影响，而非仅对个别人员、单位有贡献和帮助。对于罪犯在警示教育活动中现身说法的，不认定罪犯具有立功或者重大立功表现。

7. 严格审查罪犯履行财产性判项的能力。罪犯未履行或者未全部履行财产性判项，具有下列情形之一的，不认定罪犯确有悔改表现：（1）拒不交代赃款、赃物去向；（2）隐瞒、藏匿、转移财产；（3）有可供履行的财产拒不履行。

对于前款罪犯，无特殊原因狱内消费明显超出规定额度标准的，一般不认定罪犯确有悔改表现。

8. 严格审查反映罪犯是否有再犯罪危险的材料。对于报请假释的罪犯，应当认真审查刑罚执行机关提供的反映罪犯服刑期间现实表现和生理、心理状况的材料，并认真审查司法行政机关或者有关社会组织出具的罪犯假释后对所居住社区影响的材料，同时结合罪犯犯罪的性质、具体情节、社会危害程度、原判刑罚及生效裁判中财产性判项的履行情况等，综合判断罪犯假释后是否具有再犯罪危险性。

9. 严格审查罪犯身份信息、患有严重疾病或者身体有残疾的证据材料。对于上述证据材料有疑问的，可以委托有关单位重新调查、诊断、鉴定。对原判适用《中华人民共和国刑事诉讼法》第160条第2款规定判处刑罚的罪犯，在刑罚执行期间不真心悔罪，仍不讲真实姓名、住址，且无法调查核实清楚的，除具有重大立功表现等特殊情形外，一律不予减刑、假释。

10. 严格把握罪犯减刑后的实际服刑刑期。正确理解法律和司法解释规定的最低服刑期限，严格控制减刑起始时间、间隔时间及减刑幅度，并根据罪犯前期减刑情况和效果，对其后续减刑予以总体掌握。死刑缓期执行、无期徒刑罪犯减为有期徒刑后再减刑时，在减刑间隔时间及减刑幅度上，应当从严把握。

三、切实强化减刑、假释案件办理程序机制

11. 充分发挥庭审功能。人民法院开庭审理减刑、假释案件，应当围绕罪犯实际服刑表现、财产性判项执行履行情况等，认真进行法庭调查。人民检察院应当派员出庭履行职务，并充分发表意见。人民法院对于有疑问的证据材料，要重点进行核查，必要时可以要求有关机关或者罪犯本人作出说明，有效发挥庭审在查明事实、公正裁判中的作用。

12. 健全证人出庭作证制度。人民法院审理减刑、假释案件，应当通知罪犯的管教干警、同监室罪犯、公示期间提出异议的人员以及其他了解情况的人员出庭作证。开庭审理前，刑罚执行机关应当提供前述证人名单，人民法院根据需要从名单中确定相应数量的证人出庭作证。证人到庭后，应当对其进行详细询问，全面了解被报请减刑、假释罪犯的改造表现等情况。

13. 有效行使庭外调查核实权。人民法院、人民检察院对于刑罚执行机关提供的罪犯确有悔改表现、立功表现等证据材料存有疑问的，根据案件具体情况，可以采取讯问罪犯、询问证人、调取相关材料、与监所人民警察座谈、听取派驻监所检察人员意见等方式，在庭外对相关证据材料进行调查核实。

14. 强化审判组织的职能作用。人民法院审理减刑、假释案件，合议庭成员应当对罪犯是否符合减刑或者假释条件、减刑幅度是否适当、财产性判项是否执行履行等情况，充分发表意见。对于重大、疑难、复杂的减刑、假释案件，合议庭必要时可以提请院长决定提交审判委员会讨论，但提请前应当先经专业法官会议研究。

15. 完善财产性判项执行衔接机制。人民法院刑事审判部门作出具有财产性判项内容的刑事裁判后，应当及时按照规定移送负责执行的部门执行。刑罚执行机关对罪犯报请减刑、假释时，可以向负责执行财产性判项的人民法院调取罪犯财产性判项执行情况的有关材料，负责执行的人民法院应当予以配合。刑罚执行机关提交的关于罪犯财产性判项执行情况的材料，可以作为人民法院认定罪犯财产性判项执行情况和判断罪犯是否具有履行能力的依据。

16. 提高信息化运用水平。人民法院、人民检察院、刑罚执行机关要进一步提升减刑、假释信息化建设及运用水平，充分利用减刑、假释信息化协同办案平台、执行信息平台及大数据平台等，采用远程视频开庭等方式，不断完善案件办理机制。同时，加强对减刑、假释信息化协同办案平台和减刑、假释、暂予监外执行信息网的升级改造，不断拓展信息化运用的深度和广度，为提升减刑、假释案件办理质效和加强权力运行制约监督提供科技支撑。

【主席令〔2021〕101号】　中华人民共和国反有组织犯罪法（2021年12月24日第13届全国人大常委会第32次会议通过，主席令第101号公布，2022年5月1日施行）

第36条　对被判处10年以上有期徒刑、无期徒刑、死刑缓期2年执行的黑社会性质组织的组织者、领导者或者恶势力组织的首要分子减刑的，执行机关应当依法提出减刑建议，报经省、自治区、直辖市监狱管理机关复核后，提请人民法院裁定。

对黑社会性质组织的组织者、领导者或者恶势力组织的首要分子假释的，适用前款规定的程序。

第37条　人民法院审理黑社会性质组织犯罪罪犯的减刑、假释案件，应当通知人民检察院、执行机关参加审理，并通知被报请减刑、假释的罪犯参加，听取其意见。

第38条　执行机关提出减刑、假释建议以及人民法院审理减刑、假释案件，应当充分考虑罪犯履行生效裁判中财产性判项、配合处置涉案财产等情况。

【国安部令〔2024〕4号】　国家安全机关办理刑事案件程序规定（2024年4月26日公布，2024年7月1日起施行）

第334条　看守所对留所服刑的罪犯符合减刑、假释条件的，经设区的市级以上国家安全机关批准，制作减刑、假释建议书，报请中级以上人民法院审核裁定，并将建议书副本抄送人民检察院。

第336条　被剥夺政治权利、管制、宣告缓刑和假释的罪犯在执行期间又犯新罪，属于国家安全机关管辖的，由犯罪地国家安全机关立案侦查。

对于留所服刑的罪犯，因犯新罪被撤销假释的，应当根据侦查、审判需要，由犯罪地看守所或者原执行地看守所收监执行。

【法释〔2024〕5号】　最高人民法院关于办理减刑、假释案件审查财产性判项执行问题的规定（2024年1月3日最高法审委会〔1910次〕通过，2024年4月29日公布，2024年5月1日起施行。以本规为准）

第1条　人民法院办理减刑、假释案件必须审查原生效刑事或者刑事附带民事裁判中财产性判项的执行情况，以此作为判断罪犯是否确有悔改表现的因素之一。

财产性判项是指生效刑事或者刑事附带民事裁判中确定罪犯承担的被依法追缴、责令退赔、罚金、没收财产判项，以及民事赔偿义务等判项。

第2条　人民法院审查财产性判项的执行情况，应将执行法院出具的结案通知书、缴付款票据、执行情况说明等作为审查判断的依据。

人民法院判决多名罪犯对附带民事赔偿承担连带责任的，只要其中部分人履行全部赔偿义务，即可认定附带民事赔偿判项已经执行完毕。

罪犯亲属代为履行财产性判项的，视为罪犯本人履行。

第3条　财产性判项未执行完毕的，人民法院应当着重审查罪犯的履行能力。

罪犯的履行能力应根据财产性判项的实际执行情况，并结合罪犯的财产申报、实际拥有财产情况，以及监狱或者看守所内消费、账户余额等予以判断。

第4条 罪犯有财产性判项履行能力的，应在履行后方可减刑、假释。

罪犯确有履行能力而不履行的，不予认定其确有悔改表现，除法律规定情形外，一般不予减刑、假释。

罪犯确无履行能力的，不影响对其确有悔改表现的认定。

罪犯因重大立功减刑的，依照相关法律规定处理，一般不受财产性判项履行情况的影响。

第5条 财产性判项未执行完毕的减刑、假释案件，人民法院在受理时应当重点审查下列材料：（一）执行裁定、缴付款票据、有无拒不履行或者妨害执行行为等有关财产性判项执行情况的材料；（二）罪犯对其个人财产的申报材料；（三）有关组织、单位对罪犯实际拥有财产情况的说明；（四）不履行财产性判项可能承担不利后果的告知材料；（五）反映罪犯在监狱、看守所内消费及账户余额情况的材料；（六）其他反映罪犯财产性判项执行情况的材料。

上述材料不齐备的，应当通知报请减刑、假释的刑罚执行机关在7日内补送，逾期未补送的，不予立案。

第6条 财产性判项未履行完毕，具有下列情形之一的，应当认定罪犯确有履行能力而不履行：（一）拒不交代赃款、赃物去向的；（二）隐瞒、藏匿、转移财产的；（三）妨害财产性判项执行的；（四）拒不申报或者虚假申报财产情况的。

罪犯采取借名、虚报用途等手段在监狱、看守所内消费的，或者无特殊原因明显超出刑罚执行机关规定额度标准消费的，视为其确有履行能力而不履行。

上述情形消失或者罪犯财产性判项执行完毕6个月后方可依法减刑、假释。

第7条 罪犯经执行法院查控未发现有可供执行财产，且不具有本规定第6条所列情形的，应认定其确无履行能力。

第8条 罪犯被判处的罚金被执行法院裁定免除的，其他财产性判项未履行完毕不影响对其确有悔改表现的认定，但罪犯确有履行能力的除外。

判决确定分期缴纳罚金，罪犯没有出现期满未缴纳情形的，不影响对其确有悔改表现的认定。

第9条 判处没收财产的，判决生效后，应当立即执行，所执行财产为判决生效时罪犯个人合法所有的财产。除具有本规定第6条第1款所列情形外，没收财产判项执行情况一般不影响对罪犯确有悔改表现的认定。

第10条 承担民事赔偿义务的罪犯，具有下列情形之一的，不影响对其确有悔改表现的认定：（一）全额履行民事赔偿义务，附带民事诉讼原告人下落不明或者拒绝接受，对履行款项予以提存的；（二）分期履行民事赔偿义务，没有出现期满未履行情形的；（三）附带民事诉讼原告人对罪犯表示谅解，并书面放弃民事赔偿的。

第11条 因犯罪行为造成损害，受害人单独提起民事赔偿诉讼的，人民法院办理减刑、假释案件时应对相关生效民事判决确定的赔偿义务判项执行情况进行审查，并结合本规定综合判断罪犯是否确有悔改表现。

承担民事赔偿义务的罪犯，同时被判处罚金或者没收财产的，应当先承担民事赔偿义务。对财产不足以承担全部民事赔偿义务及罚金、没收财产的罪犯，如能积极履行民事赔偿义务的，在认定其是否确有悔改表现时应予以考虑。

第12条　对职务犯罪、破坏金融管理秩序和金融诈骗犯罪、组织（领导、参加、包庇、纵容）黑社会性质组织犯罪等罪犯，不积极退赃、协助追缴赃款赃物、赔偿损失的，不认定其确有悔改表现。

第13条　人民法院将罪犯交付执行刑罚时，对生效裁判中有财产性判项的，应当将财产性判项实际执行情况的材料一并移送刑罚执行机关。

执行财产性判项的人民法院收到刑罚执行机关核实罪犯财产性判项执行情况的公函后，应当在7日内出具相关证明，已经执行结案的，应当附有关法律文书。

执行财产性判项的人民法院在执行过程中，发现财产性判项未执行完毕的罪犯具有本规定第6条第1款第（一）（二）（三）项所列情形的，应当及时将相关情况通报刑罚执行机关。

第14条　人民法院办理减刑、假释案件中发现罪犯确有履行能力而不履行的，裁定不予减刑、假释，或者依法由刑罚执行机关撤回减刑、假释建议。

罪犯被裁定减刑、假释后，发现其确有履行能力的，人民法院应当继续执行财产性判项；发现其虚假申报、故意隐瞒财产，情节严重的，人民法院应当撤销该减刑、假释裁定。

● **指导案例**　【高检发办字〔2020〕24号】　最高人民检察院第19批指导性案例（2019年12月31日最高检第13届检委会第30次会议通过，2020年2月28日印发，2020年6月3日公布）

（检例第70号）　宣告缓刑罪犯蔡某等12人减刑监督案①

要旨： 对于判处拘役或者3年以下有期徒刑并宣告缓刑的罪犯，在缓刑考验期内确有悔改表现或者有一般立功表现，一般不适用减刑。在缓刑考验期内有重大立功表现的，可以参照刑法第78条的规定予以减刑。人民法院对宣告缓刑罪犯裁定减刑适用法律错误的，人民检察院应当依法提出纠正意见。人民法院裁定维持原减刑裁定的，人民检察院应当继续予以监督。②

---

① 本案指导意义：1.……对于地方人民法院、人民检察院制定的司法解释性文件，应当根据《最高人民法院、最高人民检察院关于地方人民法院、人民检察院不得制定司法解释性质文件的通知》予以清理。人民法院依据地方人民法院、人民检察院制定的司法解释性文件作出裁定的，属于适用法律错误，人民检察院应当依法向人民法院提出书面监督纠正意见，监督人民法院重新组成合议庭进行审理。2.……发现人民法院对于确有悔改表现或者有一般立功表现但没有重大立功表现的缓刑罪犯裁定减刑的，应当依法向人民法院发出《纠正不当减刑裁定意见书》，申明监督理由、依据和意见，监督人民法院重新组成合议庭进行审理并作出最终裁定。3. 人民检察院发现人民法院已经生效的减刑、假释裁定仍有错误的，应当继续向人民法院提出书面纠正意见。人民检察院对人民法院减刑、假释的裁定提出纠正意见后，应当监督人民法院在收到纠正意见后1个月内重新组成合议庭进行审理，并监督人民法院重新作出的裁定是否符合法律规定。人民法院重新作出的裁定仍不符合法律规定的，人民检察院应当继续向人民法院提出纠正意见，提请人民法院按照审判监督程序依法另行组成合议庭重新审理并作出裁定。对人民法院仍然不采纳纠正意见的，人民检察院应当提请上级人民检察院继续监督。

② 注：该案，南京市检认为南京中院减刑不当，南京中院以适用地方性规范为由，裁定维持减刑；南京市检再次监督，南京中院再次再审，撤销了原减刑裁定。

（检例第 71 号）　　罪犯康某假释监督案①

要旨：人民检察院办理未成年罪犯减刑、假释监督案件，应当比照成年罪犯依法适当从宽把握假释条件。对既符合法定减刑条件又符合法定假释条件的，可以建议刑罚执行机关优先适用假释。审查未成年罪犯是否符合假释条件时，应当结合犯罪的具体情节、原判刑罚情况、刑罚执行中的表现、家庭帮教能力和条件等因素综合认定。

【高检发办字〔2022〕18 号】　最高人民检察院第 33 批指导性案例（2021 年 12 月 29 日最高检第 13 届检委会第 84 次会议通过，2022 年 1 月 30 日印发）

（检例第 133 号）　　社区矫正对象王某减刑监督案②

要旨：人民检察院开展社区矫正法律监督工作，应当坚持客观公正立场，既监督纠正社区矫正中的违法行为，又依法维护社区矫正对象合法权益。发现宣告缓刑的社区矫正对象有见义勇为、抢险救灾等突出表现的，应当监督相关部门审查确定是否属于重大立功情形，是否符合减刑条件。对有重大社会影响的减刑监督案件，人民检察院可以召开听证会，围绕社区矫正对象是否符合重大立功等重点内容进行听证，结合原判罪名情节、社区矫正期间表现等依法提出检察建议。

【高检发办字〔2023〕152 号】　最高人民检察院第 49 批指导性案例（2023 年 9 月 22 日最高检检察委员会〔14 届 13 次〕通过，2023 年 10 月 16 日发布）

（检例第 195 号）　　罪犯向某假释监督案

要旨：人民检察院办理假释监督案件可以充分运用大数据等手段进行审查，对既符合减刑又符合假释条件的案件，监狱未优先提请假释的，应依法监督监狱优先提请假释。可以对"再犯罪的危险"进行指标量化评估，增强判断的客观性、科学性。对罪犯再犯罪危险的量化评估应以证据为中心，提升假释监督案件的实质化审查水平。注重发挥"派驻+巡回"检

---

① 本案指导意义：1. ……减刑、假释都是刑罚变更执行的重要方式，与减刑相比，假释更有利于维护裁判的权威和促进罪犯融入社会、预防罪犯再犯罪。……人民检察院在办理减刑、假释案件时，应当充分发挥减刑、假释制度的不同价值功能，对既符合法定减刑条件又符合法定假释条件的罪犯，可以建议刑罚执行机关提请人民法院优先适用假释。2. ……人民检察院办理犯罪时未满 18 周岁的罪犯假释案件，应当综合罪犯犯罪情节、原判刑罚、服刑表现、身心特点、监管帮教等因素依法从宽掌握。特别是对初犯、偶犯和在校学生等罪犯，假释后其家庭和社区具有帮教能力和条件的，可以建议刑罚执行机关和人民法院依法适用假释。对罪犯"假释后有无再犯罪危险"的审查判断，人民检察院应当根据相关法律和司法解释的规定，结合未成年罪犯犯罪的具体情节、原判刑罚情况，其在刑罚执行中的一贯表现、帮教条件（包括其身体状况、性格特征、被假释后生活来源以及帮教环境等因素）综合考虑。3. 对犯罪时未满 18 周岁的罪犯假释案件，人民检察院可以建议罪犯的父母参加假释庭审。将未成年人罪犯父母到庭制度引入假释案件审理中，有助于更好地调查假释案件相关情况，客观准确地适用法律，保障罪犯的合法权益，督促罪犯假释后社会帮教责任的落实，有利于发挥司法机关、家庭和社会对罪犯改造帮教的合力作用，促进罪犯的权益保护和改造教育，实现办案的政治效果、法律效果和社会效果的有机统一。4. ……监狱罪犯被裁定假释实行社区矫正后，检察机关应当按照《中华人民共和国社区矫正法》的有关规定，监督有关部门做好罪犯的交付、接收等工作，并应当做好对社区矫正机构对罪犯社区矫正活动的监督，督促社区矫正机构对罪犯进行法治、道德等方面的教育，组织其参加公益活动，增强其法治观念，提高其道德素质和社会责任感，帮助其融入社会，预防和减少犯罪。

② 本案指导意义：1. ……根据有关法律和司法解释的规定，宣告缓刑的罪犯，一般不适用减刑；在缓刑考验期内有重大立功表现的，可以参照刑法第 78 条的规定，予以减刑。……必要时，人民检察院可以自行开展调查核实。2. ……可以通过公开听证方式听取各方意见，最大程度凝聚共识，确保案件办理质效。……重点围绕社区矫正对象的行为是否符合刑法第 78 条规定的重大立功情形听取意见。……

察机制优势，充分运用巡回检察成果，以"巡回切入、派驻跟进"的方式，依法推进假释制度适用。

（检例第 196 号）　罪犯杨某某假释监督案

要旨：人民检察院在日常监督履职中发现罪犯符合假释法定条件而未被提请假释的，应当依法建议刑罚执行机关启动假释提请程序。要准确把握禁止适用假释的罪犯范围，对于故意杀人罪等严重暴力犯罪罪犯，没有被判处10年以上有期徒刑、无期徒刑且不是累犯的，不属于禁止适用假释的情形，可在综合判断其主观恶性、服刑期间现实表现等基础上，对于符合假释条件的，依法提出适用假释意见。注重贯彻宽严相济刑事政策，对有未成年子女确需本人抚养且配偶正在服刑等特殊情况的罪犯，可以依法提出从宽适用假释的建议。

（检例第 197 号）　罪犯刘某某假释监督案

要旨：人民检察院办理涉及单位犯罪罪犯的假释监督案件，应分别审查罪犯个人和涉罪单位的财产性判项履行情况。对于罪犯个人财产性判项全部履行，涉罪单位财产性判项虽未履行或未全部履行，但不能归责于罪犯个人原因的，一般不影响对罪犯的假释。除实质化审查单位犯罪的罪犯原判刑罚、犯罪情节、刑罚执行中的表现等因素外，还应重点调查核实罪犯假释后对单位财产性判项履行的实际影响，实现假释案件办理"三个效果"有机统一。

（检例第 198 号）　罪犯邹某某假释监督案

要旨：人民检察院应当准确把握假释罪犯的服刑期限条件，被判处有期徒刑的罪犯"执行原判刑期二分之一以上"的期限，包括罪犯在监狱中服刑期限和罪犯判决执行前先行羁押期限。注重通过个案办理，推动司法行政机关及时调整不符合法律规定和立法原意的相关规定，保障法律统一正确实施。

（检例第 199 号）　罪犯唐某假释监督案

要旨：人民检察院要加强对再犯罪危险性高的罪犯，如毒品犯罪罪犯等假释适用条件的审查把关。要深入开展调查核实工作，注重实质化审查，准确认定涉毒罪犯是否确有悔改表现和有无再犯罪危险。罪犯采取不正当手段获取虚假证明材料意图获得假释的，表明主观上未能真诚悔罪，不能认定其确有悔改表现。在办理假释监督案件过程中，发现违纪违法等问题线索的，应依法移送相关机关办理，延伸监督效果。

● **入库案例**　【2023-04-1-304-002】　张某荣脱逃案（七台河中院/2017.08.07/［2017］黑09刑初13号/再审）

裁判要旨：……2. 脱逃罪因超过追诉时效裁定终止审理后，死刑缓期执行期间应连续计算，在逃期间应扣除，并执行《最高人民法院关于办理减刑、假释案件具体应用法律的规定》（法释〔2016〕23号）第12条，即死刑缓期执行罪犯在缓期执行期间不服从监管、抗拒改造，尚未构成犯罪的，在减为无期徒刑后再减刑时应当适当从严。

第 275 条 【刑罚执行中的纠错、申诉】 监狱和其他执行机关[①]在刑罚执行中，如果认为判决有错误或者罪犯提出申诉，应当转请人民检察院或者原判人民法院处理。

第 276 条 【刑罚执行监督】 人民检察院对执行机关执行刑罚的活动是否合法[②]实行监督。如果发现有违法的情况，应当通知执行机关纠正。

● 相关规定　【高检会〔1997〕2 号】　最高人民检察院、国家安全部关于国家安全机关设置的看守所依法接受人民检察院法律监督有关事项的通知（1997 年 8 月 21 日）

一、人民检察院对国家安全机关设置的看守所的执法活动实行法律监督，由主管该看守所的国家安全机关的同级人民检察院负责。

二、人民检察院对国家安全机关设置的看守所的执法活动进行检察的方式，可根据其羁押人数，监管任务轻重决定派驻检察或定期巡回检察。

三、国家安全机关设置的看守所应当依法接受人民检察院的法律监督，定期向对该看守所有法律监督职责的人民检察院通报监管情况；对人民检察院提出纠正违法的意见，应当认真进行研究，并对违法情况及时采取有效措施予以纠正；对发生的有关犯罪案件，要主动配合检察机关依法查处。

【高检发〔2001〕16 号】　最高人民检察院关于监所检察工作若干问题的规定（2001 年 9 月 3 日最高检第 9 届检委会第 95 次会议通过，2001 年 12 月 13 日公布施行）

3. 人民检察院监所检察部门的主要职责是：（1）对监狱（包括未成年犯管教所，下同）、看守所、拘役所执行刑罚活动是否合法实行监督。（2）对监狱、看守所、拘役所、劳动教养机关管理教育罪犯、劳教人员的活动是否合法实行监督，对公安机关管理教育监外罪犯的活动实行监督。（3）对刑罚执行和监管改造中发生的虐待被监管人案、私放在押人员案，失职致使在押人脱逃案，徇私舞弊减刑、假释、暂予监外执行案（以下称"4 种案件"）进行立案侦查。（4）对刑罚执行和监管改造过程中发生的司法人员贪污贿赂、渎职侵权案件进行初查。（5）配合有关部门搞好职务犯罪预防。（6）受理被监管人员及其亲属直接提出的控告和举报。（7）对服刑罪犯又犯罪案件、劳教人员的犯罪案件的侦查活动实行监督。（8）对看守所超期羁押犯罪嫌疑人、被告人的情况进行监督。（9）对派出检察院、派驻检察室的工作进行业务指导，对下级检察院监所检察部门的工作进行指导。（10）负责检察长交办的其他事项。

派出检察院除履行监所检察部门的基本职责外，还应承担对刑罚执行和监管活动中发生的司法人员职务犯罪案件进行立案侦查，对服刑罪犯又犯罪案件和劳教人员犯罪案件审查逮捕、审查起诉，对诉讼活动实行监督，对被监管人员的申诉、控告和举报依法审查处理等职责。

[①] 本部分内容由 1996 年 3 月 17 日第 8 届全国人民代表大会第 4 次会议修改，1997 年 1 月 1 日施行。原规定为"劳动改造机关"。

[②] 本部分内容由 1996 年 3 月 17 日第 8 届全国人民代表大会第 4 次会议修改，1997 年 1 月 1 日施行。原规定为"刑事案件的判决、裁定的执行和监狱、看守所、劳动改造机关的活动是否合法"。

派驻检察室在派出它的检察院领导或者监所检察部门的指导下，依法履行监所检察职责。

4. 监所检察工作的重点是刑罚执行监督，监督的主要对象是监狱，监督的重点是监管干警徇私舞弊减刑、假释、暂予监外执行等违法犯罪问题。

9. 监所检察部门对司法机关的违法行为需要提出书面纠正的，应由监所检察处、科长报请检察长批准后实施。对上一级司法机关违法行为依法提出书面纠正意见后，如果司法机关不接受纠正意见的，下级人民检察院应当提请上一级人民检察院向同级司法机关提出纠正意见。

17. 派驻检察干警实行任职回避、异地交流制和院内轮岗制。派驻检察人员在派驻场所有任职回避情形的，不得在当地派驻；派出检察院检察长任职超过5年，副检察长任职超过8年的，实行异地交流；派驻检察干警在同一监管场所工作满3年的，要交流到其他监管场所或其他部门工作。

【高检发监字〔2008〕1号】 人民检察院监狱检察办法（2008年2月22日最高检第10届检委会第94次会议通过，2008年3月23日印发"4个检察办法"）①

第3条 人民检察院监狱检察的职责是：（一）对监狱执行刑罚活动是否合法实行监督；（二）对人民法院裁定减刑、假释活动是否合法实行监督；（三）对监狱管理机关批准暂予监外执行活动是否合法实行监督；（四）对刑罚执行和监管活动中发生的职务犯罪案件进行侦查，开展职务犯罪预防工作；（五）对监狱侦查的罪犯又犯罪案件审查逮捕、审查起诉和出庭支持公诉，对监狱的立案、侦查活动和人民法院的审判活动是否合法实行监督；（六）受理罪犯及其法定代理人、近亲属的控告、举报和申诉；（七）其他依法应当行使的监督职责。

第5条 收监检察的内容：

（一）监狱对罪犯的收监管理活动是否符合有关法律规定。

（二）监狱收押罪犯有无相关凭证：1. 收监交付执行的罪犯，是否具备人民检察院的起诉书副本和人民法院的刑事判决（裁定）书、执行通知书、结案登记表；2. 收监监外执行的罪犯，是否具备撤销假释裁定书、撤销缓刑裁定书或者撤销暂予监外执行的收监执行决定书；3. 从其他监狱调入罪犯，是否具备审批手续。

（三）监狱是否收押了依法不应当收押的人员。

第6条 收监检察的方法：（一）对个别收监罪犯，实行逐人检察；（二）对集体收监罪犯，实行重点检察；（三）对新收罪犯监区，实行巡视检察。

第7条 发现监狱在收监管理活动中有下列情形的，应当及时提出纠正意见：（一）没有收监凭证或者收监凭证不齐全而收监的；（二）收监罪犯与收监凭证不符的；（三）应当收监而拒绝收监的；（四）不应当收监而收监的；（五）罪犯收监后未按时通知其家属的；（六）其他违反收监规定的。

第8条 出监检察的内容：

（一）监狱对罪犯的出监管理活动是否符合有关法律规定。

（二）罪犯出监有无相关凭证：1. 刑满释放罪犯，是否具备刑满释放证明书；2. 假释罪犯，是否具备假释裁定书、执行通知书、假释证明书；3. 暂予监外执行罪犯，是否具备暂予

---

① 注：本《办法》的部分规定与2021年12月8日《人民检察院巡回检察工作规定》不一致，以后者为准。

监外执行审批表、暂予监外执行决定书；4.离监探亲和特许离监罪犯，是否具备离监探亲审批表、离监探亲证明；5.临时离监罪犯，是否具备临时离监解回再审的审批手续；6.调监罪犯，是否具备调监的审批手续。

第9条 出监检察的方法：（一）查阅罪犯出监登记和出监凭证；（二）与出监罪犯进行个别谈话，了解情况。

第10条 发现监狱在出监管理活动中有下列情形的，应当及时提出纠正意见：（一）没有出监凭证或者出监凭证不齐全而出监的；（二）出监罪犯与出监凭证不符的；（三）应当释放而没有释放或者不应当释放而释放的；（四）罪犯没有监狱人民警察或者办案人员押解而特许离监、临时离监或者调监的；（五）没有派员押送暂予监外执行罪犯到达执行地公安机关的；（六）没有向假释罪犯、暂予监外执行罪犯、刑满释放仍需执行附加剥夺政治权利罪犯的执行地公安机关送达有关法律文书的；（七）没有向刑满释放人员居住地公安机关送达释放通知书的；（八）其他违反出监规定的。

第11条 假释罪犯、暂予监外执行罪犯、刑满释放仍需执行附加剥夺政治权利罪犯出监时，派驻检察机构应当填写《监外执行罪犯出监告知表》，寄送执行地人民检察院监所检察部门。

【法刊文摘】 检答网集萃13：服刑人员刑满释放时衔接工作适用法律条款（检察日报2019年8月31日）

咨询内容（云南永善曹柱）：《人民检察院看守所检察办法》第11条第7项规定：没有向刑满释放人员居住地公安机关送达释放证明通知书的，应当提出纠正意见。请问适用这一规定的法律依据？

解答摘要（周慧）：公安部监所管理局下发的《关于做好看守所、拘役所服刑人员刑满释放时衔接工作的通知》（公监管〔2003〕36号）中规定：自2003年7月1日起，各看守所、拘役所必须在服刑人员刑满释放前1个月将其在看守所、拘役所的认罪服法情况、改造表现、刑满释放时间、技术特长、择业意向以及做好安置帮教工作的建议，填写《刑满释放人员通知书》，寄送服刑人员原户籍所在地的县级公安机关和司法行政机关，并要求刑满释放人员在规定期限内，持刑满释放证明到原户籍所在地的公安派出所报到。2005年3月16日公安部监所管理局《关于进一步做好看守所、拘役所服刑人员刑满释放衔接工作的通知》（公监管〔2005〕39号）再次强调这一规定。

【高检发〔2009〕30号】 最高人民检察院关于进一步加强对诉讼活动法律监督工作的意见（2009年2月18日最高检第11届检委会第9次会议通过，2009年12月29日印发施行）

二、突出重点，加强对诉讼活动的法律监督

（四）刑罚执行和监管活动监督

14.建立健全预防和纠正超期羁押的长效工作机制。会同有关部门完善刑事诉讼各环节的工作衔接机制，健全羁押期限告知、羁押情况通报、期限届满提示等制度。改革完善换押制度，建立和完善适应第二审程序需要的换押机制，预防超期羁押和违法提讯、提解。完善延长逮捕后的侦查羁押期限审批制度，建立当事人不服批准延长侦查羁押期限决定向检察机关申诉和检察机关进行复查的制度，加强对违法延长羁押期限的监督。

15.完善对刑罚执行活动的监督制度，建立刑罚执行同步监督机制。探索建立检察机关对重大刑事罪犯刑罚变更执行的同步监督制度，发现有关机关减刑、假释、暂予监外执行的提请、呈报、决定、裁定存在不当的，应当及时提出纠正意见。完善对监外执行和社区矫正进行法律监督的方式和措施。

16. 健全检察机关对违法监管活动的发现和纠正机制。健全检察机关与监狱、看守所信息交换机制、定期联席会议制度，探索实行与监管场所信息网络互联互通，实行动态监督。完善检察机关受理在押人员投诉和对监管工作人员涉嫌违法犯罪行为进行调查和纠正的机制。完善监管场所发生的重要案件、重大事故及时报告上级人民检察院的机制。

17. 加强对执行死刑活动的监督工作。加强执行死刑临场监督，发现不应当执行死刑的，立即建议停止执行。对违反法定执行程序，侵犯被执行人合法权益的，及时监督纠正。

【高检发监字〔2010〕3号】　最高人民检察院关于监管场所被监管人死亡检察程序的规定（试行）（2010年12月6日最高检第11届检委会第51次会议通过，2010年12月28日印发试行）

第5条　人民检察院接到监管场所发生被监管人死亡报告后，应当立即受理，并开展审查、调查和相关处理工作。

第6条　县级人民检察院担负派驻或者巡回检察任务的监管场所发生被监管人死亡事件的，由地市级人民检察院负责审查、调查和相关处理工作，或者组织、指导县级人民检察院开展审查、调查和相关处理工作。

地市级以上人民检察院担负派驻或者巡回检察任务的监管场所发生被监管人死亡事件的，由本院负责审查、调查和相关处理工作。

专门担负监管场所检察任务的派出检察院负责本辖区监管场所被监管人死亡事件的审查、调查和相关处理工作。

第7条　重大、敏感、社会关注的被监管人死亡事件，由省级人民检察院负责审查、调查处理或者组织办理。

第8条　监管场所发生被监管人死亡事件的，担负派出、派驻或者巡回检察任务的人民检察院应当立即口头报告上一级人民检察院，并在报告后的24小时内填报被监管人死亡情况登记表。

上一级人民检察院收到被监管人死亡情况登记表后，应当在12小时内进行审查并填写审查意见后呈报省级人民检察院。

第9条　辖区内被监管人非正常死亡的，省级人民检察院应当在接到下级人民检察院报告后的24小时内，在被监管人死亡情况登记表上填写审查意见后呈报最高人民检察院。遇有法定节假日，应当在24小时内口头报告，再书面补充报告。

第10条　被监管人死亡原因一时难以确定的，应当按照非正常死亡报告程序报告，死因查明后再补充报告。

第11条　省级人民检察院应当在每月10日前将上月本辖区监管场所被监管人正常死亡人员名单列表呈报最高人民检察院。

第12条　担负派出、派驻或者巡回检察任务的人民检察院接到监管场所发生被监管人死亡报告后，应当立即派员赶赴现场，进行下列工作：（一）了解被监管人死亡的有关情况；（二）监督监管场所对现场进行妥善保护并拍照、录像，或者根据需要自行对现场进行拍照、录像；（三）协同有关部门调取或者固定被监管人死亡前15日内原始监控录像，封存死亡的被监管人遗物；（四）收集值班民警值班记录或者值班巡视记录；（五）调取死亡的被监管人档案；（六）参与有关部门组织的调查工作，了解调查情况；（七）根据需要对有关材料进行复印、复制；（八）收集其他有关材料。

第 13 条　地市级人民检察院接到县级人民检察院关于被监管人死亡的报告后，应当派员在 24 小时内到达现场，开展工作；交通十分不便的，应当派员在 48 小时内到达现场。

第 14 条　担负审查和调查任务的人民检察院应当根据了解的情况，对监管机关提供的调查材料和调查结论进行审查。审查内容包括：（一）现场勘验资料；（二）原始监控录像、死亡的被监管人档案、值班民警值班记录或者值班巡视记录；（三）监管机关提供的讯问笔录、谈话记录等有关材料；（四）死亡证明书、尸表检验报告、法医鉴定书；（五）其他与死亡的被监管人有关的情况和材料。

第 15 条　人民检察院经过审查，对监管机关作出的调查结论和死亡原因有异议的，应当进行调查，并将调查结果通知监管机关；无异议的，不再进行调查。

第 16 条　死亡人员家属对监管机关提供的死亡原因有疑义，向人民检察院提出的，人民检察院应当受理。经审查认为需要调查的，应当进行调查，并将调查结果通知监管机关，同时告知死亡人员家属。

第 17 条　被监管人非正常死亡的，担负调查任务的人民检察院应当进行调查，并将调查结果通知监管机关，同时告知死亡人员家属。

第 18 条　在调查过程中，担负调查任务的检察人员应当进行下列工作：
（一）要求监管机关对现场进行复验、复查，或者对现场自行进行勘验，并制作勘验笔录；
（二）查验尸表，对尸体拍照或者录像，制作尸表查验笔录；
（三）检查已封存的死亡的被监管人遗物，对有关物品和文件进行拍照、录像或者复印；
（四）向监管民警和狱医调查了解死亡的被监管人生前被监管及治疗情况，制作调查笔录；
（五）向其他被监管人及知情人调查了解死亡的被监管人死亡时间、抢救经过及生前情况，制作调查笔录；
（六）向医院调取抢救记录，向参加抢救的医生调查了解死亡情况，制作调查笔录；
（七）调查和收集其他与死亡的被监管人有关的情况和材料。

第 19 条　在审查和调查过程中，人民检察院根据工作需要，可以指派、聘请有专门知识的人进行技术性审查和鉴定。

第 20 条　担负审查和调查任务的人民检察院应当为鉴定人进行鉴定提供必要条件，向鉴定人介绍情况、明确提出要求鉴定解决的问题并提供下列材料：（一）死亡的被监管人基本情况、入监（所）体检情况及病历档案等原始材料；（二）死亡发生过程等与鉴定有关的材料；（三）死亡的被监管人发病、救治情况材料；（四）医院出具的死亡证明书、监管机关提供的被监管人死亡医疗鉴定或者法医鉴定等材料；（五）其他需要提供的材料。

第 21 条　对于技术性审查意见和鉴定意见，检察人员应当进行审查，必要时，可以提出补充鉴定或者重新鉴定的意见，报检察长批准后进行补充鉴定或者重新鉴定。检察长也可以直接决定进行补充鉴定或者重新鉴定。

第 22 条　审查和调查工作结束后，检察人员应当写出被监管人死亡检察报告。内容应当包括：事件来源、审查和调查经过、认定事实、死亡原因和处理意见。

第 23 条　对于被监管人非正常死亡或者死亡原因一时难以确定的，省级人民检察院应当每月向最高人民检察院报告一次工作进展情况和下步工作意见。

对于重大、敏感、社会关注的被监管人死亡事件,省级人民检察院应当随时向最高人民检察院报告工作进展情况。

第24条 审查和调查工作结束后,人民检察院应当根据审查结论和调查结果,分别下列情况,作出处理:
(一)认为监管机关处理意见不当的,提出意见或者建议,必要时提出检察建议;
(二)对监管机关监管执法中存在的问题,提出纠正意见或者检察建议,督促整改;
(三)对相关涉嫌犯罪的被监管人,依法移送有关主管机关处理;
(四)对负有渎职侵权责任的相关人员,建议有关部门给予纪律处分或者组织处理,涉嫌犯罪的,依法立案侦查。

第25条 监管机关或者死亡人员家属对人民检察院的调查结论和处理决定有异议要求复议的,人民检察院应当复议;监管机关或者死亡人员家属对复议结论有异议提请复核的,上一级人民检察院应当复核。

第29条 对于被监管人非正常死亡的,担负调查任务的人民检察院应当在调查处理工作结束后的15日内,将调查过程、死亡结论、监管工作和检察监督工作中存在的问题及处理情况,书面报告上一级人民检察院,并附死亡证明书、法医鉴定书、相关证人证言等主要证据材料和有关资料复印件。

第30条 省级人民检察院在接到下级人民检察院非正常死亡调查处理情况的报告后,应当进行审查。经审查认为需要补充有关材料的,可以要求下级人民检察院补充调查,也可以自行补充调查。经审查或者补充调查认为可以终结的,应当将死亡人员基本情况、调查过程、相关事实、有关责任人员处理情况及本院的审查处理意见等形成调查处理情况综合报告呈报最高人民检察院,并附死亡证明书、法医鉴定书、相关证人证言、下级人民检察院报告等主要证据材料和有关资料复印件。

第31条 审查和调查处理工作结束后,担负派出、派驻或者巡回检察任务的人民检察院及担负审查和调查任务的人民检察院应当建立死亡人员档案。死亡人员档案的主要内容包括:(一)被监管人死亡情况登记表;(二)调查笔录、勘验笔录、监控录像材料;(三)死亡证明书、文证审查意见、尸表检验报告或者法医鉴定书等相关资料的复印件;(四)被监管人死亡情况审查报告和调查报告;(五)相关责任人员处理情况及被追究刑事责任人员立案决定书、起诉书、判决书等相关文书的复印件;(六)纠正违法通知书、检察建议书及监管场所相关回复材料;(七)复议、复核情况材料;(八)调查处理情况综合报告;(九)其他需要归档的材料。

第32条 本规定中的监管场所,是指监狱、看守所、劳教所。

第33条 人民检察院在监管场所被监管人死亡检察工作中,死亡的被监管人为少数民族的,应当尊重其民族风俗习惯,妥善处置相关事宜;死亡的被监管人为港澳台人、外国人和无国籍人的,应当按照国家有关规定办理。

【主席令〔2012〕63号】 中华人民共和国监狱法(2012年10月26日第11届全国人大常委会第29次会议修正,主席令第63号公布,2013年1月1日施行)

第21条 罪犯对生效的判决不服的,可以提出申诉。
对于罪犯的申诉,人民检察院或者人民法院应当及时处理。

第22条 对罪犯提出的控告、检举材料,监狱应当及时处理或者转送公安机关或者人民检察院处理，公安机关或者人民检察院应当将处理结果通知监狱。

第 23 条　罪犯的申诉、控告、检举材料，监狱应当及时转递，不得扣压。

第 24 条　监狱在执行刑罚过程中，根据罪犯的申诉，认为判决可能有错误的，应当提请人民检察院或者人民法院处理，人民检察院或者人民法院应当自收到监狱提请处理意见书之日起 6 个月内将处理结果通知监狱。

【公安部令〔2013〕128 号】　看守所留所执行刑罚罪犯管理办法（2013 年 8 月 20 日公安部部长办公会议通过，2013 年 10 月 23 日发布，2013 年 11 月 23 日施行）

第 16 条　对罪犯向看守所提交的控告、检举材料，看守所应当自收到材料之日起 15 日内作出处理；对罪犯向人民法院、人民检察院提交的控告、检举材料，看守所应当自收到材料之日起 5 日内予以转送。

看守所对控告、检举作出处理或者转送有关部门处理的，应当及时将有关情况或者处理结果通知具名控告、检举的罪犯。

【高检发释字〔2019〕4 号】　人民检察院刑事诉讼规则（2019 年 12 月 2 日最高检第 13 届检委会第 28 次会议通过，2019 年 12 月 30 日公布施行；高检发释字〔2012〕2 号《规则（试行）》同时废止）

第 621 条　人民检察院依法对刑事判决、裁定和决定的执行工作以及监狱、看守所等的监管执法活动实行法律监督。①

第 622 条　人民检察院根据工作需要，可以对监狱、看守所等场所采取巡回检察、派驻检察等方式进行监督。

第 623 条　人民检察院对监狱、看守所等场所进行监督，除可以采取本规则第 551 条规定的调查核实措施外，还可以采取实地查看禁闭室、会见室、监区、监舍等有关场所，列席监狱、看守所有关会议，与有关监管民警进行谈话，召开座谈会，开展问卷调查等方式。

第 624 条　人民检察院对刑罚执行和监管执法活动实行监督，可以根据下列情形分别处理：（一）发现执法瑕疵、安全隐患，或者违法情节轻微的，口头提出纠正意见，并记录在案；（二）发现严重违法，发生重大事故，或者口头提出纠正意见后 7 日以内未予纠正的，书面提出纠正意见；（三）发现存在可能导致执法不公问题，或者存在重大监管漏洞、重大安全隐患、重大事故风险等问题的，提出检察建议。

对于在巡回检察中发现的前款规定的问题、线索的整改落实情况，通过巡回检察进行督导。

第 625 条　人民检察院发现人民法院、公安机关、看守所等机关的交付执行活动具有下列情形之一的，应当依法提出纠正意见：（一）交付执行的第一审人民法院没有在法定期间内判决、裁定生效 10 日以内将判决书、裁定书、人民检察院的起诉书副本、自诉状复印件、执行通知书、结案登记表等法律文书送达公安机关、监狱、社区矫正机构或者其他执行机关的；（二）对被判处死刑缓期 2 年执行、无期徒刑或者有期徒刑余刑在 3 个月以上的罪犯，公安机关、看守所自接到人民法院执行通知书等法律文书后 30 日以内，没有将成年罪犯送

---

① 本条由原第 629 条、第 633 条综合并修改而成。原第 629 条规定："人民检察院依法对看守所收押、监管、释放犯罪嫌疑人、被告人以及对留所服刑罪犯执行刑罚等执法活动实行监督。对看守所执法活动的监督由人民检察院监所检察部门负责。"原第 633 条规定："人民检察院依法对执行刑事判决、裁定的活动实行监督。对刑事判决、裁定执行活动的监督由人民检察院监所检察部门负责。"

交监狱执行刑罚，或者没有将未成年罪犯送交未成年犯管教所执行刑罚的；（三）对需要收监执行刑罚而判决、裁定生效前未被羁押的罪犯，第一审人民法院没有及时将罪犯收监送交公安机关，并将判决书、裁定书、执行通知书等法律文书送达公安机关的；（四）公安机关对需要收监执行刑罚但下落不明的罪犯，在收到人民法院的判决书、裁定书、执行通知书等法律文书后，没有及时抓捕、通缉的；……

第627条 人民检察院依法对公安机关执行剥夺政治权利的活动实行监督，发现公安机关未依法执行拘役、剥夺政治权利，拘役执行期满未依法发给释放证明，或者剥夺政治权利执行期满未书面通知本人及其所在单位、居住地基层组织等违法情形的，应当依法提出纠正意见。

第628条 人民检察院发现监狱、看守所对服刑期满或者依法应当予以释放的人员没有按期释放，对被裁定假释的罪犯依法应当交付罪犯居住地社区矫正机构实行社区矫正而不交付，对主刑执行完毕仍然需要执行附加剥夺政治权利的罪犯依法应当交付罪犯居住地公安机关执行而不交付，或者对服刑期未满又无合法释放根据的罪犯予以释放等违法行为的，应当依法提出纠正意见。

第650条 判处被告人死刑缓期2年执行的判决、裁定在执行过程中，人民检察院监督的内容主要包括：（一）死刑缓期执行期满，符合法律规定应当减为无期徒刑、有期徒刑条件的，监狱是否及时提出减刑建议提请人民法院裁定，人民法院是否依法裁定；（二）罪犯在缓期执行期间故意犯罪，监狱是否依法侦查和移送起诉；罪犯确系故意犯罪，情节恶劣，查证属实，应当执行死刑的，人民法院是否依法核准或者裁定执行死刑。

被判处死刑缓期2年执行的罪犯在死刑缓期执行期间故意犯罪，执行机关向人民检察院移送起诉的，移送人民检察院受理的，由罪犯服刑所在地设区的市级分、州、市人民检察院审查决定是否提起公诉。

人民检察院发现人民法院对被判处死刑缓期2年执行的罪犯减刑不当的，应当依照本规则第639条、第640条的规定，向人民法院提出纠正意见。罪犯在死刑缓期执行期间又故意犯罪，经人民检察院起诉后，人民法院仍然予以减刑的，人民检察院应当依照本规则相关第十四章第四节的规定，向人民法院提出抗诉。

第654条 人民检察院发现看守所收押活动和监狱收监活动中具有下列情形之一的，应当依法提出纠正意见：（一）没有收押、收监文书、凭证，文书、凭证不齐全，或者被收押、收监人员与文书、凭证不符的；（二）依法应当收押、收监而不收押、收监，或者对依法不应当关押的人员收押、收监的；（三）未告知被收押、收监人员权利、义务的；（四）其他违法情形。

第655条 人民检察院发现监狱、看守所等执行机关在管理、教育改造罪犯等活动中有违法行为的，应当依法提出纠正意见。

第656条 看守所对收押的犯罪嫌疑人进行身体检查时，人民检察院驻看守所检察人员可以在场。发现收押的犯罪嫌疑人有伤或者身体异常的，应当要求看守所进行拍照或者录像，由送押人员、犯罪嫌疑人说明原因，在体检记录中写明，并由送押人员、收押人员和犯罪嫌疑人签字确认。必要时，驻看守所检察人员可以自行拍照或者录像，并将相关情况记录在案。

第657条 人民检察院发现看守所、监狱等监管场所有殴打、体罚、虐待或者变相体罚、虐待、违法使用戒具、违法适用禁闭等侵害在押人员人身权利情形的,应当依法提出纠正意见。

第658条 人民检察院发现看守所违反有关规定,有下列情形之一的,应当依法提出纠正意见:(一)为在押人员通风报信,私自传递信件、物品,帮助伪造、毁灭、隐匿证据或者干扰证人作证、串供的;(二)违反规定同意侦查人员将犯罪嫌疑人提出看守所讯问的;(三)收到在押犯罪嫌疑人、被告人及其法定代理人、近亲属或者辩护人的变更强制措施申请或者其他申请、申诉、控告、举报,不及时转交、转告人民检察院或者有关办案机关的;(四)没有将未成年人与成年人分别关押、分别管理、分别教育的;(四)应当安排辩护律师依法会见在押的犯罪嫌疑人、被告人而没有安排的;(五)违法安排辩护律师或者其他人员会见在押的犯罪嫌疑人、被告人的;(六)辩护律师会见犯罪嫌疑人、被告人时予以监听的;(七)其他违法情形。

第659条 人民检察院发现看守所代为执行刑罚的活动具有下列情形之一的,应当依法提出纠正意见:(一)将被判处有期徒刑剩余刑期在3个月以上的罪犯留所服刑的;(二)将未成年罪犯留所执行刑罚的;(二)将留所服刑罪犯与犯罪嫌疑人、被告人混押、混管、混教的;(三)其他违法情形。

第660条 人民检察院发现监狱没有按照规定对罪犯进行分押分管、监狱人民警察没有对罪犯实行直接管理等违反监管规定情形的,应当依法提出纠正意见。

人民检察院发现监狱具有未按照规定安排罪犯与亲属或者监护人会见、对伤病罪犯未及时治疗以及未执行国家规定的罪犯生活标准等侵犯罪犯合法权益情形的,应当依法提出纠正意见。

第661条 人民检察院发现看守所出所活动和监狱出监活动具有下列情形之一的,应当依法提出纠正意见:(一)没有出所、出监文书、凭证,文书、凭证不齐全,或者出所、出监人员与文书、凭证不符的;(二)应当释放而没有释放,不应当释放而释放,或者未依照规定送达释放通知书的;(三)对提押、押解、转押出所的在押人员,特许离监、临时离监、调监或者暂予监外执行的罪犯,未依照规定派员押送并办理交接手续的;(四)其他违法情形。

第662条 人民检察院发现看守所、监狱、强制医疗机构等场所具有下列情形之一的,应当开展事故检察:(一)被监管人、被强制医疗人非正常死亡、伤残、脱逃的;(二)被监管人破坏监管秩序,情节严重的;(三)突发公共卫生事件的;(四)其他重大事故。

发生被监管人、被强制医疗人非正常死亡的,应当组织巡回检察。

第663条 人民检察院应当对看守所、监狱、强制医疗机构等场所或者主管机关的事故调查结论进行审查。具有下列情形之一的,人民检察院应当调查核实:(一)被监管人、被强制医疗人及其法定代理人、近亲属对调查结论有异议的,人民检察院认为有必要调查的;(二)人民检察院对调查结论有异议的;(三)其他需要调查的。

人民检察院应当将调查核实的结论书面通知监管场所或者主管机关和被监管人、被强制医疗人的近亲属。认为监管场所或者主管机关处理意见不当,或者监管执法存在问题的,应当提出纠正意见或者检察建议;认为可能存在违法犯罪情形的,应当移送有关部门处理。

【主席令〔2019〕40号】 中华人民共和国社区矫正法(2019年12月28日第13届全国人大常委会第15次会议通过,主席令第40号公布,2020年7月1日施行)

第34条 开展社区矫正工作,应当保障社区矫正对象的合法权益。社区矫正的措施和方法应当避免对社区矫正对象的正常工作和生活造成不必要的影响；非依法律规定，不得限制或者变相限制社区矫正对象的人身自由。

社区矫正对象认为其合法权益受到侵害的，有权向人民检察院或者有关机关申诉、控告和检举。受理机关应当及时办理，并将办理结果告知申诉人、控告人和检举人。

【司发通〔2020〕59号】　社区矫正法实施办法（2020年6月18日最高法、最高检、公安部、司法部印发，2020年7月1日施行；2012年1月10日"两院两部"司发通〔2012〕12号《社区矫正实施办法》同时废止）

第57条　有关单位对人民检察院的书面纠正意见在规定的期限内没有回复纠正情况的，人民检察院应当督促回复。经督促被监督单位仍不回复或者没有正当理由不纠正的，人民检察院应当向上一级人民检察院报告。

有关单位对人民检察院的检察建议在规定的期限内经督促无正当理由不予整改或者整改不到位的，检察机关可以将相关情况报告上级人民检察院，通报被建议单位的上级机关、行政主管部门或者行业自律组织等，必要时可以报告同级党委、人大，通报同级政府、纪检监察机关。

监狱计分考核罪犯工作规定（司法部网站2021年9月30日公布，2021年10月1日施行；司发通〔2016〕68号《关于计分考核罪犯的规定》同时废止）

第48条　监狱应当定期向人民检察院通报计分考核罪犯制度规定及工作开展情况，邀请人民检察院派员参加计分考核罪犯工作会议，听取意见建议。

第49条　监狱对人民检察院在检察工作中发现计分考核罪犯工作有违法违规情形提出口头或者书面纠正意见的，应当立即调查核实。

对纠正意见无异议的，应当在5个工作日内予以纠正并将纠正结果书面通知人民检察院；对纠正意见有异议的，应当采取书面形式向人民检察院说明情况或者理由。

人民检察院巡回检察工作规定（2021年11月4日最高检第13届检委会第77次会议通过，2021年12月8日印发施行；高检发办字〔2018〕46号《人民检察院监狱巡回检察规定》同时废止）

第8条　人民检察院对监狱进行巡回检察，重点监督监狱刑罚执行、罪犯教育改造、监管安全等情况，注重对减刑、假释、暂予监外执行是否合法的监督。发现违法情形的，依法进行纠正；发现司法工作人员相关职务犯罪线索的，依法立案侦查或者按照规定移送监察机关处理。

人民检察院对看守所进行巡回检察，重点监督看守所监管执法、执行羁押期限、罪犯留所服刑等情况，注重对在押人员合法权益保障的监督。发现违法情形的，依法进行纠正；发现司法工作人员相关职务犯罪线索的，依法立案侦查或者按照规定移送监察机关处理。

第9条　设区的市级人民检察院或者刑事执行派出检察院负责组织实施对辖区内监狱、看守所的常规、专门、机动巡回检察。

省级人民检察院负责组织实施对辖区内监狱、看守所的交叉巡回检察，对看守所的交叉巡回检察根据情况也可以由设区的市级人民检察院组织实施。

最高人民检察院领导全国的监狱、看守所巡回检察工作，可以采取随机抽查等方式对各地巡回检察工作情况进行检查，必要时可以直接组织省级人民检察院进行跨省交叉巡回检察。

第 10 条　设区的市级人民检察院或者刑事执行派出检察院对同一监狱的常规巡回检察每年至少 1 次，每次应当不少于 15 日，其中现场检察的时间不少于 10 日。

设区的市级人民检察院对同一看守所的常规巡回检察每年至少 1 次，每次应当不少于 7 日，其中现场检察的时间不少于 4 日。

第 11 条　交叉巡回检察应当对监狱、看守所执行刑罚和监管执法活动深层次问题进行重点监督，并对承担派驻检察职责的人民检察院刑事执行检察工作进行全面检查。

省级人民检察院对监狱的交叉巡回检察原则上每年不少于辖区内监狱总数的 1/3，每次检察时间应当不少于 1 个月，其中现场检察的时间不少于 20 日。

省级人民检察院、设区的市级人民检察院每年选取辖区内一定比例的看守所进行交叉巡回检察，并报上一级人民检察院备案，每次检察时间应当不少于 10 日，其中现场检察的时间不少于 7 日。

第 12 条　对服刑人员、在押人员数量较少或者有其他特殊情形的监狱、看守所，可以适当缩短常规、交叉巡回检察时间，并报上一级人民检察院备案。

第 13 条　针对监狱、看守所发生被监管人非正常死亡、脱逃、突发公共卫生事件等重大事故，以及为推进相关重点任务、专项工作，可以进行专门巡回检察。

对相关事故开展专门巡回检察按照有关规定进行，应当查明事故发生经过、主要事实、确定事故原因及性质，监督监狱、看守所对事故依法处置。

专门巡回检察时间根据工作内容确定，每次一般不少于 3 个工作日。

第 14 条　针对监狱、看守所日常监督工作中发现的问题、线索，常规、交叉巡回检察发现问题的整改落实情况，或者根据实际工作需要，可以进行机动巡回检察。

机动巡回检察应当坚持必要性、时效性原则，每次一般不少于 3 个工作日。

第 20 条　人民检察院应当根据每次巡回检察方式和内容，合理组成巡回检察组。

监狱常规、交叉巡回检察组人员分别为 10 人左右和 15 人左右。看守所常规、交叉巡回检察组人员分别为 5 人左右和 7 人左右。监狱、看守所专门和机动巡回检察组人员不少于 3 人。巡回检察期间，每次进入监区、监舍等场所工作不少于 2 人。

第 21 条　巡回检察组主办检察官一般由组织实施巡回检察的人民检察院承担刑事执行检察工作的检察官担任；检察长、副检察长参加巡回检察时，由检察长、副检察长担任。

第 22 条　巡回检察组成员主要由组织实施巡回检察的人民检察院承担刑事执行检察工作的检察人员组成，也可以抽调下级人民检察院承担刑事执行检察工作的检察人员或者安排本院其他相关部门的检察人员参加。

第 23 条　人民检察院根据巡回检察工作需要，可以按照有关规定邀请司法行政、财会审计、消防安监、卫生防疫、法医鉴定等部门中具有专门知识的人参加巡回检察。

第 24 条　人民检察院可以结合实际，建立巡回检察人才库、专家人才库并制定相关管理制度。根据每次巡回检察工作需要，可以从人才库中抽取部分人员参加巡回检察。

第 27 条　巡回检察前根据需要可以进行巡回检察业务培训，培训内容主要包括：（一）熟悉巡回检察工作方案，明确各项工作要求；（二）学习相关法律法规、监管执法规定；（三）了解被巡回检察监狱、看守所的基本情况和存在问题；（四）组织开展巡回检察实训；（五）其他相关内容。

第 28 条　巡回检察前应当通过相关工作平台和联系制度等，收集以下狱情或者所情信息、监管执法信息：（一）监狱、看守所关押人员构成、重点被监管人分布等情况；（二）上一轮巡回检察情况，包括反馈意见、纠正违法通知书、检察建议书以及整改落实情况；（三）派驻检察室日常检察监督情况，包括制发的各类法律文书以及监狱、看守所采纳情况；（四）派驻检察室处置控告、举报、申诉情况；（五）其他监管执法工作情况。

第29条 人民检察院一般应当在进行巡回检察3日前将巡回检察的时间、人员、内容、联系人等书面告知监狱或者看守所，特殊情况下可以在巡回检察当日告知。

第30条 人民检察院应当会同监狱、看守所召开巡回检察动员部署会，向监狱、看守所通报巡回检察工作安排。

人民检察院可以在监区、监舍、会见场所以及办公场所等区域醒目位置张贴巡回检察公告，并在适当位置设置巡回检察信箱。具备条件的可以将巡回检察公告在监狱、看守所内部网络、广播站台、电子显示屏等平台上及时发布。公告内容应当包括巡回检察单位、时间、内容和联系方式等。

第31条 巡回检察可以采取以下工作方法：（一）调阅、复制有关案卷材料、档案资料，包括有关账表、会议记录、计分考核、奖励材料等资料，调看监控录像和联网监管信息，复听被监管人与其亲属的亲情电话及会见录音等；（二）实地查看监区、监舍、禁闭室、会见室、医疗场所以及被监管人生活、学习、劳动等场所；（三）对监狱、看守所清查违禁品、危险品情况进行检查；（四）与被监管人个别谈话，重点与即将出监或者出所人员、控告举报申诉人员、受到重大奖惩人员等进行谈话；（五）与监管民警谈话或者召开座谈会，重点与监区民警、负责刑罚执行工作民警等进行谈话；（六）听取监狱、看守所工作情况介绍，列席监狱狱情分析会或者看守所所情分析会等有关会议；（七）进行问卷调查；（八）受理被监管人及其近亲属、辩护人的控告、举报、申诉，受理监管民警举报；（九）需要采取的其他工作方法和措施。

第34条 巡回检察结束后，应当及时制作巡回检察报告。内容包括巡回检察工作基本情况、发现的问题、处理意见及措施、下一步工作意见或者建议等。

第35条 巡回检察组应当向检察长汇报巡回检察工作情况，经检察长决定，制作反馈意见。

巡回检察组应当至迟在巡回检察结束后30日内召开巡回检察工作情况反馈会，向监狱、看守所或者其上级主管机关通报巡回检察发现的问题，送达反馈意见。

对在巡回检察中发现检察履职方面存在的问题，巡回检察组应当向承担派驻检察职责的人民检察院反馈，必要时向其上级人民检察院反馈。

第36条 经调查核实后，针对巡回检察发现的问题或者线索，巡回检察组应当根据情况作出以下处理：

（一）发现轻微违法情况和工作漏洞、安全隐患的，向监狱、看守所提出口头纠正意见或者建议，并记录在案；

（二）发现严重违法情况或者存在可能导致执法不公和重大监管漏洞、重大安全隐患、重大事故风险等问题的，按照规定以相关人民检察院名义向监狱、看守所制发纠正违法通知书或者检察建议书，并指定专人督促纠正；

（三）属于检察机关管辖的司法工作人员相关职务犯罪案件线索，移送省级人民检察院统一处置；

（四）不属于检察机关管辖的案件线索，按照规定移送有关机关处理。

第37条　发出纠正违法通知书15日后或者发出检察建议书2个月后，监狱、看守所仍未纠正整改、采纳或者回复意见的，应当及时向上级人民检察院报告，由上级人民检察院建议同级司法行政机关、公安机关督促纠正。

第38条　监狱、看守所对人民检察院的纠正意见或者检察建议提出异议的，人民检察院应当按照《人民检察院刑事诉讼规则》等有关规定，认真进行复查，并依法作出处理决定。

第39条　对巡回检察中发现的司法工作人员涉嫌违纪违法或者职务犯罪线索，由负责组织实施巡回检察的人民检察院安排专人跟踪了解案件线索办理情况。

第40条　常规、交叉巡回检察结束后3个月内，针对整改意见的落实情况，应当进行专项督办。专项督办可以采取专门、机动巡回检察方式，参加人员主要从原巡回检察组抽选。

第41条　人民检察院应当建立与公安机关、司法行政机关、监狱、看守所的情况通报、信息共享、联席会议等制度。巡回检察中发现的重大问题和事项，及时向上一级人民检察院和地方党委请示报告。

第44条　司法警察可以协助巡回检察组依法履行职责。司法警察参与巡回检察工作的，按照规定办理用警手续。

第46条　巡回检察人员在工作中，对监狱、看守所存在的严重违法问题应当发现而没有发现的，应当依据规定追究有关人员失职的责任。发现后不予报告、未依法提出整改纠正意见或者不督促整改落实的，应当依据规定追究有关人员渎职的责任。

第47条　巡回检察工作结束后，按照最高人民检察院《人民检察院诉讼档案管理办法》立卷归档，纳入组织实施巡回检察的人民检察院诉讼档案统一管理。

第48条　对社区矫正等其他刑事执行活动进行巡回检察，参照本规定执行。

未成年犯管教所巡回检察工作由省级人民检察院负责组织实施。

第49条　省级人民检察院可以根据本规定，结合本地实际，制定具体实施办法。

【国安部令〔2024〕4号】　**国家安全机关办理刑事案件程序规定**（2024年4月26日公布，2024年7月1日起施行）

第327条　国家安全机关在执行刑罚中，如果认为判决有错误或者罪犯提出申诉，应当转请人民检察院或者原判人民法院处理。

第五编　特别程序①

第一章　未成年人刑事案件诉讼程序

> **第277条　【未成年犯处理原则】** 对犯罪的未成年人实行教育、感化、挽救的方针，坚持教育为主、惩罚为辅的原则。
>
> **【未成年犯办理要求】** 人民法院、人民检察院和公安机关办理未成年人刑事案件，应当保障未成年人行使其诉讼权利，保障未成年人得到法律帮助，并由熟悉未成年人身心特点的审判人员、检察人员、侦查人员承办。

● **相关规定**　【法发〔2009〕14号】　人民法院第三个五年改革纲要（2009-2013）（经中央批准，最高人民法院2009年3月17日印发）

12. 建立和完善依法从宽处理的审判制度与工作机制。完善未成年人案件审判制度和机构设置，推行适合未成年人生理特点和心理特征的案件审理方式及刑罚执行方式的改革。……

【法发〔2010〕63号】　最高人民法院关于充分发挥刑事审判职能作用深入推进社会矛盾化解的若干意见（2010年12月31日）

五、强化未成年人审判工作

16. 继续坚持"教育、感化、挽救"方针和"教育为主，惩罚为辅"原则。根据未成年人实施的具体犯罪行为后果、情节、性质，充分考虑其实施犯罪的动机和目的、犯罪时的年龄、是否初次犯罪、犯罪后的悔罪表现、个人成长经历、一贯表现等，从有利于未成年人教育、矫正的角度正确适用刑罚。

18. 重视法庭教育和判后跟踪帮教。采取圆桌审判等适应未成年人身心特点的审理方式，视情邀请有利于教育、感化、挽救未成年被告人的人员参与庭审，寓教于审。协助未成年犯管教所或社区矫正部门做好帮教工作，确保改造效果，有效预防重新犯罪。

【综治委预青领联字〔2010〕1号】　中央综治委预防青少年违法犯罪工作领导小组、最高人民法院、最高人民检察院、公安部、司法部、共青团中央关于进一步建立和完善办理未成年人刑事案件配套工作体系的若干意见（2010年8月28日）

二、进一步加强对涉案未成年人合法权益的保护

（一）对未成年犯罪嫌疑人、被告人、罪犯合法权益的保护

3. 办理未成年人刑事案件，应当在依照法定程序办案和保证办理案件质量的前提下，尽量迅速办理，减少刑事诉讼对未成年人的不利影响。

【高检发诉字〔2012〕152号】　最高人民检察院关于进一步加强未成年人刑事检察工作的决定（2012年10月22日）

17. 建立健全快速办理机制。对未成年犯罪嫌疑人被羁押的案件，要在确保案件质量和

---

① 本编规定由2012年3月14日第11届全国人大常委会第5次会议增设，2013年1月1日施行。

落实特殊检察制度的前提下，严格控制补充侦查和延长审查起诉的次数和期限，尽可能快地办结案件。对未被羁押的案件，也应当加快办理速度，避免不必要的拖延。

【高检发诉字〔2014〕28号】　最高人民检察院关于进一步加强未成年人刑事检察工作的通知（2014年12月2日）

六、……在检察机关统一业务应用系统中按照捕、诉、监、防一体化模式，逐步完善设计独立的未成年人刑事检察业务流程、未成年人刑事检察文书和统计报表，建立以办案质量和帮教效果为核心，涵盖少捕慎诉、帮教挽救、落实特殊制度、开展犯罪预防等内容的未成年人刑事检察独立评价机制，引导和促进全国检察机关未成年人刑事检察工作科学、全面发展。

【高检发未检字〔2017〕1号】　未成年人刑事检察工作指引（试行）（最高检2017年3月2日印发试行）

第152条　【年龄审查】人民检察院审查未成年人刑事案件，应当注重对未成年人年龄证据的审查，重点审查是否已满14、16、18周岁。

对于未成年人年龄证据，一般应当以公安机关加盖公章、附有未成年人照片的户籍证明为准。当户籍证明与其他证据存在矛盾时，应当遵循以下原则：（一）可以调取医院的分娩记录、出生证明、户口簿、户籍登记底卡、居民身份证、临时居住证、护照、入境证明、港澳居民来往内地通行证、台湾居民来往大陆通行证、中华人民共和国旅行证、学籍卡、计生台帐、防疫证、(家)族谱等证明文件，收集接生人员、邻居、同学等其他无利害关系人的证言，综合审查判断，排除合理怀疑，采纳各证据共同证实的相对一致的年龄。

（二）犯罪嫌疑人不讲真实姓名、住址，年龄不明的，可以委托进行骨龄鉴定或者其他科学鉴定。经审查，鉴定意见能够准确确定犯罪嫌疑人实施犯罪行为时的年龄的，可以作为判断犯罪嫌疑人年龄的证据参考。若鉴定意见不能准确确定犯罪嫌疑人实施犯罪行为时的年龄，而且显示犯罪嫌疑人年龄在法定应负刑事责任年龄上下，但无法查清真实年龄的，应当作出有利于犯罪嫌疑人的认定。

【高检发释字〔2019〕4号】　人民检察院刑事诉讼规则（2019年12月2日最高检第13届检委会第28次会议通过，2019年12月30日公布施行；高检发释字〔2012〕2号《规则（试行）》同时废止）

第457条　人民检察院办理未成年人刑事案件，应当贯彻"教育、感化、挽救"方针和"教育为主、惩罚为辅"的原则，坚持优先保护、特殊保护、双向保护，以帮助教育和预防重新犯罪为目的。

人民检察院可以借助社会力量开展帮助教育未成年人的工作。

第458条　人民检察院应当指定熟悉未成年人身心特点的检察人员办理未成年人刑事案件。

【高检发办字〔2020〕31号】　最高人民检察院关于加强新时代未成年人检察工作的意见（2020年4月21日）

15. 有序推进统一集中办理工作。检察机关涉未成年人刑事、民事、行政、公益诉讼案件原则上可由未成年人检察部门统一集中办理，没有专设机构的，由未成年人检察办案组或独任检察官办理，其他部门应予以全力支持配合。……

【法发〔2020〕45号】　最高人民法院关于加强新时代未成年人审判工作的意见（2020年12月24日）

5. 深化涉及未成年人案件综合审判改革，将与未成年人权益保护和犯罪预防关系密切的涉及未成年人的刑事、民事及行政诉讼案件纳入少年法庭受案范围。少年法庭包括专门审理涉及未成年人刑事、民事、行政案件的审判庭、合议庭、审判团队以及法官。

有条件的人民法院，可以根据未成年人案件审判工作需要，在机构数量限额内设立专门审判庭，审理涉及未成年人刑事、民事、行政案件。不具备单独设立未成年人案件审判机构条件的法院，应当指定专门的合议庭、审判团队或者法官审理涉及未成年人案件。

6. 被告人实施被指控的犯罪时不满18周岁且人民法院立案时不满20周岁的刑事案件，应当由少年法庭审理。

7. 下列刑事案件可以由少年法庭审理：（1）人民法院立案时不满22周岁的在校学生犯罪案件；（2）强奸、猥亵等性侵害未成年人犯罪案件；（3）杀害、伤害、绑架、拐卖、虐待、遗弃等严重侵犯未成年人人身权利的犯罪案件；（4）上述刑事案件罪犯的减刑、假释、暂予监外执行、撤销缓刑等刑罚执行变更类案件；（5）涉及未成年人，由少年法庭审理更为适宜的其他刑事案件。

未成年人与成年人共同犯罪案件，一般应当分案审理。

【主席令〔2020〕57号】　中华人民共和国未成年人保护法（2020年10月17日全国人大常委会〔13届22次〕最新修订，2021年6月1日起施行；2024年4月26日全国人大常委会〔14届9次〕统修）

第101条　公安机关、人民检察院、人民法院和司法行政部门应当确定专门机构或者指定专门人员，负责办理涉及未成年人案件。办理涉及未成年人案件的人员应当经过专门培训，熟悉未成年人身心特点。专门机构或者专门人员中，应当有女性工作人员。

公安机关、人民检察院、人民法院和司法行政部门应当对上述机构和人员实行与未成年人保护工作相适应的评价考核标准。

第113条（第2款）　对违法犯罪的未成年人依法处罚后，在升学、就业等方面不得歧视。

【主席令〔2020〕64号】　中华人民共和国预防未成年人犯罪法（2020年12月26日第13届全国人大常委会第24次会议修订，2021年6月1日施行）

第50条　公安机关、人民检察院、人民法院办理未成年人刑事案件，应当根据未成年人的生理、心理特点和犯罪的情况，有针对性地进行法治教育。

对涉及刑事案件的未成年人进行教育，其法定代理人以外的成年亲属或者教师、辅导员等参与有利于感化、挽救未成年人的，公安机关、人民检察院、人民法院应当邀请其参加有关活动。

【法释〔2021〕1号】　最高人民法院关于适用《中华人民共和国刑事诉讼法》的解释（2020年12月7日最高法审委会〔1820次〕修订，2021年1月26日公布，2021年3月1日施行；2013年1月1日施行的"法释〔2012〕21号"《解释》同时废止）

第546条　人民法院审理未成年人刑事案件，应当贯彻教育、感化、挽救的方针，坚持教育为主、惩罚为辅的原则，加强对未成年人的特殊保护。

第547条　人民法院应当加强同政府有关部门、人民团体、社会组织等的配合①，推动未成年人刑事案件人民陪审、情况调查、安置帮教等工作的开展，充分保障未成年人的合法权益，积极参与社会治安管理综合治理。

第548条　人民法院应当加强同政府有关部门、人民团体、社会组织等的配合，对遭受性侵害或者暴力伤害的未成年被害人及其家庭实施必要的心理干预、经济救助、法律援助、转学安置等保护措施。

第549条　人民法院应当确定专门机构或者指定专门人员，负责审理未成年人刑事案件。审理未成年人刑事案件的人员应当经过专门培训，熟悉未成年人身心特点、善于做未成年人思想教育工作。②

参加审理未成年人刑事案件的人民陪审员，可以从熟悉未成年人身心特点、关心未成年人保护工作的人民陪审员名单中随机抽取确定。③

第550条④　被告人实施被指控的犯罪时不满18周岁、人民法院立案时不满20周岁的案件，由未成年人案件审判组织审理。

下列案件可以由未成年人案件审判组织审理：（一）人民法院立案时不满22周岁的在校学生犯罪案件；（二）强奸、猥亵、虐待、遗弃未成年人等侵害未成年人人身权利的犯罪案件；（三）由未成年人案件审判组织审理更为适宜的其他案件。

共同犯罪案件有未成年被告人的或者其他涉及未成年人的刑事案件，是否由未成年人案件审判组织审理，由院长根据实际情况决定。

第552条　对未成年人刑事案件，必要时，上级人民法院可以根据刑事诉讼法第27条的规定，指定下级人民法院将案件移送其他人民法院审判。

【海警局令〔2023〕1号】　海警机构办理刑事案件程序规定（2023年5月15日审议通过，2023年6月15日起施行）（主文见本书第308条）

第289条　海警机构办理未成年人刑事案件，实行教育、感化、挽救的方针，坚持教育为主、惩罚为辅的原则。

第290条　海警机构办理未成年人刑事案件，应当保障未成年人行使其诉讼权利并得到法律帮助，依法保护未成年人的名誉和隐私，尊重其人格尊严。

第291条　未成年人刑事案件应当由熟悉未成年人身心特点，善于做未成年人思想教育工作，具有一定办案经验的侦查人员办理。

---

① 本部分内容2012年规定为："以及共青团、妇联、工会、未成年人保护组织等团体的联系"。

② 本款2012年规定为："审理未成年人刑事案件，应当由熟悉未成年人身心特点、善于做未成年人思想教育工作的审判人员进行，并应当保持有关审判人员工作的相对稳定性"。

③ 本款2012年规定为："未成年人刑事案件的人民陪审员，一般由熟悉未成年人身心特点，热心教育、感化、挽救失足未成年人工作，并经过必要培训的共青团、妇联、工会、学校、未成年人保护组织等单位的工作人员或者有关单位的退休人员担任"。

④ 2012年《解释》第463条规定为："下列案件由少年法庭审理：（一）被告人实施被指控的犯罪时不满18周岁、人民法院立案时不满20周岁的案件；（二）被告人实施被指控的犯罪时不满18周岁、人民法院立案时不满20周岁，并被指控为首要分子或者主犯的共同犯罪案件"。"其他共同犯罪案件有未成年被告人的，或者其他涉及未成年人的刑事案件是否由少年法庭审理，由院长根据少年法庭工作的实际情况决定"。

【高检发〔2023〕4号】 最高人民法院、最高人民检察院、公安部、司法部关于办理性侵害未成年人刑事案件的意见（2023年5月24日印发，2023年6月1日起施行）（详见《刑法全厚细》第236条）

第2条 办理性侵害未成年人刑事案件，应当坚持以下原则：（一）依法从严惩处性侵害未成年人犯罪；（二）坚持最有利于未成年人原则，充分考虑未成年人身心发育尚未成熟、易受伤害等特点，切实保障未成年人的合法权益；（三）坚持双向保护原则，对于未成年人实施性侵害未成年人犯罪的，在依法保护未成年被害人的合法权益时，也要依法保护未成年犯罪嫌疑人、未成年被告人的合法权益。

第3条（第1款） 人民法院、人民检察院、公安机关应当确定专门机构或者指定熟悉未成年人身心特点的专门人员，负责办理性侵害未成年人刑事案件。未成年被害人系女性的，应当有女性工作人员参与。

【国安部令〔2024〕4号】 国家安全机关办理刑事案件程序规定（2024年4月26日公布，2024年7月1日起施行）

第338条 国家安全机关办理未成年人刑事案件，实行教育、感化、挽救的方针，坚持教育为主、惩罚为辅的原则，保障未成年人行使其诉讼权利并得到法律帮助，依法保护未成年人的名誉和隐私，尊重其人格尊严。

未成年人刑事案件应当由熟悉未成年人身心特点、善于做未成年人思想教育工作，具有一定办案经验的人员办理。

第340条 国家安全机关办理未成年人刑事案件时，应当重点查清未成年犯罪嫌疑人实施犯罪行为时是否已满12周岁、14周岁、16周岁、18周岁的临界年龄。

第278条 【未成年犯法律援助】 未成年犯罪嫌疑人、被告人没有委托辩护人的，人民法院、人民检察院、公安机关应当通知法律援助机构指派律师为其提供辩护。

● **相关规定** 【综治委预青领联字〔2010〕1号】 中央综治委预防青少年违法犯罪工作领导小组、最高人民法院、最高人民检察院、公安部、司法部、共青团中央关于进一步建立和完善办理未成年人刑事案件配套工作体系的若干意见（2010年8月28日）

二、进一步加强对涉案未成年人合法权益的保护

（一）对未成年犯罪嫌疑人、被告人、罪犯合法权益的保护

9. 未成年犯罪嫌疑人及其法定代理人提出委托辩护人意向，但因经济困难或者其他原因没有委托的，公安机关、人民检察院应当依法为其申请法律援助提供帮助。

开庭时未满18周岁的未成年被告人没有委托辩护人的，人民法院应当指定承担法律援助义务的律师为其提供辩护。

12. 对于未成年犯罪嫌疑人、被告人及其法定代理人的法律援助申请，法律援助机构应当优先审查；经审查符合条件的，应当提供法律援助。人民法院为未成年被告人指定辩护的，法律援助机构应当提供法律援助。

【高检发诉字〔2012〕152号】　最高人民检察院关于进一步加强未成年人刑事检察工作的决定（2012年10月22日）

14. 建立健全法律援助制度和听取律师意见制度。审查逮捕或审查起诉时发现未成年犯罪嫌疑人未委托辩护人的，应当依法通知法律援助机构指派律师为其提供法律援助，并认真听取律师关于无罪、罪轻或者无批捕、起诉必要的意见。……有条件的地方，可以推动司法行政机关建立专业化的未成年人法律援助律师队伍，并将法律援助对象范围扩大到未成年被害人。

【高检发研字〔2013〕7号】　人民检察院办理未成年人刑事案件的规定（2002年3月25日最高检第9届检委会第105次会议通过；2006年12月28日最高检第10届检委会第68次会议第1次修订；2013年12月19日最高检第12届检委会第14次会议第2次修订，2013年12月27日印发）

第22条　（第1款）　人民检察院审查起诉未成年人刑事案件，自收到移送审查起诉的案件材料之日起3日以内，应当告知被害人及其法定代理人或者其近亲属、附带民事诉讼的当事人及其法定代理人有权委托诉讼代理人。

（第2款）　对未成年被害人或者其法定代理人提出聘请律师意向，但因经济困难或者其他原因没有委托诉讼代理人的，应当帮助其申请法律援助。

【高检发未检字〔2017〕1号】　未成年人刑事检察工作指引（试行）（最高检2017年3月2日印发试行）

第27条　【另行指定】未成年犯罪嫌疑人拒绝法律援助机构指派的律师为其辩护的，人民检察院应当查明原因，有正当理由的，应当准许；同时告知未成年犯罪嫌疑人及其法定代理人另行委托辩护人。未成年犯罪嫌疑人及其法定代理人未另行委托辩护人的，应当及时书面通知法律援助机构另行指派律师为其提供辩护。未成年犯罪嫌疑人再次拒绝且无正当理由的，不予准许。

对于法律援助律师怠于履行职责、泄露隐私和违规辩护的，人民检察院应当依法履行监督职责，通知法律援助机构变更法律援助律师，并书面建议司法行政机关依法作出相应处理。

第169条　【法律援助】人民检察院受理审查起诉未成年人刑事案件后，应当首先审查未成年犯罪嫌疑人是否有辩护人。没有辩护人的，应当告知未成年犯罪嫌疑人及其法定代理人可以委托1至2人作为辩护人。未成年犯罪嫌疑人及其法定代理人未明确表示委托辩护人的，人民检察院应当通知法律援助机构指派律师为其提供辩护。

【律发通〔2017〕51号】　律师办理刑事案件规范（2017年8月27日第9届全国律协常务理事会第8次会议通过、即日施行，中华全国律师协会2017年9月20日）

第206条　律师可以接受未成年当事人及其法定代理人、近亲属的委托或接受法律援助机构的指派，担任未成年人的辩护律师。

第207条　辩护律师办理未成年人案件，应当充分注意未成年人的身心特点及应当与成年人分别关押、分别管理、分别教育等依法享有的特殊权利。

第208条　辩护律师应当对涉案未成年人的资料予以保密，不得以任何方式公开或者传播，包括涉案未成年人的姓名、住所、照片、图像及可能推断出该未成年人身份的其他资料等。

第209条　律师担任未成年人的辩护人，应当重点审查以下内容并提出相应的辩护意见：（一）未成年人实施被指控的犯罪行为时是否已满14周岁、16周岁、18周岁；（二）讯问和开庭时，是否通知未成年人的法定代理人到场；法定代理人因无法通知或其他情况不能到场的，是否有合适成年人到场；（三）讯问女性未成年人，是否有女性工作人员在场；（四）是否具备不逮捕条件，包括罪行较轻，具备有效监护条件或者社会帮教措施，没有社会危险性或者社会危险性较小，不逮捕不致妨害诉讼正常进行；（五）人民法院决定适用简易程序审理的，是否征求了未成年被告人及其法定代理人和辩护律师的意见；（六）在法庭上，是否存在未成年被告人人身危险性不大，不可能妨碍庭审活动而被使用械具的情况；（七）法庭审理过程中，是否有对未成年被告人诱供、训斥、讽刺或者威胁等情形；（八）被告人是否属于被指控的犯罪发生时不满18周岁、人民法院立案时不满20周岁等应当由少年法庭审理的情形等。

【高检发释字〔2019〕4号】　人民检察院刑事诉讼规则（2019年12月2日最高检第13届检委会第28次会议通过，2019年12月30日公布施行；高检发释字〔2012〕2号《规则（试行）》同时废止）

第460条　人民检察院受理案件后，应当向未成年犯罪嫌疑人及其法定代理人了解其委托辩护人的情况，并告知其有权委托辩护人。

未成年犯罪嫌疑人没有委托辩护人的，人民检察院应当书面通知法律援助机构指派律师为其提供辩护。

（新增）对于公安机关未通知法律援助机构指派律师为未成年犯罪嫌疑人提供辩护的，人民检察院应当提出纠正意见。

第489条　……未成年人刑事案件，是指犯罪嫌疑人实施涉嫌犯罪行为时已满14周岁、未满18周岁的刑事案件。

……第460条……所称的未成年犯罪嫌疑人，是指在诉讼过程中未满18周岁的人。犯罪嫌疑人实施涉嫌犯罪行为时未满18周岁，在诉讼过程中已满18周岁的，人民检察院可以根据案件的具体情况适用上述规定。

【主席令〔2020〕57号】　中华人民共和国未成年人保护法（2020年10月17日全国人大常委会〔13届22次〕最新修订，2021年6月1日起施行；2024年4月26日全国人大常委会〔14届9次〕统修）

第104条　对需要法律援助或者司法救助的未成年人，法律援助机构或者公安机关、人民检察院、人民法院和司法行政部门应当给予帮助，依法为其提供法律援助或者司法救助。

法律援助机构应当指派熟悉未成年人身心特点的律师为未成年人提供法律援助服务。

法律援助机构和律师协会应当对办理未成年人法律援助案件的律师进行指导和培训。

【司公通〔2020〕12号】　未成年人法律援助服务指引（试行）（司法部公共法律服务管理局、中华全国律师协会2020年9月16日印发试行）

第3条　本指引适用于法律援助承办机构、法律援助承办人员办理侵害未成年人法律援助案件、监护人侵害未成年人权益法律援助案件、学生伤害事故法律援助案件和其他侵害未成年人合法权益的法律援助案件。

其他接受委托办理涉及未成年人案件的律师，可以参照执行。

第6条　法律援助承办人员应当在收到指派通知书之日起5个工作日内会见受援未成年

人及其法定代理人（监护人）或近亲属并进行以下工作：（一）了解案件事实经过、司法程序处理背景、争议焦点和诉讼时效、受援未成年人及其法定代理人（监护人）诉求、案件相关证据材料及证据线索等基本情况；（二）告知其法律援助承办人员的代理、辩护职责、受援未成年人及其法定代理人（监护人）在诉讼中的权利和义务、案件主要诉讼风险及法律后果；（三）发现未成年人遭受暴力、虐待、遗弃、性侵害等侵害的，可以向公安机关进行报告，同时向法律援助机构报备，可以为其寻求救助庇护和专业帮助提供协助；（四）制作谈话笔录，并由受援未成年人及其法定代理人（监护人）或近亲属共同签名确认。未成年人无阅读能力或尚不具备理解认知能力的，法律援助承办人员应当向其宣读笔录，由其法定代理人（监护人）或近亲属代签，并在笔录上载明。（五）会见受援未成年人时，其法定代理人（监护人）或近亲属至少应有1人在场，会见在押未成年人犯罪嫌疑人、被告人除外；会见受援未成年人的法定代理人（监护人）时，如有必要，受援未成年人可以在场。

第7条　法律援助承办人员办理未成年人案件的工作要求：

（一）与未成年人沟通时不得使用批评性、指责性、侮辱性以及有损人格尊严等性质的语言；

（二）会见未成年人，优先选择未成年人住所或者其他让未成年人感到安全的场所；

（三）会见未成年当事人或未成年证人，应当通知其法定代理人（监护人）或者其他成年亲属等合适成年人到场。

（四）保护未成年人隐私权和个人信息，不得公开涉案未成年人和未成年被害人的姓名、影像、住所、就读学校以及其他可能推断、识别身份信息的其他资料信息；

（五）重大、复杂、疑难案件，应当提请律师事务所或法律援助机构集体讨论，提请律师事务所讨论的，应当将讨论结果报告法律援助机构。

第8条　性侵害未成年人犯罪，包括刑法第236条、第237条、第358条、第359条规定的针对未成年人实施的强奸罪、猥亵他人罪、猥亵儿童罪、组织卖淫罪、强迫卖淫罪、引诱、容留、介绍卖淫罪，引诱幼女卖淫罪等案件。

第9条　法律援助承办人员办理性侵害未成年人案件的工作要求：

（一）法律援助承办人员需要询问未成年被害人的，应当采取和缓、科学的询问方式，以一次、全面询问为原则，尽可能避免反复询问。法律援助承办人员可以建议办案机关在办理案件时，推行全程录音录像制度，以保证被害人陈述的完整性、准确性和真实性；

（二）法律援助承办人员应当向未成年被害人及其法定代理人（监护人）释明刑事附带民事诉讼的受案范围，协助未成年被害人提起刑事附带民事诉讼。法律援助承办人员应当根据未成年被害人的诉讼请求，指引、协助未成年被害人准备证据材料；

（三）法律援助承办人员办理性侵害未成年人案件时，应当于庭审前向人民法院确认案件不公开审理。

第10条　法律援助承办人员发现公安机关在处理性侵害未成年人犯罪案件应当立案而不立案的，可以协助未成年被害人及其法定代理人（监护人）向人民检察院申请立案监督或协助向人民法院提起自诉。

第11条　法律援助承办人员可以建议办案机关对未成年被害人的心理伤害程度进行社会评估，辅以心理辅导、司法救助等措施，修复和弥补未成年被害人身心伤害；发现未成年被害人存在心理、情绪异常的，应当告知其法定代理人（监护人）为其寻求专业心理咨询与疏导。

第12条　对于低龄被害人、证人的陈述的证据效力，法律援助承办人员可以建议办案机关结合被害人、证人的心智发育程度、表达能力，以及所处年龄段未成年人普遍的表达能力和认知能力进行客观的判断，对待证事实与其年龄、智力状况或者精神健康状况相适应的未成年人陈述、证言，应当建议办案机关依法予以采信，不能轻易否认其证据效力。

第13条　在未成年被害人、证人确有必要出庭的案件中，法律援助承办人员应当建议人民法院采取必要保护措施，不暴露被害人、证人的外貌、真实声音，有条件的可以采取视频等方式播放被害人的陈述、证人证言，避免未成年被害人、证人与被告人接触。

第14条　庭审前，法律援助承办人员应当认真做好下列准备工作：（一）在举证期限内向人民法院提交证据清单及证据，准备证据材料；（二）向人民法院确认是否存在证人、鉴定人等出庭作证情况，拟定对证人、鉴定人的询问提纲；（三）向人民法院确认刑事附带民事诉讼被告人是否有证据提交，拟定质证意见；（四）拟定对证言笔录、鉴定人的鉴定意见、勘验笔录和其他作为证据的文书的质证意见；（五）准备辩论意见；（六）向被害人及其法定代理人（监护人）了解是否有和解或调解方案，并充分向被害人及其法定代理人（监护人）进行法律释明后，向人民法院递交方案；（七）向被害人及其法定代理人（监护人）介绍庭审程序，使其了解庭审程序、庭审布局和有关注意事项。

第15条　法律援助承办人员办理性侵害未成年人案件，应当了解和审查以下关键事实：

（一）了解和严格审查未成年被害人是否已满12周岁、14周岁的关键事实，正确判断犯罪嫌疑人、被告人是否"明知"或者"应当知道"未成年被害人为幼女的相关事实；

（二）了解和审查犯罪嫌疑人、被告人是否属于对未成年被害人负有"特殊职责的人员"；

（三）准确了解性侵害未成年人案发的地点、场所等关键事实，正确判断是否属于"在公共场所当众"性侵害未成年人。

第16条　办理利用网络对儿童实施猥亵行为的案件时，法律援助承办人员应指导未成年被害人及其法定代理人（监护人）及时收集、固定能够证明行为人出于满足性刺激的目的，利用网络采取诱骗、强迫或者其他方法要求被害人拍摄、传送暴露身体的不雅照片、视频供其观看等相关事实方面的电子数据，并向办案机关报告。

【法释〔2021〕1号】　最高人民法院关于适用《中华人民共和国刑事诉讼法》的解释（2020年12月7日最高法审委会［1820次］修订，2021年1月26日公布，2021年3月1日施行；2013年1月1日施行的"法释〔2012〕21号"《解释》同时废止）

第563条　人民法院向未成年被告人送达起诉书副本时，应当向其讲明被指控的罪行和有关法律规定，并告知其审判程序和诉讼权利、义务。

第564条　审判时不满18周岁的未成年被告人没有委托辩护人的，人民法院应当通知法律援助机构指派熟悉未成年人身心特点的律师为其提供辩护。

第565条　未成年被害人及其法定代理人因经济困难或者其他原因没有委托诉讼代理人的，人民法院应当帮助其申请法律援助。

第572条　未成年被告人或者其法定代理人当庭拒绝辩护人辩护的，适用本解释第311条第2款、第3款的规定。（见《刑事诉讼法》第45条）

重新开庭后，未成年被告人或者其法定代理人再次当庭拒绝辩护人辩护的，不予准许。重新开庭时被告人已满18周岁的，可以准许，但不得再行委托辩护人或者要求另行指派律师，由其自行辩护。

【海警局令〔2023〕1号】 海警机构办理刑事案件程序规定（2023年5月15日审议通过，2023年6月15日起施行）(主文见本书第308条)

第292条 未成年犯罪嫌疑人没有委托辩护人的，海警机构应当通知法律援助机构指派律师为其提供辩护。

【高检发〔2023〕4号】 最高人民法院、最高人民检察院、公安部、司法部关于办理性侵害未成年人刑事案件的意见（2023年5月24日印发，2023年6月1日起施行）(详见《刑法全厚细》第236条)

第3条（第2款） 法律援助机构应当指派熟悉未成年人身心特点的律师为未成年人提供法律援助。

【国安部令〔2024〕4号】 国家安全机关办理刑事案件程序规定（2024年4月26日公布，2024年7月1日起施行）

第339条 未成年犯罪嫌疑人没有委托辩护人的，国家安全机关应当通知法律援助机构指派律师为其提供辩护。

第279条 【未成年犯社会背景调查】公安机关、人民检察院、人民法院办理未成年人刑事案件，根据情况可以对未成年犯罪嫌疑人、被告人的成长经历、犯罪原因、监护教育等情况进行调查。

● 相关规定　【综治委预青领联字〔2010〕1号】 中央综治委预防青少年违法犯罪工作领导小组、最高人民法院、最高人民检察院、公安部、司法部、共青团中央关于进一步建立和完善办理未成年人刑事案件配套工作体系的若干意见（2010年8月28日）

二、进一步加强对涉案未成年人合法权益的保护

（一）对未成年犯罪嫌疑人、被告人、罪犯合法权益的保护

6. 办理未成年人刑事案件，应当结合对未成年犯罪嫌疑人背景情况的社会调查，注意听取未成年人本人、法定代理人、辩护人、被害人等有关人员的意见。应当注意未成年犯罪嫌疑人、被告人是否有被胁迫情节，是否存在成年人教唆犯罪、传授犯罪方法或者利用未成年人实施犯罪的情况。

三、进一步加强公安机关、人民检察院、人民法院、司法行政机关的协调与配合

（一）对未成年犯罪嫌疑人、被告人的社会调查

1. 社会调查由未成年犯罪嫌疑人、被告人户籍所在地或居住地的司法行政机关社区矫正工作部门负责。

司法行政机关社区矫正工作部门可联合相关部门开展社会调查，或委托共青团组织以及其他社会组织协助调查。

社会调查机关应当对未成年犯罪嫌疑人的性格特点、家庭情况、社会交往、成长经历、是否具备有效监护条件或者社会帮教措施，以及涉嫌犯罪前后表现等情况进行调查，并作出书面报告。

对因犯罪嫌疑人不讲真实姓名、住址，身份不明，无法进行社会调查的，社会调查机关应当作出书面说明。

2. 公安机关在办理未成年人刑事案件时，应当收集有关犯罪嫌疑人办案期间表现或者具有逮捕必要性的证据，并及时通知司法行政机关社区矫正工作部门开展社会调查；在收到社会调查机关作出的社会调查报告后，应当认真审查，综合案情，作出是否提请批捕、移送起诉的决定。

公安机关提请人民检察院审查批捕或移送审查起诉的未成年人刑事案件，应当将犯罪嫌疑人办案期间表现等材料和经公安机关审查的社会调查报告等随案移送人民检察院。社区矫正工作部门无法进行社会调查的或无法在规定期限内提供社会调查报告的书面说明等材料也应当随案移送人民检察院。

3. 人民检察院在办理未成年人刑事案件时，应当认真审查公安机关移送的社会调查报告或无法进行社会调查的书面说明、办案期间表现等材料，全面掌握案情和未成年人的身心特点，作为教育和办案的参考。对于公安机关没有随案移送上述材料的，人民检察院可以要求公安机关提供，公安机关应当提供。

人民检察院提起公诉的未成年人刑事案件，社会调查报告、办案期间表现等材料应当随案移送人民法院。

4. 人民法院在办理未成年人刑事案件时，应当全面审查人民检察院移送的社会调查报告或无法进行社会调查的书面说明、办案期间表现等材料，并将社会调查报告作为教育和量刑的参考。对于人民检察院没有随案移送上述材料的，人民法院可以要求人民检察院提供，人民检察院应当提供。

人民法院应当在判决生效后，及时将社会调查报告、办案期间表现等材料连同刑罚执行文书，送达执行机关。

（二）未成年犯罪嫌疑人、被告人年龄的查证与审核

1. 公安机关在办理未成年人刑事案件时，应当查清未成年犯罪嫌疑人作案时的实际年龄，注意农历年龄、户籍登记年龄与实际年龄等情况。特别是应当将未成年犯罪嫌疑人是否已满14、16、18周岁的临界年龄，作为重要案件事实予以查清。

公安机关移送人民检察院审查批捕和审查起诉的未成年人刑事案件，应当附有未成年犯罪嫌疑人已达到刑事责任年龄的证据。对于没有充分证据证明未成年犯罪嫌疑人作案时已经达到法定刑事责任年龄且确实无法查清的，公安机关应依法作出有利于未成年人的认定和处理。

2. 人民检察院在办理未成年人刑事案件时，如发现年龄证据缺失或者不充分，或者未成年犯罪嫌疑人及其法定代理人基于相关证据对年龄证据提出异议等情况，可能影响案件认定的，在审查批捕时，应当要求公安机关补充证据，公安机关不能提供充分证据的，应当作出不予批准逮捕的决定，并通知公安机关补充侦查；在审查起诉过程中，应当退回公安机关补充侦查或自行侦查。补充侦查仍不能证明未成年人作案时已达到法定刑事责任年龄的，人民检察院应当依法作出有利于未成年犯罪嫌疑人的认定和处理。

3. 人民法院对提起公诉的未成年人刑事案件进行审理时，应当着重审查未成年被告人的年龄证据。对于未成年被告人年龄证据缺失或者不充分，应当通知人民检察院补充提供或调查核实，人民检察院认为需要进一步补充侦查向人民法院提出建议的，人民法院依法可以延期审理。没有充分证据证明被告人实施被指控的犯罪时已经达到法定刑事责任年龄且确实无法查明的，人民法院应当依法作出有利于未成年被告人的认定和处理。

【高检发诉字〔2012〕152号】　最高人民检察院关于进一步加强未成年人刑事检察工作的决定（2012年10月22日）

13. 建立健全逮捕必要性证明制度和社会调查报告制度。要进一步加强对逮捕必要性证据、社会调查报告等材料的审查。公安机关没有收集移送上述材料的，应当要求其收集移送。人民检察院也可以根据情况，自行或者委托有关部门、社会组织进行社会调查，并制作社会调查报告。要综合未成年犯罪嫌疑人性格特点、家庭情况、社会交往、成长经历、犯罪原因、犯罪后态度、帮教条件等因素，考量逮捕、起诉的必要性，依法慎重作出决定，并以此作为帮教的参考和依据。

【高检发研字〔2013〕7号】　人民检察院办理未成年人刑事案件的规定（2002年3月25日最高检第9届检委会第105次会议通过；2006年12月28日最高检第10届检委会第68次会议第1次修订；2013年12月19日最高检第12届检委会第14次会议第2次修订，2013年12月27日印发）

第15条　审查逮捕未成年犯罪嫌疑人，应当审查公安机关依法提供的证据和社会调查报告等材料。公安机关没有提供社会调查报告的，人民检察院根据案件情况可以要求公安机关提供，也可以自行或者委托有关组织和机构进行调查。

【高检发未检字〔2017〕1号】　未成年人刑事检察工作指引（试行）（最高检2017年3月2日印发试行）

第29条　【应当调查】对于未成年人刑事案件，一般应当进行社会调查，但未成年人犯罪情节轻微，且在调查案件事实的过程中已经掌握未成年犯罪嫌疑人的成长经历、犯罪原因、监护教育等情况的，可以不进行专门的社会调查。

第30条　【督促调查】对于卷宗中没有证明未成年犯罪嫌疑人的成长经历、犯罪原因、监护教育等情况的材料或者材料不充分的，人民检察院应当要求公安机关提供或者补充提供。

未成年犯罪嫌疑人不讲真实姓名、住址，身份不明，无法进行社会调查的，人民检察院应当要求公安机关出具书面情况说明。无法进行调查的原因消失后，应当督促公安机关开展社会调查。

第31条　【自行调查】人民检察院对于公安机关移送审查起诉的未成年人刑事案件，未随案移送社会调查报告及其附属材料，经发函督促七日内仍不补充移送的；或者随案移送的社会调查报告不完整，需要补充调查的；或者人民检察院认为应当进行社会调查的，可以进行调查或补充调查。

第32条　【知情权保护】开展社会调查应当充分保障未成年人及其法定代理人的知情权，并在调查前将调查人员的组成、调查程序、调查内容以及对未成年人隐私保护等情况及时告知未成年人及其法定代理人。

第33条　【隐私权保护】开展社会调查时，调查人员不得驾驶警车、穿着检察制服，应当尊重和保护未成年人名誉，避免向不知情人员泄露未成年人的涉罪信息。

第34条　【调查方式、程序】人民检察院自行开展社会调查的，调查人员不得少于2人。

开展社会调查应当走访未成年犯罪嫌疑人的监护人、亲友、邻居、老师、同学、被害人或者其近亲属等相关人员。必要时可以通过电话、电子邮件或者其他方式向身在外地的被害人或其他人员了解情况。

经被调查人同意，可以采取拍照、同步录音录像等形式记录调查内容。

第35条　【心理测评】社会调查过程中，根据需要，经未成年犯罪嫌疑人及其法定代理人同意，可以进行心理测评。

第36条　【调查内容】社会调查主要包括以下内容：（一）个人基本情况，包括未成年人的年龄、性格特点、健康状况、成长经历（成长中的重大事件）、生活习惯、兴趣爱好、教育程度、学习成绩、一贯表现、不良行为史、经济来源等；（二）社会生活状况，包括未成年人的家庭基本情况（家庭成员、家庭教育情况和管理方式、未成年人在家庭中的地位和遭遇、家庭成员之间的感情和关系、监护人职业、家庭经济状况、家庭成员有无重大疾病或遗传病史等）、社区环境（所在社区治安状况、邻里关系、在社区的表现、交往对象及范围等）、社会交往情况（朋辈交往、在校或者就业表现、就业时间、职业类别、工资待遇、与老师、同学或者同事的关系等）；（三）与涉嫌犯罪相关的情况，包括犯罪目的、动机、手段、与被害人的关系等；犯罪后的表现，包括案发后、羁押或取保候审期间的表现、悔罪态度、赔偿被害人损失等；社会各方意见，包括被害方的态度、所在社区基层组织及辖区派出所的意见等，以及是否具备有效监护条件、社会帮教措施；（四）认为应当调查的其他内容。

第37条　【调查笔录】调查情况应当制作笔录，并由被调查人进行核对。被调查人确认无误，签名后捺手印。

以单位名义出具的证明材料，由材料出具人签名，并加盖单位印章。以个人名义出具的证明材料，由材料出具人签名，并附个人身份证复印件。

第38条　【制作报告】社会调查结束后，应当制作社会调查报告，由调查人员签名，并加盖单位印章。

社会调查报告的主要内容包括：（一）调查主体、方式及简要经过；（二）调查内容；（三）综合评价，包括对未成年犯罪嫌疑人的身心健康、认知、解决问题能力、可信度、自主性、与他人相处能力以及社会危险性、再犯可能性等情况的综合分析；（四）意见建议，包括对未成年犯罪嫌疑人的处罚和教育建议等。

社会调查人员意见不一致的，应当在报告中写明。

调查笔录或者其他能够印证社会调查报告内容的书面材料，应当附在社会调查报告之后。

第39条　【委托调查】人民检察院开展社会调查可以委托有关组织或者机构进行。当地有青少年事务社会工作等专业机构的，应当主动与其联系，以政府购买服务等方式，将社会调查交由其承担。

委托调查的，应当向受委托的组织或者机构发出社会调查委托函，载明被调查对象的基本信息、案由、基本案情、调查事项、调查时限等，并要求其在社会调查完成后，将社会调查报告、原始材料包括调查笔录、调查问卷、社会调查表、有关单位和个人出具的证明材料、书面材料、心理评估报告、录音录像资料等，一并移送委托的人民检察院。

第40条　【保密及回避原则】人民检察院委托进行社会调查的，应当明确告知受委托组织或机构为每一个未成年人指派2名社会调查员进行社会调查；不得指派被调查人的近亲属或者与本案有利害关系的人员进行调查。社会调查时，社会调查员应当出示社会调查委托函、介绍信和工作证，不得泄露未成年犯罪嫌疑人的犯罪信息、个人隐私等情况，并对社会调查的真实性负法律责任。

第41条　【了解情况】经人民检察院许可，社会调查员可以查阅部分诉讼文书并向未检检察官了解案件基本情况。

社会调查员进行社会调查，应当会见被调查的未成年犯罪嫌疑人，当面听取其陈述。未成年犯罪嫌疑人未被羁押的，可以到未成年犯罪嫌疑人的住所或者其他适当场所进行会见。未成年犯罪嫌疑人被羁押的，经公安机关审查同意，可以到羁押场所进行会见。

会见未在押的未成年犯罪嫌疑人，应征得其法定代理人的同意。

第42条　【审查认定】人民检察院收到公安机关或者受委托调查组织或者机构移送的社会调查报告及相关材料后，应当认真审查材料是否齐全、内容是否真实，听取未成年犯罪嫌疑人及其法定代理人或者其他到场人员、辩护人的意见，并记录在案。

第43条　【重新调查】对公安机关或者受委托调查组织或者机构出具的社会调查报告，经审查有下列情形之一的，人民检察院应当重新进行社会调查：（一）调查材料有虚假成分的；（二）社会调查结论与其他证据存在明显矛盾的；（三）调查人员系案件当事人的近亲属或与案件有利害关系，应当回避但没有回避的；（四）人民检察院认为需要重新调查的其他情形。

第44条　【文书表述】承办人应当在案件审查报告中对开展社会调查的情况进行详细说明，并在决定理由部分写明对社会调查报告提出的处罚建议的采纳情况及理由。

人民检察院在制作附条件不起诉决定书、不起诉决定书、起诉书等法律文书时，应当叙述通过社会调查或者随案调查查明的未成年犯罪嫌疑人、被不起诉人、被告人的成长经历、犯罪原因、监护教育等内容。

第45条　【移送法院】人民检察院提起公诉的案件，社会调查报告及相关资料应当随案移送人民法院。

社会调查报告的内容应当在庭审中宣读，必要时可以通知调查人员出庭说明情况。委托调查的，可以要求社会调查员出庭宣读社会调查报告。

【律发通〔2017〕51号】　律师办理刑事案件规范（2017年8月27日第9届全国律协常务理事会第8次会议通过、即日施行，中华全国律师协会2017年9月20日）

第210条　辩护律师根据案件需要，可以对未成年人的性格特点、家庭情况、社会交往、成长经历、犯罪原因、犯罪前后的表现、监护教育等情况依法进行调查并制作调查报告提交办案机关。

【高检发释字〔2019〕4号】　人民检察院刑事诉讼规则（2019年12月2日最高检第13届检委会第28次会议通过，2019年12月30日公布施行；高检发释字〔2012〕2号《规则（试行）》同时废止）

第461条　人民检察院根据情况可以对未成年犯罪嫌疑人的成长经历、犯罪原因、监护教育等情况进行调查，并制作社会调查报告，作为办案和教育的参考。

人民检察院开展社会调查，可以委托有关组织和机构进行。<u>开展社会调查应当尊重和保护未成年人隐私，不得向不知情人员泄露未成年犯罪嫌疑人的涉案信息。</u>

人民检察院应当对公安机关移送的社会调查报告进行审查。必要时，可以进行补充调查。

人民检察院制作的社会调查报告应当随案移送人民法院。

【高检发办字〔2020〕31号】　最高人民检察院关于加强新时代未成年人检察工作的意见（2020年4月21日）

9. 深入落实未成年人特殊检察制度。……改进社会调查收集、审查方式，科学评估调查质量，解决调查报告形式化、同质化等问题，努力实现社会调查全覆盖，充分发挥社会调查在办案和帮教中的参考作用。……

【公安部令〔2020〕159号】　公安机关办理刑事案件程序规定（2020年7月4日第3次部务会议修订，2020年7月20日公布，2020年9月1日施行）

第321条　公安机关办理未成年人刑事案件时，应当重点查清未成年犯罪嫌疑人实施犯罪行为时是否已满14周岁、16周岁、18周岁的临界年龄。

第322条　公安机关办理未成年人刑事案件，根据情况可以对未成年犯罪嫌疑人的成长经历、犯罪原因、监护教育等情况进行调查并制作调查报告。

作出调查报告的，在提请批准逮捕、移送审查起诉时，应当结合案情综合考虑，并将调查报告与案卷材料一并移送人民检察院。

【法发〔2020〕38号】　最高人民法院、最高人民检察院、公安部、国家安全部、司法部关于规范量刑程序若干问题的意见（2020年11月5日印发，2020年11月6日施行；法发〔2010〕35号同名《意见（试行）》同时废止）

第18条　人民法院、人民检察院、侦查机关或者辩护人委托有关方面制作涉及未成年人的社会调查报告的，调查报告应当在法庭上宣读，并进行质证。

【主席令〔2020〕64号】　中华人民共和国预防未成年人犯罪法（2020年12月26日第13届全国人大常委会第24次会议修订，2021年6月1日施行）

第51条　公安机关、人民检察院、人民法院办理未成年人刑事案件，可以自行或者委托有关社会组织、机构对未成年犯罪嫌疑人或者被告人的成长经历、犯罪原因、监护、教育等情况进行社会调查；根据实际需要并经未成年犯罪嫌疑人、被告人及其法定代理人同意，可以对未成年犯罪嫌疑人、被告人进行心理测评。

社会调查和心理测评的报告可以作为办理案件和教育未成年人的参考。

【法释〔2021〕1号】　最高人民法院关于适用《中华人民共和国刑事诉讼法》的解释（2020年12月7日最高法审委会［1820次］修订，2021年1月26日公布，2021年3月1日施行；2013年1月1日施行的"法释〔2012〕21号"《解释》同时废止）

第568条　对人民检察院移送的关于未成年被告人性格特点、家庭情况、社会交往、成长经历、犯罪原因、犯罪前后的表现、监护教育等情况的调查报告，以及辩护人提交的反映未成年被告人上述情况的书面材料，法庭应当接受。

必要时，人民法院可以委托社区矫正机构、共青团、社会组织等未成年被告人居住地的县级司法行政机关、共青团组织以及其他社会团体组织对未成年被告人的上述情况进行调查，或者自行调查。

第569条　对未成年人刑事案件，人民法院根据情况，可以对未成年被告人、被害人、证人进行心理疏导；根据实际需要并经未成年被告人及其法定代理人同意，也可以对未成年被告人进行心理测评。

（新增）心理疏导、心理测评可以委托专门机构、专业人员进行。

（新增）心理测评报告可以作为办理案件和教育未成年人的参考。

人民检察院羁押听证办法（2021年4月8日最高检第13届检委会第65次会议通过，2021年8月17日印发施行。详见《刑事诉讼法》第95~99条）

第3条 具有下列情形之一，且有必要当面听取各方意见，以依法准确作出审查决定的，可以进行羁押听证：（一）需要核实评估犯罪嫌疑人、被告人是否具有社会危险性，未成年犯罪嫌疑人、被告人是否具有社会帮教条件的；

【海警局令〔2023〕1号】 海警机构办理刑事案件程序规定（2023年5月15日审议通过，2023年6月15日起施行）（主文见本书第308条）

第294条 海警机构办理未成年人刑事案件，根据情况可以对未成年犯罪嫌疑人的成长经历、犯罪原因、监护教育等情况进行调查并制作调查报告。

作出调查报告的，在提请批准逮捕、移送审查起诉时，应当结合案情综合考虑，并将调查报告与案卷材料一并移送人民检察院。

【国安部令〔2024〕4号】 国家安全机关办理刑事案件程序规定（2024年4月26日公布，2024年7月1日起施行）

第341条 国家安全机关办理未成年人刑事案件，根据情况可以对未成年犯罪嫌疑人的成长经历、犯罪原因、监护教育等情况进行调查并制作调查报告。

作出调查报告的，在提请批准逮捕、移送审查起诉时，应当结合案情综合考虑，并将调查报告与案卷材料一并移送人民检察院。

● 指导案例 【高检发办字〔2021〕18号】 最高人民检察院第27批指导性案例（2021年2月26日最高检第13届检委会第63次会议通过，2021年3月2日印发）

（检例第106号） 牛某非法拘禁案[①]

要旨：检察机关对于公安机关移送的社会调查报告应当认真审查，报告内容不能全面反映未成年人成长经历、犯罪原因、监护教育等情况的，可以商公安机关补充调查，也可以自行或者委托其他有关组织、机构补充调查。……

第280条 【未成年犯逮捕程序】 对未成年犯罪嫌疑人、被告人应当严格限制适用逮捕措施。人民检察院审查批准逮捕和人民法院决定逮捕，应当讯问未成年犯罪嫌疑人、被告人，听取辩护律师的意见。

【未成年犯分押分管】 对被拘留、逮捕和执行刑罚的未成年人与成年人应当分别关押、分别管理、分别教育。

[①] 本案指导意义：社会调查报告是检察机关认定未成年犯罪嫌疑人主观恶性大小、是否适合作附条件不起诉以及附什么样的条件、如何制定具体的帮教方案等的重要参考。社会调查报告的内容主要包括涉罪未成年人个人基本情况、家庭情况、成长经历、社会生活状况、犯罪原因、犯罪前后表现、是否具备有效监护条件、社会帮教条件等，应具有个性化和针对性。公安机关、人民检察院、人民法院办理未成年人刑事案件，根据法律规定和案件情况可以进行社会调查。公安机关侦查未成年人犯罪案件，检察机关可以商请公安机关进行社会调查。认为公安机关随案移送的社会调查报告内容不完整、不全面的，可以商请公安机关补充进行社会调查，也可以自行补充开展社会调查。

● **相关规定**　【公发〔1995〕17号】　公安机关办理未成年人违法犯罪案件的规定（公安部1995年10月23日）

第15条　办理未成年人违法犯罪案件，应当严格限制和尽量减少使用强制措施。严禁对违法犯罪的未成年人使用收容审查①。

第16条　对不符合拘留、逮捕条件，但其自身安全受到严重威胁的违法犯罪未成年人，经征得家长或者监护人同意，可以依法采取必要的人身保护措施。危险消除后，应当立即解除保护措施。

第17条　对正在实施犯罪或者犯罪后有行凶、逃跑、自杀等紧急情况的未成年被告人，可以依法予以拘留。

第18条　对惯犯、累犯，共同犯罪或者集团犯罪中的首犯、主犯，杀人、重伤、抢劫、放火等严重破坏社会秩序的未成年被告人，采取取保候审、监视居住等方法，尚不足以防止发生社会危险性，确有逮捕必要的，应当提请逮捕。

第19条　拘留、逮捕后，应当在24小时内，将拘留、逮捕的原因和羁押的处所，通知其家长、监护人或者所在学校、单位。有碍侦查或者无法通知的情形除外。

第20条　办理未成年人违法犯罪案件，对未成年在校学生的调查讯问不得影响其正常学习。

第21条　对于被羁押的未成年人应当与成年人犯分别关押、管理，并根据其生理和心理特点在生活和学习等方面给予照顾。

第22条　办理未成年人犯罪案件原则上不得使用械具。对确有行凶、逃跑、自杀、自伤、自残等现实危险，必须使用械具的，应当以避免和防止危害结果的发生为限度，现实危险消除后，应当立即停止使用。办理未成年人违法案件严禁使用械具。

第23条　看守所应当充分保障被关押的未成年人与其近亲属通信、会见的权利。对患病的应当及时给予治疗，并通知其家长或者监护人。

第24条　对未成年人违法犯罪案件，应当及时办理。对已采取刑事强制措施的未成年人，应尽量缩短羁押时间和办案时间。超过法定羁押期限不能结案的，对被羁押的被告人应当立即变更或者解除强制措施。

【司法部令〔1999〕56号】　未成年犯管教所管理规定（1999年5月6日司法部部长办公会议通过，1999年12月18日发布施行；1986年《少年管教所暂行管理办法（试行）》同时废止）

第2条　未成年犯管教所是监狱的一种类型，是国家的刑罚执行机关。

由人民法院依法判处有期徒刑、无期徒刑未满18周岁的罪犯应当在未成年犯管教所执行刑罚、接受教育改造。

第8条　各省、自治区、直辖市根据需要设置未成年犯管教所，由司法部批准。

第9条（第2款）　根据对未成年犯的管理需要，实行所、管区两级管理。管区押犯不

---

① 注：收容审查是公安机关对暂不宜适用拘留、逮捕的违法人员所采用的一种行政强制措施，现已被废除。国务院《关于将强制劳动和收容审查两项措施统一于劳动教养的通知》（国发〔1980〕56号）规定："对于轻微违法犯罪行为又不讲真实姓名、住址、来历不明的人，或者有轻微违法犯罪行为又有流窜作案，多次作案，结伙作案嫌疑需收容查清罪行的人，送劳动教养场所专门编队进行审查。"

超过 150 名。

第 11 条　未成年犯管教所的人民警察须具备大专以上文化程度。其中具有法学、教育学、心理学等相关专业学历的应达到 40%。

第 13 条　未成年犯管教所除依据《监狱法》第 16 条、第 17 条的规定执行收监外，对年满 18 周岁的罪犯不予收监。

第 14 条　收监后，未成年犯管教所应当在 5 日内通知未成年犯的父母或者其他监护人。

第 15 条　对未成年男犯、女犯，应当分别编队关押和管理。未成年女犯由女性人民警察管理。少数民族未成年犯较多的，可单独编队关押和管理。

第 16 条　未成年犯管教所按照未成年犯的刑期、犯罪类型，实行分别关押和管理。根据未成年犯的改造表现，在活动范围、通信、会见、收受物品、离所探亲、考核奖惩等方面给予不同的处遇。

第 33 条　对未成年犯进行思想、文化、技术教育的课堂化教学时间，每周不少于 20 课时，每年不少于 100 课时，文化、技术教育时间不低于总课时数的 70%。

第 37 条　对新入所的未成年犯，应当进行入所教育，其内容包括认罪服法、行为规范和所规纪律教育等；对即将刑满的罪犯在形势、政策、遵纪守法等方面进行出所教育，并在就业、复学等方面给予指导，提供必要的技能培训。入所、出所教育时间各不得少于 2 个月。

第 43 条　组织未成年犯劳动，应当在工种、劳动强度和保护措施等方面严格执行国家有关规定，不得安排未成年犯从事过重的劳动或者危险作业，不得组织未成年犯从事外役劳动。未满 16 周岁的未成年犯不参加生产劳动。

未成年犯的劳动时间，每天不超过 4 小时，每周不超过 24 小时。

第 50 条　未成年犯以班组为单位住宿，不得睡通铺。人均居住面积不得少于 3 平方米。

第 51 条　未成年犯管教所应当合理安排作息时间，保证未成年犯每天的睡眠时间不少于 8 小时。

第 59 条　未成年犯有《监狱法》第 57 条情形之一的，未成年犯管教所应当给予表扬、物质奖励或者记功。

第 60 条　对被判处有期徒刑的未成年犯在执行原判刑期 1/3 以上，服刑期间一贯表现良好，离所后不致再危害社会的，未成年犯管教所可以根据情况准其离所探亲。

第 61 条　未成年犯被批准离所探亲的时间为 5 至 7 天（不包括在途时间），2 次探亲的间隔时间至少在 6 个月以上。离所探亲的未成年犯必须由其父母或者其他监护人接送。

第 62 条　未成年犯有《监狱法》第 58 条规定的破坏监管秩序情形之一的，未成年犯管教所可以给予警告、记过或者禁闭处分；构成犯罪的，依法追究刑事责任。

第 63 条　对未成年犯实行禁闭的期限为 3 至 7 天。未成年犯禁闭期间，每天放风 2 次，每次不少于 1 小时。

第 64 条　对于年满 18 周岁，余刑不满 2 年继续留在未成年犯管教所服刑的罪犯，仍适用本规定。

【综治委预青领联字〔2010〕1 号】　中央综治委预防青少年违法犯罪工作领导小组、最高人民法院、最高人民检察院、公安部、司法部、共青团中央关于进一步建立和完善办理未成年人刑事案件配套工作体系的若干意见（2010 年 8 月 28 日）

二、进一步加强对涉案未成年人合法权益的保护

（一）对未成年犯罪嫌疑人、被告人、罪犯合法权益的保护

5.（第2款）对未成年人采取拘留、逮捕等强制措施后，除有碍侦查或者无法通知的情形以外，应当在24小时以内通知其法定代理人或家属。

（第3款）法定代理人无法或不宜到场的，可以经未成年犯罪嫌疑人、被告人同意或按其意愿通知其他关系密切的亲属朋友、社会工作者、教师、律师等合适成年人到场。

7. 公安机关办理未成年人刑事案件，对未成年人应优先考虑适用非羁押性强制措施，加强有效监督；羁押性强制措施应依法慎用，比照成年人严格适用条件。办理未成年人刑事案件不以拘留率、逮捕率或起诉率作为工作考核指标。

对被羁押的未成年人应当与成年人分别关押、管理，有条件的看守所可以设立专门的未成年人监区。

有条件的看守所可以对被羁押的未成年人区分被指控犯罪的轻重、类型分别关押、管理。

未成年犯罪嫌疑人、被告人入所后服从管理、依法变更强制措施不致发生社会危险性，能够保证诉讼正常进行的，公安机关、人民检察院、人民法院应当及时变更强制措施；看守所应提请有关办案部门办理其他非羁押性强制措施。

在第一次对未成年犯罪嫌疑人讯问时或自采取强制措施之日起，公安机关应当告知未成年人及其法定代理人有关诉讼权利和义务，在告知其有权委托辩护人的同时，应当告知其如果经济困难，可以向法律援助机构申请法律援助，并提供程序上的保障。

8. 人民检察院办理未成年人刑事案件，应当讯问未成年犯罪嫌疑人，坚持依法少捕慎诉。对于必须起诉的未成年人刑事案件，查明未成年被告人具有法定从轻、减轻情节及悔罪表现的，应当提出从轻或者减轻处罚的建议；符合法律规定的缓刑条件的，应当明确提出适用缓刑的量刑建议。办理未成年人刑事案件不以批捕率、起诉率等情况作为工作考核指标。

在审查批捕和审查起诉阶段，人民检察院应当告知未成年犯罪嫌疑人及其法定代理人有关诉讼权利和义务，在告知其有权委托辩护人的同时，应当告知其如果经济困难，可以向法律援助机构申请法律援助，并提供程序上的保障。

【高检发诉字〔2012〕152号】最高人民检察院关于进一步加强未成年人刑事检察工作的决定（2012年10月22日）

5. 坚持依法少捕、慎诉、少监禁。要综合犯罪事实、情节及帮教条件等因素，进一步细化审查逮捕、审查起诉和诉讼监督标准，最大限度地降低对涉罪未成年人的批捕率、起诉率和监禁率。对于罪行较轻，具备有效监护条件或者社会帮教措施，没有社会危险性或者社会危险性较小的，一律不捕；对于罪行较重，但主观恶性不大，真诚悔罪，具备有效监护条件或者社会帮教措施，并具有一定从轻、减轻情节的，一般也可不捕；对已经批准逮捕的未成年犯罪嫌疑人，经审查没有继续羁押必要的，及时建议释放或者变更强制措施；对于犯罪情节轻微的初犯、过失犯、未遂犯、被诱骗或者被教唆实施犯罪，确有悔罪表现的，可以依法不起诉；对于必须起诉但可以从轻、减轻处理的，依法提出量刑建议；对于可以不判处监禁刑的，依法提出适用非监禁刑的建议。……

【高检发研字〔2013〕7号】人民检察院办理未成年人刑事案件的规定（2002年3月25日最高检第9届检委会第105次会议通过；2006年12月28日最高检第10届检委会第68次会议第1次修订；2013年12月19日最高检第12届检委会第14次会议第2次修订，2013年12月27日印发）

第13条　人民检察院办理未成年犯罪嫌疑人审查逮捕案件，应当根据未成年犯罪嫌疑人涉嫌犯罪的事实、主观恶性、有无监护与社会帮教条件等，综合衡量其社会危险性，严格限制适用逮捕措施，可捕可不捕的不捕。

第14条　审查逮捕未成年犯罪嫌疑人，应当重点审查其是否已满14、16、18周岁。

对犯罪嫌疑人实际年龄难以判断，影响对该犯罪嫌疑人是否应当负刑事责任认定的，应当不批准逮捕。需要补充侦查的，同时通知公安机关。

第15条　审查逮捕未成年犯罪嫌疑人，应当审查公安机关依法提供的证据和社会调查报告等材料。公安机关没有提供社会调查报告的，人民检察院根据案件情况可以要求公安机关提供，也可以自行或者委托有关组织和机构进行调查。

第16条　审查逮捕未成年犯罪嫌疑人，应当注意是否有被胁迫、引诱的情节，是否存在成年人教唆犯罪、传授犯罪方法或者利用未成年人实施犯罪的情况。

第17条（第1款）　人民检察院办理未成年犯罪嫌疑人审查逮捕案件，应当讯问未成年犯罪嫌疑人，听取辩护律师的意见，并制作笔录附卷。

第19条　对于罪行较轻，具备有效监护条件或者社会帮教措施，没有社会危险性或者社会危险性较小，不逮捕不致妨害诉讼正常进行的未成年犯罪嫌疑人，应当不批准逮捕。

对于罪行比较严重，但主观恶性不大，有悔罪表现，具备有效监护条件或者社会帮教措施，具有下列情形之一，不逮捕不致妨害诉讼正常进行的未成年犯罪嫌疑人，可以不批准逮捕：（一）初次犯罪、过失犯罪的；（二）犯罪预备、中止、未遂的；（三）有自首或者立功表现的；（四）犯罪后如实交待罪行，真诚悔罪，积极退赃，尽力减少和赔偿损失，被害人谅解的；（五）不属于共同犯罪的主犯或者集团犯罪中的首要分子的；（六）属于已满14周岁不满16周岁的未成年人或者系在校学生的；（七）其他可以不批准逮捕的情形。

对于不予批准逮捕的案件，应当说明理由，连同案卷材料送达公安机关执行。需要补充侦查的，应当同时通知公安机关。必要时可以向被害方作说明解释。

第20条　适用本规定第19条的规定，在作出不批准逮捕决定前，应当审查其监护情况，参考其法定代理人、学校、居住地公安派出所及居民委员会、村民委员会的意见，并在审查逮捕意见书中对未成年犯罪嫌疑人是否具备有效监护条件或者社会帮教措施进行具体说明。

第21条　对未成年犯罪嫌疑人作出批准逮捕决定后，应当依法进行羁押必要性审查。对不需要继续羁押的，应当及时建议予以释放或者变更强制措施。

第67条　人民检察院审查批准逮捕、审查起诉未成年犯罪嫌疑人，应当同时依法监督侦查活动是否合法，发现有下列违法行为的，应当提出纠正意见；构成犯罪的，依法追究刑事责任：（一）违法对未成年犯罪嫌疑人采取强制措施或者采取强制措施不当的；（二）未依法实行对未成年犯罪嫌疑人与成年犯罪嫌疑人分别关押、管理的；（三）对未成年犯罪嫌疑人采取刑事拘留、逮捕措施后，在法定时限内未进行讯问，或者未通知其家属的；（四）讯问未成年犯罪嫌疑人或者询问未成年被害人、证人时，未依法通知其法定代理人或者合适成年人到场的；（五）讯问或者询问女性未成年人时，没有女性检察人员参加的；（六）未依法告知未成年犯罪嫌疑人有权委托辩护人的；（七）未依法通知法律援助机构指派律师为未成年犯罪嫌疑人提供辩护的；（八）对未成年犯罪嫌疑人威胁、体罚、侮辱人格、游行示众，或者刑讯逼供、指供、诱供的；（九）利用未成年人认知能力低而故意制造冤、假、错案的；（十）对未成年被害人、证人以暴力、威胁、诱骗等非法手段收集证据或者侵害未成年被害人、证人的人格尊严及隐私权等合法权益的；（十一）违反羁押和办案期限规定的；（十二）已作出不批准逮捕、不起诉决定，公安机关不立即释放犯罪嫌疑人的；（十三）在侦查中有其他侵害未成年人合法权益行为的。

第70条　人民检察院依法对未成年犯管教所实行驻所检察。在刑罚执行监督中，发现关押成年罪犯的监狱收押未成年罪犯的，未成年犯管教所违法收押成年罪犯的，或者对年满18周岁时余刑在2年以上的罪犯留在未成年犯管教所执行剩余刑期的，应当依法提出纠正意见。

第71条　人民检察院在看守所检察中，发现没有对未成年犯罪嫌疑人、被告人与成年犯罪嫌疑人、被告人分别关押、管理或者对未成年犯留所执行刑罚的，应当依法提出纠正意见。

第72条　人民检察院应当加强对未成年犯管教所、看守所监管未成年罪犯活动的监督，依法保障未成年罪犯的合法权益，维护监管改造秩序和教学、劳动、生活秩序。

人民检察院配合未成年犯管教所、看守所加强对未成年罪犯的政治、法律、文化教育，促进依法、科学、文明监管。

第79条　本规定所称未成年人刑事案件，是指犯罪嫌疑人、被告人实施涉嫌犯罪行为时已满14周岁、未满18周岁的刑事案件，但在有关未成年人诉讼权利和体现对未成年人程序上特殊保护的条文中所称的未成年人，是指在诉讼过程中未满18周岁的人。犯罪嫌疑人实施涉嫌犯罪行为时未满18周岁，在诉讼过程中已满18周岁的，人民检察院可以根据案件的具体情况适用本规定。

第80条　实施犯罪行为的年龄，一律按公历的年、月、日计算。从周岁生日的第二天起，为已满××周岁。

【律发通〔2017〕51号】　律师办理刑事案件规范（2017年8月27日第9届全国律协常务理事会第8次会议通过、即日施行，中华全国律师协会2017年9月20日）

第211条　未成年犯罪嫌疑人具备有效监护条件或者社会帮教措施，具有下列情形之一，不逮捕不致妨害诉讼正常进行的，辩护律师应当向人民检察院、人民法院提出不予批准逮捕或不予逮捕的意见：（一）初次犯罪、过失犯罪的；（二）犯罪预备、中止、未遂的；（三）有自首或者立功表现的；（四）犯罪后如实交代罪行，真诚悔罪，积极退赃，尽力减少和赔偿损失，被害人谅解的；（五）不属于共同犯罪的主犯或者集团犯罪中的首要分子的；（六）属于已满14周岁不满16周岁的未成年人或者系在校学生的；（七）其他可以不批准逮捕的情形。

第212条　未成年人被逮捕后，辩护律师应当根据案件情况，依据《刑事诉讼法》第93条的规定，及时向人民检察院提出羁押必要性审查的申请。

第213条　辩护律师办理未成年人案件过程中，发现采取强制措施不当的，应当依据《刑事诉讼法》第94条的规定，及时向办案机关提出变更或撤销强制措施的申请。

【高检发未检字〔2017〕1号】　未成年人刑事检察工作指引（试行）（最高检2017年3月2日印发试行）

第153条　**【事实证据审查】**人民检察院在审查批准逮捕过程中，应当着重查清以下事实：（一）现有证据是否足以证明有犯罪事实的发生；（二）现有证据是否足以证实发生的犯罪事实是犯罪嫌疑人所为；（三）证明犯罪嫌疑人实施犯罪行为的证据是否已经查证属实。

第154条 【监护帮教审查】符合下列条件之一的,可以认定为具有有效监护或者帮教条件:
(一) 能够提供有固定住所和稳定收入、具有监护帮教条件的成年亲友作为保证人的;
(二) 未成年犯罪嫌疑人在本地就读、就业,案发后父母亲或者其他监护人表示愿意到本地生活,对犯罪嫌疑人实施有效监护,或者学校、就业单位愿意对其进行观护和帮教的;
(三) 居民委员会、村民委员会、社会团体、企事业单位等机构和组织愿意提供条件进行帮教的;
(四) 公安、司法机关能够为未成年犯罪嫌疑人提供帮教场所或者临时监护人的;
(五) 其他具有有效监护或者帮教条件的。

第155条 【社会危险性审查】人民检察院应当从以下方面审查未成年犯罪嫌疑人的社会危险性:
(一) 审查公安机关提供的社会危险性证明材料,包括被害人、被害单位或者案发地社区出具的相关意见,未成年犯罪嫌疑人认罪、悔罪表现等。公安机关没有提供社会危险性证明材料,或者提供的材料不充分的,人民检察院应当要求公安机关提供或者补充;
(二) 审查社会调查报告;
(三) 审查未成年犯罪嫌疑人实施犯罪行为的情节、严重程度、犯罪次数等;
(四) 审查其他证明未成年犯罪嫌疑人具有社会危险性的材料。

第156条 【不公开听证】人民检察院对于在押的未成年犯罪嫌疑人是否应当逮捕存在较大争议的,可以举行不公开听证,当面听取各方面意见。

决定举行不公开听证的,一般应当通知未成年犯罪嫌疑人及其法定代理人或者合适成年人、辩护人、侦查人员、被害人及未成年被害人的法定代理人、诉讼代理人等到场。必要时,可以通知羁押场所监管人员、社会调查员等到场。

听证过程应当形成书面记录,交听证参与各方签字确认。听证情况应当在审查逮捕意见书中载明。

对犯罪嫌疑人没有在押的,不宜进行听证。犯罪嫌疑人在押的,可以在看守所举行听证,也可以采用远程视频方式进行听证。

第157条 【查清犯罪诱因】审查逮捕未成年犯罪嫌疑人,应当注意查明是否有被胁迫、引诱的情节,是否存在他人教唆犯罪、传授犯罪方法或者利用未成年人实施犯罪等情况。

第158条 【应当不捕】对具有下列情形之一的未成年犯罪嫌疑人,应当作出不批准逮捕决定:(一) 未达刑事责任年龄的;(二) 不存在犯罪事实或者犯罪事实非其所为的;(三) 情节显著轻微、危害不大,不认为是犯罪的;(四) 犯罪已过追诉时效期限的;(五) 经特赦令免除刑罚的;(六) 依照刑法规定告诉才处理的犯罪,没有告诉或者撤回告诉的;(七) 其他法律规定免予追究刑事责任的情形。

第159条 【证据不足不捕】对于现有证据不足以证明有犯罪事实,或者不足以证明犯罪行为系未成年犯罪嫌疑人所为的,应当作出不批准逮捕决定。

对犯罪嫌疑人实际年龄难以判断,影响对该犯罪嫌疑人是否应当负刑事责任认定的,应当不批准逮捕。需要补充侦查的,同时通知公安机关。

第160条 【无社会危险性不捕】对于未成年犯罪嫌疑人可能被判处3年有期徒刑以下刑罚,具备有效监护条件或者社会帮教措施,不逮捕不致再危害社会和妨害诉讼正常进行的,人民检察院一般应当不批准逮捕。

对于罪行较重,但主观恶性不大,有悔罪表现,具备有效监护条件或者社会帮教措施,具有下列情形之一,不逮捕不致再危害社会和妨害诉讼正常进行的,可以不批准逮捕:(一)初次犯罪、过失犯罪的;(二)犯罪预备、中止、未遂的;(三)防卫过当、避险过当的;(四)犯罪后有自首或者立功表现的;(五)犯罪后如实交待罪行,真诚悔罪,积极退赃,尽力减少和赔偿损失,与被害人达成和解的;(六)不属于共同犯罪的主犯或者集团犯罪中的首要分子的;(七)属于已满14周岁不满16周岁的未成年人或者系在校学生的;(八)身体状况不适宜羁押的;(九)系生活不能自理人的唯一扶养人的;(十)其他可以不批准逮捕的情形。

对于罪行较轻,具备有效监护条件或者社会帮教措施,没有社会危险性或者社会危险性较小,不逮捕不致妨害诉讼正常进行的,应当不批准逮捕。

依据在案证据不能认定未成年犯罪嫌疑人符合逮捕社会危险性条件的,应当要求公安机关补充相关证据,公安机关没有补充移送的,应当作出不批准逮捕的决定。

第161条 【说理解释】人民检察院对于不批准逮捕的案件,应当制作不批准逮捕理由说明书,连同案卷材料送达公安机关。需要补充侦查的,应当同时通知公安机关。必要时可以向被害人释法说理。

不批准逮捕理由说明书一般应当从事实、证据和法律等方面阐明,但侧重点应当有所不同:

(一)应当不批准逮捕案件。重点围绕不具备犯罪构成要件或者符合刑事诉讼法第15条规定的不追究刑事责任情形进行说理。

(二)证据不足不批准逮捕案件。重点围绕证据客观性、关联性、合法性进行说理。证据不足的,应当向公安机关提出补充侦查建议;存在瑕疵证据的,应当要求公安机关说明情况予以补证;因非法证据而予以排除的,应当指出违法行为,并说明排除的理由。

(三)无社会危险性不捕案件。重点围绕涉嫌犯罪的性质、社会危害程度、认罪悔罪表现、法定从轻或者减轻、免除处罚情节,以及具备取保候审、监视居住条件、不羁押不致危害社会或者妨碍诉讼、存在不适宜羁押情形等进行说理。因公安机关不移送证明逮捕必要性的证据决定不捕的,应当明确指出。

第162条 【复议复核】公安机关认为人民检察院不批准逮捕决定有错误要求复议的,人民检察院应当另行指派检察人员进行全面审查,并在收到提请复议意见书和案卷材料后7日内作出决定,并通知公安机关。

公安机关因复议意见不被接受向上一级人民检察院提请复核的,上级人民检察院应当在收到提请复核意见书和案卷材料后15日内,作出是否变更的决定,通知下级人民检察院和公安机关执行。

第163条 【不捕帮教】对于作出不批准逮捕决定的未成年犯罪嫌疑人,人民检察院应当进行帮教。必要时可以会同家庭、学校、公安机关或者社会组织等组成帮教小组,制定帮教计划,共同开展帮教。

(一)对于犯罪情节轻微,无逮捕必要而不批准逮捕的,帮助其稳定思想和情绪,促使其认罪悔罪,保障刑事诉讼的顺利进行。

(二)对于确有违法行为,且认知和行为偏差已达到一定程度,因证据不足而未被批准逮捕的,在敦促其配合侦查取证的同时,应加强教育矫治。

(三)对于因未达刑事责任年龄而作出不批准逮捕决定的,责令其家长或者监护人加以管教。根据案件的不同情况,予以训诫或者责令赔礼道歉、赔偿损失、具结悔过等,并开展教育矫治工作。必要时，可以交由政府收容教养①。

（四）对于情节显著轻微，危害不大，不认为是犯罪的未成年人，应当对其加强法治教育，预防其违法犯罪。

第164条　【应当逮捕】人民检察院对有证据证明有犯罪事实，可能判处徒刑以上刑罚的未成年犯罪嫌疑人，采取取保候审尚不足以防止发生下列情形的，应当予以逮捕：（一）可能实施新的犯罪的；（二）有危害国家安全、公共安全或者社会秩序的现实危险的；（三）可能毁灭、伪造证据，干扰证人作证或者串供的；（四）可能对被害人、举报人、控告人实施打击报复的；（五）企图自杀或者逃跑的。

有证据证明有犯罪事实是指同时具备下列情形：（一）有证据证明发生了犯罪事实；（二）有证据证明该犯罪事实是犯罪嫌疑人实施的；（三）证明犯罪嫌疑人实施犯罪行为的证据已经查证属实的。

犯罪事实既可以是单一犯罪行为的事实，也可以是数个犯罪行为中任何一个犯罪行为的事实。

对有证据证明有犯罪事实，可能判处10年有期徒刑以上刑罚的，或者有证据证明有犯罪事实，可能判处徒刑以上刑罚，曾经故意犯罪或者身份不明的，应当予以逮捕。但是，曾经故意犯罪被判处5年有期徒刑以下刑罚，经帮教真诚悔罪的，可以不予逮捕。

身份不明是指犯罪嫌疑人不讲身份信息，通过指纹比对、网上户籍信息查询等方式无法确定其真实身份或者虽有供述，但经调查，明显虚假或者无法核实的。

第165条　【可以转捕】未成年犯罪嫌疑人有下列违反监视居住、取保候审规定行为，人民检察院可以予以逮捕：（一）故意实施新的犯罪的；（二）企图自杀、自残的；（三）毁灭、伪造证据、串供或者企图逃跑的；（四）对被害人、证人、举报人、控告人及其他人员实施打击报复的。

未成年犯罪嫌疑人有下列违反取保候审、监视居住规定的行为，属于刑事诉讼法第79条第3款规定中的"情节严重"，人民检察院可以予以逮捕：（一）未经批准，擅自离开所居住的市、县或者执行监视居住的处所，造成严重后果的；（二）2次未经批准，无正当理由擅自离开所居住的市、县或者执行监视居住的处所的；（三）未经批准，擅自会见他人或者通信，造成严重后果的；（四）经传讯无正当理由两次不到案的；（五）经过批评教育后依然违反规定进入特定场所、从事特定活动，或者发现隐藏有关证件，严重妨碍诉讼程序正常进行的。

对于符合上述规定情形的，人民检察院应当核实原因，并结合帮教效果等有关情况慎重作出逮捕决定。

第166条　【作出逮捕决定】人民检察院办理未成年犯罪嫌疑人审查逮捕案件，应当制作审查逮捕意见书，作出批准逮捕决定的，应当制作批准逮捕决定书，连同案卷材料送达公安机关执行，执行回执附卷。

【高检发释字〔2019〕4号】　人民检察院刑事诉讼规则（2019年12月2日最高检第13届检委会第28次会议通过，2019年12月30日公布施行；高检发释字〔2012〕2号《规则（试行）》同时废止）

第462条　人民检察院对未成年犯罪嫌疑人审查逮捕，应当根据未成年犯罪嫌疑人涉嫌

---

① 注：《刑法修正案（十一）》（2021年3月1日施行）将刑法第17条规定的"收容教养"改为"专门矫治教育"。

犯罪的性质、情节、主观恶性、有无监护与社会帮教条件、认罪认罚等情况，综合衡量其社会危险性，严格限制适用逮捕措施。

第463条　对于罪行较轻，具备有效监护条件或者社会帮教措施，没有社会危险性或者社会危险性较小，不逮捕不致妨害诉讼正常进行的未成年犯罪嫌疑人，应当不批准逮捕。

对于罪行比较严重，但主观恶性不大，有悔罪表现，具备有效监护条件或者社会帮教措施，具有下列情形之一，不逮捕不致发生社会危险性妨害诉讼正常进行的未成年犯罪嫌疑人，可以不批准逮捕：（一）初次犯罪、过失犯罪的；（二）犯罪预备、中止、未遂的；（三）防卫过当、避险过当的；（四）有自首或者立功表现的；（五）犯罪后认罪认罚如实交代罪行，真诚悔罪，或者积极退赃，尽力减少和赔偿损失，被害人谅解的；（六）不属于共同犯罪的主犯或者集团犯罪中的首要分子的；（七）属于已满14周岁不满16周岁的未成年人或者系在校学生的；（八）其他可以不批准逮捕的情形。

（新增）对于没有固定住所、无法提供保证人的未成年犯罪嫌疑人适用取保候审的，可以指定合适的成年人作为保证人。

第464条　审查逮捕未成年犯罪嫌疑人，应当重点查清其是否已满14、16、18周岁。

对犯罪嫌疑人实际年龄难以判断，影响对该犯罪嫌疑人是否应当负刑事责任认定的，应当不批准逮捕。需要补充侦查的，同时通知公安机关。

第488条（第1款）　负责未成年人检察的部门应当依法对看守所、未成年犯管教所监管未成年人的活动实行监督，配合做好对未成年人的教育。发（新增）现没有对未成年犯罪嫌疑人、被告人与成年犯罪嫌疑人、被告人分别关押、管理或者违反规定对未成年犯留所执行刑罚的，应当依法提出纠正意见。

【高检发办字〔2020〕31号】　最高人民检察院关于加强新时代未成年人检察工作的意见（2020年4月21日）

9.深入落实未成年人特殊检察制度。强化对未成年人严格限制适用逮捕措施，科学把握社会危险性、羁押必要性和帮教可行性。……

【公安部令〔2020〕159号】　公安机关办理刑事案件程序规定（2020年7月4日第3次部务会议修订，2020年7月20日公布，2020年9月1日施行）

第327条　对未成年犯罪嫌疑人应当严格限制和尽量减少使用逮捕措施。

未成年犯罪嫌疑人被拘留、逮捕后服从管理、依法变更强制措施不致发生社会危险性，能够保证诉讼正常进行的，公安机关应当依法及时变更强制措施；人民检察院批准逮捕的案件，公安机关应当将变更强制措施情况及时通知人民检察院。

第328条　对被羁押的未成年人应当与成年人分别关押、分别管理、分别教育，并根据其生理和心理特点在生活和学习方面给予照顾。

【主席令〔2020〕64号】　中华人民共和国预防未成年人犯罪法（2020年12月26日第13届全国人大常委会第24次会议修订，2021年6月1日施行）

第53条（第1款）　对被拘留、逮捕以及在未成年犯管教所执行刑罚的未成年人，应当与成年人分别关押、管理和教育。对未成年人的社区矫正，应当与成年人分别进行。

【法释〔2021〕1号】　最高人民法院关于适用《中华人民共和国刑事诉讼法》的解释（2020年12月7日最高法审委会〔1820次〕修订，2021年1月26日公布，2021年3月1日

施行；2013 年 1 月 1 日施行的"法释〔2012〕21 号"《解释》同时废止）

第 553 条　对未成年被告人应当严格限制适用逮捕措施。

人民法院决定逮捕，应当讯问未成年被告人，听取辩护律师的意见。

对被逮捕且没有完成义务教育的未成年被告人，人民法院应当与教育行政部门互相配合，保证其接受义务教育。

第 554 条　人民法院对无固定住所、无法提供保证人的未成年被告人适用取保候审的，应当指定合适成年人作为保证人，必要时可以安排取保候审的被告人接受社会观护。

【海警局令〔2023〕1 号】　海警机构办理刑事案件程序规定（2023 年 5 月 15 日审议通过，2023 年 6 月 15 日起施行）（主文见本书第 308 条）

第 299 条　对未成年犯罪嫌疑人应当严格限制和尽量减少使用逮捕措施。

未成年犯罪嫌疑人被拘留、逮捕后服从管理，依法变更强制措施不致发生社会危险性，能够保证诉讼正常进行的，海警机构应当依法及时变更强制措施；人民检察院批准逮捕的案件，海警机构应当将变更强制措施情况及时通知人民检察院。

【国安部令〔2024〕4 号】　国家安全机关办理刑事案件程序规定（2024 年 4 月 26 日公布，2024 年 7 月 1 日起施行）

第 346 条　对未成年犯罪嫌疑人应当严格限制和尽量减少使用逮捕措施。

未成年犯罪嫌疑人被拘留、逮捕后服从管理、依法变更强制措施不致发生社会危险性，能够保证诉讼正常进行的，国家安全机关应当依法及时变更强制措施；人民检察院批准逮捕的案件，国家安全机关应当将变更强制措施情况及时通知人民检察院。

第 347 条　对被羁押的未成年人应当与成年人分别关押、分别管理、分别教育，并根据其生理和心理特点在生活和学习方面给予照顾。

第 281 条　【未成年犯审讯程序】对于未成年人刑事案件，在讯问和审判的时候，应当通知未成年犯罪嫌疑人、被告人的法定代理人到场。无法通知、法定代理人不能到场或者法定代理人是共犯的，也可以通知未成年犯罪嫌疑人、被告人的其他成年亲属，所在学校、单位、居住地基层组织或者未成年人保护组织的代表到场，并将有关情况记录在案。到场的法定代理人可以代为行使未成年犯罪嫌疑人、被告人的诉讼权利。

【未成年犯审讯笔录】到场的法定代理人或者其他人员认为办案人员在讯问、审判中侵犯未成年人合法权益的，可以提出意见。讯问笔录、法庭笔录应当交给到场的法定代理人或者其他人员阅读或者向他宣读。

【讯问女未成年犯】讯问女性未成年犯罪嫌疑人，应当有女工作人员在场。

【未成年犯最后陈述】审判未成年人刑事案件，未成年被告人最后陈述后，其法定代理人可以进行补充陈述。

【询问未成年被害人、证人】询问未成年被害人、证人，适用第 1 款、第 2 款、第 3 款的规定。

● **相关规定**　【综治委预青领联字〔2010〕1号】　中央综治委预防青少年违法犯罪工作领导小组、最高人民法院、最高人民检察院、公安部、司法部、共青团中央关于进一步建立和完善办理未成年人刑事案件配套工作体系的若干意见（2010年8月28日）

二、进一步加强对涉案未成年人合法权益的保护
（一）对未成年犯罪嫌疑人、被告人、罪犯合法权益的保护

5.（第1款）在未成年犯罪嫌疑人、被告人被讯问或者开庭审理时，应当通知其法定代理人到场。看守所经审核身份无误后，应当允许法定代理人与办案人员共同进入讯问场所。

（第3款）法定代理人无法或不宜到场的，可以经未成年犯罪嫌疑人、被告人同意或按其意愿通知其他关系密切的亲属朋友、社会工作者、教师、律师等合适成年人到场。

（第4款）讯问未成年犯罪嫌疑人、被告人，应当根据该未成年人的特点和案件情况，制定详细的讯问提纲，采取适宜该未成年人的方式进行，讯问用语应当准确易懂。讯问时，应当告知其依法享有的诉讼权利，告知其如实供述案件事实的法律规定和意义，核实其是否有自首、立功、检举揭发等表现，听取其有罪的供述或者无罪、罪轻的辩解。讯问女性未成年犯罪嫌疑人、被告人，应当由女性办案人员进行或者有女性办案人员参加。讯问未成年犯罪嫌疑人、被告人一般不得使用戒具，对于确有人身危险性，必须使用戒具的，在现实危险消除后，应当立即停止使用。

（二）未成年被害人、证人合法权益的保护

2. 办理未成年人刑事案件，应当注意保护未成年被害人的名誉，尊重未成年被害人的人格尊严，新闻报道、影视节目、公开出版物、网络等不得公开或传播该未成年被害人的姓名、住所、照片、图像以及可能推断出该未成年人的资料。

对违反此规定的单位，广播电视管理及新闻出版等部门应当提出处理意见，作出相应处理。

3. 对未成年被害人、证人，特别是性犯罪被害人进行询问时，应当依法选择有利于未成年人的场所，采取和缓的询问方式进行，并通知法定代理人到场。

对性犯罪被害人进行询问，一般应当由女性办案人员进行或者有女性办案人员在场。

法定代理人无法或不宜到场的，可以经未成年被害人、证人同意或按其意愿通知有关成年人到场。应当注意避免因询问方式不当而可能对其身心产生的不利影响。

4. 办理未成年人刑事案件，应当告知未成年被害人及其法定代理人诉讼权利义务、参与诉讼方式。除有碍案件办理的情形外，应当告知未成年被害人及其法定代理人案件进展情况、案件处理结果，并对有关情况予以说明。

对于可能不立案或撤销案件、不起诉、判处非监禁刑的未成年人刑事案件，应当听取被害人及其法定代理人的意见。

5. 对未成年被害人及其法定代理人提出委托诉讼代理人意向，但因经济困难或者其他原因没有委托的，公安机关、人民检察院、人民法院应当帮助其申请法律援助，法律援助机构应当依法为其提供法律援助。

6. 未成年被害人、证人经人民法院准许的，一般可以不出庭作证；或在采取相应保护措施后出庭作证。

7. 公安机关、人民检察院、人民法院、司法行政机关应当推动未成年犯罪嫌疑人、被告

人、罪犯与被害人之间的和解，可以将未成年犯罪嫌疑人、被告人、罪犯赔偿被害人的经济损失、取得被害人谅解等情况作为酌情从轻处理或减刑、假释的依据。

【高检发诉字〔2012〕152号】 最高人民检察院关于进一步加强未成年人刑事检察工作的决定（2012年10月22日）

15. 建立健全法定代理人、合适成年人到场制度。对于未成年人刑事案件，在讯（询）问和审判的时候，应当通知未成年人的法定代理人到场。法定代理人不能到场或者法定代理人是共犯的，可以通知未成年人的其他成年亲属，所在学校、单位、居住地基层组织或者未成年人保护组织的代表到场。……

【高检发研字〔2013〕7号】 人民检察院办理未成年人刑事案件的规定（2002年3月25日最高检第9届检委会第105次会议通过；2006年12月28日最高检第10届检委会第68次会议第1次修订；2013年12月19日最高检第12届检委会第14次会议第2次修订，2013年12月27日印发）

第17条 人民检察院办理未成年犯罪嫌疑人审查逮捕案件，应当讯问未成年犯罪嫌疑人，听取辩护律师的意见，并制作笔录附卷。

讯问未成年犯罪嫌疑人，应当根据该未成年人的特点和案件情况，制定详细的讯问提纲，采取适宜该未成年人的方式进行，讯问用语应当准确易懂。

讯问未成年犯罪嫌疑人，应当告知其依法享有的诉讼权利，告知其如实供述案件事实的法律规定和意义，核实其是否有自首、立功、坦白等情节，听取其有罪的供述或者无罪、罪轻的辩解。

讯问未成年犯罪嫌疑人，应当通知其法定代理人到场，告知法定代理人依法享有的诉讼权利和应当履行的义务。无法通知、法定代理人不能到场或者法定代理人是共犯的，也可以通知未成年犯罪嫌疑人的其他成年亲属，所在学校、单位或者居住地的村民委员会、居民委员会、未成年人保护组织的代表等合适成年人到场，并将有关情况记录在案。到场的法定代理人可以代为行使未成年犯罪嫌疑人的诉讼权利，行使时不得侵犯未成年犯罪嫌疑人的合法权益。

未成年犯罪嫌疑人明确拒绝法定代理人以外的合适成年人到场，人民检察院可以准许，但应当另行通知其他合适成年人到场。

到场的法定代理人或者其他人员认为办案人员在讯问中侵犯未成年犯罪嫌疑人合法权益的，可以提出意见。讯问笔录应当交由到场的法定代理人或者其他人员阅读或者向其宣读，并由其在笔录上签字、盖章或者捺指印确认。

讯问女性未成年犯罪嫌疑人，应当有女性检察人员参加。

询问未成年被害人、证人，适用本条第4款至第7款的规定。

第18条 讯问未成年犯罪嫌疑人一般不得使用械具。对于确有人身危险性，必须使用械具的，在现实危险消除后，应当立即停止使用。

第79条 本规定所称未成年人刑事案件，是指犯罪嫌疑人、被告人实施涉嫌犯罪行为时已满14周岁、未满18周岁的刑事案件，但在有关未成年人诉讼权利和体现对未成年人程序上特殊保护的条文中所称的未成年人，是指在诉讼过程中未满18周岁的人。犯罪嫌疑人实施涉嫌犯罪行为时未满18周岁，在诉讼过程中已满18周岁的，人民检察院可以根据案件的具体情况适用本规定。

第80条 实施犯罪行为的年龄，一律按公历的年、月、日计算。从周岁生日的第二天起，为已满××周岁。

【高检发诉字〔2014〕28号】 最高人民检察院关于进一步加强未成年人刑事检察工作的通知（2014年12月2日）

三、……要根据办案需要，建立未成年人刑事检察专门办案场所，开辟适合未成年人身心特点的未成年人刑事检察工作室，并规范讯问（询问）未成年人和不起诉训诫、宣布、不公开听证等特殊程序，逐步建立讯问（询问）未成年人的录音、录像制度。……

【高检发未检字〔2017〕1号】 未成年人刑事检察工作指引（试行）（最高检2017年3月2日印发试行）

第46条 【基本要求】人民检察院办理涉及未成年人的刑事案件，应当依法通知未成年犯罪嫌疑人、被害人、证人的法定代理人在场，见证、监督整个讯问或者询问过程，维护未成年人合法权益。

对于法定代理人具有下列情形之一，不能或者不宜到场的，要保证未成年人的其他成年亲属，所在学校、单位或者居住地的村民委员会、居民委员会、未成年人保护组织的代表等合适成年人到场，并将有关情况记录在案：（一）与未成年犯罪嫌疑人构成共同犯罪的；（二）已经死亡、宣告失踪或者无监护能力的；（三）因身份、住址或联系方式不明无法通知的；（四）因路途遥远或者其他原因无法及时到场的；（五）经通知明确拒绝到场的；（六）阻扰讯问或者询问活动正常进行，经劝阻不改的；（七）未成年人有正当理由拒绝法定代理人到场的；（八）到场可能影响未成年人真实陈述的；（九）其他不能或者不宜到场的情形。

讯问、询问女性未成年人的，一般应当选择女性合适成年人到场。

通知到场的法定代理人或者合适成年人一般为1名。

法定代理人不能或者不宜到场的情形消失后，人民检察院应当及时通知法定代理人到场。

第47条 【权利义务】到场的合适成年人享有下列权利：（一）向办案机关了解未成年人的成长经历、家庭环境、个性特点、社会活动以及其他与案件有关的情况；（二）讯问或者询问前，可以在办案人员陪同下会见未成年人，了解其健康状况、是否告知权利义务、合法权益是否被侵害等情况；（三）向未成年人解释有关法律规定，并告知其行为可能导致的法律后果；（四）对未成年人进行法制宣传，有针对性地进行提醒教育；（五）发现办案机关存在诱供、逼供或其他侵害未成年人合法权益的情形，可以当场提出意见，也可以在笔录上载明自己的意见，并向办案机关主管部门反映情况；（六）阅读讯问、询问笔录或者要求向其宣读讯问、询问笔录；（七）法律法规规定的其他权利。

到场的合适成年人应当履行下列义务：（一）接到参与刑事诉讼通知后持有效证件及时到场；（二）向未成年人表明自己的身份和承担的职责；（三）在场发挥监督作用和见证整个讯问、询问过程，维护未成年人基本权利；（四）抚慰未成年人，帮助其消除恐惧心理和抵触情绪；（五）帮助未成年人正确理解讯问或者询问程序，但不得以诱导、暗示等方式妨碍其独立思考回答问题，不得非法干涉办案机关正当的诉讼活动；（六）保守案件秘密，不得泄露案情或者未成年人的个人信息；（七）发现本人与案件存在利害关系或者其他不宜担任合适成年人的情况后，应当及时告知办案机关或者所在地未成年人保护组织；（八）法律法规规定的其他义务。

到场的法定代理人除了具有上述规定的权利义务外，还可以代为行使未成年犯罪嫌疑人、被告人的诉讼权利。

第48条　【同一原则】人民检察院对同一名未成年人进行多次讯问、询问的，一般应当由同一合适成年人到场。

合适成年人参与其他诉讼活动的，参照上述规定。

第49条　【人员变更】未成年人要求更换合适成年人且有正当理由的，应当予以准许。

未成年人虽然没有提出更换合适成年人，但表露出对合适成年人抗拒、不满等情形，导致诉讼活动不能正常进行的，检察人员可以在征询未成年人的意见后，及时更换合适成年人。

更换合适成年人原则上以2次为限，但合适成年人不能正确行使权利、履行义务，不能依法保障未成年人合法权益的除外。

第50条　【人员选择】选择合适成年人应当重点考虑未成年人的意愿和实际需要，优先选择未成年人的近亲属。

近亲属之外的合适成年人一般由熟悉未成年人身心特点，掌握一定未成年人心理、教育或者法律知识，具有较强社会责任感，并经过必要培训的社工、共青团干部、教师、居住地基层组织的代表、律师及其他热心未成年人保护工作的人员担任。所在地政府部门或者未成年人保护委员会等组织组建了青少年社工或者合适成年人队伍的，应当从社工或者确定的合适成年人名册中选择确定。

人民检察院应当加强与有关单位的沟通协调，制作合适成年人名册，健全运行管理机制，并开展相关培训，建立起一支稳定的合适成年人队伍。

第51条　【选任限制】人民检察院应当对到场合适成年人的情况进行审查。有下列情形之一的，不得担任合适成年人：（一）刑罚尚未执行完毕或者处于缓刑、假释考验期间的；（二）依法被剥夺、限制人身自由的；（三）无行为能力或者限制行为能力的；（四）案件的诉讼代理人、辩护人、证人、鉴定人员、翻译人员以及公安机关、检察机关、法院、司法行政机关的工作人员；（五）与案件处理结果有利害关系的；（六）其他不适宜担任合适成年人的情形。

第52条　【支持保障】由社会组织的代表担任合适成年人的，其在人民检察院审查逮捕、审查起诉阶段因履行到场职责而支出的交通、住宿、就餐等费用，人民检察院应当给予补助。

对上述合适成年人因履职所需要的其他必要条件，人民检察院应当予以保障。

第53条　【加强监督】人民检察院应当对侦查活动中合适成年人到场以及履职情况进行认真审查。发现讯问未成年犯罪嫌疑人、询问未成年被害人应当有合适成年人到场但没有到场，笔录内容无法和同步录音录像相互印证，且无法作出合理解释的，对该证据应当予以排除。

发现询问未成年证人应当有合适成年人到场但没有到场的，或者应当通知法定代理人而通知合适成年人的，应当要求侦查机关进行解释，不能作出合理解释的，对该证据予以排除。

人民检察院应当认真履行监督职责，依法督促公安机关予以纠正。

第96条 【人员要求】 讯问未成年犯罪嫌疑人，应当由2名熟悉未成年人身心特点的检察人员进行。讯问女性未成年犯罪嫌疑人，应当有女性检察人员参加。

讯问聋、哑或者不通晓当地语言、文字的未成年犯罪嫌疑人，应当有通晓聋、哑手势或者当地语言、文字且与本案无利害关系的人员进行翻译。未成年犯罪嫌疑人的聋、哑或者不通晓当地语言、文字以及翻译人员的姓名、性别、工作单位和职业等情况应当记录在案。

第97条 【地点选择】 讯问未被羁押的未成年犯罪嫌疑人，一般应当在检察机关专设的未成年人检察工作室进行。未成年犯罪嫌疑人及其法定代理人的住所、学校或者其他场所更为适宜的，也可以在上述地点进行讯问。

讯问被羁押的未成年犯罪嫌疑人，羁押场所设有专门讯问室的，应当在专门讯问室进行；没有设立的，应当协调公安机关设立适合未成年犯罪嫌疑人身心特点的专门讯问室。

第98条 【时间要求】 讯问未成年犯罪嫌疑人的时间应当以减少对其不利影响为前提。未成年人为在校学生的，应当避免在正常教学期间进行讯问。

在讯问过程中，应当根据未成年犯罪嫌疑人的心理状态、情绪变化等实际情况，及时调整讯问的时间和节奏，避免对其身心造成负面影响，保证讯问活动顺利进行。

第99条 【尊重人格】 讯问未成年犯罪嫌疑人要维护其人格尊严，不得使用带有暴力性、贬损性色彩的语言。

讯问未成年犯罪嫌疑人一般不得使用械具。对于确有人身危险性，必须使用械具的，在现实危险消除后，应当立即停止使用。

第100条 【隐私保护】 讯问未成年犯罪嫌疑人可以不着检察制服，但着装应当朴素、简洁、大方。

办案人员到未成年犯罪嫌疑人住所、学校或者工作单位进行讯问的，应当避免穿着制服、驾驶警车或者采取其他可能暴露未成年犯罪嫌疑人身份、隐私，影响其名誉的方式。

第104条 【录音录像】 有下列情形之一的，可以对讯问未成年犯罪嫌疑人的过程进行录音录像：（一）犯罪嫌疑人不认罪的；（二）犯罪嫌疑人前后供述不一的；（三）辩护人提出曾受到刑讯逼供、诱供的；（四）其他必要的情形。

录音录像应当全程不间断进行，保持完整性，不得选择性地录制，不得剪接、删改。

第107条 【告知文书】 讯问未成年犯罪嫌疑人应当准备以下告知法律文书：（一）未成年犯罪嫌疑人权利义务告知书；（二）法定代理人或者合适成年人到场通知书；（三）法定代理人或者合适成年人权利义务告知书；（四）传唤证或者提讯提解证；（五）根据案件具体情况应当准备的其他告知文书，如心理测评告知书等。

第108条 【通知到场】 讯问未成年犯罪嫌疑人，应当通知其法定代理人到场。无法通知、法定代理人不能到场或者法定代理人是共犯的，可以通知合适成年人到场，并将有关情况记录在案。

讯问前应当将讯问的时间、地点提前通知法定代理人或者合适成年人，并要求其携带到场通知书、身份证或者工作证、户口簿等身份证明文件。

需要对到场参与讯问的法定代理人取证的，应当先行对其进行询问并制作笔录。

目睹案件发生过程，提供证人证言的，不适宜担任合适成年人。

第112条 【核查主体】 讯问未成年犯罪嫌疑人主体方面内容应当注意：（一）核实未成年犯罪嫌疑人的年龄身份情况，问明出生年月日、公历还是农历、生肖属相、每年何时过生日、就学就业经历、家庭成员的年龄情况等；（二）掌握未成年犯罪嫌疑人的健康情况，问明是否有影响羁押的严重疾病、生理发育是否有缺陷、是否有病史特别是精神病史、女性未成年犯罪嫌疑人是否处于怀孕或者哺乳期等；（三）核实未成年犯罪嫌疑人的前科情况；（四）了解未成年犯罪嫌疑人的监护状况，问明其法定代理人的基本情况及联系方式、父母和亲属是否在本地、是否具备监护能力或者有无其他愿意承担监护责任的人选等；（五）了解未成年犯罪嫌疑人的生活背景、成长经历，问明其家庭环境、学校教育、社区环境、社会交往、兴趣爱好、脾气性格等；（六）其他应当注意的内容。

第113条 【核查客观方面】讯问未成年犯罪嫌疑人客观方面内容应当注意：（一）讯问实施犯罪行为的具体时间、地点、参与人员、侵害对象、手段、结果，以及在共同犯罪中的地位与作用；（二）了解被害人是否有过错以及过错程度；（三）讯问犯罪对象、作案工具的主要特征、与犯罪有关的财物的来源、数量以及去向，核实退赔赃款赃物的情况；（四）其他应当注意的问题。

第114条 【核查主观方面】讯问未成年犯罪嫌疑人主观方面内容应当注意：（一）详细讯问未成年犯罪嫌疑人的作案动机目的，实施犯罪行为时所持有的心理态度等；（二）共同犯罪的，要问明是否有预谋和分工，是否被他人胁迫、引诱或者被教唆；（三）问明中止犯罪的原因及案发后到案的情况，以及是否具有自首、立功表现；（四）有犯罪前科的，要问明再犯罪的原因，以及犯罪后的主观悔罪认识。

第115条 【探究犯罪原因】讯问过程中，应当以预防再犯罪为目标，深入探究未成年人走上犯罪道路的主客观原因以及回归社会的不利因素和有利条件。

第126条 【地点选择】询问未成年被害人应当选择未成年人住所或者其他让未成年人感到安全的场所进行。

经未成年人及其法定代理人同意，可以通知未成年被害人到检察机关专设的未成年人检察工作室接受询问。

第127条 【时间要求】询问未成年被害人的时间应当以不伤害其身心健康为前提。

询问不满14周岁未成年人，由办案人员根据其生理、心理等表现确定时间，每次正式询问持续时间一般不超过1小时，询问间隔可以安排适当的休息。

询问过程中，应当根据未成年被害人的心理状态、情绪变化等实际情况，及时调整询问节奏，避免对其身心造成负面影响，保证询问活动顺利进行。

第129条 【次数限制】询问未成年被害人应当以一次询问为原则，尽可能避免反复询问造成二次伤害。公安机关已询问未成年被害人并制作笔录的，除特殊情况外一般不再重复询问。

第130条 【参与询问】对于性侵害等严重侵害未成年人人身权利的犯罪案件，可以通过提前介入侦查的方式参与公安机关询问未成年被害人工作。对询问过程一般应当进行录音录像，尽量避免在检察环节重复询问。

第132条 【录音录像】询问未成年被害人时，一般应当对询问过程进行录音录像，录音录像应当全程不间断进行，保持完整性，不得选择性地录制，不得剪接、删改。

第135条 【告知文书】询问未成年被害人应当告知的法律文书主要包括：（一）未成年被害人诉讼权利义务告知书；（二）法定代理人或者合适成年人到场通知书；（三）法定代理人或者合适成年人权利义务告知书；（四）询问通知书；（五）根据案件具体情况需要

准备的其他告知文书，如心理测评告知书等。

第136条 【通知到场】询问未成年被害人，有关通知其法定代理人或者合适成年人到场的要求依照本指引第108条的规定办理。

第137条 【权利告知】办案人员应当告知未成年人及其法定代理人或者合适成年人依法享有的诉讼权利、相关法律规定以及案件的进展情况，并要求未成年人及其法定代理人或者合适成年人在权利义务告知书上签字确认（年幼的未成年人可以由法定代理人或合适成年人代签）。告知诉讼权利时，应当进行解释说明，重点告知未成年被害人及其法定代理人提起附带民事诉讼及获得赔偿的权利。告知的情形应当记录在案。

第139条 【询问内容】询问未成年被害人主要有以下内容：（一）核实未成年人，特别是性侵害案件未成年被害人的年龄身份情况，问明具体出生年月日、公历还是农历、生肖属相、每年何时过生日、就学就业经历、家庭成员的年龄情况等；（二）了解未成年人的健康状况，问明生理发育是否有缺陷、是否有病史特别是精神病史，受侵害后身体、心理康复及生活状况等；（三）问明案发时间、地点、经过、被侵害具体情况，尤其是侵害者是谁。要根据未成年人的年龄和心理特点突出询问重点，对与定罪量刑有关的事实应当进行全面询问；（四）了解未成年被害人案发后获得赔偿的情况及其对侵害人的处理意见；（五）其他应当询问的内容。

第141条 【注意事项】询问中应当尽量使用开放性问题，便于未成年人自由叙述回答，以此获取准确信息。注意避免诱导性询问或者暗示性询问以及对同一问题的反复询问，防止其因产生熟悉感而作出虚假性陈述。对未成年人的回答，办案人员不得用明示或者暗示的方式予以赞赏或者表示失望。

第170条 【讯问询问】人民检察院审查起诉未成年人刑事案件，应当讯问未成年犯罪嫌疑人，并制作笔录附卷。

必要时，可以询问未成年被害人、证人，并制作笔录附卷。

第171条 【听取意见】人民检察院审查起诉未成年人刑事案件，应当当面听取未成年犯罪嫌疑人的法定代理人、辩护人、未成年被害人及其法定代理人、诉讼代理人的意见，并记录在案。未成年犯罪嫌疑人的法定代理人、辩护人、未成年被害人及其法定代理人、诉讼代理人提出书面意见的，应当附卷。

当面听取意见有困难的，可以通知未成年犯罪嫌疑人的法定代理人、辩护人、被害人及其法定代理人、诉讼代理人及时提出书面意见，或者电话联系听取意见，并制作电话记录附卷。电话联系听取意见的，应当有两名检察人员在场，并在电话记录上签字。

【高检发释字〔2019〕4号】　人民检察院刑事诉讼规则（2019年12月2日最高检第13届检委会第28次会议通过，2019年12月30日公布施行；高检发释字〔2012〕2号《规则（试行）》同时废止）

第465条 在审查逮捕、审查起诉中，人民检察院应当讯问未成年犯罪嫌疑人，听取辩护人的意见，并制作笔录附卷。辩护人提出书面意见的，应当附卷。对于辩护人提出犯罪嫌疑人无罪、罪轻或者减轻、免除刑事责任、不适宜羁押或者侦查活动有违法情形等意见的，检察人员应当进行审查，并在相关工作文书中叙明辩护人提出的意见，说明是否采纳的情况和理由。

讯问未成年犯罪嫌疑人，应当通知其法定代理人到场，告知法定代理人依法享有的诉讼权利和应当履行的义务。到场的法定代理人可以代为行使未成年犯罪嫌疑人的诉讼权利，代为行使权利时不得损害未成年犯罪嫌疑人的合法权益。

无法通知、法定代理人不能到场或者法定代理人是共犯的，也可以通知未成年犯罪嫌疑人的其他成年亲属，所在学校、单位或者居住地的村民委员会、居民委员会、未成年人保护组织的代表到场，并将有关情况记录在案。未成年犯罪嫌疑人明确拒绝法定代理人以外的合适成年人到场，且有正当理由的，人民检察院可以准许，但应当在征求其意见后通知其他合适成年人到场。

到场的法定代理人或者其他人员认为检察人员办案人员在讯问中侵犯未成年犯罪嫌疑人合法权益提出意见的，人民检察院应当记录在案。对合理意见，应当接受并纠正。讯问笔录应当交由到场的法定代理人或者其他人员阅读或者向其宣读，并由其在笔录上签名或者盖章，并捺指印签字、盖章或者捺指印确认。

讯问女性未成年犯罪嫌疑人，应当有女性检察人员参加。

询问未成年被害人、证人，适用本条第2款至第5款的规定。询问应当以1次为原则，避免反复询问。

第466条　（新增）讯问未成年犯罪嫌疑人应当保护其人格尊严。

讯问未成年犯罪嫌疑人一般不得使用戒具械具。对于确有人身危险性必须使用戒具械具的，在现实危险消除后应当立即停止使用。

第489条　……未成年人刑事案件，是指犯罪嫌疑人实施涉嫌犯罪行为时已满14周岁、未满18周岁的刑事案件。

……第465条、第466条……所称的未成年犯罪嫌疑人，是指在诉讼过程中未满18周岁的人。犯罪嫌疑人实施涉嫌犯罪行为时未满18周岁，在诉讼过程中已满18周岁的，人民检察院可以根据案件的具体情况适用上述规定。

【高检发办字〔2020〕31号】　最高人民检察院关于加强新时代未成年人检察工作的意见（2020年4月21日）

6. 持续推进"一站式"办案机制。加强与公安机关沟通，努力实现性侵害未成年人案件提前介入、询问被害人同步录音录像全覆盖，切实提高一次询问的比例，避免和减少二次伤害。会同公安机关、妇联等部门积极推进集未成年被害人接受询问、生物样本提取、身体检查、心理疏导等于一体的"一站式"取证、救助机制建设。2020年底各地市（州）至少建立1处未成年被害人"一站式"办案场所。

【公安部令〔2020〕159号】　公安机关办理刑事案件程序规定（2020年7月4日第3次部务会议修订，2020年7月20日公布，2020年9月1日施行）

第323条　讯问未成年犯罪嫌疑人，应当通知未成年犯罪嫌疑人的法定代理人到场。无法通知、法定代理人不能到场或者法定代理人是共犯的，也可以通知未成年犯罪嫌疑人的其他成年亲属，所在学校、单位、居住地或者办案单位所在地基层组织或者未成年人保护组织的代表到场，并将有关情况记录在案。到场的法定代理人可以代为行使未成年犯罪嫌疑人的诉讼权利。

到场的法定代理人或者其他人员提出侦查办案人员在讯问中侵犯未成年人合法权益的，公安机关应当认真核查，依法处理。

第324条（第1款）　讯问未成年犯罪嫌疑人应当采取适合未成年人的方式，耐心细致地听取其供述或者辩解，认真审核、查证与案件有关的证据和线索，并针对其思想顾虑、恐惧心理、抵触情绪进行疏导和教育。

第 325 条 讯问笔录应当交未成年犯罪嫌疑人、到场的法定代理人或者其他人员阅读或者向其宣读；对笔录内容有异议的，应当核实清楚，准予更正或者补充。

第 326 条 询问未成年被害人、证人，适用本规定第 323 条、第 324 条、第 325 条的规定。

（新增）询问未成年被害人、证人，应当以适当的方式进行，注意保护其隐私和名誉，尽可能减少询问频次，避免造成二次伤害。必要时，可以聘请熟悉未成年人身心特点的专业人员协助。

【主席令〔2020〕57号】 中华人民共和国未成年人保护法（2020 年 10 月 17 日全国人大常委会〔13 届 22 次〕最新修订，2021 年 6 月 1 日起施行；2024 年 4 月 26 日全国人大常委会〔14 届 9 次〕统修）

第 110 条 公安机关、人民检察院、人民法院讯问未成年犯罪嫌疑人、被告人，询问未成年被害人、证人，应当依法通知其法定代理人或者其成年亲属、所在学校的代表等合适成年人到场，并采取适当方式，在适当场所进行，保障未成年人的名誉权、隐私权和其他合法权益。

人民法院开庭审理涉及未成年人案件，未成年被害人、证人一般不出庭作证；必须出庭的，应当采取保护其隐私的技术手段和心理干预等保护措施。

第 112 条 公安机关、人民检察院、人民法院办理未成年人遭受性侵害或者暴力伤害案件，在询问未成年被害人、证人时，应当采取同步录音录像等措施，尽量一次完成；未成年被害人、证人是女性的，应当由女性工作人员进行。

【法释〔2021〕1号】 最高人民法院关于适用《中华人民共和国刑事诉讼法》的解释（2020 年 12 月 7 日最高法审委会〔1820 次〕修订，2021 年 1 月 26 日公布，2021 年 3 月 1 日施行；2013 年 1 月 1 日施行的"法释〔2012〕21 号"《解释》同时废止）

第 555 条 人民法院审理未成年人刑事案件，在讯问和开庭时，应当通知未成年被告人的法定代理人到场。法定代理人无法通知、不能到场或者是共犯的，也可以通知合适成年人未成年被告人的其他成年亲属，所在学校、单位、居住地的基层组织或者未成年人保护组织的代表到场，并将有关情况记录在案。

到场的法定代理人或者其他人员，除依法行使刑事诉讼法第 281 条第 2 款规定的权利外，经法庭同意，可以参与对未成年被告人的法庭教育等工作。

适用简易程序审理未成年人刑事案件，适用前两款规定。

第 556 条 询问未成年被害人、证人，适用前条规定。

（新增）审理未成年人遭受性侵害或者暴力伤害案件，在询问未成年被害人、证人时，应当采取同步录音录像等措施，尽量一次完成；未成年被害人、证人是女性的，应当由女性工作人员进行。

第 567 条 被告人实施被指控的犯罪时不满 18 周岁，开庭时已满 18 周岁、不满 20 周岁的，人民法院开庭时，一般应当通知其近亲属到庭。经法庭同意，近亲属可以发表意见。近亲属无法通知、不能到场或者是共犯的，应当记录在案。

第 570 条 开庭前和休庭时，法庭根据情况，可以安排未成年被告人与其法定代理人或者合适成年人刑事诉讼法第 270 条第 1 款规定的其他成年亲属、代表会见。

第 571 条　人民法院应当在辩护台靠近旁听区一侧为未成年被告人的法定代理人或者合适成年人刑事诉讼法第 270 条第 1 款规定的其他成年亲属、代表设置席位。

审理可能判处 5 年有期徒刑以下刑罚或者过失犯罪的未成年人刑事案件，可以采取适合未成年人特点的方式设置法庭席位。

原第 480 条　在法庭上不得对未成年被告人使用戒具，但被告人人身危险性大，可能妨碍庭审活动的除外。必须使用戒具的，在现实危险消除后，应当立即停止使用。

第 573 条　法庭审理过程中，审判人员应当根据未成年被告人的智力发育程度和心理状态，使用适合未成年人的语言表达方式。

发现有对未成年被告人威胁、训斥、诱供或者讽刺等情形的，审判长应当制止。

第 574 条　控辩双方提出对未成年被告人判处管制、宣告缓刑等量刑建议的，应当向法庭提供有关未成年被告人能够获得监护、帮教以及对所居住社区无重大不良影响的书面材料。

第 575 条　对未成年被告人情况的调查报告，以及辩护人提交的有关未成年被告人情况的书面材料，法庭应当审查并听取控辩双方意见。上述报告和材料可以作为办理案件和教育未成年人法庭教育和量刑的参考。

人民法院可以通知作出调查报告的人员出庭说明情况，接受控辩双方和法庭的询问。

第 576 条　法庭辩论结束后，法庭可以根据未成年人的生理、心理特点和案件情况，对未成年被告人进行法治教育；判决未成年被告人有罪的，宣判后，应当对未成年被告人进行法治教育。

对未成年被告人进行教育，其法定代理人以外的成年亲属或者教师、辅导员等参与有利于感化、挽救未成年人的，人民法院应当邀请其参加有关活动。①

适用简易程序审理的案件，对未成年被告人进行法庭教育，适用前两款规定。

第 577 条　未成年被告人最后陈述后，法庭应当询问其法定代理人是否补充陈述。

【国未保组〔2021〕1 号】　国务院未成年人保护工作领导小组关于加强未成年人保护工作的意见（2021 年 6 月 6 日）

二、重点任务

22. 依法妥善办理涉未成年人案件。……办理未成年人遭受性侵害或者暴力伤害案件，施行"一站式取证"保护机制。对于性侵害未成年人犯罪，公安、检察部门积极主动沟通，询问被害人同步录音录像全覆盖。……

【海警局令〔2023〕1 号】　海警机构办理刑事案件程序规定（2023 年 5 月 15 日审议通过，2023 年 6 月 15 日起施行）（主文见本书第 308 条）

第 295 条　讯问未成年犯罪嫌疑人，应当通知未成年犯罪嫌疑人的法定代理人到场。无法通知、法定代理人不能到场或者法定代理人是共犯的，也可以通知未成年犯罪嫌疑人的其他成年亲属，所在学校、单位、居住地或者海警机构所在地基层组织或者未成年人保护组织的代表到场，并将有关情况记录在案。到场的法定代理人可以代为行使未成年犯罪嫌疑人的诉讼权利。

---

① 本部分内容 2012 年规定为："对未成年被告人进行教育，可以邀请诉讼参与人、刑事诉讼法第 270 条第 1 款规定的其他成年亲属、代表以及社会调查员、心理咨询师等参加。"

到场的法定代理人或者其他人员提出侦查人员在讯问中侵犯未成年人合法权益的，海警机构应当认真核查，依法处理。

第296条　讯问未成年犯罪嫌疑人应当采取适合未成年人的方式，耐心细致地听取其供述或者辩解，认真审核、查证与案件有关的证据和线索，并针对其思想顾虑、恐惧心理、抵触情绪进行疏导和教育。

讯问女性未成年犯罪嫌疑人，应当有女工作人员在场。

第297条　讯问笔录应当交未成年犯罪嫌疑人、到场的法定代理人或者其他人员阅读或者向其宣读；对笔录内容有异议的，应当核实清楚，准予更正或者补充。

第298条　询问未成年被害人、证人，适用本规定第295条、第296条、第297条的规定。

询问未成年被害人、证人，应当以适当的方式进行，注意保护其隐私和名誉，尽可能减少询问频次，避免造成二次伤害。必要时，可以聘请熟悉未成年人身心特点的专业人员协助。

【高检发〔2023〕4号】　最高人民法院、最高人民检察院、公安部、司法部关于办理性侵害未成年人刑事案件的意见（2023年5月24日印发，2023年6月1日起施行）（详见《刑法全厚细》第236条）

第23条　询问未成年被害人，应当选择"一站式"取证场所、未成年人住所或者其他让未成年人心理上感到安全的场所进行，并通知法定代理人到场。法定代理人不能到场或者不宜到场的，应当通知其他合适成年人到场，并将相关情况记录在案。

询问未成年被害人，应当采取和缓的方式，以未成年人能够理解和接受的语言进行。坚持一次询问原则，尽可能避免多次反复询问，造成次生伤害。确有必要再次询问的，应当针对确有疑问需要核实的内容进行。

询问女性未成年被害人应当由女性工作人员进行。

第24条　询问未成年被害人应当进行同步录音录像。录音录像应当全程不间断进行，不得选择性录制，不得剪接、删改。录音录像声音、图像应当清晰稳定，被询问人面部应当清楚可辨，能够真实反映未成年被害人回答询问的状态。录音录像应当随案移送。

第25条　询问未成年被害人应当问明与性侵害犯罪有关的事实及情节，包括被害人的年龄等身份信息、与犯罪嫌疑人、被告人交往情况、侵害方式、时间、地点、次数、后果等。

询问尽量让被害人自由陈述，不得诱导，并将提问和未成年被害人的回答记录清楚。记录应当保持未成年人的语言特点，不得随意加工或者归纳。

【国安部令〔2024〕4号】　国家安全机关办理刑事案件程序规定（2024年4月26日公布，2024年7月1日起施行）

第342条　讯问未成年犯罪嫌疑人，应当通知未成年犯罪嫌疑人的法定代理人到场。无法通知、法定代理人不能到场或者法定代理人是共犯的，也可以通知未成年犯罪嫌疑人的其他成年亲属，所在学校、单位、居住地或者办案单位所在地基层组织或者未成年人保护组织的代表到场，并将有关情况记录在案。到场的法定代理人可以代为行使未成年犯罪嫌疑人的诉讼权利。

到场的法定代理人或者其他人员提出侦查人员在讯问中侵犯未成年人合法权益的，国家安全机关应当认真核查，依法处理。

第343条　讯问未成年犯罪嫌疑人应当采取适合未成年人的方式，耐心细致地听取其供述或者辩解，认真审核、查证与案件有关的证据和线索，并针对其思想顾虑、恐惧心理、抵触情绪进行疏导和教育。

讯问女性未成年犯罪嫌疑人，应当有女工作人员在场。

第344条　讯问笔录应当交未成年犯罪嫌疑人、到场的法定代理人或者其他人员阅读或者向其宣读；对笔录内容有异议的，应当核实清楚，准予更正或者补充。

第345条　询问未成年被害人、证人，适用本规定第342条、第343条和第344条的规定。

询问未成年被害人、证人，应当以适当的方式进行，注意保护其隐私和名誉，尽可能减少询问频次，避免造成二次伤害。必要时，可以聘请熟悉未成年人身心特点的专业人员协助。

第282条　【未成年犯附条件不起诉】对于未成年人涉嫌刑法分则第4章、第5章、第6章规定的犯罪，可能判处1年有期徒刑以下刑罚，符合起诉条件，但有悔罪表现的，人民检察院可以作出附条件不起诉的决定。人民检察院在作出附条件不起诉的决定以前，应当听取公安机关、被害人的意见。

【未成年犯附条件不起诉异议】对附条件不起诉的决定，公安机关要求复议、提请复核或者被害人申诉的，适用本法第179条、第180条的规定。

未成年犯罪嫌疑人及其法定代理人对人民检察院决定附条件不起诉有异议的，人民检察院应当作出起诉的决定。

第283条　【附条件不起诉考验期】在附条件不起诉的考验期内，由人民检察院对被附条件不起诉的未成年犯罪嫌疑人进行监督考察。未成年犯罪嫌疑人的监护人，应当对未成年犯罪嫌疑人加强管教，配合人民检察院做好监督考察工作。

附条件不起诉的考验期为6个月以上1年以下，从人民检察院作出附条件不起诉的决定之日起计算。

【附条件不起诉考验期守则】被附条件不起诉的未成年犯罪嫌疑人，应当遵守下列规定：

（一）遵守法律法规，服从监督；

（二）按照考察机关的规定报告自己的活动情况；

（三）离开所居住的市、县或者迁居，应当报经考察机关批准；

（四）按照考察机关的要求接受矫治和教育。

第284条　【附条件不起诉撤销】被附条件不起诉的未成年犯罪嫌疑人，在考验期内有下列情形之一的，人民检察院应当撤销附条件不起诉的决定，提起公诉：

（一）实施新的犯罪或者发现决定附条件不起诉以前还有其他犯罪需要追诉的；

（二）违反治安管理规定或者考察机关有关附条件不起诉的监督管理规定，情节严重的。

【附条件不起诉考验期满】被附条件不起诉的未成年犯罪嫌疑人，在考验期内没有上述情形，考验期满的，人民检察院应当作出不起诉的决定。

● 相关规定　【立法解释】　全国人民代表大会常务委员会关于《中华人民共和国刑事诉讼法》第二百七十一条第二款①的解释（2014年4月24日第12届全国人大常委会第8次会议通过）

人民检察院办理未成年人刑事案件，在作出附条件不起诉的决定以及考验期满作出不起诉的决定以前，应当听取被害人的意见。被害人对人民检察院对未成年犯罪嫌疑人作出的附条件不起诉的决定和不起诉的决定，可以向上一级人民检察院申诉，不适用刑事诉讼法第176条②关于被害人可以向人民法院起诉的规定。

【高检发研字〔2007〕2号】　最高人民检察院关于在检察工作中贯彻宽严相济刑事司法政策的若干意见（2006年12月28日最高检第10届检委会第68次会议通过，2007年1月15日）

二、在履行法律监督职能中全面贯彻宽严相济刑事司法政策

11. 对未成年人犯罪案件依法从宽处理。办理未成年人犯罪案件，应当坚持"教育、感化、挽救"的方针和"教育为主、惩罚为辅"的原则。要对未成年犯罪嫌疑人的情况进行调查，了解未成年人的性格特点、家庭情况、社会交往、成长经历以及有无帮教条件等情况，除主观恶性大、社会危害严重的以外，根据案件具体情况，可捕可不捕的不捕，可诉可不诉的不诉。对确需提起公诉的未成年被告人，应当根据情况依法向人民法院提出从宽处理、适用缓刑等量刑方面的意见。

【高检发诉字〔2012〕152号】　最高人民检察院关于进一步加强未成年人刑事检察工作的决定（2012年10月22日）

21. 建立健全不起诉制度。要准确把握未成年犯罪嫌疑人"情节显著轻微危害不大"和"犯罪情节轻微，不需要判处刑罚"的条件，对于符合条件的，应当作出不起诉决定。要依法积极适用附条件不起诉，规范工作流程，认真做好对被附条件不起诉人的监督考察。对于既可相对不起诉也可附条件不起诉的，优先适用相对不起诉。要完善不起诉宣布、教育的程序和方式。对相对不起诉和经附条件不起诉考验期满不起诉的，在向被不起诉的未成年人及其法定代理人宣布不起诉决定书时，要充分阐明不起诉的理由和法律依据，并对被不起诉的未成年人开展必要的教育。宣布时，要严格控制参与人范围，如果侦查人员、合适成年人、辩护人、社工等参加有利于教育被不起诉未成年人的，可以邀请他们参加。

---

① 注：该款的内容对应现行《刑事诉讼法》（2018年版）第282条第2款。
② 注：该条的内容对应现行《刑事诉讼法》（2018年版）第180条。

【高检发研字〔2013〕7号】 人民检察院办理未成年人刑事案件的规定（2002年3月25日最高检第9届检委会第105次会议通过；2006年12月28日最高检第10届检委会第68次会议第1次修订；2013年12月19日最高检第12届检委会第14次会议第2次修订，2013年12月27日印发）

第30条 人民检察院在作出附条件不起诉的决定以前，应当听取公安机关、被害人、未成年犯罪嫌疑人的法定代理人、辩护人的意见，并制作笔录附卷。被害人是未成年人的，还应当听取被害人的法定代理人、诉讼代理人的意见。

第31条 公安机关或者被害人对附条件不起诉有异议或争议较大的案件，人民检察院可以召集侦查人员、被害人及其法定代理人、诉讼代理人、未成年犯罪嫌疑人及其法定代理人、辩护人举行不公开听证会，充分听取各方的意见和理由。

对于决定附条件不起诉可能激化矛盾或者引发不稳定因素的，人民检察院应当慎重适用。

第32条 适用附条件不起诉的审查意见，应当由办案人员在审查起诉期限届满15日前提出，并根据案件的具体情况拟定考验期限和考察方案，连同案件审查报告、社会调查报告等，经部门负责人审核，报检察长或者检察委员会决定。

第33条 人民检察院作出附条件不起诉的决定后，应当制作附条件不起诉决定书，并在3日以内送达公安机关、被害人或者其近亲属及其诉讼代理人、未成年犯罪嫌疑人及其法定代理人、辩护人。

送达时，应当告知被害人或者其近亲属及其诉讼代理人，如果对附条件不起诉决定不服，可以自收到附条件不起诉决定书后7日以内向上一级人民检察院申诉。

人民检察院应当当面向未成年犯罪嫌疑人及其法定代理人宣布附条件不起诉决定，告知考验期限、在考验期内应当遵守的规定和违反规定应负的法律责任，以及可以对附条件不起诉决定提出异议，并制作笔录附卷。

第34条 未成年犯罪嫌疑人在押的，作出附条件不起诉决定后，人民检察院应当作出释放或者变更强制措施的决定。

第35条 公安机关认为附条件不起诉决定有错误，要求复议的，人民检察院未成年人刑事检察机构应当另行指定检察人员进行审查并提出审查意见，经部门负责人审核，报请检察长或者检察委员会决定。

人民检察院应当在收到要求复议意见书后的30日以内作出复议决定，通知公安机关。

第36条 上一级人民检察院收到公安机关对附条件不起诉决定提请复核的意见书后，应当交由未成年人刑事检察机构办理。未成年人刑事检察机构应当指定检察人员进行审查并提出审查意见，经部门负责人审核，报请检察长或者检察委员会决定。

上一级人民检察院应当在收到提请复核意见书后的30日以内作出决定，制作复核决定书送交提请复核的公安机关和下级人民检察院。经复核改变下级人民检察院附条件不起诉决定的，应当撤销下级人民检察院作出的附条件不起诉决定，交由下级人民检察院执行。

第37条 被害人不服附条件不起诉决定，在收到附条件不起诉决定书后7日以内申诉的，由作出附条件不起诉决定的人民检察院的上一级人民检察院未成年人刑事检察机构立案复查。

被害人向作出附条件不起诉决定的人民检察院提出申诉的，作出决定的人民检察院应当将申诉材料连同案卷一并报送上一级人民检察院受理。

被害人不服附条件不起诉决定，在收到附条件不起诉决定书7日后提出申诉的，由作出附条件不起诉决定的人民检察院未成年人刑事检察机构另行指定检察人员审查后决定是否立案复查。

未成年人刑事检察机构复查后应当提出复查意见，报请检察长决定。

复查决定书应当送达被害人、被附条件不起诉的未成年犯罪嫌疑人及其法定代理人和作出附条件不起诉决定的人民检察院。

上级人民检察院经复查作出起诉决定的，应当撤销下级人民检察院的附条件不起诉决定，由下级人民检察院提起公诉，并将复查决定抄送移送审查起诉的公安机关。

第38条 未成年犯罪嫌疑人及其法定代理人对人民检察院决定附条件不起诉有异议的，人民检察院应当作出起诉的决定。

第39条 人民检察院在作出附条件不起诉决定后，应当在10日内将附条件不起诉决定书报上级人民检察院主管部门备案。

上级人民检察院认为下级人民检察院作出的附条件不起诉决定不适当的，应当及时撤销下级人民检察院作出的附条件不起诉决定，下级人民检察院应当执行。

第40条 人民检察院决定附条件不起诉的，应当确定考验期。考验期为6个月以上1年以下，从人民检察院作出附条件不起诉的决定之日起计算。考验期不计入案件审查起诉期限。

考验期的长短应当与未成年犯罪嫌疑人所犯罪行的轻重、主观恶性的大小和人身危险性的大小、一贯表现及帮教条件等相适应，根据未成年犯罪嫌疑人在考验期的表现，可以在法定期限范围内适当缩短或者延长。

第42条 人民检察院可以要求被附条件不起诉的未成年犯罪嫌疑人接受下列矫治和教育：（一）完成戒瘾治疗、心理辅导或者其他适当的处遇措施；（二）向社区或者公益团体提供公益劳动；（三）不得进入特定场所，与特定的人员会见或者通信，从事特定的活动；（四）向被害人赔偿损失、赔礼道歉等；（五）接受相关教育；（六）遵守其他保护被害人安全以及预防再犯的禁止性规定。

第43条 在附条件不起诉的考验期内，人民检察院应当对被附条件不起诉的未成年犯罪嫌疑人进行监督考察。未成年犯罪嫌疑人的监护人应当对未成年犯罪嫌疑人加强管教，配合人民检察院做好监督考察工作。

人民检察院可以会同未成年犯罪嫌疑人的监护人、所在学校、单位、居住地的村民委员会、居民委员会、未成年人保护组织等的有关人员定期对未成年犯罪嫌疑人进行考察、教育，实施跟踪帮教。

第44条 未成年犯罪嫌疑人经批准离开所居住的市、县或者迁居，作出附条件不起诉决定的人民检察院可以要求迁入地的人民检察院协助进行考察，并将考察结果函告作出附条件不起诉决定的人民检察院。

第45条 考验期届满，办案人员应当制作附条件不起诉考察意见书，提出起诉或者不起诉的意见，经部门负责人审核，报请检察长决定。

人民检察院应当在审查起诉期限内作出起诉或者不起诉的决定。

作出附条件不起诉决定的案件，审查起诉期限自人民检察院作出附条件不起诉决定之日起中止计算，自考验期限届满之日起或者人民检察院作出撤销附条件不起诉决定之日起恢复计算。

第46条　被附条件不起诉的未成年犯罪嫌疑人，在考验期内有下列情形之一的，人民检察院应当撤销附条件不起诉的决定，提起公诉：（一）实施新的犯罪的；（二）发现决定附条件不起诉以前还有其他犯罪需要追诉的；（三）违反治安管理规定，造成严重后果，或者多次违反治安管理规定的；（四）违反考察机关有关附条件不起诉的监督管理规定，造成严重后果，或者多次违反考察机关有关附条件不起诉的监督管理规定的。

第47条　对于未成年犯罪嫌疑人在考验期内实施新的犯罪或者在决定附条件不起诉以前还有其他犯罪需要追诉的，人民检察院应当移送侦查机关立案侦查。

第48条　被附条件不起诉的未成年犯罪嫌疑人，在考验期内没有本规定第46条规定的情形，考验期满的，人民检察院应当作出不起诉的决定。

第49条　对于附条件不起诉的案件，不起诉决定宣布后6个月内，办案人员可以对被不起诉的未成年人进行回访，巩固帮教效果，并做好相关记录。

第50条　对人民检察院依照刑事诉讼法第173条第2款规定作出的不起诉决定和经附条件不起诉考验期满不起诉的，在向被不起诉的未成年人及其法定代理人宣布不起诉决定书时，应当充分阐明不起诉的理由和法律依据，并结合社会调查，围绕犯罪行为对被害人、对本人及家庭、对社会等造成的危害，导致犯罪行为发生的原因及应当吸取的教训等，对被不起诉的未成年人开展必要的教育。如果侦查人员、合适成年人、辩护人、社工等参加有利于教育被不起诉未成年人的，经被不起诉的未成年人及其法定代理人同意，可以邀请他们参加，但要严格控制参与人范围。

对于犯罪事实清楚，但因未达刑事责任年龄不起诉、年龄证据存疑而不起诉的未成年犯罪嫌疑人，参照上述规定举行不起诉宣布教育仪式。

第79条　本规定所称未成年人刑事案件，是指犯罪嫌疑人、被告人实施涉嫌犯罪行为时已满14周岁、未满18周岁的刑事案件，但有关未成年人诉讼权利和体现对未成年人程序上特殊保护的条文中所称的未成年人，是指在诉讼过程中未满18周岁的人。犯罪嫌疑人实施涉嫌犯罪行为时未满18周岁，在诉讼过程中已满18周岁的，人民检察院可以根据案件的具体情况适用本规定。

第80条　实施犯罪行为的年龄，一律按公历的年、月、日计算。从周岁生日的第二天起，为已满××周岁。

【高检发未检字〔2017〕1号】　未成年人刑事检察工作指引（试行）（最高检2017年3月2日印发试行）

第181条　【适用条件】对于符合以下条件的案件，人民检察院可以作出附条件不起诉的决定：（一）犯罪嫌疑人实施犯罪行为时系未成年人的；（二）涉嫌刑法分则第四章、第五章、第六章规定的犯罪的；（三）可能被判处1年有期徒刑以下刑罚的；（四）犯罪事实清楚，证据确实、充分，符合起诉条件的；（五）犯罪嫌疑人具有悔罪表现的。

人民检察院可以参照《最高人民法院关于常见犯罪的量刑指导意见》并综合考虑全案情况和量刑情节，衡量是否"可能判处1年有期徒刑以下刑罚"。

具有下列情形之一的，一般认为具有悔罪表现：（一）犯罪嫌疑人认罪认罚的；（二）向被害人赔礼道歉、积极退赃、尽力减少或者赔偿损失的；（三）取得被害人谅解的；（四）具有自首或者立功表现的；（五）犯罪中止的；（六）其他具有悔罪表现的情形。

对于符合附条件不起诉条件，实施犯罪行为时未满18周岁，但诉讼时已成年的犯罪嫌疑人，人民检察院可以作出附条件不起诉决定。

第182条　【积极适用】人民检察院对于符合条件的未成年人刑事案件，应当依法积极适用附条件不起诉，促使未成年犯罪嫌疑人积极自我改造，从而达到教育挽救的目的。对于不具备有效监护条件或者社会帮教措施的未成年犯罪嫌疑人，人民检察院应当积极为其创造条件，实现对未成年人的平等保护。

第183条　【结合适用】人民检察院可以将附条件不起诉制度与当事人和解制度相结合，通过促使未成年犯罪嫌疑人认真悔罪、赔礼道歉或者赔偿损失等方式，化解矛盾纠纷，修复受损的社会关系，达到对被害人精神抚慰、物质补偿的同时，加速未成年犯罪嫌疑人回归社会的进程。

第184条　【具体把握】人民检察院对于既可以附条件不起诉也可以起诉的未成年犯罪嫌疑人，应当优先适用附条件不起诉。

对于既可以相对不起诉也可以附条件不起诉的未成年犯罪嫌疑人，应当优先适用相对不起诉。如果未成年犯罪嫌疑人存在一定的认知偏差等需要矫正，确有必要接受一定时期监督考察的，可以适用附条件不起诉。

第185条　【征求意见】人民检察院在作出附条件不起诉决定前，应当征求未成年犯罪嫌疑人及其法定代理人、辩护人的意见。征求意见时应当让其全面获知和理解拟附条件不起诉决定的基本内容，包括适用附条件不起诉的法律依据、适用程序、救济程序、考察程序、附加义务及附条件不起诉的法律后果等，并给予一定的时间保障。必要时，可以建议未成年犯罪嫌疑人及其法定代理人与其辩护人进行充分沟通，在准确理解和全面权衡的基础上，提出意见。

未成年犯罪嫌疑人及其法定代理人应当在人民检察院书面征求意见书上签署意见，明确表明真实意愿，且一般应当由未成年犯罪嫌疑人及其法定代理人同时签署。确因特殊情况只能以口头方式提出的，人民检察院应当记录在案。

对于未成年犯罪嫌疑人与其法定代理人意见存在分歧的，人民检察院可以综合案件情况，本着有利于对未成年犯罪嫌疑人教育挽救的原则作出决定。

第186条　【异议处理】对于未成年犯罪嫌疑人及其法定代理人对附条件不起诉决定提出异议的，应当区别对待：

（一）未成年犯罪嫌疑人及其法定代理人对于犯罪事实认定、法律适用有异议并提出无罪意见或辩解的，人民检察院应当认真审查后依法提起公诉。

（二）未成年犯罪嫌疑人及其法定代理人对案件作附条件不起诉处理没有异议，仅对所附条件及考验期有异议的，人民检察院可以依法采纳其合理的意见，对考察的内容、方式、时间等进行调整。但其意见不利于对未成年犯罪嫌疑人帮教的，应当进行耐心的释法说理工作。经说理解释后，若未成年犯罪嫌疑人及其法定代理人仍有异议坚持要起诉的，应当提起公诉。

（三）未成年犯罪嫌疑人及其法定代理人对于适用附条件不起诉有异议的，应当审查后决定是否起诉。

人民检察院作出起诉决定前，未成年犯罪嫌疑人及其法定代理人可以撤回异议。撤回异议的，应当制作笔录附卷，由未成年犯罪嫌疑人及其法定代理人签字确认。

第187条　【听取意见】人民检察院在作出附条件不起诉决定前，应当听取公安机关、被害人及其法定代理人、诉讼代理人、辩护人的意见。

对公安机关应当采用书面征求意见的方式听取意见，并要求公安机关书面反馈意见。

对被害人及其法定代理人、诉讼代理人听取意见，参照本指引第171条办理。

对于被害人不同意附条件不起诉的，人民检察院可以作出附条件不起诉决定，但要做好释法说理和化解矛盾工作。

对于审查起诉阶段无法联系到被害人，经审查符合附条件不起诉条件的，可以作出附条件不起诉决定。

第188条　【不公开听证】对于公安机关或者被害人对附条件不起诉有异议，或者案件本身争议、社会影响较大等，人民检察院可以举行不公开听证会。具体要求参照本指引第177条。

第189条　【决定程序】适用附条件不起诉的审查意见，应当由办案人员在审查起诉期限届满15日前提出，并根据案件的具体情况拟定考验期限和考察方案，连同案件审查报告、社会调查报告等，报请检察长或者检察委员会决定。

第190条　【送达宣布】人民检察院决定附条件不起诉的案件，应当制作附条件不起诉决定书，并在3日内送达公安机关、被害人或者其近亲属及其诉讼代理人、未成年犯罪嫌疑人及其法定代理人、辩护人。

送达时，应当告知被害人或者其近亲属及其诉讼代理人如果对附条件不起诉决定不服的，可以自收到附条件不起诉决定书后7日内向上一级人民检察院申诉，并进行必要的释法说理。

人民检察院应当当面向未成年犯罪嫌疑人及其法定代理人宣布附条件不起诉决定，同时告知考验期限、在考验期内应当遵守的规定和违反规定可能产生的法律后果，以及可以对附条件不起诉决定提出异议等，并制作宣布笔录。

第191条　【复议、复核】公安机关认为附条件不起诉决定有错误的，可以向同级人民检察院要求复议。人民检察院应当另行指定检察人员进行审查并提出审查意见，报请检察长或者检察委员会决定。人民检察院应当在收到要求复议意见书后的30日内作出复议决定，并通知公安机关。

公安机关对人民检察院的复议结果不服的，可以向上一级人民检察院提请复核。上一级人民检察院收到公安机关对附条件不起诉决定提请复核的意见书后，应当交由未成年人检察部门办理。未成年人检察部门应当指定检察人员进行审查并提出审查意见，报请检察长或者检察委员会决定。上一级人民检察院应当在收到提请复核意见书后的30日内作出决定，制作复核决定书送交提请复核的公安机关和下级人民检察院。经复核改变下级人民检察院附条件不起诉决定的，应当撤销下级人民检察院作出的附条件不起诉决定，交由下级人民检察院执行。

第192条　【被害人申诉】被害人不服附条件不起诉决定，在收到附条件不起诉决定书后7日以内申诉的，由作出附条件不起诉决定的人民检察院的上一级人民检察院立案复查。

被害人向作出附条件不起诉决定的人民检察院提出申诉的，作出决定的人民检察院应当将申诉材料连同案卷一并报送上一级人民检察院受理。

上述申诉的审查由未成年人检察部门负责。承办人员审查后应当提出意见，报请检察长决定后制作复查决定书。

复查决定书应当送达被害人、被附条件不起诉的未成年犯罪嫌疑人及其法定代理人和作出附条件不起诉决定的人民检察院。

被害人不服附条件不起诉决定，在收到附条件不起诉决定书7日后提出申诉的，由作出附条件不起诉决定的人民检察院未成年人检察部门另行指定检察人员审查后决定是否立案复查。

上级人民检察院经复查作出起诉决定的，应当撤销下级人民检察院的附条件不起诉决定，由下级人民检察院提起公诉，并将复查决定抄送移送审查起诉的公安机关。

被害人不能向人民法院提起自诉。

第193条 【强制措施】未成年犯罪嫌疑人在押的，作出附条件不起诉决定后，人民检察院应当作出释放或者变更强制措施的决定。

考验期未满、取保候审期限届满的，应当解除取保候审强制措施，继续进行监督考察。

第194条 【考验期确定】附条件不起诉考验期为6个月以上1年以下，考验期的长短应当与未成年犯罪嫌疑人所犯罪行的性质、情节和主观恶性的大小相适应。可能判处的刑罚在6个月以下的，一般应当将考验期限确定为6个月；可能判处的刑罚在6个月以上的，可以参考未成年犯罪嫌疑人可能判处的刑期确定具体考验期限。

考验期从人民检察院作出附条件不起诉的决定之日起计算。考验期不计入审查起诉期限。

在考验期的前两个月要密切关注被附条件不起诉的未成年犯罪嫌疑人的表现，帮助、督促其改正不良行为，形成良好习惯。根据未成年犯罪嫌疑人在考验期内的表现和教育挽救的需要，人民检察院作出决定后可以在法定期限范围内适当缩短或延长考验期。

第195条 【所附条件】人民检察院对被附条件不起诉的未成年犯罪嫌疑人应当附下列条件：（一）遵守法律法规，服从监督；（二）按照考察机关的规定报告自己的活动情况；（三）离开所居住的市、区（县）或者迁居，应当报经考察机关批准；（四）按照考察机关的要求接受矫治和教育。

前款第四项"按照考察机关的要求接受矫治和教育"包括以下内容：（一）完成戒瘾治疗、心理辅导或者其他适当的处遇措施；（二）向社区或者公益团体提供公益劳动；（三）不得进入特定场所、与特定的人员会见或者通信、从事特定的活动；（四）向被害人赔偿损失、赔礼道歉等；（五）接受相关教育；（六）遵守其他保护被害人安全以及预防再犯的禁止性规定。

所附条件应当有针对性，注意考虑未成年犯罪嫌疑人的特殊需求，尤其避免对其就学、就业和正常生活造成负面影响。

第196条 【监督考察】在附条件不起诉的考验期内，人民检察院应当对被附条件不起诉的未成年犯罪嫌疑人进行监督考察。监督未成年犯罪嫌疑人履行义务、接受帮教的情况，并督促未成年犯罪嫌疑人的监护人对未成年犯罪嫌疑人加强管教，配合人民检察院做好监督考察工作。

人民检察院可以会同司法社工、社会观护基地、公益组织或者未成年犯罪嫌疑人所在学校、单位、居住地的村民委员会、居民委员会、未成年人保护组织等相关机构成立考察帮教小组，明确分工及职责，定期进行考察、教育，实施跟踪帮教。

考察帮教小组应当为考察对象制作个人帮教档案，对考察帮教活动情况及时、如实、全面记录，并在考察期届满后3个工作日内对考察对象进行综合评定，出具书面报告。

第197条　【心理学运用】人民检察院在附条件不起诉决定适用、监督考察等过程中，可以运用心理测评、心理疏导等方式，提高决策的科学性和考察帮教的针对性。

第198条　【考察届满】考验期届满，检察人员应当制作附条件不起诉考察意见书，提出起诉或者不起诉的意见，报请检察长决定。

人民检察院应当在审查起诉期限内作出起诉或者不起诉的决定。

作出附条件不起诉决定的案件，审查起诉期限自人民检察院作出附条件不起诉的决定之日起中止计算，自考验期届满之日起或者撤销附条件不起诉决定之日起恢复计算。

第199条　【不起诉决定】被附条件不起诉的未成年犯罪嫌疑人在考验期内没有本指引所列撤销附条件不起诉的情形，考验期满后，承办人应当制作附条件不起诉考察意见书，报请检察长作出不起诉决定。作出不起诉决定之前，应当听取被害人意见。

第200条　【送达告知】人民检察院对于考验期满后决定不起诉的，应当制作不起诉决定书，并在3日内送达公安机关、被害人或者其近亲属及其诉讼代理人、被不起诉的未成年犯罪嫌疑人及其法定代理人、辩护人。

送达时，应当告知被送达人，检察机关将对未成年犯罪嫌疑人涉嫌犯罪的不起诉记录予以封存，被送达人不得泄露未成年犯罪嫌疑人的隐私；告知未成年犯罪嫌疑人及其法定代理人，如有单位或者个人泄露已被封存的不起诉记录，可以向检察机关投诉；告知被害人及其诉讼代理人或其近亲属，如果对不起诉决定不服，可以自收到不起诉决定书后7日以内向上一级人民检察院申诉。上述告知情况应当记录在案。

第201条　【宣布教育】对被不起诉人应当举行宣布教育仪式，具体依照本指引第179条规定办理。

第202条　【申诉办理】被害人对不起诉决定不服申诉的，依照本指引第192条规定办理。

第203条　【回访帮教】人民检察院对于经过附条件不起诉考察后作出不起诉决定的，可以与被不起诉的未成年人及其监护人、学校、单位等建立定期联系，在不起诉决定宣布后的6个月内，随时掌握未成年人的思想状态和行为表现，共同巩固帮教成果，并做好相关记录。经被不起诉的未成年人同意，可以在3年以内跟踪了解其回归社会情况，但应当注意避免对其造成负面影响。

第204条　【撤销附条件不起诉】在考验期内，发现被附条件不起诉的未成年犯罪嫌疑人有下列情形之一的，案件承办人应当制作附条件不起诉考察意见书，报请检察长或者检察委员会作出撤销附条件不起诉、提起公诉的决定：（一）实施新的犯罪并经人民检察院查证属实的；（二）发现决定附条件不起诉以前还有其他犯罪需要追诉并经人民检察院查证属实的；（三）违反治安管理规定，造成严重后果，或者多次违反治安管理规定的；（四）违反考察机关有关附条件不起诉的监督管理规定，造成严重后果，或者多次违反的。

未成年犯罪嫌疑人如实供述其他犯罪行为，但因证据不足不予认定，在被作出附条件不起诉决定后查证属实的，可以不作出撤销附条件不起诉、提起公诉的决定。

第205条　【漏罪或新罪的处理】人民检察院发现被附条件不起诉的未成年犯罪嫌疑人在考验期内实施新的犯罪或者在决定附条件不起诉以前还有其他犯罪需要追诉的，应当将案件线索依法移送有管辖权的公安机关立案侦查。

被附条件不起诉的未成年犯罪嫌疑人在考验期内实施新的犯罪或者在决定附条件不起

以前还有其他犯罪，经查证属实的，人民检察院应当将案件退回公安机关补充侦查。原移送审查起诉的公安机关对新罪或者漏罪无管辖权的，应当通知其与有管辖权的公安机关协商，依法确定管辖权，并案侦查。

对于被附条件不起诉的未成年犯罪嫌疑人在考验期内因实施新的犯罪或者因决定附条件不起诉以前实施的其他犯罪被公安机关立案侦查，能够在审查起诉期间内将新罪、漏罪查清的，人民检察院可以一并提起公诉；不能查清的，应当对前罪作出不起诉处理，新罪、漏罪查清后另行起诉。

【律发通〔2017〕51号】　律师办理刑事案件规范（2017年8月27日第9届全国律协常务理事会第8次会议通过、即日施行，中华全国律师协会2017年9月20日）

第214条　在审查起诉期间，辩护律师可以向人民检察院提出辩护意见。

辩护律师认为未成年犯罪嫌疑人符合《刑事诉讼法》第271条第1款规定条件的，应当向人民检察院建议作出附条件不起诉的决定。

未成年人犯罪嫌疑人及其法定代理人对人民检察院决定附条件不起诉有异议的，辩护律师应当依据《刑事诉讼法》第271条第3款的规定，协助其及时提出异议。

附条件不起诉考验期满后，辩护律师应当申请人民检察院作出不起诉决定。

第215条　审查起诉期间，辩护律师认为未成年犯罪嫌疑人具有下列情形之一的，应当向检察机关提出不起诉的意见：（一）未成年犯罪嫌疑人没有犯罪事实；（二）未成年犯罪嫌疑人符合《刑事诉讼法》第15条规定的情形之一；（三）未成年犯罪嫌疑人犯罪情节轻微，依照刑法规定不需要判处刑罚或者免除刑罚的；（四）经1次或2次补充侦查的未成年人犯罪案件，仍然证据不足，不符合起诉条件的。

【高检发释字〔2019〕4号】　人民检察院刑事诉讼规则（2019年12月2日最高检第13届检委会第28次会议通过，2019年12月30日公布施行；高检发释字〔2012〕2号《规则（试行）》同时废止）

第469条　对于符合刑事诉讼法第282条第1款规定条件的未成年人刑事案件，<u>人民检察院可以作出附条件不起诉的决定</u>。

人民检察院在作出附条件不起诉的决定以前，应当听取公安机关、被害人、未成年犯罪嫌疑人及其法定代理人、辩护人的意见，并制作笔录附卷。

第470条　未成年犯罪嫌疑人及其法定代理人对拟作出附条件不起诉决定提出异议的，人民检察院应当提起公诉。但是，<u>未成年犯罪嫌疑人及其法定代理人提出无罪辩解，人民检察院经审查认为无罪辩解理由成立的，应当按照本规则第365条的规定作出不起诉决定</u>。

（新增）未成年犯罪嫌疑人及其法定代理人对案件作附条件不起诉处理没有异议，仅对所附条件及考验期有异议的，人民检察院可以依法采纳其合理的意见，对考察的内容、方式、时间等进行调整；其意见不利于对未成年犯罪嫌疑人帮教，人民检察院不采纳，应当进行释法说理。

（新增）人民检察院作出起诉决定前，未成年犯罪嫌疑人及其法定代理人撤回异议的，人民检察院可以依法作出附条件不起诉决定。

第471条　人民检察院作出附条件不起诉的决定后，应当制作附条件不起诉决定书，并在3日以内送达公安机关、被害人或者其近亲属及诉讼代理人、未成年犯罪嫌疑人及其法定代理人、辩护人。

人民检察院应当当面向未成年犯罪嫌疑人及其法定代理人宣布附条件不起诉决定,告知考验期限、在考验期内应当遵守的规定以及违反规定应负的法律责任,并制作笔录附卷。

第472条 对附条件不起诉的决定,公安机关要求复议、提请复核或者被害人提出申诉的,具体程序参照本规则第379条至第383条的规定。被害人不服附条件不起诉决定的,应当告知其不适用刑事诉讼法第180条关于被害人可以向人民法院起诉的规定,并做好释法说理工作。

前款规定的复议、复核、申诉由相应人民检察院负责未成年人检察的部门进行审查。

第473条 人民检察院作出附条件不起诉决定的,应当确定考验期。考验期为6个月以上1年以下,从人民检察院作出附条件不起诉的决定之日起计算。

第474条 在附条件不起诉的考验期内,由人民检察院对被附条件不起诉的未成年犯罪嫌疑人进行监督考察。人民检察院应当要求未成年犯罪嫌疑人的监护人对未成年犯罪嫌疑人加强管教,配合人民检察院做好监督考察工作。

人民检察院可以会同未成年犯罪嫌疑人的监护人、所在学校、单位、居住地的村民委员会、居民委员会、未成年人保护组织等的有关人员,定期对未成年犯罪嫌疑人进行考察、教育,实施跟踪帮教。

第475条 人民检察院对于被附条件不起诉的未成年犯罪嫌疑人,应当监督考察其是否遵守下列规定:(一)遵守法律法规,服从监督;(二)按照考察机关的规定报告自己的活动情况;(三)离开所居住的市、县或者迁居,应当报经考察机关批准;(四)按照考察机关的要求接受矫治和教育。

第476条 人民检察院可以要求被附条件不起诉的未成年犯罪嫌疑人接受下列矫治和教育:(一)完成戒瘾治疗、心理辅导或者其他适当的处遇措施;(二)向社区或者公益团体提供公益劳动;(三)不得进入特定场所,与特定的人员会见或者通信,从事特定的活动;(四)向被害人赔偿损失、赔礼道歉等;(五)接受相关教育;(六)遵守其他保护被害人安全以及预防再犯的禁止性规定。

第477条 考验期届满,检察人员办案人员应当制作附条件不起诉考察意见书,提出起诉或者不起诉的意见,经部门负责人审核,报请检察长决定。

考验期满作出不起诉的决定以前,应当听取被害人意见。

第478条 考验期满作出不起诉决定,被害人提出申诉的,依照本规则第472条规定办理。

第479条 被附条件不起诉的未成年犯罪嫌疑人,在考验期内具有下列情形之一的,人民检察院应当撤销附条件不起诉的决定,提起公诉:(一)实施新的犯罪的;(二)发现决定附条件不起诉以前还有其他犯罪需要追诉的;(三)违反治安管理规定,造成严重后果,或者多次违反治安管理规定的;(四)违反考察机关有关附条件不起诉的监督管理规定,造成严重后果,或者多次违反考察机关有关附条件不起诉的监督管理规定的。

第480条 被附条件不起诉的未成年犯罪嫌疑人,在考验期内没有本规则第479条规定的情形,考验期满的,人民检察院应当作出不起诉的决定。

第488条(第2款) 负责未成年人检察的部门发现社区矫正机构违反未成年人社区矫正相关规定的,应当依法提出纠正意见。

第489条(第1款) ……未成年人刑事案件,是指犯罪嫌疑人实施涉嫌犯罪行为时已满14周岁、未满18周岁的刑事案件。

【高检发办字〔2020〕31号】 最高人民检察院关于加强新时代未成年人检察工作的意见（2020年4月21日）

9. 深入落实未成年人特殊检察制度。……准确把握附条件不起诉的意义和价值，对符合条件的未成年犯罪嫌疑人积极予以适用，确保适用比例不断提高。……

【公安部令〔2020〕159号】 公安机关办理刑事案件程序规定（2020年7月4日第3次部务会议修订，2020年7月20日公布，2020年9月1日施行）

第329条　人民检察院在对未成年人作出附条件不起诉的决定前，听取公安机关意见时，公安机关应当提出书面意见，经县级以上公安机关负责人批准，移送同级人民检察院。

第330条　认为人民检察院作出的附条件不起诉决定有错误的，应当在收到不起诉决定书后7日以内制作要求复议意见书，经县级以上公安机关负责人批准，移送同级人民检察院复议。

要求复议的意见不被接受的，可以在收到人民检察院的复议决定书后7日以内制作提请复核意见书，经县级以上公安机关负责人批准后，连同人民检察院的复议决定书，一并提请上一级人民检察院复核。

【海警局令〔2023〕1号】 海警机构办理刑事案件程序规定（2023年5月15日审议通过，2023年6月15日起施行）（主文见本书第308条）

第300条　人民检察院在对未成年人作出附条件不起诉的决定前，听取海警机构意见时，海警机构应当提出书面意见，经海警机构负责人批准，移送所在地相应人民检察院。

第301条　认为人民检察院作出的附条件不起诉决定有错误的，应当在收到不起诉决定书后7日以内制作要求复议意见书，经海警机构负责人批准，移送所在地相应人民检察院复议。

要求复议的意见不被接受的，可以在收到人民检察院的复议决定书后7日以内制作提请复核意见书，经海警机构负责人批准后，连同人民检察院的复议决定书，一并提请上一级人民检察院复核。

第341条　本规定所称"海警机构负责人"是指海警机构的正职领导。……

【国安部令〔2024〕4号】 国家安全机关办理刑事案件程序规定（2024年4月26日公布，2024年7月1日起施行）

第348条　符合刑事诉讼法规定条件的未成年人附条件不起诉刑事案件，人民检察院在对未成年人作出附条件不起诉的决定前，听取国家安全机关意见时，国家安全机关应当提出书面意见，经国家安全机关负责人批准，移送同级人民检察院。

第349条　认为人民检察院作出的附条件不起诉决定有错误的，应当在收到不起诉决定书后7日以内制作要求复议意见书，经国家安全机关负责人批准，移送同级人民检察院复议。

要求复议的意见不被接受的，可以在收到人民检察院的复议决定书后7日以内制作提请复核意见书，经国家安全机关负责人批准后，连同人民检察院的复议决定书，一并提请上一级人民检察院复核。

● **指导案例**　　【高检发办字〔2021〕18号】　最高人民检察院第27批指导性案例（2021年2月26日最高检第13届检委会第63次会议通过，2021年3月2日印发）

（检例第103号）　　胡某某抢劫案[①]

要旨：办理附条件不起诉案件，应当准确把握其与不起诉的界限。对于涉罪未成年在校学生附条件不起诉，应当坚持最有利于未成年人健康成长原则，找准办案、帮教与保障学业的平衡点，灵活掌握办案节奏和考察帮教方式。要阶段性评估帮教成效，根据被附条件不起诉人角色转变和个性需求，动态调整考验期限和帮教内容。

（检例第104号）　　庄某等人敲诈勒索案[②]

要旨：检察机关对共同犯罪的未成年人适用附条件不起诉时，应当遵循精准帮教的要求对每名涉罪未成年人设置个性化附带条件。监督考察时，要根据涉罪未成年人回归社会的不同需求，督促制定所附条件执行的具体计划，分阶段评估帮教效果，发现问题及时调整帮教方案，提升精准帮教实效。

（检例第105号）　　李某诈骗、传授犯罪方法，牛某等人诈骗案[③]

要旨：对于1人犯数罪符合起诉条件，但根据其认罪认罚等情况，可能判处1年有期徒刑以下刑罚的，检察机关可以依法适用附条件不起诉。对于涉罪未成年人存在家庭教育缺位或者不当问题的，应当突出加强家庭教育指导，因案因人进行精准帮教。通过个案办理和法律监督，积极推进社会支持体系建设。

（检例第106号）　　牛某非法拘禁案[④]

要旨：……对实施犯罪行为时系未成年人但诉讼过程中已满18周岁的犯罪嫌疑人，符合条件的，可以适用附条件不起诉。对于外地户籍未成年犯罪嫌疑人，办案检察机关可以委托未成年人户籍所在地检察机关开展异地协作考察帮教，两地检察机关要各司其职，密切配合，确保帮教取得实效。

[①] 本案指导意义：对涉罪未成年在校学生适用附条件不起诉，应当最大限度减少对其学习、生活的影响。

[②] 本案指导意义：对共同犯罪未成年人既要针对其共同存在的问题，又要考虑每名涉罪未成年人的实际情况，设定符合个体特点的附带条件并制定合理的帮教计划，做到"对症下药"，确保附条件不起诉制度教育矫治功能的实现。为保证精准帮教目标的实现，可以联合其他社会机构、组织、爱心企业等共同开展帮教工作，帮助涉罪未成年人顺利回归社会。

[③] 本案指导意义：目前刑法规定的量刑幅度均是以成年人犯罪为基准设计，检察机关对涉罪未成年人刑罚的预估要充分考虑"教育、感化、挽救"的需要及其量刑方面的特殊性。对于既可以附条件不起诉也可以起诉的，应当优先适用附条件不起诉。存在数罪情形时，要全面综合考量犯罪事实、性质、情节以及认罪认罚等情况，认为并罚后其刑期仍可能为一年有期徒刑以下刑罚的，可以依法适用附条件不起诉，以充分发挥附条件不起诉制度的特殊功能，促使涉罪未成年人及早摆脱致罪因素，顺利回归社会。

[④] 本案指导意义：未成年人刑事案件是指犯罪嫌疑人实施犯罪时系未成年人的案件。被附条件不起诉人户籍地或经常居住地与办案检察机关属于不同地区，被附条件不起诉人希望返回户籍地或经常居住地生活工作的，办案检察机关可以委托其户籍地或经常居住地检察机关协助进行考察帮教，户籍地或经常居住地检察机关应当予以支持。两地检察机关应当根据被附条件不起诉人的具体情况，共同制定有针对性的帮教方案并积极沟通协作。当地检察机关履行具体考察帮教职责，重点关注未成年人行踪轨迹、人际交往、思想动态等情况，定期走访被附条件不起诉人的法定代理人以及所在社区、单位，并将考察帮教情况及时反馈办案检察机关。办案检察机关应当根据考察帮教需要提供协助。考验期届满后，当地检察机关应当出具被附条件不起诉人考察帮教情况总结报告，作为办案检察机关对被附条件不起诉人是否最终作出不起诉决定的重要依据。

（检例第 107 号）　唐某等人聚众斗殴案①

要旨：对于被附条件不起诉人在考验期内多次违反监督管理规定，逃避或脱离矫治和教育，经强化帮教措施后仍无悔改表现，附条件不起诉的挽救功能无法实现，符合"违反考察机关监督管理规定，情节严重"的，应当依法撤销附条件不起诉决定，提起公诉。

【高检发办字〔2023〕24 号】　最高人民检察院第 43 批指导性案例（2023 年 2 月 1 日最高检检委会〔13 届 113 次〕通过，2023 年 2 月 24 日印发）

（检例第 171 号）　防止未成年人滥用药物综合司法保护案②

要旨：检察机关办理涉未成年人案件，应当统筹发挥多种检察职能，通过一体融合履职，加强未成年人综合司法保护。对有滥用药物问题的涉罪未成年人适用附条件不起诉时，可以细化戒瘾治疗措施，提升精准帮教的效果。针对个案中发现的社会治理问题，充分运用大数据分析，深挖类案线索，推动堵漏建制、源头保护，提升"个案办理—类案监督—系统治理"工作质效。

（本书汇）【未成年犯分案办理】③

● **相关规定**　【综治委预青领联字〔2010〕1 号】　中央综治委预防青少年违法犯罪工作领导小组、最高人民法院、最高人民检察院、公安部、司法部、共青团中央关于进一步建立和完善办理未成年人刑事案件配套工作体系的若干意见（2010 年 8 月 28 日）

4. 未成年人与成年人共同犯罪的案件，一般应当分案起诉和审判；情况特殊不宜分案办理的案件，对未成年人应当采取适当的保护措施。

【高检发诉字〔2012〕152 号】　最高人民检察院关于进一步加强未成年人刑事检察工作的决定（2012 年 10 月 22 日）

19. 建立健全分案起诉制度。对于受理的未成年人和成年人共同犯罪案件，在不妨碍查清案件事实和相关案件开庭审理的情况下，应当将成年人和未成年人分案提起公诉，由法院分庭审理和判决。对涉外、重大、疑难、复杂的案件，未成年人系犯罪团伙主犯的案件，刑事附带民事诉讼案件，分案后不利于审理的，也可以不分案起诉，但应对未成年人采取适当的保护措施。对分案起诉的案件，一般要由同一部门、同一承办人办理。要加强与审判机关的沟通协调，确保案件事实认定及法律政策适用的准确和统一。

---

① 本案指导意义：检察机关经调查核实、动态评估后发现被附条件不起诉人多次故意违反禁止性监督管理规定，或者进入特定场所后违反治安管理规定，或者违反指示性监督管理规定，经检察机关采取训诫提醒、心理疏导等多种措施后仍无悔改表现，脱离、拒绝帮教矫治，导致通过附条件不起诉促进涉罪未成年人悔过自新、回归社会的功能无法实现的，应当认定为《刑事诉讼法》第 284 条第 1 款第（二）项规定的"情节严重"，依法撤销附条件不起诉决定，提起公诉。

② 本案被不起诉人杨某某、李某某长期大量服用网购的非处方止咳药氢溴酸右美沙芬，具有抑制神经中枢的作用，长期服用会给人带来兴奋刺激，易产生暴躁不安、冲动、醉酒样等成瘾性身体表现，易诱发暴力型犯罪或遭受侵害，并形成一定程度的药物依赖。

③ 注：《刑事诉讼法》没有关于未成年犯分案起诉、审理的规定，本书将其汇集于此。

【高检发研字〔2013〕7号】 人民检察院办理未成年人刑事案件的规定（2002年3月25日最高检第9届检委会第105次会议通过；2006年12月28日最高检第10届检委会第68次会议第1次修订；2013年12月19日最高检第12届检委会第14次会议第2次修订，2013年12月27日印发）

第51条 人民检察院审查未成年人与成年人共同犯罪案件，一般应当将未成年人与成年人分案起诉。但是具有下列情形之一的，可以不分案起诉：（一）未成年人系犯罪集团的组织者或者其他共同犯罪中的主犯的；（二）案件重大、疑难、复杂，分案起诉可能妨碍案件审理的；（三）涉及刑事附带民事诉讼，分案起诉妨碍附带民事诉讼部分审理的；（四）具有其他不宜分案起诉情形的。

对分案起诉至同一人民法院的未成年人与成年人共同犯罪案件，由未成年人刑事检察机构一并办理更为适宜的，经检察长决定，可以由未成年人刑事检察机构一并办理。

分案起诉的未成年人与成年人共同犯罪案件，由不同机构分别办理的，应当相互了解案件情况，提出量刑建议时，注意全案的量刑平衡。

第52条 对于分案起诉的未成年人与成年人共同犯罪案件，一般应当同时移送人民法院。对于需要补充侦查的，如果补充侦查事项不涉及未成年犯罪嫌疑人所参与的犯罪事实，不影响对未成年犯罪嫌疑人提起公诉的，应当对未成年犯罪嫌疑人先予提起公诉。

第53条 对于分案起诉的未成年人与成年人共同犯罪案件，在审查起诉过程中可以根据全案情况制作一个审结报告，起诉书以及出庭预案等应当分别制作。

【高检发未检字〔2017〕1号】 未成年人刑事检察工作指引（试行）（最高检2017年3月2日印发试行）

第84条（第1款） 对于未分案处理的未成年人与成年人共同犯罪案件中有未成年人涉罪记录需要封存的，应当将全案卷宗等材料予以封存。分案处理的，在封存未成年人材料的同时，应当在未封存的成年人卷宗封皮标注"含犯罪记录封存信息"，并对相关信息采取必要保密措施。

第208条 【分案起诉】人民检察院审查未成年人与成年人共同犯罪案件，一般应当将未成年人与成年人分案起诉，并由同一个公诉人出庭。但是具有下列情形之一的，可以不分案起诉：（一）未成年人系犯罪集团的组织者或者其他共同犯罪中的主犯的；（二）案件重大、疑难、复杂，分案起诉可能妨碍案件审理的；（三）涉及刑事附带民事诉讼，分案起诉妨碍附带民事诉讼部分审理的；（四）具有其他不宜分案起诉的情形。

第209条 【分案审查】共同犯罪的未成年人与成年人分别由不同级别的人民检察院审查起诉的，未成年人犯罪部分的承办人应当及时了解案件整体情况；提出量刑建议时，应当注意全案的量刑平衡。

第210条 【先予起诉】对于分案起诉的未成年人与成年人共同犯罪案件，一般应当同时移送人民法院。对于需要补充侦查的，如果补充侦查事项不涉及未成年犯罪嫌疑人所参与的犯罪事实，不影响对未成年犯罪嫌疑人提起公诉的，应当对未成年犯罪嫌疑人先予提起公诉。

第211条 【文书制作】对于分案起诉的未成年人与成年人共同犯罪案件，在审查起诉过程中可以根据全案情况制作一份审查报告，起诉书以及量刑建议书等应当分别制作。

【高检发释字〔2019〕4号】 人民检察院刑事诉讼规则（2019年12月2日最高检第13届检委会第28次会议通过，2019年12月30日公布施行；高检发释字〔2012〕2号《规则（试行）》同时废止）

第459条 人民检察院办理未成年人与成年人共同犯罪案件，一般应当对未成年人与成年人分案办理、分别起诉。不宜分案处理的，应当对未成年人采取隐私保护、快速办理等特殊保护措施。

【法发〔2020〕45号】 最高人民法院关于加强新时代未成年人审判工作的意见（2020年12月24日）

7.（第2款）未成年人与成年人共同犯罪案件，一般应当分案审理。

【法释〔2021〕1号】 最高人民法院关于适用《中华人民共和国刑事诉讼法》的解释（2020年12月7日最高法审委会〔1820〕次修订，2021年1月26日公布，2021年3月1日施行；2013年1月1日施行的"法释〔2012〕21号"《解释》同时废止）

第551条 对分案起诉至同一人民法院的未成年人与成年人共同犯罪案件，可以由同1个审判组织审理；不宜由同1个审判组织审理的，可以分别少年法庭、刑事审判庭审理。

未成年人与成年人共同犯罪案件，由不同人民法院或者不同审判组织分别审理的，有关人民法院或者审判组织应当互相了解共同犯罪被告人的审判情况，注意全案的量刑平衡。

第285条【未成年犯不公开审理】 审判的时候被告人不满18周岁的案件，不公开审理。但是，经未成年被告人及其法定代理人同意，未成年被告人所在学校和未成年人保护组织可以派代表到场。

● **相关规定** 　　**【综治委预青领联字〔2010〕1号】** 中央综治委预防青少年违法犯罪工作领导小组、最高人民法院、最高人民检察院、公安部、司法部、共青团中央关于进一步建立和完善办理未成年人刑事案件配套工作体系的若干意见（2010年8月28日）

二、进一步加强对涉案未成年人合法权益的保护

（一）对未成年犯罪嫌疑人、被告人、罪犯合法权益的保护

5.（第1款）在未成年犯罪嫌疑人、被告人被讯问或者开庭审理时，应当通知其法定代理人到场。……

（第3款）法定代理人无法或不宜到场的，可以经未成年犯罪嫌疑人、被告人同意或按其意愿通知其他关系密切的亲属朋友、社会工作者、教师、律师等合适成年人到场。

10.对开庭审理时不满16周岁的未成年人刑事案件，一律不公开审理。对开庭审理时已满16周岁不满18周岁的未成年人刑事案件，一般也不公开审理；如有必要公开审理的，必须经本级人民法院院长批准，并应适当限制旁听人数和范围。

【高检发研字〔2013〕7号】 人民检察院办理未成年人刑事案件的规定（2002年3月25日最高检第9届检委会第105次会议通过；2006年12月28日最高检第10届检委会第68次会议第1次修订；2013年12月19日最高检第12届检委会第14次会议第2次修订，2013年12月27日印发）

第68条 对依法不应当公开审理的未成年人刑事案件公开审理的，人民检察院应当在

开庭前提出纠正意见。

公诉人出庭支持公诉时,发现法庭审判有下列违反法律规定的诉讼程序的情形之一的,应当在休庭后及时向本院检察长报告,由人民检察院向人民法院提出纠正意见:(一)开庭或者宣告判决时未通知未成年被告人的法定代理人到庭的;(二)人民法院没有给聋、哑或者不通晓当地通用的语言文字的未成年被告人聘请或者指定翻译人员的;(三)未成年被告人在审判时没有辩护人的;对未成年被告人及其法定代理人依照法律和有关规定拒绝辩护人为其辩护,合议庭未另行通知法律援助机构指派律师的;(四)法庭未告知未成年被告人及其法定代理人依法享有的申请回避、辩护、提出新的证据、申请重新鉴定或者勘验、最后陈述、提出上诉等诉讼权利的;(五)其他违反法律规定的诉讼程序的情形。

【高检发释字〔2019〕4号】　人民检察院刑事诉讼规则(2019年12月2日最高检第13届检委会第28次会议通过,2019年12月30日公布施行;高检发释字〔2012〕2号《规则(试行)》同时废止)

第481条　人民检察院办理未成年人刑事案件过程中,应当对涉案未成年人的资料予以保密,不得公开或者传播涉案未成年人的姓名、住所、照片、图像及可能推断出该未成年人的其他资料。

【法释〔2021〕1号】　最高人民法院关于适用《中华人民共和国刑事诉讼法》的解释(2020年12月7日最高法审委会〔1820次〕修订,2021年1月26日公布,2021年3月1日施行;2013年1月1日施行的"法释〔2012〕21号"《解释》同时废止)

第557条　开庭审理时被告人不满18周岁的案件,一律不公开审理。经未成年被告人及其法定代理人同意,未成年被告人所在学校和未成年人保护组织可以派代表到场。到场代表的人数和范围,由法庭决定。经法庭同意,到场代表可以参与对未成年被告人的法庭教育工作。

对依法公开审理,但可能需要封存犯罪记录的案件,不得组织人员旁听;有旁听人员的,应当告知其不得传播案件信息。

第558条　开庭审理涉及未成年人的刑事案件,未成年被害人、证人一般不出庭作证;必须出庭的,应当采取保护其隐私的技术手段和心理干预等保护措施。①

第559条　审理涉及未成年人的刑事案件,不得向外界披露未成年人的姓名、住所、照片以及可能推断出未成年人身份的其他资料。

查阅、摘抄、复制的未成年人刑事案件的案卷材料,涉及未成年人的,不得公开和传播。

被害人是未成年人的刑事案件,适用前两款的规定。

第578条　对未成年人刑事案件,宣告判决应当公开进行,但不得采取召开大会等形式。

对依法应当封存犯罪记录的案件,宣判时,不得组织人员旁听;有旁听人员的,应当告知其不得传播案件信息。

---

① 本条2012年规定为:"确有必要通知未成年被害人、证人出庭作证的,人民法院应当根据案件情况采取相应的保护措施。有条件的,可以采取视频等方式对其陈述、证言进行质证。"

第286条 【未成年人犯罪记录封存】犯罪的时候不满18周岁，被判处5年有期徒刑以下刑罚的，应当对相关犯罪记录予以封存。

【未成年人犯罪记录查询】犯罪记录被封存的，不得向任何单位和个人提供，但司法机关为办案需要或者有关单位根据国家规定进行查询的除外。依法进行查询的单位，应当对被封存的犯罪记录的情况予以保密。

● 相关规定 　【法发〔2009〕14号】　人民法院第三个五年改革纲要（2009－2013）（经中央批准，最高人民法院2009年3月17日）

12. ……配合有关部门有条件地建立未成年人轻罪犯罪记录消灭制度，明确其条件、期限、程序和法律后果；……

【法发〔2010〕63号】　最高人民法院关于充分发挥刑事审判职能作用深入推进社会矛盾化解的若干意见（2010年12月31日）

五、强化未成年人审判工作

17. 注重保障未成年被告人的合法权益。严格执行未成年人犯罪案件不公开审理的相关规定，积极探索未成年人轻罪犯罪记录消灭制度，保证失足未成年人在升学、就业等方面免受歧视，更加顺利地回归社会、重塑人生。

【综治委预青领联字〔2010〕1号】　中央综治委预防青少年违法犯罪工作领导小组、最高人民法院、最高人民检察院、公安部、司法部、共青团中央关于进一步建立和完善办理未成年人刑事案件配套工作体系的若干意见（2010年8月28日）

二、进一步加强对涉案未成年人合法权益的保护

（一）对未成年犯罪嫌疑人、被告人、罪犯合法权益的保护

2. 办理未成年人刑事案件过程中，应当注意保护未成年人的名誉，尊重未成年人的人格尊严，新闻报道、影视节目、公开出版物、网络等不得公开或传播未成年人的姓名、住所、照片、图像以及可能推断出该未成年人的其他资料。

对违反此规定的单位，广播电视管理及新闻出版等部门应当提出处理意见，作出相应处理。

【法发〔2012〕10号】　最高人民法院、最高人民检察院、公安部、国家安全部、司法部关于建立犯罪人员犯罪记录制度的意见（2012年5月10日）

二、犯罪人员犯罪记录制度的主要内容

（四）建立未成年人犯罪记录封存制度

……对于犯罪时不满18周岁，被判处5年有期徒刑以下刑罚的未成年人的犯罪记录，应当予以封存。犯罪记录被封存后，不得向任何单位和个人提供，但司法机关为办案需要或者有关单位根据国家规定进行查询的除外。依法进行查询的单位，应当对被封存的犯罪记录的情况予以保密。

执法机关对未成年人的犯罪记录可以作为工作记录予以保存。

【高检发诉字〔2012〕152号】　最高人民检察院关于进一步加强未成年人刑事检察工作的决定（2012年10月22日）

22. 建立健全未成年人犯罪记录封存制度。要依法监督和配合有关单位落实未成年犯

罪前科报告免除和犯罪记录封存制度，积极开展未成年人不起诉记录封存工作，完善相关工作程序。

【高检发研字〔2013〕7号】　人民检察院办理未成年人刑事案件的规定（2002年3月25日最高检第9届检委会第105次会议通过；2006年12月28日最高检第10届检委会第68次会议第1次修订；2013年12月19日最高检第12届检委会第14次会议第2次修订，2013年12月27日印发）

第62条　犯罪的时候不满18周岁，被判处5年有期徒刑以下刑罚的，人民检察院应当在收到人民法院生效判决后，对犯罪记录予以封存。

对于二审案件，上级人民检察院封存犯罪记录时，应当通知下级人民检察院对相关犯罪记录予以封存。

第63条　人民检察院应当将拟封存的未成年人犯罪记录、卷宗等相关材料装订成册，加密保存，不予公开，并建立专门的未成年人犯罪档案库，执行严格的保管制度。

第64条　除司法机关为办案需要或者有关单位根据国家规定进行查询的以外，人民检察院不得向任何单位和个人提供封存的犯罪记录，并不得提供未成年人有犯罪记录的证明。

司法机关或者有关单位需要查询犯罪记录的，应当向封存犯罪记录的人民检察院提出书面申请，人民检察院应当在7日以内作出是否许可的决定。

第65条　对被封存犯罪记录的未成年人，符合下列条件之一的，应当对其犯罪记录解除封存：（一）实施新的犯罪，且新罪与封存记录之罪数罪并罚后被决定执行5年有期徒刑以上刑罚的；（二）发现漏罪，且漏罪与封存记录之罪数罪并罚后被决定执行5年有期徒刑以上刑罚的。

第66条　人民检察院对未成年犯罪嫌疑人作出不起诉决定后，应当对相关记录予以封存。具体程序参照本规定第62条至第65条规定办理。

第69条　人民检察院发现有关机关对未成年人犯罪记录应当封存而未封存的，不应当允许查询而允许查询的或者不应当提供犯罪记录而提供的，应当依法提出纠正意见。

【高检发未检字〔2017〕1号】　未成年人刑事检察工作指引（试行）（最高检2017年3月2日印发试行）

第82条（第3款）　对于在年满18周岁前后实施数个行为，构成一罪或者数罪，被判处5年有期徒刑以下刑罚的以及免除刑事处罚的未成年人的犯罪，人民检察院可以不适用犯罪记录封存规定。

第84条　【共同犯罪封存】对于未分案处理的未成年人与成年人共同犯罪案件中有未成年人涉罪记录需要封存的，应当将全案卷宗等材料予以封存。分案处理的，在封存未成年人材料的同时，应当在未封存的成年人卷宗封皮标注"含犯罪记录封存信息"，并对相关信息采取必要保密措施。

对不符合封存条件的其他未成年人、成年人犯罪记录，应当依照相关规定录入全国违法犯罪人员信息系统。

第85条　【封存效力】未成年人犯罪记录封存后，没有法定事由、未经法定程序不得解封。

除司法机关为办案需要或者有关单位根据国家规定进行查询的以外，人民检察院不得向任何单位和个人提供封存的犯罪记录，并不得提供未成年人有犯罪记录的证明。

前款所称国家规定，是指全国人民代表大会及其常务委员会制定的法律和决定，国务院制定的行政法规、规定的行政措施、发布的决定和命令。

第86条 【不起诉封存】人民检察院对未成年犯罪嫌疑人作出不起诉决定后，应当对相关记录予以封存。具体程序参照本指引第82条至85条规定办理。

第87条 【其他封存】其他民事、行政与刑事案件，因案件需要使用被封存的未成年人犯罪记录信息的，应当在相关卷宗中标明"含犯罪记录封存信息"，并对相关信息采取必要保密措施。

第88条 【出具无犯罪记录的证明】被封存犯罪记录的未成年人本人或者其法定代理人申请为其出具无犯罪记录证明的，人民检察院应当出具无犯罪记录的证明。如需要协调公安机关、人民法院为其出具无犯罪记录证明的，人民检察院应当积极予以协助。

第89条 【查询封存记录】司法机关或者有关单位需要查询犯罪记录的，应当向封存犯罪记录的人民检察院提出书面申请，列明查询理由、依据和目的，人民检察院应当在受理之后7日内作出是否许可的答复。

对司法机关为办理案件需要申请查询的，可以依法允许其查阅、摘抄、复制相关案卷材料和电子信息。

其他单位查询人民检察院不起诉决定的，应当不许可查询。

依法不许可查询的，人民检察院应当向查询单位出具不许可查询决定书，并说明理由。

许可查询的，查询后，档案管理部门应当登记相关查询情况，并按照档案管理规定将有关申请、审批材料一同存入卷宗归档保存。

第90条 【共同犯罪查询】确需查询已封存的共同犯罪记录中成年同案犯或被判处5年有期徒刑以上刑罚未成年同案犯犯罪信息的，人民检察院可以参照本指引第89条的规定履行相关程序。

第91条 【保密要求】对于许可查询被封存的未成年人犯罪记录的，人民检察院应当告知查询犯罪记录的单位及相关人员严格按照查询目的和使用范围使用有关信息，严格遵守保密义务，并要求其签署保密承诺书。不按规定使用所查询的犯罪记录或者违反规定泄露相关信息，情节严重或者造成严重后果的，应当依法追究相关人员的责任。

第92条 【解除封存】对被封存犯罪记录的未成年人，符合下列条件之一的，应当对其犯罪记录解除封存：（一）实施新的犯罪，且新罪与封存记录之罪数罪并罚后被决定执行5年有期徒刑以上刑罚的；（二）发现漏罪，且漏罪与封存记录之罪数罪并罚后被决定执行5年有期徒刑以上刑罚的。

【律发通〔2017〕51号】 律师办理刑事案件规范（2017年8月27日第9届全国律协常务理事会第8次会议通过、即日施行，中华全国律师协会2017年9月20日）

第218条 符合《刑事诉讼法》第275条规定的案件，辩护律师应当要求司法机关对相关犯罪记录予以封存。辩护律师复制的档案也应当封存。

【高检发释字〔2019〕4号】 人民检察院刑事诉讼规则（2019年12月2日最高检第13届检委会第28次会议通过，2019年12月30日公布施行；高检发释字〔2012〕2号《规则（试行）》同时废止）

第482条 犯罪的时候不满18周岁，被判处5年有期徒刑以下刑罚的，人民检察院应当在收到人民法院生效判决、裁定后，对犯罪记录予以封存。

（新增）生效判决、裁定由第二审人民法院作出的，同级人民检察院依照前款规定封存犯罪记录时，应当通知下级人民检察院对相关犯罪记录予以封存。

第483条 人民检察院应当将拟封存的未成年人犯罪记录、案卷等相关材料装订成册，加密保存，不予公开，并建立专门的未成年人犯罪档案库，执行严格的保管制度。

第484条 除司法机关为办案需要或者有关单位根据国家规定进行查询的以外，人民检察院不得向任何单位和个人提供封存的犯罪记录，并不得提供未成年人有犯罪记录的证明。

司法机关或者有关单位需要查询犯罪记录的，应当向封存犯罪记录的人民检察院提出书面申请。人民检察院应当在7日以内作出是否许可的决定。

第485条 未成年人犯罪记录封存后，没有法定事由、未经法定程序不得解封。

对被封存犯罪记录的未成年人，符合下列条件之一的，应当对其犯罪记录解除封存：

（一）实施新的犯罪，且新罪与封存记录之罪数罪并罚后被决定执行5年有期徒刑以上刑罚的；

（二）发现漏罪，且漏罪与封存记录之罪数罪并罚后被决定执行5年有期徒刑以上刑罚的。

第486条 人民检察院对未成年犯罪嫌疑人作出不起诉决定后，应当对相关记录予以封存。除司法机关为办案需要进行查询外，不得向任何单位和个人提供。封存的具体程序参照本规则第483条至第485条的规定。

第487条 被封存犯罪记录的未成年人或者其法定代理人申请出具无犯罪记录证明的，人民检察院应当出具。需要协调公安机关、人民法院为其出具无犯罪记录证明的，人民检察院应当予以协助。

【高检发办字〔2020〕31号】 最高人民检察院关于加强新时代未成年人检察工作的意见（2020年4月21日）

9. 深入落实未成年人特殊检察制度。……落实犯罪记录封存制度，联合公安机关、人民法院制定关于犯罪记录封存的相关规定，协调、监督公安机关依法出具无犯罪记录相关证明，并结合司法办案实践，适时提出修改完善封存制度的意见建议。

【公安部令〔2020〕159号】 公安机关办理刑事案件程序规定（2020年7月4日第3次部务会议修订，2020年7月20日公布，2020年9月1日施行）

第331条（第3款） 被封存犯罪记录的未成年人，如果发现漏罪，合并被判处5年有期徒刑以上刑罚的，应当对其犯罪记录解除封存。

【主席令〔2020〕57号】 中华人民共和国未成年人保护法（2020年10月17日全国人大常委会〔13届22次〕最新修订，2021年6月1日起施行；2024年4月26日全国人大常委会〔14届9次〕统修）

第103条 公安机关、人民检察院、人民法院、司法行政部门以及其他组织和个人不得披露有关案件中未成年人的姓名、影像、住所、就读学校以及其他可能识别出其身份的信息，但查找失踪、被拐卖未成年人等情形除外。

【主席令〔2020〕64号】 中华人民共和国预防未成年人犯罪法（2020年12月26日第13届全国人大常委会第24次会议修订，2021年6月1日施行）

第59条 未成年人的犯罪记录依法被封存的，公安机关、人民检察院、人民法院和司法行政部门不得向任何单位或者个人提供，但司法机关因办案需要或者有关单位根据国家有关规定进行查询的除外。依法进行查询的单位和个人应当对相关记录信息予以保密。

未成年人接受专门矫治教育、专门教育的记录，以及被行政处罚、采取刑事强制措施和不起诉的记录，适用前款规定。

【法释〔2021〕1号】　最高人民法院关于适用《中华人民共和国刑事诉讼法》的解释（2020年12月7日最高法审委会〔1820次〕修订，2021年1月26日公布，2021年3月1日施行；2013年1月1日施行的"法释〔2012〕21号"《解释》同时废止）

第578条（第2款）　对依法应当封存犯罪记录的案件，宣判时，不得组织人员旁听；有旁听人员的，应当告知其不得传播案件信息。

第581条　犯罪时不满18周岁，被判处5年有期徒刑以下刑罚以及免予免除刑事处罚的未成年人的犯罪记录，应当封存。

2012年12月31日以前审结的案件符合前款规定的，相关犯罪记录也应当封存。

司法机关或者有关单位向人民法院申请查询封存的犯罪记录的，应当提供查询的理由和依据。对查询申请，人民法院应当及时作出是否同意的决定。

【公通字〔2021〕19号】　公安机关办理犯罪记录查询工作规定（公安部2021年12月3日印发，2021年12月31日施行。详见《刑法全厚细》第100条）

第10条　查询结果的反馈，应当符合《中华人民共和国刑事诉讼法》关于未成年人犯罪记录封存的规定。

对于个人查询，申请人有犯罪记录，但犯罪的时候不满18周岁，被判处5年有期徒刑以下刑罚的，受理单位应当出具《无犯罪记录证明》。

对于单位查询，被查询对象有犯罪记录，但犯罪的时候不满18周岁，被判处5年有期徒刑以下刑罚的，受理单位应当出具《查询告知函》，并载明查询对象无犯罪记录。法律另有规定的，从其规定。

【高检发办字〔2022〕71号】　最高人民法院、最高人民检察院、公安部、司法部关于未成年人犯罪记录封存的实施办法（2022年5月24日印发，2022年5月30日施行）

第2条　本办法所称未成年人犯罪记录，是指国家专门机关对未成年犯罪人员情况的客观记载。应当封存的未成年人犯罪记录，包括侦查、起诉、审判及刑事执行过程中形成的有关未成年人犯罪或者涉嫌犯罪的全部案卷材料与电子档案信息。

第3条　不予刑事处罚、不追究刑事责任、不起诉、采取刑事强制措施的记录，以及对涉罪未成年人进行社会调查、帮教考察、心理疏导、司法救助等工作的记录，按照本办法规定的内容和程序进行封存。

第4条　犯罪的时候不满18周岁，被判处5年有期徒刑以下刑罚以及免予刑事处罚的未成年人犯罪记录，应当依法予以封存。

对在年满18周岁前后实施数个行为，构成1罪或者一并处理的数罪，主要犯罪行为是在年满18岁周岁前实施的，被判处或者决定执行5年有期徒刑以下刑罚以及免予刑事处罚的未成年人犯罪记录，应当对全案依法予以封存。

第5条　对于分案办理的未成年人与成年人共同犯罪案件，在封存未成年人案卷材料和信息的同时，应当在未封存的成年人卷宗封面标注"含犯罪记录封存信息"等明显标识，并对相关信息采取必要保密措施。对于未分案办理的未成年人与成年人共同犯罪案件，应当在全案卷宗封面标注"含犯罪记录封存信息"等明显标识，并对相关信息采取必要保密措施。

第 6 条　其他刑事、民事、行政及公益诉讼案件，因办案需要使用了被封存的未成年人犯罪记录信息的，应当在相关卷宗封面标明"含犯罪记录封存信息"，并对相关信息采取必要保密措施。

第 7 条　未成年人因事实不清、证据不足被宣告无罪的案件，应当对涉罪记录予以封存；但未成年被告人及其法定代理人申请不予封存或者解除封存的，经人民法院同意，可以不予封存或者解除封存。

第 8 条　犯罪记录封存决定机关在作出案件处理决定时，应当同时向案件被告人或犯罪嫌疑人及其法定代理人或近亲属释明未成年人犯罪记录封存制度，并告知其相关权利义务。

第 9 条　未成年人犯罪记录封存应当贯彻及时、有效的原则。对于犯罪记录被封存的未成年人，在入伍、就业时免除犯罪记录的报告义务。

被封存犯罪记录的未成年人因涉嫌再次犯罪接受司法机关调查时，应当主动、如实地供述其犯罪记录情况，不得回避、隐瞒。

第 10 条　对于需要封存的未成年人犯罪记录，应当遵循《中华人民共和国个人信息保护法》不予公开，并建立专门的未成年人犯罪档案库，执行严格的保管制度。

对于电子信息系统中需要封存的未成年人犯罪记录数据，应当加设封存标记，未经法定查询程序，不得进行信息查询、共享及复用。

封存的未成年人犯罪记录数据不得向外部平台提供或对接。

第 11 条　人民法院依法对犯罪时不满十八周岁的被告人判处 5 年有期徒刑以下刑罚以及免予刑事处罚的，判决生效后，应当将刑事裁判文书、《犯罪记录封存通知书》及时送达被告人，并同时送达同级人民检察院、公安机关，同级人民检察院、公安机关在收到上述文书后应当在 3 日内统筹相关各级检察机关、公安机关将涉案未成年人的犯罪记录整体封存。

第 12 条　人民检察院依法对犯罪时不满 18 周岁的犯罪嫌疑人决定不起诉后，应当将《不起诉决定书》、《犯罪记录封存通知书》及时送达被不起诉人，并同时送达同级公安机关，同级公安机关收到上述文书后应当在 3 日内将涉案未成年人的犯罪记录封存。

第 13 条　对于被判处管制、宣告缓刑、假释或者暂予监外执行的未成年罪犯，依法实行社区矫正，执行地社区矫正机构应当在刑事执行完毕后 3 日内将涉案未成年人的犯罪记录封存。

第 14 条　公安机关、人民检察院、人民法院和司法行政机关分别负责受理、审核和处理各自职权范围内有关犯罪记录的封存、查询工作。

第 15 条　被封存犯罪记录的未成年人本人或者其法定代理人申请为其出具无犯罪记录证明的，受理单位应当在 3 个工作日内出具无犯罪记录的证明。

第 16 条　司法机关为办案需要或者有关单位根据国家规定查询犯罪记录的，应当向封存犯罪记录的司法机关提出书面申请，列明查询理由、依据和使用范围等，查询人员应当出示单位公函和身份证明等材料。

经审核符合查询条件的，受理单位应当在 3 个工作日内开具有/无犯罪记录证明。许可查询的，查询后，档案管理部门应当登记相关查询情况，并按照档案管理规定将有关申请、审批材料、保密承诺书等一同存入卷宗归档保存。依法不许可查询的，应当在 3 个工作日内向查询单位出具不许可查询决定书，并说明理由。

对司法机关为办理案件、开展重新犯罪预防工作需要申请查询的，封存机关可以依法允许其查阅、摘抄、复制相关案卷材料和电子信息。对司法机关以外的单位根据国家规定申请查询的，可以根据查询的用途、目的与实际需要告知被查询对象是否受过刑事处罚、被判处的罪名、刑期等信息，必要时，可以提供相关法律文书复印件。

第17条　对于许可查询被封存的未成年人犯罪记录的，应当告知查询犯罪记录的单位及相关人员严格按照查询目的和使用范围使用有关信息，严格遵守保密义务，并要求其签署保密承诺书。不按规定使用所查询的犯罪记录或者违反规定泄露相关信息，情节严重或者造成严重后果的，应当依法追究相关人员的责任。

因工作原因获知未成年人封存信息的司法机关、教育行政部门、未成年人所在学校、社区等单位组织及其工作人员、诉讼参与人、社会调查员、合适成年人等，应当做好保密工作，不得泄露被封存的犯罪记录，不得向外界披露该未成年人的姓名、住所、照片，以及可能推断出该未成年人身份的其他资料。违反法律规定披露被封存信息的单位或个人，应当依法追究其法律责任。

第18条　对被封存犯罪记录的未成年人，符合下列条件之一的，封存机关应当对其犯罪记录解除封存：（一）在未成年时实施新的犯罪，且新罪与封存记录之罪数罪并罚后被决定执行刑罚超过5年有期徒刑的；（二）发现未成年时实施的漏罪，且漏罪与封存记录之罪数罪并罚后被决定执行刑罚超过5年有期徒刑的；（三）经审判监督程序改判5年有期徒刑以上刑罚的。

被封存犯罪记录的未成年人，成年后又故意犯罪的，人民法院应当在裁判文书中载明其之前的犯罪记录。

第19条　符合解除封存条件的案件，自解除封存条件成立之日起，不再受未成年人犯罪记录封存相关规定的限制。

第20条　承担犯罪记录封存以及保护未成年人隐私、信息工作的公职人员，不当泄漏未成年人犯罪记录或者隐私、信息的，应当予以处分；造成严重后果，给国家、个人造成重大损失或者恶劣影响的，依法追究刑事责任。

第21条　涉案未成年人应当封存的信息被不当公开，造成未成年人在就学、就业、生活保障等方面未受到同等待遇的，未成年人及其法定代理人可以向相关机关、单位提出封存申请，或者向人民检察院申请监督。

第22条　人民检察院对犯罪记录封存工作进行法律监督。对犯罪记录应当封存而未封存，或者封存不当，或者未成年人及其法定代理人提出异议的，人民检察院应当进行审查，对确实存在错误的，应当及时通知有关单位予以纠正。

有关单位应当自收到人民检察院的纠正意见后及时审查处理。经审查无误的，应当向人民检察院说明理由；经审查确实有误的，应当及时纠正，并将纠正措施与结果告知人民检察院。

第23条　对于2012年12月31日以前办结的案件符合犯罪记录封存条件的，应当按照本办法的规定予以封存。

第24条　本办法所称"5年有期徒刑以下"含本数。

【海警局令〔2023〕1号】　海警机构办理刑事案件程序规定（2023年5月15日审议通过，2023年6月15日起施行）（**主文见本书第308条**）

第302条　未成年人犯罪的时候不满18周岁，被判处5年有期徒刑以下刑罚的，海警机构应当依据人民法院已经生效的判决书，将该未成年人的犯罪记录予以封存。

犯罪记录被封存的，除司法机关为办案需要或者有关单位根据国家规定进行查询外，海警机构不得向其他任何单位和个人提供。

被封存犯罪记录的未成年人，如果发现漏罪，合并被判处5年有期徒刑以上刑罚的，应当对其犯罪记录解除封存。

【法刊文摘】 检答网集萃100：《关于未成年人犯罪记录封存的实施办法》第5条的理解和适用（检察日报2022年12月18日）

咨询内容（广东广州苏伊凡）：《关于未成年人犯罪记录封存的实施办法》第5条对于分案办理的未成年人与成年人共同犯罪案件，在未封存的成年人卷宗封面标注"含犯罪记录封存信息"等明显标识，并对相关信息采取必要保密措施。实践中，应该包括哪些具体的保密措施？

解答摘要（王映）：除提问者个人意见所概括的内容外，刑事诉讼程序中有关未成年人犯罪和涉嫌犯罪的信息和记录都应被采取保密措施，在对外公开的程序和文书中均不得披露未成年人姓名、住所、照片，以及可能推断出该未成年人身份的其他信息。如，在审查起诉环节举行听证会，听证会上不可披露有关未成年人犯罪的信息和记录；在审判中，成年人案件含有的有关未成年人犯罪的信息和记录不应在公开场合披露；成年被告人刑事判决书中所含涉嫌未成年人信息及记录亦需屏蔽、隐藏；刑事执行环节，成年人为被执行人案件的法律文书中，对有关未成年人犯罪的信息和记录也需要屏蔽、隐藏。犯罪记录封存应是全流程、全覆盖的，如此才能实现未成年人利益保护最大化。

【法刊文摘】 检答网集萃108：未成年人案件绝对不起诉后是否需要犯罪记录封存（检察日报2023年7月5日）

咨询内容（河南博爱曹金虎）：《未成年人刑事检察工作指引（试行）》第86条关于未成年犯罪嫌疑人不起诉封存的规定，是否包括绝对不起诉和存疑不起诉的情形？

解答摘要（刘雁平）：应当理解为适用于所有不起诉情形，包括绝对不起诉、相对不起诉和存疑不起诉。作出不起诉决定后，虽然法律后果是无罪的，但公安机关还有侦查阶段进行立案、采取强制措施等相关信息记录，根据刑诉法规定，这些记录也要进行封存。被封存犯罪记录的未成年人本人或者其法定代理人向司法机关申请为其出具无犯罪记录证明的，受理单位应当在3个工作日内出具无犯罪记录的证明。

【国安部令〔2024〕4号】 国家安全机关办理刑事案件程序规定（2024年4月26日公布，2024年7月1日起施行）

第350条 未成年人犯罪的时候不满18周岁，被判处5年有期徒刑以下刑罚的，国家安全机关应当依据人民法院已经生效的判决书，将该未成年人的犯罪记录予以封存。

犯罪记录被封存的，除司法机关为办案需要或者有关单位根据国家规定进行查询外，国家安全机关不得向其他任何单位和个人提供。

被封存犯罪记录的未成年人，如果发现漏罪，合并被判处五年有期徒刑以上刑罚的，应当对其犯罪记录解除封存。

第287条 【未成年犯其他办理规定】办理未成年人刑事案件，除本章已有规定的以外，按照本法的其他规定进行。

（本书汇）【涉未案件其他规定】①

● **相关规定** 【综治委预青领联字〔2010〕1号】 中央综治委预防青少年违法犯罪工作领导小组、最高人民法院、最高人民检察院、公安部、司法部、共青团中央关于进一步建立和完善办理未成年人刑事案件配套工作体系的若干意见（2010年8月28日）

三、进一步加强公安机关、人民检察院、人民法院、司法行政机关的协调与配合

（三）对未成年犯罪嫌疑人、被告人的教育、矫治

1.公安机关、人民检察院、人民法院、司法行政机关在办理未成年人刑事案件和执行刑罚时，应当结合具体案情，采取符合未成年人身心特点的方法，开展有针对性的教育、感化、挽救工作。

对于因犯罪情节轻微不立案、撤销案件、不起诉或判处非监禁刑、免予刑事处罚的未成年人，公安机关、人民检察院、人民法院应当视案件情况对未成年人予以训诫、责令具结悔过、赔礼道歉、责令赔偿等，并要求法定代理人或其他监护人加强监管。同时，公安机关、人民检察院、人民法院应当配合有关部门落实社会帮教、就学就业和生活保障等事宜，并适时进行回访考察。

因不满刑事责任年龄不予刑事处罚的未成年人，应当责令法定代理人或其他监护人加以管教，并落实就学事宜。学校、法定代理人或其他监护人无力管教或者管教无效，适宜送专门学校的，可以按照有关规定将其送专门学校。必要时，可以根据有关法律对其收容教养②。

4.在审理未成年人刑事案件过程中，人民法院在法庭调查和辩论终结后，应当根据案件的具体情况组织到庭的诉讼参与人对未成年被告人进行教育。

对于判处非监禁刑的未成年人，人民法院应当在判决生效后及时将有关法律文书送达未成年人户籍所在地或居住地的司法行政机关社区矫正工作部门。

5.未成年犯管教所可以进一步开展完善试工试学工作。对于决定暂予监外执行和假释的未成年犯，未成年犯管教所应当将社会调查报告、服刑期间表现等材料及时送达未成年人户籍所在地或居住地的司法行政机关社区矫正工作部门。

6.司法行政机关社区矫正工作部门应当在公安机关配合和支持下负责未成年社区服刑人员的监督管理与教育矫治，做好对未成年社区服刑人员的日常矫治、行为考核和帮困扶助、刑罚执行建议等工作。

对未成年社区服刑人员应坚持教育矫正为主，并与成年人分开进行。

对于被撤销假释、缓刑的未成年社区服刑人员，司法行政机关社区矫正工作部门应当及时将未成年人社会调查报告、社区服刑期间表现等材料送达当地负责的公安机关和人民检察院。

---

① 注：本书将涉未成年人犯罪案件的其他相关规定一并汇集于此。
② 注：《刑法修正案（十一）》（2021年3月1日施行）将刑法第17条规定的"收容教养"改为"专门矫治教育"。

8. 对未成年犯的档案应严格保密，建立档案的有效管理制度；对违法和轻微犯罪的未成年人，有条件的地区可以试行行政处罚和轻罪纪录消灭制度。非有法定事由，不得公开未成年人的行政处罚记录和被刑事立案、采取刑事强制措施、不起诉或因轻微犯罪被判处刑罚的记录。

【高检发诉字〔2012〕152号】 最高人民检察院关于进一步加强未成年人刑事检察工作的决定（2012年10月22日）

16. 建立健全亲情会见制度。在审查起诉环节，对于案件事实已基本查清，主要证据确实、充分，而且未成年犯罪嫌疑人有认罪、悔罪表现，或者虽尚未认罪、悔罪，但通过会见有可能促其转化，其法定代理人、近亲属等能积极配合检察机关进行教育的，可以安排在押未成年犯罪嫌疑人与其法定代理人、近亲属等会见，进行亲情感化。

20. 建立健全量刑建议制度。对提起公诉的未成年人犯罪案件，可以综合衡量犯罪事实、情节和未成年被告人的具体情况，依法提出量刑建议。对符合法定条件的，可以提出适用非监禁刑或缓刑的建议，并视情况建议判处禁止令。要在庭审时围绕量刑建议出示有关证据材料，进一步阐述具体理由和根据。

31. 加强对未成年人刑事检察工作的宣传。要大力宣传未成年人刑事检察工作经验、工作成效、典型案例和先进模范人物，推出具有影响力和品牌效应的"检察官妈妈"等帮教典型，展示检察机关亲民、爱民和理性、平和、文明、规范执法的良好形象，促进社会各界了解、关心和支持未成年人刑事检察工作。

【高检发研字〔2013〕7号】 人民检察院办理未成年人刑事案件的规定（2002年3月25日最高检第9届检委会第105次会议通过；2006年12月28日最高检第10届检委会第68次会议第1次修订；2013年12月19日最高检第12届检委会第14次会议第2次修订，2013年12月27日印发）

第24条 移送审查起诉的案件具备以下条件之一，且其法定代理人、近亲属等与本案无牵连的，经公安机关同意，检察人员可以安排在押的未成年犯罪嫌疑人与其法定代理人、近亲属等进行会见、通话：（一）案件事实已基本查清，主要证据确实、充分，安排会见、通话不会影响诉讼活动正常进行；（二）未成年犯罪嫌疑人有认罪、悔罪表现，或者虽尚未认罪、悔罪，但通过会见、通话有可能促使其转化，或者通过会见、通话有利于社会、家庭稳定；（三）未成年犯罪嫌疑人的法定代理人、近亲属对其犯罪原因、社会危害性以及后果有一定的认识，并能配合司法机关进行教育。

第25条 在押的未成年犯罪嫌疑人同其法定代理人、近亲属等进行会见、通话时，检察人员应当告知其会见、通话不得有串供或者其他妨碍诉讼的内容。会见、通话时检察人员可以在场。会见、通话结束后，检察人员应当将有关内容及时整理并记录在案。

第55条 对于符合适用简易程序审理条件的未成年人刑事案件，人民检察院应当在提起公诉时向人民法院提出适用简易程序审理的建议。

第56条 对提起公诉的未成年人刑事案件，应当认真做好下列出席法庭的准备工作：（一）掌握未成年被告人的心理状态，并对其进行接受审判的教育，必要时，可以再次讯问被告人；（二）与未成年被告人的法定代理人、合适成年人、辩护人交换意见，共同做好教育、感化工作；（三）进一步熟悉案情，深入研究本案的有关法律政策问题，根据案件性质，结合社会调查情况，拟定讯问提纲、询问被害人、证人、鉴定人提纲、举证提纲、答辩提纲、公诉意见书和针对未成年被告人进行法制教育的书面材料。

第57条　公诉人出席未成年人刑事审判法庭，应当遵守公诉人出庭行为规范要求，发言时应当语调温和，并注意用语文明、准确，通俗易懂。

公诉人一般不提请未成年证人、被害人出庭作证。确有必要出庭作证的，应当建议人民法院采取相应的保护措施。

第58条　在法庭审理过程中，公诉人的讯问、询问、辩论等活动，应当注意未成年人的身心特点。对于未成年被告人情绪严重不稳定，不宜继续接受审判的，公诉人可以建议法庭休庭。

第59条　对于具有下列情形之一，依法可能判处拘役、3年以下有期徒刑，有悔罪表现，宣告缓刑对所居住社区没有重大不良影响，具备有效监护条件或者社会帮教措施、适用缓刑确实不致再危害社会的未成年被告人，人民检察院应当建议人民法院适用缓刑：（一）犯罪情节较轻，未造成严重后果的；（二）主观恶性不大的初犯或者胁从犯、从犯；（三）被害人同意和解或者被害人有明显过错的；（四）其他可以适用缓刑的情节。

建议宣告缓刑，可以根据犯罪情况，同时建议禁止未成年被告人在缓刑考验期限内从事特定活动，进入特定区域、场所，接触特定的人。

人民检察院提出对未成年被告人适用缓刑建议的，应当将未成年被告人能够获得有效监护、帮教的书面材料于判决前移送人民法院。

第60条　公诉人在依法指控犯罪的同时，要剖析未成年被告人犯罪的原因、社会危害性，适时进行法制教育，促使其深刻反省，吸取教训。

第61条　人民检察院派员出席未成年人刑事案件二审法庭适用本节的相关规定。

第76条　人民检察院复查未成年人刑事申诉案件，应当直接听取未成年人及其法定代理人的陈述或者辩解，认真审核、查证与案件有关的证据和线索，查清案件事实，依法作出处理。

案件复查终结作出处理决定后，应当向未成年人及其法定代理人当面送达法律文书，做好释法说理和教育工作。

第77条　对已复查纠正的未成年人刑事申诉案件，应当配合有关部门做好善后工作。

第79条　本规定所称未成年人刑事案件，是指犯罪嫌疑人、被告人实施涉嫌犯罪行为时已满14周岁、未满18周岁的刑事案件，但在有关未成年人诉讼权利和体现对未成年人程序上特殊保护的条文中所称的未成年人，是指在诉讼过程中未满18周岁的人。犯罪嫌疑人实施涉嫌犯罪行为时未满18周岁，在诉讼过程中已满18周岁的，人民检察院可以根据案件的具体情况适用本规定。

第80条　实施犯罪行为的年龄，一律按公历的年、月、日计算。从周岁生日的第二天起，为已满××周岁。

【高检发诉字〔2014〕28号】　最高人民检察院关于进一步加强未成年人刑事检察工作的通知（2014年12月2日）

三、……建立未成年人刑事检察工作异地协助机制。对异地检察机关提出协助社会调查、附条件不起诉监督考察、跟踪帮教、社区矫正、犯罪记录封存等请求的，协作地检察机关应当及时予以配合。必要时，可以通过共同的上级检察机关对未成年人刑事检察部门进行沟通协调，切实提升帮教、挽救工作水平。

【高检发未检字〔2017〕1号】　未成年人刑事检察工作指引（试行）（最高检2017年3月2日印发试行）

第173条　【及时帮助】人民检察院在审查起诉中发现未成年犯罪嫌疑人、未成年被害人身体存在严重疾患的，应当及时提供必要的帮助；发现未成年犯罪嫌疑人、未成年被害人心理存在问题的，应当及时对其进行心理疏导，或者委托专业机构或者有资质的人员对其进行心理疏导。

第206条　【提起公诉】人民检察院对于犯罪事实清楚，证据确实、充分，未成年犯罪嫌疑人可能被判处1年有期徒刑以上刑罚的，综合考虑犯罪的性质、情节、主观恶性及其成长经历、犯罪原因、监护教育等情况，认为起诉有利于对其矫治的；或者虽然未成年犯罪嫌疑人可能被判处1年有期徒刑以下刑罚，但不符合附条件不起诉条件或者未成年犯罪嫌疑人及其法定代理人不同意检察机关作出附条件不起诉决定的，人民检察院应当提起公诉。

第207条　【量刑建议】对提起公诉的未成年人刑事案件，可以综合衡量犯罪事实、情节和未成年被告人的具体情况，依法提出量刑建议。对符合法定条件的，可以提出适用非监禁刑或者缓刑的建议，并视情况建议判处禁止令。

第216条　【圆桌审判】人民检察院对于符合下列条件之一的未成年人刑事案件，在提起公诉时，可以建议人民法院采取圆桌审判方式审理：（一）适用简易程序的；（二）16周岁以下未成年人犯罪的；（三）可能判处5年有期徒刑以下刑罚或者过失犯罪的；（四）犯罪情节轻微，事实清楚，证据确实、充分，被告人对被指控的犯罪事实无异议的；（五）犯罪性质较为严重，但被告人系初犯或者偶犯，平时表现较好，主观恶性不大的；（六）其他适合的案件。

第217条　【庭前准备】（第2款）法庭教育词可以包括以下内容：（一）刑事违法性，即未成年被告人的行为已经触犯刑法，具有应受刑罚处罚的必要性，促使其正确对待判决，树立法治意识；（二）社会危害性，包括对被害人、未成年被告人本人及其家庭、社会等造成的伤害，促使其深刻反思；（三）犯罪原因及应当吸取的教训；（四）未成年被告人自身优点，对今后工作、学习、生活提出有针对性的要求，增强其回归社会的信心；（五）对监护人的教养方式等提出建议；（六）其他有针对性的教育、感化、挽救内容。

第221条　【法庭教育】出庭检察人员在整个庭审过程中，应当在依法指控犯罪的同时，将有关法律规定、社会危害后果、未成年被告人的犯罪原因及其应当吸取的教训等予以充分阐述，尤其对未成年被告人在庭审中暴露出的错误认识，要及时、耐心地予以纠正。

根据具体情况，出庭检察人员可以提请法庭安排社会调查员、帮教人员、心理疏导人员等发言，对未成年被告人进行帮助教育。

在法庭作出有罪判决后，出庭检察人员应当配合法庭对未成年被告人进行教育。在此阶段，可以依据庭审中所查明的犯罪事实，对未成年被告人进行认罪服法或悔过教育，使其认识到自己的犯罪性质、危害后果和应受处罚。重点是指明今后的出路，使未成年被告人感到司法机关不仅仅是对其进行审判，而且还对其进行教育和挽救，使其树立改过自新的信心和决心，实现惩教结合的目的。

【高检发未检字〔2017〕4号】　最高人民检察院关于建立未成年人检察工作评价机制的意见（试行）（2017年11月8日印发试行）

二、准确把握评价未成年人检察工作的指导思想和基本原则评价未成年人检察工作的指导思想是：符合未成年人检察工作特殊要求，改变单纯以办案数量评价工作的做法，以工作质量和帮教效果为核心，涵盖少捕慎诉、特殊制度、教育挽救、犯罪预防、法律监督、权益维护等内容，体现未成年人检察工作实绩和成效，引导和促进未成年人检察工作健康发展。

评价未成年人检察工作的基本原则是：

（一）独立评价。未成年人司法与成年人司法在理念目的、政策原则、职责范围、工作模式、制度机制、程序方式等方面具有根本性区别，要以本意见为标准分别统计、分开评价，建立与成年人司法不同的未成年人检察工作独立评价体系。

（二）综合评价。充分考虑未成年人检察工作的特殊性、复杂性、全面性，结合未成年人检察工作"捕诉监防"一体化的工作机制，构建办案数量与办案效果、刑事检察与综合监督、核心数据与案件评查、司法职能与社会职能、内部评价与外部评价相结合的评价体系，从案件办理、特别程序落实、涉罪未成年人教育感化挽救、未成年人违法犯罪预防、未成年人合法权益维护、工作专业化、社会化支持体系建设等方面进行综合评价。特别是要避免将未成年人检察简单等同于刑事检察的倾向。

（三）找准核心。坚持未成年人权益特殊保护、优先保护的基本要求，立足教育、感化、挽救的方针，将未成年人检察工作的质量和效果作为评价的核心，切实深化专业化建设，更加注重规范化建设，持续推动社会化建设，建立健全未成年人检察工作制度机制，稳步推进未成年人检察监督，实现未成年人权益保护与健康成长的长远目标。

（四）因地制宜。充分认识地区情况的差异性，引导各地立足实际，突出重点，争先创优，真抓实干。一方面要鼓励未成年人检察工作起步早、发展快的地方，按照法律的规定和要求，积极实践，创新机制；另一方面对于那些工作基础薄弱、起步较晚，但结合本地特点，稳步推进各项工作，成效明显的地方，也应当予以充分肯定，以实现未成年人检察工作的整体发展、共同进步。

（五）确保公平。具体评价时要综合各方面情况，合理设置各项工作的分值。要做到程序公开透明，方式方法合理，杜绝弄虚作假等功利性行为，确保客观公正。

三、科学设置未成年人检察工作的评价内容

根据未成年人检察工作的职责范围和工作特点，科学设定、适时调整评价内容，使评价工作符合未成年人检察工作规律，更加客观、准确地反映未成年人检察工作情况，更好地推动国家有关未成年人政策方针和各项法律规定的贯彻落实。未成年人检察工作评价内容主要包括以下几个方面：

（一）刑事案件办理

刑事案件办理是未成年人检察工作主要业务内容之一，重点围绕办理案件质量和"少捕慎诉"原则落实等方面进行综合评价。具体可包括以下指标：

1. 刑事案件范围。未成年人检察部门负责的刑事案件主要包括未成年人犯罪的案件、成年人实施的侵害未成年人人身权利的犯罪案件。各地也可以结合实际和双向保护的要求，具体确定由未成年人检察部门办理其他刑事案件，如侵犯未成年人财产权利的犯罪案件、成年人利用未达到刑事责任年龄的未成年人作为犯罪工具的犯罪案件、大学生犯罪案件等。

2. 办理案件工作量。与办理成年人刑事案件相比，办理一个未成年人刑事案件，除了审查证据、认定事实和适用法律，还必须落实刑事诉讼法有关未成年人刑事案件特别程序的各项要求，并单独或者协调有关部门，组织对涉案未成年人开展帮助教育、关爱救助等工作。即使案件办结，但跟踪考察、帮教预防等工作依然需要继续。因此，要准确衡量办理未成年人刑事案件所付出的工作量，单纯案件数量不是评价未成年人检察工作的主要标准。

3. 办理案件质量。对于办案中出现撤回起诉、撤销不起诉、无罪判决等情况的，应当逐案进行评查。经评查发现原决定确有错误的，应评价为质量问题。要加强对捕后被法院判处免除刑罚、单处罚金、管制、拘役、一年以下有期徒刑、缓刑等情况的分析总结。通过批捕情况与法院判决情况的对比，从一个侧面检验"少捕慎诉"原则的落实情况，促进办案人员自查自纠、认真执法，实现对犯罪的未成年人教育、感化、挽救方针。经对比分析原批捕决定不当的，应评价为质量问题。

4. 非羁押措施适用情况。指在未成年人刑事案件诉讼过程中，对涉案未成年人采取非羁押措施的情况，包括无社会危险性不捕和变更强制措施。无社会危险性不捕指因无社会危险性而作出不批准逮捕决定，变更强制措施指捕后经继续羁押必要性审查变更强制措施。这是判断是否认真落实刑事诉讼法对未成年人犯罪嫌疑人严格限制适用逮捕措施的重要指标。

5. 非刑罚措施适用情况。指对涉罪未成年人依法作出非刑罚化处理的情况，包括相对不起诉、附条件不起诉。这是落实对犯罪的未成年人坚持教育为主、惩罚为辅原则的基本要求。

（二）特殊检察制度落实

未成年人特殊检察制度的落实是未成年人检察工作核心内容，也是未成年人检察工作区别于其他刑事检察工作的重要标志。根据相关法律规定及未成年人检察工作的实际情况，可以分为如下2个方面：

1. 特别程序落实情况。包括法律援助、法定代理人或合适成年人到场、社会调查、附条件不起诉、分案起诉、刑事和解、法庭教育、犯罪记录封存等。

2. 特殊工作开展情况。包括亲情会见、心理测评、心理疏导、帮教措施、跟踪回访、未成年被害人救助等。

（三）法律监督

对未成年人案件诉讼活动及权益维护情况加强法律监督是未成年人检察工作重要内容，需要从以下4个方面进行综合评价：

1. 刑事诉讼活动监督情况。指对涉及未成年人的刑事案件开展立案监督、引导侦查、追捕、追诉、抗诉、纠正违法（发出书面纠正违法并取得监督效果）及其他侦查监督、审判监督情况。其中立案监督、追捕、追诉、抗诉工作，应当以成年人侵害未成年人人身权利犯罪案件为重点。

2. 民事、行政检察工作情况。指对涉及未成年人合法权益的民事、行政诉讼活动开展监督以及公益诉讼等情况。重点工作包括：建议、督促、支持有关个人或者单位向人民法院提起申请撤销监护人资格的诉讼；涉及未成年人利益的公益诉讼；涉及未成年人利益的家事审判活动监督等。

3. 刑事执行检察工作情况。指对未成年犯罪嫌疑人、被告人适用强制措施、刑罚执行工作开展监督的情况。重点工作包括：羁押必要性审查、看守所分管分押监督、未管所监督、社区矫正监督等。

4. 权益维护监督情况。指对侵犯未成年人合法权益的有关问题依法实施监督。

对涉及未成年人的民事行政检察工作、刑事执行检察工作，考虑到各地情况及工作基础、鼓励结合当地实际、强化沟通配合、积极开展探索、突出重点、稳步推进。有条件的地方，可以开展试点，逐步实现对未成年人的综合保护。

（四）犯罪预防

犯罪预防工作是未成年人检察部门的重要职能，需要从个案预防、类案预防和一般预防3个方面进行综合评价。要立足于检察职能，依托办案开展相关工作，并注意掌握重新犯罪情况，以检验预防效果。

1. 个案预防（包括再犯预防、临界预防）情况。对涉嫌犯罪的未成年人、因年龄原因不负刑事责任的未成年人以及在办案中发现的其他有严重不良行为的未成年人，单独或者会同家庭及学校、公安机关等相关部门，组织开展亲职教育、帮助教育、救助关爱等工作，预防其再犯。对所办未成年人犯罪案件要注意跟踪查询，掌握3年内再犯等情况。

2. 类案预防情况。加强同一类犯罪案件的特点、原因、趋势等情况的统计分析，发现未成年人犯罪和侵害未成年人犯罪背后的政策、法律、制度和社会治理等方面的问题，有针对性地提出预防犯罪的意见和建议，以检察建议等方式向有关单位提出，并跟踪落实情况。

3. 一般预防情况。积极参与校园周边环境整治、重点青少年群体教育管理、社会治安专项整治、未成年人法治教育基地建设等工作。完善法治副校长、检察官以案释法等制度，积极开展法治进校园、进乡村、进社区等活动。

（五）专业化建设

专业化建设是未成年人检察工作发展的基础。具体可以从专门机构建设、专业人员配备和专业办案区建设3个方面进行评价。

1. 未成年人检察专门机构建设情况。应当根据《中华人民共和国未成年人保护法》等法律和高检院有关司法解释、规范性文件的规定，设立专门机构或者指定专人负责未成年人检察工作。一般不得将非未检部门受案范围内的案件分配给未检察官办理，以确保未成年人检察特殊政策、特殊制度和特别程序落实到位。

2. 专业人员配备情况。未成年人检察专门机构配备人员的年龄、性别结构要合理，熟悉未成年人身心特点，具有犯罪学、心理学、社会学、教育学等相关专业知识。在司法改革和检察改革中要确保未检察官的员额，保持未成年人检察队伍的相对稳定。

3. 专业办案区建设情况。办案区要进行必要的区域划分，具备讯（询）问、心理疏导、听证、宣告、法治教育等功能，配备适合未成年人身心特点的办案装备和设施，为检察机关教育感化挽救涉罪未成年人、保护救助未成年被害人提供合适环境。

（六）社会化建设

未成年人检察工作是一项实践性、探索性、综合性很强的工作，需要各地结合实际，充分发挥主动性，积极创新工作制度机制，推进相关配套体系建设。具体可从健全政法机关衔接配合机制和建立未成年人司法社会支持体系两个方面进行评价。

1. 政法机关衔接配合机制构建情况。加强与其他政法机关沟通协调，完善办理未成年人案件配套工作体系，推动建立未成年人司法联席会议、信息通报等制度；促进各政法机关在评价标准、社会调查、逮捕必要性证据收集与移送、法律援助、分案起诉等方面形成共识，出台规范性文件；推动建立未成年人司法异地协助网络。

2. 未成年人司法社会支持体系构建情况。加强与综治、民政、教育、卫生、共青团等联系与配合，推动建立跨部门合作机制；推动建立未成年人社会观护体系，探索建立政府主导的未成年人司法保护社会服务机构和未成年人帮教基地，形成司法借助社会力量长效机制；推动构建预防未成年人重新犯罪工作支持机制，协助做好未成年犯刑满释放、解除社区矫正时的衔接管理工作。

【律发通〔2017〕51号】 律师办理刑事案件规范（2017年8月27日第9届全国律协常务理事会第8次会议通过、即日施行，中华全国律师协会2017年9月20日）

第216条　辩护律师可以根据案件情况，向法庭提供有关未成年被告人能够获得监护、帮教以及对所居住社区无重大不良影响的书面材料，提出对未成年被告人判处管制、缓刑等量刑建议。

第217条　开庭前和休庭时，辩护律师可以建议法庭安排未成年被告人与其法定代理人或者《刑事诉讼法》第270条第1款规定的其他成年亲属、代表会见。

【高检发〔2019〕13号】 最高人民法院、最高人民检察院、公安部、国家安全部、司法部关于适用认罪认罚从宽制度的指导意见（2019年10月11日印发施行）

17. 促进和解谅解。对符合当事人和解程序适用条件的公诉案件，犯罪嫌疑人、被告人认罪认罚的，人民法院、人民检察院、公安机关应当积极促进当事人自愿达成和解。对其他认罪认罚案件，人民法院、人民检察院、公安机关可以促进犯罪嫌疑人、被告人通过向被害方赔偿损失、赔礼道歉等方式获得谅解，被害方出具的谅解意见应当随案移送。

人民法院、人民检察院、公安机关在促进当事人和解谅解过程中，应当向被害方释明认罪认罚从宽、公诉案件当事人和解适用程序等具体法律规定，充分听取被害方意见，符合司法救助条件的，应当积极协调办理。

【高检发释字〔2019〕4号】 人民检察院刑事诉讼规则（2019年12月2日最高检第13届检委会第28次会议通过，2019年12月30日公布施行；高检发释字〔2012〕2号《规则（试行）》同时废止）

第467条　未成年犯罪嫌疑人认罪认罚的，人民检察院应当告知本人及其法定代理人享有的诉讼权利和认罪认罚的法律规定，并依照刑事诉讼法第173条的规定，听取、记录未成年犯罪嫌疑人及其法定代理人、辩护人、被害人及其诉讼代理人的意见。

第468条　未成年犯罪嫌疑人认罪认罚的，应当在法定代理人、辩护人在场的情况下签署认罪认罚具结书。法定代理人、辩护人对认罪认罚有异议的，不需要签署具结书。

因未成年犯罪嫌疑人的法定代理人、辩护人对其认罪认罚有异议而不签署具结书的，人民检察院应当对未成年人认罪认罚情况，法定代理人、辩护人的异议情况如实记录。提起公诉的，应当将该材料与其他案卷材料一并移送人民法院。

未成年犯罪嫌疑人的法定代理人、辩护人对认罪认罚有异议而不签署具结书的，不影响从宽处理。

法定代理人无法到场的，合适成年人可以代为行使到场权、知情权、异议权等。法定代理人未到场的原因以及听取合适成年人意见等情况应当记录在案。

第489条　……未成年人刑事案件，是指犯罪嫌疑人实施涉嫌犯罪行为时已满14周岁、未满18周岁的刑事案件。

……第467条、第468条所称的未成年犯罪嫌疑人，是指在诉讼过程中未满18周岁的人。犯罪嫌疑人实施涉嫌犯罪行为时未满18周岁，在诉讼过程中已满18周岁的，人民检察院可以根据案件的具体情况适用上述规定。

　　第490条　人民检察院办理侵害未成年人犯罪案件，应当采取适合未成年被害人身心特点的方法，充分保护未成年被害人的合法权益。

　　【高检发办字〔2020〕31号】　**最高人民检察院关于加强新时代未成年人检察工作的意见**（2020年4月21日）

　　9. 深入落实未成年人特殊检察制度。……加强合适成年人履职能力培训，推动建立稳定的合适成年人队伍。委托心理、社会工作等领域专家开展心理疏导、心理测评等工作，规范运用心理疏导、心理测评辅助办案的方式方法。……

　　10. ……发挥认罪认罚从宽制度的程序分流作用，依法积极适用相对不起诉、附条件不起诉。拟提起公诉的，在依法提出量刑建议的同时，探索提出有针对性的帮教建议。自2020年开始，未成年人犯罪案件认罪认罚从宽制度总体适用率达到80%以上。

　　11. 加强涉罪未成年人帮教机制建设。探索"互联网+"帮教模式，促进涉罪未成年人帮教内容和方式多元化。引入人格甄别、心理干预等手段，提高帮教的精准度、有效性。加强对附条件不起诉未成年人的考察帮教，积极开展诉前观护帮教，延伸开展不捕、相对不起诉后的跟踪帮教，把帮教贯穿刑事案件办理全过程。探索帮教工作案件化办理。建立流动涉罪未成年人帮教异地协作机制，联合开展社会调查、心理疏导、监督考察、社区矫正监督等工作，确保平等司法保护。

　　12. 推动建立罪错未成年人分级干预体系。加强与公安、教育等职能部门的配合协作，建立健全严重不良行为、未达刑事责任年龄不予刑事处罚未成年人的信息互通、线索移送和早期干预机制，推动完善罪错未成年人临界预防、家庭教育、保护处分等有机衔接的分级干预制度。认真落实《关于加强专门学校建设和专门教育工作的意见》，积极推动解决招生对象、入学程序、效果评估等方面的难题，探索建立检察机关与专门学校的工作衔接机制，把保护、教育、管束落到实处，切实发挥专门学校独特的教育矫治作用。全面加强家庭教育指导，督促父母提升监护能力，落实监护责任。

　　21. 稳步推进检察官兼任法治副校长工作。至2020年底，实现全国四级检察院院领导、未成年人检察工作人员兼任法治副校长全覆盖。……

　　25. 强化未成年人检察业务管理。……省级检察院要研究制定实施细则，对未成年人检察办案组、独任检察官履职情况单独评价。

　　【高检发〔2020〕9号】　**关于建立侵害未成年人案件强制报告制度的意见（试行）**（最高检、国家监委、教育部、公安部、民政部、司法部、国家卫健委、共青团中央、全国妇联2020年5月7日印发试行）

　　第2条　侵害未成年人案件强制报告，是指国家机关、法律法规授权行使公权力的各类组织及法律规定的公职人员，密切接触未成年人行业的各类组织及其从业人员，在工作中发现未成年人遭受或者疑似遭受不法侵害以及面临不法侵害危险的，应当立即向公安机关报案或举报。

　　第3条　本意见所称密切接触未成年人行业的各类组织，是指依法对未成年人负有教育、看护、医疗、救助、监护等特殊职责，或者虽不负有特殊职责但具有密切接触未成年人条件的企事业单位、基层群众自治组织、社会组织。主要包括：居（村）民委员会；中小学校、幼儿园、校外培训机构、未成年人校外活动场所等教育机构及校车服务提供者；托儿所等托育服务机构；医院、妇幼保健院、急救中心、诊所等医疗机构；儿童福利机构、救助管理机构、未成年人救助保护机构、社会工作服务机构；旅店、宾馆等。

第4条　本意见所称在工作中发现未成年人遭受或者疑似遭受不法侵害以及面临不法侵害危险的情况包括：

（一）未成年人的生殖器官或隐私部位遭受或疑似遭受非正常损伤的；

（二）不满14周岁的女性未成年人遭受或疑似遭受性侵害、怀孕、流产的；

（三）14周岁以上女性未成年人遭受或疑似遭受性侵害所致怀孕、流产的；

（四）未成年人身体存在多处损伤、严重营养不良、意识不清，存在或疑似存在受到家庭暴力、欺凌、虐待、殴打或者被人麻醉等情形的；

（五）未成年人因自杀、自残、工伤、中毒、被人麻醉、殴打等非正常原因导致伤残、死亡情形的；

（六）未成年人被遗弃或长期处于无人照料状态的；

（七）发现未成年人来源不明、失踪或者被拐卖、收买的；

（八）发现未成年人被组织乞讨的；

（九）其他严重侵害未成年人身心健康的情形或未成年人正在面临不法侵害危险的。

第5条　根据本意见规定情形向公安机关报案或举报的，应按照主管行政机关要求报告备案。

第6条　具备先期核实条件的相关单位、机构、组织及人员，可以对未成年人疑似遭受不法侵害的情况进行初步核实，并在报案或举报时将相关材料一并提交公安机关。

第7条　医疗机构及其从业人员在收治遭受或疑似遭受人身、精神损害的未成年人时，应当保持高度警惕，按规定书写、记录和保存相关病历资料。

第8条　公安机关接到疑似侵害未成年人权益的报案或举报后，应当立即接受，问明案件初步情况，并制作笔录。根据案件的具体情况，涉嫌违反治安管理的，依法受案审查；涉嫌犯罪的，依法立案侦查。对不属于自己管辖的，及时移送有管辖权的公安机关。

第9条　公安机关侦查未成年人被侵害案件，应当依照法定程序，及时、全面收集固定证据。对于严重侵害未成年人的暴力犯罪案件、社会高度关注的重大、敏感案件，公安机关、人民检察院应当加强办案中的协商、沟通与配合。

公安机关、人民检察院依法向报案人员或者单位调取指控犯罪所需要的处理记录、监控资料、证人证言等证据时，相关单位及其工作人员应当积极予以协助配合，并按照有关规定全面提供。

第10条　公安机关应当在受案或者立案后3日内向报案单位反馈案件进展，并在移送审查起诉前告知报案单位。

第14条　相关单位、组织及其工作人员应当注意保护未成年人隐私，对于涉案未成年人身份、案情等信息资料予以严格保密，严禁通过互联网或者以其他方式进行传播。私自传播的，依法给予治安处罚或追究其刑事责任。

第15条　依法保障相关单位及其工作人员履行强制报告责任，对根据规定报告侵害未成年人案件而引发的纠纷，报告人不予承担相应法律责任；对于干扰、阻碍报告的组织或个人，依法追究法律责任。

第16条　负有报告义务的单位及其工作人员未履行报告职责，造成严重后果的，由其主管行政机关或者本单位依法对直接负责的主管人员或者其他直接责任人员给予相应处分；构成犯罪的，依法追究刑事责任。相关单位或者单位主管人员阻止工作人员报告的，予以从重处罚。

第17条　对于行使公权力的公职人员长期不重视强制报告工作，不按规定落实强制报告制度要求的，根据其情节、后果等情况，监察委员会应当依法对相关单位和失职失责人员进行问责，对涉嫌职务违法犯罪的依法调查处理。

第18条　人民检察院依法对本意见的执行情况进行法律监督。对于工作中发现相关单位对本意见执行、监管不力的，可以通过发出检察建议书等方式进行监督纠正。

【高检发〔2020〕14号】　最高人民检察院、教育部、公安部关于建立教职员工准入查询性侵违法犯罪信息制度的意见（2020年8月20日）

第3条　本意见所称的学校，是指中小学校（含中等职业学校和特殊教育学校）、幼儿园。

第4条　本意见所称的性侵违法犯罪信息，是指符合下列条件的违法犯罪信息，公安部根据本条规定建立性侵违法犯罪人员信息库：

（一）因触犯刑法第236条、第237条规定的强奸，强制猥亵，猥亵儿童犯罪行为被人民法院依法作出有罪判决的人员信息；

（二）因触犯刑法第236条、第237条规定的强奸，强制猥亵，猥亵儿童犯罪行为被人民检察院根据刑事诉讼法第177条第2款之规定作出不起诉决定的人员信息；

（三）因触犯治安管理处罚法第44条规定的猥亵行为被行政处罚的人员信息。

符合刑事诉讼法第286条规定的未成年人犯罪记录封存条件的信息除外。

第5条　学校新招录教师、行政人员、勤杂人员、安保人员等在校园内工作的教职员工，在入职前应当进行性侵违法犯罪信息查询。

在认定教师资格前，教师资格认定机构应当对申请人员进行性侵违法犯罪信息查询。

第8条　公安部根据教育部提供的最终查询用户身份信息和查询业务类别，向教育部信息查询平台反馈被查询人是否有性侵违法犯罪信息。

第9条　查询结果只反映查询时性侵违法犯罪人员信息库里录入和存在的信息。

第10条　查询结果告知的内容包括：（一）有无性侵违法犯罪信息；（二）有性侵违法犯罪信息的，应当根据本意见第4条规定标注信息类型；（三）其他需要告知的内容。

第11条　被查询人对查询结果有异议的，可以向其授权的教育行政部门提出复查申请，由教育行政部门通过信息查询平台提交申请，由教育部统一提请公安部复查。

第12条　学校拟聘用人员应当在入职前进行查询。对经查询发现有性侵违法犯罪信息的，教育行政部门或学校不得录用。在职教职员工经查询发现有性侵违法犯罪信息的，应当立即停止其工作，按照规定及时解除聘用合同。

教师资格申请人员取得教师资格前应当进行教师资格准入查询。对经查询发现有性侵违法犯罪信息的，应当不予认定。已经认定的按照法律法规和国家有关规定处理。

第16条　教师因对学生实施性骚扰等行为，被用人单位解除聘用关系或者开除，但其行为不属于本意见第4条规定情形的，具体处理办法由教育部另行规定。

第17条　对高校教职员工以及面向未成年人的校外培训机构工作人员的性侵违法犯罪信息查询，参照本意见执行。

【司公通〔2020〕12号】 未成年人法律援助服务指引（试行）（司法部公共法律服务管理局、中华全国律师协会2020年9月16日印发试行）

第17条 性侵害未成年人犯罪具有《关于依法惩治性侵害未成年人犯罪的意见》第25条规定的情形之一以及第26条第2款规定的情形的，法律援助承办人员应当向人民法院提出依法从重从严惩处的建议。

第18条 对于犯罪嫌疑人、被告人利用职业便利、违背职业要求的特定义务性侵害未成年人的，法律援助承办人员可以建议人民法院在作出判决时对其宣告从业禁止令。

第19条 发生在家庭内部的性侵害案件，为确保未成年被害人的安全，法律援助承办人员可以建议办案机关依法对未成年被害人进行紧急安置，避免再次受到侵害。

第20条 对监护人性侵害未成年人的案件，法律援助承办人员可以建议人民检察院、人民法院向有关部门发出检察建议或司法建议，建议有关部门依法申请撤销监护人资格，为未成年被害人另行指定其他监护人。

第21条 发生在学校的性侵害未成年人的案件，在未成年被害人不能正常在原学校就读时，法律援助承办人员可以建议其法定代理人（监护人）向教育主管部门申请为其提供教育帮助或安排转学。

第55条 涉及校园重大安全事故、严重体罚、虐待、学生欺凌、性侵害等可能构成刑事犯罪的案件，法律援助承办人员可以向公安机关报告，或者协助未成年人及其法定代理人（监护人）向公安机关报告，并向法律援助机构报备。

【高检发办字〔2020〕31号】 最高人民检察院关于加强新时代未成年人检察工作的意见（2020年4月21日）

4.……突出打击性侵害未成年人，拐卖、拐骗儿童，成年人拉拢、迫使未成年人参与犯罪组织，组织未成年人乞讨或进行其他违反治安管理活动的犯罪。依法惩处危害校园安全、监护侵害、侵害农村留守儿童和困境儿童犯罪。坚持依法从严提出量刑建议，积极建议适用从业禁止、禁止令。……

【法发〔2020〕45号】 最高人民法院关于加强新时代未成年人审判工作的意见（2020年12月24日）

2.未成年人审判工作只能加强、不能削弱。要站在保障亿万家庭幸福安宁、全面建设社会主义现代化国家、实现中华民族伟大复兴中国梦的高度，充分认识做好新时代未成年人审判工作的重大意义，强化使命担当，勇于改革创新，切实做好未成年人保护和犯罪预防工作。

4.对未成年人权益要坚持双向、全面保护。坚持双向保护，既依法保障未成年被告人的权益，又要依法保护未成年被害人的权益，对各类侵害未成年人的违法犯罪要依法严惩。坚持全面保护，既要加强对未成年人的刑事保护，又要加强对未成年人的民事、行政权益的保护，努力实现对未成年人权益的全方位保护。

10.人民法院审理涉及未成年人案件，应当根据案件情况开展好社会调查、社会观护、心理疏导、法庭教育、家庭教育、司法救助、回访帮教等延伸工作，提升案件办理的法律效果和社会效果。

【主席令〔2020〕57号】　中华人民共和国未成年人保护法（2020年10月17日全国人大常委会［13届22次］最新修订，2021年6月1日起施行；2024年4月26日全国人大常委会［14届9次］统修）

第111条　公安机关、人民检察院、人民法院应当与其他有关政府部门、人民团体、社会组织互相配合，对遭受性侵害或者暴力伤害的未成年被害人及其家庭实施必要的心理干预、经济救助、法律援助、转学安置等保护措施。

【主席令〔2020〕64号】　中华人民共和国预防未成年人犯罪法（2020年12月26日第13届全国人大常委会第24次会议修订，2021年6月1日施行）

第38条　本法所称严重不良行为，是指未成年人实施的有刑法规定、因不满法定刑事责任年龄不予刑事处罚的行为，以及严重危害社会的下列行为：（一）结伙斗殴，追逐、拦截他人，强拿硬要或者任意损毁、占用公私财物等寻衅滋事行为；（二）非法携带枪支、弹药或者弩、匕首等国家规定的管制器具；（三）殴打、辱骂、恐吓，或者故意伤害他人身体；（四）盗窃、哄抢、抢夺或者故意损毁公私财物；（五）传播淫秽的读物、音像制品或者信息等；（六）卖淫、嫖娼，或者进行淫秽表演；（七）吸食、注射毒品，或者向他人提供毒品；（八）参与赌博赌资较大；（九）其他严重危害社会的行为。

第41条　对有严重不良行为的未成年人，公安机关可以根据具体情况，采取以下矫治教育措施：（一）予以训诫；（二）责令赔礼道歉、赔偿损失；（三）责令具结悔过；（四）责令定期报告活动情况；（五）责令遵守特定的行为规范，不得实施特定行为、接触特定人员或者进入特定场所；（六）责令接受心理辅导、行为矫治；（七）责令参加社会服务活动；（八）责令接受社会观护，由社会组织、有关机构在适当场所对未成年人进行教育、监督和管束；（九）其他适当的矫治教育措施。

第42条　公安机关在对未成年人进行矫治教育时，可以根据需要邀请学校、居民委员会、村民委员会以及社会工作服务机构等社会组织参与。

未成年人的父母或者其他监护人应当积极配合矫治教育措施的实施，不得妨碍阻挠或者放任不管。

第43条　对有严重不良行为的未成年人，未成年人的父母或者其他监护人、所在学校无力管教或者管教无效的，可以向教育行政部门提出申请，经专门教育指导委员会评估同意后，由教育行政部门决定送入专门学校接受专门教育。

第44条　未成年人有下列情形之一的，经专门教育指导委员会评估同意，教育行政部门会同公安机关可以决定将其送入专门学校接受专门教育：（一）实施严重危害社会的行为，情节恶劣或者造成严重后果；（二）多次实施严重危害社会的行为；（三）拒不接受或者配合本法第41条规定的矫治教育措施；（四）法律、行政法规规定的其他情形。

第45条　未成年人实施刑法规定的行为、因不满法定刑事责任年龄不予刑事处罚的，经专门教育指导委员会评估同意，教育行政部门会同公安机关可以决定对其进行专门矫治教育。

省级人民政府应当结合本地的实际情况，至少确定一所专门学校按照分校区、分班级等方式设置专门场所，对前款规定的未成年人进行专门矫治教育。

前款规定的专门场所实行闭环管理，公安机关、司法行政部门负责未成年人的矫治工作，教育行政部门承担未成年人的教育工作。

【法刊文摘】 检答网集萃 90：专门教育和专门矫治教育如何区别适用（检察日报 2022 年 7 月 18 日）

咨询内容（山东潍坊承佑）：新修订的预防未成年人犯罪法第 43 条、第 45 条，一个是专门教育，一个是专门矫治教育，请问这二者的具体区别是什么？专门矫治工作由公安机关、司法机关执行，检察机关是否应履行监督职责？如需履行，应执行哪些法律法规或工作规定？

解答摘要（曹阳）：专门教育是对严重不良行为的未成年人进行教育和矫治的重要保护处分措施。专门矫治教育是针对构成犯罪但未达刑事责任年龄的未成年人采取的处分措施，不属于"刑罚"范畴。送入专门学校开展专门教育措施和专门矫治教育措施，均需要先经专门教育指导委员会评估同意，作为成员单位，检察机关具有履行考察评估的义务。

【法释〔2021〕1 号】 最高人民法院关于适用《中华人民共和国刑事诉讼法》的解释（2020 年 12 月 7 日最高法审委会〔1820 次〕修订，2021 年 1 月 26 日公布，2021 年 3 月 1 日施行；2013 年 1 月 1 日施行的"法释〔2012〕21 号"《解释》同时废止）

第 560 条　人民法院发现有关单位未尽到未成年人教育、管理、救助、看护等保护职责的，应当向该单位提出司法建议。

第 561 条　人民法院应当结合实际，根据涉及未成年人刑事案件的特点，开展未成年人法治宣传教育工作。

第 562 条　审理未成年人刑事案件，本章没有规定的，适用本解释的有关规定。

第 582 条　人民法院可以与未成年犯管教所等服刑场所建立联系，了解未成年罪犯的改造情况，协助做好帮教、改造工作，并可以对正在服刑的未成年罪犯进行回访考察。

第 583 条　人民法院认为必要时，可以督促被收监服刑的未成年罪犯的父母或者其他监护人及时探视。

第 584 条　对被判处管制、宣告缓刑、裁定假释、决定暂予监外执行的未成年罪犯，人民法院可以协助社区矫正机构制定帮教措施。

第 585 条　人民法院可以适时走访被判处管制、宣告缓刑、免予~~免除~~刑事处罚、裁定假释、决定暂予监外执行等的未成年罪犯及其家庭，了解未成年罪犯的管理和教育情况，引导未成年罪犯的家庭承担管教责任，为未成年罪犯改过自新创造良好环境。

第 586 条　被判处管制、宣告缓刑、免予~~免除~~刑事处罚、裁定假释、决定暂予监外执行等的未成年罪犯，具备就学、就业条件的，人民法院可以就其安置问题向有关部门提出建议，并附送必要的材料。

最高人民检察院、中华全国妇女联合会、中国关心下一代工作委员会关于在办理涉未成年人案件中全面开展家庭教育指导工作的意见（2021 年 5 月 31 日）

二、主要任务

各地要结合已有经验和本地实际，重点推动开展以下工作：

（一）涉案未成年人家庭教育指导。对于未成年人出现下列情形之一的，应当对其家庭教育情况进行评估，根据评估结果对未成年人的父母或其他监护人提出改进家庭教育意见，必要时可责令其接受家庭教育指导：1. 因犯罪情节轻微被人民检察院作出不起诉决定，或者被人民检察院依法作出附条件不起诉决定的；2. 被依法追究刑事责任或者因未达到刑事责任年龄不予刑事处罚的；3. 遭受父母或其他监护人侵害的；4. 其他应当接受家庭教育指导的。

（二）失管未成年人家庭教育指导。对办案中发现未成年人父母或者其他监护人存在监护教育不当或失管失教问题，尚未导致未成年人行为偏差或遭受侵害后果的，应当提供必要的家庭教育指导和帮助。特别是对于有特殊需求的家庭，如离异和重组家庭、父母长期分离家庭、收养家庭、农村留守未成年人家庭、强制戒毒人员家庭、服刑人员家庭、残疾人家庭、曾遭受违法犯罪侵害未成年人的家庭等，更要加强家庭教育指导帮助。未成年人父母或者其他监护人主动提出指导需求的，应予支持。人员力量不能满足需要的，可以帮助链接专业资源提供个性化家庭教育指导服务。

（三）预防性家庭教育指导。未成年人违法犯罪多发地区、城市流动人口集中、城乡接合部、农村留守儿童集中等重点地区要结合办案广泛开展预防性家庭教育指导工作。通过家庭教育知识进社区、进家庭等活动，深入开展法治宣传和家庭教育宣传，提高父母及其他监护人的监护意识、监护能力和法治观念，营造民主、和谐、温暖的家庭氛围，预防未成年人违法犯罪和遭受侵害问题发生。各地可灵活运用线上直播、新媒体短视频等多种形式，以案释法，扩大家庭教育宣传的覆盖面。

三、工作内容

家庭教育指导内容包括但不限于以下方面：

1. 教育未成年人的父母或者其他监护人培养未成年人法律素养，提高守法意识和自我保护能力；

2. 帮助未成年人的父母或者其他监护人强化监护意识，履行家庭教育主体责任；

3. 帮助未成年人的父母或者其他监护人培养未成年人良好道德行为习惯，树立正确价值观；

4. 教导未成年人的父母或者其他监护人对未成年人采取有效的沟通方式；

5. 引导未成年人的父母或者其他监护人改变不当教育方式；

6. 指导未成年人的父母或者其他监护人重塑良好家庭关系，营造和谐家庭氛围；

7. 协助未成年人的父母或者其他监护人加强对未成年人的心理辅导，促进未成年人健全人格的养成。

【海警局令〔2023〕1号】　海警机构办理刑事案件程序规定（2023年5月15日审议通过，2023年6月15日起施行）（主文见本书第308条）

第293条　海警机构办理未成年人刑事案件时，应当重点查清未成年犯罪嫌疑人实施犯罪行为时是否已满12周岁、14周岁、16周岁、18周岁的临界年龄。

第303条　办理未成年人刑事案件，除本节已有规定的以外，按照本规定的其他规定进行。

【高检发〔2023〕4号】　最高人民法院、最高人民检察院、公安部、司法部关于办理性侵害未成年人刑事案件的意见（2023年5月24日印发，2023年6月1日起施行）（详见《刑法全厚细》第236条）

第16条　办理性侵害未成年人刑事案件，对于涉及未成年人的身份信息及可能推断出身份信息的资料和涉及性侵害的细节等内容，审判人员、检察人员、侦查人员、律师及参与诉讼、知晓案情的相关人员应当保密。

对外公开的诉讼文书，不得披露未成年人身份信息及可能推断出身份信息的其他资料，对性侵害的事实必须以适当方式叙述。

办案人员到未成年人及其亲属所在学校、单位、住所调查取证的，应当避免驾驶警车、穿着制服或者采取其他可能暴露未成年人身份、影响未成年人名誉、隐私的方式。

第37条　人民法院、人民检察院、公安机关、司法行政机关应当积极推动侵害未成年人案件强制报告制度落实。未履行报告义务造成严重后果的，应当依照《中华人民共和国未成年人保护法》等法律法规追究责任。

第38条　人民法院、人民检察院、公安机关、司法行政机关应当推动密切接触未成年人相关行业依法建立完善准入查询性侵害违法犯罪信息制度，建立性侵害违法犯罪人员信息库，协助密切接触未成年人单位开展信息查询工作。

【国安部令〔2024〕4号】　**国家安全机关办理刑事案件程序规定**（2024年4月26日公布，2024年7月1日起施行）

第351条　办理未成年人刑事案件，除本节已有规定的以外，按照本规定的其他规定进行。

第二章　当事人和解的公诉案件诉讼程序

第288条　【刑事和解条件】下列公诉案件，犯罪嫌疑人、被告人真诚悔罪，通过向被害人赔偿损失、赔礼道歉等方式获得被害人谅解，被害人自愿和解的，双方当事人可以和解：

（一）因民间纠纷引起，涉嫌刑法分则第4章、第5章规定的犯罪案件，可能判处3年有期徒刑以下刑罚的；

（二）除渎职犯罪以外的可能判处7年有期徒刑以下刑罚的过失犯罪案件。

犯罪嫌疑人、被告人在5年以内曾经故意犯罪的，不适用本章规定的程序。

第289条　【刑事和解协议】双方当事人和解的，公安机关、人民检察院、人民法院应当听取当事人和其他有关人员的意见，对和解的自愿性、合法性进行审查，并主持制作和解协议书。

第290条　【刑事和解从宽】对于达成和解协议的案件，公安机关可以向人民检察院提出从宽处理的建议。人民检察院可以向人民法院提出从宽处罚的建议；对于犯罪情节轻微，不需要判处刑罚的，可以作出不起诉的决定。人民法院可以依法对被告人从宽处罚。

● 相关规定　【法发〔2009〕14号】　**人民法院第三个五年改革纲要**（2009-2013）（经中央批准，最高人民法院2009年3月17日）

12.……研究建立刑事自诉案件和轻微刑事犯罪案件的刑事和解制度，明确其范围和效力；……

【高检发研字〔2011〕2号】　最高人民检察院关于办理当事人达成和解的轻微刑事案件的若干意见（2010年12月2日最高检第11届检委会第50次会议通过，2011年1月29日印发施行）

二、关于适用范围和条件

对于依法可能判处3年以下有期徒刑、拘役、管制或者单处罚金的刑事公诉案件，可以适用本意见。

上述范围内的刑事案件必须同时符合下列条件：1. 属于侵害特定被害人的故意犯罪或者有直接被害人的过失犯罪；2. 案件事实清楚，证据确实、充分；3. 犯罪嫌疑人、被告人真诚认罪，并且已经切实履行和解协议。对于和解协议不能即时履行的，已经提供有效担保或者调解协议经人民法院确认；4. 当事人双方就赔偿损失、恢复原状、赔礼道歉、精神抚慰等事项达成和解；5. 被害人及其法定代理人或者近亲属明确表示对犯罪嫌疑人、被告人予以谅解，要求或者同意对犯罪嫌疑人、被告人依法从宽处理。

以下案件不适用本意见：1. 严重侵害国家、社会公共利益，严重危害公共安全或者危害社会公共秩序的犯罪案件；2. 国家工作人员职务犯罪案件；3. 侵害不特定多数人合法权益的犯罪案件。

三、关于当事人和解的内容

当事人双方可以就赔偿损失、恢复原状、赔礼道歉、精神抚慰等民事责任事项进行和解，并且可以就被害人及其法定代理人或者近亲属是否要求或者同意公安、司法机关对犯罪嫌疑人、被告人依法从宽处理达成一致，但不得对案件的事实认定、证据和法律适用、定罪量刑等依法属于公安、司法机关职权范围的事宜进行协商。

双方当事人或者其法定代理人有权达成和解，当事人的近亲属、聘请的律师以及其他受委托的人，可以代为进行协商和解等事宜。双方达成和解的，应当签订书面协议，并且必须得到当事人或者其法定代理人的确认。犯罪嫌疑人、被告人必须当面或者书面向被害人一方赔礼道歉、真诚悔罪。

和解协议中的损害赔偿一般应当与其承担的法律责任和对被害人造成的损害相适应，并且可以酌情考虑犯罪嫌疑人、被告人及其法定代理人的赔偿、补救能力。

四、关于当事人达成和解的途径与检调对接

当事人双方的和解，包括当事人双方自行达成和解，也包括经人民调解委员会、基层自治组织、当事人所在单位或者同事、亲友等组织或者个人调解后达成和解。

人民检察院应当与人民调解组织积极沟通、密切配合，建立工作衔接机制，及时告知双方当事人申请委托人民调解的权利、申请方法和操作程序以及达成调解协议后的案件处理方式，支持配合人民调解组织的工作。

人民检察院对于符合本意见适用范围和条件的下列案件，可以建议当事人进行和解，并告知相应的权利义务，必要时可以提供法律咨询：1. 由公安机关立案侦查的刑事诉讼法第170条第二项规定的案件；2. 未成年人、在校学生犯罪的轻微刑事案件；3. 70周岁以上老年人犯罪的轻微刑事案件。

犯罪嫌疑人、被告人或者其亲友、辩护人以暴力、威胁、欺骗或者其他非法方法强迫、引诱被害人和解，或者在协议履行完毕之后威胁、报复被害人的，不适用有关不捕不诉的规定，已经作出不逮捕或者不起诉决定的，人民检察院应当撤销原决定，依法对犯罪嫌疑人、被告人逮捕或者提起公诉。

犯罪嫌疑人、被告人或者其亲友、辩护人实施前款行为情节严重的，依法追究其法律责任。

五、关于对当事人和解协议的审查

人民检察院对当事人双方达成的和解协议，应当重点从以下几个方面进行审查：1. 当事人双方是否自愿；2. 加害方的经济赔偿数额与其所造成的损害是否相适应，是否酌情考虑其赔偿能力。犯罪嫌疑人、被告人是否真诚悔罪并且积极履行和解协议或者是否为协议履行提供有效担保或者调解协议经人民法院确认；3. 被害人及其法定代理人或者近亲属是否明确表示对犯罪嫌疑人、被告人予以谅解；4. 是否符合法律规定；5. 是否损害国家、集体和社会公共利益或者他人的合法权益；6. 是否符合社会公德。

审查时，应当当面听取当事人双方对和解的意见、告知被害人刑事案件可能从轻处理的法律后果和双方的权利义务，并记录在案。

六、关于检察机关对当事人达成和解案件的处理

对于公安机关提请批准逮捕的案件，符合本意见规定的适用范围和条件的，应当作为无逮捕必要的重要因素予以考虑，一般可以作出不批准逮捕的决定；已经批准逮捕，公安机关变更强制措施通知人民检察院的，应当依法实行监督；审查起诉阶段，在不妨碍诉讼顺利进行的前提下，可以依法变更强制措施。

对于公安机关立案侦查并移送审查起诉的刑事诉讼法第 170 条第二项规定的轻微刑事案件，符合本意见规定的适用范围和条件的，一般可以决定不起诉。

对于其他轻微刑事案件，符合本意见规定的适用范围和条件的，作为犯罪情节轻微，不需要判处刑罚或者免除刑罚的重要因素予以考虑，一般可以决定不起诉。对于依法必须提起公诉的，可以向人民法院提出在法定幅度范围内从宽处理的量刑建议。

对被不起诉人需要给予行政处罚、行政处分或者需要没收其违法所得的，应当提出检察意见，移送有关主管机关处理。

对于当事人双方达成和解、决定不起诉的案件，在宣布不起诉决定前应当再次听取双方当事人对和解的意见，并且查明犯罪嫌疑人是否真诚悔罪、和解协议是否履行或者为协议履行提供有效担保或者调解协议经人民法院确认。

对于依法可能判处 3 年以上有期徒刑刑罚的案件，当事人双方达成和解协议的，在提起公诉时，可以向人民法院提出在法定幅度范围内从宽处理的量刑建议。对于情节特别恶劣，社会危害特别严重的犯罪，除了考虑和解因素，还应注重发挥刑法的教育和预防作用。

七、依法规范当事人达成和解案件的办理工作

（第 2 款） 根据本意见，拟对当事人达成和解的轻微刑事案件作出不批准逮捕或者不起诉决定的，应当由检察委员会讨论决定。

【高检发诉字〔2012〕152 号】 最高人民检察院关于进一步加强未成年人刑事检察工作的决定（2012 年 10 月 22 日）

18. 建立健全刑事和解制度。对于符合法定条件的涉及未成年人的犯罪案件，应当及时告知当事人双方有刑事和解的权利和可能引起的法律后果，引导双方达成刑事和解，并对和解协议的自愿性、合法性进行审查，主持制作和解协议书。对于达成刑事和解的未成年犯罪嫌疑人，一般不予批准逮捕和起诉。必须起诉的，可以建议法院从宽处罚。

【高检发未检字〔2017〕1号】 未成年人刑事检察工作指引（试行）（最高检2017年3月2日印发试行）

第67条 【适用范围及告知】对于符合下列条件的未成年人刑事案件，一方当事人请求和解，或者未成年犯罪嫌疑人真诚悔罪的，人民检察院可以主动征求未成年犯罪嫌疑人及其法定代理人、被害人及其法定代理人适用和解程序的意见，告知其相关法律依据、法律后果以及当事人的权利、义务等，并记入笔录附卷：（一）案件事实清楚、证据确实充分；（二）涉嫌刑法分则第四章、第五章规定的犯罪，可能被判处3年有期徒刑以下刑罚；（三）过失犯罪。

被害人死亡的，其法定代理人、近亲属可以与未成年犯罪嫌疑人和解。被害人系无行为能力或者限制行为能力人的，其法定代理人可以代为和解。

第68条 【促成和解】对于符合条件的未成年人刑事案件，人民检察院可以应双方当事人的申请促成和解或者通过人民调解委员会等中立的第三方进行和解。申请可以口头提出，也可以书面提出，均应记录在案。

开展和解应当不公开进行。人民检察院应当告知参与人不得泄露未成年人的案件信息。

第69条 【和解协议】对于当事人双方自愿达成和解协议的，人民检察院可以依法主持制作和解协议书。

协议书应当包括如下内容：（一）未成年犯罪嫌疑人认罪并向被害方赔礼道歉；（二）有赔偿或补偿内容的，明确具体数额、履行方式和具体时间；（三）被害方（包括未成年被害人）表示对未成年犯罪嫌疑人的谅解，以及对犯罪嫌疑人从宽处理的明确意见。

和解协议书一式3份，当事人及代理人签字、盖章确认后，涉案双方各持1份，另1份附卷。

第70条 【和解审查】对于双方当事人自行达成和解，或者在人民调解组织、村（居）民委员会、当事人所在单位等相关组织调解后达成和解的，人民检察院应当对和解的自愿性、合法性、真实性进行审查，对符合条件的，认可其效力，并将和解协议书附卷备查；对不符合条件的，不予认可。

人民检察院在和解过程中，应当充分尊重当事人和解的意愿，尤其要维护和解协议达成的自愿性、合法性。

第71条 【和解效力】对于达成和解协议的未成年人刑事案件，人民检察院可以作出不批准逮捕的决定；已经逮捕的，应当进行羁押必要性审查，对于不需要继续羁押的，及时建议公安机关释放或者自行变更强制措施。

符合法律规定条件的，人民检察院可以决定不起诉或者附条件不起诉；依法提起公诉的，人民检察院应当向人民法院提出从轻、减轻或者免除处罚的量刑建议。

对案件审查终结前，和解协议未能全部履行完毕，且需要依法提起公诉的，人民检察院应当在量刑建议中向人民法院说明情况，将刑事和解协议及已履行部分的证明材料随案移送人民法院。

因客观原因无法履行和解协议或者加害方有和解意愿，但因客观原因无法达成和解协议的，可以参照上述规定执行。

第72条 【加强监督】对于下列情形，人民检察院认为处理不当、不利于保护涉案未成年人合法权益的，应当按照法律规定提出纠正意见：（一）侦查机关适用刑事和解而撤销案件的；（二）和解违背当事人自愿原则的；（三）和解内容侵害第三方合法权益或者违背公序良俗的；（四）人民检察院认为应当予以监督的其他情形。

第73条　【反悔应对】人民检察院对于达成和解后当事人反悔的，应当根据不同情况采取不同措施。

对于未成年犯罪嫌疑人骗取被害人信任并与之签订协议，在得到司法机关从轻、减轻或者免除处罚后，故意拖延履行或者不履行协议的，应当撤销相关决定，依法重新作出处理。

对于被害人获得经济赔偿后，又要求司法机关继续追究未成年犯罪嫌疑人的刑事责任的，应当认真审查，综合全案事实、情节，对相关决定进行评估，依法作出处理。

【律发通〔2017〕51号】　律师办理刑事案件规范（2017年8月27日第9届全国律协常务理事会第8次会议通过、即日施行，中华全国律师协会2017年9月20日）

第221条　律师办理符合《刑事诉讼法》第277条规定的公诉案件，可以建议当事人自行和解或向人民法院提出和解申请。

第222条　律师可以参与促成双方当事人和解。双方当事人自行和解的，可以协助其制作书面文件提交办案机关审查，或者提请办案机关主持制作和解协议书。

第223条　律师应当告知当事人，公诉案件的和解可以作为从宽处理的依据。

双方当事人在侦查、审查起诉期间达成和解的，辩护律师及代理律师可以提请办案机关向下一诉讼程序办案机关出具从宽处理建议书。

对于犯罪情节轻微的，辩护律师可以提请人民检察院作出不起诉决定。

第224条　律师参与当事人和解的公诉案件，对和解协议中的赔偿损失内容，双方当事人要求保密的，不得以任何方式公开。

【高检发〔2019〕13号】　最高人民法院、最高人民检察院、公安部、国家安全部、司法部关于适用认罪认罚从宽制度的指导意见（2019年10月11日印发施行）

17. 促进和解谅解。对符合当事人和解程序适用条件的公诉案件，犯罪嫌疑人、被告人认罪认罚的，人民法院、人民检察院、公安机关应当积极促进当事人自愿达成和解。对其他认罪认罚案件，人民法院、人民检察院、公安机关可以促进犯罪嫌疑人、被告人通过向被害方赔偿损失、赔礼道歉等方式获得谅解，被害方出具的谅解意见应当随案移送。

人民法院、人民检察院、公安机关在促进当事人和解谅解过程中，应当向被害方释明认罪认罚从宽、公诉案件当事人和解适用程序等具体法律规定，充分听取被害方意见，符合司法救助条件的，应当积极协调办理。

【高检发释字〔2019〕4号】　人民检察院刑事诉讼规则（2019年12月2日最高检第13届检委会第28次会议通过，2019年12月30日公布施行；高检发释字〔2012〕2号《规则（试行）》同时废止）

第276条　办理认罪认罚案件，人民检察院应当将犯罪嫌疑人是否与被害方达成和解或者调解协议，或者赔偿被害方损失，取得被害方谅解，或者自愿承担公益损害修复、赔偿责任，作为提出量刑建议的重要考虑因素。

犯罪嫌疑人自愿认罪并且愿意积极赔偿损失，但由于被害方赔偿请求明显不合理，未能达成和解或者调解协议的，一般不影响对犯罪嫌疑人从宽处理。

对于符合当事人和解程序适用条件的公诉案件，犯罪嫌疑人认罪认罚的，人民检察院应当积极促使当事人自愿达成和解。和解协议书和被害方出具的谅解意见应当随案移送。被害方符合司法救助条件的，人民检察院应当积极协调办理。

第492条 下列公诉案件，双方当事人可以和解：（一）因民间纠纷引起，涉嫌刑法分则第四章、第五章规定的犯罪案件，可能判处3年有期徒刑以下刑罚的；（二）除渎职犯罪以外的可能判处7年有期徒刑以下刑罚的过失犯罪案件。

当事人和解的上述公诉案件应当同时符合下列条件：（一）犯罪嫌疑人真诚悔罪，向被害人赔偿损失、赔礼道歉等；（二）被害人明确表示对犯罪嫌疑人予以谅解；（三）双方当事人自愿和解，符合有关法律规定；（四）属于侵害特定被害人的故意犯罪或者有直接被害人的过失犯罪；（五）案件事实清楚，证据确实、充分。

犯罪嫌疑人在5年以内曾经故意犯罪的，不适用本节规定的程序。

犯罪嫌疑人在犯刑事诉讼法第288条第1款规定的犯罪前5年内曾经故意犯罪，无论该故意犯罪是否已经追究，均应当认定为前款规定的5年以内曾经故意犯罪。

第493条 被害人死亡的，其法定代理人、近亲属可以与犯罪嫌疑人和解。

被害人系无行为能力或者限制行为能力人的，其法定代理人可以代为和解。

第494条 犯罪嫌疑人系限制行为能力人的，其法定代理人可以代为和解。

犯罪嫌疑人在押的，经犯罪嫌疑人同意，其法定代理人、近亲属可以代为和解。

第495条 双方当事人可以就赔偿损失、赔礼道歉等民事责任事项进行和解，并且可以就被害人及其法定代理人或者近亲属是否要求或者同意公安机关、人民检察院、人民法院对犯罪嫌疑人依法从宽处理进行协商，但不得对案件的事实认定、证据采信、法律适用和定罪量刑等依法属于公安机关、人民检察院、人民法院职权范围的事宜进行协商。

第496条 双方当事人可以自行达成和解，也可以经人民调解委员会、村民委员会、居民委员会、当事人所在单位或者同事、亲友等组织或者个人调解后达成和解。

人民检察院对于本规则第492条规定的公诉案件，可以建议当事人进行和解，并告知相应的权利义务，必要时可以提供法律咨询。

第497条 人民检察院应当对和解的自愿性、合法性进行审查，重点审查以下内容：（一）双方当事人是否自愿和解；（二）犯罪嫌疑人是否真诚悔罪，是否向被害人赔礼道歉，经济赔偿数额与其所造成的损害和赔偿能力是否相适应；（三）被害人及其法定代理人或者近亲属是否明确表示对犯罪嫌疑人予以谅解；（四）是否符合法律规定；（五）是否损害国家、集体和社会公共利益或者他人的合法权益；（六）是否符合社会公德。

审查时，应当听取双方当事人和其他有关人员对和解的意见，告知刑事案件可能从宽处理的法律后果和双方的权利义务，并制作笔录附卷。

第498条 经审查认为双方自愿和解，内容合法，且符合本规则第492条规定的范围和条件的，人民检察院应当主持制作和解协议书。

和解协议书的主要内容包括：（一）双方当事人的基本情况；（二）案件的主要事实；（三）犯罪嫌疑人真诚悔罪，承认自己所犯罪行，对指控的犯罪没有异议，向被害人赔偿损失、赔礼道歉等。赔偿损失的，应当写明赔偿的数额、履行的方式、期限等；（四）被害人及其法定代理人或者近亲属对犯罪嫌疑人予以谅解，并要求或者同意公安机关、人民检察院、人民法院对犯罪嫌疑人依法从宽处理。

和解协议书应当由双方当事人签字，可以写明和解协议书系在人民检察院主持下制作。

检察人员不在当事人和解协议书上签字，也不加盖人民检察院印章。

和解协议书一式3份，双方当事人各持1份，另1份交人民检察院附卷备查。

第499条 和解协议书约定的赔偿损失内容，应当在双方签署协议后立即履行，至迟在人民检察院作出从宽处理决定前履行。确实难以一次性履行的，在提供有效担保并且被害人同意被害人同意并提供有效担保的情况下，也可以分期履行。

第500条 双方当事人在侦查阶段达成和解协议，公安机关向人民检察院提出从宽处理建议的，人民检察院在审查逮捕和审查起诉时应当充分考虑公安机关的建议。

第501条 人民检察院对于公安机关提请批准逮捕的案件，双方当事人达成和解协议的，可以作为有无社会危险性或者社会危险性大小的因素予以考虑。经审查认为不需要逮捕的，可以作出不批准逮捕的决定；在审查起诉阶段可以依法变更强制措施。

第502条 人民检察院对于公安机关移送起诉的案件，双方当事人达成和解协议的，可以作为是否需要判处刑罚或者免除刑罚的因素予以考虑。符合法律规定的不起诉条件的，可以决定不起诉。

对于依法应当提起公诉的，人民检察院可以向人民法院提出从宽处罚的量刑建议。

第503条 人民检察院拟对当事人达成和解的公诉案件作出不起诉决定的，应当听取双方当事人对和解的意见，并且查明犯罪嫌疑人是否已经切实履行和解协议、不能即时履行的是否已经提供有效担保，将其作为是否决定不起诉的因素予以考虑。

当事人在不起诉决定作出之前反悔的，可以另行达成和解。不能另行达成和解的，人民检察院应当依法作出起诉或者不起诉决定。

当事人在不起诉决定作出之后反悔的，人民检察院不撤销原决定，但有证据证明和解违反自愿、合法原则的除外。

第504条 犯罪嫌疑人或者其亲友等以暴力、威胁、欺骗或者其他非法方法强迫、引诱被害人和解，或者在协议履行完毕之后威胁、报复被害人的，应当认定和解协议无效。已经作出不批准逮捕或者不起诉决定的，人民检察院根据案件情况可以撤销原决定，对犯罪嫌疑人批准逮捕或者提起公诉。

【公安部令〔2020〕159号】 公安机关办理刑事案件程序规定（2020年7月4日第3次部务会议修订，2020年7月20日公布，2020年9月1日施行）

第334条 有下列情形之一的，不属于因民间纠纷引起的犯罪案件：（一）雇凶伤害他人的；（二）涉及黑社会性质组织犯罪的；（三）涉及寻衅滋事的；（四）涉及聚众斗殴的；（五）多次故意伤害他人身体的；（六）其他不宜和解的。

第335条（第2款） 公安机关审查时，应当听取双方当事人的意见，并记录在案；必要时，可以听取双方当事人亲属、当地居民委员会或者村民委员会人员以及其他了解案件情况的相关人员的意见。

第336条 达成和解的，公安机关应当主持制作和解协议书，并由双方当事人及其他参加人员签名。

当事人中有未成年人的，未成年当事人的法定代理人或者其他成年亲属应当在场。

第337条 和解协议书应当包括以下内容：（一）案件的基本事实和主要证据；（二）犯罪嫌疑人承认自己所犯罪行，对指控的犯罪事实没有异议，真诚悔罪；（三）犯罪嫌疑人通过向被害人赔礼道歉、赔偿损失等方式获得被害人谅解；涉及赔偿损失的，应当写明赔偿的数额、方式等；提起附带民事诉讼的，由附带民事诉讼原告人撤回附带民事诉讼；（四）被害人自愿和解，请求或者同意对犯罪嫌疑人依法从宽处罚。

和解协议应当及时履行。

【法释〔2021〕1号】　最高人民法院关于适用《中华人民共和国刑事诉讼法》的解释（2020年12月7日最高法审委会〔1820次〕修订，2021年1月26日公布，2021年3月1日施行；2013年1月1日施行的"法释〔2012〕21号"《解释》同时废止）

第587条　对符合刑事诉讼法第288条规定的公诉案件，事实清楚、证据充分的，人民法院应当告知当事人可以自行和解；当事人提出申请的，人民法院可以主持双方当事人协商以达成和解。

根据案件情况，人民法院可以邀请人民调解员、辩护人、诉讼代理人、当事人亲友等参与促成双方当事人和解。

第588条　符合刑事诉讼法第288条规定的公诉案件，被害人死亡的，其近亲属可以与被告人和解。近亲属有多人的，达成和解协议，应当经处于最先同一继承顺序的所有近亲属同意。

被害人系无行为能力或者限制行为能力人的，其法定代理人、近亲属可代为和解。

第589条　被告人的近亲属经被告人同意，可以代为和解。

被告人系限制行为能力人的，其法定代理人可以代为和解。

被告人的法定代理人、近亲属依照前两款规定代为和解的，和解协议约定的赔礼道歉等事项，应当由被告人本人履行。

第590条　对公安机关、人民检察院主持制作的和解协议书，当事人提出异议的，人民法院应当审查。经审查，和解自愿、合法的，予以确认，无需重新制作和解协议书；和解违反自愿、不具有自愿性、合法原则的，应当认定无效。和解协议被认定无效后，双方当事人重新达成和解的，人民法院应当主持制作新的和解协议书。

第591条　审判期间，双方当事人和解的，人民法院应当听取当事人及其法定代理人等有关人员的意见。双方当事人在庭外达成和解的，人民法院应当通知人民检察院，并听取其意见。经审查，和解自愿、合法的，应当主持制作和解协议书。

第592条　和解协议书应当包括以下内容：（一）被告人承认自己所犯罪行，对犯罪事实没有异议，并真诚悔罪；（二）被告人通过向被害人赔礼道歉、赔偿损失等方式获得被害人谅解；涉及赔偿损失的，应当写明赔偿的数额、方式等；提起附带民事诉讼的，由附带民事诉讼原告人撤回起诉附带民事诉讼；（三）被害人自愿和解，请求或者同意对被告人依法从宽处罚。

和解协议书应当由双方当事人和审判人员签名，但不加盖人民法院印章。

和解协议书一式3份，双方当事人各持1份，另1份交人民法院附卷备查。

对和解协议中的赔偿损失内容，双方当事人要求保密的，人民法院应当准许，并采取相应的保密措施。

第593条　和解协议约定的赔偿损失内容，被告人应当在协议签署后即时履行。

和解协议已经全部履行，当事人反悔的，人民法院不予支持，但有证据证明和解违反自愿、合法原则的除外。

第594条　双方当事人在侦查、审查起诉期间已经达成和解协议并全部履行，被害人或者其法定代理人、近亲属又提起附带民事诉讼的，人民法院不予受理，但有证据证明和解违反自愿、合法原则的除外。

第595条 被害人或者其法定代理人、近亲属提起附带民事诉讼后，双方愿意和解，但被告人不能即时履行全部赔偿义务的，人民法院应当制作附带民事调解书。

第596条 对达成和解协议的案件，人民法院应当对被告人从轻处罚；符合非监禁刑适用条件的，应当适用非监禁刑；判处法定最低刑仍然过重的，可以减轻处罚；综合全案认为犯罪情节轻微不需要判处刑罚的，可以免予免除刑事处罚。

共同犯罪案件，部分被告人与被害人达成和解协议的，可以依法对该部分被告人从宽处罚，但应当注意全案的量刑平衡。

第597条 达成和解协议的，裁判文书应当叙明作出叙述，并援引刑事诉讼法的相关条文。

【法发〔2021〕21号】 最高人民法院、最高人民检察院关于常见犯罪的量刑指导意见（试行）（2021年6月16日印发，2021年7月1日试行；法发〔2017〕7号《指导意见》同时废止）①

三、常见量刑情节的适用

（十二）对于当事人根据刑事诉讼法第288条达成刑事和解协议的，综合考虑犯罪性质、赔偿数额、赔礼道歉以及真诚悔罪等情况，可以减少基准刑的50%以下；犯罪较轻的，可以减少基准刑的50%以上或者依法免除处罚。（本条未变化）

【高检发办字〔2022〕167号】 最高人民检察院、公安部关于依法妥善办理轻伤害案件的指导意见（2022年12月22日）（主文见《刑法全厚细》第234条）

（十一）充分适用刑事和解制度。对于轻伤害案件，符合刑事和解条件的，人民检察院、公安机关可以建议当事人进行和解，并告知相应的权利义务，必要时可以提供法律咨询，积极促进当事人自愿和解。

当事人双方达成和解并已实际履行的，应当依法从宽处理，符合不起诉条件的，应当作出不起诉决定。被害人事后反悔要求追究犯罪嫌疑人刑事责任或者不同意对犯罪嫌疑人从宽处理的，人民检察院、公安机关应当调查了解原因，认为被害人理由正当的，应当依法保障被害人的合法权益；对和解系自愿、合法的，应当维持已作出的从宽处理决定。

人民检察院、公安机关开展刑事和解工作的相关证据和材料，应当随案移送。

（十四）充分发挥矛盾纠纷多元化解工作机制作用。对符合刑事和解条件的，人民检察院、公安机关要充分利用检调、公调对接机制，依托调解组织、社会组织、基层组织、当事人所在单位及同事、亲友、律师等单位、个人，促进矛盾化解、纠纷解决。

【海警局令〔2023〕1号】 海警机构办理刑事案件程序规定（2023年5月15日审议通过，2023年6月15日起施行）（主文见本书第308条）

第304条 下列公诉案件，犯罪嫌疑人真诚悔罪，通过向被害人赔偿损失、赔礼道歉等方式获得被害人谅解，被害人自愿和解的，经海警机构负责人批准，可以依法作为当事人和

---

① 注：《意见》要求各省高院、检察院应当总结司法实践经验，按照规范、实用、符合司法实际的原则共同研构"实施细则"，经审委会、检委会通过后，分别报最高法、最高检备案审查，与《意见》同步实施。
其他判处有期徒刑的案件，可以参照量刑的指导原则、基本方法和常见量刑情节的适用规范量刑。

解的公诉案件办理：（一）因民间纠纷引起，涉嫌《中华人民共和国刑法》分则第4章、第5章规定的犯罪案件，可能判处3年有期徒刑以下刑罚的；（二）除渎职犯罪以外的可能判处7年有期徒刑以下刑罚的过失犯罪案件。

犯罪嫌疑人在5年以内曾经故意犯罪的，不得作为当事人和解的公诉案件办理。

第305条　有下列情形之一的，不属于因民间纠纷引起的犯罪案件：（一）雇凶伤害他人的；（二）涉及黑社会性质组织犯罪的；（三）涉及寻衅滋事的；（四）涉及聚众斗殴的；（五）多次故意伤害他人身体的；（六）其他不宜和解的情形。

第306条　双方当事人和解的，海警机构应当审查案件事实是否清楚，被害人是否自愿和解，是否符合规定的条件。

海警机构审查时，应当听取双方当事人的意见，并记录在案；必要时，可以听取双方当事人亲属、当地居民委员会或者村民委员会人员以及其他了解案件情况的相关人员的意见。

第307条　达成和解的，海警机构应当主持制作和解协议书，并由双方当事人及其他参加人员签名。

当事人中有未成年人的，未成年当事人的法定代理人或者其他成年亲属应当在场。

第308条　和解协议书应当包括以下内容：（一）案件的基本事实和主要证据；（二）犯罪嫌疑人承认自己所犯罪行，对指控的犯罪事实没有异议，真诚悔罪；（三）犯罪嫌疑人通过向被害人赔礼道歉、赔偿损失等方式获得被害人谅解；涉及赔偿损失的，应当写明赔偿的数额、方式等；提起附带民事诉讼的，由附带民事诉讼原告人撤回附带民事诉讼；（四）被害人自愿和解，请求或者同意对犯罪嫌疑人依法从宽处罚。

和解协议应当及时履行。

第309条　对达成和解协议的案件，经海警机构负责人批准，海警机构将案件移送人民检察院审查起诉时，可以提出从宽处理的建议。

第341条　本规定所称"海警机构负责人"是指海警机构的正职领导。……

【高检发办字〔2023〕71号】　最高人民检察院、中国海警局关于健全完善侦查监督与协作配合机制的指导意见

12. 对发生在出海渔民之间的故意伤害、侵财类案件，双方当事人在侦查环节已达成和解协议，海警机构提出从宽处理建议的，人民检察院在作出审查逮捕、审查起诉决定时应当充分考虑海警机构的建议。对侦查阶段达成的和解协议，经审查符合法律规定，且当事人未提出异议的，人民检察院应当认定和解协议有效。双方当事人和解系自愿、合法且已履行或者提供担保，不采取逮捕措施不致发生社会危险性的，人民检察院可以依法不批准逮捕，或者建议海警机构不提请批准逮捕。

【国安部令〔2024〕4号】　国家安全机关办理刑事案件程序规定（2024年4月26日公布，2024年7月1日起施行）

第314条（第2款）　对于达成当事人和解的公诉案件，经国家安全机关负责人批准，国家安全机关移送审查起诉时，可以提出从宽处理的建议。

第三章　缺席审判程序[①]

第 291 条　【缺席审判条件】 对于贪污贿赂犯罪案件，以及需要及时进行审判，经最高人民检察院核准的严重危害国家安全犯罪、恐怖活动犯罪案件，犯罪嫌疑人、被告人在境外，监察机关、公安机关移送起诉，人民检察院认为犯罪事实已经查清，证据确实、充分，依法应当追究刑事责任的，可以向人民法院提起公诉。人民法院进行审查后，对于起诉书中有明确的指控犯罪事实，符合缺席审判程序适用条件的，应当决定开庭审判。

【缺席审判管辖】 前款案件，由犯罪地、被告人离境前居住地或者最高人民法院指定的中级人民法院组成合议庭进行审理。

第 292 条　【缺席审判文书送达】 人民法院应当通过有关国际条约规定的或者外交途径提出的司法协助方式，或者被告人所在地法律允许的其他方式，将传票和人民检察院的起诉书副本送达被告人。传票和起诉书副本送达后，被告人未按要求到案的，人民法院应当开庭审理，依法作出判决，并对违法所得及其他涉案财产作出处理。

第 293 条　【缺席审判辩护】 人民法院缺席审判案件，被告人有权委托辩护人，被告人的近亲属可以代为委托辩护人。被告人及其近亲属没有委托辩护人的，人民法院应当通知法律援助机构指派律师为其提供辩护。

第 294 条　【判决书送达与上诉、抗诉】 人民法院应当将判决书送达被告人及其近亲属、辩护人。被告人或者其近亲属不服判决的，有权向上一级人民法院上诉。辩护人经被告人或者其近亲属同意，可以提出上诉。

人民检察院认为人民法院的判决确有错误的，应当向上一级人民法院提出抗诉。

第 295 条　【缺席审判中到案】 在审理过程中，被告人自动投案或者被抓获的，人民法院应当重新审理。

【缺席审判后到案】 罪犯在判决、裁定发生法律效力后到案的，人民法院应当将罪犯交付执行刑罚。交付执行刑罚前，人民法院应当告知罪犯有权对判决、裁定提出异议。罪犯对判决、裁定提出异议的，人民法院应当重新审理。

【缺席审判纠错】 依照生效判决、裁定对罪犯的财产进行的处理确有错误的，应当予以返还、赔偿。

第 296 条　【因病缺席审判】 因被告人患有严重疾病无法出庭，中止审理超过 6 个月，被告人仍无法出庭，被告人及其法定代理人、近亲属申请或者

[①] 本章规定由 2018 年 10 月 26 日第 13 届全国人大常委会第 6 次会议增设，同日公布施行。

同意恢复审理的，人民法院可以在被告人不出庭的情况下缺席审理，依法作出判决。

第297条 【死亡缺席审判】被告人死亡的，人民法院应当裁定终止审理，但有证据证明被告人无罪，人民法院经缺席审理确认无罪的，应当依法作出判决。

人民法院按照审判监督程序重新审判的案件，被告人死亡的，人民法院可以缺席审理，依法作出判决。

● **相关规定** 【高检发释字〔2019〕4号】 人民检察院刑事诉讼规则（2019年12月2日最高检第13届检委会第28次会议通过，2019年12月30日公布施行；高检发释字〔2012〕2号《规则（试行）》同时废止）

第505条 对于监察机关移送起诉的贪污贿赂犯罪案件，犯罪嫌疑人、被告人在境外，人民检察院认为犯罪事实已经查清，证据确实、充分，依法应当追究刑事责任的，可以向人民法院提起公诉。

对于公安机关移送起诉的需要及时进行审判的严重危害国家安全犯罪、恐怖活动犯罪案件，犯罪嫌疑人、被告人在境外，人民检察院认为犯罪事实已经查清，证据确实、充分，依法应当追究刑事责任的，经最高人民检察院核准，可以向人民法院提起公诉。

前两款规定的案件，由有管辖权的中级人民法院的同级人民检察院提起公诉。

人民检察院提起公诉的，应当向人民法院提交被告人已出境的证据。

第506条 人民检察院对公安机关移送起诉的需要报请最高人民检察院核准的案件，经检察委员会讨论提出提起公诉意见的，应当层报最高人民检察院核准。报送材料包括起诉意见书、案件审查报告、报请核准的报告及案件证据材料。

第507条 最高人民检察院收到下级人民检察院报请核准提起公诉的案卷材料后，应当及时指派检察官对案卷材料进行审查，提出核准或者不予核准的意见，报检察长决定。

第508条 报请核准的人民检察院收到最高人民检察院核准决定书后，应当提起公诉，起诉书中应当载明经最高人民检察院核准的内容。

第509条 审查起诉期间，犯罪嫌疑人自动投案或者被抓获的，人民检察院应当重新审查。

对严重危害国家安全犯罪、恐怖活动犯罪案件报请核准期间，犯罪嫌疑人自动投案或者被抓获的，报请核准的人民检察院应当及时撤回报请，重新审查案件。

第510条 提起公诉后被告人到案，人民法院拟重新审理的，人民检察院应当商人民法院将案件撤回并重新审查。

第511条 因被告人患有严重疾病无法出庭，中止审理超过6个月，被告人仍无法出庭，被告人及其法定代理人、近亲属申请或者同意恢复审理的，人民检察院可以建议人民法院适用缺席审判程序审理。

【法释〔2021〕1号】 最高人民法院关于适用《中华人民共和国刑事诉讼法》的解释（2020年12月7日最高法审委会〔1820次〕修订，2021年1月26日公布，2021年3月1日施行；2013年1月1日施行的"法释〔2012〕21号"《解释》同时废止）

第598条 对人民检察院依照刑事诉讼法第291条第1款的规定提起公诉的案件，人民法院应当重点审查以下内容：（一）是否属于可以适用缺席审判程序的案件范围；（二）是否属于本院管辖；（三）是否写明被告人的基本情况，包括明确的境外居住地、联系方式等；（四）是否写明被告人涉嫌有关犯罪的主要事实，并附证据材料；（五）是否写明被告人有无近亲属以及近亲属的姓名、身份、住址、联系方式等情况；（六）是否列明违法所得及其他涉案财产的种类、数量、价值、所在地等，并附证据材料；（七）是否附有查封、扣押、冻结违法所得及其他涉案财产的清单和相关法律手续。

前款规定的材料需要翻译件的，人民法院应当要求人民检察院一并移送。

第599条　对人民检察院依照刑事诉讼法第291条第1款的规定提起公诉的案件，人民法院审查后，应当按照下列情形分别处理：

（一）符合缺席审判程序适用条件，属于本院管辖，且材料齐全的，应当受理；

（二）不属于可以适用缺席审判程序的案件范围、不属于本院管辖或者不符合缺席审判程序的其他适用条件的，应当退回人民检察院；

（三）材料不全的，应当通知人民检察院在3日以内补送；3日以内不能补送的，应当退回人民检察院。

第600条　对人民检察院依照刑事诉讼法第291条第1款的规定提起公诉的案件，人民法院立案后，应当将传票和起诉书副本送达被告人，传票应当载明被告人到案期限以及不按要求到案的法律后果等事项；应当将起诉书副本送达被告人近亲属，告知其有权代为委托辩护人，并通知其敦促被告人归案。

第601条　人民法院审理人民检察院依照刑事诉讼法第291条第1款的规定提起公诉的案件，被告人有权委托或者由近亲属代为委托1至2名辩护人。委托律师担任辩护人的，应当委托具有中华人民共和国律师资格并依法取得执业证书的律师；在境外委托的，应当依照本解释第486条的规定对授权委托进行公证、认证。

被告人及其近亲属没有委托辩护人的，人民法院应当通知法律援助机构指派律师为被告人提供辩护。

被告人及其近亲属拒绝法律援助机构指派的律师辩护的，依照本解释第50条第2款的规定处理。

第602条　人民法院审理人民检察院依照刑事诉讼法第291条第1款的规定提起公诉的案件，被告人的近亲属申请参加诉讼的，应当在收到起诉书副本后、第一审开庭前提出，并提供与被告人关系的证明材料。有多名近亲属的，应当推选1至2人参加诉讼。

对被告人的近亲属提出申请的，人民法院应当及时审查决定。

第603条　人民法院审理人民检察院依照刑事诉讼法第291条第1款的规定提起公诉的案件，参照适用公诉案件第一审普通程序的有关规定。被告人的近亲属参加诉讼的，可以发表意见，出示证据，申请法庭通知证人、鉴定人等出庭，进行辩论。

第604条　对人民检察院依照刑事诉讼法第291条第1款的规定提起公诉的案件，人民法院审理后应当参照本解释第295条的规定作出判决、裁定。

作出有罪判决的，应当达到证据确实、充分的证明标准。

经审理认定的罪名不属于刑事诉讼法第291条第1款规定的罪名的，应当终止审理。

适用缺席审判程序审理案件，可以对违法所得及其他涉案财产一并作出处理。

第605条　因被告人患有严重疾病导致缺乏受审能力，无法出庭受审，中止审理超过6

个月，被告人仍无法出庭，被告人及其法定代理人、近亲属申请或者同意恢复审理的，人民法院可以根据刑事诉讼法第 296 条的规定缺席审判。

符合前款规定的情形，被告人无法表达意愿的，其法定代理人、近亲属可以代为申请或者同意恢复审理。

第 606 条　人民法院受理案件后被告人死亡的，应当裁定终止审理；但有证据证明被告人无罪，经缺席审理确认无罪的，应当判决宣告被告人无罪。

前款所称"有证据证明被告人无罪，经缺席审理确认无罪"，包括案件事实清楚、证据确实、充分，依据法律认定被告人无罪的情形，以及证据不足，不能认定被告人有罪的情形。

第 607 条　人民法院按照审判监督程序重新审判的案件，被告人死亡的，可以缺席审理。有证据证明被告人无罪，经缺席审理确认无罪的，应当判决宣告被告人无罪；虽然构成犯罪，但原判量刑畸重的，应当依法作出判决。

第 608 条　人民法院缺席审理案件，本章没有规定的，参照适用本解释的有关规定。

【国监委公告〔2021〕1 号】　监察法实施条例（2021 年 7 月 20 日国家监委全体会议决定，2021 年 9 月 20 日公布施行）

第 233 条　监察机关立案调查拟适用缺席审判程序的贪污贿赂犯罪案件，应当逐级报送国家监察委员会同意。

监察机关承办部门认为在境外的被调查人犯罪事实已经查清，证据确实、充分，依法应当追究刑事责任的，应当依法移送审理。

监察机关应当经集体审议，出具《起诉意见书》，连同案卷材料、证据等，一并移送人民检察院审查起诉。

在审查起诉或者缺席审判过程中，犯罪嫌疑人、被告人向监察机关自动投案或者被抓获的，监察机关应当立即通知人民检察院、人民法院。

【国安部令〔2024〕4 号】　国家安全机关办理刑事案件程序规定（2024 年 4 月 26 日公布，2024 年 7 月 1 日起施行）

第 312 条　对于犯罪嫌疑人在境外，需要及时进行审判的严重危害国家安全犯罪、恐怖活动犯罪案件，应当在侦查终结后层报国家安全部批准，按照有关规定移送审查起诉。

在审查起诉或者缺席审判过程中，犯罪嫌疑人、被告人向国家安全机关自动投案或者被国家安全机关抓获的，国家安全机关应当立即通知人民检察院、人民法院。

第四章　犯罪嫌疑人、被告人逃匿、死亡案件违法所得的没收程序

第 298 条　【没违程序的适用】　对于贪污贿赂犯罪、恐怖活动犯罪等重大犯罪案件，犯罪嫌疑人、被告人逃匿，在通缉 1 年后不能到案，或者犯罪嫌疑人、被告人死亡，依照刑法规定应当追缴其违法所得及其他涉案财产的，人民检察院可以向人民法院提出没收违法所得的申请。

公安机关认为有前款规定情形的，应当写出没收违法所得意见书，移送人民检察院。

没收违法所得的申请应当提供与犯罪事实、违法所得相关的证据材料，并列明财产的种类、数量、所在地及查封、扣押、冻结的情况。

人民法院在必要的时候，可以查封、扣押、冻结申请没收的财产。

第299条 【没违程序的受理、公告、审理】没收违法所得的申请，由犯罪地或者犯罪嫌疑人、被告人居住地的中级人民法院组成合议庭进行审理。

人民法院受理没收违法所得的申请后，应当发出公告。公告期间为6个月。犯罪嫌疑人、被告人的近亲属和其他利害关系人有权申请参加诉讼，也可以委托诉讼代理人参加诉讼。

人民法院在公告期满后对没收违法所得的申请进行审理。利害关系人参加诉讼的，人民法院应当开庭审理。

第300条 【没违程序审理结果】人民法院经审理，对经查证属于违法所得及其他涉案财产，除依法返还被害人的以外，应当裁定予以没收；对不属于应当追缴的财产的，应当裁定驳回申请，解除查封、扣押、冻结措施。

对于人民法院依照前款规定作出的裁定，犯罪嫌疑人、被告人的近亲属和其他利害关系人或者人民检察院可以提出上诉、抗诉。

第301条 【没违程序的终止、纠错】在审理过程中，在逃的犯罪嫌疑人、被告人自动投案或者被抓获的，人民法院应当终止审理。

没收犯罪嫌疑人、被告人财产确有错误的，应当予以返还、赔偿。

● **相关规定** 【六部委〔2012〕规定】 **最高人民法院、最高人民检察院、公安部、国家安全部、司法部、全国人大常委会法制工作委员会关于实施刑事诉讼法若干问题的规定**（2012年12月26日印发，2013年1月1日施行）

37. 刑事诉讼法第142条第1款中规定："人民检察院、公安机关根据侦查犯罪的需要，可以依照规定查询、冻结犯罪嫌疑人的存款、汇款、债券、股票、基金份额等财产。"根据上述规定，人民检察院、公安机关不能扣划存款、汇款、债券、股票、基金份额等财产。对于犯罪嫌疑人、被告人死亡，依照刑法规定应当追缴其违法所得及其他涉案财产的，适用刑事诉讼法第五编第三章规定的程序，由人民检察院向人民法院提出没收违法所得的申请。

38. 犯罪嫌疑人、被告人死亡，现有证据证明存在违法所得及其他涉案财产应当予以没收的，公安机关、人民检察院可以进行调查。公安机关、人民检察院进行调查，可以依法进行查封、扣押、查询、冻结。

人民法院在审理案件过程中，被告人死亡的，应当裁定终止审理；被告人脱逃的，应当裁定中止审理。人民检察院可以依法另行向人民法院提出没收违法所得的申请。

39. 对于人民法院依法作出的没收违法所得的裁定，犯罪嫌疑人、被告人的近亲属和其他利害关系人或者人民检察院可以在5日内提出上诉、抗诉。

【高检发释字〔2013〕4号】 **最高人民检察院关于审查起诉期间犯罪嫌疑人脱逃或者患有严重疾病的应当如何处理的批复**（2013年12月19日最高检第12届检委会第14次会议通过，2013年12月27日公布答复北京市检"京检字〔2013〕75号"请示，2014年1月1

日施行）

五、人民检察院在审查起诉期间，犯罪嫌疑人脱逃或者死亡，符合刑事诉讼法第280条第1款规定的条件的，人民检察院可以向人民法院提出没收违法所得的申请。

【法释〔2017〕1号】　最高人民法院、最高人民检察院关于适用犯罪嫌疑人、被告人逃匿、死亡案件违法所得没收程序若干问题的规定（2016年12月26日最高法审委会第1705次会议、最高检第12届检委会第59次会议通过，2017年1月4日公布，2017年1月5日施行）

第1条　下列犯罪案件，应当认定为刑事诉讼法第280条第1款规定的"犯罪案件"：（一）贪污、挪用公款、巨额财产来源不明、隐瞒境外存款、私分国有资产、私分罚没财物犯罪案件；（二）受贿、单位受贿、利用影响力受贿、行贿、对有影响力的人行贿、对单位行贿、介绍贿赂、单位行贿犯罪案件；（三）组织、领导、参加恐怖组织，帮助恐怖活动，准备实施恐怖活动，宣扬恐怖主义、极端主义、煽动实施恐怖活动，利用极端主义破坏法律实施，强制穿戴宣扬恐怖主义、极端主义服饰、标志，非法持有宣扬恐怖主义、极端主义物品犯罪案件；（四）危害国家安全、走私、洗钱、金融诈骗、黑社会性质的组织、毒品犯罪案件。

电信诈骗、网络诈骗犯罪案件，依照前款规定的犯罪案件处理。

第2条　在省、自治区、直辖市或者全国范围内具有较大影响，或者犯罪嫌疑人、被告人逃匿境外的，应当认定为刑事诉讼法第280条第1款规定的"重大"。

第3条　犯罪嫌疑人、被告人为逃避侦查和刑事追究潜逃、隐匿，或者在刑事诉讼过程中脱逃的，应当认定为刑事诉讼法第280条第1款规定的"逃匿"。

犯罪嫌疑人、被告人因意外事故下落不明满2年，或者因意外事故下落不明，经有关机关证明其不可能生存的，依照前款规定处理。

第4条　犯罪嫌疑人、被告人死亡，依照刑法规定应当追缴其违法所得及其他涉案财产的，人民检察院可以向人民法院提出没收违法所得的申请。

第5条　公安机关发布通缉令或者公安部通过国际刑警组织发布红色国际通报，应当认定为刑事诉讼法第280条第1款规定的"通缉"。

第6条　通过实施犯罪直接或者间接产生、获得的任何财产，应当认定为刑事诉讼法第280条第1款规定的"违法所得"。

违法所得已经部分或者全部转变、转化为其他财产的，转变、转化后的财产应当视为前款规定的"违法所得"。

来自违法所得转变、转化后的财产收益，或者来自已经与违法所得相混合财产中违法所得相应部分的收益，应当视为第1款规定的"违法所得"。

第7条　刑事诉讼法第281条第3款规定的"利害关系人"包括犯罪嫌疑人、被告人的近亲属和其他对申请没收的财产主张权利的自然人和单位。

刑事诉讼法第281条第2款、第282条第2款规定的"其他利害关系人"是指前款规定的"其他对申请没收的财产主张权利的自然人和单位"。

第8条　人民检察院向人民法院提出没收违法所得的申请，应当制作没收违法所得申请书。

没收违法所得申请书应当载明以下内容：（一）犯罪嫌疑人、被告人的基本情况；（二）案由及案件来源；（三）犯罪嫌疑人、被告人涉嫌犯罪的事实及相关证据材料；（四）犯罪嫌疑人、被告人逃匿、被通缉、脱逃、下落不明、死亡的情况；（五）申请没收的财产的种类、数量、价值、所在地以及已查封、扣押、冻结财产清单和相关法律手续；（六）申请没收的财产属于违法所得及其他涉案财产的相关事实及证据材料；（七）提出没收违法所得申请的理由和法律依据；（八）有无利害关系人以及利害关系人的姓名、身份、住址、联系方式；（九）其他应当载明的内容。

上述材料需要翻译件的，人民检察院应当将翻译件随没收违法所得申请书一并移送人民法院。

第9条　对于没收违法所得的申请，人民法院应当在30日内审查完毕，并根据以下情形分别处理：（一）属于没收违法所得申请受案范围和本院管辖，且材料齐全、有证据证明有犯罪事实的，应当受理；（二）不属于没收违法所得申请受案范围或者本院管辖的，应当退回人民检察院；（三）对于没收违法所得申请不符合"有证据证明有犯罪事实"标准要求的，应当通知人民检察院撤回申请，人民检察院应当撤回；（四）材料不全的，应当通知人民检察院在7日内补送，7日内不能补送的，应当退回人民检察院。

第10条　同时具备以下情形的，应当认定为本规定第9条规定的"有证据证明有犯罪事实"：（一）有证据证明发生了犯罪事实；（二）有证据证明该犯罪事实是犯罪嫌疑人、被告人实施的；（三）证明犯罪嫌疑人、被告人实施犯罪行为的证据真实、合法。

第11条　人民法院受理没收违法所得申请后，应当在15日内发布公告，公告期为6个月。公告期间不适用中止、中断、延长的规定。

公告应当载明以下内容：（一）案由、案件来源以及属于本院管辖；（二）犯罪嫌疑人、被告人的基本情况；（三）犯罪嫌疑人、被告人涉嫌犯罪的事实；（四）犯罪嫌疑人、被告人逃匿、被通缉、脱逃、下落不明、死亡的情况；（五）申请没收的财产的种类、数量、价值、所在地以及已查封、扣押、冻结财产的清单和相关法律手续；（六）申请没收的财产属于违法所得及其他涉案财产的相关事实；（七）申请没收的理由和法律依据；（八）利害关系人申请参加诉讼的期限、方式以及未按照该期限、方式申请参加诉讼可能承担的不利法律后果；（九）其他应当公告的情况。

第12条　公告应当在全国公开发行的报纸、信息网络等媒体和最高人民法院的官方网站刊登、发布，并在人民法院公告栏张贴。必要时，公告可以在犯罪地、犯罪嫌疑人、被告人居住地或者被申请没收财产所在地张贴。公告最后被刊登、发布、张贴日期为公告日期。人民法院张贴公告的，应当采取拍照、录像等方式记录张贴过程。

人民法院已经掌握境内利害关系人联系方式的，应当直接送达含有公告内容的通知；直接送达有困难的，可以委托代为送达、邮寄送达。经受送达人同意的，可以采用传真、电子邮件等能够确认其收悉的方式告知其公告内容，并记录在案；人民法院已经掌握境外犯罪嫌疑人、被告人、利害关系人联系方式，经受送达人同意的，可以采用传真、电子邮件等能够确认其收悉的方式告知其公告内容，并记录在案；受送达人未作出同意意思表示，或者人民法院未掌握境外犯罪嫌疑人、被告人、利害关系人联系方式，其所在地国（区）主管机关明确提出应当向受送达人送达含有公告内容的通知的，受理没收违法所得申请案件的人民法院可以决定是否送达。决定送达的，应将公告内容层报最高人民法院，由最高人民法院依照刑事司法协助条约、多边公约，或者按照对等互惠原则，请求受送达人所在地国（区）的主管机关协助送达。

第13条　利害关系人申请参加诉讼的，应当在公告期间内提出，并提供与犯罪嫌疑人、被告人关系的证明材料或者证明其可以对违法所得及其他涉案财产主张权利的证据材料。

利害关系人可以委托诉讼代理人参加诉讼。利害关系人在境外委托的，应当委托具有中华人民共和国律师资格并依法取得执业证书的律师，依照《最高人民法院关于适用〈中华人民共和国刑事诉讼法〉的解释》第403条的规定对授权委托进行公证、认证。

利害关系人在公告期满后申请参加诉讼，能够合理说明理由的，人民法院应当准许。

第14条　人民法院在公告期满后由合议庭对没收违法所得申请案件进行审理。

利害关系人申请参加及委托诉讼代理人参加诉讼的，人民法院应当开庭审理。利害关系人及其诉讼代理人无正当理由拒不到庭，且无其他利害关系人和其他诉讼代理人参加诉讼的，人民法院可以不开庭审理。

人民法院对没收违法所得申请案件开庭审理的，人民检察院应当派员出席。

人民法院确定开庭日期后，应当将开庭的时间、地点通知人民检察院、利害关系人及其诉讼代理人、证人、鉴定人员、翻译人员。通知书应当依照本规定第12条第2款规定的方式至迟在开庭审理3日前送达；受送达人在境外的，至迟在开庭审理30日前送达。

第15条　出庭的检察人员应当宣读没收违法所得申请书，并在法庭调查阶段就申请没收的财产属于违法所得及其他涉案财产等相关事实出示、宣读证据。

对于确有必要出示但可能妨碍正在或者即将进行的刑事侦查的证据，针对该证据的法庭调查不公开进行。

利害关系人及其诉讼代理人对申请没收的财产属于违法所得及其他涉案财产等相关事实及证据有异议的，可以提出意见；对申请没收的财产主张权利的，应当出示相关证据。

第16条　人民法院经审理认为，申请没收的财产属于违法所得及其他涉案财产的，除依法应当返还被害人的以外，应当予以没收；申请没收的财产不属于违法所得或者其他涉案财产的，应当裁定驳回申请，解除查封、扣押、冻结措施。

第17条　申请没收的财产具有高度可能属于违法所得及其他涉案财产，应当认定为本规定第16条规定的"申请没收的财产属于违法所得及其他涉案财产"。

巨额财产来源不明犯罪案件中，没有利害关系人对违法所得及其他涉案财产主张权利，或者利害关系人对违法所得及其他涉案财产虽然主张权利但提供的相关证据没有达到相应证明标准的，应当视为本规定第16条规定的"申请没收的财产属于违法所得及其他涉案财产"。

第18条　利害关系人非因故意或者重大过失在第一审期间未参加诉讼，在第二审期间申请参加诉讼的，人民法院应当准许，并发回原审人民法院重新审判。

第19条　犯罪嫌疑人、被告人逃匿境外，委托诉讼代理人申请参加诉讼，且违法所得或者其他涉案财产所在地国（区）主管机关明确提出意见予以支持的，人民法院可以准许。

人民法院准许参加诉讼的，犯罪嫌疑人、被告人的诉讼代理人依照本规定关于利害关系人的诉讼代理人的规定行使诉讼权利。

第20条　人民检察院、利害关系人对第一审裁定认定的事实、证据没有争议的，第二审人民法院可以不开庭审理。

第二审人民法院决定开庭审理的，应当将开庭的时间、地点书面通知同级人民检察院和利害关系人。

第二审人民法院应当就上诉、抗诉请求的有关事实和适用法律进行审查。

第21条　第二审人民法院对不服第一审裁定的上诉、抗诉案件，经审理，应当按照下列情形分别处理：（一）第一审裁定认定事实清楚和适用法律正确的，应当驳回上诉或者抗诉，维持原裁定；（二）第一审裁定认定事实清楚，但适用法律有错误的，应当改变原裁定；（三）第一审裁定认定事实不清的，可以在查清事实后改变原裁定，也可以撤销原裁定，发回原审人民法院重新审判；（四）第一审裁定违反法定诉讼程序，可能影响公正审判的，应当撤销原裁定，发回原审人民法院重新审判。

第一审人民法院对于依照前款第三项规定发回重新审判的案件作出裁定后，第二审人民法院对不服第一人民法院裁定的上诉、抗诉，应当依法作出裁定，不得再发回原审人民法院重新审判。

第22条　违法所得或者其他涉案财产在境外的，负责立案侦查的公安机关、人民检察院等侦查机关应当制作查封、扣押、冻结的法律文书以及协助执行查封、扣押、冻结的请求函，层报公安、检察院等各系统最高上级机关后，由公安、检察院等各系统最高上级机关依照刑事司法协助条约、多边公约，或者按照对等互惠原则，向违法所得或者其他涉案财产所在地国（区）的主管机关请求协助执行。

被请求国（区）的主管机关提出，查封、扣押、冻结法律文书的制发主体必须是法院的，负责立案侦查的公安机关、人民检察院等侦查机关可以向同级人民法院提出查封、扣押、冻结的申请，人民法院经审查同意后制作查封、扣押、冻结令以及协助执行查封、扣押、冻结令的请求函，层报最高人民法院后，由最高人民法院依照刑事司法协助条约、多边公约，或者按照对等互惠原则，向违法所得或者其他涉案财产所在地国（区）的主管机关请求协助执行。

请求函应当载明以下内容：（一）案由以及查封、扣押、冻结法律文书的发布主体是否具有管辖权；（二）犯罪嫌疑人、被告人涉嫌犯罪的事实及相关证据，但可能妨碍正在或者即将进行的刑事侦查的证据除外；（三）已发布公告的，发布公告情况、通知利害关系人参加诉讼以及保障诉讼参与人依法行使诉讼权利等情况；（四）请求查封、扣押、冻结的财产的种类、数量、价值、所在地等情况以及相关法律手续；（五）请求查封、扣押、冻结的财产属于违法所得及其他涉案财产的相关事实及证据材料；（六）请求查封、扣押、冻结财产的理由和法律依据；（七）被请求国（区）要求载明的其他内容。

第23条　违法所得或者其他涉案财产在境外，受理没收违法所得申请案件的人民法院经审理裁定没收的，应当制作没收令以及协助执行没收令的请求函，层报最高人民法院后，由最高人民法院依照刑事司法协助条约、多边公约，或者按照对等互惠原则，向违法所得或者其他涉案财产所在地国（区）的主管机关请求协助执行。

请求函应当载明以下内容：（一）案由以及没收令发布主体具有管辖权；（二）属于生效裁定；（三）犯罪嫌疑人、被告人涉嫌犯罪的事实及相关证据，但可能妨碍正在或者即将进行的刑事侦查的证据除外；（四）犯罪嫌疑人、被告人逃匿、被通缉、脱逃、死亡的基本情况；（五）发布公告情况、通知利害关系人参加诉讼以及保障诉讼参与人依法行使诉讼权利等情况；（六）请求没收违法所得及其他涉案财产的种类、数量、价值、所在地等情况以及查封、扣押、冻结相关法律手续；（七）请求没收的财产属于违法所得及其他涉案财产的相关事实及证据材料；（八）请求没收财产的理由和法律依据；（九）被请求国（区）要求载明的其他内容。

第24条　单位实施本规定第1条规定的犯罪后被撤销、注销，单位直接负责的主管人员和其他直接责任人员逃匿、死亡，导致案件无法适用刑事诉讼普通程序进行审理的，依照本规定第4条的规定处理。

第25条 本规定自2017年1月5日施行。之前发布的司法解释与本规定不一致的，以本规定为准。

【法刊文摘】 全国部分法院适用违法所得没收程序追赃工作座谈会综述（刊于《人民法院报》2018年2月7日）[①]

2012年修正后的刑事诉讼法针对犯罪嫌疑人、被告人逃匿、死亡案件增设了违法所得没收程序。根据刑事诉讼法第280条至第283条的规定，如果犯罪嫌疑人、被告人逃匿、死亡，依照刑法规定应当追缴其违法所得及其他涉案财产的，人民检察院可以向人民法院提出没收违法所得的申请。

为保证违法所得没收程序在司法实践中正确统一适用，扎实推进最高人民法院（牵头）、最高人民检察院、公安部、外交部、国家安全部、司法部、人民银行、国家外汇管理局联合开展的追赃专项行动，全面推进反腐败国际追逃追赃工作纵深发展，最高人民法院刑二庭分别于2017年5月16日、5月24日在佛山、扬州市组织召开了全国部分法院适用违法所得没收程序追赃工作座谈会。来自北京、上海、重庆、河北、辽宁、浙江、安徽、山东、福建、湖北、湖南、广西、云南、四川、海南、江苏、广东等地法院负责追逃追赃工作的代表参加了会议。会议传达学习了2017年"天网"行动启动会精神，并就违法所得没收程序适用的罪名、违法所得的认定和处理，以及"其他利害关系人"的范围等重大疑难复杂问题进行了广泛、深入的研讨。现将会议主要研讨内容综述如下：

一、关于违法所得没收程序适用的案件范围

根据刑事诉讼法第280条第1款的规定，违法所得没收程序适用于"贪污贿赂犯罪、恐怖活动犯罪等重大犯罪案件"。"两高"于2017年1月出台的《关于适用犯罪嫌疑人、被告人逃匿、死亡案件违法所得没收程序若干问题的规定》（以下简称《规定》）进一步明确了违法所得没收程序适用于5类犯罪案件。对此，研讨过程中存在不同看法。一种意见认为，刑事诉讼法第280条规定的"贪污贿赂犯罪、恐怖活动犯罪等重大犯罪案件"中的"等"应当作等外解释，基于这种考虑，《规定》对违法所得没收程序适用的罪名范围作了扩大解释，但从司法实际情况看，违法所得没收程序适用的罪名范围仍需进一步扩大，与贪污贿赂犯罪、恐怖活动犯罪等犯罪手段、社会危害性程度相当的犯罪，都应纳入刑事诉讼法第280条规定的罪名范围。另一种意见认为，《规定》明确了违法所得没收程序适用于5类犯罪案件，且未设置兜底性规定，体现了最高司法机关对适用罪名范围持严格、谨慎态度。违法所得没收程序毕竟适用于犯罪嫌疑人、被告人缺席情形，在一定程度上剥夺了犯罪嫌疑人、被告人陈述、辩解等诉讼权利，对其适用范围应当审慎把握，不宜将罪名范围过于扩大。笔者赞同后一种观点，主张司法实践中必须严格依照《规定》把握违法所得没收程序适用的罪名范围。

二、关于"违法所得"的认定和处理

（一）对于违法所得与合法财产相混同情形违法所得的认定。第一种意见认为，违法所得与合法财产混同后反复多次投资，或者违法所得用于购买房产、购买书画、玉石珠宝、投

[①] 注：本文作者为最高法刑二庭王晓东、刘虎，重庆高院米阳，江苏高院陈劲草，广东佛山中院路红青。

资股票或者开设公司添附个人经营等智力活动而形成的财产，并非行为人直接犯罪所得，还包含了行为人的投资智慧和直接生产经营活动，如直接认定为违法所得不妥，宜认定为与案件相关的涉案财产等等。第二种意见认为，混同、添附行为不能否定违法所得的性质，违法所得转化、转变的部分依然应当认定为违法所得，不能认定为与案件相关的涉案财产。笔者赞同后一种观点。根据《规定》第6条，违法所得分以下情形：第一种情形，即原始形态的违法所得，指通过实施犯罪直接或者间接产生、获得的任何财产；第二种情形，即转变、转化形态的违法所得，是指违法所得已经部分或者全部转变、转化为其他财产的，转变、转化后的财产；第三种情形，即单纯收益及添附收益形态的违法所得，是指来自违法所得转变、转化后的财产收益，或者来自已经与违法所得相混合财产中违法所得相应部分的收益的。混同、添附分别属于第二种情形和第三种情形，故混同、添附之后违法所得及其相应部分的收益依法应当认定为违法所得予以没收。

（二）对于普通程序中被告人亲友代为退赔的合法财产的处理。被告人在审理过程中死亡的，对于被告人亲友代为退赔的合法财产能否没收，研讨过程中存在争议。一种意见认为，普通刑事案件审理中，对于被告人亲友代为退赔的合法财产可以依法没收。违法所得没收程序可以参照这一做法。另一种意见认为，违法所得没收程序针对的违法所得及其他涉案财物，必须是通过实施犯罪直接或者间接产生、获得的财产，犯罪嫌疑人、被告人及其亲友的合法财产与犯罪无关，依法不应适用等价替代原则予以没收。笔者认为，对于亲友代为退赔的合法财产是否没收不能一概而论。在违法所得没收程序中，因法律明确规定仅没收违法所得及其他涉案财产，未规定责令退赔，不同于刑法第64条的规定，故如果涉案财产是特定物，如烟、酒等有特定特征的，亲友在之前普通刑事程序中代为退赔的，后因被告人死亡后转为违法所得没收程序进行审理的，不应对退赔合法财产予以没收；如果涉案财产表现为种类物且与家庭其他财产发生混同的，对于亲友代为退赔的合法财产可以依法没收。

三、关于"其他利害关系人"的范围

主要争议是债权人能否以"其他利害关系人"的身份参加诉讼。根据刑事诉讼法第280条第2款的规定，"犯罪嫌疑人、被告人的近亲属和其他利害关系人有权申请参加诉讼"。《最高人民法院关于适用〈中华人民共和国刑事诉讼法〉的解释》第513条将"其他利害关系人"范围限制为对申请没收的财产主张所有权的人。《规定》第7条将"其他利害关系人"的范围扩大到"其他对申请没收财产主张权利的自然人和单位"。实践中，有的案件会出现债权人以"其他利害关系人"的身份申请参与诉讼的情况。对此，研讨过程中主要形成两种意见：一种意见认为，根据《最高人民法院关于刑事裁判涉财产部分执行的若干规定》第13条的规定，被执行人在执行中同时承担刑事责任、民事责任，其财产不足以支付的，民事债务排在第三顺位，顺位排在罚金与没收财产之前，仅次于人身损害赔偿中的医疗费用和退赔被害人的损失。该条还规定，如果债权人依法享有优先受偿权，其主张优先受偿的，应当在支付医疗费用后，予以支持。故在违法所得没收程序中债权人对财产主张权利的，应当维护债权人的权益，债权人可以"其他利害关系人"身份申请参加诉讼。另一种意见认为，不管是对财产主张所有权还是对财产主张权利，都属于对物权。而债权属于对人权，仅有债权不能对抗违法所得没收程序，故债权人不应以利害关系人身份申请参加诉讼。笔者认为，应当区别情形分别予以处理。违法所得没收程序是在犯罪嫌疑人、被告人缺席的情况下对涉案财物的权属做出处理，本质上是一种对物的诉讼。一般情况下，债权人不应以利害关系人身份参加诉讼。但在特殊情况下，债权人也可以利害关系人身份申请参加诉讼。如在房屋买卖合同案件中，即使房产属于违法所得，购买者未取得房产登记，只要购买者对涉案房产的不合法来源不明知且支付了半数以上的对价，按照最高人民法院关于民事领域建筑工程的相关规定，购买者可以善意取得第三人身份对房产主张权利。

四、"其他利害关系人"在违法所得没收程序转而适用普通刑事诉讼程序的诉讼地位

犯罪嫌疑人、被告人近亲属以外的其他利害关系人在违法所得没收程序与普通刑事程序中的诉讼地位不同，一旦犯罪嫌疑人、被告人投案，违法所得没收程序终止，案件转为普通刑事诉讼程序后，其近亲属以外的其他利害关系人能否继续在普通刑事诉讼程序中提出异议以及如何保障此类利害关系人的合法权益，研讨过程中存在不同观点。一种意见认为，违法所得没收程序启动后，如果其他利害关系人已参加诉讼，即使因犯罪嫌疑人投案而违法所得没收程序终止，为充分保障其合法权益，在新的刑事诉讼程序中可以继续提出异议。另一种意见认为，违法所得没收程序与普通刑事诉讼程序是两个不同的程序。在违法所得没收程序中，主要解决的是财产权属问题，所以利害关系人的地位非常重要。但在普通刑事诉讼程序中，主要是对被告人的犯罪行为定罪量刑，被告人近亲属以外的其他利害关系人不应作为诉讼参与人参与诉讼。笔者赞同后一种意见。此类利害关系人在普通刑事诉讼程序中的权利保障，可以通过证人证言、提交相应书证物证等方式，在人民法院查明被告人犯罪事实的过程中提出书面意见，从而保障其合法财产权益。

五、利害关系人在法庭调查过程中对犯罪事实提出异议的处理

对此，研讨过程中主要形成两种意见：一种意见认为，没收违法所得必须以定罪为基本前提，只有解决了对犯罪嫌疑人、被告人的定罪问题，对其违法所得及其他财产的没收才具有合法的根据。如果利害关系人对犯罪嫌疑人、被告人的犯罪事实提出异议，庭审中应当针对利害关系人的异议开展法庭调查。另一种意见认为，犯罪嫌疑人、被告人的近亲属以及其他利害关系人参加违法所得没收程序，只是针对申请没收的财产是否属于违法所得及其他涉案财产提出异议，围绕这一异议提供相关证据。在犯罪嫌疑人、被告人缺席情况下对犯罪事实展开调查，实际上意味着对犯罪嫌疑人、被告人刑事辩护权等基本诉讼权利的剥夺。因此，即使利害关系人在法庭调查中对犯罪事实提出异议，也不应开展法庭调查。笔者同意后一种意见。违法所得没收程序的适用不以对被告人定罪为前提。《规定》已经明确将犯罪事实及相关证据的审查提前至立案受理审查环节，法庭审理时仅就申请没收的财产属于违法所得及其他涉案财产等相关事实进行审查，而不涉及犯罪嫌疑人、被告人犯罪事实的审查，故利害关系人不应就犯罪事实提出异议。

六、查封、扣押、冻结的财产不属于违法所得及其他涉案财产的，解除查封、扣押、冻结的时间节点

对此，因相关法律及司法解释未予明确，研讨过程中存在不同意见。一种意见认为，刑事诉讼法第二百八十二条规定，"申请没收的财产不属于违法所得或者其他涉外财产的，应当裁定驳回申请，解除查封、扣押、冻结措施"，据此，人民法院在裁定驳回申请的同时，应当解除查封、扣押、冻结措施。另一种意见认为，鉴于在犯罪嫌疑人、被告人逃匿、死亡案件中，一旦解除查封、扣押、冻结措施，涉案财物就有可能被藏匿、转移，为避免因解除不当导致资产流失，应当在裁定生效后解除查封、扣押、冻结措施。笔者赞同后一种意见。在违法所得没收程序中，既要充分保护犯罪嫌疑人、被告人以及利害关系人的合法财产权

利,又要考虑涉案财物被藏匿、转移的风险防控问题。如人民法院裁定驳回检察机关没收违法所得的申请后,检察机关提出抗诉的,二审法院可能改变或者撤销原裁定。如果二审过程中出现新的利害关系人,还有可能发回重审。因此,申请没收的财产不属于违法所得或者其他涉外财产的,应当在裁定生效后,解除相应查封、扣押、冻结措施。

七、相关人员提供担保的,司法机关能否解除对涉案财产的查封、扣押、冻结

对此,研讨过程中形成两种意见。一种意见认为,相关人员对申请没收的财产提供财产担保,符合条件的,司法机关可以解除查封、扣押、冻结措施。另一种意见认为,为了防控违法所得及其他涉案财产被藏匿、转移,原则应当在裁定生效后解除对财产的查封、扣押、冻结。相关人员申请解除查封、扣押、冻结措施并提供相应财产担保的,人民法院认为确有必要解除查封、扣押、冻结手续,且相应财产担保真实、合法的,可以决定解除。后一种意见是多数观点。

八、人民法院将案件退回人民检察院的方式

对于人民检察院应当撤回而拒不撤回的情况,以及人民检察院7日内不能补送材料,应当退回人民检察院等情形,人民法院如何处理,研讨过程中主要形成两种意见。一种意见认为,《规定》第9条列明了应当退回人民检察院的几种情形,但对于人民检察院应当撤回而拒不撤回的情况,可以以裁定书的方式作出。另一种意见认为,此类情形的处理属于诉讼程序方面的问题,对其处理方式可以参照有关驳回回避申请的规定,以决定的方式作出。如对要求撤回的决定不服,可以申请复议一次。笔者赞同后一种意见。主要理由是:一是上述情形均是程序方面的问题,采取决定的方式符合司法实践惯例,简便易操作;二是以决定方式作出可以保留人民检察院的申请权。人民检察院补充证据后依然可以再次向人民法院提出申请。

【律发通〔2017〕51号】　律师办理刑事案件规范(2017年8月27日第9届全国律协常务理事会第8次会议通过、即日施行,中华全国律师协会2017年9月20日)

第225条　在犯罪嫌疑人、被告人逃匿、死亡案件违法所得的没收程序中,律师可以接受犯罪嫌疑人、被告人的近亲属或其他利害关系人的委托担任诉讼代理人。

第226条　律师接受犯罪嫌疑人、被告人的近亲属委托的,应当协助其收集、整理、提交与犯罪嫌疑人、被告人关系的证明材料。

律师接受利害关系人委托的,应当协助其收集、整理、提交没收的财产系其所有的证据材料。

委托人在公告期满后申请参加诉讼的,律师应当协助其说明合理原因。

第227条　律师接受委托后,应当重点审查以下内容并提出相应的代理意见:(一)犯罪嫌疑人、被告人是否实施了贪污贿赂犯罪、恐怖活动犯罪等重大犯罪后逃匿且在通缉1年后不能到案;(二)犯罪嫌疑人、被告人是否死亡;(三)是否属于依法应当追缴的违法所得及其他涉案财产;(四)是否符合法律关于管辖的规定;(五)违法所得及其他涉案财产的种类、数量、所在地及相关证据材料;(六)查封、扣押、冻结违法所得及其他涉案财产的清单和相关法律手续;(七)委托人是否在6个月公告期内提出申请等。

第228条　律师接受利害关系人委托的,可以依照《刑事诉讼法》第281条第3款的规定,要求人民法院开庭审理;律师接受犯罪嫌疑人、被告人近亲属委托的,可以申请人民法院开庭审理。

第229条　律师参加申请没收违法所得案件的开庭审理,在法庭主持下,按照下列程序

进行：(一)在检察员宣读申请书后，发表意见；(二)对检察员出示的有关证据，发表质证意见，并可以出示相关证据；(三)法庭辩论期间，在检察员发言后，发表代理意见并进行辩论。

第230条　对没收违法所得的裁定，律师可以接受犯罪嫌疑人、被告人的近亲属和其他利害关系人的委托，自收到裁定书之日起5日内提出上诉。

【主席令〔2018〕3号】　中华人民共和国监察法（2018年3月20日第13届全国人大第1次会议通过，同日公布施行）

第48条　监察机关在调查贪污贿赂、失职渎职等职务犯罪案件过程中，被调查人逃匿或者死亡，有必要继续调查的，经省级以上监察机关批准，应当继续调查并作出结论。被调查人逃匿，在通缉1年后不能到案，或者死亡的，由监察机关提请人民检察院依照法定程序，向人民法院提出没收违法所得的申请。

【国监委公告〔2021〕1号】　监察法实施条例（2021年7月20日国家监委全体会议决定，2021年9月20日公布施行）

第232条　对于贪污贿赂、失职渎职等职务犯罪案件，被调查人逃匿，在通缉1年后不能到案，或者被调查人死亡，依法应当追缴其违法所得及其他涉案财产的，承办部门在调查终结后应当依法移送审理。

监察机关应当经集体审议，出具《没收违法所得意见书》，连同案卷材料、证据等，一并移送人民检察院依法提出没收违法所得的申请。

监察机关将《没收违法所得意见书》移送人民检察院后，在逃的被调查人自动投案或者被抓获的，监察机关应当及时通知人民检察院。

【高检发释字〔2019〕4号】　人民检察院刑事诉讼规则（2019年12月2日最高检第13届检委会第28次会议通过，2019年12月30日公布施行；高检发释字〔2012〕2号《规则（试行）》同时废止）

第512条　对于贪污贿赂犯罪、恐怖活动犯罪等重大犯罪案件，犯罪嫌疑人、被告人逃匿，在通缉1年后不能到案，依照刑法规定应当追缴其违法所得及其他涉案财产的，人民检察院可以向人民法院提出没收违法所得的申请。

对于犯罪嫌疑人、被告人死亡，依照刑法规定应当追缴其违法所得及其他涉案财产的，人民检察院也可以向人民法院提出没收违法所得的申请。

犯罪嫌疑人实施犯罪行为所取得的财物及其孳息以及犯罪嫌疑人非法持有的违禁品、供犯罪所用的本人财物，应当认定为前两款规定的违法所得及其他涉案财产。

第513条　犯罪嫌疑人、被告人为逃避侦查和刑事追究潜逃、隐匿，或者在刑事诉讼过程中脱逃的，应当认定为"逃匿"。

犯罪嫌疑人、被告人因意外事故下落不明满2年，或者因意外事故下落不明，经有关机关证明其不可能生存的，按照前款规定处理。

第514条　公安机关发布通缉令或者公安部通过国际刑警组织发布红色国际通报，应当认定为"通缉"。

第515条　犯罪嫌疑人、被告人通过实施犯罪直接或者间接产生、获得的任何财产，应当认定为"违法所得"。

违法所得已经部分或者全部转变、转化为其他财产的,转变、转化后的财产应当视为前款规定的"违法所得"。

来自违法所得转变、转化后的财产收益,或者来自已经与违法所得相混合财产中违法所得相应部分的收益,也应当视为第1款规定的违法所得。

第516条 犯罪嫌疑人、被告人非法持有的违禁品、供犯罪所用的本人财物,应当认定为"其他涉案财产"。

第517条 刑事诉讼法第299条第3款规定的"利害关系人"包括犯罪嫌疑人、被告人的近亲属和其他对申请没收的财产主张权利的自然人和单位。

刑事诉讼法第299条第2款、第300条第2款规定的"其他利害关系人"是指前款规定的"其他对申请没收的财产主张权利的自然人和单位"。

第518条 人民检察院审查监察机关或者公安机关侦查机关移送的没收违法所得意见书,向人民法院提出没收违法所得的申请以及对违法所得没收程序中调查活动、审判活动的监督,由负责捕诉的部门公诉部门办理。

第519条 没收违法所得的申请,应当由有管辖权的中级人民法院的同级相对应的人民检察院提出。

第520条 人民检察院向人民法院提出没收违法所得的申请,应当制作没收违法所得申请书。没收违法所得申请书应当载明以下内容:(一)犯罪嫌疑人、被告人的基本情况,包括姓名、性别、出生年月日、出生地、户籍地、公民身份号码身份证号码、民族、文化程度、职业、工作单位及职务、住址等;(二)案由及案件来源;(三)犯罪嫌疑人、被告人的犯罪事实及相关证据材料;(四)犯罪嫌疑人、被告人逃匿、被通缉或者死亡的情况;(五)申请没收的犯罪嫌疑人、被告人的违法所得及其他涉案财产种类、数量、价值、所在地以及查封、扣押、冻结财产清单和相关法律手续的情况;(六)申请没收的财产属于违法所得及其他涉案财产的相关事实及证据材料;(七)提出没收违法所得申请的理由和法律依据;(八)犯罪嫌疑人、被告人有无近亲属和其他利害关系人以及利害关系人的姓名、身份、住址、联系方式及其要求等情况;(九)其他应当写明的内容。

上述材料需要翻译件的,人民检察院应当随没收违法所得申请书一并移送人民法院。

第521条 监察机关或者公安机关向人民检察院移送没收违法所得意见书,应当由有管辖权的人民检察院的同级监察机关或者公安机关移送。

第522条 人民检察院审查监察机关或者公安机关移送的没收违法所得意见书,应当审查下列内容查明:(一)是否属于本院管辖;(二)是否符合刑事诉讼法第298条第1款规定的条件;(三)犯罪嫌疑人基本情况身份状况,包括姓名、性别、国籍、出生年月日、职业和单位等;(四)犯罪嫌疑人涉嫌犯罪的事实和相关证据材料情况;(五)犯罪嫌疑人逃匿、下落不明、被通缉或者死亡的情况,通缉令或者死亡证明是否随案移送;(六)违法所得及其他涉案财产的种类、数量、所在地以及查封、扣押、冻结的情况,查封、扣押、冻结的财产清单和相关法律手续是否随案移送;(七)违法所得及其他涉案财产的相关事实和证据材料;(八)证据是否确实、充分;(八)有无近亲属和其他利害关系人以及利害关系人的姓名、身份、住址、联系方式。

对于与犯罪事实、违法所得及其他涉案财产相关的证据材料,不宜移送的,应当审查证据的清单、复制件、照片或者其他证明文件是否随案移送。

第523条　人民检察院应当在接到监察机关或者公安机关移送的没收违法所得意见书后30日以内作出是否提出没收违法所得申请的决定。30日以内不能作出决定的，经检察长批准，可以延长15日。

对于监察机关或者公安机关移送的没收违法所得案件，经审查认为不符合刑事诉讼法第298条第1款规定条件的，应当作出不提出没收违法所得申请的决定，并向监察机关或者公安机关书面说明理由；认为需要补充证据的，应当书面要求监察机关或者公安机关补充证据，必要时也可以自行调查。

监察机关或者公安机关补充证据的时间不计入人民检察院办案期限。

第524条　人民检察院发现公安机关应当启动违法所得没收程序而不启动的，可以要求公安机关在7日以内书面说明不启动的理由。

经审查，认为公安机关不启动理由不能成立的，应当通知公安机关启动程序。

第525条　人民检察院发现公安机关在违法所得没收程序的调查活动中有违法情形的，应当向公安机关提出纠正意见。

第526条　在审查监察机关或者公安机关移送的没收违法所得意见书的过程中，在逃的犯罪嫌疑人、被告人自动投案或者被抓获的，人民检察院应当终止审查，并将案卷退回监察机关或者公安机关处理。

第527条　人民检察院直接受理侦查的案件，犯罪嫌疑人逃匿或者犯罪嫌疑人死亡而撤销案件，符合刑事诉讼法第298条第1款规定条件的，负责侦查的部门应当启动违法所得没收程序进行调查。

负责侦查的部门进行调查应当查明犯罪嫌疑人涉嫌的犯罪事实，犯罪嫌疑人逃匿、被通缉或死亡的情况，以及犯罪嫌疑人的违法所得及其他涉案财产的情况，并可以对违法所得及其他涉案财产依法进行查封、扣押、查询、冻结。

负责侦查的部门认为符合刑事诉讼法第298条第1款规定条件的，应当写出没收违法所得意见书，连同案卷材料一并移送有管辖权的人民检察院负责侦查的部门，并由有管辖权的人民检察院负责侦查的部门移送本院负责捕诉的部门公诉部门。

负责捕诉的部门公诉部门对没收违法所得意见书进行审查，作出是否提出没收违法所得申请的决定，具体程序按照本规则第522条、第523条的规定办理。

第528条　在人民检察院审查起诉过程中，犯罪嫌疑人死亡，或者贪污贿赂犯罪、恐怖活动犯罪等重大犯罪案件的犯罪嫌疑人逃匿，在通缉1年后不能到案，依照刑法规定应当追缴其违法所得及其他涉案财产的，人民检察院可以直接提出没收违法所得的申请。

在人民法院审理案件过程中，被告人死亡而裁定终止审理，或者被告人脱逃而裁定中止审理，人民检察院可以依法另行向人民法院提出没收违法所得的申请。

第529条　人民法院对没收违法所得的申请进行审理，人民检察院应当承担举证责任。

人民法院对没收违法所得的申请开庭审理的，人民检察院应当派员出席法庭。

第530条　出席法庭的检察官应当宣读没收违法所得申请书，并在法庭调查阶段就申请没收的财产属于违法所得及其他涉案财产等相关事实出示、宣读证据。

第531条　人民检察院发现人民法院或者审判人员审理没收违法所得案件违反法律规定的诉讼程序，应当向人民法院提出纠正意见。

人民检察院认为同级人民法院按照违法所得没收程序所作的第一审裁定确有错误的，应当在5日以内向上一级人民法院提出抗诉。

最高人民检察院、省级人民检察院认为下级人民法院按照违法所得没收程序所作的已经发生法律效力的裁定确有错误的，应当按照审判监督程序向同级人民法院提出抗诉。

第532条　在审理案件过程中，在逃的犯罪嫌疑人、被告人自动投案或者被抓获，人民法院按照刑事诉讼法第301条第1款的规定终止审理的，人民检察院应当将案卷退回监察机关或者公安机关侦查机关处理。

第533条　对于刑事诉讼法第298条第1款规定以外需要没收违法所得的，按照有关规定执行。

【公安部令〔2020〕159号】　公安机关办理刑事案件程序规定（2020年7月4日第3次部务会议修订，2020年7月20日公布，2020年9月1日施行）

第339条（第2款）　犯罪嫌疑人死亡，现有证据证明其存在违法所得及其他涉案财产应当予以没收的，公安机关可以进行调查。公安机关进行调查，可以依法进行查封、扣押、查询、冻结。

第340条　没收违法所得意见书应当包括以下内容：（一）犯罪嫌疑人的基本情况；（二）犯罪事实和相关的证据材料；（三）犯罪嫌疑人逃匿、被通缉或者死亡的情况；（四）犯罪嫌疑人的违法所得及其他涉案财产的种类、数量、所在地；（五）查封、扣押、冻结的情况等。

第341条　公安机关将没收违法所得意见书移送人民检察院后，在逃的犯罪嫌疑人自动投案或者被抓获的，公安机关应当及时通知同级人民检察院。

【法释〔2021〕1号】　最高人民法院关于适用《中华人民共和国刑事诉讼法》的解释（2020年12月7日最高法审委会〔1820次〕修订，2021年1月26日公布，2021年3月1日施行；2013年1月1日施行的"法释〔2012〕21号"《解释》同时废止）

第609条　刑事诉讼法第298条规定的"贪污贿赂犯罪、恐怖活动犯罪等"犯罪案件，是指下列案件：（一）贪污贿赂、失职渎职等职务犯罪案件；（二）刑法分则第二章规定的相关恐怖活动犯罪案件，以及恐怖活动组织、恐怖活动人员实施的杀人、爆炸、绑架等犯罪案件；（三）危害国家安全、走私、洗钱、金融诈骗、黑社会性质组织、毒品犯罪案件；（四）电信诈骗、网络诈骗犯罪案件。

第610条　在省、自治区、直辖市或者全国范围内具有较大影响的犯罪案件，或者犯罪嫌疑人、被告人逃匿境外的犯罪案件，应当认定为刑事诉讼法第298条第1款规定的"重大犯罪案件"。①

第611条　犯罪嫌疑人、被告人死亡，依照刑法规定应当追缴其违法所得及其他涉案财产，人民检察院提出没收违法所得申请的，人民法院应当依法受理。②

第612条　对人民检察院提出的没收违法所得申请，人民法院应当审查以下内容：（一）是

---

① 2012年《解释》第508条规定的"重大犯罪案件"有：（一）犯罪嫌疑人、被告人可能被判处无期徒刑以上刑罚的；（二）案件在本省、自治区、直辖市或者全国范围内有较大影响的；（三）其他重大犯罪案件。

② 2012年《解释》第507条规定为："依照刑法规定应当追缴违法所得及其他涉案财产，且符合下列情形之一的，人民检察院可以向人民法院提出没收违法所得的申请：（一）犯罪嫌疑人、被告人实施了贪污贿赂犯罪、恐怖活动犯罪等重大犯罪后逃匿，在通缉1年后不能到案的；（二）犯罪嫌疑人、被告人死亡的。"

否属于可以适用违法所得没收程序的案件范围；（二）是否属于本院管辖；（三）是否写明犯罪嫌疑人、被告人基本情况，以及涉嫌有关犯罪的情况，并附证据材料；（四）是否写明犯罪嫌疑人、被告人逃匿、被通缉、脱逃、下落不明、死亡等情况，并附证据材料附有通缉令或者死亡证明；（五）是否列明违法所得及其他涉案财产的种类、数量、价值、所在地等，并附相关证据材料；（六）是否附有查封、扣押、冻结违法所得及其他涉案财产的清单和相关法律手续；（七）是否写明犯罪嫌疑人、被告人有无利害关系人，利害关系人的[1]姓名、身份、住址、联系方式及其要求等情况；（八）是否写明申请没收的理由和法律依据；（九）其他依法需要审查的内容和材料。

前款规定的材料需要翻译件的，人民法院应当要求人民检察院一并移送。

第613条　对没收违法所得的申请，人民法院应当在30日 7日 以内审查完毕，并按照下列情形分别处理：

（一）属于没收违法所得申请违法所得没收程序受案范围和本院管辖，且材料齐全、有证据证明有犯罪事实的，应当受理；

（二）不属于没收违法所得申请受案范围或者本院管辖的，应当退回人民检察院；

（三）没收违法所得申请不符合"有证据证明有犯罪事实"标准要求的，应当通知人民检察院撤回申请；

（四）材料不全的，应当通知人民检察院在 7日 3日 以内补送；7日以内不能补送的，应当退回人民检察院。

人民检察院尚未查封、扣押、冻结申请没收的财产或者查封、扣押、冻结期限即将届满，涉案财产有被隐匿、转移或者毁损、灭失危险的，人民法院可以查封、扣押、冻结申请没收的财产。

第614条　人民法院受理没收违法所得的申请后，应当在15日以内发布公告。公告应当载明写明以下内容：（一）案由、案件来源；（二）犯罪嫌疑人、被告人的基本情况；（三）犯罪嫌疑人、被告人涉嫌犯罪的事实；（四）犯罪嫌疑人、被告人逃匿、被通缉、脱逃、下落不明、死亡等情况通缉在逃或者死亡等的基本情况；（五）申请没收的财产的种类、数量、价值、所在地以及已查封、扣押、冻结财产的清单和法律手续；（六）申请没收的财产属于违法所得及其他涉案财产的相关事实；（七）申请没收的理由和法律依据；（八）利害关系人申请参加诉讼的期限、方式以及未按照该期限、方式申请参加诉讼可能承担的不利法律后果犯罪嫌疑人、被告人的近亲属和其他利害关系人申请参加诉讼的期限、方式；（九）其他应当公告的情况。

公告期为6个月，公告期间不适用中止、中断、延长的规定。

第615条　公告应当在全国公开发行的报纸或者、信息网络媒体、最高人民法院的官方网站发布刊登，并在人民法院公告栏张贴、发布。必要时，公告可以在犯罪地、犯罪嫌疑人、被告人居住地或者被申请没收财产不动产所在地张贴、发布。最后发布的公告的日期为公告日期。发布公告的，应当采取拍照、录像等方式记录发布过程。

人民法院已经掌握境内利害关系人联系方式的，应当直接送达含有公告内容的通知；直接送达有困难的，可以委托他人送达、邮寄送达。经受送达人同意的，可以采用传真、电子

---

[1] 本部分内容2012年规定为"的近亲属和其他利害关系人的"。

邮件等能够确认其收悉的方式告知公告内容，并记录在案。①

（新增）人民法院已经掌握境外犯罪嫌疑人、被告人、利害关系人联系方式，经受送达人同意的，可以采用传真、电子邮件等能够确认其收悉的方式告知公告内容，并记录在案；受送达人未表示同意，或者人民法院未掌握境外犯罪嫌疑人、被告人、利害关系人联系方式，其所在国、地区的主管机关明确提出应当向受送达人送达含有公告内容的通知的，人民法院可以决定是否送达。决定送达的，应当依照本解释第493条的规定请求所在国、地区提供司法协助。

第616条　刑事诉讼法第299条第2款、第300条第2款规定的"其他利害关系人"，是指除犯罪嫌疑人、被告人的近亲属以外的，对申请没收的财产主张权利的自然人和单位。②

第617条　犯罪嫌疑人、被告人的近亲属和其他利害关系人申请参加诉讼的，应当在公告期间内提出。犯罪嫌疑人、被告人的近亲属应当提供其与犯罪嫌疑人、被告人关系的证明材料，其他利害关系人应当提供证明其对违法所得及其他涉案财产主张权利申请没收的财产系其所有的证据材料。

（新增）利害关系人可以委托诉讼代理人参加诉讼。委托律师担任诉讼代理人的，应当委托具有中华人民共和国律师资格并依法取得执业证书的律师；在境外委托的，应当依照本解释第486条的规定对授权委托进行公证、认证。

犯罪嫌疑人、被告人的近亲属和其他利害关系人在公告期满后申请参加诉讼，能够合理说明理由原因，并提供证明申请没收的财产系其所有的证据材料的，人民法院应当准许。

第618条　犯罪嫌疑人、被告人逃匿境外，委托诉讼代理人申请参加诉讼，且违法所得或者其他涉案财产所在国、地区主管机关明确提出意见予以支持的，人民法院可以准许。

人民法院准许参加诉讼的，犯罪嫌疑人、被告人的诉讼代理人依照本解释关于利害关系人的诉讼代理人的规定行使诉讼权利。

第619条　公告期满后，人民法院应当组成合议庭对申请没收违法所得的案件进行审理。利害关系人申请参加或者委托诉讼代理人参加诉讼的，人民法院应当开庭审理。没有利害关系人申请参加诉讼的，或者利害关系人及其诉讼代理人无正当理由拒不到庭的，可以不开庭审理。

（新增）人民法院确定开庭日期后，应当将开庭的时间、地点通知人民检察院、利害关系人及其诉讼代理人、证人、鉴定人、翻译人员。通知书应当依照本解释第615条第2款、第3款规定的方式，至迟在开庭审理3日以前送达；受送达人在境外的，至迟在开庭审理30日以前送达。

第620条　开庭审理申请没收违法所得的案件，按照下列程序进行：

（一）审判长宣布法庭调查开始后，先由检察员宣读申请书，后由利害关系人、诉讼代理人发表意见；

（二）法庭应当依次就犯罪嫌疑人、被告人是否实施了贪污贿赂犯罪、恐怖活动犯罪等

---

① 本款内容2012年规定为："人民法院已经掌握犯罪嫌疑人、被告人的近亲属和其他利害关系人的联系方式的，应当采取电话、传真、邮件等方式直接告知其公告内容，并记录在案。"

② 本条2012年规定为：对申请没收的财产主张所有权的人，应当认定为刑事诉讼法第299条第2款规定的"其他利害关系人"。

重大犯罪并已经通缉1年不能到案，或者是否已经死亡，以及申请没收的财产是否依法应当追缴进行调查；调查时，先由检察员出示有关证据，后由利害关系人、诉讼代理人发表意见、出示有关证据，并进行质证；

（三）法庭辩论阶段，先由检察员发言，后由利害关系人、诉讼代理人发言，并进行辩论。

利害关系人接到通知后无正当理由拒不到庭，或者未经法庭许可中途退庭的，可以转为不开庭审理，但还有其他利害关系人参加诉讼的除外。

第621条 对申请没收违法所得的案件，人民法院审理后，应当按照下列情形分别处理：

（一）案件事实清楚、证据确实、充分，申请没收的财产属于确属违法所得及其他涉案财产的，除依法返还被害人的以外，应当裁定没收；

（二）不符合刑事诉讼法第298条第1款规定的条件的，应当裁定驳回申请，解除查封、扣押、冻结措施。

（新增）申请没收的财产具有高度可能属于违法所得及其他涉案财产的，应当认定为前款规定的"申请没收的财产属于违法所得及其他涉案财产"。巨额财产来源不明犯罪案件中，没有利害关系人对违法所得及其他涉案财产主张权利，或者利害关系人对违法所得及其他涉案财产虽然主张权利但提供的证据没有达到相应证明标准的，应当视为"申请没收的财产属于违法所得及其他涉案财产"。

第622条 对没收违法所得或者驳回申请的裁定，犯罪嫌疑人、被告人的近亲属和其他利害关系人或者人民检察院可以在5日以内提出上诉、抗诉。

第623条 对不服第一审没收违法所得或者驳回申请裁定的上诉、抗诉案件，第二审人民法院经审理，应当按照下列情形分别处理作出裁定：

（一）原第一审裁定认定事实清楚和适用法律正确的，应当驳回上诉或者抗诉，维持原裁定；

（二）第一审裁定认定事实清楚，但适用法律有错误的，应当改变原裁定；

（三）第一审裁定认定事实不清楚、证据确有错误的，可以在查清事实后改变原裁定，也可以撤销原裁定，发回原审人民法院重新审判；

（四）第一审裁定原审违反法定诉讼程序，可能影响公正审判的，应当撤销原裁定，发回原审人民法院重新审判。

（新增）第一审人民法院对发回重新审判的案件作出裁定后，第二审人民法院对不服第一审人民法院裁定的上诉、抗诉，应当依法作出裁定，不得再发回原审人民法院重新审判；但是，第一审人民法院在重新审判过程中违反法定诉讼程序，可能影响公正审判的除外。

第624条 利害关系人非因故意或者重大过失在第一审期间未参加诉讼，在第二审期间申请参加诉讼的，人民法院应当准许，并撤销原裁定，发回原审人民法院重新审判。

第625条 在审理申请没收违法所得的案件过程中，在逃的犯罪嫌疑人、被告人到案的，人民法院应当裁定终止审理。人民检察院向原受理申请的人民法院提起公诉的，可以由同一审判组织审理。

第626条 在审理案件过程中，被告人脱逃或者死亡，符合刑事诉讼法第298条第1款规定的，人民检察院可以向人民法院提出没收违法所得的申请；符合刑事诉讼法第291条第1款规定的，人民检察院可以按照缺席审判程序向人民法院提起公诉。

人民检察院向原受理案件的人民法院提出没收违法所得申请的，可以由同一审判组织依照本章规定的程序审理。

第627条 审理申请没收违法所得案件的期限，参照公诉案件第一审普通程序和第二审程序的审理期限执行。

公告期间和请求刑事司法协助的时间不计入审理期限。

第628条 没收违法所得裁定生效后，犯罪嫌疑人、被告人到案并对没收裁定提出异议，人民检察院向原作出裁定的人民法院提起公诉的，可以由同一审判组织审理。

人民法院经审理，应当按照下列情形分别处理：

（一）原裁定正确的，予以维持，不再对涉案财产作出判决；

（二）原裁定确有错误的，应当撤销原裁定，并在判决中对有关涉案财产一并作出处理。

人民法院生效的没收裁定确有错误的，除第1款规定的情形外，应当依照审判监督程序予以纠正。~~已经没收的财产，应当及时返还；财产已经上缴国库的，由原没收机关从财政机关申请退库，予以返还；原物已经出卖、拍卖的，应当退还价款；造成犯罪嫌疑人、被告人以及利害关系人财产损失的，应当依法赔偿。~~

第629条 人民法院审理申请没收违法所得的案件，本章没有规定的，参照适用本解释的有关规定。

【主席令〔2021〕101号】 中华人民共和国反有组织犯罪法（2021年12月24日第13届全国人大常委会第32次会议通过，主席令第101号公布，2022年5月1日施行）

第47条 黑社会性质组织犯罪案件的犯罪嫌疑人、被告人逃匿，在通缉1年后不能到案，或者犯罪嫌疑人、被告人死亡，依照《中华人民共和国刑法》规定应当追缴其违法所得及其他涉案财产的，依照《中华人民共和国刑事诉讼法》有关犯罪嫌疑人、被告人逃匿、死亡案件违法所得的没收程序的规定办理。

【公安部令〔2022〕165号】 公安机关反有组织犯罪工作规定（2022年8月10日第9次公安部部务会议通过，2022年8月26日公布，2022年10月1日施行）

第51条 黑社会性质组织犯罪案件的犯罪嫌疑人逃匿，在通缉1年后不能到案，或者犯罪嫌疑人死亡，依照《中华人民共和国刑法》规定应当追缴其违法所得及其他涉案财产的，依照《中华人民共和国刑事诉讼法》及《公安机关办理刑事案件程序规定》有关犯罪嫌疑人逃匿、死亡案件违法所得的没收程序的规定办理。

【海警局令〔2023〕1号】 海警机构办理刑事案件程序规定（2023年5月15日审议通过，2023年6月15日起施行）（主文见本书第308条）

第310条 有下列情形之一，依照《中华人民共和国刑法》规定应当追缴违法所得及其他涉案财产的，经海警机构负责人批准，海警机构应当出具没收违法所得意见书，连同相关证据材料一并移送所在地相应人民检察院：（一）恐怖活动犯罪等重大犯罪案件，犯罪嫌疑人逃匿，在通缉1年后不能到案的；（二）犯罪嫌疑人死亡的。

犯罪嫌疑人死亡，现有证据证明其存在违法所得及其他涉案财产应当予以没收的，海警机构可以进行调查。海警机构进行调查，可以依法进行查封、扣押、查询、冻结。

第311条 没收违法所得意见书应当包括以下内容：（一）犯罪嫌疑人的基本情况；（二）犯罪事实和相关的证据材料；（三）犯罪嫌疑人逃匿、被通缉或者死亡的情况；（四）犯罪嫌疑人的违法所得及其他涉案财产的种类、数量、所在地；（五）查封、扣押、冻结的情况等。

第312条　海警机构将没收违法所得意见书移送人民检察院后，在逃的犯罪嫌疑人自动投案或者被抓获的，海警机构应当及时通知所在地相应人民检察院。

第341条　本规定所称"海警机构负责人"是指海警机构的正职领导。……

【法〔2023〕108号】　全国法院毒品案件审判工作会议纪要（2023年2月16日在昆明召开，2023年6月26日印发）（详见《刑法全厚细》第347-348条）

十一、涉案财物处理、财产刑适用问题

（第4款）重大毒品犯罪案件的犯罪嫌疑人、被告人逃匿，在通缉1年后不能到案，或者犯罪嫌疑人、被告人死亡，依照刑法规定应当追缴其违法所得及其他涉案财产的，适用刑事诉讼法有关犯罪嫌疑人、被告人逃匿、死亡案件违法所得没收程序审理。经审理认为申请没收的财产高度可能属于违法所得及其他涉案财产的，应当裁定没收。

【国安部令〔2024〕4号】　国家安全机关办理刑事案件程序规定（2024年4月26日公布，2024年7月1日起施行）

第352条　对于重大的危害国家安全案件，犯罪嫌疑人逃匿、在通缉1年后不能到案或者死亡，依照法律和有关规定应当追缴其违法所得及其他涉案财产的，经国家安全机关负责人批准，制作没收违法所得意见书，连同案卷材料、证据一并移送同级人民检察院审查决定。

犯罪嫌疑人死亡，现有证据证明存在违法所得及其他涉案财产应当予以没收的，国家安全机关可以进行调查。国家安全机关进行调查，可以依法进行查封、扣押、查询、冻结。

第353条　犯罪嫌疑人为逃避侦查和刑事追究潜逃、隐匿，或者在刑事诉讼过程中脱逃的，应当认定为"逃匿"。

犯罪嫌疑人因意外事故下落不明满2年，或者因意外事故下落不明，经有关机关证明其不可能生存的，按照前款规定处理。

第354条　犯罪嫌疑人通过实施犯罪直接或者间接产生、获得的任何财产，应当认定为"违法所得"。

违法所得已经部分或者全部转变、转化为其他财产的，转变、转化后的财产应当视为前款规定的"违法所得"。

来自违法所得转变、转化后的财产收益，或者来自已经与违法所得相混合财产中违法所得相应部分的收益，也应当视为第1款规定的"违法所得"。

第355条　犯罪嫌疑人非法持有的违禁品、供犯罪所用的本人财物，属于"其他涉案财产"。

第356条　没收违法所得意见书应当包括以下内容：（一）犯罪嫌疑人的基本情况；（二）犯罪事实和相关的证据材料；（三）犯罪嫌疑人逃匿、被通缉或者死亡的情况；（四）犯罪嫌疑人的违法所得及其他涉案财产的种类、数量、所在地；（五）查封、扣押、冻结的情况等。

第357条　国家安全机关将没收违法所得意见书移送人民检察院后，在逃的犯罪嫌疑人自动投案或者被抓获的，国家安全机关应当及时通知同级人民检察院。

● **指导案例**　　【高检发办字〔2020〕44 号】　　最高人民检察院第 20 批指导性案例（2020 年 7 月 6 日最高检第 13 届检委会第 42 次会议通过，2020 年 7 月 16 日印发）

　　（检例第 74 号）　　李华波贪污案

　　要旨：对于贪污贿赂等重大职务犯罪案件，犯罪嫌疑人、被告人逃匿，在通缉 1 年后不能到案，如果有证据证明有犯罪事实，依照刑法规定应当追缴其违法所得及其他涉案财产的，应当依法适用违法所得没收程序办理。违法所得没收裁定生效后，在逃的职务犯罪嫌疑人自动投案或者被抓获，监察机关调查终结移送起诉的，检察机关应当依照普通刑事诉讼程序办理，并与原没收裁定程序做好衔接。

　　最高人民检察院第 32 批指导性案例（2021 年 12 月 7 日最高检第 13 届检委会第 81 次会议通过，2021 年 12 月 9 日印发）

　　（检例第 127 号）　　白静贪污违法所得没收案

　　要旨：检察机关提出没收违法所得申请，应有证据证明申请没收的财产直接或者间接来源于犯罪所得，或者能够排除财产合法来源的可能性。人民检察院出席申请没收违法所得案件庭审，应当重点对于申请没收的财产属于违法所得进行举证。对于专业性较强的案件，可以申请鉴定人出庭。

　　（检例第 128 号）　　彭旭峰受贿、贾斯语受贿、洗钱违法所得没收案

　　要旨：对于跨境转移贪污贿赂所得的洗钱犯罪案件，检察机关应当依法适用特别程序追缴贪污贿赂违法所得①。对于犯罪嫌疑人、被告人转移至境外的财产，如果有证据证明具有高度可能属于违法所得及其他涉案财产的，可以依法申请予以没收②。对于共同犯罪的主犯逃匿境外，其他共同犯罪人已经在境内依照普通刑事诉讼程序处理的案件，应当充分考虑主犯应对全案事实负责以及国际刑事司法协助等因素，依法审慎适用特别程序追缴违法所得③。

　　（检例第 129 号）　　黄艳兰贪污违法所得没收案

　　要旨：检察机关在适用违法所得没收程序中，应当承担证明有犯罪事实以及申请没收的财产属于违法所得及其他涉案财产的举证责任。利害关系人及其诉讼代理人参加诉讼并主张权利，但不能提供合法证据或者其主张明显与事实不符的，应当依法予以辩驳。善意第三方对申请没收财产享有合法权利的，应当依法予以保护④。

　　（检例第 130 号）　　任润厚受贿、巨额财产来源不明违法所得没收案

　　要旨：涉嫌巨额财产来源不明犯罪的人在立案前死亡，依照刑法规定应当追缴其违法所

---

　　① 注：本案指导意义之 1：犯罪嫌疑人、被告人逃匿境外的贪污贿赂犯罪案件，一般均已先期将巨额资产转移至境外，我国《刑法》第 191 条明确规定此类跨境转移资产行为属于洗钱犯罪。

　　② 注：本案指导意义之 2：经审查，有证据证明犯罪嫌疑人、被告人将违法所得转移至境外，在境外购置财产的支出小于所转移的违法所得，且犯罪嫌疑人、被告人没有足以支付其在境外购置财产的其他收入来源的，可以认定其在境外购置的财产具有高度可能属于需要申请没收的违法所得。

　　③ 注：本案指导意义之 3：共同犯罪中，主犯对全部案件事实负责，犯罪后部分犯罪嫌疑人、被告人逃匿境外，部分犯罪嫌疑人、被告人在境内被司法机关依法查办的，如果境内外均有涉案财产，且逃匿的犯罪嫌疑人、被告人是共同犯罪的主犯，依法适用特别程序追缴共同犯罪违法所得，有利于全面把握涉案事实，取得较好办案效果。

　　④ 注：本案指导意义之 2：对申请没收财产因抵押而享有优先受偿权的债权人，或者享有其他合法权利的利害关系人，如果在案证据能够证明其在抵押权设定时对该财产系违法所得不知情，或者有理由相信该财产为合法财产，依法应当认定为善意第三方，对其享有的担保物权或其他合法权利，依法应当予以保护。

得及其他涉案财产的，可以依法适用违法所得没收程序①。对涉案的巨额财产，可以由其近亲属或其他利害关系人说明来源。没有近亲属或其他利害关系人主张权利或者说明来源，或者近亲属或其他利害关系人主张权利所提供的证据达不到相应证明标准，或说明的来源经查证不属实的，依法认定为违法所得予以申请没收。违法所得与合法财产混同并产生孳息的，可以按照违法所得占比计算孳息予以申请没收。

● 入库案例

【2023-03-1-402-006】 黄某某贪污违法所得没收案（广西高院/2019.06.29/[2019]桂刑终18号）

裁判要旨：1. 利害关系人不限于对申请没收的财产主张所有权的人，担保物权人等其他享有财产权利的相关权利人亦属于利害关系人。只要是在启动违法所得没收程序之前善意取得的财产权利都应当受到承认与保护。如果违法所得没收裁定可能直接导致权利主张者丧失在涉案财产上的权利，就应当准许相关权利人提出主张。

2. 贪污贿赂等犯罪行为直接或者间接获得财产，部分或者全部转变、转化的财产及其收益，以及来自违法所得相混合财产中违法所得相应部分的收益，均应视为"违法所得及其他涉案财产"。

3. 在使用赃款进行按揭贷款的情形下，对于按揭贷款欠款、迟延履行期间的一般债务利息应予支持，对于支付迟延履行期间的逾期利息和加倍债务利息（罚息）的主张不予支持。

【2023-03-1-402-011】 白某贪污违法所得没收案（呼和浩特中院/2020.11.17/[2019]内01刑没1号）

裁判要旨：1. 违法所得没收程序中对犯罪事实的认定适用"有证据证明有犯罪事实"标准普通刑事定罪案件的证明标准是"事实清楚、证据确实、充分，排除一切合理怀疑"。2017年，最高人民法院、最高人民检察院《关于适用犯罪嫌疑人、被告人逃匿、死亡案件违法所得没收程序若干问题的规定》第9条明确了"有证据证明有犯罪事实"的标准，并在第10条详细规定了"有证据证明有犯罪事实"标准的3个层面含义：有证据证明发生了犯罪事实；有证据证明该犯罪事实是犯罪嫌疑人、被告人实施的；证明犯罪嫌疑人、被告人实施犯罪行为的证据真实、合法。

需要注意的是，违法所得没收案件不要求达到"事实清楚、证据确实、充分"的证明标准，不意味着对犯罪事实的认定和行为的定性可以是模糊的。在违法所得没收程序中，对犯罪事实和行为的定性不仅是适用违法所得没收程序的前置程序，而且是认定违法所得及其他涉案财产的基础。人民法院在立案受理阶段，应当对犯罪嫌疑人、被告人涉嫌犯罪的事实进行认真审查并准确定性，以确定能否适用违法所得没收程序。

2. 违法所得没收程序中对违法所得的认定适用"高度可能"标准。

争议财物是否属于应当没收的涉案财物，是违法所得没收案件证明的核心内容，相应

---

① 注：本案指导意义之1：违法所得没收程序的目的在于解决违法所得及其他涉案财产的追缴问题，不是追究被申请人的刑事责任。涉嫌实施贪污贿赂等重大犯罪行为的人，依照刑法规定应当追缴其犯罪所得及其他涉案财产的，无论立案之前死亡或立案后作为犯罪嫌疑人、被告人在诉讼中死亡，都可以适用违法所得没收程序。

证明标准也是案件证明工作的重点。2017 年《违法所得没收规定》第 17 条第 1 款规定，申请没收的财产具有高度可能属于违法所得及其他涉案财产的，应当认定为属于违法所得及其他涉案财产。

"高度可能"源于民事诉讼的优势证据原则。《最高人民法院关于适用〈中华人民共和国民事诉讼法〉的解释》第 108 条确立的"优势证据规则"表述为"对负有举证证明责任的当事人提供的证据，人民法院经审查并结合相关事实，确信待证事实的存在具有高度可能性的，应当认定该事实存在"。违法所得没收程序不解决犯罪嫌疑人、被告人的定罪量刑问题，本质上是民事确认之诉，"高度可能"是基于优势证据原则产生的对财物确认权属的证明标准，是法官根据事实证据并综合生活常识等因素形成的一方证据明显优势的合理衡量和判断，而不能机械地用某一确定百分比的尺度去认定。

第五章　依法不负刑事责任的精神病人的强制医疗程序

第 302 条　【强制医疗对象】实施暴力行为，危害公共安全或者严重危害公民人身安全，经法定程序鉴定依法不负刑事责任的精神病人，有继续危害社会可能的，可以予以强制医疗。

第 303 条　【强制医疗决定权】根据本章规定对精神病人强制医疗的，由人民法院决定。

【强制医疗提请程序】公安机关发现精神病人符合强制医疗条件的，应当写出强制医疗意见书，移送人民检察院。对于公安机关移送的或者在审查起诉过程中发现的精神病人符合强制医疗条件的，人民检察院应当向人民法院提出强制医疗的申请。人民法院在审理案件过程中发现被告人符合强制医疗条件的，可以作出强制医疗的决定。

【保护性约束措施】对实施暴力行为的精神病人，在人民法院决定强制医疗前，公安机关可以采取临时的保护性约束措施。

第 304 条　【强制医疗审理程序】人民法院受理强制医疗的申请后，应当组成合议庭进行审理。

人民法院审理强制医疗案件，应当通知被申请人或者被告人的法定代理人到场。被申请人或者被告人没有委托诉讼代理人的，人民法院应当通知法律援助机构指派律师为其提供法律帮助。

第 305 条　【强制医疗审理期限】人民法院经审理，对于被申请人或者被告人符合强制医疗条件的，应当在 1 个月以内作出强制医疗的决定。

【强制医疗复议】被决定强制医疗的人、被害人及其法定代理人、近亲属对强制医疗决定不服的，可以向上一级人民法院申请复议。

第 306 条　【强制医疗解除】强制医疗机构应当定期对被强制医疗的人进行诊断评估。对于已不具有人身危险性，不需要继续强制医疗的，应当及时提出解除意见，报决定强制医疗的人民法院批准。
　　被强制医疗的人及其近亲属有权申请解除强制医疗。
　　第 307 条　【强制医疗检察监督】人民检察院对强制医疗的决定和执行实行监督。

● 相关规定　　【主席令〔2012〕62 号】　　中华人民共和国精神卫生法（2012 年 10 月 26 日第 11 届全国人大常委会第 29 次会议通过，2013 年 5 月 1 日施行；2018 年 4 月 27 日第 13 届全国人大常委会第 2 次会议修正）
　　第 2 条　在中华人民共和国境内开展维护和增进公民心理健康、预防和治疗精神障碍、促进精神障碍患者康复的活动，适用本法。
　　第 30 条　精神障碍的住院治疗实行自愿原则。
　　诊断结论、病情评估表明，就诊者为严重精神障碍患者并有下列情形之一的，应当对其实施住院治疗：（一）已经发生伤害自身的行为，或者有伤害自身的危险的；（二）已经发生危害他人安全的行为，或者有危害他人安全的危险的。
　　第 31 条　精神障碍患者有本法第 30 条第 2 款第一项情形的，经其监护人同意，医疗机构应当对患者实施住院治疗；监护人不同意的，医疗机构不得对患者实施住院治疗。监护人应当对在家居住的患者做好看护管理。
　　第 32 条（第 1 款）　精神障碍患者有本法第 30 条第 2 款第二项情形，患者或者其监护人对需要住院治疗的诊断结论有异议，不同意对患者实施住院治疗的，可以要求再次诊断和鉴定。
　　第 35 条　再次诊断结论或者鉴定报告表明，不能确定就诊者为严重精神障碍患者，或者患者不需要住院治疗的，医疗机构不得对其实施住院治疗。
　　再次诊断结论或者鉴定报告表明，精神障碍患者有本法第 30 条第 2 款第二项情形的，其监护人应当同意对患者实施住院治疗。监护人阻碍实施住院治疗或者患者擅自脱离住院治疗的，可以由公安机关协助医疗机构采取措施对患者实施住院治疗。
　　在相关机构出具再次诊断结论、鉴定报告前，收治精神障碍患者的医疗机构应当按照诊疗规范的要求对患者实施住院治疗。
　　第 36 条　诊断结论表明需要住院治疗的精神障碍患者，本人没有能力办理住院手续的，由其监护人办理住院手续；患者属于查找不到监护人的流浪乞讨人员，由送诊的有关部门办理住院手续。
　　精神障碍患者有本法第 30 条第 2 款第二项情形，其监护人不办理住院手续的，由患者所在单位、村民委员会或者居民委员会办理住院手续，并由医疗机构在患者病历中予以记录。
　　第 38 条　医疗机构应当配备适宜的设施、设备，保护就诊和住院治疗的精神障碍患者的人身安全，防止其受到伤害，并为住院患者创造尽可能接近正常生活的环境和条件。
　　第 40 条　精神障碍患者在医疗机构内发生或者将要发生伤害自身、危害他人安全、扰乱医疗秩序的行为，医疗机构及其医务人员在没有其他可替代措施的情况下，可以实施约束、隔离等保护性医疗措施。实施保护性医疗措施应当遵循诊断标准和治疗规范，并在实施后告知患者的监护人。

禁止利用约束、隔离等保护性医疗措施惩罚精神障碍患者。

第41条　对精神障碍患者使用药物，应当以诊断和治疗为目的，使用安全、有效的药物，不得为诊断或者治疗以外的目的使用药物。

医疗机构不得强迫精神障碍患者从事生产劳动。

第42条　禁止对依照本法第30条第2款规定实施住院治疗的精神障碍患者实施以治疗精神障碍为目的的外科手术。

第43条　医疗机构对精神障碍患者实施下列治疗措施，应当向患者或者其监护人告知医疗风险、替代医疗方案等情况，并取得患者的书面同意；无法取得患者意见的，应当取得其监护人的书面同意，并经本医疗机构伦理委员会批准：（一）导致人体器官丧失功能的外科手术；（二）与精神障碍治疗有关的实验性临床医疗。

实施前款第一项治疗措施，因情况紧急查找不到监护人的，应当取得本医疗机构负责人和伦理委员会批准。

禁止对精神障碍患者实施与治疗其精神障碍无关的实验性临床医疗。

第44条　自愿住院治疗的精神障碍患者可以随时要求出院，医疗机构应当同意。

对有本法第30条第2款第一项情形的精神障碍患者实施住院治疗的，监护人可以随时要求患者出院，医疗机构应当同意。

医疗机构认为前两款规定的精神障碍患者不宜出院的，应当告知不宜出院的理由；患者或其监护人仍要求出院的，执业医师应当在病历资料中详细记录告知的过程，同时提出出院后的医学建议，患者或者其监护人应当签字确认。

对有本法第30条第2款第二项情形的精神障碍患者实施住院治疗，医疗机构认为患者可以出院的，应当立即告知患者及其监护人。

医疗机构应当根据精神障碍患者病情，及时组织精神科执业医师对依照本法第30条第2款规定实施住院治疗的患者进行检查评估。评估结果表明患者不需要继续住院治疗的，医疗机构应当立即通知患者及其监护人。

第47条　医疗机构及其医务人员应当在病历资料中如实记录精神障碍患者的病情、治疗措施、用药情况、实施约束、隔离措施等内容，并如实告知患者或者其监护人。患者及其监护人可以查阅、复制病历资料；但是，患者查阅、复制病历资料可能对其治疗产生不利影响的除外。病历资料保存期限不得少于30年。

第52条　监狱、强制隔离戒毒所等场所应当采取措施，保证患有精神障碍的服刑人员、强制隔离戒毒人员等获得治疗。

第53条　精神障碍患者违反治安管理处罚法或者触犯刑法的，依照有关法律的规定处理。

【高检发执检字〔2016〕9号】　人民检察院强制医疗执行检察办法（试行）（2016年5月13日最高检第12届检委会第51次会议通过，2016年6月2日印发试行）

第5条　人民检察院案件管理部门收到人民法院的强制医疗决定书副本后，应当在1个工作日内移送本院刑事执行检察部门。刑事执行检察部门应当及时填写《强制医疗交付执行告知表》，连同强制医疗决定书复印件一并送达承担强制医疗机构检察任务的人民检察院刑事执行检察部门。

第6条　对强制医疗所的强制医疗执行活动，人民检察院可以实行派驻检察或者巡回检察。对受政府指定临时履行强制医疗职能的精神卫生医疗机构的强制医疗执行活动，人民检察院应当实行巡回检察。

检察强制医疗执行活动时，检察人员不得少于2人，其中至少1人应当为检察官。

第9条　人民法院、公安机关、强制医疗机构在交付执行活动中有下列情形之一的，人民检察院应当依法及时提出纠正意见：（一）人民法院在作出强制医疗决定后5日以内未向公安机关送达强制医疗决定书和强制医疗执行通知书的；（二）公安机关没有依法将被决定强制医疗的人送交强制医疗机构执行的；（三）交付执行的相关法律文书及其他手续不完备的；（四）强制医疗机构对被决定强制医疗的人拒绝收治的；（五）强制医疗机构收治未被人民法院决定强制医疗的人的；（六）其他违法情形。

第12条　人民检察院发现强制医疗机构有下列情形之一的，应当依法及时提出纠正意见：（一）强制医疗工作人员的配备以及医疗、监管安全设施、设备不符合有关规定的；（二）没有依照法律法规对被强制医疗人实施必要的医疗的；（三）没有依照规定保障被强制医疗人生活标准的；（四）没有依照规定安排被强制医疗人与其法定代理人、近亲属会见、通信的；（五）殴打、体罚、虐待或者变相体罚、虐待被强制医疗人，违反规定对被强制医疗人使用约束措施，或者有其他侵犯被强制医疗人合法权利行为的；（六）没有依照规定定期对被强制医疗人进行诊断评估的；（七）对被强制医疗人及其法定代理人、近亲属提出的解除强制医疗的申请，没有及时审查处理，或者没有及时转送作出强制医疗决定的人民法院的；（八）其他违法情形。

第15条　人民检察院发现强制医疗机构有下列情形之一的，应当依法及时提出纠正意见：（一）对于不需要继续强制医疗的被强制医疗人，没有及时向作出强制医疗决定的人民法院提出解除意见，或者对需要继续强制医疗的被强制医疗人，不应当提出解除意见而向人民法院提出解除意见的；（二）收到人民法院作出的解除强制医疗决定书后，不立即解除强制医疗的；（三）被解除强制医疗的人没有相关凭证或者凭证不全的；（四）被解除强制医疗的人与相关凭证不符的；（五）其他违法情形。

第16条　强制医疗事故检察的内容：（一）被强制医疗人脱逃的；（二）被强制医疗人发生群体性病疫的；（三）被强制医疗人非正常死亡的；（四）被强制医疗人伤残的；（五）其他事故。

第18条　被强制医疗人在强制医疗期间死亡的，依照最高人民检察院关于监管场所被监管人死亡检察程序的规定进行检察。

第19条　人民检察院应当依法受理被强制医疗人及其法定代理人、近亲属的控告、举报和申诉，并及时审查处理。人民检察院刑事执行检察部门应当自受理之日起15个工作日以内将处理情况书面反馈控告人、举报人、申诉人。

人民检察院刑事执行检察部门对不服强制医疗决定的申诉，应当移送作出强制医疗决定的人民法院的同级人民检察院公诉部门办理，并跟踪督促办理情况和办理结果，及时将办理情况书面反馈控告人、举报人、申诉人。

第21条　人民检察院收到被强制医疗人或者其法定代理人、近亲属提出的解除强制医疗的申请后，应当在3个工作日以内转交强制医疗机构审查，并监督强制医疗机构是否及时审查申请、诊断评估、提出解除意见等活动是否合法。

第22条　人民检察院在强制医疗执行监督中发现被强制医疗人不符合强制医疗条件，人民法院作出的强制医疗决定可能错误的，应当在5个工作日以内报经检察长批准，将有关材料转交作出强制医疗决定的人民法院的同级人民检察院。收到材料的人民检察院公诉部门应当在20个工作日以内进行审查，并将审查情况和处理意见书面反馈负责强制医疗执行监督的人民检察院。

第23条　人民检察院在强制医疗执行检察中，发现违法情形的，应当按照下列程序处理：（一）检察人员发现轻微违法情况且被监督单位可以现场纠正的，可以当场提出口头纠正意见，并及时向刑事执行检察部门负责人或者检察长报告，填写《检察纠正违法情况登记表》；（二）发现严重违法情况，或者在提出口头纠正意见后被监督单位在7日以内未予纠正且不说明理由的，应当报经检察长批准，及时发出纠正违法通知书，并将纠正违法通知书副本抄送被监督单位的上一级机关；（三）人民检察院发出纠正违法通知书后15日以内，被监督单位仍未纠正或者回复意见的，应当及时向上一级人民检察院报告，上一级人民检察院应当监督纠正。

对严重违法情况，刑事执行检察部门应当填写《严重违法情况登记表》，向上一级人民检察院刑事执行检察部门报告。

第24条　被监督单位对人民检察院的纠正违法意见书面提出异议的，人民检察院应当及时复议，并将复议决定通知被监督单位。

被监督单位对于复议结论仍然有异议的，可以向上一级人民检察院申请复核。上一级人民检察院应当及时作出复核决定，并通知被监督单位和下一级人民检察院。

人民检察院刑事执行检察部门具体承办复议、复核工作。

第25条　人民检察院发现强制医疗执行活动中存在执法不规范、安全隐患等问题的，应当报经检察长批准，向有关单位提出检察建议。

第26条　人民检察院发现公安机关、人民法院、强制医疗机构的工作人员在强制医疗活动中有违纪违法行为的，应当报请检察长决定后及时移送有关部门处理；构成犯罪的，应当依法追究刑事责任。

第28条　对2012年12月31日以前公安机关依据《中华人民共和国刑法》第18条的规定决定强制医疗且2013年1月1日以后仍在强制医疗机构被执行强制医疗的精神病人，人民检察院应当对其被执行强制医疗的活动实行监督。

第29条　公安机关在强制医疗机构内对涉案精神病人采取临时保护性约束措施的，人民检察院参照本办法对临时保护性约束措施的执行活动实行监督，发现违法情形的，应当提出纠正意见。

第30条　检察人员在强制医疗执行检察工作中有违纪违法行为的，应当按照有关规定追究违纪违法责任；构成犯罪的，应当依法追究刑事责任。

【律发通〔2017〕51号】　　律师办理刑事案件规范（2017年8月27日第9届全国律协常务理事会第8次会议通过、即日施行，中华全国律师协会2017年9月20日）

第231条　强制医疗案件，律师可以接受被申请人、被告人及其法定代理人、近亲属的委托担任诉讼代理人或接受法律援助机构的指派担任诉讼代理人。

第232条　律师接受委托后，应当重点审查以下内容并提出相应的代理意见：（一）被申请人或者被告人是否实施了暴力行为，是否危害公共安全或者严重危害公民人身安全；（二）被申请人或者被告人是否属于经法定程序鉴定依法不负刑事责任的精神病人；（三）被申请人或者被告人是否有继续危害社会的可能等。

第233条　律师参加强制医疗案件的开庭审理，在法庭主持下，按照下列程序进行：（一）在检察员宣读申请书后，发表意见；（二）对检察员出示的有关证据，发表质证意见，并可以出示相关证据；（三）法庭辩论期间，在检察员发言后，发表代理意见并进行辩论。

第234条　被决定强制医疗的人、被害人及其法定代理人、近亲属对强制医疗决定不服的，律师可以接受其委托，自收到决定之日起5日内向上一级人民法院申请复议。

第235条　律师可以接受被强制医疗的人及其近亲属的委托，协助其向决定强制医疗的人民法院提出申请解除强制医疗。

提出申请的，应当提交对被强制医疗的人的诊断评估报告或申请人民法院调取。必要时，可以申请人民法院委托鉴定机构对被强制医疗的人进行鉴定。

【高检发诉字〔2018〕1号】　人民检察院强制医疗决定程序监督工作规定（2017年7月4日最高检第12届检委会第66次会议通过，2018年2月1日印发施行）

第2条　强制医疗决定程序的监督，由人民检察院公诉部门负责。涉及未成年人的，由未成年人检察部门负责。

第3条　人民检察院办理公安机关移送的强制医疗案件，应当审查公安机关移送的强制医疗意见书，以及鉴定意见等证据材料，并注意发现和纠正以下违法情形：（一）对涉案精神病人的鉴定程序违反法律规定的；（二）对涉案精神病人采取临时保护性约束措施不当的；（三）其他违反法律规定的情形。

第4条　人民检察院办理公安机关移送的强制医疗案件，可以会见涉案精神病人，询问办案人员、鉴定人，听取涉案精神病人法定代理人、诉讼代理人意见，向涉案精神病人的主治医生、近亲属、邻居、其他知情人员或者基层组织等了解情况，向被害人及其法定代理人、近亲属等了解情况，就有关专门性技术问题委托具有法定资质的鉴定机构、鉴定人进行鉴定，开展相关调查。

相关调查情况应当记录并附卷。

第5条　人民检察院发现公安机关应当启动强制医疗程序而不启动的，可以要求公安机关在7日以内书面说明不启动的理由。

经审查，认为公安机关不启动理由不能成立的，应当通知公安机关启动强制医疗程序。

公安机关收到启动强制医疗程序通知书后，未按要求启动强制医疗程序的，人民检察院应当向公安机关提出纠正意见。

第6条　人民检察院办理公安机关移送的强制医疗案件，发现公安机关对涉案精神病人进行鉴定的程序有下列情形之一的，应当依法提出纠正意见：（一）鉴定机构不具备法定资质，或者精神病鉴定超出鉴定机构业务范围、技术条件的；（二）鉴定人不具备法定资质，精神病鉴定超出鉴定人业务范围，或者违反回避规定的；（三）鉴定程序违反法律、有关规定，鉴定的过程和方法违反相关专业的规范要求的；（四）鉴定文书不符合法定形式要件的；（五）鉴定意见没有依法及时告知相关人员的；（六）鉴定人故意作虚假鉴定的；（七）其他违反法律规定的情形。

人民检察院对精神病鉴定程序进行监督，可以要求公安机关补充鉴定或者重新鉴定，必要时，可以询问鉴定人并制作笔录，或者委托具有法定资质的鉴定机构进行补充鉴定或者重新鉴定。

第7条　人民检察院发现公安机关对涉案精神病人采取临时保护性约束措施，有下列情形之一的，应当依法提出纠正意见：（一）不应当采取而采取临时保护性约束措施的；（二）采取临时保护性约束措施的方式、方法和力度不当，超过避免和防止危害他人和精神病人自身安全的必要限度的；（三）对已无继续危害社会可能，解除约束措施后不致发生社会危害性的涉案精神病人，未及时解除保护性约束措施的；（四）其他违反法律规定的情形。

人民检察院认为公安机关有必要采取临时保护性约束措施而公安机关尚未采取的，可以建议公安机关采取临时保护性约束措施。

第8条　人民检察院对人民法院强制医疗案件审理活动实行监督，主要发现和纠正以下违法情形：（一）未通知被申请人或者被告人的法定代理人到场的；（二）被申请人或者被告人没有委托诉讼代理人，未通知法律援助机构指派律师为其提供法律帮助的；（三）未组成合议庭或者合议庭组成人员不合法的；（四）未经申请人、被告人的法定代理人请求直接作出不开庭审理决定的；（五）未会见被申请人的；（六）被申请人、被告人要求出庭且具备出庭条件，未准许其出庭的；（七）违反法定审理期限的；（八）收到人民检察院对强制医疗决定不当的书面纠正意见后，未另行组成合议庭审理或者未在1个月以内作出复议决定的；（九）人民法院作出的强制医疗决定或者驳回强制医疗申请决定不当的；（十）其他违反法律规定的情形。

人民检察院发现人民法院强制医疗案件审理活动有前款规定的违法情形的，应当依法提出纠正意见。

第9条　人民法院对强制医疗案件开庭审理的，人民检察院应当派员出席法庭，审查人民法院作出的强制医疗决定、驳回强制医疗申请的决定、宣告被告人依法不负刑事责任的判决是否符合法律规定。

第10条　人民检察院对人民法院强制医疗案件审理活动实行监督，可以参照本规定第4条规定的方式开展调查。相关调查情况应当记录并附卷。

第11条　出席法庭的检察人员发现人民法院审理强制医疗案件违反法律规定的诉讼程序，应当记录在案，并在休庭后及时向检察长报告，由人民检察院在庭审后向人民法院提出纠正意见。

第12条　人民法院拟不开庭审理的强制医疗案件，人民检察院认为开庭审理更为适宜的，可以建议人民法院开庭审理。

第13条　人民检察院认为被申请人的身体和精神状况适宜到庭，且到庭更有利于查明案件事实的，可以建议人民法院准许其到庭。

第14条　人民检察院审查同级人民法院强制医疗决定书或者驳回强制医疗申请决定书，可以听取被害人及其法定代理人、近亲属的意见并记录附卷。

第15条　人民检察院发现人民法院作出的强制医疗的决定或者驳回强制医疗申请的决定，有下列情形之一的，应当在收到决定书副本后20日以内向人民法院提出书面纠正意见：（一）据以作出决定的事实不清或者确有错误的；（二）据以作出决定的证据不确实、不充分的；（三）据以作出决定的证据依法应当予以排除的；（四）据以作出决定的主要证据之间存在矛盾的；（五）有确实、充分的证据证明应当决定强制医疗而予以驳回的，或者不应当决定强制医疗而决定强制医疗的；（六）审理过程中严重违反法定诉讼程序，可能影响公正审理和决定的。

第16条 对于人民检察院提起公诉的案件，人民法院在审理案件过程中发现被告人可能符合强制医疗条件，决定依法适用强制医疗程序进行审理的，人民检察院应当在庭审中发表意见。

对人民法院作出的宣告被告人无罪或者不负刑事责任的判决、强制医疗决定，人民检察院应当进行审查。对判决确有错误的，应当依法提出抗诉，对强制医疗决定或者未作出强制医疗的决定不当的，应当提出书面纠正意见。

人民法院未适用强制医疗程序对案件进行审理，或者未判决宣告被告人不负刑事责任，直接作出强制医疗决定的，人民检察院应当提出书面纠正意见。

第17条 在强制医疗执行过程中发现强制医疗决定确有错误的，由作出决定的人民法院的同级人民检察院向人民法院提出书面纠正意见。

前款规定的工作由人民检察院公诉部门办理。

第18条 人民法院收到被决定强制医疗的人、被害人及其法定代理人、近亲属复议申请后，未组成合议庭审理，或者未在1个月内作出复议决定，或者有其他违法行为的，由收到复议决定的人民法院的同级人民检察院向人民法院提出书面纠正意见。

第19条 人民检察院在办理强制医疗案件中发现公安机关的违法情形，对于情节较轻的，可以由检察人员以口头方式向侦查人员或者公安机关负责人提出纠正意见，并及时向本部门负责人汇报；必要的时候，由部门负责人提出。对于情节较重的违法情形，应当报请检察长批准后，向公安机关发出纠正违法通知书。构成犯罪的，移送有关部门依法追究刑事责任。

人民检察院在办理强制医疗案件中发现人民法院的违法情形，参照前款规定执行。

人民检察院在强制医疗执行监督中发现被强制医疗的人不符合强制医疗条件或者需要依法追究刑事责任，将有关材料转交作出强制医疗决定的人民法院的同级人民检察院的，收到材料的人民检察院公诉部门应当在20日以内进行审查，并将审查情况和处理意见反馈负责强制医疗执行监督的人民检察院。

第20条 公安机关、人民法院对纠正意见申请复查的，人民检察院应当在7日以内进行复查，并将复查结果及时通知申请复查机关。经过复查，认为纠正意见正确的，应当及时向上一级人民检察院报告；认为纠正意见错误的，应当及时予以撤销。

上一级人民检察院经审查，认为下级人民检察院纠正意见正确的，应当及时通知同级人民法院、公安机关督促下级人民法院、公安机关根据纠正意见进行纠正；认为下级人民检察院纠正意见不正确的，应当书面通知下级人民检察院予以撤销，下级人民检察院应当执行，并及时向人民法院、公安机关及有关人员说明情况。有申诉人、控告人的，应当将处理结果及时回复申诉人、控告人。

第21条 人民检察院应当及时了解公安机关、人民法院对纠正意见的执行情况。

人民检察院提出的纠正意见，公安机关和人民法院没有正当理由不纠正的，应当向上一级人民检察院报告。上级人民检察院认为下级人民检察院意见正确的，应当及时通知同级公安机关、人民法院督促下级公安机关、人民法院纠正；上级人民检察院认为下级人民检察院纠正违法的意见错误的，应当通知下级人民检察院撤销书面纠正意见，并通知同级公安机关、人民法院。

【高检发释字〔2019〕4号】 人民检察院刑事诉讼规则（2019年12月2日最高检第13届检委会第28次会议通过，2019年12月30日公布施行；高检发释字〔2012〕2号《规则（试行）》同时废止）

第534条　对于实施暴力行为，危害公共安全或者严重危害公民人身安全，已经达到犯罪程度，经法定程序鉴定依法不负刑事责任的精神病人，有继续危害社会可能的，人民检察院应当向人民法院提出强制医疗的申请。

提出强制医疗的申请以及对强制医疗决定的监督，由负责捕诉的部门公诉部门办理。

第535条　强制医疗的申请由被申请人实施暴力行为所在地的基层人民检察院提出；由被申请人居住地的人民检察院提出更为适宜的，可以由被申请人居住地的基层人民检察院提出。

第536条　人民检察院向人民法院提出强制医疗的申请，应当制作强制医疗申请书。强制医疗申请书的主要内容包括：（一）涉案精神病人的基本情况，包括姓名、性别、出生年月日、出生地、户籍地、公民身份号码身份证号码、民族、文化程度、职业、工作单位及职务、住址，采取临时保护性约束措施的情况及处所等；（二）涉案精神病人的法定代理人的基本情况，包括姓名、住址、联系方式等；（三）案由及案件来源；（四）涉案精神病人实施危害公共安全或者严重危害公民人身安全的暴力行为的事实，包括实施暴力行为的时间、地点、手段、后果等及相关证据情况；（五）涉案精神病人不负刑事责任的依据，包括有关鉴定意见和其他证据材料；（六）涉案精神病人继续危害社会的可能；（七）提出强制医疗申请的理由和法律依据。

第537条　人民检察院审查公安机关移送的强制医疗意见书，应当查明：（一）是否属于本院管辖；（二）涉案精神病人身份状况是否清楚，包括姓名、性别、国籍、出生年月日、职业和单位等；（三）涉案精神病人实施危害公共安全或者严重危害公民人身安全的暴力行为的事实；（四）公安机关对涉案精神病人进行鉴定的程序是否合法，涉案精神病人是否依法不负刑事责任；（五）涉案精神病人是否有继续危害社会的可能；（六）证据材料是否随案移送，不宜移送的证据的清单、复制件、照片或者其他证明文件是否随案移送；（七）证据是否确实、充分；（八）采取的临时保护性约束措施是否适当。

第538条　人民检察院办理公安机关移送的强制医疗案件，可以采取以下方式开展调查，调查情况应当记录并附卷：（一）会见涉案精神病人，听取涉案精神病人的法定代理人、诉讼代理人意见；（二）询问办案人员、鉴定人；（三）向被害人及其法定代理人、近亲属了解情况；（四）向涉案精神病人的主治医生、近亲属、邻居、其他知情人员或者基层组织等了解情况；（五）就有关专门性技术问题委托具有法定资质的鉴定机构、鉴定人进行鉴定。

第539条　人民检察院应当在接到公安机关移送的强制医疗意见书后30日以内作出是否提出强制医疗申请的决定。

对于公安机关移送的强制医疗案件，经审查认为不符合刑事诉讼法第302条规定条件的，应当作出不提出强制医疗申请的决定，并向公安机关书面说明理由。认为需要补充证据的，应当书面要求公安机关补充证据，必要时也可以自行调查。

公安机关补充证据的时间不计入人民检察院办案期限。

第540条　人民检察院发现公安机关应当启动强制医疗程序而不启动的，可以要求公安机关在7日以内书面说明不启动的理由。

经审查，认为公安机关不启动理由不能成立的，应当通知公安机关启动强制医疗程序。

（新增）公安机关收到启动强制医疗程序通知书后，未按要求启动强制医疗程序的，人民检察院应当提出纠正意见。

第541条 人民检察院对公安机关移送的强制医疗案件，发现公安机关对涉案精神病人进行鉴定违反法律规定或者采取临时保护性约束措施不当，具有下列情形之一的，应当依法提出纠正意见：（一）鉴定机构不具备法定资质的；（二）鉴定人不具备法定资质或者违反回避规定的；（三）鉴定程序违反法律或者有关规定，鉴定的过程和方法违反相关专业规范要求的；（四）鉴定文书不符合法定形式要件的；（五）鉴定意见没有依法及时告知相关人员的；（六）鉴定人故意作虚假鉴定的；（七）其他违反法律规定的情形。（以上7项为新增）

（新增）人民检察院对精神病鉴定程序进行监督，可以要求公安机关补充鉴定或者重新鉴定。必要时，可以询问鉴定人并制作笔录，或者委托具有法定资质的鉴定机构进行补充鉴定或者重新鉴定。

第542条 人民检察院发现公安机关对涉案精神病人不应当采取临时保护性约束措施而采取的进行鉴定的程序违反法律或者采取临时保护性约束措施不当的，应当提出纠正意见。

认为公安机关应当采取临时保护性约束措施而未采取的，人民检察院应当建议公安机关采取临时保护性约束措施。

原第547条 人民检察院发现公安机关对涉案精神病人采取临时保护性约束措施时有体罚、虐待等违法情形的，应当提出纠正意见。

前款规定的工作由监所检察部门负责。

第543条 在审查起诉中，犯罪嫌疑人经鉴定系依法不负刑事责任的精神病人的，人民检察院应当作出不起诉决定。认为符合刑事诉讼法第302条规定条件的，应当向人民法院提出强制医疗的申请。

第544条 人民法院对强制医疗案件开庭审理的，人民检察院应当派员出席法庭。

第545条 人民检察院发现人民法院强制医疗案件审理活动具有下列情形之一的，应当提出纠正意见：（一）未通知被申请人或者被告人的法定代理人到场的；（二）被申请人或者被告人没有委托诉讼代理人，未通知法律援助机构指派律师为其提供法律帮助的；（三）未组成合议庭或者合议庭组成人员不合法的；（四）未经被申请人、被告人的法定代理人请求直接作出不开庭审理决定的；（五）未会见被申请人的；（六）被申请人、被告人要求出庭且具备出庭条件，未准许其出庭的；（七）违反法定审理期限的；（八）收到人民检察院对强制医疗决定不当的书面纠正意见后，未另行组成合议庭审理或者未在1个月以内作出复议决定的；（九）人民法院作出的强制医疗决定或者驳回强制医疗申请决定不当的；（十）其他违反法律规定的情形。

第546条 出席法庭的检察官人民检察院发现人民法院或者审判人员审理强制医疗案件违反法律规定的诉讼程序，应当记录在案，并在休庭后及时向检察长报告，由人民检察院在庭审后向人民法院提出纠正意见。

第547条 人民检察院认为人民法院作出的强制医疗决定或者驳回强制医疗申请的决定，具有下列情形之一不当的，应当在收到决定书副本后20日以内向人民法院提出书面纠正意见：（一）据以作出决定的事实不清或者确有错误的；（二）据以作出决定的证据不确实、不充分的；（三）据以作出决定的证据依法应当予以排除的；（四）据以作出决定的主要证据之间存在矛盾的；（五）有确实、充分的证据证明应当决定强制医疗而予以驳回的，或者不应当决定强制医疗而决定强制医疗的；（六）审理过程中严重违反法定诉讼程序，可能影响公正审理和决定的。（以上6项为新增）

第548条　人民法院在审理案件过程中发现被告人符合强制医疗条件，适用强制医疗程序对案件进行审理作出被告人不负刑事责任的判决后，拟作出强制医疗决定的，人民检察院应当在庭审中发表意见。

（新增）人民法院作出宣告被告人无罪或不负刑事责任的判决和强制医疗决定的，人民检察院应当进行审查。对判决确有错误的，应当依法提出抗诉；对强制医疗决定不当或者未作出强制医疗的决定不当的，应当提出纠正意见。

第549条　人民法院收到被决定强制医疗的人、被害人及其法定代理人、近亲属复议申请后，未组成合议庭审理，或者未在1个月以内作出复议决定，或者有其他违法行为的，人民检察院应当提出纠正意见。

第550条　人民检察院对于人民法院批准解除强制医疗的决定实行监督，发现人民法院解除强制医疗的决定不当的，应当依法向人民法院提出纠正意见。

第651条　人民检察院发现人民法院、公安机关、强制医疗机构在对依法不负刑事责任的精神病人的强制医疗的交付执行、医疗、解除等活动中违反有关规定的，应当依法提出纠正意见。

第652条　人民检察院在强制医疗执行监督中发现被强制医疗的人不符合强制医疗条件或者需要依法追究刑事责任，人民法院作出的强制医疗决定可能错误的，应当在5日以内报经检察长批准，将有关材料转交作出强制医疗决定的人民法院的同级人民检察院。收到材料的人民检察院负责捕诉的部门公诉部门应当在20日以内进行审查，并将审查情况和处理意见反馈负责强制医疗执行监督的人民检察院。

第653条　人民检察院发现公安机关在对涉案精神病人采取临时保护性约束措施时有体罚、虐待等违法情形的，应当依法提出纠正意见。

【公安部令〔2020〕159号】　公安机关办理刑事案件程序规定（2020年7月4日第3次部务会议修订，2020年7月20日公布，2020年9月1日施行）

第342条　公安机关发现实施暴力行为，危害公共安全或者严重危害公民人身安全的犯罪嫌疑人，可能属于依法不负刑事责任的精神病人的，应当对其进行精神病鉴定。

第343条　对经法定程序鉴定依法不负刑事责任的精神病人，有继续危害社会可能，符合强制医疗条件的，公安机关应当在7日以内写出强制医疗意见书，经县级以上公安机关负责人批准，连同相关证据材料和鉴定意见一并移送同级人民检察院。

第344条　对实施暴力行为的精神病人，在人民法院决定强制医疗前，经县级以上公安机关负责人批准，公安机关可以采取临时的保护性约束措施。必要时，可以将其送精神病医院接受治疗。

第345条　采取临时的保护性约束措施时，应当对精神病人严加看管，并注意约束的方式、方法和力度，以避免和防止危害他人和精神病人的自身安全为限度。

对于精神病人已没有继续危害社会可能，解除约束后不致发生社会危险性的，公安机关应当及时解除保护性约束措施。

【法释〔2021〕1号】　　最高人民法院关于适用《中华人民共和国刑事诉讼法》的解释（2020年12月7日最高法审委会〔1820次〕修订，2021年1月26日公布，2021年3月1日施行；2013年1月1日施行的"法释〔2012〕21号"《解释》同时废止）

第630条　实施暴力行为，危害公共安全或者严重危害公民人身安全，社会危害性已经达到犯罪程度，但经法定程序鉴定依法不负刑事责任的精神病人，有继续危害社会可能的，可以予以强制医疗。

第631条　人民检察院申请对依法不负刑事责任的精神病人强制医疗的案件，由被申请人实施暴力行为所在地的基层人民法院管辖；由被申请人居住地的人民法院审判更为适宜的，可以由被申请人居住地的基层人民法院管辖。

第632条　对人民检察院提出的强制医疗申请，人民法院应当审查以下内容：（一）是否属于本院管辖；（二）是否写明被申请人的身份，实施暴力行为的时间、地点、手段、所造成的损害等情况，并附相关证据材料；（三）是否附有法医精神病鉴定意见和其他证明被申请人属于依法不负刑事责任的精神病人的证据材料；（四）是否列明被申请人的法定代理人的姓名、住址、联系方式；（五）需要审查的其他事项。

第633条　对人民检察院提出的强制医疗申请，人民法院应当在7日以内审查完毕，并按照下列情形分别处理：

（一）属于强制医疗程序受案范围和本院管辖，且材料齐全的，应当受理；

（二）不属于本院管辖的，应当退回人民检察院；

（三）材料不全的，应当通知人民检察院在3日以内补送；3日以内不能补送的，应当退回人民检察院。

第634条　审理强制医疗案件，应当通知被申请人或者被告人的法定代理人到场；被申请人或者被告人的法定代理人经通知未到场的，可以通知被申请人或者被告人的其他近亲属到场。

被申请人或者被告人没有委托诉讼代理人的，应当自受理强制医疗申请或者发现被告人符合强制医疗条件之日起3日以内，通知法律援助机构指派律师担任其诉讼代理人，为其提供法律帮助。

第635条　审理强制医疗案件，应当组成合议庭，开庭审理。但是，被申请人、被告人的法定代理人请求不开庭审理，并经人民法院审查同意的除外。

审理人民检察院申请强制医疗案件，应当会见被申请人，听取被害人及其法定代理人的意见。

第636条　开庭审理申请强制医疗的案件，按照下列程序进行：

（一）审判长宣布法庭调查开始后，先由检察员宣读申请书，后由被申请人的法定代理人、诉讼代理人发表意见；

（二）法庭依次就申请人是否实施了危害公共安全或者严重危害公民人身安全的暴力行为、是否属于依法不负刑事责任的精神病人、是否有继续危害社会的可能进行调查；调查时，先由检察员出示有关证据，后由被申请人的法定代理人、诉讼代理人发表意见、出示有关证据，并进行质证；必要时，可以通知鉴定人出庭对鉴定意见作出说明；

（三）法庭辩论阶段，先由检察员发言，后由被申请人的法定代理人、诉讼代理人发言，并进行辩论。

被申请人要求出庭，人民法院经审查其身体和精神状态，认为可以出庭的，应当准许。出庭的被申请人，在法庭调查、辩论阶段，可以发表意见。

检察员宣读申请书后，被申请人的法定代理人、诉讼代理人无异议的，法庭调查可以简化。

第637条　对申请强制医疗的案件，人民法院审理后，应当按照下列情形分别处理：

（一）符合刑事诉讼法第302条规定的强制医疗条件的，应当作出对被申请人强制医疗的决定；

（二）被申请人属于依法不负刑事责任的精神病人，但不符合强制医疗条件的，应当作出驳回强制医疗申请的决定；被申请人已经造成危害结果的，应当同时责令其家属或者监护人严加看管和医疗；

（三）被申请人具有完全或者部分刑事责任能力，依法应当追究刑事责任的，应当作出驳回强制医疗申请的决定，并退回人民检察院依法处理。

第638条　第一审人民法院在审理刑事案件过程中，发现被告人可能符合强制医疗条件的，应当依照法定程序对被告人进行法医精神病鉴定。经鉴定，被告人属于依法不负刑事责任的精神病人的，应当适用强制医疗程序，对案件进行审理。

开庭审理前款规定的案件，应当先由合议庭组成人员宣读对被告人的法医精神病鉴定意见，说明被告人可能符合强制医疗的条件，后依次由公诉人和被告人的法定代理人、诉讼代理人发表意见。经审判长许可，公诉人和被告人的法定代理人、诉讼代理人可以进行辩论。

第639条　对前条规定的案件，人民法院审理后，应当按照下列情形分别处理：

（一）被告人符合强制医疗条件的，应当判决宣告被告人不负刑事责任，同时作出对被告人强制医疗的决定；

（二）被告人属于依法不负刑事责任的精神病人，但不符合强制医疗条件的，应当判决宣告被告人无罪或者不负刑事责任；被告人已经造成危害结果的，应当同时责令其家属或者监护人严加看管和医疗；

（三）被告人具有完全或者部分刑事责任能力，依法应当追究刑事责任的，应当依照普通程序继续审理。

第640条　第二审人民法院在审理刑事案件过程中，发现被告人可能符合强制医疗条件的，可以依照强制医疗程序对案件作出处理，也可以裁定发回原审人民法院重新审判。

第641条　人民法院决定强制医疗的，应当在作出决定后5日以内，向公安机关送达强制医疗决定书和强制医疗执行通知书，由公安机关将被决定强制医疗的人送交强制医疗。

第642条　被决定强制医疗的人、被害人及其法定代理人、近亲属对强制医疗决定不服的，可以自收到决定书第二日之日起5日以内向上一级人民法院申请复议。复议期间不停止执行强制医疗的决定。

第643条　对不服强制医疗决定的复议申请，上一级人民法院应当组成合议庭审理，并在1个月以内，按照下列情形分别作出复议决定：

（一）被决定强制医疗的人符合强制医疗条件的，应当驳回复议申请，维持原决定；

（二）被决定强制医疗的人不符合强制医疗条件的，应当撤销原决定；

（三）原审违反法定诉讼程序，可能影响公正审判的，应当撤销原决定，发回原审人民法院重新审判。

第644条　对本解释第639条第一项规定的判决、决定，人民检察院提出抗诉，同时被决定强制医疗的人、被害人及其法定代理人、近亲属申请复议的，上一级人民法院应当依照第二审程序一并处理。

第645条　被强制医疗的人及其近亲属申请解除强制医疗的，应当向决定强制医疗的人民法院提出。

被强制医疗的人及其近亲属提出的解除强制医疗申请被人民法院驳回，6个月后再次提出申请的，人民法院应当受理。

第646条　强制医疗机构提出解除强制医疗意见，或者被强制医疗的人及其近亲属申请解除强制医疗的，人民法院应当审查是否附有对被强制医疗的人的诊断评估报告。

强制医疗机构提出解除强制医疗意见，未附诊断评估报告的，人民法院应当要求其提供。

被强制医疗的人及其近亲属向人民法院申请解除强制医疗，强制医疗机构未提供诊断评估报告的，申请人可以申请人民法院调取。必要时，人民法院可以委托鉴定机构对被强制医疗的人进行鉴定。

第647条　强制医疗机构提出解除强制医疗意见，或者被强制医疗的人及其近亲属申请解除强制医疗的，人民法院应当组成合议庭进行审查，并在1个月以内，按照下列情形分别处理：

（一）被强制医疗的人已不具有人身危险性，不需要继续强制医疗的，应当作出解除强制医疗的决定，并可责令被强制医疗的人的家属严加看管和医疗；

（二）被强制医疗的人仍具有人身危险性，需要继续强制医疗的，应当作出继续强制医疗的决定。

（新增）对前款规定的案件，必要时，人民法院可以开庭审理，通知人民检察院派员出庭。

人民法院应当在作出决定后5日以内，将决定书送达强制医疗机构、申请解除强制医疗的人、被决定强制医疗的人和人民检察院。决定解除强制医疗的，应当通知强制医疗机构在收到决定书的当日解除强制医疗。

第648条　人民检察院认为强制医疗决定或者解除强制医疗决定不当，在收到决定书后20日以内提出书面纠正意见的，人民法院应当另行组成合议庭审理，并在1个月以内作出决定。

第649条　审理强制医疗案件，本章没有规定的，参照适用<u>本解释</u>公诉案件第一审普通程序和第二审程序的有关规定。

【海警局令〔2023〕1号】　海警机构办理刑事案件程序规定（2023年5月15日审议通过，2023年6月15日起施行）（主文见本书第308条）

第313条　海警机构发现实施暴力行为，危害公共安全或者严重危害公民人身安全的犯罪嫌疑人，可能属于依法不负刑事责任的精神病人的，应当对其进行精神病鉴定。

第314条　对经法定程序鉴定依法不负刑事责任的精神病人，有继续危害社会可能，符合强制医疗条件的，海警机构应当在7日以内写出强制医疗意见书，经海警机构负责人批准，连同相关证据材料和鉴定意见一并移送所在地相应人民检察院。

第315条　对实施暴力行为的精神病人，在人民法院决定强制医疗前，经海警机构负责人批准，海警机构可以采取临时的保护性约束措施。必要时，可以将其送精神病医院接受治疗。

第316条　采取临时的保护性约束措施时，应当对精神病人严加看管，并注意约束的方式、方法和力度，以避免和防止危害他人和精神病人自身的安全为限度。

对于精神病人已没有继续危害社会可能，解除约束后不致发生社会危险性的，海警机构应当及时解除保护性约束措施。

第341条　本规定所称"海警机构负责人"是指海警机构的正职领导。……

● **指导案例**　【法〔2016〕214号】　最高人民法院第13批指导性案例（2016年6月30日）（指导案例63号）　徐加富强制医疗案

裁判要点：审理强制医疗案件，对被申请人或者被告人是否"有继续危害社会可能"，应当综合被申请人或者被告人所患精神病的种类、症状，案件审理时其病情是否已经好转，以及其家属或者监护人有无严加看管和自行送医治疗的意愿和能力等情况予以判定。必要时，可以委托相关机构或者专家进行评估。

附 则[①]

第308条[②] 【军队侦查权】军队保卫部门对军队内部发生的刑事案件行使侦查权。

【海警侦查权】中国海警局履行海上维权执法职责，对海上发生的刑事案件行使侦查权。[③]

【监狱侦查权】对罪犯在监狱内犯罪的案件由监狱进行侦查。

【军队、海警、监狱适用】军队保卫部门、中国海警局、[④]监狱办理刑事案件，适用本法的有关规定。

● 相关规定 【人大〔1983〕决定】 全国人民代表大会常务委员会关于中国人民解放军保卫部门对军队内部发生的刑事案件行使公安机关的侦查、拘留、预审和执行逮捕的职权的决定（1993年12月29日第8届全国人大常委第5次会议通过）

中国人民解放军保卫部门承担军队内部发生的刑事案件的侦查工作，同公安机关对刑事案件的侦查工作性质是相同的，因此，军队保卫部门对军队内部发生的刑事案件，可以行使宪法和法律规定的公安机关的侦查、拘留、预审和执行逮捕的职权。

【人大〔2023〕决定】 全国人民代表大会常务委员会关于军队战时调整适用《中华人民共和国刑事诉讼法》部分规定的决定（2023年2月24日全国人大常委会〔13届39次〕通过，2023年2月25日起施行）

军队战时开展刑事诉讼活动，遵循《中华人民共和国刑法》《中华人民共和国刑事诉讼法》确定的基本原则、基本制度、基本程序，适应战时刑事诉讼特点，保障诉讼当事人合法权益，维护司法公平正义，可以调整适用《中华人民共和国刑事诉讼法》关于管辖、辩护与代理、强制措施、立案、侦查、起诉、审判、执行等部分具体规定。具体由中央军事委员会规定。

【政联字〔1986〕1号】 最高人民法院、最高人民检察院、公安部、总政治部关于退伍战士在退伍途中违法犯罪案件管辖问题的通知（1986年3月26日）

经国务院、中央军委批准，从1985年8月起，军队对退伍战士的运送工作进行了改革，由退伍战士购买客票自行回入伍地的人武部报到。现对退伍战士在退伍途中违法犯罪案件的管辖问题通知如下：

退伍战士在离开部队时即已办理离队手续，退出现役。其退伍途中在地方作案的违法犯罪案件，由犯罪地的公安机关、人民检察院、人民法院按照案件管辖范围受理。需要了解在部队期间有关情况的，原部队应予协助。

[①] 附则由1996年3月17日第8届全国人民代表大会第4次会议增设，1997年1月1日施行。
[②] 本条规定由1996年3月17日第8届全国人民代表大会第4次会议增设，1997年1月1日施行。
[③] 本款规定由2018年10月26日第13届全国人民代表大会常委会第6次会议增设，同日公布施行。
[④] 本部分内容由2018年10月26日第13届全国人民代表大会常委会第6次会议增加，同日公布施行。

退伍战士在退伍途中到军队作案的，按照1982年11月25日最高人民法院、最高人民检察院、公安部、总政治部《关于军队和地方互涉案件几个问题的规定》办理。

【公发〔87〕11号】 最高人民法院、最高人民检察院、公安部、司法部关于中国人民武装警察部队人员犯罪案件若干问题的规定（1987年2月17日）

一、中国人民武装警察部队（以下简称武警部队）人员（包括干部、战士和在编职工，下同）犯罪案件，由地方县以上公安机关、人民检察院、人民法院管辖。具体案件的管辖分工，按照1979年12月15日《最高人民法院、最高人民检察院、公安部关于执行刑事诉讼法规定的案件管辖范围的通知》①执行。

二、武警部队人员犯罪案件，属于公安机关管辖的，可由武警部队保卫部门负责侦查，需要逮捕、起诉或免于起诉的，由地方县以上公安机关提请或者移送同级人民检察院审查决定；属于人民检察院、人民法院管辖的，武警部队保卫部门应当将有关材料、证据提交受理案件的人民检察院、人民法院。人民检察院或人民法院认为需要对提交的材料，证据作进一步审核的，武警部队保卫部门应积极协助，提供方便。

三、人民法院审理武警部队人员犯罪案件，对于构成军人违反职责罪的，适用《中华人民共和国惩治军人违反职责罪暂行条例》②。

四、下级人民法院受理武警部队人员犯罪案件，如涉及重要军事机密的，认为案情重大的，可以请求移送上一级人民法院审理；上级人民法院在必要的时候，也可以审判下级人民法院管辖的第一审武警部队人员犯罪案件。

五、人民法院审理武警部队人员犯罪案件依法应当公开进行的，可以组织武警部队人员出席旁听。需要人民陪审员参加合议庭的，可以从武警部队人员中选派。

六、武警部队人员犯罪，被人民法院判处刑罚，需在监狱或其他劳动改造场所执行的，由司法行政机关指定的场所执行；被判处拘役宣告缓刑、有期徒刑宣告缓刑、管制、剥夺政治权利，没有开除军籍的，由武警部队执行。

七、处理武警部队人员犯罪案件，可以参照人民解放军处理现役军人犯罪案件的有关规定。

【政法字〔1991〕003号】 最高人民法院、最高人民检察院、公安部、司法部、民政部、总政治部关于处理移交政府管理的军队离休干部犯罪案件若干问题的规定（1991年10月17日发布）

一、案件的管辖与刑罚的执行

已移交政府管理的军队离休干部的犯罪案件，由地方公安机关、人民检察院、人民法院按照案件管辖范围受理。办案中，需要了解其在部队期间有关情况的，原部队应予以协助。对军队和地方互涉的案件，按照最高人民法院、最高人民检察院、公安部、总政治部《关于军队和地方互涉案件几个问题的规定》（〔1982〕政联字8号）以及有关的补充规定办理。

---

① 注：该《通知》被1998年1月19日最高人民法院、最高人民检察院、公安部、国家安全部、司法部、全国人大常委会法制工作委员会联合发布的《关于刑事诉讼法实施中若干问题的规定》所替代；后者又被2012年12月26日最高人民法院、最高人民检察院、公安部、国家安全部、司法部、全国人大常委会法制工作委员会联合发布的《关于实施刑事诉讼法若干问题的规定》（2013年1月1日施行）宣告废止。

② 注：该《暂行条例》已被1997年修订的刑法废止；其内容已纳入现行《刑法》第1章"军人违反职责罪"。

上述人员犯罪，被人民法院依法判处有期徒刑、无期徒刑和死刑缓期2年执行的，由司法行政机关指定的地方劳改场所执行；被判处有期徒刑宣告缓刑、拘役、管制、剥夺政治权利的，由公安机关执行。

【军检字〔1998〕17号】　中国人民解放军总政治部、军事法院、军事检察院关于《中华人民共和国刑法》第十章所列刑事案件管辖范围的通知（1998年8月12日印发施行；《关于惩治军人违反职责罪暂行条例所列案件的管辖范围的通知》同时废止）

一、保卫部负责侦查下列案件：(1) 战时违抗命令案（第421条）；(2) 隐瞒、谎报军情案（第422条）；(3) 拒传、假传军令案（第422条）；(4) 投降案（第423条）；(5) 战时临阵脱逃案（第424条）；(6) 阻碍执行军事职务案（第426条）；(7) 军人叛逃案（第430条）；(8) 非法获取军事秘密案（第431条第1款）；(9) 为境外窃取、刺探、收买、非法提供军事秘密案（第431条第2款）；(10) 故意泄露军事秘密案（第432条）；(11) 战时造谣惑众案（第433条）；(12) 战时自伤案（第434条）；(13) 逃离部队案（第435条）；(14) 武器装备肇事案（第436条）；(15) 盗窃、抢夺武器装备、军用物资案（第438条）；(16) 非法出卖、转让武器装备案（第439条）；(17) 遗弃武器装备案（第440条）；(18) 遗失武器装备案（第441条）；(19) 战时残害居民、掠夺居民财物案（第446条）；(20) 私放俘虏案（第447条）。

二、军事检察院直接受理下列案件：(1) 擅自、玩忽军事职守案（第425条）；(2) 指使部属违反职责案（第427条）；(3) 违令作战消极案（第428条）；(4) 拒不救援友邻部队案（第429条）；(5) 过失泄露军事秘密案（第432条）；(6) 擅自改变武器装备编配用途案（第437条）；(7) 擅自出卖、转让军队房地产案（第442条）；(8) 虐待部属案（第443条）；(9) 战时拒不救治伤病军人案（第445条）；(10) 军官、警官、文职干部利用职权实施的其他重大的犯罪案件，需要由军事检察院受理的时候，经解放军军事检察院决定，可以由军事检察院立案侦查。

三、军事法院直接受理下列案件：(1) 遗弃伤病军人案（第444条）；(2) 虐待俘虏案（第448条）。

【政保〔2009〕1号】　办理军队和地方互涉刑事案件规定（最高法、最高检、公安部、国安部、司法部、总政治部2009年5月1日印发，2009年8月1日施行；1982年11月25日最高法、最高检、公安部、总政治部《关于军队和地方互涉案件几个问题的规定》（政联字〔1982〕8号）和1987年12月21日最高检、公安部、总政治部《关于军队和地方互涉案件侦查工作的补充规定》（政联字〔1987〕14号）同时废止）

第2条　本规定适用于下列案件：（一）军人与地方人员共同犯罪的；（二）军人在营区外犯罪的；（三）军人在营区侵害非军事利益犯罪的；（四）地方人员在营区犯罪的；（五）地方人员在营区外侵害军事利益犯罪的；（六）其他需要军队和地方协作办理的案件。

第4条　对军人的侦查、起诉、审判，由军队保卫部门、军事检察院、军事法院管辖。军队文职人员、非现役公勤人员、在编职工、由军队管理的离退休人员，以及执行军事任务的预备役人员和其他人员，按照军人确定管辖。

对地方人员的侦查、起诉、审判，由地方公安机关、国家安全机关、人民检察院、人民法院管辖。列入中国人民武装警察部队序列的公安边防、消防、警卫部队人员，按照地方人员确定管辖。

第5条 发生在营区的案件,由军队保卫部门或者军事检察院立案侦查;其中犯罪嫌疑人不明确且侵害非军事利益的,由军队保卫部门或者军事检察院与地方公安机关或者国家安全机关、人民检察院,按照管辖分工共同组织侦查,查明犯罪嫌疑人属于本规定第4条第2款规定管辖的,移交地方公安机关或者国家安全机关、人民检察院处理。

发生在营区外的案件,由地方公安机关或者国家安全机关、人民检察院立案侦查;查明犯罪嫌疑人属于本规定第4条第1款规定管辖的,移交军队保卫部门或者军事检察院处理。

第6条 军队和地方共同使用的营房、营院、机场、码头等区域发生的案件,发生在军队管理区域的,按照本规定第5条第1款的规定办理;发生在地方管理区域的,按照本规定第5条第2款的规定办理。管理区域划分不明确的,由军队和地方主管机关协商办理。

军队在地方国家机关和单位设立的办公场所、对外提供服务的场所、实行物业化管理的住宅小区,以及在地方执行警戒勤务任务的部位、住处发生的案件,按照本规定第5条第2款的规定办理。

第7条 军人入伍前涉嫌犯罪需要依法追究刑事责任的,由地方公安机关、国家安全机关、人民检察院提供证据材料,送交军队军级以上单位保卫部门、军事检察院审查后,移交地方公安机关、国家安全机关、人民检察院处理。

军人退出现役后,发现其在服役期内涉嫌犯罪的,由地方公安机关、国家安全机关、人民检察院处理;但涉嫌军人违反职责罪的,由军队保卫部门、军事检察院处理。

第8条 军地互涉案件管辖不明确的,由军队军区级以上单位保卫部门、军事检察院、军事法院与地方省级公安机关、国家安全机关、人民检察院、人民法院协商确定管辖;管辖有争议或者情况特殊的案件,由总政治部保卫部与公安部、国家安全部协商确定,或者由解放军军事检察院、解放军军事法院报请最高人民检察院、最高人民法院指定管辖。

第9条 军队保卫部门、军事检察院、军事法院和地方公安机关、国家安全机关、人民检察院、人民法院对于军地互涉案件的报案、控告、举报或者犯罪嫌疑人自首,都应当接受。对于不属于自己管辖的,应当移送主管机关处理,并通知报案人、控告人、举报人;对于不属于自己管辖而又必须采取紧急措施的,应当先采取紧急措施,然后移送主管机关处理。

第10条 军人在营区外作案被当场抓获或者有重大犯罪嫌疑的,地方公安机关、国家安全机关、人民检察院可以对其采取紧急措施,24小时内通知军队有关部门,及时移交军队保卫部门、军事检察院处理;地方人员在营区作案被当场抓获或者有重大犯罪嫌疑的,军队保卫部门、军事检察院可以对其采取紧急措施,24小时内移交地方公安机关、国家安全机关、人民检察院处理。

第11条 地方人员涉嫌非法生产、买卖军队制式服装,伪造、盗窃、买卖或者非法提供、使用军队车辆号牌等专用标志,伪造、变造、买卖或者盗窃、抢夺军队公文、证件、印章,非法持有属于军队绝密、机密的文件、资料或者其他物品,冒充军队单位和人员犯罪等被军队当场查获的,军队保卫部门可以对其采取紧急措施,核实身份后24小时内移交地方公安机关处理。

第12条 军队保卫部门、军事检察院办理案件,需要在营区外采取侦查措施的,应当通报地方公安机关、国家安全机关、人民检察院,地方公安机关、国家安全机关、人民检察院应当协助实施。

地方公安机关、国家安全机关、人民检察院办理案件,需要在营区采取侦查措施的,应当通报军队保卫部门、军事检察院，军队保卫部门、军事检察院应当协助实施。

第 13 条　军队保卫部门、军事检察院、军事法院和地方公安机关、国家安全机关、人民检察院、人民法院相互移交案件时，应当将有关证据材料和赃款赃物等随案移交。

军队保卫部门、军事检察院、军事法院和地方公安机关、国家安全机关、人民检察院、人民法院依法获取的证据材料、制作的法律文书等，具有同等法律效力。

第 14 条　军队保卫部门、军事检察院、军事法院和地方公安机关、国家安全机关、人民检察院、人民法院办理案件，经军队军区级以上单位保卫部门、军事检察院、军事法院与地方省级以上公安机关、国家安全机关、人民检察院、人民法院协商同意后，可以凭相关法律手续相互代为羁押犯罪嫌疑人、被告人。

第 15 条　军队保卫部门、军事检察院、军事法院和地方公安机关、国家安全机关、人民检察院、人民法院对共同犯罪的军人和地方人员分别侦查、起诉、审判的，应当及时协调，依法处理。

第 16 条　军人因犯罪被判处刑罚并开除军籍的，除按照有关规定在军队执行刑罚的以外，移送地方执行刑罚。

地方人员被军事法院判处刑罚的，除掌握重要军事秘密的以外，移送地方执行刑罚。

军队和地方需要相互代为对罪犯执行刑罚、调整罪犯关押场所的，由总政治部保卫部与司法部监狱管理部门或者公安部、国家安全部监所管理部门协商同意后，凭相关法律手续办理。

第 17 条　战时发生的侵害军事利益或者危害军事行动安全的军地互涉案件，军队保卫部门、军事检察院可先行对涉嫌犯罪的地方人员进行必要的调查和采取相应的强制措施。查清主要犯罪事实后，移交地方公安机关、国家安全机关、人民检察院处理。

第 19 条　本规定所称军人，是指中国人民解放军的现役军官、文职干部、士兵及具有军籍的学员和中国人民武装警察部队的现役警官、文职干部、士兵及具有军籍的学员；军人身份自批准入伍之日获取，批准退出现役之日终止。

第 20 条　本规定所称营区，是指由军队管理使用的区域，包括军事禁区、军事管理区，以及军队设立的临时驻地等。

第 21 条　中国人民武装警察部队（除公安边防、消防、警卫部队外）保卫部门、军事检察院、军事法院办理武警部队与地方互涉刑事案件，适用本规定。

【人大〔2018〕3 次】　全国人民代表大会常务委员会关于中国海警局行使海上维权执法职权的决定（2018 年 6 月 22 日第 13 届全国人大常委会第 3 次会议通过，2018 年 7 月 1 日施行）

一、中国海警局履行海上维权执法职责，包括执行打击海上违法犯罪活动、维护海上治安和安全保卫、海洋资源开发利用、海洋生态环境保护、海洋渔业管理、海上缉私等方面的执法任务，以及协调指导地方海上执法工作。

二、中国海警局执行打击海上违法犯罪活动、维护海上治安和安全保卫等任务，行使法律规定的公安机关相应执法职权；执行海洋资源开发利用、海洋生态环境保护、海洋渔业管理、海上缉私等方面的执法任务，行使法律规定的有关行政机关相应执法职权。中国海警局与公安机关、有关行政机关建立执法协作机制。

三、条件成熟时，有关方面应当及时提出制定、修改有关法律的议案，依照法定程序提请审议。

【主席令〔2021〕71号】 中华人民共和国海警法（2021年1月22日第13届全国人大常委会第25次会议通过，2021年2月1日施行）

第2条 人民武装警察部队海警部队即海警机构，统一履行海上维权执法职责。

海警机构包括中国海警局及其海区分局和直属局、省级海警局、市级海警局、海警工作站。

第3条 海警机构在中华人民共和国管辖海域（以下简称我国管辖海域）及其上空开展海上维权执法活动，适用本法。

第18条 海警机构执行海上安全保卫任务，可以对在我国管辖海域航行、停泊、作业的船舶依法登临、检查。

海警机构登临、检查船舶，应当通过明确的指令要求被检查船舶停船接受检查。被检查船舶应当按照指令停船接受检查，并提供必要的便利；拒不配合检查的，海警机构可以强制检查；现场逃跑的，海警机构有权采取必要的措施进行拦截、紧追。

海警机构检查船舶，有权依法查验船舶和生产作业许可有关的证书、资料以及人员身份信息，检查船舶及其所载货物、物品，对有关违法事实进行调查取证。

对外国船舶登临、检查、拦截、紧追，遵守我国缔结、参加的国际条约的有关规定。

第41条 海警机构因办理海上刑事案件需要登临、检查、拦截、紧追相关船舶的，依照本法第十八条规定执行。

第44条 海警工作站负责侦查发生在本管辖区域内的海上刑事案件。

市级海警局以上海警机构负责侦查管辖区域内的重大的危害国家安全犯罪、恐怖活动犯罪、涉外犯罪、经济犯罪、集团犯罪案件以及其他重大犯罪案件。

上级海警机构认为有必要的，可以侦查下级海警机构管辖范围内的海上刑事案件；下级海警机构认为案情重大需要上级海警机构侦查的海上刑事案件，可以报请上级海警机构管辖。

第54条 海警机构因海上维权执法紧急需要，可以依照法律、法规、规章的规定优先使用或者征用组织和个人的交通工具、通信工具、场地，用后应当及时归还，并支付适当费用；造成损失的，按照国家有关规定给予补偿。

第69条 海警机构及其工作人员开展海上维权执法工作，依法接受检察机关、军队监察机关的监督。

第70条 人民政府及其有关部门、公民、法人和其他组织对海警机构及其工作人员的违法违纪行为，有权向检察机关、军队监察机关通报、检举、控告。对海警机构及其工作人员正在发生的违法违纪或者失职行为，可以通过海上报警服务平台进行投诉、举报。

对依法检举、控告或者投诉、举报的公民、法人和其他组织，任何机关和个人不得压制和打击报复。

第71条 上级海警机构应当对下级海警机构的海上维权执法工作进行监督，发现其作出的处理措施或者决定有错误的，有权撤销、变更或者责令下级海警机构撤销、变更；发现其不履行法定职责的，有权责令其依法履行。

【海警〔2020〕1号】 最高人民法院、最高人民检察院、中国海警局关于海上刑事案件管辖等有关问题的通知（2020年2月20日印发施行）

一、对海上发生的刑事案件，按照下列原则确定管辖：

（一）在中华人民共和国内水、领海发生的犯罪，由犯罪地或者被告人登陆地的人民法院管辖，如果由被告人居住地的人民法院审判更为适宜的，可以由被告人居住地的人民法院管辖；

（二）在中华人民共和国领域外的中国船舶内的犯罪，由该船舶最初停泊的中国口岸所在地或者被告人登陆地、入境地的人民法院管辖；

（三）中国公民在中华人民共和国领海以外的海域犯罪，由其登陆地、入境地、离境前居住地或者现居住地的人民法院管辖；被害人是中国公民的，也可以由被害人离境前居住地或者现居住地的人民法院管辖；

（四）外国人在中华人民共和国领海以外的海域对中华人民共和国国家或者公民犯罪，根据《中华人民共和国刑法》应当受到处罚的，由该外国人登陆地、入境地、入境后居住地的人民法院管辖，也可以由被害人离境前居住地或者现居住地的人民法院管辖；

（五）对中华人民共和国缔结或者参加的国际条约所规定的罪行，中华人民共和国在所承担的条约义务的范围内行使刑事管辖权的，由被告人被抓获地、登陆地或者入境地的人民法院管辖。

前款第一项规定的犯罪地包括犯罪行为发生地和犯罪结果发生地。前款第二项至第五项规定的入境地，包括进入我国陆地边境、领海以及航空器降落在我国境内的地点。

二、海上发生的刑事案件的立案侦查，由海警机构根据本通知第1条规定的管辖原则进行。

依据第1条规定确定的管辖地未设置海警机构的，由有关海警局商同级人民检察院、人民法院指定管辖。

三、沿海省、自治区、直辖市海警局办理刑事案件，需要提请批准逮捕或者移送起诉的，依法向所在地省级人民检察院提请或者移送。

沿海省、自治区、直辖市海警局下属海警局、中国海警局各分局、直属局办理刑事案件，需要提请批准逮捕或者移送起诉的，依法向所在地设区的市级人民检察院提请或者移送。

海警工作站办理刑事案件，需要提请批准逮捕或者移送起诉的，依法向所在地基层人民检察院提请或者移送。

四、人民检察院对于海警机构移送起诉的海上刑事案件，按照刑事诉讼法、司法解释以及本通知的有关规定进行审查后，认为应当由其他人民检察院起诉的，应当将案件移送有管辖权的人民检察院。

需要按照刑事诉讼法、司法解释以及本通知的有关规定指定审判管辖的，海警机构应当在移送起诉前向人民检察院通报，由人民检察院协商同级人民法院办理指定管辖有关事宜。

五、对人民检察院提起公诉的海上刑事案件，人民法院经审查认为符合刑事诉讼法、司法解释以及本通知有关规定的，应当依法受理。

六、海警机构办理刑事案件应当主动接受检察机关监督，与检察机关建立信息共享平台，定期向检察机关通报行政执法与刑事司法衔接、刑事立案、破案、采取强制措施等情况。

海警机构所在地的人民检察院依法对海警机构的刑事立案、侦查活动实行监督。

海警机构办理重大、疑难、复杂的刑事案件，可以商请人民检察院介入侦查活动，并听取人民检察院的意见和建议。人民检察院认为确有必要时，可以派员介入海警机构的侦查活动，对收集证据、适用法律提出意见，监督侦查活动是否合法，海警机构应当予以配合。

【海警局令〔2023〕1号】　海警机构办理刑事案件程序规定（2023年5月15日审议通过，2023年6月15日起施行）

第6条　海警机构在刑事诉讼中，依法接受人民检察院的法律监督。

第10条（第2款）　在刑事诉讼中，上级海警机构发现下级海警机构作出的决定不当或者办理的案件有错误的，有权指令下级海警机构予以纠正，也可以予以撤销或者变更。下级海警机构应当执行上级海警机构的决定和命令，如果认为有错误，应当在执行的同时向上级海警机构报告。

第11条　海警机构办理刑事案件，应当向所在地相应人民检察院提请批准逮捕、移送审查起诉。

第13条　依照《中华人民共和国刑事诉讼法》、《中华人民共和国海警法》的规定，除下列案件外，海上发生的刑事案件由海警机构管辖：（一）监察机关、人民检察院管辖的犯罪案件；（二）人民法院管辖的自诉案件。但是，对于人民法院直接受理的被害人有证据证明的轻微刑事案件，因证据不足驳回起诉，人民法院移送海警机构或者被害人向海警机构控告的，海警机构应当受理；被害人直接向海警机构控告的，海警机构应当受理；（三）公安机关管辖的发生在沿海港岙口、码头、滩涂、台轮停泊点以及设有公安机构的岛屿等区域的刑事案件；（四）国家安全机关管辖的危害国家安全的刑事案件；（五）其他依照法律和规定由其他机关管辖的刑事案件。

第14条　在中华人民共和国内水、领海发生的刑事案件，由犯罪地或者犯罪嫌疑人登陆地的海警机构管辖；如果由犯罪嫌疑人居住地的海警机构管辖更为适宜的，可以由犯罪嫌疑人居住地的海警机构管辖。

犯罪地包括犯罪行为发生地和犯罪结果发生地。犯罪行为发生地，包括犯罪行为的实施地以及预备地、开始地、途经地、结束地等与犯罪行为有关的地点；犯罪行为有连续或者继续状态的，犯罪行为连续或者继续实施的地方都属于犯罪行为发生地。犯罪结果发生地，包括犯罪对象被侵害地，犯罪所得的实际取得地、藏匿地、转移地、使用地、销售地以及损害结果发生地。

居住地包括户籍所在地、经常居住地。经常居住地是指公民离开户籍所在地最后连续居住1年以上的地方，但住院就医的除外。单位登记的住所地为其居住地。主要营业地或者主要办事机构所在地与登记的住所地不一致的，主要营业地或者主要办事机构所在地为其居住地。

第15条　在中华人民共和国领域外发生的海上刑事案件，按照以下原则确定管辖：

（一）在中华人民共和国领域外的中国船舶内发生的刑事案件，由该船舶最初停泊的中国口岸所在地或者犯罪嫌疑人登陆地、入境地的海警机构管辖；

（二）中国公民在中华人民共和国领海以外的海域犯罪，由其登陆地、入境地、离境前居住地或者现居住地的海警机构管辖；被害人是中国公民的，也可以由被害人离境前居住地或者现居住地的海警机构管辖；

（三）外国人在中华人民共和国领海以外的海域对中华人民共和国国家或者公民犯罪，根据《中华人民共和国刑法》规定应当受到处罚的，由该外国人登陆地、入境地、入境后居住地的海警机构管辖，也可以由被害人离境前居住地或者现居住地的海警机构管辖；该外国人未入境，且没有被害人或者是对中华人民共和国国家犯罪的，由中国海警局指定管辖；

（四）对中华人民共和国缔结或者参加的国际条约所规定的罪行，中华人民共和国在所承担的条约义务范围内行使刑事管辖权的，由犯罪嫌疑人被抓获地、登陆地或者入境地的海警机构管辖。

入境地包括进入我国陆地边境、领海以及航空器降落在我国境内的地点。登陆地是指从海上登陆我国陆地的地点，包括犯罪嫌疑人自行上岸以及被押解、扭送上岸的地点。

第16条 几个海警机构都有权管辖的刑事案件，由最初受理的海警机构管辖。必要时，可以由主要犯罪地或者主要犯罪嫌疑人登陆地、入境地的海警机构管辖。

依据本规定第14条、第15条确定的管辖地未设海警机构的，由有关海警机构与相应人民法院、人民检察院协商指定管辖。

第17条 海警机构在侦查过程中，发现有下列情形之一的，可以在职权范围内并案侦查：（一）1人犯数罪的；（二）共同犯罪的；（三）共同犯罪的犯罪嫌疑人还实施其他犯罪的；（四）多个犯罪嫌疑人实施的犯罪存在关联，并案处理有利于查明犯罪事实的。

第18条 对管辖不明确或者有争议的刑事案件，可以由有关海警机构协商。协商不成的，由共同的上级海警机构指定管辖。

对其他情况特殊的刑事案件，可以由共同的上级海警机构指定管辖。

提请上级海警机构指定管辖时，应当在有关材料中列明犯罪嫌疑人基本情况、涉嫌罪名、案件基本事实、管辖争议情况、协商情况和指定管辖理由，经海警机构负责人批准后，层报有权指定管辖的上级海警机构。

第19条 上级海警机构指定管辖的，应当将指定管辖决定书分别送达被指定管辖的海警机构和其他有关的海警机构，根据办案需要抄送相应人民法院、人民检察院。

原受理案件的海警机构，在收到上级海警机构指定其他海警机构管辖的决定书后，不再行使管辖权，同时将犯罪嫌疑人、涉案财物以及案卷材料移送被指定管辖的海警机构。

对指定管辖的案件，需要逮捕犯罪嫌疑人的，由被指定管辖的海警机构提请相应人民检察院审查批准；需要提起公诉的，由该海警机构移送相应人民检察院审查决定。

第20条 海警工作站负责侦查发生在本管辖区域内的海上刑事案件。

市级海警局以上海警机构负责管辖区域内下列犯罪中重大案件的侦查：（一）危害国家安全犯罪；（二）恐怖活动犯罪；（三）涉外犯罪；（四）经济犯罪；（五）集团犯罪；（六）其他重大犯罪案件。

上级海警机构认为有必要的，可以侦查下级海警机构管辖的刑事案件；下级海警机构认为案情重大需要上级海警机构侦查的刑事案件，可以报请上级海警机构管辖。

第21条 犯罪嫌疑人的犯罪行为涉及其他侦查机关管辖的，海警机构应当按照有关规定与其他侦查机关协调案件管辖。

涉嫌主罪属于海警机构管辖的，由海警机构为主侦查；涉嫌主罪属于其他侦查机关管辖的，海警机构予以配合。

第22条 其他规章或者规范性文件对有关犯罪案件的管辖作出特别规定的，从其规定。

第178条 经立案侦查，认为有犯罪事实需要追究刑事责任，但不属于自己管辖或者需要由其他海警机构并案侦查的案件，经海警机构负责人批准，制作移送案件通知书，移送有管辖权的机关或者并案侦查的海警机构，并在移送案件后3日以内书面通知扭送人、报案人、控告人、举报人或者移送案件的行政执法机关；犯罪嫌疑人已经到案的，应当依照本规定的有关规定通知其家属。

第179条　案件变更管辖或者移送其他海警机构并案侦查时，与案件有关的法律文书、证据、财物及其孳息等应当随案移交。

移交时，由接收人、移交人当面查点清楚，并在交接单据上共同签名。

第189条　海警机构侦查犯罪，涉及国家秘密、商业秘密、个人隐私的，应当保密。

第339条　本规定所称"危害国家安全犯罪"，包括《中华人民共和国刑法》分则第1章规定的危害国家安全罪以及危害国家安全的其他犯罪；"恐怖活动犯罪"，包括以制造社会恐慌、危害公共安全或者胁迫国家机关、国际组织为目的，采取暴力、破坏、恐吓等手段，造成或者意图造成人员伤亡、重大财产损失、公共设施损坏、社会秩序混乱等严重社会危害的犯罪，以及煽动、资助或者以其他方式协助实施上述活动的犯罪。

第340条　本规定所称"内水"，是指领海基线向陆一侧的海域。

第341条　本规定所称"海警机构负责人"是指海警机构的正职领导。……

第342条　海警机构可以使用电子签名、电子指纹捺印技术制作电子笔录等材料，可以使用电子印章制作法律文书。对案件当事人进行电子签名、电子指纹捺印的过程，海警机构应当同步录音录像。

第343条　海警机构办理刑事案件，需要请求国际刑警组织协助或者借助公安部跨境警务协作机制的，由中国海警局商请公安部办理。

第344条　中国海警局直属局办理刑事案件，行使省级海警局同等权限。

【司法部令〔2001〕64号】　狱内刑事案件立案标准（2001年3月2日司法部部长办公会议通过，2001年3月9日发布施行）

第1条　为了及时打击狱内在押罪犯的又犯罪活动，确保监狱的安全稳定，根据中华人民共和国《刑法》、《刑事诉讼法》、《监狱法》的有关规定，针对狱内又犯罪活动的特点，制定本标准。

第2条　监狱发现罪犯有下列犯罪情形的，应当立案侦查①：（一）煽动分裂国家、破坏国家统一的（煽动分裂国家案）。（二）以造谣、诽谤或其他方式煽动颠覆国家政权、推翻社会主义制度的（煽动颠覆国家政权案）。（三）故意放火破坏监狱监管设施、生产设施、生活设施，危害监狱安全的（放火案）。（四）爆炸破坏监狱监管设施、生产设施、生活设施，危害监狱安全的（爆炸案）。（五）投毒破坏生活设施，危害监狱安全的（投毒案）。（六）非法制作、储存或藏匿枪支的（非法制造、储存枪支案）。（七）以各种手段窃取枪支、弹药、爆炸物的（盗窃枪支、弹药、爆炸物案）。（八）抢夺枪支、弹药、爆炸物的（抢夺枪支、弹药、爆炸物案）。（九）故意非法剥夺他人生命的（故意杀人案）。（十）过失致人死亡的（过失致人死亡案）。（十一）故意伤害他人身体的（故意伤害案）。（十二）过失伤害他人致人重伤的（过失致人重伤案）。（十三）以暴力、胁迫或者其他手段强奸妇女的（强奸案）。（十四）奸淫不满14周岁幼女的（奸淫幼女案）。（十五）以暴力、胁迫或其他方法强制猥亵妇女或者侮辱妇女的（强制猥亵、侮辱妇女案）。（十六）煽动民族分裂、民族歧视，情节严重的（煽动民族仇恨、民族歧视案）。（十七）盗窃公私财物，数额在500

---

①　注："两高"发布的法释〔2013〕8号、法释〔2011〕7号、法释〔2013〕25号、法释〔2013〕10号《解释》分别对盗窃罪、诈骗罪、抢夺罪、敲诈勒索罪的构罪金额作了调整。

元至2000元以上的；盗窃数额不足500元至2000元，但1年内盗窃3次以上的（盗窃案）。（十八）诈骗公私财物，数额在500元至2000元以上的（诈骗案）。（十九）抢夺公私财物，数额在500元至2000元以上的（抢夺案）。（二十）敲诈勒索他人财物，数额在500元至2000元以上的（敲诈勒索案）。（二十一）由于泄愤报复或者其他个人目的，毁坏机器设备、残害耕畜或者以其他方法破坏生产经营的（破坏生产经营案）。（二十二）聚众斗殴，情节严重的。聚众斗殴，致人重伤、死亡的，依照故意伤害罪、故意杀人罪论处（聚众斗殴案）。（二十三）有下列破坏监管秩序行为之一，情节严重的：①殴打监管人员的；②组织其他被监管人员破坏监管秩序的；③聚众闹事，扰乱正常监管秩序的；④殴打、体罚或者指使他人殴打、体罚其他被监管人的（破坏监管秩序案）。（二十四）狱内在押罪犯以各种方式逃离监狱警戒区域的（脱逃案）。（二十五）罪犯使用各种暴力手段，聚众逃跑的（暴动越狱案）。（二十六）罪犯组织、策划、指挥其他罪犯集体逃跑的，或者积极参加集体逃跑的（组织越狱案）。（二十七）罪犯在服刑期间明知是毒品而非法销售或者以贩卖为目的而非法收买毒品的（贩卖毒品案）。（二十八）非法持有鸦片200克以上、海洛因或者甲基苯丙胺10克以上或者其他毒品数量较大的（非法持有毒品案）。（二十九）为牟取不正当利益，向监狱警察赠送财物，价值人民币2000元以上的（行贿案）。（三十）以语言、文字、动作或者其它手段，向他人传授实施犯罪的具体经验、技能的（传授犯罪方法案）。（三十一）其他需要立案侦查的案件。

第3条 情节、后果严重的下列案件，列为重大案件：（一）组织从事危害国家安全活动的犯罪集团，情节严重的。（二）放火、决水、爆炸、投毒或以其他危险方法危害监狱安全，造成人员伤亡或者直接经济损失5000元至30000元的。（三）非法制造、储存枪支、弹药、爆炸物的。（四）故意杀人致死或致重伤的。（五）故意伤害他人致死的。（六）强奸妇女既遂，或者奸淫幼女的。（七）以挟持人质等暴力手段脱逃，造成人员重伤的。（八）煽动民族仇恨、民族歧视，情节特别严重的。（九）盗窃、诈骗、抢夺、敲诈勒索，数额在5000元至30000元的。（十）10人以上聚众斗殴或者聚众斗殴致3名以上罪犯重伤的。（十一）破坏监管秩序，情节恶劣、后果严重的。（十二）罪犯3人以上集体脱逃的。（十三）尚未减刑的死缓犯、无期徒刑犯脱逃的；剩余执行刑期15年以上的罪犯脱逃的；其他被列为重要案犯的罪犯脱逃的。（十四）暴动越狱的。（十五）贩卖鸦片200克以上不满1000克、海洛因或者甲基苯丙胺10克以上不满50克或者其他毒品数量较大的。（十六）非法持有鸦片1000克以上、海洛因或甲基苯丙胺50克以上或者其他毒品数量较大的。（十七）省、自治区、直辖市司法厅（局）认为需要列为重大案件的。

第4条 情节恶劣、后果特别严重的下列案件，列为特别重大案件：（一）组织从事危害国家安全活动的犯罪集团，或进行其他危害国家安全的犯罪活动，影响恶劣，情节特别严重的。（二）案件中一次杀死2名以上罪犯，或者重伤4名以上罪犯，或者杀害监狱警察、武装警察、工人及其家属的。（三）暴动越狱，造成死亡1人以上，或者重伤3人以上的，或者影响恶劣的。（四）盗窃、抢夺、抢劫枪支弹药的。（五）放火、爆炸、投毒，致死2人以上或者造成直接经济损失30000元以上的。（六）盗窃、诈骗、抢夺、敲诈勒索、故意毁坏公私财物，数额在30000元以上的。（七）强奸妇女，致人重伤、死亡或者其他严重后果的，或者轮奸妇女的。（八）挟持人质，造成人质死亡的。（九）贩卖鸦片1000克以上、海洛因或者甲基苯丙胺50克以上或者其它毒品数量大的。（十）司法部认为需要列为特别重大案件的。

第5条 本规定中的公私财物价值数额、直接经济损失数额以及毒品数量，可在规定的数额、数量幅度内，执行本省（自治区、直辖市）高级人民法院确定的标准。

【司发通〔2011〕308号】 最高人民法院、最高人民检察院、司法部关于对燕城监狱在押罪犯狱内又犯罪案件起诉及审判管辖工作的通知（2011年11月25日印发施行）

一、司法部燕城监狱在押罪犯狱内又犯罪系普通刑事案件的，起诉工作由北京市通州区人民检察院负责，一审和二审法院为北京市通州区人民法院和北京市第二中级人民法院。

二、司法部燕城监狱在押罪犯狱内又犯罪系危害国家安全、外国人犯罪以及可能判处无期徒刑、死刑的普通刑事案件，起诉工作由北京市人民检察院第二分院负责，一审和二审法院为北京市第二中级人民法院和北京市高级人民法院。

三、司法部燕城监狱狱内又犯罪案件的其他有关事宜，由燕城监狱、最高人民检察院驻燕城监狱检察室与北京市高级人民法院、北京市人民检察院共同协商解决。

【主席令〔2012〕63号】 中华人民共和国监狱法（2012年10月26日第11届全国人大常委会第29次会议修正，主席令第63号公布，2013年1月1日施行）

第58条 罪犯有下列破坏监管秩序情形之一的，监狱可以给予警告、记过或者禁闭：（一）聚众哄闹监狱，扰乱正常秩序的；（二）辱骂或者殴打人民警察的；（三）欺压其他罪犯的；（四）偷窃、赌博、打架斗殴、寻衅滋事的；（五）有劳动能力拒不参加劳动或者消极怠工，经教育不改的；（六）以自伤、自残手段逃避劳动的；（七）在生产劳动中故意违反操作规程，或者有意损坏生产工具的；（八）有违反监规纪律的其他行为的。

依照前款规定对罪犯实行禁闭的期限为7天至15天。

罪犯在服刑期间有第1款所列行为，构成犯罪的，依法追究刑事责任。

第59条 罪犯在服刑期间故意犯罪的，依法从重处罚。

第60条 对罪犯在监狱内犯罪的案件，由监狱进行侦查。侦查终结后，写出起诉意见书，连同案卷材料、证据一并移送人民检察院。

【司发通〔2014〕80号】 最高人民法院、最高人民检察院、公安部、司法部关于监狱办理刑事案件有关问题的规定（2014年8月11日）

一、对监狱在押罪犯与监狱工作人员（监狱警察、工人）或者狱外人员共同犯罪案件，涉案的在押罪犯由监狱立案侦查，涉案的监狱工作人员或者狱外人员由人民检察院或者公安机关立案侦查，在侦查过程中，双方应当相互协作。侦查终结后，需要追究刑事责任的，由侦查机关分别向当地人民检察院移送审查起诉。如果案件适宜合并起诉的，有关人民检察院可以并案向人民法院提起公诉。

二、罪犯在监狱内犯罪，办理案件期间该罪犯原判刑期即将届满需要逮捕的，在侦查阶段由监狱在刑期届满前提请人民检察院审查批准逮捕，在审查起诉阶段由人民检察院决定逮捕，在审判阶段由人民法院决定逮捕；批准或者决定逮捕后，监狱将被逮捕人送监狱所在地看守所羁押。

三、罪犯在监狱内犯罪，假释期间被发现的，由审判新罪的人民法院撤销假释，并书面通知原裁定假释的人民法院和社区矫正机构。撤销假释的决定作出前，根据案件情况需要逮捕的，由人民检察院或者人民法院批准或者决定逮捕，公安机关执行逮捕，并将被逮捕人送监狱所在地看守所羁押，同时通知社区矫正机构。

刑满释放后被发现，需要逮捕的，由监狱提请人民检察院审查批准逮捕，公安机关执行逮捕后，将被逮捕人送监狱所在地看守所羁押。

四、在押罪犯脱逃后未实施其他犯罪的，由监狱立案侦查，公安机关抓获后通知原监狱押回，监狱所在地人民检察院审查起诉。罪犯脱逃期间又实施其他犯罪，在捕回监狱前发现的，由新罪犯罪地公安机关侦查新罪，并通知监狱；监狱对脱逃罪侦查终结后移送管辖新罪的公安机关，由公安机关一并移送当地人民检察院审查起诉，人民法院判决后，送当地监狱服刑，罪犯服刑的原监狱应当配合。

五、监狱办理罪犯在监狱内犯罪案件，需要相关刑事技术支持的，由监狱所在地公安机关提供协助。需要在监狱外采取侦查措施的，应当通报当地公安机关，当地公安机关应当协助实施。

【法释〔2021〕1号】　最高人民法院关于适用《中华人民共和国刑事诉讼法》的解释（2020年12月7日最高法审委会〔1820次〕修订，2021年1月26日公布，2021年3月1日施行；2013年1月1日施行的"法释〔2012〕21号"《解释》同时废止）

第653条　本解释的有关规定适用于军事法院、铁路运输法院等专门人民法院。

第654条　本解释有关公安机关的规定，依照刑事诉讼法的有关规定，适用于国家安全机关、军队保卫部门、中国海警局和监狱。

第655条　……最高人民法院以前发布的司法解释和规范性文件，与本解释不一致的，以本解释为准。

【国安部令〔2024〕4号】　国家安全机关办理刑事案件程序规定（2024年4月26日公布，2024年7月1日起施行）

第359条　国家安全机关和军队互涉案件的管辖分工，按照有关规定执行。

【主席令〔1996〕80号】　中华人民共和国香港特别行政区驻军法（1996年12月30日全国人大常委会〔8届23次〕通过，1997年7月1日起施行）

第20条　香港驻军人员犯罪的案件由军事司法机关管辖；但是，香港驻军人员非执行职务的行为，侵犯香港居民、香港驻军以外的其他人的人身权、财产权以及其他违反香港特别行政区法律构成犯罪的案件，由香港特别行政区法院以及有关的执法机关管辖。

军事司法机关和香港特别行政区法院以及有关的执法机关对各自管辖的香港驻军人员犯罪的案件，如果认为由对方管辖更为适宜，经双方协商一致后，可以移交对方管辖。

军事司法机关管辖的香港驻军人员犯罪的案件中，涉及的被告人中的香港居民、香港驻军人员以外的其他人，由香港特别行政区法院审判。

第21条　香港特别行政区执法人员依法拘捕的涉嫌犯罪的人员，查明是香港驻军人员的，应当移交香港驻军羁押。被羁押的人员所涉及的案件，依照本法第20条的规定确定管辖。

第25条　在香港特别行政区法院的诉讼活动中，香港驻军对香港驻军人员身份、执行职务的行为等事实发出的证明文件为有效证据。但是，相反证据成立的除外。

第26条　香港驻军的国防等国家行为不受香港特别行政区法院管辖。

【主席令［1999］18号】　中华人民共和国澳门特别行政区驻军法（1999年6月28日全国人大常委会［9届10次］通过，1999年12月20日起施行）

第20条　澳门驻军人员犯罪的案件由军事司法机关管辖；但是，澳门驻军人员非执行职务的行为，侵犯澳门居民、澳门驻军以外的其他人的人身权、财产权以及其他违反澳门特别行政区法律构成犯罪的案件，由澳门特别行政区司法机关管辖。

军事司法机关和澳门特别行政区司法机关对各自管辖的澳门驻军人员犯罪的案件，如果认为由对方管辖更为适宜，经双方协商一致后，可以移交对方管辖。

军事司法机关管辖的澳门驻军人员犯罪的案件中，涉及的被告人中的澳门居民、澳门驻军以外的其他人，由澳门特别行政区法院审判。

第21条　澳门特别行政区执法人员依法拘捕的涉嫌犯罪的人员，查明是澳门驻军人员的，应当移交澳门驻军羁押。被羁押的人员所涉及的案件，依照本法第20条的规定确定管辖。

第25条　在澳门特别行政区法院的诉讼活动中，澳门驻军对澳门驻军人员身份、执行职务的行为等事实发出的证明文件为有效证据。但是，相反证据成立的除外。

第26条　澳门驻军的国防等国家行为不受澳门特别行政区法院管辖。

附 录

附录一
历年的刑事诉讼法

中华人民共和国刑事诉讼法（1979年）

（1979年7月1日第5届全国人大第2次会议通过 1979年7月7日全国人大常委会委员长令第6号公布 1980年1月1日施行）

第一编 总 则

第一章 指导思想、任务和基本原则

第1条 中华人民共和国刑事诉讼法，以马克思列宁主义毛泽东思想为指针，以宪法为根据，结合我国各族人民实行无产阶级领导的、工农联盟为基础的人民民主专政即无产阶级专政的具体经验和打击敌人、保护人民的实际需要制定。

第2条 中华人民共和国刑事诉讼法的任务，是保证准确、及时地查明犯罪事实，正确应用法律，惩罚犯罪分子，保障无罪的人不受刑事追究，教育公民自觉遵守法律，积极同犯罪行为作斗争，以维护社会主义法制，保护公民的人身权利、民主权利和其它权利，保障社会主义革命和社会主义建设事业的顺利进行。

第3条 对刑事案件的侦查、拘留、预审，由公安机关负责。批准逮捕和检察（包括侦查）、提起公诉，由人民检察院负责。审判由人民法院负责。其他任何机关、团体和个人都无权行使这些权力。

人民法院、人民检察院和公安机关进行刑事诉讼，必须严格遵守本法和其他法律的有关规定。

第4条 人民法院、人民检察院和公安机关进行刑事诉讼，必须依靠群众，必须以事实为根据，以法律为准绳。对于一切公民，在适用法律上一律平等，在法律面前，不允许有任何特权。

第5条 人民法院、人民检察院和公安机关进行刑事诉讼，应当分工负责，互相配合，互相制约，以保证准确有效地执行法律。

第6条 各民族公民都有用本民族语言文字进行诉讼的权利。人民法院、人民检察院和公安机关对于不通晓当地通用的语言文字的诉讼参与人，应当为他们翻译。

在少数民族聚居或者多民族杂居的地区，应当用当地通用的语言进行审判，用当地通用的文字发布判决书、布告和其他文件。

第7条 人民法院审判案件，实行两审终审制。

第8条 人民法院审判案件，除本法另有规定的以外，一律公开进行。被告人有权获得辩护，人民法院有义务保证被告人获得辩护。

第9条 人民法院审判案件,依照本法实行人民陪审员陪审的制度。

第10条 人民法院、人民检察院和公安机关应当保障诉讼参与人依法享有的诉讼权利。

对于不满18岁的未成年人犯罪的案件,在讯问和审判时,可以通知被告人的法定代理人到场。

诉讼参与人对于审判人员、检察人员和侦查人员侵犯公民诉讼权利和人身侮辱的行为,有权提出控告。

第11条 有下列情形之一的,不追究刑事责任,已经追究的,应当撤销案件,或者不起诉,或者宣告无罪:

(一)情节显著轻微、危害不大,不认为是犯罪的;
(二)犯罪已过追诉时效期限的;
(三)经特赦令免除刑罚的;
(四)依照刑法告诉才处理的犯罪,没有告诉或者撤回告诉的;
(五)被告人死亡的;
(六)其他法律、法令规定免予追究刑事责任的。

第12条 对于外国人犯罪应当追究刑事责任的,适用本法的规定。

对于享有外交特权和豁免权的外国人犯罪应当追究刑事责任的,通过外交途径解决。

第二章 管 辖

第13条 告诉才处理和其他不需要进行侦查的轻微的刑事案件,由人民法院直接受理,并可以进行调解。

贪污罪、侵犯公民民主权利罪、渎职罪以及人民检察院认为需要自己直接受理的其他案件,由人民检察院立案侦查和决定是否提起公诉。

第一、二款规定以外的其他案件的侦查,都由公安机关进行。

第14条 基层人民法院管辖第一审普通刑事案件,但是依照本法由上级人民法院管辖的除外。

第15条 中级人民法院管辖下列第一审刑事案件:

(一)反革命案件;
(二)判处无期徒刑、死刑的普通刑事案件;
(三)外国人犯罪或者我国公民侵犯外国人合法权利的刑事案件。

第16条 高级人民法院管辖的第一审刑事案件,是全省(直辖市、自治区)性的重大刑事案件。

第17条 最高人民法院管辖的第一审刑事案件,是全国性的重大刑事案件。

第18条 上级人民法院在必要的时候,可以审判下级人民法院管辖的第一审刑事案件,也可以把自己管辖的第一审刑事案件交由下级人民法院审判;下级人民法院认为案情重大、复杂需要由上级人民法院审判的第一审刑事案件,可以请求移送上一级人民法院审判。

第19条 刑事案件由犯罪地的人民法院管辖。如果由被告人居住地的人民法院审判更为适宜的,可以由被告人居住地的人民法院管辖。

第20条 几个同级人民法院都有权管辖的案件,由最初受理的人民法院审判。在必要的时候,可以移送主要犯罪地的人民法院审判。

第 21 条　上级人民法院可以指定下级人民法院审判管辖不明的案件，也可以指定下级人民法院将案件移送其他人民法院审判。

第 22 条　专门人民法院案件的管辖另行规定。

第三章　回　避

第 23 条　审判人员、检察人员、侦查人员有下列情形之一的，应当自行回避，当事人及其法定代理人也有权要求他们回避：

（一）是本案的当事人或者是当事人的近亲属的；

（二）本人或者他的近亲属和本案有利害关系的；

（三）担任过本案的证人、鉴定人、辩护人或者附带民事诉讼当事人的代理人的；

（四）与本案当事人有其他关系，可能影响公正处理案件的。

第 24 条　审判人员、检察人员、侦查人员的回避，应当分别由院长、检察长、公安机关负责人决定；院长的回避，由本院审判委员会决定；检察长和公安机关负责人的回避，由同级人民检察院检察委员会决定。

对侦查人员的回避作出决定前，侦查人员不能停止对案件的侦查。

对驳回申请回避的决定，当事人可以申请复议 1 次。

第 25 条　本法第 23 条、第 24 条的规定也适用于书记员、翻译人员和鉴定人。

第四章　辩　护

第 26 条　被告人除自己行使辩护权以外，还可以委托下列的人辩护：

（一）律师；

（二）人民团体或者被告人所在单位推荐的，或者经人民法院许可的公民；

（三）被告人的近亲属、监护人。

第 27 条　公诉人出庭公诉的案件，被告人没有委托辩护人的，人民法院可以为他指定辩护人。

被告人是聋、哑或者未成年人而没有委托辩护人的，人民法院应当为他指定辩护人。

第 28 条　辩护人的责任是根据事实和法律，提出证明被告人无罪、罪轻或者减轻、免除其刑事责任的材料和意见，维护被告人的合法权益。

第 29 条　辩护律师可以查阅本案材料，了解案情，可以同在押的被告人会见和通信；其他的辩护人经过人民法院许可，也可以了解案情，同在押的被告人会见和通信。

第 30 条　在审判过程中，被告人可以拒绝辩护人继续为他辩护，也可以另行委托辩护人辩护。

第五章　证　据

第 31 条　证明案件真实情况的一切事实，都是证据。

证据有下列六种：

（一）物证、书证；

（二）证人证言；

（三）被害人陈述；

（四）被告人供述和辩解；

（五）鉴定结论；

（六）勘验、检查笔录。

以上证据必须经过查证属实，才能作为定案的根据。

第32条 审判人员、检察人员、侦查人员必须依照法定程序，收集能够证实被告人有罪或者无罪、犯罪情节轻重的各种证据。严禁刑讯逼供和以威胁、引诱、欺骗以及其他非法的方法收集证据。必须保证一切与案件有关或者了解案情的公民，有客观地充分地提供证据的条件，除特殊情况外，并且可以吸收他们协助调查。

第33条 公安机关提请批准逮捕书、人民检察院起诉书、人民法院判决书，必须忠实于事实真象。故意隐瞒事实真象的，应当追究责任。

第34条 人民法院、人民检察院和公安机关有权向有关的国家机关、企业、事业单位、人民公社、人民团体和公民收集、调取证据。

对于涉及国家机密的证据，应当保密。

凡是伪造证据、隐匿证据或者毁灭证据的，无论属于何方，必须受法律追究。

第35条 对一切案件的判处都要重证据，重调查研究，不轻信口供。只有被告人供述，没有其他证据的，不能认定被告人有罪和处以刑罚；没有被告人供述，证据充分确实的，可以认定被告人有罪和处以刑罚。

第36条 证人证言必须在法庭上经过公诉人、被害人和被告人、辩护人双方讯问、质证，听取各方证人的证言并经过查实以后，才能作为定案的根据。法庭查明证人有意作伪证或者隐匿罪证时，应当依法处理。

第37条 凡是知道案件情况的人，都有作证的义务。

生理上、精神上有缺陷或者年幼，不能辨别是非、不能正确表达的人，不能作证人。

第六章　强制措施

第38条 人民法院、人民检察院和公安机关根据案件情况，对被告人可以拘传、取保候审或者监视居住。

被监视居住的被告人不得离开指定的区域。监视居住由当地公安派出所执行，或者由受委托的人民公社、被告人的所在单位执行。

对被告人采取取保候审、监视居住的，如果情况发生变化，应当撤销或者变更。

第39条 逮捕人犯，必须经过人民检察院批准或者人民法院决定，由公安机关执行。

第40条 对主要犯罪事实已经查清，可能判处徒刑以上刑罚的人犯，采取取保候审、监视居住等方法，尚不足以防止发生社会危险性，而有逮捕必要的，应即依法逮捕。

对应当逮捕的人犯，如果患有严重疾病，或者是正在怀孕、哺乳自己婴儿的妇女，可以采用取保候审或者监视居住的办法。

第41条 公安机关对于罪该逮捕的现行犯或者重大嫌疑分子，如果有下列情形之一的，可以先行拘留：

（一）正在预备犯罪、实行犯罪或者在犯罪后即时被发觉的；

（二）被害人或者在场亲眼看见的人指认他犯罪的；

（三）在身边或者住处发现有犯罪证据的；

（四）犯罪后企图自杀、逃跑或者在逃的；
（五）有毁灭、伪造证据或者串供可能的；
（六）身份不明有流窜作案重大嫌疑的；
（七）正在进行"打砸抢"和严重破坏工作、生产、社会秩序的。

第 42 条　对于下列人犯，任何公民都可以立即扭送公安机关、人民检察院或者人民法院处理：
（一）正在实行犯罪或者在犯罪后即时被发觉的；
（二）通缉在案的；
（三）越狱逃跑的；
（四）正在被追捕的。

第 43 条　公安机关拘留人的时候，必须出示拘留证。

拘留后，除有碍侦查或者无法通知的情形以外，应当把拘留的原因和羁押的处所，在 24 小时以内，通知被拘留人的家属或者他的所在单位。

第 44 条　公安机关对于被拘留的人，应当在拘留后的 24 小时以内进行讯问。在发现不应当拘留的时候，必须立即释放，发给释放证明。对需要逮捕而证据还不充足的，可以取保候审或者监视居住。

第 45 条　公安机关要求逮捕人犯的时候，应当写出提请批准逮捕书，连同案卷材料、证据，一并移送同级人民检察院审查批准。必要时，人民检察院可以派人参加公安机关对于重大案件的讨论。

第 46 条　人民检察院审查批准逮捕人犯由检察长决定。重大案件应当提交检察委员会讨论决定。

第 47 条　人民检察院对于公安机关提请批准逮捕的案件进行审查后，应根据情况分别作出批准逮捕，不批准逮捕或者补充侦查的决定。

第 48 条　公安机关对被拘留的人，认为需要逮捕的，应当在拘留后的 3 日以内，提请人民检察院审查批准。在特殊情况下，提请审查批准的时间可以延长 1 日至 4 日。人民检察院应当在接到公安机关提请批准逮捕书后的 3 日以内，作出批准逮捕或者不批准逮捕的决定。人民检察院不批准逮捕的，公安机关应当在接到通知后立即释放，发给释放证明。

公安机关或者人民检察院如果没有按照前款规定办理，被拘留的人或者他的家属有权要求释放，公安机关或者人民检察院应当立即释放。

第 49 条　公安机关对人民检察院不批准逮捕的决定，认为有错误的时候，可以要求复议，但是必须将被拘留的人立即释放。如果意见不被接受，可以向上一级人民检察院提请复核。上级人民检察院应当立即复核，作出是否变更的决定，通知下级人民检察院和公安机关执行。

第 50 条　公安机关逮捕人的时候，必须出示逮捕证。

逮捕后，除有碍侦查或者无法通知的情形以外，应当把逮捕的原因和羁押的处所，在 24 小时以内通知被逮捕人的家属或者他的所在单位。

第 51 条　人民法院、人民检察院对于各自决定逮捕的人，公安机关对于经人民检察院批准逮捕的人，都必须在逮捕后的 24 小时以内进行讯问。在发现不应当逮捕的时候，必须立即释放，发给释放证明。

第 52 条　人民检察院在审查批准逮捕工作中，如果发现公安机关的侦查活动有违法情况，应当通知公安机关予以纠正，公安机关应当将纠正情况通知人民检察院。

第七章　附带民事诉讼

第 53 条　被害人由于被告人的犯罪行为而遭受物质损失的，在刑事诉讼过程中，有权提起附带民事诉讼。

如果是国家财产、集体财产遭受损失的，人民检察院在提起公诉的时候，可以提起附带民事诉讼。

人民法院在必要的时候，可以查封或者扣押被告人的财产。

第 54 条　附带民事诉讼应当同刑事案件一并审判，只有为了防止刑事案件审判的过分迟延，才可以在刑事案件审判后，由同一审判组织继续审理附带民事诉讼。

第八章　期间、送达

第 55 条　期间以时、日、月计算。

期间开始的时和日不算在期间以内。

法定期间不包括路途上的时间。上诉状或者其他文件在期满前已经交邮的，不算过期。

第 56 条　当事人由于不能抗拒的原因或者有其他正当理由而耽误期限的，在障碍消除后 5 日以内，可以申请继续进行应当在期满以前完成的诉讼活动。

前款申请是否准许，由人民法院裁定。

第 57 条　送达传票、通知书和其他诉讼文件应当交给收件人本人；如果本人不在，可以交给他的成年家属或者所在单位的负责人员代收。

收件人本人或者代收人拒绝接收或者拒绝签名、盖章的时候，送达人可以邀请他的邻居或者其他见证人到场，说明情况，把文件留在他的住处，在送达证上记明拒绝的事由、送达的日期，由送达人签名，即认为已经送达。

第九章　其他规定

第 58 条　本法下列用语的含意是：

（一）侦查是指公安机关、人民检察院在办理案件过程中，依照法律进行的专门调查工作和有关的强制性措施；

（二）"当事人"是指自诉人、被告人、附带民事诉讼的原告人和被告人；

（三）"法定代理人"是指被代理人的父母、养父母、监护人和负有保护责任的机关、团体的代表；

（四）"诉讼参与人"是指当事人、被害人、法定代理人、辩护人、证人、鉴定人和翻译人员；

（五）"近亲属"是指夫、妻、父、母、子、女、同胞兄弟姊妹。

第二编　立案、侦查和提起公诉

第一章　立　案

第 59 条　机关、团体、企业、事业单位和公民发现有犯罪事实或者犯罪嫌疑人，有权利也有义务按照本法第13条规定的管辖范围，向公安机关、人民检察院或者人民法院提出控告和检举。

公安机关、人民检察院或者人民法院对于控告、检举和犯罪人的自首，都应当接受。对于不属于自己管辖的，应当移送主管机关处理，并且通知控告人、检举人；对于不属于自己管辖而又必须采取紧急措施的，应当先采取紧急措施，然后移送主管机关。

第60条 控告、检举可以用书面或者口头提出。接受口头控告、检举的工作人员，应当写成笔录，经宣读无误后，由控告人、检举人签名或者盖章。

接受控告、检举的工作人员，应当向控告人、检举人说明诬告应负的法律责任。但是，只要不是捏造事实，伪造证据，即使控告、检举的事实有出入，甚至是错告的，也要和诬告严格加以区别。

控告人、检举人如果不愿公开自己的姓名，在侦查期间，应当为他保守秘密。

第61条 人民法院、人民检察院或者公安机关对于控告、检举和自首的材料，应当按照管辖范围，迅速进行审查，认为有犯罪事实需要追究刑事责任的时候，应当立案；认为没有犯罪事实，或者犯罪事实显著轻微，不需要追究刑事责任的时候，不予立案，并且将不立案的原因通知控告人。控告人如果不服，可以申请复议。

第二章 侦 查

第一节 讯问被告人

第62条 讯问被告人必须由人民检察院或者公安机关的侦查人员负责进行。讯问的时候，侦查人员不得少于2人。

第63条 对于不需要逮捕、拘留的被告人，可以传唤到指定的地点或者到他的住处、所在单位进行讯问，但是应当出示人民检察院或者公安机关的证明文件。

第64条 侦查人员在讯问被告人的时候，应当首先讯问被告人是否有犯罪行为，让他陈述有罪的情节或者无罪的辩解，然后向他提出问题。被告人对侦查人员的提问，应当如实回答。但是对与本案无关的问题，有拒绝回答的权利。

第65条 讯问聋、哑的被告人，应当有通晓聋、哑手势的人参加，并且将这种情况记明笔录。

第66条 讯问笔录应当交被告人核对，对于没有阅读能力的，应当向他宣读。如果记载有遗漏或者差错，被告人可以提出补充或者改正。被告人承认笔录没有错误后，应当签名或者盖章。侦查人员也应当在笔录上签名。被告人请求自行书写供述的，应当准许。必要的时候，侦查人员也可以要被告人亲笔书写供词。

第二节 询问证人

第67条 侦查人员询问证人，可以到证人的所在单位或者住处进行，但是必须出示人民检察院或者公安机关的证明文件。在必要的时候，也可以通知证人到人民检察院或者公安机关提供证言。

询问证人应当个别进行。

第68条 询问证人，应当告知他应当如实地提供证据、证言和有意作伪证或者隐匿罪证要负的法律责任。

第69条 本法第66条的规定，也适用于询问证人。

第70条 询问被害人，适用本节各条规定。

第三节 勘验、检查

第71条 侦查人员对于与犯罪有关的场所、物品、人身、尸体应当进行勘验或者检查。在必要的时候，可以指派或者聘请具有专门知识的人，在侦查人员的主持下进行勘验、检查。

第72条 任何单位和个人，都有义务保护犯罪现场，并且立即通知公安机关派员勘验。

第73条 侦查人员执行勘验、检查，必须持有公安机关的证明文件。

第74条 对于死因不明的尸体，公安机关有权决定解剖，并通知死者家属到场。

第75条 为了确定被害人、被告人的某些特征、伤害情况或者生理状态，可以对人身进行检查。

被告人如果拒绝检查，侦查人员认为必要的时候，可以强制检查。

检查妇女的身体，应当由女工作人员或者医师进行。

第76条 勘验、检查和情况应当写成笔录，由参加勘验、检查的人和见证人签名或者盖章。

第77条 人民检察院审查案件时，对公安机关的勘验、检查，认为需要复验、复查时，可以要求公安机关复验、复查，并且可以派检察人员参加。

第78条 为了查明案情，在必要的时候，经公安局长批准，可以进行侦查实验。

侦查实验，禁止一切足以造成危险、侮辱人格或者有伤风化的行为。

第四节 搜 查

第79条 为了收集犯罪证据、查获犯罪人，侦查人员可以对被告人以及可能隐藏罪犯或者犯罪证据的人的身体、物品、住处和其他有关的地方进行搜查。

第80条 任何单位和个人，有义务按照人民检察院和公安机关的要求，交出可以证明被告人有罪或者无罪的物证、书证。

第81条 进行搜查，必须向被搜查人出示搜查证。

在执行逮捕、拘留的时候，遇有紧急情况，不另用搜查证也可以进行搜查。

第82条 在搜查的时候，应当有被搜查人或者他的家属，邻居或者其他见证人在场。

搜查妇女的身体，应当由女工作人员进行。

第83条 搜查的情况应当写成笔录，由侦查人员和被搜查人或者他的家属，邻居或者其他见证人签名或者盖章。如果被搜查人或者他的家属在逃或者拒绝签名、盖章，应当在笔录上注明。

第五节 扣押物证、书证

第84条 在勘验、搜查中发现的可用以证明被告人有罪或者无罪的各种物品和文件，应当扣押；与案件无关的物品、文件，不得扣押。

对于扣押的物品、文件，要妥善保管或者封存，不得使用或者损毁。

第85条 对于扣押的物品和文件，应当会同在场见证人和被扣押物品持有人查点清楚，当场开列清单一式2份，由侦查人员、见证人和持有人签名或者盖章，一份交给持有人，另一份附卷备查。

第86条 侦查人员认为需要扣押被告人的邮件、电报的时候，经公安机关或者人民检察院批准，即可通知邮电机关将有关的邮件、电报检交扣押。

不需要继续扣押的时候，应即通知邮电机关。

第87条 对于扣押的物品、文件、邮件、电报，经查明确实与案件无关的，应当迅速退还原主或者原邮电机关。

第六节 鉴 定

第88条 为了查明案情，需要解决案件中某些专门性问题的时候，应当指派、聘请有专门知识的人进行鉴定。

第89条 鉴定人进行鉴定后，应当写出鉴定结论，并签名。

第90条 用作证据的鉴定结论应当告知被告人。如果被告人提出申请，可以补充鉴定或者重新鉴定。

第七节 通 缉

第91条 应当逮捕的被告人如果在逃，公安机关可以发布通缉令，采取有效措施，追捕归案。

各级公安机关在自己管辖的地区以内，可以直接发布通缉令；超出自己管辖的地区，应当报请有权决定的上级机关发布。

第八节 侦查终结

第92条 对被告人在侦查中的羁押期限不得超过2个月。案情复杂、期限届满不能终结的案件，可以经上一级人民检察院批准延长1个月。

特别重大、复杂的案件，依照前款规定延长后仍不能终结的，由最高人民检察院报请全国人民代表大会常务委员会批准延期审理。

第93条 人民检察院侦查的案件，侦查终结后，应当作出提起公诉、免予起诉或者撤销案件的决定。

公安机关侦查的案件，侦查终结后，应当写出起诉意见书或者免予起诉意见书，连同案卷材料、证据一并移送同级人民检察院审查决定。

第94条 在侦查过程中，发现不应对被告人追究刑事责任的，应当撤销案件；被告人已被逮捕的，应当立即释放，发给释放证明，并且通知原批准逮捕的人民检察院。

第三章 提起公诉

第95条 凡需要提起公诉或者免予起诉的案件，一律由人民检察院审查决定。

第96条 人民检察院审查案件的时候，必须查明：

（一）犯罪事实、情节是否清楚，证据是否确实、充分，犯罪性质和罪名的认定是否正确；

（二）有无遗漏罪行和其他应当追究刑事责任的人；

（三）是否属于不应追究刑事责任的；
（四）有无附带民事诉讼；
（五）侦查活动是否合法。

第 97 条　人民检察院对于公安机关移送起诉或者免予起诉的案件，应当在 1 个月以内作出决定，重大、复杂的案件，可以延长半个月。

第 98 条　人民检察院审查案件，应当讯问被告人。

第 99 条　人民检察院审查案件，对于需要补充侦查的，可以自行侦查，也可以退回公安机关补充侦查。

对于补充侦查的案件，应当在 1 个月以内补充侦查完毕。

第 100 条　人民检察院认为被告人的犯罪事实已经查清，证据确实、充分，依法应当追究刑事责任的，应当作出起诉决定，按照审判管辖的规定，向人民法院提起公诉。

第 101 条　依照刑法规定不需要判处刑罚或者免除刑罚的，人民检察院可以免予起诉。

第 102 条　免予起诉的决定，应当公开宣布，并且将免予起诉决定书交给被告人和他的所在单位。如果被告人在押，应当立即释放。

对于公安机关移送起诉的案件，人民检察院决定免予起诉的，应当将免予起诉决定书送公安机关。公安机关认为免予起诉的决定有错误的时候，可以要求复议，如果意见不被接受，可以向上一级人民检察院提请复核。

对于有被害人的案件，决定免予起诉的，人民检察院应当将免予起诉决定书送被害人。被害人如果不服，可以在收到后 7 日内向人民检察院申诉。人民检察院应当将复查结果告知被害人。

第 103 条　对于免予起诉的决定，被告人如果不服，可以在 7 日内向人民检察院申诉。人民检察院应当作出复查决定，通知被告人，同时抄送公安机关。

第 104 条　被告人有本法第 11 条规定的情形之一的，人民检察院应当作出不起诉决定。本法第 102 条的规定适用于不起诉的决定。

第三编　审　判

第一章　审判组织

第 105 条　基层人民法院、中级人民法院审判第一审案件，除自诉案件和其他轻微的刑事案件可以由审判员 1 人独任审判以外，应当由审判员 1 人、人民陪审员 2 人组成合议庭进行。

高级人民法院、最高人民法院审判第一审案件，应当由审判员 1 人至 3 人、人民陪审员 2 人至 4 人组成合议庭进行。

人民陪审员在人民法院执行职务，同审判员有同等的权利。

人民法院审判上诉和抗诉案件，由审判员 3 人至 5 人组成合议庭进行。

合议庭由院长或者庭长指定审判员 1 人担任审判长。院长或者庭长参加审判案件的时候，自己担任审判长。

第 106 条　合议庭进行评议的时候，如果意见分歧，应当少数服从多数，但是少数人的意见应当写入笔录。评议笔录由合议庭的组成人员签名。

第107条 凡是重大的或者疑难的案件，院长认为需要提交审判委员会讨论的，由院长提交审判委员会讨论决定。审判委员会的决定，合议庭应当执行。

第二章 第一审程序

第一节 公诉案件

第108条 人民法院对提起公诉的案件进行审查后，对于犯罪事实清楚、证据充分的，应当决定开庭审判；对于主要事实不清、证据不足的，可以退回人民检察院补充侦查；对于不需要判刑的，可以要求人民检察院撤回起诉。

第109条 人民法院在必要的时候，可以进行勘验、检查、搜查、扣押和鉴定。

第110条 人民法院决定开庭审判后，应当进行下列工作：

（一）确定合议庭的组成人员；

（二）将人民检察院的起诉书副本至迟在开庭7日以前送达被告人，并且告知被告人可以委托辩护人，或者在必要时为被告人指定辩护人；

（三）将开庭的时间、地点在开庭3日以前通知人民检察院；

（四）传唤当事人，通知辩护人、证人、鉴定人和翻译人员，传票和通知书至迟在开庭3日以前送达；

（五）公开审判的案件，先期公布案由、被告人姓名、开庭时间和地点。

上述活动情形应当写入笔录，由审判人员和书记员签名。

第111条 人民法院审判第一审案件应当公开进行。但是有关国家机密或者个人阴私的案件，不公开审理。

14岁以上不满16岁未成年人犯罪的案件，一律不公开审理。16岁以上不满18岁未成年人犯罪的案件，一般也不公开审理。

对于不公开审理的案件，应当当庭宣布不公开审理的理由。

第112条 人民法院审判公诉案件，除罪行较轻经人民法院同意的以外，人民检察院应当派员出席法庭支持公诉。

出庭的检察人员发现审判活动有违法情况，有权向法庭提出纠正意见。

第113条 开庭时，审判长查明当事人是否到庭，宣布案由；宣布合议庭的组成人员、书记员、公诉人、辩护人、鉴定人和翻译人员的名单；告知当事人有权对合议庭组成人员、书记员、公诉人、鉴定人和翻译人员申请回避；告知被告人享有辩护权利。

第114条 公诉人在审判庭上宣读起诉书后，审判人员开始审问被告人。

公诉人经审判长许可，可以讯问被告人。

被害人、附带民事诉讼的原告人和辩护人，在审判人员审问被告人后，经审判长许可，可以向被告人发问。

第115条 审判人员、公诉人询问证人，应当告知他要如实地提供证言和有意作伪证或者隐匿罪证要负的法律责任。当事人和辩护人可以申请审判长对证人、鉴定人发问，或者请求审判长许可直接发问。审判长认为发问的内容与案件无关的时候，应当制止。

第116条 审判人员应当向被告人出示物证，让他辨认；对未到庭的证人的证言笔录、鉴定人的鉴定结论、勘验笔录和其他作为证据的文书，应当当庭宣读，并且听取当事人和辩护人的意见。

第117条 法庭审理过程中，当事人和辩护人有权申请通知新的证人到庭，调取新的物证，申请重新鉴定或者勘验。

法庭对于上述申请，应当作出是否同意的决定。

第118条 法庭调查后，应当由公诉人发言，被害人发言，然后由被告人陈述和辩护，辩护人进行辩护，并且可以互相辩论。审判长在宣布辩论终结后，被告人有最后陈述的权利。

第119条 在法庭审判过程中，如果诉讼参与人违反法庭秩序，审判长应当警告制止；情节严重的，可以责令退出法庭或者依法追究刑事责任。

第120条 在被告人最后陈述后，审判长宣布休庭，合议庭进行评议，根据已经查明的事实、证据和有关的法律规定，作出被告人有罪或者无罪、犯的什么罪、适用什么刑罚或者免除刑罚的判决。

第121条 宣告判决，一律公开进行。

当庭宣告判决的，应当在5日以内将判决书送达当事人和提起公诉的人民检察院；定期宣告判决的，应当在宣告后立即将判决书送达当事人和提起公诉的人民检察院。

第122条 判决书应当由合议庭的组成人员和书记员署名，并且写明上诉的期限和上诉的法院。

第123条 在法庭审判过程中，遇有下列情形之一影响审判进行的，可以延期审理：

（一）需要通知新的证人到庭，调取新的物证，重新鉴定或者勘验的；

（二）检察人员发现提起公诉的案件需要补充侦查，提出建议的；

（三）合议庭认为案件证据不充分，或者发现新的事实，需要退回人民检察院补充侦查或者自行调查的；

（四）由于当事人申请回避而不能进行审判的。

第124条 法庭审判的全部活动，应当由书记员写成笔录，经审判长审阅后，由审判长和书记员签名。

法庭笔录中的证人证言部分，应当当庭宣读或者交给证人阅读。证人在承认没有错误后，应当签名或者盖章。

法庭笔录应当交给当事人阅读或者向他宣读。当事人认为记载有遗漏或者差错的，可以请求补充或改正。当事人承认没有错误后，应当签名或者盖章。

第125条 人民法院审理公诉案件，应当在受理后1个月内宣判，至迟不得超过1个半月。

第二节 自诉案件

第126条 人民法院对于自诉案件进行审查后，可以按照下列情形分别处理：

（一）犯罪事实清楚，有足够证据的案件，应当开庭审判；

（二）必须由人民检察院提起公诉的案件，应当移送人民检察院；

（三）缺乏罪证的自诉案件，如果自诉人提不出补充证据，经人民法院调查又未能收集到必要的证据，应当说服自诉人撤回自诉，或者裁定驳回；

（四）被告人的行为不构成犯罪的案件，应当说服自诉人撤回自诉，或者裁定驳回。

第127条　人民法院对自诉案件，可以进行调解；自诉人在宣告判决前，可以同被告人自行和解或者撤回自诉。

第128条　自诉案件的被告人在诉讼过程中，可以对自诉人提起反诉。反诉适用自诉的规定。

第三章　第二审程序

第129条　当事人或者他们的法定代理人，不服地方各级人民法院第一审的判决、裁定，有权用书状或者口头向上一级人民法院上诉。被告人的辩护人和近亲属，经被告人同意，可以提出上诉。

附带民事诉讼的当事人和他们的法定代理人，可以对地方各级人民法院第一审的判决、裁定中的附带民事诉讼部分，提出上诉。

对被告人的上诉权，不得以任何借口加以剥夺。

第130条　地方各级人民检察院认为本级人民法院第一审的判决、裁定确有错误的时候，应当向上一级人民法院提出抗诉。

第131条　不服判决的上诉和抗诉的期限为10日，不服裁定的上诉和抗诉的期限为5日，从接到判决书、裁定书的第二日起算。

第132条　当事人通过原审人民法院提出上诉的，原审人民法院应当在3日以内将上诉状连同案卷、证据移送上一级人民法院，同时将上诉状副本送交同级人民检察院和对方当事人。

当事人直接向第二审人民法院提出上诉的，第二审人民法院应当在3日以内将上诉状交原审人民法院送交同级人民检察院和对方当事人。

第133条　地方各级人民检察院对同级人民法院第一审判决、裁定的抗诉，应当通过原审人民法院提出抗诉书，并且将抗诉书抄送上一级人民检察院。原审人民法院应当将抗诉书连同案卷、证据移送上一级人民法院，并且将抗诉书副本送交当事人。

上级人民检察院如果认为抗诉不当，可以向同级人民法院撤回抗诉，并且通知下级人民检察院。

第134条　第二审人民法院应当就第一审判决认定的事实和适用法律进行全面审查，不受上诉或者抗诉范围的限制。

共同犯罪的案件只有部分被告人上诉的，应当对全案进行审查，一并处理。

第135条　人民检察院提出抗诉的案件或者第二审人民法院要求人民检察院派员出庭的案件，同级人民检察院都应当派员出庭。第二审人民法院必须在开庭10日以前通知人民检察院查阅案卷。

第136条　第二审人民法院对不服第一审判决的上诉、抗诉案件，经过审理后，应当按照下列情形分别处理：

（一）原判决认定事实和适用法律正确、量刑适当的，应当裁定驳回上诉或者抗诉，维持原判；

（二）原判决认定事实没有错误，但适用法律有错误，或者量刑不当的，应当改判；

（三）原判决事实不清楚或者证据不足的，可以在查清事实后改判；也可以裁定撤销原判，发回原审人民法院重新审判。

第 137 条　第二审人民法院审判被告人或者他的法定代理人、辩护人、近亲属上诉的案件，不得加重被告人的刑罚。

人民检察院提出抗诉或者自诉人提出上诉的，不受前款规定的限制。

第 138 条　第二审人民法院发现第一审人民法院违反法律规定的诉讼程序，可能影响正确判决的时候，应当撤销原判，发回原审人民法院重新审判。

第 139 条　原审人民法院对于发回重新审判的案件，应当依照第一审程序进行审判。对于重新审判后的判决，当事人可以上诉，同级人民检察院可以抗诉。

第 140 条　第二审人民法院对不服第一审裁定的上诉或者抗诉，经过审查后，应当参照本法第 136 条、第 138 条和第 139 条的规定，分别情形用裁定驳回上诉、抗诉，或者撤销、变更原裁定。

第 141 条　第二审人民法院审判上诉或者抗诉案件的程序，除本章已有规定的以外，参照第一审程序的规定进行。

第 142 条　第二审人民法院受理上诉、抗诉案件后，应当在 1 个月以内审结，至迟不得超过 1 个半月。

第 143 条　第二审的判决、裁定和最高人民法院的判决、裁定，都是终审的判决、裁定。

第四章　死刑复核程序

第 144 条　死刑由最高人民法院核准。

第 145 条　中级人民法院判处死刑的第一审案件，被告人不上诉的，应由高级人民法院复核后，报请最高人民法院核准。高级人民法院不同意判处死刑的，可以提审或者发回重新审判。

高级人民法院判处死刑的第一审案件被告人不上诉的，和判处死刑的第二审案件，都应当报请最高人民法院核准。

第 146 条　中级人民法院判处死刑缓期 2 年执行的案件，由高级人民法院核准。

第 147 条　最高人民法院复核死刑案件，高级人民法院复核死刑缓期执行的案件，应当由审判员 3 人组成合议庭进行。

第五章　审判监督程序

第 148 条　当事人、被害人及其家属或者其他公民，对已经发生法律效力的判决、裁定，可以向人民法院或者人民检察院提出申诉，但不能停止判决、裁定的执行。

第 149 条　各级人民法院院长对本院已经发生法律效力的判决和裁定，如果发现在认定事实上或者在适用法律上确有错误，必须提交审判委员会处理。

最高人民法院对各级人民法院已经发生法律效力的判决和裁定，上级人民法院对下级人民法院已经发生法律效力的判决和裁定，如果发现确有错误，有权提审或者指令下级人民法院再审。

最高人民检察院对各级人民法院已经发生法律效力的判决和裁定，上级人民检察院对下级人民法院已经发生法律效力的判决和裁定，如果发现确有错误，有权按照审判监督程序提出抗诉。

第 150 条　人民法院按照审判监督程序重新审判的案件，应当另行组成合议庭进行。如果原来是第一审案件，应当依照第一审程序进行审判，所作的判决、裁定，可以上诉、抗诉；如果原来是第二审案件，或者是上级人民法院提审的案件，应当依照第二审程序进行审判，所作的判决、裁定，是终审的判决、裁定。

第四编　执　行

第 151 条　判决和裁定在发生法律效力后执行。

下列判决和裁定是发生法律效力的判决和裁定：

（一）已过法定期限没有上诉、抗诉的判决和裁定；

（二）终审的判决和裁定；

（三）最高人民法院核准的死刑的判决和高级人民法院核准的死刑缓期 2 年执行的判决。

第 152 条　第一审人民法院判决被告人无罪、免除刑事处罚的，如果被告人在押，在宣判后应当立即释放。

第 153 条　最高人民法院判处和核准的死刑立即执行的判决，应当由最高人民法院院长签发执行死刑的命令。

被判处死刑缓期 2 年执行的罪犯，在死刑缓期执行期间，如果确有悔改或者有立功表现应当依法予以减刑的，由执行机关提出书面意见，报请当地高级人民法院裁定；如果抗拒改造情节恶劣、查证属实，应当执行死刑的，高级人民法院必须报请最高人民法院核准。

第 154 条　下级人民法院接到最高人民法院执行死刑的命令后，应当在 7 日以内交付执行。但是发现有下列情形之一的，应当停止执行，并且立即报告最高人民法院，由最高人民法院作出裁定：

（一）在执行前发现判决可能有错误的；

（二）罪犯正在怀孕。

前款第一项停止执行的原因消失后，必须报请最高人民法院院长再签发执行死刑的命令才能执行；由于前款第二项原因停止执行的，应当报请最高人民法院依法改判。

第 155 条　人民法院在交付执行死刑前，应当通知同级人民检察院派员临场监督。

指挥执行的审判人员，对罪犯应当验明正身，讯问有无遗言、信札，然后交付执行人员执行死刑。在执行前，如果发现可能有错误，应当暂停执行，报请最高人民法院裁定。

执行死刑应当公布，不应示众。

执行死刑后，在场书记员应当写成笔录。交付执行的人民法院应当将执行死刑情况报告最高人民法院。

执行死刑后，交付执行的人民法院应当通知罪犯家属。

第 156 条　对于被判处死刑缓期 2 年执行、无期徒刑、有期徒刑或者拘役的罪犯，应当由交付执行的人民法院将执行通知书、判决书送达监狱或者其他劳动改造场所执行，并且由执行机关通知罪犯家属。

判处有期徒刑、拘役的罪犯，执行期满，应当由执行机关发给刑满释放证。

第 157 条　对于被判处无期徒刑、有期徒刑或者拘役的罪犯，有下列情形之一的，可以暂予监外执行：

（一）有严重疾病需要保外就医的；

（二）怀孕或者正在哺乳自己婴儿的妇女。

对于监外执行的罪犯，可以由公安机关委托罪犯原居住地的公安派出所执行，基层组织或者原所在单位协助进行监督。

第158条 对于被判处徒刑缓刑的罪犯，由公安机关交所在单位或者基层组织予以考察。

对于被假释的罪犯，在假释考验期限内，由公安机关予以监督。

第159条 对于被判处管制、剥夺政治权利的罪犯，由公安机关执行。执行期满，应当由执行机关通知本人，交向有关群众公开宣布解除管制或者恢复政治权利。

第160条 被判处罚金的罪犯，期满不缴纳的，人民法院应当强制缴纳；如果由于遭遇不能抗拒的灾祸缴纳确实有困难的，可以裁定减少或者免除。

第161条 没收财产的判决，无论附加适用或者独立适用，都由人民法院执行；在必要的时候，可以会同公安机关执行。

第162条 罪犯在服刑期间又犯罪的，或者发现了判决时所没有发现的罪行，监狱和劳动改造机关应当移送人民检察院处理。

被判处管制、拘役、有期徒刑或者无期徒刑的罪犯，在执行期间确有悔改或者立功表现，应当依法予以减刑、假释的时候，由执行机关提出书面意见，报请人民法院审核裁定。

第163条 监狱和劳动改造机关在刑罚执行中，如果认为判决有错误或者罪犯提出申诉，应当转请人民检察院或者原判人民法院处理。

第164条 人民检察院对刑事案件的判决、裁定的执行和监狱、看守所、劳动改造机关的活动是否合法，实行监督。如果发现有违法的情况，应当通知执行机关纠正。

中华人民共和国刑事诉讼法（1996年）

（1996年3月17日第8届全国人大第4次会议修正 主席令第64号公布 1997年1月1日施行）

第一编 总 则

第一章 任务和基本原则

第1条 为了保证刑法的正确实施，惩罚犯罪，保护人民，保障国家安全和社会公共安全，维护社会主义社会秩序，根据宪法，制定本法。

第2条 中华人民共和国刑事诉讼法的任务，是保证准确、及时地查明犯罪事实，正确应用法律，惩罚犯罪分子，保障无罪的人不受刑事追究，教育公民自觉遵守法律，积极同犯罪行为作斗争，以维护社会主义法制，保护公民的人身权利、财产权利、民主权利和其他权利，保障社会主义建设事业的顺利进行。

第3条 对刑事案件的侦查、拘留、执行逮捕、预审，由公安机关负责。检察、批准逮捕、检察机关直接受理的案件的侦查、提起公诉，由人民检察院负责。审判由人民法院负责。除法律特别规定的以外，其他任何机关、团体和个人都无权行使这些权力。

人民法院、人民检察院和公安机关进行刑事诉讼，必须严格遵守本法和其他法律的有关规定。

第4条　国家安全机关依照法律规定，办理危害国家安全的刑事案件，行使与公安机关相同的职权。

第5条　人民法院依照法律规定独立行使审判权，人民检察院依照法律规定独立行使检察权，不受行政机关、社会团体和个人的干涉。

第6条　人民法院、人民检察院和公安机关进行刑事诉讼，必须依靠群众，必须以事实为根据，以法律为准绳。对于一切公民，在适用法律上一律平等，在法律面前，不允许有任何特权。

第7条　人民法院、人民检察院和公安机关进行刑事诉讼，应当分工负责，互相配合，互相制约，以保证准确有效地执行法律。

第8条　人民检察院依法对刑事诉讼实行法律监督。

第9条　各民族公民都有用本民族语言文字进行诉讼的权利。人民法院、人民检察院和公安机关对于不通晓当地通用的语言文字的诉讼参与人，应当为他们翻译。

在少数民族聚居或者多民族杂居的地区，应当用当地通用的语言进行审讯，用当地通用的文字发布判决书、布告和其他文件。

第10条　人民法院审判案件，实行两审终审制。

第11条　人民法院审判案件，除本法另有规定的以外，一律公开进行。被告人有权获得辩护，人民法院有义务保证被告人获得辩护。

第12条　未经人民法院依法判决，对任何人都不得确定有罪。

第13条　人民法院审判案件，依照本法实行人民陪审员陪审的制度。

第14条　人民法院、人民检察院和公安机关应当保障诉讼参与人依法享有的诉讼权利。

对于不满18岁的未成年人犯罪的案件，在讯问和审判时，可以通知犯罪嫌疑人、被告人的法定代理人到场。

诉讼参与人对于审判人员、检察人员和侦查人员侵犯公民诉讼权利和人身侮辱的行为，有权提出控告。

第15条　有下列情形之一的，不追究刑事责任，已经追究的，应当撤销案件，或者不起诉，或者终止审理，或者宣告无罪：

（一）情节显著轻微、危害不大，不认为是犯罪的；

（二）犯罪已过追诉时效期限的；

（三）经特赦令免除刑罚的；

（四）依照刑法告诉才处理的犯罪，没有告诉或者撤回告诉的；

（五）犯罪嫌疑人、被告人死亡的；

（六）其他法律规定免予追究刑事责任的。

第16条　对于外国人犯罪应当追究刑事责任的，适用本法的规定。

对于享有外交特权和豁免权的外国人犯罪应当追究刑事责任的，通过外交途径解决。

第17条　根据中华人民共和国缔结或者参加的国际条约，或者按照互惠原则，我国司法机关和外国司法机关可以相互请求刑事司法协助。

第二章　管　辖

第18条　刑事案件的侦查由公安机关进行，法律另有规定的除外。

贪污贿赂犯罪，国家工作人员的渎职犯罪，国家机关工作人员利用职权实施的非法拘禁、刑讯逼供、报复陷害、非法搜查的侵犯公民人身权利的犯罪以及侵犯公民民主权利的犯罪，由人民检察院立案侦查。对于国家机关工作人员利用职权实施的其他重大的犯罪案件，需要由人民检察院直接受理的时候，经省级以上人民检察院决定，可以由人民检察院立案侦查。

自诉案件，由人民法院直接受理。

第19条　基层人民法院管辖第一审普通刑事案件，但是依照本法由上级人民法院管辖的除外。

第20条　中级人民法院管辖下列第一审刑事案件：

（一）反革命案件、危害国家安全案件；

（二）可能判处无期徒刑、死刑的普通刑事案件；

（三）外国人犯罪的刑事案件。

第21条　高级人民法院管辖的第一审刑事案件，是全省（自治区、直辖市）性的重大刑事案件。

第22条　最高人民法院管辖的第一审刑事案件，是全国性的重大刑事案件。

第23条　上级人民法院在必要的时候，可以审判下级人民法院管辖的第一审刑事案件；下级人民法院认为案情重大、复杂需要由上级人民法院审判的第一审刑事案件，可以请求移送上一级人民法院审判。

第24条　刑事案件由犯罪地的人民法院管辖。如果由被告人居住地的人民法院审判更为适宜的，可以由被告人居住地的人民法院管辖。

第25条　几个同级人民法院都有权管辖的案件，由最初受理的人民法院审判。在必要的时候，可以移送主要犯罪地的人民法院审判。

第26条　上级人民法院可以指定下级人民法院审判管辖不明的案件，也可以指定下级人民法院将案件移送其他人民法院审判。

第27条　专门人民法院案件的管辖另行规定。

第三章　回　避

第28条　审判人员、检察人员、侦查人员有下列情形之一的，应当自行回避，当事人及其法定代理人也有权要求他们回避：

（一）是本案的当事人或者是当事人的近亲属的；

（二）本人或者他的近亲属和本案有利害关系的；

（三）担任过本案的证人、鉴定人、辩护人、诉讼代理人的；

（四）与本案当事人有其他关系，可能影响公正处理案件的。

第29条　审判人员、检察人员、侦查人员不得接受当事人及其委托的人的请客送礼，不得违反规定会见当事人及其委托的人。

审判人员、检察人员、侦查人员违反前款规定的，应当依法追究法律责任。当事人及其法定代理人有权要求他们回避。

第30条　审判人员、检察人员、侦查人员的回避，应当分别由院长、检察长、公安机关负责人决定；院长的回避，由本院审判委员会决定；检察长和公安机关负责人的回避，由同级人民检察院检察委员会决定。

对侦查人员的回避作出决定前，侦查人员不能停止对案件的侦查。

对驳回申请回避的决定，当事人及其法定代理人可以申请复议1次。

第31条　本法第28条、第29条、第30条的规定也适用于书记员、翻译人员和鉴定人。

第四章　辩护与代理

第32条　犯罪嫌疑人、被告人除自己行使辩护权以外，还可以委托1至2人作为辩护人。下列的人可以被委托为辩护人：

（一）律师；

（二）人民团体或者犯罪嫌疑人、被告人所在单位推荐的人；

（三）犯罪嫌疑人、被告人的监护人、亲友。

正在被执行刑罚或者依法被剥夺、限制人身自由的人，不得担任辩护人。

第33条　公诉案件自案件移送审查起诉之日起，犯罪嫌疑人有权委托辩护人。自诉案件的被告人有权随时委托辩护人。

人民检察院自收到移送审查起诉的案件材料之日起3日以内，应当告知犯罪嫌疑人有权委托辩护人。人民法院自受理自诉案件之日起3日以内，应当告知被告人有权委托辩护人。

第34条　公诉人出庭公诉的案件，被告人因经济困难或者其他原因没有委托辩护人的，人民法院可以指定承担法律援助义务的律师为其提供辩护。

被告人是盲、聋、哑或者未成年人而没有委托辩护人的，人民法院应当指定承担法律援助义务的律师为其提供辩护。

被告人可能被判处死刑而没有委托辩护人的，人民法院应当指定承担法律援助义务的律师为其提供辩护。

第35条　辩护人的责任是根据事实和法律，提出证明犯罪嫌疑人、被告人无罪、罪轻或者减轻、免除其刑事责任的材料和意见，维护犯罪嫌疑人、被告人的合法权益。

第36条　辩护律师自人民检察院对案件审查起诉之日起，可以查阅、摘抄、复制本案的诉讼文书、技术性鉴定材料，可以同在押的犯罪嫌疑人会见和通信。其他辩护人经人民检察院许可，也可以查阅、摘抄、复制上述材料，同在押的犯罪嫌疑人会见和通信。

辩护律师自人民法院受理案件之日起，可以查阅、摘抄、复制本案所指控的犯罪事实的材料，可以同在押的被告人会见和通信。其他辩护人经人民法院许可，也可以查阅、摘抄、复制上述材料，同在押的被告人会见和通信。

第37条　辩护律师经证人或者其他有关单位和个人同意，可以向他们收集与本案有关的材料，也可以申请人民检察院、人民法院收集、调取证据，或者申请人民法院通知证人出庭作证。

辩护律师经人民检察院或者人民法院许可，并且经被害人或者其近亲属、被害人提供的证人同意，可以向他们收集与本案有关的材料。

第38条　辩护律师和其他辩护人，不得帮助犯罪嫌疑人、被告人隐匿、毁灭、伪造证据或者串供，不得威胁、引诱证人改变证言或者作伪证以及进行其他干扰司法机关诉讼活动的行为。

违反前款规定的，应当依法追究法律责任。

第39条 在审判过程中，被告人可以拒绝辩护人继续为他辩护，也可以另行委托辩护人辩护。

第40条 公诉案件的被害人及其法定代理人或者近亲属，附带民事诉讼的当事人及其法定代理人，自案件移送审查起诉之日起，有权委托诉讼代理人。自诉案件的自诉人及其法定代理人，附带民事诉讼的当事人及其法定代理人，有权随时委托诉讼代理人。

人民检察院自收到移送审查起诉的案件材料之日起3日以内，应当告知被害人及其法定代理人或者其近亲属，附带民事诉讼的当事人及其法定代理人有权委托诉讼代理人。人民法院自受理自诉案件之日起3日以内，应当告知自诉人及其法定代理人、附带民事诉讼的当事人及其法定代理人有权委托诉讼代理人。

第41条 委托诉讼代理人，参照本法第32条的规定执行。

第五章 证　据

第42条 证明案件真实情况的一切事实，都是证据。

证据有下列七种：

（一）物证、书证；

（二）证人证言；

（三）被害人陈述；

（四）犯罪嫌疑人、被告人供述和辩解；

（五）鉴定结论；

（六）勘验、检查笔录；

（七）视听资料。

以上证据必须经过查证属实，才能作为定案的根据。

第43条 审判人员、检察人员、侦查人员必须依照法定程序，收集能够证实犯罪嫌疑人有罪或者无罪、犯罪情节轻重的各种证据。严禁刑讯逼供和以威胁、引诱、欺骗以及其他非法的方法收集证据。必须保证一切与案件有关或者了解案情的公民，有客观地充分地提供证据的条件，除特殊情况外，并且可以吸收他们协助调查。

第44条 公安机关提请批准逮捕书、人民检察院起诉书、人民法院判决书，必须忠实于事实真象。故意隐瞒事实真象的，应当追究责任。

第45条 人民法院、人民检察院和公安机关有权向有关单位和个人收集、调取证据。有关单位和个人应当如实提供证据。

对于涉及国家秘密的证据，应当保密。

凡是伪造证据、隐匿证据或者毁灭证据的，无论属于何方，必须受法律追究。

第46条 对一切案件的判处都要重证据，重调查研究，不轻信口供。只有被告人供述，没有其他证据的，不能认定被告人有罪和处以刑罚；没有被告人供述，证据充分确实的，可以认定被告人有罪和处以刑罚。

第47条 证人证言必须在法庭上经过公诉人、被害人和被告人、辩护人双方讯问、质证，听取各方证人的证言并且经过查实以后，才能作为定案的根据。法庭查明证人有意作伪证或者隐匿罪证的时候，应当依法处理。

第48条 凡是知道案件情况的人，都有作证的义务。

生理上、精神上有缺陷或者年幼，不能辨别是非、不能正确表达的人，不能作证人。

第49条 人民法院、人民检察院和公安机关应当保障证人及其近亲属的安全。

对证人及其近亲属进行威胁、侮辱、殴打或者打击报复，构成犯罪的，依法追究刑事责任；尚不够刑事处罚的，依法给予治安管理处罚。

第六章 强制措施

第50条 人民法院、人民检察院和公安机关根据案件情况，对犯罪嫌疑人、被告人可以拘传、取保候审或者监视居住。

第51条 人民法院、人民检察院和公安机关对于有下列情形之一的犯罪嫌疑人、被告人，可以取保候审或者监视居住：

（一）可能判处管制、拘役或者独立适用附加刑的；

（二）可能判处有期徒刑以上刑罚，采取取保候审、监视居住不致发生社会危险性的。

取保候审、监视居住由公安机关执行。

第52条 被羁押的犯罪嫌疑人、被告人及其法定代理人、近亲属有权申请取保候审。

第53条 人民法院、人民检察院和公安机关决定对犯罪嫌疑人、被告人取保候审，应当责令犯罪嫌疑人、被告人提出保证人或者交纳保证金。

第54条 保证人必须符合下列条件：

（一）与本案无牵连；

（二）有能力履行保证义务；

（三）享有政治权利，人身自由未受到限制；

（四）有固定的住处和收入。

第55条 保证人应当履行以下义务：

（一）监督被保证人遵守本法第56条的规定；

（二）发现被保证人可能发生或者已经发生违反本法第56条规定的行为的，应当及时向执行机关报告。

被保证人有违反本法第56条规定的行为，保证人未及时报告的，对保证人处以罚款，构成犯罪的，依法追究刑事责任。

第56条 被取保候审的犯罪嫌疑人、被告人应当遵守以下规定：

（一）未经执行机关批准不得离开所居住的市、县；

（二）在传讯的时候及时到案；

（三）不得以任何形式干扰证人作证；

（四）不得毁灭、伪造证据或者串供。

被取保候审的犯罪嫌疑人、被告人违反前款规定，已交纳保证金的，没收保证金，并且区别情形，责令犯罪嫌疑人、被告人具结悔过，重新交纳保证金、提出保证人或者监视居住、予以逮捕。犯罪嫌疑人、被告人在取保候审期间未违反前款规定的，取保候审结束的时候，应当退还保证金。

第57条 被监视居住的犯罪嫌疑人、被告人应当遵守以下规定：

（一）未经执行机关批准不得离开住处，无固定住处的，未经批准不得离开指定的居所；

（二）未经执行机关批准不得会见他人；

（三）在传讯的时候及时到案；

（四）不得以任何形式干扰证人作证；

（五）不得毁灭、伪造证据或者串供。

被监视居住的犯罪嫌疑人、被告人违反前款规定，情节严重的，予以逮捕。

第58条 人民法院、人民检察院和公安机关对犯罪嫌疑人、被告人取保候审最长不得超过12个月，监视居住最长不得超过6个月。

在取保候审、监视居住期间，不得中断对案件的侦查、起诉和审理。对于发现不应当追究刑事责任或者取保候审、监视居住期限届满的，应当及时解除取保候审、监视居住。解除取保候审、监视居住，应当及时通知被取保候审、监视居住人和有关单位。

第59条 逮捕犯罪嫌疑人、被告人，必须经过人民检察院批准或者人民法院决定，由公安机关执行。

第60条 对有证据证明有犯罪事实，可能判处徒刑以上刑罚的犯罪嫌疑人、被告人，采取取保候审、监视居住等方法，尚不足以防止发生社会危险性，而有逮捕必要的，应即依法逮捕。

对应当逮捕的犯罪嫌疑人、被告人，如果患有严重疾病，或者是正在怀孕、哺乳自己婴儿的妇女，可以采取取保候审或者监视居住的办法。

第61条 公安机关对于现行犯或者重大嫌疑分子，如果有下列情形之一的，可以先行拘留：

（一）正在预备犯罪、实行犯罪或者在犯罪后即时被发觉的；

（二）被害人或者在场亲眼看见的人指认他犯罪的；

（三）在身边或者住处发现有犯罪证据的；

（四）犯罪后企图自杀、逃跑或者在逃的；

（五）有毁灭、伪造证据或者串供可能的；

（六）不讲真实姓名、住址，身份不明的；

（七）有流窜作案、多次作案、结伙作案重大嫌疑的。

第62条 公安机关在异地执行拘留、逮捕的时候，应当通知被拘留、逮捕人所在地的公安机关，被拘留、逮捕人所在地的公安机关应当予以配合。

第63条 对于有下列情形的人，任何公民都可以立即扭送公安机关、人民检察院或者人民法院处理：

（一）正在实行犯罪或者在犯罪后即时被发觉的；

（二）通缉在案的；

（三）越狱逃跑的；

（四）正在被追捕的。

第64条 公安机关拘留人的时候，必须出示拘留证。

拘留后，除有碍侦查或者无法通知的情形以外，应当把拘留的原因和羁押的处所，在24小时以内，通知被拘留人的家属或者他的所在单位。

第65条 公安机关对于被拘留的人，应当在拘留后的24小时以内进行讯问。在发现不应当拘留的时候，必须立即释放，发给释放证明。对需要逮捕而证据还不充足的，可以取保候审或者监视居住。

第66条 公安机关要求逮捕犯罪嫌疑人的时候，应当写出提请批准逮捕书，连同案卷材料、证据，一并移送同级人民检察院审查批准。必要的时候，人民检察院可以派人参加公安机关对于重大案件的讨论。

第67条 人民检察院审查批准逮捕犯罪嫌疑人由检察长决定。重大案件应当提交检察委员会讨论决定。

第68条 人民检察院对于公安机关提请批准逮捕的案件进行审查后，应当根据情况分别作出批准逮捕或者不批准逮捕的决定。对于批准逮捕的决定，公安机关应当立即执行，并且将执行情况及时通知人民检察院。对于不批准逮捕的，人民检察院应当说明理由，需要补充侦查的，应当同时通知公安机关。

第69条 公安机关对被拘留的人，认为需要逮捕的，应当在拘留后的3日以内，提请人民检察院审查批准。在特殊情况下，提请审查批准的时间可以延长1日至4日。

对于流窜作案、多次作案、结伙作案的重大嫌疑分子，提请审查批准的时间可以延长至30日。

人民检察院应当自接到公安机关提请批准逮捕书后的7日以内，作出批准逮捕或者不批准逮捕的决定。人民检察院不批准逮捕的，公安机关应当在接到通知后立即释放，并且将执行情况及时通知人民检察院。对于需要继续侦查，并且符合取保候审、监视居住条件的，依法取保候审或者监视居住。

第70条 公安机关对人民检察院不批准逮捕的决定，认为有错误的时候，可以要求复议，但是必须将被拘留的人立即释放。如果意见不被接受，可以向上一级人民检察院提请复核。上级人民检察院应当立即复核，作出是否变更的决定，通知下级人民检察院和公安机关执行。

第71条 公安机关逮捕人的时候，必须出示逮捕证。

逮捕后，除有碍侦查或者无法通知的情形以外，应当把逮捕的原因和羁押的处所，在24小时以内通知被逮捕人的家属或者他的所在单位。

第72条 人民法院、人民检察院对于各自决定逮捕的人，公安机关对于经人民检察院批准逮捕的人，都必须在逮捕后的24小时以内进行讯问。在发现不应当逮捕的时候，必须立即释放，发给释放证明。

第73条 人民法院、人民检察院和公安机关如果发现对犯罪嫌疑人、被告人采取强制措施不当的，应当及时撤销或者变更。公安机关释放被逮捕的人或者变更逮捕措施的，应当通知原批准的人民检察院。

第74条 犯罪嫌疑人、被告人被羁押的案件，不能在本法规定的侦查羁押、审查起诉、一审、二审期限内办结，需要继续查证、审理的，对犯罪嫌疑人、被告人可以取保候审或者监视居住。

第75条 犯罪嫌疑人、被告人及其法定代理人、近亲属或者犯罪嫌疑人、被告人委托的律师及其他辩护人对于人民法院、人民检察院或者公安机关采取强制措施超过法定期限的，有权要求解除强制措施。人民法院、人民检察院或者公安机关对于被采取强制措施超过法定期限的犯罪嫌疑人、被告人应当予以释放、解除取保候审、监视居住或者依法变更强制措施。

第 76 条 人民检察院在审查批准逮捕工作中，如果发现公安机关的侦查活动有违法情况，应当通知公安机关予以纠正，公安机关应当将纠正情况通知人民检察院。

第七章　附带民事诉讼

第 77 条 被害人由于被告人的犯罪行为而遭受物质损失的，在刑事诉讼过程中，有权提起附带民事诉讼。

如果是国家财产、集体财产遭受损失的，人民检察院在提起公诉的时候，可以提起附带民事诉讼。

人民法院在必要的时候，可以查封或者扣押被告人的财产。

第 78 条 附带民事诉讼应当同刑事案件一并审判，只有为了防止刑事案件审判的过分迟延，才可以在刑事案件审判后，由同一审判组织继续审理附带民事诉讼。

第八章　期间、送达

第 79 条 期间以时、日、月计算。

期间开始的时和日不算在期间以内。

法定期间不包括路途上的时间。上诉状或者其他文件在期满前已经交邮的，不算过期。

第 80 条 当事人由于不能抗拒的原因或者其他正当理由而耽误期限的，在障碍消除后 5 日以内，可以申请继续进行应当在期满以前完成的诉讼活动。

前款申请是否准许，由人民法院裁定。

第 81 条 送达传票、通知书和其他诉讼文件应当交给收件人本人；如果本人不在，可以交给他的成年家属或者所在单位的负责人员代收。

收件人本人或者代收人拒绝接收或者拒绝签名、盖章的时候，送达人可以邀请他的邻居或者其他见证人到场，说明情况，把文件留在他的住处，在送达证上注明拒绝的事由、送达的日期，由送达人签名，即认为已经送达。

第九章　其他规定

第 82 条 本法下列用语的含意是：

（一）"侦查"是指公安机关、人民检察院在办理案件过程中，依照法律进行的专门调查工作和有关的强制性措施；

（二）"当事人"是指被害人、自诉人、犯罪嫌疑人、被告人、附带民事诉讼的原告人和被告人；

（三）"法定代理人"是指被代理人的父母、养父母、监护人和负有保护责任的机关、团体的代表；

（四）"诉讼参与人"是指当事人、法定代理人、诉讼代理人、辩护人、证人、鉴定人和翻译人员。

（五）"诉讼代理人"是指公诉案件的被害人及其法定代理人或者近亲属、自诉案件的自诉人及其法定代理人委托代为参加诉讼的人和附带民事诉讼的当事人及其法定代理人委托代为参加诉讼的人；

（六）"近亲属"是指夫、妻、父、母、子、女、同胞兄弟姊妹。

第二编　立案、侦查和提起公诉

第一章　立　案

第 83 条　公安机关或者人民检察院发现犯罪事实或者犯罪嫌疑人，应当按照管辖范围，立案侦查。

第 84 条　任何单位和个人发现有犯罪事实或者犯罪嫌疑人，有权利也有义务向公安机关、人民检察院或者人民法院报案或者举报。

被害人对侵犯其人身、财产权利的犯罪事实或者犯罪嫌疑人，有权向公安机关、人民检察院或者人民法院报案或者控告。

公安机关、人民检察院或者人民法院对于报案、控告、举报，都应当接受。对于不属于自己管辖的，应当移送主管机关处理，并且通知报案人、控告人、举报人；对于不属于自己管辖而又必须采取紧急措施的，应当先采取紧急措施，然后移送主管机关。

犯罪人向公安机关、人民检察院或者人民法院自首的，适用第 3 款规定。

第 85 条　报案、控告、举报可以用书面或者口头提出。接受口头报案、控告、举报的工作人员，应当写成笔录，经宣读无误后，由报案人、控告人、举报人签名或者盖章。

接受控告、举报的工作人员，应当向控告人、举报人说明诬告应负的法律责任。但是，只要不是捏造事实，伪造证据，即使控告、举报的事实有出入，甚至是错告的，也要和诬告严格加以区别。

公安机关、人民检察院或者人民法院应当保障报案人、控告人、举报人及其近亲属的安全。报案人、控告人、举报人如果不愿公开自己的姓名和报案、控告、举报的行为，应当为他保守秘密。

第 86 条　人民法院、人民检察院或者公安机关对于报案、控告、举报和自首的材料，应当按照管辖范围，迅速进行审查，认为有犯罪事实需要追究刑事责任的时候，应当立案；认为没有犯罪事实，或者犯罪事实显著轻微，不需要追究刑事责任的时候，不予立案，并且将不立案的原因通知控告人。控告人如果不服，可以申请复议。

第 87 条　人民检察院认为公安机关对应当立案侦查的案件而不立案侦查的，或者被害人认为公安机关对应当立案侦查的案件而不立案侦查，向人民检察院提出的，人民检察院应当要求公安机关说明不立案的理由。人民检察院认为公安机关不立案理由不能成立的，应当通知公安机关立案，公安机关接到通知后应当立案。

第 88 条　对于自诉案件，被害人有权向人民法院直接起诉。被害人死亡或者丧失行为能力的，被害人的法定代理人、近亲属有权向人民法院起诉。人民法院应当依法受理。

第二章　侦　查

第一节　一般规定

第 89 条　公安机关对已经立案的刑事案件，应当进行侦查，收集、调取犯罪嫌疑人有罪或者无罪、罪轻或者罪重的证据材料。对现行犯或者重大嫌疑分子可以依法先行拘留，对符合逮捕条件的犯罪嫌疑人，应当依法逮捕。

第 90 条　公安机关经过侦查，对有证据证明有犯罪事实的案件，应当进行预审，对收集、调取的证据材料予以核实。

第二节　讯问犯罪嫌疑人

第 91 条　讯问犯罪嫌疑人必须由人民检察院或者公安机关的侦查人员负责进行。讯问的时候，侦查人员不得少于 2 人。

第 92 条　对于不需要逮捕、拘留的犯罪嫌疑人，可以传唤到犯罪嫌疑人所在市、县内的指定地点或者到他的住处进行讯问，但是应当出示人民检察院或者公安机关的证明文件。

传唤、拘传持续的时间最长不得超过 12 小时。不得以连续传唤、拘传的形式变相拘禁犯罪嫌疑人。

第 93 条　侦查人员在讯问犯罪嫌疑人的时候，应当首先讯问犯罪嫌疑人是否有犯罪行为，让他陈述有罪的情节或者无罪的辩解，然后向他提出问题。犯罪嫌疑人对侦查人员的提问，应当如实回答。但是对与本案无关的问题，有拒绝回答的权利。

第 94 条　讯问聋、哑的犯罪嫌疑人，应当有通晓聋、哑手势的人参加，并且将这种情况记明笔录。

第 95 条　讯问笔录应当交犯罪嫌疑人核对，对于没有阅读能力的，应当向他宣读。如果记载有遗漏或者差错，犯罪嫌疑人可以提出补充或者改正。犯罪嫌疑人承认笔录没有错误后，应当签名或者盖章。侦查人员也应当在笔录上签名。犯罪嫌疑人请求自行书写供述的，应当准许。必要的时候，侦查人员也可以要犯罪嫌疑人亲笔书写供词。

第 96 条　犯罪嫌疑人在被侦查机关第 1 次讯问后或者采取强制措施之日起，可以聘请律师为其提供法律咨询、代理申诉、控告。犯罪嫌疑人被逮捕的，聘请的律师可以为其申请取保候审。涉及国家秘密的案件，犯罪嫌疑人聘请律师，应当经侦查机关批准。

受委托的律师有权向侦查机关了解犯罪嫌疑人涉嫌的罪名，可以会见在押的犯罪嫌疑人，向犯罪嫌疑人了解有关案件情况。律师会见在押的犯罪嫌疑人，侦查机关根据案件情况和需要可以派员在场。涉及国家秘密的案件，律师会见在押的犯罪嫌疑人，应当经侦查机关批准。

第三节　询问证人

第 97 条　侦查人员询问证人，可以到证人的所在单位或者住处进行，但是必须出示人民检察院或者公安机关的证明文件。在必要的时候，也可以通知证人到人民检察院或者公安机关提供证言。

询问证人应当个别进行。

第 98 条　询问证人，应当告知他应当如实地提供证据、证言和有意作伪证或者隐匿罪证要负的法律责任。

询问不满 18 岁的证人，可以通知其法定代理人到场。

第 99 条　本法第 95 条的规定，也适用于询问证人。

第 100 条　询问被害人，适用本节各条规定。

第四节　勘验、检查

第 101 条　侦查人员对于与犯罪有关的场所、物品、人身、尸体应当进行勘验或者检查。在必要的时候，可以指派或者聘请具有专门知识的人，在侦查人员的主持下进行勘验、检查。

第 102 条　任何单位和个人，都有义务保护犯罪现场，并且立即通知公安机关派员勘验。

第 103 条　侦查人员执行勘验、检查，必须持有人民检察院或者公安机关的证明文件。

第 104 条　对于死因不明的尸体，公安机关有权决定解剖，并且通知死者家属到场。

第 105 条　为了确定被害人、犯罪嫌疑人的某些特征、伤害情况或者生理状态，可以对人身进行检查。

犯罪嫌疑人如果拒绝检查，侦查人员认为必要的时候，可以强制检查。

检查妇女的身体，应当由女工作人员或者医师进行。

第 106 条　勘验、检查的情况应当写成笔录，由参加勘验、检查的人和见证人签名或者盖章。

第 107 条　人民检察院审查案件的时候，对公安机关的勘验、检查，认为需要复验、复查时，可以要求公安机关复验、复查，并且可以派检察人员参加。

第 108 条　为了查明案情，在必要的时候，经公安局长批准，可以进行侦查实验。

侦查实验，禁止一切足以造成危险、侮辱人格或者有伤风化的行为。

第五节　搜　查

第 109 条　为了收集犯罪证据、查获犯罪人，侦查人员可以对犯罪嫌疑人以及可能隐藏罪犯或者犯罪证据的人的身体、物品、住处和其他有关的地方进行搜查。

第 110 条　任何单位和个人，有义务按照人民检察院和公安机关的要求，交出可以证明犯罪嫌疑人有罪或者无罪的物证、书证、视听资料。

第 111 条　进行搜查，必须向被搜查人出示搜查证。

在执行逮捕、拘留的时候，遇有紧急情况，不另用搜查证也可以进行搜查。

第 112 条　在搜查的时候，应当有被搜查人或者他的家属，邻居或者其他见证人在场。

搜查妇女的身体，应当由女工作人员进行。

第 113 条　搜查的情况应当写成笔录，由侦查人员和被搜查人或者他的家属，邻居或者其他见证人签名或者盖章。如果被搜查人或者他的家属在逃或者拒绝签名、盖章，应当在笔录上注明。

第六节　扣押物证、书证

第 114 条　在勘验、搜查中发现的可用以证明犯罪嫌疑人有罪或者无罪的各种物品和文件，应当扣押；与案件无关的物品、文件，不得扣押。

对于扣押的物品、文件，要妥善保管或者封存，不得使用或者损毁。

第 115 条　对于扣押的物品和文件，应当会同在场见证人和被扣押物品持有人查点清楚，当场开列清单一式 2 份，由侦查人员、见证人和持有人签名或者盖章，一份交给持有人，另一份附卷备查。

第 116 条　侦查人员认为需要扣押犯罪嫌疑人的邮件、电报的时候，经公安机关或者人民检察院批准，即可通知邮电机关将有关的邮件、电报检交扣押。

不需要继续扣押的时候，应即通知邮电机关。

第 117 条　人民检察院、公安机关根据侦查犯罪的需要，可以依照规定查询、冻结犯罪嫌疑人的存款、汇款。

犯罪嫌疑人的存款、汇款已被冻结的，不得重复冻结。

第 118 条　对于扣押的物品、文件、邮件、电报或者冻结的存款、汇款，经查明确实与案件无关的，应当在 3 日以内解除扣押、冻结，退还原主或者原邮电机关。

第七节　鉴　定

第 119 条　为了查明案情，需要解决案件中某些专门性问题的时候，应当指派、聘请有专门知识的人进行鉴定。

第 120 条　鉴定人进行鉴定后，应当写出鉴定结论，并且签名。

对人身伤害的医学鉴定有争议需要重新鉴定或者对精神病的医学鉴定，由省级人民政府指定的医院进行。鉴定人进行鉴定后，应当写出鉴定结论，并且由鉴定人签名，医院加盖公章。

鉴定人故意作虚假鉴定的，应当承担法律责任。

第 121 条　侦查机关应当将用作证据的鉴定结论告知犯罪嫌疑人、被害人。如果犯罪嫌疑人、被害人提出申请，可以补充鉴定或者重新鉴定。

第 122 条　对犯罪嫌疑人作精神病鉴定的期间不计入办案期限。

第八节　通　缉

第 123 条　应当逮捕的犯罪嫌疑人如果在逃，公安机关可以发布通缉令，采取有效措施，追捕归案。

各级公安机关在自己管辖的地区以内，可以直接发布通缉令；超出自己管辖的地区，应当报请有权决定的上级机关发布。

第九节　侦查终结

第 124 条　对犯罪嫌疑人逮捕后的侦查羁押期限不得超过 2 个月。案情复杂、期限届满不能终结的案件，可以经上一级人民检察院批准延长 1 个月。

第 125 条　因为特殊原因，在较长时间内不宜交付审判的特别重大复杂的案件，由最高人民检察院报请全国人民代表大会常务委员会批准延期审理。

第 126 条　下列案件在本法第 124 条规定的期限届满不能侦查终结的，经省、自治区、直辖市人民检察院批准或者决定，可以延长 2 个月：

（一）交通十分不便的边远地区的重大复杂案件；

（二）重大的犯罪集团案件；

（三）流窜作案的重大复杂案件；

（四）犯罪涉及面广，取证困难的重大复杂案件。

第 127 条　对犯罪嫌疑人可能判处 10 年有期徒刑以上刑罚，依照本法第 126 条规定延长期限届满，仍不能侦查终结的，经省、自治区、直辖市人民检察院批准或者决定，可以再延长 2 个月。

第 128 条　在侦查期间，发现犯罪嫌疑人另有重要罪行的，自发现之日起依照本法第 124 条的规定重新计算侦查羁押期限。

犯罪嫌疑人不讲真实姓名、住址，身份不明的，侦查羁押期限自查清其身份之日起计算，但是不得停止对其犯罪行为的侦查取证。对于犯罪事实清楚，证据确实、充分的，也可以按其自报的姓名移送人民检察院审查起诉。

第 129 条　公安机关侦查终结的案件，应当做到犯罪事实清楚，证据确实、充分，并且写出起诉意见书，连同案卷材料、证据一并移送同级人民检察院审查决定。

第 130 条　在侦查过程中，发现不应对犯罪嫌疑人追究刑事责任的，应当撤销案件；犯罪嫌疑人已被逮捕的，应当立即释放，发给释放证明，并且通知原批准逮捕的人民检察院。

第十节　人民检察院对直接受理的案件的侦查

第 131 条　人民检察院对直接受理的案件的侦查适用本章规定。

第 132 条　人民检察院直接受理的案件中符合本法第 60 条、第 61 条第四项、第五项规定情形，需要逮捕、拘留犯罪嫌疑人的，由人民检察院作出决定，由公安机关执行。

第 133 条　人民检察院对直接受理的案件中被拘留的人，应当在拘留后的 24 小时以内进行讯问。在发现不应当拘留的时候，必须立即释放，发给释放证明。对需要逮捕而证据还不充足的，可以取保候审或者监视居住。

第 134 条　人民检察院对直接受理的案件中被拘留的人，认为需要逮捕的，应当在 10 日以内作出决定。在特殊情况下，决定逮捕的时间可以延长 1 日至 4 日。对不需要逮捕的，应当立即释放；对于需要继续侦查，并且符合取保候审、监视居住条件的，依法取保候审或者监视居住。

第 135 条　人民检察院侦查终结的案件，应当作出提起公诉、不起诉或者撤销案件的决定。

第三章　提起公诉

第 136 条　凡需要提起公诉的案件，一律由人民检察院审查决定。

第 137 条　人民检察院审查案件的时候，必须查明：

（一）犯罪事实、情节是否清楚，证据是否确实、充分，犯罪性质和罪名的认定是否正确；

（二）有无遗漏罪行和其他应当追究刑事责任的人；

（三）是否属于不应追究刑事责任的；

（四）有无附带民事诉讼；

（五）侦查活动是否合法。

第 138 条　人民检察院对于公安机关移送起诉的案件，应当在 1 个月以内作出决定，重大、复杂的案件，可以延长半个月。

人民检察院审查起诉的案件，改变管辖的，从改变后的人民检察院收到案件之日起计算审查起诉期限。

第 139 条　人民检察院审查案件，应当讯问犯罪嫌疑人，听取被害人和犯罪嫌疑人、被害人委托的人的意见。

第 140 条 人民检察院审查案件，可以要求公安机关提供法庭审判所必需的证据材料。

人民检察院审查案件，对于需要补充侦查的，可以退回公安机关补充侦查，也可以自行侦查。

对于补充侦查的案件，应当在 1 个月以内补充侦查完毕。补充侦查以 2 次为限。补充侦查完毕移送人民检察院后，人民检察院重新计算审查起诉期限。

对于补充侦查的案件，人民检察院仍然认为证据不足，不符合起诉条件的，可以作出不起诉的决定。

第 141 条 人民检察院认为犯罪嫌疑人的犯罪事实已经查清，证据确实、充分，依法应当追究刑事责任的，应当作出起诉决定，按照审判管辖的规定，向人民法院提起公诉。

第 142 条 犯罪嫌疑人有本法第 15 条规定的情形之一的，人民检察院应当作出不起诉决定。

对于犯罪情节轻微，依照刑法规定不需要判处刑罚或者免除刑罚的，人民检察院可以作出不起诉决定。

人民检察院决定不起诉的案件，应当同时对侦查中扣押、冻结的财物解除扣押、冻结。对被不起诉人需要给予行政处罚、行政处分或者需要没收其违法所得的，人民检察院应当提出检察意见，移送有关主管机关处理。有关主管机关应当将处理结果及时通知人民检察院。

第 143 条 不起诉的决定，应当公开宣布，并且将不起诉决定书送达被不起诉人和他的所在单位。如果被不起诉人在押，应当立即释放。

第 144 条 对于公安机关移送起诉的案件，人民检察院决定不起诉的，应当将不起诉决定书送达公安机关。公安机关认为不起诉的决定有错误的时候，可以要求复议，如果意见不被接受，可以向上一级人民检察院提请复核。

第 145 条 对于有被害人的案件，决定不起诉的，人民检察院应当将不起诉决定书送达被害人。被害人如果不服，可以自收到决定书后 7 日以内向上一级人民检察院申诉，请求提起公诉。人民检察院应当将复查决定告知被害人。对人民检察院维持不起诉决定的，被害人可以向人民法院起诉。被害人也可以不经申诉，直接向人民法院起诉。人民法院受理案件后，人民检察院应当将有关案件材料移送人民法院。

第 146 条 对于人民检察院依照本法第 142 条第 2 款规定作出的不起诉决定，被不起诉人如果不服，可以自收到决定书后 7 日以内向人民检察院申诉。人民检察院应当作出复查决定，通知被不起诉的人，同时抄送公安机关。

第三编 审 判

第一章 审判组织

第 147 条 基层人民法院、中级人民法院审判第一审案件，应当由审判员 3 人或者由审判员和人民陪审员共 3 人组成合议庭进行，但是基层人民法院适用简易程序的案件可以由审判员 1 人独任审判。

高级人民法院、最高人民法院审判第一审案件，应当由审判员 3 人至 7 人或者由审判员和人民陪审员共 3 人至 7 人组成合议庭进行。

人民陪审员在人民法院执行职务，同审判员有同等的权利。

人民法院审判上诉和抗诉案件，由审判员 3 人至 5 人组成合议庭进行。

合议庭的成员人数应当是单数。

合议庭由院长或者庭长指定审判员 1 人担任审判长。院长或者庭长参加审判案件的时候，自己担任审判长。

第 148 条 合议庭进行评议的时候，如果意见分歧，应当按多数人的意见作出决定，但是少数人的意见应当写入笔录。评议笔录由合议庭的组成人员签名。

第 149 条 合议庭开庭审理并且评议后，应当作出判决。对于疑难、复杂、重大的案件，合议庭认为难以作出决定的，由合议庭提请院长决定提交审判委员会讨论决定。审判委员会的决定，合议庭应当执行。

第二章　第一审程序

第一节　公诉案件

第 150 条 人民法院对提起公诉的案件进行审查后，对于起诉书中有明确的指控犯罪事实并且附有证据目录、证人名单和主要证据复印件或者照片的，应当决定开庭审判。

第 151 条 人民法院决定开庭审判后，应当进行下列工作：

（一）确定合议庭的组成人员；

（二）将人民检察院的起诉书副本至迟在开庭 10 日以前送达被告人。对于被告人未委托辩护人的，告知被告人可以委托辩护人，或者在必要的时候指定承担法律援助义务的律师为其提供辩护；

（三）将开庭的时间、地点在开庭 3 日以前通知人民检察院；

（四）传唤当事人，通知辩护人、诉讼代理人、证人、鉴定人和翻译人员，传票和通知书至迟在开庭 3 日以前送达；

（五）公开审判的案件，在开庭 3 日以前先期公布案由、被告人姓名、开庭时间和地点。

上述活动情形应当写入笔录，由审判人员和书记员签名。

第 152 条 人民法院审判第一审案件应当公开进行。但是有关国家秘密或者个人隐私的案件，不公开审理。

14 岁以上不满 16 岁未成年人犯罪的案件，一律不公开审理。16 岁以上不满 18 岁未成年人犯罪的案件，一般也不公开审理。

对于不公开审理的案件，应当当庭宣布不公开审理的理由。

第 153 条 人民法院审判公诉案件，人民检察院应当派员出席法庭支持公诉，但是依照本法第 175 条的规定适用简易程序的，人民检察院可以不派员出席法庭。

第 154 条 开庭的时候，审判长查明当事人是否到庭，宣布案由；宣布合议庭的组成人员、书记员、公诉人、辩护人、诉讼代理人、鉴定人和翻译人员的名单；告知当事人有权对合议庭组成人员、书记员、公诉人、鉴定人和翻译人员申请回避；告知被告人享有辩护权利。

第 155 条 公诉人在法庭上宣读起诉书后，被告人、被害人可以就起诉书指控的犯罪进行陈述，公诉人可以讯问被告人。

被害人、附带民事诉讼的原告人和辩护人、诉讼代理人，经审判长许可，可以向被告人发问。

审判人员可以讯问被告人。

第156条 证人作证，审判人员应当告知他要如实地提供证言和有意作伪证或者隐匿罪证要负的法律责任。公诉人、当事人和辩护人、诉讼代理人经审判长许可，可以对证人、鉴定人发问。审判长认为发问的内容与案件无关的时候，应当制止。

审判人员可以询问证人、鉴定人。

第157条 公诉人、辩护人应当向法庭出示物证，让当事人辨认，对未到庭的证人的证言笔录、鉴定人的鉴定结论、勘验笔录和其他作为证据的文书，应当当庭宣读。审判人员应当听取公诉人、当事人和辩护人、诉讼代理人的意见。

第158条 法庭审理过程中，合议庭对证据有疑问的，可以宣布休庭，对证据进行调查核实。

人民法院调查核实证据，可以进行勘验、检查、扣押、鉴定和查询、冻结。

第159条 法庭审理过程中，当事人和辩护人、诉讼代理人有权申请通知新的证人到庭，调取新的物证，申请重新鉴定或者勘验。

法庭对于上述申请，应当作出是否同意的决定。

第160条 经审判长许可，公诉人、当事人和辩护人、诉讼代理人可以对证据和案件情况发表意见并且可以互相辩论。审判长在宣布辩论终结后，被告人有最后陈述的权利。

第161条 在法庭审判过程中，如果诉讼参与人或者旁听人员违反法庭秩序，审判长应当警告制止。对不听制止的，可以强行带出法庭；情节严重的，处以1千元以下的罚款或者15日以下的拘留。罚款、拘留必须经院长批准。被处罚人对罚款、拘留的决定不服的，可以向上一级人民法院申请复议。复议期间不停止执行。

对聚众哄闹、冲击法庭或者侮辱、诽谤、威胁、殴打司法工作人员或者诉讼参与人，严重扰乱法庭秩序，构成犯罪的，依法追究刑事责任。

第162条 在被告人最后陈述后，审判长宣布休庭，合议庭进行评议，根据已经查明的事实、证据和有关的法律规定，分别作出以下判决：

（一）案件事实清楚，证据确实、充分，依据法律认定被告人有罪的，应当作出有罪判决；

（二）依据法律认定被告人无罪的，应当作出无罪判决；

（三）证据不足，不能认定被告人有罪的，应当作出证据不足、指控的犯罪不能成立的无罪判决。

第163条 宣告判决，一律公开进行。

当庭宣告判决的，应当在5日以内将判决书送达当事人和提起公诉的人民检察院；定期宣告判决的，应当在宣告后立即将判决书送达当事人和提起公诉的人民检察院。

第164条 判决书应当由合议庭的组成人员和书记员署名，并且写明上诉的期限和上诉的法院。

第165条 在法庭审判过程中，遇有下列情形之一，影响审判进行的，可以延期审理：

（一）需要通知新的证人到庭，调取新的物证，重新鉴定或者勘验的；

（二）检察人员发现提起公诉的案件需要补充侦查，提出建议的；

（三）由于当事人申请回避而不能进行审判的。

第166条 依照本法第165条第二项的规定延期审理的案件，人民检察院应当在1个月以内补充侦查完毕。

第 167 条 法庭审判的全部活动,应当由书记员写成笔录,经审判长审阅后,由审判长和书记员签名。

法庭笔录中的证人证言部分,应当当庭宣读或者交给证人阅读。证人在承认没有错误后,应当签名或者盖章。

法庭笔录应当交给当事人阅读或者向他宣读。当事人认为记载有遗漏或者差错的,可以请求补充或者改正。当事人承认没有错误后,应当签名或者盖章。

第 168 条 人民法院审理公诉案件,应当在受理后 1 个月以内宣判,至迟不得超过 1 个半月。有本法第 126 条规定情形之一的,经省、自治区、直辖市高级人民法院批准或者决定,可以再延长 1 个月。

人民法院改变管辖的案件,从改变后的人民法院收到案件之日起计算审理期限。

人民检察院补充侦查的案件,补充侦查完毕移送人民法院后,人民法院重新计算审理期限。

第 169 条 人民检察院发现人民法院审理案件违反法律规定的诉讼程序,有权向人民法院提出纠正意见。

第二节 自诉案件

第 170 条 自诉案件包括下列案件:

(一)告诉才处理的案件;

(二)被害人有证据证明的轻微刑事案件;

(三)被害人有证据证明对被告人侵犯自己人身、财产权利的行为应当依法追究刑事责任,而公安机关或者人民检察院不予追究被告人刑事责任的案件。

第 171 条 人民法院对于自诉案件进行审查后,按照下列情形分别处理:

(一)犯罪事实清楚,有足够证据的案件,应当开庭审判;

(二)缺乏罪证的自诉案件,如果自诉人提不出补充证据,应当说服自诉人撤回自诉,或者裁定驳回。

自诉人经 2 次依法传唤,无正当理由拒不到庭的,或者未经法庭许可中途退庭的,按撤诉处理。

法庭审理过程中,审判人员对证据有疑问,需要调查核实的,适用本法第 158 条的规定。

第 172 条 人民法院对自诉案件,可以进行调解;自诉人在宣告判决前,可以同被告人自行和解或者撤回自诉。本法第 170 条第三项规定的案件不适用调解。

第 173 条 自诉案件的被告人在诉讼过程中,可以对自诉人提起反诉。反诉适用自诉的规定。

第三节 简易程序

第 174 条 人民法院对于下列案件,可以适用简易程序,由审判员 1 人独任审判:

(一)对依法可能判处 3 年以下有期徒刑、拘役、管制、单处罚金的公诉案件,事实清楚、证据充分,人民检察院建议或者同意适用简易程序的;

（二）告诉才处理的案件；

（三）被害人起诉的有证据证明的轻微刑事案件。

第 175 条　适用简易程序审理公诉案件，人民检察院可以不派员出席法庭。被告人可以就起诉书指控的犯罪进行陈述和辩护。人民检察院派员出席法庭的，经审判人员许可，被告人及其辩护人可以同公诉人互相辩论。

第 176 条　适用简易程序审理自诉案件，宣读起诉书后，经审判人员许可，被告人及其辩护人可以同自诉人及其诉讼代理人互相辩论。

第 177 条　适用简易程序审理案件，不受本章第一节关于讯问被告人、询问证人、鉴定人、出示证据、法庭辩论程序规定的限制。但在判决宣告前应当听取被告人的最后陈述意见。

第 178 条　适用简易程序审理案件，人民法院应当在受理后 2 日以内审结。

第 179 条　人民法院在审理过程中，发现不宜适用简易程序的，应当按照本章第一节或者第二节的规定重新审理。

第三章　第二审程序

第 180 条　被告人、自诉人和他们的法定代理人，不服地方各级人民法院第一审的判决、裁定，有权用书状或者口头向上一级人民法院上诉。被告人的辩护人和近亲属，经被告人同意，可以提出上诉。

附带民事诉讼的当事人和他们的法定代理人，可以对地方各级人民法院第一审的判决、裁定中的附带民事诉讼部分，提出上诉。

对被告人的上诉权，不得以任何借口加以剥夺。

第 181 条　地方各级人民检察院认为本级人民法院第一审的判决、裁定确有错误的时候，应当向上一级人民法院提出抗诉。

第 182 条　被害人及其法定代理人不服地方各级人民法院第一审的判决的，自收到判决书后 5 日以内，有权请求人民检察院提出抗诉。人民检察院自收到被害人及其法定代理人的请求后 5 日以内，应当作出是否抗诉的决定并且答复请求人。

第 183 条　不服判决的上诉和抗诉的期限为 10 日，不服裁定的上诉和抗诉的期限为 5 日，从接到判决书、裁定书的第二日起算。

第 184 条　被告人、自诉人、附带民事诉讼的原告人和被告人通过原审人民法院提出上诉的，原审人民法院应当在 3 日以内将上诉状连同案卷、证据移送上一级人民法院，同时将上诉状副本送交同级人民检察院和对方当事人。

被告人、自诉人、附带民事诉讼的原告人和被告人直接向第二审人民法院提出上诉的，第二审人民法院应当在 3 日以内将上诉状交原审人民法院送交同级人民检察院和对方当事人。

第 185 条　地方各级人民检察院对同级人民法院第一审判决、裁定的抗诉，应当通过原审人民法院提出抗诉书，并且将抗诉书抄送上一级人民检察院。原审人民法院应当将抗诉书连同案卷、证据移送上一级人民法院，并且将抗诉书副本送交当事人。

上级人民检察院如果认为抗诉不当，可以向同级人民法院撤回抗诉，并且通知下级人民检察院。

第186条　第二审人民法院应当就第一审判决认定的事实和适用法律进行全面审查，不受上诉或者抗诉范围的限制。

共同犯罪的案件只有部分被告人上诉的，应当对全案进行审查，一并处理。

第187条　第二审人民法院对上诉案件，应当组成合议庭，开庭审理。合议庭经过阅卷，讯问被告人、听取其他当事人、辩护人、诉讼代理人的意见，对事实清楚的，可以不开庭审理。对人民检察院抗诉的案件，第二审人民法院应当开庭审理。

第二审人民法院开庭审理上诉、抗诉案件，可以到案件发生地或者原审人民法院所在地进行。

第188条　人民检察院提出抗诉的案件或者第二审人民法院开庭审理的公诉案件，同级人民检察院都应当派员出庭。第二审人民法院必须在开庭10日以前通知人民检察院查阅案卷。

第189条　第二审人民法院对不服第一审判决的上诉、抗诉案件，经过审理后，应当按照下列情形分别处理：

（一）原判决认定事实和适用法律正确、量刑适当的，应当裁定驳回上诉或者抗诉，维持原判；

（二）原判决认定事实没有错误，但适用法律有错误，或者量刑不当的，应当改判；

（三）原判决事实不清楚或者证据不足的，可以在查清事实后改判；也可以裁定撤销原判，发回原审人民法院重新审判。

第190条　第二审人民法院审判被告人或者他的法定代理人、辩护人、近亲属上诉的案件，不得加重被告人的刑罚。

人民检察院提出抗诉或者自诉人提出上诉的，不受前款规定的限制。

第191条　第二审人民法院发现第一审人民法院的审理有下列违反法律规定的诉讼程序的情形之一的，应当裁定撤销原判，发回原审人民法院重新审判：

（一）违反本法有关公开审判的规定的；

（二）违反回避制度的；

（三）剥夺或者限制了当事人的法定诉讼权利，可能影响公正审判的；

（四）审判组织的组成不合法的；

（五）其他违反法律规定的诉讼程序，可能影响公正审判的。

第192条　原审人民法院对于发回重新审判的案件，应当另行组成合议庭，依照第一审程序进行审判。对于重新审判后的判决，依照本法第180条、第181条、第182条的规定可以上诉、抗诉。

第193条　第二审人民法院对不服第一审裁定的上诉或者抗诉，经过审查后，应当参照本法第189条、第191条和第192条的规定，分别情形用裁定驳回上诉、抗诉，或者撤销、变更原裁定。

第194条　第二审人民法院发回原审人民法院重新审判的案件，原审人民法院从收到发回的案件之日起，重新计算审理期限。

第195条　第二审人民法院审判上诉或者抗诉案件的程序，除本章已有规定的以外，参照第一审程序的规定进行。

第196条　第二审人民法院受理上诉、抗诉案件，应当在1个月以内审结，至迟不得超过 1 个半月。有本法第 126 条规定情形之一的，经省、自治区、直辖市高级人民法院批准或者决定，可以再延长 1 个月，但是最高人民法院受理的上诉、抗诉案件，由最高人民法院决定。

第 197 条 第二审的判决、裁定和最高人民法院的判决、裁定，都是终审的判决、裁定。

第 198 条 公安机关、人民检察院和人民法院对于扣押、冻结犯罪嫌疑人、被告人的财物及其孳息，应当妥善保管，以供核查。任何单位和个人不得挪用或者自行处理。对被害人的合法财产，应当及时返还。对违禁品或者不宜长期保存的物品，应当依照国家有关规定处理。

对作为证据使用的实物应当随案移送，对不宜移送的，应当将其清单、照片或者其他证明文件随案移送。

人民法院作出的判决生效以后，对被扣押、冻结的赃款赃物及其孳息，除依法返还被害人的以外，一律没收，上缴国库。

司法工作人员贪污、挪用或者私自处理被扣押、冻结的赃款赃物及其孳息的，依法追究刑事责任；不构成犯罪的，给予处分。

第四章　死刑复核程序

第 199 条 死刑由最高人民法院核准。

第 200 条 中级人民法院判处死刑的第一审案件，被告人不上诉的，应当由高级人民法院复核后，报请最高人民法院核准。高级人民法院不同意判处死刑的，可以提审或者发回重新审判。

高级人民法院判处死刑的第一审案件被告人不上诉的，和判处死刑的第二审案件，都应当报请最高人民法院核准。

第 201 条 中级人民法院判处死刑缓期 2 年执行的案件，由高级人民法院核准。

第 202 条 最高人民法院复核死刑案件，高级人民法院复核死刑缓期执行的案件，应当由审判员 3 人组成合议庭进行。

第五章　审判监督程序

第 203 条 当事人及其法定代理人、近亲属，对已经发生法律效力的判决、裁定，可以向人民法院或者人民检察院提出申诉，但是不能停止判决、裁定的执行。

第 204 条 当事人及其法定代理人、近亲属的申诉符合下列情形之一的，人民法院应当重新审判：

（一）有新的证据证明原判决、裁定认定的事实确有错误的；

（二）据以定罪量刑的证据不确实、不充分或者证明案件事实的主要证据之间存在矛盾的；

（三）原判决、裁定适用法律确有错误的；

（四）审判人员在审理该案件的时候，有贪污受贿，徇私舞弊，枉法裁判行为的。

第 205 条 各级人民法院院长对本院已经发生法律效力的判决和裁定，如果发现在认定事实上或者在适用法律上确有错误，必须提交审判委员会处理。

最高人民法院对各级人民法院已经发生法律效力的判决和裁定，上级人民法院对下级人民法院已经发生法律效力的判决和裁定，如果发现确有错误，有权提审或者指令下级人民法院再审。

最高人民检察院对各级人民法院已经发生法律效力的判决和裁定，上级人民检察院对下级人民法院已经发生法律效力的判决和裁定，如果发现确有错误，有权按照审判监督程序向同级人民法院提出抗诉。

人民检察院抗诉的案件，接受抗诉的人民法院应当组成合议庭重新审理，对于原判决事实不清楚或者证据不足的，可以指令下级人民法院再审。

第 206 条　人民法院按照审判监督程序重新审判的案件，应当另行组成合议庭进行。如果原来是第一审案件，应当依照第一审程序进行审判，所作的判决、裁定，可以上诉、抗诉；如果原来是第二审案件，或者是上级人民法院提审的案件，应当依照第二审程序进行审判，所作的判决、裁定，是终审的判决、裁定。

第 207 条　人民法院按照审判监督程序重新审判的案件，应当在作出提审、再审决定之日起 3 个月以内审结，需要延长期限的，不得超过 6 个月。

接受抗诉的人民法院按照审判监督程序审判抗诉的案件，审理期限适用前款规定；对需要指令下级人民法院再审的，应当自接受抗诉之日起 1 个月以内作出决定，下级人民法院审理案件的期限适用前款规定。

第四编　执　行

第 208 条　判决和裁定在发生法律效力后执行。

下列判决和裁定是发生法律效力的判决和裁定：

（一）已过法定期限没有上诉、抗诉的判决和裁定；

（二）终审的判决和裁定；

（三）最高人民法院核准的死刑的判决和高级人民法院核准的死刑缓期 2 年执行的判决。

第 209 条　第一审人民法院判决被告人无罪、免除刑事处罚的，如果被告人在押，在宣判后应当立即释放。

第 210 条　最高人民法院判处和核准的死刑立即执行的判决，应当由最高人民法院院长签发执行死刑的命令。

被判处死刑缓期 2 年执行的罪犯，在死刑缓期执行期间，如果没有故意犯罪，死刑缓期执行期满，应当予以减刑，由执行机关提出书面意见，报请高级人民法院裁定；如果故意犯罪，查证属实，应当执行死刑，由高级人民法院报请最高人民法院核准。

第 211 条　下级人民法院接到最高人民法院执行死刑的命令后，应当在 7 日以内交付执行。但是发现有下列情形之一的，应当停止执行，并且立即报告最高人民法院，由最高人民法院作出裁定：

（一）在执行前发现判决可能有错误的；

（二）在执行前罪犯揭发重大犯罪事实或者有其他重大立功表现，可能需要改判的；

（三）罪犯正在怀孕。

前款第一项、第二项停止执行的原因消失后，必须报请最高人民法院院长再签发执行死刑的命令才能执行；由于前款第三项原因停止执行的，应当报请最高人民法院依法改判。

第212条　人民法院在交付执行死刑前，应当通知同级人民检察院派员临场监督。

死刑采用枪决或者注射等方法执行。

死刑可以在刑场或者指定的羁押场所内执行。

指挥执行的审判人员，对罪犯应当验明正身，讯问有无遗言、信札，然后交付执行人员执行死刑。在执行前，如果发现可能有错误，应当暂停执行，报请最高人民法院裁定。

执行死刑应当公布，不应示众。

执行死刑后，在场书记员应当写成笔录。交付执行的人民法院应当将执行死刑情况报告最高人民法院。

执行死刑后，交付执行的人民法院应当通知罪犯家属。

第213条　罪犯被交付执行刑罚的时候，应当由交付执行的人民法院将有关的法律文书送达监狱或者其他执行机关。

对于被判处死刑缓期2年执行、无期徒刑、有期徒刑的罪犯，由公安机关依法将该罪犯送交监狱执行刑罚。对于被判处有期徒刑的罪犯，在被交付执行刑罚前，剩余刑期在1年以下的，由看守所代为执行。对于被判处拘役的罪犯，由公安机关执行。

对未成年犯应当在未成年犯管教所执行刑罚。

执行机关应当将罪犯及时收押，并且通知罪犯家属。

判处有期徒刑、拘役的罪犯，执行期满，应当由执行机关发给释放证明书。

第214条　对于被判处有期徒刑或者拘役的罪犯，有下列情形之一的，可以暂予监外执行：

（一）有严重疾病需要保外就医的；

（二）怀孕或者正在哺乳自己婴儿的妇女。

对于适用保外就医可能有社会危险性的罪犯，或者自伤自残的罪犯，不得保外就医。

对于罪犯确有严重疾病，必须保外就医的，由省级人民政府指定的医院开具证明文件，依照法律规定的程序审批。发现被保外就医的罪犯不符合保外就医条件的，或者严重违反有关保外就医的规定的，应当及时收监。

对于被判处有期徒刑、拘役，生活不能自理，适用暂予监外执行不致危害社会的罪犯，可以暂予监外执行。

对于暂予监外执行的罪犯，由居住地公安机关执行，执行机关应当对其严格管理监督，基层组织或者罪犯的原所在单位协助进行监督。

第215条　批准暂予监外执行的机关应当将批准的决定抄送人民检察院。人民检察院认为暂予监外执行不当的，应当自接到通知之日起1个月以内将书面意见送交批准暂予监外执行的机关，批准暂予监外执行的机关接到人民检察院的书面意见后，应当立即对该决定进行重新核查。

第216条　暂予监外执行的情形消失后，罪犯刑期未满的，应当及时收监。

罪犯在暂予监外执行期间死亡的，应当及时通知监狱。

第217条　对于被判处徒刑缓刑的罪犯，由公安机关交所在单位或者基层组织予以考察。

对于被假释的罪犯，在假释考验期限内，由公安机关予以监督。

第218条　对于被判处管制、剥夺政治权利的罪犯，由公安机关执行。执行期满，应当由执行机关通知本人，并向有关群众公开宣布解除管制或者恢复政治权利。

第219条 被判处罚金的罪犯，期满不缴纳的，人民法院应当强制缴纳；如果由于遭遇不能抗拒的灾祸缴纳确实有困难的，可以裁定减少或者免除。

第220条 没收财产的判决，无论附加适用或者独立适用，都由人民法院执行；在必要的时候，可以会同公安机关执行。

第221条 罪犯在服刑期间又犯罪的，或者发现了判决的时候所没有发现的罪行，由执行机关移送人民检察院处理。

被判处管制、拘役、有期徒刑或者无期徒刑的罪犯，在执行期间确有悔改或者立功表现，应当依法予以减刑、假释的时候，由执行机关提出建议书，报请人民法院审核裁定。

第222条 人民检察院认为人民法院减刑、假释的裁定不当，应当在收到裁定书副本后2日以内，向人民法院提出书面纠正意见。人民法院应当在收到纠正意见后1个月以内重新组成合议庭进行审理，作出最终裁定。

第223条 监狱和其他执行机关在刑罚执行中，如果认为判决有错误或者罪犯提出申诉，应当转请人民检察院或者原判人民法院处理。

第224条 人民检察院对执行机关执行刑罚的活动是否合法实行监督。如果发现有违法的情况，应当通知执行机关纠正。

附　则

第225条 军队保卫部门对军队内部发生的刑事案件行使侦查权。

对罪犯在监狱内犯罪的案件由监狱进行侦查。

军队保卫部门、监狱办理刑事案件，适用本法的有关规定。

中华人民共和国刑事诉讼法（2012年）

（1979年7月1日第五届全国人民代表大会第二次会议通过　根据1996年3月17日第八届全国人民代表大会第四次会议《关于修改〈中华人民共和国刑事诉讼法〉的决定》第一次修正　根据2012年3月14日第十一届全国人民代表大会第五次会议《关于修改〈中华人民共和国刑事诉讼法〉的决定》第二次修正）

第一编　总　则

第一章　任务和基本原则

第1条 为了保证刑法的正确实施，惩罚犯罪，保护人民，保障国家安全和社会公共安全，维护社会主义社会秩序，根据宪法，制定本法。

第2条 中华人民共和国刑事诉讼法的任务，是保证准确、及时地查明犯罪事实，正确应用法律，惩罚犯罪分子，保障无罪的人不受刑事追究，教育公民自觉遵守法律，积极同犯罪行为作斗争，维护社会主义法制，尊重和保障人权，保护公民的人身权利、财产权利、民主权利和其他权利，保障社会主义建设事业的顺利进行。

第3条 对刑事案件的侦查、拘留、执行逮捕、预审，由公安机关负责。检察、批准逮捕、检察机关直接受理的案件的侦查、提起公诉，由人民检察院负责。审判由人民法院负责。除法律特别规定的以外，其他任何机关、团体和个人都无权行使这些权力。

人民法院、人民检察院和公安机关进行刑事诉讼，必须严格遵守本法和其他法律的有关规定。

第4条 国家安全机关依照法律规定，办理危害国家安全的刑事案件，行使与公安机关相同的职权。

第5条 人民法院依照法律规定独立行使审判权，人民检察院依照法律规定独立行使检察权，不受行政机关、社会团体和个人的干涉。

第6条 人民法院、人民检察院和公安机关进行刑事诉讼，必须依靠群众，必须以事实为根据，以法律为准绳。对于一切公民，在适用法律上一律平等，在法律面前，不允许任何特权。

第7条 人民法院、人民检察院和公安机关进行刑事诉讼，应当分工负责，互相配合，互相制约，以保证准确有效地执行法律。

第8条 人民检察院依法对刑事诉讼实行法律监督。

第9条 各民族公民都有用本民族语言文字进行诉讼的权利。人民法院、人民检察院和公安机关对于不通晓当地通用的语言文字的诉讼参与人，应当为他们翻译。

在少数民族聚居或者多民族杂居的地区，应当用当地通用的语言进行审讯，用当地通用的文字发布判决书、布告和其他文件。

第10条 人民法院审判案件，实行两审终审制。

第11条 人民法院审判案件，除本法另有规定的以外，一律公开进行。被告人有权获得辩护，人民法院有义务保证被告人获得辩护。

第12条 未经人民法院依法判决，对任何人都不得确定有罪。

第13条 人民法院审判案件，依照本法实行人民陪审员陪审的制度。

第14条 人民法院、人民检察院和公安机关应当保障犯罪嫌疑人、被告人和其他诉讼参与人依法享有的辩护权和其他诉讼权利。

诉讼参与人对于审判人员、检察人员和侦查人员侵犯公民诉讼权利和人身侮辱的行为，有权提出控告。

第15条 有下列情形之一的，不追究刑事责任，已经追究的，应当撤销案件，或者不起诉，或者终止审理，或者宣告无罪：

（一）情节显著轻微、危害不大，不认为是犯罪的；

（二）犯罪已过追诉时效期限的；

（三）经特赦令免除刑罚的；

（四）依照刑法告诉才处理的犯罪，没有告诉或者撤回告诉的；

（五）犯罪嫌疑人、被告人死亡的；

（六）其他法律规定免予追究刑事责任的。

第16条 对于外国人犯罪应当追究刑事责任的，适用本法的规定。

对于享有外交特权和豁免权的外国人犯罪应当追究刑事责任的，通过外交途径解决。

第17条 根据中华人民共和国缔结或者参加的国际条约，或者按照互惠原则，我国司法机关和外国司法机关可以相互请求刑事司法协助。

第二章 管 辖

第 18 条 刑事案件的侦查由公安机关进行，法律另有规定的除外。

贪污贿赂犯罪，国家工作人员的渎职犯罪，国家机关工作人员利用职权实施的非法拘禁、刑讯逼供、报复陷害、非法搜查的侵犯公民人身权利的犯罪以及侵犯公民民主权利的犯罪，由人民检察院立案侦查。对于国家机关工作人员利用职权实施的其他重大的犯罪案件，需要由人民检察院直接受理的时候，经省级以上人民检察院决定，可以由人民检察院立案侦查。

自诉案件，由人民法院直接受理。

第 19 条 基层人民法院管辖第一审普通刑事案件，但是依照本法由上级人民法院管辖的除外。

第 20 条 中级人民法院管辖下列第一审刑事案件：

（一）危害国家安全、恐怖活动案件；

（二）可能判处无期徒刑、死刑的案件。

第 21 条 高级人民法院管辖的第一审刑事案件，是全省（自治区、直辖市）性的重大刑事案件。

第 22 条 最高人民法院管辖的第一审刑事案件，是全国性的重大刑事案件。

第 23 条 上级人民法院在必要的时候，可以审判下级人民法院管辖的第一审刑事案件；下级人民法院认为案情重大、复杂需要由上级人民法院审判的第一审刑事案件，可以请求移送上一级人民法院审判。

第 24 条 刑事案件由犯罪地的人民法院管辖。如果由被告人居住地的人民法院审判更为适宜的，可以由被告人居住地的人民法院管辖。

第 25 条 几个同级人民法院都有权管辖的案件，由最初受理的人民法院审判。在必要的时候，可以移送主要犯罪地的人民法院审判。

第 26 条 上级人民法院可以指定下级人民法院审判管辖不明的案件，也可以指定下级人民法院将案件移送其他人民法院审判。

第 27 条 专门人民法院案件的管辖另行规定。

第三章 回 避

第 28 条 审判人员、检察人员、侦查人员有下列情形之一的，应当自行回避，当事人及其法定代理人也有权要求他们回避：

（一）是本案的当事人或者是当事人的近亲属的；

（二）本人或者他的近亲属和本案有利害关系的；

（三）担任过本案的证人、鉴定人、辩护人、诉讼代理人的；

（四）与本案当事人有其他关系，可能影响公正处理案件的。

第 29 条 审判人员、检察人员、侦查人员不得接受当事人及其委托的人的请客送礼，不得违反规定会见当事人及其委托的人。

审判人员、检察人员、侦查人员违反前款规定的，应当依法追究法律责任。当事人及其法定代理人有权要求他们回避。

第30条　审判人员、检察人员、侦查人员的回避，应当分别由院长、检察长、公安机关负责人决定；院长的回避，由本院审判委员会决定；检察长和公安机关负责人的回避，由同级人民检察院检察委员会决定。

对侦查人员的回避作出决定前，侦查人员不能停止对案件的侦查。

对驳回申请回避的决定，当事人及其法定代理人可以申请复议1次。

第31条　本章关于回避的规定适用于书记员、翻译人员和鉴定人。

辩护人、诉讼代理人可以依照本章的规定要求回避、申请复议。

第四章　辩护与代理

第32条　犯罪嫌疑人、被告人除自己行使辩护权以外，还可以委托1至2人作为辩护人。下列的人可以被委托为辩护人：

（一）律师；

（二）人民团体或者犯罪嫌疑人、被告人所在单位推荐的人；

（三）犯罪嫌疑人、被告人的监护人、亲友。

正在被执行刑罚或者依法被剥夺、限制人身自由的人，不得担任辩护人。

第33条　犯罪嫌疑人自被侦查机关第1次讯问或者采取强制措施之日起，有权委托辩护人；在侦查期间，只能委托律师作为辩护人。被告人有权随时委托辩护人。

侦查机关在第1次讯问犯罪嫌疑人或者对犯罪嫌疑人采取强制措施的时候，应当告知犯罪嫌疑人有权委托辩护人。人民检察院自收到移送审查起诉的案件材料之日起3日以内，应当告知犯罪嫌疑人有权委托辩护人。人民法院自受理案件之日起3日以内，应当告知被告人有权委托辩护人。犯罪嫌疑人、被告人在押期间要求委托辩护人的，人民法院、人民检察院和公安机关应当及时转达其要求。

犯罪嫌疑人、被告人在押的，也可以由其监护人、近亲属代为委托辩护人。

辩护人接受犯罪嫌疑人、被告人委托后，应当及时告知办理案件的机关。

第34条　犯罪嫌疑人、被告人因经济困难或者其他原因没有委托辩护人的，本人及其近亲属可以向法律援助机构提出申请。对符合法律援助条件的，法律援助机构应当指派律师为其提供辩护。

犯罪嫌疑人、被告人是盲、聋、哑人，或者是尚未完全丧失辨认或者控制自己行为能力的精神病人，没有委托辩护人的，人民法院、人民检察院和公安机关应当通知法律援助机构指派律师为其提供辩护。

犯罪嫌疑人、被告人可能被判处无期徒刑、死刑，没有委托辩护人的，人民法院、人民检察院和公安机关应当通知法律援助机构指派律师为其提供辩护。

第35条　辩护人的责任是根据事实和法律，提出犯罪嫌疑人、被告人无罪、罪轻或者减轻、免除其刑事责任的材料和意见，维护犯罪嫌疑人、被告人的诉讼权利和其他合法权益。

第36条　辩护律师在侦查期间可以为犯罪嫌疑人提供法律帮助；代理申诉、控告；申请变更强制措施；向侦查机关了解犯罪嫌疑人涉嫌的罪名和案件有关情况，提出意见。

第37条　辩护律师可以同在押的犯罪嫌疑人、被告人会见和通信。其他辩护人经人民法院、人民检察院许可，也可以同在押的犯罪嫌疑人、被告人会见和通信。

辩护律师持律师执业证书、律师事务所证明和委托书或者法律援助公函要求会见在押的犯罪嫌疑人、被告人的，看守所应当及时安排会见，至迟不得超过48小时。

危害国家安全犯罪、恐怖活动犯罪、特别重大贿赂犯罪案件，在侦查期间辩护律师会见在押的犯罪嫌疑人，应当经侦查机关许可。上述案件，侦查机关应当事先通知看守所。

辩护律师会见在押的犯罪嫌疑人、被告人，可以了解案件有关情况，提供法律咨询等；自案件移送审查起诉之日起，可以向犯罪嫌疑人、被告人核实有关证据。辩护律师会见犯罪嫌疑人、被告人时不被监听。

辩护律师同被监视居住的犯罪嫌疑人、被告人会见、通信，适用第1款、第3款、第4款的规定。

第38条　辩护律师自人民检察院对案件审查起诉之日起，可以查阅、摘抄、复制本案的案卷材料。其他辩护人经人民法院、人民检察院许可，也可以查阅、摘抄、复制上述材料。

第39条　辩护人认为在侦查、审查起诉期间公安机关、人民检察院收集的证明犯罪嫌疑人、被告人无罪或者罪轻的证据材料未提交的，有权申请人民检察院、人民法院调取。

第40条　辩护人收集的有关犯罪嫌疑人不在犯罪现场、未达到刑事责任年龄、属于依法不负刑事责任的精神病人的证据，应当及时告知公安机关、人民检察院。

第41条　辩护律师经证人或者其他有关单位和个人同意，可以向他们收集与本案有关的材料，也可以申请人民检察院、人民法院收集、调取证据，或者申请人民法院通知证人出庭作证。

辩护律师经人民检察院或者人民法院许可，并且经被害人或者其近亲属、被害人提供的证人同意，可以向他们收集与本案有关的材料。

第42条　辩护人或者其他任何人，不得帮助犯罪嫌疑人、被告人隐匿、毁灭、伪造证据或者串供，不得威胁、引诱证人作伪证以及进行其他干扰司法机关诉讼活动的行为。

违反前款规定的，应当依法追究法律责任，辩护人涉嫌犯罪的，应当由办理辩护人所承办案件的侦查机关以外的侦查机关办理。辩护人是律师的，应当及时通知其所在的律师事务所或者所属的律师协会。

第43条　在审判过程中，被告人可以拒绝辩护人继续为他辩护，也可以另行委托辩护人辩护。

第44条　公诉案件的被害人及其法定代理人或者近亲属，附带民事诉讼的当事人及其法定代理人，自案件移送审查起诉之日起，有权委托诉讼代理人。自诉案件的自诉人及其法定代理人，附带民事诉讼的当事人及其法定代理人，有权随时委托诉讼代理人。

人民检察院自收到移送审查起诉的案件材料之日起3日以内，应当告知被害人及其法定代理人或者其近亲属、附带民事诉讼的当事人及其法定代理人有权委托诉讼代理人。人民法院自受理自诉案件之日起3日以内，应当告知自诉人及其法定代理人、附带民事诉讼的当事人及其法定代理人有权委托诉讼代理人。

第45条　委托诉讼代理人，参照本法第32条的规定执行。

第46条　辩护律师对在执业活动中知悉的委托人的有关情况和信息，有权予以保密。但是，辩护律师在执业活动中知悉委托人或者其他人，准备或者正在实施危害国家安全、公共安全以及严重危害他人人身安全的犯罪的，应当及时告知司法机关。

第47条　辩护人、诉讼代理人认为公安机关、人民检察院、人民法院及其工作人员阻碍其依法行使诉讼权利的，有权向同级或者上一级人民检察院申诉或者控告。人民检察院对申诉或者控告应当及时进行审查，情况属实的，通知有关机关予以纠正。

第五章　证　据

第48条　可以用于证明案件事实的材料，都是证据。

证据包括：

（一）物证；

（二）书证；

（三）证人证言；

（四）被害人陈述；

（五）犯罪嫌疑人、被告人供述和辩解；

（六）鉴定意见；

（七）勘验、检查、辨认、侦查实验等笔录；

（八）视听资料、电子数据。

证据必须经过查证属实，才能作为定案的根据。

第49条　公诉案件中被告人有罪的举证责任由人民检察院承担，自诉案件中被告人有罪的举证责任由自诉人承担。

第50条　审判人员、检察人员、侦查人员必须依照法定程序，收集能够证实犯罪嫌疑人、被告人有罪或者无罪、犯罪情节轻重的各种证据。严禁刑讯逼供和以威胁、引诱、欺骗以及其他非法方法收集证据，不得强迫任何人证实自己有罪。必须保证一切与案件有关或者了解案情的公民，有客观地充分地提供证据的条件，除特殊情况外，可以吸收他们协助调查。

第51条　公安机关提请批准逮捕书、人民检察院起诉书、人民法院判决书，必须忠实于事实真象。故意隐瞒事实真象的，应当追究责任。

第52条　人民法院、人民检察院和公安机关有权向有关单位和个人收集、调取证据。有关单位和个人应当如实提供证据。

行政机关在行政执法和查办案件过程中收集的物证、书证、视听资料、电子数据等证据材料，在刑事诉讼中可以作为证据使用。

对涉及国家秘密、商业秘密、个人隐私的证据，应当保密。

凡是伪造证据、隐匿证据或者毁灭证据的，无论属于何方，必须受法律追究。

第53条　对一切案件的判处都要重证据，重调查研究，不轻信口供。只有被告人供述，没有其他证据的，不能认定被告人有罪和处以刑罚；没有被告人供述，证据确实、充分的，可以认定被告人有罪和处以刑罚。

证据确实、充分，应当符合以下条件：

（一）定罪量刑的事实都有证据证明；

（二）据以定案的证据均经法定程序查证属实；

（三）综合全案证据，对所认定事实已排除合理怀疑。

第54条　采用刑讯逼供等非法方法收集的犯罪嫌疑人、被告人供述和采用暴力、威胁等非法方法收集的证人证言、被害人陈述，应当予以排除。收集物证、书证不符合法定程序，可能严重影响司法公正的，应当予以补正或者作出合理解释；不能补正或者作出合理解释的，对该证据应当予以排除。

在侦查、审查起诉、审判时发现有应当排除的证据的，应当依法予以排除，不得作为起诉意见、起诉决定和判决的依据。

第 55 条 人民检察院接到报案、控告、举报或者发现侦查人员以非法方法收集证据的，应当进行调查核实。对于确有以非法方法收集证据情形的，应当提出纠正意见；构成犯罪的，依法追究刑事责任。

第 56 条 法庭审理过程中，审判人员认为可能存在本法第 54 条规定的以非法方法收集证据情形的，应当对证据收集的合法性进行法庭调查。

当事人及其辩护人、诉讼代理人有权申请人民法院对以非法方法收集的证据依法予以排除。申请排除以非法方法收集的证据的，应当提供相关线索或者材料。

第 57 条 在对证据收集的合法性进行法庭调查的过程中，人民检察院应当对证据收集的合法性加以证明。

现有证据材料不能证明证据收集的合法性的，人民检察院可以提请人民法院通知有关侦查人员或者其他人员出庭说明情况；人民法院可以通知有关侦查人员或者其他人员出庭说明情况。有关侦查人员或者其他人员也可以要求出庭说明情况。经人民法院通知，有关人员应当出庭。

第 58 条 对于经过法庭审理，确认或者不能排除存在本法第 54 条规定的以非法方法收集证据情形的，对有关证据应当予以排除。

第 59 条 证人证言必须在法庭上经过公诉人、被害人和被告人、辩护人双方质证并且查实以后，才能作为定案的根据。法庭查明证人有意作伪证或者隐匿罪证的时候，应当依法处理。

第 60 条 凡是知道案件情况的人，都有作证的义务。

生理上、精神上有缺陷或者年幼，不能辨别是非、不能正确表达的人，不能作证人。

第 61 条 人民法院、人民检察院和公安机关应当保障证人及其近亲属的安全。

对证人及其近亲属进行威胁、侮辱、殴打或者打击报复，构成犯罪的，依法追究刑事责任；尚不够刑事处罚的，依法给予治安管理处罚。

第 62 条 对于危害国家安全犯罪、恐怖活动犯罪、黑社会性质的组织犯罪、毒品犯罪等案件，证人、鉴定人、被害人因在诉讼中作证，本人或者其近亲属的人身安全面临危险的，人民法院、人民检察院和公安机关应当采取以下一项或者多项保护措施：

（一）不公开真实姓名、住址和工作单位等个人信息；

（二）采取不暴露外貌、真实声音等出庭作证措施；

（三）禁止特定的人员接触证人、鉴定人、被害人及其近亲属；

（四）对人身和住宅采取专门性保护措施；

（五）其他必要的保护措施。

证人、鉴定人、被害人认为因在诉讼中作证，本人或者其近亲属的人身安全面临危险的，可以向人民法院、人民检察院、公安机关请求予以保护。

人民法院、人民检察院、公安机关依法采取保护措施，有关单位和个人应当配合。

第 63 条 证人因履行作证义务而支出的交通、住宿、就餐等费用，应当给予补助。证人作证的补助列入司法机关业务经费,由同级政府财政予以保障。

有工作单位的证人作证,所在单位不得克扣或者变相克扣其工资、奖金及其他福利待遇。

第六章　强制措施

第 64 条　人民法院、人民检察院和公安机关根据案件情况,对犯罪嫌疑人、被告人可以拘传、取保候审或者监视居住。

第 65 条　人民法院、人民检察院和公安机关对有下列情形之一的犯罪嫌疑人、被告人,可以取保候审:

（一）可能判处管制、拘役或者独立适用附加刑的;

（二）可能判处有期徒刑以上刑罚,采取取保候审不致发生社会危险性的;

（三）患有严重疾病、生活不能自理,怀孕或者正在哺乳自己婴儿的妇女,采取取保候审不致发生社会危险性的;

（四）羁押期限届满,案件尚未办结,需要采取取保候审的。

取保候审由公安机关执行。

第 66 条　人民法院、人民检察院和公安机关决定对犯罪嫌疑人、被告人取保候审,应当责令犯罪嫌疑人、被告人提出保证人或者交纳保证金。

第 67 条　保证人必须符合下列条件:

（一）与本案无牵连;

（二）有能力履行保证义务;

（三）享有政治权利,人身自由未受到限制;

（四）有固定的住处和收入。

第 68 条　保证人应当履行以下义务:

（一）监督被保证人遵守本法第 69 条的规定;

（二）发现被保证人可能发生或者已经发生违反本法第 69 条规定的行为的,应当及时向执行机关报告。

被保证人有违反本法第 69 条规定的行为,保证人未履行保证义务的,对保证人处以罚款,构成犯罪的,依法追究刑事责任。

第 69 条　被取保候审的犯罪嫌疑人、被告人应当遵守以下规定:

（一）未经执行机关批准不得离开所居住的市、县;

（二）住址、工作单位和联系方式发生变动的,在 24 小时以内向执行机关报告;

（三）在传讯的时候及时到案;

（四）不得以任何形式干扰证人作证;

（五）不得毁灭、伪造证据或者串供。

人民法院、人民检察院和公安机关可以根据案件情况,责令被取保候审的犯罪嫌疑人、被告人遵守以下一项或者多项规定:

（一）不得进入特定的场所;

（二）不得与特定的人员会见或者通信;

（三）不得从事特定的活动;

（四）将护照等出入境证件、驾驶证件交执行机关保存。

被取保候审的犯罪嫌疑人、被告人违反前两款规定，已交纳保证金的，没收部分或者全部保证金，并且区别情形，责令犯罪嫌疑人、被告人具结悔过、重新交纳保证金、提出保证人，或者监视居住、予以逮捕。

对违反取保候审规定，需要予以逮捕的，可以对犯罪嫌疑人、被告人先行拘留。

第70条　取保候审的决定机关应当综合考虑保证诉讼活动正常进行的需要，被取保候审人的社会危险性、案件的性质、情节、可能判处刑罚的轻重，被取保候审人的经济状况等情况，确定保证金的数额。

提供保证金的人应当将保证金存入执行机关指定银行的专门账户。

第71条　犯罪嫌疑人、被告人在取保候审期间未违反本法第69条规定的，取保候审结束的时候，凭解除取保候审的通知或者有关法律文书到银行领取退还的保证金。

第72条　人民法院、人民检察院和公安机关对符合逮捕条件，有下列情形之一的犯罪嫌疑人、被告人，可以监视居住：

（一）患有严重疾病、生活不能自理的；

（二）怀孕或者正在哺乳自己婴儿的妇女；

（三）系生活不能自理的人的唯一扶养人；

（四）因为案件的特殊情况或者办理案件的需要，采取监视居住措施更为适宜的；

（五）羁押期限届满，案件尚未办结，需要采取监视居住措施的。

对符合取保候审条件，但犯罪嫌疑人、被告人不能提出保证人，也不交纳保证金的，可以监视居住。

监视居住由公安机关执行。

第73条　监视居住应当在犯罪嫌疑人、被告人的住处执行；无固定住处的，可以在指定的居所执行。对于涉嫌危害国家安全犯罪、恐怖活动犯罪、特别重大贿赂犯罪，在住处执行可能有碍侦查的，经上一级人民检察院或者公安机关批准，也可以在指定的居所执行。但是，不得在羁押场所、专门的办案场所执行。

指定居所监视居住的，除无法通知的以外，应当在执行监视居住后24小时以内，通知被监视居住人的家属。

被监视居住的犯罪嫌疑人、被告人委托辩护人，适用本法第33条的规定。

人民检察院对指定居所监视居住的决定和执行是否合法实行监督。

第74条　指定居所监视居住的期限应当折抵刑期。被判处管制的，监视居住1日折抵刑期1日；被判处拘役、有期徒刑的，监视居住2日折抵刑期1日。

第75条　被监视居住的犯罪嫌疑人、被告人应当遵守以下规定：

（一）未经执行机关批准不得离开执行监视居住的处所；

（二）未经执行机关批准不得会见他人或者通信；

（三）在传讯的时候及时到案；

（四）不得以任何形式干扰证人作证；

（五）不得毁灭、伪造证据或者串供；

（六）将护照等出入境证件、身份证件、驾驶证件交执行机关保存。

被监视居住的犯罪嫌疑人、被告人违反前款规定，情节严重的，可以予以逮捕；需要予以逮捕的，可以对犯罪嫌疑人、被告人先行拘留。

第76条 执行机关对被监视居住的犯罪嫌疑人、被告人，可以采取电子监控、不定期检查等监视方法对其遵守监视居住规定的情况进行监督；在侦查期间，可以对被监视居住的犯罪嫌疑人的通信进行监控。

第77条 人民法院、人民检察院和公安机关对犯罪嫌疑人、被告人取保候审最长不得超过12个月，监视居住最长不得超过6个月。

在取保候审、监视居住期间，不得中断对案件的侦查、起诉和审理。对于发现不应当追究刑事责任或者取保候审、监视居住期限届满的，应当及时解除取保候审、监视居住。解除取保候审、监视居住，应当及时通知被取保候审、监视居住人和有关单位。

第78条 逮捕犯罪嫌疑人、被告人，必须经过人民检察院批准或者人民法院决定，由公安机关执行。

第79条 对有证据证明有犯罪事实，可能判处徒刑以上刑罚的犯罪嫌疑人、被告人，采取取保候审尚不足以防止发生下列社会危险性的，应当予以逮捕：

（一）可能实施新的犯罪的；

（二）有危害国家安全、公共安全或者社会秩序的现实危险的；

（三）可能毁灭、伪造证据，干扰证人作证或者串供的；

（四）可能对被害人、举报人、控告人实施打击报复的；

（五）企图自杀或者逃跑的。

对有证据证明有犯罪事实，可能判处10年有期徒刑以上刑罚的，或者有证据证明有犯罪事实，可能判处徒刑以上刑罚，曾经故意犯罪或者身份不明的，应当予以逮捕。

被取保候审、监视居住的犯罪嫌疑人、被告人违反取保候审、监视居住规定，情节严重的，可以予以逮捕。

第80条 公安机关对于现行犯或者重大嫌疑分子，如果有下列情形之一的，可以先行拘留：

（一）正在预备犯罪、实行犯罪或者在犯罪后即时被发觉的；

（二）被害人或者在场亲眼看见的人指认他犯罪的；

（三）在身边或者住处发现有犯罪证据的；

（四）犯罪后企图自杀、逃跑或者在逃的；

（五）有毁灭、伪造证据或者串供可能的；

（六）不讲真实姓名、住址，身份不明的；

（七）有流窜作案、多次作案、结伙作案重大嫌疑的。

第81条 公安机关在异地执行拘留、逮捕的时候，应当通知被拘留、逮捕人所在地的公安机关，被拘留、逮捕人所在地的公安机关应当予以配合。

第82条 对于有下列情形的人，任何公民都可以立即扭送公安机关、人民检察院或者人民法院处理：

（一）正在实行犯罪或者在犯罪后即时被发觉的；

（二）通缉在案的；

（三）越狱逃跑的；

（四）正在被追捕的。

第 83 条 公安机关拘留人的时候,必须出示拘留证。

拘留后,应当立即将被拘留人送看守所羁押,至迟不得超过 24 小时。除无法通知或者涉嫌危害国家安全犯罪、恐怖活动犯罪通知可能有碍侦查的情形以外,应当在拘留后 24 小时以内,通知被拘留人的家属。有碍侦查的情形消失以后,应当立即通知被拘留人的家属。

第 84 条 公安机关对被拘留的人,应当在拘留后的 24 小时以内进行讯问。在发现不应当拘留的时候,必须立即释放,发给释放证明。

第 85 条 公安机关要求逮捕犯罪嫌疑人的时候,应当写出提请批准逮捕书,连同案卷材料、证据,一并移送同级人民检察院审查批准。必要的时候,人民检察院可以派人参加公安机关对于重大案件的讨论。

第 86 条 人民检察院审查批准逮捕,可以讯问犯罪嫌疑人;有下列情形之一的,应当讯问犯罪嫌疑人:

(一) 对是否符合逮捕条件有疑问的;

(二) 犯罪嫌疑人要求向检察人员当面陈述的;

(三) 侦查活动可能有重大违法行为的。

人民检察院审查批准逮捕,可以询问证人等诉讼参与人,听取辩护律师的意见;辩护律师提出要求的,应当听取辩护律师的意见。

第 87 条 人民检察院审查批准逮捕犯罪嫌疑人由检察长决定。重大案件应当提交检察委员会讨论决定。

第 88 条 人民检察院对于公安机关提请批准逮捕的案件进行审查后,应当根据情况分别作出批准逮捕或者不批准逮捕的决定。对于批准逮捕的决定,公安机关应当立即执行,并且将执行情况及时通知人民检察院。对于不批准逮捕的,人民检察院应当说明理由,需要补充侦查的,应当同时通知公安机关。

第 89 条 公安机关对被拘留的人,认为需要逮捕的,应当在拘留后的 3 日以内,提请人民检察院审查批准。在特殊情况下,提请审查批准的时间可以延长 1 日至 4 日。

对于流窜作案、多次作案、结伙作案的重大嫌疑分子,提请审查批准的时间可以延长至 30 日。

人民检察院应当自接到公安机关提请批准逮捕书后的 7 日以内,作出批准逮捕或者不批准逮捕的决定。人民检察院不批准逮捕的,公安机关应当在接到通知后立即释放,并且将执行情况及时通知人民检察院。对于需要继续侦查,并且符合取保候审、监视居住条件的,依法取保候审或者监视居住。

第 90 条 公安机关对人民检察院不批准逮捕的决定,认为有错误的时候,可以要求复议,但是必须将被拘留的人立即释放。如果意见不被接受,可以向上一级人民检察院提请复核。上级人民检察院应当立即复核,作出是否变更的决定,通知下级人民检察院和公安机关执行。

第 91 条 公安机关逮捕人的时候,必须出示逮捕证。

逮捕后,应当立即将被逮捕人送看守所羁押。除无法通知的以外,应当在逮捕后 24 小时以内,通知被逮捕人的家属。

第 92 条 人民法院、人民检察院对于各自决定逮捕的人,公安机关对于经人民检察院批准逮捕的人,都必须在逮捕后的 24 小时以内进行讯问。在发现不应当逮捕的时候,必须立即释放，发给释放证明。

第93条 犯罪嫌疑人、被告人被逮捕后，人民检察院仍应当对羁押的必要性进行审查。对不需要继续羁押的，应当建议予以释放或者变更强制措施。有关机关应当在10日以内将处理情况通知人民检察院。

第94条 人民法院、人民检察院和公安机关如果发现对犯罪嫌疑人、被告人采取强制措施不当的，应当及时撤销或者变更。公安机关释放被逮捕的人或者变更逮捕措施的，应当通知原批准的人民检察院。

第95条 犯罪嫌疑人、被告人及其法定代理人、近亲属或者辩护人有权申请变更强制措施。人民法院、人民检察院和公安机关收到申请后，应当在3日以内作出决定；不同意变更强制措施的，应当告知申请人，并说明不同意的理由。

第96条 犯罪嫌疑人、被告人被羁押的案件，不能在本法规定的侦查羁押、审查起诉、一审、二审期限内办结的，对犯罪嫌疑人、被告人应当予以释放；需要继续查证、审理的，对犯罪嫌疑人、被告人可以取保候审或者监视居住。

第97条 人民法院、人民检察院或者公安机关对采取强制措施法定期限届满的犯罪嫌疑人、被告人，应当予以释放、解除取保候审、监视居住或者依法变更强制措施。犯罪嫌疑人、被告人及其法定代理人、近亲属或者辩护人对于人民法院、人民检察院或者公安机关采取强制措施法定期限届满的，有权要求解除强制措施。

第98条 人民检察院在审查批准逮捕工作中，如果发现公安机关的侦查活动有违法情况，应当通知公安机关予以纠正，公安机关应当将纠正情况通知人民检察院。

第七章　附带民事诉讼

第99条 被害人由于被告人的犯罪行为而遭受物质损失的，在刑事诉讼过程中，有权提起附带民事诉讼。被害人死亡或者丧失行为能力的，被害人的法定代理人、近亲属有权提起附带民事诉讼。

如果是国家财产、集体财产遭受损失的，人民检察院在提起公诉的时候，可以提起附带民事诉讼。

第100条 人民法院在必要的时候，可以采取保全措施，查封、扣押或者冻结被告人的财产。附带民事诉讼原告人或者人民检察院可以申请人民法院采取保全措施。人民法院采取保全措施，适用民事诉讼法的有关规定。

第101条 人民法院审理附带民事诉讼案件，可以进行调解，或者根据物质损失情况作出判决、裁定。

第102条 附带民事诉讼应当同刑事案件一并审判，只有为了防止刑事案件审判的过分迟延，才可以在刑事案件审判后，由同一审判组织继续审理附带民事诉讼。

第八章　期间、送达

第103条 期间以时、日、月计算。

期间开始的时和日不算在期间以内。

法定期间不包括路途上的时间。上诉状或者其他文件在期满前已经交邮的，不算过期。

期间的最后一日为节假日的，以节假日后的第一日为期满日期，但犯罪嫌疑人、被告人或者罪犯在押期间，应当至期满之日为止，不得因节假日而延长。

第 104 条　当事人由于不能抗拒的原因或者有其他正当理由而耽误期限的，在障碍消除后 5 日以内，可以申请继续进行应当在期满以前完成的诉讼活动。

前款申请是否准许，由人民法院裁定。

第 105 条　送达传票、通知书和其他诉讼文件应当交给收件人本人；如果本人不在，可以交给他的成年家属或者所在单位的负责人员代收。

收件人本人或者代收人拒绝接收或者拒绝签名、盖章的时候，送达人可以邀请他的邻居或者其他见证人到场，说明情况，把文件留在他的住处，在送达证上记明拒绝的事由、送达的日期，由送达人签名，即认为已经送达。

第九章　其他规定

第 106 条　本法下列用语的含意是：

（一）"侦查"是指公安机关、人民检察院在办理案件过程中，依照法律进行的专门调查工作和有关的强制性措施。

（二）"当事人"是指被害人、自诉人、犯罪嫌疑人、被告人、附带民事诉讼的原告人和被告人；

（三）"法定代理人"是指被代理人的父母、养父母、监护人和负有保护责任的机关、团体的代表；

（四）"诉讼参与人"是指当事人、法定代理人、诉讼代理人、辩护人、证人、鉴定人和翻译人员；

（五）"诉讼代理人"是指公诉案件的被害人及其法定代理人或者近亲属、自诉案件的自诉人及其法定代理人委托代为参加诉讼的人和附带民事诉讼的当事人及其法定代理人委托代为参加诉讼的人；

（六）"近亲属"是指夫、妻、父、母、子、女、同胞兄弟姊妹。

第二编　立案、侦查和提起公诉

第一章　立　案

第 107 条　公安机关或者人民检察院发现犯罪事实或者犯罪嫌疑人，应当按照管辖范围，立案侦查。

第 108 条　任何单位和个人发现有犯罪事实或者犯罪嫌疑人，有权利也有义务向公安机关、人民检察院或者人民法院报案或者举报。

被害人对侵犯其人身、财产权利的犯罪事实或者犯罪嫌疑人，有权向公安机关、人民检察院或者人民法院报案或者控告。

公安机关、人民检察院或者人民法院对于报案、控告、举报，都应当接受。对于不属于自己管辖的，应当移送主管机关处理，并且通知报案人、控告人、举报人；对于不属于自己管辖而又必须采取紧急措施的，应当先采取紧急措施，然后移送主管机关。

犯罪人向公安机关、人民检察院或者人民法院自首的，适用第 3 款规定。

第 109 条　报案、控告、举报可以用书面或者口头提出。接受口头报案、控告、举报的工作人员，应当写成笔录，经宣读无误后，由报案人、控告人、举报人签名或者盖章。

接受控告、举报的工作人员，应当向控告人、举报人说明诬告应负的法律责任。但是，只要不是捏造事实，伪造证据，即使控告、举报的事实有出入，甚至是错告的，也要和诬告严格加以区别。

公安机关、人民检察院或者人民法院应当保障报案人、控告人、举报人及其近亲属的安全。报案人、控告人、举报人如果不愿公开自己的姓名和报案、控告、举报的行为，应当为他保守秘密。

第110条　人民法院、人民检察院或者公安机关对于报案、控告、举报和自首的材料，应当按照管辖范围，迅速进行审查，认为有犯罪事实需要追究刑事责任的时候，应当立案；认为没有犯罪事实，或者犯罪事实显著轻微，不需要追究刑事责任的时候，不予立案，并且将不立案的原因通知控告人。控告人如果不服，可以申请复议。

第111条　人民检察院认为公安机关对应当立案侦查的案件而不立案侦查的，或者被害人认为公安机关对应当立案侦查的案件而不立案侦查，向人民检察院提出的，人民检察院应当要求公安机关说明不立案的理由。人民检察院认为公安机关不立案理由不能成立的，应当通知公安机关立案，公安机关接到通知后应当立案。

第112条　对于自诉案件，被害人有权向人民法院直接起诉。被害人死亡或者丧失行为能力的，被害人的法定代理人、近亲属有权向人民法院起诉。人民法院应当依法受理。

第二章　侦　查

第一节　一般规定

第113条　公安机关对已经立案的刑事案件，应当进行侦查，收集、调取犯罪嫌疑人有罪或者无罪、罪轻或者罪重的证据材料。对现行犯或者重大嫌疑分子可以依法先行拘留，对符合逮捕条件的犯罪嫌疑人，应当依法逮捕。

第114条　公安机关经过侦查，对有证据证明有犯罪事实的案件，应当进行预审，对收集、调取的证据材料予以核实。

第115条　当事人和辩护人、诉讼代理人、利害关系人对于司法机关及其工作人员有下列行为之一的，有权向该机关申诉或者控告：

（一）采取强制措施法定期限届满，不予以释放、解除或者变更的；

（二）应当退还取保候审保证金不退还的；

（三）对与案件无关的财物采取查封、扣押、冻结措施的；

（四）应当解除查封、扣押、冻结不解除的；

（五）贪污、挪用、私分、调换、违反规定使用查封、扣押、冻结的财物的。

受理申诉或者控告的机关应当及时处理。对处理不服的，可以向同级人民检察院申诉；人民检察院直接受理的案件，可以向上一级人民检察院申诉。人民检察院对申诉应当及时进行审查，情况属实的，通知有关机关予以纠正。

第二节　讯问犯罪嫌疑人

第116条　讯问犯罪嫌疑人必须由人民检察院或者公安机关的侦查人员负责进行。讯问的时候，侦查人员不得少于 2 人。

犯罪嫌疑人被送交看守所羁押以后，侦查人员对其进行讯问，应当在看守所内进行。

第 117 条　对不需要逮捕、拘留的犯罪嫌疑人，可以传唤到犯罪嫌疑人所在市、县内的指定地点或者到他的住处进行讯问，但是应当出示人民检察院或者公安机关的证明文件。对在现场发现的犯罪嫌疑人，经出示工作证件，可以口头传唤，但应当在讯问笔录中注明。

传唤、拘传持续的时间不得超过 12 小时；案情特别重大、复杂，需要采取拘留、逮捕措施的，传唤、拘传持续的时间不得超过 24 小时。

不得以连续传唤、拘传的形式变相拘禁犯罪嫌疑人。传唤、拘传犯罪嫌疑人，应当保证犯罪嫌疑人的饮食和必要的休息时间。

第 118 条　侦查人员在讯问犯罪嫌疑人的时候，应当首先讯问犯罪嫌疑人是否有犯罪行为，让他陈述有罪的情节或者无罪的辩解，然后向他提出问题。犯罪嫌疑人对侦查人员的提问，应当如实回答。但是对与本案无关的问题，有拒绝回答的权利。

侦查人员在讯问犯罪嫌疑人的时候，应当告知犯罪嫌疑人如实供述自己罪行可以从宽处理的法律规定。

第 119 条　讯问聋、哑的犯罪嫌疑人，应当有通晓聋、哑手势的人参加，并且将这种情况记明笔录。

第 120 条　讯问笔录应当交犯罪嫌疑人核对，对于没有阅读能力的，应当向他宣读。如果记载有遗漏或者差错，犯罪嫌疑人可以提出补充或者改正。犯罪嫌疑人承认笔录没有错误后，应当签名或者盖章。侦查人员也应当在笔录上签名。犯罪嫌疑人请求自行书写供述的，应当准许。必要的时候，侦查人员也可以要犯罪嫌疑人亲笔书写供词。

第 121 条　侦查人员在讯问犯罪嫌疑人的时候，可以对讯问过程进行录音或者录像；对于可能判处无期徒刑、死刑的案件或者其他重大犯罪案件，应当对讯问过程进行录音或者录像。

录音或者录像应当全程进行，保持完整性。

第三节　询问证人

第 122 条　侦查人员询问证人，可以在现场进行，也可以到证人所在单位、住处或者证人提出的地点进行，在必要的时候，可以通知证人到人民检察院或者公安机关提供证言。在现场询问证人，应当出示工作证件，到证人所在单位、住处或者证人提出的地点询问证人，应当出示人民检察院或者公安机关的证明文件。

询问证人应当个别进行。

第 123 条　询问证人，应当告知他应当如实地提供证据、证言和有意作伪证或者隐匿罪证要负的法律责任。

第 124 条　本法第 120 条的规定，也适用于询问证人。

第 125 条　询问被害人，适用本节各条规定。

第四节　勘验、检查

第 126 条　侦查人员对于与犯罪有关的场所、物品、人身、尸体应当进行勘验或者检查。在必要的时候，可以指派或者聘请具有专门知识的人，在侦查人员的主持下进行勘验、检查。

第127条 任何单位和个人，都有义务保护犯罪现场，并且立即通知公安机关派员勘验。

第128条 侦查人员执行勘验、检查，必须持有人民检察院或者公安机关的证明文件。

第129条 对于死因不明的尸体，公安机关有权决定解剖，并且通知死者家属到场。

第130条 为了确定被害人、犯罪嫌疑人的某些特征、伤害情况或者生理状态，可以对人身进行检查，可以提取指纹信息，采集血液、尿液等生物样本。

犯罪嫌疑人如果拒绝检查，侦查人员认为必要的时候，可以强制检查。

检查妇女的身体，应当由女工作人员或者医师进行。

第131条 勘验、检查的情况应当写成笔录，由参加勘验、检查的人和见证人签名或者盖章。

第132条 人民检察院审查案件的时候，对公安机关的勘验、检查，认为需要复验、复查时，可以要求公安机关复验、复查，并且可以派检察人员参加。

第133条 为了查明案情，在必要的时候，经公安机关负责人批准，可以进行侦查实验。

侦查实验的情况应当写成笔录，由参加实验的人签名或者盖章。

侦查实验，禁止一切足以造成危险、侮辱人格或者有伤风化的行为。

第五节 搜 查

第134条 为了收集犯罪证据、查获犯罪人，侦查人员可以对犯罪嫌疑人以及可能隐藏罪犯或者犯罪证据的人的身体、物品、住处和其他有关的地方进行搜查。

第135条 任何单位和个人，有义务按照人民检察院和公安机关的要求，交出可以证明犯罪嫌疑人有罪或者无罪的物证、书证、视听资料等证据。

第136条 进行搜查，必须向被搜查人出示搜查证。

在执行逮捕、拘留的时候，遇有紧急情况，不另用搜查证也可以进行搜查。

第137条 在搜查的时候，应当有被搜查人或者他的家属，邻居或者其他见证人在场。

搜查妇女的身体，应当由女工作人员进行。

第138条 搜查的情况应当写成笔录，由侦查人员和被搜查人或者他的家属，邻居或者其他见证人签名或者盖章。如果被搜查人或者他的家属在逃或者拒绝签名、盖章，应当在笔录上注明。

第六节 查封、扣押物证、书证

第139条 在侦查活动中发现的可用以证明犯罪嫌疑人有罪或者无罪的各种财物、文件，应当查封、扣押；与案件无关的财物、文件，不得查封、扣押。

对查封、扣押的财物、文件，要妥善保管或者封存，不得使用、调换或者损毁。

第140条 对查封、扣押的财物、文件，应当会同在场见证人和被查封、扣押财物、文件持有人查点清楚，当场开列清单一式2份，由侦查人员、见证人和持有人签名或者盖章，一份交给持有人，另一份附卷备查。

第141条 侦查人员认为需要扣押犯罪嫌疑人的邮件、电报的时候，经公安机关或者人民检察院批准，即可通知邮电机关将有关的邮件、电报检交扣押。

不需要继续扣押的时候，应即通知邮电机关。

第 142 条　人民检察院、公安机关根据侦查犯罪的需要，可以依照规定查询、冻结犯罪嫌疑人的存款、汇款、债券、股票、基金份额等财产。有关单位和个人应当配合。

犯罪嫌疑人的存款、汇款、债券、股票、基金份额等财产已被冻结的，不得重复冻结。

第 143 条　对查封、扣押的财物、文件、邮件、电报或者冻结的存款、汇款、债券、股票、基金份额等财产，经查明确实与案件无关的，应当在 3 日以内解除查封、扣押、冻结，予以退还。

第七节　鉴 定

第 144 条　为了查明案情，需要解决案件中某些专门性问题的时候，应当指派、聘请有专门知识的人进行鉴定。

第 145 条　鉴定人进行鉴定后，应当写出鉴定意见，并且签名。

鉴定人故意作虚假鉴定的，应当承担法律责任。

第 146 条　侦查机关应当将用作证据的鉴定意见告知犯罪嫌疑人、被害人。如果犯罪嫌疑人、被害人提出申请，可以补充鉴定或者重新鉴定。

第 147 条　对犯罪嫌疑人作精神病鉴定的期间不计入办案期限。

第八节　技术侦查措施

第 148 条　公安机关在立案后，对于危害国家安全犯罪、恐怖活动犯罪、黑社会性质的组织犯罪、重大毒品犯罪或者其他严重危害社会的犯罪案件，根据侦查犯罪的需要，经过严格的批准手续，可以采取技术侦查措施。

人民检察院在立案后，对于重大的贪污、贿赂犯罪案件以及利用职权实施的严重侵犯公民人身权利的重大犯罪案件，根据侦查犯罪的需要，经过严格的批准手续，可以采取技术侦查措施，按照规定交有关机关执行。

追捕被通缉或者批准、决定逮捕的在逃的犯罪嫌疑人、被告人，经过批准，可以采取追捕所必需的技术侦查措施。

第 149 条　批准决定应当根据侦查犯罪的需要，确定采取技术侦查措施的种类和适用对象。批准决定自签发之日起 3 个月以内有效。对于不需要继续采取技术侦查措施的，应当及时解除；对于复杂、疑难案件，期限届满仍有必要继续采取技术侦查措施的，经过批准，有效期可以延长，每次不得超过 3 个月。

第 150 条　采取技术侦查措施，必须严格按照批准的措施种类、适用对象和期限执行。

侦查人员对采取技术侦查措施过程中知悉的国家秘密、商业秘密和个人隐私，应当保密；对采取技术侦查措施获取的与案件无关的材料，必须及时销毁。

采取技术侦查措施获取的材料，只能用于对犯罪的侦查、起诉和审判，不得用于其他用途。

公安机关依法采取技术侦查措施，有关单位和个人应当配合，并对有关情况予以保密。

第 151 条　为了查明案情，在必要的时候，经公安机关负责人决定，可以由有关人员隐匿其身份实施侦查。但是，不得诱使他人犯罪，不得采用可能危害公共安全或者发生重大人身危险的方法。

对涉及给付毒品等违禁品或者财物的犯罪活动，公安机关根据侦查犯罪的需要，可以依照规定实施控制下交付。

第 152 条 依照本节规定采取侦查措施收集的材料在刑事诉讼中可以作为证据使用。如果使用该证据可能危及有关人员的人身安全，或者可能产生其他严重后果的，应当采取不暴露有关人员身份、技术方法等保护措施，必要的时候，可以由审判人员在庭外对证据进行核实。

第九节 通 缉

第 153 条 应当逮捕的犯罪嫌疑人如果在逃，公安机关可以发布通缉令，采取有效措施，追捕归案。

各级公安机关在自己管辖的地区以内，可以直接发布通缉令；超出自己管辖的地区，应当报请有权决定的上级机关发布。

第十节 侦查终结

第 154 条 对犯罪嫌疑人逮捕后的侦查羁押期限不得超过 2 个月。案情复杂、期限届满不能终结的案件，可以经上一级人民检察院批准延长 1 个月。

第 155 条 因为特殊原因，在较长时间内不宜交付审判的特别重大复杂的案件，由最高人民检察院报请全国人民代表大会常务委员会批准延期审理。

第 156 条 下列案件在本法第 154 条规定的期限届满不能侦查终结的，经省、自治区、直辖市人民检察院批准或者决定，可以延长 2 个月：

（一）交通十分不便的边远地区的重大复杂案件；

（二）重大的犯罪集团案件；

（三）流窜作案的重大复杂案件；

（四）犯罪涉及面广，取证困难的重大复杂案件。

第 157 条 对犯罪嫌疑人可能判处 10 年有期徒刑以上刑罚，依照本法第 156 条规定延长期限届满，仍不能侦查终结的，经省、自治区、直辖市人民检察院批准或者决定，可以再延长 2 个月。

第 158 条 在侦查期间，发现犯罪嫌疑人另有重要罪行的，自发现之日起依照本法第 154 条的规定重新计算侦查羁押期限。

犯罪嫌疑人不讲真实姓名、住址，身份不明的，应当对其身份进行调查，侦查羁押期限自查清其身份之日起计算，但是不得停止对其犯罪行为的侦查取证。对于犯罪事实清楚，证据确实、充分，确实无法查明其身份的，也可以按其自报的姓名起诉、审判。

第 159 条 在案件侦查终结前，辩护律师提出要求的，侦查机关应当听取辩护律师的意见，并记录在案。辩护律师提出书面意见的，应当附卷。

第 160 条 公安机关侦查终结的案件，应当做到犯罪事实清楚，证据确实、充分，并且写出起诉意见书，连同案卷材料、证据一并移送同级人民检察院审查决定；同时将案件移送情况告知犯罪嫌疑人及其辩护律师。

第 161 条 在侦查过程中，发现不应对犯罪嫌疑人追究刑事责任的，应当撤销案件；犯罪嫌疑人已被逮捕的，应当立即释放，发给释放证明，并且通知原批准逮捕的人民检察院。

第十一节 人民检察院对直接受理的案件的侦查

第 162 条　人民检察院对直接受理的案件的侦查适用本章规定。

第 163 条　人民检察院直接受理的案件中符合本法第 79 条、第 80 条第四项、第五项规定情形，需要逮捕、拘留犯罪嫌疑人的，由人民检察院作出决定，由公安机关执行。

第 164 条　人民检察院对直接受理的案件中被拘留的人，应当在拘留后的 24 小时以内进行讯问。在发现不应当拘留的时候，必须立即释放，发给释放证明。

第 165 条　人民检察院对直接受理的案件中被拘留的人，认为需要逮捕的，应当在 14 日以内作出决定。在特殊情况下，决定逮捕的时间可以延长 1 日至 3 日。对不需要逮捕的，应当立即释放；对需要继续侦查，并且符合取保候审、监视居住条件的，依法取保候审或者监视居住。

第 166 条　人民检察院侦查终结的案件，应当作出提起公诉、不起诉或者撤销案件的决定。

第三章　提起公诉

第 167 条　凡需要提起公诉的案件，一律由人民检察院审查决定。

第 168 条　人民检察院审查案件的时候，必须查明：

（一）犯罪事实、情节是否清楚，证据是否确实、充分，犯罪性质和罪名的认定是否正确；

（二）有无遗漏罪行和其他应当追究刑事责任的人；

（三）是否属于不应追究刑事责任的；

（四）有无附带民事诉讼；

（五）侦查活动是否合法。

第 169 条　人民检察院对于公安机关移送起诉的案件，应当在 1 个月以内作出决定，重大、复杂的案件，可以延长半个月。

人民检察院审查起诉的案件，改变管辖的，从改变后的人民检察院收到案件之日起计算审查起诉期限。

第 170 条　人民检察院审查案件，应当讯问犯罪嫌疑人，听取辩护人、被害人及其诉讼代理人的意见，并记录在案。辩护人、被害人及其诉讼代理人提出书面意见的，应当附卷。

第 171 条　人民检察院审查案件，可以要求公安机关提供法庭审判所必需的证据材料；认为可能存在本法第 54 条规定的以非法方法收集证据情形的，可以要求其对证据收集的合法性作出说明。

人民检察院审查案件，对于需要补充侦查的，可以退回公安机关补充侦查，也可以自行侦查。

对于补充侦查的案件，应当在 1 个月以内补充侦查完毕。补充侦查以 2 次为限。补充侦查完毕移送人民检察院后，人民检察院重新计算审查起诉期限。

对于 2 次补充侦查的案件，人民检察院仍然认为证据不足，不符合起诉条件的，应当作出不起诉的决定。

第172条　人民检察院认为犯罪嫌疑人的犯罪事实已经查清，证据确实、充分，依法应当追究刑事责任的，应当作出起诉决定，按照审判管辖的规定，向人民法院提起公诉，并将案卷材料、证据移送人民法院。

第173条　犯罪嫌疑人没有犯罪事实，或者有本法第15条规定的情形之一的，人民检察院应当作出不起诉决定。

对于犯罪情节轻微，依照刑法规定不需要判处刑罚或者免除刑罚的，人民检察院可以作出不起诉决定。

人民检察院决定不起诉的案件，应当同时对侦查中查封、扣押、冻结的财物解除查封、扣押、冻结。对被不起诉人需要给予行政处罚、行政处分或者需要没收其违法所得的，人民检察院应当提出检察意见，移送有关主管机关处理。有关主管机关应当将处理结果及时通知人民检察院。

第174条　不起诉的决定，应当公开宣布，并且将不起诉决定书送达被不起诉人和他的所在单位。如果被不起诉人在押，应当立即释放。

第175条　对于公安机关移送起诉的案件，人民检察院决定不起诉的，应当将不起诉决定书送达公安机关。公安机关认为不起诉的决定有错误的时候，可以要求复议，如果意见不被接受，可以向上一级人民检察院提请复核。

第176条　对于有被害人的案件，决定不起诉的，人民检察院应当将不起诉决定书送达被害人。被害人如果不服，可以自收到决定书后7日以内向上一级人民检察院申诉，请求提起公诉。人民检察院应当将复查决定告知被害人。对人民检察院维持不起诉决定的，被害人可以向人民法院起诉。被害人也可以不经申诉，直接向人民法院起诉。人民法院受理案件后，人民检察院应当将有关案件材料移送人民法院。

第177条　对于人民检察院依照本法第173条第2款规定作出的不起诉决定，被不起诉人如果不服，可以自收到决定书后7日以内向人民检察院申诉。人民检察院应当作出复查决定，通知被不起诉的人，同时抄送公安机关。

第三编　审　判

第一章　审判组织

第178条　基层人民法院、中级人民法院审判第一审案件，应当由审判员3人或者由审判员和人民陪审员共3人组成合议庭进行，但是基层人民法院适用简易程序的案件可以由审判员1人独任审判。

高级人民法院、最高人民法院审判第一审案件，应当由审判员3人至7人或者由审判员和人民陪审员共3人至7人组成合议庭进行。

人民陪审员在人民法院执行职务，同审判员有同等的权利。

人民法院审判上诉和抗诉案件，由审判员3人至5人组成合议庭进行。

合议庭的成员人数应当是单数。

合议庭由院长或者庭长指定审判员1人担任审判长。院长或者庭长参加审判案件的时候，自己担任审判长。

第179条　合议庭进行评议的时候，如果意见分歧，应当按多数人的意见作出决定，但是少数人的意见应当写入笔录。评议笔录由合议庭的组成人员签名。

第180条　合议庭开庭审理并且评议后，应当作出判决。对于疑难、复杂、重大的案件，合议庭认为难以作出决定的，由合议庭提请院长决定提交审判委员会讨论决定。审判委员会的决定，合议庭应当执行。

第二章　第一审程序

第一节　公诉案件

第181条　人民法院对提起公诉的案件进行审查后，对于起诉书中有明确的指控犯罪事实的，应当决定开庭审判。

第182条　人民法院决定开庭审判后，应当确定合议庭的组成人员，将人民检察院的起诉书副本至迟在开庭10日以前送达被告人及其辩护人。

在开庭以前，审判人员可以召集公诉人、当事人和辩护人、诉讼代理人，对回避、出庭证人名单、非法证据排除等与审判相关的问题，了解情况，听取意见。

人民法院确定开庭日期后，应当将开庭的时间、地点通知人民检察院，传唤当事人，通知辩护人、诉讼代理人、证人、鉴定人和翻译人员，传票和通知书至迟在开庭3日以前送达。公开审判的案件，应当在开庭3日以前先期公布案由、被告人姓名、开庭时间和地点。

上述活动情形应当写入笔录，由审判人员和书记员签名。

第183条　人民法院审判第一审案件应当公开进行。但是有关国家秘密或者个人隐私的案件，不公开审理；涉及商业秘密的案件，当事人申请不公开审理的，可以不公开审理。

不公开审理的案件，应当当庭宣布不公开审理的理由。

第184条　人民法院审判公诉案件，人民检察院应当派员出席法庭支持公诉。

第185条　开庭的时候，审判长查明当事人是否到庭，宣布案由；宣布合议庭的组成人员、书记员、公诉人、辩护人、诉讼代理人、鉴定人和翻译人员的名单；告知当事人有权对合议庭组成人员、书记员、公诉人、鉴定人和翻译人员申请回避；告知被告人享有辩护权利。

第186条　公诉人在法庭上宣读起诉书后，被告人、被害人可以就起诉书指控的犯罪进行陈述，公诉人可以讯问被告人。

被害人、附带民事诉讼的原告人和辩护人、诉讼代理人，经审判长许可，可以向被告人发问。

审判人员可以讯问被告人。

第187条　公诉人、当事人或者辩护人、诉讼代理人对证人证言有异议，且该证人证言对案件定罪量刑有重大影响，人民法院认为证人有必要出庭作证的，证人应当出庭作证。

人民警察就其执行职务时目击的犯罪情况作为证人出庭作证，适用前款规定。

公诉人、当事人或者辩护人、诉讼代理人对鉴定意见有异议，人民法院认为鉴定人有必要出庭的，鉴定人应当出庭作证。经人民法院通知，鉴定人拒不出庭作证的，鉴定意见不得作为定案的根据。

第188条　经人民法院通知，证人没有正当理由不出庭作证的，人民法院可以强制其到庭，但是被告人的配偶、父母、子女除外。

证人没有正当理由拒绝出庭或者出庭后拒绝作证的，予以训诫，情节严重的，经院长批准，处以10日以下的拘留。被处罚人对拘留决定不服的，可以向上一级人民法院申请复议。复议期间不停止执行。

第189条 证人作证，审判人员应当告知他要如实地提供证言和有意作伪证或者隐匿罪证要负的法律责任。公诉人、当事人和辩护人、诉讼代理人经审判长许可，可以对证人、鉴定人发问。审判长认为发问的内容与案件无关的时候，应当制止。

审判人员可以询问证人、鉴定人。

第190条 公诉人、辩护人应当向法庭出示物证，让当事人辨认，对未到庭的证人的证言笔录、鉴定人的鉴定意见、勘验笔录和其他作为证据的文书，应当当庭宣读。审判人员应当听取公诉人、当事人和辩护人、诉讼代理人的意见。

第191条 法庭审理过程中，合议庭对证据有疑问的，可以宣布休庭，对证据进行调查核实。

人民法院调查核实证据，可以进行勘验、检查、查封、扣押、鉴定和查询、冻结。

第192条 法庭审理过程中，当事人和辩护人、诉讼代理人有权申请通知新的证人到庭，调取新的物证，申请重新鉴定或者勘验。

公诉人、当事人和辩护人、诉讼代理人可以申请法庭通知有专门知识的人出庭，就鉴定人作出的鉴定意见提出意见。

法庭对于上述申请，应当作出是否同意的决定。

第2款规定的有专门知识的人出庭，适用鉴定人的有关规定。

第193条 法庭审理过程中，对与定罪、量刑有关的事实、证据都应当进行调查、辩论。

经审判长许可，公诉人、当事人和辩护人、诉讼代理人可以对证据和案件情况发表意见并且可以互相辩论。

审判长在宣布辩论终结后，被告人有最后陈述的权利。

第194条 在法庭审判过程中，如果诉讼参与人或者旁听人员违反法庭秩序，审判长应当警告制止。对不听制止的，可以强行带出法庭；情节严重的，处以1千元以下的罚款或者15日以下的拘留。罚款、拘留必须经院长批准。被处罚人对罚款、拘留的决定不服的，可以向上一级人民法院申请复议。复议期间不停止执行。

对聚众哄闹、冲击法庭或者侮辱、诽谤、威胁、殴打司法工作人员或者诉讼参与人，严重扰乱法庭秩序，构成犯罪的，依法追究刑事责任。

第195条 在被告人最后陈述后，审判长宣布休庭，合议庭进行评议，根据已经查明的事实、证据和有关的法律规定，分别作出以下判决：

（一）案件事实清楚，证据确实、充分，依据法律认定被告人有罪的，应当作出有罪判决；

（二）依据法律认定被告人无罪的，应当作出无罪判决；

（三）证据不足，不能认定被告人有罪的，应当作出证据不足、指控的犯罪不能成立的无罪判决。

第196条 宣告判决，一律公开进行。

当庭宣告判决的，应当在5日以内将判决书送达当事人和提起公诉的人民检察院；定期宣告判决的，应当在宣告后立即将判决书送达当事人和提起公诉的人民检察院。判决书应当同时送达辩护人、诉讼代理人。

第 197 条 判决书应当由审判人员和书记员署名，并且写明上诉的期限和上诉的法院。

第 198 条 在法庭审判过程中，遇有下列情形之一，影响审判进行的，可以延期审理：

（一）需要通知新的证人到庭，调取新的物证，重新鉴定或者勘验的；

（二）检察人员发现提起公诉的案件需要补充侦查，提出建议的；

（三）由于申请回避而不能进行审判的。

第 199 条 依照本法第 198 条第二项的规定延期审理的案件，人民检察院应当在 1 个月以内补充侦查完毕。

第 200 条 在审判过程中，有下列情形之一，致使案件在较长时间内无法继续审理的，可以中止审理：

（一）被告人患有严重疾病，无法出庭的；

（二）被告人脱逃的；

（三）自诉人患有严重疾病，无法出庭，未委托诉讼代理人出庭的；

（四）由于不能抗拒的原因。

中止审理的原因消失后，应当恢复审理。中止审理的期间不计入审理期限。

第 201 条 法庭审判的全部活动，应当由书记员写成笔录，经审判长审阅后，由审判长和书记员签名。

法庭笔录中的证人证言部分，应当当庭宣读或者交给证人阅读。证人在承认没有错误后，应当签名或者盖章。

法庭笔录应当交给当事人阅读或者向他宣读。当事人认为记载有遗漏或者差错的，可以请求补充或者改正。当事人承认没有错误后，应当签名或者盖章。

第 202 条 人民法院审理公诉案件，应当在受理后 2 个月以内宣判，至迟不得超过 3 个月。对于可能判处死刑的案件或者附带民事诉讼的案件，以及有本法第 156 条规定情形之一的，经上一级人民法院批准，可以延长 3 个月；因特殊情况还需要延长的，报请最高人民法院批准。

人民法院改变管辖的案件，从改变后的人民法院收到案件之日起计算审理期限。

人民检察院补充侦查的案件，补充侦查完毕移送人民法院后，人民法院重新计算审理期限。

第 203 条 人民检察院发现人民法院审理案件违反法律规定的诉讼程序，有权向人民法院提出纠正意见。

第二节 自诉案件

第 204 条 自诉案件包括下列案件：

（一）告诉才处理的案件；

（二）被害人有证据证明的轻微刑事案件；

（三）被害人有证据证明对被告人侵犯自己人身、财产权利的行为应当依法追究刑事责任，而公安机关或者人民检察院不予追究被告人刑事责任的案件。

第 205 条 人民法院对于自诉案件进行审查后，按照下列情形分别处理：

（一）犯罪事实清楚，有足够证据的案件，应当开庭审判；

（二）缺乏罪证的自诉案件，如果自诉人提不出补充证据，应当说服自诉人撤回自诉，或者裁定驳回。

自诉人经两次依法传唤，无正当理由拒不到庭的，或者未经法庭许可中途退庭的，按撤诉处理。

法庭审理过程中，审判人员对证据有疑问，需要调查核实的，适用本法第191条的规定。

第206条 人民法院对自诉案件，可以进行调解；自诉人在宣告判决前，可以同被告人自行和解或者撤回自诉。本法第204条第三项规定的案件不适用调解。

人民法院审理自诉案件的期限，被告人被羁押的，适用本法第202条第1款、第2款的规定；未被羁押的，应当在受理后6个月以内宣判。

第207条 自诉案件的被告人在诉讼过程中，可以对自诉人提起反诉。反诉适用自诉的规定。

第三节　简易程序

第208条 基层人民法院管辖的案件，符合下列条件的，可以适用简易程序审判：

（一）案件事实清楚、证据充分的；

（二）被告人承认自己所犯罪行，对指控的犯罪事实没有异议的；

（三）被告人对适用简易程序没有异议的。

人民检察院在提起公诉的时候，可以建议人民法院适用简易程序。

第209条 有下列情形之一的，不适用简易程序：

（一）被告人是盲、聋、哑人，或者是尚未完全丧失辨认或者控制自己行为能力的精神病人的；

（二）有重大社会影响的；

（三）共同犯罪案件中部分被告人不认罪或者对适用简易程序有异议的；

（四）其他不宜适用简易程序审理的。

第210条 适用简易程序审理案件，对可能判处3年有期徒刑以下刑罚的，可以组成合议庭进行审判，也可以由审判员1人独任审判；对可能判处的有期徒刑超过3年的，应当组成合议庭进行审判。

适用简易程序审理公诉案件，人民检察院应当派员出席法庭。

第211条 适用简易程序审理案件，审判人员应当询问被告人对指控的犯罪事实的意见，告知被告人适用简易程序审理的法律规定，确认被告人是否同意适用简易程序审理。

第212条 适用简易程序审理案件，经审判人员许可，被告人及其辩护人可以同公诉人、自诉人及其诉讼代理人互相辩论。

第213条 适用简易程序审理案件，不受本章第一节关于送达期限、讯问被告人、询问证人、鉴定人、出示证据、法庭辩论程序规定的限制。但在判决宣告前应当听取被告人的最后陈述意见。

第214条 适用简易程序审理案件，人民法院应当在受理后2日以内审结；对可能判处的有期徒刑超过3年的，可以延长至1个半月。

第215条 人民法院在审理过程中,发现不宜适用简易程序的,应当按照本章第一节或者第二节的规定重新审理。

第三章 第二审程序

第216条 被告人、自诉人和他们的法定代理人,不服地方各级人民法院第一审的判决、裁定,有权用书状或者口头向上一级人民法院上诉。被告人的辩护人和近亲属,经被告人同意,可以提出上诉。

附带民事诉讼的当事人和他们的法定代理人,可以对地方各级人民法院第一审的判决、裁定中的附带民事诉讼部分,提出上诉。

对被告人的上诉权,不得以任何借口加以剥夺。

第217条 地方各级人民检察院认为本级人民法院第一审的判决、裁定确有错误的时候,应当向上一级人民法院提出抗诉。

第218条 被害人及其法定代理人不服地方各级人民法院第一审的判决的,自收到判决书后5日以内,有权请求人民检察院提出抗诉。人民检察院自收到被害人及其法定代理人的请求后5日以内,应当作出是否抗诉的决定并且答复请求人。

第219条 不服判决的上诉和抗诉的期限为10日,不服裁定的上诉和抗诉的期限为5日,从接到判决书、裁定书的第二日起算。

第220条 被告人、自诉人、附带民事诉讼的原告人和被告人通过原审人民法院提出上诉的,原审人民法院应当在3日以内将上诉状连同案卷、证据移送上一级人民法院,同时将上诉状副本送交同级人民检察院和对方当事人。

被告人、自诉人、附带民事诉讼的原告人和被告人直接向第二审人民法院提出上诉的,第二审人民法院应当在3日以内将上诉状交原审人民法院送交同级人民检察院和对方当事人。

第221条 地方各级人民检察院对同级人民法院第一审判决、裁定的抗诉,应当通过原审人民法院提出抗诉书,并且将抗诉书抄送上一级人民检察院。原审人民法院应当将抗诉书连同案卷、证据移送上一级人民法院,并且将抗诉书副本送交当事人。

上级人民检察院如果认为抗诉不当,可以向同级人民法院撤回抗诉,并且通知下级人民检察院。

第222条 第二审人民法院应当就第一审判决认定的事实和适用法律进行全面审查,不受上诉或者抗诉范围的限制。

共同犯罪的案件只有部分被告人上诉的,应当对全案进行审查,一并处理。

第223条 第二审人民法院对于下列案件,应当组成合议庭,开庭审理:

(一)被告人、自诉人及其法定代理人对第一审认定的事实、证据提出异议,可能影响定罪量刑的上诉案件;

(二)被告人被判处死刑的上诉案件;

(三)人民检察院抗诉的案件;

(四)其他应当开庭审理的案件。

第二审人民法院决定不开庭审理的,应当讯问被告人,听取其他当事人、辩护人、诉讼代理人的意见。

第二审人民法院开庭审理上诉、抗诉案件，可以到案件发生地或者原审人民法院所在地进行。

第224条　人民检察院提出抗诉的案件或者第二审人民法院开庭审理的公诉案件，同级人民检察院都应当派员出席法庭。第二审人民法院应当在决定开庭审理后及时通知人民检察院查阅案卷。人民检察院应当在1个月以内查阅完毕。人民检察院查阅案卷的时间不计入审理期限。

第225条　第二审人民法院对不服第一审判决的上诉、抗诉案件，经过审理后，应当按照下列情形分别处理：

（一）原判决认定事实和适用法律正确、量刑适当的，应当裁定驳回上诉或者抗诉，维持原判；

（二）原判决认定事实没有错误，但适用法律有错误，或者量刑不当的，应当改判；

（三）原判决事实不清楚或者证据不足的，可以在查清事实后改判；也可以裁定撤销原判，发回原审人民法院重新审判。

原审人民法院对于依照前款第三项规定发回重新审判的案件作出判决后，被告人提出上诉或者人民检察院提出抗诉的，第二审人民法院应当依法作出判决或者裁定，不得再发回原审人民法院重新审判。

第226条　第二审人民法院审理被告人或者他的法定代理人、辩护人、近亲属上诉的案件，不得加重被告人的刑罚。第二审人民法院发回原审人民法院重新审判的案件，除有新的犯罪事实，人民检察院补充起诉的以外，原审人民法院也不得加重被告人的刑罚。

人民检察院提出抗诉或者自诉人提出上诉的，不受前款规定的限制。

第227条　第二审人民法院发现第一审人民法院的审理有下列违反法律规定的诉讼程序的情形之一的，应当裁定撤销原判，发回原审人民法院重新审判：

（一）违反本法有关公开审判的规定的；

（二）违反回避制度的；

（三）剥夺或者限制了当事人的法定诉讼权利，可能影响公正审判的；

（四）审判组织的组成不合法的；

（五）其他违反法律规定的诉讼程序，可能影响公正审判的。

第228条　原审人民法院对于发回重新审判的案件，应当另行组成合议庭，依照第一审程序进行审判。对于重新审判后的判决，依照本法第216条、第217条、第218条的规定可以上诉、抗诉。

第229条　第二审人民法院对不服第一审裁定的上诉或者抗诉，经过审查后，应当参照本法第225条、第227条和第228条的规定，分别情形用裁定驳回上诉、抗诉，或者撤销、变更原裁定。

第230条　第二审人民法院发回原审人民法院重新审判的案件，原审人民法院从收到发回的案件之日起，重新计算审理期限。

第231条　第二审人民法院审判上诉或者抗诉案件的程序，除本章已有规定的以外，参照第一审程序的规定进行。

第232条　第二审人民法院受理上诉、抗诉案件，应当在2个月以内审结。对于可能判处死刑的案件或者附带民事诉讼的案件，以及有本法第156条规定情形之一的，经省、自治区、直辖市高级人民法院批准或者决定,可以延长2个月;因特殊情况还需要延长的,报请最高人民法院批准。

最高人民法院受理上诉、抗诉案件的审理期限,由最高人民法院决定。

第233条　第二审的判决、裁定和最高人民法院的判决、裁定,都是终审的判决、裁定。

第234条　公安机关、人民检察院和人民法院对查封、扣押、冻结的犯罪嫌疑人、被告人的财物及其孳息,应当妥善保管,以供核查,并制作清单,随案移送。任何单位和个人不得挪用或者自行处理。对被害人的合法财产,应当及时返还。对违禁品或者不宜长期保存的物品,应当依照国家有关规定处理。

对作为证据使用的实物应当随案移送,对不宜移送的,应当将其清单、照片或者其他证明文件随案移送。

人民法院作出的判决,应当对查封、扣押、冻结的财物及其孳息作出处理。

人民法院作出的判决生效以后,有关机关应当根据判决对查封、扣押、冻结的财物及其孳息进行处理。对查封、扣押、冻结的赃款赃物及其孳息,除依法返还被害人的以外,一律上缴国库。

司法工作人员贪污、挪用或者私自处理查封、扣押、冻结的财物及其孳息的,依法追究刑事责任;不构成犯罪的,给予处分。

第四章　死刑复核程序

第235条　死刑由最高人民法院核准。

第236条　中级人民法院判处死刑的第一审案件,被告人不上诉的,应当由高级人民法院复核后,报请最高人民法院核准。高级人民法院不同意判处死刑的,可以提审或者发回重新审判。

高级人民法院判处死刑的第一审案件被告人不上诉的,和判处死刑的第二审案件,都应当报请最高人民法院核准。

第237条　中级人民法院判处死刑缓期2年执行的案件,由高级人民法院核准。

第238条　最高人民法院复核死刑案件,高级人民法院复核死刑缓期执行的案件,应当由审判员3人组成合议庭进行。

第239条　最高人民法院复核死刑案件,应当作出核准或者不核准死刑的裁定。对于不核准死刑的,最高人民法院可以发回重新审判或者予以改判。

第240条　最高人民法院复核死刑案件,应当讯问被告人,辩护律师提出要求的,应当听取辩护律师的意见。

在复核死刑案件过程中,最高人民检察院可以向最高人民法院提出意见。最高人民法院应当将死刑复核结果通报最高人民检察院。

第五章　审判监督程序

第241条　当事人及其法定代理人、近亲属,对已经发生法律效力的判决、裁定,可以向人民法院或者人民检察院提出申诉,但是不能停止判决、裁定的执行。

第242条　当事人及其法定代理人、近亲属的申诉符合下列情形之一的,人民法院应当重新审判:

（一）有新的证据证明原判决、裁定认定的事实确有错误，可能影响定罪量刑的；

（二）据以定罪量刑的证据不确实、不充分、依法应当予以排除，或者证明案件事实的主要证据之间存在矛盾的；

（三）原判决、裁定适用法律确有错误的；

（四）违反法律规定的诉讼程序，可能影响公正审判的；

（五）审判人员在审理该案件的时候，有贪污受贿，徇私舞弊，枉法裁判行为的。

第243条　各级人民法院院长对本院已经发生法律效力的判决和裁定，如果发现在认定事实上或者在适用法律上确有错误，必须提交审判委员会处理。

最高人民法院对各级人民法院已经发生法律效力的判决和裁定，上级人民法院对下级人民法院已经发生法律效力的判决和裁定，如果发现确有错误，有权提审或者指令下级人民法院再审。

最高人民检察院对各级人民法院已经发生法律效力的判决和裁定，上级人民检察院对下级人民法院已经发生法律效力的判决和裁定，如果发现确有错误，有权按照审判监督程序向同级人民法院提出抗诉。

人民检察院抗诉的案件，接受抗诉的人民法院应当组成合议庭重新审理，对于原判决事实不清楚或者证据不足的，可以指令下级人民法院再审。

第244条　上级人民法院指令下级人民法院再审的，应当指令原审人民法院以外的下级人民法院审理；由原审人民法院审理更为适宜的，也可以指令原审人民法院审理。

第245条　人民法院按照审判监督程序重新审判的案件，由原审人民法院审理的，应当另行组成合议庭进行。如果原来是第一审案件，应当依照第一审程序进行审判，所作的判决、裁定，可以上诉、抗诉；如果原来是第二审案件，或者是上级人民法院提审的案件，应当依照第二审程序进行审判，所作的判决、裁定，是终审的判决、裁定。

人民法院开庭审理的再审案件，同级人民检察院应当派员出席法庭。

第246条　人民法院决定再审的案件，需要对被告人采取强制措施的，由人民法院依法决定；人民检察院提出抗诉的再审案件，需要对被告人采取强制措施的，由人民检察院依法决定。

人民法院按照审判监督程序审判的案件，可以决定中止原判决、裁定的执行。

第247条　人民法院按照审判监督程序重新审判的案件，应当在作出提审、再审决定之日起3个月以内审结，需要延长期限的，不得超过6个月。

接受抗诉的人民法院按照审判监督程序审判抗诉的案件，审理期限适用前款规定；对需要指令下级人民法院再审的，应当自接受抗诉之日起1个月以内作出决定，下级人民法院审理案件的期限适用前款规定。

第四编　执　行

第248条　判决和裁定在发生法律效力后执行。

下列判决和裁定是发生法律效力的判决和裁定：

（一）已过法定期限没有上诉、抗诉的判决和裁定；

（二）终审的判决和裁定；

（三）最高人民法院核准的死刑的判决和高级人民法院核准的死刑缓期2年执行的判决。

第 249 条　第一审人民法院判决被告人无罪、免除刑事处罚的，如果被告人在押，在宣判后应当立即释放。

第 250 条　最高人民法院判处和核准的死刑立即执行的判决，应当由最高人民法院院长签发执行死刑的命令。

被判处死刑缓期 2 年执行的罪犯，在死刑缓期执行期间，如果没有故意犯罪，死刑缓期执行期满，应当予以减刑，由执行机关提出书面意见，报请高级人民法院裁定；如果故意犯罪，查证属实，应当执行死刑，由高级人民法院报请最高人民法院核准。

第 251 条　下级人民法院接到最高人民法院执行死刑的命令后，应当在 7 日以内交付执行。但是发现有下列情形之一的，应当停止执行，并且立即报告最高人民法院，由最高人民法院作出裁定：

（一）在执行前发现判决可能有错误的；
（二）在执行前罪犯揭发重大犯罪事实或者有其他重大立功表现，可能需要改判的；
（三）罪犯正在怀孕。

前款第一项、第二项停止执行的原因消失后，必须报请最高人民法院院长再签发执行死刑的命令才能执行；由于前款第三项原因停止执行的，应当报请最高人民法院依法改判。

第 252 条　人民法院在交付执行死刑前，应当通知同级人民检察院派员临场监督。

死刑采用枪决或者注射等方法执行。

死刑可以在刑场或者指定的羁押场所内执行。

指挥执行的审判人员，对罪犯应当验明正身，讯问有无遗言、信札，然后交付执行人员执行死刑。在执行前，如果发现可能有错误，应当暂停执行，报请最高人民法院裁定。

执行死刑应当公布，不应示众。

执行死刑后，在场书记员应当写成笔录。交付执行的人民法院应当将执行死刑情况报告最高人民法院。

执行死刑后，交付执行的人民法院应当通知罪犯家属。

第 253 条　罪犯被交付执行刑罚的时候，应当由交付执行的人民法院在判决生效后 10 日以内将有关的法律文书送达公安机关、监狱或者其他执行机关。

对被判处死刑缓期 2 年执行、无期徒刑、有期徒刑的罪犯，由公安机关依法将该罪犯送交监狱执行刑罚。对被判处有期徒刑的罪犯，在被交付执行刑罚前，剩余刑期在 3 个月以下的，由看守所代为执行。对被判处拘役的罪犯，由公安机关执行。

对未成年犯应当在未成年犯管教所执行刑罚。

执行机关应当将罪犯及时收押，并且通知罪犯家属。

判处有期徒刑、拘役的罪犯，执行期满，应当由执行机关发给释放证明书。

第 254 条　对被判处有期徒刑或者拘役的罪犯，有下列情形之一的，可以暂予监外执行：

（一）有严重疾病需要保外就医的；
（二）怀孕或者正在哺乳自己婴儿的妇女；
（三）生活不能自理，适用暂予监外执行不致危害社会的。

对被判处无期徒刑的罪犯，有前款第二项规定情形的，可以暂予监外执行。

对适用保外就医可能有社会危险性的罪犯，或者自伤自残的罪犯，不得保外就医。

对罪犯确有严重疾病，必须保外就医的，由省级人民政府指定的医院诊断并开具证明文件。

在交付执行前，暂予监外执行由交付执行的人民法院决定；在交付执行后，暂予监外执行由监狱或者看守所提出书面意见，报省级以上监狱管理机关或者设区的市一级以上公安机关批准。

第 255 条　监狱、看守所提出暂予监外执行的书面意见的，应当将书面意见的副本抄送人民检察院。人民检察院可以向决定或者批准机关提出书面意见。

第 256 条　决定或者批准暂予监外执行的机关应当将暂予监外执行决定抄送人民检察院。人民检察院认为暂予监外执行不当的，应当自接到通知之日起1个月以内将书面意见送交决定或者批准暂予监外执行的机关，决定或者批准暂予监外执行的机关接到人民检察院的书面意见后，应当立即对该决定进行重新核查。

第 257 条　对暂予监外执行的罪犯，有下列情形之一的，应当及时收监：

（一）发现不符合暂予监外执行条件的；

（二）严重违反有关暂予监外执行监督管理规定的；

（三）暂予监外执行的情形消失后，罪犯刑期未满的。

对于人民法院决定暂予监外执行的罪犯应当予以收监的，由人民法院作出决定，将有关的法律文书送达公安机关、监狱或者其他执行机关。

不符合暂予监外执行条件的罪犯通过贿赂等非法手段被暂予监外执行的，在监外执行的期间不计入执行刑期。罪犯在暂予监外执行期间脱逃的，脱逃的期间不计入执行刑期。

罪犯在暂予监外执行期间死亡的，执行机关应当及时通知监狱或者看守所。

第 258 条　对被判处管制、宣告缓刑、假释或者暂予监外执行的罪犯，依法实行社区矫正，由社区矫正机构负责执行。

第 259 条　对被判处剥夺政治权利的罪犯，由公安机关执行。执行期满，应当由执行机关书面通知本人及其所在单位、居住地基层组织。

第 260 条　被判处罚金的罪犯，期满不缴纳的，人民法院应当强制缴纳；如果由于遭遇不能抗拒的灾祸缴纳确实有困难的，可以裁定减少或者免除。

第 261 条　没收财产的判决，无论附加适用或者独立适用，都由人民法院执行；在必要的时候，可以会同公安机关执行。

第 262 条　罪犯在服刑期间又犯罪的，或者发现了判决的时候所没有发现的罪行，由执行机关移送人民检察院处理。

被判处管制、拘役、有期徒刑或者无期徒刑的罪犯，在执行期间确有悔改或者立功表现，应当依法予以减刑、假释的时候，由执行机关提出建议书，报请人民法院审核裁定，并将建议书副本抄送人民检察院。人民检察院可以向人民法院提出书面意见。

第 263 条　人民检察院认为人民法院减刑、假释的裁定不当，应当在收到裁定书副本后2日以内，向人民法院提出书面纠正意见。人民法院应当在收到纠正意见后1个月以内重新组成合议庭进行审理，作出最终裁定。

第 264 条　监狱和其他执行机关在刑罚执行中，如果认为判决有错误或者罪犯提出申诉，应当转请人民检察院或者原判人民法院处理。

第 265 条　人民检察院对执行机关执行刑罚的活动是否合法实行监督。如果发现有违法的情况，应当通知执行机关纠正。

第五编　特别程序

第一章　未成年人刑事案件诉讼程序

第 266 条　对犯罪的未成年人实行教育、感化、挽救的方针，坚持教育为主、惩罚为辅的原则。

人民法院、人民检察院和公安机关办理未成年人刑事案件，应当保障未成年人行使其诉讼权利，保障未成年人得到法律帮助，并由熟悉未成年人身心特点的审判人员、检察人员、侦查人员承办。

第 267 条　未成年犯罪嫌疑人、被告人没有委托辩护人的，人民法院、人民检察院、公安机关应当通知法律援助机构指派律师为其提供辩护。

第 268 条　公安机关、人民检察院、人民法院办理未成年人刑事案件，根据情况可以对未成年犯罪嫌疑人、被告人的成长经历、犯罪原因、监护教育等情况进行调查。

第 269 条　对未成年犯罪嫌疑人、被告人应当严格限制适用逮捕措施。人民检察院审查批准逮捕和人民法院决定逮捕，应当讯问未成年犯罪嫌疑人、被告人，听取辩护律师的意见。

对被拘留、逮捕和执行刑罚的未成年人与成年人应当分别关押、分别管理、分别教育。

第 270 条　对于未成年人刑事案件，在讯问和审判的时候，应当通知未成年犯罪嫌疑人、被告人的法定代理人到场。无法通知、法定代理人不能到场或者法定代理人是共犯的，也可以通知未成年犯罪嫌疑人、被告人的其他成年亲属，所在学校、单位、居住地基层组织或者未成年人保护组织的代表到场，并将有关情况记录在案。到场的法定代理人可以代为行使未成年犯罪嫌疑人、被告人的诉讼权利。

到场的法定代理人或者其他人员认为办案人员在讯问、审判中侵犯未成年人合法权益的，可以提出意见。讯问笔录、法庭笔录应当交给到场的法定代理人或者其他人员阅读或者向他宣读。

讯问女性未成年犯罪嫌疑人，应当有女工作人员在场。

审判未成年人刑事案件，未成年被告人最后陈述后，其法定代理人可以进行补充陈述。

询问未成年被害人、证人，适用第 1 款、第 2 款、第 3 款的规定。

第 271 条　对于未成年人涉嫌刑法分则第四章、第五章、第六章规定的犯罪，可能判处 1 年有期徒刑以下刑罚，符合起诉条件，但有悔罪表现的，人民检察院可以作出附条件不起诉的决定。人民检察院在作出附条件不起诉的决定以前，应当听取公安机关、被害人的意见。

对附条件不起诉的决定，公安机关要求复议、提请复核或者被害人申诉的，适用本法第 175 条、第 176 条的规定。

未成年犯罪嫌疑人及其法定代理人对人民检察院决定附条件不起诉有异议的，人民检察院应当作出起诉的决定。

第 272 条　在附条件不起诉的考验期内，由人民检察院对被附条件不起诉的未成年犯罪嫌疑人进行监督考察。未成年犯罪嫌疑人的监护人，应当对未成年犯罪嫌疑人加强管教，配合人民检察院做好监督考察工作。

附条件不起诉的考验期为 6 个月以上 1 年以下，从人民检察院作出附条件不起诉的决定之日起计算。

被附条件不起诉的未成年犯罪嫌疑人，应当遵守下列规定：

（一）遵守法律法规，服从监督；

（二）按照考察机关的规定报告自己的活动情况；

（三）离开所居住的市、县或者迁居，应当报经考察机关批准；

（四）按照考察机关的要求接受矫治和教育。

第273条 被附条件不起诉的未成年犯罪嫌疑人，在考验期内有下列情形之一的，人民检察院应当撤销附条件不起诉的决定，提起公诉：

（一）实施新的犯罪或者发现决定附条件不起诉以前还有其他犯罪需要追诉的；

（二）违反治安管理规定或者考察机关有关附条件不起诉的监督管理规定，情节严重的。

被附条件不起诉的未成年犯罪嫌疑人，在考验期内没有上述情形，考验期满的，人民检察院应当作出不起诉的决定。

第274条 审判的时候被告人不满18周岁的案件，不公开审理。但是，经未成年被告人及其法定代理人同意，未成年被告人所在学校和未成年人保护组织可以派代表到场。

第275条 犯罪的时候不满18周岁，被判处5年有期徒刑以下刑罚的，应当对相关犯罪记录予以封存。

犯罪记录被封存的，不得向任何单位和个人提供，但司法机关为办案需要或者有关单位根据国家规定进行查询的除外。依法进行查询的单位，应当对被封存的犯罪记录的情况予以保密。

第276条 办理未成年人刑事案件，除本章已有规定的以外，按照本法的其他规定进行。

第二章　当事人和解的公诉案件诉讼程序

第277条 下列公诉案件，犯罪嫌疑人、被告人真诚悔罪，通过向被害人赔偿损失、赔礼道歉等方式获得被害人谅解，被害人自愿和解的，双方当事人可以和解：

（一）因民间纠纷引起，涉嫌刑法分则第四章、第五章规定的犯罪案件，可能判处3年有期徒刑以下刑罚的；

（二）除渎职犯罪以外的可能判处七年有期徒刑以下刑罚的过失犯罪案件。

犯罪嫌疑人、被告人在5年以内曾经故意犯罪的，不适用本章规定的程序。

第278条 双方当事人和解的，公安机关、人民检察院、人民法院应当听取当事人和其他有关人员的意见，对和解的自愿性、合法性进行审查，并主持制作和解协议书。

第279条 对于达成和解协议的案件，公安机关可以向人民检察院提出从宽处理的建议。人民检察院可以向人民法院提出从宽处罚的建议；对于犯罪情节轻微，不需要判处刑罚的，可以作出不起诉的决定。人民法院可以依法对被告人从宽处罚。

第三章　犯罪嫌疑人、被告人逃匿、死亡案件违法所得的没收程序

第280条 对于贪污贿赂犯罪、恐怖活动犯罪等重大犯罪案件，犯罪嫌疑人、被告人逃匿，在通缉1年后不能到案，或者犯罪嫌疑人、被告人死亡，依照刑法规定应当追缴其违法

所得及其他涉案财产的，人民检察院可以向人民法院提出没收违法所得的申请。

公安机关认为有前款规定情形的，应当写出没收违法所得意见书，移送人民检察院。

没收违法所得的申请应当提供与犯罪事实、违法所得相关的证据材料，并列明财产的种类、数量、所在地及查封、扣押、冻结的情况。

人民法院在必要的时候，可以查封、扣押、冻结申请没收的财产。

第 281 条　没收违法所得的申请，由犯罪地或者犯罪嫌疑人、被告人居住地的中级人民法院组成合议庭进行审理。

人民法院受理没收违法所得的申请后，应当发出公告。公告期间为 6 个月。犯罪嫌疑人、被告人的近亲属和其他利害关系人有权申请参加诉讼，也可以委托诉讼代理人参加诉讼。

人民法院在公告期满后对没收违法所得的申请进行审理。利害关系人参加诉讼的，人民法院应当开庭审理。

第 282 条　人民法院经审理，对经查证属于违法所得及其他涉案财产，除依法返还被害人的以外，应当裁定予以没收；对不属于应当追缴的财产的，应当裁定驳回申请，解除查封、扣押、冻结措施。

对于人民法院依照前款规定作出的裁定，犯罪嫌疑人、被告人的近亲属和其他利害关系人或者人民检察院可以提出上诉、抗诉。

第 283 条　在审理过程中，在逃的犯罪嫌疑人、被告人自动投案或者被抓获的，人民法院应当终止审理。

没收犯罪嫌疑人、被告人财产确有错误的，应当予以返还、赔偿。

第四章　依法不负刑事责任的精神病人的强制医疗程序

第 284 条　实施暴力行为，危害公共安全或者严重危害公民人身安全，经法定程序鉴定依法不负刑事责任的精神病人，有继续危害社会可能的，可以予以强制医疗。

第 285 条　根据本章规定对精神病人强制医疗的，由人民法院决定。

公安机关发现精神病人符合强制医疗条件的，应当写出强制医疗意见书，移送人民检察院。对于公安机关移送的或者在审查起诉过程中发现的精神病人符合强制医疗条件的，人民检察院应当向人民法院提出强制医疗的申请。人民法院在审理案件过程中发现被告人符合强制医疗条件的，可以作出强制医疗的决定。

对实施暴力行为的精神病人，在人民法院决定强制医疗前，公安机关可以采取临时的保护性约束措施。

第 286 条　人民法院受理强制医疗的申请后，应当组成合议庭进行审理。

人民法院审理强制医疗案件，应当通知被申请人或者被告人的法定代理人到场。被申请人或者被告人没有委托诉讼代理人的，人民法院应当通知法律援助机构指派律师为其提供法律帮助。

第 287 条　人民法院经审理，对于被申请人或者被告人符合强制医疗条件的，应当在 1 个月以内作出强制医疗的决定。

被决定强制医疗的人、被害人及其法定代理人、近亲属对强制医疗决定不服的，可以向上一级人民法院申请复议。

第 288 条　强制医疗机构应当定期对被强制医疗的人进行诊断评估。对于已不具有人身危险性，不需要继续强制医疗的，应当及时提出解除意见，报决定强制医疗的人民法院批准。

被强制医疗的人及其近亲属有权申请解除强制医疗。

第 289 条　人民检察院对强制医疗的决定和执行实行监督。

附　则

第 290 条　军队保卫部门对军队内部发生的刑事案件行使侦查权。

对罪犯在监狱内犯罪的案件由监狱进行侦查。

军队保卫部门、监狱办理刑事案件，适用本法的有关规定。

附录二
《刑事诉讼法》历版条文对照表[①]

1979年版 委员长令［5届］6号 1980年1月1日起施行	1996年版 主席令［8届］64号 1997年1月1日起施行	2012年版 主席令［11届］55号 2013年1月1日起施行	2018年版 主席令［13届］10号 2018年10月26日起施行
第1编 总则	第1编 总则	第1编 总则	第1编 总则
第1章 指导思想、任务和基本原则	第1章 任务和基本原则	第1章 任务和基本原则	第1章 任务和基本原则
第1条	第1条	第1条	第1条
第2条	第2条	第2条	第2条
第3条	第3条	第3条	第3条
	第4条	第4条	第4条
	第5条	第5条	第5条
第4条	第6条	第6条	第6条
第5条	第7条	第7条	第7条
	第8条	第8条	第8条
第6条	第9条	第9条	第9条
第7条	第10条	第10条	第10条
第8条	第11条	第11条	第11条
	第12条	第12条	第12条
第9条	第13条	第13条	第13条
第10条	第14条	第14条	第14条
			第15条
第11条	第15条	第15条	第16条
第12条	第16条	第16条	第17条
	第17条	第17条	第18条
第2章 管辖	第2章 管辖	第2章 管辖	第2章 管辖
第13条	第18条	第18条	第19条
第14条	第19条	第19条	第20条
第15条	第20条	第20条	第21条

[①] 本表中，加删除线的条文表示已删除；加下划线的条文表示新增；加双下划线的，表示整个章（节）新增；带 * 的表示序号的顺序有变动。

续表

1979 年版 委员长令[5届]6号 1980年1月1日起施行	1996 年版 主席令[8届]64号 1997年1月1日起施行	2012 年版 主席令[11届]55号 2013年1月1日起施行	2018 年版 主席令[13届]10号 2018年10月26日起施行
第 16 条	第 21 条	第 21 条	第 22 条
第 17 条	第 22 条	第 22 条	第 23 条
第 18 条	第 23 条	第 23 条	第 24 条
第 19 条	第 24 条	第 24 条	第 25 条
第 20 条	第 25 条	第 25 条	第 26 条
第 21 条	第 26 条	第 26 条	第 27 条
第 22 条	第 27 条	第 27 条	第 28 条
第 3 章 回避	第 3 章 回避	第 3 章 回避	第 3 章 回避
第 23 条	第 28 条	第 28 条	第 29 条
	第 29 条	第 29 条	第 30 条
第 24 条	第 30 条	第 30 条	第 31 条
第 25 条	第 31 条	第 31 条	第 32 条
第 4 章 辩护	第 4 章 辩护与代理	第 4 章 辩护与代理	第 4 章 辩护与代理
第 26 条	第 32 条	第 32 条	第 33 条
	第 33 条	第 33 条	第 34 条
第 27 条	第 34 条	第 34 条	第 35 条
			第 36 条
第 28 条	第 35 条	第 35 条	第 37 条
		第 36 条	第 38 条
第 29 条	第 36 条	第 37 条	第 39 条
		第 38 条	第 40 条
		第 39 条	第 41 条
		第 40 条	第 42 条
	第 37 条	第 41 条	第 43 条
	第 38 条	第 42 条	第 44 条
第 30 条	第 39 条	第 43 条	第 45 条
	第 40 条	第 44 条	第 46 条
	第 41 条	第 45 条	第 47 条
		第 46 条	第 48 条
		第 47 条	第 49 条
第 5 章 证据	第 5 章 证据	第 5 章 证据	第 5 章 证据
第 31 条	第 42 条	第 48 条	第 50 条

续表

1979年版 委员长令[5届]6号 1980年1月1日起施行	1996年版 主席令[8届]64号 1997年1月1日起施行	2012年版 主席令[11届]55号 2013年1月1日起施行	2018年版 主席令[13届]10号 2018年10月26日起施行
		第49条	第51条
第32条	第43条	第50条	第52条
第33条	第44条	第51条	第53条
第34条	第45条	第52条	第54条
第35条	第46条	第53条	第55条
		第54条	第56条
		第55条	第57条
		第56条	第58条
		第57条	第59条
		第58条	第60条
第36条	第47条	第59条	第61条
第37条	第48条	第60条	第62条
	第49条	第61条	第63条
		第62条	第64条
		第63条	第65条
第6章 强制措施	第6章 强制措施	第6章 强制措施	第6章 强制措施
第38条	第50条	第64条	第66条
	第51条	第65条	第67条
	第52条	*第95条	
	第53条	第66条	第68条
	第54条	第67条	第69条
	第55条	第68条	第70条
	第56条	第69条	第71条
		第70条	第72条
	第56条第2款后部分	第71条	第73条
		第72条	第74条
		第73条	第75条
		第74条	第76条
	第57条	第75条	第77条
		第76条	第78条
	第58条	第77条	第79条
第39条	第59条	第78条	第80条

续表

1979年版 委员长令［5届］6号 1980年1月1日起施行	1996年版 主席令［8届］64号 1997年1月1日起施行	2012年版 主席令［11届］55号 2013年1月1日起施行	2018年版 主席令［13届］10号 2018年10月26日起施行
第40条	第60条	第79条	第81条
第41条	第61条	第80条	第82条
	第62条	第81条	第83条
第42条	第63条	第82条	第84条
第43条	第64条	第83条	第85条
第44条	第65条	第84条	第86条
第45条	第66条	第85条	第87条
		第86条	第88条
第46条	第67条	第87条	第89条
第47条	第68条	第88条	第90条
第48条	第69条	第89条	第91条
第49条	第70条	第90条	第92条
第50条	第71条	第91条	第93条
第51条	第72条	第92条	第94条
		第93条	第95条
	第73条	第94条	第96条
	*第52条	第95条	第97条
	第74条	第96条	第98条
	第75条	第97条	第99条
第52条	第76条	第98条	第100条
第7章 附带民事诉讼	第7章 附带民事诉讼	第7章 附带民事诉讼	第7章 附带民事诉讼
第53条第1-2款	第77条第1-2款	第99条	第101条
第53条第3款	第77条第3款	第100条	第102条
		第101条	第103条
第54条	第78条	第102条	第104条
第8章 期间、送达	第8章 期间、送达	第8章 期间、送达	第8章 期间、送达
第55条	第79条	第103条	第105条
第56条	第80条	第104条	第106条
第57条	第81条	第105条	第107条
第9章 其他规定	第9章 其他规定	第9章 其他规定	第9章 其他规定
第58条	第82条	第106条	第108条

续表

1979年版 委员长令[5届]6号 1980年1月1日起施行	1996年版 主席令[8届]64号 1997年1月1日起施行	2012年版 主席令[11届]55号 2013年1月1日起施行	2018年版 主席令[13届]10号 2018年10月26日起施行
第2编 立案、侦查和提起公诉	第2编 立案、侦查和提起公诉	第2编 立案、侦查和提起公诉	第2编 立案、侦查和提起公诉
第1章 立案	第1章 立案	第1章 立案	第1章 立案
	第83条	第107条	第109条
第59条	第84条	第108条	第110条
第60条	第85条	第109条	第111条
第61条	第86条	第110条	第112条
	第87条	第111条	第113条
	第88条	第112条	第114条
第2章 侦查	第2章 侦查	第2章 侦查	第2章 侦查
	第1节 一般规定	第1节 一般规定	第1节 一般规定
	第89条	第113条	第115条
	第90条	第114条	第116条
		第115条	第117条
第1节 讯问被告人	第2节 讯问犯罪嫌疑人	第2节 讯问犯罪嫌疑人	第2节 讯问犯罪嫌疑人
第62条	第91条	第116条	第118条
第63条	第92条	第117条	第119条
第64条	第93条	第118条	第120条
第65条	第94条	第119条	第121条
第66条	第95条	第120条	第122条
		第121条	第123条
	第96条	第96条	第96条
第2节 询问证人	第3节 询问证人	第3节 询问证人	第3节 询问证人
第67条	第97条	第122条	第124条
第68条	第98条	第123条	第125条
第69条	第99条	第124条	第126条
第70条	第100条	第125条	第127条
第3节 勘验、检查	第4节 勘验、检查	第4节 勘验、检查	第4节 勘验、检查
第71条	第101条	第126条	第128条
第72条	第102条	第127条	第129条
第73条	第103条	第128条	第130条
第74条	第104条	第129条	第131条

续表

1979 年版 委员长令 [5 届] 6 号 1980 年 1 月 1 日起施行	1996 年版 主席令 [8 届] 64 号 1997 年 1 月 1 日起施行	2012 年版 主席令 [11 届] 55 号 2013 年 1 月 1 日起施行	2018 年版 主席令 [13 届] 10 号 2018 年 10 月 26 日起施行
第 75 条	第 105 条	第 130 条	第 132 条
第 76 条	第 106 条	第 131 条	第 133 条
第 77 条	第 107 条	第 132 条	第 134 条
第 78 条	第 108 条	第 133 条	第 135 条
第 4 节 搜查	第 5 节 搜查	第 5 节 搜查	第 5 节 搜查
第 79 条	第 109 条	第 134 条	第 136 条
第 80 条	第 110 条	第 135 条	第 137 条
第 81 条	第 111 条	第 136 条	第 138 条
第 82 条	第 112 条	第 137 条	第 139 条
第 83 条	第 113 条	第 138 条	第 140 条
第 5 节 扣押物证、书证	第 6 节 扣押物证、书证	第 6 节 查封、扣押物证、书证	第 6 节 查封、扣押物证、书证
第 84 条	第 114 条	第 139 条	第 141 条
第 85 条	第 115 条	第 140 条	第 142 条
第 86 条	第 116 条	第 141 条	第 143 条
	第 117 条	第 142 条	第 144 条
第 87 条	第 118 条	第 143 条	第 145 条
第 6 节 鉴定	第 7 节 鉴定	第 7 节 鉴定	第 7 节 鉴定
第 88 条	第 119 条	第 144 条	第 146 条
第 89 条	第 120 条	第 145 条	第 147 条
第 90 条	第 121 条	第 146 条	第 148 条
	第 122 条	第 147 条	第 149 条
		第 8 节 技术侦查措施	第 8 节 技术侦查措施
		第 148 条	第 150 条
		第 149 条	第 151 条
		第 150 条	第 152 条
		第 151 条	第 153 条
		第 152 条	第 154 条
第 7 节 通缉	第 8 节 通缉	第 9 节 通缉	第 9 节 通缉
第 91 条	第 123 条	第 153 条	第 155 条
第 8 节 侦查终结	第 9 节 侦查终结	第 10 节 侦查终结	第 10 节 侦查终结
第 92 条第 1 款	第 124 条	第 154 条	第 156 条

续表

1979 年版 委员长令［5 届］6 号 1980 年 1 月 1 日起施行	1996 年版 主席令［8 届］64 号 1997 年 1 月 1 日起施行	2012 年版 主席令［11 届］55 号 2013 年 1 月 1 日起施行	2018 年版 主席令［13 届］10 号 2018 年 10 月 26 日起施行
第 92 条第 2 款	第 125 条	第 155 条	第 157 条
	第 126 条	第 156 条	第 158 条
	第 127 条	第 157 条	第 159 条
	第 128 条	第 158 条	第 160 条
		第 159 条	第 161 条
第 93 条	第 129 条	第 160 条	第 162 条
第 94 条	第 130 条	第 161 条	第 163 条
	第 10 节 人民检察院对直接受理的案件的侦查	第 11 节 人民检察院对直接受理的案件的侦查	第 11 节 人民检察院对直接受理的案件的侦查
	第 131 条	第 162 条	第 164 条
	第 132 条	第 163 条	第 165 条
	第 133 条	第 164 条	第 166 条
	第 134 条	第 165 条	第 167 条
	第 135 条	第 166 条	第 168 条
第 3 章 提起公诉	第 3 章 提起公诉	第 3 章 提起公诉	第 3 章 提起公诉
第 95 条	第 136 条	第 167 条	第 169 条
			第 170 条
第 96 条	第 137 条	第 168 条	第 171 条
第 97 条	第 138 条	第 169 条	第 172 条
第 98 条	第 139 条	第 170 条	第 173 条
			第 174 条
第 99 条	第 140 条	第 171 条	第 175 条
第 100 条	第 141 条	第 172 条	第 176 条
第 101 条	第 142 条	第 173 条	第 177 条
第 102 条第 1 款	第 143 条	第 174 条	第 178 条
第 102 条第 2 款	第 144 条	第 175 条	第 179 条
第 102 条第 3 款	第 145 条	第 176 条	第 180 条
第 103 条	第 146 条	第 177 条	第 181 条
第 104 条	第 104 条	第 104 条	
			第 182 条
第 3 编 审判	第 3 编 审判	第 3 编 审判	第 3 编 审判
第 1 章 审判组织	第 1 章 审判组织	第 1 章 审判组织	第 1 章 审判组织

续表

1979年版 委员长令[5届]6号 1980年1月1日起施行	1996年版 主席令[8届]64号 1997年1月1日起施行	2012年版 主席令[11届]55号 2013年1月1日起施行	2018年版 主席令[13届]10号 2018年10月26日起施行
第105条	第147条	第178条	第183条
第106条	第148条	第179条	第184条
第107条	第149条	第180条	第185条
第2章 第一审程序	第2章 第一审程序	第2章 第一审程序	第2章 第一审程序
第1节 公诉案件	第1节 公诉案件	第1节 公诉案件	第1节 公诉案件
第108条	第150条	第181条	第186条
第109条	第109条	~~第109条~~	
第110条	第151条	第182条	第187条
第111条	第152条	第183条	第188条
第112条	第153条	第184条	第189条
第113条	第154条	第185条	第190条
第114条	第155条	第186条	第191条
		<u>第187条</u>	第192条
		<u>第188条</u>	第193条
第115条	第156条	第189条	第194条
第116条	第157条	第190条	第195条
	<u>第158条</u>	第191条	第196条
第117条	第159条	第192条	第197条
第118条	第160条	第193条	第198条
第119条	第161条	第194条	第199条
第120条	第162条	第195条	第200条
			<u>第201条</u>
第121条	第163条	第196条	第202条
第122条	第164条	第197条	第203条
第123条	第165条	第198条	第204条
	<u>第166条</u>	第199条	第205条
		<u>第200条</u>	第206条
第124条	第167条	第201条	第207条
第125条	第168条	第202条	第208条
	<u>第169条</u>	第203条	第209条
第2节 自诉案件	第2节 自诉案件	第2节 自诉案件	第2节 自诉案件
	<u>第170条</u>	第204条	第210条

续表

1979 年版 委员长令 [5 届] 6 号 1980 年 1 月 1 日起施行	1996 年版 主席令 [8 届] 64 号 1997 年 1 月 1 日起施行	2012 年版 主席令 [11 届] 55 号 2013 年 1 月 1 日起施行	2018 年版 主席令 [13 届] 10 号 2018 年 10 月 26 日起施行
第 126 条	第 171 条	第 205 条	第 211 条
第 127 条	第 172 条	第 206 条	第 212 条
第 128 条	第 173 条	第 207 条	第 213 条
	第 3 节 简易程序	第 3 节 简易程序	第 3 节 简易程序
	第 174 条	第 208 条	第 214 条
		第 209 条	第 215 条
	第 175 条	第 210 条	第 216 条
		第 211 条	第 217 条
	第 176 条	第 212 条	第 218 条
	第 177 条	第 213 条	第 219 条
	第 178 条	第 214 条	第 220 条
	第 179 条	第 215 条	第 221 条
			第 4 节 速裁程序
			第 222 条
			第 223 条
			第 224 条
			第 225 条
			第 226 条
第 3 章 第二审程序	第 3 章 第二审程序	第 3 章 第二审程序	第 3 章 第二审程序
第 129 条	第 180 条	第 216 条	第 227 条
第 130 条	第 181 条	第 217 条	第 228 条
	第 182 条	第 218 条	第 229 条
第 131 条	第 183 条	第 219 条	第 230 条
第 132 条	第 184 条	第 220 条	第 231 条
第 133 条	第 185 条	第 221 条	第 232 条
第 134 条	第 186 条	第 222 条	第 233 条
	第 187 条	第 223 条	第 234 条
第 135 条	第 188 条	第 224 条	第 235 条
第 136 条	第 189 条	第 225 条	第 236 条
第 137 条	第 190 条	第 226 条	第 237 条
第 138 条	第 191 条	第 227 条	第 238 条
第 139 条	第 192 条	第 228 条	第 239 条

续表

1979 年版 委员长令 [5 届] 6 号 1980 年 1 月 1 日起施行	1996 年版 主席令 [8 届] 64 号 1997 年 1 月 1 日起施行	2012 年版 主席令 [11 届] 55 号 2013 年 1 月 1 日起施行	2018 年版 主席令 [13 届] 10 号 2018 年 10 月 26 日起施行
第 140 条	第 193 条	第 229 条	第 240 条
	第 194 条	第 230 条	第 241 条
第 141 条	第 195 条	第 231 条	第 242 条
第 142 条	第 196 条	第 232 条	第 243 条
第 143 条	第 197 条	第 233 条	第 244 条
	第 198 条	第 234 条	第 245 条
第 4 章 死刑复核程序	第 4 章 死刑复核程序	第 4 章 死刑复核程序	第 4 章 死刑复核程序
第 144 条	第 199 条	第 235 条	第 246 条
第 145 条	第 200 条	第 236 条	第 247 条
第 146 条	第 201 条	第 237 条	第 248 条
第 147 条	第 202 条	第 238 条	第 249 条
		第 239 条	第 250 条
		第 240 条	第 251 条
第 5 章 审判监督程序	第 5 章 审判监督程序	第 5 章 审判监督程序	第 5 章 审判监督程序
第 148 条	第 203 条	第 241 条	第 252 条
	第 204 条	第 242 条	第 253 条
第 149 条	第 205 条	第 243 条	第 254 条
		第 244 条	第 255 条
第 150 条	第 206 条	第 245 条	第 256 条
		第 246 条	第 257 条
	第 207 条	第 247 条	第 258 条
第 4 编 执行	第 4 编 执行	第 4 编 执行	第 4 编 执行
第 151 条	第 208 条	第 248 条	第 259 条
第 152 条	第 209 条	第 249 条	第 260 条
第 153 条	第 210 条	第 250 条	第 261 条
第 154 条	第 211 条	第 251 条	第 262 条
第 155 条	第 212 条	第 252 条	第 263 条
第 156 条	第 213 条	第 253 条	第 264 条
第 157 条	第 214 条	第 254 条	第 265 条
		第 255 条	第 266 条
	第 215 条	第 256 条	第 267 条
	第 216 条	第 257 条	第 268 条

续表

1979 年版 委员长令 [5 届] 6 号 1980 年 1 月 1 日起施行	1996 年版 主席令 [8 届] 64 号 1997 年 1 月 1 日起施行	2012 年版 主席令 [11 届] 55 号 2013 年 1 月 1 日起施行	2018 年版 主席令 [13 届] 10 号 2018 年 10 月 26 日起施行
第 158 条	第 217 条	第 258 条	第 269 条
第 159 条	第 218 条	第 259 条	第 270 条
第 160 条	第 219 条	第 260 条	第 271 条
第 161 条	第 220 条	第 261 条	第 272 条
第 162 条	第 221 条	第 262 条	第 273 条
	第 222 条	第 263 条	第 274 条
第 163 条	第 223 条	第 264 条	第 275 条
第 164 条	第 224 条	第 265 条	第 276 条
		第 5 编 特别程序	第 5 编 特别程序
		第 1 章 未成年人刑事案件诉讼程序	第 1 章 未成年人刑事案件诉讼程序
		第 266 条	第 277 条
		第 267 条	第 278 条
		第 268 条	第 279 条
		第 269 条	第 280 条
		第 270 条	第 281 条
		第 271 条	第 282 条
		第 272 条	第 283 条
		第 273 条	第 284 条
		第 274 条	第 285 条
		第 275 条	第 286 条
		第 276 条	第 287 条
		第 2 章 当事人和解的公诉案件诉讼程序	第 2 章 当事人和解的公诉案件诉讼程序
		第 277 条	第 288 条
		第 278 条	第 289 条
		第 279 条	第 290 条
			第 3 章 缺席审判程序
			第 291 条
			第 292 条
			第 293 条
			第 294 条
			第 295 条

续表

1979 年版 委员长令［5 届］6 号 1980 年 1 月 1 日起施行	1996 年版 主席令［8 届］64 号 1997 年 1 月 1 日起施行	2012 年版 主席令［11 届］55 号 2013 年 1 月 1 日起施行	2018 年版 主席令［13 届］10 号 2018 年 10 月 26 日起施行
			第 296 条
			第 297 条
		第 3 章 犯罪嫌疑人、被告人逃匿、死亡案件违法所得的没收程序	第 4 章 犯罪嫌疑人、被告人逃匿、死亡案件违法所得的没收程序
		第 280 条	第 298 条
		第 281 条	第 299 条
		第 282 条	第 300 条
		第 283 条	第 301 条
		第 4 章 依法不负刑事责任的精神病人的强制医疗程序	第 5 章 依法不负刑事责任的精神病人的强制医疗程序
		第 284 条	第 302 条
		第 285 条	第 303 条
		第 286 条	第 304 条
		第 287 条	第 305 条
		第 288 条	第 306 条
		第 289 条	第 307 条
	附则 第 225 条	附则 第 290 条	附则 第 308 条

附录三
已被废止的涉刑司法解释和司法解释性文件

（因篇幅限制，详情请查阅"刑法库"微信公众号首页底部菜单栏，点击"法规查询—已废止的司法解释"）

图书在版编目（CIP）数据

刑事诉讼法全厚细／冯江主编；钟健生，江歌执行主编．—2版．—北京：中国法制出版社，2024.6
ISBN 978-7-5216-4268-1

Ⅰ.①刑…　Ⅱ.①冯…②钟…③江…　Ⅲ.①刑事诉讼法-基本知识-中国　Ⅳ.①D925.2

中国国家版本馆CIP数据核字（2024）第045622号

责任编辑：王林林　　　　　　　　　　　　　　封面设计：周黎明

刑事诉讼法全厚细
XINGSHI SUSONGFA QUANHOUXI

主编/冯江
执行主编/钟健生　江歌
经销/新华书店
印刷/三河市紫恒印装有限公司
开本/880毫米×1230毫米　32开　　　　印张/61.25　字数/2585千
版次/2024年6月第2版　　　　　　　　　2024年6月第1次印刷

中国法制出版社出版
书号 ISBN 978-7-5216-4268-1　　　　　　　　　定价：168.00元

北京市西城区西便门西里甲16号西便门办公区
邮政编码：100053　　　　　　　　　　　　　传真：010-63141600
网址：http://www.zgfzs.com　　　　　　　　编辑部电话：010-63141672
市场营销部电话：010-63141612　　　　　　　印务部电话：010-63141606

（如有印装质量问题，请与本社印务部联系）